HISTOIRE DE BEARN,

CONTENANT
L'ORIGINE DES ROIS DE NAVARRE,
des Ducs de Gascogne, Marquis de Gothie, Princes de Bearn,
Comtes de Carcassonne, de Foix, & de Bigorre.

AVEC

DIVERSES OBSERVATIONS GEOGRAPHIQVES,
& Historiques, concernant principalement lesdits Païs.

Par Me PIERRE DE MARCA, Conseiller du Roi en ses Conseils d'Estat
& Privé, & President en sa Cour de Parlement de Nauarre.

TEGIT ET QVOS TANGIT INAVRAT

A PARIS,
Chez la Veuue IEAN CAMVSAT, ruë Sainct
Iacques, à la Toison d'Or.

M. DC. XL.
AVEC PRIVILEGE DV ROY.

A MONSEIGNEVR
MONSEIGNEVR
DE SEGVIER
CHANCELIER
DE FRANCE.

ONSEIGNEVR,

Ie prens la liberté de vous offrir cet ouurage, sous la faueur de la matiere que j'y traicte; esperant que comme vous prenés des soins continuels, pour rechercher dans les Histoires domestiques & estrangeres, & dans les anciens Actes qui sont cachés sous la poussiere, tout ce qui peut seruir pour conseruer les Droicts de la Couronne, Vous aurés agreable cette Histoire de Bearn que ie vous presente; où la necessité du suject m'a obligé d'examiner quelle estoit l'ancienne condition de cette prouince, qui est maintenant vn membre fort important du Royaume. L'independance de son

ã ij

Administration, tandis qu'elle estoit entre les mains de ses Princes particuliers, y paroist en telle sorte, que les Droicts de la Souueraineté n'y sont point offensés : L'election de ses Princes faicte par le peuple n'y est pas tellement receuë, que la succession Hereditaire n'y soit descouuerte, & bien establie, depuis l'Origine de cette Principauté, qui est vn Bien-faict de l'Empereur Louis le Debonnaire : Et les pretentions des Aragonois sur ce païs, que leurs Escriuains publient auec ostentation, y sont aneanties par la force de la verité. Et quoi que ces choses aussi bien que le surplus des Narrations, y soient deduites sans l'ornement que desireroit & la dignité du subiect, & la politesse de ce temps ; Neantmoins ie ne crains pas que vous en receuiez du degout, sur la confiance que j'ai, & en vostre Bonté ordinaire, qui fauorise ceux qui font quelque effort pour le Public, & en cet Auantage qui vous est si propre, de pouuoir auec la force de vostre esprit, separer sans peine le pur de l'impur, & rendre les pensees des autres, plus nettes & plus demeslees que vous ne les auez receuës. Mais il ne suffiroit pas à cet Ouurage qui est exposé au public, de ne vous estre pas desagreable en particulier, S'il ne vous plaisoit, MONSEIGNEVR, lui departir l'Honneur de vostre Protection, qui le rendra comme sacré & inuiolable. Ie ne sollicite pas pour cet effect, l'Auctorité de cette Supréme dignité que vous possedez, qui vous met en main la Balance de la Iustice, & vous rend le Chef de tous les Corps du Royaume qui la distribuent : mais cette Auctorité que vous vous estes acquise dans les Letres, & sur les sentimens des sçauans, qui sont obligez de receuoir auec Respect, ce qui sera honoré de vostre Approbation. Vous auez esté porté en ce haut lieu ou l'Honneur se repose, par les degrez du merite, que vos Emplois auoient rendu recommandable, aussi bien que la Cognoissance que vous auez de toutes les *belles choses. Ces qualitez sont domestiques en cette illustre famille des Seguiers; mais elles ont receu en vous le dernier accomplissement de leur éclat, qui ressemble plus à la lumiere du Soleil qui produit toutes les raretez de la nature, que non pas à la clarté des pierres precieuses qui est sans operation. Ces belles parties, MONSEIGNEVR, vous ont acquis aussi la Puissance que j'implore, pour donner du credit à ce Liure; lequel ie vous Dedie pour vne recognoissance publique des grandes obligations que ie vous ai, qui me donnent subiect d'esperer, qu'il vous plaira m'honorer encore de cette nouuelle grace, & de me receuoir,*

MONSEIGNEVR, en qualité de

Vostre tres-humble, tres-obeïssant, & tres-obligé seruiteur MARCA.

A Paris, ce 29. Octobre 1639.

AV LECTEVR.

LE Païs de Bearn ayant esté si peu consideré iusqu'à present, que personne ne s'est mis en peine de rechercher, ni l'Origine de ses Princes, ni l'ancien Estat de son Gouuernement, l'ai creu que le soin que i'en prendrois seroit bien receu, de ceux qui honorent l'antiquité : Et que si ie ne reüssissois au succés de mon dessein, on se porteroit facilement à pardonner mes fautes ; puis que la necessité de n'estre pas entierement ingrat à ma patrie, m'a contrainct de m'engager dans les grandes difficultés, qui sont inseparables de ce trauail.

Il n'est pas de l'Histoire de Bearn, comme des autres Histoires, des Royaumes ou des peuples, qui ont eu ce bon-heur, d'auoir esté escrites par diuers Auteurs, qui en ont remarqué les euenemens plus illustres, dans l'ordre du temps où chascun est arriué ; De sorte que celui qui veut maintenant composer le corps d'vne Histoire, n'est obligé qu'à rechercher les anciens memoires, qui sont publiés, ou cachés encore dans les Bibliotheques des curieux, & à mettre ensemble les parties esparses en diuers lieux, & donner à son discours l'ornement que requiert la politesse de nostre siecle.

Mais le dessein de l'Histoire de Bearn est beaucoup plus penible, quoi que la matiere ne puisse pas donner tant de reputation à son Auteur. Car on est destitué de tout ce grand secours, n'y ayant aucun des anciens, qui ait recueilli par voye de Iournal, ny autrement, les actions remarquables, non pas mesme les noms des anciens Princes de Bearn. Au contraire, on a fait vne profession publique, il y a pres de quatre cens ans, qui est inserée en teste de la Compilation des Fors ou Coustumes escrites à la main, qu'il n'y auoit eu en Bearn, des Princes du Païs, auant ce temps-là ; Ce qui a esté transcrit au commencement de la nouuelle Coustume reformée l'an mille cens cinquante-vn. Apres ces Declarations si expresses, il sembloit que l'entreprise de la Recherche de l'Antiquité de Bearn estoit pleine de temerité, puis qu'elle tendoit à violer l'autorité de nos Predecesseurs ; & qu'elle paroissoit impossible, estant destituée des moyens qui seruent pour establir vne Narration. On auoit bien ces trois Escriuains, qui nous ont donné l'Histoire des Comtes de Foix, qui est iointe à celle de Bearn, depuis l'vnion des deux maisons, sçauoir La Perriere Tolosain, Bertrand Elie de Pamies, & Olhagaray. Mais comme ils ont fait quelque effort pour l'Histoire de Foix, aussi ont ils declaré, pour ce qui regarde le Bearn, que le premier Seigneur éleu par les Bearnois en Catalogne estoit ce Gaston de Moncade pere de Marguerite, qui fut mariée à Roger Bernard Comte de Foix, & qui ioignit le Bearn au Foix : Et qu'auant l'élection de ce Gaston, le Bearn estoit gouuerné en forme de Republique, sans auoir aucun Prince particulier ; excepté deux Cheualiers, dont l'vn estoit de Bigorre, & l'autre d'Auuergne, qui furent éleus par les Bearnois l'vn apres l'autre pour les gouuerner ; & qui furent tués parce qu'ils abusoient de leur Gouuernement, comme il est expliqué plus particulierement, dans les Cayers des Fors escrits à la main.

Neantmoins le desir de rendre quelque seruice à ma Patrie, m'ayant fait surmonter ces difficultez, i'ai creu que pour esclaircir la verité de ces choses, qui estoit couuerte d'vne si profonde nuict, il faloit emprunter la lumiere des anciens documents des Euesches, & Monasteres : qui ayants esté fondés, & dotés par les Princes, estoient obligés de conseruer les titres de leur possession. Mais le Bearn, & les païs voisins ayans eu ce malheur, que ces maisons Ecclesiastiques ont esté bruslées en l'année mille cinq cens soixante-neuf, à cause des troubles suruenus pour le fait de la Religion, I'ai esté priué d'vne bonne partie du secours, que ie me promettois de ce costé-là.

Toutefois i'ai recherché ce que i'ai peu, non feulement dans les Archiues de Bearn, mais encore dans celles de France, de Gafcogne & d'Efpagne: Et raffemblant toutes les pieces i'ai tafché de baftir vn corps de difcours, & vne fuite de narration, autant que les memoires me l'ont peu permettre. Par ce moyen i'ai reftabli les anciens Princes de Bearn, qui auoient efté incogneus: & fait voir que ce Gafton de Moncade, que nos Hiftoriens de Foix metent pour le premier, & le dernier Seigneur de la maifon de Bearn, eft le Vingtiefme, à conter du Premier, qui fut inuefti de cette Seigneurie par l'Empereur Louïs le Debonaire, l'an 820. D'ailleurs i'ai verifié auec euidence, que cette Principauté n'auoit pas efté deferée par Election, comme on l'a fait glifler dans les Fors du Païs, mais par Succeffion hereditaire, à compter depuis le Premier qui en receut l'inueftiture de l'Empereur Louïs, iufqu'à Noftre Roi tres-victorieux Louïs XIII. qui eft felon mon calcul, le Trente cinquiefme Prince de cette race; comme Monfeigneur fon Frere vnique, Duc d'Orleans, eft le Gafton XIII. de ce nom.

I'ai auffi verifié, que le Bearn a toufiours efté compris dans l'enceinte de la Souueraineté de France; Et neantmoins qu'il a efté traicté fi fauorablement, que depuis fix cens ans, l'adminiftration de ce païs, & l'exercice de la Iuftice, a efté entre les mains de fes Princes, fans aucune dépendance des puiffances fuperieures; qui fe contentoient d'vn feruice perfonel, fans fe mefler du Gouuernement particulier de cette Seigneurie. I'ai auffi refuté la pretenfion de Surita, & des autres Hiftoriens du Royaume d'Aragon touchant la Superiorité de cette Couronne fur le Bearn, & fait voir l'inualidité des homages, qu'ils produifent. Il a bien fallu employer de la peine, & du temps, non feulement à la recherche des titres, mais encore à les aiufter enfemble, pour eftablir la verité de l'Hiftoire dans la conformité des documens, qui eftoient tirés des Prouinces fi éloignées l'vne de l'autre; & à treuuer le temps, & la date de ces Actes, qui font ordinairement defectueux en cette partie, qui eft comme l'ame de l'Hiftoire.

Et parce que les Princes de Bearn eftoient attachés aux interefts des Rois leurs voifins, comme eftoient ceux de Nauarre, d'Aragon, & d'Angleterre, & aux Ducs de Gafcogne; I'ai enchaffé les actions de nos Princes, dans l'extraict, que i'ai fait de l'Hiftoire publique, afin que la grandeur de leurs exploicts fuft mife à fon iour.

De forte que comme les Sarafins ont efté batus dans l'Efpagne, & la foi Chreftienne, reftablie dans fes Prouinces, auec beaucoup de trauail, & de fang efpandu; où la pieté, & la valeur de Nos Centulles, & Gaftons de Bearn ont paru auec eclat, du temps des Rois Sance Abarca, Sance Ramires, & Alfonfe, depuis l'an 905. iufqu'à l'année M.C.XXXIV. I'ai efté obligé de raconter en particulier, les combats, où nos Princes s'eftoient faits remarquer. La mefme raifon m'a neceffairement engagé, à la narration de ce fameux voyage entrepris pour la conquefte de Ierufalem, puis que Gafton IV. eftoit l'vn des Principaux Chefs de l'armée, & celui dont les foins auancerent le plus la prife de la ville, felon le confentement des auteurs de ce temps-là.

Les guerres fafcheufes que Gafton VII. eut à démefler auec les Rois de Caftille, & d'Angleterre, me iettent dans quelque difcours de leurs affaires, autant qu'il eft attaché à mon deffein; & l'engagement malheureux de Gafton VI. auec le Comte de Tolofe, contre Simon de Montfort & contre les Croifés, me porte à traicter de la guerre des Albigeois.

Et dautant que ma premiere penfee, qui a efté de remettre au iour les Princes de Bearn, ne pouuoit reüffir fans l'examen particulier de l'adminiftration, & du gouuernement de ce païs, Il m'a fallu confiderer quel eftoit fon eftat fous les Empereurs Romains; & apres la diuifion des Gaules, quel il eftoit fous les Rois Vifigoths de Tolofe; Et du depuis fous Clouis, & les autres Rois des François; Et enfin fous fes anciens Princes. Et parce que le Bearn eftoit vne portion de cette Prouince, que les Notices nomment *Neuf peuples* ou *Nouempopulanie*, qui depuis a pris le nom de Gafcogne, i'ai efté obligé d'entrer en la recherche de ce que les Anciens Auteurs nous aprennent fur ce fujet; & d'expliquer mes opinions particulieres, foit fur les denominations, & l'eftenduë de la Nouempopulanie, foit fur celle des Vafcons, & des Cantabres; ce que i'ai traicté auec quelque foin.

Ie me fuis encore porté à la recherche des anciens Ducs de Gafcogne, foit de ceux qui ont poffedé cette Prouince en titre de Gouuernement, foit de ceux qui l'ont tenuë en proprieté, & en heredité eftant obligé à le faire, tant à caufe que cette partie d'Hiftoire n'a iamais efté publiée, que parce que ces Ducs ont eftendu leur autorité fur le Bearn.

D'ailleurs la Nauarre ayant efté poffedée depuis deux fiecles, par les Rois, qui eftoient Princes de Bearn, i'ai efté obligé de trauailler à déueloper l'origine de ce Roiaume, & de fes anciens Rois, pour les diftinguer de ces Rois de Sobrarue, que les Hiftoriens d'Efpagne ont supposez. En quoi ie pense auoir apporté quelque lumiere à la verité, par le restablissement de deux Rois de Nauarre, dans la race d'Eneco Arista premier Roi de ce Roiaume.

Les Comtes de Foix, dont i'ai traicté, ne sont pas seulement vn Accessoire à mon dessein, mais ils en font vne partie principale ; à cause que leur maison a esté ioincte & vnie par aliance à celle de Bearn ; De sorte que depuis l'an 1290. ces deux païs ont esté entre les mains de mesmes Princes. L'Histoire de ces Comtes a esté dressée premierement en langage Bearnois par Mediauilla natif de Bearn, & Cordelier au Conuent de Morlas, qui auoit esté nourri pres de Pierre 11. Cardinal de Foix. Celui-ci auoit trauaillé sur les memoires d'vn Arnaud Squarnier, & de Michel Bernis, qui auoient mis en ordre les noms des Comtes, sur les titres de la maison, dont ils auoient fait l'inuentaire. La Perriere, qui en suite a voulu entreprendre ce trauail, acorde qu'il s'est serui des memoires escrits à la main, du Cordelier de Morlas. Ce que la Conference de l'vn auec l'autre m'a fait voir estre veritable : Tellement que la narration de La Perriere, n'est pas plus fournie que celle de Mediauilla ; excepté de quelques digressions, qu'il a fait sur l'Histoire de France. Bertrand Elie publia son Histoire en Latin ; où il semble n'auoir eu autre dessein, que de tourner fidelement en cette langue, ce que La Perriere venoit de publier en François. Pour Olhagaraj, qui estoit de sa profession Ministre de la Religion Pret. ref. Il n'a point eu autre raison de retoucher cette Histoire, que pour embarrasser de quelques sentences vulgaires, les recits de La Perriere, & d'Elie ; Et d'y adiouster les troubles arriués pour le fait de la Religion. De sorte que i'ai esté obligé de remuer les titres qui sont dans les Tresors du Roi à Paris, & à Pau, pour faire vne nouuelle Histoire, d'vne ancienne ; Ce que ie pense auoir fait auec quelque sorte de succés, y ayant attaché ce que i'ai peu recueillir de diuers Historiens, qui ont fait mention des affaires de Foix, iusqu'en l'année M. CCC. I'arreste là le premier Volume de cette Histoire, pour le faire suiure d'vn Second, qui finira en l'année 1620. qui est celle du restablissement general de l'exercice de la Religion Catholique dans le Bearn, que la pieté de nostre Roi, lui fit executer en personne sur les lieux.

Mais parce que le premier Comte de Foix estoit issu des Comtes de Carcassone, qui est vn ancien Comté de la Prouince de Languedoc, i'ai pris occasion de traicter, non seulement de l'origine de cette maison de Carcassone, mais aussi des anciens Comtes, & Vicomtes de Languedoc, & des Ducs de Septimanie, ou Marquis de Gotthie, auec la retenuë, que desire vne matiere, qui n'est traictée que par incident. Pour cét effect ie me suis serui entre autres preuues des anciens actes, que la curiosité & la diligence tres-exacte de Monsieur Catel Conseiller du Roi en sa Cour de Parlement de Tolose, a communiqués au public, soit en son Histoire des Comtes de Tolose, soit en ses Memoires de Languedoc.

Enfin ie finis par les Comtes de Bigorre, dont la maison a fondu dans celle de Bearn, en la personne de Constance fille aisnée de Gaston VII. qui ceda ses droicts à Marguerite sa sœur, femme de Roger Bernard Comte de Foix. Leur Histoire a esté inconnuë iusqu'à present, laquelle ie tasche de metre au iour, selon que i'ai peu la recueillir des anciens actes, qui me sont tombés en main.

Or comme ce discours tend à la recherche des choses, qui ont esté pour la pluspart inconnuës iusqu'à present, & qui ont esté compilées de diuers actes, Ie suis obligé pour establir la foi de la narration, d'en produire les preuues ; que ie mets au bas de chasque Chapitre, en charactere different de celui du texte, & les distribuë par nombres, qui respondent à ceux des Sections du Chapitre, afin d'éuiter que l fil du discours ne soit interrompu, par les productions des actes, ou des tesmoignages des Auteurs.

I'ai creu aussi, que le Lecteur agréeroit, que pour éuiter l'ennui, qui accompagne la lecture de diuers actes, & pour en rendre l'intelligence plus facile, i'aye fait quelques digressions pour expliquer les termes, ou les Coustumes du moyen temps, qui eussent peu donner de l'empeschement à ceux, qui n'ont pas leu les anciens titres.

Ceux qui escriuent les Histoires particulieres, sont obligés de produire les preuues, parce qu'ils sont destitués de l'autorité des anciens Auteurs, qui ayent escrit les affaires de leur temps : à laquelle necessité se treuuent encore obligés ceux, qui escriuent les Histoires des Royaumes, lors qu'ils découurent quelque fait, ou quelque circonstance remarquable, qui n'auoit pas esté obseruée. Ces auteurs ne font point difficulté d'en donner les preuues, pour appuyer la verité de leurs obseruations, & de procurer cét ornement à leur Histoire.

Il est vrai, que ces examens scrupuleux, qui occupent vn Auteur à la preuue d'vn fait, empeschent, que le discours ne soit dans l'eloquence, que requerroit la Majesté d'vne Histoire. Mais aussi le suiet d'vn petit païs, n'est pas assez considerable, ni assés étendu, pour estre capable de produire quantité d'éuenemens remarquables, qui puissent entrer dans la composition d'vne Histoire parfaite suiuant les regles.

Il suffit d'vser de quelque expression, qui soit assés nette pour expliquer les matieres sans embaras : De sorte que si i'estois peu arriuer à ce poinct, ie croirois auoir satisfaict à ce qu'vn Lecteur équitable peut atendre de moi, sur cette matiere. Mais comme le vice du païs natal, ioinct à mes défauts particuliers, empesche que mes pensées ne paroissent auec les ornemens & la pompe, que la curiosité de ce temps exige, i'espere qu'on me pardonnera ce manquement; si l'on considere, qu'vn Bearnois traictant l'Histoire de son païs, aura laissé dans son ouurage, quelque marque du langage, qui est propre à la nation.

Pour la matiere, i'ai tasché de la traicter auec la fidelité, & le soin, qui m'ont esté possibles; ayant porté quelquefois mon iugement sur les opinions differentes, touchant les poincts qui se sont presentés : où i'ai conserué la liberté de mon auis, sans auoir eu intention d'offenser les Auteurs de l'auis contraire; ausquels ie dois de l'honneur & du respect, à cause de leur merite, ou à cause de leur qualité. Car les termes de *surprise*, de *mesgarde*, de *faute*, ou *d'erreur*, dont ie me suis quelquefois serui, n'offensent point la reputation des Auteurs, à qui l'on les attribuë, comme les Critiques les plus retenus nous ont enseigné : Et ie declare, que ie ne tiendrai point à offense, lors que l'on me traictera de cette sorte, si quelqu'vn veut prendre la peine d'auertir le public des *surprises*, *des fautes*, *& des erreurs*, ausquelles ie puis estre tombé. Comme aussi, ie croi que l'on ne trouuera pas mauuais, si alleguant les Auteurs, qui ont publié leurs trauaux, ie n'employe pas les termes d'honneur & de ciuilité, qui sont plus seans en la conuersation, que dans la narration d'vne Histoire, ou dans la preuue d'vn fait. Et que ie serai deschargé enuers le Lecteur, si ie n'ai point donné à leur vertu, les eloges qu'elle merite; veu que i'auouë que leur erudition, & leurs rares qualités sont au dessus de toute louange. Ie mets en ce rang les grands noms de Baronius, Cujas, Scaliger, Du Thou, Bertier, Bignon, Sirmond, & Petau, dont i'employe quelquefois le tesmoignage.

Apres auoir exposé le motif de mon dessein, & l'ordre, que i'y ai tenu, la reconnoissance m'oblige de publier les bons offices de ceux, de qui i'ai retiré du secours, pour en venir à bout. Entre ceux-là, le premier qui se presente, est François de Moncade Comte d'Ossone, qui apres le decés de son pere, prit le titre de Marquis d'Aytone, & est mort dans la Direction des affaires des Païs Bas, & dans la reputation d'vn des Grands Hommes, qu'eust la Couronne d'Espagne. Car ayant esté conuié de rechercher les anciens Seigneurs de Bearn par les Titres de la Fondation du Monastere de S. Pé, & par ceux de S. Foi de Marlas, & de Luc, où il estoit fait mention des Centulles, & des Gastons, qui precedoient en temps, ce Gaston VII. que le Bearn reconnoissoit pour son vnique Seigneur; Ie creus que ie pourrois découurir la suite de ces Princes, & particulierement la jonction des maisons de Bearn, & de Moncade, si ie pouuois recouurir les extraicts des titres, qui sont dans les Archiues de Barcelone. Pour cét effect, ayant eu la commodité d'escrire au Marquis d'Aytone, le pere, qui estoit issu de la maison de Moncade en Catalogne, ie lui cõmuniquai mon dessein par letre, & lui enuoyai en Latin, le plan de ce que i'auois dressé. Le Comte d'Ossone son fils ayant receu ma dépesche en l'absence de son pere, fit les offices que ie desirois, & m'enuoya plusieurs extraicts tirés des Archiues de Barcelone, des Eglises de Taragone, & de Girone, accompagnés de ses Notes, & de deux letres Latines escrites de sa main, en date à Barcelone, des années 1617. & 18. que i'ai fait imprimer auant la Table de ce Liure.

Mais sur tout, i'ay esté beaucoup secouru par Monsieur du Puy Conseiller au Roi en ses Conseils d'Estat, & Priué, qui ayant ioint vne haute doctrine à vne singuliere bonté & courtoisie, m'a communiqué plusieurs pieces tirées du Thresor des Chartes de France, & de sa Bibliotheque. Monsieur Duchesne Historiographe du Roi, qui est assez cognu par ses doctes & curieux trauaux, & à qui la France est redeuable de ce qu'on a decouuert de plus rare, pour la connoissance de l'Histoire, m'a fait part de plusieurs exemplaires escrits à la main, dont i'ay profité. La connoissance des choses rares & curieuses, qui est propre à Monsieur des Cordes Chanoine de Limoges, & le soin ordinaire qu'il employe à fournir sa Bibliotheque des liures les plus exquis pour son vsage particulier, & pour celuy de ses amis, m'a soulagé en plusieurs rencontres de cét œuure. De sorte que l'assistance de ceux qui ont voulu fauoriser mon trauail, & mes recherches particulieres pendant quinze années, m'ayant fourni vn tres-grand nombre d'anciens titres, i'ay tasché de les mettre en quelque ordre, pour composer ce corps; auquel ie mis la derniere main il y a six ans, & fis vn voyage en cette ville de Paris, pour le mettre sous la presse; Mais ayant esté diuerti par quelques affaires, particulieres, qui me ramenerent dans mon païs plustost que ie ne pensois, i'ai differé de le donner au public iusqu'à present. Si le trauail est agreable au Lecteur, ie prens desia ma part en sa satisfaction: S'il en arriue autrement, i'auray pour le moins ce contentement, de m'estre acquité de mon deuoir enuers mon païs, & d'auoir rendu mes hommages à la memoire de nos anciens Princes, qui ont l'honneur d'estre comptés, parmi les Ayeulx de Nostre Tres-Chrestien, & Tres-Auguste Roi.

SEIGNEVRS DE BEARN.

I. . Fils de Loup Centulle Duc de Gascogne. 820
II. N.
III. N.
IV. Centulle premier du nom depuis l'an 905
V. Gaston Centulle premier du nom. 940
VI. Centulle Gaston II. surnommé le Vieux. 984
VII. Gaston II. 1004

    Anerloup Vicomte d'Oloron, bastard
    de Centulle Gaston.

    Loup Aner Vicomte d'Oloron.

VIII. Centulle le Ieune III. du nom, ———— Angela 1012
             sa femme.

IX. Gaston III. ———— Adelais sa femme, ———— Hunaud Ab- 1060
  qui mourut   bé de Moys-
  pendant la   sac, frere Vte-
  vie de son pe-   rin de Cen-
  re Centulle.   tulle.

X. Centulle Gaston IV. ———— Gisla ———— Beatrix Comtesse
  Comte de Bigorre.   sa 1.   de Bigorre, secon-
          femme. de femme de Cen-
              tulle en l'année 1078.

            Centulle Comte de
            Bigorre, fils de Cen-
            tulle & de Beatrix.

XI. Gaston IV. ———— Talese sa 1088
        femme.

XII. Centulle V. leur fils. 1131

XIII. Guiscarde sœur de Centulle, veufue de Pierre
    Vicomte de Gauarret. 1134

XIV.	Pierre Vicomte de Bearn & de Gauarret.	1140
XV.	Gaston v.———Sancha Infante de Nauarre sa femme.	1154
XVI.	Marie fille de Pierre, & sœur de Gaston,———Guillaume de Moncade son mari.	1170
XVII.	Gaston fils de Marie & de Guillaume de Monçade.———Petronille C. de Bigorre sa femme.	1173
XVIII.	Guillaume Raimon frere de Gaston.———Guillelme de Moncade.	1215
XIX.	Guillaume de Moncade,———Garsende sa femme.	1224
XX.	Gaston vII.———Mate de Bigorre sa femme.	1229
	Il mourut l'an	1290
XXI.	Marguerite,———Roger Bernard Comte de Foix son mari.	
XXII.	Gaston leur fils, Comte de Foix, & Seigneur de Bearn.	1303

SEIGNEVRS DE MONCADE.

I.	Dapifer.	793
II.	Arnaud Seigneur de Moncade.	820
III.	Ermengaud de Moncade Comte d'Vrgel, du temps du Roi Charles le Chauue.	
IV.	Gaston de Moncade.	1010
V.	Guillaume Dapifer.	1068
VI.	Guillaume Ramon Dapifer.	1112
VII.	Berenger Ramon Dapifer.	1120
VIII.	Guillaume Ramon Dapifer Seneschal———sa femme Guillelme de Catalogne, de Castetuieil.	1130
IX.	Guillaume Dapifer de Moncade espousa Marie Dame de Bearn.	1170

COMTES DE FOIX.

I.	Bernard fils d'Arnaud Comte de Carcassone, & de sa femme Adelais de Pons.———Beatrix de Beziers sa femme.	1012
II.	Roger I.———Arsende sa femme.	1050

III. Roger

III.	Roger II.———Stephanie sa femme.	1080
IV.	Roger III.———Ximene sa femme.	1116
V.	Roger Bernard,——— Cecile de Barcelone sa premiere femme en l'an 1130	1143
	———Cecile de Beziers sa seconde femme en l'an 1151	
VI.	Raimond Roger fils de R. B.———Philippe sa femme. & de Cecile de Beziers	1188
VII.	Roger Bernard II.———Ermesende de Castelbon sa femme. ———Ermengarde de Narbone sa seconde femme.	1222
VIII.	Roger IV.———Brunisende de Cardone sa femme.	1241
IX.	Roger Bernard III.———Marguerite de Bearn sa femme.	1264
X.	Gaston premier du nom Comte de Foix, & Seigneur de Bearn VII. de ce nom.	1303

COMTES DE BIGORRE.

I.	Donatus Lupi.———Faquileno sa femme.	820
II.	Deneco, qui fut en suite Roi de Nauarre.	826
III.	Dato Donati.	829
IV.	N.	
V.	N.	
VI.	Raimond.	943
VII.	Louis.	960
VIII.	Arnaud.	980
IX.	Garsias Arnaud.	1030
X.	Bernard Roger,——————— Garsende sa femme.	1036
XI.	Bernard II.————————— Clemence sa femme.	1060
XII.	Beatrix,————————— Centulle de Bearn son mari.	1078
XIII.	Bernard III.	1097
XIV.	Centulle II.	1114
XV.	Beatrix II.————— Pierre Vicomte de Marsan son mari.	1140
XVI.	Centulle III.————— Matelle sa femme.	1170
XVII.	Stephanie,—————Bernard Comte de Comenge son mari.	1180
XIX.	Petronille,——— Ses maris, { 1. Gaston de Bearn. 2. Don Nunno Comte de Cerdanhe. 3. Gui Comte de Montfort. 4. Aymar Rancon. 5. Boson de Matas.	

XX. Esquiuat petit fils de Petronille,——Agnes de Foix sa femme. 1251
XXI. Constance de Bearn, petite fille de Petronille. 1283

COMTES DV COMTE' DES VASCONS.

Liv. I. Ch. 29.	I. II.	Siguin. Garsimir.	800 816
Liv. III. Ch. 1. XI.	III. IV.	Aznar. Sance.	820 836

DVCS OV GOVVERNEVRS DES GASCONS.

Liv. I. Ch. 24.	I. II.	Genialis. Gaiginhan.	602 626
& suiuās.	III.	Amand.	630
	IV.	Loup.	670
	V.	Loup.	769
	VI.	Alderic.	786
	VII.	Loup Centulle.	819
Liv. III.	VIII.	Totilus.	820
	IX.	Siguin.	833
	X.	Guillaume.	848
	XI.	Sance.	850
	XII.	Arnaud.	860

DVCS HEREDITAIRES DE GASCOGNE.

Liv. III.　I. Sance Mitarra.　870
　　　　　II. Sance II.　890　　　Es anciens Rois de Nauarre, & les Cōtes d'Aragó sont au II. Liure.
　　　　　III. Garcias Sance le Courbé——Honorete 900
　　　　　　　　　　　　　　　sa femme.
　　　　　IV. Sance Garcias III.　920
　　　　　V. Sances Sances IV.　950
　　　　　VI. Guillaume Sances,——Vrraque sa 960　　　A Table des Ducs de Septimanie, & des
　　　　　　　& son frere Gombaut.　femme.
　　　　　VII. Guillaume II.　985

VIII. Bernard.	990	Comtes de Tolose est en la p. 693. & 694.
IX. Sance Guillaume v.	1010	
X. Berlenguer.	1032	
XI. Odo.	1033	LA Table des Comtes, & des Vicomtes de Carcassonne est en la p. 705.
XII. Bernard Tumapaler.	1040	
XIII. Gui Comte de Poictiers qui fut paisible possesseur de Gascogne sur Bernard Tumapaler, enuiron l'an	1070	

ERRATA.

PAg 3.col.1.*si posita*.p 5 l 45 Armoniques.p.11.l.peu.possedées.p.12.l.pen.Florian p 13 l. 2. Ocaso qu'il place p.17.l.29. sa distribution.p 17.l.54.Illyric.p.17.l.38.Illyric.p.18.l.25.on trouue.l 26.publié.l 40.prit.p.19.l.11.art.l.43 receuoit l 45 le Duché.p. 20.l.2.le Vicomté.l.27.description.l.30 omet Lescar.l.43.le present. p.21.au Somm.l.20. Amuiau. p.22.l.40. pourroit p.24.l.25. iurisdiction ordinaire.l.31.fit p.26.au Som.l 8.ou peuples. p.27.l 10.les place.l.36.en la. p.29.l.20.recommandée, l.4. Nicetius, l.5. Nicetius, col.2.l.10.*efficient*.l.17.*in Carm* l.22. Aŧyit. p.29.l.27.au Som Bourdelois *au lieu de* Languedoc, p 29.l.penult.sitrés, p.30. l.12. Lerie.l.13. Bourg.p.31.l 22.incorporé,l.25.848 *au lieu de* 845.p.32.l.37.col.1.*fluuy fluuy ostia, fluuy ostia*.p.34.l.12. Assemblés.p.35. l.29.sos, p.36.l.25. *Vicomiliersis*. l.27.*Vicoruii*.l 39. Chalosse.l.vit. *dele* encore.p.38.au Som.l.39. *dele* sen.bus. p.40.l.31. plusieurs, l.43. Riuiere.p.43.l.15.*estoient* l.16. comprises.p.45.l.3.848. *au lieu de* 845.l.27.lieux & la.*esface* et.p.46.l.2.1104. *au lieu de* 1264. p.47.l.18 marqués.p.52.l.24.de la vie. p 54. l 34. dautant.l.38.nouueaux. p.56.l.24.au Som.premier.p.58.l.26.renouueler. p.59. l 46.estats ou l'assemblée, p 62.col.2.*exemplerat*.p.63.l.40.qui s'opposa au progrés de Theodoric Ce Prince.l.41. Narbone que. p.67.l.19.plusieurs, l.44. conuocation. p.72.l.18 denominations. p.75.l.4. recours. p.77.l.19. Gontran.p.84.l 36. au Som. Cantabres iusqu'au. p. 93.l.40.sont expliqués.p.101.l.24. Theodoric.104.col.2.l.47. *Exercitus*.p.108.l.pen. *dele* dans cette reuoke l.vit.trempé dans cette reuolte.cad.l.& l.1.p.109.*dele* ils furent conuaincus. p.113.l.27. vsurpation. p.135.au Som.l.19. Tolose par le. p.140.l.34. Anastase, p. 141.l.11 amuser à ce Duc p.154. l.6.font. p.157.l.23.entre.p.160.l.penult. aisées. p.163.l.15. pere & Eneco Arista son ayeul beaucoup plus auant. l.39 siche e.l.vlt. grasses.p.164.l.1.l'abondance.l.11. & des rapports *dele* des.p.183.col.2.l.21. *monet*. p.187 l.27 .siche e. p. 198.l.2.desir. p.218.l 8. classe innumera. p.221.l vlt. retraicte chez soi. p.214 l. 49. si le date. exprimé il p.229.l.1. le registre de ce. p. 232.l.22.le date obmis, on peut le, p.244.l.45. 1100. *au lieu* n'a 1000. p.251.au Som.l.10. Nauarreux.l.11. Ionction. p.306. col.2 l.vit. Vicecomitatus. p.346.l.1. octroya. p.355.au Som.l.3. Baudrere. p.364. col.1.l.2. Aquensis. p.478.l.31. considerer. p.478.l.38 ceuiller p.379.l.37. ceuillers.p.380. l.5 separe. p.396. col.1.l.10. vltor p.397. col 1.l. vlt. obedientes. p.411.l.5.1122 *au lieu de* 1112. p.427.l.4.de, p. 443.l.9. *Vicecomitissa* p. 457. l. 32. de Lascar. p. 462. au Som.l.1. Gaston v. p 517. l.13. Baronies. p.516.l.45. effectiuement. p.527.l.16. qu'vn certain. p.537. l.14. *iemborse* p 545 l.17. sett. p. 564. l.15. vn des. l.vlt. retirer. p.623.l.1. effectuement p 635. l.15. embarrassées. p.653.l.18. peut estre. p.682.l.31. & octroy. p.701. au Som.l 11. VII. *au lieu de* VI. p.708.l.44. de ce date, p.713. l.22. esclaircr. p 715 l.24. premiere race. p.716.l.43 IX *au lieu de* XI. p.781. au Som.l.12. VI. *au lieu de* IV. p.787. au Som.l.29. vt. de la Gascogne. continuation. p.8:7.l.12. 1127. *au lieu de* 1227 p.829.l.34 Historiques. p.830.l.37. només. p.844.l.1. Ibos. *Apres la page* 847. *il faut continuer en la page* 843. *à cause de la transposition*, & *en suite reprendre* 848. In Notis. p.3.col.1.l.11. vxori.

PRIVILEGE DV ROY.

LOVIS, PAR LA GRACE DE DIEV, ROY DE FRANCE ET DE NAVARRE. A nos amez & feaux Conseillers les gens tenans nos Cours de Parlemens, Maistres des Requestes ordinaires de nostre Hostel, Baillifs, Seneschaux, Preuosts, leurs Lieutenans; & à tous autres nos Iusticiers & Officiers qu'il appartiendra, Salut. Nostre bien amée *Denyse de Courbes, veufue de feu Iean Camusat*, viuant Marchand Libraire Iuré en l'Vniuersité de nostre bonne ville de Paris, nous a fait remonstrer, qu'elle a recouuré vn Liure intitulé, *Histoire de Bearn, contenant l'origine des Rois de Nauarre, des Ducs de Gascogne, Marquis de Gothie, Princes de Bearn, Comtes de Carcassonne, de Foix & de Bigorre, auec diuerses obseruations Geographiques & Historiques, concernant principalement lesdits Païs.* Composé par nostre amé & feal Conseiller en nos Conseils, & President en nostre Cour de Parlement de Nauarre, Mᵉ PIERRE DE MARCA, lequel Liure l'exposante desireroit faire imprimer, s'il nous plaisoit de luy accorder nos Lettres sur ce necessaires : A CES CAVSES, Nous luy auons permis & permettons par ces presentes, d'imprimer ou faire imprimer, vendre & debiter en tous les lieux de nostre obeïssance ledit Liure, en vn ou plusieurs volumes, en telles marges, en tels Characteres, & autant de fois que bon luy semblera, durant l'espace de vingt ans entiers & consecutifs, à compter du iour qu'il sera acheué d'imprimer pour la premiere fois, & faisons tres-expresses deffenses à toutes personnes de quelque qualité & condition qu'elles soient de l'imprimer, faire imprimer, vendre ny distribuer en aucun lieu de nostre obeïssance durant ledit temps, sous pretexte d'augmentation, correction, changement de tiltres, fausses marques ou autrement en quelque sorte & maniere que ce soit, sans le consentement de l'exposante : à peine de quinze cens liures d'amende, payables sans deport, par chacun des contreuenans, & applicables vn tiers à Nous, vn tiers à l'Hostel-Dieu de Paris, & l'autre tiers à ladite exposante, de confiscation des exemplaires contrefaits, & de tous despens dommages & interests. A condition qu'il en sera mis deux exemplaires en blanc en nostre Bibliotheque publique, & vn en celle de nostre tres-cher & feal le sieur SEGVIER, Cheualier Chancelier de France, auant que de les exposer en vente, à peine de nullité des presentes : Du contenu desquelles nous voulons & vous mandons que vous fassiez iouïr plainement & paisiblement l'exposante, sans souffrir qu'il luy soit donné aucun empeschement. VOVLONS aussi qu'en mettant au commencement ou à la fin dudit liure vn extraict des presentes, elles soient tenuës pour deuëment signifiées, & que foy y soit adioustée, & aux coppies collationnées par vn de nos amez & feaux Conseillers & Secretaires comme à l'original. MANDONS au premier nostre Huissier ou Sergent sur ce requis, de faire pour l'execution desdites presentes, tous exploits necessaires, sans demander aucune permission : CAR TEL est nostre plaisir, nonobstant oppositions ou appellations quelconques, & sans preiudice d'icelles, pour lesquelles ne voulons qu'il soit differé; Clameur de haro, chartre normande, prises à parties, & autres lettres à ce contraires. Donné à Paris le quinziesme jour de Nouembre, l'an de grace mil six cens trente-neuf. Et de nostre regne le trentiesme.

Par le Roy en son Conseil.

CONRART.

Acheué d'imprimer pour la premiere fois, le 20. iour de Decembre 1639.

HISTOIRE DE BEARN,
LIVRE PREMIER.

CHAPITRE I.

Sommaire.

I. II. La necessité de faire la description de l'Aquitaine. III. IV. Bornée par Cesar, & separée de la Gaule Celtique, mais non de la Narbonoise. V. Comme fait foy Mela. Faute de Strabon. VI. Enuelopement de Pline. VII. Diuision des Gaules par Auguste. VIII. Quatorze Peuples adioustez à l'Aquitaine. Strabon en denombre Douze. Deux Peuples manquans au conte.

I. AYANT dessein de publier les antiquitez de Bearn & des lieux circonuoisins, qui ont esté iusques ici ensevelies dans l'oubli, i'ay estimé que pour les mettre à leur iour & les rendre plus connoissables, il estoit necessaire de faire vne description sommaire de leur situation; puis que l'experience nous apprend, aussi bien que Strabon & Ptolemée, qu'on ne peut arriuer à l'entiere & parfaite intelligence de l'Histoire sans le secours de la Geographie.

II. Et parce que le Bearn est vn membre illustre de l'ancienne Aquitaine, qui est vne portion des Gaules assez connuë, ie suis obligé d'en proposer la description, afin de faire remarquer la partie dans son corps; D'autant plus que la necessité de mon dessein m'ayant engagé à representer les anciens Ducs de Gascogne, qui est cette ancienne Aquitaine; ie puis tirer de là vn second motif d'excuse enuers le Lecteur, si ie l'arreste d'abord à l'examen vn peu scrupuleux de ceste matiere.

III. Cesar en a fait la conqueste par son Lieutenant Crassus: comme ie diray plus bas, & voulant enfler sa victoire a osé escrire en ses Commentaires, que l'Aqui-

A

taine ne cedoit point en eſtenduë de terre, ni en multitude d'hommes aux autres deux parties de la Gaule; tombant par ce moyen dans la faute qui eſtoit commune aux Generaux d'armées; leſquels par vanité, faiſoient paſſer parmi la pompe de leurs triomphes & dans leurs relations, les chaſteaux pour des villes, comme fit Polybe en faueur de Gracchus, à qui il donna la gloire d'auoir gagné trois cens villes en la Celtiberie, ainſi que luy reproche Poſidonius dans Strabon. Les limites que Ceſar lui a preſcrites lui meſme, ſont trop eſtroites pour l'eſgaler aux deux autres parties des Gaules; De ſorte que l'Empereur Auguſte fut obligé de les eſtendre depuis; & les Princes ſuiuans y ont aporté les eſtabliſſemens qu'ils ont iugé neceſſaires pour le reglement de cette Prouince.

IV. L'Aquitaine donc en ſon premier eſtat, eſtant ſeparée de la Gaule Celtique par la riuiere de Garonne; & bornée des autres coſtez par l'Ocean & les Monts Pyrenées, compoſe la troiſieſme partie des Gaules ſuiuant la diſtribution de Ceſar; qui partagea ces Prouinces en trois corps, dont l'vn eſtoit poſſedé par les Belges depuis les extremitez du Rhin, iuſqu'aux riuieres de Marne & de Seine; l'autre par les Celtes ou Gaulois, depuis la Seine iuſqu'à la riuiere de Garonne; & de là, iuſqu'aux monts Pyrenées par les Aquitaniens. En laquelle diuiſion il n'a pas compris la Gaule Narbonoiſe, qui eſtoit deſia diſtraite du corps des Gaules, & reduite en forme de Prouince, mais l'autre partie des Gaules qu'il conqueſta, & ſouſmit à l'obeïſſance de la Republique.

V. Pomponius Mela a ſuiuy les traces de Ceſar, ayant premierement eſtabli vne diuiſion de la Gaule en deux coſtez, ſeparez entr'-eux par le lac Leman, & par les monts Cebenniques; dont l'vn eſt moüillé de la mer Mediterranée, & s'auance iuſqu'aux Pyrenées, depuis la riuiere du Var ſur les confins de l'Italie; l'autre eſt baigné de l'Ocean, & aboutit aux meſmes montagnes depuis la riuiere du Rhin. Il nomme l'vn des coſtez, qui eſt ſitué ſur les riuages de la mer Mediterranée, la Gaule Narbonoiſe, qu'il explique en vn Chapitre particulier, & en ſuite l'Eſpagne auec les Iſles; Puis reprenant l'autre coſté des Gaules, il le diſtribuë en trois peuples Belges, Celtes, & Aquitaniens, bornez par de grandes riuieres ſuiuant l'intention de Ceſar. Laquelle il a mieux penetrée que Strabon, qui s'embaraſſe vn peu en cette matiere, dautant qu'il a voulu s'attacher à l'authorité de Ceſar, en ce qui regarde la diſtribution des Gaules en trois parties, & toutesfois contre ſon ordre, il a compris la Narbonoiſe dans ce partage.

VI. Pline a bien eu cette precaution, de ſeparer la Narbonoiſe des trois autres portions qu'il diſtingue par les riuieres, ſuiuant la diſtribution de Ceſar; mais en la deſcription particuliere de l'Aquitaine, il excede les anciennes limites de Garonne, & ſuit les nouueaux accroiſſemens d'Auguſte; ſans auoir aduerti le Lecteur de cette nouueauté, dans laquelle il demeure ſurpris, ſe voyant en meſme temps parmi les peuples de l'Aquitaine de Ceſar, & ceux de la Gaule Celtique.

VII. De ſorte que l'on eſt plus obligé à Strabon, nonobſtant la legere faute qu'il a commiſe, dautant qu'il conſerue à la poſterité le changement arriué de ſon temps aux confins de l'Aquitaine. Car il eſcrit en deux lieux, que l'Empereur Auguſte augmenta l'ancienne Aquitaine de Quatorze Peuples, entre les riuieres de Garonne & de Loire; & diuiſa tout le corps des Gaules en quatre parties, la Narbonoiſe, l'Aquitanique, la Lionoiſe, & la Belgique; qui eſt la diſtribution que Ptolemée & les autres Eſcriuains ont depuis embraſſée en leurs deſcriptions.

VIII. Pour les peuples de creué, adiouſtez à l'Aquitaine, le nombre eſt preciſément de Quatorze, comme Strabon eſcrit expreſſément en vn endroit, ſuiuant l'autorité de tous les exemplaires imprimez & manuſcrits; quoi qu'en vn autre

Liure premier. 3

lieu, le texte imprimé reſtraigne ce nombre à Dix. Mais il a eſté corrigé par le docte Caſaubon ſur la foy d'vn vieux manuſcrit, qui porte le nombre de Quatorze en cét endroit, auſſi bien qu'en l'autre. Ioint que la fauſſeté de cette leçon du nombre de Dix paroiſt aſſez, en ce que Strabon incontinent denombre luy-meſme Douze peuples adiouſtez par Auguſte. Ie ne m'arreſterois pas à ſouſtenir la vraye leçon de Quatorze, ſans ce que le P. Monet homme ſçauant, n'ayant pas fait vne diſcuſſion particuliere de ces varietez dans ſa Geographie de la Gaule, s'attache au nombre de Dix; & toutesfois pat vne ſurpriſe manifeſte il en recite tout auſſi-toſt Onze auec Strabon, à ſçauoir ceux d'Auuergne, du Velai, Giuaudan, Rouergue, Quercy, Agenois, Berry, Limoſin, Perigort, Poictou, & Saintonge; obmettant les Eluiens ou Viuaretz, qui ſont le Douzieſme peuple chez Strabon. De ſorte que le denombrement de Quatorze ſe treuue defectueux de deux peuples dans cét autheur Grec, qu'il importe de rechercher pour ſatisfaire au deſir des curieux, & pour emprunter de cette recherche vne lumiere nouuelle à la connoiſſance de l'ancienne Aquitaine.

IV. E Comment. Cæſaris de Bello Gallico l. 1. Gallia eſt omnis diuiſa in partes tres, quarum vnam incolunt Belgæ, aliam Aquitani, tertiam qui ipſorum lingua Celtæ, noſtra Galli appellantur. Hi omnes lingua, inſtitutis, legibus inter ſe differunt. Gallos ab Aquitanis Garumna flumen, à Belgis Matrona & Sequana diuidit. Infra: Aquitania à Garumna flumine, ad Pyrenæos montes & eam partem Oceani, quæ ad Hiſpaniam pertinet, ſpectat inter occaſum ſolis & Septentriones.

V. Mela l. 2. de ſitu orbis c. 5 Gallia Lemano lacu & Gebennicis montibus in duo latera diuiſa, atque altero Thuſcum Pelagus attingens, altero Oceanum, hinc à Varo, illinc à Rheno ad Pyrenæum vſque promittitur. Pars noſtro mari appoſita fuit aliquando Braccata, nunc Narbonenſis. Lib. 3. c. 2. ſequitur Galliæ latus alterum. Infra: Regio quam in-

colunt omnis Comata Gallia. Populorum tria ſumma nomina ſunt, terminaturque fluuiis ingentibus. Nam à Pyrenæo ad Garumnam, Aquitania; ab eo ad Sequanam Celtæ; inde ad Rhenum pertinent Belgæ.

VI. Plinius l. 4. c. 17. Gallia omnis Comata vno nomine appellata in tria populorum genera diuiditur, amnibus maximè diſtincta, à Scaldi ad Sequanam Belgica, ab eo ad Garumnam Celtica, eademque Lugdunenſis. Inde ad Pyrenæi montis excurſum, Aquitania Aremorica antedicta.

VII. Strabo l. 4. Geographiæ : Ἀκουϊτανὸϲ ὥσπερ ῥηθεῖσι. προστέθηκε δὲ τέτταρεσκαίδεκα ἔθνη τῶν μεταξὺ τῆς Γαρύνα καὶ τῆς λίγυρος ποταμοῦ νεμόνται. Ita legit Caſaubonus è MS. Cod. αὐτῆς δια quod erat in excuſis. Infra: Ἐξῆς δὲ περὶ τῶν Ἀκουϊτανῶν λεκτέον, καὶ τῶν προσωριομένων αὐτοῖς ἐθνῶν τεσσαρεσκαίδεκα Γαλατικῶν, τῶν μεταξὺ τῆς Γαρύνα κατοικούντων καὶ τῆς λίγυρος.

CHAPITRE II.

Sommaire.

I. Les deux peuples manquans ſont les Bourdelois & ceux d'Angoulmois. II. III. IV. Bourdelois peuple Gaulois, Strabon expliqué contre Vinet & Caſaubon. V. VI. Bourdeaux n'eſt pas Colonie de Bourges. VII. VIII. IX. On recueille de Ceſar que les Bourdelois ſont Gaulois. X. XI. Bourdelois l'vn des Quatorze peuples. XII. Angoulmoiſins le Quatorzieſme peuple. XIII. XIV. Conference de Strabon auec la Notice ſur le denombrement des Quatorze peuples. Changement du Viuarets & Albigeois.

I.  Es deux peuples qui manquent au compte, doiuent eſtre ſituez dans l'endroit que Strabon deſigne, c'eſt à dire dans la Gaule Celtique, entre la Garonne & la Loire; & faiſant cette reueuë, on trouuera ſelon mon aduis, que ces deux peuples ſont les Viuiſques ou Bourdelois, & ceux d'Angoumois.

A ij

II. Pour les premiers, la preuue n'en sera pas mal-aisée, si l'on establit premierement qu'ils estoient vn peuple & vne nation Gauloise, & non pas Aquitanique. Or pour ce regard, il faut peser ce que Strabon escrit, que la riuiere de Garonne enflée de trois riuieres (sçauoir le Tarn, l'Olt, & la Dordoigne) se desgorge dans l'Ocean entre les Bituriges Viuisques, & les Saintongeois, qui sont, comme il remarque en termes exprés, deux nations Gauloises. Cela ne se destruit pas, mais plustost se confirme par la suite du discours, lors qu'il adiouste suiuant son vray sens, que les seuls Viuisques habitent dans dans le terroir des Aquitaniens, comme nation separée, ne sont point de leur corps, & reconnoissent la ville de Bourdeaux pour leur chef, & l'estape de leur commerce.

III. Car l'explication que Vinet donne à ce texte en ses Commentaires sur Ausone, encore qu'elle soit receuë par Casaubon, ne satisfait pas le Lecteur, & deroge en quelque façon à la dignité de la ville de Bourdeaux. Dautant qu'il se persuade, que Strabon ait voulu insinuer, que les Viuisques estoient vne Colonie des Bituriges Cubes, ou de ceux de Berry, & par consequent qu'ils estoient Gaulois d'ancienne origine, mais Aquitains de domicile, & selon l'estat present; & qu'ils furent deschargez par l'Empereur Auguste des tributs imposez sur le reste des Aquitaniens.

IV. En quoy il commet deux fautes. Car pour la descharge des tributs, comme j'aduouë que Pline donne cét aduantage aux Viuisques de les surnommer Libres & Exempts de contribution, ie nie aussi que Strabon signifie par ces termes, ϰ ὐ συντελεῖ αὐτοῖς, cette pretenduë exemption des tributs d'Aquitaine; puis qu'elle supposeroit contre le sens de l'Auteur enoncé aux paroles precedentes, que les Bourdelois estoient de ce corps; mais il pretend seulement faire comprendre suiuant la version de Xylander, qu'ils n'estoient en aucune façon du corps ni de la communauté des Aquitaniens, & qu'ils auoient leurs affaires, & leurs assemblées entierement separées.

V. Pour la Colonie de Bourges, Vinet en bastit la pensée, sur ce que la nation Viuisque est nommée *Allophyle*, & estrangere par Strabon; comme si son intention eust esté d'enseigner, que les Viuisques estoient venus en ces contrées d'vn païs estranger, au lieu que suiuant la force de la diction Grecque, & l'employ qu'il lui donne en cét endroit, & ailleurs, il ne pretend designer autre chose, sinon que le peuple Bourdelois est vne nation differente & separée de l'Aquitanique, ἀλλόφυλος, ou bien ἀλλοεθνής, ainsi qu'il parle ailleurs; puis qu'elle est Gauloise, aussi bien que la Saintongeoise. Cette seule difference se rencontrant entre ces deux Prouinces, que la Saintonge est entierement assise au territoire de la Gaule Celtique; & le Bourdelois est situé en partie dans la Celtique, comme ce qui est entre deux mers, & sur la riuiere de Dordoigne, & en partie deçà la riuiere de Garonne; encore que ce soit vn terroir, que la situation naturelle attribuë aux Aquitaniens.

VI. Par cette veritable, quoy que nouuelle explication, l'on destruit la pretenduë Colonie du peuple de Berry, & l'on oste à la ville de Bourges le droit de ville matrice, qu'elle pretend sur le Bourdelois en consequence de ce texte de Strabon: Comme elle a pretendu celui de la Primauté de toute l'Aquitaine en l'ordre Ecclesiastique; Quoy que la distribution de l'Aquitaine en trois portions, & en trois Gouuernemens independans l'vn de l'autre, fut fait par Hadrian, auant qu'il eust des Euesques à Bourges. Et il ne faut point s'arrester sur ce que ces deux peuples portent mesme nom de *Bituriges*. Car outre qu'ils sont distinguez par les denominations de Cubes, & de Viuisques: ce raisonnement est foible à l'endroit de ceux qui sçauent que plusieurs peuples ont des noms semblables parmy les anciens Auteurs, sans aucune dependance d'origine. Il seroit bien plus vray-semblable, que cette

portion

portion des Viuifques qui font situez entre deux mers, c'est à dire entre les riuieres de Garonne & de Dordoigne, enflées du flux & reflux vehement de la mer, aye estendu ses limites iusqu'au riuage de l'Aquitaine, vni à son corps la ville de Bourdeaux, & prouigné sa nation sur les frontieres de ses voisins. Ce seroit en ce sens qu'il faudroit prendre les paroles d'Isidore de Seuille (si l'amour de donner des etymologies à toutes choses ne le transportoit bien souuent hors les termes de la verité, & ne lui ostoit vne bonne partie de son credit,) lors qu'il escrit que Bourdeaux prend son nom de ceux qui l'ont peuplée, lesquels il nomme *Burgos Gallos*. Si ie me plaisois aux etymologies, i'aimerois mieux le deriuer à *Burgo Galatico*, c'est à dire Bourg Gaulois, ou ville Gauloise, le nom de Bourg estant assez ancien, & deriué de la langue Grecque, & par consequent propre à l'vsage des Gaulois, pour signifier vne forteresse, comme l'on peut voir dans Vegece, Orose, & le Glossaire de Philoxene, *Burgus*, *Turris*, πυργός.

VII. Il demeure donc constant & certain par le tesmoignage de Strabon, que les Viuisques ou Bourdelois sont vne nation Gauloise, & nullement Aquitanique. Ce qui se fortifie encore, de ce que Iules Cesar descriuant la reddition de l'Aquitaine, ne fait aucune mention des Viuisques; quoi qu'il parle des Tarbelliens leurs voisins, & que la dignité de Bourdeaux meritast bien qu'il les nommast en particulier, comme il a fait ceux d'Euse, & ceux d'Aux, & generalement tous les peuples auancez du costé de la Gaule Celtique; n'y ayant resté, comme il escrit, que certains peuples esloignez, qui ne se fussent rendus sous l'obeïssance des Romains.

VIII. Ie sçai bien que Lurbe en sa Chronique de Bourdeaux estonné de voir que Cesar oublie le nom des Bourdelois en la conqueste de l'Aquitaine, estime qu'ils sont cachez sous les termes generaux des peuples esloignez, qui conseruerent leur liberté par le moyen de la rigueur de l'hiuer. Mais il a mauuaise grace de nous vouloir persuader, que les Bourdelois puissent estre contez entre les esloignez, eux qui estoient les plus proches & voisins des peuples desia conquis en la Gaule Celtique, à l'esgard desquels seulement les autres se peuuent dire les esloignez.

IX. On peut retorquer l'argument contre moi, & dire que Cesar ne fait point mention des Bourdelois parmi les peuples Celtiques, non plus que parmi les Aquitaniens, Mais ie respons qu'en la description des peuples qui contribuerent à la guerre de Vercingentorix, pour faire leuer le siege d'Alexie, il fait mention des Bituriges, & des Saintongeois, en suite l'vn de l'autre. D'où le iudicieux Ciacon en ses Notes a conclu, que Cesar entend parler des Bituriges Viuisques ou Bourdelois, voisins des Saintongeois. Ce qui est rendu dautant plus vrai-semblable que ceux de Berry venoient d'estre tout fraischement destruits & ruinez de fonds en comble par Cesar; Desorte qu'il n'y a point d'apparence, qu'ils peussent en mesme temps faire des leuées d'hommes pour la guerre de Vercingentorix. Ou bien les Bourdelois sont compris sous le nom des Citez Armoriques, qui estoient selon que Cesar les explique en termes formels, toutes les Citez de la Gaule assises sur la mer Oceane; & non pas seulement celles de Bretagne, comme l'on estime communément. D'où vient qu'en la Notice de l'Empire, on voit le Gouuerneur de Blaye soubsmis à la disposition & au commandement du Duc ou Gouuerneur general des costes Armoriques. Et partant il n'y a point de repugnance, mais plustost il y a quelque necessité de comprendre Bourdeaux proche de Blaye de sept lieuës, sous le nom des citez Armoriques de la Gaule.

X. Apres auoir verifié auec euidence, que les Bourdelois sont vn peuple Gaulois, & mesmes en partie situez entre les riuieres de Garonne & de Loire, ie pense que l'on n'aura point de difficulté à consentir que c'est l'vn des Quatorze peuples Gaulois, que Cesar Auguste adiousta à l'ancienne Aquitaine ; puis que son assiette fauorise ce reglement, & qu'il ne peut estre attaché à nulle des quatre Prouinces d'Auguste, qu'à celle d'Aquitaine. De fait l'on voit depuis ce temps chez Pline & Ptolemée, que la ville de Bourdeaux est denombrée entre les peuples d'Aquitaine, conioinctement auec les autres adioustés par Auguste.

XI. Mais ce qui retranche toutes les difficultez, que les plus poinctilleux pourroient faire naistre sur ce sujet, est le tesmoignage de la Notice des Prouinces dressée du temps de l'Empereur Honorius ; où le denombrement est fait de Quatorze peuples de la nouuelle Aquitaine, outre ceux de l'ancienne, nommée Nouempopulanie, dont ie parlerai vn peu plus bas. Parmi ces peuples Bourdeaux tient son rang, comme estant la Cité Metropolitaine de la seconde Aquitaine, distincte & separée de la Nouempopulanie, aussi bien qu'elle l'est chez Ammian Marcellin suiuant l'ancien vsage. Or il faut remarquer que tous les Douze peuples de la creuë d'Auguste enoncés dans Strabon, excepté les Heluiens, sont representés par ordre dans cette Notice ; & en outre on y void la Cité de Bourdeaux, & celle d'Angoulesme, qui font le nombre complet des Quatorze en cét ordre : *Les Citez de Bourges, Auuergne, Rodais, Albi, Cahors, Limoges, Giuauldan, Velai, Bourdeaux, Agen, Angoulesme, Sainctes, Poictiers, & Perigueux.* De sorte qu'il faut conclurre, ou qu'il n'y a point eu Quatorze peuples d'augmentation, contre ce qui a esté fort bien establi au commencement ; ou bien que le nombre doit estre rempli sur les Douze de Strabon, par les peuples ou Citez de Bourdeaux & d'Angoulesme.

XII. Il est vray que pour le regard d'Angoulesme, ie n'ai pas l'auantage de la preuue tirée de Strabon, que ce soit vne Cité, ou vn peuple Gaulois, car l'vn vaut l'autre suiuant le langage du temps. Mais ceci demeure pour constant, qu'elle est situeé dans la Celtique entre les riuieres de Garonne & de Loire, estant enuironnée du Poictou, Sainctonge, Limosin, & Perigort, qui sont quatre peuples de la creuë d'Auguste. Par consequent cette contrée doit estre de l'ancien nombre des Quatorze Citez, puis que du temps d'Honorius elle se treuue en cét estat de Cité, & du nombre des Quatorze Aquitaniques. Car des'aller imaginer que l'Angoumois ait esté vne portion de la Sainctonge, il n'y a point d'apparence ; & en tout euenement la charge de la preuue, tombe sur celui qui feroit cette proposition contre l'estat auquel elle estoit du temps d'Honorius. Dautant plus, que si ce païs auoit esté distrait de la Sainctonge depuis l'establissement d'Auguste, il y eust eu du temps d'Honorius Quinze peuples, en la creuë de l'Aquitaine, & non pas Quatorze seulement, comme la Notice represente, conformement au nombre marqué par Strabon. Ioint que le celebre Paulin contemporain de S. Ambroise, en ce fragment de sa letre rapporté par Gregoire de Tours, fait foi que de son temps Angoulesme tenoit rang de Cité, & auoit Dynamius pour Euesque. Le nom aussi d'Angoulesme ou *d'Inculisma* est connu par les vers du Poëte Ausone, qui fleurissoit en mesme temps, à sçauoir enuiron l'an 380.

XIII. I'ai remarqué la conformité qu'il y auoit entre la Notice des Prouinces, & Strabon, au denombrement des Douze peuples, n'y ayant de difference, que pour le regard du Viuarez ; lequel Strabon donne à l'Aquitaine, suiuant le departement d'Auguste : Ce qu'il certifie en deux lieux, & remarque comme par ce moyen l'Aquitaine touche la riuiere du Rhosne ; En la place duquel peuple, la Notice denombre l'Albigeois & substituë *Albia* la Cité d'Albi, à celle d'Aubenas en Viuarez *Alba*. Il faut donc que ce changement & substitution d'vn peuple à l'autre, soit arriué depuis le departement d'Auguste, & auant l'Empire de Vespasian. Car Pline qui escriuoit sous ce Prince, met le Viuarez non pas dans l'Aquitaine, mais parmi les peuples de la Gaule Narbonoise; Comme fait aussi Ptolemée, qui fleurissoit sous l'Empire d'Hadrian. J'attribuë cette innouation à l'Empeteur Galba, lequel apporta quelques changemens dans les Prouinces des Gaules, mesmes en la Narbonoise, suiuant le tesmoignage de Pline; Et bien que cét Auteur ne remarque pas celui du Viuarez, neantmoins il y a necessité de l'attribuer à Galba qui seul a fait des alterations en ces quartiers, dans le temps qui a coulé depuis Auguste & Strabon, iusques à Vespasian & Pline. A quoi il fut obligé par la situation du Viuarez, laquelle sembloit le separer de l'Auuergne & du reste de l'Aquitaine, par les monts Cebenniques, & l'adiuger à la Narbonoise, par l'attouchement du Rhosne: neantmoins ce Prince remplaça le Viuarez par l'Albigeois, qu'il donna à l'Aquitaine, dont il estoit voisin. Cette ville d'Albi estoit en tiltre de Cité, & auoit son Euesque Diogenian du temps de Paulin, comme il se void par le fragment de sa letre rapporté par Gregoire de Tours; & pourroit estre la ville de Taita des peuples *Daciens* chez Ptolemée; puis que tous les autres peuples de la nouuelle Aquitaine, sont denombrés dans cét Auteur, excepté les Albigeois.

XIV. Cette obseruation touchant le Viuarez & l'Albigeois seruira pour resoudre les difficultez dans lesquelles se treuue enueloppé sur ce sujet le sieur Catel en son Histoire de Languedoc; poureu que l'on adiouste à ce que dessus, qu'Hadrian lors de la subdiuision des Prouinces en premieres, & secondes, attribua les Eluiens ou le Viuarez à la Prouince Viennoise, qui est vne portion du corps de l'ancienne Narbonnoise, comme on peut voir dans la Notice.

II. Strabo l. 4. Ἐκ Γαλλίες ὃ ὁ μὲν Γαρούνας τεισὶ ποταμοῖς αὐξανθείς, εἰς τὸ μεταξὺ Βιτυρίγων τε ᾗ Ἰάσκων ὀπκαλαρεύων, ᾗ Σαντώων, Ἀμφοτέρων Γαλατικῶν ἐθνῶν, μόνον γάρ διὰ τὸ ᾗ Βιτυρίγων τούτων ἔθνος ἐν τοῖς Ἀκουιτανοῖς ἀλλόφυλον ἱδρύται, ᾗ ἡ σιωπλῆ αὐτοῖς, ἔχει δὲ ἐμπόριον Βυρδίγαλα.

III. Vinetus in Carmen 13. Ausonij de Burdigala. Casaubonus in Comment. ad dictum locum Strabonis.

VI. Isidorus Hispa. l. 15. Etymolog. c. 1. Burdegalim appellatam ferunt quod Murgos (vel Burgos, vt emendat Vinetus) Gallos primum colonos habuerit.

IX. Cæsar l. 7. Vniuersis Ciuitatibus quæ Oceanum attingunt, quæ eorum consuetudine Armoricæ appellantur. Notitia imperij: sub dispositione viri spectabilis Ducis tractus Armoricani & Ebruicani, præfectus militum Carronensium, Blabia.

X. Plin. l. 4. c. 17. Ptolemæus tabula 3. Europæ. Sub iis Santones quorum Ciuitas Mediolanum, sub quibus Biturigez Vibisci, quorum ciuitates Nouiomagus, Burdigala.

XI. Notitia Prouinciarum: Prouincia Aquitanica prima. Metropolis Ciuitas Biturigum, Ciuitas Aruernorum, Ciuitas Rutenorum, Ciuitas Albiensium, Ciuitas Cadurcorum. C. Lemouicum, C. Gabalum. C. Vellauorum, Prouincia Aquitanica 11. Metropolis Ciuitas Burdigalensium, C. Agennensium. C. Ecolismensium. C. Santonum, C. Pictauorum, C. Petrocorinum.

XII. Gregor. Tur. l. 2. Hist. c. 13. è Paulino, si enim hos videas dignos domino Sacerdotes vel Exuperium Tolosæ, vel Simplicium Viennæ, vel Amandum Burdegalæ, vel Diogenianum Albigæ, vel Dynanium Engolismæ, vel Venerandum Aruernis, vel Alithium Cadurcis, vel nunc Pegasium Petrocoriis, vtcunque se habent seculi mala, videbis profecto dignissimos totius fidei religionisque custodes.

XII. Ausonius ep. XI. Iculisma quum te absconderet.

XIII. Strabo l. 4. ὅτι τρία ἀπολαμβάνει κ̄ τῆς τοῦ ῥοδανοῦ ποταμίας. Infra. Ἐλύιοι ἀπὸ τοῦ ῥοδανοῦ ἀρχὴν ἔχοντες.

XIII. Plin. l. 3. c. 4. Alba Heluiorum. Ptolem. Alba Augusta Helicociorum. 1. Heluiorum. Plin. l. 3. c. 4. Adiecit formulæ Galba Imperator ex Inalpinis Auanticos atque Ebroduntios.

A iiij

CHAPITRE III.

Sommaire.

I. Confins de l'Ancienne Aquitaine du costé de l'Orient. II. Garonne ne la sépare pas de la Prouince Narbonnoise suiuant Cesar. III. IV. Comenge dans l'Aquitaine suiuant Strabon, & le Coserans suiuant Pline, la Notice, & Ptolemée. V. Et encore suiuant Cesar. VI. VII. A quoy Strabon est conforme suiuant vne nouuelle explication. Conionction des monts Cebenniques auec les Pyrenées, & situation des Celtes suiuant le mesme auteur. Erreur de Xylander en la version des Tolosains proches des Pyrenées. VIII. Pline corrigé sur les limites des Tolosains, & expliqué sur le Coserans. IX. Albi estoit de l'Aquitaine & non du Languedoc. Explication de Pline sur les limites de la riuiere du Tarn.

I. L'Examen qui a esté fait de Quatorze nouueaux peuples adioustez à l'ancienne Aquitaine par Auguste, sert beaucoup pour reconnoistre les anciens, & par leur moyen establir les vraies limites de cette Prouince. I'ai trauaillé au Chapitre precedent, à ce que ses bornes fussent connuës du costé du Septentrion par les Viuisques, & en celui-cy ie tascheray d'esclaircir ses confins du costé de l'Orient, par les peuples qui l'auoisinent. Il semble d'abord que la recherche n'en est pas malaisée; puis que Cesar a dit si nettement, & apres lui les anciens Geographes l'ont confirmé, que la Garonne sépare l'Aquitaine de la Gaule; & partant que le païs de Coserans, & cette portion de Comenge, qui est depuis S. Beat vers Coserans au delà de la Garonne, doiuent estre censez & tenus pour païs separez de l'Aquitaine, comme le sieur Catel escrit en son histoire de Languedoc.

II. Mais ie desire que le Lecteur pese meurement ce que i'ai verifié au premier chapitre, que la Garonne sepàre, suiuant Cesar, l'Aquitaine de la Gaule Celtique, & non pas de la Narbonoise; de laquelle il n'a fait aucune mention en ses Commentaires; & partant n'a peu establir ni la Garonne, ni aucune autre borne entre elle, & la Prouince d'Aquitaine; De sorte que l'autorité de Cesar ne nous arrachera pas des mains, ni le Coserans, ni la portion des Comengeois qui sont au delà de Garonne, si nous auons d'ailleurs quelque preuue pour les adiuger à l'Aquitaine, & pour pousser ses limites iusqu'à l'extremité de ces peuples.

III. Or le tesmoignage de Strabon est formel pour le regard du peuple de Comenge, qu'il dit estre assis en Aquitaine ioignant les monts Pyrenées, sans distinction d'outre ou de deçà la Garonne, cóme font aussi Pline & Ptolemée. Et qui plus est, le mesme auteur Pline, auquel les départemens des Prouinces ne pouuoient estre inconneus, à cause de son exacte connoissance de toutes choses, & de l'emploi qu'il auoit eü pres de l'Empereur Vespasien, met en termes expres le païs de Coserans parmi les Aquitains; c'est à dire parmi les anciens, puis que ce peuple n'est pas l'vn des quatorze adioustés par Auguste. La Notice dressée enuiron le temps de l'Empereur Honorius, que ie representerai au Chapitre suiuant, denombre conformement à Pline, la Cité de Coserans pour l'vne des douze de la Nouempopulanie;

de sorte que cette Notice ne permet pas qu'on reuoque en doute, que le peuple de Coserans n'apartienne à l'Ancienne Aquitaine. Et par mesme moyen ne souffre pas que l'on puisse douter, que du costé des Pyrenées les bornes ne soient outre la source de la Garonne, à l'extremité de Coserans.

IV. Ce que i'ay estabili par raisonnement, demeure entierement conuaincu par l'authorité de Ptolemée; lequel donnant les bornes à l'Aquitaine de Cesar & d'Auguste, escrit en la Troisiesme Table de l'Europe, qu'elle a pour ses confins, à l'Occident vne partie des monts Pyrenées iusqu'au promontoire Oeason, & l'Ocean Aquitanique; au Septentrion la Prouince Lyonoise pres de la riuiere de Loire, iusqu'au ply qu'elle prend vers le Midy; à l'Orient vne partie de la Lyonoise iusqu'a la source de la riuiere de Loire, & vne partie de la Gaule Narbonnoise, en l'endroit ou elle aboutit aux Pyrenées, à dix-neuf degrez de longitude, & quarante-trois degrez, & dix minutes de latitude; Au midy les Pyrenées, & la Gaule Narbonnoise depuis la source de Loire iusqu'aux bornes qui sont dans les Pyrenées. Que peut-on dire de plus expres, pour iustifier que la Garonne ne separe pas depuis sa source, la Gaule Narbonnoise de l'ancienne Aquitaine? mais que le confin commun de ces deux Prouinces se rencontre dans les monts Pyrenées, en cét endroit qui est a quarante trois degrez, & dix minutes de latitude, c'est à dire dans le païs de Coserans, tel qu'il estoit pour lors, comprenant vne bonne partie du païs haut de Foix. Ce qui sera mieux iustifié par la conference de deux autres textes de Ptolemée, dont l'vn place la source de la riuiere de Garonne, à quarante quatre degrez & vn quart de latitude; & par consequent il auance les bornes de l'Aquitaine dans les Pyrenées au delà de la Garonne, de pres d'vn degré. A quoy reuient l'obseruation que cét Auteur a faite du courbement des Pyrenées vers l'Espaigne, situant le milieu de ce ply au quarante troisiesme degré de latitude, du costé de l'Espagne Taraconnoise. Mais cette preuue est plus obscure que la precedente. Ce seroit vn desir trop grand de contredire les bonnes opinions, de se persuader pour eluder cette preuue, que l'Empereur Auguste eust accreu l'Aquitaine du païs de Coserans; puis que toute la creuë qu'il a faite, a esté prise dans la Gaule Celtique, comme i'ai verifié par Strabon; & que cela choque le sens de penser, que ce Prince eust voulu demembrer la prouince Narbonoise, pour enrichir l'Aquitaine de sa depoüille, & pour rendre leurs limites plus confuses qu'elles n'estoient auparauant, si la Garonne eust esté l'ancienne borne.

V. Que si pour sçauoir l'estat de ces Prouinces du temps de Cesar, on desire l'aprendre de lui mesme, on sera satisfait par la lecture du Troisiesme liure de ses Commentaires; où descriuant l'appareil de guerre, que dressa le ieune Crassus, pour la conqueste de l'Aquitaine, il tesmoigne que ce General fit de grandes leuées dans les païs de Tolose, de Carcassone, & de Narbone, qui sont des Cités, dit-il, de la Gaule Prouinciale, limitrofes des regions d'Aquitaine. Ce qui est tres-asseuré, & reuient à ce que i'ai desia establi; dautant que le Comenge, & le Coserans confinent auec ces trois Cités, suiuant l'ancienne estenduë qu'elles auoient du temps de l'Empire Romain; laquelle leur a esté retranchée par les nouuelles creations des Eueschés de Pamiez, Mirepoix, & Rieux, que les Papes Boniface, & Iean XXII. ont faites dans le territoire de tous ces peuples.

VI. Ceci pourra estre mieux esclairci par l'autorité de Strabon, qui se trouuera entierement conforme à Cesar, & à Ptolemée, suiuant le sens auquel ie les ai interpretés; si les termes de ce Geographe sont mieux expliqués & entendus qu'ils n'ont esté iusques icy. Car apres auoir compris toute la Gaule dans l'estenduë, qui est entre les Pyrenées, la mer Mediterranée, les Alpes, la riuiere du Rhin depuis sa source iusqu'à son embocheure, & la mer Oceane depuis cette embouchure iusqu'aux parties Septentrionales des monts Pyrenées ; cét auteur diſtribuë tout ce corps en Aquitains, & Celtes, & en Belges. A chaſcun deſquels il aſſigne l'endroit qu'on leur donnoit auant le departement d'Auguſte. Pour cét effet, il repreſente l'eſtenduë des monts Pyrenées, qui aboutiſſent de deux coſtés à l'vne & à l'autre mer, auec cét Iſthme de terre qui eſt intercepté entre-deux. Il adiouſte que cét Iſthme eſt coupé par les monts Cemmeniens, leſquels ſont attachés aux monts Pyrenées, & les touchent en angles droits; & en ſuite s'eſtendent par le milieu des champs de la Gaule, en la longueur de deux mille ſtades iuſqu'au pres de Lion. Ce poinct eſt fort remarquable pour l'intelligence de Strabon, qui met pour fondement, que les monts qu'il appelle Cemmeniens, & les Latins Cebennes ou Cebenniques, aboutiſſent aux Pyrenées, & les touchent en angles droicts ; Ce qui ne peut eſtre entendu, que des coſtaux & rameaux de ces montagnes; leſquels s'entretienent auec les vallons qui ſont entre-deux, par vne ligne qui prend depuis Caſtres vers le païs de Carcaſſonne, & de Foix. Cela poſé, Strabon aſſigne les Aquitains depuis les parties Septentrionales des Pyrenées, coulant le long de ces montagnes, iuſqu'à la rencontre des monts Cebenniques en leur conionction ; & de-là tirant en bas vne ligne vers la riuiere de Garonne, iuſqu'à ſon emboucheure dans l'Ocean. De ſorte qu'il fait aboutir aux monts Cemmeniens, les Aquitains qui attouchent les Pyrenées ; & de l'autre coſté des meſmes monts Cemmeniens, & tout ioignant les Pyrenées, il eſtablit vne partie des Celtes, qui ſont par ce moyen ſeparez en cét endroit, par les ſeuls monts Cemmeniens. Ce qui reuient preciſément, à ce que i'ai verifié par le texte de Ptolemée, que la ſeparation de l'Aquitaine, & de la Gaule Narbonoiſe, ne ſe fait pas dans les monts Pyrenées, par la ſource de la riuiere de Garonne en la terre de Comenge ; mais par la deſignation d'vn certain endroict de ces montaignes, que Ptolemée explique par les degrez de longitude & de latitude, & Strabon par la conionction des monts Cemmeniens auec les Pyrenées ; c'eſt à dire vers le lieu, où les rameaux de ces montaignes s'approchent le plus, & plient les vns vers les autres.

VII. Apres auoir donné l'aſſiete aux Aquitains, Strabon deſcrit celle des Celtes; ſous leſquels il comprend non ſeulement la Gaule Narbonoiſe, mais auſſi les autres peuples compris ſous ce nom par Ceſar. Il eſt neantmoins certain, qu'il explique ſa penſée aſſez obſcurément, & en termes ſuccincts ; dautant que ceſte deſcription n'eſtoit point en vſage de ſon temps, à cauſe qu'elle auoit eſté changée par le partage d'Auguſte, & que d'ailleurs on auoit en main les Commentaires de Ceſar, auſquels il ſe remet pour vne explication plus claire de la matiere. Quoi que neantmoins il comprene contre l'intention de Ceſar, la Gaule Narbonoiſe parmi les Celtes. Mais il ſeroit bien plus eſloigné de Ceſar, ſi la verſion de Xylander n'eſtoit vn peu chaſtiée ; laquelle preſuppoſe contre la force des termes Grecs de Strabon, que les Celtes ſont ceux qui habitent entre les monts Cemmeniens, & la mer de Narbone, & de Marſeille, iuſqu'à vn certain endroict des Alpes ; & par ce moyen les Celtes ſeroient reſtraincts à la ſeule Gaule Narbonoiſe. Car le texte de Strabon bien expliqué, preſente vn autre ſens ; à ſçauoir, que comme les Aquitains arriuent par la ligne des Pyrenées, iuſqu'à ceſte partie des monts Cemmeniens, où ſe fait leur conjonction, les Celtes occupent & poſſedent auſſi l'autre coſté de ces monts, & encore le païs, qui eſt du coſté de la mer de Narbone, & de Marſeille ; c'eſt à dire en autres termes, toute la Gaule Narbonoiſe, & les Prouinces qui s'eſtendent de l'autre coſté des monts Cemmeniens iuſqu'à la riuiere de Seine. Ceſte explication s'accorde extremement bien auec le meſme Strabon ; lequel au Liure ſecond dit expreſſement, que les monts Cemmeniens aboutiſſent au milieu de la terre des Celtes, monſtrant par là qu'il entend placer les Celtes deçà, & delà ces monts. A ceſte interpretation s'accommode aussi ce qu'il escrit au liure quatriesme, que les Tectosages ou Tolosains sont proches des Pyrenées & attouchent vn peu la partie desdits Cemmeniens, qui panche vers le Septentrion. Il ne se peut dire rien de plus expres, pour l'intention de Cesar, qui a escrit que les Tolosains sont contigus des Aquitains; Ce qui doit estre entendu suiuant Strabon; en ce que les Aquitains possedans les racines des Pyrenées iusqu'à la conionction des Cemmeniens, les Tolosains ne touchent pas, mais sont proches des Pyrenées, & neantmoins attouchent vne partie des monts Cemmeniens.

VIII. Pline fauorise ce discours, si son texte est appuyé d'vne interpunction qui est mal placée en tous les Liures, afin de le rendre conforme à l'intention de Cesar & de Strabon. Car denombrant les peuples de la Narbonoise, il y met les Tolosains Tectosages, voisins de l'Aquitaine, dict-il, suiuant ma correction. On opposera que le mesme Auteur descriuant la Gaule Narbonoise en l'endroict qu'elle auoisine la mer Mediterranée & les monts Pyrenées, place sur la riue la nation des Sardons, & au dedans, celle des Consuarans, qui ne peuuent estre autres que ceux de Coserans. A quoi ie respons, qu'il faut necessairement, nonobstant l'affinité qu'il y a entre les noms; que ces peuples soient differens, comme ie l'ai demonstré par les raisons que i'ai proposées ci-dessus, Ou bien, si c'est vn seul peuple, qu'il lui soit arriué le mesme qu'aux Ruteniens, ou peuples de Rouergue, lesquels ayans esté en partie enueloppez dans la premiere conqueste de la Gaule Narbonoise furent partagez en deux peuples sous mesme nom, de sorte qu'on voit à mesme temps dans Cesar au liure VII. de ses Commentaires, les Ruteniens Prouinciaux distinguez des Ruteniens qui n'estoient pas de la Prouince; D'où vient que Pline dénombre les Ruteniens en la Narbonoise, & en l'Aquitaine. Il peut auoir fait le mesme, pour vne semblable consideration, touchant les Consuarans, qu'il attribuë à l'Aquitaine, & à la Narbonoise.

IX. Ceste dispute des confins de l'ancienne Aquitaine & de la Prouince Narbonoise, m'oblige de ne dissimuler point en cét endroit vne faute du Docteur Roaldes, qui a esté suiuie par le sieur Catel en ses memoires de Languedoc, touchant les limites de l'Aquitaine d'Auguste, & de la Prouince Narbonnoise. Car ils veulent que la ville d'Albi & vne partie de son Euesché, & celui de Castres qui a esté distraict du Diocese d'Albi par le Pape Iean XXII. soient censez de la Gaule Narbonnoise; sous pretexte qu'ils sont maintenant du païs de Languedoc, & que la ville d'Albi est deçà la riuiere du Tarn; laquelle riuiere ils prennent depuis sa source pour vne borne asseurée de l'Aquitaine & de la Prouince Narbonnoise; Ils se fondent sur vn texte de Pline, qui a esté corrigé en son interpunction par Scaliger, & encore mieux par le sieur Catel en ces termes: *Rursus Narbonensis Prouinciæ contermini, Ruteni, Cadurci Tarne amne discreti à Tolosanis.* Il faudroit faire violence à ce texte pour y treuuer leur sens. Car il n'establit pas les limites de la Narbonnoise & de l'Aquitaine en gros par la riuiere du Tarn; mais en particulier celles du Querci & du païs de Tolose; *Cadurci amne Tarni discreti à Tolosanis.* De sorte que comme les bornes des Tolosains ne respondent pas au Rouergue, Pline ne signifie pas aussi que le Tarn les separe entr'eux, mais seulement ceux de Cahors & de Tolose. Si ceste ville d'Albi, aussi bien que le Velai & le Geuaudan, qui sont des pieces de l'Aquitaine d'Auguste, & dependent encore de la Metropole de Bourges, appartiennent maintenant au païs de Languedoc: cela doit estre attribué au departement des Rois de France, qui ont esté obligez d'en vser de la sorte, n'ayant point la disposition des autres citez d'Aquitaine qui estoient possedez par les Anglois. Dautant plus qu'elles auoient esté desia distraites de l'Aquitaine par les anciens Comtes de Tolose, aussi bien que Viuiers de la Prouince Viennoise, & vnie au Languedoc. De fait les Anglois n'ont rien pretendu sur ces trois païs d'Albigeois, Rouergue, & Geuaudan, à cause qu'ils auoient esté demembrez de l'Aquitaine auant le temps de la Duchesse Alienor, de laquelle ils prenoient tout leur droict dans l'Aquitaine.

III. Strabo l. 4. Plin. l. 4. c. 17. IV. Ptolemæus lib. 2. Tab. III. Europæ. ἡ δὲ Ἀκυτανικὴ πλευρὰ συνίσταται, ἢ τῆς Ναρϐωνησίας μέρει, μέχρι τοῦ πρὸς τῇ πυρήνῃ πέρατος ἢ ἡ θέσις ἐπέχει μοίρας 19 μγ ν Idem Ptolem. Tab. 2. Europæ. Κυροῦται δὲ πως τὸ ὄρος ὡς ἐπὶ τὴν Ἰσπανίαν, ὡς τὸ μεταξὺ τῆς Κυρτανίας ἐπέχει μοιρῶν, πρὸς τῇ παρ' ἀκυντανία ιζ μγ. Idem Tabula III. Ἡ πηγὴ τοῦ ποταμοῦ Γαροῦνα. 19 μδ δ. Ptolem. Tabula 2. Europ. Curuatur mons paululum Hispaniam versus, vnde sinuationis medium in Taraconensi habet 17. 41.

V. Cæsar. l. 3. Comment. Itaque re frumentaria prouisa, auxiliis, equitatuque comparato, multis præterea viribus fortibus, Tolosa, Carcasone, Narbone, quæ sunt ciuitates Galliæ prouinciæ finitimæ, Ex his regionibus nominatim euocatis, in sociatium fines exercitum induxit; Vbi Ciaconus in

Notis legit finitimæ his regionibus.
VI. Strabo. l. 2. μεταξὺ δ' ἐστὶ ἔχις ὀρεινὴ πρὸς ὀρθὰς τῇ πυρήνῃ, τὸ καλούμενον Κέμμενον ὄρος. τελευτᾷ δὲ τοῦτο εἰς μεσαίτατα τὰ τῶν Κελτῶν πεδία. L. 4. Ἀκυιτανίοις μὲν οὖν ἢ Κέλτας ὅρος, τοῖς πρὸς τῇ πυρήνῃ, διωρισμένοις τῷ Κεμμένῳ ὄρει.
VII. Idem l. 4. Ἀκυιτανίοις μὲν οὖν ἢ λέγει τὰ τὰ βόρεια τῆς πυρήνης μέρη κατέχιτας, ἢ τῆς Κεμμένης μέχρι πρὸς τὸν Ὠκεανὸν, τὰ ἐντὸς Γαροῦνα ποταμοῦ. Κέλτας δὲ τοῖς ἐπὶ δάπερ μέρη καθήκοντα ἢ τοῦ κτ Μασσαλίαν ἢ Ναρϐωνα θάλαττα. Vbi Xilander sensum deprauauit dissimulando in versione sua particulam coniunctiuam. Ita enim vertit: Celtas qui in alteram partem habitant versus mare quod est ad Massiliam & Narbonem. Idem lib. 4. οἱ ᾗ Ταρϐυαζας καλέσμενη τῷ Πυρήνη πλησιασυσιν ἐφάπτονται ἡ μικρᾷ ἢ τῇ προσαρκτικῇ πλευρᾷ τῶν Κεμμένων.

CHAPITRE IV.

Sommaire.

I. La ville & le promontoire Oeaso sont les confins de l'Aquitaine du costé d'Occident. Oeaso pris par quelques vns pour Fontarabie, ou Oyarsun. II. Opinion de l'auteur, que la ville Oeaso est S. Sebastien, & le promontoire, la teste de la montaigne qui s'estend depuis cette ville iusqu'à Fontarabie. Description de ce quartier de Guipuscoa. III. Preuues de l'opinion de l'auteur. Explication de la riuiere Menlasque chez Ptolemée. Preuue que c'est la riuiere Oria. Menosca est vne ville dans Ptolemée. Faute de Merula & de Bertius qui la prenent pour vne riuiere. Explication de la riuiere Magrada dans Mela. IV. Ce quartier de Guipuscoa apartient aux Gaules. V. Verifié par l'estenduë de l'Euesché de Bayonne, & autres preuues. VI. Il a esté distraict de la seigneurie temporelle depuis quelque temps. VII. Confins de l'Aquitaine du costé de Midi. L'Isthme entre deux mers plus estroict du costé de France que d'Espagne. Difference de Strabon & de Pline. Casaubon repris, & Pline expliqué. VIII. Strabon corrigé. Les Pyrenées verdoyans du costé de France, & arides du costé d'Espagne.

I. Pres auoir asseuré les limites de l'ancienne Aquitaine du costé de l'Orient, il est a propos de les bien affermir du coste de l'occident. En quoi il ne se rencontre point de peine parmi les Geographes. Car Strabon, Mela, Pline & Ptolemée ferment les Espagnes, & les distinguent de l'Aquitaine par le promontoire des monts Pyrenées qui s'auance vers l'Ocean, lequel ils nomment Oeaso au deçà d'vne ville d'vn semblable nom. Gomes, Floriam, & autres Auteurs Espagnols estiment que Fontarabie est ceste ville Oeaso; sans considerer que le Promontoire des Pyrenées

nées est situé par Ptolemée à quinze degrez de longitude, & quarante-cinq degrez, cinquante minutes de latitude au deça de la ville Oeaso place qui a quarante-cinq degrez, & six minutes de latitude. Ce qui ne se rencontre pas au lieu de Fonterabie, qui est au deçà du promontoire. Arias Montanus & Clusius estiment qu'vn certain lieu ruiné portant le nom d'*Oiarsun* à deux lieuës de la mer, & de Fonterabie, soit la cité *Oeaso*, ou bien *Olarso*, comme la nomme Pline. Ce qui ne s'accorde pas auec Strabon, qui met l'assiete de ceste ville sur le riuage de l'Ocean, & non pas à deux lieuës de la mer.

II. Mon opinion est que la Cité *Oeaso* est la ville de sainct Sebastien, & que le Promontoire est cette eschine de montagne qui s'auance dans la mer depuis Fonterabie iusqu'au Passage. Afin de mieux comprendre ceci, il est necessaire de representer la description de ce quartier de Guiposcoa, cóme elle est proposée par Garibai natif du païs; lequel ayant diuisé la Prouince en trois parties, dit que le quartier qui est assis du costé de France est le plus vaste & le plus estendu, où sont situées les villes de Tolose, de sainct Sebastien & de Fonterabie. Il y a en cét endroit vne grande riuiere nommée *Araxes*; & vne petite nommée *Vrumea*, laquelle prenant sa source aux montagnes de Nauarre coule pres la ville de Hernani, & entre dans la mer apres auoir arrousé la muraille de sainct Sebastien du costé d'Orient. Icy la terre est vn peu courbée, faisant vn sein & vn repli iusqu'à la terre de France, comme escrit expressement Garibai, *En esta mesma clima haziendo la terra vn seno hazia Francia*. La riuiere de Leço coule par ces quartiers; laquelle sortant des confins de Guipuscoa & de Nauarre, couppe la vallée de Oyarsun, & de là descendant vers les deux Bourgs nommez les Passages, entre dans la mer, laissant du costé d'Occident l'vn de ces Bourgs, qui est de la Iurisdiction de sainct Sebastien, à vne petite lieuë de la ville; & du costé d'Orient l'autre Bourg qui est plus grand, & dépend de la Iurisdiction de Fonterabie. Entre ces deux Bourgs, il y a vn port des meilleurs de la Biscaie & de Guipuscoa nommé le port du Passage, capable de receuoir toute sorte de vaisseaux, où ils sont à l'abri du vent tousiours en flot, & en estat d'entrer & de sortir à toute heure sans attendre le flux ni le reflux de la mer. Sur le haut bout de ce port il y a vn Bourg nommé Leço. Iusques icy Garibai.

III. De ceste description ie tire deux auantages; l'vn qui iustifie la situation de la ville, & du Promontoire *Oeaso*: l'autre qui donne connoissance du motif des innouations qui ont esté faites depuis aux bornes de ces frontieres. Quant au premier poinct, on void que sainct Sebastien est assis sur la mer Oceane. Ce qui s'accorde entierement à la situation que Strabon donne à la ville *Idanuse*, ou bien *Oeaso*, selon la correction que Casaubon a faite de ce lieu, suiuant les anciens manuscrits. Le Promontoire *Oeaso*, est esloigné de pres d'vn tiers de degré, c'est à dire de quarante-quatre minutes de latitude, de la ville de mesme nom, selon Ptolemée. Ce qui respond à la distance qu'il y a depuis sainct Sebastien iusqu'à la pointe de la montagne qui aboutit à Fonterabie, coulant le long des Bourgs du Passage. Il est necessaire d'esclaircir en ce lieu vn eneuloppement qui se rencontre sur l'explication des noms des riuieres de ce quartier; que l'on voit dans Mela, & Ptolemée. Celui-là fait mention du fleuue Magrada, qui coule pres *Oeaso*. Et celui-ci des riuieres Menlasque, & d'vne autre nommée Menosque, ainsi que l'on croit communement.

Ie ne rapporterai pas toutes les diuerses interpretations que l'on donne à ces riuieres pour les accommoder aux noms de celles de ce temps: & me contenterai de dire mon aduis sur ces difficultez. Il conste que Menlasque dont l'embboucheure est située dans Ptolemée à quinze degrez de longitude, & quarante-cinq degrez de latitude, dans le païs des Vascons, est plus auancé vers l'Espagne que non pas la ville *Oeaso*, qu'il place à quarante-cinq degrez, six minutes de latitude. Et partant ce n'est pas la riuiere d'Vrumea qui coule pres S. Sebastien comme escrit Garibai; moins encore la riuiere de Vidasoë qui coule pres Fonterabie, côme pensoit Ville-neuue; mais c'est la riuiere d'Oria, qui a son emboucheure dans la mer au delà de sainct Sebastien, qui est le vrai *Oeaso*. Ceste opinion est dautant plus receuable, qu'elle est appuyée de l'autorité d'Ortelius, quoi qu'il n'en establisse pas les preuues, comme ie viens de les proposer. Merula en sa Cosmographie a confondu le Menlasque auec *Menosca*, qui est vne ville dans le païs des Varduliens, située par Ptolemée à quatorze degrez vingt minutes de longitude, & quarante-cinq degrez de latitude; de laquelle Pline fait mention. Bertius en l'edition Grecque de Ptolemée est tombé dans vne semblable faute, ayant changé ceste ville en vn fleuue, qu'il interprete *Vramea*, qui est la petite riuiere de sainct Sebastien. Pour *Magrada*, c'est vne riuiere qui coule par *Oeaso*, selon le tesmoignage de Mela. De sorte que comme *Oeaso*, est pris pour la ville, ou pour le promontoire, on est en liberté d'attribuer ce nom, ou bien à l'*Vramea*, qui coule pres sainct Sebastien; ou bien au Leço qui entre dans le port du Passage, ou bien à *Vidasoa*, qui coule pres Fonterabie, puis que toute ceste estenduë porte le nom d'*Oeaso*, soit au regard de la ville, ou du Promontoire.

IV. Quant au second poinct qui se recueille de la description de Garibai, l'on apprend que ce recoin de païs fait vn repli depuis la source de la riuiere de Leço (qui s'embouche au Passage) iusqu'aux confins de France. De sorte que comme ceste situation naturelle adiugeoit ce quartier aux Gaules, on le comprit dans la portion de la cité de Labour ou des Tarbelliens, lors que l'on fit le departement des Citez des Gaules. I'employe pour vne forte preuue de ceste innouation, l'ancienne estenduë de l'Euesché de Labour ou de Bayonne, qui comprenoit vne partie du païs des Tarbelliens. Car cét Euesché ayant esté moulé suiuant la pratique du temps sur la disposition de l'estat des Prouinces Romaines, il ne peut auoir receu son establissement hors les limites des Tarbelliens, pour entrer non seulement dans le pays d'vne autre Metropole, mais aussi dans vne autre nation, & encore si differente comme a esté de tout temps l'Espagnole de la Gauloise. Que si l'on ne peut accorder à cét Euesché vne si profonde antiquité, l'on ne peut nier que son establissement ne precede la venuë des Normans, qui le ruinerent auec les autres de Gascogne enuiron l'an 848. Et partant que nos Roys de la premiere race l'ayans fondé, il n'ait eu son ressort ordonné dans les terres appartenantes à la Couronne.

V. Or l'on apprend par la Charte d'Arsius Euesque de Labour de l'an 980. qu'il declara en presence de son Metropolitain les confins de son Euesché; qui comprenoient non seulement la vallée de Bastan iusqu'au milieu du port de Belat, & la Vallee de Lerin en haute Nauarre; mais aussi la terre d'Ernani, & sainct Sebastien de Puzico, iusqu'à saincte Marie de Arosth, & saincte Triane. On peut encore verifier cela par le tiltre du vœu de sainct Æmilian, qui est vne piece de cinq cens ans selon Sandoüal & Morales; quoi qu'ils estiment qu'elle est supposée. On void dans ces lettres que le païs de Guipuscoa est separé de la Biscaye par la riuiere de Deua, & ne passe point outre sainct Sebastien du costé de la France. *De ipsa Deua vsque ad sanctum Sebastianum, id est tota Ipuscoa*. De fait ce recoin de païs qui est depuis sainct Sebastien iusqu'à la riuiere de Vidasoë où est Fonterabie, Irun, Hernani, & Oyharsun estoit possedé l'an 1177. par le Vicomte de Bayonne iusqu'au lieu de *Huuiars*, comme parle Roger de Hoüeden Anglois, c'est à dire iusqu'à Oyharsun. D'autre-part on lit dans la lettre d'Eulogius de Cordoüe de l'an 851. que la riuiere d'*Arga* ou *Aragus*, qui arrouse Pampelone, prend sa naissance sur la frontiere de France *in Portariis Galliæ*, ainsi que parle Eulogius. Or il est constant que ceste riuiere a sa source pres le port de Belat, au de là des vallées de Bastan vers l'Espagne. Ce qui confirme l'estenduë de l'Euesché de Bayonne descrite par l'Euesque Arsius, & fait voir que ses bornes estoient celles de la France.

Les Euesques de Bayonne possedoient du temps du Concile de Constance tout ce territoire. C'est pourquoi il est remarqué en la Session xxxi. que cét Euesché auoit son estenduë en trois Royaumes, à sçauoir de France, de Nauarre, & de Castille. Ils y ont continué l'exercice de leur iurisdiction, iusqu'à ce que le Pape à l'instance de Philippe second Roy d'Espagne y ordonna par prouision vn Vicaire general, tandis qu'il y auroit heresie aux païs voisins de France ; afin de rompre par ce nouuel establissement la dependance, & la communication que les sujets d'Espagne estoient obligez d'auoir auec leur Euesque François ; quoi que l'Euesque ni le Chapitre de Bayonne n'ayent point esté troublez en la iouïssance des reuenus qu'ils possedent en ce quartier.

VI. De ce que ie viens de traitter, on peut conclurre, que comme le Bourdelois n'appartient pas à l'Aquitaine de Cesar, aussi le Coserans du costé de l'Orient, & quelques vallées de Haute Nauarre & de Guipuscoa du costé de l'Occident, sont certainement comprises dans ses bornes anciennes : quoi que ces vallées en ayent esté distraittes pour la seigneurie temporelle, il y a enuiron quatre cens ans.

VII. Quant aux limites de l'ancienne Aquitaine du costé de Midy, elles sont fort sensibles, Car ce sont les monts Pyrenées, qui separent vne partie de la Gaule Narbonoise, & toute l'Aquitaine de Cesar, du corps des Espagnes ; comme Strabon, & Pline, & apres eux en suite tous les Geographes ont remarqué. Or bien que l'vn & l'autre de ces Auteurs tesmoignent ce que l'on voit à l'œil, à sçauoir que la pointe Meridionale de France & la Septentrionale d'Espagne viennent à se rencontrer en ces montagnes, & que ces deux terres sont retrecies & resserrées par les Golfes des deux mers, qui sont separés par vn Isthme de terre ; Leurs auis neantmoins sont differens sur la largeur de cét Isthme ; dautant que Pline escrit qu'il est plus estroit du costé de l'Espagne que de la France ; & Strabon au contraire asseure en termes expres, que l'Isthme est plus resserré du costé des Gaules ; & en allegue vne bonne raison, à sçauoir, que les Golfes Gaulois des deux mers sont beaucoup plus grands du costé des Gaules, que non pas du costé de l'Espagne ; Et par consequent ils resserrent dauantage la terre du costé de la France. C'est pourquoi l'interpretation que donne Xylander au texte Grec de Strabon, vaut mieux que celle de Casaubon qui l'a voulu corriger, pour donner à Strabon vne mesme pensée auec Pline ; sans s'aduiser que par ce moyen il lui fait prendre des conclusions contraires à ses raisons. Car comme il n'y a point de faute au texte de Strabon, lors qu'il escrit, que les Golfes des mers sont plus grands du costé de la Gaule, il n'y en peut auoir lors qu'il asseure que l'Isthme est plus estroit du costé de la Gaule, que du costé de l'Espagne. En tout cas la correction du texte de Strabon tentée par Casaubon est mal prise ; quoi que peut estre le sens de Pline puisse estre conceu sans choquer celui de Strabon. Car si l'on considere Pline de pres, on verra qu'il veut signifier, que l'Espagne deuient plus estroitte que le corps de la Gaule, & non pas seulement plus que l'Isthme, lors qu'elle est resserrée par les deux mers. De sorte qu'il confere plustost le corps de la Gaule, & de l'Espagne, que non pas les deux Isthmes entr'eux.

VIII. Ie ne puis pas soustenir la leçon ordinaire dans Strabon, lors qu'il escrit que le costé des monts Pyrenées, qui regarde l'Espagne, est chargé de forests, & tousiours verdoyant, & que le costé de la Gaule est descouuert. Car on voit le contraire par l'experience qui est accompagnée de la raison, dautant que les costés des Pyrenées tournés vers l'Espagne, aussi bien que le plat païs, sont arides & secs, com-

B ij

me estans exposez au vent de Midy, qui bat sans aucun empeschement ces rochers haut esleuez : au lieu que du costé de la France, ces montagnes sont chargées de forests de haistres, de chesnes, & de sapins, & presque tousiours verdoyantes ; à cause qu'elles sont à l'abri de ce vent, sont arrousées de pluyes ordinaires ; & souuent sont battuës de gresles qui sont engedrées par les vapeurs espaisses de la mer Oceane poussées par le vent d'Ouest & de Nordouest vers la montagne, où elles sont meslées auec celles qui se leuent sur le lieu, d'vn suc pierreux; lesquelles se choquãs ordinairement auec les exhalaisons chaudes qui sont poussées des entrailles de la montagne, forment les esclairs & les foudres bien souuent dans vne heure. De sorte qu'il faut corriger le texte de Strabon, où le copiste a renuersé les paroles de l'Auteur, & substituer le costé de la Gaule, où il a mis le costé de l'Espagne, & au contraire.

I. Strabo l. 3. Per dictos montes à Tarracone ad extremos ad Oceanum habitantes Vascones qui sunt circa Pampelonem & Idanusam vrbem (legendum ex correctione Pintiani & Casauboni Oeasona) ad ipsum sitam Oceanum, iter est stadiorũ 2400. desinens in ipsos Aquitaniæ & Hispaniæ limites. Plin. l. 2. c. 3. Pyrenæi montes Hispaniȩ Galliȩque disterminant, Promontoriis in duo diuersa maria proiectis. Idem l. 4. c. 20. Mela l. 3. c. 1. Ptolem. in Tab. 11. Europæ: in Vasconibus Oeaso ciuitas 15. 10. 45. 6 Oeaso promontorium Pyrenes 15. 45. 50.

II. Garibaius l. 15. c. 9. & 14.

III. Mela l. 3. c. 1. Iturissam & Oeasonem Magrada (fluuius) atringit. Ptolem. Tab. secunda Europæ.

V. Charta Episcopi Aisij prolata cap. 8. Concil. Constant. sess. 31.

VII. Plin. l. 4. c. 20. A Pyrenæi promontorio Hispania incipit, angustior non Gallia modo, verum etiam semetipsa, imménsum quantũ hinc Oceano, illinc Iberico mari complumentibus. Strabo l. 3.

VIII. Idem Strabo, Αὐτῆς ἢ τῆς πυρ ἥνης τὸ μὲν Ἰβηρικὸν πλεῖορ ἀνδευδρον ἐςι παντοδαπῆς ὕλης, καὶ τῆς ἀεὶ θαλὲς. τὸ δὲ Κελτικὸν ἦλον. Corrigenda est lectio, & mutandæ sedes dictionum Ἰβηρικὸν & Κελτικον.

CHAPITRE V.

Sommaire.

I. Diuision de la Gaule en Quatorze Prouinces par Hadrian. II. Suiuie par Constantin. III. Non encore changée du temps d'Ammian Marcellin. IV. V. VI. Theodose la partage en Dix-sept Prouinces. Faute de Scaliger qui attribuë cela à Auguste, & les deux pretoires d'Orient à Constantin; suiui aux sieges des trois Vicaires des Gaules. VII. VIII. L'ancienne Aquitaine nommée Nouempopulanie ou Neuf peuples, bien qu'elle eust douze Cités. IX. Opinion de Vinet sur les Neuf peuples. X. Celle d'Ortelius & de Masson. XI. Celle de Scaliger. XII. Celle du P. Monet nouuelle. XIII. XIV. XV. Sa surprise en l'explication des Tabales. Correction du texte de Ptolemée. Autre surprise en l'explication des Daciens, & au mespris qu'il fait de la Notice des Prouinces. XVII. Opinion de l'Auteur touchant les Neuf peuples.

I. LA grande Aquitaine demeura en cét estat, faisant vn seul corps & vne seule Prouince, iusqu'au temps de l'Empereur Hadrian; lequel pour contenir plus facilement les peuples en leur deuoir, & pour donner vn employ honorable à vn plus grand nombre de personnes partagea les quatre Prouinces des Gaules, la Lionnoise, la Belgique, l'Aquitanique, & la Narbonoise, en Quatorze Prouinces, sçauoir en deux Belgiques, premiere & seconde ; Deux Germanies, Deux Lionnoises, la grande des Sequanois, les Deux Aquitaines, la Nouempopulanie, les Alpes maritimes, les Alpes Graies, la Viennoise, & la Narbonoise.

II. Conſtantin ayant diſtribué tout ſon Empire en quatre Pretoires, dont l'vn eſtoit en Orient, & les trois autres auoient leur ſiege en Occident; ſçauoir eſt celui d'Italie, celui des Gaules, & celui d'Illyrie, eſtablit le ſiege du Prefect du Pretoire des Gaules en la ville de Treues, auec pouuoir & iuriſdiction ſur les Gaules, les Eſpagnes, les Bretagnes ou l'Angleterre; ſans faire aucune innouation au partage d'Hadrian, comme l'on peut voir dans Sextus Rufus en ſon Breuiaire, addreſſé à l'Empereur Valentinian, qui repreſente l'eſtat des Gaules tel qu'il eſtoit de ſon temps, conformément à la diuiſion d'Hadrian.

III. A celui-ci ſe rapporte la diſcription d'Ammian Marcellin, qui viuoit du temps de Iulian. Car il marque les deux Belgiques, les deux Germanies, les Sequanois, les deux Lionnoiſes, les Alpes Graies, la Narbonoiſe, la Vienoiſe, l'Aquitaine premiere & la Nouempopulanie, & nomme quelque ville des Alpes maritimes. De ſorte que ce n'eſt point par negligence, comme eſtime Merula en ſa Coſmographie, qu'Ammian obmet la troiſieſme, & la quatrieſme Lionnoiſes, & la ſeconde Narbonoiſe; Mais pour repreſenter au vrai l'eſtat des Prouinces de ſon temps, qui n'auoient point encor eſté ſub-diuiſées. Tout au plus il peut receuoir du reproche, en ce qu'il n'a pas diſtingué la ſeconde Aquitaine de la premiere, mais pluſtoſt les a confonduës, diſant qu'en l'Aquitaine, Bourdeaux, Auuergne, Saintes, & Poictiers eſtoient les plus remarquables; Dequoy la ville de Bourges n'a point ſujet de ſe glorifier, puis qu'elle y eſt obmiſe.

IV. L'Empereur Theodoſe, qui enuoya des Commiſſaires pour le reglement des Prouinces; en adiouſta trois aux Quatorze d'Hadrian, ayant diuiſé les deux Lionnoiſes en quatre, & la Narbonoiſe en deux. De fait on voit ceſte diſtribution dans la Notice dreſſée du temps de l'Empereur Honorius, où les Gaules ſont diuiſées en Dix-ſept Prouinces.

V. Scaliger en ſa Notice s'eſt meſconté, en ce qu'il eſtime que ce fut l'Empereur Auguſte qui partagea les Gaules en Dix-ſept Prouinces; attendu que Strabon, Pline & Ptolemée anciens, auteurs n'en font aucune mention, mais traité des Gaules ſuiuant le plan d'Auguſte, ſur la diſtribution en quatre portions; Ce partage de Prouinces en premieres & ſecondes, eſtant connu dans les ſeuls Auteurs, qui ont écrit apres le temps d'Hadrian, Conſtantin & Theodoſe; auec la difference que i'ai remarquée de la premiere diuiſion en Quatorze Prouinces, & de la ſeconde en Dix-ſept.

VI. Il ſe meſconte auſſi en ce qu'il attribuë à Conſtantin, l'eſtabliſſement des deux Pretoires d'Orient. Car celui d'Illyrie ſuiuant l'ordre de Conſtantin, comprenoit non ſeulement la Macedoine & l'Achaïe; mais auſſi la Dace, les Pannonies, & autres Prouinces Occidentales, iuſqu'à celle de Valerie; ainſi qu'on peut voir chez Zozime. Mais du temps de Theodoſe, ce Pretoire fut demembré, & la portion de deça fut annexée au Pretoire d'Italie, & celle de Macedoine & d'Achaïe fut iointe à l'Empire d'Orient, auec le tiltre de Prefect du Pretoire d'Illyrie, qui auoit ſon ſiege en la ville de Theſſalonique. Mais auſſi pour accorder ingenuëment ce que l'on profite des autres, la coniecture de ce grand perſonnage eſt bien priſe; lors qu'il nous enſeigne, que le Prefect des Gaules auoit trois Vicaires ou Lieutenans generaux; dont l'vn tenoit ſon ſiege à Treues, qui auoit pour ſon reſſort les deux Belgiques, & les deux Germanies. L'autre en la ville de Lion auec ſon reſſort des quatre Lionoiſes, & la Prouince des Sequanois: & le troiſiéme en la ville de Vienne, ayant ſous ſoi les huict Prouinces ſurnommées Viennoiſes pour cette conſideration; ſçauoir eſt la Viennoiſe premiere, les deux Narbonnoiſes, les Alpes maritimes les Alpes Graies & Pennines, les deux Aquitaines, & la Nouempopulanie.

VII. Ces choſes ainſi preſuppoſées, on doit maintenant obſeruer pour l'eſ-

B iij

claircissement de ce qui regarde l'ancienne Aquitaine, que suiuant la diuision de Hadrian, le corps de l'Aquitaine d'Auguste fut diuisé en trois parties, la premiere Aquitaine, la seconde Aquitaine & la Nouempopulanie, ou les Neuf peuples. Il est bien certain, que nostre ancienne Aquitaine possedoit en son premier estat plus de vingt peuples, mais qui estoient de petite consideration, suiuant le tesmoignage de Strabon; quoy qu'il n'en rapporte que trois, sçauoir est les Tarbelliens, ceux d'Ausch & ceux de Comenge. Cesar n'en a point fait non plus le dénombrement entier & Pline le fait auec vn tel excez, qu'il embrasse iusqu'aux moindres quartiers; comprenant toutesfois en sa narration les peuples de la nouuelle Aquitaine auec ceux de l'ancienne. Tant y a que tous ces menus peuples ont perdu leurs anciens noms dés le tēps qu'ils furent reduits par Hadrian à Neuf peuples principaux; d'où la Prouince a tiré son nom de Nouempopulanie ou des Neuf peuples, parmi les Auteurs qui ont escrit depuis: comme Ammian Marcellin, & sainct Hilaire sous Constance & Iulian. Sainct Hierosme, Ausone, Sextus Rufus, & Saluian du temps de Valentinian, Gratian, Theodose & Honorius. De sorte qu'aujourd'huy le trauail est inutile & tout à fait impossible de rendre à chasque recoin des peuples d'Aquitaine, ni du reste de la France, les noms qu'ils possedoient du temps de Pline.

VIII. Ces Neuf peuples estoient distribuez en Douze Citez par le reglement premier d'Hadrian, ou par quelque creation posterieure d'vne ville en cité; & par la diuision de quelques peuples en deux, que l'Empereur Constantin ou Theodose auoient peut estre ordonnée en faueur de la Religion Chrestienne. Pour multiplier les Eueschez, comme il est plus vrai semblable; Mais soit d'vne façon ou d'autre, l'establissment de ces Douze citez estoit dés le temps d'Honorius; sans que pourtant ce nombre aportast pour lors aucun changement au nom de la Nouempopulanie, comme l'on voit dans la Notice des Prouinces. On trouua plusieurs exemplaires de ces Notices escrits à la main, que le sieur du Chesne a publiées auec leurs diuerses leçons, dans lesquelles on voit le dénombrement de ces Douze Citez en cét ordre, suiuant l'autorité des plus corrects & plus anciens exemplaires. *La Cité d'Eufe Metropole, les Citez d'Ausch, d'Acqs, de Laictoure, de Comenge, de Coserans, des Boiens, de Bearn, d'Ayre, de Basas, de Tarbe & d'Oleron.*

IX. Mais la difficulté n'est pas petite de sçauoir quels estoient ces Neuf peuples. Vinet sur Ausone est en doute si *Nouem-populi* est le nom de la Cité d'Ausch, qui fut comme vne Colonie de Neuf peuples qu'elle eust receu chez soi, ou bien si c'estoit le nom d'vne Prouince composée de Neuf peuples, sous la Iurisdiction de la ville d'Ausch. En quoy il a fait quelque tort à sa reputation, puis que l'autorité d'Ammian qu'il produit, lui faisoit assez voir, que c'estoit le nom d'vne Prouince, qui estoit la mesme que l'Aquitaine de Cesar, & non pas le nom d'vne seule ville.

X. Ortelius en son Tresor Geographique écrit, auec Masson, que cette Prouince pris son nom des Neuf peuples suiuans, les Viuisques, ceux de Bazaz, de Medoc, les Boiens, ceux d'Aux, Comenge, Coserans, Bigorre, & les Tarbelliens. Il erre aux Viuisques ou Bourdelois, qui appartiennent à la seconde Aquitaine; & non pas à la Nouempopulanie; & au Medoc, qui fait vne portion des Viuisques. Dailleurs il obmet Bearn, & Oleron. Bien que Masson en la Notice des Eueschez des Gaules, s'arreste à dire, que la Nouempopulanie prend son nom des Citez dénombrées par Isidore, qui sont les Douze representées ci-dessus.

XI. Scaliger en sa Notice donne le nom de *Nouempopuli*, à la Cité d'Ausch, & adiouste que les Neuf peuples dont elle est composée, sont ceux de Comenge, Coserans, Bigorre, Laictoure, Vasaz, Oleron, Lascar, Ayre, & les Tarbelliens; sous lesquels il comprend le païs de Labour. Mais il tombe dans vn mesconte manifeste, dautant qu'il obmet en ce calcul le peuple d'Aufch, qui eſt toute autre choſe que les Neuf qu'il deſigne; & dont le territoire à la meſme eſtenduë, que celle de ſon Eueſché, & eſt entierement diſtinct & ſeparé des Tarbelliens, & des Comingeois chez Strabon, & partant ne peut eſtre compoſé de ces deux peuples, non plus que des ſept autres dénommez ci-deſſus; Outre qu'il diſſimule le peuple d'Euſe, qui merite ſa conſideration & ne doit pas eſtre enueloppé ſous vn autre nom.

XII. Le P. Monet en ſa Geographie de la Gaule, qu'il a publié l'année 1634. eſtime que les Neuf peuples ſont compoſez de ſept peuples Aquitains; ſçauoir eſt les Viuiſques, ceux de Medoc, les Tarbelliens, les Tabales, ceux de Baſaz, d'Aufch & de Bigorre: Et de deux Tectoſages, ſçauoir les Daciens & les Comingeois. Ceſte opinion eſt nouuelle, & fort eſloignée de la vraie ſemblance, iuſqu'à ce qu'il a produit ſes preuues. Premierement en ce qu'elle pretend que la Nouempopulanie ſoit cõpoſée de deux peuples Tectoſages; c'eſt à dire que la Gaſcogne ſoit meſlée & confuſe auec le Languedoc. Car les deux principaux peuples de la premiere Narbonoiſe eſtoient les volces Arecomiques, dont le chef eſtoit la ville de Niſmes; & les volces Tectoſages, ſous leſquels eſtoient Narbonne, Toloſe, Carcaſſonne, Beziers, Rouſſillon & Colibre chez Ptolemée: n'y aiant point de Volques dans Ceſar, Strabon, Mela, Pline, Liue, ny dans les autres anciens Auteurs hors la Gaule Narbonoiſe, comme cét Auteur ſe perſuade; qui a voulu eſcrire contre l'autorité de tous les Geographes, que les peuples d'Agenois, & ceux qui ſont ſituez entre la Garonne & la Dordoigne, faiſoient vne portion des Volces, qu'il appelle *Volcæ Bimares & Nitiobriges*. De ſorte qu'il ne faut pas auſſi trouuer eſtrange, ſi contre l'autorité de toutes les preuues que i'ai alleguées ci-deſſus, pour verifier que la Nouempopulanie eſt l'ancienne Aquitaine de Ceſar, il fait vn meſlange de deux Prouinces, inoüi iuſques icy.

XIII. Secondement il introduit vn nouueau peuple battu à ſon coin, ſçauoir eſt les Tabales, qu'il interprete pour le païs d'Albret. En quoi il commet deux fautes, la premiere, en ce qu'il n'embraſſe pas la correction d'Ortelius, de Scaliger & des autres ſçauans, qui ſans tergiuerſer liſent chez Ptolemée, *lés Gabales* au lieu des *Tabales*; autrement il arriueroit que le Geuaudan, qui eſt vn peuple connu dans Ceſar, Strabon, & Pline, auroit eſté oublié par Ptolemée en la deſcription d'Aquitaine; tandis qu'il s'amuſeroit à produire les Tabales, peuple inconnu à tous les anciens & modernes. A quoy il faut adiouſter que dans l'edition Grecque de Bertius corrigée ſur les anciens manuſcrits, & dans les editions anciennes de Ptolemée, on lit nettement Γάβαλοι & non pas *Tabali*. I'aduouë que le texte de Ptolemée eſt vn peu renuerſé en l'ordre de la deſcription des peuples d'Aquitaine, & qu'il faut les tranſpoſer pour les remettre en leur ſituation naturelle, mettant en ſuite du Berry, l'Auuergne, le Velai, le Geuaudan, les Daciens ou Albi, & le Rouergue; & conſeruer les Baſadois ſous les Nitiobriges, & ceux d'Aux apres Baſas, & ioindre au païs d'Aux le Comenge.

XIV. Mais la faute que cét auteur comet en l'explication des Tabales, eſt plus conſiderable; de laquelle pourtant il ne doit point receuoir de reproche, pour n'auoir eu connoiſſance des tiltres de la maiſon d'Albret. Car il prend ces Tabales pour le païs d'Albret; Neantmoins il eſt certain, que la Duché d'Albret n'eſt pas vn païs ou Prouince particuliere, mais vn corps compoſé de pluſieurs pieces vnies ſous vn ſeul homage par le Roi Charles IX. qui les erigea en tiltre de Duché ſans Pairrie, en faueur du Roy Antoine & de Ieanne Reine de Nauarre ſa femme. Ces terres vnies apartenoient par diuerſes ſucceſſions à l'ancienne maiſon & Baronnie de Labrit, chef du nom & de la famille, aſſiſe dans l'Eueſché d'Ayre au milieu des Lan-

B iiij

des; dont les principales pieces estoient les Vicomtez de Tartas & de Maremne au territoire de la Cité & de l'Euesché d'Acqs; Castergelous, & la Vicomté d'Aillas au territoire de la Cité de Bazas; Nerac au Condomois, & ainsi des autres terres; lesquelles n'ayant point constitué du temps des Romains vn corps de peuple ou de Cité, ne peuuent auoir eu de nom soit de Tabales, ou autre parmi les anciens.

XV. En quatriesme lieu il tombe dans la faute de vinet, metant les Viuisques dans la Nouempopulanie; qui sont neantmoins d'vne autre Prouince, c'est à dire de l'Aquitaine seconde. Et distingue le Medoc des Viuisques, quoi qu'ils soient vn mesme peuple. Il y a vne cinquieme faute, en l'interpretation qu'il donne aux Daciens de Ptolemée, les prenant pour le païs de Foix & en la situation qu'il leur attribuë en suite des Tabales ou peuples d'Albret. Car pour ce dernier, la surprise est notable en la Chorographie; dautant qu'entre le Foix, & l'Albret sont enfermés, les païs de Condom, Laictoure, Aux, Comenge, & Coserans. Quant à l'autre poinct, il est asseuré que Foix en son origine est vn chasteau assis dans le Coserans, & que la maison des Comtes de Foix a esté composée de diuerses pieces, prises des Comtés de Tolose, Carcassonne, & Coserans comme ie monstre ailleurs, & partant les Daciens, qui est vn ancien peuple d'Aquitaine chez Ptolemée, ne peuuent signifier le nouueau peuple de Foix, qui n'estoit pas encore formé; & ne peuuent apartenir qu'a ceux d'Albi.

XVI. Pour les Comingeois, cét auteur tombe en vne manifeste surprise les plaçant parmi les Tectosages; attendu qu'ils sont vn peuple Aquitain, chez Strabon, & chez Pline, & Ptolemée. Il n'a pas meilleure grace, lors qu'en son Elenche des Dioceses des Gaules, metant au neant l'autorité de la Notice des Prouinces, (qu'il prend pour vne piece fabriquée par vn ignorant, pour descrire l'estat des Dioceses Ecclesiastiques; au lieu que c'est vn denombrement de la disposition politique des Cités, dressé des le temps d'Honorius;) Il n'a pas meilleure grace, dis-ie, d'asseurer que la description de la Nouempopulanie est vn songe, & non pas l'estat de cette Prouince comme Hadrian l'auoit reglée, puis que, dit-il, le nom honorable des Neuf peuples est attribué à quelques petites villes; Que l'autheur excede le nombre de Neuf en contant Douse villes; met Lescar, qui feroit la treisiesme ville, Donne le nom de Cité & de Diocese à Euse, qui ne l'estoit pas; non plus que la ville de Tursa. Et auec ces obseruations pense auoir abatu l'autorité de cette Notice, fort mal a propos certes, comme ie monstreray aux chapitres suiuans, en representant l'ancien estat des Douse Cités.

XVII. Apres auoir rebuté les opinions des autres, touchant le denombrement des Neuf peuples, il est raisonable que ie propose la miene; combien qu'il soit plus aisé en cette matiere, de renuerser que d'establir. Neantmoins il me semble que les Neuf peuples estoient les Tarbelliens, ceux d'Euse, d'Ausch, de Basas, de Bearn, d'Ayre, de Bigorre, & de Comenge. Ie fais mention expresse du peuple d'Euse, que tous les autres ont obmis, parce qu'en ce temps la ville d'Euse estoit le Chef & la Metropole de toute la Nouempopulanie. Les Tarbelliens comprenent dans leur enceinte deux Cités, sçauoir est celle d'Acqs & celle des Boiens. Ie prens aussi le Bearn pour vn peuple, bien qu'il eust deux Cités, mesurant le temps passé auec se present, ou nous voyons que nonobstant ses deux Euesches, ce n'est qu'vn seul pais. Pour le Comenge ie le considere auec le Coserans sous le nom d'vn seul peuple, pour les raisons que ie deduiray ci apres, afin de iustifier entierement mon opinion.

II. III. Sextus Rufus in Breuiario Ammian. l. 15.
VII. Strabo l. 4. Ἐστὶ δὲ ὅτου τῶν Ἀκουιτανῶν πλεῖον μέρος Ῥωμαίων, μικρᾷ δὲ ἀπέδεξα, τὰ πωσίδα μὲν παρωκιαίτισι, τὰ δὲ εἰς τῶν μεσογαίαν, ἢ τὰ ἐπεφὶ τῆς Κεμμένης ὀρῶν μέχρι Πυκτο-

rù;ur οὐέ χοῖτα. Quæ de extremis Cemmenorum montium addit explicanda funt è cap. 3.

VII. Cæsar lib. 3. Plin. lib. 4. cap. 17. Ammian lib. 15. Hilarius in libro de synod. Dominis & Beatissimis fratribus & Coëpiscopis prouinciæ Germaniæ primæ, & Germaniæ secundæ, & primæ Belgicæ & secundæ, & Lugdunensis primæ, & Lugdunensis secundæ, & primæ Aquitanicæ & Prouinciæ Nouempopulaniæ. Et, ex Narbonensi, Clericis Tolosanis & prouinciarum Britanniæ, Episcopus Hilarius Christi seruus, Christo in Deo & Domino nostro æternam salutem. Hieron. epist. ad Ageruchiam : Aquitaniæ Nouemque populorum populati sunt cuncta. Ausonius in Parental. carm. 3. & in Professoribus carm. 21. Te Staphyli genitum, stirpe Nouempopulis. Saluianus l. 7. Nemini dubium est Aquitanos ac Nouempopulos medullam fere omnium Galliarum & vbertotius fœcunditatis habuisse, nec solum fœcunditatis, sed quæ præponi interdum fœcunditati solet, iocunditatis, voluptatis, Pulcritudinis.

VIII. Notitia Prouinciarum, Prouincia Nouempopulana, Aquitania III. Metropolis Ciuitas Elusatum. C. Ausciorum. C. Aquensium. C. Lactoratum. C. Conuenarum. C. Consorannorum. C. Boatium. id est Borus. C. Benarnensium, id est Benarnus. C. Aturrensium, Vicoiulii. C. Vasatica. C. Turba, vbi castrum Bigorra. C. Elloronensium.

CHAPITRE VI.

Sommaire.

I. L'ordre des Eueschés formé sur l'estat ancien de l'Empire. II. Embrassé par le Pape Innocent premier, & par le Concile de Calcedoine, alteré en Orient, mais plus exactement gardé en Occident. III. Metropole de la Nouempopulanie, si c'est Aux ou Euse. IV. Ce sont Deux peuples distincts dans Cesar & Pline. V. VI. Confondus par Mela. Elusaberris. Aux & Euse Deux peuples illustres. VII. Ammian corrigé par le restablissement d'Elusates au lieu de Vasates. *VIII. IX. X. Euse est la Metropole. Ses Euesques Metropolitains. Ruine d'Euse par les Normans, & son incorporation auec Aux. XI. Païs d'Aux recommandé par Strabon iouissant du droit Latin. XII. Ruffin natif d'Euse. Cette opinion est refutée. Retraite des Priscillianistes dans Euse. Difference d'Eluso de Paulin auec* Elusa. *XIII. Aux independant de Bourges. L'Origine de la Primace de Bourges sur Narbonne & Bourdeaux.*

I. Il faut tomber d'accord d'vne maxime qui donne vne grande lumiere à la cognoissance de l'ancien estat des Prouinces, que les premiers Peres ayans esgard à la commodité des peuples, attribuerent anciennement aux villes la mesme dignité de Metropole & de Cité, dans l'ordre Ecclesiastique, par l'establissement des Metropolitains & des Euesques, qu'elles possedoient dans l'estat de l'Empire. Ce qui sera fort aisé de iustifier, si l'on veut conferer les soubscriptions des Euesques, que l'on trouue aux Actes des Conciles d'Ephese, & de Chalcedoine auec les anciennes Notices de l'Empire d'Orient; ou bien celles des Conciles d'Aquilée & de Sardique auec les Notices de l'Empire d'Occident, & par autres moyens, dont ie traicterai ailleurs, en vn discours de la Iurisdiction Patriarchale.

II. Toutesfois cét ordre receut sa derniere perfection, soit en l'Empire, soit en l'Eglise du temps de Constantin, & de Theodose le vieux; & les Souuerains Pontifes s'en rendirent auec le temps si ialoux, que le Pape Innocent premier declare, que l'Eglise ne peut quitter son ancien departement, pour suiure les mouuemens des Princes seculiers, en l'erection des nouuelles Citez : & le Concile de Chalcedoine consentant que les Metropoles erigées par l'Empereur Valentinian iouissent du tire d'honneur qui leur eſtoit attribué, ſans preiudicier au droict des anciennes, defendaux Eueſques de faire à l'aduenir de ſemblables pourſuittes, à peine de perdre leur degré. Et quoy que les Grecs ayent en ſuite relaſché de ce droict en faueur des Empereurs dans le Synode du Trulle; Neantmoins en l'Occident l'Egliſe s'eſt maintenuë en ſon aduantage; & quelque changement de Prouince qu'il y ait eu pour les Souuerainctez, & gouuernemens ſeculiers, l'ordre de la Police Eccleſiaſtique eſt demeuré inuariable, horſmis pour le regard de quelques Metropoles & Citez, qui ont eſté erigées de nouueau par les Papes à l'inſtance, ou du conſentement des Roys, qui eſt entierement neceſſaire.

III. Or comme toutes les Prouinces auoient vne Cité Metropolitaine, auec quelques Citez qui en dependoient, il importe de ſçauoir quelle ville auoit l'honneur d'eſtre le chef & la Metropole de la Nouempopulanie: Car i'eſtime que c'eſtoit en celle-là, que les Neuf peuples s'aſſembloient pour receuoir à la façon Romaine la iuſtice ſur leurs differents. Et où ſe rencontroit bien ſouuent de bons eſprits, qui faiſoient paroiſtre leur eloquence Latine, comme fit Æmilius Arborius, qui ſeruit d'ornement aux barreaux de Narbonne, d'Eſpagne, & des Neuf peuples, ſuiuant le teſmoignage de ſon nepueu Auſone. Mais il y a conflict ſur ce ſujet entre les Notices; dautant que certains exemplaires attribuent ceſte dignité à la ville d'Aux, & les autres à la ville d'Euſe, qui eſt nommée *Eluſa* dans les Notices, & dans l'ancien Itineraire de Bourdeaux à Ieruſalem.

IV. Auant que de vuider ceſte diſpute, il faut preſuppoſer, que ceux d'Euſe, & ceux d'Aux compoſent dans les Commentaires de Ceſar deux peuples diſtincts & ſeparez. La leçon du manuſcrit d'Vrſin ayant eſté receuë par les Doctes, qui repreſente *Eluſates*, au lieu du mot corrompu *Fluſates*; qu'Ortelius, apres Volaterran, auoit pris pour le peuple de Foix; ce que Scaliger reprend aſſez aigrement en ſes Leçons ſur Auſone. Et outre l'autorité des exemplaires de Ceſar eſcrits à la main, celle de Pline deuant eſtre miſe en conſideration, qui dénombre en ſon Aquitaine les Eluſates, & ceux d'Aux, pour deux peuples differens.

V. C'eſt pourquoi la ſurpriſe de Mela ne peut eſtre diſſimulée; qui confond en vn corps Aux & Euſe; donnát le nom de peuple à ceux d'Aux, & la qualité de ville d'vn tel peuple, à ceux d'Euſe. Car il eſcrit expreſſément, que les plus illuſtres des Aquitains ſont ceux d'Auſch, & que leur ville plus puiſſante & plus celebre eſt *Eluſaberris*; c'eſt à dire la ville d'Euſe; la terminaiſon de *Berris* ſignifiant ville au langage du païs, comme aux villes d'*Illiberis*, en la Betique, ou en la Narbonoiſe; de meſme que la terminaiſon de *Briga* aux villes des Cantabres; *Magus* parmi les Gaulois; *Burgus* parmi les Germains, & *Brya* parmi les Thraces. Le iudicieux Pintian en ſes Notes ſur Mela voyant la difference des peuples d'Aux, & d'Euſe, dans Ceſar, & dans Pline, eſtime qu'il faut rayer le nom d'*Eluſaberris*, & ſubſtituer en ſa place celui d'*Auguſta*; parce que c'eſt ainſi que Ptolemée dénomme la ville d'Auſch. Neantmoins en ſes Retractations, il n'oſe point s'affermir à ceſte correction à cauſe de l'autorité des anciens liures eſcrits à la main, qui conſeruent la leçon d'*Eluſaberris*; de ſorte qu'il penſe que ceſte dénomination pourroit auoir eſté communiquée à la ville d'Aux, & tranſportée du païs des Tectoſages; parmi leſquels ſuiuant la foy des anciens exéplaires, la ville de de Colibre ou *Illiberis* dans le Côté de Rouſſillon, eſt nommée *Illiceberre* ou *Eliſeberri*.

VI. Certes il faut loüer ſa bonne foi, à ne changer pas l'ancienne leçon; mais on ne doit pas le ſuiure, en ce qu'il ſe relaſche à croire, que Euſe ou *Eluſaberris* ſoit la meſme choſe que la ville d'Aux, contre la diſtinction tres-expreſſe de Ceſar, & de Pline. Au contraire on doit aſſeurer à l'auantage de ces deux peuples, que l'vn & l'autre eſtoient tres-illuſtres en l'Aquitaine, & y tenoient le premier rang; puis que dans la confusion qu'à fait Mela de ces deux Cités, la dignité de l'vne & de l'autre y est confirmée en termes formels.

VII. Cette égalité de reputation de ces deux villes, paroissoit du temps d'Ammian Marcellin, lequel en la description des Gaules escrit, que ceux d'Aux, & ceux d'Euse recommandent & font considerer les Neuf peuples, ou la Nouempopulanie. Ie sçai bien que les editions de cét Auteur, mesmes celles de Lindenbroch; et la derniere de Paris qui est fournie de tres-doctes remarques, representent vne autre leçon, mettant Bazaz au lieu d'Euse, *Vasates* au lieu d'*Elusates*. Mais pour redresser ce passage, ie m'en fers de l'ancienne & vraye leçon de l'exemplaire d'*Hermolaus Barbarus*, que cét homme sçauant allegue en ses Obseruations sur Pline. *Nouempopulos Auscicommendant & Elusates*, non pas *Vasates*. Quoi que Sauaron en ses Commentaires sur Sidonius, blasme mal à propos de mauuaise foi & de sotise ce Patriarche de Venise, pour auoir produit cette leçon d'Ammian. Neantmoins celle du manuscrit d'Andreas Schottus s'y rapporte aussi, en ces termes, *Nouempopulos Ausci commendant & Osates*. Le nom d'*Elosates* ayant pû estre facilement corrompu par le copiste ignorant, qui a creu que la premiere syllabe n'estoit qu'vne repetition superfluë de la conionction, *Et*, qui precede.

VIII. Toutesfois nonobstant cette concurrence, que les anciens reconnoissent en ces deux villes, il est certain que la dignité de Metropole a ci-deuant appartenu à la ville d'Euse, quoi qu'en l'estat present la ville d'Aux possede cét honneur, & que la ville d'Euse ait esté incorporee à son Archeuesché, par la reuolution des temps. Car les exemplaires plus anciens & plus corrects de ces vieilles Notices, attribuent à la ville d'Euse la qualité de Metropole, comme l'on peut voir en celle que le P. Sirmond a publiée au premier Tome des Conciles de la Gaule; & en deux que le sieur du Chesne a donnees au public. Cóbien qu'en certains exemplaires qu'il a aussi publiés, de mesme qu'en la Notice de Scaliger, & en la Compilation des Canons faite par Isidorus Mercator, qui escriuoit il y a huict cens ans, la ville d'Aux, soit qualifiée du tiltre de Metropole. Ce qui est vrai-semblablement arriué par la hardiesse du copiste, qui regardoit l'estat present de la Metropole de son temps attachée à la ville d'Aux, & que celle d'Euse estoit enseuelie; au lieu que la leçon des Notices plus anciennes, reconnoissant celle-ci pour Metropole, ne peut estre soupçonnée de flaterie.

IX. Aussi est-il certain suiuant l'obseruation du P. Sirmond, dont la doctrine est au dessus de toute loüange, qu'aux anciens Conciles les Euesques d'Euse y ont assisté en cette qualité d'Euesques Metropolitains, en presence de ceux d'Aux, qui ne tenoient rang que d'Euesques, comme leurs signatures en font vne plaine & entiere foi. Car outre que Mamertin Euesque de la Cité d'Euse souscriuit au premier Concile d'Arles tenu l'an 314. Clarus assista au Synode d'Agde tenu sous Alaric l'an 506. & signa en qualité d'Euesque de la Cité Metropole d'Euse, en presence de Nicetius Euesque d'Aux. Aussi Leontius Euesque de l'Eglise Metropolitaine d'Euse, souscriuit au synode d'Orleans premier tenu l'an 511. sous Clouis, en presence du mesme Nicetius.

X. On trouue la continuation des soubscriptions des Euesques d'Euse, dans l'ordre des Metropolitains, aux Synodes suiuans. Celle d'Aspasius en trois Synodes d'Orleans, & au second d'Auuergne depuis l'an 533. iusqu'à l'an 549. Celle de Laban au Synode de Paris, de l'année 573. Et celle de son Vicaire au Synode de Mascon l'an 585. Celle de Senocus au Synode de Rheims tenu l'an 630. chez Flodoard. Senocus auoit eu pour predecesseur l'Euesque Desiderius, establi apres le decez de Laban, comme tesmoigne Gregoire de Tours. De sorte, qu'il faut que la ville d'Euse, & sa dignité Metropolitaine ayent esté ruinées depuis le temps de Senocus, par l'innondation de quelques peuples estrangers & Barbares; Or il me semble qu'on peut determiner ce téps apres l'an 848. lors que les Normans prirent la ville de Bourdeaux; qu'ils saccagerent de telle sorte, qu'à faute d'y auoir des peuples Diocesains dans le Bourdelois, pour estre gouuernez par vn Archeuesque, le Pape Iean VIII. fut contraint de transporter à Bourges leur Archeuesque Frotarius, ainsi qu'il appert de ses Lettres. Ce rauage des Normans accabla la ville Metropolitaine d'Euse, auec toutes les autres Citez de Gascogne: comme l'on peut verifier par le Chartulaire de Lascar, qui conserue à l'Eglise d'Euse la dignité de Metropole: laquelle sans doute demeura enseuelie sous ses ruines, & fut annexée par quelque Synode Prouincial, ou par le Pape auec tous ses droits & reuenus à l'Eglise d'Aux. Ceste vnion precede l'année 879. d'autant qu'en ce temps le Pape Iean VIII. escriuit à Airard en qualité d'Archeuesque d'Aux, vne lettre que l'on peut voir dans le troisiesme Tome des Conciles de France du P. Sirmond. Il n'y a maintenant sur pied qu'vne petite ville du nom d'Euse, auec vn quartier de pays, que l'on nomme le pays Eusan; le nom de Ciutat, estant demeuré à vn certain espace de cinquante arpens de terre labourable, assis pres la petite riuiere de Gelise, où l'on descouure tousiours en labourant la terre, plusieurs riches masures de marbre des vieux bastimens; auec quelques anciennes monnoyes Romaines.

XI. Il y auoit raison de faire ceste vnion apres la ruine d'Euse, dautant que non seulement les territoires de ces peuples estoient ioignans; mais aussi que la ville d'Aux estoit remarquée comme égale en grandeur & en magnificence à la ville d'Euse; ainsi que i'ai desia monstré; d'où vient qu'elle a pris le nom de *Augusta Ausciorum* chez Ptolemée. Strabon recommande la bonté & la fertilité de son terroir, & tesmoigne que ce peuple iouïssoit de son temps du droit Latin, (c'est à dire qu'il estoit gouuerné par ses propres loix, sás estre obligé de subir la Iurisdiction des Magistrats Romains) quoi que depuis il fut aboli par la loi de l'Empereur Antonin, qui donna le droit de Bourgeoisie à tous les sujets de l'Empire, & sous pretexte d'vn plus grand honeur, tel qu'estoit celui d'estre Citoyen Romain, osta les priuileges particuliers des villes.

XII. Encore faut-il adiouster à l'honneur de la ville d'Euse qu'elle a produit, suiuant le tesmoignage de Claudian vn General des armées d'Arcadius Empereur d'Orient, sçauoir Ruffin, qui eut bien la hardiesse de pretendre à se rendre maistre de l'Empire; mais il fut deferé par Stilicon & preuenu par son maistre qui le fit tuer en presence de toute l'armée. Il est vray que ie fais quelque difficulté de me persuader, que la ville d'Elusa, d'où Ruffin estoit natif selon Claudian, soit celle de Gascogne; encore que le Cardinal Baronius, l'Escale & plusieurs autres embrassent ceste opinion. Dautant que l'autorité de Prosper en sa Chronique de l'edition de Pithou m'oblige à tenir pour certain, qu'il estoit Bosphoritain, c'est à dire natif de ceste Prouince du Bosphore, située entre le pont Euxin & les Palus Meotides, où estoit anciennement le Royaume de Bosphore, duquel fait mention Strabon & Memnon chez Photius. Il y auoit sans doute en cette Prouince, vne ville du nom d'Elusa, où Ruffin estoit né selon Claudian; aussi bien que dans la Palestine, on trouue vne autre ville de mesme nom. Les sectateurs de l'heretique Priscillian tascherent de soüiller la gloire, que ce peuple possedoit pour la bonne conduite de ses mœurs, & pour son zele enuers la Religion; faisans leur retraicte, & prouignants leurs opinions parmi les habitans de cette ville, ainsi qu'à remarqué Seuere Sulpice natif de l'Agenois, escriuain du temps en son histoire Ecclesiastique. Il ne faut pas confondre Elusa auec Eluso, où cét Auteur Seuere Sulpice faisoit sa residence ordinaire, comme l'on aprend de la lettre, que lui adresse le celebre Paulin pour lors residant à Barcelone. Dans cette lettre il inuite son ami à le venir voir, sans crainte de

l'horreur

l'horreur des Monts Pyrenées, qui retenoient en cét endroit pluſtoſt la rigueur du nom, que l'aſpreté du paſſage, qui eſt entre la Gaule Narbonoiſe & les Eſpagnes; adiouſtant qu'il n'y auoit d'vn lieu à l'autre, que huict iournées de diſtance. D'où le P. Fronton le Duc en ſes Notes ſur Paulin, a eu raiſon d'eſcrire apres le P. Sirmond, que ce lieu d'Eluſo eſt ſitué en la Gaule Narbonoiſe; & partant qu'il eſt different de la ville d'Euſe, nommée Eluſa, qui eſt aſſiſe en l'Aquitaine; auſſi bien que le lieu de Lauſun, que Scaliger prenoit pour l'Eluſo de Paulin ; Et par conſequent que ce lieu doit eſtre pris pour celui que l'ancien Itineraire de Bourdeaux à Ieruſalem aſſigne entre Toloſe & Narbone. Toutesfois comme ce lieu d'Eluſo eſtoit vn petit bourg, le P. Fronton ſe meſconte, lors qu'il le confond auec cette Eluſa, dont il pretend que faſſe mention Ammian Marcellin parmi les villes Notables de Languedoc, lors qu'il eſcrit que Eluſa, Narbone & Toloſe ſont encloſes dans la Gaule Narbonoiſe. Car il a ſuiui en cette coniecture, la correction que certains Critiques ont faite du texte d'Ammian ; qui ont eſbranlé mal à propos l'ancienne leçon de cét Auteur, qui porte *Cluſa* au lieu d'*Eluſa*, vn participe au lieu d'vne ville , comme l'on peut voir au texte allegué dans les Notes au bas de ce Chapitre.

XIII. Ie ne dois pas obmettre en ce lieu, que la Prouince de la Nouempopulanie, ne fut iamais aſſuietie à celle de l'Aquitaine premiere, ou bien à la Primatie de Bourges en l'ordre Eccleſiaſtique : d'autant que le corps de l'Aquitaine fut diſtribué en trois Prouinces independantes l'vne de l'autre par l'Empereur Hadrian, au temps duquel il n'y auoit encore aucun eſtabliſſement d'Eueſchés dans ces quartiers des Gaules, où il commença à ſe former ſous l'Empire de Decius, ou bien vn peu auparauant, par la miſſion de Denis Eueſque de Paris, de Saturnin de Toloſe, & de leurs compagnons ſuiuant Gregoire de Tours. De ſorte que ſi l'Egliſe de Bourges a poſſedé depuis, quelque auantage ſur l'Egliſe de Bourdeaux ; cela eſt arriué en conſequence de l'eſtabliſſement du Royaume d'Aquitaine ſous Loüis le Debonaire, dont Bourges eſtoit le Chef, ſuiuant Adrealdus & Fredegarius. Or que ce ſoit la vraye origine de cette ſujetion, il ſe peut iuſtifier par l'exemple de l'Egliſe Metropolitaine de Narbone qui ayant eſté dans les premiers ſiecles, ſans aucune dependance de la Metropole de Bourges, & depuis ayant eſté vnie au Corps du Clergé d'Eſpagne, ſous les Rois Goths, iuſqu'à la conqueſte que fit Charles Martel de toute la Prouince Narbonoiſe, ſe trouue ſouſmiſe à l'Archeueſché de Bourges du temps du Pape Nicolas premier ; ſans que l'on puiſſe alleguer aucun autre fondement de cette nouueauté, que l'eſtabliſſement du Royaume d'Aquitaine, auquel Narbone fut incorporée. Partant l'origine de cette dependance n'eſtant point Canonique, il me ſemble que Bourdeaux & Narbone ont droit de ſe maintenir contre la Primatie de Bourges en l'eſtat d'independance, auquel elles ſe trouuent maintenant.

II. Innocentius 1. ep. ad Alexandrum c. 2. Non viſum eſt ad mobilitatem neceſſitatem mundanarum Eccleſiam commutari, honoreſque aut diuiſiones perpeti, quas pro ſuis cauſſis faciendas duxerit Imperator. Ergo ſecundum priſtinum prouinciarum morem Metropolitanos Epiſcopos conuenit nominati. Concil. Calced. c. 12. Synod. in Trullo c. 38.

III. Auſonius in Parental. carm. 3. Te Narbonenſis Gallia præpoſuit, Ornaſti cuius latio ſermone tribunal, & fora Iberorum, quæque Nouempopulis.

IV. Scal Auſon. Lect. 1. l. 2. c. 7.

V. Mela l. 3, cap. 2. Aquitanorum clariſſimi ſunt Auſci, Celtarum Hedui, Belgarum Treueri, vrbeſque opulentiſſimæ in Treueris Auguſta, in Heduis Auguſtodunum, in Auſcis Eluſaberris.

VII. Ammianus lib. 15. Nouempopulos Auſci commendant & Vaſates. Ita legitur in omnibus editis exemplaribus. Sed Hermolaus cum locum iſtum è codice ſuo MS. laudat in Plinianis Annotation. legit Eluſates, non autem Vaſates. Cui affinis eſt lectio quam profert Andreas Schottus, Auſci commendant & Oſares.

IX. X. Sirmondus in Notis ad Sidon. lib. 7. ep. 6. Greg. Tur. l. 8. c. 22. Flodoardus l. 1. c. 5. Ioannes VIII. Papa in epiſtolis ad Frotarium, ad Carolum Regem, ad Clerum & plebem & ordinem Bituricenſis Eccleſiæ. Charta Laſcurrenſis proferetur c. 9. n. 8.

XI. Strabo l. 4. XII. Claudianus l. 1. in Ruffinum. Inuadit muros Eliſæ. Proſper in Chronico edito à Pithæo. Rufinus Boſphoritanus cum ad ſummam militiæ peruenſſet. Sulpitius Seuerus l. 2 hiſt. de Priſcillianiſtis : maximeque Eluſanam plebem sane tum bonam & religioni studentem prauis prædicationibus peruertere. Paulinus epist. 6. ad Seuerum : Iter quantum sit & puer vnanimitatis tuæ nuntiabit, qui ad nos de Elusone octaua vt asserit luce peruenit; tam breuis enim & facilis via est, vt nec in Pyrenæo ardua sit, qui Narbonensi ad Hispanias agger, nomen magis quam iugum horrendus interiacet. Verum quid de spatio agimus? si nos desideras, via breuis est, longa si negligis. Sirmondus ad lib. 7. Sidonij ep. 6. Errant vero & Ammiano Marcellino errorem affingunt qui in his eius verbis lib. 15. In Narbonensi Clusa est Narbona & Tolosa pro Clusa, Elusam legi volunt. Elusa enim in Nouempopulis est non in Narbonensi.

CHAPITRE VII.

Sommaire.

I. Cité d'Acqs troisiesme en ordre dans les Notices. Les Aquitains ou d'Acqs ont donné le nom à l'Aquitaine. II. Le nom Aquæ *lui a esté baillé à cause de ses bains. Aquitaine Aremorique. III.* Aquæ Augustæ & Tarbellicæ *IV. Faute de Scaliger en l'explication des Tarbelliens. V. Medoc n'est point des Tarbelliens, mais des Viuisques ou Bourdelois. VI. VII. Strabon expliqué sur les deux Golfes Gaulois. Les Tarbelliens habitent pres le Golfe Gaulois de l'Ocean ioignant les Pyrenées. VIII. IX. Erreur de Merula. Explication de Lucan, sur l'Ancon Tarbellique. L'emboucheure de Ladour, & son changement. X. Les Tarbelliens abondans en or. Les Euesques anciens d'Acqs.*

I. LA Cité d'Acqs est la troisiesme en ordre dans les Notices, apres celles d'Euse & d'Auch, suiuant la foi de l'vn des exemplaires publiés par le sieur du Chesne; où la Cité d'Auch occupe le second rang, plus correctement que non pas en certains autres exemplaires, où la Cité d'Acqs est située apres la Metropole, & les Cités d'Euse ou d'Auch sont releguées à la derniere place. Et quoi que maintenant cette ville ni ses Euesques ne puissent pretendre aucune preference sur les autres; Neantmoins il ne faut lui enuier l'auantage d'honneur que les anciens lui rendoient; puis que son Peuple surnommé Aquitain a donné le nom à l'Ancienne Prouince d'Aquitaine suiuant le tesmoignage de Pline. Car le soupçon de Vinet passe en force de Verité, lors qu'il estime que les Peuples particuliers, que Pline surnomme specialement Aquitains, sont ceux de la ville d'Acqs; ce terme d'Aquitaine estant employé mesme par Ausone en ce sens, lors qu'il escrit que la mere de Paulin son allié estoit de race Aquitaine, c'est à dire de la Cité d'Acqs.

II. Ce nom d'*Aquæ*, d'où descend celui d'Aqs, lui fut donné à cause de ses eaux & de ses bains chauds, qu'elle possedoit, dés le temps des Romains : ausquels ils estoient conneus auant la conqueste de l'Aquitaine, & frequentés par leurs Citoyens, qui estoient en la Gaule Narbonoise ; Et en suite toute la Prouince en consideration des bains, & de la ville fut surnommée Aquitaine. De mesme que la ville d'Aix en Prouence a esté appellée *Aquæ Sextiæ*, par son fondateur Sextius, à cause des eaux & des bains chauds dont elle abondoit suiuant Strabon : D'où il est arriué que les Auteurs du moyen temps ont surnommé la Prouence du nom d'Aquitaine. Quoi que pour le regard de la Guienne, le nom d'Aquitaine lui fut baillé par les anciens auec moins de violence; d'autant que tout ce quartier estoit nommé anciennement Aremorica fuiuant le témoignage de Pline. Ce qui fignifioit en vieux Gaulois, la mefme chofe que Region maritime Armor.

III. La dignité de la ville d'Acqs paroift encor, en ce qu'à l'exemple de plufieurs autres villes de confideration, elle porte le nom d'*Augufta*, ou bien *Aquæ Augufta* chez Ptolemée; qui nous affeure que c'eft la cité des peuples Tarbelliens. D'où vient qu'elle eft nommée Tarbellique chez Aufone, dans l'Itineraire d'Antonin, & dans Vibius Sequefter, ainfi qu'a fort curieufement obferué Iofeph de l'Efcale.

IV. Neantmoins il a efté furpris, en ce qu'il eftime, que les Tarbelliens eftoient des peuples, qui s'eftendoient depuis les Pyrenées pres de l'Ocean, iufqu'à l'emboucheure de la riuiere de Garonne; en forte qu'ils comprenoient en leur enceinte les Boiens, & le païs de Medoc. Car comme ie fuis d'accord auec lui des confins, qu'il donne aux Tarbelliens du cofté de l'Efpagne par les monts Pyrenées, que Tibulle à cette occafion nomme Tarbelliens; I'ofe affeurer auffi, que de l'autre cofté, ils ne comprenoient pas le païs de Medoc.

V. Pour vuider cette difficulté, il faut confulter les anciens auteurs, & pefer ce qu'ils ont efcrit touchant les Tarbelliens. Cefar & Pline fe contentent de les denombrer parmi les peuples d'Aquitaine; Strabon leur donne l'affiete pres de l'Ocean, fur le grand Golfe Gaulois; Et Ptolemée plus diftinctement que tous, les places depuis les Viuifques, iufqu'aux Pyrenées. Par ce moyen le païs de Medoc demeure exclus des Tarbelliens. Car les Meduliens occupent tout ce terroir areneux, qui eft depuis Bourdeaux entre l'Ocean & la Garonne, iufqu'a fon emboucheure, eftans fitués à l'extremité de la terre, comme parle Aufone efcriuant au Poëte Theon; Et font vne portion des Viuifques, ou Bourdelois; Puis que Vineta verifié par les degrez de longitude & de latitude marqués dans les Tables de Ptolemée, que la ville *Nouiomagus* attribuée aux Viuifques eftoit fituée, lors qu'elle fubfiftoit, dans le territoire de Medoc, proche du lieu que l'on nomme auiourd'hui. Soulac: lequel Soulac eft furnommé *de Finibus terræ* dans vne vieille Charte de Guillaume Sance Duc de Gafcogne de l'année neuf cens octante; Auffi bien que le Medoc eft mis en l'extremité de la terre par Aufone. L'autorité de Strabon confirme encor ouuertement, que le païs de Medoc apartient au territoire des Viuifques; lors qu'il efcrit, que la riuiere de Garonne fe defcharge, & à fon entrée dans la mer, entre les Saintongeois & les Viuifques, attendu que cette emboucheure eft au païs de Medoc.

VI. Mais afin d'approcher de plus pres Strabon, qui s'eft arrefté particulierement en fa defcription des Tarbelliens: tant s'en faut qu'il fauorife l'opinion de Scaliger, que s'il eft bien confideré, on verra qu'il la ruine entierement. Car il efcrit, que le terroir de l'ancienne Aquitaine voifin de l'Ocean, eft pour la plus grande partie areneux, mince & delié, nourriffant fes peuples de Millet, & produifant fort peu d'autres fruits. En cét endroit, dit-il, eft le Golfe qui forme l'Ifthme de terre, qui aboutit au Golfe Gaulois, dont eft baigné le riuage de la Gaule Narbonnoife: l'vn & l'autre de ces Golfes ayans vn nom femblable. Or les Tarbelliens, adioufte-il, occupent ce Golfe. D'où fans doute Scaliger à pris occafion de croire, que comme l'Ocean commence à fe courber vers la terre, dés l'auancement de la pointe de Medoc dans la mer, que les Tarbelliens deuoient s'eftendre iufqu'a ce terme.

VII. Mais outre que les paroles des auteurs ne doiuent point eftre toufiours prifes en toute leur rigueur; attendu mefme que Ptolemee arrefte formellement les Tarbelliens aux Viuifques; On peut trouuer l'intention de Strabon dans ſes eſcrits. Car comme il eſcrit en cét endroit, que les deux Golfes de l'Ocean, & de la mer Mediterranée ont du rápport entre eux, ſoit en leurs noms, eſtans ſurnommés l'vn & l'autre Celtiques ou Gaulois, ſoit en ce qu'ils enſerrent entre eux & forment l'Iſthme de terre, qui preſſe & met à l'eſtroit la France & l'Eſpagne ; Ils s'explique nettement ailleurs au liure III. diſant que la France & l'Eſpagne ſont treseſtroites en cét eſpace, qui eſt depuis la mer Mediterranée iuſqu'à la mer Oceane, aux deux endroits ou elles approchent les Pyrenées ; & qu'en ces lieux ſe forment les deux Golfes l'vn du coſté de l'Ocean, l'autre du coſté de la mer Mediterranée. On ne peut rien dire de plus expres, pour monſtrer que Strabon conſidere les Golfes Gaulois pour le regard de la ſituation des Tarbelliens, non pas en toute leur eſtenduë, mais aux lieux qui ſont proches des Pyrenées, & nullement en l'embocheure de Garonne, qui en eſt eſloignée de plus de 50. grandes lieuës : Et partant ayant eſcrit au liure IV. que les Tarbelliens habitoient pres de ce Golfe, ou l'Iſthme cōmence à ſe former, il a ſuffiſament indiqué, que leur demeure eſtoit proche des Pyrenées.

VIII. Merula en ſa Coſmographie n'ayant pas compris le ſens des paroles de Strabon, & la reſſemblance des noms des deux golfes Gaulois, eſtime mal à propos que la verſion ordinaire de Xylander eſt impertinente. Toutesfois ſuiuant l'intention de Strabon on lit chez le Poëte Lucain, que le ſein Tarbellique reçoit doucement la riuiere de l'Adour dans les riuages repliez de ſon Golfe ; Or il eſt conſtant que la riuiere de l'Adour qui a ſa ſource au haut des Pyrenées dans les montagnes de la vallée de Barege en Bigorre, arrouſe les Citez de Tarbe, d'Aire, d'Acqs & de Baione, & a vn peu plus bas ſon embocheure dans la mer, en ce lieu que Lucain appelle ſein Tarbellique. Le Poëte Auſone teſmoigne auſſi fort ouuertement que l'Adour ſe deſcharge dans l'Ocean Tarbellien ; à laquelle riuiere il donne pour cette conſideration le nom de Tarbelliene ; Et par conſequent inſinuë comme les autres, que l'aſſiete des Tarbelliens, eſt du coſté de l'embocheure de l'Adour.

IX. Cette embocheure eſtoit du temps de ces anciens Eſcriuains, courbée & repliée du coſté de Capbreton, & ſe deſgorgeoit dans l'Ocean en ſerpentant doucement par l'eſtenduë de ſix lieuës depuis Baione iuſqu'à ce Bourg du Bocau, qui en retient encore le nom, ſuiuant le langage Gaſcon, qui employe Boucau pour *Oſtia* ou embocheure. Laquelle aſſiete ainſi conſideree, redonne ſa grace à la deſcription du Poëte Lucain, qui fait alluſion, comme il a eſté dit ci-deſſus, aux detours repliez, & au courbement des riuages de l'Adour, lors qu'il eſcrit qu'elle eſt receuë doucement dans le Golfe Tarbellique. Au lieu qu'en l'eſtat preſent, cette riuiere ſe precipite dans l'Ocean en ligne droicte, vn quart de lieuë au deſſous de la ville de Baione, qu'elle a renduë capable d'vn plus riche commerce, & de vaiſſeaux plus grands, qu'elle n'eſtoit auparauant. Dont elle eſt redeuable à l'induſtrie de cét excellent Ingenieur Louïs de Foix ; qui ſuiuant le teſmoignage du ſieur Preſident de Thou, apres auoir baſti le ſuperbe baſtiment de l'Eſcurial en Eſpagne, & donné l'inuention de la pompe de Tolede, pour faire monter l'eau de la riuiere du Taio dans les lieux plus eſleuez de la ville, reuint en France pour y baſtir cét admirable phare de la Tour de Cordoüan pres l'embocheure de la Garonne, & entreprit de fermer l'ancien canal de l'Adour pres Baione, & faire l'ouuerture du nouueau ; Ce qui lui reüſſit apres pluſieurs trauaux par le ſecours d'vne inondation extraordinaire des eaux ſuruenuë le vingt-huictieſme d'Octobre 1579. qui eſt le iour de la Feſte des ſaincts Apoſtres Simon & Iude, auquel ceſte ville renouuelle par vne proceſſion ſolemnelle la memoire d'vn ſi grand bien-fait receu du Ciel.

X. Au reſte comme le terroir des Tarbelliens eſt recommandé par Strabon pour estre abondant en or, que l'on trouuoit facilement sous ses arenes ; La cité d'Acqs qui estoit le chef de ces peuples a esté recommandé par ses Euesques, que l'on trouue auoir esté presens aux anciens Synodes des Gaules, sçauoir est Carterius au IV. Synode d'Orleans l'an 541. Liberius au 5. d'Orleans l'an 549. Niortius l'an 585. lequel Niortius estoit auparauant Comte de ceste ville d'Acqs pour les Rois de France.

I. Plin. l. 4. c. 19. Aquitani, vnde nomen prouinciæ. Auson. in parentalibus carm. 14. Stirpis Aquitanæ mater tibi. Vinetus in hunc locum.
II. Strabo. l. 3. Σέξτιος κτίσας πόλιν ὁμωνυμον ἑαυτῷ τε κ᾽ ᾗ ὑδάτων τῶν ϑερμῶν Plin. l. 4. c. 17.
III. Ptolem. Tarbellorum Ciuitas Aquæ Augustæ 17. 44. 40. In Epicedio Ausoni: Tarbellis sed genitrix ab Aquis. Itinerarium Anton. Aquæ Tarbellicæ. Vibius sequester: Atyr Tarbellæ Ciuitatis Aquitaniæ in Oceanum fluit. Scaliger l. 1. Auson. Lect. c. 6.
IV. Tibullus ex correctione Scaligeri. Tarbella Pyrene Testis & Oceani litora Santonici.
V. Ptolem. sub Biturigibus vibiscis vsque ad Pyrenem montem Tarbelli, quorum Ciuitas Aquæ Augustæ 17. 44. 40. Auson. ep. 5 Paganum in medulis iubeo sal ucre Theonem. Quid geris extremis positus telluris in oris Cultor arenarum vates? cui litus arandum Oceani finem iuxta solemque cadentem. Vinetus in carmen Ausonij de Burdigala. Strabo

l. 4. laudatus in cap. 1. n. 1.
VI. Strabo l. 4. Aquitaniæ solum quod est ad litus Oceani maiore sui parte arenosum est & tenue, milio alens, reliquarum frugum minus ferax. Ibi est etiam sinus isthmum efficiens, qui pertinet ad sinum Gallicum in Narbonensi ora. Tarbelli hunc sinum habent. libro vero 3. scribit, Arctissimam esse Galliam & Hispaniam à mari interno siue Mediterraneo ad Oceanum qua ad Pyrenem accedunt, atque ibi ab vtraque parte earum sinus fieri, in altera ab Oceano in altera à nostro mari.
VIII. Ausonius in Catm. de Mosella. Dominæ tamen ante Mosellæ numine adorato, Tarbellius ibit Aturrus. In Parental. carm. 4. Tum profugum in terris per quas erumpit Aturrus, Tarbellique furor perstrepit Oceani.
IX. Lucanus : Et ripas Alyri quem litore curuo Molliter admissum claudit Tarbellicus Ancon Iac. Augustus Thuanus lib. Histor. 41. & 80.
X. Sirmond. Tom. 1. Concil. Greg. Tur. l. 7. c. 31.

CHAPITRE VIII.

Sommaire.

I. Bayone assise dans les Tarbelliens. Si c'est la Cité des Boiens. II. Les Boiens dans le Languedoc pres de Medoc. Le païs de Buchs. III. Emboucheure de Lerie pres le bourg nommé Teste de Buchs. Promontoire Curian. IV. Le Bourg de Buchs est la Cité des Boiates autrement nommé Boius. Capitales de Bogio. Cette Cité a esté ruinée, & puis incorporée à celle de Bourdeaux. V. VI. VII. Faute de Vinet & de Scaliger sur l'estendue des Boiens. Nom de Bayone recent & Basque l'ancien est Lapurdum. Le fort Lapurdum. VIII. Bayone Cité substituée à celle des Boiates. S. Leon Euesque de Bayonne. Elle estoit Cité dés le temps de Childebert. IX. X. Bearn & Tarbe ne sont point dans les Tarbelliens. Quoi que ceux-ci possedent vne portion de la montagne. X. Examen d'vn texte d'Ausone qui semble iustifier le contraire.

I. Pres auoir assez espluché l'opinion de Scaliger, & reconneu la vraye situation des Tarbelliens depuis le Promontoire des Pyrenées, qui s'auance vers l'Ocean iusqu'au territoire des Bourdelois, il s'ensuit que la ville de Bayonne est assise dans le païs des Tarbelliens : De sorte qu'il est necessaire d'examiner si la Cité des Boiens mentionnée dans les Notices, & qui fait vne portion des peuples Tarbelliens, est la mesme que la Cité de Bayonne.

II. On apprend de l'Itineraire d'Antonin que les Boiens estoient situées à seise mille pas de Bourdeaux, par le chemin qui conduit vers ceste ville, depuis celle d'Acqs. Et l'on peut remarquer dans Paulin, que les Boiens font affis dans vn païs abondant en pins portans refine; d'où vient qu'il leur donne le furnom de gens de Poids & de refine, en la lettre qu'il efcrit à fon ami Aufone. De forte que Vinet conclut à propos, que les Boiens poffedoient ce païs, que l'on nomme auiourd'hui *Buchs*, & *Buies*, pres de l'Ocean & du Medoc, tenu par les feigneurs de la maifon de Candale à titre de Capdalat ou de Sirauté.

III. En ce quartier, il y a vn petit golfe qui s'auance dans la terre deux lieuës ou enuiron; où la petite riuiere de Lerie fait fon embouchure, qui eft fans doute le fleuue Sigman de Ptolemée. A l'entrée de ce canal de mer, eft bafti pres le riuage vn Bourg, nommé vulgairement *Tefte de Buchs*. Où l'on doit placer le promontoire Curian de Ptolemée; attendu qu'il le met entre l'emboucheure de l'Adour, & celle de Lene dans la verfion Latine: & que la Grecque le place pres d'vn degré loin de l'emboucheure de Garonne. Ce qui eft fauorifé par la denomination du Bourg, qui eft appellé *Tefte de Buchs*. Où l'on doit placer le promontoire Curian: & partant ce promontoire Curian ne peut eftre pris pour le rocher de Cordoüan, qui eft fur l'emboucheure de la Garonne, comme penfoit Vinet.

IV. Or ce Bourg de Buchs, a efté fans doute ruiné par les guerres, ou par les inondations de la Mer. Car anciennement c'eftoit l'vne des Douze Citez de la Nouempulanie, appellée dans les Notices, la Cité des Boiates, autrement *Boius*. Laquelle denomination s'eft conferuée dans les vieux tiltres de la maifon de Bourdeaux ou de Graili, qui nomment les Captals de Buchs, *Capitales de Bogio*. Ayant efté ruinée vne fois, elle n'a point efté reftablie en titre de Cité; au conrraire fon Peuple, qui auoit fon eftenduë iufqu'à Mimifan, a efté vni & incorporé à l'Archeuefché de Bourdeaux; & diftrait de la Nouempopulanie. C'eft pourquoi dans l'vne des Notices publiées par le fieur du Chefne, le Copifte qui regardoit l'eftat auquel eftoit de fon temps la Cité des Boiens, adioufte au texte en forme de gloffe, qu'elle eft fife au Bourdelois. Ce qui n'eftoit pas en fon origine; puis que les *Vocates* ou *Voiates*, fuiuant la correction de Scaliger, font denombrez dans les Commentaires de Cefar, parmi les peuples de l'Aquitaine ou Gafcogne, qui fe rendirent à Craffus; lefquels auffi les Notices attribuent à l'ancienne Aquitaine, ou Nouempopulanie, qui eft diftinguée de la feconde Aquitaine.

V. Scaliger & Vinet eftiment, que les Boiens auoient leur eftenduë depuis le païs de Buchs iufqu'à Baionne; & que cette ville eftoit leur Cité, qui eft denombrée dans la Notice. Mais le païs de la Cité d'Acqs, s'oppofe à cette coniecture: Car vne partie de ce païs eft fituée entre Baionne, & le païs de Buchs, & par ce moyen empefche toute forte de communication entre Baionne & Buchs; qui d'ailleurs font effloignez l'vn de l'autre de 25. grandes lieuës; La Cité de Baione & fon Euefché, qui a fon eftenduë vers les monts Pyrenées, eftans bornez tellement de la riuiere de l'Adour, que le Bourg du Sainct Efprit, qui eft affis au bout du pont de la ville, dépend de l'Euefché d'Acqs. Sans que la denomination de cette ville, qui fert de fondement à cette opinion, doiue eftre confiderée; Car outre qu'elle eft nommée conftamment Baione dans tous les Tiltres, auffi bien que par le vulgaire, & non pas Boione, comme nous voudroit perfuader Vinet, qui dit qu'eftant ieune garçon il entendoit qu'on lui donnoit le nom de Boione; il ne faut pas douter que cette diction ne foit recente, & qu'elle ne prenne fon origine de la langue Bafque, fignifiant Bonne Baie, ou Bon port, Baia ona, Baia, c'eft à dire port en langage de marine, & Ona, Bon.

VI. Ie dis que le nom de Baione eft recent, eftant certain que cette ville & fon Euefché font appellez dans les vieux Tiltres *Lapurdenfis*, & non pas *Baionenfis*, ainfi qu'on voit dans celui qu'on treuue le plus ancien de l'an 980. auquel Arſius Eueſque de Labourd deſigne les confins de ſon Eueſché, qu'il dit conſiſter aux vallées de Labourd, Arberoüe, Orſais, Cize, Baigorri, Baſtan, Larin & Hernani pres de ſainct Sebaſtien en Guipuſcoa. Les Eueſques ſuiuans, & les Vicomtes prennent touſiours la qualité de *Lapurdenſes*, iuſqu'à l'année 1150. ou enuiron, qu'ils ſe nomment indifferemment *Lapurdenſes* ou *Baionenſes*; Et peu à peu ce dernier tiltre a preualu, & reſte maintenant en vſage pour l'Eueſque; quoi que le païs plus proche de la ville ſe nomme, Païs ou Vicomté de Labour. Cette diction de Labourd eſt auſſi Baſque; Lapurra ſignifiant vn Païs deſert, expoſé aux voleurs, comme diſent ceux qui entendent mieux les ſecrets de cette langue.

VII. D'où l'on peut auſſi recueillir, que le fort *Lapurdum*, dans lequel le Tribun de la Cohorte de la Nouempopulanie faiſoit ſa reſidence, comme il eſt eſcrit en la Notice de l'Empire, n'eſt pas le Chaſteau de Lourde en Bigorre, ſuiuant la penſée de Scaliger en ſes Leçons ſur Auſone, de la premiere impreſſion; mais la ville de Baione, ainſi qu'il aduoué en ſa Notice, apres auoir eſté fort à propos releué de ſa faute par Sauaron en ſes Commentaires ſur Sidonius, en l'endroit où il fait mention des Poiſſons ou Langouſtes de Labourd.

VIII. Partant il eſt neceſſaire de conclurre, puis que la ville de Baione n'eſt pas la Cité des Boiates, que c'eſt vne Cité erigée par quelque Synode Prouincial, pour la ſubſtituer, apres la ruine de Buchs, en la place de la Douzieſme Cité, qui auoit eſté diſtraite de l'Aquitaine III. en faueur de l'Aquitaine II. & de l'Archeueſché de Bourdeaux, auquel le terroir de la Cité de Buchs auoit eſté incorporée, comme i'ay remarqué au nombre 4. Il ſeroit impoſſible de cotter le temps de ces nouueautez; quoi que l'on puiſſe bien aſſeurer, que cette ville fut erigée en Cité auant la venuë des Normans de l'an 845. attendu que la Charte de Laſcar teſmoigne, qu'ils la ruinerent auec les autres Citez de Gaſcogne; & que l'Eueſque Arſius aſſeure l'an 980. que cette ville eſtoit en poſſeſſion de toute ancienneté des vallées ci-deſſus deſignées. Il s'enſuit de là que les Baionois font tort à l'antiquité de leur Eueſché, lors qu'ils eſtiment que ſainct Leon qui viuoit enuiron l'an 900. du temps du Roi Charles le Simple fut le premier Eueſque de cette ville; puis qu'il y auoit eu des Eueſques auant la premiere deſcente des Normans en Guienne. Mais il fut le premier Eueſque apres la ruine de cét Eueſché, qui lui fut commune auec tous les autres de Gaſcogne. Neantmoins il reſte vn ſujet d'eſtonnement de voir, que l'Eueſque de la Cité des Boiates, en quel ſens qu'on l'explique, ſoit de Buchs, ou de Baione, n'aſſiſta point en perſonne ni par deputés, au ſynode d'Agde tenu ſous Alaric l'an 506. ou l'on remarque pourtant, tous les autres Eueſques de la Nouempopulanie, ou les Procureurs des abſens. Ce qui donne lieu de ſoubçoner, ſi le Roi Euarix predeceſſeur d'Alaric, qui rauagea les peuples, & les Cités de Gaſcogne, ſuiuant le teſmoignage de Sidonius, n'auroit point ruiné celle des Boiens, dont le reſtabliſſement, ou la ſubſtitution de celle de Labourd ne fut pas encore faite du temps d'Alaric. Quoi qu'il ſemble que pour le moins du temps du Roi Childebert, la Cité de Labourd fut eſtablie; d'autant qu'en l'accord des Rois rapporté par Gregoire de Tours, il eſt dit, que ce Roi prendra deuers ſoi Ayre, Coſerans, Labour, & Alby auec leurs dependances.

IX. Il reſte d'eſclaircir vn doute touchant les Tarbelliens, ſçauoir ſi outre les peuples d'Acqs, de Buchs & de Labour, ils comprenoient auſſi ceux de Tarbe, & de Bearn, comme Vinet pretend l'auoir iuſtifié; en ce que Auſone nomme Tarbellien le fleuue de l'Adour, qui paſſe à Tarbe en Bigorre, à d'Acqs, & à Baionne. Mais cette preuue, non plus que la riuiere de l'Adour ne touche point le Bearn; Et

C iiij

si elle auoit quelque force, la ville d'Aire assise sur l'Adour, & qui prend le nom de cette riuiere, seroit aussi dans les Tarbelliens, quoi que Vinet l'ait omise. Ce qui empesche plus puissamment, que l'on n'ait cette pensée, est l'autorité de Strabon; qui distinguant l'Aquitaine en trois parties, la Maritime, la Mitoyenne, & la Montueuse, donne l'assiete du païs Maritime, Areneux, & sablonneux, aux peuples Tarbelliens ; au lieu que le païs d'Aire est en la region Mitoyenne ; & la Bigorre & le Bearn sont en la Montueuse Meridionale ; & fort esloignée de la Mer.

X. Ceste consideration a entierement effacé l'impression qu'auoit fait autrefois en mon esprit, le discours d'Ausone escriuant à Paulin; qu'il inuite à quitter l'Espagne, & particulierement la ville de Saragosse, ou estoit pour lors son seiour, & à se rendre en sa maison d'*Ebromanus*, ou d'Embrau pres Blaye : Il souhaite qu'on lui porte la nouuelle, que Paulin abandonne les villes neigeuses d'Espaigne, qu'il est desia dans les champs Tarbelliens, & qu'il entre dans sa maison d'Embrau. Car le chemin de Saragosse vers l'Aquitaine, suiuant l'Itineraire d'Antonin, meine aux villes d'Oloron & de Bearn, Et partât il semble que Paulin entrant dans les Tarbelliens, à mesure qu'il quitte Saragosse & les autres villes d'Espagne proche de la montagne, le Bearn soit designé comme portion des Tarbelliens. Neantmoins cela ne presse pas tant contre la verité de la chose, qu'on ne puisse respondre, que le chemin d'Embrau est designé, non pas de suite, mais par interualles notables; & que les champs Tarbelliens sont ceux du territoire d'Acqs, par où il falloit passer, pour aller de Bearn à Bourdeaux, & en suite à Embrau; L'Itineraire d'Antonin ne marquant point autre chemin des Landes que celui d'Acqs. Combien que les Tarbelliens ayent aussi dans leur enceinte vne partie de l'Aquitaine Montueuse, qui est ceste portion des monts Pyrenées, qui est comprise dans les Eueschez d'Acqs & de Bayonne, sçauoir est les montagnes de Labour & de la basse Nauarre. Ausquels endroits il faut rapporter sans doute la remarque de Strabon, qui escrit, que de son temps il y auoit parmi les Tarbelliens des riches minieres d'or, & que sans creuser beaucoup la terre, ou rencontroit des lames d'or pur, qui remplissoient la main, sans qu'il fust besoin de les raffiner beaucoup, & que le reste de la mine estoit elabourée sans grande peine.

I I. Itinerarium Antonini. Paulinus ep. 1. ad Ausonium placeat reticere nitentem Burdigalam, & piceos malis describere Boios ?

I I I. Ptolemæus : Post Oeasum Pyrenes promontorium quod continet gradus 15.45.50. Aturrij fluij ostia 16.45.44.45. Curianum promontorium 16.30. 46. Sigmani fluij hostia 17. 45. 10. Garumnæ fluij hostia 17.30.46.30.

I V. Notitia prouinciarum : Ciuitas Boatium quod est Boius in Burdigalensi. Scaliger in Notitia Galliæ : Vocates suspicamur esse Boates, Buchs. Quod omnino certum est, siti sunt in finibus Lapurdensium post Medulos in Nouempopulania. Tamen in eo fallitur Scaliger, quod statuat Boios in finibus Lapurdensium; Cum diuisi sint inter se magna parte agri Aquensis.

V I I. Notitia Imperij : Tribunus cohortis Nouempopulanæ, Lapurdo. Sidonius 8. epist. 12. & ad eam Sauaio.

V I. & V I I I. E Chartario Capituli Baionensis: Ego Arsius indignus & humilis Laburdensis Episcopus, volo tradere notitiæ successoribus & posteris, ea quæ nostro Episcopatui se. S. Mariæ Laburdensi subiacent loca. Idcirco hæc subtili & canonicali auctoritate subnotamus, ne forte quod absit, successores nostri, Episcopi vel Archidiaconi in dubio sint laboraturi, quæ in nostro iure subiacent, seu quæ priscis temporibus ipsa Laburdensis Ecclesia publico auxilio vel consilio fidelium canonicè acquisiuit. Non enim dignum videtur, vt aliqua fraus in sanctâ Catholicâ & Apostolicâ Ecclesia laboret, sed potius veritas quæ ab auctore mundi semper erigitur. Et ideo quæ post mortem testificari non possimus, autentica auctoritate & exemplo scriptu vetustissimis in membraneis reliquimus, vt omni dubietate postposita, Prælatores sanctæ Laburdensis Ecclesiæ cum pace quod inuenerint testificatum, nostro testimonio vel sancitum, absque adminiculo vllius anxietatis teneant, ipsamque Laburdensem matrem Ecclesiam ex acquirendis vel acquisitis pristino in honore restaurent, & ad posse ex studiis subiacentium fideli modo edificent. Omnis vallis quæ Citsia dicitur vsque ad Caroli crucem. Vallis quæ dicitur Bigur. Vallis quæ Erberua dicitur. Vallis quæ Vrsaxia dicitur. Bastan item Vallis vsque in medio portu Belat. Vallis quæ dicitur Larin. Terra que dicitur Ernania, & S. Sebastianum de Busico vsque ad sanctam Mariam de Arosth. & vsque ad sanctam Triauam. Has tenemus & possidemus in dominio sanctæ Mariæ Laburdensis Ecclesiæ, eo tenore ne vnquam ab Episcopo vel Archiepiscopo fiat vlla contradictio vel proclamatio successori nostro, sed potius sit affirmatio. Hæc affirmatio seu astipulatio facta est in præsentia domini Archiepiscopi Auxiensis Odonis, nec non & aliis viris religiosis clericis & monachis. Vigente domno Apostolico Romano Pontifice Benedicto, regnante Hugone magno rege Francorum, imperante Duce Gasconiæ Vuillelmo Sancio S. Arsij qui hanc fieri vel confirmari præcepit S. Arch. Auxiensis Odonis. S. VVastonis Centulli Vicecomitis S. Lupi Anerij Vicecom. S. Arnaldi Lupi Vicecomitis Aquensis. S. Saluatoris Abbatis S. Seueri. Si quis hanc contradicere voluerit, repetitio eius ad nihilum redigatur, & nisi resipuerit victus Canonicali iudicio anathema sit.

Hanc finium designationem cósirmat rescriptum Vrbani II. Pontificis V. Idus Aprilis Indict. xiii. anno Incarnationis Dominicæ M. CC. VI. Pontificatus domini Paschalis II. Papæ VI. Legendum Anno M. C. VI. Item alterum rescriptum Celestini III. Anni 1194. in quo fines Episcopatus Lapurdensis explicantur his verbis. Vallem quæ dicitur Laburdi. Vallem quæ dicitur Arberoa. Vallem quæ dicitur Orsais. Vallem quæ dicitur Cizia. Vallem quæ dicitur Baigur. Vallem quæ dicitur Bastan. Vallem quæ dicitur Lerin. Vallem quæ dicitur Lesseca. Vallem quæ dicitur Oiarzu vsque ad S. Sebastianum.

VIII. Greg. Turon. l. 6. Hist. c 10. Vicum Iuliensem cum sorannis, Lapurdo, & Albige domnus Chil-debertus Rex cum terminis suis à præsenti die suæ vindicet potestati. Lege cum Consorannis Lapurdo & Albige. Porro Terminus pro vniuersis finibus earum ciuitatum sumitur. Inde apud eundem Greg. l. 5. c. 33. Terminus Carnotenus. id est, *le païs Chartrain*. Terminus Turonicus l. 6. cap. 12. Terminus Lemouicinus l. 8. c. 15. Et absolutè apud eundem scriptorem, In Biturico, Turonico, Lemouicino, Caduicino.

IX. Vinetus in Parent. Auson. carm. 11. Ex his ergo liquere arbitror qui nunc Tarbienses Bearnenses, Aquenses, Baionenses nuncupantur, omnes hos quondam Tarbellos fuisse appellatos.

Strabo l. 4. Τὰ μὲν παρωκεανιτικὰ, τὰ δὲ εἰς τὴν μεσόγειαν, ἐξ τὰ ἄκρα τῆς Κεμμένου ὀρῶν μέχρι Τεκτοσύγων ἀνέχοντα.

X. Ausonius ep. 23. ad Paulinum; Nunc tibi trans Alpes & Marmoream Pyrenem, Cæsareæ Augustæ domus est. Infra. Et quando iste meas impellet nuntius aures? Ecce tuus Paulinus adest, iam minguida linquit Oppida Iberorum, Tarbellica iam tenet arua. Ebromani iam tecta subit. Strabo lib. 4. Apud Tarbellos optima sunt auri metalla. In fossis enim non altè actis inuenientur auri laminæ manum implentes, aliquando exigua indigentes repurgatione, reliquum ramenta & glebæ sunt, ipsæ quoque non multum operis desiderantes.

CHAPITRE IX.

Sommaire.

I. II. III. Les entreprises des Romains sur l'Aquitaine. Conqueste faite par Pompée, de Comenge & de Coserans. IV. V. Crassus defaict les Sociates, assiege leur ville, repousse le General Adcantuanus & les reçoit à composition. VI. VII. Les Aquitains combatent pour la seconde fois, & se rendent à Crassus, sauf les éloignés. VIII. IX. X. Recherche exacte quels sont les Sociates, & verifié que ce sont ceux d'Ayre. Dont la Cité est nommée Cité des Aturrois & Vicoiuli. XI. Lugdunum Cité de Comenge & Colonie. Strabon corrigé sur les Bains d'Encausse. Comenge ruinée par le Roy Gontran. Vne vieille Inscription expliquée. XII. La Cité. Peuple & Euesque de Coserans.

I. Il faut expliquer maintenant à l'occasion des citez de Comenge, de Coserans, & d'Ayre, l'ordre qui fut tenu anciennement par les Romains, pour la conqueste de l'Aquitaine; n'y ayant point d'apparence que l'entreprise en eust esté si facile, comme elle fut a Crassus sans les auances qui auoient esté desia faictes pour cét effect par Pompée. Car Sertorius s'estant retiré en Espagne, pour y conseruer les restes du debris de Marius, y soustint le faix de la guerre contre la puissance de la Republique pendant huict années, estant principalement appuyé des forces des Cantabriens, des Vascons, & des peuples d'Espagne de la Prouince Taraconoise, & mesmes de celles des Aquitains, qui viuoient en bonne intelligence, auec les Espagnols de la frontiere; & qui leur ressembloient autant, en langue, en humeurs & en façons de viure, comme ils estoient differens en cela mesme des autres Gaulois suiuant Strabon.

II. La vie & la Guerre de Sertorius estant finie par la tromperie des siens, a l'auantage de Pompée, toutes les places se rendirent au vainqueur excepté deux qui souffrirent l'extremité d'vn siege. Ce qui donna occasion à Pompée, d'establir ses trophées sur les Monts Pyrenées, pour auoir particulierement subiugué cette partie Montueuse d'Espagne, comme l'on peut voir chés Pline. Or en ce temps, il mit aussi sous l'obeïssance de la Republique, les païs de Comenge & de Coserans, assis dans la montagne du costé de deçà, & contraignit ces Peuples qui viuoient parmi les rochers sans ordre & sans discipline comme des picoreurs, de se ranger en vn Corps de Cité; qui fut nommée *Conuenæ*, à cause de l'assemblée de ces hommes en vne Communauté, suiuant le tesmoignage de sainct Hierosme; qui a conserué la memoire de cette action, & la debite auec vn peu d'aigreur en haine de Vigilance. Strabon insinuë obliquement la mesme chose, lors qu'il escrit, que les Comingeois sont ainsi nommés, comme si l'on disoit, les Assemblées. Pline ne s'esloigne pas aussi de cette pensée, remarquant des Comingeois, qu'ils auoient esté reduits en Corps de ville & de Communauté.

III. Le Païs de Coserans suiuit la mesme fortune que le païs de Comenge, comme estant plus proche de la Gaule Narbonoise que celui-ci; & fut sans doute soumis aux Romains par les armes de Pompée, qui adiugea peut-estre vne partie de ce peuple de Coserans à la Gaule Narbonoise, suiuant ce que i'ai desia escrit au Chapitre troisiesme.

IV. La possession de ces deux Peuples de l'Aquitaine, donna l'ouuerture aux Romains pour la conqueste de tout le corps. Valerius Præceninus en fit l'entreprise, qui ne lui reüssit pas, lui mesme ayant esté tué, & son armée rompuë par les Aquitains: Non plus qu'elle ne fut pas heureuse à L. Manilius Proconsul, qui fut contraint de s'enfuir, auec la perte de son bagage. Mais le bon-heur de Cesar surmonta les difficultez, qui auoient arresté les autres. Car voulant empescher que les Aquitains ne se ioignissent à la reuolte generale que les Gaulois auoient resoluë contre lui; il depescha P. Crassus ieune seigneur, fils de M. Crassus auec quelques troupes des vieilles bandes; lequel ayant fait des recreuës dans les païs de Tolose & de Narbone voisins de l'Aquitaine, s'auança auec son armée dans le territoire des Sociates. Ceux-ci assemblent leurs forces, & particulierement leur caualerie, en quoi ils estoient puissans, attaquent vn escaramouche sur le chemin, & sont repoussez par les Romains. Ce qui les obligea de faire paroistre leurs gens de pied, qui estoient couuerts dans vn vallon pour vne embuscade, & de remettre le combat, qui fut long, rude & opiniastré, à cause que les Sociates enflés du succés des victoires precedentes, estimoient que la conseruation de l'Aquitaine dependoit de leur courage. Neantmoins ils furent enfin contraincts de se retirer auec grande perte.

V. Ce qui attira Crassus à les assieger dans leur ville, & les battre auec des Machines, que les assiegés taschoient de ruiner, faisant pour cét effet des sorties & des mines (qui est vn mestier auquel les Aquitains estoient fort adroits, à cause des trauaux ordinaires qu'ils faisoient aux minieres de fer.) Mais ils furent enfin reduits à traicter auec Crassus, qui les receut à composition, à la charge de lui rendre les armes. Comme l'armée estoit occupée à l'execution du traicté, le General des Sociates, nommé *Adcantuanus* fit vne sortie auec six cens hommes determinés, que les Aquitains nommoient *Solduries*; mais apres vn long combat, il fut repoussé dans la ville, & en suite fut receu par Crassus à la premiere composition. Or ces Deuots & determinés, estoient gens de telle condition, qu'ils auoient toutes les commodités de la vie communes, auec ceux au seruice & à l'amitié desquels ils se deuoüoient, & couroient les mesmes dangers auec eux, ou ne suruiuoient pas à leur perte, si elle arriuoit par violence: ne s'eſtant rencontré pas vn iuſqu'à lors, qui euſt refuſé de mourir apres la perte de ſon ami par mort violente.

VI. Craſſus apres auoir receu les armes & les oſtages des Sociates, marche vers le païs des Boiates & des Taruſates. Cependant les Aquitains eſmeus de voir qu'vne place forte d'aſſiete, & par art auoit eſté forcée dans peu de iours, ſe liguent enſemble, appellent à leur ſecours, les Cités d'Eſpagne limitrofes de l'Aquitaine, eſtabliſſent pour chefs, ceux qui auoient eu autres fois commandement dans les troupes de Sertorius, & compoſent vne armée de cinquante mille hommes Aquitains & Cantabriens. Craſſus voyant que les ennemis groſſiſſoient chaſque iour, qu'ils faiſoient la guerre auec ordre & diſcipline, lui coupoient les viures, & l'incommodoient entierement, ſe reſolut de leur donner bataille. Il les attaque donc dans leurs retranchemens, enuoye des compagnies de caualerie par derriere pour les enuelopper, & ſe meſle auec eux; de ſorte que les Aquitains ſe precipiterent par les remparts, & furent defaits par la caualerie Romaine, comme ils fuyoient en deſordre; la quatrieſme partie de l'armée ayant à peine eſchapé de la fureur des ſoldats.

VII. Apres ce combat la plus grande partie de l'Aquitaine ſe rendit à Craſſus, & lui enuoya des oſtages; du nombre deſquels eſtoient, les *Tarbelliens*, les *Bigordans*, les *Precians*, les *Votates*, les *Taruſates*, les *Eluſates*, les *Garites*, les *Auſçois*, les *Garonnois*, les *Sibuziates*, & les *Cocoſates*. Quelques peuples reculez en petit nombre, ſe confians en la ſaiſon, à cauſe que l'hiuer arriuoit, ne tindrent point conte de ſuiure l'exemple & la fortune des autres. C'eſt le recit de Ceſar dans ſes Commentaires; que i'ai reſerué pour ce lieu, dautant qu'il ne pouuoit eſtre bien compris ſans auoir auparauant quelque connoiſſance des peuples d'Aquitaine, comme l'on a deſia des Tarbelliens, Boiates, Eluſates, Auſçois, Comingeois, & Coſerans.

VIII. On eſt en peine de ſçauoir quels eſtoient les Sociates ou Sotiates, mentionés dans Ceſar, Pline, Athenée, & Oroſe. Il y en a qui eſtiment, que ce ſoit ceux de la Vallée de Lauedan en Bigorre, comme Vigenaire, ou bien ceux des monts d'Oſſau en Bearn comme le P. Monet. Les autres que ce ſoit ceux de la Ville de Sof pres de Nerac en Condomois; qui eſt vne opinion reiettée par le ſieur Duplex; Ie ſerois en la meſme peine que ſont les autres eſcriuains, ſi ie n'auois en main vne preuue pour les deſigner preciſement: à ſçauoir l'ancienne Charte de Laſcar, qui teſmoigne que les Normans ruinerent les Douze Cités, de la Nouempopulanie, qui ſuiuent Euſe la Metropolitaine, les Cités d'Acqs, Laſcar, Oloron, Tarbe, Aux, Coſerans, Comenge, Laictoure, Bazas, Labour & la Cité Sotienſe ou des Sotiens ſuiuant le langage de ce manuſcrit; qui doit eſtre la Cité d'Ayre, que les Notices appellent la Cité des Aturrois; puiſque les Onze Cités conneuës, ſont enoncées dans ce vieux tiltre en termes ordinaires & intelligibles; & celle d'Ayre qui eſt la ſeule des Douze, qui manqueroit autrement au compte, eſt enoncée ſous le nom de *Cité Sotienſe*, c'eſt à dire la Cité des Sotiates ou Sociates. La vieille Chartre de Gaſcogne alleguée par Nicolas Bertrand en l'hiſtoire de Toloſe, ſe conforme à celle de Laſcar; & rapporte que les Danois ruinerent les Cités de Gaſcogne ſçauoir, Aux, Laictoure, Acqs, Vaſats, Tarbe de Bigorre, Oloron, Laſcar, Labourd, & la Cité de Sotie, *Sotia*, c'eſt à dire Ayre. Son aſſiete eſt aſſez forte, & reſpond à la deſcription de Cæſar; dautant qu'elle eſt placée ſur vn tertre, où eſt le Mas d'Ayre, ou de ſaincte Quitere, & continué iuſqu au bas ſur l'Addour, en vn endroit, où eſt le paſſage ordinaire de cette riuiere. De fait l'auantage du lieu a cauſé la ruine de la ville, qui ne repreſente maintenant que les reſtes de l'ancienne Cité; n'y ayant eu aucun mouuement de guerre depuis quelques ſiecles, qu'on ne ſe ſoit ſaiſi du fort d'Ayre, en conſideration du paſſage. Elle eſt ſituée preſque au milieu de l'Aquitaine; & partant il y a de l'apparence, que Craſſus voulut porter la guerre dans le cœur de la Prouince; afin d'oſter aux Aquitains le moyen de ſe r'allier. Ce qu'il pouuoit faire d'autant plus commodement, que les Romains entroient du païs de Toloſe, dans celui de Comenge, qui eſtoit à leur deuotion ; ainſi qu'il a eſté remarqué ci-deſſus ; De ſorte qu'à deux petites iournées de Comenge, ils rencontroient la ville des Sociates ou d'Ayre, apres auoir trauerſé vne portion du Païs d'Aux, & de Bigorre. Et il eſt fort croyable, que le General Adcantuan auoit dans ſes troupes des ſoldats de Bigorre, & d'Aux, auec leſquels il alla au deuant de Craſſus, & ayant eſté battu ſe retira dans la ville d'Ayre, comme eſtant la mieux fortifiée; où Craſſus le pourſuiuit, & ſe rendit en ſuite maiſtre de la place.

IX. Le nom qu'elle porte dans vn vieux exemplaire des Notices, fauoriſe cette opinion ; Car elle eſt nommée Cité des Aturrois, autrement *Vicoiuli*; Or il n'y a point d'apparence hiſtorique, qu'elle puiſſe auoir tiré cette denomination de *Vicus Iulÿ*, ou Bourg de Iulius, que de Iules Ceſar; ſous les auſpices duquel ayant eſté priſe par Craſſus, & ayant donné le branle à la conqueſte de l'Aquitaine, on luy changea le nom de ville des Sociates, en celui de *Vicoiuli*, ou Bourg de Iulius, pour ſeruir de Trophée, & d'vn monument perpetuel de cette victoire; ſuiuant l'vſage des Chefs Romains, qui donnoient leur nom à quelque ville dans les Prouinces ſubiuguées. Et pour cette raiſon l'on voit dans la Notice de l'Empire, la Garniſon des ſoldats Andereciens eſtablie au lieu appellé *Vicus Iulius* pres de Spire, & de Zauerne, ſous le commandement du Duc du Quartier de Mayence ; ce lieu ayant pris le nom de Iules Ceſar, auſſi bien que la ville des Sotiates. Elle conſeruoit encore ce nom du temps du Concile d'Agde l'an 506. où l'on voit ſigné Pierre Preſtre commis par Marcellus Eueſque de *Vicoiuli*; comme dans le ſynode de Maſcon de l'an 585. on voit Ruſticus Eueſque, *Vicoiulienſes*; duquel Gregoire de Tours fait mention ; L'auteur de la vie de ſainct Philibert, donne auſſi à ſon pere Philibaud la qualité d'Eueſque de *Vica Iuli*, qu'elle porte auiourd'huy le nom d'Ayre, lequel eſt deriué de celui des Aturrois ; qui eſt celuy, ſous lequel elle eſt expliquée dans les Notices, & dans Sidonius. Et ſans doute on donnoit indiferemment à cette Cité, les deux noms en meſme temps; puiſque le Commonitoire d'Anian Chancelier du Roi Viſigoth Alaric, qui eſt en teſte de la publication du Code Theodoſien, eſt daté du lieu d'Ayre ou *Adurris*; & neantmoins ſous le meſme Roy, Marcellus Eueſque de cette ville, porte le nom d'Eueſque de *Vicoiuli* au ſynode d'Agde.

X. Le territoire ancien de cette Cité, doit eſtre meſuré comme celui des autres, ſur le plan de l'eſtenduë de l'Eueſché. Et par ce moyen il aura compris, ce qu'on nomme auiourd'hui le Viconté de Turſan, dont Ayre eſt le Chef; Et le Viconté de Marſan, d'où il eſt arriué que l'Eueſque de cette ville, eſt nommé Eueſque de Marſan, en l'Acte du ſerment que les Eſtats de Bigorre preſterent à Conſtance de Bearn, l'an 1283. Il comprend auſſi vne partie du païs de Chalaſſe où eſt la ville de Sainct Seuer auec ſon vieux Chaſteau, nommé dans les anciens titres *Caſtrum Cæſaris*. De l'enceinte de ſon territoire, ie tire encore vn autre argument, que c'eſt la ville des Sociates; dautant que Craſſus apres l'auoir conquiſe, fit marcher ſes troupes contre les *Taruſates*, & les *Boiates*; c'eſt à dire vers Tartas, & le païs de Buchs, qui ſont trois territoires tenans l'vn à l'autre, dautant que le Vicomté de Tartas, confine auec le Marſan, qui eſtoit vne portion des Sociates; Et le Buchs auec le pais de Tartas. En cette marche Craſſus prenoit cét auantage, que gaignant païs de proche en proche il eſtourdiſſoit ſes ennemis, au milieu deſquels il ſe logeoit par cette route; & s'approchant des Bourdelois voiſins des Boiates, leur donnoit de l'effroi, pour les retenir en leur deuoir, & les empeſcher de ſe liguer auec les autres Gaulois, & encore les

Cités

Liure premier. 37

Cités Armoriques de Bretagne, qui estoient pour lors en armes contre Cesar.

XI. Ayant parlé de la Cité d'Ayre, il faut adiouster vn mot en faueur de la Cité de Comenge, qui est surnommée *Lugdunum*, chez Strabon, & Ptolemée ; celui-là tesmoignant qu'elle iouïssoit du droict Latin du temps d'Auguste, c'est à dire qu'elle viuoit sous ses loix & magistrats particuliers : & celui-ci asseurant qu'elle estoit Colonie de son temps sous Hadrian, c'est à dire vn seminaire de soldats, & de Citoyens Romains, & la Cité des Comingeois. Car il faut lire chez Ptolemée *Conueni*, & non pas, *Cucueni*, & partant l'interpretation de Villeneufue, & de Bergier est sans fondement, qui prenent ce *Lugdunum* pour Oloron en Bearn. En l'Itineraire d'Antonin elle est nommée aussi *Lugdunum*, & placée sur le chemin de la ville d'Acqs vers Tolose à seize mille pas de *Aquæ Conuenarum*. Ce lieu est sans doute le Bourg d'Encausse en Comenge, deriué du Latin *Aquenses*; où sont les eaux chaudes tres-excellentes à boire & tres-profitables à la santé des corps, aussi bien maintenant, comme du temps de Strabon; dont le texte doit estre corrigé, & entendu des eaux d'Encausse Ὀμοαίων ayant esté mis au lieu de Ἀκουένων. Gregoire de Tours escrit que cette ville, qu'il nomme *Conuenas*, estoit assise sur le coupeau d'vne montagne, ayant vne fontaine au pied; de laquelle les habitans puisoient de l'eau en asseurance à la faueur d'vne Tour qui la defendoit. Gombaut ayant quité Bourdeaux, s'y estoit retiré en desordre poussé par l'armée du Roi Gontran, laquelle mit le siege deuant la place, y donna plusieurs assauts, & la prit par composition, mais qui fut aux despens de la vie de Gombaut, du Duc Mummole, & de Sagittaire Euesque de Comenge, & traina apres soi la ruine entiere de la ville, que les François mirent à feu & à sang l'an 584. Elle demeura fort long temps à se releuer de cette perte, & iusqu'à ce que S. Bertrand son Euesque restablit l'Euesché auec vne petite enceinte de maisons, sur les ruines de l'ancienne Cité enuiron l'an mil cent. Ce qui a donné sujet de la nommer S. Bertrand. On voit les anciens Euesques dans les assemblées du Clergé, Suauis au Synode d'Agde, Presidius au second d'Orleans 533. Amelius au cinquiesme d'Orleans 549. & Rufinus au second de Mascon 585. Sa religion du temps du Paganisme enuers le Dieu Abellion paroist aux inscriptions qui sont en ce païs, rapportées par Scaliger en ses Leçons sur Ausone. Quant à l'inscription que l'on voit à Rome en ces termes. *D. M. Valerie. Iustine. Nata. Conuena. Aquitania*, vixit annos XXI. laquelle Merula n'a sceu deschifrer. Elle signifie que Iustine estoit née en la ville de Comenge, que les Notices & Gregoire de Tours nomment *Conuenas*, ou *Conuena*; & ce en la Prouince d'Aquitaine. *Nata Conuena*, *vrbe*, *Aquitania*, *Prouincia*.

XII. Pour la Cité de Coserans on n'en voit rien d'exprés, que dans les Notices; & pour les peuples de Coserans en l'Aquitaine, que chés Pline, & encore chés Gregoire de Tours; La ville est nommée auiourd'hui sainct Lezer à cause de Glycerius Euesque de Coserans recommandé pour sa sainteté, qui assistoit au Synode d'Agde : On trouue aussi que Theodore Euesque de la mesme Cité de Coserans enuoya au cinquiesme Synode d'Orleans, Eleutherius son Archidiacre, qui a souscrit parmi les autres deputés.

I. Plutarchus in Sertorio Velleius. Orosius l. 5. 23.
II. Plin. l. 3. c. 3. Hieronymus aduersus Vigilantium : Nimirum respondet generi suo, vt qui de latronum & Conuenarum natus est semine quos Cn. Pompeius edomita Hispania, & ad triumphum redire festinans, de Pyrenei iugis deposuit; & in vnum oppidum congregauit, vnde & Conuenarum vrbs nomen accepit. Strabo lib. 4. πρὸς μέσῃ τῇ μεσημβρινῇ τῶν Κενίκων, ὑπὲρ δὲ οὐσικᾶ δον. Plinus l. 4. cap. 19. Mox in oppidum contributi Conuenæ.
IV. V. VI. VII. Cæsar. lib. 3. c. 20. Cuius aduentu cognito Sotiates magnis copiis coactis equitatuque, quo plurimum valebant. Infra : Cuniculis ad aggerem vineasque actis, cuius rei longè sunt peritissimi Aquitani, propterea quod multis locis apud eos ærariæ stricturæ sunt. Infra : Adcantuanus qui summam Imperij tenebat cum D. C. deuotis quos illi Soldurios appellant, quorum hæc est conditio vt omnibus in vita commodis cum his fruantur, quorum se amicitiæ dederunt, si quid per vim ijs accidat, aut eundem casum vna ferant, aut sibi mortem consciscant; neque adhuc hominum memoria

D

repertus est quisquam, qui eo interfecto cuius se amicitiæ deuouisset mori recusaret. Ciaconius in Notis; lege Adiatomus è Nicolao Damasceno apud Athenæum l. 6 Dipnos. qui regem Sotiatum vocat & Soldurios Silodunos. Idem Sallustius tribuit Celtiberis, & Val. Max l.2.c.6.

Armis obsidibusque acceptis Crassus in fines Vocatium & Tarusatium profectus est. Tum vero Barbari commoti quod oppidum & Natura loci & manu munitum, paucis diebus quibus eo ventum erat expugnatum cognouerant. Hac audita pugna maxima pars Aquitaniæ sese Crasso dedidit, obsidesque vltro misit, quo in numero fuerunt, Tarbelli, Bigerriones, Preciani, Vocates, Tarusates, Elusates, Garites, Ausci, Garumni, Sibuzates, Cocosatesque.

VIII. Charta Lascurrensis: Post obitum B. Galectorij Episcopi & Martyris extitit quædam gens Gundalorum, & destruxit omnes ciuitates Gasconiæ, & corpora sanctorum quæ inuenit destruxit, & subuertit flammis & igne: has Ciuitates, quæ destructæ fuerunt fuit, Aquis, Lascuris, Oloren. Ecclesia, Tarbæ, Ciuitas Auxiensis, Ciuitas Elicina Metropolitana, Cosorensi, Conuenasi, Lactoren, Sotiense, Basatense, Laburdensi, & sedes Gasconiæ fuerunt in obliuione multis temporibus, quia nullus Episcopus in eas introiuit. Nicolaus Bertrandus de Gest Tolos. Vasates, Sotiam, Lactoram, &c.

IX. Sidonius lib.2.epist.1. Aturres & ibi Sirmondus in Notis. Scal. l.1. Aus. Lect. c.7. Notitia Imperii: sub Dispositione V. S. Ducis Moguntiacensis, Præfectus militum Anderecianorum, Vico Iulio. Fragmentum, vitæ S. Philiberti editum ab Andr. Duch. p. 650. t. 1. Histor. Franc.

XI. Ptolemæus. Contigui monti Pyrenæo sunt Conueni (ita legendum non Cucueni) quorum ciuitas Lugdunum, Colonia. 17. 44. Strabo. quibusdam Aquitanorum Romani indulserunt ius Latij vt Auscis & Conuenis.

XI. Itinerarium Antonini: Ab Aquis Tarbellicis Tolosam M. P. c. xxx. Sic, Beneharnum M.P. xix. Oppidum nouum M. P. xviii. Aquas Conuenarum M.P. viii. Lugdunum M. P. xvi. Calagorgim. M.P. xxvi. Aquas siccas M.P. xvi. Vernosolem M.P. xv. Tolosam M.P. xv. *Ab Aquis Connenarum, Aquenses dicti sunt, vnde deflexione Vasconica Encausse.*

XI. Gregor. Tur. l. 7. c. 35. 36. 37. 38. Est enim vrbs in cacumine montis sita nullique monti contigua. Fons magnus ad radicem montis erumpens, circumdata turre tutissima, ad quem per Cuniculum descendentes ex vrbe latentem latices hauriunt. Infra omnem vrbem cum Ecclesiis reliquisque ædificiis succenderunt, nihil ibi præter humum vacuam relinquentes.

XI. Scaliger. l. 1. Auson. Lect. c. 9.

XII. Greg. Tur. l. 6. c. 20. laudatus in superiori capite n. 8.

CHAPITRE X.

Sommaire.

I. II. Cocosates, Bazadois, & Cossio la ville de Bazas. Son assiete areneuse selon Paulin & Sidonius. III. L'estendüe de son ancien territoire. Faute de Scaliger & de Merula. IV. V. Laictoure Cité du temps de Gordian. Le Taurobolium de l'inscription de Laictoure expliqué. VI. son ancien territoire. VII. Les Bigordans, Bigerrones, Bigerri. Tarba, la Cité. Bigorra le chasteau d'où la Cité & le païs ont en suite pris le nom. VIII. Vic Begorre est vne autre ville. Faute de Scaliger. IX. Baigneres. Vicani Aquenses. X. Estendüe de l'ancienne Bigorre. Merueille des fleurs-de lis du tombeau du martyr Seuerus. XI. Son air temperé, descrié par Paulin pour sa froideur. Bigerrique, Paulus Axius Rhetheur de Bigorre. Defaut de vignes.

I. La ville de Bazas est l'vne des Douze Cités denombrées dans la Notice des Prouinces. Ses peuples sont nommés *Vasates*, & la ville *Cossio* dans Ptolemée, & dans le Poëte Ausone. D'où l'on peut asseurer que les *Cocosates* de Cesar, & de Pline, sont les Bazadois; ayans tiré leur denomination de la ville, qui est simplement enoncée dans les auteurs *Cossio*, sans repetition de la premiere syllabe omise par bienseance en cette diction, ou repetée superfluëment & par erreur, en celle de Cocosates. I'auois il y a long-temps formé cette coniecture, dans laquelle ie suis bien aiſe de m'eſtre rencontré auec le P. Monet, lequel en ſa Geographie de la Gaule, prend les Cocoſates, pour les Bazadois.

II. La ville eſt eſloignée de Bourdeaux de neuf lieuës de Gaſcogne ſuiuant le conte de ce temps, & de 25. ſuiuant le calcul de l'ancien Itineraire de Ieruſalem, a demi lieuë de la riuiere de Garonne, aſſiſe en vn terroir ſablonneux; D'où Paulin à pris ſubiet de qualifier les Bazadois areneux, en ſa lettre adreſſée au Conſul Auſone; Et Sidonius à pris de la meſme ſubiet de railler ſon ami Trigetius, lui reprochant ſa longue demeure en la ville de Bazas baſtie ſur la pouſſiere & non pas ſur le gazon, comme s'il craignoit, venant à Bourdeaux, que le tourbillon des vents de Bigorre qui broüille ſuiuant ſa couſtume, les arenes mouuantes des chemins, ne lui fiſt faire naufrage ſur terre. Cette ville eſt pourtant beaucoup recommendable pour auoir nourri les ayeux de cét illuſtre perſonnage, le Poëte & Conſul Auſone, comme il teſmoigne en ſes vers.

III. Neantmoins ſon terroir ne s'eſtend pas iuſqu'à la riuiere de l'Adour, comme Scaliger eſcrit. Car il eſt arreſté ſur le milieu des Landes, par les peuples dependans des Cités d'Acqs, & d'Ayre, qui ſont diſtinctes & ſeparées auec leurs territoires, de celle de Bazas. De ſorte que Merula ni le P. Monet n'ont pas raiſon d'attribuer aux Bazadois, Ayre, Mont de Marſan, & Sainct Seuer; s'eſtans encore plus relaſchés en cela, que Scaliger, qui ne comprend pas expreſſement le territoire d'Ayre dans le Bazadois; Mais ſe contente de le porter, iuſqu'à la riuiere de l'Adour. Pour ne faillir pas, il faut meſurer ſon deſtroit ancien, ſur celui de l'Eueſché, qui n'a point receu d'alteration par aucune nouueauté; comme a fait le territoire ſeculier de la Cité, qui a eſté diſſipé & mis en pieces, par les changemens arriués en la diſpoſition politique. On trouue Sextilius Eueſque de Bazas ſouſcrit aux Conciles d'Agde, & d'Orleans premier en 506. & 511. & l'Eueſque Oreſtes au Synode ſecond de Maſcon l'an 585. duquel Gregoire de Tours fait auſſi mention.

IV. La Cité de Laictoure eſt denombrée dans les Notices, pour vne Cité de la Nouempopulanie: qui poſſedoit ceſte dignité des le tems de l'Empereur Gordian, comme fait foi vne ancienne inſcription, qui eſt en ceſte ville, rapportée par Scaliger. De laquelle on apprend que l'ordre, ou la Cour de Laictoure, fit vn ſacrifice nommé *Tauropolium* pour le ſalut de l'Empereur Gordian, de Sabine Tranquiline ſa femme, & de toute la maiſon diuine, & pour l'Eſtat de la Cité de Laictoure, Gordian Auguſte, & Pompeian eſtant Conſuls, c'eſt à dire l'an 239.

V. Or le *Tauropolium* ou *Taurobolium* eſtoit le ſacrifice d'vn Taureau aux cornes dorées, preſenté à la Mere des Dieux, pour conſacrer les Preſtres; qui deſcendoient pour cét effect dans vne caue ſouſterraine, couuerte de planches percées en pluſieurs endroits, par ou le ſang de la victime decouloit ſur ces miſerables; qui eſtoient comme adorés par le peuple à l'iſſuë de cette foſſe, & leurs habits ſanglants conſeruès auec vn grand ſoin; l'opinion commune eſtant telle, qu'ils eſtoient expiés & laués de tous crimes par ce ſacrifice, & regenerés, comme ils diſoient, pour l'eſpace de vingt années, ainſi que le ſçauant Saumaiſe a verifié fort exactement, par la conference de diuerſes inſcriptions, auec les textes de Prudence, & d'vn vieux Poëte non imprimé, monſtrant outre cela que ces Preſtres eſtoient appellés *Tauroboliati*. A quoi i'adiouſterai qu'encore que le ſeul Preſtre fuſt conſacré par le ſang du Taureau, on eſtimoit neantmoins que le profit du ſacrifice pouuoit s'eſtendre à ceux, pour leſquels on faiſoit des vœux & des prieres aux Dieux, pendant ces ſales ceremonies; comme l'on peut recueillir de cette inſcription de Laictoure, ou le *Tauropolium* eſt celebré pour le ſalut de l'Empereur, & de la Cité.

VI. Le territoire ancien de Laictoure fut poſſedé à tiltre de Comté, qui fut auec

D ij

le temps incorporé au patrimoine des anciens Ducs de Gascogne, & puis demembré en diuers Vicomtés comme ceux de Lomagne & autres qui ont esté reunis en suite à la maison d'Armagnac. Ses Euesques Vigilius & Alesius assisterent, l'vn au Synode d'Agde, & celui-ci au Synode d'Orleans cinquiesme l'an 549. comme Euesques de la Cité de Lectoure; qui est nommée *Lactura* en l'Itineraire d'Antonin.

VII. Les peuples de Bigorre sont connus, sous le terme de *Bigerrones* dans Cesar, & de *Bigerri* dans Pline, & dans Paulin. Le nom de leur Cité estoit tellement alteré dans les exemplaires des Notices par quantité de diuerses Leçons corrompuës, que les doctes ont eu de la peine à le remettre en sa pureté: estant tantost nommé *Tursambica Tralugorra*, & quelquesfois *Tursa*. Mais les Manuscrits plus corrects, & de meilleure foi lui baillent le nom de *Turba*, ou de *Tarba; Tarba, vbi castrum Bigorra*. Dans cette ville, il y auoit vn Chasteau appellé Bigorre, comme les Notices l'asseurent; qui a donné enfin le nom à toute la Cité. De sorte qu'elle est nommée *Bigorre*, & non pas *Tarbe*, en l'accord des Rois Gontran, & Chilperic, chez Gregoire de Tours; Et les Euesques Aper & Iulian ont souscrit aux Conciles d'Agde, & d'Orleans quatriesme en qualité d'Euesques de la Cité de Bigorre, & Amelius au second de Mascon comme Euesque de l'Eglise de Bigorre, qui est la qualité que Gregoire de Tours lui donne.

VIII. Or comme cette ville estoit designée par deux noms de Tarbe, & de Bigorre, ce dernier auoit donné sujet à l'Escale en ses leçons sur Ausone de la premiere impression, de se persuader que la ville nommée auiourd'hui *Vic Bigorre*, distante de trois lieuës de celle de Tarbe, estoit l'ancienne Cité des Romains, mais il a corrigé cét erreur en la Notice des Gaules. Aussi est-il certain, que la coniecture estoit mal fondée, dautant que ce lieu de Vic Bigorre prend sans doute sa denomination d'ailleurs, sçauoir de la diction *Vicus*, qui signifioit parmi les Romains vn Bourg principal, que les lois du Code appellent aussi *Metrocomie*. Et pour le distinguer des autres Bourgs de l'Aquitaine, qui portoient le nom de Bourgs ou de *Vics*, on lui attribua le tiltre de *Vic* ou Bourg de Bigorre, en y ayant vn autre au Comté voisin de Fezensac, que l'on nomme *Vic Fezensac*. Or cette façon de parler est assés familiere, de specifier & determiner vne denomination qui est commune à plusieurs Bourgs, par le nom de la contrée, comme l'on peut voir en ceux-ci, *Roquefort de Marsan, Roquefort de Tursan, Castetnau de Riuiere, Castetnau de Magnoac*.

IX. Outre la Cité en ce mesme païs pres l'emboucheure de la vallée de Campan, sur la riuiere de l'Adour, est la gentille & agreable ville de Baigneres, qui a obligé le Poëte Du Bartas d'en faire la description: Elle estoit connuë aux Romains, & recommandée par l'abondance, & par la salubrité de ses bains chauds. Les anciennes inscriptions qui sont sur les lieux en font vne pleine & entiere foi; en l'vne desquelles rapportée par l'Escale, les habitans sont nommés *Vicani Aquenses*, & en vne autre, qui est pres de l'vne des portes de la ville, il y a le vœu d'vn malade aux Nymphes, pour sa guerison.

X. Le territoire ancien de la Cité, auoit les mesmes limites que celui de l'Euesché, & n'estoit pas si estroit & resserré, comme celui qui porte auiourd'hui le tiltre de Comté de Bigorre; qui a esté diminué & retranché, de la riuiere Basse, de la Viguerie, de Mauuesin, de la ville de S. Seuer de Rustan, & d'autres pieces qui en ont este detachées en diuers temps. Dans cét Euesché il y auoit vne Eglise dediée à vn Martyr, où Gregoire de Tours asseure que chasque année & de son temps mesme, les fleurs de Lys qui auoient este mises sur son tombeau lors qu'il y fut premierement inhumé, quoi que fanées, & deseichées depuis long-temps, reprenoient leur couleur & leur beauté naturelle, au iour de la feste de ce Martyr.

XI. Scaliger, Vinet, & Merula ont accusé ce païs d'vne grande intemperie causée par le froid; quoi que son air soit doux & temperé, nonobstant le voisinage des montagnes, & que l'aspect de la plaine soit des plus agreables de Gascogne. Mais ce qui leur a donné sujet de tenir ce discours est, que Paulin escriuant à son Ausone, parle auec mespris des habits des Bigordans, qu'il insinuë auoir esté faits de peaux de bestes; & aussi que les robes & manteaux rudes & velus, fabriqués d'vne laine grossiere, portoient anciennement le nom de *Bigerriques*, en consideration du païs de Bigorre, où se trauailloit cette manufacture; comme l'on peut voir chés Seuere Sulpice, & chés Fortunat, qui tesmoignent que sainct Martin acheta pour son vsage vne *Cape* Bigerique. Car c'est ainsi que ie veux la nommer, estimant que ces habillemens Bigerriques, pouuoient estre semblables aux *Capes* qui se fabriquent maintenant en Bearn, d'vne laine grossiere pour defendre les paures gens contre le froid & les pluyes. Toutesfois si de ce costé la Bigorre a esté exposée à la raillerie, elle a vn grand sujet de gloire d'auoir nourri cét excellent Orateur & Poëte Paulus Axius, dont Ausone fait vn estat singulier, lui commettant la censure de ses trauaux auec vne grande estime de son esprit, & de son erudition. Il enseignoit la Rhetorique à Bourdeaux, & neantmoins faisoit quelquefois sa retraite en sa petite maison nommée *Crebennus* située en Bigorre, dans vn quartier desnué de vignes. Le defaut de vignes en la plaine qui paroist encore aujourd'hui, est reparé par l'vsage des Hutins, qui portent du vin en abondance d'vne bonté mediocre.

I. Ptolemæus : Nitiobriges, & Ciuitas Aginnum Sub iis Vasatij & Ciuitas Cossio. Auson. in Parental. Carm. 24. Stirps Aquitanæ mater tibi. nam genitori Cossio Vasatum, municipale genus.

II. Paulinus epist. 1. ad Ausonium : Quique superba tuæ contemnis mœnia Romæ Consul arenosas non dedignare Vasatas Sidonius ad Trigettium lib. 8. epist 12. Tantumne te Vasatium Ciuitas non cespiti imposita, sed pulueri, retinet; tantum Syrticus ager, ac vagum solum, & volatiles ventis altercantibus arenæ sibi possident; vt te magnis flagitatum precibus, paruis separatum spatiis, multis expectatum diebus, attrahere Burdigalam non potestates, non amicitiæ, non opimata viuariis ostrea queant, an temporibus hibernis viarum te dubia suspendunt. Et quia solet Bigerricus turbo mobilium aggerum indicia confundere, quoddam vereris in itinere terreno pedestre naufragium. Ausonius Edyllio 30. de Patre : Vicinas vrbes colui patriaque domoque, Vasates patria, sed late Burdigalam.

III. Scaliger Auson. Lect. lib. 2. c. 16. Quinetiam totum illum tractum Vasatium, vsque ad fluuium Aturrum patria lingua vocamus Landeas, hoc est deserta & inculta sola. Gregor. Tur. lib. 7. Hist. c 32.

IV. Scaliger lib. 1. Auson. Lect. cap. 7. Habet & Episcopatum Ciuitas Lactoratium & retinet nomen. Dicti sunt & Lactoratenses, vt ex hac inscriptione quæ in ea Ciuitate extat, apparet : Pro salute Imp. M. Anton. Gordiani Pij Fœl. Aug. & Sabinæ Tranquillinæ Aug. totusque domus diuinæ proque statu Ciuitatis Lactoraten. Taurobolium fecit Ordo Lact. Domino nostro Gordiano Aug. 11. & Pompeiano Cos. vi. Id. Dec. Curantibus M. Erotio Festo & M. Earinio Caro Sacerd. Traiano Nundinio. Altera Inscriptio Lactor. Matri. Deum Pomp. Philumene Q. prima Lector Taurobolium fecit, è

Merula. Salmasius in Comm. ad Hist. Aug.

VII. VIII. Cæsar lib. 3. Plin. l. 4. c. 19. Notitia quæ prolata est cap. 4. Paulinus infra laudandus hoc cap. Gregor. l. 6. Hist. c. 20. In Syn. Agath. Aper Episcopus Bigorritanæ Ciuitatis, Iulianus Episcopus Ciuitatis Bigerricæ in Aurel. 4. Amelius Episcopus Ecclesiæ Bigorritanæ in Syn. Matisc. Gregor. l. 9. Hist. c. 6. Inde vrbs Begorretana apud eumdem Greg. Tur. l. 1. de Mirac. c. 74. & de Glor. Conf. c. 49.

IX. Scaliger lib. 1. Auson. Lect. c. 6. Numini Augusti sacrum secundus Sembedonis Fil. nomine Vicanorū Aquensium & suo posuit. Altera Inscriptio. Nymphis pro salute sua Seuer. Seranus V. S. L. M.

X. Greg. Tur. De Gloria Conf. cap. 49,

XI. Paulinus ad Auson. ep. 1. ad Paulinum : dignaque pellitis habitas deserta Bigerris. Sulpicius Seuerus dial. 1. c. 1. A proximis tabernis Bigerricam vestem breuemque atque hispidam, quinque comparatam argenteis rapit. Fortunatus l. 3. c. 1. de sancto Martino : Induitur sancto hirsuta Bigerrica palla. Glossarium MS. Sauaronis : Bigerra, vestis grussa, id est vellata. Papias in Glossario : Bigerra, vestis grussa, id est, amphiballa quæ & Bilis : Idem Papias : Bilices, duplices. Amphiballus, birrus villosus, Ludix.

XI. Auson. Edyllio 27. exprobrans Paullo quod Poëmatia quædam eius consilio publicaret : Verecundiæ meæ scilicet spolium concupisti, aut quantum tibi in me iuris esset, ab initio indicari. Infra: Vtere igitur vt tuis, pari iure, sed fiducia dispari: quippe tua possunt populum non timere, meis etiam intra me erubesco. Mittit etiam illi Centonem nuptialem. Epist. 14. probat Paulum Axium fuisse Bigerritanum : In fundo patriæ Bigerritanæ. Ep. 15. Καινῶς sepositus μοναχὸς ἐνὶ rure Κρεβέννῳ, Ἀσφυλῷ ἐνὶ χώρῳ habet δυμάχια λόχμη.

CHAPITRE XI.

Sommaire.

I. *Les peuples de Bearn & d'Oloron & quelque portion des Tarbelliens ne se rendirent point à Crassus, mais se soumirent apres à Cesar, lors qu'il fut en personne dans l'Aquitaine. II. Fautes des escriuains sur l'explication de diuers noms anciens, qu'ils estiment signifier les Bearnois III. Venarni, ou Benarni ancien nom des Bearnois chez Pline, le texte duquel est corrigé. La Cité est nommée* Beneharnus *en l'Itineraire, ou* Benarnus *dans les Notices, & ailleurs. IV. Recherche qu'elle est cette ville. Opinion de Scaliger qui croit que c'est Ortés. Opinion de l'Auteur qui pense que c'est Lascar. V. Bearn Cité, en l'ordre de l'Empire & de l'Eglise. Galactoire Euesque de Bearn au Synode d'Agde. Honoré en l'Eglise Cathedrale de Lascar en qualité de son Euesque, & de Martyr. VI. VII. Morlas premiere ville de Bearn, & pourquoi. La ville de Lascar rebastie au lieu de l'ancien* Benarnus, *& d'où vient le nom de* Lascurris, *&* Lascar. *VIII. Ortes ville dependante de la Cité, Euesché, & Vicomté d'Acqs, vnis au Bearn depuis cinq cens ans seulement. IX. X. XI. Preuue par la distance marquée en l'Itineraire d'Antonin, de Saragosse à Bearn, que la Cité de Bearn est Lascar. XII. Response à la raison de Scaliger tirée de l'Itineraire sur la distance d'Acqs à Bearn. XIII. XIV. XV. Vn homme docte de ce temps soustient que l'ancienne Cité est Ortés. Allegue pour preuue vn texte de l'Itineraire, qui n'y est pas.* Carasa *pour Garris en Mixe.* Imum Pyrenæum *pour Sainct Iean de pied de port n'a point esté Euesché, comme Surita soupçonne. XVI. XVII. XVIII. XIX. XX. XXI. Examen des responses que fait cét homme docte aux preuues de l'Auteur pour Lascar. Si les Euesques prenoient leurs denominations des Cités ou des païs. XXII. Depuis quel temps* Ciuitas *signifie vne ville Episcopale. XXIII. Les Bearnois ne descendent point de ceux de Berne, mais sont plus anciens. XXIV. L'estenduë de la Cité de Bearn. Gaue de Bearn, & Gaue d'Oloron. Les eaux chaudes de Bearn dans Pline.*

I. IL faut traiter maintenant des Cités de Bearn, & d'Oloron, qui sont les Deux qui restent des Douse Cités de la Nouempopulanie, representées dans la Notice des Prouinces. C'estoient les peuples de ces deux Cités, & peut-estre vne portion des Tarbelliens, qui refuserent de se rendre à Crassus, lors qu'il conquesta, & sousmit à l'obeïssance des Romains le reste de l'Aquitaine. Car Cesar dit expressement, apres auoir rapporté la reddition de ceux d'Euse, d'Aux, des Bigordans, & de quelques autres peuples, que certaines nations esloignées en petit nombre, se confians en la saison de l'hiuer, qui approchoit, ne voulurent point entendre à la composition que receuoient leurs voisins. Or ces païs esloignés ne peuuent estre consideres, qu'à l'egard des autres peuples a par tenans au conquerant; & partant ce ne sont point les Bourdelois, comme auoit estimé Lurbe; lesquels, outre qu'ils estoient de la Gaule Celtique, ainsi que i'ai remarqué ci-dessus, estoient limitrofes des Saintongeois, qui reconnoissoient sans difficulté la puissance des Romains. Donc il n'y a point de doute qu'il ne faille prendre les peuples de Bearn & d'Oloron, pour ceux que Cesar nomme eloignés à son esgard; attendu qu'ils sont situés à l'extremité la plus reculée de la domination Romaine en la Gaule. A quoi sert l'auantage que ces gens prenoient de l'hiuer, qui ne seroit pas considerable à l'esgard d'autres peuples que ceux-ci: lesquels estans situés, pour la plus part, dans la montagne, pouuoient y faire leur retraite à la faueur des neiges, & de l'hiuer. Neantmoins il faut auoüer qu'ils rendirent apres, volontairement à Cesar, lors qu'il vint en personne dans l'Aquitaine auec deux legions, la sousmission qu'ils auoient refusée de rendre aux armes Romaines, en la personne du Lieutenant Crassus. Car ainsi qu'a remarqué Hirtius en la continuation de l'histoire des Gaules, toutes les Cités d'Aquitaine, qui n'auoit esté surmontée par Crassus qu'à demi, lui enuoyerent leurs deputés, & des ostages, pour l'asseurance de leur fidelité; dans lequel nombre, les Cités de Bearn & d'Oloron estoient sans doute comptises, puis que toutes lui rendirent leurs deuoirs.

II. On pourroit trouuer estrange, que les anciens auteurs n'ayent point fait mention des peuples de Bearn, & d'Oloron, puis qu'ils sont maintenant & ont tousiours esté en consideration, parmi les autres païs de Gascogne. Ce qui a esté cause, que plusieurs, qui ne pouuoient point digerer ce manquement, ont creu qu'ils deuoient les rechercher dans l'interpretation des noms, dont ils ne reconnoissoient point le vrai sens. Ortelius estime, que les *Preciani* de Cesar sont les Bearnois, Vigenere croit que ce sont les *Cocosates*, Villeneufue & Bergier prenent les *Cucueni* de Ptolemée, pour ceux d'Oloron. Le P. Monet pretend que les Bearnois sont vne portion des Bigordans qu'il nomme Bigordans Occidentaux, & les vrais peuples de Bigorre, Bigordans Orientaux. Et quoi que ces personnages n'ayent pas bien rencontré, le Bearn ne laisse pas neantmoins d'estre obligé à leur soin particulier.

III. Pour mon regard, qui ai de l'interest à l'ornement & à la recherche de l'antiquité de mon païs, ie pense auoir eu assés de bonheur, pour trouuer le nom des Bearnois, parmi les peuples de l'Aquitaine, que Pline a denombrés; sans qu'il obserue pourtant aucun ordre de situation, ni de dignité en son denombrement. Car apres auoir nommé les Bigerriens, Tarbelliens, & Cocosates, il adiouste les *Venami*, qui sont les Bearnois, pourueu que le texte soit remis auec vne correction fort aisée, & tres-receuable, lisant *Venarni* au lieu de *Venami*. Il ne faut que separer la premiere iambe de l'*m*. pour faire deux letres d'vne, sçauoir de l'*m*. vn *r*. & vn *n*. & changer par ce moyen le *Venami* en *Venarni*, qui est le vrai nom que les anciens donnoient aux peuples de Bearn, ainsi que l'on verra vn peu plus bas. Dans les exemplaires de Pline imprimés à Paris l'an 1516. on y reconnoist la leçon de *Venani* au lieu de *Venami*; qui est vne faute semblable, à celle que l'on voit dans la Notice publiée par Scaliger en ces termes, *Ciuitas Benearnensium, id est Benaanus*. Sans que l'on doiue s'arrester, à ce que cette diction dans le Pline est escrite par vn *V*. & non par vn B. Car les Obseruations de Paul Manuce leueront tout scrupule pour ce chef; puis qu'il iustifie clairement, que dans les anciennes inscriptions Romaines, la substitution de ces letres, & le changement de l'vne en l'autre, estoient fort frequens; aussi bien qu'ils le sont dans les vieux liures escrits à la main. Ayant donc vn tesmoignage si ancien & si illustre, que celuy de Pline, pour l'antiquité des Bearnois, on ne doit pas se metre en peine, de ce qu'ils sont obmis dans les Commentaires de Cesar; attendu que cela tourne à leur gloire en ce que leur nom fut exprés omis dans la relation de Crassus, de peur de faire honneur en les nommant, à ceux qui auoient eu assés de courage pour refuser de leur obeïr. Non plus se doit-on estonner de ce que Strabon, ni Mela n'en ont pas fait mention, dautant qu'ils declarent bien souuent, qu'ils ne veulent point charger le papier des noms des peuples Cantabres, Germaniques, & autres, qui sont desagreables & difficiles à la pronunciation, & à estre moulés à l'analogie des langues Latine, & Grecque. La Cité des Bearnois estoit nommée *Beneharnus*, comme on voit dans l'Itineraire d'Antonin, ou *Benarnus*, comme la representent la Notice des prouinces, le Concile d'Agde, & Gregoire de Tours.

IV. On est en doute à quelle des villes qui sont maintenant en Bearn, on doit rapporter l'ancienne, ou plustost on estime communément, que c'est vne question vuidée en faueur de la ville d'Ortés, à cause de l'autorité du Prince des letres l'Escale, lequel en ses Leçons sur Ausone lui donne son suffrage, appuyé sur deux fondemens : dont l'vn est, que cette ville est la mieux peuplée & la plus remarquable du païs ; l'autre, que dans l'Itineraire d'Antonin, le chemin est marqué depuis la ville de Saragousse à celle d'Oloron, & en suite à celle de Bearn ; comme aussi le chemin de la ville d'Acqs à Tolose y est descrit, par la ville de Bearn auec les distances qui se rapportent à la ville d'Ortés. Mais i'ai descouuert le premier, que la Cité de Bearn estoit celle de Lascar, & ai publié cette opinion l'an 1618. en vn petit discours sur l'Edit de mainleuée des biens Ecclesiastiques de ce païs : laquelle opinion a esté suiuie depuis, par ceux qui ont fait mention de la Cité de Bearn dans leurs escrits, & particulierement par le sieur Duplex, qui apres auoir gousté mes raisons, a quitté l'opinion commune.

V. Ce que ie pretens iustifier auec euidence par deux arguments infaillibles, dont l'vn sera pris de l'Itineraire d'Antonin, l'autre du Synode d'Agde. Car il est certain, que parmi les souscriptions des Euesques, qui assistoient à ce Concile sous le Roi Alaric l'an 506. que le P. Sirmond a publiées sur la foi des exemplaires escrits à la main, on y void celle de *Galactorius Episcopus de Benarno*, & celle de *Gratus Euesque d'Oloron*. Il faut donc que la Cité de Bearn, comme elle tenoit rang de Cité particuliere dans l'ordre de l'Empire, suiuant la Notice des Prouinces, possedast aussi le siege d'vn Euesché, puisque Galactoire en prend la qualité ; comme fit son successeur Sabinus au Concile de Mascon l'an 585. celle d'Euesque de l'Eglise des Bearnois. En suite dequoi l'on void encore long-temps apres chés Gregoire de Tours, que le titre de Cité est continué à la ville de Bearn. Or ce mesme Galactoire est reconnu pour Euesque de Lascar, dans les vieux Titres de cét Euesché ; & qui plus est ayant esté massacré par les Ariens, il y est honoré en qualité de Martyr à double feste, auec vn Office particulier dans l'ancien Breuiaire, tant pour le iour du decés, que pour la Translation de ses reliques ; qui ont esté honnorablement conseruées, iusqu'en l'année 1569. que la chasse fut enleuée par le commandement du Comte de Montgomeri, & les ossemens bruslés. D'où il s'ensuit, que nul autre lieu de Bearn ne peut s'attribuer auec raison, le siege de la Cité & de l'Euesché, que celui qui en possede auiourd'hui la dignité, & qui auoit conserué iusqu'au dernier siecle les Gages du Martyr, qui auoit pris la qualité d'Euesque de Bearn.

VI. Ce que ie dis pour exclurre non seulement Ortés ; mais encore la ville de Morlas, qui est tenuë pour la plus ancienne de Bearn, & se maintient encore auiourd'hui pour cette consideration, en la Presidence du Tiers Estat, aux Assemblées des trois Ordres du Païs, & iouït du Priuilege de battre la monnoye des Princes de Bearn, qui seule estoit en cours dans toute la Gascogne il y a plus de sept cens ans, comme l'on verra en son lieu. I'auouë que ces prerogatiues, quoi qu'elles ayent leur rapport aux choses seculieres seulement, pourroient faire vne forte impression, si l'on ne pouuoit leur donner quelque autre origine, que celle de considerer

Morlas, comme le siege de l'Ancienne Cité. Mais on peut concilier ces choses, en rapportant ici sommairement ce qui sera plus estendu, & iustifié en vn autre endroit; c'est que la Cité de Bearn ayant esté ruinée par les Normans, enuiron l'an 845. les seigneurs de Bearn transporterent toutes les dignités seculieres de l'Ancienne Cité en la ville de Morlas, qui en estoit distante d'vne lieuë & demie, afin que comme ils auoient establi leur siege au Palais & Cour seigneuriale de *la Fourquie* lés Morlas, la ville receut quelque nouuelle dignité à l'occasion du seiour de son Prince.

VII. Cependant la Cité de Bearn demeura enseuelie sous ses ruines de telle sorte, que la memoire de son nom se perdit, & fut estouffée dans vne espaisse forest, que la nature poussa comme pour couurir cette deformité. Il y resta seulement vne petite Chappelle, laquelle enfin le Duc de Gascogne Guillaume Sance, dota de quelques reuenus, enuiron l'an 980. & son fils le Duc Sance, y restablit le siege de l'Euesché, qui estoit auparauant tenu auec quatre autres Eueschés par vne seule personne, sous le nom commun & general d'Euesque de Gascogne. Par ce moyen, l'Euesché fut remis cent cinquante ans & plus apres sa perte, & la ville qu'on y rebastit ne recouura pas son nom de Bearn, qui estoit oublié, & que la jalousie peut-estre de Morlas, n'eust peu souffrir d'estre remis, de peur qu'elle ne semblast descheoir de son honneur, si la ville restablie prenoit le nom de la Prouince. On lui donna donc le nom de *Lascurris*, qui estoit le particulier du lieu, où elle fut bastie; à sçauoir de *Lascourre*, pour vser des termes vulgaires. Ce qui signifie vn lieu, où il y a des ruisseaux & destours des eaux, qui s'escartent du Canal. A quoi se rapporte fort bien l'assiete de Lascar, qui est arrousée d'vn petit ruisseau, & de sept ou huict sources de fontaines, qui reiaillissent de diuers endroits, & qui auant que d'estre renfermées dans leurs tuyaux, s'esparpilloient en ce lieu où est la ville Basse, & faisoient les petits détouts que l'on nomme vulgairement *Escourres*, ou *las Escourres*. De sorte que comme la ville d'Acqs en Gascogne, celles d'Aix en Prouence, & en Germanie, & plusieurs autres villes ont pris le nom des Eaux qui estoient sur les lieux; & la ville de Lascar de mesme a pris son nom de *Lascourre*, qui signifie les destours des Eaux. Et quoi qu'aujourd'hui on nomme cette ville Lescar ou Lascar, neantmoins tous les vieux titres la nomment constamment *Lascurris*, & son Euesque *Lascurrensis*, mesmes en l'inscription sepulcrale de l'Euesque Gui de l'an 1141. Il est vrai que feu Messire Iean de Saletes Euesque de Lascar, ayant esgard à la nouuelle prononciation vulgaire, quitta l'vsage qui auoit duré iusques à lui, du titre de *Lascurrensis*, & voulut que ses expeditions fussent chargées de celui de *Lascariensis*, suiuant en cela Scaliger en sa Notice; qui designe l'Euesché de Lascar par ce nouueau mot.

VIII. Ce n'est pas assés, d'auoir affermi la Cité de Bearn dans celle de Lescar, par l'Ordre Ecclesiastique; il faut encore par le mesme Ordre exclurre Ortés de la pretention de cét honneur. Ce qui sera facile, si l'on considere, que la ville d'Ortes dépend de l'Euesché & de la Cité d'Acqs, & que par consequent elle ne peut auoir esté le siege d'vn autre Euesché. Car on peut bien rencontrer, qu'vn Euesché a esté vni & incorporé à vn autre, comme la Metropole d'Euse à la Cité d'Aux; mais on ne trouuera point d'exemple, qu'vn Euesché subsiste, & que la ville où est son siege en soit demembrée, pour estre jointe à vn autre Euesché. Outre que ces remuëmens & transports d'Eueschés, qu'il faudroit s'imaginer sans preuue contre l'estat present des choses, tesmoignent plustost vne inclination à contredire, qu'vn desir de rechercher la verité. Mais pour oster tout sujet de doute, ie dis que non seulement la ville d'Ortés est des anciennes dependances de l'Euesché d'Acqs, mais encore que son territoire n'estoit point du païs de Bearn, & qu'au contraire il faisoit anciennement vne portion du Vicomté d'Acqs; qui fut conquis à force d'armes sur

le Vicomté Nauarrus, par Gaston III. Prince de Bearn, enuiron l'an 1106. de sorte que par transaction passée l'année 1264. entre Gaston V. seigneur de Bearn, & Robert Vicomte d'Acqs & de Tartas, ce quartier d'Ortés demeura sous le pouuoir & la seigneurie de Bearn.

IX. Il faut examiner maintenant la preuue de l'Itineraire d'Antonin, qui est vne ancienne piece, bien qu'elle ne soit pas du temps de l'Empereur de ce nom, mais peut-estre de celui de Constantin. Cét Auteur descrit les grands chemins de l'Empire, & les routes que tenoient les Gouuerneurs des Prouinces, & les personnes publiques, pour les affaires de l'Estat. Apres qu'il a descrit les grands chemins du costé de l'Empire d'Orient, & vne partie de ceux de l'Europe, ceux d'Italie, & ceux de l'Italie du costé des Gaules, mesmes ceux qui sont parmi les Gaules ; Il continuë sa description sous ce titre : *Le chemin d'Italie aux Espagnes* ; & en suite represente les chemins d'Espagne. Au bout desquels il y a vn titre, conceu en ces termes : *Le chemin de Saragosse à Bearn* ; lequel est suiui d'vn autre titre en lettre capitale, *Le chemin d'Espagne en Aquitaine, depuis Astorgue iusqu'à Bourdeaux*. De laquelle difference on pourroit soupçonner, que cét Auteur, mettant le chemin de Saragosse vers le Bearn, dans le denombrement des chemins des Espagnes, & non pas dans celuy d'Espagne vers l'Aquitaine, ait eu quelque dessein de comprendre les Cités de Bearn & d'Oloron dans l'Espagne. Mais la description de la Notice, qui attribuë ces deux Cités à la Nouempopulanie, s'oppose à cette pensée ; & l'intention de l'Itineraire ne peut estre autre, que de faire voir que le païs de Bearn, estant sur le passage des Gaules & de l'Espagne, on prenoit la Cité de Bearn, comme vne estape commune où les chemins des Gaules & des Espagnes venoient aboutir.

X. Par le moyen de la Description du chemin de Saragosse à Bearn, on peut verifier fort exactement, que la ville de Bearn est celle de Lascar. Car si l'on prend Bearn pour Lascar, le calcul des distances, qui sont remarquées dans l'Itineraire, soit en gros, depuis Saragosse iusqu'à Bearn, soit en detail, depuis Oloron iusqu'à Bearn, s'accorde fort bien auec les distances des mesmes lieux iusqu'à la ville de Lascar. Pour le iustifier, il faut supposer le rapport qu'il y a du conte des distances, par milliers de pas, qui est le calcul d'Antonin, auec les lieuës de France, & d'Espagne. A quoi Bergier a trauaillé fort exactement, verifiant au *l. 3. ch. 12. des grands chemins de l'Empire*, par les Autorités d'Ammian Marcellin, de Iornandés, & d'autres, que l'ancienne lieuë Gauloise estoit d'vn millier & demi, quoi qu'il conte la Françoise de ce temps à deux mille pas ; & en suite, conformement à l'aduis de Andreas Resendius, & de Gruterus, il eualuë la lieuë Espagnole à quatre mille pas, qui n'est pas neantmoins esgalé par tout ; & sur ce pied il me semble, qu'on peut arbitrer la lieuë Gasconne à trois mille pas.

XI. Or la distance de Saragosse à Bearn, est de cent douse mille pas, dans l'Itineraire ; ce qui reuient à trente sept lieuës de Gascogne, qui comprenent la vraye distance de Saragosse à Lascar. De plus, la distance de XII mille pas, est marquée dans l'Itineraire depuis Oloron, qui est vne ville assez conneuë, iusqu'à Bearn ; Ce qui reuient à quatre lieuës de Gascogne ; qui est precisement la distance depuis Oloron iusqu'à Lascar : au lieu que Ortés est esloigné d'Oloron de six lieuës, & trente-neuf de Saragosse. De sorte que le calcul d'Antonin s'accorde fort bien auec ce que ie pretens monstrer, que la Cité de Bearn est celle de Lascar, & non pas celle d'Ortés, qui est trop esloignee d'Oloron, pour respondre à la distance de 12. mille pas, en quelque façon qu'on les eualuë. Soit de trois, soit de quatre mille pas pour lieuë.

XII. Neantmoins il ne faut pas dissimuler, que le mesme Auteur descriuant le chemin depuis Acqs iusqu'à Tolose, place Bearn à Dix-neuf mille pas de la ville d'Acqs, qui eſt vne diſtance trop courte pour la ville de Laſcar, laquelle en eſt eſloignée de dix lieuës de Gaſcogne, ou de trente-vn mille pas: Et partant de ce coſté, il y a quinze mille pas de meſconte: Au lieu que cette diſtance de dix-neuf mille pas, approche fort de celle qui eſt entre Acqs & Ortés, qui eſt de ſix lieuës de Gaſcogne, n'y ayant que mille pas de difference. Toutefois cette difference en matiere de nombres, dont l'eſſence eſt indiuiſible, & qui eſtans vne fois alterés ne permettent pas qu'on reconnoiſſe en eux-meſme, ſi l'erreur eſt grande ou petite, empeſche qu'on ne peut prendre ſur ce calcul, vne opinion aſſeurée. Dautant plus, que comme il y a pluſieurs fautes dans les nombres en diuers endroits de l'Itineraire, ainſi que Surita & Schottus ont remarqué, il y en a en celui-ci, à cauſe que le gros du compte, ne reuient pas au menu des diſtances particulieres. Car ſur le Titre, Antonin remarque Cent trente mille pas, & le calcul au menu, reuient à Cent trente-trois mille. De maniere que ce calcul doit eſtre corrigé, & ſans doute augmenté. Car ſuiuant le détour, auquel l'Itineraire oblige celui qui marche depuis Acqs iuſqu'à Toloſe, le menant iuſqu'à la ville de Comenge dans les montagnes, & puis le ramenant en bas vers Toloſe, il y a pour le moins quarante-neuf lieuës de Gaſcogne de chemin. Ce qui s'accommoderoit auec l'addition de Quinze mille pas, qu'il faudroit faire, ſur le nombre des Dix-neuf mille, qui ſont marqueés entre Acqs & Bearn, pour deſigner au vrai la diſtance d'Acqs à Laſcar. Au reſte, on doit conſiderer, que le chemin d'Acqs à la Cité de Comenge, où l'Itineraire conduit pour aller à Toloſe, eſt plus court de trois mille pas allant droict à Laſcar, que non pas ſi l'on marchoit vers Ortés. En tout cas, quoi qu'il en ſoit de la vraye reſtitution des nombres, en ce calcul de la diſtance d'Acqs à Toloſe, il demeure touſiours certain par la preuue aſſeurée des diſtances de Saragoſſe à Laſcar, & d'Oloron à Laſcar, que le Bearn d'Antonin eſt la ville de Laſcar, & non pas celle d'Ortés. Et partant puis que cette opinion ſe trouue encore confirmée par la premiere preuue, tirée de l'Ordre Eccleſiaſtique, on ne doit plus troubler cette ville en la poſſeſſion de cette dignité, ſous pretexte d'vn lieu d'Antonin qui eſt alteré aux nombres. Pour le ſecond argument de Scaliger, il ne doit point eſtre mis en conſideration; à ſçauoir que la ville d'Ortés eſtoit la plus remarquable, & la mieux peuplée du païs; Car laiſſant à part les pretentions que pourroient auoir d'autres villes pour ce regard, Il faut atribuer cette Nobleſſe de la ville d'Ortés, au ſeiour que les Princes de Bearn y ont fait pendant l'eſpace de deux cens ans, depuis que Gaſton VI. y fit baſtir le Chaſteau Noble de Moncade, & y tranſporta ſon domicile, enuiron l'an 1240. iuſqu'à ce que Gaſton Prince de Nauarre ſe retira dans le Chaſteau de Pau enuiron l'an 1460.

XIII. Ces preuues me ſemblent aſſés puiſſantes, pour eſtablir la ville de Laſcar ſur les ruines de l'ancien *Benarnus*. Neantmoins ie ſuis obligé de ſatisfaire aux argumens contraires d'vn Ieſuite tres-docte perſonnage, qui enuoya il y a trois ans aux Iurats d'Ortés vn diſcours, pour rendre à leur ville & à la naiſſance de ſes ayeuls, l'honneur que l'on vouloit lui rauir, comme il dit, pour le donner à Laſcar. Il pretend donc verifier *peremptoirement*, que l'ancien Bearn ne doit point eſtre recherché en autre part, que dans la ville d'Ortés. Dautant que l'Itineraire d'Antonin marquant le chemin d'Eſpagne à Bourdeaux, conduit par la ville d'Oloron, & en ſuite par celle de Bearn, iuſqu'à la ville d'Acqs, & de celle-ci à Bourdeaux. En laquelle deſcription, la ville de Bearn ſe trouue ſituée preciſément ſous le meſme Zenith, où eſt la ville d'Ortés, ſur la grande route d'Oloron à d'Acqs; Au lieu que la ville de Laſcar, eſt eſcartée de ce chemin vers l'Orient, à tel point que la ville d'Acqs ſe trouue preſque en eſgale diſtance de Laſcar & d'Oloron.

XIV. Si cette allegation de l'Itineraire eſtoit vraye, la concluſion ſeroit fort probable, quoi qu'elle ne fut pas entierement necessaire. Elle ne seroit pas, dis-ie, necessaire; dautant que l'Itineraire ne s'attache pas à descrire les chemins en droite ligne, pour la commodité d'vn voyageur; Mais les grandes routes des Magistrats, qui aloient par les Prouinces, pour y faire les reueuës, ainsi que l'on peut obseruer en plusieurs endroits, & particulierement, pour n'aller plus loing, en la route de la ville d'Acqs à Tolose par la ville de Comenge; qui est vn detour de dix lieuës. Mais pour trancher court la difficulté, ie suis obligé de dire que ce texte ne se trouue point dans l'Itineraire, & que par surprise de memoire, cét auteur, pour arriuer à son conte, a reduit trois diuers passages en vn; car du chemin de Saragosse à Bearn par Oloron, & de celui d'Astorgue à Bourdeaux par d'Acqs, & encore de celui d'Acqs à Tolose par Bearn, il a composé vn seul chemin; & presupposé contre la verité du texte, que le chemin d'Astorgue à Bourdeaux estoit conduit par Oloron à Bearn, auec la distance de 12 mil pas entre ces deux villes, & de Bearn à d'Acqs auec la distance de 18. mille. Et neantmoins le chemin de Saragosse à Bearn par Oloron, s'arreste là dans l'Itineraire, & ne passe point plus outre vers d'Acqs; & celui d'Astorgue à Bourdeaux conduit vers Pampelone, & de là au haut des monts Pyrenées, descend en suite au pied des montagnes, & de là mene vers d'Acqs passant par le lieu de *Carasa*, que l'on nomme auiourd'hui Garis en *Nauarre* sans que ni Oloron ni Bearn soient nommés en cette route dans l'Itineraire, ni qu'ils puissent aussi estre compris dans ce chemin.

XV. Il ne faut pas omettre en cét endroit, puis que l'occasion se presente, que le lieu designé dans l'Itineraire par le terme de *Imum Pyrenæum*, ou pied de la montagne, est celui que l'on appelle maintenant sainct Iean de pied de port, comme Surita a remarqué en ses Notes; qui estime que cette ville de sainct Iean a ci-deuant possedé le siege d'vn Euesché, fondant son auis sur la signature de *Donus Imopyrenaus Episcopus*, dans le Concile VIII. de Tolede. Cette coniecture pourtant s'euanoüit, par la vraye leçon que Garsias Loaisa a publiée, en l'impression des Conciles d'Espagne sur la foi des anciens manuscrits, qui representent la souscription de *Donum Dei Impuritanus Episcopus*, c'est à dire Euesque d'Empurias en Catalogne & non pas de Sainct Iean de Pied de Port; qui est vne petite ville en la Basse Nauarre du Diocese de Bayone, situeé en la vallée de Sise, à l'emboucheure de la montagne, à quatre lieuës de Ronceuaux.

XVI. Dans le mesme escrit l'Auteur trauaille à faire des responses aux preuues que i'ai proposées ci-dessus, que ie lui auois communiquées de viue voix: & respondant à celle, qui est prise de ce que l'an 506. le siege Episcopal estoit en la ville de Bearn, il soustient que les Euesques anciens prenoient bien souuent la denomination des païs qui estoient sousmis à leur gouuernement, & non pas des villes, où leur Chaire estoit establie.

XVII. Ce qui ne fait rien à la question presente, puis que i'ai desia obserué ci-dessus, que la ville d'Ortés a tousiours esté vne portion de l'ancien Euesché, & du Vicomté d'Acqs, horsmis depuis cinq cens ans, qu'il fut incorporé à la Seigneurie de Bearn, sous la reserue de la Iurisdiction Episcopale d'Acqs; De sorte que de cette pensée, il s'ensuiuroit, que Galactoire & les autres anciens Euesques de Bearn auroient pris le nom d'vn païs, dont la Capitale, qui lui communique le sien, auroit esté située dans vn autre Euesché: Ce qui semble choquer le sens commun, & renuerser entierement l'ordre ancien, & l'establissement des Eueschés qui ont esté creés dans les villes principales des Prouinces, comme sçauent ceux qui ont gousté seulement les principes de la discipline Ecclesiastique.

XVIII. Au reste, i'adiousterai, que la proposition mesmes de cette dénomination

tion des Euefques prife du nom des païs, est contraire aux signatures que l'on voit parmi les anciens Conciles Grecs & Latins, & dans tous les auteurs de l'Histoire Ecclesiastique, où les Euesques sont qualifiés du nom des villes de leur siege, & non pas des païs dependans de leurs Eueschés. L'vsage du cinquiéme siecle peut auoir causé la mesprise de cét auteur; dautant que pour lors les villes capitales des Prouinces commencerent à perdre en plusieurs lieux dans l'vsage commun, leurs anciennes denominations, & prendre celles des païs dont elles estoient les chefs; comme il arriua à la ville de Paris, laquelle substitua *Parisij* au lieu de *Lutetia*, & la ville de Rheims quitant *Durocortorum Remorum*, print le nom de *Remi*, la ville de Cahors substitua à l'ancienne *Diuona Cadurcorum*, le nouueau *Cadurcum*, la ville de Perigueux quita *Vesuna*, pour prendre la denomination de *Petrocorij*, la ville de Poictiers delaissa son *Augustoritum*, & se qualifia *Pictaui*; & par ce moyen le nom des païs, fut transporté en celui des villes: quoi qu'en plusieurs autres endroits, les villes capitales ayent donné leur denomination aux païs, comme l'on voit parmi les anciens, & se peut verifier sans sortir de la Gascogne, par la ville d'Euse ou *Elusa*, qui donnoit le nom aux *Elusates*. Il en estoit de mesme de la ville de Bearn, qui est nommée dans l'Itineraire d'Antonin, & chez Gregoire de Tours, *Benarnus*. Et mesmes dans les Notices, elle est expliquée pour la Cité des peuples Bearnois, *Ciuitas Benarnensium, id est Benarnus*, ceux-ci y estans enoncés par le terme de *Benarnenses*, & la Cité par celui de *Benarnus*.

XIX. Le mesme auteur ne reussit pas mieux en la preuue, qu'il a fait en la proposition. Car pouuant la verifier, comme il dict, par cent instances, il se contente d'en rapporter trois ou quatre des plus connuës, où l'on peut aussi remarquer plus facilement les surprises. Il tire la premiere instance des Euesques de Baione, qui ont souscrit dans les premiers Conciles des Gaules, sous le nom de *Episcopi Lapurdenses*; Et neantmoins, *adiouste-il*, les doctes sçauent que dans tout le territoire du païs de Labourd, il n'y a point eu de ville qui ait porté le nom de *Lapurda*, celle-ci estant vne petite ville en Bigorre, que l'on appelle Lourde. Ie suis marri d'estre obligé à dire ouuertement, que ni dans l'impression des Conciles du P. Sirmond qu'il allegue, ni en aucune autre, les Euesques de Baione ne se qualifient point *Lapurdenses*; voire mesme, ainsi que i'ai desia obserué au chap. 8. on ne voit dans les anciens Conciles aucune de leurs signatures, ni sous la denomination de Labourd, ni de Baione, ni autrement. Et quant à *Lapurdum*, les doctes ont appris de Sauaron, que c'estoit l'ancien nom de Baione, & non pas celui de Lourde en Bigorre, comme Scaliger auoit escrit sur Ausone; lequel a esté suiui en cette erreur, & non en la correction qu'il en auoit faicte, par le P. Monet en sa Geographie, qui a serui d'achopement à ce docte escriuain.

XX. Il allegue vne seconde instance, qu'il dit estre *sans replique*, prise des Euesques de Comenge, qui ont souscrit sous le nom de *Episcopi Conuenarum*, comme ils font encor auiourd'hui, & cependant la ville capitale des Comingeois s'appelloit *Lugdunum*, chés Ptolemée, & maintenant S. Bertrand, sans qu'il se trouue aucune ville en tout le païs, qui ait porté le nom de *Conuena*. Mais il m'excusera, si i'aime mieux suiure en cela, l'autorité de Gregoire de Tours, lequel descriuant cette ville, son siege, & sa demolition, la nomme *Conuena*, en termes exprés, & les Notices *Ciuitas Conuenas*, & Pline mesme l'appelle *Conuenæ*. *In oppidum contributi Conuenæ.* Et l'inscription rapportée ci-dessus, baille à cette ville le nom de *Conuena*.

XXI. La troisiesme instance est tirée des Euesques de Mende en Geuaudan, qui souscriuent aux anciens Conciles *Episcopi Gabalitani* du nom du païs, dit-il, & non pas *Mimatenses*, du nom de la ville *Mimate*, ou Mende; n'y ayant iamais eu ville Epiſcopale dans tout le Geuaudan, qui ait porté le nom de *Gabalum*. Les Commentaires de Sauaron ſur le Carme 24. de Sidonius reſpondront pour moi, où il iuſtifie que la ville capitale de ce païs nommée *Anderetrum* chés Ptolemée, fut ſurnommée depuis *Gabali* ou *Gabalis* chés Gregoire de Tours, & Aimoin; laquelle ayant eſté ruinée conſerue encore l'ancien nom de *Ghaue*; ſi l'on n'aime mieux dire auec le S. Catel, que c'eſt le lieu de *Iauols*. Mais ſa dignité a eſté tranſportée auec le temps en la ville de Mende, qui eſtoit auparauant vn petit bourg, comme il ſe verifie par l'hiſtoire de S. Priuat, & par Adon. Quant à la preuue tirée des Eueſques de Bigorre, i'ai monſtré ci-deſſus, que Bigorre eſtoit le nom de la Cité, auſſi bien que celui de Tarbe, & i'ai refuté la faute de Scaliger, & du P. Monet, qui prenoient Bigorre pour le bourg de Vicbegorre.

XXII. Et dautant que l'argument pour Laſcar, preſuppoſe que Bearn porte la qualité de Cité, ou de ville Epiſcopale, qui n'a iamais apartenu à la ville d'Ortés, & que pour la verification de cette qualité, i'auois employé le texte de Gregoire de Tours, qui met Bearn entre les Cités, coniointement auec celles de Bourdeaux, Limoges, & Cahors, l'auteur auoüant que cette raiſon lui a paru autresfois inuincible, s'en depart neantmoins, apres auoir examiné que la diction *Ciuitas*, n'eſt employée pour ſignifier vne ville Epiſcopale, que du temps du bas Empire; & que dans les Commentaires de Ceſar, elle eſt priſe pour les peuples de tout vn païs, & non pas pour le corps d'vne ville, comme les eſcriuains des derniers ſiecles, faiſans tort à la pureté du langage Latin, l'ont employée mal à propos, ainſi que dit le P. Monet en ſa Geographie. A quoi ie ne dois oppoſer que les textes de nos Iuriſconſultes, outre ceux de Ciceron, & des autres anciens auteurs ſans nombre, qui ſe ſeruent de cette diction de *Ciuitas* pour vn corps de ville; & plus ſpecialement encore dans les loix du Code Theodoſien, & ailleurs, les principales villes des Prouinces ſont nommées *Ciuitates*; D'où il eſt arriué que la primitiue Egliſe ſe moulant ſur la diſpoſition de l'Empire, eſtablit ſes Eueſques non pas indiferemment en toutes les villes, mais en celles que les reglemens des Empereurs reconnoiſſent pour Cités, auec defenſes d'en eſtablir aux autres moindres villes; comme il apparoiſt en termes expres par le VI. Canon du Concile de Sardique; & de là il eſt arriué, que chés Gregoire de Tours, & dans les Conciles, & auteurs Eccleſiaſtiques de moyen aage, & des ſiecles ſuiuans, les Cités ſont priſes pour villes Epiſcopales.

XXIII. Apres auoir monſtré l'antiquité de la Cité de Bearn, & des peuples Bearnois, ce ſeroit vne peine inutile de s'arreſter à la refutation de ceſte fable, que Laperriere, & Bertrand Elie ont debitée dans l'hiſtoire de Foix, l'ayant priſe des eſcrits de Mediauilla Cordelier de Morlas, à ſçauoir que les Bearnois tiroient leur origine des peuples du Canton de Berne; qui ayans rendu des ſeruices notables à Charles Martel aux guerres qu'il eut dans le Languedoc contre les Saraſins, receurent de lui le païs de Bearn en recompenſe, à la charge de le tenir en Franc-aleu de la Couronne de France. Car, outre que le nom de Berne eſt plus recent que le temps de Martel, la ville de Berne ayant eſté baſtie par Berthold Duc de Zeringen l'an 1195. dans le païs des anciens Rauraques, on ne doit point rechercher des Colonies, pour l'eſtabliſſement d'vn peuple qui eſt originaire dans ſon terroir, comme eſt celui de Bearn. Ce qui ſeruira auſſi pour reietter la penſée de Beloi, qui oſe ſoubçonner, ſi les Bearnois ſeroient deſcendus des *Biarmiens*, peuples Septentrionaux chez Olaus Magnus, lors que les Vandales venans du Nort percerent les Monts Pyrenées du coſté de la Gaſcogne.

XXIV. Quant à l'eſtenduë du territoire dependant de la Cité de Bearn, elle doit

Liure premier.

eſtre priſe comme i'ai remarqué des autres Cités, ſur le plan du Dioceſe de Laſcar, qui comprend vne bonne partie du païs de Bearn, & encore quelque portion de la Chaloſſe du coſté de Saut de Nauailles, qui eſtoit auſſi enfermé dans les anciènes bornes de la Seigneurie de Bearn. Or comme cét Eueſché eſt à proprement parler l'Eueſché de Bearn, encore que preſentement celui d'Oloron ſoit cópris ſous le nom de Bearn, il eſt arriué que le Gaue de Pau, qui coupe cét Eueſche de Laſcar en deux parties, par l'eſpace de dix lieuës iuſqu'à la ville d'Ortés, eſt denomé Gaue Bearnois, bien que ſa ſource ſoit dans les montagnes de Bigorre; pour le diſtinguer de l'autre riuiere, qui ſepare l'Eueſché d'Oloron en deux, & eſt nommé le Gaue d'Oloron, & non pas le Bearnois, encore qu'il prene ſa ſource dans les montagnes de Bearn. A l'occaſion de ces riuieres i'adiouſterai en ce lieu l'opinion de Scaliger, qui penſe que Pline fait mention des eaux chaudes de Bearn, lors qu'il eſcrit que parmi les Tarbelliens, & dans les Monts Pyrenées, il y a des ſources d'eaux froides, & chaudes à peu de diſtance entre elles. Ceux, dit ce grand perſonage, qui ont beu des eaux, qui ſont dans les montagnes de Bearn, ne douterontaucunement que Pline n'ait pretendu parler de celles-là.

I. Cæſar. l. 3. Commentar. c. 20. Paucæ vltimæ nationes anni tempore confiſæ, quod hiems ſuberat id facere neglexerunt. Hirtius l. 8. de Bello Gall. ca. 46. Cæſar cum nunquam Aquitaniam ipſe adiſſet, ſed per P. Craſſum quadam ex parte deuiciſſet, cum duabus legionibus in eam partem eſt profectus, vbi extremum tempus conſumeret æſtiuorum, quam rem ſicut cætera celeriter feliciterque confecit. Namque Omnes Aquitaniæ ciuitates legatos ad eum miſerunt, obſideſque ei dederunt, quibus geſtis ipſe cum equitum Præſidio Narbonem profectus eſt.

III. Plinius lib. 4. c. 19. Bigerri, Tarbeli quatuor ſignani, Cocoſates ſexſignani, Venaim Infra. Conſoranni, Auſci, &c. Mela lib. 3. c. 1. Cantabrorum aliquot populi amneſque ſunt, ſed quorum nomina, noſtro ore concipi nequeant. Idem de Germanis lib. 3. ca. 3. quorum nomina vix eſt eloqui ore Romano. Strabo de populis Hiſpaniæ vicinis Oceano Septentrionali, ſimilia ſcribit. III. Greg. Turon. l. 9. Hiſt. cap. 20. De Ciuitatibus vero Burdegala, Lemouica, Cadurco, Benarno & Bigorra &c. ita conſtanter legunt duo MSs. Codices, Benarno, non autem Benarna. Notitia Prouinciarum: Ciuitas Benarnenſium. In altero Codice Thuani, Ciuitas Benarnenſium, Benarnus. In aliis, Ciuitas Beranenſium, id eſt Benarnus. C. Beranenſium, id eſt Benardus. In Notitia Scaligerl, & Vulcani, Ciuitas Benearnenſium, id eſt Benaanus. In libello Prouinciarum Schotti, Ciuitas Bearnenſium, id eſt Benainas, Ita enim deprauatur nomen huius Ciuitatis in variis Codd. Rectum eſt, Ciuitas Benearnenſium, ſiue Benatnenſium, id eſt Benarnus.

IV. Scaliger lib 2. Auſon. Lect cap. 7.

V. In ſubſcriptionibus Synodi Agathenſis: Galactorius Epiſcopus de Benarno ſubſcripſi. In Synodo Matiſcon. 11. Sauinus Epiſcopus Eccleſiæ Benarnenſium, vt emendauit C. V. Sirmondus è vett. Codd.

X. Itinerarium Antonini; Itera Cæſar Auguſta Beneharnum M. P. C. XII. Sic. Forum Gallorum M. P. XXX. Ebellinum M. P. XXII. Summum Pyrenæum M. P. XXIV. Forum ligneum M. P. V. Aſpalucam M. P. VII. Iluronem. M. P. XII. Beneharnum. M. P. XII. Surita in Notis ad hunc locum, notat Forum Gallorum nunc dici Gutream ad Gallici fluminis ripas, Ebellinum eſſe Ayerbium, Summum Pyrenæum in vetuſtis rerum Aragonenſium monumentis dici, Summum portum ad D. Chriſtinæ monaſterium. Aſpalucam, in Neapolitano Codice ſcribi, Aſpam Lucam, & eſſe vallem Aſpenſem, cuius vallis meminit Rod. Tol. l. 4. c. 10. Iluronem, in libro Hieronymi Pauli ſcribi Iluronæ, & eius oppidi nominis vêſtigia manere in oppido quod Oloronem nominamus. Benchami nomen qnod in mſſ. Cod. aſpiratur, non exſtare niſi hoc loco, & apud Greg. Turon.

XII. Idem Itinerarium: Ab Aquis Tarbellicis Toloſam. M. P. C. XXX. Sic, Benehatnum M. P. XIX. Oppidum nouum M. P. XVIII. Aquas Conuenarum M. P. VIII. Lugdunum M. P. XVI. Calagorgim M. P. XXVI. Aquas ſiccas M. P. XVI. Vernoſolem M. P. XV. Toloſam M. P. XV.

XIV. Idem Itinerarium. Ab Aſturica Burdigalam Infra: Pompelonem, Turiſſam, Summum Pyrenæum, Imum Pyrenæum, Caraſam, Aquas Tarbellicas, &c.

XXII. Monet. in Geographia p. 237. Labuntur linguæ Romanæ parum conſulti, neque ſi habent huius vſus auctores aliquos de poſterioris ætatis ſcriptoribus ideo ſunt extra noxam, qui ad errorem damnatis magiſtris vtantur.

XXIV. Plinius l. 21. c. 11. Emicant benigne, paſſimque in plurimis terris alibi frigidæ, alibi cælidæ, ſicut in Tarbellis Aquitanica gente, & in Pyrenæis montibus; tenui interuallo diſcernente. Ad quæ Scaliger, qui Aquas Benearnenſis ſaltus in Pyrenæis viderunt & biberunt, non dubitabunt Plinium de illis ſenſiſſe.

CHAPITRE XII.
Sommaire.

I. *Les diuers noms de la Cité d'Oloron. Les Euesques & les Vicomtes ont pris le nom de* Oloronenses, *& quelquefois* Ellorenses, *ou* Olorenses *auec syncope.* II. *Erreur de Scaliger en l'interpretation des Lapins d'Oloron chez Sidonius. Loüange de l'Isle d'Oloron dans le tiltre de la fondation de l'Abbaye de Saintes.* III. IV. *Oloron ruiné par les Normans. L'Euesché rebasti à sainčte Marie. Aspaluca de l'Itineraire expliqué. Passage vers l'Espagne. Le roc taillé auec l'inscription de Cesar.* V. *Estenduë de la Cité. Olhagarai & Fauin, refutez touchant* Forum Illuronense. VI. *Les deux Citez de Bearn & d'Oloron comprises auiourd'hui sous le nom commun de Bearn.* VII. VIII. IX. *Si les Bearnois sont les peuples* Vacceans. *Examen, correction & interpretation d'vn texte d'Isidore de Seuille sur ce sujet. Opinion & correction d'Ant. Augustin refutée.* X. Vaccei *sont les Gascons dans l'Auteur de la vie de sainčt Amand, & dans Isidore de Badaios, sont pris pour les Bearnois dans les tiltres de l'Abbaye de Sorde.* XI. *Des Vaches armes de Bearn.*

I. **P**Our la Cité d'Oloron, qui est denombrée la derniere en la Notice des Prouinces, suiuant la situation naturelle qu'elle a dans la Nouempulanie, estant la derniere & la plus reculée de toutes les Douze Cités, on n'est pas en peine de la rechercher; d'autant qu'elle est encore sur pied auec son ancien nom. Il est pourtant escrit diuersement dans les Auteurs: Car en l'Itineraire d'Antonin, il est representé sous celui de *Iluro*, ou bien *Ilurona*, ainsi qu'a obserué Surita. Dans les Notices des Prouinces, *Ciuitas Elloronensium*, *Loronensium*, & encore *Elaronna*, duquel nom de *Elarona* se sert aussi l'Auteur de vie de S. Luperc. Son ancien & vrai nom a esté conserué en la subscription de son Euesque Gratus au Synode d'Agde, *Gratus Episcopus de Ciuitate Olorone*. Car pour les autres Euesques, ils ont suiui la denomination & l'escriture de la Notice, comme Licerius, qui soubscrit au Synode de Paris l'an 573. en ces termes, *Episcopus Ecclesiæ Eloronensis*, & *Lucerius Episcopus Ecclesiæ Eloronensium* au Synode de Mascon l'an 585. Ceste escriture a preualu fort long-temps, puis qu'on lit dans le Registre du Pape Gregoire VII. l'an 1078. que l'Euesque d'Oloron Amatus, est appellé *Episcopus Elorensis*; quoi que ce soit neantmoins auec le retranchement de la syllabe du milieu. Ce que l'on ne peut imputer à l'erreur du Secretaire, puis que dans les lettres que le mesme Amatus Legat du S. Siege, en Aquitaine, expedia pour la conuocation du Synode de Bourdeaux, qui sont rapportées par le P. Sirmond en ses Notes sur Gofridus de Vendosme l. 1. epist. 24. il se qualifie *Episcopus Ellorensis*. Pourtant le mesme Amatus souffrit d'estre nommé *Episcopus Holornensis*, par Centule Seigneur de Bearn en la Charte des Morlas. Mais tous ses successeurs iusqu'à present ont embrassé le retranchement de la syllabe, qu'il auoit peut-estre inuenté pour rendre le nom plus coulant, & ont pris le titre de *Olorenses*, comme l'on verra dans les Chartes des années 1096. 1147. 1150. 1170. & mil deux cens neuf, qui seront remises ci apres; Mesmes Centulle en la Charte de la Penna de l'année mil quatre-vingts se qualifie Comte de Bearn, de Bigorre, & d'Oloron, *Olorensis* auec syncope. Neantmoins ses ayeux conseruoient l'ancien nom de Vicomtes d'Oloron sans aucun retranchement, *Oloronensis*, ainsi qu'on verra aux Chartes de Luc du temps

Liure premier.

de Bernard Duc de Gascogne, enuiron l'an mille. Quoi qu'en celle de sainct Seuer du mesme Duc Bernard, on trouue vn Aner Loup de Loron ; Ce qui se rapporte en quelque façon à la prononciation du vulgaire de ce temps. Estienne aussi Euesque d'Oloron est enoncé dans les actes du Synode de Iacque de l'an 1060. sans Syncope *Oloronensis*; quoi qu'en l'inscription, qui est à la porte de l'Eglise de Moyssac contenant les noms des Euesques qui la consacrerent, & entre autres de cét Euesque Estienne, la ville d'Oloron y soit nommée *Elloreus*, sans doute à cause de la contrainte du vers. Neantmoins au Synode de Lauaur tenu l'an 1212. on nomme la ville *Olero, Ecclesiam Cathedralem Oleronis*.

II. J'ai desia remarqué la mesprise de ceux qui prenoient chez Ptolemée *Lugdunum Cucuenorum*, ou *Conuenorum* pour Oloron, & fait voir que c'est la ville de Comenge. Celle de Scaliger & de Merula apres luy, n'est pas moindre, lors qu'ils prenent les Lapins *Olarionenses* de Sidonius, pour les Lapins de la Cité d'Oloron ; attendu que c'est vn païs montueux, qui n'en nourrit aucun *Olarion* en ce lieu de Sidonius signifie l'Isle d'Oloron, ainsi que Sauaron a remarqué ; qui est abondante en venaison, & anoblie par la fertilité & l'amenité de son terroir, comme parlent Geofroi Comte d'Aniou, & Agnes sa femme en la fondation de l'Abbaye des Religieuses de Saintes faicte l'an 1047.

III. Cette ville qui comprenoit dans son enceinte la colline, & s'estendoit sur la pleine fut ruinée par les Normans, & restablie par le Comte Centulle enuiron l'an 1080. comme il sera monstré en son lieu. Tandis qu'elle gisoit dans ses masures, l'Eglise Cathedrale fut rebastie au lieu de la basse ville, & fut accompagnée d'vn Bourg, qui porte le nom de Saincte Marie d'Oloron, ou est maintenant le siege de l'Euesché. A vne lieuë & demie d'Oloron, se presente l'embouchure de la vallée d'Aspe, ou est le canal du passage d'Espagne, & particulierement le chemin de Saragosse, designé dans l'Itineraire d'Antonin, qui fait mention de *Aspa Luca*, a XII mille pas d'Oloron; Laquelle distance respond au lieu de *Acous*, qui est au milieu de cette vallée, & possede encore auiourd'hui la Metrocomie, & la preeminence sur les autres parroisses, ce que l'on nomme en ce païs Capdulh, qui est vn mot deriué de *Capitolium* au sens du moyen aage, *id est Capitalus locus*.

IV. Au bout de la vallée se rencontre la separation des Espagnes en l'endroit le plus haut des montagnes, qui est nommé *Summum Pyrenæum*, dans l'Itineraire, & *Som-port*, en langage vulgaire, que les vieux tiltres d'Aragon tournent en Latin par celui de *Summus Portus*, suiuant le tesmoignage de Surita en ses Notes. Or comme ce passage facilitoit la communication des Gaules auec l'Espagne, Cesar prit le soin de faire couper à force de main vn rocher haut eleué, qui estoit sur l'entrée de l'embouchure de la vallée, du costé d'Oloron; ou l'on reconnoist encore les traces du nom de Iule Cesar dans l'inscription qui est grauée en lettres digitales sur la cime du rocher, nommé *Pena d'Escot*.

V. L'estenduë du territoire de la Cité respond à celui de l'Euesché, qui comprend le païs montueux de Bearn, & encore vne agreable plaine vers Nauarrenx & Saueterre, & hors le Bearn, le Vicomté de Soule ; qui ayant esté distraict de son Euesché, par les Euesques d'Acqs, y fut remis auec les quartiers de Reuesel, & d'Agarenx par Estienne & Amatus ses Euesques, il y a pres de six cens ans, comme l'on verra en son lieu. J'eusse dissimulé la faute d'Olhagarai, qui remarque en son histoire, que les anciens Auteurs nommoient les Coustumes d'Oloron *Fori Illuronenses*, s'il n'eust esté suiui par Fauin ; sur lesquels ce docte personage duquel j'ai fait mention au chapitre precedent, à encheri la matiere, disant que la ville d'Oloron, est nommée *Forum Illuri*, pour estre comme l'estape de la ville & Colonie Romaine *Illuro*, de laquel-

E iij

le Pline & Mela font mention en la description de l'Espagne Taraconoise; d'où il conclut que la ville d'Oloron estoit censée comme vne dependance de l'Espagne: qui est vn discours eloigné d'apparence, destitué de preuue, & contraire à Pline mesme, qui separe les Gaules des Espagnes par les Pyrenées; outre que dans nul auteur, ni dans aucun tiltre la ville d'Oloron n'est point nommée *Forum Illuri*.

VI. Ces deux Cités de Bearn, & d'Oloron auec leurs peuples, sont auiourd'hui comprises presque toutes entieres, sous le nom du Païs de Bearn; D'où l'on peut tirer quelque coniecture, que du temps de l'Empereur Hadrian elles composoient l'vn des Neuf peuples, comme i'ai desia dit au chapitre V.

VII. Il ne sera pas hors de propos d'examiner en ce lieu, la pensée de Bertrand Helie Historien de Foix, qui soupçonne que les Bearnois estoient anciennement nommés *Vaccæi*, & qu'ils auoient pris leur nom de la ville de *Vacca*, qui estoit dans les Monts Pyrenées. Encore qu'il n'allegue point son garend, pour la denomination de cette ville, & des peuples Vacceans, il est bien aisé de voir qu'il a puisé ce discours d'Isidore de Seuille, qui mourut l'an 636. Cét auteur escrit en ses Origines, qu'il y auoit eu ci-deuant pres les Pyrenées, vne ville appellée *Vacca*, d'où les peuples Vacceans, dont parle Virgile en son Eneide, auoient tiré leur nom; qui habitoient *dans les vastes solitudes des Monts Pyrenées, & sont*, dit-il, *les mesmes que les Vascons, comme si l'on vouloit dire Vaccons*; adioustant qu'ils furent domtés par Pompée, qui les assembla en vne ville, qui de la prit le nom de Comenge.

VIII. Mais il faut auoüer, que ce discours d'Isidore, est tellement enuelopé, qu'il n'y a pas moyen de le demesler, qu'en s'arrestant à la lecon de deux anciens manuscrits allegués par le sçauant Antoine Augustin Archeuesque de Tarragone: dans lesquels on lisoit seulement, les paroles suiuantes; que *Vacca estoit ci-deuant vne ville pres du Pyrenée, de laquelle les Vacceans furent denommés*; Toutes les autres clauses, qui sont remplies d'ignorance, y estans omises; soit l'allegation du vers de Virgile, qui doit estre entendu d'vn peuple d'Afrique, soit le changement des Vaccons en Vascons; & ce qui regarde l'establissement de la ville de Comenge, puisé de Sainct Hierosme. Le texte d'Isidore estant epuré suiuant la foi de ces deux manuscrits, des sotises que l'on y a depuis adioustées, il reste d'examiner où estoit située cette ville de Vacca auec ses peuples. Le mesme Antoine Augustin, estime qu'il faut corriger le texte, & lire *Iacca* au lieu de *Vacca*; dauant que la ville de Iacque est assise dans les Monts Pyrenées, & fort ancienne, puis que Ptolemée la remarque dans ses Tables, & qu'elle a donné son nom aux Iaccetains, qui estoit vn grand Peuple renommé dans Strabon.

IX. Ie ne puis gouster cét aduis, tant parce qu'il raye le nom de *Vacca*, contre la foi de tous les exemplaires escrits à la main, que parce que le nom *Ethnique* ou des peuples deriués du primitif *Iacque*, est celuy de Iaccetains, qui ne respond pas à l'analogie & terminaison de celui d'Isidore, qui est *Vaccei*. Les Critiques sçauent par la lecture de Stephanus, & des anciens Geographes, que cette coniecture tirée de la diuerse terminaison des noms *Ethniques*, n'est pas à mespriser. A quoi il faut adiouster vne raison peremptoire, c'est que la ville de Vacca ne subsistoit point du temps d'Isidore; Car il escrit que *Vacca* auoit esté, c'est à dire qu'elle n'estoit plus en nature, & neantmoins la ville de Iacque, s'est conseruée depuis Ptolemée iusques à ce temps, sur les confins du Bearn & de l'Aragon. Ie pense donc, que l'on doit entendre Isidore des vrais peuples Vacceans, qu'il estime auoir pris leur nom de la ville de *Vacca*. Or ces peuples estoient voisins des Asturiens, & de ceux de Galice, comme l'on voit dans Strabon & Pline; & situez pres le mont Idubeda, qui retient le nom de Pyrenee, chez Pomponius Mela.

X. Neantmoins il ne faut point diſſimuler que Audoen Archeueſque de Roüen en la vie de ſainct Eloi, qu'il eſcriuit du temps du Roi Clouis ſecond, apres l'an 644. quelques années apres la publication des Etymologies d'Iſidore, donne aux Gaſcons le nom de *Vaccæi*, ſelon le ſens qu'il prenoit le texte d'Iſidore. Et l'Auteur de la vie de S. Amand, faiſant ſans doute alluſion à ce meſme texte d'Iſidore, du temps duquel il n'eſtoit pas beaucoup eſloigné, eſcrit que les anciens nommoient *Vacceia*, le païs montueux de Gaſcogne. Et encore Iſidore de Badaios, qui viuoit l'an 750. parlant du paſſage de l'armée d'Abderramen General des Saraſins vers la France, lui fraye le chemin par les Monts des Vacceans, c'eſt à dire par les Canaux des Monts Pyrenées, en Bearn, Bigorre, & Comenge. D'où l'on peut voir qu'il auoit interpreté ce Texte d'Iſidore de Seuille, des peuples qui habitoient dans les Monts Pyrenées de deçà. Fredegarius ſur le meſme fondement eſcrit en l'année 766. que les Gaſcons eſtoient nommés anciennement *Vaceti*. Il y a cinq cens ans & dauantage, que les Moines de l'Abbaye de Sorde, qui eſt baſtie ſur la frontiere de Bearn, ſemblent auoir donné aux Bearnois cette appellation dans leur Chartulaire, où il eſt dit, que *Vaccei*, où les Vacceens enleuerent le beſtail du Monaſtere, & le menerent en leur païs; adiouſtant en vn autre endroit, que Guillaume de Lane fut bleſſé d'vn coup mortel par les Vacceens, en quelque combat qu'il auoit eu contr'eux. Ceux de Sorde peuuent auoir donné ce nom de Vacceens aux Bearnois, en conſequence du Texte d'Iſidore, qui eſtoit vn Liure ordinairement manié par les Moines.

XI. Et peut-eſtre que nos Princes Bearnois, voulans prendre les Blaſons de leurs armes, (dont l'vſage hereditaire aux Familles, ſuiuant l'aduis des curieux, n'eſt pas plus ancien que de ſix ou ſept cens ans) furent conſeillés de porter les deux Vaches de gueules, couronnées d'argent, accollées & clarinées d'azur en champ d'or, en teſmoignage de leur origine & de la ville de *Vaccá*. Car les anciennes armes eſtoient parlantes, comme l'on void en celles des Comtes de Caſtille, & des Rois de Leon, qui prindrent des Chaſteaux, & des Lions, pour ſignifier les noms vulgaires des Prouinces, par le blaſon de leurs Armes; qui ne ſe rapportent pas à l'ancienne denomination de *Caſtulo*, & de *Legio*, chés Pline. Si l'on n'aime mieux ſe perſuader que les ſeigneurs de Bearn porterent les Vaches, pour monſtrer le droict municipal & particulier de leur païs; Les blaſons des villes priuilegiées ou municipales, eſtans chargés d'vn Taureau, ou bien d'vne Vache & d'vn Taureau, comme iuſtifie Surita en ſes Notes ſur l'Itineraire, par pluſieurs anciennes medailles Romaines. Peut-eſtre prindrent-ils les Vaches pour faire alluſion à l'Eſtat de leur païs, qui eſtoit montueux, plein de paſturage, propre à la nourriture du beſtail à corne, ſans qu'il fuſt pour lors ouuert, ni défriché que fort peu, à ſçauoir du coſté du Vicueil, pres les riuieres du Gaue, dans les Vallées, & en quelques autres endroits en petit nombre; Les baſtimens des nouueaux Bourgs & Peuplades, ayans eſté faits par Marguerité de Bearn Comteſſe de Foix, par Gaſton ſon petit fils, & par le Comte Gaſton Phœbus depuis l'an 1300.

I. II. Itinerarium Antonini : V Notas Superioris Capitis. Olarionenſes Lepuſculi. Sidon. l. 8. epiſt. 6.

Tabulæ Fundationis Monaſterij S. Trinitatis Santonenſis : Damus quoque in Inſula cui Olarion nomen eſt, quamque famoſiſſimam ſoli fertilitas & amœnitatis commoditas nobilitat. Eccleſiam ſancti Dionyſij cum appendicijs & vtilitatibus ſuis, & duos Manſos terræ. Infra : Et decimas denariorum totius Inſulæ Olarionis, excepta parochia S. Georgij ad luminare altaris, & decimam Roſarum, ceruorum ceruarumque quæ in ipſa inſula captæ fuerint ad librorum volſuras.

VII. Bertrandus Elias l. 2. Hiſt. Fuxen. Com.

VIII. Iſidorus Hiſpal. l. 9. Originum c. 2. Vacca oppidum fuit iuxta Pyrenæum, à quo ſunt cognominati Vaccæi, de quibus creditur dixiſſe Poëta, lateque vagantes Vaccæi. Hi Pyrenæi iugis peramplam habentes ſolitudinem, Iidem & Vaſcones quaſi Vaccones. Audoënus editus a V. C. Andrea Ducheſnio : Ferociſſimis etiam Vaccæis ditioni ſuæ hoſtili gladio ſubactis. Auctor vitæ S. Amandi ſub

Dagoberto Rege apud Surium 6. Febr. Audiuit ab eis gentem quandam quam Vacceiam appellauit antiquitas, quæ nunc vulgo VVasconia, nimio errore deceptam, ita vt auguriis vel omni errori dedita, idola etiam pro Deo coleret; quæ gens erga Pyrenæos saltus per aspera atque inaccessibilia diffusa erat loca, fretaque agilitate pugnandi frequenter fines occupabat Francorum. Isidorus Pacensis in Chronico : Montana Vaccæorum discans. Fredegarius in Chronico : Vasconi qui vltra Garomnam commorantur , qui antiquitus vocati sunt Vaceti.

CHAPITRE XIII.

Sommaire.

I. II. Gouuernement de la Nouempopulanie. III. IV. Changé auec le demembrement de l'Empire. Vandales appellés par Stilico ruinent la France & la Nouempopulanie. Martyre des SS. Seuer & Gerons Vandales. V. Les Vandales se cantonent dans les Espagnes. VI. Alaric Roi des Goths entre dans l'Italie, prend Rome, meurt. Statuë enchantée. VII. Athaulphe lui succede. Constance Patrice remet les affaires de l'Empire. VIII. Traite auec Vuallia Roi des Goths. IX. X. XI. L'estat du Gouuernement de la Nouempopulanie pendant ces desordres. Transport du siege de la Prefecture en la ville d'Arles. Ordonance du Prefet Petronius que l'assemblée des sept Prouinces se tiendroit dans Arles. Confirmée par l'Empereur Honorius. XII. Explication des sept Prouinces. La Nouempopulanie en estoit l'vne. Corps des cinq Prouinces, augmenté iusqu'à sept par le Prefet Petronius. XIII. Dignité de la ville d'Arles, qui est metropolitaine en l'ordre de l'estat à cause de la Prefecture. Mere des Gaules. XIV. Inscription expliquée contre Scaliger. Vicariat des Gaules, donné à l'Euesque d'Arles. XV. XVI. XVII. Vualia dompte les Vandales en Espagne au profit de l'Empire suiuant son prmier traicté. Constance lui donne pour recompense de ses victoires la seconde Aquitaine auec quelques Cités voisines. Erreur de Sauaron sur ce partage. XVIII. Toute la Nouempopulanie ne fut point comprise dans ce partage. Ni les Cités de Bearn & d'Oloron.

I. Comme les Cités de Bearn & d'Oloron faisoient vne portion de la Nouempopulanie, elles estoient aussi dans le mesme gouuernement politique que les autres Cités, & regies par le President de la Prouince : Car toutes les Gaules ayans esté distribuées en Quatorze, & depuis en Dix-sept Prouinces, les Gouuerneurs des Six estoient nommés Consulaires, & ceux des Onze auoient la qualité de Presidens. Entre ces Onze estoient l'Aquitaine Premiere, la Seconde, & la Nouempopulanie, qui auoit son nom & son Gouuerneur particulier, distinct & separé des deux Aquitaines, ainsi qu'il est remarqué en la Notice de l'Empire d'Occident. Son pouuoir estoit semblable à celuy des autres Presidens des Prouinces de l'Empire, qui consistoit à prendre soin des affaires de l'Estat, des Finances, & de la Iustice, de tenir les Assemblees pour cét effect dans les Cités qu'il iugeoit à propos, & le plus souuent dans celle qui estoit la Metropolitaine; où les bons Esprits, comme cét Arborius chés Ausone, acqueroient de la reputation par leur doctrine & leur eloquence.

II. Apres l'eſtabliſſement du Prefect du Pretoire des Gaules, auquel l'Empereur Conſtantin ordonna la ville de Treues por ſon ſiege ordinaire, les plaintes, pour ce qui regardoit les tributs & les reglemens de la Prouince, eſtoient portées immediatement à l'Auditoire de la Prefecture; Mais les appellations des iugemens rendus par le Preſident de la Prouince ſur les affaires des particuliers, ſe releuoient pardeuant le Vicaire de la Prefecture, qui eſtoit à Vienne en Daufiné; Sauf en cas que le Preſident pour certaines conſiderations tirées de la perſonne accuſée, ou de la matiere ciuile, qui n'euſt pas encor eſté decidée par les loix, vouluſt renuoyer l'affaire à l'Empereur par voye de Relation ou de Conſultation, ainſi qu'on peut recueillir de diuerſes loix du Code Theodoſien; qui defendent en ce cas aux parties, de venir à la ſuite de la Cour, pour ſolliciter leur affaire, afin d'eſuiter les frais d'vn ſi long & penible voyage; ſi ce n'eſtoit que la Reſponſe à la Relation du Preſident, fuſt differée au delà d'vne année: Or comme le Bearn eſtoit attaché à l'ordre general des Gaules, ſa police receut auſſi la meſme diſpoſition, & en ſuite le meſme changement, & ſouffrit les meſmes rauages, qui demembrerent les Prouinces de ce grand corps de l'Empire Romain.

III. Car Stilico Vandale de nation, principal miniſtre, & Gouuerneur general de l'Empire d'Occident ſous Honorius ſon gendre, mepriſant la foibleſſe du corps, & de l'eſprit de ce Prince, & deſirant tranſporter la Couronne en la perſonne de ſon fils Eucherius, qui eſtoit Payen & ennemi des Chreſtiens, appella ſecretement diuers peuples de ſon païs, à ſçauoir les Alains, les Suedois, & les Vandales, afin qu'il euſt moyen d'appuyer ſur leurs forces l'execution d'vn ſi grand deſſein. Ces nations partent du Septentrion & des riuages de la mer Balthique, percent la Germanie, où ils defont les Francs, qui vouloient leur empeſcher le paſſage de leurs terres, paſſent le Rhin, entrent dans les Gaules, le premier de Ianuier l'an 406. ſaccagent la ville de Treues, qui en eſtoit le Chef, & s'auancent vers les Monts Pyrenées, pour ſe rendre maiſtres de l'Eſpagne. Mais Didymus & Verinianus deux freres Eſpagnols, & parens de Honorius, ayans armé les eſclaues qui cultiuoient leurs terres, ſe ſaiſirent des emboucheures des montagnes, & auec des troupes ſi foibles, arreſterent l'impetuoſité de ces peuples belliqueux: leſquels, voyans qu'ils ne pouuoient forcer le deſtroit de ces paſſages, retournerent ſur leurs pas, & rauagerent entierement vne partie des Gaules, & particulierement la Nouempopulanie, ſur laquelle ils deſchargerent le torrent de leur indignation, comme l'on aprend de S. Hierome, qui en fait ſes plaintes en l'Epiſtre ad *Ageruchiam*: *Tout ce qui eſt compris*, dit-il, *entre les Alpes, & les Pyrenées, l'Ocean, & le Rhein, le Quade, le Vandale, le Sarmate, les Alains, les Gipedes, les Herules, les Saxons, les Bourguignons, les Alemans & les Pannoniens l'ont perdu & ruiné; Tout ce qui apartient à l'Aquitaine, aux Neuf peuples, à la Prouince Lionoiſe, & à la Narbonoiſe, a eſté depeuplé, excepté quelque peu de villes, que le glaiue conſume au dehors, & la faim au dedans.*

IV. Les anciens memoires de Gaſcogne teſmoignent, qu'en ce temps S. Seuer, & S. Gerons, qui eſtoient Vandales de nation, & trauailloient depuis quelques années auec cinq de leurs compagnons à preſcher la foi Chreſtienne parmi les peuples de cette Prouince, ſuiuant la commiſſion qu'ils en auoient reçeuë à Rome; furent tués par ces Barbares, & ſoufrirent le martyre, dans le territoire de la Cité d'Ayre, aux lieux qui ſont honorés auiourd'hui de leurs noms, à ſçauoir l'vn en la ville de ſainct Seuer, & l'autre au Bourg de ſainct Gerons. On lit auſſi dans ces memoires, que les Vandales defirent dans la Gaſcogne pres de ſainct Seuer vne armée de vingt-mil hommes, que l'on auoit ſans doute leuée tumultuairement, pour arreſter les rauages qu'ils faiſoient.

V. Ce desordre des Gaules, dona suiet, aux legions Britanniques, qui estoient en Angleterre pour la garde de ces Prouinces, de creer Empereur vn simple soldat nommé Constantin, afin que sous les heureux auspices de son nom, il peust conseruer les Gaules contre les Barbares, mieux que n'auoient fait Marc & Gratian, qui auoient pris la pourpre à l'occasion de ces tumultes. Constantin entra dans les Gaules l'an 407. comme tesmoignent Prosper, & Olympiodore, accompagné de ses deux enfans Iulian, & Constant, se rend maistre des Espagnes, fait tuer les deux freres Didyme & Verinian, commet la garde des passages des Pyrenées à ses soldats; qui estans corrompus par les Vandales, prindrent parti auec eux, & leur donnerent l'entrée des Espagnes, ainsi qu'a particulierement obserué Paul Orose auteur de ce temps-là. Idacius qui voyoit ces mouuemens rapporte cette entrée au commencement d'Octobre de l'année 409. & descrit en peu de paroles les violences que les ennemis exercerent dans ces Prouinces; lesquels s'accomoderent enfin auec les Espagnols, & se cantonerent, sçauoir les Vandales & les Suedois en la Galice, les Alains en la Lusitanie & en la Prouince Carthaginoise, & les Vandales surnomés Silingues en la Betique.

VI. Cependant Alaric Roy des Goths, apres auoir ruiné les Prouinces de l'Esclauonie, entra dans l'Italie auec vne puissante armée; où il estoit fauorisé secretement par Stilico, qui vouloit l'attirer à soi, pour ruiner la Republique, & lui fit accorder quatre mille liures d'or, & la Gaule, ou plustost l'Aquitaine pour sa retraicte, comme remarquent Iornandes, & Zozime. Mais la trahison de Stilico contre l'Empereur estant descouuerte, il fut tué dans l'Eglise de Rauenne, où il s'estoit refugié. Ce qui offensa tellement Alaric, auec ce que l'on n'executoit pas les choses, qui lui auoient esté promises par le traite, qu'il assiegea la ville de Rome; & s'estant auancé pendant le siege vers les Alpes, pour renouer la paix auec l'Empereur Honorius; vn Prince Goth de nation nommé Sarus, qui estoit dans l'armée Romaine, ne pouuant souffrir l'accord qui estoit sur le point d'estre conclu, surpit vn quartier des troupes d'Alaric, & les tailla en pieces, le propre iour de Pasques. Ce qui rompit la conference, & piqua tellement ce Roi Barbare, qu'il s'opiniatra au siege, emporta la ville, la pilla, y establit Attalus Empereur, & prit pour soi la charge de Duc & General de toutes les armées, & pour son beaufrere Ataulphe, le commandement de la Caualerie. Il se retira auec vn grand butin, emmenant quant & soi Placidia, sœur d'Honorius, & voulant passer en Sicile mourut à Cosence. Les superstitieux du temps, qui deseroient beaucoup aux Talismans, estimoient que son passage vers cette Isle, auoit esté empeché, par le moyen d'vne statuë enchantée, qui nourrissoit vn feu perpetuel en l'vn de ses pieds, & iettoit de l'autre vne source d'eau perpetuelle, ainsi qu'a remarqué Olympiodore chez Photius.

VII. Apres le decés d'Alaric, son beaufrere Ataulphe lui succeda au commandement, & Royauté des Goths l'an 411. & se retira en la ville de Narbonne, où il espousa la Princesse Placidia l'an 414. suiuant le tesmoignage de deux celebres Auteurs. L'vn est Olympiodore, qui descrit la pompe du festin, & l'autre Idacius, qui dit que pour lors on creut, que la Prophetie de Daniel estoit accomplie, que la fille du Roi de Midi, seroit ioincte au Roi d'Aquilon. Pour appaiser ces mouuemens extraordinaires, qui esbranloient l'Empire, Honorius depescha Constance le Comte vers les Gaules; qui domta le tyran Constantin auec ses enfans, des l'année 411. A la reuolte desquels, Iouin & Sebastien ayans succedé, ils furent surpris dans Narbone par Ataulphe Roi des Goths, & tués par son commandement. Constance n'ayant rien à demesler qu'auec Ataulphe, s'approche de Narbonne, & contraint les Goths de lui laisser libre & paisible la possession des Gaules, par la retraite que fit ce

Liure premier.

Roy dans la ville de Barcelone: lequel à la priere de sa femme Placidia, apres auoir consideré, que ses efforts & ceux de son predecesseur, pour la ruine de l'Empire, s'estoient trouuez inutiles, voulut entendre à vn traicté de paix. Mais il fut empesché en ce dessein, par Dobbius son domestique, qui le tua l'an 415. Sigerich frere de Sarus, enuahit le commandement, qu'il ne retint que sept iours, au bout desquels il fut tué comme son predecesseur.

VIII. Vvallia fut choisi en mesme temps par les Goths, à dessein de continuer la guerre auec l'Empire, & neantmoins Dieu s'en seruit pour afermir la paix, comme a remarqué Paul Orose. Car il fit vn traicté auec le Patrice Constance, par lequel il rendit la Reine Placidia, promit de porter ses armes dans les Espagnes, pour y ruiner les Alains & les Vandales; & remettre sous l'obeïssance de l'Empire, les Prouinces qu'ils y auoient occupées: Et pour cét effet receut vn grand nombre de muids de froment, pour le rauictaillement de son armée.

IX. Nous verrons ce qu'il fit en suite du traité, & le changement qui suruint à ceste occasion en la Nouempopulanie; apres que nous aurons veu le bon estat auquel elle se trouuoit alors. Car les Gaules estans pacifiées par la generosité, & la bonne conduitte de Constance, l'authorité des loix commença à reprendre sa vigueur, dont le Bearn auec le reste de la Nouempopulanie ressentit quelque effet.

X. Apres la ruine de Treues, qui fut saccagée par les Vandales, l'an 406. l'Empereur ayant transporté le siege du Prefect du Pretoire des Gaules, en la Cité d'Arles, de la Prouince Viennoise, à cause de l'assiete, des richesses, & de la splendeur de la ville; pour lui donner vn plus grand ornement, Petronius vn des Prefects, ordonna que l'Assemblée generale des Estats des Sept Prouinces, se tiendroit annuellement en ceste ville, depuis les Ides d'Aoust iusqu'aux Ides de Septembre; à laquelle assisteroient les Iuges des Prouinces, & les principaux & plus honorables Bourgeois des villes, pour traiter & deliberer des affaires, qui regarderoient l'interest general des Prouinces en corps, ou des Cités en particulier, & la leuée des deniers pour subuenir aux necessitez de l'Estat. Or d'autant que les diuers mouuemens des Gaules, & la negligence des Tyrans, auoient interrompu l'execution de ceste ordonnance, Honorius la renouuella par la sienne du mois de May 418. faisant reconnoistre qu'en cela, il ne gratifioit pas seulement la Cité d'Arles, mais aussi les Cités de toutes les Sept Prouinces, qui estoient obligées d'enuoyer à l'Audience du Prefect, leurs Legats ou Deputez; aussi bien que les particuliers estoient obligés d'y venir eux-mesmes, pour l'expedition de leurs affaires. A quoi il adiouste l'assiete de la ville, qu'il dit estre telle, que le cours du Rhosne, & les flots de la mer Mediterranée, lui fournissent toutes les richesses de l'Orient, les odeurs de l'Arabie, les delicatesses de l'Assyrie, l'abondance de l'Affrique; de l'Espagne & de la Gaule; Toutes les commoditez que les autres Prouinces possedent en detail, estans portées en ceste ville, à la voile, à la rame, & auec le charroi, par mer, par riuiere, & par terre.

XI. Et parce que les Prouinces de l'Aquitaine Seconde, & la Nouempopulanie estoient les plus eloignées de la Cité d'Arles, comme il est dit dans le texte de la Constitution, le Prince ordonna que si les Iuges de ces deux Prouinces estoient occupés aux affaires de leurs charges, chacune d'elles enuoyroit ses Legats ou Deputés suiuant la Coustume; qui doit estre expliquée par les loix inserées au Code Theodosien, qui permettent aux personnes plus honorables des Cités, de tenir en la principale ville les Estats, ou l'assemblée Prouinciale, pour deliberer des affaires qui concernent le corps de la Prouince, ou l'interest de chasque Cité: & d'enuoyer par leurs Legats ou Deputés, les Actes de leur deliberation, & les Cayers de leurs plaintes, au siege de leur Prefecture. Ceste ordonnance d'Honorius a esté publiée, premierement par le Cardinal Nicolas de Cuſa, ſous le nom de Conſtantin le Grand, & depuis par Scaliger, ſous celui de Conſtantin le Tyran : Mais elle a eſté produite plus correcte, & ſous le vrai nom d'Honorius, par le P. Sirmond en ſes Notes ſur Sidonius.

XII. On s'eſt mis d'autresfois en peine, pour ſçauoir quelles eſtoient les Sept Prouinces. En quoi le ſieur Preſident Bertier tres-ſçauant perſonnage s'eſt meſpris, ayant creu que c'eſtoient toutes les Prouinces des Gaules, dont le nombre reuient à ſept principales, ſi l'on oſte la ſubdiuiſion de ſecondes, troiſieſmes & quatrieſmes; Mais le texte méme s'oppoſe à cette interpretatió, d'autant qu'il fait mention de l'Aquitaine Seconde; & aſſeure en outre que ceſte Prouince & la Nouempopulanie ſont les plus eloignées d'Arles: Ce qui ne ſeroit pas veritable à l'eſgard des Belgiques, & de la Lionoiſe troiſieſme, qui en ſont eloignées d'vne diſtance beaucoup plus grande. En vn mot les Sept Prouinces ſont celles, qui ſont denombrées ſous ceſte denomination dans les Notices, à ſçauoir la Prouince Viennoiſe, l'Aquitanique premiere, & la ſeconde, la Nouempopulanie, les deux Narbonnoiſes, & les Alpes Maritimes. Hincmarus s'eſt vn peu meſpris dans ce denombrement, en ce qu'il a mis la Prouince Lionoiſe, en la place de la Viennoiſe.

XIII. Depuis l'Ordonnance de Petronius, on voit les Sept Prouinces diſtinguées des autres Prouinces des Gaules, non ſeulement dans les Epiſtres du Pape Zozime de l'an 417. adreſſées aux Eueſques des Gaules, & des Sept Prouinces; mais encore en quelques Anciennes inſcriptions. Il eſt vrai, qu'en l'année 386. il y auoit deſia vn Corps de Cinq Prouinces, comme l'on voit dans la letre de l'Empereur Maximus; lequel voulant ſatisfaire à la plainte du Pape Siricius, qui lui auoit reproché l'ordination du Preſtre Agricius, comme faite contre les Canons, lui reſpond, que pour iuger de ceſte affaire, il aſſemblera les Eueſques des Gaules, où ceux qui habitent dans les Cinq Prouinces. De ſorte qu'on reconnoiſt, que ce corps de Cinq Prouinces, eſtoit en quelque façon deſtaché des Gaules, pour auoir ſes aſſemblées ſeparées en l'ordre politique, & par conſequent en l'Eccleſiaſtique, & pour n'eſtre pas obligé de ſe trouuer à l'Aſſemblée generale des Prouinces des Gaules, ou de la *Diœceſe Gallicane* pour parler auec les anciens. On peut remarquer auſſi, que l'Epiſtre Synodique du Concile de Turin de l'an 397. eſt adreſſée aux Eueſques des Gaules, & des Cinq Prouinces, qui eſtoient la Viennoiſe, Lionoiſe, Narbonoiſe premiere, & ſeconde, & la Prouince des Alpes. Petronius le Prefect apporta ſans doute, le changement qui paroiſt depuis, voulant former le reſſort de l'Aſſemblée generale d'Arles, en retranchant la Lionoiſe du corps des Cinq Prouinces; & y en adiouſtant trois nouuelles, à ſçauoir les deux Aquitaniques, & la Nouempopulanie.

XIV. Le Siege du Prefect du Pretoire eſtabli dans Arles, auec l'Aſſemblée ordinaire des Sept Prouinces, lui apporta beaucoup de gloire. De ſorte qu'encore qu'elle fuſt en l'ordre de l'Empire ſujete anciennement à la Cité de Vienne, comme la Notice en fait foi; Neantmoins par vn priuilege extraordinaire, ayant ſuccedé à la dignité de la Cité de Treues, (que S. Athanaſe nomme la Metropole des Gaules,) elle fut auſſi auancée iuſqu'au degré Ciuil de Metropole, ou Mere des Gaules; qui eſt le tiltre que l'Empeteur Honorius & Valentinian lui baillerent dans vne Conſtitution, comme repreſenterent les Eueſques de ceſte Prouince au Pape Leon l'an 450. Ie penſe qu'en conſequence de l'ordonnance de Valentinian, ceſte ville eſt nommée *Mater* en l'inſcription grauée ſur la Colomne, alleguée par Scaliger ſur Auſone en ces termes, *Vir in l. Auxiliaris. Præ. Præto. Gallia. De. Arelate. Ma. miliaria. Poni. S. M. P. I.* Combien que l'Eſcale eſtime que ceſte ville eſt ſurnommée

Mamil-

Mamiliaria dans cette inscription. En quoi il est suiui par Merula : Car la syllabe *Ma.* qui est au bout de la ligne, est separée par vn poinct, de la diction *Miliaria*; & le sens de l'Inscription est sans doute celui-ci, qu'Auxiliaris Prefect du Pretoire des Gaules establit depuis Arles la Cité Mere, des milliers ou des Colomnes, sur les grands chemins, pour en remarquer les distances; à l'exemple de Rome, où l'Empereur Auguste establit le Milier d'Or, auquel les grands chemins d'Italie venoient aboutir. Cette dignité seculiere attira en suite en faueur de l'Euesque Metropolitain d'Arles, le Vicariat du Pape Zozime pour l'administration Ecclesiastique de toutes les Gaules; lequel le Pape Leon reuoqua; Mais il estoit restabli du temps de Vigilius, comme tesmoigne le cinquiesme Concile general, & Sainct Gregoire le continua. Ie ne parle point des droits d'ordination, qu'elle a pretendu sur les Prouinces Narbonoises, & des Alpes Maritimes, ni les diuerses formes, qu'elle a eu en son droit Metropolitique; me contentant d'auoir insinué ceux, qui ont rapport à la Nouempopulanie, & aux Cités de Bearn, & d'Oloron.

 XV. Reuenant à mon premier discours, ie dis que Vuallia, suiuant le traicté qu'il auoit fait auec le Patrice Constance, fit vne rude guerre contre les Barbares dans les Espagnes, où il defit & esteignit entierrement les Silingues en la Betique ou Castille, abatit la puissance des Alains, tua leur Roi, supprima leur Royaume, & obligea ceux qui restoient, de se ietter entre les bras de Gunderic Roi des Vandales en Galice. Ces Vandales passerent quelque temps apres en Afrique, & abandonnerent la Galice aux Sueciens ou Suedois. Apres ces heureux & genereux exploicts, Vuallia fut r'appellé par Constance, qui lui donna en recompense des victoires obtenuës sur les Silingues & les Alains, l'Aquitaine iusqu'à l'Ocean. Il faut s'arrester vn peu en cét endroit, puis que cette donation est le tiltre du nouueau Royaume des Vuisigoths, c'est à dire des Goths Occidentaux, qui fut establi en l'Aquitaine l'an 419. sous le Consulat de Maximus & de Plinta, comme l'on void dans la Chronique de Prosper; & faut considerer quelles Prouinces furent deliurées à Vuallia & aux Rois ses successeurs, qui estoient infectés de l'heresie Arienne.

 XVI. Idacius Auteur du temps escrit en l'Impression de Rome, & en celle de Sandoüal, qu'on leur accorda pour leur retraicte l'Aquitaine depuis Tolose, iusqu'à l'Ocean. Prosper de l'edition de Scaliger explique ce traicté plus distinctement, disant que Constance donna à Vuallia la Seconde Aquitaine auec quelques Cités des Prouinces voisines. Isidore de Seuille en sa Chronique des Goths, confirme la Leçon de l'edition de Scaliger de cette Chronique de Prosper : Car il escrit aussi que Constance rappella les Goths, & leur bailla pour leur habitation la Seconde Aquitaine auec quelques Cités des Prouinces voisines. La difference de l'ancienne edition de Prosper, & de la nouuelle, consiste en ce que l'vne parle de l'Aquitaine en termes generaux, & l'autre la restraint à la Seconde Aquitaine. Et de ces trois autorités, à sçauoir de Prosper, Isidore, & Idacius de l'Impression de Rome, on peut reconnoistre que la Leçon du texte d'Idacius de l'edition de Scaliger en son Chronique d'Eusebe est alterée, en ce qu'il est là representé, que les Goths establirent leur siege à Tolose, & possedoient depuis la mer Tyrrhene, & le fleuue du Rosne par la Loire, iusqu'à l'Ocean. Le Copiste d'Idacius en adioustant ces choses ayant esgard à l'estat auquel se trouuoit le Royaume des Goths, au temps qu'il escriuoit. On peut donc, voire l'on doit s'affermir à dire que le Traicté de Constance ne donnoit aux Goths, que la Seconde Aquitaine auec quelques Cités des Prouinces voisines, & principalement Tolose, qui fut pour lors distraite de la Gaule Narbonoise, & choisie pour le seiour ordinaire du Roi des Goths. Et partant ils furent establis aux Cités de Bourdeaux, d'Agen, de Perigueux, d'Angoulesme, de Saintes, & de Poictiers, le territoire des-

F

quels compofoit la Seconde Aquitaine, & dont le Bourdelois, la Saintonge & le Poictou s'eſtendoient ſur vne grande coſte de la mer Oceane. Ce que les Goths auoient ſans doute deſiré, afin d'auoir le ſecours des Barbares par mer, en cas qu'ils fuſſent troublés par les Romains.

XVII. Pour les Prouinces qui auoiſinoient la Seconde Aquitaine, elles ne furent point attribuées aux Goths toutes entieres, puis qu'on ne leur en ordonna que quelques Cités, ainſi que parlent Proſper & Iſidore; Ce que l'on peut encore confirmer peremptoiremét par Sidonius, qui aſſeure que les guerres des Goths auoient oſté de ſon temps à l'Aquitaine Premiere toutes les Cités, excepté l'Auuergne. Ce qu'il n'euſt pû eſcrire, ſi toute la Premiere Aquitaine euſt appartenu aux Goths en vertu du traité, comme Sauaron en ſes Commentaires ſe perſuade, confondant meſmes la premiere Aquitaine auec la ſeconde. D'où ie conclus auſſi que la Prouince de la Nouempopulanie, ne fut pas entierement accordée aux Goths, mais ſeulement quelques Cités voiſines de Toloſe; comme le Coſerans, & le Comenge; & peut eſtre encore Laictoure, & Baſas, dont le territoire eſt proche la riuiere de Garonne.

XVIII. Quant aux Cités de Bearn, & d'Oloron, il faut ſe perſuader qu'elles demeurerent ſous la puiſſance des Romains, puis qu'eſtans ſituées à l'extremité de la Prouince, elles ne peuuent auoir eſté abandonnees aux Goths, ſans qu'on leur ait cedé tout le corps. Ce qu'on ne fit pas, ni ſuiuant Iſidore, ni meſmes ſuiuant les Editions vulgaires de Proſper, qui n'adiuge, aux Goths que l'Aquitaine, ſous lequel terme on ne comprenoit point en ce temps-là la Prouince Nouempopulane, qui eſtoit diſtincte & ſeparée des deux Aquitaines, depuis le partage de l'Empereur Hadrian.

I. II. Notitia Imperij: ſub diſpoſitione ſpectab. V. Vicarij. VII. Prouinciarum, Conſulares VI. Præſidiales vndecim. Aquitaniæ I. Aquitaniæ II. Nouempopulanæ. C. Th. l. 12. T. 12. & alibi.

III. Oroſius, Iornandes, Olympiodorus, Marcellinus, Idacius, Proſper, Iſidorus, ex quibus excerpta eſt capitis iſtius narratio.

III. Hieronymus in ep. ad Ageruchiam: Quidquid inter Alpes & Pyrenæum eſt quod Oceano & Rheno includitur, Quadus, Vandalus, Sarmata, Alani, Gipedes, Heruli, Saxones, Burgundiones, Alemanni, &, elugenda Reſpublica, hoſtes Pannonij vaſtarunt. Infra: Aquitaniæ, Nouempopulorum, Lugdunenſis & Narbonenſis Prouinciæ populata ſunt cuncta.

X. XI. V. C. Sirmondus in Notis ad Sid. Epithalam. Polemij: profert conſtitutionem Honorij & Theodoſij de Conuentu VII. Prouinc. Arelate agendo. Cum propter publicas neceſſitates, de ſingulis ciuitatibus, non ſolum de Prouinciis ſingulis ad examen magnificentiæ tuæ, vel Honoratos confluere, vel mitti legatos, aut poſſeſſorum vtilitas, aut publicarum ratio exigat functionum, maxime opportunum & conducibile iudicamus, vt ſeruata poſt hac annis ſingulis conſuetudine, conſtituto tempore in Metropolitana, id eſt in Arelatenſi vrbe incipiant Septem Prouinciæ habere Concilium. Infra: Ita vt de Nouempopulana & Secunda Aquitania, quæ Prouinciæ longius conſtitutæ ſunt, ſi earum Iudices certa occupatio tenuerit, ſciant legatos iuxta conſuetudinem eſſe mittendos.

XIII. Epiſtola Maximi Imp. ad Siricium: De hoc ipſo cuiuſcemodi eſſe videatur, Catholici iudicent ſacerdotes, quorum conuentum ex opportunitate omnium, vel qui intra Gallias, vel qui intra Quinque Prouincias commorantur, in qua elegerint vrbe conſtituam.

XIV. Libellus Epiſcoporum Arelat. Prouinciæ ad Leonem Papam: Hanc clementiſſimæ recordationis Valentinianus & Honorius fideliſſimi principes ſpecialibus priuilegiis, & vt verbo ipſorum vtamur *Matrem omnium Galliarum* appellando decorarunt. Ita enim legendum, Matrem omnium Galliarum, non vero, *Matrimonium* Galliarum, vt impoſuit Salmaſio qui hunc locum è veteri codice male excripſerat.

XV. Inſcriptio Arelatenſis apud Scaligerum l. 2. Auſon. l. ect. c. 30. Salutis DD. NN. Theodoſio & Valentiniano P. F. Ac. Trium. ſemper Aug. XV. Conſ. Vir. inl. Auxiliaris. Præ. Præto. Galliæ. De. Arelate. Ma. Miliaria. Poni. S. M. P. I.

XVI. Idacius Epiſcopus in Chronico: Gothi intermiſſo certamine quod agebant, per Conſtantium ad Gallias reuocati, ſedes in Aquitanica à Toloſa vſque ad Oceanum acceperunt. Proſper in Chronico: Conſtantius pacem firmat cum Vvallia, data ei ad habitandum Aquitania ſecunda, & quibuſdam Ciuitatibus confinium Prouinciarum. Iſidorus in Chronico Gotth. Qui deinde per Conſtantium Rom. Patricium ad Gallias reuocatur, data ab eo Gotthis ob meritum victoriæ ad habitandum ſecunda Aquitania vſque ad Oceanum, cum quibuſdam ciuitatibus confinium Prouinciarum.

XVII. Sidonius l. 7. ep. 5. de vrbibus Aquitanicæ primæ: ſolum oppidum Aruernum Romanis reliquum partibus bella fecerunt. Quapropter in conſtituendo præfatæ Ciuitatis *id eſt*, Bituricæ Antiſtite, prouincialium collegarum deficimur numero.

Liure premier. 63

CHAPITRE XIV.
Sommaire.

I. Les Goths font des entreprises au preiudice du premier traité. Theodoric repoussé d'Arles & de Narbone, tué en la bataille contre Attila. Torismond tué. II. Auitus donne à Theodoric Second, Roi des Goths, la portion des Espagnes que les Suedois y possedoient. Il defait Reciarius, Roi des Sueciens son beaufrere, en Galice, & prend Narbone III. Euarix conquesta presque toutes les Espagnes sur les Romains, entra par Nauarre IV. Conquesta pour lors Ayre & le Bearn, & à son retour d'Espagne l'Aquitaine, iusqu'à la riuiere de Loire. Seronatus Gouuerneur d'Ayre pour les Romains. V. Deux diuers traités d'Euarix auec l'Empereur Nepos, confondus par Sauaron. Gregoire de Tours expliqué. Surprise de Sauaron. VI. Euarix ruine les Églises & la religion Catholique, & ne souffre point que l'on ordonne des Éuesques en l'Aquitaine, ni en la Nouempopulanie. Ancienne faute dans Gregoire de Tours.

I. Il faut auouër que les Goths auec le temps trauaillerent les Prouinces de l'Empire pour auancer leurs limites au preiudice du traicté de Vuallia & du Patrice Constance, & qu'ils se rendirent maistres de plusieurs Cités, mesmes de celles de Bearn & d'Oloron, comme ie monstrerai vn peu plus bas. Car Theuderic ou Theodore, qui succeda à son pere Vualia l'an 429. ne se contentant pas de son partage, commença à faire des entreprises sur les Romains, & assiegea les villes de Narbone, & d'Arles; mais il fut repoussé de celle-cy par Ætius General de la milice Romaine, & de celle-là par le Comte Litorius; & apres auoir conclu la paix auec les Romains, il fut tué en la fameuse bataille que les armées des Romains & des Goths iointes ensemble, gagnerent contre le puissant Roi des Huns Attila, dans les champs Catalauniens; qui n'estoient pas fort eloignés de Mets, suiuant Idacius. Torismond son fils lui succeda l'an 452. & s'en reuint à Tolose en diligéce, par l'aduis d'Ætius, pour prendre possession du Royaume; Mais il fut tué au bout d'vn an, par ses freres Theodoric & Frideric.

II. Theodoric II. recueillit cette sanglante succession, & fut recompensé du seruice qu'il auoit rendu au bon Auitus, le faisant proclamer Empereur dans Tolose, par la permission que ce Prince lui donna, d'entrer en armes dans les Espagnes, comme escrit Idacius, & non pas dans l'Aquitaine, comme porte le texte d'Isidore, qu'il faut corriger par l'autre. Car Rechiarius Roi des Sueciens, ayant rauagé les Prouinces de Carthage & la Tarraconoise, & n'ayant pû estre remis dans son deuoir par les Ambassadeurs d'Auitus, ni de Theodoric, qui s'interessoit comme allié dans les affaires des Romains; l'Empereur agrea que le Goth menast vne armée dans les Espagnes, pour ruiner les Suedois de Galice, & profiter des conquestes qu'il feroit. Theodoric eut vn bon succés contre Rechiarius son beau frere, qu'il defit, & se rendit maistre d'vne partie du Royaume des Sueciens; il est vrai que les restes des vaincus, qui s'estoient retirés a l'extremité de la Galice, se releuerent vn peu, elisans vn Roy, qui supposa au progrés de Theodoric le Prince se rendit maistre a meilleur marché de la ville de Narbone; le Comte Agrippin lui remit entre les mains, pour estre secouru de lui contre le Comte Gilles; Et ioignant cette Cité à celle de Tolose, il rendit les Goths possesseurs de la Septimanie, ou Languedoc.

F ij

III. Euarix meurtrier de son frere, succeda à ses Estats l'an 466. & se preualant du desordre de l'Empire d'Occident, qui fut possedé pendant son regne par Anthemius, Olybrius Glycerius, Nepos, & Augustulus le dernier des Empereurs, conquesta la plus grande partie des Espagnes; où il entra, non pas du costé de Roussillon, comme l'on escrit communement, mais par la Nauarre, ainsi que l'on apprend d'Isidore en sa Chronique, si l'on en pese exactement les termes; Car il escrit que ce Prince aiant premierement pris la ville de Pampelone enuahit celle de Saragosse, & se rendit maistre de l'Espagne superieure; & qu'en suite il ietta son armée dans la prouince Taraconoise, y faisant vn grand carnage de la Noblesse du païs, dautant qu'elle lui auoit resisté en son entreprise, pour se conseruer en l'obeïssance des Romains.

IV. Estant de retour en la Gaule, il rompit le traité que Vualha son predecesseur auoit fait auec Constance, & desseigna d'auácer ses limites iusqu'aux riuieres de Loire & du Rosne dés le temps de l'Empire d'Anthemius. Ce qui mit en alarme la ville d'Auuergne, laquelle se deffioit des forces de la Republique, & du secours des Romains; comme escrit Sidonius auteur du temps en ses Epistres. Qui tesmoigne le soupçon qu'auoient les Auuergnats des menées de Seronatus auec les Goths, qu'il nomme le Catilina de son siecle, & traistre à sa Patrie; & adiouste comme ces Auuergnats apprehendoient, qu'il voulust entierement perdre son païs, de mesme façon qu'il venoit de ruiner, & d'abandonner en partie le sang & les biens des miserables Aturrois, ou des peuples d'Ayre. D'où l'on peut voir que la Cité d'Ayre estoit vn peu auparauant sous le gouuernement des Romains, contre l'opinion de Sauaron, puis qu'ils furent malmenez par vn officier Romain, & peut estre laschement abandonnés aux entreprises des Goths. Et par consequent les Cités de Bearn & d'Oloron qui sont plus reculées de Tolose, que n'est celle d'Ayre, dependoient de l'Empire, iusqu'à ce que le Roi Euarix les eust conquestées enuiron le temps de son passage vers la Nauarre.

V. Ce Prince doncs'affermit en telle sorte dans son dessein, de borner son Royaume par l'Ocean, & par les riuieres de Loire & du Rosne, que du temps que Simplicius fut ordonné Euesque de Bourges, Sidonius asseure que la guerre des Goths auoit enleué toutes les villes de l'Aquitaine premiere, horsmis les Cités de Bourges, & d'Auuergne; et enfin celle-ci, apres auoir soustenu vn long & penible siege, fut renduë à Euarix, par le traicté qu'il fit auec Nepos l'Empereur, qui relascha ces pieces pour conseruer la seconde Narbonoise, & les Alpes Maritimes; ainsi que l'on peut recueillir du reproche que Sidonius fait par sa letre, à Græcus Euesque de Marseille. Neantmoins apres ce traicté, il y eut vn nouueau sujet de guerre entre ces deux Princes, qui fut pris de ce que Nepos, voyant que ce qui lui restoit aux Gaules, estoit destaché d'Italie, par le moyen de ce que les Goths possedoient les Prouinces d'Aquitaine & du Languedoc iusqu'au Rosne, & que les Bourguignons estoient placés de l'autre costé, voulut reünir & incorporer à l'Italie la seconde Narbonoise, & tout le païs qui estoit ioignant les Alpes. Euarix se mocquant de cette nouueauté, & donnant sans doute de la jalousie aux peuples, de ce que contre l'ancien ordre, on vouloit les destacher des Gaulois, pour les faire dépendre de l'Italie, faisoit des courses sur cette frontiere: De sorte que Nepos auec l'aduis des principaux de la Lôbardie enuoya vers lui Epiphane Euesque de Pauie, afin de faire vne ouuerture de paix, & persuader à ce Conquerát, qu'il se contint dans les bornes de ce qu'il possedoit, sans troubler celui, qui meritát d'estre appellé *seigneur*, se contétoit de se qualifier *son Ami*. Euarix acquiesça au desir de l'Ambassadeur, auec cette superbe respôse, qu'il consideroit plus la personne de celui qui portoit la parole, que de celui qui l'auoit enuoyé. J'ai expliqué ces traités auec soin, parce que Sauaron, & le Commétateur d'Ennodius confondent ordinairemét l'vn auec l'autre; sans côsiderer les termes des Auteurs qui en ont parlé, ni les diuers motifs de ces guerres. Mais ces Alliances n'empescherent pas, que le Roi Goth voiant l'aneantissement de l'Empire, ne se rendist maistre des Cités d'Arles & de Marseille auec les païs adiacents, pour defendre son Estat de ce costé par deux bonnes places, comme il l'auoit asseuré de l'autre costé, par la riuiere de Loire. C'est pourquoi Gregoire de Tours ayant esgard au temps d'Euarix & de son fils Alaric, a eu occasion d'escrire, que la Loire separoit les Confins des Romains & des Goths; quoi que cela ne fust pas entierement veritable, suiuant l'ancien traité de Vvallia, comme Sauaron a escrit auec vne manifeste surprise.

VI. Or pendant ces guerres, Euarix Arien persecuta extrememement la Religion Catholique dans les deux Aquitaines, & la Nouempopulanie, comme a remarqué Sidonius, lequel en porte sa plainte à l'Euesque Basile, & tesmoigne que ce Prince auoit vn tel degoust du nom de Catholique, qu'on pouuoit douter en quelque sorte, s'il possedoit dauantage la Principauté de sa Secte, ou celle de sa nation : De maniere qu'estant puissant en armes, genereux en courage, d'aage vigoureux, il estoit dans cette erreur, qu'il attribuoit le bon succez de ses entreprises à la Religion qu'il professoit. Il adiouste, qu'apres le decez des Euesques, de Bourdeaux, Perigeux, Rodés, Limoges, Giuaudan, Eusc, Vazas, Comenge, Aux & plusieurs autres Cités, il n'auoit point souffert, qu'on en eust substitué d'autres en leur place; & par ainsi, que les Euesques & les Clercs mourans sans auoir des successeurs en leur dignité, la Prestrise mouroit en ces Eglises, aussi bien que le Prestre, & que la fin de l'homme estoit la fin de la religion. De fait qu'on voyoit dans ces lieux, les ruines, & les cheutes des toicts des Eglises, les portes enleuées, les entrées fermées d'espines, & qui pis est le bestail paissant les herbes aupres des Autels. C'est pourquoi ce bon Prelat supplie l'Euesque Basile de faire en sorte que dans l'accord qui se traitoit entre les Princes, l'ordination des Euesques fust permise, afin que par ce moyen les peuples des Gaules qui seroient dans le sort & le partage des Goths : fussent vnis aux autres par foi, encore qu'ils en fussent separés par traicté. Gregoire de Tours faisant mention de cette lettre, dit que l'orage d'Euarix ruina la Nouempopulanie, & l'vne & l'autre Germanie, *Geminam Germaniam*; qui est sans doute vn erreur, au lieu de dire l'vne & l'autre Aquitaine, comme à fort bien reconnu Masson; quoi que deux anciens manuscrits que le sieur du Chesne m'a communiquez conseruent la leçon de Germanie. Ce qui n'establit pas la leçon des liures imprimés, mais fait voir que cette faute est fort ancienne.

II. Idacius : Hispanias rex Gothorum Theudoricus cum ingenti exercitu suo, & cum voluntate & Ordinatione Auiti Imperatoris ingreditur. Isidorus : Aquitanias cum ingenti exercitu, & cum nouitate licentia eiusdem Auiti Imperatoris ingreditur. Cui cum magna copia rex Sueuorum Rechiarius occurrens. Corrigendus Isidorus ex Idacio.

III. Isidorus : Qui prius capta Pampilona, Cesar Augustam inuadit, totamque Hispaniam superiorem obtinuit; Tarraconensis etiam nobilitatem, quæ ei repugnauerat, exercitus irruptione peremit.

IV. Sidonius lib. 2. ep. 1. Reddit ipse Catilina seculi nostri nuper Aturribus vt sanguinem fortunasque miserorum quas ille ibi ex parte propinauerat, hic ex asse miscere.

V. Idem l.3. ep.1. l. 7. epist. 1. & 7. Ennodius in vita Epiphani : Inter Nepotem & Tolosæ alumnos Getas, quos ferrea Euricus rex dominatione gubernabat orta dissensio est, dum illi Italici fines imperij, quos trans Gallicanas Alpes porrexerat, nouitatem spernentes, non desinerent incessere; è diuerso Nepos ne in vsum præsumptio malesuada duceretur, districtius cupere commissum sibi à Deo regnandi terminum vindicare.

VI. Sidonius l.7. ep .6. ad Basilium. Gregor. Tur. l. 2. Hist. c. 25. Euarix Rex Gothorum excedens Hispanum limitem, grauem in Gallis super Christianos intulit persecutionem. Infra. Maxime tunc Nouempopulanæ, geminæque Germaniæ vrbes ab hac tempestate depopulatæ sunt. Extat hodieque & pro hac causa ad Basilium episcopum nobilis ipsius Sidonij epistola. Corrigendus est locus & legendum, Geminæque Aquitaniæ.

F iij

CHAPITRE XV.

Sommaire.

I. Alaric gouuerna ses peuples sans violence, les Goths par la loi Gotthique, & les anciens habitans d'Aquitaine & de la Nouempopulanie, par le Code Theodosien. II. L'Eglise Catholique fut en paix sous son regne. Il permit le Synode d'Agde, où nul Euesque d'Espagne, ni des quartiers de Gaule non soubsmis au Roi Alaric n'assista point. III. Ce Synode composé de six Metropoles. Onze Euesques de la Nouempopulanie y assistent en personne ou par leurs deputez. Entre ceux-la, Galactoire Euesque de Bearn, & Grat Euesque d'Oloron. IV. Les Canons de ce Concile receus en autorité, & contraires aux nouueautez de ce temps. V. Guerre entre le Roi Clouis & Alaric, défait & tué pres de Poictiers. VI. Clouis ruine le Royaume des Visigots, se rend maistre des deux Aquitaines & de la Nouempopulanie, & encore de Tolose en Languedoc. Gregoire de Tours, & Isidore expliquez. VII. La Prouence incorporée au Royaume d'Italie, & en fin donnée auec les Alpes maritimes aux Rois de France par les Rois Goths d'Italie. VIII. Bearn fut incorporé par Clouis à la Couronne de France. IX. Martyre, de S. Galactoire Euesque de Lescar, par les Visigoths.

I. Alaric succeda l'année 484. à son pere Euarix, & regna l'espace de vingt & trois ans, en son Royaume de Tolose, & en celui d'Espagne, sans exercer aucune violence sur ses suiets, qu'il maintint sous le benefice des loix publiques : de sorte que comme ils estoient distingués en Gots, qui estoient les successeurs du peuple vainqueur, & en Romains, qui estoient les anciens & originaires possesseurs, il regloit les Prouinces par la loi Gothique, que le Roi Euarix son Pere auoit reduite par escrit, & publiée ; Mais apres la ruine du Royaume de Tolose cette loi fut reueuë & augmentée par les Rois d'Espagne, & retenuë dans toutes leurs terres, sans distinction de la qualité de leurs suiets, sous le tiltre de Loi Gotthique ; dont l'vsage estoit encore dans le Languedoc du temps du Pape Iean VIII. comme l'on voit dans le Decret d'Iuo. Quant aux Romains ou anciens habitans de l'Aquitaine, de la Nouempopulanie, & des autres Prouinces de son Royaume, Alaric fit faire pour leur vsage vn extrait des loix du Code Theodosien, que son Chancelier Anian publia en la ville d'Ayre, auec ses briefues interpretations sous le tiltre de Loi Romaine ; qui a esté obseruée fort longuement dans ces contrées. D'où il est arriué, que dans les Capitulaires de Charles le Chauue, le Royaume est distingué en Prouinces qui se gouuernent par la Loi Salique, comme celles de la France Orientale, ou par la loi Romaine, comme les Aquitains ; Et dans la France les affaires Ecclesiastiques, pour n'estre point decidées dans la Loi Salique se iugeoient par la loi Romaine, ainsi qu'on lit dans Adreualdus sur le procés d'vne Disme appartenante au Monastere S. Denys, qui fut decidé par l'aduis des Docteurs d'Orleans. Or cette loi Romaine receuë pour le iugement des matieres Ecclesiastiques en France, estoit le seiziesme liure du Code Theodosien, suiuant le tesmoignage de Hincmarus.

II. L'Eglise iouït aussi d'vne grande paix, pendant le regne de ce Prince, quoi qu'il fust Arien; & les Euesques de la Gaule, qui residoient sous sa domination, eurent la liberté de s'assembler en corps, au Synode d'Agde l'an 506. Où l'on peut remarquer la ialousie des Princes François, Goths, & Bourguignons, qui auoient partagé les Gaules entr'eux, pas vn desquels ne souffroit que son Clergé se meslast auec les Euesques des Royaumes voisins; afin que la police de l'Eglise s'accommodast à l'ordre seculier, & n'apportast de la confusion, ou quelque sujet de faction, dans l'Estat. Et de plus, on y peut considerer la precaution d'Alaric, à ne confondre pas les nations des Gaules, & de l'Espagne, c'est à dire au langage ancien, la Diocese Gallicane & l'Hispanique. Car encore que les Euesques d'Espagne fussent aussi bié ses naturels sujets, que ceux des Gaules; Neantmoins d'autant que ces deux nations ou dioceses estoient distinctes & separées en l'ordre de l'Estat, suiuant le partage de Constantin; Alaric vouloit aussi les tenir dans la mesme distinction, en consentant que tous les Euesques Gaulois de son Royaume, s'assemblassent en corps, pour representer la portion de la Diocese Gallicane qui lui estoit soubsmise; à l'exclusion des Euesques d'Espagne, pas vn desquels ne fut present à ce Concile.

III Cette Assemblée Synodale fut composée des six Metropolitains, d'Arles, Bourdeaux, Euse, Bourges, Narbone & Tours, & de plusieurs Euesques despendans de leurs Sieges, qui estoient compris dans les bornes du Royaume de Tolose, entre les riuieres de Loire, & du Rhosne, les Pyrenées & l'Ocean, auec la nouuelle conqueste de la ville d'Arles, en la seconde Prouince Narbonoise: Parmi lesquels on reconnoist tous les Euesques de la Prouince de la Nouempopulanie où de Gascogne, à sçauoir Clarus Euesque de la Metropole d'Euse, Gratian d'Aqs, Nicetius d'Aux, Suauis de Comenge, Galactorius de Bearn, Gratus de la Cité d'Oloron, Vigilius de la Cité de Laictoure, Glycerius de la Cité de Coserans, Ingenuus Prestre Commis d'Aper Euesque de la Cité de Bigorre, Polemius Prestre deputé de Sextilius Euesque de la Cité de Bazas, Pierre Prestre enuoyé par Marcellus Euesque de la Cité de Vicoiuli, où d'Ayre. Ces Onze Euesques se rapportent à autant de Cités de la Nouempopulanie. De sorte qu'il n'y manque sinon l'Euesque de la Cité des Boiates, pour faire le nombre complet des Douze Cités, qui composoient la Prouince Nouempopulane; sans qu'on puisse asseurer quel a esté le vrai sujet de ce manquement, quoi que iaye proposé ci-dessus le soubçon que i'auois pour ce regard.

IV. Ce Concile a esté receu dans le corps des Canons de l'ancienne Eglise Gallicane, & dans la Collection d'Isidore Mercator, & copié en diuers endroits de leurs Decrets, par Burchard, Iuon, Polycarpe, Gratian, & les autres anciens Collecteurs des Canons, pour seruir de loi en la decision des matieres Ecclesiastiques. C'est pourquoi, ceux qui ont suiui les nouuelles opinions dans la Gascogne, & particulierement dans le Bearn, ne doiuent point faire difficulté d'embrasser, ce qu'ils reconnoistront auoir esté publiquement professé par leurs peres, il y a onze cens & vingt & huit années. Ils verront en ce Synode l'autorité du Pape reconneuë; les ordonnances des Papes Siricius & Innocent pour le Celibat des Prestres receuës; Les degrez des Metropolitains; leur Iurisdiction pour la Conuocation des Conciles Prouinciaux, pour la confirmation des Elections, & pour l'ordination des Euesques; Le ieusne de tous les iours du Caresme horsmis du Dimanche commandé sous peine d'excommunication; l'ordre de receuoir la penitence par l'imposition des mains de l'Euesque & le Cilice sur la teste du penitent; L'onction & consecration des Autels; la Communion commandée aux iours de Noël, Pasque, & de Pentecos-

F iiij

fte; Le commandement d'oüir la Meffe dans les Cités, où dans les Paroiffes (encore qu'on ait vn oratoire aux Champs; pour les autres iours) aux feftes de Pafque, Epiphanie, Afcenfion, Pentecofte, & la Natiuité de S. Iean, & aux autres iours qui font grands & folemnels parmi les feftes; le commandement aux feculiers d'oüir la Meffe entiere le iour de Dimanche, & de ne fortir point de l'Eglife auant la benediction de l'Euefque. Il y a encore plufieurs reglemens pour les Abbés, Moines, & Religieufes, la confirmation des offrandes faites à l'Eglife par teftament pour le rachapt de l'ame, & la neceffité de rendre conte par deuant l'Euefque de la Prouince, des caufes des diuorces, & des feparations des mariages.

V. L'année fuiuante apres la tenuë de ce Concile, il furuint vn fuiet de guerre entre Alaric & Clouis Roi des François, qui n'eftoit point fondé fur l'inuafion d'vne Prouince ou fur vn intereft reel pretendu par les parties; mais fur quelques paroles mal digerées qui auoient efté rapportées de l'vn à l'autre, comme tefmoigne Theodoric Roi d'Italie chés Caffiodore en fes letres, qu'il efcrit aux deux Rois pour compofer leur different, & empefcher qu'ils n'en vinfent aux armes. Il eft vrai que Gregoire de Tours attribuë le fuiet de l'armement de Clouis, au defir que ce Prince conuerti nouuellement au Chriftianifme, nourriffoit en fon ame de proteger & d'auancer la foi Catholique, & d'abolir la fecte Ariene, dont Alaric faifoit profeffion. L'iffuë de cette guerre fut telle, que le Roi des Goths fut vaincu & tué en la bataille à dix mille pas de la ville de Poictiers, comme affeurent Ifidore, & Gregoire de Tours; qui feruiront pour releuer la faute de Procope auteur Grec, lors qu'il efcrit que ce Prince fut tué prés de Carcaffone, voulant faire leuer le fiege, que les François auoient mis deuant.

VI. Clouis pourfuiuit la victoire iufqu'à Bourdeaux, & fe rendit auffi Maiftre de Tolofe, d'où il retira vne partie des Threfors que les Goths auoient amoncelé du butin & de la defpoüille des autres nations; paffa l'hiuer a Bourdeaux, pour mieux affeurer fa conquefte; enuoya fon fils Theodoric auec vne partie de l'armée vers les païs d'Albigeois, de Rouergue & d'Auuergne; Theodoric foubmit à l'obeïffance de fon pere toutes ces Prouinces, qui eftoient comprifes entre les limites des Goths & des Rois de Bourgogne, comme parle Gregoire de Tours; c'eft à dire toute l'Aquitaine premiere. Ifidore femble donner plus d'eftenduë à cette victoire, lors qu'il efcrit que le Royaume de Tolofe fut ruiné & occupé par les François; Mais pour le retenir dans le train de l'hiftoire, il doit eftre fecouru par vne douce interpretation. Car il eft bien certain, que le Royaume Gotthique fut ruiné dans les Gaules, & que la meilleure partie fut incorporée à la Couronne par Clouis, à fçauoir la premiere & la feconde Aquitaine, & la Nouempopulanie auec la ville de Tolofe; Mais le refte de la premiere Narbonoife ou Languedoc, demeura fous le nom de Royaume de Narbone, ou de Gotthie entre le mains des Rois Goths d'Efpagne, & des Sarrafins qui leur fuccederent, iufqu'à ce que Charles Martel ofta à force d'armes, cette Prouinces d'entre les mains de ces iniuftes poffeffeurs l'an 736.

VII. Pour la feconde Prouince Narbonoife qui appartenoit aux Vvifigoths, le Roi Theodoric, l'incorpora auec la Prouince des Alpes Maritimes, à fon Royaume d'Italie, fuiuant l'intention qu'auoit eu l'Empereur Nepos, lefquelles Prouinces Theodatus Roi des Goths & d'Italie, promit quelque temps apres aux François, moyennant qu'ils lui donnaffent fecours contre Belifaire; & Vitiges fon fucceffeur executant cét accord, les deliura aux Rois Childebert, Theodobert & Clotaire l'an 536. laquelle donation Iuftinian confirma l'an 548. en telle forte, que les Princes François eftablirent en la ville d'Arles, l'exercice des combats à Cheual, & firent battre monoye d'or fous leur nom, & non pas fous celui des Empereurs

Romains d'Orient comme faisoient les autres Rois, mesmes celui de Perse, suiuant Procope.

VIII. De ce que ie viens de dire, il apparoist que le païs de Bearn auec le reste de la Nouempopulanie, fut incorporé à la Couronne de France; puis que le Royaume de Tolose fut occupé par les François, suiuant le tesmoignage d'Isidore, sauf la premiere Prouince de Narbone ou Languedoc qui resta entre les mains des Goths, comme i'ai desia dit, & que le mesme Isidore a obserué en diuers endroits de sa Chronique. Aussi Rorico dit en termes expres que Clouis conquist toutes ces Prouinces iusqu'aux monts Pyrenées.

IX. Il faut rapporter au temps de cette conqueste, ce que les anciens memoires nous representent de Galactoire Euesque de Lascar, qui apres auoir combatu courageusement, fut defait auec quelques troupes de Bearnois par les Vvisigoths vers le lieu de Mimisan proche de la mer Oceane; & ayant esté fait prisonnier fut masacré par eux, en haine de ce qu'il ne voulut point abandonner la Religion Catholique & embrasser l'Arianisme. Ce qui a donné lieu à ses successeurs, & à tout le païs de Bearn, d'honorer cét Euesque en qualité de Martyr, & de celebrer deux festes en son nom, dont l'vne est celle de sa deposition, & l'autre est celle de la Translation de ses reliques du lieu de Mimisan en la ville de Lescar. De sorte qu'on peut asseurer, que Galactoire qui auoit assisté au Synode d'Agde l'an 506. fut tué en l'année 507. le temps de son decez ne pouuant estre plus reculé, à cause que depuis ceste année il n'y eut plus de Vvisigoths en Gascogne; & sans doute il fut defait par les ennemis, auant qu'il peust ioindre l'armée de Clouis, auquel il menoit quelques compagnies leuées dans son Diocese de Bearn. Car ce Prince passa l'hiuer à Bourdeaux, & laissa des garnisons Françoises dans le païs, pour abatre en ces quartiers les Goths qui restoient encore sur pied deça les monts, ainsi qu'a remarqué l'Auteur de l'Epitome des Gestes des François, qui viuoit du temps de Dagobert.

X. Ie ne dois point obmettre en ce lieu, le S. Euesque de Lescar Iulian, qui establit en ce païs de Bearn la religion Chrestienne sur les ruines de l'idolatrie. Car ainsi que nous aprenons des memoires inserés dans l'ancien Breuiaire de Lascar, Leoncius Euesque de Treues ayát apris le mauuais estat de la religion en cette Prouince, ordonna son Diacre Iulian pour Euesque de la ville de Lascar, qui estoit pour lors appellée *Nouella*, dit cét Escriuain. Ce saint personnage trauailla tellement auec sa predication, qui estoit authorisée du sceau de diuers miracles, qu'il gagna ce peuple à Iesus-Christ. Examinant cette narration, ie trouue qu'elle est fort vrai-semblable; d'autant plus qu'elle se rapporte à l'estat de la discipline ancienne de l'Eglise qui estant ignorée par cét Auteur des Leçons du Breuiaire, il n'a point inuenté ce qu'il en escrit, mais il l'a copié sur les anciens memoires. Car d'abord il semble hors d'apparence que Leótius Euesque de la ville de Treues, assise en l'vne des extremitez des Gaules ait enuoyé Iulian en Bearn qui est en l'autre. Et neantmoins ce Paradoxe me réd entierement probable cette narration. Car on void dans le Catalogue des Euesques de Treues, Leontius Euesque enuiron l'an 400. Or cette ville de Treues possedoit encore en cette année la Prefecture du Pretoire des Gaules, & en consequéce de cét honneur, conseruoit la dignité de Metropole des Gaules, que S. Athanase lui donne en son Apologie. Car la ruine de la ville de Treues par les Vandales, n'arriua qu'en l'année 407. comme i'ai remarqué ci-dessus. De sorte que Leontius en qualité d'Exarche de la Diœcese Gallicane, c'est à dire en qualité d'Euesque de la Cité Metropolitaine de toutes les Gaules, auoit le soin de tous les endroits des Gaules pour veiller à l'auancement de la foi; Et ayant eu cognoissance de l'estat deplorable de la religion dans le Bearn, par le rapport de ceux qui venoiét à Treues pour l'expedition de leurs affaires, en l'Audience de la Prefecture il se creut obligé par le deuoir de sa charge d'y enuoyer Iulian, & l'ordonner Euesque de la Cité de Bearn. Ces memoires adioustent que Leontius estoit natif des quartiers de deçà, c'est à dire d'Aquitaine. D'où l'on peut conclure, qu'il estoit issu de l'illustre maison des Leonces, qui auoient possedé les premieres charges de l'Empire; & qui donnerent en suite des Euesques à la ville de Bourdeaux; dont l'vn est nommé dans Gregoire de Tours, & celebré par le Poëte Fortunat qui a fait son Epitaphe; & l'autre, qui est *Leontius iunior* est recommandé par les vers du mesme Poëte, lequel tire l'origine de Leonce d'vne fort ancienne Noblesse. De sorte que Leontius de Treues estant Bourdelois d'origine fut encore conuié par ce voisinage d'auoir soin de la religion en Bearn, & a pû estre plus facilement instruit de l'estat de ce païs.

XI. Si l'Auteur de la vie de Iulian se fust arresté à copier ce que l'ancienne Charte de Lescar en auoit conserué, il ne fust pas tombé dans les fautes grossieres, qui suiuent le premier discours. Car il dit que Leonce de Treues estant venu en son païs, alla visiter le corps de S. Iacques à Compostelle de Galice, & mourut à son retour dans Lascar, où il est enseueli. Ie ne dispute pas contre le lieu de son deceds ni de sa sepulture; Mais le voyage de S. Iacques est vn discours de cét Auteur recent qui est Pelerin dans l'Antiquité, & qui a forgé ce Pelerinage de Leonce, pour donner couleur à sa venuë dans le Bearn. Il commet encore vne faute qui n'est point pardonnable. Car il confond Iulian premier Euesque de Bearn, reconneu pour tel dans cét Euesché, & dont l'ancienne Eglise Paroissiale de Lascar porte le nom, auec vn autre Euesque Iulian, qu'il dit auoir esté trauaillé & opprimé par Loup Duc des Gascons du temps d'Ebroin Maire du Palais de France, c'est à dire l'an 670. ou enuiron cette confusion lui estant arriuée, à cause que le vieux tiltre ne portoit point la marque numerale du temps de ces deux Iulians. On pourroit pretendre qu'il reconnoist vn troisiesme Euesque de mesme nom; D'autant que cét Auteur escrit que Iulian tenoit son siege du temps que Pannucius Roi des Sarasins ruina la ville de Lascar. Ce qui pourroit estre rapporté au passage d'Abdirama en la Gaule, qui tombe en l'année 736. Mais cét escriuain suiuant l'vsage barbare de son temps, a sans doute employé le mot de Sarasins, pour signifier les Vandales; qui ruinerent en l'année 407. & en la suiuante, toute la Prouince de la Nouempopulanie. Ce qui se rapporte precisement au siege de Iulian premier; Et partant il faudra se contenter de restablir vn Iulian second du nom, au temps d'Ebroin.

I. Capitularia Caroli Calui. Adreualdus, lib. 1. de Mirac. S. Benedicti c. 25. Hincmarus in Opusc. L. Capitul. & in Epistolis.

II. III. IV. Vide Syn. Agathensem editam à V. C. P. Sirmondo t. 1. Concil. Gall.

V. VI. Cassiodorus lib. 3. Var. ep. 14. Gregor. Tur. l. 2. c. 37. & c. 38. Chlodoueus filium suum Theodoricum per Albigensem ac Rutenam ciuitatem ad Aruernos dirigit, qui abiens vrbes illas à finibus Gothorum vsque Burgundionum terminum Patris sui ditionibus subiugauit.

VIII. Isidorus in Chronico Goth. Æra 522. Eoque (id est Alarico) interfecto regnum Tolosanum occupantibus Francis destruitur. Rorico Monachus pag. 816 Pyrenæos montes vsque perperam subiiciens.

IX. Breuiarium Lascurrense. Gesta Regum Franc. p. 705.

X. XI. Breu. Lascurr. in Festo S. Iuliani. Athanasius in Apol. de Vrbe Treuerorum; τῆς ᾗ μητρόπολις τῶ Γαλλιῶν. Greg. Tur. l. 4. c. 26. Fortunatus l. 1. Carm. 15 Idem l. 4. Carm. 9. & 10.

CHAPITRE XVI.

Sommaire.

I. Recherche de l'origine des Capots ou Cagots. Leur condition. II. Diuers noms des Cagots, le plus ancien est celui de Chrestiens ou Gezitains. Soupçonnés de ladrerie. Demande des Estats de Bearn, sur la ladrerie & la marque du pied d'oye, non respondue. III. Opinion de l'Auteur que ces Cagots descendent des Sarasins defaits par Charles Martel, Siege de l'Empire des Sarasins en la ville de Damas en Syrie. Syriens & Juifs sujets à la ladrerie. Lepre de Giezi. De la l'opinion que les Cagots estoient ladres & leur nom de Giezitains. IV. Cagots puants. Mauuaise odeur des Sarazins. Ils croyent qu'elle leur est ostée par le Baptesme des Chrestiens. Se lauoient en vne fontaine d'Egypte. La puanteur des Juifs effacée par le Baptesme, & par le sang des enfans Chrestiens. V. Marque du pied d'oye ou de canard. Lauemens des Mahometains. VI. Cagot d'où deriué. Concagatus. VII. Les Cagots eloignés de la conuersation familiere. Les Cathecumenes l'estoient aussi. Les Cagots ne sont point infectés. VIII. Agotes en Nauarre. Ne descendent point des Albigeois comme l'on representa au Pape Leon X. sont plus anciens. Nommés Gaffos aux vieux Fors de Nauarre. IX. Ne descendent point des Juifs. Capi signifie vne espece de marchandise dans les Capitulaires de Charles le Chauue, & non pas vne secte & condition de personnes.

I. Je suis obligé d'examiner en cét endoit, l'opinion vulgaire qui a preualu dans les esprits de plusieurs, & qui mesmes a esté publiée par Belleforest, touchant cette condition de personnes qui sont habituées en Bearn, & en plusieurs endroits de Gascogne sous le nom de Cagots ou de Capots, à sçauoir qu'ils sont descendus des Vvisigots, qui resterent en ces quartiers apres leur deroute generale. Cette difficulté ne peut estre bien resoluë, sans auoir representé l'Estat de ces miserables, qui sont tenuës & censées pour personnes ladres & infectes, ausquelles par article expres de la Coustume de Bearn, & par l'vsage des Prouinces voisines, la conuersation familiere auec le reste du peuple est seuerement interdicte: de maniere que mesmes dans les Eglises, ils ont vne porte separée pour y entrer, auec leur benestier, & leur siege pour toute la famille, sont logez à l'escart des villes & des villages, où il possedent quelques petites maisons, font ordinaire mestier de charpentiers, & ne peuuent porter autres armes ni ferremens que ceux qui sont propres à leur trauail. Ils sont chargez d'vne infamie de fait, quoi que non pas entierement de celle de droit, estans capables d'estre oüis en tesmoignage; Combien que suiuant le For ancien de Bearn, le nombre de sept personnes de cette condition, fust necessaire, pour valoir la deposition d'vn autre homme ordinaire. On croit donc, que le nom de Cagots leur a esté donné, comme si l'on vouloit dire *Caas Goths*, c'est à dire Chiens Goths, ce reproche leur estant resté, aussi bien que le soubçon de ladrerie, en haine de l'Arianisme que les Gots auoient professé, & des rigueurs qu'ils auoient exercées dans ces contrées; & l'on se perſuade qu'en ſuite pour vne peine de leur ſeruitude, on leur auoit impoſé la neceſſité de couper le bois, comme l'on fit aux Gabaonites.

II. Mais ie ne puis gouſter cette penſée, qui ne prend ſon fondement que du rencontre de ce nom de Cagot, auec l'origine qu'on lui donne : d'autant plus que cette denomination n'eſt pas ſi propre à ces pauures gens, que pluſieurs autres qu'on leur a données, & ne ſe trouue eſcrite que dans la Nouuelle Couſtume de Bearn reformée l'an 1551. Au lieu que les anciens Fors eſcrits a la main, d'où cét article a eſté tranſcrit, portent formellement le nom de *Chreſtiaas* où de *Chreſtiens*, & de là l'endroit des paroiſſes où ils ſont baſtis, ſe nomme par le vulgaire le quartier des Chreſtiens, comme auſſi on leur donne plus ordinairement dans les diſcours familiers, le nom de Chreſtiens que de Cagots. Dans le Cayer des Eſtats tenus à Pau l'an 1460. ils ſont nommés Chreſtiens & Gezitains: En Baſſe Nauarre, Bigorre, Armaignac, Marſan, & Chaloſſe, on leur donne diuers noms, de Capots, Gahets, Gezits, Gezitains & de Chreſtiens: où ils ſont auſſi reietés du comerce ordinaire & de la conuerſation familiere, pour eſtre ſoubçonnés de ladrerie. Ce ſoubçon eſtoit ſi fort en Bearn, en cette année 1460. que les Eſtats demanderent à Gaſton de Bearn Prince de Nauarre, qu'il leur fuſt defendu de marcher pieds nuds par les ruës, de peur de l'infection, & qu'il fuſt permis, en cas de contreuention, de leur percer les pieds auec vn fer; & de plus, que pour les diſtinguer des autres hommes, il leur fuſt enioint de porter ſur leurs habits l'ancienne marque de pied d'oye, où de canard, laquelle ils auoient abandonnée depuis quelque temps. Cét article neantmoins ne fut pas reſpondu. Ce qui fait voir, que le Conſeil du Prince, n'adheroit pas entierement à l'animoſité des Eſtats, & qu'il n'eſtimoit pas que ces gens fuſſent vrayement infectés de ladrerie; d'autant que s'ils euſſent eſté perſuadés de cette opinion, il n'y auoit point de difficulté, de faire les defences à ces miſerables, de marcher pieds nuds par les ruës : comme fit Mahauia le Calyphe de Damas aux ladres de ſon Royaume, ainſi qu'on lit dans la Chronique d'Abraham Zacuth. Ie conclus de ce que deſſus, que les diuerſes denominatiſns de Chreſtiens & Gezitains, le ſoupçon de vraye ladrerie, & la marque du pied d'Oye ne pouuans s'accommoder à l'origine des Goths, qui eſtoient illuſtres en extraction, eſloignés d'infection, & ſuiuant Saluian, de profeſſion Chreſtiene, quoi que neantmoins Ariene, il eſt neceſſaire de tourner ailleurs ſa coniecture, & rechercher vne deſcente, à laquelle tous les ſoubriquets puiſſent conuenir.

III. Ie penſe donc, qu'ils ſont deſcendus des Saraſins, qui reſterent en Gaſcogne apres que Charles Martel eut deffait Abdirama, qui en ſon paſſage auoit occupé les auenuës des Monts Pyrenées ; & toute la Prouince d'Aux, comme l'eſcrit formellemét Roderic de Tolede en ſon hiſtoire Arabique. On leur dóna la vie en faueur de leur conuerſion à la Religion Chreſtienne, d'où ils tirerent le nom de Chreſtiens; & neantmoins on conſerua toute entiere en leur perſonne, la haine de la nation Saraſineſque; d'où vient le ſurnom de Gezitains, la perſuaſion qu'ils ſont ladres, & la marque du pied d'Oye. Pour bien comprendre ceci; il faut preſupposer que le ſiege de l'Empire des Saraſins fut eſtabli en la ville de Damas de Syrie, comme l'on apprend de l'hiſtoire Grecque de Zonare, de l'Arabique publiée par Erpennius, & de l'Eſpagnole eſcrite par Iſidore de Badaios il y a neuf cens ans. De ſorte que l'Afrique ayant eſté conquiſe par les Lieutenans du Calyphe de Damas, l'Eſpagne fut la ſuite de leurs victoires, & cette armée Mahometaine que le General Abdirama Saraſin fit penetrer de l'Eſpagne dans les Gaules, marchoit ſous les auſpices du Roi Saraſin de Damas en Syrie. Or comme les Medecins remarquent qu'il y a pluſieurs païs ſuiets à certaines maladies locales, la Prouince de Syrie & celle de Iudée ſont

ſuietes

fuietes à la ladrerie, comme a obſervé cét ancien Medecin Ætius, & Philon le Iuif, qui de là tire vne raiſon de police touchant la defenſe faicte aux Iuifs de manger de la chair de pourceau. La preuue de cette infection pour les Syriens ſe tire auſſi de l'hiſtoire de Naaman de Syrie qui fut gueri de ſa Lepre par Eliſée, mais Giezi en fut frapé pour le prix de ſon auarice. C'eſt pourquoi les anciens Gaſcons encore qu'ils donaſſent la vie aux Saraſins, qui embraſſoient la religion Chreſtienne, conſeruerent neantmoins cette opinion, qu'ils eſtoient ladres, comme eſtans du Païs de Syrie, qui eſt ſuiet à cette infection; & pour iuſtifier leur ſentiment animé de la haine publique, employoient la lepre de Giezi, d'où vient la denomination de *Gezits*, & *Gezitains*.

IV. Ils leur ont auſſi touſiours reproché leur puanteur & leur odeur infecte, non ſeulement en haine de leur tyrannie, comme les Italiens donoient cette mauuaiſe reputation aux Lombards, ainſi qu'on voit dans l'Epiſtre adreſſée à Charlemagne par le Pape Eſtienne, qui pour le diuertir du mariage de Berte fille de Didier Roi des Lombards, lui repreſente l'infection & la mauuaiſe odeur qui accompagnoit ordinairement la race des Lombars; Mais parce qu'on a touſiours obſervé par experience, que les Saraſins ſentoient mal, & auoient vne odeur puante, qui exhaloit de leur corps. Ce qui eſt tellement vrai, qu'ils eſtimoient que cette mauuaiſe odeur ne pouuoit leur eſtre oſtée, que par le moyen du Bapteſme des Chreſtiens; auquel pour cét effet ces Agareniens ou Saraſins preſentoient leurs enfans, ſuivant leur anciene couſtume, ainſi que teſmoigne le Patriarche Lucas en ſa ſentence Synodique, & Balſamon ſur le Canon XIX. du Concile de Sardique; laquelle couſtume les Turcs continuënt encore auiourd'hui. Auſſi Burchard en la deſcription de la Terre Sainte, certifie, que les Puans Saraſins auoient accouſtumé de ſon temps, c'eſt à dire il y a 600. ans de ſe lauer en cette fontaine d'Egypte, où la tradition enſeignoit que noſtre Dame lauoit ſon petit enfant, & noſtre grand maiſtre; Et que par le benefice de ce lauement, ils perdoient la mauuaiſe odeur qui leur eſt comme hereditaire, ainſi que parle Burchard. A quoi i'adiouſterai ce que Brouuerus a remarqué des Iuifs, qu'ils eſtoient auſſi diffamés anciennement d'exhaler vne faſcheuſe odeur; que Fortunat eſcrit auoir eſté effacée par le Saint Bapteſme, que l'Eueſque Auitus leur conſera. Ils ont autrefois eſté accuſés d'en procurer le remede, par le ſang des enfans Chreſtiens, qu'ils tuoient le Vendredi ſaint, pour prendre ce ſang meſlé auec leurs azymes, comme ils pratiquerent en la perſonne du petit Simeon, en la ville de Trente, l'an 1475. au rapport de Iean Matthias Medecin, & auparauant en la ville de Fulde, du temps de l'Empereur Frideric l'an 1236.

V. Ayant recherché l'origine de l'imputation de la Ladrerie, & de la puanteur des Gezitains ou Cagots, dans la race des Saraſins; on doit deriuer de la meſme ſource, la marque du pied d'oye ou de canard, qu'ils eſtoient contraincts anciennement de porter, quoi que l'vſage en ſoit maintenant aboli. Combien que par Arreſt donné contradictoirement au Parlement de Bourdeaux, il ait eſté autrefois commandé aux Cagots de Soule de porter la marque du pied d'Oye ou de Canard. Car comme le plus fort & le plus ſalutaire remede, qui ſoit propoſé dans l'Alcoran pour la purgation des pechés, conſiſte aux lauemens de tout le corps, ou d'vne de ſes partie que les Mahometains prattiquent ſept fois, ou pour le moins trois fois chaſque iour, on ne pouuoit conſeruer la memoire de la ſuperſtition Saraſineſque, par vn Charactere plus expres, que par le pied de l'Oye, qui eſt vn animal qui ſe plaiſt à nager ordinairement dans les eaux, neantmoins en Catalogne la marque d'vn Saraſin, eſtoit de porter des cheueux raſez, & coupés en rond, ſous peine de cinq ſols, ou de dix coups de foüet ſur la ruë ſuivant l'ordonnance des Eſtats tenus à Leride l'an 1301.

VI. Il reste de satisfaire à la denomination de Cagots ; laquelle, outre qu'elle est en vsage dans le Bearn, est aussi pratiquée au reste de la Gascogne sous le nom de Capots, & mesmes en la Haute Nauarre, où cette sorte de gens sont appellés *Agotes* & *Cagotes*. Sur quoi ie n'ai rien de plus vraisemblable à proposer, sinon qu'on leur faisoit ce reproche, pour se mocquer de la vanité des Sarasins, qui ayans surmonté les Espagnes, mettoient entre leurs qualités, celle de vainqueurs des Goths, comme faisoit Alboacen le Roi More de Conimbre petit fils de Tarif en son Edit, qui est au Monastere de Lorban en Portugal, lequel Edit Sandoual a produit en ses Notes sur Sampyrus. On pretendoit donc, leur donner le tiltre de leur vanterie, en les qualifiant Chiens ou Chasseurs des Goths, par vne signification actiue : de mesme que Ciceron nomme Chiens, ces effrontés qui seruoient aux desseins de Verrés, pour butiner la Sicile ; si l'on n'aime mieux croire que c'est vn ancien Reproche, & terme de mespris tiré de ce conuice de *Concagatus*, dont il est fait mention dans la Loi Salique. Ce qui peut-estre confirmé, de ce que lors qu'on veut à bon escient mespriser ces gens, ou iniurier quelque autre personne, on employe le nom de Cagot pour vn Conuice tres-atroce.

VII. Pour clorre ma coniecture, touchant la descente des Cagots, & la defence qui leur est faite de se mesler en conuersation familiere auec le reste du Peuple ; ie pense, qu'outre l'opinion de la lepre qu'on leur a tousiours imputée, l'ordre qui fut tenu dés le commencement en leur conuersion, peut auoir donné lieu à la Coustume qui a perseueré depuis, de les escarter du commerce ordinaire des hommes, particulierement en ce qui regarde les repas, que nos païsans ne veulent iamais prendre communément auec eux. Car comme ils deuoient estre instruits en la foi Chrestienne, auant que de receuoir le Baptesme, & passer par les degrés des Catechumenes, pendant vne ou deux années à la discretion des Euesques ; il faloit aussi qu'ils fussent traictés en qualité de Catechumenes, pour ce qui regarde la conuersation auec les autres Chrestiens ; qui estoit seuerement interdite aux Catechumenes, ainsi que l'on voit dans le Chapitre V. du Concile de Mayence tenu sous Charlemagne, en ces termes : *Les Catechumenes ne doiuent point manger auec les baptiZés ni les baiser, moins encore les Gentils ou Payens*. Ce qui fut fait au commencement par ceremonie Ecclesiastique, d'escarter les Sarasins nouueaux Catechumenes de la communication des repas & du baiser auec les autres Chrestiens, passa en Coustume à cause de la haine de la nation, accompagnée du soupçon de ladrerie ; qui s'est augmenté auec le temps, à mesure qu'on a ignoré la vraye origine de leur separation. Car à vrai dire, ces pauures gens ne sont point tachés de lepre, comme les Medecins plus sçauans attestent, & entr'autres le sieur de Nogués Medecin du Roi & du pais de Bearn, tres-recommandable pour sa doctrine, & pour les autres bonnes qualités qui sont en lui ; lequel apres auoir examiné leur sang qu'il a trouué bon & loüable, & consideré la constitution de leurs corps, qui est ordinairement forte, vigoureuse & pleine de santé, leur a acordé son certificat ; afin qu'ils se pourueussent par deuant le Roi, pour estre deschargés de la tache de leur infamie, puis que c'estoit la seule maladie qui les pouuoit rendre iustement odieux au peuple.

VIII. Cette auersion n'est pas seulement en Gascogne ; mais aussi en la haute Nauarre, où les Prestres faisoient dificulté de les oüir en confession, & de leur administrer les sacremens l'an 1514. de maniere qu'ils eurent recours au Pape Leon X. lequel ordona aux Ecclesiastiques, de les admetre aux sacremens, comme les autres fideles. L'exposé de leur Requeste pretend de bailler à ces Agotes, ou Chrestiens, (car c'est ainsi qu'il les nomme,) vne origine toute nouuelle ; disant que leurs ayculs auoient fait profession de l'heresie des Albigeois, en haine de laquelle bien qu'ils l'eussent abandonnée, on les chargea d'infamie ; qui passoit à leur posterité. Mais il y a de la surprise en cette Requeste, d'autant que les Cagots sont plus anciens que les Albigeois. Car ceux-ci commencerent à paroistre en Languedoc enuiron l'année 1180. & furent ruinés l'an 1215. & neantmoins les Cagots estoient recnonus sous le nom de Chrestiens, dés l'an mille, ainsi qu'on remarque dans le Chartulaire de l'Abbaye de Luc ; & l'Ancien For de Nauarre qui fut compilé du temps du Roi Sancé Ramires enuiron l'an 1074. fait mention de ces gens, sous le nom de Gaffos, d'où est venu celui de Gahets en Gascogne, & les metant au rang des ladres, les traite auec la mésme rigueur, que le For de Bearn.

IX. Le Sieur de Bosquet tres-sçauant personnage, Lieutenant general au siege de Narbone, en ses Notes curieuses & pleines d'erudition sur les Epistres d'Innocent III. qu'il a publiées soupçonne que ces Capots soient de la race des Iuifs ; & qu'ils aient pris l'origine de leur nom du terme Latin *Capus*, qui signifie dans les auteurs du moyen temps, comme chez Theodulphe d'Orleans, vn Esperuier, *à Capiendo* ; d'où il estime que les Capitulaires de Charles le Chauue aient donné par sobriquet le nom *Capi* aux Iuifs, à cause des vsures & des rapines qu'ils exerçoient ; à laquelle signification se rapporte celle de *Gahets*, qui est vn des surnoms des Capots en Gascogne. Cette pensée est ingenieuse ; Mais ie doute que les *Capi* puissent estre pris dans les Capitulaires pour les Iuifs ; Au contraire pesant toutes les paroles de ce texte, il apert que c'estoient non pas des personnes d'vne secte particuliere, mais plustost vne espece de marchands de certaines denrées, fussent-ils Chrestiens ou Iuifs ; auec cette seule diference, que le marchand Iuif deuoit payer pour les droits du Roi le dixiesme denier, & le Chrestien l'onsiesme.

III. Abrahamus Zacuthi editus à Scaligero in Canonibus Isagogicis.

IV. Stephanus P. in Epistola ad Carolum M. apud Baron. Gretserum & Sirmondum. Lucas Patriarcha Cp. sententia Synodica 13. lib. 3. Iuris Græco Rom. Persuasum est Agarenis fore vt sui liberi à dæmone vexentur, & tanquam Canes male oleant, nisi baptismum Christianum assequantur. Balsamo in Comment. ad Cano. 19. Conc. Sardic. Burchardus in descriptione terræ sanctæ, parte secuda. Fortunatus lib. 5. poëm. 4. loquens de Iudæis quos Auitus Aruernorum Episcopus baptismo tinxerat : Abluitur Iudæus odor baptismate diuo, vbi videndus est Brouuerus in Notis.

V. Constitutio Ilerdensis : Quilibet Saracenus franchus portet capillos cercenatos, & toles in rotundum.

VI. Sandoualius in Notis ad Sampyrum profert chartam Conimbricensis dynastæ his verbis : Alboacen vincitor Hispaniarum, Dominator Cantabriæ Gotthorum, & magnæ litis Roderici.

VI. L. Salica Tit. 31. §. 2. si quis alterum Concagatum clamauerit, CXX denarios qui faciunt solidos tres, culpabilis iudicetur.

VII. Concil. Mogunt. c. 5. Catechumeni manducare non debent cum baptizatis, neque eis Osculum dare, quanto magis gentiles.

VIII. Fori Nauarræi l. 5. tit. 6. *Gasso non deue ser conlos otros ombres*, &c.

IX. Bosquetus in Notis ad ep. 50. l. 1. Reg. Innoc. Capitula Car. Calui apud Carisiacum an. 877. c. 31. de Capis & aliis negotiatoribus, videlicet vt Iudæi dent decimam, & negotiatores Christiani vndecimam.

G ij

CHAPITRE XVII.

Sommaire.

I. Apres Clouis les Rois de France ont possedé la Gascogne & le Bearn. II. Les Euesques des Prouinces conquises sur les Goths assemblés par Clouis au Concile d'Orleans. Les Rois assembloient les Conciles du Roiaume, & en confirmoient les Decrets, Euesques de Gascogne presens à ce Concile. III. IV. Le Roiaume diuisé en Tetrarchies. La Gascogne & l'Aquitaine sous Clodomir Roi d'Orleans, & depuis sous Childebert Roi de Paris. Verifié par les assemblées des Conciles d'Orleans ausquels assistoient les Euesques de Gascogne. V. Clotaire maistre de la Gascogne & de Bearn. Apres lui son fils Charibert Roi de Paris. Bourdeaux estoit de son partage. Verifié par la prouision de l'Euesché de Saintes, Il mourut à Blaye, & y fut enterré en l'Eglise S. Romain. VI. Chilperic Roi de Soissons fut maistre de Bourdeaux, & de Bearn apres le deces de son pere. Il donna ces villes, & celle de Bigorre à sa femme Galsuinte à tiltre de donation en faueur de nopces. VII. Galsuinte estranglée en son lict, du consentement des Chilperic. Gregoire de Tours expliqué, sur la deposition de Chilperic. VIII. Brunehaut possede les villes données à sa sœur. IX. Chilperic possesseur de la Gascogne. Gontran apres son decés prend possession de tout le Roiaume de Charibert & particulierement de l'Aquitaine, de la Gascogne, & de Bearn. X. Reuolte de Gombaut. Faustian ordonné Euesque d'Acqs par commission de l'Euesque de Bourdeaux. XI. Cette entreprise fut condamnée par le Synode de Mascon. Et Nicetius Comte d'Aqs nommé à l'Euesché par les lettres du feu Roi Chilperic fut confirmé. XII. Gombaut assiegé & pris par l'armée de Gontran en la ville de Comenge, qui est ruinée.

I. Depuis la conqueste de Clouis, les Rois de France ont possedé la Prouince entiere de Gascogne auec le païs de Bearn, comme vn membre dependant de leur Couronne. Ce qui paroist auec esclat en l'assemblée des Conciles nationaux, que les Rois conuoquoient de tous les endroits de leur Roiaume. Car ils exerçoient en ce point, aussi bien qu'aux autres rencontres, l'autorité des Empereurs Romains pour l'assemblée des Synodes, & pour la confirmation des Decrets, afin de donner aux canons la force de loi publique, quant à l'execution exterieure.

II. Le Concile premier d'Orleans fut conuoqué par Clouis, & tenu l'année 511. pour deliberer sur les articles de la discipline, que ce Prince presenta aux Euesques assemblés; où l'on voit particulierement la soubscription des Euesques du Roiaume des Goths nouuellement conquis; à sçauoir de Cyprian Euesque de la Metropole de Bourdeaux, qui presida au Synode, de Tetradius Euesque de la Metropole de Bourges, de Licinius Euesque de la Metropole de Tours, de Leontius Euesque de la Metropole d'Euse, qui estoit la ville capitale de Gascogne, ou Nouempopulanie. Outre ces Metropolitains, il y auoit des Euesques des Prouinces, tant de l'Aquitaine seconde, à sçauoir de Poictiers, Saintes, Engoulesme, Perigord; & encore de la Nouempopulanie, à sçauoir ceux d'Aux & de Vasas. En ce Concile on ordonna plusieurs beaux reglemens, dont ils demandent au Roi l'approbation, afin que son consentement face executer les deliberations auec plus d'autorité.

III. Apres le decés de Clouis qui arriua bien-tost apres le Concile d'Orleans, la France fut partagée en quatre Roiaumes entre ses enfans. Theodoric fut Roi de Mets, Childebert de Paris, Clodomir d'Orleans, & Clotaire de Soissons. Et d'autant que cette diuision de Prouinces pouuoit apporter de l'empeschement à l'assemblée des Conciles Generaux de la France; ces Rois les conuoquoient d'ordinaire en vn lieu choisi, d'vn commun consentement. Comme il arriua l'année 533. Le Roi Childebert & ses deux freres ayant ordonné apres le decés de Clodomir vne assemblée d'Euesques en la ville d'Orleans; à laquelle furent presens en qualité d'Euesques suiets à la Couronne, Aspasius Euesque d'Euse, Proculeianus Euesque d'Aux, & Præsidius Euesque de Comége.

IV. Il y eut encor vne assemblée dans la ville d'Orleans l'an 549. qui fut conuoquée par le Roi Childebert seul. Il estoit Roi de Paris, en son premier partage; mais Clodomir Roi d'Orleans estant decedé enuiró l'an 529. cette succession fut partagée entre les trois freres suruiuans, à sçauoir Theodoric de Mets, Clotaire de Soissons, & Childebert de Paris. Et d'autant que la Gascogne estoit dans le Roiaume d'Orleans, aussi bien que les deux Aquitaines, elle escheut à Childebert dans la portion de cette successió de Clodomir. C'est pourquoi l'on voit dans le Concile V. d'Orleans, que le Roi Childebert assembla en l'année 549. Aspasius Euesque d'Euse, Proculeianus Euesque d'Aux, Liberius Euesque d'Acqs, Amelius Euesque de Comenge, Aletius Euesque de Laictoure, Eleutherius Archidiacre enuoyé par Theodore Euesque de Coserás. Cóme l'on pourra remarquer les mémes Euesques d'Euse & d'Aux, auec Iulian Euesque de Bigorre, & Carterius Euesque d'Acqs, au Concile IV. d'Orleans tenu l'an 541. sous ce Roi Childebert.

V. Le Roi Clotaire succeda à ses trois freres, enuiron l'an 560. & posseda la Monarchie de France; de sorte qu'il fut maistre de la Prouince Nouépopulanie, & du Bearn. Il laissa quatre enfans, qui partagerent le Royaume entre eux l'an 562. Le siege de Paris écheut à Charibert, la Bourgogne conquestée depuis peu à Contran, Soissons à Chilperic, & Mets à Sigibert. On peut obseruer en l'histoire de Gregoire de Tours, que dás le partage du Roi de Paris estoit comprise la seconde Aquitaine. Car Leontius Euesque de Bourdeaux enuoya à Charibert le Decret de l'Election de Heraclius, pour l'Euesché de Saintes, afin d'en obtenir la confirmation: laquelle fut refusée par le Roi, qui condána Leontius en l'amende de mille escus; dautant qu'il auoit reietté l'Euesque, que le Roi Clotaire son pere auoit ordonné d'y estre establi. Apres le decés du Roi Charibert arriué l'an 565. lors qu'il estoit au chasteau de Blaye, où il fut enterré dás l'Eglise S. Romain, les 3. freres suruiuans firent vn partage de son Roiaume. Auquel ils furét si exacts, qu'ils partagerét non seulement les Prouinces, mais encore certaines villes en trois parts; cóme Paris, & Senlis, ou chacun des Rois auoit son tiers, ainsi que l'on aprend de Gregoire de Tours.

VI. Chilperic Roi de Soissons posseda en consequence de ce partage, de la succession de Charibert, les villes de Bourdeaux, Limoges, Cahors, Bearn, & Begorre. Et de fait il disposa de ces deux dernieres Cités, qui lui apartenoient en la Nouempopulanie apres le decés de Charibert, au profit de sa femme, par voye de dot, & de donation matutinale. Car suiuant l'exemple de son frere Sigibert, qui auoit espousé l'an 565. Brunechilde, fille du Roi d'Espagne Athanagilde; Il espousa peu de temps apres, Galesuinte sœur de Brunechilde; sous la promesse qu'il fit d'abandonner ses autres femmes. Le Roi d'Espagne fut bien aise de placer si auantageusement ses filles, & leur departit beaucoup de richesses en meubles & en deniers, ainsi que remarquent Gregoire de Tours, & le Poëte Fortunat. Chilperic aussi traicta fort honorablement Galesuinte, lui donnant tous les auantages qui se pouuoient, suiuant les loix Gotthiques que l'on obseruoit en Es-

G iij

pagne & suiuant les loix Françoises, sous lesquelles cette Princesse deuoit viure à l'auenir. Car ce Roi lui accorda quelques domaines pour sa dot, conformement aux Loix Vvisigotthiques, qui chargent le mari de constituer en dot à la femme, la dixiesme partie de son bien, ou ce qu'il auisera, s'il est puissant en richesses. Outre cela il lui en assigna d'autres à tiltre de don du matin, de donation pour nopces, de Doüaire, ou d'Agencement, que les François nommoient *Morgangiba*. Ce qui estoit ordinairement compris dans vn mesme Contract, qui contenoit la Dot, & la Donation pour cause de nopces, comme l'on voit dans les Formules de Marculfe. Les domaines accordés à la Reine Galesuinte, à tiltre de dot, & d'agencement, consistoient aux villes & païs de Bourdeaux, de Limoges, de Cahors, de Bearn, & de Begorre, selon qu'il est enoncé dans le traité des Rois Gontran & Childebert, chés Gregoire de Tours.

VII. Cette Princesse fut receuë auec beaucoup d'honneur & de pompe; & gagna l'affection de son mari par sa modestie, & bonne conduite; ayant mesme abandonné l'Arianisme. Mais les artifices de Fredegonde, qui estoit la premiere femme, ou concubine de Chilperic changerent tellement ses inclinations; que Galesuinte marrie de se voir méprisée, demanda permission de se retirer en Espagne, ofrant de laisser à son mari les grands Thresors qu'elle lui auoit portés; mais n'ayant peu obtenir son congé du Roi son mari, qui taschaa d'appaiser son esprit auec quelque discours de caiolerie, elle fut estranglée dans son lict par le commandement de Chilperic, qui reprit Fredegonde peu de iours apres. Gregoire de Tours recommande la sainteté de cette Reine, & Fortunat n'espargne point sa plume à releuer son honneur, & à déplorer sa perte. Les Rois Gontran & Sigibert ne purent supporter cette cruauté barbare de leur frere, & pour venger ce crime, & descharger le nom François d'vne action si honteuse, qui viole le droit public, & les liens les plus estroits de la nature, deposerent Chilperic de son Roiaume, comme parle Gregoire, c'est à dire qu'ils ne voulurent le reconnoistre pour Roi. Neantmoins il ne laissa pas de se maintenir, & de faire vne rude guerre, & des grands progrés dans les Prouinces de ses freres.

VIII. Apres le decés de la Reine Galesuinte, les Cités qui lui auoient esté acquises par son cótract de mariage, furét adiugées à la Reine Brunechilde sa sœur, par Arrest du Roi Gontran, & des Seigneurs du Conseil de France, pendant la vie des Rois Chilperic & Sigibert, ainsi que l'on aprend du Traité que i'ai desia allegué, chés Gregoire de Tours.

IX. Les troubles suruenus entre les Rois Gontran, Chilperic & Sigibert, & Childebert fils de Sigibert, ont apporté vne telle confusion dans le gouuernement des Prouinces, qu'il est bien difficile de donner à chacun, ce qui lui apartient; puis que les Princes estoient en dispute pour ce regard, & que le plus fort faisoit la loi au plus foible. Neantmoins on peut reconnoistre que Chilperic possedoit la Gascogne, par le commandement qu'il fit que Nicetius fust ordonné euesque d'Acqs, dont il est fait mention plus bas. Chilperic estant decedé, l'an 584. Gontran Roi de Bourgogne, appellé par la Reine Fredegonde veufue de ce Roi, vint à Paris en diligence, auec vne bonne armée; où il protesta publiquement, qu'il reprenoit deuers soi l'entier Roiaume de Charibert. Ceux qui pouuoient y prendre leur part estoient, d'vn costé le ieune Clotaire II. fils du feu Roi Chilperic & de Fredegonde; & de l'autre, le Roi de Mets Childebert fils de Sigibert. Mais Gontran rendát raison de son inuasion asseure que ce Roiaume auoit esté partagé entre lui, & ses freres, Sigibert & Chilperic, auec cette condition, que celui qui entreroit dans Paris sans le consentement de son frere, seroit descheu de sa portion, ainsi qu'il estoit expressement conceu dans les letres du partage. A quoi Sigibert & Chilperic auoient contreuenu; et partant il declaroit, que leurs portions lui estoient acquises, au preiudice de leurs enfans ses neueux; Neantmoins il prit sous sa tutele, & protection le ieune Clotaire, qui n'estoit agé que de 4. mois seulement. Il prit aussi possession des Prouinces du Roiaume de Charibert: quoi qu'il y eust de la resistance en quelques endroits.

X. Cependant Gombaut qui pretendoit eſtre fils de Clotaire premier, debaucha les eſprits de ceux d'Engouleſme, de Perigort, de Toloſe, & de Bourdeaux, & ſe fit reconnoiſtre Roi de ces quartiers. Tandis qu'il eſtoit à Bourdeaux, il commanda que Fauſtian Preſtre de cette ville fuſt ordonné Eueſque de la Cité d'Acqs en Gaſcogne. Nicetius qui eſtoit Comte d'Acqs, & frere de Ruſticus Eueſque d'Ayre, auoit obtenu lettres du feu Roi Chilperic, pour eſtre pourueu de l'Eueſché. Mais Gombaut qui deſiroit s'oppoſer aux ordonnances de Chilperic, fit vne aſſemblée d'Eueſques à Bourdeaux, & commanda que Fauſtian fuſt conſacré: Bertran Eueſque de la Metropole de Bourdeaux, craignant les ſuites s'excuſa de faire cette conſecration en perſonne, prenant pretexte de la maladie de ſes yeux; il donna neantmoins commiſſion à Palladius Eueſque de Sainctes, d'impoſer les mains à Fauſtian, en preſence d'Oreſtes Eueſque de Baſas.

XI. On pourroit pretendre de cette action, que l'Eueſché d'Acqs dependiſt en ce temps de la Metropole de Bourdeaux. Neantmoins il eſt tres-aſſeuré, que cette ville ne reconnoiſſoit autre chef, ni autre Metropole, que l'Eueſque de la ville d'Euſe. De fait toute cette procedure de l'ordination de Fauſtian eſtoit vne entrepriſe; non ſeulement du coſté de Gombaut, qui faiſoit le Roi, au preiudice du Roi Gontran, & caſſoit les Decrets du feu Roi Chilperic expediés en faueur du Comte Nicetius: Mais auſſi du coſté de l'Eueſque Bertran, qui entreprit contre les Canons de commettre l'Eueſque de Saintes pour ordonner Fauſtian en l'Eueſché d'Acqs, qui n'eſtoit point de ſa Prouince. On pourroit trouuer eſtrange la hardieſſe de ce Metropolitain, ſi la guerre de Gombaut ne nous perſuadoit que tout eſtoit pour lors en deſordre; & ſi nous n'auions l'exemple d'vne ſemblable entrepriſe, qui auoit eſté faitte peu d'années auparauant, par vn Metropolitain hors de ſa Prouince ayant ordonné Eueſque de Chaſteaudun, vn certain Promotus: laquelle, auſſi bien que l'erection de cét Eueſché de Chaſteaudun, fut condamnée l'an 573. par vn Synode General de Paris tenu ſous le Roi Chilperic; où aſſiſtoit Laban Eueſque d'Euſe, & Licerius Eueſque d'Oloron. Auſſi Bertran Eueſque de Bourdeaux, & Palladius de Sainctes ayant eſté appellés en iuſtice, & interrogés en la ville d'Orleans l'an 585. par les Eueſques, & par les Seigneurs du Conſeil du Roi Gontran, ſur ce qu'ils auoient receu Gombaut, & ordonné Fauſtian par ſon commandement; ils reſpondirent, qu'ils auoient eſté contraincts de ce faire, par la violence de Gombaut. En la meſme année cette queſtion fut iugée dans le Synode de Maſcon, ou Fauſtian fut depoſſedé de l'Eueſché d'Acqs; & les Eueſques de Bourdeaux, de Saintes, & de Baſas, qui l'auoient ordonné, condamnés à lui fournir vne penſion annuele de cent eſcus, pour ſon entretenement. Et Nicetius qui eſtoit Comte, & Laïcque, fut pourueu de l'Eueſché, ſuiuant les lettres du feu Roi Chilperic, ainſi que Gregoire de Tours a remarqué. Neantmoins Fauſtian, quoi qu'il euſt receu l'impoſition des mains par entrepriſe, ne fut point priué de la dignité, & du charactere Epiſcopal, mais ſeulement de l'Eueſché; non plus que Promotus, qui fut depoſé de l'Eueſché par le Synode de Paris, & non pas du tiltre d'Eueſque. Ce qui ſe iuſtifie par les ſouſcriptions du Concile de Maſcon, où l'on voit celles de Fauſtian, & de Promotus, en qualité d'Eueſques, qui n'auoient point de Sieges Epiſcopaux.

XII. Cependant le Roi Gontran voyant l'impudence de Gombaut arme puiſſamment, s'abouche auec ſon neueu Childebert Roi de Mets, fait vn traicté auec lui, le declare ſon heritier, & enuoye vne puiſſante armée contre Gombaut. Ce rebelle acompagné de Sagittaire Eueſque de Comenge, & des Ducs Mummole, & Bladaſte, & de Vvaddon, ſe retire en la ville de Comenge, où il fut aſſiegé par l'armée de Gontran; Le Siege de la ville, ſa demolition, & la perte de Gombaut, de Mummole & de Sagittaire, ſont exactement deſcrites par Gregoire de Tours.

G iiij

I. Concilium Aurelian. 1. apud Sirmond. tom. 1. & apud eumdem Conc. Aurel. IV. & V.

V. Gregorius Turonensis lib. 4. c. 26. Gesta Regum Franc. cap. 31. Childebertus Rex mortuus est in Blauia castello, & in Basilica Romani sepultus.

VI. Gregorius l. 4. c. 26. 27. 28. Fortunatus l. 6. carmine 2. Vuisig. lib. 3. t. 1. l. 4. Apud Alamannos Dos constabat 40. solidis. t. 55. §. 2. Apud Longobardos non excedebat quartam partem bonorum mariti. l. 2. t. 4. lib. 1. apud Cantabros viri dotem vxoribus præbebant. Strabo l. 3. quod obtinuit apud Germanos, Tacito teste, & apud Hebræos Ex. 22. Gen. 34. Greg. Tur. l. 9. c. 20. De Ciuitatibus vero, hoc est, Burdegala, Lemouica, Cadurco,

Benarno, & Begorra, quas Gailesuindam germanam domnæ Brunichildis, tam in dote quam in morganegiba, hoc est matutinali dono, in Franciam venientem certum est acquisisse. Marculfus lib. 2. c. 15.

VII. Fortunat. l. 6. carmine 7. Gregorius lib. 4. c. 28.

VIII. Gregor. lib. 9. c. 20. Quas etiam per iudicium gloriosissimi Domni Gunthramni Regis, vel Francorum, superstitibus Chilperico, & Sigiberto Regibus, domna Brunichildis noscitur acquisisse.

IX. Gregor. l. 7. c. 6.

XI. Gregor. lib. 7. c. 31. Sirmondus tom. 1. Conciliorum. Gall. Greg. lib. 8. c. 2. Idem l. 8. c. 20.

XII. Gregor. lib. 7. c. 34. & sequentibus.

CHAPITRE XVIII.

Sommaire.

I. Gontran assemble le Synode de Mascon. Les Euesques d'Euse, Bearn, Oloron & autres de Gascogne y sont presents. II. Les Reglemens de ce Concile, qui font voir une partie de l'estat de la discipline Ecclesiastique de ce têps-là, dans la Gascogne & le Bearn. III. Verifié par la Preface & les souscriptions du Concile, que la Gascogne & le Bearn, estoient sous la domination de Gôtran, encore que la iouïssance de Bearn apartint à Brunechilde. IV. Gontran nõme aux Eueschés de Bourdeaux, & d'Euse. V. Childebert Roi de Mets establit Childeric le Saxon Duc de quelques Cités au delà de Garonne. Gregoire de Tours expliqué. Ces villes estoient Bourdeaux, Bearn, & Begorre. VI. Ennodius pourueu par Childebert du Duché de Tours, & de Poictiers, & en outre de la principauté d'Ayre & de Bearn, qui lui fut ostée. VII. Partage de la Gascogne entre Gontran & Childebert, Bearn est à Gontran, aussi bien que le reste de la Gascogne, excepté trois Cités, qui sont de Childebert. VIII. Galactoire Comte de Bourdeaux establi par Gontran. Childeric le Saxon disgracié, & suffoqué par le vin. IX. Childebert Roi de Mets, deuint maistre de la Gascogne & du Bearn par le decés de Gontran. X. Theodoric Roi de Bourgogne son fils, lui succeda en cette Prouince. XI. Denombrement de Rois, qui ont possedé les Cités de Bourdeaux, de Gascogne, & de Bearn.

I. 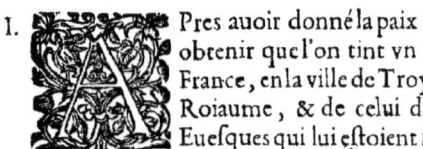 Pres auoir donné la paix au Roiaume, le Roi Gontran n'ayant pû obtenir que l'on tint vn Concile General de tous les Euesques de France, en la ville de Troyes en Champagne, sur les limites de son Roiaume, & de celui de Childebert, assemble vn Synode des Euesques qui lui estoient suiets, en la ville de Mascon l'an 585. Vne bonne partie des Euesques de Gascogne furent presents à ce Concile; Laban Euesque d'Euse, Faustus Euesque d'Aux, Orestes Euesque de Vasas, Rusticus Euesque d'Ayre, Sauinus Euesque de Bearn, Rufinus Euesque de Comenge, Lucerius Euesque d'Oloron, Amelius Euesque de Bigorre.

II. On fit quelques reglemens en ce Concile, qui monstrent l'estat de la discipline de ce temps dans nos Prouinces. Le restablissement de la solemnité des iours de Dimanche, & de la sepmaine entiere de Pasques; ausquels iours chaque fidele est obligé de prier Dieu extraordinairement, assister aux sacrifices, & s'abstenir des œuures seruiles, & mechaniques. On ordonne aux Chrestiens d'offrir les Dimanches du pain, & du vin, à l'Autel : De restablir l'ancienne couſtume de bailler aux Preſtres les diſmes de leurs fruits, pour eſtre employées à l'entretenement des pauures, & au rachapt des captifs. On defend aux Preſtres de celebrer les Meſſes, & les ſacrifices, s'ils ne ſont à ieun. On reſerue à l'Eueſque la connoiſſance des cauſes de ceux qui ont eſté afranchis de la ſeruitude, dãs les Egliſes, ſelon l'vſage de ce téps. On confirme l'immunité des Egliſes en faueur des criminels, qui s'y refugient. La connoiſſance de l'accuſation d'vn Eueſque eſt defenduë aux Magiſtrats, & commiſe au Metropolitain, & aux Eueſques de la Prouince; & celle des Clercs aux Eueſques. Le iugement des cauſes des veufues, & des pupils, eſt remis aux Eueſques, ou à leurs Archidiacres, conioinctement auec le Iuge ſeculier. Il eſt defendu aux Eueſques d'auoir dans leurs maiſons des chiens, ni des oiſeaux de proye, de peur que les pauures n'y ſoient mordus, au lieu d'y eſtre repeus. Il eſt auſſi defendu d'enuahir le bien d'autrui par force, ſous peine d'excommunication; ſauf aux intereſſés de ſe pouruoir ſelon la teneur des canons, & des loix. Il eſt ordonné aux ſeculiers de rendre honneur aux Clercs Honorables, baiſſant humblement la teſte, & les ſaluant du chapeau, s'ils ſont tous deux à cheual; & deſcendant de cheual, ſi le Clerc eſt à pied. Il eſt defendu aux femmes des Souſdiacres, Exorciſtes, & Acolythes de ſe remarier, & ordonné en cas qu'elles le facent, qu'elles ſeront ſeparées du ſecond mari, & miſes dans vn Conuent de filles pendant leur vie. Il eſt defendu de mettre vn corps mort dans la ſepultute d'autrui, ſur peine d'eſtre deterré ſuiuant les loix. Les mariages inceſtueux ſont defendus. Il eſt defendu aux Clercs d'aller aux lieux, où l'on examine les criminels, & d'aſſiſter au ſupplice des condamnés. Il eſt ordonné que le Concile ſera aſſemblé de trois en trois ans, par le ſoin du Metropolitain de Lion; auec l'ordre du Roi, qui aſſignera le lieu le plus cõmode aux Eueſques; qui ſeront tenus de s'y rendre à peine d'eſtre ſuſpendus de la Communion, & charité fraternelle, iuſqu'au prochain Concile vniuerſel; Il appelle *Concile Vniuerſel*, celui qui eſt compoſé de tous les Eueſques du Roiaume de Gontran. Ce Prince confirma ces Canons par vn Edict, qu'il fit expedier ſur ce ſujet.

III. Ayant bien conſideré la preface du Concile de Maſcon, qui dit expreſſement que l'aſſemblée eſt compoſée des Eueſques qui ſont au Royaume de Gontran, on ne peut douter, que Bourdeaux & toute la Gaſcogne, & particulierement les Cités de Bearn, d'Oloron, & de Bigorre, ne fuſſent ſous ſa domination: puis que leurs Eueſques ont aſſiſté à ce Concile. Car encore que ces villes, auec Limoges, & Cahors, fuſſent poſſedées par la Reine Brunechilde quant à la iouïſſance, & à la proprieté; Neantmoins la ſouueraineté en apartenoit en ce temps au Roi Gontran.

IV. Ce que l'on peut verifier par vn exemple fort illuſtre, qui monſtrera l'autorité Roiale de Gontran en la ville de Bourdeaux, nonobſtant que la proprieté en appartint à Brunechilde; d'où l'on tirera la meſme conſequence pour les villes de Bearn, & de Bigorre qui eſtoient de meſme condition. Car Bertran Eueſque de Bourdeaux eſtant reuenu du Synode de Maſcon fut ſaiſi d'vne fieure, dont il mourut. Il recommanda pendant ſa maladie Vvaldon ſon Diacre, pour le faire pouruoit de l'Eueſché. Son deſir fut accompagné du conſentement des Citoyens de la ville. De ſorte que le Diacre porta au Roi Gontran le Decret de ſon election, auec pluſieurs preſens. Mais il ne peut eſtre agreé du Roi, qui fit expedier ſes lettres, pour faire ordonner Eueſque de Bourdeaux, Gundegiſile Comte de Sainctes. Ce Prince exercea le meſme pouuoir en la ville d'Euſe, qui eſtoit la capitale de la Nouempopulanie. Car Laban ſon Eueſque eſtant decedé apres le Synode de Maſcon, le Roi fit ordonner en ce Siege Deſiderius, qui eſtoit vne perſonne laïcque, quoi qu'il euſt promis auec ſerment, qu'il n'eſtabliroit aucun des Eueſques qui fuſſent tirés du corps des laïcques. Mais l'argent ſurmonta toutes les difficultés, ſelon Gregoire de Tours.

V. Toutesfois Childebert Roy de Mets, fils de la Reine Brunechilde, neueu de Gontran, ne laissoit pas d'establir des Gouuerneurs dans ces places, pour y conseruer ses droits, & pour empescher toute surprise ; ce qui estoit conforme à la prattique, que l'on voit maintenant dans les terres qui ont esté données en appanage aux Fils de France, ou aux Reines pour leur doüaire. C'est en ce sens qu'il faut entendre Gregoire de Tours, lors qu'il escrit que Childeric le Saxon fut establi par le Roi Childebert, Duc des Cités qui luy apartenoient au delà de la riuiere de Garonne, à sçauoir de Bourdeaux, de Bearn, & de Bigorre. Cette prouision tombe au temps qui precede la reuolte de Gombaut, & le Synode de Mascon, c'est à dire l'année 585. Or elle est fort à propos qualifiée du tiltre de Duché ; tant parce que le commandement des armes lui fut accordé, qui estoit ce qui metoit de la difference aux emplois des Comtes & des Ducs ; que par ce aussi, qu'il auoit ce commandement sur trois Cités. Cette estenduë suffisoit pour auoir le tiltre de Duc, comme l'on peut verifier par Gregoire de Tours ; qui tesmoigne que Nicetius ayant esté priué du Comté d'Auuergne, c'est à dire de l'administration ciuile de ce païs, obtint du Roi Childebert d'estre ordonné Duc des villes, ou païs d'Auuergne, de Rodes, & d'Usés.

VI. Peu de temps apres, Childebert eut plus d'estenduë dans la Gascogne. Car nonobstant que le Roi Gontran se fust saisi de tout le Roiaume de Charibert, il fit quelques traictés particuliers auec Childebert, pendant la reuolte de Gombaut ; & lui laissa le gouuernement des Prouinces, qui estoient du partage de son pere Sigibert, en la succession de Charibert ; comme de l'Auuergne, de la Touraine, & du Poictou. De fait le Roi Childebert establit Ennodius au Duché de Touraine & de Poictou, en consequence de ce traicté, en l'année 586. En outre, il lui bailla la Principauté, où le Gouuernement des villes d'Ayre, & de Bearn en Gascogne. Mais sur la plainte que les Comtes des Cités de Tours, & de Poictiers qui estoient comme les Seneschaux de la Prouince, firent à Childebert, des mauuais deportemens du Duc Ennodius ; ils le firent deposer de ce Gouuernement. De sorte qu'il s'en alla vers les villes de Bearn, & d'Ayre ; D'où il sortit bien-tost, par le commandement qu'il en receut, & se retira en sa maison, pour y mener vne vie priuée.

VII. Le Bearn, qui auoit esté possedé par Childebert & par sa mere Brunechilde, sous la souueraineté de Gontran & du depuis auec independance, changea de maistre en vertu du traicté, que firent les deux Rois sur la fin de Nouembre de l'année 587. Il est rapporté chez Gregoire de Tours, aux mesmes termes qu'il fut conceu : d'où nous aprenons, que la Gascogne fut partagée entre ces deux Rois. Car sur la dispute qui s'estoit renouuelée entre eux touchant la portion de la succession du Roiaume de Charibert, qui auoit apartenu au Roi Sigibert ; dont le Roi Childebert, comme fils & heritier de Sigibert, demandoit l'entiere restitution ; le Roi Gontran au contraire pretendant qu'elle lui estoit iustement acquise, par les raisons qui ont esté representées ci-dessus : Il fut arresté que la troisiesme partie de la ville de Paris, qui auoit apartenu à Sigibert, auec les Chasteaux de Dun, & de Vendosme, & les païs d'Estampes, & de Chartres, apartiendroient à perpetuité au Roi Gontran. Et les villes, de Meaux, les deux portions de Senlis, Tours, Poitiers, Avranches, Ayre, Coserans, Labour, & Albi, seroient à Childebert ; & que le suruiuant des deux Rois possederoit le Roiaume de l'autre, s'il decedoit sans enfans. Quant aux villes de Bourdeaux, de Limoges, de Bearn, & de Bigorre, Gontran en auroit la iouïssance libre pendant sa vie, à la charge d'estre renduës apres son decés, à la Reine Brunehaut, ou à ses heritiers. Et que Cahors seroit dés à presét en la pleine disposition de Brunehaut. De sorte que toute la Gascogne, & le Bourdelois furent entre les mains de Gontran, reserué trois villes, à sçauoir Ayre, Coserans, & Labour.

VIII. En consequence de ce traité, Ennodius fut depossedé du Gouuernement de Bearn, & se retira en sa maison, comme i'ai dit ci-dessus. Et le Roi Gontran promeut à la charge de Comte, de Iuge, ou de Seneschal de Bourdeaux, Galactoire natif de la ville. Auquel le Poëte Fortunat enuoya des vers de congratulation pour cette promotion, qu'il auoit meritée par ses loüables qualités; lui souhaitant pour comble d'honneur, qu'il puisse paruenir à la dignité de Duc, pour commander aux armes, auec la mesme satisfaction, qu'il manioit les lois en la charge de Comte. Childeric le Saxon, qui auoit obtenu du Roi Childebert le Gouuernement des places, que ce Prince possedoit en Gascogne, s'y estoit conduit auec tant d'insolence, que le Roi commanda qu'il fust tué. Mais il se retira en la ville d'Aux, où estoit assis le bien de sa femme, là où il finit miserablement sa vie; ayant esté trouué dans son lit suffoqué par le vin, dont il s'estoit surchargé la mesme nuit.

IX. Le Roi Gontran mourut la trentetroisiesme année de son regne, c'est à dire l'an 594. Par son decés, le Roi de Mets Childebert, deuint maistre de Bourdeaux, de Bearn, & de Bigorre, & generalement de tout le Roiaume de Gontran, selon leur traicté, dautant que ce Prince estoit decedé sans enfans.

X. Childebert mourut l'année 596. Son Royaume fut partagé entre ses deux fils, Theudebert, qui fut Roi d'Austrasie, & mit son siege à Mets; & Theodoric, qui fut Roi de Bourgogne, & choisit Orleans pour la ville Roiale. Par consequent la Gascogne, & le Bearn furent dans son partage. L'an 611. Theodoric depoüilla Theudebert du Roiaume d'Austrasie, prenant son pretexte sur la relation que lui fit Brunehaut leur Ayeule commune, que Theodebert n'estoit pas fils du Roi Childebert estant né de l'adultere d'vn Iardinier. De sorte qu'il vint à posseder la plus grande partie de la Monarchie de France; n'y ayant autre Roi que Clotaire Second, fils de Chilperic, qui possedoit le petit Roiaume de Soissons. Mais sa ioye fut courte. Car il mourut sans enfans legitimes, l'année suiuante 612. Et quoi que la Reine Brunehaut son Ayeule, prit le soin de faire reconnoistre pour Roi d'Austrasie & de Bourgogne, Sigibert l'vn des enfans naturels de Teuderic, Neantmoins Clotaire Second, par le moyen des intelligences qu'il eut auec les seigneurs du Roiaume, vainquit, & tua le ieune Sigibert, fit trainer Brunehaut à la queuë d'vn cheual, & fut Roi de l'entiere Monarchie de France l'an 612. ayant remis en vn corps la France qui estoit diuisée en trois Roiaumes, comme escrit l'auteur de l'appendice de Marius.

XI. Pour comprendre plus netement par quels Rois ont esté gouuernées les Cités de Bourdeaux, & de la Gascogne, & de Bearn; depuis que ces Prouinces ont esté vnies à la Couronne, apres la defaite des Rois Vvisigoths, i'en ai dressé le denombrement en l'ordre qui suit.

Clouis Roi de France, depuis l'an 507. qu'il eut vaincu Alaric, iusqu'en l'an. 511.
Clodomir Roi d'Orleans, iusqu'à l'année   528.
Childebert I. Roi de Paris   559.
Clotaire I. Roi de France   562.
Charibert Roi de Paris   565.
Chilperic Roi de Soissons, & sa femme Galsuinte, & apres le decez de Galsuinte, la Reine Brunehaut sous Chilperic   584.
Gontran Roi de Bourgogne, & Childebert Roi de Mets son neueu, fils du Roi Sigibert & Brunehaut son neueu.   594.
Childebert seul   596.
Theodoric Roi de Bourgogne son fils   612.
Clotaire II. Roi de France.   628.

I. Concilium Matisconense. apud Sirmondum T. 1. Gregor. l. 8. c. 13.

II. Præfatio Synodi Mat. Omnes Episcopi qui in regno Gloriosi Domini Guntranni Regis Episcopali honore funguntur, in vno se conspiciunt coadunati Concilio.

IV. Gregor. l. 8. c. 22.

V. Greg. l. 8. c. 18. Adeptaque ordinatione Ducatus in Ciuitatibus vltra Garumnam, quæ in potestate supradicti Regis habebantur, accessit. Idem. l. 8. c. 18. In vrbe Aruerna, Ruthena atque Vcetica Dux ordinatus est.

VI. Greg. l. 7. c. 33. Idem l. 8. c. 26. Idem Greg. l. 9. c. 7. Ennodius cum Ducatum vrbium Turonicæ atque Pictauæ administraret; adhuc & Vici Iuliensis, atque Benarnæ vrbium Principatum accipit. Sed euntibus Comitibus Turonicæ atque Pictauæ vrbis ad Regem Childebertum, obtinuerunt cum à se remoueri. Ille vero vbi se de his remotum sensit, ad ciuitates superius memoratas properat. Sed dum in illis commoraretur mandatum accepit vt se ab eisdem remoueret. Et sic accepto ocio ad domum suam reuersus priuati operis curam gerit.

VII. Idem l. 9. c. 20.

VIII. Fortunat. l. 7. Carm. 10.
Tu quoque qui resides meritis Comes ample serenis,
Chare Galactori sedula cura mihi.
Cui rite excellens Rex Guntheramus honores,
Maius adhuc debet, qui tibi magna dedit.
Idem l. 10. Carm. 22.
Præstet vt arma Ducis, qui tibi restat apex.
Greg. l. 10. c. 22.

X. Fredegarius in Chronico cap. 14.

XI. Idem c. 16. Appendix ad Marij Chronicon: Diuisa in tribus olim Regnis Francia, in vno à præfato Rege, Regnum Francorum coniungitur.

CHAPITRE XIX.

Sommaire.

I. Les Vascons commencerent à paroistre dans la Nouempopulanie sous les Rois denombrés ci-dessus. Il faut expliquer leur assiete, & celle des Cantabres leurs voisins. II. Les Cantabres recommandés. La guerre d'Auguste contre eux, a persuadé que c'estoit vn peuple de grande estenduë. III. Si on leur donne vne grande estenduë on viole la Geographie. IV. Les Cantabres estoient chefs d'vn parti, auquel ils donnoient leur nom, Auguste fit la guerre contre les Cantabres, les Asturiens, & ceux de Galice. V. Il est verifié que le nom des Cantabres s'estendoit aux Alliés. VI. Les Cantabres en leur païs particulier ne possedoient que quatre peuples, selon Pline. Cette diction de peuples expliquée. VII. L'estenduë du païs des Cantabres. VIII. Verifiée par Pline. Iuliobrita Source de l'Ebro. Le port de la victoire des Iuliobrigiens est Santander. IX. X. Les Cantabres ne comprenent point les Asturies d'Ouiedo ni vne partie de celles d'Astorgue, contre vne nouuelle opinion. XI. XII. Les Cantabres commencent en l'endroit où l'Ocean retrecit les Espagnes, selon Mela. Ce qui conuient au quartier qui est entre Riba de sella, & Lanes. Riuiere de sella. Salia, Melsus, Nolga. XIII. Continuation du païs des Cantabres qu'au mont Idubeda. Leurs ports sur la mer. XIV. Response au premier motif de la nouuelle opinion: en conseruant le mont Vinnius aux Asturiens, & le Medulius aux Galiciens. XV. Response au second motif, fondé sur Strabon. Le texte duquel est corrigé & interpreté touchant la source de la riuiere Minius.

I. Pendant le regne des Rois precedens, les Vascons commencerent à paroistre auec armes, dans la Nouempopulanie, qui a pris d'eux le nom de Gascogne. C'est pourquoi il est necessaire d'examiner cette affaire auec soin ; & auant que de passer à leurs exploits, considerer leur assiete. Pour cér effet il faut consulter les anciens aureurs, & auoir vne connoissance

noissance exacte des peuples voisins; dont la recherche sera d'autant plus agreable, qu'elle est requise pour entendre quelques points de l'histoire Romaine, & de celle du moyen aage. Mais ie ne puis bien expliquer, ce qui regarde les Vascons, sans parler des Cantabres, auec lesquels ils ont esté long-temps considerés.

II. Les Cantabres sont des Peuples fort recommandés dans l'histoire: Puisque ce furent eux qui obligerent Auguste d'aller en personne vers l'Espagne, pour reduire sous le joug de l'Empire cette nation opiniatre, qui ne l'auoit point encore bien reconnu, comme dit Horace. La reputation de cette guerre, poursuiuie pendant cinq années, auec des euenemens si diuers, acompagnée de sanglants combats, de sieges de places, & d'vne si extraordinaire fureur des assiegés, que les meres tuoient leurs enfans pour éuiter qu'ils ne tombassent entre les mains des vainqueurs, selon Strabon, & marquée dans les Annales chés Eusebe, & ailleurs, pour vn des grands & glorieux exploicts de l'Empereur Auguste; Cette reputation, dis-ie, a donné sujet à plusieurs de croire, que les Cantabriens occupoient vn grand espace de terre en Espagne, & des nations fort nombreuses, qui peussent soustenir le faix d'vne si longue guerre, aussi bien par la multitude des hommes, côme par leur courage.

III. Or supposant que l'on doiue accorder vne grande estenduë de terre aux Cantabres, il arriue vn notable inconuenient dans la Geographie; Car il faut violer les limites des peuples voisins, & entrer dans leurs terres, contre l'autorité des anciens Geographes. De sorte que l'on tombe dans l'vne des deux fautes; ou bien de trop approcher la Cantabrie du costé des Gaules; ou bien de la faire eniamber dans les Peuples Asturiens.

IV. Pour se demesler de ces difficultés, il faut considerer les Cantabres, ou bien comme vn nom de ligue & de confederation, ou bien comme le nom d'vn peuple particulier. Au premier sens, on doit ietter les yeux sur les Cantabres, comme sur le corps puissant d'vne ligue de peuples voisins, fortifiés dans l'aspreté des rochers; dont les Cantabres estoient les chefs, suiuis des Asturiens, & des Peuples Callaïques ou de Galice; comme ils l'auoient esté autres fois des Varduliens, & des Vascons. De fait Strabon remarque en termes exprés, que Cesar Auguste vainquit en cette guerre, non seulement les Cantabres, mais aussi leurs voisins. Et Dion Cassius escrit, que cét Empereur entreprit la guerre, non seulement contre les Cantabres, mais aussi contre les Asturiens. A quoi s'accorde Orosius, qui en explique les motifs, disant que la guerre fut entreprise contre les deux puissantes nations des Cantabres, & des Asturiens; d'autant que ne se contentans pas de conseruer leur liberté, ils rauageoient les peuples voisins, à sçauoir les Autrigons, les Vaccæans, & les Turmodiges. Il adiouste, qu'apres auoir enuahi toute la Cantabrie auec trois armées, & couru risque de les perdre, Auguste fut obligé de les attaquer auec vne armée nauale, du costé du Golfe d'Aquitaine; & que les Cantabres apres auoir perdu vn grand combat prés de la ville de Vellique, se retirerent au mont *Vinnius*, où ils furent assiegés par l'armée Romaine, qui les ruina par la famine; qu'en suite la ville d'*Arracille* fut prise sur eux, & demolie apres vn long & penible siege: Que les Legats Antistius & Firmius continuans leur victoire dompterent auec de sanglants combats, les parties plus retirées de la Galice bornées par l'Ocean, & chargées de montagnes & de forets: où ils enfermerent d'vn grand retranchement de quinze mil pas, le mont *Medullius*, qui est sur le bord de la riuiere du Minio, & reduisirent à telle extremité les ennemis qui s'y estoient retirés, qu'ils aimerent mieux se tuer que de se rendre: que les Asturiens, qui s'estoient retranchés sur la riuiere *Astura*, furent enfin defaits par les Romains, & que par ce moyen prit fin cette guerre Cantabrique, qui prenoit son nom des Cantabres, chefs de la ligue.

V. On doit expliquer en ce sens dans les Commentaires de Cesar, ce qu'il escrit, que les Aquitains furent assistés par les Cantabres contre Crassus; c'est à dire par les peuples, voisins de l'Aquitaine, qui estoient les Vascons & les Varduliens surnommés Cantabres, à cause de la ligue, qu'ils auoient auec les Cantabres, qui donnoient le nom à tous les Alliés. On doit aussi tirer de là l'explication de Iuuenal, qui nomme Vascons les citoyens de la ville de Calahorre, comme ils l'estoient veritablement; & neantmoins il leur donne en suite le nom de Cantabres, qui est celui des Alliés. De mesme façon que les Goths, qui estoient vn peuple particulier, donnerent leur nom à tous les Confederés, qui ont innondé l'Empire; Les Alemans qui ne possedoient qu'vne Prouince de la Germanie communiquerent le leur à tous les Associés; Comme aussi les François firent esclater leur puissance, qui estoit fortifiée par leurs Alliés; sous le seul nom de François. Nous auons vn exemple, familier de cét vsage deuant nos yeux, en la Prouince des Hollandois: laquelle estant vn Comté particulier de petite estenduë, donne son nom dans l'histoire, à tous les peuples ses Alliés, qui composent le Corps des Estats du Païs bas: Quoi qu'aux descriptions Geographiques, on distingue la Hollande, des autres Prouinces. En ce sens on pourra tolerer la façon de parler de quelques sçauans personnages de ce siecle & du precedent, parmi lesquels sont les grands noms de l'Escale, & de Thou, qui nomment Cantabres, les Nauarrois, & les autres Basques.

VI. Au second sens, qui establit les Cantabres pour vn Peuple particulier, il faut rechercher leur situation parmi les anciens Geographes. Mais auant toutes choses, ie desire que l'on presuppose auec Pline, que les Cantabres n'estoient composés que de Quatre Peuples, dont le chef estoit la ville de *Iuliobrica*. Or selon la Phrase de cét Auteur, cette diction de *Peuples*, estoit prise pour l'estenduë d'vn petit païs. D'où vient qu'il escrit, que toute l'Espagne ayant esté diuisée en 14. Corps ou assemblées, *Conuentus*, il dit que 52. *Peuples* s'assembloient en la ville de Saragosse, pour y receuoir iustice. Le ressort de Cartagene estoit de 52. *Peuples*. Celui de Tarracone de 44. Celui de Braga de 24. Cités; celui des Asturiens, celui de Lugo, & les autres à proportion. D'où il apert que le mot de *Peuple* ne signifioit pas vne grande estenduë de terre; & que selon Pline, les Cantabres seront placés bien au large, si on leur trouue l'estenduë d'autant de terre qu'on en peut passer en trois iours de voiage en lógueur & en deux en la largeur, qui peut respondre à celui que Quatre *Peuples* occupoient.

VI. Cét espace doit estre pris depuis Fuentibre, où est la source du fleuue Ebro, tirant vne ligne vers l'Ocean iusqu'au port de Laredo; & en suite vers celui de la *Victoire des Iuliobrigiens*, qui est Santander: Et de là continuant le long de la mer, iusqu'à la riuiere de *Sella* sur les confins des Asturies d'Ouiedo, en montant iusqu'à l'origine du mont Idubeda. De sorte que les Asturies de Santillane sont comprises dans l'ancienne Cantabrie.

VIII. On verifie que la source de l'Ebro est dans le païs des Cantabres, par l'autorité de Pline, qui l'escrit en termes exprés au liure 3. disant en outre, que la ville de *Iuliobrica*, capitale de ces peuples, n'estoit pas assise loin de là. Ce qui a donné lieu à Garibai, de nous asseurer, qu'elle est nommée auiourd'hui, *Aguilar del Campo*. Et le mesme Pline escrit au liure 4. que le port de *la victoire des Iuliobrigiens*, est en la region des Cantabres, à la distance de 40. mil pas, des sources & fontaines de la riuiere d'Ebro. Le port de Santander, qui est situé sur l'Ocean en cette distance de 40. mil pas de la source d'Ebro, peut-estre rapporté sans peine à ce port de la Victoire. C'est l'opinion de Iulian Archipreftre de sainte Iuste de Toledo, qui viuoit il y a 500. ans, ou de Don Lorenço Ramirez de Prado qui a publié ce liure, si l'on doute de l'autorité de cette Chronique. Dás laquelle pensée est aussi le sieur d'Oyhenard en sa Notice de la Vasconie, quoi qu'il n'ait pas emploié l'autorité de Iulian, pour s'y fortifier.

IX. Ie ne puis neantmoins consentir à son opinion, lors qu'il donne aux Cantabres du cofté de l'Occident, non feulement le païs de Santillane, mais auffi vne bonne partie des vrayes Afturies, que l'on nomme les Afturies d'Ouiedo; & en outre quelque portion des Afturies d'Aftorgue. Car cela choque Strabon, Mela, Pline & Ptolemée qui en leurs defcriptions du cofté Septentrional de l'Efpagne, depuis le promontoire Nerien, & le Scythique, iufqu'aux Pyrenées, y eftabliffent les Galiciens, & les Afturiens en fuite, & apres eux les Cantabres, & les Varduliens. Or fi l'on donne aux Cantabres le païs des Afturiens, qui font proches de la mer; on ne trouuera point de place pour ces Afturiens, que dans les terres que ces anciens auteurs ont affigné à la Galice.

X. Ce que ie viens de dire fera mieux compris, fi l'on confidere ce que Pline efcrit, à fçauoir que les Afturiens feuls auoient vne Affemblée ou reffort, *Conuentum*, compofé de Douze Peuples : qui reffortiffoient à la ville de *Afturica*, qui eft Aftorgue. Il diuife ces Afturiens en deux parties; fçauoir en *Auguftains*, & *Tranfmontains*, où de là les monts. Les Auguftains font ceux qui enuironnent la ville d'Aftorgue. Ceux qui font de là les monts, font ces Afturiens que les montagnes feparent des autres, & qui font fitués prés de l'Ocean : c'eft à dire en autres termes, les Afturiens que l'on nomme auiourd'hui d'Ouiedo. De maniere que fi l'opinion nouuelle eftoit fuiuie, les Afturiens perdroient tous ces peuples, que Pline nomme *Tranfmontanos*.

XI. Apres auoir monftré les inconueniens de cette opinion, il faut que ie face voir les fondemens de la mienne, qui font fi euidents, que les yeux en font les iuges. Car Mela ancien Auteur, Efpagnol de nation, efcrit que le cofté Septentrional de l'Efpagne qui regarde l'Ocean, eft poffedé par les Galiciens ou Celtiques, & par les Afturiens. Et que la terre d'Efpagne vient en fuite à fe retirer & retrecir, en forte que par l'auancemét de la mer Oceane du cofté de Septentrion, & de la mer Mediterranée du cofté de Leuant, elle fe rend plus eftroite de la moitié en l'endroit où elle touche les Gaules, qu'elle n'eft vers l'Occident. Il adioufte que cette cofte de l'Ocean, à commencer depuis l'endroit où elle fe retrecit, iufqu'aux confins des Gaules, eft poffedée par les Cantabres, & les Vardules. De maniere qu'il ne faut que confulter la veuë, pour voir dans la charte, que l'Efpagne commence à fe refferrer depuis la ville de *Riba de Sella*, affife fur la riuiere de *Sella*, continuant vers la ville de Llanes, c'eft à dire en la conionction des Afturies d'Ouiedo, & de celles de Santillane.

XII. Or cela s'accorde auec la defcription particuliere de Mela, & de Strabon. Car celui-là efcrit, que la cofte commence à fe reftrecir depuis la riuiere de *Salia*; qui eft fans doute, celle que l'on nomme auiourd'hui *Sella*, felon la remarque de Pintian; tant parce que le nom de ce temps fe rapporte à l'ancien; que parce que la terre commence à plier en cét endroit de *Sella*. Quant à Strabon, il obferue que la riuiere de *Melfus* coule par le païs des Afturiens, du cofté Septentrional de l'Ocean; c'eft à dire par les Afturiens Tranfmontains, ou d'Ouiedo; & que la ville de *Noëga* eft affife prés de cette riuiere, dans le païs des Afturiens; Et qu'en fuite continuant le chemin vers les Gaules, on rencontre l'emboucheure de la mer, qui les fepare des Cantabres. Ce qui conuient fort à propos à la ville de *Riba de Sella*, ou pour le moins à celle de Llanes.

XIII. De ce lieu il faut tirer vne ligne vers l'origine du mont Idubeda proche des monts d'Ocha; & de la fource de l'Ebro. Car ce mont Idubeda qui coupe l'Efpagne Taraconoife iufqu'à la mer Mediterranée, prend fon commencement dans la terre des Cantabres, felon Strabon. Suiuant noftre defcription, la cofte de Cantabrie poffedera les ports de Laredo, Sainctander, S. Martin, S. Vincent, Llanes, & peut-eftre Riba de Sella. Ce qui feruira pour fatisfaire à l'autorité de Pline, qui affigne quelques ports de mer aux Cantabres, à commencer depuis *Flauiobriga*, ville des Bardules, c'eft à dire depuis Bilbao en Bifcaye. Ces ports des Cantabres font

G ij

celui de *la victoire des Iuliobrigiens*, *Biendium*, *Vesei*, & *Veca* & la riuiere *Sanda*, qui est celle qui entre dans le port de Laredo, ou de Santander.

XIV. Il est iuste de satisfaire maintenant aux motifs du sieur d'Oyhenard, qui l'ont porté à donner vne si grande estenduë à la Cantabrie, que de comprendre dans son enceinte les Asturies d'Ouiedo, & encore vne portion de celles d'Astorgue. Le premier est pris, de ce que la guerre des Cantabriens fut poursuiuie contre eux par Auguste, & par ses Legats, qui les ruinerent entierement en deux combats, dont l'vn fut donné prés le mont *Vinnius*, & l'autre prés le mont *Medullius*. Or le mont *Vinnius* est situé selon Ptolemée, au milieu des Asturies; & le mont *Medullius* dans la Galice, prés de la riuiere *Minius*, ou Minno, suiuant Orose. D'où il conclud, que ces montagnes estoient assises dans le païs ennemi, c'est à dire des Cantabriens, quoi que pour le regard du mont *Medulius*, il ne s'arreste pas à la rigueur des paroles d'Orose, qui le place prés la riuiere de Minno, d'autant que par ce moien, les Cantabriens emporteroient vne bonne partie de la Galice, ce qu'il n'estime pas vrai-semblable : mais il veut que la riuiere du *Sil*, soit prise dans Orose, pour le fleuue du *Minno*, dans lequel elle se iette; estant d'ailleurs fort abondante en vermeillon, d'où le Minius a pris son nom. Chacun peut iuger si ces interpretations font violence au texte d'Orose : Duquel, non plus que de celui de Ptolemée, on ne doit conclure autre chose, que ce que i'ai proposé au commencement du chapitre, à sçauoir que la guerre ayant esté entreprise contre les Cantabres, & les Asturiens, & les Galiciens leurs alliés, elle fut terminée par les deux combats donnés prés du mont Vinnien au païs des Asturiens, & du Medullien au païs de Galice.

XV. Le texte de Strabon qu'il allegue, donne plus de peine. Car cét ancien auteur escrit, que la riuiere de Minno descend du costé des Cantabres. Neantmoins il se depart tout aussi-tost de cette autorité, en ce qu'il dit que Strabon ne doit point estre entendu, que de la riuiere du Sil; pour les raisons, que i'ai rapportées au nombre precedent. D'où l'on peut conclure, que Strabon s'est mespris en cét endroit, si l'on pretend qu'il ait voulu assigner le lieu de la source de la riuiere de Minio, dans la terre des Cantabres; comme il lui est arriué ailleurs, pour le regard des sources de diuers autres fleuues : Ou bien que ce texte est corrompu, ainsi qu'il est facile à monstrer. Car apres que cét Auteur a escrit, que la riuiere de *Duero*, vient du costé des Celtiberiens, & se iette dans l'Ocean Occidental; & que la riuiere de *Lethe*, vient du costé des Vaccæans, & des Celtiberiens, il adiouste que le fleuue *Minius sort aussi des Cantabriens*. Qui ne voit que la liaison de ce discours requiert, qu'en corrigeant le texte, on lise, que ce fleuue decoule aussi du costé des *Celtiberiens*, au lieu des *Cantabriens*. Non pas que sa source soit precisement dans la terre des Celtiberiens, non plus que celle de la riuiere de Lethe; mais l'vne & l'autre viennent de ce costé, qui est la vraye intention de Strabon.

IV. Strabo l. 3. πρὸς Καντάβροις κ̀ τοῖς μετ' αὐτοὺς τὰ τελευταῖα τῆς Ἐυρώπης Καίσαρ. Orosius lib. 6. c. 21. Cæsar parum in Hispania per cc. annos actum intelligens, si Cantabros atque Astures, duas fortissimas gentes Hispaniæ, suis vti legibus sineret, aperuit Iani portas, atque in Hispanias ipse cum exercitu profectus est. Dio. lib. 53. αὐτὸς δὲ Αὐγυστος πρὸς τε τοὺς Ἀστυρας, κ̀ Καντάβρους ἅμα ἐπολέμησεν.

VI. Plin. l. 3. c. 3. In Cantabricis quatuor populis Iuliobriga sola memoratur.

VIII. Idem l. 3. c. 3. Iberus amnis nauigabili commercio diues ortus in Cantabris haud procul oppido Iuliobrica. Garibai l. 6. c. 22. Plinius l. 4. c. 20. Regio Cantabrorum, flumen Sanda, portus victoriæ Iuliobrigensium, ab eo loco fontes Iberi quadraginta milha passuum. Iulianus Archipresbyter in adversariis, num. 304. Portus victoriæ Iuliobrigensium in Cantabris est Santander, vbi tempore Tiberij Iuliobrigenses vicerunt magnam classem nauium piraticarum, easque subiectis flammis incenderunt.

X. Plin. l. 3. c. 3. Iunguntur his Asturum xII. populi diuisi in Augustanos, Asturica vrbe magnifica, & Transmontanos.

XI. XII. Mela l. 3. c. 1. At ab eo flumine, quod Saliam vocant, incipiunt oræ paulatim recedere & latæ adhuc Hispaniæ magis magisque spatia contrahere. Tractum Cantabri & Varduli tenent. Strabo l. 3. per Astures fluit Melsus fluuius, paulumque ab eo distat Noega vrbs. Καὶ πλησίον δὲ τῆς δυσκαιοὶ ὠκεανῶς, ὁρίζουσι τοὺς Ἀστυρας ἀπὸ τῶν Καντάβρων.

XIII Strabo lib. 3. τοῦ ἀρχὴν ἀπὸ τῶν Καντάβρων ἔχει. Plin. lib. 4. cap. 10.

XV. Idem l. 3. ἐκ Καντάβρων κ̀ αὐτὸς ῥέει. Legendum, ἐκ Κελτιβήρων.

CHAPITRE XX.
Sommaire.

I. Examen de l'estenduë des Cantabres du costé des Gaules. Faute des Auteurs Espagnols. II. Description du païs qui est entre l'Ocean depuis la frontiere des Gaules iusqu'à la Galice, & les montagnes qui les separent du reste de l'Espagne. Dio & Mela les nomment Monts Pyrenées. III. Les Vardules, estoient distribués en Quatorze Peuples, selon Pline. Les Albanenses ou Alauois en estoient l'vn. Alba leur ville: qui estoit peut-estre au lieu d'Armentegui pres de Victoria. Flauiobrige est la ville de Vermeo. Menosca, ville des Varduliens. Caristes vn des peuples dependans des Varduliens. IV. Les Autrigons distincts des Varduliens, & voisins des Cantabres. Ils possedoient Dix Cités. Dont l'vne est Viruiesque au païs de Bureua. L'embouchure de la riuiere de Nesua est dans leur terre, où sont situées, les villes de Bilbao, & Portugalete. V. Les Berons estoient des peuples voisins, des Vardules, des Autrigons, & des Cantabres. Varia ville sur l'Ebro est du païs des Berons. Il y a vn Bourg pres la ville de Logrogno en la Prouince de Rioia, qui retient encore le nom. Tritium metalum est vne autre ville des Berons. Il y a vn Bourg proche la ville de Naiara en Rioia, qui conserue le nom. Les Cantabres Conisques, proches des Cantabres, qui habitoient pres la riuiere d'Ebro.

I. Es limites des anciens Cantabres ayans esté asseurées du costé des Asturiens; il est necessaire de les considerer du costé des Gaules, & des Vascons. Or il faut loüer en ce point le soin & l'industrie du sieur d'Oyhenard, qui a monstré contre Garibai, & les autres Historiens d'Espagne, que les païs de Guipuscoa, de Biscaïe, d'Alaua, ni de la Rioia, n'estoient point compris dans les Cantabres. Neantmoins ie croi qu'il est de mon deuoir, d'examiner cét article auec quelques obseruations particulieres, qui donneront du iour à cette matiere, laquelle d'ailleurs est vn peu obscure.

II. Pour cét effet, il faut presupposer, que depuis le promontoire Oeason sur les confins de l'Espagne & de la Gaule, on marche entre les montagnes à main gauche, qui s'enfoncent dans l'Espagne iusqu'aux extremités de la Galice, que Dion & Mela nomment *Monts Pyrenées*; & à la droite, le païs est batu de l'Ocean. Or marchant par la coste de la mer, on rencontre les païs que l'on nomme auiourd'hui Guipuscoa, & Biscaïe. Quant à Guipuscoa, les riuieres d'*Oria*, & de *Deua* y ont leur embouchure dans la mer Oceane. Pour la Biscaïe, elle est recommandée par la ville de *Vermeo*, qui estoit anciennement vn notable port; & par les deux autres ports, qui florissent auiourd'hui, sçauoir de *Bilbao*, & de *Portugalete*, qui sont deux villes arrousees de la riuiere de *Nansa*, qui a son embouchure à Portugalete. Au dessus de ces deux Prouinces, à la main gauche vers les Pyrenées sont les Vascons, dont ie parlerai au chapitre suiuant; Mais elles ont à leur teste le païs d'*Alaua*, où est la ville de *Victoria*: & la *Bureba*, où est la ville de *Viruiesque*; & encore prés de la riuiere d'Ebro, est la Prouince de la *Rioge*, où sont les villes de *Logrogno*, & de *Najera*. Ce-

H iij

la supposé, ie dis que les anciens Vardules, & les Autrigons voisins des Cantabres, ont possedé les endroits & le païs que ie viens de marquer : En telle sorte que les Vardules comprenoient vne partie de la Guipuscoa, le païs d'Alaua, & vne partie de la Biscaïe : Les Autrigons possedoient la Bureua, & l'autre partie de la Biscaïe ; & les Berons, la Rioia.

III. Pomponius Mela donne aux Vardules tout le quartier Septentrional de l'Ocean ; depuis les confins des Cantabres, iusqu'aux Gaules, comprenant sous le nom general des Vardules, tous les menus peuples qui habitoient en cette region; entre lesquels il nomme les Salens, les Autrigons & les Origeuions. Mais Pline, qui escriuoit son departement selon le regiftre de l'Empire, distingue les Vardules, des Autrigons. Car il dit des Vardules, qu'ils comprenoient Quatorze peuples, lesquels ressortissoient auec les Celtiberiens, les Cantabres, les Vaccæans, les Autrigons, & autres, en l'ancienne ville de *Clunia*, maintenant *Cronia*. De ces Quatorze peuples, il nomme au liure Troisiesme les *Albanenses*, c'est à dire ceux d'Alaua qui prennent leur nom de leur ancienne ville *Alba*, mentionnée dans Ptolemée & dans l'Itineraire d'Antonin, sur le chemin d'Astorgue à Bourdeaux : qui estoit peut-estre en l'endroit du Bourg d'Armentegui, à demi lieuë de Victoria. Ce qui me le persuade, est le siege de l'Euesché d'Alaua, qui a esté long-temps en ce bourg, iusqu'à ce que le Pape Alexandre VI. le transporta à Calahorra, l'an 1498. Neantmoins au liure quatriesme Pline nous donne le nom de quelques autres villes des Varduliens; A sçauoir, *Morosgi*, *Menosca*, *Vesperies*, *Amanum Portus*, *vbi nunc Flauiobriga*, *Colonia Ciuitatum nouem*. Cette Colonie de Flauiobrige estoit le port de Vermeo en Biscaïe, comme escrit Garibai qui remarque qu'elle conserue encore le premier rang dans les Estats de la Prouince, nonobstant qu'elle ait esté ruinée par les guerres. Menosca est remarquée par Ptolemée entre les villes Maritimes des Varduliens, en l'Edition Grecque de Bertius, quoy que plusieurs ayent voulu changer cette ville en vne riuiere, & la confondre auec la riuiere Menlasque, ainsi que i'ai remarqué au chapistre IV. Mais outre que Ptolemée ne qualifie point Menosca du nom de fleuue, comme il fait tous les autres, Pline la denombre en termes expres parmi les villes des Varduliens. Outre ces Peuples denommés dans Pline, les Caristes dependoient des Vardules, ainsi que l'on peut verifier par Ptolemée ; qui met parmi les Caristes, l'embouchure de la riuiere *Deua*, qui est en Guipuscoa retenant le mesme nom, proche la ville de Deua. Cette riuiere coule pres la ville nommée *Tritium Tobolicum*, selon le tesmoignage de Mela ; qui est peut-estre, celle de Plaisance ; qui est arrousée de cette riuiere en Guipuscoa.

IV. Quant aux Peuples Autrigons, Pline escrit qu'ils possedoient dix Cités, & les distingue en termes exprés, des Varduliens. L'vne des Cités qu'il remarque, est *Virouesca*, qui retient encor auiourd'hui le nom, dans le païs de Bureba ; Ptolemée place aussi dans le païs des Autrigons, l'embouchure de la riuiere de *Nesua* : de sorte que ces peuples occupoient toute l'estenduë, qui est depuis Veruiesque iusqu'à l'Ocean ; c'est à sçauoir iusqu'aux villes de Bilbao, & de Portugalete en Biscaïe, par ou passe la riuiere de *Nesua*, appellée auiourd'hui *Nansa*, selon Pintian. A quoi s'accorde Mela, lors qu'il escrit comme auec desdain, & mespris de ces noms barbares, que la riuiere de *Nesua* coule par certains Autrigons, & Origeuions. Où il faut obseruer pour la conciliation de Mela auec Ptolemée, que les Origeuions estoient vn membre des Autrigons : & conclurre que la ligne des Autrigons depuis Viruiesque iusqu'à Portugalete, fait voir que les Cantabres estoient au delà, dans les Asturies de Santillane. Ce qui sera confirmé par l'autorité d'Orose, qui met entre les motifs de la guerre d'Auguste contre les Cantabrés, les courses qu'ils faisoient sur les Autrigons.

V. Il eſt neceſſaire de dire vn mot des *Berons*, qui eſtoient voiſins des *Cantabres Coniſques*, ſuiuant le temoignage de Strabon, & les ſeparoient des Celtiberiens. Ces Berons ne dependoient point des Vardules, mais ils eſtoient ſur leur frontiere. ſelon le meſme auteur; & eſtoient voiſins des Autrigons, ſelon Ptolemée. Pour comprendre à quelle Prouince ils reſpondent maintenant, il faut conſulter Strabon; qui eſcrit, que leur ville *Varia* eſtoit baſtie ſur le paſſage de la riuiere d'Ebro. Or la diligence de Surita nous aprend en ſes notes ſur l'Itineraire d'Antonin, qu'il y a vn Bourg du nom de *Varea*, baſti ſur les ruines de l'ancienne *Varia*, prés la ville de Logrogno en la Prouince de *Rioia*; Comme auſſi, que la ville de *Tritium* mentionnée dans Pline, parmi les Autrigons, & parmi les Berons par Ptolemée, eſt vn Bourg retenant l'ancien nom en *Rioia*, prés la ville de Naiara, qui a ſuccedé à l'ancienne ville de *Tritium Metalum*. On aprend donc de ces autoritez, que les Cantabres Coniſques n'entroient point dans le païs de la Rioia. Or ces Coniſques ſont appellés de ce nom chés Pline, & ſont ſans doute l'vn des Quatre Peuples Cantabriens. Ils differoient des autres Cantabres, qui habitoient prés les ſources de la riuiere de l'Ebro. Ce que Strabon enſeigne lors qu'il eſcrit, que de ſon temps, les Cantabres *au lieu de rauager les ſujets de l'Empire, combatoient pour les Romains, ſoit les Coniaques, dit-il, ſoit ceux qui habitent prés les fontaines de l'Ebro.*

II. Mela lib.3 c.1. Dion. lib. 53. De Cantabris, & Aſturibus; οἰκοῦσι τοῦτε πυρίωαίη, τοῦτε πρὸς τῇ Ἰζηρίᾳ τὸ χερτερώτατον, ᾗ τὴν πολιδάχ ὑπ' αυτὰ ἕχωσι

III. Plin. l. 3. c. 3. In conuentum Clunienſem Varduli ducunt populos XIIII. ex quibus Albanenſes tantum nominare liceat. Idem l.4.c.20. Garibai l. VII. c. x. Ptolemæus in Tab. 1. Europæ

IV. Plin. l. 3. c. 3. In Autrigonum decem Ciuitatibus Tritium & Virouesca. Mela l. 3. c. 1. Per Autrigones & Origeuiones quoſdam Neſua deſcendit. Oroſ. l. 6. c. 21.

V. Strabo l. 3. οἰκοῦσι δ' ἐκ μέρη τῷ πρὸς ἄρκτον μερῶν τοῖς Καντίζηροι Βήρωσιν, κεὰ τὰ βροις ὅμοροι τοῖς Κονίσκοις· ὧν ἐξὶ πόλις Ὀυαρία, χ' τὴν τοῦ Ἴζηρος διάβασιν κειμένη. σωεχεῖς δ' εἰσὶ καὶ Βαρδύηταις, ὓς οἱ νῶ Βαρδυάλους καλοῦσι. Strabo lib. 3. οἱ Κονιακοὶ, χ' οἱ πρὸς ταῖς πηγαῖς τῶ Ἴζηρος οἰκοῦντες πλὴν πυσιῶν. Corruptus locus. Caſaubonus legendum putat πόλιν πηγιῶν. Mihi rectius videtur πόλιν Ἰυλίαν. vt ſit idem cum Iuliobrica, quæ idem ſonat ac Iulia vrbs. Briga enim Hiſpanicè vrbem ſignificat. Porro Iuliobrica oppidum non procul à fontibus Iberi, vt docet Plinius.

H iiij

CHAPITRE XXI.

Sommaire.

I. *L'Espagne distribuée en Sept Prouinces sous le Prefect du Pretoire des Gaules, & son Vicaire en Espagne. Les Cinq estoient dans l'enceinte d'Espagne.* II. *La Galice comprenoit en ce departement les Asturiens & les Cantabres, les villes d'Astorgue & de Lugo outre celle de Braga, selon Orose, & Idacius.* III. *En la Police de l'Eglise le mesme ordre fut suiui, & l'Espagne diuisée en cinq Cités Metropolitaines, dont Braga estoit l'vne pour la Galice. Cette Prouince fut distribuée en deux Metropoles par* Theodemir *Roi des Suedois. Lugo fut Chef de la seconde. Denombrement des Cités suietes à ces deux Metropoles.* IV. *Les Cantabres estoient sous l'Euesché particulier de Lugo, & apartenoient aux Rois Suedois. Lugo estoit la ville qui estoit le Chef de son ressort du temps de Pline, & non pas cette ville qui est nommée* Lucus Asturum*, comme a creu Loaisa.* V. *Les Goths reduisent la Galice en vne Metropole, qui fut Braga, & rendent quatre Cités à Merida, qui estoit la Metropole de la Lusitanie.* VI. *Les villes des Cantabres* Iuliobrica, Vellica, *&* Aracillum, *estans ruinées, ne furent point mises au rang des Cités de l'Empire.* VII. *La Cantabrie, marquée dans l'Itineraire d'Antonin n'est pas le païs des anciens Cantabres; mais le quartier ou Agrippa les transporta la derniere fois qu'ils furent vaincus. Dans Idacius la Cantabrie signifie l'ancien païs.*

I. Depuis le temps de Pline l'Empire ayant esté distribué en Prouinces, partagées d'vne autre façon, que n'estoient les precedentes; On trouue dans la Notice publiée par Scotthus, que l'Espagne fut diuisée en Sept Prouinces, qui estoient sous l'administration du Vicaire establi en Espagne pour le Prefect du Pretoire des Gaules, à sçauoir la Taraconoise, la Carthaginoise, la Betique, la Lusitanie, la Galice, les Isles Baleares, & la Tingintaine, ou de Tanger, qui est delà le destroit en Afrique. Sextus Ruffus en son Breuiaire dedié à l'Empereur Valentinian, fait le mesme denombrement des Prouinces d'Espagne. De maniere que ces Quatorze assemblées ou ressorts, qui estoient du temps de Pline, furent reduits à Cinq, sçauoir à celui de Taracone, de Carthage, de la Betique, de la Lusitanie, & de la Galice; Les deux autres Prouinces estans hors du corps, & de la terre ferme de l'Espagne, sçauoir celles des Baleares, & de Tanger.

II. En cette distribution, la Galice qui n'auoit que les peuples dependans de *Bracara* depuis la riuiere de Duero, comprenoit vne plus grande estenduë de terre, qu'elle ne possedoit auparauant. Car elle fut augmentée, non seulement des peuples ressortissans à Lugo, mais aussi de la creuë des Asturiens, & des Cantabres. C'est à quoi fait allusion Orosius, lors qu'il escriuoit du temps de l'Empereur Theodose, que ces deux peuples font vne portion de la Galice. Cette Prouince fut sans doute formée sur le modele du gouuernement particulier, qu'Auguste auoit establi, m'eſtant en vn corps la Galice depuis la riuiere de Duero, auec les Aſturiens, & les Cantabres, ſuiuant Strabon. D'où vient, que les peuples du Septentrion s'eſtans rendus maiſtres des Eſpagnes depuis l'an 408. & particulierement les Sueues, s'eſtans ſaiſis de la Prouince de Galice; Idacius Eueſque de Lamego remarque en ſa Chronique, que non ſeulement la ville de *Bracara*, ou de *Braga* qui eſtoit le chef de la Galice; mais auſſi *Lugo* chef d'vne aſſemblée du temps de Pline; & *Aſtorgue* chef de la Prouince des Aſturiens, eſtoient membres de cette Prouince de Galice, poſſedée par les Suedois. C'eſt pourquoi il eſcrit en diuers endroits de ſa Chronique que les heretiques Manichæens furent deſcouuerts par vn Synode d'Eueſques, à *Aſtorgue* ville de Galice; que la ville de *Braga* eſt la derniere & la plus eſloignée Cité de la Galice; & que les Suedois habitoient dans la ville de *Lugo* en Galice, où ils furent defaits par l'armée des Goths.

III. La police Eccleſiaſtique, qui ſuiuoit la police de l'Empire, s'accommoda à ce partage; De ſorte que le corps de l'Eſpagne fut diſtribué en cinq Prouinces Metropolitaines, ſçauoir la Tarraconoiſe acreuë des Iſles Baleares, la Cartaginoiſe, la Luſitanique, la Betique, & celle de Galice; comme il apert par la preface de la regle de foi, inſerée dans les Actes du premier Concile de Toledo: où l'hereſie des Priſcillianiſtes eſt condamnée, ſuiuant les letres du Pape Leon, eſcrites enuiron l'an 445. d'où Loaiſa pouuoit inferer que cette regle ne precedoit pas le Concile de Toledo, qui fut tenu l'an 400. bien que depuis elle ait eſté fourrée dans ces Actes. Mais laiſſant à part la ſurpriſe de cét auteur, ie dis que la diſtribution des Metropoles ſe verifie auſſi, par le Premier Concile de Braga tenu ſous le Roi Suedois Theodemir l'an 563. Cette Prouince de Galice fut compoſée de Dix Cités, ſous la Metropole de Braga; Et d'autant qu'elle eſtoit de grande eſtenduë, le Roi Theodemir deſira qu'elle fuſt partagée en deux Metropoles; & que Lugo fuſt le chef de la ſeconde. Ce qui fut executé, par vn Synode des Eueſques de Galice tenu à Lugo l'an 563. qui erigerent auſſi quelque nouuel Eueſché, pour compoſer les Synodes de ces deux Metropolitains. De ſorte que ſous la Metropole de Braga, eſtoient les Eueſchés de *Puerto*, de *Lamego*, de *Conimbre*, de *Viſeo*, de *Egidetanie*, dont le ſiege a eſté tranſporté à *la Guardie*, de *Dumio*, qui de monaſtere fut erigé en Eueſché en faueur de Martin de Braga, qui a fait la Collection en abregé, des Canons Grecs citée par Gratian, ſous le nom du Synode du Pape Martin. Sous la nouuelle Metropole de Lugo, furent ſouſmis les Eueſchés d'*Orenſe*, *Aſtorgue*, *Iria*, autrement *el Padron*, dont le ſiege a eſté tranſporté à *Compoſtelle*, *Tuy*, & *Britonnie* autrement *Ouiedo*.

IV. On choiſit cette Egliſe de Lugo pour l'eriger en Metropole, parce que pluſieurs Eueſchés voiſins y aboutiſſoient; & que c'eſtoit vne ville où il y auoit des aſſemblées frequentes des Suedois. On fit en ce Concile le partage des dioceſes: De ſorte que l'on donna à la Cité de Lugo pour ſon departement, les terres voiſines qui eſtoient ſous le gouuernement de Onze Comtes. Ces termes generaux du Concile ſoit expliqués, dans les papiers anciens d'Ouiedo publiés par Loaiſa, qui donnent entr'autres choſes à Lugo *toutes les Aſturies par les monts Pyrenées & par le grand fleuue Oue; & par la coſte de la mer Oceanne, iuſqu'à la Biſcaïe*. C'eſt à dire, tout ce que l'on nomme auiourd'hui les Aſturies d'Ouiedo, depuis la riuiere *Oue*, & celles de Santillana compriſes entre la mer & les monts, qu'il nomme Pyrenées (auſſi bien que Dion & Mela) iuſqu'au païs de Biſcaie; De cette deſcription l'on reconnoiſt, que les Cantabres, qui eſtoient ſitués en cét eſpace de terre, dependoient des Rois Suedois; comme eſtans vn membre de la Prouince de Galice; Et pour les matieres Eccleſiaſtiques, de la Cité de Lugo. Cette ville eſt celle, où les Romains auoient eſtabli l'aſſemblée de Lugo. *Conuentum Lucenſem*, chés Pline appellée dans l'Itineraire d'Antonin *Lucus Augusti*; Et partant la Note de Loaisa est mal prise, lors qu'il estime, que c'est vne autre ville de Lugo dans les Asturies, fort peu renommée, & mentionée chez Ptolemée, sous le nom de *Lucus Asturum*.

V. Lors que les Rois Goths furent maistres de toute l'Espagne, ils conseruerent la mesme diuision de cinq Prouinces. Neantmoins il y eut quelque changement au departement des Cités; le Concile de Merida tenu sous le Roi Recesuinthe l'an 666. ayant reduit à Neuf Eueschés; ceux qui estoient sousmis à Braga; par le retranchement de quatre Cités, qu'il donna, ou rendit à la ville de Merida, Metropole de la Lusitanie, à sçauoir Conimbre, Viseo, Lamego & Egitanie. Quant à la Cité de Luco, elle decheut de sa dignité Metropolitaine, & fut remise sous la Metropole de Braga.

VI. Il seroit maintenant inutile de rechercher qu'elle estoit la ville de *Vellica*, & celle de *Arracillum* dans les païs des Cantabres; puis qu'elles furent ruinées & demolies du temps d'Auguste, & que dans le changement arriué en la distribution des Prouinces d'Espagne, leur nom, ni celui de *Iuliobriga*, n'a esté conserué; nulle de ces villes n'ayant esté assez considerée, pour tenir rang parmi les Cités dependantes immediatement des Metropoles. Neantmoins l'Archiprestre Iulian en ses Aduersaires estime que la ville de *Vellica*, soit celle que l'on nomme *Espinosa de los monteros*, ou bien *Barçana maior*: la ville de Arracil, *Arciniega*: le mont Vinnius, *Queto de Hano*, autrement Ori, d'où l'on voit, dit-il, vne grande partie de la France, & de l'Espagne.

VII. Mais il reste vne difficulté fort considerable, sur l'interpretation de l'Itineraire d'Antonin; qui designe deux chemins de la ville d'Astorgue, à Saragosse; l'vn est l'ordinaire; l'autre est en passant par le païs *de Cantabrie*. Car ce chemin qui meine à Saragosse par la Cantabrie, est beaucoup esloigné de la region des Cantabres, comme ie l'ai marquée, & mesmes comme elle est expliquée par le sieur d'Oyhenard. Dautant que ce chemin passe par la ville *Intercatia*, qui est du païs des Vaccæans; par *Clunia*, qui estoit la capitale des Celtiberiens; par *Vxama*, qui estoit des Areuaces; par *Numance*, & *Augustobriga*, & *Turiasone*, qui estoient aux Celtiberiens, & de la à Saragosse par le lieu de Caraui; où bien par *Allobona* ou Alagon, qui est des Vascons. Ie pense, que ce quartier des Vascons & Celtiberiens, marqué dans l'Itineraire estoit nommé *Cantabrie*; à cause que les Cantabres apres leur defaite par Agrippa furent transportés de leur païs montueux, aux plaines voisines; afin d'empescher la continuation de leur reuolte, selon le temoignage de Dion. Or Agrippa ne pouuoit les transporter du costé de l'Ocean, parce que le païs y est aussi rude, & propre à nourrir les factions; Mais il faloit qu'il les plaçast dans des lieux accoustumés à l'obeïssance, tels qu'estoient les extremités des Vascons, où ils ioignoient les Autrigons, & les Celtiberiens. C'est la raison pourquoi ce quartier fut denommé *Cantabrie*, afin de conseruer la memoire des victoires gagnées sur ces peuples; qui est vn nom que les chartes, Iean Biclarensis, & les Auteurs du moyen aage ont conserué à la Rioia; qui fut peut-estre l'vne des Prouinces, où le vaillant Agrippa transporta les Cantabres. Neantmoins la vraye Cantabrie, ne perdit pas pour cela son nom. Car Idacius escrit que les Erules ayans fait vne descente aux quartiers de Lugo, furent repoussés, & s'estans remis sur leurs vaisseaux, prindrent terre aux costés des Cantabries & des Vardulies, qu'ils ruinerent entierement.

I. Notitia Prouinc. Rufus in Breuiario : per omnes Hispanias VI. nunc sunt Prouinciæ. Tarraconensis, Carthaginensis, Lusitania, Gallicia, Bætica, Insulæ Baleares. Trans fretum Africæ, Prouincia Hispaniarum est, quæ Tingitana, Mauritania cognominata.

II. Orosius l.6. c.21. Cantabri & Astures Galleciæ Prouinciæ portio sunt; qua extentum Pyrenæi iu-

gum haud procul secundo Oceano sub Septentrione deducitur. Idacius in Chron Olymp. 306. 309. 310.
III. Concil. Tolet. 1. in Regula fidei. Bracar. 1. Concilium Lucense, editum à Garsia Loaisa: Metropolis Bracara, Portucale, Lamecum, Conimbria, veseum, Dumium, Egitania vel Egidætania. Lucus, Auria, Asturica, Iria, Tudis, Britonnia.
IV. MS. Ouetense editum à Loaisa: Totas Asturias per Pyrenæos montes, & per flumen magnum

Oue, & per totũ litus maris Oceani, vsque Biscaïam.
V. Concilium Emeritense sub Recesuintho.
VI. Iulianus in Aduersariis n. 239. & 306.
VII. Itinerar. Anton. p. 100. Dio. l. 54. Cantabros. τοὺς τε ἐν τῇ σκινίᾳ πλαγίοις πάντας ἀλγε διέφθειρε καὶ τοὺς λοιποὺς τά τε ὅπλα ἀφείλετο, ἢ ἐς τὰ πεδία ἐκ τῶν ἐρυμνῶν κατοικίσαι. Idacius in Chronico. Anno V. Marciani. Eruli Cantabriarum & Vardulíarum loca maritima crudelissime deprædati sunt.

CHAPITRE XXII.

Sommaire.

I. L'estenduë du païs des Vascons. Ils possedent les monts Pyrenées iusqu'à l'Ocean ; & sont assis à la frontiere des Gaules. Cela est mieux expliqué par Strabon, Pline, & Ptolemée, que par Mela. II. Ils sont situés d'vn autre costé, au dessus des Iaccetains selon Strabon. Quels sont les peuples Iaccetains, ou Lacetains. Conciliation de Strabon, & de Ptolemée. III. Iacque est vne ville des Vascons. IV. Les Vascons s'estendent le long de la riuiere d'Ebro depuis Alagon iusqu'à Calahorra, qui est vne ville des Vascons. Deux Calahorres. V. Diuerses villes des Vascons dans Ptolemée expliquées. Cascant dans Ptolemée. VI. Iturissa, & Summum Pyrenæum expliqués. VII. Vascons du ressort de Saragosse du temps de Pline. Les Arocelitains sont ceux d'Araquil. Les Bacaudes Arocelitains defaits, & expliqués. Les Carenses. VIII. Trois Gouuernemens de la Prouince Taraconoise en diuers temps. IX. Metropole de Taragone auec ses Quatorze Cités. X. La Vasconie partagée sous deux Cités Pampelone, & Calahorre. XI. Ce partage a donné le nom des Vasconies, aux peuples anciens des Vascons, & au païs de Guipuscoa, Biscaie, & Alaua. XII. Le nom des Vardules & des Autrigons s'est euanoüi depuis ce partage. Idacius est le dernier qui fait mention des Vardules.

I. Es Vascons peuples d'Espagne possedoient tout le païs, qui est depuis Iacque ou l'ancien Comté d'Aragon, coulant le long des monts Pyrenées, iusqu'à la ville *Oeason* assise sur la mer Oceane, & iusqu'à l'embocheure de la riuiere Oria; & puis reprenant vne ligne par la frontiere des Varduliens, & des Berons, c'est à dire du païs d'Alaua, & de Rioia, iusqu'à la ville de Calahorra, au delà de l'Ebro. Pline descriuant l'Espagne citerieure, establit les Vascons dans les monts Pyrenées, iusqu'à l'Ocean, & leur accorde la ville *Olarso*, (qui est celle que Mela & Ptolemée nomment *Oeaso*.) C'est à dire S. Sebastien, comme i'ai monstré au Ch. IV. & en suite fait à part le denombrement des villes des Varduliens. Qui est vne precaution grande pour esuiter la confusion de Mela, qui auoit escrit que les Varduliens fermoient les Espagnes du costé des Gaules. Neantmoins cette estenduë de terre, où la ville *Oeaso* est assise, iusqu'à l'emboucheure de la riuiere d'Oria, empesche que les Vardules ne sont pas precisement limitrophes des Gaules; mais bien les Vascons, qui touchent l'Ocean en ce seul endroit. De sorte que Ptolemée a eu raison de metre la ville Oeason, & l'emboucheure d'Oria, parmi les Vascons : & Strabon d'escrire, que les Vascons habitent vers l'extremité de l'Ocean; soit ceux qui sont aux enuirons de Pampelone, soit ceux de la ville *d'Oeason*, qui est assise sur l'Ocean. Car c'est ainsi que ce nom doit estre restabli dans Strabon, suiuant la foi des manuscrits, que le docte Casaubon allegue, au lieu de celui *d'Oidasuna*, qui est representé en quelques autres.

II. Ce mesme auteur voulant designer l'endroit de la situation des Vascons, escrit que ces peuples sont assis au dessus des Iaccetains du costé du Septentrion, là où est la ville de Pampelone ; *comme si l'on vouloit dire la ville de Pompée*, ainsi qu'il parle. Or les Iaccetains estoient des peuples, à qui cét auteur donne l'estenduë depuis la racine des monts Pyrenées, iusqu'aux quartiers voisins des villes de Leride, & de Huesca, lesquelles apartenoient aux Ilergetes. A quoi s'accorde Ptolemée, qui met les Ilergetes proches des Iaccetains ; mais il semble lui contredire, en ce qu'il separe les Vascons des Iaccetains, metant les Ilergetes entre deux. Toutesfois l'on peut concilier ces auteurs en disant, que du costé de la plaine de Huesca, les Ilergetes sont situés entre les Iaccetains, & les Vascons ; mais du costé de la montagne, les Iaccetains & les Cerretains aboutissoient aux Vascons, selon Pline. Ces peuples sont nommés Iaccetains par les auteurs Grecs, Strabon, & Ptolemée ; & Lacetains par les Latins ; Cesar, Liue, & Pline.

III. L'endroit où les Vascons sont ioignant les Lacetains & Cerretains, du costé des Pyrenées, doit estre reconnu par le témoignage de Ptolemée, lequel en la description des villes apartenantes à ces peuples, denombre celle de Iacque à quinze degrés & demi de longitude, quarante trois, & vingt six minutes de latitude. Elle conserue encore son nom dans les monts Pyrenées sur la frontiere de Bearn ; & a esté ci-deuant le chef du Comté particulier d'Aragon. Le territoire des vallées qui dependoient de ce Comté est ioignant la vallée de Roncal, qui est encor du Roiaume de Nauarre.

IV. L'estenduë des Vascons hors la montagne vers la plaine, doit estre recherchée dans les anciens auteurs. Les limites plus auancées sont sur la ligne meridionale d'vn costé, en la ville d'Alagon prés de Saragosse de là l'Ebro, suiuant l'opinion de Surita sur l'Itineraire ; qui explique la ville des Vascons *Alauona* chés Ptolemée, pour celle d'Alagon : de l'autre costé en la ville de Calahorra *Calagurris*, montant le long de la riuiere d'Ebro. Strabon & Ptolemée, donnent nettement aux Vascons cette ville. Mais il faut remarquer, qu'il y a deux villes qui portent ce nom dans Pline ; dont l'vne est surnommée *Calagurris Nascica*, qu'il denombre entre les villes des peuples de Huesca : L'autre est surnommée *Calagurris Fibularia*, qui est celle du païs des Vascons, selon Surita. On est en peine de quelle de ces deux villes estoit sorti ce grand personnage Quintilian. Mais on est bien asseuré que celle des Vascons donna vn exemple de fidelité tres-recommandable à la memoire de Sertorius; les assiegés ayant souffert l'extremité d'vn siege contre l'armée Romaine, & mangé leurs femmes & leurs enfans, suiuant le témoignage de Valere Maxime & de Iuuenal. Ausone reproche à Paulin son seiour de Calahorre, parmi les horreurs du païs des Vascons ; et Prudence nomme le fleuue d'Ebro, *Vascon*, d'autant qu'il coupe les païs des Vascons, coulant pres de Calahorre, & des autres villes assises sur cette riuiere.

V. Apres auoir verifié les limites, & l'estenduë des Vascons, il faut considerer ce que l'on pourra reconnoistre parmi les villes de ces Peuples, que Ptolemée descrit en cét ordre. *Iurissa, Pompelon, Bituris, Andelus, Nemanturissa, Curnonium, Iacca,*

Grac-

Graccuris, Calagorina, Bascontum, Ergauia, Tarraga, Muscaria, Setia, Alauona. Pampelone, Iacque, Alagon, Calahorre & Larrage conseruent leur ancien nom. Pour le Bascontum, Surita iuge fort à propos suiuant la foi de l'ancien Interprete de Ptolemée qui a tourné *Cascontum*, qu'il faut corriger le texte, & lire *Cascantum*; qui est la ville de *Cascante* au dessous de Calahorre par delà l'Ebro: laquelle donnoit le nom aux peuples *Cascatenses*, chés Pline. Cette correction de Surita est confirmée par la Leçon du manuscrit Palatin, qui porte en termes exprès, *Cascantum*, en l'edition de Bertius. On doit establir entre Calahorra, & Cascant, la ville de *Graccuris*, fondée par Gracchus pour seruir de monument de la victoire qu'il auoit obtenuë sur les Celtiberiens. Dont Surita parle plus amplement en ses Notes.

VI. Pour la ville *Iturissa*, mentionnée dans Ptolemée, on doit la rechercher suiuant les traces de l'Itineraire d'Antonin, qui descriuät le chemin d'Astorgue à Bourdeaux, conduit de Pampelone à *Iturissa*, en la distance de 22. mille pas; & de là au plus haut des Pyrenées, *summum Pyrenæum*, en la distance de 18. mille pas. Cette description sert à reietter l'opinion des Espagnols, qui ont pris *Iturissa* pour Sanguessa; Mais aussi elle empesche, que l'on ne peut l'establir dans la vallée de Bastan; dautant que cette vallée est du costé des Gaules dans la pente de la montagne; Au lieu que venant de Pampelone, on rencontre *Iturissa*, 18. mille pas plustost que d'arriuer au haut de la montagne, selon l'Itineraire: d'où il faut descendre en suite vers la vallée de Bastan. Car *summum Pyrenæum* signifie le passage où est la plus grande hauteur des Pyrenées: que l'on nomme auiourd'hui communement *le Port*. Ce nom de *summum Pyrenæum* est donné à trois diuers passages de ces montagnes, qui sont marqués dans l'Itineraire. L'vn est celui-ci, qui est sur le chemin d'Astorgue à Bourdeaux. L'autre est sur le chemin de Saragosse à Bearn. Le troisiesme sur le chemin d'Arles à Tarragone. De sorte qu'il faut chercher *Iturissa* entre Pampelone & le Burguet de Ronceuaux; qui est placé *in summo Pyrenæo*; & par ce moyen on trouuera, que le Bourg de Subiri qui est sur ce chemin, respond à *Iturissa*. Mela semble s'opposer à cette explication, en ce qu'il dit que le fleuue *Magrada* coule pres *Iturissa*, & Oeason. Mais il est certain que Mela n'est pas plus contraire à nostre interpretation qu'il est à l'Itineraire d'Antonin, qui met *Iturissa* entre Pampelone & le Burguet. On pourroit accorder Mela auec l'Itineraire, si l'on pouuoit monstrer que la riuiere de Subiri coule vers Sainct Sebastien ou vers Fontarabie. Pline fait mention des *Ituricenses*, qui estoient les habitans de cette ville, & de son Bailliage.

VII. Les Peuples Vascons appartenoient du temps de Pline, au ressort de Saragosse, auquel respondoient Cinquante-deux Peuples. Parmi ceux-là, il denombre ceux de Pampelone, ceux de Calahorra surnommés les Fibulariens, de Cascant, de Graccuris, de Tarrage, ou Larrage, & ceux d'Iturissa. Il denombre encore les Ilumberitains, qui est la ville de Lumbier en Nauarre; les Arocelitains, dont la ville est nommée *Araceli* dans l'Itineraire d'Antonin, & interpretée par Surita pour *Araquiel* en Nauarre: qui est à mon auis la vallée d'Araquil mentionnée dans les lettres du Roi Sance le Grand, chés Sandoüal. Idacius fait mention des peuples mutinés dans la Prouince Taraconoise, que l'on nommoit *Bacaudas*, d'vn nom vulgaire, comme ceux que l'on appelloit en Guienne, *Croquans*, l'année derniere. Asturius les defit du temps de l'Empereur Theodose le jeune; Et en suite les mutins ou *Bacaudes Arocelitains*, c'est à dire les Croquans qui s'estoient atroupés en la vallée d'Araquil. Pline fait aussi mention des Carenses, qui sont ceux de *Puente de la Reina*, surnommés en langage vulgaire du païs *Cares*, comme le sieur d'Oyhenard a fort bien obserué.

VIII. Mais encore que pour l'administration Politique, & les affaires de Iustice, les Vascons fussent du ressort de Saragosse; neantmoins le Gouuernement Ge-

I

neral, sous lequel ils estoient establis auoit plus d'estenduë ; sur quoi il faut considerer trois diuers temps. L'vn est celui d'Auguste, qui partagea les Prouinces de l'Empire auec le peuple. Il donna vne portion de la Prouince Bœtique au peuple, qui la faisoit gouuerner par vn Preteur. Tout le surplus de l'Espagne estoit de la prouision de l'Empereur, qui enuoyoit vn Gouuerneur auec son Lieutenant en la Lusitanie iusques à la riuiere de Duero. Il establissoit sur le reste de l'Espagne vn autre Gouuerneur, qui estoit homme Consulaire; lequel auoit sous soy trois Lieutenans. Le premier commandoit en Galice, aux Asturiens & aux Cantabres; Ce qui a serui depuis de modelle pour former la Prouince de Galice. Le second Lieutenant gouuernoit tout le reste du païs montueux, iusques aux Pyrenées, c'est à dire depuis les Monts d'Oca iusques aux Monts Pyrenées & à l'Ocean : où estoient comprises la Bureua, Alaua, Biscaya, Guipuscoë, & la meilleure partie des Vascons. Le troisiesme Lieutenant administroit les Celtiberiens, & les autres Peuples residans prés de l'Ebro, & tout le reste de la Prouince, qui estoit aisée à manier, à cause qu'elle estoit accoustumée à l'obeïssance. C'estoit l'estat de ces Prouinces du temps de Strabon. Sous Vespasian, les Princes ayans l'exercice entier de toute l'autorite, l'Espagne fut diuisée en trois Prouinces comme auparauant, sçauoir la Taraconoise, la Bœtique, & la Lusitanie selon Pline, mais elles receurent les Gouuerneurs de la main des Empereurs.

IX. Le changement qui se fit en son administration fut beaucoup plus grand sous Hadrian. Car l'Espagne ayant esté distribuée en cinq Prouinces, pour ce qui regarde le dedans, ainsi que i'ay desia remarqué; la Prouince Taraconoise fut restrainte à Quatorze Cités sous la Metropole de Taracone ; qui sont denombrées en cét ordre dans les anciens manuscrits publiés par Loaisa; Taracone Metropole, Tortose, Saragosse, Taracone, Calahorre, Auca ou Oca ville ruinée, dont le siege a esté transporté à Burgos l'an 1075. par le Roi Alfonse VI. Pampelone, Huesca, Lerida, Barcelone, Egara, ville ruinée, dont le siege a esté vni à celui de Barcelone, Ausone autrement Vich, Girone, Ampurias & Vrgel. De sorte que cette Prouince Taraconoise comprenoit la Catalogne, l'Aragon, la Nauarre auec la Guipuscoë, Biscaye, Alaue, Bureue, & la Rioie.

X. Les Vascons en ce partage furent soufmis à la Cité de Pampelone pour la plus grande partie, auec les Guipuscoans qui furent adionts à cette Cité. Calahorre emporta l'autre partie des Vascons, & encore l'Alaue & la Biscaye, qui furent par ce moyen vnies comme membres à la seconde Cité des Vascons. Ce qui fut ordonné en l'Estat ciuil, fut suiui dans l'Ordre Ecclesiastique. De sorte que les Euesques de ces deux Cités possederent en leur administration tous les païs susdits. Ce que l'on peut verifier pour le regard de l'Euesché de Pampelone, par les letres du Roi Sance le Grand, que Sandoüal a publiées, qui comprennent suiuant l'ancien vsage dans le Diocese de Pampelone, non seulement ce qu'il possede auiourd'hui de la Nauarre; mais encore la vallée d'Aragon où est la ville de Iacque depuis la riuiere du Galhiguo, & tout le païs d'Ipuscoa iusqu'à la riuiere de Deua. Il est vray, que pour ce qui regarde les frontieres de France, cette letre est vn peu auantageuse. Car bien qu'elle ne pousse point les limites au delà de la Chapelle de Charlemagne, que l'on nomme auiourd'hui *Ibigneta*, ny outre le port de Belat; et partant, que la vallée de Bastan demeure libre pour la France, & pour l'Euesché de Baione : Neantmoins cette letre donne à Pampelone, tout ce qui est depuis Belat iusqu'à Sainct Sebastien, auec les vallées voisines, Lerin, Oyarçun, Ernani, & autres iusqu'à la riuiere de Vidasoë. Ce qui est ordonné au preiudice du droict, & de la possession de l'Euesque de Baione, auquel ce quartier apar-

Liure premier. 99

tenoit, selon la declaration de Arsius Euesque de Labour l'an 980. rapportée au chap. VIII.

XI. Or comme tous les Vascons furent partagés en deux Cités, auec les creuës des petits païs voisins, ces deux Prouinces, plustost que dioceses, furent nommées, *les Vasconies*, ainsi qu'il apparoist par le témoignage d'Idacius en sa Chronique; lors qu'il dit que Richiarius Roi des Suedois rauaga *les Vasconies*; comme l'Aquitaine ayant esté partagée en deux Prouinces on les nomma *les Aquitaines*. C'est aussi en consequence de ce nouueau departement, que le païs d'Alaua, qui en son origine n'apartient point aux Vascons, fait pourtant vne portion de la Vasconie, dans la Chronique de *Ioannes Biclarensis*; lors qu'il escrit que le Roi Leouigilde s'empara d'vne partie de la Vasconie, & y bastit la ville *Victoriacum*; qui est Victoria, capitale du païs d'Alaua, & dependante de l'Euesché de Calahorra. Il ne faut donc pas se persuader que les Vascons ayent domté à force d'armes ces quartiers, de Guipuscoa, d'Alaua & de Biscaïe, parce qu'ils sont incorporés dans la Vasconie, & qu'ils portent auiourdhui le nom de *Basques* & de *Vascongados*, auec l'vsage d'vne mesme langue. Mais il faut attribuer cette incorporation, à l'establissement des deux Cités de la Vasconie, fait pour la police de l'Empire. Aussi auant cét ordre, Auguste auoit preiugé que tous ces païs deuoient composer vn seul corps; car il les mit sous le commandement d'vn seul Lieutenant, ainsi que l'on a peu remarquer chés Strabon.

XII. Depuis cette incorporation le nom des Autrigons & des Vardules s'euanoüit, en sorte que depuis on ne trouue point qu'il ait esté en vsage, si ce n'est dans la Chronique d'Idacius; lors qu'il parle du rauage que firent les Erules aux costes des Cantabries, & des Vardulies, l'an 460. Mais cét Auteur, qui est le dernier de ceux qui ont employé ce mot, se plaist dans le style de Pline, & de conseruer les anciennes denominations, nonobstant les nouueaux departemens des Cités. De fait il se sert bien souuent de *Conuentus Lucensis, & Bracarensis* pour signifier les quartiers de Braga, & de Lugo, quoique dans la distribution de son temps ces termes fussent abolis. Il en vse de mesme pour le regard des Vardulies; dont il conserue le nom, quoi qu'elles fussent incorporées aux Cités des Vascons. En quoi il n'y a point d'inconuenient, mais plustost l'explication de la descente des Erules est plus precise, lors qu'elle est enoncée par le nom particulier du quartier, qui estoit encore cogneu du temps d'Idacius; quoi que depuis il fut englouti par le nom General de Vasconie.

I. Plin. l. 4. c. 20. A Pyrenæo per Oceanum, Vasconum saltus, Olarso, Vardulorum oppida, Menosgi. Strabo. l. 3. ὅτι τοῖς ἐσχάτοις ἐπὶ τῷ Ὠκεανῷ Ὠράσκωτας τοῖς Χ. πομπέλωνα ᾗ τὴν ἐπ᾽ αὐτῷ τῷ Ὠκεανῷ Ὀεασῶνα πόλιν.
II. Strabo. ὑπέρκειται δὲ τῆς Ιακκυτανίας πρὸς ἄρκτον τὸ τῶν ουασκώνων ἔθνος, ἐν ᾧ πόλις Πομπέλων, ὡς ἂν Πομπηιόπολις. Plin. l. 3. c. 3. Lacetani, perque Pyrenæum Cerretani, deinde Vascones.
III. Ptolemæus Tab. 2. Europæ.
IV. Valer. l. 7. c. 6. Iuuen. satyr. 13. Surita ad Itiner. Ant. Paulin. ep. 13. ad Auson.
V. VI. Plin. l. 3. c. 3. Itinerar. Anton. Prol. Mela.
VII. Idacius an. 19. Theodosii de Asturio Magistro militiæ: Aroceliranorum frangit insolentiam Bacaudarum.
IX. Loaisa è Codice Hispalensi in Notis ad Concilium Lucense: Tarracona Metropolis. Dertosa, Cæsaraugusta, Tirasona, Calagurris, Auca, Pampilona, Osca, Elerda, Barcinona, Egara, Ausona, Gerunda, Impurias, Orgello.
X. Sandouall. in Catal. Episc. Pomp.
XI. Idacius in Chronico. Vasconias deprædatur. Ioannes Biclarensis in Chronico.
XII. Idacius in Chron. Olymp. 309. Cantabriarum & Vardulianum loca maritima crudelissime deprædati sunt.

I ij

CHAPITRE XXIII.

Sommaire.

I. Les Vascons suiuirent les Carthaginois, & depuis les Romains, ont esté beaucoup estimés pour leur courage & l'agilité de leur corps. II. Lors que les Vandales & les Suedois enuahirent l'Espagne, les Vascons subsisterent sous la domination des Romains. Rechiarius Suedois Roi de Galice rauagea les Vasconies. Fait la paix auec l'Empire. Enuahit la Prouince Taraconoise où estoient les Vasconies. III. Euarix Roi des Goths prend Pampelone, & se rend maistre de la Vasconie. IV. Guerre des Rois de France, contre Amalaric Roi d'Espagne, & en suite contre le Roi Theudas. Siege de Saragosse par les Rois Childebert & Clotaire. V. Ces Rois conquestent vne partie de l'Espagne, sçauoir Pampelone & la Vasconie. VI. Et la Cantabrie. Francio establi Duc de la Cantabrie, qui payoit les tributs acoustumés aux Rois de France. VII. L'armée Françoise defaite pres la riuiere de Minio en Galice. VIII. Explication de Victor lors qu'il escrit qu'il y auoit cinq Rois de France en cette armée. Chilperic fils de Clotaire estoit dans les troupes. IX. Athanagilde appella à son secours les troupes de l'Empereur Iustinian. Elles occupent plusieurs places en Espagne, & la Cantabrie sur les François. X. Les Imperiaux retindrent long-temps la Cantabrie, & eurent plusieurs guerres auec les Rois d'Espagne. XI. Les Vascons estoient sous les Imperiaux, aussi bien que les Cantabres. XII. Depuis ce temps il y eut des guerres entre les François & les Vascons, & entre les Vascons & les Goths. XIII. Le Duc Bladaste enuoyé en la Vasconie auec vne armée par Chilperic Roi de Soissons. Cette Vasconie estoit la Prouince de ce nom qui estoit en Espagne, & non la Nouempopulanie, qui n'auoit point encore changé son nom, & estoit sous l'obeyssance des François.

I. Yant examiné l'assiete des Vascons, il faut considerer à quels Princes ils ont esté soufmis. Du temps des Carthaginois ils suiuirent la fortune du vainqueur, & grossirent auec les Cantabres, les troupes d'Hannibal, lors qu'il fit son entrée dans l'Italie. Le Poëte Silius qui a descrit les guerres Puniques, recommande leur courage, l'agilité de leurs corps, & le mespris qu'ils faisoient de couurir leur teste d'aucun pot de fer, dans les combats. L'Espagne ayant esté reduite sous l'obeïssance des Romains, ils subirent le joug comme les autres peuples, & ayans esté enuelopés dans la faction de Sertorius du temps des guerres ciuiles, ils eurent vn suiet de témoigner leur fidelité enuers leur chef dans sa disgrace. Ils ne furent point engagés dans la guerre Cantabrique contre Auguste; comme l'on peut iuger de ce que Strabon escrit, que l'armée Romaine estoit fournie de viures, du costé de l'Aquitaine, quoi que ce fut auec beaucoup de peine à cause de la difficulté des passages. Ce qui fait voir que la voiture se faisoit par les montagnes des Vascons. Leurs forces estoient estimées, & leurs soldats, employés dans l'armée Romaine du temps de l'Empereur Vitellius chés Tacite.

II. Ils furent en repos dans l'Espagne sous la domination Romaine, iusqu'à ce que les Vandales, les Sueciens, ou Suedois, & les Alains vindrent enuahir les Prouinces de l'Empire, en sorte que la Prouince de Galice fut possedée par les Suedois; la Betique par les Vandales, & les Prouinces de Carthage & de Lusitanie par les Alains, comme escrit Idacius. De maniere que l'Empire ne retint dans l'Espagne que la Prouince de Taracone, où estoient situés les Vascons; qui furent par ce moyen obligés d'auoir les armes à la main pour leur defense contre les Suedois. D'autant plus que la puissance de ceux-ci s'estoit tellement accreuë, que Rechila leur Roi Payen auoit reduit sous sa puissance les Prouinces de la Lusitanie, de la Betique & de Carthage. Auquel succeda Rechiarius son fils Catholique, qui apres auoir espousé la fille de Theodore Roi des Vvisigoths de Tolose, fit la guerre dans les terres de l'Empire; & rauagea les Vasconies au commencement de son regne l'an 448. Et continuant son dessein, fit le degast en la Prouince de Saragosse, & prit la ville de Lerida. Son progrés fut arresté par la paix qui fut traictée entre lui, & Mansuetus Comte des Espagnes l'an 402. par laquelle il rendit à l'Empire la Prouince de Carthage. Mais l'année 456. les Suedois ayans rauagé cette mesme Prouince, & refusé la continuation de la paix, que l'Empereur Auitus leur auoit demandée par son Legat : auquel le Roi des Vvisigoths Theodoric auoit ioint ses Ambassadeurs pour le mesme effect : Rechiarius enuahit la Prouince Taraconoise sur l'Empire ; Il ne faut point douter que les Vasconies, qui estoient à la frontiere de Galice ne fussent occupées les premieres. Cette violence de Rechiarius fut rudement chastiée. Car Theodoric Roi des Goths entra dans l'Espagne auec la permission de l'Empereur Auitus, defit Rechiarius pres de la ville d'Astorgue, & se rendit maistre de plusieurs places dans l'Espagne.

III. Ces heureux succés, & le desordre de l'Empire conuierent Euarix Roi des Vvisigoths de se rendre maistre de l'Espagne. De fait Isidore remarque en sa Chronique, que ce Prince prit Pampelone, & en suite Saragosse, & toute l'Espagne superieure, en l'année 466. Par ce moyen, les Vascons qui auoient esté iusqu'à present sous l'Empire Romain, furent de la conqueste des Goths.

IV. Apres la defaite d'Alaric, les Rois Goths se retirerent en Espagne; mais comme ils auoient beaucoup d'affaires à desmesler auec les Rois de France, leur Roi Amalaric fut desfaict & tué à Narbone par le Roi Childebert l'an 531. pour venger l'iniure que ce Prince Arien auoit fait en haine de la religion Catholique à sa femme Chrotilde, sœur de Childebert. Mais l'année 542. fut encore plus funeste au Roi Theudis successeur d'Amalaric. Car les Rois Childebert & Clotaire entrerent dans les Espagnes auec vne puissante armée, assiegerent Saragosse; & neantmoins emeus de la deuotion du peuple de la ville, qui opposa à leurs armes pour toute resistance, les prieres enuers Dieu, portant en procession sur les murs de cette ville assiegée; la tunique de saint Vincent, se retirerent du siege par respect, & remporterent l'estole de ce Saint Diacre & Martyr. Cette circonstance de l'estole est adioustée au recit de Gregoire de Tours, par l'ancien Auteur des Gestes des François : qui distingue cette entrée des Rois en Espagne, de l'attaque qui auoit esté faite quelques années auparauant contre le Roi Amalaric à Narbonne, mieux que n'a fait *Fredegarius*, qui confond ces deux exploits.

V. Or il faut faire vne notable reflexion sur ce qu'a remarqué Gregoire de Tours, que nos Rois se retirerent auec vn riche butin; aprés auoir conquis vne grande partie de l'Espagne. De sorte qu'il faut examiner, quelle fut cette grande conqueste, qu'il n'a point exprimée, qu'en termes generaux. Pour cét effet il faut appeller au secours la Chronique de *Victor Tunnunensis* publiée par *Canisius* ; de laquelle nous aprenons que l'année seconde apres le Consulat de Basile, qui respond à l'an 542. *cinq Rois de France, estans entrés dans l'Espagne par Pampelone, vindrent à Saragosse, qu'ils assiegerent trois iours, & ruinerent toute la Prouince Taraconoise.* De sorte que la Prouince Taraconoise fut en proye à cette armée, & Pampelone fut saisie pour l'assurance de la retraicte. Qui ne void donc auec toute euidence, que si vne bonne partie de l'Espagne fut conquise, selon Gregoire de Tours, Pampelone & la Vasconie furent la premiere conqueste, selon Victor.

VI. Mais elle ne satisfait pas au témoignage de Gregoire, qui veut qu'vne bonne partie ait esté conquise, si l'on arreste le cours de l'armée à la seule Vasconie. C'est pourquoi on est obligé de lui donner quelque autre progrés. La Cantabrie fut enuahie en suite de la Vasconie. Fredegarius est tesmoin asseuré, que les François l'ont conquise, & possedée quelques années ; & qu'ils y ont establi vn Duc nommé Francio, qui leur payoit les tributs, qui lui estoient ordonnés. Il est croyable que ce Duc gouuernoit coniointement la Vasconie, & la Cantabrie. Fredegarius ne designe pas veritablement le temps de cette conqueste ; mais elle ne peut estre rapportée à nul autre qu'à celui-ci, où l'on voit les armes Françoises triomphantes de l'Espagne. La Cantabrie n'estoit pas des apartenances du Roiaume des Vvisigoths, mais de celui des Suedois en Galice, qui estoient si foibles en ce temps-là, que mesmes le nom de leurs Rois qui regnoient pour lors, est enseueli auec eux.

VII. Il semble que les François se preualans du bonheur de leurs armes, ne s'arresterent pas à la conqueste de la Cantabrie ; mais qu'ils eurent dessein de rauager, ou de conquerir entierement le Roiaume de Galice. De fait ils poussèrent leur armée, qui estoit maistresse de la campagne, iusqu'à la riuiere de *Minio* en Galice. Mais le Roi des Goths Theudis, ioignant ses forces à celles de Galice, arresta leur progrés, & eut de l'auantage sur les Rois de France, prés de cette riuiere de Minio, selon le témoignage de l'anciene Chronique de Moyssac publiée par le sieur du Chesne. Ce combat gagné sur les Rois de France par Theudis, ne peut estre rapporté qu'à cette campagne ; qui est la seule, où les Rois de France ayent esté en personne si auant dans l'Espagne, non seulement du temps de Theudis, mais depuis encore.

VIII. On pourroit tenir pour suspect le recit de Victor, en ce qu'il dit, qu'il y auoit V. Rois de France en cette expedition ; Gregoire de Tours n'en marquant que deux, sçauoir Clotaire, & Childebert. Neantmoins on peut concilier ces narrations, en disant que les enfans de ces deux Rois pouuoient acheuer le nombre de cinq. De fait, ie trouue que Chilperic fils de Clotaire estoit de la partie ; puis que le Poëte Fortunat escrit à ce Roi, qu'il auoit vaincu en la compagnie de son pere, les Vascons, les Saxons, les Bretons, & quelques autres peuples.

IX. Apres que les François eurent possedé quelque temps la Cantabrie, elle leur fut ostée par l'armée de l'Empereur Iustinian. Car le Roiaume d'Espagne ayant vacqué par le decés de Theudas l'an 547. Theudisclus lui succeda, en 48. & à celui-ci Agila en l'année suiuante 49. Qui se comporta auec tant d'insolence que les Goths furent obligés de se reuolter contre lui, sous la conduite d'Athanagildus. Celui-ci appella à son secours les troupes victorieuses de Iustinian, qui venoient de ruiner la domination des Goths dans l'Italie. Auec le secours de ces forces Imperiales, Agila fut vaincu, & tué en la ville de Meride ; & Athanagilde promeu à la Roiauté, par l'election des Gots, l'an 554. Mais les troupes de l'Empereur s'estans saisies de plusieurs places ; Athanagilde fut contraint de combatre contre ses amis ; & retira par force quelques villes de leurs mains. Neantmoins il ne pût les chasser entierement de l'Espagne; De sorte que du temps d'Isidore, les Imperiaux y retenoient encore quelques places.

X. Or l'endroit où les Imperiaux se cantonnerent fut la Cantabrie, d'ont l'assiete estoit auantageuse pour s'y maintenir tant à cause des ports de mer, qui leur donnoient facilité d'auoir le secours d'Afrique; qui estoit depuis peu remise sous l'Empire; que pour l'aspreté des lieux, qui rendoient les attaques contre eux fort incommodes. La Cantabrie estoit occupée pour lors par les François, qui auoient sans doute leurs garnisons foibles, & entretenuës sur le païs; De sorte que la conqueste n'en fut pas malaisée aux Imperiaux; qui gagnerent sans doute les volontés des Cantabriens, & encore des Vascons leurs voisins, par l'esperance d'auoir part aux richesses de l'Empire par le moyen du commerce de l'Afrique, & des deniers qui viendroient des cofres de l'Empereur pour le payement des gens de guerre entretenus dans les garnisons, & de ceux qui se leueroient dans le païs. Quels que peussent estre ces motifs, *Fredegarius* asseure que les troupes Imperiales enuahirent la Cantabrie sur les François; qu'ils retindrent, iusqu'à ce que Sisebodus Roi d'Espagne, qui regnoit l'an 612. enleua sur l'Empire Romain plusieurs places assises sur la coste de la mer, & les reunit à la Couronne des Goths. Il ne les chassa pas entierement, mais il les affoiblit du costé de la mer. D'où il apert que cette Cantabrie s'estendoit iusqu'à l'Ocean; quoi qu'elle eust encore son estenduë dans la terre ferme.

XI. Ce pendant on doit considerer l'establissement d'vn nouueau commandement dans les Espagnes du costé de la Cantabrie; qui deuint vne Prouince de l'Empire, au preiudice de la conqueste des François. Les Vascons sans doute subirent le ioug des Imperiaux, & formerent vn grand corps auec les Cantabriens leurs voisins. De fait Isidore faisant mention de la guerre des Rois Recarde, & Gundemar contre les Imperiaux, la conioinct auec la guerre contre les Vascons, comme ie monstrerai plus bas. La possession de ces quartiers retenuë par les Imperiaux, donne vn grand éclaircissement à vn passage obscur du Poëte Fortunat, lequel escriuant à l'Empereur Iustin II. qui auoit esteint le schisme dans l'Orient, & fait receuoir le Concile de Chalcedoine l'année premiere de son Empire, qui estoit l'an 566. se conioüit auec lui de cette action de pieté, & lui dit que la Galice en a eu connoissance, & que le Cantabre auec le Vascon son voisin s'entretiennent de ces discours.

XII. Les Vascons estans vnis auec les Cantabres sous l'autorité de l'Empire Romain, estoient obligés de se defendre contre leurs anciens maistres, qui estoient, premierement les Rois Goths, & depuis les Rois de France. C'est pourquoi les Auteurs font mention depuis cette inuasion des Imperiaux, des guerres suruenuës entre les Vascons, & les Goths, & de celles des François & des Vascons. Les Rois de France auoient esté si embarassés dans leurs guerres ciuiles; & tellement occupés dans les estrangeres plus importantes que le recouurement de la Vasconie & de la Cantabrie, qu'ils en abandonnerent le soin pour vn long espace de temps.

XIII. On trouue seulement dans Gregoire de Tours, que le Duc Bladaste fut enuoyé l'an 581. par Chilperic Roi de Soissons vers la Vasconie; où il eut vn si mauuais succés, qu'il y perdit la plus grande partie de son armée; non pas la vie comme escrit Fredegarius par mesgarde, contre l'autorité de Gregoire de Tours, qui fait mention de quelques emplois du Duc Bladaste apres la guerre des Vascons. L'on se trauaille ordinairement pour sçauoir, qu'est-ce que Gregoire de Tours veut signifier par cette Vasconie; Et nos Historiens se persuadent qu'il entend parler des parties montueuses & reculées de la Gascogne, à sçauoir du païs de Labour, Basse Na-

I iiij

uarre, Soule, & des Vallées de Bearn, & de Bigorre. Mais cette explication n'est pas receuable; parce qu'elle change la vraye signification des noms contre toute apparence. La Vasconie se prend originairement pour les peuples qui sont delà les monts, sous les deux Cités de Pampelone, & de Calahorre, comme i'ai monstré; Il ne faut donc pas se persuader que Gregoire de Tours l'employe en vn autre sens. D'autant plus que lors qu'il parle de ce païs que l'on nomme auiourd'hui *Gascogne*, il lui donne son vrai & ancien nom de *Nouempopulanie*, qui n'estoit pas encore changé, comme il fut depuis. L'Estat de cette Prouince fera voir encore auec plus d'euidence, que Gregoire entend parler de la vraye Vasconie, & non pas des quartiers de deça. Car en ce temps là les Rois de France possedoient paisiblement toutes les villes de la Nouempopulanie, & particulierement celles qui estoient les plus proches de l'Espagne, sçauoir Bigorre, Bearn, Acqs, & encore la Cité de Labour. Il s'y establissoient les Gouuerneurs, & y nommoient les Euesques; qui venoient aux Synodes de France par les commandemens des Rois Childebert, Chilperic, & Gontran, comme i'ai monstré clairement ci-dessus. Mais ce qui oste toute apparence à cette interpretation, est le succés de l'entreprise du Duc Bladaste, qui perdit la plus grande partie de son armée. Ce qui fait voir qu'il n'auoit pas à faire à des gens separés par des vallées, d'vne estenduë si longue que celle que l'on se persuade; laquelle empescheroit & l'intelligence des peuples si esloignés, & le ralliement de leurs forces: Mais que son entreprise estoit contre vne Prouince, qui s'estoit retirée de l'obeïssance des François, fortifiée d'hommes & de places, & secouruë des forces de l'Empire. Ce qui se iustifie encore mieux par ce qui est representé au chapitre suiuant.

I. Silius l. 5. Cantaber & galeæ contempto tegmine Vasco. Idem l. 10. Ac iuuenem quem Vasco leuis, quem spicula densus Cantaber vrgebat. Strabo l. 3. ἐπεστίζοντο ἐν τῆς Ἀκουιτανίας γεαιστῆς διὰ τῆς Πυρηναίας. Tacit. l. 4 Hist. c. 7.

II. Idacius in Chron. Olimp. 307. Rechiarius accepta in coniugium Theodoris Regis filia, auspicatus initium Regni, Vasconias deprædatur mense Februario.

III. Isidorus in Chron. Goth. Prius capta Pampilona, Cæsaraugustam inuadit, totamque Hispaniam superiorem obtinuit.

IV. Gregor. Turonens. l. 3. c. 10. Gregor. l. 3. c. 29. Gesta Franc. c. 26. Fredegar. in Hist. Franc. c. 42.

V. Gregor. d. l. 3. c. 29. Tamen acquisita maxima Hispaniæ parte, cum magnis spolijs in Gallias redierant. Victor Tunnunensis in Chronico. Hoc anno (id est post Consulatum Basilij, anno secundo) Francorum Reges numero V. per Pampalonam Hispanias ingressi Cæsaraugustam venerunt, quam obsessam per tres dies, omnem seu Taraconensem Prouinciam depopulatione truerunt.

VI. Fredeg. in Chronico c. 33. Cantabriam aliquando Franci possederant. Dux Francio nomine, qui Cantabriam in tempore Francorum rexerat, tributa Francorum regibus, multo tempore impleuerat.

VII. Chronicon Moissiacense editum a v. C. Andrea Duchesnio. T. 1. Hist. Franc. Theudis Francorum Reges infra Hispanias vsque Minium superauit.

VIII. Fortunat. l. 9. Carm. 1. ad Chilpericum Regem: Quem Geta, Vasco tremunt, Danus, Estio, Saxo, Britannus, Cum patre quos acie te domitasse patet.

IX. Greg. Tur. l. 4. c. 8. Isidor. in Chron. Goth. Athangildus cum iamdudum sumpta tyrannide Agilam regno priuare quæreret, militum sibi auxilia ab Imperatore Iustiniano poposcerat, quos postea submouere a finibus regni molitus non potuit, aduersus quos huc vsque confligitur.

X. Fredeg. in Chron. c. 33. sed cum a parte Imperij fuerat Cantabria reuocata, a Gothis præoccupatur, & plures ciuitates ab Imperio Romano in litore maris abstulit, & vsque fundamentum destruxit.

XI. Fortunatus in supplemento edito a Browero, Pœm. 2. Axe sub Occiduo auditur Gallicia factum, Vascone vicino, Cantaber ista refert.

XII. Gregor l. 6. c. 12. Bladastes vero Dux in Vasconiam abiit, maximamque partem exercitus sui amisit. Fredeg. in Histor. Épit. c. 87. Greg. l. 6. c. 31. Greg. l. 2. c. 25. Nouempopulanæ vibes.

Liure premier.

CHAPITRE XXIV.

Sommaire.

I. *Entrée des Vaſcons dans la Nouempopulanie qui ſe cantonnent aux Vallées qui ſont deça les Monts Pyrenées, en Labour, Baſſe Nauarre, Baſtan, & Soule. II. Ce qui eſt confirmé par vn texte de Fortunat. III. Guerre des Rois Goths contre les Imperiaux & les Vaſcons. Leouigilde conqueſte la Seconde Vaſconie, & baſtit la ville de Victoria dans le pays d'Alaua. VI. Recarede ſon fils continua la guerre contre les Imperiaux, & les Vaſcons. V. Vvitteric continuë le deſſein contre les Imperiaux. Prend ſur eux la ville de Segontia ſelon Iſidore. Cette ville eſt la meſme que Segontia Paramica des Varduliens chés Ptolemée. VI. Theodoric Roi de Bourgogne, & ſon frere Theodebert enuoyent vne armée contre les Vaſcons, leſquels ils rendirent tributaires. Genialis eſt abli Duc des Vaſcons. VII. Examen de l'eſtenduë de ce premier Duché des Vaſcons. Il eſtoit compoſé de ce que l'on conqueſta dans l'Eſpagne; & de Cinq Cités de la Nouempopulanie, Acqs, Baione, Oloron, Bearn, & Ayre. Le nom des Vaſcons en la Nouempopulanie comprenoit l'eſtenduë de ces Cinq Cités & non dauantage. VIII. Vne partie des Vaſcons demeura vnie auec l'Empire auſquels Gundemar Roi des Goths fiſt la Guerre. IX. Le Roi Siſebute enleua pluſieurs villes ſur les Imperiaux, & ſe rendit maiſtre depuis l'Ocean iuſqu aux Pyrenées.*

I. **L**es Vaſcons piqués du degaſt que l'armée Françoiſe auoit fait dans leurs terres, & enflés du ſuccés qu'ils auoient eu contre le Duc Bladaſte, entreprirent de faire des courſes dans les terres de France. Pour cét effet l'an 586. ils firent leur deſcente par les montagnes, & ſe ietterent à la campagne, faiſant le degaſt aux vignes, & aux champs, bruſlant les maiſons, amenant quantité de priſonniers, & de beſtail, ſelon Gregoire de Tours. Le degaſt qu'ils firent aux vignes, teſmoigne aſſez qu'ils s'auancerent bien auant dans la Nouempopulanie, iuſques aux quartiers de la Preuoſté d'Acqs, de la Chaloſſe, & du Bearn. Le Duc Auſtroualde taſcha de les repouſſer, & de tirer raiſon des rauages qu'ils auoient faits en noſtre terre; mais ce fut ſans aucun auantage conſiderable. Il eſt croyable, que pour aſſeurer leur retraite, ils ſe rendirent maiſtres des racines des montagnes, & des vallées qui regardent la France, dont les peuples conſeruent encore la langue des Vaſcons Eſpagnols; C'eſt à ſçauoir de la Vallée & Vicomté de Labour, des valées de Baſtan, & de Baſſe Nauarre, & de la Soule, ayant demembré vne portion des Cités d'Acqs, d'Oloron & de Baione ou Labour, d'où ces Vallées deſpendent.

II. C'eſt pourquoi Fortunat eſcriuant à Galactoire Comte de Bourdeaux, qui auoit eſté pourueu du Comté par le Roi Gontran, depuis l'an 587. comme i'ai monſtré au Ch. 18. faiſant alluſion à ce progrés des Vaſcons, fait voir aſſez qu'ils s'eſtoient fortifiés de ſon temps auec le ſecours des Cantabres, dans les monts Pyrenées; &

que les Rois de France trauailloient à les en desloger. Car il souhaite que Galactoire soit promeu à la charge de Duc, afin qu'il ait les forces en main pour defendre les villes de la frontiere, donner de la terreur aux Cantabres, arrester les courses des Vascons, & leur faire quiter les postes qu'ils auoient pris dans les Pyrenées.

III. Quant aux Rois d'Espagne ils entreprirent aussi la guerre contre les Vascons, & contre les forces de l'Empire. Car le Roi Leouigilde se rendit maistre d'vne partie de la Vasconie, & y bastit la ville de *Victoria* l'an 580. selon *Biclarensis*; c'est à dire qu'il conquesta la Cité de Calahorre, qui estoit le second Siege de la Vasconie, & fonda la ville de Victoria au païs d'Alaua, pour lui seruir de monument de sa victoire, & de forteresse pour defendre sa conqueste contre les forces de l'Empereur. Ce bon succés de Leouigilde conuia les François d'enuoyer l'année suiuante, le Duc Bladaste dans la premiere Vasconie ; mais ils furent defaits ainsi qu'il a esté dit.

IV. Recarede fils & successeur de Leouigilde, accreu du nouueau Roiaume de Galice, que son pere ayant defait Andeca le dernier des Rois Suedois, auoit reüni à la Couronne d'Espagne, entreprit la ruine des Imperiaux, & la reduction des Vascons à son obeïssance. C'est pourquoi il fit la guerre aux Romains, & aux Vascons ; depuis l'an 590. Mais elle fut maniée si foiblement, qu'il sembloit que l'on vouloit plustost exercer ces peuples en l'art militaire, que leur faire à bon escient la guerre, selon le témoignage d'Isidore.

V. Vviteric Roi d'Espagne continua l'entreprise contre les Romains; mais il n'acquit point d'honneur en ces expeditions, n'ayant sceu gagner sur eux, que la ville de Sagonce, dit Isidore. Il y auoit vne ville de ce nom dans le païs des Celtiberiens, à seize mille pas de Saragosse, qui est marquée dans l'Itineraire d'Antonin, outre celle que l'on nomme aujourd'hui *Siguença* en Castille. Mais ie pense que cette ville conquise par Vviteric, estoit celle que Ptolemée place dans le païs des Varduliens, qu'il surnomme *Seguntia Paramica*. Car cette explication s'accorde auec l'estat present des affaires, & aux premieres conquestes du Roi Leouigilde, qui s'estoit rendu maistre d'vne petite portion des Varduliens ; qui estoient en ce temps là incorporés auec les Vascons : Et partant il auoit donné moyen à ses successeurs, de faire progrés au mesme quartier, & d'y prendre cette ville de Segonse dont le nom est aujourd'hui changé.

VI. Le Roi Theodoric de Bourgogne ne pouuant souffrir plus long-temps, l'affront que la France auoit receu en la defaite de l'armée du Duc Bladaste, aux courses des Vascons, & en l'inuasion que ces peuples auoient faite d'vne portion de la Nouempopulanie, se resolut d'en tirer satisfaction. Et d'autant que cette guerre n'estoit pas entreprise seulement contre des gens de montagne, mais contre vne Prouince Espagnole nourrie à la guerre, & dependante de l'Empire Romain, il appella à son secours Theodebert son frere Roi d'Austrasie. De sorte que ces deux Rois enuoyerent vne puissante armée contre les Vascons, l'année septiesme de leur regne, c'est à dire l'an 602. & les rendirent tributaires, auec la faueur du Ciel, comme parle Fredegarius. Ils establirent Genialis, Duc de cette Prouince, lequel la gouuerna auec beaucoup de moderation. En cette expedition chacun y trouua son compte. Car l'obeïssance fut renduë au Roi Theodoric par les Vascons, & le païs qu'ils auoient enuahi dans la Nouempopulanie demeura en leur pouuoir ; L'ancienne langue des Vascons qui s'y est conseruée, rendant tesmoignage de ce traité.

VII. Il seroit bien difficile d'asseurer, si toute la Vasconie d'Espagne fut remise sous le pouuoir du Roi Theodoric ; quoi qu'il soit plus vrai-semblable, que les quartiers plus proches des forces de l'Empire, c'est à dire quelque portion de Guipuscoa, & de la Biscaïe, ne fut point remise sous l'obeïssance des François. De sorte que

Liure premier.

le Duché de *Genialis* fut composé de la ville de Pampelone, & des contrées adiacentes, auec les Vallées de Soule, Basse Nauarre, Bastan & Labour, démembrées des Cités d'Acqs, d'Oloron & de Baione, que les Vascons auoient occupées, en leur descente de l'année 586. Mais d'autant que l'on ne donnoit point en ce temps, la qualité de Duc, sans donner auec le commandement des armées, le Gouuernement de diuerses Cités; & que d'ailleurs il importoit pour la garde, & la conseruation de cette frontiere, que le Gouuerneur peust leuer des forces suffisantes, pour retenir en leur deuoir ceux desquels on se mesioit; il estoit necessaire d'accorder au Duc Genialis le commandement des Cités voisines, pour establir ce nouueau Duché des Vascons. Or il ne faut pas douter que le Roi Theodoric ne pourueust à tout ce qui estoit necessaire pour ce nouuel establissement : Et pour cét effet, il attribua à ce Gouuernement, outre les terres recouurées en Espagne, l'estenduë de Cinq Cités en la Nouempopulanie, qui composerent le Duché des Vascons. Ces villes estoient Oloron, Baione, Acqs, Ayre, & Bearn. Ie ne dis pas cela par coniecture seulement; mais encore appuyé sur ce que dans les lettres de la fondation du Monastere de S. Seuer de l'an 980. il est fait mention du Comté des Vascons separé des autres Comtés de Gascogne; qui consiste en l'estenduë du païs dependant de ces cinq villes, comme ie verifie exactement ailleurs. Par ce moyen voila le nom des Vascons establi dans la Nouempopulanie par autorité Royale, sous le tiltre de Duché; encore que ce Duché ne fust pas resserré dans la seule Nouempopulanie. De sorte que doresenauant ie serai obligé de distinguer les Vascons Aquitains, des Vascons Espagnols.

VIII Ce qui m'a porté à croire que toute la Vasconie n'auoit pas esté remise sous l'obeïssance des François, est l'autorité d'Isidore; qui escrit que le Roi des Goths Gondemar, rauagea les Vascons en vne campagne, & en vne autre assiegea les soldats Romains l'année 610. & la suiuante. D'où il semble que l'on puisse recueillir que certains Vascons estoient encore attachés auec les Romains ; quoi que Gondemar eust pû trauailler les Vascons en qualité de sujets des François, aussi bien qu'en qualité de suiets de l'Empire.

IX. Enfin les forces de l'Empire furent tellement diuerties par les guerres d'Orient, que les villes que les Empereurs de Constantinople occupoient en Espagne, demeurerent exposées aux entreprises des Rois Goths, qui estoient maistres de toutes les autres Prouinces. C'est pourquoi Sisebute fit vn grand effort contre eux, & leur enleua plusieurs villes l'année quatriesme de son regne, & le cinquiesme de l'Empereur Heraclius l'an 615. comme tesmoigne vn Auteur François de ce temps là qui a fait l'Appendice de la Chronique de Marius. Isidore asseure qu'il triompha heureusement des Romains, dompta les Asturiens qui s'estoient rebellés, & les Roccons qui estoient enfermés dans les hautes montagnes. Fredegarius escrit que ce Prince osta la Cantabrie aux Romains, & plusieurs places maritimes qu'il ruina; estendant par ce moyen le Roiaume des Goths par toute l'Espagne, depuis le riuage de la mer, iusqu'aux monts Pyrenées. De maniere que l'on peut asseurer que depuis ce temps, les Pyrenées ont serui de bornes entre la France, & l'Espagne ; & que la Vasconie doit estre prise dans les Auteurs François depuis la conqueste de Sisebutus pour vne portion d'Aquitaine, & parmi les Espagnols pour vne portion d'Espagne.

I. Gregor. l. 9. c. 7. Vascones vero de montibus prorumpentes in plana descendunt, vineas agrosque depopulantes, domos tradentes incendio, nonnullos abducentes captiuos cum pecoribus. Contra quos sæpius Austoualdus Dux processit, sed paruam vltionem exercuit ab eis.

II. Fortunat. l. 10. Carm. 12.
Præstet vt arma Ducis qui tibi restat apex,
Vt patriæ fines sapiens tuearis & vrbes,
Adquiras vt ei, qui dat opima tibi.
Cantaber vt timeat, Vasco vagus arma pauescat,
Atque Pyrenææ deserat Alpis opem.

III. Ioannes Biclarensis in Chronico. Anno V. Tiberij. Leouegildus Rex partem Vasconiæ occupat, & ciuitatem quæ Victoriacum nuncupatur, condidit.

IV. Isid. in Chron. Gotth. Recaredus sæpe lacertos contra Romanas insolentias, & irruptiones Vasconum mouit, vbi non magis bella tractasse, quam potius gentem quasi in palæstræ ludo pro vsu certaminis videtur exercuisse.

V. Isidor. in Chron. Gotth. Vvittericus aduersus Romanum militem bella sæpe molitus, nil satis gloriæ gessit, nisi quod Sagontiam per duces suos obtinuit.

VI. Fredeg. in Chron. c. 21. Anno VII. regni Theuderici, Theudebertus & Theudericus exercitum contra Vascones dirigunt ipsosque Deo auxiliante deiectos suæ dominationi redigunt, & tributarios faciunt. Ducem super ipsos nomine Genialem instituunt, qui eos feliciter dominauit.

VIII. Isidor. in Chron. Gundemarus Vascones vna expeditione vastauit, alia militem Romanum obsedit.

IX. Appendix ad Marij Chronicon edit. ab A. Duchesnio. Silebutus Gothorum Rex in Spania plurimas Romanæ militiæ vrbes sibi bellando subiicit. Isidor. in Chron. Fredeg. in Chron. c. 33. Confirmatum est regnum Gothorum in Spania per maris litora vsque Pyrenæos montes.

CHAPITRE XXV.

Sommaire.

I. Clotaire possede la Nouempopulanie & le Bearn. Aiginan Duc des Vascons. Ils se reuoltent, l'Euesque d'Euse & son pere bannis pour estre complices de cette rebellion. II. Communication ordinaire entre les François & les Vascons auant cette reuolte. Adalbald François espouse sainte Rictrude, Damoiselle de Vasconie. Leurs enfans, & la mort de son mari. III. Dagobert fils de Clotaire, donne pour apanage à son frere Haribert Tolose auec vne partie de l'Aquitaine, iusqu'aux monts Pyrenées. Il remet les Vascons reuoltés sous son obeïssance. IV. Par le decés de Haribert & de son fils, Dagobert reprit l'apanage qu'il lui auoit donné. V. Reuolte des Vascons contre Dagobert. Il enuoye vne puissante armée pour les dompter. Ils demandent composition qui leur est accordée. Haribert l'vn des Chefs François est tué en la vallée de Subola. VI. La vallée de Subola, est Soule. VII. Amand Duc des Vascons, & les Principaux Seigneurs du païs, prestent serment de fidelité au Roi Dagobert au lieu de Clichi prés Paris. VIII. Dagobert pouruoit de l'Euesché d'Ayre, Philibaut son officier sur la priere des Citoyens. Saint Philibert fils de Philibaut, fondateur de l'Abbaye de Iumiegue, & de plusieurs autres monasteres. IX. La Vasconie adonnée aux superstitions, quoi qu'elle fust Chrestienne. X. S. Amand Euesque d'Vtrec, vint instruire les Vascons. XI. Les Vascons ne comprenoient pendant le regne de Dagobert que les Cinq Cités.

I. Nous auons remarqué comme le Roi Clotaire, qui ne possedoit que son Roiaume de Neustrie, se rendit maistre de celui d'Austrie, qui s'estendoit au delà du Rhin iusqu'en Thuringe, & en Bauiere; & encore du Roiaume de Bourgogne, sous lequel estoit comprise la Nouempopulanie, & le Bearn. De sorte que depuis l'année 614. iusqu'à son decés qui arriua l'an 628. tous ces quartiers furent sous son obeïssance. Les Vascons furent gouuernés apres Genialis, par le Duc *Aighinan.* Mais ils se reuolterent contre lui, l'an 625. & dans cette reuolte il pretendit que Senocus Euesque d'Euse, & son pere Palladius auoient trempé; De sorte qu'ayans esté conuaincus de ce crime, ils

furent

furent conuaincus, le Roi Clotaire les condamna à vn bannissement, selon Frede-garius.

II. Les Seigneurs François alloient souuent en la Vasconie du temps de Clotaire; à l'occasion peut-estre de ce qu'estant assise à la frontiere d'Espagne, il s'y presentoit des occasions de seruir. Pendant la liberté de cette communication, vn seigneur François *Adabaldus*, qui auoit beaucoup de part aux bonnes graces du Roi, estoit puissant en biens, & dés sa ieunesse fort bien esleué & nourri dans les letres, se maria auec Rictrude ieune Damoiselle, fille d'vn homme noble nommé Ernold, & de Lichia sa femme, *de la nation guerrere des Vascons*, comme parle l'Auteur de la vie de cette Rictrude. Elle suiuit son mari en France, & eut de son mariage trois filles, & Mauronte son fils, qui fut Secretaire d'Estat du Roi Dagobert, & en suite Abbé d'vn Monastere qu'il fonda. Adalbaud fut tué en Vasconie, par l'artifice de ceux qui n'auoient point agreé son mariage auec Rictrude; laquelle apres cette nouuelle funeste, prit le voile, & se ietta dans vn Monastere, où elle mena vne telle vie, qu'on l'a mise dans le rang des Saincts qui sont publiquement honorés.

III. Clotaire estant decedé, son fils Dagobert, que son pere auoit partagé dés l'an 622. du Roiaume d'Austrasie, prit possession l'an 628. des Roiaumes de Bourgogne & de Neustrie, ou Neptrique. Et donna en la mesme année pour son apanage à Haribert son frere, les païs de Tolose, de Querci, d'Agenois, de Perigueux, de Saintonge, & tout ce qui est entre ces Prouinces, & les Monts Pyrenées; De sorte que ce Prince establit son siege à Tolose, où il regna trois ans. Pendant ce temps, voulant vn peu acroistre l'estenduë de son Roiaume, il entreprit de remettre sous la domination Françoise, cette portion de la Nouempopulanie, que l'on nommoit Vasconie, qui estoit dans la reuolte depuis l'an 626. Ce qui lui reüssit, en sorte que Fredegarius asseure, apres l'ancien Auteur de la vie du Roi Dagobert, qu'il rengea sous son obeïssance à force d'armes toute la Vasconie, & dóna vn peu plus d'estenduë à son Roiaume; se rendant paisible possesseur de ce païs, dont l'apanage lui auoit donné le droict.

IV. Le decés de Charibert ou Haribert, arriué l'an 630. & celui de son fils Childeric, remit son Roiaume auec la Vasconie, entre les mains de Dagobert, comme nous aprenons de Fredegarius; qui tesmoigne que l'on soupçonna ce Roi, d'auoir fait tuer le ieune Childeric.

V. Cela peut auoir donné pretexte à la reuolte des Vascons, qui firent difficulté de reconnoistre l'autorité de Dagobert; & ayans formé vn puissant parti sous le commandement de leur Duc Amandus, rauagerent les païs qui se maintenoient dans l'obeïssance du Roi. Leurs forces qui estoient composées des peuples dependans des Cités de Bearn, Acqs, Oloron, Ayre, & Baione, estoient sans doute fortifiées du secours des Vascons d'Espagne leurs voisins. Ce qui obligea Dagobert de faire des leuées dans tout le Roiaume de Bourgogne, l'an 635. & de dresser vne puissante armée, pour chastier leur insolence. Il donna le commandement au Referendaire Adoin, qui s'estoit signalé en plusieurs combats, du temps du Roi Theodoric, & ordonna sous ce General dix Ducs, & plusieurs Comtes, qui marcherent vers la Vasconie, auec cette puissante armée. Elle enuahit d'abord tout le païs; Tellement que les Vascons sortans des rochers de leurs montagnes, firent quelques legeres escaramouches contre les Francois. Mais ayans reconnu les forces des ennemis, & qu'ils seroient bien tost defaits, ils se retirerent suiuant leur coustume, dans les destroits des vallées, & dans l'aspreté de leurs rochers. Ils furent poursuiuis par les François; plusieurs tués & faits prisonniers, leurs maisons bruslées, & tout leur bien exposé au pillage. De sorte qu'ils furent enfin contraincts de demander la paix aux Ducs, leur promettant de se presenter au Roi, pour subir les conditions qu'il lui

K

plairoit de leur ordonner. La gloire des François euſt eſté toute entiere, ſans ce que Harimbert, l'vn des Chefs de l'armée, s'eſtant trop auancé auec quelques vns des principaux de ſes troupes, fut tué par les Vaſcons en la vallée de *Subola*.

VI. Cette vallée eſt diuerſement eſcrite dans les manuſcrits de Fredegarius: Mais il faut lire *Subola*, qui eſt l'vne de ces diuerſes Leçons. On eſtoit en peine de ſçauoir quelle eſtoit cette vallée; Mais i'ay deſcouuert il y a long-temps, que c'eſtoit la vallée de Soule. Car outre que, la guerre ayant eſté faite dans les rochers, & les vallées de la Vaſconie, il eſt neceſſaire que celle de *Subola* ſoit aſſiſe depuis le Bearn iuſqu'aux extremités de Labourt; dans laquelle eſtenduë il n'y a point de vallée, dont le nom rapporte mieux à *Subola*, que celui de la Soule: Il y a encore vne autorité expreſſe pour le iuſtifier, tirée du Chartulaire du Monaſtere de Sauuelade en Bearn; où Raimond Guillaume Vicomte de Soule, eſt nommé *Vicecomes de Subola*, en vn Acte de l'an 1178. Le ſieur Duplex a ſuiui cette interpretation que ie lui auois communiquée; comme a fait auſſi le ſieur d'Oyhenard, auquel i'ay fait voir cét acte en l'original.

VII. L'année ſuiuante, tous les ſeigneurs & principaux de la Vaſconie, auec leur Duc Amand vindrent à Clichi prés Paris, pour ſe preſenter au Roi Dagobert; & craignans qu'il les maltraitaſt, ſe ietterent dans l'Egliſe ſainct Denys. Mais il leur donna la vie, moyennant le ſerment qu'ils lui preſterent, d'eſtre fideles à l'auenir, à lui, à ſes enfans, & au Roiaume de France; & leur permit de ſe retirer en leurs maiſons.

VIII. Il ne faut pas oublier, que Dagobert iouïſſoit en la Nouempopulanie du droict Royal de pouruoir aux Eueſchés, comme faiſoient ſes predeceſſeurs. Car les Citoyens d'Ayre ayans deſiré pour leur Eueſque, Philibaud perſonne laïcque, & poutueuë d'vn Office ſeculier, le Roi leur accorda cette demande, comme l'on apprend de l'Auteur de la vie de ſainct Philibert. Ce Philibert eſtoit fils de Philibaud, né dans le territoire d'Euſe, *ſage & adroict ſuiuant la couſtume du païs*, ainſi que parle cét Auteur, & nourri dans la ville d'Ayre en la compagnie de ſon pere. Il fut auancé dans la Cour de Dagobert, & en ſuite ayant embraſſé la vie Religieuſe, acquiſt tant de reputation par ſa ſainéteté, qu'il obtint du Roi Clouis II. le lieu de Iumiege, *Gemmeticum*, y baſtit ce grand & celebre Monaſtere de Iumiege en Normandie, & fit pluſieurs autres notables fondations.

IX. La ſainéteté de ces perſonnages nous doit porter à croire que la Vaſconie n'eſtoit pas ſi perduë pour la Religion, que les Auteurs de la vie de ſainct Amand Eueſque d'Vtrec, & de ſaincte Rictrude nous veulent perſuader, pour mieux recommander ceux dont ils eſcriuent. Car celui-ci dit, que les Vaſcons eſtoient pour la plus grande partie adonnés au culte des demons; et celui-là, que la Vaſconie eſtoit adonnée aux augures, & à toute ſorte d'erreur, meſmes au culte des Idoles. Or la foi Catholique eſtoit prouignée, & bien eſtablie dans ce quartier, depuis le temps du Synode d'Agde, qui fut tenu l'an 506. auquel, & aux autres qui ont ſuiui, d'Orleans & de Maſcon, ont aſſiſté les Eueſques des Cités d'Acqs, d'Oloron & de Bearn, (dans le territoire deſquelles eſt aſſiſe cette Vaſconie) qui n'ont pas manqué, non plus que leurs ſucceſſeurs, de prendre le ſoin neceſſaire pour faire valoir les Ordonnances de ces Conciles. Et du coſté d'Eſpagne, les Eueſques de Pampelone, & de Calahorre faiſoient ſans doute leur deuoir pour l'eſtabliſſement de la Foi; eſtans plus occupés à la defendre contre l'hereſie des Arriens, que contre l'Idolatrie. Il me ſemble donc, que l'on doit adoucir ces Auteurs par quelque interpretation, en auoüant que la rigueur de la montagne rendant les habitans moins capables d'inſtruction, ils eſtoient adonnés aux ſuperſtitions des augures, & à quelque culte mal reglé. Qui est ce que l'on reproche à quelques peuples de France enuiron ce temps par vn Concile de Nantes: Mais ie ne fais point de doute qu'ils ne fuſſent Chreſtiens.

X. Quoi qu'il en soit, le zele de ſainct Amand Euesque d'Vtrec, qui eſtoit Aquitain, & d'vne extraction fort noble, le porta à venir en ces lieux ſauuages, pour inſtruire ces Vaſcons qui habitoient dans les endroits les plus rudes, & les plus inacceſſibles des Monts Pyrenées, & auoient accouſtumé de picorer ſur les terres de France, ſe confians en leur ſoupleſſe & en leur dexterité de combattre, comme parle cét Auteur, qui fait alluſion à leurs reuoltes ordinaires. Il nomme ce païs *Vacceia*; pour les raiſons que i'ay alleguées au Chap. XII. de ce liure.

XI. Cependant ie deſire que l'on conſidere, que le nom de Vaſcons ayant eſté reconnu deçà les Monts en l'année 602. il n'a point eu plus d'eſtenduë, pendant le regne de Dagobert, que celle que i'ay remarquée, qui correſpondoit au Comté des Vaſcons; ainſi que l'on peut iuſtifier en peſant les paroles de l'Auteur de la vie de Dagobert, de Fredegarius, & de l'Auteur de la vie de ſainct Amand, dont i'ay repreſenté les penſées au recit que ie viens de faire en ce Chapitre.

I. Fredegarius in Chron. c. 54. Palladius eiuſque filius Senocus Epiſcopus Eloſanus, incuſante Aighinane Duce, quod rebellionis Vuaſconorum fuiſſent conſcij, exilio retruduntur.

II. Hugbaldus Monachus in vita S. Rictrudis apud Surium T. III. Rictrudis deuota Dei ancilla patrem habuit Ernoldum virum nobilem, & Lichiam Genetricem ex belliconſa Vaſconum gente. Infrà. Cum vero per id tempus Franci crebro commearent in Vaſconiam.

III. Geſta Dagoberti c. 16. citra Ligerim, & limitem, quod tenditur partibus Vuaſconiæ, ſeu & montes Pyrenæos. Fredegarius in Chron. c. 57. Citra Ligerem & limitem Spaniæ, qui ponitur partibus Vuaſconiæ, ſeu & montes Pyrenæos. Iidem Auctores: Totam Vuaſconiam cum exercitu ſuperans ſuæ ditioni redegit & aliquantulum regni ſui ſpatium largiorem fecit. Hugbaldus in vita S. Rictrudis apud Surium Tom. 3. Ei attribuit vrbes & pagos citra Ligerim flumen & vſque ad Pyrenæos ſaltus. Itaque Aribertus Toloſanam obtinens ſedem non diu poſt totam Vaſconiam ſibi ſubegit.

IV. Fredegarius in Chron. c. 67. Regnum Chariberti vna cum Vuaſconia Dagobertus protinus ſuæ ditioni redegit.

V. Geſta Dagoberti cap. 36. Cumque tota Vaſconiæ patria ab exercitu Burgundiæ fuiſſet repleta Vaſcones de intermontium rupibus egreſſi ad bellum properant. Fredeg. Chr. c. 78 Arimbertus Dux maximus cum ſenioribus & Nobilioribus exercitus ſui per negligentiam à Vuaſcombus in valle Subola fuit interfectus.

VII. Fredegarius Chron. c. 70. Geſta Dagoberti cap. 42.

VIII. Vita Philiberti edita V. C. Andr. Du Cheſnio : Sanctus igitur Philibertus Heliſano territorio ortus, ſeculari prudentia non indoctus vndique iuxta morem gentis Strenuus vrbe Vicojuli eſt nutritus: ea de cauſa maximè quod genitorem ipſius Philibaudum obtentu regio munere laicali adminiſtratione ceſſante, ciues loci illius expetiſſent Pontificem.

IX. X. Hugbaldus in vita Rictrudis: quæ gens licet ea tempeſtate magna ex parte dæmonum cultui eſſet addicta. Vita S. Amandi: Audiuit ab eis gentem quandam quam Vacceiam appellauit antiquitas, quæ nunc vulgo nuncupatur Vaſconia, nimio errore decepta, ita vt auguriis vel omni errori dedita, idola etiam pro Deo coleret.

CHAPITRE XXVI.

Sommaire.

I. Clouis II. succeda à son pere aux Roiaumes de Neustrie, & de Bourgogne. La Nouempopulanie lui apartenoit, & la Vasconie; mais celle-ci estoit en reuolte. II. Clotaire III. succede à Clouis son pere. Et Theodoric à son frere Clotaire. Troubles sous Ebroin Maire du Palais. Les factieux chastiés, ils se refugient parmi les Vascons. III. Ils forment vn parti, sous l'autorité de Loup Duc des Vascons. Les peuples voisins se ioignent aux mescontens, & au Duc Loup. IV. Les Cités de la Nouempopulanie s'vnirent au Duc Loup, qui ne changea point l'ancien titre de Duc des Vascons, mais il acreut l'estenduë du Duché, qui fut proportionnée à cette dignité. V. De cette ionction vient le changement du nom de Nouempopulanie en Vasconie ou Gascogne, & non d'aucune nouuelle conqueste des Vascons. VI. Depuis ce temps les Vascons sont pris pour les Peuples que la riuiere de Garonne separe des Aquitains; & la Vasconie le pays de ces Peuples. VII. Tout ce qui est deçà la Garonne apartient aux Vascons; Excepté Bourdeaux qui apartenoit aux Ducs d'Aquitaine. VIII. Plusieurs Auteurs donnent aux Aquitains le nom de Vascons, & à l'Aquitaine premiere & seconde celui de Vasconie. IX. Ce nom vient de la Ligue que les Refugiés formerent en Gascogne, qui s'estendit en l'Aquitaine. Mais ce parti estant abatu, les Auteurs bien instruits ont donné leur vrai nom aux Prouinces.

I. Louis II. succeda à son pere Dagobert aux Roiaumes de Neustrie, & de Bourgogne, laissant à son frere Sigibert celui d'Austrasie, l'an 644. La Prouince qui est deçà la Garonne estant du Roiaume de Bourgogne, obeissoit à Clouis. Pour la Vasconie il y a de l'apparence qu'elle ne se contenoit pas en son deuoir. Car l'Auteur de la vie de Dagobert, qui escriuoit sous Clouis, asseure qu'ils ne tindrent point la promesse de fidelité qu'ils auoient iurée à Dagobert pour soi, & pour ses enfans. Neantmoins le soin de Flocoat Maire du Palais de Bourgogne fut tel, qu'il promit par letres, & auec serment à tous les Ducs, & aux Euesques de Bourgogne de conseruer à chascun sa dignité pendant sa vie, *perpetuo*. Ce qui auoit deu oster tout pretexte de mescontentement aux Ducs de Gascogne.

II. Apres le decés de Clouis, arriué l'an 660. Clotaire III. son fils aisné lui succeda. Sous ce Regne Ebroin fut pourueu de l'Office de Maire du Palais, dont la mauuaise conduite fut si preiudiciable à Theodoric frere de Clotaire, qui lui auoit succedé apres son decés; que les François le raserent, & l'enfermerent dans vn Monastere, aussi bien qu'Ebroin. D'où cestui-ci sortit quelque temps apres, & restablit son Roi Theodoric auec vne armée, chastia rudement les factieux, &

les obligea de s'eloigner de la Cour. Leur retraicte fut parmi les Vascons, comme asseure Fredegarius : l'eloignement de cette Prouince estant fauorable & auantageux pour la seureté de leur personne, & pour leur donner loisir de cabaler dans les païs voisins.

III. Or il faut croire que se retirans en ce quartier, ils tascherent de s'y fortifier contre l'indignation & la violence d'Ebroin ; & que pour y paruenir, ils tascherent d'attirer à leur parti les Cités voisines de la Vasconie, sous l'autorité du Duc des Vascons ; la protection duquel ils auoient recherchée dautant plus volontiers, que son mescontentement l'auoit desia esloigné de l'obeïssance du Roi, selon le tesmoignage de l'auteur de la vie de Dagobert. L'estat des affaires, & la disposition de cette Prouince temoignée par Fredegarius, persuadent assés, que cette faction fut formée ; Mais on a encor pour se fortifier en cette opinion, l'autorité de l'Escriuain de la vie de sainct Iulian Euesque de Lascar en Bearn : qui escrit qu'vn certain Loup fut esleu Duc par les Vascons, & par les peuples voisins, du temps d'Ebroin Maire du Palais.

IV. La dignité de Duc estoit desia establie par l'autorité des Rois de France, & attachée au Gouuernement de la Vasconie, qui estoit limité aux cinq Cités. Les François refugiés firent leur ligue auec Loup, & firent esbranler les autres Cités de deçà la Garone, qui estoient de la Prouince Nouempopulane, pour se ioindre au Duché de la Vasconie. A laquelle reünion il y auoit dautant plus de facilité, que cette Prouince dependoit d'vne seule Metropole, qui estoit la Cité d'Euse. Ce fut pour lors que ce Duché fut dans l'estenduë qui apartient à vn vrai Duché. Car encore que la dignité de Duc fust acordée par les Rois aux Gouuerneurs en chef de trois Cités ; Neantmoins selon la remarque d'Eginhart en ses Annales, la coustume des François estoit d'establir douse Comtés sous vn Duc. Le nom de Duché de Vasconie, ne fut point changé, afin qu'vn nouueau nom ne fist point paroistre qu'il y auoit de l'vpation en l'autorité ; mais l'estenduë fut acreuë par l'adionction des Cités qui dependoient de la Metropole d'Euse, & de la portion du païs d'Agenois, qui est de deçà la Garone. D'où il est arriué que tout ce païs deçà la Garone prit le nom de Vasconie, que l'on prononce auiourd'hui Gascogne, par le changement de la letre *V*. en G. semblable à celui que l'on pratique au nom *VVillelmus*, en Guillaume.

V. On a esté en peine de sçauoir l'occasion, & le temps du changement de nom qui est arriué à cette Prouince. Scaliger l'attribuë à Pepin & à Louis l'Empereur, lesquels apres auoir debellé les Vascons dans la montagne, les transporterent aux plaines de la Nouempopulanie. Le sieur d'Oyhenard estime que les Vascons pendant les desordres des derniers Rois de la premiere race, domterent ces Nouempopulains par armes, & donnerent à la Prouince vaincuë le nom de Vasconie. Mais ie viens de monstrer que l'on pouuoit trouuer vn moyen plus doux, que celui des armes ; qui d'ailleurs n'a pas beaucoup d'apparence, à cause que les Cinq Cités qui portoient le nom de Vasconie, n'estoient pas si puissantes, que celles qui ont esté reünies à ce Duché par ligue & confederation, sous le Duc Loup contre les insolences d'Ebroin.

VI. Depuis ce temps, on a pris les Vascons pour ces peuples, que la riuiere de Garone separe des Aquitains, ainsi que dit expressément l'ancien Auteur de la vie de Louis le Debonnaire, & l'Auteur des Annales publiées par le sieur Duchesne : Et la Vasconie a esté prise pour cette Prouince, qui est voisine de l'Aquitaine chés Eginhart ; qui estant Secretaire de Charlemagne estoit instruit des noms, & des distinctions des Prouinces. Comme aussi dans les Capitulaires de ce Prince ; & au partage qu'il fait entre ses enfans, l'Aquitaine est distinguée de la Vasconie.

K iij

Dans le denombrement des monasteres de France fait l'an 817. *Cimorre* & *Peſſan*, qui ſont dans le Dioceſe d'Aux, & *S. Sauin* qui eſt dans la Bigorre, ſont mis ſous le tiltre des monaſteres de la Vaſconie.

VII. De ces preuues on doit recueillir, que la Gaſcogne eſtant conſiderée comme vne Prouince ſeparée, comprend les Cités qui ſont deça Garone tant ſeulement; à l'excluſion toutesfois de Bourdeaux, qui eſtoit le chef de la Seconde Aquitaine & apartenoit aux Ducs de cette Prouince. De fait apres le decés du Duc Eude, Charles Martel prenant poſſeſſion du Duché d'Aquitaine, s'aprocha de la riuiere de Garone, & ſe ſaiſit de Blaye, & de la ville de Bourdeaux, ſelon Fredegarius.

VIII. Neantmoins quoi que la Gaſcogne ſoit diſtinguée de l'Aquitaine, & que ſon aſſiete ſoit limitée à la riuiere de Garone, pluſieurs anciens Auteurs François employent le mot de Vaſcons, pour ſignifier les peuples tant de la premiere, que de la Seconde Aquitaine. D'où vient que Fredegarius nomme l'armée des Vaſcons, celle que Eude Duc d'Aquitaine mena au ſecours du Roi Chilperic, & de Raganfrede ſon Maire de Palais contre Charles Martel; Et ailleurs cét Auteur eſcrit, que les Vaſcons ſe rebellerent dans l'Aquitaine auec le Duc Hunauld fils d'Eude, & enfin ſe ſouſmirent à Pepin. Il nomme auſſi Vaſcons, les Comtes, & les ſoldats qui defendoient contre le Roi Pepin, les villes de Bourges, & de Thouars. Comme auſſi Paul Diacre donne le nom de Vaſcons, aux ſujets de Vuaifer Duc d'Aquitaine. Les Annales publiées par *Freherus*, appellent Vaſconie, le païs qui eſt aux enuirons de la Cité de Limoges, en la premiere Aquitaine. A quoi s'accorde celles qui ont eſté publiées par le ſieur Ducheſne, qui paſſent outre, & mettent la Cité de Bourges metropole de la premiere Aquitaine, au païs de la Vaſconie, *in Vaſconia*.

IX. Il faut attribuer ces nouuelles denominations, à la faction & à la ligue, qui ſe forma premierement aux quartiers du Duché des Vaſcons, contre Ebroin à l'inſtance des François refugiés; à laquelle ſe ioignirent les Ducs, & les Comtes de l'Aquitaine, ſous le nom de Vaſcons, qui eſtoit le nom du parti; ainſi que i'ai deſia remarqué ailleurs parlant des Cantabres, des François, Alemans, & Holandois. Laquelle denomination a eſté conſeruée parmi les François, iuſqu'à ce que Charlemagne ayant mis ſous ſon obeïſſance, l'Aquitaine, & la Gaſcogne, cette ligue a eſté entierement eſtouffée; & les Hiſtoriens ont eſté mieux inſtruits, pour diſtinguer nettement, l'vne Prouince de l'autre, comme ont fait Eginhart & l'Auteur de la vie de Louis le Debonnaire. Car Fredegarius ſe contentoit de les diſtinguer par les Gaſcons de delà, où deça la riuiere de Garone.

I. Geſta Dagoberti c. 42. quod more ſolito, ſicut ſemper feſellerunt, vt poſthæc probauit euentus. Fredeg. Chr. c. 89.

II. Fredegar Chr. c. 96. Reliqui viri Franci eorum ſocij per fugam lapſi Ligerem tranſgreſſi vſque Vaſcones confugerunt.

III. Auctor vitæ Iuliani Epiſcopi Laſcurrenſis.

IV. Eginhardus in Annalibus ad annum 748. Grifonem more Ducum duodecim Comitalibus donauit.

V. Scaliger in notitia Galliæ: Dicta oſt Vaſconia à ferociſſimis Pyrenæorum populis quos deuictos primum à Pipino, deinde à Ludouico Pio in plana Nouempopulaniæ deductos, poſtea nomen huic regioni dediſſe certum eſt. Arn. Oyhenart l. 3. Notitiæ Vaſconiæ c. 22.

VI. Auctor Vitæ Ludouici c. 1. tranſiit. Garonnam fluuium Aquitanorum, & Vaſconum conterminum. Auctor Veterum Annalium editus à Ducheſnio: Fuit in Vaſconia vltra flumen Garumnam.

Eginhardus in vita Caroli: Aquitaniam relinquere, & Vaſconiam petere coegit. Charta diuiſionis a Carolo factæ: Aquitaniam totam, & Vvaſconiam, Capit. L. T. Capitulare Lud. editum a Sirmondo, & Ducheſnio.

VII. Fredegarius Chron. c. 109. Carolus Princeps denuo Ligerem flumen tranſijt vſque Garunnam vel vrbem Burdegalenſem, vel caſtrum Blauium veniens occupauit.

VIII. Fredegar. Chron. c. 107. Ili quoque hoſte Vaſconorum commoto pariter aduerſus Carolum perrexerunt. Idem c. 110. Interea rebellantibus Vvaſconibus in regione Aquitaniæ cum Chunoaldo Duce, filio Eudone quondam. Idem Fredeg. ad annum 761. & 62. Paulus Diaconus de Epiſcopis Metenſibus: Vaſcones iamdudum Francorum ditioni rebelles cum Vvaifario ſuo Principe mira facilitate debellauit & ſubdidit. Auctor Annalium editus a Frehero ad annum 766. Rex Pipinus erat cum Francis in Vvaſconia, & conquiſiuit Limodiam ciui-

tatem, & alias ciuitates. Vetus scriptor Annalium editus à Duchesnio, ad annum 760. Domnus Pipinus cum dilectis filijs suis Carlo & Karlomanno perrexit in Vasconiam, & adquisiuit ciuitatem Bituricas.
IX. Fredeg. ad an. 766. & 67. Vascones qui vltra Garonam commorantur.

CHAPITRE XXVII.

Sommaire.

I. Le nom de Cinq Ducs des Vascons, qui possederent sous ce tiltre, vne partie, & puis toute la Gascogne. Les Ducs d'Aquitaine ont tousiours esté distingués des Ducs de Vasconie. II. Le Duché d'Aquitaine commis à Sadregesile par Clotaire II. Ce Duché comprenoit les Quatorze Cités de la premiere & de la Seconde Aquitaine. Mais la Gascogne n'y estoit point comprise. III. Apres Sadregesile, Boggis fut Duc d'Aquitaine, Eudo, les Hunauds, & Vaifers, sans que l'on trouue les noms de tous les Ducs d'Aquitaine ; Non plus que des Ducs de Gascogne. IV. Les Vascons ligués auec les Aquitains. Apres la defaite de Vaifer, les Gascons se rendent à Pepin, & lui prestent serment de fidelité. V. Hunaud ayant renouuellé la guerre d'Aquitaine, & estant defait par Charlemagne, se retira deuers Loup Duc des Gascons. Celui-ci rendit Hunaud à Charlemagne, & lui promit fidelité. VI. Loup estoit Duc de tous les Gascons. Il perseuera en sa fidelité. (Car le combat contre les troupes de Charlemagne au passage de Ronceuaux, fut entrepris par les habitans des vallées voisines auec intention de faire profit du butin. VII. Pouuoir des Ducs de Gascogne semblable à celui des autres Ducs du Royaume; qui payoient annuelement certains tributs au Roi, & auoient diuers Comtés sous eux.

I. IL seroit bien difficile de produire tous les Ducs, qui ont gouuerné la Vasconie, depuis l'establissement de ce Duché ; Neantmoins nous pouuons asseurer que *Genialis* fut le premier, lequel Theodoric Roi de Bourgogne establit en l'année 602. Auquel succeda *Aighinan*, qui viuoit l'an 626. *Amand* est le troisiesme en l'année 630. La vie de Iulian Euesque de Lascar en fournit vn quatriesme nommé *Loup*, du temps d'Ebroin Maire du Palais enuiron l'an 670. qui acreut ce Duché du reste des Cités de la Nouempopulanie. On trouue encor vn autre *Loup* Duc des Vascons, dans les Annales d'Eginhart l'an 769. vers lequel se retira Hunaud Duc d'Aquitaine, apres auoir esté vaincu par Charlemagne. D'où l'on doit conclure, qu'vne portion, & puis toute la Gascogne a esté gouuernée par Ducs particuliers, qui estoient distincts & separés de ceux d'Aquitaine.

II. Car le premier que l'on trouue auoir porté le tiltre de Duc d'Aquitaine, est *Sadregesile*, puissant en credit aupres du Roi Clotaire II. qui lui auoit commis ce Duché, selon le tesmoignage de l'Auteur de la vie de Dagobert, enuiron l'an 620. Si l'on veut comprendre son estenduë, il faut sçauoir qu'elle estoit en ce temps l'estenduë de l'Aquitaine. Surquoi les curieux seront satisfaits par *Notger* Euesque de

Liege; lequel escriuant la vie de S. *Remaclus* Aquitain, qui viuoir du temps de Dagobert, dit que l'Aquitaine comprenoit quatorze grandes villes bien peuplées, & de reputation ; dont les deux sont Metropolitaines, sçauoir Bourges, & Bourdeaux ; de sorte que cette Aquitaine du temps de Dagobert, respond aux deux Aquitaines premiere, & seconde, qui sont representees auec leurs Quatorze Cités dans la Notice des Prouinces ; Et par consequent le Duché d'Aquitaine estoit compris dans les mesmes limites C'est pourquoi Charles Martel prenant possession de ce Duché vacant par le decés du Duc Eude, se saisit de toutes les places, iusqu'à Blaye & Bourdeaux ; Mais il ne passa point outre: d'autant que la Gascogne n'estoit point vn membre du Duché d'Aquitaine.

III. Apres le Duc Sadragesile, les Historiens ne font point mention d'aucun autre Duc d'Aquitaine, que du Duc Eudo, du temps de Charles Martel, & en suite des Hunauds, & des Vvaifers : Neantmoins on ne doit point conclure de leur silence, que ce Duché ayant esté vne fois establi, n'ait point esté possedé par ses Ducs. Car on lit dans l'auteur de la conuersion du Comte *Hubert*, qui viuoit enuiron l'an 660. qu'il auoit pres de soi, sa tante *Oda* veufue de *Boggis* Duc d'Aquitaine. Le Duc Eude estoit peut-estre de la race de Boggis, ou bien il fut pourueu de ce Duché d'Aquitaine, par le Roi Dagobert second. Ie fais le mesme iugement du Duché de Vasconie, ou de Gascogne, qu'il ne fut point abandonné sans estre pourueu de son Duc particulier, encore que l'on ne puisse pas en faire vn exact denombrement.

IV. Neantmoins bien que la Gascogne fust gouuernée par son Duc, elle fournissoit du secours aux Ducs d'Aquitaine contre les François ; comme l'on voit chés Fredegarius, que le Duc Vvaifer desirant remettre son armée, pour combatre de nouueau le Roi Pepin, l'auoit fournie de plusieurs Gascons, qui habitoient au delà de la Garone. L'année suiuante 767. Vvaifer ayant esté defait, & la plus grande partie de l'Aquitaine s'estant renduë à Pepin, qui s'approcha en suite de la riuiere de Garone, Les Gascons se presenterent à lui, & s'obligerent auec sermens & ostages, de lui estre fideles, & à ses enfans Charles, & Carloman.

V. D'abord on pourroit presumer de ce discours, que la Gascogne estoit vne portion du Duché d'Aquitaine ; si l'on ne consideroit la suite de cette guerre, dans les Annales d'Eginhart, qui escrit que deux années apres, c'est à dire l'an 769. le Duc Hunauld ayant excité de nouueaux troubles en Aquitaine, le Roi Charlemagne pressa les troupes de ce rebelle en telle sorte, qu'il s'en fuit, & ayant abandonné l'Aquitaine se retira en Gascogne, croyant y estre en seureté. Pour lors, dit Eginhart, Loup estoit Duc des Gascons, à la foi duquel Hunauld ne fit point difficulté de se commetre. Mais le Roi enuoya promptement vn Ambassadeur au Duc Loup, & lui ordona de remetre entre ses mains ce fugitif ; le menaçant à faute d'obeïr à son commandement, qu'il entreroit dans la Gascogne, & n'en partiroit point, qu'il n'eust chastié cette desobeïssance. Loup estonné des menaces du Roi, lui remit sans aucun delai, Hunauld & sa femme, & promit d'obeïr à tout ce qui lui seroit commandé. De sorte que Charlemagne, ayant basti le chasteau de Fronsac sur la Dordogne, en attendant la responce du Duc Loup, s'en retourna en France auec beaucoup de satisfaction de sa fidelité.

VI. On reconnoist assez par cette narration, que Loup estoit Duc de tous les Vascons qui habitoient deçà la riuiere de Garonne ; c'est à dire du corps de toute la Gascogne. Car Eginhart comprend nettement sous le nom de Gasconie, toute l'ancienne Nouempopulanie, comme i'ai monstré au chapitre precedent. De sorte qu'en consequence de la reconnoissance que fit le Duc Loup, de releuer son Duché de la Couronne, Eginhart escrit en la vie de Charlemagne, que ce Prince conquesta l'Aquitaine, & la Gascogne. Cette Prouince demeura ferme dans l'obeïssance; de maniere que l'année 778. qui est renommée à cause de l'entree de Charlemagne dans l'Espagne, Eginhart ne remarque aucune rebellion dans la Gascogne; mais seulement la route de l'armée par cette Prouince. Car l'attaque qui fut faite dans les monts Pyrenées au quartier de Ronceuaux par certains Vascons, lors que l'armée faisoit à son retour vne longue file, par les destroits des montagnes, estoit vne saillie des habitans des vallées voisines, tant du costé de Nauarre, que des Basques, qui s'estoient attroupés pour enleuer le bagage, & tirer quelque satisfaction du degast que l'armée leur auoit fait en son passage. Cette action ne fut pas entreprise par le corps des Gascons, ni par des troupes reglées, mais par les gens de la montagne en petit nombre, hardis, vindicatifs, & desireux de profit. De fait apres l'action, ils se retirerent par des lieux couuerts, sans que l'on peust aprendre, ce qu'ils estoient deuenus, comme tesmoigne Eginhart.

VII. Le Duc Loup, qui estoit le Chef de toute la Gascogne, auoit son authorité & son administration proportionée aux autres Ducs de ce temps-là, qui reconnoissoient le Roi comme leur Souuerain; le seruoient lors qu'ils en receuoient les ordres; & lui payoient annuellement certain tribut; comme l'on peut aprendre de l'offre que Vvaifer faisoit vn peu trop tard au Roi Pepin, de lui payer les tributs, que les Ducs d'Aquitaine qui l'auoient precedé, auoient acoustumé de payer aux Rois. Outre cela les Cités dependantes du Duché, estoient gouuernées par des Comtes, qui releuoient du Duc, & auoient sous lui le maniement de la iustice, de la police, & des finances: quoi qu'il y eust des Comtes en diuers endroits du Roiaume qui auoient le commandement entier des armes, & de la iustice, sans releuer d'aucun Duc, comme l'on aprend de Fredegarius. De sorte que suiuant ce modele, le Duc de Gascogne auoit sous soi les Comtés de Bigorre, de Comenge, de Fezensac, de Laictoure, de Basas, & le Comté particulier des Vascons: qui comprenoit les Cités de Bearn, Oloron, Acqs, Ayre, & Labour, ou Bayonne: & cét ordre fut continué tant sous le Roi d'Aquitaine Louis le Debonaire, que sous les Ducs hereditaires de Gascogne.

I. Eginhart. in Annal. ad annum 769.

II. Gesta Dagob. c. 6. Et pater Clotarius quendam vt putabat spectatæ fidei Sadragesilum rebus sub se tractandis præfecerat, Aquitaniæ Ducatu specialiter ei commisso. Norgerus Leodiensis in vita S. Remacli apud Surium T. V. Habet Aquitania præter castra & loca munita, vrbes XIIII. prægrandes, easque populosas & celeberrimas: e quibus duæ sunt Metropoles, vna Burdegalensis, magnis semper viris conspicua: altera Bituricensis. Fredegar. Chron. c. 109.

III. E Conuersione S. Huberti Comitis apud Surium Tom. V. Adhærebatque illi quasi Comes indiuidua, amita sua Oda, quæ extitit Boggis Aquitanorum Ducis recens defuncti relicta vidua.

IV. Fredegar. in Append. Chronici ad annum 766. Vvaifarius cum exercitu magno, & plurimorum Vasconorum qui vltra Garonnam commorantur, qui antiquitus vocari sunt Vaceti supra prædictum Regem venit. Idem Fred. ad an. 767. Vascones qui vltra Garonam commorantur, ad eius præsentiam venerunt, & sacramenta & obsides prædicto Regi donant, vt semper fideles partibus Regis, ac filiis suis Carolo & Carolomanno omni tempore esse debeant.

V. Eginhart an. 769. Dimissaque Aquitania Vasconiam petijt. Erat tunc Vasconum Dux Lupus nomine.

VI. Eginhart in vita Car. & in Annal. ad annū 778.

VII. Fredeg. ad ann. 766. Tributa vel munera quæ antecessores sui Reges Francorum de Aquitania Prouincia exigere consueuerunt, annis singulis partibus Prædicto Regi Pipino soluere deberet. Fredeg. Chron. c. 78.

CHAPITRE XXVIII.

Sommaire.

I. II. Roiaume d'Aquitaine establi, & donné au ieune Louis. Charlemagne y establit des Comtes des Vassaux, & des Abbés. III. Il y auoit des Comtés en l'Aquitaine sous la premiere race des Rois. IV. Sous les Ducs d'Aquitaine, & sous Pepin. V. Charlemagne establit non pas les Comtés d'Aquitaine, mais des Comtes François. VI. Il establit des Comtes en toutes les Cités d'Aquitaine, & non pas seulement aux Neuf mentionnées dans les Auteurs. Et peut-estre en Gascogne. VII. Quels sont les Abbés establis par Charlemagne. Opinion de Cuias, qui les prend pour les Nobles, que l'on nomme Abbés prés des Monts Pyrenées. VIII. Elle est refutée. Les Abbés sont les Chefs des Monasteres. IX. L'ordre du Gouuernement de France expliqué. Les Euesques & les Abbés deliberoient auec les Ducs, & les Comtes, sur les affaires d'importance. Le Champ de Mars expliqué chés Gregoire de Tours. Le Champ de Mars changé au Champ de May. X. Les Euesques, les Abbés, & les Vassaux assistoient les Comtes. XI. Quels sont les Abbés Laïcques en Bearn, & d'où ils prennent le nom. XII. L'origine des Dismes infeodées est legitime. Charles Martel donna le bien de l'Eglise aux gens de guerre; sa damnation fabuleuse. XIII. Ces inuestitures confirmées au Synode de Liptines, sous le cens d'vn sol par maison, à la charge d'entretenir les Eglises. Filesac a mal pris ce Canon. XIV. Le Pape Zacharie confirme ce Canon: qui laisse en la Liberté du Prince de continuer les Inuestitures, desia faites. XV. Il y a vn second Concile de Liptines, sous Pepin, qui confirme ces inuestitures, sous la reserue du Cens, & de la None & Decime. Explication de ces termes. XVI. Ces Nones & Decimes & le Cens, confirmés par les Capitulaires, & le Synode de Francfort, & autres suiuans. On y adiousta la charge de reparer les Eglises. XVII. Charlemagne donne outre ce dessus, au Curé de la paroisse la disme des fruits des terres apartenantes en propre au possesseur des biens Ecclesiastiques. Droit de presentation aux Cures acquis par le moyen de cette inuestiture des Eglises. Ils sont nommés Patrons par Hincmar. XVIII. Les Abbés Laïcques de Bearn, payent le Cens, qui est nommé Arciut, & pourquoi. XIX. Ils payent la Disme des fruits de leurs Terres Abbatiales: Et pour la None & la Decime qui est la cinquiéme; & pour les reparations des Toits, ils ont delaissé à l'Eglise la iouïssace de la Quatriéme, qui est plus que la Cinquiéme.

I. Charlemagne estant de retour de sa conqueste d'Espagne, donna l'Aquitaine en tiltre de Roiaume, à Louis son ieune fils ; auquel il bailla Arnold pour Gouuerneur de sa personne, & Chef de son Conseil. Ce nouueau Roiaume fut establi l'an 781. qui comprenoit dans son estenduë les deux Aquitaines premiere, & seconde, auec l'ancienne adionction de la ville de Tolose, le païs de Gascogne, le Languedoc, & les nouuelles conqueſtes d'Eſpagne. L'Auteur de la vie de Louis le Debonnaire, qui a eſté tranſcrit par le Continuateur d'Aimoin, obſerue, que Charlemagne pour aſſeurer ce Roiaume, eſtablit par toute l'Aquitaine des Comtes, & des Abbés, & pluſieurs autres Vaſſaux de la nation Françoiſe; auſquels il commit le ſoin du Roiaume, la defence des frontieres, & l'adminiſtration des domaines de la Couronne. Et que particulierement il ordonna certains Comtes, qui ſont là denommés, aux villes de Bourges, de Poitiers, de Perigueux, d'Auuergne, de Velai, de Toloſe, de Bourdeaux, d'Albi, & de Limoges.

II. Surquoi ie deſire examiner deux points, qui ſont neceſſaires pour l'exacte connoiſſance des matieres, qui ſont traitées en diuers endroits de cette œuure. L'vn eſt, ſi l'opinion commune eſt veritable, que Charlemagne ait inſtitué les Comtés d'Aquitaine; comme l'on le pretend iuſtifier par les Auteurs que i'ai alleguès. L'autre eſt, s'il a eſtabli cette ſorte de fiefs que l'on nomme Abbayes Laïcques en Bearn, & en quelques autres endroits de Gaſcogne; ſelon le ſens que le Docte Cuias, & Vignier donnent à ces textes.

III. Quant au premier, ie penſe que c'eſt vne erreur, d'attribuer à Charlemagne l'eſtabliſſement des Comtés en Aquitaine. Car ſous la premiere race de nos Rois, les Comtés, ou Iudicatures, qui reſpondoient aux Seneſchauſſées de ce temps, eſtoient ordonées en chaſque ville, que la diſpoſition de l'Empire auoit reconneuë pour Cité, & où l'ordre Eccleſiaſtique auoit eſtabli vn Eueſché. De fait, pour s'arreſter aux deux Aquitaines, l'on voit dans Gregoire de Tours, vn *Ollo* Comte de Bourges; Le Comté de la ville d'Auuergne, & ſon Comte *Eulalius*. Pour le Comté de la ville de Geuaudan, il eſcrit que *Palladius* en fut pourueu par le Roi Sigibert; & faict en outre mention d'vn *Innocent* Comte de cette ville. On lit dans cét Auteur deux Comtes de la ville de Limoges, *Nonnichius*, & *Terentiolus*. Ces quatres villes ſont de la premiere Aquitaine. Quant à celles de la ſeconde, on voit vn *Garacharius* Comte de la Metropole de Bourdeaux, ſous le Roi Gontran; outre le Comte *Galactoire* recommandé par Fortunat. Le Comté de Sainctes eſt nommé en termes expres dans Gregoire de Tours, & deux de ſes Comtes, *Gundegiſilicus*, & *VVaddo*. Comme auſſi le Comté d'Engouleſme, & deux Comtes de cette ville *Maracharius*, & *Nantinus*. Pour la ville de Poictiers, elle auoit ſon Comte *Maco* du temps de Gontran.

IV. Ces preuues font voir aux plus difficiles, qu'il y auoit des Comtes eſtablis dans les Cités, tant pour leur conduite, que des pais qui en dependoient, dés le temps de la premiere race de nos Rois. Cét ordre ne fut point changé par les Ducs d'Aquitaine; qui auoient ſous eux des Comtes dans les villes, cóme l'on voit chés *Fredegarius*; qui fait mention de *Hunibert* Comte de Bourges, d'*Amanugus* Comte de Poitiers, de *Blaudenus*, & de *Chilpingus* Comte d'Auuergne, & de pluſieurs autres Comtes, ſous le Duc Vvaifer. Pepin apres la conqueſte d'Aquitaine continua quelques vns de ces Comtes, comme Hunibert à Bourges; & ſe voyant paiſible dans la poſſeſſion de cette Prouince, apres le decés de Vvaifer, dés auſſi-toſt qu'il fut arriué en la ville de Sainctes, il ordonna les autres Comtes, qu'il iugea à propos pour le bien du Royaume.

V. C'eſt pourquoi on a tort de prendre Charlemagne pour l'inſtituteur des Comtés d'Aquitaine. Et l'auteur de la vie de Louïs, n'eſt pas dans ce ſentiment, s'il eſt bien entendu. Car il n'eſcrit pas ſimplement, que ce Prince eſtablit des Comtes dans l'Aquitaine, mais auec cette addition, que c'eſtoient des Comtes François de nation. D'où l'on ne peut pas conclure, comme l'on fait communement, qu'il diſtribua cette Prouince en Comtés, puis que ce departement eſt plus ancien que

Charlemagne ; Mais qu'il changea les Comtes & Gouuerneurs establis par les Ducs precedents, Vvaifer, & Hunauld, & y en ordonna de nouueaux, de la nation Françoife; aufquels il peût prendre toute forte de confiance: & partant il fit des Comtes nouueaux, mais non pas des Comtés. Adreualde Auteur du temps feruira de garend pour cette explication, lors qu'il efcrit que ce Prince choifit des principaux Seigneurs François de fa maifon, & les pourueut des Comtés de cette Prouince, pour obliger les peuples nouuellement conquis à fe façonner aux loix, & aux couftumes de la France.

VI. Il ne faut point auffi pretendre, que ce Prince n'eftablit point de Comtes ailleurs, que dans les Neuf Cités, qui font denombrées par l'ancien Hiftorien ; comme s'il auoit voulu reduire toute l'Aquitaine en Neuf Gouuernemens. Car on doit recueillir de fon difcours le contraire ; en ce que nommant les Neuf Comtes, il reftraint leur pouuoir aux Cités, & aux Prouinces qu'il denombre. De forte que, comme il reftoit en l'Aquitaine fix autres Cités, à fçauoir Engoulefme, Sainctes, Agen, Cahors, Rouergue, & Geuaudan, il faut conclurre, ou qu'elles furent abandonnées fans Gouuerneur; ou bien qu'il y eut des Comtes particuliers ordonnés pour leur Gouuernement; comme l'on a veu qu'il y en auoit à Sainctes, Engoulefme, & Geuaudan, & fans doute auffi à Cahors, & Agen, dés la premiere race de nos Rois. De fait l'ancien Auteur de la vie S. Genulfe efcrit en termes generaux, que Charlemagne reuenant d'Efpagne, eftablit des Comtes aux villes d'Aquitaine. Ce qui eft confirmé, en ce que pendant le regne de Charles le Chauue, on voit Vvlgrin, & Aldoüin Comtes d'Engoulefme, de Perigueux, & d'Agen. Et dans les vieux tiltres, les Comtes de Sainctes, de Cahors, de Rouergue, & de Geuaudan. Quelques-vns demandent, s'il y eut des Comtes eftablis en Gafcogne, dans les Comtés particuliers, qui releuoient du Duché. Et pour moi i'y voi beaucoup d'aparence, parce que cét eftabliffement certifié par les anciens, ne regarde pas feulement les Prouinces d'Aquitaine, mais tout le Roiaume dont la Gafcogne eftoit vne portion, faifant frontiere auec l'Efpagne. Et par confequent l'intention du Prince eftant d'affeurer les frontieres, il femble que le foin de fon Confeil deuoit s'eftendre iufqu'à ces quartiers, ayant reconnu la mauuaife volonté des habitans des vallées de Bafques: D'autant plus que l'Auteur de la vie de Louis efcrit, qu'il y fit les reglemens tels qu'il lui pleut. Neantmoins comme ces chofes ne font pas expliquées par les Auteurs du temps, on ne peut rien affeurer fur cette matiere; horfmis que l'on ne doit pas prefumer que le Duc Loup fuft depoffedé, puis qu'il demeura conftant en fon deuoir, & en la fidelité qu'il auoit promife.

VII. Pour le fecond point que i'ai propofé, les fçauans Cuias, Hotoman, & Vignier eftiment, que les Abbés mentionnés dans Aimoin, fignifient les Nobles d'Aquitaine. Ils ont fuiui cette interpretation, preffés par la tiffure du difcours de cét Hiftorien, qui met l'eftabliffement des Comtes, Abbés, & Vaffaux, dans le corps d'vne periode ; & leur baille vne fonction qui femble efloignée du deuoir des Abbés, à fçauoir de prendre foin de l'adminiftration, & du gouuernement du Roiaume d'Aquitaine, & de la defence de fes frontieres De forte qu'il y auoit quelque apparence d'interpreter en ce lieu les Abbés pour Gentils-hommes, puis que plufieurs Nobles conferuent encore prés des monts Pyrenées, la qualité d'Abbés.

VIII. Mais ie fuis plus obligé à la verité, qu'à l'autorité de ces grands hommes; & ne fais point difficulté de prendre en cét endroit les Abbés, pour les Chefs des monafteres. Car l'intention de Charlemagne eftant d'affeurer la conquefte de l'Aquitaine, il eftablit des Comtes en chef pour le gouuernement des Prouinces, auec la force militaire des Vaffaux François; aufquels il departit en tiltre de fief, les terres

poffedées

possedées par les factieux, & vne partie des domaines, dont ioüissoient les Ducs d'Aquitaine; & accompagna ces forces d'vn bon Conseil qui fut composé de personnes affectionnées à son seruice; à sçauoir des Euesques, & des Abbés, pour deliberer conioinctement auec les Comtes, & les Vassaux.

IX. Car l'ordre du Gouuernement estoit tel du temps de Charlemagne & de ses enfans, que les loix, les reglemens, la guerre, la paix, & toutes les affaires d'importance se deliberoient aux assemblées generales, qui estoient conuoquées par le Roi, en tel lieu qu'il auisoit; où les matieres estoient traictées auec l'aduis des Euesques, & des Abbés, des Ducs, Comtes, & autres principaux Officiers, selon l'ordre que l'Abbé Adalard a redigé par escrit. Ces assemblées se faisoient anciennement à la campagne, *in campo*, selon le tesmoignage d'Eginhart; Le temps estoit reglé au mois de Mars; D'où vient que ces assemblées estoient nommées, le *Champ du mois de Mars*. Car c'est en ce sens qu'il faut interpreter, *Campus Martius*, dans Gregoire de Tours; lors qu'il dit, que Clouis I. assembla ses troupes, *in Campo Martio*, & assomma d'vn coup de hache vn soldat mal armé, qui s'estoit opposé l'année precedente, à la priere du Roi, lors qu'estant sur le point de faire le partage du butin, il demandoit par preciput vn certain vase Ecclesiastique pour le rendre à l'Eglise. Hincmar Archeuesque de Reims a creu que cette assemblée estoit nommée *Champ de Mars*, à cause de Mars honoré comme Dieu de la guerre, parmi les Payens. Mais on aprend de Fredegarius, qui est plus ancien que Hincmar, que les assemblées des François se commençoient aux Kalendes de Mars: & que le Roi Pepin ayant esgard aux incommodités de la saison, changea le premier, le temps de l'assemblée, & la transporta du mois de Mars, à celui de Mai. D'où il arriua, que cette assemblée changea de nom, & fut appellée le *Champ de Mai*, au lieu qu'on l'appelloit auparauant, le *Champ de Mars*.

X. Apres que les reglemens Generaux estoient arrestés dans les Estats, le Chancelier les deliuroit aux Euesques, & aux Comtes des Cités Metropolitaines; qui les enuoyoient aux autres Euesques, aux Abbés, & aux Comtes des villes, pour en faire la publication sur les lieux. Les Comtes rendoient leurs iugemens suiuant la teneur des loix, & de ces reglemens; Mais ils estoient obligés de se seruir aux matieres d'importance, du Conseil, & de l'aide des Euesques, des Abbés, & des Vassaux, selon qu'il est prescrit par les Capitulaires. De sorte que Charlemagne ne pouuoit mieux faire, suiuant son dessein, que d'estre asseuré des personnes, qui deuoient composer le Conseil General du Roiaume d'Aquitaine. Ce qu'il fit, en gagnant les affections des Euesques, comme tesmoignent ces anciens Auteurs; & en ordonnant des Comtes François, & des Abbés de la mesme nation, soit aux Monasteres qu'il fonda, soit en ceux qu'il restablit apres les ruines, que les Ducs d'Aquitaine y auoient faites; Et encore en establissant des grands Fiefs, qui releuassent immediatement de la Couronne d'Aquitaine, dont les Possesseurs estoient appellés *Vassi*, & ceux qui tenoient de ceux-ci d'autres terres en arrierefief, estoient nommés *Vassali*, dans les Capitulaires.

XI. Il semble qu'apres auoir refuté l'opinion de Cuias, ie suis obligé de dire ce que ie sçay touchant l'origine des Abbés Laïcques de Bearn, & des païs voisins. On donne le nom d'Abbés Laïcques, à ceux qui possedent la disme du village, s'ils ne l'ont alienée, & la presentation de la Cure. La maison de laquelle dependent ces droits, est bastie proche de l'Eglise de la Parroisse; elle est ordinairement Noble, & deschargée de tailles, aussi bien que les champs qui sont des anciennes apartenances de l'Abbaye. Il y a vn grand nombre de ces Abbés, & Possesseurs des Dismes infeodées dans le Bearn, & aux Vallées de Bigorre, où ils portent le titre d'Abbés. Ce nom

L

leur est donné dans les Chartulaires des Monasteres de Luc, de S. Sauin, & de S. Pé, il y a six cens ans : où ils sont nommés *Abbates*, quoy qu'au titres de trois cens ans, on leur donne le nom d'*Abbatiarij*. Ils prirent cette qualité, à l'exemple des Seigneurs de France ; lesquels à raison des Abbayés dont ils iouïssoient, prenoient le titre d'Abbés, que Gerbert nomme en ses letres, *Abbi-Comites*. D'où ces Gentilshommes, qui possedoient le bien de l'Eglise furent portés à croire ; qu'il leur estoit aussi loisible de se qualifier Abbés. Dautant plus qu'ils iouïssoient du reuenu des Cures, qui estoient nommées Abbayés au langage de ces quartiers ; comme l'on apprend des vieux Fors de Nauarre, où elles sont appellées *Abbadiados*. Ioint qu'il semble que les petits Benefices estoient nommés *Abbatiolæ*, l'an 853. au Concile de Soissons, où le Roi Charles le Chauue ordonne à ses Commissaires de s'informer quelle redeuance est payée aux Eglises, pour les Chapelles, *Abbatiolis, & Casis Dei in beneficium datis*.

XII. Quant à l'origine des Dismes infeodées, que la Noblesse possede en Bearn, en Nauarre, & en plusieurs autres endroits de Gascogne, elle ne procede pas d'vne vsurpation confirmée & autorisée par le temps, comme l'on pretend ordinairement ; Mais c'est vn establissement legitime fait, à mon auis, dés le temps de Charlemagne, ou de son fils Louïs le Debonnaire. Car ce qu'on allegue communément, que Charles Martel fut le premier qui distribua le bien de l'Eglise, à ceux qui le seruoient aux guerres, est aussi certain, (ainsi que l'asseurent les Euesques des Prouinces de Reims & de Roüen, en leur Cayer presenté à Louïs Roi de Germanie, l'an 858.) comme leur relation est fabuleuse, en ce qui regarde la damnation de ce Prince, manifestée par vision à l'Euesque d'Orleans Eucherius ; qui estoit neantmoins decedé quelques années auant Charles Martel, ainsi que le Cardinal Baronius, & le Pere Sirmond ont verifié.

XIII. Mais dautant que le Clergé de France se plaignoit de ces alienations, il y eut vne assemblée à Liptines en Cambresi ; où l'on commença de donner quelque reglement à cette matiere. La conuocation en fut faite par le Prince Carloman, l'an 743. où assista Boniface Archeuesque de Mayence, Legat du Pape. Il fut arresté, qu'en consideration des guerres que ce Prince auoit sur les bras contre les peuples infideles ses voisins, il retiendroit pour vn certain temps, vne partie des biens Ecclesiastiques, à titre de Precaire ; & sous le Cens & redeuance annuelle d'vn sol, ou douze deniers pour chasque maison de Tenancier, payable à l'Eglise, ou au Monastere dont ces biens dépendoient ; en sorte que si le possesseur inuesti de ces biens venoit à deceder, l'Eglise en fust resaisie ; Que si la necessité continüoit, ou que le Prince l'ordonnast, le Precaire seroit continué & renouuellé. Et sur tout que l'on prendroit garde que les Eglises ne souffrissent point, & que l'on leur rendist toute entiere la possession, en cas qu'elles fussent dans la pauureté. Ce Canon est expliqué par le Docteur Filesac d'vn prest de deniers qu'il pretend que le Clergé fit à Carloman, pour la subuention de la guerre. Mais les paroles du Canon estans examinées en leur vrai sens, ne representent autre chose dans leur Latin, que ce que i'ay dit en François, comme ie fais voir aux preuues de ce Chapitre.

XIV. La responce de l'an 745. du Pape Zacharie, à la relation que lui fit Boniface, de ce qui auoit esté arresté en ce Synode, tesmoigne assés qu'il s'agissoit de la restitution des biens de l'Eglise ; pour raison desquels, il n'auoit peu obtenir que douze deniers pour chascune des familles de serfs, ou de païsans, dont le village seroit composé, *Pro vnaquaque Casata*. Ce que le Pape agrée, & loüe Dieu de ce qu'il a obtenu cette recompense, en vne saison si enueloppée des guerres des Sarasins, des Saxons & des Frisons. Dans cette Ordonnance on fait glisser vn terme qui semble donner au Clergé quelque esperance de restitution ; sçauoir que par le decés de la personne inuestie du bien Ecclesiastique, l'Eglise sera ressaisie. Mais ce ne sont que des paroles sans effet. Car vne autre clause suit immediatement, qui porte que si la necessité presse, ou que le Prince le commande, le mesme bien peut estre baillé à nouueau Fief, & le contract de Precaire continué. De sorte que les Rois de France sont confirmés par ce Canon de l'Eglise Gallicane, & par la Response du Pape, au droict de continuer aux Gentilshommes, les inuestitures des biens Ecclesiastiques, qui auoient esté desia faites tout autant qu'il leur plaira.

XV. Outre le Concile precedent, il y en eut vn autre, qui fut tenu au mesme lieu de Liptines, par le commandement du Roi Pepin; auquel presidoit auec l'Archeuesque Boniface vn Legat du Siege Apostolique nommé George. Ce qui fait voir, que ce Synode, (encore qu'il n'ait point esté remarqué dans la compilation des Conciles de la Gaule) est different de l'autre tenu sous le Prince Carloman, ou Boniface presida seul, sans compagnie d'aucun autre Legat, ainsi que les Actes du Synode font foi. Mais la difference paroistra mieux aux choses decidées. Car le premier Synode se contente d'ordonner les Douze deniers par maison, pour recompense des biens Ecclesiastiques retenus. Et le second sous Pepin, adiouste à cette redeuance, les Nones & les Decimes en faueur des Eglises, dont les biens auoient esté donnés à Fief, iusques à ce qu'ils leur fussent rendus. Les Euesques des Prouinces de Reims, & de Roüen, font mention de cette Ordonnance du second Concile de Liptines, & disent qu'ils en ont les Actes en main. Et sans doute on voulut, que ce qui estoit ordonné par le premier Concile en termes generaux, touchant l'entretenement des Eglises, dont les possesseurs des biens Ecclesiastiques estoient chargés, fust expliqué par le menu, & limité aux Nones & aux Decimes. On est en peine de sçauoir, que signifient ces *Nones* & ces *Decimes* si souuent mentionnées depuis ce temps dans les Conciles de France, & dans les Capitulaires de Charlemagne, & qui n'ont encore esté expliquées par aucun, que ie sçache. Ma pensée est, que *Nona & Decima*, qui sont tousiours iointes ensemble, signifient la Neufiesme & la Dixiesme partie du reuenu Ecclesiastique de quelque nature que soient les biens tenus en fief, sans distinction si ce sont des Domaines, des Seigneuries, ou des Dismes : Par exemple, la Neufiesme & la Dixiesme Gerbe au reuenu des Bleds est la None & la Decime des Canons. Ce qui reuient au Cinquiesme du Total; selon l'explication qu'on peut recueillir d'vn Canon du Synode de Langres.

XVI. L'année 779. Charlemagne fit vne Ordonnance qui est distribuée en diuers lieux des Capitulaires, mais rapportée toute entiere auec sa date par le P. Sirmond, au second Tome des Conciles. En l'Article Onziesme, le payement des Nones & des Decimes, est ordonné pour le regard des biens de l'Eglise, comme vne chose desia receuë en vsage commun; et neantmoins le Cens y est beaucoup diminué, à sçauoir à vn sol pour cinquante maisons, & à demi sol pour trente. Ce qui doit estre entendu lors que le Fief consiste en villages infeodés, ou en Dismes, dont la valeur augmente à proportion du nombre des Familles. Et en outre le renouuellement du Precaire y est prescrit; auec cette precaution, que dans le formulaire du Contract on distingue les Precaires, & les inuestitures faites par l'Ordonnance du Roi, de celles que les Ecclesiastiques font de leur bon gré. Ces inuestitures des Biens Ecclesiastiques, sont confirmées sous la reserue de la None & de la Decime, & du Cens, par le Synode de Francfort, assemblé par l'autorité du Pape Hadrian, & du commandement de Charlemagne, l'an 794. & composé des Euesques d'Italie, de France, d'Aquitaine, & de Germanie, auquel presidoient Theophylacte & Estiene Legats du Pape. Ces Ordonnances ont esté suiuies d'vn grand nombre d'autres, qui ont receu ces premieres alienations, & inuestitures des biens Ecclesiastiques pour vne loi publique du Roiaume, autorisée par le consentement des Euesques, & des

L ij

Legats du Siege Apostolique, à la charge de ne continuer point ces infeodations à l'auenir. Mais outre cette Neufiesme & Dixiesme, & le Cens annuel, qui auoit esté diminué, le Synode de Francfort au Canon 26. & en suite Louïs le Debonnaire par Ordonnance de l'an 828. chargerent ces possesseurs de la reparation des Eglises. A quoi faire Charles le Chauue ordonne qu'ils seroient contraints par excommunication, & par la perte de ces biens, dans le Capitulaire de l'année 846.

XVII. Charlemagne voulut encore fauoriser le Curé de la Parroisse, dont les reuenus estoient tenus à Fief. Car il ordonne, que si le possesseur de ces biens Ecclesiastiques, est inuesti par le Prince de quelque autre domaine qui soit sur le lieu; en cas qu'il le face cultiuer à moitié, outre la None & la Decime, il payera à son propre Prestre la Disme des fruicts, qu'il recueillera de son domaine pour sa moitié. Le Curé est nommé le propre Prestre du Seigneur du lieu; parce que les Gentilshommes n'auoient pas seulement receu l'inuestiture des Dismes; *Mais des Eglises*, selon la phrase des Capitulaires; c'est à dire de tous les reuenus Ecclesiastiques, consistans aux fruits, aux oblations, & autres menus deuoirs, que l'on nomme *Pied de l'Autel*; Et encore au droict d'establir le Prestre dans l'Eglise de la Parroisse. On s'est departi peu à peu des oblations, & des distributions que le Chartulaire de Sorde nomme *Missacantanias*; & l'on a retenu seulement les Dismes. Quant au Droict d'establir le Prestre, il a esté reglé par le II. Concile de Chalons tenu l'an 813. & par d'autres assemblés en mesme temps à Tours, & à Mayence, au droit que l'on appelle auiourd'hui Presentation. *Il faut*, dit ce Concile, *que la regle Canonique estant gardée, aucun ne baille ni n'oste aux Prestres les Eglises, sans le consentement de l'Euesque*. Et parce que sous pretexte que le consentement des Euesques estoit requis, ils refusoient d'ordonner les Clercs, qui estoient choisis par les Laïcques pour leurs Eglises, il fut ordonné par vn Capitulaire de Louïs le Debonnaire l'an 816. que les Euesques ne pourroient les refuser, s'ils estoient de bonnes mœurs, & de suffisante doctrine. Ces Presentateurs sont nommés *Patrons* dans le cinquiesme article du Synode de Reims, tenu par Hincmar l'an 878. Ce que i'ay voulu expliquer particulierement pour monstrer l'origine du Patronage des Cures, qui n'est pas fondé sur la Dotation des Cures, qui sont aussi anciennes que les villages, & prennent leurs reuenus sur les Parroissiens; Mais il est fondé sur les inuestitures des Eglises faites par les Princes en faueur des personnes Laïcques.

XVIII. Les Abbés Laïcques de Bearn ioüissent des Dismes, & de la presentation de la Cure; selon les Ordonnances de Charlemagne, & de Louis le Debonnaire. Mais aussi ces Abbés, ou les Chapitres & autres Ecclesiastiques qui ont acquis ces dismes par achapts, ou par donations, payent aux Euesques vn droit que l'on nomme *Arciut* : lequel est taxé dans les anciens registres des Eueschés, à dix, quinze ou vingt, trente ou quarante sols Morlans, selon la force & la grandeur des villages, où se recueillent les dismes infeodées; sur lequel pied on fait auiourd'hui le payemét en deniers. Ce qui se raporte au Cens annuel introduit par Carloman, aprouué par le Pape Zacharie, & consirmé & moderé par les Capitulaires. Il est nommé dans les vieux tiltres de l'Abbaye de Sauuelade *Magistratus*, c'est à dire, vn tribut qui se paye pour reconnoistre la maistrise de l'Eglise. Et d'autant que les Euesques faisans les visites de leurs Dioceses se retiroient anciennement dans les maisons de ces Abbés Laïcques; & que ces deniers estoient compensés auec le logement, on nomma en langage vulgaire cette redeuance les *Arceuts*, ou bien *Arciuts* suiuant la prononciation de ce temps; à l'exemple des droits des seigneurs seculiers. Car les seigneurs de Bearn, & les autres seigneurs particuliers ioüissoient du droit de hebergement en plusieurs maisons; lequel droit est nommé *Albergata* en langage Lombardique, & en Latin dans les vieux tiltres, *Commeatus, Discursus, Procuratio Receptus, Receptio*. Ce destroit est aussi nommé *Arceut* dans les anciens Contracts conceus en langage

Liure premier.   125

Bearnois; Laquelle diction explique mot pour mot le Latin *Receptio: Arceber* en langage pur Bearnois, signifiant *Receuoir*.

XIX. Quant à la iouïssance de la Disme des fruits, qui se recueillent aux champs qui sont des anciennes apartenances des maisons Abbatiales; les Abbés Laïcques la payent à leur Curé, conformément à l'ordonnance de Charlemagne; Et ceux qui refusent de suiure cét ancien vsage du païs, sont condamnés à le garder au profit des Curés par les Arrests de la Cour de Parlement de Nauarre; Ce qui me porte à croire que l'infeodation des Eglises de Bearn fut faicte par Charlemagne, ou par Louïs le Debonaire; pour obliger la Noblesse à continuer la guerre sur leur frontiere, contre les Sarasins d'Espagne; qui estoit vn des motifs du Pape Zacharie, pour consentir à ces alienations des biens Ecclesiastiques. Et encore que l'inuestiture ne fust faite au commencement par le Prince que pendant la vie du possesseur, à l'exemple de tous les autres Fiefs: Neantmoins ces Fiefs & ces inuestitures des Eglises sont deuenuës hereditaires, lors que les autres Fiefs du Roiaume changerent de condition & passerent aux heritiers, sous la fin de la seconde race des Rois. Pour le regard du Cinquiéme des reuenus, & des Reparations des Eglises, les Nobles de Bearn, y ont satisfait en delaissant à l'Eglise, dans plusieurs parroisses, la quatriesme partie de la Disme; ou bien s'ils retirent toute la Disme, les paroissiens sont chargés de fournir outre la Disme vne certaine portion de leurs fruits, sous le nom de Premice Conuentionele, nommée *Pacquere* en langage Bearnois. Les Conciles tenus à Tolose par le Pape Victor II. l'an 1056. qui excommunioient les Laïcques possesseurs des Dismes, donnerent de la terreur à ceux qui estoient mal informés de leurs droits; lesquels pour descharger leurs consciences firent plusieurs donations des Dismes aux Euesques, aux Chapitres, & aux Monasteres.

I. Vita Lud. Pij ad an. 778. Cont. Aimoin. l. 5. c. 1. Oidinauit per totam Aquitaniam Comites, Abbatesque, nec n̄ in alios plurimos, quos Vassos vulgo vocant ex Gente Francorum. Quorum prudentiæ & fortitudini nulla calliditate, nulla vi obuiare fuerit tutum, eisq; cōmisit cūa Regni prout vtile iudicauit, finium tutamen villarumque regiarum rutalem proinsioné. Et Biturigæ ciuitati primo Humbertum &c.

III. Otto Biturigum Comes. Greg. l. 7 c. 38. Comitatus vrbis Aruernæ l. 4. c. 13. Eulalius Comes illius vrbis. l. 8. c. 45. Palladius Comitatum in vrbe Gabalitana Sigiberto Rege impertienne promeruit l. 4. c. 34. Innocentius Gabalitanæ vrbis Comes. l. 6. c. 37. Nonnichius Lemouicinæ vrbis Comes. l. 6. c. 22. & Terentiolus Comes eiusdem vrbis l. 8. c. 30. Garacharius Comes Burdigal. l. 8. c 6. Galactorius Comes eiusdem vrbis, apud Fortunat. Vaddo qui olim Santonicum rexerat Comitatum l. 6. c. 45. Gundegisilicus Comes Sātonicus l. 8. c. 22. Nantinus Comes Engolisinensis. Maracharius auunculus eius diu in ipsa vrbe vsus est Comitatu l. 5. c. 37. Macco Comes Pictauensis l 9 c. 41.

IV. Fredegarius ad an. 761. 765. 768.

V. Ardeualdus cap. 18. de mirac. S. Bened. Ex Nobili Francorum genere, vt morem Francis assuetum seruare compellerent.

VI Auctor vitæ S. Genulfi l. 2. c. 5. Vrbibus Aquitaniæ Comites præfecit. Fragmentum Hist. Aquit.

VII. Cuiac. ad t. 1. l. 1. Feud. Vignier en sa Bibliotheque Historiale.

VIII. IX. Addit. 4. t. 86. Capitul. l. 6. t. 28 t. t. 96. Annal. Franc. ad an. 771. Hincmarus ex Adalardo. Egiph. in Ann. ad an. 767. Pipinus Conuentum more Francico in Campo egit. Greg. Tur. l. 2. cap. 27. Iussit omnem cum armorum apparatu aduenire phalangem, ostensuram in Campo Martio suorum armorum nitorem. Hincmarus in vita S. Remigij.

Sic enim Conuentum illum vocabant à Marte, quem pagani Deum belli credebant. Fredeg. ad an. 766. Pipinus Aurelianis placitum suum Campo Madio, quod ipse primus pro campo Martio, pro vt'irate Francorum instituit, tenens, multis muneribus à Francis, & proceribus suis ditatus est.

X. Capit. l. 2. t. 14. l. 2. t. 9. Episcopis iterum, Abbatibus, & vassis nostris, & omnibus fidelibus laïcis dicimus vt Comitibus ad iustitias faciendas adiutores sitis. Capit. l. 3. t. 73. t. 75.

XI. Gerbertus ep. Forum Nauar. l. 1. & 2. Concil. Suessionense II. c. 3.

XII. In Capitulis Caroli Calui t. 23. Carlus princeps Pippini Regis Pater, primus inter omnes Francorum Reges ac Principes res Ecclesiarum ab eis separauit ac diuisit. Baron. Annal. t. ?. an. 741. Sirmondus in Notis ad hunc Tit. Capit.

XIII. Syn. Liptin. sub Carlom. c. 2. Statuimus vt sub precario & censu aliquam partem Ecclesialis pecuniæ in adiutorium exercitus nostri aliquanto tempore retineamus, ea conditione vt annis singulis de vnaquaque Casata solidus vnus, id est duodecim denarij ad Ecclesiam vel monasterium reddantur; eo modo vt si moriatur ille cui pecunia commodata fuit, Ecclesia cum propria pecunia reuestita sit. Et iterum si necessitas cogat, aut Princeps iubeat Precarium tenouetur. *Filesacus in tract. de qnerala vet. Eccl. Gallic. hic agi putat de pecunia numerata; in quo egregie fallitur. Pecunia, pro bonis Ecclesiasticis vt c. 1. Prioris Syn. Lyp. & l. 6. Capit. t. 321. quod probatur ex natura Contractûs Precarij, qui alius est à Contractu mutui, & pertinet ad diuisit. Baron. Quo tendunt etiam verba Canonis; Ecclesia reuestita sit cum propria pecunia. Itaque non erat quod in editione Conciliorum, sollicitaretur lectio ista, Pecunia Commendata, quæ exstat l. 5. cap. 1. 3. in istam, Pecunia commodata. Commendare enim apud*

L iij

auctores istius seculi idem sonat ac in beneficium dare.

XIV. Ex Epistola VIII. Zachariæ P. ad Bonifacium: De Censu vero expetendo eo quod impetrare à Francis ad reddendum Ecclesiis vel monasteriis non potuisti aliud, quam vt vertente anno abvnoquoque coniugio seruorum XII. denarij reddatur; & hoc gratias Deo, quod potuisti impetrare, & dum Dominus donauerit quietem, augeantur & luminaria Sanctorū, pro eo quod nunc tribulatio accidit Saracenorū, Saxonū vel Frisonum, sicut tu ipse nobis innotuisti.

XV. Epistola Episc. Rem. & Rotom. Prouinciarum missa Ludouico Regi Germ. inter capitula Caroli Calui t. 23. quod cognoscens filius eius Pipinus Synodum apud Liptinas congregari fecit, cui præfuit cum S. Bonifacio, Legatus Apostolicæ sedis Georgius nomine Infra: precarias ab Episcopis exinde fieri petiit, & Nonas ac Decimas ad restaurationes tectorum, & de vnaquaque Casata duodecim denarios ad Ecclesiam vnde res erant beneficiatæ. Concilium Valentinum III. c. 10. vbi agit de fiscis & villis, vnde nonæ & decimæ solui debent. Synodus Lingonensis relecta in Concilio apud Saponarias anno 859. in c. 13. Nonas & decimas Quintam partem esse interpretatur, si diligentius verba canonis expendantur.

XVI. Capitulare Caroli M. an. 779. apud Sirmondum cap. 14. quod habetur Capitul. l. 5. t. 127. De rebus Ecclesiarum vnde nunc census exeunt, Decima & Nona cum ipso censu sit soluta, & vnde antea non exierunt, similiter decima & Nona cum ipso censu sit soluta. Atque de Casatis L. solidus vnus, & de casatis XXX. Dimidius, & de XX. tremissis vnus; & precariæ vbi modo sunt renouentur, & vbi non sunt, scribantur. Et sit discretio inter Precarias de verbo nostro factas, & inter eas quas spontanea voluntate de ipsis rebus Ecclesiarum faciunt. Conc. Francoford. c. 25. Vt Decimas & Nonas, siue census, omnes generaliter donent qui debitores sunt ex beneficiis & rebus Ecclesiarum, secundum priora capitula Domini Regis. can. 16. Vt domus Ecclesiarum & tegumenta ab eis fiant emendata vel restaurata, qui beneficia exinde habent. Capitulare Ludouici Imp. an. 828. c. 9. apud Sirmondum. Et Capitul. l. 5. t. 146. Capitula Caroli Calui c. 18. Hi vero qui ex rebus Ecclesiasticis nonas & decimas persoluere, & sarta tecta Ecclesiæ secundum antiquam autoritatem & consuetudinem restaurare debent.

XVII. Capit. l. 1. t. 163. Vt qui Ecclesiarum beneficia habent, nonam & decimam ex eis, Ecclesiæ cuius res sunt donent, & qui tale beneficium habent vnde ad medietatem laborent, de eorum portione propria Presbytero decimas donent. Capitulare III. Ludouici an. 828. De ceteris Ecclesijs nostra autoritate in beneficio datis, inquirant.

Concil. Cabilon. II. an. 813. c. 42. apud Grat. 16. q. 7. inuentum. Vnde oportet vt Canonica regula seruata, nullus absque consensu Episcopi, cuilibet Presbytero Ecclesiam det. Capitulare Ludouici an. 816. c. 19. editum à Sirmondo, habetur capit. l. 1. t. 90. Statutum est vt sine autoritate vel consensu Episcoporum Presbyteri in quibuslibet Ecclesijs, nec constituantur, nec expellantur. Et si laïci Clericos probabilis vitæ & doctrinæ Episcopis consecrandos, suisque in Ecclesiis constituendos obtulerint, nulla qualibet occasione eos reijciant. In Capitulis Hincmari anni 874. c. 5. Vos & vestros nutritos in maledictionem mittitis, cum dato Patronis præmio, vobis & illis peccatum emitis.

XVIII. XIX. E Chartul. monasterij Siluælatæ, W. de Mont euidenti ratione superatus, coram D. Episcopo Lascurrensi, atque legitimis proceribus, virisque sapientibus omnem querelam, tam Decimarum, quam Magistratuum, quam Premiciarum absolute deposuit. *Capite superiori dicitur* Magistralis cœna, *quod isto*, Magistratus. E Chartul. S. Petri Gener. Arnaldus R. de Anoia obtulit Tertiam partem Ecclesiæ de Barsuno; quam sequitur, tertia pars de Decimis, & de omnibus alijs eidem Ecclesiæ denotione fidelium offerendis. Tenetur etiā hæc tertia soluere tertiam partem Episcopalis quartæ, & tenetur in procurationis Episcopi tertia parte. Ex eodem Chartul. S. Petri Gen. Ecclesiarum rectores laïci de rigore canonum omnes sunt excommunicati: G. itaque de Lijon hac excommunicatione perterritus, dedit monasterio medietatem Ecclesiæ de Liurono, Gastone Vicecomite donationem approbante, & omni iuri in ea habito renunciante. Ad quam pertinet medietas decimationum, & candelarum & capellaniæ, & oblationum, & omnium prouentuum aliorum. Ad eamdem similiter spectat solutio Dimidiæ quartæ, & dimidia pars procurationis Episcopo debitæ.

CHAPITRE XXIX.

Sommaire.

I. Les Loix de Charlemagne regloient la Gascogne, comme les autres Prouinces du Roiaume. La loi de Constantin qui rend les Euesques arbitres sans appel au choix de l'vne des parties, renouuellée par Charlemagne pour estre gardée en Gascogne, comme ailleurs. Bearn l'a obseruée. Elle fut modifiée par Gaston seigneur de Bearn, & reuoquée par Henri Roi de Nauarre. II. La Metropole de Gascogne omise en l'Acte du partage des meubles de Charlemagne; aussi bien que celles de Narbone, & d'Aix en Prouence. Raison de cette omission recherchée; Dependance de la Metropole de Narbonne de celle de Bourges. Et de celle d'Aix de la Metropole d'Arles. Euse peut-estre dependoit de Bourdeaux. III. Recherche de la Metropole qui manque en la Preface du Concile de Paris. Il n'y a point certitude que ce soit Euse. IV. Louïs Roi d'Aquitaine s'habille à la mode des Gascons. Alderic leur chef fait prisonnier Chorson Comte de Tolo-

Liure premier. 127

se. Il est adiourné par le Conseil du Roiaume, & renuoyé. Mais apres il est banni au Parlement de Vormes. Chorson deposé de son Gouuernement. Guillaume substitué. V. Gascogne distribuée en Comtés. Comté de Fezensac osté à Burgundio, & donné à Liutard. Reuolte des Gascons pour ce changement. Ils en sont chastiés. Burgund est vn nom Gascon. VI. Reuolte des Gascons qui estoient proches des Monts Pyrenées, chastiée par le Roi Louïs, qui vint à d'Acqs pour cét effet. VII. Vne seconde reuolte des mesmes Gascons, à cause que leur Comte Siguin auoit esté depossedé par Louys. Ils lui substituent Garsimir. Ils sont domptés pendant deux ans. VIII. Reuolte de Loup Centulle Duc de Gascogne. Sa defaicte. La mort de son frere Garsand. Banissement de Loup. Preuue qu'il estoit Duc de Gascogne. IX. X. Vascones signifient également les Basques, & les Gascons. Diferent seulement en la prononciation vulgaire. Báscos, Guascoós. XI. Basconia. Gasconia. Basclonia. Basculi. Bascli.

I. LA Gascogne estoit tellement assuietie à Charlemagne, qu'il la regloit par ses Loix, également auec les autres Prouinces de son Roiaume. J'employe pour le verifier cette Loi si fauorable à la iurisdiction Ecclesiastique, qui est inserée dans ses Capitulaires; par laquelle, auec l'aduis de tous ses sujets, tant Clercs, que Laïcques, il renouuelle la Loi de l'Empereur Constantin rapportée dans le seiziesme liure du Code Theodosien: qui permet à l'vne des parties qui plaident pardeuant les iuges seculiers, de remettre la decision du procés au iugement des Euesques, encore que la partie aduerse n'y consente pas: afin que l'autorité de la religion recherche le merite de la cause auec plus de sincerité, que la chiquane n'en permet dans les iugemens ordinaires; En sorte qu'il n'y ait point lieu d'appel de la sentence, qui sera renduë par l'Euesque, afin que les miserables plaideurs sortent promptement de procés. Cette loi est confirmée par celle de Charlemagne, qu'il adresse à tous ses sujets, dont il fait le denombrement; parmi lesquels sont nommés les Gascons. Le Bearn a obserué long-temps cette loi, qui establit au chois de l'vne des parties, les Euesques Arbitres necessaires sans appel; suiuant que le droit Romain l'auoit ordonné pour toute sorte d'Arbitres. Mais le temps ayant introduit de l'abus en l'execution de cete loi, en ce que les procés estoient instruits pardeuant les Euesques auec des frais, des longueurs, & des chiquanes inoüies; & auec appel, qui estoit poursuiui pardeuant le Metropolitain, & puis en Cour de Rome, contre les termes exprés de la loi, Gaston seigneur de Bearn modifia cette iurisdiction, par vn Concordat qu'il arresta auec les Euesques de Bearn, autorisé par le consentement de sa Cour Maiour, l'an 1460. & depuis le Roi de Nauarre Henri II. reuoqua l'vsage introduit en consequence de ces loix; & defendit aux personnes Laïcques, de plaider en Cour Ecclesiastique sur les matieres seculieres, par son Ordonnance de l'an 1547.

II. Ces degrés de Iurisdiction Ecclesiastique m'obligent de proposer vne difficulté, touchant la Metropole de Gascogne, que l'on rencontre dans l'Acte du partage que Charlemagne fit de ses thresors l'an 811. Car il ordonne que les deux tiers de ses deniers & de sa pierrerie, seront employés en aumosnes, en faueur des Eglises Cathedrales de son Roiaume. Et d'autant qu'il y auoit dans ses Estats vingt Eglises Metropolitaines, & vne de plus, il ordonne que chascune aura sa portion, pour estre partagée entre le Metropolitain, qui en retiendra le tiers, & les Euesques suffragans, qui diuiseront entre eux les autres deux tiers. Or il fait le denombrement de ces Cités Metropolitaines, en telle sorte que la Metropole de Gascogne, qui estoit

L iiij

la Cité d'Eufe, ni celle de Narbone, ni celle d'Aix en Prouence n'y font point comprifes. De maniere qu'il femble qu'elles ne fuffent point tenuës en ce temps pour Metropoles. Neantmoins on voit deux années apres, au Concile d'Arles tenu l'an 813. que Nebridius eft qualifié *Archeuefque de Narbone*, & qu'il propofa auec l'Archeuefque d'Arles, de faire chafque iour des prieres & des facrifices en toutes les Eglifes pour la profperité de Charlemagne. Il ne faut point aufsi douter, que l'Euefque d'Eufe ne conferuaft la qualité de Metropolitain que les anciens Conciles ont reconnuë, en faueur de fon Eglife. Mais fans doute Narbonne eft omife dans le denombrement des Cités Metropolitaines, d'autant qu'elle dépendoit en ce temps-là de la Metropole de Bourges; bien qu'elle conferuaft la qualité d'Archeuefché. Quant à la Cité d'Aix, elle eftoit fuiete à la Metropolitaine d'Arles l'an 414. comme l'on aprend dès letres du Pape Symmachus. Ce qui eftoit fans doute encore en vfage du temps de Charlemagne. Car y aiant eu quelque difpute fur ce fuiet, l'affaire fut renuoyée l'an 794. par le Synode de Francfort au iugement du Pape, qui prononça fans doute fuiuant l'ordonnance de fon predeceffeur Symmaque. Cela me fait foupçonner, que la Cité d'Eufe dependoit en ce temps de la Metropole de Bourdeaux, depuis le defordre que les armes des Sarafins auoient aporté dans la Gafcogne. Ce qui pourroit auoir donné fuiet à l'ancienne Chronique des Geftes des Normans, de qualifier Bourdeaux la Metropole de la Nouempopulanie. Cette dependance confiftoit en l'obligation que le fecond Metropolitain auoit de fe rendre au Synode du premier. Ce qui fuffifoit pour faire ometre ces trois Cités dans l'Acte de partage de Charlemagne; où les portions font deftinées pour les Metropolitains, qui doiuent affembler leurs fuffragans.

III. Il y a vn peu plus de difficulté en la preface du Concile de Paris tenu l'an 829. Où l'Empereur Loüis ordóne aux Metropolitains de France, de s'affébler en quatre villes. Car il en nóme dix fept par leurs noms propres; auquel cópte il en manque vn, pour faire le nombre entier des Metropolitains des Gaules, qui font dix-huit. D'autant que dans l'ordre Ecclefiaftique la Prouince de Viéne eft diuifée en deux Metropoles, à fçauoir celle d'Arles, & celle de Vienne. Le fçauant auteur des Notes fur ce Concile, eftime que la Metropole qui máquoit, eft celle de la Gafcogne. Neantmoins on ne peut pas l'affeurer entierement, dautant que le nom des Cités eft omis au denombrement des Metropolitains. De forte que l'on pourroit foubçoner aufsi-toft, que l'Euefque qui manquoit, eft celui d'Aix en Prouence; ou bien que le nom d'vn Euefque eft échapé au Copifte; Ce qui eft plus vrai-femblable, & refoult la difficulté.

IV. Apres ces remarques qui regardent l'ordre de l'Eglife, il faut reprédre l'eftat politique de la Gafcogne. Elle eftoit fous l'obeïffance de Louis Roi d'Aquitaine, lequel pour flater ce peuple fe prefenta deuant fon pere en la ville de Paderborn habillé à la mode des Gafcons l'an 786. Neantmoins ces flateries n'adoucirent point leur efprit. Car l'année fuiuante fous la conduite d'vn Alderic Gafcon, ils arrefterét prifonnier Chorfon Comte de Tolofe, qui fut relafché fous fon ferment. Le Confeil d'Aquitaine voulant effacer la tache de cette infamie, appella cét Alderic en l'Affemblée generale du Roiaume, qui fut conuoquée dans la Septimanie, au lieu appellé *La mort des Goths*. Mais il refufa de s'y prefenter fans auoir receu, & donné affeurance auec des oftages, qui furét enfuite relafchés de part & d'autre; & Alderic renuoyé auec beaucoup de riches prefés. Charlemagne ne fut pas fatisfait de ce procedé. C'eft pourquoi il ordóna qu'Alderic fe prefenteroit en la ville de Vvormes, où il fut oüi en prefence des Rois Pere & fils, & ne pouuant fe iuftifier fut condamné à vn banniffement perpetuel: & le Comte de Tolofe Chorfon, à l'ocafion duquel les François auoient receu vn affront fi notable, fut depofé de fon gouuernement, & Guillaume mis en fa place, qui fut aufsi commis pour appaifer les Gafcons qu'il trouua fort efleués, à cause du bon succés qu'ils auoient eu contre son predecesseur, & tres aigris à cause du chastiment d'Adeleric. Neantmoins tant par son adresse, que par ses forces, il pacifia cette Prouince l'an 789. On n'est pas bien esclairci, si cét Alderic estoit Duc de Gascogne, ou Comte d'vn quartier de cette Prouince.

V. Car elle estoit distribuée en diuers Comtés; comme l'on aprend de la sedition qui arriua l'an 802. à l'occasion du Comté de Fezensac, que le Roi Louis donna à Liutard, apres le decés du Comte *Burgundio*. Les Gascons souffrirent si mal volontiers son establissement qu'ils tuerent quelques-vns de ses gens, & en bruslerent d'autres. Le Roi fit appeller les Auteurs de la sedition aux Estats de son Roiaume, qu'il tenoit à Tolose; lesquels firent au commencement quelque difficulté de s'y presenter, mais enfin ils comparurent & furent punis de leur temerité, mesme de la peine du feu, qui fut ordonnée contre quelques-vns par la loi de Talion. Ie pense que le motif de cette sedition prouenoit de ce que l'on auoit establi vn François au Comté de Fezensac, qui estoit auparauant possedé par vn Gascon. Car le nom de *Burgund*, ou Bergung que l'auteur exprime par celui de *Burgundio*, est vn ancien nom Gascon; & *Liutard* est vn nom Teutonique.

VI. Si ceux qui estoient dans le cœur de la Gascogne auoient la hardiesse de se reuolter contre l'autorité du Roi, il ne faut pas s'estonner que les plus esloignés, qui se trouuoient fortifiés par l'aspreté des montagnes eussent la mesme pensée: Comme il arriua l'an 809. lors que Louis estoit occupé au siege de la ville de Huesca en Aragon. Car pour lors vne partie de ces Vascons qui habitoient prés des monts Pyrenées du costé de Soule, Basse Nauarre, & Labour, forma vn parti, & se ietta dans vne ouuerte rebellion. De sorte que le Roi voulant reprimer cette audace, marcha vers eux auec son armée, & se rendit en la ville d'Acqs, qui n'auoit point suiui le mouuement des factieux, quoi que ce fust l'vne des Cités du Comté des Vascons. Il commanda à ceux qui estoient accusés d'infidelité, de se rendre à sa suitte. Mais sur le refus qu'ils firent d'obeïr, il s'approcha d'eux, & fit faire par son armée le degast de leur païs. De sorte qu'apres auoir perdu toutes leurs commodités, ils vindrent se ietter à ses pieds, & receurent le pardon pour vn grand bien-fait.

VII. Le decés de Charlemagne arriué l'an 814. esloigna le Roi Louis de cette contrée pour aller prendre possession du Roiaume de France, & de l'Empire en la ville d'Aix la Chapelle. Cét esloignement donna la hardiesse aux Gascons de secoüer plus facilement le joug de l'obeïssance. Ceux qui habitoient prés les monts Pyrenées prirent le sujet de leur reuolte l'an 816. de ce que l'Empereur ne pouuant souffrir plus long-temps les insolences & les mauuais deportemens de *Siguin* leur Comte, le priua de son Comté. Il est qualifié Comte par l'auteur de la vie de Louis, & Duc par Eginhart. Les Vascons substituerent en sa place le Prince *Garsimir*, selon le tesmoignage de la Chronique de Moyssac. Mais ils furent tellement chastiés par l'armée de l'Empereur, pendant deux campagnes qu'elle y fit en deux ans, qu'il leur tardoit de faire leur composition, le Côte Garsimir y ayant perdu la vie l'an 818.

VIII. L'année suiuante *Loup Centulle* Duc de toute la Gascogne prit les armes, soit pour l'interest des Basques, soit pour quelque autre sujet, dont les forces estoient tellement considerables, qu'il falut pour lui resister, que Berenger Comte de Tolose, & Vvarin Comte d'Auuergne ioignissent leurs troupes. Aussi fut-il defait au combat; & y perdit son frere *Garsand*, qui n'estoit recommandable que par sa folie. Sur la fin de cette année l'Empereur tint son Parlement à Aix, où le Roi des Abotrites accusé par les siens de diuers crimes, fut priué du Roiaume, & condamné à vn bannissement. De mesme façon, dit Eginhart, Loup Centule Gascon fut presenté à l'Empereur, & ne pouuant se iustifier de la perfidie dont il estoit accusé par les Comtes de Tolose, & d'Auuergne, fut banni pour vn temps. Cette comparaison que fait Eginhart entre Loup, & le Roi des Abotrites; & la necessité qu'il y eut d'assembler les forces de Tolose & d'Auuergne, & d'enuoyer ensuite Pepin pour pacifier toute la Prouince, font voir que ce Loup possedoit le Duché de toute la Gascogne; qui demeura vacant par son bannissement. Mais l'Empereur fut obligé d'enuoyer son fils Pepin dans la Gascogne auec vne armée, lequel bannit les factieux, & appaisa les troubles de cette Prouince.

IX. Ce duché sera restabli & rendu heriditaire en la race du Duc Sance, comme ie ferai voir au troisiesme liure; en la personne duquel le Comté particulier des Vascons qui auoit esté gouuerné par vn Comte sous l'hommage du Duc, fut reüni au Duché. On voit au discours precedent, Siguin Comte de ces Vascons qui habitent prés des Pyrenées; & Loup Centulle qui estoit le chef de toute la Prouince que Pepin pacifia, c'est à dire de tout le corps de la Gascogne. Les vns & les autres sont Vascons, & prennent leur nom du Latin *Vasco*. Neantmoins dans la pronontiation vulgaire il y a quelque difference, quoique l'vn & l'autre des termes qui signifient ces peuples, conseruent leur rapport à la racine commune, qui est *Vascones*.

X. Car les Vascons originaires qui resterent auec leur ancienne langue dans le païs de Soule, Nauarre, & Labour, aprés l'inuasion de ce quartier, que firent les Vascons Espagnols, sont nommés communément *Báscos* auec l'accent en la premiere syllabe; & les anciens Nouempopulains, qui voulurent acroistre par leur ionction le Duché des Vascons du temps d'Ebroïn Maire du Palais, sont designés par les termes de *Gascoôs* auec vn accent circonflexe sur la derniere syllabe. Neantmoins l'vn & l'autre de ces termes Báscos ou Gascoôs descend esgalement du Latin *Vascones*.

XI. Il y a plus de cinq cens ans que l'on gardoit la mesme difference pour distinguer ces nations. Car Guibert Abbé de Nogent descriuant la guerre de la Croisade pour la conqueste de Ierusalem, loüe particulierement vn seigneur nommé Gaston. Mais il adiouste qu'il n'oseroit asseurer s'il estoit de la *Gasconie*, ou de la *Basconie*; c'est à dire Basque, ou Gascon. Cét Auteur conseruoit fort bien l'analogie de l'origine des mots, conformément à la prononciation vulgaire. Mais ceux qui ont escrit depuis, l'ont corrompuë par l'addition d'vne lettre superfluë L. comme dans la Chronique de Hugues Moine de Vezelai, l'vn des païs est appellé *Gasconia*, & l'autre *Basclonia*. Le Synode de Latran tenu sous Alexandre III. l'an 1179. nomme ce peuple *Basculos*, aussi bien que le Pape Lucius III. en ses Epistres; Et Roger de Houeden en ses Annales, *Basclos*.

I. Capitul. Lib. vi. Tit. cclxxxi.
II. Breuiarium Diuisionis Thesaurorum Caroli M. editum à Pithæo & Sirmondo Concil. Arelat. vi. in præfatione an. 813. Symmachus PP. ep. xi. Concil. Francoford. c 8.
III. Præfatio Consilij Parisiensis habiti sub Ludouico. an. 829.
IV. Auctor vitæ Ludouici ad an. 786. 787. & 788.
V. Vita Ludou. an. 802. Burgundione namque mortuo, Comitatus eius Fedentiacus Lintargo est attributus.
VI. Vita Ludo. ad an. 809.
VII. Eginhartus in Annal. ad ann. 816. Vascones qui trans Garonnam & circa Pyrenæum habitant propter sublatum Ducem suum nomine Siguinum, quem Imperator ob nimiam eius insolentiam ac morum prauitatem inde sustulerat, solita leuitate commoti, coniuratione facta omnimoda defectione descruerunt. Sed duabus expeditionibus ita sunt edomiti vt tarda in deditio & pacis impetratio videretur. Vita Ludou. ad an. 816. sed & Vasconum ciuium qui Pyrenæi iugi propinqua loca incolunt eodem tempore iuxta genuinam consuetudinem leuitatis, à nobis omnino desciuerunt. Causa autem rebellionis fuit, eo quod Siguinum eorum Comitem &c. Chronicon Moyssiacense Ms. quod est apud A. Duchesnium: Anno 816. Vascones rebelles Garsimirum super se in Principem eligunt: Sed in secundo anno vitam cum Principatu amisit, quia fraude vsurpatum tenebat.
VIII. Eginh. ad ann. 819. Simili modo & Lupus Centulli Wasco, qui cum Berengario Tolosæ, & Warino Aruerni Comite eodem anno prælio conflixit, in quo & fratrem Garsendum singularis amicitiæ hominem perdidit; & ipse nisi fugiendo sibi consuluisset prope interitum fuit: cum in conspectum Imperatoris venisset, ac de perfidia, cuius à memoratis Comitibus accusabatur, se purgare non potuisset, & ipse est temporali exilio damnatus. At in Occiduis partibus Pipinus Imperatoris filius iussu Patris Vasconiam cum exercitu ingressus, sublatis ex ea seditiosis, totam eam prouinciam ita pacauit, vt nullus in ea Rebellis aut Inobediens remansisse videretur.
XI. Guibertus, in Histor. Hierosol. Gaston vir illustris atqi diuitissimus, vtrum de Gasconia an de Basconia foret non integre memini. Consil. Lat. sub Alex. III. Lucius III. Ep. Roger. à Houeden in Annal.

HISTOIRE DE BEARN,
LIVRE SECOND.

CHAPITRE I.

Sommaire.

I. L'Auteur est obligé de traiter de l'origine du Roiaume de Nauarre & des Ducs de Gascogne. Celle de Nauarre obscurcie par le defaut des anciens auteurs, & par la ialousie que l'on a eu d'esgaler son origine au Roiaume des Asturies II. III. Dessein de l'auteur d'examiner les inuentions fabuleuses des Historiens Espagnols, & pour cét effet representer l'estat des Espagnes depuis l'inuasion des Sarasins, suiuant le recit d'Isidore de Badajos, de Sebastian de Salemanque & des Annales de Eginhart, & de Fulde. L'autorité de cét Isidore. IV. Muza enuoye Tarif pour vanger l'injure faite au Comte Iulian. Gibaltar. Roderic tué. V. Muza vient en Espagne, conqueste Tolede, Saragosse, establit le siege Royal des Sarasins à Cordoüe, est disgracié, condamné à mort, mais la peine moderée à la priere des Euesques d'Orient. Establit son fils Abdilaziz Gouuerneur en Espagne. Les Chrestiens d'Afrique en l'armée des Sarasins contre l'Espagne.

I. LA suite de l'histoire m'obligeant de traiter non seulement de l'Estat des Ducs hereditaires de Gascogne, mais aussi du Roiaume de Nauarre, il faut s'engager par necessité à la recherche de l'Origine de ces deux maisons; laquelle ie dois inserer en cét endroit, d'autant que la continuation des affaires que Louis le Debonnaire eut à demesler auec les Nauarrois, donnera vne pleine lumiere à ces commencemens, qui ont esté fort obscurs & incertains iusqu'à present, tant à cause du peu de soin des anciens escriuains, que de la ialousie des Espagnols modernes : qui ne peuuent souffrir d'estre redeuables à la valeur du

Comte de Bigorre Eneco, qu'ils nomment Innigo, du restablissement de la liberté opprimée par les Sarasins en Nauarre, & en Aragon, & de la dignité Royale qu'il a puissamment establie en cette nation, comme leurs anciens auteurs le confessent ingenuëment. Mais l'ingratitude des Historiens recens trauaille à supprimer la gloire des Gascons d'Aquitaine, tant à cause de l'enuie qu'ils portent à cette belliqueuse nation, que pour le desir qu'ils ont de rendre le Royaume de Nauarre égal à celui des Asturies; & mesmes de donner de l'auantage en l'antiquité de l'origine à celui d'Aragon, par le moyen du tiltre Royal de Sobrarue, par dessus celui de Pampelone, ou de Nauarre. Cette pensée d'egaler les origines de Nauarre au Royaume des Asturies a tellement esbloüi les escriuains François, que sans examiner la verité de ce point historique, ils se sont laissés aisément emporter à l'opinion derniere, que les Aragonois & les Nauarrois ont publiée auec beaucoup d'applaudissement des lecteurs; lesquels ont estimé que l'orgueil des Castillans, qui attribuënt à leurs predecesseurs, la conseruation de la foi Catholique dans les Espagnes, aussi bien qu'ils taschent de se conseruer maintenant en cette reputation dans tous les endroits du monde, seroit rabatu en quelque sorte, par la concurrence des Nauarrois au partage de cette ancienne gloire.

II. Mais d'autant qu'en toutes les affaires, & principalement aux recits historiques, la verité doit tenir le premier rang, sans laisser preuenir son iugement des opinions recentes mal fondées, au preiudice des narrations anciennes & mieux autorisées; il est necessaire pour mieux eclaircir ces difficultés, de proposer la face des affaires d'Espagne apres l'inuasion des Sarasins iusqu'au Roi Eneco, suiuant qu'elle est representée naifuement par les historiens du temps, qui en ont eu plus de connoissance, que ceux qui ont mis la main à la plume six cens ans apres. En suite i'examinerai les discours fabuleux, qu'on pretend faire passer en ce temps pour veritables, & ferai voir la contradiction de ces nouuelles inuentions, auec le tesmoignage des anciennes histoires; & qui plus est ie iustifierai auec toute euidence que les fondemens de ces nouueautés, en l'estat mesmes qu'on les produit, ne peuuent auoir aucune autorité, & ne concluënt point ce que l'on pretend.

III. Afin donc de tenir quelque bon ordre en vne matiere si confuse; il faut establir premierement l'autorité des escriuains, dont ie pretens me seruir pour l'expliquer. Le denombrement n'en est pas ennuyeux, d'autant que parmi les auteurs d'Espagne il n'y en a qu'vn seul, qui est *Isidorus Pacensis*, ou bien Isidore Euesque de Badajos. Ce bon personnage viuoit au mesme temps que les Mores firent leur entrée en Espagne, & dressa vne Chronique de choses plus memorables de son temps, laquelle il adiousta comme vn appendice & continuation à celle d'Isidore de Seuille, & la termina en l'année 754. de l'incarnation, qu'il apparie auec l'Ere 792. & l'année 5954. ou 5950. du monde, suiuant les diuerses supputations. On ne peut donc auoir des instructions plus asseurées de l'estat du Christianisme sous les Sarasins enuahissans l'Espagne, que de celui qui estoit Euesque de profession, & tesmoin oculaire de ce qui se passoit. Sandoual Euesque de Pampelone a publié cét Auteur l'an 1615. auec Sebastien de Salamanque, Sampirus & Pelagius, ayant aduerti les lecteurs qu'on trouue fort peu d'exemplaires en Espagne de ces vieux historiens, & que ceux qui restent sont tellement gastés, deffectueux, & corrompus, qu'à peine en peut-on recueillir vn sens tolerable, sans deuiner. Cette corruption paroist plus grande en l'impression d'Isidore de Badaios, que i'ai conferée auec vn exemplaire manuscrit, qui est en la Bibliotheque du College de Nauarre à Paris, relié en mesme volume auec le liure manuscrit de Roderic de Tolede. Par cette conferencé i'ai corrigé vne bonne partie de cette petite Chronique, & recueilli le sens

ingenu

ingenu de cét Auteur : que Roderic en son histoire des Arabes, a suiui il y a pres de cinq cens ans, mais pourtant auec quelques fautes pour n'auoir entendu son langage, qui est incorrect, & vn peu Barbare, & sans lui auoir rendu ce qu'il deuoit, ayant dissimulé son nom. La supputation des temps est fort exacte dans cette Chronique, quoy que certaines erreurs aisées à corriger s'y soient glissées par la faute des copistes. Elle est distinguée par Eres, par les années des Empereurs de Constantinople, par les années Arabesques, & par celles des Califes de Damas. Il prend le commencement des années Arabesques ou de l'Egire de Mahomet en l'Ere 646. l'année septiesme de l'Empereur Heraclius, en laquelle il escrit que Mahomet ayant vaincu l'eslite des forces Romaines commandées par Theodore frere d'Heraclius se rendit maistre de l'Arabie, Syrie, & Mesopotamie, & qu'il establit le siege du Royaume des Arabes en la ville de Damas capitale de Syrie. Neantmoins il n'est pas d'accord en ce point de l'Egire, auec Estienne Mathematicien d'Alexandrie. Car celui-ci la met en l'année douziesme de l'Empereur Heraclius, c'est à dire en l'année 622. selon le rapport de Constantin Porphyrogennete Empereur : qui est le calcul ordinairement suiui par les anciens Historiens. Apres Isidore de Badaios on peut s'asseurer sur la relation de Sebastian de Salemanque Espagnol, qui escriuoit l'an 861. Pour le regard des historiens François, qui ont fait mention des affaires d'Espagne, nous auons les anciennes Annales de France publiées par Pithou, Reuber, le Comte Nuenar, & nouuellement auec plusieurs augmentations & corrections par le sieur du Chesne; & les vies de Charlemagne, & de Louis le Debonnaire, qui sont des pieces composées par les Auteurs du mesme temps.

IV. Ayant establi l'autorité des escriuains dont ie pretends me seruir en cette narration, ie presuppose que l'on a connoissance de la temerité auec laquelle Roderic s'empara du Roiaume des Goths d'Espagne sur le Roi Vvitiza, & sur ses enfans; de l'afront qu'il fit au Comte Iulian, lui ayant desbauché sa fille Caue, où l'ayant vilainement traitée apres l'auoir espousée; & de l'excés de la vengeance conceuë par Iulian, qui le transporta iusqu'à faire ligue auec Muza Gouuerneur d'Afrique pour les Arabes : lequel enuoya vne armée commandée par le General Tarif, nommé autrement Tarec, pour donner moyen à ce Comte de tirer quelque satisfaction d'vne iniure si atroce. Tarif executant les ordres de Muza, passa de Mauritanie en Espagne, par le destroit, se retrancha au pied du mont Calpe, qui est en Espagne, à l'opposite de celui d'Abyla, qui est en Afrique, brusla tous les vaisseaux, auec lesquels il auoit fait le passage, pour oster aux Mauritaniens ou Mores naturels, qui s'estoient embarqués auec lui, l'esperance du retour, & leur imposer la necessité de vaincre; & bailla son nom à la montagne qui fut nommée en langage Arabesque *Gibal Tarec* c'est à dire montagne de Tarec, d'où le destroit a pris en suite la denomination de Gibaltar, ainsi que remarque l'ancien Geographe Nubien de la version de Gabriel Sionita. Les troupes rebelles d'Espagne commandées par Iulian, & renforcées par les enfans de Vvitiza, donnerent vn tel succés dans ce Roiaume à Tarif, que Roderic fut obligé de hasarder sa Couronne & son Estat à vne iournée; où il fut si mal serui des siens, qui souffroient son commandement auec impatience, qu'il perdit sa vie, son Royaume, & ses enuieux en vne seule bataille, en l'Ere 750. l'année 5. de l'Empire de Iustinian apres son restablissement, l'année 92. des Arabes selon le calcul d'Isidore, & la 6. du Roi Vlit, qui conuient à l'année 711. de Christ quoy que le nombre de l'Ere s'acorde auec l'année 712. à laquelle le Geographe Nubien rapporte aussi cette inuasion.

V. Le General Muza, qui signifie Moyse en langage Arabesque, poursuiuant sa victoire, s'auança auec ses troupes pour s'emparer de la ville de Tolede, où s'estoient retirés quelques principaux seigneurs de la Noblesse des Goths, qui furent massacrés par les Sarasins, par la lascheté de Oppa fils du Roi Egica, qui s'enfuit honteusement, & abandonna la ville aux ennemis, ayant fait separément sa capitulation auec eux. Ce qui donna sujet à Muza de continuer ses conquestes, jusqu'à la ville de Saragosse, & encore par deça, comme remarque Isidore, qui encherit en peu de paroles les cruautés inoüies que ces barbares exerçoient contre les Chrestiens, disant que c'estoit au delà de ce que Troie, Babylone, Hierusalem & Rome, ont soufert de plus estrange & de plus lamentable; en telle sorte que les villes qui restoient debout apres les ruines, pillages & embrasemens de leurs voisins, estonnées des rigueurs & des supplices dont les Chrestiens estoient affligés, demanderent à traiter auec Muza, qui leur accorda tout aussi-tost les conditions qu'ils proposerent. Mais les Chrestiens ayant conceu de cette facilité, vn soubçon de tromperie, n'osans prendre asseurance sur la parole des mescreans, se retirerent pour vne seconde fois dans les montagnes, où ils endurerent beaucoup d'incommodités, & furent en danger de se perdre à faute de viures. Isidore n'explique pas plus particulierement en cét endroit, l'issuë de cette affaire; mais pourtant il est assés facile à iuger, que les montagnes, où ces Chrestiens fuyans la persecution des Sarasins se retirerent, estoient les montagnes des Asturies, qui leur seruirent de retraite, suiuant la relation de Sebastian de Salemanque. Muza establit le siege Royal des Sarasins en la ville de Cordoüe; qu'il prefera sans doute à la ville de Tolede siege des Goths, pour estre plus proche de la mer du costé de l'Afrique; Et apres vn seiour de quinze mois dans l'Espagne, receut commandement du Caliphe des Arabes Vlit, de reuenir à sa Cour en la ville de Damas. A quoi il obeït, ayant donné le Gouuernement general d'Espagne à son fils Abdilaziz, sur la fin de l'année 713. & nonobstant les riches despoüilles d'or & d'argent, de seigneurs, & de belles filles d'Espagne, qu'il presenta à l'Emirelmumenin, ou Roi de Damas, il fut disgracié, chassé de la Cour & condamné à mort; mais à la tres-instante priere des Euesques d'Orient, qui viuoient sous la domination d'Vlit, & estoient des principaux du Conseil, que Muza auoit gagné auec les riches presens qu'il leur auoit fait, sa peine fut commuée en l'amende d'vne somme immense de deniers, qu'il paya au successeur d'Vlit, par l'aduis d'Vrbain notable seigneur d'Afrique, lequel encore qu'il fust Chrestien, l'auoit assisté en la conqueste d'Espagne.

III. Constantinus Porphyrogenneta de Administr. Imperio cap. XVI.

V. Isidorus: non solum vlteriorem Hispaniam, sed etiam & citeriorem vsque vltra Cæsaraugustam gladio, fame & captiuitate depopulatur. Atq; in eamdem infœlicem Hispaniam Corduba in sede dudum Patritia, quæ semper extitit præ cæteris adiacentibus Ciuitatib. opulentissima, & regno Wisegothorum primitiuas inferebat delicias, Regnum efferum collocant.

CHAPITRE II.

Sommaire.

I. *Abdilaziz subiugue toute l'Espagne, sous des conditions equitables. Theudimer fit auec lui vn Traité de paix, c'estoit vn Chef courageux & vaillant, qui auoit defait les Sarasins, & vaincu les Grecs. Vlit l'honora beaucoup à Damas, & confirma le Traité. II. Il y a apparence que ce fut sous la reserue d'hommage. III. Et qu'il fut maintenu en la possession des Asturies & de la Cantabrie. IV. Theudimer est le mesme que Don Pelage. V. Abdilaziz espouse la Reine Egilone. Est tué. Constantin Porphyrogennete repris. Origines des Maranes. VI. Alaor regla les impositions de toute l'Espagne. VII. Zama conquesta la Gaule Narbonoise. Fut defait & tué au siege de Tolose le Duc Eude. VIII. Ambiza continua la guerre en Languedoc. Serenus Juif persuade en Espagne qu'il est le Messie. Ambiza confisque les biens de ceux qui le suiuirent. IX. Iahic succede.*

I. LE nouueau Gouuerneur Abdilaziz, qui estoit homme de courage & de bonne conduite, pendant trois années entieres qu'il retint le Gouuernement, rengea sous son obeïssance tout ce grand Royaume, moyennant le payement des tributs qu'il accorda auec les villes & Prouinces d'Espagne. C'est le tesmoignage incontestable d'Isidore; qui escrit expressément qu'Abdilaziz pacifia pendant trois ans toute l'Espagne sous le ioug du tribut, *Omnem Hispaniam sub censuario iugo pacificans.* Ce qui fait voir, que les Asturies, & tous les recoins des Monts Pyrenées tendirent les mains au vainqueur, & reconneurent l'Empire des Arabes sous des conditions equitables; Et particulierement vn notable seigneur Chrestien nommé Theudimer, lequel arresta vn Traité de paix auec Abdilazim, & vint en personne à Damas pour en obtenir la confirmation du Caliphe. De sorte qu'à mesme temps on remarqua en la Cour d'Vlit, la disgrace de Musa qui reuenoit triomphant de la conqueste des Espagnes; Et la faueur de Theudimer, qui s'estoit courageusement defendu contre l'inuasion des Sarasins. Car Isidore obserue que Theudimer auoit defait & mis à mort vn grand nombre d'Arabes ses ennemis, & auoit contraint le General Abdilaziz d'arrester vn accord & traité de paix auec lui; se preualant de cette generosité, auec laquelle estant General des armées des Rois Egica & Vitiza, il auoit quelques années auparauant emporté vne pleine & triomphante victoire des Grecs, qui s'estoient approchés de l'Espagne auec vne armée nauale, & y ayant fait descente en auoient esté repoussés à leur grand dommage, comme l'on recueille du manuscrit d'Isidore. Cét Auteur adiouste que Theudimer fut tellement comblé d'honneur & de gloire, que les Chrestiens d'Orient, qui viuoient sous la domination du Caliphe, acouroient de toutes parts pour le voir, & rendre grace à Dieu de la fermeté, & constance de sa Foi; admirans en lui la connoissance des Escritures, son éloquence & sa valeur; en telle sorte que le Prince Vlit loüant sa prudence & bonne conduite, le gratifia de beaucoup de presens, l'accueillit plus honorablement que nul des autres seigneurs, confirma son traité de paix, & lui

M ij

accorda vn establissement si auantageux en Espagne, que son aurorité ne fut point esbranlée par les Rois Arabes suiuans, & demeuroit encore ferme & en son entier en la personne d'Athanailde, apres le decés de Theudimer, lors qu'Isidore escriuoit sa Chronique, qui seul a donné connoissance de ces particularitez.

II. Il est vrai qu'il a esté court en n'expliquant pas les articles du traicté, puis que la chose estoit considerable, & regardoit l'auancement des Chrestiens. Neantmoins on peut conclure de ce que toute l'Espagne fut pacifiée moyennant le tribut, pour se seruir des termes d'Isidore, que Theudimer fut conserué dans le Gouuernement & dans la surintendance des païs qu'il auoit occupés aux montagnes des Asturies, au moyen de quelque redeuance annuele, & de l'hommage qu'il alla rendre en la ville de Damas au Prince Vlit, surnommé par les Arabes *Amir almuminin* c'est à dire Roi, suiuant l'interpretation d'Isidore, ou bien à la lettre suiuant la force des paroles Arabesques, Chef des croyans *Emir elmumenin*; que l'on a depuis corrompu en Miramamolin dans les histoires d'Espagne. Les Grecs les ont nommés *Amerumnes*, comme l'on peut voir dans Constantin Porphyrogennete Empereur. L'histoire Arabique compilée par commandement du Roi de Cordoüe l'an 964. confirme ce discours, disant qu'Abdelazin estoit extremement courtois & fauorable aux Chrestiens qui se rendoient à lui, & faisoit vne si rude guerre à ceux qui resistoient à ses armes, qu'il les contraignoit de se retirer en France, ou bien dans les montagnes; Et qu'en fin auec sa valeur iointe à son adresse & courtoisie, il mit sous son pouuoir toutes les places & chasteaux de l'Espagne, en quelque part qu'ils fussent situés, prenant les Chrestiens sous sa protection & sauuegarde, & leur permetant l'exercice public de la religion Chrestienne, moyennant vne legere contribution qu'il imposa sur chasque feu.

III. D'où l'on peut raisonnablement inferer que les conditions du traité de Theudimer auec le Gouuerneur Abdelaziz lui confirmerent le Duché de la Cantabrie, & des montagnes des Asturies, dont il estoit pourueu sous les Rois Goths, auec la liberté de l'exercice de la religion Chrestienne, sous la redeuance & l'hommage qu'il en rendroit au Roi de Damas.

IV. Ie parle precisément du Duché de Cantabrie, & du païs des Asturies; d'autant que pour concilier la narration de Sebastian de Salemanque, & des autres anciens memoires auec la Chronique d'Isidore, il faut necessairement confondre ce Prince Theudimer auec Don Pelage fils du Duc Fasila, qui se maintint dans la possession des Asturies, & que l'on pretend en auoir esté le premier Roi. Car la retraite de Pelage dans son Duché ou Gouuernement des Asturies, auec plusieurs Chrestiens, qui se ioignirent à lui depuis la prise de Tolede; les combats qu'il rendit estant attaqué dans la cauerne de Couadonge, par l'armée des Sarasins sous la conduite du general Alcaman; la defaite de cent vingt & quatre mille hommes tués sur la place par vne poignée de gens, auec la merueille qui fut faite pendant le combat semblable à celle qui arriua à l'armée de l'Empereur Theodose, les fleches & autres armes des ennemis reialissans contre eux mesmes; la deroute des soixante & quatre mille Ismaëlites ou Caldeans qui restoient, lesquels moururent en partie d'incommodité dans les montagnes, & les autres furent precipités & noyés dans vne riuiere; la fuite du General Munuza de la ville de Leon, & sa defaite par les Chrestiens, qui sont des actiõs & circõstãces descrites par Sebastian, & attribuées expressément à Don Pelage; Ces cõbats, dis-ie, sont representés en termes succincts & generaux par Isidore, & attribués au Prince Theudimer; qui est le seul de tous les Chrestiens, qu'il remarque auoir fait ferme; & resisté aux armes des Sarasins, ayant tué dans l'Espagne plusieurs Arabes, & apres diuers combats conclu auec eux vn traité de paix. Et par consequent il faut absolument se persuader que Theudimer est le mesme auec Don Pelage.

V. Abdelaziz triomphant des Espagnes transporta le siege du Royaume, de la ville de Cordouë, où son pere l'auoit establi, en celle de Seuille ; espousa la Reine Egilone veufue de Roderic, outre plusieurs autres filles des Princes qu'il tenoit pour ses concubines suiuant sa loi, & fut tué par l'aduis du More Aiub ; lequel donna connoissance au Roi de Damas, qu'il auoit esté obligé de s'en deffaire, pour empescher que suiuant les aduis de sa femme la Reine Egilone, Abdelaziz ne secoüast la domination des Arabes, & ne s'emparast du Royaume d'Espagne. Ce meurtre fait voir que l'obseruation de Constantin Porphyrogennete n'est pas veritable, lors qu'il escrit que le neueu de Mabias Prince des Sarazins de Damas ayant conquis l'Espagne, en transmit la possession à ses successeurs, qui s'y establirent en tiltre de Roiauté & Amerumnie particuliere. D'où il estoit arriué que les Sarazins d'Espagne estoient surnommés de son temps les *Mabites*. Car Muza estoit bien neueu de Mabias ; Et en cette consideration il est nommé *Maruanite* par le Geographe Nubien ; mais il ne conquist pas ce Roiaume pour sa race, qui n'en pût seulement retenir le Gouuernement que pendant trois ans. Neantmoins le nom de *Maruanes* demeura aux Mores d'Espagne. D'où il est arriué que l'iniure la plus atroce contre vn Espagnol est de le nommer *Marane*, c'est à dire Mahometain ; ce conuice prenant son origine de Muza *Maruano*, & non pas de l'excommunication *Maranatha*, comme le Cardinal Baronius a escrit apres Mariana.

VI. Aiub retint le gouuernement pendant vn mois, attendant les ordres de son maistre Zuleiman, successeur d'Vlit, qui donna la commission au Sarasin Alaor pour trois années, en l'Ere 754. qui reuient à l'an 716. de Christ. Celui-ci enuoya des Commissaires par toute l'Espagne vlterieure, & citerieure, pour regler & composer les Prouinces, faire le regalement des impositions, & dompter ceux qui voudroient se rebeller. De sorte qu'il maintint les Chrestiens dans la iouïssance paisible de leurs biens, moyennant le payement des tributs ; alla en personne dans la Gaule Narbonoise, dont il commença la conqueste, comme estant vn membre du Roiaume d'Espagne, remit le siege Royal dans Cordouë, où il fit sa demeure ordinaire, & chastia rudement les Mores, qui faisans leurs commissions par les Prouinces, auoient recelé diuers thresors, les chargeant de fers & de coups de foüet, les mettant à la gesne, & les tenant resserrés dans la prison au cilice & à la cendre, groüillans de poux & de vermine.

VII. La commission d'Alaor expirée, Zama lui succeda, lequel pendant son gouuernement qui dura trois années ou enuiron, regla toute l'Espagne vlterieure & citerieure pour le regard des contributions ; partagea entre les Arabes & les confederés toute la despoüille d'Espagne, qu'ils possedoient auparauant confusément & par indiuis, reseruant au fisque du Prince, vne partie des biens meubles & immeubles: se rendit maistre absolu de la Gaule Narbonoise, establissant vne forte garnison dans la ville de Narbone, prouoqua par armes les François ses voisins, assiegea Tolose ; Mais Eude Duc d'Aquitaine estant venu au secours, Zama fut tué, son armée defaite, & les restes pourfuiuies par les vainqueurs. Ce combat deuant Tolose tombe en l'année 721. puis que Zama gouuerna enuiron trois années suiuant Isidore.

VIII. Abdirrama print le maniement des affaires iusqu'à l'arriuée d'Ambiza, lequel vint dans vn mois auec ses lettres du gouuernement d'Espagne, en prit la possession en l'Ere 759. l'année 103. des Arabes, qui est l'année de Christ 721 & regna quatre années & demi. Il continua la guerre contre les François dans la Languedoc, en personne & par ses Lieutenans; mais tousiours auec perte, horsmis les surprises qu'il fit sur quelques villes & chasteaux : neantmoins il reuint en Espagne plein de gloire & de triomphe, ayant doublé les impositions sur les Chrestiens pour subuenir aux frais de la guerre. En fin ayant leué vne puissante armée, & l'ayant conduite en personne pour faire derechef la guerre aux François, il finit ses iours de mort naturelle, donnant le commandement de l'armée qui se retiroit, au Consul ou General Hodera. Dans le manuscrit du College de Nauarre, on trouue cette addition, qu'vn certain Iuif Serenus persuada à plusieurs autres Iuifs qu'il estoit le Messie, & qu'il les obligea de quiter leurs biens pour aller posseder la terre promise; lesquels Ambiza confisca sur eux comme biens vacans.

IX. Sa place fut aussi-tost remplie de la personne de Iahic Sarrasin en l'Ere 763. sur la fin de l'année 6. de l'Empereur Leon, l'an 107. des Arabes, & 725. de Christ. Il gouuerna hautement ces peuples enuiron trois années, & traicta rudement les Sarasins & Mores d'Espagne, qui auoient troublé les Chrestiens au preiudice des Edits de paix, & remit les Chrestiens en la iouïssance de plusieurs choses, dont ils auoient este depoüillés iniustement.

I. Ex Isidori Chronico : Musa, male de conspectu Principis ceruice tenus eiicitur, Pompizando nomine Teudimer, qui in Hispaniæ partibus non modicas Arabum intulerat neces, & diu exageratos pacem cum eis fœderat habendus, sed etiam sub Egica & Witiza Gothorum regibus in Græcis qui æquorei naualiq; descenderant sua in patria de palma victoriæ triumphauerat. Nam & multa ei dignitas & honor refertur, nec non & à Christianis Orientalibus perquisitus quod tanta in eum inuenta esset veræ fidei constantia, vt omnes Deo laudes referrent non modicas. Fuit enim scripturarum amator, eloquentiæ mirificus, in præliis expeditus qui & apud Amir Almuminin prudentior inter cæteros inuentus vtiliter est honoratus, & pactum quod dudum ab Abdillazin acceperat, firmiter ab eo reparatur, sicq; hactenus permanet stabilitus, vt nullatenus à successoribus Arabum tantæ vis profligationis soluatur, & sic ad Hispaniam remeat gaudibundus. Athanaildus post mortem ipsius multi honoris & magnitudinis habetur.

V. Constant. de Adm. Imp. c. 22. ὁ τῶ Μασὶκ ἔγγονος μεθ' ὀλίγε ϛρατῶ διεπέρασεν εἰς Ἰσπανίαν, καὶ ὁποτωλέξας πάντας τοὺς ἐκ τοῦ γένους αὐτοῦ ἐκρατησεν τῆς Ἰσπανίας μέχρι τῆς σήμερον. ἔτι δὲ τοῦ πῶ Ἰσπανίαν Κατοικοῦντες Ἀγαρίωοι, Μασιᾶται κατονομάζοντ). Geograph. Nubiensis Climatis quarti. Parte prima.

VI. Patritiam Cordubam obseditans saracenorum disponendo regnum retentat. Atq; resculas pacificas Christianis ob vectigalia Thesauris publicis inferenda instaurat.

VI. Alaor per Hispaniam lacertos iudicum mittit atq; debellando & pacificando pene per tres annos, Galliam Narbonensem petit, & paulatim Hispaniam vlteriorem vectigalia censendo componens ad Iberiam citeriorem se subrigit.

VII. Zama tres minus paululum annos in Hispania ducatum habente Vlteriorem vel Citeriorem Iberiam proprio stylo ad vectigalia inferenda describit. Postremo Narbonensem Galliam suam facit Gentemque Francorum frequentib. bellis stimulat, & seditas Sàrzcenorum in prædictum Narbonense oppidum ad præsidia tuenda decenter collocat. Acri ingenio Hispaniæ Saracenos & Mauros pro pacificis rebus olim ablatis exagitat, atque Christianis plura restaurat.

Liure second. 139

CHAPITRE III.
Sommaire.

I. Gouuerneur d'Afrique Surintendant d'Espagne. II. Coniuration contre Aleutam, & chastiment des rebelles. Aleutam puni. III. Mounous espouse la fille du Duc Eude. Se reuolte contre les Sarasins. Defait & tué par Abdirama Gouuerneur d'Espagne. IV. Celui-ci entre en l'Aquitaine, defait Eude, & est tué prés de Tours par Charles Martel. Description du combat. Nombre des morts. Eude n'appella point les Sarasins. V. Le vrai temps de cette bataille examiné. VI. Passage de cette armée par le Bearn, qui fut pour lors occupé par les Sarasins. Iulian Euesque de Lascar. VII. VIII. IX. Abdimelec combat inutilement contre les habitans des Monts Pyrenées. Sandoüal refuté. Le lieu de ce combat examiné.

I. EN l'Ere 766. & le 6. du Roi Iscam, qui est le 728. de Christ, Odiffa esprit leger fut cómis au gouuernement d'Espagne par le Gouuerneur d'Afrique, qui possedoit la surintendance d'Espagne annexée à sa charge, ainsi qu'obserue formellemét Isidore; Mais il ne fit rien digne de memoire pendant les six mois de son administration. C'est pourquoi Attuman fut enuoyé d'Afrique, pour donner ordre aux affaires, lequel nourrissoit artificieusement de vaines esperances vn certain personnage qui pretendoit au gouuernement. Mais on vid que dans quatre mois Aleutam en fut pourueu par lettres seellées du seau du Prince, que le Gouuerneur d'Afrique lui enuoya.

I.I. Aleutam vsa si mal de son autorité pendant dix mois de son administration, qu'il mit toutes choses en desordre, de maniere que plusieurs Arabes firent dessein de le deposseder de sa charge; dont ayant eu le vent, il se saisit des principaux de la coniuration, extorqua d'eux par la force des tourmens la confession de leur reuolte, arresta Zat le Sarasin qui estoit de tres-noble race, tres-riche, & fort eloquent, lui fit trencher la teste, apres l'auoir fait batre de verges, & souffleté ignominieusement. La plainte en fut portée au Gouuerneur d'Afrique, qui delegua le Sarasin Mammet pour aller en Espagne, auec pouuoir & ordre secret d'establir Abderraman en la place d'Aleutam. Mammet arriué à Cordoüe, sans attendre Abderraman qui estoit pour lors absent de la ville, arresta le Gouuerneur Aleutam, le mit en prison, le fit batre de verges, lui fit raser la teste, & le fit conduire par les ruës monté sur vn Asne la teste tournée vers la queüe, le chargea de fers, & l'enuoya vers le Gouuerneur d'Afrique, sous bonne & seure garde.

III. Vn mois apres Abderraman prit la possession du gouuernement pour trois ans, en l'Ere 769. l'année 12. & demie de Leon, l'année 113. des Arabes, & la neufiesme du Roi Iscam, qui est l'an 731. de Christ. En ce temps vn Seigneur More nommé Mounous, qui auoit le commandemét de la Catalogne & du Languedoc, ayant appris que les Sarasins traitoient rudement ceux de son païs, sçauoir les Mores d'Afrique, fit la paix auec les François, prenant à femme la fille d'Eudes Duc d'Aquitaine, & prit resolution de se retirer de l'obeïssance des Sarasins d'Espagne. Ce qui mit en trouble le Palais de Cordoüe, à cause de la valeur de Mounous, & obligea Abderraman d'assembler incontinent vne puissante armée, auec laquelle il se mit aux

M iiij

champs, assiegea Mounus dans la ville de Cerdagne en Catalogne, d'où il euada secretement, sans auoir aucune retraite; Dieu le permettant ainsi, à cause des Chrestiens qu'il auoit fait massacrer en ces quartiers, ayant mesmes fait brusler l'Euesque Anambaud, qui estoit vn ieune homme de bonne mine & de belle contenance. Mais le rebelle Mounous qui s'amusa à garentir sa femme, qui ne pouuoit marcher si viste que lui, fut surpris par ses ennemis dans les rochers des montagnes, d'où il fut precipité, & sa teste coupée; qui fut incontinent portée à Abderraman auec la femme de Mounous, laquelle il fit conduire fort honorablement au Roi Iscam en la ville de Damas.

IV Lors Abderraman se voyant entre les mains vne si grande & florissante armée la voulut employer contre les François. C'est pourquoi passant les Monts des Vacceans, dit Isidore, il entre dans les terres des François, ruine, pille & saccage les païs par où il passe, combat le Duc Eude delà les riuieres de Garonne & de Dordogne, le met en fuite, & fait vn tel carnage, que Dieu seul, dit Isidore, peut sçauoir le nombre des hommes qui se perdirent. Abderraman poursuiuant Eude, & desirant piller l'Eglise de Tours, comme il auoit fait les autres qui estoient sur son chemin, rencontra Charles *le Consul* de la France interieure, pour parler auec Isidore, homme tres-expert au fait de la guerre, qui auoit esté auerti par Eude de cette inondation. Les deux armées ayans esté en presence sept iours, apres quelques legeres escarmouches, se preparent enfin à la bataille; Les homes Septentrionaux demeurans fermes comme vne muraille, & resserrés comme leur Zone froide, ainsi que parle Isidore, tuerent les Arabes en fort peu de temps, & auec l'auantage de la grandeur de leurs membres & de leurs mains armées de fer, abatirent Abderraman sur la place; & la nuit suruenât se retirerent du combat pour le continuer le lendemain. De fait les Europeans se mirent de bon matin en bataille, & voians les pauillons innombrables des Arabes rangés en bon ordre dans leur camp, creurent que les troupes des ennemis estoient au dedans prestes pour reuenir au combat, & firent auancer des coureurs pour les reconnoistre; qui firent rapport que les Ismaëlites auoient fait leur retraite toute la nuict. Mais craignans que les Arabes ne se fussent retirés dans quelques lieux couuerts pour leur dresser vne embuscade, & d'ailleurs l'humeur des Europeans n'estant point de se trauailler à la poursuite des ennemis, ils s'amuserent à partager entr'eux les despoüilles, & à se retirer chascun chés soi. C'est la substance de la narration d'Isidore, qui remettant le combat à vne seule iournée, fait soupçonner que le calcul est erroné chés Ananastase le Bibliothecaire; qui rapporte que le Duc Eude donna auis par ses letres au Pape Gregoire II. qu'il y auoit eu 350. mil hommes de tués au combat. Le soupçon de l'erreur se fortifie d'autant plus, que les François estimoient que les forces des Sarasins suffisoient pour renouueller la bataille le lendemain. Outre que le recit d'Isidore decharge ouuertement le Duc Eude du blasme que les anciens Escriuains de France lui mettent sus, d'auoir appellé à son secours les Sarasins d'Espagne, contre les armes de Charles Martel Prince des François. Car il est bien certain que le Duc Eude, pour empescher les courses des Arabes sur ses terres, qui diuertissoient ses forces lors que Charles lui faisoit la guerre; & peut-estre pour en retirer au besoin quelque secours contre les François, fit alliance auec le Duc Mounous, lui baillant sa fille à femme; A quoi les Historiens ont peu faire allusion. Mais son confederé fut tué; & certainement il n'appella pas le General Abderraman deçà les Monts, mais plustost il receut de sa main le déplaisir de la captiuité de sa fille, de la ruine de Bourdeaux, & de ses terres, auec la perte de deux sanglantes batailles.

V. Le temps de la defaite d'Abderraman est rapporté par les Annales de Pithou que le Cardinal Baronius, & les Auteurs recens François & Espagnols suiuent en ce poinct, à l'année 726. En quoi ils sont contredits par Isidore, qui est plus croyable en cét endroit pour estre Auteur du temps; lequel ayant establi le commencement de l'administration d'Abdirrama en l'Ere 769. & lui attribuant trois années de gouuernement, porte sa cheute au commencement de l'Ere 772. qui reuient à l'année de Christ 734. L'auteur des Annales tirées du Monastere S. Nazaire, qui a esté suiui par les anciens, met cette defaite en l'année 732.

VI. L'on apprend aussi d'Isidore que cette grande armée prit son passage par les Monts des Vacceans, qui signifient dans cét Auteur les Bearnois, & autres peuples de la montagne leurs voisins, ainsi que i'ay obserué au Chap. XII. du premier liure. Aussi est-il croiable qu'il choisit cette route, tant pour n'auoir point sujet de s'amuser Tolose tenuë par Eude, que pour ruiner la Gascogne, qui fournissoit du secours à ce Duc, & saccager la ville de Bourdeaux, comme il fit sans estre en peine de passer la riuiere de Garonne pour l'attaquer. Ce n'est pas que l'on ne puisse aisément se persuader qu'vn si grand corps fust departi en diuers endroits des Monts Pyrenées pour passer plus promptement, mais le plus ouuert estoit celui de la vallée d'Aspe vers Oloron par le Bearn, qui estoit la grande route des Romains lors qu'ils passoient des Gaules en Espagne, ainsi qu'il appert de l'Itineraire d'Antonin. Ioint qu'il estoit necessaire de s'asseurer de tous les passages des Monts, tant pour la retraite de l'armée, que pour empescher le secours que les François & les Gascons pourroient donner à l'auenir aux Chrestiens d'Espagne.

VII. Ce fut en ce temps que les Sarasins pour se maintenir en cette conqueste se fortifierent en diuers quartiers de Bearn proches des montagnes, & encore aux Comtés de Bigorre & de Comenge, dont la memoire est si recente parmi les peuples, que dans l'ignorance de toutes choses ils retiennent la connoissance de la tyrannie des Mores & de leurs forts; ausquels pourtant on attribuë abusiuement la fortification de tous les tertres qui sont fossoyés, & maintenant abandonnés; les guerres ciuiles & domestiques depuis six cens ans ayans fourni le sujet d'en dresser vne bonne partie. La fureur de ces perfides, qui n'espargna Bourdeaux, ni la ville de Poictiers, s'estoit desia repeuë dans le Bearn, ayant saccagé les villes d'Oloron & de Lascar; l'Euesque Iulian estoit en celle-ci, qui fit tout bon deuoir de Prelat pour la defendre, comme on peut voir dans la vieille Legende de sainct Iulian premier Euesque, qui a esté confondu mal à propos auec le second qui tenoit le siege en ce temps. C'est à l'occasion de ce débordement d'Abdirrama que Roderic de Tolede en son Histoire des Arabes, denombrant les Prouinces que les Sarasins auoient occupées, met en ce rang la Metropole d'Aux, qui est la Prouince de Gascogne.

VII. En l'Ere 772. Abdilmelic issu d'ancienne famille fut pourueu du gouuernement d'Espagne, lequel voyant ce païs si florissant apres tant de guerres, qu'il sembloit vne belle grenade, comme parle Isidore, l'accabla pendant quatre années de toute sorte d'exactions que ses Commissaires pratiquoient dans toutes les Prouinces; De sorte qu'il reduisit ces peuples à vne extréme desolation. Cependant ayant receu des reproches aigres du Roi Iscam de ce qu'il n'obtenoit aucun bon succés dans les terres des François, il leue vne puissante armée, part de Cordoüe pour ruiner les habitans des Monts Pyrenées, fait couler ses troupes par des lieux estroits & difficiles; mais il ne fit aucun exploit auantageux, Dieu s'opposant à ses desseins; de la bonté duquel, les Chrestiens logés à la pointe des rochers, attendoient tout leur secours: De sorte qu'apres auoir tenté plusieurs endroits & auenuës, auec perte de beaucoup des siens, il se retira & descendit en la plaine, par des lieux escarpés & sans route.

VIII. Cette attaque contre les habitans des Monts Pyrenées defcrite par Ifidore, a donné fujet à Sandoüal Caftillan, d'efcrire pour fauorifer fa patrie, que ce combat eft celui qui fut fait contre Don Pelage à Couadonge dans les Monts des Afturies. Mais le temps y refifte ouuertement, dautant que le combat de Couadonge fe fit au commencement de l'inuafion de l'Espagne, incontinent apres la prife de Tolede. Ie fçai bien que l'on ne peut fe preualoir contre Sandoüal de la defignation des Monts Pyrenées pour exclurre ceux des Afturies; d'autant que ceux-ci font appellés Pyrenées dans Sebaftian de Salemanque, lors qu'il defcrit la defaite de Munnuza par Pelage, auffi bien qu'en la Diuifion des Euefchés du Roi Vvamba, & chés Pomponius Mela. Mais la difference du temps, qui eft de vingt-deux années & dauantage, empefche qu'on ne puiffe attribuer à Pelage cette entreprife d'Abdimelec.

IX. Quelque fubtil, afin de trouuer dans l'antiquité du fupport pour les nouuelles inuentions des Rois de Sobrarue, s'accrochera peut-eftre aux rochers, où ces Chreftiens fe defendoient contre les Sarafins; & voudra fe perfuader que ces combats fe rendoient dans les montagnes d'Aragon, par les Rois de Sobrarue & de Nauarre. Ie ferois bien aife de pouuoir embraffer cette opinion, fi le texte d'Ifidore, & la fituation des lieux la pouuoit fouffrir. Mais l'intention de l'Auteur s'y oppofe formellement. Car il efcrit que le General Abdimelec fe mit aux champs pour couurir le reproche que le Roi Ifcam lui auoit fait, que les affaires contre les François ne reüffiffoient pas bien. Ce qui auoit fon rapport au progrés tres-heureux du Prince Charles, lequel auoit repris par force, & apres vn notable fiege la ville d'Auignon fur les Sarafins, qui l'auoient enleuée vn peu auparauant par furprife; auoit enfuite affiegé Narbone, dans laquelle le Sarafin Athirua ou Athima s'eftoit ietté pour la defendre; auoit defait vn puiffant fecours que le Sarafin Amorros conduifoit pour faire leuer le fiege; s'eftoit rendu maiftre des villes de Narbone, Nifmes, Beziers, & Agde, & de tout le païs Gotthique, iufqu'aux emboucheures des Monts Pyrenées du cofté de Rouffillon, au rapport d'Aimoin, & des Annales de Pithou. C'eft pourquoi Abdimelec voulant aller au deuant de la profperité des François, & rompre leur intelligence auec les habitans des Pyrenées, fit des efforts vains & inutiles contre ces montagnars, qui fe deffendirent à la faueur de l'afpreté de leurs rochers, & du fecours des François; de forte qu'il fut obligé de fe retirer auec honte. Roderic de Tolede paraphrafant ce lieu au Chap. xv. de fon Hiftoire des Arabes, fauorife ouuertement cette interpretation. Car il efcrit qu'Abdimelec voulant obeïr à l'ordre que fon Prince lui auoit donné, de refifter aux entreprifes des François, & defirant pour cét effet paffer les Monts Pyrenées fut contraint de fe retirer auec perte dans les plaines de la Celtiberie. Ce qui fait voir que comme la güerre auec les François eftoit entreprife du cofté de Languedoc, il eft neceffaire que le combat fur le paffage des monts ait efté fait de ce mefme cofté, & il eft fort croyable que le Prince Charles pour affeurer entierement fa nouuelle conquefte du Languedoc, prit tous les foins poffibles de fortifier les auenuës & les paffages des monts, & de fe liguer auec les habitans des montagnes pour defendre l'entrée aux armées des Sarafins.

I. Ifidorus in Chronico: Auctoritate à Duce Africano accepta, qui forte poteftatem femper admonitu principis gaudet fibi fore collatam.

II. Vnus ex Maurorum gente nomine Munuz audiens per Lybiæ fines iudicum fæua temeritate opprimi fuos, pacem ne mora agens cum Francis, Tyrannidem illico præparat aduerfus Hifpaniæ Saracenos, & quia erat fortiter in prælio expeditus, omnes hoc cognofcentes, Palatij côturbatur ftatus, &c.

III. IV. Et quia filiam fuam Dux Francorum nomine Eudo cauffa fœderis ei in coniugium copulandam, ob perfecutionem differendam iam olim tradiderat ad fuos libitus inclinandam.

V. Annales Francici breues: DCCXXXII. Karlus pugnauit contra Sarcinos, die Sabbatho ad Pectanij.

VII. Ifidorus: Qui & ob hoc monitus prædictus Abdimelec à principali iuffu, quare nil ei in terra Francorum profperim eueniret, ad pugnæ victoriam ftatim à Corduba exiliens, cum omni maru

publica subuertere nititur Pyrenaica inhabitantium, iuga, & expeditionem per loca dirigés angusta nihil prosperum gessit, conuictus de Dei potentia, à quo Christiani tandé preparua pinnacula retinentes præstolabant misericordiam, & deuia amplius hinc inde cũ manu valida appetés loca multis suis bellatoribus & perditis sese recipit in plana repattiãdo per deuia.
IX. Aimoin l.4.c.57. Annal. Pith.
IX. Rodericus c.15. Hist Arabum: vnde cum relatione summi Principis accepisset vt Francorũ insultib. obuiaret, volés iuga Pyrenaica penetrare multis suorũ perditis in planis Celtiberiç se refugus recepit.

CHAPITRE IV.

Sommaire.

I. Aucupa leue les tributs auec rigueur, & prepare vne armée contre les François. II. Reuolte des Africains contre le Roi Iscam, qui enuoye le General Cultum, lequel est defait. Les cheuaux d'Egypte effrayés par la nudité des Mores. Roderic repris. III. Reuolte des Mores d'Espagne contre Abdelmelic, qui fut tué par Belgi. IV. V. Alhozam chastia ces rebelles. Condamna le Prince Athanaild Chrestien à l'amende, qui fut remise à la priere de Belgi. VI. Toabam Chef des Espagnes. VII. Surprise de Sandoüal en l'equinoque de Cultum chés Isidore. VIII. Ioseph esleu Chef d'Espagne. IX. Abregé de l'Estat d'Espagne iusqu'au temps d'Isidore. X. D'où l'Auteur conclud que pendant ce temps il n'y auoit aucune vraye Royauté de Chrestiens dans l'Espagne. XI. XII. Quoi qu'il y eust des Comtes Chrestiens sous les Sarasins.

I. VN peu apres ce combat Aucupa succeda au gouuernement d'Espagne en l'Ere 775. l'an seisiesme d'Iscam, & de Christ 737. Il emprisonna son predecesseur, & changea tous les Officiers qu'il auoit establis; fit exactement & auec rigueur la leuée de tous les tributs, prit diuerses occasions d'enrichir le Fisque, sans retenir rien en son particulier, & ne condamna personne que suiuant les termes de sa loi. Il entreprit de conduire vne grande armée contre les François pour le recouurement du Languedoc; Mais estant arriué à Saragosse, il fut empesché de passer outre, sur les auis qu'il receut des quartiers d'Afrique, que les Mores naturels du païs se sousleuoient. C'est pourquoi il rebrousse chemin en toute diligence, reuient à Cordoüe, passe la mer, punit les Mores rebelles, & retourne au siege Royal de Cordoüe. Là il fut atteint peu apres de maladie, & auant mourir restablit Abdelmelic au gouuernement d'Espagne du consentement de tous, cinq ans apres qu'il l'eut depossedé, sçauoir l'an de Christ 742.

II. Cependant il y eut vne grande esmeute contre le Roi Iscam en plusieurs endroits de ses Estats, & particulierement en la Mauritanie; à cause que les Mores naturels ne pouuoient souffrir le commandement des Arabes. Pour reprimer cette rebellion, Iscam leua vne armée de cent mille hommes dans les Prouinces d'Orient, & d'Occident qui lui estoient suietes, donna le commandement general à Cultum; qui vint en Afrique, & rauagea toutes les terres des Mores Africains. Eux se voyans pressés descendirent des montagnes, où ils s'estoient retirés, se prepererent au combat nuds du corps, ayans seulement leurs parties honteuses couuertes de vieux haillons. De sorte que les armées estans venuës aux mains, pres de la riuiere Nauam, il arriua vn accident estrange, c'est que les beaux cheuaux Egyptiens, sur lesquels estoient montés les caualiers Sarasins, prindrent l'effroi, voyans la couleur noire des Mores, qui estoient à nud, & leurs dents blanches qu'ils faisoient craqueter à dessein; de façon que les cheuaux ayans plié & tourné le dos, les caualiers Arabes furent constraints de metre pied à terre. Ce qui causa la défroute de cette grande armée, dans ces vastes deserts, & la mort du General Cultum, qui fut tué sur la place, auec le tiers de ses troupes. L'autre tiers se retira en Orient, & l'autre troisiesme partie prit sa route du costé d'Espagne, sous la conduite de Belgi, qu'ils auoient choisi pour leur General; ausquels neantmoins Abdelmelic Gouuerneur d'Espagne ne voulut permetre l'entrée dans son gouuernement, leur refusant les vaisseaux qu'ils demandoient pour leur passage. D'où Roderic de Tolede, qui n'a pû comprendre le sens d'Isidore, à cause de la corruption du texte, a pris occasion d'escrire, que Belgi estoit le chef des rebelles d'Afrique, & de confondre entierement cette narration.

III. Les Mores habitués en Espagne ayans apris le bon succés des Mores d'Afrique, se mirent en armes, voulans secoüer le ioug des Arabes, deposseder Abdelmelic, & remetre le gouuernement d'Espagne à la disposition des Africains, qu'ils appelloient à leur secours. Voulans executer leur dessein, ils firent marcher vne partie des troupes vers la ville de Tolede pour s'en saisir, l'autre vers Cordoüe pour tuer Abdelmelic, & vne autre partie vers le port de Ceuta pour empescher la descente de Belgi. Mais Abdelmelic defit par son fils Humeia, ceux qui assiegeoient Tolede; les autres par la conduite de l'Arabe Almusaor, & ceux qui estoient vers les ports, au moyen des forces qu'il y enuoya, & de celles du General Belgi, auquel il auoit fourni des vaisseaux, pour le faire entrer en Espagne à son secours. Abdelmelic deschargé de ses ennemis voulut faire retirer Belgi dans l'Isle, où il auoit esté auparauant retenu apres la desroute d'Afrique. Mais celui-ci se piquant de voir ses seruices si mal reconnus, & se remetant deuant les yeux la faim & les autres incommodités qu'il y auoit soufert, causées par le premier refus d'Abdelmelic, se resout à ne faire point sa retraicte; & ayant fait auancer ses troupes sous la conduite d'Abderraman, qui fit quelque combat, s'approche de Cordoüe, l'assiege & la prend, se saisit d'Abdelmelic, qu'il trouua abandonné de ses enfans, & de ses soldats, & apres l'auoir fait cruellement deschirer auec des pieux, lui fit trencher la teste. De sorte qu'en suite il y eut vn horrible carnage, & des combats tres-sanglants & tragiques entre Humeia fils d'Abdelmelic, & Belgi.

IV. Alulif qui auoit esté crée Amiralmuminin l'année precedente, depescha Abulchatar surnommé Alhozam pour appaiser les troubles d'Espagne l'an de Christ 745. Celui-ci mit vn tel ordre dans son gouuernement, qu'il dompta, & rengea sous le deuoir, les rebelles & les principaux d'Espagne, & sous pretexte de la necessité du seruice de son maistre, renuoya les armées vers les parties d'outre mer.

V. Ce fut ce gouuerneur Alhozam, lequel offensé des deportemens d'Athanailde successeur du Prince Theudimer, le persecuta en diuerses façons, & le condamna en l'amende de vingt-sept mille sols, ainsi que rapporte Isidore en l'Ere 750. Mais les troupes commandées par Belgi ayant apris ce rude traitement, se mirent dans trois iours en estat de le faire reparer; & obligerent le Sarasin Alhozam de remetre Athanailde en ses bonnes graces, & de le recompenser auantageusement de plusieurs sortes de gratifications. D'où l'on peut recueillir que le Prince Athanailde estoit puissant & consideré; mais pourtant vassal de la Couronne des Arabes, puis que le Gouuerneur d'Espagne le condamna à l'amende; & de là mesme on peut se persuader qu'il estoit ioint à Belgi pendant les derniers mouuemens, puis qu'il lui procure vne bonne recompense.

VI. Or il arriua vn peu apres la venuë d'Abulchatar, que tout l'Orient fut en trouble, à cause que Izit auoit depossedé le Roi Alulif, & s'estoit rendu maistre du

Roiaume des Arabes; Ce qui renouuella les premieres factions des Mores d'Espagne, qui tascherent de supplanter le nouueau Gouuerneur, se seruans à ces fins d'Ismaël homme puissant parmi les siens. Il feignit de se retirer mal content du Palais, auec intention de remuer; Abulchatar le poursuiuit incontinent auec ses gardes, & les autres gens de sa suite; lesquels estans d'intelligence auec Ismaël qui auoit dressé vne embuscade sur le chemin, conduisirent Abulchatar vers ce lieu; où estans arriués ils l'abandonnerent laschement apres vn leger combat, & nommerent pour leur General & Chef des Espagnes Toaban, qui auoit donné vn puissant secours à Ismaël en cette entreprise; Abulchatar voulut tirer quelque raison de cette perfidie; mais apres plusieurs combats, il fut enfin tué dans vne meslée.

VII. Isidore auertit en ce lieu, qu'il a descrit en vn Cayer separé toutes les particularités de ces mouuemens d'Espagne, & les combats rendus par les Mores contre le General Cultum, où il renuoye le Lecteur. De celieu Sandoüal a pris occasion de dire, qu'Isidore auoit escrit vne Chronique diuerse de celle-ci, où il auoit exposé au menu les combats & les auentures des Chrestiens, durant l'inuasion des Espagnes; à dessein d'autoriser par les actes qui ne paroissent point, les nouuelles inuentions des anciens Rois des Monts Pyrenées; & veut donner du soupçon que ce qui n'est pas descrit par Isidore en sa Chronique publiée, pouuoit estre en celle qui s'est esgarée; & pense satisfaire à l'argument, qui se prend du silence de la vraye Chronique touchant ces discours fabuleux, en nous renuoyant à la Chronique inuisible. Mais cette fourbe est appuyée sur vn plaisant equiuoque, qui se forme des paroles suiuantes d'Isidore. *Quisquis ergo huius rei gesta cupit scire ad singula, in epitoma temporali quæ dudum collegimus cuncta reperiet enodata, vbi & prælia Maurorum aduersus Cultum dimicantium cuncta reperiet scripta, & Hispaniæ bella eo tempore imminentia releget adnotata.* Car Sandoüal a creu que ces termes, *Prælia Maurorum aduersus Cultum dimicantium*, signifiassent les combats des Mores contre le Culte ou Religion Chrestienne en Espagne, au lieu qu'ils signifient les combats des Mores d'Afrique côtre le General nommé Cultum.

VIII. Alhozam auoit gouuerné deux ans, lors que Thoabam fut promeu au gouuernement des Espagnes l'an de Christ 746. en l'Ere 784. la 128. des Arabes, & la seconde de Maroan Chaliphe de Damas. Par le decés de Toabam qui regna vne année, le Prince Iuzzif ou Iosef, homme venerable pour son âge, & pour sa prudence singuliere, fut promeu au Royaume d'Espagne, qui estoit son païs natal; par l'auis & le consentement de tout le Senat du Palais, comme parle Isidore dans le liure manuscrit, cette promotion manquant en l'imprimé, en l'Ere 785. l'année III. du Roi Maroan. Cette eslection donna mal de teste aux Arabes residans en Espagne, qui ne pouuoient souffrir, que cette Couronne fust entre les mains des Mores. Le Prince Ioseph chastia leur rebellion, & les fit punir de mort en diuers lieux. En suite il se porta à prendre soin du soulagement des Chrestiens, faisant le denombrement du peuple, qui restoit en vie, apres la tuërie & le carnage causé par les guerres ciuiles; qui auoient emporté grand nombre de soldats Chrestiens, dont les Corps des armées auoient esté fournis de part & d'autre; & fit rayer par les Receueurs de ses Finances du roolle des tailles, les noms des Chrestiens qui auoient esté tués dans les combats. Isidore finit sa Chronique en cét endroit, en l'Ere 792. laquelle il apparie à l'année de Christ 754. & à l'année du monde 5954. suiuant le calcul de ceux qui content 5200. depuis la creation du monde iusqu'à l'année 42. d'Auguste, en laquelle tombe la Natiuité; ou bien à l'année 5950. du monde, suiuant la computation exacte d'Eusebe & d'autres, qui content 5196. années depuis la creation iusqu'à l'année 42. d'Auguste. Il est considerable en cét endroit, que l'Espagne qui auoit esté regie iusqu'à ce temps, par Gouuerneurs dependans du Caliphe de Damas, fut administrée par ses

Rois particuliers, qui prindrent le titre d'Emirelmumenin, comme ceux de Syrie. Ce qui estoit encore en vigueur du temps de Constantin Porphyrogennete; lequel escrit que de son temps, la Principauté des Arabes estoit distribuée en trois Amerumnes; dont le premier auoit son siege en Syrie, le second en Afrique, le troisiesme en Espagne.

IX. On peut apprendre du recit veritable d'Isidore, l'estat des Chrestiens en Espagne depuis l'inuasion des Sarasins, & reconnoistre que toutes les Prouinces de ce Royaume furent assujeties à leur domination, & les habitans conseruès en la possession libre & paisible de leurs biens, auec l'exercice de la Religion Chrestienne. Muza le Generalissime vint en personne du costé de Saragosse, remit la ville & les Prouinces de deçà sous l'obeïssance des Arabes, & n'eust point souffert vne poignée de gens dans les montagnes d'Aragon sans les en dénicher : Son fils Abdelasim donna la paix à toute l'Espagne moyennant vn tribut, sans nulle exception, arresta vn traité de paix auec Theudimer, qui fut le Chef des Chrestiens, qui resisterent aux Sarasins dans les montagnes des Asturies ; à la charge neantmoins, qu'il se transporteroit en la ville de Damas, pour obtenir du Roi Vlit la confirmation du traité, & pour lui rendre ses deuoirs. Alaor fit le reglement des impositions en toutes les Prouinces de l'Espagne Vlterieure & Citerieure, auec ordre à ses Commissaires de dompter par armes, ceux qui auroient intention de se rebeller ; & fut tellement maistre de l'Espagne, qu'il eut le loisir d'enuoyer des troupes deçà les Monts, pour recouurer le Languedoc. Zama son successeur leua les tributs par toute l'Espagne Vlterieure & Citerieure, recouuta Narbone, & assiegea Tolose. Ambiza continua la guerre contre les François auec des armées puissantes, & leua sur les Chrestiens vn double tribut, pour subuenir aux frais de la guerre estrangere. Abderraman auec des forces plus grandes, que ses predecesseurs, perça les Monts Pyrenées, se saisit des embouchures du costé de la Gascogne, ruina les villes & les Eglises d'Aquitaine, & perdit enfin la vie par les armes de Charles Duc des François. Abdilmelec pour essuyer le reproche du Caliphe, qui se plaignoit du progrés des François en Languedoc & en Prouence, partit de Cordoüe auec vne armée ; mais il fut arresté sur le passage des Monts Pyrenées par les habitans, qui lui resisterent ; d'autant que le Prince Charles auoit desia auancé, & bien establi ses conquestes en cette frontiere. Aucupa vouloit continuer la guerre contre les François ; mais estant arriué à Saragosse, les mouuemens d'Afrique l'empescherent de passer outre.

X. Qui est celuy donc qui osera desormais nous asseurer, que les Chrestiens formerent vn Royaume dans les Asturies, & vn autre dans la Nauarre, où Sobrarue en ces commencemens, puis que l'Euesque Isidore n'en fait aucune mention ; au contraire qu'il asseure ouuertement & à son grand regret, que toute l'Espagne payoit aux Arabes le tribut ordonné & reglé par diuers Commissaires. Et d'ailleurs, puis que les Sarasins portoient leurs desseins hors l'Espagne, pour la conqueste du Languedoc, & de toute l'Aquitaine, qui pourra se persuader qu'ils eussent souffert des Rois Chrestiens, dans l'enceinte de l'Espagne. Le iudicieux Surita ayant meurement pesé cette derniere raison au liure premier des Annales d'Aragon Chap. II. laisse au iugement du Lecteur de considerer, en quel estat deuoient estre les affaires des Chrestiens, dans les montagnes, & dans les villes de Nauarre & d'Aragon, puis que les Sarasins passoient les monts auec des armées si puissantes, & ruinoient la Guienne, & la Prouence. De sorte que la ligue qu'ils auoient entreprise, s'estans ioincts au commencement auec Don Pelage, selon le tesmoignage de la Preface des Loix de Sobrarue, fut rompuë par l'inondation de ces armées.

XI. Il ne faut pas pourtant metre en doute, que la Nauarre & l'Aragon, qui

Liure second. 147

estoient des païs remplis de Chrestiens sans beaucoup de meslange des Mores, ne fussent conduits & gouuernés par des Comtes de la mesme religion, & naturels du païs, establis & choisis par les peuples, pour decider leurs differents, & les maintenir en paix sous l'obeïssance des Gouuerneurs de Cordouë & des Rois de Damas. Car Iulian Archipreltre de S. Iuste en sa Chronique rapporte selon la foi des Archifs de Tolede, que cette ville fut renduë aux Mores par composition, qui portoit que les Chrestiens auroient l'exercice libre de la religion dans sept Eglises, payeroient aux Sarasins les tributs qu'ils auoient acoustumé de payer aux Rois Goths, seroient iugés selon les Lois Vvisigotthiques, & pourroient pour cét effet establir des Iuges Chrestiens, qu'il nomme Muzarabes, c'est à dire meslés auec les Arabes, comme cét Auteur explique cette diction en vn autre endroit. *Muzarabes, id est Mixti Arabibus*. Nous aprenons aussi de la Charte du monastere de Lorban en Portugal en date de l'année 734. rapportée par Sandoual, que le More Alboacen seigneur de Coimbre, permit aux Chrestiens residans sous sa iurisdiction, d'establir sur eux vn Comte naturel du païs dans la ville de Coimbre, & vn autre dans la ville d'Agueda, pour rendre iustice suiuant les loix & coustumes des Chrestiens, à la charge de n'executer aucun homme à mort, sans auoir communiqué les pieces à l'Alcalde More, qui estoit obligé d'y prester son consentement, apres qu'il lui auroit apparu du crime, & de la loi qui en ce cas ordonnoit le dernier supplice. Il permit aussi d'establir des Iuges Chrestiens aux petites bourgades, pour regler & vuider les disputes des habitans. Ce qui tesmoigne que c'estoit l'ordre general, & le reglement fait pour toute l'Espagne lors de sa conqueste, suiuant les capitulations accordées auec Abdilaziz, conformément à l'administration de ce Royaume sous les Rois des Goths; qui exerçoient la iustice par les Comtes establis dans les villes.

XII. Pour les Asturies & la Cantabrie, Theudimer en retint la Principauté pour soi & pour ses successeurs, auec dependance de la Couronne des Arabes, comme il conste de la narration d'Isidore. Ce que i'auance pour l'honneur de la verité, & afin d'adoucir l'amertume de ceux qui ne peuuent souffrir que l'origine du Roiaume de Nauarre n'esgalle celle du Roiaume des Asturies; qui n'est pas si ancien en sa souueraineté, que l'on se persuade communément.

I. Isidorus : Expeditionem Francorum cum multitudine exercitus adtemptat. Deinde ad Cæsaraugustanam ciuitatem progrediens sese cum infinita classe auctæ receptat, sed vbi rebellione Maurorum per Epistolas ab Africa missas subito lectitat.

V. Athanaildus post mortem ipsius (id est Theudimeris) multi honoris & magnitudinis habetur. Erat enim in omnibus opulentissimus Dominus; & in ipsis nimium pecuniæ dispensator. Sed post modicum Aloozam Rex Hispaniam aggrediens, nescio quo furore arreptus, non modicas iniurias in eum attulit, & in ter nouies millia solidorum damnauit. Quo audito exercitus, qui cum Duce Belgi aduenerant, sub spatio fere trium dierum omnia parant, & citius ad Aloozam cognomento Abulchatar gratiam reuocant, diuersisque munificationibus remunerando sublimant.

VIII. Constantinus Porphyrog. De Administr. Imperio cap. 25.

X. Surita l. 1. c. 2. Annal. Arago : *Por lo succedido en estas entradas de los Mores en las tierras de Francia se entendera meior el estado en que se deuian hallar los Christianos que quedauan despues de la perdicion de España en las montannas y villas de Bascas. Pues con tan poderosos exercitos passauan los montes siendo llamados y requeridos, y destruyeron gran parte de Guiana y de la Prouença.*

XI. Iulianus in Chronico n. 266. Eadem tributa quæ Regibus Vvisigothorum vsque ad eum diem persoluerant Regibus Saracenorum persoluerentur; Legibus Gothorum inter se gubernarentur; quod etiam Indices ex ipsis Christianis Muzarabibus, qui ius illis dicerent, possent eligere.

XII. Charta Lorban. apud Sandoual. in Faula: Christiani habeant suum Comitem de sua gente qui manteneat eos in bono Iuzgo secundum solent homines Christiani, & isti component rixas inter illos, & non matabunt hominem sine iussu de Alcaide seu Aluacile saraceno. Sed monstrabunt suos Iuzgos & ille dicebit, bene est, & matabunt culpatum. In populationibus paruis ponent suos iudices qui regant eos bene & sine rixas.

CHAPITRE V.
Sommaire.

I. Decés de Don Pelage, & de Fauila son fils. II. Alfonse le Catholique fils de Pierre Duc de Cantabrie. Sebastian corrigé. III. Alfonse est le mesme auec Athanailde d'Isidore. IV. Pampelone liguée auec Alfonse. V. VI. VII. Froila dompte les Vascons, c'est à dire les Nauarrois, & non pas les Gascons. Espouse Munine Nauarroise. Faute de Roderic. VIII. IX. Aurelius Silo Mauregat. Veremond.

I. Aintenant il faut aprendre de Sebastian de Salemanque ce qui s'est passé depuis l'an 754. où finit Isidore, iusqu'à l'année 778. que nous aurons le secours des Annalistes de France, qui traitent du passage de Charlemagne en Espagne. Sebastian donc apres auoir descrit que les Chrestiens retirés dans les montagnes des Asturies esleurent pour leur Prince Don Pelage fils du Duc Fauila de la race Royale des Goths, & representé les combats de Couadonge, dont i'ay fait mention au Chap. II. adiouste que Pelage mourut en l'Ere 775. qui est l'an de Christ 737. & fut enterré auec sa femme Gaudiose en la ville de Cangas d'Onis qui estoit leur seiour ordinaire. Son fils Fauila lui succeda, qui vesquit deux années, fut marié à la Dame Froilupa, & tué par vn Ours à la chasse l'an 739. Ere 777.

II. Le Prince Alfonse le Catholique mari de Hermesende fille de Don Pelage prit aussi tost le Gouuernement des affaires. Ce fut vn personnage de grande valeur, & fils de Pierre Duc de Cantabrie, lequel estoit issu de la race des Rois Goths Leuuigilde & Recarede, & auoit esté General de la milice, du temps des Rois Egica & Vvitiza. Ces choses sont tellement conceuës dans le texte de Sebastian, que s'il n'est corrigé, il semble attribuer au Prince Alfonse la Generalité des armées sous les Rois des Goths, & non pas à son pere le Duc Pierre; auquel pourtant les vieux memoires allegués par Sandoüal donent ces emplois auec raison; l'interualle du temps ne pouuant permettre que la Generalité des armes eust esté comise à cét Alfonse par le Roi Egica en l'an 690. & que le mesme eust encore fleuri iusques en l'année 757. Sebastian propose ce Prince côme vn foudre de guerre contre les Sarasins, & fait vn long denôbrement des villes qu'il auoit reprises sur eux en Portugal, Galice & Castille, dont il auoit retiré les Chrestiens, & peuplé par leur moyen vne bonne partie des terres qu'il possedoit. Sandoüal adoucit vn peu cette narration, & dit que le Prince Alfonse prenant ses auantages de la grande diuision des Mores d'Espagne, & de la solitude qui estoit dans les principales villes de ces contrées, qui auoient esté ruinées par les Sarasins, se rendit maistre de ces places; & apres les auoir saccagées, transporta les Chrestiens dans les rochers des Asturies, pour se fortifier d'hommes contre ces barbares.

III. Quant à moy, i'estime que le Prince Alfonse, est le mesme auec Athanailde, qui succeda à la puissance de Theudimer, & florissoit du temps de l'Euesque Isidore de Badaios. Les années, les noms, & les choses conuiennent entierement pour la preuue de la proposition que i'auance. Car Alfonse prit le gouuernement suiuant Sebastian de Salemanque l'an 739. & mourut l'an 757. Et le Prince Athanailde estoit en vogue, lors que l'Euesque Isidore escriuoit sa Chronique, à sçauoir en l'année 754. Quant aux noms qui semblent apporter en ceci quelque difficulté, ils ne se rapportent pas mal, si l'on considere l'vn comme vne diction purement Gotthique, & l'autre comme vn nom formé & reduit au modele de la langue Romaine Espagnole. Car Athanagilde est vn terme Gotthique, dans Cassiodore, & Iornandes; qui se prononce autrement par contraction Athanailde, comme chés Isidore de Badaios, & dans la Chronique de Ioannes Biclarensis: duquel les Espagnols ont tiré leur Ildefonse, Adelfonse, Adefonse, Adefons, Anfons, & Alfonse, suiuant les diuerses prononciations des âges & des Prouinces. Mais ce qui iustifie peremptoirement ma pensée, est la conioncture des affaires de ce temps, auquel les Chrestiens n'auoient pour appui que le Prince Adefonse successeur de Pelage son beau-pere & de Fauila son beau-frere, suiuant Sebastian; comme aussi ils ne se glorifioient chés Isidore du pouuoir & de l'autorité d'autre Prince Chrestien, que de celui d'Atanailde successeur de Theudimer, lequel nous auons monstré estre le mesme que Don Pelage. La dépendáce d'Athanailde des Gouuerneurs d'Espagne sembleroit troubler nostre coniecture, & lui rauir la gloire des conquestes que fit glorieusement le Prince Alfonse sur les Arabes, si l'on ne se remetoit deuant les yeux, les grandes factions qui s'estoient esleuées en Espagne entre Belgi & Abdilmelic, & en suite auec Humeia son fils; Pendant lesquels desordres Athanailde fit ses affaires, fortifia ses places des restes des Chrestiens, qu'il trouua dans les villes voisines des Asturies, & se ietta du parti de Belgi, pour estre appuyé en ses entreprises. En quoi il offensa la Majesté de l'Empire des Arabes, puis que le Gouuerneur Alhozan le condamna à l'amende, ainsi que rapporte Isidore; mais il en fut deschargé par l'entremise de Belgi, qui le fit encore recompenser tres-auantageusement, comme i'ay remarqué ci-dessus. De sorte que tous ses deportemens, ses conquestes, & ses nouuelles fortifications furent autorisées par ce traité.

IV. L'Histoire generale d'Espagne, & Lucas Tudensis adioustent aux victoires d'Alfonse, qu'il gagna la Nauarre & Pampelone. Sebastian de Salemanque semble insinuer la mesme chose, lors qu'il escrit que sous ce Prince, Castille & les quartiers maritimes de la Galice furent peuplés de Chrestiens par son industrie; Et que pour le regard des païs d'Alaue, Viscaie, & Ordunie, ils furent restablis & remis par les anciens habitans, sans qu'il fust besoin d'y enuoyer d'ailleurs des colonies; ces Prouinces ayans tousiours esté possedées par ses propres peuples, sans aucun meslange d'estrangers. *Il faut dire la mesme chose*, adiouste-t-il, *de Pampelone & de Berroze*. De sorte qu'il semble que l'on doiue asseurer que le Prince Alfonse ayant armé puissamment pendát les factions des Arabes, les Gouuerneurs Chrestiens de Pampelone & de Nauarre establis par les Sarasins se ioignirent à lui pour grossir son armée; d'où ses successeurs prindrent occasion de s'attribuer le gouuernement de ce païs.

V. Froila succeda au Prince Alfonse son pere l'an 757. Il gagna vne victoire fort notable sur le Roi de Cordoüe Abderraman en la Prouince de Galice, ayant tué sur la place cinquante-quatre mille Caldéens, comme parle Sebastian, & fait trencher la teste dans le champ de bataille au General Omar fils d'Abderraman. Il surmonta & remit en leur deuoir les Vascons ou Nauarrois qui s'estoient rebellés; & commanda qu'on lui reseruast du pillage vne ieune fille nommée Munnia, laquelle il prit depuis à femme; chastia les peuples de Galice qui s'opposoient à ses commandemens, tua de ses propres mains son frere Vimarane, & receut des siens en suite le mesme traitement l'an 768.

VI. Cette Narration est considerable, en ce qu'elle attribuë aux Vascons ou Nauarrois vne rebellion, & suppose par consequent la pretention de Froila touchant la suiction de la Nauarre à son gouuernement, en consequence de la ionction des armes qui auoit esté faite du temps de son pere. Mais il apert aussi de la resistance des Nauarrois, quoy que malheureuse, qu'ils estimoient n'estre point dependans de son autorité; mais releuer immediatement des Rois de Cordouë, comme ils firent iufqu'à ce qu'ils furent mis en vne pleine liberté. Roderic de Tolede qui a puifé fon hiftoire de cét Auteur, explique cette rencontre vn peu trop auantageufement. Car fans confiderer que les Vafcons fignifient dans Ifidore de Seuille, dans Biclarenfis, & en d'autres efcriuains Efpagnols, les peuples de Nauarre, & des païs voifins, & non pas ceux de Gafcogne deçà les monts Pyrenées, il efcrit que Froila enuahit les Nauarrois rebelles, & les attirant à fon amitié, prit à femme Munina iffuë de leur race Royale, & auec leur affiftance foufmit à fon pouuoir les Gafcons fes ennemis. Dans les impreffions de Roderic cette Dame eft nommée Momerane, mais en l'exemplaire manufcrit du College de Nauarre, elle eft denommée Munine, comme chés Sebaftian. Mais l'explication de Roderic eft contraire au texte de Sebaftian; qui ne reconnoift que les Vafcons qui furent fubiugués, & qui fournirent la Dame Munine pour femme à Froila vainqueur; fans qu'il pouffe fes armes au deçà des Monts, contre les Gafcons d'Aquitaine, comme fait Roderic.

VII. Il y a encor vne autre erreur qui s'eft gliffée dans le difcours de Roderic par inaduertance, s'il n'eft adouci par interpretation, en ce qu'il fait defcendre Munine de la race Royale des Nauarrois; quoi que Sebaftian ne face aucune mention de la race, dont Munine defcendoit; ce qu'il n'euft pas obmis, pour la gloire de fon Prince; s'il y euft eu pour lors des Rois en Nauarre fubiugués par lui; ou pour le moins fi fa prifoniere euft eu l'honneur d'apartenir à quelque fang Royal. Lucas Tudenfis femble auoir efté plus retenu, efcriuant que Munine eftoit de fang Royal, fans y adioufter auec redoublement, que ce fut du fang Royal des Nauarrois. Ce qui peut eftre veritable; & que ie ne veux pas reuoquer en doute, puis que Roderic & Tudenfis l'affeurent, peut-eftre fur des anciens memoires; à la charge que l'on prene, que Munine eftoit iffuë du fang Royal des Goths, & non pas des Rois de Nauarre, qui ne furent eftablis de cinquante ou foixante ans apres; foit qu'elle defcendift de Andeça Duc de Cantabrie, comme l'on efcrit communément: ou bien de quelque autre fouche, qui nous eft inconnuë; laquelle tiroit neantmoins fon origine de la maifon Royale des Goths, & s'eftoit côferuée dans quelque dignité parmi les fiens.

VIII. Alfonfe le chafte fils de Froila & de fa femme Muninia deuoit recueillir la fucceffion, mais Aurelius coufin germain du Prince decedé, comme eftant fils d'vn autre Froila, qui eftoit frere d'Alfonfe le Catholique, fe preualant du bas aage du petit Alfonfe, s'empara de la Principauté, regna fix ans, & n'eut point de guerres à demefler, ayant toufiours eu paix auec les Arabes, comme dit Sebaftian. Apres le decés d'Aurele, Silo continua l'inuafion des Afturies, fous pretexte qu'il eftoit marié à la Princeffe Adofinde fille d'Alfonfe le Catholique. Il vefcut en paix auec les Sarafins, & neantmoins dompta ceux de Galice, qui auoient pris les armes pour fauorifer le ieune Prince Alfonfe, fuiuant la coniecture de Sandoual; dautant qu'il eftoit refugié parmi eux.

IX. Silo eftant decedé enuiron l'an 781. la Princeffe Adofinde fa veufue mit en poffeffion du Gouuernement le ieune Alfonfe fon nepueu, auec le confentement de tous les feigneurs de la Cour Neantmoins il ne put s'y maintenir, à caufe de la trahifon que lui braffa fon Oncle Mauregat, fils naturel d'Alfonfe le Catholique, & d'vne efclaue. De forte qu'il fut contraint de lui quiter la place, & de fe retirer en la Prouince d'Alaua parmi les parens de fa mere Munnia. Cependant Mauregat retint les Afturies fix années entieres, ainfi que Sebaftian a remarqué. Sandoual affeure auoir leu dans quelque ancien auteur, que Mauregat receut la Couronne Royale dans la ville de Toledo par les mains d'vn Roi More, & qu'il reconnut celui de Cordouë pour fouuerain. En quoi il ne fit que continuer l'vfage de fes predeceffeurs, qui eſtoient demeurés aſſuietis iuſqu'à preſent à la ſouueraineté des Mores. Ce que l'on remarque d'extraordinaire en ce Prince ſcelerat, eſt l'execrable tribut qu'il faiſoit chaſque mois de cinquante filles Chreſtiennes, leſquelles il expoſoit à la brutalité de ces meſcreans, ce que lui reproche iuſtement Eulogius Cordubenſis. A Mauregat ſucceda Veremond le Diacre frere du Prince Aurele, lequel apres auoir adminiſtré trois ans les Aſturies, rappella en l'année 790. le vrai maiſtre, qui eſtoit le ieune Alfonſe ſon Couſin remué de germain, & le reſtablit en la poſſeſſion, dont il auoit eſté honteuſement chaſſé, lui ſeruant neantmoins de conſeil en ſa conduite.

II. Sebaſtianus: Poſt Faſilani interitum Adefunſus qui dicitur Catholicus ſucceſſit in regnum. Vir magnæ virtutis, Filius Petri Ducis ex femine Leuuigildi & Recaredi regum progenitus; tempore Egicani & Victizani Regum princeps militiæ fuit, qui cum gratia diuina regni ſuſcepit ſceptra. Arabum multitudo ſæpe ab eo fuit audacia compræhenſa. *In Charta Bracarenſis Eccleſiæ relata à Sandoualio, Alfonſus Caſtum teſtatur, Regem hunc Adefonſum filiū fuiſſe Petri Ducis, qui ex Recaredi Regis Gothorum ſtirpe deſcendit. Monet; in Notis huius loci Sandoualius, in veteribus tabulis Petro Duci præfecturam militiæ ſub regibus Egica & Witiza attribui, Ita vt locus iſte Sebaſtiani leuiter ſit corrigendus antelato τῷ qui relatiuo, voci, Tempore, Planeque temporis ratio id omnino ſuadet. Etenim qui fieri poteſt vt Adefonſus Princeps militiæ fuerit ſub Egica, & ad annum 757. florentiſſime adminiſtrationem ſuam produxerit.*

IV. Sebaſt. Eo tempore populantur primorias, Leuana, Burgis, quæ nunc appellatur Caſtella, & pars maritimæ Galiciæ. Alaua namque, Vizcaia, Araone, & Ordunia à ſuis incolis reparantur, ſemper eſſe poſſeſſæ reperiuntur. Sicut Pampilona dictum eſt atque Berroza.

V. Sebaſt. Vaſcones rebellantes ſuperauit atque edomuit, Munniam quandam adulescentulam ex Vaſconum præda ſibi ſeruari præcipiens, poſtea eam in regale coniugium copulauit, ex qua filium Adefonſum ſuſcepit.

VI. Roder. l. 4. c. 6. Nauarros & rebellantes inuaſit, & ſibi concilians vxorem ex eorum Regali progenie Momernam (lege Muninam ex codice Manuſcripto Collegij Nauarræ) nomine ſibi duxit, & cū eis Vaſcones ſibi infeſtos ſuæ ſubdidit ditioni.

VII. Lucas Tudenſis: Domuit quoque Nauarros ſibi rebellantes, ex quibus, ſcilicet ex regali ſtemmate nomine Moniam duxit vxorem, ex qua genuit filium nomine Adefonſum.

VIII. Sebaſt. Prælia nulla exercuit, quia cum Arabibus pacem habuit.

IX. Idem. Iſte cum Iſmaelitis pacem habuit. Fraude Mauregati Patrui ſui filij Adefonſi Maioris de ſerua cum natus. lege, de ſeruā cum nari.

IX. Sandoual. *He viſto autor que dize que Mauregato recibio en Toledo de mano del Rei Moro la Corona del Rei, obligandoſe al de Cordoüa como ſupremo.*

CHAPITRE VI.

Sommaire.

I. II. Charlemagne eſt le premier qui a mis en liberté les Chreſtiens de la marche d'Eſpagne. Ibnalarabi Roitelet de Saragoſſe ſe mit ſous ſa protection, & le conuie au voyage. III. IV. Il dreſſe deux armées. L'vne paſſe par la Gaſcogne, aſſiege la ville de Pampelone qui ſe rend à lui. L'autre paſſe à Rouſſillon & le vient ioindre à Saragoſſe. V. VI. A ſon retour il demolit les murailles de Pampelone. Les Gaſcons deſfont ſon arieregarde au paſſage de Ronceuaux. Fables du Roman de Tulpin, ſuiui par Roderic, mais reietté par Baronius, & par Sandoual. Antiquité de ce Roman. VII. Charlemagne eſtablit des Comtes en toute la Frontiere d'Eſpagne. Limes Hiſpanicus, expliqué. Comtes en Nauarre & Aragon. VIII. Erection du Roiaume d'Aquitaine qui comprenoit la Nauarre & l'Aragon, & toute la Marche d'Eſpagne.

I. JE laiſſe en cét endroit les Auteurs d'Eſpagne, qui nous ont conduit iuſqu'en l'année 760. pour m'attacher aux hiſtoriens François du temps, qui repreſenteront à leur tour l'eſtat des Chreſtiens des monts Pyrenées, & conſpireront auec les autres à l'explication d'vne meſme verité, qui eſt la ſeruitude dont ils eſtoient opprimés ſous le ioug peſant des Mores.

II. Le desir de procurer la liberté des consciences, & restablir la dignité de l'Eglise dans ces Prouinces, piqua bien auant la generosité de Charles Roi des François; lequel apres auoir conquis le Roiaume des Lombards en Italie, & dompté dans la Germanie vne partie des Saxons, qu'il obligea d'embrasser la foi Chrestienne, estima qu'il estoit digne de sa reputation, de prendre soin des Chrestiens accablés sous la persecution des Sarasins. Dieu lui mit en main vne belle occasion d'entreprendre ce saint ouurage; d'autant que peu de temps auparauant les principaux Mores d'Espagne secoüans le ioug du Roi de Cordoüe, s'estoient saisis des villes plus importantes du Roiaume, & y auoient establi des Royautés particulieres. Ce qui auoit démembré ce puissant Estat en plusieurs factions, de maniere qu'vn chacun trauailloit aux moyens de se conseruer en sa conqueste. Cela porta le Gouuerneur, ou Roitelet de Saragosse Ibnalarabi, de se rendre auec son fils & son gendre à la Cour du Roi Charles, qui tenoit pour lors l'assemblée des Estats Generaux en la ville de Paderborne en Saxonie; lequel obtint de ce Prince la promesse d'vn prompt secours pour estre maintenu dans le Gouuernement de Saragosse, moyennant l'offre qu'il fit de tenir cette ville, & les païs adiacents sous l'hommage de la Couronne de France.

III. C'est pourquoi Charles mit incontinent deux armées sur pied; Auec l'vne, il partit apres Pasques du Palais de Chassaigneuil l'an 778. passa la riuiere de Garone, entra dans la Prouince de Gascogne, qui estoit gouuernée par le Duc Loup, s'achemina du costé de Ronceuaux, passa les monts Pyrenées sans resistance, assiegea la ville de Pampelone en Nauarre, occupée par les Sarasins, qui la rendirent par composition, & continua son chemin vers Saragosse; où le ioignit son autre armée composée des gens de guerre leués en Bourgogne, Austrie, Bauiere, Prouence, Languedoc, & Lombardie; laquelle auoit pris sa route par les Comtés de Roussillon & de Cerdaigne, où nous auons remarqué ci-dessus, que Charles Martel auoit commencé quelque establissement pour les François.

IV. Ibnalarabi & quelques autres Sarasins Gouuerneurs des places du païs, effectuans ce qu'ils auoient promis au Roi, lui baillerent des ostages de leur obeïssance, & fidelité. De sorte que par ce moyen il se rendit maistre de gré ou de force, de toutes les terres comprises depuis les monts Pyrenées, iusqu'à la riuiere d'Ebro; laquelle prenant sa source parmi les Nauarrois se descharge en la mer de Maiorque, prés les murs de la ville de Tortose, comme escrit Eginhart secretaire de Charlemagne.

V. Ayant donc mis les Chrestiens des frontieres en liberté, il pourueut aux moyens de les y maintenir à l'auenir; mesmes pour cét effet prenant le chemin de son retour, il passa derechef à Pampelone, dont il fit demolir les murailles; afin que les Sarasins ne peussent prendre occasion de remuer à la faueur de cette place, & de s'opposer au passage des François, lors que la necessité les y rappelleroit. Son expedition eust esté entierement heureuse, si les Basques piqués sans doute du mauuais traitement & de la foule qu'ils auoient receuë au passage des gens de guerre, n'eussent eu le desir d'en retirer leur reuenge. C'est pourquoi ils donnent sur l'arriere-garde de l'armée, à mesure qu'elle passoit dans les destroits des montagnes vers Roncesuaux, defont & taillent en pieces tous ceux qui leur font resistance; & parmi ceux-là Eghart grand maistre d'Hostel, Anselme Comte du Palais, & Rutland Gouuerneur de la coste Británique; emporterent tout le bagage, se retirerent à la faueur de la nuit, & s'escarterét dans les montagnes, sans que l'on pust aprendre quels estoient les executeurs de cette brusque entreprise, ainsi qu'ont remarqué fort particulierement Eginhart, & les Annales de Fulde, & apres eux l'Historien Aimoïn.

VI. De cette defaite, dont la gloire pour le courage, ou la honte pour la rebellion, doit estre rapportée aux habitans des Vallées de ce quartier, à sçauoir à ceux de Soule, de Basse Nauarre, & de Bastan. La vanité Espagnole a pris occasion de s'attribuer le triomphe des Douze Pairs de France; qui ne furent point en nature de plus de trois siecles apres. Ce qui a esté fomenté par les inuentions fabuleuses du supposé Turpin de Rheims; ausquelles Roderic de Tolede s'est laissé tellement surprendre, qu'il a voulu encherir par dessus tous, escriuant que Charlemagne ne fit aucune conqueste, sinon en la Catalogne, & qu'il fut batu & repoussé voulant passer en Nauarre par Ronceuaux. Neantmoins Lucas Tudensis ancien auteur Espagnol, accorde ingenuëment, que ce Prince mit sous son obeïssance tous les Goths & les Espagnols de Catalogne, des montagnes des Vascons, & de Nauarre. Mesmes Sandoual, & les esprits mieux faits de ce temps, qui ont manié les bons auteurs, & ont apris l'experience de distinguer le vrai d'auec le faux, auoüent franchement apres le Cardinal Baronius en ses Annales, que les comtes de Turpin sont des pures ilusions. La Chronique de Iulian Archiprestre de Tolede, composée l'an 1160. reconnoist, que cette histoire de Turpin a esté corrompuë & parsemée de plusieurs discours fabuleux; quoi qu'elle asseure qu'il y en auoit vn exemplaire assés ancien dans la Bibliotheque de S. Denis prés Paris. Neantmoins on ne doit point remetre en doute, que cette piece n'ait esté forgée en Espagne, où les esprits estoient portés à supposer des ouurages sous le nom des anciens, comme ils firent auant le temps de ce Iulian, l'histoire de Dexter, & les Epistres des anciens Papes. Suiuant cette inclination ils composerent le Roman de Turpin à l'auantage de leur nation. De fait on aprend du manuscrit du sieur de Cordes Chanoine de Limoges, que le Prieur Geofroi qui viuoit enuiron l'an 1200. receut d'Espagne vn exemplaire de Turpin, dont les letres estoient vsées, & dont le recit s'accordoit auec les chansons des Farceurs. Ce qui fait voir que ce Roman peut estre du Dixiesme Siecle, puis qu'auant le Douziesme on voioit des anciens exemplaires de cette œuure.

VII. Or il n'est pas croyable que ce Prince belliqueux eust pris la peine de passer les monts auec des armées si puissantes, pour se contenter de la curiosité d'auoir veu l'assiete des lieux, & les principaux Sarasins soubsmis à ses pieds. Il prit sans doute le soin, comme il deuoit, de s'asseurer de ces nouuelles conquestes, & particulierement des auenuës des montagnes, pour ne laisser point des empeschemens à ses armées, lors qu'il seroit besoin de les y renuoyer. Pour cét effet il establit en cette frontiere le mesme ordre que les Annales de Fulde témoignent, qu'il auoit mis à celle d'Istrie en Italie, à celles de Bauiere & de Saxonie dans la Germanie; qui estoit de les commetre au gouuernement des Comtes ou Marquis ordonnés aux lieux plus commodes pour la defence des Prouinces. Surita estime fort probable, que Charlemagne crea des Comtes dans la Catalogne, puis que sous son regne on trouue dans les anciens memoires les noms des Comtes de Barcelone, d'Ampurias, de Gironé & d'Vrgel. Ce qu'il auance par conieçture, nous pouuons le tenir pour constant, & l'estendre à tout le païs, qui estoit compris sous le nom de Marche d'Espagne, ou *Hispanicus limes*, apres l'Auteur de la vie de Charlemagne, les Annales de Reuber, & Aimoïn, qui font mention des Gardiens de la frontiere d'Espagne, qu'ils nomment *Hispanici limitis custodes*. Or ce *Limes Hispanicus*, ou bien la Marche d'Espagne comprenoit tous les monts Pyrenées, comme il est expressément designé aux Capitulaires, & encore dans Eginhart, qui asseure comme tesmoin oculaire que Charlemagne conquit tout le pourpris des monts Pyrenées iusqu'à la riuiere d'Ebro. Il y a vne preuue tres-expresse pour le regard du Comté d'Vrgel, d'autant qu'en suite de ce que cette Prouince dependoit de la France, son Euesque Felix fut accusé d'heresie, & se presenta pardeuant Charlemagne en la ville de Ratisbone en Bauiere, qui fit examiner & condamner sa doctrine dans vn Synode d'Euesques l'an 792. Outre les Comtes & Gouuerneurs de Girone, des Ampuries & d'Vrgel, on trouue chés les mesmes auteurs, le Comte Aureolus establi au dessus de la Catalogne, pour la garde des confins de la Gaule & de l'Espagne, contre les villes de Huesca & de Saragosse: & les anciens tiltres font vne entiere foi, que le Prince Bernard issu des ayeux de Charlemagne, fut creé Comte Duc & Marquis du païs de Ribagorce, qui confine auec Sobrarue, & auec l'ancien Aragon, au rapport de Surita en ses Indices sous l'année 814. De maniere que la creation des Comtes de cette frontiere ne peut estre aucunement reuoquée en doute: Et par consequent il faut se persuader que la Nauarre & l'Aragon ne furent point abandonnés sans leur donner des Comtes & Gouuerneurs particuliers. D'autant plus que la demolition des murailles de Pampelone tesmoignoit, que Charlemagne se mesfioit de ce costé là. C'est pourquoi l'ancien Auteur de la vie Saint Genulfe euesque de Cahors a remarqué, qu'il establit generalement des Comtes en l'Aquitaine, & des garnisons sur la frontiere des Sarasins.

VIII. Apres son retour en France, il erigea le Duché d'Aquitaine, le Duché de Gascogne, & la Marche d'Espagne en tiltre de Royaume, sous le nom de Royaume d'Aquitaine; dont il inuestit Louis son ieune fils, qui en fut oint & consacré Roi, estant encore dans le berceau, par le Pape Adrian à Rome en l'année 780. De sorte que la Nauarre & l'Aragon entrerent pour lors en partage de l'honneur d'vne nouuelle Couronne, puis qu'ils furent vnis & incorporés au Royaume d'Aquitaine nouuellement erigé; duquel ces Prouinces furent bien-tost desunies, pour composer vn Royaume separé.

V. Annales Francici editi à Pithœo quos Eginhardo vindicaunt V. C. And. Duchenius ad annos 777. & 778. Persuasione ergo rex prædicti Saraceni spem capiendarum quarumdam in Hispania ciuitatum haud frustra concipiens, congregato exercitu profectus est, superatoque in regione Vasconum Pyrenæi iugo, primo Pompelonem Nauarrorum oppidum aggressus in deditionem accepit. Inde Iberum omnem vado traiiciens, Cæsaraugustam præcipuam illarum partium Ciuitatem accessit: accepisque quos Ibnalarabi, & Abithaur, quosque alij quidam Saraceni obtulerunt obsidibus, Pompelonem reuertitur. Cuius muros ne rebellare posset ad solum vsque destruxit ac regredi statuens Pyrenæi saltum ingressus est. In cuius summitate Vascones insidiis collocatis extremum agmen adorti, totum exercitum perturbabant magno tumultu. Et licet Franci Vasconibus tam armis quam animis præstare viderentur, tamen & iniquitate locorum, & genere impares pugnę inferiores effecti sunt. In hoc certamine plerique Aulicorum quos rex copiis præfecerat interfecti sunt, direpta impedimenta, & hostis propter notitiam locorum in diuersa dilapsus est. Cuius vulneris accepti recordatio magnam partem rerum feliciter in Hispania gestarum in corde regis obnubilauit. Eadem ad Verbum extant apud Aimoinum l. 4. de gestis Franc. cap. 71.

III. IV. Vita Caroli magni: Ad idem placitum venerunt Saraceni de Hispania tres reges, Ibnalarabi & filius Deuizeti qui latine Ioseph nominatur & gener eius Alaruız. Inde abijt partes Hispaniæ per duas vias, vnam per Pampilonam per quā ipse magnus rex perrexit vsque Cæsaraugustam. Ibique venerunt de Burgundia, & Austria, & Baioaria, & Prouincia, & Septimania, & Langobardorum pars magna, & ad ipsam ciuitatem coniunxerunt se exercitus ex vtraque parte. Ibique recepit obsides de Ibnalarabi & de Abutauro regibus, & de multis Saracenis: Et Pampilona destructa Hispaniam & Vasconiam sibi subiugauit atque Nauarram, & reuersus est in Franciam.

III. IV. V. Eginhartus de vita & Gestis Caroli M. Cum enim assiduo ac pene continuo cum Saxonibus bello certaretur, dispositis per congrua confiniorum loca præsidiis, Hispaniam quam maximo poterat belli apparatu aggreditur, saltuque Pyrenæi superato, omnibus quæ adierat oppidis atque castellis in deditionem acceptis, saluo atque incolumi exercitu reuertitur. Præter quod in ipso Pyrenæi iugo Vasconicam perfidiam parumper in redeundo contigit experiri. Nam cum agmine longo vt loci & angustiarum situs permittebat, porrectus iret exercitus, Vascones in summi montis vertice positis insidiis (est enim locus ex opacitate Syluarum, quarum maxima est ibi copia insidiis ponendis opportunus) extremam impedimentorum partem, & eos qui nouissimo agmine incedentes, subsidio præcedentes tuebantur, desuper incursantes, in subiectam vallem deiiciunt; consertoque cum eis prælio vsque ad vnum omnes interficiunt; ac direptis impedimentis, noctis beneficio quæ iam instabat protecti, summa celeritate in diuersa dispergtuntur. Adiuuabat in hoc facto Vascones, & leuitas armorum, & loci in quo res gerebatur, situs. E contra Francos & armorum grauitas, & loci iniquitas per omnia Vasconibus reddidit impares. In quo prælio Eghartus regiæ mensæ præpositus, Anselmus Comes Palatij, & Rutlandus Britannici litoris præfectus cum alijs compluribus interficiuntur. Necque hoc factum ad præsens vindicari poterat; quia hostis re perpetrata ita dispersus est, vt ne fama quidem remaneret, Vbinam gentiũ quæri potuisset Infra. Ipse per bella memorata primo Aquitaniam & Vasconiam, totumque Pyrenæi montis iugum & vsque ad Iberum amnem, qui apud Nauarros ortus, & fertilissimos Hispaniæ agros secans sub Dertosæ ciuitatis moenia Baleatico mari miscetur, perdomuit.

V I. Rodericus. Tolet. l. 4. c. 10. Iulianus in Chronico. n. 416. scripsit Turpinus librum de rebus Caroli M. (quidã vero eius hostes miscuerunt nonnulla fabulosa) qui seruatur in æde S. Dionisij prope Parisios, satis vetustus.

V I. Lucas Tudensis : Transiectis etiam Roscidæ vallis montibus subdidit imperio suo Gotthos & Hispanos qui erant in Catalonia & in montibus Vasconiæ & in Nauarra.

V I I. Suritalib. 7. cap. 3. Annal. Capitularium Lib. 3. T. 74. Auctor vitæ S. Genulphi. l. 2. cap. 5. Vrbibus Aquitaniæ Comites præfecit (Carolus) & per alia Hispaniæ vicina loca aduersus Saracenorum incursus præsidia constituit militaria.

CHAPITRE VII.

Sommaire.

I. Plusieurs exploits de guerre en la frontiere d'Espagne du temps de Louis le Debonaire. II. Apres le decés du Comte Aureolus, le Sarasin Amaroz se saisit des forteresses des François qui estoient à l'oposite de Huesca. Il en promet la restitution, qu'il elude. III. Les Nauarrois retournent à l'obeïssance des François. Faute de Jacques de Breüil. IV. V. Le Roi Louis vint en Nauarre. Son retour sans combat. Imposture des Espagnols. VI. Bonne intelligence entre Louis, & Alfonse le Chaste qui espousa vne Dame Françoise pour s'appuier, & secoüa toute sorte de dependance des Sarasins. VII. Guerre en la Marche d'Espagne. VIII. Armée Françoise en Nauarre sous la conduite des Comtes Ebles, & Azenarius. Sont defaits à leur retour dans la montagne par les Sarasins. Ebles enuoyé au Roi de Cordoüe, & Aznar congedié. Cette defaite peut auoir donné suiet aux comtes fabuleux des Romans. IX. Reuolte de Aizo. Et les combats qui se firent en suite. Diuision de la maison Roiale ruina les affaires de la Marche d'Espagne.

I. Es choses particulieres & dignes de remarque, qui arriuerent dans la frontiere d'Espagne pendant le regne de Louis le Debonaire, sont descrites exactement par l'Auteur de sa vie, dans les Annales d'Eginhard, & chés Aimoin; comme la victoire que les Sarasins obtindrent contre les Comtes de la frontiere de Languedoc l'an 793. la reduction de Zatum Sarasin Gouuerneur de la ville de Barcelone, sous l'obeïssance de Charles en l'an 797. la perfidie de ce More, & la prise de cette place tres importante apres vn siege de deux ans par le Roi Louis l'an 800. l'enuoi des agents de Bahaluc l'vn des Capitaines Sarasins (qui commandoit dans vn recoin des montagnes proche de l'Aquitaine) pour demander la paix; La prise de la ville de Leride, le degast des enuirons de la Cité de Taragone, les sieges & la prise de Tortose, auec les combats qui se firent à cette occasion contre les Mores, la paix arrestée auec l'Empereur Charles, & Abulaz Sarasin Roi de Cordoüe.

I I. Mais ce qui doit estre consideré pour mon dessein, est l'estat de cette frontiere du costé de Nauarre, & d'Aragon. Or ie trouue pour ce regard que l'an 799. le More Azan Gouuerneur de Huesca enuoya les clefs de cette ville à Charlemagne, auec quelques presens, en tesmoignage de sa reconnoissance, lui faisant ofre de lui deliurer la place, si l'occasion s'en presentoit. Neantmoins les degats que Louis fut obligé de faire aux enuirons, & le siege qu'il mit deuant, font voir la perfidie du Sarasin. Aussi les François conseruoient cette frontiere par le moyen des forts qui estoient dressés à l'oposite de Huesca & de Saragosse, sous le commandement d'vn Comte. Ce qui paroist, de ce que les auteurs allegués rapportent, qu'en l'année 809. le Comte Aureolus, qui auoit le Gouuernement de ces quartiers, estant decedé, Amaroz Sarasin Gouuerneur de Saragosse, se saisit des forteresses des François, y establit des garnisons; & pour satisfaire Charlemagne, lui enuoya des ambassadeurs, afin de lui asseurer qu'il estoit disposé de remettre sa personne, & toutes les places à sa discretion. Mais les Commissaires de l'Empereur estans arriués vers Amaros pour l'execution de sa promesse, il prit de nouueaux delais, & demanda de traiter auec les Comtes de la Marche d'Espagne, promettant de se metre sous l'obeïssance de l'Empereur moyennant cette conference: laquelle lui ayant esté accordée, toutes ses propositions demeurerent sans effet. D'autât que le Roi de Cordouë Abulaz ayant eu connoissance de ces traités, enuoya son fils Abdirraman pour s'emparer de la ville de Saragosse, comme il fit, & contraignit Amaroz de se retirer à Huesca. Ces perfidies & attentats des Sarasins attirerent la guerre de ce costé là, pour les desnicher de ce qu'ils auoient occupé sur les François; qui pressoient si rudement Abdirraman, qu'il despescha ses Ambassadeurs vers l'Empereur Louis l'an 817. pour lui demander la paix; lequel apres les auoir retenus trois mois à la Cour, arresta quelque traité auec eux.

III. Quant aux Nauarrois, il est certain qu'ils tournerent bien-tost apres le retour de Charlemagne, du costé des Sarasins; mais ils furent receus, & remis sous l'obeïssance des François l'an 306. *in fidem recepti sunt*, comme parle Eginhard Auteur des Annales, & apres lui Aimoïn. Ce que le bon religieux Iacques de Breüil au sommaire du chapitre d'Aimoïn a mal pris, pour la conuersion des Nauarrois à la foi Chrestienne. Car outre que les Nauarrois n'ont iamais abandonné le Christianisme, l'Auteur de la vie de Charlemagne pouuoit l'instruire suffisamment de la signification de cette phrase, disant nettement, que les Nauarrois s'estoient remis à la foi de l'Empereur.

IV. L'an 810. le Roi Louis apres auoir appaisé les troubles de Gascogne, voulant s'asseurer de la fidelité des habitans de Nauarre, passa les monts, & vint à Pampelone, où il fit quelque seiour, y establissant les ordres qu'il iugea estre à propos; & ce fait il se retira. Neantmoins auant de se commetre aux destroits des montagnes, il voulut se premunir contre la perfidie naturele & accoustumée des Vascons, & empescher qu'il ne lui arriuast vn semblable inconuenient à celui de son pere. Car il fit saisir les femmes & les enfans de ces montaignards, qui estoient desia aux embuches, & pour donner terreur aux autres, il fit arrester & pendre le premier d'entr'eux qui s'approcha, pour desier les troupes, ainsi que l'on trouue escrit dans l'Auteur de sa vie.

V. Cette veritable narration refute assés l'imposture de quelques Espagnols, lesquels ne pouuans soustenir la desroute fabuleuse du premier passage de Charlemagne, ont escrit que ce Prince desirât que le Roi Alfonse transportast au François, la succession du Royaume des Asturies, & la donnast à Bernard fils de Pepin, s'estoit mis en chemin cette seconde fois pour en prendre la possession; mais qu'il fut defait & mis en route dans les montagnes de Ronceuaux, par la valeur de Bernard del Carpio neueu d'Alfonce, & par le secours de Marsile Roi de Saragosse; où les principaux seigneurs François furent tués. Ce qui est encore contredit par Aimoïn, & par les anciennes Annales d'Eginhard, en ce qu'elles rapportent que l'Empereur

Charlemagne auoit en ce temps passé le Rhin pour combatre Geofroi Roi de Dannemarc; & que Marsile n'estoit point Roi de Saragosse, mais Amoroz, & apres lui Abdiraman. Ioint que l'Auteur de la vie de Loüis le Debonnaire tesmoigne, que ce fut le Roi Loüis & non pas l'Empereur Charlemagne, qui entreprit le passage vers Pampelone: lequel lui fut si heureux, qu'il n'apprehendoit aucune armée estrangere à son retour, mais seulement la legereté des Vascons dont il preuint les effets, ainsi qu'il a esté dit. Aussi Morales, Mariana & Sandoual auteurs Espagnols se mocquent ouuertement de cette fable en la vie d'Alfonse le Chaste, & Surita la tient pour suspecte en ses Annales.

VI. Ce qu'il y a de certain, est la bonne vnion & l'intelligence qui estoit entre l'Empereur Charles, le Roi Loüis son fils, & le Roi Alfonce le Chaste; laquelle paroissoit aux riches presents qu'Alfonce leur enuoya l'an 797. & 98. suiuant les Annales de France, & principalement en l'alliance qu'il auoit contractée auec nos Rois, par le moyen de son mariage auec vne Princesse du sang Royal de France, nommée Berte ou Bertinalde, suiuant la relation de Sebastien de Salemanque. L'appui de cette alliance, la diuision qui s'estoit glissée parmi les Sarasins, & l'entrée des François dans l'Espagne, qui estoient en estat de secourir puissamment leurs alliés, donnerent le courage au Roi Alfonce de refuser au Roi de Cordoüe le tribut, & la reconnoissance, à laquelle son predecesseur Mauregat, & les autres ses deuanciers estoient assujetis; & Dieu le fauorisa tellement qu'il emporta plusieurs victoires remarquables sur ses ennemis, & transmit à ses successeurs vne autorité purement Roiale & souueraine sans dépendance d'autrui.

VII. Le Traité de paix qui auoit esté conclu entre l'Empereur Loüis, & le Roi Abulaz l'an 817. ne fut pas de longue durée: dautant que les François voyans qu'il estoit plein de surprise, & desauantageux à leurs affaires, le rompirent à dessein en l'assemblée generale tenuë en la ville d'Aix, & renouuellerent la guerre en ces quartiers l'an 820. Et pour cét effet l'Empereur ayant destiné trois armées contre les rebelles de Hongrie, donna pareillement ses ordres aux Gouuerneurs de la Marche d'Espagne, pour entreprendre sur les Sarasins ses ennemis. Ce qu'ils executerent auec quelque sorte de bon succés, duquel l'Empereur receut les nouuelles l'an 822; qui portoient que les Comtes ou Gardiens de la frontiere auoient passé la riuiere de Segre, estoient entrés bien auant dans l'Espagne, & apres auoir fait vn grand degast en la terre ennemie, estoient reuenus chargés de butin & de despoüilles.

VIII. Il faut se persuader que le Roi de Cordoüe ne demeuroit pas cependant les bras croisés. Aussi peut-on reconnoistre qu'il fit quelque entreprise du costé de la Nauarre, qui estoit l'endroit de plus difficile garde pour les François; dautant que la comunication de ceste partie de la frontiere, auec les Comtes de celle d'embas du costé de la Catalogne, estoit fort empeschée, & presque entierement interrompuë par les Sarasins de Saragosse, & de Huesca, qui estoient sur le chemin; Et l'abord du costé de la Gascogne par Aspe, ou Ronceuaux, estoit fascheux à vne armée; quoi que les François retinssent les forteresses situées sur les auenuës. C'est pourquoi l'Empereur fut obligé d'y enuoyer des troupes des Gascons, sous la conduite des Comtes Ebles & Asenarius l'an 824. Ils vindrent à Pampelone, & y executerent tout ce qui leur auoit esté ordonné pour le seruice de leur maistre. Mais voulans se retirer, les ennemis leur donnerent des empeschemens, & tascherent de leur couper les passages ordinaires. Ce qui les obligea d'auoir recours aux habitans des montagnes, pour leur monstrer quelques routes escartées; Ceux-ci vsans d'vne grande perfidie, les menerent dans les embuches, que les Sarrasins leur auoient dressées au milieu des montagnes; de sorte que toutes leurs troupes furent taillées en pieces, & leur chef pris: l'vn desquels, sçauoir est Ebles fut enuoyé en triomphe au

Roi de Cordoüe, à qui on deuoit rendre conte de cette action. Pour Asenarius il fut congedié, & renuoyé en sa maison, par les preneurs, qui estoient sans doute naturels Nauarrois; lesquels pour s'excuser sur la liberté, qu'ils lui auoient donnée, asseuroient, qu'il estoit leur parent. Cette notable defaite doit estre expliquée ainsi que ie viens de la representer, conformément aux termes, & à l'intention d'Eginhard Auteur des anciennes Annales, qui l'explique plus netement, que celui de la vie de Loüis: et peut-estre qu'ayant esté confonduë auec celle qui arriua du temps de Charlemagne, elle a donné sujet aux fables des Romans; ausquels le lieu, la perfidie pratiquée contre les François, & la ionction des troupes Sarrasines auec celles des Chrestiens, peuuent auoir serui de quelque pretexte.

IX. Depuis ce temps les affaires furent tellement troublées dans toute la Marche d'Espagne, que l'Empereur fut contraint d'appeler en la ville d'Aix son fils Pepin Roi d'Aquitaine, accompagné des Seigneurs de son Conseil, & des Gouuerneurs de cette frontiere, pour deliberer des moyens qu'il faloit prendre pour conseruer les limites des Prouinces Occidentales, contre l'inuasion des Sarasins, qui auoient desia remis nos gens sur les termes de la defence. Apres leur deliberation Pepin reuint dans l'Aquitaine, & y passa l'esté de cette année 825. auec beaucoup de dechet pour les affaires d'Espagne; dautant que la mesme année vn seigneur Goth nommé Aizo s'estant retiré de la Cour de l'Empereur, se rendit maistre par artifice de la ville d'Ossone en Catalogne, fortifia les meilleures places qui fussent aux enuirons, & pour se maintenir en sa rebellion, enuoya son frere vers le Roi des Sarrasins Abdirrachman, afin de lui demander secours, qu'il lui donna tres-puissant, en sorte que le rebelle Aizo trauailla tellement les Gouuerneurs des places, que les vns abandonnerent celles qu'ils auoient en garde, & les autres se mirent de son parti, n'y ayant eu que Bernard Comte de Barcelone qui perseuera en la fidelité de l'Empereur, & resistast aux entreprises d'Aizo. Celui-ci pour dompter le Comte Bernard attendoit vne tres-forte armée de la part du Roi Sarasin; laquelle estant arriuée à Saragosse l'an huit cens vingt-sept, pilla, brusla, & saccagea les Comtés de Barcelone, & de Girone, auant que l'armée des François commandée par Pepin fust arriuée dans le païs; la negligence des Chefs ayant esté cause de son retardement. De quoi ne pouuans s'excuser en l'assemblée tenuë en la ville d'Aix l'année suiuante 828. l'Empereur les priua de leurs honneurs & dignités. Cependant pour redresser les affaires d'Espagne, il ordonna vne puissante armée sous le commandement de son fils Lothaire; lequel s'estant auancé iusques à Lion, & conferé auec son frere Pepin, ne passa point outre, voyant que les Sarasins ne faisoient point contenance de remuer, pour entreprendre de nouueau sur la frontiere. C'est le dernier effort que les François ayent fait pour s'auancer de ce costé; dautant que l'année suiuante 829. la diuision de la famille Royale commença à esclater: Pepin ayant leué vne armée contre l'Empereur Loüis son pere, sous pretexte de vouloir esloigner d'aupres de sa personne, Bernard Comte de Barcelone, & pour lors son grand Chambellan, soupçoné d'auoir trop de priuauté auec l'Imperatrice Iudith, & haï pour son arrogance. Cette diuision s'accreut de telle sorte, pendãt le cours de plusieurs années, que les ennemis de l'Empire en prirent leur auantage de tous costés; & fut cause que l'Empereur & les Rois de France ses successeurs se contenterent de conseruer sous leur obeïssance, les Comtés de Barcelone, d'Ampurias, de Roussillon, Cerdagne, Vrgel, Paillars, Ossone, & Ribagorce, sans songer seulement à recouurer ce que les Sarrasins auoient enuahi sur la Couronne du costé de Nauarre.

---

11. Annales Eginhardi DCCCIX. Aureolus Comes qui in confinio Hispaniæ atque Galliæ trans Pyrenæum contra Oscam, & Cæsaraugustam residebat defunctus est. DCCCX. Amaroz Cæsaraugustæ præfectus, postquam imperatoris legati ad eum venerũt petijt vt colloquium fieret inter ipsum & His-

panici limitis Custodes. Eadem habet Aimoinus l. 4. c. 97. & 98.

II. Vita Caroli magni : Ipso tempore Aureolus Cemes de genere Felicis Aureoli Petragotiensis Comitis qui in commercio Hispaniæ atque Galliæ trans Pyrenæum contra Oscam & Cæsaraugustam residebat defunctus est, & Amoroz præfectus Cæsaraugustæ & Oscæ ministerium eius inuasit, & in castellis illius præsidia disposuit. Hic Autor vocat *commercium Hispaniæ & Galliæ*, ducto nomine à Marcha, quod Annales, *Confinij* dictione significant.

III. Annales Eginhardi. DCCCVI. In Hispania vero Nauarri & Pompelonenses qui superioribus annis ad Saracenos defecerant, in fidem recepti sunt. Eadem habet Aimoinus l. 4. c. 94.

IV. Vita Caroli M. In Hispania vero Nauarri & Pampilonenses qui superioribus annis ad Saracenos defecerat, in fidem reuersi sunt domni Imperatoris.

V. Vita Ludeuuici Pij cap. 32. Superato autem pene difficili Pyrenæarum Alpium transitu Pampalonam descendit : & in illis quandiu visum est moratus locis, ea quæ vtilitati tam publicæ quam priuatæ conducerent ordinauit. Sed quum per eiusdem montis remeandum foret angustias, Vascones natiuum assuetumque fallendi morem exercere conati, mox sunt prudenti astutia deprehensi, consilio cauti, atque cautela vitati. Vno enim eorum qui ad prouocandum processerat comprehenso atque appenso, reliquis pene omnibus vxores aut filij sunt erepti, vsquequo eo nostri peruenirent, quo fraus illorum nullam regi vel exercitui posset inferre iacturam.

VI. Annales Eginhardi. DCCCXX. Fœdus inter nos & Abulaz Regem Saracenorum constitutum & neutræ parti satis proficuum, consulto ruptum, bellumque aduersus eum susceptū est. DCCCXXI.

Simili modo de Marca Hispanica constitutum, & hoc illius limitis Præfectis imperatū est. DCCCXXII. Comites Marcæ Hispanicæ trans Sicorim fluuium in Hispania profecti.

VII. Vita Lud. Nuntiatum est eodem tempore Imperatori quod Custodes Hispanici limitis Sicorim fluuium transierint.

VIII. Annales Eginhardi. DCCCXXIV. Æblus & Asinarius Comites cum copijs Vasconum ad Pōpelonem missi, cum peracto iam sibi iniuncto negotio reuerterentur, in ipso Pyrenæi iugo perfidia montanorum in insidias deducti ac circumuenti, capti sunt: Et copiæ quas secum habuere pene vsque ad internecionem deletæ: Et Æblus quidem Cordubam missus, Asinarius vero misericordia eorum qui eum ceperant, quasi consanguineus eorum esset, domum redire permissus est.

IX. Vita Lud. Eodem anno Eblus atque Asenarius Comites trans Pyrenæi montis altitudinem iussi sunt ire. Qui cum magnis copijs vsque ad Pampilonam issent, & inde negotio peracto redirent solitam loci perfidiam, habitatorumque genuinam fraudem experti sunt. Circumuenti enim ab incolis illius loci, omnibus amissis copijs in inimicorum manus deuenere, qui Eblum quidem Cordubam Regi Saracenorum miserunt. Asenario vero tanquā qui eos affinitate sanguinis tangeret pepercere.

X. Annales DCCCXXVI. Interea Pipinus Rex filius imperatoris, vt iussus est cum suis optimatibus, & Hispanici limitis custodibus circa Kal. Febr. Aquas graui (nam ibi tunc Imperator hiemauerat) venit, cum quibus vbi de tuendis contra Saracenos occidentalium partium finibus esset tractatum & conclusum, Pipinus in Aquitaniam regressus, ibidem totam sequentem æstatem trāsegit.

CHAPITRE VIII.

Sommaire.

I. Les Nauarrois, obligés de penser à l'Election d'vn Roi. II. III. IV. Elisent Enneco Comte de Bigorre, & Gouuerneur en la Marche d'Espagne. Tous les anciens & Roderic sont d'accord de cette Election. Temps d'icelle. V. Garibai reiette cette Election. Preuue que le Roi Enneco estoit fils du Roi Semeno. VI. Blanca verifie que Semeno estoit Roi, & n'ose contredire l'Election d'Enneco. VII. VIII. IX. X. L'auteur descouure deux nouueaux Rois de Nauarre Semeno Enneconis, & Enneco Semenonis, & par ce moyen explique & concilie les anciens tiltres produits par Garibai & Blanca. XI. Valeur du Roi Enneco Arista. XII. Son surnom d'Arista d'où pris. Sa deuise de trois Epis d'or.

I. L'Abandonnement que les François firent de la Marche d'Espagne du costé de la Nauarre, donna droit aux Nauarrois de songer à eux mesmes, & de se retirer de la tyrannie des Sarasins, sous laquelle ils gemissoient depuis quelques années. Ils eussent pú reclamer la protection du Roi Alfonce le Chaste, qui possedoit les Prouinces de Castile & de Biscaye voisines de la Nauarre ; mais soit qu'ils l'estimassent trop foible, à cause des occupations qu'il auoit ailleurs, ou pour quelque autre consideration, ils aimerent mieux proceder à l'Election d'vn Roi, qui leur commandast auec independance de tout autre seigneur. Et neantmoins preuoyans qu'ils n'estoient pas assés forts, pour le maintenir en l'autorité qu'ils lui bailleroient, ils s'aduiserent de faire le choix d'vn Seigneur, qui eust de puissantes alliances dans la Gascogne, pour retirer du secours de cette Prouince voisine, lors qu'il en seroit besoin.

II. Ils éleurent donc pour leur Roi Eneco, Comte de Bigorre, que les Espagnols nomment Inniguo; lequel à mon aduis estoit pour lors Gouuerneur non seulement de la Bigorre, mais encore de cette frontiere d'Espagne qui est située dans les monts Pyrenées entre la Bigorre & la vile de Huesca; qui est vne largeur de plus de vingt grandes lieuës, contenant plusieurs vallées, outre son estenduë à la main droite vers la Nauarre, & où estoit le gouuernement possedé quelques années auparauant par le Comte Aureolus. Cette coniecture peut-estre confirmée par les paroles de Roderic, qui certifie que ce Prince habitoit aux quartiers des monts Pyrenées, auant qu'il descendist aux plaines de Nauarre. Ce qu'il a transcrit de quelque vieux memoire, qui tend à monstrer que le Comte Eneco residoit prés les monts Pyrenées, & commandoit aux garnisons establies en cette Marche contre les Sarasins. Or son election est si asseurée, qu'elle n'a iamais esté reuoquée en doute par aucun escriuain ancien ni recent, comme escrit Blanca en ses Commentaires; dautant que tous ont establi en cette élection l'origine du Royaume de Nauarre; ou bien, s'ils l'ont prise de plus haut, en presupposant les premiers cinq ou six Rois inuentés par le Moine de la Penna, ils ont escrit qu'il arriua vn Interregne de quatre années apres le decez du dernier, lequel Interregne cessa par le moyen de l'election du Comte Innigo Arista.

III. L'auteur le plus ancien & le plus autorisé de tous ceux qui ont escrit de l'origine & de l'establissement du Royaume de Nauarre, est Roderic Archeuesque de Tolede natif du païs, qui viuoit l'an 1215. Celui-là, & le Roi Don Iayme d'Aragon en son histoire, qu'il composa enuiron l'an 1250. le Roi Don Pedro quatriesme du nom en sa Relation qu'il enuoya au Pape Clement Sixiesme, & le Prince Don Charles fils du Roi Iean Premier en son histoire, & les Titres de la Chambre des Comtes de Pampelone, rapportent le commencement & l'origine des Rois de Nauarre, à l'Election du Comte de Bigorre Innigo Arista. Les paroles de Roderic sont considerables au chapitre 109. que i'ai traduites en François. *Lorsque Castille, Leon, & Nauarre estoient rauagées par les diuerses courses des Arabes, vn homme belliqueux, & nourri dés son enfance parmi les armes, nommé Eneco, vint du Comté de Bigorre, & dautant qu'il estoit aspre aux combats, il estoit surnommé Arista. Il habitoit aux quartiers des monts Pyrenées, & depuis estant descendu dans les plaines de Nauarre, il y fit plusieurs guerres, en telle sorte qu'il merita la principauté des habitans du païs. Celui-ci engendra son fils Garsia, à qui il procura vne femme de sang Royal nommée Vrraque.* Cét Auteur est defectueux, en ce qu'il omet de designer le temps d'vn changement si notable; lequel certains Auteurs rapportent à l'année huict cens quinze, les autres à l'an huict cens quarante deux, quarante cinq & octante cinq. Et les memoires alleguées par Surita à l'année huict cens dix-neuf. Mais pour mon regard, i'estime plus probable de le metre soubs l'année huict cens vingt-neuf, à cause de l'abandonnement des François, & de la diuision qui commença à se fourrer cette année dans la famille Royale, à l'occasion de laquelle les Rois de France conniuerent, ou plustost furent aise de cette nouueauté, pour tenir d'autant plus les Sarasins en haleine, & les diuertir de la Catalogne, par le moyen d'vne nouuelle occupation.

Ioint que les memoires de Surita peuuent souffrir cette correction, changeant le 19. en quelque charactere de chifres Arabesque, ou Latin qu'il soit escrit, en 29. D'auancer cette Election auant ce temps, il ne se peut, la defaite du Comte Ebles faisant voir, qu'auant l'année 824. les François possedoient la Nauarre, & que pour lors le Roi de Cordoüe en estoit le maistre. De la reculer long-temps apres, il ne se peut aussi, pour les raisons qui seront deduites ci-apres.

IV. Pour monstrer plus clairement la verité de l'Election du Comte de Bigorre, & pour conuaincre que la race des Rois de Nauarre tiroit son origine de la France, i'employe les paroles de Sampirus, qui viuoit il y a prés de sept cens ans : lequel escrit que le Roi de Leon Alfonce le Grand se maria enuiron l'an 870. auec Simena, fille du Roi de Nauarre Garsia Eneco, afin de ioindre ensemble dans son alliance Pampelone auec la Gaule. Ce qui ne peut auoir vn sens tolerable, si l'on ne considere que l'Auteur fait allusion à l'origine des Rois de Pampelone, qui estoit tirée de France par le moyen d'Eneco Comte de Bigorre leur premier Roi.

V. Il est bien certain comme i'ai dit, que tous les Auteurs Espagnols reconnoissent l'Election du Comte Eneco : Mais auec cette difference, que Roderic & ceux qui l'ont suiui l'establissent pour le premier Roi de Nauarre. Au lieu que Blanca Martinez, & plusieurs autres suiuans la foi de l'Auteur des Annales d'Aragon, pretendent qu'il y a eu cinq ou six Rois de Nauarre ou de Sobrarue, qui ont precedé Eneco : la race desquels estans venuë à manquer il y eut vn Interregne de trois ou quatre années, qui cessa par l'Election du Comte de Bigorre Eneco Arista. Garibai auteur considerable reconnoist les premiers Rois supposés ; mais il se roidit contre cét Interregne, & donne au Roi Eneco pour pere Don Xemeno, qui posseda la Roiauté auant son fils, suiuant l'autorité de trois tiltres qu'il allegue. Il importe de les examiner, d'autant qu'ils nous donnent vn iour entier, pour esclaircir la race du Roi Eneco, qui est si confuse, qu'elle a porté Garibai auec apparence de raison, à s'opposer aux opinions communes ; en reconnoissant Semeno pere d'Eneco ; & neantmoins il l'a laissé dans l'erreur des Rois supposés, pour n'auoir sceu se preualoir entierement de l'autorité des tiltres, auec lesquels il choque les autres. Premierement outre l'autorité du Moine de la Penna, qui fait mention du regne d'*Eximinus Garsiæ*, & de son fils Garsia, sans que pourtant il face descendre le premier Eneco de cette race ; il employe la donation faite par le Roi Enneco Arista au monastere de Saint Sauueur de Leyre, en date du 14. des Calendes de Iuillet, de l'Ere 880. c'est à dire 842. de l'année de N. S. où il se qualifie, dit-il, fils du Roi Don Ximeno. Secondement il allegue la confirmation que le Roi Garcia Innigues fils d'Arista, fait à ce monastere des villages de Ahiues & de Lerda, pour la remission de ses pechés, de ceux de son pere le Roi Innigue, & de son Aieul le Roi Xemeno, en date de l'an 880. Troisiesmement il se sert de la succession, sommaire des Rois de Nauarre inserée dans vn ancien liure des regles de Saint Benoist, qui est dans le monastere de Leyre, laquelle fait mention de Ximen Innigues Roi de Nauarre.

VI. Blanca confesse en ses Commentaires, que Garibai a descouuert le premier que le Roi Don Xemeno estoit pere d'Innigue Arista ; mais il dit, qu'il a manqué en la preuue, pour verifier sa qualité Roiale. D'autant que le premier tiltre de l'an 842 que Garibai produit, expose seulement que le Roi Eneco estoit fils de Semeno ; sans adiouster au nom de Semeno la dignité de Roi ; il n'exhibe pas le second tiltre. Blanca supplee ce defaut en le produisant tout entier, ainsi qu'on le trouuue dans les Archifs de Barcelone ; où le Roi Garsias reconnoist Eneco pour son pere, & le Roi Semeno pour son Ayeul. Neantmoins cét escriuain n'ose pas ouuertement contredire l'opinion commune, qui a receu Eneco pour Roi de Nauarre par Election; mais aussi afin de ne reietter pas l'autorité de ces tiltres, en ce qu'ils donnent la qualité Royale à Semeno, il forge des Royautés en Aquitaine dont il inuestit Semeno; comme s'il ignoroit qu'il n'y a point eu d'autres Rois particuliers en Aquitaine, que Louis le Debonnaire, & les Pepins ses enfans; & consent enfin qu'il ait regné quelques iours sur les Nauarrois, mais non pas sur les habitans de Sobrarue & d'Aragon, à l'esgard desquels il laisse l'Election du Comte Eneco toute entiere.

VII. l'aduouë que ces difficultés seroient indissolubles, si Garibai qui les a formées le premier, & qui a esté suiui de Sandoual en son Catalogue des Euesques de Pampelonc, ne nous fournissoit lui mesme le moyen de les resoudre, lors qu'il escrit en termes formels traduits de l'Espagnol, ce qui s'ensuit: *Au monastere de Saint Sauueur dans l'ancien liure des regles de l'ordre de Saint Benoist, est fait mention de Don Ximen Innigues Roi de Nauarre.* Ce qui confirme & fortifie l'opinion des auteurs, qui ont fait mention de lui. Combien qu'en la succession sommaire que ce liure fait des Rois de Nauarre, il remarque que *Ximeno est fils du Roi Don Innigue*, & dit dauantage, que la femme de ce *Roi Don Ximen Innigues estoit la Reinne Donna Nunna,* laquelle est nommée en ce lieu *Munnia* en langue Latine qui est le mesme que *Nunna*. Il rapporte de plus qu'ils eurent vn fils successeur du Roiaume nommé *Don Inigo Ximenes*, qui fut le *Roi Don Inniguo Arista*, combien que cette œuure vueille attribuer le surnom d'*Arista* à celui qui est dit en ce lieu estre l'*Ayeul*, & non pas au petit fils. Il semble que ces relations donnent à entendre qu'aux anciens temps il y auoit eu plus de Rois en Nauarre, que ceux qui sont manifestés dans les histoires. Iusques ici Garibai, lequel à mon aduis a beaucoup obligé le Lecteur desireux de la verité, en lui faisant part d'vne antiquité si venerable, tirée du plus ancien monastere de Nauarre, fondé ou restabli par le Roi Eneco Arista, où lui & son fils Ximen furent enterrés, comme certifient ces memoires; Et par consequent leur race & l'origine des Rois de Nauarre n'y pouuoient aucunement estre ignorée. Or ce denombrement des Rois de Nauarre est vne ancienne piece, puis qu'elle est descrite dans le vieux liure des Regles de Saint Benoist, à laquelle i'estime qu'il faut d'autant plus adiouster vne entiere foi, que les Chartes produites s'accordent auec leur relation, & conspirent à l'exclusion des fourbes du Moine de la Penna. Car voici comme ce denombrement de Leyre represente l'origine & la succession des Rois de Nauarre, que ie proposerai en demeslant le recit embarassé de Garibai, qui ne veut pourtant s'y arrester que tout autant qu'il lui plaist; quoi qu'il entre en quelque doute des histoires communes, se trouuant conuaincu par cette ancienne Relation.

I. *Eneco* premier Roi de Nauarre.
II. Son fils Ximen Innigues, nommé dans les Chartes *Semeno Eneconis* marié à Donna Munia ou Nunna.
III. Innigo Simenes leur fils nommé dans les Chartes *Eneco Semenonis*.
IV. Garsia Innigues nommé *Garzia Eneconis*.

VIII. Cette genealogie est fort bien iustifiée par les Chartes, dont la plus expresse est celle du Roi *Garsias Ennecois* produite par Blanca, qui fait mention de son pere Eneco, & de son Ayeul le Roi *Eximinus* ou Semeno. De maniere que la Relation de Leyre est iustifiée par cette donation du Roi Garsia en la succession des Trois Rois, Semeno, Eneco, & Garsia. Il ne reste qu'à lui donner vne entiere autorité en ce qu'elle adiouste, que le pere de Semeno, estoit le Roi Eneco fondateur du Monastere, qu'il faut soigneusement distinguer de son petit fils *Eneco Semenonis*, ou bien Innigo Ximenes. Et par ce moyen Garibai gagne ce qu'il desire en vn poinct, qui est d'establir Don Xemeno Roi de Nauarre, & pere du Roi Eneco;

Mais au lieu qu'il le faisoit pere d'Eneco Arista, premier du nom, il se trouue suiuant les memoires de Leyre, qu'il est son fils, & pere du Roi Eneco second.

IX. De sorte que l'election du Roi Eneco Arista demeure en son entier, nonobstant la Royauté de Don Semeno; Et par mesme moyen la maison Royalle de Nauarre est accreuë de deux Rois du sang d'Arista, à sçauoir de Don Semeno, & de Don Eneco Semenones son fils. Ce que Garibai ne pourroit pas trouuer estrange, puis que nonobstant l'autorité de Roderic de Tolede, il a produit en son Histoire Trois nouueaux Rois de Nauarre, à sçauoir Fortunius, Garsias Abarca I. & Sancius Abarca II. dont il a verifié la Genealogie au moyen de quelques vieilles Chartes; en quoi il a merité la loüange & l'applaudissement de tous ceux qui ont escrit apres lui.

X. Au reste ie desire que l'on obserue, que la Charte de 842. que Garibai produit, est formellement conceuë, non pas sous le nom de Eneco Arista, mais de Eneco Semenones, comme il appert par la lecture de la piece: Et par consequent il faut poser le Roi Don Semeno son pere, Eneco Arista, beaucoup plus son ayeul auant l'année 842. De maniere que ce n'a pas esté sans raison, si i'ay dit au commencement, qu'on ne pouuoit reculer de beaucoup au dessous de l'année 829. le temps de l'election d'Arista, d'autant qu'il falloit laisser vn vuide raisonnable pour les deux Rois, qui precedent l'année 842. Le temps compris entre le commencement du regne d'Eneco II. qui tombe en 42. & le deces d'Eneco Arista, qui reuient suiuant les diuerses computations, soit à l'année 835. chés Garibai, soit à l'année 39. chés Surita, doit estre donné au regne du Roi Don Semeno.

XI. Tous les Historiens sont d'accord, que ce Prince nouuellement esleu assisté des forces des Gascons eut des succés tres-heureux en la guerre; & qu'il reprit la ville de Pampelone sur les Sarasins. Ce qui s'accorde auec la relation des Annales d'Eginhard, qui nous ont appris cy-dessus, comme cette ville, apres la desertion des François, demeuroit sous la puissance du Roi de Cordoüe; dont il la deliura par ses genereux exploicts, qui furent si grands & si inoüis, qu'on s'est persuadé qu'vne Croix lui estoit apparuë en l'air pour l'animer au combat, & qu'en suite d'vn presage si auguste il auoit donné la bataille aux Mores, dont il auoit remporté vne plaine victoire: Et que de là il auoit pris sujet de blasonner ses armes d'vne Croix d'argent en champ d'Azur. Garibai entre en quelque soupçon de la verité de cette apparition, sans vouloir s'affermir à l'approuuer ny à la contredire. En effet il semble qu'il y ait plus d'apparence de croire que le Roi Eneco, qui deuoit combattre les Sarasins ennemis de la Croix, prit la Croix mesme pour ses armes, & pour son estendart de guerre, à l'exemple de la Baniere de l'Empereur Constantin, nommée Labarum, façonnée sur le modele de la Croix, qui lui estoit apparuë au Ciel, auec cette deuise, qu'il vaincroit en ce signe. A quoi on peut adiouster que la Croix du Roi Eneco estoit fichante, & aboutissoit en pointe par le bas, pour designer le bout du manche de l'estendart que l'on fichoit anciennement en terre, dans les tentes destinées à la garde des enseignes militaires, comme l'on peut voir dans l'Histoire Romaine.

XII. Le Prince Charles a escrit dans son histoire, & apres lui plusieurs autres, que ce Roi portoit des Espis d'or en champ de gueules; d'où peut-estre on pourroit lui auoir donné le surnom d'Arista, qui signifie vn Espi, pour faire allusion aux Espis d'or qu'il portoit pour sa deuise; laquelle il prit, ayant voulu imiter les anciens Empereurs, dans les medailles desquels, comme en celle de Galba, on voit des Espis entortillés ensemble pour monstrer les richesses, & la felicité de leur Empire; pretendant par ce moyen signifier à ses peuples, qu'il leur procureroit pendant son regne dans la conquestes des terres graces & fertiles que les Sarasins possedoient, l'abondances des choses necessaires à la vie, & vne moisson d'or, de gloire, d'honneur; & de triomphes. Mais l'autorité de Roderic renuerse entierement cette coniecture, disant formelement que ce Prince fut nommé Arista, dautant qu'il estoit aspre aux combats. Ce qui a donné suiet à Garibai, à Blanca, & autres escriuains de rechercher la conuenance de cette appellation d'Arista, auec la generosité du courage, que l'on pretend signifier par le moyen de cette diction; & de dire que comme les espis s'embrasent facilement dans le feu, de mesme ce Prince estoit incontinent embrasé d'une ardeur militaire, & du desir de combatre les Mores ses ennemis. De ce surnom est venuë, dit Garibai, la denomination d'Arisco, que l'on conserue encore dans le langage vulgaire d'Espagne, pour signifier vn homme genereux & determiné. Neantmoins ie trouue ces explications & des rapports vn peu foibles, & ne me satisfont pas; dautant que Roderic asseure que le surnom d'Arista fut donné à ce Roi, parce qu'il estoit aspre aux combats; signifiant assés que la force du mot valoit cela, & que l'on ne peut rechercher ailleurs l'origine de cette appellation. Et partant il ne faut pas s'arrester à ce terme d'Arista, comme à vne diction Latine, qui signifie vn Espi, n'y à leur embrasement; Mais il faut le prendre pour vn terme du langage vulgaire de ce temps là, qui valoit autant que Genereux & hardi, qui est le surnom de l'vn de nos Philippes. En ce sens les montagnards de Bearn & de Bigorre se seruent du terme d'Ariscat, pour dire vn determiné, hasardeux & resolu à tout danger, & à toute risque. De sorte que ie me persuaderois facilement, que le vrai surnom d'Eneco estoit celui d'Ariscat en langage Gascon, comme qui diroit Eneco le Hardi; lequel lui auoit esté donné par les Gascons auant sa promotion à la Royauté, & qui depuis a esté facilement corrompu en celui d'Arista; y ayant assés de peine de distinguer dans les liures manuscrits la letre C. de la letre T.

III. Rodericus Toletanus c. 109. Cum Castella, Legio, & Nauarra variis Arabum incursionibus vastaretur, vir aduenit ex Bigorria (ita legendum è MS. Codice Collegij Nauarræ, non Bigorsiæ vt in editis exemplaribus) Comitatu, bellis & incursibus ab infantia assuetus, qui Eneco vocabatur, & quia asper in præliis, Arista agnomine dicebatur, & in Pyrenæi partibus morabatur, & post ad plana Nauarræ descendens, ibi plurima bella gessit, vnde & inter incolas regni meruit principatum. Hic filium genuit Garsiam nomine, cui vxorem Viracam de regio semine procurauit.

III. Surita l. 1. de los Annales c. 5. Fue esta Elecion segun parece en algunas memorias en el anno de Ochocientos y Dies y nueue. Mas el Principe Don Carlos affirmo auer sido esto en el anno 885. y que este Principe fue hijo de Ximen ynniguez que ere sennor de Abarcença y Bigorra: y llamale ynnigo Garcia. Tanta es la variedad en la confusion de los tiempos. Segun en nuestra historia general se contiene. Murio el anno de ocho cientos y trenta y nueue, y fue enterrado en el monasterio de S. Saluador de Leyre, y dexo vn hijo de la Reyna Thenda su muger que se llamo Don Garci ynniguez.

IV. Sampirus: vniuersam Galliam simul cum Pampilona causa cognationis secum adsociauit, vxorem ex illorum prosapia generis accipiens nomine Xemenam.

V. Garibai l. 22. c. 1. Hoc est testamentum donationis quod ego Rey Eneco Xemenones cum Episcopo Domino Guillesindo facio in honorem Sancti Saluatoris, & Sanctarum virginum Nunilonis & Alodiæ. Ego namque Enneco nutu Dei Rex filius Xemenonis, &c. Facta charta in Era octingentesima, octuagesima. 14. Calendas Iulias.

VI. Blanca p. 46. Ego Garseas Rex filius Enneconis Regis. Infra. Quicumque vero huic donationi nostræ quam pro remissione omnium peccatorum nostrorum facimus, & proprie pro remissione patris mei Enneconis, & Aui mei Eximini Regis necnon & successorum meorum. Infra. Facta hæc Charta Donationis vel Confirmationis die duodecima Kal. Decembris Æra Nonningentesima decima octaua.

VII. Garibai l. 21. c. 13. En el mesmo monasterio de S. Saluador en el antigno libro que es de las reglas de la Orden de S. Benito, se haze mencion de Don Ximen ynniguez Rey de Nauarra, lo qual reualida esto mesmo, y corrobora la opinion de los auctores que del han hecho mencion. Aunque en la succession summaria que va haziendo de los Reyes de Nauarra, dize ser hijo del Rey Don ynnigo, y dise mas, que la muger deste Rey Don Ximen ynniguez, fue la Reyna Donna Nunna, que en la lengua Latina se nombra alli Munia, que es lo mesmo que Nunna. Refiere mas, que tuuieron vn hijo successor en el Reyno, llamado Don ynnigo Ximenes, el qual fue el Rey Don ynnigo Arista, aunque aquella obra, el cognomento de Arista querria attribuir al que alli se dize ser Aguelo, y no al Nieto. Estas relaciones parece que dan a entender que en los tiempos antiguos vuo mas Reyes en Nauarra de los que hallamos manifestados por las historias suyas, &c.

CHAPITRE IX.
Sommaire.

I. Eslection du Roi Ennecon au pays de Sobrarue. For de Sobrarue suiuant le Prince Charles. II. III. Les premiers articles des vieux Fors de Nauarre contiennent la substance du For de Sobrarue, ou des conditions de l'Eslection. Antiquité des Fors de Nauarre. IV. V. VI. VII. VIII. La premiere compilation du temps du Roi Sance Ramirez. Son Eslection au Royaume de Nauarre consultée à Rome auec le Pape Aldebran ou Gregoire VII. Pension payée par le Roi au Pape. La Preface des Fors expliquée & conuaincuë d'ignorance. IX. Blanca refuté qui change le Pape Aldebran en Adrian. X. Ces Fors n'establissent point le Magistrat nommé Justice d'Aragon. Mais ils verifient l'autorité apartenante au Royaume d'Aragon, de contrebalancer la puissance Royalle pour la conseruation de leurs libertés. Un vieux titre expliqué contre Briz Martinez.

I. Vant au lieu de l'eslection du Roi Enecco, ie pense que l'opinion de ceux là est plus vraisemblable, qui escriuent qu'elle fut au Monastere de Sainct Victorian situé dans les montagnes de Sobrarue : d'autant que Sobrarue estoit compris dans le Gouuernement du Comte Aureolus, & respond aux montagnes de Bigorre du costé de Lauedan & Aure. En cette assemblée furent prescrites & ordonnées les charges & conditions de son eslection: de maniere qu'il est croyable que de là soit descenduë la denomination du For de Sobrarue, qui comprend les conditions sous lesquelles les peuples esleurent premierement les Rois de Nauarre, pour gouuerner le Royaume. Il est necessaire d'expliquer vn peu ce For de Sobrarue; dautant que les Escriuains Aragonois l'obiectent à chasque bout de champ, & le corrompent comme il leur plaist à leur auantage. Neantmoins ils n'ont point d'autre instruction de ce For, que celle qui se tire de l'Histoire du Prince Charles, qui est le plus ancien de ceux qui en ont fait mention, comme accorde ingenuëment Blanca. Surita represente le sommaire de ce que le Prince en a laissé par escrit en ces termes que i'ay traduits en Fraçois. *Il est rapporté dans l'Histoire du Prince Don Carlos, que pour accorder les Nauarrois & les Aragonois entr'eux, sur les differens qu'ils auoient, ils ordonnerent le For surnommé de Sobrarue, & firent leurs establissemens, & leurs loix, comme estans des personnes qui auoient gagné la terre sur les Mores. Il est dit au commencement de ce For, qu'il fut ordonné, lors que la terre n'auoit point de Roi, qu'ils auroient recours au Pape, aux Lombards, & aux François, pour choisir de leurs loix ce qui seroit de meilleur. Ils establirent en outre, comme il appert dudit For, qu'attendu qu'ils eslisoient leur Roi d'vn commun consentement, & qu'ils lui donnoient ce qu'ils auoient conquis sur les Mores, qu'il iurast auant toutes choses de les conseruer en leur droict, & de meliorer leurs Fors; & qu'il partageroit la terre auec les habitans originaires, tant auec les Riches qu'auec les Cheualiers, & les Infançons : Et qu'aucun Roi ne peust tenir Cour, ni faire iugement, sans le Conseil de ses sujets naturels, ni faire guerre, ni paix, ou trefue auec aucun Prince, ni resoudre aucune affaire importante, sans le consentement des douze Riches hommes, ou de douze des plus anciens & sages de la terre, auec quelques autres Chefs contenus dans ledit For.*

II. De ce recit, qui est conforme aux articles du For de Sobrarue que represente Blanca, sauf en ce qui regarde l'establissement du Magistrat surnommé Iustice d'Aragon qu'il adiouste au texte; Il apert manifestement que le Prince Don Carlos, d'où les autres ont puisé leur narration, n'a point eu d'autre fondement de ce qu'il escrit touchant cette matiere, que ce qui est representé en la Preface, & au premier article des vieux Fors de Nauarre escrits en langue Espagnole. Car la consultation du Pape, des François, & des Lombards, y est expliquée, & les conditions sous lesquelles doiuent regner les Rois de Nauarre & d'Aragon, au mesme sens que ie viens de dire, sans que pourtant le manuscrit de ces vieilles Coustumes face mention de ce For de Sobrarue, qu'en passant seulement; à sçauoir au titre, & en l'inscription qui precede la preface, en ces termes tournés en François: *Ici commence le premier liure du For qui fut trouué en Espagne, lors que les Montagnards conquestoient les terres sans aucun Roi, Au nom de Iesus Christ qui est & sera nostre saluation, nous commençons ce liure, pour vne resouuenance perpetuele des Fors de Sobrarue, exaltation de la Chrestienté.*

III. De sorte que l'on ne peut recueillir de ceci autre chose, sinon que l'auteur de cette compilation a voulu insinuer, qu'il y auoit eu quelque ordonnance arrestée au païs de Sobrarue, touchant les conditions de la Royauté de Nauarre; puis qu'en resouuenance *ou remembramiento* du For de Sobrarue, pour vser de ses termes, il insere au premier article de ces coustumes, le Formulaire du serment du Roi, lequel serment comprend la substance des conditions. Car pour le surplus du volume, qui est distribué en six liures, & distingué par rubriques & chapitres, il ne fait mention de rien qui approche de ces matieres. Il explique seulement les coustumes, & les vsages du Royaume qui s'obseruent aux contracts, successions, & iugemens ciuils, & criminels, & comprend les establissemens des Rois posterieurs: Mesmes il conste par la lecture du Formulaire du serment, qu'il n'y est pas proposé aux termes purs & simples qu'il fut arresté, lors de l'election du premier Roi. Car entre autres Chefs le Roi iure à son auenement, suiuant la teneur de ce Formulaire, qu'il reparera par l'aduis de sa Cour les torts, violences & mauuais iugemens, qui auront esté faits du temps de ses predecesseurs. Et au troisiesme Chapitre il est escrit, que tout Roi de Nauarre doit estre esleué & proclamé dans l'Eglise de Saincte Marie de Pampelone, comme les Rois auoient accoustumé d'y estre plusieurs fois esleués & proclamés. De maniere que ce Chapitre presupose qu'il y auoit eu au temps de cette compilation plusieurs Rois de Nauarre couronnés dans l'Eglise de Pampelone, comme le second Chapitre presupposoit que le nouueau Roi auoit eu des predecesseurs. Le Chapitre septiesme fait encore voir que cette compilation est faite depuis le temps de Sance le Maieur qui estoit l'an 1020. en ce qu'il presupose que Castille & Aragon estoient des Royaumes separés, qui ne le furent pourtant que par l'erection qu'en fit ce Roi pour le partage de Fernand, & Ramir ses enfans. Neantmoins il faut auoüer que ce ramas de Coustumes est assés ancié, puis que l'on y trouue escrit qu'Alfonse le Bataillant Roi de Nauarre & d'Aragon, iura l'obseruation de ces Fors enuiron l'an 1127. & peut-estre c'est lui-mesme qui rendit le iugement rapporté au l. 2. Ch. 3. qui est attribué à vn Roi de Nauarre & d'Aragon, entre deux Laboureurs, dont l'vn auoit promis à son voisin de luy bailler autant de laict de ses brebis, que l'autre lui bailleroit de moust en Septembre, & cependant il ne lui auoit baillé que du petit laict. Sur quoi le Roi ordonna que le trompeur seroit payé de mesme monnoye, permettant à l'autre Laboureur de presser ses raisins pour en retirer le moust, & d'estre quitte en deliurant ce qui sortiroit du marc, apres y auoir mis de l'eau.

IV. J'auance ces chofes pour faire voir la coniecture que j'ay, que le premier deffein de cette compilation, qui a efté augmentée en diuers temps, doit eftre rapporté, au Roi d'Aragon Sanche Ramires, lequel apres le meurtre commis en la perfonne du Roi de Nauarre Sance Garfia, furnommé le Noble, fut efleu par les Nauarrois pour leur Roi, à l'exclufion de Ramir frere du Roi decedé. De fait Surita en fes Indices fous l'année 1064. attribuë à ce Prince l'introduction de ces Loix dans la Nauarre; lefquelles receurent leur derniere main fous les Rois Thibaut & Philippe d'Eureux, l'an 1330. J'eftime qu'en ce temps l'on fe hafarda de dreffer la Preface, que l'on trouue à l'entrée de cét ouurage; cette Preface a efté caufe de beaucoup de defordre en l'hiftoire, pour l'ignorance de fon auteur, qui n'eft pas le mefme que celuy de la premiere compilation, mais eft l'auteur de la feconde. Car il met pour fondement, qu'apres la perte de l'Efpagne, trois cens hommes à cheual s'affemblerent dans les montagnes de Sobrarue, & de Aynfa; & que pour accommoder les differens, qu'ils auoient fur leurs conqueftes, ils tomberent d'accord d'enuoyer à Rome, afin de prendre aduis de l'Apoftolique, c'eft à dire du Pape Aldebran qui eftoit pour lors; & d'enuoyer auffi vers la France, & la Lombardie, où il y auoit des hommes intelligens au faict de la Iuftice; lefquels d'vn commun accord confeillerent à ces Caualiers d'arrefter premierement leurs lois & leurs eftabliffemens, & de proceder en fuite à l'election d'vn Roi, qui s'obligeaft auec ferment à l'obferuation de leurs libertés. Ce qu'ils executerent, ayans prealablement redigé par efcrit leurs Fors & Couftumes, fuiuant l'aduis des Lombards, & des François; & cela fait, ils choifirent pour leur Roi Don Pelage Prince de la race des Goths, qui regna dans les Afturies, & dans toutes les montagnes.

V. C'eft le fommaire de cette Preface, qui dans les tenebres de fon ignorance contient vn fecret de l'hiftoire, qui a efté cachée iufqu'à prefent. Car il reprefente fort netement que ces Fors ont efté compilés auec l'aduis des Lombards, & des François, & que le Roi de Nauarre fut eleu auec le Confeil du Pape Aldebran. Tous les exemplaires efcrits à la main, foit ceux que Blanca Aragonois allegue; foit les deux qui font en la Bibliotheque du College de Foix à Tolofe, dont l'efcriture eft plus ancienne de trois cens ans, portent conftamment le nom du Pape Aldebran. Et partant il n'eft pas queftion de le changer par coniecture, en celui de Hadrian II. comme fait Blanca; mais l'on doit fe tenir ferme à la leçon de tous les exemplaires, conferuant le nom du Pape Aldebran, & le prendre à la lettre pour le Pape Aldebran, ou Ildebran, c'eft à dire le Pape Gregoire VII. qui eftoit auant fon election ce fameux & renommé Archidiacre Ildebrand; le Siege de ce Pape tombe aux années 1073. & aux fuiuantes, iufqu'à l'an 1080. qu'il deceda.

VI. L'affafinat commis par l'Infant Ramon, en la perfonne de Sance Garcia Roi de Nauarre fon frere, tôbe en l'année 1076. & l'election de la perfonne du Roi d'Aragon Sance Ramires, fut faite par les Nauarrois la mefme année; au preiudice de l'Infant Ramir frere du Roi decedé. Le pretexte fut pris fans doute de l'impreffion que les partifans du Roi d'Aragon tafcherent de donner aux peuples, que Ramir auoit trempé en la coniuration braffée contre le feu Roi; & par confequent qu'il eftoit indigne de fa fucceffion, & qu'en defaut d'enfans, ou freres du Roi decedé, le droit d'election apartenoit au corps du Royaume, fuiuant le fixiefme article de leurs Fors. Et d'ailleurs l'eftat des affaires les precipita à la neceffité de cette election; dautant que le Roi de Caftille Alfonfe fe preualant de l'occafion, enuahit les Prouinces de Rioxa, Bureua, & Alaua, fur la Couronne de Nauarre, de forte que les Nauarrois furent contraints d'auoir recours au Roi d'Aragon Sance Ramires; lequel entra en armes dans le Royaume pour leur defenfe, & fe trouuant le plus fort fe fit aisément proclamer Roi. Neantmoins on peut aprendre de cette Preface, qu'il voulut couurir son iniustice & son vsurpation tyrannique sur les vrais & legitimes successeurs, de l'autorité du Pape Gregoire VII. Celui-ci consulté à l'instance du Roi, par les Nauarrois, conseilla cette election, la iugeant plustost necessaire, que iuste, en l'estat present des affaires. Et à mesme temps conseilla aussi le changement des lois Gotthiques, en vne compilation de nouuelles Coustumes, empruntées des loix Saliques & Lombardes.

VII. On pourroit trouuer estrange que le Pape pust consentir à cette election. Mais outre les motifs qui sont ignorés, la promesse de Sance Ramires, de faire admettre & receuoir en Nauarre l'vsage de l'office Romain, au lieu du Gotthique, & de payer cinq cens escus de pension annuele au S. Siege, peut auoir incliné la volonté du Pape à trouuer bon, que les Nauarrois procedassent à faire l'election, dont ils asseuroient auoir le droit. Pour comprendre ma pensée, il faut sçauoir que le Pape Alexandre II. enuoya le Cardinal Hugo Candidus son Legat en Espagne, auec ordre de faire receuoir les ceremonies & le Rituel Romain, à la place du Gotthique, Mozarabique, ou Toletain. Ce qu'il executa en Aragon, auec l'adueu & le consentement de ce Roi Sance Ramires l'an 1068. ou 71. suiuant les diuerses supputations; & ne passa point outre vers la Nauarre, & la Castille; par ce que les peuples estoient fort affectionés à leur ancien office; mais s'en retourna par Barcelone, où se fit le chāgement de l'office Gotthique, & la substitution du Romain; Et par mesme moyen, comme y ayant quelque espece de suite de l'vn à l'autre, le Comte Ramon Berenger persuadé par ce Legat, assembla ses Estats, abolit insensiblement les anciennes loix Gotthiques, & arresta les Fors & Coustumes, qu'ils nomment vsages, dont ils se seruent auiourd'hui en toute la Catalogne, ainsi qu'a remarqué & verifié Diago en son liure des Comtes de Barcelone. Le Pape Gregoire VII. succeda au mesme soin de son predecesseur Alexandre, & fut sans doute tres-aise, que l'occasion s'offrit d'establir en Nauarre vn Prince, qui auoit tesmoigné son zele & sa deuotion aux interests du siege Apostolique; de sorte qu'il conseilla fort facilement cette election, & mesmes le delaissement des loix Gotthiques, qui estoit l'ancien droict de la Nauarre; voulant tirer de là vn preiugé pour l'abolition de l'office Gotthique, & pour l'introduction du Romain, à l'exemple de ce qui auoit esté pratiqué à Barcelone. Il passa bien plus outre. Car il depescha l'année 1077. qui estoit la suiuante apres l'election, Amatus Euesque d'Oloron son Legat, vers les Rois, Princes, & Comtes d'Espagne, pour leur demander le restablissement des pensions ou tributs, que les Rois Gotths auoient accoustumé de payer annuelement au S. Siege de Rome, iusqu'à ce que le Roi Vitiza en discontinua le payement, comme il conste des deux letres de ce Pape, publiées par Baronius en ses Annales. Le Legat arriua à Barcelone, & obtint du Comte Bernard deux cens mancuses d'or de pension annuele, & perpetuele; en l'assemblée tenuë dans le chasteau de Besalu l'an 1077. ainsi que iustifie Diago par vn tiltre ancien tiré des Archifs de Barcelone. Il persuada de mesme au Roi Sance Ramires l'establissement d'vn tribut annuel de cinq cens escus, lesquels il paya durant sa vie sans discontinuation, comme Martines a tres-bien verifié par les termes d'vne letre de son fils le Roi Don Pierre, escrite au Pape Vrbain II. l'an 1095. Ce qui me semble estre l'execution de la promesse faite au Pape Gregoire VII. auant l'election de Sance, ou bien la reconnoissance de l'auoir fauorisée de son conseil.

VIII. Quant à la compilation des Fors de Nauarre, Surita a tesmoigné qu'elle fut publiée du temps du Roi Sance Ramires, ainsi que i'ai desia remarqué, & l'on aprend de leur lecture que ces loix sont transcrites pour la plus grande partie, de celles des Lombards, & des Saliques qui estoit l'ancien droit François : de maniere

qu'il

qu'il est necessaire que cette entreprise ait esté executée auec le conseil de quelques Iurisconsultes François, & Lombards versés aux Lois, & coustumes de leurs païs. C'est donc à cette consultation du Pape Ildebran, & des hommes sages de France, & de Lombardie, que tendoient les memoires, d'où l'Auteur de la Preface a puisé ce qu'il a escrit de bon, sans en auoir conceu le vrai sens. Car ce qu'il a adiousté du sien, des trois cens hommes assemblés; & de l'election du Roi Don Pelage, en suite de l'aduis du Pape Aldebran, est aussi fabuleux, que de ioindre le temps de Pelage, qui est de l'année 718. auec celui du Pape Gregoire VII. qui viuoit l'an 1076. De sorte qu'ils s'est glissée en cette Preface, vne ignorance historique; aussi grossiere, que celle qui a esté mise à la teste du Code des Fors de Bearn manuscrits & imprimés, qui presupposent qu'il n'y auoit point de Seigneurs hereditaires en Bearn, iusqu'à l'election d'vn Fils du Prince de Catalogne; d'où l'on doit aprendre quelle foi on doit adiouster à cette sorte d'escrits.

IX. Ce que ie viens de proposer, refute entierement les coniectures de Blanca suiui par Martinez, qui change le Pape Aldebran en Adrian II, qui commença à tenir le siege l'an 868. & voyant que l'election du Roi Enecon Arista precede de beaucoup cette année, puis que ce Roi regnoit desia l'an 842. suiuant la preuue de Garibaï; Il a inuenté deux elections du Comte Eneco; la premiere celle des Nauarrois; la seconde celle des Aragonois, qu'il veut auoir consulté le Pape Adrian II. sur l'election de leur Roi. Quoi que tous les historiens soient d'accord, comme il confesse lui mesme, qu'il n'y a eu qu'vne seule election du Roi Eneco pour le Roiaume de Nauarre ou de Pampelone, qui comprenoit le territoire d'Aragon, & de Sobrarue, comme vn membre ioinct & vni au reste du corps. Mon interpretation touchant la Consulte, & la response du Pape Aldebran, & l'establissement nouueau des anciens Fors de Nauarre, ou celui de Sobrarue est tant seulement nommé, demeure d'autant plus en sa force, que le discours & les alterations de Blanca, sont ridicules pour ce regard. Attendu mesme qu'en l'année 868. à laquelle il rapporte l'election d'Eneco, faicte par les Aragonois, regnoit le quatriesme Roi de cette race.

X. Au reste ie ne pretends pas offencer les Aragonois, pour auoir exposé veritablement, que l'ancien For de Sobrarue ne fait aucune mention du Magistrat, surnommé le Iustice d'Aragon; d'autant que la condition imposée aux premiers Rois de n'entreprendre aucune action importante, soit de guerre, de paix, ou de treue, soit l'establissement de nouuelles lois, ou le iugement des causes entre leurs subiects, sans l'auis & le consentement de leurs Barons ou Riches hommes, comme elle exclut peremptoirement le pouuoir d'vn seul officier particulier tel qu'est leur Iustice, pour la decision des differents d'entre le Roi & ses Vassaux, aussi elle affermit puissamment la conseruation de leurs libertés; puis que les interessés & les plus puissants du Roiaume sont les iuges. Les termes de l'ancien For, qui expliquent les droits, non seulement du Roi de Nauarre, mais aussi de tous les Rois d'Espagne, sont fort considerables sur ce suiet; Ie l'ay traduict de l'Espagnol en François: *Il a esté premierement establi vn For en Espagne, d'eleuer vn Roi pour tousiours, afin qu'aucun Roi ne peust iamais leur estre mauuais, puis que le peuple l'elisoit, & lui donnoit ce qu'ils auoient conquesté sur les Mores; à la charge qu'auant son eleuation, il iurast sur la Croix, & les Euangiles, qu'il leur rendroit iustice, & n'empireroit point leurs Fors, mais les melioreroit, leur repareroit tous les torts, & partageroit les conquestes auec les hommes de la terre, comme il apartiendroit à chascun suiuant la condition de Ricombre, homme de ville, Cheualier, & Infançon, sans en faire part aux estrangers. Et s'il arriuoit qu'il fust Roi d'vne autre terre, ou d'vn lieu ou d'vne langue estrangere, il ne pourroit mener à son seruice plus de cinq hommes de son païs. Et nul Roi n'auroit iamais pouuoir de tenir Cour sans le Conseil de ses Riches hommes natifs du Roiaume, ni faire*

P

guerre, paix, ou treue auec vn autre Roi, ou Reine, ni entreprendre aucun autre grand affaire d'importance pour le Roiaume, sans le Conseil de douse Ricombres, ou de douse les plus anciens, & des plus sages preud'hommes de la terre. Et que le Roi auroit sceau pour ses mandemens, & monoye iurée pour sa vie, & Baniere auec son Alferis ou Portenseigne, & que le Roi soit eleué au siege de Rome, d'Archeuesque, ou d'Euesque, que la nuict precedente il face la *V*igile, oye la Messe en l'Eglise, & ofre de la pourpre & de sa monoye, & communie ensuite, & apres pour estre eleué qu'il monte sur son bouclier soustenu par les Riches hommes criants tres-tous par trois fois Real, Real, Real. Et alors qu'il espande de sa monoye sur le peuple iusqu'à cent sols, pour donner à entendre que nul autre Roi terrien n'a point de pouuoir sur luy, & qu'il se ceigne lui mesme son espée, qui est en forme de Croix. Et en ce iour là aucun autre Cauer ou Cheualier ne doit point estre faict, & les douse Riches hommes ou Preud-hommes doiuent iurer au Roi sur la Croix & les Euangiles, d'auoir soin de son corps, de la terre, du peuple, & de l'aider à conseruer de bonne foi les Fors, & doiuent lui baiser la main. On peut remarquer l'obligation du Roi, à ne pouuoir rendre les iugemens sans ses Barons ou Riches hommes, lesquels aussi prestent au Roi le serment de fidelité, auec vne promesse particuliere de l'assister pour la conseruation de leurs Fors, & de leurs libertés. C'est pourquoi ce pouuoir du Iustice d'Aragon eut esté totalement inutile, pendant que celui des Barons estoit en sa force. Aussi les escriuains Aragonois Surita, Blanca, & Briz auoüent que cette autorité demeuroit, comme renfermée dans la gaine, pendant que celle des Riches hommes estoit en vigueur; mais qu'elle a paru, apres que le Roi Don Pierre, eut dissipé la ligue, & l'vnion des villes d'Aragon auec les Riches hommes; ayant esté necessaire, apres que le pouuoir des Seigneurs fut abatu, que le Iustice d'Aragon vsast de ses anciens droits. Il me semble pourtant qu'ils parleroient auec plus de certitude de leurs priuileges, & persuaderoient plus facilement aux estrangers l'antiquité du pouuoir de ce Magistrat, s'ils vouloient s'accommoder à la verité de l'histoire, & distinguer la substance de la chose, d'auec son moyen; reconnoissans dans le serment de leurs Rois, la promesse de leur conseruer les Fors & les libertés du païs, & de ne rien entreprendre d'important sans l'aduis, & le consentement des Riches hommes; qui estoient aussi tenus par leur serment, d'empescher la violation de ces Coustumes; qui est vne clause en laquelle consiste le nerf de l'autorité, qui rend si recommendable ce Iustice d'Aragon. Or ce pouuoir des Riches hommes a esté transporté depuis au Iustice ou Magistrat d'Aragon, qui n'est pas plus ancien de quatre cens ans en la fonction de cette autorité, & en la forme de proceder par *Firme*; quoi que l'autorité & le droit du Roiaume de contrebalancer les volontés iniustes des Rois, soit aussi ancien que l'establissement du Royaume, comme i'ai verifié par le propre texte des Lois. Ie veux bien me persuader suiuant les preuues extraictes des tiltres du Conuent de la Penna par Briz Martinez, qu'il y auoit anciennement vn Iuge Royal, pour vuider les procés pendans par deuant le Roi, n'estant pas raisonable ni possible, que le Roi fust tousiours present en son Conseil; de sorte que ce Iuge surnommé quelquefois *Iustice* dans les tiltres, representoit la personne de son maistre; Mais il faut adiouster à cette obseruation, ce qui lui manque pour estre vraye; c'est qu'auec le Iuge Royal, le corps entier de la Cour deuoit interuenir au iugement, s'il estoit question de la terre d'vn Ricombre; & s'il estoit question des interests d'vn Infançon, sept Riches hommes, ou trois pour le moins, y deuoient assister auec le Iuge, ou l'Alcalde, ainsi que l'on peut voir dans le vieux For desia allegué, qui certifie que cét vsage est general en tous les Roiaumes d'Espagne. Et sans doute il y auoit entre les Ricombres vn Seigneur, qui tenoit le premier rang, comme le Doyen de la compagnie, qui estoit nomé *maior Senior*, ainsi qu'on peut voir dans les tiltres produits par Martinez, qui veut appliquer mal à propos cette qualité au Iustice d'Aragon. Au reste cét Auteur se surprend, lors que produisant l'accord du Roi Sance Ramires auec ses Barons d'Aragon, & de Pampelone, pour vser des termes de l'acte, il pretend de là iustifier l'antiquité, & l'exercice de la iurisdiction de ce Magistrat, ou Iustice d'Aragon. Car cét Acte ne contient autre chose que la promesse du Roi, de conseruer les Barons en leurs droits anciens & primitifs ; & de iuger vn chascun d'eux en bon iuge, suiuant l'vsage du païs ; c'est à dire auec les autres Barons, Ricombres, & Pairs de sa Cour. C'est le sens de ces paroles, *iudicet eos pro iudice directo ad vsum de illa terra*, sans que l'on puisse les destourner, comme fait Briz Martinez, à signifier vn autre Iuge competent ou metoyen, qui n'estoit point encor estabi.

I. Surita l. 1. Annal. c.

II. Extraict de la Præface des vieux Fors de Nauarre suiuant les deux manuscrits du College de Foix à Tolose. Inscription : *Aqui comença el primer libro de Fuero que fue faillado en Espanna assi como ganauan las terras sines Rei los montayneses ; en el nomme de I. C. qui es & sera nostro salnamiento empeçamos este libro por à siempre Remembrausmento de los Fueros de Sobrarbe, exalçamiento de Christiandat.*

IV. Preface: *Espanna se perdio entro los puertos, sino en Galisia, las Asturias, & daqui Alaua & Biscaya, & de lotra part Bastan, la Berneca & Dayerrien, Anso, & sobre Iacqua, & encara en Roncal, & en Sarasays, & en Sobrarbe, & en Aynsa. Et en estas montannas se alçaron muyt pocas gentes, & dieron se à pie fiziendo caualgadas, & prisieron se à cauaillo, & partian los homes à los mas esforçados, entro à que fueron en estas montaynas de Aynsa, & de Sobrarbe mas de ccc. à cauaillo, & no auia ninguno que fiziesse vno por otro sobre las ganancias & las caualgadas ouo grant inbidia entre eyllos & sobre las caualgadas baraiauan. Et ouieron su acuerdo que imbiasen à Roma por conseillar como farian al Apostoligo Aldebrano que era entonz, & otrosi à Lombardia que son homs de grant Iusticia, & à Francia, & imbiaron les à desir que ouiessen Rei por que se caudeyllassen, & primerament que ouiessen lures establimentos iurados & escritos ; & fisieron como lis conseillaron & escriuieron lures fueros con conseillo de los Lombardos, & de los Franceses, quanto eillos millor podieron, como homs que se ganauan las tierras de los Moros. Et depues eleyeron Rei al Rei Don Pelayo que fue de linage de los Godos, & guerreyo de las Asturias à los Moros & de todas las montaynnas.*

IV. V. VI. VII. VIII. Surita l.1. Annal. c. 5. & in Indicibus an. 1064. Blanca in commentariis Arag. Diago l. 2. de los antiguos Condes de Barcelona c. 57. & l. 2. c. 71. Iuan Briz Martinez l. 4. Hist. de la Penna c. 19. & 38.

X. Fors de Sobrarue c. 1. *Et fue primerament establido Fuero en Espanna de Rei alçar pora siempre*. Infra. *Primero que lis iuras ante que el alçassen sobre la cruz & los euangelios, que les touies à dreyto, & lis milloras siempre lures Fueros, & non lis apeyoras & que lis difficies las fuerças*, Infra. *Et que Rei ninguno nunca ouies poder de fer cort sines conseillo de sus Ricos homes naturales del regno, ni con otro Reyo Reyna guerra ni paz, ni tregoa non fagan ni otro grande embargamento del regno sines conseillo de XII. Ricoshomes ò de XII. de los mas ancianos sauios de la terra*.

C. 7. *Es fuero de infançones fiios dalgo que ningun Rey d'Espaynna non deue dar iuyzio fuera de su cort, ni en su cort almenos que no aya alcalde & tres de sus Ricoshomes ò mas entro à siet, & que sian de la terra en que fueren si en Nauarra, Nauarros, si en Casteylla Casteyllanos, & anssi de los otros regnos. c. 9. & fue establido por siempre que ningun Rey que sea tuelga terra à Ricombre menos de cort, & que li muestre porque. c. 6. Si por auentura muere el Rey sin creaturas & sin hermanos de Pareia, deuen leuantar Rey los Ricoshomes de villas & los infançones, cauailleros, & el pueblo de la terra.*

CHAPITRE X.

Sommaire.

I. Refutation des Six nouueaux Rois de Nauarre inuentés par le Moine de la Penna. Denombrement des veritables & du temps de leur regne. Eneco Emino fait sa paix auec le Roi Charles le Chauue. II. Les noms de Garsias, Semeno, & Fortunius sont Gascons & Aquitaniques. III. Le Moine Marsil inuenteur des nouueaux Rois. Auteur mesprisé par Surita. IV. Extraict de la narration de Marsil selon Surita. V. Ce Moine n'a point de preuue. Martinez veut suppleer à ce defaut. VI. Examen & refutation de sa preuue touchant Garcia Ximenes. VII. VIII. Et de celle qu'il faict pour Garcia Innigues.

I. Apres auoir establi l'election d'Eneco premier Roi de Nauarre, ie suis obligé de refuter les nouuelles inuentions que les historiens d'Espagne, veulent faire passer pour histoires legitimes, en supposant Six Rois auant cét Eneco. Et dautant qu'ils employent quelques anciens tiltres pour la iustification de cette pretention, qui ne peuuent estre rapportés qu'aux vrais Rois descendans du Roi Eneco, il est à propos de rafraischir en cét endroit la memoire de leurs noms, selon leur vrai temps que i'ai desia verifié au ch. 8. Eneco Comte de Bigorre fut promeu à la Roiauté l'an 829. & deceda enuiron l'an 835. Semeno son fils lui succeda, qui ne fut pas de longue durée. Car Eneco Semenonis, c'est à dire fils de Semeno regnoit au mois de Iuin de l'an 842. comme i'ai verifié fort exactement, par l'acte d'vne confirmation qui fut expediée sous son nom, en cette année. C'est à ce Roi que doit estre rapporté, ce qui est contenu dans la Chronique de Fontanel, que le sieur du Chesne m'auoit communiquée auant qu'il l'eust publiée au second Tome des Historiens de France. L'Escriuain qui estoit vn Auteur du temps remarque, comme les Ambassadeurs d'Induo Mitio Duc des Nauarrois, c'est à dire d'Inico Emino, se presenterent deuant le Roi Charles le Chauue tenant sa Cour Generale au Palais de Verberi, au mois de Iuin 850. & lui donnerent les presens que leur maistre luy enuoyoit; Auquel ils rapporterent la paix qu'ils estoient venus demander à son nom. D'où l'on peut iustifier, qu'il y auoit eu guerre precedente entre ces Princes; soit à l'occasion de quelque secours que le Nauarrois auoit donné au ieune Pepin contre Charles; soit pour la ialousie de la souueraineté vsurpée en Nauarre, sur la Couronne de France. Ce qui est cause que l'Auteur ne donne point à Eneco Emeno la qualité de Roi, mais seulement celle de Duc des Nauarrois. Et cette mesme raison peut auoir obligé le Roi Charles le Chauue de passer en Espagne en l'année huict cens septante-trois, comme l'on aprend qu'il fit par le tesmoignage d'vn vieux Tiltre de Sainct Iean de la Penna allegué par Iean Briz en son Histoire. Neantmoins il faut auoüer, que le texte de cette Chronique de Fontanel a esté corrompu par le Copiste, qui a faict deux Rois diuers, des deux noms de ce Prince, qu'il a encor enoncés auec faute. Car il escrit que *Legati Induonis & Mitionis Ducum Nauarrorum venerunt ad Carolum*, au lieu que la vraye leçon estoit, *Legati Inniconis Eminonis Ducis Nauarrorum*. Ce Roi est le Prince Chrestien mentioné dans Eulogius en sa lettre de l'an 851. sous lequel viuoient ceux de Pampelone, & qui auoit des guerres continuelles auec le Roi de Cordouë. Apres le decés du Roi Eneco fecond du nom, qui arriua auant l'année 858. fucceda à la Roiauté fon frere Garcias Semenonis, comme l'on aprend des trois chartes de cette année, qui font tirées des Archifs du Monaftere de la Penna, dont ie ferai mention ci-apres. Garfias Enneconis fils du Roi Eneco, & neueu de Garcia poffedoit le Roiaume l'an 880. comme i'ai faict voir au Chapitre VIII. par vn tiltre, qui iuftifie auffi que ce Prince eftoit fils d'Eneco. Ce n'eft pas qu'il recueilliſt la fucceffion en cette année. Car ie verifierai par vne charte qu'il la poffedoit dés l'an 867. A ce Prince fuccederent fes deux enfans Fortunio l'an 885. & Sance Garces l'an 905. Et en fuite Garcia fils de Sance qui laiffa le Roiaume à Sance Abarca, & celui-ci à Garfias Tremulus pere de Sance le Grand.

II. Or auant de paffer outre, ie penfe qu'il eſt à propos de remarquer, que les noms de Garfias, Semeno, & Eneco n'eſtoient ni Gotthiques ni Eſpagnols, mais Gafcons ou bien Aquitaniques, tranfportés en cette famille Roiale par les Princes qui vinrent de Gafcogne. Car pour celui de Garfia, on voit dans les Annales d'Eginhart en l'année 819. que le frere de Loup Duc des Gafcons eſtoit nommé *Garſuand*; celui qui fut éleu par les Gafcons *Garfimir*, qui eſt le nom de Garfia augmenté d'vne terminaiſon Gotthique, à ſçauoir *Mir*. Vn ancien Comte de Bigorre portoit le nom de *Garfiarnaud*; & dans les anciens tiltres de Bearn, & de Gafcogne, on lit le nom de *Garfie* ou de *Garfion* plus ſouuent que nul autre. Ce que le vulgaire conferue encor auiourd'hui, auec vne prononciation vn peu detournée de *Gafsie*, & *Guifson*, meſme dans les noms compofés, comme eſt celui de *Guiſſarnaud*. Quant à *Semeno*, c'eſt le nom Gafcon *Emeno*, auquel les Eſpagnols ont adiouſté les letres Sc. ou bien X pour lui donner l'analogie de leur prononciation *Scemeno* ou *Xemeno*. Car on voit dans la vie de Louïs le Debonaire vn Seigneur d'Aquitaine nommé *Emenus*, qui embraffe le parti du ieune Pepin; dans vn Fragment de l'hiſtoire de France *Imino* Prince Aquitanien fous Charles le Chauue; dans Nithard, l'Eueſque *Exemeno* employé par le meſme Charles; & dans le Fragment de l'hiſtoire d'Aquitaine, vn Ademar fils d'Emeno. L'vfage a conferué long-temps ce nom. Car le monaſtere de S. Sauin en Bigorre auoit en l'an 1145. vn Abbé appellé *Emeno*; et encor auiourd'hui dans le Bearn, & parmi la Gafcogne, les hommes de petite condition qui conferuent les anciens noms portent bien ſouuent celui de *Menoun*, qui eſt l'abregé d'Emenon, & peut-eſtre que celui d'*Amaneu* qui eſt familier dans la maiſon d'Albret eſt tiré de celui d'Emenus. Quant à celuy de *Fortunius*, ie croirois facilement que c'eſt le nom que l'on rencontre bien ſouuent dans les vieux tiltres, fous la prononciation Latine de *Forto* ou *Fortonius*, que l'on a enoncé *Fortunius* en Eſpagne; & que l'on a tourné dans les vieux documens eſcrits en langue Bearnoiſe, par le mot de *Forcs*, qui s'eſt conferué au mot compoſé *Fort-aner*, c'eſt à dire *Forto Anerij*, ainfi que cela eſt exprimé dans les anciennes Chartes.

III. Il eſt maintenant neceffaire pour la refutation des fix Rois qui ont eſté fuppofés, de propofer fommairement ce que les Auteurs recens en ont eſcrit; en quoi i'aurai cét auantage, que le feul recit feruira d'vne conuiction de l'erreur. Or il me femble que ie ne puis m'acquiter plus fidelement de ma promeffe, qu'en expofant l'affaire dans les termes qu'elle eſt enoncée par Pierre Marfil Moine de la Penna; qui compoſa il y a plus de deux cens ans l'hiſtoire generale d'Aragon, que l'on conferue, efcrite à la main dans ce monaſtere. Et dautant qu'il eſtoit nourri dans vn conuent, qui eſt recommandé par fon antiquité, & baſti dans les Monts Pyrenées, il a faict vne grande impreffion fur les eſprits, qui ont eſtimé qu'il n'auançoit rien, fans en auoir les preuues tres-exactes dans les tiltres de fa maiſon. Neantmoins Surita qui auoit foigneufement examiné fa relation, ayant eu longuement en main les

Cayers manuscrits de cét auteur, comme tesmoigne Garibai, ne fait point d'estat de son trauail, en ses Annales, ni en ses Indices; on peut mesmes reconnoistre dans les fragmens de cét Auteur, que Blanca & Martinez produisent en leurs liures, que c'estoit vn homme fort ignorant, & qui mesloit des recits fabuleux parmi les histoires conneuës.

IV. Cét auteur pourtant est le seul ancien escriuain, qui a fait mention de Six Rois de Nauarre, qu'il dit auoir precedé le Roi Enecus Arista. Et dautant que les Aragonois deguisent autant qu'ils peuuent, le sens de ce Moine, quoi qu'il soit le seul garant de leurs propositions, ie veux faire parler Surita, qui explique netement la substance de sa narration en ces termes traduits du V. Chapitre de ses Annales: *Il y a grande diuersité entre plusieurs graues Auteurs touchant l'origine & les commencemens du Roiaume, qui fut premierement fondé dans les montagnes d'Aragon: Dautant que l'Auteur, que nous auons de l'histoire generale de ce Roiaume asseure, que du temps que les Mores estoient occupés à la conqueste de la terre, trois cens Chrestiens ou enuiron se retirerent en la Prouince d'Aragon dans vne montagne nommée Vruel proche de la ville de Iacque; & que depuis ils se logerent en vn lieu appellé Pano prés de cette montagne, où ils se retrancherent, & y dresserent quelques forts à dessein de se defendre contre les infideles. Neantmoins auant qu'ils fussent en estat de defense, Abderramen chef des Mores en ayant eu connoissance depescha vn sien Capitaine nommé Abdomelic, lequel entra en Aragon auec vne forte armée, batit le fort de Pano, le demolit, & tua, ou fit esclaues tous les Chrestiens. Depuis ce temps, comme escrit cét Auteur, il n'y resta point d'autres personnes en cét endroit, horsmis quelques Hermites, qui se retirerent dans vne cauerne au dessous d'vn grand rocher; où vn Sainct personage nommé Iean, bastit vn hermitage, qu'il dedia à Sainct Iean Baptiste, & apres son decés deux Cheualiers lui succederent, qui estoient freres & natifs de Saragosse, nommés Oto, & Felix, ou Benoist, & Marcel, qui demeurerent long-temps residans en la solitude de ce desert; & qu'à raison de la religion de ces saincts personages tous les Chrestiens eurent grande deuotion à ce lieu qu'ils tenoient pour sacré: En ce temps comme escrit cét Auteur, regnoit en Nauarre le Roi Garci Ximenes, & la Reine Enenga sa femme l'année* DCCLVIII. *& le Comte Aznar estoit Seigneur du païs d'Aragon, & Abderramen Roi de Huesca. Il n'escrit aucune autre particularité touchant les commencemens de ce Royaume, excepté qu'à Garci Ximenes succeda au Royaume de Pampelone, Garcia Innigue son fils, à celui-ci Fortunio Garcia: au temps duquel mourut le Comte Aznar, & son fils Galinde lui succeda au Comté, celui-ci bastit le Chasteau d'Atares, & autres lieux, & fonda le Monastere de Sainct Martin de Cerçito au village d'Acomuer. Fortunio Garcia estant decedé comme cét Auteur escrit, Don Sancho Garcia lui succeda, au temps duquel il dit que le Comte Galinde mourut; Et depuis Ximeno Garcia, & Don Garcia son fils, regnerent l'vn apres l'autre, & moururent sans laisser successeur, de sorte que la terre fut sans gouuerneur.* Iusques ici Surita, qui rapporte les mesmes choses en substance dans ses Indices. D'où l'on peut aprendre que le Moine de la Penna ne parle point de l'election de Garcias Ximenes, n'expose aucun exploict de guerre, ni de lui, ni des autres Cinq Rois, & ne distingue non plus les années d'vn chascun d'eux. Cependant les recens comme Beuter, Blanca, Garibai, & Martinez recitent au menu l'ordre de l'election de Garcia, & les actions militaires de ces Princes, suiuant que le premier d'entreux a osé entreprendre, d'en persuader l'apparence aux lecteurs. De sorte qu'il est arriué à ce recit, comme à celui de la fabuleuse Papesse Ieanne; de laquelle Marianus Scotus ayant fait mention en passant dans sa Chronique, les recens sans autre instruction, nous representent toutes les circonstances de sa vie, suiuant leur humeur.

V. Or pour ioindre de plus pres l'affaire, ie demande les garands de la narration de ce Moine, soit qu'on la prenne en termes generaux, comme Surita la represente, soit au menu comme Briz Martinez la propose en son histoire. Car puis que Marsil estoit esloigné de six cens ans, du temps de ce pretendu Garcia Ximenes, qu'il escrit auoir esté Roi de Nauarre l'année 758. il ne faut pas l'en croire à sa parole. On a estimé iusqu'à present, qu'il auoit recueilli cette histoire des anciens tiltres du monastere de la Penna. Mais Iean Briz Martinez Abbé de ce Monastere, & Blanca nous asseurent que ce Conuét, & tous ses vieux documens furent bruslés, il y a prés de cinq cens ans. De sorte qu'il ne peut auoir eu autres instructions, que celles qu'on peut recouurer encor auiourd'hui des Archifs de cette maison. C'est pourquoi Martinez a creu qu'il estoit obligé en qualité d'Abbé, de prendre la cause de son Moine; dequoi il s'est acquité auec tous les soins possibles, & a si bien reüssi, qu'il a entierement descouuert la fourbe & l'ignorance de son religieux, nonobstant qu'il ait remué toutes choses pour l'autoriser; n'ayant peu appuyer sa narration d'aucun solide fondement, quoi qu'en plusieurs autres points son trauail soit digne de loüange. Il n'y aura point d'inconuenient, de voir le sommaire de ses preuues, suiuant l'ordre de ces nouueaux Rois, & de les examiner auec vn peu de soin.

VI. Martinez donc escrit apres les autres, que *Garcias Eximini* ou *Ximenes* fut éleu Roi l'an 724. par trois cens Cheualiers, qui s'estoient assemblés au mont Vruel pour les funerailles de Iean l'Hermite; qu'il prit sur les Mores la ville d'Aynse capitale de Sobrarue, & les defit en bataille, vne Croix rouge lui estant apparuë sur vn Chesne pour l'animer au combat, d'où est venu le nom de Sobrarue, comme qui diroit Croix *Sobre-arbol*, ou Croix sur arbre, & d'où est venu aussi l'vsage d'vne Croix sur vn Chesne pour les anciennes armes du Roiaume de Nauarre; Mais il ne produit rien pour la preuue de cette narration, que l'autorité de son Moine, qui est le premier auteur de ces nouuelles inuentions. Antoine Yepes en son troisiesme Tome a voulu fournir vn nouueau moyen, ayant produit l'Epitaphe de ce Garcias Scimeno, auec le tiltre de *Primus Rex Aragonum*, qu'il dit auoir esté copié sur son tombeau, qui est à la Penna. Mais la fausseté & la supposition de cette piece est manifeste, tant à cause que le tiltre de Roi d'Aragon fut seulement en vsage depuis l'année 900. que par ce aussi, que Martinez témoigne que les tombeaux de Garcia, ni des autres anciens Rois ne paroissent point, dautant qu'ils auoient esté inhumés en la vieille chapelle fondée par Garci Ximenes; laquelle ayant esté abatuë pour faire place au nouueau bastiment du Conuent, leurs ossemens ont esté transportés à la Sacristie, sans que pourtant il y ait aucune marque, epitaphe, ni eminence exterieure. C'est à dire, qu'il faut les croire à leur simple parole, & se persuader que ces Rois y sont enseuelis, puis que l'on nous l'asseure huit cens ans apres l'enterrement. La surprise d'vn Nauarrois nommé la Gongora, qui a escrit depuis peu vn traité de la dignité & antiquité du Roiaume de Nauarre, est bien plus grande. Car il produit vne Bulle entiere du Pape Gregoire II. pour l'approbation de l'Election de Garci Ximenes Roi de Nauarre, & de Pelage Roi des Asturies, en date de l'année 716. & asseure que l'original de cette Bulle se conserue dans le Thresor de Pau, ou de Nauarrenx en Bearn, d'où vn certain religieux de l'ordre des Carmes Deschaussés auoit pris vn extrait de sa main l'an 1604. estant pour lors seculier, & faisant profession des armes. Ce que ie sçai estre entierement faux, pour auoir exactement remué tous les tiltres d'importance, qui sont au Thresor de Pau; & partant ie croy qu'il m'est permis de condamner ce copiste d'anatheme, comme ayant supposé des letres Apostoliques; si l'on n'aime mieux croire, que prenant l'habit de religieux il fit penitence de cette fausseté; qui auoit esté conuaincuë par Martinez, auant que ie lui eusse escrit, & donné asseurance de cette supposition, dans vne letre bien ample, que ie lui enuoyai il y a sept ans, contenant la refutation des preuues qu'il auoit

P iiij

employées en son Histoire, pour appuyer les nouueaux Rois.

VII. Garsias Innici est presupposé pour fils & successeur de Garcia Ximenes, & de sa femme Enenca. On dit qu'il conquit la ville de Pampelone sur les Mores, dont il donna auis au Pape Leon III. lui enuoyant l'enseigne qu'il auoit prise sur les ennemis. Mais que les Mores reprirent bien-tost cette ville, de laquelle pourtant Garsias Innici se qualifia tousiours Roi, depuis l'an 758. qu'il commença à regner, iusqu'à l'an 802. qu'il mourut. La preuue est tirée du Moine de la Penna : qui n'autorise neantmoins autre chose, que le nom & la succession de ce Roi. Blanca pretend la verifier puissamment, par le tesmoignage de Roderic de Tolede, en ce qu'il a escrit que le Roi Froila des Asturies ayant domté les Nauarrois, prit à femme la Dame Munia issuë de leur sang Roial. A quoii'ai respondu ci-dessus fort exactement traitant de Froila, & fait voir suiuant l'opinion commune des historiens Espagnols, que cette Princesse descendoit d'Andeca Duc de Cantabrie, ou de quelque autre maison, qui prenoit son origine de la race Royale des Goths ; n'y ayant aucune apparence, que Roderic ait eu autre pensée, & qu'auec vn coup de plume mal donné, il ait voulu renuerser tout son trauail sur l'origine des Rois de Nauarre, qu'il attribuë au Comte Eneco Arista. Martinez veut fortifier le regne de ce nouueau Roi, par trois tiltres sans date. L'vn est la fondation du monastere de Fonfrida, annexé à celui de la Penna, qui est faite par le Roi Garcias Innigues. Mais dautant que l'on peut lui repartir, que ce Garcias Innigues fondateur est de la race d'Arista ; il oppose vne donation de l'Euesque Ximeno octroyée à Fonfrida, signée de Fortunio Garces Roi de Pampelone, & d'Aznar Comte d'Aragon. Et quoi qu'il accorde vn Fortunio Garces dans la race d'Arista, & à mesme temps vn Ximeno Euesque de Pampelone : Neantmoins il persiste, disant que le temps d'Aznar ne respond pas au Roi Fortunius II ; Mais au premier fils de Garsias Innigues. Il soustient toutesfois qu'au lieu d'Aznar, il faut dire que c'estoit Galindo son fils. C'est vne preuue bien foible, puisqu'apres s'estre beaucoup debatu, il confesse lui mesme, que pour tirer sa consequence il faut corriger le texte, & substituer le Comte Galinde pour Aznar. Personne n'est obligé de l'en croire ? Ioint que la preuue qui se tire des noms, & du temps des Comtes d'Aragon est fort incertaine ; puis que dans les vieux memoires ils sont representés confusément, & sans date ; dequoi se plaignent Surita en ses Indices, en l'an 888. Blanca, & Garibai, qui dit que le iugement humain ne sçauroit demesler ces difficultés, qui regardent l'ordre & le temps des Comtes d'Aragon. On doit plustost conclure de ce tiltre de donation de l'Euesque Ximeno, pour l'eclaircissement des Comtes d'Aragon ; que du temps du Roi Fortunius frere de Sance Abarca, il y auoit vn Aznar Comte d'Aragon ; que non pas sur vne fausse presupposition & confusion de ces Comtes, esbranler la verité de l'histoire des Rois de Nauarre.

VIII. Sa seconde preuue est tirée de la fondation du monastere de Saint Martin de Cerçito faite par Galinde Comte d'Aragon, en date *tertio Nonas Iulij, Regente Comite Galindone Aragonem, Garsia Enneconis in Pampilona*. Ce qui doit estre rapporté à Garsia Innigues de la race d'Arista, puis qu'en son temps il y auoit vn Comte *Galindo Aznarij* en Aragon, ainsi que l'on apprend de l'acte qui est produit en suite de celui-ci. Ioint que Martinez accorde qu'il apert de cét acte, que ce Roi Garcias auoit pour femme *Vrraca Major* ; qui est proprement la femme du vrai Garcias, qui portoit le nom d'Vrraque, suiuant Roderic de Tolede, & les anciens tiltres ; au lieu qu'on baille Toda pour femme à ce pretendu Roi de Sobrarue. Le troisiesme effort de Martinez est appuyé, sur la donation du lieu de Xauierre, faite au monastere de Saint Pierre de Ciresa prés de Iacque, par Galindo Aznarij Comte d'Aragon. *Era*

Liure second.   165

DCCCCV. *Regnante Carolo in Francia, Alfonso filio Ordonii in Gallia Comata, Garcia Enneconis in Pampilona.* Cét Ere vaut autant que 867. des années de I. C. Il veut qu'on la corrige oftant vn Centenaire de l'Ere ci-deſſus marquée, qui reuiendra par cette fouſtraction à 805. Et veut encor que l'on prenne contre l'vſage ordinaire d'Eſpagne, le nombre des Eres pour celui des années de I. C. Encor y auroit il trois années à redire pour s'accorder auec Blanca, qui met la fin de ce Garcias en l'an 802. De ſorte que Martinez trauaille beaucoup pour ne rien faire. Or ce qui l'a precipité en la temerité de corriger tous ces Calculs, pour trouuer ſon conte, eſt la ſuppoſition qu'il fait, que le Roi de France qui y eſt nommé, eſt Charlemagne; au lieu que c'eſt Charles le Chauue, qui viuoit en ce temps-là, auec le Roi Alfonſe de Leon & de Galice, qui auoit ſuccedé au Roi Ordonius ſon pere deux ans auparauant, ainſi qu'on voit dans Sampirus. Et cette année 867. fut la premiere du regne du vrai Garcias Ennecones Roi de Pampelone, ſuiuant les memoires de Leyre rapportés par Garibai. Et par ce moyen ſa preuue retombe ſur lui. Or il eſt conſiderable que l'on aprend de ce tiltre, que ce Roi Garcia Inniguès auoit vn fils nommé Sance gendre de Galindon Comte d'Aragon, deſia en l'année 867. D'où il faudra conclurre, que Sance Abarca n'eſt pas fils Poſtume de ſon pere; ou bien que c'eſt vn autre Sance. Ce qui ſera examiné au Chapitre ſuiuant.

I. E Chronico Fontanellenſi edito à D. Ducheſne : Anno DCCL. *Carolus Placitum in Vermeria Palatio tenuit in menſe Iunio. Ibi ad eum Legati venerunt Induonis & Mitionis Ducum Nauarrorum dona efferentes, Paceque ...... & impetrata reuerſi ſunt.* Iuan Briz l. 2. Hiſt. de la Penna c. 12. *La quarta donation deſte Principe Don Garcia Abarca ſe halla en la ligarza 15. n. 17. con atendencia que ſu tio Don Fortunio Garcia tuuo deuocion al monaſterio de S. Iulian de Nauaſal, y vino à partir ſus terminos en la era de 931. Veynte annos deſpues que el Rei Carlos entro por Eſpanna.* Eulog. Cordub. in ep. ad Vuileſ. epiſc. Pampil.

III. Et Seq. Iuan Briz Martinez Abbad de la Penna. l. 1. Hiſt. de S. Iuan de la Penna c. 1. 34. 5. & paſſim. Garibai l. 21. c. 10. 11. 21. Surita, Blanca.

CHAPITRE XI.

Sommaire.

I. Examen de la preuue touchant Fortunius Garces. II. Enfans du Roi Garcia Ennecones. Erreur de Garibai touchant l'aage de ce Roi, & de Martinez touchant celui de Fortunius. La coniecture de Sandoual touchant Fortunius confirmée. III. Faute de Briz Martinez en l'Election extraordinaire de Sance qu'il reçoit. Sa naiſſance extraordinaire peut eſtre ſouſtenuë. IV. V. Refutation des pretendus Rois Semeno, & Garcia. VI. VII. Examen des Anciens Comtes d'Aragon. VIII. IX. Antiquité des peuples d'Aragon & du Tiltre Roial de cette Prouince. X. Examen du droit de Ramir ſur la Couronne de Nauarre.

I. ON eſcrit que Fortunius Garces ſucceda au Roi ſon pere, & mourut l'an 815. & que l'an ſeptieſme de ſon regne, & 809. de N. S. fut gagnée cette fameuſe ou pluſtoſt fabuleuſe bataille de Ronceuaux contre Charlemagne, dont i'ai ci-deuant parlé. On adiouſte que Sancho Garces ſon fils lui ſucceda. Or on pretend verifier ces deux Rois, outre la relation du Moine Marſil, par le priuilege que le Roi Sance Garces accorda aux habitans de la vallée de Roncal, voiſine de celle de Baretons en Bearn, en date du mois de Ianuier de l'Ere huit cens soixante, qui est 822. de N. S. Car on dit que pour recompense des bons seruices rendus par les Roncalois aux guerres contre les Mores, ce Roi confirma le priuilege de Noblesse & d'exemption de tous subsides, que son pere Fortun Garces leur auoit accordé. Garibai escrit qu'il auoit en main vne copie de la confirmation de ce priuilege acordée par le Roi Charles III. Cette piece estoit fort importante, & meritoit d'estre inserée mot à mot dans l'histoire de Garibai, aussi bien que plusieurs autres que cét auteur y a fort auantageusement produites. Mais sans doute cela eust fourni matiere à quelque contredit. Celui qu'on peut lui bailler cependant, est que l'on attribuë à Fortun Garces, & à son successeur Sance Garces, ce qui appartient aux vrais Rois de ce nom, qui viuoient cent ans apres les Rois fabuleux, que l'on pretend nous supposer; De sorte que la date du priuilege est defectueuse d'vn centenaire, dans les extraits que les Roncalois conseruent. Estant certain qu'il faut lire *Era* DCCCCLX. au lieu de DCCCLX. auquel temps viuoit encore le Roi Sance Garces, qui mourut en l'Ere 964. c'est à dire l'an 926.

II. Or afin que l'on considere mieux la force de la responfe faite pour ce Roi & pour le suiuant, il est necessaire de remarquer en cét endroit, que le vrai Roi Garcia Innigues ou Enecones, riere petit fils de Eneco Arista, eut de son mariage deux ou trois enfans. Le premier est *Sance*, dont il a esté parlé, gendre du Comte Galindo qui deceda auant le pere, & a esté inconnu iusqu'à present; Si l'on admet la naissance d'vn autre Sance fils Posthume de son pere Garcia Enecones : autrement ce Prince Sance est le mesme auec l'autre Sance, que ie mets pour le troisiesme fils. Le second est le Roi *Fortunius Garces*, & le troisiesme le Roi *Sance Abarca*I. Ce Roi Fortunius a esté comme retiré du tombeau par le soin de Garibai; qui a produit les memoires de Leyre, & les anciens tiltres, qui font vne pleine foi que ce Prince succeda à son pere Garcia Enecones; & ces preuues ont esté confirmées par d'autres pieces que Blanca, Sandoual, & Briz Martinez ont produites. Il estoit present à la donation mentionnée au Ch. VIII. que son pere fit à S. Sauueur de Leyre l'an 880. & recueillit la succession du Royaume l'an 885 Estant auancé en aage, il prit l'habit monastique de S. Benoist, dans le Conuent de Leyre en l'année 901. comme certifient les anciens memoires de cette maison, au rapport de Garibai. Sans que ce témoignage puisse estre valablement contredit par Martinez, sous pretexte que ce Prince ne pouuoit estre aagé pour lors que de 40. ans, ou enuiron, suiuant le calcul qui se recueille de Garibai; qui escrit en vn autre lieu, que Garcia Enecones son pere n'estoit aagé en l'an 867. qu'il succeda à la Couronne, que de 15. ou 17 ans. Car ce raisonnement ne destruit pas le tesmoignage des memoires de Leyre, touchant la vieillesse du Roi Fortunio Garces en l'année 901; Mais renuerse puissamment ce que Garibai auoit imprudemment auancé, du ieune aage du Roi Garcia Innigues en l'année 867. Ce qui est aussi conuaincu de fausseté, par le tiltre de cette année produit au Chap precedent, qui témoigne que pour lors ce Roi Garcia Enecones auoit vn fils Sance, marié à la fille de Galinde Comte d'Aragon. L'establissement de la vieillesse du Roi Fortunio, sert aussi pour renuerser les fondemens pris de sa ieunesse, sur lesquels Martinez appuyoit son raisonnement contre la coniecture de Sandoual; qui pense que Fortunio estoit ce Prince Nauarrois, mentionné dans les anciens tiltres, qui demeura long-temps prisonnier en la Cour du Roi de Cordoüe, ayant esté pris auec sa sœur Inniga, lors que pendant la vie de son pere Garcia, le More Abdalla ruina les quartiers de Pampelone. Ce Fortunio recouura sa liberté long-temps apres, en consideration du mariage que le Roi de Cordoüe vint à contracter auec sa sœur Inniga; & sans doute son retour precede l'année 880. puis que le tiltre de Leyre porte, que Fortunius estoit present à la donation que son pere fit cette année. Ce Roi enfermé dans son monastere, ne pouuant gouuerner son Roiaume le ceda à son frere Sanche Abarca I. lui enuoyant pour cét effet vne Couronne d'or chargée de pierreries l'an 905. comme certifient les memoires de Leyre, où il estoit Moine, au rapport de Garibai.

III. Ce témoignage destruit l'Interregne pretendu entre Garcia Innigues, & son fils Sance Abarca, & l'Election merueilleuse de celui-ci : qui sont des traditions appuyées de l'autorité de Roderic de Tolede; lequel voyant le decés de Garcia en 885. & la succession de Sance Abarca en 905. & n'ayant point eu connoissance du Roi Fortunio, qui estoit entre deux, a eu recours à supposer vn Interregne de vingt années. Et pour le rendre plus croyable a escrit, que les Mores ayans tué par surprise le Roi Garcia auec sa femme Vrraca, en la vallée de Larumbe, vn Gentil-homme de leur suite estant suruenu apres le coup, retira en vie le petit Sance, du ventre de la Reine par l'ouuerture du coup qu'il auoit meurtrie; & retint ce ieune Prince deguisé, iusqu'à ce qu'il fust paruenu en vn aage meur, & qu'il le presenta, & le fit reconnoistre à l'assemblée du Royaume, qui se tenoit pour l'Election d'vn Roi, & dautant qu'il vint habillé à la rustique auec des *Abarcas* aux pieds, c'est à dire auec des Brodequins de peau de vache non preparée, il fut surnommé *Abarca*. Mais cette fable s'euanoüit en presence de la verité, puis que du regne, & de la cession de Fortunio, il appert qu'il n'y a point eu de vacation, ni d'Interregne au Roiaume; Et bien que Garibai n'ait pas eu ce bon heur d'auoir esté suiui en cette descouuerte par les Aragonois; Neantmoins Mariana, & Sandoual ont gousté son opinion, laquelle certainement ne peut estre reiettée sans opiniastreté. Quant à la naissance extraordinaire de Sance apres le decés de sa mere, par le soin du Gentil-homme, ie ne voudrois pas l'asseurer, ni la contredire entierement; puis que Roderic l'asseure, & que deux anciennes familles des Abarcas, & des Ladrons de Gueuara, en Nauarre, & en Aragon, se glorifient d'estre issus de celui qui rendit vn seruice de telle importance à la Couronne. Car ce Roi Sance fut vn Prince chargé de victoires obtenuës sur les ennemis de la foi; Ce qui a donné suiet aux escriuains du temps de remarquer, que Dieu l'auoit choisi & esleué pour defendre son peuple de l'oppression des Sarasins, ainsi que l'on voit dans vn acte de la Péna, que Martinez a remis. Mais il se trompe, lors que de cette phrase, *que Dieu auoit esleué pour Roi Sance Garseanes*, il veut conclure ces Elections extraordinaires, & fabuleuses : & ne prend pas garde cependant, que ce mesme acte confirme les memoires de Leyre; en ce qu'il est representé que le Roi Fortunio estant Moine vint en personne au monastere de S. Iean de la Penna, pour iuger le different suruenu touchant les limites de Nauasal; & que certain temps apres, pendant la vie de Fortunio, Dieu esleua pour Roi Sance Garseanes son frere, ce qui presuppose le consentement, & la cession du Roi regnant. *Adhuc eo viuente, erexit Deus Regem Sanctio Garseanes in Dominum, & Gubernatorem de patria & defensorem populi.*

IV. Pour reuenir à la continuation des preuues des Rois de Nauarre supposés, on dit qu'apres le decés du Roi Sance Garces, qu'ils pretendent auoir esté tué par les Mores l'an 832. l'histoire manuscrite de la Penna, dit que le Roi Scemeno Garces regna, auec son fils Garcia, desquels on ne trouue point d'autres memoires. Garibai se fondant sur l'autorité de cette histoire, escrit, que le Roi Don Ximeno estoit fils de Sance Garces. En quoi il est suiui par Sandoual. Blanca ne veut pas, que Semeno soit fils de Sance, dautant que l'histoire de la Penna ne lui donne pas precisémét cette qualité : & neantmoins reiettant l'autorité de cette histoire, ne veut pas reconnoistre Semeno, ni Garcia son fils pour Rois, pour le moins de Sobrarue, metant vn interregne depuis le decés de Sance Garces, iusqu'au temps de l'Election de Innicus Arista. Martinez adherant à l'Interregne de Sobrarue inuenté par Blanca, reconnoist Don Ximeno successeur, mais non pas fils de Sance Garces ; & pretend qu'il ait regné en Nauarre, & apres lui son fils Garcia, suiuant l'histoire de la Penna. Pour Garcia il estime, que comme le Roi Semeno estoit pere d'Innigue Arista, suiuant l'opinion de Garibai, que Garcia soit aussi frere d'Arista. Toutes ces confusions arriuent à ces auteurs, pour n'auoir sceu comprendre la posterité du Roi Eneco Arista, que i'ai restablie, & entierement esclaircie ci-dessus au Ch. VIII. & X. où ie renuoye le Lecteur curieux.

V. Martinez tasche pourtant de iustifier la Royauté de ce Garcias, par l'acte de la donation qu'il fit sous le nom de Garcia Simenonis, auec Galindo Comte d'Aragon au profit de Saint Iean de la Penna, du monastere de Saint Martin de Cilla, sous la date de l'Ere 896. qui reuient à 858. de l'année de I. C. Il en allegue deux autres de mesme date, & en mesmes termes. Qui ne voit que cette production renuerse son dessein ; puis qu'il est certain qu'auant ce temps de 858. & des l'an 42. regnoit en Nauarre le Roi Eneco II. du nom, suiuant mes preuues ; ou bien Eneco Arista suiuant la commune opinion ; lequel Martinez tient pour frere & successeur de son Garcia. Cette rencontre de temps est cause, que cét auteur changeant d'auis estime, que ce Roi Garcia Simenonis est le mesme auec Innicus Arista, qu'il presupose par ce moyen auoir porté deux noms indiferemment de Garcia, & d'Innigue Ximenes. Neantmoins puis que ce Roi est posterieur au Roi Eneco Semenonis, petit fils du premier Eneco, ces preuues sont mal employées pour verifier, que ce Roi precede le temps d'Eneco Arista. Au contraire l'on doit recüeillir de ces tiltres que Garcia Semenonis estoit fils du Roi Semeno, & frere du Second Eneco, & qu'il regnoit en cette année 858. pendant le bas aage de son neueu Garcia Eneconis. De maniere que voyant ces varietés, & les fondemens de l'Abbé Martinez renuersés sur lui mesme, ie puis conclurre que la Tradition des Six Rois de Nauarre precedents l'Election d'Eneco Arista, demeure sans autorité, & sans preuue valable.

VI. Ie pense qu'il ne sera pas hors de propos, de donner aussi quelque lumiere aux anciens Comtes d'Aragon ; puis qu'on les embroüille dans la mesme confusion, que les Rois de Nauarre. Car Beuter, Blanca, Garibai, & tous les autres historiens escriuent, que le Duc d'Aquitaine Eudo fut fils du Duc de Cantabrie Andeca, & que s'estant retiré en France apres la deroute du Roi Don Rodrigo, il fut marié auec la Duchesse d'Aquitaine. Duquel mariage nasquirent Hunaud, & Vaifer Ducs d'Aquitaine, & vn troisiesme fils nommé Aznar, qui apres la conqueste de l'Aquitaine faite sur leur maison par Charles Martel, se refugia en Espagne ; où le Roi Garcia Innigues lui bailla le Comté d'Aragon, enuiron l'an 759. Ce Comté suiuant la description de Iuan Briz comprenoit la ville de Iacque, & six lieuës d'estenduë, dans l'enceinte de deux petites riuieres surnommées *Aragon* ; dont l'vne descend des montagnes de Camfranc sur les limites de Bearn, & l'autre de la vallée de Hecho, auec le nom de *Aragon Subordan*. Au Comte Aznar, que Martinez qualifie plustost fils, que petit fils d'Eudo, succeda son fils le Comte Galindo mentionné dans la dotation du monastere de Cirese, & dans la fondation de celui de Cercito du temps du mesme Roi Garcia Innigues, en l'an 767. comme escrit Martinez. Ils adioustent que son fils Aznar recueillit la succession, & en suite trois autres Comtes descrits par Blanca & par Garibai. Mais il faut que i'aduoüe, que cette origine d'Eudo m'a tousiours semblé fabuleuse, d'autant qu'elle est destituée de preuue ; Garibai n'ayant sceu produire aucun tiltre, ni designer le lieu de Biscaye où l'on trouueroit les memoires dont il se sert pour iustifier la descente du Duc Andeca de Cantabrie ; n'estant point d'ailleurs vrai-semblable, qu'il y eust pour lors vne Dame proprietaire

prietaire du Duché de Guienne ; de laquelle on n'a non plus aucune preuue. C'est pourquoi sans m'arrester à la discussion de la genealogie d'Eudo que l'on peut fort bien establir, & monstrer par le moyen des pieces qui ont esté publiées par le sieur Duchesne, qu'elle est differente de celle qui est proposée par Garibai, ie reconnois que les mesmes prochronismes & auancemens de temps, qui se sont glissés parmi les Rois de Nauarre, ont aussi lieu dans l'ordre & l'assiete des Comtes d'Aragon. Car de pretendre qu'il y eust en ce quartier des Comtes hereditaires, tandis que cette frontiere estoit possedée par les garnisons des Rois de France, ce seroit vne pensée qui choqueroit la police generale, qui estoit en ce temps dans le Roiaume. Cette maison Comtale s'est formée auec la maison Roiale de Nauarre, & a eu les mesmes commencemens. Neantmoins les Auteurs Espagnols sont en peine d'en produire seulement les noms auec certitude : quoi que s'ils eussent voulu s'arrester à l'autorité de leurs Chartes, ils eussent eu moyen de verifier leur suite, & le temps d'vn chascun.

VII. Car par le Tiltre du monastere de Cirese allegué au Ch. X. nombre 8. il apert qu'en l'année 867. *Galindo Asnarij* estoit Côte d'Aragon. Et par la Charte de S. Martin de Cilla mentionnée au nóbre V. de ce Ch. on voit que ce *Galindo Asnarij* estoit Comte en l'année 858. Ces titres verifient aussi, que le pere de Galinde estoit le Côte Aznar; qui n'est pas le mesme auec le Comte Asnar, qui fut defait par les Nauarrois, en la compagnie du Comte Ebles l'an 825. Fortunio Ximenones Côte d'Aragon, doit estre placé en l'année 883. suiuant vn Tiltre du monastere de la Penna, que rapporte Iean Briz Martinez, sous cette date. Regnát N. S. I. C. & sous son Empire Garcia Eneconis, auec sa femme en Pampelone & en Aragon, *Fortunio Ximenones* estant Côte d'Aragon. Ce surnom de Ximenones fait voir que le pere de Fortunio estoit le Comte Semeno ou Eximinus; que les histoires d'Espagne recónoissent pour Comte d'Aragon; mais elles ne rencontrent pas le téps, où il le faut placer, qui est entre Galinde & Fortunio. Le V. Côte est Asnar II. qui doit estre placé en parallele, auec le Roi Fortunio Garces, cóme il est en l'Acte allegué au nombre 7. du Ch. precedent; Endregot Galindonis est le VI. Côte; dont la fille fut mariée au Roi Garcia Sáce I. du nó, qui viuoit enuiron l'an 947. De ce mariage nasquit Sance Garcias Abarca II. qui est nómé pour cette raison *Proles*, c'est à dire petit fils d'Endregot, cóme il apert d'vn Acte de donatió au profit du monastere de Siresa, que rapporte Blanca, de l'an 971. auquel téps Endregot estoit encor en vie. Et partát l'opinion de Garibai est veritable, quoi qu'il l'explique assés mal, & qu'elle ait esté cótredite par plusieurs Escriuains Espagnols, sçauoir que l'incorporatió de ce Côté à la Courone de Nauarre & d'Aragó, fut faite en la personne de Sance Abarca II.

VIII. Ie distingue le Comté d'Aragon, du Roiaume de mesme nom. D'autant que l'estenduë du Côté estoit plus resserrée aux enuirons de Iacque; quoi qu'elle ne fust pas entierement bornée par les deux riuieres, qui portent le nom d'Aragon, comme Iean Briz a escrit apres Surita; puis que le monastere de Cerçito fondé par le Côte Galindo, est trois lieuës hors de cette enceinte, ainsi que Iean Briz lui mesme le certifie. Aussi ne faut-il pas trouuer estrange, si les Aragonois possedoient en ce téps vn peu plus d'estenduë, que les Historiens ne leur donnent ordinairement; puis que 300. ans auparauant, ils faisoient vn Peuple separé, sous la denomination de *Aragones*. Car Isidore de Seuille escrit en la Chronique des Goths, qu'ils furent vaincus par Leuuigilde Roi d'Espagne, qui dissipa toutes les factiós de son Estat, en l'Ere 608. qui reuient à l'an 570. *Ioannes Biclariensis*, apres auoir rapporté que Miro Roi des Sucuiés fit la guerre à ces Aragonois, aiouste que 3. ans apres, Leuuigilde penetra dans leurs montagnes, se saisit d'Aspidius Seigneur du païs, qu'il despoüilla de son bié, & le reduisit en captiuité auec sa femme & ses enfans. La defaite de cet Aspidius tóbe en l'anée 570. qui est celle d'vne Charte, que Iean Briz produit des Archifs de son monastere, sous le nom d'Alaric Roi d'Aragon; qui pourroit estre soustenuë en quelque façon, en prenát Aspidius pour Alaric, &

Q

Galinde pour Comte d'Atares, cóme il est qualifié dans cette Charte, sans le confondre auec Galinde Côte d'Aragon, qui fut long-téps apres, & rebastit le chasteau d'Atares.

IX. Ie pense, que céte ancienne estenduë du territoire d'Aragon du temps des Goths, a esté cause que le Roi Sance Abarca I. du nom, qui regnoit dés l'an 905. ayant auancé les bornes de son Roiaume hors la Nauarre, ou ancienne Vasconie, & territoire de Pápelone, du costé de Huesca, & pris en ces quartiers beaucoup de places sur les Mores, se qualifie aux tiltres de S. Iean de la Penna rapportés par Martinez, *Rex Aragonensium & Pampilonensium*: & ailleurs il dit, qu'il regne en Aragon, & en Nauarre; distinguant l'vn de l'autre fort à propos. Ce qui est cause que Belasco auteur du temps, dans les Indices de Surita, escrit de ce Roi Sance Abarca, qu'il posseda la Seigneurie *de tout le territoire d'Aragon*; c'est à dire, qu'outre la souueraineté qu'il auoit sur le Comté d'Aragon, en vertu de sa Couróne de Nauarre; il conquit tout le reste de la Prouince d'Aragon, qui estoit occupée par les Mores. Cette conqueste lui donna suiet de prendre vn nouueau tiltre Roial, de Roi d'Aragon, coniointement auec celui de Nauarre ou de Pampelone. A quoi il fut peut-estre porté par l'auis de quelque bon Abbé, qui lui dóna instruction, que le monastere de Nauasal auoit esté fondé l'an 570. par Alaric Roi d'Aragon, & partant que possedant la mesme terre, il pouuoit ioüir de la dignité de ce tiltre. L'exemple du Roi Sance fut suiui par ses successeurs, cóme Briz Martinez a iustifié tres-exactement, & mesmes fournit de pretexte au Roi Sance le Maieur, de bailler en partage à son fils Ramir, le Roiaume particulier d'Aragon: Auquel Roiaume les conquestes des villes qui ont esté faites en suite sur les Mores, par les Rois d'Aragon, cóme de celles de Saragosse, & de Huesca, bien que situées en d'autres Prouinces que l'ancienne Aragonoise, ont esté adioustées comme des accessoires, & incorporées dans la denomination d'Aragon, à cause de la dignité de la Couróne. Par ce moyen ie concilie la diuersité des auteurs auec la verité de l'histoire, qui se recueille des anciens tiltres, remets les anciens Rois de Nauarre en leur place, & les Comtes d'Aragon à leur suite; & releue aussi haut qu'il se peut, la dignité de la Couronne d'Aragon, qui ne doit point estre cherchée dans les tenebres de l'erreur, & dans les recoins de Sobrarue, ni aussi abaissée iusqu'au téps de Ramir; quoi que pour lors elle ait esté demembrée de la Nauarre; Mais elle doit prendre son origine de ce belliqueux Roi Sance Abarca I. duquel estoit issu le Roi Iacques d'Aragon, qui escrit en son histoire qu'il estoit le XIV. Roi d'Aragon; Ce qui se trouue veritable, en montant iusqu'à ce Roi Sance Abarca; qui est le I. des Rois de Nauarre, qui s'est qualifié Roi d'Aragon; les Rois precedents n'ayans eu cette qualité, mais seulement celles des Rois de Nauarre, encore que le Comté d'Aragon releuast de leur Couronne; dautant qu'ils n'auoient conquis tout le territoire de la Prouince d'Aragon, comme fit Sance Abarca, suiuant le témoignage de Belasco.

X. Blanca auoit bien eu la pensée de prédre l'origine du tiltre de Roiaume d'Aragon de Sance Abarca I. du nom: mais il n'en auoit pas bien éclairci le suiet; c'est pourquoi i'ai voulu en prendre le soin, pour témoigner aux Aragonois, que l'on a vn desir egal de rechercher la verité, lors qu'elle tourne à leur gloire, cóme de refuter les nouuelles inuentions de leurs historiés, qui ne sont pas bien fondées. Ramir fils du Roi Sance le Maieur, est bien le premier qui a possedé la Couróne d'Aragon, separée de celle de Nauarre, & sans aucune dependance, ayant receu ce Roiaume en partage de la main de son pere. Mais cela n'empesche pas que l'Aragon n'eust esté possedé par les Rois depuis Sance Abarca coniointemét auec la Nauarre à tiltre de Roiaume. Ie ne veux pas dissimuler en ce lieu la question qui est traitée par Iean Briz, touchât la condition de la personne de Ramir. Car il soustient contre l'opinion de tous les historiens Espagnols que Ramir estoit né en legitime mariage du Roi Sance le Majeur son pere, & de Caïa qu'il estime auoir esté sa premiere femme. Et sur ce fondement il escrit que les enfans du second mariage de Sance estoient des vsurpateurs de la Couronne de Na-

Liure second. 183

uarre, qui appartenoit de plein droit à Ramir. Cette opinion estant contraire à la relation de tous les Escriuains, deuroit estre appuyée d'vne preuue tres-euidente pour estre receuë : Mais comme Briz ne s'afermit pas à cette opinion, que pour donner à Ramir le droit de la succession : I'ai trouué le moyen de contenter son esprit sur le point d'honneur, & sans m'engager à la dispute de la condition de Ramir, faire voir que la Couronne de Nauarre ne lui apartenoit pas. Car on demeure d'accord selon le témoignage de Roderic de Tolede, que Ramir estoit fils d'vne Dame du lieu d'Ayuar : & que Garcia estoit né de Munia fille des Comtes proprietaires de Castille. Or il est decidé au Chapitre sixiesme, des anciens Fors de Nauarre, que les enfans ou freres du Roi decedé, ne peuuent recueillir la succession de la Couronne, s'ils ne sont issus d'vne mere, qui soit de condition égale au pere, *hiios, ô hermanos de Pareia*, dit le texte. Cela signifie que les Nauarrois n'auoient point accoustumé de reconnoistre pour Rois, les Enfans qui estoient nés d'vne femme, qui ne fust de condition releuée, & sortable à la dignité de la Maison Roiale. De sorte que le mariage inegal de Sance auec la Dame d'Ayuar, excluoit Ramir de la succession de la Couronne de Nauarre. C'est pourquoi les Historiens reconnoissent qu'il fut traité fauorablement, d'auoir eu la Couronne d'Aragon en partage. Il y a dans l'Alemagne vn vsage qui rapporte à celui-ci, pour exclure de la succession des grands fiefs, les enfans de ceux qui se mesallient, en prenant des femmes d'vne Noblesse inégale à la leur.

I. Surita, Garibai, Blanca, Iuan Briz Martinez, Sandoual, Passim. Mariana l. 8. c. 4.
VIII. Isidorus Hispalensis in Chronico Gothorum. Æra DCVIII. Leuuigildus Aragones subegit. Ioannes Biclarensis ex editione Scaligeri. Anno VI. Iustini Imp. qui est Leuuigildi Regis IV. annus, Miro Sueuorum Rex bellum contra Aragones mouet Anno IX. Iustini, Leouigildus Rex Aragonenses montes ingreditur. Aspidium loci Seniorem cum vxore & filijs captiuos ducit, opesque eius ac loca in suam redegit potestatem.

CHAPITRE XII.

Sommaire.

I. II. Motifs & fondemens que peut auoir eus le Moine de la Penna pour inuenter les six nouueaux Rois. III. Incompatibilité de ces Rois supposés auec l'autorité que Charlemagne & Loüis le Debonnaire possedoient en Nauarre. IV. V. VI. VII. VIII. Examen du pretendu Roiaume de Sobrarue, & des preuues de Briz Martinez. IX. X. Examen des armoiries de Sobrarue. Croix Sobre-arbol. Verifié que le Chesne est l'armoirie d'Aragon, & la Croix sur le Chesne, les armes de Nauarre ioinctes auec celles d'Aragon. Iustifié par les monoyes de Sance Abarca. XI. Les Chaînes de Nauarre croisetées, & l'Esmeraude au milieu fermée & pometée.

I. Pres auoir deuelopé toutes les difficultés, qui se sont presentées touchant les Rois fabuleux de Nauarre, si l'on veut estre curieux iusqu'à ce point, de sçauoir le motif de l'ancien Moine de la Penna qui les a inuentées, & de penetrer ses intentions, pour reconnoistre s'il est tombé dans ces manquemens, par dol & à dessein de tromper, ou par surprise & foiblesse; Ie suis obligé de lui rendre ce témoignage

Q ij

qu'il a esté en quelque façon contraint par les tiltres de la Penna, de procurer cette nouueauté dans l'histoire. Pour mieux prendre ceci, il faut supposer que Roderic de Tolede auoit desia mis au iour l'origine, & la succession des Rois de Nauarre, commençant par Enecon Arista, & continuant sa race par Garcia Innigues son fils. Apres le decés de celui-ci arriué l'an 885. dans vn combat où il fut tué auec sa femme Vrraque, il met vn Interregne de vingt années, iusqu'à l'Election du Roi Sance Abarca, qu'il escrit auoir esté proclamé Roi, en l'assemblée qui se tenoit à Iacque, pour faire cesser l'Interregne. Or il est certain qu'en ce denombrement de Rois, il y a vne notable omission. Car nous auons apris par le soin & la diligence de Garibai, approuuée & confirmée par Blanca & par Martinez, qu'il n'y a point eu d'Interregne entre le Roi Garcia Innigues, & le Roi Sance Garces Abarca; dautant que les vingt années d'entre-deux ont esté remplies du Roi Fortunius Garces, fils de Garcia Innigues, & frere de Sance Garces. Cette descouuerte n'ayant encor esté faite du temps du Moine de la Penna, qui suiuoit l'opinion receuë de l'Interregne, il rencontra qu'il estoit fait mention d'vn Fortunius Garces Roi de Pampelone, dans les tiltres de son monastere, concernans celui de Fonfrida, & que le Roi Garcia Innigues en estoit le fondateur, ainsi qu'il a esté montré ci-dessus. D'où il infera, que ce Garcia estoit pere de Fortunius, & neantmoins se trouua empesché de leur donner en son histoire la place qui leur appartenoit: dautant que Roderic ne connoissoit point ce Roi Fortunius. Il se trouua donc obligé de les mettre hors d'œuure, & de situer ce Fortunius auec son pere Garcia Innigues, en vn temps qui precedast Enecon Arista, pour ne violer la succession des Rois que Roderic auoit establie. D'ailleurs ayant apris, que Sance Garces estoit successeur de Fortunius, & qu'en cette qualité il auoit confirmé le priuilege des Roncalois, il l'a mis en suite de Fortunius, en qualité de son fils. Mais si ce bon religieux eust pû auoir cette lumiere, de remplir l'Interregne de la personne du Roi Fortunius, il eust trouué son conte sans violer l'histoire, & sans anticiper le temps, plaçant apres le vrai & legitime Garcia Innigues, son fils le Roi Fortunius, & en suite Sance Garces frere & successeur de celui-ci

II. Ce qui semble donner plus de peine, est de sçauoir d'où il a tiré le Roi Garcias Ximenes. A quoi ie pense satisfaire en disant, qu'il l'a recueilli des trois tiltres que Briz Martinez a produit, expediés sous le nom de Garcia Simenonis, qui est le mesme que Garcia Ximenes. Car il ne voioit aucun Roi de ce nom dans l'ordre, & la succession commune des Rois; & partant il auança son regne, pour ne choquer pas les opinions qu'il estimoit certaines; & pour y paruenir, au lieu que les tiltres representent Garcia Simenonis en l'an DCCCLVIII. il en retrancha vn Centenaire, & le porta en l'année DCCLVIII. lui donnant pour femme la Reine Enenga, qui est le nom de celle qui fut mariée au vrai Eneco Semenonis, ou Garcia Semenonis, suiuant les diuerses denominations de ce Prince, & donna pour fils à son Garci Ximenes, le Roi Garcia Innigues, comme il est son successeur dans l'ordre veritable des Rois, que i'ai restitué ci-dessus. Quant au Roi Semeno, & son fils Garcia Semenonis, il n'en sçauoit rien, que par le recit de quelque Moine du monastere de S. Sauueur de Leyre, où ce Roi a esté conserué, & que i'ai remis ci-dessus en sa place, auec celle de son fils.

III. De maniere que i'estime que les fautes de ce Moine ont esté forcées, & sont d'autant plus excusables, que l'opiniastreté des auteurs recens, qui ont basti sur ces masures, est entierement sujete à la censure des hommes qui iugent sans passion: Desquels i'obtiendrai facilement, qu'ils ne voudront pas se persuader, qu'il y eust des Rois en Nauarre, tandis que Charlemagne, & Loüis le Debonnaire son fils possedoient cette Prouince, comme ils ont fait en l'an 778. au temps de la premiere conqueste, & encor en l'an 806. lors que les Nauarrois se remirent à leur deuoir, ayans secoüé le joug des Sarasins, & plus particulierement l'an 809. lors que le Roi Loüis se transporta en personne dans la ville de Pampelone, & y establit les ordres que bon lui sembla, ainsi qu'il a esté peremptoirement verifié ci-dessus. Celui qui pesera ces choses, ne croira pas qu'il y ait eu en ce mesme temps vn Garci Innigues, & vn Fortunius Rois de Nauarre : sinon qu'il soit preoccupé d'vn desir violent, & d'vne passion dereglée de metre toutes inuentions en œuure pour égaler l'origine du Royaume de Nauarre ou d'Aragon à celui des Asturies, qui est le seul but des historiens recens.

IV. Il ne reste pour conclure cette matiere, que d'examiner la pretension des Aragonois, qui ne pouuans souffrir l'antiquité de la Couronne de Nauarre sur celle d'Aragon, ont embrassé l'inuention des six Premiers Rois, produits sur le theatre par l'historien de la Penna ; mais auec cette addition de leur creu, que Garcia Ximenes fut esleu Roi de Sobrarue, & non pas de Pampelone. Or Sobrarue est vn petit recoin de montagne entre l'ancien Comté d'Aragon, & celui de Ribagorce, qui contient l'estenduë de six lieuës tant seulement, & quelques bourgades dans vn vallon ; dont le bourg d'Aynse est le Chef, & le Conuent de la Penna son ornement. Et dautant que ce petit païs fait vne portion du Royaume d'Aragon, ils pretendent, ayant supposé que Garcia Ximenes fut premierement esleu Roi de Sobrarue, que le tiltre plus ancien de Royauté est contenu dans leur Royaume, à l'exclusion de celui de Nauarre, qui a ses bornes separées, & que par ce moyen il sera precedé en l'honneur de l'antiquité, par celui de Sobrarue : qui est l'vnique dessein des Aragonois, qui ont tellement desiré que cette pensée fut tenuë pour veritable, qu'ils l'ont publiée dans leurs escrits, & recommandée par les pourtraits des Six Rois, qu'ils ont mis en teste des autres Rois d'Aragon, sous le nom de Rois de Sobrarue, en la sale de l'Hostel de la Deputation, qui est à Saragosse, où se tient l'assemblée des Deputés du Royaume.

V. Pour conuaincre la supposition de l'antiquité de ce tiltre Royal de Sobrarue, ie n'employe autre preuue que l'historien de la Penna ; qui leur ayant fourni seul les noms des premiers Rois, les a qualifiés Rois de Nauarre, ou de Pampelone, & non pas de Sobrarue ; escriuant distinctement que l'an 758. regnoit en Nauarre Garci Ximenes, ainsi que l'on a veu chés Surita. Neantmoins ils essayent de fortifier leur proposition par quelques coniectures, que Briz Martinez a estenduës bien fort au long, apres Blanca. La premiere est tirée de plusieurs actes, & priuileges du Roi Sance le Maieur, dans lesquels il se qualifie Roi de Pampelone, d'Aragon, de Sobrarue, & de Ribagorce. Ce qu'il n'eust pas fait, si auparauant que Sobrarue fust vni à Pampelone, il n'eust esté honoré du tiltre de Royaume, attendu que de soi c'est vn petit recoin de terre, qui ne merite point de consideration. Garibai, qui ne peut gouster ces discours des Aragonois, auoit respondu que le Roi Sance donnoit le tiltre Roial à ce païs, afin d'en honorer son quatriesme fils Gonçales, comme il fit depuis, le lui ayant donné conioinctement auec la Ribagorce. A quoi l'on peut adiouster, que la conclusion que l'on peut tirer de ces Actes, n'est pas pertinente ; dautant que Sance portoit le tiltre de plusieurs Prouinces conioinctement auec celui de Pampelone, lesquelles on sçait n'auoir pas eu la dignité de Roiaume. Ce qu'il faisoit par vne espece d'ostentation, en faisant le denombrement des terres où il regnoit ; comme en l'acte de 1025. que Martinez produit, *Regnante ego Rex Sancius in Aragone, in Paliares, in Pampilona, in Alaba, & Castella*. Estant certain que pour lors Castille, ni mesmes depuis Alaua, & Paillars n'estoient que de simples soi-

Q iij

gneuries, & non pas autant de Royaumes. l'adiouste à ce que dessus, que Sancius Abarca, qui est le premier des Rois de Nauarre, qui a multiplié ses qualités, attendu que ses predecesseurs se contentoient de se qualifier Rois simplement, comme le Roi Enecon Semenonis, son fils Garcia, & Fortunius son petit fils, aux donations que Garibai, & Blanca representent; Sance Abarca, dis-je, ne prend pas le tiltre de Roi de Sobrarue, mais celui-ci *Rex Pampilonensium, & Aragonensium*, aux Actes rapportés par Blanca. En quoi Sance Abarca Second du nom son petit fils l'a suiui, dans les actes que l'on void chés le mesme Blanca. Or ces deux Rois, qui commencerent à multiplier leur tiltres, n'eussent pas obmis de se qualifier Rois de Sobrarue, si cette terre eust iamais eu l'honneur d'auoir esté Roiaume; puis qu'ils prenoient le tiltre de la souueraineté qu'ils possedoient sur l'Aragon, dans lequel est compris Sobrarue. Cette consequence me semble plus probable, que celle dont se sert Martinez en sa premiere coniecture.

VI. La seconde est prise de ce que, suiuant le rapport de Blanca, dans le priuilege de Noblesse accordé aux Roncalois par Garcia Innigues, son fils Fortunius y est qualifié Infant de Sobrarue. C'est vne imposture, tant parce que Blanca n'asseure pas ces choses precisément, mais les remet à vn oüi dire, que parce que le Roi Garcia n'accorde pas l'exemption de Roncal, pour y qualifier son fils Infant de Sobrarue; mais c'est le Roi Fortunius qui l'a accordée, & Sance Garces son successeur l'a confirmée. Ioint que Garibai, qui est le seul qui a veu ces priuileges, asseure qu'il n'a point leu en aucun instrument public le tiltre Royal de Sobrarue, iusqu'au temps du Roi Sance le Majeur.

VII. Le troisiesme argument est fondé sur les Fors & Coustumes de Sobrarue, arrestées en l'election de Garci Ximenes, qui témoignent en leur denomination, que par droit d'antiquité Sobrarue donnoit la Loi aux autres Prouinces. Mais la consequence est trop éloignée, & rien ne peut estre conclu de cette appellation, sinon que ces Fors qui traitent des conditions de l'Election du Roi furent deliberés & conclus au païs de Sobrarue, dont i'ai traité fort amplement ci-dessus.

VIII. On se sert en quatriesme lieu d'vn acte de la limitation, que fit le Roi Sance Ramirez, des Prouinces de Pampelone, Aragon, & Sobrarue, l'an 1090. Mais cela ne conclud rien en la dispute presente; dautant qu'auant ce temps, Sance le Majeur auoit erigé Aragon, & Sobrarue, en deux Roiaumes separés, dont il importoit de sçauoir les limites à l'aduenir, encore que toutes ces pieces eussent esté reünies en la personne de Sance Ramirez.

X. Martinez employe pour vne cinquiesme & puissante raison, les armoiries de Sobrarue, lesquelles encor auiourd'hui le Roiaume d'Aragon porte au premier quartier de ses blasons, & quelquesfois sur le tout, pour faire voir l'antiquité de Sobrarue, par l'eminence qu'il possede au champ d'Aragon. Or ces armes sont vne Croix de gueules sur vn Chesne d'or, tirées de l'apparition merueilleuse de la Croix sur vn Chesne, qui se presenta à Garci Ximenes auant son combat contre les Mores: d'où mesmes on a voulu prendre la denomination de Sobrarue, comme qui diroit Croix *Sobre-arbol*, ou sur arbre. Mais quant à ce dernier point, Surita a demaisé le monde, ayant enseigné que la montagne *Arbe* a donné le nom au païs de Sobrarue, dautant qu'elle separe de la pleine, les parties superieures de ce païs montueux, qui est assis sur le mont Arbe. Quant aux armes de la Croix sur vn Chesne, Martinez en verifie l'antiquité par le moyen des anciennes monoyes, que Philippe de Puyuesin, narif du païs de Sobrarue, & Doyen de l'Eglise de Huesca, gardoit dans son cabinet, les ayant recouurées des ruines de quelques vieux edifices de ce païs là: D'vn costé elles sont marquées de la teste d'vn Roi portant Couronne, auec cette inscription à l'entour *Sancius Rex*, chargée de la date du temps de Sancius Abarca ; De l'autre costé est graué vn arbre, & sur cét arbre vne Croix auec ce mot, *Aragon*, trauersant le tronc de l'arbre. Ce qui signifie, adiouste Martinez, que Sance fut Roi d'Aragon, & porta les armes de Sobrarue.

X. Ie respons à ce raisonnement, que pour lui donner quelque vigueur, il faudroit premierement verifier netement, que la Croix sur vn arbre estoit les armes de Sobrarue : ce qui seroit impossible à Blanca, à Martinez, & à tous ceux qui le voudroient entreprendre. Mais ie puis asseurer le contraire, & dire franchement, que ces armes sont celles du Royaume d'Aragon, & les plus anciennes qu'il ait eu; puis que la Medaille de Martinez est chargée de la date de Sance Abarca, qui tombe en l'année 905. quoi que celle que Blancas à fait imprimer, qu'il auoit aussi recouurée de Puiuesin, ne porte aucune date, ni en lettre, ni en chifre. Ma preuue est tirée de cette medaille, qui s'explique d'elle mesme, par le moyen du mot *Aragon*, qui trauerse le tronc de l'arbre, & y a esté mis à dessein ; qui ne peut-estre autre, que celui d'expliquer, que le Chesne est l'ancien & l'originaire blason du païs d'Aragon, pour signifier qu'il est situé dans les forests des Monts Pyrenées. Or comme le Roi Sance Abarca est le premier des Rois de Nauarre, qui conquit par armes le païs d'Aragon sur les Mores, suiuant le tesmoignage de Belascon auteur du temps, il est aussi le premier des Rois, qui ioignit à la qualité de Roi de Pampelone, celle d'Aragon, ainsi que i'ai remarqué ci-dessus, & voulut en suite ioindre & vnir les blasons de Nauarre, & d'Aragon. Et dautant que les anciennes armes de Nauarre estoient la Croix d'Arista, il les ioignit au Chesne, qui estoit le blason particulier d'Aragon ; & pour expliquer cette nouueauté, fit inserer le mot d'Aragon au tronc de l'arbre en cette sorte, Ara - gon. Blanca represente aussi quelque espece de monoye, qui est marquée en vn costé d'vne teste sans Couronne, auec cette inscription à l'entour *Sanctius Rex*, & en l'autre, d'vne croix fichante, c'est à dire auec vne longue poincte en bas ; laquelle poincte est entourée de feuillages d'arbre, auec l'inscription à l'entour, Aragon. Ce qui confirme entierement ma coniecture, puis que l'on reconnoist dans cette monoye, que la Croix est celle d'Arista, qui aboutit en poincte ; bien que l'on ne mete pas au dessous vn arbre entier, mais seulement les branches & les feuïlles d'vn arbre entortillées à la poincte, pour signifier Aragon : qui est vne forme racourcie de blason, de laquelle on voit figurées certaines croix qui sont aux anciens sepulchres des Rois, dans le Conuent de la Penna, ainsi que tesmoigne Martinez. Ie le laisse maintenant iuge, si ma pensée est plus raisonable que la sienne, & s'il n'est pas plus iuste d'expliquer la Croix sur vn arbre, suiuant les termes de la medaille, pour les armes d'Aragon, que non pas pour celles de Sobrarue, suiuant vne ridicule etymologie de la Croix *Sobre Arbol*. Le Roi Don Pierre changea ces anciennes armes d'Aragon, en memoire de la bataille qu'il gagna au lieu d'Alcoraz contre les Mores, qui vouloient le contraindre à leuer le siege de la ville de Huesca, ayant tué sur la place quatre roitelets l'an 1096. C'est pourquoi il prit la Croix de gueules en Champ d'argent, & quatre testes couronnées de sable, placées aux quatre quartiers de la Croix ; Et depuis le Comte de Barcelone, Ramon Berenger marié à Petronille Reine d'Aragon, porta, & fit receuoir pour armes du Roiaume, les quatre pals de Barcelone, qu'il plaça au premier quartier par droict de mari ; n'y ayant autrement raison, que les armes d'vn Comté precedassent celles d'vn Roiaume.

XI. Pour le regard des armes de Nauarre, elles furent changées par le Roi Sance l'enfermé, apres la grande & memorable defaicte de Mahomet, surnommé le Verd, Miramamolin d'Afrique & d'Espagne, qui arriua le 16. de Iuillet 1212. aux Nauas de Tolose en Castille ; où les forces des trois Rois de Nauarre, de Castille, & d'Aragon ioinctes enfemble, eurent vn tel auantage, que le More perdit pres de deux cens mille hommes, qui furent tués fur la place, ainfi que tefmoigne Roderic Archeuefque de Tolede, qui fe trouua dans la meflée. Le Roi Sarafin auoit fait choix d'vn efquadron compofé des troupes les plus leftes de fon armée, auoit pris fon pofte au milieu, & pour mieux obliger les gens au combat, & empefcher la fuite, auoit enfermé tout le corps de cét efquadron de chaifnes de fer. Sance Roi de Nauarre força le retranchement, defit ces troupes d'elite, & fut caufe par ce moyen de la fuite de Mahomet, & d'vne pleine victoire en tous les quartiers de l'armée. Ce qui lui donna fuiet de changer les armes de fes predecefleurs, & de prendre les Chaifnes croifetées d'or en champ de gueules, pour feruir de memoire d'vne victoire fi glorieufe, comme efcrit Garibai. Il chargea le milieu des Chaifnes d'vn Efmeraude d'azur, ainfi qu'on la voit auiourd'hui dans les armoiries du Roiaume. On eft en peine d'en fçauoir l'occafion. L'abregé d'hiftoire allegué par Garibai, l'attribuë à l'efmeraude enchaffée au milieu de la tente de Mahomet, qui eftoit enuironée d'vn treillis de fer, auquel aboutiffoient les chaifnes qui fermoient l'efquadron. L'eloquent Muret en fon oraifon 15. qu'il prononça deuant le Pape Pie IV. au nom du Roi Antoine, & de la Reine Ieanne de Nauarre, pour lui congratuler fon élection, dit que le General More fe nommoit Smaragde, & que l'on fit l'affiete de cette efmeraude au milieu des armes de Nauarre, pour fignifier la defroute de ce General Smaragde, & la place qu'il tenoit dans fon camp. Ie ferois d'accord auec Muret, que l'efmeraude fignifie le Roi More, qui fe nommoit Mahomet, felon toutes les hiftoires, & non pas Smaragde; Mais pourtant il auoit le furnom de Verd, pour auoir le turban de cette couleur, comme eftant iffu de la race de Mahomet. De forte que l'efmeraude peut fignifier auec conuenance, le General qui portoit le nom de Mahomet le Verd. Elle eft fermée, & Pometée, comme parlent les anciens traictés des armoiries. Ce qui fignifie les chaifnes qui fermoient le camp, & le pauillon de ce Prince More. Neantmoins ie defire que l'on confidere, que Sance craignant de tomber en quelque impieté, s'il quitoit des armes fi honorables que la Croix, qui eftoit l'ancien blafon de fon Roiaume, en voulut retenir la figure en fes Chaifnes croifetées, & pometees, & ne fit qu'vne addition de la matiere, & vn changement du metal & de la couleur, pour s'obliger dauantage à l'honneur & au feruice du Crucifié, par la fouuenance d'vne feconde merueille operée contre les ennemis de la Croix.

XII. Ie fuis obligé d'auertir en cét endroit le Lecteur, qu'il y a plus de fept ans, que i'auois compofé le traicté de l'origine du Roiaume de Nauarre, dont eft formé ce fecond Liure de mon hiftoire, & qu'en fuite i'auois enuoyé à Iean Briz Martinez Abbé de la Penna en Aragon, vne refutation en Latin, des Six Rois de Sobrarue que l'on a produit fur le theatre depuis vn fiecle, & pretendu auctorifer par les Archifs de fon monaftere; A quoi il fit vne refponfe concertée auec le Docteur Carrillo Abbé de Montaragon, perfonage de grande probité & erudition, auoüant que s'il faloit agir en cette matiere par raifonnemens, & par fubtilité de difpute, mes penfées eftoient affés probables: mais que cela choquoit les anciennes traditions de leur Roiaume, defquelles on ne deuoit pas fe departir facilement. Le fieur d'Oyhenard homme de grand merite, à qui i'ai donné fouuent connoiffance de mes foupçons, & communiqué cette difpute, a toufiours en cela fort approuué mes fentimens, mefmes il a fort foigneufement examiné cette matiere en fon Liure docte, & curieux intitulé, la Notice de la Vafconie, où il confirme & appuye fort puiffamment fes opinions & les miennes, touchant l'eftabliffement du Roiaume de Nauarre, l'affiete, l'ordre, & le reftabliffement des Rois de la race d'Eneco, & la refponfe aux preuues des Hiftoriens d'Efpagne, pour les Rois qu'ils placent auant le Roi Eneco. Ie m'eftois ferui pour le reftabliffement de cette genealogie, de la relation de Garibai, tirée d'vn ancien Liure du Monaftere de Leyre, qui en rapporte le fens, quoi qu'auec vn peu de confufion. Mais le foin du fieur d'Oyhenard nous a donné ce Fragment en propres termes : d'où l'on aprend que ce moine qui le dreffa, tombe dans la mefme faute, que celui de la Penna, auançant d'vn fiecle le temps de ces Rois : quoi que nous lui foyons plus obligés qu'à l'autre, en ce qu'il reprefente au vrai la race d'Eneco ; qu'il nomme *Eneco Garfeanes*, c'eft à dire, fils de Garcia. On a eftimé iufqu'à prefent, felon le témoignage de Roderic de Tolede, que ce premier Eneco eftoit venu du Comté de Bigorre ; mais le fieur d'Oyhenard penfe qu'il eftoit Vicomte de Baigorri, qui eft vne vallée de Baffe Nauarre de deux lieuës d'eftenduë, où il y a fix villages, & le tiltre de Vicomté, qui s'eft conferué en la maifon d'Etchaus : le lieu principal eftant nommé dans vn ancien tiltre Sainct Eftienne de Harizeta, d'où pourroit eftre procedé le furnom de Eneco *Arifta*. I'auouë que cette inuention eft ingenieufe, & digne de l'affection d'vn honefte homme, qui defire procurer quelque ornement à fon païs. Mais la qualité de Comté, que Roderic donne au païs de Bigorre, d'où vint le Roi Eneco ; laquelle n'eftoit attribuée en ce temps, qu'à l'eftenduë d'vn Gouuernement de Diocefe, comme ie verifie fort exactement en diuers endroits de cette œuure, ne peut eftre donnée à la Vallée de Baigorri ; qui mefmes ne peut eftre appellée proprement Vicomté, qui eftoit la Lieutenance Generale du Comté ; mais improprement, en la prenant pour vne Vicairie, ou Vicomté particuliere dans quelque petite portion du Comté, comme i'explique ces chofes, au I. Chapitre, du quatriéme liure. Quant au furnom d'Arifta, on ne peut le prendre de celui du village de Sainct Eftienne, fans ruiner le témoignage de Roderic, qui affeure que *Arifta* valoit tout autant que Hardi & determiné, ainfi que i'ai faict voir au Chapitre huictiefme de ce liure.

Iuan Bliz l. 1. c. 6. 7. & 29. l. 2. c. 4. 7. Blancain Commentariis. Garibaius l. 21. c. 7. l. 24. c. 19 & alibi.

HISTOIRE DE BEARN,
LIVRE TROISIEME.

CHAPITRE I.

Sommaire.

I. Le Comté, & le Duché des Gascons vacants. II. Aznar est pourueu du Comté, & se rebelle contre Pepin Roi d'Aquitaine. III. Il est le mesme que le Comte Azenarius, qui fut defaict en Nauarre. IV. Totilus fut pourueu du Duché. Examen du temps de son Gouuernement. V. Combats de Totilus auec les Normans; qui ruinent la Gascogne. Rebellion du Comte des Gascons contre le Duc. Le Duché de Gascogne accreu de la ville de Bourdeaux; qui deuint chef de la Nouempopulanie. VI. Victoire des Normans. Siguin Duc de Gascogne pris & tué. Ademar expliqué en ce qu'il le nomme Comte de Bourdeaux. VII. Les Normans prenent Bourdeaux, & le Duc Guillaume. Leur longue residence dans cette ville; & les ruines qu'ils firent aux villes, & aux Prouinces de France.

I. 'Ai remarqué au Ch. 29. du Liure I. que la Gascogne estoit diuisée en deux parties, dont l'vne estoit nommée le Comté des Gascons, & l'autre le Duché; & que Loup qui possedoit le Duché, auoit esté banni l'an 819. par Arrest de la Cour de France; Et Siguin deposé du Comté de Gascogne, l'an 816. & que Garsimir, qui auoit esté substitué par les peuples rebelles, auoit esté defaict par l'armée de Louis le Debonnaire. De sorte que ces Gouuernemens estans vacans, il fut necessaire de les remplir de personnes fideles & asseurées à l'estat. Ce soin regardoit Pepin, l'vn des enfans de Louïs, qui auoit esté declaré Roi d'Aquitaine par son pere, en l'assemblée generale tenuë en la ville d'Aix l'an 817.

II. Pepin conserua l'administration de la Gascogne en la mesme, forme qu'elle estoit auparauant: de sorte qu'il pourueut le Comte Aznar, non pas du Comté d'Aragon, comme quelqu'vn a pretendu, mais du Comté des Gascons, ainsi que l'on aprend de l'Auteur de la Chronique manuscrite de Sainct Arnoul de Mets, que le sieur du Chesne m'a communiquée. Car il escrit en l'année 836. que *Azenarius Comte de la Gascogne Citerieure, qui s'estoit retiré quelques années auparauant de l'obeissance de Pipin, estoit decedé d'vne façon de mort espouuantable, & que son frere Sance s'estoit emparé de ce païs contre le gré de Pipin.*

III. Ce Comte Azenarius est sans doute le mesme, que le Comte de ce nom, qui fut employé, en compagnie du Comte Ebles, contre les Nauarrois; qui le relascherent apres la defaicte de l'armée Françoise, à cause qu'il estoit de leur parenté. D'où l'on peut recueillir, qu'il n'estoit pas François d'origine, mais Gascon. La Chronique de Mets remarque expressement, qu'il se rebella contre Pepin Roi d'Aquitaine. Il y a grande apparence que pour se maintenir, il fit vne forte ligue auec Eneco Comte de Bigorre & de la Marche d'Espagne, que les Nauarrois eleurent en ce temps pour leur Roi. D'où l'on peut aussi conclurre, que ce nouueau Roi n'estoit pas le Vicomte de Baiguer, ou Baigorri, comme pretend l'Auteur d'vne nouuelle opinion, dautant que le quartier de Sise en Basse Nauarre, où est situé le Vicomté de Baigorri, estant compris dans le Comté des Gascons, le Vicomté estoit Vassal du Comte Azenar, qui n'eust peu souffrir, que son suiet lui eust esté preferé en la Roiauté, & n'eust voulu se departir en sa faueur, de l'obeissance qu'il deuoit à Pepin.

IV. Quant au Duché de Gascogne, il estoit necessaire de le metre entre les mains d'vn homme de consideration, afin de contenter les esprits, que la deposition de Loup dernier Duc auoit aigris contre leur souuerain. On peut recueillir de la narration de Nicolas Bertrand, qui l'a puisée de quelque ancien manuscrit, que Totilus fut pourueu de ce Gouuernement lors que le Duché vint à vacquer, qui fut en l'an 819. Car il escrit que l'année 28. de son Gouuernement, les Normans ruinerent la Gascogne, apres auoir manqué l'entreprise, qu'ils auoient sur la ville de Bourdeaux. De maniere, que comme cette ville ne fut prise que l'année 848, cette premiere irruption des Normans, & par consequent l'année 28. de *Totilus* precede celle de 848. Et reculant vers le temps de la deposition de Loup, tomberoit precisément en l'année 845. si cette date de l'année du Gouuernement de Totilus, estoit entierement asseurée. Mais il y a vne erreur fort notable, qui est conuaincuë par l'Eclipse du Soleil, que ce manuscrit rapporte estre arriuée le 5. des Nones de May, en l'indiction quatriesme, qui preceda les violences commises par les Normans dans la Gascogne. Car cette Eclipse est celle que l'Auteur de la vie de Louïs le Debonnaire, & les Annales de Fulde ont obseruée, qui arriua l'année 840. peu de iours auant le decés de cét Empereur. Elle tombe au Troisiesme des Nones de May, c'est à dire au Cinquiéme du mois, en l'indiction troisiéme, selon le calcul qu'en a fait le tres-sçauant P. Petau en son Liure de la Doctrine des temps. Par consequent, comme les nombres sont faux en cette circonstance de temps, dans le manuscrit de Bertrand, on ne peut faire fondement, sur ce qu'il escrit de l'année 28. du Gouuernement de Totilus.

V. En tout cas, cette narration asseure que les Normans apres auoir manqué leur entreprise sur Bourdeaux, ruinerent les Cités de Gascogne, Basas, Sotie ou Ayre, Laictoure, Acqs, Tarbe de Bigorre, Labour, Oloron, & Lascar, & que le Duc Totilus apres auoir esté batu en deux côbats, les défit, & les chassa entierement de Gascogne. L'autorité de ce Duc auoit bien son estenduë, sur le Comté des Gascons; mais ni le Comte Aznar, ni Sance son frere, qui le possedoient pendant ce temps, n'estant pas dans l'obeïssance de Pepin, ni en suite de celle de Charles le Chauue, ne reconnoissoient pas le Gouuerneur, qui estoit employé pour l'administration de tout le Duché. De sorte qu'il fut necessaire d'y adiouster le Bourdelois, pour fortifier ce Gouuernement, contre la puissance des rebelles. Ce qui peut estre verifié par le Fragment de l'ancienne Chronique de Fontanel, où l'on voit que la ville de Bourdeaux est qualifiée le chef de la Nouempopulanie en l'an 851. quoy qu'auparauant, la seconde Aquitaine eust esté soigneusement distinguée de la Gascogne. De la vient que le Duc Siguin pourueu de ce Duché, est qualifié en mesme temps Comte de Bourdeaux; Et que le Duc Guillaume Sance denombrant en la Charte de Saint Seuer les Comtés qui dependoient de son Duché de Gascogne, y comprend le Comté de Bourdeaux; Et son fils le Duc Bernard assista à l'election de l'Archeuesque de Bourdeaux, auec le Duc d'Aquitaine, en la ville de Blaye, sur la frontiere des deux Prouinces; chés Matthieu Paris mesme, la ville de Bourdeaux conseruoit encore du temps des Anglois, la qualité de premiere Cité de Gascogne, comme ie verifierai chasque point en son lieu. Il suffit maintenant d'auoir auerti le Lecteur, d'vn changement si considerable.

VI. Or comme le desordre de la maison Roiale, & les diuisions qui nasquirent entre le Roi Charles le Chauue, & les enfans du ieune Pepin, donnerent le moyen aux Normans, de faire vne descente en Aquitaine dés l'an 833. pendant la vie de Loüis le Debonaire: & depuis en Gascogne l'année 841. ils continuerent leurs rauages du costé de l'Aquitaine; De maniere qu'ayans pris terre entre Bourdeaux, & Saintes, l'an 843. il y eut vne sanglante iournée, & grandement funeste aux François, qui furent entierement defaits, & tués sur la place, à la reserue de peu de persones, qui fuirent honteusement. Siguin Duc des Gascons, fut pris & tué en ce combat, comme escrit Loup Abbé de Ferrieres, disant que cette nouuelle lui auoit esté confirmée auec serment, par ceux qui venoient des quartiers d'Aquitaine. Celui que l'Abbé de Ferrieres nomme Duc des Gascons, Ademar le qualifie Comte de Bourdeaux, & de Sainctes, faisant le recit de cette victoire des Normans, en sa Chronique manuscrite. Ce que l'on doit concilier en disant, qu'il auoit le Gouuernement de Sainctes, conioinctement auec le Duché de Gascogne, qui comprenoit sous soi le Comté de Bourdeaux. Et par ce moyen on pourra establir le Duc Siguin apres Totilus.

VII. Le Duc Guillaume pourueu de ce Duché, vacant par la mort de Siguin, ne pût arrester le progrés des Normans: lesquels prenants auantage de la déroute generale des Aquitains, ne se contenterent pas de faire des courses au plat païs, pour se retirer apres en leurs vaisseaux, ainsi qu'ils auoient acoustumé; mais apres auoir ruiné l'Isle de Ré, ils s'engagerent bien auant dans la terre ferme, prirent & sacagerent en diuers temps, les villes de Saintes, Engoulesme, Limoges, & Perigueux. En fin ils executerent leur dessein sur la ville de Bourdeaux, qui estoit extremement forte, & le Chef de la Nouempopulanie; Car bien que le Roi Charles se fust approche auec son armée iusqu'à la riuiere de Dordoigne, pour incommoder les ennemis, sur lesquels il prit neuf vaisseaux, ils surprirent de nuit, la ville par la trahison des Iuifs, qui estoient dedans, & firent prisonnier le Duc Guillaume, & en suite pillerent le Bourg de Medoc, qui est peut-estre celui de Teste de Buchs; comme rapportent la Chronique de Fontanel, & l'ancienne Chronique des Normans. Ces Payens s'establirent si puissamment en cette ville, sous leur Duc & General *Hoseri*, qu'ils la possederent long-temps, comme vne retraicte, & vn port asseuré pour eux, & pour leur armée naualle; d'où ils faisoient en suite leurs depredations, par toutes les Prouinces de France. Et particulierement en l'année 851. ayans demaré de Bour-

Bourdeaux des le commencement d'Octobre, ils entrerent dans la riuiere de Seine, & reuindrent au mois de Iuin ensuiuant, chargés de butin, & de despoüilles. Ils n'espargnerent non plus la Gascogne, en laquelle ils exercerent toute sorte d'inhumanités, ayans entierement pillé & saccagé toutes les villes, & tout le plat païs, qu'ils auoient desia desolé par leurs premieres courses de l'an 841, comme les anciens tiltres de Lascar, de Condom, de Solaignac, & celui de Nicolas Bertrand le certifient, & ainsi qu'on peut recueillir des letres du Pape Iean VIII. dont ie me seruirai en vn autre lieu.

I. Eginh. in Annal. Vita Ludou. an. 817.

II. Chronicon Ms. Sancti Arnulfi Metensis, quod est apud V. Er. Andr. Duchesnium: Anno 836. Azenarius Citerioris Vasconiæ (itą enim legendum non *Hispaniæ*, vt editum est à D. Oyhenardo in Notitia Vascon. l. 2. c. 17.) Comes, qui ante aliquot annos à Pipino desciuerat, horribili morte interiit, Fraterque illius Sanctius Sanctij eamdem regionem negante Pipino occupauit.

IV. Nicolaus Bertrandus lib. de Gestis Tolos. Dux interea potentissimus extitit Vasconiæ, nomine Totilus, qui per vniuersam Vacceorum gentem non exiguo tempore strenuissime tenuit principatum. Anno autem sui Ducatus 28. Indictione 4. 5. Nonas Maias, sol Eclipsim passus mox futuras esse pronunciauit commotiones regnorum, & dispersiones gentium.

V. C. Dionysius Petauius Tom. 1. de Doctrina Temp. pag. 867.

V. Nicol. Bertr. d. l.

VI. Chronicon de Gestis Norman. anno 833. Lupus Abbas Ferrar. epist. 31. Quidam de Aquitania venientes Normannos inter Burdegalam, & Santones eruptionem his diebus fecisse, & nostros, id est Christianos pedestri cum eis prælio congressos, & miserabiliter, nisi quos fuga eripere potuit peremptos. In quo bello comprehensum Ducem Vasconum Siguinum; & peremptum etiam, iuramento testati sunt.

Ademanus in Chronico: Alio anno Siguinus Comes Burdigalensis, & Santonicensis à Normannis captus & occisus est, & Santonas à Normannis concremata est, Thesauris optimis eius exportatis.

VII. Chronicon Fontanellense: Anno 848. Nortmanni Burdegalim vrbem ceperunt, & Ducem eiusdem Guillelmum noctu. Anno 851. Classis Nortmannorum fluuium Sequanam ingressa est ipso die tertio Idus Octobris Duce Hoferi, qui aliquot ante annos Roto magum vrbé depopularat ac incendio cremarat, id est anno 841. & per annos vndecim multas regiones latrocinando occuparat. Inter quas & vrbem Burdegalam munitissimam, caput regionis Nouempopulanæ, de qua tunc progressus fuerat. Chronicon de Gestis Norman. Anno 848. Nortmanni Burdegalam Aquitaniæ, Iudæis prodentibus captam, depopulatamque incendunt. Deinde Metullum vicū populantes, incendio tradunt.

R

CHAPITRE II.

Sommaire.

I. Le Comté, & le Duché des Gascons reunis, en la personne de Sance, successeur & frere du Comte Aznar. II. Sance se maintint auec les armes dans la Gascogne contre Charles le Chauue. Examen du temps. III. Sandoual refuté en son opinion touchant le Comte Sance. IV. Arnaud Duc de Gascogne, Neueu & successeur du Duc Sance. Ses combats contre les Normans. Deuotion enuers le Monastere de Solaignac. Saincte Fauste Vierge & Martyre honorée à Fezensac. V. VI. Origine des Normans. Saxons, Coste Saxonique. Danois. Normans. Vuisigoths. Vandales, qui sont les diuers noms donnés à ces peuples. VII. Ils ont rauagé la France, en diuers temps. La Frise leur a esté donnée, & puis la Normandie. Mais le Septentrion n'a pas laissé d'enuoyer de nouuelles armées contre la France.

I. L'Estat miserable, où estoit reduite la Gascogne, requeroit que ses forces qui estoient dissipées en deux corps, fussent reunies en vn seul, afin qu'elle fust plus considerable contre les violences des Normans. Pour cét effect sans attendre les ordres du Roi, tous les Gascons se rallierent sous le commandement du Comte Sance, qui s'estoit saisi du Gouuernement du Comté des Gascons contre la volonté de Pepin Roi d'Aquitaine, dés l'an huict cens trente-six, incontinent apres le decés du Comte Aznar son frere, comme nous auons apris par la relation de la Chronique de Mets. C'est pourquoi, il fut bien facile de lui persuader d'accepter le Duché de Gascogne, où il se maintint contre l'autorité du Roi Charles le Chauue.

II. Eulogius Prestre & Martyr de Cordouë, a conserué la memoire de ce Duc. Car il escrit en son epistre adressée à Vvilesinde Euesque de Pampelone du seiziesme Decembre huict cens cinquante & vn, qu'ayant eu desir de visiter ses freres refugiés en la Gaule possedée par Louïs de Bauiere, où la persecution des Mores les auoit iettés, & ayant rencontré le passage du Languedoc fermé, à cause du souleuement de la Prouince, que Guillaume y auoit faict contre Charles Roi de France, à la faueur de Abdertachmen Roi des Arabes, il auoit pris sa route pour s'esloigner de ce danger, du costé de Pampelone, d'où il croyoit partir à mesure qu'il y seroit arriué. Mais que la Gaule qui fait frontiere auec Pampelone, & Subiri, souleuée par les factions du Comte Sance Sancion contre le Roi Charles, apportoit vn grand empeschement aux voyageurs, qui ne pouuoient marcher par vn païs occupé de gens de guerre. D'où l'on aprend que la Gascogne estoit en armes contre le Roi Charles le Chauue, sous le commandement de Sance quelque temps auant l'année 851. c'est à dire au mesme temps que Guillaume auoit emeu le Languedoc, selon le tesmoignage d'Eulogius. Or la rebellion de ce Guillaume, qui estoit fils de Bernard Duc de Septimanie, ne finit point iusqu'à sa mort, qui arriua l'an 849. suiuant la Chronique de Fontanel. De sorte que Sance possedoit le Duché de Gascogne cette année là. Ce qui s'accorde auec le decés de Guillaume Duc des Gascons, qui auoit rendu ce Duché vacant l'année precedente 848.

III. Ambrosius Morales, qui a publié l'Epistre d'Eulogius auec les autres œuures de ce Martyr, accorde franchement en ses scholies, qu'il ignore l'origine du Comte Sance Sancion. Sandoual Euesque de Pampelone au Catalogue des Euesques de son Eglise, estime que ce Comte estoit le chef des Chrestiens de Pampelone ; Et que la terre fut deuoluë aux Rois de Nauarre, ou par mariage auec sa fille, ou par vsurpation sur ses heritiers. Mais il se trompe manifestement, & choque les propres termes d'Eulogius, qui place le Comte Sance dans la Gaule voisine de Pampelone ; qui n'est autre que la Gascogne ; & fait mention en la mesme letre d'vn Prince Chrestien qui regnoit pour lors à Pampelone, à sçauoir Eneco Semenonis.

IV. On pourroit encore douter, si le Comte Sance possedoit tout le Duché en l'année 851. ou bien seulement le Comté des Gascons, qui est cette portion de la Gaule qui est ioignant les quartiers de Pampelone & Subiri ; si vn vieux tiltre du monastere de Solaignac en Limosin ne leuoit la difficulté. Il m'auoit esté communiqué, il y a long-temps par le sieur du Chesne qui l'a publié depuis ; D'où l'on aprend que Sance possedoit le Duché de Gascogne, dont le Duc Arnaud son Neueu estoit possesseur l'an 864. Il est enoncé dans ce tiltre ancien, que les Danois ou Normans, ayans pris terre à Bourdeaux, & à Saintes, auoient pillé & rauagé toutes les Prouinces d'Aquitaine & de Gascogne, sacageant les villes, massacrant les habitans, & bruslant les Eglises & les monasteres : Et que l'année 864. Arnaud possedoit le Duché des Gascons pres des Monts Pyrenées, estant fils de Imon Comte de Perigort, & successeur en cette Principauté de son oncle Sancion, qui en auoit esté Duc. Ce Prince Arnaud défit bien les Normans en diuers combats ; mais ce fut tousiours auec vne perte notable des meilleurs hommes de son armée. Les Normans auoient bruslé le monastere de Solaignac, pour lequel le Duc Arnaud auoit des affections particulieres, tant à cause de son Fondateur qui estoit S. Eloi Euesque de Noyon, qu'en consideration de la bonne vie des religieux, qui gardoient exactement leur regle ; iusques-là qu'il auoit resolu d'y prendre l'habit monastique, s'il n'eust esté preuenu d'vne mort inopinée. Auant son decés il pressa plusieurs fois les moines d'aller en Gascogne pour en rapporter des reliques des Saints Martyrs. De sorte qu'enfin l'Abbé du monastere enuoya vn Prestre nommé Aldarius, auec Geofroi Neueu du Duc Arnaud, qui alloit en ces quartiers. Ce religieux apres auoir fait quelque seiour dans la maison du Duc, desesperant de rencontrer les reliques qu'il cherchoit, & craignant mesmes l'humeur sauuage des habitans, estoit sur le point de se retirer, lors que ses gens arriuerent au terroir de Fezensac, où il y auoit eu ci-deuant vne Eglise somptueusement bastie à l'honneur de Saincte Fauste Vierge & Martyre, mais qui auoit esté bruslée par les Normans. Le Religieux informé de ceci s'en alla sur les lieux, & prit auant iour dans les masures de cette Eglise, auec le consentement du Duc, & au desceu des habitans, les ossemens sacrés, qui auoient esté honnorés en ce lieu pendant vne longue suite d'années, & les transporta en son monastere de Solaignac.

V. Or dautant que les anciens tiltres de Gascogne font souuent mention des Normans, il ne sera pas hors de propos de remarquer, qu'ils ont paru sur les costes de la Gaule du temps de l'Empire Romain, sous le nom de *Saxons*, qui escumoient toutes les parties maritimes, depuis l'emboucheure du Rhein iusqu'à la riuiere de Garonne. C'est pourquoi les Empereurs Romains establirent des garnisons à Blaye, & en d'autres endroits, pour empescher leurs descentes, & nommerent toute cette longue coste, *la coste Saxonique*, & le Gouuerneur qui commandoit aux garnisons ordonnées en ces quartiers, *le Comte de la coste Saxonique*, comme l'on aprend de la Notice de l'Empire d'Occident. Ces Pirates n'auoient point changé de nom, ni de meurs, du temps de Sidonius Apollinaris, lequel en son epistre adressée à Nammatius, (qui auoit demaré de la coste de Saintes, pour les aler combatre sur mer, & empescher leur descente,) descrit fort exactement l'appareil de leurs vaisseaux legers, les surprises de leurs combats, la promptitude de leurs retraictes, leur industrie, & leur courage parmi les flots, & les orages, ausquels ils s'estoient tellement accoustumés, que les naufrages les exerçoient bien, mais ils ne les effrayoient pas, cherchans tousiours l'occasion du butin, de la pointe des rochers, où la tempeste les auoit iettés; & accompagnans leurs voleries d'vne insigne cruauté, en sacrifiant à Neptune la dixiesme partie de leurs captifs, pour auoir ce Dieu fauorable en leur retraicte. Depuis on les voit chés Gregoire de Tours sous le nom de *Danois*; lesquels comme cét Auteur escrit, prirent terre en la Gaule Belgique enuiron l'an 518. & furent defaits par le Prince Theodebert apres vn grand combat, où leur Roi Cochillac demeura sur la place.

VI. Les Danois ont esté reconnus aux siecles suiuans sous le nom de *Normans*, comme l'on aprend des Annales d'Eginhard, qui establit leurs bornes au dela de l'Elbe; Et enfin selon Helmodus, tous les peuples Septentrionaux de Noruege, Danemarc, & Suede, ont pris cette denomination, qui signifie les hommes du Septentrion au langage Danois, ainsi qu'ont remarqué Guillaume de Iumiegue, & vn certain Euesque d'Vtrec; iusques-là qu'en consequence de cette origine Luitprand appelle *Normans*, les Russiens, ou Moscouites. Asson rapporté par le sieur Camusat nomme ces peuples Normans, d'vn nom plus particulier, & auec impropriété. *Vuisigoths*; & le Moine Aimoin, aussi bien que les tiltres de Lascar, *Vandales*, ou *Gundales*. Quoi que les Vuisigoths, & les Vandales soient plus anciens que les Normans. Ces nations fournies de ieunesse, à cause de leur lasciueté, où bien à cause de la situation du païs, qui est disposé à receuoir la fecondité des influences celestes; ne pouuans entretenir vne si demesurée multitude de peuple, auoient accoustumé de s'en descharger par vne éuacuation, qu'ils faisoient de cinq en cinq ans, enuoyans des armées completes, pour fourrager, ou conquerir les Prouinces estrangeres, ainsi que le descriuent fort particulierement Dudo Doyen de Saint Quintin, Odilo Abbé de Clugni, & Guillaume de Iumiegue.

VII. Ce sont donc ces Normans ou ces peuples Septentionaux, qui sont si renommés en l'histoire de France, à cause des continueles descentes, & des grands rauages qu'ils ont fait dans les Prouinces maritimes, & fort auant dans la terre ferme, depuis le temps de Charlemagne, qui establit contre eux de fortes garnisons en tous les ports, ou entrées des riuieres de la Gaule, & de Germanie, qui tombent dans la mer Oceane. Mais ces Payens prenans auantages de la diuision des Princes Chrestiens, & des guerres ciuiles, qui auoient affoibli la France, ruinerent entierement la plus grande partie de ses Prouinces, & particulierement celle d'Aquitaine, cóme escrit le Pape Iean VIII. en ses letres; de sorte que le Roi Charles le Chauue fut obligé de leur vne grande somme de deniers sur son Roiaume, pour les faire retirer: & d'abandonner la Frise, à Geofroi leur Roi, qui espousa Gisla fille du Roi Lothaire. Ce qui seruit plustost d'allechement aux autres Corsaires de la Danie, que de frein pour les arrester : puis qu'ils remplirent encore de terreur les costes de France, les années suiuantes, & se rendirent maistres de la Neustrie, qui fut laissée à leur Duc Rollo, auec Gisla fille du Roi Charles le Simple l'an 912. Mais le Septentrion ne se lassa pas d'enuoyer encore ses Normans, dans des nouuelles flotes; qui furent defaicts par Guillaume Duc d'Aquitaine l'an 923. & encore apres en Gascogne par le Duc Guillaume Sance, ainsi que l'on verra en son lieu.

II. Eulogius Cordubensis in ep. ad Vuilesindum: Ipsa iterum quæ Pampilonam & Seburicos limitat Gallia Comata, in excidium prædicti Caroli contumaciores ceruices factionibus Sancij Sancionis erigens, contra ius Præfati principis veniens, totum illud obsidens iter, immane periculum commeantibus ingerebat. Chronicon Fontanellense anno 849.
III. Ambrosius Morales in scholiis ad ep. Eulogij. Sandoual. in Catal. Episcopo. Pampil. pag. 10.
IV. E Ms. Cod. Eccles. Lemouic. edito in t. 2. Histor. Francorum pag. 400. Eo tempore (id est anno 864.) apud Gascones quibus montes Pyrenæi vicini sunt, Ducatus apicem Arnaldus vir illuster obtinebat. Hic etenim filius cuiusdam Comitis Peragoricensis vocabulo Imonis fuerat, & aunculo suo Sanctioni, qui eiusdem Gentis Dux fuerat, in Principatum successerat.
V. Notitia Imperij. Sidonius l. 8. ep. 6. Greg. Tur. l. 3. c. 3.
VI. Eginh. in Annal. 813. Helmoldus in Hist. Slauor. Luitpr. l. 5. Hist. Aim. l. 4. c. 55. Dudo à S. Quintino editus à Duchesnio. Vuillelm. Gemmetic. lib. 1. de Ducib. Norm.
VII. Eginh. in vita Caroli M. Ademarus in Chronico: His temporibus Nortmanni diffusi sunt per Aquitaniam, quia Duces eius bellis deciderant, nec erat qui resisteret. Ioannes VIII. ep. ad Frotarium: Quia Burdegalensem Ecclesiam totamque pene sub eius regimine habitam diœcesim ita Paganorum frequentes gladij prædæque continuæ consumpsit irruptio, vt pene illic omne Episcopale vacet officium. Ardealdus l. 1. de Mirac. S. Benedicti c. 33.

CHAPITRE III.

Sommaire.

I. Duché de Gascogne vacant par le decés du Duc Arnaud. Les Gascons veulent proceder à l'election d'vn Duc, & rendre le Duché hereditaire. II. Sance Mitarra fils du Comte de Castille, eleu Duc, ou Consul. III. Explication du terme de Consul, de Duc, & Comte. IV. Sance Mitarra est autre que le Duc Sance Sancion. V. Opinion de Beloi touchant Sance Mitarra. VI. Examen de l'origine des Comtes de Castille. VII. Anciens Comtes de Castille à titre de Gouuernement. L'election des Iuges de Burgos fabuleuse. Comte de Burgos. Consul. VIII. Motif de l'election faite par les Gascons d'vn fils du Comte de Castille. Sance Mitarra petit fils de Loup Duc des Gascons refugié en Espagne. IX. Explication d'vn vieux acte sur ce suiet. Espagne, signifie les Asturies, & Castille. Le surnom de Mitarra descend du mot Arabique Medarra.

I. LA succession d'Arnaud au Duché de Gascogne témoigne assés que son oncle Sance n'auoit point eu de lignée, ou que le Duché n'estoit pas encore hereditaire. Ce qui est certain, puis que les autres Gouuernemens de France n'estoient pas reduits entierement à cette condition. Le Duché estant vacant par le decés d'Arnaud, les Gascons qui estoient obligés de se maintenir en bonne intelligence pour se defendre egalement de l'oppression des Normans, & de la vengeance du Roi Charles, estimerent qu'il estoit à propos d'euiter les ialousies & les troubles, qui ont accoustumé d'arriuer à l'occasion des nouuelles elections, & pour n'auoir pas vn estat flotant,

R iij

de l'afermir dans vne famille. A quoi ils furent dautant plus portés, qu'vn noble & genereux dsir les obligea de restablir le Duché de Gascogne, entre les mains des vrais & legitimes successeurs, qui estoient les descendans du Duc Loup Centulle, qui auoit esté banni par l'Empereur Louïs en l'assemblée d'Aix l'an 819. Or ils trauaillerent à l'establissement de ce nouuel Estat, auec vn tel succés, que le Duc qui fut eleu transmit le Duché de Gascogne à ses successeurs, qui le possederent prés de deux cens ans sans aucune interruption, comme l'on aprendra par la suite de ce discours.

II. Pour bien comprendre cette affaire, il faut sçauoir qu'on trouue le memoire de cette election, dans quelques vieilles Chartes de Gascogne, & particulierement dans les Archifs de l'Eglise d'Aux, & dans le Chartulaire du Chapitre de Lascar, & encor dans le Thresor des Papiers de la maison d'Alençon, qui sont en la Chambre des Comptes de Paris; où ces choses sont assés expliquées, quoi que le temps de l'election n'y soit point remarqué. Ie representerai les termes de ce tiltre tournés de Latin en François. *Anciennement, dit-il, lors que la Gascogne estoit priuée de Consuls, & que les François craignans la perfidie des Caualiers de Gascogne, qui auoient accoustumé de tuer les Consuls venans de France, refusoient d'accepter le Consulat; la plus grande partie des Nobles de Gascogne, s'en alla en Espagne vers le Consul de Castille, le priant qu'il leur baillast l'vn de ses enfans pour Seigneur, celui-ci bien qu'il craignist leur perfidie, leur accorda ce qu'ils demandoient, en cas qu'il y eust quelqu'vn de ses enfans qui voulust y consentir. Enfin Sance Mitarra le plus ieune de ses fils vint en Gascogne auec les Deputés, & y estant arriué fut fait Consul, & eut vn fils portant le mesme nom de Sancius Mitarra.*

III. Auant de passer outre, il est necessaire de reconnoistre quelle estoit la dignité de Consul, que la Noblesse de Gascogne donna à ce ieune Seigneur Sance Mitarra. Cette diction de *Consul* est prise dans les auteurs du moyen aage, pour signifier vn Comte, & celle de *Proconsul* ou *Viceconsul* pour vn Vicomte, ainsi que ie verifie par diuers textes Latins assés curieux, qui sont inserés au bas du Chapitre. Encore faut il obseruer pour vne bonne fois, que dans les anciennes Chartes, les qualités de Duc, de Marquis, & de Comte sont prises fort souuent auec indiference, comme le sieur Catel a remarqué soigneusement pour les Comtes de Tolose, & Francisco Diago pour les Comtes de Barcelone, & que les pieces qui seront produites ci-apres le iustifieront, pour le regard des Comtes ou Ducs de Gascogne. Ce n'est pas que dans l'vsage des Romains, il n'y eust difference entre le Duc, qui commandoit les armes dans vne Prouince, & entre le Comte qui auoit la charge ordinaire de la Iustice, des finances, & de la police d'vne Cité, comme l'on aprend de plusieurs Loix du Code. Ce qui a esté suiui par les anciens Goths en Italie, & en Espagne, chés Cassiodore, & les Loix Vvisigotthiques; & mesmes par les anciens François chés Gregoire de Tours. Mais dautant qu'il y auoit aussi des Comtes, qui auoient annexées à leur charge la surintendance des armes, qui estoit la fonction particuliere des Ducs, ces qualités ont esté confondües peu à peu: & particulierement depuis que ces charges ont esté renduës hereditaires. Ce qui a quelque exemple dans l'antiquité; dautant que ceux qui auoient esté vne fois employés en la fonction de Ducs, n'abandonnoient point ce tiltre, encore qu'ils fussent pourueus en suited'vn Office de Comte, retenans en leurs signatures, l'vn & l'autre de ces tiltres, comme l'on voit parmi les souscriptions des Conciles de Tolede, ou plusieurs Officiers Palatins, se qualifient Comtes & Ducs conioinctement. Ce qui fut imité par Ferdinand de Castille, auquel le Concile de Coyaca tenu l'an 1050. donne en ses Canons le tiltre de Comte & de Duc de Castille indiferemment.

IV. On pourroit douter ſi ce Conſul, Comte, ou Duc de Gaſcogne Sancé Mitarra, n'eſt pas le meſme auec le Comte Sance Sancion, dont il eſt fait mention dans la letre d'Eulogius. I'auoüe que comme i'auois le premier deſcouert ce Duc dans Eulogius, ie l'auois confondu auec Sance Mitarra, dans vn Traité des Ducs de Gaſcogne que i'enuoyai il y a douze ans à feu Monſieur de Lomenie Secretaire d'Eſtat. Mais ayant depuis conſideré cette matiere de plus prés, ie reconnois qu'il faut de neceſſité diſtinguer l'vn de l'autre, ſi l'on veut conſeruer l'autorité de diuers tiltres en leur entier; comme le deuoir y oblige, ſi l'on eſt contraint par quelque erreur notable, de s'en departir. Car l'ancienne Charte ne s'arreſte pas nuëment à propoſer l'Election de Sance Mitarra; mais elle fait le denombrement de ſes ſucceſſeurs de pere en fils, remarquant fort expreſſément que Sance Mitarra fils du premier Sance Mitarra, recüeillit la ſucceſſion de Gaſcogne. Au lieu qu'il n'aparoiſt point que le Duc Sance Sancion ait eu aucune lignée, mais pluſtoſt on aprend par le tiltre de Solaignac, que le Duc Arnaud ſon Neueu lui ſucceda: qui eſt vn Duc que les tiltres de Gaſcogne ne reconnoiſſent point dans la race de Sance Mitarra. I'adiouſterai vne ſeconde conſideration tirée de l'origine du nouueau Duc Sance, qui eſtoit fils d'vn Comte de Caſtille; au lieu que Sance Sancion eſtoit Comte des Gaſcons; & de cette dignité fut promeu à celle de Duc. Mais parce que pluſieurs ont voulu ſe perſuader, que ce diſcours ne pouuoit point s'accommoder au train de l'hiſtoire des Comtes de Caſtille, il faut examiner plus particulierement cette queſtion.

V. Pour cét effet on doit conſiderer l'opinion du ſieur Beloi, Aduocat General du Roi en la Cour de Parlement de Toloſe, qui auoit eu connoiſſance de l'Election de Sance Mitarra, dont il parle en ſon Traité ſur l'Edit de la Reunion de l'ancien Domaine de Nauarre: Mais il ne peut ſoufrir que les vieux papiers certifient, qu'il deſcendoit de Caſtille; & commet vne autre faute, qui lui eſt commune auec Ferron, & Chopin, en ce qu'il le fait premier Comte d'Armaignac, & non pas de Gaſcogne, dautant que la maiſon de Gaſcogne lui eſtoit inconneuë. Les raiſons qu'il a pour ne ſe perſuader pas, que l'origine de ce Comte deſcendiſt de Caſtille, quoi qu'il auouë que la vieille Charte du païs le contient, ſont priſes, de ce que les hiſtoriens de Caſtille ne font aucune mention du païs d'Armaignac, ni d'aucune Prouince qui ſoit deçà les monts. Outre que les Caſtillans ne ſont iamais entrés en France pour y planter leurs armes, & faire des conqueſtes; eſtans auſſi trop eſloignés de nous, & ayans entre deux, depuis huit ou neuf cens ans, le Roiaume de Nauarre, dont ils n'ont pas aimé les Rois. Que s'il faut vſer de preſumption en vne choſe ſi obſcure, & ſi eſloignée de nos ſiecles, il eſtime que l'origine de ces Comtes ſeroit venuë de Nauarre; tant parce que les premiers Rois de ce Roiaume ſont venus de Bigorre, que par ce que Sance le Maieur vint en France, auec vne armée l'an 1013. & conquiſt la Prouince de Gaſcogne vers les monts Pyrenées; laquelle il vendit depuis à vn Comte nommé *Piteus*. Les autres ſouſtiennnent, dit-il, qu'il donna cette terre à vn de ſes enfans, portant le nom de Garcias. Quoi qu'il en ſoit, il conclud, que tous ſont d'accord que le premier des Comtes particuliers d'Armaignac, fut Guillaume Garcias, fils de Sance Comte d'Armaignac, & Fezenſac. C'eſt à plus pres ce qui ſe peut recueillir du diſcours enuelopé du ſieur de Beloi, qui ſe trauaille à ruiner le témoignage de la vieille Charte qu'il allegue, & dont il deguiſe la teneur, en y meſlant ſes ſoubçons, & ſes coniectures hiſtoriques; leſquelles ſont ſi eſloignées de la verité, qu'au temps du Roi Sance le Majeur, où il veut rapporter cét eſtabliſſement des Comtes de Gaſcogne, les transformant en ceux d'Armaignac, il y auoit eu deſia Six Ducs hereditaires en Gaſcogne, deſcendans de Sance

R iiij

Mitarra ; & presque le dernier masle de la race possedoit pour lors cette Prouince, ainsi que l'on verra ci-apres: Il vaut donc mieux s'arrester à la relation des anciens tiltres, que non pas s'esgarer dans ces pensées contraires au train de l'histoire.

VI. Neantmoins il se presente vne autre difficulté assez notable, qui se recueille de l'histoire generale d'Espagne, & de celle de Roderic de Tolede, qui rapportent la reuolte des Castillans, lesquels s'estans souleués contre Fruela II. Roi des Asturies enuiron l'an 924. nommerent deux personnes auec titre de Iuges, ou d'Alcaldes de la terre, pour gouuerner les affaires de la guerre, & de la iustice, à sçauoir *Nunno Rasura, & Lain Caluo* son gendre. De Rasura nasquit *Gonsal Nugnes*, & de celui-ci Don *Fernand Gonsales*, premier Comte proprietaire de Castille ; qui estoit vn Prince aussi accompli, qu'il en y eust de son temps en toute l'Europe: Mais dont le temps tombe en celui du Duc Guillaume Sance, qui estoit le sixiesme en ordre apres Sance Mitarra ; Et par consequent le Comte Sance n'a pû estre fils du Comte de Castille, si Fernand Gonsales a esté le premier de cette Prouince. Pour nous deueloper de cette difficulté, il faut auoir recours à Sandoual Euesque de Pampelone, en la Vie du Roi Don Ordonius II. & en celle du Comte Don Fernand Gonsales: où il distingue netement les Comtes hereditaires & proprietaires de Castille, de ceux qui l'estoient par commission, & à tiltre de Gouuernement: Asseurant selon la preuue qui se recueille des anciens tiltres, qu'il y auoit en mesme temps diuers Comtes aux Prouinces de Castille, sous l'obeïssance des Rois des Asturies, qui leur donnoient ces charges, & dignités. De maniere qu'il y auoit vn Comte en la *Rioxa*, vn autre en *Amaya*, vn autre à *Lara*, & à *Osona*, & en diuers autres quartiers ; iusqu'à ce que Fernan Gonçales se rendist maistre, & Comte proprietaire de tous ces Gouuernemens particuliers, qui estoient compris dans Castille la Vieille ; les tenant neantmoins sous l'homage de la Couronne de Leon ; & transmit le Comté en mesme estat, à son fils *Garcia*, & celui-ci au Comte *Sance Garcia*, qui engendra la Reine *Donna Major* femme du Roi Sance le Grand ; en la personne de laquelle la Castille ayant esté ioincte à la Couronne de Nauarre, le Roi Sance la bailla en partage à son fils Fernand, à tiltre de Roiaume enuiron l'an 1030.

VII. Or qu'il y eust en mesme temps diuers Comtes particuliers de Castille, auant le Comte Fernand, Sandoual le verifie fort exactement ; D'autant que l'on voit parmi ceux, qui assisterent l'an 877. à l'erection de l'Eglise d'Ouiede en siege Metropolitain, *Odaricus Castella, & Auca Comes*, c'est à dire Comte de Castille, & des monts de Oca, chés *Sampirus* auteur du siecle suiuant. En mesme temps estoit aussi Comte de Castille Don Diego, comme il apert par les memoires du monastere Saint Æmilian. A quoi i'adiouste, que l'autorité de Sampirus leue entierement la doute, lors qu'il escrit en la vie du Roi Ordonius II. qu'il fit venir à sa Cour les *quatre Comtes*, qui gouuernoient la Castille, & les fit mourir tout incontinent, à cause qu'ils s'estoient reuoltés contre lui enuiron l'an 920. Ce qui donna suiet, à mon auis, au Comte Fernand, qui auoit sa portion du Comté, dés l'an 904. de s'emparer des places vacantes, & de se porter pour Comte General de Castille. Ce qui nous oblige à ne nous arrester point à l'election des deux Iuges de *Burgos*: qui est vne fourbe, que l'histoire de *Sampirus* ne peut souffrir ; & que Sandoual a reconnuë ; mais il aime mieux la plastrer, que la refuter ouuertement. Comme aussi a-il omis de remarquer, que Sampirus nomme en cét endroit la Castille, terre *de Burgos*, & plus bas, le Comte de Castille Fernand Gonsales *Burgensem Comitem* ; se prenant pour l'autre dés le temps de Sebastian de Salemanque, qui viuoit l'an 860. Car en la vie d'Alfonse le Catholique, il dit expressément que *Burgos* estoit appellée *Castille* ; à cause que la ville de Burgos estoit le Chef de cette Prouince, sur-

Liure troisiesme. 201

nommée auiourd'hui Castille la Vieille. Or la Castille auoit ses Comtes, & Gouuerneurs particuliers, sous les Rois des Asturies, non seulement au temps que i'ai remarqué; mais aussi dés l'an 760. iusqu'à l'an 771. 75. & 78. Ce que Sandoual iustifie, faisant voir que pour lors estoit Comte de Castille Don Rodrigo, qui estoit present à la fondation du monastere de Saint Martin de Ferran; & en diuers autres actes, dont Garibai fait mention. De sorte qu'il n'y aura aucun manquement, contre la verité de l'histoire, si l'on presuppose suiuant les anciennes relations, que les Gascons ont choisi le fils d'vn Comte de Castille, enuiron l'an 870. puis qu'il demeure verifié qu'auant, & apres cette année, il y auoit diuers Comtes de Castille à tiltre de gouuernement, pourueus de ces dignités par les Rois des Asturies, & de Leon. Et afin d'oster le doute, que les scrupuleux pourroient auoir sur le terme de *Consul*, i'adiouste en ce lieu, que cette diction estoit receuë en Castille, pour signifier vn Comte; comme l'on peut voir en l'acte de la fondation que fit le Comte Fernand Gonçales, du monastere de Tabladillo l'an 930. dont les termes sont au bas du Chapitre.

VIII. L'affaire donc reuient à ce point, de sçauoir qu'elle occasion a pû obliger les Gascons de passer les monts, pour prendre dans la maison d'vn Comte ou Gouuerneur de Castille, celui qu'ils establissoient sur eux par Election: comme si cette belliqueuse nation n'auoit point de races asses illustres, ni des personnes d'vn merite asses grand, pour supporter cette dignité. C'est ce qui peut encore rendre douteuse cette narration; dautant plus que la distance de Castille ne pouuoit faire esperer aux Gascons aucun secours, pour maintenir leur Election. Mais comme i'ai insinué au premier nombre de ce Chapitre, il y auoit vne raison pressante, qui contrebalançoit toutes ces considerations, prise du desir de restablir l'autorité Ducale en la race des Gascons, qu'il auoient possedée si longuement, & en auoient esté despoüillés par les Rois de France. Car on a remarqué que Loup Centulle Duc de Gascogne fut banni du Roiaume par l'Empereur Loüis, en l'assemblée des Estats generaux tenus en la ville d'Aix l'an 819. Il se retira chés le Prince Chrestien plus voisin, qui estoit le Roi des Asturies & de Galice Alfonce le Chaste; où il fut honorablement receu suiuant sa qualité, & lui, ou son fils aisné pourueu d'vn gouuernemét en Castille, pour lui rendre sa residéce moins ennuyeuse. Sáce Mitarra petit fils de Loup nasquit en Castille, où il receut le nom de Sance, qui estoit en vsage depuis le temps des Goths: & se trouuant en la fleur de son aage, fut esleu par les Gascons pour estre leur Comte, & pour lui rendre ce qui apartenoit à ses Ayeux. I'ai recueilli cette antiquité d'vn vieux parchemin, où estoit contenu l'acte de la donation que firent Guillaume Sance Comte de Gascogne, & Gaston Centulle Vicomte de Bearn, en faueur de l'Abbaye Saint Vincent de Luc fondée dans le Diocese d'Oloron; que ie representerai traduit en François: *Lors que Guillaume Sance Comte des Gascons donna le lieu de Luc à Dieu & à S. Vincent, Gaston Centulle Vicomte de Bearn, ne vouloit pas y consentir, ni quiter la part qu'il auoit audit lieu. Mais enfin il y aquiesça, par les prieres de l'Abbé Garcia, qui lui remontra la parenté, qui estoit entre lui & le Comte; & comme l'Ayeul de Guillaume, estoit venu d'Espagne, où son pere s'estoit retiré du temps de l'Empereur Loüis: lequel Empereur auoit inuesti de ce païs, l'Ayeul du Vicomte, qui estoit de sa race.*

IX. Il me semble que cette piece insinuant expressément, que les predecesseurs du Comte de Gascogne s'estoient retirés en Espagne, du temps de Loüis le Debonnaire, face allusion au banissement du Duc Loup; au frere duquel, ou à quelqu'vn de ses enfans, l'Empereur Loüis donna l'inuestiture du païs de Bearn, pour ne ietter pas entierement cette maison au desespoir; d'où est venuë l'Origine des Seigneurs de Bearn, comme cette relation nous certifie. Si l'on n'aime mieux rapporter l'alliance du premier Seigneur de Bearn, à la race de Loüis le Debonnaire, puis que la phrase de l'acte peut souffrir cette interpretation sans violence. Et bien qu'il semble que le terme d'Espagne, ou les Ayeux du Comte Guillaume s'estoient retirés, puisse compatir auec la Nauarre, d'où le P. Mongaillard Iesuite tiroit l'origine de Sance contre les anciens actes; Neantmoins outre ce qu'on voit dans les vieux tiltres que Sance vint de Castille, & non pas de Nauarre, on doit considerer la signification particuliere *d'Espagne*, qui est vn nom que les Rois des Asturies, & de Galice rendoient propre à la terre, en laquelle ils regnoient. Il apert de cela par l'Escriture de *Braga*, que Sandoual a produite en la Vie du Roi Alfonse le Chaste; où ce Prince dit en termes exprés, qu'il a pris le gouuernement du Roiaume de Galice, & *d'Espagne*, c'est à dire des Asturies. D'où vient que Mathieu Paris Anglois, en la Vie du Roi Henri III. nomme indiferemment Alfonce le Philosophe Roi de Castille, & Roi *d'Espagne*; & que mesmes encor auiourd'hui dans les Espagnes, on designe bien souuent les Castillans par le nom *d'Espagnols*, à l'exclusion des Nauarrois, Aragonois, & Portugais. Il reste pour satisfaire entierement à la curiosité du Lecteur d'expliquer le surnom de Mitarra que portoit le Comte Sance; Et sans doute il faut en retirer l'interpretation du païs d'où il est venu, c'est à dire de Castille. Ce n'est pas que cette diction soit Espagnole; mais elle fut empruntée par les Castillans, des Arabes leurs voisins, auec lesquels ils auoient des guerres continueles. Et dautant que le Comte Sance estoit employé en la fleur de sa ieunesse, pour faire des courses dans la frontiere des Sarasins, où il faisoit tous les degasts que les loix de la guerre de ce temps, lui permetoient de faire, il fut surnommé par les Sarasins *Medarra* en langage Arabique, qui signifie Ruine, & Degast. De sorte qu'il prit à honneur ce tiltre, & voulut de là prendre vn surnom honorable de Sance *Medarra*, corrompu en celui de *Mitarra*, pour signifier qu'il estoit le Fleau, la Ruine, & la Desolation des Sarasins.

II. E Chartario Lascurrensi, & Auscensi, & Alenconio: Priscis temporibus cum Gasconia esset orbata Consulibus, & Francigenæ timentes perfidiam Vasconiæ militum Consules de Francia adductos interficere solitorum Consulatum respuerent, maxima pars Nobilium virorum Vasconiæ Hispaniam ad Consulem Castellæ ingressi sunt, postulantes vt vnam de filijs quos habebat eis in Dominam daret. Hic autem quamuis audita perfidia sibi & filijs timeret, si quis ex ipsis venire vellet, concessit. Tandem, Sancius Mitarra, minimus filiorum cum illis viris Vasconiam venit, ibique Consul effectus, filium qui similiter Mitarra Sancius vocatus est habuit.

III. Papias in Vocabulario: Consules, Comites. In libello Audentij Episcopi Metensis relato apud Baronium anno 861. n. 30. de Therperga infestus ea: Iudicio Consulum damnatur, misericordia præsulum saluatur. Abbo l. 2. de obsidione Parisiensi: Perdidit ergo suosilhc Willelmus honores Hugoni regnante datos, qui Butiricensis Princeps extiterat Consul; quare fuit actum, hos inter Comites immane duellium. Quibus adde quæ adnotauit Henricus Spelmannus Eques Anglobritannus in Glossario: Consul, Consulatus, ab auctoribus mediorum seculorum vsurpantur pro Comite, & Comitatu. Leges Edouardi Confessoris cap. 11. Quod modo vocatur Comitatus, olim apud Britones temporibus Romanorum in regno isto Britanniæ vocabatur Consulatus; & qui modo vocantur Vicecomites, tunc temporis Viceconsules vocabantur. Ille vero dicebatur Viceconsul, qui Consule absente illius vices supplebat in iure, & in foro Etheluredus Anglosaxo in anno Domini 871. Vndecim Consules ruunt quos illi (Dani) Eorlas so'ent nominare. Fundatio monast. de Tabladillo an. 930. apud Sandoual. in vita Fernandi: sancius Princeps in Legione, Consulque eius Ferdinandus Gundesalui,

VI. Gaubai l. 16. c. 2. Sandoual. in Vita Ordonij II.

VII. Sebastianus in Vita Alfonsi Catholici: Burgis quæ nunc Castella apellatur. Sampirus in Vita Ordonij, Sandoual in Vita Fernandi Gundisaluj.

VIII. Tabulæ monasterij de Luco: Quando Dominus Willelmus Sancij Comes Gasconiorum dedit villam de Luco Deo & S. Vincentio, Gasto Centuli Vicecomes B. nolebat assentiri & dimittere partem suam: sed tandem acquieuit, victus precibus Garciæ Abbatjs qui ei suam consanguinitatem cum dicto Comite replicauit, & quomodo venisset de Hispania Auus Domni Willelmi, vbi se contulerat pater eius tempore Domni Ludouici Imperatoris; qui quidem Rex de hac patria vestituram dedit auo Vicecomitis, qui erat de eius progenie: & dedit Deo & S. Vincentio partem suam super altare.

IX. Tabula Bracarensis apud Sand. Postquam totius Regni Galleciæ seu Hispaniæ suscepi culmen.

CHAPITRE IV.

Sommaire.

I. *La Race du Duc Sance Mitarra.* II. *Le Duc Arnaud n'est point successeur de Sance Mitarra. Sance Mitarra Second succede à son pere, & n'est point fils de Garcia Enecones Roi de Nauarre. Les figures que l'on voit sur les portes de quelques Eglises de Gascogne expliquées.* III. *Garcia Sance fils de Sance Mitarra Second, & mari d'Honorete. Elle rebastit l'Abbaye de Condom. Guillaume Garcia Comte de Fezensac. Arnaud Comte d'Astarac, surnommé Nonnat, & pourquoi.* IV. *Sance Garcia fils du Comte Garcia, receut en partage la Grande Gascogne. Geruais de Tisleberi. Ses deux Descriptions des Gaules. En l'vne, Gascogne comprend les Metropoles d'Aux, & de Narbone. Maior Vasconia est la Prouince d'Aux, opposee à la Prouince de Narbone. Vasconia prise pour la Metropole de Bourdeaux. Vasconia Curta prise pour la Prouince d'Aux, apres que Narbone fut retranchée de Gascogne.* V. *Comtes particuliers de Bourdeaux. Guillaume le Bon, qui restablit le Monastere de Sainte Croix.*

I. IL faut examiner en ce lieu la race de Sance Mitarra, qui est le chef & l'origine des Ducs hereditaires de Gascogne. Pour cét effet ie deduirai sa descente selon la foi de diuers tiltres : & metrai en teste la relation des Eglises d'Aux, & de Lascar, & de la maison d'Armaignac, qui sera plus d'impression estant rapportée en sa simplicité naturelle, que si ie la desguisois auec vn discours fardé. Elle porte que Sance Mitarra eut pour successeur, son fils de mesme nom. Celui-ci engendra Garcia Sance le Courbé, qui eut trois enfans, ausquels il partagea la Gascogne, & bailla la grande Gascogne à Sance Garcias, le Fezensac à Guillaume Garcias, & l'Astarac à Arnaud Garcias. Sance Garcias engendra deux fils naturels Sance Sance, & Guillaume Sance. Guillaume Sance engendra le Noble Duc de Gascogne Sance. Cette genealogie est confirmée par vn acte tiré du Thresor d'Albret, dont l'extraict est deuers moi, escrit de la main de Iean de Marca mon bisayeul, Conseiller en tous les Conseils de Henri Roi de Nauarre dés l'an 1522. Où l'on voit Sance Mitarra de Castille esleu Consul de Gascogne, qui laisse la succession à son fils de mesme nom.

II. De sorte que l'on ne peut sans violer l'autorité de quatre tiltres tres-anciens, metre le Duc Arnaud entre Sance Mitarra, & son fils; puis que celui-ci succeda immediatement à son pere. Ce qui m'empesche aussi de suiure la coniecture du sieur d'Oyhenard, qui establit le Roi de Nauarre Sance Abarca, fils du Roi Garcia Enecones, pour successeur du Comte Arnaud. Ce qui est auancé contre la teneur des anciennes Chartes de Gascogne, qui n'eussent pas obmis de donner à la maison de leurs Ducs, vne origine qui leur estoit si auantageuse, en cas qu'elle eust esté veritable. Et les soupçons ne sont pas suffisans pour renuerser vne relation si bien establie; dautant plus que la conqueste que Garibai pretend auoir esté faite dans la Gascogne par le Roi Sance Abarca, ne peut estre estenduë au delà des vallées de Bastan, & de Sise, qu'il peut auoir acquis à la Nauarre : Et que les Monogrammes que l'on voit sur les portes des anciennes Eglises en Gascogne, & en diuers endroits de Bearn, aussi bien qu'en diuerses inscriptions des tombeaux, qui sont representées au Volume de *Rome Sousterraine*, ne sont pas les armes ni des Rois de Nauarre, ni des Ducs de Gascogne; mais le nom de I. C. en letres Grecques par abregé, disposées en forme de Croix, suiuant l'vsage pratiqué aux drapeaux militaires des Empereurs Chrestiens; qui estoit vne façon de figurer le *Labarum* de Constantin.

III. A Sance Second succeda le Duc Garcias Sance le Courbé, qui espousa Honorete, selon la relation d'vn ancien tiltre de Condom; dont elle restablit l'Abbaye qui auoit esté ruinée par les Normans. Ce Duc partagea son fils aisné Sance Garcias de la grande Gascogne, pour vser des termes des vieilles Chartes, Guillaume Garcias du Comté de Fezensac, & Arnaud du Comté d'Astarac. Le Comté de Fezensac, nommé *Fidentiacus* dans la vie de l'Empereur Loüis le Debonnaire, comprenoit en son estenduë le païs d'Armaignac; quoi que celui-ci n'ait paru en tiltre de Comté qu'en la main de Bernard le Louche, auquel Guillaume son pere le donna en partage, auec la qualité de Comte, enuiron l'an 960. Et neantmoins dautant que par succession de temps, la maison de Fezensac qui estoit la souche, a coulé dans la maison d'Armaignac, celle-ci a retenu son auantage, & a fait suiure dans les actes publics, la qualité de Comte de Fezensac, comme accessoire, nonobstant son antiquité; quoi que dans les assemblées des Estats de ces païs, Fezensac conserue sa preéminence sur Armaignac. Le troisiesme fils Arnaud, dautant que sa mere Honorete deceda dans les douleurs de l'acouchement, & qu'il fut mis au monde par la dissection du ventre de sa mere, comme les Cæsons anciens, non par voye de naissance ordinaire, fut surnommé *Nonnatus*, ou Nonné; qui est vne circonstance fort remarquable, que la Charte de Condom a conseruée, laquelle me remet en memoire, ce que Suidas auoit escrit de Cesar pour la mesme consideration, à sçauoir qu'il n'estoit pas né, ἀλλὰ γεννηθείς.

IV. Considerant que Garcias Sance donna la grande Gascogne en partage à son fils aisné Sance Garcias, ayant distrait pour la legitime de ses deux autres fils, Guillaume, & Arnaud, les Comtés de Fezensac, & d'Astarac, on reconnoist bien que sous le nom de la grande Gascogne, est comprise toute l'estenduë de terre qui est hors ces deux Comtés. Mais il est raisonnable d'examiner ce point plus particulierement. Ie ne veux pas pour cét effet repeter, ce que i'ai desia amplement expliqué au L. 1. depuis le Ch. 23. touchant l'origine des Gascons, & la distribution de la Prouince en Comté, & en Duché. Mais ie veux adiouster à ces recherches vne nouuelle obseruation tirée de Geruais de Tissleberi. Cét auteur Anglois, qui florissoit enuiron l'an 1210. apres auoir enseigné le droit Canonique à Bologne, fut retenu par Guillaume Roi de Sicile pour estre de son Conseil, & en suite par Henri troisiesme Roi d'Angleterre; & en fin Othon quatriesme, Empereur recompensa son merite de la charge de Mareschal du Roiaume d'Arles. Il a composé vn liure intitulé *de Otijs Imperialibus*, distribué en trois parties, ou decisions, comme il parle, qu'il a dediè à cét Empereur; où il descrit les Prouinces du monde, & les merueilles que l'on trouue en chascune. Il fait deux descriptions de la Gaule, dont l'vne est copiée sur les anciennes Notices des Prouinces, où il declare que la Prouince Nouempopulane est celle que l'on nommoit Gascogne, sous la Metropole d'Aux: Mais l'autre description est esloignée de celle-ci, qu'il dit auoir extraite du registre de l'Eglise Romaine, tel qu'il estoit de son temps. Il distribuë la Gaule, selon la Cou-

stume

Liure troisiesme.

stume de cette Eglise en France, Bourgogne, & Gascogne. La France comprenoit six metropoles, Lion, Reims, Sens, Tours, Roüen, Berri, & Bourdeaux. La Bourgogne six autres Metropoles, Bezançon, Vienne, Tarantaise, Embrun, Aix, & Arles, qui estoit le Chef du Roiaume d'Arles. La Gascogne estoit diuisée en deux metropoles, Aux, & Narbonne. On voit la mesme diuision des Prouinces de la Gaule, & particulierement celle de Gascogne en deux metropoles d'Aux, & de Narbone, dans la Notice des Euesches de la Gaule, qui est sur la fin de l'histoire de France escrite à la main, qui est à Saint Denys, & qui finit en la vie de Philippe III. J'auoüe que ie n'ai pû rencontrer le motif de ce departement, qui comprend Narbonne sous le nom general de Gascogne: Mais on peut remarquer, comme la Prouince d'Aux est preferée dans le registre de Rome, à celle de Narbone; & peut-estre qu'en cette consideration, la vraye Gascogne possedoit anciennement le tiltre de grande Gascogne, ou *Maior Vasconia*, en comparaison de la Prouince de Narbobone, qui composoit non pas la Grande, mais la Seconde Gascogne. Toutesfois encore que dans l'ordre de l'Eglise, la ville de Bourdeaux fust comprise dans la France, elle estoit des apartenances du Duché de Gascogne, ainsi que i'ai montré. C'est pourquoi on ne doit pas trouuer estrange, que Garcias donnast le Comté de Fezensac, où estoit comprise la ville Metropolitaine d'Aux à son fils Guillaume Garcia; Puis qu'il retenoit pour son fils aisné la Cité Metropolitaine de Bourdeaux, qui estoit le siege Principal du Duché de Gascogne. Ce qui a esté cause qu'en certains exemplaires de la Chancelerie Romaine, la Prouince de Bourdeaux est nommée *Vasconia*. Ce departement de la Gascogne en deux Prouinces d'Aux, & de Narbone, fut changé par le Pape Iean XXII. de sorte que depuis ce temps le Registre de Rome, ne met sous la Gascogne, que la Metropole d'Aux; & en la Gothie, Narbone, & Tolose. D'où est venuë la denomination de *Vasconia Curta*, dans certains manuscrits, pour signifier la Prouince d'Aux, comme si l'on vouloit dire la Gascogne racourcie, *Vasconia Curta, id est decurtata* à cause de la distraction de la metropole de Narbone.

V. Quoi que la ville de Bourdeaux fust le siege des Ducs, il y auoit aussi des Comtes particuliers que les Ducs y establissoient. Car en ce temps Guillaume mari d'Aremburge, & fils du Comte Raimond & de sa femme Endregote, restablirent le monastere de Sainte Croix, que les Payens auoient demoli; Ce qui fut fait à l'instance d'vn Gentil-homme nommé Trencard, qui possedoit le sol de l'ancien edifice, & auec le consentement de l'Archeuesque Aldebert. Ces Payens, denommés en l'acte du restablissement, sont les Normans, qu'Ordericus Vitalis asseure auoir ruiné l'ancien monastere de Bourdeaux: qui est le mesme auec celui que la Notice faite du temps de Louis le Debonnaire denombre en l'Aquitaine entre les monasteres, qui ne doiuent fournir argent, ni gens de guerre, mais sont obligés seulement à faire des prieres pour la prosperité de l'Empereur, de ses enfans, & de son Empire. On peut recueillir à peu-prés le temps de ce restablissement, de ce que l'acte certifie qu'il y auoit des personnes en vie, qui auoient veu l'ancien edifice. Ce qui conuient à l'année 900. ou enuiron, dautant que la demolition tombe en l'année 848. Ce Comté fut reuni au Duché apres le deces du Comte Guillaume.

1. E Chartario Lascurr. & Auscienst: Ibique Consul effectus (1. Sancius Mitarra) filium qui similiter Mitarra Sancius vocatus est, habuit. Hic autem genuit Garciam Sancium Curuum, qui tres habuit filios, per quos Vasconiam diuisit. Sancio Garciæ dedit Maiorem Vasconiam. Willelmo Garciæ Fedenciacum, Arnaldo Garciæ Astaracum. Sancius Garcias genuit duos filios Manzeres Sancium Sancium, & Willelmum Sancium. Willelmus Sancius genuit Nobilem Ducem Vasconiæ Sancium. Willelmus Garcias Consul Fidenciacensis genuit Otonem cognomine Falca, & alterum Bernardum Luscum, qui construxit monasterium videlicet S. Orientij, & diuisit illis Consulatum suum. Otoni

dedit Fidenciacum, Bernardo Armanachum.

III. Charta Condom: Ecclesia Condomiensis à Normandis vastata, ab Honoreta vxore Garciæ cognomento Curui Vasconiæ Comitis restituta est, in honorem nostri Saluatoris sub inuocatione. B. Petri. Illius Garciæ Curui cognomento, Vasconiæ Comitis, & Honoretæ eius vxoris filius fuit Arnaldus Comes Astariacensis, cognomento Nonnatus, quod cæso matris ventre extractus fuerit. Garciæ cognomento Curuo in Vasconiæ principatu, non Arnaldus filius, sed Sancius dicti Garciæ frater successit. (vbi voci *Garciæ*, præponenda est, *Arnaldi*.) Sancius iste tres habuit filios, Sancium Sancij maiorem natu, Guillelmum, & Gombaldum. Sancius Sancij maior natu patri Sancio in Comitatu Vasconiæ successit, & sine liberis decessit. Sancio Sancij Guillelmus frater successit; qui Gombaldum fratrem sub finem vitæ in societatem adsciuit. Iste Gombaldus Hugonem filium ex legitimo matrimonio genuit, deinde episcopatus Agennensem, & Vasatensem obtinuit: tandem in Societatem Comitatus Vasconiæ à Guillelmo fratre adscitus est.

IV. Geruasius Tisleberiensis Regni Arelatensis Marescallus in Cod. Ms. Bibl. Thuanæ, in Libro de Otijs Imperialibus, Decisione 2. c. De Prouincijs & Vrbibus Galliæ; *quod editum est à V. C.* And. Duchesnio: Gasconia duos habet Metropolitanos Auxitanum, & Narbonensem. At vero in Cap. de Epilogo Capitali Prouinciarum *nondum edito*: Item Nouempopulana, quam Gasconiam dicimus, in qua Caput est Ausciorum. De prima diuisione ait, sequutum esse; *Romana Ecclesia registrum*, cuius contextum de verbo ad verbum habuit. Hanc autem (id est secundam) *Prouinciarum Seriem de Registro Romano, in quo non Secundum Archiepiscopatus,* sed secundum antiquitatis distincta officia presidatuum, vel proconsulatuum, præfecturarum & moderationum Imperij Romani ordinauimus, *hic antiquitati seruientes, illic nouitati* locum dantes. Oyhen. l. 3. Notitiæ Vasc. c. 5. testatur in veteri membrana quæ penes illum est, Aquitaniæ Secundæ tribui nomenclaturam *Vasconiæ*; tertiam vero, *Vasconiam Curtam* nuncupari. Bosquetus in Notis ad Reg. Innoc. III. asserit in veteri Codice Collegij Fuxensis apud Tolosam Nouempopulaniam vocari *Vasconiam Curtam*.

V. Fundatio monasterij S. Crucis Burdigalensis: Regnante Guillelmo Comite qui vocatur Bonus in Ciuitate Burdigalensi conuocauit maiores domus suæ quodam die, & ait ad illos; Dare mihi consilium de hoc quod vobis loqui volo. Audio quod per multas regiones construntur monasteria ad seruitium Dei faciendum in ordine Monachale, & volo vt cogitetis & dicatis in quo loco dederitis mihi consilium, vt pro redemptione Animæ meæ, vel omnibus adiutorium facientibus construatur vnum monasterium intus ciuitatem, aut foras. Erat autem Iuuenis Eloquentissimus de nobili genere, litteris eruditus, cuius nomen vocabatur *Trencardus*, locutus est coram omnibus dicens, Non est conuenientia vt tam perfecta Prouincia sicut ista est, sit extranea à consortio monachorum. Audiuimus à multis senibus dicere, quod foras Ciuitate, in oratorio quod est in honore Sanctæ Crucis ædificatum, ab antiquis temporibus fuisset habitatio Monachorum non parua, sed à Paganis est destructa, & est in mea hereditate, & fuit antecessoribus parentibus meis. Et si tibi & omnibus placet vt ræedificare velis, hoc quod ad me pertinet ad seruitium dei faciendum, ego derelinquam. Placuit hoc consilium Comiti; & omnibus qui ibi aderant scientes, quod per voluntatem dei euenisset. Venit Comes Guillelmus, & cepit ædificare, & perseuerauit. Cum completa esset edificatio monasterij, constituit XIII. Monachos, & Abbatem XIIII. cui nomen Elis in seruitio Dei perseuerantes, & congregans omnes principes Burdigalensium, vocauit matrem suam nomine *Entregodis*, & vxorem suam *Arenburgis*, & venerunt ante altare quod est in honore sanctæ Crucis ædificatum, & dixit coram omnibus *Guilielmus Comes*, In nomine Sanctæ & indiuiduæ Trinitatis. Ego Guillelmus *filius Raymondo Comnis* do istas terras cum ista vinea, & Ecclesia Sancti Hyllarij de hortellano cum omni ei pertinente, & villa quæ vocatur Solaco, cum oratorio Sanctæ Dei Genitricis Mariæ, cum Aquis dulcis, de mare Salissæ, vsque ad mare dulcia, cum montaneis, cum pineta, cum piscatione, cum cuncta prata salnicina Capiente cum seruis & ancillis. Cuncta hæc, do Deo & hoc Altare in honore Sanctæ Crucis ædificato à Constitutione hunc locum & Dei seruitio adimplendum. Si quis vero quod futurum esse non credimus voluntati nostræ, vel quislibet adinuentionibus, aut aliquis de heredibus nostris .... Cupiditas, vel quælibet persona obuius vel repetitor exterit, à Conuentu omnium Christianorum, vel liminibus Ecclesiarum Extraneus habeatur. Et Iudæ Traditoris. D. N. Iesu Christi perfruatur consortio, insuper etiam partibus ipsius monasterij vel fratrum ibidem consistentium, sociato quoque cum exactione Sacratissimo fisco, auri libras Centum, acergenti mille, coactus exoluat, & quod repetit nullatenus valeat vindicare. Sed presens donatio quæ à nobis pro amore Dei Ecclesiæ Sanctæ Crucis conscripta est firma & illibata omni tempore valeat permanere, cum stipulatione subnixa. Actum ibi signum Guillelmo Comiti, Signum *Aldeberti Archiepiscopi*.

CHAPITRE V.
Sommaire.

I. *Sance Garcia eut trois fils.* II. *Sance Sances Duc, ou Comte de Gascogne, qui deceda sans lignée. Pourquoi son nom, & celui des autres Ducs de Gascogne sont doubles.* III. *Guillaume Sance succede à son frere Sance au Duché. Il y associa son frere Gombaut. Epoche notable du temps de Guillaume Sance. Le Comte Bertran possesseur du monastere Squirs. Le rend à l'Eglise du temps du Roi Pepin, suiuant le decret de l'Assemblée d'Aix.* IV. *Ce monastere Squirs ruiné par les Normans, restabli par Guillaume Sance, qui le remet sous la disposition de l'Abbé de Fleuri, & change le nom de Squirs en celui de Regula. Date de ce tiltre de la Reole de l'année 977.* VI. *Gombaut fait vne autre donation à ce monastere. Prend la qualite de Duc, & d'Euesque de Gascogne.* VII. VIII. *Mariage du Duc Guillaume auec Vrraque Princesse de sang Roial. Elle estoit fille de Sance Garcias Abarca Second du nom, Roi de Nauarre.*

I. LE Comte Sance Garcia eut trois fils, Sance, Guillaume Sance, & Gombaut, selon la foi de l'ancienne Charte de Condom; qui est plus complete que celles de Lascar, & d'Aux, qui n'en remarquent que deux, sçauoir Sance, & Guillaume Sance; non plus que la Table du sieur Besli qui n'en reconnoist que deux, sçauoir Guillaume Sance, & Gombaut. Mais ioignant l'autorité de cette Table auec les Chartes de Lascar & d'Aux, tout s'accorde auec la relation de celle de Condom; & partant on peut asseurer que Sance Garcia engendra ces trois fils, fussent-ils legitimes, ou naturels seulement.

II. Sance Sances IV. du nom fils aisné du Comte Sance Garcia, recueillit apres son pere la succession du Comté, ou Duché de Gascogne, mais il deceda sans enfans, comme il est iustifié par la Charte de Condom; & peut-estre que pour cette raison, il est oublié dans les autres tiltres. On pourroit demander pourquoi on redouble son nom, & qu'on ne se contente pas de l'appeller Sance simplement: Pour satisfaire à cette curiosité, il est necessaire d'obseruer pour vne bonne fois, que l'on rencontre dans la lecture des vieux actes vne semblable denomination des autres Ducs, ou Comtes de Gascogne qui est formée en ioignant le nom propre auec le patronymique de leurs peres. Car c'est en ces termes de Priscian qu'il faut expliquer vne obseruation de Grammaire, qui profite aussi beaucoup pour l'intelligence de l'histoire d'Espagne. C'est pourquoi ie me seruirai des annotations, qu'à fait sur ce sujet Hierosme Blanca, en la seconde partie de ses Commentaires d'Aragon. Il dit donc que l'ancien vsage d'Espagne auoit receu les noms patronymiques, deriués du nom des peres ou des ayeux, en telle sorte qu'en suite du nom propre, on adioustoit le nom propre du pere ou de l'ayeul; tantost terminé en *ez*, tantost sans changer la terminaison. Par exemple Sance fils de Garcia se nommoit *Sance Garces*. Mais on ne changeoit pas la terminaison de ces patronymiques, s'ils eussent sonné mal aux oreilles par ce changement, comme *Miguel Guillen*, & autres sem-

S ij

blables. Les escriuains lors qu'ils vouloient exprimer ces patronymiques en termes Latins, le faisoient assés acortement à la mode des Grecs, adioustant au nom propre, le genitif du nom du pere : par exemple, pour Sance fils de Loup, ils enonçoient *Sancius Lupi*. Quelquesfois par vne corruption barbare, il terminoient le patronymique en *Onis*, ou bien *Ones*, comme pour dire Garcias fils d'Ennecus, ils escriuoient *Garcias Ennecones*. Nous trouuons cét vsage fort receu dans les tiltres qui restent des Comtes de Gascogne; où Garcias Curuus fils de Sance Second, est nommé *Garcias Sancij*. Les trois enfans de Garcias sont appellés, *Sancius Garciæ, Guillelmus Garciæ,* & *Arnaldus Garciæ*. Ceux de Sance Garcia sont nommés *Sancius Sancij*, & son pere *Guillelmus Sancij*; dont les enfans seront qualifiés l'vn *Bernardus Guillelmi*, & l'autre *Sancius Guillelmi*. De maniere que i'ai esté obligé de traduire le nom de Sancius Sancij à l'Espagnole, par Sance Sances, quoi que dans la prononciation vulgaire de ce temps-là, on les prononçast sans aucune inflection, *Garcia Sans* & *Sans Garcie*, comme il apert par l'Acte de Hugues Euesque d'Agen, qui sera produit en son lieu.

III. A Sance IV. succeda Guillaume Sance son frere, comme nous aprend le Tiltre de Condom; qui adiouste, que Guillaume sur la fin de ses iours associa au gouuernement du Duché, son frere Gombaut. Ie n'employe pas cette obseruation à contre-temps, marquant la fin du Comte Guillaume, lors que i'entame son commencement. Car ie suis contraint d'en vser de la sorte, dautant que ie dois produire vne piece, où l'on voit cette association; laquelle estant dattée des années de I. C. fait vne ouuerture pour arrester quelque point fixe, où nous puissions mesurer le temps des Ducs de Gascogne, en auançant ou reculant le calcul sur cette Epoche; qui est la seule precise depuis l'Election de Sance Mitarra, que i'aie pû rencontrer iusqu'à present. Cette piece est tirée du liure noir du monastere de la Reole sur Garone. Ce monastere estoit anciennement appellé *Squirs* en langage vulgaire; & possedé par le Comte *Bertrand*, sans que la discipline reguliere y fust obseruée. C'est pourquoi ce Comte qui en iouïssoit, desirant y restablir l'exercice de la regle Saint Benoist, le remit entre les mains de l'Abbé Adasius, du consentement de sa femme *Berte*, & de ses enfans, Guillaume, Ausbert, Arnaud, & Bernard; & declara expressément que son intention estoit, que ce monastere fust sous la main du Roi pour le proteger, & non pour y rien exiger. Il faut que ce Comte Bertrand qui auoit sans doute le gouuerment du Comté de Bazas, vesquist du temps de Loüis le Debonnaire, & de Pepin Roi d'Aquitaine son fils, le cours de l'histoire le requerant ainsi par necessité; puis qu'il occupoit le monastere auant qu'il eust esté demoli par les Normans, qui le ruinerent l'an 848. Ie pense qu'il le rendit à l'Eglise, en execution de l'ordonnance qui fut arrestée l'an 836. en l'assemblée d'Aix, où le Roi Pepin fut admonesté par son pere, & par les Euesques assemblés, de faire rendre aux Eglises, ce que lui & les siens leur auoient vsurpé. Ce qu'il executa de bonne foi, comme asseure l'auteur de la vie de Loüis: mesmes le tiltre du delaissement que fait le Comte Bertrand, semble faire allusion au formulaire du Decret de Pepin, qui ordonna la restitution, sans reseruer à soi aucun autre droit, que celui de la protection & de la defense, comme l'on peut voir chés Aimoin.

IV. Or le Comte Guillaume Sance voyant la ruine deplorable que les Normans auoient fait en l'Aquitaine, & particulierement en la Gascogne, y ayant pillé & demoli non seulement les monasteres, mais aussi plusieurs villes, & bourgades; Et ayant apris par le rapport des anciens, que le monastere de *Squirs* situé en Gascogne, dont il perceuoit les reuenus, auoit apartenu au monastere de Fleuri, auant qu'il eust estre ruiné par les Normans, se resolut de le remetre au premier estat sous la disposition de l'Abbé de Fleuri. A ces fins il enuoye vers l'Abbé Richard l'vn de ses Chapelains, pour lui dóner auis de ses bonnes intentions, & le supplier d'enuoyer quelques vns de ses Moines pour en prendre la possession, reparer les ruines, & trauailler au bien des ames. Et à mesme temps expedie ses letres en qualité de Duc des Gascons, en compagnie de Gombaut son frere Euesque de Gascogne l'an de l'Incarnation 977. De sorte que les deux freres firent coniointement vne pleine & entiere donation au monastere de Fleuri, de celui de *Squirs* auec toutes les Eglises, bourgades, metairies, vignes, bois, prés, pasquages, moulins, eaux, & iustices, & de tous autres droits, qui estoient des apartenances de cette maison. Firent defences aux Comtes, Euesques, & à leurs successeurs, ou à quelques autres personnes que ce fussent, de troubler les donataires en la possession des choses données sous peine d'anatheme, & iurerent auec leurs vassaux sur les reliques des Saints, l'obseruation du contenu en l'acte. Les souscriptions sont en cét ordre, Celle de Gombaut *Euesque, & Duc de toute la Prouince*: En suite est celle de Guillaume Sance *Duc de Gascogne* son frere, *de Garcia leur Neueu*, de Rotger Iuge, de Vtzan Amaneu, du Vicomte Areolidat, & d'Arnaud Amaneu. Ces Princes ne se contenterent pas de faire la deliurance du monastere entre les mains de l'Abbé Richard; mais encore à son instance lui octroyerent vne declaration particuliere des Eglises, c'est à dire de tous les droits, & rentes ecclesiastiques qu'ils rendoient, qui sont Dix & Sept en nombre; changerent le nom de *Squirs* en celui de *Regula*, à cause de l'obseruation exacte de la regle monastique qui seroit obseruée en ce monastere, nommé auiourd'hui la Reole, du Latin *Regula*: & permirent à l'Abbé auec le consentemene des Vicomtes, & des autres Barons de la terre, de bastir au quartier *d'Alliardegs*, ou *Aillas* vne ville qui est celle de la Reole, à laquelle ils accorderent plusieurs priuileges & immunités.

V. Ce tiltre de donation est fort considerable, à cause de la consignation du temps de Guillaume Sance, qui viuoit suiuant cette Charte l'an 977. & neanmoins estoit sur la fin de ses iours, selon le témoignage de celle de Condom. De maniere, que les premieres années de son Duché doiuent estre establies plus haut; & l'on peut assigner certain temps par coniecture aux Ducs, qui l'ont precedé, comme i'ai fait en la table inserée à la fin de ce liure; puis que nous auons pour le moins deux Epoques asseurées, dans l'enceinte desquelles on peut les enfermer; dont l'vne est celle du Duc Arnaud de l'année 864. qui est suiuie de l'Election de Sance Mitarra, dont le sixiesme successeur estoit sur la fin de ses iours en l'année 977. D'ailleurs on peut obseruer en ce tiltre, que Guillaume se qualifie Duc des Gascons, ou de Gascogne; quoi qu'ailleurs il prenne la qualité de Comte de Gascogne. Ce qui arriue tant à cause que l'vsage des qualités de Duc, & de Comte, estoit presque en indifference pendant son siecle, que parce aussi, que veritablement il possedoit le Duché de Gascogne, coniointement auec le Comté, qui estoit vne piece separée.

VI Quant à son frere Gombaut, il prend la qualité d'Euesque de Gascogne, & de Duc de la Prouince, ioignant ensemble les dignités Ecclesiastique & seculiere, non seulement en cette piece; mais aussi en la donation qu'il fit l'année suiuante 978. à ce Conuent de la Reole, de la moitié de l'Eglise Sainte Marie, qu'il acquist d'vn sien vassal nommé Arsia, lui baillant en eschange l'Eglise de S. Paul du lieu d'Andrie: Elle est signée de Gombaut, & de *VVillelmus Sancio Dux*, & de quelques Vicomtes; & confirme par sa date, la verité de la precedente. Or ce Prince prenoit l'vne & l'autre de ces qualités; dautant qu'apres auoir esté marié auoit engendré de son mariage *Hugues*, il posseda les Euesches d'Agen, & de Bazas, & fut enfin asso-

S iij

cié au Duché par son frere Guillaume Sance, ainsi que le rapporte le registre de Condom. Mais il faut sçauoir, que sous ce nom d'Euesché de Bazas le mystere d'iniquité estoit couuert, & que l'on comprenoit tous les Eueschés du Comté des Gascons, ainsi que i'expliquerai en son lieu. D'où Gombaud prend suiet de se qualifier aux actes publics Euesque de Gascogne; Et delà le sieur Besli en sa Table s'est persuadé à mon auis, que Gombaut auoit esté Archeuesque de Bourdeaux, estimant que ce fust le mesme auec le tiltre d'Euesque de Gascogne.

VII. Le mariage de Gombaut auant son ordination, qui precede l'année 977. & la mention qui est faite en la donation de la Reole de Garcia neueu de Gombaut, & de son frere, doiuent persuader que le Duc Guillaume auoit esté marié; puis que son frere, & sa sœur auoient eu desia lignée de leurs mariages. Neantmoins voyant que les noms de la femme du Duc Guillaume Sance, & de ses enfans sont entierement obmis en cette Charte, contre l'vsage de ce temps, ie pense que la Duchesse estoit absente, & les enfans en bas aage; & que peut-estre il espousa en secondes nopces sa femme Vrraque, qui paroist en toutes les actions, & monumens de pieté qui restent encore de ce Prince. Les registres de Lascar, des Abbayes de Sorde, & de Saint Seuer sont chargés de son nom; ceux de Saint Seuer lui ayant conserué particulierement sa dignité de Princesse de sang Royal, sans neantmoins exprimer la maison Royale d'où elle estoit issuë.

VIII. Cela m'a conuié de rechercher sa race dans l'histoire, & pour cét effet tourner ma pensée vers les Rois les plus proches de Gascogne, qui sont ceux de Nauarre; le nom d'Vrraque familier aux maisons Royales d'Espagne, tesmoignant assés, que cette Princesse estoit de race Espagnole. Or ie trouue chés Gariuai, que dans les priuileges accordés par le Roi Sance Abarca Second du nom, au monastere de S. Æmylian de l'an 970. & de l'an 972. entre les autres, qui signent & confirment ces instrumens, il y a vne Princesse Vrraque sœur du Roi. *La Infanta Donna Vrraca hermana del Rei*, dit Gariuai. De sorte que la Comtesse Vrraque estoit fille du Roi Garcias Sances, & de sa femme Terese, qui de leur mariage eurent deux fils & trois filles, dont Vrraca estoit l'vne; desquelles on n'a pû descouurir les maris, dit Blanca: Mais nous pouuons leur porter nouuelles du mariage d'Vrraca auec le Duc de Gascogne Guillaume Sance, qui viuoit en ce temps, espousa vne Princesse de sang Royal nommée Vrraque, mentionnée dans les papiers d'Espagne iusqu'à l'an 972. & non dauantage. Ce qui fait vne pleine foi, qu'enuiron ce temps elle sortit de la maison paternele par ce mariage; qui lui estoit d'autant plus sortable, que sans parler de la grandeur de la maison de Gascogne, elle reuenoit par ce moyen dans la terre natale de son tris ayeul le Comte de Bigorre Eneco Arista Premier Roi de Nauarre.

III. E Tabulario monasterij de Regula. folio 39. Bertrandus Dei gratia Comes monasterium Squirs vocabulo genoliaco, quod modo minime sub regulari disciplina manet sub potestate mea, consentiente vxore mea Berta, & filijs meis Guillelmo, Gausberto, Arnaldo, & Bernardo, pariter fauentibus trado in præsenti domno Adasio Abbati, & monachis, quibus regulariter viuere inibi sub eius potestate placuerit secundum regulam S. Benedicti. Infra: sint igitur isti monachi in subiectione Regis, ad locum salum faciendum, non etiam ad aliquod præsoluendum Aimoinus l. 5. c. 17. Vita Ludouici Pij anno 836.

IV. Ex eodem Tabul. Anno Dominicæ Incarnationis DCCCLXXVII. Indictione V. In nomine Sanctæ & indiuiduæ Trinitatis, Ego Gumbaldus Episcopus Vasconiæ, & frater meus willelmus Sancij Dux Vasconum, tacti diuino amore super peccatorum nostrorum recordatione, pro remedio animarum nostrarum, parentumque seu fidelium nostrorum, & eorum qui nobis in opere deifico fautores & consultores extiterunt, Decreuimus quoddam monasterium nostri iuris, in honorem Sancti Petri Principis Apostolorum dicatum, cum consilio fidelium nostrorum, ad pristinum reducere statum. Notum vero erat omnibus ibidem ex antiquo monasticæ institutionis regulam floruisse, & idcirco cum antiquitus idem locus dictus fuerit *Squirs*, modernis temporibus dicitur *Regula*. Quibus super tali deliberatione, multimoda animi anxietate fluctuantibus, per eam, quæ in antiquis, sapientiam compertum est, ante Normannorum irruptionem, & sui destructionem, idem monasterium cœnobio Floriacensium fuisse subditum. Non solum enim vtriusque monasterij septa lugubri satis deuastatione paganorum, verum etiam totius Galliæ, & Aquitaniæ nonnulla perierunt municipia. Vnde communi consilio propinquorum, seu fidelium nostrorum, quemdam clericum legationis nostræ Baiulum, ad venerabilem Abbatem Richardum fratresque Floriacenses, cum omni supplicatione direximus, precantes vt ipse si fieri posset ad præfatum locum descenderet, vel saltem, quos placet de suis monachis transmittat, qui amissa totius recipere, destructa à fundamentis resarcirent, & aliquod lucrum animarum ibidem acquirerent. Quippe luciferam famam de eorum speciali schola, & singulari conuersatione audieramus. Donamus ergo, & donatum in perpetuum esse volumus cum hac testamenti authoritate, monasterium nostrum vocabulo *Squirs*, quod fundatum est in partibus Vasconiæ, in pago Aliardensi supra ripam Garonæ fluminis, cum omnibus ad se pertinentibus, hoc est Ecclesiis, villis, mansis, vineis, siluis, pratis, pascuis, molendinis, aquis, aquarumque decursibus, & iustitiis, totum ex integro quæsitum, & inexquisitum, quidquid ad eumdem pertinet, tradimus atque transfundimus de iure nostro, in ius & ditionem præfati monasterij Floriacensis, ita vt ab hodierna die, in omnibus quidquid Abbas & fratres eiusdem cœnobij facere voluerint, liberam in omnibus habeant potestatem, siue placuerit Abbatem constituere, siue præpositum qui eisdem debeat de omnibus rationem reddere. Ita firmatum esse volumus, vt non Comes, non Episcopus, non quælibet submissa persona, aliquid de terris, vel redditibus eiusdem Ecclesiæ, audeat subtrahere aut inuadere, sed omnia sint in prædicti Abbatis potestate. Si vero, quod non credimus, nos ipsi, vel aliquis de heredibus nostris, aut successoribus, vel aliquis prædictorum honorum persona contra causari, vel calumniari voluerit, in primis quod repetit non euendicret, sed insuper à summo Petro, cui dominus ligandi & soluendi tradidit potestatem, in cuius honore idem locus est dedicatus, se damnatum sciat perpetuo Anathemate. Et vt hæc charta firma & inuiolabilis permaneat, non solum subterfirmauimus, & fideles nostros subterfirmare rogauimus, sed adhibitis sanctorum pignoribus, omnes pariter iurauimus, cum obsecratione nominis Domini, nos hæc obseruaturos quæ in præsenti continentur testamento. Hi sunt testes, & huius præcepti confirmatores, quorum inferius vocabula constitutione descripta sunt. Signum Gumbaldi Episcopi, & totius Prouinciæ Ducis, qui hanc donationem deuoti cordis instantia Deo Redemptori concessit. Signum Vuillelmi Vasconiæ Ducis fratris eiusdem, qui donum Deo traditum miré corroborauit. Signum Garciæ Nepotis ipsorum. Signum Rotgarij Iudicis. Signum Vtzan Amaneu. Signum Vicecomitis Ezij. Signum Areolidat Vicecomitis. Signum Arnaldi Amaneu. Præterea ego Gombaldus Vasconiæ Episcopus, & frater meus Vuillelmus Sancij monasterio B. Petri, quod vocatur ad Regulam, quod Beato Benedicto Floriacensi reddidimus, hæc sibi appendicia solenni donatione perpetuo affirmauimus, Ecclesiam videlicet B. Martini cum clausis, & reliquis ædificiis. His itaque taliter peractis, atque confirmatis, ad instantiam nostram præfatus Abbas Floriacensis nomine Richardus, vir quippe piæ recordationis, & profundi pectoris, cum discretioribus monachis Ecclesiæ suæ, prout decebat ad sæpe fatum locum, qui vt dictum est *Squirs* ab antiquo vocabatur, nunc autem *Regula*, De consilio nostro, & voluntate præfatorum etiam Vicecomitum, & aliorum Baronum terræ, villam in pago quod dicitur Alliardegs ædificauit; iura sibi, & Ecclesiæ suæ, & consuetudines perpetuo obseruandas constituit. Easdem vero institutiones ratas habentes, perpetuo nos & successores nostros obseruaturos in animas nostras, & successorum nostrorum cum obtestatione nominis Christi, pariter iurauimus, & transgressores Consuetudinum perpetuo anathemati, prout dictum est, subiecimus.

IV. Ex eodem Tabul. Gumbaldus Episcopus, & totius circumpositæ regionis Dux, Hortatu fratrum monasterij B. Petri quod diu Squirs, nunc autem Regula vocatur, inhabitantium, commutationem pro communi vtilitate faciens atque medietatem Ecclesiæ, salua vicissitudine, ad partem propriam recipiens, quæ in honore B. Mariæ dicata, fundata consistit in villa noua, facta recompensatione fideli nostro, Arsia nomine, aliam concessimus Sancti Pauli sub nomine consecratam, manetque in ea villa, quæ ab incolis vocatur Andrie. Hoc autem tali tenore est statutum, vt fratres monasterij B. Petri absque aliqua conditione medietatem possideant ex redditibus Ecclesiæ B. Mariæ, atque iam dictus fidelis noster in æternum, tam ipse, quam sui possideant, quæ sub fidelium virorum testimonio tradita sunt, videlicet Sancti Pauli Ecclesiam. Et vt hæc descriptio firma sit, eam subtersignauimus, manibusque fidelium nostrorum roborandam fideliter reddidimus. Gumbaldus Episcopali officio præditus firmauit, atque subscripsit, cum consilio fratrum, sub magisterio B. Benedicti degentium. Vuillelmus Sancio Dux, Fortis Mancio Abbas, Anersans Vicecomes, Vuillelmus Arsiæ, Sans Aner, Rotgarius Vicecomes, Seguinus Vicecomes. Ditarsi Vicecomes. Vtzan Amaneu. Arnald Amaneu. Hoc autem est constitutum anno Incarnationis Domini DCCCCLXXVIII. Indictione V.

VIII. Garibaius l.22 c.15. Blanca in Commentariis. Hæ vero quibus nuptæ fuerint non proditur, nec mirum, cum parentum nulla adhuc prorsus extarit cognitio.

S iiij

CHAPITRE VI.

Sommaire.

I. Le Duc Guillaume restablit les ruines des Eglises. Et commença le restablissement de celle de Lascar. II. Guillaume commande à vn Gentil-homme Lopoforti, vassal d'vn Vicomte de Gascogne, de tuer son Seigneur de Fief. Il fait penitence de son crime par l'auis du Duc, & de l'Euesque en l'endroit nommé Lascurris, où il y auoit vne forest, & vne petite chapele sur les masures de l'ancienne Cathedrale. Il y fit vne assemblée de moines, & le Duc Guillaume dota le monastere de quelques reuenus. III. IV. Ce meurtre est descrit dans les Actes du Concile de Limoges, qui sont expliqués. Conciliation de ces Actes auec la Narration du tiltre de Lascar.

I. Les ruines que les Normans causerent en la Prouince de Gascogne, ne s'arresterent pas aux monasteres & aux lieux proches de la riuiere de Garonne, mais encor elles penetrerent aux parties plus reculées de la Prouince, iusqu'aux villes & aux Cités Episcopales; lesquelles ayans esté pillées, bruslées, & demolies, premierement par les Ariens du temps d'Euarix Roi des Vuisigoths, & depuis par les Sarasins sous le General Abderrhaman, seruirent encore de proye aux cruels & Barbares Normans, ou Vandales pour vser des termes de la Chatte de Lascar; & de subiet à la pieté, & vertu de Guillaume Sance: qui trauailla non seulement à rebastir & doter de bonnes rentes les monasteres perdus, mais qui prit aussi vn grand soin de fauoriser les Eglises Cathedrales, & de reparer le defaut, & la negligence de ses predecesseurs. Ce qui parut en l'Euesché de Lascar, qui estant enseueli sous ses ruines, & ne possedant ni ville, ni siege Episcopal depuis plusieurs années, n'y ayant qu'vne forest espaisse au lieu où auoit esté la Cité, & le chef du païs; le bon Duc commença fort heureusement à contribuer de ses reuenus, pour l'entretenement de ceux qui faisoient en ce lieu le seruice diuin, dans vne petite Eglise dediée sous le nom de Saint Iean Baptiste; & par ce moyen excita la deuotion de son fils Sance, qui remit l'Episcopat, & l'Eglise Cathedrale en son ancien lustre, & en sa premiere dignité. Il est vrai qu'en son procedé, il y a dequoi admirer la prouidence diuine; laquelle permetant les malices des hommes, sçait neantmoins tirer de leurs mauuaises & criminelles actions, les semences d'vn bien general, & particulier. Car il se rencontre qu'vn homicide commis par le commandement de ce Duc, a serui d'occasion à la restauration de l'Euesché.

II. Le fait est, que Guillaume Sance offensé des deportemens d'vn Vicomte de Gascogne, commanda à vn sien Vassal nommé *Lopoforti*, qui estoit ordinairement à sa suite, de se defaire du Vicomte; Ce que le Gentil-homme executa promptement, pour rendre cette obeïssance à Guillaume, quoiqu'en vne action blasmable, & qui fut suiuie d'vn repentir. Car le Comte n'estoit pas assés impudent pour l'auoüer, & pour metre le meurtrier sous sa protection contre la teneur des loix; ni le vassal n'estoit pas assés temeraire, pour faire sa residence à la Cour du Duc, ou bien en son païs: Dautant plus que l'ancienne Coustume de Gascogne ne punissant les meurtres que d'vne amende pecuniaire, & d'vn banniſſement, permetoit aux proches parens de celui qui eſtoit tué, de tuer de leur main ceux qui rompoient le ban, & par ce moyen violans les loix, ſe rendoient indignes de leur indulgence. Il falut donc que pour effacer ce crime, & l'abolir deuant Dieu & deuant les hommes, ce Gentil-homme euſt recours au remede de la penitence publique, & que par l'auis du Duc, & de la Princeſſe Vrraque ſa femme, il ſe reſolut de prendre l'habit Monaſtique, qui eſtoit en ce ſiecle vn moyen de penitence, ſubſtitué aux quatre degrés pratiqués en la Primitiue Egliſe, & mentionés dans les Canons, & les Epiſtres canoniques des Grecs. Il ſe rencontra quelque difficulté ſur le lieu, où il pourroit ſe retirer, n'y ayant en ce temps dans le Bearn, ni au reſte de la Gaſcogne, des Conuents, & maiſons regulieres, qu'en bien petit nombre. L'auis de Guillaume, & d'Vrraque fut premierement, qu'il choiſiſt vne petite Egliſe de Sainct Fauſt, qui eſt fondée au village de Lac en Bearn; mais cette penſée ne leur ayant point agrée pour quelques conſiderations, ils ſe conſeillerent auec l'Eueſque de Gaſcogne, *Aſsiatraca*, ou pluſtoſt *Arſias Raca*, qui trouua bon, que ce penitent ſe iettaſt dans le lieu, où eſtoit anciennement la ville Epiſcopale, qui ſe nommoit *Laſcurris*. Le lieu fut fort bien choiſi pour faire penitence. Car il ne trouua en cét endroit qu'vne eſpaiſſe foreſt, & vne petite Egliſe dediée ſous l'inuocation de Saint Iean Baptiſte, baſtie ſur les ruines de l'ancienne Egliſe Cathedrale conſacrée à Noſtre Dame. C'eſt où il ſe renferma pour embraſſer la vie monaſtique. Mais pour lui donner moyen d'y faire vne aſſemblée, & congregation de moines, d'y former vn corps de conuent, & d'y celebrer le ſeruice diuin auec quelque honeſteté, le Duc & la Princeſſe ſa femme, payans en quelque façon vne eſpece d'amende pour l'homicide, nommée *Vueregilt* dans les Capitulaires, firent don a ce nouueau Conuent, de l'Egliſe de Saint Eſtienne de Carreſſe qu'ils poſſedoient; comme auſſi de l'Egliſe Saint Seuer d'Aſſat auec ſon cemetiere, baptiſtere, les diſmes, & les premices, qui eſtoient des apartenances de leur Cour, & maiſon Seigneuriale d'Aſſat, auec quelque Domaine dans le village de Saint Caſtin, ſitués dans le Bearn. Et par le moyen de ce Lopofort, Abbé nouuellement créé, l'Egliſe noſtre Dame de Laſcar, rentra en la bien-ſeance de ſes premiers & anciens exercices de pieté, & prit la poſſeſſion des liberalités des Ducs de Gaſcogne, qui depuis l'ont augmentée de beaucoup.

III. Or conſiderant les circonſtances de l'homicide commis par le commandement de Guillaume Sance, & l'expiation qu'en fait le penitent par le monachiſme, ie conſens à l'opinion que i'ai touſiours euë, que cette action eſt celle-là meſme, qui eſt rapportée dans les Actes du Concile tenu à Limoges l'an 1034. rapportés par le Cardinal Baronius. Car s'eſtant formé dans ce Concile vne grande plainte, touchant les abſolutions que les Papes accordoient, à ceux qui ayans eſté excommuniés par leurs Eueſques, auoient recours au Saint Siege; Et le Chancelier de l'Egliſe noſtre Dame du Puy, ayant fait comprendre que ce deſordre arriuoit par ſurpriſe, contre l'intention du Pape, qui n'eſtoit point auerti de telles excommunications, comme il fit voir par vne letre qu'il monſtra eſcrite par le Pape à Eſtienne Eueſque d'Auuergne; tous les Eueſques en ſuite tomberent d'accord, que ſi l'Eueſque a impoſé quelque penitence à ſon paroiſſien, & qu'il le renuoye au Pape, afin qu'il iuge ſi pour ce crime il eſt digne de cette peine, le Pape la peut confirmer, moderer, ou augmenter; par ce, diſent-ils, *que le iugement de toute l'Egliſe eſt principalement au ſiege Romain. D'ailleurs, ſi l'Eueſque renuoye le criminel au Pape, auec teſmoins, ou letres, comme il arriue ſouuent, pour pluſieurs grands excés, auſquels les Eueſques ſont en doute quelle penitence il faut impoſer, celui-là peut receuoir licitement ſon remede du Pape. Car autrement perſonne ne peut receuoir de l'Apoſtolique, ou du Pape, penitence & abſolution, à l'inſceu de son Euesque. Ainsi les Papes Romains, adioustent ces Peres, doiuent confirmer, & non pas relascher la sentence de tous, parce que comme les membres doiuent suiure la teste, il est aussi necessaire que la teste n'attriste point les membres.*

IV. Pour confirmation de ce discours, on rapporte l'exemple de ce qui estoit arriué, il y auoit long-temps en Gascogne, à vn certain Gentil-homme Gascon; lequel par le commandement, suiui de rudes menaces de Sance Duc de Gascogne, auoit tranché la teste d'vn coup d'espée à son Seigneur. De quoi estant marri, il eut recours à son Euesque, pour estre admis à la penitence; qui lui reprocha son forfait, en ce nommément qu'il auoit violé sa foi & son serment, tuant son Seigneur, pour le seruice duquel il estoit obligé d'exposer sa vie, & lui dit qu'il ne sçauoit quelle penitence ordonner à vn crime si estrange & si inoüi; & le renuoya auec ses letres & tesmoins au Pape, pour estre admis selon sa discretion, au benefice de la penitence. Le criminel arriue à Rome le iour apres Pasques, entre dans l'Eglise Saint Pierre, où le Pape celebroit, & pleurant amerement s'escria tout haut, qu'il demandoit penitence. Pour lors les tesmoins qui estoient venus auec lui, produisirent les letres de l'Euesque diocesain contenants la relation du cas; & le Pape parlant à l'Euesque assistant, qui estoit debout à sa droite, le chargea d'auiser à la penitence qu'il faloit imposer à ce mort, pour le viuifier. L'Euesque respond, que le Seigneur auoit dit en l'Euangile, que celui qui delaisse la maison, les freres & sœurs, le pere, la mere, la femme & les enfans. La suite de ce discours ne se trouue point dans les Actes du Concile; dautant qu'ils sont manques & defectueux en cét endroit. Mais le Cardinal Baronius reconnoissant le ton de cét Euesque, adiouste de son creu par coniecture, que son intention estoit d'ordonner à ce penitent, de quiter le siecle, & de s'enfermer dans vn monastere, pour y faire penitence pendant toute sa vie. Cette histoire s'accorde parfaitement auec celle que i'ai representée au Chapitre precedent. Car en l'vne & en l'autre, c'est vn Vassal qui tuë son Seigneur de fief, ou son Vicomte, par le commandement de Sance Duc de Gascogne, & pour sa penitence se confine dans vn monastere; qui fut basti à Lascar, comme tesmoigne la Chartre; & neantmoins par ordonnance du Pape, comme explique le Concile; qui est vne circonstance qu'il faut suppleer en l'autre narration: où l'on doit peser pour la conciliation d'vne contrariete apparente, que l'Euesque Arsias ne conseille pas precisément qu'il se fist moine pour faire penitence de son peché; mais conseille, & choisit le lieu de la retraite. Ce qui se doit entendre, apres le retour de Rome, lors qu'il lui eut apparu de l'ordonnance du Pape, qui imposoit cette sorte de penitence. Au reste le temps conuient fort bien. Car en l'an 1034. on disoit que ceci estoit arriué, il y a long-temps *Dudum*, c'est à dire enuiron l'an 980. n'y ayant autre difference que celle du nom; dautant que l'vn est le Duc Sance, & l'autre Guillaume Sance, qui sont neantmoins fort faciles à estre confondus, & pris l'vn pour l'autre, par ceux qui n'ont pas vne connoissance exacte de ces Ducs.

II. L. 5. Capitul. Tit. 115. Chartarium Lascurrense: Post obitum B. Galectorij Episcopi, & Martyris, exiuit quædam gens Gundalorum, & destruxit omnes ciuitates Gasconiæ; Vide locum integrum l. 1. cap. Infra: Post hæc venit Comes Gasconiæ Guillelmus Sancius, & vxor sua Viraca. Fuit quidam miles in illorum Curia, qui dicitur Lopoforti, propter fidelitatem Comitis fecit homicidium de quodam Vicecomite Gasconiæ, & non fuit ausus stare in Curia Comitis, nec in sua patria. Et accepit consilium cum Comite, & sua vxore, vt fecisset se monachum in Ecclesia B. Fausti; & non placuit sibi, nec Comiti. Et fuerunt locuti cum Episcopo Assiatraca, & misit se cum Episcopi consilio, & Comite, & vxore sua, in Ciuitatem, quæ dicitur Lascurtis. Et ibi non inuenit nisi siluam, & Ecclesiolam B. Ioannis Baptistæ, & B. Maria quæ fuit sedes, erat destructa, & fuit ibi factus monachus. Et dederunt Comes, & vxor sua Ecclesiam B. Stephani de Caressa, & in illorum Curia de Assal, dederunt Ecclesiam S. Seueri de Assag cum cœmiterio, & baptisterio, & decimis, & primitiis de illa Curia. Et tenuit B. Dei Genitrix Maria ipsas Ecclesias, quas Comes, & vxor sua dederunt, cum Lupoforte Abbate. Ex eodem Chartario: Rusticum de Sancto Castino dedit Guilhem Sans Comes Gasconiæ, & Vrraca vxor sua quando monasterium ordinauerunt.

III. Concilium Lemouicense: Nam inconsulto Episcopo suo ab Apostolico penitentiam & absolutionem nemini accipere licet. Sic Apostolici Romani Episcoporum omnium sententiam confirmare, non dissoluere debent; quia sicut membra caput suum sequi, ita caput membra sua necesse est non contristari.

IV. Idem Concilium Lemouicense: Referam vero ad ædificationem, quod dudum de illo milite contigit Vascone, qui iubente Duce Vasconum Sancto (lege Sancio) seniorem suum decollauit, inuitus tamen & terrore Ducis, & perterritus id egit, interminante irato Duce & dicente, nisi istum occideris, occidam te. Vno ergo ictu Seniorem proprium decollauit. Et grauissimo dolore repletus ad Episcopum suum pœnitentiæ caussa recurrit. Cui ille compassus dixit, Debueras pro Seniore tuo mortem suscipere, antequam manus illi aliquo modo inferres, & Martyr Dei pro tali fide fieres: sed grauissimum reatum egisti, & nobis inauditum. Nescio consilium tibi ferre pœnitentiæ, sed vade quantocius ad Papam Romanum, si tibi ille pœnitentiam concedit, & ego gaudeo, & Confirmo. Si te ille abiecerit, nunquam nec à me, nec ab aliquo inuenies pœnitentiam. Quod ille concitus impleuit, & cum Testibus detulit secum literas Episcopi sui. Et cum Apostolicus secunda Paschali feria apud Sanctum Petrum sacra agens, post Euangelium resedisset, cœpit ille reus ante eum, in conspectu totius Ecclesiæ, grauissimè plorans, & suspirans exclamare dicens, pœnitentiam volo domine, pœnitentiam volo domine. Et Apostolicus iis qui à dextra læuaque ei assistebant ait, Requirite pro qua culpa. Ille inquisitus nihil aliud dicebat quam, Creatorem meum offendi, Creatorem meum offendi. Cui Apostolicus, cur inquit Episcopus tuum non expetebas? Et ille, Episcopus meus me misit ad te. Tunc testes Apostolico suggesserunt culpam atque literas Episcopi protulerunt. Sic Apostolicus Episcopo qui à dextris eius stabat locutus est dicens, Recogita autoritatem diuinam, quali pœnitentia mortuus hic possit viuificari. Et Episcopus ait Dominus dixit in Euangelio, Omnis qui reliquerit domum, vel fratrem, vel sorores, aut patrem, aut matrem, aut vxorem, aut filios, aut agros ------ Reliqua desunt, inquit V.I.Card. Baronius, Porro ze tendere visa est Episcopi responsio ista, nimirum vt seculo renuntians, peteret monasterium, vbi ad obitum vsque in perpetua viueret pœnitentia.

CHAPITRE VII.

Sommaire.

I. Combat du Duc Guillaume Sance contre les Normans. Leur defaite. Vœu de ce Duc à Dieu, & à Saint Seuer Martyr. Son secours sur vn cheual blanc. II. Confirmation de cette apparition du Martyr par autres histoires, de celle des Saints Iean & Philippe Apostres à l'Empereur Theodose, de Saint André à l'Empereur Nicephore. III. Refutation de l'apparition de Sainct Jacques au Roi Ramir, en la bataille de Clauiio. IV. Les Normans ont faict descente aux costes d'Aquitaine depuis leur defaite en Gascogne. Combat de Guillaume Duc d'Aquitaine contre ces Normans enuiron l'an mille.

I. Ayant fait voir des actions de pieté tres-recommandables de ce Duc, il faut aussi representer ses combats, & les victoires qu'il remporta contre les Payens & les Normans, dont il attribuë l'euenement à l'assistance particuliere de Dieu, & à vn secours miraculeux de cét ancien Martyr de Iesus Christ Saint Seuer. Car il est certain, que cette maudite race destinée au chastiment des pechés des Chrestiens, nonobstant leurs defaites executées par Guillaume Duc d'Aquitaine l'an 923. & par Hugues Duc des François l'an 943. chés Flodoard en ses Annales, continua depuis à sacager les pays maritimes de l'Aquitaine. De sorte que pendant le Gouuernement de Guillaume Sance, les Danois ou Normans entrerent dans la Gascogne, faisant leur descente vers Capbreton, auec dessein de metre au pillage tous les pays & toutes les terres apartenantes à ce Duc par droict hereditaire, comme il escrit en la lettre de la Fondation de Saint Seuer. De maniere, qu'ayant leué des troupes lestes & courageuses des Gascons ses suiets, pour se defendre, & pour chasser les ennemis hors de son estat, ce Prince aussi pie que genereux, desirant obtenir les faueurs de Dieu en vne si iuste guerre, mit les genoux à terre pour implorer son secours, & se tenant en cette posture deuant le tombeau de Saint Seuer Martyr, lui demanda l'assistance de ses prieres contre vne nation infidele, faisant vœu de laisser sa terre sous sa protection, & d'eriger vn magnifique monastere à son honneur, au lieu où estoit sa petite Chapelle, s'il obtenoit la victoire. Apres cette priere & ce vœu, il attaqua ces troupes impies de Normans, les rompit, les defit, & en tailla en pieces plusieurs milliers; auoüant neantmoins, & certifiant que le tres-glorieux Martyr Saint Seuer, dont il auoit imploré le secours, parut en cette bataille sur vn cheual blanc auec de belles armes, abatant & tuant ces desesperés corsaires. Il fait lui mesme le recit de ce combat, de la victoire, & de cette apparition de Saint Seuer, en la Charte de la fondation du monastere, qu'il bastit à l'honneur du Martyr; en reconnoissance de ce singulier bien-fait; lequel subsiste encor auiourd'hui en la ville de Saint Seuer *Cap de Gascogne*.

II. Ce discours pourra sembler fabuleux en ce siecle, à ceux principalement qui detestent comme vne action impie, les prieres adressées aux Saints decedés, & iouïssans de la gloire; & ne reçoiuent point les Liures des Machabées, où l'on voit qu'vn Ange apparut à Iudas en la forme d'vn Caualier vestu de blanc, auec la lance à la main, lors qu'il estoit sur le point de combatre l'armée de Lysias. Ie ne veux pas entrer en dispute, pour faire voir par plusieurs textes des anciens Peres Latins & Grecs, que l'vsage des prieres adressées aux Saints decedés, aussi bien qu'à ceux qui sont en vie, est conforme à l'analogie de la Sainte Escriture, & agreable à Dieu, qui tesmoigne accordant les effets à ceux qui prient les Martyrs, qu'il se plaist à l'honneur qui est rendu à ses Martyrs, comme dit subtilement & veritablement Saint Augustin. Ie m'en remets à ceux qui ont doctement & iudicieusement trauaillé sur cette matiere. Et cependant ie veux fortifier la narration de Guillaume Sance, par le rapport d'vn exemple, que personne n'a reuoqué encor en doute. Il est tiré de l'histoire de Theodoret, qui escrit, que l'Empereur Theodose estant obligé de liurer la bataille au tyran Eugene, & se trouuant foible en hommes, monta sur vn tertre, où il y auoit vne chapelle, entra dedans, y passa vne partie de la nuit en prieres, & s'y estant endormi, couché à terre, il lui sembla voir deux hommes habillés de blanc, montés sur des cheuaux blancs, qui lui commanderent d'auoir bon courage, se metre en ordre de bon matin, & combatre l'ennemi, lui asseurans qu'ils auoient esté enuoyés vers lui pour l'assister, & que l'vn deux estoit Iean l'Euangeliste, & l'autre Philippe l'Apostre. Cette mesme vision apparut à vn soldat; & l'euenement témoigna qu'il n'y auoit rien de superstitieux: ces Apostres ayans rendu veritables leurs promesses, comme dit Theodoret. Car vn grand vent, qui se leua sur le point du combat, tourna les fleches & les iauelots des soldats d'Eugene contre eux mesme, renforça les coups qu'assenoient les gens de Theodose, & remplit de poussiere les yeux des ennemis, qui furent defaits, & le Tyran Eugene fait prisonnier entre les mains de l'Empereur. A quoi l'on peut adiouster, que l'Empereur Nicephore premier de ce nom enuiron l'an 805. attribua le recouurement du Peloponese, & la déroute des Abariens qui l'auoient possedé 218. ans, à l'apparition & au secours de l'Apostre Saint André pendant le combat, & pour cette raison erigea l'Archeuesché de Patres en Metropole, & lui soubmit les Eueschés de Methone, Lacedemone, & Sarsocorone (le seul tiltre d'Archeuesché ne lui donnant point cette iurisdiction,) ainsi qu'à obserué le Patriarche Nicolas en son Epistre Synodale addressée à l'Empereur Alexius Comnenus l'an 1085.

III. Ie pourrois me seruir de la vision de l'Apostre Saint Iaques, qui apparut au

Liure troisiesme. 217

Roi Ramir de Leon l'an neuf cens quarante & quatre, en la bataille de Clauijo, l'exhorta à renouueller le combat contre les Sarasins, qui auoient eu le iour precedent l'auantage sur les Chrestiens, & l'assista se faisant voir en la bataille sur vn cheual blanc; De façon que septante mille Mahometains furent tués sur la place, & les Chrestiens deliurés du tribut annuel de cinquante ieunes Damoiselles qu'ils leur faisoient. On adiouste que le Roi en recompense de ce secours, establit ce tribut de bled, & de vin, sur les terres d'Espagne, que l'on nomme le vœu de Saint Iacques, au rapport de Roderic de Tolede, & de Lucas Tudensis. Mais ie ne veux pas m'apuyer sur cette histoire, quoi que receuë generalement en toute l'Espagne, qui de là reclame Saint Iacques pour son Protecteur en la guerre; dautant que Sandoual Euesque de Pampelone tres-exact escriuain, l'a remise en doute en son Traicté de la Bataille de Clauijo, prenant les principaux fondemens de son soupçon, de ce que les anciens auteurs, ni les vieilles Chartes, ne font point mention d'vne iournée, & des circonstances si remarquables. Vne consideration contraire peut nous rendre certains de cette apparition de Saint Seuer Martyr, puis que celui qui en a receu, & ressenti les effets, l'asseure dans sa letre; & prend de là le motif de bastir vn riche & celebre Conuent à l'honneur de ce grand Saint.

IV. Si l'on vouloit disputer, & se rendre dur à croire la venuë des Normans aux quartiers de Gascogne, en vn temps si reculé, i'ai moyen de metre presque deuant les yeux des plus difficiles à croire, vne flote de ces ennemis publics, dans les costes d'Aquitaine, quelques années apres leur defaicte par le Duc Guillaume Sance; & partant il ne sera pas incroyable qu'ils soient descendus en Gascogne en vn temps precedent. Car le fragment de l'histoire d'Aquitaine imprimé apres le *Helgaudus* de Pithou, rapporte qu'vne multitude infinie de Normans venans par mer du costé de Dannemarch, auec vne puissante armée nauale, se confians au nombre de leurs gens, prirent terre en la coste du bas Poictou, & comme leurs predecesseurs auoient ruiné les païs d'Aquitaine, de mesme façon ceux-ci en partie Chrestiens, en partie Payens, firent leurs efforts pour ruiner, brusler, & saccager les Eglises, les villes, & les Prouinces, & pour metre en captiuité le peuple Chrestien. Mais que le Duc d'Aquitaine Guillaume IV. leua incontinent vne puissante armée, commanda que l'on ieunast, & qu'on priast Dieu par tous les monasteres, s'approcha du camp des Normans, print son poste sur le riuage de la mer, & mit vn tel effroi dans leurs troupes, que la nuit seule les empescha de lascher le pied, & de faire voile. Cependant profitans de l'obscurité, ils firent des retranchemens au deuant de leur camp, qu'ils couurirent de feuillées & de branchages, afin d'y faire precipiter les caualiers qui viendroient sur eux, lors de leur rembarquement. Ce qui leur succeda suiuant leur desir. Car le Duc Guillaume voulant donner sur eux auec sa gendarmerie, tomba dans les fossés, & plusieurs Gentils-hommes iusqu'au nombre de trente, furent arrestés prisonniers, & le Duc mesme n'eust point eschappé de leurs mains, s'il n'eust sauté hors du fossé, armé comme il estoit de toutes pieces, & ne se fust retiré parmi les siens. Voyant donc la retraite des Normans, & voulant mesnager la vie des prisonniers, il s'arresta sans rendre combat, & fit demander ses gens, auec vne grosse rançon. Cette histoire n'est point consignée dans l'Auteur par aucune date du temps. Il insinuë seulement que cét exploit arriua, auant que ce Duc Guillaume fist son voyage de Rome, & que la teste de Saint Iean Baptiste eust esté trouuée au monastere d'Angeri, que l'on nomme auiourd'hui Saint Iean d'Angeli. Ce qui arriua enuiron l'an mil dix-sept, suiuant la Chronique d'Ademar. La fuite des Normans au bas Poictou precede donc cette année; & ne peut remonter plus haut de l'an 993. parce que Guillaume IV. succeda au Duché d'Aquitaine à Guil-

T

laume III. son pere surnommé Fierabras, en cette année, comme le sieur Besli nous l'enseigne en sa Table. De sorte que la descente des Normans en Gascogne du temps de Guillaume Sance ne doit pas estre contestée, puis que plusieurs années apres, on les voit derechef escumans les costes d'Aquitaine.

I. Charta Fundationis monasterij S. Seueri, quæ infra proferetur.
II. Machab. l. 2. c. 11.
II. Theodoretus l. 5. Hist. c. 14. Qui humi stratus videre sibi visus est duos viros, candido vestitu amictos, equis albis vehi, qui ipsum bono animo esse, timorem abiicere, prima luce arma capere, & exercitum in aciem educere iubent : nam se auxiliares & velut antesignanos ad eum missos esse, & alterum esse Ioannem Euangelistam, Philippum Apostolum alterum.
II. Epistola Synodica Nicolai Patriarchæ Constant. l. 2. Iuris Græco Rom.
III. Rodericus Tol. Lucas Tudensis. Sandoual.

IV. Fragmentum Historiæ Aquit. post Helgaudum editum à Pithœo : Infinita multitudo Normannorum ex Danemarcha & Trescha regione cum classe in munera mare transeuntes, armis confidentes, & multitudine feroci hostium, appulerunt portum Aquitanicum, iuxta Pictauorum terminos, & sicut antiqui parentes eorum Pagani Aquitanica ruta depopulati sunt, ita & isti mixtim Christiani, mixtim Pagani, nostros vicos, castella, & ciuitates conati sunt flammis comburere, & populum Christianum ferro diuerberare & captiuare, & Ecclesias Dei, & monasteria desertare. Tunc absque mora Dux Willermus, &c.
Appendix Glabri. Ademarus in Chronico.

CHAPITRE VIII.

Sommaire.

I. Le Duc Guillaume Sance bastit le monastere de Saint Seuer auec l'auis des Archeuesques, Euesques, Comtes, & Seigneurs de Gascogne. Il le dota de plusieurs Eglises; Il eut dispute auec quelques Gentilshommes sur la proprieté du lieu, laquelle il falut vuider par le iugement de l'eau froide. II. D'où vient que la ville de Saint Seuer est appellée Cap de Gascogne. III. De l'Examen de l'eau froide. IV. Comté des Gascons distinct & separé des autres Comtés de Gascogne. V. Euesché des Gascons, & son estenduë. VI. Gascogne possedée en souueraineté & en heredité, par les Ducs de Gascogne. VII. Le Pape Innocent III. confirma la Fondation du monastere de Saint Seuer. Arceut. Receptus.

I. LE Duc Guillaume Sance desireux de s'acquiter de sa promesse & de son veu, s'adresse aux Gentils-hommes ses Vassaux, qui possedoient le lieu où estoit la petite Eglise, & le tombeau de Saint Seuer, les prie de lui vendre cette terre; Ce qu'ils refuserent de faire, sous pretexte que ce domaine estoit franc, & immune de tout deuoir & redeuance. Le Duc indigné de ce refus, soustient que cette terre estoit mouuante, & sise dans l'Aleu de son chasteau, qu'il auoit sur les lieux. Pour vuider ce procés, il en falut venir en iugement, & pour cét effet le Duc assembla les Euesques, & les Seigneurs des Comtés de Gascogne plus prochains : Du consentement des parties, la decision du different fut remise à l'espreuue de l'eau froide. Mais l'heure de l'execution estant escheuë, le Duc ne voulant point receuoir la honte de paroistre vaincu en presence, demeure dans le chasteau, enuoye sur le lieu sa femme, & ses enfans auec les Euesques, & les Seigneurs. Comme l'vn des Euesques estoit sur le point de plonger vn petit enfant dans l'eau, encore que le ciel fuſt auparauant ſerein & ſans nuages, il ſuruint en vn moment vn ſi grand orage auec eſclairs, & tonnerres, qu'à grand peine les aſſiſtans peurent euiter d'en eſtre enueloppés, & ſe refugierent ſans aucun dommage dans vne petite Egliſe de Saint Germain. Le Duc informé de ce qui s'eſtoit paſſé, fut ſoigneux de conferer auec les plus ſages qui eſtoient prés de lui, ſur le ſuiet des choſes extraordinaires qui eſtoient arriuées, & ayant commandé que l'on rechercaſt dans les vieux tiltres l'origine de la Chapelle S. Seuer dont il eſtoit queſtion; Il aprit qu'anciennement on auoit baſti en ce lieu, vn monaſtere qui auoit eſté ruiné & demoli par les *ennemis François*. C'eſt pourquoi il acheta la terre, des poſſeſſeurs, auec toutes ſes appartenances, pour le pris de trois cens ſols d'Argent, quarante & cinq Vaches, & pluſieurs autres choſes qu'il leur deliura. Enfin le Duc deſirant baſtir, ſuiuant ſon premier deſſein, vn monaſtere de reputation, aſſembla de nouueau les Archeueſques d'Aux, & de Bourdeaux, & tous les Eueſques qui eſtoient ſous ſa Iuriſdiction, & les Seigneurs de tous les Comtés, ſçauoir *des Vaſcons*, des Begordans, du Bourdelois, Agenois, Fezenſac, & Laictoure; Et auec eux, du conſentement de ſa femme Vrraque, qu'il dit eſtre iſſuë de *ſang Royal*, & de ſes enfans *Bernard*, & *Sance*, il ordonna la liberté, exemption, & immunité de ſon monaſtere, qu'il exempte de tous deuoirs reels, & perſonels, de tous Hoſts, Cheuauchées, cens, tributs, & rentes enuers lui & ſes ſucceſſeurs; comme auſſi de la Iuriſdiction de l'Eueſque diocefain, & le ſouſmet immediatement au Saint Siege de Rome, voulant que les Abbés payent annuellement à Saint Pierre cinq ſols, pour cette reconnoiſſance. Ce qu'il ordonne par l'auis & le conſentement des Archeueſques d'Aux, & de Bourdeaux, des Eueſques d'Agen, *des Vaſcons*, de Bazats, de Begorre, & de Laictoure: Et des Comtes, & principaux Seigneurs de Gaſcogne. Il eſtablit pour Abbé de ce monaſtere, vn tres-ſaint & fort deuot religieux nommé *Saluator*, à la charge que ſes ſucceſſeurs ſeront Eleus ſuiuant la regle de Saint Benoiſt; Dote ce conuent de pluſieurs reuenus, lui laiſſant la iouïſſance franche & libre de *toutes les Egliſes* qu'il poſſedoit en ſes Comtés; meſmes de celles qu'il auoit *baillées en fief*, & dont il auoit inueſti ſes vaſſaux, pour en iouïr apres leur decés; nommant particulierement l'Egliſe noſtre Dame de Solac, ou *de finibus terræ*, & l'Egliſe Saint Genies, & ſes terres qu'il auoit aſſiſes entre la riuiere de l'Adour, & le ruiſſeau du Gauas. A toutes ces liberalités, il adiouſte ſon chaſteau *Palæſtrion*, auec toutes ſes apartenances, ſoit en rentes, où en homages, & vaſſelages: qui eſt vn don de telle importance, qu'encore auiourd'hui ce Conuent poſſede la iuriſdiction de la ville de Saint Seuer, en conſequence de cette Charte, ayant toutesfois receu auec le temps le Roi en pareage, ſuiuant la couſtume de nos Ayeux. Il fait dedicace & conſecration de toutes ces immunités, exemptions, rentes, & liberalités, à Saint Pierre Prince des Apoſtres, & au tres glorieux Martyr Saint Seuer, auec vne Table enrichie d'or & d'argent, & confirme le tout de ſon ſein, de ceux de la Comteſſe Vrraque, de ſes enfans Bernard Guillaume, & Sance Guillaume, de Geofroi Atcheueſque de Bourdeaux, & de Adon Archeueſque d'Aux, de Gaſton Centulle, & de Centulle Gaſton de Bearn, & de pluſieurs autres Seigneurs;

II. La Charte de la Fondation du Monaſtere de S. Seuer inſerée au bas de ce Chapitre fait vne pleine foi de ce que ie viens d'expoſer; ſur laquelle i'eſtime pour vne intelligence plus claire qu'il ne ſera point hors de propos de faire quelques remarques. L'vne eſt, que la reſidence ordinaire de Guillaume Sance, & peut-eſtre des autres Comtes eſtoit dans le Chaſteau *Palæſtrion*, dont les reſtes paroiſſent auiourd'hui en la ville de S. Seuer; qui peut auoir pris de l'auantage de ſa reſidence, le titre dont elle se glorifie de *de Cap de Gascogne*. Ce titre peut auoir esté fortifié, de ce que les Assises ordinaires de la Cour de Gascogne, composées des Seigneurs de la Prouince estoient tenuës, mesmes du temps des Rois d'Angleterre, en la ville de Saint Seuer; de laquelle Cour, l'Abbé de ce Conuent estoit le Viguier, pour indire les assemblées. Que si cette denomination n'est pas si ancienne, comme il y a de l'apparence, puis que Saint Seuer n'est pas qualifié *Cap de Gascogne* dans les actes qui precedent trois cens ans; ie pense qu'elle est appellée de ce nom, à cause qu'elle estoit la Teste de la frontiere de Gascogne, & de Bearn, (qui a esté reconneu dans les actes publics depuis ce temps-là vn païs separé,) comme la ville de Leyden en Hollande, *Lugdunum Batauorum*, est nommée *Caput Germaniarum* dans la Table de Peutinger, parce qu'elle est située en l'extremité maritime des deux Germanies. L'on voit en mesme sens, dans Solin, *que l'Isle de Cadis est située à la Teste de la Prouince d'Espagne surnommée la Betique, où est le dernier borne du monde conneu*.

III. La seconde remarque est, que pour vuider les procés & les differents d'importance, les Ducs conuoquoient leur Cour, qui estoit composée des Euesques, Comtes, & principaux Seigneurs de Gascogne. Et qu'en ces quartiers aussi bien qu'ailleurs, on se seruoit aux iugemens, de l'espreuue, & de l'examen de l'eau froide. Ie ne pretends point m'engager à faire vn discours sur cette sorte de purgations, & d'espreuues, du fer ardent, de l'eau boüillante, ou de l'eau froide, puis que plusieurs ont desia traicté fort curieusement cette matiere : Neantmoins ie suis obligé de dire en passant, ce que les autres ont obmis, & que l'on aprend de *Hincmarus* Archeuesque de Rheims au traicté *du diuorce du Roi Lothaire*. Cét Auteur escrit que les anciens se seruoient de ces moyens aux matieres douteuses seulement, lors que les parties ne pouuoient verifier leurs faits par tesmoins; & qu'ils employoient pour cét effet les elemens du feu, & de l'eau, parce qu'ils auoient esté choisis de Dieu, pour le iugement & la purgation du genre humain. Or cette purgation de l'eau froide fut approuuée par le Pape Eugene, & par l'Empereur Loüis le Debonnaire; & fut enioint à tous les Euesques, Abbés, & Comtes de s'en seruir, pour euiter les pariures ordinaires, que cometoient ceux, qui suiuant les loix Saliques & Lombardes, estoient obligés de se purger du soupçon de l'accusation proposée contre eux, auec leur propre serment, & de six, ou douse autres tesmoins, que l'on nommoit *Sacramantales*. Neantmoins comme les pensées changent en matiere de reglemens, les Papes suiuans Estienne V. & Innocent III. ont aboli ces purgations, qu'ils nomment vulgaires, & ont autorisé la seule purgation Canonique auec le serment de l'accusé, & de ceux qui ont connoissance de sa bonne vie. Entre tous ces examens, le plus foible estoit estimé celui de l'eau froide, qui consistoit à ietter vn enfant, ou bien la personne accusée, pieds & mains liés, dans vn grand vaisseau, rempli d'eau froide, qui auoit esté benie par le Prestre apres la Messe, suiuant les formules destinées à cét vsage, qui sont representées en diuers manuscrits; & en cas que la personne surnageast, celui qui estoit examiné par cette voye perdoit sa cause. Cét examen estoit en vsage du temps de Charles le Chauue, comme l'on voit chés Hincmar *en son Traicté contre l'Euesque de Laon son Neueu*, & encore parmi les Princes seculiers, quoi que prohibé aux Cours Ecclesiastiques, du temps d'Iues Euesque de Chartres, qui estoit posterieur de plus de cent ans à Guillaume Sance.

IV. Le troisiesme point que l'on aprend de ce tiltre, est la preuue peremptoire du Comté des Gascons distinct & separé des autres Comtés de Gascogne. Il comprenoit necessairement les terres qui estoient du costé de l'Occan, hors les limites des autres Comtés qui sont ici denombrés, à sçauoir Bigorre, Fezensac,

Laictoure, Agen, & Bourdeaux. Ie dis du costé de l'Ocean ; dautant que les païs de Comenge, & de Coserans, auoient esté distraits de son obeïssance, & soubsmis à l'hommage des Comtes de Carcassone; dont les heritiers transigerent l'an 1068. des droits qui leur pouuoient apartenir sur les terres de Comenge & de Coserans, comme l'on voit chés François Diago. Guillaume Sance semble insinuer assés cette distraction, & monstrer qu'il ne possedoit pas actuelement tous les Comtés, & droits de superiorité, qui lui apartenoient en qualité de Duc de Gascogne, lors que donnant au monastere de Saint Seuer toutes les Eglises qu'il auoit en ses Comtés, il vse d'vn terme limité, *que ie possede maintenant*, dit-il, *Quos modo teneo*. Laissant donc à part le Comté de Comenge, & de Coserans, Guillaume Sance possedoit en patrimoine, ou en homage & superiorité, tout ce qui est compris entre la riuiere de Garonne, & la Dordoigne entre deux mers, l'Ocean, & les Pyrenées. L'estenduë de son Duché est designée dans la Charte *par les Comtés de Bigorre, de Fezensac, & de Laictoure;* dont les limites sont assés conneuës, par le moyen de celles des Eueschés de Tarbe, d'Aux, & de Laictoure; *par le Comté d'Agen*, qui comprend dans la Gascogne tout ce qui dependoit de son Eueschè deçà la riuiere de Garonne, & qui a esté depuis attribué à l'Eueschè de Condom, erigé par le Pape Iean XXII. *par le Comté de Bourdeaux*, qui respond à l'estenduë du diocese, & à celui de Bazas : Et enfin *par le Comté des Gascons*, qui doit embrasser tout ce qui n'est pas compris dans le denombrement des autres parties, sçauoir *les Basques, Bearn, Aire, & Acqs*. De fait, puis que Guillaume asseure d'auoir appellé tous les Euesques, & les principaux Seigneurs de ces Comtés, & que *Gaston Centule de Bearn, & Garcias Alanij de Bergui*, qui est vne Baronie en Nauarre annexée à celle de Gramont, ont signé cét acte, sous quel Comté peut-on les renger que sous celui des Gascons.

V. Pour esclaircir dauantage ce point, il faut considerer qu'il y auoit non seulement vn Comte des Gascons, mais aussi vn *Euesque des Gascons*, qui a signé la Charte de Saint Seuer. Il est vrai, que l'establissement d'vn seul Euesque des Gascons est abusif; dautant que les Douze Cités de la Nouempopulanie estoient Episcopales. Mais comme les Sarasins, & les Normans auoient ruiné les villes, où estoient les sieges de ces Eueschés; & que les Comtes, & les autres Seigneurs particuliers s'estoient saisis de tous les reuenus Ecclesiastiques, l'abus s'introduisit, & fut toleré sous pretexte de necessité, sçauoir que tous les Eueschés du Comté des Gascons pris au sens que ie l'explique, estoient possedés par vne seule personne; qui prenoit le nom general d'*Euesque de Gascogne*, pour exclurre dans les paroles l'incompatibilité de plusieurs Eueschés. Ie ne propose pas cela de mon creu; mais suiuant les anciens papiers de la Reole, qui font voir Gombaut Euesque de Gascogne; & encore selon la foi des tiltres de Lascar, & d'Acqs, qui font mention d'vn Euesque Raimond le Vieux, qui possedoit *tous les Eueschés de Gascogne*, suiuant la coustume de ses predecesseurs, à sçauoir les Eueschés de Lascar, d'Acqs, d'Ayre, de Bayone, de Bazas, & d'Oloron, comme porte formelement la Charte de Lascar qui sera produite en son lieu. C'est pourquoi l'an 1032. en la prise de possession du Comté de Bourdeaux, par le Comte Odo, l'Euesque Raimond signe l'acte en ces termes, *Raimond Euesque de Gascogne*. Encore peut-on iustifier, que le Bearn estoit compris dans le Comté des Gascons, par les papiers de Lascar, desquels on aprend que le Comte de Gascogne Sance, & Garciarnaud Comte de Bigorre limiterent *l'vn & l'autre Comté*, pour vser des termes de l'acte, par le village de Moncaup, qui separe le Bearn, de la Bigorre. De maniere que l'on peut asseurer, que l'ancien Comté des Gascons qui auoit esté possedé par le Comte Siguin, du temps de Loüis le Debonnaire, comprenoit non seulement *l'Eueschè de Bayonne*, qui est assis en Labour, & dans les vallées de Cise, Baigorri, & Arberoue au païs des Basques, & les *Euesches d'Oloron, & d'Acqs*, vne portion desquels entre dans le reste de ce païs des Basques; mais aussi les *Euesches de Bearn, & d'Ayre*, qui estoient coniointement possedés par l'Euesque de Gascogne. Pour l'Euesché de Bazas i'y fais quelque doute; à cause que la Charte de Saint Seuer represente l'Euesque de Bazas, separé de celui de Gascogne. D'où l'on doit aussi conclurre, que Gombaud frere de Guillaume Sance estoit decedé; tant parce qu'il n'est point denommé en cette fondation en qualité de Duc ou de Comte; ce qui n'eust pas esté obmis encore qu'il eust esté absent, à cause de la societé des freres au Duché, comme les Empereurs d'Occident, & d'Orient, le practiquoient en leurs constitutions; que parce aussi principalement, que les Euesques d'Agen, de Bazas, & de Gascogne estoient presens en personne à la confirmation de cette fondation. Or Gombaut seul remplissoit ces Euesches pendant sa vie, ainsi qu'il a esté veu ci-dessus. Cependant on les voit en cét acte tenus separément par trois Euesques, par celui d'Agen, par celui de Bazas, & par celui de Gascogne. D'où l'on doit aussi recueillir, que les Euesches du Comté des Gascons estoient encor vnis sous vn seul nom, & occupés par vne personne: qui estoit à mon auis l'Euesque *Arsius*, ou bien *Arsias Raca*, dont la Charte de Lascar a fait mention, & qui paroîtra dans celle de Bayone.

VI. On peut encore remarquer, que Guillaume pretendoit posseder sa terre en souueraineté sans releuer des Rois de France; dautant que d'vn costé il dit au commencement, qu'il fait cette fondation pour le remede de son ame, pour la manutention & tranquillité de son Royaume, qui sont des termes qu'vn homager n'oseroit employer dans ses letres, quoi que les auteurs se dispensent quelquesfois de nommer Roiaume, l'estenduë de quelque Duché. Et de l'autre costé, il reconnoist les François pour ses ennemis, disant expressément que l'ancien monastere de Saint Seuer auoit esté ruiné *par les François ennemis*, comme il apparoissoit par les anciens documens. Ce qui doit estre rapporté aux guerres que les Rois de France auoient euà demesler auec les Gascons, pour chastier leur rebellion. Cette pretention de souueraineté des Ducs de Gascogne est encore confirmée par Aimoïn, dont le texte sera representé en son lieu, qui dit expressément que l'autorité du Roi de France n'estoit point reconnuë dans la Gascogne, du temps du Duc Bernard fils de Guillaume Sance. Le Duc asseure aussi que toutes ces terres lui apartenoient par Droit hereditaire; ce qui sert à iustifier ce que i'ai remarqué au commencement, que le Duché de Gascogne fut donné par l'Election des Gascons à Sance Mitarra, & à toute sa race. Au reste ce qui regarde la guerison d'Adrian Roi de Gascogne, & sa conuersion par Saint Seuer, comme ce sont des choses contraires à l'Estat de cette Prouince, du temps des Romains, sil'on ne change le tiltre de Roi en celui de Gouuerneur ou de President de la Nouempopulanie, ie ne pense pas que l'on doiue s'y arrester beaucoup. Ie ne dois point ometre que l'anee 1217. le Pape Innocent III. confirma de son priuilege, à l'exemple de ses Predecesseurs Paschal II. & Alexandre III. comme il dit, les possessions, domaines, & immunités de ce monastere de Saint Seuer, qu'il dit auoir esté fondé par Guillaume Sance Comte de Gascogne; & particulierement ce Pape defend, que personne ne pretende aucune redeuance ni *Arceut* sur les bois, prés, landes, pesches, pinayes, & vignes, appartenans audit monastere; où il exprime par le terme vulgaire d'*Arceut*, ce que Guillaume Sance appelle *Receptum* en Latin, ainsi qu'il apert par la conference des textes; c'est à dire hebergement, & retraite; l'ancien mot Gascon & Bearnois *Arceber*, signifiant le mesme, que bailler retraie ch és soi.

I. Tabulæ Fundationis monasterij S. Seueri in Vasconia: Præ oculis indesinenter habere summum Deum horamque extremam, nouissimumque diem in mente habere, ac sectari quisque mortalis debet iustitiam, vt euadat tormenta prauorum, & peruenirat ad premia iustorum, quo nullus miser admittitur, nullus felix excluditur, pati omne quod tustæ est, facereque omne bonum dignissimum est. Idcirco ego *Vuillelmus Sancius Comes* cogitans dies antiquos, & annos æternos, pertimescens futurum examinis iudicium, pro salute remedioque animæ meæ, seu propter stabilitatem pacemque totius Regni nostri, & vt Deus omnipotens traderet obliuioni mea flagitia meorum parentum, neque sumeret vindictam ex ipsis flagitiis, Decreui honorare Deum, locaque Sanctorum, ex his quæ mihi tribuit. Occasio autem huius meæ intentionis hæc est. Quædam gens nefanda *Normannorum* à proprio solo egressa, in istis nostris finibus est euecta, cupiens depopulare predarique terras, quas mihi Deus *Iure hereditario* tradere dignatus est. Vt autem me Deus eriperet à sceleratissimorum hominū manibus insurgentium contra me facere bellum, genu flexo ante tumulum beatissimi Martyris Seueri.......... quatenus me sua intercessione tueretur, & sicuti quondam Rex huius patriæ Adrianus post reintegrationem corporis sui, Regnum & se totum præfati Martyris submisit ditioni, eodem modo ego sibi reliqui omnem patriam ditioni nostræ subiectam, si victoriam potitus fuissem deuoui, & in omnibus famulari Christo Sanctoque Martyri Seuero, & pro parua Ecclesia magnificum & celebre monasterium me constructurum promisi. Post actum votum meum, nefandissimam turbam aggressus, & idem gloriosissimus præfatus Martyr quem in auxilium prærogaueram, cum equo albo armisque ornatus præclaris apparuit, prosternens ac multa millia nefandorum ad claustra Tartari trāmisit. Ad vltimum vltimam victoriam potitus, sicuti voueram studui peragere: accersitisque militibus, qui possidebant illum sacratum locum, precabar, vt sanctum cum prædio venderent mihi. Illi vero resistebant nolentes vendere locum francum, & ab omni censu liberum. Super hac re iratus, prohibebam locum in alodio castri mei esse. Tandem complacuit illis iudicium facere *in aqua frigida*. Ventum ad horam diei, nolens huius rei victus videri, misi meam vxorem cum meis filiis, cum Episcopis, & Senioribus atque cum Principibus totius Vasconiæ, & vicinorum Comitatuum, qui in circuitu terræ istius sunt. Ego remanebam in castro. Cum vero iam adesset hora, *vt paruulus ab Episcopo mergeretur in aquam*, cum primum esset cœli serenitas, vt nulla in aëre nubes appareret, tantæ coruscationes, ac tonitrua de cœlo sunt emissa, vt vix omnes qui aderant, fulminum ictibus euadere se crederent, fugientes ad paruam Ecclesiolam S. Germani illæsi. Post hæc ad me conuenientes, & perturbantes me ignorantem euentum rei, diligenter tractans cum sapientibus qui tunc forte mecum aderant, multum mirabar super his miraculis quæ acciderāt. Ipsi vero sapientes inquirebant, si S. Seueri gesta vel passionem haberent scriptam. Inuentum est à legentibus, qualiter illud monasterium fuerat cōstructum, & qualiter à *Francigenis hominibus hostibus* fuerat destructum. Qua de causa emi locum ab illis, cum omnibus ad se pertinentibus, dando illis Trecentos solidos duodenarios argenti, quadraginta quinque vaccas, cum multis rebus aliis. Cupiens itaque, sicuti primitus deuoueram, ibi famosissimum monasterium construere, conuocaui Archiepiscopos Auscensem, & Burdegalensem, & cunctos Episcopos qui sub mea ditione erant; Et seniores *cunctorum Comitatuum*, scilicet *Vasconorum, Begorrensium, Burdegalensium, Agennensium, Fezacensium*, siue *Lactoratensium*; statui libertatem atque constructionem tali modo. Ego Vuillelmus Sancius Comes qui hūc locum ædificio in honore Sancti Saluatoris, Sanctique Principis Apostolorum Petri, atque in honore præclari Martyris Seueri hanc Chartulam manu propria roborare decerno, consensu *Vrraca coniugis meæ ex Regia stirpe procedentis*, fauentibus, *filiis Bernardo atque Sancio*. Interdicens ex auctoritate Dei omnipotentis, sanctique Principis Apostolorū Petri cui vice Christi concessa est potestas ligandi atque soluendi, atque auctoritate omnium sanctorum, nec non ex auctoritate Sanctæ Romanæ sedis, ipsiusque Antistitis, cum confirmatione Archiepiscopi Auscensis, nec non Archiepiscopi Burdegalensis Episcopi, Agennensis, *Vasconensis*, Vasatensis, Begorrensis, seu Lactoratensis, cum consensu omnium Comitum procerumque totius Vasconiæ, vt nullus Archiepiscopus, nec Episcopus, nec ego ipse, nec filius meus, vel nepos, neque pronepos, aut stirps, aut successor, aut propinquus, aut extraneus, nec aliqua potens persona neque aliquis ex parentibus nostris, vt dixi, vel ex nostris consanguineis futuris, per multorum curricula temporum, nullus clericorum, aut laicorum, nobilium, vel ignobilium, præsumat de reditibus, rebus. vel chartis monasterij, vel de cellis, vel de villis, vel Ecclesiis, quæ ad eum pertineant, quocumque modo, & ocasione mouere, vel dolos, vel immissiones aliquas facere, nec *in Hostem* nec *in Caballicationem* esse ductores, milites, vel pedites: Non in foro, aut in mercato, de pertinentibus ipsi sacratissimo loco, quisquam iudicium capiat, vel in appenditiis eius aliquam calumniam facere præsumat, in aquis, in siluis, in pratis, in landis, in piscationibus, in pinetis, seu in vineis, nec *Receptum* inde per vim, nec censum aliquem quærere, nec Clericos in Ecclesia villarum præfati Sancti iure possidentes vllus audeat molestare, vel de his omnibus quæ ipse sacratissimus locus acquisiuit, datis, vel acquirendis acquisierit. Nullus Episcoporum aut laicorum inibi seruientibus de recessibus eorum, receptaculis vlla populandi præbeatur occasio. Nec in præfato loco quisquam Episcopus Cathedram audeat collocare, vel quamlibet licentiam habeat imperandi, nec aliquam ordinationem quamuis leuissimam faciendi; nisi cum præmissu, & voluntate Abbatis ipsi sacro loco præsidentis, sed sint omnibus modis liberi, & absque vlla alia calumnia, & inquietudine securi. Omnes vero Episcopi qui modo adsunt, vel qui in perpetuum futuri sunt, ibi hospitari non audeant, nec censum aut tributum aliquod requirant, absque voluntate præfati summi Abbatis. Insuper omnem decimationem meæ substantiæ panis & vini, & quidquid decimari oportet contrado. Abbatemque dominumque loci istius his præficio nomine *Saluatorem*, sanctissimum & ab omnibus laudabilem, & fratres sub eo degentes, à quibuscunque partibus aduenerint quantopere sociari voluerint monasterio stabilio & confirmo. Abbatem autem habere fratres non per munus aliquod, nec per vitium nec per fauorem neque per adulationem, sed secundum ordinationem S. Benedicti impero. Sanctoque Petro singulis annis *quinque solidos Romæ*, Abbati soluere moneo. Omnes etiam Ecclesias in omnibus meis Comitatibus quos modo integre & sincere, absque vllo censu immunes trado. Sed & omnes quæ à me cuicumque hominum contributæ sunt, post mortem illorum qui nunc tenent, ad sacratissimum locum reuertantur: Sed & Ecclesiam S. Dei genitricis Mariæ, quæ dicitur *de Solaco*, vel *de finibus terræ*, quam Bono filio *in Beneficio dedi quamdiu viueret*; post mortem autem eiusdem præfatam Ecclesiam trado Sancto Petro, & dicto monasterio, consentientibus Gasselino, & Asselino filiis eius primitus calumniantibus, sed & post modum à me dato pretio libentissime annuentibus. Item dono Ecclesiam S. Genij confessoris, vbi sua sacrata ossa tumulata iacent, vbi Abbatiam fieri iussi, sub regimine Abbatis præfati loci. Ad vltimum trado *Castrum Palestrion*, cum omnibus appenditiis suis, & omni pertinentia, in siluis, in pratis, & in villis, in landis, in aquis, in pinetis, & in vineis, cum omnibus Militibus seu Armicolis. Omnia etiam concedo quæ sunt inter duos fluuios, ab Alpheano, qui modo vocatur *vulgo Aturris*, vsque ad Gauafensem, stabilio, decerno, confirmo, delego, trado Ego Guillelmus Sancius cum hac Tabula auro, argentoque pulchré ornata, Principi Apostolorum S. Claugero Petro, necnon gloriosissimo Martyri Seuero; imprecans omnes maledictiones, quæ scriptæ sunt in veteri Testamento super eos venire, qui huic sacratissimo loco obstiterint. Si quis autem Episcopus præpotens, siue ex nostris parentibus, consanguineis, maiores aut minores quælibet personæ, siue sit vir, siue mulier, ex his tentauerit minuere, ex Dei omnipotentis auctoritate, necnon omnium sanctorum, auctoritate Apostolica Sancti Petri, necnon Pontificis Sanctæ Sedi præsidentis, sit excommunicatus ab omni congregatione Christianorum separatus, parsque eorum sit cum Ischarioth, cum Datan & Abiron, quos terra viuos absorbuit, pereantque cum Iuliano Apostata, perditoque Daciano, sint damnati cum Nerone, & Mago Simone, ardeantque sine fine maledicti, cum diabolo & angelis eius in igne, & sulphure, in secula seculorum. Amen, fiat fiat. Post actum malum, si quis ad satisfaciendum venire voluerit, perpetrata mala, siue damnum quod intulerit, in quadruplum restituat, septemque libras auri monasterio tribuat: & quia eumdem locum tradidimus sanctæ Apostolicæ sedi, pedibus nudis illuc adeat, & literas a Præsule Romano susceptas suo Episcopo propria manu repræsentet. Vt autem hic, & in præsenti, & in futuro æuo, Chartæ huic credatur firmissimè, mea manu, vxoris, filiorum, necnon Episcoporum, vel fidelium manibus roborare dignum auctoritate de creui & stabiliui. Signum Vuillelmi Sancij Comitis, qui hanc Chartam fieri iussit. Signum Vrracæ Comitissæ, Signum Bernardi Guilielmi filij eius. Signum Sancij filij eius. Signum Godefridi Burdegalensis Episcopi, Signum Orioli Sancij de Fageto. Signum Donati Garsiæ de Donasello. Signum Aquilini Atilij de Calonar. Signum Garciæ Alancij de Bergui. Signum Adonis Auscitani Archiepiscopi. Signum Centuli Gastonis. Signum Gastonis Centuli de Bearno. Signum Azimeli Elzij de Samadello. Signum Asmarij Elzi. Signum Bergonij Sancij. Signum Garsia Lupi de Siluestro.

II. Solinus c. 23. In Capite Bœticæ vbi est extremus noti orbis terminus, insula à contingenti septingentis passibus separatur.

III. Iuretus in obserua ad ep. 74. Iuonis Carnot. Hincm. de Diuortio Loth.

IV. Britannia dicitur Regnum à Greg. Tur. l. 4. c. 4. l. 5. c. 16. & Patrimonium Ducis dicitur Regnum. Lege Alam. tit. 55. Innocentius III. l. 3. Reg. ep. 32. editus à Bosqueto: Monasterium Sancti Seueri à bonæ memoriæ willelmo Sancij quondam wasconiæ Comite fundatum, & Beato Petro abeodem Comite perpetuo iure oblatum, ad exemplar prædecessorum nostrorum fel. mem. Paschalis & Alex. sub Beati Petri & nostra protectione suscipimus, & præsentis scripti priuilegio communimus. Infra: Ad hæc adiicimus, vt alicui personæ magnæ, vel paruæ facultas non sit, milites vel pedites dé villis eidem cœnobio pertinentibus, in hostem, vel expeditionem ducere, nec de siluis, pratis, landis, piscationibus, pinetis, & vineis censum quærere vel Arcetum.

CHAPITRE IX.

Sommaire.

I. II. Examen du temps de la Fondation de Saint Seuer. III. Saluator son premier Abbé signé dans la Charte de Bayonne. Examen de la date de cette Charte, & du temps du decés des Rois Lothaire, & Louis. IV. Distinction entre la Proclamation du Roi Hugues, & son Couronnement. Aimoin, & Glaber expliqués. V. Surnom de Grand donné au Roi Hugues Capet.

I. SI la date de la Charte de Saint Seuer y estoit exprimée elle nous eust deuelopé de beaucoup de difficultés; mais il faut essayer de rencontrer cette Epoque & situation de temps, qui est de tres-grande importance pour mon trauail, afin de donner vn point certain & asseuré aux annees des Seigneurs de Bearn, qui sont denommés en cette Charte. Pour y paruenir, il faut auoir recours aux characteres du temps, tirés des personnes qui asfiſtoient à la fondation de Saint Seuer; & par cette voye, il ſembleroit qu'elle fuſt poſterieure à l'année 1012. dautant que Geofroi Archeueſque de Bourdeaux autoriſa cét acte. Or ce Geofroi aſsiſta à la Dedicace de l'Egliſe Saint Sauueur de Limoges l'an 1028. chés le Card. Baronius, qui rapporte pour ſa preuue les paroles de la Chronique du Moine Geofroi: & ſon Predeceſſeur Seguin Archeueſque de Bourdeaux, viuoit l'an 1012. comme a remarqué Claude Robert en ſa Gaule Chreſtienne. De ſorte que ſuiuant ce calcul, la fondation de S. Seuer ne pourroit eſtre auancée au deſſus de l'année 1012. Ce qui s'accorde auec le temps d'Adon, ou bien d'Odon Archeueſque d'Aux; lequel, ſuiuant le témoignage du meſme Robert, occupoit ce ſiege en l'année 1000. & long-temps apres. Neantmoins cette ſupputation eſt tout à fait malpriſe; dautant que le Duc Bernard fils de Guillaume Sance, auoit ſuccedé au Duché de Gaſcogne dés l'année Mil Trois, comme ie verifierai en vn autre lieu, par le rapport d'vn témoin de veuë, qui eſt Aimoïn en la vie d'Abbo. Et partant le Duc Guillaume ne peut auoir fondé le monaſtere de Saint Seuer long-temps apres eſtre mort.

II. Il faut donc prendre vn autre ordre, qui nous portera à l'année de cette fondation, & nous ouurira le chemin d'vne remarque aſſés curieuſe pour l'hiſtore de France. Dans cét acte Odo Archeueſque d'Aux eſt l'vn des Eueſques qui le ſignent, & l'autoriſent; Or il ſiegoit preciſément l'année 979. eſtant precedé d'vn Seguin qui viuoit l'an 978. & ſuiui de Garcias en l'année 982. comme fait foi le Catalogue de Claude Robert. De maniere que ſon Epiſcopat peut eſtre tout au plus de trois années, depuis 79. iuſqu'à 82. Et par conſequent la fondation de S. Seuer doit eſtre reſtrainte dans ces bornes, & ſituée enuiron l'année 982. & par meſme moyen le denombrement des Archeueſques de Bourdeaux doit eſtre acreu d'vn Prelat, ſçauoir de Geofroi Premier du nom; qui ſera placé en ce vuide qui eſt depuis Frotarius iuſqu'à Gombaut, c'eſt à dire entre l'an 867. & 992. & prendra ſon rang apres l'Archeueſque Aldebert, dont i'ai auſsi reſtabli ci-deſſus, & le nom, & le temps, qui eſt de l'an 900. ou enuiron. Ce calcul eſt dautant plus aſſeuré, que le Duc Guillaume Sance fit cette Fondation ſur la fin de ſes iours, comme le Duc Bernard ſon fils le certifie; & que le terme de ſa vie ne pouuoit pas eſtre fort eſloigné de l'année 977. puis que ſuiuant la remarque deſia faite, il auoit deſlors aſſocié ſon frere au Duché de Gaſcogne, & qu'il fit cette aſſociation ſur la fin de ſes iours.

III. Mais ce qui eſtablit puiſſamment cette verité, eſt le date du tiltre de Bayone de l'Eueſque Arſius produit au Ch. VIII. du liure I. où l'on voit ſigné *Saluator* premier Abbé de S. Seuer, ordonné par Guillaume Sance au temps de la fondation. Car le temps y eſt deſigné, non pas à la verité par les années de l'incarnation de N. S. mais par les Characteres du Pontificat du Pape Benoiſt, & du regne du Roi Hugues, en ces termes; *Eſtant Apoſtolique le Pontife Romain Benoiſt, Regnant Hugues le Grand Roi de France, & commandant le Duc de Gaſcogne Guillaume Sance.* De maniere que ſuiuant le témoignage de cét acte, le Pape Benoiſt, & le Roi Hugues concourent en vn meſme temps auec le Duc Guillaume Sance, apres la fondation du monaſtere de S. Seuer. Neantmoins il ne faut pas diſsimuler, vne grande difficulté qui ſe preſente d'abord, & qui ſemble perſuader qu'il y a de la ſurpriſe en ce date; dautant que le Pape Benoiſt VII. deceda dés l'an 983. & Benoiſt VIII. ne tint le ſiege que l'an 1012. Et cependant le Roi Hugues ne commença à regner que l'année 987. & mourut en l'an 997. ſuiuant Guillaume de Nangis, & les Hiſtoriens de France. Toutesfois la copie de la Charte de Bayone eſtant deſcrite en lettre fort ancienne, & ſans abreuiation, il eſt difficile qu'il ſe fuſt gliſſé vne erreur ſi notable, que de ſubſtituer le nom d'vn Pape à vn autre. De ſorte que l'autorité de cét ancien tiltre nous oblige à croire que comme Hugues gouuernoit abſolument le Royaume en qualité de Duc des François, du temps des Rois Lothaire & Loüis, les Gaſcons qui eſtoient en quelque ſorte independans de l'ordre de France, eſtoient bien aiſes de flater ce Prince en lui donnant par auance, le nom de la dignité & de l'autorité Roiale, qu'il poſſedoit en effet. Ce qui a porté Aimoïn à eſcrire en quelque part en ces termes ; *L'année quatriéme du Roi Lothaire ſous Hugues l'Abbé & Duc des François.* Ou bien, il faut dire ſelon la Chronique d'*Odorannus*, de l'Edition de Pithou, que le Roi Loüis mourut l'année 982. & Hugues fut proclamé Roi par les François, quoi que ce date ſoit corrigé en la derniere edition de Paris, où l'on a mis le date commun de ce decés, qui eſt l'an 986. Neantmoins *Orderic* eſtablit la mort de ce Roi en l'année 983. & celle de Lothaire en 976. donnant au fils xi. années de regne; dont le nombre doit eſtre corrigé par celui de vi. afin que ſa narration ne ſe choque pas elle meſme. Le decés de Lothaire eſt auſſi rapporté à l'année 976. par Odoran, & Aimoïn. Cette remarque de ces auteurs ſi conſiderables, s'accorde auec la Charte de Bayone, qui met le Roi Hugues auec le Pape Benoiſt VII. qui tint le ſiege depuis l'an 975. iuſqu'à l'année 984.

IV. Mais pour concilier ces auteurs auec les actes publics, il faut diſtinguer la Proclamation du Roi Hugues, & ſon Couronnement. Il fut reconnu pour Roi par la plus grande partie des François, incontinent apres la mort de Loüis ; quoi qu'il ne voulut point ſe faire oindre, & prendre la Couronne, iuſqu'à ce qu'il euſt vaincu le Duc Charles, qui pretendoit à la ſucceſſion du Roiaume de ſon Neueu. Cette derniere action ſe fit l'an 987. auſſi bien que le Couronnement de ſon fils Robert. C'eſt pourquoi les actes du Synode de Reims contre Arnulfe tenu l'an 991. ſont chargés, que c'eſtoit l'année cinquieſme de Hugues Auguſte, & du Roi Robert. Aimoïn qui viuoit en ce temps-là, donnera vn plus grand iour à cette obſcurité. Car il eſcrit netement en ſon hiſtoire, qu'apres la mort de Lothaire, & de Loüis, Hugues Duc des François ſe rebella contre Charles frere du Roi Lothaire, & l'aſſiegea dans la ville de Laon ; d'où ayant eſté chaſſé par l'armée de Charles, il reuint auec de plus grandes forces, & enfin ſe rendit maiſtre de la place, & de la perſonne de Charles, par la trahiſon de l'Eueſque de Laon Aſcelin, qui auoit la confiance de Charles ; & qu'en ſuite de ces victoires, Hugues fut oinct & couronné Roi en la ville de Reims, & ſon fils Robert quelque peu de temps apres en la meſme année. Ces guerres qui precedent le Couronnement, trainerent quelques années. Ce qui ſe recueille de Glaber auteur de ce temps-là, lors qu'il eſcrit que Hugues *eſtant vigoureux de corps & d'eſprit*, remit peu à peu dans leur deuoir ceux qui refuſoient de lui rendre obeïſſance. De ſorte que reconnoiſſant *que ſes forces venoient à s'afoiblir*, il aſſembla les Seigneurs du Roiaume François, & Bourguignons en la ville Roiale d'Orleans, & fit eſtablir Roi ſon fils Robert l'an 987. Or les forces ne tombent pas, où pour mieux dire ne ſe precipitent point, d'vn eſtre ferme, puiſſant & vigoureux, dans vn afoibliſſement ſenſible en ſix mois, comme il l'euſt falu ſuiuant l'opinion commune, qui met les commencemens de Hugues, & de Robert en meſme année de 987. Mais pour vn changement notable de la conſtitution du corps, il y faut quatre ou cinq années ; qui eſt le temps compris entre 982. ou bien 83. auquel tombe la proclamation de Hugues ; & l'an 987. qui eſt celui du Couronnement de Robert, en meſme année auec ſon pere.

V. Il reſte vn petit ſcrupule, qui pourroit n'aiſtre du tiltre de Bayone, touchant la qualité de Grand, qu'il donne au Roi Hugues, quoi qu'elle ſoit attribuée par les anciens Annaliſtes au Duc Hugues ſon pere. Neantmoins cette conſideration au lieu de me donner quelque impreſſion contre la foi de cette ancienne piece, confirme en mon endroit la creance que l'on doit y adiouster. Dautant que ie voi que l'auteur anonyme de la vie de S. Genulphe qui viuoit en ce temps-là, escrit expressément que ce Roi Hugues fut surnommé le Grand; & pretend qu'il fut le Second Roi de la troisiesme lignée, en contant le Premier Robert son Ayeul; qui fut proclamé Roi par les François contre Charles le Simple, & consacré en la ville de Rheims l'an 922.

I. II. Claudius Robertus in Gallia Christiana in Catalogo Archiep. Auscen. & Burdeg. & Ep. Lemouicensium n. 45.

III. Tabulæ Arsij Epi. Lapurdensis prolatæ l. 1. c. VIII. Vigente Domno Apostolico Romano Pontifice Benedicto, regnante Hugone Magno Rege Francorum, imperante Duce Gasconiæ Willelmo Sancio. Aimoinius l. 4. Hist. c. 44. Anno quarto Lotharij Regis sub Abbate Hugone & Duce Francorū. Odorannus in Chronico. Anno DCCCCLXXXII. Obijt Ludouicus Rex iuuenis qui nihil fecit, donato regno Hugoni Duci, qui eodem anno Rex factus est à Francis: Ordericus Vitalis Lib.

IV. Synodus Remensis Cap. 1. Anno ab Incarnatione Domini N. Iesu Christi 991. Indictione quarta, regni Hugonis Augusti, & excellentissimi Regis Roberti quinto, congregata est Synodus in Remensi territorio.

I V Rodulphus Glaber l. 2. c. 1. Mortuis igitur Lothario ac Ludouico Regibus, totius Franciæ regni dispositio incubuit Hugoni Parisiensi Duci, filio videlicet illius magni Hugonis supra memorati, cuius etiam frater erat nobilissimus Burgundiæ Dux Henricus, qui & simul cum totius regni Primatibus conuenientes Prædictum Hugonem in Regem vngi fecerunt, Infra: Suscepto igitur Hugo regimine regni Francorum, non multopost plerosque suorum quos etiam prius in vniuersis habuerat subditos, persensit contumaces: tamen vt erat *mente, & corpore* viuidus, cunctos sibi rebellantes paulatim compescuit. Habebat enim filium admodum prudentem nomine Robertum, artium literarum plurimum studijs eruditum, cumque se cognouisset iam *aliquantulum viribus defici*, congregatis in Aureliana vrbe regia, quibusque Francorum ac Burgundionum regni Primoribus, eundem Robertum filium videlicet suum, anno scilicet tertio decimo ante millesimum incarnati Saluatoris adhuc se superstite Regem constituit.

V. Anonimus Auctor vitæ S. Genulphi c. 26. In tertia linea, primus extitit Robertus Rex, qui à Carolo minore interfectus est. Secundus vero filius filij eius, præfatus Hugo qui Magnus agnominatus est, qui etiam Ecclesiæ Dei Clementissimus Defensor fuit. c. 27. Huius ergo Magni Primo Ducis, postea Regis temporibus.

CHAPITRE X.

Sommaire.

I. Les Sarasins sous leur Chef Almuror font descente en Gascogne. Sont defaits par le Duc Guillaume Sance. II. III. Examen de Glaber, & sa surprise, ayant donné à ce Duc le tiltre de Guillaume Duc de Nauarre. IV. Le temps de cette defaite des Sarasins. V. Liberalités du Duc Guillaume enuers les Eglises de Lascar, la Reole, Luc, & Sorde. L'Abbaye de Sorde n'est point de la fondation de Charlemagne. VI. Bernard & Sance fils de Guillaume, & Brisce sa fille mariée à Guillaume Quatriéme Duc de Guienne. Decés de Guillaume.

I. Vant qu'abandonner nostre Duc Guillaume, ie me sens obligé de lui rendre l'honneur qui lui est deu, pour la desfaite des Sarasins, qui lui a esté raui pour auoir demeuré caché iusqu'à present, sous vne qualité desguisée, chés Rodulphus Glaber en son histoire. Il escrit que les Sarasins non contens d'estre ci-deuant venus de l'Afrique, pour enuahir les Espagnes, estoient aussi venus attaquer sous la conduite de leur Roi *Almuror* les parties Meridionales de la Gaule, & qu'ils auoient fait vn grand carnage des Chrestiens sur cette frontiere: De sorte que Guillaume Duc de Nauarre surnommé *Sanctus*, auoit esté obligé de combatre plusieurs fois ces ennemis iurés de la Chrestienté; & que la necessité d'hommes auoit mis les armes à la main de tous les Moines de cette Prouince, contre les destructeurs de la Religion ; lesquels apres vn long & sanglant combat, & vne perte notable de gens, faite de toutes parts, auoient esté vaincus, & contraints de reprendre leur route vers l'Afrique.

II. Cét exploict genereux, & necessaire pour la conseruation du Christianisme, ne peut estre attribué à personne, qu'à Guillaume Sance Duc de Gascogne : Les termes *Vvillermus Dux cognemento Sanctus*, ne signifians autre chose, que Guillaume Sance ; l'escriture de *Sanctus* pour *Sancius* estant assés frequente. Ce qui le persuade entierement est, que dans le Royaume de Nauarre, il n'y auoit point en ce temps des Ducs de Nauarre ; moins y a-t-il eu des Rois du nom de Guillaume, ou Guillaume Sance. Il faut donc conclurre par necessité, que ce Duc Guillaume Sance, estoit celui dont nous escriuons. Ce que l'on peut confirmer, de ce que ces combats ont esté rendus, non pas dans les Espagnes, mais dans les parties Australes de la Gaule, telle qu'est la grande Prouince de Gascogne.

III. Au reste la faute de Glaber a esté fort aisée : d'autant que sçachant que le nom de Nauarre a esté substitué à celui de *Vasconia*, au sens que Strabon l'a prise, lors qu'il escrit que Pampelone estoit le Chef des Gascons, a estimé qu'à tous les endroits & quartiers, ausquels en bons termes Latins on peut donner le nom de *Vasconia*, il pouuoit, se conformant à l'vsage moderne, leur attribuer la denomination recente de Nauarre : sans considerer que l'on distingue la Gascogne d'Aquitaine, de la Gascogne d'Espagne, & qu'encore que celle-ci ait receu le nom de Nauarre sur la fin du huitiéme siecle, neantmoins la premiere a tousiours conserué le nom de Gascogne. Or que Glaber ait eu cette pensée, cela se peut conclurre, de ce que lui mesme escrit ailleurs, que Sance *Roi de la Nauarre des Espagnes*, enuoyoit des presents à Robert Roi de France, & lui demandoit secours. *Roi de la Nauarre des Espagnes*, dit-il ; par ce que suiuant son sens, il y auoit vne autre *Nauarre*, ou Gascogne hors les Espagnes. Encor faut-il remarquer en ce lieu, qu'il baille le tiltre de Roi, & non de Duc, au Roi de la vraye Nauarre, & qu'il le nomme *Sanctus*, au lieu de *Sancius*, ou Sance, par la mesme Erreur, que lui ou le Copiste nommoit ci-dessus Guillaume Sance, *VVillermus Sanctus*.

IV. Pour le temps de cette guerre contre les Mores, le mesme auteur quoi qu'il n'en specifie pas l'année, neantmoins laisse à colliger du Ch. 8. que c'estoit auant l'an mille. D'où l'on pourroit tirer quelque coniecture, que le Roi Sarrasin *Almuror* chef de l'armée qui vint en Gascogne, peut-estre ce Roi *Alhabib Almansor*, qui sacagea les Espagnes, chés Roderic de Tolede, & chés Lucas Tudensis, & fut batu prés de Cordoüe l'an 979. par Garci Fernandes Comte de Castille, auec le secours de Sance Abarca le II. Roi de Nauarre, au rapport de Iean Bris Martinez Abbé de S. Iean de la Penna, & de Sandoual Euesque de Pampelone. Quoi que cela ne soit pas necessaire, n'y ayant rien d'incompatible, qu'outre le Roi *Almansor*, qui estoit en Espagne, il y ait eu encor vn autre Roitelet des Sarrasins nommé *Almuror* ; D'autant plus que Glaber insinuë assés, que ce More venoit directement d'Afrique, & qu'estant batu, il se retira non en Espagne, mais en Afrique ; c'est à dire par mer, comme il estoit venu.

V. Le Duc Guillaume Sance fut aussi liberal de ses biens pour le secours de l'Eglise, comme il l'auoit esté de son sang, contre l'inuasion des Normans, & des Sarrasins ; Car outre les donations faites au profit de l'Euesché de Lascar, le restablissement du monastere de la Reole, & la fondation de celui de Saint Seuer, il donna au Conuent de Saint Vincent *de Luc* en Bearn, vne partie du territoire de ce lieu, auec le consentement de Centulle Gaston Seigneur de Bearn, ainsi qu'il a esté dit au

Chap.

Liure troisiéme. 229

de ce monastere, est encore chargé de la donation que fit aux Moines, le Comte Sance Neueu de la Princesse Vrraque, du village de Saint Pantaleon, auec ses dependances & ses reuenus Ecclesiastiques, ensemble des Eglises de Saint Pée de Faissens, & de S. Anian de Ramous. Mais comme ces Actes sont vrais, aussi ne dois-je pas laisser couler sans quelque censure, la fourbe qui est à la teste de ce registre, que Charlemagne allant en Espagne fonda ce Conuent l'an 800. le fit consacrer par Turpin Archeuesque de Reims, en presence du Pape Miloleon, dont le pere estoit d'Estampes, & sa mere de Perigort. Et qu'à son retour d'Espagne il enseuelit Turpin, & les autres seigneurs à Sorde. Car ce discours est fabuleux & toutes ses circonstances, & pour le temps de la fondation de l'Abbaye, il est destruit par la Notice des monasteres arrestée l'an 817. en l'assemblée generale tenuë en la ville d'Aix sous l'Empereur Loüis, où celui de S. Iean de Sorde n'est point denombré parmi les autres monasteres de la Gascogne. Ce qui n'eust pas esté obmis, s'il eust esté de la fondation de Charlemagne.

VI. Le Duc Guillaume laissa deux enfans masles de sa femme Vrraque, sçauoir Bernard, & Sance, nommés en la Charte de S. Seuer. Il eut encore deux filles l'vne nommée Brisce, qui fut seconde femme de Guillaume IV. Duc de Guienne, ainsi qu'a remarqué Ademar en sa Chronique; l'autre est sans nom, qui fut mere d'vn certain Garcia, comme le sieur Besli a obserué en sa Table des Ducs de Guienne. Il mourut le dixiéme des Calendes de Ianuier, ou le 22. de Decembre suiuant le Martyrologe de Saint Seuer, sans que l'année de l'incarnation y soit consignée, quoi qu'en vn autre endroit on ait adiousté d'vne main recente, que ce Comte mourut l'an 1017. en quoi l'Escriuain rencontre aussi heureusement, qu'à lui bailler le tiltre de Duc d'Aquitaine. Mais suiuant ce que j'ai verifié ci-dessus, que ce Prince estoit proche de la fin de ses iours en l'an 977. son decés ne peut-estre beaucoup éloigné de l'an 983.

I. Rodulphus Glaber l. 1. c. 9. Gens Saracenorum cum Rege suo Almuror nomine, egressa est ab Africanis partibus, occupans pene vniuersam Hispaniæ regionem, vsque in Australes Galliarum fines, plurimasque Christianorum dedere strages. Sed licet impar exercitu, sæpius tamen cum ijs iniit pælia Willermus Dux Nauarræ cognomento Sanctus. Tunc etiam ob exercitus raritatem, compulsi sunt regionis illius monachi sumere arma bellica, cæsæ denique grauiter vtræque partes, tandem concessa Christianis victoria, post grande suorum dispendium. Qui superfuere Saracenorum ad Africam fecere confugium; sed & in illis diutinis conflictibus præliorum constat Christianorum Religiosos plures occubuisse, qui potius ob fraternæ Charitatis amorem cupiebant decertare, quam propter aliquam gloriam laudis Pompaticæ.

III. Idem Glaber l. 3. c. 2. Gratifice fuit habitus à Sancto Rege Nauarriæ Hispaniarum.

IV. Ioan. Briz Martinez l. 2. Hist. Pinnat. c. 13. Sandoual. in Catal. Epist. Pampil.

V. Chartarium monasterij de Surdua: Willelmus Sancius Comes & Dominus totius Vasconiæ, cum Vrraca sua muliere dedit dicto monasterio Ecclesiam de S. Susanna de Larbaig, & totam terram quæ pertinet ad eam in ipsa villa, tertiam partem decimæ de S. Estephen de Lar, & tertiam partem decimæ de Lanepla. Sancius Comes Nepos supra scriptæ Vrracæ dedit d. mon. Ecclesiam & villam de S. Pantaleone cum appendicijs & redditbus ecclesiasticis. Idem Sancius dedit Ecclesiam de S. Pée de Faissens, & Ecclesiam de S. Aniano de Ramons.

Notitia Abbatiarum edita à P. Sirmondo ad calcem 11. Tomi Conc. Gall.

VI. Ademarus in Chronico: Willelmus Dux Aquit. sororem Sancij Briscam in vxorem copulauit sibi, quæ ei Odonem genuit filium. Le sieur Besli en sa Table des Ducs de Guyenne. Martyrologium monasterij Sancti Seueri. X. Calend. Ianuarij, obiit Willelmus Sancius Comes fundator huius cœnobij Wasconiæ.

CHAPITRE XI.
Sommaire.

I. *Guillaume Marquis, & Duc des Gascons. Qui estoient les Marquis. Garcia Comte d'Agen, frere de Guillaume.* II. *Le Duc Bernard succede au Duché apres le decés de son Cousin. Le monastere de la Reole reglé suiuant le desir du Duc Bernard, & de Sance son frere. Dispute entre les Moines François, & Gascons. Second voyage d'Abbo Abbé de Fleuri vers la Reole, accompagné d'Aimoin l'historien. Le Bourdelois d'entre deux estoit de la Gascogne. Querele dans la Reole entre les François, & les Gascons. Abbo tué l'an mil deux.* III. *Le Duc Bernard chastia rudement les meurtriers, par la corde & par le feu.* IV. *Bernard exerçoit iurisdiction en Bearn. Bernard confirma & acreut les dotations du monastere S. Seuer. Il confirma la donation de l'Eglise de Solac, qui fut enfin éuincée par Sainte Croix de Bourdeaux.* V. *Date de la dotation de Bernard examiné, & le temps de son decés. Il mourut par enchantemens.*

I. Es enfans de Guillaume Sance estans en bas aage, Guillaume leur cousin germain prit la conduite des affaires auec la qualité de Comte, Marquis, & Duc des Gascons, qui lui est donnée en l'Inscription que l'on voit dans l'Eglise S. Quiteire prés la ville d'Ayre. Le tiltre de Marquis estoit en vsage dés le temps de Loüis le Debonnaire, que l'on donnoit aux Comtes, ou Gouuerneurs des Marches; ou frontieres du Roiaume telle qu'estoit la Gascogne, comme l'on peut voir dans les Annales d'Eginhard, & ailleurs. Garcia Comte d'Agen estoit frere de ce Duc Guillaume, ainsi que l'on aprend de l'inscription que i'ai alleguée. D'où l'on peut recueillir le degré de parenté de Guillaume, auec les enfans de Guillaume Sance. Car dans le tiltre de la Reole produit au nombre 4. du Ch. 5. on voit la souscription de Garcia Neueu des Ducs Guillaume Sance, & Gombaut; qui est sans doute ce Garcia Comte d'Agen. D'où s'ensuit que le Duc Guillaume son frere estoit au mesme degré: & que l'vn & l'autre estoient issus d'vne sœur des Ducs, & non pas de leur frere le Duc Sance, qui estoit decedé sans enfans. Hugues Euesque d'Agen fils du Duc Gombaut denombre ces deux Comtes Guillaume, & Garcia, parmi ses parens, & les place entre Guillaume Sance, & le Duc Bernard, en la Charte de Condom.

II. Apres le decés du Duc Guillaume, le Duché de Gascogne vint entre les mains de Bernard Guillaume, fils de Guillaume Sance, duquel Aimoïn, & Ademar font mention honorable; comme d'vn Prince affectionné à l'auancement de l'Eglise. Car celui-là rapporte en la vie d'Abbo, qui estoit Abbé de Fleuri, que ce bon Abbé fort zelé à l'obseruation de la discipline reguliere, prit vn soin extreme de maintenir dans leur deuoir, les Moines de l'Abbaye de la Reole sur Garonne; qui auoit esté soûmise à la disposition & conduite de l'Abbé de Fleuri, par le Comte Guillaume Sance, & que pour cét effet, il s'estoit transporté sur les lieux, & auoit ordonné les reglemens necessaires, suiuant le desir des Comtes Bernard, & Sance. Mais apres qu'il se fut retiré, les Moines François, qu'il auoit laissés dans le Conuent, furent harcelés par les Moines Gascons, de sorte qu'ils auoient intention d'abandonner le Conuent. Neantmoins auant que se porter à cete extreme resolution, ils iniuirent l'auis des Comtes, faisans rapport à leur Abbé de l'estat auquel ils se trouuoient, & le supplians de venir sur les lieux, auec asseurance, que tout ce qu'il ordonneroit, seroit executé, & que ces Princes & le Vicomte Amauuin, qu'il auoit establi en son premier voyage pour Aduocat, & protecteur du monastere, feroient sortir de la maison, & y retenir ceux qu'il auiseroit. Abbo se met en chemin, acompagné de quelques Moines, & entre autres d'*Aimoïn* escriuain de sa vie & de l'histoire de France; Il est receu au lieu d'Aubeterre par Geraud seigneur de ce bourg *parent d'Aimoïn*; d'où estant parti, & ayant passé le mesme iour le ruisseau Ella, il arriue au lieu nommé *ad Francos*, & loge en la maison de la Dame *Annenrudis* mere d'Aimoïn. Le iour suiuant, il passe la riuiere de Dordoigne, & entre dans les terres de Gascogne, selon la phrase d'Aimoïn, (c'est à dire dans le Bourdelois, qui estoit des apartenances du Duché de Gascogne) & aprochant du monastere de la Reole, le bon Abbé dit en sousriant, qu'il estoit plus puissant en cette contrée, que son seigneur le Roi de France; parce qu'en ces quartiers, personne ne reconnoissoit l'autorité du Roi. Comme il fut arriué au monastere, les Moines Gascons firent partie de harceler tellement l'Abbé de Fleuri, que ni lui, ni les siens n'eussent plus enuie d'y reuenir. Or comme l'vn de ces Moines nommé Anersans, qui estoit l'auteur de tous ces desordres, fut sorti du monastere & eut pris son repas hors la maison, sans la permission de l'Abbé, il le tança de cette faute; Celui-ci témoigna de receuoir la censure en bonne part, mais il tint quelque discours fascheux à ceux de la compagnie. Cependant vne clameur de femmes s'esleua, faisans vn cri semblable, comme dit Aimoïn, à celui que ceux du païs ont accoustumé de faire, lors qu'il arriue quelque sedition, ou quelque meurtre. (C'est le cri de *Biahore*, ainsi qu'à fort bien obserué Pithou au marge du Fragment de Fleuri, qu'il a publié à la teste de la Poësie d'Abbo, duquel cri ie parlerai amplement ailleurs.) Cette emeute arriua à l'ocasion d'vn bruit, qui suruint entre les François & les Gascons; qui se prouoquoient par iniures mutueles; mais vn certain François n'ayant pû souffrir quelque parole facheuse auancée contre l'honneur de son maistre Abbo, assomma ce causeur auec vn coup de baston, qu'il lui assena entre la teste & les espaules. Sur cela on en vint aux pierres, de part & d'autre. Abbo entendant le bruit, quite son trauail qu'il auoit en main, sur les calculs du Compot, & acourt en haste pour arrester les siens. Comme il s'aprochoit d'eux, vn Gascon le blessa d'vn coup d'espieu au bras gauche, & lui transperça les costes. Il ne chancela point, ni ne dist mot, fors ces paroles, *que cét homme auoit fait cela tout de bon*. Estant reconduit au monastere, il y mourut le mesme iour. Les seditieux rompirent les portes, entrerent dedans, assommerent de coups Adelard valet de chambre d'Abbo, qu'il tenoit sur ses genoux, dont il mourut trois iours apres. Cette narration est extraite d'Aimoïn. Le Fragment de Fleuri a diousté, que le iour de son decés est le 13. Nouembre, & que le 18. du mesme mois fut dedié par les Moines, pour celui de sa feste. Sigibert en sa Chronique escrit, qu'il fut martyrisé en l'année 1002. & Glaber asseure, que plusieurs miracles se faisoient à son tombeau.

III. Ademar en sa Chronique certifie bien les miracles; mais il adiouste que Bernard Duc de Gascogne fit vn rude chastiment des meurtriers de ce Saint personnage, punissant les vns par la corde, & les autres par le feu, & qu'il rendit le monastere de Fleuri paisible en la possession de celui de la Reule. De maniere que suiuant le témoignage d'Ademar, le Duc Bernard gouuernoit la Gascogne en ce temps-là, puis qu'il ordonnoit des peines à ces malfacteurs; & que mesmes il administroit le Duché quelques années auparauant, du temps du premier voyage d'Abbo, comme Aimoïn a desia remarqué.

IV. Il ne possedoit pas seulement la iurisdiction du païs de Bourdelois, & de Bazadois, mais encor il exerçoit celle de Bearn, comme seigneur immediat du Comté des Gascons, qui comprenoit en soi la terre de Bearn. Car on lit dans le vieux Chartulaire du Chapitre de Lascar, que Bernard Comte de Gascogne condamna vn

Gentil-homme nommé Gaſſangalin d'Auriag à rendre à ſa ſœur Acinella, le village & l'Egliſe du lieu de Bordes au quartier du Vicuilh; leſquels cette bonne femme donna depuis à l'Egliſe Cathedrale, où elle s'eſtoit retirée en qualité de Conuerſe, pour y faire ſes deuotions. Ce Duc confirma auſſi la fondation du monaſtere de S. Seuer, que ſon pere auoit faite, & auec l'auis & le conſentement de ſa mere Vrraque, de ſon frere Sance, & de ſes deux couſins Annon, & Aimoïn, augmenta les reuenus de ce Conuent, auec les donations de pluſieurs Egliſes qui ſont denombrées dans l'acte. Entre leſquelles eſt celle de Soulac autrement *de Finibus terræ*, ſituée à la pointe de Medoc, qui auoit eſté donnée par le Duc Guillaume Sance au temps de la fondation du monaſtere, auec le conſentement d'vn Gentil-homme appelle Bon-fils, à qui le Duc Guillaume l'auoit baillée en fief à vie, quelque temps auparauant; Ce qui obligea le Duc Bernard de donner recompenſe à ſes enfans Goſcelin, & Aſſclin de Daliſtroc. Mais cette Egliſe fut euincée au Conuent de S. Seuer, par celui de Sainte Croix de Bourdeaux, qui eſtoit fondé en tiltre plus ancien par le Comte Guillaume le Bon; & ce par iugement des Legats du Pape Gregoire VII. l'an 1078. comme il apert par les Regiſtres de ce Pape, & par la confirmation de Guillaume Duc d'Aquitaine de l'an mil nonante ſix.

V. L'acte de la donation du Duc Bernard eſt ſigné de lui, de la Comteſſe Vrraque, de Guillaume Auriol de Faget, de Guillaume Auriol de monte Seueri & de Mugron, Ancloup de Loron, de Lobaner ſon fils, Arnaud Loup d'Acqs, Lobaner de S. Hilaire, Atil Sance de Taurcin, Lobaner Vicomte de Marſan, Guillaume Loup ſon fils. La date de l'incarnation y eſt obmiſe; mais on peut la recueillir du charactere de la Lune, qui eſt la quatriéme Lune, au troiſiéme des Nones d'Auril. Ce qui ſe rapporte à l'année mil neuf, en laquelle la nouuelle Lune tombe au 31. de Mars, ſuiuant le calcul du Calendrier, & Compot Eccleſiaſtique; & par conſequent le quatriéme de la Lune, au troiſiéme d'Auril, qui eſt le troiſiéme des Nones du meſme mois. Il mourut le huictiéme des Calendes de Ianuier, en iour de Dimanche ſuiuant le Martyrologe de S. Seuer, qui ne conſigne point l'année, mais elle peut eſtre recueillie par la ſupputation du Compot; dautant qu'au huictieſme des Calendes de Ianuier, c'eſt à dire au 24. de Decembre, reſpond la letre A, qui eſtoit Dominicale l'an Mille Dix, le nombre du Cycle Solaire eſtant Onze. Le genre de ſa mort eſt expliqué par Ademar en ſa Chronique, qui eſcrit que ce Duc mourut, ayant le corps fleſtri par la force des enchantemens, qui furent procurés par le dol, & les embuches des femmes. Il y a de l'apparence que la Comteſſe Garcia mentionnée dans la Charte de l'Eueſque Hugues, eſtoit la femme du Duc Bernard, dautant qu'elle eſt nommée dans l'acte incontinent apres lui.

I. Oyhenard. l. 3. Notit. Vaſc. c. 6. refert extare in antiquo lapide ædis S. Quiteriæ hanc inſcriptionem. III Idus Nouembris Obiit Guillelmus Comes C... archio Dux Guaſconorū Et obitus Garſiæ Fratris eius Comitis Agenenſium. Eginh. in Annal. ad an. 828. cum Saxoniæ Comites ſimul cum Marchionibus qui fines regni tuentes, hoſtiū arcerent incurſus. Præceptū Lud. an. 815. In ea portione Hiſpaniæ quæ a noſtris Marchionibus in ſolitudinem redacta fuit. Vocantur etiā Marchiſi ab Hincmaro in ep. de ordine Palatij c. 30. & apud Græcos ſcriptores infimæ ætatis Charta Hugonis Ep. Ag. profertur c. ſeq.

II. Aimoïnus de vita Abbonis Floriac. c. 16. Tandem ipſe Abbo ad iam dictam pergit patriā, eius regionis adit Comites memorati filios Guillermi, Bernardum & Sanctionem, eundem locū non pro ſuo, ſed ipſorum diſponit libitu c. 17. c. 19. Inde ad Dordoniæ fluenta ventum, quo enauigato amne, Guaſconiæ fines ingrediuntur. c. 20. Læto nobis adridés vultu infit, potentior inquiens nunc ſum Domino noſtro Rege Francorum intra hos fines, vbi nullus eius veretur dominium. Infra: ſubito auditur clamor mulierum, iuxta morem gentis illius, vbi ſeditio oritur, aut mors hominis interuenit, conclamantium. Vetus membrana monaſterij Regulæ edita à Pithæo. Sigebertus ad annum M. III. Abbo Floriacenſis Abbas in Vaſconia martyriſatur. Glaber l. 3. c. 3.

III. Ademarus in Chronico: Abbo veniens ad S. Petrum Regulatenſis Eccleſiæ, quæ eſt poſſeſſio S. Benedicti Franco tū cœnobij, ibi tumultu Vaſconico occiſus eſt, ibi ſepultus miraculis clareſcere cœpit. Virga eius paſtoralis remiſſa eſt Franciam. Bernardus Vuaſconiæ Dux necem tanti viri æ interfectoribus puniuit, alios ſuſpendio, alios flammis tradens, & omnem illius poſſeſſionem Regulatenſem, quæ ante in lite inuadentium erat, ſine lite de hinc Monachis Francis S. Benedicti parauit vindicandam.

IV. *Chartarium Lafcurtenfe P.* 184. Honorem quæ dicitur Bordas, dedit Acinella conuerfa ad S. Mariam, quæ fuit filia Galingaffan de Auriag, & foror Gaffangalin; & ipfe frater fuus abftulit & Bernardus Comes Gafconiæ, fecit reddere eam. & ipfa Acinella appropriauit eam ad S. Mariam. Gregorius VII. l. Reg. ep.

V. **Ademarus in Chronico**: At Bernardo infidijs muliebribus, maleficis artibus corpore fatifcente, vita priuato, Sancius frater eius Dux Vuafconum extitit.

V. *Chartarium S. Seueri*: Quanto funt iudicia Dei infcrutabilia, tanto debent fore fenfibus humanis metuenda: & quia ratio mortalis ea inueftigare non valet, necefle eft vt inflectat humiliter rigorem faxei cordis: qui autem per eleuationem fecularium diuitiarum ad alta rapitur, illic ftatim futuræ exitium pertimefcat. attendens cuiufdam fapientis fentétiam; In omnibus operibus tuis memorare nouiffima tua, & in æternú non peccabis, & iuxta illud, Beatus vir qui femper eft pauidus, qui autem mentis eft duræ corruet in malum; Et pertimefcens hæc monita *Ego Bernardus Guillelmus Comes* pro animæ meæ remedio, feu patris, matrifque, & aliorum parentum, & vt dominus omnipotens me abfoluat à peccatorum meorum ligaminibus, dum in corporeo detinear vafculo, antequam à me egrediatur fpiritus, ex his quæ Chriftus donauit iure hæreditario, ipfum hæredem facere cupio, fanctorumque eius loca maxima ex parte honorare inftituo. Genitor Guillelmus Sancius dum vixit in numero, *profpexit in fibi Vltimo* atque hanc folitudinem magno pretio, vbi gemma martyrum Seuerus, corpore quiefcit humatus, fibi comparauit; Volenti animo namque trecentos folidos argenti duodenorum denariorum, vt ipfum locum potuiffet confequi, nec non quadraginta quinque Vaccas, cum multis alijs rebus, ficut in teftamento mei patris poteft inuenitur. In primis ipfius loci dominium dedit, dignum exiftimans vt ficut idem gloriofiffimus Athleta, de longinquis Prouincijs Chrifti parens præceptis, non folum fui fanguinis effufione, verum etiam miraculis monumeris præfatum locum facrauit, & Adrianum Regem ab incredulitatis errore, omnemque Prouinciam ad fidem Chrifti conuerteret, ita grandiori honore dignus haberetur, ex vili Ecclefiola, famofiffima bafilica inibi construeretur. Quæ indictio omnibus placuit, cum confenfu omnium præfulum, fcilicet Archiepifc. Burdegalenfis, Archiepifc. Aufcienfis, nec non Epifcopi Agennenfis, & Vafatenfis, Begonenfis *Epifcopique Vafconenfis*, fiue Lactorenfis, multorum ordinibus clericorum, facerdotum, vel monachorum, & cum iure iurando & firmatione totius Vafconiæ proceres definierunt, vt ipfe facer locus, vel fratres ibidem deo feruientes, liberi permanerent abfque vlla moleftia & inquietudine, & quod annis fingulis, temporibus futuris, quinque folidos Denariorum Romæ tranfmitterent: cum quibus poffeffiones magnas vna cum Sanctæ Memoriæ Vrraca matre mea delegauit. Et hæc libertas in præfens tempus permaner, permanebitque deo auxiliante in fecula feculorum Amen. Igitur donationes horum Genitorum meorum, *Ego Bernardus Guillelmus Comes* confirmo, cum his quæ Deo authore adijcere cupio, adiurans omnes per omnipotentem Dominum, & per extremum iudicij diem in quo fumus rationem Deo reddituri, vt nunquam ego, neque potens perfona, neque epifcopus quifquam, neque aliquis ex parentibus noftris, ex his quæ pater meus, vel ego præfenti loco damus, vel in appendicijs eius aliquam calumniam facere præfumat, in aquis, in filuis, in pratis, in landis, in planatijs, in pifcationibus, in pinetis, *Nec Receptum* inde quærere in omnibus quæ concedimus; nec aliquis Comes, vel quifquam præpotens poft nos futurus, iudiciariam exerceat poteftatem, nec in hoftem, nec in Caballicationem ductores effe, milites vel pedites; vernaculorum nec emititum nec in foro, nec in mercato quifquam iudicium capiat ex his omnibus, abfque iuffu & voluntate Abbatis præfidentis huic facratiffimo loco: fed fint omnimodo liberi, & abfque vlla perturbatione, & moleftia fecuri, ftabilio & confirmo. Si quis autem quod abfit, blafphemans aut iniquus contra hæc decreta aliquid facere voluerit, dei omnipotentis iram, & principis Apoftolorum Petri Sanctique Seueri Martyris incurrat, & cum Iuda traditore & Pilato, & Caipha, & Anna pereat. fiat fiat. Amen Amen. Trado itaque Currem de Brocara integram, & Ecclefiam S. Eugeniæ de Morganis cum villa. Item Ecclefiam aliam de Nerms caftello concedo, confirmantibus *Germano meo Sancio*, & *Beatæ memoriæ matre mea Vrraca*, cum duobus Confanguineis noftris Annone fcilicet & Aimoino. Item aliam Ecclefiam S. Georgij de aurea valle, cum alia Ecclefia S. Martini de Infula. Item Ecclefiam S. Mariæ de Mimifano, & Ecclefiam S. Eulalæ de Borno, & aliam Ecclefiam S. Mariæ de Vaften, aliam Ecclefiam S. Ioannis de Brocars. Sanctique Laurentij. Item aliam Ecclefiam S. Genefij de Vallibus cum omni integritate, ac S. Petri de Roca cum omni integritate. Item Ecclefiam S. Michaelis de Betifanis cum villa integra, fanctique Ioannis de villa noua. Item Ecclefiam S. Quintillæ cum omni villa, & Sanctæ Fidei de Bufel, & S. Petri, & S. Martini, Sanctique Leonis, & S. Ioannis de Gottis, & tertiam partem S. Genefij, villam aliam quæ dicitur Mafcum, Ecclefiam quoque S. Cofmæ de Balfaner. Nominatim itaque *Ego Bernardus* cum *Germano meo Sancio*, annuente beatæ memoriæ *matre mea Vrraca*. tradimus Ecclefiam Sanctæ Dei Genitricis Mariæ quæ dicitur *de Solaco*, vel *de Finibus terræ*, ficuti pater meus Guillelmus Sancius huic facratiffimo contulit loco, cú integritate fibi pertinenti fcilicet in pratis, in filuis, in pifcationibus, in pafcuis tam in nemoribus, quam in vineis, cum allodiis tam ex omni reditu tam quæfito quam inquirendo, in præfentia Gofcelini & Affelini filierius, primitus calumniantes, fed poft modum nolentes perdere meum amorem, illis dato pretio annuentes, in Curte quæ dicitur Momans, ficuti mater mea Vrraca vnum Villanum, & ego dedi duos, vnum in pifcatorio, alterumque intra Velcafam. Vnamque *Abbatiam in Comitatu fuo* Genitor meus in *Lactoratenfi Ciuitate*, vbi pretiofiffimus confeffor Genius corpore quiefcit humatus, Oddato Vicecomite confentientibus & Arnaldo Abbate, huic facratiffimo contulit loco, cum omnibus appendicijs quæ ad ipfum pertinebant monafterium. Statuens agere omnes maledictiones quæ defcriptæ funt in veteri teftamento fuper eos qui de ipfa Abbatia facere aliqua contraria voluerint. Omnes has donationes cum fupradicta Abbatia S. Genij, ficuti pater meus contulit huic loco fupradicto, ita & ego concedo cœlorum clauigero Petro, & Martyri gloriofo Seuero. Poft mortem patris mei veftigia fequens eius decreui ex meis proprijs honoribus hunc locum facratiffimum accrefcere. Ego Bernardus Guillelmus Comes primitus de his quæ pater meus, meæque mater, huic gloriofiffimo loco quæ inferius fcripta funt danaria contulerunt propria auctoritate roboro, & de sua parte quantum possum dilato hoc: est Ecclesiam S. Germani de Burdegala, cum omni pertinentia videlicet in pratis, in siluis, in pascuis, in vineis, Item houer villam, & in Gortis allodium, vnumque villanum de Lera, & siluam, atque *filium de Busel* trado S. cœlorum clauigero Petro, & martyri glorioso Seuero, cum iuramento statuens auctoritate vel confirmatione Domini Archiepis. Burdegalensis, & Archiepis. Auscensis, & omnium præsulum, Primorumque totius Vasconiæ: Et ex Ecclesiis quæ superius scriptæ sunt, vel his omnibus quæ ipse sacer locus acquirit, vel acquisiturus est, nullus Archiepiscopus, nec Episcopus, neque proprius, extraneus, nec successor post multorum curricula temporum veniens, aliquem censum requirant, vel clericos in ipsis Ecclesiis cantantes molestare audeant; sed vt sint omnia integra, & ab omni perturbatione secura, sincere & perfecte collata S. clauigero cœlorum, & almo Martyri Seuero, Abbati frattribusque inibi Deo seruientibus, Apostolicæ auctoritatis seci confirmatione muniri; metuens periculum meæ animæ sententiamque Solomonis dicentis, quodcumque potest manus tua facere instanter operare, quia nec opus, nec ratio, nec sapientia erunt apud inferos; dominusque in Euangelio admonet, iubens facere amicos de mammona iniquitatis, vt cum defecerimus recipiant nos in æterna tabernacula. Vnde adimplere cupiens hæc omnia, cuncta quæ genitor meus præfato contulit loco stabilio atque confirmo pacto firmissimo, atque post dominum, spem habens huius auxilij horum præcipuorum Sanctorum, vt ipsi quamdiu subsisto adsint, corporis sospitatem, pacem, victoriamque mihi tribuant, nec non post obitum, illorum munitione eripi possim à gehennalibus pœnis, & ab omnibus insidiis malignorum spirituum, siue

hominum in hoc seculo, atque in futuro, meritis atque intercessione supradictorum sanctorum, scilicet cœlorum Clauigeri Petri, ac Martyris almi Seueri, possim perfrui regna cœlorum, & viuere in regione vinorum. Quod si aliquis Pontifex, aut potens, siue ex nostris parentibus, aut consanguineis, aut maioribus, aut ex minoribus quædam persona, siue vir, aut mulier ex his omnibus diminuere tentauerit, ex parte Dei omnipotentis, nec non omnium Sanctorum, & ex auctoritate Apostolica S. Petri sit excommunicatus, & à consortio Christianorum omnium sit segregatus, parsque eorum sit cum Dathan & Abiron quos terra viuos absorbuit, pereantque cum Daciano, & Apostata Iuliano, sintque damnati cum Nerone & Mago Simone, & cum omnibus his qui dominum exacerbauerunt, & quotidie per praua opera Deum negant. Amen Amen: fiat fiat. Si quis autem ad condignam pœnitentiam post perpetratum malum venire voluerit, male acta *in quadruplum restituat, septemque libras auri monasterio conferat; & quod eundem locum concessimus sancta Apostolica Sedi, illuc pedibus nudis adeat; & literas à Præsule Romano susceptas suo proprio Episcopo repræsentet;* Et vt chartæ huic in præsenti, & in futuro perfectissime credatur, mea manu, manibusque fidelium nostrorum roborare decreui, Signum Bernardi filij Guillelmi Comitis qui hanc chartam iussit. Signum Vrracæ Comitissæ. Signum Goscelini de Dalistroc, Signum Ascelini filij eius. Signum Guillelmi Aureoli de Faget. Signum Guillelmi Aureoli de monte Seueri, & de Mugron. Signum Azeteli de Sabo. Signum *Anelupi de Loren*. Signum *Lobaner* filij eius. Signum *Arnaldi Lupi de Aquis*. Signum Lobaner de Sancto Hilario. Signum Atilio Sancio *de Tauriu*. Signum *Lobaner Vicecomes de Marcian*. Signum *VVillelmi Lupi* eius filij. Hæc autem Charta facta est Tertio Nonas Aprilis, Luna quarta.

CHAPITRE XII.

Sommaire.

I. Hugues Euesque d'Agen, fils de Gombaut. Hugues fut Abbé de Condom, & en suite Euesque d'Agen, & de Basas. Resigne cét Euesché, & retient l'autre. Establit la regularité dans l'Abbaye de Condom, qu'il cede à Pierre Abbé. Dote ce monastere du lieu de Condom, qui estoit de son partage. Fait vn denombrement de quelques Comtes de Gascogne, & d'autres Seigneurs de cette maison. II. Examen du date de ce tiltre. Benoist donna la Pome d'or enrichie de Pierreries à l'Empereur Henri. Nerac de l'hommage de Condom. III. Lanfrancus Abbé de Caen, & non pas de Condom.

I. 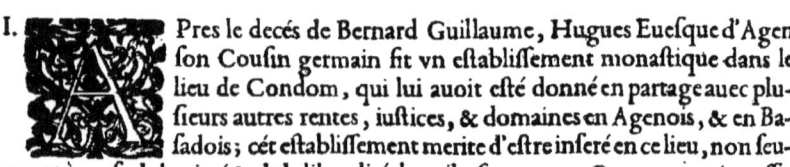 Pres le decés de Bernard Guillaume, Hugues Euesque d'Agen son Cousin germain fit vn establissement monastique dans le lieu de Condom, qui lui auoit esté donné en partage auec plusieurs autres rentes, iustices, & domaines en Agenois, & en Basadois; cét establissement merite d'estre inseré en ce lieu, non seulement à cause de la pieté & de la liberalité dont il vsa enuers ce Conuent; mais aussi, parce qu'il est de la maison de Gascogne, & rapporte les noms d'vne partie de ses predecesseurs qui estoient Seigneurs, où descendans de la maison de Gascogne. Cét Hugues estoit fils de Gombaut, qui fut frere de Guillaume Sance, & fils de Sance Garcia. Car Gombaut fut marié; & sa femme estant decedée, fut ordonné Euesque, posseda en cette qualité les Eueschés d'Agen & de Bazas, & fut enfin associé par son frere Guillaume Sance, au Duché de Gascogne. Or son fils Hugues fut premierement establi Abbé de Condom, & pourueu en suite des Eueschés d'Agen, & de Bazas. Il se démit de celui-ci à Rome entre les mains du Pape, retint celui d'Agen, & pourueut de l'Abbaye de l'Eglise de Condom vn certain personnage nommé Pierre. Mais ce fut en faisant vn changement notable en cette Eglise. Car au lieu qu'elle estoit possedée & gouuernée par des Clercs & des Prestres seculiers, l'ayant rebasti apres vn embrasement arriué de son temps, il la mit sous le gouuernement, & la disposition des Moines de l'Ordre de S. Benoist, afin que Dieu y fust plus sainctement & conuenablement serui. Il dota ce Monastere nouuellement érigé, de tout ce qui lui estoit escheu pour son partage, sçauoir du lieu de *Condom* auec toutes ses dependances en Agenois, & Bazadois, Ce qu'il fit auec le consentement exprés du Comte *Sancion*, autrement Sance Guillaume, de l'Euesque Arnaud, & de six Vicomtes. Il escrit qu'il a esté porté à faire cette gratification, pour le remede de son ame, & de celles de ses parens, sçauoir *Garcia Sans* le Comte, & son fils *Sans Garcia* Comte, & *Guillaume Sans* Comte, & *Gombaut* Euesque, & *Guillaume* Comte, & *Garcia* Comte, & *Bernard Guillaume* Comte, & la Comtesse *Garcia*.

11. Le Date de ce titre est remarquable. Car il est de l'an M. XI. Henri estant Empereur, Robert Roi de France, Benoist Presidant au Siege Apostolique, & *Sancion* possedant le Duché Gascogne. Mais le chifre de l'Incarnation est vn peu vitieux, d'autant qu'en l'année M. XI. Benoist n'estoit pas encore Pape, son siege commençant en 1012. & Henri, quoi qu'il fust Roi de Germanie, ne fut pas couronné Empereur iusqu'en l'année M. XIV. que le Pape Benoist l'ayant appellé à son secours contre l'Antipape Gregoire, lui donna la Couronne de l'Empire, suiuant le priuilege que Glaber Auteur du temps reconnoist appartenir au S. Siege, sçauoir que nul Prince ne peut se qualifier Empereur des Romains, sans en auoir receu la Couronne du S. Siege. Encore ce Pape fit vn present à l'Empereur Henri, d'vne pomme d'or enrichie de pierreries, auec vne Croix esleuée au dessus, pour seruir de marque Imperiale; à l'exemple peut-estre des Empereurs Grecs, qui sont representés chés Codin auec cette enseigne à la main; En tout cas le Pape vouloit insinuer à l'Empereur, qu'il deuoit gouuerner le monde sous les auspices de la Croix, suiuant Dithmar, & Glaber. Neantmoins ce datte de 1011. n'est pas fort esloigné, de la verité, à cause que le Pape Benoist VIII. deceda l'an M. XXII. & que l'an M. XXIII. mourut Raimond Euesque d'Agen successeur de Hugues, & Abbé de S. Seuer, ainsi qu'il est remarqué dans le Martyrologe de ce Conuent. En consequence de cette Donation, les Abbés de Condom, & en suite les Euesques qui leur ont succedé, par l'erection que le Pape Iean XXII. a fait de cette Abbaye en Euesché, ont jouy de la seigneurie de la ville de Condom; ayant receu neantmoints en pareage le Roi d'Angleterre pour lors Duc de Guyenne, afin de procurer à l'Eglise sa protection, & son assistance contre les habitans de la ville, qui traictoient mal les Abbés, ainsi qu'il est formellement couché, dans l'instrument du pareage; qui est en effect vn eschange de la moitié de la Iurisdiction de Condom; auec la moitié de la Iustice de quelques lieux proches de la ville, que le Roi d'Angleterre bailloit de sa part. Le Vicomté de Bruillés, & le Chasteau de Nerac releuoient de la Seigneurie de Condom, iusqu'au temps du Roi Antoine de Bourbon, mari de Ieanne Reine de Na-

uarre & Duchesse d'Albret, qui fit le dernier homage ; Car apres son decés, ces Domaines ayans esté reünis à la Couronne de France, par le moyen du Roi Henri le Grand leur fils, les homages ont esté aneantis par la qualité souueraine du Maistre de ces fiefs.

III. Au reste ie ne puis consentir à la tradition que l'on conserue dans l'Eglise de Condom, que Lanfranc qui a escrit contre l'heresie de Berenger, ait possedé leur Abbaye, & non pas celle de Caën en Normandie. Car bien que ie desirasse d'auoir moyen de suiure cette opinion, pour l'honneur qui en reüssiroit à l'Eglise de Condom, & à toute la Gascogne, ie suis plus obligé à la verité de l'Histoire, & aux anciens Auteurs, qui tesmoignent que Lanfranc estoit *Abbas Cadomensis*, comme Roger de Houeden, & Guillaume de Malmesburi. Mais la declaration propre de Lanfranc est plus forte que tout cela, & ne peut receuoir de contredit. Car il escrit au Pape Alexandre II. se plaignant de son Election à l'Archeuesché de Cantorberi, qu'apres auoir receu l'habit de Religieux au Monastere du Bec, il en fut retiré par Guillaume Duc de Normandie, qui l'establit Abbé & Superieur du Conuent de Caën, *Cadomensi Cœnobio*, & apres la conqueste du Royaume d'Angleterre essaya de lui faire accepter l'Archeuesché de Cantorberi. Ce qui ne peut reüssir à ce Prince, iusques à ce que les Legats du Pape estans venus en Normandie, & ayans assemblé les Euesques, les Abbés, & les Gentilshommes de la Prouince, firent commmandement à Lanfranc de l'autorité du S. Siege, d'accepter le gouuernement de cette Eglise. Cette letre est rapportée par le Cardinal Baronius en l'année 1070.

I. Chartarium Condomiense: Gombaldo mortuo Hugo eius filius primum Abbas Condomensis effectus est, deinde Episcopatum Agennensem, & Vasatensem obtinuit. Postremo Vasatensi Episcopatu dimisso, & viro quodam nomine Petro in Abbatem Ecclesiæ Condomiensis instituto, Episcopatum Agennensem solum retinuit.

I. Idem Chartarium: Anno Dominicæ Incarnationis Millesimo Vndecimo, Henrico Romanæ vrbi Imperante, Roberto autem Franciam regente, Sedi vero Apostolicæ summæ sanctitatis viro Benedicto præsidente, *apud Prouinciam Vasconiam Sancium illustri viro Ducatum obtinente*, Ego Hugo immeritus Presul secundum lineam carnis *eidem Duci propinquus*, & affinis, inito consilio cum eodem Duce, & Prouincialibus Episcopis & Abbatibus, ceterisque terræ Principibus, id est Arnaldo Episcopo, & Arnaldo Vicecomite cum coniuge sua, eorumque filio Arnaldo eiusque coniuge Adalais, Bernardo Vicecomite, & Arnaldo Lupo Vicecomite, Arnaldo Guselmo, Arluno, Guillelmo Vicecomite, aliisque bonis hominibus qui in presentia aderant, terrenis postpositis heredibus, omnis meæ possessionis Christum heredem feci, & Domino Deo Principique Apostolorum Petro, Sedique Romanæ in conspectu plurimorum dedi Ecclesiam S. Petri, & locum qui dicitur *Condomus* cum omnibus suis appenditiis. Et vt hoc donum semper esset apud Deum in memoria, placuit mihi, *seu Duci Sanctioni*, vel aliis Principibus terræ Clericos seculariter, & absque regulari disciplina ibi degentes penitus amouere, & Monachos Deo iugiter seruientes, & sub regulari iugo militantes, in illorum locum secundum instituta, vel monita S. Benedicti, ibi ordinare, & hoc iussu & Apostolica auctoritate firmare. Ad hoc commune votum idonee perficiendum, quemdam nostrum filiolum nomine Petrum diuinitus nobis collocatum, virum omni virtute probatum, Apostolica auctoritate vt præesset cœteris, in loco Patris constituimus, Abbatemque secundum instituta Patrum benediximus. Et paulo post: Nos pro obedientia tradita, & remedio animæ meæ meorumque parentum, id est Garciæ Sans Comitis, & filij sui Sans Garciæ Comitis, & Guillelmi Sans Comitis, & Gombaldi Episcopi, & Guillelmi Comitis, & Garciæ Comitis, & Bernardi Guillelmi Comitis, & Garciæ Comitissæ, & ceterorum tam viuorum, quam defunctorum, ita ordinamus & statuimus, vt ipse locus scilicet Condomus, tali libertate sit condonatus, vt ex hac die hinc deinceps nullus meorum heredum sit particeps, quidquid ad nos pertinere huc vsque videbatur. Monachi autem ibi Deo seruientes, nulli seculari personæ propter honorem loci respondeant, nec Comiti, vel Episcopo, aut ceteris coacti aliquod seruitium faciant. Hæc descriptio facta est Quarto Kal. Augusti, Hugone Episcopo, & Sanctione Duce iubente.

II. Codinus, Dithmarus, Glaber l. 1. c. 5. Rogerius à Houeden, Malmesburiensis. Epistola Lanfranci apud Baronium anno 1070. n. 18.

CHAPITRE XIII.

Sommaire.

I. Sance Guillaume succede à son frere Bernard. Il visite la Teste de saint Jean Baptiste trouuée nouuellement au Monastere d'Angeli, qui a pris de là son nom de Saint Jean. Les Princes & les Rois y accourent de toutes parts. Ademar doutoit que ce fust la Teste de S. Iean. On a creu qu'elle estoit à Constantinople & à Emese en mesme temps. Delicatesse de la pieté de nos predecesseurs. II. Blaye sur les confins de la Gascogne, & de la Guienne. Lieu destiné aux assemblées & entreueuës de ces Ducs. Conference de Sance auec Guillaume, à Blaye. Origine du Comté de Blaye. III. Assemblée à Blaye du Duc Guillaume, & du Duc Sance, & des Euesques pour l'eslection de Siguin Archeuesque de Bourdeaux. IV. Nouueaux Manicheens en France, en Aquitaine & en Languedoc. Leurs chastimens. Ils ont du rapport auec les sorciers de ce temps. Souffletement des Iuifs à Tolose le iour de Pasque. La teste d'vn Iuif écrasée auec vn soufflet.

I. LE Duc Sance Guillaume succeda à son frere Bernard Guillaume, comme la Chronique d'Ademar le certifie; où l'on void ce Prince meslé parmi les Rois, & les Seigneurs du Royaume, aux exercices de Pieté. Car enuiron l'an 1017, Balduin Abbé du Monastere de S. Iean d'Angeli, aiant publié qu'il auoit trouué en son Conuent dans vne chasse, la teste de S. Iean Baptiste, la France, & l'Aquitaine, l'Italie, & l'Espagne esmeuës de cette nouueauté accouroient de toutes parts vers ce lieu. Le Roi Robert, la Reine sa femme, le Roi de Nauarre, Sance Duc de Gascogne, Odo Comte de Champagne, & tous les autres Comtes & Princes de consideration, outre les Euesques & les Abbés, la Noblesse, & le peuple, vindrent en foule de toutes parts pour honorer de leur presence, & de leurs riches & magnifiques presens, des reliques si venerables, comme estoit la teste de Saint Iean Baptiste. Il est vrai qu'Ademar, qui voyoit ces actions, estime que les reliques n'estoient pas suffisamment certifiées; dautant qu'il ne constoit pas du lieu d'où elles auoient esté portées, ni du temps, ni de la personne qui en auoit pris le soin, ni mesme si la teste estoit vrayement de Saint Iean le Precurseur. Et certainement il y auoit en ceci vne grande doute, puis que du temps de l'Empereur Theodose cette teste fut portée à Constantinople suiuant Prosper; & depuis du temps de l'Empereur Iustin, quelques moines pensoient l'auoir enleuée de Hierusalem, ausquels vn quidam la desroba secretement, & la porta en la ville d'Emese en Mesopotamie, suiuant la Chronique de Marcellin le Comte. Neantmoins l'inclination de venerer les choses Saintes estoit si forte en ce temps, que sans s'arrester aux scrupules, qui ont afoibli de nos iours le zele des fideles, on se portoit auec grande satisfaction, à tesmoigner l'honneur & le culte de societé, que l'on doit à ceux qui possedent la gloire, pour laquelle les autres combatent. Et bien que l'on puisse estre surpris en la question du fait, touchant la verité des reliques en particulier, qui ne doit pas estre embrassée trop facilement, ni reiettée temerairement; il restoit tousiours cela qu'ils s'acquitoient de leur deuoir, professans par leurs deuotions particulieres, la creance qu'ils auoient conforme à celle de l'Eglise, que les Reliques des Martyrs, & des autres Saints sont dignes de respect & de veneration.

II. Sur les confins du Duché de Gascogne, & de celui d'Aquitaine estoit la ville de Blaye; où se faisoient les assemblées, pour terminer les differents qui suruenoient entre les Ducs, & pour traicter des affaires qui estoient communes aux deux Prouinces. Ce qui paroist dans le Traicté escrit à la main, passé entre Guillaume Duc d'Aquitaine, & Hugues le Chiliarche. Car apres que ce Duc eut arresté des treues pour quinse iours, entre Hugues & son ennemi nommé Bernard, il mena pendant la treue ce Colonel au siege du chasteau d'Aspremont; & en suite le voulut mener en sa compagnie à Blaye, pour estre present à l'assemblée, & au Traicté qui deuoit estre fait entre ce Duc Guillaume, & le Comte *Sancion*. Mais Hugues s'excusa d'y aller, à cause que le terme de sa treue de quinse iours auec Bernard, estoit sur le point d'expirer; & qu'il estoit obligé d'estre en estat pour se defendre des maux dont Bernard le menaçoit. Blaye estoit bien des apartenances d'Aquitaine, encore qu'elle fust dans le Diocese de Bourdeaux; mais elle estoit possedée par Guillaume Comte d'Engoulesme, qui l'auoit prise par force quelque temps auparauant, auec le secours du Duc de Guienne; & en suite Hilduin Comte d'Engoulesme retenant pour soi la quatriesme partie, auoit baillé en fief à son frere Ioffred les trois portions de la ville à tiltre de Comté, d'où est venuë l'origine du Comté de Blaye.

III. En cette mesme ville, & en l'année 1028. se fit l'assemblée des Euesques, & des Seigneurs d'Aquitaine, & de Gascogne, pour l'ordination de l'Archeuesque de Bourdeaux Siguin. Car comme suiuant les anciens Canons, & les Decrets des Papes Celestin, & Leon, publiés pour l'execution des ordonnances Canoniques, les Elections des Metropolitains deussent estre faites par les suffrages du Clergé, des personnes Honorables, & du peuple de leurs villes, il estoit raisonnable que le Duc de Gascogne, qui estoit le Seigneur de la ville de Bourdeaux, donnast son suffrage à cette Election, & que le Duc d'Aquitaine dans les terres duquel l'Archeuesque de Bourdeaux exerçoit la meilleure partie de son autorité Metropolitaine, y apportast aussi son consentement. C'est pourquoi le siege ayant vacqué par le decés de Siguin, & par celui d'Arnaud, qui auoit esté ordonné apres Siguin, & qui deceda bien tost apres, Guillaume Duc d'Aquitaine, & Sance Duc de Gascogne conuoquerent l'assemblée Prouinciale à Blaye, & d'vn commun consentement establirent Archeuesque *Geofroi*, François de nation, & fort recommandable pour ses bonnes mœurs; qu'ils firent consacrer sur le lieu mesme par les Euesques suffragans, comme Ademar a remarqué en sa Chronique.

IV. Pendant le temps du Gouuernement de Sance, les parties Occidentales de l'Europe, & particulierement l'Italie, la France, l'Aquitaine, & le Languedoc furent infectées des impietés de l'heresie des Nouueaux Manicheens; qui fut portée en la ville d'Orleans par vne femme Italienne, qui fit aualler ce poison à deux des principaux, & des plus sçauans du Clergé de cette ville; & ceux-ci le firent couler dans la Cour du Roi Robert, & dans les Prouinces. De sorte que le Roi fut obligé d'assembler les Prelats, & les Seigneurs du Royaume en la ville d'Orleans, l'an 1017. où apres que les coupables furent conuaincus, & qu'ils eurent mesprisé les conseils que l'on leur donnoit pour leur amendement, ils furent condamnés au feu, au nombre de treize, par le commandement du Roi, & le consentement du Peuple, ainsi qu'a remarqué Guiner en son Histoire. Ils receurent le mesme chastiment de feu dans la ville de Tolose, l'année 1022. suiuant le tesmoignage du Fragment de l'Histoire d'Aquitaine, & d'Ademar en sa Chronique; qui loüe aussi le soin de Guillaume Duc d'Aquitaine; lequel en l'année 1027. assembla à Charroux les Euesques, Abbés, & Seigneurs d'Aquitaine pour esteindre cette heresie. Leur impieté consistoit à se mocquer de tout ce qui est escrit au Vieux & Nouueau Testament, nier la creation du monde, le chastiment apres cette vie des voluptés sensuelles, & la necessité des bonnes œuures, suiuant Glaber. A quoi Ademar adiouste qu'ils s'abstenoient des viandes, feignoient d'embrasser la chasteté, & pratiquoient neantmoins entr'eux toute sorte de vilenies; adoroient le diable, qui se presentoit à eux sous la forme d'vn Ethiopien, & en suite sous la figure d'vn Ange de lumiere, qui leur fournissoit de l'argent pour leurs necessités, les faisoit renoncer à N. S. Iesus-Christ en cachetes, & les portoit à commettre en secret plusieurs crimes abominables, tandis qu'ils professoient le Christianisme au dehors. Cette description d'Ademar me porte à croire, que ceux qui sont auiourd'hui diffamés en Bearn, & en Gascogne, d'aller au Sabbat pour y adorer le diable, renoncer à Iesus-Christ, & y pratiquer les vilenies attestées par les relations de plusieurs, sont des restes de ces nouueaux Manicheens, du commencement de l'onziesme siecle: d'autant plus qu'Ademar asseure, qu'il y auoit aux quartiers de Tolose vn païsan, qui portoit sur soi des poudres tirées des ossemens des enfans morts, pour rendre Manicheens ceux, à qui il en faisoit gouster; comme l'on estime communément, que les sorciers se seruent auiourd'hui de semblables poudres, pour l'effet de leur sorcelerie. La punition que receurent les Manicheens à Tolose, me conuie à communiquer au Lecteur, ce qui arriua à l'occasion de la practique, qui estoit à mesme temps en cette ville, de souffleter publiquement vn Iuif le iour de Pasques, dans l'Eglise S. Estienne. C'est que Hugues Chapelain d'Aimeri Vicomte de Rochechouart, estant à Tolose à la suite de son maistre, bailla le soufflet au Iuif, auec telle roideur, qu'il lui escrasa la teste, & lui fit tomber à terre le cerueau & les yeux; ainsi qu'a obserué Ademar en sa Chronique. Ce qui confirme les coniectures du sieur Catel en ses Memoires de Languedoc, touchant le souffletement des Iuifs.

I. Ademarus in Chronico ms. prolatus Cap. xi. n. 5. Idem: A quo tamen, vel quo tempore, vel vnde huc delatum, vel si Præcursoris Domini sit caput, haud quaquam fideliter patet.

Idem: Itaque dum inuentum ostenderetur caput S. Ioannis, omnis Aquitania, & Gallia, Italia, & Hispania ad famam commota, ibi occurrere certatim festinat Rex quoque Robertus, ac Regina, Rex Nauarræ, *Dux Vuasconiæ Sancius*, Odo Campanensis, Comites & Principes cum Episcopis, & Abbatibus, omnesque dignitates terrarum eò confluxerunt, vbi omnes offerebant munera preciosi generis.

II. E Conuentione Hugonis Chiliarchi: Dehinc ambulauit Comes Aquitaniæ ad *Blaui*, ad placitum quod habere debebat cum Comite Sancione.

III. Ademarus: Siguino vero Burdegalensi defuncto Archiepiscopo, & Arnaldo post eum ordinato, & non longe post vita priuato, Dux Aquitaniæ Willelmus, & *Dux Vuasconiæ Sancius*, aggregato conuentu apud *Blauiam* constituerunt Archiepiscopum Gotesridum natione Francum, moribus honestum, qui ibidem consecratus est à suffraganeis Episcopis.

IV. Glaber l. 3. c 8. Frag. Hist. Aquit. post Helgaudum. Ademarus in Chronico: apud Tolosam inuenti sunt Manichæi & ipsi destructi. Infrà: Quidam rusticus puluerem ex pueris mortuis secum ferebat, de quo si quem posset communicare, mox Manichæum faciebat; Adorabant Diabolum, qui primo eis in Æthiopis, deinde in Angeli lucis figuratione apparebat, & eis multum quotidie argentum deferebat. Cuius verbis obedientes penitus Christum latenter respuerant, & abominationes, & crimina quæ dici etiam flagitium est in occulto exercebant, & in aperto Christianos veros se fallebant. Idem Ademarus variis locis de istis Manichæis agit.

CHAPITRE XIV.

Sommaire.

I. Difficulté touchant la conqueste de la Gascogne, par Sance le Grand Roi de Nauarre, soit par armes, ou par succession. II. III. Refutation de cette pretenduë succession, par les tiltres, que ces auteurs produisent. Sance Guillaume Comte de Gascogne signe les tiltres expediés par Sance le Grand Roi de Nauarre. IV. V. Raisons pour donner à ce Roi la qualité de Roi de Gascogne. VI. VII. Sance Roi des monts Pyrenées, & de Tolose. VIII. Coniecture de l'Auteur sur ces tiltres attribués au Roi Sance. Il range à leur deuoir les Comtes de Comenge, Coserans, Carcassone, & Tolose. Prend sous sa protection le Comte Sance. Retient Cise, Bastan, & vne portion de Guipuscoa, pour vne partie de son defrai, & est payé en deniers de l'autre, par le Comte Sance. Comte Piteus ou de Poictiers expliqué. IX. Response aux argumens que les Aragonois employent pour la subiection de la Gascogne à l'Aragon. Archeuesque d'Aux, presidant par prouision aux Euesches dependans de la Metropole de Tarragone.

I. Pres auoir establi le Duché de Gascogne entre les mains de Sance, par le tesmoignage d'Ademar; il faut entreprendre la discussion d'vne grande difficulté, qui se presente en l'Histoire de Nauarre, touchant la conqueste de la Gascogne, que les Historiens Espagnols presupposent auoir esté faite en ce temps-là, par Sance le Grand Roi de Nauarre. Ce Roi qui estoit fils de Garcias le Trembleur, ayant espousé la Princesse Nunna fille de Sance Comte de Castille, & sœur de l'Infant Garcias, qui fut vilainement assassiné en la ville de Leon, par les Comtes de Bela, posseda de par sa femme tout le Comté de Castille: De sorte que ce Prince fut si puissant, qu'il prit le tiltre d'Empereur des Espagnes, n'y ayant eu depuis la ruine des Goths aucune puissance, qui esgalast la sienne; de laquelle il se seruit en plusieurs occasions importantes, au desauantage & grande perte des Mores, & quelquefois des Princes Chrestiens, pendant l'estenduë de son regne, qui dura depuis l'an mil vn, iusqu'à l'année mil trente-quatre.

II. Pour ce qui regarde les affaires de Gascogne, les Historiens escriuent que ce Roi passa les Monts Pyrenées, & conquit toute cette Prouince. Surita en ses Indices d'Aragon, fait mention de cét exploict, sous l'année M. XXVI. quoi qu'il ne l'asseure pas nettement: au contraire il tesmoigne assés qu'il en doute, appellant à garand certains Auteurs, qu'il ne nomme pas. Blanca, l'Euesque Sandoüal, & Briz Martinez Abbé de la Penna l'asseurent plus fortement, & se fondent principalement sur les tiltres des priuileges accordés par ce Roi à diuers Monasteres, où parmi ses autres qualités, il s'attribuë celle de *Regner en toute la Gascogne*. Pertusa Iurisconsulte allegué par Blanca, disoit auoir veu vne Charte de ce Roi, de l'an M. XXIII. qui estoit chargée de ces mots, *Regnant moi en Pampelone, en Aragon, en Sobrarbe, en Ribagorce, en toute la Gascogne, en Alaua, & en toute la Castille, aux Asturies, en Leon, & en Astorgue.* Martinez en cotte vne autre qui est au Monastere de la

Penna:

Penna: *Regnante Rex Sanctio Garseane in Aragone, & in Castella, & in Legione, de Zamora vsque in Barcinonam, & cuncta Gasconia imperante.*

III. Neantmoins ces Historiens Aragonois se trouuent bien en peine de iustifier les pretensions de ce Roi, pour lui donner vn iuste sujet d'vne conqueste legitime. Car outre que Surita tesmoigne assés ouuertement qu'il doute de toute cette relation, Blanca soustient que de son temps Sance n'eut point de guerres à demesler deçà les Monts Pyrenées; & aime mieux se persuader, que la portion d'Aquitaine qui estoit l'ancien patrimoine d'Arista, lui escheut par droict de succession hereditaire, plustost que par droict de guerre; & que de là, ce Roi prit sujet d'escrire en ses tiltres, qu'il regnoit en toute la Gascogne. Beuter seul, que Martinez a suiui, s'est imaginé que Caia Dame d'Aybar en Nauarre, se mariant au Roi Sance en premieres nopces, lui porta en dot les droits qu'elle auoit en Gascogne, dont il pretend qu'elle estoit Dame proprietaire. Et tous concluent qu'en consequence de la directité de Gascogne acquise aux Rois d'Aragon, les Vicomtes de Bearn vindrent en qualité de vassaux, au secours de Sance Ramires, & d'Alfonse le Bataillant.

IV. Mais pour arrester ces discours si mal fondés, ie me veux seruir des Chartes produites par ces Auteurs Aragonois, & les ioindre à la verité de l'Histoire des Comtes ou Ducs hereditaires de Gascogne, qu'ils ont ignorée, & que i'ay fidellement representée ci-dessus. Premierement Briz Martinez produit vne tres-auantageuse donation du Roi Sance en faueur du Monastere de la Penna, en date du quatorziesme Iuillet M.XIV. signée du Comte *Sance Guillen de Gascunna*; adioustant qu'il est signé en presque tous les Actes de ce Roi. Garibai tesmoigne, qu'au Concile tenu à Saint Sauueur de Leyre, par commandement de Sance le Grand, le 22. d'Auril M.XXII. *Sancho Guillen Conde de Gascunna* y assista, & signa les actes. Martinez produit vne troisiesme Charte de l'année M.XXX. confirmée par les Comtes *Sancho Guillen de Gascunna*, & Berenger de Barcelone. Il y en a vne quatriéme de ce mesme Roi fort considerable, touchant l'introduction de la reformation de Clugni au Conuent de la Penna, du mois de May M.XXV. produite par Martinez, & mentionnée dans la confirmation qu'en fit le Roi Sance Ramires son petit fils l'an M.XC. chés le mesme Martinez, & Blanca; qui est à mon aduis le priuilege dont Surita fait mention aux Indices l'an M.XXV. disant que les Comtes Sance Guillaume de Gascogne, & Berenger de Barcelone y auoient esté presens, & l'auoient confirmé par leur autorité.

V. De ces pieces il apert nettement, qu'au temps du Roi Sance il y auoit vn Comte particulier de Gascogne, nommé Sance Guillaume, fort affectionné aux interests de ce Prince, puis qu'il se trouue si souuent à sa Cour, & qu'il confirme ses actes publics, par sa presence & par sa signature. Ce qui est d'ailleurs tres-certain par le recit que i'ay fait de l'entresuite de ses Predecesseurs Comtes hereditaires de Gascogne, desquels si les Aragonois eussent eu quelque connoissance, ils n'eussent osé applaudir à la pensée creuse de Beuter, touchant cette fourbe de Caia Dame pretenduë de Gascogne; moins encore se persuader la conqueste generalle de la Gascogne par armes, contre vn ancien allié & confederé, voire proche parent de la Maison de Nauarre. Car le Comte Sance estoit fils de Guillaume Sance Duc de Gascogne, & de la Princesse Vrraca sa femme, qui estoit fille de Garsias Abarca premier du nom, & petite fille de Sancius Abarca le Grand, & par consequent le Roi Sance le Majeur, & le Comte Sance Guillaume estoient cousins remués de germains. Cette parenté si proche, & le desir que le Comte de Gascogne auoit de profiter à la Chrestien-

X

té par ſes armes, & par l'employ d'vn grand nombre de courages genereux qu'il commandoit, le tenoit ſi eſtroitement attaché à la Cour, & aux armées du Roi de Nauarre, que l'on le trouue ſigné preſque en tous les priuileges octroyés aux monaſteres par le Roi Sanche, comme diſoit Martinez. Et cependant on veut auiourd'hui, que pour recompenſe de ſi notables ſeruices, Sance Prince genereux l'ait deſpoüillé de ſes Eſtats, pour s'en inueſtir ſans aucun tiltre apparent. Car la ſucceſſion & l'heritage d'Ariſta, que Blanca ſe propoſe, n'a point de lieu; dautant que le Roi Eneco Ariſta ne fut que ſimplement Comte de la terre de Bigorre, qui ne fait pas la douzieſme partie de la Gaſcogne; & que d'ailleurs il ne peut y eſtre eſcheu aucune ouuerture de ſucceſſion, ni pour raiſon du corps de la Gaſcogne, puis que Sance Guillaume le vrai maiſtre eſtoit viuant; ni pour le Comté de Bigorre, qui eſtoit l'ancien patrimoine d'Ariſta, poſſedé en ce temps par ſon vrai maiſtre le Comte Bernard Roger; la fille duquel nommée Gilberge apres ſon bapteſme, & auparauant Ermeſende, Ramir Roi d'Aragon, fils de Sance le Grand confeſſe auoir eſpouſée l'an M. XXXVI. en l'acte que nous fourniſſent Blanca, & Martinez.

VI. Neantmoins il faut auoüer, que le Roi Sance le Majeur n'eut pas ſi peu conſideré le Comte de Gaſcogne Sance Guillaume ſon Couſin, que de s'attribuer la Royauté ſur la Gaſcogne, s'il n'euſt eu quelque pretexte legitime d'en vſer de la ſorte. Ie ſçai bien que c'eſtoit vn Prince rempli de gloire, à cauſe des bons ſuccés qu'il auoit eus contre les Chreſtiens, & les Saraſins, ayant reſſenti en tous ſes combats, comme il dit en vne Charte de la Penna, que Dieu combatoit pour lui. C'eſt pourquoi il amplifia ſes Tiltres fort auantageuſement, s'attribuant de Regner en toutes les Prouinces, auſquelles il auoit ſeulement mis vne fois le pied, encore que la proprieté, ni la ſouueraineté ne lui en apartinſent aucunement. Par exemple, fut il iamais maiſtre du Royaume de Leon, & des Aſturies, & cependant il ſe vante d'y régner, pour raiſon de quelque bon ſuccés qu'il eut contre les Rois de Leon. Regnoit-il au Comté de Pailliers, ni aux contrées de Catalogne, qui eſtoient ſous leurs Comtes particuliers dependans de la Couronne de France; Rien moins. Cependant en vne donation de M. XXV. produite par Martinez il dit; *Regnante me Rege Sanctio in Aragona, in Paliares*, & en vn autre il eſcrit qu'il regne depuis Zamora iuſqu'à Barcelone. D'où ie conclus, qu'il ne faut pas entierement s'arreſter à ces tiltres, que Sance s'attribuë, eſtant capable de prendre celui *de Gaſcogne*, ſi pour raiſon d'aucun different ſur les limites, il fut obligé pendant ſon regne, d'y faire quelque legere courſe, comme il arriue quelquefois aux Eſtats qui ſont voiſins.

VII. D'ailleurs on peut dire, que Sance ayant reduit entierement ſous ſon obeïſſance les terres de Guipuſcoa, Biſcaye, & le reſte de la Cantabrie, dont Garcia ſon fils Roi de Nauarre continua la poſſeſſion par les Chartes qui ſont chés Garibai, il pouuoit prendre iuſtement le tiltre de Gaſcogne, ou Vaſconie; Puiſque ſelon Strabon & autres anciens auteurs allegués au premier liure, Vaſconia eſt proprement cette portion des Eſpagnes, qui eſt contigue aux monts Pyrenées, & qui eſt voiſine du fleuue d'Ebro, & de la mer Oceane, & que cette denomination ſe conſeruoit du temps des Rois Goths, & encor apres; Surita l'ayant reconnuë, en ce que parlát de la Nouempopulanie, il la qualifie la Vaſconie ou Gaſcogne d'Aquitaine, pour la diſtinguer de la Vaſconie Cantabrique. Marineus, & Illeſcas ont eu quelque vent de cette interpretation, lors qu'ils eſcriuent que le Roi Sance bailla à Gonſalue ſon fils *la Baſconna*, comprenans Sobrarue ſous ce nom, & inſinuans par là leur ſentiment, ſur le tiltre de Gaſcogne que ce Roi prenoit. Il eſt vrai qu'ils ſe trompent lors qu'ils enueloppent Sobrarue sous le nom de *Bascunna*, qui ne lui conuient pas; & toutesfois ils suiuent vn aduis tolerable, lors qu'ils arrestent delà les Monts, la *Vascogne* de Sance.

VIII. Neantmoins il ne faut point dissimuler, que l'on peut opposer à cét aduis les termes de l'Epitaphe de ce Roi, qui est enseueli en l'Eglise S. Isidore de Leon, où il est qualifié en l'inscription sepulchrale rapportée par Sandoual, *Roi des Monts Pyrenées, & de Tolose*: & son Fils Fernand, premier Roi de Castille, qui est enterré en la mesme Chapelle, est intitulé pour vn grand Eloge, *fils de Sance Roi des Monts Pyrenées & de Tolose*. I'auoüe que cette difficulté n'est pas petite, & qu'elle ne doit pas estre essuyée par vne dissimulation, n'en parlant point du tout, comme a fait le sieur Catel en son Histoire exacte & curieuse des Comtes de Tolose; lequel estant obligé par son dessein d'en faire quelque mention, a mieux aymé s'en taire du tout. Neantmoins pour eluder la vanité de ce tiltre, on peut se seruir de ce que ie viens de remarquer, touchant les qualités de Gascogne, de Leon, des Asturies, & autres que le Roi Sance prenoit pour raison de quelque heureux exploict de guerre, qui lui estoit arriué, combattant dans les terres de ses voisins. Car pour la propriété, ni souueraineté de Tolose, il ne l'a non plus euë, que celle de la Gascogne; Encore que Roderic de Tolede, & Lucas Tudensis nomment quelquesfois les Rois de Nauarre, *Rois des Monts Pyrenées*.

IX. Si est-ce que pour ne destruire pas entierement le pretexte de ces tiltres, de Roi de Tolose & de Gascogne, il est necessaire de se persuader, qu'il y a eu quelque guerre à demesler entre le Roi Sance, les Comtes de Tolose, & les Seigneurs de Gascogne, dont ie pourrois fournir vrai-semblablement le pretexte pour concilier toutes choses, s'il estoit permis, comme il l'est en effet, de proposer des coniectures en vne affaire obscure. Car on a desia remarqué la parenté du Roi Sance, & du Comte Sance Guillaume, & l'assiduité auec laquelle il hantoit la Cour du Roi de Nauarre son Cousin. Il est donc plus seant de croire, que Sance le Grand armoit plustost pour le Comte de Gascogne, que contre lui. Or les occasions de la guerre esmeuë en Gascogne estoient sans doute, la reconnoissance & l'homage que le Comte Sance exigeoit des Comtés de Commenge, de Coserans, & des Païs adiacents, possedés pour lors par les Comtes de Tolose & de Carcassone; lesquels se confians en leurs forces, auoient distrait ces terres du ressort & de la superiorité de Gascogne, peut-estre du temps de Guillaume Sance, tandis qu'il estoit occupé aux guerres contre les Normans, & les Sarasins; & ne faisoient point estat des demandes de son fils le Comte Sance Guillaume. C'est pourquoi il fut obligé d'armer, appella à son secours le Roi de Nauarre son Cousin, & peut-estre se mit sous sa Protection, vainquit ses ennemis les Comtes de Carcassone & de Tolose, remit ces anciens membres de la maison de Gascogne sous son obeïssance, & bailla sujet au Roi Sance de se glorifier, de commander en Gascogne, aux Monts Pyrenées, & à Tolose, c'est à dire, de pretendre qu'il estoit vainqueur & triomphateur des Comtes de ces contrées, & Protecteur du Duc de Gascogne. Au reste, il est croyable que pour le defrai de l'armée, le Comte Sance Guillaume bailla en engagement quelques terres de sa Prouince, & particulierement cette portion qui estoit de l'Euesché de Bayonne, depuis le port de Belat iusqu'à Fonterabie, & à Saint Sebastian, & les vallées de Cise; qui ont esté depuis ce temps incorporées à la Nauarre & Guipuscoë; outre quelques autres contrées qu'il rachepta quelque temps apres, en remboursant au Roi les deniers conuenus pour son dedommagement. Qui est sans doute, ce que les Auteurs Aragonois allegués par Surita, & dans les Indices, & dans les Annales, ont voulu signifier, lors qu'ils ont escrit, que le Roi Sance vendit pour de l'argent au Comte *Piteus*, ou Comte de Poictiers, les terres qu'il auoit acquises en Gascogne, c'est à dire en vn mot, qu'il receut de l'argent pour le rachapt des terres engagées, pour le defrai de l'armée. Or ces Auteurs font mention du Comte de Poictiers, ayans esgard à l'estat de la Gascogne, au têps qu'ils escriuoient, dont les Comtes de Poictiers estoient les Maistres, depuis le decés du Comte Sance Guillaume : l'intention neantmoins de ces escriuains n'estant autre, que de signifier que les maistres proprietaires de Gascogne auoient donné de l'argent au Roi Sance, non pour achepter la terre, comme ils presupposent par meprise, mais pour la racheter. Surita rapporte cét exploit sous l'an mille vingt & six : neantmoins on trouue dans les priuileges allegués par Blanca, & par Sandoual, que le Roi Sance se glorifioit de regner en Gascogne l'an mille vingt & trois; & que l'année auparauant mille vingt & deux, le Comte Sance Guillaume signoit les actes publics de ce Prince; comme il faisoit aussi en mille vingt & cinq, & suiuantes. Ce qui fait vne entiere foi de leur bonne intelligence, & que la reduction d'vne partie de la Gascogne sous l'obeïssance de son Comte, tombe en l'année mille vingt & trois.

X. Les Auteurs Aragonois ne s'arrestent pas là; Car ils pretendent verifier par la subiection de la Gascogne à la Couronne d'Aragon, la conqueste que le Roi Sance en auoit fait. Et particulierement Blanca, & Martinez escriuent que les Comtes de Begorre, de Bearn, & d'Oloron, estoient feudataires des Rois d'Aragon. A quoi ie respondrai en detail, lors que ie parlerai de Centulle II. de Gaston III. & de Marie de Bearn. Surita aux Indices Année M. LX. insinuë vn autre argument d'Alliance, ou de subiection de la Gascogne à l'Aragon, pris du Concile tenu à Iacque en cette année, pour la correction de la discipline Ecclesiastique, & pour le restablissement de l'Eglise Cathedrale d'Aragon en la ville de Iacca, attendant que le siege ancien de Huesca fust remis au pouuoir des Chrestiens : Parce, dit-il, qu'Austindus Archeuesque d'Aux presidoit au Synode, assisté d'Heraclius Euesque de Bigorre, d'Estienne Euesque d'Oloron, & de Iean Euesque de Laictoure. Mais la response est aisée, que l'Archeuesque d'Aux presidoit par prouision, aux Eueschés dependants de la Metropole de Taragone qui estoit pour lors occupée par les Sarrasins; Charlemagne ayant sans doute fait introduire ce reglement, & le Roi Enneco Arista Gascon l'ayant fait continuer aux terres qui dependoient de son autorité. On peut recueillir cét ordre, premierement de la tenuë de ce Concile de Iacca, faite par l'Archeuesque Austindus. Mais outre cét Acte, qui regarde la iurisdiction Metropolitaine exercée en Aragon par la tenuë d'vn Synode Prouincial, & l'establissement d'vne Eglise Cathedrale, il y a encor vn autre Acte bien remarquable en Catalogne, de l'election de Guadallo Euesque de Barcelone, qui fut faite *Assentiente Domno Otthone venerabili primæ Sedis Auscia Archiepiscopo*, comme porte l'Acte Original de cette election de l'an M.XXIX. chés Francisco Diago en son histoire des Comtes de Barcelone. Or cette confirmation de l'election des Euesques prouinciaux apartient proprémét aux Euesques Metropolitains, par le IV. Canon du Concile de Nicée, le second de Constantinople, & le 28. de Chalcedoine; aussi bien que le droit de confirmer l'election des Metropolitains, apartient aux Patriarches. L'establissement de la regle de S. Augustin, que Pierre de Rode natif de la ville de Tolose, pourueu de l'Euesché de Pampelone, fit dans son Eglise Cathedrale, fut autorisé par la presence de l'Archeuesque d'Aux, sous le Roi Sance apres l'an M. LXXXIII. chés Sandoual; la ville Metropolitaine de Tarragone n'ayant esté deliurée des Mores qu'en l'an 1000.

I. Surita in Iudicib. ad annum 1026. Sanctius Pyrenæum transgressus, vti quidam auctores prodidere, magnam Vasconiæ partem imperio subiicit, quam Pictonum Comiti, pretio vti ferunt addixit.
II. Blanca in Comment. Ioan Bliz Martinez, c. 27. 29. Anton. Beuter, Garib. l. 22. c. 23. 24.

IV. Martinez l. 1. c. 57. Quod priuilegium ipse venerabilis Rex Sancius manu propriæ confirmauit, & patri meo Ranimirez Regi ad roborandum tradidit, in conspectu Sancij Guilielmi Comitis de Guasconia, nec non & Berengarij Curui Comitis de Barchinona corroborari fecit.
V. VI. VII. Blanca, Martinez l. 2. c. 24. Garib. l. 22. c. 30. Marineus, Illescas.
VIII. Sandoual. in Catal. ep. Pampil. p. 42. Hic situs est Sanctius Rex Pyrinæorum montium, & Tolosæ, vir per omnia Catholicus, & pro Ecclesia. Translatus est hic à filio suo Rege, magno Fernando. Obiit Eram. LXIII. *y en la sepultura del Rey don Fernando su hijo, que esta en la misma capilla dize*: Hic est cumulatus Fernandus Magnus Rex totius Hispaniæ, filius Sanctij Regis Pyrineorum montium, & Tolosæ. Roder. Tol. Lucas Tud.
X. Francisco Diago lib. 2. c. 33. Comit. Barcin, Sandoual. in Catal.

CHAPITRE XV.

Sommaire.

I. II. Sance adonné aux actions de pieté. Fonde le monastere de S. Pé de Generes en Bigorre. Prend en eschange le lieu de Lassun de Centulle Vicomte de Bearn. Acheta le surplus du fonds de Raimond Guillaume de Benac, & Arnaud Raimond de Bas. Dote ce monastere de plusieurs reuenus & immunités. Establit pour conseruateurs de ces priuileges le Comte de Bigorre, & le Seigneur de Bearn. III. Plusieurs Comtes, & Seigneurs signent cét Acte. IV. Donna la ville de Lescar, & plusieurs villages à cét Euesché. V. Mourut l'an mil trente deux, & fut enseueli en l'Eglise Saint Iulian de Lescar. VI. Fut nommé diuersement, Sance, & Sancion.

I. Nous estans demeslés des pretensions iniustes des Espagnols, il faut considerer les actions loüables de Sance Guillaume, qui ne ceda point à son pere aux liberalités, qu'il exerça en faueur de l'Eglise. Car il fonda le monastere de Saint Pé de Generes, sur la frontiere de Bearn & de Bigorre, & le dota de plusieurs rentes; Dont l'occasion est rapportée dans le Chartulaire de Lascar, à la santé que le Comte recouura, estant allé au lieu de Generes pour y prier Dieu, esmeu à faire ce voyage par les miracles qui s'y faisoient assés souuent. C'estoit vn endroit situé à la racine des Monts Pyrenées, dans vne parroisse nommée pour lors Saint Hilaire de Lassun, qui apartenoit à Centulle Vicomte de Bearn, qu'il bailla en eschange pour les lieux de Meroles, & Gaslin, que le Duc Sance lui deliura. C'est le lieu que le Comte choisit pour y fonder ce Monastere; ayant obligé pour cét effet deux de ses vassaux Raimond Guillaume de *Benac*, & Arnauld Raimond de *Bas*, à lui ceder les terres alodiales, qu'ils possedoient en ce quartier. Il recompensa le sieur de Benac en afranchissant la terre, de tous les deuoirs qu'elle faisoit au Comté de Gascogne, & en lui baillant quatre cheuaux à son chois; & sa propre cuirasse; & le sieur de Bas, en lui faisant donation d'vne riche maison en Bigorre appellée *Semeac*, auec l'afranchissement & l'ingenuité de toute la terre de Bas; & octroya coniointement à ces deux Seigneurs le priuilege de ne pouuoir estre constraints par lui, ni par ses successeurs, d'aler à la guerre contre leur gré.

II. Il dedie & ofre ce monastere à Dieu, & à S. Pierre Prince des Apostres; le dote du territoire de Lassun, & de Generes, & donne pour l'entretenement des Moines, sa Cour, & maison Seigneuriale de S. Castin, auec ses dependances de Lar, Figueras, & Bernadet; qui sont des villages situés en Bearn, prés de la ville de Morlas, dont ce Conuent ne iouit pas maintenant, pour des raisons que le temps nous à cachées. Encore bailla-t-il pour l'ameublement de l'Eglise, vingt-cinq vases d'ar-

X iij

gent, quatorze de Cristal, & sa table honnestement couuerte d'argent, deux chandeliers d'yuoire, & deux d'argent, vne Croix d'or, & deux d'argent, auec quelques habits, & vestemens Sacerdotaux. Il fit aussi vn don exquis de ses armes de guerre tres artistement trauaillées en or, auec son bouclier, & sa lance; & d'vne maison dans Salies, auec la poile à faire du sel: & fit la deliurance de toutes ces choses, auec sa ceinture d'argent, qu'il mit sur l'autel. Il octroya à l'Abbé, aux Moines, & à tout le Monastere, les exemptions & immunités accoustumées en ces matieres: commettant la conduite à vn saint personnage nommé Arsius Abbé de S. Seuer de Rustan, en l'Euesché de Bigorre; & ordonna que tous les *Consuls & Proconsuls*, c'est à dire Comtes, ou Vicomtes sousmis à sa Iurisdiction, confirmassent auec lui par leurs signatures, & sermens, & conseruassent les priuileges qu'il accordoit à ce Monastere. Particulierement il prit sous sa protection, tous ceux qui viendroient pour y prier Dieu, decernant vne amende de *cinq cens liures d'or*, contre celui qui entreprendroit de mesfaire à ceux qui feroient ce voyage de deuotion, voulant que le contreuenant fust contraint par tous ses sujets, à se representer deuant l'Abbé de Generes, & lui payer actuellement l'amende, ou s'accorder auec lui: establissant pour Conseruateurs de ces priuileges, le Comte de Bigorre, & *Centulle Gaston de Bearn*.

 III. Ceux qui signent ce priuilege sont, Sance *Prince & Duc de toute la Gascogne*, Garcias Arnaldi Comte de Bigorre, Bernard Comte d'Armagnac Aymeric Comte de Fezensac; Bernard Comte de Pardiac, *Centulle Gaston Vicomte de Bearn*, Forto Vicomte de Lauedan, & ses enfans Garsias, & Guillaume, Guillaume Dati *Vicomte de Labarte*, Guillaume Odon *Vicomte de Montaner*; Raimond Guillaume de *Benac*, Arnauld Raimond de Baso, Guillaume Garsias Courte espée, Arnaud surnommé l'Ours, Guillaume Loup *Vicomte de Marsan*. Arnaud *Vicomte d'Acqs*, Arnaud d'*Aure*, Bernard Ramon de Zamota ou Lamota, Galin d'Oriac, Sance Aner de Gaso, Arnaud de Lignac, & Garsias Donat de Orbeiac. Datus Oriol de Montagnac, Fort Aner de *Assoo*. Guillaume Loup de *Prexac*, Fort Guillaume de Auisac, & Garsias Forton de Raso, & plusieurs autres.

 IV. Sance non content d'auoir fondé vn si beau monastere, voulut encore augmenter les reuenus de l'Eglise de Lascar restablie par son pere, qui estoient trop foibles pour soustenir les charges, & pour la dignité d'vne Eglise Cathedrale: & accreut le domaine Ecclesiastique par les donations de plusieurs beaux villages, terres, dismes, & Iurisdictions qu'il auoit de son patrimoine de Bearn; lesquels il deliura à l'Eglise de S. Iulian de Lascar annexe & dependante deslors de l'Episcopale. Les villes & terres données sont la ville de Lascar, le village de Beneiac, le lieu & l'Eglise de Garuc, le lieu & l'Eglise de Borderes, l'Eglise & la moitié du village de Meilho, le lieu de Laroënh, l'Eglise & le lieu de S. Faust, l'Eglise & le lieu d'Ilhen, l'Eglise & le lieu de Poey, le village de Simacourbe, l'Eglise & vne marque, ou quartier de Peyrelongue, l'Eglise & le lieu de Peyrede, auec les moulins & la Forest, le lieu de Lubile auec le bois, le lieu & l'Eglise d'Arzilers, & sa propre vigne. L'Euesque Bernard de Bas, qui estoit de la maison de Bas mentionée en la fondation de S. Pierre de Generes, quelques années apres prit en sa main toutes ces belles terres, sans en faire part à son Chapitre, dont l'escriuain de la Charte de Lascar fait vne rude plainte; mais nonobstant ses protestations, les Euesques possedent encor aujourd'hui ces villages, rentes, & iurisdictions données par le Comte Sance Guillaume.

 V. Apres son decés, il fut enseueli dans l'Eglise S. Iulian de Lascar, au deuant de la Sacristie, & sa statuë à cheual fut taillée & releuée en bosse dans la muraille, comme portent les vieux papiers; ne nous restant maintenant autre chose que les masures de cette Eglise, qui a esté ruinée & demolie pendant les troubles auenus sur le fait de la Religion l'an 1569. Il mourut le quatriesme des Nones d'Octobre l'an M. XXXII. comme il est formellement escrit en vieille letre, dans le Martyrologe de Saint Seuer. La Chartre de Lascar ne marque point son decés, que du troisiéme des Nones d'Octobre, sans y adiouster l'année. Celle de S. Pé de Generes est manifestement falsifiée; car elle porte que Sance mourut le cinquiesme des Nones d'Octobre de l'année CCCCCCXXII. Il faut lire DCCCCCXXXII.

VI. Il fut nommé diuersement, tantost Sance simplement, comme dans la Charte de la Fondation de Saint Pé, tantost Sance Guillaume, ou Sancius Vuillelmi, ainsi qu'il apert des priuileges du Roi Sance de Nauarre, allegués par Garibai, Blanca, & Martinez. Quelquesfois il est appellé Sancion, comme dans la Charte de Hugues Euesque d'Agen, dans l'accord de Hugues le Chiliarche, & dans celle de Saint Seuer; qui tesmoigne que l'Abbé Gregoire, qui fut depuis Euesque de Lascar, auoit esté rappellé de Clugni en Gascogne par le Comte Sancion. Comme aussi dans le Chartulaire de la Reole sur Garonne, Rodolphe Vicomte autrement nommé Artaldus, donne pour soi & pour l'ame de son Pere Amaluin, & de sa mere Rosenberge, & de son frere Guillaume le Vicomte, tous les biens qu'il a *in Pago Besalmensi*, & l'Eglise Saint Hilaire, au monastere de la Reole, au mois de Mai, l'an XXX. du Roi Robert, *Sancione Comite*, Ce qui reuient à l'année M. XXVI. Encor y a t-il au Chartulaire de Saint Seuer, vne Donation de Anerius Fortis, du mois de May, Ferie premiere, Lune premiere, *Regnante Comite Sancione*. Ce qui tombe selon les regles des Computistes, au second de Mai. M. XXV. auquel iour la letre Dominicale C. se rencontra auec la nouuelle Lune.

Charta fundationis Monasterij S. Petri Generensis. *Ego Sancius præordinatione Dei, totius Gasconiæ Princeps & Dux*, sæpius audiens illud Euangelicum, quia non est arbor bona, quæ non facit fructu bonum, & aliud à Domino præceptum, Thesaurisate vobis thesauros in cœlo, vbi fures non effodiunt nec furantur, sed cum promissione vitæ æternæ dona centuplicantur. Constituo vobiscum *Virones* hoc in loco Generensi........ cœnobium in honore B. Petri Apostolorum Principis pro redemptione animæ meæ, & parentum meorum, atque hunc locum, & villam, & possessiones ad eam in circuitu pertinentes absoluo, & absolutas esse pronuncio, ab omni censu alicuius Dominationis, ab vllius inquisitione vllius Potestatis; in præsentia *Principum totius Gasconiæ hic astantium* multorumque aliorum huius absolutionis fautorum, & in præsentia Raimundi Guilhermi de Benaco, & Arnaldi Raimundi de Baso; à quibus ambobus alodium huius villæ liberum habeo, quemadmodum nunc in breuibus demonstrabo. Dum ad huiusmodi ædificationem inspirante Deo mihi animus delectaretur, & oportunitas huius quasi deserti, ad id operis nostræ præsentiæ laudaretur: Contigit Arnaldū Raimundū de Baso adesse *in Curia mea* pro solito, similiter vero post aliquantulum temporis Raimundum Guilhermi de Benaco. Hos igitur circumueniens, & voluntatem meam sub tali deliberatione proferens, primitus habui, & modo habeo sub testimonio vestro datores huius alodij cum appendiciis suis, fautores cœnobij, adiutores ædificij, maximè propter amorem Dei, & propter munus quod eis dedi pro velle suo. Dedi enim ob hoc, Raimundo Guilhermi de Benaco, quatuor suæ electionis equos, & meam loricam, cum ingenuitate totius Benacensis honoris qui mihi erat seruicialis, videlicet serrarium cūm appendiciis suis. Arnaldo Raimundi, de Baso dedi ob hoc meam in Vigorra villam opulentissimam *Stmeiacum* nominatam, cum ingenuitate Basi, & totius Basensis honoris ad eum pertinentis. Insuper autem neuter amborum horum ducatur ex debito ab vllo successore meo in expeditionem, quandoquidem adimpleuerunt meam voluntatem. His itaque peractis manus meas ad cœlum eleuo, & in præsentia vestra Deo omnipotenti, ac B. Petro Apostolorum Principi, supradictum alodium cum appendiciis offero, atque sine vlla contradictione sicut pridem absoluo. Deinde Donum super eius altare pono, vt nunquam in aliqua huius donationis particula, spem habeat dominandi, vlla subsequens potestas, nisi qui regulariter præfuerit Abbas. Ad hæc quidem, ad victum claustrensium Monachorum, inter alia dona do B. Petro villam Lassunis dictam nomine, cum omnibus appendiciis suis, quam propter propinquitatem huius loci, à *Centullo Proconsule Bearnensi* cambié do recepi, datis sibi pro ea duabus villis, scilicet *Merolis, & Castini*. (fortasse legendū Mazerolis, & Gatlin.) Quid plura, in dilectioneDei & B. Petri & mei vestri proximi, vos omnes deprecor, & quibus possum mandans obsecro, *tam Consules, quam Proconsules*, ceterosque viros militares, vt quod ego hic constituo, vel me fideliter constituere vobiscum existimo, pariter vos seruaturos Deo, & B. Petro & mihi promittatis, atque promissionem super hoc altare B. Petri Apostolorum Principis sacramentis corroboretis, vestrosque successores eadem seruaturos præordinetis, quatenus tanti operis fructum à Redemptore nostro colligere mereamur gaudentes in secula seculorum. Dumque omnes Amen respondissent, & fiat, fiat, exultantibus animis proclamassent, paululum adiecit, Scitis, inquit, strenuissimi viri, non esse conueniens

Apostolorum Principem in suis honoribus, quasi super habere sibi seculares Principes, Ideoque hunc honorem eius, ab impedimentis contingentibus penitus absoluendum esse sensimus. Si igitur Abbas huius loci, propter honorem, vel propter aliquam rem S. Petri causam, vel querimoniam aduersus aliquem habuerit, iusticiam inde recipiat. Et si eundem Abbatem, vel quem pro se miserit, victum de caussa esse contigerit, non ipse, nec quem miserit, *donationem alicui inde persoluat*, nec aliquis ab eis inquirat, sed expectet pro merito rettributionem à Domino. Quapropter inprimis procedat mecum ad iurandum *Garcias Arnaldi Comes Vigorrensis*, quē volo Patronum & defensorem huius loci, & honorū S. Petri, *in partibus suis*. Et similiter veniat *Centullus Gastonis Vicecomes Bearnensis*, quem *loco mei* volo & impero esse Patronum, & defensorem huius loci, & honorem S. Petri *in partibus nostris*. Et veniant alij Comites, & Vicecomites, ac totius Gasconiæ Optimates, quos omnes esse deprecor huius cœnobij adiutores, & defensores, & sicut pridem est, iuremus, & iurando *salutatem huius loci* cōfirmemus; quam siquis vnquam temerarius, quod absit, infregerit, vel aliquem causa orationis venientem ad S. Petrum male impedierit, facta inde iustitia coram Abbate, & completa pro malefacto digna emendatione, *quingentas auri libras pro infractura* Abbati persoluat, vel quantum pro his recipere voluerit Abbas. Si vero aliquis arrogans, iusticiam inde facere noluerit, mei successores, vel prædicti defensores, tantum eum prosequantur, donec quod dictum est, coram Abbate facere cogatur. *Ego igitur Sancius totius Gasconiæ Princeps & Dux* Primus iuro, & signum inde facio in conspectu præsentium Episcoporum nostrorum in hoc adiutorum, & in præsentia domni Arsij Abbatis S. Seueri Russitanensis, ad hoc regulariter ædificandum pro sanctimate adducti. Garcias Arnardi Comes Bigorrensis iurauit.

Bernardus Comes Armaniacensis, Aymericus Comes Fedenciacensis. Bernardus Comes Pardiniacensis. Centullus Gastonis Vicecomes Bearnensis. Forto Vicecomes Leuitanensis, & filij eius Garcias, & Guilhermus, Guillermus Dati *Vicecomes Siluensis*, & Guilhermus Odonis Vicecomes de Montanerij. Raymūdus Guilhermi de Benaco, & Arnaldus Raimundi de Baso. Guilhermus Garcias Curta spata. Arnardus cognomine Vrsus. Guilhermus Lupi Vicecomes Marcianensis. Et Arnaldus Vicecomes Aquensis. Arnaldus de Aura. Bernardus Raimundi de Zamota. Galinus de Oriaco .... Sancius Aynerij de Gaso. Arnardus de Linaco, & Garcias Donati de Orbeiaco, & Datus Arioli de Montaniaco. Forto Aynerij de Assoo, & Guilhermus Lupi de Prexaco, & Forto Guilhermi de Auisaco, & Garcias Fortonis de Raso, & alij multi. Post ordinationem autem prædicti cœnobij, ipse idem *Sancius totius Gasconiæ Princeps & Dux*, cupiens cum deuotione quod sic inceperat perficere, dedit Beato Petro XXV. vasa argentea. XIV. alia vitrea siue Chrystallina, & mensam propriam honestè super argentatam. Et IV. candelabra, duo eburnea & duo argentea, & quædam vestimenta Sacerdotalia, & Cruciculam auream, & duas Cruces argentas. Dedit etiam propria arma militaria, auro mirifice fabrefacta, & scutum, & lanceam. Ad victum vero claustrensium monachorum, dedit propriam Curtim, quæ dicitur S. Castini, cum omnibus appendiciis suis, scilicet Lar, Figueras & Bernedet, facto inde dono per Zonam suam argenteam, ab altari in armario S. Petri repositam; & Piscaturam quæ dicitur Calcis ludi, sine vlla contradictione inuestitam, & in Salinis quandam pagensem, cum Casali, quæ dicitur Paula, *cum Patella Salinaria*.

V. Martyrologium S. Seueri: IV. Nonas Octobris obiit Sancius Comes Vasconiæ anno M. XXXII.

CHAPITRE XVI.

Sommaire.

I. Le Duc Berlenger ou Berenger succede à Sance. Recherche de sa race : Alausie fille de Sance mariée au Comte d'Engoulesme. Elle peut estre mere de Berenger. II. Odo Comte de Poictiers fils de Guillaume Comte de Poictiers, & de Brisce sa femme, qui estoit sœur de Sance, succeda apres Berenger. Prit possession en l'Eglise Sainct Seurin les Bourdeaux. Suiuant la Coustume de ses predecesseurs. III. Donations de Sance Guillaume en faueur de cette Eglise, confirmées par Odo. Son decés arriué l'an mil trente-neuf. Union de la maison de Gascogne, auec celle de Poictiers.

I. LE Duc Sance estant decedé sans lignée, la succession de Gascogne fut ouuerte par sa mort au Comte Berlenger ou Berenger, dont il est fait mention dans le Chartulaire de Sorde. Il est difficile de marquer precisément l'origine de ce Comte : n'y ayant point apparence de se persuader, qu'il fust né du mariage de Beranger Raimond Comte de Barcelone, auec Sancie, que l'on pretend auoir esté sœur du Duc Sance; dautant que si cette grande Prouince fust entrée dans la maison de Barcelone, Diago qui a fait l'histoire de ces Comtes auroit rencontré dans les Archifs de Barcelone quelque tiltre, qui en auroit fait mention; & sans doute la Gascogne ne seroit point tombée sans bruit apres le decés de Berenger, entre les mains d'Odon ou bien Eudes Comte de Poictiers, si les Catalans l'eussent possedée. Aussi est-il plus vrai-semblable que Sancie femme de Berenger de Barcelone, que les anciens actes asseurent auoir esté fille du tres-puissant Comte Sance, selon le rapport de Surita, estoit fille de Sance Comte de Castille, que non pas de celui de Gascogne; qui est aussi l'opinion de Diago, & des autres Historiens d'Espagne. J'aimerois mieux croire que ce Duc Berenger estoit fils d'Alauzie, femme d'Alduin VI. Comte d'Angoulesme, que la Chronique manuscrite de ces Comtes donne pour fille à Sance Guillaume, & qu'il dit auoir porté en dot à son mari, la terre de Fronsac.

II. Apres le decés du Duc Berlenger, qui peut auoir tiré ce nom du Comte de Barcelone son parrain, la succession de Gascogne fut recueillie par Odo Comte de Poictiers, fils de Guillaume IV. Comte de Poictiers, & de Brisce sa femme, fille du Duc Guillaume Sance, & sœur de Sance, comme j'ai verifié par la Chronique d'Ademar, & que le sieur Besli a obserué en sa Table des Ducs d'Aquitaine. Odo prit possession du Comté de Bourdeaux & de Gascogne, dans l'Eglise Saint Seuerin les Bourdeaux, suiuant l'ancienne coustume de ses predecesseurs, lesquels ne pouuoient entrer legitimement dans la possession, & l'administration du Comte de Bourdeaux, sans auoir pris comme l'inuestiture de S. Seuerin & dans son Eglise, estans en outre chargés de lui payer annuellement certaine somme de deniers, ainsi que l'asseurent les Chartes de cette Eglise.

III. Le Comte Sance Guillaume s'estoit aquité tres auantageusement de ce deuoir, estant allé au delà de ce qui estoit d'obligation, auec des liberalités notables qu'il exerça en faueur de cette Eglise; ayant pris le soin de remetre en vn corps les

Chanoines que la persécution des personnes seculieres auoit escartés en diuers lieux. Son Neueu Odo venant à la succession du Comté, confirma les Donations de son Oncle, & ne cedant en rien à sa bonté, honora de ses bienfaits cette Eglise S. Seuerin; qui en conserue l'acte dans son Chartulaire; où sont signés Raimond *Euesque des Vascons*. *Centulle de Bearn*, & Arnaud d'Acqs. Ce Comte fut tué deuant Mauzé, qu'il tenoit assiegé l'an M.XXXIX. Il gist à Maillezais. Par son decés sans lignée, Bourdeaux & Gascogne furent reünis en domaine, au Duché de Guyenne, comme escrit le sieur Besli. Mais ce ne fut pas sans y auoir eu des competiteurs en la succession, qui ne cederent à la maison de Poictiers, qu'apres auoir esté vaincus en plusieurs combats, ainsi que l'on verra ci-apres, dans la vie des Seigneurs particuliers du païs de Bearn. De sorte que la succession des Ducs ou Comtes hereditaires de Gascogne, qui prit son commencement en la personne de Sance Mitarra; fondit enfin dans la maison de Poictiers, au moyen du mariage de Brisce, fille de Guillaume Sance; de maniere que d'oresenauant le Comte de Poictiers est surnommé Comte ou Duc de Gascogne, aussi bien que de l'Aquitaine.

I. Chartarium Sorduensis monasterij. Chronicon ms. Comitum Engolism.

II. *Le sieur Besli en sa Table des Ducs de Guienne.* Ademarus in Chronico prolatus c. 10. n. 6.

II. Chartarium S. Seuerini Burdigalensis : Sancius huius ciuitatis Dei gratia Comes accepit Consulatum, velut antiqua consuetudo sanxerat à beatissimo Archipræsule Seuerino. Mos etenim est nullum Comitem posse huic Burdegalæ vrbi statu legitimo præesse, nisi sui Consulatus honorem à prædicto Pontifice vultu demisso suscipiat. Ac deinde tributum annualem certis sub nummis structum, deuoto corde & absque mora festinanter persoluat; quod persoluerunt antecessores innumeri. Quod & recolens Princeps iste præfatus, pastorem sacratissimum propriis prout placuit remunerauit agris, supra Burgum lateraliter sitis, cum Landa vsque ad Inzinas, & siluam grossam, & Bernedariam. Huius donationis augmentationi addidit sui iuris fontes, quos nominatim eius monitus descriptione in memoriam scribere adduxit, videlicet Oldeiam, & Gurs, & Fontenellam. Ceteros quoque iuxta hos vicinabiliter positos. Ad hoc auxit etiam & aliud, terras scilicet in palude, quæ solent tepore hyemali ab augmentatione vndosi maris, & superuenientibus aquis cooperiri, & illam quæ illis subceritur versus pontem longum perpetuo ruentibus. Vnde etiam ostendens qualiter suum dominum Seuerinum pectore sincero diligeret, dispersos laïcorum rabie Canonicos in vnum colligere, innumero sudore sategit. Ad quorum obsequium statuit idem, à silua quæ forest nuncupatur, duos perenniter nullo prohibente habere asinos, sectis lignis oneratos. Quo defuncto successit eius *Nepos Clarissimus Odo* annuente domino in honorem, quo sumpto quoque à Beato Confessore, confirmauit donum defuncti Auunculi, dignitati cuius, & bonitati non impar, Sanctissimum Antistitem de suis honorauit beneficiis. S. *Raimundus Episcopus Vasconensis*. S. *Centullus de Bearut*. S. Arnaldus Aquensis. S. W. Lup. S. Aichelinus Guillelmi. S. Andro Ariolh, &c.

III. *La Table des Ducs de Guienne du sieur Besli.*

HISTOIRE DE BEARN,
LIVRE QVATRIEME.

CHAPITRE I.
Sommaire.

I. II. Description du pays de Bearn. Ses confins, son estenduë, longueur, & largeur. III. Gaue nommé Gabarus *par* Theodulphe. *Sa source aux montagnes de Bigorre. Son cours prés la Chapelle de Betarram,* Nai, Pau, *la plaine de Lescar,* Ortes, *& Belloc. IV. Gaue d'Oloron composé de celui d'Ossau, & d'Aspe. Source du Gaue d'Ossau. Gabas Hospital. Le Pic de midi. Sa hauteur. Aiguescautes. Vallée d'Ossau. V. Gaue d'Ossau arrouse la ville d'Oloron d'vn costé, & de l'autre le Gaue d'Aspe. Celui-ci a sa source à Soport, entre dans la Vallée d'Aspe. Nostre Dame de Sarrance. Pene d'Escot. Les deux Gaues ioints, composent le Gaue d'Oloron, qui arrouse les villes de Nauarreux, & de Sauueterre. Gaue Suson. sonction de tous les Gaues prés de Peirehourade, vn peu plus bas auec Ladour. VI. Ces riuieres ne portent point bateau, mais sont abondantes en truites, & en saumons. Explication des* Salares d'Ausone, *des* Farions *& des* Toquaas. *VII. Quatre autres ruisseaux abondans en truites. Description de Baretons. Josbaig. VIII. Pays entre deux Gaues. Sel de Salies. IX. X. XI. Montaner, Vicuilh, Lembeye, Morlas, Sobestre, Ortes. XII. Forces du pays. XIII. Le terroir sec & infertile. Les fruits excellës. Les Eaux d'Aiguescautes, & d'Ogeu. Mines. XIV. Commerce de Bearn. XV. XVI. Gouuernement, & Iustice du pays.*

I. A suite du discours me porte maintenant à traiter de l'origine, & de la succession des Princes de la maison de Bearn, qui est mon principal dessein; Et neantmoins auant de m'y engager ie suis obligé de donner quelque connoissance de l'estenduë, & de l'estat present de ce païs: afin que le Lecteur aye plus de satisfaction & de clarté en l'intelligence des choses qui seront descrites ci-apres. Le païs de Bearn en l'estat qu'il est maintenant, comprend les deux Cités de Bearn, & d'Oloron, dont il est fait mention dans la Notice des

Prouinces, ainsi que ie les ai expliquées au premier liure, où i'ai verifié que la Cité des Bearnois ou de Bearn estoit la ville Episcopale de Lascar, rebastie sous le tiltre d'vn nouueau nom, sur les ruines de l'ancienne ; aussi bien que celle d'Oloron a esté restablie sans aucun changement de nom, sur les masures de la vieille Cité ; l'vne & l'autre ayans esté demolies par la fureur des Normans, apres qu'ils se furent saisis de Bourdeaux, qui estoit pour lors le chef du Duché de Gascogne, enuiron l'an 848.

II. Pour mesurer l'estenduë du territoire de ces deux Cités du temps de l'Empire Romain, il ne faut que regarder les limites des Euesches de Lascar, & d'Oloron ; dont le premier est entierement compris dans la terre de Bearn, horsmis dix ou douze villages, qui sont dans le païs de Chalosse sous l'Archidiaconé de Saut. L'autre a son siege, & sa plus grande estenduë dans le Bearn, le surplus du diocese consistant au Vicomté & Archidiaconé de Soule, où il y a cinquante paroisses seulement ; mais elles sont recompensées par le quartier & Archidiaconé de Montaner sous l'Euesché de Tarbe, & par le quartier d'Ortes sous l'Euesché d'Acqs, qui sont compris dans le Bearn. Ce païs est assis à la racine des monts Pyrenées ; & a pour ses confins à l'Orient, le Comté de Bigorre ; au couchant la Preuosté d'Acqs, vne partie de Soule, & de Basse Nauarre ; au midi les montagnes d'Aragon, & celles de Roncal en haute Nauarre ; au Septentrion le bas Armaignac, le Tursan, & la Chalosse. La figure de sa situation approche à celle d'vn triangle, qui a les deux costés plus longs, dont la base est entre l'Orient, & le midi dans les montagnes d'Asson, Ossau, Aspe, & Baretons, & la pointe entre l'Occident, & le Septentrion vers les lieux de Belloc, Saltes, & Cassaber ; Le costé droit, prend depuis Pontac iusques à Belloc, & le costé gauche depuis la vallée de Baretons iusqu'à Cassaber & Salies. Sa longueur sans y comprendre les Vallées, est de quatorze lieuës de Gascogne : Sa largeur est inegale, la plus grande de dix lieuës, la mediocre de six, & la plus petite de deux.

III. Il y a deux riuieres principales qui portent le nom de Gaue, que Theodulphe Euesque d'Orleans escriuant du temps de Loüis le Debonaire nomme *Gabarus*. L'vne a sa source au Leuant, dans les montagnes de la Vallée de Bareige en Bigorre, sur la frontiere d'Aragon ; laquelle source est plus grande, que celle de Ladour qui en est proche. Ce torrent descend par la vallée de Lauedan, coule prés de S. Pé en Bigorre, & arrouse à la main gauche les montagnes d'Asson en Bearn ; & en suite ouurant son chemin par le milieu d'vne belle campagne de douze lieuës de longueur, baigne la Chapelle du Caluaire de *Betarram* ; & vne lieuë plus bas, les murailles de la ville de Nai, gentille, agreable, & marchande ; & trois lieuës plus bas la ville de Pau, assise auec son Chasteau, parterre, iardin, & parc, sur vne croupe qui regarde la riuiere à ses pieds, & au delà, les costaux de Iuranson. Lascar vne lieuë au dessous de Pau, éleuée sur vne petite coline, arrousée de plusieurs belles fontaines, ornée de son Euesché, iouït de l'aspect agreable de la plaine, & de la riuiere, qui est distante d'vn quart de lieuë. La ville d'Ortes au diocese d'Acqs, cinq lieuës plus bas, bastie sur le penchant d'vne coline, dont la croupe conserue les masures du vieux Chasteau de Moncade, auec la vieille tour, où le Prince Gaston Phœbus gardoit son grand tresor, du temps du Roi Charles VI. aboutit sur le bord de la riuiere ; estant separée, par vn haut pont de pierre, du lieu de Depart, qui de ce costé sert de fauxbourg à cette ville. On rencontre à deux lieuës au dessous Belloc, auec les restes de son Chasteau sur la riuiere ; laquelle à demi lieuë entre dans les terres de la Preuosté d'Acqs, au lieu de Lahontaa. Ce Gaue est surnommé le Bearnois, parce qu'il coule dans les terres de l'ancienne Cité de Bearn, & par ce nom est distingué de l'autre Gaue, que l'on nomme d'Oloron, parce qu'il arrouse l'ancienne Cité, & le Vicomté d'Oloron.

Le

IV. Le Gaue d'Oloron est composé de celui d'Ossau, & d'Aspe. Le Gaüe d'Ossau prend sa source du costé de midi, au plus haut des Pyrenés, où se fait la separation de Bearn, & de l'Espagne, prés du village de Saillen en Aragon ; où l'on void deux sources sur la croupe de la montagne proches l'vne de l'autre, sçauoir celle du Gaue, qui se precipite par le penchant des montagnes de Bearn, & celle de Galligo, qui se iette du costé d'Espagne. Ce Gaue descend, auec vne grande rapidité par les montagnes d'Ossau, où il rencontre à trois lieuës de sa source Gabas, qui est vn Hospital basti ci-deuant pour la retraite des pauures & autres passans, qui reçoiuent en ces routes beaucoup d'incommodité de la neige. En cét endroit se ioint au Gaue de Saillen, vn autre ruisseau de mesme nom, qui descend du costé de Somport, & arrouse cette haute montagne d'Ossau à trois testes, que l'on nomme le *Pic de midi*, & le *Pic de tres serous*, c'est à dire des trois sœurs ; d'autant qu'il y a trois poinctes, dont les deux sont tournées du costé de Bearn, & la troisiesme du costé d'Aragon. Du plus haut de cette montagne on descouure les deux mers, & les monts de Castille, comme du mont Hæmus de Thrace on voyoit, à cause de sa hauteur extraordinaire, la mer du Pont Euxin, & l'Adriatique suiuant Mela : Estant remarquable que cette montagne, & vne autre de mesme nom de *Pic de midi* en Bareige sont les plus hautes des Pyrenées. A deux lieuës plus bas de Gabas on void les fontaines soufreuses *d'Aiguescautes* ; & vne lieuë au dessous, la riuiere entre dans la vallée d'Ossau, qui est longue de deux lieuës, où le lieu de Laruns fait front à l'embouchure de la montagne. Bielle est au milieu, où se font les assemblées generales de la vallée, & Arudi vne lieuë plus bas sur la riuiere, où se tient vn beau marché pour la commodité de la vallée, & des circonuoisins.

V. Le Gaue qui est descendu en ligne droite, commence à plier à l'issuë de la vallée, arrousant à main gauche les racines de la montagne, & à la droite la plaine agreable de Busi, & d'Ogeu, & coule vers la ville d'Oloron, qui est à trois lieuës de la vallée. Cette ville auec sa vieille tour, est assise sur vn tertre haut éleué, est baignée par la riuiere à main gauche, & separée du faux-bourg de Marcadet, par vn pont de pierre. De l'autre costé de la ville vient aboutir le Gaue d'Aspe, qui prend sa source à l'endroit le plus haut des Pyrenées, nommé vulgairement *Somport*, en la separation de Bearn & d'Aragon, prés du vieux monastere de Sainte Christine, & du lieu de Campfranc en Aragon : entre deux lieuës plus bas, dans la vallée d'Aspe, au lieu d'Vrdos, pres duquel est le destroit nommé *Pene d'Esquit*. Cette vallée est estroite, mais longue de cinq lieuës, & sert de canal pour le commerce de Lyon, de Limoges, & de Bearn, auec la ville de Saragosse. Elle comprend la Baronie de *Lescun*, qui est assise sur les confins de Nauarre & d'Aragon, & le lieu *d'Acous* où se tiennent les assemblées generales de la vallée. Le Gaue apres auoir arrousé ce lieu distant quatre lieuës d'Vrdos, rencontre à demi lieuë l'Eglise d'ancienne deuotion de Nostre Dame de *Sarrance*, sort par l'embouchure de la vallée à *Pene d'Escot*; où paroissent les efforts qui ont esté faits à coups de pics, dans la dureté du rocher, pour ouurir le passage des cheuaux & mulets, que l'Inscription engrauée à la cime de ce roc, témoigne auoir esté faite du temps de Iules Cesar. Trois lieuës au dessous separant Oloron par vn pont, de la ville de *Sainte Marie*, où est maintenant le siege de l'Euesché, ce Gaue se ioint à la pointe de la ville, auec le Gaue d'Ossau ; qui composent ensemble le Gaue d'Oloron. A trois lieuës de là, est assise la ville de Nauarrenx ; & trois lieuës plus bas, la ville de Sauuaterre, auec son Chasteau vieux & ruiné, où finit cette campagne riante & fort agreable, quoy qu'vn peu estroite, & sans vignobles, de la longueur de sept lieuës, qui auoit commencé à Lurbe, au dessus de la ville d'Oloron. Demie lieuë plus bas de Sauuaterre la riuiere du *Gaue Suson*, qui préd sa source aux montagnes de Soule, se ioint au Gaue d'Oloron ; lequel à deux lieuës de là sort de la terre de Bearn, & entre dans celle de la Preuosté d'Acqs, prés du Bourg de Sorde; au dessous duquel le Gaue Bearnois & celui d'Oloron se ioignent ensemble, passent à Peyrehourade dans le Vicomté d'Ourte, & vn peu plus bas en vn lieu appellé *Hourgaue*, se meslent auec Ladour, & par ce moyen se perdent dans la mer à Bayonne.

VI. Ces riuieres ne portent point bateau dans le païs, à cause de leur rapidité, nommément du Gaue Bearnois, qui ruine par ce moyen les champs voisins, duquel domage sont deffenduës les terres voisines du Gaue d'Oloron, par la hauteur de ses riues : Neantmoins elles sont poissoneuses, & portent des truites, & brochets en assés grande abondance; & des Saumons qui pour la plus gráde partie sont arrestés par le moyen des écluses ou paisselles à Peyrehourade, où se fait la grande pesche; mais nonobstant ces difficultés on en prend iusques à Betloc, & Ortes d'vn coste, & iusqu'à Sauuaterre & Oloron par l'autre Gaue. Il faut remarquer en ce lieu, que ces poissons venans de la mer n'entrent point dans la riuiere de L'adour, qui est pesante & morne, non plus que les Aloses, ni les Lamproyes qui montent dans L'adour, (recommandées par Sidonius, & nommées par les Grecs Anguiles sans os,) n'entrent point dans le Gaue, qui est violent & rapide : Mais chaque espece de ces poissons, fourchant à celle des deux riuieres qui les contente; Les saumons montent par le Gaue, & les plus forts mordans leur queuë bondissent par dessus les paisselles, sans s'arrester iusqu'aux racines des montagnes : où ils frayent, & produisent les petits saumoneaux, que l'on nomme *Toquaas* sur les lieux, & le Poëte Ausone *Salares* en la description de sa Moselle; lesquels ressemblent à des petites truites d'vn goust excellent, descendent dans la mer, où ils se nourrissent, & puis remontent dans l'eau douce, où seulement on les prend. Et partant les saumons sont appellés tres apropos par Pline poissons de riuiere, puis qu'ils le sont par l'origine, & par la pesche. Et de là peut-estre soupçonnée d'erreur l'explication que Scaliger, & Sauaron proposent des poissons *Salares*, les prenans pour des truites saulmonées ; attendu que suiuant la description d'Ausone, ce sont côme i'ai dit, les petits saumoneaux, qui croissans, prenét le nom de Farions lors qu'ils s'arrestent dans l'eau douce, sans descédre en la mer : (ce sont les truites saulmonées) & en suite celui de saulmons, apres qu'ils ont esté *baptizés en la mer*, ainsi que parle cét escriuain du moyen aage *Alain des Isles*.

VII. Il y a quatre autres petites riuieres, qui portent des truites excellentes, l'vne est *Loson* violent & rapide, qui prend sa source au haut des montagnes d'Asson sur la frontiere de Lauedan, passe en Bearn par les monts de Louuier en Ossau, prés de la miniere abondante de fer qui se trauaille en ce lieu. Vn peu au dessus de cette forge aboutissent trois Dioceses, celui de Tarbe par les montagnes de Lauedan, celui de Lascar par celles d'Asson, & celui d'Oloron par celles d'Ossau, en sorte que les trois Euesques pourroiét estre assis chacun en son diocese à l'entour d'vne table, qui pourroit estre mise sur la largeur d'vn petit ruisseau. En ce mesme endroit, il y a vn torrent qui sort auec roideur par sept ou huit ouuertures, qui sont au milieu de la face d'vn rocher escarpé, dont l'eau est extremement blanche; ayant à l'opposite vn autre torrent, qui a son eau noire : lesquels produisent des truites chacun de sa couleur, se meslent ensemble, & entrent dans Loson, & celui-cy dans le Gaue au dessus de Nay. L'autre riuiere est celle du *Nes*, du cours de deux grandes lieuës, qui n'a presque point d'autre eau, que celle de sa grande source, qui est proche du chasteau & Baronie de Reuenac, passe au Bourg de Gan, & à Iuranson, & entre dans le Gaue pres de Pau. La troisiesme riuiere est celle du *Vert*, qui produit les meilleures truites; Elle prend sa source dans les montaignes de la vallée de Baretons; prés de la vallée de Roncal en haute Nauarre, coupe la vallée par le milieu, où est assis Aramits lieu destiné pour les assemblées, & se rend dans le Gaue vne lieuë au dessous de la ville d'Oloron,

Liure quatriefme. 255

au lieu de Momor: & laiſſe à main gauche vn petit vallon tres agreable nommé Ioſ-baig, de ſon ruiſſeau le Ios; lequel quartier a vne belle foreſt, & le fonds aſſés re-uenant en Bleds. *Lourdios*, eſt vn autre ruiſſeau, abondant en truites, qui arrouſe vn petit vallon d'Aſaſp attaché à la vallée de Baretons, & entre dans le Gaue à l'op-poſite du lieu de Lurbe. Il y a quelques autres ruiſſeaux qui naiſſent dans le Bearn, & n'ont point de reputation que dans la Chaloſſe, comme les *Luys*; qui ont leur ſource au deſſous de Morlas, & le Gabas, qui ſe perdent dans Ladour au païs de Chaloſſe.

VIII. Le païs enfermé entre les deux Gaues, eſt de largeur de quatre lieuës, pour la plus grande partie collineux & meſlé de vignobles, de terres labourables, de fougere, & de paſquage. Il y a en cét endroit quatre bourgs Priuilegiés, Aſſon, Bruges, Gan, & Moneing qui eſt fourni d'vn bon marché; auec quelques autres bourgs, dont les principaux ſont Luc, où eſt l'Abbaye de Luc de l'ordre de Saint Benoiſt, Lagor, Vielleſegure, Saubalade où eſt l'Abbaye de Saubalade de l'ordre de Ciſteaux, auec Maſlac; Et la ville de Salies, qui eſt aſſiſe à la pointe de cét Iſthme, ou langue de terre, entre Betloc, & Caſſauer. Elle a vne ſource d'eau ſalée dont ſe fait le ſel blanc pour l'vſage du païs, & des circonuoiſins, cuiſant l'eau dans des poi-les de plomb, tout autre metal eſtant inutile pour cét effet. La ſource eſt à deſcou-uert, de ſorte que l'inondation d'vn petit ruiſſeau, & l'eau pluuiale rempliſſent bien ſouuent ſon large puits; Mais les habitans puiſent l'eau douce, la ſeparants de la ſalée, au moyen des œufs de poule, qu'ils iettent dedans, qui s'enfoncent dans la douce, & ſurnagent ſur la ſalée.

IX. Cette partie de Bearn, qui eſt depuis le Gaue Bearnois iuſques à la Bigorre, pliant vers le bas Armagnac, Turſan, Chaloſſe, & Preuoſté d'Acqs, fait le coſté droit, & a de largeur cinq lieuës. Elle eſt diuiſée en trois parties, celle d'enhaut où eſt le Chaſteau de Montaner, & le Parſan du Montaneres, & des Lanes, qui eſt vn quartier meſlé de fougere, & de vignoble. Le Parſan du Bicbilh vient en ſuite, qui confine auec le bas Armaignac, eſt meſlé de vignobles, terres labourables, & cha-ſtaigniers, produit de fort bons vins & puiſſants, dont ſe fourniſſent les vallées, comme elles font auſſi du vin d'Armaignac, & de Chaloſſe. La petite ville de Lem-beye eſt le chef de ce quartier, que les habitans diſent pourtant par raillerie eſtre la plus grande ville du monde, à cauſe que Lembeye ſignifie en François L'enuie. La ville de Morlas qui preſide au tiers Eſtat témoignant ſon antiquité par ſes ruines, eſt ſituée entre Pau, & le Vicbilh. La troiſiéme partie d'embas comprend les bourgs de Garlin, & de Theſe; & le quartier de Saubeſtre, dont le Chef eſt le bourg de Garos, qui confine à la Chaloſſe. En cét endroit eſt aſſiſe l'Abbaye de la Reole de l'ordre Saint Benoiſt. En ſuite vient le quartier d'Ortes, & de Riuere Gaue iuſqu'à Betloc, qui eſt limité de la Preuoſté d'Acqs.

X. Le coſté gauche qui eſt large d'vne lieuë & demi, a eſté deſia deſcrit; dautant qu'il prend ſon commencement entre les vallées d'Aſpe, & de Baretons, comprend les quartiers d'Oloron, de Nauarrenx, & de Sauuaterre, iuſqu'à Caſſauer, & à la pointe de Salies; & en cette longueur ſepare Bearn de la Soule, & de Baſſe Nauarre, & d'vne partie de la Preuoſté d'Acqs. Entre les terres de la Preuoſté d'Acqs, & de Nauarre s'enfonce vne pointe de terre, où eſt ſituée le bourg de Labaſtide-ville franque en Bearn, qui confine auec les terres de Gramont en Nauarre.

XI. On voit en cette deſcription que dans l'eſtenduë de cette Prouince, il y a dix villes, ſçauoir quatre ſur le Gaue Bearnois Nay, Pau, Laſcar, Ortes, trois ſur le Gaue d'Oloron, ſçauoir Oloron auec ſon ancienne Colonie de Saincte Marie, Nauarrenx, Sauuaterre. Pour Morlas, & Lembeye, elles n'ont point de riuiere.

Y ij

Il y a en outre 434. bourgs, & villages : Deux Eueſchés, & Trois Abbayes.

XII. Quant aux forces de ce païs, elles conſiſtent en la defence naturelle des Monts Pyrenées contre l'inuaſion des Eſpagnols, & en la ville de Nauarrenx, que le Roi Henri Second de Nauarre fit fortifier, ayant choiſi ce lieu, à cauſe de la rencontre du nom de l'ancien bourg de Nauarrenx, quoi que d'ailleurs l'aſſiete ſoit aſſés auantageuſe. Il y a vn beau magaſin d'armes, & de canons, & vne garniſon de quatre cens hommes; Neantmoins on eſtime l'aſſiete d'Oloron meilleure, & encore plus celle de Sauuaterre, quoi que ces deux villes ne ſoient point fortifiées. Il y a pluſieurs tertres en diuers endroits qui ſont foſſoyés, que le diſcours du vulgaire attribuë aux trauaux des Sarraſins, lors que paſſans en France ils auoient occupé les paſſages des monts; Mais il eſt certain que ces forts ont eſté faits cy-deuant, par les ſeigneurs du païs, à l'ocaſion des guerres qu'ils auoient auec leurs voiſins. La nation eſt remplie de bons eſprits, & d'vne humeur belliqueuſe, qui a fait de grands exploicts de guerre ſous les anciens Princes : meſmes lors que le feu Roi ſortant de ce païs, fut obligé par les ſeditions ciuiles de conquerir la Couronne à la pointe de l'eſpée, vne partie des plus aſſeurés courages de ſes troupes, eſtoient des Capitaines & des ſoldats Bearnois ; On pourroit armer ſix mille hommes pour la defenſe du païs, qui ſeroient ſur pied dans trois iours.

XIII. Le terroir de ce païs eſt ſec & aride, & par conſequent infertile. On taſche neantmoins de l'amender auec le fumier, & la marne : ſi eſt-ce que ce trauail ne peut pas faire que la terre raporte des fruits pour nourrir ſes habitans la moitié de l'année; d'autant plus qu'il eſt batu ordinairement de la greſle, qui ſe forme dans la montagne : de ſorte que l'on eſt obligé de ſe fournir des bleds, & des vins de Bigorre, & d'Armaignac; & encore des vins de Chaloſſe, & Turſan. Ce qui donne quelque ſatisfaction parmi ces defauts, eſt que les fruits qui ſe recueillent dans le Bearn, ſont fort excellents, ſoit les fruicts à noyau & à pepin, ſoit les bleds, froments, ſegle, & millet; ou les vins. Quant à ceux-ci, les vins de Iuranſon ſont d'vne bonté exquiſe, qui ſurpaſſe les meilleurs de Chaloſſe, & du Bourdelois, & par conſequent preſque de toute la France; les coſtaux des lieux voiſins de Iuranſon comme Gan, Gelos, Sainthauſt, & Artigueloube produiſant des vins d'vne bonté fort peu differente. L'amenité des lieux, la varieté du païſage, & le bon air duquel on iouïſt, exempt de contagion, lors que les voiſins en ſont accablés, ſeruent auſſi à ſes habitans, pour leur faire agreer dans les autres difficultés, la douceur du païs natal. Ioint qu'il y a des fontaines tres-bonnes pour la ſanté, particulierement celles d'*Aigueſcautes* dans les montagnes d'Oſſau, qui ſont vn degré au delà de la tiedeur, & paſſans par des lieux ſoufreux, & nitreux, ſont ſingulieres pour les intemperies froides, & humides du cerueau, eſtomac, inteſtins, matrice, paralyſies, goutes froides, colique, & ſterilité; Il y a encore la fontaine d'Ogeu alumineuſe, propre à l'intemperie chaude du foye & des roignons, aux fieures tierces, & à la pierre des reins : outre les eaux d'Aſpe, Aigues-bonnes, & celles de Baure. Il y a auſſi dans les montagnes, outre la miniere de fer de Louuier, d'autres mines de plomb, d'argent, & de cuiure; mais elles ont eſté en partie eſpuiſées par les Romains, & par les anciens Seigneurs de Bearn, & en partie ne ſont pas ouuertes.

XIV. Si eſt-ce que toutes ces conſiderations, ne ſeroiét pas ſuffiſantes d'entretenir le peuple ſur les lieux, s'il n'auoit quelque moyen de releuer l'infertilité du terroir, comme il fait, par ſa frugalité, & par ſon induſtrie au moyen d'vn petit cómerce, qu'il entretient en Eſpagne, & ailleurs. Car on mene du beſtial à vendre du coſté de Saragoſſe, ſoit des moutons, pourceaux, poulins, & mules, ſoit des draps de lin, & des toiles. La moindre partie de ces denrées, eſt du creu de Bearn, l'autre vient de la

Saintonge, & du Poiétou, par le foin des marchans, comme les toiles, & les mules, & du païs de Perigort le plus grand nombre des pourceaux; de forte que le Bearn ne fournit que drap de lin, & quelque peu de beftail, auec l'induftrie du marchand. Il paffe auffi en Efpagne chafque année vne grande quantité de faucheurs de foins & de bleds, des chaftreurs de beftail, & autres trauailleurs, qui defchargent leurs maifons de la nouriture de leurs perfonnes pour trois mois, & raportent quelque gain à leur famille. Les draps groffiers, que l'on fabrique de la laine du païs, entre lefquels le plus recherché eft celui de Reuenac, feruent à faire des manteaux auec capuchon, que l'on nomme *Capes*, pour l'vfage du menu peuple contre la pluye, qui fe debitoient il y a quelques années en Aragon, mais prefentement à Tolofe feulement, d'où l'on retire des commodités. Le fel de Salies, dont ceux de Bigorre, & Nebouſan fe pouruoyent, tant pour leur feruice, que pour le beftail qu'ils nouriffent aux montagnes, attire auffi de l'argent dans le Bearn.

XV. Ce païs a toufiours efté fous la domination de fes Princes naturels, prés de huiét cens ans, depuis le temps de l'Empereur Loüis le Debonaire, iufqu'au regne du Roi Loüis Treizieſme, à prefent heureufement reghant, qui l'a vni & incorporé à la Couronne, par Edit de l'année mil fix cents vingt. La maifon de Bearn a flori fous les Centulles, & les Gaftons fes anciens Princes, iuſqu'en l'an mil deux cens nonante, qu'elle fut iointe fans confufion, à la maifon de Foix; au moyen de la fucceffion, qui efcheut par le decés du Prince Gafton, à Marguerite fa fille, femme de Roger Bernard Comte de Foix. Le Gouuernement de ces Princes eftoit reglé par les Couftumes du païs, que l'on nomme *Fors*, qu'ils ne pouuoient enfraindre, & deuoient iuger les differents de leurs fujets en dernier reffort, dans leur *Cour Maiour*, qui eftoit compofée des deux Euefques de Lafcar & d'Oloron, & des Douze Barons. Depuis, Alain de Labrit Grand pere, & Curateur du Roi de Nauarre, Henri fecond erigea vn Confeil ordinaire & Cour Souueraine à Pau; duquel, & de la Chancelerie de Nauarre, noftre Roi Tref-augufte a fait vn Corps, qu'il a erigé en Cour de Parlement de Nauarre, pour le iugement des affaires de Nauarre, & de Bearn: qu'il a compofé de quatre Prefidents, vingt-vn Confeiller, & trois Gens du Roi. Il y a vn Senefchal en Bearn, qui a cinq Lieutenans diftribués chacun en fon fiege; Sçauoir à Pau qui eft le Premier, Oloron, Ortés, Morlas, & Sauueterre. Outre ce, les Iurats du Roi ont iurifdiction ciuile, & criminelle, mais auant que prononcer au criminel, tant eux, que les Lieutenans du Senefchal, enuoyent le procés auec leur auis à la Tournelle, pour eftre confirmé, ou emendé par la Cour: Les Gentils-hommes, ni Barons n'ont point haute iuftice, laquelle apartient au Roi, & à fes Officiers. La Chambre des Comtes de Pau, & celle de Nerac ont efté vnies enfemble, & érigées en Chambre des Comtes de Nauarre, pour receuoir les comptes des Receueurs des domaines de Nauarre, Bearn, Foix, Bigorre, Nebouſan, Aure, Magnoac, & Neftes, Marfan, Albret, Lautrec, Armaignac & Rhodés. Elle eft compofée de deux Prefidents, dix Maiftres des Comptes, vn Procureur & vn Aduocat du Roi, & deux Secretaires.

XVI. Les Rois de Nauarre pour contenir les peuples en paix, & pour la defenfe de ces païs eftablirent vn Lieutenant General fur la baffe Nauarre, & Bearn, refidant ordinairement dans le Chafteau de Pau, auec pouuoir abfolu de reprefenter leur perfonne, foit pour le commandement des armes, foit pour les affaires de la Iuftice, & des Finances, prouifions des Officiers, graces, & pardons. Auant l'vnion à la Couronne, on auoit retranché beaucoup de cette autorité; apres on l'a reglée à l'exemple des autres Gouuerneurs, & Lieutenans generaux des Prouinces de France, ayant pourtant referué au Gouuerneur le pouuoir de faire des reglemens,

Y iij

qui ont force de Loi, à la requeste des Estats Generaux du païs : lesquels apres auoir esté satisfaits par le Gouuerneur en leurs demandes, qui tendent à la conseruation de leurs libertés dont ils sont grands amateurs, font leur donation ou don gratuit à sa Majesté.

III. Theodulphus Episcopus Aurelianensis Pœmate contra Iudæos, prolatus è Scriniis P. Danielis à P. Merula. Lib. 2. Cosmogr. Parte 2. recensens Prouincias imperio Caroli Magni subditas, eas fluminum prætelabentium nominibus concipit his versibus :

Præfectura mihi fuerat peragenda tributa.
Rex dedit hanc Karlus Primus ad omne bonum.
Cui Parent Walis, Rodanus, Mosa, Renus & Oenus, Sequana, Visurgis, Warda, Garumna, Padus.
Rusa, Mosella, Liger, Vulturnus, Matrona, Ledus, Iler, Atax, Gabarus Olitis, Albis, Arar.

IV. Mela l. 2. c. 3. Hæmus in tantum altitudinis

abit, vt Euxinum & Adriam ex summo vertice ostendat.
VI. Ausonius in Mosella : Purpureisque Salar stellatus tergora guttis, qui necdum Salmo, nec iam Salar, ambiguusque, amborum medio Fario intercepte sub æuo. Alanus ab insulis, de Planctu naturæ : Illic Truculi sinus marinos ingrediens, in æquore baptizata, Salmonis nomine censebatur.
VI. Sauaro, & Sirmondus ad l. 2. Sid. ep. 2. Scaliger l. 1. Auson. Lect. c. 3. Aturricus Piscis Gatumnicis mugilibus insultet, apud Sidon. l. 8. ep. 12. De Lampetra, siue Mustella, multa erudité Scalige. l. 1 Auson. Lect. c. 26.

CHAPITRE II.
Sommaire.

I. Les Ducs de Gascogne estoient seigneurs immediats du Comté des Gascons, & iouïssoient d'vn grand patrimoine dans le Bearn, & y exerçoient iurisdiction. II. Les Vicomtes hereditaires gouuernoient le Bearn sous l'autorité des Ducs de Gascogne. III. La dignité de Vicomte baillée en fief à vie, & quelquesfois hereditaire. IV. Le mot de Vicomte dans les Loix Lombardiques. Ils respondoient aux Vicaires des Comtes. V. Vicaires des Comtes, Generaux, & particuliers. Les Generaux gouuernoient la Cité auec ses dependances, en absence du Comte. Les Vicomtes de Bearn estoient de ce genre. VI. Vicaires particuliers, qui gouuernoient vne portion du Comté, comparés aux Curés par Vualfrid, comme Jean de Sarisberi auoit comparé les Generaux aux Euesques. Ces Particuliers sont nommés Vicomtes par Hincmarus, d'où vient la denomination de Vicomte de Soule, de Maremnere, & autres petits Vicomtes. Le pouuoir des Vicaires particuliers. Infeudation des Vicairies ou Beguaries. Distribution des Comtés en Centaines & Decanies. VII. Les Vicomtes de Bearn Lieutenans Generaux hereditaires des Ducs.

I. J'Ai fait voir assés clairement au liure second, que les Ducs, ou Comtes hereditaires de Gascogne estoient maistres & seigneurs en proprieté, & en iurisdiction de la terre de Bearn, qui faisoit vne partie du Comté des Gascons : & qu'encore bien qu'ils possedassent en tiltre de Duché toute la Gascogne, & l'ancienne Nouempopulanie, & par consequent qu'ils fussent superieurs en autorité, & en iurisdiction des Comtes de Bigorre, & de Comenge, & apres le partage de Garcias, des Comtes de Fezensac, Armaignac, & Astarac, ils estoient neantmoins en la possession immediate de toute la proprieté, domaine & Iurisdiction du Païs de Bearn, Tursan, Gabardan, Chalosse, Marsan, d'Acqs, Labour, Soule & Albret, qui composoient le Comté des Gascons. Pour le particulier de Bearn, cela se iustifie par les diuerses dotations, que le Duc Guillaume Sance, & son fils Sance Guillaume ont fait au profit de l'Euesché de Lascar, & des Abbayes de Luc, de Sorde, de la Reole, & de Saint Pé : Le pere

Liure quatriesme. 259

ayant ordonné & fondé le Monastere de Lascar, lui assignant pour son entretenement l'Eglise, les dismes, & premices de sa Cour, ou maison Seigneuriale d'Assat, qui est vn gros village à vne lieuë & demie de la ville de Pau; & au Monastere de Luc, le Bourg du mesme nom, & autres pieces contiguës; A celui de Sorde des terres en Larbag. Et son fils Sance ayant donné à l'Eglise Cathedrale de Lascar, la proprieté & le Domaine de la ville de Lascar, les bourgs de Saint Faust, Poey, Beneiac, Simacourbe, & Meillon, dont les Euesques iouïssent presentement; ayant mesmes choisi sa sepulture dans l'Eglise saint Iulian de Lascar; & donné au Monastere de la Reole en Bearn, vne portion de sa Cour, & maison Seigneuriale de Momas. Mais ce qui oste toute sorte de doute sur ce sujet, est pris non seulement de l'acte de Iurisdiction exercé par le Duc Bernard sur le fait de la disme de Bordes; mais principalement de la Charte de la Fondation de Saint Pé de Generes, où le Duc Sance, apres auoir fait don de quelques apartenances de sa maison Seigneuriale de Saint Castin en Bearn, & ordonné de la seureté & immunité de ce Monastere, commet pour Conseruateurs des priuileges le Comte de Bigorre, & le Vicomte de Bearn Centulle Gaston; auec cette difference neantmoins, qu'il enioint à Garsias Arnaldi Comte de Bigorre d'estre Patron & defenseur de ce lieu dans les terres apartenantes à ce Comte, & commande à Centulle Gaston Vicomte de Bearn d'estre en sa place & comme son Lieutenant, Patron & defenseur des immunités & priuileges de Saint Pierre aux terres de Sance, c'est à dire du costé de Bearn, & du reste du Comté de Gascogne. Les paroles sont si expresses qu'il n'y peut estre rien adiousté, pour vne entiere satisfaction. *In primis procedat mecum ad iurandum Garsias Arnaldi Comes Bigorrensis, quem volo Patronum & defensorem huius loci, & honorum S. Petri in partibus suis. Et similiter veniat Centullus Gastonis Vicecomes Bearnensis, quem loco mei volo & impero esse Patronum & defensorem huius loci, & honorum S. Petri in partibus nostris.*

II. Or tandis que les Ducs de Gascogne ont possedé le Bearn, ils l'ont gouuerné par leurs Vicomtes, ou Lieutenants Generaux hereditaires, non seulement à cause que c'estoit la disposition generale de leur administration, d'auoir leurs Comtés distribués & departis en Vicomtés; mais encore pour vne raison particuliere; c'est que le Païs de Bearn iouïssoit depuis tout temps d'vn priuilege special, d'auoir l'administration de la iustice sur les lieux, & par consequent les officiers destinés pour la rendre au peuple. C'est pourquoi possedans le droit *d'autonomie*, & *d'autodicie*, pour parler auec les Grecs, lors qu'ils obseruent vn semblable priuilege de l'Isle de Delphes; il estoit necessaire, que les Ducs de Gascogne pour les y maintenir, se seruissent des Vicomtes dans le Bearn, qui auoient esté desia establis par l'Empereur Louïs le Debonaire, auec vn pouuoir absolu de vuider & decider les procés, & differents sans appel; vsans en cela du mesme procedé de Ciceron, lequel estant Gouuerneur, ou Proconsul de la Cilicie, & ayant l'Isle de Cypre dans son departement, enuoya sur les lieux vn Legat, pour y tenir les Grands iours, & rendre iustice aux parties, par ce, dit-il, que les Cypriots ne peuuent pas souffrir d'estre attirés en iugement hors leur Isle; Aussi lisons nous que les Rois de France gouuernoient le païs de Bearn conioinctement auec celui d'Aire par vn Comte, comme nous auons remarqué chés Gregoire de Tours.

III. Cette qualité & dignité de Vicomte, estoit en vsage par toutes les Prouinces dependantes de la Couronne de France; & en quelque part estoit baillée en fief & homage par les Comtes, à vie, ou pour vn temps, & ailleurs estoit hereditaire, suiuant le pouuoir, & les forces de ceux qui se trouuerent en possession de ces Vicomtés, lors du demembrement general des Prouinces du Royaume. Le priuilege acccordé à la ville de Barcelone par Charles le Chauue l'an 844. rapporté par Diago

Y iiij

fait voir, que l'ordre & gouuernement des Comtes, Vicomtes, & Vicaires auoit esté introduit en Espagne par les François, & que ces officiers possedoient vn droit de Seigneurie sur leurs vassaux. Ce qui se iustifie par la teneur du mesme priuilege, lors que l'Empereur permet à ceux qui se feroient refugiés d'ailleurs en la terre de Barcelone, & se feroient soubsmis à l'autorité & disposition de quelqu'vn des anciens bourgeois, de quiter leur seruice & de se metre sous le Seigneuriage du Comte, Vicomte, Vicaire, ou tel autre qu'ils aduiseroient. On trouue aussi, que Louïs fils du Roi Charles le Chauue. baille en fief à Ingelgerius Comte de Gastinois, le Vicomté d'Orleans, la Preuosté de Tours, & la moitié du Comté d'Angers. L'Abbé Odon au liure 2. de la vie de Geraud Comte d'Aurillac, fait mention de Benoist Vicomte de Tolose arresté prisonnier par vn Comte Raimond. Le fragment de l'histoire d'Aquitaine, certifie que Vulgrin Comte d'Angoulesme, de Perigord, & d'Agenois establit Ranulfe pour son Vicomte, & que Guillaume Taillefer fils de Vulgrin ordonna Odolric pour le sien, en telle sorte, que ce Vicomté d'Angoulesme estoit plustost vn office, qu'vne dignité hereditaire, puis qu'elle ne passoit aux successeurs par necessité, mais seulement par la liberalité du Comte, qui choisissoit tel des enfans que bon lui sembloit.

IV. Pour le terme de Vicomte, il n'est pas en vsage parmi les loix des Vuisigoths, ni dans les Capitulaires des Rois; & se trouue seulement dans les Loix Lombardiques. De sorte que nous ne pouuons tirer de ces escrits aucune suffisante instruction de leur autorité, & gouuernement. Neantmoins la propre signification du mot de Vicomte, que l'on rencontre dans plusieurs Chartes, tesmoigne assés que les Vicomtes estoient Lieutenants des Comtes par tout le Comté, & y exerçoient les fonctions des Comtes en leur absence; & qu'ils possedoient la mesme dignité, que ces anciens officiers que les loix des Vuisigoths appellent Vicaires des Comtes, *Vicarios Comitum*. Mon intention n'est pas pourtant de confondre tousiours les Vicomtes auec les Vicaires, dont il est fait mention dans les Loix Saliques, & Lombardes, & dans les Capitulaires de Charlemagne, Additions de Louïs le Debonaire, & Formules de Marculfe. Car en plusieurs endroits de ces Auteurs, les Vicaires sont des Iuges ordinaires, semblables à ceux qu'ils appellent, *Centenarij*, *Decani*, *& Viceiudices*, qui estoient establis en certains quartiers des Comtés, pour y auoir l'intendance de la Iustice, suiuant le pouuoir qui leur estoit accordé.

V. Il y a donc deux sortes de Vicaires, les plus illustres sont ceux qui se nommoient Vicaires Generaux des Comtes, dans les loix des Vuisigoths; Ceux-ci auoient en absence du Comte, l'administration d'vn Comté tout entier, c'est à dire d'vne Cité, auec ses dependances, comme l'on peut recueillir de Gregoire de Tours: Leur fonction est expliquée par Iean de Sarisberi auec sa gentillesse accoustumée en son Epistre addressée à Nicolas Vicomte d'Essex; auquel il mande; *Que comme les Prelats sont appelles par le souuerain Pontife pour prendre vne partie du soin en l'exercice du glaiue spirituel, les Comtes ainsi que des Prelats du droict seculier, sont esleués par le Prince, à la societé & communion du glaiue materiel; en sorte que ceux qui exercent cette autorité dans le Palais sont nommés Comtes Palatins, & ceux qui l'exercent dans les Prouinces Prouinciaux; & que les Lieutenans de ceux-ci sont nommés Vicomtes, auec le mesme pouuoir dans les Prouinces en absence des Comtes.* Du nombre de ces Vicomtes generaux estoient anciennement ceux de Bearn, & encore à double tiltre; puis qu'ils ont auec le temps possedé l'autorité & l'administration totale & independante, non seulement d'vne Cité, mais de deux anciennes Cités de la Nouempopulanie, sçauoir de celles de Bearn & d'Oloron.

V. Les Vicaires du second genre, ou Vicaires particuliers qui sont distingués des Vicomtes au priuilege du Roi Charles le Chauue, estoient ceux que Gregoire de Tours, & Vualfrid Strabo nomment Vicaires des bourgades; qui n'auoient que l'administration subalterne d'vne portion du Comté. Les paroles de Vualfrid expliquent fort bien leur fonction, lors qu'il escrit que ces Vicaires establis aux bourgades, appellés autrement Centeniers, pouuoient estre comparés aux Prestres des Eglises baptismales, qui sont au dessus des autres moindres Prestres. Le territoire qui leur estoit assigné, estoit nommé *Vicaria*, ou Vicarie, comme l'on peut voir dans le Fragment de l'Histoire d'Aquitaine. Or ces Vicaires particuliers, comme ils auoient cette communion du nom de Vicaire, auec les Vicaires generaux, eurent aussi la denomination de Vicomte, chés Hincmarus escriuant au Roi Charles le Chauue; Ce qui est cause que dans les anciens tiltres, on void les Vicomtes de Soule, Arberoue, Maremne, Ourte, Montaner, Marsan, Tursan, & autres, qui n'auoient en effect que l'administration d'vne portion d'vn Comté, qui comprenoit en son estéduë plusieurs Vicairies particulieres: dont il y a encore quelque reste dans le Bearn, où elles sont nommées Beguaries, Viguieries en Languedoc, & Vicaries en Catalogne. La fonction de ces Vicaires peut estre reconnuë, dans les termes de la formule du serment qu'ils prestoient auant l'exercice de leurs charges, au Roi d'Aragon en Catalogne, qui est de l'an 1240. inferée dans le Liure manuscrit des Vsages de Barcelone. Ils iurent de se comporter selon les loix enuers le peuple de leur Vicarie, proteger les personnes & les biens des Ecclesiastiques, defendre d'oppression les vefues & les orphelins, tenir assurés les chemins publics, conseruer la paix & la treue, rendre iustice suiuant les coustumes, saisir & chastier les meurtriers, les voleurs, & autres coupables de crime, chasser les Vaudois, & autres heretiques. Aussi l'acte d'homage de l'an 1236. que le Viguier de Sauue en Languedoc fait au Roi pour sa Viguierie qu'il tenoit en fief, explique assés ce qui estoit de la charge de Viguier. Car il promet de publier, & de faire executer les commissions & mandemens pour la leuée des gens de cheual, par les Bailes des Parroisses, & de mener les troupes au lieu de l'assignation, aux despens du Roi, *Debeo dictos homines conducere & capdelare per me, vel per alium*, faire saisir, conduire en prison, & punir les malfaicteurs, receuoir les Chasteaux situés dans la Viguerie, lors qu'ils seront rendus par les vassaux, & y mettre la baniere du Roi, commander aux vassaux en temps de guerre de faire bonne garde en leurs Chasteaux, suiuant la coustume de la terre, receuoir toutes plaintes, & iuger les matieres ciuiles & criminelles. Le pouuoir des anciens Viguiers, ou *Beguers* de Bearn estoit semblable à celui du Viguier de Sauue, dont il reste encore des traces dans les vieux Fors escrits à la main; qui ont esté diminuées, ou plustost effacées & abolies par vn contraire vsage; De sorte qu'il ne reste auiourd'hui aucune fonction de ces Offices, sinon en ce que les assignations que l'on donne aux Nobles pour comparoistre en Iustice, sont defenduës aux Bailes ou Sergens ordinaires, & reseruées aux seuls Beguers; les insinuations des donations, ou des achats des biens nobles se font pardeuant les Iurats du *Begarau*, ou Vicairie, & les decrets sur cette nature de biens sont poursuiuis pardeuant eux, à l'instance & sur les assignations des Beguers, sous peine de nullité. Toutes ces Beguaries, ou Vicaries sont maintenant reünies & incorporées au Domaine du Roi, ou bien tenuës & possedées en fief & homage par des Gentilshommes particuliers, qui pour raison de ce iouïssent de certaines rentes d'auoines, de poules, & d'argent sur quelques maisons; & commettent vne personne qui ait serment à iustice, pour faire les fonctions ci-dessus specifiées. Mais c'est assés parlé de ces Vicaries particulieres, lesquelles ainsi qu'auoit remarqué Vualfrid Strabo respondent aux *Centaines*, dont il est fait mention aux loix Vuisigothiques, Lombardes, & Angloises, lors qu'elles distribuent les Comtés en Centaines, celles-ci en Decuries, Decanies, ou Disaines, & la Decurie en Septaines & Quintes; dont il est parlé aux Coustumes de Bourges, & d'Aniou.

VII. Ie dis donc que les Ducs de Gascogne maistres proprietaires du païs de Bearn, le gouuernoient par leurs Lieutenans generaux, appellés Vicomtes, quoi qu'ils fussent hereditaires: lesquels dans le desordre de la maison de Gascogne se rendirent maistres & Seigneurs absolus de tout le domaine, de l'autorité, & iurisdiction du païs, ainsi que l'on verra ci-apres; auec vn si auantageux succés, que cette Principauté n'a peu estre reunie à la Couronne, qui est la grande source de toutes les dignités du Royaume, qu'en fournissant à la France cét inuincible Heros, le Roi Henri le Grand, & son heritier le Roi Louis le Iuste viue image des vertus du pere; lesquels embrassans & recueillans par droit de sang, la succession de la Couronne, y ont heureusement enté ce noble fleuron de la Souueraineté & Vicomté de Bearn.

III. Priuilegium Caroli Calui apud Diago l. 2. c. 4, *de los Condes de Barcel*: si aliquis ex ipsis hominibus, qui ab eorum aliquo attractus est, in sua portione collocatus, alium, id est Comitis, aut Vicecomitis, aut Vicarij, aut cuiuslibet hominis senioratum elegerit, liberam habeat licentiam abeundi.

Chronicon Andegauense: Postea vero Ludouicus filius Caroli Calui Vicecomitatum Aurelianensem; & præfecturam Turonorum, & dimidium Andegauis Comitatum ei in Casamento dedit.

Fragmentum Histor. Aquit. editum à Pithœo: Wlgrinus amicum suum fidelissimum, nomine Ranulsum, fecit eum Vicecomitem suum. Infra: Willelmus autem sector ferri honorem eorum restituit Odolrico fratri eorum, qui minor natu erat, fuitque ei suus Vicecomes, sicut pater eius Ranulfi fuerat Vicecomes Wlgrino.

IV. Leg. Longob. l. 2. Tit. 30. l. 2. Leg. Vuis. l. 2. t. 1. l. 23. & 26. l. 3. t. 6. l. 1.

V. Ioannes Sarisberiensis ep. 263. A Principe in ensis materialis communionem Comites quidam quasi mundani iuris præsules ascisсuntur. Et quidem qui hoc officij gerunt in palatio, iuris auctoritate Palatini sunt, qui in Prouinciis Prouinciales. Infra; Tu vero quia prouincialium vices agis, prout loci & nominis index est titulus.

Greg. Turon. l. 9. Hist. c. 5. Responderunt hoc Animodij Vicarij dolo, qui pagum illum iudiciaria regebat potestate factum fuisse.

VI. Vualfrid. Strabo: Centenarij, qui & Centenariones vel Vicarij, qui per pagos statuti sunt, presbyteris plebium qui baptismales Ecclesias tenent,& minoribus Presbyteris præsunt, conferri queunt.

Hincmarus: Iussione vestra per Vicecomitem illius pagi, in bannum quod in lingua Latina proscriptio confiscando vocatur est missum. Codex Ms. Vsaticorum Barcin. in Bibliotheca Thuana. Catel. Hist. Com. Tol. l. 1. c. 3. Hieron. Bignonius V. C. in Notis ad veteres Formulas c. 2. Lindenbroch. in Glossario Cod. Legg. antiq.

CHAPITRE III.

Sommaire.

I. Loüis le Debonaire inueſtit du Vicomté de Bearn, vn des enfans de Loup Centulle Duc de Gaſcogne. II. Le temps de cét eſtabliſſement. Le nom de ce Vicomte inconnu, & des deux ſuiuans. Il eſt neantmoins la ſouche des Vicomtes de Bearn. Centulle Premier du nom, & Quatrieſme Vicomte de Bearn, florit du temps de Sance Abarca Roi de Nauarre. III. Ce Roi conqueſta l'Aragon, & pluſieurs grandes terres ſur les Mores. IV. Ces conqueſtes attribuees à Centulle ſuiuant les anciens memoires que Surita rapporte. Centulle, recompenſé de la Vallée de Tena, & de quelques reuenus à Iacque. Centulle, Centoig, ou Centouil. V. Temps de Centulle mis à l'egal de celui du Roi Sance Abarca. Belaſco expliqué. Blanca repris en ſa correction. Biothanatus interpreté ches Belaſcon, ſuiuant l'vſage des anciens auteurs.

I. IL falloit que la Maiſon de Bearn, qui a touſiours eſté ſi floriſſante, que ſa gloire eſt enfin montée au comble de tous les honneurs de la terre, ayant produit ce Prince qui par droict de ſang, & par le merite de ſa perſonne a porté ſur ſa teſte la Couronne de France, il falloit, diſie, que cette Maiſon euſt ſon origine fort illuſtre, & qu'elle fuſt eſtablie d'vne bône main ſous des auſpices fort heureux. Auſſi eſt-il certain que l'Empereur Loüis le Debonaire apres auoir condamné, & banni Loup Centulle Duc de Gaſcogne en l'année 819. voulant recompenſer la fidelité, & le merite particulier de l'vn des enfans de ce Duc, lui bailla en fief, & l'inueſtit de toute la terre de Bearn ſous le tiltre de Vicomté; ne voulant pas lui accorder la qualité de Comte, pour ne lui donner ſujet de pretendre auec le temps, ſous la faueur de cette qualité au Comté particulier des Gaſcons; qui comprenoit dans ſon eſtenduë le Bearn, comme l'vn de ſes membres. I'ay verifié au Liure troiſieſme, Chapitre ſecond, nombre cinquieſme cét eſtabliſſement de la Maiſon de Bearn, par vn acte tiré du Chartulaire de l'Abbaye de Luc, qui le iuſtifie auec toute euidence, ſans qu'il ſoit beſoin de le repeter en ce lieu. Il ne faut pas trouuer eſtrange que Loüis le Debonaire inueſtit vn ſien vaſſal de la terre de Bearn, ſous pretexte que l'on attribuë communément à Charles le Chauue, & à ſes ſucceſſeurs le demembrement des Prouinces. Car comme il eſt certain, que l'on commença d'enuahir les grands corps des Prouinces du temps de Charles, auſſi eſt-il veritable, que Charlemagne & Loüis ſon fils eſtablirent des vaſſaux au Royaume d'Aquitaine, & les inueſtirent de pluſieurs terres notables, pour l'aſſeurance de cette conqueſte, ainſi qu'il a eſté remarqué au premier Liure.

II. De ſorte que l'on ne doit point faire difficulté de placer l'Epoque, & le temps du premier Seigneur de Bearn fils de Loup Centulle Duc de Gaſcogne, en l'année 820. Le nom de ce Prince eſt inconnu, auſſi bien que celui de ſes enfans, ne nous reſtant autre connoiſſance, parmi l'obſcurité d'vn temps ſi eſloigné de nous, que celle qui ſe peut tirer du meſme acte de Luc, ſçauoir que les anciens Seigneurs de Bearn auoient recueilli la ſucceſſion, & pris leur origine de ce premier Vicomte, fils de la maiſon de Gaſcogne. De maniere que pour continuer la deſcente de ces Princes, il faut couler par l'interualle de quatre-vingts ans, & plus, que l'on peut remplir par estimation de la personne de deux Princes Vicomtes, & venir ioindre Centulle Seigneur de Bearn ; lequel ie trouue sur les rangs depuis l'an neuf cens cinq, qui sera par ce moyen le Quatriesme Vicomte, & le premier du nom de Centulle. Ce Prince desireux de seruir à l'auancement de la Foi Chrestienne, & à la ruine des Mores en Espagne, y alla en personne auec des troupes lestes & aguerries, leuées dans sa terre, pour seruir le Roi de Nauarre Sance Abarca, en ses genereuses entreprises.

III. Ce Roi succeda immediatement à son frere le Roi Fortunio, & redressa les affares de son Royaume, qui estoient décheuës par la negligence de son predecesseur, faisant vn tel progrés sur les Mores auec ses armes victorieuses, qu'il reprit sur eux la ville de Pampelone, conquit tout le territoire ancien de la Prouince d'Aragon, & auança sa frontiere iusqu'aux monts d'Ocha sur les confins de Castille ; ainsi que l'on peut iustifier par les paroles de Belasco Auteur du temps, rapporté par Surita en ses Indices ; & par les propres termes d'vne donation de ce Roi en faueur du Monastere de la Penna, rapportées par Blanca, & Martinez, où il dit qu'il regne en Nauarre, en Aragon, & en Naiera, iusques aux montagnes d'Ocha.

IV. Or tous les bons succés qui arriuerent à ce Prince, sont particulierement atttribués par les anciens memoires, à la generosité, bonne conduite, puissance, & valeur militaire de nostre Centulle, ainsi que Surita certifie en ces termes tournés de l'Espagnol : *En cette guerre fut beaucoup remarquée la valeur, & la prudence d'vn Cheualier nommé Centulle ; Il estoit si adroict, & si bien entendu aux entreprises de cette guerre, & si bien duit & vaillant au fait des armes, & auec cela il estoit si fort aimé des Chefs, & principaux des Mores, qui residoient en ces frontieres, que lui seul auec sa valeur soustint long-temps le plus grand poids de la guerre, lors que les affaires estoient en plus grand danger, & fit de fort grandes & remarquables prises, & remit entre les mains du Roi Don Sanche, les principaux Mores qui faisoient cette guerre : Et à cause de ses grands & signalés seruices, il fut augmenté en estat, autant que la pauureté de ce Royaume le pouuoit souffrir.* La recompense qui fut donnée à ce Prince genereux, consistoit en la terre de la Vallée de *Tena*, qui confine auec la Vallée d'Ossau en Bearn, & en certaines rentes & deuoirs dans la ville de Iacque en Aragon ; desquels fiefs on verra iouïssans les Seigneurs de Bearn successeurs de Centulle, en la suite de ce discours. Estant cependant à remarquer, que le nom de Centulle, qui estoit aussi de la maison de Gascogne, a esté comme hereditaire dans la famille de Bearn sous la denomination vulgaire de *Centoig*, & Centoil ; Neantmoins i'aime mieux les appeller *Centulles* auec les anciens tiltres Latins, à cause de la douceur de la prononciation.

V. Le temps de la Seigneurie de Centulle doit concourir auec la Royauté de Sance Abarca, & auoir à tout le moins vne mesme estenduë. Or ce Roi commença son regne en l'année 905. & mourut de mort naturelle l'année 926. suiuant le tesmoignage de Belasco allegué par Surita, sur l'exemplaire escrit à la main que l'on garde en la Bibliotheque de l'Escurial : combien que Blanca se fondant sur vn priuilege accordé par ce Prince, prolonge sa vie iusqu'en l'année 933. Les termes de Belasco sont assés considerables. Car il escrit que Sance mourut la vingtiesme année de son regne, en l'Ere 964. qui reuient à l'année de Christ 926. apres auoir chassé tous les *Biotenates* : Blanca a eu de la peine, ayant voulu interpreter cette diction de *Biotenates* : C'est pourquoi il a estimé qu'il la falloit corrriger, & lire *Brota vallis*, comme si Belasco eust voulu signifier, que Sance Abarca auoit chassé tous les Mores de la vallée de Broto, qui est dans les montagnes d'Aragon. Mais cette correction est trop violente, pour estre receuë ; Celle de Surita est veritable, quoi que Blanca ne l'ait point embrassée ; Car il estime qu'il faut lire *Diothanates*, & soupçonne que

Belasco

Belasco ait employé ce terme pour signifier *les ennemis*. Mais cét Escriuain a eu la pensée plus forte, & a creu designer par cette diction, non seulement les ennemis, mais auec conuice les perfides, impies, & scelerats, c'est à dire les Mores. Pour mieux prendre ceci, il faut considerer, que *Biothanatus* est vn terme d'origine Grecque, & neantmoins vsurpé par les Auteurs Latins du temps de l'Empire, pour signifier vn homme qui a peri de mort violente par l'horreur d'vn supplice, comme l'on void chés Lampride, & Firmicus. Tertullian le nomme d'vn terme plus approchant de son origine, & de son etymologie *Biæthanatus*, lors qu'il escrit que les Magiciens ne se contentoient pas de son temps, d'euoquer par leurs charmes & operations magiques, les esprits offensés des *Biæthanates*, comme l'on auoit accoustumé de faire iusqu'à lors, mais encore qu'ils taschoient d'euoquer les ames de ceux qui estoient morts d'vn trespas doux, & naturel. Vn texte de Lucian conferé auec celui de Tertullian expliquera nettement la force de la diction *Biæthanates*, lors que cét Auteur descrit quels esprits on estimoit de son temps estre sujets aux euocations magiques. Car il declare, que les ames seules de ceux qui estoient tués par violence, vagoient & erroient deçà & delà, sçauoir de ceux que l'on auoit estranglés, decapités, mis en Croix, ou bien tués de quelque semblable genre de mort. D'où l'on doit conclurre, que les *Biothanates* estans ceux qui sont suppliciés pour leurs crimes, Belasco n'a point eu tort de signifier les Mores scelerats, & perfides, par ce terme de conuice, qui est plus pesant qu'il ne semble d'abord, puis qu'il embrasse en soi, tous les demerites, & les supplices que l'on peut s'imaginer.

I. Chartarium S. Vincentij de Luco prolatum, lib. 3. c. 2. n. 5.

III. Belasco apud Suritam in Indicibus ad annum 905.
Blanca p. 84. & Io. Briz Martinez l. 2. Hist. Pinnat. c. 9. Regnante me Rege Sanctio in Nauarra, Aragonia, & in Naiera vsque ad montes d'Ocha.

IV. Surita l. 1. Annal. c. 9. *En esta guerra fue mui señalado el esfuerço y astucia de vn Cauallero que se llamo Centullo. Este era tan mañoso y sagaz en los ardides de aquella guerra, y tan diestro y valiente en las armas, y con esto era tan bien quisto de los caudillos y los principales de los Moros que residian en aquellas fronteras, que solo el con su valor entretuuo mucho tiempo el maior peso de la guerra, quando estauan las cosas en maior peligro: y hizo muy grandes y señaladas presas, y entrego en poder del Rey Don Sancho, los mas principales Moros que hasian la guerra; y por sus grandes y señalados seruicios fue acrecentado en estado, quanto lo sufria la probressa de aquel Reyno.*

V. Belasco apud Suritam in Indicibus ad annum 916. Dehinc expulsis omnibus Biotenatis vicesimo regni sui anno migrauit à seculo. Obiit Sanctio Garseanis æra 964. Lampridius in Heliogabalo: Prædictum ei erat à sacerdotibus Syris Biothanatum se futurum. Apud Firmicum sæpe, Biothanati morientur. Biothanata morte deficient. Tertullianus de anima c. 37. Lucianus in Philopseude.

CHAPITRE IV.
Sommaire.

I. Gaſton Centulle premier du nom, fils & ſucceſſeur de Centulle. II. Centulle Gaſton fils de Gaſton premier. Fondation du monaſtere de la Reole en Bearn ſous la faueur de Centulle, & du Vicomte de Louigner. III. Centulle donne à ce monaſtere le village de la Reole, & pluſieurs autres Seigneurs y firent des Donations notables. Vicomtes de Marenne. IV. Centulle Gaſton mentionné auec ſon pere en la Fondation de S. Seuer. Ils eurent leur part aux combats contre les Normans. V. Centulle commença à Seigneurier l'an 984. & viuoit encore du temps du Duc Bernard, enuiron l'an Mil. Il eſt ſurnommé Centulle le Vieux, Vicomte de Bearn & d'Oloron. Jure la protection de l'Abbaye de Luc. VI. Lui donne la Diſme de Conchés, permutée depuis auec l'Eueſque de Laſcar. Centulle le ieune ſon petit fils la fit rendre au monaſtere. VII. Ses liberalités en faueur de l'Egliſe de Leſcar. Il exerçoit la iuſtice en Bearn. VIII. Le frere de Centulle tué par commandement du Duc Guillaume Sance. Le meurtrier Loupforton eſtoit fils de Fortaner de Serre prés Morlas. Peut-eſtre que ce frere de Centulle fut tué à Morlas.

I. A Centulle premier, ſucceda ſon fils Gaſton Centulle, premier du nom, enuiron l'année 940. dont il eſt fait mention dans la Charte de S. Seuer, & dans celle de Bayonne, qui ont eſté produites au liure ſecond & troiſieſme, en date de l'année 980. ou enuiron. Ce Prince en ces deux endroits voulant conſeruer la memoire du nom de ſon pere, prend la denomination de *Gaſto Centulli*, ſuiuant la phraſe Grecque, auctoriſée par l'vſage de ce temps, que i'ai remarqué au liure troiſieme, chapitre cinquieſme.

II. A Gaſton ſucceda ſon fils *Centulle Gaſton*, nommé auec honneur en pluſieurs anciens tiltres qui le font concourir en meſme temps, auec le Duc Guillaume Sance. L'vn eſt celui du Chartulaire de Luc, ou certain clerc nommé Orbita fit don au monaſtere, de l'Egliſe S. Felix de Balirac, & de la diſme, du temps de Guillaume Sance, & du Vicomte Centulle. L'autre eſt l'ancienne Charte, qui rapporte les motifs de la Fondation du monaſtere de la Reole en Bearn; aſſeurant qu'elle fut deſſeignée du temps de Guillaume Sance Duc de Gaſcogne, & du Vicomte de Bearn *Centulle Gaſton*, auec la permiſſion de l'Eueſque de Laſcar Arſias, ſurnommé Raca. La gloire en eſt deuë à deux clercs de ce païs, leſquels apres auoir exactement apris la diſcipline monaſtique ſe retirerent au village de S. Medard de Deſeſt, ſitué à la frontiere de Bearn, où trauaillans la terre de leurs mains, ſuiuant l'vſage des anciens moines, qui n'eſtoient point verſés aux letres, ils taſchoient de ſeruir Dieu, & de profiter au public. Mais le Seigneur du lieu ne pouuant ſouffrir ces bonnes gens, ſe ſaiſit de leurs trauaux, & des terres qu'ils auoient extirpées auec beaucoup de peine, de maniere que ſa violence porta les nouueaux religieux dans vn eſpaiſſe foreſt de Bearn, pour eſtre à l'abri de cét orage: où rencontrans vne petite Egliſe baſtie de bois, dediée ſous le nom de Saint Pierre, qui eſtoit poſſedée par vn preſtre nommé Garſias, ils y receurent tout le bon traictement que ſa pauureté lui permettoit. Estans logés conformément à leur institut, c'est à dire pauurement, le Prestre prit l'habit, & la sainteté des mœurs & des loüables deportemens de ces Religieux esmeut tellement, & gagna les volontés des circonuoisins, que plusieurs embrasserent la mesme condition de vie ; de sorte qu'vn Corps de Moines se forma dans peu de temps, qui les obligea d'eslire vn Abbé nommé *Centulle* pour regir leur Communauté. Ce premier Abbé assisté & secouru de la faueur du Vicomte Centulle Gaston, dans la terre duquel s'esleuoit ce nouueau Monastere, & du Vicomte de Louuigner Garsia Lupi proche voisin, entreprit de defricher vn tertre situé en ce long costau, nommé pour lors *Barbapodij*, iusqu'au bourg de Saut, commença la fabrique de l'Eglise & du Conuent, qui fut acheuée par son successeur Rabin ; en telle façon, que cét endroit qui est assis au quartier de Saubestre changea bien tost de nom, & au lieu de *Barbapodij* ou *Liserat*, qui estoit son ancienne denomination, fut appellé d'vn commun consentement par toute la Prouince *Regula*, ou bien *la Reole*, à cause de la discipline reguliere pratiquée dans ce Monastere.

III. Centulle Gaston, outre le secours d'argent qu'il auoit contribué, fit encore vn don de la proprieté & iurisdiction du village de la Reôle. Le Vicomte de Loutigner donna les dismes de ce mesme village, & la Seigneurie de celui d'Vsan. Aprés le decés de Rabin, Sance l'Abbé lui ayant esté substitué, le Comte de Gascogne *Sance*, qui auoit succedé à son pere Guillaume, & à son frere Bernard, comme dit expressément cette Charte, donna au Monastere vn lieu nommé Pardines, qui estoit vne dependance de sa Cour, & maison Seigneuriale de Momas en Bearn. Oriandus Farao donna l'Eglise d'Vsan, & Guillaume Rabi Vicomte de *Maritima*, ou de Maremne, le lieu de Maseroles, & porta en cette Eglise des Reliques de Saint Matties Martyr. Ce qui fut confirmé par Guillaume Lupi son neueu. Et Rabi Dat de Momas qui estoit vn puissant Caualier, ceda au profit du Monastere, auec le consentement de son fils Guillaume, tout ce qu'il possedoit au lieu de Momas. On peut remarquer icy en passant l'antiquité des Vicomtés de Maremne prés de Bayonne, confirmée par le Chartulaire de Saint Seuer, où l'on void Rixende & Garsiete Vicomtesses de Maremne.

IV. Le troisiesme tiltre qui fait mention de Centulle Gaston, est celui de la fondation du Monastere de Saint Seuer, que i'ay representé au troisiesme Liure, auec vn examen assés scrupuleux de son date; où l'on void parmi les autres Seigneurs de Gascogne, la souscription de Centulle Gaston, auec celle de Gaston Centulle de Bearn son pere, enuiron l'année 982. De sorte que l'on doit se persuader aisément, que l'vn & l'autre de ces Princes seruirent aussi bien la Religion, contre la fureur des Normans dans les combats, comme ils firent en cét acte de pieté, qui fut exercé pour le remerciement de la victoire.

V. Il y a de l'apparence que le commencement de la Seigneurie de Centulle doit estre placé enuiron l'an neufcens quatre-vingts-quatre, ce Prince estant fort auancé en âge : laquelle il retint pendant longues années, d'où il acquit enfin le surnom de Centulle le Vieux *Centullus Vetulus*. Car il viuoit encore du temps de Bernard Duc de Gascogne, comme il appert par vn acte de ce temps, c'est à dire de l'an mil, ou enuiron : par lequel Centulle en qualité de Vicomte de Bearn, *& d'Oloron*, promet & iure, mettant la main sur l'autel de Saint Vincent de Luc, tant pour soi, que pour tous les successeurs *de sa race*, à perpetuité, qu'il sera Protecteur & defenseur de ce Monastere ; Et confirme en special pour soi & les successeurs de sa race, le don que lui auoit fait ci-deuant le Comte Guillaume Sance, du lieu nommé Bordellas, compris dans les bornes qui sont depuis Luc iusqu'a Ledux, & depuis Berders

Z ij

& Poey, iusqu'au ruisseau d'Osies, auec tous les autres priuileges, & franchises de cette maison ; & en suite fait prester serment, en mesme sens, à *Gaston* son fils, ensemble aux principaux Gentils-hommes de la Prouince.

VI. Ce Prince auoit des inclinations à faire du bien à cette Abbaye, puisque non content de lui auoir promis auec serment sa protection, il lui fit don de l'Eglise Saint Genumer de Conches, qui est assise au quartier de Bearn, nommé dans l'acte *Vicus vetulus*, & dans le langage vulgaire le *Vicuieil*. L'Abbé Forton Gaston posseda ce reuenu pendant sa vie ; Mais son frere Dauid fut si temeraire que de s'en saisir, comme s'il lui eust esté acquis, par succession legitime ; dont la plainte ayant esté portée aux oreilles du Vicomte Centulle le Ieune, petit fils de Centulle Gaston, il contraignit le detenteur de se desister de la possession au profit du Monastere, & neantmoins receut pour ses droits de iustice, vn Mulet de valeur de mille sols, & deux Cheuaux de mille *solidates*. L'Euesché de Lascar est maintenant en possession de cette Eglise, en consequence d'vne permutation faite long-temps apres, des dismes de Lagor, auec celles de Conches.

VII. Ce seroit trahir la vertu de ce Prince, si ie dissimulois ses liberalités en faueur de l'Eglise de Lascar, qui lui est obligée de la disme de Crabosse, possedée maintenant par l'Euesque. Le village d'Abere seruira de preuue, non seulement de sa gratification, mais encore de la iurisdiction qu'il possedoit, & de la iustice qu'il rendoit à ses sujets. Car Sanclup, ou Sanceloup ayant baillé la disposition de ce village, à sa femme Acinelle pour en ordonner à son plaisir, & la Damoiselle s'estant retirée à Lascar pour y passer sa vie en prieres & deuotions, suiuant la coustume de ce siecle, & ayant donné à l'Eglise les choses que son mari lui auoit leguées : Vn Gentilhomme nommé Exgarsia de Nauailles, mit en instance le Chapitre pardeuant le Vicomte Centulle, qui fut obligé par la iustice de la demande d'en dessaisir l'Eglise, & d'adiuger au demandeur la chose contestée, qui la posseda pendant sa vie. Mais estant allé en Espagne, pour faire quelque exploict d'armes contre les infideles, il y tomba malade, & renonçant à son droict, enuoya son *Ordre*, ou testament, *Ordinem*, au Vicomte Centulle, afin que son bon plaisir fust de remettre l'Eglise en possession de ce village. Ce que voulant faire executer, il y eut opposition formée par Fort Amabi, ou Amaluin Seigneur de Miucens, qui pretendoit que ce village lui apartenoit ; De sorte que pour le rendre taisant, & amortir ses pretensions, le Vicomte lui bailla assignation sur les Fermiers de son Domaine, de cent mesures de froment, *Modios*, & tout autant de vin, & rendit Abere à l'Eglise de Lascar quitte & deschargée de toutes demandes, & lui en conserua la possession paisible pendant sa vie.

VIII. Mais ce qui est plus important pour l'auantage de cette Eglise Cathedrale, est la mort du frere de Centulle Gaston, tué par le commandement du Duc de Gascogne ; laquelle semble auoir serui par vne prouidence particuliere de Dieu, à restablir l'honneur de cét Euesché, qui gisoit sous ses ruines depuis la desolation des Normans, & à cimenter s'il faut ainsi parler, les fondemens de cette Eglise, auec le sang de cét illustre personnage. Car i'ai desia obserué au liure troisiesme, qu'vn Gentil-homme appellé Lopoforti, contraint par les menaces de Guillaume Sance, tua de sa main vn Vicomte de Gascogne, qui estoit son Seigneur ; & qu'il lui fut seuerement & iustement reproché par son Euesque, que son crime estoit monstrueux, d'auoir violé sa foi en meurtrissant celui, pour le seruice duquel il auoit consacré sa vie par son serment de fidelité, & que par ordonnance du Pape, il fut condamné pour l'expiation de son forfait, à faire vne penitence publique; qu'il executa prenant l'habit monastique dans les forests de Lascar, où le Duc Guillaume Sance fonda & dota vn monastere, dont le penitent Lopoforti fut le premier Abbé, sous l'Euesque Diocesain. Or ie trouue dans les titres du Chapitre de Lescar, que cét Abbé Lopoforton estoit fils d'vn gentil-homme nommé Fortaner de Serre, qui est vn village à vne lieuë & demi de Pau, & qu'il receut de son Pere en partage, l'Eglise Saint Iulian de Serres, c'est à dire les dismes, oblations, & tous autres reuenus Ecclesiastiques; dont l'Abbé Lopefort fit vn don à l'Eglise Sainte Marie enuiron l'an 984. qui fut confirmé par Garcia Lupus, ou Garsie Loup son fils, en telle sorte que c'est encore auiourd'hui vne des rentes du Chapitre, sous le nom du Prieuré de Serres. D'où s'ensuit, que le Vicomte de Gascogne tué par Lopefort, ne peut estre qu'vn Vicomte de Bearn, qui estoit le Seigneur immediat, & superieur du fief noble de Serres, d'où Loupefort estoit issu: & suiuant la supputation du temps, ce Vicomte ne peut estre autre que le frere de Centulle. Ioint que le payement de l'amende, la composition, & satisfaction du crime qui fut faite dans le Bearn, par le Duc, au profit de l'Euesché de Lascar, insinuë suffisamment, que le delict auoit esté commis dans le diocese; & que les heritiers du meurtri, refusans de receuoir la reparation coustumiere, c'est à dire l'amende, calomnie, ou *colonie*, pour parler auec nos anciens Fors, elle deuoit estre adiugée au Comte de Gascogne, qui estoit le superieur du Vicomte; ou plustost à cause qu'il en estoit lui mesme le debiteur, elle deuoit estre aumosnée à l'Eglise, suiuant les anciennes coustumes de Gascogne, desquelles ie traiterai ailleurs. A quoi le Duc Guillaume Sance satisfit honorablement, par le restablissement de l'Euesché de Lascar, distant d'vne lieuë seulement du village de Serres. Le discours, & la tradition qui est parmi le vulgaire, se peut rapporter à ce meurtre, l'opinion commune ayant encore retenu, que ci-deuant vn Seigneur de Bearn, auoit esté meurtri dans la ville de Morlas, d'où estoit resté le nom à cette ville, comme si l'on disoit *Mort las*. Cette etymologie est bien fausse & ridicule, neantmoins il est certain que pas vn des Seigneurs de Bearn, ni de leurs enfans, n'a esté tué dans Morlas, si ce n'est peut-estre le frere de Centulle, comme i'ai dit, qui faisoit sa residence ordinaire dans cette ville: laquelle ses successeurs ont continuée depuis, pendant deux cens quatre vingts ans. Car pour les Caualiers d'Auuergne, & de Bigorre eleus par les Bearnois, l'vn d'eux fut tué dans le Chasteau de Pau en pleine Cour, & l'autre au bout du pont du Sarainh sur la frontiere de Soule.

I. Charta S. Seueri prolata l. 3 c. 8. S. Gastonis Centulli de Bearno.
Charta Lapurdensis prolata l. 1. c. 8. S. Wastonis Centulli Vicecomitis.
II. Charta S. Vincentij de Luco: Facta est donatio hæc tempore Villelmi Sancij, & Vicecomitis Centulli.
II. Tabulæ fundationis monasterij Regulæ in Bearnio: Est situm in pago Vasconiæ, qui Siluestriensis dicitur, pertinens ad diœcesim Lascurensis Episcopi. Cæpit autem institui temporibus supradicti Comitis Guillelmi Sancij, cum fauore Vicecomitis Centullo Gastonis, & Lupiniacensis Lupi Garsiæ, & principibus Vasconiæ, & vicinis Abbatibus, & militibus, & laïcis, & clericis terræ illius. In quibus temporibus Arsias cognomento Raca Pontifex esse videbatur, & cum illius consilio factum est omnino.
V. Temporibus Bernardi Gasconiorum Comitis Centullus Vetulus Vicecomes Bearnensis, & Oloronensis venit ad hoc monasterium, quod constructum est in honore Domini, & B. Vincentij Leuitæ, & Martyris Dei, & iurauit super altare ipsius, vt ipse, suique successores istius sancti militis, & defensores per secula existerent cuncta. Annuit quoque insuper donum quod Guillelmus Sancius Comes olim dederat, Villam videlicet quæ dicitur Bordellas, cum omnibus appendiciis suis, cuius termini sunt actenus ita notati, à villa quæ vocatur Luc vsque ad riuulum de Ledux terminus eius, & à villa quæ vocatur Berdes, & à Podio vsque ad Osies fluuium, terminus eius. Si quis vero quod absit terram illam, & siluam, vim faciendo vel furando infra prædictos terminos pascat, vel possideat, supradictus Vicecomes Bearnensis, & Oloronensis, S. Vincentij adiutor, & protector, ac defensor cum sua substantia in omnibus perpetualiter foret. Ergo & donum, & libertatem, & pacem larga manu super sanctum altare extensa manu talibus dictis pene firmauit. Ego Centullus Vicecomes Bearnensis & Oloronensis confirmando donum, & libertatem, & pacem monasterij huius, quam Guillelmus Comes, & cæteri

Gafconiæ domini ac principes iurauerunt, super hoc fanctum altare quod conftructum eft in honore Dei & B. Vincentij, quatenus à me & à fucceffibus meis femper teneatur inuiolatum, & iuro, & iurando confirmo. Infuper & ius, & dominium villæ, quæ vocatur Bordellas, cum omni poffeffione fua, quod olim Guillelmus Sancius Comes dederat, mente, & voce fimul, & manu confirmo. Et vt doni iftius, & aliorum. Fgomet *meique Generis fuccessores*, per fecula cuncta fimus defenfores, promitto & iuro. Facto igitur fic Sacramento patris, *Gafto filius eius* eifdem verbis, fimilique modo, vna cum *Nobilioribus terræ iftius Principibus*, fine perpetuo tuenda cuncta iurauit.

VI. Ex eodem Chartario : Vicecomes Centullus Vetulus dedit vnam Eccleham S. Vincentio, in Vico vetulo, nomen illius S. Genumeri de Concis, Et vnum cafalem pro fua anima.

VIII. Chartarium Lafcurrenfe p. 182. & 183. Eccleham S. Iuliani de Serra dedit Fortaner de Serra ad Lupum Fortonem Abbatem filium fuum, & ipfe Lupus Forto Abbas dedit ad S. Mariam, & Gaifia Lupus filius fuus appropriauit eam cum Raimundo filio filij fui, fi canonicus vellet effe, & fi non infidelis difcedat, & honor fit ad S. Mariam.

CHAPITRE V.

Sommaire.

I. Gafton fuccede à fon pere enuiron l'an mil quatre. Il promit auec fon pere la protection de l'Abbaye de Luc. Il donna l'inueftiture d'Affon à l'Abbé de Lefcar, moyennant vne cuiraffe & deux cheuaux. II. Anerloup, & Loupaner Vicomtes d'Oloron. Donation des villages de Berdets, & d'Aos en faueur de ce monaftere. Confentement de l'Abbé pour le mariage d'vne Damoifelle conuerfe. III. Anerloup fils naturel de Centulle Gafton, qui lui auoit baillé en partage le tiltre de Vicomte d'Oloron pendant fa vie. IV. Ancienne nobleffe de Bearn. Donation de Saucede, & de l'Eglife de Poey, & autres liberalités. La Cour des Nobles de la Riuiere de Nauarrenx.

I. Afton fecond du nom, fuiuant le fouhait & la pieté des enfans bien nés, fucceda fort tard à fon pere Centulle le vieux, enuiron l'an mil quatre : ayant perpetué fon nom au moyen de la promeffe qu'il fit conjointement auec fon pere, de la conferuation perpetuelle des biens, & des immunités du monaftere de Luc, en l'Acte qui a efté allegué au chapitre precedent. Il octroya auffi à Garfie Loup fecond Abbé de Lafcar, & fils de l'Abbé Lopefort, l'inueftiture du village d'Affon, que Montofin defirant de faire prier pour fon ame, auoit donné à l'Eglife moyennant trois cens fols, monoye de Tolofe; Et neantmoins le Vicomte receut pour l'hommage, vne cuiraffe, & deux bons cheuaux, & confentit que l'Eglife poffedaft ce fief, à la charge de prier pour fon ame, celles de fon frere, pere, mere & fes autres parens. Or Garfieloup pour auoir moyen de fournir au payement de ce deuoir, vendit à fon neueu Peirot de Bafedecr, la moitié de l'Eglife S. Caftin, que l'Abbé Loupefort auoit donné ci-deuant à la Cathedrale; laquelle moitié le mefme Peirot lui redonna quelques années apres, fe rendant Chanoine, & faifant bailler à fa fille, & à fon gendre vne legere indemnité paiable en cheuaux, iumens, & vaches; & ceux-ci perfuadés par leur propre pere, & par Sance Preuoft de l'Eglife (qui fut vne dignité fubftituée à celle d'Abbé), donnerent enfin l'autre moitié, pour la dot d'vn de leurs enfans, qu'ils firent Chanoine.

II. En ce temps eftoit en vie Anerloup Vicomte d'Oloron, lequel en compagnie de fon fils Loupaner figna auec les autres feigneurs de Gafcogne, la donation du Duc Bernard Guillaume, en faueur du monaftere de Saint Seuer l'an mille neuf. Ce Vicomte Anerloup n'eft pas oublié dans les Chartes de Luc; Car on lit que de son temps, vn Gentil-homme Garcias Donat, frere d'Auriol Donat d'Ogene, s'ofrit à Dieu, & bailla à Saint Vincent sa terre d'Aldeos, auec l'Eglise & ses dependances; & depuis son fils Sance Garcia assigna, & constitua sur sa terre de Castelnau, vne rente perpetuele de douze conques de vin, & douze de froment, au profit du monastere. Son fils Loupaner n'y est non plus obmis. Car il est remarqué, que du temps de ce Vicomte, Garcias Galin fit don à Saint Vincent, du village de Berdets, & de celui d'Aos, & qu'il fit vne ofrande à Dieu de sa personne, auec toutes ses seigneuries, en compagnie de sa femme, de son fils Sance Galin, & de sa fille Benedicte. Celle-ci voulant se marier en la maison de Prexac, obtint le consentement de l'Abbé, & des Moines, & leur donna vne Nasse à Prexac, & *vn Chrestien* nommé Auriol Donat, c'est à dire la maison d'vn *Cagot*, qui est vne condition de personnes, dont i'ai traité au liure premier, où i'ai employé cét acte pour iustifier l'antiquité de cette denomination de Chrestien.

III. On peut fort à propos emouuoir vne difficulté en ce lieu, & demander pour quelle raison on voit à mesme temps, parmi les anciens actes, que Centulle le Vieux se qualifie Vicomte de Bearn & d'Oloron, & que Anerloup prend aussi bien que son fils Loupaner, le tiltre de Vicomte d'Olorõ. A quoi il seroit impossible de satisfaire, sans le secours de l'ancienne Charte de l'Euesché d'Acqs: d'où l'on aprend en paroles expresses, que le Vicomte de Bearn auoit baillé en iouïssance à son fils naturel vne portion du Vicomté d'Oloron, à la charge du retour apres son decés. C'est pourquoi il ne faut pas trouuer estrange, que Centulle Gaston retint les tiltres de Vicomté de Bearn, & d'Oloron, qui lui apartenoient par droit successif de ses Ayeux, & qu'*Anerloup* fils naturel du mesme Centulle, portast cette qualité par la grace que son pere lui en fit. Elle fut aussi communiquée à son fils *Loubaner*; qui a causé de la surprise dans la Charte d'Acqs; où *Loupaner* le Vicomte d'Oloron, est pris pour le fils naturel du seigneur de Bearn, au lieu que c'estoit *Anerloup* son pere. De ceci l'on peut recueillir, que la maison de Bearn estoit fort illustre & puissante dés auant l'an mil, puis que l'on bailloit en partage, à vn fils naturel, le tiltre de Vicomte d'Oloron, auec les reuenus d'vne portion de ce Vicomté.

IV. Ayant esté contraint, pour verifier l'existence de Centulle Gaston, de son fils Gaston, & des Bastards Vicomtes d'Oloron, de produire plusieurs actes de liberalité exercés par les Gentils-hommes de Bearn, ie me persuade que le Lecteur agrera, que ie rapporte ici le sommaire de quelques autres donations confirmées par Centulle le Vieux, afin de reueiller par ce moyen l'ancienne Noblesse de Bearn, enseuelie dans vn profond oubli, depuis six cens ans iusqu'à present. Loup de Castello auec sa femme Auria, son fils Garcia Loup, & sa fille Biuerne, donnerent à Forton Abbé de Luc, en presence de Centulle Vicomte de Bearn & d'Oloron, le village de Saucede, qui estoit de leur ancien patrimoine, & douze maisons au lieu de Ieroncen, sous la reserue d'auoir leur entretenement pendant leur vie dans le Conuent; & à ces fins le pere, & le fils y prindrent l'habit; & la femme & la fille y firent leur residence, par vn excés de deuotion, que les mœurs corrompuës de ce temps, pourroient à grand peine souffrir sans moquerie, & qui estoit neantmoins fort recommandé en vn siecle, où l'on faisoit à l'enui de bien viure.

V. Format de Castello prenant l'habit monastique auec son fils, donna à Saint Vincent de Seubebone (car c'est ainsi que ce monastere est surnommé) la moitié de l'Eglise Saint Pierre de Castello, & receut de l'Abbé Gaston, treize boueaux, & deux bœufs. Apres leur decés Auxilia, & son mari Arnaud seigneurs du lieu, defendirent l'entrée de l'Eglise aux gens du monastere, & les depouillerent par ce moyen de la possession de la moitié, qui auoit esté donnée, iusqu'à ce que l'Abbé Donat assisté de Guillaume Arnaud d'Auitos, de Raimond Donat de Lac, & de Raimond Loup de Berdez, & de plusieurs autres Gentils-hommes, appointa ce different en baillant vingt sols de monoye de Morlas à cette Auxilia, qui fournit deux cautiōs de sa promesse, & de son desistement, qui s'obligerent chacun en cent sols d'amende, en cas qu'elle, ni ses successeurs fissent aucune poursuite de cette moitié, ou empeschassent l'entrée de l'Eglise, comme les seigneurs particuliers des lieux auoient accoustumé de faire, pour la conseruation de leurs droits, ainsi que ie ferai voir en vn autre lieu. Arnaud Raimond d'Auitos donna vn Casal, en son aleu, & encore la disme d'vne maison. Sancius Forto de Morensels, & sa femme Auriola d'Auitos, donnerent l'Eglise Saint Sarurnin, auec le Casal y ioignant, & prindrent l'habit monastique, du temps de l'Abbé Garcias, & du Vicomte Centulle. Sance Garcias de Spinelpuey auec sa femme Auria, & ses enfans, fit donation du lieu de Nogueras, du droit de chasse, & du pasquage du bestail, moyennant la valeur de cent sols de Tolose, en bœufs, vaches, ou pourceaux, & vn beau cheual, baillant pour cautions du contract, Sance Garcias de Pardieres, & Forto *Abbé de Nogueras*, qui est vn Abbé laïcque; d'où l'on peut recueillir que l'introduction des Abbés seculiers dans le Bearn est fort ancienne, dequoi i'ai amplement traité au premier liure. Raimond Sance de Pœy donna l'Eglise de ce lieu, sans y reseruer *le droit d'ordination*, que l'on appelle maintenant patronage, & donna pour caution Guillaume Brasc de Sus. Le lieu de Balirac fut donné par Assius Anerius, & sa femme Auria. Ie mets fin à ce Chapitre par vn acte, qui fait voir l'antiquité de la Cour de Riuiere, que l'on surnomme auiourd'hui de Nauarrenx, laquelle iugeoit les differents des Nobles de son ressort. Bencius de Lamito, & Ainerius son frere auoient donné la moitié de l'Eglise Saint Pierre de Iaçes, Elsius Ainerij, & Fortis Elsij ayans acquiescé à cette donation. Mais Arsias Fortonis deposseda les Moines par violence, dont l'Abbé fit sa plainte aux Gentils-hommes de la Riuiere, qui ordonnerent pour l'indemnité d'Arsias, douze vaches pleines, à la charge de renoncer à ses pretensions. Or ces ordonateurs nommés en l'acte, *Proceres Ripariæ*, estoient Raimond Arnaud d'Aldaus, & Guillaume Arnaud son frere, Garcias de Bererenx, Arnaud Garcias de Bastanes, & Guillaume Garcias de Meritengs.

I. Charta Lucensis prolata cap. superiori.

E Chartario Lascurrensi pag. 183. Ecclesiæ S. Casini medietatem, quam habebat, dedit Luposorto Abbas, ad S. Mariam. Postea Garsia Lupus filius suus vendidit eam ad Petronem de Basedeer nepotem suum, & accepit per eam duos equos fortissimos, & vnam loricam optimam, & dedit ad Vicecomitem Gastonem illos equos, & illam loricam, per villam quæ vocatur Asso, quam dedit Montosinus S. Mariæ propter animam suam per CCC. solidos de nūmis optimis Tolosanis, & venit Vicecomes Gasto, & appropriauit eam ad S. Mariam pro anima fratris sui, & patrem, & matrem, & suam animam, vel parentum suorum, &c.

II. E Chartario Luc. Temporibus Lupi Anerij Vicecomitis Oloronensis, &c. & alibi: In diebus Anerij Lupi Vicecomitis. In eodem Chartario ; per istius priuilegij testificationem præsentibus, & posteris notificamus Acatamenta, seu defunctorum virorum, & mulierum, pro suarum redemptione animarum sua, & alodia quæ in vita defuncti G. abbatis S. Vincentij monasterij de *Silua bona* fuerunt dimissa præfato monasterio, *Vicecomite Centullo G. concedente*, &c. In dicto Chartario: Finem faciendo acceperunt viginti solidos Morlanensis Monetæ ipsa domna Auxilia & vir eius & filij sui, vt amplius *non vetarent hominibus S. Vincentij introitum, & exitum*. In eodem Chartario: His itaque peractis vt proceres Ripariæ viderunt huiusmodi finem inuenerunt, quibus Abbas S. Vincentij cæterique fratres consilio seniorum Ripariæ, duodecim vaccas prægnantes dedissent.

Liure quatriefme. 273

CHAPITRE VI.
Sommaire.

I. II. Centulle Gaston surnommé le Jeune, succede à son pere Gaston Second. III. Sa seigneurie respond au temps du Duc Sance, & de ses successeurs, Odon, & Gui Geofroi. Du temps du Comte Sance & du Vic. Centulle, Morengs, & Lagor furent donnés au monastere de Luc. La possession ayant esté contestée, Centulle iuge le differend. IV. Les Gascons assisterent puissamment le Roi Sance le Grand contre les Sarasins. Et parmi eux Centulle le Jeune. En recompense de ses seruices, le Roi Sance apres auoir conquesté la Gascogne, establit la souueraineté de Bearn, suiuant certains memoires. V. Centulle marié auec Angela qui estoit de la race des Comtes de Gascogne. Il l'afermit en la possession des nouueaux droicts en Bearn, apres le decés de Sance, & Odon derniers Ducs de la race de Mitarra. VI. Nommé Grand Dominateur de terre. Il eut guerre auec Arnaud Vicomte d'Acqs. Trahison de Gasse-Guillem de Salies. Centulle lui donne l'Eglise de Caresse.

I. ON peut remarquer en la suite des noms des Seigneurs de Bearn la mesme alternation, qui se rencontre en ceux des six anciens Rois de Cyrene, dont le predecesseur portoit le nom de Batte, & le successeur d'Eumolpe, chés Diodore Sicilien ; Car les Princes de Bearn ont vne telle entresuite, que le premier Centulle a esté suiui d'vn Gaston, & celui-ci a produit vn Centulle Second, pere d'vn autre Gaston, duquel ie viens de parler; qui fut suiui de Centulle Gaston troisiesme du nom.

II. Or comme son Ayeul auoit esté surnommé le Vieux, on donna à celui-ci pour le distinguer de son predecesseur, la qualité de Centulle le Ieune, comme l'on aprend du Chartulaire de Luc. Il vesquit du temps de Sance Duc de Gascogne, & encore du temps des successeurs de Sance, sçauoir du Comte Berenger, d'Odon Comte de Poictiers, & de Gascogne, & de Gui Geofroi son frere consanguin : de sorte qu'il vid le changement de la maison de Gascogne, & profita de son debris.

III. J'ai deux actes pour iustifier que ce Vicomte respond au temps du Comte Sance, qui s'estend depuis l'an mil dix, iusqu'en l'année mil trente-deux. L'vn est cette Charte notable de la fondation du monastere de S. Pé, où il est fait mention expresse de Centulle Gaston Proconsul, ou Vicomte de Bearn, qui donna à ce Duc la parroisse de Lassun, où est maintenant bastie celle de Saint Pé, en eschange de Meroles, & de Gaslin, ou Garlin, qu'il receut de Sance ; & encore fut establi protecteur, & conseruateur des priuileges & immunités de ce monastere, en toute l'estenduë du Comté des Gascons. De l'autre acte, qui est parmi les papiers de Luc, on aprend que du temps du Comte Sance, & du Vicomte Centulle, ce monastere acquit les lieux de Morengs, & de Lagor. Car Arretere de Gurs, qui possedoit Lagor, prit à mari Fortgassan frere de Guillaume Garsan de Morengs : lequel estant decedé de mort soudaine, sa veufue espousa Anersans d'Atos; qui deceda dans peu de iours, & laissa Arratere en vn second veufage, & tellement incommodée qu'elle n'auoit moyen de s'entretenir. C'est pourquoi elle eut recours à son beau-frere

Guillaume Garſan, lui ceda Lagor pour en diſpoſer à ſa volonté, à la charge d'eſtre nourrie & entretenuë. Celui-ci emeu d'vne pieté aſſés ordinaire en ce ſiecle, vint au monaſtere auec ſa belle-ſœur s'ofrir à Dieu, & à Saint Vincent, lui faiſant vne donation pure entre vifs des terres de Morengs, & de Lagor; c'eſt à dire qu'ils firent leur conuerſion, pour parler le langage des canons, s'habituerent dans le Conuent, & y furent entretenus pendant leur vie. Quelque temps apres Guillaume Forto, neueu d'Anerſans ſecond mari d'Arratete, pretendant quelque droit ſur Lagor, du chef de ſon Oncle, fit ſa demande par deuant le Vicomte Centulle, *qui lui fit iuſtice,* comme il eſt expreſſément remarqué dans l'acte. Neantmoins il continua touſiours ſes plaintes, & enfin tranſiga auec l'Abbé, qui lui permit la ioüiſſance de cette terre pendant ſa vie, & de l'vn de ſes freres, reſeruant au monaſtere les diſmes, la chaſſe, la peſche, & autant d'aleu que ſix bœufs en pourroient labourer.

IV. Il ne faut point douter, que Centulle marchant ſur les pas de ſes Ayeux, n'ait combatu contre les ennemis de la foi dans les Eſpagnes, ſous les auſpices du Roi de Nauarre Sance le Grand; lequel eſtoit ordinairement ſuiui du Comte Sance Guillaume, & fut ſecouru puiſſamment par les Gaſcons, aux grandes conqueſtes qu'il fit heureuſement ſur les Saraſins, comme il eſt expreſſément eſcrit dans la Chronique manuſcrite du Moine Ademar auteur du temps. C'eſt pourquoi ie ne trouue pas entierement hors d'apparence, la relation d'vn hiſtorien de Nauarre eſcrit à la main, qui eſtoit dans le cabinet du Docteur Martin Azpilcueta Nauarrus, qui obſerue, que ce Roi Sance voulant recompenſer les ſignalés ſeruices rendus à ſa Couronne par les Seigneurs de Bearn, leur accorda la Souueraineté de leur terre, & y eſtablit la meſme forme de gouuernement attachée à l'auis des Ricombres, ou Barons, qui eſtoit gardée en la Nauarre. Si c'eſt vn eſtabliſſement ordonné par ce grand Roi, qui fut ſurnommé Empereur à cauſe de la puiſſance de ſes armes, & de l'eſtenduë de ſes conqueſtes, ie ne voi point que de là il puiſſe reüſſir que beaucoup d'honneur, & d'auantage pour les Princes de Bearn; la race de ceux qui receurent la gratification, ayant eſté enfin reünie depuis vn ſiecle, auec la race de ceux qui la donnerent. L'intereſt du Comte Guillaume ſembleroit s'oppoſer à cette nouueauté, dautant qu'il exerçoit vne autorité ſuperieure, ſur la perſonne de Centulle Gaſton, comme i'ai deſia verifié: Mais le ſecours que le Roi Sance auoit donné au Comte, pour reſtablir ſon autorité en Gaſcogne, qu'il auoit perduë par les menées, & les armes des Comtes de Toloſe, & de Carcaſſone, comme d'vn coſté il donnoit vn tiltre legitime à ce Roi de ſe qualifier Regnant, & ſouuerain en Gaſcogne, ainſi que i'ai verifié ci-deſſus, auſſi lui permetoit-il d'exercer cette ſouueraineté, renonçant à celle qu'il auoit acquiſe ſur le Bearn, pour recompenſer les grands ſeruices, que Centulle auoit rendus à l'auancement de la foi, contre les Sarraſins, & au reſtabliſſement de l'autorité du Comte Sance en Gaſcogne.

V. A quoi pouuoit encore contribuer beaucoup, l'alliance qui ſe rencontroit entre ces trois perſonnes, le Roi Sance, le Comte Sance, & le Vicomte Centulle: le Comte Sance du coſté de ſa mere la Ducheſſe Vrraque eſtant couſin du Roi Sance le Grand, & le Vicomte Centulle eſtant allié du Comte Sance, du meſme eſtoc: qui pouuoit en cette conſideration ſupporter plus facilement l'eſtabliſſement de la Souueraineté ou Franc aleu de Bearn. Mais Centulle Gaſton eut des moyens plus puiſſans pour s'y affermir, apres le decés du Comte Sance. Car ce Comte ayant eu pour ſucceſſeur Berenger, & en ſuite Odo Comte de Poictiers fils de ſa ſœur Briſce, qui fut accompagné en la priſe de poſſeſſion de ſon Duché, par noſtre Centulle Vicomte de Bearn, enuiron l'an mil trente-ſix, ſelon l'acte de Saint Seuerin de Bourdeaux; Et ce Duc eſtant mort en l'année mil trente-neuf, au ſiege deuant Mauzé, la succession du Duché de Gascogne, fut disputée auec beaucoup de fermeté par les interessés, laquelle apres plusieurs combats demeura en fin à celui qui sembloit auoir le droit le plus foible, à sçauoir à Gui Geofroi frere consanguin du dernier Duc: à la reserue de la Iurisdiction, & du patrimoine dont les Comtes de Gascogne auoient accoustumé de iouïr dans le Bearn, qui fut au moyen de ces troubles, acquis irreuocablement aux Seigneurs de Bearn.

VI. De là vient que les anciens tiltres de Lascar obseruent, que Centulle fut vn grand seigneur, & *dominateur de terre*, pour vser de leurs termes; De sorte que le Vicomte d'Acqs Arnaud, qui supportoit son accroissement auec cette impatience, que la ialousie du voisinage cause dans les esprits moins reglés, entreprit vne fascheuse guerre contre lui, qui ietta des seméces de discorde entre ces deux maisons: laquelle quoi qu'assoupie & dissimulée pour vn téps, ne put estre terminée finalement qu'auec la ruine, & totale desconfiture de la maison d'Acqs, en la personne de leurs successeurs. Pendant la guerre de Centulle, & du Vicomte Arnaud, vn Gentil-hôme nommé Garcias Guillaume, ou Gasse Guillem de Salies, qui residoit ordinairement à la Cour & suite du Vicomte d'Acqs, se presenta à Centulle, & lui offrit de lui remettre son seigneur le Vicomte, prisonnier entre ses mains, ou de s'en defaire, moyennant qu'il voulust le gratifier des dismes & reuenus de l'Eglise de Carresse, qui estoit possedée par l'Abbé, & les Moines de Lascar, en vertu de la donation à eux faite par le Duc Guillaume Sance. Centulle ne voulant point mespriser la commodité qui se presentoit de se rendre maistre de son ennemi, vint à Lascar, & pressa l'Abbé Garcia Loup, fils & successeur du premier Abbé Lopefort, de lui ceder cette Eglise de Carresse, en eschange de cinq Eglises, qu'il lui deliureroit dans sa terre de Bearn. Il parloit en cette sorte, dautant que Carresse, non plus que Salies, & les autres paroisses, qui dependent de l'Officialité d'Acqs seante à Ortés, n'estoient pas encor incorporées à la seigneurie de Bearn. L'Abbé & les Moines alleguans la religion de leur serment, lui refuserent sa demande. Mais Centulle mesprisant leur discourtoisie, ou fermeté, se saisit de Carresse, & en bailla la possession à Garcia Guillaume de Salies; sans que depuis ce temps, le Comte, quoi qu'il en fust requis, se souciast d'acomplir ses promesses. Si l'Escriuain de la Charte eust eu quelque interest à descrire le succés de cette guerre, il n'eust pas oublié d'en faire part à la posterité, les bonnes gens de ce siecle ayans cette loüable coustume d'oublier les affaires du monde, horsmis lors qu'il s'y agit des interests de leur maison. Neantmoins ie presume que Centulle eut de l'auantage sur sa partie, dautant que l'Escriuain ne lui reproche pas quelque funeste accident, le prenant pour vn chastiement de ce sacrilege, quoi qu'il se venge de cette action auec des paroles bien aigres, & qu'il n'oublie pas de dire que long-temps apres Centulle fut blessé, & tué, Dieu merci, dit-il; ce qui pourtant n'arriua pas à l'occasion de cette guerre, ainsi que ie montrerai en vn autre lieu.

II. E Chartario Lucensi: Vicecomes Centullus Iuuenis hæc audiens reddidit illam Ecclesiam de Concis S. Vincentio ob redemptionem suæ animæ, tamen inde accepit Vicecomes ipse vnum mulum de mille solidis, & duos equos de mille solidatis.

III. Charta S. Petri Gen. prolata l. 3. c. 15. Chartarium Luc: In vita Comitis Sancij, & Vicecomitis Centulli.

IV. Ademarus in Chronico: Historia ms. è scrinio Doctoris Martini Nauarri.

V. Centullus Gastonis Vicecomes iniurias reparare nolebat fidens affinitati Ducis Sancij propter nuptias Angelæ.

VI. Chartarium Lascurense: Post transitum Comitis, & Comitissæ fuit defunctus Abbas Lopefort, remansit honor filij eius Gassia Lupi. In illis temporibus surrexit Centullus Vicecomes. Ipse fuit *magnus Dominator terræ*. Et in illis diebus surrexit alius Vicecomes Aquensis, qui vocatur Arnaldus. Venit ira, & superbia, & magna altercatio inter vtrosque Vicecomites. Infra: Non bene fecit ille Comes. Infra: Centullus, Ecclesias non dedit ad monasterium nec promissiones attendit.

CHAPITRE VII.
Sommaire.

I. Apres le decés d'Odon, Gui Geofroi son frere consanguin pretend la succession de Gascogne, suiuant le droit Romain; Les parens de Brisce mere d'Odon s'y opposent, suiuant la Coustume de Gascogne. II. Centulle marié auec Angela parente d'Odon. Bernard Tumapaler Comte d'Armaignac plus proche. Centulle le reconnoist pour Comte de Gascogne. III. IV. V. Il se maintint assés long-temps en la possession de la Gascogne du costé de deçà, auec l'appui de Centulle, & du Vicomte d'Acqs. Desire prendre l'habit monastique, pretend le monastere de Saint Mont, sur Austindus Archeuesque d'Aux. Austindus achete Noguarol du consentement du Comte, moyennant l'alienation de Saint Mont. VI. Gui Geofroi vainquit en bataille ses ennemis prés du monastere Saint Jean de la Castelle. VII. Examen du date du Chartulaire de Saint Seuer. VIII. Bernard se fit Moine.

I. Don Comte de Poictiers & de Gascogne, fils de Guillaume IV. Comte de Poictiers, & de Brisce de Gascogne sa femme, estant decedé sans lignée, Gui Geofroi son frere consanguin, comme estant fils des premieres nopces du Comte Guillaume, recueillit la succession de Gascogne; qui lui fut contestée par les parens de la Comtesse Brisce. Ils soustenoient que suiuant la coustume de Gascogne, qui fait fourcher les successions, & rend les biens paternels & maternels chascun à sa souche, ils deuoient exclure le Comte Gui de la succession, qui dependoit de la ligne maternele du Comte Odon, & non pas de la ligne de son pere. A quoi le Comte Gui opposoit, que le païs de Gascogne se gouuernoit par les loix du Code Theodosien; qui auoit esté publié en la ville d'Ayre l'an 506. par autorité d'Alaric Roi des Vuisigoths, pour seruir de loi aux peuples d'Aquitaine & de la Nouempopulanie: auquel droit ils auoient esté maintenus par les Capitulaires de Charlemagne, & de Charles le Chauue, sans qu'il y eust eu aucun changement en l'vsage de ces loix, pour le moins au fait des contracts & des successions, quoi que peut-estre il en fust arriué aux choses qui regardent le droit public, & la police. Or par les loix Romaines inserées dans ce Code, la succession du frere estoit deferée au frere consanguin, à l'exclusion de tous les autres parens, qui estoient en ligne collateralle plus éloignée: de sorte que Gui pretendoit toute la succession de ce Duché: sans mettre en consideration les exceptions de ses parties, qui estoient fort proches du Comte Odon, & auoient l'auantage que leur parenté prouenoit du costé de Brisce, & de la famille Ducale, les biens de laquelle deuoient estre partagés suiuant les Coustumes du païs, touchant la succession des grands fiefs, qui ne deuoient estre sujets à la disposition du droit Romain, puis que l'establissement de ces fiefs n'estoit pas connu aux auteurs des Loix Romaines.

II. Bernard surnommé *Tumapaler*, ou Tumapailler, Comte d'Armaignac, & Centulle Gaston Vicomte de Bearn, disputerent ouuertement la succession au Comte Gui Geofroi. Centulle estoit fondé en ses pretensions du costé de sa femme Angela

Angela, sans que i'aye pû recouurer des instructions suffisantes pour establir son droit. Le Comte Bernard Tumapaler auoit vn droit plus clair, & plus éuident, puis que l'on trouue que Centulle le reconnoist pour Comte de Gascogne, & qu'il se contente pour le partage de sa femme, de posseder l'autorité, & la iurisdiction Comtale entiere & absoluë sur tout le Bearn : y ayant beaucoup d'apparence que le secours de Centulle, & l'affinité qui estoit entre lui & le Comte Bernard, à cause du mariage de Gaston fils de Centulle auec Adelais sœur de Bernard, ait beaucoup contribué pour lui acquerir cette autorité Comtale sur le Bearn.

III. Si cette histoire eust rencontré des escriuains, qui eussent pris le soin de nous en faire part, ie ne serois pas en peine de la rechercher parmi les menus fragmens, qui se trouuent dans les tiltres des anciennes Eglises ; & pourrois expliquer plus distinctement le succés des armes de toutes les parties, qui balancerent assés long-temps ; le Comte Bernard s'estant maintenu auec le secours de Centulle Gaston, dans la possession de la Gascogne du costé de deçà ; le Bourdelois, Agenois, & les Prouinces voisines estans demeurées sous la puissance du Comte de Poictiers.

IV. La preuue que i'ai des pretensions du Comte Tumapaler, & de sa possession, se recueille aisément de la qualité qui lui est baillée de Comte de Gascogne dans vn acte du Chartulaire de Lascar, qui fait foi que Bernard Tumapaler, qualifié Comte de Gascogne, donna le Casal de Salies lors que l'Eglise Cathedrale de Saincte Marie de Lascar fut consacrée, & que Garsie Arnauld Vicomte d'Acqs fils du Vicomte Arnaud qui auoit esté ennemi de Centulle, & Od-Guillem Vicaire, où Beguier de Salies cederent au profit de cette Eglise, les rentes qui leur appartenoient. Au reste le Comte, pour mieux ioindre ses affections auec Centulle Gaston, lui bailla sa sœur Adelais en mariage pour son fils Gaston, afin que leurs interests fussent les interests d'vne seule maison ; Et par ce moyen, ayans vni leurs forces, ils conseruerent assés long-temps la partie de deçà entre les mains du Comte Bernard.

V. A la verité ie n'ai pas beaucoup d'instructions en main, touchant ce Comte Neantmoins pour ne le laisser pas du tout inconnu, & principalement pour remarquer le temps de son gouuernement, il ne sera pas hors de propos d'obseruer qu'en l'année mille soixante & vn, estant rudement attaint d'vne maladie, & desireux de guerir, il fit resolution de prendre l'habit monastique, s'il pouuoit estre remis en santé ; mais se rencontrant que la discipline reguliere estoit entierement relaschée dans la Gascogne & n'y respiroit que par la diligence que Hugues Abbé de Cluni apportoit à la restablir, il desseigna la reformation d'vn monastere communement appellé de Sainct Mont, situé dans le Comté d'Armagnac, possedé par quelques Moines debauchés, qu'il se proposa de renger sous l'obeïssance de la regle de Sainct Benoist. Ce qui ne pouuoit estre executé, sans le consentement d'Austindus Archeuesque d'Aux, natif de la ville de Bourdeaux, à qui ce lieu de Sainct Mont apartenoit en proprieté, comme estant vn membre de la chambre, ou Mense de l'Archeuesque ; en telle sorte que les Metropolitains du siege d'Aux auoient accoustumé de tout temps, d'y tenir leurs assemblées, soit des Euesques Prouinciaux, soit de leur Clergé, ou du peuple. C'est pourquoi le Comte Bernard, qui en fit la demande à l'Archeuesque Austindus, fut refusé ; & neantmoins nonobstant ce refus, introduisit des Moines de Clugni dans ce monastere, au grand regret de l'Archeuesque, qui ne pût opposer à la puissance du Comte Bernard, que la plainte qu'il mit par escrit, pour seruir à ses successeurs, ainsi que de raison. Cependant Austindus acheta la terre de Nugarol, qui releuoit en hommage du Comte, pour quarante sols de la monoye courante, qu'il promit de deliurer à Guillaume Raimond de Nugarol vendeur, assembla les materiaux, & ietta les fondemens d'vne Eglise, & d'vn bourg, qu'il vouloit bastir en ce lieu. Bernard prenant cette occasion, pria tres instamment l'Archeuesque de lui ceder le lieu de S. Mont, autrement appellé le monastere de S. Iean, & de lui accorder en sa consideration, le reuenu des quarts des dismes d'onze Eglises, lesquelles auec leurs villages estoient nommées les maisons ou Cours Comtales, sous l'ofre qu'il lui faisoit d'autoriser de parole, & par escrit, l'achat qu'il auoit fait du lieu de Nogarol, & d'y faire consentir Guillaume fils du vendeur, qui n'auoit eu aucun droit de l'aliener. Ils s'accorderét sous ces conditiós ; l'Archeuesque se desistant de la possessió du monastere, & le Comte tant pour soi, que pour les siens lui donnant l'inuestiture de Noguarol, & renonceant à tous droits de Fief, & de Iustice sur ce lieu. Ces choses ainsi trásigées, Austindus & Bernard assemblerent les Euesques, Abbés, Comtes & Vicomtes de la Nouempopulanie, pour dedier l'Eglise Collegiale de Saint Nicolas de Noguarol en leur presence; & derechef le Comte Bernard Tumapaler, & sa femme Eumengardis, & leurs enfans Gerauld & Arnaud confirmerent apres serment, le delaissement & la cession de tous leurs droicts, rentes, & deuoirs sur ce lieu ; à la charge qu'en cas de contreuention, le lieu de Sainct Mont, & ses dependances retourneroient à l'Archeuesque d'Aux. Cela fut fait, l'an 1062. Indiction XV. sous le Pape Nicolas Second, & l'année seconde du Roi de France Philippe Premier, comme porte la Charte. Mais il faut corriger le chifre, par le characterisme du Pape, & du Roi, & lire, l'an 1061. Indiction XIV. Car le Pape Nicolas Second fut éleu en la ville de Florence, au mois de Ianuier l'an 1059. Indiction XII. & mourut au mois de Iuillet de l'an 1061. Indiction XIV. Cette année tombe sur le commencement de la seconde du Regne du Roi Philippe Premier, qui auoit esté consacré à Reims l'année M. LIX. du consentement de son Pere le Roi Henri, qui mourut en l'an M. LX. & par consequent l'an M. LXI. estoit le second de Philippe son fils.

VI. Ceste Charte est considerable, en ce qu'elle nous aprend que le Comte Bernard Tumapaler se maintenoit en cette année M. LXI. en la possession du Comté de Gascogne, dont il s'estoit rendu maistre incontinent apres le decés du Comte Odon dernier Duc de Gascogne, qui fut tué deuant Mauzé l'an M. XXXIX. Pour cét effect il faut peser ces termes de l'Accord du Comte & de l'Archeuesque ; *Les Euesques, Abbés, Consuls, Proconsuls, & vne multitude infinie de Peuple de tous sexes, de toute la Nouempopulanie, s'assemblerent en ce lieu, portans des reliques des Saints Lupere, Mames, Clair, & Austregisile Archeuesque de Bourges.* Car les Comtes, & Vicomtes de toute la Nouempopulanie ou Gascogne ne se fussent pas assemblez auec tant de facilité, pour la Dedicace d'vne Eglise, si la consideration de la dignité de Bernard Tumapaler ne les y eust obligez. Quoy que ie sois assez instruit, que les consecrations des Eglises se faisoient anciennement auec beaucoup d'éclat, & auec vne grande assemblée d'Euesques; comme l'on peut voir dans Eusebe sur le sujet de l'Eglise de Tyr; & au commencement du second Concile d'Orange, qui fut assemblé à la priere du Patrice Liberius Prefect du Pretoire des Gaules, l'an 529. Ce Prefectoriat doit estre entendu de ceste partie des Gaules, qui estoit possedée par les Rois des Goths, qui comprennent la Prouence, le Dauphiné, & vne portion du païs des Suisses. Ces assemblees estoient si fournies, en consideration des Reliques que l'on portoit auec respect de diuers endroits, pour estre enchassees dans les Autels, selon qu'il est prescrit par les Canons des Conciles d'Afrique. Cela pourtant n'empescha pas que les Euesques & seigneurs de la Nouempopulanie ne s'y rendissent, en consideration du Comte Bernard qui les y auoit appelez, comme le Patrice Liberius à la dedicace de la Basilique d'Orenge: & voulut en outre qu'ils fussent presents à la confirmation des immunités qu'il accorda à ce lieu ; dont la ville de Nogarol, iouït encor auiourd'hui,

Liure quatriesme. 279

payant aucucun cens, lots ni ventes au Roy, non plus que ci deuant aux Comtes d'Armagnac ses predecesseurs. Mais on peut vrai-semblablement passer plus outre, & proroger le temps de l'administration du Comte Bernard, iusqu'à l'année mille soixante & dix; lors que le Comte Gui Geofroi de Poictiers, le vainquit en bataille rangée, pres du monastere de la Castelle situé au Vicomté de Tursan, sur la riuiere de Ladour, & demeura maistre & paisible posseseur de tout le Duché de Gascogne, qui fut dés lors ioint par entier, & vni inseparablement au Duché d'Aquitaine: Ce que ie n'asseure pas absoluëment, se pouuant faire que cette bataille ne fut pas gagnée sur Bernard Tumapailler, mais sur quelques factieux de la Prouince. Si la fureur des armes du Comte de Montgomeri qui embrasa l'Abbaye de S. Iean de la Castelle, ne nous eust raui les tiltres de ce Conuent, nous aurions des témoignages plus exprés de la victoire des Poicteuins; ensemble du changement arriué en ce monastere, qui estoit en cette année sous l'ordre de Saint Benoist, & est maintenant vn membre de Premonstré. Neantmoins le Chartulaire de Saint Seuer a conserué la memoire de ce combat, disant que *le Comte Geofroi Duc de toute l'Aquitaine, & de la Gascogne confirma les donations de Guillaume Sance, & de Bernard Guillaume, estant au monastere de la Castelle, où ce Duc triomphoit, ayant remporté sur les ennemis vne victoire remarquable, regnant Philippe Roi de France, & Alexandre tenant le Papat à Rome l'an 1073. aux Nones de May, la Lune 21. Epacte 6. Indiction 8. Ferie 4.*

VII. Ce date est fort corrompu, & neantmoins il est necessaire pour consigner le temps d'vne action si notable, que l'entiere & paisible conqueste de la Gascogne, & l'execution de la confusion de cette illustre maison auec celle de Guienne. Il faut donc l'examiner auec quelque soin, par tous ses characteres. Les circonstances plus eminentes & moins fautiues; comme n'estans sujettes à l'erreur du chiffre, sont les noms du Roi Philippe, & du Pape Alexandre Second. Or ce Pape mourut l'an M. LXXIII. l'onziesme des Kalendes de May, chés Marianus Scotus. Par consequent il n'estoit pas en vie le iour des Nones, ou bien le septiesme de May. Voire mesme le Pontificat n'estoit pas vacant, ayant esté rempli de la personne du Pape Gregoire VII. le lendemain du decés du Pape Alexandre, comme il appert par l'acte de son Election. Estant donc interuenu vn erreur si notoire en ce date 1073. qui ne peut estre veritable ni pour le Pape, ni pour l'Epacte, ni pour l'Indiction, ni pour le iour de la Lune au septiesme de May, il faut sçauoir en quel temps ce grand changement peut estre arriué, conferant les characterismes entr'eux. Ce qui se doit faire dans l'interualle, qui est depuis l'an 1061. que fut éleu le Pape Alexandre II. iusqu'au mois de Mars 1073. qu'il mourut. Aussi le regne du Roi Philippe auoit commencé dés l'année 1060. Or faisant l'espreuue de cette Epoque par toutes ces treize années, suiuant la methode des Computistes, il se trouue qu'elle est vicieuse en toutes ses parties, conferées l'vne à l'autre. Ce qui se verifie en considerant premierement en blot, qu'en aucune de ces années, il n'y a point de rencontre de la sixiesme Epacte auec l'Indiction huictiesme, & la Lunaison d'Auril au dix & septiesme du mois. Secondement en examinant chacun de ces characterismes à part: comme celui de l'aage de la Lune qui estoit le XXI. au VII. de May, & partant la nouuelle Lune estoit au XVII. d'Auril. Or pendant tout ce temps, il n'y a point de nouuelle Lune, qui tombe au XVII. d'Auril que celle de l'année M. LXVII. Et pour lors l'Epacte n'estoit point VI. mais XII. & l'indiction V. & non pas VIII. Pour l'Epacte, il ne s'en trouue aucune, qui soit marquée de six, en tout l'interualle de ces treize années. Quand à l'Indiction huictiesme, elle respond seulement à l'an mille soixante-dix. De sorte qu'il reste d'examiner les autres characteres de cet-

Aa ij

te date, où par Indiction ou par la nouuelle Lune. Si nous voulons conseruer l'aage de la Lune, nous choquons ouuertement l'Indiction, qui est aussi asseurée & certaine; & d'ailleurs nous nous esloignons des traces de l'ancienne leçon, qui est celleci : *Anno* 1073. *Nonas Maij*, n'y ayant aucun rapport entre ces lettres ou chiffres 1073. & 1067. soit qu'elles soient escrites en characteres Saraceniques comme les precedentes, ou bien en characteres latins, comme celles-ci M. LXXIII. M. LXVII. Au lieu que si nous suiuons le date de l'Indiction huictiesme, nous pouuons restituer la vraye leçon, en suiuant les traces de l'escriture. Car l'Indiction VIII. se rencontrant en l'année M. LXX. on peut asseurer qu'il faut lire *Anno* M. LXX. III. *Nonas Maij*. *Luna* XXII. Cette correction est dautant plus recceuable, qu'elle conserue l'aage de la Lune à plus prés, dautant qu'en cette année M. LXX. la nouuelle Lune d'Auril fut le XIV. du mois, & par consequent le XXI. de la Lune tombe au quatriesme de May. La difference est seulement d'vn iour, puis que le troisiesme des Nones de May est le cinquiesme du mois, qui est vne erreur facile à glisser, & à reparer en lisant, *Luna* XXII. au lieu, de XXI. Pour mieux asseurer cette correction, il faut faire vne reflexion sur la circonstance de la Ferie, qui est marquée *Feria quarta*. Or la lettre Dominicale de l'année M. LXX. estant iustement la lettre C. il s'ensuit que le cinquiesme de May estoit la quatriesme Ferie, suiuant la methode du Compot. De sorte que par ce moyen la correction est tres-asseurée, *Anno* M. LXX. III. *Nonas Maij*. *Luna* XXII. *Epacta* XV. *Indictione* VIII. *Feria* IV.

VIII. Le Comte Bernard Tumapaler deffait & rompu en ce combat, estant sans doute en liberté par le decés de sa femme Ermengardis, prit l'habit de Moine, suiuant le desir qu'il auoit tesmoigné en auoir dés l'année M. LXI. De fait il paroistra en cette condition signant l'acte de la Fondation que fit son neueu Centulle Vicomte de Bearn, du Prieuré de Saincte Foi de Morlas.

IV. Chartarium Lascutrense : Casal de Salies dedit B. Tumapaler Comes Gasconiæ, & Vicecomes Aquensis Garsie Arnald, & Od Guilem Vicarius de Salies, vnusquisque suum censum quod habebat relinquens in consecratione Beatæ Mariæ, propter illorum animas.

VI. Chartarium S. Seueri : Guillermi Sancij, & Bernardi Guillelmi donationes, Gaufredus Dux & Comes Pictauiensis, totius Equitaniæ, & Gasconiæ confirmauit, regnante Francorum rege Philippo, & Alexandro vigente in Papatu Romæ. Anno 1073. Nonas Maij, Luna 21. Epacta 6. Indictione 8. Feria quarta. in monasterio Castellæ, in quo præfatus Dux innumerabili exercituum potitus copia, triumphabat super inimicis insigni victoria.

V. E Chartario Ausciensi : In nomine Domini nostri Iesu Christi, Nouerit tam præsentis quam futuri æui ætas, quod ego Austindus Burdigalensis vrbis indigena, Nouempopulaniæ Prouinciæ Metropolita, emi, acquisiui construxi atque ædificaui locum qui dicitur Nuguatol magno labore, ingenti quo potui vigore, ad honorem & memoriam B. Mariæ semper virginis, sicut in subsequenti narrabitur. Bernardus Comes cognomento Tumapaler, tactus manu diuina, reum se esse cognoscens, ægrum se sentiens, curari nitens, liberari laborans monasticum schema assumere voluit. Sed tunc temporis monachalis religio penitus infra Vasconiam ceciderat, donec omnium prouisore Deo disponente, doctrina & institutione Cluniacensis Abbatis de nomine dicti Hugonis, quodámodo recalescere atq; reuiuiscere cœpit. Locus quidam infra Armaniacésem Comitatum habebatur, qui ab incolis terræ illius vulgariter, Sanctus Mons dicebatur, erantque Monachi vel potius cucullati seculariter seculum possidentes, non iuxta Apostoli vocem qua dicitur, tanquam nihil habentes & omnia possidentes, Imo propositi sui falsificatores, quos ad normam atque regulam B. Benedicti idem Bernardus reducere volens humilitatem nostram expetiit, suumque nobis patefaciens animum monachum se fieri velle professus; Ego de repente spiritum loquentis præsentiscens ex industria dissimulare cœpi; Ea scilicet de caussa, Quia suprascriptus locus, Sanctus Mons, quamuis in Alodio & dominatu dicti Comitis foret, tamen *Camera* Auciensis Archiepis. Ecclesiastico iure semper erat. Ita quod *Conuentus illic Episcopales, vel Clericales, siue populares* à meis prædecessoribus semper ibi celebrari consueuerant. Denique à pusillitate nostra licentia sibi derogata, ac pro posse renitente, monachos clam venire parat, eosque inuasores loci nostri, & in potentia sui faciens habitare compellit. At ego Austindus ægre ferens, sed non præualens, tacui quidem in tempore, meis successoribus facti seriem, & clamandi, querendi, & conquerendi vocem relinquens. Dehinc grauari me sciens atq; clamans, cum quodam procerum terræ nomine Guillermo Raimundi, consilio habito, terram ipsius Alodii ab eo emi, datis sibi XL. solidis monetæ, quæ runc ac illico discurrebat. Post hæc Bernardus Comes, vt solet fieri in talibus, & *vt mos est regionis* illius fundi empti auctorem à me expetere cœpit, qué præsto habens sibi obstuli, qui nihil habens quod diceret, tacuit. Fundamenta demum iaciens Ecclesiæ construendæ, villæ ædificandæ pagerarum composui. Videns vero *Consul* iam dictus, me ita insistere labori atque operam dare, & per se suosque rogare instantius cœpit, quod Sancti Ioannis monasterio discederem, nec episcopales conuentus inibi vlterius facerem. Et vt insuper sui amore, Quartas Ecclesiarum Vndecim, quarum nomina infra annotata habentur, sibi darem, Quæ videlicet Ecclesiæ vna cum villis *Curtes Consulares* vocabantur. Et in eo tempore monasterium illud nihil *honoris* habere videbatur in toto *Armaniaco*, nisi tantum duas partes Ecclesiæ, quæ dicitur Arrigada. Satisfeci ergo sibi Principi, & secundum quod postulauerat, ad meum placitum quartas illas dimisi, tali pacto, vt per se ipsum manu ac voce auctor fieret, terram à me emptam eiicio & Guilelmi, filio Guilielmi Ramundi qui pater existens suprascriptam terram mihi vendiderat, quod facere minime potuit. Postea vero insistentes monachi Armaniacenses, scilicet Prior & cœteri, atque propter inquietudinem quam illis inferebam discedere volentes, coactus Comes, ante præsentiam nostram veniens *Guerptionem fecit* tam pro se, quam pro filio suo, & filio filij sui, atque omni genere ex eis, vsque in finem processuram; Ne vmquam *clam*, nec *Saied*, nec Iustitiam, nec Consuetudinem aliquam, in omni Nugarolensi villa facere præsumant. His ita peractis Duce Christo, conuentu Episcoporum adunato libuit animo dedicare Ecclesiam Deo, eiusque Apostolo sanctoque confessori Nicolao. Conuenerunt itaque *ex omni Nouempopulania Prouincia* Episcopi, Abbates, *Consules, Proconsules*, ceterique domini fideles, atque vtriusque sexus infinita multitudo, deferentes Sanctorum busta martyrum Lupercij, Mametis, Clari, & Bituricensis Archiepisc. Austigisilij, & celebrauerunt dedicationem Ecclesiæ; Anno Incarnationis dominicæ millesimo sexagesimo secundo. Indictione xv. Præsidente in Romana sede Nicolao Papa. Gubernacula Regni Francorum tenente Philippo, Anno secundo Regni eius. Bernardus quoque Comes Tumapaler; & vxor sua Eumengardis, & filius eorum Geraldus, cum Arnaldo fratre suo, ante altare S. Nicolai, in conspectu totius Sancti Conuentus, & ibi sub Iurisiurandi attestatione reconfirmauerunt Guerptionem suprascriptam, ne vllo vmquam tempore centum, vel consuetudinem aliquam, ab habitatoribus loci illius expectent, Cluniacensis Abbas vel Monachi sui: quod si fecerint, statim Ausciensis Archiep. illud quoque volens nolensquod de loco Sancti Montis dimiserat antecessor eius, recuperet. Hæc omnia Ego Austindus Ausciorum Archiepiscopus successoribus meis mandare curaui, quo pectoribus eorum tenaci memoria semper habeantur. Nomina vero Ecclesiarum, quarum videlicet Quartas conuentione suprascripta Monachis S. Montis dimiseram hæc sunt, Marguet, Castaied, Arblade, Alormes, Sarrameiam, Lartiga, Bozon, Fustaroal, Fauaroles, Balambits, Ariscle.

CHAPITRE VIII.

Sommaire.

I. Centulle Gaston decedé auant que Gui Geofroi Comte de Poictiers fust paisible possesseur de Gascogne. Le Concile Prouincial excommunie les vsurpateurs des biens Ecclesiastiques. L'Euesque Raimond de Lascar plaide l'Eglise de Carresse par deuant le Vicomte d'Acqs, delegué par le Comte Gui. Duel ordonné. II. Renouuelement de procés sur la mesme Eglise auec Bernard Euesque de Lascar. Jugé par la Cour de Gascogne par vn Duel. III. Cette Cour iugea aussi les pretensions du Comte sur la mesme Eglise. IV. Centulle Gaston tué par ceux de Soule. Salamace Vicomte de Soule s'enfuit en Lauedan, auec la faueur d'Estienne Euesque d'Oloron. Reunion de la Soule à l'Euesché d'Oloron. Guillem Fort fils de Salamace Vicomte de Soule.

I. Entulle Gaston estoit decedé auant cette derniere bataille, comme il se peut iustifier des tiltres de Lascar; lesquels continuans la narration de l'inuasion de la disme de Carresse faite par Cétulle au profit de Gasse Guillem de Salies, adioustent que Centulle fut tué, & en suite que ce trompeur de Salies perdit la veuë en punition de son insolence, qu'il s'en vint à l'Eglise de Saincte Marie, & resida long-temps en sa Cour, & par ses prieres & la promesse qu'il fit sur l'autel de rendre Carresse, recouura la santé de ses yeux. Mais estant de retour à sa maison, il se saisit de ces rentes par vne nouuelle violence ; de sorte qu'il fut excommunié par l'Archeuesque, & les Euesques de la Prouince, & mourut frapé de la lepre, appellée communément *Piccote*, dit l'original, & laissa par testament cette Eglise à sa femme, & à ses enfans. La Charte adiouste, qu'apres toutes ces choses, c'est à dire apres le decés de Centulle, & les nouuelles inuasions, Gui Comte de Poictiers posseda la Gascogne, & vint en ces quartiers : auquel Raimond Euesque de Lascar accompagné de Sance le Preuost de l'Eglise, fit sa plainte touchant Carresse, & lui fit present d'vn cheual. Le Comte obligea la veufue, & les enfans d'ester à droict, & de bailler pour cautions iudiciaires Bergoguasi de Adita, & Arremonaner de Larbal, & ordonna Commissaire Gassiarnaud Vicomte d'Acqs, pour tenir les plaids au nom du Comte. Les parties s'estans presentées, sçauoir l'Euesque Raimond, & Sance le Preuost d'vne part, la veufue & ses enfans d'autre, la plaidoirie dura plusieurs seances : Mais en fin il fut arresté, de terminer le different par vn Duel, auec deux champions qui estoient Aremon Arnaud de Sadirac, & Karlariot de Beregus. Les parties estans deuant l'autel de S. Vincent de Salies, en presence du Vicomte d'Acqs, pour faire les sermens, les prieres, & les autres ceremonies qui auoient accoustumé de preceder le combat, transigerent de cette affaire ; la veufue & les enfans delaissans auec serment sur le Messel, la possession de l'Eglise, sous la reserue de l'vsufruit de la disme pendant leur vie : dont ils ne ioüirent pas longuement, dautant que la veufue mourut deux mois apres, & les freres consanguins s'entretuerent.

II. Apres le decés de l'Euesque Raimond, Gregoire Abbé de Saint Seuer son successeur en l'Euesché receut plainte de deux nouuaux pretendans, ausquels sans l'auis du Preuost de l'Eglise, il bailla cautions de respondre à leur demande. Pendant son absence en Espagne, où il seiourna trois mois (sans doute pour combatre auec ses troupes contre les infideles) ces demandeurs firent diuerses saisies sur les cautions, qui furent contraints de les contenter. Gregoire estant decedé, l'Euesque Bernard lui succeda ; lequel se presenta par deuant Gui Comte de Gascogne, se plaignant du trouble, qui lui estoit fait en l'Eglise de Carresse. Le Comte ordonna aux parties de comparoistre par deuant lui, pour receuoir iustice sur les choses contestées, & remit toute la iurisdiction & connoissance aux Seigneurs de sa Cour de Gascogne ; qui ordonnerent le Duel en presence du Comte. L'Euesque Bernard se presenta auec son Champion, mais ses aduersaires n'eurent point l'asseurance de comparoistre, ni au iugement, ni au combat.

II. Cependant sur les auis qui furent donnés au Comte par quelques flateurs, qu'il auoit droit de retirer à soi cette Eglise contestée, comme ayant esté donnée nullement par ses predecesseurs Comtes de Gascogne, il renuoya à sa Cour le iugement de cette pretention ; laquelle estima qu'il estoit plus à propos de confirmer ce Bienfait, que de le metre en dispute. Il acquiesça donc à ce conseil, fit rendre l'Eglise à l'Euesque, & la lui confirma, faisant bailler par les vaincus des asseurances les plus grandes qu'il se put. Car Arremond-Arnaud Vicomte d'Acqs, & Arnaud Garcias de Mixe furent leurs cautions, ensemble Sales, Marmont, & Canalia ; & les defendeurs payerent au Comte de Gascogne l'amende, où les droits du Duel ; que l'acte nomme *Damnum*. Ceci se passa en presence de Gassiamatra Vicomte, Anerloup *d'Andongns*, & Arnaud Guillem de Lod, Esarnald de *Denguij*, & de plusieurs autres.

IV. De ce discours il apert que Centulle estoit decedé, assés long-temps auparauant que Gui fut maistre absolu, & possesseur paisible de Gascogne : mesmes cette Charte de Lascar insinuë assés, que sa mort fut violente. Dequoi on peut estre pleinement instruit, par le discours qui se recueille d'vne vieille Charte d'Acqs ; où il est representé, que certains habitans de Soule, eurent la hardiesse d'entreprendre proditoirement sur sa personne: & que les Bearnois esmeus de l'atrocité de ce crime, & respirans la vengeance du sang de leur Seigneur, accuserent de cette trahison le Vicomte de Soule, nommé *Salamace*; qui fut saisi d'vn grand effroi, voyant l'appareil de guerre, & les troupes qui se leuoient sur sa frontiere pour l'attaquer, n'osant se promettre que son innocence peust estre reconnuë, parmi les apparences qu'il y auoit qu'il estoit l'auteur de cét assassinat. C'est pourquoi trauaillant aux moyens de s'asseurer, il n'en trouua point d'autres, qu'en sa fuite, vers les quatiers de la vallée de Lauedan en Bigorre, où ce Vicomte possedoit plusieurs belles terres; Mais estant obligé de passer par le Bearn, pour faire promptement sa retraicte, il s'adressa à Estiene Euesque d'Oloron, qui estoit son parent, afin qu'il fauorisast son dessein. Ce que l'Euesque promit de faire, à condition que Salamace obligeast le Clergé, & les habitans de Soule qui estoient sous sa Iurisdiction, de reconnoistre l'Eglise d'Oloron pour leur matrice, & se ioindre à son Diocese. Mais le Vicomte ayant remontré les difficultés qui se presentoient en l'execution, & les oppositions que le peuple formeroit au contraire, & principalement Bergonius Lupus de Ianute, qui estoit le plus puissant Baron de toute la terre; l'Euesque Estienne sceut si bien gouuerner leur esprit, promettant à Salamace son amitié, protection, & faueur en la retraicte, & en la succession de l'Euesché pour son fils Arnaud Raimond; & à Bergoin Loup son proche parent, l'Archidiaconé de Soule pour son fils Heraclius, que toute la Soule fut distraite de l'Euesché d'Acqs, & reconnut le siege Episcopal d'Oloron: C'est ainsi que represente la distraction de la Soule, l'Auteur de la Charte d'Acqs, qui se montre fort interessé; & neantmoins il me persuade facilement, que ce fut plustost vne reünion de ce Vicomté à l'Euesché d'Oloron, que non pas vne inuasion sur l'Euesché d'Acqs: dautant que cette distraction arriua sous l'Episcopat de Gregoire Abbé de Saint Seuer, & Euesque d'Acqs, qui estoit vn personnage de grande autorité, suffisance, & reputation dans toute la Gascogne, & neantmoins il ne fit aucune plainte de cette action: laquelle fut soustenuë par l'Euesque d'Oloron Amatus, Legat des Papes, & dont la probité est assés reconnuë, & qui dans le Rescrit du Pape Gregoire VII. maintient que ce quartier auoit appartenu de toute antiquité à l'Eglise d'Oloron. Cependant ce vieux tiltre nous aprend le genre de mort de nostre Vicomte, & le deuoir auquel se mirent ses sujets pour en auoir la reparation. Or il me semble que le decés de Centulle peut estre rapporté à l'année M. LVIII. comme ie verifierai au Chapitre suiuant, en recherchant le temps de l'administration des Euesques de Lascar Raimond, Gregoire, Bernard, & d'Estienne d'Oloron ci-dessus nommés. Ie ne dois point obmettre que le tiltre d'Acqs fait mention du Vicomte de Soule *Guilhem Fort*, fils de Salamace, lequel au temps de cét Escriuain estoit en possession des terres qui auoient apartenu à son Pere en Lauedan; Cette narration peut estre confirmée par l'ancien Chartulaire de Bigorre, qui est dans le Thresor de Pau, où il est escrit, que *Guilhem Fuert* Vicomte de Soule bailla en engagement, à Centulle Comte de Bigorre, trois Casals en Lauedan, pour deux cens sols morlans.

I. Chartarium Lascurrense: Postea venit Guido Pictauiensis, & habuit Gasconiam. In illis diebus erat Episcopus Raimundus, & Sancius Præpositus huius sedis, & acceperunt consilium, vt fecisset Episcopus querimoniam de Ecclesia S. Stephani ad Comitem, & dedit ei vnum equum. Postea fecit rectum Comes, & dederunt vxor fraudatoris & filij, fideiussores Bergouguasi de Addita, & Arremonaner de Larbal in manu Episcopi, & Sancionis Præpositi, & misit messaticum Gassiarnaldum Vicecomitem Aquis, qui tenuisset placitos ante se, sicut Comes debebat facere.

II. Ex eodem Chartario: Post obitum Gregorij fuit Episcopus Bernardus, & fuit ad Guidonem Comitem Gasconiæ, & fecit querimoniam de Ecclesia S. Stephani, & Comes mandauit eis vt rectum fecissent ante eum, & venerunt & fecerunt rectum ante Comitem. Et Comes misit indicium *Militibus de*

Curia sua, & iudicauerunt vt bellum feciſſent, & fuit placitum factum, vt bellum feciſſent ante Comitem.

IV. Charta Aquenſis, quæ alibi integra profertur : Seulenſes aduerſus quemdam Vicecomitem Bearnenſem nomine Centullum Gaſtonem, patrem Centulli, patris Gaſtonis inſurrexerunt, & eum occiderunt. Quo facto Bearnenſes hoc crimen Salamace Vicecomiti Seulenſi impoſuerunt. Qua de cauſſa Salamace valde exterritus, non quod tanti criminis ſibi conſcius eſſet, ſed quia veriſimile eſſe videbatur, cœpit perturbari, & anxia mente cogitare, quod remedium huic malo poſſet inuenire. Erat enim ei, ſicut hodie eſt eius Guillelmo Forti in Tarbienſi Epiſcopatu maxima pars honoris, videlicet in parte Leuitanica. Ad quam cum Salamace tranſire vellet, ad Epiſcopum Oloronenſem Stephanum acceſſit, & quia erat ei cum eo generis propinquitas, de hac re cum eo familiarius colloquium habere cœpit. Videbatur enim Salamace quod per Stephanum ad prænominatam terram tranſitum habere valeret.

CHAPITRE IX.

Sommaire.

I. Recherche de l'annee du decés de Centulle Gaſton, & de quelques Eueſques de Laſcar. Les Diptyches de l'ancienne Egliſe, où eſtoit le Catalogue des Eueſques. II. III. Eſtat de l'Eueſché de Leſcar. Julian, Galactoire, Sauin, Julian. Aſiatraca, ou bien Arſias Raca. IV. Raimond le Vieux Eueſque de Gaſcogne. Poſſeſſeur de ſix Eueſchés ſuiuant la couſtume de ſes predeceſſeurs. V. Depoſé à Rome, ſous la reſerue de la iouïſſance de l'Eueſché de Leſcar, & ſuſpendu de l'execution de ſes ordres. VI. Son Neueu Raimond le Jeune luy ſuccede aux Eueſchés de Bazas, d'Acqs, & de Labour. VII. Raimond le Vieux prend les qualités d'Eueſque de Gaſcogne, & d'Eueſque de Bazas. VIII. Depoſé, & ſon Neueu ordoné Eueſque l'an 1059. Fortun Sance Vicomte de Labour. IX. Gregoire Abbé de S. Seuer, appellé par le Duc Sance; Fut enfin promeu à l'Eueſché de Leſcar. Son decés. X. Bernard lui ſucceda. Trauaillé par le Comte Centulle. XI. Eſtienne Eueſque d'Oloron ſuccede à Raimond le Vieux, apres ſa depoſition. Eſtienne au Concile de Jacque. Decés de Centulle Gaſton enuiron l'an mil cinquante-huict.

I. JE ne ſerois pas en grande peine de rechercher les noms des Eueſques de Bearn, ſi la ſaincte & loüable pratique des anciens Peres d'inſerer dans les Diptyches, & cayers ſacrés de chaſcune Egliſe, les noms des Eueſques Orthodoxes, & qui eſtoient decedés dans la communion de l'Egliſe Catholique, euſt eſté continuée iuſqu'aux derniers ſiecles. Et ie pourrois me ſeruir en cette rencontre du moyen que l'Empereur Iuſtinian & le cinquieſme Concile General employerent, pour ſçauoir ſi Theodore Eueſque de Mopſueſtie eſtoit reconnu apres ſa mort pour Eueſque de l'Egliſe qu'il auoit poſſedée durant ſa vie. Car ils ordonnerent à l'Eueſque, & au Clergé de cette ville, de reuoir les Diptyches de leur Egliſe, & de rapporter fidellement ce qu'ils y trouueroient. Ce qu'ayant executé diligemment, ils firent rapport qu'apres auoir fueilleté quatre diuers cayers en parchemin, qui eſtoient leurs Diptyches, ils y auoient trouué le nom de tous les Eueſques de ce ſiege; horſmis qu'en la place de Theodore, auoit eſté ſubſtitué le nom de Cyrille, qui eſtoit le Patriarche d'Alexandrie; lequel preſidant au Concile d'Epheſe auoit condamné l'hereſie de Neſtorius, & de Theodore de Mopſueſtie. D'où il apert que les noms de tous les Eueſques depuis l'origine, & l'eſtabliſſement de chaſcune des Egliſes eſtoient enregiſtrés dans les cayers que l'on appelloit Diptyches, & que l'on les recitoit nom par nom en leur lieu, pendant la celebration de la Liturgie, tant pour tefmoigner la continuation de la communion auec les Euefques decedés, que l'on auoit euë auec eux-mefmes viuans, qu'afin de procurer par les prieres publiques, & par l'efficace du Sacrifice non fanglant, en la celebration duquel ils eftoient recommandés à Dieu, fuiuant l'ordonnance des Apoftres, vn grand profit, foulagement, & rafraichiffement pour leurs ames, comme enfeignent Cyrille de Hierufalem, Chryfoftome, & Epiphane.

II. Mais cét vfage des Diptyches ayant efté interrompu depuis plufieurs fiecles, & toutes les Eglifes de Gafcogne ayans efté ruinées de fonds en comble par les Vuandales, les Vuifigoths, les Sarafins, & les Normans, il ne nous refte autre memoire des anciens Euefques de Lafcar, que le nom de S. Iulian enuoyé par Leontius Euefque de Treues, qui eftoit la Metropole des Gaules. Celui de S. Galactoire, & de fon martyre par les Arriens, apres auoir figné le Synode d'Agde, tenu fous Alaric Roi des Vuifigoths l'an 506. Et encore celui de Sabinus qui figna le Synode de Mafcon fous le Roi Gontran l'an 585. ainfi que nous auons remarqué ci-deffus. En fuite la ruine, & defolation fut telle fous l'Euefque Iulian fecond, par la fureur d'Abderraman le Sarafin, & depuis encor par les rauages des Normans, que les Eglifes Cathedrales, & villes de Lafcar, d'Oloron, de Bayonne, & toutes les autres Cités de Gafcogne, furent embrafées & demolies res pied res terre, n'eftant refté à Lafcar qu'vne folitude, & le fol de l'ancienne ville, pour nourrir vne efpaiffe & fombre foreft.

III. Guillaume Sance l'ayant reftaurée en fondant le Monaftere de Saincte Marie, nous auons veu que de fon temps, il y auoit vn Euefque nommé Affiatraca, dans les tiltres de Lafcar, ou bien pour l'enoncer plus correctement, fuiuant les papiers de la Reule de Bearn, Arfias furnommé Raca. Celui-ci renuoya au Pape, Lopefort meurtrier d'vn Vicomte, pour obtenir fa penitence, & confeilla au Duc Guillaume la fondation du Monaftere Saincte Marie, fur les mafures de l'ancienne ville de Bearn, dont le lieu auoit pour lors le nom de Lafcurris. Il bailla auffi de fa part au Monaftere trois maifons de fon patrimoine, qu'il auoit dans Lafcar. Il a efté en outre obferué, que le Monaftere de la Reole fut inftitué auec la permiffion de cét Euefque Arfias, du temps du Comte Guillaume Sance, & du Vicomte Centulle Gafton. Il n'y a donc aucune forte de doute, que l'Euefque Arfias ne doiue eftre placé depuis l'an neuf cens quatre-vingts, & que cét Arfias ne foit l'Euefque des Gafcons, qui figna la fondation de Saint Seuer, & le mefme auec l'Euefque Arfius qui dicta & dreffa la Charte de Labour, qui a efté produite & alleguee au Liure premier; les noms, & les temps s'accordans à cette coniecture: qui fe rendra plus violente, parce que ie m'en vai dire de fon fucceffeur.

IV. C'eft Raimond qui eft le fucceffeur de l'Euefque Arfius, quoi que le temps du fiege de ces deux Euefques tefmoigne affés qu'il y en auoit eu quelqu'autre entre deux. Ce Raimond poffeda longues années, fuiuant la couftume de fes predeceffeurs, fix Euefchés de Gafcogne, fçauoir Lafcar, Oloron, Bayonne, Acqs, Ayre, & Bazas, comme il eft obferué dans les tiltres de Lafcar, & d'Acqs; Puis donc que cette multiplicité d'Euefchés en fa main, eftoit la continuation de la couftume abufiue de fes predeceffeurs, il ne refte point de doute, que l'Euefque Arfias, ou bien Arfius qui le precedoit en l'Euefché de Lafcar, ne poffedaft à mefme temps les autres Euefchés de Gafcogne; autrement la propofition de la Charte touchant la couftume des predeceffeurs de Raimond, clocheroit en la perfonne de celui qui n'eftoit pas fort efloigné. Il eft donc fort apparent, voire neceffaire que l'Euefque Arfias ait, non pas interrompu, mais continué le mauuais exemple de la multiplicité, & polygamie des Euefchés, fi feuerement defenduë par les Canons, & que l'Euefque Gombaut, qui fe qualifie Euefque de Gafcogne en la Charte de la Reole de l'an 977. lui en ait frayé le chemin, poffedant tous les Euefchés de Gafcogne, lequel par confequent pourra tenir rang parmi les Euefques de Lafcar, & d'Oloron. Que fi l'Euefque Arfius prend la qualité d'Euefque de Labour fimplement, en l'ancienne Charte de Bayonne, c'eft dautant que limitant, & defignant les bornes de cét Euefché, il ne pouuoit parler en autre qualité, qu'en celle qu'il reprefentoit en cette action.

V. Ce difcours fe rendra plus certain par la preuue de ce qui regarde Raimond. Ie puis alleguer deux tefmoignages hors de tout contredit ; L'vn eft pris de la Charte de Lafcar, l'autre de celle d'Acqs. La premiere nous enfeigne, que le Comte Sance de Gafcogne fonda le monaftere de Saint Pé de Generes, du temps de l'Euefque Raimond, qui fuiuant la couftume de fes predeceffeurs poffedoit fix Euefchés, celui de Bazas, d'Ayre, d'Acqs, de Labour, d'Oloron, & de Lafcar. Mais qu'ayant efté accufé à Rome, il y fut depofé, & neantmoins le Pape, pour éuiter qu'il n'empefchaft la liberté des elections de fes fucceffeurs, à caufe qu'il eftoit noble & puiffant, lui permit la iouïffance de l'Euefché de Lafcar, auec faculté d'appeller tel des Euefques voifins, qu'il aduiferoit pour faire les fonctions Epifcopales.

VI. S'il eut pleu à cét efcriuain prendre la peine de nous aduertir du nom du Pape, on eut rencontré l'année de la depofition de Raimond, mais il la faudra rechercher par vne autre voye ; & par le fecours de la Chartre d'Acqs, qui remarque formellement, qu'auant Macaire Euefque d'Acqs, qui fiegea deux ans & demi, Raimond de Bazas, Nepueu d'vn autre Raimond le Vieux, auoit poffedé cét Euefché apres fon Oncle ; auec cette difference toutesfois, que Raimond de Bazas le Vieux auoit poffedé tous les Euefchés de Gafcogne, excepté celui de la Metropole, mais que Raimond fon Nepueu ne lui auoit fuccedé qu'en ceux de Bazas, Acqs, & Labour, ayant neantmoins quité tout auffi-toft celui d'Acqs. Or ie ferai voir vn peu plus bas que l'ordination du Nepueu Raimond tombe fous le temps du Pape Nicolas fecond.

VII. Cét ancien Euefque en confequence de la iouïffance, & poffeffion de ces Euefchés, prend la qualité d'Euefque de Gafcogne, en fignant l'acte de la prife de poffeffion du Comte Odon, apres le decés de fon Oncle le Duc Sance l'an M. XXXIII. *Raimundus Epifcopus Vafconenfis*, imitant en cela Gombaut frere du Duc Guillaume, qui s'intituloit Euefque de Gafcogne. Et neantmoins eftant aux affemblées & Conciles des Euefques, il n'ofoit prendre ce tiltre fardé d'Euefque de Gafcogne, qui n'eftoit point fuiuant la difcipline Canonique, mais il prenoit celui de Bazas, comme il fit au Concile tenu à Tolofe l'an 1056. par l'ordonnance du Pape Victor II. qui auoit enuoyé fes Legats pour y prefider, & tenir la main à la reformation des mœurs du Clergé. Le Synode fe trouue efcrit à la main dans l'Abbaye de Moyffac en Querci, & a efté publié par le Cardinal Baronius, les noms des Euefques de Gafcogne qui opinoient aux deliberations, eftans ceux-ci, Bernard d'Agen, Raimond de Bazas, Eraclius de Bigorre, Bernard de Comenge, Bernard de Coferans. Et ie ne m'eftonne pas que Raimond prit le tiltre de Bazas, dans vn Concile, puis que ie voi que les chartes le voulans defigner, lui baillent ce nom de Raimond de Bazas, comme fait le tiltre d'Acqs : à caufe à mon aduis, que l'Euefché de Bazas s'eftoit conferué en fa premiere dignité, & que la ville ni fes edifices n'auoient pas efté fi miferablement ruinés, ou bien auoient efté pluftoft reparés, que les autres Euefchés, & Cités de Gafcogne.

VIII. Or que ce Raimond de Bazas figné au Concile de Tolofe, fut Raimond

Liure quatriefme. 287

le Vieux, & non pas son Neueu, cela se recueille necessairement, de ce que le Ieune Raimond ne fut point ordonné Euesque de Bazas, & de Labour, sinon au Concile de Latran, tenu par le Pape Nicolas; comme il escrit lui-mesme dans vn acte de Bayonne, c'est à dire l'année mille cinquante-neuf. Car ce fut en cette année, & au mois d'Auril, que le Pape Nicolas second assembla vn Concile General à Rome, tenu à Latran, composé de Cent treize Euesques, où Berenger Archidiacre d'Angers abiura son heresie, & protesta apres serment, qu'il embrassoit la foi Apostolique, touchant le Sacrement de la Table du Seigneur, & croyoit qu'apres la consecration le pain & le vin estoient non seulement le Sacrement, mais aussi le vrai Corps, & le Sang de Iesus-Christ, au rapport d'Algerus, Lanfrancus, Iuo, & Gratian; De sorte que Raimond le Vieux, qui signoit comme Euesque de Bazas au Concile de Tolose 1056. fut deposé apres cette année, & auant l'an 1059. que son Neueu fut ordonné pour son successeur aux Eueschés de Bazas, & de Labour: le Pape Nicolas ayant sans doute agreé l'election de Bayonne, conioinctement auec celle de Bazas, afin que ce nouueau Euesque employast son autorité, & le credit de sa maison, pour reparer l'Eglise de Bayonne, & lui faire rendre les dismes que Fortun Sance Vicomte de Labour, & ses predecesseurs auoient vsurpées. Pour l'Eueschéde Lascar, le Vieux Raimond y fut continué par indulgence & dispense du Pape, quoi que suspendu de la fonction Episcopale. Partant nonobstant sa deposition, faite en 1057. ou 1058. il pouuoit en qualité d'Euesque honoraire de Lascar, faire sa plainte touchant l'Eglise de Carresse, à Gui Comte de Poictiers, lors qu'il se fut rendu maistre de la Gascogne.

IX. Gregoire Abbé de S. Seuer lui succeda en l'Euesché de Lascar, pour sa bonne vie, & ses grands merites. C'estoit vn Prelat, qui dés son enfance auoit esté nourri au Monastere de Clugni, sous la main de ce grand Hugues l'Abbé, & à l'instante priere de Sance Comte de Gascogne, estoit reuenu aux quartiers de deçà, pour gouuerner en qualité d'Abbé, le Conuent de S. Seuer, qu'il repara, & rebastit entierement, apres vn embrasement general. Mais comme l'enclos d'vn simple Cloistre n'estoit pas assés estendu, pour occuper la capacité de ce grand esprit, il fut esleu pour la direction du Clergé d'Acqs, & pourueu de l'Euesché, apres la nomination du ieune Raimond, enuiron l'an 1060. Et encore apres le decés du Vieux Raimond, il fut chargé de l'Euesché de Lascar, afin d'y remettre la vigueur Canonique en chef & en tiltre d'Euesque formé, & incardiné, pour parler auec les anciens; comme il auoit essayé de faire, lors que sans doute il y seruoit par prouision, à l'instance de Raimond. Il alla en Espagne, y mena des troupes pour le secours des Chrestiens, & y fit seruice de trois mois. Choisit deux Religieux du Monastere de Sainct Pé de Generes, qui estoit pour lors dans le Diocese de Lascar, sçauoir Odon d'Espuei, & Bernard de Bas, & crea l'vn Preuost de l'Eglise Cathedrale (qui estoit vne dignité, laquelle apres le decés de Garsia Lupi, auoit succedé à celle d'Abbé dés le temps de Raimond le Vieux, en la personne d'vn Sance) & pourueut Bernard de l'Archidiaconé. Apres il mourut chargé d'années, & de seruices enuers l'Eglise l'an M. LXXII.

X. Bernard son Archidiacre fut esleu en sa place, suiuant la pratique de l'ancienne Eglise remarquée par Eulogius Alexandrin en la Bibliotheque de Photius; laquelle donnoit ordinairement l'Episcopat, à celui que l'on auoit iugé digne du grand Archidiaconé. Cét Euesque commença de sieger en la mesme année M. LXXII. & continua son administration iusqu'en l'année M. LXXX. apres les nopces du Comte Centulle auec la Comtesse de Bigorre; ausquelles s'estant opposé trop vigoureusement & contre raison, il fut contraint de se retirer de son Euesché, & de s'en aller à Frejus en Prouence, où il mourut, & y fut enseueli. La plainte donc, qu'il fit au Comte Gui Geofroi, touchant Carresse, s'accorde auec le calcul du temps, puis que Geofroi ne mourut qu'en l'année mil quatre-vingts-cinq.

XI. Il reste que nous examinions le temps d'Estienne Euesque d'Oloron, pour delà conclurre le temps du decés de Centulle Gaston, arriué pendant le siege de cét Euesque. Ce qui sera aisé, si nous nous ressouuenons que Raimond le Vieux possedant l'Euesché d'Oloron auec les autres de Gascogne, Estienne ne peut lui auoir succedé qu'apres sa Deposition; laquelle estant posterieure à l'année 1056. & precedente à l'année 1059. peut estre placé par estimation en l'année 1058. Conformément à cela nous trouuons vn Concile tenu l'an M. LX. en la ville de Iacca sous Ramir Roi d'Aragon, dont le sommaire est rapporté dans les Annales Ecclesiastiques, & plus exactement par Surita aux Indices, auquel presidoit Austindus Archeuesque d'Aux assisté des Euesques de Saragosse, Rode, Aragon, Vrgel, Calahorre, d'Heraclius de Begorre, Estienne d'Oloron, & Iean de Lactoure. En ce Synode on repara les bresches, qui auoient esté faites aux ceremonies Ecclesiastiques par l'iniure du temps, & l'vsage continuel des armes; l'obseruation exacte des Canons fut ordonnée, l'Office Mozarabique aboli, & l'ordre de l'Eglise Romaine receu; & en outre le siege Episcopal d'Aragon fut establi à Iacca par prouision, iusqu'à ce que la ville de Huesca estant retirée du pouuoir des Mores, on peust remettre l'Euesché en son siege ancien & primitif. Puis donc qu'il apert de cét acte public, que l'Euesque Estienne d'Oloron siegeoit en l'année 1060. Le calcul de la mort de Centulle Gaston rapporté enuiron ce temps, n'est pas fautif de ce costé là.

V. E Chart. Lascur. Raymundus Episcopus moꝛe antecessorum suorum sex Episcopatus tenuit, Vasatensem, Adurensem, Aquensem. Laburdensem, Oloronensem, & Lascurrensem. Tempore huius, locus Generensis, qui erat, & est infra terminos Episcopatus Lascurrensis in Parochia S. Hilarij de Lassu cœpit florere miraculis. Hæc fama venit ad aures Sancti Comitis Gasconiæ, qui quia graui detinebatur infirmitate, locum eumdem adiit, & sanitatem per Dei gratiam obtinuit. Quo facto volens in locum illum monasterium edificare; villam de Lassu cum omnibus pertinentijs suis à Vicecomite Bearnensi, cuius possessio & curia erat, datis sibi duabus villis Meroles & Gasli habuit & accepit, quidquid alij possessores ibi habebant sibi vindicauit, datis commutationibus sicut in suo dominatu & de suis hominibus. Infra: Prædictus vero idem R. Romæ accusatus, depositus fuit, sed quia nobilis erat, & potens, ne perturbaret fieri canonicas Electiones, concessit ei D. n. Papa Lascurrensem Episcopatum; in omni vita sua; data sibi licentia, vt quem vellet de vicinis Episcopis ad supplenda Episcopalia officia inuitaret. Ante depositionem eius, & post depositionem, Lascurrensis Ecclesia tenuit Generense monasterium, & habuit.

VI. Charta Aquensis: Hæc prima violentia quando Seulam Oloronses Aquensi Ecclesiæ prædictis artubus substraxerunt proprio pastore carebat. Occupabat autem Aquensem Episcopatum tunc Abbas Sancti Seueri Gasconiæ Gregorius, qui erat Episcopus Lascurrensis. Tenebat enim multos alios honores, qui quanto ampliores tenebat honores, tanto minor erat ad singulos. Ante Gregorium fuit Macarius Aquensis Episcopus qui vixit in Episcopio tantum per duos annos, & dimidium. Ante Macarium fuit Raimundus Vasatensis, nepos alterius Raimundi senis, quorum vterque fuit Episcopus, Iste senex Raimundus Vasatensis, omnes Episcopatus totius Vasconiæ tenuit, excepta metropoli. Alter Raimundus Nepos eius, non omnes, sed Vasatensem, Aquensem, Laburdensem, postea tantùm Vasatensem, & Laburdensem.

VIII. Charta Lapurdensis: In nomine sanctæ & indiuiduæ Trinitatis, Ego Raimundus indignus & peccator, tamen Episcopus Sanctæ Basatensis Ecclesiæ vocatus, nec non & Laburdensis, recordans quia puluis homo, & caro homnis fœnum, sciensque me denudatis ossibus Christo rationem redditurum, cupiens consedere cum his à dextris Dei qui audituri sunt illud lætabundum, venite benedicti patris mei, percipite regnum quod vobis paratum est ab origine mundi, statui apud me cum consilio Abbatum qui in nostra diœcesi sub norma sanctæ religionis viuunt, & canonicorum in Laburdensi claustro canonice viuentium, & optimatum qui fideles sanctæ Ecclesiæ videntur esse, vt ea quæ corrigenda sunt nostris in locis corrigant, & correcta in melius prouehantur. Deo igitur auxiliante multa nostris in temporibus vitia sunt sepulturæ tradita, quæ à modernis bonarum virtutum videntur esse vexilla. Denique illud propheticum & tremendum expectans. de mane vsque ad vesperam finies me, si quid bonæ acquisitionis est acquisitum, dignum, est magno cum studio memoriæ tradendum, & scribendum, ne postëris sit obliuioni mittendum. Multa denique sunt Xenia à sancta Dei Ecclesia abstracta, nec non & vota fidelium quæ pro redemptione animarum erant oblata, iniuste substracta, quæ si in armariis fuissent condita, vsque manerent intacta, viuentibus Deo seruientibus, ex ipsis fructuariis vsibus. Sed nunc de Laburdensi Episcopatu notum fieri volumus omnibus Sanctæ Dei Ecclesiæ fidelibus, qualiter rogatu Domni Austendi Archiepiscopi Auxiensis, Ciuitatem supradictam adij, quæ ab antiquis destructa est, Ecclesia quæ in honore sanctæ Dei Genitricis semperque

perque Virginis Mariæ videtur esse consecrata, & ea quæ in ius ipsius Ecclesiæ olim à senibus & veteranis dicebantur esse adquisita, inueni *in dominio Vicecomitis esse possessa*. Ego denique cum consilio supradicti Archiepiscopi accepta donatione à Domno Nicolao Pōtifice in Lateranési Synodo, & suscepto ab ipso Pontificatus officio, pro restauratione sanctæ Ecclesiæ in supradicta ciuitate, quæ potui ad posse sarta tecta restitui, & in meliori gradu opifica virtute consummaui. Scisentans ergo Vicecomitem ipsius Ciuitatis Fortunium Sancium nomine, fratremque eius Lupum Sancium, obtinui apud eos ipsius gratia in cuius manu cor regum constat, vt de eis quæ propria videbantur esse, ob redemptionem animarum suarum & parentum, Christo matriq; eius, cuius inuocatio in supradicta Ciuitate honoratur, & colitur, concederent. Hæc nempe quæ subter scripta sunt stabili firmatione sunt data, reddita, & concessa. In primis Christo & matri eius ipsam Ecclesiam cum appendiciis reddidit portæ Orientalis vsque ad portam S. Leonis. Quartas decimas Ecclesiarum omnium. Testes & visores hi sunt. Forto Sancius Anegalinus. Lupus Anerius. Sancius Fort, Garsianer. Rexmirus, & alij quamplures. Hoc scriptum, & stabilitum siquis inquietare voluerit, in primis quod repudiare voluerit non vindicet, & insuper cum Iuda proditore, Anna & Caipha atque Pilato damnationem accipiat.

IX. Charta S. Seueri : Anno dominicæ incarnationis M.LXXII. Et Ep. solis VII. cum Bissexto. Indict. quoque x. & Ep. L. XXVIII. cum eiusdem ætate XVII. Datatum vero Idus Ian. III. & circa horam nonam. Feria IV. Abbas S. Seueri, & Lascurrensium Episcopus, Dompnus Gregorius Florente canicie excessit à sæculo multis dolentibus. Cui si quid male gessit humanæ conditionis mole grauatus, indulgeat misericorditer omnipotens omnium Dominus. Qui ab ipsis infantiæ rudimentis veniens Cluniacum, ibi longo tempore pie degens, petente *Sancione Comite* reuersus est, & sic Abbatiæ S. Seueri Abbas effectus est. Quam rexit per quadraginta fere annos meliorando cuncta, & quasi ex informi materia poliens omnia, inter cetera bona quæ huic loco coadunauit. Nam post ignis combustionem, proprium Monasterium mirifice fundans, eo quo nunc est opus conduxit.

CHAPITRE X.

Sommaire.

1. Centulle Gaston deuenu maistre de toute la Iurisdiction & Patrimoine de Bearn, pouuoit prendre la qualité de Comte à double tiltre : Ce qu'il ne fit pas. Qualité de Comte donnée à diuers Seigneurs de Bearn, mesmes par les Papes. II. Gaston fils de Centulle Gaston, & pere du Comte Centulle. III. Il vuide par l'ordonnance d'vn Duel vn procés meu contre le Monastere de Sainct Pé. Raimond Centulle son frere. IV. Adelais femme de Gaston, sœur du Comte Bernard Tumapaler. V. VI. Reünion des quartiers d'Agarenx & Reuefel à l'Eglise d'Oloron, qui sont distraicts de celle d'Acqs, par l'autorité de Loubaner Vicomte d'Oloron, & l'industrie de son Fillastre Heraclius Archidiacre.

I. IE ne dois point dissimuler que la maison de Bearn est obligée de son accroissement en reuenus, & en iurisdiction, à la conduite & à la bonne fortune de Centulle Gaston ; & neantmoins que sa modestie doit estre beaucoup estimée. Car encore qu'il fust deuenu maistre & possesseur de l'autorité, & de l'administration totale du Païs de Bearn, il ne voulut pas neantmoins changer la qualité de Vicomte, en celle de Comte ; ainsi qu'il eust peu legitimement faire, & s'intituler non seulement Comte de Bearn, mais aussi Comte d'Oloron, puis qu'il estoit maistre de deux Cités de Gascogne, & que l'administration en chef de l'vne, suffisoit pour acquerir le tiltre & la dignité de Comte. D'où vient que l'Escriuain de la Charte de Lascar, quoi qu'il fust ennemi de son nom, à cause de l'inuasion de Carresse, le qualifie neantmoins *Comte* en sa narration ; & Centulle IV. son petit fils le nomme en termes exprés, *le Comte Centulle Gaston son Ayeul*. On verra aussi que les Papes n'ont pas refusé le tiltre de Comte aux anciens Seigneurs de Bearn : & particulierement le Pape Gregoire VII. escriuant à Centulle IV. luiadresse sa lettre, qui est dans son registre, sous le nom *du Comte Centulle*;

laquelle dignité lui est aussi deferée dans les papiers de Moyssac, & lui mesme la prend dás vn acte du Monastere de la Penna, où il s'intitule *Comte de Bigorre, de Bearn, & d'Oloron*. Le Pape Vrbain II. en son rescrit de l'an M. XCVI. donne au Païs de Bearn le tiltre de *Comté de Bearn* ; & les Historiens Anglois nomment la mere de Gaston VI. *la Comtesse Garsende*, en l'an 1237. Neantmoins les successeurs de Centulle aimerent mieux se contenir dans la moderation, & posseder l'effect de Comtes, & en suite de Souuerains absolus, que de changer le tiltre ancien de Vicomte, ou de Seigneur, en celui de Comte.

II. Centulle Gaston Troisiesme, eut pour fils Gaston III. qui fut pere du Comte Centulle IV. quoi que la Charte d'Acqs ne reconnoisse point ce Gaston, entre les deux Centulles. Mais i'ai en main vn acte sans reproche, qui iustifie que Centulle IV. reconnoist lui-mesme Centulle III. pour son Ayeul, & non pas pour son pere, dans vne donation qu'il fait au Monastere de S. Iean de la Penna l'an 1078.

III. La memoire de ce Vicomte a esté conseruée dans les papiers de Sainct Pé, où l'on void la iustice, que le Vicomte Gaston Centulle rendit à ce Monastere, contre les enfans de Guillaume Fel, qui disputoient la donation faite par leur pere d'vne *Domeniadure* sise au lieu d'Algar, & d'vne nasse au village d'Idron, ayant ordonné le Duel en sa presence, pour vuider la question. Il eut pour frere *Raimond Centulli*, designé sous ce nom conioinctement, auec celui de Frere de Gaston Vicomte de Bearn, dans vn acte, par lequel il ordonna que son corps fust enterré au Monastere de Sainct Pé, & lui legua vn Païsan du lieu de Pardies, pour en iouïr iusqu'à ce que quelqu'vn de sa famille baillast trois cens sols pour le racheter. Suiuant ces preuues le nom de ce Vicomte est celui de Gaston. Ce qui est confirmé par la denomination de son fils le Comte Centulle, qui se nomme lui-mesme dans l'acte de la Penna, *Centullus Gastonis*, c'est à dire fils de Gaston.

IV. Ce Gaston fut marié auec Adelais, qui estoit sœur du Comte Bernard Tumapaler, comme l'on peut iustifier par l'acte de Morlas produit au Chapitre XIII. où ce Comte interuient en qualité de Moine, & d'Oncle de Centulle IV. Adelais fut remariée en secondes nopces auec le Vicomte Roger, & eut de ce mariage, le Vicomte Hugues, & Hunaud Abbé de Moyssac, qui est qualifié dans les anciens tiltres, Frere de Centulle Comte de Bearn, comme ie verifie au Chapitre XV. Ce Gaston deceda auant son pere Centulle III. d'où il est arriué que Centulle IV. son fils succeda immediatement à son Ayeul Centulle Gaston, & que la Charte d'Acqs a oublié nostre Gaston en sa narration.

V. En ce temps l'Archidiacre de Soule Heraclius, fils de Bergon Loup de Ianute, qui auoit fauorisé la reünion de Soule, s'adressa à Loupaner Vicomte d'Oloron auec vne priuauté d'autant plus grande, que ce Vicomte estoit son vitrique pour auoir espousé la vefue de Bergon Loup, & le pria de faire ses efforts pour remettre sous la iurisdiction de l'Eglise d'Oloron, le quartier d'Agarenx, & de Reuesel, qui dependoit pour lors de l'Euesché d'Acqs; lui faisant voir que l'entreprise en estoit facile, puis qu'il estoit situé dans cette partie du Vicomté d'Oloron, qui estoit sous son commandement. A quoi le Vicomte apporta quelque difficulté au commencement, neantmoins vaincu par la valeur des choses qu'on lui presentoit, il voulut proceder en cette affaire auec quelque adresse, & pour cét effect il parla premierement à Guillaume d'Orgon Abbé de Sorde, & Archidiacre d'Acqs, qui auoit sous son Archidiaconé les terres d'Agarenx & de Reuesel, lui offrant de le maintenir en sa possession, pourueu qu'il lui fist quelque present considerable. L'Archidiacre, comme il tesmoignoit sa bonne volonté à faire quelque liberalité, aussi auoüoit-il sa foiblesse, à ne pouuoir entierement satisfaire aux desirs du Vicomte. Lou-

Liure quatriesme.

paner se tenant offensé de ce traitement, reuint à son fillastre Heraclius, receut de lui & des autres Clercs d'Oloron, parmi les autres presens, deux cheuaux de grand prix, dont il donna l'vn à Loup Brasc de Saueterre surnommé le Courtois, & contraignit auec grande violence les Ecclesiastiques d'Agarenx & de Reuesel, de se separer de l'Eglise d'Acqs, & de se sousmettre à celle d'Oloron. Dequoi les Euesques d'Acqs ont fait des plaintes continuelles pendant la vie des Papes Gregoire VII. Vrbain II. & Paschal II. Ce qui tesmoigne que l'inuasion de ce quartier arriua enuiron l'an 1070. comme l'on pourroit en outre iustifier par le temps de Guillaume d'Orgon Abbé de Sorde, qui viuoit, suiuant les papiers de cette Abbaye, du temps d'Arnaud, & de Garsie Arnaud Vicomte d'Acqs, & de Gui Comte de Gascogne.

VI. Ce quartier d'Agarenx, & Reuesel, qui estoit sous l'obeïssance du Vicomte d'Oloron Loupaner, comprenoit la ville de Saueterre, & les villages adiacens, qui sont contenus en ces deux quartiers que l'on nommé auiourd'hui Garenx, & Reueseg; qui sont maintenant compris sous l'Archidiaconé de Garenx au Diocese d'Oloron.

I. Chartarium Lascutrense : Non bene fecit ille Comes, nempe Centullus Gastonis. Epistola Gregorij Papæ. Charta Centulli IV. Rescriptum Vrbani II. proferuntur suis locis.
II. III. Charta Aquensis prolata est cap. 8. n. 4. E Chartario S. Petri Gen. Guillelm. cognomento Fel dedit dominicaturam, & vineam quamdam dominicaturæ pertinentem quam habebat in Algar, & apud Idronium quoddam Nassale quod antiqui Macepediculum appellauere. Eo vero mortuo tres filij eius donationem patris destruere volentes, in præsentia Vicecomitis nomine Guastonis Centulli clamorem facientes iudicio cum Monachis duellum iniere.
III. Ex eodem Chartario : Raimundus Centulli frater Gastonis Vicecomitis Bearnensis dedit B. Petro in morte sua corpus suum in sepultura, & vnum pagensem in Bardinis, donec aliquis suæ generationis daret B. Petro ccc. solidos pro Pagensi.
IV. V. Charta Moyssiaci, & Morlani proferuntur suo loco vt & Charta Aquensis.

CHAPITRE XI.

Sommaire.

I. Centulle Quatriesme succede à son Ayeul Centulle Gaston. Il conserua la maison de Bearn en sa grandeur. Gui Geofroi Duc de Guyenne lui bailla en recompense les reuenus qui lui restoient en Bearn nommés Conduits. Lui transporta la proprieté de Salies, qui estoit au Vicomté d'Acqs. Et lui ceda tous les droicts, & la Seigneurie qui auoit apartenu dans le Vicomté de Soule, à Sance Duc de Gascogne. II. III. Accord perpetuel entre Centulle, & Guillaume Vicomte de Soule, par lequel celui de Soule s'oblige de reparer aux Bearnois tous les torts que ceux de Soule leur feront, & si lui ou les siens les ont faits, de se presenter lui-mesme, & faire representer les coupables aux lieux de Nauarrenx, ou de Saincte Marie d'Oloron. Fait serment de secourir le Seigneur de Bearn contre tous, excepté le Roi de Nauarre & le Comte de Poictiers.

I. Entulle quatriesme du nom Vicomte de Bearn & d'Oloron, & en suite Comte de Bigorre succeda à son Ayeul, Centulle Gaston, & conserua puissamment l'autorité & la grandeur de la maison de Bearn, que son Ayeul auoit desia establie; Ce que l'on pourra facilement reconnoistre par le traité qu'il eut auec Guillaume Duc d'Aquitaine fils du

Bb ij

Comte de Poictiers Gui Geofroi, qui a esté conservé dans le Thresor de Pau, en vn petit liuret tres-ancien, intitulé le *Chartulaire de Bigorre*. D'où l'on aprend que Centulle de Bearn, Comte de Bigorre auoit assisté le Duc en ses necessités, qui lui auoit donné en recompense *son fisc*, c'est à dire la seigneurie de Sicus, (qui est vn mot corrompu;) & en outre lui auoit cedé pour lui, & pour toute sa posterité les douze *conduits*, qu'il auoit depuis Clarag, iusqu'au village d'Argaignon en Bearn, & de là, iusqu'à saincte Marie d'Oloron, auec tous les reuenus apartenans à ces conduits; qui estoient les rentes affectées à l'entretenement des Comtes de Gascogne, lors qu'ils venoient faire leurs visites, & cheuauchées dans le païs. De sorte que comme les Seigneurs de Bearn s'estoiét desia saisis pendant la guerre, de tous les droits domaniaux, & de la iurisdiction apartenans aux Ducs de Gascogne, il estoit necessaire, que le Duc Guillaume abandonnast ces petites fibres des pretentions, qui lui restoient inutiles entre ses mains. De plus il transporta en faueur de Centulle, & de sa race, la proprieté du lieu de Salies (qui n'estoit point pour lors du patrimoine de Bearn) que son pere Gui auoit baillée en engagement au mesme Centulle, & de plus lui ceda toute la Seigneurie, & les droits de superiorité, que Sance Comte de Gascogne possedoit en la vallée de Soule, & en la terre de Carresse.

II. Ie pense qu'en suite de ce transport des droits du Comte de Gascogne sur la vallée de Soule, Centulle arresta l'accord perpetuel, que i'ai en main, auec Raimond Guillaume Vicomte de Soule, fils de Guilhem-Fort, & petit fils du Vicomte Salamace, par lequel il s'oblige, & tous ses successeurs de se presenter à Nauarrenx, ou à saincte Marie d'Oloron en Bearn, & d'y faire representer les siens, pour faire raison, & reparer les torts que lui ou les siens auront faits aux Bearnois, suiuant le iugement que le seigneur de Bearn en fera; Ce qui est expliqué en cét accord, suiuant la phrase du temps qui est aussi employée dans les auteurs du moyen aage, sçauoir qu'il promet de *faire iustice de soi & des siens* deuant le Vicomte de Bearn, c'est à dire faire raison, & satisfaire iustement aux interessés, en presence & suiuant l'ordonnance dudit seigneur. Outre ce le Vicomte de Soule s'oblige auec serment par cét accord, pour soi, & ses heritiers, d'assister le Seigneur de Bearn contre tous hommes qui ne voudront pas lui faire raison, exceptés le Roi de Nauarre, duquel il tenoit quelque chose, & le Comte de Gascogne. Ce qui est à proprement parler lui prester le serment de fidelité; dautant plus que le Seigneur de Bearn ne lui fait pas vn semblable serment; encore bien qu'il lui promete de faire reparer les torts que lui ou les siens feront à ceux de Soule, & de connoistre des excés, aux mesmes lieux, que ceux de Soule sont obligés de se presenter, sçauoir à Nauarrenx, ou à Sainte Marie d'Oloron en Bearn.

III. Cét accord, qui est plus ancien de cinq cens cinquante ans, & s'est conservé au Thresor de Pau, doit estre mis en ce chapitre, tourné du Latin en François: *Au nom de la saincte indiuisible Trinité, commence la description de l'accord que firent entre eux, & leurs hommes, tant caualiers que pietons, Centulle de Bigorre qui est Vicomte de Bearn, & d'Oloron, & de l'autre part Raimond Guillaume Vicomte de Soule & ses enfans, & les autres caualiers de Soule. Premierement il a esté accordé, que si le Vicomte de Soule, ou quelque sien homme soit caualier ou pieton, enleue par quelque souplesse, aucune chose qui soit propre du Vicomte de Bearn & d'Oloron, qu'il lui face raison & iustice de ce fait, tant de soi que des siens, soit à Nauarrenx, ou à saincte Marie d'Oloron, en tel de ces deux lieux qu'il plaira au Vicomte de Bearn & d'Oloron; & qu'il face telle raison & iustice, que le Vicomte de Soule, & ses enfans, & les caualiers de Soule reparent au double la chose enleuée, où bien qu'ils se purgent moyennant leurs propres sermens: ce qui doit estre entendu en cas de defaut de preuue, du costé du plaignant. Pour les pietons qu'ils payent le double, suiuant le serment de leurs Seigneurs, ou bien que chascun deux se purge auec son serment, & celui de son* seigneur qui soit caualier, ou par le duel des hommes, qui iamais n'ayent fait guerre. Que si le Vicomte de Soule, ou quelque homme de Soule, fait quelque tort, ou enleue & oste par adresse, quelque chose à vn homme, soit caualier ou pieton, qui soit du Vicomté de Bearn & d'Oloron; Que le mesme Vicomte de Soule repare au double le tort qu'il a fait, lors qu'il verra vn homme plaignant en Soule; & auant que trois iours soient expirés qu'il face iustice de soi-mesme, ou se purge de sa main par serment le huictiesme iour: Qu'il face semblablement iustice du caualier, en sorte qu'il repare doublement ce que l'on demande, ou qu'il iure le huictiesme iour auec deux chevaliers, & qu'il face de mesme iustice du pieton, en sorte qu'il repare au double la chose demandée auec le serment de son seigneur, ou bien qu'il se purge le huictiesme iour auec son seigneur caualier qui iure auec lui, si ce que l'on demande est vne vache, trois pourceaux, ou dix brebis, ou quelque chose de plus grand prix; que si elle est de moindre valeur, il iurera auec deux tesmoins des meilleurs de sa Parroisse. Si le Vicomte de Soule ne fait point cette iustice, comme il est dit, il viendra à Nauarrenx, lors qu'il sera appellé par le Vicomte de Bearn & d'Oloron, ou bien à Saincte Marie d'Oloron, en quel de ces deux lieux qu'il plaira au Vicomte de Bearn & d'Oloron, & là fera iustice deuant le Vicomte de Bearn & d'Oloron, quant au Vicomte de Soule & les siens, en telle sorte qu'ils reparent le mesfait doublement, auec les sermens susdits, ou bien qu'ils iurent en la forme desia dite, ou qu'ils preuuent par le duel, que cela est, ou n'est pas. Lequel duel se fera, non pas en la riue de Soule, mais en la riue du costé de Nauarrenx, (c'est à dire du costé de la riuiere du Gaue, qui est prés de Nauarrenx, & non pas du costé qui est vers la Soule.) Et les sermens seront faits deuant le sainct de Meritens: & qu'il ne vienne point de Soule pour le duel, plus de cinquante hommes. Que le Vicomte de Bearn & d'Oloron face les mesmes choses des siens, exceptés ceux d'Aspe, au Vicomte de Soule. Cét accord sera gardé au Vicomte de Bearn & d'Oloron, à son fils, à sa race, & aux siens, tout autant que le Vicomte de Soule, ou ses enfans, & ses iureurs seront en vie: & de mesme le Vicomte de Bearn & d'Oloron le fera garder par les siens. Si aucun des Vicomtes vient à mourir, celui qui suruiura, & ses iureurs, garderont cét accord à l'heritier de l'autre, & aux siens; & veulent & consentent qu'il soit tousiours obserué par leurs heritiers. Outre ce le Vicomte de Soule, ses enfans, & Caualiers iurent au Vicomte de Bearn & d'Oloron, qu'ils l'aideront tousiours contre tous hommes, qui ne voudront lui faire raison & iustice, sçauoir pour ceux de Soule, aux lieux de Nauarrenx, ou Saincte Marie d'Oloron, exceptés le Roi de Pampelone, & le Comte de Gascogne. Si quelque homme du Vicomte de Bearn & d'Oloron, ou des siens s'enfuit en Soule, le Vicomte de Soule & les siens, où facent iustice de lui au Vicomte de Bearn & d'Oloron & aux siens, à Nauarrenx ou à Saincte Marie d'Oloron & aux siens; ou bien qu'ils l'assistent de bonne foi. Que si quelque larron sort de Soule, & entre en la terre du Vicomté de Bearn & d'Oloron, & reuient en Soule auec le mesfait, ceux d'où il est sorti le repareront auec l'amende, ou bien ceux vers lesquels il s'est retiré, ou ceux qui le voyans lui ont permis à leur esciens de passer, s'ils ne l'amenent à iustice deuant le Vicomte de Bearn & d'Oloron, à Nauarrenx ou à Saincte Marie d'Oloron. Raimond Guillaume Vicomte de Soule, & ses fils, & les meilleurs Caualiers de toute la Soule ont iuré cét accord, comme il est escrit; en telle sorte qu'il soit tenu & gardé inuiolablement par eux, & par les autres hommes de Soule, & qu'il dure au siecle du siecle. Paix aux hommes de bonne volonté. Amen.

I. E Chartario Palensi: Guilhermus Dux Aquitanorum fecit placitum cum Comite de Bigorra, videlicet cum Centullo de Bearn. Donauit igitur illi ipse Guilhermus Dux Aquitanorum, *fiscum* suum fiscus. Centulus Comes fuit illi fidelis, & adiuuauit illum in necessitate sua. Dedit ei *in fiscum* & filiis suis, & suæ progeniei duodecim *Conductus*, quos ipse G. Dux Aquit. habebat in Clairag, & à Clarag vsque ad Arganion in Bearn, & à Matia in Eleron, & omnia quæ pertinent ad ipsos Conductus de re Comitis. Illud quoque dominium quod G. Dux Aquit. habebat in Salinis, & quod pater dederat Centullo Comiti in pignus. Similiter dedit ei C. Adhuc dedit illi illud dominium quod Comes Sancius in Valle Sola, & in Curte Carreissa, & omnia quæ sunt in ipsis honoribus de iure Comitis, similiter dedit Centullo Comiti, & filiis suis, & suæ progeniei ipsa G. Dux Aquitanorum.

III. Ex eodem Chartario : In nomine sanctæ & indiuiduæ Trinitatis. Incipit descriptio Conuentionis quam habuerunt inter se & suos homines tam equites quam pedites, Centullus Bigorrensis qui est Vicecomes Bearnensis & Olorensis, & ex altera parte Raimundus Willelmi Vicecomes Soulensis, & filij sui, & equites Soulenses cæteri. In primis firmatum est. Si Vicecomes de Soula, aut aliquis suus homo, tam Caballarius, quam pedes, aufert vel substrahit aliquo ingenio, aliquam rem, quæ sit propria Vicecomiti Bearnensi & Oloronensi, faciat inde iustitiam ei de se, & de suis, aut in Nauarrensis, aut in Sancta Maria Olorensi, in quali loco horum voluerit Vicecomes Bearnensis & Olorensis; & talem iustitiam vt ipse Vicecomes Soulensis, & filij sui, & Soulenses Caballarij prædictam rem duplicatam emendent, aut suis sacramentis se ipsos purgent; pedites vero aut dupliciter emendent, per sacramenta Dominorum suorum, aut se ipsos ibi ex toto purgent vnusquisque cum sacramento senioris sui qui sit Caballarius, aut per duellum eorum hominum, qui nunquam fecissent bellum. Si autem ipse Vicecomes Soulensis, aut aliquis homo de Soula fecerit aliquam iniuriam, vel aliquid abstulerit, vel aliquo ingenio subtraxerit alicui homini, tam Caballario quam pediti, qui sit Vicecomitis Bearnensis & Olorensis, ipse Vicecomes Soulensis per se, aut dupliciter emendet quod fecit, quando hominem querelantem viderit in Soula, aut antequam transierint tres dies faciat inde iustitiam de se ipso, vel se ipsum sua manu purget sacramento, in die octauo. De Caballario vero iustitiam faciat similiter; vt quod queritur aut dupliciter emendet, aut in octauo die iuret cum duobus Caballariis. De pedite autem iustitiam similiter faciat, vt quod queritur aut dupliciter emendet cum sacramento Domini sui, aut in octauo die purget scipsum cum Domino suo Caballario secum iurante, si quod queritur est Vacca aut tres porci, aut X. oues, aut aliquid maius, & supra: quod vero minus infra fuerit, iuret cum duobus testibus, qui sint de melioribus in parochia eius. Quod si vt dictum est Vicecomes Soulensis hanc iustitiam non fecerit, veniat Nauarrensis inuitatus à Vicecomite Bearnensi, & Olorensi aut ad sanctam Mariam Olorensem, in quo loco horum Vicecomes Bearnensis & Olorensis voluerit, & ibi faciat iustitiam coram Vicecomite Bearnensi & Olorensi, de Vicecomite Soulensi & de suis supradictis, taliter vt malum factum, aut dupliciter emendent cum suprascriptis sacramentis, aut sicut iam supra dictum est iurent, aut per duellum vel esse vel non esse demonstrent. Quod bellum fiet non in ripa Soulensi, sed in sponda Nauarrensi. Et hæc sacramenta fiant ante Sanctum Meritensem, & ad duellum non veniant de Soula plusquam quinquaginta homines.................. peractis. Hæc omnia similiter faciet de suis Bearnensis & Olorensis Vicecomiti Soulensi, exceptis Alpensibus. Hæc igitur Conuentio firma tenebitur Vicecomiti Bearnensi & Olorensi, & filio suo, & suæ generationi & suis, quamdiu Vicecomes Soulis, vel filij sui & iuratores huius vixerint. Et similiter Vicecomes Bearnensis & Olorensis illis faciet teneri à suis. Si vero aliquis Vicecomitum mortuus fuerit, alius qui vixerit & iuratores eius, tenebunt istam conuentionem alterius heredi, & suis, & volunt & concedunt à suis heredibus eam semper teneri. Super hoc autem iurent Vicecomes Soulensis, & filij sui, & equites sui vicecomiti Bearnensi & Olorensi, vt semper sint ei adiutores contra omnes homines qui ei esse voluerint in rectum, vel in iudicium. Soulenses quidem in Nauarrensis, aut in Sancta Maria Olorensi, excepto Rege Pampilonæ, & Comite Gasconiæ. Si quis vero homo Bearnensis Vicecomitis & Olorensis, vel suorum ad Soulam fugerit; Vicecomes Soulis & sui, aut de eo iustitiam faciant Vicecomiti Bearnensi & Olorensi, & suis, in Nauarrensis aut in Sancta Maria Olorensi, aut fideliter inde adiutores eorum sint. Si quis autem fur de Soula exierit in terram Vicecomitis Bearnensis & Olorensis, & cum malefacto ad Soulam redierit, ipsi lege emendent malefactum de quibus exierit, vel ad quos redierit, vel qui videntes eum scienter transire permiserint, nisi eum adduxerint ad iustitiam in Nauarrens. aut in sancta Maria Olorensi coram Vicecomite Bearnensi & Olorensi. Hanc igitur Conuentionem iurauit sicut scripta est Raimundus Guillermi Vicecomes Soulensis & filij sui, & meliores totius Soulæ Caballarij, ita vt inuiolata teneatur ab his, & ab hominibus Soulensibus aliis, atque vigeat in seculum seculi. Pax hominibus bonæ voluntatis. Amen.

CHAPITRE XII

Sommaire.

I. Le Comte Centulle doüé de toutes loüables qualités. Amateur de la Iustice, protecteur des pauures, suiuant le témoignage du Pape Gregoire VII. Ce Pape l'exhorte à quiter sa femme, qui estoit sa parente. Commet Amatus Euesque d'Oloron, & Bernard Abbé de Marseille pour la separation. II. Nopces auec les parentes communes en son siecle. Ce qui ne prouenoit pas du mespris des canons, mais de la diuersité de l'explication des degrés. Les degrés contés au commencement suiuant les loix Romaines. La defense estenduë dans le Concile de Tolede, & neantmoins retenuë au sixiesme degré ciuil suiuant Isidore. Confirmée & renduë generale en l'Occident par le Pape Gregoire Second. III. Nouuelles opinions sur le conte des degrés de parenté. Concile Romain contre les Iurisconsultes de Florence. Auquel il ne fut gueres obei. IV. Centulle suiuit l'abus de son siecle; qui estoit enraciné en Gascogne. V. Amatus Commissaire pour la separation, & Legat en Gascogne & Aquitaine. En cette qualité il presida au Synode de Poictiers tenu pour la separation du Duc & de sa femme. Bernard Abbé de Marseille Legat & Adioint d'Amatus.

I. LE Comte Centulle estoit vn seigneur doüé de toutes les bonnes & loüables qualités, qui peuuent acquerir de la reputation à vn Prince Chrestien, protegeant les pauures, aymant la iustice, & procurant la paix dans ses terres, & dans celles de ses voisins. Ie n'auance pas ces paroles au hasard, pour remplir le papier, comme l'on fait ordinairement aux narrations steriles & dessechées, qu'on fournit bien souuent selon les preceptes des Sophistes Grecs, de termes honorables qui contentent l'oreille & n'ont autre solidité, que celle qui consiste en vn simple & vain resonnement. I'ai vn bon garend de mes loüanges, vn auteur du temps placé en la premiere dignité de l'Eglise, qui est le Pape Gregoire VII. Car escriuant au Comte Centulle l'an mille soixante dix-huict, Indiction 11. Il se conioüit auec lui, des bonnes qualités que ie viens de remarquer. Il est vrai qu'en suite, il lui reproche honorablement son mariage auec vne siéne parente, l'admoneste de corriger cette faute, & d'en faire penitence auec l'auis d'Amatus Euesque d'Oloron, & de Bernard Abbé de Marseille, de peur que la perseuerance en ce manquement ne reiallit à la honte, & confusion de cette noble Dame, qui estoit commise à sa garde & protection. L'exorte de proteger & defendre l'Eglise de Dieu, d'obeïr & porter du respect à ses Euesques, & lui tesmoigne le desir qu'il auroit de voir en personne, si sa commodité lui permetoit de venir à Rome.

II. Il ne faut point trouuer estrange, que nostre Centulle fust tombé en cette faute, d'espouser vne femme qui lui apartint en degré de consanguinité defendu par l'Eglise; dautant que c'estoit vn crime assés commun en ce temps, & autorisé par l'exemple des Princes, & de toute autre condition de personnes; qui ne faisoient point difficulté en ce siecle, & aux autres immediatement precedents; de contracter des nopces inceſtueuſes. Ce n'eſt pas qu'ils meſpriſaſſent ouuertement l'autorité des Canons Ecleſiaſtiques, mais ils ſe preualoient de la varieté, qu'il y auoit en ce temps parmi les doctes, en l'explication des degrés, qui auoient eſté fort eſtendus par l'Egliſe, au delà des defences ordonnées par les Empereurs. Car les Princes Chreſtiens, qui poſſedoient toute l'autorité pour regler ces matieres, auoient permis les mariages des couſins germains; mais les auoient defendus aux degrés plus hauts. Ce qui ſert d'argument à Saint Ambroiſe pour empeſcher le mariage de l'oncle, & de la niepce, dautant que ce troiſieſme degré eſt defendu par le droit Ciuil. A quoi il adiouſte, que la loi diuine interdict auſſi les nopces en ce degré. D'où il apert, que la régle de l'Egliſe au temps ancien, ſoit pour la defenſe, ou pour le conte, eſtoit priſe & des loix du Leuitique, & de celles des Empereurs, comme iuſtifie encore fort bien Saint Auguſtin. Ce qui a eſté ſuiui par les Synodes de la Gaule, & par celui du Trulle, qui comprennent dans la defenſe les couſins germains, & leurs enfans. Le Concile de Tolede ſecond tenu l'an 527. commença d'eſtablir en Eſpagne la defenſe d'eſpouſer les parentes, tandis que dureroient les lignes d'affinité. Ce qui n'euſt point de ſuite parmi les autres Prouinces de l'Occident, iuſqu'au temps du Pape Gregoire II. lequel au Synode Romain de l'an 721. defendit les mariages, iuſqu'à la ſeptieſme generation, celle-la excluſe; & comme la prohibition eſtoit conceuë en nouueaux termes, puiſés dans les textes des ſainctes Eſcritures, qui content les temps par les generations des peres, il falut auſſi que la ſupputation Eccleſiaſtique des degrés pour le mariage, fuſt differente de celle du droit Romain. Iſidore de Seuille, qui n'eſtoit pas fort eſloigné du temps du Concile de Tolede, a fort bien expliqué ce conte, lors qu'il met le pere & le fils au premier degré, le frere & la ſœur au ſecond, les couſins germains au troiſieſme, les remués de germain au quatrieſme, les troiſiémes couſins au cinquiéme degré, & leurs enfans au ſixiéme. A quoi cét auteur adiouſte, que la conſanguinité s'eſtant eſpanduë par ces diuers prouignemens, & comme perduë dans le ſixiéme degré, la loi du mariage la reprend derechef, la retire de ſa fuite, & l'attache dans vn nouueau lien. Or, dit-il, la parenté a eſté bornée à la ſixiéme face, comme la generation du monde, & l'eſtat de l'homme eſt fini & terminé à ſix diuers aages, (c'eſt à dire à ſix millenaires, apres leſquels les anciens ont creu, que le monde ſeroit à ſa fin.) Cette defence iuſqu'à la ſeptiéme generation, a eſté ſuiuie en foule par tous les Conciles, par les auteurs Eccleſiaſtiques, & par les loix Capitulaires des Princes, qui ont eſté apres Gregoire II. ainſi que i'ai verifié fort exactement ailleurs au traité de la Iuriſdiction Eccleſiaſtique & ſeculiere ſur le fait des mariages.

III. Neantmoins il ſuruint de la diſpute, ſur la ſupputation des degrés. Car l'ignorance du vrai calcul remarqué par Iſidore de Seuille, introduiſit auec le temps deux autres diuerſes opinions; Les vns prenans les freres pour le premier degré, les autres les couſins germains, comme remarquent les Eueſques aſſemblés au Concile de Selgonſtad, qui eſtabliſſent par leur auis, le premier degré aux couſins germains. Les Iuriſconſultes de Florence, & des autres Prouinces, offencés de ces calculs qui rendoient les alliances tres difficiles, & ſe faſchans encore d'vne practique nouuelle, qui s'eſtoit gliſſée de comprendre le ſeptiéme degré dans ſa defenſe, s'aduiſerent de renuerſer ſubtilement la rigueur de la diſcipline Eccleſiaſtique, auec vne nouuelle explication des degrés, ſuiuant les loix Romaines, s'appuyans ſur l'autorité de Saint Ambroiſe, qui les auoit contés en cette ſorte ſur le fait des mariages; & par ce moyen ſe tenans à la defence iuſqu'au ſeptiéme degré, ils bailloient la liberté de ſe marier enſemble, aux enfans des ſeconds couſins, ſuiuant les anciens Conciles, & l'vſage de l'Egliſe Orientale. Le Pape Alexandre Second pour retrancher ces difficultés, assembla le Concile Romain l'an M. LXV. & condamna l'opinion nouuelle des Iurisconsultes, qui establissoient, comme il dit ailleurs en son epistre aux Clercs de Naples, le premier degré aux freres : de quoi il ne les blasme pas, mais de ce qu'ils metoient en la huictiesme generation les enfans des seconds cousins. Le Cardinal Pierre Damian auteur de ce temps-là, fait voir en son traité, *de Contemptu seculi*, le peu de succés qu'auoient eu ces deffenses reïterées du Synode Romain, n'y ayant eu pas vn seul de tant de milliers d'hommes enuelopés dans ce crime, comme il parle, qui eust voulu abandonner l'abomination de cette alliance malheureuse, ni desister comme excommunié de l'entrée de l'Eglise, ou de la familiarité & hantise des autres Chrestiens. *Les maris aimans mieux*, adiouste-il, *qui estoient chatoüillés de la beauté de leurs femmes, ou retenus par les richesses d'vne dot abondante, & par la belle esperance de leurs enfans communs, se retirer ouuertement de Dieu, que de dissoudre le lien d'vn si auantageux mariage. Là où si par malheur ils se trouuoient engagés dans l'incommodité d'vne facheuse femme, les hommes inuentoient vne fausse ligne de parenté, & produisoient le nom de plusieurs ayeux inconnus, dont ils verifioient la succession auec des tesmoins supposés*, ainsi que déplore ce Cardinal. De sorte que les mauuaises rencontres qu'il y auoit en l'execution de cette ancienne seuerité canonique, obligerent en fin le Concile de Latran tenu sous le Pape Innocent III. l'an 1215. de relascher cette defense iusqu'au quatriéme degré inclusiuement, prenant celui de freres pour le premier, suiuant l'opinion qui auoit preualu, contre l'ancien calcul, qui establissoit le premier degré au pere & au fils. Et par ce moyen les Iurisconsultes obtindrent auec le temps, de l'autorité & condescendance de l'Eglise, ce que leurs predecesseurs n'auoient pû gagner par la subtilité de leur interpretation, horsmis que le degré auquel ils commençoient à permetre le mariage, fût le dernier compris dans la defense.

IV. Centulle donc suiuant la coustume, ou plustost l'abus introduit en plusieurs endroits de l'Europe, mesmes aux quartiers d'Aquitaine, & de Gascogne, se maria à sa parente ; quoique dés l'an 879. le Pape Iean escriuant à l'Archeuesque d'Aux Airard, Inuolat de Comenge, Arnaud de Coserans, & à l'Euesque d'Oloron ou de Bigorre (*Bigorrensi aut Olorensi*: car l'inscription est corrompuë.) Et ordonnant sur la relation qu'ils lui auoient faite touchant les infractions des ordonnances Ecclesiastiques en la Prouince de Gascogne, eust renouuellé les defenses des mariages incestueux, tandis que les races se connoistroient entre elles. C'est pourquoi sur l'admonition paternelle, que nostre Prince receut du Pape, il ne fut pas reuesche aux commandemens de l'Eglise, comme estoient les autres Princes de son temps, suiuant le témoignage du Cardinal Damian ; au contraire il se conforma entietement à l'auis d'Amat Euesque d'Oloron, à qui le Pape auoit attribué toute la connoissance de cette matiere, coniointement auec Bernard Abbé de Marseille. Car autrement suiuant la disposition generale des Canons, & le reglement particulier decerné pour la Gascogne par le Pape Iean VIII. en la letre alleguée, c'estoit à Bernard Euesque de Lascar, qu'il apartenoit de receuoir au benefice de la penitence, le Vicomte Centulle, qui faisoit sa demeure ordinaire dans son Diocese en la ville de Morlas.

V. Il est vrai, que l'Euesque Amatus outre la commission particuliere, estoit fondé, non pas en vertu de son Episcopat d'Oloron, mais selon le pouuoir de sa Legation de Gascogne & d'Aquitaine, de prendre connoissance de cette cause Ecclesiastique. Car dés l'an M. LXXIV. le Pape Gregoire auoit creé Amat pour son Legat, mesmes pour ordonner sur la separation du mariage de Guillaume V. Comte de Poictiers, & de Gascogne, qui auoit espousé vne sienne parente. A quoi il trauailla coniointement auec Gozelin Archeuesque de Bourdeaux son compagnon, en la legation pour cette cause, & conuoqua vn Synode d'Euesques à Poictiers, qui ordonnerent par prouision le diuorce du Comte & de la Comtesse; quoi que l'Euesque de Poictiers Isembert fut si temeraire, que de faire entrer dans l'assemblée, des soldats qui firent de grands outrages, à ceux qui estoient là conuoqués, & merita par son insolence d'estre suspendu de sa charge, & assigné au Synode general, qui se deuoit tenir à Rome, comme il apert par les Epistres du Pape Gregoire VII. Où l'on peut remarquer qu'en l'Epistre seconde, Amat Euesque d'Oloron precede l'Archeuesque de Bourdeaux Gozelin dans sa Prouince, & partant qu'il estoit le premier Legat, & en cette qualité presidoit au Concile de Poictiers. Or qu'au fait particulier de Centulle, l'Euesque Amat deust proceder en qualité de Legat, il se recueille suffisamment de l'Adioint qui lui est donné, sçauoir Bernard Abbé de Marseille: lequel estant de retour de cette Legation importante d'Alemagne, qui lui auoit esté baillée l'an M. LXXVII. pour y negotier les affaires du S. Siege Romain auec l'Empereur Henri, quoi que sans effet, auoit esté chargé nouuellement de passer en Espagne, pour pacifier les enfans de Raymond Berenger Comte de Barcelone; & par ce moyen empescher que les Mores ne prissent auantage de leurs desordres, comme l'on voit dans le Registre; Et en cette mesme qualité de Legat auoit receut la commission pour la separation du mariage de Centulle, en cas qu'il peust arriuer à temps sur les lieux, pour y trauailler conioinctement auec Amat Euesque d'Oloron: qui precedant ce Legat en l'ordre de l'escriture, dans le corps de l'Epistre du Pape, ne peut estre consideré en cette action, qu'en la qualité de Legat du Pape Gregoire VII. Ce qui se rendra plus clair, lors que ie verifirai que nostre Amat a exercé longues années la Legation en toute la Gascogne, & a eu des commissions tres-importantes en Bretagne, & en Espagne.

I. Gregorius VII. l. 6. Reg. ep. 20. Gregorius Episcopus seruus seruorum Dei, Centullo Comiti, salutem & Apostolicam benedictionem. Audiuimus de te, per tales quibus fidem habemus, ea quæ Christianum Principem bonis omnibus debeant commendare, quia sis videlicet Amator Iustitiæ, defensor pauperum, & propagator pacis. Vnde te in dilectionem, & gratiam, sicut filium Ecclesiæ Romanæ suscipimus, & vt in bonis cœptis de die in diem proficere studeas admonemus. Tamen reprehensibile quoddam in te esse cognouimus, quia scilicet Consanguineam tuam habes vxorem; & inde nimis cauendum est tibi, scilicet ne ex occasione culpæ istius, cætera quæcunque agis bona disperearent. Age ergo, & secundum Concilium Amati Episcopi Eloronsis, & Bernardi Massiliensis Abbatis (siquidem ad vestras partes poterit peruenire) prædictum reatum emendare, & penitentiam inde agere stude, ne pro hoc animam tuã perdas, & Nobilem feminã quæ sub tutela tua est commissa, confundas. Ante omnia Ecclesiam Dei venerari semper, & honorare atque defendere stude, & Episcopis quasi patribus tuis reuerentiam & obedientiam exibe scias quod pro hoc, te & in hoc seculo maiorem gloriam, & in futuro vitam promereri perpetuam. Si facultas tibi esset veniendi ad nos, desideraremus te videre, ac plenius de animæ tuæ salute instruere. Dat Romæ 5. Id Martij. Indict. Secunda.

IV. Ioannes VIII. ep. 198. Præterea vnum valde illicitum, & execrabile malum contra venerabilia Sanctorum patrum decreta, eosdem vestros Parochianos committere audimus, hoc est vt nulla generis consanguinitate custodita, nulla propinquitatis parentelæ obseruata, vnusquisque suam propinquam in quocumque fuerit gradu, accipiat in vxorem, atque incesto & nefario coniugio se copulent; quod licitum facere Christianis non est, dum vsque se Generatio cognouerit. Infra: Si quis vero in hoc nefario coniugio inuentus in eo permanere voluerit, aut nunc ab vxore solutus hoc agere tentauerit, sciat auctoritate Apostolica anathematis vinculo se esse innodatum, & nullus Sacerdos illi tribuat communionem: & si inclinatus ab illicita se copula diuiserit, pœnitentiæ summitatur, vt Sacerdos loci considerauerit.

V. Gregorius 7. l. 2. ep. 1. 3. 4. 23. & 14. lib. 6. ep. 6.

CHAPITRE XIII.

Sommaire.

I. Centulle séparé de sa femme, nommée Gisla. Il bastit & dote le Prieuré, & l'Eglise Saincte Foi de Morlas pour l'expiation de son peché, & la met sous l'obeissance de Hugues Abbé de Clugni. II. Le consentement des Euesques interuint, à cause de la donation des dismes, que les Conciles auoient defendu aux laïcques, de donner aux monasteres. III. Gisla mere de Gaston. Elle fut conduite à Clugni pour prendre l'habit de religieuse, par Guillaume Archeuesque d'Aux, & Amat Legat du Pape.

I. Il ne faut pas douter que le Legat Amatus ne procedast incontinent à l'execution de sa commission, auec la prudence requise, & que dés aussi-tost il ne prononçast sur la separation du mariage, apres auoir oüi les parties, & fait vne sommaire inquisition de leur consanguinité. Car ie trouue, que Centulle reconnoist lui mesme sa faute, d'auoir espousé sa femme *Gisla* contre la loi de Dieu, & pour expiation de son peché, apres s'en estre repenti, consacre à Dieu, & à Saint Pierre l'Apostre, vne Eglise qu'il fait bastir à mesme temps, en sa ville de Morlas, sous le nom de Saincte Foi : laquelle il dote de plusieurs belles rentes, sçauoir des dismes, & premices de tous les champs, que les habitans du bourg de Morlas cultiuoiét ou pourroient cultiuer à l'auenir, de la dixiéme partie de ses droicts de la fabrication de la monoye, qui se batoit en cette ville, de la disme des Fours, de la proprieté, & de la disme de sa vigne, de la disme des champs de Saincte Foi, & de toutes les autres terres qui estoient de son domaine. Et finalement, il donne à cette nouuelle Eglise toute la ville de Morlas, auec sa Franchise & Ingenuité, & toutes ses apartenances, soit bois, landes, forests, vignes, champs, & autres choses quelconques. Il proteste de faire ce don à Dieu, & à Saint Pierre de Clugni, pour soi, sa femme Gisla, & son fils *Gaston*, afin qu'il plaise à Dieu lui pardonner ses pechés en cette vie, & le combler de sa gloire, en l'autre : Desirant que l'on sçache, qu'il a fait ce don par le conseil, & consentement de Guillaume Archeuesque d'Aux, de Bernard Euesque de Lascar, d'Amatus Euesque d'Oloron, & de Bernard Tumapaler son oncle, & de tous les seigneurs de sa terre; & qu'il l'a mise en main de *Hunaud* Abbé de Moyssac, pour estre sous la puissance & disposition d'Hugues Abbé de Clugni.

II. Le consentement de l'Archeuesque, & des Euesques estoit requis en cette donation, à cause des defenses, que les Conciles precedens auoient decernées, & qui auoient esté confirmées en suite, par les Canons du Synode Romain tenu l'an M. LXXVIII. sous Gregoire VII. & depuis par celui de Melfe tenu par le Pape Vrbain II. l'an M. X C. qu'aucune personne laïque ne peut metre hors de sa main, les dismes, ni premices, pour les donner aux monasteres, sans le consentement du Pape, ou des Euesques Diocesains : dautant que la principale institution des dismes ayant esté ordonnée par le commun desir, & la pratique generale des Chrestiens, pour fournir à l'entretenement & à la nourriture des Euesques, & des Prestres seculiers residans dans les parroisses, pour y faire le seruice, administrer les Sacremens aux peuples, & pouruoir aux reparations & ornemens de l'Eglise, comme dit le second chapitre du Synode de Mets, tenu sous le Roi Arnulfe; il sembloit que les laïcques, qui s'estoient saisis de ces dismes, par l'autorité des Princes, sous pretexte de s'indemniser des grandes despenses qu'ils souffroient pour la protection de l'Eglise & de la Foi, ne deuoient pas les transporter au preiudice du droit de reuersion apartenant aux Ecclesiastiques, en faueur des monasteres, dont l'establissement n'estoit que subsidiaire dans l'Eglise; sans que pour le moins les Euesques principalement interessés en la matiere, aportassent leur consentement à cette alienation. Pour ce qui regarde Bernard Tumapaler Oncle de Centulle, nous l'auons veu dans la pompe du siecle possedant le Comté de Gascogne, & maintenant il ne porte autre tiltre, que celui de son nom ordinaire, à cause qu'il s'estoit renfermé dans le Conuent de Saint Mont en Armagnac, qu'il auoit assujeti au monastere de Clugni.

III. Quant à *Gisla* femme de nostre Vicomte, & mere de cét inuincible Gaston, que nous verrons bien-tost vainqueur & Triomphateur des Sarrasins en Palestine, & en Espagne, ie n'ai pû descouurir sa race, ni le degré de parenté, qui estoit entre elle, & son mari Centulle; le Pape Gregoire ayant seulement indiqué dans son Epistre, que c'estoit vne Noble Dame, qui auoit consenti de bonne foi à ce mariage. C'est pourquoi aussi Gaston son fils succedera au pere, comme son legitime heritier, & recueillera la succession de la maison de Bearn. Cependant apres la separation du mariage, elle fut conduite vers Clugni, pour prendre l'habit de Religieuse, dans le monastere nouueau de Marciniac, par Guillaume Archeuesque d'Aux, & le Legat Amatus. Cette seule circonstance fait voir, en quelle consideration on auoit la maison des Princes de Bearn en ce temps; puis que l'on conduisoit la Dame à six vingts lieuës de sa maison, auec autant de dignité, que l'on pourroit faire auiourd'hui les plus illustres Princesses de l'Europe.

I. Charta Morlanensis : Ego Centullus Vicecomes Viatuenfis memor omnium peccatorum meorum, & consanguinitatis vxoris meæ, quam contra Dei legem duxeram vxorem, sciensque post mortem meam nil me boni operaturum, quo possim mea delere peccata ; adhuc vigens & viuens tribuo Deo, & B. Petro Apostolo Cluniacensi, Ecclesiam quæ ædificatur in honore Sanctæ Fidis, & si quas alias post illam apud *Morlas* ædificandas, cum omnibus oblationibus quæ offeruntur pro salute omnium fidelium viuorum vel defunctorum, & cum primitiis vel decimis omnium agrorum, quos homines in Burgo degentes colunt vel culturi erunt. Dono etiam monetam partis meæ, & decimam omnium furnorum qui sunt vel futuri erunt. Dono etiam vineam meam propriam, & decimam ipsius vineæ, & decimam agrorum S. Fidis, & omnium propriarum rerum. Ad vltimum Dono iterum totam villam Morlensem, cum omni Ingenuitate, & cum omnibus rebus sibi pertinentibus, cultis & incultis, adquisitis vel adquirendis, in campis, in landis, in siluis, in vineis, in nemoribus, & in omnibus ceteris bonis. Hæc omnia dono Deo, ac S. Petro Cluniacensi, propter me, & propter vxorem meam *Gislam*, & filium meum *Guastonem*, vt in præsenti seculo precibus B. Petri Apostolorum Principis, Deus nostri misereatur, & in futuro æterna vita cum omnibus sanctis nobis à Domino tribuatur. Ceterum notum sit omnibus hominibus, quod hoc donum feci, *cum consensu*, & consilio Dompni. Vuillelmi Ausciorum Archiepiscopi, & Bernardi Lascurrensis Episcopi, & Dompni *Amati* Holornensis Episcopi, & *Bernardi Tumapalery Auunculi mei*, & omnium Principum *sub meo dominio* degentium, in manu Dompni *Hunaldi* Abbatis Moyliacensis, sub potestate Dompni Hugonis Abbatis Cluniacensis. His vero rebus peractis, misi Dompnam Gislam vxorem meam, in manu Dompni Vuillelmi Ausciorum Archiepiscopi, & Amati Holornensis Episcopi ad Cluniacense coenobium, caussa Sumendi religionis habitum.

CHAPITRE

Liure quatriefme. 301

CHAPITRE XIV.
Sommaire.

I. Hugues Abbé de Clugni, de grande sainĉteté & reputation. Il baſtit le monaſtere de Marciniac pour les Religieuſes auancées en aage, veufues, ou ſeparées de leurs maris. Deſcription de la conduite de ce monaſtere, par Hildebert Eueſque du Mans. II. L'Egliſe de Sainĉte Foi dependante du monaſtere de Marciniac, ſuiuant les reſcrits des Papes. Giſla fut Religieuſe en ce monaſtere. III. Deſcription de l'embraſement qui arriua à cette maiſon. Conſtance de Giſla qui ne voulut ſortir par commandement de Hugues Archeueſque de Lion, Legat du Pape. Le feu s'arreſte par la foi de Giſla, & la priere de Hugues, ſuiuant le recit de Pierre le Venerable. IV. (eci arriua l'an 1094.

I. Vgues Abbé de Clugni a eſté vn des plus ſignalés, & plus parfaits religieux de ſon temps, qui a trauaillé heureuſement à la reformation generale des monaſteres de ſon ordre, a eſté parrain de l'Empereur Henri troiſieſme, & ſa caution enuers le Pape Gregoire VII. & ayant eſté employé au maniement des affaires les plus importantes de ſon ſiecle, il a conſerué dans ce commerce, la rigueur de la diſcipline monaſtique, & la pureté de ſes mœurs; enfin apres auoir operé pluſieurs miracles, il fut canoniſé apres ſa mort, qui arriua l'an M.CXI. en l'année LXXXVI. de ſon aage, & LXI. de ſon ordination, qui commença en l'année M. L. Hildebert Eueſque du Mans eſcriuant ſa vie dit, que ce ſaint perſonnage baſtit vn monaſtere en ſon patrimoine nommé *Marciniac*, où *les femmes auancées & deſgouſtées de la licence maritale, peuſſent digerer leurs vieilles fautes, & meriter d'eſtre ſerrées des embraſſemens de N. S. Il y eut de Nobles Dames qui choiſirent ce lieu: leſquelles ayans gouſté les plaiſirs auec les nopces, pouuoient eſtre priuées de tous les deux, auec d'autant plus de patience, qu'elles auoient apris la courte volupté, qu'il y a detrempée auec le deſplaiſir. Il leur ordonna vne belle regle de vie, qui les obligeoit à ne ſe preſenter point à la veuë des hommes, ni pour y eſtre contrainĉtes par la neceſſité des choſes domeſtiques, ni pour quel autre affaire que ce fuſt: afin que celles, à qui leur vœu auoit indiĉt la continence, ne fuſſent ſollicitées à faillir par le regard. Leurs procureurs eſtoient des religieux ſages & prudens, ſous la garde & ſoin deſquels, ni leur bien ne craignoit point l'alienation, ni leur honneſteté du decher. Il n'y auoit là dedans aucune ieune fille, ou c'eſtoit en petit nombre, pour euiter que la chaleur d'vn aage folaſtre n'attiraſt de l'infamie ſur ce lieu, ou n'engendraſt quelque ſcandale parmi les ſœurs. Il commit pour leur inſtruĉtion vn ancien religieux nommé Renchon; perſonnage d'vne reputation tres-entiere, qui ſçauoit prouoquer la deuotion par la miſericorde, & en arreſter l'excés par la diſcipline. Et afin que par le defaut des habits, ou de la nourriture, cette ſainĉte profeſſion ne vint à deſcheoir, il les pourueu de reuenus ſuffiſans, acheta des terres, & prit vn tel ſoin de leurs neceſſités, que l'abondance ne peuſt y faire entrer le crime, ni la diſete extorquer la plainte.* I'ai mieux aimé repreſenter l'eſtat de cette ſainĉte maiſon, auec les paroles fleuries de l'Eueſque Hildebert, que i'ai tournées en François, que d'eſtre en peine de les tranſcrire en Latin, pour autoriſer ma narration.

Cc

II. Or entre les Conuents que ie trouue auoir esté assignés à ce nouueau monastere de Marciniac, & parmi plusieurs Eglises qui en dependoient, le Pape Vrbain II. denombre l'Eglise de Saincte Foi de Morlas. D'où l'on peut inferer, que la bonne Dame Gisla se retira en ce Conuent, apres auoir receu le voile à Clugni; puis que cette maison estoit destinée pour les personnes de sa condition, qui s'estoient retirées de la compagnie de leurs maris. Ce rescript du Pape Vrbain II. adressé aux religieuses du monastere de Marciniac, est rapporté par le sieur Duchesne en ses Annotations sur ce lieu de Hildebert, en date à Saint Flour de l'an M. XCVI. où le Pape confirmant les priuileges de ce Conuent, & la possession des Eglises qui en dependoient, adiouste, *dans le Comté de Bearn, l'Eglise Saincte Foi, en la ville appellée Furcas, Incomitatu Bearnensi Ecclesiam S. Fidei apud villam quæ dicitur Furcas*. Le Pape Paschal II. en sa confirmation accordée à Pontius Abbé de Clugni, l'an M.C.IX. nomme aussi Saincte Foi de Morlans, *S. Fidem de Morlanis*. Comme aussi le Pape Honorius II. en sa Bulle expediée en faueur de Pierre le Venerable Abbé de Clugni, l'an M.C.xxv. fait mention de Saincte Foi de Morlas. Cela suffiroit pour tesmoigner, que la bonne Dame Gisla a fait sa residence dans ce monastere, si le bon heur de la maison de Bearn ne vouloit, que ie puis encore produire vn tesmoin irreprochable, qui l'a veuë lui-mesme dans ce Conuent, attirant apres soi la curiosité des saincts personnages, à cause d'vn éuident miracle, que Dieu auoit operé pour conseruer sa personne.

III. La rencontre en est fort bien descrite par Pierre le Venerable Abbé de Clugni, qui dit que le monastere de Marciniac, *est vn lieu doüé d'vne grace singuliere parmi tous les autres saincts lieux des religieuses, & qui brille par son propre esclat, comme vne forte lumiere parmi les autres esclatans astres du Ciel. Là dedans vn grand nombre de Nobles Dames, qui descendent mesmes de la sublimité du sang Royal, meprisent les richesses, reiettent les honneurs, foulent la superbe, domptent la conuoitise, & suiuans la pauureté de N. S. vainquent le monde auec son Prince. Du nombre desquelles, plusieurs destituées par la mort de leurs maris, ont refui de s'engager aux secondes nopces. Les autres ont quité leurs maris viuans, & quelques-vnes exemptes de la corruption de la chair, ont preferé aux voluptés charneles l'honneur Euangelique de la virginité: Et toutes en commun surpassans la foiblesse du sexe par vne constance masle, soubsmetent à elles mesmes toutes les choses du monde, & leurs propres affections. Enfermées dans vne closture salutaire, & serrées dans vn sepulcre vital, s'il faut ainsi parler, elles attendent pour cette restrecissure d'estre à iamais au large, & pour ce sepulcre, vne heureuse resurrection. C'est pourquoi elles ont choisi de mourir plustost que d'en sortir, & de se perdre plustost, que de mettre le pied hors le seüil ordonné. Ce qui apparut, lors qu'en vn certain temps, le feu se prit aux maisons du village proche de ce monastere, les monceaux des flammes estoient portés en haut, & ayant embrasé tout ce qui estoit aux enuirons, s'approchoient des logemens de ces sainctes religieuses. Il s'esleue vne grande clameur du peuple, qui estoit plus en peine, & soigneux de conseruer cette saincte maison de l'embrasement, que de son propre domage. Tous courent en foule vers les remparts de la muraille qui l'enuironne, & montans de toutes leurs forces sur les toicts des maisons, trauaillent d'aller au deuant du feu, escartent la matiere desseichée qu'ils rencontrent, & ne laissent rien en arriere de ce qui peut seruir pour le repousser. Mais ce soin ne leur profite point, dautant que l'air esmeu par le vent, multiplioit les forces du feu, & poussant la fumée meslée auec la vapeur de la flamme, sur le visage, & les yeux de ces gens, empeschoit leur defense. Apres auoir resisté vn temps, enfin vaincus par le violent conflict des elemens, ils abandonnent les toicts, & se precipitans pesle mesle en terre, ne s'empeschent plus à garder les maisons, mais leurs propres personnes. Le feu, ces empeschemens estans ostés, s'en va librement par tout, & s'attachant à la partie plus proche des bastimens, consume auec vn horrible bruit les grandes masses de bois. Et tandis que la voix plaintiue de ces*

Liure quatriésme. 303

gens remplit tout d'vne clameur confuse, ne sçachans quel conseil prendre, ils n'attendent que la derniere ruine des seruantes de Dieu. Alors estoit par hazard sur les lieux *Hugues Archeuesque de Lion*, qui pour la probité de ses mœurs, & sa conuersation religieuse, auoit esté creé & establi Legat de presque toutes les Gaules par le Pape *Vrbain*: auquel vn chascun acourt comme à son pere, & lui demande conseil; sur tout ils le suplient qu'il persuade les sainctes Dames enfermées de sortir, & qu'il ne souffre pas, qu'vn tel bercail des brebis de N. S. perisse par le feu. L'Archeuesque esmeu entre à la haste dans le Cloistre, & assemblant promptement les religieuses, les exorte auec vn grand soin d'éuiter ce danger. Et comme elles refusoient tout à plat, & asseuroient constamment qu'elles aimoient mieux mourir, que rompre leur vœu: L'Euesque leur dit, Ie vous commande de l'autorité de Saint Pierre, & du Pape, que ie represente, & par l'obeïssance de vostre Abbé, que vous sortiés presentement de ce lieu, & que vous ne permetiés point d'estre bruslées auec vos logemens dans cét incendie. A quoi respondit vne Dame de grande *Noblesse* & conuersation, embrasée de foi & d'esprit, nommée *Gisla*, laquelle i'ai veu plusieurs fois: Pere la crainte de Dieu, & le commandement de nostre Abbé nous a enfermées iusqu'à la mort dans les bornes que tu vois, afin que nous peussions éuiter le feu eternel. C'est pourquoi, il ne se peut faire en aucune façon, que pour aucune necesité, nous sortions de nos piéds, hors les termes qui nous ont esté ordonnés pour nostre penitence, si nous ne sommes relaschees par celui, lequel au nom de Dieu nous a enfermées ici. Ne veuillés donc, Seigneur, s'il vous plaist, nous command.r, ce qu'il ne nous est pas loisible d'executer; mais comme vous nous commandés de fuir le feu, armé que vous estes de la vertu de N. S. commandés plustost à ce feu, qu'il se retire de nous. L'Archeuesque estonné de la grande foi de cette Dame, estant aussi lui mesme tout d'vn coup rempli de foi, sort dehors, & deuant tous ceux qui estoient là presens, baignant son visage de larmes dit, Au nom de Dieu, & par le merite de la foi de cette femme, qui a parlé maintenant, feu pestifere retire toi des logemens des seruantes de Dieu, & ne presume point d'apporter aucun autre domage. Ces paroles estans proferées par l'Euesque (ainsi que me l'ont témoigné ceux qui le voyoient) tout d'vn coup l'immensité des flammes reprimée par vne vertu inuisible, comme s'il y eust eu vne muraille de fer à l'opposite, ne pût passer plus outre, & sans aucune goutte de pluye s'estaignit de soi-mesme, auec vne vitesse incroyable, Ainsi la bonté diuine tesmoigna par ce magnifique & non esperé miracle, que le vœu & bon propos de ces femmes, lui estoit agreable, & monstra, que comme il l'auoit promis en l'Euangile, toutes choses estoient possibles par le merite de la vraye foi, à celui qui croit.

IV. C'est le discours de Pierre le Venerable; qui rapportant cette action au temps de la Legation de Hugues Archeuesque de Lion, est cause que le Cardinal Baronius transcriuant les propres paroles de l'auteur, la consigne en l'année M. XCIV. Et ie recueille, de ce que Gisla parla pour toutes les religieuses, auec vne si grande generosité de courage, qu'elle deuoit estre l'Abbesse, & la Superieure des autres.

I. III. Hildebertus Cenoman. in vita Hugonis in Biblioth. Clun. Andreas Duchesnius in Notis, à quo referuntur Rescripta Pontificum. Petrus Vener. libr. 1. Mirac. c. 22 Baron. in Annal. Ad annum 1094.

Cc ij

CHAPITRE XV.

Sommaire.

I. Hunaud Abbé de Moyssac frere du Comte Centulle. Il eut pour son partage le Vicomté de Brulhois. Il fut religieux de Moyssac l'an 1062. Et Abbé l'an 1072. II. Monastere de Moyssac fondé par Clouis, & restabli par Loüis le Debonnaire. III. Hunaud renommé pour son Eloquence. Hugues Abbé de Clugni guerit vn ladre en sa compagnie. IV. Preuues par les tiltres de Moyssac, que Hunaud estoit frere de Centulle, & auoit eu en partage le Vicomté de Brulhois. Il donne au monastere de Moyssac l'Eglise de Leyrac, & autres qu'il auoit au Brulhois. Nomme son pere Roger, sa mere Adelain, & son frere Hugues le Vicomte. Et son oncle Saxeton.

I. L'Explication du tiltre de Morlas, & la suite de l'histoire m'obligent à faire voir, qui estoit Hunaud Abbé de Moyssac; entre les mains duquel est deposée la donation de l'Eglise, & des rentes de Saincte Foi, pour estre sousmise à la disposition de Hugues Abbé de Clugni. Les anciens tiltres de l'Abbaye de Moyssac en Querci, nous mettent hors de peine, lors qu'ils nous aprennent que l'Abbé Hunaud estoit frere de Centulle Comte de Bearn, & que le Vicomté de Brulhois qui appartenoit au Seigneur de Bearn, lui estoit escheu pour son partage. Il prist l'habit de religieux l'an M.LXII. & plusieurs actes le qualifient Abbé de Moyssac, depuis l'an M.LXXXIII. iusqu'en l'année M.XCI. Mais on peut asseurer sans faillir, qu'il estoit Abbé dés l'an M.LXXIX : puis que le tiltre de Morlas lui donne cette qualité en cette année ; Et qui plus est, le sieur Catel au Liure premier de l'histoire des Comtes de Tolose rapporte à l'année M.LXXII. le restablissement de la vie reguliere, que fit dans le Chapitre de S. Estienne, Ysarn Euesque de Tolose, par l'aduis du Comte Guillaume IV. de Hugues Abbé de Clugni, & *de Hunaud* Abbé de Moyssac. Vn semblable effort de zele & de deuotion ne lui succeda pas, lors qu'il persuada à ce Comte Guillaume de s'emparer de l'Eglise Saint Sernin de Tolose, d'en chasser les Chanoines y residans, & d'en bailler la possession aux Religieux de Saint Benoist. Car cette violence fut beaucoup blasmée, & la procedure reuoquée par Richard Legat du Pape, Dalmatius Archeuesque de Narbonne, & Hugues Archeuesque de Lion; dont le Comte fit sa penitence par acte de l'an 1083. que l'on peut voir chés le sieur Catel.

II. Au reste le monastere de Moyssac fondé par Clouis, & restabli par Loüis le Debonaire estoit en ce temps de fort grande reputation, pour auoir esté solennellement dedié par les Euesques de la Prouince d'Aux, en l'an M.LXIII. comme témoigne l'inscription, qui est sur la porte de cette Eglise, qui est fidelement representée par Geraud de Saincte Croix, en son Catalogue des Euesques de Cahors, que i'ai inseré au bas de ce Chapitre, en consideration d'Estienne Euesque d'Oloron, qui assistoit à l'assemblée.

III. Hunaud ne fut pas esleu Abbé par faueur, mais tant à cause de son merite, & de sa vie exemplaire, qu'en consideration de sa race, & de son éloquence: Ce sont les bonnes qualités, que lui attribuë l'auteur de la relation des miracles de Saint

Liure quatriesme. 305

Hugues de Clugni, lors qu'il escrit, que ce grand & Saint Abbé marchant par la Gascogne, rencontra sur son chemin, prés d'vne petite maison, vn homme de noble race, miserablement infecté, & perdu de ladrerie, qui ayant esté auparauant agreable pour sa beauté, & consideré pour ses richesses, estoit maintenant chargé d'vlceres, de pauureté, & d'infamie. Le seruiteur de Dieu émeu de cette affliction, prit deux Moines de sa compagnie, sçauoir Duran qui fut apres Euesque de Tolose, & encor vn autre *Noble* Frere, & homme *tres-éloquent*, appellé *Hunaud*, qui fut Abbé de Moyssac; & auec cette suite entra dans la maison de ce pauure affligé, l'exorta à la patience, pria pour lui, le benit, l'habilla de sa robe; & Dieu le guerit à mesme temps, le remetant en vne pleine & entiere santé. Ce qui arriua la premiere année de la profession monastique de Hunaud, sçauoir l'an 1062. puis que Duran fut promeu à l'Euesché de Tolose en l'année suiuante 1063. ainsi qu'il apert par l'inscription de Moyssac.

IV. On ne peut reuoquer en doute, que Hunaud ne fust le frere de Centulle, & que le Vicomté de Brulhois ne lui soit escheu pour sa portion des biens de la maison de Bearn; dautant que les vieux documens de Moyssac l'asseurent en termes formels; ce monastere ayant beaucoup d'interest d'en conseruer les instructions veritables. Car Hunaud faisant sa conuersion monastique dans ce Conuent, le iour auant les Ides de Iuin de l'an M. LXII. assisté de sa mere Aladain, & de son frere Hugues le Vicomte, donna & fit cession au profit du monastere de Moyssac, *des Eglises* qui estoient de son heritage dans le Vicomté de Brulhois, sçauoir de son Eglise S. Martin située à Layrac, auec toutes les autres Eglises qui en dépendent; adioustant qu'il fait cette donation pour son ame, celle de son pere Roger, de sa mere Aladein, de son frere Hugues, de son oncle Saxeton, & de tous ses parens, & fideles Chrestiens decedés; à la charge de payer annuelement par le Conuent de Moyssac, à celui de Clugni, chasque feste de Saint Martin dix sols d'argent, en signe de subiection, pour raison de ces Eglises; à la charge aussi de celebrer chasque année, la memoire de l'anniuersaire de son pere Roger, aux deux monasteres de Moyssac, & de Clugni.

I. Catellus l. 1. Hist. Com. Tol. c. 19.

II. Inscriptio Moyssiac. apud Geraldum de S. Cruce in Catal. Ep. Caturc : Auxius Ostindum, Lactora dedit Raimundum, Conuena Willelmum, direxit Aginna Vilelmum, Iussit & Eraclium non deesse Beorra benignum, *Elloreus Stephanum* concessit, & Adura Petrum, Te Duranne suum, nostrumque Tolosa patronum, Respuitur Fulco Simonis dans iura Cadurco. Miriades, lustris apponens, tres, duodenis, Virgineum partum dabit orbi tunc venerandum. Hanc tibi Christe Deus, Rex instituit Clodoueus, auxit munificus post hac donis Ludouicus.

III. Auctor Relationis Mirac. S. Hug. Clun. Hunaldus qui fuit Abbas Moyssiacensis, vir Eloquentissimus. Infra : Comitante Nobili quodam fratre, & Eloquentissimo, olim Abbate Hunaldo nomine.

IV. E Chartario Moyssiacensi : Iesu Christo Domino nostro regnante, cum æterno patre & spiritu sancto, Eiusdem Domini nostri Incarnationis anno millesimo sexagesimo secundo, pridie Iduum Ianuariarum, Ego Hunaldus in monasterio Moysiaco, coma Capitis detonsa, & monachali habitu induto, iussi hanc cessionis chartam conscribere, cum qua Domino Deo, & SS. Apostolis eius Petro & Paulo, ac loco Cluniaco, & Domino Hugoni Abbati, nec non ceteris fratribus sibi commissis præsentibus quoque & futuris, quibus me perpetua subiectione conuertens subiicio, *Dono Ecclesiam meam*, quæ est consecrata in honore S. Martini, in villa nomine Aleirag, excepta quinta parte, quæ non est mei iuris hæreditate. dono autem & alias Ecclesias eidem Ecclesiæ subditas, scilicet Ecclesiam S. Saturnini in eadem villa, & Ecclesiam S. Petri de Casals, & Ecclesiam S. Geruasij de Corsols, & Ecclesiam S. Saturnini de Firmag, cum Ecclesia S. Vincentij de Preisag, & Ecclesiam S. Mariæ de Mansiouilla, cum omnibus appendiciis earum, quæ nunc in possessione illarum videntur haberi, vel Deo donante in terris, & vineis, siluis, aquis, & molendinis, cultis, siue incultis, acquirere potuerint. Hanc autem cessionis perpetuæ donationem facio, pro redemptione animæ meæ, & patris mei Rogerij, & matris meæ Aladein, & fratris mei Hugonis, & Aununculi mei Saxetonis, seu omnium parentum meorum, siue omnium fidelium Christianorum defunctorum. Ita sane vt omni anno in festiuitate S. Martini, de his præfatis Ecclesiis decem solidi argentei, in Cluniacensi Capitulo, ante præsentiam fratrum in tributo deportentur à fratribus cœnobij Moysiacensis, fideli subiectione loci Cluniacensis degentibus, ceterisque redibitione prædictarum Ecclesiarum exierint sibi in eodem monasterio Moy-

Cc iij

fiaco petentis. Ideo vt omni anno memoria anniuerſarij patris mei Rogerij in eiſdem locis Moyſiaco, Cluniaco celebriter agatur. Obteſtor autem omnipotentem Deum, imo per virtutem omnium Sanctorum, & per autoritatem Romanæ Eccleſiæ, & Apoſtolicæ ſedis, vt nemo viuèntium præſentium, ſeu futurorum inquietare audeat vel præſumat hanc meæ donationis eleemoſynam. Quod ſi præſumptum quolibet ingenio, vel qualibet occaſione à quocunque viuente fuerit, hoc vniuerſorum domini iudicio, & Apoſtolicæ ſedis examini hac inſcriptione inſpecto cenſendum conſtituo. Firmantium quoque vocabula, quibus me præſente firmata hæc donatio foredignoſcitur, ſubtus annotare decreui. Ego ipſe Hunaldus propria manu decreui, firmauit etiam viua voce Aladain mater mea. Hugo Vicecomes frater meus ſignauit, Garſia Arnal cognomento Gualiar ſignauit.

Ex eodem Chartario Moyſſiacenſi : Hunaldus fuit Frater Domini de Bearnio, & ad partem ſuam deuenit Vicecomitatus Bruleſis, & fecit monaſterium de Leyraco, & ipſum de dicto Comitatu ædificauit. Alibi : Hunaldus fuit Frater Domini Beatnenſis. Alibi : Hunaldus Frater Centulli Comitus Bearnenſis. Alibi : Dominus Hunaldus Abbas Moyſiacenſis Vicecomes de Brulheſio, nam ille Vicecomitus fuerat dicti Comitis de Beatnio, qui quidē Vicecomitatus peruenerat Hunaldo ratione diuiſionis.

CHAPITRE XVI.

Sommaire.

I. Fabrication de monoye dans la ville de Morlas en Bearn. Valeur de la monoye de Morlas. II. Priuilege de batre monoye, n'a eſté accordé par les Rois de France pour l'or. En la monoye de Morlas, on a touſiours batu or, argent, & cuiure. III. Elle eſt peut-eſtre eſtablie depuis les Romains. IV. V. Preuue de l'vſage de la monoye de Morlas par toute la Gaſcogne depuis l'an 980. La monoye Morlane de plus grande valeur, que la Poicteuine. VI. Monoye de Morlas apartenoit en proprieté aux Seigneurs de Bearn. Centulle donne à l'Egliſe Saincte Foi la dixieſme du droit de ſeigneuriage de cette monoye. Donne en heredité l'office de Graueur de la monoye. Son fils Gaſton le confirme moyennant finance. Ordonnance du vieux For de Morlas de porter l'argent en cette monoye, VII. Remonſtrance de l'Eueſque, Chapitre & ville de Bazas au Roi d'Angleterre, pour confirmer le cours de la monoye de Morlas en Gaſcogne. Declarent qu'elle eſt batuë ſous le nom de Gaſton Vicomte de Bearn. Qu'il ne peut la hauſſer ni l'afoiblir ſans le conſentement des Prelats, Barons, & Communautés de Gaſcogne. VIII. Figure & inſcription de la monoye de Morlas. Honor Furciæ Morl. expliqué. Moneta Furcenſis, Furquia. La Fourquie eſtoit la maiſon Vicomtale, qui eſt ruinée il y a long-temps.

I. IL eſt raiſonnable d'examiner maintenant vn article de la donation faite par Centulle IV. en faueur de l'Egliſé de Morlas, dautant qu'il touche de bien pres les intereſts de la maiſon de Bearn, & fait voir la dignité qu'elle poſſedoit en ce temps parmi la Gaſcogne. C'eſt la Fabrication de la monoye, qui ſe batoit dans la ville de Morlas, ſous le coing & les armes des Seigneurs de Bearn, dont l'vſage & le cours eſtoit receu, & autoriſé dans toute la Prouince de Gaſcogne, iuſqu'à ce point que toutes les rentes, cens, & deuoirs anciens, eſtoient reconnus & payés par les tenanciers & debiteurs, en deniers, en ſols, & en liures de Morlas: la difference de cette monoye auec la Tournoiſe eſtant telle, que la Liure Morlane excede la Tournoiſe, non ſeulement du Pariſis, qui eſt vn cinquieſme de plus, mais d'vn triple, c'est à dire, qu'vne liure Morlane en vaut trois des tournoises; & par consequent les sols & les deniers Morlans, sont de valeur de trois sols & de trois deniers tournois. Il y a bien assés long-temps, que les especes ne s'en fabriquent plus dans le Bearn, nommément depuis que les Seigneurs Souuerains pour donner cours à leur monnoye par toute la France, ont esté obligés suiuant les traictés passés auec les Rois, de battre leur monnoye du poids & de l'aloi de celle de France. Neantmoins le nom & la valeur se conserue encore auiourd'huy comme des liures Parisis, en la taxe des peines, & des amendes pecuniaires contenuës dans les Fors, Coustumes & Ordonnances du païs ; comme aussi en la taxe des despens, salaires du Greffe de la Cour de Parlement, & autres frais de iustice, qui est tousiours conceuë en sols & en deniers Morlans ; & en quelque legere amende de la Chambre de la Tournelle, que les Iuges ordonnent suiuant l'ancien vsage, par condamnation d'vne, ou de deux liures Morlanes, ou quelquesfois de Dix sols Morlas seulement.

II. Ce priuilege de battre monoye est vn des plus illustres, & des plus eminents droits de Regale, & encore bien que de là on ne puisse conclure necessairement vne souueraineté en celui qui a le droit de la fabriquer en son nom ; puisque l'on voit dans les Histoires, & les chartes, que les Comtes de Flandres, les Ducs de Bretagne, les Archeuesques d'Embrun, les Comtes de Clermont, Vicomtes de Turene, & plusieurs autres, ont obtenu par priuilege des Rois de France, le droit de cette fabrication ; si est-ce que l'on peut reconnoistre, que cette Regale est d'autant plus considerable en la main des Princes de Bearn, que l'on verifie qu'ils en ont la possession depuis six cens ans & dauantage, sans qu'il apparoisse, que les Rois de France, ni autres Princes leur ayent permis l'vsage de ce droit. D'autant plus qu'ils ont faculté & pouuoir de faire de la monnoye, non seulement en matiere noire, ou blanche, mais aussi de fin or ; qui est vne autorité dont les priuilegiés de France n'ont iamais eu la permission de iouïr ; cette derniere fabrication ayant esté exceptée par la teneur des priuileges, comme ne pouuant estre regulierement accordée, au preiudice de la Souueraineté de la Couronne ; quoi qu'aux Royaumes estrangers on trouue, que l'Empereur Charles IV. ait accordé aux Rois de Boheme, le droict de battre monnoye d'or, & que le Roi de Pologne ait octroyé vne semblable grace à l'Archeuesque de Gnesne. Mais ces dispenses n'ont iamais esté receuës en France ; De sorte que l'on peut aisément conclurre de là, que l'establissement de la monnoye de Morlas, où l'or a esté battu, aussi bien que l'argent, n'est pas vn priuilege des Rois de France, mais plustost la continuation d'vne possession plus ancienne.

III. S'il y auoit lieu d'vser de coniectures en vne chose obscure, ie croyrois volontiers, que les Romains maistres de cette Prouince, faisans trauailler aux mines qui sont abondantes & riches dans les entrailles des Monts Pyrenées, non seulement du costé d'Espagne, où l'argent de Huesca est en reputation, dés le temps de la Republique, chés Tite Liue ; mais aussi du costé de deçà suiuant le tesmoignage de Pline, comme l'on peut aussi le iuger facilement par les traces des trauaux, qui restent auiourd'hui dans les concauités des puits, que l'on void aux plus hautes montagnes d'Ossau, Aspe, Baretons, & Soule ; Que les Romains, disie, battirent la monnoye de Morlas, pour la fabrication du cuiure, & de l'argent qui s'eslabouroit dans les diuerses forges des montagnes. Cette monnoye ayant esté conseruée sous les Rois des Vuisigoths, & depuis sous les François, & Ducs hereditaires de Gascogne, a esté possedée par les Seigneurs de Bearn ; qui depuis Centulle Gaston III. ont iouy paisiblement l'espace de six cens ans, de l'autorité d'y battre sous leur nom & armes, la monnoye d'or, d'argent, & billon, auec le consentement & l'approbation de tous les Princes, Seigneuries, & Communautés voisines, qui en ont admis &

Cc iiij

receu l'vsage & le cours, sans aucune opposition.

IV. L'vsage plus ancien que ie trouue de cette monnoye est du temps de Guillaume Sance Duc de Gascogne; lequel en la Charte de la fondation du Monastere de Sainct Seuer de l'an 980. bailla trois cens sols d'argent de douze deniers piece, pour l'indemnité de ceux de qui il achetoit le fonds, & encore ordonna que cette Abbaye payeroit cinq sols annuellement à S. Pierre de Rome. L'année mil neuf, le Duc Bernard Guillaume son fils donna plusieurs Eglises à ce Conuent, & entre autres l'Eglise Saincte Marie de Mimisan; laquelle suiuant qu'enseignent les vieux tiltres, fut obligée de payer en reconnoissance de sa dependance, à l'Abbé de Sainct Seuer, sept liures Morlaas de tribut annuel. Le Duc Sance Guillaume frere & successeur de Bernard, constitua & assigna vne rente perpetuelle de cinq sols de morlas, en faueur des Moines de la Reole sur Garonne, ainsi qu'il est remarqué en leur Liure noir. L'an mil soixante-deux Bernard Comte de Bigorre fit don à l'Eglise Nostre Dame du Puy en Velai, de soixante sols Morlans de rente annuelle. Sous Centulle le Vieux dés l'année mil, on ordonna en faueur de la Dame Auxilia, vingt sols Morlas dans les Chartes de l'Abbaye de Luc; où l'on void aussi toutes choses appretiées, par les sols Morlas; & tousiours on doit prendre les sols & les deniers, qui sont là énoncés, pour cette espece de monnoye; comme aussi en tous les vieux tiltres de Gascogne, sinon qu'ils les distinguent expressément par l'enonciation des sols Tolosains, Bourdelois, ou Poicteuins.

V. Si l'on sort hors de Bearn, on trouue dans le Chartulaire de Bayonne, que la Vicomtesse de *Maritima*, ou de Maremne, nommée Comtesse, engagea sa disme de Sainct Martin pour 1520. sols que son fils Nauarrus successeur au Vicomté bailla derechef en engagement à l'Euesque de Bayonne Fortaner: mais dautant qu'il se rencontra par le moyen d'vn haussement de monnoye, que les sols Poicteuins estoient de mesme valeur que les Morlans, qui estoient les especes du premier engagement, il fut accordé entre l'Euesque Fortaner, & Nauarre le Vicomte, que si lors du rachat de cette disme, la monnoye Poicteuine estoit de moindre valeur, que la Morlane, l'on rembourseroit autant de sols Poicteuins, qu'il seroit necessaire pour esgaler les Morlans. Les cautions du Contract sont Bertrand Vicomte de Bayonne, & ses enfans Pierre Bertrand, & Arnauld Bertran. Cét acte n'est point marqué d'aucune date; Neantmoins on peut l'establir par le temps du siege de l'Euesque Fortaner, que l'on doit placer enuiron l'an 1150. Il y a plusieurs autres actes dans le Chartulaire de Bayonne, passés entre Raimond de Donsag Euesque l'an 1213. & Simon de Hatse Euesque esleu l'an 1259. Comme aussi des transactions de l'année 1204. sous Arnaud Guillaume Comte de Pardiac, parmi les tiltres du Conuent de la Casedieu en Pardiac, qui sont conceuës en monnoye de Morlas; aussi bien que les traictés que l'on void dans le Chartulaire de l'Abbaye de Sorde, & de Sainct Sauin en Bigorre.

VI. Mais ie laisse à part vne nuée de témoignages, que i'ai en main pour verifier le cours & l'autorité de cette monoye, desirant éuiter l'ennui du lecteur, & viendrai à la preuue de ce qu'il attend de moi auec quelque inpatience; C'est de monstrer que le droit de la fabriquer, apartient aux Princes de Bearn en proprieté. De quoi ie pense m'acquitter fort auantageusement, au moyen de la Charte de Morlas produite ci-dessus: qui contient la donation faite par Centulle IV. au Prieuré de Sainte Foi, de la dixiéme partie de son droit de seigneuriage de la monoye de Morlas, en presence de l'Archeuesque d'Aux, des Euesques de Lascar, & d'Oloron, & d'vn bon nombre de seigneurs, qui n'eussent pû souffrir cette impudence, si la monoye n'eust esté du patrimoine de la maison de Bearn. Mais elle dépendoit en telle sorte de sa disposition, que non seulement il bailloit les prouisions aux officiers de la monoye, mais aussi en alienoit les offices à perpetuité; comme l'on aprend d'vn acte fort considerable, par lequel Geraud le monoyeur asseure, qu'il acquit du Comte Centulle (qui est Centulle IV.) la maistrise de la coupeure des coings de la monoye de Morlas, c'est à dire l'office de graueur, en heredité pour soi, & toute sa race: & qu'apres sa mort il fut troublé en sa possession, par Gaston le Vicomte son fils, iusqu'a ce qu'il eut verifié par le iugement du fer, qu'il auoit legitimement acquis cette maistrise, & qu'il lui eut baillé cent sols, pour obtenir letres de confirmation, tant pour soi, que pour sa posterité. Ayant fait ce recit, Geraud donne la dixiesme partie de cét honneur, ou des emolumens de cét office hereditaire, à Dieu, & à sainte Foi pour le salut de son ame, & de ses parens. A quoi il faut adiouster vn article fort exprés du vieux For de Morlas, qui a esté confirmé par ce mesme Gaston il y a pres de six cens ans; où il declare en termes expres, qu'il prend sous sa protection tous ceux qui porteront de l'argent en sa monoye de Morlas, auec defenses de le transporter ailleurs. Ie pense que cet argent estoit porté d'Espagne, où il se faisoit vn grand commerce auec les Sarasins, qui auoient seuls en main le trafic de l'Orient, & payoient en deniers les marchandises, que les marchans faisoient voicturer à Saragosse, par le passage d'Aspe.

VII. Apres ces trois pieces si authentiques, on ne peut desirer vne preuue plus forte ni plus expresse, pour iustifier que depuis l'an M. LXX. & encore plustost, nos Princes de Bearn possedoient la monoye de Morlas; sinon que l'on attende la continuation de cette auctorité dans les siecles suiuans. Qui est tellement vraye, qu'elle donna de la ialousie au Roi Edoüard d'Angleterre Duc d'Aquitaine; lequel ne pouuant souffrir, que la monoye d'vn Prince estranger, eut plus de cours dans ses Prouinces de Gascogne, que la sienne propre, fit defenses tres-expresses à tous ses suiets, de l'admetre, ni receuoir. A quoi les Euesque, Chapitre, & Communauté de Bazas s'opposerent par tres-humbles remonstrances, alleguans que depuis tout temps, dont il n'estoit memoire du contraire, la monoye de Morlas estoit en cours & en vsage dans la Cité de Bazas, & par tout son destroict, comme aussi aux autres lieux du Basadois situés deçà la riuiere de Garonne, en telle sorte, que tous les cens & rentes, les peines, & les amendes, les reuenus, *questes, aubergades, & emparances* estoient establies, constituées, & assignées en cette monoye, les criees, encheres, decrets, achats, ventes, & les autres contracts se faisoient, & auoient accoustumé d'estre faits auec la mesme monoye. Et encore qu'elle apartint principalement au Noble Seigneur Gaston Vicomte de Bearn, *& à ses predecesseurs*, toutesfois ni lui, ni son Lieutenant ne pouuoient la changer, hausser, ni affoiblir, sans l'expres & commun consentement de tous les Prelats, Barons, & Communautés de la *Prouince d'Aux*, aux terres desquels cette monoye auoit esté communément employée *de toute antiquité*; & pour ces raisons, les remonstrans supplioient son Excellence, son Altesse, & sa Majesté Royale, de n'empescher le cours de la monoye de Morlas, en la Cité de Basas, ni au reste du Basadois; dautant qu'il leur estoit bien difficile, de se departir des anciennes coustumes, introduites par leurs predecesseurs. Cette opposition est en date du Ieudi de l'Octaue de la Chandeleur M. CC. LXXXIX. scellée des seaux de l'Euesque, Chapitre, & Communauté de Basas, conseruée en original dans le Thresor de Pau. Où l'on ne doit pas trouuer estrange, la necessité du consentement des trois ordres de Gascogne, pour affoiblir ou hausser la monoye de Morlas; Car cela ne leur baille point aucune inspection, ni degré d'autorité sur nostre monoye; mais c'est vne precaution, pour n'estre point trompés par vn Prince estranger, en la debite & en l'emploi d'vne monoye, qui estoit le pied, la regle, &

la mesure de tous les Contracts de Gascogne; aussi bien, & mieux fondée que les clauses du serment des Rois de Nauarre, qui iuroient de ne changer leur monoye, qu'auec l'auis & le consentement des Riches Hommes, ou Seigneurs du Royaume. Suiuant l'exemple des trois ordres de Gascogne, le Roi François Premier pour autoriser par tout son Royaume le cours de la monoye d'argent, qui se battoit à Morlas, & à Pau, & par mesme moyen empescher que ses sujets ne peussent estre fraudés par les maistres des monoyes de Bearn, fit vn Concordat auec Henri Roi de Nauarre son beaufrere, que l'Essayeur de la monoye de Bayonne, feroit les essais des monoyes fabriquées à Morlas, à Pau, & à Sainct Palais, où est la monoye de la Basse Nauarre, en presence des Officiers de Bearn, qui seroient commis pour cét effect.

VIII. La figure des sols Morlas seruira d'vne nouuelle preuue, que ces especes estoient battuës & fabriquées sous le nom, le coin, & les armes des Princes de Bearn. Car vne piece d'argent qui m'est tombée en main, porte d'vn costé l'emprainte de la teste de Gaston Seigneur de Bearn, auec cette inscription à l'entour : *Gasto Vic. & Dom. Bearn. Hon. Furciæ Morl.* & de l'autre, la graueure d'vne espée haute, couronnée à la poincte, & tenuë par vne main à la poignée, qui separe les deux Vaches des Armes de Bearn, & laisse l'vne à droicte, & l'autre à gauche, auec cette deuise à l'entour : *Gratia Dei sum id quod sum*; signifiant ouuertement, ce que le Comte Gaston Phœbus respondit au Roi Charles VI. estant arresté à Paris, pour estre contrainct à prester l'homage de son Païs de Bearn, qu'il ne le tenoit que de Dieu, & de son espée, chés Froissart. Outre que de la premiere inscription, nous pouuons aprendre la raison pour laquelle, dans les anciens tiltres des Chartulaires de Lascar, & de Sainct Pé, la monoye de Morlas est appellée quelquesfois, dés le temps de Centulle IV. & de Gaston son fils, c'est à dire il y a prés de six cens ans, *Moneta Furcensis*, en consideration sans doute de ces paroles qui sont grauées à l'entour, *Honor Furciæ Morlani*, que ie iuge de là probablement auoir esté employées depuis tout temps, en la fabrication de cette monoye : qui estoit chargée de cette deuise, comme la monoye d'or, que l'Empereur Tibere second enuoya au Roi Chilperic, qui portoit cette inscription, *Gloria Romanorum*, chés Gregoire de Tours. Et me persuaderois fort facilement, que la maison ancienne des Seigneurs de Bearn estoit appellée *Furcia*, la prononçant comme si elle estoit escrite en cette sorte, *Furquia*: n'y ayant hors ce discours, aucune apparence qui peust obliger de retenir cette deuise *Honor Furciæ Morlani*, dans l'inscription des monoyes, & mesmes de leur en faire porter le nom *Moneta Furcensis*, ou monoye de Fourquie, hors celle que ie viens de dire, pour signifier que cette monoye estoit battuë dans le Palais de la Fourquie; conformément aux Loix Romaines, & aux Capitulaires des Rois de France, qui defendent de battre ailleurs la monoye, que dans les Palais publics. Ie confirme cette coniecture par le Rescrit du Pape Vrbain II. cy-dessus rapporté, où il est énoncé, que l'Eglise Saincte Foi est dans le Comté de Bearn en la ville nommée *Furcas*; qui est vn nom corrompu, & tiré de la maison Vicomtale *de la Fourquie*. A quoi l'on peut adiouster, l'accord passé entre Gaston de Bearn, & Guillaume Arnaud de Nauailles, qui porte formellement, que ce Guillaume Arnaud ne pourra estre iugé par le Vicomte, pour raison de son Chasteau de Nauailles en autre lieu, qu'à Lascar, à Pau, ou à la Fourquie de Morlas, *Apud Furquinam Morlanis*, c'est dire à la Fourquie ou maison Seigneuriale de Morlas. Le nom de la Hourquie se conserue bien encore auiourd'hui dans la ville de Morlas, mais il signifie la place publique du marché; qui s'y tient par quinzaines, sur les ruines & masures du Conuent des Cordeliers; & se tenoit auant la saisie des biens Ecclesiastiques en vn lieu eminent hors la ville, que l'on nomme encore auiourd'hui la vieille *Hourquie*, où estoit infailliblement assise l'ancienne maison Vicomtale, qui fut demolie par hasard, ou à dessein, afin de donner occasion au bastiment nouueau, que fit Gaston de Moncade enuiron l'an M. CC. XL. lors qu'il transporta son domicile en la ville d'Ortés, à la frontiere de Chalosse, & que pour sa demeure, & de ses successeurs il y bastit ce Chasteau loüé par Froissart en son Histoire.

V. E Chartario Baionensi : Sed sciendum est, quod eo tempore tantum valelebant Pictauini, quantum Morlani, & ideo statutum fuit, vt si iam dictus Nauarrus, vel aliquis de parentela sua decimam de manu Baionensis Episcopi soluere vellet, & Pictauini minoris essent pretij, quam Morlani, tot daret Pictauinos, qui Morlanis æquiualerent.

VI. Charta Morlanensis : Notum sit omnibus hominibus præsentibus atque futuris, quod Ego Guardus monetarius acquisiui à Domino Centullo Comite, magisterium sectionis cognorum monetæ huius villæ, mihi & posteris meis iure perpetuo. Post mortem vero ipsius, habui inde magnam contentionem, cum Dompno Gastone Vicecomite, quousque per iudicium ferri, ita me supradictum magisterium adquisisse ostendi sibi : Atque centum solidos illi tribuendo, perpetualiter ipsum magisterium mihi, & posteris meis confirmauit. Ego autem offero Deo, ac sanctæ Fidi, decimam partem huius honoris, pro salute animæ meæ, & omnium parentum meorum. Siquis vero hoc donum delere voluerit, de libro viuentium deleatur, & cum iustis non scribatur, sed pars ipsius cum diabolo, & angelis eius inueniatur.

VII. E Chartario Palensi : Excellenti Principi Charissimo suo Domino Eduuardo Dei gratia, Regi Angliæ & Duci Aquitaniæ .... & humiles Hugo eadem Episcopus, & Capitulum, & tota Ciuitas Vasatensis, salutem, & separatos ad sua .... & mandata. Ad notitiam vestræ Regiæ maiestatis perducimus, & fieri volumus manifestum, quod ab olim, & .... citra, de cuius contrario memoria non existit, Moneta Morl. est, & fuit vsualis, & cursibilis in ciuitate .... & destrictu eiusdem & in aliis locis citra Garonnam in Vasadesio, in terris & locis hominum, & feodatario .... hoc modo videlicet, quod Census nostri sunt assignati, & statuti ad Morl. Gargia & pœnesimiliter ad Morl. P........ rende, reditus, questæ, albergatæ, Emparantiæ sunt, & ab antiquo fuerunt ad monetam Morl. præconisationes .... emptiones, & venditiones, & ceteri contractus fiunt, & fieri consueuerunt ad monetam prædictam Morl. Et aliter ...... dicta moneta emendo, vendendo expenditur, & recipitur, expendi, & recipi communiter consueuit. Et licet moneta huiusmodi Morl. sit & fuerit principaliter, *Nobilis viri Domini Gastonis Vic. Bearn. & predecessorum sitorũ*, ipse tamen, vel quicunque alius locum eius tenens, monetam ipsam non potest mutare, minuere, vel augere, sine voluntate, & assensu concordi nostro, & ceterorum Prælatorum, Baronum, Communitatum, & locorum Prouinciæ Auxitanæ. In quorum terris, & districtibus dicta moneta Morl. cursum suum vsualiter & communiter habet & habuit ab antiquo. Super his Dominationi, & Excellentiæ vestræ supplicamus ex corde humiliter, & deuore, & requirimus ex affectu, quatenus cursum monetæ prædictæ Morl. in dicta Ciuitate Vasatensi, & in locis Vasadesij in quibus currere consueuit, non impediatis, nec impediri per Baiulos, & ministros vestros aliquatenus permittatis, quia difficile est nobis ab assuetis recedere, & ab his quæ à prædecessoribus nostris introducta sunt, & seruata quomodolibet deuiare. Et placeat Sublimitati vestræ, & Regiæ Maiestati congruum responsum super hoc nobis dare ; & in huiusmodi libertate & vsu, nos qui vestri sumus manutenere, defendere, & seruare. Bene, & diu valeat Dominatio vestra. Datum Vasati, die Iouis in Octaua Purif. B. Mariæ. Anno Domini M. CC. LXXXIX. In quorum omnium testimonium, Nos Episcopus, Capitulum, & Communitas prædicti sigilla nostra præsentibus duximus apponenda.

E Chartario Lascurrensi : Dent xxx. solidos Forcensis monetæ, vel quinquaginta Pictauiensis.

CHAPITRE XVII.

Sommaire.

I. Centulle demarié par autorité de l'Eglise, espouse en secondes nopces Beatrix Comtesse de Bigorre. Ponce Euesque de Bigorre ayant favorisé ce mariage, Centulle distrait de l'Euesché de Lascar, le monastere de Saint Pé, & le met sous l'obeïssance de celui de Bigorre. II. III. Restablissement de la ville d'Oloron apres le second mariage de Centulle. Oligite bastie par le Roi Suntila n'est pas Oloron, contre le doute de Roderic de Toledo. Motifs pour rebastir cette ville. Assiete propre pour le commerce auec Saragosse, qui se continuoit pendant l'vsurpation des Mores. IV. L'Euesché d'Oloron restabli à Sainte Marie, auant que la ville fut rebastie. V. Ce Comte Centulle est autre que le Caualier d'Auuergne nommé Centoulh dans les vieux Fors. VI. VII. VIII. Priuileges accordés à la ville d'Oloron. Cour Maieur en vsage du temps de Centulle. Seureté pendant la tenuë de cette Cour. For de Bearn mentionné en ce priuilege. Maiade ou Maiesque. IX. Sept hommes de Campfranc furent les premiers qui vindrent repeupler Oloron. Campfranc apartenoit au Seigneur de Bearn.

I. LE Vicomte Centulle ayant esté demarié par l'autorité de l'Eglise, en vertu de la Commission decernée par le Pape Gregoire VII. à son Legat Amatus, & la sentence de separation confirmée par le consentement de Bernard Euesque de Lascar, selon l'Acte de Morlas, c'est hors toute apparence de raison, que l'ancien Compilateur du Chartulaire de Lascar s'aigrit contre Centulle, & qu'il lui reproche d'auoir distraict le monastere de S. Pé hors le diocese de Lascar, en haine de ce que l'Euesque Bernard ne vouloit consentir à ses nopces incestueuses, auec la Comtesse de Bigorre, au preiudice de sa premiere femme, qui estoit en vie. Car le mariage de Centulle auec Gisla ayant esté declaré nul, à cause de leur parenté, les parties estoient en pleine liberté de se remarier, suiuant les Canons du Synode d'Agde, & plusieurs autres constitutions canoniques ordonnées sur ces matieres. De sorte que pour excuser l'Euesque Bernard d'vne si manifeste ignorance, i'aime mieux attribuer le suiet de cette distraction, à la recompense que Centulle voulut donner à Ponce Euesque de Bigorre, pour lui auoir procuré ce mariage, quoi que permis & legitime. Or la Comtesse de Bigorre, nouuelle femme de nostre Vicomte nommée Beatrix, estoit issuë des anciens Comtes de Bigorre, ainsi que ie verifierai fort exactement au dernier liure de cette histoire, que i'ai reserué pour les Comtes de Bigorre.

II. Ce mariage de Centulle fut contracté tout incontinent apres la separation du premier, dés auant l'an 1080. Car en cette année, on peut remarquer Centulle auec le tiltre de Comte de Bigorre, dans les actes rapportés par Surita, en ses Indices. Neantmoins cette alliance de Bigorre, ne le diuertit pas du soin, & des affections natureles, qu'il deuoit à l'auancement des affaires de Bearn. Car nous trouuons dans le Code escrit à la main des Fors & Coustumes de ce païs, que le Comte Centulle,

lors

lors qu'il fut Seigneur de Bearn & de Bigorre, rebaftit & repeupla la ville d'Oloron; laquelle nous auons veu ci-deſſus acablée ſous ſes ruines, auenuës par la fureur des Normans, auſſi bien que les autres cités de Gaſcogne. Elle auoit paru du temps de l'Empereur Honorius, ſur le paſſage de Saragoſſe vers le Bearn, dans l'Itineraire d'Antonin; & ſon Eueſque Gratus auoit aſſiſté au Concile d'Agde tenu l'an 506. & ſigné en qualité d'Eueſque de la Cité d'Oloron, qui eſt par conſequent plus ancienne que Roderic de Tolede ne penſe pas; lors qu'il doute, ſi la ville d'Oligite baſtie par les Vaſcons, du commandement de Suintila Roi des Goths, l'an 623. eſt la ville d'Oloron, ou celle d'Olite en Nauarre. De maniere que cette ancienne ville meritoit d'eſtre remiſe en ſa premiere dignité, dautant plus que les Eueſques, & les Vicomtes continuoient encore de prendre la denomination d'Oloron. Et certes il y a beaucoup d'apparence, que ſon Eueſque Amatus qui auoit receu cét honneur de ioindre la Legation du Pape Gregoire VII. auec ſon Epiſcopat, deſira que le reſtabliſſement de la Cité ſe fiſt pendant ſon adminiſtration. Ioint que le bien de la prouince & la diſpoſition des affaires requeroit abſolument, que cette ville fuſt releuée & remiſe en ſon premier eſtat, afin que les troupes des gens de guerre, & les Seigneurs de Bearn qui les menoient vers l'Eſpagne en faueur des Chreſtiens contre les Mores, euſſent vn logement & vne retraicte aſſeurée à l'emboucheure des Monts Pyrenées, & de la Vallée d'Aſpe, proche de laquelle Oloron eſt aſſis ſur vn tertre fermé par les deux coſtés, des deux riuieres qui ſe ioignent à la racine du coſtau, où il eſt ſitué.

III. Il eſt auſſi croyable que ſon aſſiete fut conſiderée, pour la commodité du commerce des habitans de ce païs auec les Eſpagnols; la ville d'Oloron deuant ſeruir comme d'vne eſtape pour le paſſage des marchandiſes, que l'on feroit voicturer de France en Eſpagne, & particulierement en la ville de Saragoſſe. Car nonobſtant que Saragoſſe fuſt ſous le pouuoir des Saraſins, on ne laiſſoit pas d'y traicter le negoce, auec la meſme facilité que l'on faiſoit auparauant; la neceſſité contraignant les Mores, de ſe pouruoir des marchandiſes & denrées de France, & le gain excitant les noſtres, de les leur porter, pour auoir de leur or & de leur argent, qu'ils poſſedoient en abondance, le faiſant venir du coſté de l'Afrique. La lettre d'Eulogius de Cordoüe, qu'il eſcriuoit à l'Eueſque de Pampelone Vuileſindus l'an 851. publiée par Morales, teſmoignant aſſés que dés ce temps, le commerce des marchands François floriſſoit dans Saragoſſe, nonobſtant que les Mores l'occupaſſent.

IV. Ces conſiderations d'Eſtat & de police porterent le Comte Centulle, à rebaſtir la ville d'Oloron: ayant eſté deſia ſatisfait long-temps auparauát aux intereſts de l'Egliſe, par le reſtabliſſement de l'Eueſché & de l'Egliſe Cathedrale, au meſme endroit que l'on la voidà preſent, c'eſt à dire delà le Gaue ſur la plaine ioignante, où quelques particuliers aians à meſme temps eſtabli leur domicile, formerent vn Bourg & corps de Communauté, qui de l'Egliſe Cathedrale prit le nom de Saincte Marie d'Oloron, dont la Seigneurie apartient aujourd'hui à l'Eueſque, & au Chapitre par la liberalité de Gaſton V. Car il ne faut pas douter, qu'apres la deſunion des Eueſchés de Gaſcogne, arriuée par le moyen de la depoſition de l'Eueſque Raimond le Vieux, les Eueſques particuliers ne priſſent vn ſoin tres-exact de leurs Eueſchés, afin que leur diligence reparaſt les defauts, que l'incurie de leurs predeceſſeurs auoit cauſés, en procurant principalement le reſtabliſſement de leurs maiſons, & de leurs Egliſes Cathedrales, pour y faire le ſeruice diuin. Or l'on a deſia remarqué l'Eueſque Eſtienne d'Oloron qui ſe trouua au Synode de Iacca, pour y remettre le ſiege de l'Eueſché d'Aragon, l'an M.LX. & fut preſent à l'aſſemblée des Eueſques, qui ſe fit à Moyſſac, pour la Dedicace de l'Egliſe, l'an M.LXIII. Et partant il n'eſt pas vrai ſemblable, qu'il n'ait apporté le mesme zele qu'il pratiquoit pour autrui, à la restauration de son Eglise, en cas qu'elle n'eust esté mise en bon estat auant lui. Amatus son successeur, qui auec l'autorité de sa Legation, corrigeoit les manquemens des autres Euesques, n'eust pas commis cette faute d'auoir negligé si long-temps, sa propre Eglise, que d'en differer la fabrique, iusques apres l'année M.LXXX. Ie me sers de ces inductions, pour faire voir, que le discours & la tradition du vulgaire, qui se conserue encore auiourd'hui dans Oloron est fausse, lors qu'ils disent, que le siege de l'Euesché fut transporté de la ville d'Oloron au Bourg de Saincte Marie, pour chastier les habitans de la temerité qu'ils auoient commise, de bailler vn souflet à l'vn de leurs Euesques. I'eusse pû dissimuler cette fable, si Ferron ne l'eust receuë, & ne lui eust baillé quelque sorte de credit en la continuation de Paul Æmyle; & i'eusse pû iustifier plus exactement mes coniectures, si les papiers de cét Euesché n'eussent esté bruslés il y a plus de quatre cens ans. Encore y reste-t-il dans la muraille du Cloistre prés de la petite porte, qui mene à la Chapelle de l'Euesché, vne pierre sepulchrale, qui marque le date de M.CXCVI. Mais pour ne s'arrester point aux coniectures, l'Accord passé entre Centulle, & le Vicomte de Soule, de vuider leurs differens à Nauarrenx, ou à Saincte Marie d'Oloron, fait voir que le lieu de Saincte Marie, estoit basti auant le restablissement de la ville d'Oloron, que l'on eust choisi plustost que le lieu de Saincte Marie, si cette ville eust esté rebastie. Aussi le seul aspect de la fabrique de la ville d'Oloron, fait voir assés, que l'Euesché n'y a point esté basti par Centulle; qui se contenta d'y dresser les murailles pour la closture, le Pont sur la riuiere, la grãde Tour qui est à l'entrée de la ville du costé d'Espagne, & de reparer la maison des Vicomtes sise du costé que l'on nomme auiourd'hui, *lou Viscondau*, qui est ruinée presentement. Il bastit aussi l'Eglise Parroissiale de Saincte Croix, qui est vne Eglise fort venerable, bastie en Croix, auec vne voute d'vne pierre dure, appuyée sur des pilliers de mesme structure; en telle sorte qu'il n'y a point, soit au toict, soit au reste du corps de ce bastiment, autre matiere que de pierre. Il y a bien vne autre tour haut esleuée dans la ville, qui tesmoigne en sa fabrique la mesme antiquité, que les autres edifices publics, que l'on nomme encore auiourd'hui la Tour de Grede; lequel nom me porte facilement à croire, qu'elle fut bastie en mesme temps par vn Seigneur d'Agreda, nommé Galindo Sans d'Ateres, qui estoit beaufrere de Gaston, fils du Comte Centulle.

V. La Charte de ce repeuplement d'Oloron nous reste encore dans le Liure manuscrit des Fors du païs, & dans les Archifs de la ville; mais c'est sans autre date, que celui de la confirmation des priuileges, faite par Roger Comte de Foix, mari de Marguerite Dame de Bearn, l'an M.CC.XC. Olhagarai en son Histoire de Foix & Bearn, s'est souuenu de ce restablissement, qu'il attribuë à vn Centreuil, lequel, dit-il, apres auoir esté choisi par les Bearnois, pour estre leur Seigneur, estant acreu de la succession du Comté de Bigorre, deuint insolent, & ne voulant conseruer les priuileges du peuple, fut tué dans l'assemblée des Estats, qu'il tenoit à Pau. Mais comme cét Escriuain ignoroit l'Histoire de la maison de Bearn, il ne faut pas trouuer estrange, s'il se trompe en ce recit, confondant nostre Centulle vrai, naturel, & legitime Seigneur de Bearn, & Comte de Bigorre du costé de sa femme Beatrix, auec vn Caualier de Bigorre, que la sedition populaire, & le sousleuement fait contre Marie la Vicomtesse de Bearn, porta à la Seigneurie, pour vne année tant seulement, l'an M.CLXX. ainsi que nous verrons en son lieu.

VI. Tant y a que la vieille Charte monstre le soing, que Centulle apporta pour acheuer glorieusement son œuure, appellant des gens de toutes parts pour s'y habituer, & les y conuiant par les priuileges, & franchises qu'il accorda aux habitans de

Liure quatriefme. 315

la Cité: sçauoir la descharge de tous cens & deuoirs, pour raison de leurs terres sises dans la ville & son Bailliage; exemption des lots & ventes, droict de pasquage aux terres vaines & vagues, chauffage dans les forests des Seigneurs d'Escot & de Lagor, immunité de peages par tout le Bearn, & des amendes que l'on payoit pour les defauts, lors que l'on estoit appellé en iustice; qui sont nommés *Mannina*, dans Hincmarus. Il leur accorda aussi, que plaidans auec le Vicomte ils ne pourroient estre attirés en quelque Cour que ce fust, hors le ressort du Bailliage, & les deschargea en ce cas de tous frais de iustice, mesme de son Seau; & s'obligea de ne mener point à sa suite, dans la ville d'Oloron, les debiteurs, ou autres qui pourroient auoir offensé les Citoyens, sinon que ce fust de leur consentement; afin de ne leur donner point ce déplaisir, que de les voir protegés à leur face par l'autorité du maistre: Excepté si le Vicomte assembloit ses troupes dans la ville, ou bien y conuoquoit sa *Cour pleniere*, ou *Maiour*.

VII. Cette exception est remarquable pour deux choses. L'vne est, pour monstrer l'antiquité du priuilege, dont iouïssent encore auiourd'hui ceux qui sont appellés aux Estats de Bearn. Car ils sont en pleine liberté venans, retournans, & seiournans dans l'assemblée, iusques là que toutes poursuites ciuiles, & criminelles, sont mises en souffrance, tant aux Cours inferieures, qu'en la Cour de Parlement. De sorte qu'il semble que toutes choses conspirent à faire reünir les volontés, pour trauailler au bien public, & que l'on soit au mesme estat, que ces peuples Sarasins, chés Nonnosus, qui escrit en la Relation de sa Legation qu'il fit du temps de Iustinian, qu'ils s'assembloient deux fois l'année pour les affaires de la Prouince, auec vne telle douceur & tranquillité, que toutes les inimitiés estoient deposées, & les bestes mesmes quittans leurs antipathies naturelles, gardoient la trefue pendant le temps des assemblées generalles. L'autre chose considerable, est la tenuë de la Cour Maiour, qui estoit en vsage du temps du Comte Centulle, pour iuger & decider souuerainement les procès des habitans de Bearn. Et comme cette Cité auoit esté principalement remise, pour conseruer le negoce, & le trafic, on s'auisa de leur octroyer ce priuilege, que leurs debiteurs ne seroient point receus à leur payer les debtes, qu'en deniers contans, pour exclurre l'vsage qui se pratiquoit en ce temps, de bailler en payement au creancier, telle portion des biens meubles, ou immeubles du debiteur, & de telle nature, que les preud'hommes des lieux auisoient estre raisonnable, dont les traces restent encore en la Coustume reformée.

VIII. Le Comte voulut aussi reseruer ses droicts, & son autorité sur les Bourgeois, comme l'administration de la iustice par soi ou son Viguier, les Amendes de soixante-six Morlas, ou autres moindres, pour raison des crimes, suiuant le *For de Bearn*, dit-il; Ce qui monstre l'antiquité des Fors Generaux de Bearn, dont ie traicterai plus cómodément ailleurs. Et pour la peine des adulteres, il ordonna que l'homme & la femme seroient traduits & promenés tous nuds par les ruës de la ville, estimant que l'infamie seule de cette nudité, estoit aussi rude à des gens bien nés, que d'auoir les parties coupées, ou bien les cheueux, & d'estre batu de verges, qui estoient les peines prescrites contre les adulteres par les Loix Saliques, Polonoises, & Lombardes. Mais le droict qu'il se reserua de vendre ses vins, & ses pomades, ou cidres prouenans de ses rentes & deuoirs, par tout le mois de May, est considerable pour l'interpretation du terme de *Maiesque*, dont les Communautés de Bearn se seruent auiourdhui, lors qu'elles font la deliurance de la Maiesque du vin, à leurs fermiers: Car ce droit de vendre son vin priuatiuement à tout autre, pendant le Mois de May est vn droit Domanial apartenant au Seigneur Souuerain, dans les terres qui lui sont immediatement subiectes, & aux autres Seigneurs particuliers en leurs villages: qui

Dd ij

est nommé dans les vieux tiltres *Maiade*, *Maiencque*, & *Maiesque*, prenant sa denomination du Mois de May ; & neantmoins on n'en void pas auiourd'hui la pratique, dautant que l'on a composé de ce Droict auec les Communautés, qui sont pour la plus grande partie vne petite redeuance annuelle en argent, que l'on appelle *Maiade*. Toutesfois le nom de *Maiesque* est resté à ce Contract, que les Communautés depourueuës de vin passent auec vn Fermier, pour en faire le fournissement necessaire, aux conditions qui sont arrestées entr'eux. Et dautant qu'il y a defense à tous autres de vendre du vin, excepté celui de leur creu, & que le Fermier attirant à soi le droict de vendre seul du vin, exerce dans la Communauté vn Monopole ; qui est vne chose defenduë par les loix, ces Contracts ne sont point valables, si le Parlement n'en accorde la permission. Quoi que depuis peu, on ait offert en affieuement de la part du Roi aux Communautés qui voudroient l'accepter, ce Droict de deliurer les Maiesques sans permission de iustice, & d'exiger du Fermier quelque profit, pour les affaires de leurs Communautés. Les lettres de Declaration en ont esté verifiées au Parlement, auec cette reserue neantmoins tres-iuste en soi, vtile pour le public, & pleine de preuoyance, que ce nouueau droict exposé en affieuement, n'estoit point domanial, n'y en ayant aucun de cette nature, que celui du mois de May, qui est conuerti en rente il y a long-temps : Mais seulement vne permission de Iustice dependante du droict de Souueraineté, qui doit pouruoir aux necessitez de son peuple suiuant les occurrances.

IX. Le Comte confirma tous ces priuileges auec serment, qu'il presta metant sa main droite sur les Euangiles, & la sainte Croix ; & fit confirmer par le serment de cent hommes d'Ossau, & cent hommes d'Aspe la franchise ou *Saubetat*, comme il l'appelle, qu'il accordoit à ceux d'Oloron, ordonnant vne amende de *neuf cens sols Morlas & d'vne medaille d'or*, contre tous les estrangers, qui entreprendroient dans les termes designés, sur la personne des citoyens. Les premiers que la Charte tesmoigne auoir establi leur demeure dans cette ville renaissante, furent sept hommes de Campfranc, qui est vn Bourg dans les montagnes d'Aragon sur la frontiere de Bearn. Ce qu'il ne faut pas trouuer estrange, à cause de la hantise ordinaire, qui estoit en ce temps entre les Bearnois & ceux d'Aragon, en consideration des guerres contre les Mores, que nos Princes embrassoient auec la mesme affection, que si c'eust esté leur affaire propre, & qu'ils auoient des droits Seigneuriaux sur la ville de Iacque, dont Campfranc est vne dependance. Ie ne dois pas ometre, que nostre Comte est nommé en langage Bearnois, *Centolh*, & representer les premieres paroles du Priuilege, afin que l'on voye le langage de ce temps-là. *Io Centolh per la gracia de Diu Vescoms de Bearn, & Coms de Begorre, bulh que aqueste ciutat, que ere despoplade, per cosseil & adiutori de mons Baroos de Bearn, à ma honor, & profieit, & de touts mons successors fosse poplade ; à la qual poblation vienco homis de diuerses partides, & aperats lor ensemps, plago à mi, que io departis tot plenerament ab lor las leis, & los drets, & los Fors de questa ciutat.*

I. E Chartario Lascurrensi : Centullus Vicecomes Bearnensis dimittens legitimam vxorem, matrem Gastonis quam habebat, Bernardum Ep. de possessione sua eiecit violenter, & Pontium Bigorrensem Ep. in possessionem monasterij induxit, tali pacto, vt ei concederet illicitas nuptias Bigorrensis Comitissæ, quod B. prohibebat, quem tamdiu persecutum, propter assiduam querelam, & interdicta quæ inde faciebat ; à toto Episcopatu eiecit, & in exilio mortuus, & apud Forum Iulij est sepultus.

III. Eulogius Cordubensis in ep. ad Vuil. Cumque à vobis regrederer festinus, Cæsaraugustam perueni, quos vulgi opinio negotiatorum cohortibus interesse, nuper ab interioris Franciæ gremio ibidem descendentibus iactitabat. Deinde, vrbi appropinquans negotiatores quidem reperi, &c.

VII. Nonnosus in Bibliotheca Photij : ἐν ταύταις ταῖς πανηγύρεσιν, πάσαις ἀρχεσιν ἐφιλέιν, ὁ πρὸς ἀλλήλοις μόνοι ἀλλὰ καὶ πρὸς ἅπας τας τοῦ ἐνδημουντας ἀνθρώπους φασὶ δὴ καὶ τὰ θηρία πρὸς τοῦς ἀνθρώπους, ὁ μόνον δὲ, ἀλλὰ καὶ αὐτὰ πρὸς ἀλλήλα

Liure quatriefme.

CHAPITRE XVIII.

Sommaire.

I. Pourſuites de l'Eueſque d'Acqs pour reprendre la Soule. Eludées par le Legat Amatus Eueſque d'Oloron, & par le Comte Centulle. Premiere plainte pardeuant le Metropolitain. Amatus forme vne nouuelle diſpute ſur Neuf parroiſſes. II. Le Metropolitain accorde les parties à Saint Seuer ſur le chef de ces parroiſſes. L'Archidiacre d'Acqs abſent, & Ambaſſadeur de Gui pour traicter vn mariage auec le Roi d'Aragon. III. Plainéte contre cét accord au Concile de Poictiers, où Amatus eſtoit l'vn des Legats. Renuoi à Rome. Les Eueſques y enuoyent leurs Archidiacres. IV. Ce Concile tenu l'an 1082. V. Commiſſion du Pape Gregoire Septieſme aux Cardinaux Hugues & Richard. Richard aſſigne les parties en la ville de Leſcar. VI. Centulle entre en armes dans le pais de Mixe, ſes troupes y ſont defaites, & vn ſien parent tué. Seigneurs particuliers de Mixe. L'Archidiacre d'Acqs parent de Centulle & de la Nobleſſe de Bearn, ſe preſente à Leſcar, & demande vn autre lieu aſſeuré. Richard l'aſſigne à la Reole. Aſſemblée des Eueſques de Gaſcogne en ce lieu. Ils ordonnent que l'Eueſque d'Acqs verifieroit la poſſeſſion des Neuf parroiſſes. Les noms des Gentils-hommes qui eſtoient ſes teſmoins. VII. Amatus ne ſe preſente pas, s'arreſte en vn tertre prochain, auec le Comte Centulle. Le Legat prononce de viue voix ſur le fait des Neuf parroiſſes. Mais le iugement ne fut pas redigé par eſcrit. Ces plaintes, auſſi bien que celles qui regardent Soule, Agarenx & Reueſel mal fondées.

I. Entulle ne ſe contenta pas d'auancer les affaires de la ville, qui eſtoit ſon ouurage particulier, mais encor il departit ſa protection à l'Eueſché d'Oloron, tenant la main à ce que le Vicomté de Soule, & les quartiers d'Agarenx, & de Reueſel, qui auoient eſté reünis depuis peu à leur ancienne matrice, & diſtraits de l'Eueſché d'Acqs, qui les auoit auparauant vſurpés, fuſſent conſeruēs ſous le pouuoir & la iuriſdiction de l'Eueſque d'Oloron. Nous aprendrons tout le procedé qui fut tenu en vne diſpute ſi conſiderable, & les ſoins de l'Eueſque Amatus appuyé de la faueur du Comte Centulle, pour ſe maintenir contre les pourſuites des Eueſques d'Acqs, ſi nous conſultons leur vieille Charte, dont i'ai produit ci-deſſus vne partie, qui monſtroit les moyens que l'on auoit ſuiuis pour cette reunion du temps de Gregoire d'Acqs. Elle adiouſte qu'à ce Gregoire ſucceda Bernard, qui menoit vne vie fort auſtere, mais eſtoit fort mol & craintif en la pourſuite de ſes intereſts: & rencontra vn homme plein de ruſes & d'adreſſes, qui eſtoit pourueu de l'Eueſché d'Oloron, nommé Amatus, auctoriſé de la Legation de toute la Gaſcogne, & des autres prouinces, & par conſequent aſſés puiſſant pour opprimer quel Eueſque que ce fuſt, dependant de ſa Legation. Ce bon homme Bernard fit ſa plainte des violences qu'il pretendoit auoir eſté commiſes contre les droits de ſon Eueſché, par ceux d'Oloron, à Guillaume Bernard Archeuesque d'Aux. A quoi Amatus ne voulut pas respondre directement, mais pour escarter la question, proposa de sa part vne nouuelle demande contre ceux d'Acqs, touchant vn quartier de leur Diocese, qui contenoit seulement neuf Parroisses, depuis Salies iusqu'au lieu de Oguon allant vers Acqs, & concluoit, à ce que Bernard fust condamné à se desister de la possession.

II. Icy l'Auteur de la Charte se plaint beaucoup de l'Euesque Metropolitain, disant qu'il se laissoit gouuerner par Amatus à sa discretion, deferant plus à ses souplesses & à son autorité, qu'à la bonne cause de Bernard; lequel au lieu de receuoir iustice sur sa plainte, fut obligé de respondre au fait des neuf Parroisses. Et peu de temps apres, l'Archeuesque ayant assigné les parties au lieu de Sainct Seuer de Gascogne, où l'Euesque Bernard se presenta, accompagné seulement d'vn sien Chanoine nommé Bernard de Camp; il ne voulut pas prononcer en qualité de Iuge, mais se rendit mediateur entre les parties, & fit consentir de viue voix à Bernard, qu'il se desistast des quatre Eglises contestées, au profit d'Amatus, & retint les cinq. A quoi le Chanoine s'opposa fort vigoureusement, en absence d'Arnaud Raimond Archidiacre d'Acqs, qui estoit pour lors occupé comme vn des Douze plus honestes & remarquables Barons de Gascogne, en l'Ambassade que Gui Comte de Poictiers leur auoit baillée vers le Roi d'Aragon, pour traicter le mariage de leurs enfans.

III. L'Archidiacre estant de retour de son voyage, fut extremement fasché de la surprise, qui auoit esté faite à son Euesque; & à mesme temps Hugues Euesque de Die, & Richard Abbé de Marseille Cardinaux & Legats du Sainct Siege, ayans indict vn Concile à Poictiers, l'Euesque Bernard & son Archidacre s'y rendirent, aussi bien que les Euesques des autres Prouinces. Et quoi que l'Euesque Amatus eust cét auantage dans l'assemblée, d'estre assis comme Legat au siege des Presidens, cela n'empescha pas l'Archidiacre, de remuer la question de la pretenduë inuestiture des quatre Eglises, qui auoit esté faite verbalement; & fit iuger par tout le Concile, qu'elle n'estoit point valable, pour auoir esté faicte sans le consentement de l'Archidiacre & du Chapitre. Neantmoins pour le respect d'Amatus, & de sa dignité de Legat, le Synode ne voulut en prononcer, mais iugeant que cette matiere meritoit d'estre examinée en Cour de Rome, y renuoia les parties, & leur ordona d'y aller, ou d'enuoyer leurs Archidiacres auec les memoires & les instructions necessaires. Donc l'Euesque Bernard depescha son Archidiacre, & l'accompagna d'Arnaud Raimond de Sales, & d'Arnaud de Mirebeau; Et l'Euesque Amatus commit de sa part Heraclius son Archidiacre, auec ses lettres de recommandation, & celles de l'Archeuesque, qui vouloit faire valoir ce qu'il auoit negocié entre les parties, au lieu de Sainct Seuer.

IV. Pendant que nos gens font le voyage, il ne sera pas hors de propos d'examiner le temps de ce Concile de Poictiers. Ce qui ne se peut mieux faire, qu'en considerant le temps de la Legation de Richard Abbé de Marseille, qui fut substitué en la Legation à Bernard son frere, sur la fin de l'an 1079. & tout incontinent fut en Espagne; où il negocia auec le Roi Alfonse de Castille l'an 1080. & y fit sa residence iusques en l'année 1081. comme il apert par la lettre seconde du Liure IX. du Pape Gregoire VII. Il faut donc que ce Concile ait esté tenu en la mesme année, ou bien au commencement de la suiuante 1082. Car si nous le reculions dauantage, nous trouuerions Hugues le Legat, non plus Euesque de Die, comme il est qualifié dans la Charte, mais Archeuesque de Lion.

V. Les Archidiacres estans arriués à Rome, furent ouïs en pleine Cour, & celui d'Acqs obtint gain de cause pour raison des quatre Parroisses, qui furent en consequence de ce iugement possedées long-temps par l'Eglise d'Acqs, quoi que par la negligence & l'incurie des Prelats elle en soit maintenant priuée, dit la Charte. Et pour le surplus des pretensions, il obtint letres de commission du Pape Gregoire, adressant aux Cardinaux Hugues & Richard, afin qu'ils entrassent en connoissance de cause, touchant les demandes de l'Euesque d'Acqs, pour le demembrement de son Diocese; Et les defenses d'Amatus Euesque d'Oloron, qui auoit fait entendre par ses letres, confirmées par celles de l'Archeuesque d'Aux, que les terres contestées auoient esté ci-deuant vsurpées par ceux d'Acqs, & apartenoient de tout temps en proprieté à l'Eglise d'Oloron. Amatus ayant apris ces nouuelles, indict incontinent vn Concile à Charroux, *apud Corrosium*, où il rechercha plusieurs sujets pour trauailler l'Euesque Bernard timide de son naturel; Mais la commission ayant esté presentée aux Cardinaux, ils arresterent que Richard de Marseille se transporteroit sur les lieux, pour vuider le different; lequel pour cét effet assigna les parties à certain iour en la ville de Lascar.

VI. Or il arriua qu'auant le terme escheu, Centulle Vicomte de Bearn & Comte de Begorre, entra dans le païs de Mixe qui est en Basse Nauarre, auec vne grande armée, & que ses troupes furent repoussées, & rompuës par ceux de Mixe, vn sien parent & Baron nommé Arnaud Guillaume Milan y fut tué, plusieurs soldats y furent faits prisonniers, & cent cheuaux prins. Ce païs de Mixe estoit possedé par des seigneurs particuliers, quoi qu'il releuast du Vicomte d'Acqs; De fait on voit dans les papiers de Sorde, Bernard Garsias d'Amixa, & Dat Arnalt d'Amixa; & dans le Chartulaire de Lascar, Arnaud Garsia de Mixa, pere à mon auis de Dat Arnaud; ce dernier estant peut-estre celui qui possedoit Mixe au temps de cette guerre. Et dautant que la Mixe dependoit du Vicomté & de l'Euesché d'Acqs, l'Euesque Bernard, adiouste la Charte, craignant que les Bearnois seroient aigris de ce malheur, n'osa point amener à Lascar les tesmoins, qui lui estoient necessaires: se contentant que son Archidiacre se presentast, pour faire les excuses, & demander vn autre lieu plus asseuré. Ce que l'Archidiacre executa sans crainte, dautant plus qu'il auoit l'honneur d'estre parent du Comte Centulle, & de la principale Noblesse de Bearn; & obtint du Cardinal nonobstant les oppositions du Comte, vn autre lieu plus asseuré, sçauoir S. Pierre de la Reole surnommé *Barbapodium*. Tous les Euesques de Gascogne estans assemblés en ce lieu, il fut ordonné que ceux d'Acqs verifieroient par tesmoins, que les neuf Parroisses, qu'Amatus auoit rendu litigieuses, leur apartenoient. L'Archidiacre amena vn suffisant nombre de tesmoins pour faire sa preuue, sçauoir Raimond Arnaud Vicomte d'Acqs, Borneme Sance Vicomte de Maremne, Loup Garsia Vicomte d'Ourte, & son frere Guillaume Garsia de Poüillon, Raimond Robert Vicomte de Tartas, Arnaud de Feulgar oncle de l'Euesque Bernard, Alan de Mugron frere du mesme Euesque, Dodon Brensi, Guillaume Bernard Ezius d'Ortés, pere de Brumosus, Odon Bernard de Salies, Arnaud de Caupene pere de Pierre, Arnaud, & Guillaume Arnaud de Til.

VII. Tous ces Vicomtes, ou Barons d'eslite, qui ne cedoient point aux Vicomtes, dit la Charte, & plusieurs autres Gentils-hommes, se presenterent sur le lieu, pour rendre leur tesmoignage, suiuant l'ordonnance du Synode. Mais Amatus ne comparut point, se contentant de venir iusqu'à vn tertre proche de la Reole, en compagnie du Comte Centulle: De sorte que le Cardinal, & les Euesques ennuyés d'vne longue attente, le firent aduertir de se presenter, pour voir proceder à la reception des tesmoins. Ce qu'ils refuserent, & ayans esté encor attendus iusqu'au point de la nuict, qui est le terme & delai que les Formules de Marculfe tesmoignent auoir esté en vsage du temps de la premiere race de nos Rois, ceux d'Acqs protesterent qu'ils estoient prests de faire leur enqueste, si la partie eust comparu pour la pouuoir faire legitimement. Le Commissaire reconnoissant que l'on harceloit l'Euesque d'Acqs, ordonna, dit la Charte, qu'ils se maintinsent en leur possession. Mais ses procureurs étoient si piqués du tort, qu'ils pretendoient receuoir, touchant la Soule, Agarenx, & Reuesel, & si confiants de leur bon droit, touchant les neuf Parroisses, qu'ils ne se soucierent point de faire rediger par escrit ce iugement. C'est le sens de ce que la Charte d'Acqs nous a conserué; mais si nous auions les memoires d'Amatus, ie m'asseure que nous iugerions aisément qu'il estoit bien fondé, mesmes au fait de Soule, d'Agarenx & Reuesel, qui appartenoient de toute antiquité à l'Eglise d'Oloron, comme il representa au Pape Gregoire VII. ainsi qu'il apert de la teneur du Rescrit; Et partant cette tourbe de tesmoins ne pouuoit pas beaucoup preiudicier à son droit, puis qu'ils ne pouuoient deposer que du fait de la possession, & des derniers exploicts, qui n'eust pas esté mise en grande consideration, encore qu'elle eust esté verifiée de trente ou quarante ans : qui est vn terme suffisant pour donner par droit de prescription à l'vne Eglise, vne partie du Diocese de l'autre, suiuant les Canons des Conciles d'Afrique, & de Chalcedoine: Dautant que l'Eglise d'Oloron ayant esté priuée de son propre pasteur, & possedée par les Euesques Generaux de Gascogne iusqu'en l'année 1058. que l'Euesque Estienne fut ordonné, & sous lequel se fit la reünion de Soule & d'Agarenx, il n'y auoit pas trois ans de bonne & legitime possession; tout le temps precedant deuant estre rabatu, suiuant les saincts decrets. Cependant nous auons apris dans ce recit, l'armement de nostre Centulle contre la Mixe, & le mauuais succés qui lui arriua. Ie ne puis en deuiner le suiet, ni faire autre chose, que donner le contentement au Lecteur de lui proposer les paroles du tiltre, apres l'auoir aduerti que suiuant les memoires de S. Seuer, l'Euesque Bernard mourut le 25. de Iuillet 1097.

E Charta Aquensi: Post Gregorium, abbatium tantum, & tantos honores occupantem, successit proprius Aquensi Ecclesiæ Episcopus nomine B. vir miræ abstinentiæ, sed mollis & timidus in iuris sui defensione. In huius Bernardi regimine in Agarencum & Reseuellum Aquensis diœcesis Olorenses prædictis artibus subintroierunt. Vixit iste B. xx. & circa LV. annos. Post Bernardum Raimundus successit. Obijt autem XVIII. sui Episcopatus anno. Post Raimundum presens Guillelmus. Tempore Bernardi præfuit Olorensi Ecclesiæ Episcopus nomine Amatus, vir è contrario magnæ astutiæ, & calliditatis, & totius Vasconicæ Legatus, qui quoniam totius Vasconicæ & aliarum Prouinciarum Legatus erat, facile quemlibet suæ Legationis Episcopum supprimere poterat. Infra: Rescriptum Gregorij VII. Papæ. Gregorius Episcopus seruus seruorum Dei H. Diensi Archiepiscopo, & R. Cardinali & Abbati salutem & Apostolicam benedictionem. Aquensis Archidiaconus A. queritur quod Archiepiscopus W. B. & A. Legatus noster, nec non Episcopus Vasarensis insurgunt aduersus Ecclesiam suam, & Ecclesias quasdam eiusdem Episcopatus sui auferunt, & violenter inuadunt. Auscensis vero Archiepiscopus, & Amatus Episcopus literis suis nobis significauerunt ab Aquensibus easdem Ecclesias *à proprietate Olorensis Ecclesiæ abstractas, eidem Olorensi Ecclesiæ ab antiquo pertinuisse.* Vnde fraternitati vestræ iniungimus, vt si potestis ambo, sin autem vnus in competenti loco eorum negotium audiat, atque canonicis rationibus diligenter perscrutatis, Deo placente iustitia congruum finem imponat. Infra: Ad hanc causam definiendam dirigitur Richardus Massiliensis, qui vtrique parti aduersæ diem & locum quo conuenirent designauit, videlicet *Lascurrim*. Sed infra designationem diei, Vicecomes Bearnensis Centullus & Comes Begorrensis, Ipse super Aquensem Episcopatum, videlicet super Mixam cum magno exercitu equitauit, vbi à Mixensibus in cum insurgentibus victus & fugatus fuit, Arnaldus Guillelmus pronomine Milanus Baro & Consanguineus ipsius Centulli ibi occisus fuit, milites multi capti, equi plures centum, & multa alia.

CHAPITRE XIX.

Sommaire.

I. *Centulle donne au monastere de Saint Jean de la Penna en Aragon, vn paisan du lieu d'Eysus en Bearn, auec sa famille & ses terres, & le droit de pasquage pour cent pourceaux, qui seront gardés par ce paisan.* II. *Donne l'Eglise de Bornos à celle de Lascar : & l'Eglise de Castets au monastere de Saint Pé ; descharge le lieu de Lanegrasse des couruées pour son Chasteau de Cadeillon.* III. *Justice de Centulle contre soi-mesme au profit de l'Eglise de Lascar. L'amende du Prestre tué apartenoit à l'Euesque suiuant les Capitulaires ; comme celle des batemens leur apartient suiuant le For.* IV. V. *Dispute entre Dodon Euesque de Tarbe, & le monastere de Saint Pé sur la sepulture d'vn Gentil-homme, & sur les violences commises par l'Euesque & son Archidiacre, iugée conioinctement par le Comte Centulle & sa Cour, & par le Legat Amatus Metropolitain d'Aux. Amatus Archeuesque de Bourdeaux.*

1. Entulle ne se contentant pas d'auoir protegé l'Euesque d'Oloron, voulut paroistre liberal à l'endroit du monastere de la Penna situé dans les montagnes d'Aragon, & departir encore ses bien-faits aux Eglises de deçà, & leur rendre de son chef vne bonne iustice aux occurrences. Pour le premier, Iean Briz Martinez ayant obserué en son histoire de la Penna, que Centulle Comte de Begorre, d'Oloron, & de Bearn, estoit tellement affectionné à ce monastere qu'il le fit, *Hermano y Cauaillero d'ello*; & ayant rapporté le sommaire d'vne donation que Centulle fit à ce Conuent ; il a pris la peine de m'en enuoyer l'extraict tout entier, dont voici la substance ; *Au nom de la Saincte & indiuisible Trinité. Celuici est le Testament que moi Centulle par la seule misericorde de Dieu, & non par mes merites Comte de Begorre, fais pour le remede de mon ame, de mes pere, mere, & de mon Ayeul le Comte Centulle Gaston, & tous mes parents. Car i'ofre, & octroye au monastere de S. Iean Baptiste de la Penna, situé en la Prouince d'Aragon, pour le profit des Seruiteurs de Dieu y residans, vn Rustique nommé Lupo-Garsias, au village de Isuici,* (qui est Eysus en Bearn prés d'Oloron) *auec sa femme, & ses enfans, & tout son aleu, afin que lui & toute sa race seruent perpetuelement à l'Eglise S. Iean, comme ils deuoient me seruir, & à mes enfans ; & neantmoins qu'ils ne puissent estre pignorés en mon païs, pour raison d'aucune plainte, que pourroient faire ceux d'Aragon. Ie donne aussi audit monastere dans le mesme village, le droit de pasquage qui m'apartient & à mes successeurs, afin qu'en la saison du glandage, il puisse nourrir dans les forests du lieu, cent pourceaux & dauantage s'il se peut sans domage du tiers, & veux que le susdit Rustique soit obligé à les garder, & à les nourrir chés soi. L'acte est daté de l'Ere* M. C. XV. *& de l'année de l'Incarnation* M. LXXVII. *commandant en France le Roi Philippe, & en Gascogne* VV. *Comte de Poictiers, & en Leon Ildefonse l'Empereur, & regnant en Pampelone & en Aragon le glorieux Roi Sance Ramires, & moi Centulle par la grace de Dieu Comte de Begorre, d'Oloron, & de Bearn, i'ai commandé que l'acte de cette donation fust escrit au porche de l'Eglise S. Iean Baptiste, & le iour de sa feste estans tesmoins*

& confirmateurs, le Roi Sance, Garsias Euesque de Iacca. Garsias Abbé de Leyre, Sance Abbé de S. Iean. Grimald Abbé de S. Victorian. Bernard Garsia Guillaume Ezo de Barequita. Lupus Dato de Lascun, Arnaud Guillaume d'Aspe. Où il faut obseruer qu'il y a faute en ce date, qui doit estre pour le moins de l'an M.LXXVIII. la commission pour la separation du mariage de Centulle & de Gisla estant de cette année au mois de Mars, quatre mois auant cette donation. De laquelle l'on peut recohnoistre que ceux d'Aragon estoient contraints en ce temps-là, de se fournir de pourceaux du costé de Bearn, & de Gascogne, aussi bien que la necessité les y oblige presentement.

II. Pour les Eglises de deçà, il gratifia d'vn costé ceux de Lascar, de l'Eglise de Bornos; & d'ailleurs il fit don au monastere de S. Pé de Generes, de l'Eglise de Castets, qu'il possedoit au Vicuilh auec sa metairie, & tout ce qui lui apartenoit sur les lieux, son fils Gaston y apportant son consentement. Et de plus il afranchit & deschargea de tout deuoir & seruice, le village de Lanegrasse en faueur du mesme monastere; en telle sorte que les habitans de ce lieu, ne pourroient estre contraints à l'auenir, de faire aucune couruée ou trauail, au Chasteau de Cadeillon, ni aucun autre lieu, mais demeureroient quites & deschargés de toutes exactions. D'où nous aprenons que le Chasteau de *Cadeillon* estoit en estat dés le temps de Centulle, faisant frontiere du costé d'Armaignac; & partant qu'il ne faut pas trouuer estrange, si le Roi Alfonse d'Aragon demanda les Chasteaux de *Cadeillon*, & de Manciet à Marie la Vicomtesse, pour lui seruir d'asseurance de ses promesses, en l'année 1170. Maintenant le village de Cadeillon est hors le domaine du Roi, & n'en reste rien debout qu'vne vieille tour, sur vne mote de terre, & les vestiges de quatre ou six tours qu'il y auoit autresfois.

III. Quant à l'administration de la iustice, le Comte y estoit tellement exact qu'il en receut vn tesmoignage bien auantageux du Pape Gregoire VII. ainsi que i'ai dit au commencement; & la pratiquoit aussi seuerement contre soi-mesme, qu'à l'endroit de ses sujets. Dont il reste vne preuue au Chartulaire de Lascar, à l'occasion de la dispute suruenuë entre lui & le Chapitre, touchant vne maison de Baleix, que Ramon-Arnaud d'Anoie auoit baillée à l'Eglise, pour le payement de l'amende d'vn Prestre, qu'il auoit tué. Car l'amende ou le Vueregild, & prix du Prestre occis apartenoit anciennement à l'Euesque diocesain, pour en distribuer l'vne moitié en aumosnes, & l'autre au profit de l'Eglise, suiuant l'ordonnance de l'Empereur Loüis le Debonaire, n'y ayant, dit-il, aucun heritier si proche du decedé, que celui qui l'auoit aproché du Seigneur. D'où vient qu'en nos Fors les amendes des batemens des Prestres sont adiugées à l'Euesque, & non au Fisque du Roi, ou à la bourse des seigneurs. L'ordonnance de Charlemagne auoit bien precedé, touchant la taxe, & la qualité de l'amende, qui estoit vingt-quatre deniers, reuenant à six cens sols dans la Loi Salique, & les Capitulaires. Mais l'application en a esté decernée par Loüis le Debonnaire au profit de l'Eglise. Et conformément à cette constitution, le seigneur d'Anoie paya l'amende du Prestre tué, à l'Euesché de Lascar; mais le Comte Centulle se saisit du fonds qui auoit esté baillé en payement, parce peut-estre que la distribution de la valeur ne se faisoit pas suiuant le desir de l'ordonnance, ou qu'il auoit quelque pretention particuliere sur la terre. Dont le Preuost Guillaume fit sa plainte au Vicomte, qui lui rendit iustice en sa main, & iugea la dispute par le fer au profit du Chapitre. Où l'on peut remarquer l'independance de la iustice des Seigneurs de Bearn, puis que les corps Ecclesiastiques qui sont des communautés puissantes, & en ce temps beaucoup honorées, ne s'adressent pas à vn superieur pour lui demander iustice contre le Vicomte, mais la demandent à lui mesme, & à sa Cour de Bearn. Ce que nous verrons auoir esté perpetuelement practiqué en toutes les occurrences: comme aussi que tous les faits douteux se terminoient auec vn duel ordonné en iustice, ainsi que l'on a pû obseruer en cette dispute de Baleix; Lequel combat, Centulle ordonna de mesme pour vuider le different meu entre les Chanoines de Lascar touchant l'Eglise de Luc, que Bernard d'Alod leur auoit donnée; & la veufue & les enfans qui denioient la donation, dont l'issuë fut au profit du Chapitre, à qui la possession fut confirmée par le moyen de deux cautions obligées entre les mains du Comte Centulle, sçauoir Girald d'Espui, & Gilemfurt de Narcasted.

IV. Il rendit la mesme iustice à ceux de Begorre apres son mariage auec la Comtesse. Car nous aprenons dans les papiers de S. Pé, qu'en l'absence d'Odon leur second Abbé, qui estoit allé à Rome en compagnie d'Amatus Euesque d'Oloron, Vicaire du siege Romain, & depuis Archeuesque de Bourdeaux, dit la Charte, il suruint vn grand tumulte dans la Begore excité par l'Euesque de Tarbe Dodon, & ses Chanoines, à l'occasion de la sepulture d'vn Gentil-homme nommé Guillaume Ramon de Batres, qui auoit ordonné à sa femme de porter son corps apres sa mort, dans l'Eglise de S. Pé pour y estre enseueli. De fait en execution de cette derniere volonté, les Moines appellés par les proches, estoient allés au village de Ludux, auec les ceremonies & tout l'appareil Ecclesiastique, de croix, encensoirs, cierges, & bannieres, & auoient fait l'office pendant la nuict. Le lendemain estans sur le point de leuer le corps, Bernard Archidiacre d'Asereix suruint à main armée, & nonobstant les oppositions des Moines l'enleua par force, auec l'adueu de l'Euesque, qui l'attendoit en la place du marché de Lourde, & le fit conduire à Tarbe. La plainte de cette violence fut portée à Guillaume Bernard Archeuesque d'Aux, & au Comte Centulle. Le Comte, qui estoit vn personnage rempli de prudence, apres le retour d'Amatus, & de l'Abbé Odon, ordonna que les parties, sçauoir l'Euesque & l'Abbé se presenteroient deuant lui, dans le Chasteau de Lourde, afin de plaider leur cause. Le Legat Amatus assista à ce iugement, auec Ebrard Abbé de S. Sabin, & Gregoire Abbé du monastere de la Reole en Begorre, & autres personnes Ecclesiastiques & Laïcques, qui iugerent d'vne commune voix, que les Moines n'auoient point de tort, & leur firent passer vne transaction, touchant le quart de la disme de Semeac, que l'Euesque leur quita en contreschange du Casal de S. Martial, qu'ils possedoient proche de l'Eglise de Saincte Marie.

V. On peut obseruer en ce procedé la bonne intelligence des Euesques & des Comtes en l'exercice de la iurisdiction, qui leur est si souuent recommandée dans les Capitulaires de l'Empereur Loüis en ses Additions; & comme aux matieres dont le principal apartient au iuge Ecclesiastique, & l'incident au seculier, ils ioignent leur autorité pour éuiter le conflict, & traictent conioinctement l'affaire, conformément à ce que l'on a depuis ordonné pour l'instruction du delict commun & du cas priuilegié des Clercs, en l'Edict de Melun. Car ici le port d'armes, la congregation illicite, & la violence apportée à l'enleuement du corps, estoit vn crime public & Royal, comme violant la tranquilité publique qui dépend de l'autorité seculiere; & la question au fonds, sçauoir si les Moines auant les priuileges des Papes auoient la faculté d'enterrer les morts au preiudice des Eglises matrices, qui ont le droit des cemetieres, aussi bien que des baptesmes, priuatiuement aux autres Eglises qui ne sont que subsidiaires, estoit vn poinct de la Iurisdiction Ecclesiastique. La difference de cette procedure auec l'Edit de Melun est en ce que, le Legat & le Comte prononcerent conioinctement, & non pas separément, auec cet auantage que i'y voi pour l'autorité du Comte, qu'il ordonne l'assemblée, & assigne l'Euesque & l'Abbé de se presenter deuant lui pour receuoir iustice. Mais aussi ie ne doute pas, que le Legat Amatus ne les assignast de sa part: veu mesmement que la Charte fait mention des letres de l'Archeuesque d'Aux. Or ce iugement precede necessairement l'an M.LXXXIV. dautant qu'il se rapporte au temps qu'Amatus estoit encor Euesque d'Oloron, & non promeu à l'Archeuesché de Bourdeaux, qu'il possedoit en cette année.

I. Ioan. Briz Martinez Lib. 2. Hist. Pinnat. cap. 21.
Charta S. Ioannis Pinnatensis: In nomine Sanctæ ac indiuiduæ Trinitatis. Hoc est testamentum quod ego Centullus, non meis meritis, sed sola Dei misericordia Bigorrensis Comes facio pro remedio animæ meæ, & parentum meorum, patris, & matris, *& Aui Comitis Centulli Guastonis*, atque omnium parentum meorum præcedentium, & subsequentium. Offero siquidem, & concedo monasterio S. Ioannis Baptistæ de Pinna, quod est situm in Aragonensi Prouincia, ad vtilitatem seruorum Dei ibidem habitantium, vnum Rusticum nomine Lupo-Garsias, in villa quæ vocatur Isuici, cum vxore, & filiis, & omni alodio suo, vt perpetuo iure, ipse & omnis generatio eius Ecclesiæ S. Ioannis, sicuti mihi & filiis meis debuerunt seruire, deseruiant, *& per nulla querimonia Aragonensis patriæ ob pignorentur in patria nostra*, ab homine aliquo. Do etiam in eadem villa, supradicto monasterio S. Ioannis, pascua porcorum meorum, quæ ego & posteri mei ibi debemus habere, vt quandocunque in siluis eiusdem villæ pascua abundant, centum porcos mei iuris, vel eo amplius si fieri potest absque læsione alicuius hominis, ibi pascantur. Supradictus autem Rusticus illorum, eos procurare faciat, & in domo sua nutriat & custodiat. Hanc vero oblationem pro remedio animæ meæ, & parentum meorum Deo, & S. Ioanni oblatam, commendo filiis & nepotibus meis, atque omnibus Christi fidelibus mihi in honorem meum succedentibus, vt inconuulsam & firmam perpetualiter custodiant, atque pro remedio animarum suarum, & meæ ab omnibus inimicis pro posse suo defendant. Si quis vero, quod futurum minime credo, meorum filiorum, vel nepotum, seu quorumlibet hominum, hoc meum decretum incorrigibili pertinacia disrumpere tentauerit, ex parte Dei omnipotentis & sanctorum, & mei sit Anathema maranata, & cum Datan & Abiron, & cum Iuda traditore domini obtineat portionem in inferno inferiori, Amen. Facta est confirmationis pagina. Æra M.C.XV. Anno ab incarnati verbi M.LXXVII. super gentem Francorum imperante Philippo Rege, & in Guasconia imperante W. Pictauiensi Comite, & in Legione imperante Ildefonso Imperatore, & in Pampilonia, & in Aragonia regnante Sancio Ramiris glorioso Rege. Ego Centullus gratia Dei Comes Bigorrensis, & Olorensis, & Biarnensis, Hanc confirmationis, vel oblationis paginam in atrio eiusdem S. Ioannis Baptistæ, & in illius festiuitate scribere iussi, & testibus ac confirmatoribus ad roborandum tradidi. Sancius gloriosus Rex cum omnibus optimatis suis testis & confirmans. Garsias Episcopus Ecclesiæ Iaccensis testis & confirmans. Garsias Legerensis monasterij Abbas, testis & confirmans. Sancius eiusdem monasterij S. Ioannis B. Abbas electus testis & confirmans. Grimaldus monasterij S. Victoriani, Abbas, & huius Chartæ scriptor, testis & confirmans. Bernardus-Garsias coætaneus meus, testis & confirmans. Guillemus Ezo de Barequita testis & confirmans. *Lupus Dato de Lascune* testis & confirmans. Arnaldus Guillemus de Aspa testis & confirmans. Ego prænominatus Comes Centullus secundum desiderium meum hanc paginam firmaui, & manu propria hoc signo corroboraui.

II. E Chartario S. Petri Gen. Centullus Comes Bigorrensis nec non & Vicecomes Bearnij dedit in Bigulio Beato Petro, Ecclesiam de Castello cum propria boueria, & cum omnibus quæ iure hereditario illic possidebat, Guastone filio suo simul confirmante & donante, nec fuit ibi aliquid quod vterque non firmauerit. B. Petro sibique famulantibus perpetuo possidendum. In super quandam villam B. Petri quæ Lanagrassa vocatur, huic satis proximam fecit pater cum voluntate filij Ingenuam ac liberam ab omni seruicio malo, ea scilicet ratione, vt ab illa die amplius à nemine cogerentur habitatores illius facere aliquod opus *in Cadelionensi castro*, vel in alio loco, sed vt semper seruiant B. Petro sibique seruientibus absque vlla inquietudine cuiuslibet exactoris.

III. E Chartario Lascurrensi: Rusticum de Bales dedit Atramoarnaud de Anoia ad Sanctam Mariam propter quemdam presbyterum quem interfecit, post mortem suam venit Vicecomes, & abstulit. Deinde venit Vilemus præpositus clamans de rustico, & accepit iusticiam in manu eiusdem Vicecomitis, & fecit Diuisionem ferri, gratia Dei vicit eum. Tit 58. Legis Salicæ. Lib. 3. Capitul. T. 25.

V. Capitul. lib. 4. T. 15. Addit. 3. T. 54. 64. Add. 4. T. 24.

CHAPITRE

Liure quatriefme. 325

CHAPITRE XX.
Sommaire.

I. Decés de Centulle. Sance Ramires Roi d'Aragon l'appelle à son secours. Estant arriué en la vallée de Tena, & logé dans la maison d'vn sien Vassal, il est assassiné la nuict par son hoste, qui s'enfuit en la terre des Mores. Sentence du Roi Sance contre le bien du meurtrier. II. Centulle estoit Vassal du Roi d'Aragon pour Bigorre, qui estoit tenuë en arriere-Fief de la Couronne de France. III. Il estoit aussi Vassal pour vne partie de la vallée de Tena. Seruitium expliqué. IV. Justifié par l'Acte de la donation de Centulle en faueur de S. Jean de la Penna, que le Bearn ne releuoit point de l'Aragon. V. Briz repris en sa coniecture, que Centulle eust esté appellé pour le siege de Tolede. Centulle estoit en vie l'an 1088.

I. IL y a quelques autres chefs qui regardent les actions de Centulle, & sa lignée de son second mariage, que ie traicterai plus particulierement au dernier liure: Cependant ie finirai ce discours par la fin de sa vie, qui arriua à cette occasion. Sance Ramires Roi d'Aragon voulant renforcer ses troupes, de quelques compagnies de Bearnois & de Begordans, pour faire la guerre plus puissamment contre les Mores, appella Centulle à son secours. Il se met en chemin auec les volontaires de ce païs, & sortant de Bearn par la vallée d'Ossau, entre dans la vallée de Tena en Aragon, qui releuoit de lui en hommage, & se loge dans la maison de Garcia fils d'Aznar Athon ; qui estoit tenu par deuoir de fief à ce seruice, que de le receuoir & l'heberger. Mais ce desesperé & maudit Garcia, vsant d'vne perfidie, lascheté, & trahison insupportable, tuë la nuict le Comte Centulle, lors qu'il reposoit, & meurtrit vilainement son hoste & son seigneur, & ceux de sa suite. Le Roi Sance Ramires, qui estoit alors en Castille, conceut vne telle indignation contre ce perfide, que pour venger ce crime, ne pouuant se saisir de la personne de Garcia, qui s'en estoit fui vers la terre des Mores, ordonna que la maison, où la trahison auoit esté commise, demeureroit desertée, auec defenses à toute sorte de personnes d'y habiter. Et dautant que Galinde frere de Garcia lui representa son innnocence, lui fit voir qu'il n'auoit point trempé dans la perfidie de son frere, puis qu'en ce temps il estoit en Castille auec le Roi ; Sance se contenta de luy ordonner, de vuider luy, sa mere, ses freres, & sœurs hors la vallée de Tena, de n'y habiter iamais, & de ne bastir aucune maison dans les bornes qu'il luy designe ; luy permit neantmoins de tenir des mestayers & procureurs dans ses heritages, pour trauailler les terres, & recueillir les fruicts ; & de faire sa residence auec sa mere, en telle autre part du Royaume qu'il aduiseroit : à la charge que si Galinde vouloit se retirer à l'aduenir du Royaume, ses cautions en nombre de seize, s'obligent de le remetre entre les mains du Roi, sous peine de reparer tous les dommages qu'il pourroit faire.

II. Iean Briz Martinez nous a indiqué ce funeste accident en son histoire, & depuis m'a communiqué la piece entiere de la sentence du Roi, conceuë en termes Latins, qui monstrent que le Secretaire manioit plus souuent l'espée que la plume.

E e

Quoi que le Chartulaire de S. Pé conserue la memoire du decés de Centulle en Espagne, mais non pas auec la circonstance de la violence & trahison; lors qu'il rapporte en termes exprés, que Centulle Gaston allant en Espagne où il deceda, auoit donné à S. Pierre la moitié du village de Cedze en Bearn. Où l'on peut remarquer, que le Comte Centulle est nommé Centulle Gaston, à cause qu'il estoit fils de Gaston III. Iean Briz Abbé de la Penna n'eust pas fait mention de ce meurtre, ni de la sentence du Roi Sance, sans ce qu'il pretend iustifier par cette piece, que le Bearn releuoit de la Couronne d'Aragon, puis que Sance y nomme le Comte Centulle son Vassal en termes exprés. Mais pour le metre hors de peine sur ce sujet, i'aduouë franchement que Centulle estoit Vassal du Roi d'Aragon, non pas en qualité de Seigneur de Bearn, mais à raison du Comté de Bigorre, qui releuoit immediatement de la Couronne d'Aragon, & en arriere-Fief de celle de France; lequel homage a esté supprimé & aboli, non seulement par la reünion de ce Comté à la Couronne de France, mais encore par les cessions & renonciations passées entre le Roi S. Loüis, & & le Roi Iacques d'Aragon, celui-ci quitant le droit de souueraineté sur les Comtés de Catalogne, & l'Aragonois les droits feodaux qu'il auoit en Languedoc, & autres païs deçà les monts, ainsi que ie monstrerai au traité particulier des Côtes de Bigorre.

III. En outre Centulle estoit Vassal du Roi d'Aragon, à cause de la vallée de Tena, qu'il tenoit en fief de la Couronne d'Aragon, comme possesseur de la maison de Bearn, & successeur de Centulle Premier, qui en receut l'inuestiture d'vne partie, des mains du Roi Sance Abarca: l'autre partie de cette vallée estant demeurée en la possession du Roi. Or il sera facile de verifier que Centulle auoit des fiefs en Tena, si l'on considere, que dans la sentence de condemnation baillée par le Roi, il est enoncé que Garcia fils d'Aznar Athon, logea le Comte Centulle dans sa maison par deuoir de fief, *Fecit ei seruitium in sua casa*, lui fit le seruice dans sa maison, comme porte l'acte. Car les termes de *Seruitium, Fodra, Procurationes, Albergatæ, Arceuta*, sont des Synonymes, qui signifient vne espece de deuoir des Vassaux à l'endroit des seigneurs de Fief, nommé *Giste* par les François, qui consiste à les loger & traicter dans leurs maisons auec leur suite limitée, pendant vn, deux, ou trois iours suiuant les conditions du Fief, & les accompagner auec leurs armes à la guerre. Gaufredus Monachus auteur de cét aage, publié par Surita, prend le mot de *Seruice* en ce sens, aussi bien que l'Empereur Frideric en ses Constitutions, & plusieurs autres escriuains, outre les compilateurs des liures des Feudes.

IV. Ces responses suffiroient pour rabatre l'ambition des Aragonois, & maintenir le Bearn dans sa liberté; Mais il est iuste de les confondre par leurs propres pieces, & nommément par les termes de la donation d'vn païsan, & du droit de pasquage de cent pourceaux, que le Comte Centulle accorde au monastere de la Penna, dans le village d'Eysus en Bearn, qui a esté produite au Chapitre precedent. C'est vn tiltre fort authentique, & confirmé par la signature du Roi Sance Ramires, & de ses principaux Conseillers l'Euesque de Iacca, & les Abbés de Leyre, de la Penna, & de Saint Victorian, qui n'eussent permis, non plus que le Roi mesme, la diminution de son autorité. Cependant Centulle met là dedans vne clause qui fait voir la difference & la distinction des Royaumes, & des iurisdictions d'Aragon, & de Bearn. Car, il dit, qu'il ne veut point que le Rustique d'Eysus, ni ceux de sa race puissent estre pignorés, saisis, ni arrestés, en son païs, pour les plainctes de ceux d'Aragon; opposant manifestement, & distinguant son païs de Bearn, du Roiaume d'Aragon; & defendant non seulement que la Iustice d'Aragon ne s'exerce pas en Bearn, mais aussi que ceux qui sont de deçà ne puissent estre saisis à leur requeste; ne voulant pas toutesfois exclure cette saisie, & pignoration, si les Aragonois les peuuent rencontrer hors le païs de Bearn. Car c'est en ce sens, qu'il faut peser ces paroles, *in patria nostra*, qui ne sont pas de peu de consideration, pour conuaincre les historiens d'Aragon d'auoir vn desir plus déreglé en cette nouuelle pretention, que n'ont eu leurs propres Rois. On pourroit bien expliquer ces termes de la Represaille des Bearnois contre ceux d'Aragon, laquelle Centulle ne veut point auoir lieu contre le Rustique d'Eysus, encore qu'il apartiéne au monastere de la Penna en Aragon. Mais cête interpretation est plus expresse pour mon intention, attendu que l'on n'octroye les Represailles, que contre les sujets d'vn Prince estranger.

V. Au reste Iean Briz se surprend en sa coniecture, lors qu'il estime que le Roi d'Aragon auoit appellé le Comte Centulle pour le siege de Tolede, que le Roi Alfonse de Leon & de Castille, entreprit contre les Mores, qui auoient establi dans cette ville les forces & l'arcenal de leur empire d'Espagne. Car Surita, & les plus asseurés historiens marquent la prise de cette ville en l'année 1085. & neantmoins Centullle estoit en vie trois ans apres: & soubsmit le monastere de S. Sauin en Lauedan, à celui de S. Victor de Marseille par acte des Calendes d'Auril 1088. comm' l'on aprend par le Chartulaire de S. Victor.

I. In Dei nomine, Ego Sancius gratia Dei Rex, vobis omnes homines viros & mulieres facio agnoscere, quomodo factum fuit cum illo Comite Domno Centullo meum Vassallum, & vnde veniebat ad me per Tena; sed Garcia filius Aznar Athonis *fecit ei Seruitium in sua casa*, & postea occisit eum per ingratum, & pro mala traditione, vna cum hominessuos. Et inde me timendo exiuit de illa terra, & fugiuit in terra de Mauros, cum hominibus suis. Propterea placuit mihi cum viris meis, vt in illas casas, vbi illa traditio fuit facta, nullus amplius habitet in eas. Inde vero venit mihi Domnus Galindo filius Aznar Athonis, dicens quod in illa traditione non habuit culpam, quia mecum erat in Castilla; & pactaui cum illo, vt exeat sua mater cu suis filiis, & suis filiabus de Tena, & amplius nullus ex eis in terra reuertatur: neque de Vescata in susu vnquam casam non populent, nisi tantum quod ponant in eorum hereditatibus Iuberos, qui illas terras laborent, & quod eis eorum fructum reddant. Sed tamen ne vnquam in Tena intrent, aut ibi plus mansionem habeat. Et super hanc causam dedit mihi domnus Galindo fidiatores. Et cum amaret me plusquam alios, & quesierit plus in mea terra stare, quam in terra de Mauris cum sua matre: Dico quod quamdiu in terra mea fuerit, à nullo homine, vel à nulla caussa de mea terra maliciam non faciat, & quod de illo quarto die in antea, sine meo manda- to in Tena non intret, neque ibi plus casas habeat, sed in suas hereditates mittat Iuberos qui laborent illas, sic ille quam & sua mater, & quantum fructum deus dederit eis de Bescasa à iusu recipiant illud. Et si tantum non quesierit Domnus Galindo stare in mea terra, quod ponant illum isti fidiatores in meas manus, antequam aliqua mala faciat, & sedeant soluti de fidiatura. Illi fidiatores sic sunt nominati: Scemeno Sancionis, Aznar Galindonis, Dato Fortunionis, Sancio Galindiz. Domno Fortunio, & Domno Galindo filij de Domna Bellita. Domno Fortunio, & Domno Galindo filios de Dato Scemenionis. Lope Fortunionis, Fortunio Garces, Garcia Eneconis, Garcia Banconis, cum suo germano Domno Scemeno suo vasallo, Lope Date, & Fortunio Date.

II. Chart. S. Petri Gen: *Centullus Gastonis* abiens in Hispaniam, vbi defunctus est, ordinauit B. Petro medietatem villæ quæ dicitur Cedza.

II. III. Ioann. Btiz Martinez l. 2. Hist. Pinn. c. 21. Gaufridus Monachus l. 2. c. 39. Robertus Dux Apuliæ Gaufridum de Conuersana nepotem videlicet suum, filius quippe sororis suæ erat, vt de Montepiloso sibi *Seruitium*, sicut & de ceteris castris, quæ plurima sub ipso habebat, exhiberet, adorsus est. & l. 4. c. 24. Nec tributum, & *Seruitium statutum* persoluere.

V Chartarium S. Victoris Massil. n. 45.

CHAPITRE XXI.
Sommaire.

I. II. Les Papes ont introduit l'usage des Legats pour fortifier les Metropolitains. Pouuoir des Legats. III. Amatus Legat pendant sa vie, non seulement en Gascogne, mais en toute l'Aquitaine, qui comprenoit en cette Legation la Metropole de Tours. L'assemblée des Conciles de la Legation, se faisoit auec les consentemens des Euesques, & des Comtes. Amatus iuge la separation du mariage de Guillaume Comte de Poictiers, & la dispute de l'Eglise de Solac entre les Abbés de Sainte Croix & de Saint Seuer. IV. Amatus Legat en Bretagne pour corriger l'abus des fausses penitences. Cét abus expliqué. V. Rigueur des penitences. Moderation, & permutation de ces penitences. Les Indulgences, outre leurs autres effets, deschargent de l'obligation des canons penitenciaux. VI. Amatus en Espagne pour y restablir les tributs apartenans au Saint Siege. VII. Concile de Besalu. Le Comte de Besalu s'oblige à vne redeuance annuele. Archeuesque de Narbone excommunié par Amatus. L'excommunication confirmée au Synode Romain. VIII. Sance Ramires Roi d'Aragon paye vne pension, que son fils Don-Pierre continua ; mais le Roi Don-Jaime s'en deschargea, si l'on la pretendoit par voye d'infeudation, ou d'obligation. IX. Amatus Archeuesque de Bourdeaux, & confirmé en sa Legation par le Pape Vrbain Second. Sance Euesque de Lascar. Odo Euesque d'Oloron. Concile de la Legation indict par Amatus en la ville de Bourdeaux.

I. D'Autant que i'ai souuent fait mention d'Amatus Euesque d'Oloron, & de sa Legation en Gascogne, il est necessaire pour l'ornement de cette histoire, & du païs de Bearn, qui a produit vn personnage de si grande consideration, de reconnoistre plus particulierement son merite, par les diuers emplois qu'il a eus du Pape Gregoire VII. en plusieurs affaires d'importance, auec le pouuoir extraordinaire de Legat. La practique des Legations a esté vn moyen dont ce Pape, & ses successeurs se sont seruis fort acortement, pour attirer à eux toute l'autorité des Metropolitains, & des Synodes Prouinciaux, mesmes en premiere instance. Car comme en la primitiue Eglise le Sainct Siege se contentoit de respondre aux consultations des Euesques particuliers, & des Synodes Prouinciaux d'Orient, & d'Occident, & de leur prescrire en execution de la tradition Apostolique, & de la discipline canonique, ce qu'il faloit suiure en la rencontre des nouuelles difficultés, qui n'estoient point expressément decidées : ou bien de confirmer ce que les Synodes Prouinciaux auoient ordonné aux matieres qui regardent la Foi, ou les reglemens generaux, sur les relations qu'ils enuoyoient apres leurs deliberations ; sans que les Papes voulussent se mesler des affaires des particuliers ; ni entrer en connoissance de cause des appellations, que les coulpables condamnés pour crimes ordinaires, interiectoient quelquesfois afin d'eluder l'execution. Aussi depuis l'ordonnance du Concile de

Sardique faite sur la proposition d'Osius Euesque de Cordoüe, lequel y presidoit en qualité de Legat du Pape Iulius, le pouuoir des Synodes prouinciaux autorisé dans le Concile de Nicée pour le iugement des crimes, & cas particuliers des Ecclesiastiques, fut en quelque façon alteré. Car au lieu, que les appellations en ces matieres n'estoient point receuës en Cour de Rome, il fut arresté, non pas qu'elles le fussent ouuertement, ni en tous cas, mais que l'Euesque deposé peust faire sa plainte au Pape, afin que s'il l'a trouuoit en quelque façon fondée, il ordonnast aux Euesques de la Prouince de reuoir le procés, appellant auec eux les Euesques de la Prouince voisine, reseruant au Pontife Romain d'y enuoyer aussi quelque Legat de sa part, pour y presider s'il le iugeoit à propos: demeurant cependant en sursseance l'execution du premier iugement. De sorte qu'auec ce temperament plein de prudence, les Peres de Sardique conseruoient vne autorité comme imperiale au S. Siege, ou bien pour vser de leurs termes, honoroient auantageusement la memoire de S. Pierre, deferans au Pape le droit que les Empereurs s'estoient reserué, de receuoir les Requestes Ciuiles, qui estoient proposées contre les Arrests du Prefect du Pretoire, & maintenoient les Euesques & les Synodes ordinaires au droict de iuger souuerainement des faits particuliers; sauf les moyens de reuision, & de se pouruoir par deuers le Pape, pour faire reiuger la deposition d'vn Euesque, dans la Prouince, auec plus grand nombre de Iuges, & en la presence d'vn Legat, ou d'vn Commissaire enuoyé *à Latere suo*, comme parle le Concile. Ce qui soit dit en passant, pour faire voir l'origine des Legats du Pape enuoyés aux Prouinces, reseruant d'expliquer fort exactement toute cette matiere, en mes Exercitations de la Iurisdiction Patriarchale.

II. Or les souuerains Pontifes voyans la necessité qu'il y auoit, d'appuyer la foiblesse des Metropolitains, ou de corriger les abus qu'ils commetoient eux mesmes, n'attendoient pas bien souuent la plainte des particuliers condamnés. (Car depuis le huictiesme siecle ils receuoient indiferemment toute sorte d'appels, soient des moindres Clercs, ou des Laïcques.) Mais enuoyoient d'office leurs Legats, afin qu'assemblans les Synodes Prouinciaux suiuant les necessités, ils pourueussent aux desordres & dereglemens, vuidassent les instances pendantes, excommuniassent ceux qui le meriteroient, & en vn mot exerçassent auec les Synodes la iurisdiction Ecclesiastique, à la charge de rapporter au S. Siege leurs procedures, afin de confirmer, ou modifier ainsi que de raison, ce qu'ils auroient iugé, ou deliberé. Quelquesfois aussi ces Legats estoient employés aux affaires publiques, & de grande importance, comme pour negotier auec les Empereurs, les Rois, & les Princes touchant la tranquilité publique des Estats, ou traiter des droits & de l'autorité de l'Eglise Romaine. Ie serois ennuyeux à verifier par exemples, tous les poincts que i'ai proposé, de sorte que ie me contente d'en faire voir l'vsage, aux commissions que l'Euesque d'Oloron Amatus a eües en diuerses Prouinces.

II. Il fut Legat pendant sa vie, non seulement en Gascogne, mais aussi en toute l'Aquitaine. Or cette Legation d'Aquitaine comprenoit, outre les Metropoles de Bourges, de Bourdeaux, & d'Aux, les Dioceses de la troisiesme Lionoise, autrement de la Metropole de Tours, ainsi qu'à fort curieusement obserué le P. Sirmond sur les Epistres de Geofroi, rapportant les lettres de conuocation d'vn Synode de toute la Legation, expediées sous le nom d'Amatus; où l'on verra que ces Conciles estoient bien indicts de l'autorité des Legats; mais pourtant *auec le consentement des Euesques, Abbés, & Princes* qui estoient dans l'estenduë de la Legation. C'est en cette qualité de Legat, qu'il assembla en l'année M.LXXIV. vn Concile à Poictiers, où il presidoit auec Gozelin Archeuesque de Bourdeaux, pour ordonner la separation du mariage de Guillaume Comte de Poictiers & de sa femme. Comme aussi il vuida en qualité de Legat auec les Euesques Prouinciaux, la dispute qui estoit suruenuë entre les Moines de Moyssac, & les Chanoines de S. Sernin de Tolose, touchant certaine Eglise qu'il auoit adiugée à ceux-ci, ainsi que tesmoigne le Pape Gregoire: qui lui commit aussi la decision du different suruenu entre Arnaud Abbé de S. Seuer, & Abbé de Saincte Croix de Bourdeaux, touchant l'Eglise Saincte Marie de Solac, que le Duc Guillaume Sance auoit donnée au monastere de S. Seuer, & dont l'Abbé de Saincte Croix auoit obtenu la recreance par sentence de Geraud Euesque d'Ostie Legat du Pape, confirmée au Synode Romain l'an 1073. Le Pape, dis-je, lui commit la decision de ce different l'an M.LXXVIII. en compagnie de Hugues Euesque de Dic, à la charge d'executer prealablement, & par prouision, la sentence baillée contre l'Abbé de S. Seuer. Cette commission s'addresse à lui en ces termes. *Amato Elorensi Episcopo in Vuasconia*, qui est incontinent nommé Legat en l'Epistre adressée à l'Abbé de S. Seuer. En consequence de cette commission il assembla vn Synode à Bourdeaux, où l'affaire fut iugée definitiuement, au profit du monastere Saincte Croix par le iugement des Legats, comme asseure Guillaume Duc d'Aquitaine & de Gascogne en la Charte de l'an 1096.

IV. Et dautant qu'au Synode Romain de l'an M.LXXVIII, l'on auoit remarqué entr'autres defauts, qui s'estoient glissés dans la discipline Ecclesiastique celui des fausses penitences; le Concile en fit vn Decret expres, qui les defend rigoureusement: & tout incontinent explique, que l'on appelle fausse penitence, celle qui n'est pas imposée suiuant l'autorité des saincts Peres, & la rigueur des anciens canons, ayant esgard à la qualité des crimes. Et en outre, celle qui n'est pas practiquée auec vne vraye repentance, par le penitent à qui elle est ordonnée ; soit qu'il continuë dans le train du mesme, ou d'vn autre peché pendant l'execution des rigueurs qui lui auront esté enioinctes ; soit qu'il ne se contienne pas dans la moderation & decence requise, en celui qui a esté receu au benefice de la penitence publique: par exemple, s'il continuë son trafic, ou s'il porte des armes, hors le cas d'vne necessaire defense de sa personne, *ou pour le seruice de son Prince*, de l'Eglise, des pauures, & de ses amis. Car l'vsage des armes estoit defendu aux penitents publics : & suiuant cela on voit dans cette hardie & temeraire piece dressée par les Euesques du Royaume de Lothaire l'an 833. qui contient l'exauctoration de l'Empereur Loüis le Debonaire, que ces traistres coniurés, abusans de l'autorité Ecclesiastique, apres auoir extorqué de ce bon Prince, vne Côfession par écrit, des pechés publics qu'il auoit, & n'auoit pas commis, lui ordonnent suiuant sa demande forcée, la penitence publique, & tout incontinent lui font quiter sa ceinture & ses armes. *Cingulum militiæ deposuit*. Donc le Pape Gregoire VII. auquel apartenoit principalement l'execution des Canons, se rendit soigneux de faire valoir ceux qui touchoient la conscience de si pres, & despescha particulierement en Bretagne qui estoit comprise en la Legation d'Aquitaine, son Legat Amatus l'an M.LXXIX. afin que ce manquement des fausses penitences, qui s'estoit glissé dans cette Prouince, à cause de la negligence, & de l'ignorance des Euesques, & des Prestres, fust reparé par le soin de son Legat, lui ordonnant d'assembler vn Concile pour regler ce desordre.

V. Il ne faut pas douter, qu'Amatus ne vint about d'vne affaire si serieuse, & qu'il ne fist ordonner le restablissement de la vraye penitence, qui consistoit & en l'amendement de la vie, & à subir la peine deuë aux pechés commis. Cette peine Canonique estoit tres austere, & duroit longues années suiuant le nombre des pechés, & quoi qu'elle eust esté indicte par les anciens Conciles, & que l'vsage en eust esté practiqué longuement, & autorisé dans l'Eglise Romaine,

& par tout l'Occident, aussi bien que dans l'Orient: Neantmoins cette rigueur s'estoit peu à peu relaschée, iusqu'à ce qu'à l'instance de Pierre Damian le Cardinal, elle fut remise en vigueur, enuiron l'an M. LV. Mais aussi il fait mention dans ses letres, du moyen que l'on auoit trouué de remedier au desespoir des pecheurs, qui se voyans reduits par le nombre effrené de leurs crimes à mener vne penitence, qui dureroit suiuant la taxe du temps ordonnée par les Canons penitentiaux, pendant toute leur vie & dauantage, se retiroient bien souuent aux quartiers des Sarasins & des infideles, tant en l'Orient qu'en l'Occident. Ce moyen estoit de diminuer & rabatre les iours & les années de la penitence à ceux qui auoient des commodités, en baillant aux pauures des aulmones de certaine valeur, ou bien faisant des dons aux Eglises, qui diminuoient ou abolissoient entierement la peine Canonique, suiuant la valeur des choses données. Ce que l'on nommoit Redemption, ou Rachat de la penitence. Les pauures auoient vn autre remede, qui estoit aussi commun aux riches, lesquels le pratiquoient assés souuent, mesmes par deuotion, sans qu'ils eussent aucune penitence ordonnée; c'est de se batre de verges, dont les trois mille coups donnés en chantant trente Pseaumes effaçoient vn an de penitence; & tout le Psaultier qui contient cent cinquante Pseaumes chanté auec la discipline, *cum disciplina*, dit Damian, respondoit à cinq années de penitence, & vingt psaultiers à cent années. Nous eschapons presentement à meilleur conte de nos penitences; la foiblesse de nostre zele, & la corruption des mœurs du siecle, ne pouuant souffrir l'exacte obseruation des Canons, que nos peres & l'Eglise primitiue auoient saintement establi: voire mesmes il fut trouué raisonnable dans le Concile de Trente, de n'en remettre point l'vsage, mais plustost de laisser les penitences arbitraires, suiuant la coustume introduite, & de suppleer le defaut des penitents par l'octroi des Indulgences generales & gratuites, à l'endroit de ceux qui se metroient en estat d'en receuoir les effets auec vne contrition proportionée.

VI. Mais l'emploi le plus glorieux, & le plus important que ie trouue auoir esté donné à nostre Amatus, est la commission qu'il receut du Pape Gregoire VII. l'an 1077. en compagnie de l'Abbé de Saint Ponts de Tomieres, adressante aux Rois, Princes, & Comtes d'Espagne pour leur persuader, que le Royaume d'Espagne estoit anciennement suiet & tributaire au Saint Siege, qui auoit perdu la iouissance de ses anciens droits, par la violence & l'inuasion des Sarrasins, qui en auoient effacé la memoire. Neantmoins que les tiltres faisans foi de ces redeuances, s'estoient conserués à Rome, & partant il exhortoit vn chascun d'auoir soin du salut de son ame, & ne vouloir pas retenir les droits apartenans à S. Pierre, dont il leur bailloit connoissance par ses letres, & qu'ils pourroient aprendre plus particulierement par son venerable confrere Amatus Euesque d'Oloron, auquel il auoit delegué son pouuoir en ces quartiers, pour l'affection qu'il auoit au bien de la religion. Il est vrai que cette pretention semble bien nouuelle, pour la iustification de laquelle l'Auteur tres-illustre des Annales n'a peu trouuer que deux letres de ce Pape, qu'il a publiées en son VIII. Tome sous l'an 761. ou Gregoire VII. maintient que les Rois Goths auoient accoustumé de payer certaines pensions, ou tributs au S. Siege de Rome, iusqu'à ce que le Roi Vuitiza en discontinua le payement. Neantmoins nonobstant que cette demande fust surannée & prescritte, l'industrie d'Amatus fut si grande, à negotier pour les interests du S. Siege, qu'il obtint de Sance Ramires Roi d'Aragon, l'establissement d'vne pension annuele de cinq cens escus, payable au S. Siege par lui & ses successeurs : & semblablement du Comte de Besalu en Catalogne, deux cens Mancuses d'or de rente perpetuele.

VII. Ie verifierai premierement ce qui regarde le Comte de Besalu, tournant en

François les termes Espagnols de Francisco Diago en son histoire des anciens Comtes de Barcelone. *Au temps*, dit-il, *que mourut le Comte Don Ramon Berenguer le Vieux, le tres-Saint & grand Pontife Gregoire VII. deliberoit d'enuoyer en Espagne vn Legat auec plain pouuoir pour oster la Simonie qui s'estoit introduite, & restablir les sieges Episcopaux suiuant la disposition des Canons, & reformer les monasteres des moines de S. Benoist. Car comme ce Pape estoit moine de profession, il auoit vn desir particulier de voir, que ses freres fussent exacts obseruateurs de la regle de son Pere S. benoist. Il nomma donc pour son Legat Amatus ou Antatius Euesque d'Oloron en France; lequel arriué en Espagne commença de s'employer incontinent aux affaires de sa legation, & pour les mieux acheminer, il assembla vn Concile d'Euesques & d'Abbés en la Cité de Girone. Il y eut parmi ceux-là vn Archeuesque de Narbonne nommé Vuifred, lequel n'agreant point les pretentions du Legat, troubla le Concile. De sorte que le Legat fut obligé de sortir de Girone contre son gré, & il pleut à Dieu d'esmouuoir le cœur du bon Comte de Besalu Bernard pour le receuoir, & le loger auec beaucoup d'affection en son chasteau de Besalu, afin qu'il peust de là faire son deuoir en toute liberté, & excommunier ceux qui le meriteroient. Il celebra en ce lieu vn Concile, auquel assisterent l'Euesque d'Agde, l'Euesque d'Elna, celui de Carcassone, & plusieurs Abbés. Ce qui causa beaucoup d'inimitiés au Comte, non seulement des Euesques & Abbes, mais aussi des Comtes qui n'agreoient point ce procedé. On arresta beaucoup de choses d'importance en ce Concile, & l'Archeuesque de Narbonne fut excommunié, pour auoir esté cause d'vn si grand desordre, & plusieurs Abbés Simoniaques qu'il y auoit aux terres du Comte de Besalu furent priués de leurs Abbayes, & autres pourueus de nouueau en leur place. Et le Comte prattiqua son Chapitre de Besalu & six Abbés qui estoient en sa terre, afin que chasque année ils contribuassent quelque chose à la fabrique de S. Pierre, & finalement lui mesme se fit soldat ou Vassal de l'Eglise Romaine, s'obligeant de lui bailler annuellement deux cens mancuses d'or en reconnoissance de sa milice ou vassellage, commandant à son fils, & à ses successeurs de faire le mesme. Il fut dressé vn instrument public de tout ce dessus en ce mesme Concile, le* VI. *de Decembre de l'année* M. LXXVII. *lequel se conserue aux archifs de Barcelone.* I'adiousterai à cette narration de Diago, que le procedé du Legat Amatus, & l'excommunication qu'il auoit decernée contre Vuifred Archeuesque de Narbonne, & plusieurs autres, en ce Concile de Besalu, fut confirmée & reaggrauée au Synode Romain tenu l'année suiuante M. LXXVIII. Car c'est de cette action qu'il faut entendre ces paroles : *Narbonensis Archiepiscopus interim excommunicetur, Et alij qui ab Amato Episcopo sunt excommunicati.*

VIII. Pour le Roi Sance Ramires, il est certain qu'il paya annuellement aux Papes vne pension de cinq cens escus, depuis le Pontificat de Gregoire VII. ainsi que Iean Briz Martinez Abbé de la Penna a verifié fort exactement, par vne letre que le Roi Pierre son fils escriuit au Pape Vrbain II. l'an 1095. où il certifie que son pere se soubsmit au Pape Gregoire, & paya cette rente au S. Siege pendant sa vie. Ce mesme Roi Pierre en continua le payement, comme il asseure dans sa letre, & l'vsage en ayant esté interrompu, le Roi Pierre II. d'Aragon estant couronné à Rome de la main du Pape Innocent III. lui rendit son Royaume tributaire de deux cens cinquante Mazmodins, & en outre lui ceda le patronage des Eglises de son Royaume. Apres son retour, sa Noblesse s'opposa, non pas au payement du tribut, comme les Auteurs pretendent communément, mais à la renonciation du patronage, estimant que cela tireroit à consequence contre les patronages, & les dismes dont elle iouïssoit, ainsi qu'il apert par les memoires de la Penna, chez Martinez. Mais le Roi Don Iayme voyant que l'on exigeoit ce tribut auec rigueur, & auec pretention de souueraineté cessa de le payer, escriuant en son histoire, que son Pere paya le tribut, & qu'il offre de le continuer volontairement au Pape, mais qu'il ne veut point passer contract d'obligation, ni d'infeudation.

VIII. Enfin, Amatus apres s'estre rendu fort recommandable en l'administration de la iustice, & en l'exercice de sa charge, fut esleu Archeuesque de Bourdeaux, & continué par le Pape Vrbain II. en sa Legation. Il assista en cette qualité de Legat & d'Archeuesque de Bourdeaux, auec l'Archeuesque de Tarragone, & les Euesques de Pampelone, Barcelone, & Sance Euesque de Lascar, à la consecration de cette ancienne Eglise de Huesca; laquelle dés aussi tost, que Pierre Roi de Nauarre & d'Aragon eut pris la ville sur les Mores, aprés vn long siege, & gagné la sanglante & glorieuse bataille d'Alcoras, fut purgée par la benediction Episcopale des impuretés & sacrileges, que ces Mahometains y auoient commis, la faisans seruir de Mesquite; & l'Euesque de Iacca fut mis en possession de son ancienne Eglise Cathedrale, & intitulé Euesque de Huesca, & de Iacca le 12. de Decembre 1096. ainsi qu'ont remarqué Surita aux Indices, & l'Abbé de la Penna. Amatus auoit aussi esté present, & qualifié Archeuesque de Bourdeaux en la consecration que fit le Pape Vrbain II. de l'Eglise S. Sernin de Tolose, le neufiesme des Calendes de Iuin 1096. chés le sieur de Catel. Mesmes il possedoit cette dignité dés l'an M. LXXXIIII. au Synode qu'il assembla à Bourdeaux comme Legat, pour faire droict aux Moines de la Reole sur Garonne, touchant l'vsurpation du Monastere de Pontous, qu'auoit fait Bernard Euesque d'Acqs; où l'on doit obseruer qu'Odon Euesque d'Oloron y assista, qui estoit successeur d'Amatus en l'Eusché.

IX. Ie ne dois pas obmettre vne autre grande assemblée de Prelats, lesquels Amatus Legat du Pape conuoqua en la ville de Saintes, afin de regler les pretensions, que Raimond Euesque de Bazas auoit sur le Monastere de la Reole; où se rendirent Ioscelin Archeuesque de Bourdeaux, Garmundus Archeuesque de Vienne, Richard Archeuesque de Bourges, Rodulphe Archeuesque de Tours, Hugues Euesque de Die, Ademar Euesque d'Angoulesme, Hugues Euesque de Langres, Raimond Euesque de Bazas, Arnaud Trichard Abbé de Saincte Croix, Odon Abbé d'Angeri, Dracon Abbé de Maillesay, l'an M. LXXX. regnant Philippe Roi des François en l'année XXII. On trouue cét acte au fueillet 50. du Liure noir du Monastere de la Reole.

HISTOIRE DE BEARN,
LIVRE CINQVIEME.

CHAPITRE I.

Sommaire.

I. Gaston IV. succede en la Seigneurie de Bearn à son pere le Comte Centulle. Son nom inseré dans le Vieux For escrit à la main ; On ne l'a pas remarqué, l'ayant confondu auec Gaston de Moncade dernier des Seigneurs de Bearn. Ancien Glossateur du For. Confirmation du For General faite l'an 1088. II. Diuers Fors en Bearn, le General, celui de Morlas, celui d'Oloron, Ossau, & Aspe. Les peuples Bearnois distingués par leurs Fors en Bearnois, Morlanois, Ossalois, & Aspois. III. Tous ces Fors compilés en vn volume par commandement de la Dame Marguerite ; auec les coustumes, & les Reglemens, & Iugemens de la Cour maiour, & celle de Morlas. Les Fors distribués en rubriques, & conferences par les praticiens. Ce qui a esté cause de leur confusion. Reformation du Nouueau For. IV. V. Gaston, sa femme Talese, & son Fils Centoig, iurent l'obseruation du For de Morlas. VI. La succession de la Seigneurie de Bearn hereditaire & non Electiue.

I. Aston IV. succeda à son pere Centulle l'an 1088. Ce Prince est vn des plus illustres ornemens de la maison de Bearn, ayant par ses rares & glorieux exploits de guerre porté sa reputation iusqu'en la Palestine, & la terreur de son nom & de ses armes, dans les cœurs des Sarrasins & mescreans d'Orient & d'Occident. Nous en verrons les preuues en la suite de ce discours, apres que nous aurons remarqué son establissement, & la prise de possession de sa Seigneurie ; & le peu de soin de ceux qui s'estans meslés de compiler nos Coustumes, & d'escrire l'histoire des Seigneurs de Bearn, n'ont sceu se preualoir de ce que l'on trouue par escrit sur ce suiet, dans les vieux cayers escrits à la main des Fors & Coustumes de ce païs. Combien qu'ils font dignes de quelque pardon, en ce que s'eſtans laiſſés coiffer de l'opinion receuë parmi le vulgaire, que Gaſton VII. du nom, & troiſieſme Seigneur de la maiſon de Moncade eſtoit le premier, qui apres vne confuſion de gouuernement auoit poſſedé la Principauté de Bearn, ils ont eſtimé que le Vicomte Gaſton denommé en la compilation du For de Morlas, eſtoit leur Gaſton de Moncade; & par conſequent ſe ſont mocqués, ou peut-eſtre n'ont obſerué iamais le date de la Confirmation du vieux For de l'an M. LXXXVIII. qui ſe trouue dans le Gloſſateur ancien, qui eſcriuit quelques menuës gloſſes & obſeruations ſur le For General, enuiron l'an 1390. vn peu apres le decés du Comte Gaſton Phœbus; et partant ſon autorité eſt plus receuable pour la remarque de ce date de 1088. qui eſt celui de la confirmation du For General, qui ſe rapporte preciſément au temps que Centulle ceda la Seigneurie de Bearn à ſon fils.

II. Ces choſes pourtant ne peuuent eſtre expliquées ſans repreſenter par auance, ce qui eſt ignoré comunément, que le païs de Bearn a eſté depuis quelques ſiecles regi & gouuerné par Fors, & Couſtumes differentes & particulieres en quelques chefs, ſuiuant les diuers endroits & quartiers du païs. Car outre le *For General*, mentionné dans la Charte du repeuplement d'Oloron, ſous la faueur & l'autorité duquel les peuplades de Bearn furent anciennement eſtablies & fondées, ainſi qu'il eſt enoncé dans vn Arreſt de Cour Maiour de l'année 1240 : Il y auoit encore le *For de Morlas*, qui ſeruoit de loi à la plus grande partie du païs, & contenoit des priuileges ſpeciaux au profit de ceux, qui reſidoient dans les Communautés baſties & peuplées ſous le benefice de ce For; & la ville d'Oloron auec ſa Beguarie, qui comprenoit la Vallée de Baretons, iouïſſoit d'vn *For* particulier ; comme auſſi les deux Vallées d'Oſſau, & d'Aſpe auoient chacune ſon *For* diſtinct & ſeparé. De cette diſtinction de Fors prouenoit, que comme les anciens Gaulois eſtoient diuiſés ſuiuant leurs loix en François ou Saliques, & en Romains, Auſſi les ſujets du Seigneur de Bearn, eſtoient diſtingués par leurs Fors, & ſurnommés les vns Bearnois, les autres Morlanois, Oſſalois, Aſpois, & d'Oloron, ainſi qu'il apert de l'acte de l'eſlection du Prince d'Aragon pour Protecteur de Bearn, fait en l'année 1154. & de celui de l'an 1170. que ie repreſenterai en ſon lieu. Ce qui n'auroit aucune apparence de bon ſens, comme ſi Morlas, qui eſtoit le ſiege des Princes de Bearn n'eſtoit point dans le Bearn, ſi pour la vraye intelligence de ces denominations, on n'auoit recours à la diſtinction des Fors.

III. Or tous les Cayers de ces Fors, ſçauoir le General, autrement de Bearn, de Morlas, d'Oloron, d'Oſſau, & d'Aſpe, furent redigés en vn Corps, des le temps de Madame Marguerite de Bearn, l'an 1306. laquelle ordonna en outre, que les eſtabliſſemens & Reglemens faits par le Seigneur & ſa *Cour Maiour*, & les Iugemens & Arreſts donnés par cette Cour, enſemble ceux de la Cour ſouueraine de Morlas, ſeroient inſerés & compris dans vn meſme volume, ſans obmettre les anciennes couſtumes, & les vſages receus par le taiſible, general, & vniforme conſentement du païs. De ſorte que le corps de ces loix fut compilé par ſon commandement, afin que chaſcun peuſt eſtre inſtruit de la couſtume, ſous laquelle il viuoit ; & ce volume fut en ſuite augmenté des Reglemens faits par les Comtes Matthieu, Archambaut, Iean, & Gaſton ; & tellement confondu par les Foriſtes & Praticiens, qui voulans le rendre familier & facile pour leur vſage, le diſtribuerent en titres, & dreſſerent vne conference d'articles extraicts tant des Fors General, & de Morlas, que des eſtabliſſemens, des iugemens, & des vſages, ſans les diſtinguer aſſés exactement l'vn de l'autre ; qu'auec ſucceſſion de temps, ces couſtumes s'eſtans renduës fort malaiſées dans l'intelligence, tant à cauſe de l'antiquité & la rudeſſe du langage, que pour les confusions, & contrarietés causees par la conference mal digerée des articles susdits, le Roi Henri II. de Nauarre Seigneur de Bearn, fut obligé l'an 1551. de les arrester de nouueau, auec le consentement des Estats du païs, les reduire en vn meilleur ordre, & retrancher les articles superflus, & abolis par vn non vsage. Neantmoins ce vieux Corps de coustumes escrit à la main, que l'on garde encore dans les Archiues du païs, & ailleurs, outre qu'il est recommandable pour son antiquité, conserue quelques poincts qui seruiront à l'esclaicissement de cette Histoire, & à iustifier la iurisdiction souueraine des Princes de Bearn, & de leur Cour, dés le commencement de la Seigneurie.

IV. Nostre Gaston, suiuant la coustume de ses predecesseurs, iura à son nouueau auenement l'obseruation du For de Morlas, qui estoit la ville de son ordinaire residence, comme l'on aprend par la lecture des Coustumes escrites à la main, sous le titre de For de Morlas. Il est bien vrai que le commencement de ce For est conceu, sous le nom de Guillem Raimon de Moncade; lequel auec l'auis de Raimon Euesque de Lascar, & de toute la Cour de Bearn, octroye les coustumes aux preud'hommes de Morlas l'an 1220. Mais cét octroi n'est qu'vne confirmation & vn renouuellement du Vicomte Guillaume Raimon, & non pas le premier establissement; puis que sur la fin de ce For de Morlas est inserée, aux exemplaires plus corrects, la confirmation qu'en fit auec serment solemnel, sur l'Autel de l'Eglise Saincte Foi de cette ville, le Vicomte Gaston, auec sa femme *Talese*, & *Centulle* leur fils. Le date n'y est pas voirement remarqué, mais le nom de la Vicomtesse Talese, & de leur fils Centulle, montrent necessairement, que ce Gaston est celui dont nous traictons maintenant; qui fut marié à Talese la Vicomtesse, fille du Comte Sance; duquel mariage nasquit Centulle leur fils, comme ie ferai voir ci-apres. Les termes de la closture de cét ancien For de Morlas corrigés sur quatre vieux exemplaires, meritent d'estre inserés en ce lieu, pour reconnoistre l'ancien langage, & la sincerité de nos Vicomtes, *Et io Gastoc Vescomte de Bearn ac confirmi volunteros amens, & ab bona fee, & de agradable voluntat, per mi, & per tota ma generation, per tos temps entro la fin deu segle. Et si nulh autre senhor apres mi, contredise totes aquestes costumes, que iuren sober sants, & qu'en debin esser creduts fees bataille far: & totes las autres heretats, qui son dens los vostres Decxs, si lo senhor y domane mays son dret, que debin esser quitats ab segrament, que fassen dens los Decxs. Testimonis en Auger de Miramont, en Guilhamot d'Andonhs, en Guillem Gassie de Miucents. B. d'Espœi, Fortaner son frai, Ar. de Iasses. B. de Samsons, Forts de Pau. B. de Tronsen, Doat de Meirac, R. de Senta Susane, R. de Bisanos. Io Talesa Vescomtessa ac confermi, & Io Centog lor filh ac confermi. Aquesta Carta pausam nos tots tres sober l'Autar de Sancta Fee, prometem à Diu, & à tots los homis d'esta biele que aixi com escriut es, per nos, & per nostre linadge sie tiencut, & obseruat aixi com es promes.*

V. Le date precis de cét acte n'est pas remarqué: mais les noms de Gaston & Talese sa femme nous renuoyent à leur temps, qui est celui de l'année 1088. où se rapporte le date de la Confirmation du For General remarqué par le Glossateur, que i'ai allegué ci-dessus; celui que l'on voit communément à la teste de ce For General, estant le date du renouuellement du For, fait en l'année 1289. par Gaston de Moncade VII. du nom. Et d'autant que le For de Morlas est vne piece tres-ancienne, ie pense que le Lecteur aura pour agreable que ie le publie aux preuues de ce Chapitre; comme ie l'ai trouué en Latin dans les Registres de la ville d'Ortés; quoi qu'il ait esté peut estre dressé en Bearnois, aux termes qu'il est conceu dans les Cayers manuscrits des Fors de Bearn.

VI. Ie desire maintenant que le Lecteur considere la promesse, que Gaston mari de Talese fait en deux diuers endroits, à ceux de Morlas, pour soi, & toute sa race iusqu'à

Liure cinquiefme. 337

qu'à la fin du fiecle, à l'exemple de fon bifayeul Centulle troifiefme, qui confirma les immunités du Monaftere de Luc, pour foi & les fucceffeurs de fa race par tous les fiecles. Car ces termes feruent de preuue irrefragable, que la Seigneurie de Bearn eftoit Hereditaire en cette maifon, & non pas Electiue, comme l'on perfuada au Roi Henri II. lors de la compilation de la nouuelle couftume; mais il eftoit loifible en ce temps d'ignorer les tiltres, & les qualités des anciens Princes de Bearn, puis que leur nom, & leur race eftoient inconnus. Tant y a que noftre Gafton, auffi bien que Centulle fon bifayeul nous affeure de fon droict fucceffif, & parle en termes de bon augure, & pleins de bonne efperance, n'arreftant point les bornes de fa promeffe au nom de fa pofterité, que par les bornes de la durée du monde. Ce qui luy fuccedera fans doute, puis qu'il a l'honneur d'auoir eu pour fucceffeur noftre Roi Louïs le Victorieux, dompteur de la rebellion & de l'herefie, comme ce Gafton le fut des armes des infideles, & qui conferuera la religion de cét ancien ferment, qu'il a voulu feeller du fien propre, auec vn auantage d'autant plus grand pour fes fujets de Bearn, qu'il a plus de puiffance pour les maintenir, & proteger. Au refte la phrafe dont vfe Gafton pour autorifer la teneur des priuileges, afin que la feule exhibition de l'inftrument & du parchemin où ils eftoient efcrits, fift vne preuue fuffifante, eft affés remarquable. Car il ordonne que ceux qui s'en voudront feruir, affirment auec ferment folennel fur l'Autel, ou fur les Reliques des Saincts *Sober Sants*, dit-il, que l'inftrument eft veritable, & moyennant ce ferment, il veut & entend qu'ils en foient creus, fans eftre obligés à faire combat ou bataille, pour en eftablir entierement la preuue; ainfi que l'on auoit accouftumé de faire en ce temps par ordonnance de iuftice, lors que les contracts des ventes, engagemens, donations, & femblables tiltres eftoient remis en doute par les parties.

V. E Tabulario Ortefienfi : Notum fit cunctis iam præfentibus, quam futuris, quod in præfentia Nobilis & potentis Dominæ Dominæ Ioannæ de Atrebato Dei Gratia Comitiffæ Bearnij, Marciani, & Caftriboni, Dominæque Montifcatani, & Caftri veteris; ac Nobilis & potentis Domini Gaftonis eadem Gratia Comitis, & Vicecomitis locorum prædictorum, eiufdem Dominæ Comitiffæ filij Primogeniti, in domo Cōmuni Villæ Orthefij diocefis Aquenfis, perfonaliter conftituti prouidi viri Ar. Campania, R. Guilhelmus de Fabrica, R. A. de Samadeto, Maurinus de Abbatia, Ioannes de Samadeto, Guilhermus de Campania, B. Barberij, Ar. de Guillelmo, & Guilhermus Bruni de Bertrando, Iurati. Pelegrinus Darrefpaco, & Ioannes de Samadeto, Ar. de Guillelmo fuperius nominati, tanquam cuftodes, & alij Burgenfes, & vicini Villæ Orthefij vocati & congregati ibidem per præconem communem, cum tuba feu clarone, prout moris eft in villa Orthefij, pro fe, & vniuerfitate, feu vicinia villæ Orthefij, dixerunt, & afferuerunt fe tenuiffe, & obferuaffe à tanto tempore citra, de cuius contrario memoria non exiftit, forum Villæ de Morlanis fub forma, modo, & tenore qui fequuntur.

Anno Domini M. CCXX. Ego Guilhermus Raimundi Vicecomes Bearnij, do Burgenfibus Morlanis, bonas & honeftas confuetudines, quas nominatum præfenti Chirographo volo referari.

I. Si quis Diues, vel pauper moriatur fine teftamento condito, fiue ab inteftato, fuccedat heres fi in cognatione habeatur, fi vero non habuit heredem, fuccedat Dominus in vniuerfum ius Mortui, exceptis eleemofinis, quas pro redemptione animæ fuæ mediocriter duxerit eroganda.

II. De Audita alicuius hominis, vel gladio, vel quacunque morte mortuus fuerit, nihil exquiratur.

III. Quicunque in hac villa aliquem læferit, vel verberauerit, vel quamcunque iniuriam dictis aut factis fecerit, nifi ille qui læfus fuerit Domino aut fuo Veguerio querimoniam fecerit, nullum damnum det: Nifi in platea, quæ plena gaudet fecuritate, cōtingat iniuriam irrogari, tunc enim iuratis villæ vni vel pluribus, de illata iniuria credetur, licet dominus querimoniam non haberet; nec pretextu pacis inter inimicos factæ damnum poffet domino denegari; vel nifi in facie domini iudicantis vel iudicare volentis fibi dictis aut factis exprobrauerunt, & fiftud per vnum vel per plures iuratos probare poterit, damnum inde habebit.

IV. Damnum fiquidem tale erit. Si dicat vnus de alio quod mentitur, vel cum pugno vnus alium percufferit VI. folidos Domino pro damno foluat.

V. Si vero cum gladio vel alias vnus alij plagam legitimam fecerit, LXVI. folidos Domino pro damno foluat.

VI. Si quis percufferit aliquem in Ecclefia, vel in furno, vel in moneta, vel æquipollens fecerit, VI. folidos donabit.

VII. Si aliquis de foris in adiutorium venerit, & percufferit iratè LXVI. folidos Domino pro damno dabit.

VIII. Si aliquis bellum cum aliquo habuit, & priufquam ante Dominum firmatum fuerit, fe retraxerit, XVI. folidos det pro damno: Tamen fi victus fuerit XXX. folidos det pro damno, & arma: Et non debet exire bellum extra Dex villæ.

IX. Statuo etiam vt nemo in hac villa aliquem capere fine me, aut meo Veguerij nuntio poffit. Quod fi fecerit vel præfumpferit CL. folidos capto

Ff

tribuet, & Domino LXVI. solidos : Nisi pertineret ad eum ratione pignoris vel hæreditatis.

X. Si aliquis extraneus præsumptuose aliquem ceperit, DCCC. solidos, & obolum auri dabit Domino : Et si retinuerit aliquis huius villæ aliquem secum, donec nuntius Domini aderit, non teneatur pro capto.

XI. Si aliquis homo istius villæ ab extraneo, vel vicino commendam receperit, & durante commenda inimicus Domini efficiatur, ille qui commendauit, postquam admonitus fuerit qui commendam receperit, infra xx. dies rem commendatam restituat commendanti : Ita tamen quod in saluo & securo conductu Domini sint res vsque ad locum tutum : quod nisi infra xx. dies admonitus restitueret, liceret Domino rem occupare commendatam. Eorum autem qui inimici Domini sunt, quamdiu inimici sunt, non liceat alicui istius villæ recipere commendas. Quod si facerent posset dominus licite occupare.

XII. Item statuo quod aliquis istius villæ non capiatur pro aliquo foresco, si fideiussores dare poterit; neque aliquis homo tenens domum in hac villa, det Domino fideiussores per aliquam querelam, quam Dominus habeat de illo, sed faciat eum iudicare super personam, & res suas.

XIII. Et si aliquis homo conqueritur de alio homine huius villæ, ipso die faciat rectum in manu Domini vel Veguerij ipsius ; Et si nonuult facere, det VI. solidos pro damno : Veruntamen in quacunque causa contra aliquem fuerit iudicatum, siue in exceptionibus, siue in causis principalibus, damnum Domino soluatur.

XIV. Præterea si aliquis homo extra villam de aliquo homine istius villæ conqueratur, Domino si posset de ipsa villa det credentiam, si non possit, de Vegueria de Pau, si nec de Vegueria de Pau possit habere credentiam, super personam suam accipiat iudicium.

XV. Quando vero curia Domini erit hic, si quis habet querelam de aliquo istius villæ, iudicent causam illam Iurati istius villæ; Et si Domino vel partibus placeat iudicium, valeat quod iudicatum erit. si vero Domino displiceat iudicium vel alicui partium, liceat Domino vel parti ad Iuratos Curiæ appellare.

XVI. Si aliquis Iuratorum istius villæ falsum testimonium dixerit, vel veritatem negauerit, vel coelauerit, & istud ei probari poterit per duos Iuratos, valeat testimonium illorum duorum iuratorum, Et Dominus eiiciat illum Iuratum.

XVII. Statuo etiam quod teneant rectas pesas, & rectas libras, & rectas mensuras, & rectas canas, & rectas virgas; Et qui libram, siue canam, siue virgam, siue mensuram habuerit falsam, VI. solidos pro damno dabit. Si vero cana propter antiquitatem decurtata fuerit vel corrosa, confringatur, & fiat alia noua ad mensuram aliarum.

XVIII. Si aliquis cambiat in hac villa, & super pondus vnius sterlini accipiat in marcam, si probari possit, VI. solidos dabit pro damno.

XIX. Et si aliquis tulerit argentum ad monetam Domini, nullus faciat ei iniuriam ineundo & redeundo; quod si faceret, dabit Domino pro damno LXVI. sol. & restituet iniuriam conquerenti.

XX. Præterea statuo, quod nemini de terra mea liceat cambire argentum cum extraneis, ita quod per extraneos vel vicinos argentum de terra exeat, sed qui cambire voluerit, vel in moneta cambiat: vel cum alio de terra mea.

XXI. Qui traxerit argentum de terra, & deprahensus fuerit, argentum amittat sine alio damno.

XXII. Nemo huius villæ debet Domino accommodare, vel manuleuate, præter suam voluntatem.

XXIII. Si autem Dominus de aliquo istius villæ querimoniam fecerit, iurare debet ei propria manu, nisi Dominus iuratum testem habuerit.

XXIV. Quicunque in platea arma traxerit LXVI. solidos dabit pro damno.

XXV. Si aliquis latro captus fuerit furto in manu, qui illum ceperit auferat omnia quæ inuenier ei, & reddito latrocinio reddatur Domino, & Dominus illum iudicare faciat, & iniuriam clamanti recuperare.

XXVI. Si aliquis vel aliqua cum alterius vxore vel marito, captus vel capta fuerit, totam villam currant vterque nudus.

XXVII. Si aliquis alicui insidias fecerit, si probari potest, & clamor adest, quot erunt insidiæ, tot LXVI. solidos donent mihi.

XXVIII. Quicunque domui Vicini saltum dederit, vel violenter domum intrauerit, quot erunt in saltu illo, tot XVIII. solidos donabunt domino domus. Et si clamor aduenerit, & victus erit LXVI. solidos in vnoquoque habebo. Et si ipse qui in domo erit aliquem defendendo læserit, nihil dabit.

XXIX. Si aliquis istius villæ abire voluerit, & Dominus antea de eo clamorem non habuerit, nec fecerit, vendita sua possessione dabo ei ducatum per totam terram meam, vsque ad locum saluitatis, & saluus & securus eat.

XXX. Nemo istius villæ debet facere rectum per aliquem clamorem extra portas.

XXXI. Si quis vero in hac villa suum vicinum interfecerit de Burgensibus, homicida parentibus CCC. sol. dabit, & mihi LXVI. solidos pro damno:& exula terra mea omni exeat sine spe redeundi.

XXXII. Si vero istas leges dare nequiuerit, quidquid habet sit in cursu meo, & sepeliatur subtus mortuum. Et de hoc quod Dominus de homicida habebit, tertiam partem habeant parentes. Et si homicida propter suam superbiam remanebit, pro vnaquaque die super omnes leges totas, LXVI. solidos mihi soluat. Et si fortasse aliquis in hac villa homicidam in domo sua accipere præsumpserit, pro vnaquaque die mihi tribuat LXVI. solidos. Et super hoc, si in tota terra mea homicida remanebit, & parentes hominis mortui possunt illum interficere, de villa non exeant, nec de lege teneantur mihi dare, vel parentibus.

XXXIII. Si forte noluntarie nec irata manu, sed casu, vt multoties contingit, aliquis villæ aliquem de villa occiderit, si hoc ita esse per legitimos vicinos probauerit, nullum damnum de tali homicidio sic facto tribuat mihi; & talis homicida per congregationem procerum villæ cum parentibus mortui conueniat.

XXXIV. Si quis de hac villa aliquem de Burgensibus interfecerit, & interfectus duas plagas, vel amplius habuerit, parentes mortui probent vnum de illis qui eum vulnerauerint; Et si forte propter malam voluntatem aliquem alium probauerunt, & ille per iuratos villæ probauerit se non esse reum homicidij, parentes dimittant illum, & probent vnum de aliis qui eum vulnerauerint.

XXXV. Si homicida non est in villa, parentes homicidæ admoniti per veguerium & Iuratos villæ admoneant homicidam, si est in Bearnio per IX. dies, si extra Bearnium & infra portus & Garonam per XX. dies, si est extra portus vel Garonam, per xl. dies. Si verò venire noluerit, nec se ab homicidio compurgare, sit notus homicida: Si tamen tempus legitimum non habuit, quod non possit venire. Verumtamen si veniret, & se non compurgando victus remaneret, pro vnoquoque die ex quo homicidium fuerit factum lxvi. solidos dabit mihi pro damno.

XXXVI. Si quis Burgensis alicui vicino suo plantas absciderit, vel domos suas, vel bordas, vel molendinos combusserit, lxvi. solidos mihi tribuet, & faciet restaurare damnum clamanti per procerum villæ congregationem.

XXXVII. Nullus homo faciat hospitium in domo alicuius Burgensis de hac villa, nisi propria voluntate domini domus, exceptis illis domibus quæ deputatæ sunt ad hospitandum peregrinos.

Item prædicti Iurati, & custodes, ac alij Burgenses, & vicini de Ortesio pro se, & nomine quo supra, dixerunt & asseruerunt, quod Burgenses, vicini, & habitatores villæ Orthesij soluentes, & contribuentes in donis Domini, & tallijs villæ Ortesij habent, & ab antiquo habuerunt, ac vsi fuerunt à tanto tempore citra, de cuius contrario memoria non existit, vltra Forum Morlanis, prout in tribus articulis infra scriptis continetur. Videlicet quod quilibet vicinus, vel quælibet vicina, vel habitator seu habitatrix villæ Ortesij soluens & contribuens in donis Domini, & tallijs villæ Ortesij, potest vendere libere in villa Ortesij vina, & pomatia sua, & emere vndecunque ea habuerit, vel habere poterit, in mensibus Madij, & Iunij, & in toto anno quando eis placuerit: sic quod non tenentur soluere Ortesij lesdam, neque pedagium, neque aliud deuerium pro eisdem. Item nullus vicinus, seu vicina Ortesij teneatur soluere in Ortesio lesdam, siue pedagium de aliquibus mercibus, vel impletis quas habeant, seu apportent, & adducant in villa Ortesij; sed sint immunes & quiti ibidem à Leuda, & Pedagio, vt est dictum: exceptis carnificibus, in quibus sit saluum ius Domini, prout est hactenus consuetum. Item quilibet Vicinus, seu vicina auctoritate propria potest per se recipere, & tenere in suo hospitio pesas, & quodlibet pondus tam magnum, quam paruum, & quamcumque mensuram cuiuscunque conditionis existant, dum tamen sit recta; & mensurare & ponderare cum ipsis quascunque res suas proprias, vel alienas, absque licentia Domini; sic quod propter hoc non tenetur aliquid soluere Domino; exceptis vi. solidis Morlanorum, quos debet habere Dominus ab sa companhe pro lege seu pondere seu mensura, si pondus falsum, vel mensura falsa reperiantur. Et ibidem Domina Iohanna Comitissa, & Vicecomitissa prædicta, tanquam tutrix Domini Gastonis Comitis, & Vicecomitis prædicti, Et idem Dominus Gasto, vt dixerunt de prædictis omnibus, & singulis informati, gratis & spontanea voluntate, & ex certa scientia recognouerunt, & confessi sunt prædictos burgenses, & vicinos villæ Orthesij habere forum prædictum, prout superius continetur, ac eosdem Burgenses vicinos, & habitatores Ortesij soluentes & contribuentes, vt dictum est, vsos fuisse ac habuisse hactenus; & habere ea quæ in dictis tribus articulis continentur; & confesserunt, & voluerunt, quod deinceps gaudeant: Et prædicta omnia & singula, prout superius sunt scripta, eadem Domina Comitissa tanquam tutrix Domini Comitis & Vicecomitis prædicti, & idem Dominus Comes & Vicecomes promiserunt tenere, & seruare, & non contra facere, vel venire per se, vel interpositas personas in Iudicio, vel extra, aliquo ingenio seu arte; & ad maioris roboris firmitatem voluit, & mandauit prædicta Domina Comitissa suum apponi sigillum huic præsenti publico instrumento. Acta fuerunt hæc in domo communi Ortesij prædicta xvi. die mensis Februarij anno Domini m.cccxix. prædicta Domina Iohanna, & dicto Domino Gastone in Bearnio dominantibus, Garsia Arnaldi Aquensi Episcopo existenti. Horum omnium sunt testes nobiles viri Dominus Arnaldus Guilhermus Dominus de Acromonte, Dominus Raimondus Arnaldi Dominus de Caudarasa, Dominus Arnaldus d'Abos, Dominus Bertrandus de Buros milites. Guilhermus Arnaldi Dominus de Morlana, Guilhermus Raimundi de Naualiis, Dominus d'Abos, Domicelli, Dominus Iohannes de Berniola doctor legum.

Duo articuli Morlanensis Fori, quorum alter de iure vendendi vini mensibus Maio, & Iunio, quod Domino Benearnensi competit, alter de quarumdam mercium vectigalibus, correcti sunt hoc diplomate in gratiam Ortesiensium. Sed tertius est omissus, qui conceptus est his verbis in veteri Codice manuscripto.

Nul hom d'esta biele, no sie thiencut de anar en ost en Espanha, per man de Senhor; ni den esse destret, sino quey bolosse anar de grat. Host mani, laquoau leyauments sie manadere per ix. dies, & tres bess l'an, ab pan de naus dies, de cada vne maisou vn homi, si en y a, e per conxense deus prohomis de la biele quen armanquen ab de custodir la biele. E si sober asso augun sen armade, si no que agosse excusation leyau vi. sols dara au Senhor. E si per abentura ananen fore las bagsanadure de vn die, los deu far portar los garniments, e queus den dar Capdeg, l'un deus sool Baroos ab sa companhe à l'anar, e autornar; e queus aiudi en totas causas. Host mani, que fasen en Beguorre, & Armanhac, e en Marsaa, e en l'Annor d'Ax, e en Soule.

CHAPITRE II.

Sommaire.

I. *Origine des Fors de Bearn, & des autres Couſtumes de France. Les François, les Goths, & les Bourguignons, partagent la terre conquiſe en trois portions. La portion des vainqueurs, nommée terre Salique parmi les François. Les ſeuls maſles ſuccedoient en cette terre ſuiuant la Loi Salique. Qui eſt en vſage pour la Royauté. Agathias peſé pour l'antiquité de cét vſage parmi les anciens Rois.* II. *Les conquerans laiſſoient les anciens poſſeſſeurs qu'ils appelloient Romains, ſous la Loi Romaine.* III. *Les François eſtablirent la loi Salique pour les François ou Saliens, & laiſſerent l'vſage de la loi Romaine aux Gaulois. Cette loi Romaine eſtoit le Code Theodoſien.* IV. *Euarix donna des loix aux Vuiſigoths. Sidonius expliqué. Alaric publia l'abregé du Code Theodoſien en la ville d'Ayre, pour les anciens Aquitains, & Gaſcons. Les loix Vuiſigothiques arreſtées pour tous les Eſpagnols, & le Languedoc.* V. *Les loix Lombardes pour les Lombards naturels, & les Romaines pour les Italiens. Mais pour leur regard, ils reconnoiſſoient outre le Code Theodoſien les Nouuelles de Juſtinian. Le peuple Romain obligé par Lotaire premier de choiſir vne ſeule loi.* VI. *Charlemagne continua à tous ces peuples leurs lois particulieres, & Charles le Chauue.* VII. VIII. *En la decadence de la ſeconde race, comme il y eut changement d'Eſtat, il y eut changement de lois. Specialement pour le droict de Seigneurie, & de Vaſſelage, & pour adoucir les peines des crimes. Bearn fit comme les autres Prouinces.* IX. *Et le Comte Berenger à Barcelone, qui explique ce motif, & ne deroge point à la loi Gotthique.* X. *Aragon, & Caſtille de meſme.* XI. *Bearn retint l'vſage des lois Romaines, & y adiouſta ſes Fors. Le Droit Ciuil, eſt le droit de Bearn, hors les cas decidés par le For, ou les Reglemens.* XII. XIII. *For eſt vne diction Latine, de ſignification Gotthique, qui ſe prend pour priuilege, & immunité; les Couſtumes regardent les Contrats & ſucceſſions.*

I. Mon deuoir, & le deſir de ſatisfaire à la curioſité de ceux qui voudront eſtre inſtruits de la ſignification du mot de For, & d'vne connoiſſance ſommaire des anciennes Couſtumes, & Priuileges de Bearn, m'oblige de prendre cette matiere à ſa ſource ſous la permiſſion du Lecteur. Les Gaules qui eſtoient poſſedées par les Empereurs Romains, & gouuernées par leurs lois, ayans eſté enuahies par les François d'vn coſté, par les Bourguignons de l'autre, & abandonnées aux Vuiſigoths du coſté de l'Aquitaine; Les Rois de ces peuples vainqueurs retenans pour eux les reuenus publics, & les domaines plus commodes; partagerent le reſte de la terre conqueſtée entre les ſoldats, & les anciens poſſeſſeurs, qu'ils appelloient Romains, & nommerent la portion qui eſcheoit en partage à vn chaſcun, le ſort des Goths, des

Bourguignons, & des Romains, comme l'on voit dans le Code des lois Vuisigothiques, & des Bourguignons. Les François qui porterent de la Franconie, d'où ils firent leur premiere demarche vers les Gaules, vn double nom de Francs, & de Saliques, firent vn partage semblable dans l'estenduë de leur conqueste entre le Prince, les soldats, & les anciens possesseurs, qu'ils appellerent aussi Romains; & la portion des vainqueurs fut nommée la *terre Salique*, qui fut affectée aux masles, à l'exclusion des femelles, ainsi que l'on voit en termes exprés au T. 62. de la loi Salique. Ce qui estoit obserué dans la famille Royale, qui possedoit le lot plus noble de la terre Salique, aussi bien que dans les maisons particulieres des personnes Saliques, Dequoi l'historien Agathias auteur Grec, du temps des enfans du Roi Clouis, fait vne entiere foi, si l'on pese ses paroles, lors que descriuant le pouuoir & les coustumes des François, il escrit expressement, que les fils succedent à leurs peres en la Royauté. Ce qui doit estre interpreté non seulement du droit successif de la Couronne, pour exclurre les elections, ainsi que l'on employe ordinairement ce texte, mais aussi pour designer la succession des Fils & des Masles à l'exclusion des femelles. Cette loi Salique a esté pratiquée depuis sans interruption, pour ce qui regarde la succession du Royaume; mais elle a esté changée pour les maisons particulieres en la troisiesme race de nos Rois, depuis que les Romains & les originaires Gaulois, ont esté confondus auec les Saliques.

II. Or les Rois estrangers & conquerans, pour adoucir en quelque sorte la rigueur pratiquée contre les vaincus en la spoliation de leurs terres, leur permirent de se regler & viure sous les loix Romaines qui leur estoient conneuës; & se contenterent de faire valoir leurs propres lois, à l'esgard des peuples de leur nation. Pour cét effect, Gondebaut Roi de Bourgogne arresta en la ville de Lion, les Lois des Bourguignons, suiuant la teneur desquelles il ordonna que les affaires des Bourguignons entr'eux, & celles qu'ils auroient auec les Romains seroient iugées, & à mesme temps fit compiler par le Iurisconsulte Papian, vn abregé des lois Romaines, pour la decision des causes des Romains entr'eux; & voulut que tous les iugemens fussent rendus coniointement par vn Comte Bourguignon, & vn autre Comte Romain.

III. Les François entrans en la Gaule vserent du mesme temperament, laissans la loi Romaine pour l'vsage des originaires Gaulois, & pour la decision des affaires Ecclesiastiques, & retindrent pour eux leurs anciennes coustumes, & les lois Saliques; qui furent corrigées par les Rois Clouis, Childebert, & Clotaire, & tournées du langage barbare en Latin, par ordonnance de Charlemagne l'an 798. D'où vient que dans le tiltre 43. le Franc, qui vit suiuant la loi Salique, *qui lege Salica viuit*, est distingué du possesseur Romain; & l'homme Salique, de l'homme Romain, au Decret du Roi Childebert. Et dans le Canon premier du Concile d'Orleans tenu sous le Roi Clouis l'an 511. le reglement contre les homicides, & les adulteres, qui se retirent dans l'enceinte d'vne Eglise, est fait suiuant les Canons, & la loi Romaine, comme parlent les Peres: aussi bien que la defense des mariages incestueux, est ordonnée dans le Concile de Tours tenu l'an 567. conformément à la loi Romaine: dont les propres termes qui sont rapportés au Canon xxi. sont extraicts du Code Theodosien: qui est le corps des loix Romaines, suiuant lesqueles les matieres Ecclesiastiques estoient iugées en France, au rapport de Hincmar, d'Adreualdus, & du Concile de Dousy, tenu l'an 874. Les anciennes formules dressées suiuant la Loi Romaine, qui ont esté publiées par le sieur Bignon & Lindenbroch, tesmoignent encore l'vsage public du Code Theodosien, qui est allegué en la formule onziesme, suiuant l'interpretation du Chancelier Anian. Mais outre ces preuues, l'ordonnance generale du Roi Clotaire de l'an 560. publiée par le P. Sirmond, oste pour ce regard toute difficulté; dautant qu'elle commande en termes exprés, que les causes des Romains soient terminées entr'eux par les lois Romaines.

IV. Les Vuisigoths qui possedoient les trois Aquitaines, embrasserent la mesme voye de douceur: de sorte qu'en l'année 466. le Roi Euarix, autrement appellé Theudoric, establit des Loix par escrit pour l'vsage des Goths, qui n'estoient aparauant gouuernés que par coustumes, ainsi qu'a remarqué formellement Isidore de Seuille en sa Chronique: laissant par consequent les Romains & originaires Gaulois en la possession paisible de leurs loix, qui estoient celles de la compilation de l'Empereur Theodose, comme l'on peut recueillir de Sidonius; quoi qu'il parle auec degoust de cette action d'Euarix, & ne puisse souffrir son entreprise, d'auoir publié des ordonnances sous son nom, & qu'au lieu des loix Theodosienes, on reçoiue dans le Palais les loix Theodoricienes, comme il parle. Mais ainsi que ie viens de remarquer du texte d'Isidore, qui auoit manié le Code des Loix d'Euarix, elles auoient esté publiées pour l'vsage des Goths, & non pas pour celui des Romains, ou anciens Aquitains, lesquels continuerent de viure sous la pratique des Loix Theodosienes. De maniere que son successeur le Roi Alaric, afin que ces loix fussent mieux entenduës, & mieux pratiquées en la decision des causes des Romains, qui estoient soubsmis à son obeïssance, c'est à dire des anciens Aquitains & Narbonois, & non pas du peuple de Rome, comme Cuias a escrit par suprise, ordonna à son Chancelier Anian de mettre le Code Theodosien en abregé, & y adiouster ses interpretations. Ce qu'il fit en la ville d'Ayre de la Prouince de Gascogne, en l'estat que l'on void maintenant; lequel volume auec quelques Nouelles du ieune Theodose, de Valentinian, & de Maiorian publiées en l'Occident, & attachées à ce Code, a esté apres la ruine du Royaume des Vuisigoths en Gaule, le droict commun de tous ceux qui estoient domiciliés dans ces Prouinces, & n'estoient pas Saliques, ou Bourguignons d'origine, conformément au Decret de Clotaire, comme i'ai desia iustifié. Neantmoins ces Rois Vuisigoths estans retirés dans les Espagnes, entreprindrent auec le temps, de donner à leurs peuples vn nouueau Code de Loix, surnommées Vuisigothiques, & d'abolir l'vsage de toutes autres loix, que celles qui estoient contenuës en cette compilation; Elle fut faite du temps du Roi Recesuinthe, & fut obseruée en toutes les terres de leur obeïssance, soit en Espagne, soit en la Prouince de Languedoc, excepté Tolose, & Vsés, qui estoient de l'Aquitaine; iusques là, que l'vsage en fut continué dans celle de Languedoc, mesmes apres qu'elle fut remise par Charles Martel sous la domination de la Couronne de France, comme l'on void dans le Concile de Troyes, tenu par le Pape Iean VIII. l'an 878.

V. La mesme distinction des Loix estoit obseruée parmi les Lombards, depuis qu'ils furent establis en Italie; dautant que les loix Lombardes n'obligeoient que les seuls Lombards naturels & originaires, les anciens possesseurs demeurans sujets aux loix Romaines; de sorte que s'il arriuoit qu'vne femme de la loi Lombarde espousast vn mari de la loi Romaine, elle deuenoit entierement Romaine auec les enfans qui estoient procrés de ce mariage, qui demeuroient obligés de viure suiuant la loi du pere, par ordonnance du Roi Luitprand. Neantmoins l'Empereur Lothaire adiousta vne modification à cette loi, qu'il voulut auoir lieu parmi les autres nations, aussi bien que dans la Lombardie; sçauoir que si les femmes Romaines espousoient des maris Lombards, elles retournoient à leur premiere loi, apres le decés de leur mari. Or il faut remarquer en cét endroit, lors qu'il s'agit de l'Italie, qu'il ne faut pas restreindre la loi Romaine au seul Code Theodosien, & aux Nouelles des Empereurs d'Occident, comme i'ay fait dans la Gaule; dautant que celle-ci apres auoir esté demembrée de l'Empire & diuisée en trois Royaumes estrangers, sçauoir des François, Bourguignons, & Vuisigoths, & reünie depuis en vne main sous Clouis & ses enfans, n'a point reconnu les Empereurs Romains, ni receu aucune de leurs Loix; Au lieu que l'Italie ayant esté pour la plus grande partie soubsmise aux Empereurs d'Orient a receu leurs Edicts; & particulierement les Nouuelles ordonnances de Iustinian, suiuant l'abregé de Iulian l'Antecesseur, & l'interpretation Latine, qui est alleguée sous le nom, & l'autorité de Loi Imperiale de Iustinian, par le Pape S. Gregoire le Grand. Le soin que prirent Charlemagne apres la conqueste de l'Italie, & ses successeurs; de conseruer chacun sous la disposition de sa Loi, soit Lombarde, ou Romaine, apporta du trouble parmi le peuple de la ville de Rome; lequel estant composé de personnes de loi differente, se trouuoit bien souuent empesché en la decision de ses causes, par la varieté de ces deux Loix. C'est pourquoi l'Empereur Lothaire ordonna, que le peuple Romain choisiroit la loi qu'il voudroit embrasser, pour estre reglé suiuant sa teneur, ou puni en cas de contrauention, par le iugement du Pape, & de l'Empereur.

VI. Tous les Estats qui auoient apartenu aux Francois, Bourguignons, Vuisigots, & Lombards, ayans esté reünis en la seule main de Charlemagne, il continua à chacun de ces Roiaumes, le benefice de leurs Loix, & coustumes: qui n'estoient pas distinguées seulement par Prouinces, & par territoires, mais encore par les races des personnes, & par vne ancienne origine des maisons. De sorte que comme les Lôbards furent maintenus en leur vsage, aussi furent les Bourguignons en la Loi de Gondebaut appellée *Gundeboda* par Charlemagne, & par Hincmar, les François en la Loi Salique, les Narbonois en la Gotthique, & tous les anciens possesseurs des Gaules en la Loi Romaine. D'où vient que Charles le Chauue promet en ses Capitulaires d'Espernai, de conseruer vn chascun en sa loi, à l'exemple de ses predecesseurs; & qu'il declare en vn autre lieu, qu'il ne pretend point que ses ordonnances, & Capitulaires puissent preiudicier à la Loi Salique, ni à la Romaine, mais seulement suppleer les poincts qui se trouueront indecis par ces loix. Ce qui s'accorde à ce que Charlemagne auoit ordoné que les successions, les contracts, les amendes, & les sermens des Romains, ou des Lombards seroient iugés & reglés suiuant leurs loix particulieres; mais que pour les causes communes, ils viuroient suiuant son Edict.

VII. Céte difference de loix s'est conseruée iusqu'à la decadence de la seconde race, que l'état des affaires publiques commença à changer de face, & que l'alteration qui arriua en l'autorité Royale, traina necessairement apres soi l'alteration des Loix, qui ne peuuent subsister ailleurs, que sur les Colomnes qui appuyent la Royauté. Les guerres des Normans, & les dissensions domestiques rendirent les gouuernemens hereditaires; ce qui porta les seigneurs du Royaume à vouloir establir des Loix nouuelles, auec le consentement de leurs peuples, pour affermir par ce moyen leur establissement nouueau. De maniere que les droicts des Comtes, & les deuoirs des sujets furent reglés suiuant les diuerses humeurs des Prouinces, la distinction des Loix Salique & Romaine, abolie, comme estant le seminaire des factions, qui pouuoient se former plus facilement par la reconnoissance des anciennes races; voire mesme l'vsage des Capitulaires des Rois de France fut interrompu; & neantmoins pour ce qui regarde la nature des contracts, on retint la substance des Loix Romaines, qui seules auoient entendu, & bien expliqué ces matieres, comme l'on peut aprendre des Epistres d'Iues Euesque de Chartres.

VIII. Les Bearnois firent comme les autres peuples. Car ils establirent des articles pour le reglement du droit public, l'autorité du seigneur, les immunités natureles des sujets, & la punition des crimes, laissans en sa vigueur pour les contracts, & plusieurs autres chefs, la Loi Romaine du Code Theodosien, sous laquelle ils auoient tousiours vescu. Et neantmoins ils estoient entierement obligés de faire des Ordonnances touchant les droicts du Seigneur de Bearn, & les deuoirs des Vassaux, dautant que les Loix Romaines n'auoient rien prescrit sur ce sujet; & encore furent-ils obligés d'arrester les peines, & les amendes pecuniaires des crimes, pour adoucir la rigueur de celles du Code Theodosien, qui estoient pour la plus grande partie capitales, ou bien si rudes en la quantité de l'amende conceuë sous les termes de liures d'or, qu'elles ruinoient les criminels, & eussent trop enrichi le fisque des seigneurs, à qui les amendes apartenoient.

IX. Ce motif peut estre confirmé par les vsages de Barcelone, qui furent establis l'an 1060. par Raimond Beranger le Vieux, Comte, & Marquis de Barcelone, auec l'auis & le consentement de sa femme Adalmodis, & des principaux seigneurs de sa terre. Car en la preface de ces vsages escrits à la main, on voit que le Comte n'abolit pas les Loix Gotthiques, comme l'on se persuade communément, mais plustost qu'il suplée à leur defaut, aux chefs qu'elles ne peuuent estre bonnement obseruées, ou pour ceux qu'elles n'ont expressément decidé. En quoi il se sert de l'autorité des mesmes loix Gotthiques, qui declarent qu'il apartient au seul Prince d'adiouster au Code de ces Loix, la decision des cas qui suruiennent nouuellement. Et encore plus particulierement au Chapitre 71. le Comte Raimond allegue vne raison fort receuable de la necessité qu'il y auoit de compiler les nouueaux vsages, à sçauoir pour adoucir la seuerité des loix Gotthiques, qui taxoient le meurtre à trois cens sols d'or, c'est à dire à deux mille quatre cens sols d'argent (pourtant il y a cinq cens sols dans le Code imprimé des Loix Vuisigotthiques.) Le pochement d'vn œil à cent sols, & tout autant pour le pied, & pour la main: Et adiouste en suite que la Loi ordonnant ces amendes dans le Code des Vuisigoths, ne fait point distinction entre la personne du Seigneur & du Vassal, parce que les homages n'estoient pas conneus par les loix Gotthiques; & partant qu'en ces choses il faut auoir recours aux vsages escrits; & suiuant l'autorité de la Loi, s'adresser au iugement du Prince & de sa Cour, lors que la matiere n'est point decidée, ni par la loi Gotthique, ni par les vsages.

X. En Aragon quoi que les peuples se gouuernassent suiuant les Fors & les iugemens du Roi Sance Abarca, neantmoins ils ne laissoient pas de continuer la pratique des Loix Gotthiques, pour les dots & les contracts, comme iustifie Blanca en ses Commentaires, par l'acte des arres que constitua le Roi Ramir à sa femme Gilbergue l'an 1036. & par vn autre vieux tiltre tiré des Archifs de nostre Dame du Pilar. A quoi i'adiousterai l'ordonnance escrite à la main d'Alfonse Roi d'Aragon, en date à Monblanc de l'an 1333. par laquelle il ordonne, que la loi Gotthique soit rejettée des lieux où elle auoit esté obseruée iusqu'à ce temps, pour la constitution de la legitime des enfans, & qu'à l'auenir la loi Romaine, c'est à dire celle de Iustinian, soit gardée pour le reglement des successions. En Castille, nonobstant les Fors establis par le Comte Sance, & confirmés par le Roi Ferdinand, il est ordonné au Concile de Coyaca l'an 1050. que la loi Gotthique sera obseruée. Ce qui eut lieu dans ce Royaume, iusqu'à ce que le Roi Alfonse le Philosophe fit receuoir le droict Romain en l'année 1241.

XI. De maniere que sur l'exemple de nos Voisins, qui ont esté en mesme peine que nous, ie puis asseurer que les Fors de Bearn ont esté arrestés au commencement, pour suppleer le defaut des cas non decidés par la Loi Romaine; nommément en ce qui regarde les droicts de Seigneurie & de Vasselage, inconnus du temps de l'Empire, & encore pour adoucir les peines des crimes. Neantmoins comme l'emploi ordinaire des armes eſtoufoit la connoiſſance des liures, encore que la ſubſtance des loix Romaines demeuraſt en ſa force, dans l'vſage des contracts & des matieres ciuiles, le nom en fut communément aboli; de ſorte que ce qui eſtoit obſerué, perdant peu à peu la qualité de loi, prit celle de Couſtume & d'vſage; ſous laquelle denominatiō ces matieres ſont expliquées dans le Cayer des Fors eſcrits à la main, auſſi bien que dans les Couſtumes de France. Enfin le Iuriſconſulte Irnerius ayant apres le decés de l'Empereur Lothaire Saxon, à l'inſtance, & ſous l'autorité de la Comteſſe Mathilde, tiré du tombeau le corps du droit Romain de la compilation de Iuſtinian, en l'eſtat que nous l'auons maintenant, il fut receu peu à peu dans les Prouinces ſous la faueur des Rois; qui aprenoient de ces Conſtitutions, toute l'eſtenduë de la Loi Royale, & de l'autorité purement ſouueraine, qui auoit eſté comme en ſurſeance en pluſieurs poincts; & particulierement ce droit fut receu aux contrées qui auoient anciennement veſcu ſous la diſpoſition du Code Theodoſien, comme le Bearn, la Gaſcogne, & l'Aquitaine. De ſorte que l'on voit le formulaire des contracts, & des teſtamens des Princes de Bearn, & des Particuliers, depuis l'an 1250. conceus auec les termes, & clauſes puiſées des loix de Iuſtinian, & des interpretations des Docteurs; ſpecialement le contract de Ceſſion du païs de Bearn, que Conſtance fille aiſnée de Gaſton de Moncade fait en faueur de ſa ſœur Marguerite, en l'an 1286. fut dreſſé par le Docteur Nouelli Profeſſeur du Droict en la ville de Toloſe. De façon que l'on peut dire que le droit Romain eſt le *Droit commun de Bearn*, ainſi qu'il eſt expreſſément nommé dans le For nouueau, & qu'il doit eſtre obſerué pour le iugement des cauſes, qui ne ſeront point decidées par le For, où les Ordonnances, & Reglemens du païs; ceci demeurant pour conſtant, qu'il n'y a couſtume en France, qui ſoit plus conforme au droit, que celle de Bearn, comme diſoit le Grand Cuias, petit fils de la ville d'Oloron, & de la maiſon nommée vulgairement Cuieüs.

XII. Apres auoir parlé de l'eſtabliſſement du For, il eſt iuſte d'expliquer l'origine de cette diction. Le terme de *For* eſt bien Latin, deriué de *Forus*; mais le ſens auquel il eſt employé, eſt vn peu Gotthique, auſſi bien que la diction *Iudicium* vſurpée dans les anciens actes. Les commentateurs des ordonnances d'Eſpagne l'interpretent ordinairement, pour les vſages & couſtumes particulieres des villes, & des Prouinces. Toutesfois ayant examiné auec vn peu de ſoin l'emploi primitif & originaire de cette diction, dans les vieilles Chartes des Rois de Nauarre, de Caſtille, & d'Aragoñ, il me ſemble qu'elle eſt priſe pour ſignifier, les priuileges des communautés, & ce qui concerne le droit public: & que le reglement des contracts, & ſucceſſions, auec l'ordre de la iuſtice, & ſtyle des Cours, eſt compris ſous le nom d'obſeruance, d'vſage, & de couſtume. De fait Lucas Tudenſis en ſa Chronique diſtingue netement les Fors, des Couſtumes, lors qu'il eſcrit qu'Alfonſe Roi de Leon repeuplant cette ville, l'an mille douze, lui octroya de bons Fors, & de bonnes couſtumes. Ce que Roderic de Tolede a expliqué, en diſant qu'il reſtablit les Loix Gotthiques, & en y adiouſta de nouuelles. Lucas dit le meſme de Sance Duc de Burgos pour le regard de la Prouince de Caſtille, que ce qu'il auoit remarqué d'Alfonſe pour Leon; & que Fredenand baſtiſſant la ville de Zamora lui ordonna de bons Fors, & de tres nobles couſtumes.

XIII. Ce Ferdinand premier Roi de Caſtille, ayant aſſemblé vn Concile en ſon Chaſteau de Coyaca au Dioceſe d'Ouiede l'an 1050. fit pluſieurs reglemens, tant pour la diſcipline eccleſiaſtique, que pour la police de ſes terres, & particulierement conſerua les Fors, *Totos illos Foros*, c'eſt à dire les priuileges, que le Roi Alfonſe ſon beau pere auoit accordés à la ville de Leon. C'eſt au meſme ſens, que le Roi

Alfonse d'Aragon octroyant aux habitans de Saragoſſe, apres la priſe de la ville ſur les Saraſins, les meſmes exemptions, & priuileges, dont ioüiſſoient les Infançons d'Aragon, dit en ſon reſcrit chés Blanca, qu'il leur donne de bons Fors, *Bonos Fueros*, & ſemblables à ceux des Infançons d'Aragon. Le Roi Sance Ramires ſon predeceſſeur en ſa Charte de l'an 1078. rapportée chés Briz Martinez, apres auoir accordé quelques notables priuileges au monaſtere de S. Iean de la Penna, adiouſte qu'il ne veut pas que cette maiſon ſe departe iamais de ſes Fors, pour eſtre aſſuietie à nuls autres qui ſoient dans ſa terre.

XIV. Cette ſignification a eſté ſoigneuſement conſeruée dans la premiere compilation des vieilles couſtumes de Bearn, les Fors ſoit le general, ou celui de Morlas, ayans eſté diſtingués par l'ordonnance de Madame Marguerite, des obſeruations, & des vſages. Auſſi les deputés pour arreſter la Nouuelle couſtume de Bearn ont fort bien rencontré, ſoit par deſſein, ou par haſard, lors qu'ils lui ont baillé l'inſcription de *Fors & Couſtumes*: attendu que les articles contenus en ce volume, ſont extraicts tant des Fors, que des Couſtumes anciennes, & comprennent en ſoi les priuileges & les immunités du païs de Bearn, & les anciens vſages, touchant les contracts & les ſucceſſions.

I. Leg. Vuiſ. Lib. 10. T. 2. l. 1. Burgund. Tit. 84. Lex Sal. T. 61. §. vlt. De terra vero Salica nulla portio hereditatis mulieri veniat; Sed ad virilem ſexum tota terræ hereditas reuertatur. Agathias.

II. III. Gundebaldus Rex in præfat. Leg. Burg. Lex Sal. T. 43. & in præf. d. l. Decret. Child. Regis §. 14. Can. Primus Conc. Aurel. 1. De homicidis, adulteris, & furibus, ſi ad Eccleſiam confugerint, id conſtituimus obſeruandum, quod Eccleſiaſtici canones decreuerunt, & Lex Romana conſtituit. Can. 21. Conc. Turon. 2. Itemque ait ſacra ſententia legum; & ſtatim recitat l. 3. & 41. c. Th. de inceſt. nupt. Hincmar. in Op. 53. Capit. Adreuald. l. c. Conc. Duziac. cap. 2. Form. Vet. XI. Clotarij Regis Conſtituto edita à P. Sirm. T. 1. Conc. Inter Romanos negotia cauſarum, Romanis legibus præcipimus terminari.

IV. Iſidor. in Chro. Goth. Era 504. Sub hoc Rege *Gothi* legum inſtituta ſcriptis habere cœperunt, nam antea tantum moribus, & conſuetudine tenebantur. Sidon. l. 2. ep. 1.

IV. Edict. Alarici præfixum Codici Theod Leg. Vuiſ. lib. 2 T. 1. Ioan. 8. in Conc. Tric. apud Iuonem Decr. p. 3. c. 98.

V. VI. VII. Lib. 1. Long. T. 7. Greg. I Lib. 11. cap. 54. Regeſti. L. 2. Long. T. 57. & T. 55. l. 22. Capitula Car. Cal. an. 846. c. 3. & alibi Iuo Carnot. ep. 61. 101. L. 2. Long. T. 56.

IX. Vſatic. Barcin. è cod. mſ. Thu. Cum domnus R. Berengarij vetus, Comes, & Marchio Barcin. atque Hiſpaniæ ſubiugator habuit honorem, & vidit, & cognouit quod in omnibus cauſis & negotijs ipſius patriæ, leges Gotthicæ non poſſent obſeruari, vel etiam vidit multas querimonias, & placita, quæ ipſæ leges ſpecialiter *non indicabant*, laude & conſilio ſuorum proborum hominum, vna cum prudentiſſima & ſapientiſſima Coniuge ſua Adalmode conſtituit & miſit Vſaticos. Infra: Hoc enim fecit R. Comes auctoritate Libri Iudicis, qui dicit, ſane adiciendi leges ſi iuſta nouitas exegerit principalis Electio licentiam habebit. Cap. 71. In legibus non inuenitur *Hominaticum*, & ideo nihil iudicant inter Vaſſallum & Seniorem.

X. Blanca in Comment. Alfonſus Rex Arag. in Conſt. an. 1333. In illis locis, in quibus in conſeruanda legitima, lex Gotthica eſt hactenus ſeruari aſſueta, ſit repulſa, & ſeruetur de cetero lex Romana, & hoc ſeruari volumus in ſucceſſione earum perſonarum, quæ de cetero morientur. Conc. Coyac. Tit. IX. & Tit. XII. Faciat quod Lex Gotthica iubet.

XII. Lucas Tudenſis: Adefonſus repopulauit Legionenſem vrbem, & dedit bonos foros, & mores. Sancius Burgenſium Dux dedit bonos foros, & mores in tota Caſtella. Dedit Zamoræ bonos foros, & nobiliſſimos mores. Roder. l. 5. c. 19. Rex Adelfonſus leges Gotthicas reparauit, & alias addidit quæ in regno Legionis hodie obſeruatur. Conc. Coyacenſe Titulo XIII. Confirmo totos illos *Foros* cunctis habitantibus Legione, quos dedit illis Rex dominus Adefonſus pater Sanciæ Reginæ vxoris meæ. In VIII. Tit. vocat Iudicia; In Legione & in ſuis terminis, iu Gallecia, & in Aſturiis, & in Portugale tale ſit *Iudicium* ſemper, quale eſt conſtitutum in Decretis Adefonſi Regis, pro homicidio, pro rauſo, pro Saione, aut pro omnibus Calumniis ſuis. Blanca in Com. Martin. l. 1. c. 54. Hiſt. Pinn. Iohannes non laxet *ſuos Foros* per nullum alium de mea terra

CHAPITRE III.
Sommaire.

I. *L'Eſtat du Gouuernement de Bearn, ſuiuant les Vieux Fors General, & de Morlas. Jndependance des Seigneurs en ce gouuernement, de toute puiſſance eſtrangere.* II. *La Cour majeur ou Pleniere, compoſée des Eueſques, & Vaſſaux, à l'exemple de celles de France, & d'Eſpagne, qui ordonnoient toutes choſes en l'aſſemblée de ces perſonnes.* III. *Dans la Cour Pleniere de Bearn, eſtoient iugées les cauſes qui regardent l'Eſtat des perſonnes, & la proprieté des terres, à l'exemple des Malles des Comtes. Ces deux articles de la Liberté, & des Aleus, ſont les plus conſiderables.* IV. *Souueraineté des iugemens de la Cour des Iurats de Morlas, & de la Cour majeur.* V. *En cas d'infraction du For, le plaignant auoit recours à la Cour, au iugement de laquelle le Seigneur s'oblige d'acquieſcer, auſſi bien que Charles le Chauue dans ſes Capitulaires. Le gouuernement preſent ne doit point eſtre attaché à ces maximes.* VI. *Il n'y a point d'exemple qu'il y ait eu iamais aucune cauſe de Bearn iugée hors le païs. Reſponce à ce qui eſt obiecté du Parlement de Toloſe. Le Seneſchal de Bearn n'eſt point au tableau, que depuis l'an 1512. Reſponce au Style du Parlement. Mont de Marſan n'eſt point en Bearn.* VII. VIII. IX. *Reſponſe à l'Arreſt du Parlement de Paris, de l'an 1317. donné entre Gaſſarnaud de Nauailles, & le Vicomte de Bearn. Recit du fait ſur lequel les Arreſts furent donnés. Ce fut ſur vn Conflict de iuriſdiction auec les Officiers du Roi de France, pour vn exceż commis par vn Bearnois. C'eſtoit vne diſpute de competence, & non de ſuperiorité.* X. *Le droict de batre monoye.* XI. *Le droict de faire guerre. Le deuoir des ſujets de Bearn en ce cas.* XII. XIII. *La Seigneurie de Bearn ſouueraine en ſon gouuernement, & le Seigneur obligé à quelque deuoir.* XIV. *Eſtenduë du Bearn.*

I. IL eſt maintenant neceſſaire pour vne connoiſſance plus entiere de beaucoup de poincts qui ſe rencontreront en la ſuite de ce diſcours, de remarquer l'eſtat du gouuernement, & de l'adminiſtration du païs de Bearn, tel qu'il eſt repreſenté dans ce vieux For de Morlas, & dans le General, dont l'antiquité a eſté iuſtifiée ci-deſſus plus haute de cinq cens cinquante années. On y verra que dés ce temps, la Seigneurie de Bearn eſtoit independante en ſon adminiſtration de toute puiſſance eſtrangere, & compoſée d'vn Chef qui eſtoit le Seigneur, par droit ſucceſſif, & hereditaire; lequel auec l'auis de ſa Cour, regloit, ordonnoit, & iugeoit tous ſujets de ſa terre, batoit monoye ſous ſon nom, decernoit, & faiſoit la guerre à ſes voiſins, & generalement exerçoit auec le Conſeil ariſtocratique de ſa Cour, tous actes de ſouueraineté ſur ſes ſujets; ſans que de ſes iugemens & ordonnances il y euſt apel par deuant aucune puiſſance ſuperieure.

II. Or il y auoit deux Cours, où la iustice s'expedioit au nom du Seigneur, l'inferieure, & la superieure. Celle-ci estoit composée de deux Euesques, des Abbés, & des Gentils-hommes du païs; lesquels estans en corps composoient la Cour appelleé *Maiour*, ou Pleniere; où les grandes affaires, qui regardoient l'interest general du païs estoient arrestées & resoluës; & où la decision des causes particulieres se faisoit souuerainement par le Seigneur auec les Euesques & Vassaux, ou par ceux d'entr'eux que les parties élisoient, qui sont appellés les *Iurats de la Cour*, dans le For de Morlas, & dans les anciens tiltres Latins, *Coniuratores, & legitimi proceres*. L'origine de cette Cour doit estre prise des loix Romaines du Code Theodosien, suiuant lesquelles les Gouuerneurs assembloient les principaux de la Prouince, pour faire les reglemens necessaires; ce que les Romains appellent *Agere Fora, & Conuentus*; & en ces assemblées rendoient iustice auec le conseil de leurs Assesseurs. Mais plus particulierement on aprend par l'Edict d'Alaric Roi des Vuisigoths, confirmatif de ce Code, que la publication en fut arrestée auec l'auis des Euesques, & des principaux Deputés du Roiaume; Comme aussi les loix Vuisigotthiques furent ordonnées depuis pour l'Espagne, par le Roi Recesuinte, auec l'auis des Euesques & des *Senieurs* de son Palais: Et les grandes causes furent iugées, & les reglemens ordonnés en la premiere & en la seconde race de nos Rois, auec l'auis des Euesques, & des premiers Vassaux du Royaume, ainsi que les curieux ont soigneusement obserué, & entr'autres le sieur Bignon, tres-sçauant & tres-digne Aduocat du Roi en ses Notes sur Marculfe. Et partant il ne faut pas trouuer estrange, si le Seigneur de Bearn estoit obligé par le premier article du For General, & par vne clause expresse de son serment, de suiure au gouuernement de sa terre les auis de sa Cour, c'est à dire des Euesques, Abbés, & Vassaux de sa seigneurie, puis qu'il auoit l'exemple des Rois de France, & encore de ceux de Nauarre, & d'Aragon ses voisins, obligés au conseil de leurs Ricombres; & generalement de tous les Princes de l'Europe, qui mesnageoient leur autorité auec vn tel temperament, que tous les iugemens estoient deliberés auec les Ecclesiastiques, & les Vassaux: C'est pourquoi Raimond Berenger Marquis de Barcelone a bonne grace, lors qu'il dit au Chapitre soixante & dix de les vsages, de l'an 1060. que le iugement rendu par la Cour, ou par le Iuge de la Cour qui aura esté choisi, doit estre receu & embrassé d'vn chascun, dautant, adiouste-il, *que celui qui refuse d'acquiescer à ce iugement blasme la Cour, & celui qui blasme la Cour, condamne le Prince, & doit estre seuerement chastié, auec toute sa race. Car celui-là est bien esgaré de sens*, poursuit-il, *qui veut s'opposer à la sagesse, & à la science de la Cour, où assistent le Prince, les Euesques, & Abbés, les Comtes, Vicomtes, & Valuaseurs, auec les Philosophes, les sages, & les Iuges.*

III. Dans cette Cour generale de Bearn, estoient iugées les appellations des Cours subalternes, & les matieres qui regardoient la liberté, l'estat & la condition des personnes, & la realité des choses, *Fonds de terre, & Cap d'homi*, cōme parle l'article 16. du For General. Ce qui se praitquoit à l'exemple de la iurisdiction des Comtes du tēps de Charlemagne; lesquels estans assistés du conseil des Euesques, & des Vassaux de leur departement, prenoient connoissance en leurs *Malles* ou Assises generales, des matieres d'importance, & particulierement de celles qui concernoient la *liberté*, & la *proprieté*, priuatiuement aux Vicaires, Centeniers, & autres Iuges inferieurs, suiuant l'ordonnance de Charlemagne au liure 4. des Capitulaires. Dautant que ces disputes touchant l'estat & la condition, liberté ou seruitude des personnes, leur franchise, Noblesse, ou subiection, & celles qui regardent la proprieté des heritages, rentes, censiues, & biens fonciers, sont les ples importantes pour l'establissement ou la ruine des familles. C'est pourquoi Hincmar Archeuesque de Reims

escriuant

Liure cinquiesme. 349

escriuant au Pape Hadrian lui dit, que l'on doit combatre iusqu'à la mort, pour la liberté & l'Heredité; Et les Saxons voulans s'obliger à la plus rigoureuse peine, en cas qu'ils abandonnassent le Christianisme, se soufmettent à perdre leur Ingenuité, & leur Aleu ou heredité, chés Regino, & Ado.

IV. Hors ces deux matieres, la Cour des Iurats de Morlas, iugeoit en dernier ressort au nom du Vicomte, les causes & differends de ceux qui estoient domiciliés dans les lieux iouïssans du benefice du For de Morlas, sans qu'il y eust moyen d'appeller, ni éuoquer l'instance ailleurs, comme il est expressément ordonné en l'article 22. de ce For. Neantmoins il y a vn seul cas, auquel la sentence de la Cour de Morlas est subiecte à l'appel; sçauoir lors qu'vn estranger est demandeur contre vne personne domiciliée au For de Morlas. Car en ce cas l'appel est receu, & l'instance est terminée en dernier ressort par les Iurats de la Cour, ou par la Cour du Seigneur, suiuant les diuerses leçons des plus vieux & des plus corrects exemplaires, en l'article onzieme de ce For. De sorte que ioignant ces deux articles onziesme, & vingt-deuxiesme, on voit manifestement que les Seigneurs administroient la iustice dans leurs terres en dernier ressort, sans qu'il y eust aucun tribunal superieur, où les plaignans eussent leur recours. Cette souueraineté de la Cour de Bearn, est confirmée en termes exprés, par l'acte de l'establissement des Douze Iurats ou Barons, fait en l'année 1250. par Guillaume de Moncade Seigneur de Bearn, & toute sa Cour, qui consentit que ce droit de iuger souuerainement, lequel apartenoit à la Cour, ou à ceux de ce corps que les parties élisoient, fut acquis à douze familes & à leur race, auec pouuoir de iuger les causes, sans appel de leurs iugemens, ainsi qu'il est iustifié en son lieu, par les propres termes de cét acte.

V. Il y a encore deux articles dans le For General, sçauoir le cinquiesme, & l'onziesme, sur lesquels l'ancien Glossateur appuye fort à propos la souueraineté des iugemens de la Cour de Bearn; dautant que par le cinquiesme, il est ordonné, que si le Seigneur est offensé ou reçoit tort d'vn *Cauer*, c'est à dire Cheualier, ou de quelque autre de ses sujets, il ne peut lui mesfaire, s'il se soufmet au iugement de sa Cour; & par l'onziesme il est declaré que toute la Cour doit defendre le sujet, si le Seigneur lui fait aucun preiudice: Surquoi l'ancien Glossateur fait cette reflexion, que le peuple auroit eu son recours inutilement ailleurs, pour faire sa plainte des actions violentes de son Prince, ayant deuers soi le remede, non pas par la voye des armes, mais par l'intercession de toute la Cour, c'est à dire des Euesques, Abbés, Vassaux, & Iurats des communautés, qui pouuoient obtenir aisément, que l'oppressé fut remis en son bien, ou reparé en son honneur; & en cas que le Seigneur refusast d'acquiescer au iugement & aux remontrances de sa Cour, les sujets pouuoient aussi pour lors sans crainte de l'amende, refuser de lui payer les deuoirs iusqu'à ce que le plaignant fut indemnisé. A ce sens se raportent les clauses du serment du Vicomte, enoncé au premier article du For general, sçauoir qu'il iugera auec sa Cour les causes de ses sujets, & acquiescera à son iugement; & la clause du serment de ses sujets, qui lui iurent respectiuement leur obeissance, & de le reconnoistre pour leur Seigneur au iugement de la Cour. La fumée de cét ancien vsage reste encore dans l'esprit du peuple, qui se persuade tres mal à propos, que les Estats ne sont pas obligés de faire au Roi leur donation gratuite, que les griefs qu'ils apellent, c'est à dire les infractions & violations, des priuileges ne leur ayent esté reparées. Car ces procedures qui estoient conueunës, & tolerées en la naissance de la seigneurie doiuent estre retranchées, lors que l'autorité du Prince est bien confirmée, afin d'éuiter les reuoltes qui peuuent naistre facilement de cét abus, par l'immodestie des peuples & l'ambition des personnes puissantes en l'estat. C'est aussi pour couper la racine aux seditions, qu'vne semblable practique a esté iustement abolie dans le Roiaume,

Gg

encore qu'elle y fuſt tolerée du temps de la foibleſſe du Roi Charles le Chauue, ainſi qu'il apert par ſes Capitulaires de l'an 856. où ſes ſujets obeïſſans remonſtrent aux ſujets rebelles, que les Eueſques & Abbés eſtoient tellement vnis & liguées auec les Laïques par la permiſſion du Roi, que perſonne n'abandonnoit point ſon pair, en ſorte que le Roi encore qu'il le vouluſt, ne pouuoit faire preiudice à perſonne contre ſa loi, & la raiſon. Les Bearnois ſont bien éloignés de ces craintes d'oppreſſion, & de violation de leurs priuileges, puis qu'ils ont à garend le ſerment du Roi Tres-victorieux Loüis le Iuſte, qui a fait reſſentir à cête Prouince les effets de ſa bonté, & de ſa iuſtice, ayant reuoqué par deux Arreſts ſolennels de ſon Conſeil des années 1634. & 36. trois Edits qui auoient eſté expediés par ſurpriſe contre les libertés & exemptions de ſubſides, acquiſes naturellement à ce païs, & confirmées par les letres, & ſermens de tous les Princes.

VI. Or cette ſouueraineté des iugemens de la Cour de Bearn eſt tellement certaine, qu'il n'y a point d'exemple qu'vne ſeule cauſe de Bearn ait eſté iugée hors le païs. Ie ſçai bien que l'on oppoſe à cela, la practique du Parlement de Toloſe, qui met le Seneſchal de Bearn ſur le tableau des Seneſchaux de ſon reſſort. Mais outre que leur action ne peut pas nuire aux priuileges du païs, on ſçait l'origine de cette pretention, qui eſt de l'an 1512. Car en ce temps le Baron de Coaraſe pourſuiui par le Seneſchal à raiſon d'vn crime de leze-Majeſté, ſe rendit appellant au Parlement de Toloſe, qui ſur le refus que firent le Roi Iean & la Reine Catherine de Nauarre, de reconnoiſtre la iuriſdiction de cette Cour, declara la terre de Bearn confiſquée au Roi, pour raiſon de cette pretenduë felonie. Mais ces Princes ayant fait plainte d'vne telle entrepriſe au Roi Loüis Douzieſme, il nomma Poncher Eueſque de Paris, ſon garde des Seaux & vn autre notable perſonnage pour ſes arbitres; leſquels en compagnie de Pierre de Biaixs, & d'Eſtienne d'Albret Baron de Miucens arbitres nommés par le Roi de Nauarre, baillerent leur ſentence arbitrale en la ville d'Amboiſe qui caſſa l'Arreſt du Parlement de Toloſe, comme donné par Iuges incompetens, reſeruant au Roi de France de ſe pouruoir par deuant Iuges competents s'il pretendoit audit païs ſoit en proprieté, ou en ſouueraineté. On pretend encore iuſtifier le droit d'appel, par le vieux ſtyle du Parlement, qui porte que ſur l'appellation du Maire & des Iurats du *Mont de Marſan en Bearn*, il fut prononcé, bien iugé. Mais le compilateur s'eſt manifeſtement ſurpris, en ce qu'il preſupoſe, que la ville du Mont de Marſan, ſoit en Bearn, attendu qu'elle eſt la capitale du Vicomté de Marſan; qui apartenoit bien en proprieté aux Seigneurs de Bearn, mais ne dependoit pas de la Seigneurie, comme il eſt notoire, & que le vingt-cinquieſme article du For de Morlas en fait foi; & a touſiours releué du Duché de Gaſcogne.

VII. L'autre acte ſemble bien plus precis, s'il eſtoit produit en bonne & deuë forme, puis qu'il contient le iugement rendu par le Parlemét de Paris, ſur les appels reſpectifs du Seigneur de Bearn, & de Guicharnaud de Nauailles ſon Baron. Mais outre que cette piece a eſté fournie par vne main ſuſpecte, qui eſtoit Gaſton Baron de Coaraſe appellant de la ſaiſie de ſes biens, ordonnée par le Seneſchal de Bearn, pour auoir voulu entreprendre contre la perſonne de la Reine de Nauarre Catherine, & qui pour faire receuoir ſon appel en France contre l'ancien vſage, & obtenir letres de la Chancelerie, employoit tous les moyens dont il ſe pouuoit aduiſer: Encore eſt-il conſiderable, que l'on n'a ni l'original de cét acte, ni l'extrait en forme, mais ſeulement vn memoire dreſſé à l'appetit du Copiſte, qui ne peut faire foi en iugement. Tant y á que pour traiter coûrtoiſemét ceux qui s'en ſeruent, ie me departirai en leur faueur de ces reproches quoi que pertinents, & ſuis content d'examiner cét acte en l'eſtat qu'on le trouue dans les memoires de feu Monſieur le Chancelier de l'Hoſpital *que i'ai tourné en François*. Le 7. *May* 1317. *il y eut arreſt du Parlement pour Gaſſarnaud*

Baron de Nauailles au Vicomté de Bearn, contre Gaſton de Foix Vicomte, & Marguerite ſa mere, par lequel ce Baron fut remis en ſa Baronie, & le Vicomté de Bearn mis ſous la main du Roi. Cét Arreſt fut executé par le Seneſchal de Toloſe; duquel le Vicomte ayant appellé à la Cour de Parlement, les parties oüies il fut dit par autre arreſt du ſeptieſme Septembre qu'il auoit eſté bien executé. Deſquels Arreſts & procés verbaux on a veu vne letre de Vidimus en parchemin ſignée de deux Notaires Roiaux en forme authentique entre les mains de Gaſton de Foix, Seigneur de Coaraſe, fils du Comte de Carmail prés de Toloſe, qui eſtoit venu en cette ville de Paris aux mois de Iuin Iuillet & Aouſt, pour obtenir letres en cas d'appel contre les Seigneurs Iean de Lebret, & Caterine de Foix ſoi diſans Roi & Reine de Nauarre, & Vicomtes de Bearn, à cauſe qu'ils auoient fait bruſler ſon Chaſteau de Coaraſe, & banni le meſme Gaſton dudit païs de Bearn, dont il auoit appellé à la Cour de Parlement.

VIII. Voilà des termes bien puiſſans, & qui d'abord ſemblent perimer la queſtion, mais qui reçoiuent pourtant leur interpretation, du fait qui donna le ſujet à cette contention, & porta les affaires en termes de guerre, & non de iuriſdiction ordinaire. Car Guixarnaud Baron de Nauailles poſſedoit en Chaloſſe la Baronie de Caſtenau, mouuante d'autre Seigneur que celui de Bearn; dans le territoire de laquelle il ſaiſit vn troupeau de vaches à vn homme Bearnois nommé Guillem de Luyol, qui fit la plainte de cét excés à Gaſton Seigneur de Bearn: mais Nauailles demanda ſon renuoi par deuant les Officiers de France, ſous pretexte que l'excés auoit eſté commis dans leur reſſort. Les fins de non receuoir furent iugées ſolennellement par le Seigneur & ſa Cour Maiour, qui debouta le Baron de Nauailles de ſon renuoi, attendu que le demandeur & le defendeur eſtoient ſes ſujets; & que la cauſe eſtoit preocupée par deuant lui, au moyen de la plainéte de Luyol. Ce iugement a eſté conſerué dans la compilation des couſtumes eſcrites à la main en ces termes: *Audidas las arraſons de Guillem de Luyol domandant al Seignor Nauailles baques, qu'eu ſe abe preſes & torudes au Caſtelgnau, & deu Seignor de Nauailles diſent, que lo loc de Caſtelnau, on las baques eren torudes ſegon que ere dit, thied'autre Seignor, & que no ere tiencut de reſponer en ma deu Seignor de Bearn. Iudea lo Seignor & la Corì Mayor, que puix que lo domandador & lo defenedor ſon ſoſm s al Seignor de Bearn, que onques aye dat damnage, puix qu'aſſ es clamant, en maa dequeſt Seignor deu reſponer.*

IX. Le Baron de Nauailles au lieu d'acquieſcer à ce iugement, forma vn conflict de iuriſdiction, & ſe pourueut par deuant le Roi de France ſouuerain du Duché de Guyenne, afin d'empeſcher par crainte de l'autorité Royale, que le Seigneur de Bearn ne paſſaſt outre à faire iuſtice à l'oppreſſé. Neantmoins nonobſtant cette procedure apres auoir obſerué toutes les formalités requiſes, veu la contumace de Guixarnaud ſon Baron, il ordonne la ſaiſie de ſon Chaſteau & Baronie de Nauailles, ſuiuant le cinquieſme article du For General; dont Guixarnaud porte ſa plainte au Roi Philippe le Long. Ce Prince ne pouuant ſouffrir, qu'au preiudice de ſa iuriſdiction, & de l'inſtance pendante en ſon Parlement pour vn crime commis dans le Roiaume, Nauailles fut trauaillé, & encore deſſaiſi de ſon bien, apres auoir exhorté le Seigneur de Bearn de ſe deſiſter de la connoiſſance de cette affaire, ordonna ſur ſon refus par l'Arreſt du ſeptieſme de May mille trois cens dix-ſept, que la terre de Bearn ſeroit ſaiſie, iuſqu'à ce que Nauailles euſt eſté remis en la poſſeſſion de ſa Baronie. Ce qui fut executé à main armée par le Seneſchal de Toloſe. Gaſton ne pouuant reſiſter par les armes, fut obligé de former ſes oppoſitions pour faire valoir le iugement de ſa Cour maiour, mais le Parlement ſe roidit à ſon premier Arreſt, de ſorte qu'en ce conflict de iuriſdiction le plus foible fut contraint de ceder au plus fort, & Luyol obligé de faire ſa pourſuite en France contre le Baron de Nauailles, qui fut remis en la poſſeſſion de ſes biens. La narration de ce qui s'est passé en cette dispute, ne verifie autre chose au preiudice des Seigneurs de Bearn, sinon que Gaston a esté plus foible que les Rois de France, qui l'ont sceu arrester, lors qu'il a voulu troubler la iurisdiction Royale, & attirer à soy la connoissance qui apartenoit aux Officiers de France, aussi bien qu'à ceux de Bearn. De maniere que ces deux actes pretendus ne peuuent oster au Seigneur de Bearn, ni mesmes interrompre la possession de cinq cens ans & plus, en laquelle il s'est conserué, de iuger en dernier ressort les causes & differends de ses suiets & vassaux.

X. Pour le droit de batre monoye, i'ai desia fait voir au ch. xvi. du liure iv. que les Princes de Bearn en iouïssoient paisiblement, il y a six cens ans, sans qu'il aparoisse, qu'aucun Roi leur ait octroyé permission pour ce faire, & les articles 14. & 15. du For de Morlas font voir, que la monoye de Morlas apartenoit au Seigneur de Bearn auec vn tel auantage, que tous ceux qui auoient de l'argent estranger, estoient obligés d'en faire le change auec le maistre de sa monoye, iusques là que le transport hors le Bearn y est defendu sous peine de confiscation. Ce qui ne pouuoit estre ordonné au preiudice des Royaumes voisins, de France & d'Espagne, si la terre de Bearn n'eut esté vn païs separé, & non dependant de ces couronnes, pour ce qui regarde son administration.

XI. Quant au droit de guerre, les Seigneurs le possedoient tout entier, suiuant les reglemens contenus en l'article dixiesme du For General, & au vingt-cinquiesme du For de Morlas. Car il est ordonné dans le dixiesme, que tous les Cauers ou Cheualiers & autres suiets doiuent secourir le Seigneur auec armes, contre les ennemis qui sont proches de sa terre, horsmis en cas qu'ils veüillent se soubsmetre au iugement de leur propre Cour, & de celle du Seigneur de Bearn. De maniere qu'auant que de prendre les armes, il faloit que les voisins eussent esté declarés ennemis, par l'auis de la Cour de Bearn, comme à fort bien obserué l'ancien Glossateur. C'est pourquoi l'on trouue que les armemens de cét absolu & redouté Prince Gaston Phœbus se faisoient auec le Conseil des Quatre Estats du païs, comme l'on voit dans vn ancien formulaire de letres d'Estat conceu en ces termes : *Cum deu mandament deu senhor, & Conselh deus quatre Estats de Bearn, certanes Gens d'armes, & seruientailhe age à d'anar en la frontera, & autres parts quant be sonh sera, a la defensa, estat, & honor deudit senhor, & deu Païs.* Mais la guerre estant declarée legitimement, les Seigneurs auoient le droit de contrainte sur leurs suiets, qui estoient tenus de fournir vn certain nombre de soldats, à la charge qu'il en restast suffisamment pour la garde du lieu : Ce qui est conforme aux lois Vuisigotthiques, & aux Capitulaires. Neantmoins ces deuoirs sont reglés pour le regard des païs, où l'on est tenu d'aller faire la guerre, & pour les iournées que l'on est obligé d'y vacquer. Car suiuant l'article 25. du For de Morlas, les Bearnois ne sont obligés de porter leurs armes par contrainte, qu'aux Prouinces voisines y denommées, sçauoir Bigorre Amagnac, Marsan, l'honeur d'Acqs, & Soule ; Ce qui est encore limité à trois fois l'annee, à raison de neuf iours pour chasque seruice, à la charge que le Seigneur leur fournira le pain, & leur baillera vn de ses Barons pour chef, que le For explique par le terme de *Capdet*, qui respond à *Capitaneus* dans les Feudes, ou à *Capitalis* dans Orderic. Ce priuilege est confirmé en la nouuelle Coustume, qui substituë Chalosse, à l'honneur d'Acqs. Il ne faut pas trouuer estrange, si le droict de contraindre *à faire l'host*, se trouue limité en faueur des subiets de Bearn ; puis que les Rois de France restraignoient leur contraincte & leur Host à trois mois, le peuple demeurant chargé de fournir les viures pour ce temps. Il est vrai que le terme n'estoit pas conté à ces François, que depuis la marche ou frontiere d'vn chascun : en telle sorte que ceux qui habitoient priés du Rhin prenoiét leur marche à la riuiere de Loire, & allans vers la Saxonie a la riuiere d'Elbe:

& ceux d'aupres de Loire allans en Espagne ne prenoient leur marche qu'aux monts Pyrenées, comme l'on void dans les Capitulaires. La limitation donc, & la restriction du temps pour le seruice necessaire, n'arguë pas le defaut de pouuoir au Seigneur; mais ce racourcissement du temps du seruice, monstre que l'immunité des Bearnois estoit plus grande, que n'estoit celle des anciens François; attendu mesmes qu'ils ne pouuoient estre contraincts d'aller auec armes en Espagne: comme il est ordonné par cét article du For. Et neantmoins cette exemption n'a pas empesché, que les armes des Seigneurs de Bearn n'ayent auancé la frontiere du Christianisme dans l'Espagne, combatant vaillamment contre les Sarasins, & que leurs sujets n'ayent fait voir, que les priuileges ne leur seruent pas d'vn pretexte de lascheté, mais d'vn tiltre nouueau de gloire, combatans hors le païs en qualité de volontaires sous les banieres de leur Prince, aussi vigoureusement, que s'ils y eussent esté obligés par necessité.

XII. Il resteroit pour contenter la curiosité du Lecteur, de traiter si la seigneurie de Bearn estant souueraine, & independante en son administration, le Prince releuoit de quelque Superieur à raison de cette terre. Mais ie reserue cette question pour vn autre lieu plus commode. Neantmoins ie dirai par auance, qu'il y a deux sortes de souueraineté, dont l'vne est pure & absoluë, qui ne releue de personne, comme celle de la Couronne de France; L'autre est vne souueraineté modifiée, comme celle du Roiaume de Naples, & de Boheme, dont les Rois excercent dans leurs Estats vne autorité independante de toute autre puissance estrangere, & neantmoins sont obligés de faire hommage, l'vn au saint Siege, & l'autre à l'Empire. Qui est vne condition semblable à celle des anciens Rois, & Tetrarches de l'Orient, qui reconnoissoient courtoisement l'autorité, & la majesté de l'Empire, comme parlent les loix, & faisoient serment de fidelité aux Empereurs, comme fit le grand Herode à l'Empereur Auguste chés Iosephe; & neantmoins ils ne dependoient aucunement en l'administration & gouuernement de leurs estats, des loix ni des commandemens des Empereurs. Si les anciens Princes de Bearn ont releué leur terre de personne, il faut par necessité que l'hommage ait esté restraint à quelque seruice auec armes, & que le dernier ressort & l'independance du gouuernement de leur terre, qu'ils possedoient effectiuement, n'ait point esté blessée; & partant que leur souueraineté ait esté de la seconde espece, semblable à celle des Rois, dont ie viens de parler.

XIII. Il est bien certain, que l'on verra en la suite de ce discours, que les Rois d'Espagne ont exigé des hommages de la Vicomtesse Marie, & de Gaston son fils; & que les Ducs de Guienne ont eu des pretentions pour ce sujet, contre Guillaume, & Gaston de Moncade. Mais comme le recit de cette matiere fait vne partie de leur histoire, ie reserue de l'expliquer en son lieu. Ceci est bien constant, que le Comte Gaston Phœbus enuiron l'an 1360. refusa l'hommage au Prince de Gales, & au Roi de France, disant qu'il ne tenoit la terre que de Dieu, & de son espée, suiuant le témoignage de Froissart; que du temps du Comte Matthieu son successeur en l'an 1390. le Conseil de France prononça sur la succession de Foix, & reserua la connoissance de celle de Bearn aux Estats du païs, dautant qu'il estoit hors le Royaume; Que l'an 1490. le Comte Archambaut fut receu à l'hommage de Foix, & des autres terres situées en France, par le Roi Charles VI. auec clause de reserue expresse, & vn *sauf pour la terre de Bearn*; que la Pragmatique sanction ne fut point receuë en Bearn; & que les Ambassadeurs des Comtes de Foix Seigneurs de Bearn, tenoient rang parmi ceux des Princes Souuerains en Auignon, & à Rome; Que le Roi Louïs Onziesme venant en pelerinage à nostre Dame de Sarrance dans les montagnes

Gg iij

d'Aspe en Bearn, entrant dans le païs fit baisser son espée, que l'on portoit haute deuant lui, & ne voulut point que l'on seelast aucune lettre tandis qu'il y fit seiour, disant qu'il estoit hors de son Royaume; Que le Roi Charles VIII. reserua par Arrest de son Conseil, le iugement de la succession de Foix à son Parlement de Paris: mais pour le regard du Bearn, dautant qu'il estoit hors le Royaume, il ordonna aux parties, qui estoient la Reine Caterine, & Iean Vicomte de Narbone, de subir le iugement des Estats du païs, qu'il promit de faire executer auec armes, s'il estoit besoin. D'où l'on peut recueillir, que les Princes de Bearn possedoient la soueraineté absoluë de leur terre, auec le sceu & le consentement exprés des Rois de France, auant l'inuasion du Royaume de Nauarre, laquelle on estime communément & auec beaucoup de surprise, auoir donné occasion aux Rois de France de tolerer cette souueraineté, pour appaiser en quelque façon la douleur de la perte d'vn Royaume arriuée pour le seruice de la Couronne de France.

XIV. Il ne sera pas hors de propos de considerer en ce lieu, qu'elle estoit l'estenduë du païs de Bearn, ainsi qu'on peut la recueillir de l'article XVII. du For General. Cét article attribuë au Seigneur la sauuegarde speciale des trois principaux chemins, qui commencent aux frontieres de Bearn d'vn costé, & finissent en l'autre; & ordonne LXVI. sols d'amende au profit du Seigneur, contre celui qui enuahiroit l'vn de ces chemins. C'est pourquoi il importe de les representer, afin que de là nous puissions estre instruits, qu'elle estoit en ce temps, l'estenduë de la Seigneurie de Bearn. L'vn des chemins commence au pont de *la Faderne*, & finit au *Saranh*. Ce pont de la Faderne est en la terre & Vicomté de Saut de Nauailles, qui estoit anciennement de la Seigneurie & de l'hommage de Bearn. D'où vient que Guillem Raimond de Saut se trouue à la suite de Gaston, en l'acte de la Dedicace de l'Eglise de S. Pé, de l'an 1096. & que ces Vicomtes estoient tenus de rendre quelque seruice personel au Seigneur de Bearn, lorsqu'il tenoit sa Cour maiour à Pau, ainsi que remarque nostre ancien glossateur: qui adiouste, que le Saranh, & la montagne qui est au delà, nommée Aolharbar, iusqu'au bas de la descente sont en la terre de Bearn. Ce qui n'est pas maintenant en cét estat. Car Saut est distrait de la seigneurie, & appartient à la Chalosse, quoi qu'il soit sous l'Euesché de Lescar; & le Saranh apartient à la Soule. L'autre chemin commence au costau, ou bien à *la Podge de Larede*, ou de *Lauradge* ou *Laurede*, au dessus de l'Hospital de Luc en Montaneres, dit le Glossateur, iusqu'à *Somport*, qui est à la pointe des monts Pyrenées en la vallée d'Aspe, proche du Conuent de Saincte Christine. Il apert par là, que la portion du Vicomté de Montaner, qui est comprise auiourd'hui dans le Bearn, y estoit de mesme contenuë auant l'incorporation de la maison Vicomtale de Montaner auec celle de Bearn, dont il sera parlé ci-apres. Le troisiesme chemin commence à *Geires*, & aboutit à *Biusaillet*, qui est vn port des montagnes de la vallée d'Ossau. L'on aprend de cét article, que Geires, où est basti le monastere de S. Pé, estoit au temps de ce For, des apartenances du Vicomte de Bearn; & neantmoins il en fut distrait enuiron l'an 1080. par Centulle IV. ainsi que i'ai remarqué ci-dessus, en consideration du support que Ponce Euesque de Bigorre lui donna pour le mariage de la Comtesse Beatrix. De quoi les Euesques de Lascar formerent des plainctes aux Conciles Prouinciaux de Gascogne, & aux Generaux de Plaisance, & de Clement tenus par le Pape Vrbain Second, & en suite par deuant les Papes Paschal, Innocent, & Honorius: & partant on peut conclure de ce lieu l'antiquité de ce For General, qui precede cette distraction arriuée auant l'an mille quatre-vingts. Au reste on doit considerer en cét article, le soin particulier que nos predecesseurs prenoient de la *seureté des chemins principaux*, qui estoient commis à la protection & sauuegarde speciale

Liure cinquiefme. 355

du Seigneur, ordonnans vne peine plus rude contre ceux qui font tort aux paſſans, que les lois Saliques, ni Lombardes n'ont ordonné en ſemblable cas. Suiuant cette police, les chemins publics furent commis à la defenſe du Comte de Barcelone, par les vſages du païs, qui ordonnent que la paix & la treue y feront perpetuelement obſeruées, & que les peines des excés ſeront payées au double. Auſſi l'vn des preceptes que le Chanoine du Liege Leuold de Northof donnoit à Engelbert Comte de la March, eſtoit de conſeruer ſoigneuſement la liberté des chemins publics de ſa terre, & de chaſtier rudement ceux qui la violeroient.

I I. Edictum Alarici præfixum Cod. Theod. Hæc quæ excepta ſunt, vel clariori interpretatione compoſita venerabilium Epiſcoporum, vel electorum prouincialium noſtrorum roborauit aſſenſus.

I I. Lib.2.Wiſ.T.t.l. In throno ſerenitatis noſtræ celſitudine reſidente, videntibus cunctis ſacerdotibus Dei, ſenioribuſque palatij, atque Gardingis, earum legum manifeſtatio claruit. V. C. Bignonius in Notis ad l.1. Marcul. c. 25. Vſat. Barcin. c. 70. Iudicium datum in Curia, vel datum à iudice de Curia electo ab omnibus, ſit acceptum, & omni tempore ſecutum. Infrà: Qui iudicium Curiæ recuſat, curiam falſat, qui curiam falſat principem damnat, & qui principem vult damnare, penitus & damnatus ſit omni tempore iſte, & cuncta ſua progenies, quia demens eſt,& ſine ſenſu, qui ſapientiæ & ſcientiæ Curiæ vult reſiſtere, vel contraſtare, in qua ſunt Principes, Epiſcopi, vel Abbates, Comites, & Vicecomites, Comitores, & Valuaſſores, Philoſophi, & ſapientiores, atque iudices.

III. L.2.Capitul.Tit.9.L.4.cap. Appendice 2. Tit. 16. Hincm. ad Hadr. pro libertate & hereditate noſtra vſque ad mortem certare debemus. Reginô, & Ado.

IV. Art. XI. du For de Morlas : Si augun aue arenture de augun homi deſta biele, Iuggin aquet pleyt los Iurats deſta biele, & ſi an ſenhor, ni a las partides plats, deu baler ſo que indiat ſera, & ſi per auenture an ſenhor, ou à dangune de las partides no plaſe, deu indiament ſe pot lo ſenhor o la partide aperar, aux Iurats de la Cort.

Art. XXII. du meſme For : Nul homi deſta biele no deu far dret fore las portes per nulh claus que lom aye de lui.

I V. Acte de l'eſtabliſſement des Barons : Et de quien fore que no y agoſſe à peu, à nulle ſenhorie.

V. Capit. Caroli Calui an. 856. ſic ſumus omnes per illius voluntatem & conſenſum confirmati, Epiſcopi atque Abbates cum Laïcis, & laïci cum viris Eccleſiaſticis, vt nullus ſuum Parem dimittat, vt contra legem ſuam, & rectam rationem & iuſtum iudicium, etiamſi voluerit quod abſit Rex noſter alicui facere non poſſit.

X I. L. 9. wiſ. T. 2. l. 9. Lib. 3. Cap. T. 68. & T. 74.

CHAPITRE IV.

Sommaire.

I. Gaſton liberal en faueur des Egliſes. Confirme les immunités du Monaſtere de Sainct Pé auec Bernard Comte d'Armagnac. Lui fait quelques dons. Engagement en vſage. Gaſton condamne vn Paiſan de Baudreux à payer les deuoirs au Monaſtere, & iuge ſans appel auec ſa Cour. L'Abbé rend à Gaſton treize vaſes d'argent que ſon pere Centulle auoit donnés au Conuent. II. Odo Abbé de Sainct Pé,& Eueſque d'Oloron. Aſſemblée des Prelats & Seigneurs de Gaſcogne pour la Dedicace de l'Egliſe de Sainct Pé. Qui confirment les immunités de ce Conuent. Denombrement des perſonnes qui aſſiſtoient à l'aſſemblée.

I. Pres auoir eſtabli l'antiquité des Fors de Bearn, & repreſenté comme l'idée & le plan de l'ancien gouuernement de cette terre, il faut nous remettre dans le train de la vie de Gaſton, tout autant que les fragmens des vieux tiltres pourront nous donner du ſecours pour cela. Ie trouue donc que ſuiuant l'vſage de ſes predeceſſeurs, il ſe rend d'abord tres-indulgent & liberal en faueur des Egliſes ; ayant accordé, apres le decés de ſon pere Centulle, à la priere de l'Abbé de Sainct Pé Odon, tout ce qu'il voulut lui demander, ainſi que parle la Charte. Il iura la franchiſe du

Gg iiij

Monaſtere auec tous les Gentilshommes de ſa terre, & Bernard Comte d'Armagnac, eſtant au lieu de Caſtet en Bearn; où il fit auſſi vn don à ce Monaſtere, d'vn Caſal ou maiſon ſituée à Caſtet, qu'il auoit receuë libre & deſchargée de tout deuoir; par la liberalité d'vne ſienne tante nommée *Regina*, femme de Raimond de Baler: & leur donna encore trois païſans domiciliés ailleurs, que Centulle ſon pere auoit pris en engagement pour cent cinquante ſols Morlas, de Ramond Arnaud de Cucuror, auec pouuoir de les retenir & iouïr de la rente, iuſqu'à ce que le debiteur ou ſes heritiers euſſent rembourſé la ſomme, de la meilleure monoye de Gaſcogne; Ce qui monſtre qu'en ce temps, on ne penſoit pas que le contract antichriſtique fuſt vſuraire. Il leur rendit en outre vn païſan du lieu de Lagos, qui leur auoit eſté donné auparauant par ſon Biſayeul Centulle Gaſton, mais dont le monaſtere auoit eſté deſpoüillé par ſon Pere Centulle. Il leur ceda auſſi toutes les pretentions, qu'il pouuoit auoir ſur le lieu de Baudreix; & condamna vn païſan de ce village en dernier reſſort & *ſans appel*, comme l'acte le dit formelement, auec l'auis, & le conſeil des principaux du païs, à payer vn certain deuoir à l'Abbé, & à donner les aſſeurances pour la continuation à l'auenir: ou le Lecteur peut remarquer en paſſant, comme l'obſeruation qui a eſté faite au precedent chapitre, de l'ordre des Iugemens de Bearn eſt veritable, ſçauoir que le Seigneur iugeoit ſouuerainement les differents des ſuiets auec ſa Cour, c'eſt à dire auec tous ſes Vaſſaux, ou ceux d'entr'eux qui auoient eſté choiſis par la Cour, ou bien par les parties; nomméement lors qu'il eſtoit queſtion de la proprieté, heritage, & droits perpetuels, ou de Fonds de terre, comme l'on parloit. L'Abbé Odon de ſa part teſmoigna auſſi de la courtoiſie à l'endroit de Gaſton, en ce que pour reſpondre en quelque ſorte à ces biens-faits, il lui remit en main treize vaſes d'argent, & deux Forſes pour ſeruir à ſes vſages, que ſon Pere Centulle auoit données à ce Conuent.

II. Quelques années apres en l'an mille nonante & ſix, à la priere de cét Odo, qui eſtoit Abbé de S. Pé, & Eueſque d'Oloron, il y eut vne belle & notable aſſemblée des Prelats, & Seigneurs de Gaſcogne, pour la Dedicace de l'Egliſe de ce monaſtere, à l'honneur des Apoſtres S. Pierre & S. Paul: qui confirmerent auec leurs ſermens, les franchiſes, & les immunités, que Sance Duc de Gaſcogne & fondateur lui auoit accordées, & dont le cours du temps auoit preſque aboli la memoire, s'eſtant eſcoulés plus de ſoixante ans depuis la fondation. Les Prelats eſtoient Guillaume Archeueſque d'Aux, Bernard Eueſque de Bigorre, Sance Eueſque de Laſcar, Odon Eueſque d'Oloron & Abbé, Bernard Eueſque d'Acqs, auec les Seigneurs qui s'enſuiuent. Beatrix Comteſſe de Bigorre, Gaſton Vicomte de Bearn, Aſtanoua Comte de Fezenſac, Auger Vicomte de Miramont & ſes enfans. Bernard de Caſtelbaiac, Bernard de Benac, Pierre de Iulhan & ſes freres, Garſias Donati d'Orbeac & ſes freres, Pierre de Vidoſe, Odo de Auriaual. Ramond de Oſſu. Comes bonus & ſes freres. Bernard Guillem de Cera. Guillem Bernard de S. Paſtour. Oddo de Baregge. R. Guillem de Aſereix, Odo ſon frere Odo de Caſtellon & Eſpaniol. B. d'Eſpœi & ſon frere. R. de Domi. Arnaud R. d'Eſpœi. Gm. R. d'Eſpœi, Oliuer de Auriac, Cognard, Auſtored, Oliuer de Arborcaue, Rodlan ſon frere, Guillaume Garſie de Miucens, Anelub d'Andonhs. Ramond Garſie de Gauaſto. Guillaume R. de Saut. Ramond Ezij de Balier. Ramond Auriol de Laruns. Ramond Arnaud de Buſi. B. Gm. de Scot, Guillaume Arnaud de Caſtet, Arn. Anerij de Montaner, & ſes enfans. Ramond de Lauedan, Arnaud & Br. de Finis, B. Ramon de Sparros & ſes enfans, Sance Garſia de Alca. Parmi cette nobleſſe on y remarque vingt gentils-hommes Bearnois.

I. Chartatium S. Petri Gen. Post obitum Centulli Comitis Bigorrensis, & Proconsulis Bearnensis volens eiusdem C. filius Guasto XIII. vasa argentea, & duas forcipes quæ B. Petro prædictus suus pater contulerat suis vsibus applicare, quodcunque venerabilis Odo Abbas, ab eo expetiuit perficere non dubitauit ; & iurauit saluitatem in Castello, cum omnibus sui Vicecomitatus optimatibus, Comite Armaniacensi Bernardo, & quemdam Casalem à quadam amita sua quæ *Regina* vocabatur liberum in eodem Castello accipiens, B. P. tribuit. Ibidem: Cum iuxta morem censum ab eis expeteret per longum tempus non potuit ab eis extorquere, quousque Consilio Procerum terræ ipsius, eos coegit Gasto vt quod negauerant *absque vlla reclamationis voce*, fide & sacramento, & fideiussoribus firmarent. Census autem est hic. Semel Recipere Abbatem in anno, & 6. solidos in tertio anno, & ire in Carrale.

II. Ex eodem Chartario : Anno ab Incarnatione Domini M. XXVI. (Legendum M. XCVI.) Indict. Epacta XXII. II. Idus Octobris, præsidente Romanæ Ecclesiæ Vrbano II. Papa, incitante Odone II. tertio Abbate Generensi, conuenerunt ad idem monasterium Guillermus Ausciorum Archiepiscopus, atque prædictus Odo Abbas simulque Episcopus Olorensis. Bernardus Præsul Bigortensis, Sancius Lascurrensis, Bernardus etiam Episcopus Aquensis. Et dedicauerunt Ecclesiam in honore Apostolorum Petri & Pauli. Ipsique simul monentibus & præcipientibus accesserunt totius Vasconiæ, tam principes, quam populi, & renouauerunt saluitatem B. Petri, quæ nuper à Sancio Comite eiusdem loci constructore firmata, pene obliuioni tradita fuerat. In primis accessit ad iurandum Beatrix Comitissa Bigorrensis, Gasto Vicecomes Bearnensis iurauit, Astanoua Comes Fiduacensis, Augerius Vicecomes Mitimontis & filij eius, &c.

CHAPITRE V.

Sommaire.

I. De la maison Vicomtale de Montaner. Estenduë de Vicomté. II. Dat Vicomte de Montaner. Otto Dat son fils fonda le Monastere de la Reole en Bigorre, l'an 970. Le dota de plusieurs rentes en Riuiere Basse, à Pontac, & Momi en Bearn. III. Guillaume Vicomte fils d'Oto. Son frere Sance, & sa sœur Garsende. Gregoire Abbé de la Reole cousin germain du Vicomte Guillaume, & de Gregoire Abbé de Sainct Seuer. Guillaume residoit au Chasteau de Montaner. IV. Garsias Dato frere du Vicomte Otto Dato. Espouse Endregot, sœur de la mere de Gregoire Abbé de Sainct Seuer. Ses enfans. V. Bernard succede à Guillaume son pere. Odo à Bernard. Cét Odo estoit du temps du Comte Centulle. Arnaud Aner Vicomte auec ses enfans, l'an 1096. Apres eux le Vicomté fut consolidé à la maison de Bearn. VI. Riuiere Basse qui estoit l'autre portion du Vicomté demeura sous la iurisdiction des Comtes de Bigorre.

I. Ayant remarqué dans la Charte de Sainct Pé parmi les autres Gentilshommes de Gascogne Arnaud Aner Vicomte de Montaner & ses enfans, ie suis obligé de dire vn mot de cette maison Vicomtale, d'autant plus que pendant la Seigneurie de nostre Gaston elle fut incorporée dans la maison de Bearn par succession ou autrement ; & que cette partie du Vicomté qui comprend les Parroisses qui sont dans le Bearn sujetes à l'Euesché de Tarbe, fait vne petite portion de la Seigneurie de Bearn ; les autres terres dependantes de ce Vicomté de Montaner, sçauoir le païs de Riuiere Basse, ayans esté distraites de la maison de Bearn dés l'an 1260. par Marthe fille de Gaston VII. qui porta cette terre & le Vicomté de Brullois en la maison de Geraud Comte d'Armagnac son mari.

II. Cette maison Vicomtale estoit considerable en son temps, tant à cause de l'estenduë du païs qu'elle possedoit, qu'à raison de son antiquité. Car on trouue que ces Vicomtes florissoient du temps de Louïs Comte de Bigorre, c'est à dire, enuiron l'an neuf cens soixante-dix; puis que suiuant les vieux tiltres de l'Abbaye de Sainct Sauin en Lauedan, le Comte Louïs succeda à Raimond Comte de Bigorre, qui viuoit l'année neuf cens quarante-huict. De fait Otto-dato Vicomte de Montaner fils de Dat le Vicomte, fonda dans la terre de son aleu au païs de Riuiere Basse, vn Monastere sous le nom de Sainct Orens, surnommé la Reole; qu'il dota de plusieurs rentes, dismes, & domaines, soit à Pontac & à Momi, qui sont situés dans la portion du Vicomté comprise en Bearn, soit en Riuiere Basse, & ce du temps de Louis Comte de Bigorre, & de Bernard Euesque, l'an DCCCC. LXX. comme porte la vieille Charte. Il fit tres-expresses defenses à ses enfans de troubler l'Abbé Mansion en la possession des rentes qu'il lui auoit assignées, & d'exiger aucun deuoir, ou de pretendre aucun droit de logement ou retraicte dans ce Monastere, leur enioignant expressément de le prendre sous leur protection, & de rendre iustice à ceux qui feroient aucune demande contre l'Abbé, sans exiger de lui aucune amende, ou salaire.

III. A Mansion succeda Sancion en l'Abbaye, viuant Otton le Vicomte. Et à Otton, succeda son fils Guillaume Otton en ce Vicomté; qui refusa d'executer le testament de son pere en deliurant au Monastere, le village de Laurede, qu'Otton leur auoit legué; au contraire il le bailla en partage à sa sœur Garsende, qui en iouït sa vie durant, & voulut qu'apres son decés il fust rendu au Conuent. Neantmoins ce Vicomte ne resta pas d'exercer ses liberalités à l'endroit de cette maison, ayant pour compagnon de sa pieté son frere Sance: quoi que la ialousie de son autorité le portast enfin à requerir de Abbé de la Reole Gregoire, son cousin germain, homage & serment de fidelité, pour raison des fiefs qu'il tenoit mouuans de la maison de Montaner. Ce que l'Abbé refusa constamment, & se retira chés son cousin germain Gregoire l'Abbé de Sainct Seuer, qui le receut fort courtoisement: & le retint en sa compagnie plusieurs années, iusqu'à ce que le Vicomte vint en personne, pour coniurer cét Abbé de reprendre le gouuernement de son Monastere, auec la mesme liberté que le Fondateur Otto auoit ordonnée; dont il bailla ses lettres de confirmation, entre les mains de Richard Euesque de Bigorre. Mais le mesme iour, que le bon homme Gregoire arriua en son Conuent, il y mourut; & la nouuelle de son decés estant portée au Vicomte en son Chasteau de Montaner, il en receut beaucoup de déplaisir, & ne suruesquit pas long-temps à cette perte.

IV. Auant de passer outre, il faut expliquer la parenté de ces Abbés, & du Vicomte Guillaume, ainsi qu'elle est enoncée dans la Charte de la Reole de Begorre. Garsias Dato frere du Vicomte Otto Dato, espousa Endregot fille de la maison noble d'Ascon, & sœur de la mere de Gregoire Abbé de Sainct Seuer: & procrea de ce mariage trois enfans, Guillaume Garsias, & Eizius Garsias, qui estoient de tres-bonne disposition, & le troisiesme Gregoire, qui estoit maladif, & mesme debilité de ses membres, sans qu'il eust pû recouurer la santé, quoi qu'il fust conduit pour cét effect par son pere, en plusieurs lieux de deuotion, iusqu'à ce qu'estant venu au Monastere de la Reole, il fut remis en vne pleine & entiere disposition; où, à la priere de l'Abbé Arsinius, son pere Garsias permit qu'il embrassast la discipline monastique, en laquelle il s'auança tellement, y ioignant l'estude des bonnes lettres, que du consentement de l'Euesque Bernard, du Vicomte Guillaume, & de l'Abbé Arsinius, qui se demit de sa charge, il fut establi contre son gré Abbé du Monastere. Le temps du Vicomte Guillaume, & de l'Abbé Gregoire, doit estre rapporté au temps des Euesques Bernard, & Richard, qui precedoient l'Euesque Eraclus, & celui-ci possedoit l'Episcopat auant l'an mille soixante. Ce qui se rapporte fort bien au temps de Gregoire Abbé de S. Seuer, qui siegea depuis l'an mille trente-deux, iusqu'à l'année mille soixante-douze.

Liure cinquiefme. 359

V. Au Vicomte Guillaume fucceda fon fils Bernard, qui confirma les priuileges de l'Abbaye, entre les mains de l'Euefque Heraclius. Odon le Vicomte recueillit la fucceffion apres Bernard, & donna, du temps du Comte Centulle Seigneur de Bearn, vn païfan du lieu de Pontac, au Monaftere de S. Pé. Apres tous ces Vicomtes, fuit Arnaud Aner de Montaner auec fes enfans, mentionné en la Charte de la Dedicace de l'Eglife de S. Pé, de l'année 1096. qui a efté produite au Chapitre precedent. Ce furent les derniers Vicomtes de cette maifon, qui fut confolidée en ce temps auec celle de Bearn ; puis que l'on trouue vn acte dans le Chartulaire de la Reole, dont il apert, que la deliurance de quelques terres faite à l'Abbé Dodon, lui fut affeurée, auec cautions baillées entre les mains de Talefe Vicomteffe de Montaner, femme de noftre Gafton. Ie dis qu'elle fut confolidée, dautant qu'il eft certain qu'en l'an 1088. & auparauant, le Chafteau de Montaner, & ce que l'on nomme vulgairement le Montaneres, & les Lanes, eftoit compris dans les limites de la Seigneurie de Bearn, & par confequent cette portion du Vicomté de Montaner releuoit du Seigneur de Bearn. Pour preuue de cela, i'employe l'article XVII. du For General, qui fut confirmé l'an 1088. par le ferment de Gafton, dans lequel la fauuegarde des trois principaux chemins de Bearn eft attribuée au Seigneur, dont l'vn eft celui qui commence, à la Podgee de Laurede ou de Lauradge, qui eft au delà du village de Luc en Montaneres, iufqu'à Somport en la vallée d'Afpe, ainfi que i'ai remarqué au Chapitre troifiefme.

VI. Pour la portion qui comprenoit Riuiere baffe & Maubourguet, nonobftant que la proprieté foit reuenuë au profit des Seigneurs de Bearn ; Neantmoins la iurifdiction demeura deuers les Comtes de Bigorre, dautant que Riuiere eftoit fituée dans les bornes du Comté, & dépend encore à prefent de l'Euefché de Tarbe, quoi qu'elle foit diftraite de la Senefchauffée de Bigorre, & reffortiffe à celle d'Armagnac, comme eftant membre de la maifon d'Armagnac. Pour verifier cette dependance de Riuiere de la iurifdiction du Comte de Bigorre, apres l'incorporation du Vicomté en la maifon de Bearn, i'employe l'acte de la Reole, duquel on aprend que l'Abbé Ezius fe plaignit à Pierre Comte de Bigorre, des troubles, & rauages que Bernard fils d'Odon d'Arribere faifoit aux habitans de Brenede que fon pere auoit donnés au Monaftere, qui ordonna pour ce fujet le duel entre les parties. Ce qui arrefta Bernard, & le porta à paffer vn accord auec l'Abbé ; & payer au Comte l'amende de la defertion du combat. Or cé Comte Pierre viuoit l'an 1155. c'eft à dire apres la mort de la Vicomteffe Talefe, & par confequent apres l'incorporation & reünion ; Ioinct que d'ailleurs il eft certain, que Riuiere a toufiours releué des Officiers de France.

II. Chart. Regulæ : In diebus Lodici Comitis Bigorræ, & Bernardi qui tunc gubernabat præfulatum felici forte ; locum fancti Orientij ab omni cenfu liberum ftatuit, & coenobium perpetuum Bigorræ obtinendum effe decreuit. At naldum quoque Sancionem Vic. fibi confociauit, tamcauffa adiuuadi quam perficiendi. Patrem & Abbatem domnum Manfionem conftituit, qui qualis quantufque fuerit vitæ eius finis probauit. Igitur præfatus Otto Dato Vicecomes fupradicto loco Ecclefias quafdam delegauit, & iure perpetuo filiis fuis augendas & non minuendas mandauit. Ecclefiam S. Ioannis de Monte Longo cum villa, & cum omnibus quæ ad fe pertinent dedit. Ecclefiam quoque Sanctæ Mariæ de Luco, cum villa, & cum omnibus quæ ad fe pertinent, fcilicet aquas, filuas, cultum & incultum, pafcua vfque ad tertiam villam, duos homines in Stiraco, duofque in Pontaco. Notumque hæc voluit haberi cunctis mortalibus tam præfentibus quam futuris, & omnibus filiis fuis, & omni ftirpi fuæ, quod tali tenore locum illum ab omni cenfu in præfentia domini Manfionis Abbatis liberum abfoluit, vt filij fui tantum defenfores huius loci exiftant, & *Receptum* ibi non quærant, & nifi Abbas vltroneus eis obtulerit panem non comedant. Si quis contra Abbatem querelas habuerit, filij fui in eodem loco de Abbate iuftitiam faciant, & nullum damnum ab eo exigant. Infrà : dedit præfatus Otto Dato Ecclefiam Sancti Ioannis de Momij. Infrà : Iam ipfe Guillelmus Vic. ordinem miferat, & locum illum ab omni cenfu liberum *in manus Ricardi Epifcopi*, ficut pater eius in manus Bernardi Epifcopi ftatuerat.

CHAPITRE VI.
Sommaire.

I. Entreprise de la guerre Saincte pour la deliurance de Jerusalem. Gaston est l'vn des principaux Chefs. II. Le nom de Gaston est conserué dans les anciens Auteurs. Mais le surnom de Bearn est corrompu en quelques endroits. Quoi qu'il soit expressément enoncé en d'autres. III. Guibert escrit que cét illustre personnage Gaston estoit de Bascogne, ou de Gascogne. IV. Guillaume de Tyr surpris de ces corruptions, d'vn Gaston en a fait deux, Gaston de Bearn, & Gaston de Beziers. V. Et seul a fait mention de Centon de Bearn, qui estoit en cette expedition, & estoit le fils de Gaston.

I. LE Pape Vrbain II. ayant fait resoudre dans le Concile de Clermont, tenu l'an 1096. le voyage d'outre mer, & le recouurement de la ville de Ierusalem, & toute la Chrestienté s'estant esmeuë pour vne si grande & loüable entreprise, que la deliurance des Chrestiens de Palestine, & du S. Sepulchre, profané si souuent par les outrages des mescreans, Gaston voulut estre de la partie, auec dessein de se faire remarquer en cette glorieuse conqueste. Ie ne veux employer autre preuue de ses exploicts, que celle qui se recueille des Escriuains qui furent en cette expedition, sçauoir Baldric Archeuesque de Dol en Bretagne, Albert d'Aix la Chapelle, Foulquier de Chartres, Robert Religieux de S. Remi de Reims, Raimond d'Agiles Chapelain de Raimond Comte de Tolose, & Guibert Abbé de Nogent, qui sont publiés en vn volume auec vn autre Auteur anonyme, sous le tiltre *Gesta Dei per Francos*; Guillaume Archeuesque de Tyr Chancelier du Royaume de Ierusalem ayant composé sur ces memoires la meilleure partie de son Histoire de la guerre saincte. Pour l'Auteur anonyme, c'estoit vn gentilhomme de Ciurai en Poictou, nommé Pierre de Tudebœuf, qui fit le voyage, & recite les faits d'armes de deux siens freres, qui decederent en cette guerre; Cette œuure est mutilée en l'impression, & se trouue toute entiere & bien correcte dans le manuscrit du sieur Besli Aduocat du Roi en la Seneschauffée de Fontenai le Comte, personnage digne d'vne eternelle loüange pour son merite singulier, la connoissance de l'Histoire, & le trauail qu'il prend auec vne industrie tres-exacte à rechercher la verité cachée dans les anciens Chartulaires de la France. Il m'a communiqué les passages de cét Auteur, qui regardent nostre Gaston, apres les auoir conferés auec les autres Escriuains, comme il m'asseure par sa lettre du 14. d'Octobre 1628.

II. Mais dautant que le nom de Gaston de Bearn, est diuersement corrompu dans les escrits de ces Auteurs, il faut premierement establir qu'ils n'entendent parler d'aucun autre Gaston, que du nostre. Ce que l'on obtiendra facilement, si l'on prend le soin de conferer les varietés, qui se rencontrent en ce nom dans les textes des Escriuains. Albert d'Aix le nomme constamment *Gastus de Berdeis, Bordeis*, ou *Burdeis*. Robert le nomme, *Gaston de Behert*; Baldric, *Gaston*, & l'Abbé Guibert, *Gasto*, sans aucun surnom. L'Anonyme, ou Pierre de Tudebœuf l'appelle nettement, *Gaston de Beert*. Le manuscrit du sieur Besli l'exprime en cette sorte, *Gastos de biarts, & Gastos*

& *Gaſtos de Beart*. Mais celui qui le prononce plus naïfuement, pour auoir vne connoiſſance particuliere de la perſonne, & du païs, eſt Raimon d'Agiles, Chapelain de Raimon Comte de Toloſe; car parlant du ſiege de Ieruſalem, il lui baille ſon vrai nom, Gaſton de Bearn, *Gaſtonem de Beardo*, quoi qu'il ſubſtituë le D, à l'N. Et au delà de tous, le manuſcrit de Tudebœuf l'énonce diſtinctement en cette façon *Gaſtos de Bearn*, au Liure quatrieſme, Chapitre neufieſme.

III. Pour oſter tout doute, ſur le nom de ce Gaſton, & iuſtifier que c'eſt le Seigneur de Bearn, & non autre, i'employe le diſcours de l'Abbé Guibert, qui dit, que ce Gaſton eſtoit vn Illuſtre & tres-riche perſonnage, ſans qu'il ſe reſouuienne preciſément, s'il eſtoit du païs de Gaſcogne, ou de Baſcogne, eſtant neantmoins tres-aſſeuré, dit cét Auteur, qu'il eſtoit de l'vn ou de l'autre de ces païs. Vn Ptolemée ne ſçauroit ſituer plus exactement le païs de Bearn, qu'a fait Guibert par cette deſcription, puis qu'il eſt aſſis entre les Baſques nommés *Baſconia* en cét endroit, & la Prouince de Gaſcogne de ce temps, qui toutesfois comprenoit anciennement le Bearn, & les Baſques.

IV. I'ai voulu auancer toutes ces preuues, pour oſter plus aiſément les ſcrupules que pourroit cauſer la lecture de Guillaume de Tyr; lequel ſe trouuant enuelopé dans les diuerſes denominations attribuées à Gaſton par les Eſcriuains preallegués, & s'arreſtant à la leçon d'Albert d'Aix, qui eſt le plus corrompu en cét endroit, puis qu'il le nomme *Gaſtus de Berdeis*, a tourné & interpreté ce ſurnom par celui de Beziers, tranſmuant noſtre Prince en Gaſton de Beziers, au Liure ſixieſme, Chapitre dix-ſept, *Gaſtus Biterrenſis*, quoi qu'il l'euſt auparauant deſigné conſtamment, ſuiuant à plus prés la Phraſe d'Albert, *Guaſtus de Beders*, au Liure premier Chapitre dix-ſept, & ailleurs. Il eſt vrai que nous lui ſommes obligés d'auoir conſerué ſon nom entier, auec beaucoup d'eloges d'honneur l'appellant, *Gaſton de Beart excellent & magnifique Seigneur*, au Liure huictieſme, Chapitre dixieſme; quoi qu'enfin il choppe au Chapitre 18. prenant *Gaſto de Beart*, & *Gaſtus de Bederts* pour deux perſonnes differentes, la diuerſité des énonciations qu'il trouuoit dans les Auteurs, & le peu de connoiſſance qu'il auoit des quartiers de deçà, l'ayant porté à cét erreur. Le Bearn ne reſte pas pourtant de lui eſtre beaucoup obligé, de ce qu'en vn endroit pour le moins de ſon Hiſtoire, il a retenu le vrai nom de noſtre Gaſton, & lui a rendu le teſmoignage de loüange que ſes actions meritoient.

V. A quoi nous deuons adiouſter pour ſurcroiſt d'obligation, que Guillaume de Tyr parmi tant d'Eſcriuains a remarqué ſeul, vn autre Prince de Bearn, qui fut en cette expedition, qu'il nomme *Gentonius de Bear*, au Liure premier, Chapitre dix-ſept, & *Centonius de Bear*, au Liure ſecond Chapitre ſeize; qui eſt ſans doute le fils de Gaſton, nommé en langage vulgaire, *Centoz*, qui ſous ce nom a confirmé le For de Morlas conioinctement auec ſon pere Gaſton, & ſa mere Taleſe, en l'an 1088. & ſe trouue dans les actes Latins, ſous l'appellation de *Centullus*.

II. Albertus Aquenſis l.2.c.23.42 l.4.c.47.l.5.c.14. 42.45.46.& l.6.c.60.
Robertus Monachus, l.9.p.78. Baldric. l.4 p.137. Guibertus Abbas, l.7.c.8. Petrus Tudebodus, l 5.c. 38. ex editione Bongarſij. In ms. Cod. l.5.c.8. & c.10. & l.4.c.9.

III. Guibertus Abbas, l.7.c.8. Is autem Gaſto vir Illuſtris atque ditiſſimus, vtrum de Gaſconia, an Baſconia foret non integrè memini, quia tamen de alterutro eſſet, ad certum tenui.
IV. V. Guillelmus Tyrius, l.6.c.17.l.1.c.17.l.2.c.1. 16.& l.3.c.12.l.8. c.10.18.

CHAPITRE VII.

Sommaire.

I. Gaston s'achemine auec les Croisés, qui sont distribués en quatre bandes. Godefroi de Boüillon arriue le premier à Constantinople par Hongrie. Boamond par la Bulgarie. Robert Comte de Flandres. II. Raimond Comte de Tolose, & Gaston de Bearn arriuent les derniers par l'Esclauonie. III. Surprise de Vignier, qui de cette conionction des troupes a voulu concluïre que Gaston estoit Vassal du Comte de Tolose. IV. Le Comte de Tolose promet fidelité à l'Empereur Alexius, mais ne veut lui prester homage. Les Croisés assiegent Nicée. Le quartier de la porte de Midi donné au Comte de Tolose. Attaqué par l'auantgarde de Soliman, qui fut repoussé. Les Goths & les Gascons firent leur deuoir. Les Gascons estoient les troupes commandees par Gaston. V. Nicée prise. Grand combat, perdu par Soliman, où Gaston acquit vne grande gloire. VI. Siege de la ville d'Antioche. Sultan Roi de Perse enuoye vne armée pour faire leuer le siege. Les Chefs qui auoient pris la ville dépourueuë de viures, se resoluent à liurer bataille. VII. Ordre de la bataille. Gaston commande auec Tancred le sixiesme bataillon. Gaston commande ses gens, & les troupes leuées en la terre du Comte de Poictiers. Victoire des Chrestiens.

I. Stans asseurés au moyen des preuues contenuës au Chapitre precedent, que Gaston denommé en l'Histoire de la guerre Saincte, est le Prince Gaston dont nous parlons, (ce qui paroistra encore plus clairement par les anciens actes, qui seront remis ci-apres, faisans mention de son retour de Ierusalem.) Il est temps de le mettre en chemin auec les autres Seigneurs Croisés qui furent diuisés en quatre bandes. Le plus hasté fut Godefroi de Boüillon, qui partit au mois d'Aoust de l'an 1096. & passa par la Hongrie auec toutes ses troupes, arriua à Constantinople, & pacifia bien tost le different qu'il eut auec l'Empereur Alexius. Boamond Prince de Tarente, fils de la premiere femme de Robert Guiscard, qui auoit passé auant l'Hyuer la mer Adriatique, apres auoir fait quelque seiour en la ville de Durasso, vint à Constantinople par les deserts de la Bulgarie, accompagné de Tancred fils de Guillaume le Marquis. Robert Comte de Flandres vint d'vn autre costé auec ses troupes.

II. De sorte que le Corps de l'armée estant logé aux enuirons de Constantinople, & les Chefs en vne grande impatience du retardement de leurs compagnons, il arriua vn Courrier depesché par le Comte de Tolose, & l'Euesque de Puy, qui portoit l'auis de leur prompte arriuée. Ils auoient pris leur chemin par l'Esclauonie, la Grece, & la Romanie, où ils endurerent beaucoup, à cause de la difficulté & sterilité du païs, & de la mauuaise volonté des habitans, qui leur refusoient la retraicte, & tout secours de viures. Les principaux de ces troupes estoient Raimond de S. Gilles Comte de Tolose, Ademar Euesque du Puy, Guillaume Euesque d'Orange Rambaud Comte de la mesme ville, *Gaston de Bearn*, Girard de Rossillon, Guillaume de Montpellier, Guillaume Comte de Fores, Raimond Peles, *Centulle*, ou *Centoing* de

Bearn, Guillaume Amaneu, qui estoit de la maison d'Albret, & plusieurs autres, ainsi que le descrit plus particulierement Guillaume de Tyr.

III. De cette narration, Vignier en sa Bibliotheque Historiale prend sujet d'escrire, que Gaston de Bearn, & Guillaume de Montpellier suiuoient la baniere du Comte Raimon, en qualité de ses vassaux. En quoi il a esté manifestement surpris. Car laissant à part le Seigneur de Montpellier, il est certain, que plusieurs de ces Seigneurs qui composoient auec leurs gens, le gros de l'armée du Comte de Tolose, le suiuoient en qualité d'amis, & non pas de sujets, estant particulierement chose bien asseurée, & fort constante que les Comtes de Tolose n'ont iamais pretendu aucun droict de superiorité sur le Bearn. Et semble que Gaston, pour éuiter le soupçon d'vne telle pretention, & faire voir sa liberté, quitta la compagnie du Comte de Tolose, dés aussi tost que la ville d'Antioche fut prise, & se retira auec les Gascons qu'il commandoit, sans qu'il se remit apres dans le corps de ses troupes.

IV. Or à mesme téps que le Comte de Tolose fut arriué à Constantinople, & qu'il se fut acquitté de son deuoir enuers l'Empereur Alexius, lui ayant iuré fidelité de lui conseruer sa vie & son honneur, mais refusé estroussement de lui prester homage, comme Raimon d'Agiles a fort bien obserué, il alla en diligence en la ville de Nicée, que les Croisés auoient assiegée à la priere de l'Empereur; qui voulant se deliurer des incommodités, que lui aportoit le voisinage de cette place forte de la Prouince de Bithynie, tenuë par son ennemi Soliman Prince des Turcs, neueu de Belphetot, les auoit engagés à ce siege. Incontinent les assiegeans lui donnent son departement à la porte du Midi, qui estoit demeurée libre iusqu'à lors. Comme il dressoit son Camp, Soliman s'auança auec son armée de ce costé, pensant le trouuer sans defense, & fit approcher vne partie de son auantgarde, composée de dix mille cheuaux, qui furent receus si brusquement *des Goths & des Gascons*, comme parle Foulquier de Chartres, qu'ils furent incontinent mis en route; Mais Soliman asseurant le courage aux fuiards, donna de toutes ses forces dans nostre Camp; & le Duc Godefroi, le Prince Boamond, & le Comte de Flandres vindrent au secours du Comte de Tolose, & tous ensemble repousserent l'ennemi auec vne perte notable de ses gens. Où l'effort des Gascons est considerable, qui estoient les Bearnois auec les autres gentilshommes de Gascogne, que Gaston commandoit, suiuant que nous aprenons de la relation de Pierre de Tudebœuf.

V. Apres ce combat la ville de Nicée fut prise, le 20. du mois de Iuin 1097. & l'armée Chrestienne s'estant separée pour la commodité des viures, Soliman indigné de sa perte, & de la captiuité de sa femme, & de ses filles, assembla en Antioche & Alep vne armée composée de trois cens soixante mille Sagittaires, ou Archers à cheual; attaqua le quartier de Boamond dans vne vallée, qu'il eust entierement défait, si le Duc Godefroi, le Comte de Tolose, & les autres Princes ne fussent venus au secours en diligence; où le combat fut si aspre, que l'armée de Soliman fut mise en fuite, & lui contraint de se retrancher au haut d'vne montagne, d'où les Chrestiens le denicherent auec vn grand carnage des siens. Ce combat fut fait le premier de Iuillet 1097. & dura six heures, depuis le matin iusqu'à midi, ainsi qu'ateste Foulquier de Chartres. Les Generaux de l'armée firent leur deuoir en ce grand danger, & quelques vns des autres Seigneurs, sçauoir Baudoüin du Bourg, Renaud de Beauuais, Galo de Caumont, & Gaston de Bearn, qui acquirent en cette occasion vne gloire immortelle, comme parle Guillaume de Tyr, & Albert d'Aix.

VI. Ces grands combats mirent les Chrestiens en repos, & leur ouurirent les passages vers la ville d'Antioche, qu'ils assiegerent, & prirent auec beaucoup de peine, le troisiesme du mois de Iuin mille nonante-huict. Corbahan, ou Corbagath Amiran du Sultan Roi de Perse, qui conduisoit vn puissant secours pour faire leuer le siege, voyant qu'il estoit arriué vn peu trop tard apres la reddition de la ville, campa deuant, & assiegea les preneurs, auec vne armée de plus de quatre cens mille hommes: & d'autant qu'il les auoit surpris auant que la place, qui estoit dégarnie de viures à cause du siege precedent, eust esté rauitailée, il les reduisit à vne telle extremité de famine, qu'il les obligea de sortir hors les murs, & de donner bataille. Pendant ce siege l'on commit la garde d'vn Fort tres-important, qui estoit sur vn tertre proche de la porte du pont, au Comte Raimond de Sainct Gilles, à cause qu'il pouuoit fournir plus de soldats que nul des autres Chefs. Il le garda soigneusement auec ses troupes, accompagné *de Gaston de Bearn & de ses gens*, de Pierre Vicomte de Castellon, Raimond Vicomte de Turene, Guillaume de Montpellier, Geofroi de la Tour, Pierre Raimond d'Apoz, & Guillaume de Sabra. Ce sont les propres termes du manuscrit de Pierre de Tudebœuf, qui manquent en l'imprimé de Bongars; d'où nous aprenons en quelle consideration estoit Gaston de Bearn, qui precede les autres Seigneurs dénommés en cét endroit, & qui seul est remarqué d'auoir ses gens separément, comme vn des autres Chefs de l'armée.

VII. L'ordre de la bataille, qui fut pris dans l'enceinte de la ville, est descrit par les Auteurs auec quelque diuersité, qui se peut aisément concilier; d'autant que les vns ne contredisent pas ce que les autres escriuent, mais vont vn peu plus auant dans les particularités; Guillaume de Tyr, & Albert distribuans l'armée en Douze bataillons, quoi que Tudebœuf, & Baldric en remarquent seulement Six. Ie m'arresterai au rapport qu'en fait Tudebœuf, qui est plus croyable en cette matiere, pour estre du mestier. Il dit donc, que les Chrestiens firent vn ieusne solennel de trois iours, des prieres & des Processions d'vne Eglise à l'autre, qu'ils se confesserent, receurent l'absolution, & communierent au Corps & au Sang de Iesus-Christ, distribuerent des aumosnes aux pauures, firent chanter des Messes, & partagerent l'armée en six gros bataillons. Au premier commandoit Hugues le Grand auec ses François, & Robert Comte de Flandres. A la teste du second estoit le Duc Geofroi auec son armée. Au troisiesme Robert Comte de Normandie auec ses hommes. Au quatriesme Ademar Euesque du Puy auec ses troupes, & celles de Raimond Comte de Sainct Giles, qui demeura dans le Fort, pour le defendre contre les Turcs. Au cinquiesme, Tancred fils du Marquis, auec les troupes, & *Gastos de Bearn auec ses gens, & celles de la terre du Comte de Poictiers*. Le sixiesme estoit commandé par Boamond, qui estoit l'endroit le plus fourni, pour donner du secours suiuant les necessités. Le combat fut si heureux pour les nostres, qu'ils en rapporterent vne glorieuse & triomphante victoire, le vingt-septiesme Iuin mille nonante-huict. Guillaume de Tyr, Albert d'Aix font mention de Gaston de Bearn, & lui assignent l'onziesme bataillon; mais non pas si precisément que Tudebœuf, qui lui donne ses gens separément des autres, & les distingue nommément de l'armée du Comte de Tolose, & en outre lui baille le commandement des troupes leuées dans les terres du Comte de Poictiers, & par consequent de cét Escriuain qui estoit Poicteuin, & de tous les Gascons qui reconnoissoient en ce temps le Comte de Poictiers, comme ayant recueilli la succession de la maison de Gascogne.

II. Guillelmus Tyrius l.2.c.1.13.16. & 17.
V. Idem l.3.c.4. & 12. Albertus Aquesis l.1.c.23. & 42. Balduinus de Burgo, Reinaldus de Beluaco, Galo de Caluo monte, Guastus de Beders perennem gloriam in eodem facto sibi pepererunt.
VI. Petrus Tudebodus Siuracensis de Itinere Ierusalem lib. III.c.IV. Omnes seniores nostri, & principes commiserunt illud castrum Raimundo S. Ægi-

dij ad custodiendum, eo quód ipse habebat plus milites in sua familia quam alij, & plus poterat dare. Ille quoque conseruauit castrum cum suo exercitu, & cum eo fuit *Gastos de Biart cum suis hominibus*; & Petrus Vicecomes de Castellon, & Raimundus Vicecomes de Torena, & Guillelmus de monte-pellerio, & Goffredus de Turnibus, & Petrus Raimundus d'Alpoz, & Guillelmus de Sabra, &c.

VII. Vuil. Tyr, l. 6. c. 17. Alb. l. 4. c. 17. Baldricus l. 4. p. 120.

Tudebodus ms. l. 4. c. 9. Tandem fecerunt sicut mandauit ei Dominus Iesus Christus per sacerdotem Stephanum triduana ieiunia, & deprecati sunt, & processiones de vna Ecclesia in aliam, confessi atque absoluti, & sideliter corpore & sanguine Christi communicati sunt, & dederunt elemosinas pauperibus, & fecerunt cantare missas. Deinde fecerunt sex acies intra ciuitatem. In prima vero fuit Hugo magnus cum Francigenis, & Flandrensi Comite Rotberto: In secunda quippe Dux Godefridus cum suo exercitu. In tertia fuit Rotbertus Normannus cum suis hominibus. In quarta fuit Ademarus Podiensis Episcopus portans secum lanceam nostri Saluatoris Iesu Christi cum sua gente, & cum exercitu Raimundi Comitis S. Egidij, qui remansit sursum ad castellum custodiendum in montaneam præ timore Turcorum, vt defenderet ciuitatem In quinta fuit Tancredus Marchisi filius cum sua gente, & *Gastos de Bearn cum sua gente, & cum gente terra Pictauensis Comitis*. In sexta fuit Boamundus cum suo exercitu.

CHAPITRE VIII.
Sommaire.

I. La Principauté d'Antioche donnée à Boamond Prince de Tarente. Baudouin frere de Godefroi, Comte d'Edesse. II. Les troupes se separent en diuers lieux pour se rafraischir. Gaston se retire en la ville d'Edesse. Conquestes des contrées voisines de la ville. Coniuration contre Baudouin descouuerte. III. L'armée prend la route de Ierusalem. Gaston quite Edesse. Robert Comte de Flandre, & Gaston vont reconnoistre la ville de Rama. L'armée y entre, & s'y rafraischit. IV. Gaston fait vne course iusqu'aux portes de Ierusalem, prend du betail qui est recous par les Sarasins. Tancred & Gaston font vne nouuelle charge. Ils se retirent auec vn grand butin. V. Siege de Ierusalem. La ville forte & bien munie. Petit nombre des assiegeans. Premier assaut repoussé. VI. Gaston commis pour faire dresser les engins de baterie. Les autres chefs trauaillent à recouurer des viures & des materiaux. VII. Les machines en estat. Les ennemis fortifiés en l'endroit destiné pour l'assaut. Transport des machines en vn autre quartier de la ville. VIII. Vne Tour dressée à la Romaine, vn pont abatu du milieu de la Tour sur la muraille de la ville. Assaut par dessus ce pont. Godefroi entre le premier, & à mesme temps Tancred, Gaston, & autres Seigneurs. IX. Prise de la ville. Les Sarasins retranchés au Temple de Salomon. Forcés. Tancred & Gaston donnent la vie à ceux qui s'estoient retirés sur le haut du Temple, & leurs banieres pour leur sauuegarde. Ils profitent beaucoup du pillage. Action de graces en l'Eglise du S. Sepulchre. Les Sarasins tués nonobstant la sauuegarde de Tancred & Gaston, qui en sont indignés. Il faut garder la foi aux heretiques, aux infideles, & aux excommuniés.

I. LA principauté de la ville d'Antioche & des païs adiacents fut donnée à Boamond Prince de Tarente contre le gré de Raimond Comte de Tolose, qui pretendoit à cette seigneurie. I'adiouste les païs adiacents, dautant que l'esclat de cette bataille d'Antioche, gagnée sur le General de l'armée de Perse, porta vne telle terreur dans les Prouinces voisines, qu'vne bonne partie se soubsmit aux vainqueurs, iusques à la ville de Rohas, ou bien d'Edesse dans la Prouince Osrohene, où Baudoüin frere de Godefroi fut establi du consentement de tous Comte d'Edesse. Et tous deux conionctement appellés par le Prince de Nasart à son secours, le deliurerent du siege qui le pressoit, firent alliance auec lui, & Geofroi mena quant & soi Mahomet pour ostage dans la ville d'Antioche, Baudoüin ayant repris son chemin de Rohas.

II. Le desir de faire nouuelles conquestes, la peste qui estoit fort eschauffée dans Antioche, & la necessité de rafraischir les troupes dans les bonnes places, & bien fournies de viures, fut cause de la separation de l'armée. Godefroi se retira dans Turbaysel & Rauenel, le Comte de Tolose s'occupa aux sieges des villes d'Albara & de Marra en Phœnicie. Nostre Gaston s'alla ioindre à Baudoüin en la ville d'Edesse, où plusieurs François se rendirent à son exemple; en telle sorte que la ville estoit remplie des gens de guerre, qui affluoient de toutes parts; lesquels le Comte Baudoüin secourut en leur necessité, leur distribuant par iour plusieurs besans d'or, & de sa vaisselle d'argent; & eux en contr'eschange domterent les Turcs des contrées voisines, lui accreurent le Comté d'une grande estenduë de païs, & contraignirent les Princes plus puissans du Mahometisme de rechercher son alliance. Les douze Sarasins qui gouuernoient le Conseil de la ville de Rohas, ayans conceu de la ialousie du pouuoir, que Gaston & les autres François possedoient prés le Comte Baudoüin, toutes les affaires de la Prouince se manians par leur auis, au grand deschet de l'autorité des infideles, coniurent secretement contre Baudoüin auec les habitans de la ville: Mais la trahison ayant esté descouuerte par vn bourgeois, le Comte arresta les factieux, & chastia seuerement les vns par confiscation de leurs biens, & les autres par grosses amendes. Ie dois cette obseruation de la retraicte de Gaston en la ville de Rohas ou d'Edesse, au seul Albert d'Aix.

III. La peste d'Antioche ayant cessé, Godefroi se resolut de prendre le chemin de Ierusalem, & ioindre les troupes du Comte Raimond, qui s'estoient auancées du costé de la Palestine. Ce fut pour lors que Gaston quitta la compagnie de Baudoüin Comte d'Edesse, & se reünit auec ses gens à l'armée de Godefroi, pour auoir sa part aux combats qu'il falloit rendre. Ils costoyerent les villes de Ptolemaïde ou d'Accaron, de Caiphas, & de Cesarée sans leur demander rien, & camperent le Ieudi apres la Pentecoste au bord de la riuiere, qui arrouse la ville de Rama. Et d'autant que cette ville estoit importante, à cause du passage, Robert Comte de Flandres, & Gaston de Bearn, *homme versé au fait de la guerre*, dit Albert, qui fait particulierement cette remarque, prirent cinq cens hommes d'eslite, & s'auancerent pour reconnoistre l'estat de la ville. Mais ils n'eurent pas beaucoup de peine; car ils trouuerent les portes ouuertes, & la Cité abandonnée, à cause que les habitans sur le bruit de la prise d'Antioche, & du degast des Prouinces voisines, s'estoient retirés auec leurs familles, meubles precieux, & bestail dans les montagnes de la Iudée: Dont ils donnerent auis au Camp, d'où les troupes vindrent dans la ville, où elles se rafraischirent l'espace de trois iours, ayans trouué dedans grande abondance de vin, d'huile, & de froment. Les Chefs establirent Euesque du lieu vn Prestre nommé Robert, & commirent la culture des champs aux Chrestiens natifs de cette ville, à la charge de payer les redeuances en especes de grain, & de vin.

IV. L'armée auançant son chemin, Gaston qui aprit par les guides, que Ierusalem n'estoit pas beaucoup esloignée du logement, estima qu'il estoit de son deuoir de faire la descouuerte du païs, & de considerer la contenance des ennemis, & qu'il estoit digne de sa reputation de prendre le premier la possession du territoire de Ierusalem, & d'auoir les premices des despoüilles des Sarasins. Pour cét effect il se desrobe secretement de l'armée, prend auec soi trente Gens-darmes adroits & nourris aux combats, iugeant fort bien auec sa preuoyance ordinaire, que la garnison de la ville n'estoit pas encor aduertie de l'approche des Pelerins; fait vne course auec les siens à la veuë de la Cité, & vne grande prise de bestail, qu'il amene quant & soi. Les Sarasins indignés de cét afront, sortent brusquement, repoussent Gaston, lui font lascher la prise, & le contraignent de se retirer. Comme il grauissoit par les rochers, il rencontre Tancred, lequel suiuant son compagnon & frere d'armes, descendoit auec quelques gens par le mesme panchant; & lui ayant representé ce qui se passoit, il eschaufa puissamment le Prince Tancred de charger l'ennemi. De fait les deux ioincts ensemble auec leurs compagnies, donnent si gaillardement sur les Sarasins, qu'ils les poussent iusqu'aux portes de Ierusalem, & se retirent glorieux, chargés de butin & de despoüilles. Les Chrestiens aprenans que cette prise auoit esté faite dans la terre de Ierusalem, furent tellement rauis de ioye entendans proferer ce nom, qu'ils fondirent tous en larmes, voyans qu'ils estoient si proches des saincts lieux, pour lesquels ils auoient soufert tant de trauaux, & essuyé de si grands dangers; & reprenans comme nouuelles forces sous les heureux auspices de ce premier succés, hasterent leur chemin, sans s'arrester iusqu'à ce qu'ils poserent le camp deuant les murs de Ierusalem, faisant resonner les hymnes, & cantiques de loüanges, & d'actions de graces à Dieu. Ie n'ai rien adiousté à cette narration, que i'ai puisée mot à mot de l'histoire d'Albert.

V. Ierusalem fut assiegée par les Chrestiens le 7. Iuin 1099. dit Foulquier de Chartres, le corps de l'armée estant composé seulement de soixante mille personnes, de l'vn & de l'autre sexe, suiuant Albert. La ville estoit tres forte d'assiete, bien retranchée & munie de plusieurs fortifications; d'vne grande & vaste estenduë, & fournie d'hommes, de viures & de munitions, par le soin du Caliphe d'Egypte, à qui cette ville appartenoit; & encor il y auoit vne grande armée aux champs, pour incommoder l'armée Chrestienne, en lui coupant les viures de tous costés. De sorte que l'entreprise de ce siege estoit tres-difficile, & neantmoins necessaire aux Croisés, qui estoient venus à dessein de recouurer cette place, & mettre en liberté les Chrestiens qui restoient dedans en fort petit nombre. Les Chefs prennent chascun son quartier; & voyans qu'vn assaut qu'ils auoient essayé, ne leur auoit point reüssi, mettent tout leur soin à bastir & dresser des tours, des caualiers, & des machines pour abatre les fortifications, & ioindre la contrescarpe du fossé à la muraille de la ville par vn pont, afin de venir aux mains, & forcer les assiegés.

VI. La conduite de cét ouurage si necessaire, duquel dependoit la prise de la ville, fut commise à Gaston de Bearn par Godefroi, & les Comtes de Normandie, & de Flandres, qui prierent cét *excellent & magnifique Seigneur*, dit Guillaume de Tyr, d'en vouloir prendre le soin, & d'y apporter la diligence requise. Raimond d'Agiles confirme cette commission, adioustant que ce Gaston de Bearn estoit vn *Prince tres-Noble & honoré de tous, à cause du merite de sa vertu, & du profit que l'armée retiroit de ses seruices*. Il entreprit ce trauail auec vne telle dexterité, departant à vn chascun ce qu'il auoit à faire, que la besogne s'auançoit au contentement de tous; en telle sorte que le Duc, & les Comtes ne s'occupoient qu'à batre les champs, donner main forte à ceux qui aloient couper le bois, & faire transporter les materiaux, & les cuirs des bestes deuers Gaston, qui seul procuroit la fabrique, & le bastiment des engins. Or afin qu'il ne semble que i'aye rien dit par exaggeration, ie produirai au bas du Chapitre les paroles de ces deux auteurs.

VII. Les engins des bateries, & machines de guerre estans en estat, les chefs resolurent de s'en seruir, & de donner l'assaut general à la ville: mais ayant reconnu que les ennemis s'eſtoient fortifiés extraordinairement, & auoient dreſſé de engins de contrebaterie, en l'endroit où nos machines deuoient eſtre employées, ils s'aduiſent de les tranſporter toute la nuict, pour faire l'attaque, au quartier qui eſt depuis l'Egliſe S. Eſtienne, iuſques à la vallée de Ioſaphat. Ce qui ſe fit auec vne peine, & vn trauail incroyable qu'il y auoit à demonter ces engins, les tranſporter par pieces d'vn lieu en vn autre, par la diſtance d'vn gros quart de lieuë, à trauers les rochers, & precipices qui enuironnoient la Cité, les rebaſtir, & mettre ces grandes machines en eſtat de ſeruir, le lendemain matin. Cette action exploitée ſi bruſquement donna vn tel effroi aux Saraſins, & vn tel eſtonnement aux Chreſtiens meſmes, que chacun pouuoit manifeſtement reconnoiſtre, que la main de Dieu eſtoit auec nous, dit Raimond d'Agiles deſcriuant ce tranſport de machines ; Et encore bien qu'il ne rediſe pas, que tout cela fuſt pratiqué & conduit par Gaſton, il eſt aiſé de ſe perſuader, que l'induſtrie d'aucun autre Seigneur ne pouuoit ſuffire à cét exploict, que celle qui auoit eſté choiſie pour commander aux trauaux & baſtimens de ces pieces.

VIII. Incontinent apres que les machines furent placées, & nommément vne qui eſtoit dreſſée en forme de Tour, ſuiuant l'vſage des Romains, & la deſcription de Vegece, les Chefs commanderent d'abatre le deuant, depuis le haut iuſqu'au milieu, & firent auſſi-toſt ietter vn pont de bois, qui s'attacha aux courtines de la muraille par deſſus le foſſé. Et à meſme temps l'aſſaut general fut donné de tous coſtés, & les Chefs & principaux Seigneurs deſirans d'auoir la gloire d'eſtre les premiers dans la ville, pour combatre main à main auec l'ennemi, paſſerent par deſſus ce pont, où le combat fut opiniaſtré. Raimond d'Agiles eſcrit, que Tancred & le Duc de Lorraine entrerent des premiers : d'où l'on peut iuger que Gaſton n'eſtoit pas beaucoup éloigné de Tancred. Mais Guillaume de Tyr nous empeſche de nous ſeruir des coniectures, eſcriuant netement qu'à la ſuite de Godefroi entrerent incontinent le Duc de Normandie, le Comte de Flandres, le Seigneur Tancred, Hugues le Vieux Comte de S. Paul, Baudoüin du Bourg, *Gaſton de Beart*, Girard de Rouſſillon, & autres que j'omets.

IX. La priſe de cette ville arriua en iour de Vendredy, à l'heure de midi, le 15. du mois de Iuillet de l'année 1099. La tuërie, le carnage, & le butin furent remarquables. Pierre de Tudebeuf, & Guibert de Nogent obſeruent particulierement, que les Saraſins ſe retrancherent dans la fortereſſe du Temple de Salomon, où il y eut vn rude & tres aſpre combat pendant tout le iour, & qu'enfin les Chreſtiens s'eſtans rendus maiſtres du Temple, tuerent vn grand nombre de ces infideles de tous aages, & de tous ſexes, à la reſerue de ceux qui s'eſtoient retirés ſur le haut du Temple ; auſquels Tancred & Gaſton de Bearn donnerent la vie, & leurs banieres : & s'en allerent à meſme temps par la ville, faiſans de grands & riches butins d'or, & d'argent, de cheuaux, de mules, & de maiſons entieres remplies de toutes ſortes de richeſſes. Apres la conqueſte de la ville, les Chreſtiens n'oublierent pas d'aler rendre leurs deuoirs, & venerer le S. Sepulcre de Noſtre Seigneur. Le lendemain de bon matin quelques-vns ſurprirent ces miſerables refugiés au haut du Temple, & ſans auoir eſgard aux banieres & à la ſauuegarde de Tancred & de Gaſton, maſſacrerent ces pauures gens, qui aimoient mieux ſe precipiter en bas les murailles, que perir par le glaiue de leurs ennemis. Cette temerité offenſa iuſqu'au bout Tancred & Gaſton, tant à cauſe de l'iniure qui leur eſtoit faite en violant leur ſauuegarde, que pour la conſequence dangereuſe que ce fait pourroit attirer, ſi les Saraſins eſtoient perſuadés que les Chreſtiens ne leur gardoient point la foi, & la parole donnée ; quoi que les loix du Chriſtianiſme ne diſpenſent point de l'obligation que l'on a degarder fidellement les pactes, traictés, & accords que l'on a fait auec les infidelles, ou heretiques, l'heresie, l'infidelité, ni l'excommunication n'estans point vn iuste sujet de rompre, ou d'inualider vne promesse.

II. Albert. Aquenf. lib. 5. c. 14.

III. Albertus l. 5. c. 41. Robertus vero Flandrenfis, & Gaftus de Bordeis militaris homo affumtis quingentis fociis tironibus, à focietate præmiffi, ad portas & explorandos muros præcefferunt.

IV. Idem l. 5. c. 45. Gaftus de Ciuitate Berdeis cum triginta viris gnaris certaminis & infidiarum, clã fubftraxit fe ab exercitu, ficut erat prouidus, fciés vires appropinquantium peregrinorum adhuc latere ciues, & milites Ierufalem, per confinia eiufdem vrbis cum fuis fræna laxat, prædafque vndique contrahit & abducit. Sed confpecta illius audacia, aciuibus & militibus Saracenis præda excuffa eft. Gaftum vero fociofque eius vfque ad afcenfum rupis cuiufdam infecuti funt. Ab eadem autem Tankrado defcendenti ex aduerfo, qui & ipfe exercitum præceffit cauffa quærendi neceffaria, idem Gaftus manifeftans, ad infectandos eofdem hoftes ipfius Tankradi animum vehementer accendit. Vnde ambo admixtis foeiorum copiis, fortiter in terga aduerfariorum equos laxant, vfque ad portam vrbis Ierufalem eos in fugam remittentes, prædam vero retinentes, ad fubfequentem Chriftianorum exercitum perduxernnt.

VI. Vuillelmus Tyrius l. 8. c. 10. Dux & duo Comites Normanotum videlicet & Flandrenfis quendam *Egregium & magnificum virum dominium videlicet Gaftonem de Beart* operi præfecerunt, & fuper artifices ne fe haberent negligentius circa propofitum, curam eum rogauerunt inpendere diligentem. Ipfi vero egrediebantur, fæpius populum educentes in manu forti, vt ligna cæderent, & cæfa ad opus ædificiorum comportarent. &c. Raimundus de Agiles Canonicus Podienfis. Præfecerant itaque Dux, & Comes Normaniæ, & Flandriæ, *Gaftonem de Beardo* operariis qui machinas construebant, & crates, & aggeres ad inuadendum murum componebant. *Hic autem Gafto nobiliffimus Princeps apud omnes honoratus erat vtilitatis, & probitatis fuæ merito*, atque adeo opus fibi à Principibus commiffum fagaciter operariis diuidens, fapienter accelerabat. Principes autem tantum gerebant curam de comportanda lignorum materia, & Gafto de conftruendis neceffariis folicitudinem agebat &c.

IX. Petrus Tudebodus l. 4. c. 38. Intrantes autem Noftri ciuitatem Peregrini perfequebantur, & occidebant Saracenos vfque ad Templum Solomonis, in quo congregati dederunt Noftris maximum bellum per totum diem, ita vt fanguis illorum per totũ templum flueret. Tandem fuperatis paganis, apprehenderunt Noftri mafculos & feminas fat in Templo, & occiderunt, quos voluerunt retinuerunt viuos. Super templum vero Solomonis erat maxima Paganorum congregatio vtriufque fexus, quibus Tancredus & *Gafton de Beert*, (aut *Gafto de Biarts*, vt exhibet codex ms.) dederunt fua vexilla. Mox cucurrerunt per vniuerfam vrbem, capientes aurum & argentum, equos, & mulas, domofque plenas omnibus bonis. Venerunt autem omnes noftri gaudentes, & præ nimio gaudio plorantes ad noftri Saluatoris Iefu Sepulcrum adorandum, & reddiderunt ei capitale debitum. Mane autem facto afcenderunt noftri caute fupra tectum templi, & inuaferunt Saracenos mafculos & feminas, decolantes eos nudis enfibus, alij vero dabant fe præcipites in templo. Hoc videns Tancredus iratus eft nimis. Guibertus l. 7. c. 8. Qui templi fuprema confcenderant vulgi promifcui infinita frequentia, Tancredi & Gaftonis pro Signo fibi interim pacis indultæ, vexilla fufcipiunt, Is autem *Gafton vir Illuftris*, *atque Ditiffimus* vtrum de Gafconia, an Bafconia foret non integre memini, quia tamen de alterutro effet, ad certum tenui. C. 10. Denique craftinum mane recanduit, & ecce Franci eos eſſe adhuc refiduos dolentes, qui templi fuprema confcenderant, quibufque Tancredus, & Gafton propria vt diximus vexilla porrexerant, fani acerrime tecta peruadunt, Saracenos feminas cum mafculis dilaceratos interimunt. Quidam ex eis electa fibi potius morte, quam fponte ipfimet confciuiffent, Sefe templi faftigio dedere præcipites. Tancredus tamen pro figni præbitione fui, & fponfione qua Gafton & ipfe fecerant cædem eadẽ ægre tulit.

CHAPITRE IX.

Sommaire.

I. Godefroi esleu Roi de Jerusalem par les Croisés. La ville de Naples se rend. Tancred y est enuoyé pour s'en asseurer. Il prend des coureurs Arabes qui descouurent le dessein de l'Amiran de Babylone. II. Godefroi sort de Ierusalem auec l'armée vers Ascalone pour combatre les ennemis. Defenses du Patriarche à l'armee de piller auant que la victoire fust gagnee. III. Ordre de l'armee. Le sixiesme bataillon commandé par Tancred, & Gaston. IV. Tancred & Gaston estoient au corps de la bataille. L'armee des ennemis d'vn nombre infini. Elle est defaite. Exploicts de Tancred & Gaston, & des autres Chefs. V. Apres la victoire, les Chefs allerent se lauer au fleuue du Iordain, & cueillir des palmes en Ierico suiuant la coustume. Robert Comte de Flandres, celui de Normandie, & Gaston vont à Constantinople par mer, & delà en France.

I. LA ville de Ierusalem ayant esté remise au pouuoir des Chrestiens, les Croisés s'assemblerent pour choisir vn d'entr'eux, qui gouuernast la Prouince, & par sa bonne conduite asseurast cette nouuelle conqueste. La pluralité des suffrages tomba sur Godefroi de Boüillon, quoi que le Comte de Tolose pretendit au gouuernement. A mesme temps les Deputés de la ville de Naples vindrent traicter de la reddition de leur place, où Tancred & le Comte Eustache furent enuoyés pour s'en asseurer & prendre le serment de fidelité des habitans : où ils receurent incontinent vn nouueau commandement de reuenir en diligence, afin de s'opposer à l'armée que l'Amiran de Babylone conduisoit, pour recouurer la ville de Ierusalem. S'estans mis en chemin ils passerent par la ville de Cesarée, & rencontrerent prés de la mer, & de la ville de Ramore quelques coureurs Arabes, dont ils prirent vne bonne partie, & furent instruits par eux, du nombre & du dessein des ennemis ; Dequoi le Prince Godefroi ayant receu les auis que lui enuoya Tancred, commanda dés aussi-tost aux troupes de se tenir en estat, pour marcher vers la ville d'Ascalone, sans attendre de se faire assieger en Ierusalem, comme il leur estoit arriué en Antioche.

II. Le Duc sortit de la ville le Mardi, accompagné du Patriarche Theobert nouuellement esleu, & de Robert Comte de Flandres. Le Comte de S. Gilles & Robert de Normandie partirent le lendemain. Pierre l'Hermite demeura dans la ville, ordonnant aux Latins, & aux Grecs de faire des aumosnes, des processions, & des prieres à Dieu pour la victoire de son peuple. L'armée Chrestienne prit son logement prés de la riuiere d'Ascalone, & fit vn grãd butin de chameaux, bœufs & moutons qui apartenoient aux ennemis. Sur le tard, le Patriarche fit publier vne Ordonnance par tout le Camp, *Per omnem hostem*, dit Tudebœuf, portant commandement à tous les hommes de guerre de se tenir prests pour combatre le lendemain de bon matin, auec defenses & peines d'excommunication contre ceux qui se ietteroient au pillage, auparauant que le combat seroit fini, permetant à vn chacun apres le gain de la bataille, de prendre ce qui lui seroit *predestiné* de Dieu, cóme il parle.

Liure cinquiesme.   371

III. Le lendemain qui estoit vn Vendredi, le Duc fit batre aux champs de fort bon matin, & l'armée descendit dans vne vallée tres-agreable proche du riuage de la mer, où les troupes furent rangées pour receuoir l'ordre de la bataille, & departies en six bataillons. Le premier estoit commandé par Godefroi, le second par le Comte de Normandie, le troisiesme par le Comte de Tolose, le quatriesme par Robert Comte de Flandres, le cinquiesme par le Comte Eustache, le sixiesme par Tancred & Gaston de Bearn. Tudebœuf certifie que les bataillons furent commandés en cét ordre par les susdits Seigneurs. A quoi s'accordent Raimond d'Agiles, & l'Abbé Guibert, quoi que Baldric ioigne mal à propos Gaston, auec le Comte de Flandres, *Flandrensis, & Gaston suam*. Il est vrai que Robert le Moine ne met que cinq bataillons, donnant le commandement du cinquiesme au Comte Eustache, à Tancred, & à Gaston de Bearn, qu'il nomme de Behert. Mais tous ces escriuains concourent à metre Gaston parmi les principaux chefs de l'armée, & lui donner pour le moins le septiesme rang, le plaçant tousiours auec Tancred. D'où l'on peut inferer que le voyage d'Eustache & de Tancred pour s'asseurer auec leurs compagnies de la ville de Naples, la prise des coureurs Arabes, & l'auis enuoyé à Godefroi pour empescher le dessein de l'armée de Babylone, furent des seruices rendus par eux conioinctement auec Gaston ; puis qu'il estoit inseparable de Tancred, & qu'il se trouue en cette bataille à la teste des mesmes troupes, qui viennent de faire les autres exploicts.

IV. L'armée des Sarasins attendoit de pied coi la nostre, qui marchoit en bel ordre, & auec vne grande asseurance. Les gens de pied, & les archers marchoient deuant, & la caualerie suiuoit pour les soustenir. Le Duc Godefroi estoit à main gauche, le Comte de S. Gilles à la droite proche de la mer, le Comte de Normandie, le Comte de Flandres, Eustache, Tancred, & Gaston estoient au milieu, dans le corps de la bataille. Le bestail pour la prouision des viures, & les cheuaux du bagage marchoient à droit, & à gauche d'eux mesmes sans guide, dit le manuscrit de Tudebœuf, ce que l'on prit à bon augure. Comme les armées estoient en distance raisonnable, Godefroi donna le signal du combat ; qui fut entrepris au nom de Iesus-Christ & du Sainct Sepulcre ; le Patriarche portant quant & soi vne partie de la vraye Croix, comme les Israëlites portoient l'Arche du Seigneur. Les Chrestiens donnerent sur les ennemis auec vne telle vigueur, que nonobstant l'infinie multitude de leurs gens, qui estoit connuë à Dieu seul, dit l'original, & la resolution qu'ils monstrerent au commencement, ils furent defaits, mis en route, & reduits à vne entiere desconfiture. Ceux qui sont remarqués par Tudebœuf auoir le mieux combatu en cette iournée, sont le Comte de Normandie, le Comte de Flandres, Tancred, & Gaston. Car le Comte de Normandie ayant aperceu dans l'estendart, de l'Amiran de Babylone, vne pomme d'or au bout de la pique d'argent, où il estoit arboré, enfonça sur lui, & le blessa à mort de sa main. D'vn autre costé le Comte de Flandres les attaqua rudement, & en fit vn horrible carnage. Le bataillon de Tancred, & de Gaston donna au milieu du camp des ennemis, & leur fit tout aussi-tost lascher le pied honteusement. Leur effroi fut si grand, qu'ils ne pouuoient tenir contenance, ni se mettre en defense contre cette gendarmerie Chrestienne, qui massacroit ces infideles sans merci. Le Comte de S. Gilles en fit vne grande boucherie au riuage de la mer, où plusieurs de ces desesperés se precipiterent. L'estendart de l'Amiran y fut pris, que le Comte de Normandie acheta pour vingt marcs d'argent, & le donna au Patriarche à l'honneur de Dieu & du S. Sepulcre. Vn autre acheta son espée pour soixante besans d'or. On trouua que ces mescreans auoient pendu chacun à son col, des flascons remplis d'eau pour se rafraischir lors qu'ils poursuiuroient les Chrestiens, mais ils furent deliurés de cette peine.

V. Cette victoire signalée, qui afermit entierement à Godefroi la possession de son Royaume de Ierusalem, fut gagnée le 14. d'Aoust, la veille de la Feste nostre Dame de l'an 1099. ainsi qu'escrit Pierre de Tudebœuf, à qui nous deuons les particularités de cette iournée. De sorte, que plusieurs Chrestiens voyans qu'ils s'estoient acquités tres-auantageusement de leur vœu, songerent à la retraicte, apres vn voyage de trois ans: & pour cét effet s'allerent lauer au fleuue du Iordain, & cueillirent des rameaux des palmes en Ietico, au jardin d'Abrasias, suiuant la coustume, dit Foulquier de Chartres: qui met au nombre de ces Seigneurs, Robert Comte de Normandie, & Robert Comte de Flandres, lesquels s'en retournerent à Constantinople par mer, & delà en France. Albert d'Aix ioinct auec ces deux Comtes, Gaston de Bearn, & designe le mois de Septembre, pour le temps de leur retour.

I. II. III. IV. Tudebodus l. 1. c. 10. ms. cod. l. 4. Robertus l. 9. p. 7.
& c. 39. edict. R. Agiles. Guib. l. 7. c. 15. Baldrit. V. Albert l. 6. c. 60.

CHAPITRE X.

Sommaire.

I. *Gaston reuenu de Ierusalem estoit chargé d'honneur & de gloire, suiuant vn ancien Acte. Il remercie Dieu par ses bien-faits enuers l'Eglise de Lescar. Il conseilla l'Euesque Sance d'y establir des Chanoines reguliers de S. Augustin. D'où vient la denomination de Chanoines reguliers. II. L'Euesque Sance fait l'establissement des Chanoines reguliers, & pouruoit à leur entretenement, au moyen du reuenu de plusieurs Eglises. Il donne aussi les amendes qui pourroient estre adiugees à l'Euesque en cas de procez, duel, ou examen du fer chaud touchans les droicts de ces Eglises.* Damnum *signifie Amende.* Diuisio, *l'examen du fer chaud.* III. *Gaston fonde vn Hospital à Lescar, & en baille l'administration aux Chanoines. Dote cét Hospital de la disme de tous les fruicts, que lui & ses successeurs rassembleroient dans leurs celliers. Et d'vn Aleu exempt de toutes charges acheté de Ramond Guillaume d'Ardaos.* IV. *Il donna encore le peage du pont du Gaue. Ce pont est ruiné, & le bateau de Laroeinh lui a esté substitué. Coustume de batre les grains auec les iuments.*

I. GAston estant de retour en sa maison, chargé de gloire, & des palmes de la Palestine, tourna ses pensées à remercier Dieu des bienfaits qu'il auoit receus de sa main liberale, lui ayant fait la grace de se seruir de lui comme d'vn instrument pour dompter la ferocité des Turcs & des Sarasins, lui donner vne grande reputation parmi la Chrestienté, & le rendre à sa famille, & à son païs en bonne disposition. Il employa à ces fins les effets, outre les vœux & les prieres; & considerant l'Eglise Cathedrale de Lascar en mauuais estat, à cause du dereglement des Moines, que le Duc Guillaume Sance, & la Duchesse Vrraque auoient ordonnés, qui viuoient sans discipline, & sans communauté; Il conseilla l'Euesque Sance d'y establir l'ordre canonique suiuant la regle
de S.

Liure cinquiesme. 373

de Sainct Augustin : qui commença d'estre recherchée en ce temps, & introduite en plusieurs Eglises Cathedrales de la Chrestienté, sous le nom de Chanoines Reguliers, c'est à dire de Clercs reguliers. Car dans les Capitulaires de Charlemagne, au Synode d'Aix & autres Conciles Occidentaux, & dans Balsamon sur le Nomocanon de Photius, mesmes dans Sainct Basile, & ailleurs, les Clercs sont appellés *Canonici*, comme enrollés au Canon, & en la matricule des Eglises, & en outre sujets aux Canons & loix Ecclesiastiques : & pour ce regard sont opposés aux Moines & reguliers, qui ne sont incorporés au Canon ou regiſtres des Eglises, mais sont sujets à la discipline monastique, appellée Regle par emphase. De sorte que ioignant ces deux professions en la personne des Clercs de Sainct Augustin, on les a qualifiés dés le commencement *Canonici Regulares*. Ces choses n'ayant pas esté assés exactement considerées par certains escriuains, ils se sont moqués de cette denomination l'estimans ridicule & identique, comme si elle estoit composee par ignorance d'vn mot Grec, & d'vn autre Latin de mesme signification. Cette matiere, des Chanoines & Chapitres, & de leurs deuoirs, est amplement, doctement, & curieusement expliquée par le sieur Iean de Bordenaue, Chanoine de Lascar, grand Vicaire, & Iuge Metropolitain d'Aux en Nauarre & Bearn; qui dans l'éminence de sa doctrine possede parmi les lettrés la mesme dignité, que sa charge lui donne en l'ordre de la Iurisdiction Ecclesiastique.

II. L'Euesque Sance mit dés aussi-tost ce desir en execution l'an M.CI. auec l'auis d'Amatus Archeuesque de Bourdeaux, & Legat du Siege Romain, de Raimó Archeuesque d'Aux, & Odon Euesque d'Oloron; & pour bailler moyen aux Chanoines de viure plus religieusement, en les obligeant de renoncer en particulier à la proprieté des biens, il donna à la communauté pour leur entretenement de viures & d'habits, l'Eglise de Caresse auec toute sa disme, & plusieurs autres Eglises denombrées dans l'acte de cette donation, la quatriesme partie du pain & du vin de l'Archidiaconé du Bigbilh; Et en outre la Iustice des Eglises, des dismes, & des autres plaids. Ce qui ne signifie pas la Iurisdiction Episcopale, & l'autorité de iuger & faire droit sur les procez qui pourroient estre meus touchant les Eglises, & la proprieté des dismes, & autres differents dans l'estenduë de cét Archidiaconé. Car l'Euesque Sance ne pouuoit pas despoüiller de cette Iurisdiction, ni son Episcopat, ni la Iustice seculiere du Seigneur de Bearn, qui prononçoit souuent sur ces matieres. Mais ce que Sance a donné en vertu de cette clause sont les émolumens, amendes, & profits qui lui pourroient apartenir à l'occasion de ces Eglises, dismes, & autres plaids ou procez, où l'on pourroit lui adiuger quelque amende en la iustice seculiere, ou quelque émolument ou salaire en l'Ecclesiastique. Il excepte trois cas, dont il reserue à soi la connoissance, & les profits des amendes & des espices, sçauoir des Clercs perseuerans en leur peché, des Messes, & des Oblations des penitents. Or que ce soit le sens de la clause precedente, d'attribuer au Chapitre les émolumens & les amendes coustumieres, qui seroient deuës à l'Euesque en cas de procez sur les Eglises, dismes, ou autres affaires dans l'estenduë de cét Archidiaconé, & de celui de Saubeſtre, & de Riuereloing, il conste de la clause suiuante; *Si forte in his duellum vel aliqua diuisio aduenerit, damnum eis concessit*. Ce qui signifie que s'il y arriue aucun duel, ou examen du fer chaud, qui estoient les deux cas ausquels le condamné payoit amende, il la leur accorde. Car *Damnum* signifie l'amende au langage de cé temps. Et *Diuisio* se prend dans les anciens tiltres de Sorde, de S. Pé & ailleurs, pour l'examen de fer chaud, ou de l'eau chaude. Il y auoit quelque émolument pour fournir la chaudiere, & faire les benedictions, & pour receuoir les sermens; qui estoit partagé entre le Curé, & le seigneur des lieux, & l'Euesque, ainsi que l'on aprend des tiltres de S. Pé, & du Thresor de Pau.

I i

III. Le Prince Gaston ne se contenta pas de promouuoir auec sa femme Talese l'establissement des Chanoines reguliers de S. Augustin, mais de plus il contribua de sa part ses liberalités en leur faueur, en cette année M. CI. au iour de Pasques. Car il leur donna la conduite & le gouuernement de la maison Hospitaliere, que lui & sa femme auoient bastie en la ville de Lascar, & dotée de plusieurs belles rentes, pour la retraicte & nourriture des Pelerins, & autres personnes miserables: Augmentans le reuenu de la dixiesme partie de tous les fruicts que lui & ses successeurs assembleroient dans leurs celliers; (qui est vn don digne d'vn courage plein de pieté heroïquement Chrestienne) & d'vn aleu c'est à dire d'vne grande estenduë de terre franche & deschargée de tout deuoir, assise en la campagne de Lascar prés de la riue du Gaue; laquelle pour cét effect ils auoient achetée d'vn Gentil-homme nommé Raimond Guillaume d'Ardaos; sous cette condition, que s'il aduenoit que le surplus de cét aleu qui restoit entre les mains du vendeur, fust contesté par deuant le Vicomte ou les successeurs de sa race, ils defendroient & protegeroient le vendeur & ses hoirs contre ses parties, & lui quitoient dors & desia toutes amendes, mesmes celles du combat, s'il arriuoit qu'à l'occasion de cét aleu il en falust à l'aduenir ordonner quelqu'vn en Iustice, pour le iugement du procez qui pourroit estre meu. Reseruans la disme des fruicts qui se recueilleroient en cét aleu, à l'Eglise de Saint Gerons, dont il dependoit. Le logement en la maison Hospitaliere, lors que Raimond voudroit s'y retirer; & la moitié de la Nasse ou Ecluse pour la pesche au profit de l'Hospital, s'il arriuoit par hasard, que l'on trouuast vn lieu propre pour en dresser dans la riuiere du Gaue. Maintenant cette maison Hospitaliere est perduë, sans qu'il en reste aucune trace, & les reuenus sont confus dans la mense capitulaire; l'Hospital que l'on voit auiourd'hui dans la ville de Lascar, estant vne fondation recente faite par vn Chanoine, & augmentée par les liberalités des bonnes gens.

IV. Le iour de la feste de Pasques de l'année suiuante, le Prince Gaston continuant ses munificences, donna à l'Eglise Cathedrale le peage qu'il prenoit, pour raison du pont basti sur le Gaue, en l'endroit de l'aleu qu'il auoit desia aumosné, estendant cette donation, au cas qu'il fust besoin de changer ce pont d'vn lieu en vn autre, à cause de l'inondation des eaux, à la charge toutesfois que s'il arriuoit qu'il le falust bastir en l'aleu de Raimon Guillaume, l'Administrateur de l'Hospital, sera tenu de faire batre auec ses iumens les grains de ce Raimond, & lui payer annuelement six sols de rente, sçauoir trois à la feste de la Toussaints, & trois à la Foire du Gaue. Moyennant quoi il ne pourra donner de l'empeschement au changement du pont, excepté si l'on incommodoit sa maison. De ce discours on aprend que ce pont estoit en danger continuel de ruine, & que la maison d'Ardaos estoit proche de l'eau du Gaue, dont le voisinage lui a esté si funeste, qu'elle ne paroist non plus que ce pont; auquel a esté subrogé le bateau du passage de Laroenh, qui apartient à l'Euesché. Et l'aleu de Raimond Guillaume d'Ardaos comprend ce quartier nommé d'Ardous tenu par le corps de ville de Lascar sous le tiltre de Domengadure, & la portion achetée par Gaston, est ce quartier de terre proche de Lascar, que plusieurs particuliers possedent deschargé de tous fiefs. On recueille aussi de cét acte que l'vsage de batre les bleds, pour le moins les millets auec les iumens, est ancien dans le Bearn, & qu'en ce temps l'on auoit acoustumé de tenir au bout de ce pont prés de la riuiere, vne foire pour la vente du bestail, nommée la Foire du Gaue, qui s'est perduë auec la commodité du passage du pont. Les Gentils-hommes de Bearn qui estoient presens à cette donation sont, Ogger de Miramon, Garsias de Gauasto, Garsias son fils, Guilem Od d'Andons, Guilem de Corberes, & plusieurs autres.

Liure cinquiesme. 375

I. II. III. Chart. Lascur. Anno millesimo C. primo Epacta nonadecima, Concurrente vno, Indictione nona, domno ac reuerendissimo Sancio existente præsule, Regnante venerabili Gastone Bearnensium Vicecomite atque admonente, *tunc nouiter reuerso à Ierosolimitana expeditione cum magno honore* eiusque vxore Talesa fauente, modisque omnibus adiuuante, Canonicus ordo iam penitus in Lascurrensi Ecclesia destitutus, auxilio & consilio prædictorum, & aliorum bonorum virorum inibi assistentium, diuina annuente & cooperante clementia, secundum regulam & ordinem B. Augustini prædicta in Ecclesia restitutus est. Cui restitutioni siue restaurationi præfatus Gasto cum prædicta vxore ad honorem & vtilitatem eiusdem Ecclesiæ, elemosinariam domum, quam pro suorum remissione peccatorum atque prædecessorum suorum, ad sustentationem peregrinorum aliorumque indigentium ædificauerant, consilio & admonitione præfati præsulis, canonicis inibi regulariter degentibus in perpetuum custodiendam tradiderunt, ad opus & refectionem omnium tam peregrinorum quam aliorum miserorum, cum omnibus à se datis, & aliunde adquisitis, & cum decima parte omnium bonorum quæ in suis congregabantur Cellariis, siue congreganda erant post cos à successoribus suis in perpetuū. Cum alodio etiam, id est terra quam præscriptus Vicecomes & eius vxor adquisierant à Raimundo Vilelmi de Ardaos, tali conditione videlicet talique pacto, vt si forte aliquis aliquando de reliquo alodio suo siue terra sua ante Vicecomitem, *vel ante aliquem de sua progenie, Vicecomitis videlicet successorem,* proclamationem siue querimoniam faceret, ipse Vicecomes & suæ progeniei successores semper prædictum Ramundum suamque generationem ab omnibus sibi aduersantibus protegerent, defenderent, tuerentur, & munirent, Præterea si forte contigerit, quod ipse vel aliquis suæ generationis duellum, vel aliud iudicium pro suo prædicto alodio siue terra ante Vicecomitem, vel ante aliquem sibi successorem faceret, vel fecerit in futuro, nunquam ab eo, nec à suis successoribus, ipse vel eius successores Bannum exigant nec requirant. Decima pars totius annonæ quæ ibi creuerit fideliter semper Ecclesiæ S. Gerontij, cuius est alodium reddatur. Præterea cum prædictus Ramundus ad Hospitalis domum adueneri benignè & honorificè à custodibus recipiatur. Iterum si forte sibi necessarium fuerit, vel ibi perpetuo manere voluerit, cum gaudio recipiatur. Rursum cum conditione, quod si in eadem terra forte fortuito aptus locus Massæ vel Bertfodi euenerit, medietas illius Elemosinariæ domus erit.

II. E Chart. Generensi: Peregrinus Vicecomes Leuitanensis, & Tiborst vxor eius statuunt ad præfatum oratorium accedentes pro controuersiis per *iuramentum,* vel *ex aqua feruenti* per extractionem dirimendis dabunt vnum nummum pro claue, & quatuor pro lebete. Ex quibus quatuor, duo cedunt in partem Generensis monasterij, & alij duo competunt Ecclesiæ Cathedrali. Datur etiam nummus Sacerdoti Aquam cum lapide benedicenti.

E Chartario Pal. prolato l. 5. c. 28. n. 4. Concessi eidem Ecclesiæ (id est Gauarreti) Caldariam iudiciatam cum marmore, id quod in toto Archidiaconatu non habeatur nisi ibi tantù modo, inquit Gasto.

I. II. Chart. Lasc. Anno millesimo C. l. ex quo Dominus noster & redemptor humani generis de intemerato virginis vtero nasci dignatus est, præsidente Paschalio Romanæ Ecclesiæ Papa, regnante Philippo Francorum rege, & G. Aquitanorum Comite. Sanctus Lascurr. Episcopus diuini amoris igne succensus, consilio Archiepiscopi Buidigalensium Amati, Romanæ quoque sedis Legati, & R. Auxiensium Archiepiscopi, & O. Olorensis Episcopi, consilio quoque G. Vicecomitis Bearnensis patriæ, aliorumque principum, considerans Euangelij dictum, non posse duobus seruire dominis, in Ecclesia suæ sedis videlicet B. Mariæ Lascurr. Regulares Canonicos instituit. Prius namque irregulariter, & sine aliqua Regulæ districtione viuebant, neque communiter neque conuenienter deo seruire videbantur. Supra memoratus vero S. Præsul desiderans illos quasi pastor gregem suum ab errors via reuocare & in rectitudinem semitarum dirigere, & sicut qui redditurus erat rationem in tremendo Dei iudicio, de talento à Deo sibi credito, & vt attentius & sine aliqua seculari instantia possent interesse Dei seruitio; eos præsentis seculi rerum omnium proprietati abrenunciare fecit. Et vt nullam sollicitudinem atque necessitatem victus scilicet & vestitus sub regulari disciplina existentes paterentur, hos honores ab hominibus bonis Ecclesiæ B. Mariæ datos, & partim per eundem Episcopum adquisitos illis assensit & firmauit. Ecclesiam scilicet de Carressa cum tota decima. Ecclesiam de Mureg cum appendicijs suis. Ecclesiam S. Iohannis de Podio cum decima: medietatem Ecclesiæ S. Petri de Alod. Ecclesiam de Arressa. Ecclesiam S. Seueri de Assat. Ecclesiam de Bordes cum villa. Ecclesiam de Auedele. Ecclesiam S. Iohannis de Nere, & cum his quartam partem oblationis altaris S. Petri de Seuinhac. Et si ipse vel eius successor adhuc aliquid ab altero participe eiusdem ecclesiæ, vel extorquere vel augmentare poterit, similiter eis cōcessit. Ecclesiam quoque Ecclesiæ S. Castini. Ecclesia de Serre. Ecclesiam S. Genumeri de Albiij cū villa. Ecclesia S. Andreæ de Beyrie. Ecclesia de Garaleda. Ecclesia de Lanelōque. Ecclesia de Crabosse. Per has quippe ecclesias & per diuersas partes Episcopatus plusquā triginta rustici dedi numerantur. Præterea quartam partem panis & vini Archidiaconatus de Bigbilh, & *iusticiam Ecclesiarum & decimarum, aliorumque placitorum, exceptis tribus, clericorum videlicet in peccatis permanentium, missarum quoque, & pænitentium oblationibus,* & si forte in his *duellum* vel aliqua *diuisio* aduenerit, *damnum* eis concessit, & tandundem in Siluest. Archidiaconatu. in ripa vero Lunij, quartam partem panis & vini, totum cum placitis. Quicumque vero viuus, vel mortuus, terrarum, vel mobilium aliquid B. Mariæ pro redemptione animæ suæ, vel parentum suorum contulerit, sine parte operis totum eis concessit. Siquis igitur vel eius successor, vel alter quilibet, his regulariter viuentibus hoc violare vel minuere voluerit, sub anathemate sit. Et qui voluerit hoc sustentare, & augmentare inter cælestium choros ciuium deputetur, vbi per manus angelorum deportetur, & mereatur gaudere & lætari cum SS. omnibus in æterna requie, vbi manet Deus cum Patre, & Spiritu sancto per infinita secula seculorum Amen. Post multa vero tempora supradictus S. Venerabilis Episcopus videns multiplicari conuentum Canonicorum, concessit eis donum in perpetuum obseruandum, vt in vnoquoque anno in festiuitate S. Mariæ Septembris, darentur eis quadraginta modij de tritico. Post modum A. Episcopus successor illius in eadem festiuitate X. modios insuper omni anno dari constituit. Dedit etiam eis Ecclesiam de Sancta Cōfessa ex integro; pro qua vnum Rusticum apud Ilhe donauit Gm. Abbati de S. Iuliano reclamanti, se in ea iure hereditario dicenti ius habere.

IV. Alia vice dedit donum Domnus Gasto Vicecomes Bearnensis pro se & suo genere huic Ecclesiæ

B. Virg. M. cenſum, & tributum de ponte vbicumq; mutabitur, hac conditione, vt Eleemoſynarius *cum ſuis equabus* ſi haberet, præ dicto V. R. ſi in eius alodio pons fieret, *ſuam omnibus annis abſque tritura tunderet annonam*, & inſuper omnibus annis darent ei ſex ſoli- dos, tres in feſtiuitate omnium ſanctorum, & tres circa *Feram Gauarenſem*. Viſores huius rei ſunt Oggerius de Miramon, Ramundus Garſias de Gauaſto, Garſias filius eius, Guilem Od de Andons, Guilem de Corberes, & alij.

CHAPITRE X.

Sommaire.

I. Gaſton donne à l'Eueſché ſes droits qu'il auoit en la Seigneurie de Laſcar, & en celle de Beneiac: L'Encens du peage d'Oloron, & dix ſols annuels ſur les droits de la Foire de Jacque en Aragon, & le vin clairet d'vne vigne pour le ſacrifice. II. Commerce de France & d'Eſpagne par Oloron. Les droits de Jacque anciens dans la maiſon de Bearn. III. Recherche hiſtorique de l'Origine de la Communion, ſous vne eſpece en l'Occident; qui commença en ce temps à l'occaſion d'vn Canon du Concile de Clairmont ſous Vrbain II. & du voyage de Jeruſalem. IV. Canon 28. de ce Concile mal interpreté par le Cardinal Baronius. V. VI. Vraye interpretation de ce Canon. VII. VIII. Vſage public de la Communion ſous vne eſpece en l'Egliſe de Jeruſalem. IX. Cét vſage eut ſon progreʒ en l'Occident depuis la priſe de Jeruſalem.

I. I'Ai reſerué pour ce Chapitre vne plus grande liberalité que Gaſton exerça le meſme iour de Paſques en faueur de l'Egliſe de Laſcar, lui acordant l'honneur, c'eſt à dire la ſeigneurie, les rentes, & la iuriſdiction, qu'il poſſedoit en cette ville, lors de l'eſtabliſſement de l'ordre Canonique. Car encore que le Duc Sance euſt donné la ville de Laſcar à l'Egliſe, cela n'empeſchoit pas que les Seigneurs de Bearn ne poſſedaſſent en qualité de Vicomtes hereditaires pluſieurs droits Seigneuriaux, qui eſtoient de leur domaine particulier, dans les meſmes lieux où les Ducs iouïſſoient des droits Côtaux, & qu'ils n'en diſpoſaſſent à leur gré. Comme il arriua pour le regard du village de Beneiac donné par le Duc Sance, que ce meſme Gaſton mettant le Meſſel ſur l'autel ceda entierement à l'Eueſque Gui, & à ſes Archidiacres, en preſence de Fortaner d'Eſcot, Fortaner de Domij, & R. de Biſanos, à la charge de rembourſer à Gautier de Melho cent ſols Morlas, pour leſquels il tenoit cette portion de village en engagement. Or il ne ſe contenta pas de donner les droicts qu'il auoit à Laſcar; mais en outre il deſchargea & afranchit les habitans de la ville, des charrois qu'il pouuoit leur commander pour ſon ſeruice, & du droict de Carnal; fit defenſes de ſaiſir la Seigneurie pour les debtes de l'Eueſque ou des Chanoines; & donna pour le ſeruice diuin, tout l'encens qu'il recueilliroit de ſa Lezde, ou peage d'Oloron, & dix ſols annuels pour le luminaire, à prendre ſur les droits qu'il leuoit en la Foire de Iacque en Aragon, & le vin clairet de ſa vigne de Maubec, pour faire le ſacrifice. Et en faueur de la maiſon Hoſpitaliere le diſme du pain, vin, & pomade qu'il cueilloit en tout ſon *Honeur*, c'eſt à dire aux terres de ſon patrimoine, qui eſtoit depuis *Faied* iuſqu'a Laſcar, qui ſignifie à mon auis les montagnes d'Aſſon, qui ont à leur racine la terre appellée Miehaged.

II. Cette piece nous apprend que le peage d'Oloron eſt vn ancien droict du domaine des Seigneurs de Bearn, & que ce paſſage des Monts Pyrenées eſtoit frequenté pour lors, non ſeulement pour le commerce des denrées du païs, mais auſſi pour les eſtrangeres, comme eſt l'encens ; que l'on tranſportoit en France de l'Eſpagne : où les Saraſins le faiſoient porter d'Arabie, au moyen de la correſpondance qu'ils auoient auec ceux de leur ſecte, qui commandoient en ces regions Orientales, que l'on peut nommer la matrice de leur ſuperſtition. Au lieu que l'on recouure maintenant l'encens par l'entremiſe des Venitiens, & d'autres marchans, qui vont en faire les achats en Alexandrie, au grand Caire, & ailleurs. Pour la Foire de Iacque elle commençoit le iour de Sainte Croix de May, & duroit quinze iours, ſuiuant les Fors de Iacque octroyés par Galinde Comte d'Aragon, chés Blanca : & ſans doute ce tribut eſtoit acquis à la maiſon de Bearn, depuis les conqueſtes de Centulle premier, ſous le Roi de Nauarre Sance Abarca.

III. L'affectation du vin de ſa vigne pour le ſacrifice, eſt appuyée d'vn exemple d'vne pieté ſemblable, practiquée par les Empereurs Romains à l'endroit des Egliſes de Lybie, qui eſtoit l'vne des Prouinces de l'Egypte, tellement deſeichée par les ardeurs du Soleil, qu'elle ne produiſoit point du froment. C'eſt pourquoi ces bons Princes en auoient ordonné vne certaine quantité, pour eſtre employée par les Eueſques de cette Prouince, premierement à l'operation du ſacrifice non-ſanglant, & le ſurplus à l'entretenement des pauures, comme il eſt expoſé dans la requeſte d'Iſchyrion Diacre preſentée au Concile de Chalcedoine, contre Dioſcorus Patriarche d'Alexâdrie, qui en auoit diuerti les eſpeces, & fait ceſſer par ce moyen l'oblation des ſacrifices. De ſorte que Gaſton deſtina ſa liberalité pour le vin du ſacrifice, comme les Empereurs l'auoient affectée pour le pain de l'Euchariſtie. L'emploi du vin pour le ſacrifice, & la rencontre du temps de cette donation, me donneront la liberté ſous l'adueu du Lecteur, de proposer ma coniecture touchant l'introduction de la couſtume practiquée en Occident, de communier les Laïcques ſous la ſeule eſpece de pain, eſtimant qu'il ſera fort à propos d'en faire quelque mention hiſtorique en ce lieu, puiſque ſuiuant mon opinion, les comencemens en doiuent eſtre rapportés au Concile de Clermont ſous le Pape Vrbain II. l'an 1096. & à la conqueſte de la Terre Saincte, qui ſe fit en ce temps. Mon intention n'eſt pas pourtant d'examiner, ſi la primitiue Egliſe a permis aux Laïques de communier indifferemment à leur diſcretion, ſous l'vne, ou ſous l'autre eſpece, ſoit à la maiſon, ou dans les Egliſes, ſoit aux malades, ou aux ſains. Car ceux qui ont traicté cette matiere auec ſoin, ſe ſont acquités fidelement de ce deuoir, & ont produit les preuues des anciens pour l'eſtabliſſement de cét vſage. Le texte de Tertullian deuant ſuffire pour tous, puis qu'il rapporte la practique des fidelles, qui celebroient leurs ſtations ou ieuſnes ſolennels, & s'approchans de l'autel receuoient de leurs propres mains le Corps du Seigneur, & le reſeruoient pour le manger chés eux ; & qu'il approuue leur procedé, diſant expreſſément, que par ce moyen ils ont ſatisfait à l'vn & à l'autre deuoir, ſoit de la participation du ſacrifice, ſoit de l'acompliſſement du ieuſne, quoiqu'ils n'euſſent receu que l'vne eſpece.

IV. Mais ce qui donne de la peine aux curieux, eſt de ſçauoir en quel temps le peuple Chreſtien a commencé de ſe contenter de l'eſpece du pain, & deſiſté de participer à la coupe par reſpect. Il me ſemble comme i'ai deſia dit, que l'on peut attribuer l'origine de cette couſtume, & ſon approbation au Concile de Clermont au canon 28. qui eſt conceu en ces termes, chés le Cardinal Baronius en ſes Annales, qu'il a pris auec les autres Canons de ce Concile, des memoires du docte Antoine Auguſtin Archeueſque de Taragone : *Ne quis communicet de altari, niſi corpus ſeparatim, & ſanguinem ſimiliter ſumat, niſi per neceſſitatem, & Cautelam.* Ce canon ſemble d'abord condamner l'vſage de l'vne eſpece, & commander eſtroſſement la participatió des deux; Ce qui a porté le Cardinal à escrire cette Note en suite du Canon; que ces defenses auoient esté ordonnées, à cause de la nouuelle heresie de Berengarius, qui enseignoit que l'vne espece suffisoit pour acomplir la figure, *Ob recentem damnatam hæresim Berengarianam, quæ per vnam tantum speciem satis esse impleri figuram aiebat.* Toutesfois pour ne rien dissimuler, cette interpretation semble d'autant plus forcée qu'elle est esloignée du vrai sens de l'impieté de Berengarius: lequel comme dit Adelmanus Euesque de Bresse & son compagnon d'eschole, s'estant separé de l'vnité de l'Eglise, auoit vn sentiment contraire à la Foi Catholique touchant le Corps & le Sang du Seigneur, qui est immolé chasque iour sur le Sainct Autel par toute la terre, sçauoir que ce n'estoit pas le vrai Corps ni le vrai Sang, mais vne certaine figure & similitude. Et par consequent ne reconnoissant pas la vraye presence du Corps & du Sang de I. C. en l'Eucharistie, il estoit obligé d'enseigner la necessité des deux especes pour la communion de ce mystere, puis qu'il constituoit l'essence en la figure & signification, & que chascune des deux especes est limitée à representer le Corps, ou le Sang, suiuant l'intention de celui qui les a instituées. De fait encor auiourd'hui ceux qui se sont retranchés de la communion de l'Eglise Romaine, trouuent de grandes difficultés en l'vsage de la communion sous l'vne espece, d'autant que comme elle ne contient pas la signification entiere & complete du Corps & du Sang, il leur semble qu'elle soit mutilée d'vne partie de sa substance, qu'ils constituent principalement en l'expression de cette signification, qu'ils estiment leur exhiber les choses qu'elles signifient. Ils seroient aisément deliurés de ce degoust, s'ils pouuoient se persuader la verité Catholique de la presence reelle du Corps viuant, immortel, & impassible de I. C. sous chascune des especes, qui contient par ce moyen l'efficace necessaire du sacrement, encore qu'elle n'ait pas la signification si expresse, que toutes les deux. Ie n'auance pas ce discours pour faire le Theologien, mais pour monstrer que la conjecture de Baronius est mal fondée, lors qu'il attribuë à Berenger vn erreur, dont il ne peut estre soubçonné suiuant ses principes, & dont il n'a esté reproché par Lanfrancus, ni Guitmundus, qui ont escrit de son temps contre son heresie.

V. Pour mon regard ie pense que le sens de ce Canon est tout autre, & que l'intelligence en est aisée, si l'on veut peser chasque parole comme il faut. Car on y peut consider deux regles, & deux exceptions. La premiere regle ordonne que les fidelles communient au Corps & au Sang de I. C. sous les deux especes de pain & de vin. La seconde, que cette communion se face en prenant separément l'vne espece de l'autre, & non pas conjoinctement, comme faisoient les Grecs; (au rapport du Cardinal Humbert qui escriuit contre eux l'an 1054. & dicta la formule de l'abiuration de Berenger au Concile Romain) lesquels auoient accoustumé d'administrer au peuple la communion, en meslant l'vne espece dans l'autre, mettans vne partie du pain Eucharistifé dans le calice, & le presentans aux communians dans vne ceüillere: Vn semblable abus commençoit à se glisser en quelques Eglises d'Occident, qui bailloient au peuple l'Eucharistie trempée dans le calice. A quoi le Pape Vrbain s'oppose, & le corrige par ce Canon, ordonnant que la distribution du Corps se face separément, de celle du Sang; & pour cét effet il faut peser le terme de *Separatim*; *Ne quis communicet de altari nisi corpus separatim, & sanguinem similiter sumat.* Ce qu'Orderic rapportât ce canon par extrait explique par le terme *Singulatim*, qui semble plus precis. De mesme que le Pape Iule au rapport de Gratian auoit defendu aux Egyptiens, *Ne pro complemento communionis intinctam Eucharistiam traderent populis.*

VI. Il reste d'examiner, si ce Canon oblige necessairement les Laïcques à participer à toutes les deux especes. Or il me semble, que si tous les termes sont considerés de prés, on trouuera que l'Eglise en ce temps auoit le mesme sentiment sur ce sujet, qu'elle a maintenant. Car ce Canon defend bien de prendre l'vne espece sans l'autre, ainsi que i'ai accordé sans dissimulation; mais il adiouste deux exceptions, l'vne de necessité, & l'autre de Cautele. *Nisi per necessitatem, & Cautelam.* Le cas de necessité est celui d'vn malade, à la santé duquel le vin consacré, qui ne perd pas ses qualités naturelles par la grace de la benediction, pourroit apporter du preiudice; ou bien lors que les communians ont en horreur l'vsage, le goust, & l'odeur du vin. L'exception de la Cautele sembleroit plus obscure, à cause de la rudesse des termes, si ie n'empruntois l'explication de cette diction, d'vn Auteur esloigné d'enuiron vn siecle, du temps de ce Concile. C'est Ioannes Teutonicus glossateur du Decret de Gratian, lequel en sa glosse sur vn Chapitre du Synode de Vvormace, parlant de l'espece du vin, dit qu'elle n'est point gardée par Cautele, afin qu'elle ne se verse. Suiuant ce sens, la seconde exception de ne communier à l'espece liquide, sera la Precaution du danger de l'effusion ou espanchement du Sang consacré. De sorte que si les Chrestiens s'abstiennent de participer à la Coupe par Respect, & pour aller au deuant du danger de l'effusion du Sang, ce cas de Cautele & Precaution est autorisé par les termes de ce Canon. Or c'est le danger de l'espanchement, & la precaution de cette irreuerence, qui a principalement esmeu les membres de l'Eglise d'introduire, & receuoir peu à peu cette coustume generalle, de ne distribuer la Coupe aux Laïcques; dont il est aisé de voir les commencemens en ce Canon 28. du Concile de Clermont, suiuant que i'auois proposé.

VII. Le voyage de la Terre saincte entrepris à mesme temps, a serui de beaucoup pour estendre & affermir cette coustume en Occident, à l'exemple de l'Eglise Patriarchale de Ierusalem: où l'affluence des Pelerins, & l'vsage frequent des communions, auoit introduit la coustume de communiquer au peuple la seule espece du pain, afin d'éuiter les dangers de l'irreuerence, qui se commettroit en l'espanchement du Sang, que la presse des communians pourroit facilement causer. Cette pratique ancienne de l'Eglise de Ierusalem, se iustifie par la lettre d'vn de ses Patriarches, rapportée dans le Traicté preallegué du Cardinal Humbert, qu'il escriuit à Constantinople, suiuant le desir de l'Empereur Constantin Monomachus, lors qu'il y residoit en qualité de Legat du Pape Leon IX. l'an 1054. qui a esté publié en l'Appendice de l'onziesme Tome des Annales Ecclesiastiques. Ce Patriarche dit, *Que les Prestres de Ierusalem ne commettent pas en la celebration du diuin Sacrifice de nostre Seigneur, les fautes & les indecences que font les Grecs.* D'autant qu'ils employent des oblations & des hosties *qui soient entieres, & non entamées, lesquelles ils mettent sur les sainctes patenes sans les découper en figure de Croix, auec vne petite lance de Fer, ainsi que les Grecs; & apres la consecration les esleuent facilement, d'autant qu'elles sont minces, déliées, & propres à cette action.* Il adiouste, *qu'ils n'ont point de ceuilleres pour communier à la façon des Grecs, d'autant qu'ils ne meslent point la saincte Communion dans le Calice, se contentans de distribuer au peuple la seule Communion, & que tous les Chrestiens de cette Prouince gardent cette coustume, comme tradition des Apostres, soit aux grandes, ou aux petites Eglises. Les Grecs mesmes residans au Patriarchat s'y conformans en partie, quoi que les autres suiuent l'vsage de leurs Eglises. Que s'il y a des restes de la saincte & venerable Eucharistie aux Eglises de Ierusalem, on ne les brusle pas, ni on ne les enfouit pas sous terre, mais on les met en reserue dans vne boëte bien nette, bien propre, & l'on en communie le peuple au iour suiuant, d'autant que l'on distribuë la Communion chasque iour aux Chrestiens qui se rendent à ce lieu venerable du Caluaire, & au sainct Sepulchre, de diuerses Prouinces & endroits du monde.*

VIII. I'ai tourné en François les paroles de ce Patriarche, qui sont representees en Latin au bas de ce Chapitre, afin que chascun peust iuger de la force de la preuue qui s'en recueille, pour verifier la tres-ancienne pratique de la Communion, sous la seule espece du pain, distribuée aux Chrestiens de toutes les Prouinces du monde, & acceptée par eux sans plainte ni murmure, dans l'Eglise Patriarchale de Ierusalem. Où ie desire que le Lecteur considere la phrase employée par ce Patriarche, pour designer l'espece du pain, qu'il nomme la saincte Communion, & sous ce nom le separa de l'espece du vin, qu'il designe sous le terme de Calice, *Nous ne meslons pas*, dit-il, *la saincte Communion dans le Calice*, c'est à dire, le Pain consacré auec le Sang, *distribuons au peuple la seule Communion*, c'est à dire, le Pain consacré; lequel il nomme en suite Eucharistie, declarant qu'ils ont accoustumé d'en mettre les restes dans vne boëte, pour communier le lendemain tous les Chrestiens, qui se presenteront. Or il ne faut pas trouuer estrange, si cét Auteur designe le Pain consacré par les termes de Communion, & d'Eucharistie, d'autant que l'vsage de plusieurs Escriuains Ecclesiastiques, nommément des Liturgiques, a diuisé ce Sacrement en deux parties, dont ils nomment l'vne, Eucharistie, Communion, & Oblation, & l'autre, la Coupe, ou bien le Calice. Ce qui est puisé des Canons du Concile de Nicée, & des façons de parler de Iustin Martyr, & d'Irenée; Le Paraphraste Syriaque s'accordant mesmes à cette locution, puis qu'il explique la fraction du pain, en laquelle les premiers Chrestiens perseueroient dans les Actes des Apostres, par la propre diction Grecque d'Eucharistie.

IX. De sorte que ie ne fais point difficulté de croire, que comme les Chrestiens Occidentaux possederent assés longuement la Palestine, & que les pelerinages y furent plus frequens, & le commerce de l'Occident auec l'Orient plus ouuert, cette coustume de communier les peuples sous la seule espece de pain fut prouignée plus aisément en plusieurs Eglises d'Occident, à l'imitation de celle de Ierusalem; attendu nommément que cette pratique prenoit son motif d'vne plus grande reuerence enuers cét auguste Sacrement, en la precaution que l'on apportoit par ce moyen à euiter l'espanchement du Calice. Il est vrai que cét vsage n'estoit pas encore introduit du temps de sainct Thomas d'Aquin, qu'en certaines Eglises particulieres; mais apres que par sa responce il eut approuué la prudence, & preuoyance dont elles vsoient en cét endroit, afin de ne tomber pas dans le danger de l'effusion du Sang, il est certain qu'il fut generalement embrassé par tout. De fait, le Concile de Constance en la session XIII. tenuë le quinziesme de Iuin, mille quatre cens quinze, asseure que la coustume de la Communion sous la seule espece du pain auoit esté raisonnablement introduite par l'Eglise, & gardée depuis vn tres-long-temps, *Diutissime obseruata*, de sorte qu'il l'autorise pour loi, iusqu'à ce que l'Eglise en ait autrement ordonné. Ce Decret a esté confirmé par le Concile de Basle, & par celui de Trente, qui a remis au iugement du Pape, les conditions, sous lesquelles il faudra permettre l'vsage de la Coupe aux Prouinces & nations qui voudront rentrer dans l'vnité de l'Eglise, moyennant cette permission; qui seront sans doute conformes à celles que le Concile de Basle exigea des Bohemiens, dont les principales sont que l'on croye la presence reelle du Corps de Iesus-Christ entier, viuant, & impassible sous chascune des especes, & que la participation des deux conioinctement n'est pas absolument necessaire à salut, ou commandée de droict diuin à chasque particulier.

---

1. Chart. Lascur. Aliauice dedit donum Domnus Gasto Vicecomes Bearnensis pro se, & suo genere huic Ecclesiæ B. Virginis Mariæ & Clericis ibidem Deo seruientibus, Censum & tributum de ponte vbicunque mutabitur iure perpetuo, & honorem de Sancta Maria quem habebat ibi quando ordo constitutus est. Infrà: Dedit insuper ad S. Mariam *Incensum* totum quod accepit *de Lezda de Oloro*, & decem solidos ad luminaria, de la Fera de Iacca. *Et vinum clarum de vinea Malbec ad sacrificium faciendum*. Infrà: Dedit etiam ad elemosinam, decimam de pane & vino, & pomada, de toto suo honore quem habebat citra Faied. Ex Chart. eodem: Notum sit omnibus tam præsentibus quam poste-

ris, quod Gasto Vicecomes & Talesa vxor sua, & Centullus filius eorum, iu die Ascensionis Domini afranquiuerunt, & liberauerunt totum proprium honorem S. Mariæ, de tot Carrei, & de toto Damno, & de tot Carnal, & de toto opere pro redemptione animarum suarum, & antecessorum, & successorum in perpetuum.

III. E Libello Ischyrionis in Conc. Chalced. Act. 3. παρεχωμεν πρός τῶν διαλεχθέντων ἡμῖν βασιλέων ὅτι ταῖς εκκλησίαις τῆς Λυσίνης, πρὸς τὸ ἐν πρώτοις τὴν ἀδιάμαχτον διακονείαν ἐπιτελεῖν.

IV. Tertull. c. 14. de orat. Ergo deuotum Deo obsequium Eucharistia resoluit, an magis Deo obligat? Nonne solennior erit statio tua, si & ad aram Dei steteris? Accepto Corpore Domini, & reseruato, vtrumque saluum est, & participatio sacrificij, & executio officij.

VII. Ioannes Teuton. in c. Presbyter de consecr. d. 2. Propter cautelam non seruatur, ne fundatur.

VIII. Humbertus apud Baron. in Appendice x 1. Tomi Annal. Cochlear autem cum quo communicent, sicut in Ecclesia Græcorum minime habent, quia non ita commiscent sanctam Communionem in Calice, sed sola Communione communicant populum. Itaque in magnis & in paruis Ecclesiis hunc morem sibi traditum à sanctis Apostolis habent omnes Christiani ipsius prouinciæ. Græci autem cohabitantes alij sic, alij qualiter à suis acceperunt. Ad hæc, siquid ex sancta & venerabili Eucharistia in Hierosolymitanis Ecclesiis superfuerit, nec incendunt, nec in foueam mittrunt, sed in pyxidem mundam recondunt, & sequenti die communicant ibi, eo quod conueniunt illuc ex diuersis prouinciis Christiani, qui propter fidem & maximum amorem filij Dei communicari ibidem desiderant, quia & locus ipse venerabilior, & sanctior est omnibus locis in omni terra, & ibi est sepulchrum sanctum & honorabile D.N.I.C. & sanctus Caluariæ locus.

X. D. Thomas 3. p. q. 80. art. 12. Prouidè in quibusdam Ecclesiis obseruatur, vt populo sumendus sanguis non detur.

CHAPITRE XII.

Sommaire.

I. Le Pape Paschal II. confirme par sa Bulle l'establissement des Chanoines Reguliers de Lescar, & les Eglises & Dismes qu'ils possedoient. II. III. IV. Recherche des Princes, & des Gentilshommes de Bearn qui auoient donné ces Eglises auant l'année mil cent, partout le Chapitre. Les vsurpateurs des biens d'Eglise excommuniés. Talese la Vicomtesse tenoit la Cour en absence de son mari. Barons de Bearn en ce temps, qui estoient les Pairs & Vassaux de la Cour. Different des Barons establis depuis. L'Abbaye seculiere de Aressi. Gaston confirme vne donation, & menace son fils de la perte de son heritage, en cas qu'il ne tienne la main à l'obseruation. V. Odo de Dengui. Donation de la Pause.

I. LE Pape Paschal II. à l'instance de Gui Euesque de Lascar, successeur de Sance, confirma par sa Bulle de l'an M. CXV. l'establissement des Chanoines Reguliers, & les Donations faites par le Prince Gaston, auec les Eglises & dismes que le Chapitre possedoit pour lors.

Or puis que tant la donation de l'Euesque Sance, que cette Bulle du Pape Paschal, font le denombrement des Eglises & des reuenus, qui estoient possedés en ce temps par le Chapitre de Lascar, il ne sera pas hors de propos de remarquer en passant le nom des Seigneurs & Gentilshommes de Bearn, qui ont fait ces liberalités; D'autant plus qu'encore bien que la negligence de nos predecesseurs n'ait point conserué le date des actes, on peut estre instruit par celle du titre de Sance, de l'an M. C I. & de la Bulle du Pape Paschal de l'an M. C X V. qu'ils sont plus anciens que ces deux Chartes.

II. De fait le Duc de Gascogne Guillaume Sance, & sa femme Vrraque ont donné l'Eglise de Carresse, & de Sainct Seuer d'Assat enuiron l'an 980, & leur fils Sance Duc de Gascogne celle de Poey enuiron l'an 1020. Loup Fort l'Abbé, & Gaston III. celle de S. Castin. Le mesme Loup Fort & son pere Fortaner de Serre, celle de S. Iulian de Serre. L'Euesque Raimond le vieux donna Muret; La Vicomtesse Ange la femme de Centulle I I I. Seigneur de Bearn , le village & l'Eglife d'Aubij. Centulle le Vicomte & Guillaume Aner l'Eglife S. Laurens de Craboſſe. Du temps de Bernard Duc de Gaſcogne, c'eſt à dire l'an 1000. Acinella d'Auriag donna le village & l'Egliſe de Botdas. Arnald Garcias auec ſa femme, l'Eglife d'Auedelle, que l'on nomme auiourd'hui Bedeille, Guillaume Sance d'Alod, ſa femme Sancia Vacca, & leur fils Arnaud, donnerent la moitié de l'Egliſe d'Alod, & Raimond auec ſon fils Arnaud, l'autre moitié. Pour les Egliſes de S. Domnin d'Areſa auec les hommes du village, celle de S. Iulian de Lanelongue, & de S. André de Beyrie, Garſiarnaud de Gauaſton auec ſon fils Arnaud, en fit la donation entre les mains du Vicomte Centulle I I I. enuiron l'an 1040. Pour celle de S. Martin de Garlede, le meſme Centulle & Arnaud Burdegala Cauier l'ont donnée.

I I I. Quant à la quatriéme partie de la diſme de l'Egliſe S. Pierre de Seuinhac, elle fut acquiſe par la compoſition arreſtée entre les Chanoines, & vn gentil-homme nommé Ezius Arnaldus, qui eſt aſſés exactement rapportée dans le Chartulaire de Laſcar, & contient quelques chefs que i'eſtime conſiderables. Il aſſure que Garſias Arnauld de Deſaſt tua vn ſien compere , & vn autre gentil-homme en preſence de Gregoire Eueſque de Laſcar. Et que pour la ſatisfaction de cette iniure, & pour la penitence de l'homicide, il donna a Sainte Marie, l'Egliſe de Saint Pierre de Seuinhac. Ce qui doit preceder l'an 1072. qui eſt celui du decés de Gregoire. Ezarnald de Deſaſt ne voulut point apporter ſon conſentement, au contraire ſe preualant de l'authorité qu'il auoit comme Seigneur de la terre de Seuinhac, retint par violence tous les reuenus qui auoient eſté donnés. De ſorte que ſur la plainte des Chanoines, il fut excommunié, & ſon Egliſe miſe en interdit par l'Eueſque Bernard, decedé dés l'an 1080. L'Eueſque Sance renouuella cette excommunication, & enfin obligea Ezarnaud de conſentir, que les Chanoines iouïroient de la quatriéme partie de toutes les diſmes & des oblations de Seuinhac. Cét accord fut fait en la preſence, & de l'authorité de l'Eueſque Sance, & de la Vicomteſſe Taleſe en abſence de ſon mari Gaſton, eſtans preſens à ce traicté tous les Barons de cette terre, comme porte l'acte; ſçauoir Ramond Garſia de Gauaſton, Arſiu de Nauailles, Caiard de Lod, Raimond de Domij, Guillaume Garſie de Milcents, & pluſieurs autres. Les cautions furent Bernard Guillem d'Eſcot, & Arnaud Aramon d'Ezluc, à condition que ſi le principal refuſoit d'executer la tranſaction, il payeroit de peine trois cens ſols de la monoye de Fourquie, ou de Morlas, pour chaſcune des cautions, le contract demeurant neantmoins en ſa force & vigueur. On voit en cét acte que Taleſe la Vicomteſſe tenoit ſa Cour en abſence de ſon mari, que les vſurpateurs des biens Eccleſiaſtiques eſtoient pourſuiuis par excommunications, & cumulatiuement auſſi par la Iuſtice ſeculiere, & que ces deux auctorités ſe ioignoient enſemble, lors qu'il eſtoit queſtion de terminer le different des parties. Si l'eſcriuain de cét acte n'euſt voulu eſpargner ſa peine, nous euſſions eſté pleinement inſtruits du nom de tous ceux qu'il pretendoit comprendre ſous le tiltre de Barons de Bearn, leſquels il aſſure auoir eſté tous preſens à ce iugement. Il eſt neantmoins certain qu'vne partie de ceux qu'il denomme tiennent auiourd'hui le rang des Barons, mais non pas tous, comme Caiard de Lot, qu'il denombre formellement parmi les Barons, outre les deux cautions qui ſont du corps de l'aſſemblée. Auſſi faut-il reconnoiſtre, qu'il y a de la difference entre les Barons de ce ſiecle, & ceux de noſtre temps, dautant que ceux là ſont les Gentils-hommes & Vaſſaux du Seigneur de Bearn obligés d'aſſiſter à ſa Cour, lors qu'il l'aſſemble, ſans limitation de nombre; au lieu que ceux de noſtre temps ſont reſtraints à certain nombre, ainſi que i'expliqueray en l'année 1230. lors que le reglement en fut fait.

IV. L'Eglise de Sainte Marie de Serre mentionnée dans la Bulle de Paschal, fut donnée à l'Euesque Gui, par le soin & l'entremise du Prince Gaston, qui auctorisa la gratification qu'en fit son vassal Ramond Garsia de Gauasto; Esquine sa femme, Garsia leur fils, & Ramon Garsia fils de Garsia. Il est vrai que pour mieux assurer cette liberalité, on la pretexta d'vn eschange suiuant la pratique du temps; L'Euesque Gui & les Chanoines ayans baillé à Garsia six Casals, sçauoir trois à Pardies, deux à Lanelongue, & l'Abbaye d'Aresi, qui est nommée plus bas *Dominium de Ecclesia de Aresi*, outre cent soixante sols de Morlas, & vne mule, que Gaston donna à la descharge des Chanoines. L'inuestiture en fut solennelement faite par Garsia, & son fils, qui mirent pour cét effet le liure Messel sur l'Autel de l'Eglise Cathedrale, en presence des Chanoines & du Prince Gaston; qui ordonna que ce contract fust inuiolablement obserué, & que son fils y tint soigneusement la main, soubs peine en cas de negligence, de descheoir de son heritage. Et pour en confirmer dauantage l'execution, il voulut estre l'vn des pleiges, auec Guilem Odo d'Andons, Fortaner d'Escot, Bergolup de Moneng, & Cicard d'Assat, establissant cent sols Morlas de peine pour chasque caution, qui reucnoient à cinq cens sols en cas de contrauention au contract, lequel nonobstant le payement de l'amende, seroit executé suiuant sa teneur:

V. Reste pour finir cette matiere, la confirmation de la donation du lieu de la Pause, que firent Odo de Dengui, Alaude sa femme, & ses enfans Ezarriald & Arsius, au profit de l'Euesque & des Chanoines nommés dans l'acte Senieurs; Elle fut autorisée par le Vicomte Gaston, son fils Centulle, & la Vicomtesse Talese, en presence des Barons de sa terre, Auger de Miramont, Aner, & Loupaner de Malbec; Guilem Od d'Andons, Gassion de Serracurte, Amaneu d'Aspe, & plusieurs autres. D'où l'on peut encore suffisamment recueillir, que les Barons de ce siecle comprenoient les plus honorables Vassaux sans restriction de nombre, ainsi que i'ai desia touché. Et dautant que cét acte & les deux precedens sont assez remarquables, ie les mettrai en ce lieu, ometant les autres mentionés en ce Chapitre.

I. E Chartario Lascurrensi : Paschalis Episcopus seruus seruorum Dei, Venerabili fratri Guidoni Lascurrensi Episcopo, salutem & Apostolicam benedictionem. Iustis votis assensum præbere, iustisque petitionibus aures accommodare nos conuenit, qui, licet indigni, iustitiæ custodes atque præcones, in excelsa Apostolorum Petri & Pauli specula positi domino disponente conspicimur. Idcirco tuis, frater in Christo charissimè Guido, iustis petitionibus annuentes, sanctam Lascurrensem Ecclesiam cui Deo auctore præsides Apostolicæ sedis protectione munimus. Ordinem itaque vitæ Canonicæ quem bonæ memoriæ Sancius prædecessor tuus in ecclesia eadem instituit præsentis decreti firmitate firmamus, Et ne alicui Canonicorum post professionem facultas proprium quid habere, neue sine tuæ vel Capituli licentia de claustro discedere liceat interdicimus. Sane tibi tuisque legitimis successoribus preter generalem illam Episcopalis officij curam, specialem concedimus facultatem præfatæ Ecclesiæ Canonicos corrigendi, & per obedientias disponendi, aut etiam ab eisdem obedientiis canonice remouendi. Ad hæc vobis, & per vos eidem Lascurrensi Ecclesiæ confirmamus illam Gauarensis Pontis, seu ceterarum rerum donationem quam bonæ memoriæ Gasto Vicecomes, & vxor eius Talesia in sumptus fratrum communiter viuentium contulerunt. Et quæcumque iure parochiali vel proprietario ad eamdem noscuntur Ecclesiam pertinere, videlicet Ecclesiam S. Stephani de Carressa cum decimatione sua. Morlanenses sanctæ Fidis & sancti Andreæ. Monasterium S. Petri de Regula. Monasterium S. Petri Generensis, quartam partem decimationis Ecclesiæ S. Petri de Seuiniaco, & cottidianæ oblationis. Pausam cum appendiciis suis. Castellum Morelli cum pertinentiis suis. Vniuersa etiam quæ eidem Ecclesiæ vel à fidelibus viris de suo iure collata, vel aliis iustis modis acquisita sunt, aut in futurum largiente Deo, concessione Pontificum, liberalitate principum, vel oblatione fidelium iuste atque canonice acquirentur, firma vobis vestrisque successoribus atque illibata permaneant. Decernimus ergo vt nulli omnino hominum liceat prædictam Ecclesiam temerè perturbare, aut quæcumque ipsius sunt vel fuerint quibuslibet occasionibus auferre, minuere, vel temerariis vexationibus fatigare, sed omnia integra conseruentur, tam tuis quam Clericorum & pauperum vsibus profutura. Si quis igitur decreti huius tenore cognito temere contraire tentauerit, nisi præsumptionem suam digna satisfactione correxerit, honorum & officij sui periculum patiatur, aut excommunicationis vltione plectatur. Cunctis autem eidem loco ista seruantibus sit pax Domini nostri Iesu Christi. Quatenus hic fructum bonæ actionis percipiant, & apud districtum iudicem præmia æternæ pacis inueniant, Amen. Datum Tiberiæ per manum Chrysogoni agentis vices Domini Ioannis Cancellarij. Nonis Iunij. Indictione septima. Anno Dominicæ Incarnationis, M. C. XV.

Pontificatus autem Domini Paschalis secundi Papæ anno xv.

III. Ex eodem Chartario : Et totum hoc factum est in præsentia & iustitia Domini Episcopi Sancij, & Vicecomitissa Talesa, astantibus omnibus Baronibus istius terræ, scilicet Raimundo Garsia de Gauasto, Arsiu de Naualés, Caiardus de Lod, Raimundus de Domij, Gm. Garsies de Milcents & aliis compluribus, & sunt fideiussores Br. Gilem d'Escot. Ar. aramon d'Ezluc. Et si hoc denegaret per vnamquamque fidanciam trescentum solidos daret, Forcensis monetæ, & postea in eadem firmitate staret.

IV. Ex eodem Chartario vbi agitur de Ecclesia S. Mariæ de Serra : Donum vero fecit Garsio & filius Raimundus Garsias ponentes Missale super altare B. Mariæ, Gastone Vicecomite præsente, & omnibus Canonicis. Et præcepit Gasto vt semper teneretur hoc pactum, & filius eius post illum faceret tenere, & si non faceret per negligentiam nunquam teneret honorem suum. Visores & fideiussores huius rei sunt ipsimet Vicecomes Gasto, Guilem odo de Andons & Fortaner d Escot. & Bergolup de Monegn, & Cicardus de Assat. Ponere pro vnoquoque Fideiussore centum solidos Morlanenses & insuper facerent tenere placitum, fiat, fiat. Amen. *Dominium de Ecclesia de Aresi* dederunt Episcopus & Canonici omnes ad Garsio, vt daret illis terram iuxta Ecclesiam caussa construendi edificia domorum.

V. Ex eodem Chartario vbi agitur de loco de Pansa : Hoc autem factum est in manu Vicecomitis G. & filij sui Centulli & Vicecomitissa, & videntibus Baronibus terræ suæ, Auger de Miramont, Aner & Lopaner de Malbec, Guilem od Gassion de Serracurta, & Amaneu de Aspa, & multis aliis, & fecerunt donum super altare Episcopo G. & omnibus senioribus, puerumque obtulerunt, & factus est Canonicus, & ipse Odo in fine vitæ suæ fecit se Canonicum.

CHAPITRE XIII.

Sommaire.

I. Gaston confirme au Prieuré de Morlas les Donations de son pere Centulle. Il en y adiouste d'autres de son chef, & particulierement, cinq sols à prendre sur les amendes des Courses des cheuaux, qui se faisoient à Morlas le iour de Toussaints. II. Ingenuité & Franchise de la ville de Morlas expliquée. III. Ces Franchises estoient appellées sauuetés. Saluitates. où les personnes & les biens estoient en seureté contre la violence des ennemis priués. IV. Gaston de Bearn estoit vn des Pairs de la Cour de Gascogne, qui cassa le subside establi par le Vicomte de Benauges sur la riuiere de Garone.

I. PVis que nostre Gaston ne se lassoit de faire du bien aux Eglises en cette mesme année, le Lecteur est obligé d'en agreer le recit; & pour lui oster le degoust de ces vieux tiltres mal dressés, ie tascherai d'expliquer vn terme qui demeureroit autrement dans l'obscurité. On trouue dans les memoires du Prieuré de Saincte Foi de Morlas, que ce Prince confirma les donations que son pere Centulle auoit faites en faueur du monastere de Clugni, & de l'Eglise Saincte Foi; qu'il augmenta de la rente de cinq sols Morlas, à prendre sur les amendes des courses des cheuaux ou des tournois, qui se faisoient dans la ville de Morlas, au iour de la feste de Toussaincts ; à la charge que le caualier qui aura vaincu en la course, soit traicté & regalé pendant tout le iour, auec deux de ses compagnons, dans la maison de Saincte Foi. Ces courses auoient esté ordonnées pour exercer la Gendarmerie aux actions de son mestier: mais dautant que bien souuent ces tournois ne seruoient que de pompe & de parade, pour faire monstre des forces du corps, & de la temerité du courage, & donnoient occasion à plusieurs meurtres, le Pape Innocent Second les defendit sous peine d'excommunication au Synode Romain l'an 1139. & le Pape Alexandre III. en celui de Latran l'an 1178. quoi que ces defenses qui empeschoient vn exercice militaire n'ayent pas esté receuës depuis par les Princes, comme l'on voit dans les histoires du temps suiuant. Il adiouste à cette liberalité la disme du vin & de la chair, qui se vendroit

chasque

Liure cinquiefme. 385

chafque iour au marché, & la difme de fa vigne. En outre il donna la Chapelle de S. André nouuellement baftie au Bourg neuf, par vn Preftre de Morlas nommé Bernard de Belfta, & tefmoigne qu'il exerce ces actions de pieté pour foi, fa femme, & toute fa race, enfemble pour fon fils Centulle, afin d'attirer fur eux le fecours de Dieu aux neceffités de cette vie, & la recompenfe du Ciel. Cét acte eft fuiui d'vn autre en date de l'année mil cent & vn. De forte que ie croirois aifément, que le premier qui contient la confirmation des donations de Centulle, fe doit rapporter au temps que Gafton fucceda à la Principauté de Bearn.

II. Le fecond acte contient l'ingenuité & la franchife de la ville de Morlas, que Gafton met foubs la protection de Dieu, de Sainct Pierre de Clugni, & de Saincte Foi, & defend expreffement, que nul homme ne foit fi temeraire d'enleuer de fon territoire aucune vache, pourceau, ni mouton, ni autre chofe quelle que ce foit, ni faire aucun logement dans les maifons de la ville, ordonnant que toutes chofes demeurent fauues, fous peine de damnation eternelle. Ce priuilege dont Gafton fait vn fi grand eftat, que de menacer les infracteurs de damnation, ne peut eftre pleinement entendu, finon en prefuppofant, l'abus toleré de ce fiecle, dont il fera parlé au Chapitre fuiuant, qui permettoit aux perfonnes offenfées de faifir, & enleuer apres le defi, tout ce qu'ils pouuoient trouuer apartenant à leurs ennemis, & le retenir comme eftant de bonne prife. La couftume neantmoins auoit preualu d'excepter de ces violences, les perfonnes Ecclefiaftiques, & les domaines apartenans à l'Eglife. C'eft pourquoi Gafton voulant octroyer la Franchife auec effet, aux habitans de la ville de Morlas, & les affurer contre la violence des eftrangers, qui fe pretendroient offenfés par les habitans, ne fe contente pas d'ordonner cette feureté & ingenuité, mais encore l'affermit par la Dedicace, qu'il fait de cette ville à la protection de Dieu, de Sainct Pierre, & de Saincte Foi, afin de lui procurer le priuilege d'vne chofe Ecclefiaftique.

III. Les Franchifes & Immunités de cette nature eftoient appellées Sauuetés. *Saluitates*, comme dans la Charte de la Fondation du monaftere de Sainct Pé, le Duc de Gafcogne Sance oblige tous les Seigneurs de Gafcogne de iurer auec lui la Sauueté de ce lieu l'an M. XXX. *Saluitatem huius loci*, & condamne les infracteurs à cinq cens liures d'or, au payement defquelles le Comte de Begorre, & le Vicomte de Bearn pourroient les contraindre. En l'acte rapporté ci-deffus de l'an mille nonante-fix, Gafton, & les autres Comtes, & principaux Seigneurs de Gafcogne, renouuelerent auec ferment la Sauueté de ce Monaftere. *Iurando renouauerunt Saluitatem B. Petri*. La Charte de la publication de la Trefue faite par Guillaume Archeuefque d'Aux, & Legat du Pape l'an M. CIII. Porte, que les Eglifes ayent leur Sauueté auec trente pas à l'entour. *Ecclefiæ faluitatem habeant triginta paffuum circumcirca*. Mais les termes du vieux For d'Oloron, ordonné par le Comte Centulle l'an 1080. font fort confiderables, pour comprendre la particularité de ce priuilege de Sauueté. Car le Comte eftablit, & donne à la Cité d'Oloron la Sauueté, afin que nul eftranger ne faffe aucune inuafion fur les habitans, dans les termes de cette Sauueté ou Franchife, fous peine de neuf cens fols d'amende, & d'vne medaille d'or. *Sober affo ftabli, & done Saubetats à daquefta Ciutat, en tau Conuent, que nulh ftrani no y fafe nulh embadiment, à daugun homi, dens los termis de la Saubetat, fo es affauer de la maifon deus mefets, entro à mon degorat, & fi per venture auguns ac auen feit, donin au Senhor 900. fols de Morlas, & Medailhe d'aur, & per que foffe aixi fermaments, aixi ac iuran C. Offalés, & C. Afpés.* Les habitans de la vallée d'Offau auoient vn priuilege de franchife, & de fauueté plus exprés. Car leurs Fors confirmés par Guillaume Raimon l'an mille deux cens vingt & vn, permetent bien, que l'on faififfe & arrefte

K k

les picoreurs d'Ossau, qui feront leurs cheuauchées dans la terre de Bearn, & qu'ils soient mis à la basse fosse de la tour, par commandement du Vicomte, iusqu'à ce qu'ils ayent reparé le domage; mais c'est à la charge, qu'ils soient pris hors les limites de la terre d'Ossau. Car s'ils peuuent entrer auec leur proye dans la vallée, ils sont en franchise & sauueté, sans qu'ils puissent estre poursuiuis par les interessés, qui doiuent attendre l'arriuée du Vicomte, ou de la Vicomtesse dans Ossau, pour lui demander iustice, & reparation du domage. C'est de là, que peut estre deriué le nom du village, appellé vulgairement *la Saubetat*, à la frontiere d'Ossau; parce que les Ossalois venans de faire leurs courses, iouïssoient de leur franchise, & sauueté à mesure qu'ils arriuoient en ce lieu. Aussi lisons nous dans l'histoire des Comtes de Tolose, que la ville de Tolose, & ce qui estoit compris dans l'estenduë de quelques villages voisins, se nommoit la Sauueté de Tolose. *Saluitas Tolosana*, qui auoit esté accordée par le Comte Raimond l'an 1194. & confirmée par le Comte Alfonse; & consistoit en quelques priuileges, & franchises dont iouïssoient les habitans, & specialement en celui-ci, que pour aucun mesfait commis hors les termes de la Sauueté, ils ne pouuoient estre contraints, poursuiuis, ni pignorés dans son enceinte, c'est à dire par leurs parties, suiuant l'vsage de ce temps. Donc pour reuenir à Gaston, le priuilege d'Ingenuité, de Franchise, de Sauueté, ou d'auoir toutes choses sauues, ainsi qu'il parle, lequel il octroyea à la ville de Morlas, est fort considerable pour metre ses habitans & leurs commodités à l'abri de l'oppression & de la violence de leurs ennemis. Le date de cet Acte est de l'an de l'Incarnation M. C I. Indiction IX. Epacte 18. & Concurrent vn, en iour de Dimanche, le 4. des Ides de Feurier, presens Guillaume le Moine, Garsia Abbé de la Serre, & les nobles Arnaud d'Andongs, & Dodon de Dangin, Odon & Auarchet d'Aspe, & Guillaume Raimond de Trescents; dont la maison a fondu par succession dans la nostre de Marqua.

    IV. L'année M. C III. nous fournit vn acte fort authentique, tiré du monastere de la Reole sur Garonne, qui nous aprend, que Gaston de Bearn estoit vn des Pairs de la Cour de Gascogne; lesquels iugeoient auec le Comte de Poictiers des droicts, actions & personnes des autres Pairs, & de leurs vassaux; d'où l'on peut aussi recueillir l'occasion du commandement que Pierre de Tudebœuf remarque auoir esté donné à Gaston, sur les troupes du Comte de Poictiers en l'expedition de la Terre-Saincte, à cause sans doute de sa valeur; & de ce qu'il estoit vn des principaux Pairs de la Cour de Gascogne. Or elle fut assemblée par Guillaume VIII. Comte de Poictou, & Duc de Gascogne, au lieu de la Reole, l'an de l'incarnation de nostre Seigneur, mille cent & trois, regnant le Roy Philippe, mais Louis le Gros son Fils ieune Prince de grand merite ayant le gouuernement de la France en main, dit l'acte, contre Bernard Vicomte de Benauges. Ce Vicomte auoit establi vn nouueau subside au Bourg de la Reole: Dont le Prieur & ses Moynes firent plaincte au Comte Guillaume, qui blasma l'entreprise du Vicomte Bernard, l'exhorta de se départir d'vne telle nouueauté, mais l'ayant promis, & ne tenant pas sa parole, il le somma par ses Commissaires, de se remetre à son deuoir; & à son refus vint sur les lieux en personne, accompagné d'Astanoua Comte de Fezensac, de Bernad Comte d'Armaniac, de Gaston Vicomte de Bearn, Loup-Aner Vicomte de Marsan, Viuian Vicomte de Lomagne, Pierre Vicomte de Gauarret, Geraud Euesque d'Agen, Estienne Euesque de Bazas, & obligea le Vicomte de Benauges de lui prometre vne telle satisfaction, & reparation que la Cour de Gascogne qui estoit là presente ordonneroit, & de donner pleiges pardeuant la Cour, pour l'execution du iugement, & de l'abolition du nouueau subside. Ce qu'il fit, & presenta Gaston de Bearn, & Pierre Vicomte de Gauarret pour ses cautions.

I. Chartar. Morl. Ego Guastonus Vicecomes Viarnensis, laudo & confirmo donum, quod pater meus Centullus dedit Deo ac sancto Petro Cluniacensi, & domno Hugoni Abbati. Laudo iterum prædictum donum, & confirmando. Ego ex mei parte huic dono quinque solidos Morl. de Cursu equorum, qui fit apud Morlas, in festiuitate omnium Sanctorum, ita dumtaxat vt ille qui vicerit cursum, ipso die apud S. Fidem maneat, duobus socijs secum iunctis. Addo etiam decimam de vino, & de carne quæ venduntur in foro rerum venalium omni die, & decimam vineæ meæ. Dono iterum Capellam, quæ est in Burgo nouo sita, & omnia ecclesiastica dona, quæ apud Morlas habentur, vel futura sunt. Hæc omnia dono pro me, & vxore mea, & omni genere meo, insuper & pro Centullo filio meo, vt Deus in præsenti seculo, in omnibus necessitatibus nobis succurrat, & in futuro æternam vitam tribuat. Amen.

II. Ego Guastonus peccator Viarnensis Vicecomes, pro salute animæ patris, & matris meæ, & pro salute animæ meæ, & vxoris, & filiorum, ac filiarum mearum, & pro salute omnium parentum meorum, præteritorum, ac futurorum, *Ingenuo* villam Morlensem Deo, & Sancto Petro Cluniacensi & sanctæ Fidei huius loci, ita dumtaxat vt nullus homo audeat inde tollere, neque vaccam, neque porcum, neque *multonem*, neque omnino vllam rem, neque hospitari, sed omnia sint Salua. Ad salutem animæ, & corporis mei, & vxoris meæ, & omnium parentum meorum, & vt Deus omnipotens donet mihi in omnibus prosperitatem, & liberet me de manibus inimicorum meorum quamdiu vixero, & post meam mortem donet mihi perpetuam hereditatem secum in cœlo. Si quis homo vel femina hanc ingenuitatem quam ego facio, contradixerit, vel calumniatus fuerit, de libro viuentium deleatur, & cum Dathan & Abiron in inferno perpetualiter crucietur. Amen, Amen, Amen. Fiat, Fiat, Fiat. Facta est charta in claustro Morl. ab Incarnatione Christi. Anno millesimo centesimo primo Indictione IX. pacta XVIII. concurrentes I. Cycl. XVI. Dom. die IIII. Idus Febr. iubente domno Gastone Vicecomite, astantibus ibi Willelmo Monacho, & Garsia Abbate de Serra, & Militibus Arnaldo de Andongs, & Dodone de Dangino, & Odone, & Auarchet de Aspa, & Willelmo Raimundo de Trecents, & nonnullis alijs.

IV. E Chartario Regulæ ad Garumnam: Anno ab Incarnatione Domini nostri Iesu Christi, millesimo centesimo tertio. Philippo Rege superstite, Ludouico tamen filio suo indolis & probitatis memorandæ iuuene, Franciæ temonem obtinente. W. Pictauiensum Consule Vasconiæ gubernaculo præsidente, Bernardus Vicecomes in B. Petri Regulæ burgo teloneum statuit. Infra: Ad quem cum Comes, Vasconiæ, Principibus se comitantibus peruenisset, Asta noua Comite scilicet de Fedensac, & Bernardo de Armaniac, nec non Gastone Vicecomite de Bearn, & Lupo Anerio de Marsan, & Bibiano de Lomanie, & Petro Domino de Gauarred, nec non Geraldo Agennensi Episcopo, & Stephano qui tunc in loco præsulis Vasatensi sedi præerat, Vicecomes Comiti se satisfacturum promittit; prout *Vasconiæ præsens Curia* dissereret, Fideiussores dedit Gastonem de Bearn, & Petrum Vicecomitem de Gauarred, se in præscripta Regula non vlterius telonem sumpturum, & res B. Petri Ecclesiæ pertinentes se pacifice dimissurum.

CHAPITRE XIV.

Sommaire.

I. *Explication de la Paix & de la Trefue mentionnée au Droict Canonique. Gaston & le Comte d'Armagnac iurent la Paix & la Trefue en l'Eglise de Dioße.* II. *L'origine de l'vsage de ces Trefues doit estre prise des guerres particulieres. Ces guerres pratiquées par les François de la premiere race. Reglées par les Lois Lombardes, & Capitulaires, qui obligent le Comte de renuoyer la partie refusante au Roy. Mais par l'ancien For de Bearn, le Seigneur peut contraindre à la trefue & à la paix.* III. *Les guerres particulieres s'augmentans, les Princes & les Euesques François s'assemblent pour y remedier.* IV. *Sigibert rapporte vn peu cruëment la deliberation des Euesques de France.* V. *Concile de Limoges sur ce suject. La Trefue du Seigneur expliquée par Glaber.* VI. *Le Cardinal Baronius blasme les ordonnances de ces Synodes, pour auoir mal pris le sens de ces decrets. Vadimonium pris pour saisie de gages, ou meubles dans les lois Lombardes, & Glaber. Le Glossateur des Decretales repris.* VII. VIII. *Le droit de faire guerre. La guerre particuliere n'estoit pas anciennement illicite, pourueu que le Defi precedast. Ce Defi ordonné par les lois. Mesmes en Bearn.* IX. *La Trefue du Seigneur ordonnée pour suspendre ces guerres particulieres.* X. *Cette Trefue du Seigneur fut ordonnée par le consentement des Princes, & des Euesques, en France, en Angleterre, & en Espagne.* XI. *La seule autorité Ecclesiastique ne pouuoit pas ordonner cette Paix ou Trefue. Mais seulement en renouueler le Decret.* XII. *La Paix de Dieu ordonnée aux Conciles de Clermont & au Romain.* XIII. *Guillaume Arch. d'Aux l'a publiée en Gascogne. Acte curieux de cette publication, qui explique cette Paix & Trefue.* XIV. *Le Concile de Latran renouuella cette Trefue.* XV. *Gaston & le Comte d'Armaignac iurerent la Paix & la Trefue publiée par Guillaume Arch.*

I. L'Année suiuante M. CIIII. Gaston, & Bernard Comte d'Armaignac firent vne assemblée notable des Gentils-hommes leurs Vassaux, en l'Eglise de S. Iean du village de Diosse, situé en Bearn, sur la frontiere d'Armaignac, pour iurer la Paix & la Trefue de Dieu. Et dautant que cette action pourroit donner du soubçon à quelques-vns, que dés ce temps, ces deux maisons de Bearn, & d'Armaignac estoient en guerre ouuerte, puis qu'ils s'assemblent pour iurer la paix & la trefue, ie suis bien aise, que l'occasion se presente de leuer cét ombrage : & d'expliquer par mesme moyen la pratique de ce temps, touchant la paix & la trefue, dont l'explication a esté mesprisée par tous les interpretes du droict Canonique, quoy qu'ils en ayent vn tiltre expres, dans les Decretales, auec vn chapitre tiré du Concile de Latran sous Alexandre III.

II. L'origine de cette sorte de Trefue, pour estre prise en sa source, doit estre ramenée vn peu haut, à sçauoir à la coustume barbare des nations Germaniques, lesquelles inondans l'Empire Romain, en desracinerent aisément le respect des lois sur le fait des querèles particulieres. Car ces lois defendans auec seuerité, que l'on ne fist point la poursuite de ses iniures, par autre voye que celle du Magistrat, l'abus des estrangers establit en France, & ailleurs vne loi contraire: sçauoir, que toute la parenté, & leurs amis assistassent auec armes l'offensé, pour auoir sa raison de l'iniure receuë. L'on voit des exemples de telles procedures, en plusieurs endroits de Gregoire de Tours; d'où l'on aprend aussi, que les quereles estans appaisées, & les reparations ciuiles pour les meurtres, & autres excés estans payées, les parens du meurtri donnoient assurance par escrit, & auec serment d'vne ferme & stable paix, sous des rigoureuses peines, (cette assurance estoit nommée *Securitas*,) ainsi qu'il fut pratiqué par les parens d'Austregisile, à l'endroit de son meurtrier Sicharius, & que l'on peut voir plus particulierement dans les Formules de Marculfe. L'vsage de ces vengeances estoit encor en vigueur, du temps de Charlemagne, sans qu'il peust venir à bout de les abolir entierement. Il est bien certain, que les lois Capitulaires, & Lombardes ont prescrit vn ordre sur ces matieres de quereles, ou *Faides*, comme elles parlent, sçauoir que s'il arriue quelque meurtre dans vne iuste & legitime defense, le Comte dans le gouuernement duquel ce delit aura esté commis, doit contraindre le meurtrier de payer l'amende aux parens du meurtri, & de pacifier la querele, par le moyen des sermens reciproques des parties interessées. Et en cas de refus & desobeïssance de l'vne d'elles, le Comte est tenu de l'enuoyer à la suite du Roi, afin que sa Majesté punisse sa fermeté d'vn bannissement temporel. De sorte que le pouuoir d'appaiser les quereles en dernier ressort, & de chastier les refractaires, est reserué par ces lois, à l'autorité Royale, exclusiuement à celle des Comtes: au lieu qu'en semblable cas, pour dire ceci en passant, le ix. article du For general de Bearn il y a pres de six cens ans, ne reconnoist autre superieur à qui l'on doiue s'adresser, que le Seigneur du païs, auquel il commet la disposition entiere de ces matieres, auec pouuoir de contraindre les chefs de la querelle, à bailler ostages, les retenir iusqu'à ce que les parties ayent acordé vne tresue, ou conclu la paix en sa main, & en cas d'vne obstinée contumace, de saisir & arrester leurs personnes, & metre des garnisons dans leurs maisons à leurs despens, iusqu'à ce qu'ils ayent signé, iuré, & cautionné la tresue, & la paix, & le payement des amendes encouruës, le tout sous peine de trahison, qui estoit capitale. l'ai parlé de paix & de tresue, dautant que le plus souuent en attendant vne paix entiere, on commençoit par la tresue, aussi bien qu'aux guerres publiques; de laquelle tresue particuliere fait mention le Roi des Lombards Luitprand, auec le terme de *Treuga*, qui a preualu en suite parmi les Escriuains des derniers siecles: lors qu'il ordonne que si le Iuge decerne la tresue entre les parties, l'amende en cas de contrauention ne puisse estre moindre de trois cens sols, & qu'elle soit partagée en cas de rupture entre le fisc & la partie acquiesçante. Ce qui a esté transcrit dans le vieux For de Bearn.

III. Or comme les remedes contre ces desordres des vengeances particulieres estoient foibles, les passions des hommes allerent si auant, que de s'atrouper pour vne iniure priuée, & faire des guerres à outrance les vns contre les autres, auec tous les exces de meurtres, bruslemens, & sacagemens de maisons, qu'vne guerre publique ne pourroit iustement souffrir. C'est ce qui donna lieu aux Princes, & aux Euesques François, de prendre quelque bon reglement sur cette matiere: A quoi ils furent aussi conuiés, par les afflictions qui les accueillirent, suiuant le rapport de Glaber. Car ayans esté vexés par vne grande inegalité de l'air, qui leur auoit causé des maladies extraordinaires pendant trois ans, auec vne sterilité de toutes choses, ils se resolurent de tourner leurs vœux, & leurs pensées vers Dieu: Et les Euesques, Abbés, & autres personnes Religieuses faisans leurs assemblées en diuers endroits,

Kk iij

arresterent en l'année mille trente-quatre, de conuoquer en chasque Diocese les principaux Seigneurs du païs, pour faire des prieres extraordinaires, & restablir la paix d'vn commun consentement. Ce qui fut receu auec vne ioye, & vn applaudissement indicible par tout le peuple; & à mesme temps les articles de la paix generale furent arrestés: sçauoir que les hommes & les femmes, quels torts qu'ils eussent faits à leurs prochains, pourroient se metre en chemin sans armes, & sans crainte d'estre enuahis, ni destroussez par leurs ennemis, qui seroient en cas de contrauention chastiez rudement par amendes, ou par peine corporelle, suiuant l'exigence du cas, & ne pourroient iouïr de l'immunité des Eglises, où ils se seroient refugiez: Et que les Clercs, les Moines, les Religieuses, & ceux de leur suite, ne receuroient aucun domage, ni violence de personne.

IV. Sigebert rapporte le decret des Euesques de France vn peu trop cruëment en ce sens, Que personne ne porteroit armes, ne poursuiuroit les choses qui lui auroient esté enleuees, ni ne vengeroit son sang, ou celui de ses parens, & seroit contraint de pardonner aux meurtriers. C'est pourquoi Gerard Euesque de Cambrai, chez le mesme Sigebert, auoit raison de n'accepter pas les articles en cette rigueur; disant que le genre humain auoit esté diuisé dés le commencement en trois conditions de personnes, en Priants, Combatans, & Laboureurs, & que les deux ont besoin de l'aide de l'vn, aussi bien que l'vn des deux; & partant que l'on deuoit porter les armes, rendre les choses enleuées, suiuant l'autorité de la loi, & de la grace, & que le vengeur du meurtri ne deuoit pas estre aigri par contraintes, mais reconcilié au meurtrier, suiuant l'ordre de l'Euangile.

V. Le Cardinal Baronius represente tout du long à sa mode les Actes du Concile de Limoges, qui fut l'vn de ceux qui furent tenus en France, en cette année 1034. où les Seigneurs de Limosin appellez dans les actes, *Principes, & Capita populorum*, qui se monstrerent refractaires à receuoir la paix, qui leur estoit ordonnée de la part de Iordain leur Euesque, sont excommuniez, Les Euesques, & les Prestres iettans à terre en signe de malediction, & esteignans les chandeles allumées, qu'ils auoient en main. Or les conditions que le Synode requiert d'eux, sont celles-ci; qu'ils se rendent au Concile dans trois iours; que sous pretexte de leurs inimitiez, & querelles particulieres, l'vn n'endomage l'autre en sa maison, en ses biens, ni en sa personne, tandis qu'ils seront au Concile, au retour, ni sept iours apres; que l'on n'excite point des seditions dedans, ni hors la ville; que l'on n'enleue rien par force, & que l'on ne se bate à l'accoustumée, sous pretexte d'vne iuste plainte, & que l'on ne proiette en ce lieu le dessein d'vne course, ou cheuauchée. Mais qu'vn chascun se dispose à rechercher la paix, & à rendre à l'Eglise, aux pauures, & aux autres oppressez, ce qui leur a esté raui par violence. Mais dautant que tous ces decrets estoient difficilement gardez, à cause de la generalité de la defense, qui comprenoit toute sorte de personnes, desarmoit la Noblesse aussi bien que le laboureur, & que l'abus inueteré de se faire raison par les armes, ne pouuoit estre si promptement aboli; on s'aduisa de le reduire à quelque moderation; De sorte que l'an mille quarante-quatre l'on arresta premierement en Aquitaine, & en suite par toutes les Gaules, suiuant Glaber, que personne ne prendroit rien par force, ne rechercheroit la vengeance de son ennemi, ni ne feroit aucune saisie sur les cautions d'autorité priuée, depuis la Vespre de la quatriesme Ferie ou Mercredi, iusqu'au commencement du iour de la seconde Ferie, ou Lundi ensuiuant: que le contreuenant à cette ordonnance seroit puni de mort, ou bien excommunié, & banni de son païs. Encore fut-il conuenu, que cette surseance seroit appellée *la Tresue du Seigneur*, comme estant appuyée des punitions du Ciel, aussi bien que des chastiemens humains: dautant que, dit Glaber, comme le iour du Dimanche est venerable à cause de la Resurrection du Seigneur, aussi le cinquiesme iour, le sixiesme, & le septiesme doiuent estre esloignés de mauuaises actions, en consideration de l'honneur deu à la Cene & Passion du Seigneur.

VI. L'Auteur des Annales Ecclesiastiques ne gouste point ces ordonnances, lesquelles, dit-il, estendent les iours feriés de la Sepmaine, en sorte que les fideles soient obligés de cesser leurs plaidoiries, & disputes iudiciaires, & leurs dissentions priuées, non seulement le iour de Dimanche, mais encore quatre iours de la Sepmaine. *Vt non Dominica die sed quatuor hebdomadæ diebus cessarent fideles à strepitu fori, vel priuatis dissensionibus*, adioustant qu'il faut examiner ces choses au poids du sanctuaire, dautant que suiuant le Prophete Michée, le Seigneur ne iustifie point la balance inegale, & le poids trompeur. Car où ces decrets rapportés par Glaber, se doiuent entendre des actions iniustes des hommes, & de celles-là, i'asseurerai, dit le Cardinal Baronius, qu'elles sont defenduës tous les iours, & que tous les iours doiuent estre en feries & vacations pour les pechés; ou bien de ce qui se peut faire licitement, & en ce cas, quelle raison y a-t-il, que les hommes s'en abstiennent en ces iours, sans exéple de nos majeurs, voire contre les Canons, qui ne permetét pas, que le cinquiéme iour soit ferié: Ce reproche d'vn si grand Cardinal est fort aspre, & auquel il ne se fust pas asseurément porté s'il se fust remis en memoire, que les Papes & les Synodes Generaux auoient decerné, & fait executer vn semblable decret par toute la Chrestienté, estimans non seulement qu'il n'estoit pas iniuste, mais aussi qu'il estoit fort profitable aux Chrestiens. D'ailleurs il ne l'eust pas blasmé si brusquement, s'il ne lui eust attribué vn autre sens, que les paroles du decret ne contiennent. Car ce decret ne defend pas les plaidoiries & les disputes ordinaires pardeuant les Iuges, pendant ces quatre iours, ni ne les rend feriés, comme le Cardinal l'a presupposé, ayant estimé sans doute, que le terme de *Vadimonium* employé par Glaber, signifioit vne assignation à se presenter en iustice, suiuant l'vsage des Iurisconsultes: au lieu que c'est vn terme barbare, qui signifie la promesse, & l'obligation d'vn pleige, ainsi que les vieilles Glosses Lombardes l'expliquent: *Vadimonium, Fideiussio, vel Sponsio*; Cette diction estant prise en ce sens dans les loix Lombardiques, ou bien pour la chose baillée en gage, ainsi que i'explique ailleurs au liure v. c. XXXII. auquel sens Glaber employe en ce lieu la diction *Vadimonium. Nec à Fideiussore Vadimonium sumere*: C'est à dire que personne ne saisisse lui mesme pour gage, en payement des debtes, ou des reparations ciuiles, les meubles apartenans à la caution, que la partie interessée aura baillé. Ce qui fut ordonné, afin d'éuiter que cette saisie n'attirast vne querelle nouuelle, qui donnast sujet à la rupture de la trefue de Dieu; quoi que neantmoins en ce temps, il fust permis regulierement à vn chascun, de faire par soi-mesme, & sans l'interuention des Officiers de Iustice, la saisie des meubles de son debiteur, & de ses cautions. De sorte que i'ose me promettre qu'il eust loué & approuué l'ordonnance, s'il en eust consideré le motif; & eust reconnu que son Dilemme n'est pas sans responce. Quoi que le Glossateur sur le premier Chapitre des Decretales au Titre *de Treuga & Pace*, se seruant de mesme raisonnement, que la guerre iuste est permise en tout temps, & l'iniuste defenduë tousiours, & non pas quatre iours de la sepmaine seulement, ne sçache point se resoudre sur cette difficulté, ni establir la iustice de son Chapitre tiré du Concile de Latran; se contentant de dire, que cette trefue n'est point en vsage; auec laquelle obseruation les Canonistes, & Theologiens pensent auoir satisfait à la curiosité du Lecteur.

VII. Car il faut obseruer pour responce au Dilemme, qu'il y auoit en ce temps vn troisiesme cas de guerre, qui n'est pas entierement iniuste, ni totalement iuste;

estant pluftoft vne querelle particuliere, que non pas vne guerre publique, & trainant neantmoins auec foi tous actes d'hoftilité, qui eftoient tolerés par la conniuence des Princes, & des republiques; que les auteurs de la Trefue de Dieu ont voulu arrefter, auec des peines extraordinaires, & auec des reftrictiõs de la guerre priuée à certains iours, attendant d'en abolir puiffamment l'abus auec le temps, qui l'auoit en quelque façon rendu legitime. Il eft bien certain que fuiuant le droit diuin & des gens, il apartient au feul Prince ou republique, qui ont vn Eftat & vn corps parfait & independant d'autrui, pour l'exercice de la iurifdiction, encore que d'ailleurs ils releuent en hommage, d'indire & denoncer la guerre à leurs voifins, & fe reparer des iniures & domages, qu'ils ont iniuftemnt receu d'eux, & à ces fins exercer tous actes d'hoftilité contre les ennemis, foit bruflemens, depredations, ou meurtres: n'y ayant point d'inconuenient de tuer en ce cas les hommes, qui d'ailleurs doiuent mourir, pour conferuer en paix ceux qui doiuent viure, ainfi que dit fubtilement S. Auguftin. Et partant que les Princes, dont il peut y auoir appel, & recours au fuperieur, & encore moins les particuliers vaffaux & fujets d'vn Roi, ne peuuent de leur autorité priuée faire des actes d'hoftilité contre leurs ennemis, eftans obligés de pourfuiure la reparation du tort, par deuant leur fuperieur, qui feroit offenfé en fon autorité, s'ils en vfoient autrement. Neantmoins quoi que ce difcours foit regulierement veritable, Victoria, & le Cardinal Cajetan, deux fameux Theologiens de l'Efchole eftiment, que les Princes inferieurs, qui font en vne tres-anciéne poffeffion de faire & d'indire la guerre, fans la permiffion & congé de leur fuperieur, fe peuuent iuftement maintenir en ce droit; & que la guerre qu'ils denoncent eft legitime, fi d'ailleurs elle eft accompagnée des conditions neceffaires. L'opinion que ces docteurs ont enfeignée, touchant les Princes inferieurs & les Vaffaux, qui tiennent les grands fiefs auec la poffeffion de faire la guerre, n'a pas vniuerfellement agreé à tous les efcriuains, & particulierement au docteur Suares, qui eftime que cette couftume eft contraire à la loi naturelle, fi la guerre deuoit eftre meuë contre vn membre d'vn mefme Royaume; dautant qu'en ce cas les deux parties ont vne puiffance fuperieure pour les regler. Mais pourtant les Seigneurs qui feroient en poffeffion immemoriale de ce droict, comme font les Electeurs & Princes de l'Empire, ne refteroient pas de s'en feruir legitimement, nonobftant les opinions contraires des Docteurs; dautant qu'aux chofes morales & de practique, il fuffit de regler fes actions, fuiuant les termes d'vne opinion, qui eft tenuë probable par quelques hommes prudens, & entendus en la matiere dont il s'agit. Ie dis la mefme chofe de nos predeceffeurs, lefquels, encore que nous condamnions maintenant d'iniuftice leur procedé, qui ne peut eftre meshui tiré en exemple fans crime, poffedoient l'autorité de faire vne guerre priuée contre leurs ennemis, & d'exercer contre eux tous actes d'hoftilité, foit de bruflemens, depredations, ou de meurtres, ainfi que i'ai defia remarqué. Il y auoit vne condition neceffaire, c'eft que l'offenfé apres auoir receu l'iniure, deuoit prealablement *defier* fa partie; mais apres le defi ces actions eftoient eftimées bonnes, legitimes, & valables par toute l'Europe: dautant que l'autorité des Princes pour rendre iuftice à leurs fujets, n'eftoit pas lors fi prompte, fi puiffante, & fi roide, comme elle eft maintenant. L'vfage du defi paroift dans Iues Euefque de Chartres, où le Comte Rotrou ayant arrefté prifonnier vn certain cheualier, s'excufe de cét enprifonnement, en difant que ce Gentil-homme l'auoit defié, & apres fon defi lui auoit enleué fon bien, & retenu fes gens en prifon; de forte qu'il lui eftoit permis de fuiure la mefme voye contre fa partie. De ce difcours, il apert que Rotrou, & fon aduerfaire pretendoient mutuellement iuftifier leurs actes d'hoftilité par le defi precedent: Mais pour ne s'amufer aux diuers exemples de cette

Liure cinquiefme. 393.

pratique, que l'on peut aifément recueillir des auteurs, & fans s'arrefter aux confequences, nous auons les loix des Empereurs d'Occident tres formeles pour autorifer cette couftume. Nommément celle de l'Empereur Frederic Premier, chés l'Abbé d'Vfperg, qui defend à fes fujets de porter aucun dommage à la perfonne, ni aux biens de leurs ennemis particuliers, s'ils ne les ont defiés trois iours auparauant, par meffager exprés. Ce que l'Empereur Conrad IV. confirme en fa Bulle d'or, Ch. 18. & l'explique de trois iours naturels, declarant que le defi doit eftre fignifié en perfonne, ou au domicile, en prefence de tefmoins fans reproche, & moyennant ce les pilleries, facagemens, & incendies fe trouuent autorifés.

VIII. L'vfage de ces defis & des guerres particulieres eftoit enraciné tellement en Alemagne, que mefmes il fe practiquoit impunément du temps du Cardinal de Cufa parmi les Gentils-hommes, qui croyoient auoir vn bon tiltre du bien d'autrui qu'ils enuahiffoient par violence, fi prenans vn leger pretexte, ils auoient auparauant defié leur partie, Dans l'Aragon fuiuant leurs Fors & Chartes de paix, l'vn ne pouuoit faire domage à l'autre, fans vn defi precedent, *fine diffidamento*, fauf pour le regard des villains, ou bourgeois, & des Infançons, lefquels en cas de meurtre de quelqu'vn de leurs parens, fe pouuoient tuer, ou autrement nuire fans s'eftre defiés, comme l'on peut voir dans les Commentaires de Hierofme Blanca. En Bearn cette practique de ruiner, brufler, piller, & faccager, apres le defi qui fe faifoit folennellement en prefence du Seigneur, eft autorifée par l'ordonnance de Gafton VII. & de fa Cour Majour tenuë à Ortes l'an 1252. qui defend les bruflemens, coupes, & degaft des maifons, bois, vignes, & vergers, & les meurtres du beftail, à peine de payer amendes doubles à la partie, & au Seigneur, & d'eftre excommuniés, hors le cas du defi pardeuant le Seigneur.

IX. Toutes ces preuues feruent pour monftrer que le Dilemme du gloffateur, & du Cardinal Baronius n'eft pas concluant, puis que les guerres particulieres apres vn defi eftoient cenfées legitimes, & mefmes autorifées par les Ordonnances des Princes, encore qu'elles attiraffent beaucoup de trouble & de confufion dans les Prouinces; Quoi qu'à la verité il euft efté plus feant, & plus raifonnable de pourfuiure, & demander iuftice au Superieur, que de fe venger d'autorité priuée fans ordre, & fans proportion du domage à l'offenfe. C'eft pourquoi les Euefques, & les Seigneurs de France d'vn commun confentement, arrefterent en l'année 1044. la Trefue du Seigneur pendant quatre iours, le Ieudi, Vendredi, Samedi, & Dimanche, qu'ils voulurent eftre exempts de cette pourfuite, & guerre particuliere; afin de procurer quelque repos aux familles par cette fufpenfion d'armes, en attendant vne difpofition plus grande aux efprits des peuples, pour en abolir entierement l'vfage.

X. Cette trefue fut acceptée auec vn contentement fingulier, & ordonnée, comme i'ai dit, auec le confentement, & l'autorité des Princes Seculiers, auffi bien que des Euefques, ainfi que Glaber a formelemét obferué; & mefmes Iues Euefque de Chartres le remarque fort grauement, approuuant ces trefues comme profitables au bien commun des hommes. Car il efcrit à Daimbert Archeuefque de Sens, que la Trefue de Dieu n'eft pas ordonnée par vne loi generale, mais par vne conuention particuliere des Cités, & des peuples, confirmée par l'autorité des Euefques, & des Eglifes. De forte que lors qu'il s'agit d'vne queftion de la paix, ou de la trefue enfrainte, il faut regler, dit-il, les fentences & les iugemens, fuiuant les articles & conditions accordées par le confentement des Diœcefains. Le Roi Guillaume le Conquerant eftablit la Trefue du Seigneur en Angleterre, & en Normandie par fon ordonnance, qu'il fit depuis confirmer par vn commun confentement des Euesques, & des Barons en l'assemblée tenuë à l'Illebone, en l'année 1080. suiuant Orderic : où l'on voit que les infracteurs estoient poursuiuis par excommunications des Euesques. Aussi R. Berenger Comte de Barcelone ordonna l'an 1060. en ses vsages, la Paix & la Trefue du Seigneur, auec l'auis des Euesques, & Barons du Comté, pour estre obseruée suiuant le modele qui estoit enregistré en chasque Euesché; & permet expressément de faire saisie pendant la trefue, sur les meubles d'vne caution qui aura faussé sa foi.

XI. D'où l'on peust asseurer, qu'Iues ce bon Euesque n'estimoit pas que l'autorité Ecclesiastique fut suffisante pour ordonner vne trefue, sçachant que celle des Princes, & leur consentement auec celui des peuples y estoit necessaire : attendu qu'il s'agissoit de donner vne nouuelle face à la police des Prouinces, modifier les coustumes receuës, & procurer la tranquillité publique, qui sont des actions dependantes de l'autorité seculiere dans Saint Paul. Que si cette proposition est veritable pour le regard des trefues particulieres, à plus forte raison est-elle sans controuerse, pour le regard d'vne trefue, ou suspension d'armes en vne guerre publique, decernée par vn Prince Souuerain, qui est le seul arbitre, & maistre de la guerre & de la paix, suiuant la Loi Roiale, que l'on peut voir chés Strabon, & dans les Fragmens des anciennes loix. Et partant c'est sans sujet, & auec beaucoup de flaterie, que certains auteurs modernes ont escrit que le Souuerain Pontife pouuoit contraindre par censures Ecclesiastiques les Rois, d'accorder la paix ou la trefue, lors qu'il aduiseroit que cela estoit expedient pour le bien de l'Eglise ; ainsi que le voulut practiquer le Pape Innocent III. en la guerre de France & d'Angleterre. Sans que l'on puisse se preualoir du Concile de Clermont de l'an 1096. ni du Romain tenu l'an 1102. qui ont ordonné la Trefue de Dieu, dont nous traictons. Car outre que ces escriuains n'employent point l'autorité de ces Conciles, qu'ils n'auoient pas examiné, la responce est solide, en disant que ce n'est pas vn establissement nouueau de cette trefue, qui ait esté ordonné par l'autorité de ces deux Conciles : mais vne promulgation renouuellée d'vn decret, que les Princes & les peuples auoient desia consenti, & practiqué depuis l'an 1044. ainsi que ie viens d'expliquer. Ioinct que cette trefue ne regarde que les querelles & guerres particulieres ; lesquelles en consideration des meurtres, & depredations publiques, qui s'y commetoient, estoient sans doute sujetes à l'excommunication des Euesques, suiuant les anciens Canons : Au lieu que les guerres publiques decernées par les Rois, qui ont autorité de ce faire, ne peuuent estre censées pour vn crime notoire & manifeste ; qui est le seul cas, auquel la iurisdiction Ecclesiastique peut vser d'excommunication, suiuant le iudicieux Hincmar, ainsi que i'explique plus amplement en mes Exercitations. C'est pourquoi les guerres publiques qui sont decernées par les Princes, sont exceptées de cette ordonnance de la Trefue du Seigneur par article exprés, comme il apert par vn vieux Acte de la publication de cette trefue que fit Guillaume Archeuesque d'Aux enuiron l'an M. CIII. en execution du Concile Romain.

XII. C'est vn acte assez curieux, quis'est conserué dans le Chartulaire de Lascar, qui fait voir que le Concile General assemblé à Rome, auoit ordonné à tous les Metropolitains de publier en leurs Prouinces, la Paix & la Trefue de Dieu, commuant par ce moyen en loi Generale les conuentions particulieres, que les Princes & les peuples auoient arrestées auec leurs Euesques. Le nom du Pape, ni l'année n'y sont pas consignés, mais le nom de l'Archeuesque Guillaume Legat du Pape, monstre assés que c'estoit Guillaume II. siegeant du temps du Pape Paschal II. & que le Concile General, dont il entend parler, est celui qui fut tenu à Rome l'an M. CII. contre l'Empereur Henri IIII. Car en execution des resolutions qui furent prises

Liure cinquiesme. 395

en ce Synode, Henri V. son fils se rebella contre son pere excommunié, se fit proclamer & reconnoistre pour Roi de Germanie, par l'auis des Legats du Pape, & assembla le Clergé d'Alemagne l'an M. CV. où il fit restablir la discipline Ecclesiastique suiuant l'vsage de Rome, & confirmer la Paix de Dieu, ainsi que parle l'Abbé d'Vsperg en sa Chronique, *Pax Dei confirmatur*. Ces termes doiuent estre considerés pour nous monstrer que la Paix, appellée de Dieu, auoit esté ordonnée en vn autre Concile precedent, qui est le Concile General de Latran sous Paschal Second. Et en outre on y doit remarquer, comme ces defenses sont nommées Paix & Trefue, tantost conionctement, tantost separément, dautant que pour le regard de certaines personnes la paix est ordonnée en tous temps, & lieux; & pour les autres, la trefue en certain temps.

XIII. Guillaume Archeuesque d'Aux, & Legat du Siege Apostolique satisfaisant de sa part au desir du Concile, ordonne tres-estroictemét à ses freres les Venerables Euesques, & autres Prelats des Eglises, à ses fils bien aimés les Comtes, Vicomtes, & autres Barons, & à tout le Clergé, & peuple de la Prouince Auscitaine, de garder inuiolablement la Paix & la Trefue de Dieu, en la forme suiuante: Sçauoir depuis la quatriesme ferie apres le Soleil couché, iusqu'à la seconde ferie apres le Soleil leué. Et depuis l'Aduent iusqu'aux Octaues de l'Epiphanie, & depuis la Septuagesime iusqu'aux Octaues de Pasque, en sorte que si quelqu'vn enfraint la trefue, & refuse de satisfaire aux interessés apres en auoir esté deuëment interpellé, son Prince, & l'Euesque auec le Clergé & le peuple, doiuent le contraindre à reparer le domage, suiuant qu'il sera auisé par son Euesque, par son Prince, & par les Barons voisins. Que si le Prince, & les Barons, ou le peuple apportent de la conniuence en cette affaire, ils seront excommuniés, & leur terre mise en interdict. Et pendant le temps ci-dessus designé, toutes choses seront en paix & seureté, ensemble aux iours des festes de nostre Dame, auec le iour precedent, & suiuant, les iours de S. Iean, de S. Pierre & S. Paul, la veille de la Pentecoste, iusqu'à l'Octaue, & le iour de la Toussaincts. Et en tout temps iouïront d'vne paix perpetuele les Chanoines, Moines, Prestres, Clercs, & autres personnes religieuses, les Conuers, Pelerins, Marchands, Laboureurs, les bestes qui seruent à l'agriculture, les Dames auec ceux de leur suite, pourueu qu'ils soient desarmés, toutes les femmes, & les biens appartenans aux Clercs, & aux religieux, ensemble les moulins, sans preiudice neantmoins aux Princes & aux Seigneurs des terres, d'vser de leurs droicts & de leurs coustumes. Les Eglises auront leur Immunité & Sauueté à trente pas aux enuirons, & les Monasteres à soixante. Et pour faire obseruer toutes ces choses plus exactement les Comtes, Vicomtes, & Barons, & tout le Clergé iureront en presence de leurs Euesques, & tout le peuple depuis l'aage de sept ans, en presence des Clercs, qu'ils garderont la paix & la trefue ci dessus prescrite, poursuiuront à leurs despens les infracteurs, & n'acheteront sciément rien des choses pillées, & se sousmetront en cas de negligence à l'interdict & à l'excommunication, sous telle rigueur, que les excommuniés ne seront point salués, ni les cheueux de leur teste coupés, ne se laueront point, ne mangeront sur nappe, ni seront admis à la communion & societé Chrestienne, excepté le baptesme des petits enfans, & la penitence à la fin de la vie. Comme aussi en cas que les Princes & les sujets fassent leur deuoir à combatre les violateurs de la paix, il leur relasche deux ans des penitences enioinctes, & s'ils meurent faisans ce seruice, leur octroye indulgence de leurs pechés de la part de Dieu, du Pape, & de l'Eglise vniuerselle.

XIV. La procedure qui est ordonnée par cét Acte contre les infracteurs, est plus moderée & plus reglée que celle dont fait mention Glaber, & Iues Euesque de Chartres en l'epiſtre 90. Car ici les Seigneurs & Superieurs du criminel le doiuent contraindre iuridiquement, à reparer le tort qu'il a fait; au lieu que chés Glaber & Iues, les infracteurs apres auoir eſté conuaincus iuridiquement & refuſé de ſatisfaire, ſont excommuniés, & d'ailleurs expoſés en proye à leurs ennemis pour les tuer. Ioint que nous aprenons de la letre de l'Eueſque de Chartres, qu'en iurant la Trefue generale on pouuoit excepter quelqu'vn, en ſorte que s'il venoit à eſtre tué, le meurtrier encouroit bien la peine de l'homicide, mais non pas celle de la paix violée. Le Pape Alexandre III. renouuela l'ordonnance de la Trefue & de la Paix aux Chapitres 22. & 21. du Concile General de Latran tenu l'an 1180. auec excommunication contre les infracteurs, ſans obliger les Princes ni les peuples à la pourſuite, reſtraignant la trefue aux quatre iours de la ſepmaine, au temps de l'Aduent iuſqu'aux Octaues de l'Epiphanie, & depuis la Septuageſime iuſqu'aux Octaues de Paſques. Ces feſtes furent adiouſtées par le Concile General de Clermont, pour eſtendre la premiere trefue, qui eſtoit limitée auparauant à quatre iours de la ſepmaine.

XV. Pour reuenir donc au ſujet de noſtre hiſtoire, Gaſton Vicomte de Bearn, & Bernard Comte d'Armagnac s'aſſemblerent en l'Egliſe de Dioſſe auec leur Nobleſſe, l'an M. CIV. pour faire en preſence de Sance Eueſque de Laſcar, le ſerment de la Paix & de la Trefue ordonné par le Concile de Latran tenu ſous Paſchal II. ſur la fin de l'année M. CII. dont l'Archeueſque Guillaume auoit fait la publication. Ce memoire eſt inſeré incidemment dans vn acte de la donation, que Bernard d'Arbocaue & ſa femme Oſquinete firent en faueur du monaſtere de la Reole en Bearn, de l'Egliſe S. Iean de Dioſſe, & de tout l'honneur qu'ils poſſedoient par droict hereditaire en ce lieu, ſous la reſerue du quart de diſme au profit de l'Egliſe de Laſcar, limité à huict conques de froment, dix conques de vin, dix conques de millet & autant d'auoine, & d'vn ſouper chaſque année pour l'Eueſque accompagé de cinq hommes à cheual, & de quatre à pied. Il eſt adiouſté ſur la fin, que cét Acte fut retenu en preſence de Don-Gaſton Vicomte de Bearn, de Bernard Comte d'Armaniac, Odon de Cadelho, Odon de Dengui, Arnaud d'Andons, & de pluſieurs autres Prouinciaux de l'vne & l'autre terre, qui promettent tous la Paix & la Trefue ſur le ſaint Autel de S. Iean de Dioſſe, laquelle ils iurent de garder & faire obſeruer perpetuellement.

II. Greg. Tur. 7. c. 47. Form. Marculfi. Capit. l. 5. T. 180. cap. 4. T. 17. Long. l. T. 37. L. 2. T. 24.
III. Rodulphus Glaber l. 4. c. 5. Per vniuerſos Epiſcopatus indictum eſt qualiter certis in locis à *Præſulibus*, *magnatibuſque totius patriæ* de reformanda pace, & ſacræ fidei inſtitutione celebrarentur Concilia.
IV. Sigebertus in Chronico: Armaquiſquer on ferret, direpta non repeteret, ſui ſanguinis vel cuiuſlibet proximi vlor minime exiſtens percuſſoribus cogeretur induigere.
V. Concilium Le monie. Conuenientibus autem ad Concilium, nemo alteri propter aliquas inimicitias nocere præſumat, ſiue in facultatibus, ſiue in domo eius, neque dum hic ſteterit, neque dum ad propria redierit, neque ante ſeptem dies poſtquam reuerſus fuerit. Infra: Nullus vt aſſolet quaſi propter iuſtas querelas, pugnam inire conſtituat. Nullus hic expeditionem neque equitatum ineat aliquando agendum.
Glaber l. 5. c. 1. Vt nemo mortalium à Feriæ quartæ veſpere vſque ad ſecundam feriam incipiente luce, auſu temerario præſumeret quidpiam alicui hominum per vim auferre, neque vltionis vindictam à quoquam inimico exigere, nec etiam à Fideiuſſore Vadimonium ſumere. Quod ſi ab aliquo fieri contigiſſet contra hoc decretum publicum, aut de vita componeret, aut à Chriſtianorum conſortio expulſus patria pelleretur. Hoc inſuper placuit vniuerſis, veluti vulgo dicitur, vt *Trenga Domini* vocaretur, quæ videlicet non ſolum humanis eſſet fulta præſidiis, verum etiam multoties diuinis ſuffragata terroribus.
VI. Cardin. Baronius ad annum 1034. Num. VI. & VII. Leg. Longob. Lib. 2. T. 21.
VII. Val. diſp. 3. q. 16. de Bello. puncto 2. Suares diſp. 13. de bello. ſec. 2.
III. Iuo Carnot. ep. 173. Prædictus Iuo Rotrocum dominum ſuum diffiduciaſſet, & prædam eius prior cepiſſet, homines ſuos ea die qua captus eſt in vinculis haberet, & ad foris faciendum eidem armata manu militum ea die procederet.
Fridericus Imp. apud Abbatem Vrſperg. Sancimus, vt quicumque alij damnum facere aut lædere ipſum intendat, tribus ad minus ante diebus per certum nuntium ſuum ante diffiduciet eum.

Conradus

Conradus Imp. c. 18. bullæ aureæ: Non licere prætextu diffidationis quemquam inuadi per incendia, spolia, vel rapinas, nisi diffidatio per tres dies naturales ipsi diffidando personaliter, vel in loco quo habitare consueuit, publicè fuerit intimata, possitque de intimatione eiusmodi per testes idoneos fieri plena fides.

VII. Cusanus de concord. Cath. c. 31. Per vilissimum diffidationum modum honorem saluari putant, vt vi post intimatam diffidationem ex quacumque caussa conficta, aut nulla caussa, qualiter cumque rapta palam aut occultè licitè credunt possideri, etiam si bona Ecclesiæ aut clericorum forent.
Blanca in Comm. p. 37.

X. Iuo Carnot. ep. 90. Treuia Dei non est communi lege Sancita, pro communi tamen vtilitate hominum *ex placito & pacto Ciuitatis ac patriæ*, Episcoporum & Ecclesiarum, vt nosti auctoritate firmata. Vnde iudicia violatæ pacis modificari oportet secundum pacta & definitiones, quas vnaquæque Ecclesia *consensu parochianorum* instituit, & per scripturam vel testimonium bonorum hominum memoriæ commendauit.

X. Ordericus Vitalis l. 5. Hist. Norm. Canon 1. Concilij celebrati a Guillelmo Rege Angliæ apud Iuliam bonam: Pax Dei, quæ vulgo Treuia dicitur, sicut ipse Princeps Guillelmus eam in initio constituerat, firmiter teneatur, & per singulas parochias dictis excommunicationibus renouetur. Qui vero seruare contempserint, vel aliquatenus fregerint, Episcopi secundum quod prius statutum est, eos iudicando, iustitiam faciant. Siquis vero Episcopo suo inobediens fuerit, domino in cuius terra habitat, Episcopus hoc demonstret, & ille subdat eum episcopali iustitiæ. Quod si & Dominus facere contempserit, Regis Vicecomes per Episcopum inde requisitus omni remota excusatione faciat.

X. Ex Vsat. Barcin. Denique sæpedicti principes apud Barcin. commorantes in Ecclesia S. Crucis sanctæque martyris Eulaliæ vna cum consilio & auxilio Episcoporum suorum, assensione etiam & acclamatione illorum terræ magnatum, cæterorúque Christianorum confirmauerunt Pacem & Treugam Domini, & statuerunt illam teneri in illorum patria omni tempore, & si vllo modo fracta fuerit, sit redirecta & emendata, ita quemadmodum scriptum habebatur illo tempore, in vnaquaque sede, vel in vnoquoque Episcopatu.

XI. Canon Concilij Claromontensis præsente Vrbano II. habiti anno 1096. vt refertur ab Orderico Vitali lib. 9. p. 719. Ab Aduentu domini vsque ad Octauas Epiphaniæ, & à Septuagesima vsque ad Octauas Paschæ, & à prima die Rogationum vsque ad Octauas Pentecostes, & omni tempore à quarta Feria Occidente sole, vsque ad secundam feriam Oriente sole Treuia Dei custodiatur. Si ille qui plurimum fecerit, fidem quam conuenerit, portare contempserit, liceat illi cui mentitus fuerit eum distringere, & ob hoc pignerare in Treuga & in pace per tres dies, ita tamen vt moderatum faciat districtum, aut competens capiat pignus, quia non est iustum capere magna pignora pro modicis debitis.

XII. E Chartario Lascurrensi: Composita est autem hæc Charta à Garcia de Lanecalba ad portam ipsius Ecclesiæ de Diossa, anno millesimo Centesimo quarto ab incarnatione Christi, in præsentia domini Gastonis Vicecomitis Bearnij, & Bernardi Comitis Armaniaci, & Odonis de Cadelho, & Odonis de Dengui, & Arnardi de Andons, & multorum alioru vtriusque terræ coprouincialium, qui Pacem & Treuiam super sanctum altare S. Ioannis de Diossa iureiurando omnes promittunt, quam vt in perpetuum teneant & pro posse tenere faciant sacramentis affirmauit. Præsente Sacio Episcopo Lascurrensi.

XIII. Ex eodem Chartario: G. Dei gratia Auscitanus Atchiepiscopus, sedis Apostolicæ Legatus carissimis in Christo fratribus venerabilibus Episcopis, aliisque ecclesiarum prælatis, & dilectis filiis Comitibus, Vicecomitibus, aliisque Baronibus, vniuerso quoque clero & populo per Auscitanam Prouinciam constituto, salutem & benedictionem. Cum ex officij nostri debito teneamur vniuersis fidelibus curæ nostræ commissis, Salubri dispositione prouidere, nunc, præsertim vrgente Apostolici mandati auctoritate, ad quem spectat totius populi profectibus inuigilare, oportet nos super bono Pacis & Treugæ Dei, subditis nostris propensiorem curam impendere. Inde est quod iuxta statuta Generalis Concilij Romæ nuper celebrati, Pacem & Treugam Dei in Prouincia nostra ex parte Dei, & Domini Papæ, & nostra ab omnibus inconcussè & inuiolabiliter præcipimus obseruari. Forma Pacis & Treugæ Dei talis est. Treugas à Quarta Feria post Occasum solis, vsque ad Secundam Feriam post Ortum solis. Et ab Aduentu domini, vsque ad Octauas Epiphaniæ, & à Septuagesima vsque ad Octauas Paschæ ab omnibus inuiolabiliter obseruari præcipimus. Si quis autem Treugam violare tentauerit, post commonitionem factam, si non satisfecerit, Princeps suus & Episcopus cum clero & populo cogant eum iniuriam passis satisfacere, ad arbitrium Episcopi & Principis sui, & aliorum vicinorum Baronum. Quod si Princeps, seu Barones, vel Populus dissimulauerint, tam Princeps, quam Barones excommunicentur, & tota terra eorum interdicto subiiciatur, omni priuilegio personæ, & ecclesiæ cessante. His vero temporibus, & omnibus Festis B. Mariæ cum præcedenti die, & subsequenti, S. quoque Ioannis Baptistæ, & Beatorum Apostolorum Petri & Pauli; & à Vigilia Pentecostes vsque ad Octauas, & Omnium Sanctorum festo, omnia Pacem & securitatem habebunt. Omni vero tempore perpetua Pace & securitate gaudebunt Canonici, Monachi, Presbyteri, clerici, & omnes religiosæ personæ, conuersi, peregrini, mercatores, Rustici euntes & redeuntes, & in agricultura existentes, & animalia quibus arant, & quæ semer. portant ad agrum. Dominæ cum sociis suis inermibus, & omnes feminæ, & omnes res clericorum, religiosorum vbique, & molendina; Principibus autem, & Dominis terrarum iura sua & consuetudines non contradicimus in terris suis. Ecclesiæ Salutaritatem habeant xxx. passuum circumcirca, monasteria vero lx. Hæc vero vt firmius obseruentur, Comites, Vicecomites, Barones, vniuersum quoq; clerum in præsentia Episcoporum, populum in præsentia clericorum, à septem annis & supra, iusiurandum præstare præcipimus Forma iuramenti talis est. Iurabun. se Pacem & Treugam Dei iuxta præscriptu tenorem obseruaturos, & violatores Pacis & Treugæ Dei persecuturos, & quod de rapina nihil scienter emant. Quod si quis huic decreto contraire tentauerit in non iurando, vel in non persequendo, seu in conducticias gentes vel raptores tenendo, aut fauendo, vel rapinam emendo, Princeps illius terræ & tota eius terra nisi debitam vindictam exsequatur, omni interdicto & excommunicationi subiiciatur, omni priuilegio personæ, & ecclesiæ cessante. Excommunicationi salutentur, non tondeantur capita eis, non abluantur, in mappa non comedant, neq; ad aliam communionem Christianam recipiantur, præter baptisma paruulorum, & penitentias in fine. Princeps autem, & cuncti fideles nostris obedientes

Ll

mandatis, qui bonum Pacis Ope & consilio suo souerint, & contra violatores Pacis fideliter decertauerint, & præsertim contra conductitias & pestilentes gentes, si in vera penitentia in hoc Dei seruitio decesserint, auctoritate Dei, & Domini Papæ, & ecclesiæ vniuersalis, omnium pecatorum suorum Indulgentiam, & fructum mercedis æternæ se non dubitent habituros. Cæteris vero qui contra eos arma susceperint, & ad Episcoporum siue aliorum prælatorum consilium, ad eos decertauerint expugnados, biennium de iniuncta penitentia relaxamus, aut si longiorem ibi moram habuerint, Episcoporum discretioni, quibus huius rei cura fuerit iniuncta committimus, vt ad eorum arbitrium maior eis Indulgentia tribuatur. Illos autem qui admonitioni Episcoporum in huiusmodi parere contempserint, à perceptione corporis & sanguinis domini iubemus fieri alienos. Episcopi vero, siue Presbyteri qui talibus fortiter nō restiterint, officij sui suspensione multetur, donec Apostolicæ sedis misericordiam obtinuerint.

CHAPITRE XV.
Sommaire.

I. Guerre entre Gaston & Nauarre Vicomte d'Acqs. Antiquité de la maison Vicomtale d'Acqs. Vicomtes d'Acqs. Arnaud Loup. Arnaud Garsias Arnaud, se saisit du Fort de Muret prés Maslac. Raimond Euesque de Lascar y auoit basti vne Eglise. Leofrancus Vicomte continua la possession de Muret. Fut excommunié par vn Concile Prouincial, où presidoit le Cardinal Amatus. Raimond Arnaud Vicomte d'Acqs. II. Nauarre succeda à son pere Raimond Arnaud, tua le Vicomte Garsias Marre. Emprisonna Arnaud Raimond Archidiacre d'Acqs, parent de Centulle, & de Gaston Seigneurs de Bearn. Gaston arme pour auoir raison de cette iniure. Toute la Gascogne en armes pour céte querelle. Gaston defait & tuë le Vicomte Nauarre. L'Archidiacre tué par les parens du Vicomte. Gaston se rendit maistre du Vicomté d'Acqs. III. Mixe, & Ostabat qui sont en Basse Nauarre, & de l'Euesché d'Acqs estoient des apartenances du Vicomté d'Acqs. Depuis ce temps Bergon Garsie d'Agramont, & Brasc Garsie de Luxe furent Vassaux & Barons du Seigneur de Bearn. IV. Gaston introduit en Mixe & Ostabat le For de Morlas. V. Establit le Fort de Mont-Giscard.

I. Pres auoir representé les liberalités practiquées par Gaston à l'endroit des Eglises, il sera à propos de faire voir le soin qu'il a pris de la protectió de l'hôneur des ecclesiastiques en la personne d'Arnaud Raimond Archidiacre d'Acqs son parent, & la querelle qu'il entreprit à son occasion contre Nauarre Vicomte d'Acqs, en l'année M. CVII. Nous auons desia remarqué l'inimitié qui se forma entre ces deux maisons, dés le temps du Vicomte de Bearn Centulle Gaston, & Arnaud Vicomte d'Acqs, lequel enfin embrassa le parti de Gui Geofroi Comte de Poictiers, contre celui du Comte Bernard Tumapaller, appuyé par les armes & les interests communs du Seigneur de Bearn. Ce feu qui s'alluma entre ces deux Vicomtes ayāt demeuré assoupi pour quelque temps, se reueilla auec vne grande violence du temps de nostre Gaston, & de Nauarrus Vicomte d'Acqs. Pour mieux comprendre ce fait, il faut proposer la ligne & succession de la maison Vicomtale d'Acqs, telle que l'on peut la recueillir des anciennes Chartes. Le plus ancié Vicóte est Arnaud Loup d'Acqs, dōt le nom se voit parmi les seings de la Charte d'Arsius euesque de Bayóne, de l'an 980. Arnaud Vicomte suit apres, en la fondation de S. Pé, de l'an 1020. en la prise de possession d'Odon Comte de Bourdeaux de l'an 1033. & en celle de Lascar sur la dispute de Carresse. Sō fils Garsias Arnaud lui succeda, mentionné en la méme Charte de Lascar, & ailleurs. Celui-ci continua puissáment la guerre contre les Vicótes de Bearn, & se preualant de la ville

d'Ortes, qui faisoit en ce temps la frontiere de Bearn, & du Vicoté d'Acqs, qui est nómé *l'honneur d'Acqs*, dans le vieux For de Morlas, se saisit à force d'armes, de l'Eglise
de Muret prés Maslac, qui est bastie sur vn haut tertre proche de la riuiere du caue,
& l'ayant fortifiée auec grand soin, la conserua pendant sa vie. Cette Eglise auoit
esté bastie par l'Euesque de Lascar, ou pour mieux dire par l'Euesque general de
Gascogne Raimond le Vieux : lequel s'agreant de la situation du lieu, l'acheta franc
& libre de Fortanet de Landresse, extirpa vne partie de la forest, bastit sur le coupeau vne Eglise & quelques logemens, & planta des vignes & des vergers sur le
panchant. Apres l'auoir possedée pendant sa vie, il la legua par testament à l'Eglise
de Lascar, afin que la reception de son fils naturel Arnaud, qu'il mit dans ce Chapitre, ne lui fut pas onereuse. Apres son decez Garsias Arnaud Vicomte d'Acqs ayant
enuahi cette piece, qui apartenoit à l'Eglise, & le Vicomte Leofrancus continuant
la possession, l'Euesque de Lascar Bernard de Bas, & les Chanoines firent leurs
plainctes contre cét vsurpateur, dans les Conciles prouinciaux par deuant Guillaume
Archeuesque d'Aux, & Bernard Euesque d'Acqs, mesmes en presence d'Amatus
Cardinal de l'Eglise Romaine, de qui i'ai amplement escrit ci-dessus. Ces Prelats
excommunierent suiuant les Canons ce violent detenteur Leofrancus, qui fut en
consequence de cette excommunication frappé de la lepre, & fit restitution à l'E-
glise de ce domaine enuahi, en presence de l'Euesque Sance, & des Chanoines.
Mais le Vicomte Gaston protesta, qu'il ne permettroit pas, que l'Euesque en prit la
possession, sans qu'il lui remboursast vne partie des frais qu'il auoit exposés en la
poursuite contre Leofrancus : à quoi l'Euesque s'accommoda, & Gaston lui promit
sa protection contre les inuasions de Leofranc, & de toute autre personne, sans nul
excepter. Ce Concile prouincial de Gascogne tenu par le Legat Amatus, l'Archeuesque, & les Euesques comprouinciaux, où le Vicomte Leofranc fut excommunié, precede necessairement l'an M. XCVII. qui fut, suiuant les memoires de l'Abbaye de S. Seuer, le temps du decés de Bernard Euesque d'Acqs, present & opi-
nant à ce Concile. Mais il faut remarquer en cét endroit, que Leofranc, encore
qu'il fust fils de Guix Arnaud d'Acqs, n'estoit pas son successeur au Vicomté, estant
exclus par Raimond Arnaud son aisné, qui estoit en possession dés l'année 1080.
pour le moins. Car il estoit present à l'assemblée, qui se tint enuiron ce temps, au
monastere de la Reole en Bearn, par le Cardinal Richard Abbé de Marseille, pour
vuider la dispute de l'inuasion pretenduë de l'Archidiaconé de Soule.

II. A Raimond Arnaud succeda le Vicomte Nauarrus : lequel suiuant les tiltres
de l'Euesché d'Acqs, tua son cousin Garsias Marre, qui est surnommé Vicomte,
dans le Chartulaire de Lascar, & pour rachat de l'homicide & des peines canoniques
indictes à ce crime, aumosna suiuant la practique du temps, en faueur de l'Eglise
d'Acqs, le lieu de Banoles. Aussi Garsias auoit merité de mourir auec violence, de la
main de son parent, car il auoit tué lui mesmes en duel vn sien cousin, & pour la satisfaction de ce meurtre auoit donné à l'Eglise d'Acqs, la moitié de la disme de Saint
Vincent de Salies en Bearn. Les violentes procedures du Vicomte Nauarrus, ne s'arresterent pas là. Car il fit prisonnier l'Archidiacre d'Acqs Arnaud Raimond, qui
estoit parent des Vicomtes Centulle, & Gaston, & le contraignit de se racheter de la
prison, au moyen de cinq mille sols ou enuiron. Cette occasion si legitime se presentant, pour auoir raison auec pretexte apparent, de l'ancien ennemi de la maison
de Bearn, Gaston interessé pour vanger l'iniure faite à son parent, arme à bon escient contre le Vicomte Nauarre : qui se met sur la defensiue, en telle sorte qu'à l'occasion de cette guerre, toute la Gascogne fut en esmotion, comme porte formelement la Charte. Mais le succez fut si fauorable à la iustice des armes de Gaston, qu'il
conquit tout le Vicoté d'Acqs, apres auoir defait & tué Nauarrus en vn cóbat ; de qui

Pagination incorrecte — date incorrecte

NF Z 43-120-12

les parens pour se contenter en quelque façon, tuerent aussi l'Archidiacre Arnaud Raimond, ainsi que nous aprenons de la Charte d'Acqs, d'où i'ai puisé le sujet, & l'euenement de cette guerre.

III. Cette conqueste du Vicomté d'Acs élargit l'estenduë des terres de la maison de Bearn, lui acquit la possession, entr'autres choses de la terre de Mixe, & de celle d'Ostabat, qui sont maintenant dans la Basse Nauarre, & pour lors estoient des apartenances du Vicomté d'Acqs; comme elles sont encor auiourd'hui de son Euesché. C'est pourquoi depuis ce temps, on voit que les principaux Seigneurs de Mixe, sçauoir ceux de Gramont, & de Luxe sont du corps de la Cour de nostre Gaston, & de sa femme Talese, comme il apert par diuers actes qui sont au Chartulaire de l'Abbaye de Sorde. Particulierement en la dispute, qui suruint touchant la moitié de l'Eglise du village d'Arribehaute; que le Comte Centulle auoit adiugée aux maistres de la maison d'Arribehaute au preiudice de ce monastere. L'Abbé Ainerius en porta sa plaincte à Gaston, & à Odon euesque d'Oloroh & Prieur de Morlas, qui ordonnerent le debat entre les parties: où le monastere eut bien l'auantage, neantmoins il bailla à Benedicte & à son fils Loup ses parties, deux cens sols Morlas, moyennant quoi ils quiterent cette moitié d'Eglise consistant en dismes, premices, pains, chandelles, & autres oblations; dont les cautions furent Brasc Garsie de Nauars, & Arnaud Garsie de Munen. Ce qui fut fait en presence de B. Guillem d'Escot, Ramon Escac de Besaldiu, Brasc Garsie de Luxe, & Bergon Garsie d'Agramont, qui estoient des Pairs de la Cour du Seigneur de Bearn. De ces deux Seigneurs d'Agramont, & Luxe, descendent ces deux illustres maisons de Gramont & de Luxe, qui sont tant recommadées pour leur antiquité & leur puissance dans l'histoire de Nauarre, & qui ont cet auantage d'estre conneuës sans interprete par tous les endroits du Roiaume. Cette affaire de l'Eglise de Ribehaute, fut remise derechef au iugement du Vicomte de Bearn, dautant que les parties refusoient d'obseruer le dernier accord. Mais il fut confirmé par le iugement de tous les Barons, & par le serment presté en l'Eglise S. Lodoire, (nommée auiourd'hui Sainct Gladie) par les interessés, & leurs cautions qui furent Bergon Garses d'Agramont, & Arnaud de Leren pour le monastere; & pour la partie, Nauars, & Munen, qui s'obligent de payer en cas de contrauention trois cens sols Morlas au Vicomte, & la loi ou amende ordinaire du crime, au profit de l'abbé. Nous verrons en son lieu des choses plus precises, sçauoir la Vicomtesse de Bearn Talese prononçant auec sa Cour sur le procez de la disme de Garris en Mixe.

IV C'est aussi à cette conqueste du Vicomté d'Acqs, qu'il faut attribuer l'introduction du For de Morlas au païs de Mixe, & d'Ostabat, dont Gaston accorda le benefice à ces peuples nouuellement conquis, pour leur témoigner la douceur de sa domination. De fait on lit dans le priuilege accordé aux habitans d'Ostabat par Brasc Garsie de Luxe, qui viuoit en ce temps, & depuis confirmé par Arnaut Lup de Luxe en l'an 1269. que le lieu d'Ostabat est peuplé sous le For de Morlas; & dans vn vieux registre de la Cour de Mixe de l'an 1370. l'vne des parties allegue, que suiuát le For de Morlas, Ond nos em aforats, dit-il, c'est à dire sous la regle duquel nous viuons, la preuue d'vn debte qui excede quarante sols Morlas doit estre faite auec le duel, si on ne peut iustifier autrement la chose. Ce qui est conforme, non pas au texte precis du For de Morlas, mais aux iugemens rendus par la Cour de Morlas, suiuant leur ancienne practique, qui sont inserés dans l'ancienne compilation de ce For.

V. Aussi apres cette conqueste, Gaston establit vn Bourg prés du Chateau & fort de Mont-Guiscard, auec l'auis & le consentement de son vassal Oliuier, qui en estoit le proprietaire. Et tous deux ensemble fonderent dans ce bourg vne Eglise qu'ils donnerent à l'Euesché d'Acqs, pour le rachapt de leurs pechés, & pour le salut des ames de leurs peres & meres, & en baillerent l'inuestiture à la façon accoustumée, metant le Liure Meſſel ſur l'Autel; Du temps du Pape Paſchal, & de Philippe Roi de France, Epacte vingt-cinquieſme, Concurrente ſeptieſme, Indiction quinzieſme, Raimond de Sents eſtant Eueſque d'Acqs. Ce qui reuient à l'année 1106.

VI. La denomination de Mongiſcard me remet en memoire, le Fort que Robert Guiſcard Duc de la Poüille & de la Calabre baſtit en l'Albanie, pour bloquer la ville de Duraſſe l'an 1081. qu'il ſurnomma *Montem Guiſcardi*, au rapport de Gaufredus. D'où Gaſton, qui auoit eu connoiſſance de ce lieu en ſon voyage de Ieruſalem, pourroit auoir pris occaſion de donner le nom à ce fort: qui fut en aſſés grande conſideration, ainſi que l'on peut recueillir, de ce que la peine appoſée à certaine tranſaction paſſée auec l'Abbé de Sorde, eſt adiugée à celui qui tiendra Mongiſcard.

I. E Chartario Laſcurrenſi : Poſt mortem R. Epiſcopi, venit Garſieatnaldus de Ax, & tulit illum honorem de Murel Sanctæ Mariæ cum fortitudine ſua, & tenuit eum in vita ſua, & filius eius Leofrancus poſt eum. Poſtea Epiſcopus B. & Canonici B. Mariæ fecerunt multas querimonias de illo in Conciliis ante Archiepiſcopum G. & B. Epiſcopum, & in præſentia domni Amati Romani Cardinalis; qui cum eſſet excommunicatus ab iſtis ſupradictis, & ab aliis Epiſcopis qui erant in Concilio, venit ipſe Leofrancus virtute dei percuſſus à Lepra, & reddidit illum honorem ſuper altare eiuſdem ſedis, in præſentia Domni Epiſcopi Sancij, & aliorum canonicorum, quod donum audiens Gaſto Bearnenſis Vicecomes, dixit Epiſcopo quod nullomodo dimitteret illum honorem niſi redimeret ab illo. Deinde venit Epiſcopus Sanctius, & fecit placitum ſecundum voluntatem Vicecomitis, ille vero Vicecomes reddidit, & firmauit illum honorem cum fideiuſſoribus nomine Guillem Arnald de Cebarte de Armanag, vt ſaluificaret de Leofranco, & de omni homine.

II. E Chartario Aquenſi : Mortuo Raimundo Arnaldo Vicecomite Aquenſi, & Nauatro filio eius exurgente, tanta inuidia orta fuit inter Nauarrum Vicecomitem, & A. Archidiac. Aquenſem, quod cepit illum, & circa quinque millia ſolidorum redimi fecit eum. Vnde tanta ſeditio exorta fuit quod Vaſconia ferè tota inde concuſſa fuit, & adeo durauit, donec ipſe Nauarrus exheredatus, & occiſus fuit, & Archidiaconus cauſſa illius gladiis obtruncatus fuit. Infra : Archidiaconus de genere ipſius Centulli & ceterorum Nobilium Bearnenſium erat.

V. Ex eodem Chartario : Notificatum ſit omnibus tam præſentibus quam futuris, quod Gaſto Bearnenſis Vicecomes, veſtigium conſeruandæ iuſticiæ, dignuſque viuacis memoriæ, tempore quo *Bearnenſem, atque Aquenſem Vicecomitatum tenebat*, ſtabiliuit quædam Burgum apud Caſtellum montem Guiſcardum, conſilio & voluntate ſui Varonis Oliuarij, qui eiuſdem Caſtelli & Burgi dominus & poſſeſſor erat. In eodem vero tempore ipſe Vicecomes & Oliuarius ſuus Varo fundauerunt Eccleſiam in ipſo burgo Caſtelli, in honore S. Trinitatis, & Sanctæ Dei genitricis Mariæ, & Sanctæ Crucis, & Sancti Sepulcri. De qua Sanctam matrem Aquenſem Eccleſiam, & ſedem pro redemptione ſuorum peccatorum & ſalute animarum ſuorum patrum & matrum veſtiuerunt, & veſtitionem, miſſalem ſuper altare ponendo, in perpetuam poſſeſſionis ac tenoris hereditatem confirmauerunt. Datum eſt hoc donum Paſchali Apoſtolico, Philippo Rege Francorum regnante, Epacta vigeſima quinta, Concurrente ſeptima, indictione decima quinta, Raimundo Sentenſi Aquis Epiſcopante.

CHAPITRE XVI.
Sommaire.

I. Gaston conquesta le Vicomté de Soule. Don de la moitié de l'Eglise de Maslag au profit du Conuent de Luc. Dispute sur icelle iugée par Gaston au preiudice du Monastere. II. III. Gaston apres son retour du Sainct Sepulcre iuge la requeste ciuile de l'Abbé de Luc contre le premier iugement. Souueraineté des iugemens rendus en Bearn. La sentence appellée Sigillum. *IV. Guido ou Gui Euesque de Lascar. Roger Euesque d'Oloron. Fondation de l'Hospital de Mieihaget par Gaston. V. Roger pretend la Mixe sur l'Euesque d'Acqs. Continuation de l'instance entre Roger, & Raimond Euesque d'Acqs. Rescrits du Pape Paschal. VI. Roger fait faire vn petit autel couuert de lames d'argent. Les vers graués sur ces lames expliquent le mystere du S. Sacrement de l'Eucharistie.*

I. LA conqueste du Vicomté d'Acqs faite par Gaston, me remet en memoire celle qu'il fit du Vicomté de Soule, auant son voyage de la Terre saincte. L'occasion de cette guerre, & les exploicts d'armes en sont entierement ignorés; Neantmoins on peut se persuader facilement, que le refus que le Vicomte de Soule pourroit auoir fait de reconnoistre Gaston, & de lui prester serment de fidelité, comme il estoit obligé suiuant la cession, que le Duc de Gascogne auoit fait de son droit de superiorité, en faueur du Comte Centulle, & les accords arrestés auec les Vicomtes de Soule, que i'ai produit ci-dessus; que ce refus, dis-je, & cette felonie donnerent vn iuste sujet de guerre à Gaston, & vn tiltre legitime pour se rendre maistre de la Soule, ainsi qu'il fit; & sans doute establit pour lors en ce Vicomté le For de Morlas, duquel les traces restent encore dans la Coustume de ce païs, en plusieurs articles, & particulierement en l'vsage du poids & de la mesure de Morlas. On aprend ce succez d'vn ancien tiltre sur le sujet d'vne querelle particuliere. Car Seguianerius ayant donné au monastere de Luc la moitié de Saincte Marie de Marslag, auec deux païsans, & deux hommes francs; Son fils Raimond Seguin se plaignit de cette donation pardeuant le Vicomte Gaston, au temps que ce Prince acquit la seigneurie de toute la Soule, comme parle cét Acte: & l'affaire fut tellement mesnagée, que l'on fit comprédre à l'Abbé Donat, & aux Moines, que le Vicomte ne pouuoit retenir en asseurance la Principauté de Soule, s'ils ne rendoient au demandeur le bien contesté: de sorte que Gaston fauorisant le parti de Raimond Seguin, ils furent condamnés à le lui rendre, & receuoir cent sols Poicteuins pour leur indemnité. Dont ils firent de grandes clameurs, & protesterent de force & de violence contre le iugement.

II. Mais nostre Gaston estant reuenu du S. Sepulcre voulut reparer le grief qu'il auoit fait au monastere, & pour cét effet donna aduis à l'Abbé qu'il renouuelast l'instance, & remit l'affaire en dispute; Ce que l'Abbé ayant executé promptement, Gaston le restablit en la possession des rentes controuersées, & prit de lui pour ses droicts vn bon cheual du prix de cent sols. De ce discours il apert, que la conqueste de Soule precede le voyage de Ierusalem, c'est à dire l'an 1097. & que les iugemens du

Seigneur de Bearn estoient souuerains, puis qu'vne communauté si puissante & consideréé, qui proteste de force & de violence ne se pourroit ailleurs, que pardeuant le mesme Seigneur de Bearn; Ce que l'Abbé de Luc n'eust pas obmis de faire, pendant l'absence de Gaston, qui dura trois ans entiers, s'il y eust eu en ce temps quelque tribunal superieur à la Cour Maieur de Bearn. Neantmoins les procés, les chicaneries, & les plaintes de la partie continuans encore, l'Abbé s'accorda de nouueau auec lui, par l'aduis des preud'hommes, & lui bailla trois cens sols de Morlas pour ses pretensions, & soixante-six sols, & dix vaches pleines au Vicomte pour ses droicts de iustice, qui consistoient pour lors en amendes, & en vne portion, soit la dixiesme, ou autre, des choses contestées.

III. Ce qui fait voir que tous ces procés en premiere instance, & en requeste ciuile, furent poursuiuis pardeuant le Seigneur de Bearn & non ailleurs, & qu'en ce temps aussi bien que maintenant, chascune des parties estoit receuë à se plaindre par voye de reuision. Car l'Abbé se pourueut le premier contre la premiere sentence, & apres le iugement de cette instance de requeste ciuile à son profit, Raimond Seguin presenta la sienne; sur laquelle les parties transigerent. Ce qui seruira encore d'vne raison peremptoire pour iustifier la souueraineté des iugemens du Seigneur & de sa Cour, puis que selon les loix des Empereurs, comme il n'est loisible d'appeller des sentences du Prefet du Pretoire, aussi est-il permis de se pourouir à l'encontre par requeste, pour faire iuger de nouueau la matiere pardeuant le mesme Tribunal: ce priuilege de Reuision, & Retractation n'estant donné qu'aux Officiers qui iugent en dernier ressort. *Et vice sacra*. Les cautions de cette transaction sont ceux-ci, Loup de Vielenaue, Loup de Sus Menour, ou Sus Mion, Arnaud, & Guillaume Arnaud de Sus Maiour, maintenant appellé Sus sans epithete, qui s'obligent, sous les rigueurs de payer cent sols d'amende au profit du Monastere pour chasque caution, le contract demeurant en sa force & vigueur, dont le date est de l'an M. CXIV. sous le Prince Gaston, Arnaud Euesque d'Oloron, & Gui Euesque de Lascar. En cét acte sont considerables les termes, *Super Sigillum & vim clamando*. Car le terme de Seau est employé, pour signifier la sentence donnée par le Seigneur, dautant qu'elle estoit seellée de son seau, suiuant la phrase des loix Vuisigotthiques expliquée par Lindenbroch; & Clameur contre la force, estoit conceuë aux termes accoustumés de *Biafore*, dont ie parleray ailleurs.

IV. Au reste le date de cét acte est remarquable, à cause des nouueaux Euesques de Lascar, & d'Oloron qu'elle nous produit. Car aux actes qui auoient esté employés iusqu'à present, Sance Euesque de Lascar, successeur de Bernard auoit paru; & l'on void ici Guidon ou Gui son successeur. Pour le siege d'Oloron, il est rempli en cette année de l'Euesque Arnaud successeur de Roger. Car à l'Euesque Odon, qui estoit aussi conioinctement Abbé de S. Pé, & Prieur de Morlas, auoit succedé l'Euesque Roger. Il est fait mention de lui en l'acte de la donation, que fit le Vicomte Gaston du consentement de sa femme Talese, & de Centulle son fils, auec l'adueu des habitans de Saincte Colome, de Louuier, d'Arros, & d'Asson, du lieu surnommé Mieihaget, auec les terres & bocages qui en dependent, & le droict de pasquage pour le bestail, en faueur de l'Hospital. Le date de cét acte est corrompu. Car il énonce qu'il fut receu l'an M. C. en presence de Gui Euesque de Lascar, & de Roger Euesque d'Oloron. Cependant il est certain que Sance predecesseur de Gui siegeoit à Lascar depuis 1080. iusqu'en l'année M. CIV. pour le moins. Il est aussi asseuré que ce date precede l'an M. CXIV. auquel l'Euesque d'Oloron Roger estoit decedé, & l'Euesque Arnaud auoit pris sa place. Les tesmoins qui suiuent les Euesques, sont Fortaner de Domij, Fortaner d'Escot, Raimond Garsias de Gauaston, Raimond Arnaud de Coarrasse, & Arnaud de Laruns.

V. L'occasion se presentera de parler ci-apres des Euesques Gui, & Arnaud. C'est pourquoi ie me contenterai maintenant de produire, ce que la Charte d'Acqs nous fournir, touchant l'Euesque Roger; dont l'escriuain, se plaignant tousiours des entreprises que l'Euesque Amatus auoit faites sur le Diocese d'Acqs, par le demembrement de l'Archidiaconé d'Agarencz & Reuesel, outre l'inuasion de Soule, adiouste enfin, que Roger Euesque d'Oloron proposa vne nouuelle pretension touchant le païs de Mixe, qu'il vouloit assujetir au siege d'Oloron, & le retrancher de l'Euesché d'Acqs. Ce qui obligea son Euesque nommé Raimond (qui est surnommé Raimond de Sents au tiltre de l'Eglise de Montgiscard, de l'an M. CVII.) de faire vn voyage à Rome, & d'obtenir du Pape Paschal vn priuilege, pour la confirmation des termes & limites de son Euesché, auec rescript adressant à Raimond Archeuesque d'Aux, pour assigner tant l'Euesque de Bazas, qui auoit aussi fait de sa part des inuasions sur l'Euesché d'Acqs, que l'Euesque d'Oloron, & faire iustice aux parties, auec l'auis des Euesques comprouinciaux. Mais ne voulant s'enueloper à mesme temps en diuers procez, il poursuiuit premierement son instance contre l'Euesque de Bazas, dont il vint à bout, apres beaucoup d'ennuis, de trauail, & de despense, y ayant vacqué sept années entieres. Et voulant entreprendre son affaire auec ceux d'Oloron, il se rencontra que son rescript estoit suranné pour leur regard, & que Raimond l'Archeuesque son Commissaire entreprenoit le voyage de Ierusalem. Ce qui le contraignit d'aller à Rome, & d'obtenir du Pape Paschal vne commission pour Gerard Euesque d'Angoulesme Legat du Sainct Siege, afin qu'il vuidast le different de ceux d'Oloron, & d'Acqs. Les letres d'assignation de ce Legat adressantes à l'Euesque d'Oloron A. sont inserées dans le vieux tiltre, sans qu'il soit fait mention d'aucun exploict, les Euesques d'Acqs ayans mieux aimé abandonner vne mauuaise cause, que s'engager en nouueaux frais. Tant y a que de l'adresse des letres du Legat à l'Euesque Arnaud on doit inferer quelles estoient posterieures à l'année M. CXIII; La qualité de Legat en la personne de Gerard Euesque d'Angoulesme n'est pas supposée, puis que l'on trouue dans la Chronique de l'Abbé d'Vsperg, que ce Gerard Legat en Aquitaine, *Legatus in Aquitania*, publia en presence, & par ordonnance du Concile de Latran tenu sous le Pape Paschal l'an M. CXII. le Decret de cassation du priuilege, ou *prauilege*, que le mesme Pape estant arresté prisonnier auoit accordé par force à l'Empereur Henri V. touchant les inuestitures des Euesques esleus, qu'ils deuoient receuoir de la main de l'Empereur par l'anneau, & le baston, auant qu'ils peussent estre consacrés.

VI. Cét Euesque Roger fit faire vn petit autel ou cofre quarré, de bois, couuert de lames d'argent assez bien élabourées, par Rainaud maistre de Morlas, qui s'est coserué iusqu'à nos iours; à l'entour duquel sont escrits les vers suiuans, qui font foi de la creance que les Bearnois auoient pour lors du mystere de l'Eucharistie. Sur le deuât:

> *Res super impositas commutat Spiritus almus,*
> *Fit de Pane Caro, Sanguis substantia vini;*
> *Sumpta valent animæ pro corporis atque salute.*

Sur le derriere:

> *Dantur in hac mensa Sanguis, Caro, potus, & esca.*
> *Verba refert cæna, super hæc oblata Sacerdos,*
> *Munera Sanctificat, & Passio commemoratur.*

Au dessus:

> *Hanc Morlanensis Rainaldus condidit aram.*
> *Præsul Rogerius Olorensis iussit vt essem.*

I. Charta Monast. Lucensis: Post quem surrexit Raimundus Seguinus, tempore quo Gasto Vicecomes *Adeptus est Dominium totius Soila*, & conquestus est de supradicto honore, memorato principi. Ad id ventum est, vt diceretur eidem Abbati & senioribus S. Vincentij, quod nisi redderet supradictum honorem, non posset principatum obtinere securè supradictæ regionis, & fauente partibus Raimundi Seguini Gasto Principe, super Sigillum & Vim clamando, accipere habuerunt centum solidos Pictauiensis monetæ,& cum rancura magna reddiderunt ei. His ita peractis, *Reuertente eodem Principe à S. Sepulchro* sciens se iniustè tulisse supradictum honorem S. Vincentio, admonuit Abbatem supradictum, & seniores eiusdem loci, vt requirerent quod dictum est, & accepit ab eodem Abbate, & à senioribus vnum optimum caballum C. videlicet solidorum, & restituit in honorem ponens eos in potestate. Multis autem post hæc litibus, rixis, & contentionibus peractis, ad hoc ventum est consilijs bonorum virorum, vt darent Abbas & seniores eidem Raimundo Segui. c c c. solidos de Morlaas, & LXVI. sol. ad Vicecomitem & X. vaccas prægnantes. Facta est hæc charta anno ab Incarnatione Christi M. C X I V. existente eodem principe Gasto, Episcopo Arnaldo in sede Oloronensi, Episcopo Guidone in Lascar.

IV. Vetus scheda: Notum sit tam futuris quam præsentibus, quod ego Gasto Vicecomes Bearnensis, dedi locum quod dicitur Medium Faget, domo Dei & Hospitali ad ministrandum & seruiendum pauperibus, dedi etiam locum planum & nemorosum circa ipsum locum sufficienter quantum opus fuerit domo Dei seu hospitali, cum omni libertate ad laborandum, & mittendum pecora, & ad faciendum quodcumque necessarium fuerit, & vt ipse locus sit liber, & habitatores sint liberi, præcipio vt nulla vmquam persona contra vtilitatem habitatorum aliquid agere præsumat ibi. Hoc domum dedi pro salute animæ meæ, patrisque, ac matris, & totius consanguinitatis meæ, præsente domino Guidone Episcopo Lascurrensi, Domino Rogerio Episcopo Olorensi præsentibus ac concedentibus habitatoribus Sanctæ Columbæ,& de Luperio, & habitatoribus de Arrossio,& de Assonio. Ego Talesa Vicecomitissa confirmo hoc donum, & ego Centullus eorū filius confirmo. Huius donationis testes sunt Dominus Guidonus Episcopus, Dominus Rogerius Episcopus. Fortanerius de Domij, Fortanerius Descot, Raimundus Garsias de Gauaston, Raimundus Arn. de Coarrasa, & Arn. de Laruns. Factū fuit anno M. C.

CHAPITRE XVIII.

Sommaire.

I. Conquestes de Sance Ramires Roi d'Aragon & de Nauarre, qui se rendit maistre de la ville de Huesca, sur les Mores, & y restablit l'Euesché. Amatus Legat, & Sance Euesque de Lascar estans presens à la consecration de l'Église. II. Le Roi Alphonse le Bataillant continua les conquestes, & desseigna le siege de Saragosse. III. Les Gascons auoient secouru ce Prince. Il prie Gaston de l'assister au siege de Saragosse. Assemble son armée l'an 1114. IV. Siege de la ville par Alfonse. Prise de la ville de Tudele par le Comte du Perche. Les François mal traictés en l'armée se retirent du siege. Alfonse obligé d'abandonner le siege, à cause des guerres de Castille, suscitées par sa femme la Reine Vrraque, & son mignon le Comte de Campdespine.

I. 'Inuasion du Royaume de Nauarre, que le Roi d'Aragon Sance Ramires auoit faite au preiudice de Ramir Infant de Nauarre, porta cét auantage aux affaires de la Chrestienté, que les forces de ces deux Royaumes estans vnies, il eut moyen d'auancer ses conquestes contre les Mores du costé d'Aragon, & de prendre sur eux les villes de Bolea, de Graus, & d'Ayerbe. Il desseigna aussi de se rendre maistre de la ville de Huesca, qui estoit possedée par le Roi Abderraman son tributaire ; & ayant défait le secours que le Roi de Castille enuoyoit à ce mescreant, il mit le siege deuant la place, où il mourut d'vn coup de flesche l'an 1094. ayant obligé par serment son fils Pierre premier du nom, de continuer le siege. Ce nouueau Roi retenant les deux Royaumes, s'attacha plus opiniastrement à la prise de cette ville, pour immoler à l'honneur des funerailles de son pere les testes des assiegés, & la puissante armée qui venoit à leur secours, laquelle il défit, & tua sur le champ quatre Roitelets

Mores, qui lui donnerent le sujet de charger de leur testes le blason d'Aragon, & en suite prit la ville l'an 1090. où il establit le siege principal de son Royaume, & remit en la Mesquite des Mores, l'Euesché de Huesca, qui portoit auparauant le titre de Iacque, & d'Aragon: estans presens à la translation de l'Euesché, & à la consecration de l'Eglise, Amatus Archeuesque de Bourdeaux Legat du Pape, & Sance Euesque de Lascar. Ce Prince conquit encore la ville de Barbastre sur les Mores l'an 1100. & deceda de maladie en 1104.

II. Son frere Alfonse, surnommé le Bataillant, lui succeda aux deux Couronnes de Nauarre & d'Aragon, & au desir de ruiner les Mores de sa frontiere; qu'il auança à tel poinct, qu'il prit sur eux vn grand nombre de belles villes, dont il acreut la Couronne d'Aragon auec tant plus de facilité, qu'il se trouua en mesme temps fortifié des troupes de ses deux Royaumes qu'il possedoit de son chef, & de celles de Leon, de Castille, & de Tolede, dont il estoit Roi de par sa femme la Reine Vrraque. De sorte qu'estant plein de gloire, à cause des bons succés qu'il auoit eus contre les Mores, particulierement en la iournée de Valtierre en Nauarre, en l'an M. CX. où le Roi de Saragosse & de Valence Almustahen fut tué, & en suite la ville d'Exea prise; & voyant d'ailleurs la confusion & le desordre qui s'estoit glissé dans les affaires des Mores, à cause de leurs partialités, ceux de Valence, & de Tortose occupés en la guerre de Catalogne, la ville de Saragosse sans Roi particulier, depuis le decés d'Almustahen, & commandée par des Gouuerneurs que le Roi de Marroc y enuoyoit, & que par la prise de Huesca, & d'autres bonnes places voisines, elle estoit comme bloquée, il desseigna l'an M. CXIV. de s'en rendre maistre, & de la recouurer du pouuoir des Sarasins, sous lesquels elle gemissoit dupuis l'an 716.

III. Pour cét effect, ayant reconnu la valeur des Gascons en ces derniers combats, dont il auoit rendu vn tesmoignage public, par le moyen de la donation qu'il fit pour recompenser leurs seruices, des Eglises & dismes de la ville d'Exea, en faueur du Monastere de Grand Selue en Gascogne, au rapport de Surita en ses Annales, il voulut se fortifier de nouueau du secours des gens de guerre de deçà. C'est pourquoi il pria nostre Gaston de lui fournir les troupes necessaires, pour le secourir en vne si saincte & si loüable entreprise, & vouloir tesmoigner en cette occasion, les effects de ce courage, qui auoit donné de la terreur aux Sarasins d'Orient, & continuer son zele & sa vigueur pour la défaite des Mores d'Espagne, qui estoient de mesme secte. Asseuré de la bonne volonté de Gaston, il assemble le corps de son armée au chasteau de Castelar à cinq lieuës de Saragosse, au mois de Ianuier de l'année M. CXIV. Surita en ses Indices, & au premier liure des Annales, fait le denombrement des principaux Chefs des troupes de Bearn & de Gascogne, qu'il nomme en cét ordre, Gaston Seigneur de Bearn, le Comte de Comenge, Rotrou Comte du Perche, Centulle Comte de Bigorre, le Vicomte de Gauarret, l'Euesque de Lascar, Auger de Miramon, Arnaud Vicomte de Lauedan, qui se maria à Donna Oria Comtesse de Paillas.

IV. Alfonse estant fortifié des compagnies des Gascons, qui s'estoient ioincts aux soldats de ses vieilles bandes nommés Almogauares, & aux leuées extraordinaires qu'il auoit faites dans ses Prouinces, campa deuant Saragosse, resolu de n'abandonner le siege qu'il ne se fust rendu maistre de la ville. Mais d'autant que les Sarasins possedans le païs d'alentour trauailloient infiniment nostre armée auec leurs courses, & nommément la garnison de Tudele ville assisse sur l'Ebro, & distante de Saragosse de seize lieuës, qui coupoit les viures venans d'Exea, & du Royaume de Nauarre; le Comte du Perche forma vne entreprise contre cette ville, semblable à celle qui est descrite dans Iosué, qui lui reüssit fort heureusement. Car il partit secretement du camp auec six cens gendarmes, qui portoient autant de soldats en croupe, dont il mit cinq cens ou plus en vn lieu couuert d'oliuiers, & auec le reste se presenta de bon matin deuant la ville, y faisant le degast. Ce qui obligea la garnison de Tudele de faire vne sortie sur les gens du Comte, qui faisans leur retraicte donnent esperance aux Mores d'vne entiere victoire. Cette feinte les conuia à mettre toutes leurs forces hors la ville, gardée par les seules femmes; & à nos gens qui estoient en embuscade, la facilité d'entrer dedans, & de se rendre maistres de la place. Cela fait, ils donnent sur les Mores, qui estoient à la campagne, les mettent en route, & retirent le Comte de la presse, pour lui faire prendre possession de Tudele, dont le Roi Alfonse lui octroya la Seigneurie, & de beaux priuileges aux habitans, & particulierement, qu'ils seroient iugés suiuant les Fors de Sobrarue. Rotrou la bailla depuis en dot à Marguerite ou Mergeline sa fille, qui fut mariée à Garcia Ramires Roi de Nauarre apres Alfonse. La prise de cette ville arriua sur la fin du mois d'Aoust de cette année 1114. & donna vn grand effroi aux Mores de Saragosse: Mais le secours continuel d'hommes & de viures, qu'ils receuoient des Rois de Fraga & de Lerida, & les affaires qui suruindrent au Roi Alfonse du costé de Castille, trainerent ce siege en longueur, & affoiblirent l'armée par la retraicte de plusieurs François, ausquels on ne fournissoit pas l'argent qui leur auoit esté promis, ainsi que les Auteurs Espagnols auoüent. A quoi doit estre rapporté ce qu'Orderic a remarqué, sçauoir que Rotrou Comte du Perche, & les François qui auoient esté appellés sous de grandes promesses, apres auoir serui le Roi d'Aragon, furent contraints d'abandonner les Espagnols, dont la jalousie estoit venuë à tel excés, qu'ils auoient entrepris d'attenter sur leurs personnes.

V. Quant au sujet de la guerre de Castille, qui occupoit entierement le Roi, ie le deduirai succintement, pour rendre d'autant plus asseurée la relation de la genereuse entreprise de nostre Gaston, que ie representerai au Chapitre suiuant. Vrraque Infante de Castille fut mariée en secondes nopces auec Alfonse Roi de Nauarre & d'Aragon, son pere n'ayant voulu deferer à la priere des Grands de Castille, qui le firent supplier par vn Iuif nommé Cidello son Medecin, d'agréer le mariage du Comte Gomes de Campdespine naturel de Castille, qui auoit fort bonne part aux affections de l'Infante. Ce mariage fut celebré en la presence du pere dans l'Eglise de Tolede par l'Archeuesque Bernard, l'an 1096. suiuant la relation de Roderic embrassée par Mariana, quoi que Surita escriue en ses Indices, que les parties furent seulement fiancées pendant la vie du pere, & les nopces celebrées apres son decés, selon la relation de Munniius auteur du temps. Au mois de Iuillet 1109. Le Castillan estant decedé, Alfonse de Nauarre s'achemina en Castille auec la Reine Vrraque, prit possession des Royaumes appartenans à sa femme, establissant dans les places fortes, des garnisons composées de la milice d'Aragon, dont il bailla le commandement general à Pedro Ansures Comte de Vailladolit. Ce qui mit en ialousie la Noblesse de Castille, laquelle persuada enfin la Reine Vrraque de desappointer Ansures en absence, & sans le sceu de son mari. Le Roi offensé de cette entreprise vint en Castille, restablit son fauori, & ne pouuant plus supporter la vie impudique & débordée de sa femme, fut contraint de l'arrester, & l'enfermer dans le fort de Castellar prés Saragosse: d'où elle fut enleuée & conduite en Castille, par les menées du Comte Pedro de Traua Gouuerneur de l'Infant Alfonse, fils du premier mariage d'Vrraque, auec les forces des principaux de la Galice. Neantmoins bien tost apres la Reine fut remise entre les mains de son mari, qui la voyant en resolution de ne quiter sa vie deshonneste & prostituée, fut contraint de la mener en la ville de Soria, où il la repudia publiquement, disant qu'il ne pouuoit habiter auec elle, à cause de leur parenté, qui estoit au troisiesme degré. Ceux de Leon & de Castille prirent cette repudiation publique pour vn affront, leuent les armes en faueur d'Vrraque contre Alfonse, qui retenoit, nonobstant le diuorce, les qualités de Roi de Leon & de Castille. De sorte qu'il fut obligé de combattre en bataille rangée prés de Sepulueda contre les partisans de la Reine qu'il défit, & tua sur la place son corriual, le Comte Gomes de Campdespine, mignon d'Vrraque. Poursuiuant sa victoire il gagna vne seconde bataille contre la Reine & son fils Afonse, qui auoit esté couronné Roi en la ville de Sainct Iacques de Galice. Enfin, le Pape Caliste second, oncle de l'Infant Alfonse, comme estant frere du Comte Don Raimon son pere, enuoya l'Abbé de Clugni son Legat, enuiron l'an 1022. qui appaisa les troubles pour vn temps; lesquels estans fomentés par Vrraque, finirent auec sa vie l'an 1027. & les deux Rois firent leur accord l'an 1030. portant que le ieune Alfonse demeureroit paisible en ses Estats de Leon & de Castille, & le Roi de Nauarre retiendroit la Rioia, Alaua, Guipuscoa, Bureba, & toutes les terres qui apartenoient à la Nauarre, & auoient esté vsurpées par les Rois de Castille, ainsi que verifie par les propres paroles du Moine de la Penna, Iean Bris Martinez Abbé de ce Monastere; qui adiouste, que si ce Royaume de Nauarre eust conserué les Prouinces qu'Alfonse lui fit rendre, il seroit vn des plus grands des Espagnes.

III. Surita l.1.Annal.c 41.
III. Ordericus l. 13. Hist. Hispani dolum in illos machinati sunt, & de morte suorum auxiliatorum consensu Regis vt opinantur tractauerunt.
V. Ioan. Briz Matt.Hist. Pinnat.l.5.c.8.

CHAPITRE XIX.
Sommaire.

I. Renouuellement du siege de Saragosse par Gaston. Il fait vn corps d'armée en Bearn & au reste de la Gascogne. Description de son entreprise suiuant vn ancien Auteur manuscrit. II. Déguisement de quelques Historiens Espagnols. Surita accorde que l'armée des Bearnois renouuella le siege. Elle prit par assaut Almudeuar, qui estoit bien retranché. III. Gaston prend toutes les places qui estoient sur son chemin. Fait les approches de Saragosse, prend les dehors, & le fauxbourg. La ville estant aux abois, le Roi Alfonse auerti par Gaston quitte la Castille, se rend au camp, & met sur pied les Aragonois. Surprise des auteurs Espagnols, qui confondent la retraicte des François du premier siege, auec celui-ci. V. VI. Secours inutile. Saragosse renduë. Guillaume Gaston Euesque de Pampelone parent de Gaston rendit des seruices signalés en ce siege.

I. C'Estoient ces grandes & chatoüilleuses guerres de Castille, qui diuertirent la personne du Roi Alfonse de la continuation du siege de Saragosse, qui fut differé iusqu'en l'année M. CXVIII. auquel temps nostre genereux Gaston estimant que la honte de ce retardement rejaillissoit contre lui, puis que le Rois'estoit deschargé de ce siege, sur le soin & l'industrie qu'il y aporteroit, dressa vne puissante armée dans le Bearn, & les autres contrées de Gascogne: De sorte qu'vn auteur Espagnol escrit à la main, qui est au premier banc de la Bibliotheque du College de Foix à Tolose, traictant des Euesques

de Sade Saragoſſe Valerius & Braulius, a bonne grace d'obſeruer, que cette floriſſante ville auoit eſté en vn grand deſordre, pour ce qui regarde le ſeruice diuin iuſqu'à ce que *les Gaſcons*, ce ſont les propres termes, *paſſerent les Monts Pyrenées, que l'on nomme Ports de Sainêle Chriſtine, preſidant & commandant à leurs troupes Gaſton de Bearn, qui fut tres-vaillant au fait des armes, & preuoyant & diſcret en ſes actions: Le corps duquel eſt enſeueli en l'Egliſe de Sainête Marie Maiour de Saragoſſe.* Les Gaſcons, continuë cét Auteur, poſerent leur camp à l'entour de la Cité, planterent leurs tentes & pauillons, aſſiegerent la ville. Le tres-guerrier Alfonſe Empereur d'Eſpagne ayant apris le ſiege, ne voulant eſtre priué d'vn ſi grand honneur, vint ioindre ſes forces à eux, & preſſa la ville iuſqu'à ce qu'elle fut renduë.

II. Cette narration naïfue vaut mieux que les déguiſemens de quelques Hiſtoriens d'Eſpagne, qui ne pouuans ſouffrir l'eſclat tout entier des armes de Gaſcogne, repreſentent le Roi Alfonſe à la teſte de l'armée de noſtre Gaſton, pour faire les approches de la ville; confondans la premiere attaque faite en M. CXIV. auec celle de M. CXVIII. Quoi que Surita nous auouë franchement, que l'armée des Bearnois renouuella le ſiege de prés, tandis que le Roi eſtoit occupé dans les guerres & factions de Caſtille. Et nous aprend le progrés qu'elle fit en chemin. Car il dit en ſes Indices, & au premier Liure des Annales, que cette armée paſſa les Monts Pyrenées, & fut en eſtat, vers le quinzieſme de May de l'année mille cent dix-huit, & campa en cét endroit que l'on nommoit *La Laguna de Ayerbe*, qu'elle marcha vers le lieu d'Almudeuar, qui eſtoit bien fortifié, & defendu par vne puiſſante garniſon de Mores; & que le meſme iour qu'ils firent les approches, quoi que les ennemis ſe fuſſent mis en defenſe, les noſtres donnerent vn aſſaut ſi aſpre, qu'ils enterrent dedans par force, firent paſſer par le fil de l'eſpée tous les Mores, pour donner de la terreur aux autres, qui voudroient refuſer de ſe rendre à la premiere ſommation.

III. De fait, le bruit de ce carnage, eſtonna tellement ceux qui auoient tenu ferme les années paſſées, dans les places fortes des enuirons, qu'ils les abandonnerent, & les laiſſerent ſans defenſe : donnans moyen aux noſtres de ſe ſaiſir des lieux appelés Sarinan, Salcey, Robles, & deux autres villes aſſiſes ſur la riuiere du Galligo; ſçauoir Suera, & Gurrea, que les Romains nommoient le For des Gaulois. Apres s'eſtre rendus maiſtres de toutes ces places, Gaſton & les autres Chefs de ſon armée paſſerent ſans difficulté les riuieres de Galligo & d'Ebro : & n'ayans auparauant aſſiegé Saragoſſe que d'vn coſté, ils l'enuironnerent de toutes parts, & dans huict iours apres leur arriuée, gagnerent le fauxbourg du coſté de deçà l'Ebro, & ſe ſaiſirent generallement de tous les dehors iuſqu'aux murailles de la ville. Aprs cét heureux ſuccés, ils auertirent Alfonſe qui eſtoit en Caſtille, comme ils auoient reduit les ennemis à l'eſtroit, afin qu'il vint en diligence à leur ſecours, & qu'il iouït de la gloire de cette victoire; de fait, il s'achemina auec ſi grande preſſe qu'il arriua au camp ſur la fin du mois de May. Il aſſembla incontinent ſes Riches hommes, & tous ſes gens de guerre, & mit vn ordre fort exact à tout ce qui eſtoit neceſſaire pour le combat: d'autant que les Mores qui deffendoient la Cité eſtoient en grand nombre, fort entendus au meſtier, & auoient mis les fortifications de la place en fort bon eſtat. En ſuite le iudicieux Surita fait vn denombrement des Ricombres d'Aragon, que l'Empereur Alfonſe aſſembla: & adiouſte que les Mores ſe deffendirent auec grand courage; & que le mois de Iuin eſtant expiré, les ſoldats de France ſe retirerent meſcontens, de ce que l'Empereur ne les ſatisfaiſoit pas à leur gré, & qu'il ne reſta que les Comtes, Vicomtes, & les autres Capitaines auec leurs gens, *Y ſolamente quedaron los Con-*

Mm

des y Vizcondes, y los otros Capitanes, con los suyos.

IV. Dans cette narration de Surita, qui lui est commune auec les autres Espagnols, on y doit remarquer vn traict notable d'enuie contre la gloire des Gascons, ou bien vne manifeste surprise, & vne contradiction tout ensemble. Car apres auoir accordé iugenument que nostre armée seule fit les approches, & gagna les dehors de la Cité, & que les Aragonois ne furent mis sur pied qu'apres l'arriuée d'Alfonse, on desire maintenant les priuer de la gloire de la prise, en les faisant retirer pour vn mescontentement, confondans par ce moyen la premiere retraicte de l'année mille cent quinze, auec celle qu'ils forgent maintenant : qui demeure contredite par leur propre confession ; Car ils auoüent que tous les Chefs de l'armée Gasconne tindrent ferme auec leurs gens. Il ne se retira donc personne de consideration, sinon que l'on veuille faire estat de quelques gueux, & des goujats qui se iettent à la suite de l'armée, & lassés de seruir ont accoustumé de faire sourdement leur retraicte.

V. Le siege perseuerant auec fermeté, & la cité estant reduite à l'extremité, les ennemis virent leur perte asseurée, dautant qu'ils n'estoient pas assez forts en nombre pour sortir à la campagne, & que leurs gens estoient extenués & afoiblis de faim ; de sorte qu'il ne leur restoit que l'esperance du secours des Rois Mores leurs voisins, & celui de Barbarie. Celui-ci quoi que plus esloigné, estoit le plus asseuré, tant pour auoir esté practiqué depuis long-temps, que pour estre vn secours d'obligation & de deuoir, puis que le Roi de Marroc de la race des Almorauides, Miramamolin & Souuerain de la Morisme d'Espagne s'estoit reserué pour soi la Couronne de Saragosse. Le Roi Temin enuoyé par celui de Marroc se presenta auec vne puissante armée, resolu de donner bataille, & posa son camp proche de la riuiere de la Guerbe, à trois lieuës de la cité, en lieu fort auantageux. Mais ayant reconnu les forces, & la contenance de l'armée Chrestienne, il se retira de nuict dans peu de iours, & reprit le mesme chemin par où il estoit venu. Vers le mois de Decembre, il renuoya vn sien cousin auec vne armée plus forte, afin de rafraischir la place ; mais l'Empereur lui alla au deuant, lui donna bataille, le mit en route, & prit ou tua la plus grande partie des ennemis. Cette bataille se donna au lieu de Cutande prés la ville de Daroca, suiuant les anciennes Histoires d'Aragon : laquelle est fort renommée, à cause du grand carnage, que l'on fit des ennemis, & de la mort du fils du Miramamolin. Surita asseure auoir leu dans vn ancien Auteur, que le Comte de Poitiers fut en cette iournée, & y combattit auec six cens gensdarmes qu'il auoit menés au secours. Ce qui seruiroit encore pour moustrer, que les soldats François ne se retiroient pas de ce siege, puis que l'on void le Comte de Poictiers qui n'y estoit pas au commencement, y estre accouru auec secours tres-notable de six cens cheuaux. Mais cette bataille de Cutande doit estre rapportée à vn autre temps, sçauoir à l'année 1122. comme i'explique au Chapitre XXI.

VI. Les Mores ayans perdu l'esperance de tout secours, rendirent la ville à l'Empereur Alfonse, sous certaines conditions, le dix-huictiesme Decembre mille cent dix-huict, qui s'alla loger au Palais Royal nommé par les Sarasins Asuda. Surita, ni Blanca ne font point mention de l'assaut que donna Gaston Euesque de Pampelone auec ses Nauarrois, qui hasta la reddition de la place, les Chrestiens commençans d'entrer par la bresche ; Mais Garibai ne l'a pas oublié, ni Sandoüal en son Catalogue des Euesques de Pampelone, qui rapporte mesmes la donation que le Roi Alfonse lui fit, & à l'Eglise de Pampelone, des rentes & dismes de l'Eglise de Tudele, à cause du seruice que cét Euesque Don Guillaume Gaston lui auoit fait aux sieges de Saragosse, Tudele, & Taraçone, *Propter seruitium quod mihi prædictus Episcopus fecit in obsidione Cæsaraugustæ, Tutela, & Tirasonæ.* Ie suis bien aise de faire cette remarque, d'autant que non seulement ce bon Euesque Guillaume Gaston estoit de la Prouince de Gascogne, suiuant Garibai au Chapitre septiesme, mais encore estoit-il proche parent de nostre Prince Gaston. Il siegea en 1115. & mourut le sixiesme de Feurier 1112. suiuant Garibai, & Sandoüal.

I. Auctor ms. Coll. Fux. Tol. Vascones Pyreneos montes, qui dicuntur Portus S. Christinæ transierunt, eis præsidente *Gastone de Bearne*, qui fuit strenuissimus in armis, & in suis actibus prouidus, & discretus, cuius corpus sepultum est in Ecclesia Sanctæ Mariæ Maioris Cæsaraugustanæ. Vascones in circuitu ciuitatis Cæsaraugustanę castra metantur, figunt tentoria, obsident ciuitatem. Bellicosissimus Ildefonsus Imperator Hispaniæ audita obsidione vrbis, socias administrat militias, nolens se tanto negotio defraudari, tandiu ciuitatem obsessam tenuit, quousque Saraceni fame coacti vsque ad illicita comedenda fuerunt compressi, cum iam victus viresque deficerent vrbem munitissimam reddere cogerentur. Quid plura ? Vrbe reddita Christiani occupant munitiones, Ecclesiastica reparantur, Petrus inthronisatur Episcopus, qui & in obsidione sub spe capiendæ ciuitatis diu fuerat electus, & à Gelasio Papa in partibus Equitaniæ extiterat consecratus. Capta fuit ciuitas Cæsaraug. post proditionem Comitis Iuliani sub Era M.CLIV. mense Decembris, Anno à Natiuitate Domini M.CXVI.

II. Surita l.1. Ann.c.44.& in Indicibus.

VI. Garibai l.23.c.7. Sandoüal in Catal.ep. Pamp.

CHAPITRE XX.

Sommaire.

I. Examen de l'année de la prise de Saragosse. Surita met cette conqueste en l'année 1118. Blanca en l'année 1116. II. III. IV. Opinion de Blanca refutée par la lettre du Pape Gelase second. Election de Pierre pour Euesque de Saragosse pendant le siege. Sa consecration par le Pape Gelase. Refutation de la défaite du Cardinal Baronius, & de Iean Briz. Responsé au priuilege produit par Blanca. V. Alfonse se qualifie Roi de Saragosse, & Gaston Seigneur de Saragosse. Cette Seigneurie comprenoit la Parroisse de Nostre Dame du Pilier. VI. Gaston Ricombre de Saragosse. Pouuoir des Ricombres. Ils auoient sous eux des Cheualiers nommés Cauailleros de Honor. *Leur deuoir. Gaston donne à vn Cheualier les biens d'vn More de Saragosse. Gaston premier Ricombre d'Aragon.*

I. IL faut examiner en ce lieu vne question assés fascheuse, de l'année de la conqueste de Saragosse; d'autant que comme a remarqué Surita en ses Annales, la diuersité est tres-grande pour le regard du temps, non seulement parmi les Auteurs, mais aussi dans les instrumens publics, qui furent receus pour lors. Car dans le priuilege octroyé par l'Empereur à la Cité, il est énoncé qu'elle fut gagnée l'an 1115. & en d'autres qui furent accordés à mesme temps à l'Eglise Cathedrale de Sainct Sauueur, il est escrit qu'elle fut renduë l'an 1117. & en quelques memoires anciens, que ce fut le douziesme de Decembre 1118. Mais la narration plus certaine est celle qui remet cét affaire au dix-huictiesme de Decembre M.CXVIII. dit Surita. I'adiousterai pour augmenter la confusion, que le manuscrit du College de Foix marque cette reddition en l'année 1116. Hierosme Blanca en ses Commentaires voulant prendre quelque auis solide sur cette difficulté, visita les Archifs de Saragosse en presence des Iurats & autres Officiers, & leut dans l'original du priuilege octroyé par le Roi Alfonse aux habitans, qu'il fut expedié en l'Ere M. CLIII. dans le Palais Royal ou Azude, au mois de Ianuier, en la mesme année que Saragoffe fut prise. *Sub Era M. CLIII. in illa Acuda Ciuitatis Zaragoça in mense Ianuario, in ipso anno quando fuit capta prædicta Ciuitas Zaragoça.* De forte qu'il asseure que la prise doit estre necessairement rapportée à l'année M. CXV.

II. Mais le mesme Auteur fournit sans y penser vn argument inuincible pour l'opinon contraire, à sçauoir la lettre du Pape Gelase second, adressée à l'armée des Chrestiens assiegeans Saragosse. Pour l'entendre nettement, il faut presupposer que tous les Auteurs sont d'accord, que l'esperance de prendre la ville estoit si constante entre les Chrestiens, que pendant le siege ils esleurent pour Euesque de Saragosse, vn bon & notable personnage Gascon nommé Pierre Librana; lequel fut consacré en la ville d'Alez en Languedoc, par le Pape Gelase. Or il est certain que ce Pape fut esleu le huictiesme des Calendes de Feurier de l'annee mille cent dix-huict, & mourut le quatriesme des Calendes de Feurier mille cent dix-neuf, n'ayant siegé qu'vn an & cinq iours. Le Cardinal Baronius qui embrasse l'opinion de Blanca, trouue vne defaite assés aisée, que Pierre fut esleu Euesque auant la prise dés l'an mille cent quinze, mais qu'il fut consacré, la ville estant desia renduë, par le Pape Gelase en l'année mille cent dix-huict. A quoi, l'Abbé Iean Briz Martinez en son Histoire de la Penna, se conformant à cette responce, adiouste vne consideration; c'est qu'au priuilege d'Alfonse, Pierre souscrit auec les autres Euesques, mais differemment en ces termes, *Episcopus Petrus Electus in Zaragoça*, voulant signifier qu'il estoit Esleu, & non encore consacré. Ce qui auroit quelque apparence enuers ceux qui n'auroient pas leu les Actes des Conciles, où l'on trouue bien souuent, que les Euesques signent en cette façon, vn tel par la grace de Dieu esleu Euesque de telle Eglise, non pas pour signifier qu'ils n'estoient encore consacrés, mais pour designer qu'ils auoient esté choisis & destinés au seruice de leur Eglise Canoniquement, & par voye d'eslection, & non par force, par inuasion, ou par autorité seculiere. Pierre Librana estoit d'autant plus aise d'vser de cette formule en sa signature, que son Eslection auoit esté pleine de bon augure, & dont il falloit conseruer le souuenir: n'y ayant au reste aucune apparence, qu'apres estre maistre de Saragosse, on eust differé trois ans entiers, la consecration d'vn Euesque, esleu auec tant de haste pendant le siege.

III. Mais l'instance qui se tire des lettres du Pape Gelase resout toutes ces difficultés. Car elles sont adressées à l'armée des Chrestiens assiegeans la ville de Saragosse, *Exercitui Christianorum ciuitatem Cæsaraugustanam obsidenti*, & le Pape les asseure qu'il a consacré de ses mains Pierre l'Euesque Esleu, suiuant la priere qu'ils lui en auoient fait par leurs lettres. Puis que les lettres estoient escrites au Pape Gelase par l'armée occupée au siege de Saragosse, & qu'il leur adresse sa responce; donc le siege continuoit encore, mesmes en absence du Roi Alfonse, qui n'y est pas nommé. Sans que la pensée de Briz Martinez soit considerable, que les Mores tenans encore quelques places fortes à l'entour de Saragosse, où ils s'estoient refugiés, on peut dire en quelque façon que l'armée assiegeoit Saragosse. Car outre que cette interpretation est froide, comme voulant que ceux qui sont maistres d'vne place, & la possedent, soient censés l'assieger; il ne considere pas, que depuis l'an 1115. où il marque la reddition iusques à 18. que le Pape Gelase fit la consecration de Pierre, il y a trois ans entiers. De sorte qu'vn homme de bon sens, ne peut pas escrire, que la mesme armée qui a subiugué la place, l'assiege encore trois ans apres l'auoir prise.

IV. A quoi ie puis adiouster que si la ville eust esté renduë, la lettre du Pape Gelase seroit conceuë en termes d'actions de graces à Dieu, pour vne victoire si notable, au lieu qu'elle contient des prieres à Dieu, & des exhortations pour continuer l'entreprise commencée, & octroye Indulgence pleniere à ceux qui mourront en cette expedition, apres auoir receu l'absolution de leurs pechés. Où l'on peut remarquer en passant, aussi bien qu'en l'acte de la publication de la Trefue de Dieu ci-dessus transcrit, que l'Indulgence pleniere de ce temps consistoit plus en la compensation des peines Canoniques, qu'en leur dispense, & qu'à ceux qui la vouloient gagner, elle ne coustoit pas moins que la vie, en combattant contre les infideles, & contre les desobeïssans aux ordonnances de l'Eglise; ou le voyage de la Terre saincte à mesme fin. Et l'on doit conclurre du contenu au Rescrit du Pape Gelase II. que l'opinion de Surita touchant l'année de la prise de Saragosse en M. CXVIII. est veritable. Quant au priuilege original d'Alfonse, il ne faut point douter de la Relation de Blanca, qui l'a veu, & en cotte le date de l'Ere M. CLIII. Mais il faut reconnoistre qu'en la lettre Gotthique, auec laquelle il est escrit, il est interuenu vne erreur fort legere en la chiffre Romaine de l'Ere, qui est cause de cette difference du temps. Car au lieu d'vn traict de plume biaisant, l'Escriuain en a peint vn tout droict, c'est à dire, qu'il a formé vn cinquante-trois, LIII. au lieu d'vn cinquante-six LVI. qui reuient iustement à l'année M. CXVIII.

V. Apres la conqueste de cette ville, Alfonse prit le titre de Roi de Saragosse, & y establit le siege de son Empire; & donna à Gaston de Bearn pour recompense de ses grands seruices, le titre de Seigneur de la mesme Cité auec ses dépendances, voulant qu'il portast le nom de cét illustre fief, & d'vne ville Royalle, puis qu'il estoit l'auteur de la conqueste. Il est vrai qu'encore qu'il possedast ce titre glorieux de Seigneur de Saragosse, sa iurisdiction fut limitée, pour le regard de la ville, à ce quartier possedé par les Chrestiens Mozarabes, tandis que les Mores y commanderent, qui comprenoit la Parroisse de l'ancienne Eglise Nostre Dame du Pilier, dont le Prince Gaston, sa femme Talese, & son fils Centulle iouïrent longuement, ainsi que rapporte Surita en ses Annales, & en ses Indices.

VI. Blanca certifie la mesme chose, quoi qu'il se méconte en ce qu'il escrit, que Gaston de Bearn estoit surnommé de Foix, attendu qu'il precede près de deux cens ans, l'alliance de la maison de Bearn auec celle de Foix. Nous lui sommes neantmoins redeuables en ce qu'il nous aprend en ses Commentaires, que ce Gaston surnommé *Senior in Zaragoza* dans les vieilles Chartes qu'il allegue, & tous ceux qui sont qualifiés de semblable titre de Seigneurs des villes, portoient le nom de *Ricombres*, dont la dignité estoit si grande, qu'ils estoient comme pairs & esgaux à leur Roi, iusqu'à faire prendre le nom d'Infant à leurs fils, à l'exemple des Rois; Que les villes par eux possedées en fief, ou bien en Honneur, pour parler en leurs termes, ne pouuoient leur estre ostées, ni à leurs heritiers, sans forfaicture; Qu'ils y exerçoient la iurisdiction ciuile & criminelle par leurs Zalmedines ou Baillifs; Estoient tenus de seruir le Roi en ses Conseils, & en ses armées; & le Roi obligé reciproquement de gouuerner le Royaume par leur auis, sans qu'il peust decerner la guerre, ni arrester paix ou trefue, sinon auec leur consentement; Iouïssoient de tous les reuenus de leur Ricombrie, tant pour leur entretenement, que des cheualiers qui estoient à leur seruice & vassellage. Ces cheualiers estoient appelés *Milites*, & *Cauailleros de Honor*, c'est à dire cheualiers possedans des fiefs de cinq cens sols, ou vingt-cinq escus de rente, qui estoient obligés d'estre tousiours à la suite des Ricombres, & marcher sous leur baniere, comme les Cheualiers de la Mesada ou Mesnada marchoient sous la baniere du Roi. Au reste les enfans de ces Cheualiers prenoient le titre d'Infançons, qui est vn diminutif du titre d'Infant, que les fils des Riches hommes auoient vsurpé. Or les Cheualeries d'honneur leur estoient accordées quelquesfois par escrit pour vne plus grande asseurance, comme estoit celle dont Blanca fait mention, qui a esté conseruée dans les Archifs de l'Eglise du Pilier; où le Vicomte Gaston *Senior in Zaragoza*, octroye à vn Cheualier sien vassal, quelques maisons & terres, qui auoient apparten̂u à vn des principaux Mores nommé Alchayde Aben Alimen; & ce en consideration du courage, & de la generosité qu'il auoit monstrée en la prise de la ville, se reseruant la fidelité & l'homage pour soi, & pour le Roi Alfonse. *Do tibi omnia supradicta bona salua mea fidelitate & de meo Domino Idelfonso Rege qui nobis ea dedit.* Bref c'est vn poinct tres-asseuré, que les grands & recommandables seruices de Gaston, lui acquirent la Seigneurie de Saragosse; & que dans le priuilege accordé aux habitans de la ville par le Roi Alfonse, il est mis le premier en rang, & precede tous les autres *Ricos hombres* d'Aragon, *Sunt testes visores & auditores de hoc donatiuum suprascriptum, Vicecomite Gaston, & Comite de Vigorra, & Comite de Comenge, & Vicecomite de Gabarret, & Episcopo de Lascarre, & Aug. de Miramon, & Arnal de Labedan*, & ce qui s'ensuit. Cét Auger de Miramon nommé dans ce priuilege, & dans plusieurs actes qui sont produicts en ce Liure, estoit fils de la Vicomtesse de Miramon nommée *Comitissa*; son Vicomté estoit celui de Tursan, où est assis le bourg de Miramon, qui a esté vne des Baronies de Bearn, & en a esté distraict il y a trois cens ans. On aprend que ce Vicomté lui apartenoit par les Chartes de Sainct Pé, où il est nommé *Taurcensis* en Latin, aussi bien que dans la Fondation de Sainct Seuer.

I. Surita. Blanca. Baron.
II. Ioan. Briz l. 5. c. 18. Hist. Pinn.
IV. Epistola Gelasij P. apud Blancam: Et quoniam & vos ipsos & vestra extremis obiicere periculis decreuistis, si quis vestrum accepta de peccatis suis pœnitentia, in expeditione hac mortuus fuerit; nos eum sanctorum meritis, & totius Catholicæ Ecclesiæ precibus, à suorum vinculis peccatorum absoluimus.
V. Surita l. 1. c. 44. *Tporque entre todos fue muy señalado el esfuerço y constancia de Gaston Vizconde de Bearne, le hizo merced de la parte de la ciudad, que ere habitada de Christianos quando los Moros la posseyan, que eran ciertos barrios de la Parochia de Sancta Maria la Mayor: y tuuola el Vizconde con la Vizcondessa Donna Teresa su muger, y con Centullo su hijo, En Honor, intitulandose Señor de la Ciudad de Caragoça como era costumbre.*
VI. Blanca p. 321. & alibi. E Chart. Gener. *Vicecomitissa de Miramon*, Comitissa nomine, & filius eius Augerius. Ex eod. Chart. Oggerius de Miramundo, qui & *Vicecomes Taurcensis*, accipiens ex substantia B. Petri ab Odone Abbate, vel à ceteris confratribus CXL. solidos Pictauensis monetæ firmauit prædicto Apostolorum principi, sibique famulantibus in perpetuum, omnem dominationem quam tunc hereditario iure habebat in Bederina, seu in quibuscumque cunctis locis *Sui Vicecomitatus* ad Generense cœnobium pertinentibus, dando fideiussores inde, Odonem de Castellonio, & Dodonem de Benaco in manus prænominati Abbatis, pro se, & pro vxore sua, & filio suo, & pro omni genere suo vsque ad finem seculi, &c.

CHAPITRE XXI.
Sommaire.

I. *Gaston premier Ricombre d'Aragon oblige le Roi Alfonse de continuer la guerre contre les Mores. Il prit Taraçone, & Calatayub. Priuilege accordé aux habitans de cette ville, de iouïr des dismes & premices de tout le territoire. Conquit la ville de Daroque. Bastit la Cité de Montreal, où il desseigna auec l'auis de Gaston vn Conuent des Cheualiers du Sainct Sepulcre. II. Armée des Sarasins mise en route prés de Daroca suiuant Marmol. Soubçon bien fondé de Iean Briz, que c'est la bataille de Cutande. Orderic explique ces combats au menu. Fait mention des Cheualiers des Palmes. Gaston nommé par Orderic Gazon de Biara. Sarasins vaincus & defaits en bataille. Leur armée composée de cent cinquante-quatre mil hommes. III. Alfonse vint en la ville de Morlas en Bearn pour visiter Gaston. Ses exploicts en Valence, Murcie, Grenade, & Andalusie iusques prés de Cordouë. Le Roi de Cordouë perd la bataille, & Onze Rois y sont defaits par la valeur de Gaston. V. Gaston rend le Bourg Sainct Nicolas de Morlas à l'Eglise Saincte Foi. VI. Gaston reside quelques années en Espagne, & se trouue aux combats du Roi Alfonse.*

I. Ette dignité de posseder la premiere & plus illustre Ricombrie d'Aragon, & en suite le premier rang dans le Conseil & dans les armées du Roi Alfonse, obligea Gaston de porter le courage belliqueux de ce Roi, à faire de nouuelles conquestes sur les Mores, & iouïr honorablement de la premiere victoire, en la comblant de la gloire des triomphes suiuans. C'est pourquoi il tourna ses armes du costé de la Celtiberie, & quoi que le païs fust beaucoup rude, aspre & montueux, il y gagna la ville de Taragona, où il restablit l'Eglise Cathedrale qu'elle auoit possedé du temps des Goths: & reduisit à son obeïssance, Alagon, Epila, & les autres places circumuoisines occupées par les Mores. En suite il prit par force le iour de Sainct Iean Baptiste de l'an M. C X X. l'ancienne Bilbilis, appellée maintenant Calatayub du nom du More Ayub qui la repeupla, auec son territoire tres-fertile & tres-agreable de dix lieuës de long, & neuf de large; & accorda aux habitans ce notable priuilege rapporté par Don Martinez del Villar, qu'ils iouïroient de toutes leurs dismes & premices, à la charge de faire seruir les Eglises par des Prestres natifs du païs, & retenir le surplus pour les vsages des Communautés, qui faisoient en ce temps frontiere auec les Mores de Cuenca, Molina, & Valence. Il conquit aussi la ville de Daroca, qui estoit vne place de tres-grande importance; & considerant que depuis cette ville iusqu'à la Cité de Valence, toutes les bourgades estoient desertes, & la terre en friche à cause des courses ordinaires des ennemis, il choisit vn certain lieu qu'il fit bastir sous le nom de la Cité de Montreal, où il desseigna d'establir vn Conuent des Cheualiers du Sainct Sepulcre, à l'imitation de ceux de Ierusalem; afin que cette milice religieuse dediée au seruice & augmentation de la Foi, asseurast par ses armes les Chrestiens de céte frontiere, & facilitast les moyens de la conqueste des Royaumes de Valence, & de Murcia. Ie fais mention de cét establissement, sainct & politique, ordonné en la mesme année M. CXX. parce que Surita tesmoigne qu'Alfonse prit cette deliberation, auec le Vicomte Don Gaston de Bearn. Aussi bien eust-on estimé, que Gaston estoit l'auteur de cette Cheualerie du Sainct Sepulcre, quand Surita l'auroit obmis, parce que l'on ne pouuoit apprendre que de lui, le plan & le modele des Cheualiers du S. Sepulcre de Ierusalem. Ce bon Roi auoit ordonné plusieurs belles rentes pour l'entretenement des Cheualiers, & fait publier cette ordonnance auec beaucoup de solemnité dans toute l'estenduë de son Royaume, par Guillaume Archeuesque d'Aux, & les Prelats d'Aragon, mais elle n'eut point d'effect apres son decez.

II. La conqueste de Saragosse, & les grands progrez que faisoit Alfonse du costé de Valence, obligerent les Mores d'Andalusie & d'Afrique, de faire vn effort notable pour arrester vn si puissant ennemi. Pour cét effet Abengama Roi de Grenade, & de Murcia fortifié des troupes de ses voisins, s'auança iusqu'aupres de la ville de Daroca, où toute son armée fut mise en route par le victorieux Alfonse, ainsi que rapporte Loüis de Marmol en son histoire d'Afrique. Et le iudicieux Briz soubçonne fort à propos, que la bataille de Cutande, que plusieurs estiment auoir precedé la prise de la ville de Saragosse, doit estre placée en ce temps, sçauoir enuiron l'an 1122. dautant que ce lieu de Cutande est proche de la ville de Daroca. A quoi ie veux adiouster vne autorité d'vn ancien auteur du temps, qui a esté ignorée par les historiens Espagnols, sçauoir celle d'Orderic Vitalis, qui fait mention de ces combats, & en explique plusieurs particularités, mesmes à l'auantage de nostre Gaston, qui ont esté inconnuës iusqu'à present, & qui doiuent suiure par necessité la reddition de la ville de Saragosse, dautant que son Euesque est remarqué parmi les chefs. D'ailleurs on y aprêd que céte bataille est posterieure à l'establissemét des Cheualiers du S. Sepulcre, qui furent creés par le Roi Alfonse en l'année 1120. dautât qu'Orderic fait mentiô de ces Cheualiers, que lui seul nomme, *Freres des Palmes*, sans doute à cause qu'ils portoient l'enseigne de la Palme; estans differents des Templiers, comme verifie fort bien Briz Martinez; & des Cheualiers de S. Iean de la Penna, contre l'auis du mesme Martinez Abbé de ce monastere. Donc Orderic escrit en termes exprés, *que le Comte Rotrou auec les François, & l'Euesque de Saragosse auec les Freres des Palmes, & GuaZon de Biara*, c'est à dire Gaston de Bearn, *auec les Gascons, fortifierent le lieu de Pennacadel, où il y auoit deux tours inprenables, & tindrent ce logement pendant six sepmaines. En fin combatans contre Amorgan Roi de Valence, ils s'auancerent iusqu'à la ville de Xatiua, mais les Payens se mirent en fuite auant le combat. De sorte que les nostres se retirerent apres auoir laissé soixante soldats dans le fort de Pennacadel. Mais les Andelusiens, & les Almorauides enuoyés de l'Affrique par le Roi Alis fils de Iuseph, se presenterent à leur rencontre, & les tindrent enfermés trois iours au Chasteau de Serrail. Pendant lequel temps les Chrestiens firent penitence de leurs pechés, auec prieres & ieusnes, & se mirent en campagne le dix-huitiesme des Calendes de Septembre, & apres vn Combat, qui dura toute la iournée, gagnerent enfin la bataille sur le point que le Soleil se couchoit; mais à cause de l'obscurité de la nuict ils n'oserent poursuiure longtemps les fuyards, par des routes & chemins qui leur estoient inconneus. Le iour auant le combat general, Guarin Sancio homme de grande reputation monta sur les costaux, auec les Freres des Palmes, d'où il fit retirer auec perte le Roi Alamin, & toute son armée, qui estoit composée de cent cinquante quatre mille pietons. Or en ces combats il se perdit vn nombre extraordinaire de Payens, soit par les armes & le fer des poursuiuans, soit parmi les precipices, soit de lassitude, de faim, de soif, ou par autres genres de mort. Et par ce moyen les Africains qui estoient venus au secours des Idolatres Espagnols perirent miserablement, & estans abatus dans les enfers par les armes des Chrestiens, ils souffrent auec leurs Rois les peines de la gesne.* Apres ces exploits qeul-

Liure cinquiefme. 417

ques Soldats Normans & François ayans choifi dans l'Efpagne des lieux propres pour leur demeure, y firent leur refidence. Iufqu'i-ci Orderic.

III. Apres tant de trauaux il eftoit raifonnable de ioüir de quelque repos. Cependant le Roi eftima qu'il y auoit de la bien-feance qu'il vint vifiter en perfonne noftre Prince Gafton, qui lui auoit fait acquerir tant de bien & d'honneur. C'eft pourquoi il paffa deçà les Monts Pyrenées, non pas pour y faire des conqueftes, & liquider fes pretenfions fur les Eftats qui auoient apartenu à Eneco Arifta, comme Surita tefmoigne fe vouloir perfuader, fans aucune autorité & fans fondement (puis qu'il euft efté en peine de trouuer des ennemis à combatre, dans vne Prouince qui venoit de lui fournir tout le fecours qui lui auoit efté neceffaire pour les expeditions); Mais pour voir fes amis, & l'air du païs, qu'il reconnoiffoit fi fertile en gens de bien. Il vint donc en la ville de Morlas, qui eftoit le fiege & le domicile de noftre Gafton, en fa Seigneurie de Bearn. Surita iuftifie cette venuë en fes Indices, & en fes Annales par vn acte public, paffé au lieu de Morlas au mois de May 1122. entre le Roi Alfonfe, & Centulle Comte de Bigorre & de Lourde, qui eftoit frere confanguin de noftre Gafton, & fe rendit vaffal du Roi, pour les raifons que i'allegue au traicté des Comtes de Bigorre.

IV. Il y a de l'apparence qu'en cette conference, fut arreftée la continuation de la guerre contre les Mores. Car Surita remarque en fes Annales fuiuant les vieux memoires, qu'Alfonfe entra auec vne puiffante armée dans le Royaume de Valence, l'année fuiuante M.CXXIII. & fit vne cruelle guerre contre les Mores, ruinant, bruflant, & demoliffant tous les lieux qui fe metoient en defenfe; fans que l'on trouue, dit Surita, qu'il fut accompagné en cette entreprife d'autres Seigneurs, que de Gafton Vicomte de Bearn, Pierre Euefque de Saragoffe, & Eftienne Euefque de Huefca, quoi qu'il foit vrai-femblable, qu'en vne affaire de telle importance, il n'y manquoit aucun des hommes de marque qui deuoient s'en mefler. La raifon pour laquelle les anciens efcriuains fe contentent de remarquer la prefence de Gafton de Bearn, c'eft pour nous fignifier, que ces entreprifes fe conduifoient par fon auis, comme eftant le premier homme de l'Eftat d'Aragon, & le plus experimenté Capitaine de fon temps. L'armée continuant fon chemin paffa la riuiere de Xucar, ruina le païs de Denia, fit des rauages dans le Royaume de Murcia, fur le chemin d'Almerie; Mais Alfonfe non content de ces progrez, auançant fon armée, fe ietta dans le Royaume de Grenade, fit des courfes & degafts dans l'Andalufie, iufqu'à mettre le fiege deuant la Cité Royale de Cordouë, qui eftoit la fouueraine des Mores d'Efpagne. C'eft pourquoi le Roi de Cordoue affembla toutes les forces de la Morifme de ces Prouinces, & fe prefenta en bataille contre Alfonfe, au lieu nommé *Arinçol* par les Aragonois, & *Aranfçuel* par les Caftillans; qui fut perduë pour les Mores, & Onze de leurs Rois y furent defaits. La hardieffe & la bonne conduite de noftre Gafton parut en cette iournée, comme les anciens memoires de Caftille ont obferué, chés Surita en fes Indices.

V. Auffi ce grand Prince fçachant les dangers, où il eftoit refolu de s'expofer, fit iuftice auant fon depart, à l'Eglife Sainéte Foi de Morlas, & lui rendit la terre du Bourg S. Nicolas auec la ruë qu'il y auoit baftie, lui donnant mefme les cens, & rentes Seigneuriales que les maiftres des maifons eftoient tenus de payer au Seigneur. Cét acte fut fait en prefence de Guillem Od d'Andongs, Forton de Pau, & Pierre fon fils, l'an de l'incarnation de noftre Seigneur M.CXXIII.

VI. Il eft fort vrai-femblable, que ce Prince refida quelques années en fa Ricombrie de Saragoffe, & à la Cour d'Alfonfe, tant pour eftre obligé d'affifter à fes confeils, que pour auoir occafion de trauailler à la ruine des Mahometains. De fait cét Empereur entreprit le siege de la ville de Medina Celin, qui estoit tres forte dassiete en l'endroit plus montueux de la Prouince, & l'emporta sur les Mores au mois de Iuillet de l'année 1124. chés Surita en ses Indices, & en ses Annales. Or il est certain que Gaston estoit en cette année dans les Conseils du Roi Alfonse. Car l'Abbé Iean Briz Martinez en son histoire de la Penna, fait mention d'vn priuilege accordé à ce monastere par Alfonse, en date à Daroca, *Era* M. CLXII. qui reuient à l'année 1129. signé de Pierre Euesque de Saragosse, & de Gaston, *Vicecomes Senior in Cæsaraugusta*. L'année suiuante 1125. Surita remarque en ses Annales, que le Roi fit vne course dans le Royaume de Valence au mois d'Octobre; & l'on void chez Garibay, Don Gaston Seigneur de Saragosse signé au priuilege octroyé par Alfonse de Haro, au monastere de Sainct Dominique de la Calçade au mois de May 1125. L'année 1126. est considerable à cause de la mort de la Reine Vrraque, & de la paix qui fut moyennée par les Prelats entre le Roi de Nauarre Alfonse, & le Roi Alfonse de Castille son fillastre. Car les armées estant proches l'vne de l'autre, & en estat de combatre, le ieune Alfonse s'humilia en presence de son Vitrique, & le pria de lui rendre les places fortes de Castille qu'il possedoit. Ce qu'il lui accorda tout incontinent, estant plus disposé à estre vaincu par prieres, que par force; ne voulant retenir le bien d'autrui sans tiltre ni pretexte valable, desirant se descharger de ses guerres domestiques, pour tourner ses pensées auec plus de liberté contre les ennemis de la Foi Chrestienne. Gaston n'auoit garde de manquer en cette occasion, pour aider auec ses conseils les bonnes volontés d'Alfonse. De fait il est signé au priuilege de Noblesse que le Roi estant de retour en son Royaume, accorda aux Chrestiens Mozarabes qui se retiroient dans ses terres, & abandonnoient leurs heritages, qui estoient sous la iurisdiction des Mores, dont il leur donna recompense dans les villes de sa conqueste, en date du mois de Iuin 1126. dans la ville d'Alfaro, chés Surita.

II. Surita l. 1. An. c. 45. Louis Marmol l. 2. c. 33. Hist. de Afr. Ioan. Briz M. l. 5. Hist. pinn. c. 10. & 24.

Ordericus Vitalis l. 13. Hist. Eccles. Tunc Rotro Comes Moritoniæ cum Francis, & Episcopus Cæsaraugustanus cum Fratribus de Palmis, & Guazo de Biara cum Gasconibus, Pennacadel vbi sunt duæ turres inexpugnabiles munierunt, & sex septimanis tenuerunt.

III. Surita l. 1. An. c. 96. & in Ind.

IV. Surita l. 1. Ann. c. 47. & in Ind. *solamente hallamos auer ydo con el à esta empresa, Gaston Vizconde de Bearne, don Pedro Obispo de Caragoça, y don Estenan Obispo de Huesca; y es verisimil que no deuia faltar ninguno de cuenta en cosa tan sennalada, de los que podian poner las manos en ella.*

Idem in Indicibus: Ea in expeditione affuisse traditur vir singulari virtute Gasto Beneharnensis Vicecomes.

V. Charta Morlanensis: Ego Guastonus Vicecomes reddidi Ecclesiæ Sanctæ Fidis, & dedi possesionem terræ in qua construxi vnam rudam Burgi S. Nicolai, quam ei abstuleram, recognoscens me grauiter deliquisse, & errasse: tali tenore, vt censum de domibus in ipsa terra fundatis & fundandis, habitatores loci ipsius Ecclesiæ iure perpetuo accipiant & possideant. Actum in domo Vicarij in manu Arnaldi Prioris. Testes sunt Gilem Od de Andongs. Forto de Paulo & Petrus filius eius. Petrus Aldeberti. Caluetus Alberici. Arnaldus de Tarba. Anno ab incarnatione Domini M CXXIII.

VI. Surital. 1. Ann. c. 7. Ioan. Briz Martinez l. 5. c. 24. Garibai l. 23. c. 8. Surita l. 1. Annal. c. 47.

CHAPITRE XXII.

Sommaire.

I. Gaston fonde l'Abbaye de Saubalade en Bearn, en compagnie de Talese sa femme, & de Centoig son fils. II. Il bastit le Monastere. III. Dernier voyage de Gaston en Espagne. Justifié que ce fut en l'an 1128. L'Hospital de Faget & maison d'Aubertin bastie par Gaston & Talese. Accord sur quelque dispute touchant cét Hospital autorisé par Talese en la Cour Vicomtale de Pardies l'an 1128. Centulle gouvernant la terre sous Gaston son pere. IV. Le village d'Aubertin appellé anciennement Bedosse, a pris sa denomination de la maison Hospitaliere d'Aubertin.

I. IL estoit raisonnable que Gaston songeast à se rafraischir, & à rendre graces à Dieu des heureux succez, & des victoires si auantageuses, que les Chrestiens auoient emportées sur les Sarasins par la force, & la generosité de son conseil & de ses exploicts. C'est pourquoi il retint en Bearn l'année 1127. & ne pouuant viure sans tesmoigner les effets de sa pieté, fonda au Diocese de Lascar l'Abbaye de Saubalade, en compagnie de Talese sa femme, & de Centoig son fils; laquelle il dedia à l'honneur de Dieu & de Saincte Marie, y establit vn Abbé nommé Helie de la regle Sainct Benoist, ordre de Cisteaux, la dota du territoire de Saubalade, de cent sols de rente, & trente *courbilions*, qui valent 150. conques de sel à prendre au lieu de Salies, & de soixante barriques de cidre ou de pomade qu'il assigna sur toutes ses rentes. Les termes de l'acte de la fondation tournés en François sont ceux-ci: *Attendu que par la faute de nostre premier pere, nous sommes comme bannis, & n'auons vne demeure ferme & stable en cette vie, & que les choses visibles ne sont à personne en proprieté, mais qu'elles passent de l'vne main à l'autre, pour l'vsage de ceux qui s'en seruent; & que d'ailleurs i'apprehende ce que le Seigneur dira au dernier iour, à ceux qui seront separés vers sa main gauche; Retirez-vous de moi, d'autant que ie ne vous connois pas; & le Psalmiste parlant d'eux mesmes, Ils ont dormi leur sommeil, & n'ont rien trouué, & l'Apostre, Les puissans receuront les peines puissamment: Desirant aussi me faire des amis de la Mammone d'iniquité, afin qu'ils me reçoiuent aux tabernacles eternels apres que i'aurai defailli, & que là ie merite d'oüir auec les iustes, Venez les benits de mon pere, possedés le Royaume, Et ceci, Courage bon seruiteur, ie t'establirai sur plusieurs choses, Ie Gaston Vicomte de Bearn, & ma femme Talese, & mon fils Centorz, Donnons à Dieu, & à Saincte Marie, & à Don Helie l'Abbé, & à ses freres seruiteurs de Dieu presens, & à venir, vn lieu pour y habiter dans la forest nommée Faiet, en l'endroit appellé Seube-Lade, qui m'apartient par droit hereditaire. Nous donnons aussi, & octroyons dans la mesme forest, soit en la plaine, ou dans le boscage, tout ce qui leur sera necessaire pour bastir maisons, pour le labourage, & pour la nourriture du bestail, de quelle condition qu'il soit, sans qu'ils soient tenus suiuant la coustume, de prendre congé pour ce faire. Nous leur accordons aussi d'y dresser des estangs, & des moulins si bon leur semble, & qu'ils puissent le faire, & sur les rentes qui nous apartiennent de droit paternel, cent sols Poicteuins, & trente courbillons de sel en la ville de Salies, & soixante barriques de cidre ou de pomade. Les tesmoins de cette donation sont Guido Euesque de Lascar, Fortaner d'Escot, Garcias de Moneng, & plusieurs autres qui estoient presens,* &

ont fait les signes de croix de leurs propres mains, l'an de l'Incarnation M. C X X V I I. le huictiesme des Ides d'Auril.

II. Et quoi que dans cette Charte, il ne donne que le lieu pour se bastir; Neantmoins il apert par vn autre acte, qu'il fonda & bastit le monastere de Saubalade, dont les ruines qui restent encore de l'iniure du temps, & des embrasemens du Côté de Montgomeri, tesmoignent que la structure de pierre estoit artistement élabourée. Les Chanoines de Lascar firent bien quelque opposition à l'establissement de ce Conuent, nonobstant l'approbation de l'Euesque, dautant qu'elle n'auoit esté faite de leur consentement. Mais ils s'en departirent, moyennant la sujection que ces Moines promirent à l'Euesque de Lascar, & vne liure d'encens de tribut annuel, à l'Eglise Cathedrale. Ce qui donna lieu à Gaston, de tirer ces Moines de leurs cellules & les loger dans le monastere nouueau: Pour les trente-quatre courbillons de sel, ils se leuoient annuellement au mois d'Aoust, sur vingt-quatre maisons ou *cabanes*, comme elles sont nommées dans l'acte; qui estoient eualués en conques departies & distribuées sur chacune de ces cabanes, suiuant leurs forces.

III. Or Gaston acheua ce bastiment, auant que d'entreprendre son dernier voyage, qu'il fit en Espagne, pour dompter les Sarasins, ainsi qu'il est expressément enoncé dans vn acte de ce monastere. Ce voyage doit estre rapporté, à mon auis, à la fin de l'année 1128. On peut iustifier ce point Chronologique, & en outre la Fondation de l'Hospital d'Aubertin, par l'instrument de transaction passé auec les heritiers de Guillaume Ariol de Bedosse, sur les pretentions qu'ils auoient en l'Hospital de Faget, & maison d'Aubertin, soustenans que ces maisons estoient assises dans le fonds de leur heritage, & de leur Seigneurie; Mais dautant que Talese la Vicomtesse auoit basti cét Hospital auec Gaston son mari, tant elle qu'Acenarius Prieur de Saincte Christine, & pour lors Ministre de l'Hospital s'accommoderent auec Durand de Monstrou, & Viuerne sa femme fille de Guillaume Ariol de Bedosse, & auec leurs enfans, & transigerent en presence du Vicomte Gaston, leur baillans nonante brebis pleines, pour les faire departir de leurs poursuites. Ce qui fut homologué en la Cour Vicomtale de Pardies, & les demandeurs baillerent pour pleiges à la Vicomtesse, & au Prieur, Arnaud de Lescun Abbé laïque de Moneng, & Garsion Abbé laïcque de Marcelhon, s'obligeans que nul d'eux ni autre de la race de Guillaume Ariol, ne troubleroit ni feroit tort à ces maisons: mais plustost qu'il leur seroit loisible d'acroistre leurs labourages, depuis le cours & le canal du ruisseau de la Baise, iusqu'au haut de la montagne, sous peine en cas de plaincte de payer cent sols Morlas d'amende, pour chaque caution. Cét acte est receu le seiziesme des Calendes de Feurier, Ere M. C L X V I. qui reuient à l'an de l'incarnation M. C X X V I I I. gouuernant Centulle en Bearn sous Gaston son pere, Guidon estant Euesque de Lascar, & Arnaud Euesque d'Oloron.

IV. Ce gouuernement de Centulle le fils nous asseure de l'absence du pere, qui s'en alla en Espagne en toute diligence, apres qu'il eut autorisé de sa presence la transaction, auant qu'elle fust receuë par escrit. Il est fort croyable que la Vicomtesse Talese le suiuit en ce voyage, dautant qu'elle eust autrement retenu la regence de Bearn, & l'acte auroit esté chargé, non pas du nom du fils, mais du sien, comme sont plusieurs autres, rapportés dans le Chartulaire de Lascar, Cependant on peut aprendre de cét accord, que le village que l'on nomme maintenant Aubertin, estoit appellé en ce temps Bedosse, duquel Guillaume Ariol de Bedosse & ses enfans estoient les Seigneurs; & pretendoient en cette qualité vn droit de Seigneurie sur la maison d'Aubertin, & sur l'Hospital de Faget, fondé par Gaston & Talese: mais la reputation de la maison d'Aubertin a preualu, & changé la denomination;

nation; estant certain que cette maison Hospitaliere auoit plus de deux mille cinq cens liures de rente en dismes, & en domaine auant la saisie des biens Ecclesiastiques de Bearn.

I. Charta Siluæ-latæ: Cum in præsenti vita, primi parentis culpa, nos exules manentem ciuitatem non habeamus, nullæque res visibiles cuiquam, sed alternatim secundum vsum vtentium mortalibus cedant, cumque miser pauram quod in vltimo die sinistrorsum sequestratis dominus dicet, Discedite à me quia non noui vos, & de eisdem Psalmographus, dormierunt somnum suum & nihil inuenerunt; & Apostolus, potentes potenter tormenta suscipient; Et vt mihi amicos faciam de mammona iniquitatis vt cum defecero accipiant me in æterna tabernacula, ibique cum iustis audire merear, Venite benedicti patris mei possidete regnum, Et illud, Euge serue bone, quia supra multa te constituam. Ego Wasto Vicecomes Biharnensium, & vxor mea Talesa, & filius meus Centors in silua quæ vocatur Faiet, in loco qui dicitur Silua-lata quæ hereditario iure mihi succedit, Donamus Deo, & Sanctæ Mariæ, & Domno Heliæ Abbati eiusdem loci, & fratribus ibidem Deo seruientibus tam præsentibus quam futuris, locum ad inhabitandum. Donamus quoque & concedimus in eadem silua in nemoroso, vel in plano, quidquid eis necessarium fuerit in domibus edificandis, in agriculturis, & in animalibus nutriendis cuiusque generis sint, sine aliqua consuetudine cuiuslibet requisitionis. Concedimus etiã, vt si velint, vel possint, stagna & molendina ibidem faciant. Et de reditibus nostris, qui paterno iure nobis succedunt, centum solidos Pictauinos, & xxx. gurbiliones salis in villa quæ dicitur Salies...... .... reddendi sunt. Huius donationis sunt testes, Guido Lascurrensis Episcopus, Fortanerius d'Escot, Garcias de Moneng, & alij multi qui adfuerunt, & proprijs manibus hæc signa fecimus. Facta cartula huius donationis. Anno dominicæ incarnationis M. CXXVII. octauo idus Aprilis.

II. Altera Charta Siluæ-latæ: Hoc notum fieri posteris nostris volumus, quod Gasto Vicecomes de Bearno nobilis & strenuus homo, *cum Hispaniam intrare vellet ad Saracenos subigendos*, in Silua-lata quoddam monasterium construxit, & procurationibus fundauit. Monachis igitur in illo, sub regula S. Benedicti patris, Iesu Christo seruientibus de reditibus Salinæ paterno iure sibi successis, donauit vnoquoque anno centum solidos Morlanensium monetæ, & salem videlicet xxx. gurbiliones, & de reditibus ac cellariis nostris LX. modios pomatæ.

III. Charta Albertini: In nomine sanctæ & indiuiduæ Trinitatis, Notum sit præsentibus, & futuris, quoniam Durandus de Monstrou & vxor eius Viueuerna filia Guillemi Ariol de Bedosse, & filij eorum Bertrandus & Arnaud Guillem, Ramon Bertran, & Guillem sorto, fecerunt multas & longas querelas super Hospitale de Faget, & super alia domo quæ fuit Albertini, dicentes esse sitas in iure suæ hereditatis & dominationis. Tandem *Domina Talesa Bearni Vicecomitissa*, qua cum viro suo Gastone Vicecomite *supradictum Hospitale ædificauerat*, & Acenarij tunc Prior Sanctæ Christinæ & eiusdem Hospitalis minister, in præsentia præfati Gastonis Vicecomitis constituerunt finem, & pro definitione querelæ, dederunt Durando & vxori & filijs supranominatis, nonaginta oues prægnantes. Et ipsi tam patres quam filij, in curia Vicecomitali de Pardies, dederunt fidancias supra memoratæ Vicecomitissæ, & prædicto priori, *Arnaldum de Lescun Abbatem de Moneing*, & Garsionem *Abbatem* de Marcello, quod nec aliquis descendens, de stirpe Guillelmi Ariol inquietet, nec turbet supradictas domos, nec inferat iniuriam, aut violentiam, aut damnum in vllis rebus earum, sed ibi habitantes habeant omnia sua in pace, & habeant largam & liberam licentiam amplificandi agriculturas, & plantationes, à decursu aquæ Baïsæ vsque ad summa montis. Et si forte denuo querelam renouarent, aut in aliquo violentiam inferrent per manum vnius fidiatoris centum solidos morlanæ monetæ soluerent, & damnum eis restituerent, & firmum finem in perpetuum teneant. & si forte aliquis homo aliqua occasione dominationis vel padoentiæ contra prædictas domos surrexerit, vel damnum in rebus earum intulerit, Prædictus Durandus vel filij eius in manu Vicecomitis terræ, *secundùm leges & iudicia* authorisarent, & damnum illatum plenarie restituerent. Facto fine, & Charta XVI. Calendas Februarias, luna quarta, Era. M.C.LXVI. Præside Centullo in Bearno sub patre Gastone, Laschurri Præsule Guidone, Oloroni Arnaldo pontifice, anno Domini M.XCVIII. sed corrigendus est annus ex Era, & legendum, M.CXXVIII.

CHAPITRE XXII.

Sommaire.

I. Apres l'arrivée de Gaston en Espagne, Alfonse continuë la guerre contre les Mores du costé de Molina. Recompense des soldats François, & leur retraicte au Faux-bourg de Pampelone. II. Les Gascons eurent part en cette recompense. Orderic asseure qu'ils furent distribués en diuers lieux. Le priuilege accordé à ces colonies auec l'auis de Gaston. III. Bayonne assiegée par Alfonse. Varieté des escriuains sur le motif de ce siege. Coniecture de l'Auteur que ce fut en faueur du Comte de Tolose, contre le Comte de Poictiers, qui l'estoit aussi de Gascogne. Bayonne prise suiuant Surita, & Garibai. Gaston assiste à ce siege auec le Comte de Bigorre. IV. Gaston tué par embusche des Mores, l'an 1130. Son corps enseueli en l'Eglise Nostre Dame du Pilier de Saragosse. Ses esperons & son cor de guerre sont conseruès dans le Thresor, & monstrés les iours de solemnité. Fonde & dote le Chapitre Collegial de cette Eglise. Quatre des Chanoines doiuent estre Bearnois, & le Chapitre obligé d'aller leuer les corps des Bearnois, qui decederont à cinq lieuës de Saragosse, & les enterer dans le cimetiere de cette Eglise. V. Son Epitaphe est effacé, mais non pas la gloire de ses genereux exploicts.

I. Aston apres son depart vers l'Espagne, n'eut point d'autre emploi que la guerre, que le Roi Alfonse continua de faire aux Mores, sur les frontieres des villes de Cuenca & de Molina, auec vne telle vigueur, qu'il contraignit ceux de Molina de lui rendre la place, en l'année M. CXXIX. chés Surita. Et voulant recompenser les soldats François qui l'auoient serui aux occasions d'importance, qui s'estoient presentées, il leur ordonna pour leur retraicte cét endroit de la ville de Pampelone nommé le Bourg en la plaine S. Sernin, auec les Fors & coustumes de Iacque: practiquant en cela vn traict de police militaire des anciens Romains, qui donnoient les recompenses aux vieux soldats en fonds de terre, plus asseurées pour eux, moins onereuses à l'estat que si elles se faisoient en deniers, & plus vtiles pour la republique, à cause que par ce moyen on peuploit les lieux deserts, ou bien on faisoit des recreuës & nouuelles colonies dans les villes, de personnes asseurées au seruice du Prince, & entenduës au mestier de la guerre pour la defence des places.

II Il est croyable, que ces François n'estoient pas seulement natifs de Cahors, comme il est remarqué dans les memoires qui sont en la Chambre des Comptes de Pampelone chés Garibai, mais qu'ils furent pris de diuerses compagnies des troupes Gascones, soit du païs de Querci, ou des autres Prouinces : attendu que les Bearnois & autres Gascons auoient serui puissamment en ces dernieres guerres, & que suiuant la coustume de ce siecle les Gascons, & tous ceux de deçà qui passoient les Monts Pyrenées pour les guerres des Mores, estoient vulgairement appellés *Francos* ou François, ainsi que Surita & Garibai l'obseruent en termes exprés. Orderic Vitalis fait mention de cette recompense lors qu'il escrit que

que les Espagnols voulans reparer la faute, qu'ils auoient commise à l'endroit des François, leur firent toute sorte de bon traictement en leur second voyage, & les logerent dans les villes de Tudele, Tolede, & Pampelone. L'establissement de cette colonie du Bourg de Pampelone, fut ordonné par le Roi Alfonse au mois de Septembre de l'année M. CXXX. auec l'auis & conseil des Euesques de Huesca, & de Pampelone, & du Vicomte Don Gaston de Bearn, chés Surita, & Garibai.

III. En cette année 1130. ce Roi vint assieger Bayonne, sans que les auteurs remarquent le sujet du siege; quoi que Blanca pretende que cette ville lui apartenoit à cause de la succession de Donna Caya femme du Roi Sance, qui est vn discours que i'ai ci-deuant conuaincu de supposition. Iean Briz estime que ce siege fut entrepris pour tirer raison des Anglois, qui auoient fait quelque tort à ceux de la Basse Nauarre. Il est plus croyable que cette guerre fut desseignée en faueur d'Alfonse Iordain Comte de Tolose homager d'Aragon, contre le Comte de Poictiers Duc de Gascogne, qui possedoit encor vne partie du patrimoine des Comtes de Tolose; De fait le Comte Alfonse fut present au siege, non pas pour le secours de la ville, comme pensent quelques auteurs Espagnols, mais plustost pour fauoriser les armes d'Alfonse, comme Iean Briz estime auec beaucoup de vrai-semblá̂ce; encore que le Comte de Tolose y tuast en duel, le Comte Pedro de Lara. Pour le succés du siege, Blanca croit que le Roi d'Aragon se retira, sans auoir pû se rendre maistre de la ville; Surita pretend par coniecture, qu'il prit la place; dautant que dans les actes publics le Secretaire du Roi Alfonse obserue qu'il regnoit depuis Bayonne iusqu'à Monreal; Mais Garibai asseure entierement, que la ville lui fut renduë. A quoi s'accorde Martinez, se seruant de l'autorité des vieux tiltres, qui se trouuent datés de l'année, que le Roi Alfonse prit Bayonne, & qui remarquent comme il équipa des vaisseaux & des galeres pour la prendre. Le mesme auteur asseure, que les Comtes de Bearn & de Bigorre assisterent en ce siege le Roi d'Aragon, auec leurs troupes. Ce qui ne peut estre entendu que de nostre Gaston, & de son frere Centulle de Bigorre.

IV. Ce sont les derniers exploicts de nostre Prince Gaston, dont le nom auoit donné tant d'efroi aux Sarasins d'Espagne, qu'ils ne pouuoient estre en repos, tandis qu'il seroit en vie. C'est pourquoi ne pouuans se deffaire de ce grand homme à force ouuerte, & dans les combats, ils resolurent de l'emporter par embusche, & le tuerent, ensemble Estienne Euesque de Huesca en cette année M. CXXX. sans que l'on sçache le lieu de céte perfidie. Neantmoins pour le regard de l'année de sa mort, i'ai en main vn acte de son fils Centulle, en date des Nones de Mars, sur la fin de l'année M. CXXX. où il est enoncé, que cét acte fut receu en la mesme année, que son pere fut tué par les Mores en Espagne: *Eodem anno quo pater meus à Mauris in Ispania interfectus fuerat.* Le corps de Gaston fut enterré dans vne Chapelle de l'Eglise S. Marie Maiour de Saragosse, comme Surita escrit dans les Indices: & sa memoire y est conseruée encor auiourd'hui auec telle veneration, que l'on monstre aux iours de solemnité, parmi les reliques des Saincts, les esperons & le grand Cor de guerre de Gaston; de mesme façon que l'on fait monstre dans l'Eglise S. Sernin de Tolose, du Cor de guerre de Rolland. Aussi outre qu'il possedoit la Ricombrie de ce quartier de ville, ce grand homme auoit mis en estat de grandeur & de magnificence cette Eglise tant renommée dans les Espagnes (qui est tenuë pour la premiere & la plus ancienne de tout ce Royaume, & recommandée pour l'apparition de Nostre Dame à S. Iacques l'Apostre, sur ce pilier que l'on garde en cette Eglise auec tant de veneration.) Et y establit le Chapitre Collegial auec les reuenus dont il ioüit maintenant, à la charge qu'il y auroit quatre Chanoines Bearnois, & que ce Chapitre seroit obligé de leuer les corps des Bearnois, qui decederoient à cinq lieuës de Saragoſſe, & les enterrer dans le cimetiere de cette Egliſe.

V. Son epitaphe qui fut lors mis ſur ſon tombeau eſt effacé, mais la memoire de ſes belles actions ne peut perir. Il ſuffit pour tout éloge d'honneur de ſe remettre deuant les yeux, le combat ſanglant & la bataille gagnée ſur les Turcs apres la priſe de la ville de Nicée, où Gaſton acquit vne immortelle gloire, ſelon Guillaume Archeueſque de Tyr; la iournée d'Antioche perduë par le General de Perſe, ſon armée de quatre cens mille h'ommes defaite, & le cinquieſme bataillon de l'armée des Chreſtiens commandé par Gaſton; la conqueſte de la ville d'Edeſſe & des païs circonuoiſins, auec le conſeil & les forces de Gaſton; la deſcouuerte de la ville de Rama commiſe par l'armée Chreſtienne aux Comtes de Flandres, & à Gaſton, comme aux deux plus aſſeurés Capitaines; ſon depart ſecret pour reconnoiſtre le premier, la ville de Ieruſalem; & prendre poſſeſſion de ſon territoire par les premices du butin qu'il emporta ſur les ennemis auec l'applaudiſſement de tous les croiſés; la commiſſion que les autres chefs ſont obligés de lui donner en conſideration de ſon merite & du rang qu'il tenoit, pour faire dreſſer les engins de baterie & les machines, auec leſquelles Ieruſalem fut emportée d'aſſaut; ſa démarche & ſa poſture entrant des premiers par deſſus le pont ietté ſur les courtines de la muraille; les combats qu'il eſſuya contre les Mahometains retranchés au fort du Temple de Salomon, l'ayant forcé, & en ſuite arboré ſes Vaches ſur le haut de la Tour; la bataille memorable d'Aſcalone, où le bataillon de Tancred & de Gaſton, qui eſtoit au milieu de l'armée Chreſtienne, donnant ſur les ennemis qui eſtoient ſans nombre, les mit en route & en fuite ouuerte; la priſe des Vicomtés d'Acqs, & de Soule; l'entrepriſe du ſiege de la ville Royale de Saragoſſe en Aragon, auec la ſeule armée de Bearnois & Gaſcons, dont il eſtoit le General, qui cauſa enfin la conqueſte de la ville, & lui donna le tiltre de Seigneur de Saragoſſe, auſſi bien qu'au genereux Alfonſe, celui de Roi de cette ville; la bataille de Cutande, où cent cinquante-quatre mille Mores furent defaits ſuiuant Orderic; la bataille d'Arançol, & la defaite des Onze Rois Mores, dont la principale loüange eſt attribuée par les Caſtillans à Gaſton; & pluſieurs autres exploits de guerre, qui ſeruent dautant de trophées & de monumens de la valeur de cét incomparable Prince. Pour ſa pieté, elle reluit aſſés en la reformation du Chapitre de Laſcar qu'il a procurée, y faiſāt eſtablir l'ordre canonique des Clercs reguliers de S. Auguſtin, aux liberalités qu'il a exercées en faueur de ce corps, des Abbayes de Luc, & de S. Pé, & des Egliſes de Noſtre Dame du Pilier, & la Cathedrale de Saragoſſe, au reſtabliſſement de l'Hoſpital, & Prieuré de Saincte Chriſtine dans les Monts Pyrenées, en la fondation des maiſons Hoſpitalieres de Laſcar, Mieihaget, Aubertin, & de l'Abbaye de Saubalade. De ſorte que ce perſonnage patfait en tous ſes deportemens, eſtimé par les auteurs du temps pour homme ſage, diſcret & genereux, & tout eſclatant de merite, ne pouuant rien adiouſter à ſa gloire, que ſes victoires ſur les Mores auoient portée au dernier point, Dieu permit que la malice de ces infidelles lui oſtaſt la vie, & qu'ils ſeruiſſent d'inſtrument à le mettre en poſſeſſion de cette nouuelle & immortelle gloire, que ſes vertus lui auoient acquiſe.

I. Surita l. 1. Annal. c. 49. Idem l. 1. c. 44. Garib. l. 23. c. 8.

II. Orderic. l. 13. Hiſt. Hiſpani de tanto auxilio gaudentes Francos alacriter ſuſceperunt, tranſactoſque reatus emendare volentes, in vrbibus ſuis Toleto, Tudela, nec non Pampelona, opidiſque ſuis hoſpitati ſunt & amplos honores & poſſeſſiones eis tradiderunt.

III. Ioan. Briz. l. 5. Hiſt. Pinnat. c. 10. Garibai. l. 23. c. 9. Surita in Indic. b. Blanca in Comm.

IV. Surita l. 1. c. 50. *En eſte miſmo anno, parece en mui antiguas memorias, que mataron los Mores al*

Obispo Don Esteuan, y al Vizconde Don Gaston, sin declarar el lugar donde fue la pelea
Idem in Indicibus: Locus honorificus sepulcro

in sacello Ecclesiæ B. Mariæ Cæsaraugustæ designatur, quo Benearnensis inferretur.

CHAPITRE XXIV.

Sommaire.

I. Gaston Fondateur ou Restaurateur du Monastere de Saincte Christine de Somport entre Bearn, & Aragon. Les iugemens d'Aragon auec le fer chaud se faisoient anciennement en cette Église. II. Le bastiment fut pour la retraicte des pauures, des Pelerins & d'autres passans. Vn ramier transporta les cordeaux des massons du lieu où ils bastissoient vers celui où est le Monastere. Cet Hospital est l'vn des trois Generaux du monde suiuant Innocent Troisiesme. III. Suppreßion de ce Monastere en Aragon. IV. Les reuenus de Bearn donnés aux Clercs de Sainct Paul. V. Gaston fonda l'Hospital de Gabas, & Guillaume Prieur de Saincte Christine E. de Pampelone le bastit. Les Clercs de Saincte Christine achetent la terre de Nai. Confirmation de Gaston. Dispute entr'eux & l'Euesque de Lascar iugée par Gaston & la Cour majour. Permißion de bastir Eglise à Nai. Enfin on y a basti vne ville. Partage entre le Commandeur de Gabas, & Marguerite de Bearn.

I. **B**Lanca nous asseure que la Fondation de l'Hospital de Saincte Christine est beaucoup ancienne, lors qu'il escrit, qu'auant la prise de Saragosse, on ne trouue point dans les vieux tiltres, qu'il soit fait mention du Magistrat surnommé *Iustitia* d'Aragon; dautant qu'aux siecles precedents le iugement seuere du fer chaud, estoit employé pour la decision des procez, & s'exerçoit dans l'Eglise de Saincte Christine *de Summo portu*, ou de Somport, comme en vn lieu certain & destiné pour cela. Neantmoins nos memoires rapportent à Gaston, la fondation de ce conuent, parce sans doute, qu'il l'auoit restabli, & augmenté, ou qu'il y auoit changé l'ordre ancien de Sainct Benoist, en celui des Chanoines reguliers de Sainct Augustin.

II. Or cette maison de Saincte Christine estoit bastie en l'endroit le plus haut & le plus esleué de toute la montagne, dans les ports d'Aspe, sur le milieu du canal qui conduit vers Iacque & Saragosse, pour donner quelque retraicte aux Pelerins, marchands, laboureurs, & autres pauures gens qui se perdoient auparauant en ces lieux, y estans surpris des neiges, & des orages. Les anciens documens de cette maison portent que le bastiment ne succedant point en l'endroit qu'on l'auoit entrepris, vn ramier portant vne croix en son bec, s'alla percher vn matin sur vn buis; d'où il s'en vola, à mesure que les ouuriers s'approchoiët pour le voir, & laissa la croix sur le lieu, qui leur seruit de bon augure pour y planter la croix, & y bastir l'Eglise; comme ils firent, & grauerent sur l'autel vn ramier blanc auec la croix dans son bec, qui sont les armoiries du monastere de Saincte Christine. Cette narration a quelque rapport auec ce que Zonare escrit de la fondation de Constantinople, dont le lieu fut choisi, & preferé à celui de Chalcedoine, à cause que deux aigles emporterent les cordeaux des maſſons pardeſſus le Golfe de Thrace vers le lieu de Byzance. La maiſon fut nommée l'Hoſpital ou Prieuré de Saincte Chriſtine, que Gaſton dota de pluſieurs reuenus en Aragon : & fonda des Hoſpitaux particuliers dans le Bearn, qui dépendoient du gouuernement de l'Hoſpital general. Le Roi Alfonſe d'Aragon & pluſieurs Seigneurs d'Eſpagne, de Gaſcogne, de Hongrie, & de Boheme contribuerent auſſi de leurs biens pour l'enrichiſſement de cette maiſon, & fonderent des Hoſpitaux en leurs païs dependans de celui-ci ; qui eſtoit recommandé, & en grande reputation, comme eſtant aſſis ſur l'endroit le plus faſcheux du chemin vers Sainct Iacques de Galice. De ſorte que le Pape Innocent III. en ſa Bulle de l'an 1216. adreſſée à Garcia Arnaud. *Præpoſito hoſpitalis S. Chriſtinæ, quod in Aſpenſi portu ſitum eſt*, qualifie cét Hoſpital, *Hoſpitale S. Chriſtinæ vnum de tribus mundi*: & ayant fait vn denombrement des Hoſpitaux qui dépendent de cette maiſon, il ordonne que tous les reuenus des maiſons qui ſont là denommées, ſoient conſerués pour l'vſage des ſeruiteurs de Dieu y reſidans, & pour l'entretenement des Pelerins, & autres pauures, *Omnia integra conſeruentur tam ſeruorum Dei illic habitantium, quam peregrinorum, & pauperum vſibus profutura.*

III. Cette maiſon demeura ſur pied iuſqu'en l'année 1569. que la terreur des armes du Comte de Montgomeri penetrant dans l'Eſpagne, contraignit Don Iean de Gurrea Gouuerneur d'Aragon, de leuer des troupes, qu'il mena en la ville de Iacque, & lui meſme s'auança iuſqu'au Conuent de Saincte Chriſtine, où il fit vn aſſez long ſeiour ; & de là ſe retirant à Iacque commanda au Prieur & aux Chanoines de le ſuiure, & de faire leur reſidence dans la maiſon & l'Egliſe qu'ils auoient en cette ville. De maniere que l'Hoſpital demeura deſerté par ce moyen, ſous pretexte du voiſinage des heretiques de Bearn, & le ſeruice ſe continua en la ville de Iacca iuſqu'en l'année 1592. Pour lors Alonſo de Bargas Lieutenant general en Aragon fit baſtir la citadelle de Iacca par commandement du Roi d'Eſpagne, à cauſe des Bearnois, qui en cette année eſtoient paſſés en armes au delà des frontieres vers Bieſcas, pour fauoriſer les rebelles d'Aragon : & l'année ſuiuante 1593. le gouuerneur de la citadelle fit abatre la maiſon & l'Egliſe de Saincte Chriſtine, qui eſtoit dans Iacca, pour eſtre trop proche du fort. Ce qui mit le Prieur & les Chanoines en deſordre, & bailla ſujet à vn Bref du Pape Clement. VIII. du 26. d'Aouſt 1593. adreſſant à ſon Nonce en Eſpagne, pour viſiter quatre ou cinq monaſteres en Aragon, & particulierement celui de Saincte Chriſtine, auec pouuoir de ſubdeleguer tel qu'il aduiſeroit. Il commit frere Hieroſme Xabierre Theologien de l'ordre des freres predicateurs pour faire cette viſite, qui proceda en telle ſorte l'an 1597. qu'il empriſona le Chanoine plus ancien, & transfera les autres au monaſtere de Montaragon. Et l'an 1607. à l'inſtance du Roi d'Eſpagne, ſoi diſant patron du Prieuré & Conuent de Saincte Chriſtine, le Pape Paul V. ſupprima le Prieuré regulier, & l'eriga en dignité ſeculiere, incorporée au Chapitre de l'Egliſe Archiepiſcopale de Saragoſſe, pour tenir rang apres les anciennes dignités de ce Chapitre. Et par autre Bref du mois de May de cette année 1607. la commiſſion pour ſupprimer le Conuent & Hoſpital de Saincte Chriſtine, & vnir ſes rentes à l'ordre des Freres Predicateurs, pour l'entretenement de douze Religieux dans la ville de Iacque, fut adreſſée au Nonce reſidant en Eſpagne, qui rendit ſa ſentence definitiue en execution du Bref, le premier d'Aouſt 1613.

IV. A l'exemple de ce qui fut fait du coſté d'Eſpagne, le feu Don Fortunat Colom natif de Pau perſonnage d'vne probité connuë, religieux de l'ordre des Clercs Reguliers de Sainct Paul, pourſuiuit & obtint du Roi, & du Pape Paul V. que les rentes dependantes du Monaſtere de Saincte Chriſtine deçà les Monts, ſoit en Bearn, soit aux autres endroits du Royaume, seroient vnies à son Ordre. Or les membres & Hospitaux dependans de Saincte Christine dans le Bearn, sont celui d'Aubertin, de Gabas, de Micihaget, de Bage, de Lespiau, & de Lembeye. Pour celui d'Aubertin, dont celui de Bidouse au Diocese Tarbe est membre, nous auons apris ci-dessus que Gaston & Talese l'auoient fondé, aussi bien que celui de Micihaget.

V. Quant à l'Hospital de Gabas, il est situé dans le passage des Monts Pyrénées, qui va vers l'Aragon par la vallée d'Ossau, à costé & à trois lieuës de Saincte Christine. Il fut basti par Guillaume le Prieur, Bearnois, & Euesque de Pampelone, nostre Gaston fournissant le fonds, auec les immunités, & priuileges necessaires. Ce qui doit estre rapporté au temps compris depuis l'an mille cent quinze, iusqu'en l'année mille cent vingt-deux, qui est tout le temps que ce Guillaume Gaston Euesque de Pampelone siegea, comme il a esté remarqué ci-dessus. L'Euesque d'Oloron Arnaud consentit à l'erection d'vne Chapelle, benit l'Autel, & leur permit d'y establir vn cimetiere. Peu de temps apres, les Clercs de Saincte Christine acheterent de Brun & Auger de Bidouse, & de Bernard de Nay, vne grande estenduë de terre appellée communément *Naj*, où quelque temps auparauant il y auoit eu vn bourg, pour lors entierement démoli & ruiné. Ils firent cét achapt, pour trois cens soixante sols, & vn cheual, & baillerent pour pleges du contract Arramon Arnaud de Gerdereft, Bernard d'Espoei; Et Bernard de Nai bailla de sa part Sicard d'Assat, & Guillem Arnaud de Montaner. Ce qui fut confirmé & ratifié par le Prince Gaston. Incontinent apres cét achapt, ils eurent dispute auec l'Eglise de Lascar, touchant le lieu de la Pause, qui auoit esté donné à ceux de Lascar par Odo de Denguin, pour la dot de son fils Raimond, qu'il fit receuoir dans le Chapitre. Mais reuenant de Saragosse il esleut sa sepulture dans l'Hospital de Gabas, où il estoit decedé, & lui donna ce domaine de la Pause. Ces deux donations esmeurent vn grand procés à ces deux Communautés pardeuant nostre Gaston & sa Cour Maiour; qui fut terminé par son autorité, auec le consentement des Euesques Gui de Lascar, & Guillaume de Pampelone, Prieur de Saincte Christine; l'Eglise de Lascar ayant esté restablie en sa possession du lieu de la Pause, moyennant la permission accordée par l'Euesque Gui, à ceux de Saincte Christine, d'enterrer à l'auenir, tous ceux qui le desireroient, & de receuoir leurs liberalités, soit de dismes, ou d'autre nature de rente, mesmes de bastir vne Eglise au territoire de Nay. Cét accord fut fait en presence du Vicomte Gaston, Odon de Cadelon, R. Garsia de Gauaston, Assiu du Nauailles, G. Garsia de Miucens, G Odo d'Andons. R. A. de Ierzereft, Bernard de Coarase, Bernard, & Fortaner d'Espoei, Gautier de Meillon, Odo de Dengui, Sicard d'Assat, & Raimond de Bisanos. Ce qui fut suiui d'vn tel succés, que non seulement on y a basti vne Eglise, mais aussi la ville de Nay, du temps de la Vicomtesse Marguerite; la situation agreable du lieu proche de la riuiere du Gaue, ayant attiré plusieurs personnes à y faire leur residence, & à y establir la correspondance de la plus grande partie du commerce de Bearn auec Tolose. De sorte que l'an mille trois cens deux, le Commandeur de Gabas Ramon Arnaud fit vn pareage auec Marguerite Comtesse de Foix, & Dame de Bearn, reseruant à soi l'Eglise, & la disme du lieu, & la moitié des fiefs, la iurisdiction demeurant à ceste Dame, comme aussi le moulin, sauf le dixiesme des émolumens, qui apartiendroit à l'Hospital.

V. Charta de Gabas: In diebus Regni Gastonis Vicecomitis Bearnensis edificatum est hospitale quoddam in valle Vrsalensi, in loco qui dicitur Gauas, à Domino Guilhelmo tunc præposito Ecclesiæ Sanctæ Christinæ, & à Clericis siue fratribus ipsi ibidem cohærentibus, & Domino in supradicta Ecclesia seruientibus. Et vt supradictum hospitale in quiete pacis cum omnibus ad ipsum pertinentibus haberetur, ab ipso Gastone, & à senioribus quibus ipse locus pertinere videbatur, libertati est deditum.

Et vt habitatores ipsius loci oratorium haberent admonitione Guillelmi coedificatoris de Gauas, venit Dominus Episcopus Arnaldus Oloronensis ad supradictum hospitale, & consecrauit altare ibidem, & benignitate sui animi benedicendo cemiterium eis concessit. In iisdem fere temporibus, supradicti clerici siue fratres de Sancta Christina emerunt terram, in qua villa iam tunc depopulata cum terminis suis, & cum omnibus ad illam pertinentibus, siue sint culta, siue inculta, quae vulgari nomine dicitur *Nay*, & emerunt illam pretio tercentorum sexaginta solidorum, à senioribus qui hereditario iure illam possidebant, scilicet à Bruno & Augerio de Bidosa, à Bernardo de Nay, & ipsi posuerunt fidiatores *Arramon Arnault de Gerderest, & Bernard d'Espœi*: Et Bernardus de Nay posuit *Sicard d'Assat, & Guillem Arnaud de Montaner*, Vtrique in praesentia Gastonis, vt firma sit illa terra emptoribus & successoribus eorum ad seruitium hospitalis Sanctae Christinae, & hospitalis de Gauas, & in quiete permaneat illis, & à venditoribus, & à generationibus suis in secula seculorum Amen. Post hæc quoque pro rustico quodam, qui ad Dominum de Nay pertinebat, quem supradictus vi sua, & placitandi astutia volebat retinere, dederunt ei supradicti Clerici de Sancta Christina triginta solidos Morlanæ monetæ, de qua etiam supradicti 360. fuerant, vt habeant eum semper firmum eodem pacto quo supradicta terra de Nay per manus eorumdem fidiatorum. Pro hac ipsa quoque emptione terræ de Nay, datus est vnus equus illi Bernardo de Nay. Huius pacti & emptionis testes sunt supradicti fidiatores, & Raimundus de Busi, Raimundus de Laschar, & Guilemsort de Baies. Guillelmus etiam de Gauas in seruitium loci illius comparauit vineam de Bernardo de Lobier xxx. solidis: sed pro redemptione animæ suæ condonauit ipse B. x. solidos, & posuit fidiatores firmitatis. Donad Lub. de Malanaig, & Assifort de Barad, sciente & affirmante Bernardo de Laruns, qui erat de consanguinitate illius, ne amplius mitteret eam in querimoniam, & simul affirmantibus filiis ipsius Bernard de Lobier. Testes sunt ipsi fidiatores, & sanctus Desblaxs & omnes vicini.

V. E Chartario Lascurrensi : Guilhermus Dei gratia Sanctæ Pampilon. Ecclesiæ Episcopus R. A. G. ceterisque fratribus de Christina, salutem & benedictionem. Sapiatis quia habeo factam concordiam & pacem inter nos & G. Lascurrensem Episcopum, sicut sæpe dixeram vobis, &c.

V. Notum sit praesentibus atque futuris, quod Lascurrensis Episcopus A. Præpositus. S. Archidiaconus & Clerici Lascurrensis Ecclesiæ; habuerunt placita quamplurima, cum Clericis de Sancta Christina, Romano Anario Acenario, pro Ecclesia de Pausa & appendiciis eius. Tandem finientes, pacem inuicem facientes, in praesentia Vicecomitis *Gastonis, & cæterorum Procerum terra*, Clerici de Sancta Christina reddiderunt Ecclesiam de Pausa, & hoc quod acceperant à Raimundo illius loci edificatore, Episcopo & Lascurrensibus, retinentes viridarium quod Arnaldus plantauerat ad honorem Sanctæ Christinæ. Domnus vero G. Episcopus in communi capitulo concessit eis, vt quicunque voluerit ire ad Ecclesiam de S. Christina; siue in vita siue in morte, non interdicatur ab Episcopo, vel à successoribus eius, nisi prius fecerit conuentionem Lascurrensi Ecclesiæ, quæ possit probari credibili testimonio. Eodem modo concessit, vt si quis voluerit praefatæ Ecclesiæ dare aliquos honores, siue Ecclesias, libere liceat eis accipere, saluo iure Lascurrensis Ecclesiæ. Hæc concordia facta est, & approbata in praesentia Vicecomitis Gastonis, &c. Et hæc Charta facta est & corroborata ab Episcopo & Canonicis apud Lascurim in communi capitulo. Ego G. Lascurrensis Episcopus confirmo † hoc signo hanc cartam. Et ego Guillelmo sanctæ Pampilon. Ecclesiæ Episcopus, hoc idem confirmo. †

CHAPITRE XXV.
Sommaire.

I. Centulle cinquiesme succeda à son pere Gaston, l'année 1131. Confirme les donations faites à l'Eglise Saincte Foi en presence de sa mere Talese, & des Barons de sa terre. II. Cét Acte, & plusieurs autres sont marqués de la Croix, en la signature des Princes. Raison de cét vsage. Deux especes de serment confirmatoire, le corporel, & le simple. Explication ordinaire. III. Coniecture de l'Auteur, que le serment de viue voix est corporel; & que le simple est celui, qui se fait par l'instrument. Serment par l'instrument, expliqué par vn texte de Tertullien. IV. Serment corporel en touchant des mains la Croix. V. Ou bien en mettant sur la Croix les promesses. VI. On se contentoit souuent de peindre en la souscription le charactere de la Croix. VII. Cette impression valoit vn serment. VIII. Liberalité de Centulle en faueur du Monastere de Sainct Pé, à l'exemple de son pere Gaston.

I. Centulle cinquiesme, & dernier de ce nom, fils de Gaston & de Talese, recueillit la succession de la Seigneurie de Bearn, & des autres terres qui apartenoient à son pere, en l'année M. CXXXI. & confirma d'abord toutes les donations, & liberalités que son ayeul Centulle, & son pere Gaston auoient exercées à l'endroit de l'Eglise Saincte Foi de Morlas. L'acte en fut receu à Morlas le iour des Nones de Mars de cette année M. CXXXI. en presence de sa mere Talese, & de plusieurs *Barons* de sa terre, à sçauoir Fortaner d'Escot, Fortaner de Domi, Betnard Gassie de Cadelo, Cenobru son frere, Tort de Morlane, Bernard d'Espoei, Fortaner son frere, Ramon de Mirapes. Oger de Bidose, Arnaud Guilem d'Anoie, Durand de Mostror, Fortaner de Buse, & plusieurs autres gentilshommes.

II. Cét acte est confirmé par le signe de Croix formé de la main de Centulle, qui est tellement figuré, que l'on void manifestement que ce Seigneur auoit plus souuent en main l'espée que la plume. Or d'autant que non seulement cét acte, mais aussi plusieurs autres que i'ai representés, sont marqués apres la signature des assistans, de ce charactere de la Croix, ie me promets que le Lecteur agreéra, que ie face vn peu de reflexion sur l'antiquité, & le motif de cét vsage; qui ne consiste pas à tesmoigner seulement la profession du Christianisme en la personne qui le peint sur le parchemin, mais principalement à confirmer le contenu en l'instrument, par cette figure qui est interpretée pour vn serment. Car les constitutions des Empereurs reconnoissent deux sortes de iuremens pour la confirmation des contracts; qui sont des sermens extraiudiciaires, que l'on peut rapporter, comme l'espece à son genre, au serment Volontaire: qui est celui qui se preste du consentement des parties hors la presence du Iuge, suiuant l'explication des Interpretes Grecs, de Balsamon, & du Scholiaste de la Synopse des Basiliques. Ce iurement que les parties employent pour l'asseurance de leurs contracts, est presté ou corporellement, ou bien par l'instrument, comme parlent les Empereurs. Le serment corporel, est celui qui se fait auec solennité & ceremonie, comme touchant les Euangiles, ou leuant la main ; & l'autre opposé à celui-ci, est expliqué par les Docteurs anciens, & recens, lors que l'on iure de viue voix sans autre formalité.

III. Mais i'ose dire sous le respect que ie dois à nos maistres, que cette explication ne me contente pas. Car ie pense que le serment de viue voix doit plustost estre raporté au corporel ; & que l'on a suiui l'interpretation contraire, pour n'en auoir aucune autre en main, qui peust seruir pour expliquer la forme de iurer par l'instrument, qui est opposée dans la loi au *serment corporel*. I'en ai appris la façon de Tertullien, au Liure de l'Idolatrie, où il reproche aux Chrestiens leurs mauuaises pratiques, qui pouuoient estre rapportées à vne espece d'idolatrie & preuarication de la Foi ; entr'autres les iuremens par les faux Dieux ; d'autant que *l'on honore ceux*, dit-il, *par lesquels on iure*. Nommément obserue-t-il cét vsage familier des sermens par les faux Dieux, lors que les Chrestiens empruntoient de l'argent aux Payens, ne se contentans pas de leur bailler des gages pour l'asseurance du debte, mais encore octroyans recounoissance par escrit, qui estoit chargée du serment par les faux Dieux. L'excuse des Chrestiens contre ce reproche, que neantmoins Tertullien ne reçoit pas, estoit de dire qu'ils auoient signé le contract, mais qu'ils n'auoient pas iuré ouuertement, & par leur bouche. D'où l'on peut inferer, que la pratique ordinaire estoit en ce temps, de n'exiger pas tousiours pour la confirmation des promesses vn serment corporel, prononcé de viue voix ; mais qu'ils se contentoient du serment conceu & redigé par escrit dans vn instrument : qui est ce que la loi signifie par ces termes, *Instrumento iurare*, si l'on prend le soin d'en considerer les termes & les motifs de la decision.

IV. Le serment corporel estoit presté en diuerses manieres, que i'obmets, pour m'attacher à vne seule, qui se pratiquoit aussi au serment par escrit. C'est le signe de la Croix dont il est question ; la formule du serment sur la Croix materielle estant assés frequente en l'Orient, & mesmes en Occident, soit en mettant les mains dessus, soit en y mettant le contract ou la promesse tant seulement : cét attouchement estant pris pour vn serment corporel tres-exprés. L'exemple de la premiere sorte est illustre en la personne de l'Imperatrice de Constantinople Irene, qui desirant estre mise en quelque liberté, & obtenir permission de Nicephore, de se retirer en la maison d'Eleuthere, ne peut en venir à bout, qu'en rendant tous les tresors de l'Empire, & iurant solennellement qu'elle n'en retenoit, ou cachoit aucun. Ce qu'elle fit par le precieux *& viuifique* bois de la Croix, ainsi que l'a escrit l'Auteur de l'Histoire Meslée.

V. Pour l'attouchement des promesses sur la Croix, la seconde action du Concile de Constantinople huictiesme general, nous en fournit la preuue. Car les Euesques & autres Ecclesiastiques, qui auoient embrassé la communion de Photius inuaseur & detenteur du Patriarchat de Cp. dont il auoit spolié le bon Ignace Euesque legitime de ce siege, voulans estre receus en grace, & admis au benefice de la penitence, presenterent au Concile leurs requestes, & actes de reuocation du passé, & les deliurerent aux Legats des Patriarches ; qui firent response, qu'ils les receuoient en la communion de l'Eglise. Mais le Corps du Concile s'escria, que ces actes fussent mis entre les mains d'Ignace là present : ce qu'il agrea, mais il desira prealablement, comme portent les actes du Concile, que les Penitens fissent toucher leurs requestes, sur le bois honorable de la Croix, qui estoit au milieu de l'assemblée, conionctement auec les saincts Euangiles, & ce fait qu'ils les lui deliurassent. La ceremonie de cét attouchement fut desirée par Ignace, afin qu'elle seruist d'vn serment solennel, pour la confirmation du contenu en ces requestes. Ce qui est expliqué en ce sens, dans les lettres Synodiques de ce Concile, qui asseurent que le serment estoit inseré dans ces requestes, & qu'il fut confirmé par l'attouchement de la Croix. Le mesme Auteur des Lettres Synodiques, nous donne vne belle connoissance de l'vsage des Romains, & des Constatinopolitains, touchant ces iuremens corporels, par l'attouchement de leurs signatures aux choses sainctes, disant que les Romains firent leurs promesses de ne receuoir iamais Photius, ni retracter les Anathemes prononcés contre lui, aux Synodes tenus sous les Papes Nicolas & Adrian, & qu'ils mirent pour cét effet leur sein, sur le tombeau de S. Pierre, & les Clercs de Constantinople leurs escritures à mesmes fins, sur *le bois honorable*.

VI. On n'vsoit pas tousiours de cette solennité, mais on se contentoit du serment par escrit; qui se pratiquoit par le charactere & signe de la Croix, que l'on peignoit en la signature, immediatement auant l'escriture du nom propre. Cette pratique est si frequente en tous les actes anciens, soit des Conciles, des Bulles des Papes, Chartes des Empereurs & des Rois, ou des instrumens particuliers, testamens, ou contracts, dans les loix du Code, & les Nouelles de Iustinian, & de l'Empereur Leon le Philosophe, que ce seroit abuser de la patience du Lecteur, d'en vouloir faire la preuue en ce lieu. Ie me contenterai d'employer la souscription des Empereurs Basile, Constantin, & Leon, qui signerent de leurs mains, apres les Legats des cinq Patriarches, les cinq actes originaux du Concile huictiesme, pour estre conseruès aux Archiues des cinq Patriarchats, & souscriuirent en telle sorte, qu'ils peignirent de leur main le signe de la Croix, & en suite leur nom; Christofle leur premier Secretaire d'Estat escriuant les termes de leur consentement, comme l'on void en l'action dixiesme du Concile. Comme aussi au Concile de Theonuille, l'Empereur Charles le Chauue, & les Princes des Gaules, & de la Germanie firent leur souscription auec la Croix.

VII. Mais pour iustifier, que cette impression de Croix valoit vn serment, il faut considerer les paroles de l'Auteur de l'Appendice du Concile huictiesme publié par Raderus: qui nomme *Stauropates*, ou violateurs & fouleurs de Croix, les Euesques de la faction de Photius, c'est à dire pariures & infracteurs des promsses qu'ils auoient faites au bon Ignace, en y figurant de leurs mains la venerable Croix, comme il parle. Ce que Gegorius Hamartolus rapporte de l'Empereur Michel, verifie la mesme chose, mais il y a des circonstances qui aggrauent le serment. Car il escrit, que l'an 867. le Patriarche Photius, apres la lecture de l'Euangile faite en la celebration de la Liturgie, fit monter en la galerie des Cathecumenes l'Empereur Michel, Bardas son oncle, & Basile son grand Chambellan: où ils se donnerent l'vn à l'autre asseurance de la vie auec leurs sermens, ayans à ces fins trempé leur plume dans le Sang Eucharistique, que le Patriarche portoit entre ses mains, & formé des signes de Croix en leur promesse escrite: quoi que peu apres Basile tuast Bardas en presence de Michel, nonobstant la rigueur du serment. Cette solennité d'escrire les Croix, ou les seings auec le Sang du Calice, est fort extraordinaire; dont neantmoins Theophanes, en la vie de l'Empereur Heraclius obserue, que le Pape Theodore se seruit, pour escrire l'anatheme contre Pyrrhus le Monothelite; & les Euesques du Concile huictiesme en la deposition de Photius, au rapport de Nicetas Paphlago, en la vie d'Ignace. Donc le signe de Croix figuré par Centulle, en cét Acte, & par sa mere Talese, vaut autant qu'vne confirmation auec serment, que l'on peut nommer serment par escrit, puis qu'il n'est point exprimé par la voix, ou par aucune solennité du corps de celui qui iure.

VIII. Ie trouue aussi, que le mesme Centulle, imitant l'exemple de son pere, gratifia l'Abbé Pierre, & le Monastere de Sainct Pé, en compagnie de sa mere Talese, du territoire d'Exese auec le consentement des hommes d'Asson & d'Igon, en presence de Fortaner de Domi, Raimon de Mirepoix, & de plusieurs autres Barons de sa terre. Ie dis, que ces dons furent faicts à l'exemple de Gaston: d'autant que ce bon Prince auoit vne affection particuliere pour ce Conuent, lui ayant fait de tresgrands bienfaits, que i'ay representés en sa vie; ausquels ie dois adiouster le don du territoire & aleu des Gets, qu'il fait à l'Abbé Gregoire, du consentement des Communautés d'Asson, & d'Igon, presens Odon de Cadeillon, Bernard Guillem d'Escot, & Raimond de Domi: Et encore celui qu'il fit conioinctement auec sa femme Talese, d'vn sestier de sel, à prendre au marché d'Escures au mesme iour, que lui, & ses successeurs Seigneurs de Bearn prendroient leurs sestiers de sel en ce marché, present Odo de Castet, Auarquet d'Aspa, Arnaud de Clarac, & Arsius de Nauailles: Où l'on peut remarquer en passant que le marché se tenoit pour lors au lieu d'Escures, distant d'vn quart de lieuë de la ville de Lembeye, qui n'estoit pas encore bastie.

I. Ex Chartario Morlanensi: Ego Centullus Gastonis filius laudo & confirmo Deo, & Monasterio Cluniacensi, omnia quæ dederunt *Auus meus Centullus, & Gasto pater meus* eidem Monasterio, pro salute animarum eorum, & animæ meæ, & omnium qui de meo genere sunt nascituri, vt sicut prædictus Auus meus & Pater, per hoc beneficium, & per alia quæ Dei seruis contulerunt, in hac vita prosperos successus habuerunt, & in alia æternam requiem se habituros crediderunt; sic ego orationibus Cluniacensis congregationis in hac vita prosperitatem, & in alia assequi valeam æternam requiem. Dono scilicet, & confirmo Ecclesiam S. Fidis, & Ecclesiam S. Andreæ, quæ sunt in Burgo Morl. sitæ, integras, & omni exactione immunes & liberas, cum decimis, & primiciis suis, & oblationibus tam viuorum quam mortuorum, & decimam monetæ, & furni, vini, & carnium, & censum dimidij burgi S. Nicolai, & censum domorum, quæ sunt ante claustrum, & decimam Lezdæ Marcatelli, & villam Morlensem ingenuam, & v. solidos de cursu. Actum apud Morlan. in domo S. Fidis. Nonis. Marcij. Feria v. *Eodem anno, quo pater meus à Mauris, in Hispania interfectus fuerat.* Vbi erat mater mea, *& plures terræ meæ Barones*, scilicet Fortaner d'Escot, Fortaner de Domi, Bernard Gassie de Cadelo, Cenebru frater eius. Tortus de Morlana. Bernardus d'Espoei. Fortaner frater eius. Ramon de Mirapes. Oger de Bidosa. Arnald Gilem de Anoia. Durand de Mostror. Fortaner de Buse, & alij plures milites. Arnaldus Prior S. Fidis, in cuius tempore facta est. Garsias willacer Monachi. Berenger qui scripsit. Arnald. de Tarba. Caluetus Petrus Aldeberti, Compan Vicarius. Wilm. de Planis, & alij multi. Ego Centullus Vicecomes Bearn. hoc confirmans manus mea feci hoc signum † Ego Talesa feci hoc signum manu mea † anno M. CXXXI. ab Incarn. Domini.

II. Balsamo in T. 13. N omac. c. 13. l. 3. C. si quis minor se maior dix.

III. Tertull. c.23. de Idolol. Pecuniam de Ethnicis mutuantes, sub pignoribus fiduciati, iurati cauent, & sic negant (Christum) scripsi, inquit, sed nihil dixi, lingua non litera occidit.

IV. V. Auctor Miscellæ l.23. Conc. Cp. 8. act. 2.

VI. No. 90. l. vltim. §. 2. C. de iure deliber. No. Leon. 72.

VI. Conc. in Theodonis villa: Imperator, & pene omnes Galliæ, & Germaniæ Principes subscripserunt, singuli singulas facientes cruces, & Ecclesiasticus ordo Deo, & principibus laudes referentes, hymnum Te Deum laudamus decantabant, & sic soluta est Synodus.

VII. Apendix Conc. διὰ προπάγης τῶ τιμίω ςαυρῶ. Gregorius Hamartolus. Theophanes in vita Heraclij.

VIII. E Chartario Sancti Petri: Centullus *filius Gastonis, Bearnensis Vicecomes*, veniens in Capitulum cum *matre sua Talesa*, in præsentia Domni Petri Abbatis, cum *consilio Baronum suorum*, dedit Deo, & B. Petro, totum alodium de Exesa, pro redemptione animæ suæ, & parentum suorum, & propter iniurias quas fecerat in honore, & in boueriis B. Petri, videntibus plurimis proceribus suæ terræ, & videntibus etiam cunctis hominibus de Asso & Igon. Postea veniens ante altare, cum missali, firmauit hoc donum coram cunctis, præsentibus, consentientibus hominibus de Asso & Igon. Testes fuerunt inde, Fortanerius de Domi, & R. de Mirapisce, & alij multi *Barones* ipsius terræ, & du Burgensibus Morlanis.

Ex eodem Chart. Sæpe prænominatus Bearnensium Proconsul Gasto, simul cum vxore sua dicta Talesa, pro animabus parentum suorum, & pro saluatione suarum, dedit B. Petro, sibique famulantibus in perpetuo possidendum sextarium salis, in mercato Escuresij, diebus & temporibus cunctis, quibus ipse, suique successores accepturi sunt suos sextarios. Huius donationis sunt visores Odo Casteliensis, Auarquetus de Aspa. Ar. de Claraco. Arsius de Naualis. Similiter iisdem Odo Casteliensis, simul cum vxore sua, pro saluamento animarum suarum dedit Beato Petro, sibique seruientibus in eodem mercato Arpatam salis in perpetuo possidendam.

CHAPI-

CHAPITRE XXVI.

Sommaire.

I. Centulle, & sa mere Talese donnent le lieu de Cabbis au Monastere de Saubalade. Talese donne au mesme Monastere son Palais d'Aierp en Aragon, auec ses dépendances, qui lui apartenoient de l'heritage de son pere le Comte Sanche. II. Dodon Euesque de Huesca à la priere de Talese donna les dismes de ce territoire. La donation en fut confirmée par Talese, comme Dame du lieu. III. Talese fille du Comte Sanche. Recherche quel estoit ce Comte. Le titre de Comte n'apartenoit en ce temps qu'à ceux qui descendoient de la race Royale. Sance estoit Comte de Atheres, ayeul de Pedro Atheres, que la Noblesse d'Aragon auoit resolu de faire Roi, apres le decés d'Alfonse. IV. Le Comte Sance Seigneur de Erro ne peut estre le pere de Talese.

I. Es vieux titres du Monastere de Saubalade conseruent aussi fort honorablement le nom du Prince Centulle, & de sa mere la Vicomtesse Talese, en la donation qu'ils firent à Elie premier Abbé, de la terre de Cabbis en la vallée d'Ossau : & encore auec plus d'esclat, en l'acte de ce don opulent & magnifique que fit la Vicomtesse Talese en compagnie de Centulle son fils, du chasteau, & du Palais d'Aierp en Aragon, auec toutes ses dépendances, terres, vignes, & moulins, qui lui apartenoient par la succession du Comte Sance son pere. Et d'autant que cét acte est considerable, à cause de la connoissance, qu'il nous donne de la race de la Vicomtesse Talese, ie le tournerai en François : *Au nom de la sainste, & indiuiduë Trinité. Sçachent tous presens & à venir, que Talese Vicomtesse de Bearn, auec son fils Centulle, donna à Dieu, & à Saincte Marie de Saubalade, & aux Freres seruans à Dieu, pour le salut de son ame, de son pere, & de sa mere, & de toute sa parenté, son heritage qu'elle auoit au lieu d'Aierp, du costé de son pere, lequel heritage, sçauoir le Palais auec toutes ses dépendances, les terres, les vignes, Piedre-murée, & l'endroit de la riuiere de Gallego, où son pere le Comte Sance bastit premierement des moulins, & les posseda librement, la Vicomtesse Talese donna du temps du Roi Adelfonse; Et son frere le Roi Ramir en confirma la donation.*

II. Cette liberalité fut tellement agreable à Dodon Euesque de Huesca, qu'il l'augmenta, à la priere & en consideration de la Vicomtesse Talese, auec le consentement de son Chapitre, de toutes les dismes, & autres rentes, que l'Eglise Sainct Pierre de Huesca iouïssoit au lieu d'Aierp; delaissant mesme en faueur du Monastere de Saubalade, le quart des dismes de l'heritage & du domaine cedé par Talese, qui apartenoit à l'Euesque, suiuant les Canons Ecclesiastiques. Et d'autant que Talese possedoit la Seigneurie, & la iurisdiction de ces terres, elle autorisa la donation de l'Euesque Dodo, la veille de la Natiuité Nostre Dame, au bourg de Iacca, tesmoins entr'autres Vv. de Mont, & Garsias de Monen.

III. L'acte precedent ayant fait voir, que la Vicomtesse Talese estoit fille du Comte Sance, & auoit son heritage assis en Aragon, on peut facilement conclurre, qu'elle estoit Aragonoise de race & d'origine. La qualité de Comte, que son pere possedoit est fort considerable; d'autant qu'elle n'estoit pas en ce temps ordinaire dans l'Aragon, & marquoit vne eminence de dignité parmi les autres Ricombres du Royaume, suiuant Michel de Molino en son Repertoire; Ou plustost estoit vn Titre reserué à ceux qui descendoient de la race Royalle, ainsi qu'a obserué il y a long-temps l'Euesque Vitalis, au rapport de Blanca en ses Commentaires. Or ayant consideré bien exactement toutes les Chartes du temps, qui sont produites par Surita, Garibai, Blanca, & l'Abbé Briz Martinez, ie n'ai point rencontré aucun Seigneur Aragonois, qui portast le nom de Comte Sance, sinon le Comte Don Sanche Galindes; lequel en l'année 1080. donna en compagnie de sa femme Donna Vrraque, & en presence du Roi Sance Ramires, au Monastere Sainct Iean de la Penna, l'Eglise & Monastere de Iguasar, qui est proche du port de Campfranc, & de la vallée d'Aspe, auec plusieurs lieux, terres, moulins, heritages, & dismes, en tel nombre, que ce seroit chose ennuieuse de les reciter. Deux années apres, sa femme estant decedée, il prit l'habit de Moine à la Penna, & fit plusieurs donations, dont le Monastere accepta la troisiesme partie seulement, & reserua les autres deux tiers pour ses enfans. Ce Comte Sance est encore signé en vn priuilege de l'an 1071. Briz Martinez n'ose rien asseurer de certain touchant la race de ce Comte, horsmis qu'il a trouué beaucoup de memoires des bienfaits, qu'il receuoit des Rois d'Aragon, & qu'il estoit conionctement Seigneur de Boltanna, de Sos, & de Atheres. D'où il conclut, que ce Comte Don Sance estoit ayeul du Ricombre Don Pedro Atheres, qui fut Seigneur de Boria, & qui perdit par son imprudence l'effet des suffrages de la Noblesse d'Aragon, qui lui déferoit le Royaume apres le decés d'Alfonse. Ie pense, que ce Comte Don Sance, est le pere de la Vicomtesse Talese; d'autant que la circonstance du temps s'y rapporte fort bien. Car Talese estoit mariée auec Gaston, & mere de Centulle dés l'an 1088. en la confirmation du For de Morlas : le voisinage de leurs terres ayant pû seruir de motif pour faciliter ce mariage.

IV. On trouue bien vn autre Comte Sance signé en vn acte du Roi Pierre, de l'an 1097. *Comes Sancius in Erro*, chés Briz Martinez ; & encore chés Garibai il souscrit vne Charte du Roi Alfonse de l'an 1113. Mais le temps du premier Comte Don Sance, s'accorde mieux auec celui de Talese, que le temps du dernier.

I. E Chart. Siluælatæ : In nomine sanctæ & indiuiduæ Trinitatis. Notum sit omnibus quod Talesa Vicecomitissa Bearnensis, cum *filio suo* Centullo, hereditatem suam quam habebat in Aierb ex patre suo, iure hereditario, dedit Deo, & B. Mariæ Siluælatæ, & Fratribus ibidem Deo seruientibus, pro salute animæ suæ, & patris, & matris, & omnis consanguinitatis suæ. Quam hereditatem, scilicet *Palatium*, & omnia quæ ad illud pertinent, agros, & vineas, petram muream, & locum in Gallec ad construenda molendina, in quo loco *Pater eius Sancius Comes* primum construxit molendina, & libere habuit. Hoc donum fecit in vita Adefonsi Regis. Quod donum concessit frater eius Ranimirus Rex. Hoc donum fecit prædicta Vicecomitissa in manu Bertrandi Abbatis. Testes sunt Garsias Sacerdos. W. de Iaças. Peregrinus de Trosil. Fortancer de Busa. Sans Baira. Spaiol de Borsa & plures alij.

II. Ex eodem Chart. Ego Dodo Dei gratia Oscensis Episcopus, cum consilio & voluntate totius Capituli, dono & concedo Deo & S. Mariæ & fratribus de Silua-lata ibidem deo seruientibus, & seruituris, hereditatem quam Ecclesia Sancti Petri de Osca habet apud Castellum de Aierb, cum decimis, & cum omnibus suis reditibus. Præterea quartam partem decimarum totius suæ hereditatis, *qua nobis iure Ecclesiastico contingebat*, omnino eis damus & absoluimus. Hoc autem donum confirmatum est, in manu dominæ Talesæ Vicecomitissæ, in vigilia Natiuitatis Sanctæ Mariæ, die Dominica in Burgo Iacha, vt sit firmum & stabile per secula cuncta. Amen. Testes sunt w. de Mont. Garsias de Monen. Capellanus dominæ Talesæ.

III. Blanca in Comment. Ioan. Briz Mart. l.3.c.14. l.4.c.10. Garibai l.13.c.6.

CHAPITRE XXVII.
Sommaire.

I. *Centulle suit les armées du Roi Alfonse. Est present à la prise de la ville de Mequinensa. Orderic Vital descrit les circonstances du siege, & la prise.* II. *Siege de la ville de Fraga. Secours de l'armée des Mores. Alfonse est tué au combat auec Centulle de Bearn, suiuant Surita. Iean Briz dit que ce Roi fut tué en vn second combat, & Centulle aussi.* III. *Orderic escrit toutes les circonstances de ce siege de Fraga, & les combats qui s'y firent. Durée du siege. Secours d'Afrique. Combats. La ville de Fraga se veut rendre, en payant tribut, Alfonse le refuse. Elle demande vn nouueau secours au Roi d'Afrique.* IV. *Le fils du Roi de Maroc vient auec vne puissante armée. Ordre de cette armée prés de Fraga. Sanglant combat entre les Chrestiens & les Mores. Centulle de Bearn, & les principaux Seigneurs Chrestiens sont tués. Retraicte du Roi. Le secours lui arriue. Il défait plusieurs Sarasins en l'embarquement. Tombe malade, & meurt dans huict iours.*

I. Entulle se trouua attaché par sa condition à suiure les armées du Roi Alfonse, lequel reuenant du siege de Bayonne continua de faire la guerre aux Rois de Leride, & de Fraga, assiegea, & prit par composition, la ville de Mequinense, anciennement appellée *Octogesa* ou *Ictosa*, forte d'assiete, estant enuironnée du Leuant de la riuiere de Segre, & du Ponant de l'Ebro. Ce qui arriua au mois de Iuin, mille cent trente-trois. Le Comte du Perche, & Centulle Vicomte de Bearn se firent remarquer en cette guerre, au rapport de Surita en ses Indices, quoi que par erreur, il a donné à Centulle le titre de Vicomte de Bigorre. Orderic Vital a conserué quelques circonstances notables de ce siege, qui sont inconnuës aux Escriuains d'Espagne. Car il escrit, *que le Roi Alfonse ayant assiegé ce chasteau de Mequinensa, fit sommer d'abord les assiegés de se rendre vies & bagues saunes; lesquels se confians en la forteresse de la place, & boufis d'orgueil, à cause des richesses qui auoient esté serrees dedans, refuserent cette condition, & mesprisans les menaces du Roi, se defendirent vaillamment contre ses efforts. Mais il les pressa tellement, que dans trois semaines il se rendit maistre de tous leurs dehors: Ce fut pour lors que les assiegés offrirent de rendre la place, moyennant la composition qui leur auoit esté offerte. Ce que le Roi ne voulut point leur accorder à cause du mespris, qu'ils auoient fait de la grace qui leur auoit esté offerte dés le commencement, & iura par sa teste qu'ils payeroient de leurs vies ce refus. Tout incontinent il fit dresser les machines, donna l'assaut, emporta la place, & fit trancher la teste à tous les Sarasins. Ce qui porta vn grand estonnement à tout le voisinage.* Iusqu'ici Orderic que i'ai tourné en François.

II En suite dés le mois d'Aoust de cette année mille cent trente-trois, la ville de Fraga fut assiegée par Alfonse, qui attira par ce moyen sur ses bras, toutes les forces des Mores d'Afrique, pour la conseruation d'vne si bonne place: qui donnerent plusieurs combats pour faire leuer le siege, qui sont rapportés diuersement par les Auteurs Espagnols. Car Surita escrit, que comme la ville estoit presque reduite à l'extremité, Auengama Roi de Leride mena vn puissant secours, qui combatit l'armée Chrestienne, & la mit en grand desordre. De sorte qu'Alfonse fut contraint de s'en aller aux frontieres de Castille, pour faire des recreuës, & nouuelles leuées de gens de guerre. Cependant les ennemis prenans auantage de son absence, firent des courses iusques à la plaine de Monson: ce qui rappella le Roi en diligence, qui voulut repousser ces coureurs, auec trois cens cheuaux qui estoient à sa suite; mais il fut enueloppé de la caualerie des Mores, & ayant perdu Centulle Vicomte de Bearn, & Aimeri de Narbone, mourut en combattant glorieusement au deuant des murailles de la ville de Sarinnena, le septiesme de Septembre mille cent trente-quatre. Iean Briz explique auec vn peu de difference ces deux derniers combats, escriuant que le Roi de Grenade Abengumeda fit ligue contre Alfonse, auec tous les Mores d'Espagne, & ayant receu vn puissant secours des Almorauides d'Afrique, se saisit de la ville de Valence, fit leuer le siege de Fraga, & donna la bataille au Roi prés de Sarinnena, qui fut vaincu, auec vne perte notable de Chrestiens, le dix-septiesme de Iuillet mille cent trente-quatre. Piqué de cette deroute, il assembla de nouuelles troupes, pour rompre l'armée des ennemis: mais pendant qu'elles estoient encore en chemin, Alfonse impatient des brauades du More, sortit de Sarinnena auec trois cens lances, & fut tué au combat auec Centulle de Bearn, Aimeri de Narbonne, & plusieurs autres Seigneurs, le septiesme de Septembre mille cent trente-quatre.

III. Mais il vaut mieux aprendre tout le succés du siege de Fraga, les diuers combats du Roi contre les Mores, & le genre de sa mort, dans la relation d'Orderic Auteur du temps, qui a remarqué toutes choses fort punctuelement, que non pas s'arrester aux diuerses coniectures des historiens d'Espagne, qui n'ont d'autres instructions de ces choses, que certaines paroles concises, que l'on trouue éparses parmi les anciens actes. Il escrit donc tourné en François, que *le Roi Alfonse s'estant rendu maistre du fort de Mequinensa; fit auancer son armée vers la ville de Fraga, qu'il tint assiegée pendant vn an. Les habitans dés le commencement du siege en donnerent auis au Roi d'Afrique Ali, & lui demanderent secours, qu'il leur enuoya de dix mil Amorauies, Ces troupes estrangeres des Africains depeschent vers le Roi Alfonse, quatre des principaux d'entr'eux, pour lui persuader de leuer le siege. Mais le Roi fit aussi-tost aporter deuant lui, les reliques de sa Chapelle, & iura en presence de tous, qu'il n'abandonneroit le siege, iusqu'à ce que la place lui fust renduë, ou qu'il fust tué, ou mis en route; & ordonna que la mesme chose seroit iurée par vingt de ses principaux seigneurs. Les Ambassadeurs ayans fait ce raport aux Amorauies, ils mettent leurs troupes en estat, & viennent attaquer l'armée du Roi, lequel voyant la puissance des ennemis, fit sa retraicte vers vne montagne prochaine, & depescha des courriers vers ses amis & voisins, afin qu'ils se hastassent de lui amener du secours: & cependant rendit combat dans ce retranchement l'espace de trois iours, & trois nuicts. Robert surnommé Burded Comte de Taragone,* (qui estoit de Normandie, & apres auoir conquis le Comté de Taragone sur les Sarasins, l'auoit obtenu en don du Pape Honoré, libre de tout seruice seculier, comme Orderic remarque vn peu plus haut) *& plusieurs autres Vassaux, sur le bruit d'vne rude attaque acourent de toutes parts au secours du Roi, & prenans pour leur cri le nom de* IESVS, *fondent auec violence sur les Payens desia harassés du combat, & les défirent entierement, en tuant vne bonne partie, & faisant vn grand nombre de prisonniers; & apres s'estre enrichis de la despoüille des ennemis, rendirent graces à Dieu de cette victoire. Mais comme* en ce monde, il n'y a puiſſance qui ſoit de durée, l'aduerſité ſuiuit de bien prés la proſperité, par la iuſte permiſſion de Dieu. Car les Citoyens de la ville de Fraga, où ſe refugioient les plus mauuais garçons des Payens & des faux Chreſtiens, craignans la colere, & les efforts inſurmontables d'vn Prince ſi courageux, & les forces reünies de ſon armée, lui demanderent la paix, & promirent de ſe ſouſmettre à lui, ſous certaines conditions. Mais il refuſa de traicter auec eux, ne voulant receuoir le tribut annuel qu'ils lui offroient, & les menaça auec ſermens, qu'il emporteroit cette place par ſiege. Le deſeſpoir effaroucha le courage des Saraſins, qui enuoyerent pour la ſeconde fois leurs Ambaſſadeurs vers Hali Roi d'Afrique, & trauaillerent pour obtenir vn puiſſant ſecours, tant de lui que des autres Rois & Princes Payens.

IV. Donc en l'année de l'Incarnation du Seigneur, mille cent trente-quatre. Buchar Halis fils du Roi de Maroc aſſembla vne puiſſante armée, & paſſa en Eſpagne pour combatre les Chreſtiens ; auquel ſe ioignirent Alammon de Cordoüe, & Alcharias d'Almerie, & pluſieurs autres Seigneurs d'Afrique, & d'Eſpagne, auec vn grand nombre de ſoldats. Ces Capitaines s'approcherent de la ville de Fraga pour la ſecourir, & partagerent leur armée en cinq corps, à deſſein de ſurprendre les Chreſtiens. Dans le premier gros, il y auoit deux cens chameaux chargés de viures, & autres munitions, pour ſubuenir aux neceſſités des aſſiegés, & pour leurrer les Chreſtiens affamés à combattre ces premieres troupes, ſous l'eſperance du butin. Cependant il y auoit vn autre gros, qui eſtoit vn peu eſloigné & couuert, afin de charger à l'impourueuſte, ceux qui pourſuiuroient ſans ordre les fuyards de leur armée. Fraga eſt enuironnée de deux riuieres, ſçauoir la Segre, qui vient du coſté de Lerida, & l'Ebro qui deſcend du coſté de Saragoſſe. Le combat fut donné au mois de Iuillet, en la plaine qui eſt entre ces deux riuieres, où il y eut beaucoup de ſang eſpandu. Le Roi Alfonſe ayant eu auis du grand nombre de Payens, qui venoient ſur lui, aſſembla les Princes de l'armée Chreſtienne, & les anima courageuſement au combat. De faict, Bertrand de Laon, Roderic des Aſturies, Aimar de Narbone, & Centulle fils de Gaſton de Bearn, Garſio Ramires, & pluſieurs autres vaillans Seigneurs combatirent au lieu appellé Campodoliente. Car à meſme temps que le Roi vit approcher les premieres troupes, qui conduiſoient les chameaux chargés de viures, il commanda au Comte Bertran de les choquer ; Bertran lui repartit, Seigneur Roi, laiſſons couler ces premieres troupes, afin que nous ayons loiſir, pendant qu'elles approcheront de la ville, de nous mettre en eſtat de les combattre à leur retour, toutes chargées qu'elles ſeront des meubles precieux de la ville, & de nous premunir contre les embuſches des ennemis, & cependant attendons de pied coy les compagnies qui les ſuiuent, & combattons les courageuſement. Lors le Roi indigné s'eſcria, & lui dit, où eſt maintenant ton courage vaillant Comte ; Ie n'ai point remarqué de la coüardiſe en toi iuſqu'à preſent. A ce diſcours, ce Comte courageux rougit vn peu, & ſe ietta auec ſes gens ſur les ennemis, qui ſe mirent tout auſſi toſt en fuite, & ſe retirerent deuers leurs troupes inombrables qui les ſuiuoient : & à meſme temps vn nombre infini des ennemis ſe rua ſur les Chreſtiens, dont il y eut de tués ſur la place Bertran, Aymar, Roderic, & Centulle, auec pluſieurs milliers de ſoldats. Le Roi combattit long-temps ſur vne colline, auec le reſte de ſes troupes, qu'il perdit preſque toutes, eſtant enuironné de toutes parts, par la multitude des ennemis, & ſe reſolut de combattre en ce lieu iuſqu'à la mort. Toutesfois l'Eueſque d'Vrgel lui conſeilla de ſe retirer ; Ce qu'il refuſa de faire eſtant accablé de detreſſe, à cauſe de la perte des ſiens. C'eſt pourquoi l'Eueſque lui ordonna de l'autorité de Dieu tout puiſſant, de ſe retirer tout incontinent ; de peur que par ſa mort, le païs ne fuſt enuahi par les Payens, & que les Chreſtiens ne fuſſent generalement exterminés. Il voulut obeir aux volontés de l'Eueſque : mais eſtant enuironné de tant de milliers d'ennemis, il trouua l'iſſuë fort empeſchée de tous coſtés : Neantmoins auec ſoixante gendarmes qui lui reſtoient, il perça vn esquadron des ennemis, & se fit voye auec son espée, accompagné de dix des siens seulement ; l'Euesque & les cinquante caualiers estans demeurés dans la meslée. Cét accident enfla le cœur aux Payens, & abbatit celui des Chrestiens. Le Roi affligé, estant recueilli par ses amis, rencontra les citoyens de Saragosse, les François, & ses autres Vassaux qui alloient à son secours, & quoi qu'ils fussent extremement tristes, à cause d'vne si grande perte, ils se remirent par la presence du Roi, & s'offrirent pour executer tous ses commandemens. Pour lors ce Prince boüillant de courroux, & outré de douleur recherchoit l'occasion de retirer quelque vengeance de ses ennemis. Pour cét effect, il mena les troupes des Chrestiens par certains détours, iusqu'au riuage de la mer, où il rencontra vn grand nombre de Sarasins chargés de butin, & des Chrestiens captifs qu'ils vouloient embarquer sur leurs nauires. Il les surprend, & les taille en pieces. Il y auoit vn vaisseau chargé des testes des Chrestiens, que le Roi Buchor enuoyoit comme vn trophée de sa victoire au Roi d'Afrique, auec sept cens captifs ; Le Roi se rendit maistre de ce vaisseau, fit honnestement enseuelir les testes des Chrestiens, & deliura les captifs, qui l'aiderent à défaire le reste des troupes Mahometaines, qui estoient là. Le Roi abatu de tant de trauaux, & rompu de tristesse deuint malade, s'alita, & mourut huict iours apres. Iusqu'icy Orderic, dont nous auons apris l'ordre de ce grand combat où mourut Centulle de Bearn, qui ne pouuoit finir plus honorablement, qu'en combattant les ennemis de la Foi, ausquels à l'exemple de son pere, il auoit iuré vne haine mortelle, ayant fait ses premiers essais d'armes à leurs despens, au voyage de la Terre saincte, où nous l'auons remarqué sous le nom de Centon de Bearn, chés Guillaume de Tyr.

II. Surita L.1. Ann. c. 52. & in Indic. Ioan. Briz L.5. c.10.
III. IV. Ordericus Vitalis,l.13.Hist. Eccles. Bertrandus Laudunensis Comes Quadrioniæ, & Rodericus Asturiæ, Haimarus de Narbona, & Centullus Gastonis filius de Biara, Garsio Adramis, aliique plures bellicosi proceres in Campodolenti certauerunt,

Idem : tunc innumeræ phalanges in Christianos surrexerunt, & Bertrannum, ac Haimarum, Rodericum, & Centulfum cum multis millibus occiderunt.

CHAPITRE XXVIII.
Sommaire.

I. Desordre de l'Aragon apres le decés du Roi Alfonse. Les Nauarrois se separent des Aragonois, & rendent la Nauarre à l'Infant Garcia. Les Aragonois élisent l'Infant Ramir, Moine, Prestre & Euesque, mais frere du Roi decedé. Alfonse Roi de Castille enuahit le Roiaume de Saragosse. Ramir se retire aux montagnes. La Vicomtesse Talese le vint visiter, pour estre maintenuë en la Ricombrie de Saragosse. Le Roi de Castille la donna à Lop Lopes. Qui fut maintenu, apres que Ramir eut recouuert Saragosse. La Ricombrie de Huesca donnée en eschange à la maison de Bearn. II. Talese exerce iurisdiction au païs de Mixe, sur la dispute de l'Eglise de Garris. III. Guiscarde sœur de Centulle succeda à son frere. Elle estoit veufue de Pierre Vicomte de Gauarret. IV. Pierre de Gauarret Fondateur du Prieuré de Gauarret. Il est nommé Petrus Rogerij. *V. Preuue que Guiscarde estoit fille de Talese, & de Gaston, & mere de Pierre le Vicomte. VI. Preuue que Guiscarde prenoit la qualité de Vicomtesse de Bearn, & de Gauarret. Et Pierre son fils de mesme. Pierre Fondateur du Prieuré d'Ourdios.*

I. LE decés du Roi Alfonse sans lignée causa vn grand trouble dans l'Aragon, & neantmoins fit ouuerture à Garcias Ramires Prince de la maison de Nauarre, de restablir la Royauté dans sa maison par vne voye fort legitime. Car les Aragonois estans occupés en l'Election de leur Roi, le peuple de Nauarre reconnut pour le sien, l'Infant Garcias fils de l'Infant Ramir, & celui-ci frere de Sance le Noble Roi de Nauarre; sur la race duquel le Roi d'Aragon Sance Ramires auoit emporté le Roiaume par Election. Mais aussi les Aragonois rendirent tesmoignage de l'affection qu'ils auoient à leur race Roiale. Car ils esleurent pour leur Roi l'Infant Ramir frere d'Alfonse; nonobstant qu'il fust Euesque & Moine de profession, & que son vœu l'eust rendu incapable de posseder aucun patrimoine seculier. Cependant le Roi Alfonse de Castille Cousin du Roi decedé & qui auoit la succession ouuerte par le decés d'Alfonse, & le monachisme de Ramir, se persuadant que son droict lui estoit raui par l'Election d'vne personne incapable de posseder la Roiauté, arma puissamment pour se saisir au preiudice de Ramir des villes de Calataiub, de Daroca, & d'autres terres assises delà l'Ebro, dependantes du Roiaume de Saragosse. Ce qui l'estonna de telle sorte, qu'il se refugia dans les montagnes; comme l'on peut recueillir des anciens memoires rapportés par Surita. De fait il estoit au monastere de Saint Iean de la Penna, au commencement du mois de Nouembre 1134. en compagnie des Prelats, & Riches Hommes de sa suite: où la Dame Talese Vicomtesse de Bearn se transporta pour le visiter, pretendant de succeder en la Seigneurie de Saragosse; que son mari Gaston & son fils Centulle auoient tenuë en fief. Il ne faut pas douter que Ramir ne lui accordast sa demande, puis qu'elle estoit fondée en iustice, mais

O o iiij

le desordre des affaires d'Aragon ne permettoit pas qu'elle fust libre en la' possession non plus que le Roi ne l'estoit en son Royaume de Saragosse. Car il fut occupé par le Roi Alfonse de Castille au mois de Decembre suiuant, qui bailla pour lors à sa ville, les armoiries de son Roiaume de Leon, qui est vn Lion couronné, qu'elle porte encore auiourd'hui, & y establit de sa main, *Lop Lopes* pour Seigneur & l'année suiuante M. CXXXV. donna en fief à Garcia Ramires Roi de Nauarre, le Royaume de Saragosse : & par consequent la Ricombrie apartenante aux Seigneurs de Bearn demeura fort esbranlée. De fait, quoi que par l'entremise de Raimond Comte de Barcelone, la ville & le Royaume de Saragosse fussent rendus à Ramir l'année 1136. neantmoins on trouue dans les anciens actes du temps, que le *Senior Lopis ou Lop Senior* possedoit le gouuernement & la Ricombrie de la ville sous le Comte de Barcelone : & apres ce Loup, le Prince Palazin; chés Blanca en ses commentaires. Toutesfois encore que le Roi de Castille fist conseruer en la ioüissance de ce notable fief le Seigneur Loup, on n'osta pas entierement à la maison de Bearn, les marques d'honneur que Gaston auoit acquises par sa valeur. Car si elle fut priuée du tiltre de la Ricombrie de Saragosse, on lui conserua la Seigneurie particuliere de la Parroisse de Nostre Dame du Pilar, que les Seigneurs de Bearn retindrent successiuement l'vn apres l'autre, iusques à ce que Guillemete quatriesme fille de Gaston VII. Seigneur de Bearn, la receut en dot auec plusieurs autres terres, & la legua par son testament à l'Infant Pierre d'Aragon son mari; de maniere qu'elle fut par ce moyen reunie au domaine Royal d'Aragon, ainsi qu'obserue Blanca en ses Commentaires. Et encore on bailla aux heritiers du Vicomte Centulle, la seigneurie & Ricombrie de Huesca, qui estoit la premiere ville apres Saragosse, comme nous verrons en son lieu.

II. Comme la Vicomtesse Talese trauailloit de conseruer apres le decés de son fils Centulle, les droits de la maison de Bearn en Espagne, elle paroist ioüissante de la iurisdiction de Mixe dans les actes de l'Abbaye de Sorde : où l'on void qu'elle rend iustice auec les Seigneurs de sa Cour, sur la dispute de l'Eglise Saint Felix de Garris, qui suruint à cette occasion. Espagnol de Labourt desirant aller au siege de Saragosse, vendit la moitié de la disme à Guillaume Martel Abbé de Sorde pour cent cinquante sols Morlas, sous le cautionnement de Brasc Garsie de Luxe, & d'Espagnol de Donesan. L'autre moitié fut baillée en engagement pour semblable pris à cét Abbé, par Arnaud de Leguinge qui alloit en Ierusalem. Celui-ci estant de retour receut encore de l'Abbé pour toute la disme, quatre cens sols Morlans, & en outre vn mulet, & vne mule, & vn goubeau d'argent du poids de cinq marcs, lors qu'il s'en alloit au siege de Fraga, où il mourut. Apres le decés d'Arnaud, vn sien parent mit en instance l'Abbé pour raison de cette disme de Garris : qui fut iugée par la Vicomtesse de Bearn Talese, & les principaux de sa Cour, dit l'acte, à sçauoir Fortaner de Saut, Fortaner de Domi, Fortaner de Bolmort, & Geraud de Cassauer. Quelque temps apres, vne fille de Leguinge mariée à Guillaume Raimond de Saut en Labour renouuella ce different, qui fut terminé par vn accord auec l'Abbé, qui les associa au monastere; comme vn des ses Moines, & leur bailla deux cens sols de Morlas. La transaction fut confirmée par Guillaume Ramon d'Ortés, & deux autres cautions, en presence d'Arnaud Guillaume Euesque d'Acqs, Raimon d'Agramont, Raimon de Mansbarraute, Pierre de Castetarbe, & Arromiu d'Vsquein.

III. Or la succession de cette maison de Bearn reuint par le decés de Centulle V. qui mourut sans lignée, à Guiscarde sa sœur, fille de Gaston & de Talese; laquelle prit la possession de la Seigneurie du païs, auec sa mere Talese. Cette Dame Guiscarde estoit aussi veufue de Pierre Vicomte de Gauarret, & mere du ieune Pierre

Vicomte de Bearn & de Gauarret : de sorte que de son chef, elle prenoit le tiltre de Vicomtesse de Bearn, & celui de Vicomtesse de Gauarret du chef de son mari. On a pû remarquer ce Pierre Vicomte de Gauarret mari de Guiscarde, parmi les Seigneurs & Pairs de la Cour de Gascogne, qui condamnerent le Vicomte de Benauges à oster le subside qu'il auoit imposé au lieu de la Reole sur Garonne, en l'acte de l'an M. CIII. Il a paru parmi les Chefs de l'armée des Gascons, qui suiuoient la baniere de Gaston de Bearn pour assieger Saragosse les années 1114. & 18. chés Surita ; & est encore denommé en l'acte du priuilege octroyé par Alfonse à ceux de Saragosse apres la conqueste de la ville, chés Blanca. De sorte que la generosité le rendoit digne de l'alliance de Gaston de Bearn, qui lui bailla sa fille Guiscarde ; & ce mariage a porté dans la maison de Bearn, le Vicomté de Gauardan, qui consistoit en plusieurs belles terres d'vne grande estenduë, & comprenoit mesmes le Chasteau de la ville de Bazas.

IV. Il nous reste en main vn acte fort considerable, de Gaston de Moncade fils de Marie Vicomtesse de Bearn & de Gauardan, fille de Pierre le Vicomte, fils de Guiscarde & de Pierre de Gauarret, que Gaston reconnoist expressémenr pour son *bisayeul*, comme il l'estoit en effet, ainsi que l'on voit dans la genealogie que ie viens de representer. C'est vn acte de l'an 1181. qui confirme les donations faites à Geraud premier Abbé de Grand Selue, & au Prieuré de Gauarret, par Pierre Vicomte de Gauarret son fondateur : où il est remarqué comme au temps de cette fondation, la ville de Gauarret estoit dans le Diocese d'Ayre, quoi que depuis elle en ait esté distraicte au profit de l'Archeuesché d'Aux. Au reste il y a de la surprise dans la copie de cét acte, dautant qu'il est enoncé que ce Pierre estoit surnommé *Sorguers*, qui n'est pas son vrai surnom, mais celui de *Petrus Rogerij*, comme il apert par vn autre acte inseré dans le vieux Chartulaire. Il auoit vn frere nommé Arnaud Roger, & vn cousin, Pierre de Gauarret.

V. I'ai esté assez en peine pour demesler ce point d'histoire, & verifier ce que i'ai auancé touchant la descente de Guiscarde, & de Pierre son fils ; mais ie pense en estre venu heureusement à bout, par le moyen d'vn acte tiré des Chartes de Saubalade ; qui fait foi que Gaston fondateur de cette maison voulut accorder aux freres du monastere, le droit d'extirper des terres en vne lande nommée Lanalei, mais qu'il ne peut les en rendre paisiblement ioüissans. De sorte qu'apres son decés, la Vicomtesse Talese, & sa fille la Vicomtesse, & son fils Pierre le Vicomte leur donnerent permission d'acquerir ce qu'ils pourroient des possesseurs interessés en la conseruation de la terre. Cét acte iustifie deux choses ; L'vne que la Vicomtesse, mere de Pierre le Vicomte, estoit fille de Talese, & par consequent de Gaston ; L'autre que ces deux bonnes Dames auoient le gouuernement & la regence du ieune Vicomte Pierre, & de toutes ses terres. Or que cette Vicomtesse fille de Talese, & mere de Pierre, fut nommée Guiscarde, il se verifie par vn acte, où l'on voit que Guiscarde Vicomtesse de Bearn, & Pierre son fils donnent conioinctement, pour le salut de leur ame & de leurs parens, en faueur du monastere de Saubalade, les moulins de Batkarrau.

VI. Il reste de monstrer que Guiscarde en qualité de Regente, prenoit la qualité de Vicomtesse de Gauarret, qui ne pouuoit lui apartenir que du costé de son mari pere du ieune Pierre. I'employrai pour cela deux actes tres-exprés, quoi que sans date. L'vn est de Morlas ; l'autre est du Prieuré d'Ordios prés la Labastide. Le premier porte, que Guiscarde Vicomtesse de Bearn & de Gauarret, & Pierre son fils, donnent au Prieur de Saincte Foi de Morlas, la Chapelle que le Prieur Arnaud qui estoit Euesque d'Oloron, & les moines de Clugni auoient basti à leur priere ioignant la maison des Ladres de Morlas; L'acte d'Ordios contient l'occasion de la fondation de ce Prieuré, qui est telle, qu'vn certain voleur nommé Arterius tua en compagnie de ses complices au lieu d'Vrduos, trois Gentils-hommes de Normandie, qui aloient en Pelerinage à S. Iacques de Galice; qu'il precipita dans vn lac proche de ce lieu. Mais il eut dans peu de temps sa recompense. Car il fut pendu par sentence du Iuge de la terre: & cependant Raimond Porchet Curé de Sendos fut aduerti de l'endroit, où ces bons Pelerins estoient cachés, & admonnesté de les enseuelir. L'acte porte que ce fut l'Ange Gabriel qui lui donna l'auis en songe. On peut croire ce que l'on veut de cette circonstance: Mais la substance de l'acte ne reste pas d'estre fort asseurée. Le Prestre donc les enterra au mesme lieu d'Ourdios, où ils auoient esté tués, & ayant receu de nouueau trois aduertissemens par le mesme Ange, de bastir en cét endroit vne maison pour la retraicte des pauures, & des Pelerins, il en donna connoissance à Arnaud Guillaume de Sort Euesque d'Acqs, qui loüa son desir. C'est pourquoi le Prestre supplia Pierre Vicomte de Bearn & de Gauardan de lui donner ce lieu, afin de bastir vn Hospital pour les pauures & les Pelerins qui feroient le voyage de Sainct Iacques, & changer le lieu de la retraicte des voleurs en vne demeure asseurée pour les Pelerins. Le Vicomte Pierre acquiesçant à sa demande, lui accorda librement toute la terre d'Orduos, auec tous les pasquages, eaux & forests, terres cultes & incultes, afin d'y faire vn bastiment pour la retraicte & le seruice des pauures. Il fit ce don en l'Eglise Saincte Marie de Sendos l'an de l'incarnation M.CL. au mois de May, Ferie VI. Lune XI. Epacte XIV. Concurrent III. Indiction VII. Regnant Loüis Roi de France, Guillaume Comte de Poictiers & Duc de Gascogne, Guillaume Archeuesque d'Aux, Arnaud Guillaume Euesque d'Acqs. Arnaud Euesque d'Oloron. Tesmoins A. Bunio Abbé de Sorde. Martin Sancij. P. Aureilla. Bibia de Agremont. P. de Luxe. A. Aragon de Garris. A. R. deu Leu, & son frere. R. Ar. Fortaner d'Escot. VV. de ..... Ber. de Iaces. Gar Ar. de Domij. R. de Gauasto. VV. de Saut, & toute la Cour du Vicomte.

1 V. E Chartario Palensi : Vniuersis præsentes literas in spectutis, Gasto Dei gratia Vicecomes Bearnensis, Gauarreti, Brulhensis & Marsiani, Dominus Montiscatani, & Castri veteris, æternam in Domino I. C. salutem. Noueritis nos vidisse literas Domini Gastonis Auunculi nostri sub tenore inferius annotato. Gasto Vicecomes Bearnensis & Gauarretanus, & de Bruilles, & Comes de Bigorra, & Vicecomes de Marsan, Bernardo Auxitano Archiepiscopo, & omnibus Episcopis terræ suæ, Abbatib. Baronibus, Iustitiis, militibus, ministris, & omnibus fidelibus suis, salutem in perpetuum. Sciatis quod ego Gasto Vicecomes veniés ad Siluam maiorem amore Dei & Sanctæ matris iuraui libertatem, & saluitatem ipsius Ecclesiæ, & villæ, & securitatem omnium hominum, & rerum cunctarum, quæ ad monachos pertinent vbique, & concessi, & confirmaui Deo, & Sanctæ Mariæ, & Beato Giraldo Siluæ maioris primo Abbati, & monachis ibidem Deo seruientibus, totum quidquid predecessores mei Gauarretani Vicecomites, videlicet Petrus cognominatus Sorguers (alias Soriguers) Proauus meus & ceteri Vicecomites Gauarretani concesserunt, tertiam scilicet partem omnium redituum qui ratione pedagij vbicúmque pro Gauarreto recipiantur. Concessi etiam omnium quæ venduntur in villa vnde redditus accipiuntur tertiam partem, & in mercato quod vocatur Gauardina, decimam totam, ab integro, & cum tribus digitis palmatas de sale in eade Gauardina, &c. Infra: & Censum totius

villæ quod vocatur vulgariter Ciriманatge. Infra: Concessi etiam Ecclesiæ in Stiuariis & appenditiis, & decimam totam ex integro, sicut supradictus Proauus meus Petrus Sorigueis eam concesserat, cum assensu videlicet & voluntate Guilhelmi tunc Archiepiscopi Aux. volente quoque hoc idem atque confirmante Petro Adurensi Episcopo, In cuius Episcopatu tunc temporis erat nominatus locus de Gauarreto, qui etiam eidem Ecclesiæ contulit in perpetuum quidquid in ea iuris habebat, præter procurationem sibi semel in anno debitam, & capellanorum præsentationem. Concessi quoque eidem Ecclesiæ caldariam iudiciariam cum marmore, ita quod in toto Archidiaconatu non habeatur nisi ibi tantummodo. Infra: Hanc concessionem seu confirmationem ego Gasto Vicecomes feci apud Siluam maiorem in capitulo assidentibus Dominis Episcopis Bernardo Olorensi & Sancio Anerij. Testes sunt Arnaldus Guilhelmi de Marsiano, & Odo de Cadalon, Garsias Arnaud de Nauailhas, Arnaldus de Codarolis, Arnaldus Guilhelmi de Bascoor, Amaneius de Lamota, Peregrinus de Burdegala, Burgensis de Morlaas, & alij plures. Factum est autem hoc an. Incarnati verbi 1181. indictione 14. Epac. 3. Concur. 3. cyclo decemnouennali 4. fer. 2. Idus Februarij. Philippo rege Francorum regnante 2. an. regni sui, Ricardo filio Henrici regis Anglorum Ducatum Aquitaniæ obtinente. † signum Gastonis Vicecomitis. Quoniam itaque proprium sigillum non habeo præsenté paginam Domini Bern. Olor.

Episcopi Sigillo muniri feci. Nos vero Gasto supra-scriptus omnia & singula supradicta rata & firma habentes, &c. Actum fuit hoc apud Gauarretum pridie nonas mensis Martij an. Incarnationis Domini 1282.

V. E Chartario Siluæ-latæ Notum sit omnibus, quod Gasto Vicecomes voluit dare fratribus Siluæ-latæ agriculturam in Lanalei, sed non valuit in pace. Postea vxor eius Talesa, & filia eius Vicecomitissa, & filius eius Petrus Vicecomes concesserunt illis quidquid ab incolis terræ possent adquirere, vel amore Dei, vel precio.

V. Ex eodem Chartario : Notum sit omnibus quod Guiscarda Vicecomitissa de Bearn, & Petrus eius filius pari consilio & voluntate, pro salute animæ suæ, & parentum suorum, dederunt Deo & S. Mariæ Siluæ-latæ, & fratribus ibidem Deo seruientibus & seruituris, Molendina de Baikarrau, liberè in perpetuum passidenda.

VI. Charta Morlanensis: Ego Guiscarda Vicecomitissa Bearnensis, & Gauarrensis, & Ego Petrus filius eius, donamus, & concedimus capellam, quam precibus nostris Arnaldus Prior S. Fidis, qui erat Episcopus Olorensis & monachi Cluniacenses qui in S. Fide morabantur, construxerunt iuxta domum Leprosorum, vt ibi ipsi leprosi orationes suas Deo funderent, nihil aliud quod ad ecclesiasticum pertinet ius exigentes, Deo & S. Petro Cluniacensi, & monachis Cluniacensibus in perpetuum. Signum G. Vicecomitissæ. Signum Petri Vicecomitis filij eius. †

CHAPITRE XXIX

Sommaire.

I. La Vicomtesse Guiscarde, & Pierre le Vicomte son fils gouuernent conioinctement le Bearn, & iugent les causes. II. Mais le Vicomte estant paruenu à son aage legitime, gouuerne seul. Tient la Cour Majour en la ville de Morlas. Confirme l'accord de ceux de Gabas auec Saincte Christine. III. Pierre passe en Espagne. Le Prince d'Aragon lui baille la Ricombrie de Huesca, & de Bespen, en recompense de la Ricombrie de Saragosse. Il est present au siege, & à la prise des villes de Leride, & de Frage. IV. Decés de Pierre l'an 1150. qui laisse ses deux enfans Gaston, & Marie en bas aage. Sa Femme estoit parente d'Alfonse Roi d'Aragon. Guiscarde suruesquit son fils, & mourut l'an 1154. Elle consent au bastiment d'une Chapelle en l'Hospital de Morlas, par vne Iuliane Damoiselle qui se deuoüa au seruice des pauures. Cette permission autorisée au Synode de Nogarol.

I. O N peut auoir reconnu par la lecture du Chapitre precedent, que la Vicomtesse Guiscarde auoit l'administration de la personne & des biens de son fils, à cause de son aage; Outre que la proprieté de la Seigneurie de Bearn lui apartenant, il estoit iuste qu'elle fust denommée conioinctement auec lui aux actes, où elle se trouuoit presente. L'on en trouue encor vn exemple dans les tiltres de l'Abbaye de Sainct Pé; où l'on voit que Bernard de Creme mit en instance l'Abbé, pour raison d'vn Casal situé au village de Ceserat, & que les parties remirent leur different à la decision de Pierre Vicomte de Bearn, & de la Vicomtesse sa mere. *In manu Petri Vicecomitis Bearnij, & Vicecomitis-matris suæ.* Qui est vne procedure, que les vieux fors de Bearn, appellent *Arbure du Seigneur, comme de bon Baron,* dont la sentence est executoire, nonobstant l'appel qui peut estre interiecté au Seigneur, & à sa Cour Maiour, & sans preiudice d'icelui, ainsi que i'explique ailleurs. Il fut ordonné, que l'Abbé payeroit à Bernard de Creme demandeur, cinquante sols Morlas pour toutes ses pretensions; Et que le demandeur asseureroit la possession à l'Abbé, auec les deux cautions qu'il lui donna. Sçauoir Arnaud d'Artix, & Bernard de S. Iean d'Abos.

II. Mais noſtre Vicomte eſtant paruenu à ſon aage legitime, tenoit ſa Cour Maiour en perſonne, & diſpoſoit tout ſeul de ſes affaires, ainſi que l'acte de la fondation du Prieuré d'Ourdios de l'année 1150. fait vne entiere foi: A quoi on peut adiouſter vn tiltre de l'Hoſpital de Gabas de l'an 1147. dont il apert, que ce Vicomte tenoit ſa Cour pleniere & generale à Morlas; où il confirma l'accord paſſé entre les freres, qui gouuernoient la maiſon de Gabas, & maiſtre Donat Prieur de Saincte Chriſtine; ceux-là promettans de tribut & de reconnoiſſance annuelle, huict moutons, & quatre beliers, à la maiſon de Saincte Chriſtine, afin qu'elle les maintint en la liberté, & au droict de paſquage pour leur beſtail, dont elle iouïſſoit aux Monts Pyrenées, que cét acte nomme *Alpes*, à l'exemple du Poëte Fortunat, & de quelques auteurs Grecs. Cette conuention fut auſſi autoriſée par Raimond Eueſque de Laſcar, & Arnaud Eueſque d'Oloron, dans la Cour Maiour tenuë à Morlas. l'auouë pourtant que la date de cét acte eſt corompuë; car elle eſt marquée du mois de Iuillet, au iour de la feſte Saincte Marie Magdelaine M.CXXVII. Mais la faute peut eſtre facilement reparée, en liſant M.CXLVII. qui eſt vn temps, qui reſpond à celui de Pierre le Vicomte, & à celui de l'Eueſque de Laſcar Raimond; le temps qui precede l'an 1141. dés auant l'année 1114. ayant eſté touſiours occupé par l'Eueſque Guidon.

III. Or puis qu'en ce temps le Vicomte Pierre gouuernoit ſes affaires, il eſtoit raiſonnable, que ſuiuant les traces de Pierre de Gauarret ſon pere, de ſon oncle Centulle, & de ſon Ayeul Gaſton, il allaſt viſiter les Mores d'Eſpagne, & prendre poſſeſſion de la dignité, & des Eſtats que ſes Predeceſſeurs lui auoient acquis delà les monts. Car encore bien qu'il ne peuſt recouurer la poſſeſſion de la Ricombrie de Saragoſſe, pour les raiſons que i'ai deſia deduites, il auoit pour le moins vn iuſte fondement de redemander vne Seigneurie correſpondante à la premiere: dautant que ſuiuant Hieroſme Surita en ſes Annales, Blanca en ſes Commentaires, les Seigneuries des villes, encore qu'elles peuſſent eſtre changées de main par l'Ordonnance du Roi, neantmoins il eſtoit obligé de conſeruer les anciens Seigneurs parmi les Riches hommes, & leur donner vne autre Ricombrie en recompenſe de celle qu'il leur oſtoit, & d'en continuer la poſſeſſion à leurs enfans, ou à leur defaut aux plus proches parens. Auſſi voyons-nous, que ce Vicomte arriuant en Eſpagne fut auſſi-toſt mis en la conſideration qu'il apartenoit. Car il fut pourueu par le Comte Raimond, Prince d'Aragon, de la Seigneurie des villes de Hueſca, & de Beſpen: celle-là eſtoit vne ville d'importance, où les Saraſins auoient ci-deuant eſtabli vne Royauté, auſſi bien qu'à Saragoſſe. De ſorte que le Prince Pierre auoit ſujet de ſatisfaction, puis qu'on lui recompenſoit la perte de la Seigneurie d'vne ville Royale, par celle d'vne autre ville de ſemblable dignité, ſçauoir de la Cité de Hueſca, qui tenoit rang apres Saragoſſe. On aprend ce remplacement par le denombrement des Richs hommes, & des Cheualiers d'Aragon, & de Catalogne, qui eſtoient preſens au ſiege des villes de Lerida, & de Fraga, aſſiegées en meſme temps par le Comte Raimond; & renduës en meſme iour, qui eſtoit le 24. d'Octobre 1149. Surita faiſant ce denombrement ſelon les anciens actes, met à la teſte de tous les Riches hommes d'Aragon; apres les Comtes Catalans d'Vrgel, & de Pallas, *El Vizconde de Gauarret & Bearne, ſennor en Hueſca, y Beſpen*. Et encore qu'il ne le nomme de ſon nom, il eſt certain que ce Vicomte de Gauarret & de Bearn, eſt le Prince Pierre, dont il eſt queſtion. Entr'autres Gentils-hommes de Bearn, qui l'acompagnerent au ſiege de Fraga, Dodo de Baure ſe fit conſiderer, ſelon les memoires de l'Abbaye de Sorde.

IV. Ie ne trouue point d'autres actes qui facent mention de lui. Ce qui me fait soupçonner qu'il mourut bien-toſt apres l'année 1150. A laquelle creance ie ſuis dautant plus obligé, qu'il apert par acte authentique de l'année 1154. qu'il eſtoit deſ-ja decede, & que ſes enfans eſtoient en bas aage. A ſçauoir *Gaſton*, & *Marie*, qui lui ſuccederent l'vn apres l'autre, ſans que i'aye pû recouurer aucune inſtruction du nom de leur mere, femme de Pierre. Ceci demeure ſeulement verifié, qu'elle eſtoit proche parente d'Alfonſe Roi d'Aragon: dautant que Marie la Vicomteſſe traicte le Roi Alfonſe, de Couſin, & lui reciproquement l'a reconnoiſt pour ſa Couſine, dans vn acte public de l'an 1170. Or cette parenté n'a point de fondement du coſté de la maiſon de Bearn, ni de Gauarret, de ſorte qu'il faut conclurre, qu'elle deſcend du coſté de la femme du Vicomte Pierre, mere de la Vicomteſſe Marie. Pour le regard de la Princeſſe Guiſcarde, elle ſuruefquit ſon fils, ainſi que l'on aprend d'vn acte, du mois de Septembre 1154. qui eſt vne permiſſion octroyée par Arnaud Eueſque d'Oloron, Moine de Clugni, & Prieur de Morlas, (qui eſt nommé Arnaud d'Ieſte dans le Chartulaire de Sorde) auec le conſeil de Raimond Eueſque de Laſcar, & de Guiſcarde Vicomteſſe de Bearn, de baſtir vne Chapelle en l'Hoſ-pital de Morlas, à la priere d'vne Noble femme nommée Iuliane, qui s'eſtoit de-uoüée à ſeruir les pauures & les Pelerins en ce lieu, pendant ſa vie. Cét acte fut pre-ſenté à Guillaume Archeueſque d'Aux & Legat du ſiege Romain, en vn Concile qu'il tenoit à Nugerol, pour eſtre valablement confirmé. Mais la bonne Dame Guiſcarde mourut en la meſme année 1154. ainſi que ie verifierai par la teneur de l'acte de Campfranc, dont il faudra parler ci-apres.

II. Charta de Gabas: In nomine ſanctæ Trinitatis, & indiuiduæ vnitatis. Notum ſit omnibus hominibus tam præſentibus quam futuris, quod Ego Magiſtro Donato Prior Sanctæ Chriſtinæ, ceterique fratres ſub tutela quorum domus regebatur de Gabas, ſcilicet Doad de Barad, & Guilelmus Sacerdos d'Arros conceſſerunt propria voluntate, vnoquoque anno, vt facerent tributum octo carners, & quatuor arietes, vt armenta eorum in *Alpibus* liberè poſſent eſtiuare. vt armenta S. Chriſtinæ, & eos defenderent ſicut ſemetipſos pro poſſe ſuo. Fuit vero ſtatutum quod pro debito S. Chriſtinæ domus de Gauas, nec pro alias non vexaretur. Hoc in preſentia *Petri Vicecomitis Bearni*, *in manu Raimundi Laſcurrenſis Epiſcopi*, *& Arnaldi Epiſcopi Olorenſis in plenaria Curia apud Morlas*. Hoc factum eſt anno M. CXXVII. menſe Iulio in feſto ſanctæ Mariæ Magdelenæ. *Legendum anno* M. CXLVII.

III. Surita l. 2. c. 64. c. 9. Blanca in Comment. p. 332.

IV. Charta Morlan. Anno ab incarnatione Domini M. CLIV. Ego A. Epiſcopus Olorenſis, monachus Cluniacenſis & Prior Morlanenſis, conſilio D. R. Laſcurrenſis Epiſcopi, & Dominæ Guiſcardæ Vicecomitiſſæ Bearnenſis, & fratrum Cluniacenſium qui Morl. habitabant, conſilio etiam burgenſium & rogatu, conceſſi fieri capellam in hoſpitali de Morlano, ſupplicante & rogante quadam nobili femina, nomine Iuliana, quæ ſe ibi deuouerat pauperibus & Peregrinis dum viueret ſeruituram. Tali pacto, vt ipſa Capella ſiue oratorium ſemper ſit ſub dominio & iure Cluniacenſis Eccleſiæ, ſicut eſt Eccleſia ſanctæ fidis, cum omnibus oblationibus quæ ibi fient tam pro viuis, quam pro defunctis. In hac autem capella capellanus ponetur per manus Prioris S. Fidis vel monachorum Cl. & ipſe tenebit cluem Eccleſiæ, & omnia quæ ad eum pertinebunt. Vt autem hoc remota omni controuerſia in poſterum ratum haberetur, prædictus Prior Arnaldus cum Domino Raimundo Laſcurrenſi Epiſcopo, wlo Auſcitanæ Eccleſiæ Archiepiſcopo atque Romanæ ſedis Legato hoc ſcriptum præſentauit, ac confirmari fecit *in quodam Concilio apud Nugerol celebrato*.

CHAPITRE XXX.

Sommaire.

I. Denombrement des actions de Gui Euesque de Lascar, & de l'ancienne Noblesse de Bearn. Il estoit Bearnois, de la maison de Lot. Donne l'Eglise de Cemude. Garcia Fuert de Marca reçoit cette liberalité pour l'Eglise. II. Gui amplifie & restablit les reuenus de l'Euesché. Liquide la moitié de l'Eglise de Tese, & le Quart d'Abos. Trois pleiges donnés suiuant la loi de la terre ; & quarante sols Morlas aux cautions en signe de liberté, & de memoire. III. Vsage des cautions, & de la peine pour valider le contract expliqué. En Bearn la peine estoit payable par chasque caution. IV. Les deniers baillés aux cautions en signe de liberté expliqués. V. Confirmation de cét vsage. Don de la moitié de la disme de Seuignac. Interdict practiqué par les Gentils-hommes, qui auoient les dismes infeodées. VI. Cét interdict expliqué, & confirmé. VII. Procez meus pardeuant le Vicomte pour la restitution des biens de l'Eglise. Gaston condamne par le iugement de sa Cour. Examen du fer chaud appellé Diuisio. La moitié de la disme de Pau. Duel ordonné en vne cause de l'Euesque, & de celui d'Acqs par-deuant Fortaner Vicomte de Saut. VIII. Duel ordonné par le Vicomte Gaston entre le Seigneur d'Artigaloube, & ceux de Lascar, qui dura huict iours. Accord entre les parties en presence de Gaston & de sa Cour. IX. Gui excommunie les vsurpateurs de la disme de Lar prés de Morlas. Forton de Pal Viguier hereditaire de Pau, nommé autrement Forcs de Pau.

I. Vant que de passer outre, ie suis obligé de representer les deportemens de Gui Euesque de Lascar, selon la foi des anciens actes : dautant plus que l'on pourra y remarquer les noms de la Noblesse de Bearn, laquelle ayant suiui la baniere de Gaston, & de Centulle ses Princes, aux guerres sainctes de la Palestine, & d'Espagne, & fait des actions de pieté en faueur des Eglises, merite que l'on tasche d'en conseruer le souuenir : encore que sans cette consideration le recit en soit vn peu desagreable. Cét Euesque estoit Bearnois, comme l'estoient aussi tous les anciens Euesques de Lascar & d'Oloron, à cause qu'ils estoient promeus par l'Election des Chapitres. Il estoit fils d'Arnaud Guillem de Loth, de Lod ou de Los, Seigneur du village & de la maison de Los, qui estoit considerable en ce temps, & de Sancia Vacca sa femme. Son pere le fit receuoir Chanoine du temps de l'Euesque Sance, & donna à son fils pour son entretenement, la moitié de l'Eglise de Cemude, sçauoir toute la disme de Lanardone, auec les bastimens, vignes, & domaines qui en dependoient, & l'Eglise entiere de Sere. On le nommoit pour lors Calbet, mais estant ordonne Euesque immediatement apres Sance, il changea de nom, prenant celui de Guido, & confirma ces donations en faueur de l'Eglise Cathedrale, pour en iouïr apres sa mort ; mais le decés de son frere Caïard de Lod estant suruenu, il auança l'effet de sa liberalité, & voulant faire prier Dieu pour son ame, il en fit incontinent la deliurance à l'Eglise entre les mains de Garcia Fuert de *Marca*, qui estoit sans doute l'Archidiacre.

II. Il prit vn soin extraordinaire, pour augmenter les rentes de son Eglise, attirant par sa bonne vie les gratifications des Gentils-hommes, & liquidant les anciens droicts qui auoient esté vsurpés sur ses predecesseurs, & ceux que l'on taschoit de lui oster par violence, ou par adresse. Ce qui parut à l'occasion de la moitié de l'Eglise Sainct Pierre de Tese, que les trois freres de cette maison de Tese, Bernard, Maçips, & Caldels auoient donnée en presence de Talesse la Vicomtesse, du temps de l'Euesque Sance; & s'estoient departis d'vn procés qu'ils auoient meu quelque temps apres, moyennant cent sols Morlans qu'ils receurent, ayans baillé pleiges pour l'asseurance de la transaction Raimon de Domi, & Arnaud de Laoos. Mais leur nepueu ayant réueillé l'instance, l'Euesque Gui le contenta en lui fournissant tout son entretenement, & prit cession de ses pretensions sur l'Eglise & la disma de Tese, qui est nommée en l'acte *l'Honneur* de Tese. Il composa aussi vn notable different auec Bernard Garsia de Bisanos l'an M. CXVII. Car Raimond de Bisanos & sa femme Benanies, ayans donné la quatriesme partie de l'Eglise de Sainct Iean d'Abos suiuant le testament, *Ordinem*, de Bernard Gassie son pere; le fils aisné de Raimond voulut apres le decés de son pere reprendre la disme par force, mais il se repentit bien-tost de sa faute, & confirma cette donation à l'Euesque Gui en presence de la Vicomtesse de Bearn Talese, laquelle en absence de son mari Gaston occupé pour lors au siege de Saragosse, auoit la Regence de Bearn en main; & pour l'asseurance de sa promesse bailla trois pleiges suiuant la loi de la terre, *secundum legem terræ*; dit l'acte, sçauoir Arnaud de Lée, Fedac de Pardies & Aner Castet, auec le consentement de Fortaner d'Espui, lequel quita toutes ses pretensions. Ce qui suit est considerable, c'est que l'Euesque donna des deniers communs de l'Eglise quarante sols Morlas aux cautions, en tesmoignage de l'action, & en signe de liberté, *in signo libertatis, & memoriæ*, & au demandeur Bernard Garsia CL. sols Morlans, presens G. Arnaud d'Orrils, G. de Marçelo. B. de S. Iean. R. de Mirapeis, Guillem Arremon de Sus.

III. L'obseruation contenuë dans cét acte, que la promesse & le departement de Bernard Garsia fut confirmé par trois pleiges suiuant la loi de la terre, m'oblige à dire que ce point est conforme à la loi Lombarde: qui declare le contract confirmé auec deux ou trois pleiges irreuocable, & hors de toute dispute. Mais ce qu'il y a de particulier en ces pleiges, qui se donnent suiuant la coustume de Bearn, est que l'on establissoit ordinairement vne peine de cent, ou cent cinquante sols Morlans payable par chascune des cautions, en cas que l'vne des parties ou ses heritiers voulussent contester la valeur du contract, cette peine deuant estre payée prealablement, demeurant neantmoins le contract en sa force & vigueur. Il est bien certain, que la stipulation d'vne peine ou amende pour munir le contract, n'est pas vne chose particuliere au Bearn, puis que c'est vn ordre introduit par le Code Theodosien, & practiqué dans les anciennes Formules de Marculfe; où l'on voit que cette clause estoit frequente d'obliger le contredisant à payer vne amende au profit de la partie acquiesçante, & quelquesfois au profit de la partie, & du fisque: qui estoit vne practique obseruée mesmes à Rome, comme l'on voit dans la Charte rapportée par le Cardinal Baronius en ses Annales en l'année M. XIX. où Ingizo Gentil-homme Romain rendant quelque domaine à vn monastere, adiouste cette commination; contre celui de ses successeurs qui voudra reuoquer en doute sa liberalité. Mais ce que ie trouue de particulier en ce païs, est la forme de la stipulation de la peine, qui est taxée à raison de chascun des pleiges, & payable par eux, qui est vn moyen de rendre les cautions parties contre le demandeur.

IV. Il y a encor vne autre circonstance en cét acte, fort extraordinaire, qui est de bailler certains deniers aux cautions, non par celui qui les employe, ce qui seroit tolerable suiuant l'opinion des Canonistes, & Theologiens, & l'vsage du temps present; mais par celui, en faueur duquel les pleiges s'obligent. Ce que l'acte nous enseigne auoir esté fait en signe de *memoire*, & de *liberté*. Cette liberté doit à mon auis estre expliquée conformément à la practique generalle deriuée de la loi salique, qui auoit introduit de mettre les serfs & les autres hommes de condition seruile, en vne plaine & entiere liberté, en iettant des deniers ou des sols d'or, ou d'argét, en presence du Iuge, ou des tesmoins: ce que la loi Salique, & les vieilles Chartes appellent Manumission, & liberté, *per denarium*, & les afranchis de cette façon, *Denariales*, ainsi que Cuias, François Pithou & Lindenbroch ont obserué. De mesme dans le Bearn, cette formalité auoit esté receuë, de declarer les biens quites & libres de toutes pretentions, & peut-estre de tout seruice, au moyen de quelques sols, qui estoient, non pas iettés à l'auenture, mais deliurés aux pleiges par l'acquereur en presence du Vicomte en signe de *liberté*, ainsi que parle l'acte, & en signe de *memoire*, afin que les pleiges, & les tesmoins en fussent souuenans.

V. On verra vne semblable practique en l'affaire qui suit, & quarante sols deboursés par Gui, & deliurés à trois pleiges, qu'on lui bailla pour la disme de Seuignac. Le fait merite d'estre representé, d'autant plus qu'il contient l'exemple d'vn droit possedé par les Gentils-hommes sur les Eglises infeodées, qui ne seroit pas souffert en ce temps. Raimond de Seuignac Chanoine de Lascar, suiuant le desir de sa sœur maitresse de la maison de Seuignac decedée depuis peu, donna du consentement de ses neueus Arnaud, & Guilemat qui estoit marié en l'Abbaye laïcque de Sedze, & de leur pere Sans Gassie, la moitié de l'Eglise de Seuinhac, en presence de Guillaume Abbé laïcque de Corberes, & de Iean de Blaysso. Quelque temps apres Odo de Seuignac disputa cette donation, defendit à l'Euesque, & aux Chanoines de ne retenir ses hommes, & leur fit signifier sa defense par escrit, & auec son seau, *prohibuit & sigillauit*, & interdict à ses tenanciers l'entrée, & l'issuë de l'Eglise, par sa terre. Mais enfin cét Odo s'estant trouué present à la consecration de l'Eglise de Erigos ou Serigos se departit de ses pretensions, entre les mains de Gui, leua les defenses faites à ses hommes & accorda à perpetuité la liberté de l'entrée de l'Eglise, par sa terre, *Introitum, & exitum per terram suam perpetuo absoluit*, & bailla pour pleiges Pierre de Simecourbe, & Sance d'Arinal. Apres cela il vint à Lascar, *Lascurrum*, entra dans le Chapitre, receut de l'Euesque la societé & confrairie, & confirma sur l'autel sa promesse, & particulierement la liberté qu'il auoit accordée. L'Euesque lui deliura à mesme temps des deniers communs cent trente sols, & vingt sols à Iordain de Sainct Lezer son frere: Et aux trois pleiges fournis par Odo, sçauoir à Guilem Arnaud de Montaner dix sols, à Pierre de Simacourbe dix sols, & à Bernard Garsie de Cadelon vingt sols, reuenant le tout à quarante sols, qui est la mesme somme contenuë en l'acte precedent. Les tesmoins sont Cenebrun de Cadelo, Arnaud de Dilpui, Bruno de Bidos, Odo de S. Iean Poudge, auec son fils Arnaud Garsia, Girald de Corberes, Ramon de Carrere, Bernard de Seuinag, Odo de Lesical. G. de Lanafrancon, & B. son frere.

VI. Cette narration nous aprend la possession: en laquelle se maintenoit les Gentils-hommes qui auoient les Eglises infeodées, de faire defenses à leurs hommes, & suiets d'entrer, ou sortir de l'Eglise par leur terre. Pour le prendre mieux, il faut se resouuenir de ce qui a esté obserué au liure premier, que selon la phrase des Capitulaires ce n'estoient pas les dismes, qui auoient esté infeodées aux Laïcques, mais les Eglises, qu'ils tenoient en fief de l'Euesque, & du Prince; d'où il s'ensuiuoit, que les personnes laïcques ioüissoient en ce temps du droit d'ordonner leurs Eglises, & de les recommander aux Prestres auec le consentement de l'Euesque Diocesain, afin que ie me serue de la façon de parler practiquée en ce temps-là; c'est à dire qu'ils ioüissoient du droit de patronage, comme l'on parle maintenant, & en outre des oblations, des premices, & des dismes, en baillant vn entretenement honeste au Prestre, & reparant l'Eglise. De sorte qu'ils estoient en quelque façon maistres du corps de l'Eglise & de ses dependances; & s'attribuoient la proprieté de la terre, qui estoit aux enuirons de l'Eglise, sans considerer si elle estoit bastie en leur sol; ce qui n'eust pû se rencontrer facilement qu'aux villages nouuellement bastis, & non aux anciennes bourgades. Or ils faisoient valoir aux occasions, ce droit de proprieté, en interdisant aux parroissiens l'entrée & l'issuë de l'Eglise, par leur terre. Ce qui n'estoit pas vn interdict positif, fondé sur vne iurisdiction Ecclesiastique, tel que celui qui estoit decerné assés souuent en ce temps par les Euesques, pour la faute d'vn seul homme de la Parroisse, sçauoir le Seigneur, ou l'Abbé, lequel enuelopoit aussi bien les innocens comme le coulpable, & leur ostoit l'exercice public de la religion sur le lieu. Mais c'estoit vn interdict negatif, en consequence de la proprieté de la terre des enuirons, qu'ils possedoient auec le droit de defense; lequel quoi qu'il fust abusif, estoit neantmoins practiqué, & toleré, & les Euesques en acceptoient la descharge, & la liberté, comme vn grand bien-fait en faueur de l'Eglise, ainsi que nous auons veu; Et paroistra encor en l'affaire qui suit, touchant l'Eglise de Mont. L'Euesque Gui estant allé vers le monastere de S. Pé de Generes, Aramon Garsie de Mont accompagné de Corneille sa femme, lui donna les deux tiers de l'Eglise S. Estienne de Mont, en presence de Pierre d'Angles Abbé laïcque du lieu, d'Ezdon Guiraud de Iuranson; receut de l'Euesque deux cens cinquante sols Morlans, & bailla pleiges, Fottaner d'Escot, Guilem de Domi, Arnaud de Lauena, & Guilem de Lascun. Quelque temps apres Ramond de Clarac, qui estoit de la parenté de Ramon Garsia, & possedoit la seigneurie du village de Mont, & de l'entrée & de l'issuë de l'Eglise (*habebat dominium villæ d'Ez mont, & super introitum & exitum Ecclesiæ*) ceda à l'Euesque tous les droits hereditaires qui lui apartenoient sur cette Eglise, & en octroya la liberté de l'entrée, & de l'issuë à perpetuité, *Absoluit perpetuo liberum introitum, & exitum Ecclesiæ.*

VII. Ce Prelat n'obmettoit pas aussi la voye de iustice lors que l'occasion s'en presentoit, comme il fit contre Bernard de Corberes qui auoit retenu long-temps par violence au preiudice de l'Eglise de Lascar, le Casal de Luc, que son frere Galinde le Chanoine auoit donné. Car il fit la plaincte de cette vsurpation au Vicomte Gaston, qui condamna par iugement de sa Cour, *Per iudicium Curiæ suæ*, le detenteur à se desister de la possession au profit de l'Eglise, estant remboursé de seize sols Morlans. Ce qu'il executa du consentement de Gerald, & d'Auger de Corberes. D'ailleurs Ramon de Bisanos ne voulant rendre le quart de l'Eglise de Bisanos, alleguant pour toute excuse que Bernard Garsias son pere, auoit baillé vn cheual à l'Euesque Bernard de Bas, & receu ce quart de disme en payement, l'Euesque le mit en procés, obtint ordonnance que l'on en viendroit à l'examen du fer chaud; mais estans aux termes de l'execution, le defendeur ceda, & prit dix sols pour la valeur du cheual. L'acte explique l'ordonnance du fer chaud en ces termes, *Coëgit facere diuisiones*: ailleurs au mesme Chartulaire cette procedure est nommée, *Diuisio ferri*. Guillaume de Lanafrancon s'accorda aussi en consequence de l'ordonnance du duel, & quita à Gui les droicts qu'il pretendoit, sur la disme de *Castello de Pal*, c'est à dire la moitié de la disme de Pau. Il y eut encore à sa poursuite vn notable duel ordonné en iustice, contre Guillaume Euesque d'Acqs, touchant *l'honneur* & la terre de Saut appellée Barte; mais comme l'vn des champions ne pouuoit surmonter son aduersaire, les prud'hommes accorderent les parties, & les obligerent à partager les fruicts par moitié. L'Euesque d'Acqs bailla pour pleiges R. Arnaud de Bilanaue, & Fortaner de Pizol, & promit de payer en cas de debat à l'auenir, cent cinquante sols pour chasque caution: Cela fut arresté entre les mains de Fortaner de Salt, qui estoit Vicomte de Saut, afin que lui & ses successeurs fissent obseruer l'accord sans frais (*abstracto damno*) dit l'acte. Les tesmoins sont le mesme Fortaner de Pizor, Arnaud de Serres, Perchristian de Salt, Od de Incied, ou Nacied, & plusieurs autres.

VIII. Mais le duel d'Artigaloube est plus remarquable, parce qu'il fait voir le peu d'asseurance qu'il y auoit en ces duels, & monomachies, & recommande la prudence de cét Euesque, ou de son predecesseur, qui termina vn vieux procés commencé entre l'Euesque Raimond le Vieux, decedé enuiron l'an M. LX. & Guillaume d'Artigalobe, & sa femme, sa fille & leur gendre Gailhard de Morlane, touchant l'vsage du bois qu'ils empeschoient à ceux de Lascar. L'Euesque Raimon auoit bien en quelque façon accommodé ce different, & baillé 400. sols Morlans à ceux d'Artigaloube: Mais dautant qu'il y auoit des nullités au traicté, Gailhard estant decedé, Loupbergund espousa la veufue heritiere de la maison, & renouuela les defenses contre ceux de Lascar. De sorte que l'affaire se poursuiuant pardeuant le Vicomte Gaston, il ordonna le duel, qui dura huict iours sans auantage pour aucune des parties. C'est pourquoi elles s'accorderent en presence & auec le consentement du Seigneur de Bearn, & de sa Cour, sous ces conditions, que ceux de Lascar fourniroient sept cens cinquante sols Morlans, & bailleroient gratuitement le cimetiere ou lieu de sepulture aux maistres de la maison d'Artigueloube, & que ceux-ci octroyroient l'vsage du bois & du pasquage, sous la reserue du carnal aux deux Betats, (*in duobus vetatis*) de Labarte & Caprielcas depuis la feste Sainct Michel iusqu'à Noël. Les pleiges du costé d'Artigalobe sont R. Garsias de Gauasto, Bertrand de Cucuror, & Aragon de Moneng, auec promesse de cent sols pour chasque caution en cas de debat. Les tesmoins sont, le Vicomte Gaston, Fortaner d'Escot, Arnaud de Lascu, Oddo de Cadelo, Raimond Garsia de Gauasto, Guilemod d'Andons, Arnaud de Milcens, & Ispaniolus Diagonus de Monengn; & plusieurs autres.

IX. Quelquesfois cét Euesque entreprenoit de rendre iustice à son Eglise par voye d'excommunication; comme il fit en l'affaire de l'Eglise de Lar. Car Guillem Gassie de Lar prés de Morlas, lui auoit donné la sixiéme partie de l'Eglise S. Martin du lieu de Lar; Mais Garsias Abbé de Romaas par la violence de Gaston le Vicomte, & de Forton de Pal en despoüilla l'Eglise Cathedrale, *Violentia Gastonis Vicecomitis, & Fortonis de Pal*, dit l'acte (c'est à dire par le iugement iniuste de la Cour ordinaire de Pau, prononcé par Forto de Pau Vicaire ou Viguier hereditaire, lequel est nommé Forcs de Pau en la confirmation du For de Morlas faite par ce Gaston.) De sorte que l'Euesque Gui excommunia Garsias & mit l'Eglise en interdict, iusqu'à ce que par l'auis du Vicomte, qui vuida l'affaire comme Arbitre de bon Baron, il promit de rendre apres son decés, ce qu'il auoit vsurpé; & l'autre sixiesme auec les droits de Romas fut donnée à l'Euesque, par Guillem Furt & sa femme Sancia, & leurs enfans, en presence de Sans de Balas ou Baleix, Guilem de Sanzos, Raymon d'Espexede, B. de Lustreporci, ou Lesporci. B. d'Olo. B. de Belste. B. de Lucenhet. R. de Noia. Quelque peu de temps apres l'Abbesse de Sainct Castin, & sa fille Ægidia, auec le consentement de son mari Girald de Iaces, donna vn autre tiers de la disme de Lar, & permit que l'on bastit sur le lieu vn Baptistere, & vn cimetiere, quoi qu'auparauant les Parroisses dependissent pour ce regard de l'Eglise S. Castin.

III. L.2.T.12.Leg.Long.
Marculfi Form.139.140.151.
Baron.ann.1019.n.7. Ante omne litis initium pœnæ nomine auri purissimi libras decem soluas, & post solutam pœnam maneat hæc chartula in sua nihilominus firmitate.

CHAPITRE XXXI.

Sommaire.

I. Liberalités de la Noblesse de Bearn. Ramon Arnaud de Coarase. Decimarij. Desmers. Deniers déboursés par l'Euesque, pour confirmer la donation. II. Traitté sur l'Eglise S. Martin d'Assat. III. Aner de Gerzerest. Legat d'vn cheual. Ordonnance du Vicomte de Bayonne Bertran, pour obliger ceux de Labour, & d'Arberoue à leguer des cheuaux, & autre bestail en faueur de l'Eglise Cathedrale de Bayonne. Oblige les Paroissiens à iurer qu'ils ont fidellement payé la disme. IV. Guisla d'Andons vefue d'Aner Loup donne l'Abbaye laicque d'Artes. V. Odo d'Arros, & plusieurs autres Gentilshommes. VI. Centulle possedoit cette terre, qui est maintenant hors le Bearn, & de l'Euesché de Lascar. Noms de la Noblesse qui estoit à sa suite. VII. Guillaume d'Escures donne la moitié de la disme. VIII. Contracts pignoratifs pratiqués en ce temps. Nommés Vadimonium, *dans les titres, dans Orderic, & ailleurs.*

I. SI la conduite de ce bon Prelat reüssit à l'auantage de l'Eglise, la pieté de nos Bearnois qui exerçoient leurs liberalités n'estoit pas moins recommandable. Car encore que l'on voye tous les contracts des donations accompagnés & seellés de quelques deniers déboursés par l'Euesque, ils ne respondoient pas au vrai prix de la chose, mais ils estoient employés, comme vne ceremonie semblable à celle que les anciens Romains pratiquoient aux acquisitions, que l'on faisoit par voye d'emancipation: quoi que pour prouoquer ces gratifications, on se seruist des anathemes decernés en diuers Synodes contre les possesseurs des dismes, & autres biens Ecclesiastiques. Or les principaux que ie trouue s'estre signalés en cette sorte d'actions, sont les suiuans. Ramon Arnaud de Caudarasa, ou Coarase, donna moyennant cent sols qu'il receut de l'Euesque, la disme d'onze maisons de son lieu de Bas, qui est vn village confus, & incorporé maintenant auec celui de Coarase: de laquelle maison deuoit estre issu Bernard de Bas Euesque de Lascar, qui viuoit du temps du Comte Centulle II. La Vicomtesse Talese & Centulle son fils estoient presens à cette donation, auec B. Despui ou d'Espoei F. de Domi, A. de Lée, B. de Trense, & plusieurs autres. L'acte se sert du terme de *Decimarios, vndecim Decimarios in villa de Bas,* qui est aussi frequent aux Chartes de Luc, dont la signification se raporte aux païsans debiteurs de la disme, nommés pour lors en langage Bearnois, *Desmers*; comme l'on void en l'acte de donation de la moitié de l'Eglise d'Osse, & de deux *Desmers in Monen,* que fit à l'Euesque Gui, le Chanoine Espanols de Caubios fils d'Arnaud Garsias de Calbios, en presence de Gautier de Meillon, de Garsias de Monen, & de Ramon de Bisanos.

II. Et d'autant que l'Eglise de Lascar auoit eu durant long-temps, vne dispute ennuieuse auec quelques gentilshommes d'Assat, qui possedoient l'Eglise Sainct Martin de ce lieu, laquelle preiudicioit à celle de S. Seuer de la mesme Paroisse, acquise à l'Euesché par la liberalité de Guillaume Sance Duc de Gascogne, excepté la sixiesme partie qui apartenoit par droict hereditaire à ceux de Clauerie; il s'accorda premierement auec eux, qui lui cederent tout leur droict; & il les deschargea de l'Arciut, nommé dans l'acte, *Arceutum*: presens Gaston Vicomte de Bearn, Auger de Miramon, Bernard d'Espoei, Gautier de Meillo, Sicard d'Assat, Arnaud de Meillo, & Fedat de *Anercastello*, c'est à dire de Narcastet, qui peut auoir pris son nom de *Anerius Castello*, signé en l'acte ci-dessus representé de l'an 1117. & en suite ce Prelat s'accommoda auec Arnaud Guilhem, pour l'Eglise Sainct Martin qu'il fit demolir tout incontinent, & transporter les reliques, & les cloches, *signa*, en celle de S. Seuer, lui fournissant pour son indemnité octante sols morlas, & soixante & dix en valeur, soit en cheuaux, en bœufs, ou en vaches, *septuaginta solidatas in caballis, in bobus, in vaccis*, par l'aduis de Bernard Guiraldi, Ramon de Mirapes, & Arnaud de Lée.

III. Aner de Gerzerest, auec l'aduis de Gaston, & d'Auger de Miramon, donna la moitié de l'Eglise de Casenaue, & receut de Gui 50. sols Morlas, & vn cheual de prix, que son pere Aremon Arnaud auoit legué à l'Eglise de Lascar. Ce legat du cheual, me donne quelque soubçon qu'il y auoit en ce temps dans le Diocese de Lascar, vne practique semblable à celle des Vicomtés de Labourt, & d'Arberoue, qui est rapportée dans les Chartes de l'Euesché de Bayonne. Car Bertrand Vicomte de Bayonne enuiron l'an M.C.L. ordonna en presence de l'euesque Fortaner, & de ses Chanoines, auec l'aduis & consentement des Barons, & du peuple de la terre de Labourt & d'Arberoue, que tous ceux qui decederoint, seroient obligés de leguer à l'Euesque vn de leurs cheuaux, s'ils en auoient deux, de quatre bœufs aratoires, le meilleur; ou bien vne vache pleine, s'ils n'auoient que deux bœufs aratoires, & dix autres testes de bestes à corne; ou cinq sols s'ils n'auoient du bestail à corne, pourueu qu'ils eussent dix pourceaux, ou brebis: à la charge neantmoins, que l'euesque seroit obligé de faire le seruice diuin pour l'ame du defunct, soit en l'Eglise où son corps seroit enterré, soit en la Cathedrale suiuant le desir des parens du decedé. L'ordonnance adiouste vn commandement de payer auec legalité la disme du bestail, & veut en cas de plainte de l'Euesque ou de son commis, que le paroissien se purge moyennant serment, auec deux autres habitans de la Parroisse qui soient maries, qu'il a fidelement payé, *cum duobus de melioribus mansionariis ciusdem parochiæ qui coniugati essent*. Cette ordonnance fut faite par Bernard Vicomte de Bayonne, & G. A. de Bayonne, Bonion, & son fils B. d'Vrtubie. A. de Naubeis. An. de Saut. A. d'Vrruçega, Brasc de Sance.

IV. La liberalité de Guisla d'Andons vefue d'Aner Loup d'Andons, est remarquable. Car elle, & son fils Bertrand donnerent à l'Eglise la proprieté des Abbayes laïques d'Arthes, & d'Occures, qui ont porté dans le Chapitre de Lascar la iouïssance de la disme d'Arthes, qui est fort reuenante. Continuant ses gratifications, elle fit don en compagnie de ses enfans Guilem Oddo, & Ez Gassie, de la rente de deux païsans de ce lieu d'Artes. Ce qui fait voir que la maison d'Andons possede la Seigneurie d'Arthes, depuis cinq cens ans & dauantage.

V. Bernard du Pui & ses neueux d'Arrimat, donnerent, la moitié de l'Eglise d'Osse, plege Gassion de Pardies, & receurent trente sols de l'Euesque. Oddo d'Arros donna vn Casal au lieu de Bordes, & receut de Gui soixante sols Morlas & vne mule, donnant pour pleges Raimon de Mirapeys, & Fedac d'Arros. Anergaſſie, de Bordes fit don d'vne partie de l'Egliſe S. Pierre de Bordes à l'Eueſque, qui lui bailla quarante ſols Morlas, en preſence de Fedac d'Aner de Caſtet. Odo de Laſical donna l'Egliſe S. Eſtienne de Cepede, & pour cautions Bruno de Bidoſe, & Girald de Corberes, & receut de l'Eueſque Gui à titre de charité, ſoixante-dix ſols Morlas, preſens Oliuier d'Auriag, Raimond de Sadirag, Martin de Ceſerag, R. de Secent, Bernard d'Arricau, & Amaneu ſon frere. Raimond d'Eſpeçede prenant l'habit de Chanoine, donna l'Egliſe S. Eſtienne d'Eſpeſſede, & bailla pour pleiges Raimond de Gaia ſon Seigneur, & Raimond de Ponzo, afin que l'Eueſque poſſedaſt librement ceſte Egliſe auec tous ſes droicts, le porche, & le cimetiere. Preſens Bernard de Luſtreporci & Guillem de Sezere.

VI. Giſcos de Bans & ſa femme Miramlé, auec leurs enfans, donnerent l'Egliſe S. Martin de Tiuro, & l'aſſeurerent auec les cautions qu'ils baillerent iudiciairement entre les mains du Vicomte Centulle, ſçauoir le meſme Vicomte, Arnaud Guillem de Serre, & Arnaud de Podens. Les teſmoins ſont les gentilshommes qui eſtoient à la ſuite de Centulle, à ſçauoir, Bernard G. d'Eſcot, El Torz de Morlane, Duran de Monſtror, Guillem Ar. d'Oriels, Elias Abbé de la Reole, Garſias Abbé de S. Gerons, Ezarnaud de Dengui, & Ar. Gaſſie ſon frere, Mauri de Milcents, & ſon frere Spaiol, Fortaner de Balier, Fortaner de Gutpui, Girald de Filonde, Auger de Caſtahede, Bernardez de Peyre, Auger de Corberes, Auger d'Arſag, Ez d'Eſcoz. Cét acte eſt conſiderable, parce qu'il iuſtifie, que ceſte portion de l'Eueſché de Laſcar, qui eſt maintenant hors la terre de Bearn, & quelque petite eſtenduë au delà, eſtoit pour lors de ſa iuriſdiction, comme l'on peut recueillir des noms des gentilshommes qui eſtoient preſens à ce iugement, comme Pairs de la Cour, que Centulle Seigneur de Bearn tenoit en ces quartiers.

VII. Guillaume d'Eſcures donna premierement la moitié de la diſme d'Eſcures, auec le conſentement d'Auger de Miramont, ſous la reſerue de l'entretenement pour ſoi & ſon neueu; & quelque temps apres il bailla l'autre moitié en engagement pour ſoixante-dix ſols, qui ſeroient employés à payer ſes debtes, à la charge que toute ſa famille ſeroit nourrie par l'Eueſque & le Chapitre, & qu'apres ſon decés & de ſa mere, la propriété demeureroit libre à l'Egliſe. Ce qu'il aſſeura auec quatre cautions, Pierre de Simecourbe. P. Abbé laique de Sanzos, Bernard de Iullac, & Anerſans de Cultereres. Teſmoins G. Abbé laique de Corberes, Buna d'Eſcures, Ezius de Caſted, Bairo de Baſbila, Sance d'Artinal, Guilhem de Simacorbe, Ar. de Delpui.

VIII. Cette conuention n'eſtoit pas à proprement parler vn engagement, comme elle eſt qualifiée dans l'acte, mais vne vraye vente. Il ne faut pas neantmoins conclurre, que les purs engagemens de l'immeuble, & les contracts antichreſtiques fuſſent inconnus en ce ſiecle ni aux precedens, puis que nous en auons veu la pratique en diuers titres: qui eſt confirmé par vn Acte fort exprés de l'an mille cent ſeize, où la terre de Maribat eſt engagée ſous la caution de Guillaume Garcia, de Milcents, & Bernard de Meillo, & le Chapitre oblige le proprietaire à ne pouuoir racheter l'engagement que pour ſa table, comme ils parlent. D'où il apert que les Eccleſiaſtiques, & les laiques pratiquoient les contracts pignoratifs, & prenoient les fruicts au lieu du profit de leur argent, & qu'ils retenoient les choſes engagées à fort vil prix: puis que le Chapitre l'augmente preſque d'vne moitié dans vn autre contract. On peut auſſi remarquer la promeſſe qu'il exige, que le rachat ne pourra eſtre fait pour le transporter à vn tiers, mais ſeulement pour ſon vſage, *pro ſua propria tabula*, dit l'acte; qui eſt vne clauſe, à la verité plus courtoiſe, que celle qui eſt dans la formule de Marculte, où le debiteur s'oblige de payer annuellement certaine rente, & de ne rendre ses deniers prestés que de son creu. Or il est remarquable que ce contract pignoratif est nommé *Vadimonium* en cét Acte: qui est vne diction employée en ce sens dans les loix Lombardes; comme le mot de *Vvadia* se prend dans les mesmes loix pour le gage mobiliaire, que l'on donoit pour l'asseurance du contract qui deuoit estre retiré par le debiteur dans trois iours, en baillant cautions suffisantes, qui s'obligeoient auec serment. De sorte que ie croirois aisément, que l'ancien Glossateur de ces loix est vn peu court, lors qu'il a interpreté ce *Vadimonium* pour la seule obligation & promesse des pleges, que ie sçay estre appellés *Vades* en bon Latin, & *Vvadij* en langue Lombardique. Car *Vadimonium* doit estre pris en la Rubrique alleguée dans les preuues, tant pour la deliurance du gage, qui se faisoit afin d'asseurer l'execution du contract, que pour la promesse de la caution que l'on donnoit pour le retirer; & partant dans cét acte du Chartulaire de Lascar, il est employé fort elegamment, suiuant la phrase du temps pour le contract d'engagement d'vn immeuble, ou d'vn Antichrese; auquel sens, il est encore pris dans Rodulphus Glaber pour les meubles saisis en gage, ainsi que i'ai touché ci-dessus. Cette diction est aussi employée pour la terre engagée dans *Odericus Vitalis* assés souuent, & mesmes dans les Tiltres du Chartulaire des Religieuses de l'Abbaye de Saintes aussi bien que dans cette Charte de Lascar.

IX. Pour reuenir à nos Gentils-hommes de Bearn, il faut aduoüer qu'ils furent si liberaux en ce siecle en faueur de l'Eglise de Lascar, que ce seroit vne chose trop ennuyeuse au lecteur de lui representer au menu toutes les gratifications qu'ils firent. Ce qui n'a pas esté suiui par leurs successeurs, qui ont fait estat que les bienfaits des ayeux auoient assez enrichi l'Eglise. Neantmoins ie ne veux pas entierement omettre les noms des principaux, comme d'Arnaud Garsias d'Arbus, Fortaner de Lagor, Guillemfuert son fils, de Bernard de Liuro, Garsiasans de Gelos qui donna vne portion de la disme de Gelos, Bernard d'Abos, Odo d'Arsag, Pierre de Luc, & Gassiaguilem, & Sansaner ses freres qui donnerent la quatriesme partie de l'Eglise de Fixoos, Sansaner de Bomort, Bertran de Lanuçe qui a donné la moitié de l'Eglise de Incied, en presence d'Od Guilem de Palo.

VIII. Marculf. Form. 143. Cum de mea proprietate ipsos solidos vestros reddere potuero, hanc cautionem à vobis recipiam.
Rodulphus Glaber l. 5. c. 1. Leg. Lomb. T. XXII. de Debitis, & *Vadimoniis*, Lib. II.
Oderic. Vit. l. 5. *Vadimonium*, vnde plus multo receperunt quam dedi, velociter heredi restituant.

Liure cinquiesme.

CHAPITRE XXXII.

Sommaire.

I. Dispute entre les Euesques de Lascar & de Bigorre sur le Monastere de Sainct Pé de Generes. Poursuiuie par Gui. II. L'Eglise S. Hilaire de Lassu florit en miracles. Le Duc de Gascogne Sance y recouure la santé, & y fonda le Monastere. Acquist du Vicomte de Bearn le village de Lassu. Ce Monastere possedé par les Euesques de Lascar. III. L'Euesque Bernard depossedé par le Comte Centulle. IV. Sance porte sa plainte aux Conciles de Plaisance, & de Clermont sous le Pape Vrbain second. Rescrit adressé au Legat Amatus, & à l'Archeuesque d'Aux, qui veut proceder seul. Appel de ceux de Lascar. V. Gui renouuelle la plainte au Concile de Latran sous Paschal second, & à Gelase, & encore à Calliste second au Synode de Tolose, & à Honorius second, & à Innocent second au Concile de Reims. VI. Synode indict à Bourdeaux en vertu de la commission du Synode de Reims, pour vuider entr'autres le procés du Monastere Sainct Pé. Gui propose les articles de sa possession. VII. Les limites des deux Euesches, & des deux Comtés verifiées par Sance Duc de Gascogne, & puis par le Comte Gui, & les Comtes de Bigorre. VIII. On produit des tesmoins tres-anciens, entr'autres, Guillaume Garcia de Milcents. IX. Les Euesques enuoyerent leur relation au Pape Innocent, qui decerne vne seconde commission. X. Transaction entre Gui, & l'Abbé de Clugni, en presence du Pape Gelase, pour les dismes de Morlas.

I. LA dispute que l'Euesque Gui eut à demesler auec les Euesques de Bigorre, touchant le Monastere de Sainct Pé de Generes; lequel quoy que situé dans les anciennes limites de l'Euesché de Lascar, & du païs de Bearn, en auoit esté neantmoins distraict par le credit & l'autorité du Vicomte Centulle IV. afin d'obliger Ponce Euesque de Tarbe à procurer son mariage auec la Comtesse de Bigorre, lui donna beaucoup de peine; sans qu'il lui en restast autre fruict que celui de s'estre acquité de son deuoir en la poursuite de ses droicts: dont ie ferai sommairement le recit selon les instructions qu'il en a laissées dans le Chartulaire de Lascar.

II. Il represente que l'Euesque Raimond, suiuant la coustume de ses predecesseurs, posseda six Euesches de Gascogne, à sçauoir de Bazas, d'Acqs, de Labour, d'Oloron, d'Ayre, & de Lascar. En son temps l'Eglise de S. Hilaire de Lassu, qui estoit assise dans les limites de l'Euesché de Lascar, commença d'estre recommandée pour les miracles qui s'y faisoient, dont la reputation estant paruenuë aux oreilles de Sance Comte de Gascogne, qui estoit pour lors attaint d'vne rude maladie, il alla visiter le lieu, & y recouura la santé. Ce qui le conuia d'y establir vn Monastere. Pour cét effect, il acquit le village de Lassu du Vicomte de Bearn, à qui ce lieu apartenoit, comme estant vne de ses maisons, & lui bailla en eschange Meroles, & Gallin. Et en outre se rendit maistre de quelques autres terres proches de ce lieu, en indemnifant les poſſeſſeurs, qui eſtoient ſes vaſſaux. Il y baſtit le Monaſtere, auquel il donna le village de Laſſu auec ſes apartenances, meſmes l'Egliſe S. Hilaire auec le conſentement de l'Eueſque de Laſcar, ſous la reſerue des droicts Epiſcopaux: et afin qu'il apparuſt à l'auenir que l'Egliſe eſtoit parroſſiele, le baptiſtere fut eſtabli dans le Conuent. Quelque temps apres l'eueſque Raimond fut accuſé à Rome, & priué de ſes Eueſches, mais à cauſe qu'il eſtoit puiſſant & de maiſon illuſtre, afin qu'il n'empeſchaſt les élections Canoniques, le Pape lui permit la iouïſſance de l'Eueſché de Laſcar, auec pouuoir d'appeller tel des Eueſques voiſins, qu'il aduiſeroit pour faire les fonctions Epiſcopales. Apres ſa depoſition l'Egliſe de Laſcar poſſeda le monaſtere de Generes. Son ſucceſſeur Gregoire Eueſque Catholique, continua cette poſſeſſion, & prit de ce Monaſtere comme luy apartenant, deux perſones tres-religieuſes, Bernard de Bas, & Odon d'Eſpoei, eſtabliſſant celui-ci pour Preuoſt de l'Egliſe, & l'autre pour Archidiacre.

III. Cét Archidiacre Bernard ſucceda à l'Eueſché, & poſſeda ce Conuent, iuſqu'à ce que Centulle quittant ſa femme legitime mere de Gaſton, le deſpoüilla de cette poſſeſſion auec violence, & en inueſtit Ponce Eueſque de Bigorre, à la charge qu'il lui permettroit les nopces illegitimes de la Comteſſe de Bigorre, que l'Eueſque Bernard lui defendoit. (Ie reconnois vn peu de paſſion en ce poinct, d'autant que Centulle fut démarié par autorité Eccleſiaſtique, c'eſt à ſçauoir par ordonnance du Pape Gregoire ſeptieſme, du Legat Amatus, de l'Archeueſque d'Aux, & de l'eueſque Bernard ſon dioceſain.) Gui continuant ſa narration dit, que Centulle pourſuiuit tellement l'Eueſque Bernard, à cauſe des plaintes continuelles qu'il faiſoit contre ce mariage, & des interdicts qu'il laſchoit, qu'il le chaſſa hors de ſon Eueſché, en telle ſorte qu'il mourut à Frejus, & y fut enterré. Or nous pouuons verifier, dit-il, auec bons teſmoins, que l'Egliſe de Laſcar a eſté en cette poſſeſſion auant & depuis la fondation du Monaſtere, iuſqu'au temps de la violence de Centulle.

IV. A Bernard ſucceda Sance, qui porta ſes plaintes pardeuant le Pape Vrbain ſecond au Concile de Plaiſance, tenu l'an 1095. en preſence de l'Eueſque de Bigorre, qui auoit eſté aſſigné pour ſe defendre: mais il mourut pendant la tenuë du Concile. Sance continua ſa pourſuite au Concile de Clermont, tenu en la meſme annee, où il fut enioint au Legat Amatus d'appeller les deux parties ſur les confins des Eueſchés, & prenant l'Archeueſque d'Aux pour adioint, ordonner ce qu'il iugeroit eſtre iuſte. Mais l'Archeueſque eſtant de retour, piqué de ce qu'vne cauſe de ſa Prouince eſtoit commiſe à vn autre pour la vuider, aſſigna les parties, non au lieu que le Concile auoit ordonné, mais dans l'Eueſché de Bigorre. Ceux de Laſcar voyans que l'Archeueſque procedoit ſeul en abſence du Legat, qui auoit eſté principalement commis pour le iugement de ce different, à cauſe de la ſuſpicion de l'Archeueſque, appellerent au Pape de ſa procedure, comme nulle & abuſiue, tant à cauſe du changement de lieu, que de l'abſence du Legat.

V. Gui adiouſte, qu'il auoit ſuccedé à Sance & renouuelé cette plainte en preſence de l'Eueſque de Bigorre Gregoire, pardeuant le Pape Paſchal ſecond, au Concile de Latran, (qui eſt à mon aduis celuy qui fut tenu l'an 1110.) & en ſuite pardeuant les Papes Gelaſe ſecond, & Calliſte ſecond au Concile de Toloſe, tenu l'an 1124. En ſuite il s'adreſſa au Pape Honoré ſecond, qui auoit eu connoiſſance de ces debats dés le temps du Pape Paſchal, qui ordonna par ſes letres que la poſſeſſion fuſt renduë à l'Egliſe de Laſcar. A ſon exemple, le Pape Innocent ſecond tenant le Concile de Reims, ſur le defaut de l'Eueſque de Bigorre Guillaume, qui auoit eſté aſſigné au Concile par letres de l'Archeueſque, pour reſpondre à la demande de Gui, ordonna derechef que celui-ci ſeroit remis en poſſeſſion; & fit deux depeſches à l'Abbé ſur ce ſubjet.

VI. Ce

VI. Ce qui reuient à l'année 1131. en laquelle fut tenu le Concile de Reims par le Pape Innocent second, où l'Antipape Pierre Leon, surnommé Anaclet fut excommunié. C'est de ce Concile sans doute qu'entend parler G. Archeuesque de Bourdeaux, en ses letres adressantes à G. Archeuesque d'Aux, Gui Euesque de Lascar, & B. Euesque de Bigorre, lors qu'il les assigne en vertu de la commission particuliere du Pape, pour l'examen de la cause du Monastere de Generes, à se rendre en la ville de Bourdeaux ; où il auoit conuoqué, dit-il, les Euesques de sa Prouince, pour raison du Concile indict par le Pape. Estant donc en presence des deux Archeuesques, & des Euesques d'Angoulesme, de Saintes, de Perigueux, d'Acqs, d'Oloron, & d'Ayre, auec plusieurs Abbés, l'Euesque de Lascar dressa le Factum de son procés, & fournit les tesmoins pour verifier ses articles contre Bernard Euesque de Bigorre là present. Et d'autant qu'il auoit auancé en gros, que le lieu de Lassu ou de Generes, estoit compris dans les limites de l'Euesché de Lascar & du païs de Bearn, il pose son fait en détail, & par articles.

VII. Et offre verifier, que Sance Comte de Gascogne, & Garsias Arnaud Comte de Bigorre, visiterent en presence des Euesques de Lascar & de Bigorre, & des Barons de l'vn & de l'autre païs, les limites & confins des deux Comtés, (sçauoir de celui de Gascogne, & de celui de Begorre) & des deux Euesches qu'ils establirent à Moncalb & Arrulestes. Il adiouste que la mesme visite de ces bornes & confins, fut faite & approuuée par Gui Comte de Poictiers, lors qu'il eut conquis la Gascogne, & par Bernard Comte de Begorre, en presence des Euesques & des Barons. Pour preuuer ces deux articles, dont le premier se rapporte à l'année M. XXXII. & non plus tard, puis que le Comte Sance mourut en cette année, & le second à l'an LXX. ou enuiron, l'Euesque Gui presenta le Chapelain de l'Eglise S. Hilaire de Lassu Prestre, religieux, & recommandé pour sa virginité, nommé Arnaud ; Raimond Aner commis pour la garde de ces limites ; Cremal d'Asson vaillant Cheualier, & Vicaire ou Beguier de ces quartiers ; & Fortaner Moine du Conuent, tous quatre habitans sur les lieux, qui auoient esté presens à la visite faite par les Comtes Sance & Gui. Il produisit en outre pour la preuue de ce fait l'Euesque d'Ayre nommé Bonhomme, & Guillaume Abbé de Sorde.

VIII. Il auoit encore sept Prestres & trois gentils-hommes, qui auoient esté presens à ces visites, & auoient veu que les Euesques possedoient ce Monastere, sçauoir Guillaume Garsias de Miucens, Amaneu de Clarag, & Guillaume Ezij de Od, qui estans empeschés par les incommodités de la vieillesse, n'auoient peusé presenter en personne, mais auoient declaré le côtenu en l'article à trois Chanoines Reguliers, que Guido presenta. Sur quoi il est à propos de considerer la longue vie de ces gens, iusqu'au nombre de seize, qui auoient assisté à la visite des termes & confins du Comté de Gascogne, (dont le Bearn estoit lors vne portion) dés l'année M. XXXII. & partant estoient aagés en l'année 1131. de plus de cent douze ans. Ce qui pourroit faire soupçonner, que cette procedure ne fut pas faite apres le Concile de Reims. Mais pour le moins il est certain, que ce fut apres le Concile de Tolose, tenu l'an 1124. puis que Guido produit pardeuant les Iuges delegués deux Ecclesiastiques, aux fins de verifier qu'il auoit continué de faire sa plainte pardeuant le Pape Calliste au Concile de Tolose, en presence de Gregoire Euesque de Begorre ; offrant de verifier que ce Gregoire quelque temps apres voulant aller en Espagne, visita auec les Moines de Generes ces limites, & declara qu'elles estoient dans le territoire de la parroisse de S. Hilaire de Lassu : comme Gui pretendoit verifier par le Moine Odo, éleu Abbé du Monastere S. Vincent de Saubebonne ou Luc. D'où il faut conclurre necessairement, que cette enqueste est pour le moins de l'année 1125. Et presupposant que les tesmoins auoient l'aage legitime de quatorze ou quinze ans, au temps dont ils déposent, ils se trouueront estre aagés de cent huict ans, lors qu'ils furent presentés.

IX. Pour verifier la violence exercée par le Vicomte Centulle contre Bernard Euesque de Lascar, en lui ostant la possession du Monastere, & le bannissant de son Euesché, parce qu'il auoit osé s'en plaindre, Guido produisit des gentilshommes de grande reputation; Vv. Raimond de Morlane, Arnaud d'Artix, & Guillaume de Fonfrede. Il presenta aussi l'Euesque d'Ayre Bonhomme, & Helie Abbé de la Reule, pour iustifier la plainte faite au Concile de Latran pardeuant le Pape Paschal, contre l'Euesque Gregoire là present. Les Euesques delegués enuoyerent leur relation au Pape Innocent, qui n'ayant pû estre pleinement instruit du merite de l'affaire par cette voye, decerna vne seconde commission à G. Archeuesque de Bourdeaux, & L. Euesque d'Angoulesme, auec ordre d'aller sur les lieux, visiter les limites des Eueschés en personne, & renuoyer leur procedure au Pape, qui reserua à soi de iuger le principal sur ces actes. On ne trouue point aucune autre piece, qui puisse aprendre le succés de cette affaire, de sorte qu'il y a grande apparence qu'elle demeura indecise, & abandonnée par les Euesques de Lascar, qui faisoient en cette poursuite beaucoup de frais, & n'en attendoient aucun profit.

X. L'Euesque Gui eut encore vn fascheux procés à demesler auec l'Abbé de Clugni, & le Prieur de Saincte Foi de Morlas, touchant les dismes & premices des Eglises de Saincte Foi, & de Sainct André, qu'ils terminerent par vne transaction en la ville d'Alés dans le territoire de Nismes, en la presence du Pape Gelase second, l'an mille cent dix-huict, le second iour apres les Ides de Decembre: moyennant laquelle l'Euesque quitta à Ponce Abbé de Clugni ces Eglises auec leur dismes, & autres apartenances, & lui en bailla l'inuestiture auec le baston qu'il prit de la main du Pape; & l'Abbé Ponce lui promit de sa part, auec le consentement de Girbert Prieur de Morlas, vn deuoir & vne rente annuelle de vingt conques de grain, dont le tiers seroit de froment, l'autre de millet, & l'autre d'auoine. Ce qui fut arresté en presence du Pape, de Gerard Euesque d'Angoulesme Vicaire du Siege Apostolique, Richard Archeuesque de Narbone, Boson Prestre Cardinal, Chrysogone Diacre Cardinal, Pierre Diacre Cardinal, Durand Chambrier, Pierre Euesque de Saragosse, & plusieurs autres personnes.

E Chartario Lascurrensi, & è Charta Morlan.

Liure cinquiesme.

CHAPITRE XXXIII.
Sommaire.

I. Gui fit pauer le Chœur de l'Eglise, de marbre en marqueterie. Ses armes estoient deux Cerfs. Il fut en Espagne à la guerre contre les Mores, & à la prise de Saragosse. Il confirme aussi l'Indulgence accordée par les Euesques d'Espagne, en faueur de l'Eglise du Pilier. II. Gui enseueli à Lascar. Son sepulchre violé par les troupes du Comte de Montgomeri. Sa pierre sepulchrale portée au deuant de l'Eglise prés l'ormeau. Descouuerte par Messire Iean de Salete Euesque de Lascar, qui a beaucoup trauaillé pour la Foi, & les biens de l'Eglise, aussi bien que Gui. Il a fait remettre cette pierre dans l'Eglise. III. Inscription sepulchrale de Gui. Inscription nouuelle mise au bas, qui sert de memoire de la venuë du Roi en Bearn, pour l'affermissement de la Religion Catholique. IV. Paraphrase de la Nouuelle Inscription, ou l'Epoche de Louis, & la Nouuelle Ere de la Liberté Ecclesiastique est expliquée. V. Les Nombres Concurrents qui sont en l'Inscription sepulchrale de Gui expliqués. Ces Nombres inuentés pour trouuer les Iours des Feries parmi les Orientaux.

I. Gvi ne prenoit pas seulement le soin des affaires de son Diocese, & de son Eglise, dont il fit pauer le Chœur à la Mosaïque de marqueterie de marbre de diuerses couleurs, qui estoit chargée de ses armes, à sçauoir de deux cerfs : mais aussi suiuant l'inclination du païs, & l'vsage du temps, il endossoit le harnois, & se mettoit à la teste des troupes, pour combattre les Mores ennemis de la Foi, & auancer la Religion Catholique en Espagne. C'est lui, dont il faut entendre les Chartes, & les Historiens d'Aragon Surita, & Blanca, lors que parmi les Chefs de l'armée des Gascons, commādée par le Prince Gaston au siege de Saragosse, ils remarquent l'Euesque de Lascar; qui est aussi denommé sous le titre de sa dignité, dans le priuilege octroyé par le Roi Alfonse apres la conqueste de la ville. On trouue sa signature, & son propre nom de Gui, en la Charte publiée par Blanca, qui contient l'indulgence, ou le relaschement de quelque portion de penitence, que Pierre Euesque de Saragosse, appuyé de l'autorité du Pape Gelase, de Bernard Archeuesque de Tolede, & Legat de l'Eglise Romaine, & de tous les Euesques d'Espagne, accorde à ceux qui bailleront vn denier ou plus, pour la reparation de l'ancienne Eglise Nostre Dame du Pilier. *Ego Guido Lascurrensis Episcopus hanc absolutionem facio, & confirmo.*

II. Ce bon Prelat estant comblé de la gloire de ses belles actions, mourut au mois de May de l'année M.CXLI. ainsi que tesmoigne l'inscription de la pierre qui fut mise sur son tombeau. Il sentit les effects de la fureur des troupes du Comte de Montgomeri ; ces violateurs des choses sainctes ayans fouïllé dans le sepulchre de ce Prelat, dont le corps trouué tout entier fondit, & fut reduit en poudres entre les mains de ces impies, comme abhorrant leur sacrilege : de sorte qu'il ne leur resta autre despoüille, que son aneau Episcopal. Ils enleuerent sa tombe, & la firent seruir pour reueſtir le gazon, qui eſtoit à l'entour d'vn ormeau, qui eſt ſur la place publique au deuant de l'Egliſe Cathedrale: où cette pierre a demeuré inconnuë, & les enfonceures des lettres de l'inſcription remplies de terre, iuſques à l'année 1620. En ce temps Meſſire Iean de Salete Eueſque de Laſcar s'eſtant retiré de la Cour auec vne entiere ſatisfaction, pour auoir obtenu de ſa Majeſté en cõpagnie de ſon collegue Meſſire Arnaud de Maytie Eueſque d'Oloron, apres vne longue & tres-faſcheuſe pourſuite, vn Edict pour le reſtabliſſement de l'exercice de la religion Catholique, dans le païs de Bearn, & la reſtitution des biens Eccleſiaſtiques, conſiderant cette pierre à l'entour de l'ormeau, fut accompagné de ce bon-heur, que de reconnoiſtre par l'inſcription, celui de ſes predeceſſeurs qui auoit pris plus de peine pour l'auancement de la Foi, & de ſon Egliſe Cathedrale. C'eſt pourquoi il l'a retira de celieu d'infamie, & l'a fit honorablement enchaſſer dans la muraille de la Chapelle S. Galactoire, (que l'on a tranſportée depuis au Cloiſtre) voulant que l'erection nouuelle de cette pierre, qui teſmoignoit auparauant la mort de Gui, teſmoignaſt maintenant le reſtabliſſement de ſon nom, & d'vne autre vie parmi les hommes, & ſeruiſt à meſme temps de trophée aux glorieuſes actions de noſtre Auguſte, & Inuincible Roi Loüis XIII. qui voulant aſſeurer à perpetuité l'execution de ſon Edict, vint à Pau, & mit en pleine liberté l'Egliſe, & les conſciences des Catholiques, qui auoient gemi iuſqu'à lors ſous le peſant joug des Ordonnances de la Reine Ieanne ſon Ayeule.

III. Les termes de cette Inſcription ſont les ſuiuans.

.... MAI OBIIT DOMPNVS GVIDO VENERABILIS MEMOR.........
.... CVRRENSIS EP̄S AÑO MILLESIMO QVADRAGESIMO PR......
.... PACTA XI CONCVRRENTES DVO ERA MILLESIMA CLXX.....
AB INCARNATIONE DNI INDICCIO

I'auoüe que cette Inſcription eſt dictée, & grauée auec fort peu de ſoin, & qu'en l'année de l'Incarnation, le centenaire eſt défaillant apres le millenaire, qui neantmoins n'a pas eſté obmis au compte de l'Ere, qui eſt M. CLXXIX. & rabatant trente-huict, reuient à M. CXLI. qui eſt l'an du decés de Guido. Il y a daus cette Chapelle S. Galactoire, vne autre inſcription Latine pour conſeruer la memoire de ce qui s'eſtoit paſſé ſur le ſujet du tombeau de Gui, en ces termes.

Poſteritati.

Religioſiſſimi Guidonis Ep. Laſcarenſis loculum hic fruſtra quæres; hominum, non vetuſtatis iniuria factum, vt ſit ignorabilis. Nam cippum hunc lapideum, quinquaginta abhinc annis, contra ius faſque tranſtulerant ad vlmi muniendum aggerem præ foribus huius baſilicæ maioris, qui dolebant illum vmquam egiſſe vitam. Tamen Reuer. & Illuſtr. Ioannes de Salette in ſede Laſcarenſi ſucceſſor, hunc locum illi ſtudioſe dedit, & Guidonis nomen intermortuum famæ reſtituit, vt ſaxum quod antea mortuum, nunc quaſi vitæ reſtitutum teſtaretur. Anno Chriſti M.DC.XX. quo glorioſiſſimus Ludouicus XIII. Rex Chriſtianiſſimus, & Dominus Benarni Palum aduenit, blandæque auctoritatis iuſtitia religionem, & bona Eccleſiaſtica reſtaurauit, ſicque Epochæ Ludouici, nouæque Æræ Libertatis Eccleſiaſticæ condendæ, occaſionem præbuit.

Laus Deo, Virginique Matri.

IV. Ie ſuis certain que l'Auteur de la nouuelle Inſcription par les termes de l'Epoque de Loüis, & de l'Ere nouuelle de la Liberté Eccleſiaſtique, a voulu recommander la gloire de l'action du Roi, en contrepointant par meſme moyen les deux comptes des années qui ſont en l'Inſcription ſepulchrale de Gui, ſçauoir celle de I. C. & celle de l'Ere d'Auguſte; qui precede l'Epoque Dionyſiene & commune de I. C.

de trente-huict années, comme il est notoire. Et parce que l'vsage de cette ere est maintenant aboli, l'Auteur de l'inscription pretend, que pour continuer à se seruir du nombre des eres, il en faudroit establir vne nouuelle, qui deuroit estre, non pas celle d'Auguste, mais celle de Louïs: dont la reputation, & les belles actions sont assés fortes pour bailler le nom à vn nouueau titre de temps, à vn siege, ou bien epoque nouuelle d'années. Et afin que cela ne ressente sa flaterie, les paroles suiuantes rendent raison de cette pensée, & la côfirment en la designant sous les termes de l'Ere de la liberté Ecclesiastique. Car comme l'on trouue dans les Actes du Concile de Chalcedoine, & dans Euagrius, que ceux d'Antioche auoient vn titre de temps particulier, d'où ils commençoient le compte de leurs années, & les Tyriens le leur, comme aussi plusieurs autres villes; lequel titre ils appelloient l'Ere, ou le calcul de leur Liberté; & pour en conseruer la memoire prenoient le commencement de cette ere, du iour de l'acquisition de leur Liberté. Ainsi les Bearnois, & nommément les Ecclesiastiques pourroient establir l'année 1620. pour la premiere de la Liberté Ecclesiastique, & fonder vne Ere, & vne Epoque Nouuelle de Louïs, qui leur a si magnifiquement procuré cette Liberté. I'ai voulu expliquer ces dernieres paroles, qui sont obscures à ceux qui n'ont assés de connoissance des termes de la Chronologie, & faire penetrer dans l'allusion de l'Auteur. Cette pensée estant au reste plus receuable, qu'il est certain que pendant vn fort long temps les bonnes gens rapporteront le calcul des actions particulieres, au temps precedent, ou suiuant la venuë du Roi en Bearn, comme font les Chroniqueurs le temps incertain, qu'ils designent par les années qui precedent, ou suiuent la prise de Troye; & encore auiourd'hui les païsans interrogés en iustice sur quelque vieux fait, consignent l'année dés auant, ou apres la saisie des biens Ecclesiastiques, ou la venuë du Comte, qui est Montgomeri; prenans cette action publique, pour vn appui de leur memoire.

V. Or puis que ie suis sur l'explication des termes de Chronologie, & que cette Inscription sepulchrale, & plusieurs actes que i'ai representés, consignent leurs dates, non seulement par les années de Iesus-Christ, & les eres d'Auguste, par les Indictions, & les Epactes Lunaires, mais aussi par les *Concurrents*, quoi que barbarement, disant quelquefois *Concurrentes. 1. aut Duo*, au lieu de *Concurrente primo, & secundo*, ou bien *Concurrentibus duobus*: I'en expliquerai en ce lieu la signification, pour satisfaire à la curiosité du Lecteur. L'vsage des nombres *Concurrents* fut introduit, afin de trouuer par leur moyen, & des Reguliers des Calendes de chasque mois, le propre iour de la semaine. Ce que les Chrestiens inuenterent dés le temps du Concile de Nicée, pour sçauoir determinément le iour de Pasque, lequel deuant estre celebré le Dimanche, à l'honneur de la Resurrection, & non le Vendredi, suiuant l'opinion condamnée de quelques Quartodecimains, qui celebroient la Pasque du Crucifiement, & non pas celle de la Resurrection, il estoit necessaire d'inuenter vn ordre perpetuel pour indiquer auec asseurance la premiere ferie. En Occident on y a pourueu fort aisément, par le moyen des Letres Dominicales, ainsi que Beda l'a expliqué il y a prés de mille ans. Mais les Chrestiens Orientaux, qui n'ont point la methode des sept lettres Alphabetiques, pour marquer les sept iours de la semaine, sont obligés d'auoir recours à vn moyen plus subtil, qui est celui des Concurrents, & des Reguliers. Les vieux Calendriers Latins conseruent cette inuention, non pas comme necessaire, mais à cause de sa gentillesse. C'est pourquoi Scaliger dit fort bien, qu'il faut retenir la science des Concurrents, & en reietter l'vsage. Maximus Monachus en son Compost Ecclesiastique Grec, publié par le tres-sçauant & tres-curieux P. Petau, explique fort distinctement ces Concurrents, qu'il nomme Epactes du Soleil, & les Reguliers, qu'il nomme Iours Adioustés. Paul Alexandrin, qui escriuoit l'an 377.

Q q iij

& Vettius Valens Antiochenus donnent les Regles pour trouuer le Plinthe, ou les Concurrents & Reguliers dans le Calendrier Ægyptiaque, & l'Ethiopique. Ioannes Chryfococces fait le mefme pour les années Arabiques, & Perfiques. Qui voudra fçauoir la methode particuliere de ces Concurrents, pourra lire Beda, Scaliger, & le P. Petau en fon laborieux, & tres-fubtil ouurage de la Doctrine des Temps, & en fes Notes fur le Compoft de Maximus : & fuiuant cette methode l'année de Chrift 1141. le nombre Concurrent eftoit Deux, comme il eft conceu en l'Infcription fepulchrale de Gui.

CHAPITRE XXXIV.
Sommaire.

I. *Gaston IV. fils du Vicomte Pierre fuccede à fon pere. Il eft fait mention de lui dans vn acte ancien. Odo de Cadeillon efpoufe Armefende fille de Dodon de Benac. Difpute entre Odo & le Chapitre de Lafcar fur l'Eglife de Serres. Gafton ne peut la iuger à caufe de fa ieuneffe.* II. *L'Archeuefque d'Aux excommunie l'ufurpateur. Le Comte de Barcelone poffedoit la Seigneurie de Bearn. Il iuge la caufe auec la Cour Maiour de Bearn.* III. *Independance de la Iuftice de Bearn.* IV. *Recherche du droict que le Comte de Barcelone auoit fur le Bearn. Ce Comte eftoit Raimond Berenger mari de Petronille Reine d'Aragon.* V. *Les Bearnois élifent ce Comte, pour leur Seigneur & Protecteur, au lieu de Camfranc en Aragon, l'an 1154. Referuent la fidelité deuë aux enfans de Pierre Vicomte de Bearn. Independance du Gouuernement de Bearn.* VI. *Les Efpagnols pretendent iuftifier par cét acte, la dependance de Bearn. Cét acte verifie le contraire, puis que Raimond n'y auoit aucun droict que par élection. Cette élection limitée à la perfonne de Raimond. C'eftoit vne Tutele pendant la minorité des Princes de Bearn, fuiuant Diago.* VII. *Gafton fut pourueu de la Ricombrie de Fraga en Aragon. Son mariage auec Sancha fille de Garcias Ramires Roi de Nauarre. Son decés fans lignée.*

I. Pres le decés de la Vicomteffe Guifcarde, qui arriua en l'année 1154. Gafton IV. fon petit fils, & fils de Pierre Vicomte de Bearn & de Gauarret, recueillit la fucceffion; mais à caufe de fon bas aage, il ne pouuoit dóner ordre aux affaires de fon Eftat, ni contenir les fujets en leur denoir. Ce qui fut la fource de beaucoup de nouueautés & d'entreprifes dans le païs, ainfi que l'on peut recueillir d'vn ancien acte, qui eft dans le Chartulaire de Lafcar. Il eft rapporté là, qu'Odon de Cadeillon fils de Bernard Garfie, efpoufa vne fille de Dodon de Benac nommée Armefende, qui lui porta en dot la Seigneurie du village de Serres; dont le Chapitre de Lafcar auoit poffedé l'Eglife paifiblement & fans trouble, l'efpace de trois cens ans, & dauantage, comme porte l'acte; auec furprife, pour le regard du calcul, qui ne peut aller qu'à cent foixante-dix ans ou enuiron, puis que l'Abbé Loup Fort, & fon pere Fortaner de Serres en firent le dón, enuiron l'année neuf cens quatre-vingts. Tant y a qu'ils auoient vne affés longue poffeffion, pour n'y pouuoir eftre troublés auec iuftice. Neantmoins il arriua, fous pretexte que le Chapitre auoit acquis le tiers de la difme de ce lieu, par la liberalité de G. Bernard de Bilere & de fa femme Acinelle, que cét Odo tesmoigna, qu'il pretendoit sur la proprieté de toute l'Eglise de Serres : alleguant pour pretexte de son iniustice, que les Seigneurs de Benac ses auteurs, auoient possedé le droit de superiorité sur les maistres de ce tiers de disme, & d'vn Casal, qui leur auoient fait hommage pour raison de ce fief, baillé caution de leur fidelité, payé le deuoir d'vn bon repas, & fourni vn homme d'armes, lors qu'ils aloient à la guerre. Et au refus de la continuation de ces deuoirs, saisit & mit sous sa main, non seulement cette portion qui lui estoit obligée, mais toute l'Eglise, auec les dismes & les autres rentes qui apartenoient à l'Eglise Cathedrale.

II. L'Euesque & les Chanoines adresserent leur plaincte, touchant cette violence à l'Archeuesque d'Aux, dautant qu'ils n'auoient autre Vicomte, que le petit Gaston, qui estoit vn enfant, ainsi que porte l'acte. L'Archeuesque excommunia l'vsurpateur, qui ne tint pas grand conte de ces foudres. Cét acte adiouste, qu'en ce temps le Comte de Barcelone possedoit la Seigneurie de toute la terre de Bearn; où estant venu il contraignit enfin Odo de se presenter, & de subir le iugement de la Cour Maiour du païs, qui le condamna par arrest à se desister de la possession qu'il auoit vsurpée. Ce qu'il executa; mais incontinent apres le depart du Comte, il s'empara derechef par force de cette Eglise, & la retint longuement; iusqu'à ce que l'Euesque & les Chanoines s'accommoderent auec lui suiuant son desir, lui baillans mille sols Morlas, & lui octroyans quitance des fruicts dont il auoit ioüi: moyennāt quoi il se démit en son nom & de ses successeurs, de tous les droicts & pretensions qu'il auoit sur cette Eglise & ses dépendances, & leur octroya l'entrée & l'issuë de sa terre libre, & promit de les traicter comme voisins, en cas qu'il pretendist auoir receu d'eux aucun tort ou dommage, & bailla quatre cautions pour l'asseurance de sa promesse, sçauoir Arnaud de Sadirac, Ispaniol de Milcents, Bernard d'Espoci, Aragon de Monenh : & pour mieux establir vne bonne paix & amitié entr'eux, lui & sa femme ofrirent vn de leurs enfans pour estre Chanoine.

III. Du contenu de cét acte nous aprenons quatre poincts fort considerables. Le premier, que le Vicomte Gaston estoit vn enfant. Le second, que le Comte de Barcelone vint à posseder en ce temps tout le païs de Bearn. Le troisiesme, que l'Eglise de Lascar porta sa plaincte à l'Archeuesque en defaut du Vicomte de Bearn. Le quatriesme, que le Comte de Barcelone iugea cette cause dans le Bearn auec la Cour Maiour, & non pas hors le païs : De ces deux derniers poincts, on peut conclurre peremptoirement, ce qui a esté desia verifié par la teneur des anciens Fors de Bearn, que le gouuernement de la terre, & l'administration de la Iustice, ne dependoient d'aucun autre Prince, que de celui de Bearn, ou de sa Cour Maiour. Car s'il y eust eu quelque Superieur, comme la Cour de Gascogne; l'Euesque & les Chanoines de Lascar n'auroient pas bonne grace de dire, comme ils font, qu'ils sont obligés de porter leur plaincte, & demander iustice à l'Archeuesque d'Aux, à cause que leur Vicomte Gaston estoit vn Enfant. Mais dautant qu'ils estoient fort bien instruicts, que le Seigneur & la Cour de Bearn, ne releuoient d'aucun Superieur pour l'administration de la Iustice; & que la foiblesse, & le bas aage du Prince ne lui permettoit pas de la conuoquer, pour faire droict sur vne matiere qui lui estoit reseruée, estant question de proprieté, pour parler auec les Capitulaires, ou de fonds de terre, suiuant le langage du vieux For, ils s'adresserent à la iurisdiction ecclesiastique; Et ne laisserent pas pourtant de faire leur poursuite en la Cour de Bearn, à mesme temps que le Comte de Barcelone, qui possedoit la terre de Bearn, arriua sur les lieux. qui fit rendre iustice, non pas en Aragon, ou en Catalogne, mais dans le païs, par les Vassaux qui opinoient en la Cour Maiour, suiuant les priuileges.

IV. On peut demander auec sujet, à quel tiltre ce Comte de Barcelone possedoit la Seigneurie de Bearn ; & i'ai vn acte fort authentique en main, pour satisfaire à cette demande : apres auoir ramenteu, ce qui a esté desia touché, que la fille de Don Ramir le Moine, Roi d'Aragon, nommée Petronille, fut mariée auec Don Raimond Berenger Comte de Barcelone, qui prit le titre de Prince d'Aragon en consequence de ce mariage. Car les Bearnois se voyans en vne si grande confusion, à cause de la ieunesse de leur Prince, estimerent qu'il leur estoit necessaire d'estre gouuernés par quelque homme puissant, qui eust des forces en main pour ranger chascun à son deuoir, & defendre le païs contre les desseins, que les voisins y pourroient former, au preiudice de leurs vrays & legitimes Seigneurs, qui estoient les enfans de Pierre le Vicomte : Et considerans que le Comte de Barcelone, Prince d'Aragon, auoit des forces suffisantes, estoit en commodité de les secourir & proteger à cause du voisinage, & que la parenté de la mere de ces ieunes Princes auec la Reyne Petronille, ne permettoit pas qu'ils entrassent en doute de sa bonne volonté pour eux, ils delibererent de l'élire & le choisir pour leur Protecteur.

V. Pour l'execution de cette resolution, Arnaud Euesque d'Oloron, Raimond Euesque de Lascar, Raimond Abbé de Sainct Seuer de Gascogne, Fortaner d'Eschot, Raimond de Domi, Raimond Garsias de Gauaston, Raimond Arnaud de Gerderes, Gaïard de Morlane, Arnaud d'Alaschun auec vn grand nombre de Bearnois, de Morlanois, d'Aspois, & d'Ossalois, qui sont distingués par leurs Fors, ainsi que i'ai obserué au Ch. 2. du liure quatriesme, se presenterent au lieu de Campfranc, en presence de Raimond Comte de Barcelone, Prince d'Aragon ; & faisant tant pour eux, que pour les absens, se soufmirent au pouuoir & à la Seigneurie de ce Comte, lui firent hommage & serment de fidelité, l'ayans à ces fins *Eleu* & choisi pour leur Seigneur & Gouuerneur, sous la reserue expresse de la fidelité deuë aux enfans de Pierre le Vicomte decedé ci-deuant, *Eligentes eum sibi in dominum & rectorem, salua fidelitate filiorum Petri Vicecomitis Bearnensis olim defuncti.* Ce qui fut fait au lieu de Campfranc en Aragon, au mois d'Auril 1154. en presence de Pierre Comte de Bigorre, & de plusieurs autres Gentils-hommes. Cét acte m'a esté enuoyé auec quelques autres que i'employerai en leur lieu, par feu Don François Comte d'Ossone, & Marquis d'Aytone, Gouuerneur des païs bas de Flandres, qu'il auoit fait extraire des Archifs de Barcelone. On peut recueillir de cét acte, que les Bearnois viuoient en vne grande opinion de leur liberté, & de l'independance de leur gouuernement, voire mesmes de l'immunité, & de l'exemption de tout autre vassalage, que celui de leur Prince & Seigneur naturel ; puis qu'ils estiment estre en leur pouuoir d'eslire & choisir vn Prince auquel ils se soubsmettent, & lui font hommage & serment de fidelité, pour estre sous son gouuernement & protection, reseruée la fidelité deuë à leurs ieunes Seigneurs.

VI. Mais comme d'vn costé la teneur de cét acte iustifie la liberté, que les Bearnois possedoient en ce temps, sans releuer des Ducs, soit de Gascogne, ou de Guyenne, les Espagnols ont pretendu s'en preualoir, pour attribuer l'hommage de Bearn à la Couronne d'Aragon, sans considerer qu'il les en deboute ouuertement. Car puis que les Bearnois font *Election* du Prince d'Aragon Raimond, pour estre leur Seigneur & Gouuerneur, & qu'il l'accepte, en fait receuoir l'acte, & rediger par escrit, le conserue dans ses archifs, il reconnoist assés qu'il n'y auoit aucun droit, auant cette Election. Pour la Seigneurie qu'il acquiert pour lors, outre qu'elle est conditionnelle ; sous la reserue de la fidelité deuë aux ieunes Princes, enfans de Pierre le Vicomte ses alliés, & qui partant doit cesser comme vne tutele, lors qu'ils seront en aage de gouuerner & administrer leur estat ; Il y a encore ceci de peremptoire, & qui est sans replique, c'est que l'election est limitée à la personne de Raimond, & ne passe point à ses successeurs. Desorte qu'au pis aller, les Bearnois furent deschargés de ce serment, comme aussi du gouuernement de Raimond par son decés. Mais ce qui doit nous empescher de nous mettre beaucoup en peine pour raison de cét acte, est la naïfue interpretation que lui donne Frere François Diago au liure 2. des anciens Comtes de Barcelone Ch. 165. qu'il a veu dans le registre, & adüoüe que le Comte fut nommé par les Bearnois, *por sennor & Gouuernador de aquella tierra mientras no tuuiessen edad para gouuernar la, los hijos del Visconde de Bearne Don Pedro.*

VII. Pendant ces gouuernemens estrangers, le ieune Gaston s'auança en aage, & obtint du Roi d'Aragon la Ricombrie de Fraga, au lieu de celle de Huesca; & fut si consideré pour son merite, & la grandeur de sa maison, qu'il fut marié à Dona Sancha Infante de Nauarre fille du Roi Garcias Ramires, & d'Vrraque Infante de Castille, fille d'Alfonse Empereur de Castille. Roderic Archeuesque de Tolede auteur proche de ce temps, a conserué la memoire de ce mariage, en quoi il a esté suiui par les meilleurs escriuains d'Espagne Surita, & Garibai. Mais il adiouste, que Gaston mourut sans enfans, & que l'Infante Sancha se maria en secondes nopces auec Pierre Comte de Molina: duquel mariage nasquit Aimeri, qui recueillit la succession du Vicomté de Narbone, par le decés d'Ormesinde son Ayeule, & mere du Comte Pierre.

I. II. E Chartario Lascurrensi: Odo de Cadelione abstulit. B. Mariæ totam Ecclesiam, & quidquid habebat in villa. Quod videntes Episcopus, & seniores fecerunt querimoniam ad Archiepiscopum, Non enim habebant *Vicecomitem, nisi Puerum paruulum Gastonem*, & excommunicauit eum Archiepiscopus; sed nec sic quidem reddidit. In illis diebus *Comes Barchinonensis tenebat dominium in tota Terra Bearnensi*; qui audito multotiens hoc clamore, tandem coëgit Oddonem venire ad *iudicium Curiæ*, & victus reddidit Ecclesiam.

V. E Tabulario Barcinonensi, armario 2. sacco. L. n. 711. Anno ab Incarnatione Domini millesimo centesimo quinquagesimo quarto, mortua Vicecomitissa Bearnensi nomine Guascarda, in mense Aprilis, conuenere in vnum apud Campum-franchum, omnes illius terræ Proceres, videlicet Episcopi venerabiles Olorensis, & Laschurrensis cum Abbate Sancti Seueri de Gaschonia, & Fortanerius d'Eschot, Raimundus de Dumi, Raimundus Garsias de Gauasto, Raimundus Arnalli de Gerderes, Gaiardus de Morlana, Arnallus d'Alaçchun, cum magna multitudine Bearnensium scilicet, ac Morlanensium, & Aspensium, atque Orsalensium, ante præsentiam inclyti Raimundi Comitis Barcinonensis, Aragonensium Principis, qui omnes tam per se, quam per illos qui deerant, ditioni & dominio Comitis iam dicti se supponentes, fecere ei hominium, sacramenta & fidelitates, *Eligentes eum sibi in Dominum, & Rectorem, salua fidelitate filiorum Petri Vicecomitis Bearnensis olim defuncti*. Facta fuit hæc Charta apud Campum franchum in præsentia Petri Comitis Bigorræ, & multorum nobilium inibi pariter assistentium, in mense Aprilis, in Era millesima Centesima nonagesima secunda. In primis Arnaldus Episcopus Olorensis, Raimundus Episcopus Laschurrensis, Raimundus Abbas Sancti Seueri de Gaschonia, Fortaner d'Eschot, Raimundus de Domi, Raimundus Garsia de Gauasto, Raimundus Arnalli de Gerderes, Garsias Arnalli de Domi, & Gaiard de Morlana, Raimundus Garsias de Speluncha, Raimundus Guillelmi de Larus, Otho de Castello, Raimundus de Vila, Raimundus Guillelmi de Bescad, Raimundus Guillelmi de Lobier, Raimundus Gaïard de Bileles, Orsalenses. Guilelmus de Casalbo, Arnaldus de Iera &c. Homines Aspa, Arnallus de Alaschu &c. Geral de Pau Morlanens. Vicarius de Morlanis, Guillelmus de Figeres Morlans.

VII. Roderic. Tol. l. 5. c. 29. Ex Vtraca filia Imperatoris habuit Rex Garsias tertiam filiam nomine Sanciam, quæ data fuit Gastoni Vicecomiti Bearnensi, & eo mortuo sine prole, nupsit Petro Comiti Molinensi, & suscepit ex ea filium nomine Aimericum, qui fuit Vicecomes Narbonensis, eo quod Comes Petrus fuit filius Ormisindæ, ad quam Narbona successione peruenit.

VII. Surital. 2. Ann. c. 4. Garib. l. 24. c. 3.

HISTOIRE DE BEARN,
LIVRE SIXIESME.

CHAPITRE I.
Sommaire.

I. Marie fille du Vicomte Pierre, & sœur du Vicomte Gaston, succede à la maison de Bearn. Elle fait hommage de ses terres de Bearn, & de Gascogne au Roi d'Aragon Alfonse Second en la ville de Iacque. II. III. IV. V. VI. VII. Acte de cét hommage extraict des Archifs de Barcelone. Marie promet de ne se marier point sans le consentement du Roi son Cousin; L'Euesque d'Oloron, & celui de Lascar confirment l'homage. Comme aussi Arnaud d'Alascun & quelques Gentils-hommes de Bearn. Marie promet de le faire confirmer par autres, & de mettre entre les mains du Roi, les Forts de Gauaret & de Mancied, & l'vn de ses trois Chasteaux de Cadeillon, Escures, ou Maubez. Les Seigneurs d'Aragon confirmerent cét accord pour le Roi Alfonse. VIII. IX. X Examen de cét acte, & de la surprise qui est interuenuë au preiudice de la liberté du pais de Bearn. XI. Cét acte iustifie que Bearn ne releuoit d'aucun autre Prince. XII. XIII. XIV. XV. XVI. Cét hommage n'est pas vn deuoir ancien de la terre en faueur de la Couronne d'Aragon, mais vn Traicté & vn Establissement nouueau d'hommage arresté entre Marie & le Roi Alfonse. Ce traicté fut reiecté par les autres Bearnois, qui se rebellerent.

I. ARIE sœur de Gaston Quatriesme, entrant par mariage dans la famille de Moncade, donne l'entrée à vne nouuelle race dans la maison de Bearn, ainsi que i'expliquerai plus particulierement en ce liure & au suiuant. Cette Princesse succeda à Gaston son frere, comme Surita auoit desia remarqué en ses Annales, & encor en ses Indices, nous aprenant que le Roi d'Aragon Alfonse Second, fils de Raimond Berenger & de la Reine Petronille estant venu en la Cité de Iacca, Dame Marie Vicomtesse de Bearn s'y rendit aussi, le dernier d'Auril de l'annee 1170. & lui fit hommage pour elle, & pour tous ses successeurs, des fiefs de Bearn, & de Gascogne, que ses predecesseurs, & le Vicomte Pierre de Gauarret son pere, & Don Gaston son frere possedoient au temps de leur decés ; & promit qu'elle ne prendroit autre mari, que celui qui agreeroit au Roi ; Lequel l'a receut sous sa protection, & lui confirma tout l'heritage qui lui apartenoit en Aragon, mesmes les honneurs que ses ayeuls auoient acquis des Rois ses predecesseurs. Or dautant que cét acte d'hommage estoit vne piece fort importante, i'ai pris soin de la recouurer, des Archifs de Barcelone, par le moyen du Marquis d'Aytone, qui m'en a fourni l'extraict en bonne & deuë forme, tiré du fueillet LX. & suiuans, du Regiftre du Roi Ildefonse, dont voici les propres termes tournés en François.

II. Au nom de Iesus-Christ, & de sa diuine grace, soit manifeste à tous les hommes presens & à venir, que moi Dame Marie Vicomtesse de Bearn, auec le conseil & la volonté des Barons de ma terre, fais hommage & fidelité à vous mon Seigneur & Cousin Ildefonse Roi d'Aragon, Comte de Barcelone, & Marquis de Prouence, de toute la terre de Bearn & de Gascogne, que ie possede, ou dois auoir, du costé de mes Predecesseurs, & que mon pere Pierre Vicomte de Gauarret m'a delaissée, & que mon frere Gaston me bailla & octroya lors de son decés. Or ie fais le susdit hommage & fidelité à vous mon Seigneur & Cousin, en telle sorte, que moi, & toute ma race & posterité, teniens & releuions ladite terre à iamais de vous, & de vos successeurs, & de toute vostre race & posterité ; & que pour raison d'icelle terre nous soyons vos hommes fideles & vassaux, & que nous vous secourions en paix, & en guerre, de bonne foi & sans tromperie. En outre moi susdite Marie Vicomtesse de Bearn, promets à vous mondit Cousin & Seigneur, le Roi Alfonse, & vous en fais hommage, que ie ne prendrai nul mari sans vostre conseil, consentement & ordre, à la charge que i'y consente aussi de mon gré.

III. Et moi Alfonse Roi susdit, vous reçois à vous Dame Marie Vicomtesse de Bearn ma Cousine, & toute vostre terre, que vous possedés maintenant ou deués posseder, & tous vos autres biens, en ma protection & defense contre qui que ce soit : Et vous promets que ie serai vostre bon protecteur & defenseur, en bonne foi & sans tromperie, suiuant mon pouuoir ; & vous confirme la possession de tous les heritages, que vous possedés & qui vous apartiennent en mon Royaume d'Aragon. Et pour le regard de l'honneur que vos predecesseurs ont acquis des miens audit Royaume d'Aragon, me rendant les seruices accoustumés, ie vous reçois en la protection de Dieu & la mienne, & vous promets que ie garderai toutes les choses susdites de bonne foi & sans tromperie.

IV. Et afin que tout ce dessus soit exactement obserué, Moi Bernard par la grace de Dieu Euesque d'Oloron, par commandement de ladite Dame Marie, vous promets de sa part à vous Seigneur Roi, & vous assure sur la foi de Dieu, ma loyauté, mon ordre, & le baiser de paix & de verite, que si ladite Dame Marie vouloit enfraindre ce dessus, ie me ietterai de vostre costé, & vous aiderai auec tout mon Euesché d'Oloron, & de tout mon pouuoir, sauf l'Abbaye de Generes, & ses apartenances, & l'attacherai du lien d'anatheme, & à tous les violateurs de ces promesses iusques à ce qu'ils se remettent à vostre discretion. Et moi aussi Sance par la grace de Dieu Euesque de Lascar, promets la mesme chose à vous dit Seigneur Roi. En outre moi Vicomtesse susdite, veux & ordonne, pour moi & pour tous mes successeurs, que les Euesques qui seront ci-apres establis aux villes d'Oloron, & de Lascar soient compris dans le mesme pacte & accord auec vous & vos successeurs, qu'ont fait ces deux Euesques qui sont ici presens.

V. Et moi Arnaud d'Alascun par commandement de ladite Dame Marie, ie vous promets & fais hommage à vous mondit Seigneur & Roi, que si elle enfrainct les susdits accords, ie me mettrai de vostre costé auec ma personne, tous mes hommes & toute la terre & l'honneur que ie tiens de ladite Dame Marie & de ses predecesseurs. Nous aussi, Fortunius Dat, Arnaud Garsia de Cadelon, Raimond Ot d'Arbus, & Oger de Golies, vous promettons la mesme cho-

se de bonne foi & sans tromperie, & vous en faisons hommage. Nous aussi Oldebert de Morlans, Peregrin de Bordel, Arnad Olebert & Berner promettons la mesme chose. Nous aussi
Pierre Arnaud Roux d'Oloron, Brun & Arnaud de Saincte Croix, Bernard de Brun, Sentbrun, Arnaud de Maslach, Garsias Arnaud Oldeger, & Guillaume de Busi, promettons la
mesme chose, par commandement de ladite Dame Marie.

VI. Et moi aussi Dame Marie Vicomtesse de Bearn, promets à vous mondit Sieur Roi,
que ie ferai asseurer & confirmer tous les susdits articles, de mesme façon qu'ils ont esté confirmés
par les personnages dessusdits, auec cent hommes des plus notables de Morlas, cinquante des plus
apparens d'Oloron, cinquante d'Aspe, & cinquante d'Ossau des meilleurs que ie pourrai auoir.
Et vous baillerai le Chasteau de Gauarret, & le Chasteau de Manciet, pour l'asseurance de cet
accord; & en outre ie vous baillerai l'vn des trois Chasteaux que i'ai dans le Bigbilh, ou Cadelon,
ou Escures, ou Maubeg, & tel d'entr'eux que ie pourrai mieux auoir.

VII. Et moi Pierre de Arazuri par commandement de Monseigneur le Roi, ie vous promets & vous fais hommage à vous Dame Marie Vicomtesse de Bearn, que s'il n'executoit
les susdits accords de bonne foi, & sans tromperie, ie me mettrai de vostre costé auec ma personne, & auec tout l'honneur que ie tiens du Roi. Et nous aussi Blasco Romeu, Ximin Romeu,
Pierre de Sainct Vincent, Guillaume de Clairuaux, Marc de Rada, Fortunio de Tena, par
commandement du Roi vous promettons la mesme chose, & vous en faisons homage. Et moi aussi Berenger de Milera par commandement du Roi vous le promets de bonne foi, & vous en fais
hommage. Et moi aussi Roi susdit vous promets à vous Dame Marie, que ie vous ferai confirmer ce dessus par les Euesques de Huesca, & de Sarayosse. Ceci fut fait en la ville de Iacca le
dernier d'Auril Ere mille deux cens huict, Pierre estant Euesque de Saragosse, Estienne de Huesca, Guillaume de Lerida, Blasco Romeu Seigneur en Caragossa, Pierre de Castelazolen Calataiub, Pierre de Arazuri en Daroca, Pierre Ortiz en Aranda, Pelegrin de Castellazol
en Barbastre, Fortunio de Stada en Stadela.

VIII. De la teneur de cet acte on recueille, que le Roi Alfonse prenant auantage du sexe de Marie la Vicomtesse, de la foiblesse de son aage qui n'estoit point
au delà de dix-huict ans, puisque son frere aisné Gaston estoit enfant en l'année
1154. & encore se preualant de la parenté qu'il auoit auec elle, lui fait passer vn acte
tres preiudiciable à son honneur, & aux droicts de sa terre de Bearn, & encor inu-
rieux pour le Duc de Guienne en ce qui concerne le Vicomté de Gauarret, le Vicomté de Brulhois, & autres terres de la maison de Bearn situées en Gascogne. Ie
distingue le Bearn du reste de la Gascogne suiuant l'vsage de ce temps, qui paroist
en cet acte, où il est fait mention de Bearn, & de Gascogne separément: dautant
qu'encore bien que le païs de Bearn fust compris dans le Comté de Gascogne du
temps du Duc Sance, neantmoins il en fut distrait depuis sous Centulle Gaston, &
composa vn estat separé.

IX. Au reste ie ne puis m'estonner assés du consentement que les Euesques
d'Oloron & de Lascar apporterent à cette iniustice, qui soufmettoit la personne de
la Dame de Bearn, à la disposition du Roi d'Aragon pour son mariage, & ses biens
de deçà les monts à son vasselage, au preiudice de l'ancienne liberté. Sur quoi on ne
peut se persuader autre chose, sinon que la violence du Roi Alfonse qui auoit la
personne de cette ieune Dame en son pouuoir, & vne bonne partie de ses biens assise
dans le Royaume d'Aragon, obligea ces bons Prelats à condescendre à vne chose,
qu'ils ne pouuoient euiter: Ou peut-estre que le desir de Henri Roi d'Angleterre,
mari de Leonor Duchesse d'Aquitaine, apres la repudiation faite par le Roi Loüis
le Ieune, qui vouloit parauenture mettre la Princesse Marie ieune fille, & puissante
en commodités, entre les mains des Anglois, dont elle n'agreoit point le mariage,
la porta à rechercher la protection du Roi Alfonse d'Aragon son parent, aux despens de

pens de la liberté de son païs de Bearn. Car au fonds il n'y a rien plus iniuste, que de se rendre Vassal d'vn Prince, qui ne peut pretendre aucune superiorité, ni par droit de guerre, ni par celui de sa Couronne.

X. I'aduoüe bien que l'Election faite par les Bearnois de la personne de Raimond Prince d'Aragon, pour estre leur Protecteur pendant le bas aage des enfans de Pierre le Vicomte, peut auoir serui de pretexte à cette nouueauté. Ie dis pretexte: Car de droit, cét acte n'a pû en attribuer aucun aux Rois d'Aragon; au contraire il verifie manifestement, qu'ils n'en auoient point du tout, puis qu'ils ont souffert & accepté à bras ouuers, d'estre *Eleus* pour protecteurs. Aussi n'a-t-on eu garde de faire mention en ce dernier acte, de l'Election precedente: dautant plus que celui-là exceptoit, & reseruoit en termes formels la fidelité deuë aux ieunes Princes de Bearn; au lieu que celui-ci oblige la fidelité & le serment des Seigneurs de Bearn, leurs personnes, & leurs biens aux Rois d'Aragon, & ne s'arreste pas à la personne du Roi Alfonse, comme faisoit l'autre, à la personne du Comte Raimond; mais fait passer l'obligation aux successeurs de part & d'autre.

XI. I'accorde neantmoins que par la teneur de cette piece nous pouuons estre instruicts de deux poincts fort considerables. L'vn est, que la Dame de Bearn, les Euesques d'Oloron & de Lascar, & les Gentils-hommes qui estoient à sa suite, estimoient que la maison de Bearn estoit independante de toute autre hommage, & qu'elle ne releuoit point d'aucun superieur, puis qu'ils consentent à l'hommage & à la fidelité nouuelle, que la Vicomtesse Marie fait au Roi Alfonse en qualité de Vassalle. Ce qu'ils n'eussent pû, ni deu souffrir en conscience, moins encore le confirmer auec leurs sermens, & promettre de chastier le contreuenans par excommunication dans leurs Dioceses, si cette reconnoissance nouuelle estoit le droict d'vn tiers: Dautant plus, que l'on peut remarquer vn scrupule sur cette matiere de Bernard Euesque d'Oloron, qui s'oblige en cas d'infraction des promesses, de se ioindre au Roi d'Aragon, auec son Euesché d'Oloron, excepté pour l'Abbaye de Sainct Pé de Generes, dont il estoit Abbé qu'il ne pouuoit obliger pour cette affaire, à cause qu'elle estoit située hors le païs de Bearn, dans le Comté de Bigorre.

XII. Au reste, comme cette procedure confirme la Liberté & l'Independance du païs de Bearn, aussi les termes de cét acte iustifient assés l'autre poinct; qui est que l'Aragon n'auoit encore possedé aucun droict de souueraineté sur le Bearn. Car on n'ose pas auancer, que Marie suiuant l'vsage de ses predecesseurs, vient faire l'hommage qu'elle doit; mais les propres paroles signifient, que cét hommage se fait par voye d'accord & de conuention reciproque entre Alfonse, & Marie, *Pactum, Placitum, Conueniam & Conuentiones.*

XIII. Et pour mieux comprendre la Nouueauté de cét hommage, & que l'establissement s'en fait par la teneur de cét acte, il faut peser trois choses; L'vne que Marie promet vassellage pour elle, & pour toute sa race à perpetuité, & le Roi Alfonse reciproquement protection & defense pour soi, & ses successeurs. Ce que l'on n'obserue pas aux hommages ordinaires, & qui sont deus par droict commun, dautant que la reconnoissance du Vassal ne tend pas à obliger son successeur, qui est assés obligé par le droict de souueraineté de son Prince, mais à s'acquitter de son deuoir personel en faisant le serment, & le seruice auquel sa terre l'oblige, mais lors que l'on establit vn hommage nouueau par conuention, comme en ce cas, il est necessaire d'obliger formelment la race, & toute la posterité.

XIV. La seconde consideration est le commandement extraordinaire, que fait la Vicomtesse Marie, aux Euesques qui seront à l'aduenir aux sieges de Lascar

& d'Oloron, de se tenir aux choses accordées, declarant qu'elle veut qu'ils soient compris dans le mesme pacte & conuention, *in eodem pacto & Conuenio.*

XV. La troisiesme, qui n'est pas de petit poids, consiste en l'obligation reciproque du Roi enuers la Princesse Marie. Car il ne se contente pas de lui promettre sa protection telle que le Seigneur doit à son Vassal, mais il oblige les principaux Seigneurs & Ricombres d'Aragon, entr'autres les Seigneurs de Saragosse, & de Daroca, & les Euesques de Huesca, & de Saragosse, de lui promettre la mesme chose de sa part: & pour l'execution de cette promesse, consent qu'ils lui facent hommage, & lui promettent de se ioindre à elle auec leurs personnes, toutes leurs forces, honneurs, & seigneuries, en cas que le Roi contreuint aux choses accordées. Qui sont des formalités, que l'on ne peut obseruer en la prestation des hommages ordinaires, la dignité de Seigneur, & le deuoir de vassal resistant ouuertement à ceste procedure; laquelle en ce temps on gardoit seulement en faisant les traictés de paix, & de treue, ou autres actes solennels des Rois de Nauarre, de Castille & d'Aragon, qui estoient confirmés par les hommages reciproques, semblables à ceux-ci, que les Seigneurs des deux Royaumes faisoient respectiuement aux Rois, ainsi que l'on peut voir chés Surita, & Garibai, qui les nomment *Pleytos homenages*: & les Coustumes de Barcelone *Hominia Pluuita*, c'est à dire Hommages de pleige & de cautionnement. Dans les anciens tiltres de la Chambre des Comptes de Paris, il y a trois sortes d'hommages, celui de Vassal enuers son Seigneur, celui de Fidelité enuers vn Protecteur, & celui de Paix pour l'asseurance de reciproque des parties qui ont eu guerres publiques, ou priuées.

XVI. Encore peut-on remarquer la difference que le Roi Alfonse met entre les terres de Bearn, & les fiefs que Marie possedoit en Aragon. Car pour ceux-ci, il parle franchement & en maistre, disant qu'il les lui confirme & octroye, *laudo & concedo*. Mais pour le regard de Bearn, il promet à Marie & s'accorde auec elle, d'estre son protecteur & defenseur. *Promitto, & conuenio quod ero vobis bonus adiutor & defensor*. De ce que ie viens de traicter l'on peut reconnoistre la difference qu'il y a d'auoir vne piece entiere, & l'examiner auec quelque interest, ou n'en auoir que le sommaire representé par vn historien, qui se contente d'en extraire la substance, sans peser les circonstances: qui nous aprennent que cét homage estoit vn Accord, & vn Nouueau establissement entre le Roi Alfonse, & la Princesse Marie, & non pas vn Deuoir Ancien de Vasselage de la maison de Bearn à celle d'Aragon. Aussi est-il certain que le corps de Bearn n'aquiesça point à ce traicté, & se departit de l'obeissance de Marie. Pour ne preiudicier aux Libertés du païs, comme ie verifie au Chapitre cinquiesme. Nous aprenons aussi de cét acte le decés des Euesques Arnaud d'Oloron, & Raimond de Lascar, & les noms de leurs successeurs, Sance de Lascar, & Bernard d'Oloron, Abbé de S. Pé de Generes.

I. Surita l. 2. Ann. c. 27. & in Indicib. ad annũ 1170.
II. E Tabulario Barcinonensi fol. 60. & Seqq. Regis v 1. Ildefonsi Regis: Sub Christi nomine, & eius diuina gratia sit manifestum omnibus hominibus præsentibus atque futuris, quod ego *Domina Maria Biarnensis Vicecomitissa*, cum consilio & voluntate Baronum terræ meæ facio hominium & fidelitaté vobis *Domino & Consanguineo meo* Ildefonso Regi Aragonensiũ. Comiti Barcinonæ & Marchioni Prouinciæ, de tota illa terra Biarnensi, & Gasconiæ, quam habeo, vel vllo modo per vocem parentum meorum, & genitorum meorum habere debeo, & quam *Pater meus Petrus de Gauarreto Vicecomes mihi demisit, & Gaston frater meus* ad diem obitus sui mi-

in laudauit, atque concessit. Supradictum autem hominium & fidelitatem facio, ego domina Maria Vicecomitissa, vobis domino & Consanguineo meo, sic quod ego & tota generatio & posteritas mea habeamus in perpetuum illam terram per vos, & per successores vestros, & per totam generationem & posteritatem vestram, & simus vestri fideles homines, atque Vassalli omni tempore, & adiuuemus & valeamus vos inde de guerra, & de pace per bonam fidem, sine omni enganno. Iterum promitto ego Domina Maria Vicecomitissa Bearnensis, & facio inde omnium vobis domino, consanguineo meo Ildefonso Regi iam dicto, quod *nullum maritum accipiam sine vestro consilio & voluntate atque mandato,* cum meo tamen ben:placito & consensu, & mea voluntas &*vestra in hoc concordet per bonam fidem & sine omni enganno. Et ego Ildefonsus Rex iam dictus recipio vos Dominam Mariam Vicecomitissam Biarnensem Consanguineam meam, & terram vestram quam modo habetis vel habere debetis, & omnes res vestras *in mea imparantia ac defensione* contra cunctos homines & feminas qui modo sunt vel in antea erunt, & *Promitto & Conuenio* quod ero vobis bonus adiutor & defensor per bonam fidem, & sine omni enganno, & secundum posse meum: Et laudo atque concedo vobis illas hereditates quas habetis & habere debetis in Regno nostro Aragonis. De Honore vero, quem vestri antecessores adquisiuerunt de meis in regno Aragonis, vos mihi seruiendo, ego recipio vos in Dei cosimento & meo, & promitto vobis dominæ Mariæ quod supradicta per bonam fidem & sine omni enganno obseruabo. Vt autem hoc totum quod supra scriptum est per bonam fidem, & sine omni enganno attendatur & compleatur, vobis dominæ Regi ex parte Dominæ Mariæ, Ego Bernardus Dei gratia Olorensis Episcopus mandato Dominæ Mariæ promitto hoc, & conuenio vobis in Dei fide, & legalitate mea, & ordine, & in osculo pacis & veritatis, quod si forte domina Maria supradicta vellet infringere, ego attendam ad vos, & adiuuabo vos inde cum omni Episcopatu Olorensi, & posse meo, præter Abbatiam Generensem & sibi pertinentibus, & anathematis vinculo illam, & omnes illos qui hoc fregerint tamdiu constringam, donec inde se emendent ad vestram voluntatem. Ego quoque Sancius Dei gratia Lascurensis Episcopus idem similiter vobis domino Regi promitto. Præterea Ego domina Maria Biarnensis Vicecomitissa volo, & mando, & conuenio per me & per omnes successores meos, quod illi episcopi qui post istos fuerint suprascriptos in Oleron, & in Alescar, sint vobiscum domine rex, & cum omnibus successoribus vestris in perpetuum, *in eodem pacto atque conuenio*, quod & suprascripti, & præsentes Episcopi sunt. Ego Arnaldus de Alascun mandato dominæ Mariæ promitto, & facio ominium vobis domino meo regi, quod si ipsa supradictas *conuentiones* vobis infregerit, quod attendam ad vos cum meo corpore & omnibus hominibus quos per dominam Mariam teneo, & cum tota illa hereditate, & honore, quem per dominam Mariam, & antecessores suos teneo & tenere debeo, & hoc totum attendam per bonam fidem & sine omni enganno. Ego quoque Fortunius Dat, & ego Arnaldus Garsias de Cadelon, & ego Raimundus Ot de Arbus, & ego Oggerius de Golirs idem similiter vobis domino Regi in bona fide & sine omni engãno promittimus, & vobis ominium facimus. Ego Oldebertus de Morlanis, & ego Peregrinus de Bordel, & ego Arnaldus Oleberti, & ego Berner idẽ similiter vobis domino Regi promittimus per bonam fidem sine omni enganno, & vobis hominiũ facimus. Ego quoque Petrus Arnaldi, Rubeus de Oleron, & ego Brun, & ego Arnaldus de Sancta Cruce, & ego Bernardus de Brun, & ego Sentbrun, & ego Arnaldus de Maslach, & ego Garsias Arnaldi Oldeger, & ego Guillelmus de Busia idem mandato dominæ Mariæ promittimus per bonam fidem sine omni enganno vobis domino Regi, & ominium vobis facimus. Ego quoque Domina *Maria Biarnensis Vicecomitissa promitto & conuenio* vobis domino Meo Regi, quod hoc totum superius scriptum faciam vobis assecurare, sicut suprascripti assecurarunt, per centum de melioribus hominibus *de Morlanis* cum suprascriptis, & per quinquaginta de melioribus de *Oleron*, cum suprascriptis, per quinquaginta de *Aspa*, & per quinquaginta de *Orsal* de melioribus, quos habere potero, & dabo vobis ipsum castrum de *Guarreto*, & ipsum castrum de *Manceto* pro tenensa supradicti *Placiti*, & similiter dabo *vnum de tribus castellis quæ habeo in Bigbilio*, scilicet vel *Cadelon*, vel *Scures*, vel *Malbeg*, quodcũque istorum melius habere potero. Ego vero Petrus de Arazuri mandato domini mei Regis promitto, & facio ominiũ vobis dominæ Mariæ Biarnensi Vicecom. *quod si ipse supradictas conuentiones vobis non attenderet*, quod attendam ad vos cum corpore & toto illo honore quem per dominũ Regem teneo, & hoc totum attendam per bonã fidẽ sine omni enganno. Ego quoque Blasco Romeu, & ego Ximinus Romeu, & ego Petrus de Sancto Vincentio, & ego Guillelmus de Claris vallibus, & ego Marco de Rada, & Ego Fortunius de Tena hoc idem mandato domini Regis per bonam fidẽ, & sine omni enganno vobis dominæ Mariæ Vicecomitissæ Biarnensi promittimus, & hominium facimus. Ego Berengarius de Milera mandato domini mei Regis idem promitto vobis dominæ Mariæ per bonam fidem, & ominium vobis facio. Ego quoque Rex promitto vobis dominæ Mariæ, quod hoc idem sicut superius scriptum est per Episcopum Oscensem, & Cæsaraugustanum vobis firmabo. Facta est carta in Iacha mense Aprilis, vltima scilicet die, Era millesima ducentesima octaua.

Sig † num Dominæ Mariæ Biarnensis Vicecomitissæ, quæ hoc laudo & confirmo & in perpetuum firmum esse volo.

Signum † Ildefonsi Regis Aragonum Comitis Barcinonæ, & Marchionis Prouinciæ.

Facta fuit hæc carta era supradicta, Episcopo Petro stante in Cæsaraugusta, Episcopo Stephano in Osca, Episcopo Guillelmo Petri in Ilerda, Blasco Romeu Seniore in Cæsaraugusta, Petro de Castelazol in Calataiub, Petro de Arazutri in Daroca. Petro Ortiz in Aranda, Peregrino de Castellazol in Barbastre, Fortunio de Stada in Stadela. Ego Bernardus de Calidis scriba regis scripsi hanc cartam cum literis rasis & emendatis in linea XIII. & XIV. & feci hoc Sig † num.

CHAPITRE II.

Sommaire.

I. Marie fut mariée en Espagne. Surita ne sçait point le nom du Seigneur qui l'espousa. Ce fut l'heritier de la maison de Moncade en Catalogne. II. Recherche de l'Antiquité & de la Noblesse de la maison de Moncade. Dapifer est le premier. Il commanda l'armée Françoise qui vint auec Oger Catalon contre les Mores suiuant Tomich. III. Surita ne gouste point cette narration. Qui est renduë probable. IV. Arnaud fils aisné de Dapifer inuesti du fief de Moncade par l'Empereur Louis le Debonnaire. Dapifer est vn nom d'office & de dignité. Dapiferat & Seneschaussée du Royaume. Ermengaud de Moncade Comte d'Urgel. Gaston de Moncade. V. Guillaume Dapifer. VI. Guillaume Ramon Dapifer. Berenger Ramon Dapifer. Guillaume Ramon Dapifer Seneschal de Catalogne. Guillaume de Moncade mari de la Vicomtesse Marie. VII. VIII. La maison de Moncade est la premiere des Neuf Baronies de Catalogne. Surita asseure que sa Noblesse est la plus asseurée & la plus reconnuë de toute l'Espagne.

I. IL conste assés par la teneur de l'acte precedent, que le desir du Roi d'Aragon estoit de marier à sa discretion la Vicomtesse Marie sa parente, à quoi elle estoit aussi portée, pourueu qu'elle iugeast le parti sortable. De sorte qu'il ne faut nullement douter, que ce consentement mutuel ne fust mis bien-tost à execution; quoi que Surita nous auoüe franchement, qu'il n'a pû descouurir par les anciens actes, auec qui cette Vicomtesse fut mariée. Mais nostre soin a mieux reüssi en ce point, que le sien. Car nous ferons voir par bonnes pieces extraictes des registres d'Espagne, que la Princesse Marie espousa l'heritier de la maison de Moncade : laquelle par ce mariage ayant fondu dans la maison de Bearn, il est necessaire d'en representer la dignité, & l'antiquité, sur les anciens tiltres, qui sont produicts en diuers endroicts de l'histoire des Comtes de Barcelone, composée par *Frai Francisco Diago*, & autres auteurs.

II. Pierre Tomich ancien auteur de l'histoire de Catalogne, Garibai, Blanca, & Vuolfang Lazius escriuent que le Prince Oger Golant surnommé Catalon, Gouuerneur d'Aquitaine voulant deliurer le païs de Barcelone de la seruitude des Sarasins, leua vne puissante armée, enuiron l'an 733. qui estoit commandée par Neuf principaux Barons de France. Ces troupes entrerent par le passage de la vallée d'Aran, gagnerent la Cerdagne dans peu de iours, assiegerent la ville d'Ampurias, & apres la mort d'Oger Catalon, éleurent pour General de l'armée Dapifer de Moncade l'vn des neuf Barons; qui neantmoins fut contrainct par l'armée des Mores, de leuer le siege & de se retirer dans les montagnes, où il fit ferme iusqu'à la venuë de Charlemagne. Enfin ce Prince Dapifer mourut glorieusement en la bataille, qui fut perduë pour les Chrestiens à la iournée de Narbone contre les Sarasins l'an 793.

III. Le iudicieux Surita en ses Annales ne gouste point ni contredit aussi ce discours du passage d'Oger, quoi que les plus anciens auteurs de l'histoire de Catalogne en ayent descrit les particularités, dautant qu'il n'y a point, dit-il, aucun auteur proche du temps, qui en ait conservé la memoire. Neantmoins si l'on corrige les fautes, que Tomich a commises en la consignation des années, le corps & la substance de la narration seroit soustenable, en auançant l'expedition d'Oger Catalon vers le temps proche du passage de Charlemagne dans les Espagnes, qui tombe en l'année 778. Car il est certain, suiuant les Annales de Pithou, qu'vne partie de l'armée de ce Roi passa par Rossillon, & le vint ioindre deuant Saragosse. Cela donne couleur au recit de l'histoire Catalane, si l'on presuppose, qu'Oger par ordre de Charlemaigne auoit attaqué les Sarrasins de ce costé, quelque temps auparauant l'arriuée de l'armée Françoise, afin de se saisir des passages des monts, où le ieune Seigneur Dapifer apres le decés d'Oger, prit le commandement general par les vœux de ses troupes, & se retrancha dans les montagnes, iusqu'au passage du corps de l'armée de Charlemagne.

IV. Quoi qu'il en soit de la verité de cette histoire, il est cettain *qu'Arnaud* fils aisné de Dapifer & de sa femme *Ermesende*, se fit remarquer du temps du Roi Loüis le Debonnaire, qui lui donna en fief la terre de Moncade. Ce qui a esté cause que ses successeurs ont pris indifferemment le surnom de *Moncade*, & celui de *Dapifer*. Ce tiltre de Dapifer est vn nom de dignité & d'office dans la maison Imperiale : que l'Empereur de Constantinople donna au Roi de Russie, pour vn tesmoignage de faueur, chés Nicephore Gregoras. Cét office estoit nommé en France anciennement, Dapiferat, & Seneschaussée, qui comprenoit l'intendance sur tous les Officiers domestiques de la maison Royale, ainsi que Hugues de Cleriis ancien auteur a expliqué dans le Commentaire qu'il en fit il y a six cens ans, en faueur de Foulques Comte d'Aniou, à qui le Roi Robert donna en heredité, l'inuestiture du Dapiferat de la maison Royale, où la Senechaussée du Royaume, comme parle ce Hugues, que le P. Sirmond a publié en ses Notes sur Geofroi de Vendosme. *Ermengaud* de Moncade fut successeur d'Arnaud du temps du Roi Charles le Chauue, & posseda le Comté, ou gouuernement d'Vrgel en Catalogne, Celui-ci a laissé vne florissante posterité, & entr'autres *Gaston de Moncade*, qui se fit remarquer en la grande iournée de Cordoüe l'an M. X. estant l'vn des chefs des troupes du Comte de Barcelone Don Ramon Borrel.

V. On void en suite *Guillaume* auec le tiltre de *Dapifer*, qui est le surnom le plus ordinaire dans les actes publics, & le plus enraciné dans cette illustre maison, qui represente l'ancienne dignité du Dapiferat de France dont le premier de cette race auoit esté pourueu sous Charlemagne. Ce Guillaume Dapifer est signé parmi les Seigneurs de Catalogne, qui arresterent les Vsages de ce païs, en l'an 1068. & encore il y a parmi eux, vn puisné de cette maison, nommé Ramon de Moncade.

VI. Son fils *Guillaume Ramon Dapifer*, est mentionné en la transaction passée entre le Vicomte Bernard Aton, & le Comte de Barcelone sur le fait de Carcassone l'an 1112. *Berenger Ramon*, fils de celui-ci ne prend point d'autre qualité, ni surnom que *Dapifer*, en l'acte de l'accord passé entre le Comte Ramon Berenger III. & l'Alcalde More de Lerida l'an 1120. De ce Berenger nasquit *Guillaume Ramon Dapifer Seneschal* de Catalogne, pere de *Guillaume Dapifer* de Moncade, qui espousa Marie Vicomtesse de Bearn.

VII. Ie ne dois point omettre pour la recommandation de cette maison, qu'elle est la premiere des neuf Baronies de Catalogne. Pierre Tomich escrit sur ce sujet, que Charlemagne partagea cette Prouince en neuf Eueschés, neuf Comtés, neuf Vicomtés, neuf Baronies, & neuf Varuesories; & que la Baronie de Moncade fuſt deſignée pour eſtre la premiere, ſans que celle-ci, ni les autres huict Baronies, qui furent departies à neuf Seigneurs François fuſſent en aucune façon dependantes des Comtés. Mais Surita reiette ce partage comme fabuleux, n'y ayant point apparence, que l'on departiſt le païs auant qu'il euſt eſté conquis ſur les Mores, & que les limites de cette diuiſion ſe rencontraſſent eſtre les meſmes, auec celles de la Catalogne de ce temps; qui fut miſe depuis au point qu'elle eſt, au moyen des conqueſtes du Comte Ramon Berenger IV. du nom & Prince d'Aragon. L'occaſion de cette inuention de Tomich, prouient, adiouſte Surita, de la Nobleſſe & de la grande Antiquité des maiſons & familles des neuf Barons, & des Vicomtes, qui eſt veritablement la plus aſſeurée & la mieux conneuë de toute l'Eſpagne, *que verdaderamente es la mas confirmada y ſabida que ay en toda Eſpanna*. De ſorte qu'il ne doute aucunement, qu'elles n'ayent pris leur origine dés le temps de Charlemagne, de Loüis le Debonaire, & de Lothaire: adiouſtant que leurs ſucceſſeurs ſont fort peu obligés à Tomich, qui a voulu auec cette vaine fiction bailler vn principe ſi fabuleux à vne ſi grande Antiquité, & Nobleſſe. Ce diſcours de Surita contente beaucoup Diago, qui voudroit inſinuer que ce partage des Comtés & Baronies fut fait l'an 1068. lors que les Vſages furent arreſtés, comme il y a de l'apparence.

VIII. Cependant nous pouuons aprendre de Tomich, que les races des neuf Baronies ſont tenuës & cenſées dans la Catalogne, Françoiſes d'origine; & que celle de Moncade tient ſans difficulté le premier rang dans la Prouince. Ie puis encore iuſtifier cette prerogatiue, par la clauſe inſerée en la vente du tiers de la ville de Tortoſe, que fit la Cité de Genes au Comte R. Berenger: par laquelle clauſe le Comte s'oblige de bailler pour l'aſſeurance d'vne partie du pris, cinq oſtages, qui ſeroient choiſis des huict principales maiſons de la Catalogne; dont celle de Moncade eſt nommée la premiere, *Sennalandole de la primera à los hijos de Guillen Ramon Dapifer*, comme parle François Diago, rapportant la teneur de l'acte qui eſt dans les archifs de Barcelone.

II. Pedro Tomich, Garibai, Blanca, Lazius c. 10. de Migrationibus gentium.
III. Surita l. 1. An. c. 2.
IV. Nicephor. Gregoras. E commentario Hugonis de Cletiis, relato à V. C. P. Sirmondo in Notis ad l. 5. ep. 27. Goffridi: Sibi (1. Fulconi Andeg.) & ſucceſſoribus ſuis iure hereditario Maioratum regni, & regiæ domus Dapiferatum cunctis applaudentibus & laudantibus exinde conſtituit. (Robertus Rex) Dapiferatus vocatur etiam ab Hugone Seneſcalcia regni.
IV. V. VIII. Diago l. 1. Hiſt. Com. Barc. c. 15. l. 2. c. 28. c. 60. 89. 104. 131. Præfat. Vſat.

CHAPITRE III.
Sommaire.

I. Le Titre de Dapifer & celui de Moncade aussi anciens que l'establissement de cette maison. Surprise notable de Surita. Refuté par François Diago. Le Seneschal banni de Catalogne, refugié en Aragon, moyenna le mariage de Petronille Reine d'Aragon, auec le Comte de Barcelone. II. Occasion de ce bannissement. Le Seneschal eut dispute pour l'eau des moulins de Moncade. Accord. III. Le Seneschal démarié de Donna Beatrix pour parenté. IV. Le Seneschal s'accordant auec le Comte, prend vne nouuelle inuestiture de ses terres. Il se nomme fils de Donna Ynes ou Agnés. V. VI. VII. Examen particulier des titres, pour verifier que la terre & le nom de Moncade estoit dans cette maison auant la derniere inuestiture, & que le sujet du bannissement prouenoit des eaux du Moulin de Moncade.

I. Encore que la qualité de Dapifer soit originaire dans la maison de Moncade, d'où elle a pris le sujet du blason de ses armes, qui sont six tourteaux; Neantmoins le titre de Moncade est aussi tres-ancien dans cette famille, depuis le temps de Louis le Debonaire, quoi que Surita par vne grande surprise ait escrit que ce surnom est entré dans cette illustre maison, au moyen de la terre de Moncade, que le Comte Ramon Berenger donna au Seneschal Guillaume Ramon Dapifer. Diago a tres-bien releué cette faute, & verifié le contraire en son Histoire des Comtes de Barcelone: dont ie representerai la substance en ce Chapitre. Petronille fille vnique du Roi d'Aragon Don Ramir le Moine, fut promise en mariage au Comte de Barcelone Ramon Berenger IV. du nom, par le soin qu'en prit vn Cheualier nommé Guillem Ramon, Seneschal de Catalogne: lequel ayant esté banni par le Comte, s'estoit retiré en Aragon, & auoit combattu auec l'Empereur Alfonse en la bataille de Fraga. Pierre Tomich escrit, que le sujet de son bannissement fut pris, de ce qu'il auoit tué l'Archeuesque de Tarragone; mais il s'est mépris en ce qu'il a creu, que Don Guillem de Moncade, qui tua l'Archeuesque, fut cét autre Don Guillem Ramon de Moncade, qui procura le mariage de Petronille auec le Comte.

II. Bernard Aclot indique, qu'il sçauoit l'occasion de ce bannissement, mais il adiouste, qu'il ne le veut pas declarer. Ce qui a serui de loi aux Historiens suiuans, qui sans éplucher plus exactement la matiere, ont escrit que Bernard Aclot auoit eu connoissance du sujet du bannissement. Mais le soin de Diago nous l'a découuert entierement, par le moyen des titres qui sont dans les Archifs de Barcelone: où il est fait mention d'vn long debat, qu'il y eut entre le Comte & le Seneschal Don Guillem Ramon Dapifer, qui traisna apres soi plusieurs desordres. Enfin la dispute fut terminée par vn accord, du 7. Iuillet 1135. qui ordonne entr'autres choses, que le Comte prendroit de l'eau pour ses moulins de Barcelone, où, & quand il pourroit, à condition neantmoins, que cela ne porteroit aucun preiudice, aux moulins de Moncade apartenans au Seneschal; qui rendroit au Comte la Seigneurie de Calles, que Ramon Berenger troisiesme lui auoit donnée, & démoliroit la forteresse, & le

Chasteau qu'il auoit basti sur le mont Sainct Laurent; & que le premier Chastelain qu'il choisiroit pour le Chasteau de Moncade, y seroit mis auec l'auis du Comte; qu'il lui feroit les hommages qu'il deuoit, & obserueroit l'accord qu'il venoit de conclurre auec Donna Beatrix.

III. Pour entendre ce dernier chef; il faut sçauoir que le Seneschal ayant esté marié auec cette Dame, l'auoit mise en instance sur l'inualidité du mariage à cause de leur parenté, qui fut iugée par l'Archeuesque de Taragone au profit du Seneschal. Ce iugement fut suiui d'vn accord entre les parties, sur le partage de quelques biens qui auoient apartenu à R. Berenger de Moncade. C'est l'accord que le Seneschal promit d'executer par son traicté auec le Comte.

IV. Au mesme temps le Comte bailla en fief au Seneschal, les Chasteaux de Tudele, Sobreporta, Estella, Besora, Torellon, Curull, Tona, Medalia, Claran, Moncada, Vaquerizes, Ribatallada, Castellar, & Fenells; qui lui promit fidelité & hommage, qu'il lui presta solennellement le mesme iour, specifiant dans l'acte tous les Comtés, Eueschés, & Chasteaux du Comte, & s'obligeant à le secourir pour les conseruer; où le Seneschal se nomme fils de Donna Ynes ou Agnes, & nomme le Comte fils de Donna Douce.

V. De ces accords, on peut inferer plusieurs choses auec éuidence. Premierement, auant que le Comte baillast en fief le 7. de Iuillet 1135. tous les susdits Chasteaux, au Seneschal Don Guillem Ramon, ce Cheualier en estoit desia maistre, & particulierement de celui de Moncade; puis qu'il est certain qu'il estoit Seneschal hereditaire, & que le Chasteau de Moncade apartenoit à la Seneschaussée. Car cét acte, par lequel le Comte les y bailla de nouueau, ne fut qu'vne ceremonie, qui estoit requise & pratiquée en semblables occasions de rupture & renoüement de paix. Et le Cheualier mesme le tesmoigne assés expressément, parlant des moulins de Moncade comme siens propres, & baillant permission au Comte de prendre l'eau qu'il voudroit pour les siens.

VI. Secondement on recüeille, que le surnom de Moncade estoit en vogue auant l'année, qui est rapportée en ces actes, puis que dans l'vn il est fait mention de Berenger Ramon de Moncade: & que Ramon de Moncada fut l'vn des vingt-vn Cheualiers, qui assisterent le Comte de Barcelone à dresser les loix nommées *Vsages*, en l'année 1068. & que l'on a veu Don Ermengaud de Moncada predecesseur du Comte Don Sunyer au Comté d'Vrgel.

VII. Troisiesmement, on reconnoist le sujet du bannissement du Seneschal, & de sa retraicte en Aragon, si l'on considere les termes des accords; qui font voir que l'origine n'estoit qu'vne dispute ciuile, quoi qu'elle fust suiuie d'vne guerre. Enfin si l'on remarque bien l'année de l'accord, que Diago a verifié clairement contre Surita, auoir esté en 1135. on reconnoistra que le Seneschal procura le mariage de la Reine Petronille auec le Comte, puis qu'il estoit remis en son amitié, lors que le mariage fut arresté en la ville de Barbastre, l'an 1137.

Frat Franc. Diago l. 2. Hist. Com. Barc. c. 139.

Liure sixiesme. 477

CHAPITRE IV.
Sommaire.

I. II. Guillaume Ramon le Seneschal estoit fort consideré, & employé. Nommé Executeur du testament par le Comte R. Berenger. Signe auec le Comte la ligue du Roi de Castille contre le Roi de Nauarre. Il est Conseruateur du traicté du Roi d'Aragon auec celui de Castille. Le Prince Ramon lui donne la Seigneurie de la Cité de Tortose, & le tiers des reuenus, de Maillorque, Minorque, & d'Euiza. Tortose estoit la principalle forteresse des Mores de cette coste. III. Prise de la ville d'Almerie. Les Genois eurent du pillage vn plat d'esmeraude. Galceran de Pinos neueu du Seneschal, sa prison pendant le siege d'Almerie. Sa deliurance merueilleuse par vn transport de sa personne. IV. Siege & prise de la ville de Tortose. Grands seruices du Seneschal en cette expedition. Le Prince se qualifie Marquis de Tortose. Le Seneschal seruit à la prise des villes de Leride, & de Fraga. V. Dapifer pense auoir esté surpris au partage de Tortose, plaide auec le Prince, & deschoit de sa pretension. VI. Le Prince meurt à Turin, fait son testament nuncupatif en presence de Dapifer, & de deux autres. Ils sont oüis apres serment, & le Royaume reglé suiuant leur attestation. VII. Il declare le tribut que deuoit payer le Roi Loup de Murcia. VIII. Ses deux enfans.

I. 'Antiquité de la maison de Moncade estant verifiée, il reste de faire voir en quelle consideration estoit Guillaume Ramon le Seneschal, apres qu'il eut negocié le mariage du Comte de Barcelone Ramon Berenger IV. auec la ieune Reine d'Aragon Petronille. Il est bien certain qu'auparauant il ne manquoit pas d'vn tesmoignage particulier de l'estime que faisoit de lui le Comte R. Berenger III. puis qu'il le nomma pour l'vn des executeurs de son testament, sous le nom de *Guillermo Ramon Dapifer*, l'an 1130. chés Diago en son Histoire. Outre qu'il assistoit tousiours aux plus belles actions du Prince d'Aragon, comme estant l'vn des principaux Seigneurs de sa Cour; soit à l'entreueuë du Prince Raimond auec Alfonse Roi de Castille, lors qu'ils arresterent leur ligue contre le Roy de Nauarre, l'an 1138. soit au renouuellement de cette ligue, laquelle Arnaud Myr Comte de Pallas, & Don Guillem Ramon de Moncade iurerent au Roi de Castille, comme conseruateurs du traicté, de la part du Roi d'Aragon, dans Surita; soit en plusieurs autres rencontres d'importance. Le Prince monstra au mois d'Aoust 1147. combien il auoit de confiance en la personne du Seneschal, attendu qu'il est certain, comme certifie François Diago, qu'il lui donna la Seigneurie de la Cité de Tortose, son Chasteau ou Zuda, auec la troisiesme partie de tous ses reuenus, & des droicts d'entrée & d'issuë par mer & par terre; & lui donna de plus la Cité de Mallorque auec ses apartenances, ensemble les Isles de Minorque & d'Euiza; & le Chasteau de Peniscola auec ses dependances, situé sur la coste de la mer prés de Tortose; à la charge que lui & toute sa race tinsent ces places en homage & fidelité du Comte & de ses successeurs. Or cette inuestiture doit estre de tant plus estimée, que la ville de Tortose estoit en ce temps, la retraicte des Sarasins, qui escumoient toute la mer de Leuant, & pour cette raison le Pape Paschal la nommoit, la forteresse des Mores, *Maurorum Præsidium*, en sa Bulle de l'an 1116. rapportée par Diago : & n'estoit pas seulement considerable, à raison de son assiete, & de ses fortifications, mais aussi à cause du reuenu, qu'elle donnoit, estant vne ville proche de la mer, où la republique de Gennes, & plusieurs riches marchands faisoient leur commerce ordinaire.

II. Il est vrai que toutes ces places données au Seneschal, estoient encor au pouuoir des Mores, & pour en prendre la possession il faloit les conquerir à forces d'armes. Mais aussi cette circonstance fait voir, que ce seigneur estoit au dessus de l'enuie, puis que le Prince Raimond lui en fait le don par auance, sans craindre les ialousies ; & tesmoigne par mesme moyen, que le Dapifer estoit capable de rendre de bons seruices en cette occasion ; attendu qu'il le traicte à l'egal de la Cité de Gennes, à laquelle le Prince promit à mesme temps, la troisiesme partie de Tortose, ou de telle autre place qu'il gagneroit, moyennant qu'elle lui fournist vn certain nombre de galeres bien équipées.

III. Ce Roi neantmoins n'alla pas incontinent au siege de cette ville, dautant qu'il auoit donné sa parole aux Rois de Castille, & de Nauarre, de mener son armée nauale, & celle de Genes au siege d'Almerie situëe en Andalusie, que les deux Rois pressoient du costé de la terre. Ce qu'il fit, auec vn tel succés, que cette place importante fut enleuée sur les Mores, dont le pillage fut d'vn tres-grand pris. Ceux de Genes emporterent parmi le reste du butin, vn plat entier de pierre d'esmeraude, d'vne valeur inestimable, qui est encore gardé dans le thresor de cette ville auec quelque veneration ; les Genois ayans esté persuadés, quoi que contre toute apparence de raison, que N. S. mangea l'Agneau Paschal dans ce plat. Ie ne dois point omettre en ce lieu, l'accident qui arriua en ce siege d'Almerie, à Don Galceran de Pinos Cheualier notable de Catalogne, puis qu'il estoit fils de Berenguela de Moncade, sœur de G. Ramon Dapifer. Ce ieune Seigneur fut pris en vn assaut, que donnerent les Chrestiens, & renuoyé incontinent à vne autre ville : Le Roi More de Grenade demandoit vn pris excessif pour son rachapt, sçauoir cent mille Doubles d'or, cent pieces de drap de soye de Tohir ou Tauris, cent cheuaux blancs, cent vaches pleines, & cent ieunes filles. Neantmoins l'affection de ses pere & mere, & des vassaux de la Baronie de Pinos, qui est la seconde de Catalogne, surmonta toutes difficultés, & leur fit trouuer cette rançon, qui estoit desia embarquée dans les vaisseaux, au port de Salou, pour estre transportée à Grenade ; Mais en ce momét le captif Galceran, arriua au port, ayant esté miraculeusement deliuré par le secours des prieres de S. Estienne Martyr, qui est le Patron de la ville de Bagan, capitale de la Baronie de Pinos. Pierre Tomich, Surita, Michel Carbonel, & Diago rapportent cette merueille auec toutes ses circonstances, qu'ils escriuent estre arriuée en l'année 1149.

IV. Le Prince d'Aragon estant de retour d'Almerie, entreprit le siege de Tortose l'année 1148. C'est vne ville, qui est enuironnée d'vne campagne tres-fertile & fort agreable, assise sur l'Ebro à trois lieuës de la mer Mediterranée, d'où les vaisseaux chargés peuuent monter facilement par la riuiere ; & pour lors elle estoit commandée par vn Chasteau extremement fortifié, nommé la Zuda. Cette place fut inuestie de tous costés, auec les forces d'Aragon, de Catalogne, & de Genes, le premier de Iuillet, & tellement pressée auec les engins de baterie, qu'en fin les assiegés furent contraints de faire leur composition, soubs telle condition qu'ils rendroient la ville, le Chasteau, & toutes les forteresses, s'ils n'estoient secourus par le Roi More de Valence dans quarante iours : lesquels estans expirés, le Prince d'Aragon entra dans la Cité, le dernier de Decembre, & prit la qualité de *Marquis de Tortose*, que ses successeurs ont retenuë. Surita, & François Diago asseurent que ceux de Gennes, & les Templiers firent de grands seruices en cette occasion, comme aussi le Seneschal Don Guillem Ramon de Moncade, qui auoit plusieurs Cheualiers, & autres gens de guerre à sa suite en cette expedition, *que tenia consigo muchos caualleros, y gente que le seguio en esta jornada*. Le Prince deliura donc la troisiesme partie de Tortose à la Cité de Gennes, le tiers à Guillem Ramon Dapifer, suiuant l'acte de la donation de l'an 1147. & le quint aux Templiers. Et l'année 1149 assiegea, & prit les villes de Lerida, & de Fraga, où le Seneschal Guillem Ramon Dapifer rendit encore des preuues de sa valeur, & fut incontinent employé en compagnie du Comte d'Vrgel Armengol à reduire sous l'obeïssance de Ramon Berenger, toutes les places qui estoient occupées par les Mores sur les riuieres de Cinca & de Segre, entr'autres Seros, Aytona, & Gebut, chés Diago, & Surita.

V. Aptes ces exploicts, le Seneschal Dapifer, songeant à ses affaires, estima qu'il auoit moins receu au partage de Tortose, qu'il ne lui auoit esté promis. Car suiuant son auis le Comte deuoit auoir diuisé les reuenus en trois parts, & lui en bailler l'vne toute entiere: & distribuer les deux autres, en sorte que ceux de Gennes eussent le tiers, & les Templiers le quint, & le Comte le surplus. Or il estima que sa plainte estoit plus legitim, lors qu'il vid au pouuoir du Comte la portion des Gennois, au moyen de l'achat qu'il en fit l'an 1154. & pretendit ouuertement, que le Comte lui deuoit faire deliurance d'vne partie de cette portion, pour lui faire le conte de son tiers tout entier. Le Prince respondoit à ses demandes, que le tiers qu'il lui auoit promis, ne pouuoit estre entendu, que de ce qui resteroit à sa disposition, déduites les portions des Genuois, & des Templiers. D'autant plus, adioustoit-il, qu'auec le conseil & l'auis du Seneschal, il leur auoit octroyé, confirmé auec serment leurs portions du tiers, & du quint, qu'ils auoient en suite gagnées auec la force de leurs armes. De sorte que procés ayant esté meu sur ce different, pardeuant la Cour de Barcelone, il fut declaré par sentence, que le partage estoit bon; & sur la requeste du Prince, que le Seneschal estoit obligé de garder la Zuda ou forteresse à ses despens, puis qu'elle estoit à lui, suiuant le rapport de Diago.

VI. L'an 1162. le Prince d'Aragon s'estant acheminé vers Tutin, pour s'entreuoir auec l'Empereur Frideric, qui l'attendoit en cette ville auec sa Cour, fut attaint d'vne maladie, dont il mourut, fit son testament nuncupatif, & disposa de ses Estats en faueur de ses enfans, en presence de Guillem Ramon Dapifer, Albert de Casteluell, & maistre Guillem son Chapelain. Au mois d'Octobre ensuiuant, la Reine Petronille assembla les Estats d'Aragon & de Catalogne, en la ville de Huesca, & fit oüir apres serment en sa presence & du Iuge Miron, le Dapifer & les autres deux tesmoins, touchant la disposition testamentaire du Prince, selon laquelle Don Ramon Berenger Comte de Prouence, & cousin germain du testateur, prit le gouuernement de la principauté de Catalogne, pendant la minorité du ieune Roi Alfonse, au preiudice de cette Reine. Elle estoit Dame proprietaire du Royaume, dont elle fit donation l'année suiuante 1163. à son fils, auec l'auis des principaux Seigneurs de son Estat; parmi lesquels sont dénommés Guillem Ramon de Moncade, *& Guillem de Casteluell son frere*, ainsi que l'on peut voir chés Diago.

VII. On trouue que nostre Dapifer estoit encore en vie l'an 1170. Car le Roi Loup de Murçia ayant discontinué depuis le decés du Prince Ramon, de payer au Roi d'Aragon le tribut accoustumé, & s'estant mis sous la protection du Roi de Castille: il fut accordé entre les deux Rois Chrestiens, en la ville de Taraçone, que celui de Murcia payeroit l'ancien tribut, sur le pied que declareroient Guillem Ramon de Moncade, & Guillem de Iorba, qui le receuoient du temps du Prince Raimond, chés Surita en ses Indices, & en ses Annales.

VIII. Il eut deux enfans, ausquels il partagea son nom. L'aisné fut nommé Guillaume de Moncade, & le puisné Ramond. Guillaume fut promis pour ostage au corps de ville de Barcelone l'an 1148. par le Prince Raimond, pour l'asseurance de l'engagement qu'il leur fit de ses rentes de Barcelone. Celui-ci s'obligea auec serment, de tenir l'arrest par la ville, en cas que les citoyens fussent troubles en la iouïssance des choses engagées, iusqu'à ce qu'ils eussent receu contentement & satisfaction du Prince. Nous aprenons de ce serment, que Guillaume estoit aagé pour le moins de quinze ans, en l'année mille cent quarante-huict, puis que l'on tient capable de s'obliger auec serment, suiuant l'ordonnance que l'Empereur Frideric fit en ce temps. On le void encore signé auec son pere, chés Diago, en l'acte de l'accord passé auec les Seigneurs de Bauls, & le Prince Raimond en la ville d'Arles, au mois de Septembre mille cent cinquante, quoi que par erreur Surita le mette en l'année mille cent quarante-trois. On peut voir aussi parmi les Seigneurs d'Aragon, & de Catalogne, qui iurerent les traictés du Roi d'Aragon auec celui de Castille, Guillem Ramon de Moncade, & Ramon de Moncade, chés Surita en ses Annales.

I. Diago l.2.c.113. Surita l.2.c. 2. Diago l.2.c.149.

I. E Tabulario Barcinonensi : Omnibus sit notum, quoniam ego Raimundus Comes Barcinonensis, atque Aragonensium Princeps, dono tibi fideli meo Guillelmo Raimundi Dapifero, vrbem Tortosam, vt tu teneas ipsam Zudam, & habeas Senioraticum de ipsa ciuitate, & de ipsa villa, & de termi.is eius, & habeas tertiam partem in dominio de omnibus eximentis eiusdem ciuitatis ac villae, omniumque terrarum sibi pertinentium. Dono etiam tibi castrum de Peniscola cum omnibus suis terminis & pertinentiis. Dono etiam tibi ciuitatem nomine Maioricam, & omnes terras sibi pertinentes cum Senioratico, & cum tertia parte omnium quae inde exierint in dominio tam de mari quam de terra. Et dono etiam tibi Minoricam & Euisam similiter cum terris & pertinentiis earum, tali modo vt habeas haec omnia per me ad seruitium, & fidelitaté meam, & successorum meorum per omnia tempora tu & omnis generatio tua. Si quis vero praesentem donationem disrumpere tentauerit, nihil proficiat, sed in duplo componat, & postmodum haec donatio firma permaneat omni tempore. Quod est actum tertio Nonas Augusti, anno decimo Regni Leouici Regis Iunioris.

S. † RAIMVNDI COMES.

III. & seqq. Diago l.c.95. Idem c.150.
Surita l.2.c.8. Diago l.2.c.155. Idem c.156. Surita c.14. Diago c.164. Idem l.3.c.1. Surita l.2.c.20. & 23. Surita l.2.c.28. Diago l.2. c.154.159.

CHAPITRE

CHAPITRE V.
Sommaire.

I. Verification du mariage de Marie auec Guillaume de Moncade. Opinion de Tomich, qui croit que les Bearnois vindrent choisir Gaston pour le marier à leur Vicomtesse. Opinion de Surita, qui pense que Guillaume de Moncade, qui mourut en la bataille de Maillorque, espousa Garsende heritiere de Bearn. II. Surita refusé en ce qu'il prend le petit fils pour l'Ayeul. Tomich confond l'Election de Gaston fils de Marie, auec le mariage de Marie. III. Alfonse Roi d'Aragon maria sa Cousine la Vicomtesse Marie, auec Guillaume de Moncade fils du Seneschal Guillaume Ramon de Moncade. IV. Preuue de ce mariage par trois moyens. Le premier est vn Acte du Roi Alfonse. V. Le second moyen est pris de l'histoire du Roi Don-Jaime. Mal entenduë en cét endroit par Surita : Guillaume Ramon le Seneschal, mari de Dame Guillelme de Castetuieil. Guillem de Castetuieil beau-frere du Seneschal. VI. Le troisiesme moyen est l'hommage de Guillaume de Moncade pour la terre de Bearn. Et la promesse du Roi de le secourir pour la conqueste de cette terre.

I. 	Ll est temps de faire voir maintenant le mariage de la Princesse Marie dans la maison de Moncade, apres que nous aurons examiné les surprises de Surita, & de Tomich sur ce sujet. Car celui-ci escrit, que du temps du Roi Don Pierre d'Aragon, la succession du Vicomte de Bearn venant à defaillir, pour n'auoir laissé qu'vne fille, les Bearnois vindrent en Catalogne auec dessein de marier leur Dame au fils de Don Pierre de Moncade, & qu'ayans trouué endormis les trois enfans qu'il auoit, & desirans aprendre leurs noms, le pere leur dit, que l'aisné se nommoit Gaston, le second Guillaume Ramon, & le troisiesme Pierre; & qu'ils choisirent Gaston, à cause qu'il auoit la contenance d'vn Seigneur genereux & liberal. Surita croit que le premier de la race de Moncade, qui succeda en la Seigneurie de Bearn, fut Don Guillem de Moncade, qu'il escrit auoir espousé la Vicomtesse Garsende heriere de cét estat, & auoir esté tué en la conqueste de Maillorque, & qu'il estoit fils de Don Guillem Ramon de Moncade, & de Dame Guillelme de Casteluell.

II. Mais l'vn & l'autre de ces auteurs ont esté surpris par l'equiuoque des noms; Tomich ayant particulierement confondu le mariage, auec l'election. Car il est bien certain que Guillaume de Moncade, fils de Guillaume Ramond, & de Dame Guillelme de Castetuieilh, fut marié à l'heritiere de Bearn, comme dit Surita, l'ayant apris de l'histoire du Roi Don-Iayme : Mais il se trompe, lors qu'il prend ce Guillaume de Moncade, pour ce Guillaume de Moncade Seigneur de Bearn, mari de Garsende, qui mourut en la iournée de Maillorque. Car celui-ci estoit petit fils de l'autre Guillaume, qui espousa l'heritiere de Bearn, nommée la Vicomtesse Marie. Pour Tomich, il confond la députation des Bearnois pour aller choisir leur Seigneur nommé Gaston, auec le traicté du mariage de l'heritiere de Bearn, & du fils du Seigneur de Moncade; qu'il appelle mal à propos Pierre de Moncade, & rapporte cette action par erreur au temps de Pierre Second Roi d'Aragon.

III. Ce qu'il y a de certain en cét affaire est ceci, que le Roi Alfonse ayant la Princesse Marie sa Cousine en sa disposition, & voulant en quelque façon recompenser les seruices que Guillaume Ramon Dapifer auoit rendus à son Estat, en procurant le mariage de Petronille Reine d'Aragon, auec le Prince Ramon Comte de Barcelone son pere, le contenta & satisfit en mesme monoye suiuant son desir, en procurant le mariage de son fils Guillaume auec la Vicomtesse Marie, Dame de si grandes terres en Gascogne, & en Espagne, que son frere Gaston auoit esté iugé digne d'espouser Donna Sancha Infante de Nauarre. Et parce que ce point est d'importance, & necessaire pour auoir vne connoissance exacte de ce qui suit; ie le verifierai par trois moyens, qui sont hors de tout contredit. Le premier est vn acte de l'an 1178. pris des archifs de Barcelone. L'autre est tiré de l'histoire du Roi Don-Iayme. Le troisiesme, de l'acte d'hommage de Guillaume de Moncade de l'an 1171.

IV. Pour le premier tiltre, c'est vne permission que le Roi Alfonse d'Aragon, deferant aux prieres de Dame Marie de Bearn, accorde au monastere de Boluestre de l'ordre de Fonteuraut, de pouuoir racheter & desengager tous les fiefs & Seigneuries, qui apartiennent aux Vicomtes de Bearn en Aragon, & sont possedées par Ximen d'Artosselle, & par ceux de Biscarre ; reserué l'honneur de Fraga; en remboursant aux possesseurs treize cens marauedins ou dauantage, pour lesquels ils les possedent par voye d'engagement; & consent que le monastere iouisse de ces biens paisiblement, pendant la vie de Marie; à la charge neantmoins qu'apres son decés, ses enfans puissent faire le rachat dans le temps, & sous les conditions plus particulierement specifiées dans l'acte. Le Roi adiouste sur la fin qu'il octroye aux enfans de Guillaume de Moncade, & de Marie, l'inuestiture de ces fiefs apres le rachat. Cét instrument est en date à Leride du mois d'Octobre, Ere 1211. qui reuient à l'an 1173. Cette piece iustifie peremptoirement le mariage de la Vicomtesse Marie de Bearn, auec Guillaume de Moncade, que i'ai fait voir au Chapitre precedent, estre fils de Guillaume Ramon Dapifer.

V. Ce qui est confirmé par l'histoire du Roi Don-Iaime, pourueu qu'elle soit bien entenduë. Car suiuant que Surita nous en represente les paroles en ses Annales, parlant de la iournée de Muret prés de Tolose, où Pierre Second Roi d'Aragon fut tué en l'annee 1213 : Le Roi Don-Iayme fils de Pierre disoit, qu'il auoit certainement sceu, que Don Nunno Sanches, & Don Guillaume de Moncade (fils de Don Guillen Ramon de Moncade, & de Donna Guillelma de Casteluell) qui fut marié auec la Vicomtesse de Bearn, ne furent point à la bataille, mais qu'ils enuoyerent vn messager au Roi, afin qu'il les attendist. *y dezia el Rey Don Iaime, que supo por cierto, que Don Nunno Sanchez, y Don Guillen de Moncada, hiio de Don Guillen Ramon de Moncada, y de Donna Guillelma de Casteluell, que caso con la Viscondessa de Bearne, no estuuieron en la batailla, antes embiaron vn mensaiero al Rei para que los esperasse.* Ces termes sont fort considerables, à cause qu'ils partent de la bouche du Roi, qui parloit des affaires de son temps, & des personnes qu'il auoit connuës. Or non seulement il asseure, que Guillaume de Moncade fut marié à la Vicomtesse de Bearn, mais aussi, que ce Guillaume estoit fils de Guillaume Ramon de Moncade, & de Guillelme de Castetuieilh. Ce qui doit estre rapporté, non à ce Guillaume Ramon que pense Surita, lequel ie ferai voir en son lieu auoir esté fils de Marie ; mais à Guillaume Ramon Dapifer mari de Dame Guillelme de Castetuieilh; & c'est pour raison de ce mariage, que *Don Guillen de Casteluel*, le nomme son frere en termes formels dans l'acte de la donation du Royaume d'Aragon, que fit la Reine Petronille à son fils Alfonse, l'an 1163. comme i'ai fait voir au Chapitre precedent nombre VI.

VI. En troisiesme lieu, i'employe pour verifier ce mariage de Guillaume de Moncade, l'homage qu'il presta pour la Seigneurie de Bearn qu'il pourroit acquerir en son nom, ou celui de ses enfans, au Roi Alfonse, qui le receut, & ses enfans en sa protection, lui promit son secours, pour l'entreprise du Vicomté de Bearn, en date à Saragosse au mois de Mars, l'an de l'Incarnation 1171. qui estoit sur la fin de l'année que l'on contoit depuis le 25. de Mars. Surita a bien eu connoissance de cét acte, & nous en represente la substance au Ch. 27. du Liure 2 mais il n'ose point s'affermir là dessus pour conclure le mariage auec Marie, d'autant, dit-il, que l'on trouue que peu de temps apres, le Vicomte Gaston fils de Marie posseda cét estat : quoi que cette doute ne deuoit pas l'arrester en si beau chemin, mais plustost lui deuoit persuader, pour ne faire choquer les actes l'vn contre l'autre, que Gaston auec son frere jumeau, estoit issu du mariage de Guillaume de Moncade auec Marie. Et l'on peut facilement conclure, qu'il estoit né sur la fin de cette année 1171, puis qu'en ce temps Guillaume fait mention du droict qu'il pourroit acquerir en la Seigneurie de Bearn au nom de ses enfans, & monstre aussi qu'il n'estoit pas paisible dans son Estat, puis qu'il parle en termes d'vn homme qui le doit conquerir, & que le Roi lui promet son secours pour l'entreprise de Bearn. Aussi est-il certain qu'en ce temps, il y auoit de grandes emotions en ce païs, contre lui & la Vicomtesse Marie, comme l'on verra dans le Chapitre suiuant.

I. Surita l. 2. c. 27. & 78.

IV. E Tabulario Barcinonensi, in Regesto Ildefonsi Regis, fol. 12. Cognitum sit omnibus hominibus, quod ego Ildefonsus Dei gratia Rex Aragonen. Comes Barcinonæ, & Marchio Prouinciæ, lubenti animo, & spontanea voluntate, precibus *Dominæ Mariæ de Bearno*, dono & laudo, atque concedo Deo, & ordini Fontis Euraldi, & suo monasterio S. Crucis de Roluestre, & dominæ Mariæ prædictæ, & omnibus aliis habitantibus ibidem Deo seruientibus, vt redimant & extrahant de pignora, omnem honorem qui pertinet, vel pertinere debet Vicecomiti Bearnensi in toto Regno meo Aragonis, præter illi de Fraga scilicet ipsum quam Ximenis de Artusella, & illi de Biscarra solebant tenere in pignora, per mille & trecentos morabitinos quos eis paccetis, & magis si plus ibi habent : tali scilicet modo, vt omnibus diebus vitæ Dominæ Mariæ, teneant, & possideant, & expletent totum prædictum honorem securè & in pace. Post obitum vero suum quacunque hora filii, vel nepoti eius persoluerint prædicto Monasterio, vel habitantibus ibidem Deo seruientibus iam dictos mille & trecentos morabitinos, vel quantum ibi pluspersolutum erit ad redimenda pignora, recuperent totum suum honorem ex integro. Tamen si *Domina Maria* infra hos tres annos primos venturos obierit, & tunc *filij eius* persoluerint iam dicto Monasterio præ nominatam pecuniam, recuperent suum honorem. Si vero infra istos tres annos non persoluerint prædictam pecuniam, prædictum Monasterium & habitantes ei teneant possideant & expletent totum illum honorem vsque ad decem annos completos, & tunc si *filij Dominæ Mariæ* persoluerint supradictam pecuniam eidem Monasterio, recuperent illum honorem. Sin autem de illis decem annis in antea, omnia eximenta & expleta quæ exient de prædicto honore, Monasterium iam dictum, & habitantes sui recipiantur & computentur in paga & in solta de iam dictis mille & trecentos morabitinos, vel quod sibi dederint pro redimendum pignora, quos acceptos reddant, & deliberent filiis Dominæ Mariæ totum præfatum honorem. Præterea, Ego Rex conuenio vobis Dominæ Mariæ, & habitantibus iam dicti Monasterij totum prædictum honorem tenere, & habere, & expletare securè, & in pace sine vestro engan, sicut superius scriptum est. Post hæc autem hoc totum vt superius scriptum est completum, *Ego Rex conuenio filiis Guillelmi de Muncada*, & *Dominæ Mariæ* totum prædictum honorem tenere & habere securè & in pace. Actum est hoc mense Octobris apud Ilerdam Era millesima ducentesima vndecima. Signum Ildefonsi † Regis Aragon. Comitis Barcinonæ, & Marchionis Prouinciæ. Huius rei testes sunt Guillelmus Tarraconensis Archiepiscopus, Petrus Ausonensis Episcopus, Guillermus Ilerdensis, Abbas Montis Aragonum, Raimundus de Muncada, Guido Guerrat, Ximenes de Artusella Maiordomi Domini Regis, Guiraldus de Iorba, Gaucerandus de Pinos, Arbertus de Castro vetulo, Petrus de Alcalla, Sanctius de Orto Oto. Ego Sancius de Petra rubea præcepto Domini mei Regis hanc Chartam scripsi, & hoc signum feci.

V. Surita l. 2. c. 63.

VI. E Tabul. Barcinonensi in magno libro Feudorum fol. 27 Sit notum cunctis præsentibus atque futuris, quod ego Guillelmus de Montecatano facio hominium, & vobis Domino meo Ildefonso Regi Aragonensi, Comiti Barcin. & Marchioni Prouinciæ, de toto illo *Senioratu o de Biarno*, quod ego ibi per me, *vel filios meos* ibi consequi potero. Supradictum autem hominium, & fidelitatem facio vobis, tali scilicet modo, quod *filij mei*, & tota generatio, & posteritas mea, & illorum faciant inde hominium, & fidelitatem vobis, & omni generationi & posteritati vestræ. Et ego Ildefonsus Rex iam dictus recipio vos Guillelmum de Montecatano, & filios vestros in mea emparanza atque adiuda, *& verò vobis valitor & adiutor de Biarnensi Vicecomitatu*. Actum est in Saragoza mense Marcii ab Incarnatione Domini millesimo centesimo septuagesimo primo.

Signum † Guillelmi de Montecatano.

Signum † Ildefonsi Regis Aragonensis, Comitis Barcin. & Marchionis Prouinciæ.

Ss ij

CHAPITRE VI.
Sommaire.

I. Les Bearnois ne peuuent souffrir que le Bearn soit assujeti par Marie à l'homage d'Aragon. Se reuoltent contre elle, & choisissent vn Chef. II. L'election des Seigneurs mentionnée au vieux For doit estre raportée à ce temps. Erreur des Historiens de Foix, qui prennent Gaston le Quatriesme de la race de Moncade, pour le premier Seigneur de Bearn. III. Negligence de l'Auteur de la Preface du For à ne marquer point la date de cette action. Qui peut estre prise pour vn dessein de cacher le droict successif des Seigneurs de Bearn. IV. Election du Caualier de Bigorre, tué à Pau vn an apres. Election du Caualier d'Auuergne, tué par les Bearnois deux ans apres. Election de l'vn des enfans du Caualier de Catalogne, qui auoit les mains ouuertes. V. Cét enfant est Gaston de Moncade fils de Marie, & de Guillaume de Moncade, qui fut éleu l'an 1173. VI. L'Election arrestée auec Marie, & son mari, pour abolir les homages qu'ils auoient rendus au Roi d'Aragon, & maintenir les Libertés de Bearn contre cette seruitude. VII. Verification du temps de l'Election du Ieune Gaston de Moncade, par vn acte fort notable. Coustume du temps d'ordonner des Sanctuaires, ou visites des lieux saincts par les Rois, & les Euesques. VIII. IX. L'an 1174. estoit le second du Ieune Gaston de Moncade. Ce Gaston estoit fils de Marie aagé de 2. ans.

I. Endant que l'on traitoit ce mariage en Aragon, les Bearnois indignés de ce que leur Princesse Marie s'estoit laissée porter à cette foiblesse, que de perdre la liberté de la terre de Bearn, & l'assujetir à la Couronne d'Aragon, ne pouuans souffrir vn si grand deschet, ni consentir en aucune façon à la ruine de leur franchise, se resolurent brusquement à secoüer l'obeissance de leur Vicomtesse; puis qu'elle n'auoit point l'asseurance de leur commander en chef, sans dépendre d'autrui. Et neantmoins, dautant que cét Estat auoit esté formé dés le commencement, en telle sorte, que son establissement estoit Monarchique, quoique le regime fust Aristocratique, comme l'on a pû reconnoistre dans les Vieux Fors de Bearn & de Morlas, ils iugerent qu'il leur estoit necessaire, d'auoir vn chef, dautant plus que commettans vn attentat tel que celui-ci, contre l'autorité de leur Princesse, ils deuoient se mettre en estat de defense contre les armes du Roi d'Aragon, qui estoit obligé de venger cette iniure faite à sa Cousine, en haine du vassalage qu'elle lui auoit promis.

II. Nous aprenons ce qu'ils firent en cette occurrence par les memoires que l'Auteur de la Preface des Vieux Fors en a conserué; d'où le Cordelier Mediauilla, la Perriere, & Bertrand Elie de Pamiez ont puisé ce qu'ils ont escrit en l'Histoire de Foix, touchant l'origine de la maison de Bearn. Il est vrai que comme la Charte ancienne ne consigne aucun temps en sa narration, ils ont erré plus facilement en proposant leur coniecture. Car ils raportent ces desordres, au temps qui precede immediatement Gaston de Bearn, pere de Marguerite femme du Comte de Foix, & l'establissent par mesme moyen pour le premier Seigneur de Bearn, supposans qu'il fut choisi pour cét effet par les Bearnois dans la maison de Moncade. Mais la suite de ce discours fera voir que ce Gaston estoit le Quatorziesme Seigneur de Bearn,

& le IV. de la race de Moncade, & non pas le premier de Bearn & de Moncade, comme ces auteurs, & tout le Bearn apres eux a creu iusqu'à present; & que les Elections tumultuaires du Caualier de Bigorre, & de celui d'Auuergne, doiuent estre rapportées aux années 1170. 71 & 72.

III. Ce que ie ne puis verifier plus exactement, qu'en proposant l'affaire, comme elle passa, apres auoir admiré le peu de soin de nos predecesseurs, qui marquent cette action d'importance en tels termes, comme si c'estoit la premiere qui fust arriuée dans le Bearn, depuis le deluge; quoi que l'Auteur de la Preface du For ait escrit cette obseruation, cent ans ou enuiron apres cét accident, & qui pouuoit par consequent auoir des instructions suffisantes pour se mieux expliquer: sinon que cette negligence puisse estre imputée, à vn dessein de cacher aux Seigneurs de Bearn leurs Ayeuls, afin de tesmoigner à ceux de la race de Moncade, que leur establissement ne prouenoit pas tant du droict de succession, que de la nouuelle Election faite en consequence de leur capitulation.

IV. Les Bearnois donc indignés contre Marie, Esleurent pour leur Seigneur vn Caualier de Begorre, qui estoit en reputation; mais d'autant qu'il ne les maintenoit pas en leurs priuileges, la Cour Maiour s'assembla en la ville de Pau, & le somma de leur conseruer les fors & coustumes du païs: ce qu'il refusa absolument, & apres son refus donna sujet à la Cour de le tuer sur la place, comme vn autre Romulus qui fut deschiré par les Senateurs. Celui-ci commanda en Bearn *Vn An* seulement. S'estans dépeschés d'vn tel Seigneur, ils allerent en Auuergne, pour deferer le commandement à vn Caualier de cette Prouince nommé Centouil, estimé pour son merite, qui tint le Gouuernement pendant *Deux années*; mais il deuint si superbe & insolét, qu'il ne faisoit point de difficulté de violer leurs Fors & priuileges; De sorte que la Cour, qui estoit cóposée pour lors outre les Euesques des Gentilshómes, & des principaux hommes des Cómunautés, indignée de la rupture & violation de ses priuileges, & croyant auoir asses d'autorité pour ruiner ces Tumultuaires Seigneurs, comme elle en auoit eu pour les créer, commanda à vn Escuyer de le tuer au bout du pont du Saranh, sur les confins de Bearn & de Soule; qui lui assena vn tel coup auec son espieu pardeuant, qu'il le perça d'outre en outre. Cette circonstance de violence & de rudesse est plustost remarquée par cét Escriuain, que le sujet particulier de la plainte des Bearnois, & la description des torts qu'ils pretendoient auoir receu contre leurs priuileges. L'Auteur adiouste que ce fait, les Bearnois ayans apris le merite d'vn Caualier de Catalogne, qui auoit eu de sa femme deux fils iumeaux, apres vne meure deliberation, enuoyerent vers lui deux preud'hommes de la terre, afin de le prier de leur accorder l'vn de ses fils, pour estre leur Seigneur. Estans arriués sur les lieux, ils allerent visiter ces enfans, qu'ils trouuerent endormis; dont l'vn auoit les mains fermées, & l'autre les tenoit ouuertes, & le choix leur estant donné par le pere, ils prefererent celui qui auoit les mains ouuertes, prenans cette contenance pour vn signe de liberalité, & le menerent en Bearn.

V. C'est tout ce que l'on peut recueillir de la Preface du For, qui nous aprend asses, que la sedition esmeuë contre Marie dura *trois ans* sans plus; dont l'vn s'escoula sous le gouuernement du Caualier de Begorre, & les deux sous le Caualier d'Auuergne. Qui est vn poinct de consideration, pour bien placer le temps de ce tumulte; lequel estant restraint à ces trois années, se rapporte extremement bien au temps de l'Election de Gaston de Moncade fils de Marie, qui fut faite en l'année 1173. comme ie ferai voir: & partant comprend les années 1170. 71. & 72. commençant en celle de soixante-dix. Ce fut au premier mois de cette année, que la Vicomtesse Marie fit l'homage de Bearn au Roi Alfonse d'Aragon; ce qui dóna sujet à ses vassaux de faire leur premiere Election du Caualier de Begorre. Mais le succés malheureux qui accompagnoit leur election, & les pratiques de Marie, & de Guillaume de Moncade qui menaçoit sans doute les rebelles d'vne armée d'Aragon, nommément depuis qu'apres la naissance de ses deux enfans, il eut fait homage pour la Seigneurie de Béarn au Roi Alfonse, qui lui promit par le méme acte de le secourir en l'entreprise & conqueste de ce païs, & les considerations prises du droict acquis à la Princesse Marie par la succession de ses Ayeuls, gagnerent enfin sur l'esprit & la fidelité des Bearnois, qu'ils se porterent à commettre deux preud'hommes du païs, pour traicter & negocier leurs affaires auec Guillaume de Moncade, puis que Dieu lui auoit donné lignée de sa femme Marie.

VI. Et voulans à mon auis remedier à la surprise de l'homage presté à Iacca, firent gouster à la Princesse & à son mari Guillaume de Moncade, qui auoit reïteré la mesme faute, qu'il n'y auoit aucun moyen plus asseuré, pour les descharger des hommages qu'ils auoient faits au Roi d'Aragon, pour eux & toute leur race, & pour restablir la liberté du païs de Bearn, qu'en se departant de leurs pretentions sur cette Seigneurie, & consentant que les Bearnois, qui estoient armés & auoient desia secoüé le joug de l'obeïssance, vsassent en quelque façon de leur droit d'Election, qu'ils venoient de s'attribuer pendant ce tumulte; & qu'au lieu de reconnoistre Marie & Guillaume de Moncade, ils eleussent pour leur Seigneur l'vn de leurs enfans, & tous ses legitimes successeurs. Ce qui leur fut accordé sans doute par les articles de la capitulation; puis que nos Fors asseurent si absoluëment, que les Bearnois ont éleu leur premier Seigneur de la maison de Moncade, & que la tradition de cette Election estoit constante en Catalogne, du temps de Pierre Tomich auteur de l'histoire de Catalogne, qui escriuoit enuiron l'an 1450. quoy qu'il confonde l'élection d'vn mari, auec celle d'vn seigneur. Cela mesme demeure puissamment confirmé, par le silence dans lequel on trouue enseuelis parmi les actes du temps, les noms de Guillaume de Moncade & de Marie, qui n'eussent pû souffrir d'estre oubliés si fort, sans ce qu'ils auoient renoncé absoluëment à toutes leurs pretentions, par le moyen du traicté. En telle sorte qu'encore que le Ieune petit Gaston, ne fust aagé que de deux ans & demi pour le plus, & que partant il fust incapable du gouuernement, on voit dans les Chartes que son pere ni sa mere n'y prindrent aucune part, comme si cette nouuelle Election eust coupé la racine aux droicts successifs de Marie.

VII. Pour appuyer ce discours, il est necessaire que ie verifie le temps de l'Election du Ieune Gaston Premier Seigneur de Bearn, de la race de Moncade. Dont ie pense m'aquiter fort auantageusement, par le moyen d'vn acte qui est dans le Chartulaire de Lascar. Il contient la dispute qui fut esmeuë entre l'Eglise de Lascar, & l'Hospital de l'Espiau dependant de S. Christine, touchant la sepulture de Garsias Arnaud de Caubios, & la donation de la disme de Laoos, qu'il auoit faite à toutes parties par diuers testamens. En fin ils assoupirent le procés au moyen d'vn accord, ceux de Lascar promettans de receuoir Chanoine l'vn des enfans du testateur, ou leur mere, & de bailler aux heritiers cinq cens sols monoye de Morlas. Et pour le regard de l'Hospital de l'Espiau, l'Euesque s'obligea d'ordonner & d'indire à tout le peuple, en vn Synode general; vn Sanctuaire perpetuel, qui seroit publié chasque année, le iour de la Natiuité Nostre-Dame pour l'octaue suiuante; c'est à dire d'obliger tout le peuple, d'aller à la Chapelle de l'Espiau chasque année pendant l'octaue de la feste, pour y faire leurs deuotions auec leurs ofrandes, qui vrai-semblablemét seroient plus abondantes en cette Octaue, qui commence le huictiesme de Septembre apres la recolte d'vne partie des fruicts. I'ai remarqué dans Sandoual vne obligation semblable à celle-ci faite par autorité Royale, dans vn priuilege octroyé l'an 1097. par le Roi Sanche Ramirez en faueur de l'Eglise Cathedrale de Pampelone, qui oblige tous ceux de l'Euesché de venir en cette Eglise le iour de l'Assomption Nostre Dame. Ce qui fait voir que la faueur octroyée à l'Hospital de Lespiau, auoit quelque fondement en l'vsage du temps, quoiqu'au fonds la contrainte en ces matieres de deuotion, soit abusiue. L'Euesque leur promet en outre sa iustice, & sa protection paternele en toutes occasions, & de plus leur baille le pouuoir d'excommunier, où pour mieux parler, d'interdire la Paroisse qui leur feroit aucun tort. Moyennent cette transaction, ceux de Lascar conterent les cinq cens sols à la mere, qui deliura la possession de la disme sur l'autel, & son petit fils, qu'elle retira à mesme temps pour le nourrir encore cinq ans.

VIII. Cét acte fut receu l'an de l'Incarnation de nostre Seigneur M. CLXXIV. Indiction VII. Epacte XV. Concurrent I. Presidant en Bearn le Vicomte Gaston le Ieune de Moncade, l'an second. D'où ie conclus facilement, que l'année 1173. fut la premiere de la Seigneurie de Gaston de Moncade le Ieune, puis que l'an 1174. estoit la seconde; Et en outre que la sedition de Bearn, qui dura seulement trois ans; & preceda immediatement l'election de Gaston de Moncade, suiuant la preface du For, doit auoir commencé l'année 1170. & duré les deux autres suiuantes; Et de la mesme ie recueille, que Gaston estoit vn Enfant lors qu'on le mena dans le Bearn. Ce que la tradition nous a enseigné de main en main, & les termes de la preface du vieux For l'ont insinué, representans les deux enfans endormis, lors que les Ambassadeurs de Bearn les allerent visiter, qui est vne posture qui ne peut, en cette conioncture, estre appliquee qu'à des enfans. Or le mariage de Marie ayant esté accompli dés le commencement de l'année 1170. tout ce que l'on peut croire, est qu'ils auoient passé la deuxiesme année, au commencement de l'an 1173.

IX. Au reste on ne peut reuoquer en doute, que ce Gaston ne soit le Ieune Prince choisi par les Bearnois. Car il est formelement designé dans l'acte par le surnom de *Moncade*, qui n'auoit encore paru dans le Bearn, & par la qualité de *Ieune Gaston*. Tout ce qu'vn esprit fascheux pourroit exiger de moi, est de lui verifier que ce Gaston fust le propre fils de Marie la Vicomtesse, espouse de Guillaume de Moncade. Ie pourrois le renuoyer à la demonstration & preuue historique, qui paroist pour la iustification de ce point, en ce qui a esté deduit en ce Chapitre, & aux precedents, & mesmes lui alleguer l'autorité de Surita, qui auoüe que Gaston fils de Marie posseda bien tost apres l'an 1170. la Seigneurie de Bearn. Mais ie reserue de le verifier par tiltres au Chapitre suiuant, & de faire voir en quelle façon cét enfant gouuernoit le païs de Bearn : Apres que i'aurai prié le Lecteur de considerer l'humeur des Bearnois tirée de leur necessité, qui ayans à choisir vn Seigneur, s'attachent à celui qui a les mains ouuertes pour donner, plustost qu'à celui qui les tient serrées & fermées à toute liberalité.

VII. Sandoual in Catal. Episcoporum Pamp. p. 75. Stabiliui etiam, & confirmaui ad honorem Dei, vt omnes in Assumptione Sanctæ Mariæ ex toto Episcopatu veniant qui potuerint, ad gloriosam festiuitatem ibi celebrandam, & quicunque aliquem aduenientem ad ipsam festiuitaté vel redeuntem iniuriauerit vel pignorauerit; persoluat Regi & Episcopo DCCCC. solidos.

VIII. E Charta Lascur. Hoc autem factum est, Anno ab Incarnatione Domini, M. CLXXIV Indictione VII Epacta XV. Concurrentib. I. *Presidente in Bearno Vicecomite Gastone Iuniore de Montecata. Anno secundo.*

CHAPITRE VII.
Sommaire.

I. Verification par deux actes, que Gaston estoit fils de la Vicomtesse Marie. II. Le Bearn gouuerné par vn Tuteur, pendant le bas aage de Gaston. Il est iustifié que ce Tuteur & Gouuerneur estoit Peregrin de Castarazol. III. Recherche de sa race. La maison des Casterazols est ancienne, & de Ricombrie dans l'Aragon. Peregrin Premier rompit l'Election de Pierre d'Atares; & procura celle du Roi Ramir le Moine. Le Gouuerneur de Gaston estoit fils de celui-ci, & Seigneur de Balbastre, & d'Alquesar, & proche parent de Gaston.

I. IL est necessaire maintenant de iustifier que le Ieune Gaston estoit fils de la Vicomtesse Marie: I'employe pour cét effect vn acte, qui fait voir que Sance de Larraun en Soule auec sa mere Anderequine donna au Monastere de Saubalade, tout son droict sur le lieu de Larraun, l'an de l'incarnation 1178. Raimon Guillaume estant Vicomte de Soule, Bernard Euesque d'Oloron, & Gaston le Vicomte, fils de Marie, Dominant en Bearn. Il ne se peut rien dire de plus precis; non plus que la fidelité de cét acte ne doit estre reuoquée en doute, puis qu'encor auiourd'hui on en voit l'execution toute entiere, au moyen de la possession du Prieuré de Larraun, que l'Abbaye de Saubalade retient deuers soi. On void aussi dans les tiltres du Prieuré de Morlas, en suite de la donation que fit Gaston IV. en faueur de cette Eglise, la confirmation de Gaston fils de Pierre le Vicomte, & à costé est escrit en ces termes: *Moi aussi Vuaston ou Gaston Troisiesme, fils de Marie le confirme, & fais ce signe de Croix de ma main, au Chasteau de Pau presens les Euesques de Lascar, & d'Oloron, & Guillaume Pierre de Bearn, & Sançaner de Malbec, & toute la Cour.*

II. Il reste maintenant d'examiner, l'administration du Ieune Gaston, & l'ordre que l'on tenoit en Bearn pour le gouuernement de l'Estat pendant son bas aage: qui estoit en tel degré de ieunesse, qu'il semble que les Bearnois ayent plustost choisi de se gouuerner eux mesme sous pretexte du nom d'vn Seigneur, que non pas recherché à bon escient la conduite d'vn vrai Seigneur. Neantmoins, comme nous lisons dans l'auteur de la vie de Loüis le Debonnaire, que Charlemagne son pere, lui bailla le Royaume d'Aquitaine en l'an 781. l'an quatriesme de son aage, & que pour l'administration, & la conduite de sa personne & du Royaume, il establit vn Gouuerneur ou *Baillif* nommé Arnaud; De mesme les Bearnois élisans leur ieune Seigneur qui estoit encore dans sa troisiesme année, consentirent qu'il eust vn Tuteur ou Gouuerneur de sa personne, & de son Estat.

III. Ce Gouuerneur estoit nommé Peregrin de Castelazol ou Casterazol, comme l'on aprend par deux actes du Chartulaire de Saubalade: l'vn est la vente que fit aux freres du Conuent, vn homme de Pardies, de quatre arpens de terre ioignant la paisselle du moulin de Batcharrau, pour dix-huict sols, & deux chevres, *consentant à ce le Vicomte Gaston auec Peregrin de Castarazol au lieu de Moneng*: Et Sanzaner Baile du Vicomte leur en bailla l'inuestiture de l'autorité du Seigneur, l'an M.C.LXXVII. L'acte suiuant est encore plus formel, pour monstrer non seulement que le Ieune Gaston ne pouuoit rien expedier sans l'auis, & le consentement de Peregrin de Casterazol; mais encore que la personne de Gaston estoit sous le pouuoir & l'autorité de ce Peregrin, en qualité de Tuteur, qui baille vn droict & puissance legitime sur les personnes libres, comme parlent les Iurisconsultes. Cét acte contient la vente de la terre de Lobreges par Bergund de Ros en faueur de Geraud Abbé de Saubalade, qui fut confirmée entre les mains de Robert Raimond Vicomte de Tartas l'an M. CLXXVII. Guillaume Bernard estant euesque d'Acqs, *& Gaston estant Prince de Bearn sous Peregrin de Casterazol*. Cette locution, *sous Peregrin de Casterazol*, marquée si precisément dans vn acte public, où le nom de Gaston Prince de Bearn n'est employé que pour confirmer le date du temps, est vne preuue peremptoire de la qualité de Tuteur & Gouuerneur, en la personne du Seigneur Peregrin. Or il lui estoit aisé de gouuerner ce païs, auec l'auis & l'autorité de la Cour Maiour de Bearn. Dautant que pour les disputes & differents de Vassaux & autres sujets du Prince, il lui estoit facile de les vuider en assemblant la Cour, & y presidant sous le nom de Gaston; & veillant de sa part sur les desseins des voisins de l'estat, il pouuoit auec l'ordre de la Cour estre promptement & puissamment secouru par les Bearnois, pour empescher les entreprises des ennemis.

IV. On demandera volontiers, qui estoit ce Seigneur, à qui l'on auoit confié la personne & l'Estat du Ieune Gaston. A quoi ie puis satisfaire en remarquant auec Blanca en ses Commentaires, que la maison des Casterazols ou Castelezuelos estoit tres-ancienne, & patricienne dans l'Aragon, & possedoit les Ricombries de Calatayud, de Balbastre, & d'Alquesar. Ce qui se peut recueillir, de ce que Surita & Blanca tesmoignent que Pelegrin de Castellezuelo ou Casterazol, & Pierre Tizon furent si puissans dans les Estats d'Aragon l'an 1134. qu'ils rompirent l'élection de Pierre d'Atares, & firent donner la Royauté au Moine Don Ramir. Ce Pelegrin Premier eut trois fils, Ponce & Pierre, Seigneurs en Calatayud, & Peregrin de Castelazol, Gouuerneur de nostre Gaston. On voit celui-ci dans les actes du temps, parmi les autres Ricombres d'Aragon, sous le Prince Raimond, & son fils le Roi Alfonse Second, portant le tiltre de Seigneur de la ville d'Alquezar, aux années 1162. 1164. 1166. 1174. 1181. chés Surita. Mesmes on peut auoir remarqué ci-dessus en l'acte de l'hommage de la Vicomtesse Marie, Peregrin de Castellazol Seigneur en Barbastre, signe auec les autres Ricombres d'Aragon. Apres son decés on trouue *Guillem de Castellezuelo Mayordomo de la Corte del Rei, y Sennor en Huesca*, en l'année 1196. chés Surita. De sorte qu'il ne faut nullement douter, que Pelegrin ou Peregrin de Castellazol, ne fust vn des principaux Seigneurs d'Aragon, & proche parent du ieune Prince Gaston, puis que la tutele est deferée par les loix, suiuant les degrés de Proximité: n'y ayant apparence que sans cette consideration les Bearnois qui auoiét secoüé l'obeïssance de leur Dame naturelle & de son mari, eussent pû souffrir le gouuernement d'vn estranger, sous le tiltre & l'autorité de Gouuerneur du ieune Prince, qu'ils auoient esleu. C'est vn point qui ne peut estre nié par vn esprit bien fait; & partant il faut conclurre que cette parenté prouenoit du costé de la femme de Pierre le Vicomte, qui estoit Aragonoise, & apartenoit en degré asses proche de consanguinité aux Rois d'Aragon, & sans doute aux Castellazols.

I. E Chartario Siluæ-Latæ : In nomine Domini I. Christi. Ego Sancius de Larraun dono cum matre mea Anderequina cunctis fratribus consentientibus, Deo & B. Mariæ de Silua-lata, omne ius, & quidquid in Larraun iure perpetuo, & ipsi recipiunt me monachum. Facta carta ab incarnatione Domini Anno M. C. LXXVIII. Epacta nulla. Indict. XIV. Kal. Iunij. R. W. Vicecomite de Sobola. Bernardo Olornensi Episcopo. *Gastone Vicecomite filio Mariæ dominante in Bearno.*

I. Charta Moilan. † Ego Vuastonius III. Filius Mariæ confirmo, & hoc signum manu mea facio, apud castrum de Pado, adsistentibus Episcopis Lascurrensi scilicet, & Olorensi; & Vuilelmo Petro de Beten, & Sancanerio de Malbec, & tota Curia.

III. E Chartario Siluæ-latæ. Raimuns de Caffiera de Pardinis vendidit fratribus de Silua-lata agrum qui est iuxta paxeram molendini de Batkaral 1 v. iornales pro xv111. solidis, & duabus capris, consentiente Gastone cum Peregrino de Castarazol in Moneg. Sanzaner Baiulus Vicecomitis, & nuncius eius, qui vestiuit terram per manum Gastonis. Anno ab incarnatione Domini M. C. LXXVI.

III. Ex eodem Chartario : Facta charta in manu Roberti Raimundi Vicecomitis, ab Incarnatione Domini, anno M. CLXXVII. mense Februarii, idus Februarii. W. B. Episcopante in Aquensi Ecclesia. *Gastone Principante in Bearno, sub Peregrino de Casterazol.*

1 V. Surita, l. 2. c. 9. 20. 24. 25. 33. 38 48. Blanca Comment. p. 446. 447.

CHAPITRE VIII.

Sommaire.

I. Gaston en l'aage de seize ans visite Alfonse Roi d'Aragon, en la ville de Huesca. Surita escrit qu'il lui fit hommage de sa terre de Bearn, & de Gascogne. II. Surprise de Surita ; le Bearn, ni la Gascogne ne sont point nommés dans cét acte d'hommage. Il est dicté d'vne façon extraordinaire, en termes generaux, & sous la reserue des droicts de Richard Comte de Poictiers. Motifs de ces ambiguités recherchés. III. L'acte de l'hommage representé. IV. Explication d'icelui. V. Coniecture que cét acte fut dressé en termes generaux, par expedient arresté entre Alfonse, & Richard en la conference de Naiac. VI. Gaston fit hommage à Richard en termes exprés, sans exprimer le Bearn. Ce qui fut suiui par le Neueu Gaston.

I. Gaston ayant atteint l'aage de seize ans, se trouua engagé apres le decés de sa mere la Vicomtesse Marie à faire vn voyage vers la Cour du Roi d'Aragon, pour lui faire hommage des Estats qu'il possedoit en son Royaume. De fait le Roi Alfonse estant en la ville de Huesca, au mois de Feurier de l'année 1181. Gaston, à ce que l'on dit, lui fit la mesme reconnoissance pour la Seigneurie de Bearn, qu'auoit fait ci-deuant la Vicomtesse Marie sa mere, & lui presta l'hommage comme son Vassal, pour soi & ses successeurs, de toute la terre de Bearn, & de Gascogne, exceptés certains lieux qu'il tenoit de Richard Comte de Poictiers, fils du Roi d'Angleterre ; & promit de le seruir auec sa personne, & ses Vassaux, contre tous les Princes ses ennemis, reserué Richard, qui dans peu de temps succeda au Royaume d'Angleterre, par la mort de Henri son Pere.

II. C'est ce qu'en a laissé par escrit Surita en ses Annales, expliquant trop auantageusement en faueur de la Couronne d'Aragon, l'acte de cét hommage, dont le Marquis d'Aytone m'a enuoyé vn extraict, tiré du feueillet 67. du regiftre du Roi Ildefonse ; duquel nous profiterons pour l'esclaircissement de ce point. Car le Bearn, ni la Gascogne ne sont aucunement nommés dans cét hommage, qui est dicté pour ce regard d'vne façon extraordinaire, & partant nous insinuë assés, qu'il y auoit eu de la dispute touchant la forme de le prester. D'autant que d'vn costé, le Roi Alfonse requerât l'hommage de Bearn, estoit fondé sur l'accord passé auec la Vicôtesse Marie sa Cousine, qui s'estoit obligée au Vassellage de ce païs, pour elle & ses successeurs, & Guillaume de Moncade son mari, pere de Gaston, auoit renouuellé l'obligation, & presté le sermét de fidelité pour sa terre de Bearn tant en son nó, que de ses enfans. De l'autre part, Gaston pouuoit alleguer l'anciéne liberté de son païs, qui n'auoit pû estre assuietti à l'homage, par vne Princesse moindre d'aage; l'indignation que les Bearnois auoient conceuë de l'accord de Marie, iusques à s'estre retirez de son obeïssance, & auoir éleu deux Seigneurs pendant la sedition, afin de remetre le païs en sa premiere franchise; la nullité de l'homage de Guillaume de Moncade, qu'il rend pour raison d'vne terre qu'il ne possede pas, & dont il n'est pas le maistre, & encor en consequence de l'accord non valable de la Vicomtesse Marie, & sous condition d'auoir secours du Roy Alfonse pour la conqueste de Bearn, qui estoit pour lors en armes contre luy & sa femme. A quoy Gaston pouuoit adiouster, les articles de la capitulation arrestée auec les Bearnois, qui auoient desarmé, moyennant que Marie & son mary, qui s'estoient obligez eux & leur race à l'homage de Bearn, fussent exclus de la Seigneurie; laquelle les Bearnois auoient remise en main à Gaston par voye d'Election, afin qu'elle fust deschargée de tout deuoir de fidelité enuers la Couronne d'Aragon. Et dautant que le ieune Prince reconnoissoit peut-estre, que ses raisons n'estoient pas assez puissantes à l'endroit d'vn Roi, qui songeoit plus à l'accroissement de son autorité, soubs quelque pretexte pour leger qu'il fust, qu'à la diminuer auec iustice, il ioignit à ses interests la consideration de Richard Comte de Poictiers & Duc de Gascogne, auec lequel le Roi Alfonse s'estoit entreueu l'année precedente 1185. & auoit arresté vne ligue contre le Comte de Tolose, en la ville de Naiac; & fit comprendre, que le Comte Richard auroit vn grand suiet de plainte, si l'homage se rendoit pour les Vicomtez de Gauardan, & de Brulhois, qui releuoiét notoirement du Duché de Gascogne. Ofroit neantmoins le Prince Gaston de rendre l'homage, & prester le serment de fidelité pour les terres & seigneuries qu'il possedoit en Aragon, tant aux villes de Saragosse, de Fraga, & de Iaque, & leurs dependances, qu'en diuers autres lieux.

III. C'est pourquoy apres vne meure deliberation, le Roy Alfonse ne voulut pas vn homage specifié, qui contint les terres pour lesquelles il estoit presté, ainsi que l'on a accoustumé de faire, mais exigea vne reconnoissance generale, en ces termes. *Au nom de Dieu sçachent tous, que celui-ci est l'accord, le pacte, & la reconnoissance de la seigneurie, & de l'homage que Don Gaston de Bearn a fait à Don Ildefonse Roy d'Aragon, Comte de Barcelone, & Marquis de Prouence. Car moy Gaston de Bearn fais corporelement de bonne foy, & sans tromperie, homage pour moy, & mes successeurs, à vous Monseigneur Alfonse, par la grace de Dieu Roy d'Aragon, Comte de Barcelone, & Marquis de Prouence, & à tous vos successeurs, & prends de vous, & de vos successeurs, toute ma terre, excepté celle que ie tiens de Richard Comte de Poictiers. Ie vous promets aussi & à vos successeurs, pour moy & mes successeurs, que ie vous aideray auec toute ma terre, & tous mes hommes & vassaux de bonne foy, & sans tromperie, contre tous les hommes, sauf contre ledit Comte de Poictiers. Ie vous promets donc, accorde, & fais homage, que moy & toute ma race vous serons, & à vos successeurs bons & fideles vassaux, & garderons de bonne foy toutes les choses susdites. Donné à Huesca Ere 1225. le 3. de Feurier, l'an de l'Incarnation 1186. Tesmoins Pelegrin de Castellaz ol seigneur en Barbastre. Marc Ferriz en Huesca, & plusieurs autres.*

IV. Maintenant on peut reconnoistre l'artifice, & la precaution qui a esté pratiquée à dresser cét acte. Car d'vn costé Alfonse, qui ne veut point demordre de ses pretensions, exige vn homage general de Gaston pour soi & sa posterité, & ce pour raison de toute sa terre; & neantmoins pour ne rompre pas auec Richard, il y a vne exception, sauf celle que Gaston tient du Comte de Poictiers, sans la designer. De sorte qu'il demeure en estat de se preualoir de cette reconnoissance, au preiudice des droits du Comte de Poictiers, si l'ocasion s'en presente, en faisant voir par l'homage de Marie, que toutes les terres de deçà releuent de la Couronne d'Aragon. Pour nostre Gaston, il n'y trouue pas si bien son conte, à cause que sa foiblesse, & les grandes terres qu'il possedoit en Aragon, l'attachoient absolument aux desirs d'Alfonse, & l'empeschoient de s'afermir aux choses raisonnables. Neantmoins il auoit vn retranchement dans les termes de cét acte, pour defendre la liberté du païs de Bearn. Car outre qu'il n'en preste pas l'hommage en termes exprés, (qui n'est pas vn petit auantage pour cette cause,) il peut se defendre d'Alfonse, en alleguant les droicts de Richard; & du Comte de Poictiers en alleguant ceux de la Couronne d'Aragon, & par ce moyen conseruer la franchise de la terre de Bearn auec souplesse: comme sont obligés de faire tous les Princes mediocres, qui ont leurs Estats assis sur la frontiere de deux puissans Royaumes; lesquels acquerent bien souuent, ou maintiennent leur liberté & l'independance de leurs terres, par voye de surseance; les Rois voisins mettans leurs pretensions sur le païs contesté en quelque souffrance, afin d'éuiter la rupture entr'eux, & neantmoins obligeans le Prince qui est placé entre deux quoi que Souuerain, de conseruer sa fidelité à l'vn & à l'autre.

V. Ce qui me persuade en quelque façon, que le Roi Alfonse d'Aragon, & Richard Comte de Poictiers, traicterent en la conference de Naïac de l'hommage de Bearn, & de Gascogne presté par la Vicomtesse Marie: n'y ayant point apparence aucune que les deux Princes estans proches des lieux, où il y auoit eu de si grands changemens pour cette occasion, eussent omis de conferer sur ce point d'importance, auquel chascun d'eux pouuoit alleguer son interest; & ne pouuans peut estre tomber d'accord sur leurs pretensions mutueles, arresterent de terminer cét article par expedient, qui sembloit plausible, sçauoir que chascun d'eux ayant en ses Prouinces des fiefs notables possedés par le Vicomte de Bearn, qui estoit leur Vassal pour raison d'iceux, receut de lui serment de fidelité en termes generaux, sans designer ni nommer la terre de Bearn, dont ils disputoient l'hommage, qui estoit aussi peut-estre contredit à l'vn & à l'autre, par le Ieune Gaston, & par tout le païs.

VI. De fait il est croyable, que Richard Comte de Poictiers receut auant son depart de cette contrée, vn serment de fidelité de Gaston pour raison des terres de Gascogne qui releuoient de lui, sans exprimer le Bearn, comme le pratiqua le Roi d'Aragon l'année suiuante. Ce qui paroist dautant plus vrai-semblable, que cinquante ans apres, c'est à dire l'an mille deux cens vingt-sept, Guillaume de Moncade Neueu de Gaston, promit par ses lettres patentes à Henri Roi d'Angleterre, de lui faire l'homage des terres qu'il possedoit en Gascogne; comme auoient fait ses predecesseurs; sans qu'il exprime le Bearn; Mais plustost il doit estre censé l'auoir exclus, dautant qu'en ce temps les Seigneurs de Bearn distinguoient le Bearn de la Gascogne, ainsi que l'on a veu en l'acte de l'hommage de Marie; & toutesfois auec cette generalité de paroles, il contentoit le Roi d'Angleterre, à cause nommément qu'il suiuoit le formulaire obserué par ses predecesseurs, ainsi qu'il dit expressément, qui consistoit à ne designer rien en particulier, suiuant l'arresté de la conference de Nayac.

I. Surita l. 2. c. 42.
III. E Tabulario Barcin. in regesto Ildef. fol. 67. In nomine Domini. Notum sit cunctis, quod hæc est conuenientia, & pactum, & recognitio dominij quod ei recognouit, & ominij quod domnus G. de Bearno fecit Domino Ildefonso Regi Aragonum, Comiti Barcinonæ, & Marchioni Prouinciæ. Ego siquidem Gaston de Bearno bona fide, & sine enganno, & sine omni malo ingenio, facio corporaliter hominaticum per me & successores meos, vobis domino meo Ildefonso Dei gratia Regi Aragonum, Comiti Barcinonæ, & Marchioni Prouinciæ, & omnibus vestris successoribus, & capio per vos & per vestros successores omnem meam terram, præter illam quam teneo per domnum Rich. Comitem Pictauensem. Promitto nec non, & conuenio vobis, & vestris successoribus, per me, & per meos successores, quod vobis valeam, & adiuuem vos, & vestros successores cum mea terra, & meis militibus, & hominibus bona fide & sine enganno contra omnes

tra omnes homines, præter prænominatum Comitem Pictauensem. Hoc itaque modo promitto & conuenio, & hominiaticum facio, quod ego & omnis mea posteritas simus vobis, & vestris successoribus boni, atque fideles Vasalli, sicut bono nostro domino, & quod supradicta omnia sicut superius scripta sunt teneamus, & obseruemus, bona fide in perpetuum, & sine enganno. Datum apud Oscam, Era millesima ducentesima vicesima quinta, tertio die Iouis Februarij. Anno ab Incarnatione Domini millesimo centesimo octogesimo sexto.

Signum † Gastonis de Bearno, qui supradicta laudo & confirmo, & sub testibus corroborari facio. Huius rei testes sunt *Pelegrinus de Castellazol dominus in Barbastre*. Marco Ferriz in Oscha, Fortunius de Soot, *Adam d'Alascone*, W. de Trossil, Bernardus Bertrandus, Fortanerius de Portali, Santzol de Borza, & Garcia filius eius. Willelmus Galacianus, Pangros, Petrus de Abbadia, Alamazo, Arnaldus d'Areta. Tatinus Alferiz domini Regis, Petrus de bello-viso, Bertrandus de Castelleta, W. de Castellazol, Raimundus de Montzono. Signum Petri de Blandis, qui hoc scripsit præcepto eiuidem Gastonis & voluntate.

CHAPITRE IX.
Sommaire.

I. Gaston reçoit du Roi Alfonse, le Comté de Bigorre en dot, pour son mariage auec la Jeune Comtesse de Bigorre, sous certaines conditions, suiuant Surita. II. Extraict de ce Contract. Gaston promet de tenir le Comté en homage d'Aragon, lui & ses hoirs qui seront procreés de ce mariage. III. Si la Comtesse predecede, Gaston peut prendre vne autre fille de la race de Centulle. IV. S'il n'y a point enfans de ce mariage le Comté reuient au Roi Alfonse, en payant à Gaston cinquante-cinq mil sols Morlas. V. Si Gaston n'espouse, il doit rendre le Comté, & la Comtesse. VI. Alfonse retient à soi la vallée d'Aran. VII. Homage pour le Comté, & les Chasteaux de Lourde, & autres. VIII. Promesse du Roi de proteger Gaston comme l'vn de ses Grands Seigneurs. IX. Vsurpation du Roi Alfonse sur ce Comté. Il n'estoit point fief masculin contre Surita. Les filles ont possedé diuerses fois ce Comté. X. Iniustice de ce contract au preiudice des heritiers de Centulle.

I. EN l'année M.CXCII. au mois de Septembre, le Roi Alfonse donna à Gaston tout le Comté de Begorre, en le mariant auec la fille de Bernard Comte de Comenge, & petite fille de Centulle Comte de Begorre, comme rapporte Surita; qui adiouste que cet Estat de Begorre apartenoit au Roi par droit de fief en defaut de masle; & que le Roi le bailla à Gaston auec cette condition, que s'il venoit à deceder sans laisser enfans masles de la Comtesse, qui estoit moindre d'aage, le Comté retourneroit au Roi, & à ses successeurs, sous la reserue neantmoins de l'vsufruit en faueur du Vicomte durant sa vie : si le Roi n'aymoit mieux lui bailler cinquante & cinq mille sols Morlas. Et cependant il retint toute la vallée d'Aran auec ses dependances, & l'homage du Chasteau de Lourde & de tous les Chasteaux, & forteresses du Comté, en sorte que ces places fussent remises par les Vicomtes de Bearn, entre ses mains, & de ses successeurs Rois d'Aragon, soit qu'ils fussent appaisés ou courroucés, suiuant la Coustume d'Espagne.

II. Or dautant que cette piece est beaucoup importante, i'ai pris le soin de la recouurer par le moyen du Marquis d'Aytone, que i'ai traduite en François. Sçachent tous, que moi Alfonse par la grace de Dieu Roi d'Aragon, Comte de Barcelone, & Marquis de Prouence, ie consigne & donne à vous Gaston Noble Vicomte de Bearn, tout mon Comté & terre de Begorre, ensemble ma chere Cousine la fille de nostre cher Bernard Noble Comte de Comenge, petite fille de Centulle d'heureuse memoire ci-deuant Comte de Begorre; laquelle vous espouserés & aurés à femme auec ledit Comté de Bigorre, dés aussi-tost qu'elle sera paruenuë en age nubile, à la charge que vous tenieZ & possedieZ ledit Comté auec toutes ses apartenances, Villes, Chasteaux, forteresses, les Nobles & autres hommes depuis le plus grand iusqu'au moindre, & le releuieZ de moi, & de mes successeurs en homage & fidelité, vous, vos fils & filles qui seront procreés de vous & de madite cousine, & tous leurs successeurs à perpetuité.

II. Neantmoins s'il arriue que madite cousine, meure auant que vous l'ayeZ espousee, ie vous permets de prendre à femme vne autre, qui soit de la race dudit Comte Centulle, & qui soit en degré de lui pouuoir succeder, auec laquelle vous possedereZ le Comté, & terre susdicte, & la releuereZ-vous & vostre race en homage & fidelité de moi, & mes successeurs ainsi qu'il a esté dit ci-dessus.

III. Or il faut sçauoir, qu'il a esté conuenu entre moi & vous, que si madite cousine, ou l'autre dont il a esté parlé, decedoit sans enfans procreés de vostre mariage, ou que vostre lignée vint à defaillir ci-apres, ledit Comté & toute cette terre reuiendra tout incontinent & de plein droict en ma main & de mes successeurs librement, absolument, & sans nul empeschement. Mais ie vous deliurerai cinquante & cinq mille sols Morlans, où vous laisserai pendant vostre vie la iouïssance dudit Comté sous lesdits accords & conditions, me reseruant le chois de faire l'vne ou l'autre de ces choses.

IV. Que si vous n'espouseZ pas madite cousine, lors qu'elle sera en aage, ou que cependant vous prenieZ vne autre femme, dés lors vous me remetreZ ledit Comté & madite Cousine, à moi & à mes successeurs, sans fraude, ni delai. Semblablement vous mourant sans enfans, tout ledit Comté & madite cousine ou l'autre parente de Centulle, si vous l'aueZ espousee, reuiendront en mon pouuoir & de mes successeurs.

V. I'excepte de ladite donation, & reserue à moi & aux miens, à mon domaine & de mes successeurs, toute la vallee & terre appellee d'Aran auec tous ses vallons, montagnes, & habitans, & toutes autres choses apartenantes à l'vsage de l'homme: attendu qu'il conste que ladite terre & vallee d'Aran n'apartient en rien audit Comté.

VI. Outre cela qu'vn chascun sçache, que vous Gaston Vicomte de Bearn & vos successeurs m'estes obligés par homage, & serment corporel de garder & obseruer toutes les susdites choses. Et vous & vos successeurs me remettre en mon pouuoir & de mes successeurs, appaiseZ ou courroucés Lourde, & tous les Chasteaux & forteresses dudict Comté, autant de fois que vous en sereZ requis par moi ou par mes Commissaires. Ce que vous n'empeschereZ pas, ni n'euitereZ auec dol & fraude d'estre veu par moi ou mes successeurs, ni par nos messagers.

VII. C'est pourquoi, moi Gaston Vicomte de Bearn susdit, de mon bongré & franche volonté, ie vous promets à vous mondit Seigneur Alfonse par la grace de Dieu illustre Roi, & à tous vos successeurs perpetuelement, d'executer & accomplir toutes les choses susdites de bonne foy, sans dol ni fraude, sous l'homage & serment corporel; soubs lequel ie promets aussi, que les Seigneurs & Gentils-hommes dudit Comté, & cent hommes des principaux de chasque ville, iureront fidelité à vous & à vos successeurs, & de garder les susdits pactes, accords, & conuentions. Et vous promets pour moi & mes successeurs, de vous aider & à vos successeurs, franchement, & loyaument auec ladite terre & Comté, contre tous hommes & femmes à perpetuité. Et consens & promets d'accomplir ce dessus, ainsi qu'il est escrit, & qu'il pourra estre expliqué en bon sens, à vostre profit Seigneur Roi, & de vos successeurs. Ainsi Dieu m'ayde, & ces quatre saincts Euangiles de Dieu.

VIII. Et moi susdit Roi ie vous maintiendrai & defendrai de bonne foi comme l'vn de mes Nobles & Grands Seigneurs. Ceci fut fait au mois de Septembre l'an mil cent nonante-deux.

IX. De la teneur de cét acte on peut aprendre, que le Roi Alfonse s'estoit saisi du Comté de Begorre par bien-seance, & sous pretexte de la minorité de la ieune

Comtesse, & de sa parenté, afin de disposer à son gré de sa personne & de tout le Comté, plustost que par aucun droict de fief en defaut de masle, comme Surita s'est persuadé. Car les Rois d'Aragon n'auoient aucun droit de reduire cette terre en fief masculin, ni priuer de la succession de ce patrimoine les filles, contre l'ancien vsage. Car Beatrix mere de Centulle, possedoit le Comté, lors que Centulle fut marié auec elle en secondes nopces l'an 1078. Vne autre Beatrix, fille de Bernard, & petite fille de Centulle Comte de Begorre, posseda en proprieté la terre de Begorré, vingt ans apres l'accord de vasselage passé auec le Roi Alfonse Premier, & fut mariée auec Pierre de Marsan enuiron l'an 1140. De sorte qu'Alfonse Second auroit commis vne iniustice, s'il eust pretendu à bon-escient, que la Bigorre lui apartenoit, à cause que la succession estoit escheuë à la fille de Bernard Comte de Comenge: puis que l'on voit par les exemples alleguès, que le Comté tomboit en quenoüille, & que mesmes suiuant l'vsage d'Espagne certifié par Blanca, les Honneurs & Ricombries apartiennent par droit de succession aux filles, de mesme qu'aux enfans masles. Aussi peut-on reconnoistre dans cét acte, que le Roi Alfonse veut en quelque façon asseurer le Comté entre les mains des vrais heritiers du Comte Centulle, consentant que les fils & filles descendants du mariage de Gaston & de la Comtesse, puissent y succeder, sans distinction de sexe: Quoi que Surita auec vn peu de defaut de bonne foi, ait escrit pour soustenir sa premiere conietture, que cét accord excluoit les filles de la succession.

X. Pourtant il ne faut pas dissimuler, qu'il y a de l'iniustice en ce traicté, au preiudice des heritiers legitimes du Comte Centulle, & à l'auantage du Roi Alfonse. Car encore qu'il y eust, outre la ieune Comtesse fille du Comte de Comenge, quelque autre fille de la race de Centulle, comme l'acte fait foi, neantmoins il y a clause dans ce contract, qui ouure la reuersion du Comté au profit des Rois d'Aragon, en cas que la lignée de Gaston, & de la Comtesse vint à defaillir. Qui est vne condition fort desraisonnable, & qui oste ouuertement à vn tiers, son droict de succession legitime. La mesme iniustice paroist, en ce que les Seigneuries qui apartenoient en Aragon aux Comtes de Begorre, en consequence de l'accord passé entre le Comte Centulle & le Roi Alfonse l'an 1122. & qui auoient esté possedées par eux, mesme la Seigneurie d'vn Quarton de Saragosse qui auoit esté tenuë par cét autre Centulle, qui est mentionné en l'acte, sont ostées & retranchées à la ieune Comtesse; auec vn tel deguisement, qu'on la despoüille de son bien, sous pretexte de liberalité, & de lui procurer vn bon & honorable parti, tel qu'estoit celui de Gaston de Bearn, qui n'auoit garde d'entrer en dispute touchant les droicts de sa fiancee, puis que le Roi la lui bailloit à femme sous ces conditions, & l'honoroit de son alliance au moyen du mariage de sa Cousine.

I. Surita. l. 2. c. 45.
II. E Tabulario Barcin. in Reg. Ild. fol. 90. Notum sit cunctis, quod Ego Ildefonsus Dei gratia Rex Aragon. Comes Barcinon. & Marchio Prouinciæ, commendo & dono tibi Gaston Nobili Vicecomiti Bearnen. totum Comitatum meum, & terram de Bigorra simul cum dilecta Consanguinea mea, filia dilecti nostri Bernardi Nobilis Comitis de Comenge, nepte Centulli felicis recordationis quondam Comitis Bigorritani; quam ducas & habeas in vxorem cum prædicto Comitatu Bigorritano, statim cum ad nubiles annos peruenerit: hoc modo vt prædictum Comitatum & terram, simul cum omnibus ad eundem Comitatum pertinentibus, villis scilicet, castellis, munitionibus atque omnium generum possessionibus, cum Militibus etiam, & aliis hominibus à maiori vsque ad minorem, habeas & teneas per me & successores meos, ad meam meorumque fidelitatem & seruitium, tu, & filij & filiæ, qui ex te & prædicta consanguinea mea fuerint procreati, & omnes eorum successores perpetuo. Verum si contigerit præfatam Consanguineam præmori, antequam à te nuptialiter ducta fuerit in vxorem, concedo tibi vt possis ducere aliam quæ sit de genere memorati Comitis Centulli, quæ ei vt legitima iure succedere possit & debeat, cum qua similiter habeas prædictum Comitatum, & terram per me & per successores, sicut prædictum est, ad seruitium & fidelitatem meam successorumque meorum, tu, & filij, filiæque tuæ, qui ex te & illa fuerint progeniti, & eorum successores. Sciendum autem sit, quod ita actum est inter me & te, quia si præfata consanguinea mea,

vel illa secunda de qua supradictum est decederet non superstitibus liberis ex te, & altera ipsarum procreatis, vel deficiente quandocunque legitima prole ex te & altera mulierum descendente, prædictus comitatus & tota terra illa libere, & absolute, & absque omni impedimento, ad me meosque successores incontinenti pleno iure reuertetur. Sed dabo tibi quinquaginta quinque millia solidorum Morlanensium, aut permittam tibi habere omnibus diebus vitæ tuæ prædictum Comitatum & terram, sub prædictis cōditionibus & pactionibus, seruata mihi electione ad alterum istorum faciendum. Ita quod si iam dictam terram concessero tibi, in vita tua habere ad obitum tuum, ipso iure libere & in pace & absque omni impedimento ad me meosque successores prædictusComitatus & terra reuertatur. Quod si præfata consanguinea cum fuerit nubilis, non duxeris in vxorem, vel forte interim aliam acceperis coniugem, ex tunc totum prædictum Comitatum, & terram simul cum sæpedicta consanguinea mihi, meisque successoribus & in nostram potestatem sine aliquo ingenio & sine aliqua contradictione & dilatione integre & plenarie restitues. Similiter te mortuo non extantibus liberis ex te & ipsa consanguinea mea vel ex alia secunda superius dicta procreatis, totus prædictus Comitatus & terra simul cum consanguinea vel alia secunda de qua dictum est, si vxor tua fuerit, in meam meorumque successorum potestatem reuertatur. Excipio autem de prædicta donatione, & expressim retineo mihi & meis, & proprietati meæ ac successorum meorum, *totam vallem & terram quæ dicitur Aran* cum omnibus vallibus suis, montibus, pronis, inclinis & terminis omnibus simul cum suis habitantibus & ceteris omnibus ad vsum hominis quoquomodo pertinentibus; Cum constet *prædictam terram vallis Aran ad ipsum Comitatum nihil omninopertinere*. Præterea certum sit & cognitum, quod tu Gasto Vicecomes Bearnen. & successores tui astricti mihi meisque successoribus tenemini hominio & iuramento corporaliter præstito ad hæc omnia prædicta seruanda & complenda in perpetuum. Et tu & successores tui dabitis mihi meisque successoribus in perpetuum potestatem *Iratis & Pacatis*, de Lorda, & de omnibus castellis, munitionibus, & fortitudinibus eiusdem Comitatus & terræ, quotiescumque à me vel à nunciis meis inde requisiti fueritis. Nec vos inde vetabitis, vel vitabitis videri à me & successoribus meis, vel à nostris nunciis & missis vllo ingenio vel mala arte. Ego itaque Gasto Vicecomes Bearnensis prædictus, bono animo & gratuita voluntate conuenio & promitto tibi domino meo supradicto Ildefonso Dei gratia illustri Regi, & omnibus successoribus tuis perpetuo, bona fide, & absque fraude, & malo ingenio, atque sine omni tuo tuorumque enganno, per me & successores meos sub ominiatico & iuramento corporaliter præstito, hæc omnia vt prædicta sunt complere & attendere. Sub quo etiam ominiatico & iuramento promitto me facturum quod magnates & milites prædicti Comitatus & terræ, & in vnaquaque villa centum de maioribus populi iurent vobis & successoribus vestris fidelitatem de prædicto Comitatu & terra, & de seruandis præscriptis conuentionibus & pactionibus. Et promitto etiam per me ac successores meos tibi & successoribus tuis, quod adiuuemus vos semper integra fide & legalitate cum prædicto Comitatu & terra *contra omnes homines & feminas perpetuo*. Hæc autem omnia quemadmodum superius scripta sunt & ad tuum commodum domine Rex, & sine tuo tuorumque successorum enganno, sano intellectu, intelligenda promitto, & conuenio attendere & complere per me & per successores meos per secula cuncta. Sic Deus me adiuuet & hæc Sacrosancta quatuor Euangelia Dei. Item ego Rex præscriptus manutenebo te & defendam tanquam *Nobilem Magnatem meum* per bonam fidem. Factum est hoc mense Septembris anno Domini millesimo centesimo Nonagesimo secundo.

CHAPITRE X.

Sommaire.

I. La Comtesse de Bigorre femme de Gaston estoit nommée Peronelle ou Petronilla. Elle estoit fille de Bernard Comte de Comenge, & de Stephanie Comtesse de Bigorre fille du Comte Centulle Troisiesme. II. Ce Comte de Comenge fut marié à trois femmes, la premiere estoit fille d'Arnaud de La-Barte. La seconde estoit fille du Comte de Begorre, qui est nommée Beatrix dans la Bulle du Pape Innocent. La troisiesme fut Marie de Montpelier, qui fut mariée à Pierre Roi d'Aragon. Ce Roi poursuit la separation de son mariage sous pretexte du mariage du Comte de Comenge auec Marie. Il en est debouté. Le Comte n'auoit point esté separé par autorité de l'Eglise, de Beatrix de Bigorre. III. Parenté entre le Roi d'Aragon & la maison de Bigorre douteuse. IV. Marie de Montpelier auoit eu deux filles Matilde & Peirone, de son mariage auec le Comte de Comenge.

I. Cette ieune Comtesse de Bigorre n'est pas nommée en l'acte precedent, mais nous aprenons d'ailleurs qu'elle se nommoit Peronelle ou Peyronelle, *Petronilla*. Elle nasquit du mariage de Bernard Comte de Comenge, & d'vne fille de Centulle Comte de Bigorre, comme il est énoncé dans le contract allegué. Ie traicterai en son lieu des Comtes de Bigorre; Il suffira de remarquer maintenant, que Centulle III. du nom Comte de Bigorre, fut pere de la Comtesse Stephanie, laquelle on nommoit aussi Beatrix, qui fut mariée à Bernard Côte de Comenge, & fut mere de Peronelle promise à Gaston.

II. Or ce Comte Bernard fut marié trois fois, & l'on pretendit qu'il auoit ses trois femmes en vie à mesme temps, comme l'on peut aprendre par la sentence du Pape Innocent III. de l'an 1213. renduë sur le diuorce que le Roi Don Pierre d'Aragon poursuiuoit contre la Reine Marie de Montpelier sa femme, qui est rapportee au long dans les Indices de Surita, & le fait en abregé dans ses Annales. Car le Roi d'Aragon, proposa pardeuant le Pape, qu'il auoit pour suspect son mariage auec la Dame de Montpelier, disant qu'elle auoit esté mariée auec le Comte de Comenge qui estoit encor en vie, sans qu'ils eussent esté separés par autorité de l'Eglise, & que de ce mariage estoient nées deux filles Matilde, & Petrona, ou Peyrone: adioustant qu'il auoit aussi quelque affinité auec sa femme Marie, dautant qu'il auoit eu connoissance d'vne Damoiselle proche parente de cette Reine. Le Pape commit l'instruction de la cause à l'Euesque de Pampelone, à Pierre de Chasteau-neuf, & à Raoul Moine de Fontfrede, Legats pour lors du S. Siege, & apres leur decés à l'Archeuesque de Narbonne, & à deux autres Euesques les Legats. La Reine respondit pardeuant eux, que par le commandement de son pere elle auoit espousé le Comte de Comenge; mais que le mariage auoit esté contracté par force, & contre les regles Canoniques, attendu que le Comte estoit en degré assés proche de parenté & d'alliance auec elle, & que d'ailleurs, il auoit en ce temps deux femmes en vie, dont l'vne estoit fille d'Arnaud de La-Barca; (ou plustost de La-Barte qui estoit en ce temps le nom de la maison Vicomtale de Barousse & Nestes, proche du Comté de Comenge;) l'autre estoit la fille du Comte de Begorre. A quoi le Roi Don Pierre repliquoit, que le mariage de La-Barte auoit esté separé par iugement de l'Eglise, & que la fille du Comte de Bigorre femme du Comte de Comenge estoit parente du Roi, *Filiam Comitis Bigorræ vxorem Comitis antedicti fuisse tibi consanguinitate coniunctam.* Mais le procés ayant esté remis pardeuant le Pape, & la cause examinée auec beaucoup de soin en plein Consistoire des Cardinaux, dautant qu'il fut bien & deuëment iustifié que la Reine & le Comte de Comenge estoient parents, & alliés entre le troisiesme & quatriesme degré, & que precedemment le Comte auoit espousé en face d'Eglise Beatrix, de laquelle il n'auoit point esté separé par autorité Ecclesiastique, n'ayant mesmes pû estre verifié en cette instance le degré d'alliance qui auoit esté proposé, le Pape auec l'auis & commun consentement des Cardinaux, demit le Roi de la poursuite du diuorce, & lui ordonna de reprendre sa femme.

III. De ce discours il apert que Bernard Comte de Comenge estoit encore viuant, lors que le Roi Pierre espousa Marie de Montpelier, c'est à dire l'an 1204. & que la fille du Comte de Begorre femme du Comte de Comenge estoit tenuë pour parente du Roi d'Aragon. Ce qui s'accorde fort bien auec l'acte remis ci-dessus, où la Comtesse Peronelle est qualifiée petite fille du Comte Centulle, & parente d'Alfonse Roi d'Aragon, qui estoit pere du Roi Don Pierre. Et neantmoins ce Roi ne put iustifier suffisamment cette parenté pardeuant le Pape.

IV. Guillaume de Puylaurens auteur du temps fait mention de ce procés au Ch. xi. & du mariage du Roi Pierre auec Marie de Montpelier, & de celui de Bernard Comte de Comenge auec la mesme Marie, asseurant qu'il eut d'elle deux filles, dont l'aisnée fut mariée à Sancius de Barca, & la seconde à Centulle Comte d'Astarac. Aussi la Reine Marie en son testament qu'elle fit l'an 1213. reconnoist auoir eu deux filles du Comte de Comenge, nommées Matilde & Peirone, veut & ordonne qu'elles succedent en la Seigneurie de Montpelier, en cas que son fils Iacques Roi d'Aragon decede sans enfans.

II. Surita in Indic. ad annum 1213.
III. Guill. de Podio Laur. c. xi.

IV. *Chartes de France.* Surita in Indic. ad annum 1219.

CHAPITRE XI.

Sommaire.

I. Gaston espousa la Comtesse en l'Eglise Nostre Dame de Muret prés Maslac. Verifié par deux actes. Bernard de Morlane Euesque d'Oloron. II. Examen de l'année de ces nopces par le temps des Abbés de Saubalade. III. Gaston auant les nopces prend le tiltre de Comte de Bigorre. Le tiltre de Bearn est preferé dans les actes publics à celui de Bigorre. IV. Verifié par la Fondation du Prieuré de Pleixac au Vicomté de Brulhés. Gaston est le Fondateur de ce Prieuré. Brulhois reüni à la maison de Bearn. V. Cette preference verifiée par autres actes. Bertran de Beceiras Euesque d'Agen. Arnaldensis moneta. VI. Cette preference verifiée par vn acte de Sainct Pé. Gaston exempte les sujets de ce Monastere qui sont en Bearn d'aller à la guerre, & à l'Orde. Explication de Ordea ou Orde. Vuardea expliquée dans les Loix des Vuisigoths, & dans les Capitulaires. VII. Preuue peremptoire de la preference de Bearn à Begorre.

I. Le mariage du Vicomte Gaston & de la Comtesse Peronelle fut consommé, la Messe nuptiale ayant esté celebrée en l'Eglise Nostre Dame de Muret en Bearn prés de Maslac, par Bernard Abbé de Saubalade, le premier du mois de Iuin, comme l'on void dans deux actes, dont l'vn contient l'octroy que Gaston Vicomte de Bearn & Comte de Begorre fait à ce Monastere, du droict de pasquage pour son bestail, au lieu de Lengos, & en la forest appellée Domeig, auec defenses aux voisins gentils-hommes, roturiers, clercs, ou laïques, de le troubler en la possession de cét vsage, sous peine d'encourir son indignation, & de payer mille sols d'amende au Vicomte. Le date de l'acte est conceu en cette façon ; *Ceci fut fait à Saincte Marie de Mured, le mesme iour que Gaston espousa sa femme, la fille de Bernard de Comenge, au mesme lieu aux Calendes de Iuin, Bernard estant Abbé de Saubalade, qui celebra ce iour la Messe nuptiale pour Gaston & sa femme, audit lieu de Saincte Marie de Mured.* Les tesmoins sont Bernard de Morlane Euesque d'Oloron, Guillem Od d'Andons, Bernard d'Ousse, Guillem Brun d'Oloron, & plusieurs autres. L'autre acte contient le don de pasquage par tout le territoire de Salies, pour le bestail du monastere, auec les mesmes peines & defenses qui sont en l'acte precedent. *Ce qui fut fait les Calendes de Iuin au mesme iour que Gaston oüit la Messe auec la fille de Bernard Comte de Comenge, qui fut celebrée par Bernard Abbé de Saubalade, au lieu de Saincte Marie de Mured.*

II. Mais la consignation de l'année s'est arrestée au bout de la plume de ces Escriuains. C'est pourquoi ils m'obligent de la rechercher par les années de la Prelature de l'Abbé Bernard, successeur d'Arnaud. Cét Arnaud cinquiesme Abbé de Saubalade, successeur immediat de Geraud (comme celui-ci l'estoit de Matthieu, Matthieu de Bertrand, & Bertrand de Helie premier Abbé.) Siegeoit l'an 1170. & accepta la donation que Bernard Guillaume de Iaçes lui fit auec le consentement de sa femme Ossalese & de ses enfans, de la iurisdiction que son pere lui auoit laissée sur l'Eglise de Camtort, auec toutes ses apartenances, Bernard Euesque d'Oloron y apportant son consentement, à Nauarrens au mois de Iuillet 1190. Arnaud continua sa prelature iusqu'à la fin de l'année 1195. que Bernard lui fut substitué. De sorte que l'on peut asseurer que le mariage de Gaston, ne fût pas celebré auant le commencement de l'année 1196.

III. Cependant il est certain, qu'ayant receu du Roi Alfonse l'inuestiture du Comté de Bigorre, dés l'an 1192. il en prit tout incontinent la possession, & le titre de Comte de Begorre, auant la consommation du mariage; auec cette precaution neantmoins, que le tiltre & la qualité de la Seigneurie de Bearn, quoi que Vicomtale seulement, precedoit le titre de Comte de Begorre: d'autant que la maison de Bearn, outre qu'elle estoit son ancien patrimoine, precedoit en ce temps la maison de Begorre, & tous les autres Comtés de Gascogne, en lustre, honneur, & dignité.

IV. Ce qui paroist en la donation, qu'il fit l'année M. CXCIII. à l'Abbé de Saubelade Arnaud de Bas, de toute la Parroisse de Pleissag, qui est dans le Vicomté de Brulhois; dont l'acte est transcrit parmi les preuues de ce Chapitre, pour faire voir que la ville de la Plume, & le reste du Vicomté, qui est de l'ancien domaine de Bearn, & auoit esté donné en partage auant l'année 1060. à Hunaud Abbé de Moyssac, estoit reuenu à la maison de Bearn par sa profession monastique, & que nostre Gaston en estoit le maistre. Ce qui donnera suiet ci-apres de faire des plaintes, contre les inuasions du Comte Simon de Montfort. Ioint que l'establissement d'vn bon Prieuré, qui subsiste encore sous le nom de Prieuré de Pleixac, meritoit cette obseruation: outre la preuue qui se retire de ce titre de la preference de Bearn sur la qualité de Comte de Begorre.

V. Le mesme ordre est obserué dans les actes publics, lors que l'on consignoit les dates par les noms des Princes : comme l'on void dans la donation de la disme de Taxoeres faite à Bernard Abbé de Saubalade, par Bernard de Reuignaa, lors qu'il reuenoit de la Cour du Roi Alfonse de Castille, *de Rege Anfos de Castere*. Ce qui obligea Odon de Tarride, qui possedoit la moitié du Chasteau & de la disme de Taxoeres, & sa sœur nommée Comtesse de Montcaub, de faire vne semblable liberalité de leur portion, en faueur de ce Monastere. Ce qui fut confirmé sous l'ormeau deuant l'Eglise de Montcaub, Bertran de Beceiras estant Euesque d'Agen, Raimond Comte de Tolose, *& Gaston Vicomte de Bearn, de Gauardan, & de Brules, & Comte de Begorre* l'an 1195. Pour l'augmentation & agencement de ce benefice, à la priere du mesme Gaston, le Prieur de Lairac lui bailla en fief, *nomine feodi*, tout le droict qui lui apartenoit sur l'Eglise de Plexac, moyennant vingt sols de rente *Arnaldensis monetæ*, payable chasque feste de S. Martin, l'an M. CXCIV. Bertran estant Euesque d'Agen, R. Comte de Tolose. Regnant Gaston Vicomte de Bearn, & Comte de Begorre.

VI. On peut reconnoistre la mesme preference de la maison de Bearn, sur celle de Begorre, dans le priuilege que ce Prince estant allé au Monastere de Sainct Pé de Geyres, accompagné d'vn grand nombre de personnes illustres & remarquables, octroya en faueur de ce Conuent, & le fit confirmer par sa Cour de Bearn, accordant à tous les sujets & vassaux du monastere, qui estoient en Bearn, l'exemption d'aller à la guerre, & à l'Orde. Ce terme *Ordea*, ou bien *Orde*, est interpreté dans cet acte en termes formels, pour vne soudaine & prompte poursuite, que l'on fait contre la course des ennemis. Cette diction a esté conseruée parmi le vulgaire, pour signifier l'assemblée qui se fait auec le son du bafroi, & merite d'estre expliquée en consideration de son antiquité. Car *Ordea*, ou *Vuardea*, est vn terme Gothique employé par le Roi Eruigius dans les Loix Vuisigothiques, & est aussi vsurpé dans les Capitulaires, sans qu'il soit expliqué assés exactement dans les Glossaires de Pithou, & de Lindenbroch, qui se contentent de prendre *Vuardea*, pour la Garde en general. Et neantmoins considerant de prés l'ordonnance d'Eruigius, on trouuera que cette diction signifie la garde, & la leuée que l'on fait dans les Villes & Communautés, pour empescher les desordres, tumultes, & souleuemens inopinés, qui arriuent sur les lieux, tandis que les autres bourgeois sont occupés dans les armées du Roi. Car les Rois Vuisigoths, & mesmes les François n'vsoient de cette precaution en la leuée des gens de guerre, qu'ils faisoient dans les Prouinces, que pour empescher les desseins des factieux, ou des voleurs, ils ne denuoient pas entierement les bourgs & les communautés, des hommes de seruice; mais plustost laissoient quelque Chef dans les lieux plus propres, pour en conuoquer l'assemblée, qui se nommoit *Ouarde* ou bien *Orde*.

VII. Bref en l'acte de la declaration de l'an 1212. que fit Gaston au Synode de Lauaur de se sousmettre à l'ordonnance de l'Eglise, il prend les titres en cét ordre, *Gaston par la grace de Dieu Vicomte de Bearn, & Comte de Bigorre*. Ce qui sert d'vn argument peremptoire de la preference de dignité de la maison de Bearn sur celle de Bigorre; puis que cét acte deuoit estre porté par le Roi d'Aragon à vn Concile tresnotable; & à sa Sainteté mesme : & où par consequent les paroles deuoient estre pesées & deliberées plus serieusement, que l'on ne fait aux actes ordinaires.

I. Ex Siluælatæ Chartario : Datum est hoc apud Sanctam Mariam de Mured eadem die, qua Gasto duxit in vxorem filiam Bernardi Comitis Conuenarum, in eodem loco kal. Iunij. Bernardo existente Abbate de Silualata, qui ea die celebrauit missam nuptialem Gastoni & vxori eius, apud Sanctam Matiã de Mured. Testes istorum donatiuorum sunt, Bernardus de Morlana Episcopus Olorensis, Guilemod d'Andoins, Bernardus de Oussa, Guillem brun d'Oloron & alij multi.

IV. E Chartario eodem: In nomine Domini nostri I. C. Notum sit cunctis fidelibus tam præsentibus quam futuris, quod ego Gasto Vicecomes Bearni, & Brulies, & Comes Bigorræ, do & concedo in perpetuum pro me, & posteris meis ob redemptionem animæ meæ, & parentum meorum, rotam ab integro parochiam de Pleissag, quod habeo, & quod habere debeo, Deo & B. Mariæ Siluæ-latæ, & fratribus ibidem deo seruientibus presentibus, & futuris &c. Anno verbi incarnati millesimo centesimo nonagesimo tertio. Ibi mentionem facit A. Sanz fidelis sui *de Pluma.*

VI. E Chartario S. Petri Gener. Notum sit vtrique sexui, & tam præsentibus, quam illis qui sunt in posterum nascituri, quod Gasto Vicecomes Bearnéfis, & Comes Bigortensis, veniens ad S. Petri Generensis monasterium, cum multitudine sublimium personarum, decreuit ampliare eiusdem monasterij libertatis priuilegium ad suorum similitudinem antecessorum. Orto itaque honestæ deliberatonis consilio, & prædicto domino G. diuinitus inspirato, absoluit idem Gasto in Bearnio, & in toto Vicecomitatu Bearnensi suo, omnes homines ad dominium S. Petri Generensis pertinentes, ab exercitu, & ab omni expeditionis genere, *& à repentina hostium insecutione, quam vulgus consueuit Ordeam appellare.* Ad confirmationem huius donationis prædictus Vicecomes, librum in altari S. Petri, sicut moris est, posuit, & eandem donationem *in Bearnensi Cursa* confirmauit pro se, & pro omnibus suis successoribus. Lib. IX. LL. Vuisig. T. II. l. IX. Lib. III. Capit. T. LXVIII.

CHAPITRE XII.

Sommaire.

I. Les païs de Mixe, Oſtabat, & autres qui eſtoient de la conqueſte de Gaſton IV. ſur les Vicomtes d'Acqs furent demembrés du temps de la ſedition arriuée en Bearn à l'occaſion de la Uicomteſſe Marie. II. Les Vicomtes de Tartas maiſtres de la maiſon d'Acqs firent cette inuaſion. Appuyés du Roi d'Angleterre. Ramon Vicomte de Tartas Ambaſſadeur pour le Roi d'Angleterre. III. Gaſton reprit la ville d'Ortés. Paſſe vn traiƈté auec Arnaud Raimon de Tartas. Gaſton deliure le Chaſteau de Lourde à Garſie Arnaud de Faxe pour aſſurance du traiƈté. Celui-ci le rend à Gaſton ſuiuant l'accord à cauſe que le Vicomte de Tartas ne gardoit point le traiƈté. IV. Gaſton ſe qualifie Seigneur d'Ortés, à cauſe de ce qu'il auoit reſtabli cette ville à la maiſon de Bearn. Il donne les Fours d'Ortés au Monaſtere de Saubalade. Ces Fours ſont exemptés par les habitans de la garde, mais non de la fermure de la ville au derriere de leur maiſon.

I. LA rencontre du temps m'oblige maintenant à faire mention des playes que receut la maiſon de Bearn, & du démembrement de ſon Eſtat, que cauſa la ſedition eſmeuë par les Bearnois contre Marie leur Princeſſe. Car les Vicomtes de Tartas qui auoient recueilli le debris de la maiſon Vicomtale d'Acqs, apres que Gaſton IV. l'eut entierement ruinée, & qui auoient conſerué quelques reſtes de ſon patrimoine, tandis que Gaſton & ſes ſucceſſeurs poſſedoient la Mixe, l'Oſtabat, le quartier d'Ortés, & vne partie de la Preuoſté, & y exerçoient leur autorité & iuriſdiction Vicomtale, ainſi qu'il a eſté iuſtifié ci-deſſus; Les Vicomtes de Tartas Ramon, & Robert Raimon ſe preualans de l'occaſion, & voyans les forces de la maiſon de Bearn affoiblies, & abatuës par elles meſme, au moyen de la ſedition domeſtique, ſe ſaiſirent de toutes les terres & païs, qui auoient ci-deuant apartenu à la maiſon d'Acqs, & s'en rendirent les maiſtres, enuiron l'an 1171. ſans conſiderer que les Seigneurs de Bearn les auoient paiſiblement poſſedées pendant ſoixante ans, & plus. Et peut-eſtre que le Caualier d'Auuergne ſecond Seigneur de l'election des Bearnois, conduiſoit ſes troupes vers le païs de Mixe pour le recouurer, lors que la Cour de Bearn le fit tuer au bout du Pont du Saranh, qui eſt à demi licuë de cette frontiere; parce qu'il les menoit contre leur gré, & au preiudice de leurs libertés, qui ne les obligent point de porter les armes hors le païs, que trois fois l'année; duquel deuoir ils pretendoient s'eſtre deſia acquités.

II. Cette inuaſion des Vicomtes de Tartas, eſt tellement veritable, que depuis ce temps on trouue dans les actes publics de ce quartier, vn ſilence des Seigneurs de Bearn, & vne mention tres-frequente de ceux de Tartas, ſous le nom & l'autorité deſquels toutes choſes ſe ſont paſſées & reglées dans ces contrées. En quoi ie me perſuade facilement, qu'ils ont eſté fauoriſés par les Rois d'Angleterre, qui ſuportoient auec impatience les eſtroites alliances des Princes de Bearn auec les Rois d'Aragon, & ne ſe faignoient point d'embraſſer les intereſts des Vicomtes de Tartas, qui dependoient entierement de leurs volontés. De fait en l'année 1170. Ramon Vicomte de Tartas fut employé comme Ambassadeur du Roi d'Angleterre, en compagnie d'autres Seigneurs, pour conduire sa fille vers le Roi de Castille son mari: mesme le Roi d'Aragon promit l'execution des pactes de mariage au nom du Roi de Castille, & en iura l'obseruation, entre les mains des Vicomtes de Tartas, de Castillon & de Pierre La-Moté, chés Surita.

III. Or nostre Gaston, qui ne pouuoit souffrir auec honneur vne telle perte, sans en tesmoigner du ressentiment, & se mettre en estat de recouurer le tout, ou bien vne partie, arma puissamment, & reprit la ville d'Ortés auec quelques terres adiacentes. Ce qui donna lieu à vne composition qui fut arrestée entre Gaston, & le Vicomte de Tartas Arnaud Raimon, fils ou frere du Vicomte Robert Ramon: par laquelle la ville d'Ortés & ses dependances qui estoient à la bien-seance de Gaston, furent reünies & incorporées au domaine de Bearn: moyennant quoi nostre Prince se departit de toutes ses pretensions, sur les autres terres que ses predecesseurs auoient tenuës. Pour asseurance du traicté, on bailla des ostages de part & d'autre; & particulierement Gaston deliura le Chasteau de Lourde entre les mains de Garsie Arnaud de Faxe, sous cette condition, que si le Vicomte de Tartas ne satisfaisoit de son costé à l'accord passé entre lui & Gaston, Faxe remettroit le Chasteau de Lourde, qu'il tenoit en depost, & sa propre personne au pouuoir de Gaston. Ce que ce Gentil-homme executa de bonne foi, & se remit entre les mains de Gaston en la ville d'Ortés au commencement du mois d'Auril de l'année M.C.XCIV. à cause que le Vicomte Arnaud Raimond auoit rompu le traicté de sa part.

IV. On peut recueillir ce traicté de quelque clause inserée dans vn acte du Chartulaire de Saubalade; & encore de la teneur d'vn acte de l'année 1193. où Gaston prend la qualité de Seigneur d'Ortés. Ce qui ne pourroit auoir vn bon sens, si on ne regardoit l'interruption de la possession de ses predecesseurs, qui auoient bien compris tousiours Ortés & les autres membres de leur conqueste, sous le tiltre general de Bearn; mais celui-ci ne pouuoit pas faire le mesme à cause de la distraction, dont il voulut marquer le restablissement par le nouueau titre de Seigneur d'Ortés. Cét acte est vn contract d'achat fait par Arnaud Abbé de Saubalade, d'vne maison sise en la ville d'Ortés, pour cent quarante-cinq sols monoye de Morlas qui fut autorisé par Gaston le Vicomte & Seigneur d'Ortés, & cautionné en sa main. Aussi void-on, que Gaston voulant comme prendre la possession de cette ville, & tesmoigner que la disposition lui en apartenoit, exerce des liberalités à l'endroit du Conuent de Saubalade, & lui donne pour l'amour de Dieu tous ses fours d'Ortés à perpetuité, en telle sorte que tous ceux qui voudront vendre du pain paistri auec leuain, soient obligés de le faire en ces fours, & non ailleurs, l'an M.C.XCIII. tesmoins VV. de Iaçes. R. de Salbo, Bernard de Lag. VV. de Dusmons. Le Baile d'Ortés, Perarnalt de Gauarret. En consequence de cette donation, l'on trouue vn acte de consentement de tout le peuple d'Ortés, qui octroye à l'Abbé Arnaud & à tous les Moines de Saubalade, l'exemption des deuoirs ausquels ils pourroient estre obligés, pour raison de leur four d'Ortés, sçauoir de tout guet, de garde, & de queste ou taille, excepté la fermure & la cloison de la ville de leur costé, tout ainsi qu'vn chascun des autres habitans est obligé de tenir fermé l'endroit où sa maison est assise. Cét acte est du mois de Mars au commencement de l'année M.C.XCV. Où l'on peut obseruer l'execution d'vn article du For General, qui estoit practiqué dans Ortés, aussi bien qu'ailleurs, qui obligeoit tous les habitans, & les chargeoit de tenir en estat, bien clos, & & fermé l'endroit de leur maison, qui respondoit sur le fossé de la ville.

III. E Chartario Siluælatæ. Ego Gasto Vicecomes Bearnensis do B. Mariæ Siluæ-latæ, & Arnaudo Abbati, & fratribus præsentibus atque secuturis, casale meum de Biro scilicet Vuillelmum Aner, & facio idem casale liberum ab omni seruitute, vt habeant videlicet illud & possideant, sine aliqua seruitute & grauamine, quod non respondeant r eque Vicario, neque alicui vnquam personæ, sed semper liberum habeant & possideant. Huius donationis testes sunt w. Airiu de Cremer. Vicarius de Larbat. Petrus de Landtessa. Aramon Arnaud de Ortez. P. de Bruero. Facta carta huius donationis, anno ab incarnatione Domini M. CXCIV. V. Idus Aprilis apud Ortesium, vbi facta est donatio ista, *quando scilicet, Garso Arnaud de Faxe reddidit se Gastoni in captionem, pro pactione quam fecerat illi, quod redderet castrum Lurdam, nisi Arn. R. Tartassensis staret pactis, inter se & Gastonem positis.*

IV. Ex eodem Chartario: in manu Gastonis Vicecomitis, & *Domini de Ortez*, anno M. CXCIII. Kal. Ian. apud Ortez. Alibi in eodem Chartario: In nomine P. & F. & S. S. Ego Gasto Vicecomes Bearnensis dono fratribus Siluæ-latæ omnibus præsentibus & futuris, & pro amore Dei omnia furna de Ortez in perpetuũ, vt habeatis & possideatis liberè ex parte mea, & omni posteritate mea; & quicunque panem venalem fermentatum coquere voluerit non coquat in aliis furnis, nisi in vestris. Facta carta anno ab Incarn. domini M. CXCIII. Testes huius donationis sunt w. de Laçes. R. de Salbo. Bernardus filius Perionæ. Iulianus Bernardus de Lag. w. de Dus Móns Baiulus de Ortez. Perarnaud de Gauarret. Alibi in eodem Chartario: Memoriæ scriptum relinquimus, quod ad preces Arnaudi Abbatis Siluæ latæ, & totius conuentus eiusdem loci, populus de Ortez concessit omnibus fratribus Siluæ-latæ præsentibus & futuris, quod haberent furnum suum de Ortez, liberum ab omni onere vigilum, & custodum, & quæstæ, exceptâ clausura pro parte domus suæ, sicut quilibet claudit partem domus suæ, ita & nos claudere partem nostram. Hoc excepto sit ab omni onere libera. Hanc libertatem concesserunt A. I. D. M. C. XC. V. mense Martio, altera scilicet die post dominicam in ramis palmarum.

CHAPITRE XIII.

Sommaire.

I. Dispute entre Gaston, & Ramon Garsie de Nauailles fils de Garsie Arnaud, sur la remise du Chasteau de Nauailles. Coustume de Bearn que les Vassaux sont obligés de remettre leurs Chasteaux trois fois l'année entre les mains des Seigneurs appaisés ou courroucés. II. III. Accord de Gaston & de R. Garsie de Nauailles. Le Seigneur exerçoit sa iustice à Lascar, à Pau, & à la Fourquie de Morlas. Siege du Chasteau de Miramont. Sancaner Euesque de Lascar. Guerre entre Alfonse Roi de Castille, & Jean Roi d'Angleterre pour la Gascogne. Le temps de cette guerre marqué confusément par Roderic, & Lucas. Son vrai temps est l'an 1205. V. Sujet de cette guerre ignoré par les historiens. La Gascogne donnée en faueur des nopces d'Alienor d'Angleterre & de cét Alfonse Roi de Castille. Iean confirme cette donation, & finit cette guerre. VI. Faute de Roderic & Lucas, qui disent qu'Alfonse domta la Gascogne par armes, & prit Sauueterre, Ortés, & Depart. Gaston estoit du parti d'Alfonse. Il fut à Sainct Sebastian l'année precedente auec Geraud Comte d'Armaignac, pour le saluer, & le recognoistre Seigneur de Gascogne. Ce qui est verifié par vn acte du Chartulaire d'Acqs.

I. LE defaut d'instructions est cause, que ie suis obligé de laisser couler sous la plume quelques années sans faire aucune remarque des actions de Gaston; l'egalité de ses mœurs, & la moderation de ses deportemens, qui lui auoient acquis le surnom de Bon, ayant osté les occasions de noise auec les voisins. Neantmoins sa bonté lui attira vne dispute auec vn de ses sujets, qui refusoit de lui rendre tous les deuoirs, qu'il estoit

estoit obligez, par la Coustume de Bearn. C'estoit Raimond Garsie de Nauailles, fils de Garsie Arnaud, seigneur du chasteau de Nauailles, & de celui de Castetnau; Il auoit esté requis & interpellé par Gaston, de lui remettre en main son chasteau de Nauailles, suiuant le desir du For, qui ordonne à tous les Cauers & Gentils-hommes de Bearn, de faire la deliurance de leurs chasteaux au Seigneur *appaisé*, ou *courroucé*, trois fois l'année; mais il refusa d'obeïr, & se mit en estat de resister à force ouuerte. Neantmoins il fut bien-tost, & rangé à son deuoir, & receu aux bonnes graces de Gaston, par l'entremise de ses amis, qui moyennerent le mesme traicté entre eux, que Gaston I V. qualifié dans l'acte, mari de la Vicomtesse Talese, & pere de Centulle qui mourut à Fraga, auoit passé auec Garsie Arnaud de Nauailles; qui estoit enregistré au liure de Morlas. Termes qui font voir, que si le bruslement du chasteau d'Ortez n'eut perdu & consommé les anciennes chartes de la maison de Bearn, nous eussions eu moyen de metre au iour, auec le secours du vieux Registre de Morlas, les choses plus remarquables de nos anciens Princes. L'accord fut arresté selon le For de Bearn, conforme en ce point à la Coustume d'Espagne, & à celle de Languedoc, qui est exprimée dans les ordonnances faites par le Comte de Montfort l'an 1212. en son chasteau de Pamies.

Les articles du traicté de Gaston sont ceux-ci, tournez du Latin en François: *Que Ramon Garsie doit bailler & rendre le chasteau de Nauailles trois fois l'annee au seigneur Gaston courroucé & appaisé, & à ses successeurs, & que Ramon Garsie ne fera point guerre, ni domage aucun auec ledit chasteau au seigneur Gaston, ni à ses successeurs. Que si R. G. ne vouloit point deliurer le chasteau au seigneur Gaston, à toute heure qu'il en seroit requis, il sera tenu pour traistre & pariure du seigneur Gaston, & de sa race: Et si le seigneur Gaston ou son successeur pouuoit apres ce refus se saisir par force du chasteau, il ne seroit tenu de le rendre iamais, à R.G. ni à son successeur. Mais aussi le seigneur Gaston doit tenir le chasteau sans y faire aucun domage. Et lors que R. G. voudra le recouurer, il doit bailler bonnes cautions au seigneur Gaston, qu'il estera à droict, & se presentera pardeuant sa iustice pour satisfaire aux plaignans, & moyennant ce, il doit recouurer le chasteau sans empeschement. Neantmoins si le seigneur Gaston, ou son successeur porté de malice, ne vouloit point rendre le chasteau à R.G. ou à son successeur, offrant d'executer ce que dessus, & que R.G. le pût apres recouurer par force, il ne sera plus tenu de le remettre au seigneur Gaston ni à son successeur, lequel en ce cas seroit tenu pour traistre & pariure à R.G. & à sa race. En outre R. G. & son successeur doit subir la iustice du seigneur Gaston à la requeste des plaignans pour le chasteau de Nauailles, soit à Lascar, soit à Pau, ou à la Fourquie de Morlas.* Cet accord a esté faict entre lesdit Gaston & R. G. pour eux & leurs successeurs, l'an M. C C. V. au temps qu'Alfonse Roy de Castille estoit en guerre pour la Gascogne, auec Iean Roy d'Angleterre. S. A. estant Euesque de Lascar, & Bernard Euesque d'Oloron. C'estoit encore au temps que le seigneur Gaston assiegeoit le chasteau de Miramont. Les cautions, pleiges, & ostages de cette conuention, sont le sieur de Gauaston, le sieur d'Andonhs, le sieur de Lanuçe, le sieur de Gerserest, le sieur de Domij, le sieur de Cadelo, le sieur de Castetpugor, le sieur de Miusents, le sieur de Iasses, le sieur de Lasque, le sieur d'Espuei, le sieur de Bidose, le sieur d'Arricau, le sieur de Laye, le sieur de Clarac, Raimond de Montaner, le sieur d'Escot, le sieur de Miramont, pour mille sols. Les tesmoins sont V. de Casenaue, Guilem od d'Andonhs. A. L. de Bidose. A. de Clarac. G. de Miusents. N. Espa d'Aspe. B. d'Ouse. G. R. de Noye. R. A. de Coarrase, & plusieurs autres.

III. Ces cautions s'obligent à mille sols Morlas d'amende en cas de contrauention, c'est à dire mille sols pour chascun, suiuant les formules de ce temps, dont il a esté parlé ailleurs. Pour le Chasteau de Miramont, qui estoit situé en la Seigneurie de Bearn, & en ce temps assiegé par Gaston, il apert assés, que le siege se faisoit en faueur du sieur de Miramont, qui se trouue à la suite de Gaston, & signe cét accord parmi les autres Gentils-hommes de Bearn, aussi bien que son predecesseur Auger de

Miramont eſtoit à la ſuite de Gaſton IV. au ſiege de Saragoſſe.

IV. La date de cét acte ſert auſſi d'vne Epoque notable de la guerre, qui eſtoit entre Alfonſe le Noble Roi de Caſtille, & Iean Roi d'Angleterre, qui a eſté entierement obmiſe par les Auteurs Anglois, & remarquée confuſément par les Eſcriuains d'Eſpagne, qui ne remarquent point le temps, ni l'ennemi du Roi Alfonſe. Car Roderic de Tolede ſe contente d'eſcrire qu'Alfonſe le Noble, apres auoir mis ſous ſon obeïſſance toute la Gaſcogne, excepté Bourdeaux, la Reole, & Bayonne, ſe retira victorieux en Eſpagne, lors que les trefues qu'il auoit faites auec le Miramamolin d'Afrique venoient à expirer; & comprend cette action entre les Eres 1233. & 1248. c'eſt à dire entre les années 1195. & 1212. Lucas Tudenſis en ſa Chronique parle plus preciſément, diſant que le Roi Alfonſe mena ſon armée contre les Gaſcons, prit Sainct Sebaſtien, Ortés, le Bourg du Pont, Sauueterre, Acqs, & pluſieurs autres villes, rapportant cette victoire entre les Eres 1226. & 1252. Mais le temps de cette guerre doit eſtre preciſément eſtabli en l'année 1205. ſuiuant l'acte que ie viens de produire.

V. Pour le ſujet de la guerre d'Alfonſe, qui n'a point eſté remarqué par aucun, il eſtoit pris ſans doute de la donation de la Gaſcogne, que le Roi d'Angleterre Henri II. & la Reine Alienor, auoient fait en faueur du mariage de leur fille Alienor auec Alfonſe Roi de Caſtille, celebré l'an 1170. de laquelle donation il eſt fait mention en l'acte de la Renonciation qu'en fit Alfonſe le Sage Roi d'Eſpagne, l'an 1254. en faueur du Prince Edouard ſon beau-frere, ainſi que l'on verra en ſon lieu. D'où l'on pourra recueillir, que cette guerre fut terminée par vn accommodement auantageux à l'Eſpagnol; d'autant que la lettre de la Renonciation fait foi, que Iean Roi d'Angleterre confirma cette donation de la Gaſcogne, qui auoit eſté faite en faueur des nopces d'Alienor auec le Roi de Caſtille.

VI. Mais il ne faut point ſouffrir ce que Roderic & Lucas eſcriuent, qu'Alfonſe domta par armes toute la Gaſcogne, & particulierement la ville d'Ortés, auec le Bourg du Pont, qui eſt ſurnommé Depart, & la ville de Sauueterre, qui ſont deux villes de Bearn. Car il eſt certain qu'auant de rien entreprendre dans la Gaſcogne, Alfonſe trauailla à gagner les affections de noſtre Gaſton, & de l'attirer à ſon ſeruice, afin que ſon armée peuſt auoir quelque retraicte dans les villes de Sauueterre, & d'Ortés, qui ne ſont pas beaucoup eſloignées de la frontiere d'Eſpagne du coſté de Guipuſcoa, que le Roi Alfonſe auoit enuahie ſur le Roi Sance de Nauarre, les habitans de cette Prouince ayans embraſſé le parti du Caſtillan, l'an 1200. comme l'on peut voir chés Garibai. Il eſt fait quelque mention des ligues & traictés, qui furent arreſtés entre Alfonſe & Gaſton, dans la deſcharge de l'an 1254. que le Roi Alfonſe le Sage octroya à Gaſton VII. des pactes qui auoient eſté entr'eux & leurs predeceſſeurs, pour les affaires de Gaſcogne. Cette intelligence ne peut eſtre mieux verifiée que par les lettres de la donation, que le Roi Alfonſe & ſa femme Alienor firent expedier en faueur de l'Egliſe Cathedrale d'Acqs, de quinze païſans apartenans au Roi dans les lieux d'Angonne & de Sa, en date à Sainct Sebaſtien le 7. des Calendes de Nouembre, Ere M. CC. XLII. qui reuient à l'année 1204. Car cette lettre, où le Roi ſe qualifie en termes exprés, Seigneur de Gaſcogne, eſt ſignée par Gaſton Vicomte de Bearn, & en ſuite par Gerauld Comte d'Armagnac, Arnaud Raimond Vicomte de Tartas, & Loup Garcie Vicomte d'Orte : qui eſtoient venus au deuant du Roi de Caſtille, iuſqu'à la ville de Sainct Sebaſtien, pour le reconnoiſtre en qualité de Seigneur de Gaſcogne, & lui donner moyen de venir en ſuite auec ſes troupes contre le Roi d'Angleterre, comme il fit l'année ſuiuante 1205. ſuiuant le teſmoignage de l'acte, contenant l'accord du Chaſteau de Nauailles.

Liure sixiesme.

II. E Chartario Lascutr. Notum erit omnibus tam præsentibus quam futuris, quod facta est dissensio & guerra inter G. Vicecomitem Bearni, Morsani, & Gauatreti, & Brulesi, Comitemque Bigorræ, & R. G. de Naualhes filium G. Arnaldi, qui fuit dominus castri de Naualhes, & castri de Castelnau: eo quod G. exigebat & requirebat à R. G. castrum de Naualhes, illo pacto & illa conuenientia quam G. A. de Naualhesiam pridem fecerat Gastoni Vicecomiti Bearni qui fuit maritus Talesæ Vicecomitissæ, & pater Centulli qui mortuus est infrà. (legendum, in Fraga.) Illa autem conuentio scripta fuit in libro Morlan. Tandem R. G. conuenit cum Domino G. consilio suorum amicorum, & confirmauerunt illam conuenientiam per sacramenta adinuicem sibi data, & per illos fideiussores & assecuratores qui tunc dati fuerunt. Est autem conuentio talis, quod R. G. debet tradere & reddere Domino G. irato & pacato, & suis successoribus ter in anno castrum de Naualhes, & quod R. G. non faciat guerram, vel aliquod malum de illo castro Domino G. nec suo successori Si tamen R. G. nollet tradere castrum Domino G. quacunque hora exigeret R. G. vel eius successor, esset proditor & periurus totius sui generis. Et si Dominus G. vel eius successor per vim postea posset habere castrum de Naualhes, nunquam teneretur reddere illud R. G. nec suo successori. Dominus autem G. debet tenere castrum absque aliquo damno. Et quando R. G. voluerit recuperare castrum debet dare bonas firmantias Domino G. quod stet iustitiæ illi & suis contendentibus, & sic debet recuperare castrum absque aliqua contradictione. Si tamen Dominus G. vel eius successor per suam malitiam nollet reddere castrum R. G. vel eius successori hæc facere volenti, & R. G. per vim posset recuperare castrum, nunquam postea teneretur reddere castrum Domino G. vel suo successori; & ipse G. cum suo successore esset proditor & periurus R. G. & totius sui generis. Præterea R. G. vel eius successor debet stare iustitiæ Domino G. & suis clamantibus pro castro de Naualhes, *apud Lascurim, vel apud Pau, vel apud Forquinam Morl*. Facta est hæc conuentio inter prædictum G. & R. G. pro eis & pro successoribus vtrorumque anno ab Incarnatione Domini M. C C V. *tempore quo Ill. Rex Castellæ* contendebat *cum Ioanne Rege Angliæ pro Vasconia*. S. A. Episcopo tuhc Lascutren. B. Episcopo Olorense. Tempore præterea quo Dominus G. obsedit castrum de Miramont. Prædictæ conuentionis fideiussores & assecuratores & obsides sunt, Dominus de Gauastono, Dominus d'Andonhs, &c.

IV. V I. R. Tol. l. 7. hist. c. 34. Lucas Tudensis in Chronico.

V I. Garibai l. 24. c. 17.

V I. E Chartario Aquensi: Notum sit tam præsentibus quam futuris, quod ego Aldefonsus Dei gratia Rex Castellæ & Toleti, Dominus Vasconiæ, vna cum vxore mea Alienor Regina, & cum filiis meis Ferrando & Henrico, pro animabus parentum meorum & salute propria, ac pro delictorum meorum venia consequenda; libenti animo & voluntate spontanea, hac charta donationis, concessionis & stabilitatis, do Deo & Cathedrali Ecclesiæ Aquesis S. Mariæ, & vobis Domino Fortanerio eiusdem instanti Episcopo dilecto amico meo, vestrisque successoribus, perenniter valitura. Dono igitur vobis illos quindecim Villanos quos habeo in Angonne, & in Sa cum omnibus iuribus quibus mihi tenebantur iure hereditario, vt in perpetuum habendos, & irreuocabiliter possidendos. Si quis vero hanc chartam infringere præsumpserit, iram Dei omnipotentis plenarie incurrat, & regiæ parti mille aureos in canto persoluat, & damnum quod super hoc vobis aut successoribus vestris intulerit duplicatum restituat. Facta charta apud Sanctum Sebastianum Era M. C C X L. secunda. V I I. Cal. Nouembris. Et ego Rex Alfonsus regnans in Castella & Toleto, & in Vasconia, hanc chartam quam fieri iussi roboto & confirmo. Martinus Toletanæ sedis Archiepiscopus Hispaniarum primas confirmat. Bernardus ...... Archiepiscopus conf. Ferrandus Burgen. Episcopus, Rodericus Segouiæ Episcopus, Aldericus Palentinus Episcopus, Gundisaluus Segobien. Episcopus, Iulianus ...... Episcopus, Didacus ...... Episcopus, Bernardus Baionen. Episcopus, Galardus Vasaten. Episcopus, *Gasto Vicecomes Bearny*, Aluarus ...... Munij, *Giraldus Comes Armaniacensis*, Rodericus ...... Dias, *Arnaldus Raimunndi Vicecomes Tartaix*. Lupus ...... Sancij, *Lupus Garcia Vicecomes Aortensis*, Gregorius Dias, Min. Regis in Castella.

CHAPITRE XIV.
Sommaire.

I. *Gaston se trouue enuelopé par malheur dans la guerre des Albigeois, à l'occasion du Comte de Tolose.* II. *Albigeois Sectateurs de Pierre Bruis, & de Henri, prennent pied en Prouence, Languedoc, & Gascogne.* III. *Les Vaudois vnis auec ceux-ci ne font qu'vn seul corps, & se fortifient à Tolose, & en Gascogne. Condamnés au Concile de Tours.* IV. *Leur condamnation renouuellée au Concile de Latran de l'an 1180. Ce texte mal interpreté pour n'auoir distingué les Albigeois des Routiers.* V. *Les Albigeois excommuniés. Ils portoient diuers noms. Sont appellés Albigeois à cause qu'ils auoient vogue au païs d'Albi, qui a aussi l'honneur de les auoir condamnés.* VI. *Les Routiers excommuniés. Ceux qui ont traicté auec eux deschargés du serment de fidelité, & de l'homage employé pour la confirmation de leur ligue. Cela ne doit point estre entendu du serment des Vassaux. Indulgence pour ceux qui s'employront contre les Routiers.* VII. *Quelle sorte de gens estoient ces Routiers. Route, Brabançons, Aragonois, Basques, Coutereaux.* VIII. *Explication du serment de fidelité & de l'homage dont le Concile entend descharger ceux qui ont traicté auec les Routiers. Le Concile ne confisque point les biens des Routiers, mais declare qu'ils sont confisquables.* IX. *Enioinct par voye de penitence la prise des armes contre les Routiers. Raison de cette procedure, tirée de ce qu'ils violoient la Paix de Dieu.*

I. Le malheur de ce siecle engagea nostre Gaston dans vne guerre funeste, & qui a plustost besoin d'excuse pour la defendre de l'infamie dont elle est chargée par tous les Escriuains, que de loüange pour en recommander l'entreprise. I'entends parler de la guerre des Albigeois, & de Raimond Comte de Tolose, qui fut attaqué par Simon de Montfort General de l'armée des Croisés, & soustenu par Don Pierre Roi d'Aragon, les Comtes de Foix, & de Comenge, & par nostre Vicomte Gaston. Ie ne m'attacherai pas neantmoins à descrire en ce lieu toutes les circonstances de cette guerre, ni les articles particuliers de l'heresie des Albigeois, me contentant de representer sommairement, ce qui sera necessaire pour bien prendre le fait, qui regarde le Prince Gaston.

II. Il faut donc sçauoir pour le present, que les heretiques Albigeois prindrent les etremens de la fausse doctrine, qu'vn certain Pierre Bruis Prouençal enseigna premierement en Prouence, enuiron l'an 1140. d'où ayant esté chassé auec ceux de sa secte, par les Archeuesques d'Arles & d'Ambrun, il passa le Rhosne, vint en Languedoc, & fut bruslé publiquement vingt ans apres, en la ville de S. Gilles. Vn certain Moine nommé Henri fut son compagnon & successeur, qui accrut cette erreur de nouueaux dogmes, & tous deux conioinctement trauaillerent de telle façon, qu'ils espandirent leur venin parmi le Languedoc, dans la ville de Tolose, & encore dans le païs de Gascogne, comme remarque en ses Epistres Pierre le Venerable Abbé de Clugni, qui florissoit en ce temps, & a combatu puissamment auec S. Bernard les principaux articles de cette heresie.

III. Les Vaudois ainsi denommés de Valdo marchand de Lion, qui les appuya en ces quartiers, se ioignirent aux Petrobrusiens & Henriciens, & tous ne faisant plus qu'vn seul corps, encore que diuisés en opinions, se fortifierent dans le païs de

Tolose, & en la Gascogne, comme l'on peut voir en la condamnation de cette heresie, que fit le Pape Alexandre troisiesme l'an 1163. au Synode de Tours, rapporté par Guillaume de Neubringe. Roger de Houeden en la seconde partie de son Histoire d'Angleterre, tesmoigne aussi que l'infection de cette heresie auoit glissé dans le Languedoc & la Gascogne, & que pour cette raison les Rois de France & d'Angleterre auoient resolu de venir sur les lieux l'an 1178. pour en chasser les heretiques. Mais on iugea qu'il estoit plus seant & conuenable, de persuader la Foi par la doctrine, que d'vser de contrainète, qui rend les hommes plustost hypocrites, que religieux, comme parlent les anciens.

IV. Leur condamnation fut renouuellée par le Concile general de Latran, composé de deux cens quatre-vingts Euesques, y presidant le Pape Alexandre troisiesme, l'an de l'Incarnation 1180. Elle est contenuë en termes formels au Chapitre 27. qui est le dernier de ce Concile, dans le troisiesme Tome des Conciles: Mais en l'Histoire de Matthieu Paris, ce Chapitre est conté le second en ordre, & distribué en deux Chapitres, dont l'vn porte cette inscription, *De hæreticis Albegensibus, & diuersis eorum appellationibus*. L'autre, *De Ruptariis, & brebantiis prædonibus qui fideles affligunt*. Distinction qui n'est pas inutile, & qui pour n'auoir pas esté bien reconnuë par les Escriuains, a porté beaucoup de trouble dans l'Histoire, & mesmes dans la doctrine: d'autant que les Auteurs ont pris communément les Routiers pour les Albigeois, au lieu que ce nom designe les heretiques, & l'autre signifie les soldats auenturiers, dont plusieurs se seruoient en ce siecle, pour affliger leurs ennemis.

V. Pour le regard des heretiques, le Synode en ce Chapitre ayant donné connoissance qu'ils enseignoient leur impieté, non plus en cachete, mais ouuertement & publiquement, dans la Gascogne, l'Albigeois, & aux quartiers de Tolose, sous le nom de Cathares, de Patarins, ou Publicains, & d'autres sobriquets que le peuple leur donnoit à sa discretion, decerne anatheme contr'eux & leurs fauteurs, defend à tous les fideles de les receuoir en leurs maisons, & d'auoir aucune pratique, hantise, ni commerce auec eux, sous la mesme peine d'anatheme, & d'estre priués de la sepulture Chrestienne, & des oblations pour leurs ames, s'ils decedent en ce peché. C'est le sommaire du Chapitre, qui ne decerne point autre peine contre les heretiques, & leurs fauteurs & protecteurs, que la peine & censure Ecclesiastique, qui est l'Anatheme; sans passer aux peines & coercitions temporelles, qui dépendent de l'autorité seculiere, & sont employées par les Princes Catholiques, pour fortifier la discipline Ecclesiastique, ainsi qu'il est expressément remarqué au commencement de ce Chapitre. On y peut encore obseruer que l'heresie estoit en vogue au païs d'Albigeois *in Albigesio*, & conclure de là, que c'est vne foiblesse à ceux qui ont voulu renoquer en doute, contre les Auteurs du temps, Roger de Houeden, Matthieu Paris, Pierre de Valsernai, & Guillaume de Puylaurens, si les Albigeois auoient pris leur denomination du païs d'Albigeois, attendu que l'on void par l'autorité de ce texte qu'ils y florissoient, & que mesmes ils estoient appuyés par les armes de la garnison du Chasteau de Lombers à deux lieuës de la ville d'Albi, chés Roger de Houden, & que maistre Sicard heretique professoit publiquement l'heresie en ces quartiers, chés G. de Puylaurens Ch. 4. Les sieurs d'Elbene & de Catel qui ont voulu deriuer ce surnom de la ville d'Albi, où fut faite, disent-ils, la premiere condamnation de cette heresie, par Geraud Euesque d'Albi, & ses collegues, en l'année 1176. chés Roger de Houeden, se contenteront bien, si nous leur accordons que ce desaueu de l'heresie donne plus de gloire au païs, que les heretiques n'ont peu lui procurer d'infamie; estant d'ailleurs certain que la premiere condamnation fut faite par le Synode de Tours, 1163. & que les heresies sont denommées plustost de leurs auteurs, que du lieu où elles sont condamnées.

VI. L'autre Chapitre du Concile de Latran regarde les Routiers, qui estoient de diuerses nations, & sont surnommés en ce lieu de diuers noms, sçauoir Brebants ou Brebançons, Aragonois, Nauarrois, Basques, Cotereaux, & Triauerdins; lesquels, dit le texte, comme s'ils eussent esté Payens, exerçoient vne telle cruauté & inhumanité enuers les Chrestiens, qu'ils ruinoient & pilloient toutes choses, sans espargner les Eglises, ni les Monasteres, les vefues, ni les pupils. C'est pourquoi le Synode les condamne auec leurs fauteurs & protecteurs du mesme anatheme que les heretiques; ordonne que la sentence d'excommunication soit publiée aux Eglises, les Dimanches & autres iours solennels, declare absous & relasches de tout deuoir de fidelité, d'homage, & de seruice, ceux qui se sont attachés par quelque pacte auec lesdits Routiers, afin qu'ils ne demeurent dans cette iniquité; enjoint à tous les fideles en remission de leurs pechés de s'opposer auec armes aux ruines qu'ils font, & defendre le peuple Chrestien de ses oppressions: adiouste en termes impersonels, que leurs biens soient confisqués, qu'il soit loisible aux Princes de les reduire en seruitude, & que les fideles qui decederont auec vne vraye penitence en cette occasion, ne doutent pas d'obtenir indulgence de leurs pechés, & le fruict de la recompense eternelle. Le Concile relasche aussi deux ans des penitences eniointes, & encore octroye vne Indulgence plus grande à la discretion des Euesques, & à proportion du trauail, en faueur de ceux qui auront pris les armes contre ces Routiers; comme aussi il priue de la communion ceux qui refuseront de les combattre, lors qu'ils en seront admonestés par les Euesques: & cependant met tous ceux qui seront en armes pour ce sujet, leurs personnes & biens, sous la protection de l'Eglise, comme sont ceux qui visitent le Sepulchre de Nostre Seigneur, auec peine d'excommunication contre ceux qui entreprendront de les vexer ou trauailler. Dans ce Chapitre on peut remarquer vne procedure fort exacte & pleine de prudence, pour arrester le mal, sans faire aucune entreprise sur la iurisdiction seculiere: quoi que ceux qui ont manié ce Chapitre ayent pretendu que les sujets y estoient absous du serment de fidelité, pour n'auoir penetré dans sa vraye intelligence; que ie veux representer auec sincerité, apres auoir expliqué plus particulierement quelle sorte de gens estoient ces Routiers.

VII. Ce que Guillaume de Puylaurens Auteur du siecle nous insinuë en la Preface de sa Chronique, lors qu'il escrit que la terre infectée de l'heresie des Vaudois estant accablée & batuë de malediction, ne produisoit que Voleurs, Routiers, *Raptores & Ruptarios*, larrons, meurtriers, adulteres, & vsuriers. Et en suite il escrit au Chapitre 6. que Raimond Comte de Tolose, long-téps auant la venuë du Comte de Monfort, estoit tellement pressé de guerre par ses vassaux pour des occasions particulieres, qu'il fut contraint d'appeller d'Espagne des Routiers, ausquels il donoit permission de courir & picorer par tout. De sorte que l'on peut dire, que les Routiers estoient des gens de guerre, employés par les Seigneurs, qui viuoient sans solde & sans discipline militaire, pillans & rauageans le plat païs; ayans pris leur nom de l'ancienne diction Gauloise *Rupta*, ou Route, qui signifie vne bande & compagnie de soldats, & est employée en ce sens par les Auteurs Grecs & Latins du moyen aage, rapportés par le sieur Rigault & Meursius en leurs Glossaires Mixobarbares. Ces compagnies de Routiers & Bandouliers fourmilloient en ce temps par le Languedoc & la Gascogne, à cause des guerres particulieres, que chascun faisoit à son voisin sans sujet & sans ordre; où l'on employoit, outre les gens de guerre qui se leuoient dans le païs, & les voleurs qui s'atroupoient d'eux-mesmes, les Auenturiers qui venoient du païs de Brabant, d'Aragon, de Nauarre, & de Basques, à l'exemple du Comte de Tolose. C'est pourquoi ce Chap. du Concile de Latran les nomme Brebançons, Aragonois, Nauarrois, Basques, Cotereaux, & Triauerdis; & Matth. Paris nous l'explique par les termes de *Ruptarij & Brebantij prædones*, Routiers & Brabants. *De Brebantionibus & Aragoniis, Nauaris, Basculis, Coterellis, & Triauerdinis.* Eſtienne Eueſque de Tournai les nomme *Cuterellos, Basculos, & Aragones.* Au reſte ils ſont appellés *Coterelli* ou Cotereaux, parce que les voleurs qui marchoient la nuict auec de grands couteaux pour ſacager les maiſons, eſtoient vulgairement appellés dans Toloſe *Coterels*, ou bien *Cultellarij*, ainſi que l'on peut aprendre d'vne ancienne ordonnance de l'an 1152. faite par le Conſeil de Toloſe, qui eſt raportée par le ſieur Catel au liure ſecond des Comtes de Toloſe: quoi qu'il n'y face aucune reflection pour l'interpretation des Routiers & Coutereaux.

VIII. Or ces mauuaiſes gens heretiques en partie, ou pluſtoſt ſans ombre de religion, picoroient la campagne auec telle impieté, que les choſes ſainctes eſtoient leur butin plus precieux, & practiquoient vne telle cruauté, qu'ils tuoient & maſſacroient bien ſouuent, ceux qui auoient la hardieſſe de ſe plaindre de leurs deportemens: & neantmoins trouuoient leur appui parmi les Seigneurs & Gentils-hommes, qui ſe ſeruoient d'eux pour executer leurs vengeances: & à ces fins en pluſieurs endroicts ils auoient fait & iuré vne ligue enſemble, & s'eſtoient mutuelement obligés au ſeruice & fidelité l'vn enuers l'autre, en la forme practiquée dans l'Eſpagne, d'où eſtoient venus les Chefs des Routiers, à ſçauoir en faiſant homage l'vn à l'autre pour l'obſeruation des traictés & accords arreſtés entr'eux, qui eſtoit appellé en Eſpagne, *Pleyto homenage*. Le Concile donc pour chaſſer cette canaille, prononce Anatheme contre eux & leurs fauteurs; & pour aller au deuant des ſcrupules que l'on pourroit fonder mal à propos, ſur les traictés paſſés auec les Routiers, & ſur la religion du ſerment interpoſé pour la confirmation de la fidelité & du ſeruice promis, & de l'homage preſté reſpectiuement entre les parties, il declare qu'ils ſont quites & deſchargés de plein droit, de toutes ces promeſſes, pour eſtre appoſées à des accords & traictés remplis d'iniuſtice. En quoi le Concile n'excede pas ſon pouuoir, puis qu'il ſe reſtrainct à declarer l'iniquité, & le peché qui reſulte de ces ligues infames, faites d'autorité priuée, & par conſequent l'inualidité du ſerment interpoſé pour l'execution de la promeſſe. Ie dis, *par conſequent*, dautant que le ſerment confirmatoire n'attribuë point de ſoi aucune iuriſdiction au iuge d'Egliſe, encore qu'en vertu des dernieres Decretales non receuës en France pour ce regard, on ſe ſoit eſſayé d'introduire cette iuriſprudence; mais c'eſt la nature & condition du contract confirmé par le ſerment, qui aſſujetit la connoiſſance de la valeur du ſerment comme acceſſoire, à celui qui a le pouuoir d'interpreter & de regler le principal. Or que le ſerment, la fidelité, & l'homage, dont le Concile fait mention, ne ſoit pas celui que le Vaſſal doit à ſon Seigneur, il apert, tant parce que le texte le nomme non pas Deuoir, mais Accord & Pacte, & encore Iniquité; qui eſt vn terme, qui ne peut tomber ſur le ſerment de vaſſelage, qui eſt iuſte en ſoi, quoi que l'emploi en puiſſe eſtre quelques fois mauuais; que parce auſſi, que ces homages & ſermens ſont preſtés aux Routiers, qui n'eſtoient pas des Seigneurs qui poſſedaſſent aucun droict de vaſſelage ſur leurs ſujets; mais des auanturiers & gens ſans adueu, qui venoient pour la plus part de païs eſloignés, & n'auoient d'autres biens que ce qu'ils gagnoient par le moyen du pillage. Pour le regard de leurs biens, le Concile n'en ordonne pas la confiſcation par voye de iuriſdicton, mais vſant de termes imperſonels, teſmoigne ſon deſir & ſon ſouhait, & declare qu'il eſt loiſible aux Princes Chreſtiens d'vſer de leur autorité, & de confiſquer les biens, & reduire en ſeruitude les perſonnes de ces ennemis du genre humain.

IX. Il adiouſte enfin vne enioinction de penitence pour la remiſſion des pechés, qui conſiſte à prendre les armes contre ces Routiers, auec peine d'excommu-

Vu iiij

nication contre ceux qui refuseront de les combatre, estans admonestés par les Euesques. En ce point, il y auroit sans doute vne entreprise manifeste sur l'autorité des Princes seculiers; qui seuls portent le glaiue, pour le manier à leur discretion, sans dependre du commandement d'autrui; Mais il faut se resouuenir de l'establissement de la Paix de Dieu, dont il a esté parlé ci-dessus au Ch. XVI. du liure precedent, laquelle fut ordonnée par le consentemét de tous les Princes & des Cités, qui requirét les Euesques de la confirmer auec les censures de l'Eglise, ainsi que Glaber & Iuo Carnotensis ont expressément remarqué, & passa apres en loi generale dans toute la Chrestienté, au moyen du decret des Conciles de Clermont, & de Latran tenu sous le Pape Paschal II. l'an 1102. Dont i'ai representé ci-dessus l'acte de publication, auec des clauses semblables à celles qui sont en ce Chapitre, sçauoir pour le commandement qui est fait aux Comtes, Vicomtes, Barons, & Peuples; de combatre les perturbateurs de la tranquilité publique, auec la descharge de deux ans des penitences enioinctes, & sous peine d'excommunication en cas de refus. Donc le commandement d'armer, qui est contenu en ce Chapitre, s'entend non pas contre les heretiques, mais contre les Routiers & Voleurs, qui enfraignoient la Paix de Dieu ordonnée par les Conciles du consentement des peuples; & par ainsi c'est plustost vne execution des precedents decrets seculiers, qui ont prorogé la iurisdiction Ecclesiastique, qu'vne loi nouuelle qui entreprenne sur la iurisdiction seculiere. Or que ces Brigans & Routiers, fussent des infracteurs de la Paix de Dieu, il apert en ce que les Eglises, les Monasteres, les Clercs, les marchands & laboureurs estans sous la sauuegarde publique, & deuans iouïr non seulement de la Treue depuis le Mercredy soir iusqu'au Lundy matin, cóme tous les autres hómes, mais d'vne Paix perpetuele, ils estoient neantmoins vexez, trauaillez, & picorez par les Routiers, ainsi qu'il est obserué particulierement par Guillaume de Puilaurens. Ce qui fut cause, que la Paix & la Treue de Dieu fut renouuellée aux Chapitres 21. & 22. de ce Concile. Ce point demeure en outre esclairci, par les enioinctions qui furent faites au Comte de Tolose par Milon Legat du Pape lors de son absolution, qu'il receut à Valence l'an 1209. Car il lui ordonna de congedier les Aragonois, Routiers, Coterels, Basques, & Mainades, de toute sa terre, & ne s'en seruir point pour enuahir la terre d'autrui, & lui enioignit de iurer & garder la Paix, qui seroit establie par les Legats du Pape, & de tenir les chemins publics asseurés. Les Seigneurs & Barons du païs de Languedoc firent le mesme serment l'an 1214. *De pace & treuga iuxta mandatum Legati Domini Papæ instituenda*, chez le sieur Catel.

III. Guill. Neubrig. l. 2. c. 15. Roger. à Houed. 2 parte.
IV. Conc. Later. sub Alexandro III. c. 27. Matthæus Paris ad annum 1179.
V. Conc. Later. sub Alex. d. c. Sicut ait Beatus Leo, licet ecclesiastica disciplina sacerdotali contenta iudicio cruentas non efficiat vltiones, Catholicorum tamen principum constitutionibus adiuuatur, vt sæpe quærant homines salutare remedium, dum corporale super se metuunt venire supplicium.

VII. Guill. de Podio Laur. c. 6. De Hispania sibi Ruptarios aduocabat, quibus licentiam dabat per terras libere discurrendi. Nic. Rigaltius in Glosario Mixob. voce Ῥῶτα. Meursuis in Gloss. Græcob.
VII. Steph. Tornac. ep. 90. Catel. l. 2. *des Comtes de Tolose* c. 5. Si quis aliquem hominem malum, quem *Cultellarium* dicimus, *cum cultellis euntem nocte* causa furandi occiderit, nullum patiatur damnum propter hoc.
IX. Catel. l. 2. c. 6.

CHAPITRE XV.
Sommaire.

I. La condamnation du Comte profita pour abolir l'heresie en Gascogne. Legats du Pape vers les Prouinces infectées, & Indulgence à ceux qui s'y employeront, semblable à celle des Pelerins de Sainct Iacques. II. Nouueaux Legats, vn desquels est Pierre de Chasteau-neuf. Il vint en Bearn, & confirma l'an 1201. le partage des biens entre l'Euesque, & le Chapitre de Lescar. III. La Gascogne entierement purgée de l'heresie des Albigeois. IV. Pierre Legat vient à Sainct Gilles par la persuasion de Raimond Comte de Tolose. Est tué par vn domestique du Comte. V. Le Pape Innocent enuoye ses Legats vers le Roi Philippe, pour le prier de mener vne armée en Languedoc. Le Roi commet Simon Comte de Montfort, & lui soudoye quinze mil hommes. VI. Le Roi exposa en proye la terre du Comte de Tolose, & le Pape declara que cette conqueste estoit loisible. Le Comte Raimond anathematisé. VII. Croisade publiée en France. Milon Legat absout le Comte Raimond, luy baille la Croix. Beziers & Carcassonne prises, & plusieurs terres du Comte de Tolose. Il obtient commission du Pape pour sa purgation, & surseance pour le partage de ses terres. VIII. Il porte ses plaintes au Roy d'Aragon son beau-frere. Ce Roy fait ses remonstrances au Pape sur ce sujet contre le procedé du Comte de Montfort. Asseure que les Comtes de Tolose, de Foix, de Comenge, & Gaston de Bearn sont bons Catholiques, & que dans leurs terres occupées par Montfort, il n'y a point d'heretiques. Offre toute satisfaction à l'Eglise de la part du Comte de Tolose, & demande les terres pour le ieune Comte. IX. Lettre du Pape aux Legats. Lettre du Pape à Simon de Montfort pour le restablissement des Comtes de Foix, de Comenge, & de Gaston de Bearn.

I. LA condamnation publique & solennele de l'heresie des Albigeois faite par vn Concile general, & le soin des Euesques en leurs Dioceses profita beaucoup pour abolir cét erreur en la Gascogne; D'autant plus que le Pape Innocent III. l'an premier de son Pontificat, sçauoir l'an 1198. enuoya deux grands personnages nommés Raynier & Gui, vers les Prouinces d'Aix, Narbone, Aux, Vienne, Ambrun, Lyon, & Taragone, pour s'opposer aux heretiques Vaudois & autres, qui gastoient le peuple de ces Prouinces, les retirer du precipice, ou bien les excommunier, auec ordre aux Archeuesques & leurs suffragans de fauoriser les Legats, & aux Comtes & Barons de les receuoir humainement, & les assister en leur commission; accordant à ceux qui s'employeroient suiuant le mandement des Commissaires Apostoliques, vne Indulgence semblable à celle que gagnent ceux qui vont à S. Iacques de Galice; les lettres se trouuent imprimées au liure 2. des epistres de ce Pape.

II. Deux ou trois ans apres, il commit derechef & crea ses Legats contre l'heresie

& le pillage ou la rapine, comme parlent les auteurs, Arnaud Abbé de Cisteaux, Pierre de Chasteau-neuf, & maistre Raoul Religieux de cét ordre, chés Pierre de Valsernai, & Guillaume de Puylaurens, qui adiouste que les Commissaires obligerent auec serment le Comte de Tolose, de chasser les heretiques & les Routiers de sa terre, & de garder la Paix, *ad Pacem conseruandum*. Ce qui arriua l'an 1203. ainsi que l'on peut recueillir du serment d'obeir à l'Eglise, que presterent les habitans de Tolose entre les mains des Legats Pierre de Chasteau-neuf, & maistre Raoul: qui auoient desia fait leur reueuë dans le païs de Gascogne. De fait l'on trouue dans le Chartulaire de Lascar, que l'an M. CCI. le neufiesme des Calendes d'Octobre, les reuenus, rentes, profits & émolumens de l'Eglise Cathedrale de Lascar, furent distribués & partagés entre l'Euesque Bertrand, & son Chapitre, par l'entremise de Pierre Legat du Siege Apostolique, qui negocia cét accord sur les lieux, & le confirma.

III. Or cette visite fut suiuie d'vn effet si auantageux, que la Gascogne fut entierement remise sous l'obeïssance de l'Eglise. De sorte que l'an 1206. le Pape Innocent ne fut point obligé d'enuoyer les douze Abbés de l'ordre de Cisteaux pour la conuersion des heretiques, qu'aux Dioceses d'Albi, Tolose, & Carcassone, chés frere Bernard Guidon en la vie d'Innocent III. Foulques Euesque de Tolose, & Nauarre Euesque de Couserans, qui furent députés par leurs collegues vers sa Sainteté, n'eurent charge de lui representer l'estat déplorable de la Gascogne, mais seulement des Prouinces de Narbone, Bourdeaux, & Bourges. Ioinct que Guillaume de Puylaurens nous asseure, que les Albigeois au temps de la guerre du Comte de Montfort, estoient resserrés dans la Prouince de Narbone, & dans les Dioceses d'Albi, Rodés, Cahors, & Agen.

IV. Ayant deschargé la Gascogne de la profession de l'heresie, qu'elle auoit abiurée, ie suis obligé de representer sommairement, que Raimond Comte de Tolose, ayant éludé plusieurs fois le desir de Pierre de Chasteau-neuf Legat du Pape, lui persuada enfin de se rendre en la ville de S. Gilles, sous promesse de lui bailler vne entiere satisfaction sur tous les chefs, dont il estoit accusé. Mais au lieu de suiure les bons & salutaires conseils du Legat, il se moqua de lui, & le menaça publiquement de le faire mourir, s'il se retiroit de la ville. De fait en consequence de la menace, quoi que ce Legat eust esté conduit auec vne bonne escorte des bourgeois de la ville, iusqu'au prés de la riuiere du Rhosne, le lendemain, comme il estoit sur le point de s'embarquer, vn des satellites du Comte le blessa sous les costes d'vn coup de lance; dont le bon personnage mourut, apres auoir pardonné l'offence à son meurtrier. Le Pape Innocent fait ce recit en sa Bulle d'Anatheme contre le Comte Raimond.

V. Ces desordres & autres qui furent remonstrés au Pape, par les Euesques de Tolose & de Coserans, porterent sa Sainteté à deleguer Milon son Legat, & Thedise Chanoine de Gennes, qu'il enuoya vers Philippe Roi de France, afin d'implorer son secours contre les oppressions, meurtres, & autres violences, que les heretiques exerçoient à l'endroict des Chrestiens dans le Languedoc, & le supplier de s'y acheminer auec vne armée, ou d'y enuoyer son fils, promettant Indulgence pleniere à tous ceux qui combatroient en cette guerre. Mais le Roi s'excusa d'entreprendre le voyage, & d'y commettre son fils, à cause qu'il auoit deux puissans ennemis sur les bras, l'Empereur Othon, & le Roi d'Angleterre; & neantmoins il permit aux Barons de France d'y aller, comme escriuent Rigord en la vie du Roi Philippe, & Pierre de Valsernai. Guillaume le Breton en sa Philippiade passe plus outre, & nous enseigne, que le Roi entretint à ses despens & à sa solde, vne armée de quinze mille hommes contre les Albigeois; de laquelle Simon Comte de Montfort auoit le commandement n'y ayant autrement apparence, que cette guerre eust esté soufferte dans le Royaume, ni qu'elle eust pû subsister longuement, si l'autorité & les finances du Roi n'i eussent esté employées.

VI. Il adiouste, que le Roi exposa la terre du Comte de Tolose en proye, à celui qui pourroit la conquester, & que le Pape fit le mesme de sa part, *Rex & Papa simul*, dit-il: cóbien qu'il pouuoit mieux distinguer, & dire que le Roi auoit exposé en proye les terres du Comte par autorité, comme son souuerain Seigneur; au lieu que le Pape ne fit que declarer par voye de consultation iuridique, qu'il estoit loisible aux Chrestiens de l'occuper, sauf & reserué le droit du superieur, *Catholico viro licere, saluo iure principali*, ainsi que porte la Bulle du Pape Innocent de l'an 1208. qui anathematise le Comte Raimond excommunié d'ailleurs, à cause principalement qu'il estoit conuaincu par des violentes presomptions, d'auoir procuré la mort du Legat Pierre de Chasteau-neuf, tant à raison de la menace precedente suiuie dés aussi-tost de l'effet, que pour auoir retiré deuers soi, donné des presens, & receu en sa familiarité le meurtrier du Legat. Il prononce le mesme anatheme contre tous ceux qui receleront ou logeront le meurtrier, & ordonne que leurs terres soient mises en interdict: sans neantmoins declarer qu'il soit loisible de les occuper; & pour l'execution de son ordonnance, baille sa Legation à l'Euesque de Coserans, & à Arnaud Abbé de Cisteaux.

VII. La Croisade estant publiée par toute la France, le Comte de Tolose se presenta à Valence en Dauphiné, pardeuant Milon Legat du Siege Apostolique, receut son absolution, prit la Croix de sa main, & promit aux chefs de l'armée, de les assister contre les heretiques. Le succés fut grand & soudain, la ville de Beziers fut prise & ruinée l'an 1209. & Carcassonne renduë en suite par composition, & le gouuernement des Vicomtés de Beziers & de Carcassonne commis à Simon Comte de Montfort; lequel continuant son entreprise fit de grands progrés, & se rendit maistre d'vne bonne partie de l'Albigeois, de Pamies, & de Mirepoix, & de plusieurs Chasteaux qui apartenoiét au Comte de Tolose. De sorte que le Comte Raimond alla à Rome en personne l'an 1210. fit sa plainte au Pape, obtint de lui vne commission adressante à l'Euesque d'Vsés, élu Archeuesque de Narbone Legat du Siege Apostolique, à ce qu'il eut à surseoir le partage de ses terres, attendu qu'il n'auoit encor esté conuaincu d'heresie, ni du meurtre du Legat, & fit ordonner par autres lettres à l'Euesque de Ries, & à Thedise, qu'ils eussent à proceder au fait de sa purgation, reseruant à sa Saincteté la sentence definitiue.

VIII. Et d'autant que le Comte de Montfort continuoit sa poursuite, & s'estoit saisi de toutes les terres du Comte Raimond, horsmis de la ville de Tolose, & de Montauban, ce miserable Comte fit entendre ses plaintes sur ce sujet au Roi d'Aragon son beau-frere l'an 1212. lesquelles ce Roi appuya de sa faueur, & de son credit, remonstrant au Pape par ses Ambassadeurs, que Simon Comte de Montfort auoit enuahi non seulement les terres du Comte de Tolose possedées par les heretiques, mais aussi les lieux & places, dont les habitans n'estoient point soubçonnés d'heresie; sans espargner les terres que le Roi d'Angleterre auoit constituées en dot à sa sœur Ieanne, la mariant au Comte, ni les terres des Comtes de Foix, & de Comenge, & de Gaston de Bearn; qui estoient trois Comtes Vassaux du Roi d'Aragon; & partant qu'il n'estoit pas iuste, que leurs terres eussent esté attaquées & prises à force d'armes, tandis que son emploi pour le bien de la Foi contre les Sarasins, l'empeschoit de leur donner assistances; outre qu'ils estoient bons Catholiques, & ne souffroient point d'heretiques dans leur païs. Ce qui se iustifioit assés, de ce que le Comte Simon auoit exigé le serment de fidelité des habitans, sans en chasser aucun ; de maniere qu'il s'estoit rendu fauteur des heretiques, s'il n'aimoit mieux accorder la verité, qu'il n'y auoit point d'heretiques en la terre de ces Comtes de Foix, de Comenge, & de Bearn. Il adioustoit sur la fin, que le Comte Raimond estoit venu le trouuer à son retour de la iournée gagnée contre les Sarrasins, & ayant exposé les domages qu'il auoit receus par les Croisés, imputoit à ses pechés, de ce que l'Eglise ne vouloit point receuoir la satisfaction qu'il estoit prest d'executer, tout ainsi qu'elle lui seroit ordonnée. Et afin qu'il ne fust chargé seul de l'opprobre d'vne si grande confusion, il delaissoit sa terre, son fils, & sa femme, sœur du Roi, entre ses mains, afin qu'il l'a défendist, où souffrit son bannissement. Mais dautant que cela causeroit vne grande honte au Roi, & que la peine doit suiure les auteurs, & la vengeance doit estre proportionnée au delict, il supplioit que le Comté de Tolose fut conserué au ieune fils du Comte, qui n'estoit point suspect d'heresie : lequel il offroit de faire bien nourrir & esleuer en la foi, & aux bonnes mœurs, promettant que le Comte feroit telle satisfaction qui lui seroit ordonnée, soit en combatant les Sarrasins en Espagne, soit au païs d'Outre-mer.

IX. Sur quoi le Pape, repetant ce dessus, escriuit à l'Archeuesque de Narbone, à l'Euesque de Ries, & à maistre Thedise Chanoine de Gennes ses Legats, afin qu'ils eussent à se conduire auec prudence en cét affaire, & que pour auiser à ce qui seroit plus expedient, ils assemblassent les Archeuesques, Euesques, Abbés, Comtes, Barons, Consuls, & autres hommes qualifiés du païs, & lui donnassent auis de ce qu'ils iugeroient estre plus vtile pour le bien de l'Eglise, afin que par la voye que le Roi auoit proposée, ou par quelque autre moyen, la terre conquise fut pourueuë d'vn Gouuerneur. Les lettres sont en date à Latran du quinzieme des Calendes de Feurier, l'année quinziesme du Pontificat, dont les termes qui regardent nostre Gaston sont inserés au bas du Chapitre. Trois iours apres, il escriuit à l'Archeuesque de Narbone son Legat separément, lui ordonnant d'arrester quelque treue ou paix en la Prouince, auec l'auis du Roi d'Aragon, & des principaux Comtes, & Barons, & d'éuiter que le peuple Chrestien ne soit trauaillé sous pretexte des Indulgences publiées contre les heretiques ; iusqu'à ce qu'il eust receu contraire mandement. Mais la lettre, que le Pape escriuit à mesme temps à Simon Comte de Montfort, en date du 16. des Calendes de Feurier l'année 15. du Pontificat, est plus considerable, dautant qu'il insinuë assés que cette inuasion des terres des Comtes de Foix, & de Comenge, & de Gaston de Bearn, ne lui estoit aucunement agreable, & ordonne tres expressement au Comte de les restablir en leur premiere possession, ainsi que le Lecteur curieux pourra apprendre par la teneur de la lettre.

VIII. Inter ea vero, quæ idem Rex sic asseruit occupata, expressis vocabulis designauit terram, quam claræ memoriæ Rex Angliæ in dotem suæ sororis, Comiti dederat supradicto, item terras Comitis Fuxensis, Comitis Conuenarū & Gastonis Bearnensis. Infra : Licet iam dicti tres Comites vassalli Regis eiusdem existerent.

IX. Nobili viro Simoni Comiti Montisfortis. Ex parte reuerendissimi in Christo filij nostri P. illustris Regis Aragonum, per nuncios eius fuit propositum coram nobis, quod tu conuertens in Catholicos manus tuas, quibus suffecisse debuerat in homines hæreticæ prauitatis extendi per Cruce signatorum exercitum, ad effusionem iusti sanguinis & innocentium iniuriam prouocatum, Terras Vassalorum Regis ipsius, videlicet Comitis Fuxensis, Comitis Conuenarum, & Gastonis Bearnensis, in eius grauem præiudicium occupasti, licet in eis nec hæretici aliqui habitatores earum, super hereticæ pestis errore infamia conspersi essent. Asserebant præterea nuncij Regis præfati, quod cum ab hominibus terrarum illarum fidelitatis exegeris iuramenta, & terras patiaris in habitare prædictas, eos esse Catholicos tacite confiteris, vt hæreticorum abneges te fautorem, vel hæreticis fauere quodam modo respondes, si legitime occupasse terram illorum alleges. Formabant nihilominus ex eo querimoniam specialem, quod dum Rex seruitio Iesu Christi contra Saracenos insisteret, & effusioni suum & suorum sanguinem exponeret, pro reuerentia fidei Christianæ, tu bona Vassalorum eiusdem vt propria vsurpabas eoque fortius depressionem instabas illorum, quominus Rex poterat eis opem suæ protectionis impédere, vires suas expendens contra Saracenicæ gentis
perfidiam

perfidiam in auxilium populi Christiani. Et cum adhuc Rex idem partes suas contra Saracenos intendat armare, vt aduersus eos Domino Duce tāto efficacius possit insurgere, quanto maiori quo ad alios quiete gaudebit, in pace sibi restitui per sedem Apostolicam quæ Vassallorum eius extiterant postulabat. Nolentes igitur ipsum suo iure fraudari, nec iam dictum eius propositum impediri, Nobilitati tuæ per Apostolica scripta mandamus, quatenus eidem Regi, & Vassalis eius, terras restituas supradictas, ne ad tuum specialem, non generalem Catholicæ fidei laborasse profectum per retentionem illicitam videaris. Datum Laterani xvi. Kal. Febr. Pontificatus nostri anno decimo quinto.

CHAPITRE XVI.
Sommaire.

I. Le Roi d'Aragon plus consideré par le Pape pour les interests des Comtes de Foix, de Comenge, & de Bearn, que non pas pour le Comte de Tolose, parce que ceux-ci n'estoient soubçonnés d'heresie. Ces Comtes Vassaux de ce Roi, à cause du Comté de Carcassonne, & Gaston de Bearn pour plusieurs grands fiefs qu'il auoit en Aragon, & en Catalogne. II. Le Vicomté de Brulhois apartenant à Gaston situé au Comté d'Agenois occupé par le Comte de Montfort. Agenois porté en dot à R. C. de Tolose par Jeanne sœur du Roi d'Angleterre. Accord de Gaston. III. Conference du Roi d'Aragon auec le Legat, & le Comte de Montfort sur l'execution des lettres du Pape. Il demande le restablissemēt de Gaston de Bearn. Enuoye vne despesche sur le mesme sujet au Synode de Lauaur. IV. Responce du Synode, qui charge Gaston de beaucoup de crimes. Offre de l'ouir en sa plainte apres qu'il sera absous de l'excommunication. V. Gaston n'est point accusé d'heresie. L'espanchement de l'Eucharistie ne doit point lui estre imputé. Ancien vsage de suspendre sur l'autel la Saincte Eucharistie dans quelque vase ou boëte.

I. ON a pû reconnoistre par la teneur de cette lettre, que les interests du Roi d'Aragon en la conseruation des terres de ses Vassaux, furent plus considerés, que ceux qu'il pretendoit en la cause du Comte de Tolose son beau-frere: dautant que celui-ci estoit chargé d'heresie, & du meurtre du Legat ; & les autres professoient la religion Catholique sans soubçon d'heresie. Or le Vasselage, que les Comtes de Foix, & de Comenge deuoient au Roi d'Aragon, dependoit du Comté de Carcassone vni à celui de Barcelone, & possedé en proprieté par le Roi d'Aragon, dont vne partie des Comtés de Foix & de Comenge releuoit en homage. Pour le regard de Gaston de Bearn, il estoit Vassal du Roi d'Aragon, à raison des grands fiefs & Seigneuries de Saragosse, de Fraga, & de Iacca, qu'il possedoit en Espagne, & du Comté de Bigorre, dont il auoit presté le serment de fidelité au Roi Alfonse Pere du Roi Don Pierre, sans comprendre les Baroneis de Moncade, & autres terres d'importance, que son pere Guillaume de Moncade, qui estoit encor en vie, possedoit en Catalogne.

II. Ce qui fait de la difficulté en ce point, consiste à sçauoir quelles estoient les terres apartenantes à Gaston de Bearn, que le Comte de Montfort auoit occupées; puis qu'il est certain, que l'armée des Croisés n'entra presque point dans la Gascogne, qui estoit exempte d'heresie, ainsi que i'ai fait voir, moins encore approcha-elle du païs de Bearn, qui est éloigné de quatre iournées de Tolose. Mais céte doute peut estre leuée se remettant en memoire, que le païs & Vicomté de Brulhois situé dans le Comté d'Agenois, estoit des anciennes dependances de la maison de Bearn, & que

X x

noſtre Gaſton le poſſedoit paiſiblement, comme il a eſté iuſtifié au Ch. XI. par l'acte de la fondation du Prieuré de Pleixac, & par quelques autres actes employés ci-deſſus; qui le qualifient Vicomte de Brulhois. Car le païs d'Agenois, & par conſequent le Brulhois, fut occupé par l'armée du Comte de Montfort, ainſi que la plainte du Roi d'Aragon le teſmoigne aſſés, lors qu'il dit en termes exprés, que la terre baillée en dot par le Roi d'Angleterre à Ieanne ſa ſœur, mariée au Comte de Toloſe, auoit eſté enuahie. Or il eſt certain que Ieanne fille du Roi Henri d'Angleterre, & veufue de Guillaume Roi de Sicile, fut mariée l'an 1196. par Richard Roy d'Angleterre ſon frere, à Raimond Comte de Toloſe, qui deuint homme & Vaſſal du Roi, pour raiſon des terres & Chaſteaux qu'il receut en faueur de ce mariage, à la charge du ſeruice de cinq cens hommes d'armes pendant vn mois, à ſes deſpens, lors que l'Anglois feroit la guerre en Gaſcogne, comme a obſerué Roger de Houedé en ſa ſeconde partie; quoi qu'il obmette le nom de ce grand fief, qui eſtoit le païs d'Agenois, ainſi que l'on aprend par le traicté du Roi S. Loüis & de Henri d'Angleterre de l'an 1259. rapporté par du Tillet, & des memoires de Guillaume de Tegula chés le ſieur Catel, & encore du Chapitre 63. de Pierre de Valſernai. Pendant que Simon de Montfort eſtoit occupé à la conqueſte de l'Agenois apres la priſe de la ville de la Penne, Gaſton de Bearn ſe rendit auprés du Comte pour traicter quelque accord auec lui. Mais le Comte l'ayant remis à vn autre iour pour conferer en la ville d'Agen, Gaſton ne voulut point continuer ſon traicté, comme remarque le Moine de Valſernai.

III. Le Roi d'Aragon ayant obtenu du Pape ſurſeance d'armes en faueur du Comte de Toloſe, & commiſſion adreſſée aux Legats pour ſa iuſtification, & encore vn commandement pour le reſtabliſſement des Comtes de Foix, de Comenge, & de Gaſton de Bearn, voulut s'en preualoir à leur auantage; & à ces fins eſtant rempli de gloire, à cauſe de la grande victoire obtenuë le 16. de Iuillet 1212. ſur le Roi de Maroc au lieu d'Vbeda, il paſſa les monts, & ſe rendit en la ville de Toloſe, au commencement du mois de Ianuier ſur la fin de l'année, eſtimant que l'execution des volontés du Pape ne pouuoit lui eſtre refuſée. A ces fins il pria l'Archeueſque de Narbone, qui tenoit pour lors vn Concile en la ville de Lauaur, de s'approcher de Toloſe en compagnie du Comte de Montfort, pour conferer des moyens d'vne bonne paix, ou de quelque treue, ſuiuant le deſir du Pape, qui eſtoit connu à l'Archeueſque; Le Roi propoſa au Legat, que le Comte de Toloſe voulant ſe remettre dans le giron de l'Egliſe, reparer les domages, & faire vne ſatisfaction perſonelle, pour raiſon des excés qu'il auoit commis, telle que l'Egliſe aduiſeroit, il le ſupplioit auec inſtance, de procurer qu'il fuſt remis en la poſſeſſion des biens qu'il auoit perdus. Que ſi ſa demande ne pouuoit eſtre receuë pour la perſonne du pere, il faiſoit la meſme ſupplication pour le ieune Comte de Toloſe, à la charge que le pere, pour ſatisfaction des excés, iroit en Eſpagne combatre en faueur des Chreſtiens, à la frontiere des Sarraſins, ou bien aux parties d'Outre-mer à la diſcretion de l'Egliſe Romaine, iuſqu'à ce qu'il euſt donné des teſmoignages manifeſtes de ſa probité. Il fit la meſme priere pour le Comte de Comenge, & pour le Comte de Foix ſon tres-cher Couſin, & pour Gaſton de Bearn ſon Vaſſal, ſuppliant qu'ils fuſſent remis en leur terre, & aux fidelités de leurs Vaſſaux, d'autant plus qu'ils eſtoient preſts d'obeir, & de ſatisfaire à la diſcretion, & au iugement de l'Egliſe pardeuant iuges non ſuſpects, ſi le Concile de Lauaur n'auoit la commodité de vacquer à l'inſtruction de leur cauſe. Ces propoſitions furent redigées par eſcrit à Toloſe le dixſeptieſme des Calendes de Feurier, & le Roi les fit rendre au Concile par les Clercs & Barons qu'il dépeſcha pour ſes Ambaſſadeurs, afin d'implorer de viue voix & par escrit, la clemence des peres du Synode, ausquels il seroit redeuable de leur bonne volonté, & du moyen qu'ils lui bailleroient d'auancer auec le secours de ses Barons ou Vassaux, les affaires de la Chrestienté aux quartiers d'Espagne.

IV. Le Concile apres auoir deliberé sur les propositions du Roi d'Aragon, respondit estroussement, que le Comte de Tolose s'estoit rendu entierement indigne de pardon, & ne meritoit point d'estre admis à se iustifier. Pour le regard des Comtes de Comenge, & de Foix, apres auoir representé leurs crimes, conclut que s'ils se mettent en peine de receuoir le benefice d'absolution, l'Eglise apres cela, ne leur refusera pas sa iustice sur leurs plainctes. Pour Gaston de Bearn, le Synode respondit, que sans parler pour le present d'vne infinité d'autres malefices, desquels on chargeoit communément Gaston, il estoit ligué & confederé auec les heretiques, leurs receptateurs, & protecteurs contre l'Eglise & les Croisés, qu'il estoit vn persecuteur manifeste des Eglises, & des personnes Ecclesiastiques, Qu'il estoit venu au secours des Tolosains pour le siege de Castelnaudarri, Qu'il auoit auec soi le meurtrier de Frere Pierre de Chasteau-neuf Legat du Siege Apostolique, Qu'il a tenu longuement les Routiers, & les tenoit encore, Qu'il fit entrer l'année passée les Routiers dans l'Eglise Cathedrale d'Oloron, où la corde estant coupée, qui tenoit suspenduë la Boëte contenant le corps de nostre Seigneur, elle tomba sur le paué, & ce qui fait horreur à le dire, le propre corps du Seigneur fut espanché par terre, Qu'ayant violé ses sermens, il auoit mis les mains violentes sur les Clercs. Et que pour raison de ces excés & de plusieurs autres, que l'on obmettoit pour lors, Gaston estoit attaché des liens d'excommunication & d'anatheme. Toutesfois s'il satisfaisoit à l'Eglise, comme il deuoit, & qu'il obtint le benefice d'absolution, & que ce fait il se plaignit de quelque chose, il seroit oüy en son droit. La response est en date à Lauaur du 15. des Calendes de Feurier.

V. Où l'on doit considerer pour l'honneur de nostre Gaston, que le Concile qui ne l'espargne point aux chefs d'accusation qui sont d'importance, ne le blasme pas d'estre heretique, ni le soubçonne aucunement en la Foi. De sorte que l'on peut asseurer, qu'il ne fauorisoit en aucune façon le parti de l'heresie. Tout son crime reuiét à la ligue & confederation, qu'il auoit faite auec Raimond Comte de Tolose, tant en consideration du Roi d'Aragon, que parce aussi qu'il auoit la terre de Brulhois dans le païs d'Agenois sous l'homage du Comte Raimond. Il fut à son secours suiuant le temoignage de Pierre de Valsernai lors qu'il partit de Tolose auec vne armée de cent mille hommes, pour assieger le Comte de Montfort, dans la ville de Castelnaudarri l'an 1211. Mais l'effort en fut inutile, & les assiegeans furent contrains de se retirer. L'accusation d'auoir des Routiers est vne suite du premier chef, puis que la necessité d'auoir de bons soldats obligeoit les Princes en ce temps, de se seruir des routiers; dont l'insolence causoit sans doute plusieurs desordres, au grand regret de ceux qui les employoient. Comme il arriua dans l'Eglise Cathedrale d'Oloron, où ces impies commirent vn enorme sacrilege, coupant la corde qui tenoit attachéee sur l'Autel, la boëte qui conseruoit la saincte Eucharistie pour les malades, fut versée par terre. Qui fut vne action, que l'on ne doit point attribuer à Gaston, non plus qu'à l'Empereur Arcadius, le desordre de ses soldats, qui entrerent dans la sacristie de l'Eglise de Constantinople, pour saisir S. Iean Chrysostome par son commandemét, & neantmoins espancherent le Sang de N. S. sur leurs hoquetons. Au reste l'on peut obseruer en passant l'vsage du temps, de suspendre au haut des autels, les boëtes où estoit conserué le Sainct Sacrement; qui est vne practique assés ancienne, & du temps de S. Basile, qui fit enfermer la saincte Eucharistie dans vne colombe d'or, &

la fit suspendre sur l'autel. Cette coustume dure encore dans plusieurs Eglises, ainsi que certifie Rosuueydus en ses Notes sur les epistres de Paulin.

II. Roger. Houed. p. 2. hist. Du Tillet. Catel l. 2. c. 6. Pet. Vall. c. 63. Venit ibi ad eum Nobilis quidā Princeps Vasconiæ Gasto de Bearno homo pessimus, qui semper adhæserat Comiti Tolosano facturus colloquiū de cōpositione. Comes autem noster quia ipsa die componere nequiuerunt alterum ei diem assignauit apud Aginnū, sed ille pacis inimicus à cōpositionis pacto resiliens ad diem illum venire noluit.

III. Innoc. l. 4. Reg. ep. 42. & apud Petrum Vallisser. Hist. c. 66. Item pro Gastone de Bearno vassalo suo petit sæpe dictus Rex, & rogat affectuosè, quatenus restituatur ad terram suam, & fidelitates vassallorum suorum, maxime cum paratus sit parere, & ad arbitrium Ecclesiæ satisfacere coram iudicibus non suspectis, si vobis causam ipsius audire & expedire non licet.

IV. Responsio Consilij Vaurensis apud eosdem: Postulatis insuper & rogatis pro Gastone de Bearno vt restitueretur ad terram suam, & ad fidelitates vassallorum suorum, super quo vobis taliter respondemus. Vt alia imo potius infinita, quæ in ipsum Ga-

stonem dicuntur, ad præsens silentio transeamus, Confœderatus tamen hereticis & receptatoribus seu defensoribus eorum cōtra Ecclesiam & signatos est; Ecclesiarum & Ecclesiasticarum personarum manifestissimus persecutor, venit in auxilium Tolosanorum ad obsidion. em Castrinoui, Interfectorem fratris P. de Castronouo Apostolicæ sedis Legati habet secum, Ruptarios diu tenuit atque tenet. In anno præterito Ruptarios in Cathedralē Ecclesiam Olelonis induxit, vbi amputato fune, de quo pendebat pixis continens corpus D. N. I. C. in terram cecidit, & quod nefas est dicere, ipsum corpus dominicum est per terram expansum. Transgressus iuramenta, manus in clericos violētas iniecit, pro quibus & aliis caussis pluribus quas ad præsens tacemus, idem Gasto excommunicationis & anathematis est nexibus innodatus. Veruntamē si satisfecerit Ecclesiæ prout debet, & absolutionis beneficium consequetur, & conquestus fuerit de aliquo, audietur de iure suo.

V. Chrys. ep. Amphil. in Vit. Basil. c. 6. Rosuueydas ad ep. 2. Paulini.

CHAPITRE XVII.
Sommaire.

I. Le Roi d'Aragon appellant du Synode de Lauaur au Pape. II. Il retire par escrit des asseurances des Comtes de Tolose, de Foix, de Comenge, & de Gaston de Bearn. Celui-ci sousmet sa personne & ses biens au pouuoir du Roi d'Aragon, pour le contraindre d'executer ce que l'Eglise Romaine ordonneroit. Il lui remet particulierement les Chasteaux de Lourde, Oloron, Montaner, Miramont, Cadelon. III. Ces actes furent dressés pour estre enuoyés au Pape, & non pas au Synode de Lauaur. IV. Relation des Legats au Pape qui s'arreste au fait particulier du Comte de Tolose. V. Lettre Synodique du Concile qui s'oppose au restablissement des confederés, & proteste de la perte de la religion. VI. Response du Pape au Roi d'Aragon, qui lui defend la protection des Tolosains. VII. Commet l'Euesque de Tolose pour la reconciliation de la ville, & la prend sous la protection de l'Eglise en cas qu'elle s'y reunisse. VIII. Reuoque le restablissement des terres ordonné au profit des Comtes de Foix, de Comenge, & de Gaston de Bearn. Donne commission à l'Archeuesque de Narbone pour absoudre les excommuniés, promet d'enuoyer vn Cardinal pour connoistre de toutes choses. Exorte le Roi de se departir de la protection des excommuniés, & le menace autrement de l'armée des Croisés.

I. A Response du Concile déplut extremement au Roi d'Aragon, qui se rendit appellant des resolutions du Synode, comme certifie le Moine de Vallsernai, & resolut incontinent de porter sa plaincte au pieds du Pape contre ses Legats, & les accuser d'vn manifeste deni de iustice, qui paroissoit auoir esté procuré par l'adresse & le credit du Comte de Montfort, & proceder de la haine que le Clergé de Languedoc portoit au Comte de Tolose, à cause des iniures & domages qu'il leur auoit fait en leurs personnes, & en leurs biens,

& de la crainte qu'ils auoient d'estre vexés, pour s'estre ioincts aux armes des Croisés, en cas que le Pape voulust le maintenir en son autorité : C'est pourquoi le Roi se persuadoit, que plaidant la cause des oppressés, pardeuant le Pape, qui n'estoit point interressé d'aucune affection particuliere, & ne se proposoit que le bien general de l'Eglise, & la reduction des esgarés, il pourroit obtenir quelque fauorable response de sa Saincteté. Et afin de l'obliger dauantage, on s'aduisa qu'il estoit à propos de bailler au Roi, des asseurances par escrit, de la part des Comtes de Tolose, de Foix, de Comenge, & de Gaston de Bearn, pour le contentement & la satisfaction du Pape.

II. Les promesses furent passées à Tolose, par lesquelles lesdits Seigneurs à l'honneur de Dieu & de la Saincte mere Eglise, & du Pape Innocent comme ils parlent, mirent leurs personnes, leurs terres, Chasteaux & forteresses, & particulierement Gaston de Bearn, les Chasteaux de Lourde en Bigorre, d'Oloron, de Montaner, de Miramont, & de Cadelo en Bearn, au pouuoir du Roi Don Pierre d'Aragon, sous ce pacte, qu'il peut les contraindre par la retention de leurs biens, & de leurs personnes, & executer de point en point tout ce que le Pape, & la Saincte Eglise Romaine voudroit ordonner de leurs personnes, & biens : Et promirent solennellement & de bonne foi sur les Saincts Euangiles, sous peine de la perte totale de leur terre, qu'ils obserueroient & accompliroient fidelement tout ce qui leur seroit enioinct par le Pape, & scellerent de leur seaux ces promesses, à Tolose le 6. des Calendes de Feurier. Qui est vn date fort considerable, dautant qu'il est posterieur de dix iours à la response du Synode de Lauaur, & partant fait foi que ces promesses ne furent pas octroyées au Roi d'Aragon pour les presenter à ce Synode, comme le sieur Catel s'est persuadé.

III. Ces actes donc furent dressés pour estre enuoyés à Rome, comme il apert par la lettre de R. Archeuesque de Tarragone, & de ses suffragans, escrite deux mois apres au Pape Innocent, à Perpinnan le second des Calendes d'Auril l'an de l'Incarnation 1213. par laquelle ils lui font entendre, que le Roi d'Aragon estant allé vers Tolose, pour remettre les Comtes de Tolose, de Foix, de Comenge, & Gaston de Bearn sous l'obeissance du S. Siege, il auoit retiré d'eux les asseurances necessaires par escrit, dont il auoit gardé les originaux deuers soi, pour ne les commettre aux hasards du chemin, & dont ils enuoyoient aux pieds de sa Saincteté les copies fidelement collationnées, & vidimées par eux, & seellées de leurs seaux. Les Ambassadeurs du Roi, qui estoient l'Euesque de Segouie, & maistre Colomb firent valoir autant qu'il se pouuoit, les sermens & protestations de ces Comtes excommuniés, & les supplications tres-instantes de leur maistre, qui cautionnoit les promesses des Seigneurs repentans.

IV. Le Concile de Lauaur ne manqua pas aussi d'enuoyer sa relation au Pape, & de preocuper ses volontés, non seulement par les lettres qui furent escrites au nom du Concile, mais aussi par les lettres particulieres des Legats, & de plusieurs Euesques, qui furent animées par les Commissaires, que le Concile deputa vers sa Saincteté, à sçauoir l'Euesque de Comenge, l'Abbé de Clairac, Guillaume Archidiacre de Paris, Thedise, & Pierre Marc qui auoit esté Correcteur en Cour de Rome. Il est vrai que les Legats Hugues Euesque de Ries, & Thedise Chanoine de Gennes, s'arresterent à rendre conte de ce qui regardoit le fait particulier du Comte de Tolose, disans que suiuant la teneur de la commission du Pape (qui estoit celle que Raymond auoit obtenuë l'an 1210. estant allé à Rome en personne) ils auoiét assemblé en la ville de S. Gilles, les Prelats & les Barons du païs, & assigné le Comte en ce lieu : lequel s'estant presenté, chascun reconneut par les effets qu'il n'auoit point mis à execution les enioinctions, qui lui auoient esté faites plusieurs fois par diuers Legats, & particulierement par Milon d'heureuse memoire, de chasser les heretiques, & les Routiers, & de satisfaire à quelques autres chefs d'importance; De sorte que l'auis de tous se porta à ne le receuoir pas pour lors, à faire sa purgation ou iustification, (c'est à dire la purgation canonique qui se faisoit par le serment de l'accusé, & de ceux qu'il employoit pour coniurateurs ou certificateurs apres sermét de la verité presumée de ses defenses.) Ils adioustét la raison de leur refus, dautāt, disent-ils, qu'il n'estoit vrai-semblable, que le Comte, qui en plusieurs choses moindres auoit enfraint son serment, fit difficulté de iurer pour sa iustification sur les deux chefs principaux de son accusation, qui estoient l'heresie, & le meurtre du Legat. Il lui fut donc enioinct par les Legats, & les autres Euesques, qu'il chassast preablement les heretiques, & les Routiers, & qu'il accomplit quelques autres points, à l'obseruation desquels il s'estoit ci-deuant obligé par serment, afin que par ce moyen s'estant rendu digne de la faueur Apostolique, ils peussent executer son rescript. Mais le Comte se retirant de S. Gilles non seulement n'executa pas ce qui lui estoit enioinct, au contraire adioustant crime sur crime, obligea par ses deportemens les Legats, & les Euesques à prononcer anatheme plusieurs fois contre lui, & à exposer sa terre. En suite ils adioustent, qu'ils auoient receu cette année vne commission nouuelle de sa Saincteté, touchant le mesme affaire, (qui est celle que les Ambassadeurs du Roi d'Aragon obtindrent en cette année 1212. laquelle le sieur Catel a produit, & neantmoins la confonduë auec la premiere) & qu'encore bien qu'ils n'eussent point esté requis par le Comte, ils auoient conuoqué tout incontinent en la ville d'Auignon les Prelats, pour se gouuerner auec leur aduis. Mais à cause de la maladie de Thedise, & de plusieurs Euesques la deliberation auoit esté remise, & en suite les Legats auoient assemblé le Concile de Lauaur, & requis son conseil sur ce fait, dont ils rapportent la deliberation mot à mot. Et d'autant, adioustent-ils, que suiuant l'auis du Concile ils ne pouuoient proceder à receuoir la purgation du Comte, ni lui permettre le serment sur les Euangiles, ils auoient protesté par deux lettres adressées au Comte, qu'ils ne pouuoient proceder plus outre en son affaire, sans vne commission speciale du Pape, dautant qu'il auoit retenu en prison l'Abbé de Montauban pendant vn an, & chassé de son siege, & pillé la maison de l'Euesque d'Agen. Et encore que le Comte eust enuoyé vers eux vn Notaire auec ses lettres, demandant leur misericorde plustost que leur iustice, & les supplia nt de lui assigner vn lieu pour conferer ensemble, ils l'auoient refusé pour ne lui causer point des frais inutiles, ne pouuans au principal lui bailler le contentement qu'il desiroit.

V. Pour la lettre Synodique du Concile, elle contient vn remerciement au Pape Innocent du soin qu'il auoit pris du restablissement de la vraye foi, de l'honneur & liberté de l'Eglise dans le Languedoc, vne loüange des trauaux militaires & glorieux exploicts de guerre du tres Chrestien Prince Simon de Montfort, & vn decri des mauuaises actions de Raimond Comte de Tolose, & particulierement de la protection qu'il departoit aux heretiques, iusques là que mesmes apres son retour de Rome, il s'estoit rendu, disent-ils, tellement ingrat aux biens-faits qu'il auoit receus de sa Saincteté, qu'il n'auoit rien tenu de ce qu'il lui auoit promis, ayant haussé de nouueau les peages, qu'il auoit iuré d'abolir, demandé secours à l'Empereur Othon excommunié, menacé de ruiner & perdre le Clergé, fauorisé extraordinairement les heretiques & les Routiers, secouru les heretiques assiegés à Lauaur, appellé à son secours contre l'armée de Dieu, Sauaric de Mauleon ennemi de l'Eglise, Seneschal du Roi d'Angleterre, & en sa compagnie assiegé le Comte de Montfort à Castelnaudarri, & pour comble d'impieté, ayant imploré l'assistance du Roi de

Marroch, chassé l'Euesque d'Agen de son siege, saisi l'Abbé de Moissac, & retenu l'Abbé de Montauban en prison pendant vne année. Les Euesques adioustent, que les Routiers ses complices, ont tué & emprisonné plusieurs Pelerins, & qu'empirant tous les iours, il exerce tous les maux qu'il peut contre l'Eglise par le moyen de son fils, & de ses associés les Comtes de Foix, & de Comenge, & Gaston de Bearn, tres-meschans hommes, & peruers, disent-ils. Attendu donc que par vengeance diuine, & en consequence de la censure Ecclesiastique, le Comte Tres-Chrestien, genereux athlete de la Foi, a saisi & occupé en iuste guerre la plus grande partie de leurs terres, comme estans ennemis de Dieu & de l'Eglise, & que les Comtes persistans en leur malice, & mesprisans de s'humilier sous la puissante main de Dieu, ont eu recours depuis peu au Roi d'Aragon, par le moyen duquel ils pretendent surprendre la clemence de sa Saincteté, & se mocquer de l'Eglise, *Ecclesiam suggillare*; & que l'ayans fait venir à Tolose pour conferer auec eux qui estoient à Lauaur, ils ont pratiqué qu'il fit certaines propositions, ausquelles il auoit esté respondu, ainsi qu'il estoit contenu aux actes, Ils concluent, qu'ils deschargent leurs consciences en representant ce dessus à sa Paternité, afin que s'il arriuoit aucun manquement au faict de la Foi, il ne peut leur estre imputé à l'aduenir, asseurans que si la terre qui auoit esté ostée au susdit Tyran auec tant de iustice, & beaucoup de sang Chrestien versé, estoit renduë à eux, ou à leurs heritiers, non seulement la derniere faute seroit plus grande que la premiere, mais encore la ruine & la perte totale du Clergé & de l'Eglise s'en ensuiuroit; & finissent, adioustans qu'ils n'auoient pas voulu metre sur le papier en detail, les enormitez abominables, & les crimes de ces personnages, pour ne sembler pas dresser vn volume, mais qu'ils auoient chargé leurs deputez de les faire entendre de viue voix à sa Saincteté.

VI. Apres vne relation si pressante enuoyée par les Legats & les Euesques assemblez à Lauaur, quoi que le Pape Innocent eut tesmoigné sa bonne inclination, & sa condescendence à la penitence & restablissement du Comte Raimond, ou de son fils, & de ses associez, il creut estre obligé pour le bien de l'Eglise, de ceder en quelque façon au torrent de l'indignation des Euesques offensez, qui protestoient contre lui de la perte du Clergé, de l'Eglise, & de la Foi, en cas que le Comte Raimond, & ses adherans, ou leurs heritiers fussent restablis en leurs terres. C'est pourquoy, le Pape ayant deliberé sur cette matiere en son Conseil, escriuit vne lettre serieuse & pleine de reproche, à Don Pierre Roi d'Aragon, en date des Calendes de Iuin; lui faisant entendre le tort qu'il auoit eu, d'auoir pris les Tolosains, & leurs complices sous sa protection, exerçant vn sacrilege sous ombre de pieté; & partant voulant prendre soin de son honneur pour le regard de sa reputation, & de son salut pour le regard de son ame, & de son indemnité pour raison de sa terre, il enioignit à sa Serenité en vertu du S. Esprit, d'abandonner incontinent la protection des Tolosains, & de leurs complices, nonobstant toutes les promesses, & les obligations passées pour eluder la discipline Ecclesiastique.

VII. Toutesfois, s'ils desiroient se remetre à l'vnité de l'Eglise, comme il auoit esté remonstré par les Ambassadeurs du Roi, il commit l'Euesque de Tolose, afin que prenant deux adioints sages & prudens, il reconciliast à l'vnité Ecclesiastique ceux qui voudroient reuenir sans feintise & dissimulation, ayant au prealable receu d'eux vne caution suffisante. Et ordonna que la Cité de Tolose estant reconciliée & purgée de la sorte, demeureroit sous la protection du siege Apostolique, sans qu'elle fust trauaillée par le Comte de Montfort, ou les autres fideles Catholiques, mais plustost soustenuë & fauorisée.

VIII. Le Pape adiouste, qu'il s'estonne & se fasche de voir, que le Roi eut obtenu par surprise vne lettre pour la restitution de la terre des Nobles hommes les Comtes de Foix, de Comenge, & de Gaston de Bearn; Dautant qu'outre plusieurs grands crimes, ils estoient renoüez du lien d'excommunication, à cause de la faueur qu'ils donnoiét ouuertement aux heretiques. C'est pourquoi, attendu qu'vn rescript obtenu de la sorte, pour gens de cette condition, n'est pas valable, il le reuoque comme subreptice. Si toutesfois ils desiroient estre reconciliez à l'vnité Ecclesiastique, il l'aduertit qu'il a baillé ses letres de commission à l'Archeuesque de Narbonne Legat du siege Apostolique, afin que receuant d'eux non seulement vne caution iuratoire, qui n'estoit pas suffisante, puis qu'ils auoient violé souuent leurs sermens, mais telle autre qu'il aduiseroit, il leur departe le benefice de l'absolution. Et ces choses ayant precedé, comme tesmoignages d'vne vraye deuotion, le Pape declare qu'il enuoyera sur les lieux, suiuant le desir du Roi, vn Cardinal Legat *à Latere*, qui marchant par la voye Royale sans destourner à gauche ni à droite, confirmera ce qui aura esté bien fait, corrigera les defauts qui auront esté commis, & rendra iustice tant à ces Nobles, qu'aux autres qui se plaindront. Cependant il ordonne vne trefue entre le Roi, & le Comte de Montfort, sauf & reseruez les heretiques. Veut que le Comte rende au Roi les deuoirs qu'il est obligé pour la terre qu'il tient de lui, & declare à son Excellence, que si les Tolosains, & les Nobles persistent en leur erreur, qu'il commandera aux Croisez par Indulgences renouuelées, de se sousleuer pour extirper cette peste, auec tous les fauteurs & defenseurs. C'est pourquoi il admoneste sa Serenité, la prie & supplie en nostre Seigneur, d'executer gayement le contenu en cette letre; dautant que s'il arriuoit autrement, ce qu'il ne peut croire, outre l'indignation diuine qu'il appelleroit contre soi, il encourroit vn grand & irreparable domage; & qu'encore bien qu'il aime sa personne, il ne pourroit le considerer, ni lui pardonner en l'affaire de la Foi; car pour sçauoir quel danger il risqueroit, s'il s'opposoit à Dieu, & à l'Eglise en la cause de la Foi, pour empescher la consommation du sainct ouurage, les exemples anciens & modernes pouuoient l'en instruire suffisamment. C'est la substance des letres qui furent escrites sur ce suject, & ont esté conseruées dans la Bibliotheque du College de Foix, au Registre escrit à la main des epistres du Pape Innocent, qui a esté publié auec des Notes remplies d'erudition, par le sieur de Bosquet Lieutenant general de Narbonne; d'où l'on aprend au vrai l'estat de l'affaire, & les motifs de la guerre que fit en suite le Roi d'Aragon.

II. Apud Innoc. l 4. Regesti ep. 47. In Christi nomine sit notum cunctis, quod ego Gasto Dei gratia Vicecomes Bearnensis, & Comes Bigorræ, ad honorem Dei & sanctæ matris Ecclesiæ, & Domini Innocentij qui sacrosanctæ Romanæ Ecclesiæ sedis obtinet præsulatum, pono & mitto personam meam, & castra de Lurda, de Olerone de Montanerio, de Miramon, de Cadelo, & omnem aliam terram quam habeo & habere debeo, vel ad me vel ad meos pertinet aut pertinere debet & potest aliqua ratione, aliquo iure, vel causa, & illam totam quam habere & recuperare potero Deo dante, in manu & potestate vestri, & Domini mei P. dei gratia Regis Aragonum & Comitis Barc. vt ea omnia plenarie & potenter teneatis & possideatis, eo pacti tenore apposito & forma, vt per detentionem prædictorum bonorum & meæ personæ, possitis compellere & vrgere me ad illa omnia exequenda, & obseruanda quæ Dominus Papa, & sacrosancta Romana Ecclesia de persona mea & rebus decreuerit statuendo. Sub periculo ergo Commissionis & pœna omnium prædictorum castrorum, & totius terræ, vobis stipulantibus per solennem stipulationem, bona fide promitto, quod omnia quæ Papa mihi de persona aut terra mea iniunxerit, curabo fideliter adimplere, & in perpetuum modis omnibus obseruare, & quod ita totum adimpleam, & contra non veniam, vel aliqua arte vel ingenio, vel aliqua personam veniri sustineam, de omnibus cócedens vobis potestatem plenariam, per Deum & per hæc sancta Euangelia corporaliter tacta sponte iuro, & ad maiorem huius facti firmitatem hanc paginam mei sigilli autoritate confirmo. Actum est hoc apud Tolosam vi. Kalend. Febr. Anno Dominicæ Incarnationis M.CC.XII.

VIII. Ex l. 4. Regesti ep. 48. Miramur insuper & mouemur, quod tu pro terra Nobilium virorum Conuenarum & Fuxensis Comitum, ac Gastonis de Bearno restituenda sibi, Apostolicum, per nuncios tuos suppressa veritate mendacium exprimentes, surripi fecisti mandatum; cùm præter multa & magna eorum flagitia, ob hæreticorum fauorem quos manifestè defendunt, excommunicationis sint vinculo renodati; Verum cum mandatum pro talibus sic obtentum non teneat, illud tanquam subreptitium penitus reuocamus. Si vero iidem Ecclesiasticæ vnitati reconciliari desiderant prout dicunt, venerabili fratri nostro Narbonensi Episcopo Apostolicæ sedis Legato per nostras damus literas in mandatis, vt recipiens ab ipsis, non solum iuratoriam cautionem cum iam sua sint iuuamenta transgressi, sed & aliam quam viderit expedire, beneficium eis absolutionis impendat. Et his rite præmissis tanquam veræ deuotionis indiciis, Cardinalem de Latere nostro Legatum virum honestum, prouidum, & constantem iuxta petitionem tuam ad partes illas curabimus destinare, qui non declinans ad dextram vel sinistram, sed incedens regia via semper, quæ recte facta inuenerit approbet & confirmet, errata vero corrigat & emendet, & tam Nobilibus antedictis, quàm aliis conquerentibus exhiberi faciat iustitiæ complementum.

CHAPITRE XVIII.

Sommaire.

I. *Le Roi d'Aragon, & les Seigneurs interessez, mescontens de la response du Pape, se preparent à vne forte guerre. Le subiect de cette guerre n'est pas precisément la defense de l'heresie, mais de leurs biens. Sommaire de leurs plaintes.* II. *Ils taschent de iustifier la prise de leurs armes; qui estoient iniustes, encore qu'elles ne soient point tachées de l'infamie de l'heresie.* III. *Le Roi d'Aragon passe les Monts auec quelques Catalans. Vient assieger Muret. L'armée est composée de la milice des païs voisins. Gaston de Bearn y enuoye des troupes de Bigorre & de ses autres terres. On donnoit à cette armée le nombre de cent mil hommes.* IV. *Simon de Montfort vint au secours auec mil hommes d'armes. Fait vne sortie. Tue le Roi d'Aragon sur le champ, & defaict l'armée, où il y eut dix-huit mil hommes des ennemis tuez ou noyez. Et vn seul gend'arme & quelques soldats des Croisez.* V. *Le Roi d'Aragon auoit escrit à vne Dame qu'il venoit pour l'amour d'elle chasser les François.*

I. LE Roi d'Aragon & les Seigneurs interessez, furent tellement esmeus de la response du Pape, qu'ils arresterent incontinent de se defendre par la voye des armes; & encore bien qu'elles fussent iniustes, neantmoins ils ne restoient pas de se persuader qu'ils auoient des motifs apparens pour iustifier leur mescontentement, que ie representerai au sens que l'on peut les recueillir de leurs plaintes, afin que l'on ne se laisse pas emporter à l'opinion qui a preualu dans l'esprit de plusieurs, que le Roi d'Aragon, les Comtes de Foix, de Comenge, & de Bearn, auoient combatu pour l'heresie des Albigeois. Ces mescontens donc publioient sans doute, parmi leurs alliez, qu'encore que le Comte de Tolose, les Comtes de Foix, de Comenge, & de Bearn, eussent desiré la reconciliation de l'Eglise, & fait à ces fins toutes les submissions necessaires, & ofert pour caution & pleige de leur fidelité le Roi d'Aragon, ils n'auoient peu y estre admis, qu'auec la perte des terres, que les Croisez auoient desia enuahies sur eux. Que cette rigueur auoit esté procurée par le credit & la violence du Comte de Montfort, qui auoit obligé le Synode de Lauaur de conseiller au Pape le refus de la restitution des terres saisies, afin qu'il en fut le maistre. Et encore bien que le Pape par sa lettre eust decerné des commissions à l'Archeuesque de Narbonne, & à l'Euesque de Tolose pour receuoir les excommuniez dans l'vnité de l'Eglise, & promis d'enuoyer apres cela vn Cardinal Legat *à Latere* pour faire iustice à ceux qui se plaindroient, son pouuoir neantmoins ne s'estendoit pas à faire rendre ce qui auoit esté desia pris, mais plustost à confirmer la possession au vainqueur, puis que le Pape escriuoit qu'il confirmeroit ce qui auoit esté bien faict, &

corrigeroit les défauts & manquemens: Qu'il ne falloit pas faire difficulté que les terres desia conquises par Simon de Montfort sur ces Comtes, ne fussent declarées de bonne prise, puis que l'execution en auoit esté faite en consequence des declarations des Legats du Pape, qui les auoient exposées au premier conquerant, & que le Concile de Lauaur s'estoit formellement opposé à la restitution, sous pretexte que si les complices ou leurs heritiers rentroient dans leur bien, l'autorité de l'Eglise qui l'auoit donné, estoit prostituée à vn mespris, les trauaux & le sang des Chrestiens versé pour cette querelle estoient rendus inutiles, & le Clergé & la Foi precipités à vne perte & ruine manifeste. Que le preiugé estoit trop euident, en la reuocation que le Pape venoit de faire des lettres qu'il auoit adressées à Simon de Montfort, pour la restitution des terres saisies sur les Comtes de Foix, de Comenge, & de Bearn. Que neantmoins ce refus de rendre son bien au penitent, estoit contre le droict naturel & diuin, puis que Dieu pardonnant les pechés restablit le pecheur en la possession de tous les dons & des graces qu'il auoit auparauant, & que les Princes ont accoustumé d'exercer vne faueur semblable à l'endroit des criminels de leze Majesté, lors qu'ils leur baillent lettres d'abolition, & les remettent en tous leurs biens, honneurs, & dignités. Que les Seigneurs excommuniés auoient eu recours au Concile de Lauaur, & à sa Saincteté, pour obtenir leur misericorde, laquelle ils auoient demandée en termes de supplians & de penitens: Et mesmes pour leuer tous ombrages au Clergé de Languedoc, & aller au deuant des méfiances que les Ecclesiastiques pouuoient prendre de leur sincerité à l'auenir, & de leur deuotion enuers l'Eglise, qu'ils auoient baillé pour plege de leurs submissions & bons déportemens, le Roi d'Aragon Prince de grande reputation dans Rome, aymé & cheri du Pape, qui l'auoit oinct & couronné de sa main, & qui estoit chargé de l'honneur de la victoire obtenuë l'année auparauant contre les Sarasins en la fameuse bataille d'Vbeda. De sorte que reietter les demandes raisonnables des supplians, & leur refuser les effects ordinaires de la clemence, sous l'offre pour le moins que le ieune fils du Comte de Tolose, qui à cause de sa ieunesse n'auoit point encore pris de part aux desordres de son pere, fut pourueu de ses Estats, & nourri aux bonnes mœurs dans la Cour du Roi d'Aragon son oncle; c'estoit donner ouuertement connoissance, que l'on vouloit perdre les personnes en les obligeant à vn desespoir, & transporter la Seigneurie de la terre entre les mains du Comte de Montfort; qui deuoit se contenter pour la recompense de ses trauaux, des Vicomtés de Carcassonne & de Beziers conquis sur les heretiques, dont il auoit receu l'inuestiture du Roi d'Aragon, sous l'aueu du Roi de France souuerain Seigneur de la terre, sans qu'il fallust rauir les autres terres à ceux qui les possedoient legitimement, & qui estoient exempts de tout soupçon d'heresie, comme le fils du Comte de Tolose, les Comtes de Foix, de Comenge, & de Bearn.

11. Ce sont à peu prés les suiets de l'indignation du Roi d'Aragon, & des Seigneurs qu'il protegeoit, qui iugerent qu'il y auoit de la iustice en leurs armes, puis qu'ils ne vouloient point defendre l'heresie, mais leur patrimoine, que les Legats du Pape auoient à la verité exposé en proye; mais auec precipitation, n'ayans voulu admettrre en l'assemblée de Sainct Gilles la purgation du Comte de Tolose, touchant le soupçon de l'heresie, & du meurtre du Legat, ainsi qu'il leur estoit ordonné par le Pape, qu'il n'eut plustost chassé effectuellement les heretiques & les Routiers de sa terre, & satisfait à quelques autres chefs, dont l'execution lui estoit ou tres-difficile, ou du tout impossible; & le laissoit cependant dans l'excommunication contre l'ordre de la charité. Ils considererent en outre les maximes, que les Rois sçauent mieux que les Docteurs des Escholes, & les pratiquent au besoin, sça-

uoir que l'Eglise n'a point cette autorité sur les biens temporels des excómuniés, que de les en priuer, & disposer de la proprieté comme d'vn bien vacant; & partant ils creurent qu'il leur estoit loisible de resister au Comte de Montfort, puis qu'il executoit les decrets & iugemens d'vne iurisdiction, qu'ils estimoient incompetente pour ce regard: D'autant plus que ces Seigneurs n'estoient point heretiques en leur creance, ni fauteurs d'heretiques; mais seulement associés à la defense du Comte de Tolose, qui estoit seulement soupçonné d'heresie, dont il vouloit se purger, & r'entrer dans son bien. Quant aux excommunications que les Legats auoient laschées contr'eux à cette occasion, & pour autres diuers crimes dont ils estoient chargés, ils se persuaderent qu'ayans offert vne satisfaction raisonnable, & supplié d'estre admis au benefice de l'absolution, qu'on leur refusoit, s'ils ne consentoient à la perte de leur bien, que leur contrition veritable & non dissimulée, & le vœu de la penitence declaré à l'Eglise, auec les submissions requises, leur tenoit lieu d'vne absolution formelle deuant Dieu, & qu'ils auoient droict de pouruoir à leurs affaires, comme s'ils n'estoient point excommuniés. I'auance ce discours, afin que l'on ne croye pas que ces Princes ayent pris les armes pour la protection de l'heresie, ainsi que certain auteur de la secte des Religionnaires veut persuader à son peuple, sans que ie vueille pourtant m'engager à la défense de leur entreprise, que le succés condamna ouuertement en la iournée de Muret.

III. Car le Roi d'Aragon passa les Monts auec quelques troupes de Catalans, se rendit à la ville de Tolose sur la fin de l'Esté, & ayant pris conseil auec les Comtes, s'en alla assieger le Chasteau de Muret sur Garonne, où le Comte de Montfort auoit establi vne garnison, qui trauailloit ceux de Tolose. L'armée des assiegeans estoit puissante, & composée des gens qui auoient esté leués aux Prouinces voisines, comme remarque Guillaume de Puylaurens. Les sujets de Gaston de Bearn, qui estoit aussi Comte de Bigorre, ne manquerent pas de se trouuer en cette occasion, si l'on s'arreste au dénombrement qu'a fait Guillaume le Breton en sa Philippiade, des peuples qui fournirent des troupes pour cette armée. *Et quos misere Nauarri, & quos nutrierat Carcasso, Comesque Bicorrus, Conueniunt omnes numero bis millia centum.* Mais le nombre de deux cens mille hommes doit estre attribué à vne licence poëtique, d'autant que Bernard Guidon, apres le Religieux de Valsernai, arreste son calcul à cent mille; duquel on pourroit bien, à mon auis, rabattre la moitié sans se méprendre.

IV. Simon de Montfort ayant receu l'auis du siege, partit de Sauerdun en compagnie de quelques Euesques, auec huict cens hommes d'armes, ainsi que Pierre de Valsernai nous tesmoigne, ou bien mille, suiuant Guillaume de Puylaurens, passa la riuiere de Garonne, entra dans Muret sans difficulté; diuertit les Euesques du dessein qu'ils auoient d'aller pieds nuds vers le Roi d'Aragon, pour le supplier de ne combattre point contre l'armée des Croisés, & n'ayant peu obtenir paix ni trefue, que sous conditions deshonnestes & dommageables aux affaires de l'Eglise, iugea qu'il valloit mieux faire vne brusque & gaillarde sortie sur les ennemis; qui lui reüssit en telle façon, qu'il défit & mit en route cette grande & formidable armée, le 13. de Septembre de l'année 1213. y ayant eu de tués dans la chaleur du combat, & noyés dans la Garonne en fuyant, dix-huict ou vingt mille hommes des ennemis, sans que Simon fist perte que d'vn Gendarme, & de quelques soldats.

V. La circonstance que Guillaume de Puylaurens a remarquée est assés considerable, pour faire voir qu'encore que les armes du Roi d'Aragon n'eussent pas esté iniustes en soi, ses vanités, & desseins deshonnestes eussent esté capables de prouoquer l'indignation du Ciel contre lui. Car cét auteur asseure auoir oüi dire plusieurs fois à Maurin Abbé d'Apamies, qu'il eſtoit allé au deuant du Comte de Montfort au lieu de Bolbone, & ſçachant ſon deſſein, l'auoit voulu diſſuader d'entreprendre le combat auec ſi petite compagnie, contre le Roi d'Aragon, qui eſtoit tres-entendu au meſtier, & ſuiui de pluſieurs Comtes & d'vne puiſſante armée. Mais qu'il auoit à meſme temps tiré de ſa bourſe des lettres, qu'il lui mit en main pour les lire, addreſſées par le Roi d'Aragon à vne Dame, qui eſtoit mariée auec vn Gentilhomme du Dioceſe de Toloſe : le Roi lui voulant perſuader par ces billets qu'il venoit pour l'amour d'elle chaſſer les François de la terre, auec pluſieurs autres caioleries. L'Abbé apres la lecture lui ayant demandé, quel auantage il pretendoit retirer de cela, le Comte reſpondit, qu'il ne craignoit point vn Roi, qui pour l'amour d'vne femme eſtoit venu s'oppoſer à l'affaire de Dieu.

Guill. de Pod. c. 21. Guill. Brito l. 8. Phil. Petrus Valliſſ. Hiſt. Albig. c. 71. & 72.

CHAPITRE XIX.

Sommaire.

I. Gaſton de Bearn n'eſtoit point en perſonne en la bataille de Muret. II. Gaſton & ſes confederés ont recours au Pape, & à la clemence de l'Egliſe. Commiſſion adreſſée à Pierre Cardinal pour venir ſur les lieux. III. Bref du Pape Innocent pour l'abſolution de Gaſton, & du Comte de Comenge. IV. Le Legat arriue en Languedoc au commencement de l'année 1214. Il donne l'abſolution au Comte de Toloſe. Gaſton la receut de Bernard de Morlane Eueſque d'Oloron. Il donne en recompenſe des dommages qu'il auoit faicts à l'Egliſe Saincte Marie d'Oloron, la Seigneurie de cette ville Saincte Marie, & du lieu de Catron. Cette donation fut faicte au lieu de Monein. V. Il eſt iuſtifié que Gaſton eſtoit abſous auant l'année 1215. meſmes au mois de Feurier 1214. c'eſt à dire ſur la fin de cette année. En ce temps il donne au Monaſtere de Saubelade trois metairies aſſiſes au lieu de Donhen. Raimond eſtoit pour lors Eueſque de Laſcar. VI. Ce Raimond auoit ſuccedé à Arſius Eueſque, qui mourut en l'année 1213.

I. JE me trouue empeſché en cét endroit d'aſſeurer ſi noſtre Gaſton eſtoit en perſonne dans l'armée des confederés. Car comme d'vn coſté Guillaume le Breton eſcrit en la Philippiade que le Comte de Bigorre, qui eſtoit le meſme que Gaſton de Bearn, y enuoya ſes troupes, auſſi void on d'autre part vn grand ſilence dans les auteurs du temps, Pierre de Valſernai, & Guillaume de Puylaurens, touchant noſtre Prince, dont ils obmettent le nom aſſés connu d'ailleurs, lors qu'ils aſſeurent que les Comtes de Toloſe, de Foix, & de Comenge eſtoient dans la meſlée. Ce qui preſſe le plus eſt vne relation, que les Eueſques aſſemblés à Muret enuoyerent par les Prouinces le lendemain de la victoire, afin d'en publier l'eſclat, où ils font gloire de la reuocation que le Pape auoit faicte des lettres adreſſées auparauant au Comte de Montfort, pour la reſtitution des terres occupées ſur les Comtes de Foix, & de Comenge, & ſur Gaſton de Bearn; & neantmoins incontinent apres ils font mention des Comtes de Toloſe de Foix, de Foix, & de Comenge, pour auoir combattu en l'armée ennemie, sans nommer le Comte Gaston. Ce qui me persuade que ce Prince empesché de maladie, se contenta d'enuoyer ses compagnies de gens de guerre, & se dispensa d'y venir en personne.

II. Or le succés heureux de cette bataille, la mort du Roi d'Aragon, & la déroute des Comtes estonna tellement ceux qui estoient liguez auec le Comte de Tolose, qu'vn chascun songea de se remettre à son deuoir, & se ranger à l'vnité de l'Eglise. Le Comte Raimond depescha pour cét effect vers le Pape; comme aussi nostre Gaston, & le Comte de Comenge reclamerent la misericorde & la clemence de l'Eglise. De sorte que sa Saincteté commit sur la fin de cette année 1213. le Cardinal Pierre de Beneuent Legat *à Latere*, auec vn ample pouuoir d'establir la paix dans la Prouince, receuoir les penitens, edifier & planter, destruire & deraciner, ainsi que l'on peut aprendre des letres de la Legation, inserées au liure 4. du Registre du Pape Innocent, epistre 167.

III. Il y a dans le mesme registre vn Bref qui fut expedié six iours apres, sçauoir le 20. Ianuier, en faueur de Gaston de Bearn & du Comte de Comenge en ces termes. *Encore que les excez des Nobles hommes le Comte de Comenge, & Gaston soient beaucoup enormes & pesans, neantmoins dautant que l'entrée de l'Eglise ne doit point estre fermée à ceux qui heurtent auec humilité, Nous ordonnons à vostre discretion par les escrits Apostoliques, qu'ayant receu d'eux caution suffisante telle que vous iugerez, vous les reconciliez à l'vnité Ecclesiastique, & disposiez d'eux suiuant Dieu, comme vous verrez le deuoir faire par l'auis des hommes sages & prudents.*

IV. Le Cardinal arriua en Languedoc au commencement de l'année 1214. & bailla l'absolution au Comte de Tolose, qui soufmit à sa discretion sans reserue son corps & ses biens, au mois d'Auril de cette année. Pour le regard de Gaston, il ne receut point l'absolution de la main du Legat, mais de Bernard de Morlane Euesque d'Oloron; qui auoit esté subdelegué par le Cardinal, à cause de l'interest qu'il auoit dans l'affaire : Dautant que l'Eglise Cathedrale d'Oloron auoit receu de notables domages par les violences que Gaston auoit exercées sur ses biens; pour raison dequoi, & d'autres diuers excez il auoit esté plusieurs fois excommunié, & auoit perseueré long-temps dans son obstination, ainsi que ce Prince confesse dans l'Acte de la donation de la ville saincte Marie, qu'il fit à cette Eglise pour l'indemniser de ses pertes l'an 1215. lequel acte i'ay tourné en François : *Sçachent tous presens & à venir, que moi Gaston Vicomte de Bearn, ay faict de mon temps par la suggestion de Satan plusieurs torts à l'Eglise saincte Marie d'Oloron, faisant diuers domages tant en l'Eglise Cathedrale, qu'en ses hommes & apartenances, & dautant que tant pour raison de cela, que de plusieurs autres excez, i'estois attaché de plusieurs excommunications, & auois perseueré long-temps en mon obstination, Enfin par l'inspiration de la grace de Dieu, ie me suis departi humblement de ma contumace, suppliant auec instance le seigneur Bernard de Morlane Euesque de ladite Eglise, qu'il relaschast les sentences dont i'auois esté serré, & m'enioignit les satisfactions qu'il apartiendroit. Et dautant qu'il m'a deschargé de toutes les sentences, encore que les maux par moi commis fussent sans nombre, & que la valeur des choses que i'auois osté à l'Eglise ne peut estre contée; Neantmoins pour recompense & indemnité des choses prises, i'ai donné à ladite Eglise tous les hommes & tout le droict que i'ai en la ville de saincte Marie, & tous les hommes de Catron, & tout le droict que i'ai audit lieu. I'ai donné ce dessus pour la restitution des choses prises, & ledit Euesque a eu tout cela pour agreable. Cette donation a esté faicte à Moneh, en presence dudit Euesque, de G. A. de Lees, de maistre Aner Sens, maistre Terren Arnaud, Guillaume de Faget, Arnaud Raimond Abbé de saincte Engrace, & de plusieurs autres Clercs; & de Guillaume Brun d'Oloron, en presence de plusieurs hommes d'Oloron, de Monenh, & de Lascar, qui estoient sur le lieu, où ces choses ont esté faictes. Et afin que par le laps du temps, l'oubli des hommes, ou la mauuaistié des chicaneurs, on ne puisse exciter procez su ceci, i'ai confirmé cét escrit de mon seau, l'an 1215.* Le mesme Euesque à mon instance y a mis aussi le seau Episcopal, afin qu'il soit mieux gardé.

V. Apres auoir verifié que Gaston fut absous des sentences d'excommunication par Bernard de Morlane Euesque d'Oloron, & auoir insinué que cette reconciliation se fist en l'année 1214. il importe de le iustifier par acte public, afin d'oster le doute que le date de la donation precedente auroit peu émouuoir en l'esprit du Lecteur, pour l'attribuer à l'année 1215. Car il estoit remis en la communion de l'Eglise le troisiesme des Nones de Feurier sur la fin de l'année 1214. comme l'on peut recueillir de la donation qu'il fit en faueur du Conuent de Saubelade, de ses trois metairies assises au lieu de Donen, sous la reserue de l'host, ou droict de commander à la guerre les maistres de ces maisons, en presence de Raimond Euesque de Lascar, B. Euesque d'Oloron, Vv. Brun d'Oloron, & A. de Laos gentil-homme, en date au lieu de Monein, du 3. des Nones de Feurier de l'année 1214. Or ces deux Euesques estoient trop auisés pour souffrir que le Monastere de Saubelade eust accepté la donation d'vn excommunié, & pour la confirmer eux-mesmes par leurs souscriptions : de sorte que l'on doit coclure necessairement, qu'il estoit pour lors reconcilié à l'Eglise.

VI. On peut obseruer aussi Raimond Euesque de Lascar, qui auoit succedé à Arsiuus ou Arsius Euesque de Lascar, & Abbé de S. Seuer, qui mourut le 3. des Nones d'Aoust 1213. comme l'on aprend des memoires du Monastere de S. Seuer. Ie ne dois point omettre que le lieu de Monein, où ces actes ont esté receus, est fort ancien; dont il est fait mention dans le Geographe Nubien, qui marque les distances depuis Tolose iusqu'à *Munins*, & de Munins iusqu'à la ville de S. Iean de Pied de Port, & iusqu'à la ville d'Aux, & celle d'Agen. De sorte que Monein estoit cóme vne estape, & vn lieu mitoyen aux voyages des Africains, qui passoient de l'Espagne en France; d'où ces memoires de l'auteur Arabique ont esté extraits il y a plus de cinq cens ans.

III. Innocent. l. 4. Reg. ep. 171. Etsi Nobilium virorum Comitis Conuenarum, & Gastonis excessus graues sint plurimum & enormes, quia tamen humiliter pulsantibus non est Ecclesiæ aditus præcludendus, discretioni tuæ per Apostolica scripta mandamus, quatenus sufficienti ab eis, iuxta quod videris expedire, cautione recepta, ipsos reconcilies Ecclesiasticæ vnitati, & disponas de illis secundum Deum, prout de prudentum virorum consilio videris disponendum. Datum Laterani xi. Cal. Febr. Pontificatus nostri anno xvi.

IV. E Chartatio Oloronensi: Cum labente tempore rerum temporalium memoria deleatur de facili, prouiderì debet attentius, vt ea quæ recoli debent perenniter, authentici scripti munimine roborentur. Hinc est quod ego Gasto Vicecomes Bearnensis omnibus præsentes literas inspecturis, volo fieri manifestum, quod in meis temporibus multas feci iniurias instinctu Satanæ, Ecclesiæ Sanctæ Mariæ de Olorno, tam in ipsa Cathedrali Ecclesia, quam in suis hominibus & pertinentiis damna multiplicia inferendo; Cumque propter hæc & alia multa quæ commisi, enim multis excommunicationibus innodatus, & diu in magna obstinatia perstitissem, tandem inspirante diuina gratia recessi humiliter à contumacia, rogans suppliciter dominum B. de Morlana Episcopum iam dictæ Ecclesiæ, vt sententias quibus astrictus fueram relaxaret, & satisfactiones iniungeret congruentes. Et cum ipse me releuaret ab omnibus sententiis, quamuis malorum quæ ego feceram non esset numerus, nec æstimatio rerum quas abstuli Dei Ecclesiæ potuisset in summa colligi, pro ablatis tamen dedi supradictæ Ecclesiæ omnes homines meos, quos habebam in villa S. Mariæ, & quidquid iuris habebam in villa S. Mariæ, & omnes homines de Catron, & quidquid iuris habebam in illis. Hæc omnia dedi supradictæ Ecclesiæ pro restitutione ablatorum, & totum hoc dictus Episcopus gratum habuit & acceptum: Facta autem fuit ista donatio apud Monenh, in præsentia sæpedicti Episcopi, & G. A. de Lees, & magistri Anerij Sancij, & magistri Terreni, & Arnaldi Guillelmi de Faget, & Arnaldi Raimundi Abbatis Sanctæ Engratiæ, & multorum aliorum Clericorum, & Guillelmi Bruni de Olorono, in præsentia multorum hominum de Olorono, & de Monenh, & de Lascar, qui ibidem assistebant, vbi hæc omnia facta sunt. Et ne in lapsu temporis aut pro obliuione hominum, aut pro peruersitate calumniantium, super hoc possit litigium suscitari, præsens scriptum sigilli proprij munimine roboraui. Anno Domini M. CC. XV. Idem etiam Episcopus ad instantiam meam sigillum Episcopale apposuit huic scripto, vt & ipsius munimine firmius obseruetur.

V. Charta Siluælatæ: Quæ geruntur in tempore, ne labantur cum tempore, solent poni sub lingua testium, & scripturæ notitia perennari. Sciant igitur præsentes pariter & futuri, quod Ego Gasto Vicecomes Bearnensis & Comes Bigorræ, pro remedio animæ meæ, & parentum meorum, dono, concedo, & confirmo Deo, & B. Mariæ Siluælatæ, perpetuo tres casales, & quidquid ibi habeo vel habere debeo, præter exercitum quem mihi duxi ibidem, & meis successoribus retinendum. Sunt autem prædicti tres Casales in villa quæ Donen vulgariter appellatur. Huius rei testes sunt, Dominus R. Episcopus Lascurren. Dominus B. Episcopus Oloren. W. Brunus de Oloro, A. de Laos, miles. Actum apud Monein III. Nonas Februarij anno Domini M. CC. X. V.

VI. Geographia Nubiensis 2. parte, climatis quinti.

CHAPITRE XX.
Sommaire.

I. II. Gaston estoit porté d'inclination aux actions de pieté. Il donna l'an 1209. à l'Eglise Cathedrale d'Oloron la disme de la ville de Sauueterre. Confirme les donations que ses predecesseurs auoient faites à cette Eglise en dismes ou en sujets. Le village de Momor est compris sous cette clause. III. Priuilege accordé à l'Eglise d'Oloron d'accepter les donations, & acheter les dismes, sans estre obligés d'attendre le consentement des Princes de Bearn. Ce consentement estoit requis, parce que les dismes estoient tenuës en fief des Seigneurs de Bearn, aussi bien que des Euesques. IV. Droict de preference apartenant à l'Euesque, & au Curé en l'alienation des dismes. Priuilege accordé par le Pape Innocent IV. au Chapitre d'Oloron d'acquerir des dismes. Liberté aux laïques de vendre les dismes infeodées, sans les offrir aux Euesques. V. Procés sur la disme du lieu d'Aren, transportée à l'Eglise d'Oloron sans le consentement du Seigneur de Bearn. Iugement rendu sur cette instance. VI. Decés de Gaston. Peronelle Comtesse de Bigorre sa vefue espousé Gui, second fils du Comte de Montfort, l'an 1216. Gaston par son testament fist plusieurs legats aux Eglises.

I. ON a peu reconnoistre au Chapitre precedent, la satisfaction Chrestienne de Gaston, & la recompense qu'il ordonna à l'Eglise Cathedrale d'Oloron, pour reparer ses pertes, en lui donnant la iurisdiction & Seigneurie du lieu de Saincte Marie, separé de la ville d'Oloron par la riuiere de Gaue, dont l'Euesque & le Chapitre iouïssent encore auiourd'huy, qui n'est pas vn petit ornemét à cét Euesché, à cause qu'il a son siege en ce lieu.

II. Mais il faut aduoüer, que l'inclination de ce Prince estoit plus forte pour le bien, que pour le mal, & qu'auant d'estre engagé à la ligue du Comte Raimond, qui attira sur lui les sentences d'excommunication, & le desir de se venger des Ecclesistiques qui les executoient, il recherchoit les occasions d'exercer des liberalités en faueur des Eglises, ainsi que l'on a peu voir ci-dessus. Et particulierement en faueur de l'Eglise d'Oloron, à qui Gaston donna l'an 1209. la disme de la ville de Sauueterre, dont elle iouït presentement, & confirma tous les auantages & donations que ses predecesseurs lui auoient faits, soit en terres, en sujets, en dismes, ou en pasquages. D'où l'on peut conclure, que le village de Momor, *De Monte Moro*, qui apartient à l'Euesché d'Oloron, est vn effet de la liberalité des Seigneurs de Bearn, & qu'en ce temps il estoit desia incorporé au patrimoine de l'Eglise, n'y ayant point d'autres subiets qui releuent de l'Euesché, outre ceux de Saincte Marie, & de Catron, que les habitans de Momor. Il octroya en outre à l'Euesque, & aux Parroissiens de Saincte Marie droict de Pasquage en la lande de Gauarn, & aux terres vaines & vagues de Eisus, & autres lieux circonuoisins.

III. Mais le priuilege digne de consideration, qu'il accorda par le mesme acte, est celui-ci; c'est qu'il permit & donna liberté à tous les Gentils-hommes, & autres ses sujets residans en l'estenduë de cét Euesché, de bailler à l'Eglise d'Oloron, les dismes & autres reuenus Ecclesiastiques, sans son congé & consentement: & voulut que cette declaration seruist de loi pour ses successeurs. Or ce priuilege est d'autant plus important, que les dismes, les premices, les presentations, les oblations & autres émolumens des Eglises estoient en ce temps des fiefs tenus en fidelité & homage du Prince de Bearn, comme les dismes sont encore auiourd'hui : & partant l'alienation ne pouuoit en estre faite, suiuant la loi des feudes, sans la permission & consentement exprés du Superieur. Nous auons remarqué ci-dessus, que les Seigneurs de Bearn se sont maintenus constamment en ce droict, ne souffrans aucune vente, donation, ou engagement des dismes en faueur de l'Eglise, ou d'autre personne, qu'elle ne fust confirmée par l'autorité Vicomtale, *In manu Vicecomitis*. Ce qui deuoit estre plus exactement obserué, lors que l'alienation se faisoit en faueur de l'Eglise: d'autant que le Seigneur perdoit vn homage, & le seruice d'vn Vassal, qui auec ce patrimoine infeodé estoit obligé de se trouuer en estat aux expeditions de la guerre. Ie ne veux pas pourtant dissimuler, que les dismes infeodées ne fussent en ce temps, & ne soient encore maintenant tenuës de l'Eglise en quelque espece de fief; puis que l'on paye les *arciuts* aux Euesques pour la reconnoissance que les laïques leur font, de les tenir par le bien-fait de l'Eglise, ainsi qu'il a esté assés amplement expliqué ailleurs. De sorte qu'en consequence de cette double dépendance, soit de l'autorité Ecclesiastique, ayant esgard à l'origine, soit de la iurisdiction seculiere, ayant esgard à la condition presente, & à l'infeudation des dismes, on trouue dans les anciens contracts que les ventes & les engagemens en ont esté autorisés par le Seigneur de Bearn, & par les Euesques.

IV. Encore y obseruoit on cette formalité, en cas que l'alienation fust faite en faueur d'vne personne laïque, ou mesme d'vn corps Ecclesiastique, d'offrir prealablement la disme pour son prix au Curé du lieu, & à l'Euesque diocesain, & à leur refus passer le contract en suite auec celui qui en auoit fait le marché. Les Chapitres des Eglises Cathedrales voulurét iouïr d'vn mesme priuilege, & l'introduisirét peu à peu par vne coustume, dont on void l'vsage dans les contracts des siecles precedens; quoi que le priuilege qu'ils obtindrent des Papes ne leur donnast pas l'auantage d'estre interpellés par les laïques, mais seulement d'estre rendus capables de les acheter des laïques, à la charge que les Euesques & les Curés des Parroisses où les dismes estoient situées, y apportassent leur consentement, & qu'il fust loisible aux Curés de retirer les dismes d'entre les mains des Chapitres au profit de l'Eglise Parroissiale, lors qu'ils en auroient le moyen, ainsi que l'on peut voir dans les lettres expediées sur ce suiet par le Pape Innocent IV. à Lyon, l'an 2. & 3. de son Pontificat, en faueur du Chapitre d'Oloron. Neantmoins par ordonnance du Roi S. Louïs, tous les laïques qui possedent les dismes infeodées sont remis en liberté de les alliener à d'autres laïques, ou personnes Ecclesiastiques, sans attendre le consentement du diocesain, n'y estre obligés à les offrir aux Curés des lieux.

V. Or l'occasion, qui donna suiet au priuilege que Gaston octroya en faueur de l'Eglise d'Oloron, vint de ce que les maistres de la Maison Noble d'Aren auoient mis l'Euesque en procés, pardeuát le Prince, pour raison de l'Eglise de ce lieu d'Aren; que ceux d'Oloron auoient acquise à titre d'engagement d'Arnaud Garsia d'Aren, & en suite à titre de donation, lui ayans neantmoins fourni pour son indemnité & de ses filles, deux cens dix sols Morlans; & se fondoient pour obtenir la rescission de ces contracts, sur le défaut du consentement des Seigneurs de Bearn; & auoient obtenu gain de cause, nonobstant que l'Euesque eust possedé soixante-huict années. Toutesfois en l'instance de requeste ciuile, l'Euesque fut remis en sa possession, obtint le priuilege d'acquerir des dismes, sans le congé du Seigneur, & promesse que les causes Ecclesiastiques ne seroient point traictées & iugées par la iurisdiction seculiere, finançant pour cét effet trois cens sols Morlans. Les letres que Gaston en fit seeler, furent homologuées en sa Cour Maiour dans la ville d'Ortés, presens l'Euesque de Lascar, R. G. de Nouailles, V v. Od d'Andons, R. de Coarrasa V v. R. de Faieg, B. d'Olca, & plusieurs autres, le troisiesme des Nones de Iuin l'an 1209. Bernard de Morlane estant Euesque d'Oloron. Gaston v 11. le confirma à Sauueterre l'an 1251.

VI. Gaston deceda en l'année 1215. comme l'on peut iustifier par le temps des secondes nopces de Peronelle Comtesse de Begorre sa vesue : laquelle apres le decés de Gaston espousa Don Nunno Comte de Cerdagne, & encore Gui de Montfort en l'année 1216. Ce Gui n'estoit pas le frere, mais le fils de Simon Comte de Montfort: qui procura ce parti à son fils, afin de se fortifier dans la Gascogne au moyen de cette alliance, comme Guillaume de Puylaurens a remarqué. Or Gaston fit son testament, par lequel, pour tesmoigner sa pieté enuers Dieu & l'Eglise, & pour faire voir qu'embrassant la défense du Comte de Tolose, il n'adheroit pas à l'heresie des Albigeois, il ordonna plusieurs legats en faueur des maisons Ecclesiastiques, ainsi que son frere Raimond l'asseure en son testament.

II. E Chartario Oloronensi : Nouerint vniuersi præsentem paginam inspecturi, quod nos Gasto Dei gratia Vicecomes Bearnensis, vidimus priuilegium Domini Gastonis quondà Vicecomitis Bearn. & Comitis Begorræ sub hac forma. Quod instinctu diuino geritur ita fieri debet ratum atque stabile, vt processu temporis improborum caluumnia nuquam possit in irritum reuocari. Nam cuncta facta temporis, labuntur cum tempore, nisi voce testium & scripturæ testimonio roborentur. Tam præsentes itaque noscant quam posteri, quod ego Gasto Vicesomes Bearnij, & Comes Bigoriæ dedi Deo & Ecclesiæ Olorensi, quod quicumque meorum hominum, militum, vel rusticorum in eodem Episcopatu consistentium, aliqua ad ius Ecclesiasticum pertinentia, vt decimas & huiusmodi dare voluerit Oloren. Ecclesiæ dandi liberam habeat facultatem, meo dominio non obstante, idem à meis iubeo posteris obseruari. Hoc autem factum est, quia quidam hereditario iure Ecclesiam de Aren meo freti auxilio vsurpabant, & constaret illam fore propriam Olorensi Ecclesiæ. prius acceptam in pignore ab A in. Garsia de Areu, deinde adquisitam titulo donationis. Pro qua tamen dederant Episcopus & Canonici eidem Arnaldo Garsiæ, & filiabus eius, ducentos & decem solidos Morlan. & iam possederant Ecclesiam LXVIII. annis, quando litigium hoc incepit. Vt autem hoc concederem, & staret in perpetuum, & vt Ecclesiasticæ causæ nunquam in manu mea tractarentur, sed semper in manu Episcopi, dederunt mihi Episcopus & Canonici ccc. solidos Morlan. Vt autem omnis tolleretur dubietas, hoc feci mandari literis, vt sigilli mei reciperet firmamentum. Actum publicè apud Otresium, præsentibus Episcopo Lascurrensi, R. G. de Nouailles. w. Od d'Andonhs, R de Coartasa, W.R. de Faieg, B. d'Olça, & aliis multis. Verbi Incarnati, Anno M. CC. IX. Tertio Nonas Iunij. B. de Morlane regente Ecclesiam Oloren. Donationes etiam à me, & à meis factas antecessoribus, in Mansis, vel rusticis, in decimis in riuis, in pascuis, & in cunctis aliis iura rata fore censeo & confirmo. Ego namque dedi Decimam de meo apud Saluam-terram Ecclesiæ Oloren. plenarie, pro qua dederunt mihi Episcopus & Canonici centum solidos Morlanenses. Dedi quoque Episcopo & Parochianis de S. Maria, Padoence in Lane de Gauarn, & in heremo de Esus, & in aliis vndique pro quibus Ep. & Canonici, & sui homines mihi dederunt centum solidos Morlan. & hæc omnia in perpetuum obseruentur. Nos vero, quod à memorato Gastone prouide factum est, auctoritate præsentium confirmamus. Datum & actum apud Saluam-terram in Ecclesia S. Andreæ 7. Idus Iunij, anno Domini M. CC. LI. in cuius rei testimonium sigillum nostrum præsentibus duximus apponendum.

IV. Ex eodem Chartario : Innocentius Episcopus seruus seruorum Dei, dilectis filiis Capitulo Oloren. salutem & Apostolicam benedictionem. Vestris precibus grato concurrentes assensu, deuotioni vestræ vt vobis liceat decimas redimere de manibus laicorum, in aliorum parochiis, de diocesanorum & rectorum Ecclesiarum assensu, dum tamen rectores ipsi requisiti eas redimere valeant, vel non velint, auctoritate præsentium indulgemus, Ita quod iidem rectores potestatem habeant à vobis dictas decimas cum voluerint redimendi. Nulli ergo hominum liceat hanc paginam nostræ concessionis infringere, vel ei ausu temerario contra ire. Si quis autem hoc attentare presumpserit, indignationem omnipotentis Dei, & beatorum Petri & Pauli Apostolorum se nouerit incursurum. Datum Lugduni III. Nonas Maij. Pontificatus nostri anno secundo.

Guill. de Pod. Laur. c. 16. Filio quoque suo Guidoni dedit vxorem Comitissam Bigorræ, vt latera Comitatus à parte Vasconiæ roboraret.

CHAPITRE XXI.
Sommaire.

I. *Gaston decedé sans enfans. La succession de Guillaume Ramon de Moncade son frere fut disputée par les Bearnois, qui veulent maintenir leur droict d'Election.* II. *Les Ambassadeurs de Bearn allerent en Catalogne, pour deferer la Seigneurie à Guillaume Ramon de Moncade, sous certaines conditions.* III. IV. V. *Preuue de l'enuoy de ces Ambassadeurs, & de cette Election par l'interrogatoire d'vn Moine d'Artous. Gaston estoit surnommé le Bon. Il bastit le village de Came dans la terre de Bearn, à la priere de la Dame de Guiche.* VI. *Ligue entre Guillaume Ramon de Moncade, & Peronelle Comtesse de Begorre.*

I. Aston estant decedé sans enfans, la succession legitime apartenoit à son frere jumeau Guillaume Ramon de Moncade; Neantmoins les Bearnois, qui pretendoient auoir acquis le droict d'Election de leur Seigneur par trois actes consecutifs, balancerent sur sa reception: d'autant qu'il vouloit prendre la possession de la Seigneurie de Bearn de plein droit, sans estre obligé à l'election ou agreation de la Cour du Païs. Desorte que cette difficulté mit les affaires en telle longueur, que son pere Guillaume de Moncade, qui estoit encore en vie, pour ne perdre le droict de la succession, mit en ses qualités le titre de Vicomte de Bearn, & de Castelbon, en l'assemblée tenuë à Lerida l'an 1218. chés Surita, sinon qu'il faille lire en cét endroit Guillaume Raimond de Moncade, au lieu de Guillaume de Moncade, comme il est plus vrai-semblable. Toutesfois enfin Guillaume Raimond fut receu, iuré, & accepté pour Seigneur en l'année 1220. sous des conditions qui affoiblissoient d'vn costé, l'autorité particuliere & personelle du Seigneur, mais pourtant affermissoient la liberté du peuple, & la conseruation des priuileges du Païs, & par consequent augmentoient l'affection des sujets enuers leur Prince.

II. Les articles estans arrestés & conclus, les Bearnois enuoyerent leurs Ambassadeurs en Catalogne, pour deferer le commandement, & la Seigneurie à Guillaume Raimond frere & successeur legitime de Gaston. Cette circonstance de l'enuoi des Ambassadeurs en Catalogne a esté conseruée dans la deposition d'vn Moine, appellé Frere Raimon Arnaud de S. Martin; lequel apres auoir receu congé de ce faire de son Superieur Frere Arnaud Sans Abbé d'Artous fut oüy en tesmoignage sur le fait des limites de Bearn du costé de Came, enuiron l'an 1280.

III. Celui-ci ayant esté interrogé, en quel temps le village de Camer auoit esté basti, respondit, ainsi que l'on aprend de son interrogatoire, qu'il y auoit eu ci-deuant vne Dame à Guichen, dont le frere nommé En Ramon Arnaud, estoit à la suite du Vicomte de Tartas; lequel desirant auoir quelque logement pour sa retraite, vint au lieu de Guichen, qui est assis sur la riuiere de Bidouse, auec vn batteau, où sa sœur alla le recueillir; Mais ce ieune Gentil-homme se preualant de l'occasion; & vsant de voye de fait, dit estroussement à sa sœur, apres qu'elle fut entrée dans le batteau, qu'il ne souffriroit point qu'elle retournast à Guichen, iusqu'à ce qu'elle lui eust baillé vne maison pour son logement. La Dame luy ayant donné le choix de tel lieu qu'il aduiseroit, il demanda vn petit domaine qu'elle possedoit au lieu de Camer. Ils furent donc sur les lieux, & y firent quelque bastiment.

Mais les Bearnois qui habitoient prés de la riuiere du Gaue le démolirent par trois diuerses fois, disans qu'ils auoient tout exploict de seruitude sur ce territoire, qui estoit situé dans la Seigneurie de Bearn, cóme il apparroissoit par les anciennes bornes & limites. Alors ce Cauier reconnoissant qu'il ne pouuoit habiter en cét endroit auec asseurance, pria sa sœur, qui par sa beauté auoit gagné les affections du Vicomte de Bearn nommé, *En Gaston le Bon*, de vouloir obtenir de lui, qu'il lui pleust de bastir le village de Came. De quoi la Dame fit vne telle instance enuers le Seigneur de Bearn, qu'à sa priere il le bastit auec vn tel succés, qu'il subsista & demeura en son entier, sans que personne osast depuis y faire aucune violence.

IV. Quelque temps apres, adiouste le tesmoin, le Seigneur de Bearn deceda sans hoirs, y ayant neantmoins des enfans de la maison, en Catalogne. Ce qui obligea les peuples de Bearn, *d'aller prendre le Seigneur en Catalogne*, comme parle ce Religieux. Ce nouueau Seigneur, adiouste-il, se nommoit *Guillaume Raimon*; qui trouua que les Cauiers voisins du païs, s'estoient saisis des terres assises à la frontiere; de sorte qu'il fut obligé de se transporter sur les lieux, amenant auec soi des vieilles gens qui eussent connoissance des limites. Et le sieur du Barat qui estoit vn Cauier lui alla au deuant, & designa les bornes, & les termes des Prouinces.

V. C'est à quoi reuient la déposition de ce religieux, qui nous aprend que le lieu de Came encore qu'il soit maintenant dans le Duché de Guyenne, estoit anciennement de la Seigneurie de Bearn, que Gaston le bastit à la priere de la Dame de Guiche, que ce Prince Gaston estoit surnommé le Bon, qu'il mourut sans hoirs, & que les Bearnois enuoyerent en Catalogne, pour appeller Guillaume Ramon de Moncade à la succession. Et nous insinuë assés qu'il y eut quelque interualle notable depuis le decés de Gaston le Bon, iusqu'à la venuë de Guillaume Raimond, en ce qu'il remarque que les Cauiers voisins auoient cependant fait des entreprises sur sa terre. Ce qui ne se fit pas probablement tout d'vn coup, & auec vne violence ouuerte, mais par le traict de quatre ou cinq années.

VI. Il est pourtant asseuré, que Guillaume Ramon de Moncade incontinent apres le decés de Gaston son frere, print le tiltre de Vicomte de Bearn, & en cette qualité fit vne ligue auec Peronelle Comtesse de Begorre sa belle sœur, l'vn promettant à l'autre vn secours mutuel & reciproque pour leur defense communc, & de leurs successeurs, en l'année M.CCXV. Mais la dispute qui suruint entre lui & les Bearnois, sur le sujet de son election, & des conditions sous lesquelles il deuoit accepter la Seigneurie, fit trainer sa reception en longueur, nonobstant l'esperance que Guillaume Raimond auoit conceuë de se rendre considerable aux Bearnois, au moyen de cette nouuelle ligue auec la Comtesse de Begorre.

III. E Tabulario Palensi : *Et aqueſt Cauer quand vi que aqui no pode segurar, prega sa sor qui ere trop bere Done, & eu Signor de Bearn, qui a nom En Gaston lo Bon, que aquet loc lo edificass. La Done prega lo senhor de Bearn, & à las sœ pregaru, lo sieur de Bearn edifica lo loc de Camer. Et quand lo sieur de Bearn ago edifica lo loc, nuls hom no y ausa toquar, & despuxs en sa armanca lodit loc de Camer. Apres biengo ainsi per temps, qu'en senhor de Bearn ere sensis het et, & y abe Filhs en Catalogne. Et las Gens de Bearn anan cuillir Senhor en Catalogne, Et quand aquet biengo los Cauers qui eren entour, son se empoderits de quere terre, & en Seignor de Bearn qui Biengo abe nomni, En Guillem Ramon, & consira sa terre, & viengo en aqueste terre ab anciens & vieilhs, & lo senhor den Barat qui ere cauer, ana dabant, & estremia, & monstra termis.*

VI. Ex eodem Tabulario: *Vniuersis hoc legentibus inotescat, quod nos P. dei gratia Comitissa Bigorræ per nos & per omnes nostros, inimus & cótrahimus mutuam & firmam amicitiam & perpetuá pacem nobiscum Domino Wlmo Raimundo Vicecomite Bearn. & vestris in perpetuum, firmiter promittentes quod erimus semper vobis fideles adiutores ad defendendum personam vestram & terram vestram & homines vestros, & omnes terras vestras, & omnia iura vestra pro viribus nostris bona fide, & sine omni inganno, salue iure vostro in omnibus, & per omnia. Et nos wlmus Raimundi de Montecatano Vicecomes Bearn. Per nos & per omnes nostros, inimus & contrahimus mutuam & firmam amicitiam, & perpetuam pacem vobiscum domina P. Dei gratia Com. Big. & vestris in perpetuum, firmiter promittentes quod erimus semper vobis fideles adiutores, ad defendendum personá vestram, & terram* veſtram, & homines veſtros, omnes res veſtras, & omnia inna veſtra pro viribus noſtris bona fide ſine omni enganno, ſaluo iure noſtro in omnibus & per omnia. Quod eſt actum 14. Cal. Decembris anno M.CCXV. P. dei gratia Com. Big. Wlmus Raimundi de Montec. Vicec. Bearn. qui prædicta omnia firmamus & concedimus in perpetum, & teſtes firmare rogamus S. wlmi de Ceruaria. Bernardi Ermengaudi magiſtri Vitalis Ilerdenſis Canonici, Fortenerij d'Argilos qui huius rei ſunt teſtes. Arnaldus de Curiis ſcripſit, & hoc fecit.

CHAPITRE XXII.

Sommaire.

I. L'eſtabliſſement de douze perſonnes pour le iugement des cauſes, fut la condition principale du traicté des Bearnois auec Guillaume Raimon de Moncade. II. Neceſſité & raiſon de la creation de ces Douze Officiers hereditaires, ou Jurats de Cour Majour. III. Cette erection fut faite auec l'auis de Raimon E. de Laſcar, & de toute la Cour par G. R. Seigneur de Bearn, lors qu'il receut le ſerment de ſes peuples. IV. Acte de cette erection. V. Le date vray de cét acte eſt l'an 1220. VI. La ſouueraineté des iugemens de la Cour de Bearn iuſtifiée par cét acte. Il n'y a point appel du Seigneur, & des Douze Jurats. Parce qu'ils ſont Juges choiſis. L'appel des Juges éleus, n'eſtoit point receu ſuiuant les Conciles d'Afrique, ni des arbitres ſuiuant le droict. VII. Le Bearn, païs diſtinct de France, & de Guyenne. Difference des Officiers de France, & d'Angleterre, & des Douze Jurats de Bearn expliquez.

I. LEs conditions qui furent propoſées par les Bearnois à Guillaume Raimon, concernoient le gouuernement general du païs de Bearn, & l'eſtabliſſement nouueau de douze perſonnages qui peuſſent contrebalancer ſon autorité dans les iugemens, en cas qu'il vouluſt opprimer leurs libertés. Car encore que depuis le commencement de cette Seigneurie, & l'independance de l'adminiſtration des Vicomtes, ils ſe fuſſent attaches ſuiuant leur obligation, à l'obſeruation des Fors du païs, qui ordonnent que toutes deliberations touchant la paix, la guerre & autres affaires publiques comme auſſi les iugemens definitifs & ſouuerains des cauſes & procés des particuliers, ſoient traictées, arreſtées, & concluës auec les auis & ſuffrages de la Cour Majour, qui eſtoit compoſée des Gentils-hommes Vaſſaux, & deputés des Communautes: Neantmoins le païs auoit reſſenti des effets preiudiciables par le moyen de ces iugemens tumultuaires; à quoi on deſira pouruoir efficacement. Car outre que les paſſions d'amitié & de haine y tenoient leur rang, & que la confuſion & l'ignorance des choſes qui ſe traictoient, apportoit beaucoup de preiudice aux plaideurs, la preſence du Prince & ſon autorité faiſoit trebuſcher bien ſouuent la balance du coſté qu'il vouloit, ſes ſujets n'oſans lui contredire aux choſes qu'il affectionnoit auec ardeur.

II. De ſorte que pour lui donner vn contrepoids, on s'auiſa d'eſtablir & creer Douze Iurats de Cour Majour perpetuels & hereditaires pour eux & leur race, qui euſſent pouuoir & autorité ſouueraine de iuger & terminer en dernier reſſort auec le Prince, toutes les diſputes & contentions en matieres ciuiles, qui ſuruiendroient parmi les habitans du païs, ou bien entre le Seigneur & ſes ſujets. Cette autorité fut restrainte au iugement & decision des procés; & à regler les matieres qui consistoient en iurisdiction. Car pour le gouuernement de l'Estat & l'administration de la chose publique, elle demeura libre & toute entiere à la personne du Prince, hormis que s'il desiroit outre le seruice de ses Vassaux & des volontaires, le secours des habitans du païs pour faire la guerre à ses ennemis, il ne pouuoit les contraindre à faire les leuées des soldats, qu'auec l'auis & la resolution de toute la Cour ou des Estats du païs, c'est à dire des Iurats de la Cour, des autres Gentils-hommes, & des deputés des Communautés. On obseruoit le mesme ordre pour les reglemens qui regardoient la police generale du païs; qui estoient ordonnés & resolus par le Seigneur auec l'auis & consentement de toute la Cour.

III. L'acte de l'establissement & creation de ces Douze Iurats s'est conserué dans la compilation des Fors escrits à la main; d'où l'on aprend que Guillaume Raimon de Moncade en fut l'auteur, & qu'il ordonna & decerna cette erection de Douze Iurats, auec l'auis & consentement de Raimon Euesque de Lascar, & de toute la Cour de Bearn, lors qu'il prit la possession de la Seigneurie, & presta le serment à ses peuples, & receut d'eux reciproquement le serment de leur fidelité.

IV. Il est vrai que cét acte est vn peu fautif, soit au date, soit au corps, mais ie le representerai aux termes que la leçon en doit estre establie suiuant la correction que i'en ay faite sur quatre diuers cayers escrits à la main : *Anno Domini* M.CCXX. *En G. Ramon Vescomte de Bearn, ab coseilh de mossen Ramon Abesque de Lascar, & de tote la Cort de Bearn, que quant Mossen G. Ramon se lo segrament à sons pobles, & los pobles à lui, sen Iurats ab audorc deus pobles, per lor & lors lignadgers* XII. *Iurats, & ab aques que fasse la Cort, & aquero que egs iudgen, que agousse valor en Bearn, & de qui en fore qne no agosse Apeu à nulle senhorte. Car en tau maniere se audorgan & autreyan los pobles, per que Iurats sabuts los fessen los iudiaments; Et assoiames no es en France, ni en Angleterre. Rason perque. Car los Reis iudien ab Clercs & ab cui sa volen, & per rason dequero an Apeus.*

V. Le date certain & asseuré de cét acte, est l'année M.CCXX. suiuant la foi de l'vn de ces quatre Cayers : qui est aussi le temps, que Guillaume Raimon confirma les Fors de Morlas, auec l'aduis de Raimond Euesque de Lascar & de toute la Cour, suiuant la leçon de tous les cayers manuscrits des Fors. Car pour le date ordinaire de cette creation des Iurats, qui est l'an M.CCXXX. il est notoirement faux, puis que Guillaume Raimon deceda sur la fin de l'année M.CCXXIV. & son fils Guillaume de Moncade fut tué en la bataille de Maillorque, l'an M.CCXXIX.

VI. Pour la substance de l'acte, on peut y considerer deux choses fort remarquables, l'vne est l'independance & souueraineté des iugemens de la Cour de Bearn : laquelle les Bearnois n'establissent pas lors, comme vne inuention nouuelle; mais ils la transportent & cedent aux Douze Iurats, qu'ils creent de nouueau, & à leur race; voulans que tout ce qui sera iugé par eux auec le Seigneur de Bearn, soit de mesme force & valeur, comme s'il auoit esté decerné & ordonné en pleine Cour Majour, sans que de leur iugement on puisse interiecter appel au Seigneur & à sa Cour Majour; ainsi que l'on faisoit des sentences données par les Cours inferieures, soit Vicomtales ou autres, mesme par le Seigneur prononçant en qualité d'Arbitre, & de Bon Baron. Et encore qu'en cét ordre, on semble violer les anciens Fors & priuileges, qui attribuënt la souueraineté des iugemens au Seigneur & à tout le Corps de la Cour de Bearn, neantmoins l'acte porte, que les peuples s'accorderent à cette erection, *per que Iurats sabuts los fessen los iudiaments*, c'est à dire qu'ils se dépoüillerent volontairement de leur autorité, & la transporterent comme par vne espece de Loi Royale en la personne du Seigneur & des Douze Iurats & de leur race, afin qu'ils ne fussent iugés à l'auenir par hasard & par iuges tumultuaires; mais par certains & determinés personnages, qui fussent du chois de tout le païs; desquels on ne receuroit aucun appel, comme estans personnes esleuées & choisies. De sorte que comme suiuant les Canons du Concile de Carthage, il n'estoit point loisible aux Ecclesiastiques d'appeller du iugement rendu par les Euesques, & Iuges esleus & conuenus par les parties; & comme les sentences de l'Euesque, auquel les parties laïcques se soubsmettoient volontairement aux matieres & causes seculieres, estoient executées sans appel, tout ainsi que les sentences du Prefect du Pretoire, suiuant la loy des Empereurs Arcadius & Honorius; & mesmes que suiuant le droict Romain expliqué sincerement, l'appellant d'vne sentence baillée par vn arbitre choisi auec compromis, n'estoit point receuable en son appel: De mesme façon, le Seigneur de Bearn ordonna auec l'adueu & le consentement des peuples de sa terre, que les appellations des iugemens rendus par les Douze Iurats esleus & choisis par les Bearnois, ne seroient point receuës, & que pour ce regard toute l'autorité & la iurisdiction entiere du Seigneur & de la Cour Majour ou Pleniere, resideroit en ce nouueau corps, composé de la personne du Seigneur, & des Iurats hereditaires.

VII. L'autre chef qui doit estre pesé soigneusement, est que les Bearnois professent & publient en cét acte, d'estre distincts & separés de France, & d'Angleterre, & de faire vn corps à part. Car disent-ils, ces iugemens sans appel rendus par les Officiers n'ont point lieu en France, ni en Angleterre, dont les Rois possedoient pour lors le Duché de Guyenne. Ils adioustent la raison de la difference, qui semble vn peu obscure; parce, disent-ils, que les Rois de France & d'Angleterre iugent les causes de leurs sujets auec Clercs & autres gens qu'ils choisissent, & pour cela les appels de leurs sentences sont admis. C'est à dire, que les Rois commettent tels Officiers que bon leur semble, qui decident les procés dans les Prouinces; du iugement desquels les interessés forment appel, qui est poursuiui & iugé par le Roi, & le corps entier de sa Cour & Parlement ambulatoire, composé des Euesques & principaux Seigneurs de son Royaume. Ce qui n'arriuera pas meshui dans le Bearn, disent-ils, nonobstát l'establissement nouueau des Douze Iurats, encore qu'ils soient Officiers commis à la distribution de la Iustice, & qu'il semblast en cette consideration, que l'appel en deust estre poursuiui pardeuant le Seigneur & le corps de sa Cour, comme il se pratique en France & en Angleterre; parce que ces Douze Iurats sont conuenus, choisis, & accordés par les peuples, & non pas nómés à la discretion du Seigneur. I'ai voulu m'arrester en l'explication de l'erection de ces Officiers, & de leur pouuoir, dautant que c'est vne piece qui n'auoit encor esté consideree, expliquee, ni peut-estre entenduë, & d'ailleurs elle iustifie ouuertement la continuation de la possession des iugemens souuerains du Prince de Bearn auec sa Cour.

VI. Conc. Afric c. 66. & 122. A Iudicibus quos communis consensus elegerit non licet prouocare.

Vlpianus l. 17. §. 2. D. de recept. arb. l. 1. C. eod. l. 8. C. de episcop. aud.

CHAPITRE XXIII.
Sommaire.

I. Examen des Douze Iurats. Le Glosateur du For en met Treize, y comprenant les deux Euesques. Cette erection doit estre entenduë de Douze Laïcques. Sans y conter les Euesques. III. Qui ont tousiours esté de la Cour Maiour, à cause de leur qualité & non pas de leurs terres. Barons Ecclesiastiques. IV. Le Douziesme Iurat estoit le Seigneur de Mirapeix. V. Il perdit sa dignité, pour auoir rendu vn mauuais iugement. VI. Le Seigneur de Bidose Douziesme Iurat substitué à celui de Mirapeix. VII. Ordre pour la tenuë de la Cour Maiour. Les Nobles, Prelats, Barons, & autres Gentils-hommes y estoient appellés. Le formulaire des lettres. IX. Formulaire de l'ouuerture de la Cour. Le nom des Iuges. X. Seance du Seigneur & des Barons. Ouuerture de la Iustice. XI. Ordre des Iugemens des procés. XII. Pouuoir des Barons. Suppression de la Cour Maiour, vtile au peuple, & conuenable à l'autorité du Roy.

I. IL reste d'examiner quels estoient ces Douze Iurats de nouuelle creation, puis que l'escriuain de l'acte n'a pas voulu prendre la peine de publier leurs noms. Ce point est dautant plus obscur, que dés le temps du Comte Gaston Phœbus on y trouuoit de la difficulté. De fait le vieux Glossateur du For qui escriuoit enuiron ce temps, c'est à dire il y a prés de trois cens ans, propose cette question, en quel nombre sont les Barons de Bearn, & quels ils sont. Et respond qu'ils sont Treize, sçauoir les deux Euesques de Lascar, & d'Oloron, encore qu'ils ne soient contés que pour vn Baron par quelques-vns; mais mal apropos, adiouste-il; dautant que l'on obserue, qu'vn chascun d'eux est appellé à la Cour, assiste aux iugemens, & iuge comme Baron, & preste le serment de fidelité au Vicomte. Il nomme en suite, les Seigneurs de Nauailles, d'Andonhs, de Lescun, de Couarase, de Gerderest, de Gayrosse, de Gabaston, de Rode, de Miucents, de Domij, de Miramont. On chanceloit dés ce temps en la designation des Barons. Car d'vn costé on voyoit que la creation n'en ordonnoit que Douze; & neantmoins en la supputation on en trouuoit Treize, sçauoir onze Laïcques, & les deux Euesques. Ce qui obligeoit les vns à soubçonner, que les deux Euesques ne tenoient place que d'vn Baron: qui est vne pensée que le Glossateur refute tres à propos, aimant mieux conter Treize Barons, que non pas de deux en faire vn, contre le sens commun, & l'vsage qui admettoit aux iugemens des causes, vn chascun des Euesques par teste.

II. Pour mon regard, apres auoir exactement consideré tous les tiltres qui nous restent, i'estime que l'erection des Douze Iurats de la Cour, doit estre entenduë de douze personnes laïcques, sans comprendre les Euesques en cette nouuelle creation. Ce qui se collige peremptoirement des propres termes de cét acte, qui porte que les Douze Iurats furent ordonnés, pour eux & *leur lignée*, qui sont des paroles fort expresses pour l'exclusion des Euesques.

III. Mais on opposera, que les Euesques de Lascar & d'Oloron ont eu tousjours l'entrée & la voix deliberatiue dans la Cour Maiour, & mesmes la seance apres le Seigneur, deuant tous les autres Iurats & Barons, comme certifie le vieux Glossateur, & que les anciens iugemens de Cour Maiour le tesmoignent. Ce que i'adoüe tres-volontiers, & dis que les Euesques n'interuenoient point à deliberer en cette compagnie, en vertu ni en consequence de l'erection des Douze Iurats, comme faisoient les Barons laïcques, qui acquirent cette nouuelle autorité, au moyen du nouueau establissement; Mais ils assistoient, siegeoient, & opinoient en ce corps, en vertu de leur propre droict, & de l'ancienne possession, qu'ils auoient depuis l'establissement de la Seigneurie, d'estre appellés à la Cour Maiour comme les principaux membres, & les plus illustres Conseillers du Prince, à l'exemple de tous les Royaumes voisins. De fait on a pû remarquer ci-dessus Raimond Euesque de Lascar, & Arnaud Euesque d'Oloron presens en la Cour Pleniere de Morlas, *in Curia plenaria*, tenuë par Pierre Vicomte de Bearn l'an 1147. Et encore lors de la confirmation que fit Gaston de Moncade, frere de Guillaume Raimon, des priuileges de l'Eglise de Morlas, les Euesques de Lascar & d'Oloron y estoient presens, auec toute la Cour, qui se tenoit au chasteau de Pau, *apud castrum de Pado*. Mais ce qui presse de plus prés est, que Raimon Euesque de Lascar opina à l'establissement des Douze Iurats, & le conseilla au Vicomte Guillaume Raimon, dont l'acte demeure expressément chargé. De sorte qu'il appert suffisamment, que les Euesques estoiēt du corps de la Cour Maiour, suiuant l'ordre general de l'Europe, & conformément aux loix Capitulaires de Charlemagne, & aux Fors de Nauarre, qui ont peut-estre serui de modele pour l'institution de la Seigneurie de Bearn. Et partant il n'y a point d'apparence, que l'Euesque Raimon ait voulu conseiller, & fauoriser vn reglement, qui ostast les droicts acquis à l'Eglise depuis quelques siecles, & retrancher à soi & à ses successeurs l'autorité qu'ils possedoient auec plus de vigueur que tous les autres Seigneurs du païs, pour la bailler en heritage à quelques maisons particulieres. Rien moins que cela. De fait nonobstant l'establissement de Douze Iurats laïcques, les Euesques se maintindrent en leur ancienne possession, & furent appellés par les Seigneurs de Bearn aux tenuës de Cour Maiour, comme les plus nobles & les plus excellentes parties de tout le corps. Ce qui ne se faisoit pas en cōsideration des Baronies de Lascar, & de Beneiac, ni de celle de Momour; mais en vertu de leur charactere Episcopal; sous le tiltre toutesfois de Barons Ecclesiastiques, comme l'on voit dans les anciens registres de Bearn. Cette denomination est deferée aux Euesques depuis long-temps, comme dans Fredegaire en l'Appendice de Gregoire de Tours, qui fait mention des Barons de Bourgogne tant Euesques, qu'autres Leudes, & vassaux. De mesme dans l'assemblée de Clarendon tenuë en Angleterre sous le Roi Henri II. l'an 1160. il est ordonné, que les Euesques, & autres qui tiennent leurs fiefs immediatement du Roi, assisteront en qualité de Barons aux iugemens de la Cour.

IV. Maintenant on peut exiger de moi, que ie represente les noms des Douze Iurats laïcques de l'ancienne creation, puis que i'exclus les Euesques de ce nombre. Ce qui semble dautant plus difficile, que le vieux Glossateur, ni les actes de la Cour Maiour tenuë l'an 1337. n'en content qu'onze tant seulement, & encor y comprenant, le Baron de Miramont. Toutesfois ie serai bien tost hors de peine auec le secours du vieux For, n'estant obligé de remplir, qu'vne seule place vacante, pour faire le douziesme. Ie dis donc, que le Iurat defaillant estoit le Seigneur de Mirapeix, qui estoit vn Vassal de consideration en ce temps. De fait on a pû remarquer aux actes que i'ai produits ailleurs, que Raimon de Mirapeix estoit ordinairement à la suite de Gaston IV. & de Centulle son fils, qui denombre en la charte de l'an 1131.

Ramon

Ramon de Mirapes, parmi les Barons de ſa terre, c'eſt à dire parmi ſes premiers vaſ-ſaux. Il ne faut donc pas trouuer eſtrange, ſi le Seigneur de Mirapeix, dont les predeceſſeurs auoient tenu cent ans auparauant vn rang honorable dans le Bearn, fut choiſi pour eſtre l'vn des Douze Iurats.

V. Neantmoins il perdit ſa dignité, à cauſe d'vn iugement, qu'il donna contre les libertés des habitans du païs, qui ne pouuoient eſtre contraincts par empriſonnemens de leurs perſonnes au payement de leurs debtes: au preiudice de quoi il ordonna la contrainte contre vn homme, qui eſtoit notoirement inſoluable, auec termes rudes & barbares diſant, *qui no pot, que poſque*, c'eſt à dire qui ne peut, qu'il puiſſe; ce qui eſt tourné en prouerbe commun. Les termes du For eſcrit à la main ſont ceux-ci: *Item iudia lo Seignor de Mirapeix, que ſi augun deu dar diers, & no los pot pagar, que poſque, & ſo depauſat de Iudie, que ere deus Doutſe de Bearn*. Il ne ſe peut dire rien de plus exprés.

VI. La place du Douzieſme Iurat eſtant vacante par la depoſition du Seigneur de Mirapeix, il eſt croyable qu'elle fut remplie bien-toſt, afin d'auoir le nombre complet. De fait on trouue dans les Cayers du Vieux For, trois eſtabliſſemens de la Cour Maiour, touchant la peine corporelle des larrons; l'amende de ceux qui coupent, ou eſcorchent les cheſnes, ou les haiſtres; & le droit de paſquage iuſqu'au troiſieſme clocher; qui furent arreſtés à Morlas, par Gaſton auant la feſte S. Michel de l'année 1273. auec l'auis des Iurats de la Cour de Bearn; dont le dernier eſt *Narnaud de Bidoſe*, auec cette qualité de *Iurat de la Cort de Bearn*. De maniere que l'on ne peut reuoquer en doute, que le Seigneur de Bidoſe ne fut en ce temps l'vn des Douze Iurats, ſubſtitué à la place vacante de Mirapeix: Et par conſequent, que le village de Bidoſe ne fut compris dans le territoire de Bearn, puis que d'ailleurs on trouue en diuers actes, Bruno & Auger de Bidoſe aſſiſtans, & ſignés parmi les autres gentils-homes & Vaſſaux de Gaſton, & de Centulle ſon fils Seigneurs de Bearn; Quoi que maintenant ce village, auſſi bien que celui de Miramont ſoient diſtraits du territoire & de la iuriſdiction du païs de Bearn, à l'occaſion des guerres, eſchanges, ou autrement. Il eſt vrai que Miramont a perſeueré plus long-temps que Bidoſe, dans l'obeïſſance de Bearn, puis qu'il eſt donombré parmi les autres Barons, dâs la tenuë de la Cour Maiour de l'an 1337. & dans le vieux Gloſſateur des Fors.

VII. Or puis que nous auons eſbauché la matiere de Cour Maiour, & qu'elle vaut la peine de s'y arreſter, eſtant la plus illuſtre marque de la ſouueraineté iudiciaire des Princes de Bearn, il me ſemble que le lecteur agreera, d'aprendre l'ordre que nos predeceſſeurs obſeruoient pour la tenir, dont le formulaire eſt enregiſtré dans les cayers des Fors eſcrits à la main. Premierement le Seigneur depeſche ſes lettres patentes adreſſantes aux Bailes des villes, & lieux priuilegiés, pour aſſigner à certain lieu, & iour, auec continuation des iours ſuiuans, par les Beguers & Bailes accouſtumés, tous les Nobles, Prelats, Barons, Cauers, Domengers, hommes francs, & toute autre ſorte de gens qui ſont de la Cour Maiour, à ce qu'ils comparoiſſent dâs neuf iours, pardeuant le Seigneur, pour faire, & receuoir droit, ſuiuant le For & la couſtume de la terre; Et enioint aux Bailes de ſe preſenter à la Cour auec le meſſager accouſtumé, qui aura fait les aſſignations, pour faire foi des exploicts; comme auſſi de porter les procés d'appel, & autres matieres qui doiuent eſtre iugées en la Cour, s'il y en a. Ces mandemens ſont accompagnés d'autres lettres cloſes, adreſſées aux Bailes, par leſquelles le Seigneur leur enioinct de mettre à execution, les iugemens donnés par la Cour Maiour qui a precedé, & de bailler aux Iuges & Barons de la Cour, la part où ils ſeront les lettres cloſes, enſemble aux Iurats des Communautés, les lettres patentes qui leur ſont adreſſées.

VIII. Les villes & lieux, qui eſtoient apellés à Cour Maiour, ſont ceux-ci, Morlas, Ortés, Sauueterre, Oloron, Lembeye, Montaner, Nay, Montreyau, Garos, La-Reule, Lagor, Pardies, Monenh, Gan, Nauarrenx, Mur, Salies, Belloc, Pau, Aſſoo, Momij, Montſeguu, Garlij. Le formulaire de leurs lettres eſt dreſſé en cette façon: *Gaſton &c. Aux Iurats & communauté de Morlas, Salut. Voulans pour le profit commun de nous & de la terre, tenir Cour Maiour à vn tel iour, & lieu, Nous vous mandons qu'au lieu, & iour ſuſdit, vous enuoyés quelques vns de vos Iurats, & Gardes auec pouuoir de toute la communauté, pour traicter, faire & ordonner les choſes qui deuront eſtre ordonnées, & faites en ladite Cour, autant qu'il vous apartiendra, ou deura apartenir.*

IV. Le Seigneur eſtant arriué au lieu & iour aſſigné, le Notaire de la Cour commence ſon regiſtre ſuiuant ce formulaire tourné en François. Sçachent tous que le Noble & le puiſſant Seigneur, Monſeigneur Gaſton par la grace de Dieu, Comte de Foix, Vicomte de Bearn, fit conuoquer generalement la Cour Maiour de Bearn, ainſi qu'il eſt accouſtumé pour droict faire, & droict receuoir, ſçauoir au lieu de Buſi en Oſſau, le Dimanche apres Noſtre Dame de Mars l'an 1337. auſquels lieu & iour, Monſeigneur le Comte comme Seigneur de Bearn ſe preſenta aſſis en ſon tribunal, pour tenir ladite Cour, & là meſme ſe preſenterent les Barons, Cauers, Domengers, & autres hommes francs, ſuiuant le mandement à eux fait. Et apres Monſeigneur le Comte continua, & remit ladite Cour au lendemain, dautant qu'elle auoit eſté aſſignée auec la continuation des iours neceſſaires pour tenir ladite Cour; ſauf ſes droicts contre ceux qui ne ſe ſont preſentés audit iour, pendant la ſeance de Monſeigneur le Comte. Or ceux qui ſe preſenterent & furent Iuges, ſont les Reuerends Peres en Dieu Moſſ. l'Eueſque de Laſcar. Moſſ. l'Eueſque d'Oloron. Guixarnaud ſieur de Nauailles, Arnaudguillem de Bearn ſieur de Leſcun. Ramon ſieur de Coarraſſe. Denot ſieur de Miramont, Ramon d'Arros ſieur d'Arrode. Goalhart ſieur de Miuſents. Denot ſieur de Domij.

X. La ſeance du Prince & des Barons eſt en cét ordre. Il y a vn banc eſleué au bout de la ſale, qui eſt couuert de tapiſſerie parſemée des armes de Bearn. Le Seigneur prend ſa place au milieu, & fait ſieger ſur le meſme banc les deux Eueſques à ſes deux coſtés. Apres que le Seigneur eſt aſſis & placé, il appelle ſes Barons en l'ordre qu'il lui plaiſt, & ſuiuant qu'il veut les honorer, & les fait aſſeoir ſur des bancs plus bas, qui ſont de l'vn & de l'autre coſté de la ſale, ſans eſtre couuerts de tapiſſerie, ſinon que le Seigneur l'ordonne. En ſuite vn Clerc ou Cheualier par commandement du Seigneur propoſe, & crie à haute voix en ces termes: *Seigneurs & Bonnes gens, le Seigneur ſe preſente ici auec ſa Cour, pour faire droit & iugement à toute ſorte de gens, ſuiuant le For & la couſtume de la terre.* Ce fait le Seigneur ordonne au Notaire, qui eſt aſſis à ſes pieds, qu'il eſcriue les noms de ceux qui ſe preſentent & des defaillans, ſauf leur excuſe legitime, dont ils doiuent informer le Seigneur, par procureur exprés. Tout ceci s'expedie à la premiere ſeance.

XI. Le lendemain & les iours ſuiuans, les parties font verbalement leurs demandes & reſponſes, en preſence du Seigneur & des Barons; qui ſont receuës par le Notaire, ſans que la Cour y prononce ſur le champ. Mais apres que tous les plaidoyés ſont acheués, le Seigneur & les Barons ſe retirent en vne châbre, où les raiſons des parties ſont leuës ſur le plumetif du Notaire bien & deuëment corrigé: & les opinions ayans eſté concertées & recueillies, ce qui eſt arreſté, eſt incontinent mis par eſcrit au pied du corrigé des parties. Les demádes verbales eſtans expediées, on fait ouuerture des procés d'appel, qui ont eſté deſia deliurés & mis en main du Notaire, pendát que les autres affaires s'examinoient, & ſeiugent pieces veuës. Tous les iugemés ſont prononcés ſous le nó du Seigneur & de la Cour, & ſont publiés en preſence du Seigneur & de ſes Barons: neanſmoins auant la publication les Barons doiuét eſtre aſſurés des dépens qu'ils ont fait. S'il y eſchet de faire enqueſte par ordonnáce de la Cour, elle eſt commise à l'vn des Barons auec le Notaire de la Cour. S'il se rencontroit quelque difficulté en l'expedition des procés, on appelloit les vieux practiciens entendus aux Fors & Coustumes du païs, que l'on nomoit *Foristes & Coustumés*, pour les cōsulter.

XII. Il faut que i'auoüe que les matieres estoient vuidées sommairement par ce moyen, mais aussi qu'il pouuoit s'y commettre beaucoup de surprises; & desire que le Lecteur face reflection sur l'autorité des Barons de Bearn, qui estoit telle, que ie ne trouue point estrange, si apres la cessation de la Cour Majour, qui arriua du temps du Roi Iean & de la Reine Catherine de Nauarre enuiron l'an 1490. le Conseil souuerain lui ayant esté substitué, les Barons de Bearn se sont roidis à faire demander continuellement par les Estats en chasque assemblée, la tenuë de cette Cour; Car si elle estoit restablie, leurs dignités en seroient plus releuées sans comparaison qu'elles ne sont maintenant, puis que les offices de iudicature souueraine pour l'exercice de la Iustice ciuile, semblables à ceux des Conseillers du Parlement, seroient hereditaires en leurs maisons. Mais comme cét excés de puissance a esté le motif de la suppression de la Cour Maiour, il sera tousiours le grand obstacle de leur restablissement: L'ordre present estant d'ailleurs plus vtile pour le soulagement du peuple; & plus conuenable à l'autorité du Roi.

III. Fredegarius in Appendice Greg. Tur. Burgundiæ Barones tam Episcopi, quam cœteri Leudes. Concilium Clarendoniæ sub Henrico II. Angliæ Rege an. 1164. Archiep. Episcopi, & vniuersæ personæ Regni, qui de Rege tenent in Capite, habeant possessiones suas de Rege, sicut Baroniam, & inda respondeant iusticiariis & ministris Regis & *sicut cęteri Barones debent interesse iudiciis Curiæ Regis cum Baronibus: quousque perueniatur ad diminutionem membrorum, vel ad mortem.*

CHAPITRE XXIV.

Sommaire.

I. L'erection des Douze Barōs a esté faite sous le tiltre de Iurats de la Cour. II. Ces Iurats ont rendu particulier à leur qualité le nom cōmun de Baron. III. Barons faisoient vn ordre separé dans les Estats du temps de Gaston Phœbus, à l'exemple des Aragonois. IV. Les principaux Gentils-hōmes de Bearn sont nommés Barons dans les anciens tiltres. Vassaux, & Barons sont pris pour les personnes plus qualifiées du Roiaume. V. Baro *des anciens Latins, signifie vn estourdi. En vieux Gaulois, signifie vn hōme. VI.* Homme, *signifie vn esclaue, vn mercenaire, & vn Vassal. Baron est pris pour vn mercenaire, vn soldat, & vn Vassal.* Virones. *VII. Barons en Bearn estoient les Vassaux. L'occasion d'attribuer aux Douze Iurats le nom de Barons. VIII. Denombrement des Barons de Bearn. IX. Explication des Nobles nommés* Cauers. Capitalis. Captal. Cabee. *X. Distinction de la Noblesse de Bearn en* Milites *&* Domicelli *dans les anciēs actes. Ceux-là sont nōmés en langue vulgaire* Cauers, *ceux-ci* Domégers. Miles. Caballarius. Dōnicellus, *&* Domicellus *expliqués* Dominicatura.

I. A V reste il me semble, que pour l'intelligēce entiere de ce poinct, on doit considerer que les Douze Barons ne furét point erigés sous le nō & tiltre de Barons, mais de Iurats de Cour Maiour cōme l'acte en demeure chargé. D'où vient que toutes les sentences qui restent de celles qui ont esté prononcées par céte Cour, mesmes les trois reglemens de l'an 1278. que i'ai marquées ci-dessus, & qui sont inserés dans le cayer du vieux For, qualifient les Euesques, & les Douze Seigneurs, Iuges Iurats de

Cour Maiour, & non pas Barons. Cóme aussi dans les homages rendus à la Côtesse Eléonor de Comenge Regente en Bearn, les Barons ne denombrent point entre les droits de leur maison la dignité de Baronie, mais celle de *Iuge Iurat de Cour Majour*.

II. Il est neantmoins certain que ces Iurats se sont attribués, & ont rendu propre à leur famille depuis long-temps, le tiltre & la qualité de Barons, quoi qu'elle fut auparauāt generale & commune à la Noblesse plus considerée, soit en Bearn, ou ailleurs. De fait dés l'an 1337. le formulaire des mandemens adressés aux Bailes, pour la conuocation de la Cour, leur ordonne d'assigner les Nobles, Prelats, Barons, Cauers, Domengers, hommes francs, & tous les autres qu'il apartient; & encore par autres lettres, il leur est enioint d'enuoyer aux Barons Iuges de la Cour, les lettres closes qui leur sont adressées; qui sont des termes precis pour attribuer le tiltre de Baron, aux Iurats de la Cour, priuatiuement à tous les autres Gentilshômes. Ce qui paroist aussi en l'acte du sermét que presta lors de son aduenemét à la Seigneurie, Matthieu Côte de Foix, & Vicôte de Bearn, de Castelbon, de Marsan, & Gauardan, l'an 1393. en la ville d'Ortés, dans le Conuent des Freres Prescheurs, auec l'auis des reuerends Peres en Dieu les Euesques de Lascar, & Oloron, & les Barós Iurats Iuges de sa Cour Maiour.

III. De sorte que cette difference fut tellement considerée du temps du Comte Gaston Phoebus, qu'il qualifie l'assemblée, qu'il fit pour faire deliberer la guerre contre le Côte d'Armaignac, le corps des Quatre Estats de Bearn; quoi que l'on n'en reconoisse auiourd'hui que Trois. Ce qui doit estre expliqué de l'ordre de l'Eglise, l'ordre des Barons, l'ordre de la Noblesse, & celui du tiers Estat: à l'exéple des Aragonois, dont les Cours en leur langage, ou les Estats au nostre, sont composées de quatre bras qu'ils appellent, sçauoir du bras des Ecclesiastiques, du bras des Cheualiers, du bras des Hidalgos, Infançons & autres Nobles, & du bras des Communautés, mettant par ce moyen deux ordres, & deux rangs parmi la Noblesse.

IV. I'ay dit que les Barons ont fait attribuer par l'vsage, plustost que par declaration expresse, le tiltre de Baron à leurs personnes, quoique ce nom fut employé anciennement pour designer tous les principaux sujets du Seigneur de Bearn. De fait on a pû remarquer soit en la charte de Morlas de l'an 1181. soit en plusieurs autres, que les Gentils-hommes estans à la suite des Princes de Bearn, sont nommés indiferemment tantost *Proceres*, vne autre fois *Principes*, & quelquefois *Barones*, ou Barons. La signification de ce mot de Baron n'estāt autre en soi, que de Vassal ou de sujet Noble; Et dautant que la gloire d'vn vrai sujet consiste en la fidelité qu'il doit à son maistre, & que parmi les sujets & Vassaux, celui-là est plus obligé à ce deuoir, qui tient de plus grands fiefs en homage & fidelité de son Prince; De là est venu, que le tiltre de Vassal & de Baron a esté pris pour vne qualité d'honneur, & pour vne espece de dignité en ceux qui le possedoient. I'employerai pour la preuue de cét vsage, le texte de l'historien Aimoin, qui met conioinctement, par forme d'explication & paraphrase les principaux du Roiaume, & les Vassaux du Roi, *Primores Regni, & Vasi regij*. Et les cayers presentés par les Euesques des Dioceses de Reims & de Roüen au Roi Loüis, nóment la Cour de ce Prince remplie des grands de son Roiaume, la Cour des Drudes & Vassaux, *Comitatus Drudorum atque Vassorum*. Le terme de Baron est employé en ce sens dans les Capitulaires de Charles le Chauue, chés Otto Frinsingensis, l'Abbé d'Vsperg, Matthieu Paris, Nangis, & dans les autres escriuains de ce temps: où l'on voit qu'il est pris pour signifier les premiers & plus considerables du Roiaume, ou des Prouinces. Et dans les Constitutions Siciliennes de l'Empereur Frederic, les Barons sont les Vassaux qui suiuent en ordre de dignité apres les Comtes; comme aussi dans les Vieux Fors d'Aragon chés Hierome Blanca; qui rapporte l'etymologie impertinente & ridicule de Michel du Moulin, lequel deriue la diction de Barons, de *Bar omines*, c'est à dire gens heureux.

℣. C'est vn discours impertinent & digne d'vn Baron, au sens que Perse l'employe, c'est à dire d'vn estourdi, suiuant l'interpretation du Grammerien Cornutus: auquel sens les Critiques plus exacts interpretent le terme de *Baro* ou *Varo* dans Ciceron, le prenans pour signifier vn impertinent. Mais selon le vieux langage Gaulois *Baron* vaut tout autant que, *Homme*. Comme en la loi Ripuaire, en la Lombarde, & en la Salique, qui oppose le Baron, à vne femme libre, par la seule difference de sexe. En la loi des Alemans, *Barus* signifie la mesme chose. De cette signification Gauloise du mot de *Baron*, est arriué que l'vsage & les auteurs l'ont employé au mesme sens, dont ils se seruoient de celui d'homme.

VI. De sorte que comme les Empereurs Romains, ont diuerti la signification de cette diction, appellans hommes en leurs loix, les esclaues, ou les gens de condition seruile; & qu'en suite les loix VVisigotthes ont baillé la denomination d'hommes aux mercenaires, & autres gens qui se soufmettoient au seruice & commandement d'autrui; Et en fin les loix Capitulaires de Loüis le Debonnaire, ont attribué le nom d'homme à leurs Vassaux & à tous ceux qui doiuent homage; De mesme aussi l'vsage du temps a introduit, que le terme de Baron, qui signifie originairement vn homme, ait esté employé pour designer vn homme mercenaire, & qui sort pour de l'argent chés Isidore de Seuille; & encore pour vn soldat, qui porte les armes pour gagner la solde, chés Rabanus Maurus. Et enfin pour signifier vn Vassal, qui doit l'homage & la fidelité à son maistre, ainsi que i'ai desia monstré. Quoi que le Comte de Gascogne Sance Guillaume en la charte de la fondation du monastere de S. Pé. Nomme ses Vassaux, *Virones* & non pas *Barones*, pour insinuer qu'il tiroit la descente de cette diction du *Vir* Latin, plustost que du *Ber* ou *Baro* Gaulois.

VII. Pour conclurre cette obseruation de grammaire parce qui nous touche de plus prés, nous auons deux pieces tres-fortes, qui monstrent l'ancien emploi du terme de Baron en Bearn, pour signifier les Vassaux du Seigneur: comme il apert par la charte du vieux For d'Oloron ordonné par Centulle Seigneur de Bearn & de Begorre, dés auant l'an 1080. où il parle en cette façon: *Io Centolh per la gracia de Diu Vescoms de Bearn, & Coms de Begorre, vulh que aqueste ciutat, que ere despoplade, per coselh & adiutori de mons Barons de Bearn, à ma honor & profieit, & de touts mons successors fosse poblade.* Aussi le premier article du For general de Bearn, mentionné dans celui d'Oloron, & par consequent plus ancien & precedant l'année 1080. fait mention des Barons de Bearn, c'est à dire des Vassaux & Gentils-hommes en ces termes : *Quant lo Senhor entrara en possession de la Senhorie de Bearn, que iuri aus Barons, & à tote la Cort de Bearn, que ed los sera fideu Senhor, & que iudiara ab lor dreitureramant, & que no los fara preiudici, & apres ed, deben iurar à lui, que lo seran fideus & que lo tiaran Senhor, per iudiament de la Cort.* La teneur de cét article a serui de sujet aux Iurats de la Cour Maiour, de s'attribuer en propre le tiltre general & commun de Baron: dautant que comme le Seigneur estoit obligé de iuger les causes auec ses Vassaux ou Barons, ainsi que le formulaire de son serment nous fait vne pleine foi, aussi l'autorité de iuger auec le Seigneur qui residoit en tous les Barons & au reste de la Cour ayant esté deuoluë aux douze, par la deliberation & le consentement arresté l'année 1220. il semble qu'il n'y auoit point d'inconuenient, que l'on leur attribuast aussi en particulier, la denomination de Barons, contenuë au premier article du vieux For.

VIII. I'ay desia insinué quels estoient ces anciens Barons, que ie repete encor icy, sçauoir l'Euesque de Lascar, & l'euesque d'Oloron. Les Seigneurs de Nauailles, Andoins, Lascun, Coarasa, Gerserest, Miusens, Arrode ou Arros, Gabaston, Domij, Gayrosse, Miramon, & Bidose. Ces deux derniers villages sont distraicts de la terre de Bearn il y a trois cens ans. Entre ces Baronies Nauailles possede le premier rang eu la seance des Estats, quoi que les maistres de la Baronie d'Andoins pretendent que Paul d'Andoins, qui mariant sa fille en la maison de Benac lui bailla en dot la Baronie de Nauailles, reserua la primauté pour la Baronie d'Andoins qu'il retenoit. Les autres Barons n'ont point de rang entr'eux dans les Estats, quoi qu'ils y ayent preseance sur les autres Gentils-hommes. En la place de la Baronie de Miramon fut erigée la Baronie de Monein par le Roi de Nauarre Henri II. Et depuis quelque temps le Roi Henry le Grand, & le Roy Louïs XIII. heureusement regnant ont creé les Baronies de Lons, de Laas, Mirapeix, Mesples, & Reuenac.

IX. Il est necessaire d'expliquer en ce lieu, les diuers degrés des Nobles de Bearn, qui sont distingués en *Barons, Cauers, & Domengers*, dans vn article du For ; & faire voir quels Gentils-hommes sont compris sous cette denomination de *Cauers*. Dautant plus que dans le vieux For escrit à la main, les Cauers sont tenus de presenter leurs enfans puisnés au Seigneur, qui doit les retenir iusqu'à ce qu'il soit asseuré d'eux, en sorte que le pere ne soit point responsable de leurs deportemens, soit pour les amendes de leurs crimes ou autrement : demeurant chargé seulement de payer l'amende, ou de representer son aisné, & futur heritier. En outre les Cauers sont obligés de remettre leurs Chasteaux, trois fois l'année, entre les mains du Seigneur appaisé, ou courroucé. Ce dernier article émeut vne dispute entre les Barons & les Conseillers du Comte Archambaut ; ceux-ci soustenans, que les Barons estoient compris sous la denomination des Cauers, & de fait qu'en tous les registres des sentences de Cout Maiour, les Barons qui assistoient au iugement estoient qualifiés Cauers. On peut confirmer cette opinion, par le traicté de l'an 1205. passé entre Gaston VI. & R. Guillaume de Nauailles, qui fut obligé en vertu de cét article du For, de remettre son Chasteau de Nauailles trois fois l'année, entre les mains du Seigneur de Bearn. A quoi l'on peut adiouster le cayer des homages rendus à la Comtesse Alienor de Comenge, où les Barons prennent la qualité de Cauers, & de Domengers : quoi que maintenãt on ignore la vraye signification de ces termes. I'auois estimé d'autresfois, que les Cauers pouuoient estre pris pour céte espece de Vassaux, qui receuoient pension de leurs Princes, qui estoit le fief que l'on nommoit *de Cauena*, d'où seroit venuë la denomination de Cauers. Ou bien bien que la diction seroit Gascone deriuée du Latin *Capitalis*; qui signifie vn Vassal de marque chés *Ordericus Vitalis*, & en la Chronique *d'Albertus Argentinensis*, c'est à dire vn Vassal qui releue immediatement du chef ou du Roi, *qui de rege tenet in capite*, pour parler auec le Concile de Clarendon. De cette signification vient le tiltre de *Capdal de Butz* en Gascogne qui est nommé dans les actes Latins, *Capitalis Bozij*. Or ce terme de *Capitalis* tourné en langue Gasconne ou Bearnoise, ne peut estre mieux exprimé, que par celui de *Caber* ou *Cauer*: à l'exemple du Dimanche, qui precede le Mercredy des Cendres, qui est nommé par le vulgaire de Bearn, *Dimenge Cabée*, pour expliquer la denomination, que les anciens auteurs des offices Ecclesiastiques lui baillent, sçauoir *Dominica in capite quadragesima*. A quoi peut estre adiousté, que le taureau ou le belier qui marche à la teste du troupeau, est appellé par les païsans de Bearn, *lou Cabée*. De sorte que suiuant cette deriuaison ; les Cauers seront pris pour les Gentils-hommes de marque qui sont les principaux, & comme à la teste des autres.

X. Neantmoins ayant exactement consideré les anciens actes Latins, ie trouue qu'ils distinguent les Nobles de Gascogne & de Bearn *in milites & Domicellos*, c'est à dire en Cheualiers & Domengers. Car le terme de *Miles* est pris en double sens dans les auteurs du moyen siecle : quelquesfois pour vn Vassal qui est obligé à raison de son fief de rendre son seruice à cheual ; auquel sens *Miles* est employé dans l'ordonnance de l'Empereur Henri Premier, en la loi Lombarde, & dans les Constitutions Sicilienes des Rois Guillaume & Frideric; & encore dans les liures des Feudes. Ailleurs cete diction est employée pour signifier vn Cheualier, à qui le Prince donne l'Ordre & la dignité de Cheualerie auec l'espée: qui est vne signification fort frequente dans les epistres de Pierre de la Vigne Chancelier de Frideric, dans Pierre de Blois, & tous les Escriuains & actes Latins escrits depuis quatre cens ans. C'est en ce sens, que les anciens tiltres pretendent employer la diction de *Miles* ou de Cheualier, lors qu'ils distinguent les Nobles de Bearn en trois rangs, sçauoir, Iurats de la Cour de Bearn, *Milites, & Domicelli*: comme en l'acte du serment de fidelité presté à Marguerite de Bearn auec le consentement de Gaston son pere, par les Gentils-hommes de Bearn, l'an 1286. En ce titre les premiers se qualifient Iurats de la Cour de Bearn, qui sont Barons; les autres *Milites* ou Cheualiers, auec la qualité de *Dominus*, & de *Don*, ou bien pour parler suiuant le vulgaire Bearnois de ce temps là, *En*: & les troisiesmes *Domicelli*, ou *Domengers*, quoi qu'ils eussent iurisdiction; puis que dans ce rang sont compris les Seigneurs de Sadriac, Denguin, Artigueloube, & autres Seigneurs qui possedoient de belles terres. D'où il apert que la qualité de *Miles* n'estoit point attribuée à ces Gentils-hommes, en consequence de la dignité de leurs terres, & qu'elle n'estoit pas fixe & hereditaire dans leurs maisons, mais qu'elle leur estoit donnée par la grace & la liberalité du Prince, qui gratifioit de la cheualerie ses vassaux, suiuant les seruices & merites d'vn chascun. Ce que les actes Latins expriment par *Milites, & Domicelli*, ceux qui sont conceus en langage Gascon, le tournent en *Cauers*, ou *Cauuers*, & *Domengers*, *Dauzeroos*, *Donzels*, ou *Donzeloos*, suiuant l'idiome des Prouinces; comme il est notoire à ceux qui manient les vieux titres; & qu'il apert nettement par l'acte du serment de fidelité des Gentils-hommes de Bigorre, presté à la Comtesse Constance, l'an 1283. qui est en original dans le Thresor de Pau, en langage Latin, & en Bigordan; où l'on void que *Milites, & Domicelli* sont tournés par *Cauers*, & *Dauzeroos*. Ce mot de *Cauer* est deriué du Latin barbare *Caballarius*, que l'on void employé pour signifier vn Cheualier, dans les anciens titres, dans l'Abbé d'Vrsperg, & les autres auteurs de ce siecle. D'où l'on a tiré par corruption, celui de *Cheualier* François, & de *Cauer* Bearnois, & Gascon. Les Nauarrois dans leur ancien For conceu en langage Espagnol, retienent encore le terme de *Caueros*, pour signifier les vassaux qui seruent auec leurs cheuaux: & dãs plusieurs actes de Gascogne les *Cauers* sont pris en mesme sens, & leurs terres sujetes à ce seruice sont appellées *Caueries*, & *Caballariæ* en Latin, & *Caballarius* dans l'accord du Vicomte de Soule, auec le Comte Centulle de l'an 1080. Ce qui est cause, que l'on a confondu la denomination des Cauers ou Cheualiers, qui ont ordre & dignité de Cheualerie; auec ceux qui sont Cauers, ou Caualiers de simple seruice. Quant à la diction de *Domengers*, elle signifie non seulement les Nobles qui ont vne maison affranchie sans aucune iurisdiction, comme l'on l'aprend maintenant; mais elle est employée dans l'ancien For pour toute sorte de Nobles; puis que les Domengers y sont formellement distingués, en ceux qui ont sujets & iurisdiction, & en ceux qui n'en ont pas. On void au mesme sens dans les anciens titres *Domicellos*: parmi lesquels sont denombrés les maistres des plus belles terres de Bearn, qui ont suiets & iurisdiction. D'où vient que dans le vieux & nouueau For, la maison noble, où les Seigneurs soient Barons, Cauers, ou Domengers font leur demeure & residence, est nommée *Domengadure*, qui est proprement ce que les Liures des Feudes appellent *Dominicatura*. Au reste ce terme de *Domengers*, ou *Domicelli* tire son origine de *Domnus*; d'où est deriué *Domnicellus*. Ce mot en la premiere race de nos Rois signifioit le fils du Roi, chés Marculfe. En suite les enfans des grands vassaux & Barons prindrent ce titre de *Domicelli*, & les femmes de *Domicelle*, ainsi que l'on apprend des loix du Roi S. Edouard Confesseur, & d'Athon Glossateur ancien des Constitutions de l'Empereur Othon, & des anciens registres. De sorte qu'il ne faut pas trouuer estrange, si nos predecesseurs se seruoient de cette diction, pour designer vn Gentil-homme, s'il n'estoit point Baron, ou Cheualier d'Ordre.

IV. Aimoin. l. 5. c. 36.

V. Persius satyra 5. Baro regustatum digito terebrare Salinum ; vbi Cornutus Baronem stolidum interpretatur. Cicero ad Poëtum l. 9. ep. vlt. Ille Baro, te putabat quæsiturum, vnum cœlum esset an innumerabilia. Et de Finibus. Hæc cum loqueris nos Barones stupemus, tu videlicet tecum ipse rides. Ad Atticum l. 5. Apud.... .... & reliquos Barones, te in maxima gratia posui ; vbi Epicureos Barones, id est stolidos appellat iuxta mentem emunctæ naris Criticorum. Plerique legendum putant Varones, id est rupices, iuxta illud Lucilij apud Festū; Varonum & rupicum squammosa incondita rostra. Baro autem in sequiore seculo pro homine accipitur: Philoxenus Baro, ἀνήρ. L. Salica T. 33. §. 1. Si quis Baroni viam suam obstauerit. Infrà. Si quis mulieri ingenuæ viam suam obstauerit. L. Alam. T. 76. & 95. L. Ripuar. T. 58. §. 12. L. Long. 1. T. 9. leg. 3.

VI. Homo, id est conditionis seruilis, l. fin. C. vt nullus ex vican l. 4. C. de dignit. Homo pro mercenario Leg. Wisig. L. 9. T. 1. leg. 18. T. 2. leg. 6. Homo pro Vassallo. Capit. L. 5. T. 46. L. 7. T. 103. Isid. Hisp. l. 9. Orig. c. 4. Mercenarij sunt qui seruiunt accepta mercede, iidem & Barones, Græco nomine quod sint fortes in laboribus; quanquam putidè nomenclaturam istam à Græca origine trahat Isidorus ; Raban. Maurus, l. de Inst. Cler. c. 3. Romanorum Barones pro militibus dixit.

IX. Alb. Argent. Orderic. Vitalis.

X. Leges S. Edouardi Conseil. c. antepen. Et quia cogitabat Rex Edouardus heredem eum facere, nominauit eum Adeling, quod nos (scilicet Normanni) dicimus *Domicellum*: sed nos indiscretè de pluribus dicimus, quia *Baronum filios vocamus Domicellos*, Angli vero nullos nisi natos regum. Sic Athon in Glossa ad Const. Othon. cap. cum mortis, verbo Baronum. Filios nobilium procerum regni quos secum habuit Domicellos instruxerat. Albert. Argent. ad annum 1376. Obiit Domicellus Ioan. Landgrauius Alsatiæ. Marculf. Form 90. Domnicellus dicebatur à domno, vt Baroncellus à Barone, & Comitellus à Comite apud Leonem in Chron. Cass. l. 4. c. 25.

CHAPITRE XXV.

Sommaire.

I. Confirmation du For de Morlas par Guillaume Raimon. II. Il traite auec les Ossalois, & arreste leurs Coustumes. Anciens Vicomtes de la Vallée d'Ossau. III. IV. Ossalois esleués. Obligés de se mettre en armes pour le seruice du Seigneur, deux fois l'année. V. Et aller iusqu'à la riuiere de Garonne, lors que le Seigneur de Bearn donne secours au Comte de Poictiers. Ce cas expliqué. VI. Punition des Ossalois qui picoroient. VII. Toute la iustice d'Ossau apartient au Seigneur de Bearn. VIII. Des autres priuileges de ceux d'Ossau.

I. EN cette assemblée generale des Estats, où l'establissement des Douze Barons fut ordonné, Guillaume Raimond Seigneur de Bearn confirma les Fors de Morlas à la requeste de ceux de la ville, pour seruir de reglement, tant en leurs affaires, qu'en celles des autres habitans de Bearn, qui estoient peuplés sous le benefice de ce For, que i'ay rapporté au preuues du premier Chapitre du Liure cinquiesme. Où il est expressément remarqué, que Guillaume Raimond octroya cette confirmation, auec le conseil de Ramon Euesque de Lascar, & de toute la Cour de Bearn.

II. L'année suiuante 1221. le Vicomte continuant le soin qu'il auoit pris de regler la police de son païs, se transporta dans la Vallée d'Ossau, qui est assise dans les monts Pyrenées, sur la frontiere d'Aragon : Et d'autant que c'estoit vne piece importante de son Estat, il arresta auec ses suiets de la Vallée, les deuoirs qu'ils estoient obligez de lui rendre, à raison de sa seigneurie de Bearn ; sur quoi il y auoit eu depuis long-temps des disputes continuelles entre les Ossalois, & les Vicomtes de Bearn ses predecesseurs. Ie pense que ces contentions estoient nées, depuis que le Vicomté particulier d'Ossau auoit esté reüni & incorporé au Vicomté de Bearn, les Ossalois pretendans que le seigneur fust obligé en leur endroit, aux mesmes ceremonies, & à souffrir les mesmes passedroits, que faisoient les Vicomtes particuliers; & les seigneurs de Bearn pretendans au contraire, que leur dignité plus grande, & l'autorité superieure les dispensoit des deuoirs, ausquels les Vicomtes d'Ossau leurs Vassaux estoient attachez enuers leurs feudataires. Ie dis les Vicomtes d'Ossau, dautant qu'il est certain que iusques en l'année M. C. il y auoit eu dans cette Vallée des Vicomtes separez, qui gouuernoient hereditairement cette terre, auec dependance des seigneurs de Bearn: Comme faisoient Galin Loup, & Galin Forton d'Ossau, *de Vrsisaltu*, dont il est fait mention dans les tiltres de Sainct Pé.

III. On remarque dans le priuilege des Ossalois vne certaine liberté des peuples de montagne, lesquels se confians en la fortification naturelle & en l'assiete de leur païs, deuenoient aussi éleuez & sourcilleux, que les rochers de leurs montagnes, & croyoient qu'il leur estoit permis en quelque sorte de rauager & butiner la campagne: à la façon des Isauriens peuples montagnards, & picoreurs, chez l'historien Procope. Ces insolences neantmoins leur estoient tolerées, à cause du courage & de l'affection, qu'ils tesmoignoient au seruice de leurs Princes dans les armées, ayant cet honneur que de combatre tousiours proche de leurs personnes.

IV. Ils sont obligez par leurs Fors de reconnoistre la seigneurie du Vicomte de Bearn, lui rendre homage, & prester serment de fidelité, apres que le Prince aura iuré de sa part la conseruation de leurs Fors & priuileges. Et si les seigneurs voisins offensent le Vicomte, ou refusent de rendre iustice à ses suiects, les Ossalois sont tenus de faire Ost, c'est à dire de prendre les armes, & les porter hors le Bearn, deux fois l'année, par le commandement du seigneur; qui doit venir en personne dans la Vallée, & representer le tout à l'assemblée generale, qui aura esté conuoquée par les officiers du Prince. La leuée des gens de guerre doit estre faite auec cette moderation, que le Vicomte qui a droict de prendre vn homme des plus forts & adroits de chaque maison, ne peut exceder ce nombre, ni en tout celui de trois cens soldats, sçauoir cent cinquante auec boucliers, & rondaches, & cent cinquante armez de haches. Ils sont tenus aussi d'armer dans le païs, si le Prince auoit assiegé le chasteau de quelqu'vn de ses suiects, pour n'auoir obei à ses commandements, & sont tenus de l'assister, & d'estre pendant le voyage, & durant le siege prés de sa personne; comme aussi en cas que les estrangers fissent quelque acte d'hostilité, dans la terre de Bearn.

V. Ils sont obligez à vn troisiéme armement chaque année, iusqu'à la riuiere de Garonne, lors que le Vicomte arme en faueur du Comte de Poictiers, (*la terse ost deben far Ossales au Vescomte entro Garone cade an, quan lo Vescomte fara ost au Comte de Peytius.*) On peut expliquer cét armemét pour le Comte de Poictiers, d'vne ligue & cófederation, qui estoit entre lui & les Seigneurs de Bearn, de se donner vn secours mutuel, & reciproque au besoin. Mais pour ne rien dissimuler, les paroles signifiét quelque chose de plus serieux, & de plus important; & attribuans au Vicomte ce deuoir annuel sur les Ossalois, de lui fournir des troupes en faueur du Comte de Poictiers, auec restriction & limitation iusqu'à la riuiere de Garonne, nous insinuent assés, que cét armement dépend d'vne source plus anciéne, que n'est pas le date du For d'Ossau, qui est de l'an 1221. Et pour expliquer mon sentiment sur ce sujet, ie pense, que comme la Garonne estoit l'ancienne limite du Duché de Gascogne, que les anciens Vicomtes de Bearn estoient obligés enuers le Duc, de lui fournir vne fois l'année, certain nombre de gens de guerre, pour lui faire seruice dans l'estenduë de ce Duché; & que l'ordre de l'administration & du gouuernement de Bearn, ayant esté changé, soit par Sance le Grand Roi de Nauarre, soit par le traité passé auec Gui Comte de Poictiers, lors qu'il conquist le Duché de Gascogne, les Seigneurs de Bearn furent deschargés de ce deuoir, excepte pour le regard du secours des Ossalois; dont la reputation ne permit pas, que l'on se priuast de leurs forces aux occasions de guerre. C'est pourquoi l'on void, que tous les Bearnois sont quites par les Fors arrestés il y a six cens ans, en seruant trois fois l'année, pendant neuf iours, dans les Prouinces voisines, lors qu'ils seront commandés par le Seigneur de Bearn; sans estre tenus d'aller plus outre du costé de Garonne, ni de faire aucun armement, quel que ce soit, sinon pour venger les iniures, qui auront esté faites à leur propre Seigneur par les voisins; & encore apres auoir apparu à la Cour de Bearn, du refus fait par les circonuoisins, de rendre raison à leur Prince, de l'iniure receuë; Au lieu que les Ossalois demeurent estroitement obligés par ce vieux For, de fournir chasque année trois cens hommes, pour aller iusqu'à la riuiere de Garonne, lors que le Vicomte leue les armes pour le Comte de Poictiers, en consideration de la terre de Gascogne. Il est vrai que maintenant les Ossalois sont deschargés de cette obligation, au moyen du For nouueau, qui rend tous les Bearnois de mesme condition, & leur attribuë la mesme exemption, qui est contenuë au vieux For de Morlas.

VI. Au reste le Vicomte Guillaume Raimond fut obligé de les maintenir en vn autre priuilege abusif, pour la conseruation duquel ils auoient peut-estre si longuement roidi contre les Vicomtes ses predecesseurs, qui ne pouuoient souffrir vne si manifeste barbarie. C'est que si l'on surprenoit vn Ossalois picorant & rauageant dans la terre du Vicomte, on pouuoit l'arrester & le retenir prisonnier dans vne basse fosse, iusqu'à ce qu'il eust reparé le dommage: Mais aussi s'il pouuoit entrer auec sa volerie, *ab la raubarie*, dans la terre d'Ossau, il lui estoit permis de se presenter le lendemain deuant le Vicomte, sans danger d'estre retenu, & sans que le voleur fust obligé de respondre aux plaintes des interessés, iusqu'à ce que le Vicomte, ou la Vicomtesse en son absence fussent en personne dans la terre d'Ossau, pour y faire iustice. En ce cas les Ossalois estoient obligés, de lui donner main forte, pour faire executer ses iugemens d'indemnité, contre les condamnés. De sorte que par ce moyen la terre d'Ossau estoit renduë, vne retraite & vn asyle de picoreurs, & de gens de mauuaise vie; Car aussi vn estranger se refugiant dans la Vallée, estoit asseuré de sa personne, iusqu'à l'arriuée du Vicomte.

VII. Or il est considerable, que la iurisdiction ciuile, pour le regard de ceux d'Ossau, soit les Cauers & Gentils-hommes, soit leurs hommes, residoit en la personne du Vicomte, sans qu'il eust des officiers sur les lieux pour l'exercer, ni que les Seigneurs particuliers la possedassent sur leurs hommes & tenanciers, comme l'on void en termes exprés, dans la vieille Charte de leurs Fors. D'où il apert en faueur de la fidelité de ceux d'Ossau, que c'est vn pretexte d'ignorance des choses anciennes, de dire comme l'on fait communément, que les Gentils-hommes d'Ossau ont esté priués de la iurisdiction ordinaire de leurs hommes, à raison de quelque felonie, qu'ils auoient commise contre leur souuerain. Mais ce qui estoit en ce temps à leur auantage, d'obliger le Vicomte, & depuis son Seneschal, de se transporter en personne, pour rendre iustice sur les lieux, est tourné à leur preiudice, depuis que le siege du Seneschal de Bearn fut rendu sedentaire par Gaston de Bearn Prince de Nauarre, enuiron l'an 1460. d'autant qu'ils demeurent priués de l'exercice de la iustice sur les lieux, en premiere instance, & sont obligés de l'aller chercher assés loin de leurs maisons.

VIII. Il y a quelques autres priuileges, comme la taxe des amendes qu'ils oncouroient, qui eſtoient moderées à dix-huict ſols Morlas, au lieu que celles du For de Bearn eſtoient de 66. l'auantage d'auoir ſiege & table ſeparée au haut bout de la ſale du Chaſteau de Pau, lors que l'aſſemblée de la Cour Maiour s'y faiſoit; peut-eſtre en conſideration de ce que le Chaſteau eſt baſti ſur le fonds du territoire appellé *Pontlonc*, dont les Oſſalois ſont les proprietaires; l'honneur auſſi de tenir le camp aſſeuré, lors que le Vicomte venoit faire des iouſtes & tournois à *Caſtergeloos*, qui eſt vn vieux Chaſteau demoli à preſent, aſſis dans vn deſtroit de la vallée, proche de la riuiere du Gaue nommé *Caſtellum Vrſalicum* dans les titres de Sainct Pé. I'obmets les autres articles de moindre importance, dont la lecture ſeroit deſagreable au Lecteur, qui ſera peut-eſtre aſſés ennuyé de ce qui a eſté deſia dit.

CHAPITRE XXVI.

Sommaire.

I. Confirmation des priuileges de la Vallée de Baretons. II. For de la Vallée d'Aſpe. Chaſtiement des picoreurs de cette Vallée. III. Les gens d'Aſpe entrent en armes dans la Vallée de Lauedan, où ils ſont enchantés, & tués de ſang froid par ceux de Lauedan. Cette Vallée eſt miſe à l'interdict, qui dura cinq ans, auec la ſterilité de toutes choſes. IV. Interdict leué ſous certaines conditions, & particulierement de la redeuance annuelle de trente ſols Morlas, payable à ceux d'Aſpe par les Communautés de Lauedan. V. Examen du temps, & du motif de l'armement de ceux d'Aſpe contre la Vallée de Lauedan. VI. Ceux de la Vallée de Baretons, & Roncal en Nauarre, iurent chaſque année la paix ſur les frontieres. Ceremonies du ſerment ſur des piques figurees en Croix. Trois vaches données par ceux de Baretons. Que les Eſpagnols pretendent eſtre vn tribut. VII. En effet elles ſont données pour la reparation ciuile des meurtres commis par ceux de Baretons, ſur les perſonnes de ceux de Roncal.

I. Villaume Raimond arreſta les Fors de la Vallée de Baretons, ſeparément de ceux de la Vallée d'Aſpe, pour ce qui regarde l'exercice de la iuſtice, s'eſtant reſerué de la rendre dans la ville d'Oloron, en cas qu'il y euſt plainte contre les habitans des Baretons: & pour cét effet la Vallée s'obligea de lui remettre douze oſtages, en ſes mains, ou bien en celles de la Vicomteſſe, ou du Chaſtelain d'Oloron, neuf iours apres qu'il leur auroit eſté ordonné; qui ſeroient retenus, iuſqu'à ce que les défendeurs euſſent baillé aux plaignans vne caution d'eſter à droict, qui poſſedaſt deux bœufs & vn aſne, ou autre beſtail de cette valeur, à quelle ſomme que la demande peuſt monter. Pour les affaires de la guerre, la vieille Charte dit nettement, que ceux de Baretons ſont tenus de faire leur oſt auec ceux d'Aſpe. D'où l'on doit inferer, que le Vicomte n'auoit pas oublié de renouueller les Fors de la Vallée d'Aſpe, encore que cela ne ſoit pas expreſſément remarqué; d'autant plus que cette Vallée eſtoit vn quartier de grande conſideration, à cauſe du paſſage ordinaire des gens de guerre, & des marchands vers la Cité de Saragoſſe, depuis le temps des Empereurs Romains.

II. Or les Fors des Aspois ont esté conserués dans le Cayer manuscrit des coustumes, sous la confirmation de Gaston VII. en date de l'année 1247. qui sont aussi rudes & barbares comme ceux de la Vallée d'Ossau, fauorisans manifestement la volerie des Aspois. Car il est ordonné, que si vn homme d'Aspe fait aucun tort aux autres sujets du Vicomte, & que l'Aspois puisse arriuer à *Pene d'Escot*, (qui est vn rocher sourcilleux de montagne, ioignant la riuiere du Gaue, assis à l'embaucheure du passage, que Iules Cesar fist couper, pour y rendre la route plus facile,) le Vicomte ne peut le saisir, ni faire arrester aucun autre pour lui hors la Vallée; & encore apres cela, le criminel peut se presenter, & aller à la suite du Vicomte sans danger d'estre recherché ailleurs, que dans la Vallée, lors que le Vicomte viendra en personne, pour y tenir ses assises: qui pourtant n'y entroit pas sans auoir receu douze ostages pour sa seureté, & de ceux de sa suite. Neantmoins si le voleur estoit surpris dans le Bearn auec sa volerie en main, il peut estre retenu, non pas pour estre mis incontinent dans la basse fosse, comme l'Ossalois, mais à la charge d'estre tout aussi tost relasché, s'il baille caution au Vicomte des amendes qu'il a encouruës pour le malefice; à faute de ce il est seulement attaché, s'il peut entretenir à ses despens deux gardes, autrement il est mis au bas de la tour.

III. Auant que de sortir de ces Vallées, ie suis obligé de faire part au Lecteur de deux choses fort memorables qui les concernent, ne pouuant les rapporter auec quelque certitude, à vn temps precis, à cause de la negligence de nos predecesseurs; & commencerai par la Vallée d'Aspe. On trouue dans les vieux Liures Censiers des Communautés de cette Vallée, que les Aspois estans entrés auec armes dans la Vallée de Lauedan, qui est assise dans les montagnes de Bigorre, vn Abbé laïque d'vn village proche du Monastere S. Sauin, monta sur vn Suseau; & ayant leu quelques coniurations dans vn Liure de magie, troubla le sens, & l'entendement des Aspois, en telle sorte qu'ils furent mis hors de défense par la force des enchantemens, & demeurerent exposés à la discretion de leurs ennemis de Lauedan, qui en firent vne sanglante boucherie, & les tuerent tous de sang froid, sans se mettre en aucun deuoir de reparer cette iniure. De sorte qu'à cause de leur obstination au mal, le Pape lascha vn interdict sur la terre de Lauedan, qui fut suiui d'vne telle malediction, que comme si le Ciel fust deuenu d'airain, pour leur regard, & eust retiré la benignité de ses influences, l'effet de la vertu primitiue & originaire departie à la terre, aux plantes, & aux animaux, de fructifier & de produire leur semblable, fut mise en souffrance, & comme en vn espece d'interdict: de façon que pendant six ans l'humeur vegetante & seminale fut desechée en toute la terre, sans que les herbes, ni les arbres poussassent des fleurs, ni les brebis, vaches, ni iuments portassent leur fruict, ni que les femmes engendrassent. Ces effets respondoient aux maledictions inserées dans le formulaire de l'Anatheme du Concile de Tours Canon 2. où l'Euesque fait des imprecations expresses, que les criminels soient maudits en la Cité, & aux champs, & que les fruicts de leur ventre, & de leur terre soient maudits; & qu'ils reçoiuent toutes les maledictions mentionnées dans le Deuteronome. Ces montagnards estonnés d'vne si rude & sensible punition, estimerent que, comme la terre d'Attique auoit esté condamnée à vne sterilité generale pendant trois ans, pour chastier le meurtre commis en la personne d'Androgeos, qui continua iusqu'à ce que le crime fust expié par diuers sacrifices, chés Plutarque, & les Auteurs Grecs; ils estoient semblablement obligés d'appaiser l'indignation de Dieu, par leur repentance, & par l'indemnité des interessés, & procurant le relaschement des censures Ecclesiastiques.

IV. Ceux de Lauedan enuoyerent deux preud'hommes de leur terre en Cour de Rome,

Rome, pour demander au Sainct Pere l'abfolution de l'Interdict, laquelle fa Saincteté leur accorda, fous certaines conditions : & adreffa fon Refcrit aux Euefques de Lafcar, & de Tarbe : Qui firent à mefme temps affembler dix hommes de la Vallée d'Afpe, & autres dix de la Vallée de Lauedan, auec pouuoir fuffifant de leurs Communautés, leur ordonnerent, & firent iurer vne paix & amitié perpetuelle entre les Vallées; fous peine contre l'infracteur de la paix, d'encourir l'anatheme, & la malediction de l'Eglife, d'eftre pourfuiui comme traiftre, & de payer cent marcs d'argent à l'intereffé, & autres cent marcs d'argent au Seigneur de la perfonne intereffée. Enioignirent auffi à ceux de Lauedan, par voye de fatisfaction, & penitence Ecclefiaftique, d'enuoyer dix pelerins à Sainct Iacques de Galice, & faire celebrer en cette Eglife quatre Meffes d'Euefques, dix Meffes d'Abbés en habits Pontificaux, & cent Meffes de Preftres & Religieux : & en outre de payer annuellement & à perpetuité la fomme de trente fols Morlas, au Procureur de ceux d'Afpe, le iour de S. Michel, dans l'Eglife de S. Sauin : fans que ce payement peuft eftre prefcrit par aucun laps de temps, fauf pour les arrerages efcheus de trente années dernieres ; eftant mefme loifible aux Afpois, d'arrefter en cas de retardement, ceux de Lauedan, & les contraindre par corps au payement, vn chafcun pour le tout, en quelle part qu'ils les trouuent. Cette fomme eft departie de ce titre fur chafque village, à proportion de fes forces, & correfpond au denier dix, à la rente de l'amende couftumier d'vn meurtre, payable au proche, qui eft taxée dans les vieux Fors, à trois cens fols Morlas. Le payement de ces trente fols Morlas fe fait par interualles, y eftant interuenu diuers Arrefts de condemnation, donnés au Parlement de Pau, contre les particuliers de Lauedan retenus prifonniers en vertu de cét accord.

V. Cette action memorable n'eft point confignée par aucun date, dans les vieux titres, qui taifent auffi les noms du Pape, & des Euefques, dont nous euffions peu conclure fon affiete dans l'ordre du temps ; Ioint que le fujet de cette émotion entre ces deux Vallées, n'eftant point expliqué, il refte affés de difficulté de comprendre, quelle occafion pouuoit auoir excité vne guerre entre elles ; attendu qu'elles n'ont rien à démefler pour leurs confins, toute la Vallée d'Offau auec fes montagnes eftant placée entre deux. Neantmoins les circonftances meritans que l'on prenne la peine d'effuyer ces difficultés, ie penfe que l'on doit rapporter cette guerre, & le meurtre des Afpois arriué en fuite, à l'année M.C. ou enuiron ; d'autant que ie trouue dans le Chartulaire de l'Abbaye de S. Pé de Generes, que l'Abbé de S. Sauin Ebrard vint faire fes prieres au Monaftere de S. Pé lors qu'il auoit guerre auec ceux d'Afpe ; Or l'Abbé Ebrard viuoit depuis l'an M. LXXXVI. iufqu'à l'année M.C.V. ainfi que i'ay apris du Chartulaire de S. Sauin. D'où l'on peut recueillir le fujet de cette guerre. Car il y eft rapporté, que le Vicomte de Lauedan Fortaner, auoit donné au Monaftere de S. Sauin le village de Suin, du temps de Louïs Comte de Bigorre, c'eft à dire enuiron l'an 980. pour raifon duquel y ayant eu procés entre l'Abbé Bernard, & les enfans de Dat Loup d'Afpe, en la Cour du Comte Centulle, c'eft à dire enuiron l'an 1080. le duel en ayant efté ordonné entre les parties, ceux d'Afpe furent vaincus. Or il n'y a pas grand effort à fe perfuader, que les maiftres de la maifon d'Afpe renouuellerent cette querelle quelque temps apres, d'où s'enfuiuit le meurtre de Afpois, fait auec fupercherie. Pour ce Dat Loup d'Afpe, c'eftoit le Vicaire, ou Viguier hereditaire d'Afpe, qui refidoit dans la Vallée, fous le commandement du Seigneur de Bearn ; Auquel Vicaire le vieux For d'Afpe attribuë deux deniers Morlas pour tefte de cheual, mulet, ou afne, qui paffent en Efpagne.

VI. Ce qui regarde la Vallée de Baretons eft digne d'eftre reprefenté en ce lieu ; d'autant plus que Garibai le defcrit auec quelque forte de vanité, prenant de là sujet de discourir à plaisir, en faueur de ceux de la Vallée de Roncal en Nauarre, comme s'ils exigeoient vn tribut annuel des François, en reconnoissance de quelque subiection. *Les Hidalgues de la Vallée de Roncal*, dit-il, *sont si recommandables en leurs exploits de guerre, qu'ils ont tousiours gagné de l'honneur auec leurs ennemis, & pour cela ont obtenu des priuileges, & des exemptions plus grandes, que les autres Nauarrois, & leuent encore auiourd'hui vn tribut annuel sur les François.* Et en suite il represente ce qui se passe chasque année entre ceux de Roncal, & ceux de la Vallée de Baretons. Ce qui reuient sommairement à ceci. Le treisiesme du mois de Iuin, les Iurats des sept Communautés de Roncal, s'assemblent auec sept Iurats & vn Notaire de la Vallée de Baretons, sur le coupeau des Monts Pyrenées, à la frontiere de Bearn en vn lieu nommé Arnace, où il y a vne pierre haute d'vne toise & demie, qui sert de borne & limite aux deux Royaumes. Les deputés estans chascun en sa terre, sans s'estre saluës ni bienueignés auparauant, ceux de Roncal demandent aux Bearnois, s'ils veulent iurer à l'accoustumée les conditions de la paix; lesquels y consentans, les Roncalois repliquent, & disent aux Bearnois, qu'ils estendent leur pique à terre, tout le long des limites, pour figurer la Croix sur laquelle se doit faire le serment. Ce que les Bearnois executant de leur part, les Roncalois abatent aussi leur pique, & la couchent sur celle des Bearnois, le fer trauersant du costé de Bearn, pour figurer la sommité de la Croix. Les Bearnois & Roncalois agenoüillés, mettent conioinctement leurs mains, sur ces deux piques entrelassées en forme de Croix. Estans en cette posture, le Notaire de Baretons reçoit leur serment solennel sur cette Croix, & sur les Euangiles, de garder & obseruer toutes les pactions & conditions accoustumées, suiuant les titres & documens qui ont esté epediées sur ce sujet. A quoi ils respondent, disant cinq fois à haute voix, *Paz abant*, c'est à dire, que leur paix continuëra doresnauant. Ce fait, les deputés se leuent, se saluënt, parlent, & communiquent ensemble, comme bons amis & voisins: A mesme temps sortent d'vn bois, trente hommes de Baretons diuisés en trois bandes, qui conduisent trois vaches choisies, & sans tare, qui sont de mesme aage, de mesme poil, & de mesme marque. Estans arriués à la frontiere des Royaumes, les Bearnois font auancer l'vne des vaches, en telle sorte qu'elle à la moitié du corps sur la terre de Nauarre, & l'autre sur la terre de Bearn: laquelle est reconnuë par les Roncalois, pour sçauoir si elle est conditionnée suiuant les accords; Ils la retirent apres deuers eux, & la tiennent sous bonne & seure garde; d'autant que si elle eschapoit, & reuenoit en Bearn, la Vallée de Baretons n'est point obligée de la rendre; suiuant le mesme ordre on fait la deliurance des autres deux vaches. En suite les Roncalois traitent ceux de Baretons, de pain, de vin, & de jambons, & tout le reste de la journée les Bearnois tiennent vn marché ouuert de bestail, dans vne prairie, qui est du costé de Bearn. *Desta manera*, conclud Garibai, *los Francese's dan cada anno tributo à los Roncaleses.* Suiuant son conte, ce seroit vn tribut, qui rapporteroit à celui que les Saxons domtés par Charlemagne, lui payoient annuellement, de douze vaches, que les Historiens nomment *Vaccas Inferendales*.

VII. Mais ceux de Baretons expliquent cette affaire d'vne autre façon, à la honte & confusion des Espagnols. Car ils disent, & asseurent, que ci-deuant les Roncalois ayans voulu faire vn effort sur la Vallée de Baretons, & en effect ayans par surprise pillé & bruslé quelque village, les habitans indignés de cét affront s'atrouperent, & coururent sus à ces entrepreneurs, qui voulans faire leur retraicte trouuerent les passages des montagnes fermés, & les Bearnois qui les battoient de toutes parts, en telle sorte qu'ils les tuerent tous sur la place; laquelle est encor auiourd'hui reconnuë, par tous ceux qui passent le destroit de cette montagne; d'autant qu'ils ont accoustumé de ietter vne pierre sur le monceau, auec des termes de mépris des Roncalois; à l'exemple de ce que pratiquoient les anciens Iuifs, voire les Payens apres eux, qui iettoient des pierres sur les tombeaux des personnes diffamées pour leurs malefices. Apres cét eschec receu par les Roncalois, on moyenna vne paix eternelle entre ces voisins, & pour la mieux affermir on establit le serment solennel sur la Croix des piques entrelassées. Et pour la reparation ciuile du meurtre, on condamna ceux de Baretons, à payer aux Roncalois les trois vaches, qui estoient estimées en ce temps dix sols Morlas chascune, & partant la valeur des trois reuenoit à trente sols Morlas, qui est l'interest des trois cens sols Morlas, deus pour l'amende coustumiere. En l'année 1360. la continuation de ce payement ayant esté refusée, il interuint sentence arbitrale autorisée par le Roi de Nauarre, & par Gaston Phœbus Seigneur de Bearn, qui confirma l'ancien vsage; apres auoir receu la déposition des tesmoins de part & d'autre; qui estoient differens sur le sujet de ce payement, les vns disans que c'estoit à raison des fontaines, les autres à raison des meurtres: sur quoi les arbitres prononcent que le payement sera continué soit *por muertes, o por fuentes*, comme ils parlent : sans que l'on face aucune mention de tribut. Ce qui fait voir que cette pretention de redeuance & de tribut, pour raison de quelque conqueste des Roncalois est vne pensée nouuelle, qui est contraire aux titres des parties.

VI. Garibai l.21.c.11.

CHAPITRE XXVII.

Sommaire.

I. Guillaume R. tuë Beranger Archeuesque de Tarragone. Il est anathematisé par le Pape Celestin. II. Description de cét assasinat selon la Bulle du Pape. III. Le Roi d'Aragon conniue à la punition du crime. Vn autre Archeuesque auoit esté tué par le Prince de Tarragone, qui perdit sa Principauté. IV. Anatheme prononcé contre Guillaume R. & ses circonstances. Qui touchent le Roi d'Aragon, & ses Barons. V. Absolution, & la Penitence ordonnée au Vicomte.

I. Apres auoir mis en possession de la Seigneurie de Bearn Guillaume Raimond de Moncade, il est à propos de representer ce que l'on trouue de ses déportemens, encore qu'ils soient si honteux, que i'aurois de la honte à les descrire, si ie ne trouuois quelque sorte d'excuse en sa ieunesse, & en la genereuse repentance qui suiuit son forfait. Qui est tel, qu'il tua & massacra tres-cruellement Beranger Archeuesque de Tarragone, qui estoit de la maison illustre de Vilademuls, en la Principauté de Catalogne. Ce qui arriua le seiziesme Feurier 1194. suiuant Surita, ou bien comme il escrit ailleurs, le quatorziesme des Calendes d'Auril : quoi qu'vn vieux Liure escrit à la main des Vsages de Barcelone, rapporte cette action au treiziesme des Calendes de Mars, de l'année 1193. Or cette année Guillaume Raimond n'estoit aagé, que de vingt-deux ans, ou enuiron, estant né de Marie Princesse de Bearn, en l'an mille cent septante-vn. De sorte que son crime, encore qu'il soit excusable au fonds, est attenué en quelque façon, par la consideration de l'aage ; Neantmoins pour ne rien dissimuler, les circonstances en sont si extraordinaires, qu'vn chascun iugera

Aaa ij

que l'anatheme qui fut prononcé contre lui par le Pape Celeſtin III. & la ſatisfaction qui lui fut ordonnée en la Penitentierie de Rome, pour le chaſtiement de ce
forfaict, eſt détrempée de beaucoup de moderation, dans la rigueur qu'elle repreſente d'abord.

II. Ie propoſerai la ſubſtance de cette Bulle, qui decrit auec beaucoup de reſ-
ſentiment les particularitez de cette action perfide & ſacrilege; laquelle piece auec les
letres de l'abſolution, & le teſtament de ce Vicomte m'ont eſté enuoyées par le Marquis d'Aytone, extraictes des archiues de l'Egliſe Cathedrale de Tarragone. Guillaume Raimond tranſporté de cholere contre l'Archeueſque Berenger, duquel il
eſtoit vaſſal, pour raiſon de quelques fiefs qu'il poſſedoit en la Principauté de Tarragone, & dont il auoit eſpouſé la niepce, ſuppoſa le nom de ſa femme, pour prier l'Archeueſque de s'approcher iuſqu'à la ville de Gironde, pour traicter auec lui de quelque affaire d'importance. Il ne manqua pas de ſe metre en chemin, où Guillaume
Raimond l'alla rencontrer, & d'abord le bleſſa meſchamment, & l'abatit de ſon mulet à terre. Ne ſe contentant pas de l'auoir bleſſé d'vne playe mortelle, il redoubla ſes
coups par trois fois, & taſchoit d'empeſcher que le bon homme, qui portoit meſme
l'habit de Ciſteaux, n'acheuaſt de faire ſa confeſſion à ſon Chapelain: tandis que ce
Prelat receuant les coups pardonnoit au meurtrier, & prioit Dieu pour lui, à l'exemple de S. Eſtienne. Enfin l'inſatiable homicide lui ayant laiſſé quelque peu de vie,
apres s'eſtre retiré à trois iects d'arbaleſtre de diſtance, reuint ſur ſes pas comme vn
chancre, & chargea l'Archeueſque d'vn ſi grand nombre de bleſſures, que l'on euſt
eu de la peine, de trouuer lieu à vne nouuelle bleſſure, & deſcendant de cheual lui
eſpancha le cerueau auec la pointe de ſon eſpée.

III. La plainte de cét aſſaſſinat ayant eſté portée au Roi d'Aragon, il ne s'en eſ-
meut aucunement, de ſorte que le meurtrier demeuroit impunément dans ſes terres,
auec auſſi peu d'eſmotion, que s'il euſt tué vn veau, dit le Pape; d'où il veut inſinuer,
que ce meurtre n'eſtoit en aucune façon deſagreable au Roi, d'autant plus qu'il trauailloit cette Egliſe tant par ſon moyen, que des freres Hoſpitaliers; & que deſia
pendant ſon regne, vn autre Archeueſque auoit eſté meurtri. C'eſtoit l'Archeueſque
Bernard, qui fut tué par Guillaume d'Aguillon fils de Robert, & petit fils de Raimon, Princes de Tarragone inueſtis de cette Principauté par l'Archeueſque Olde-
gaire, du conſentement du Comte de Barcelone Don Ramon Berenger. Les conditions de cette inueſtiture ayans attiré beaucoup de diſputes entre l'Archeueſque & les
Princes; Guillaume Aguillon tua Bernard l'an 1171. Ce qui fut cauſe que le Roi d'Aragó ſaiſit la Principauté ſous ſa main, & auec l'adueu du Pape Alexádre III. partagea le
tēporel auec les Archeueſques, cōme l'on peut voir dās Surita. Et peut-eſtre que ce leuain duroit encore, y reſtāt quelque choſe à demeſler, entre le Roi & l'Archeueſque.

IV. Ces conniuences du Prince enflammerent dauantage le cœur du Papē, qui
ordonne au Chapitre de Tarragone, de publier & denoncer ſolennellement pour
anathematiſés, Guillaume Raimond, & tous ſes complices Clercs, & laïques, les
cloches ſonnantes, & les chandeles allumées, & mettre à l'Interdict toutes leurs terres, & celles où il ſe retireront, ſans relaſcher leurs ſentences, iuſqu'à ce que Guillaume
Raimond & ſes complices, ſe ſoient preſentés au ſiege Apoſtolique, nuds pieds, auec
vne grande abſtinence, & auſterité d'habits. Veut meſme qu'il ſoit enioint aux vaſſaux, qui releuent de l'Egliſe Metropolitaine de Tarragone, de pourſuiure le meurtrier, & ſes adherans cōme des Saraſins deſeſperés. Quoi que le Roi, la Reine, les Princes, & Barons ſoient admoneſtés, & qu'il leur ſoit expreſſément enioint de la part du
Pape, de les bannir & preſcrire de tout le Roiaume, faire rendre & reſtituer à l'Egliſe,
les choſes qui lui ont eſté enleuées, & lui reparer les dommages qui lui ont eſté faits,

la laissant dans la liberté de ses biens & de l'Election de son Prelat ; & en cas de refus, ordonne que le Roi, & la Reine, & les Barons soient excommuniés, & leurs terres exposées à l'Interdict. Enioignant au Chapitre de proceder à l'Election d'vn Archeuesque, qui ait le soin, & le courage de poursuiure, & maintenir les droicts de l'Eglise, tant au spirituel, qu'au temporel. Il me semble que l'on peut recueillir de ce discours sans violence, que le Roi d'Aragon ayant succedé aux droicts des Princes de Tarragone, & possedant de ce chef, la moitié des droicts temporels de l'Archeuesché, il estoit suruenu quelque sujet de diuision entre lui & l'Archeuesque Berenger, & que Guillaume Raimond de Moncade, de qui l'Archeuesque vouloit exiger quelque homage contre son gré, meslant ses interests auec ceux du Roi, transporté de colere, osa plus facilement entreprendre sur la personne de l'Archeuesque.

V. Tant y a, que pressé du remords de sa conscience, & des foudres du Pape, il eut recours au Sainct Siege, & obtint son absolution, moyennant la penitence qui lui fut enioincte par le Cardinal Nicolas, grand Penitencier; qui n'est pas du tout si rude, que celle que le Synode de Theonuille, assemblé sous Charles, ordonne contre les meurtriers des Euesques. Celle-ci porte que Guillaume Raimond estant de retour se trasportera en la Cité de Tarragone, & tout aussi tost, qu'il l'a pourra voir, descendra de son cheual, & continuëra son chemin nuds pieds, & en chemise, la hart au col, & des verges en sa main, visitera les Eglises qui sont dans l'enclos de la ville, & à l'entrée de chascune, se fera battre de verges par vn Prestre, & viendra enfin à l'Eglise Cathedrale; où apres auoir demandé bien humblement & deuotement pardon à l'Archeuesque, & au Chapitre, il leur rendra l'homage, (ce qui peut insinuer, comme i'ay dit, que la querelle estoit née à l'occasion d'vn homage) & aumosnera à l'Eglise vingt liures de rente, sur sa terre. En outre, d'autant qu'il auoit desia pris la Croix de la main du Pape, il lui est enioint, d'aller Outre mer, auec dix Gendarmes, & trente Archers bien armés, entretenus à ses despens, & combattre pour le secours de la Terre saincte, pendant cinq ans; de ieusner au pain, & à l'eau, tous les Vendredis pendant sa vie; comme aussi chasque année, au iour qu'il commit le meurtre, nourrissant cent pauures le mesme iour, & aumosnant à chascun d'eux, vne robe de drap de laine. Il lui est aussi ordonné de ieusner pendant sa vie le Caresme de l'Aduent, & les iours de Lundi & Mecredi, auec l'abstinence de Caresme; excepté lors qu'il sera au voyage d'Outremer. Estant de retour, il portera tousiours vn cilice sur la chair, horsmis lors qu'apres en auoir esté requis, il rendra le deuoir marital à sa femme. Neantmoins pour le regard du ieusne des Lundis, & Mecredis, il lui est permis de s'en descharger, en nourrissant chascun de ces iours cinq pauures. Et encore le Penitencier ratifie les remissions, & indulgences de ces penitences, que les Prelats qui ont ce pouuoir, lui voudront accorder : lui enioignant sur la fin, de reparer les dommages qu'il auoit fait aux Eglises. La ratification des Indulgences qui lui seroient accordees par les Prelats, est adioustée auec prudence, pour affectionner Guillaume Raimond à rendre le respect qui est deu à l'Ordre Ecclesiastique, qu'il auoit violé en commettant son crime.

I. Surita l. 2. c. 45. & in indicibus ad an. 1194.
II. III. IV. E Chartario Ecclesiæ Tarrac Bulla Celestini : Celestinus Episcopus seruus seruorū Dei, dilectis filiis Capitulo Tarraconési, salutem & Apostolicam benedictionem: Plangen dum nesset potius, quam scribendum, super tam nefario scelere, quod filius iniquitatis Willelmus Raimundi obstinara & pertinaci audacia perpetrare præsumpsit, non timens in patrem suum & Dominum & cuius neptem in vxorem habebat, videlicet bonę & piæ memoriæ Berengarium Archiepiscopum vestrum sceleratas manus immittere, & ipsum crudeli gladio mortaliter trucidare. Cum enim, sicut audiuimus ville mus ipse proprius homo fuisset Archiepiscopi, ac plura beneficia percepisset ab eo, neputem etiam vt diximus eiusdem haberet vxorem perniciosa simulatione confinxit, & per nuntium suæ coceptæ iniquitatis interpretem eidem mādauit antistiti, quod vxor sua videlicet neptis eius, vellet cum eo super quodam negotio consilium & tractatum habere. Præsentiens igi-

tur quod ob hoc deberet venire Gerudam, venit obuiam quasi pacificus, vt secudum propheticum oraculum, sicut fraudulentus vasa pessima portans, eum impiè vulnerauit, & de mulo cui insidebat prostrauit in terrram. O immane scelus, & omni detestatione dignissimum, quo pacis & religionis Christianæ iura læduntur, & arma filij exacuuntur in patrem! Expediebat potius, vt iuxta prophetam, gladius ille in vomerem, seu lancea conuerteretur in falcem. Vt autem iniquitas illius nequa hominis prodiret ex adipe, non fuit contentus ei letale vulnus infligere, sed post ipsum ictu tertio repetitum, cum Archiepisc. Capellano qui aderat inciperet confiteri, tanquam vir sanguinum confessionem eius, qui & habitu Cisterciensis ordinis erat indutus, nec Deum times, nec homini deferens, iam exutus humana pietate, & diabolica feritate vestitus, totis conabatur viribus impedire. Verumtamen auctor summæ pietatis, qui neminem vult perire, tandem eidem Archiepiscopo contulit gratiã confitendi, quod in ipsa confessione, dum in eum persecutoris gladio insaniret, iuxta consilium sacerdotis, interfectori suo pepercit, Deum, ad imitationem gloriosi protomartyris pro eo incessanter exorans. Denique ille insatiabilis homicida, cũ eum prima vice iam semiuiuum reliquisset in terra, & tantum distitisset ab illo, quantum duo aut tres iactus ballistæ possent, vt putabatur emitti, more tortuosi serpentis, vel cancri potius, retrouersus tot vulnera eidem inflixit, quod vix locus vulneribus poterat inueniri, & vt nihil de malitia sua omitteret, quin potius vt totum virus emitteret, quod ore concibratar truculento, à superbiæ suæ in quo erat equo descendit, & post tot, & tam atrocia vulnera, cerebrum eius cuspide mucronis effudit. Proh dolor, vt quid mortalia cogis pectora, iræ detestabile monstrum. Ecce quam turpiter pastorem Ecclesiæ trucidare fecisti, ecce cadit columna Ecclesiæ. Sed quid inde? ipso apponente manum, cuius dextera facit virtutem, conculcabitur filius Belial; mentietur iniquitas sibi, & maleficium non dicimus hominis, sed non hominis, debita pœna luetur. Consurgite igitur boni æmulatores Ecclesiæ Dei, & filij, debitum vestri officij viriliter exercete. Doleat de tanto scelere consummato, non solum Tarraconensis prouincia, sed etiam tota Hispania, quinimo Christianitas vniuersa : & eo vehementiori, in ipso dolore, admiratione stupescat, quod non tatum iste Archiepiscopus, sed etiam tertius ab isto, sub tempore vnius & eiusdem Principis, per gladium insaniam interfecti fuerunt, quodque dolendi materiam non minuit, sed augmentat, non solum Rex Aragonum, & Regina illustres, huic malo non condolere dicuntur, vm etiam addere afflictionem afflictis, & Ecclesiam vestrã conterere, multiplicia cõtritionem contritam. Cum enim (de quo si verum est valde miramur) super his querimonia statim ad conspectum eorum transmissa fuisset, institiam exinde facere non curauerunt, illius Isaiæ non memores quo dicitur: In iustitia regnabit Rex, & principes in iudicio præerunt, & illius, sapientis quo ita præcipitur: Diligite iustitiam qui iudicatis terram. Vnde accidit vt rigorem iustitiæ nequissimus ille nõ trepidans, ita liberis quocunque vult gressibus euagatur, ac si pecudem, aut vitulum occidisset, & facta est res mali & perniciosi exempli, vsque adeo quod nulla Ecclesiastica persona per miliarium longè à propria sede, sine periculi metu progreditur; & reuerentia debita Ecclesiæ vestræ, ac ministris ipsius iam ferè elanguit, & emersit in ventum. Æstimati sunt quippe clerici, qui genus electum & regale, populus etiam acquisitionis, & grex peculiaris Christi censetur, tanquam oues occisionis, facti vicinis suis opprobrium, subsannatio, & derisus. Prædicti quoque Rex, & Regina, cum per seipsos, & suos, tum per hospitalarios, & religiosos, ipsam Ecclesiam vestram, tam in ciuitate quam extra, damnis plurimis & grauibus iniuriis affecerunt: & cum ferè ad nihilum sit redacta, & sic in occisione suorum pastorum per malitiam filiorum hominum laceretur, iam non inuenitur aliquis qui in eadem ceruicem suam audeat pontificali supponere seruituti. Quia igitur tam nefarium scelus incorrectum, seu impunitum relinqui non debet, sed adeo sunt tanta maleficia punienda, quod qui audierint similia facere non attentent, vniuersitati vestræ per Apostolica scripta mandamus, & in virtute obedientiæ sub pœna officiorum, & beneficiorum, & interminatione anathematis distinctè præcipimus, quatenus prædictũ Willelmum perditionis & proditionis filium, & complices eius, tam clericos quam laicos, omni occasione, dilatione, & appellatione seposita, pulsatis campanis, & candelis accensis solenniter anathematizatos denuntiare curetis, & totam terram eorum, atque aliam in qua præsentes fuerint interdicto subdatis. Nec sententias quas dederitis, relaxetis, donec ipse willermus anathematizatus, cum complicibus suis ad Apostolicam sedem accedat. Verum illos clericos decernimus beneficiis Ecclesiasticis perpetuo esse priuatos, qui præbuere cõsilium, siue consensum, vt prædictus pontifex interiret. Præcipiatis autem sine aliqua exceptione omnibus illis militibus, & aliis laicis, qui sunt in terra Ecclesiæ vestræ, metropolitico iure subiecta, vt ipsum nequam, & sequaces eius, tamquam Saracenos desperatissimos persequantur, eisque interdicto igne & aqua, non communicent quoquomodo. Sed neque cum in venditione vel emptione aliqua, seu traditione victualium, aut receptione hospitiorum, participare præsumant, donec nudis pedibus super terram, in multa abstinentia, & asperitate vestium ad Apostolicam sedem accedat. Ceterum Regem, & Reginam, & alios Principes, & Barones omnimoda diligentia moneatis ex parte nostra fortiter iniungentes, vt sæpedictum Willermum, & complices eius, de toto Regno proscribant, & Ecclesiæ vestræ vniuersa restituentes ablata, & confiscantes bona illorum, qui scelus commisere iam dictum, de damnis & iniuriis irrogatis Ecclesiæ, satisfaciant vt tenentur, & permittant eam tam in bonis suis, quam in libertate electionis habenda, pacificè permanere. Quod si hęc pro commonitione vestra non fecerint, omni gratia & timore postposito, sublato cuiuslibet contradictionis, vel appellationis obstaculo, beatorum Apostolorum Petri & Pauli, & nostra auctoritate suffulti, in personas Regis, & Reginæ, atque aliorum, & in terras tam excõmunicationis quam interdicti sententias promulgetis, & faciatis irrefragabiliter obseruari. Volumus igitur, & per Apostolica vobis scripta præcipiendo mandamus; quatenus in aliquam personam idoneam concorditer, & canonicè conuenire curetis: & studeatis illum eligendo in vestrum Archiepiscopum nominare, per quem status Ecclesiæ dirigatur, & tam in spiritualibus quam temporalibus commodum possit omnimodum experiri. Ita verò in persecutione eorum quæ prædicta sunt coadiutores & cooperatores per omnia existatis, vt de conculcatione matris vestræ, & occisione patris, tanquam veraces filij ostendatis ex intimo vos dolere. Datum Romæ apud Sanctum Petrum quintodecimo Calendas Iulij, Pontificatus nostri anno quarto.

III. Surita, l. 2. c. 51.

V. Ex eodem Chartario Eccl. Tarrac. Literæ Testimoniales absolutionis & Penitentiæ: Venerabili in Christo Patri Dei gratia Archiepiscopo, & dilectis sibi in Domino, Capitulo Tarraconensi. Nicolaus miseratione diuina Tusculanus Episcopus, salutem in Domino. Latorem præsentium W. Raimundi, qui sicut ex eius confessione accepimus, bonæ memoriæ B. Tarracon. Archiepiscopum suadente diabolo interfecit, auctoritate Domini Papæ, secundum formam Ecclesiæ absolutum ad vos remittimus, de consilio venerabilium Patrum H. Hostiensis, & P. Albanen. Episcoporum, huiusmodi ei penitentiam iniungentes; videlicet vt in regressu suo, quam citius Tarraconem, videre poterit ciuitatem, de equo descendens, nudus, & discalciatus in bracis & camisia tantum, ferens tortam in collo, & virgas in manibus, ad eamdem veniat ciuitatem; & ad introitum Ecclesiæ absolutum, infra ambitum ciuitatis eiusdem, ab aliquo presbytero eisdem virgis se faciat verberari: sicque demum ad Ecclesiam veniens cathedralem, à vobis Domine Archiepiscope, & Capitulo vestro venia deuote & humiliter postulata, vobis, & eidem Capitulo homagium faciat, & concedat de terra sua viginti libratum reditus annuatim. Præterea quia de manu Domini signum crucis accepit, præcipimus ei vt vadat vltra mare, & decem milites ac triginta ballistarios, & arcarios bene armatos, sumptibus suis ducens, sit cum eis per quinquennium in subsidium terræ sanctæ: & quamdiu vixerit, omnes sextas ferias in pane & aqua ieiunet. Et omni anno, eo die quo tantum scelus commisit; in pane & aqua ieiunans, eodem die centum procuret pauperes, & eorum cuilibet tunicam vnam de panno lineo largiatur. Iniunximus etiam ei, vt toto tempore vitæ suæ, quadragesimam ante Natale, secundam & quartam feriam in vita quadragesimali ieiunet, nisi eisdem diebus vltra mare fuerit pugnaturus, & donec iter Ierosolimitanum arripiat, & postquam inde fuerit Deo dante reuersus, ad carnê cilicium semper portet, nisi cum ab vxore requisitus ei debitum reddiderit maritale. Ieiunium autem secundæ & quartæ feriæ, cum voluerit, redimat, eisdem diebus quinque pauperes procurando. Si vero aliqui Ecclesiarum prælati, quibus hoc liceat, aliquam fecerint remissionem eidem, concedimus ei & ratam habere vsus eandem. Ad hæc iniunximus ei, vt Ecclesiis quibus damna intulit, pro posse suo satisfaciat competenter.

CHAPITRE XXVIII.

Sommaire.

I. Guillaume R. n'alla point en la Terre Saincte. En recompense il fit vn Legat à l'Hospital, & au Temple de Ierusalem, & à l'Eglise d'Aux. Abolit le peage de Mancied. II. Dispose du reuenu de ses biens pour payer ses debtes, & faire des aumosnes. Ordonne heritier son fils Guillaume de Moncade. III. Arreste vne Treue de cinq ans entre ses heritiers & sa terre, & les Comtes d'Armagnac, & de Bigorre, & leurs terres. IV. Establit des executeurs de son testament. V. Ce testament iustifie que Guillaume R. succeda à son frere Gaston, & que Guillaume estoit son fils. VI. Pierre de Moncade leur frere, chef des Moncades qui sont en Catalogne, & en Sicile.

I. Voi que Guillaume Raimond eust esté chargé de faire le voyage d'Outre-mer, neantmoins dautant que le temps n'estoit point limité precisément dans les conditions de sa penitence, & par consequét estoit remis à sa discretion, il delaya d'entreprendre le chemin; de sorte que se voyant atteint de maladie l'an 1223. il fit son testament dans la ville d'Oloron: d'où l'on aprend, que n'ayant pû s'acquiter de son voyage de la terre Saincte, auquel il estoit obligé pour raison de diuers grands excés qu'il auoit commis, Il donna auec le conseil des venerables Peres, & ses tres chers amis là presens, Guillaume Archeuesque d'Aux, A. Euesque de Bigorre, P. Abbé de Clugni, à Dieu, à la Vierge-Marie, & à l'Hospital de Ierusalem, & aux freres de la milice du Temple, le lieu de Mazro, où estoit anciennement basti vn fort beau Chasteau, dit-il, auec tout le territoire, & ses dependances generalement quelquonques; reseruées les dismes & autres droits Ecclesiastiques, qu'il donna à l'Eglise d'Aux à perpetuité. Neantmoins voulant empescher les foules, que ses officiers ou fermiers faisoient aux marchands, & autres paſſans, en leuant le peage qui eſtoit deu aux Seigneurs de Bearn, à raiſon du Chaſteau de *Manciéd*, & du lieu de Mazro; Il oſta & abolit entierement ce ſubſide, quoi qu'ancien & domanial, pour le ſalut de ſon ame, & de ſes predeceſſeurs.

II. Il ordonna de plus, que tous les reuenus de ſes biens, qui ſe leueroient iuſqu'à l'arriuée de ſon fils Guillaume, fuſſent employés au payement de ſes debtes, exceptées les terres & Seigneurie d'Eauſe, & de Mul, dont il auoit accordé la poſſeſſion à l'Archeueſque, pour en iouïr iuſqu'à l'entier payemēt de neuf mille ſols Morlas, qu'il lui auoit preſtés: Et apres le retour de ſon fils, il veut que la moitié de tous ſes reuenus ſoit affectée, à l'acquit entier de ſes debtes; & ce fait que la moitié du reuenu des deux premieres années, ſoit diſtribuée en aumoſnes pour le remede de ſon ame: le tout ſuiuant l'ordonnance de l'Archeueſque d'Aux, & de l'Eueſque de Begorre, ou bien eux premourans auant l'entiere execution de ce deſſus, ſuiuant l'auis des Eueſques de Laſcar, & d'Oloron: ordonne que ſon heritier & ſes ſucceſſeurs preſtent le ſerment de paix, à l'Archeueſque d'Aux, ſuiuant le deſir d'vn Reſcrit Apoſtolique, auquel il aſſeure auoir ſatisfait de ſa part. Ce qui fait voir que noſtre Vicomte auoit eu des affaires à demeſler auec l'Archeueſque, ſans doute à raiſon de ſes terres d'Eauſe, & de Manciéd, qui ſont aſſiſes dans le Dioceſe d'Aux. Enioint à Guillaume ſon fils, de rendre & reſtituer à l'Egliſe de Tarragone, le lieu de S. Martial, qu'il auoit donné ci-deuant à cette Egliſe.

III. Et voulant pouruoir à la paix, & tranquilité de ſes terres, il arreſta des Trefues pour cinq ans, pour ſoi & ſes heritiers, entre lui & ſa terre, & les Comtes d'Armaniac & de Begorre & leurs terres, l'Archeueſque d'Aux promettant de bonne foi l'obſeruation de cette Treſue pour le Comte d'Armaniac, ou bien la reparation conuenable & accouſtumée en cas d'infraction, & l'Eueſque de Bigorre promettant le ſemblable pour le Comte de Begorre. Il ordonna en outre, que le teſtament de feu ſon frere de bonne memoire Gaſton Vicomte de Bearn, ſoit executé en tous ſes poincts, & que les priuileges & liberalités qu'il auoit octroyé aux Egliſes, & maiſons religieuſes ſortent leur entier effet.

IV. Commet l'execution de ſon teſtament à l'Archeueſque d'Aux, à l'Eueſque de Begorre, & aux Nobles hommes ſes vaſſaux, Raimond Guillaume de Naüales, Guillemod d'Andons, Guillaume Arnaud de la Gingue, & Raimond Arnaud de Coarraſe: les priant de contraindre ſon heritier & ſucceſſeurs, à l'obſeruatiō entiere de ſon teſtament, y procedans, ſçauoir les Prelats par cenſures Eccleſiaſtiques s'il eſt beſoin, & les Nobles par tous les moyens qu'ils auiſeront les plus propres: Auſquels il donne le gouuernement & conduite de toute ſa terre, iuſqu'à ce que ſon fils & heritier ſoit arriué, à la charge que ceux qui ont ſes Chaſteaux en garde, ne ſoient point changés. Cela fut fait & arreſté en la ville d'Oloron le treizieſme des Calendes de Mars.

V. Outre ce qui eſt expreſſément contenu dans ce teſtament, l'on y trouue vne preuue peremptoire, que Guillaume Raimond de Moncade ſucceda à ſon frere Gaſton Vicomte de Bearn, & que Guillaume de Moncade eſtoit fils & legitime heritier de Guillaume Raimond ſon pere, tant au Vicomté de Bearn, qu'en ſes autres terres & Seigneuries, qu'il auoit en Gaſcogne, en Aragon, & Catalogne. Le date de ce teſtament eſt du 13. des Calendes de Mars; Neantmoins le iour de la Commemoration de ſon decés, eſt du ſixieſme Feurier, dans les tiltres du Monaſtere d'Artous; auquel il bailla le paſquage depuis Oylaburu iuſqu'à Leſpiau; De ſorte qu'il faut que ce Prince ait ſuruſcu depuis ſon teſtament, iuſqu'au ſixieſme Feurier de l'année ſuiuante mil deux cens cinquante. Pour la femme de Guillaume Raimond, mere de Guillaume de Moncade, Surita eſcrit par ſurpriſe en ſes Annales, que c'eſtoit Dame Guillelme de Caſtetuieil, qui eſtoit neantmoins ſa grand-mere, femme de Guillaume Raimond Dapifer de Moncade, ainſi que ie l'ai monſtré ci-deſſus. Le Marquis d'Aytone a ſuiui cét erreur, qu'il pretend confirmer par l'acte de ſerment de fidelité, que Guillaume de Moncade Vicomte de Bearn, preſta à l'Eueſque de Vic; où pourtant il ſe qualifie fils de Guillelme de Moncade, & non pas de Caſtevieil. Quant à la Bulle du Pape Celeſtin, elle aſſeure en deux endroicts, que la niece de Berenger de Vilademuls Archeueſque de Tarragone eſtoit femme de Guillaume Raimond, ſans ſpecifier autrement ſon nom propre.

VI. Il ne faut pas omettre en cét endroit, que le Marquis d'Aytone en ces notes des Vicomtes de Bearn qu'il m'a enuoyées, & qui ſont imprimées à la fin de ce liure, remarque comme du mariage de Guillaume de Moncade, & de Marie de Bearn naſquirent Gaſton, & Guillaume Raimond, qui poſſederent la Seigneurie de Bearn l'vn apres l'autre; & encore Pierre leur troiſieſme fils, qui eſt le chef de ſa famille des Moncades renommée en Catalogne, & en Sicile.

I. II. III. IV. E Chartario Eccleſ. Tarrac. Antiquorum prudentia conſueuit rite geſta ſcripturæ teſtimonio commendare, ne fragilitatis humanæ memoria ſuccumbente, illa valeant in dubium reuocari, ſed in ſuo potius robore perſeuerent. Ea propter ego Guillermus Raymundi de Montecatano Vicecomes Bearnenſis facio maniſeſtum vniuerſis præſentibus & futuris, quod cum aſſumpto charactere veræ crucis, de manu Domini Papæ, pro grauibus & pluribus exceſſibus meis, tenerer in partibus tranſmarinis, cum certo numero armatorum per quinquennium Domino famulari, peregrinatione nondum inchoata, in ægritudine conſtitutus, compos meæ mentis exiſtens, pro meorum & progenitorum meorum remedio peccatorum, in recompenſatione peregrinationis ad quam tenebar, de conſilio venerabilium patrum, & chariſſimorum amicorum G. Dei gratia Archiep. Aux. & A. Epiſ. Bigorritani, & P. Abbatis Cluniacen. contuli atque dedi pro me & ſucceſſoribus meis, Domino Deo, & B. Mariæ, & Hoſpitali Ieroſolimitano, & militiæ Templi fratribus, & domibus, locum de Mazro, vbi quondam egregium caſtrum fuit, & quidquid in territorio vel honore eiuſdem habebam, vel habere debebam, ibidem cétum & amplius ruſticorū caſalia aſſeruntur, totū ſiue cultu, ſiue incultum ſit, cum omni iure ad me in ipſo territorio, vel dominio pertinéte, ab eiſdé fratribus perpetuo libere poſſidéda; exceptis decimis, & aliis iuribus Eccleſiaſticis, ad Eccleſiam Dei pertinentibus, quæ omnia conceſſi, reſtitui, & quittaui pro me & ſucceſſoribus meis, Eccleſiæ Aux. in perpetuum; excepto inde etiam pedagio viatorum. Hanc ſiquidem donationem in puram eleemoſinam feci libere, & abſolutè Deo, & B. Mariæ, & prædictis Hoſpitalis, & Templi fratribus, & domibus; & abſque omni retentione, illum iam dictæ hæreditatis ſucceſſorem perennem conſtituens & heredem, cuius gratia mihi conceſſa fuerant quæ habebā. Vnde volãs ſiue moriar, ſiue viuã, præfatam donationem robur perpetuum obtinere, de prædictæ hæreditatis donatione, nominatos patres loco hoſpitalis & Templi inueſtiui liberaliter & denotè. Præterea hoc etiam declarari cupio vniuerſis, quod de patrum conſilio prædictorum, pro ſalute animæ meæ & parentum meorum, cupiens tranſeuntium grauamina remouere, pedagium ſupradictum, vel guidagium, & quidquid à mercatoribus vel viatoribus nomine Caſtri de Mancied, vel honoris iamdicti, à me vel anteceſſoribus meis exigi conſueuit, remitto plenarie, atq; quitto. Volens, ſtatuens, firmiter prohibendo, ne de cetero aliquid à viatoribus exigatur, ſed vniuerſi libere tranſeant viatores, ab omni exactione liberi atque tuti. Ad hæc adieci nomine teſtamenti, quod ſi contingat me de hac vita tranſire, omnes prouentus terræ meæ, (exceptis Elſæ & Demul, quæ tradidi & obligaui Domino Archiepiſcopo memorato in ſolutionem debiti quo ei tenebar à nouem millium ſolidorum Morlanorum ab ipſo tenenda paciſice & quietè, quouſque de prouentibus & redititibus eorumdem totum debitum ſit ſolutum,) cedant in ſolutionem aliorum debitorum meorum, vſque ad aduentum *Guillermi filij mei*; Et ex quo venerit, omnibus reditibus terræ meæ computatis, medietas eorumdem cedat in ſolutionem debitorū meorum, quouſque omnia ſint ſoluta ; quibus ſolutis eadem medietas per biennium in eleemoſyna pro meæ remedio animæ expendatur. Prædictam autē ſolutionem debitorum meorum, & eleemoſinam volo & ſtatuo fieri, ad arbitrium ſupradictorum patrum Archiepiſcopi Aux. & Epiſcopi Bigorritani & ſi ipſi, citra prædictæ ordinationis conſummationem, viam ingrederentur vniuerſæ carnis, fiat ad arbitrium Laſcurren. & Oloren. Epiſcoporum. Volo etiam & ſtatuo, quod heres, & alij qui ſunt pro tépore ſucceſſuri præſtent *iuramentum pacis* Archiepiſcopo Aux. prout in Reſcripto Apoſtolico continetur, quod ego me recognoſco, & profiteor præſtitiſſe. Adiicio etiam, atque mando, quod Guillermus filius meus, villam S. Martialis, quam ego contuli Eccleſiæ Tarracon. eidem Eccleſiæ reſtituat, & faciat eam pacificè poſſidere ; & ſatisfaciat eidem de reditibus quos ipſi Eccleſiæ abſtulit violenter. Et quia habere non poſſum memoriam ſingulorum, præcipio atque mando, quod ſi qui de me fuerint querelantes, heres meus ipſis bona fide exhibeat iuſtitiæ complementum. Et ad hoc volo heredem meum eſſe, prout iuſtum fuerit, obligatum. Paci quoque & tranquilitati terrarum intendere cupiens diligenter ; firmaui pacta & fædera treugarum pro me, & heredibus meis, vſque ad quinquennium firmiter obſeruanda, inter me & terram meã, & Comité Bigorrę & terrã ſuam; & inter me terram meã & Comité Armaniac & terrã ſuã: eaſdé treugas Domino Archiepiſcopo Aux. pro Comite Armaniach, & Domino Epiſcopo Bigorrę pro Comite Bigorræ firmantibus bona fide,& promittentibus inuiolabiliter obseruandas, aut emendandas prout emendari solent treugæ violatæ. Adieci etiam & mandaui, quod testamentum bonæ memoriæ *Fratris mei Gastonis Vicecomitis Bearnensis* plenè & integrè obseruetur; Et libertates & alia dona quæ Ecclesiis & domibus religiosis contulit, & concessit perpetuam obtineant firmitatem. Et ad prædicta omnia obseruanda, heredem meum atque omnes successores meos quousque expleta sint vniuersia, volo & statuo teneri & plenius obligari. Denique patribus antedictis Archiepiscopo Aux. & Episcopo Bigorræ, & Nobilibus viris & fidelibus meis R. G. de Nauales. G. Od de Andons. G. A. de la Gingue. R. A. de Caudarasa, meum committo per omnia testamentum; quos etiam pro testimonio, & defensione Ecclesiæ Dei subiicio: supplicans quod si forte heres meus vel aliquis successorum meorum huic testamento meo in aliquo præsumpserit obuiare, Prælati per censuram Ecclesiasticam, & prædicti Nobiles prout fidelius & melius poterunt ab obseruationem testamenti plenariam, ipsum cogant. Fidelitati etiam prædictorum Nobilium totam terram con mitto, quocuique veniat heres meus, ita tamen, quod qui nunc tenent, teneant & custodiant castra mea. Hæc omnia faci, dedi, statui, & legaui, prout superius est comprehensum. Anno ab Incarnatione Domini. *Millesimo Ducentesimo vigesimo tertio*, Decimo tertio Kal. Martij apud Oloren. presentibus testibus. & ad hoc vocatis patribus præhbatis. P. B. de Salt Canonico Lasurien. Augerio de Caudarasa. & Magistro Terre Monachis Agen. Magistro Rogerio Canonico Aquen. Magistro Ausencio, Magistro B. *Eisicii*. G. A. de Nauales. I. Dote, & Bernardo de Albus. & A. G. de Araus mi itibus, B. de Montecat. B. scriptore nostro. & G.A. Audeger clerico, quos omnes diligentius exoraui, vt super præmissis omnibus testimonium perhibeant veritati. Et vt hæc omnia robur obtineant perpetuæ firmitatis præsens instrumentum de mandato meo super prædictis confectum, sigilli mei & sigillorum patrum sæpius prædictorū feci munimine roborari.

CHAPITRE XXIX.

Sommaire.

I. Guillaume de Moncade absent de Bearn lors du decés de son pere. II. Desordre en la Cour du Roi d'Aragon, à cause de l'éloignement du Comte Sance son oncle. III. Deux partis en la Cour, celui du Comte Sance, & celui de l'Infant Don Fernand aussi Oncle du Roi. Querelle entre Nunno fils du Comte Sance, & Guillaume Seigneur de Bearn, qui se ietta du parti contraire à celui de Sance. Dessein de Guillaume aux Estats de Monçon, empesché par le Roi Jacques. IV. Guillaume arme contre le Comte Sance, entre dans sa terre nonobstant les defenses du Roi, prend vn Chasteau par force, & defait la garnison de Perpinnan. V. Le Vicomte de Cardone arme contre le Seigneur de Bearn. Et le Roi aussi, qui prit sur lui, ou sur ses alliés, plusieurs places. VI. Prise du Chasteau de Ceruellon. Le Roi assiege Guillaume dans le Chasteau de Moncade. Siege leué deux mois apres qu'il auoit esté mis.

I. APres le decés de Guillaume Ramon de Moncade, la Seigneurie de Bearn apartenoit par droit de Sang, & en consequance de ce testament à Guillaume de Moncade son fils, qui estoit absent de la Cour de son pere lors de son decés, estant occupé aux guerres ciuiles d'Aragon & de Catalogne. C'est pourquoi les clauses du testament n'estoient pas inutiles, lors que Guillaume Raimon ordonnoit, que tous ses reuenus seroient employés au payement de ses debtes, iusqu'au retour de son fils: dautant qu'il sçauoit bien, que la nature des affaires où il estoit engagé, pourroit lui causer vne longue absence.

II. Pour le mieux comprendre, il faut presupposer, que le Roi d'Aragon Don Iayme, estoit en pupillarité, lors qu'il recueillit la succession du Royaume, apres la mort du Roi Don Pierre son pere; & qu'en cette consideration le gouuernement de sa personne, & de ses affaires fut remis à trois Seigneurs par ordonnance des Estats; en telle sorte neantmoins, que son oncle Sanche Comte de Rossillon de

Conflent & de Cerdagne, auoit la principale direction & surintendance generale. Mais à mesure que ce ieune Prince s'auançoit en aage, il fut poussé par son inclination, & par les impressions de quelques Seigneurs, qui portoient auec impatience le commandement du Comte Sanche, de l'esloigner de l'administration des affaires. Ce qui causa plusieurs esmeutes dans le Royaume, & bien souuent exposa la personne de ce ieune Roi, aux passions des grands, qui se choquoient l'vn l'autre pour auoir & posseder sa faueur auec le maniement du Royaume.

III. Les deux Principaux partis estoient celui du Comte Sanche, & celui de l'Infant Don Fernand qui estoit aussi oncle du Roi; mais son pere le Roi Alfonse auoit ordonné qu'il fust Religieux de l'ordre de Cisteaux, & lui auoit baillé pour son entretenement l'Abbaye de Montaragon; Neantmoins encore qu'il fust Abbé, il marchoit en Caualier, & non pas en Ecclesiastique. Le Comte Sanche estoit soustenu principalement de Don Pedro Ahones, & l'Infant Don Fernand, de Don Pedro Fernandes de Açagra Seigneur de Albarazin: les affections des Seigneurs estans partagées en cette sorte, comme le Roi visitoit les principales villes d'Aragon & de Catalogne, il arriua en l'année 1222. vne grande dispute entre Don Nunno Sanches, fils du Comte Sanche & Don Guillem de Moncade Vicomte de Bearn, encore qu'ils eussent esté auparauant tres grands amis, au rapport de Surita. L'occasion de la querelle prouint, de ce que Don Guillen refusa de donner à Nunno vn tiercelet d'autour; & quoi que le sujet fust leger, neantmoins ceux du parti contraire tascherent d'eschaufer la matiere auec quelques rapports, & d'y engager à bon escient le Vicomte de Bearn, qui eut de grosses paroles auec Nunno Sanches, & lui declara ouuertement, qu'il renonçoit à son amitié, & se declaroit son ennemi. A mesme temps il fit sa ligue auec Pedro Fernandes de Açagra, & auec ceux de son parti; & Don Nunno s'appuya de son costé de la faction de Pedro Ahones. Les Estats ayans esté conuoqués à Monçon, Don Guillaume de Moncade, & Don Pedro Fernandes se mirent en deuoir d'y assister auec vne suite de trois cens Gentils-hommes, & arriuerent en cét estat en vne ville nommée Valcarça apartenante aux Templiers. Don Nunno qui eut auis de cette assemblée, vint au deuant du Roi, qui estoit parti de Lerida pour aller à Monçon, & le supplia auec vne tres grande instance, en consideration de ce qu'il auoit l'honneur d'estre son parent, de le vouloir appuyer contre les entreprises de Guillaume de Moncade, qui s'estoit mis en estat de lui faire vn afront. Le Roi encore qu'il ne fust âgé que de quatorze ans, lui releua le courage, & lui promit d'empescher, qu'il ne receuroit point de tort, & d'y aporter le remede necessaire, lors qu'il seroit aux Estats. Estant à Monçon il assembla les principaux de la ville, leur commanda de se saisir des portes & des tours, d'y faire bonne garde, & d'empescher que nul Baron, ni Gentil-homme n'entrast dans la ville, sans son expresse permission, & defendit aux Barons d'entrer qu'auec deux Cheualiers tant seulement. De maniere que les Barons estans obligés de retrancher leur suite, Don Guillaume de Moncade se retira des Estats, auec Pedro Fernandes de Açagra, piqués d'vn grand ressentiment de ce qu'ils n'auoient pû retirer leur satisfaction de Don Nunno, *por que no se pudieron honrar de D. Nunno.*

IV. C'est pourquoi le Vicomte de Bearn fit vne grande leuée de gens de guerre en Catalogne, à la faueur de ses parens & amis, auec dessein de faire des courses dans le Comté de Rossillon, & faire guerre ouuerte dans la terre du Comte Don Sanche. Or dautant que le Comte estoit depourueu de forces pour se defendre, il vint porter sa plainte au Roi, faisant offre d'ester à droit en sa Cour, & de respondre à toutes les demandes, que Don Guillaume voudroit lui faire, pour raison de la Seigneurie qu'il possedoit en Rossillon, Conflans, & Cerdagne, & bailla pour cautions, Don

Atho de Fores, & Don Blasco Maça. Le Roi auec l'auis des Estats ordonna, que Guillaume de Moncade seroit requis de cesser sa poursuite par voye d'armes, puis que le Comte & son fils offroient de lui respondre en iustice. Mais Don Guillem qui estoit vn tres puissant Seigneur, & le plus aparenté qui fust en Catalogne, & qui possedoit la Seigneurie de Bearn, dit Surita, (son pere neantmoins estoit en vie comme i'ay monstré au Chapitre precedent) mesprisa le commandement du Roi, & entra à main armée dans le Comté de Rossillon, auec les Barons & Cheualiers de son lignage, attaqua vn Chasteau nommé Alvari, qui apartenoit à Don Ramon de Castel-Rossello, & le prit par Combat de lance & d'escu; & s'en alla dés aussi-tost vers la ville de Perpinnan, dans laquelle se ietta vn Gentil-homme nommé Gisbert Barbera pour seruir Don Nunno, & faisant vn effort plus grand que ses forces ne lui permettoient, sortit auec ceux de Perpinnan, pour combatre Don Guillem de Moncade; mais il fut entierement defait & pris au combat.

V. A cette occasion toute la Principauté de Catalogne se mit en armes, dautant que Don Ramon Folch Vicomte de Cardone, ou des grands Seigneurs du païs, estoit ennemi ouuert de Guillaume de Moncade, & taschoit auec tous ceux de son parti d'assister en cette guerre le Comte Sanche, & Don Nunno son fils. De sorte que le Roi se resolut à bon escient de remedier à ce mal, & commanda que son armée fust mise sur pied en Aragon, & s'en alla auec ses troupes en Catalogne contre Don Guillem de Moncade, & emporta cent trente petites forteresses sur lui, ou sur ses parens & alliés.

VI. Sur la fin du mois d'Aoust de l'année 1223. le Roi assiegea le chasteau de Ceruellon tres-fort d'assiete, proche de la ville de Barcelone, & le prit dans quatorze iours. Poursuiuant sa pointe il alla mettre le siege deuant le Chasteau de Moncade, où s'estoit retiré Don Guillem, acompagné de Don Pedro Cornel, & de plusieurs autres Seigneurs & Gentils-hommes, iusqu'au nombre de cent trente. Le Roi estoit accompagné en ce siege du Comte Don Sanche, de Don Nunno son fils, de l'Infant Don Hernand, de Don Pedro Ahones, & de plusieurs autres Caualiers, iusqu'au nombre de quatre cens; Incontinent apres son arriuée, il fit faire commandement à Guillaume de Moncade, qu'il eust à le receuoir dans le Chasteau; A quoi Moncade respondit, qu'il le receuroit de fort bonne volonté, s'il lui faisoit cette demande d'vne autre façon; mais attendu que le Roi auoit fait tant de domage en sa terre, & menoit vne armée contre lui, qu'il n'estoit point obligé de lui remettre le Chasteau en main. Cette response obligea le Roi de s'affermir au siege, & pour cét effet, nonobstant son ieune aage, il faisoit pouruoir auec vn soin & vne diligence tres exacte, à tout ce qui estoit necessaire pour vne telle entreprise, faisant mettre sa tente sur vn tertre esleué, qui commandoit la ville, où il demeura logé l'espace de deux mois. Ceux du Chasteau estoient tellement incommodés de viures, qu'ils n'eussent pû tenir beaucoup de iours, sans ce que certains Gentils-hommes de l'armée leur en fournissoient secretement; dautant que tous generalement, excepté le Comte Sanche son fils, & Ahones, receuoient vn singulier desplaisir, que Moncade & les siens eussent du domage. Or le Chasteau de Moncade estoit si fort d'assiete, qu'auec grande difficulté eust-on pû l'emporter autrement, qu'à faute de viures & munitions; ayant à l'vn des costés vne fontaine tres abondante, qui ne pouuoit estre ostée à ceux dedans, qu'en gagnant le Chasteau. de sorte que le Roi voyant qu'il perdoit son temps en cette entreprise, commanda auec l'auis de son conseil, qu'on leuast le siege, & prit resolution de se retenir en Aragon.

II. III. & seqq. Surita l. 2. Ann. c. 76. Idem l. 2. c. 78.

CHAPITRE XXX.

Sommaire.

I. Guillaume continuë la guerre. Prit la ville de Taraça. Accommodement secret entre lui, l'Infant Fernand, & Ahonés, qui estoit l'appui du parti contraire. II Traité de paix entre Guillaume, & Nunno. Reconciliation auec le Roi. Les ligués le voyent dans la ville d'Alagon, plus forts que lui. III. Se rendent doucement maistres de sa personne, le font aller à Saragosse, où ils le tiennent sous bonne garde. IV. Le Roi voulut euader. Enfin apres auoir indemnisé Guillaume de Moncade, il fut en liberté. Retraite de Guillaume pour quelque mescontentement.

I. LE siege estant leué, Don Guillem de Moncade sortit de son Chasteau, pour faire des courses sur la terre de Don Nunno, s'approcha de la ville de Tarraça, la prit auec vn autre bourg nommé Sarbos: & fonda en suite la ville de Piera, dans laquelle neantmoins on ne voulut lui donner entrée. Cependant on fit secretement des ouuertures d'accommodement, entre Don Guillen, l'Infant Don Hernando, & Don Pedro d'Ahonés, qui auoit tousiours esté le principal appui du parti contraire du Comte Sance. Pour mieux cimenter cét accord, Moncade vint en Aragon à la ville de Thauste, qui estoit possedée par Ahonés, & tenuë du Roi à tiltre d'honneur, ou de cheualerie, & pratiqua les Cités de Saragosse, Huesca, & Iacca, qui se ioignirent à l'intelligence de ces trois Seigneurs. En ce temps le Roi estoit en la ville d'Alagon accompagné de Don Nunno, de Pedro Fernandes d'Açagra, qui s'estoit remis à son seruice, & de quelques autres Seigneurs.

II. Ce fut en cette mesme ville, que l'on negocia la paix, ligue, & confederation de l'Infant Don Hernand, Guillaume de Moncade, & de Don Pedro Ahonés qui estoient absens, auec Don Nunno Sanchez, & Don Pedro Fernandez, par l'entremise de Don Lope Ximenes de Luesia Vassal de Don Nunno. Les trois confederés dépescherent leurs agents vers le Roi, pour lui faire entendre qu'ils se remettoient à son seruice; De sorte qu'à mesure qu'ils aprocherent d'Alagon, le Roi sortit pour aller recueillir l'Infant, Moncade, & Ahonés, qui entrerêt dans la ville à sa suite; Et encore que le Roi eust ordonné, qu'ils n'entrassent qu'auec quatre ou cinq Cheualiers de compagnie, & que leurs gens se logeassent aux villages circonuoisins; Neantmoins Don Nunno, & Pedro Fernandes qui auoient receu le commandement du Roi, d'auoir le soin des portes, laisserent entrer dedans, deux cens Cheualiers sans le sceu du Roi.

III. Quelque iour apres, l'Infant, Moncade, Fernandez, Ahonés, & Nunno qui estoient de bonne intelligence pour se rendre maistres de la personne du Roi, âgé pour lors d'enuiron quinze annees, & gouuerner le Royaume à leur discretion, tascherent de lui persuader qu'ils n'auoient rien de plus cher que son honneur & seruice, & qu'ils exposeroient pour lui à toute sorte de dangers leurs personnes & leurs Estats lors qu'il en seroit besoin; & lui conseillerent d'aller à Saragosse, où estant il pourroit mieux regler les affaires de son Estat. Et encore bien qu'il semblast que ce discours n'estoit auancé que par forme de conseil, neantmoins c'estoit vne necessité à laquelle il falloit que le Roi cedast; à cause de la ligue de ces Seigneurs, qui le retenoient en leur puissance. C'est pourquoi le Roi s'en vint dés le lendemain à Saragosse, & se logea dans son Palais nommé l'Azuda, proche de la porte de Tolede ; où l'on mit vne nouuelle garde de gens armés, qui faisoient le guet à l'entour des murailles de la ville, & pres des portes du Palais, sous le commandement des Capitaines qui estoient chargés de la garde de la personne du Roi, & qui pour cét effet auoient leurs licts proches du sien. Ils furent en cét estat pendant trois semaines, sans permettre que Don Atho de Foçes, qui estoit confident & fauori du Roi, peust parler auec lui, ni lui donner conseil en cette occurence, de maniere qu'il fut obligé de se retirer en sa maison au terroir de Huesca.

IV. Le Roi voyant qu'il estoit sous la puissance de ces Barons, & priué de sa liberté, comme il estoit de bon entendement & de grand courage, dit vn iour à Pedro Ahonés, que l'ayant aimé si cherement, & appuyé contre Artal de Luna son ennemi, il n'eust pas estimé, qu'il eust respódu à ses bien-faits auec vne telle ingratitude, si preiudiciable à son seruice ; qu'il renonçoit dés lors à son amitié, puis qu'il auoit part à ce violent conseil, de le retenir dans l'oppression où ils l'auoient mis. Ensuite il voulut persuader à la Reine Eleonor sa femme, d'éuader vne nuict auec lui par vne fenestre du Palais ; mais cela n'ayant pû reüssir, il demeura au mesme estat, iusqu'à ce que l'Infant Don Hernand fit vne grande instance, que Guillaume de Moncade fut indemnisé & reparé des domages qui lui auoient esté faits en Catalogne, & que pour cét effet on lui contast vint mille Marauedins. Le Roi promit incontinent de lui donner cette somme, esperant par ce moyen de dissiper cette ligue ; & en effet depuis ce temps il iouït d'vne plus grande liberté ; quoi que l'Infant Don Hernand son oncle possedast l'autorité du gouuernement, au grand déplaisir de plusieurs Barons & Riches hommes ; mesmes de Guillaume de Moncade, qui se retira pour quelque mescontentement.

Surita l. 2. c. 78.

CHAPITRE XXXI.

Sommaire.

I. Ligue entre Guillaume de Moncade, & Thibaut Comte de Champagne & de Brie. Elle dépleut à Thibaut Roi de Nauarre, qui voulut priuer son Neueu du Royaume, par le moyen de l'adoption du Roi d'Aragon. II. Serment de fidelité presté par Guillaume à l'Euesque de Vic, pour raison de la ville d'Ossone. Il se qualifie fils de Guillelme sa mere. III. Nouuelle ligue de Guillaume de Moncade auec l'Infant, & plusieurs Barons pour la reformation de l'estat. IV. Le Roi se retire secretement. Assiege Peniscole sur le Roi More de Valence. Fut secouru par Guillaume Seigneur de Bearn, & s'accorda auec le More.

I. Ependant la reputation de la puissance & generosité du Seigneur de Bearn s'augmentoit chasque iour. De sorte que Thibaut Comte de Champagne Neueu du Roi de Nauarre Sance le Fort ou l'Enfermé, pour estre fils de Blanche Infante de Nauarre, mariée à feu Thibaut Comte de Champagne, voyant que le Roi son oncle n'auoit point d'enfans, &

qu'il estoit tellement incommodé de sa personne, qu'il ne pouuoit esperer d'en auoir à l'auenir; ni mesmes de releuer les affaires de son Royaume, dont le Roi de Castille auoit enleué la Prouince de Guipuscoa, & plusieurs autres terres & Seigneuries, eut la pensée de practiquer ses amis, pour s'asseurer de la succession du Royaume de Nauarre. Pour cét effet il fit vne ligue auec Guillaume de Mócade Seigneur de Bearn, le Ieudy auant Pasques l'année 1224. dont l'acte se trouue dans le Chartulaire de Chápagne; où l'on voit que Guillaume reconnoist d'auoir promis & iuré à son tres cher ami Thibaut Comte Palatin de Champagne, & Brie, de l'aider contre tous ceux qui pourroient viure & mourir, excepté contre ses Seigneurs de fief, & ses heritiers, mesmes pour la defense du Royaume de Nauarre, en cas que Thibaut vint à le posseder apres le decés de son oncle, ou pendant la vie d'icelui de son gré & consentement; comme aussi reciproquement le Comte de Champagne promet son secours au Seigneur de Bearn contre tous, sauf le Roi de France, Sance Roi de Nauarre son oncle, le Comte de la Marche, & les heritiers du Royaume de Nauarre. Ces menées & practiques secretes de Thibaut auec Moncade, & plusieurs autres Seigneurs de Nauarre, depleurent tellement au Roi son oncle, qui ne vouloit point de coadiuteur, qu'il dessigna de transmettre son Royaume à Iacques Roi d'Aragon, au moyen d'vne adoption reciproque. Mais cela n'eut point de lieu apres le decés de Sance, son neueu Thibaut ayant succedé à la Couronne de Nauarre.

II. Au mois de Septembre de cette année 1224. Guillaume fut obligé, à cause du decés de Guillaume Raimond son pere, qui estoit arriué sur la fin de l'année precedente 1223. de se porter pour son heritier, & prendre la possession des terres que son pere s'estoit reserué en Catalogne. C'est pourquoi on trouue vn acte de serment de fidelité qu'il presta cette année à Guillaume Euesque de Vic, ou d'Ossonne, pour raison de sa terre d'Ossonne, qui releuoit de l'Euesché, encore que ce fust vn tres grand & noble fief, auec tous droits de iustice, & de batre monoye. Il se qualifie en cét acte Vicomte de Bearn, & fils de Guillelme de Moncade sa mere, suiuant l'vsage de ce temps, qui estoit tel, que les Rois, les Princes, & les Seigneurs, au lieu de se distinguer dans les actes publics par les noms des peres, y employoient ceux de leurs meres.

III. Au mois d'Octobre ensuiuant le Roi Iacques d'Aragon estant à Monçon, les Seigneurs d'Aragon & de Catalogne formerent vne nouuelle ligue; de sorte que Sance Euesque de Saragosse, l'Infant Don Hernand, & Ahonés qui faisoient l'vn parti, se ioignirent & allierent auec Berenger Euesque de Lerida, le Vicomte de Bearn, Don Guillen, & Don Ramon de Ceruera, Don Ramon de Mócada, & Don Guillen Raimon son frere Seneschal de Catalogne, qui auoit espousé Constance fille du Roi Pierre d'Aragó & sœur de Iacques, & auoit receu en dot les villes de Seros, Aytone, & Sos. Ces deux Seigneurs qui portoient le surnom de Moncade descendoient de Pierre de Moncade troisiesme fils de Marie Princesse de Bearn & de Guillaume de Moncade son mari, & par consequent estoient cousins germains de Guillaume de Moncade Seigneur de Bearn. Cette ligue fut faite de l'auis & consentemét des principaux Barons, auec intention d'empescher les desordres qui menaçoient le Roi & son Roiaume, à cause de la mauuaise administration de ceux du Conseil; qui est le pretexte ordinaire de tous les souleuemens qui se font dans les Estats. Or pour mieux asseurer cette alliance, les Prelats & Seigneurs la confirmerent auec sermens & homages reciproques, & par la deliurance mutuele de certains Chasteaux, qui estoient mis en main tierce, tant par l'Infant, & Ahonés, que par le Vicomte de Bearn & ses cousins, qui baillerent de leur part Castelseras & Cubells en ostage. La plus grande partie de la Noblesse du Royaume entra dans cette confederation, qui apporta plus de troubles & de desordres qu'il n'y en auoit auparauant, & ne reüssit enfin qu'à partager entre les grands, les Cheualeries du Royaume à leur difcretion.

IV. Le Roi Iacques s'en vint à Saragoffe l'an 1225. fon nouueau Confeil eftant compofé des Euefques de Saragoffe, de Huefca, Lerida, & de Taraçone, de l'Infant Don Hernand, Don Nunno Sanches, Don Guillen de Moncada Vicomte de Bearn, Don Ramon de Moncada, & Don Guillen Ramon de Moncada Senefchal de Catalogne, Don Pedro Fernandes, Don Pedro Ahonés, & quelques autres. Apres cinq ou fix mois de feiour, le Roi partit de Saragoffe, & s'en alla en la ville de Tortofe; d'où il fortit fecretement, & fe retira en vne fortereffe, qui apartenoit aux Cheualiers du Temple, d'où il depefcha fes lettres à tous les Barons & Riches hommes, leur faifant commandement de fe rendre à Teruel, auec tous les Vaffaux & Cheualiers qu'vn chafcun d'eux eftoit obligé d'auoir fous fa banniere; dautant qu'il vouloit faire quelque entreprife dans le Royaume de Valence. De fait il affiegea le premier d'Octobre 1225. Pennifcola place forte, faifant vne prefqu'ifle, affife fur vn rocher proche de la mer, apartenante au Roi More de Valence. Il fut affifté en ce fiege de peu de Nobleffe, qui auoit receu du mefcontentement de fon depart inopiné de Tortofe: Neantmoins fuiuant les anciens memoires du temps rapportés par Surita, le Vicomte de Bearn ne manqua pas de s'y trouuer, & rendit de fort bons feruices en cette occafion; le More ayant efté contraint de demander au Roi d'Aragon trefue pour cinq ans, & de lui payer de tribut annuel la cinquiefme partie des reuenus des villes de Valence, & de Murcia.

I. E Chart. Regio Parifienfi: Ego Guillelmus de Moncade Vicecomes Bearnenfis notum facio me iuraruiffe, promififfe & creantaffe chariffimo amico Teobaldo Capaniæ & Briæ Comiti Palatino, quod ego iuuabo illum contra omnem creaturam quæ poffit viuere & mori, præter quam contra dominos meos, & hæredes meos quos modo habeo. Iuraui etiam. promifi, & creantaui dicto Theobaldo Comiti, quod fi contingeret ipfum venire ad acquirendum Regnum Nauarræ, mortuo Rege Nauarræ auunculo fuo, vel etiam ipfo Rege Nauarræ viuere, dummodo dictus Comes Theobaldus Regnum haberet de affenfu Regis & voluntate, & aliquis vellet contra ipfum Comitem venire, & ipfi Comiti vellet vim & violentiam inferre de Regno Nauarræ, Ego iuuarem ipfum Comitem propofite meo, ad regnum Nauarræ defendendum viriliter, & tuendum. Sciendum fiquidem dictum Theobaldum Comitem Campaniæ, mihi iuraffe, promififfe, & creataffe quod me tuuabit contra omnem creaturam quæ poffit viuere & mori, præter quam contra Regem Franciæ, & Dominos fuos, & hæredes fuos, quos habebat illa die, qua præfentes literæ factæ fuerunt, & Salluftiem Regem Nauarræ auunculum fuum, & hæredes de regno Nauarræ. In cuius rei &c. Actum anno Domini 1224. die Iouis proxima ante Pafcha.

II. E Tabulario Barcin. Armario 9. Aufoniæ facco, litera A. n. 83. Iuro ego Guillelmus de Montecatano gratia Dei Vicecomes Biarnenfis, filius Dominæ Guillelmæ de Montecatano, tibi Guillelmo Dei gratia Aufoniæ Epifcopo, Domino meo, quod ab hac hora in antea fidelis ero tibi, per directam fidem fine engan, ficut homo debet effe fuo bono feniori, & de cætero non decipiam te de vita tua, neque de tuis membris quæ in corpore tuo fe tenent, neque de ipfo Epifcopatu Santi Petri Aufoniæ fedis, fiue de omni alio tuo honore quem hodie habes, & in antea acquifiturus es Deo donante, per meum confilium. Sed adiuuabo te tenere, habere, & defendere, & guerreiarre prædictum honorem contra cunctos homines & feminas, qui vel partem tibi aufere volerint; & faciam tibi ipfum adiutorium fine enganno, & commonere non me vetabo, & ipfe vel ipfi qui me inde comonuerint regardu inde non habeat: fed ficut fuperius fcriptum eft fic tenebo, & attendam: excepto illo de quo tu me folueris voluntis tuo grato animo, per Deum & hæc fancta quatuor Euagelia. quod eft factum fexto Kals. Septembris anno Domini M.CCXXIV. Sig † num Berengarii de Cheralto. Sig † num Bernardi de Atorella. Sig † num Petri de Sancta Eugenia Sig † num Bernardi de Monteregali. Sig † num Dalmacij de Caftilione. Sig † num Vales de Bergua. Signum Sancij de Liuerra. Sig num Andreæ Sacerdotis & publici villæ Vici fcriptoris.

Gum. de Montecatano.

CHAPITRE XXXII.

Sommaire.

I. Le Roi Iacques arresta Ahones, qui s'enfuit & fut tué. II. Ce qui fut cause d'vne guerre ciuile. L'Infant, & Guillaume Seigneur de Bearn vnis contre le Roi. Pour appaiser ces troubles on traict a l'acord du Seigneur de Bearn, & du Vicomte de Cardone. III. Articles du traicté. IV. Accord arresté entre le Roi, l'Infant, & Guillaume Seigneur de Bearn. V. Leur entreueuë, & leur reconciliation auec le Roi. Le Seigneur de Bearn le plus grand Vassal d'Espagne selon Surita, qui rapporte le discours qu'il tint au Roy.

I. LE Roi Iacques ennuyé des mauuais deportemens de Pedro Ahonés, qui auoit esté cause de la ligue concluë entre les grands dans la ville d'Alagon, se resolut de l'arrester, & prenant l'occasion sur la desobeïssance qu'il rendoit à ses commandemens, ne voulant desister de faire la guerre dans les terres de Valence, au preiudice de la trefue, se saisit lui mesme de la personne d'Ahonés, qui se voulut mettre en estat de defense, & enfin eschapa des mains du Roi, qui le poursuiuit auec fort peu des siens, dont l'vn aprochant Ahonés de plus prés, le tua d'vn coup d'espée.

II. Ce meurtre mit en alarme tous les confederés & les villes d'Aragon, qui se departirent du seruice du Roi, par les practiques de l'Infant Don Hernand, & de Pedro Cornel; lesquels donnerent auis de ce qui se passoit à Don Guillem de Moncade, qui ne manqua pas de venir dés aussi-tost en Aragon, auec de belles troupes; de sorte qu'il y eut vne guerre ouuerte entre le Roi, & ses sujets; le Vicomte de Cardone ennemi de celui de Bearn s'estant ioint au parti du Roi. Spargo Archeuesque de Taragone homme de credit & parent du Roi voulut traicter quelque accord; mais ce fut inutilemét à cause des propositions insolentes, ausquelles se roidissoient les Seigneurs du Royaume. Neantmoins apres que les parties furent lassees de leurs propres desordres, le Roi eut moyen de negotier par l'entremise des Prelats l'acommodement de Don Ramon Folch Vicomte de Cardone, & de ceux de son parti, auec Moncade Vicomte de Bearn, qui estoit la seule voye qui lui restoit pour appaiser les affaires d'Aragon, dit Surita.

III. L'accord fut arresté le 23. de May 1226. sous ces conditions: I. que le Vicomte de Cardone, & Nunno Sanchez auec tous leurs adherans quitteroient leurs animosités, & la reparation des domages qu'ils auoient receu iusqu'à ce iour là, pendant leur guerre auec Don Guillem de Moncade, & les Barons & Cheualiers de son parti; qui estoient ceux-ci, Don Guillem de Ceruellon, Guillem de Ceruera, Arnaud de Castelbon, Don Ramon de Moncada, Hugo Comte d'Ampurias, le Comte de Pallas, & plusieurs autres Cheualiers. Secondement que le Vicomte de Cardone octroyeroit des trefues pendant dix ans au Vicomte de Bearn; & pour son asseurance lui bailleroit en ostages cinq Barons, & les villes de Alcarras, Momblanc, Tamarit, Terraça & Pontons, qui estoient des places que le Vicomte de Cardone & son frere tenoient en fief du Roi; outre quelques autres Chasteaux, & cinq ostages qui furent deliurés à certains Cheualiers de la faction de Moncade; à la charge qu'à la fin de la premiere annee on rendroit vn Cheualier, & vne ville des cinq baillées en ostage, & ainsi successiuement année par année, iusqu'à la restitution entiere, qui se feroit la cinquiesme année. Mais aussi en cas qu'il y arriuast rupture & infraction du traité, par le meurtre de quelque Cheualier du parti du Vicote de Bearn, les Chasteaux seroient confisqués & perdus pour le Vicomte de Cardone, en telle sorte que ceux qui estoient tenus en fief seroient reünis à la Couronne d'Aragon, excepté le fief de Pontons qui demeureroit au pouuoir du Vicomte de Bearn; & les autres Chasteaux qui estoient du patrimoine & domaine particulier de Cardone, seroient departis entre le Vicomte de Bearn, & les Barons de sa faction. Par le mesme traicté le Vicomte de Cardone, & les Cheualiers de sa ligue reuoquerent les sermens, homages, & conuentions qu'ils auoient arresté ci-deuant auec le Roi, & Don Nunno, contre Guillaume de Moncade & ses associés; & en deschargerent le Roi, & le Comte Nunno. A méme temps le Vicomte de Cardone & les Cheualiers de son parti firent homage par escrit au Roi, suiuant la Coustume de Catalogne; & Don Guillem de Moncade Vicomte de Bearn fit son homage pour soi & ses confederés, suiuant le For d'Aragon.

IV. Cette paix ayant esté iurée & arrestée entre les Vicomtes de Bearn & de Cardone, le Roi Iacques mit tous les soins possibles pour contenter l'Infant Don Hernand, & le Vicomte de Bearn. Pour cét effet il assembla vn Conseil des plus notables personnages du Royaume, en la ville d'Alfamen, le 23. du mois de Decembre 1226. & auec leur auis se transporta en la ville de Pertusa. L'Infant Don Hernand, Guillaume Seigneur de Bearn, & Pedro Cornel vindrent à la ville de Huesca pour traicter leur accommodement, ayans donné auis au Roi qu'ils vouloient se remettre à son seruice, & qu'ils estoient marris de l'auoir offensé par le passé. De sorte qu'il fut arresté de s'entreuoir en vne plaine, qui est pres d'Alcala, où le Roi se rendroit auec sept Riches hommes de son Conseil, & l'Infant & le Vicomte de Bearn auec vn nóbre égal; ayans declaré qu'ils eussent esté fort aises d'aller à Pertusa, sans la crainte qu'ils auoient, que leurs ennemis ne fissent esmouuoir le peuple contre eux; neantmoins qu'ils se presentoient deuant lui, en qualité & en posture de Vassaux deuant leur Seigneur.

V. Estans arriués sur les lieux, l'Infant apres auoir fait la reuerence au Roi, lui demáda pardó du passé, & le supplia de le receuoir en sa grace, puis qu'il estoit son oncle, & auoit bon desir de le seruir, & qu'il fit la mesme grace à Don Guillem de Moncade, puis qu'il n'y auoit aucun Roi en Espagne, qui eust vn si grand & si cósiderable Vassal, *pues nigun Rei de Espanna tenia tan principal vassalo* Don Guillem parla auec vne gráde submission, representa la proximité que ceux de sa maison auoient eu de tout temps auec les Comtes de Barcelone, & comme il auoit creu que le Roi entendoit, que les choses passées estoient pour le bien de son seruice; mais voyant qu'elles ne lui plaisoient pas, il se trouuoit surpris & trompé en son opinion, lui demandoit pardon de la faute, & le supplioit aussi de pardonner aux cheualiers qui l'auoient suiui; lui promit qu'il ne prendroit iamais les armes contre lui, le tenant pour vn si excellent Prince, qu'il ne souffriroit pas, que l'on fit aucun tort ni à lui, ni à ses amis; que si ce malheur lui arriuoit, il esperoit de se remettre en sa bóne grace par ses seruices, & croyoit que sa bonne volonté deuoit estre fauorablement receuë. Le Roi respondit, qu'il delibereroit de cela auec son Conseil, & se retirant vn peu auec ses Riches hommes & Cheualiers, il fut conclu par l'auis de tous, qu'il deuoit receuoir ces Seigneurs à son seruice. Ce qui fut executé à mesme temps, sur la fin du mois de Mars au commencement de l'année 1227. & le iugement des pretentions de l'Infant Don Hernand, & des parens de feu Pedro Ahonés fut remis à l'arbitrage de l'Archeuesque de Tarragone, de l'Euesque de Lerida, & du maistre du Temple.

Surita l. 2. c. 80. 81. 82.

CHAPITRE XXXIII.
Sommaire.

I. Guillaume promet au Seneschal de Gascogne de faire homage au Roi d'Angleterre Duc d'Aquitaine des terres qu'il possedoit en Gascogne. Ce qui ne comprend point expressément l'homage de Bearn. Il donna au Monastere de Sainct Jean de la Castele en Marsan, la disme de Julhac. III. Guillaume se retire en Aragon. Il estoit le premier du Conseil du Roi. IV. V. Il conseilla le restablissement de la Comtesse d'Vrgel; & ayde le Roi pour l'execution auec armes.

I. Es affaires d'Aragon estans appaisées, Guillaume de Moncade eut loisir de respirer vn peu, & de passer les Monts pour visiter son païs de Bearn, & ses autres terres & Seigneuries de Gascogne. De fait on trouue au regiftre de la Connestablerie de Bourdeaux, que sur la fin de l'annee 1227. le 22. de Feurier il se presenta pardeuant Henri de Trubletal Seneschal de Gascogne, auquel il promit & declara en pleine Cour, qu'il seroit tousiours fidele au Roi Henri d'Angleterre Duc d'Aquitaine, & lui feroit homage des terres qu'il possedoit en Gascogne, lors qu'il viendroit deçà la mer en personne: & pour asseurance de ce dessus fit expedier ses lettres patentes, en date à Capsius du 22. Feurier 1227. en presence de A. Euesque d'Ayre, Raimond Garsia de Nauailles, R. Arnaud de Coarrase, Amat de Gayrose, Odon de Braçelai, & de plusieurs autres Gentil-hommes. La promesse de rendre cét homage, est limitée aux terres de Gascogne, sans exprimer particulierement celle de Bearn, qui estoit vne piece détachée en ce temps de la Gascogne, ainsi que i'ay representé ailleurs. Or Guillaume, aussi bien que ses predecesseurs Seigneurs de Bearn, auoit plusieurs belles terres & Vicomtés en Gascogne, outre la Seigneurie de Bearn, sçauoir le Gauardan, le Brulhois, les villes d'Euse, & Mancied, auec le païs Eusan; de sorte que l'on peut soustenir auec apparence, que cette piece ne comprend point l'homage de la terre de Bearn.

II. Guillaume, sans doute, auoit passé toute cetté année 1227. à visiter ses sujets de Bearn & de Gascogne, comme l'on peut recueillir de ce que, parmi les papiers du Monastere de Sainct Iean de la Castele en Marsan, l'on void que le IV. des Ides de Septembre il estoit en ces quartiers, & fist don à cette Abbaye de neuf Casals, de la *Domengadure*, ou maison Seigneuriale, & de la disme de Sainct Pierre de Iulhac, qui est vn des bons reuenus de ceste Eglise. Le nom de ce Prince nous seroit presque inconnu sans le secours des Historiens, & des actes estrangers; n'y ayant qu'vn seul acte dans le Bearn, qui face mention de lui dans le Chartulaire de Sauuelade, ou l'achat d'vn arpent de terre est autorisé par le Vicomte Guillaume de Moncade, *In manu Vv. de Montecatano Vicecomitis.*

III. Or le Vicomte qui auoit ses plus fortes inclinations pour l'Aragon, & la Catalogne, à cause qu'il y auoit esté tousiours esleué & nourri, & qu'il y auoit de puissantes intelligences, & vne tres-bonne part au gouuernement des affaires, s'en retourne en Aragon au commencement de l'annee 1228. où il fut tres-fauorablement receu du Roi Iacques. Car depuis son appointement il fut en bonne posture auprés de lui, & fort consideré dans son Conseil, qui estoit composé pour la plus part des Riches-hommes de sa faction. De fait, la preface de l'ordonnance faite par le

Roi, contre les Iuifs, aux Estats de Barcelone, du premier de Ianuier 1228. porte expressément, qu'elle est arrestée auec l'auis des Euesques de Catalogne, & des Nobles, dont le premier est nommé G. *de Montecatano Vicomte de Bearn*, suiui de Hugues *Comte d'Ampurias* & *de Nunno Sancij*.

IV. D'ailleurs la Comtesse d'Vrgel Aurembiax estant venuë à la Cour du Roi, l'année 1228. pour demander iustice contre le Vicomte de Cabrera, qui possedoit tout son Estat, le Roi entra en deliberation sur ce sujet auec ceux de son Conseil, qui estoient suiuant Surita, l'Euesque de Lerida, Don Guillen de Moncada Vicomte de Bearn, & quelques autres, où il fut arresté que le Vicomte de Cabrera seroit assigné pour respondre sur les pretensions de la Comtesse. Mais le Vicomte ne voulant se presenter, le Roi commanda la leuée de certain nombre de gens de guerre, & particulierement ordonna à Guillaume de Moncade Seigneur de Bearn, & à Don Ramon de Moncade d'assembler leurs vassaux, & de venir ioindre ses troupes. Il partit à mesme temps assés mal accompagné, vers le Comté d'Vrgel, où il prit d'abord quelques Chasteaux, & alla mettre le siege deuant la ville de Balaguer, qui est la capitale du Comté ; où le Vicomte de Bearn l'estant venu ioindre auec ses gens, la place fut prise par intelligence auec les habitans.

V. De là, le Roi marche vers Agramont, qui se rendit, & ceux de Pons lui enuoyerent leurs deputés, pour lui faire entendre qu'ils lui remettroient la ville, s'il venoit en personne. Mais d'autant que le Vicomte de Cardone estoit dedans, & que le Roi ne l'auoit point defié, ni quité son amitié, non plus que le Vicomte celle du Roi, comme il estoit de coustume, il ne voulut point y aller en personne ; mais la Comtesse s'y transporta, sous la conduite du Vicomte de Bearn, & de Ramon de Moncade : qui menerent tout le corps de l'armée, n'estant resté en la compagnie du Roi, que quinze Cheualiers. Ceux de la ville firent vne sortie aux approches, où ils eurent du pire, & faisans leur retraicte furent poursuiuis chaudement par les assiegeans, qui les renfermerent dans les portes du Chasteau. Et d'autant que les assiegés refusoient de se rendre à la Comtesse, offrans neátmoins de se rendre au Roi, il y vint, & dés aussi tost la ville & le Chasteau lui furent remis en main, sous la promesse que le Roi & la Comtesse firent d'ester à droict, & de ne preiudicier aux pretensions du Vicomte de Cardone. Par ce moyen la Comtesse d'Vrgel fut restablie en la possession du Comté, & mariée par le Roi à l'Infant Don Pedro de Portugal : de sorte que le Vicomte de Cabrera se voyant priué par force de cét Estat, quita volontairement le reste de ses biens, & se fist Religieux de la milice du Temple.

I. E Regesto Burdegal. Conestab. è libro A. fol. 220. Reuerendo Domino suo Henrico Dei gratia Illustri Regi Angliæ, Domino Hiberniæ, Duci Normaniæ, & Aquitaniæ, & Comiti Andegauensi. Willelmus de Montecatano Vicecomes Bearn. & tam debitæ quam deuotæ subiectionis famulatum. Dominationi vestræ significamus, nos promisisse bona fide Domino Henrico de Trubletal. Senescallo in Vasconia, in plena Curia, quod nos vobis tanquam Domino nostro in perpetuum fideles erimus & deuoti, cum vos, Deo dante, veneritis in terram Vasconiæ, vobis faciemus homagium & fidelitatem *de terra quam habemus in Vasconia, sicut prædecessores nostri prædecessoribus vestris facere consueuerunt.* Et Domino Henrico Trublet. Sen. vestro bona fide promisimus consilium nostrum, & auxilium impendere, contra omnem hominem, ad terram vestram custodiendam & protegendam, pro posse nostro, ad vestrum commodum & honorem coram his testibus. A. Episcopo Adurensi, Raimundo Garsia de Nauailles, R. Arn. de Coarasa, R. de Coarasa, Ar. de Marsan, Aymeri de Grogeres, Odon. de Doczet : Odon. de Barcelley, Odon. de Castelbon, Amat de Gayrosa, R. Ard. de Pimbus, Bern. de Ryons, Petr. de Burdig. Auger. de Morlan. & aliis pluribus magnatibus. In horum testimonium dominationi vestræ has literas nostras mittimus patentes, sigilli nostri munimine roboratas. Datum apud Caphus vigesimo secundo die Februarij, Anno Domini millesimo ducentesimo vigesimo septimo.

III. In Vsaticis Barcin. in Constitutione anni 1128.

CHAPITRE XXXIV.

Sommaire.

I. La guerre de Maillorque proposée au Roi d'Aragon. Desirée par le Seigneur de Bearn, & les autres Barons de Catalogne, à cause des ordinaires depredations des Mores de l'Isle. II. Deliberation d'entreprendre cette guerre. Offres du Seigneur de Bearn. Il est ordonné Commissaire auec quelques autres, pour la distribution de la conqueste. III. Le Roi, & les Chefs prennent la Croix de la main du Legat. Les troupes du Vicomte de Bearn fort lestes. IV. Embarquement de l'armée. Auant-garde commandée par le Seigneur de Bearn. Tempeste sur mer. V. Auis d'vn More. VI. Descente en l'Isle. Défaite d'vn quartier des ennemis par Ramon de Moncade. VII. Auis de l'approche du Roi More. Dispute sur le commandement de l'Arriere-garde entre le Comte Don Nunno, & le Seigneur de Bearn. VIII. Combat du Seigneur de Bearn contre les Mores, & sa mort. IX. Relation de l'ordre du combat du Seigneur de Bearn. X. Ses honneurs funebres en l'armée. Et l'enterrement en Catalogne. On celebra pour lui l'Office des Martyrs. XI. La Comtesse Garsende femme de Guillaume. Elle estoit de la maison de Forcalquier. Leurs enfans, Gaston & Constance.

I. LE Roi Iacques se voyant deliuré des troubles de son Royaume, & les Ricombres consideran qu'ils estoient sans occupation, tournerent toutes leurs pensées, à l'entreprise de quelque saincte guerre contre les infideles. Or il arriua, que le Roi estant à Taragone accōpagné de Guillaume de Moncade Vicomte de Bearn, du Comte Nunno Sanches, de Hugues Comte d'Ampurias, & des autres Seigneurs de Catalogne, fut inuité à vn disner auec tous ses Riches-hommes par vn notable Bourgeois de la ville, nommé Pierre Martel, Capitaine tres-versé au fait de la marine; Pendant le banquet on s'entretint de la richesse, & fertilité de l'Isle de Maillorque, qui est la premiere & la plus grande de celles que les anciens ont nommé *Baleares*. Ce qui fit resoudre ces Riches-hommes de supplier le Roi, qu'il lui pleust d'entreprendre la conqueste de l'Isle, que ses predecesseurs auoient si souuent desseignée. D'autant plus qu'il sembloit que l'occasion de cette guerre se presentast de soi-mesme. Car à mesme temps, la nouuelle estoit arriuée, que les Mores de cette Isle, auoient pris sur mer plusieurs nauires Catalans, chargés de marchandises d'vne tres-grande valeur, & que le Roi More de Maillorque nommé Xeque Abohite, auoit refusé de faire rendre les choses saisies, & de reparer les dommages receus: quoi que le Roi d'Aragon lui eust depesché vn Ambassadeur pour cét effet, à quoi le More auoit tenu des discours de mépris; ayant demandé qui estoit ce Roi qui le pressoit de cette restitution, quoi qu'il fut bien payé par le repart de l'Ambassadeur, qui respondit que c'estoit le fils du Roi d'Aragon qui auoit vaincu les Sarasins en la fameuse bataille d'Vbeda. Le Roi donc se resolut de contenter le desir de ces Barons; considerant d'ailleurs les commodités qui en reüssiroient pour toute la coste d'Espagne, qui seroit asseurée contre les voleries & depredations de ces corsaires Mores, qui possedoient les Isles de Maillorque, Menorque, Yuisse, & la Fromentere.

II. Pour cét effet il assembla les Estats à Barcelone au mois de Decembre 1228. & leur fist sçauoir ses intentions, qui furent receuës auec beaucoup d'applaudissement par les Prelats, Seigneurs, Cheualiers, & Procureurs des Communautés, qui lui octroyerent vne imposition extraordinaire pour cette conqueste. Outre cela Don Guillen de Moncade Vicomte de Bearn fit offre de seruir en personne en cette guerre, auec ceux de son lignage, & de fournir quatre cens homes d'armes, iusques à ce que Maillorque & les autres Isles voisines fussent gagnées. A son exemple tous les Prelats, & Barons firent offre de seruir le Roi auec affection, pourueu qu'il leur fit part aux terres qui seroient conquises. Sur quoi le Roi fit expedier ses lettres, promettant de recompenser vn chascun, suiuant les frais qu'il feroit, & de bailler aux Prelats, & Riches-hommes telle portion de la terre conquise, que chascun pouuoit esperer raisonnablement, suiuant le nombre des Cheualiers & autres gens de guerre qu'il auroit, reseruant pour soi les Palais & maisons Royales, auec le droict de souueraineté sur ce qui seroit distribué. Et pour ordonner le partage de la terre & du butin, establit pour Commissaires l'Euesque de Barcelone, le Comte de Rossillon, le Comte d'Ampurias, le Vicomte de Bearn, le Vicomte de Cardone, & Don Guillen de Ceruera, auec ordre d'assigner aux Eglises le domaine temporel, & les rentes qu'il appartiendroit, & de choisir d'entre les aportionnés, ceux qui deuoient resider dans l'Isle pour sa défense. Et fut arresté que l'armée seroit sur pied au quinziesme de May prochain au port de Salou, où le rendéuous fut donné a toutes les troupes. A ces fins le Roi se rendit au commencement de May en la ville de Tarragone, où la deliberation prise aux Estats de Barcelone, touchant le partage des terres conquises fut confirmée, par vn nouueau consentement du Roi, des Prelats & Barons, reseruant d'y donner part aux Riches-hommes, & Cheualiers d'Aragon, qui seruiroient en cette occasion: le pouuoir de faire cette distribution, ayant esté pour lors attribué aux Euesques de Barcelone, & de Girone, au Lieutenant du Maistre du Temple, aux Comtes de Rossillon, & d'Ampurias, & au Vicomte de Bearn.

III. Bernard Aclot ancien historien de Catalogne escrit, que le Roi & ses Barons estans à la ville de Lerida, prindrent la croix des mains d'vn Legat du S. Siege Apostolique, & que trois seigneurs se recommanderent par dessus les autres, en la leuée de leurs troupes, sçauoir l'Euesque de Barcelone, qui estoit de grande maison, ayant auec soi Guillaume Ramon de Moncade son Cousin, le Comte de Rossillon Don Nunno; & le Vicomte de Bearn qui auoit ses troupes fort lestes & bien choisies, commandées par dix Capitaines, qui estoient Barons & Cheualiers de grande consideration en Cataloigne.

IV. L'armée estoit composée de cent cinquante cinq gros nauires, outre les petits vaisseaux; dont le Roi donna le commandement de l'auant-garde au Vicomte de Bearn, qui s'embarqua dans vn grand nauire de Nicolas Bonet. Elle demara du port de Salou vn Mecredi matin du mois de Septembre 1229. Ayant fait vingt mille dans la mer, il se leua inopinément vn vent si contraire, que les mariniers conseilloient le Roi de reprendre terre; à quoi il ne voulut point consentir, de peur que l'armée harassée du trauail de la mer, ne se dissipast: de sorte que l'on cingla toute la nuict auec ce vent contraire; qui fut suiui le lendemain d'vn grand orage, lequel fut appaisé, auant que le Soleil se couchast. Ce qui donna le moyen de découurir l'Isle, & quelques places maritimes. Apres cette bonnace, il suruint vn tourbillon si terrible par vn vent contraire, que toute l'armée courut risque de se perdre; mais d'autant que le vent estoit seulement contraire pour surgir au port de Pollença, vers lequel on faisoit voile; on changea de route, vers la Palomere, qui est à trente mille de Maillorque, à cause que le port estoit commode pour y aborder, sans aucun empeschement des ennemis : De fait le Roi y entra le premier Vendredi de Septembre. Mais à cause de la difficulté du desembarquement, on conduisit de nuict les vaisseaux de l'armée, au port de Saincte Ponce.

V. Estant là, vn More de la Palomere qui vint à la nage auertit le Roi de l'estat de l'Isle, qui estoit tel, suiuât le rapport d'Aclot, que dix mille hommes armés deuoient empescher le desembarquement, qu'ils croyoient deuoir estre fait à la Palomere. Ce More porta bonnes nouuelles au Roi, lui asseurant que cette terre lui apartenoit, dautant que la mere de ce More qui estoit fort versée en la Magie, auoit reconnu par son art, que c'estoit lui qui la deuoit conquerir. Et neantmoins donna auis au Roi, qu'il y auoit dans l'Isle, quarante-deux mille Mores bons hommes de guerre, dont les cinq mille estoient de cheual, & qu'il se hastast autant qu'il pourroit pour prendre terre, parce qu'en cela consistoit le gain de la victoire.

VI. A minuict on commença le desembarquement, dont le bruit estant venu à ceux de terre, cinq mille Mores à pied, & deux cens à cheual, qui estoient destinés pour empescher la descente, s'aprocherent de la coste en diligence; mais les soldats se hasterent auec vne telle vehemence, que les Mores ne peurent les empescher de prendre terre. Sept cens soldats gagnerent la montagne de Pantaleu, & s'y retrancherent. Don Nunno, Don Ramon de Moncade, & quelques autres Riches-hommes, & Cheualiers iusqu'au nombre de cinquante descendirent à terre, sans que les Mores fissent autre effort, que de se mettre en estat de combattre. Ramon de Moncade s'auança tout seul pour les reconnoistre, & fit signe qu'on le suiuist, disant qu'ils estoient en petit nombre : leurs compagnies estant iointes, Don Ramon fut le premier, qui se ietta auec vn grand courage sur les ennemis, qui furent incontinent mis en route, auec perte de quinze cens, qui furent tués sur la place.

VII. Le Roi qui auoit du déplaisir de ne s'estre point trouué à ce premier exploict, se mit à battre les champs auec vint-cinq Gendarmes, & reuint quelque temps apres à son logement; le Vicomte de Bearn, & Ramon de Moncade lui estans allés au deuant pour le receuoir. Estant retiré, il receut auis que l'on auoit découuert l'armée du Roi de Maillorque, sur le costau de Portopi: Il commanda tout aussi tost au Vicomte de Bearn, à Don Nunno, & à tous les Riches-hommes, qu'ils missent leurs gens en bataille, pour estre prests à tous les accidens qui suruiendroient. Le lendemain, qui estoit Mecredi sur l'aube du iour, apres auoir oüy Messe, deliberant sur l'ordre & la disposition des troupes, il y eut vne grande dispute entre le Vicomte de Bearn, & Don Ramon de Moncade d'vne part, & Don Nunno Comte de Rossillon de l'autre, chascun d'eux pretendant ce iour là, le commandement de l'Arriegarde, estimans qu'il n'y auroit point de combat à faire auec l'ennemi, iusqu'au lendemain sur les logemens, que l'on deuoit prendre au Cap de la Porraçe, & chascun d'eux vouloit estre mis en rang, pour estre le premier aux coups en cette iournée. Pendant ces altercations, cinq mille hommes de pied de l'armée du Roi, se débanderent sans attendre aucun ordre, ni commandement de leurs Capitaines, de sorte que le Roi fut obligé de sortir auec vn Cheualier pour les arrester.

VIII. Cependant le Vicomte de Bearn, Ramon de Moncade, & le Comte d'Ampurias arriuerent auec ceux de leur lignage, qui composoient vn corps d'vne leste & braue caualerie, & passerent outre, sans attendre Don Nunno, qui conduisoit l'Arrieregarde. Mais les Mores estoient si proches, que l'on vint incontinent aux mains, de maniere qu'il y eut vn combat sanglant, & fort opiniastré. Le Comte d'Ampurias, & les Cheualiers du Temple attaquerent les tentes des ennemis, le Vicomte de Bearn, & Don Ramon, donnerent auec vne partie des troupes, sur le costé gauche, auec vne telle roideur que les nostres firent plier, & reculer les ennemis, & arresterent vn peu le cours de leur victoire. Mais ne pouuans soustenir le grand nombre des Mores, qui estoient rafraischis à chasque moment, le Vicomte, & Don Ramon, & auec eux vn autre Ricombre de Catalogne nommé Hugo de Mataplana, & huict Cheualiers du lignage de Moncade, furent tués sur la place. Le Roi venoit en suite auec le gros de la bataille ; mais s'estant auancé, il rencontra l'Euesque de Barcelone, qui l'auertit de la déroute des Chrestiens, de la mort du Vicomte de Bearn, & de Ramon de Moncade.

IX. Bernard Aclot parle vn peu diuersement de ce combat, & dit que le Lundi de bon matin, le Roi estant à Saincte Ponce fit faire reueuë de toutes ses troupes, & donna l'Auantgarde au Vicomte de Bearn, qui auoit auec soi ses propres troupes, & la caualerie des Templiers, que le Roi demeura en l'Arrieregarde auec Don Nunno, & les autres Barons : lesquels ayans découuert les premiers l'armée du Roi de Maillorque, qui estoit fort proche, & auec grand nombre de caualerie, en donnerent auis au Vicomte, qui combattit fort valeureusement. Mais reconnoissant que les ennemis estoient plus forts en nombre de gens, & iugeant que s'il pouuoit gagner vn tertre qui estoit proche de lui, il pourroit les endommager beaucoup, il perça les escadrons des Mores, auec vne partie de sa caualerie, & monta sur le haut. Qu'alors le Maillorquin détacha douze mille Mores de cheual & de pied, qui montoient le long du costau, lesquels furent mis en route par les nostres, qui ne peurent pas toutesfois se remettre sur le tertre, à cause de l'empeschement que les Mores y aporterent auec le nombre de leurs gens ; de sorte que le Vicomte de Bearn demeura seul auec vn Cheualier sur ce costau ; d'où voulant descendre par vn costé, il ne peut le faire à cause de la roideur de la descente, & se tournant ailleurs pour y rencontrer vn sentier, il fut enuironné des ennemis, qui lui baillerent vn si rude coup, qu'ils lui couperent le pied, en suite lui tuerent son cheual, qui tomba à terre, où ils le meurtrirent. Le Cheualier qui estoit auec lui, nommé Guillen de Mediona, tandis que le combat dura, se défendit le mieux qu'il peut, mais voyant que son maistre estoit mort, se sauua en fuyant. Don Ramon de Moncade s'approchoit cependant auec sa caualerie, combattant courageusement contre les Mores ; mais son cheual ayant bronché, & tombé à terre, il fut tué par les ennemis. Le Roi suiuit auec les troupes de l'Arriere-garde, força les ennemis qui estoient sur le costau ; lesquels se retirerent dans la ville de Maiorque, & le champ de bataille demeura par ce moyen aux Catalans.

X. La nuict estant bien auancée, le Roi & les Seigneurs visiterent les corps du Vicomte, & de Ramon de Moncade, tesmoignant leur regret par leurs larmes : & le Roi promit de recompenser les parens & vassaux des decedés. Le lendemain les Euesques & Ricombres estans assemblés dans le pauillon du Roi, on fit tendre des draps, afin que ceux de la ville ne s'aperceussent de ce qui se faisoit dans l'armée, où l'on fit les honneurs funebres de ces genereux & illustres Seigneurs, auec vne grande, quoi que lugubre & triste magnificence. Ce n'est pas que leurs corps fussent enterrés dans l'Isle, qui n'estoit pas encore au pouuoir du Roi d'Aragon, ainsi qu'il semble que Surita le pretend. Car i'aprens par les Notes du Marquis d'Aytone, que le corps du Vicomte, & des huict Caualiers de la maison de Moncade furent transportés à la grand terre en Catalogne, au Monastere des Sainctes Croix de l'Ordre de Cisteaux proche de Tarragone : où les Moines voulans faire l'Office des morts, pour les ames des decedés, ne sceurent trouuer dans leurs Breuiaires

uiaires, que l'office des Martyrs. De sorte qu'interpretans cette rencontre mysterieuse, pour vn tesmoignage de la volonté de Dieu, qui vouloit faire voir, que ceux qui meurent combattans contre les Infideles, pour le seul interest de l'auancement de la Foi Chrestienne, ont gagné la couronne du martyre, celebrerent le seruice des Martyrs. La perte du Vicomte de Bearn estoit si sensible à toute l'armée, que le Roi de Maillorque pressé par les assiegeans, ayant offert de quitter l'Isle, & de bailler au Roi d'Aragon vne grande quantité de besans, le Comte d'Ampurias, les Ceruellons, & tous les autres parens de la maison de Moncade, s'y opposerent, disans qu'il falloit auoir reparation de la mort des Seigneurs de Moncade. De fait il fut arresté au Conseil, que l'on donneroit l'assaut à la ville de Maillorque, qui fut emportée par force le lendemain, qui estoit le dernier de Decembre.

XI. La femme de Guillaume estoit nommée la Comtesse Garsende, de laquelle il eut vn fils, & vne fille. Le fils qui fut son heritier auoit nom Gaston, & la fille Constance, qui fut mariée auec Dias Lopes de Haro, Seigneur de Biscaye, trespuissant Seigneur au Royaume de Castille. Cette Comtesse Garsende estoit fille de la maison de Forcalquier, & auoit espousé en premieres nopces Alfonse Comte de Prouence, fils d'Alfonse second Roi d'Aragon. Son oncle Guillaume Comte de Forcalquier, s'estant saisi de la ville de Sisteron, & de quelques autres places apartenantes à sa niece, le Roi d'Aragon Pierre II. vint à Aigues-mortes pour appaiser ce different l'an 1203. D'où l'on peut recueillir, que le mariage d'Alfonse, & de la Comtesse Garsende, estoit consommé en ce temps ici. Le ieune Comte mourut à Panorme l'an 1209. apres auoir conduit en Sicile, sa sœur Constance, pour la celebration de ses nopces auec Frederic Roi de Sicile; ayant laissé pour son heritier du Comté de Prouence, Raimon Berenger son fils, & de la Comtesse Garsende, au rapport de Surita en ses Indices. Elle espousa en secondes nopces Guillaume de Moncade, long-temps auant qu'il eust l'esperance de la succession de Bearn.

Surita l. 3. c. 1. 3. 4. *El Vizconde de Bearne Renana mui escogida & luzida gente.* Surita l. 3. c. 7.

HISTOIRE DE BEARN,
LIVRE SEPTIESME.

CHAPITRE I.

Sommaire.

I. *Gaston fils de Guillaume de Moncade estoit en bas aage lors du decés de son pere. Ses Curateurs asistent à son nom au partage de la conqueste de Maiorque. II. Garsende sa mere Regente de sa personne, & de ses biens. Vient en Bearn auec son fils. Garsende nommée Comtesse de Bearn, & pourquoi. IV. Garsende administroit les affaires de Bearn. Elle inuestit le Vicomte de Louuigner de la terre de Garos. Violences commises par ce Vicomte contre l'Abbé de la Reole. Guerre à cette occasion entre le Vicomte, & Gaston. V. VI. Traicté d'accord entre le Vicomte, & l'Abbé. La sentence arbitrale qui regle les pretensions du Vicomte de Louuigner sur l'Abbaye. VII. Alliance renouuellée entre Thibaut Roi de Nauarre, & Gaston, qui consent que Fortaner de Lescun son vassal, reçoiue du Roi l'inuestiture de la ville de Sadoba.*

I. I'ENTREPRENS maintenant de donner au public ce que i'ay peu recueillir touchant Gaston de Moncade fils de Guillaume, qui n'est recommandé parmi les Historiens de Foix, que pour auoir esté le pere de la Comtesse Marguerite, mariée à Roger Bernard Comte de Foix; & pour auoir esté, suiuant leur auis, le premier de la maison de Moncade qui fut Seigneur de Bearn, par l'election des Bearnois. Ce qui les a induits à cét erreur est l'ignorance des choses qui auoient precedé, & la rencontre du ieune aage de ce Gaston, lors du decés de son pere Guillaume, que l'on peut iustifier par le partage qui fut fait de la conqueste de l'Isle, suiuant ce que le Roi auoit ordonné aux Estats de Barcelone, & de Tarragone. Car la memoire de Guillaume de Moncade estoit en telle recommandation au Roi d'Aragon, & à toute l'armée, que cét illustre Seigneur ayant esté nommé pendant sa vie pour estre l'vn des arbitres & ordonnateurs de la distribution de la dépoüille des Mores, & du territoire de Maiorque, on conserua cét auantage d'honneur à son fils Gaston: le Roi ayant nómé Ramon Alaman, & Ramon Berenger Vicomte d'Ager, pour estre ses Curateurs, & assister en cette qualité à l'ordonnance du partage, cóme remarque Surita. Il ne faut pas douter que les seruices du pere ne fussent reconnus en faisant cette distribution, & que l'on n'adiugeast vne partie de la conqueste à Gaston son fils ; qui à cause de ce partage possedoit en l'Isle de Maiorque, plusieurs terres, ainsi que nous aprendrons par l'acte d'emancipation qu'il fit de Constance sa fille aisnée.

II. Sa mere Garsendis prit le soin de son education, & gouuerna en qualité de Regente toutes les terres & Seigneuries apartenantes à son fils : & dautant que la terre de Bearn estoit la plus noble & la plus considerable, elle voulut contenter les Bearnois, en cómettant à leur fidelité la garde de sa personne, & preferant à la Catalogne l'habitation & la residence de ce païs. Nous pouuons aprendre la venuë de Garsendis en Bearn dés l'année 1230. dans le Chartulaire de Sauuelade, au moyen de l'achat d'vn champ, que firent les Moines pour leur moulin de Baccarrau, par le conseil & consentement, de *Dame Garsende Comtesse de Bearn, & de son fils le Seigneur Gaston,* au mois de Nouembre de l'annee 1230.

III. Où l'on peut remarquer comme Garsende est qualifiée Comtesse de Bearn ; Ce qui n'est pas arriué fortuitement & par la faute, conniuence, ou flaterie particuliere de l'Escriuain; attendu que parmi les estrangers ses ennemis, comme dans Matthieu Paris Historien Anglois, elle est perpetuellement nommée la Comtesse de Bearn; Comme aussi en l'acte qui contient la riche & magnifique dotation, que cette Dame fit pieusement & liberalement, en faueur du Monastere des Filles de S. Vincent de Iunqueras de l'Ordre S. Benoist, prés de Barcelone, auant l'année 1232. elle est qualifiée Garsende Comtesse & Vicomtesse de Bearn, & Dame de Moncade & de Casteluieil, ainsi que Frai Diago l'atteste, *ayant veu*, dit-il, *l'original de l'acte, & en icelui les titres que l'Euesque de Barcelone donne à Dame Garsende.* En Nauarrre on lui conserue le titre de Comtesse de Bearn, dans l'acte de l'inuestiture que fit Thibaut Roi de Nauarre à Fortaner de Lescun, de la ville de Sadoba l'an 1234. Elle-mesme prend aussi les titres & qualités de Comtesse, & Vicomtesse de Bearn, Dame de Moncade, & de Casteluieil, dans l'homage qu'elle rendit à l'Euesque d'Ossone l'année 1258. De sorte qu'elle nous laisse à soupçonner, qu'estant dégoustée du simple titre de Vicomtesse, qui lui sembloit trop foible pour soustenir la dignité de la Seigneurie de Bearn, qui en effet, suiuant les Constitutions de Charlemagne, & l'vsage de tous les Royaumes, contenoit en soi les territoires de deux Comtés, aussi bien que le destroit de deux Eueschés, elle voulut adiouster à l'ancienne qualité de Vicomtesse, le nouueau titre de Comtesse, puis qu'il lui estoit iustement deu suiuant les loix & reglemens des fiefs. A quoi elle fut dautant plus facilement portée, qu'elle possedoit le titre de Comtesse pendant son premier mariage auec Alfonse Comte de Prouence; & qu'elle estoit issuë des Comtes de Fourcalquier.

IV. Or pour ce qui regarde l'administration des affaires de Bearn, outre la necessité qu'il y auoit que Garsende l'entreprit, en qualité de mere de Gaston ; il y a encore vne preuue, qu'elle s'en mesloit, tirée d'vne action assés remarquable ; qui a esté conseruée dans les papiers de l'Abbaye de la Reole en Bearn. C'est la dispute qui suruint entre Gaston Seigneur de Bearn, & Arnaud Guilhem de Marsan, Vicomte de Louuigner l'année 1232. où l'on mesla l'interest de la Seigneurie & terre de Garos ; que le Vicomte de Louuigner possedoit, l'ayant receuë de la main de la mere de Gaston, ainsi que parle l'acte; qui merite d'ailleurs que l'on en represente la substance, à cause du traicté de paix qui fut aresté entre ces deux Seigneurs, apres vne fascheuse guerre:dont l'origine prouenoit principalement des oppressions que le Vicomte ed Louuigner faisoit ordinairemét à l'Abbé de la Reole. De sorte que Gaston qui estoit maistre de la terre, où le Monastere estoit fondé, se vit obligé de l'assister, & donner sa protection à l'Abbé, & par mesme moyen de retirer à soi la Cour & terre de Garos, que le Vicomte Arnaud Guilhem occupoit, en ayant esté inuesti pour vn temps par Garsende mere de Gaston. D'où s'ensuiuit vne forte guerre entre Gaston, & le Vicomte de Louuigner, qui attira apres soi des effets tragiques & sanglans, auec les incendies & bruslemens de plusieurs maisons; de sorte que ce quartier demeura fort desolé, n'estant resté debout que les Chasteaux bien fortifiés.

V. C'est pourquoi ils traitent vn accord, par l'entremise de quelques Gentils-hommes leurs amis cómuns, sçauoir de Pierre de la Mote, Amaniu son frere, Guillaume Raimon de Pius, A. Guillaume de Labarte, R. B. de Arreuinia, A. Loup de Biclere ou Billere: & pour cét effet assemblerét leurs Cours au lieu de Fixos. Cette procedure fut sans doute tenuë par Gaston, en suite d'vn article du vieux For de Bearn, qui ordóne que les Bearnois sont obligés de secourir leur Seigneur, & porter les armes par son commandement hors la Prouince, en cas que ses voisins refusent de lui faire raison, suiuant ce qui sera conclu & arresté entre la Cour de Bearn, & celle du voisin. On essaya donc en cette conference de la Cour de Bearn, & de celle de Louuigner, de vuider les differens d'Arnaud Guilhem Vicomte de Louuigner, auec Bernard Abbé de la Reole, qui estoient la source de cette guerre. Apres que le Vicomte & l'Abbé eurent allegué leurs raisons pardeuant Sance Euesque de Lascar, & les susdits Gentils-hommes & autres Barons du païs, qui estoient presens à la tenuë de cette Cour; il fut arresté que ce procés seroit vuidé par dix preud'hommes de la terre, choisis respectiuement par les parties. L'Abbé nomma de sa part, Donat de Crabos, Raimond de Sansoupoi, Fortaner de Salas, Arnaud de Crabos, & Bertran de Maseroles. Le Vicomte nomma Anesans de Seuin, Bonel de Milos, Duran de Pomps, Ramon de l'Abadie, Arnaud de Clauerie. Ces dix arbitres ainsi conuenus & accordés, apres auoir iuré de iuger l'affaire suiuant raison & iustice, choisirent deux hommes sages & prudens, amis communs des parties, pour estre ioincts à eux en ce iugement, sçauoir Sance Euesque de Lascar, & Arnaud de Coarase.

VI. Ces douze declarerent par leur sentence arbitrale, que le Monastere de la Reole estant vne maison religieuse, n'estoit point obligée par deuoir & necessité, de payer cent sols Morlas à la maison de Louuigner, lors de l'ordination de l'Abbé suiuant la pretention du Vicomte; Neantmoins que pour le bien de paix, & pour le repos de ces deux maisons, il estoit loisible à la maison de la Reole, de les payer à l'auenir au Seigneur de Louuigner, à chasque ordination d'vn Abbé nouueau; à la charge que ce Vicomte venant au Monastere, iure sur l'autel de S. Pierre, & promette de proteger & défendre la maison de la Reole, & ses apartenances contre tous, excepté le Comte de Poictiers; de confirmer les donations faites au Monastere par les Vicomtes ses predecesseurs, & de ne lui faire aucun tort ni preiudice, par soi ni par les siens. En suite le Vicomte de Louuigner, pour tesmoigner sa bonne volonté enuers l'Abbaye, lui fit donation de quatre mille arpens de terre qu'il possedoit au lieu d'Vsan & de Maseroles auec la Seigneurie de ces lieux, qui ne reconnoissoit aucun superieur, dit l'acte, lequel fut arresté & expedié dans le Chasteau de Louuigner, le premier de Septembre, mille deux cens trente-trois.

VII. L'année suiuante 1234. Thibaut Comte Palatin de Champagne & de Brie, ayant succedé au Royaume de Nauarre, par le decés du Roi Sance son oncle; Gaston renouuella l'alliance que son pere Guillaume auoit contractée auec Thibaut: & voulut que Fortaner de Lescun l'vn de ses Barons & premiers vassaux, qui auoit fa Baronie située fur le haut des monts Pyrenées, proche des limites de Nauarre & d'Aragon, s'obligeaft particulierement au seruice & vaffelage du nouueau Roi de Nauarre, receuant de lui en fief perpetuel, pour foi & fes heritiers, la ville & Chafteau de Sadoba, dont Fortaner lui fit homage, promettant de le receuoir appaifé, & courroucé; au mois de Iuillet 1234. Guarfende Côteffe de Bearn, & Gafton fon fils fignerent l'acte, & cautionnerent la fidelité de Fortaner de Lefcun leur vaffal, ainfi que l'on aprend d'vne Hiftoire de Nauarre efcrite à la main; qui eft plus exacte en ce poinct, l'auteur tefmoignant affés d'auoir veu l'acte d'inueftiture de la ville de Sadoba, que non pas Garibai, qui rapporte cette action à l'année 1247. en termes vagues, & fans aucune circonftance. Le mefme Hiftorien efcrit à la main, affeure que Gafton fuiuit le Roi de Nauarre en fon voyage d'Outremer, qu'il entreprit l'an 1238. fans en retirer autre auantage pour les Chreftiens, que le tefmoignage de fa bonne volonté, comme l'on peut recueillir de Roderic de Tolede, & de Thomas de Valfingham.

II. E Chartul. Siluælatæ: De confilio, voluntate, & affenfu Dominæ Garfendis Comitiffæ Bearni, & filij fui Domini Gaftonis.
III. Francifco Diago lib.3. de los Cond. de Barcel. c. 8.
IV. V. VI. E Chartul. Monafterij Regulæ.
VII. Hiftoria ms. Regum Nau. Garibai l. 25. c. 4. Roderic. Tol. Walfingham.

CHAPITRE II.
Sommaire.

I. Guerres de Gafton contre les Anglois. II. Origine de cette guerre. Le Comté de Poictou donné en apanage par le Roi S. Louis à fon frere Alfonfe. Reuolte des Poicteuins. III. Défaite de Henri Roi d'Angleterre en Saintonge. Sa retraite vers Bourdeaux. IV. La Comteffe Garfende, & fon fils Gafton viennent en cette ville, & prennent folde du Roi d'Angleterre. V. Qui fe retire en fon Royaume, apres auoir eftabli Molis au Gouuernement de Gafcogne. VI. Combat de Molis contre le Roi de Nauarre. VII. Gafton baftit le Chafteau d'Ortés, qui fut furnommé le Noble, & de Moncade

I. A fuite du temps me porte à reprefenter la valeur, & les genereufes entreprifes de noftre Gafton contre les Anglois, qui ont efté inconnuës à noftre Prouince iufqu'à prefent; auec ce malheur neantmoins pour la fincerité de l'Hiftoire, que ie fuis obligé de fuiure la relation des auteurs Anglois, qui viuoient en ce temps, & qui auoient par confequent beaucoup d'aigreur & d'animofité contre lui, à caufe des ruines que cette guerre caufoit à toute l'Angleterre; mefmes aux Ecclefiaftiques, & aux Monafteres, par la frequente contribution des deniers que le Roi Henri III. extorquoit d'eux, auec diuers artifices & violences. C'eft pourquoi Matthieu Paris Moine du Monaftere S. Auban, qui n'efpargne les Papes, ni fes propres Rois, lors qu'il eft queftion d'eftaler au iour, les moyens qu'ils pratiquoient pour leuer de l'argent, n'a eu garde d'efpargner noftre Gafton en fa narration; puis qu'il lui attribuë d'eftre le motif, & l'occafion des foules que souffroit l'Angleterre, pour fouftenir contre lui la guerre en Gafcogne. Ie veux neantmoins apporter cette fidelité en ce recit, que ie ne diffimulerai point les conuices dont Matthieu Paris charge noftre Prince, les interpretant à tout autant d'eloges d'honneur de fon induftrie, & de fa valeur, & prendrai la matiere à fa fource, afin qu'elle foit plus facilement connuë.

II. Le Roi S. Louis ayant donné le Comté de Poictiers, accreu de l'Auuergne à son frere Alfonse, mari de Ieanne fille & heritiere de Raimond Comte de Tolose, fit assigner les vassaux pour rendre l'homage qu'ils deuoient au nouueau Comte, à raison de leurs fiefs. Tous les Seigneurs & Gentils-hommes s'acquiterent de ce deuoir, excepté Hugues Comte de la Marche, qui fut empesché de ce faire, par sa femme Isabeau; laquelle ayant espousé en premieres nopces le Roi d'Angleterre, estoit mere de Henri III. Roi d'Angleterre qui viuoit pour lors. De sorte qu'elle auoit en singuliere recommandation les interests du Roi son fils; & preuoyant bien que l'esperance de recouurer la prouince de Poictou estoit entierement perduë pour les Rois d'Angleterre, qui depuis vingt ans auoient esté depossedés de la meilleure partie, par les Rois Philippe II. & Louis VIII. si l'on souffroit qu'elle fut baillée en apanage à vn fils de France, & que les vassaux du Comté, le reconneussent pour leur Seigneur legitime, entreprit de faire des pratiques & menées dans le païs, au preiudice du seruice du Roi, attirant à sa faction Geofroi de Lusignan, & plusieurs autres seigneurs: & porta son mari à declarer ouuertement qu'il refusoit de rendre l'homage au Comte Alfonse; à cause que cette prouince apartenoit à Richard Comte de Cornuaille frere du Roi d'Angleterre; & que l'inuestiture en auoit esté donnée au Comte Alfonse, pendant que Richard estoit occupé à la guerre de la Terre-sainte. C'est le vrai motif du refus, que fit le Comte de la Marche, tiré de Matthieu Paris historien. Anglois, qui adiouste auec Nangis, que le Comte Hugues appella incontinent le Roi d'Angleterre pour le recouurement du Poictou.

III. Ce Roi arriua au mois de Mai 1242. en la ville de Royan, assise à l'emboucheure de Garone, où il se rafraischit quelques iours, & de là s'en vint à *la noble Cité de Pons*, comme parle l'historien Anglois; Renaud de Pons seigneur de la ville, accompagné de la Noblesse de Sainctonge, lui estant allé au deuant auec beaucoup d'honneur & de magnificéce. Le Roi d'Angleterre fortifié des troupes de Guienne, que le Comte de la Marche auoit pratiquées, s'auança iusqu'à Taillebourg en Saintonge, où le Roi de France apres auoir assiegé, batu & pris sur son chemin beaucoup de places d'importáce, qui tenoient pour l'ennemi, vint le recueillir auec vne tres-puissante armée: Dót le succés fut tel, suiuant le recit de Ioinuille, de Nangis, & de Paris, que les Anglois furent rompus & desfaits auec vn grand carnage, & le Roi d'Angleterre contraint de se metre honteusement en fuite, & se retirer en la ville de Sainctes, qui estoit tenuë immediatement par les Rois d'Angleterre, comme membre particulier de leur domaine, & vne de leurs residences ordinaires, qu'ils appelloient *Chambres*, suiuát Matthieu. Neantmoins ne trouuant point d'assurance dans vne ville, qui estoit si proche de l'armée victorieuse des François, il s'enfuit le lendemain du combat vers Blaye, auec vn extreme desordre & confusion, & perdit toute la Saintonge: le Sire de Pons, & les autres vassaux ayans fait homage de leurs Seigneuries au Comte Alfonse. Il fit quelque seiour dans Blaye, & s'achemina vers Bourdeaux, apres qu'il eut apris, que la Reine Alienor y auoit accouché d'vne fille, enuiron l'Assomption Nostre Dame.

IV. Au mesme temps, dit Matthieu Paris, & apres lui Matthieu de Vvestmonstier, vint à la Cour du Roi d'Angleterre, la Comtesse de Bearn auec son fils Gaston; qui estoit vne femme de prodigieuse grandeur, & si demesurément grosse, que son corps eust rempli vn chariot vuide, selon Matthieu de Vvestmonstier: Laquelle disét-ils, attirée du desir d'auoir quelque part aux sterlins du Roi d'Angleterre, dont il auoit bonne prouision, se rendit à Bourdeaux accompagnée de soixante Cheualiers, & s'estant accordée à la solde auec le Roi, à treize liures sterlins par iour, demeura longuemét à la Cour, y faisant vne grande dépense, & fort inutile; attendu que, selon la plainte des Anglois, la Comtesse, non plus que son fils, ne profita iamais aux affaires du Roi, au contraire lui preiudicia grandement, & enfin l'abandonna, le trahit, & le ruina. Or les finances de l'Anglois furent tellement épuisées, qu'apres la perte totale de ses terres de Poictou, & les leuées extraordinaires de deniers qu'il fit en Angleterre, il se trouua chargé de grandes debtes, qu'il auoit contractées en Gascogne, pour satisfaire aux dépenses de la Comtesse de Bearn, de Gaston son fils, & des Gascons, qui le tenoient en leur pouuoir, iusqu'à la fin de l'année 1243. n'ayant esté rien exploicté pendant tout ce temps pour le bien de son seruice, que la prise de quelques petites places dans le Bourdelois.

V. Ayant arresté vne trefue de cinq ans auec le Roi de France, il prit resolution de faire voile en Angleterre, enuiron la S. Michel de cette année 1243. Mais les Gascons ayans pris goust à son seiour, qui leur estoit profitable, tasschoient par tous moyés & pretextes de persuader au Roi, qu'il passast vn autre hyuer à Bourdeaux, & qu'il y prodiguast à leur profit, quoi qu'à son domage, les reuenus de son Royaume. Ce que Henri ne voulut leur accorder de son bon gré; au contraire apres auoir establi l'ordre du gouuernement de Gascogne, & ordonné pour son Gardien ou Seneschal Nicolas de Molis, homme d'autorité & d'experience, il s'embarqua dans ses vaisseaux. De sorte que les Gascons inuenterent vne fourbe pour le rappeller, feignans vne querelle generale entr'eux, dont ils firent donner connoissance au Roi, qui reuint incontinent, & prit terre pour l'appaiser. Mais aussi ne s'arresta-il pas longuement. Car il partit de Bourdeaux enuiron la feste S. Remi, & arriua en Angleterre sur la fin du mois de Nouembre.

VI. Pendant son absence, Nicolas de Molis Seneschal de Gascogne, combatit heureusement contre le Roi de Nauarre, en l'année 1244. suiuant Matthieu Paris. On ignore le sujet de cette guerre; n'y ayant rien qui puisse auoir excité de la noise entre ces voisins, sinon peut-estre le païs de Mixe & d'Ostauarés, que le Nauarrois vouloit vsurper sur Arnaud Ramon Vicomte de Tartas: auquel neantmoins il fit cession de ses droicts, en consequence de ce combat, & donna aussi deux places à Gaston Seigneur de Bearn pour le contenter l'an 1247. ainsi que rapporte Garibai, quoi qu'il ne face mention de la guerre precedente, qu'en termes, incertains & confus.

VII. Au reste Gaston, qui estoit puissant en commodités à cause des diuers Estats qu'il possedoit, & qui auoit receu beaucoup de deniers contans des mains du Roi d'Angleterre à Bourdeaux l'an 1242. tourna ses pensées à se loger commodément dans Ortés, qui estoit vne ville assise à la frontiere de son païs, du costé de l'Anglois; lequel auoit plus de facilité de faire des entreprises sur le Bearn, qui estoit denué de toute defense en cét endroit, que nonpas l'Aragonois, qui en estoit separé par des rudes & tres-aspres montagnes. Ioinct que l'ancienne demeure des Seigneurs de Bearn dãs le Chasteau de la Fourquie de Morlas n'estoit pas si agreable, qu'elle peust l'arrester en cette ville; quoi qu'il eust la mesme commodité que ses predecesseurs, de se diuertir dans les Chasteaux de Pau, de Cadeillon, & d'Escures, qui auoient la situation fort agreable, à cause de l'amœnité du terroir qui les enuironne. Mais la consideration d'Estat l'emporta, auec la nature de l'assiete du lieu, où il fit bastir le Chasteau d'Ortés; qui est vn tertre haut esleué, qui commande la ville (laquelle est comme abatuë à ses pieds) & descouure de tous costés cinq ou six lieuës d'estenduë de païs; & rapporte entierement à l'assiete, & au plan du Chasteau de Moncade en Catalogne, duquel Gaston estoit le Seigneur proprietaire, en portoit le nom & les armes, aussi bien que Guillaume son pere, & Guillaume Raimond de Moncade son ayeul Seigneur de Bearn. C'est pourquoi il entreprit l'edifice de cét ouurage que Froissart a veu tout entier auec admiration, lequel à cause de sa magnificence estoit aussi communément appellé le Chasteau Noble (ainsi que l'on verra ci-dessous dans vne sentence arbitrale de l'an 1256.) où il establit sa demeure ordinaire & de ses successeurs, iusqu'à ce que Gaston Prince de Nauarre la transporta à Pau enuiron l'an 1460.

IV. E Matthæo Paris pag. 575. Eodem tempore quædam mulier singulariter monstruosa, & præ grossitudine prodigiosa, Comitissa videlicet de Biarde, cum filio suo Gastone, & 60 militibus, venit ad regem, ducta cupidine sterlingorum quibus nouerat Regem abundare, & facta conuentione stipendiaria morabatur cum eo, & accepit à Rege qualibet die pro stipendio tredecim libras sterlingorum. Et nunquam Regi profuit, imo potius obfuit, & in fine defuit, imo verius prodidit, & depauperauit. Infra : Rege Angliæ cum Regina sua dies ociosos apud Burdegalum desidiose consumente, interim tamen Gasconenses cum Biarda thesauris eius minime pepercerunt. Pag. 578. Anno gratiæ 1243. qui est annus Regis Henrici 27. fuit idem Rex apud Burdegalim hyemans & commorans inutiliter, Comitissa de Biarde & G. filio suo & Gasconibus quotidianas expensas & stipendia non modica ab ipso Rege quem tenebant extorquentibus.

E Matthæo Westmonasteriensi : anno 1241. quædam mulier singulariter monstruosa, cuius cadauer vermibus multis hereditarium lecticam vacuam potuit onerare, videlicet Comitissa de Biarde cum filio suo Gastone.

Matthæus Paris p. 560. p. 564. p. 573. p. 575. p. 581. p. 632. Garib. l. 25. c. 4.

CHAPITRE III.

Sommaire.

I. Crainte de l'Anglois pour la Gascogne, qui lui estoit vtile; Bourdeaux lui donnant mille marcs d'argent. Bueles Gouuerneur du païs. II. Les Gascons s'esleuent contre lui. Leur principal Chef estoit Gaston de Bearn. III. Henri est en peine pour cette guerre, & neantmoins l'excite à dessein. IV. Desirant se vanger des torts qu'il pretendoit auoir receu à Bourdeaux; où il voulut arrester son frere Richard, lui ostant la Gascogne, & la donnant à son fils Edoüard. Gaston estoit le principal de ceux qui auoient fasché ce Roi. V. Simon de Montfort Comte de Licestre beau-frere du Roi enuoyé en Gascogne auec vne puissante armée. VI. Diuers combats entre Simon, & Gaston; qui fut contraint d'accepter vne trefue. Ce qui donna vne grande satisfaction à la Cour d'Angleterre. Prise du sieur d'Agremont.

I. Es trefues de cinq ans arrestées entre les deux Rois estant sur le point de finir, le Roi d'Angleterre tint vn grand conseil sur ce sujet, le lendemain de la Purification de l'année 1247. Car il craignoit grandement pour la Gascogne, sur les auis asseurés qu'on lui auoit donnés, que le Roi de France preparoit vne grande armée pour mettre cette Prouince sous sa puissance : En la perte de laquelle, il y auoit de la honte, & du domage pour l'Anglois; attendu que la seule ville de Bourdeaux lui valoit annuelement mille marcs d'argent, suiuant Paris. Il establit donc pour la conseruation & gouuernement de ce païs, Guillaume de Bueles Gentil-homme Norman, qui auoit esté autresfois Marechal en la maison du Roi, & promettoit beaucoup de parole, suiuant la coustume de son païs, dit l'historien, mais sans aucun effet.

II. De sorte que sous son gouuernement, la Gascogne fut en grand danger d'estre perduë pour l'Anglois, à cause des sousleuemens des Seigneurs du païs; entre lesquels le plus considerable, le plus fort, & le plus puissant ennemi du Roi d'Angleterre fut Gaston le fils de la Comtesse de Bearn, le plus ingrat de tous ceux que la prodigalité Royale auoit enrichis, ainsi que parle Matthieu Paris ; l'aigreur duque il faut souffrir, dans la connoissance qu'il donne de la valeur de Gaston, qui nous eust esté autrement inconnuë; aussi bien que les iustes motifs de son armement nous sont cachés, sinon autant que l'on en peut recueillir des remonstrances des Deputés de Gascogne, dont il sera fait mention ci-apres, qui se plaignent des ruines, voleries & oppressions des Anglois; à qui la Prouince ne peut opposer vn plus fort & plus puissant protecteur que nostre Gaston.

III. Cette émotion auoit tellement esbranlé l'Angleterre, qu'elle seruit d'vn suffisant suiet au Roi Henri, pour se descharger de la poursuite que lui faisoit son frere Richard pour le payement des deniers qu'il lui auoit prestés. *Ne voyez-vous pas, lui dit-il, que ce peu de terre qui me reste de là la mer, est exposé à vn manifeste danger de perte, & que toute la Gascogne est defenduë par le seul bouclier de la ville de Bourdeaux, à la deliurance de laquelle ie suis obligé d'employer des sommes immenses.* Ce que ie rapporte, tant pour faire voir en quelle transe Gaston de Bearn auoit mis l'Angleterre dés sa premiere demarche; que pour monstrer combien il estoit difficile aux Anglois de conseruer ces Prouinces situées deçà la mer; puis que les sujets, & les voisins de leurs terres estoient assés puissans pour les ruiner, sans y employer le secours du Roi de France, qui estoit occupé pour lors en la guerre de la Terre Saincte. Or le Roi d'Angleterre voyant la puissance de ses ennemis, encore qu'il lui eust esté fort facile de les appaiser, en les contentant sur les demandes iustes qu'ils proposoient contre les oppressions que lui mesme leur faisoit à escient, pour les obliger à prendre les armes, se donner à soi-mesme vn pretexte de chastier la rebellion de ses sujets; il ayma mieux employer vn homme d'autorité pour y faire puissamment la guerre, & assouuir sa passion qu'il auoit conceuë contre Gaston, & quelques autres Seigneurs en son voyage de Gascogne, pour l'occasion que ie m'en vai representer, ainsi que ie l'ai recueillie de Matthieu Paris.

IV. Le Roi Henry estant à Bourdeaux, sollicité par la Reine Alienor sa femme, voulut gratifier Edoüard son fils aisné du païs de Gascogne; Mais dautant que vingt années auparauant, il l'auoit donné en apanage à son frere Richard, qui en auoit pris solennellement la possession, & receu les sermens & les homages de ses vassaux, Henri desira que Richard renoncast à son droit. Ce qu'il refusa constamment, & porta le Roi par sa contumace, à commander aux Bourdelois de l'arrester prisonnier. Mais les Gascons s'en excuserent, tant à cause de l'honneur qu'ils deuoient au sang Royal, que pour raison de l'homage, qu'ils lui auoient rendu; craignans d'ailleurs le changement de la volonté du Roi. C'est pourquoi transporté de cholere, il essaya de gagner les affections des Gascons, & d'obtenir d'eux par presens, ce qu'il n'auoit pû emporter par l'autorité de son commandement, afin de mettre le Comte son frere en prison. Celui-ci ayant eu le vent de cette menée, se cacha toute la nuict dans l'Abbaye Saincte Croix, s'embarqua le lendemain auant le iour, fort secretement pour l'Angleterre, & endura beaucoup sur mer, pour n'auoir eu le loisir de munitionner ses vaisseaux. Le Roi ayant apris le depart de son frere, assembla les Gentils-hommes Gascons, & Bourdelois, débaucha leurs affections du seruice du Comte Richard, representant qu'il fouloit & opprimoit le peuple, promettoit beaucoup, & tenoit peu, & leur declarant qu'il vouloit mettre en sa place, vn Seigneur & *Gardien* plus doux, plus traictable, & plus acompli, qui estoit le Prince Edoüard son fils aisné. Et afin de les descharger valablement des sermés & homages qu'ils auoient presté à Richard, il cassa, reuoqua, & annulla les lettres qu'il lui auoit expediées, touchant la donation, & l'inuestiture de la Gascogne; & promit en outre aux principaux Seigneurs, vn present de trente mille marcs d'argent, dont il fit expedier les lettres scellées, & iurées en bonne & deuë forme. Estant arriué en Angleterre auec beaucoup de perte & d'infamie, il extorqua des Prelats, *à singulis singulatim*, cette somme, pour acquiter sa promesse enuers les Gascons; contre lesquels il conceut vne telle haine & indignation, qu'il recherchoit toutes les occasions plausibles, pour se venger de cét afront. C'est pourquoi il dépescha le Comte de Licestre, & l'ordonna Gouuerneur & Gardien du païs, *Custodem*, pour six ans, le suppliant, & lui enioignant tres expressément, de traiter rudement les Gascons, & domter leur superbe; malmenant particulierement ceux, qui tant par ce moyen, que par autres diuers artifices, lui auoient extorqué ses deniers, dont le chef estoit *Gaston de Bearn, & la grosse femme de sa mere*, ainsi que parle cét Anglois.

V. D'où l'on peut voir que Henri auoit procuré cette émotion en Gascogne, au moyen des rigueurs qu'il faisoit exercer par le Seneschal Bueles, pour auoir sujet d'enuoyer en suite Simon de Montfort Comte de Licestre, homme genereux, & fort versé en la discipline militaire, fils de cét autre Simon Comte de Montfort domteur des Albigeois, qui auoit eu ci-deuant des auantages sur Gaston de Bearn, grand oncle de celui dont nous escriuons. Or le Roi s'asseuroit sur la fidelité & l'affection de Simon, dautant qu'il auoit fait cét honneur au Comte, de lui donner en mariage sa sœur Alienor Comtesse de Pembroch, auec le Comté de Licestre; ayant mieux aymé consentir à ce Mariage, qu'exposer en honte sa sœur, qui s'estoit laissée surprendre par Simon, nonobstant le vœu de chasteté qu'elle auoit fait publiquement entre les mains de l'Archeuesque de Cantorberi, dont il falut obtenir dispense du Pape. Le Comte de Licestre ayant receu cette commission, sursit l'execution de son vœu de pelerinage vers la Terre sainćte, auquel il estoit obligé, ayant desia pris la Croix; & s'estant resolu d'abatre en Gascogne les ennemis de Henri, passa la mer auec vne flote chargée d'hommes & d'argent. Car le Roi n'auoit pardonné ni aux biens des Ecclesiastiques, ni aux vases sacrés, & ioyaux des Eglises, ni aux libertés & priuileges des bonnes villes, pour auoir moyen de fournir l'argent necessaire à supporter le faix de cette guerre. Estant arriué en Gascogne, il trouua Gaston & ceux de son parti, disposés à le receuoir en la posture qu'il venoit; en telle sorte que tout ce qu'il peut obtenir pendant vne guerre ouuerte d'vn an entier, ce fut d'arrester des trefues auec Gaston.

VI. Si les Anglois ne nous eussent caché les circonstances de ces combats, ou bien si nos gens eussent esté aussi curieux de bien escrire, comme de bien faire, nous pourriós les representer au menu: Mais il suffit d'estre instruits par l'histoire de Paris auteur du temps, que le Roi d'Angleterre & toute sa Cour receurent vne ioye extraordinaire, d'aprendre que Simon auoit contraint Gaston de Bearn, d'accepter vne trefue. Voici comme il en parle tourné en François: *Enuiron la Natiuité de Iesus-Christ de l'année 1249. le Comte Simon de Licestre reuint des quartiers de Gascogne auec quelques Seigneurs, Cheualiers, & gens de guerre, qui ayans esté employés en ce païs y auoient fidelement serui le Roi. Leur arriuée apporta vne ioye extraordinaire au Roi, & à toute sa Cour. Car ledit Comte auoit contraint vn certain traistre, sçauoir Gaston fils de la Comtesse de Bearn, d'accepter des trefues contre son gré: lequel faisant des menées & practiques contre le seruice du Roi, lui auoit fait de grands domages, destruit & rauagé presque toute la terre, corrompu ses sujets, & diuerti frauduleusement & meschamment de la fidelité qu'ils lui deuoient. Or ce Gaston estoit abondant en argent, qu'il auoit retiré du Roi, lors qu'il estoit en Gascogne, au moyen des trompeuses promesses qu'il lui faisoit. La mere trompeuse estoit d'intelligence auec le trompeur de son fils, laquelle auoit semblablement à mesme temps pris & receu du Roi enchanté vn thresor infini, qui auoit esté puisé de l'Angleterre, pour causer l'apauurissement & la ruine des Prelats du Roiaume. Outre cela ledit Comte Simon, asisté du secours des fideles sujets du Roi, s'estoit saisi de la* personne d'vn voleur public, traistre, & tres sanglant ennemi du Roi, qui auoit commis beaucoup de maux en Gascogne, & en ses confins, sçauoir Guillaume d'Agremont, qu'il auoit emprisonné dans la tour de la Reole, attendant les commandemens de Henri. Mais le Roi au lieu de rendre à Dieu la gloire d'vne victoire, qui lui estoit arriuée suiuant son desir, commença d'inuenter auec plus de soin, les moyens de fouler ses sujets, & de mettre à sec le puis inespuisable des richesses d'Angleterre. Ce sont les propres termes de Matthieu, qui tesmoigne par son indignation, la grandeur du mal que les Anglois receuoient des armes de Gaston, & à mesme temps fait voir le desespoir qu'ils auoient conceu de conseruer la Gascogne, contre lui, puis qu'il nomme victoire arriuée à souhait, celle qui n'auoit causé que la trefue de quelque mois entre Gaston, & Simon.

Matthæus Paris pagina 698. 710. 723. 810. 741. 731.

CHAPITRE IV.

Sommaire.

I. Il Renouuellement de la guerre. Gaston pris par Simon, est conduit en Angleterre, & remis en la garde du Roi. III. Il estoit oncle d'Alienor de Prouence Reine d'Angleterre, comme il l'estoit aussi de la Reine Marguerite femme de Sainct Loüis, & de deux autres Reines. IV. Simon fait demolir le Chasteau de Fronsac, & s'asseure de celui d'Egremond, qui est Gramont suiuant la description de Matthieu Paris. V. Simon est defait apres le retour de Gaston, & se retire en Angleterre, pour demander secours. VI. Il retire argent du Roi, & des gens, du Duc de Brabant, & d'autres Princes. VII. Il renouuelle la guerre en Gascogne, prend le fort de Castillon, & se retire en Angleterre. VIII. Continuation de la guerre. Plaincte des Gascons contre Simon adressée au Roy, qui enuoye vn Commissaire sur les lieux. IV. Simon reuient & combat les Gascons. Debite des vins de Gascogne.

I. La trefue estát finie, la guerre fut renouuelée entre ces deux grands Capitaines l'année suiuante 1250. auec vn succés si auantageux pour le Comte de Licestre, qu'il domta la Gascogne, en se rendant maistre de la personne de Gaston. Il est vrai, que Matthieu Paris, qui seul a conserué la memoire de cette action, n'explique pas le lieu, ny le moyen de la prise, qu'il n'eust pas sans doute oublié de remarquer, si Gaston eust esté pris en quelque combat legitime, ou dans vne place assiegée. Mais il est croyable, voire il est necessaire de conclurre de son silence, que Gaston fut arresté auec supercherie; Henri mesme ayant reproché au Comte Simon l'année suiuante 1251. qu'il emprisonnoit contre l'honnesteté, & la foi publique, ceux qui venoient à lui sur sa parole & son saufconduit; l'Archeuesque de Bourdeaux & les autres deputez de Gascogne ayant fait leurs plaintes de cette violation de foi, qu'ils porterent au Roi, & au Conseil d'Angleterre.

II. Or l'auantage que Simon receut de cette prise, est expliqué par l'historien Anglois en ces termes. *L'année 1250. la Gascogne fut domptée par le Comte de Licestre Simon de Montfo:t, en telle sorte, que Gaston de Bearn le plus puissant, ou bien vn des plus puissans ennemis du Roi ayant esté pris & humilié, vint en Angleterre par l'ordre du Comte, vers le Roi son Seigneur, qu'il auoit offensé, qui estoit pour lors à Clarendon, afin de lui demander humblement sa grace, pour sa vie, ses membres, & les fiefs qu'il tenoit de lui, se remettant entierement à la misericorde, & non à la iustice du Roi. Ce qu'ayant fait, il trouua au Roi la grace qu'il n'auoit point meritee ; Car le sang Royal est pour lors surmonté, quand il voit les rebelles domtés à ses pieds, suiuant le dire du Poëte Ouide. Le Roi donc receut en ses mains par le moyen du Comte Simon quelques Chasteaux & forteresses du mesme Gaston & de ses partisans, sçauoir Fronsac, Egremont, & plusieurs autres. Or Gaston apres cette submission quoique feinte, fut tellement remis aux bonnes graces du Roi par l'entremise de la Reine, de laquelle il se fit parent, cuius se fecit consanguineum, qu'il fut restabli en la possession de sa terre sous des conditions estroites. Quant au Comte qui desiroit en toutes choses suiure les traces de son pere, il dompta en telle sorte l'insolence des rebelles, au Bordelois, & en tout le reste de la Gascogne, qu'il chassa de leurs biens Guillaume de Solariis, & Rustein, & quelques autres rebelles, & en fit pendre plusieurs.*

III. La parenté, dont Paris fait mention, de Gaston auec Alienor Reine d'Angleterre, prenoit son origine de la maison de Prouence, dont Alienor estoit fille, aussi bien que la Reine Marguerite sa sœur, femme du Roi S. Louïs, & parente de nostre Gaston, comme nous aprendrons ailleurs par les propres letres de la Reyne Marguerite, adressées au Comte Alfonse. Or la source de cette parenté prouenoit de la Comtesse Garsende, mere de Raimond Berenger Comte de Prouence ; qui espousa Beatrix fille du Comte de Sauoye, & eut de son mariage quattres filles Reines, sçauoir Marguerite femme du Roi S. Louïs, Alienor femme de Henri III. Roi d'Angleterre, Sance seconde femme de Richard Roi d'Alemagne, & Beatrix femme de Charles Duc Danjou frere du Roi S. Louïs, & Roi de Sicile. La mesme Comtesse Garsende engendra de son second mariage auec Guillaume de Moncade, nostre Gaston Seigneur de Bearn ; qui estoit par consequent oncle des Reines de France, & d'Angleterre, de Sicile, & d'Alemagne ; & Garsende estoit leur grand-mere.

IV. Pour le regard du Chasteau de Fronsac, qui estoit tres-fort, le Comte de Licestre le fit raser ; & asseura tellement le passage proche du Chasteau d'Egremond, que les marchands, les pelerins & autres voyageurs pouuoient tenir par là leur chemin auec toute liberté, sans apprehension d'estre volés, comme ils estoient auparauant par certains picoreurs, qui sortoient de cette maison bastie sur vne montagne inaccessible enuironnée de rochers ; qui soustenoient sur leurs poinctes les tours du Chasteau qui commandoit tous les valons d'alentour, ainsi que dit ailleurs le mesme Matthieu Paris ; d'où l'on peut comprendre qu'il parle du Chasteau d'Agramont, afin que i'en exprime le nom, selon la prononciation des Basques, que l'on nomme ailleurs communément Gramont.

V. La supercherie apportée à la prise de Gaston, quoi qu'il fut restabli, & reuenu d'Angleterre auec satisfaction, anima de telle sorte les Gascons, que nonobstant la perte de ces bonnes places, ils s'afermirent dauantage à continuer la guerre, pour se descharger de l'insolence & de l'oppression du Comte de Licestre, qui fut si mal mené par eux, qu'il fut contraint de se retirer en Angleterre en toute diligence : où il arriua rempli de confusion, le iour de l'Epiphanie de l'année 1251. accompagné seulement de trois gens-darmes, montés sur des cheuaux maigres & desfaits. Il salüa le Roi en la ville de Londres, & lui demanda vn puissant secours d'hommes & d'argent, pour reprimer l'insolence des Gascons, asseurant qu'il lui estoit impossible de continuer vne guerre si pesante à ses propres frais, ayant desia espuisé tous les reuenus de son Comté de Licestre : & tascha d'animer le Roi par ses propres interests, lui remettant en memoire le peu de secours qu'il auoit retiré d'eux en la necessité de ses affaires, lors qu'il estoit poursuiui par le Roi de France, & l'afront qu'ils lui auoient fait, en lui extorquant ses thresors comme par force. Il est à propos de representer en propres termes la responsé du Roi, dautant qu'elle fait foi de la supercherie pratiquée en la personne de Gaston. *Par la teste Dieu, Comte vous dites vrai, & ie vous promets que me seruant si bien que vous faites, ie ne vous refuserai point des forces suffisantes. Neantmoins les plaintes & doleances sont venuës veritablement iusqu'à moi, que vous emprisonnés ceux qui viennent vers vous paisiblement, & mesmes ceux que vous apellés de bonne foi.* Ce que le Comte nia auec beaucoup de fermeté, & representa au Roi, que la trahison des Gascons lui estoit asés conneuë, ce qui deuoit suffire pour leur oster toute creance. Ce sont les paroles de Matthieu Paris.

VI. Ayant enfin retiré des finances du Roi, trois mille marcs d'argent, & recouuré tout ce qu'il pût de son Comté de Licestre, & d'autres qu'il auoit en iouïssance, il prepara son retour en Gascogne, auec beaucoup de contentement. Et cependant pria par lettres le Duc de Brabant, & les Princes ses voisins, de lui enuoyer certain nombre de soldats, qu'il promettoit de bien payer ; qui se rendissent à Bourdeaux à mesure qu'il y arriueroit. Le Duc lui enuoya suiuant son desir deux cens Routiers, & certain nombre d'arbalestriers, qui venans en toute diligence pour receuoir la solde du Comte, ahanoient apres le sang des Gascons : lesquels se mirent aussi-tost en estat de defense, sans crainte ni apprehension quelconque, dit Paris.

VII. Le Comte arriué en Gascogne sur le Printemps, auec des troupes bien choisies, & vne grande voiture d'argent, trouua les principaux Seigneurs de Gascogne vnis & ligués contre lui, & prests à se bien defendre. Neantmoins il recommença la guerre, & eut quelque auantage sur eux ; en telle sorte qu'apres vn grand combat, & vn siege opiniastre, il prit le fort de Castillon, qui estoit la retraite ordinaire & la plus asseurée des rebelles. Apres cét exploict, il reuint en Angleterre, auec sa femme, & le Comte Gui de Lusignan troisiesme frere vterin du Roi, pour estre fils d'Isabeau sa mere, & de Hugues Comte de la Marche ; & aborda au port de Douure, au mois de Nouembre de l'année 1251. ayant laissé en Gascogne de fort bons & asseurés Capitaines, pour resister à l'effort des Gascons.

VIII. Neantmoins pendant son seiour en Angleterre, quoi que bien court, les Gascons reprindrent les armes, & harcelerent grandement les places, où il auoit laissé garnison ; & à mesme temps donnerent auis au Roi, que ce Comte estoit vn hómme desloyal & traistre, qui auoit leué par force sur la Noblesse, & sur le tiers Estat, des sommes immenses d'argent, sous pretexte de la necessité, & du pelerinage du Roy vers la Terre sainéte, qu'il auoit conuerties à son profit. Ils l'accuserent aussi, de ce qu'ayat conuoqué la Noblesse qui estoit demeurée dans le seruice du Roi, il en auoit retenu les principaux par vn dol, & vne tromperie manifeste, les auoit emprisonnés & fait mourir de faim. De sorte qu'au moyen de ces auis secrets, & de ces plaintes sourdes, les deportemens du Comte furent rendus suspects au Roi ; qui à méme téps flotant dans cette incertitude, enuoya à cachettes Henri de Wenghan son Chapelain homme subtil & auisé, pour s'éclaircir de la verité de ces doleances, cóme il auoit ci-deuant commis Geofroi de Langeleïa, pour s'informer des actions de Robert de Passeleue ; Mais l'vn & l'autre de ces enquesteurs, ne s'acquiterent que fort legerement de leur deuoir. Le Comte ayant eu connoissance de cette recherche, fut grandement esmeu, & s'adressant au Roi lui representa son innocence, & lui témoigna qu'il estoit offencé, de ce que l'on déferoit aux rapports des perfides & rebelles, à son preiudice, qui estoit touíiours dans le seruice & la fidelité. Mais le Roi lui ferma la bouche, en lui disant que si ses deportemens estoient bons & legitimes, la perquisition ne pouuoit lui nuire, mais pluftost que sa reputation en seroit plus illustre, & qu'il auroit vne reparation qui respondroit à l'offense.

IX. Le Comte aigri en son particulier, assembla vne puissante armée, composée de caualerie & d'infanterie Frãçoise, qu'il auoit pris à sa solde, des troupes que le Roy de Nauarre, & le Comte de Bigorre lui fournirent; & reuenu en Gascogne, combatit & dompta la superbe des Gascons. Neantmoins ie me persuade que l'auantage ne fut pas si grand, comme les paroles generales de Matthieu Paris nous insinuënt, sans expression d'aucune circonstance. Car il adiouste au mesme lieu en suite que les Gascons apres ces auantages de Simon, estoient si piqués, que tous generalement se fussent retirés de l'obeïssance du Roi, si l'Angleterre ne leur eust esté profitable, pour vendre leurs vins, & se fussent donnés à vn autre maistre. Et dautant, dit-il, que les Gascons ont maintenant leur recours en Espagne, sçauoir aux villes de Cordoüe, de Seuille, & de Valence, qui sont sous la domination des Princes Chrestiens, pour y faire la vente & la debite de leurs vins, d'où ils tirent leurs commodités pour subsister; il est à craindre qu'ils ne quitent enfin le parti du Roi d'Angleterre, qui les trauaille auec des exactions & subsides continuels, pour se ranger sous l'obeïssance des Espagnols.

Matthæus Paris pag. 749. 783. 788. 799. 801. 805. 806.

CHAPITRE V.

Sommaire.

I. Les Deputés de Gascogne arriuent à Londres ; accusent le Comte Simon. II. Il vient en Angleterre pour se iustifier, & s'asseure des Seigneurs du Conseil. III. Sa dispute auec le Roi dans le Conseil. IV. Il obtient permission de continuer la guerre en Gascogne, & fournit son armée de soldats François. V. Les Deputés renouuellent leur homage à Edoüard pour la Gascogne. VI. Combat entre le Comte Simon, & les Gascons. VII. Mescontentement du Roi contre le Comte, qui est neantmoins soustenu par le Parlement d'Angleterre.

I.  EN la mesme année 1252. vn peu auant la feste de Pentecoste, l'Archeuesque de Bourdeaux, & les principaux bourgeois de la Reole, & des autres Cités arriuerent à Londres, & porterent au Roi vne sanglante accusation contre la tyrannie, du Comte de Licestre, qu'il auoit ordonné pour Gouuerneur & Gardien du païs. Mais le Roi ne voulant deferer legerement à leur accusation, dautant qu'il auoit reconneu leur trahison, lors qu'il estoit en Gascogne, dit Paris, députa le Cheualier Nicolas de Molis, & Drogon Valentin, pour informer de leurs deportemens. Les Commissaires estans de retour rapporterent au Roi, que le Comte en auoit traicté quelques-vns trop inhumainement, quoi que non sans sujet. Neantmoins on ne passa pas outre à l'examen & discution de cette affaire, à cause de l'absence du Comte. Ce refus & deni de iustice, obligea l'Archeuesque de Bourdeaux & ses associés en la députation, de crier bien haut, & demander reparation des torts qu'ils auoient receus, protestans auec serment qu'ils n'obeïroient iamais au Comte de Licestre, mais plustost qu'il se pouruoiroient d'vn autre maistre que le Roi d'Angleterre.

II. Or dautant que le Comte estoit extremement diffamé en la Cour du Roi, & qu'il estoit acablé du témoignage d'vn grand nombre de personnes, il vint en toute diligence en Angleterre : & le iour lui estant donné pour respondre aux plainctes de ses parties, il desira que les Seigneurs qui lui estoient fauorables, assistassent à ce

Conseil, sçauoir le Comte Richard qui estoit bien aise de l'oppression des Gascons, le Comte de Glouernie, le Comte de Herford, & plusieurs autres grands Seigneurs qui n'eussent pas soufert que le Comte de Licestre eust receu à cette occasion, le déplaisir dont on le menaçoit. Car on craignoit que le Roi qui estoit porté à fauoriser les estrangers, ne fit arrester le Comte & ne le fit mettre en prison close, comme perfide & conuaincu de trahison. Ce que ces Grands estoient resolus de ne souffrir pas.

III. Apres que Simon eut proposé son innocence, le Roi témoignoit par ses paroles, qu'il lui estoit contraire; mais ayant reconneu, que le Comte Richard, ni les autres Seigneurs n'estoient pas de son auis, & que cela l'empeschoit d'exercer contre lui la rigueur & la seuerité de l'autorité Royale, il se porta aux iniures & aux conuices. Ce qui prouoqua la cholere du Comte, qui reprocha au Roi deuant le Conseil, le seruice qu'il lui auoit rendu, l'ayant déliuré des mains des François, lors qu'il estoit à Saintes; & les prieres & commandemés que le Roi lui auoit faits lors de son premier voyage de Gascogne, de ruiner & d'acabler ces traistres; la commission qu'il lui auoit baillée du gouuernement de Gascogne pour six ans, auec promesse de lui fournir vn grand & puissant secours, qu'il n'auoit point executée; & concluoit que le Roi effectuast ce qu'il lui auoit promis suiuant la teneur des lettres, ou qu'il lui rendist les frais employés à son seruice, qui estoient tels, qu'ils lui auoient cousté la ruine entiere de son Comté de Licestre. Le Roi lui repartit auec impetuosité & sans consideration, qu'il ne lui tiendroit rien de ce qu'il lui auoit promis, dautant que le Côte estoit vn afronteur, & traistre, estant permis de rompre sa parole à celui qui l'auoit rompuë le premier. Le Comte transporté de cholere se leua sur pieds, & dit tout haut, *que le Roi auoit manifestement menti en ce point, & que sans la consideration de sa dignité Royale, il lui feroit aoüer qu'à la male heure il auoit proferé cette parole*. Ce qui anima tellement le Roi, qu'il l'eust fait arrester tout incontinent, sans la connoissance qu'il auoit que les Seigneurs de son Conseil l'eussent empesché. Cela mesme donna la hardiesse au Comte, de lui demander, s'il estoit Chrestien & s'il s'estoit iamais confessé. Le Roi l'asseurant, le Comte repart, que vaut la confession sans penitence & satisfaction; sur quoi le Roi dit, qu'il ne s'estoit iamais tant repenti d'aucune faute, qu'il eust commise, que d'auoir receu le Comte dans l'Angleterre; de l'auoir inuesti des terres & des hôneurs, dont il s'estoit preualu contre son seruice. Cependant les Seigneurs là presens rompirent ces contentions, & les separerent. I'ai voulu rapporter ces circonstances au menu, pour faire voir à quelle extremité estoient reduits les Anglois par la guerre de Gaston: outre que i'estime qu'il y a quelque satisfaction dans l'esprit du Lecteur, de voir les mouuemens des Princes & leurs procedures enuers les Vassaux.

IV Quelques iours apres, le Roi ayant la mesme intention que Dauid enuers Vrie, dit Paris, commanda au Comte Simon de retourner en Gascogne, afin qu'il y trouuast dequoi s'exercer, puis qu'il auoit causé cette guerre, & se plaisoit à la continuer; d'où il rapporteroit la mesme récompése que son pere le Comte de Montfort. Auec la pointe de céte parole proferée en la presence des Deputés de Gascogne, le Roi gagna leurs affections & bonnes graces. Mais le Comte, qui auoit beaucoup de satisfaction de la continuation de son emploi, repartit brusquemét, qu'il iroit auec gayeté en ce païs, sans songer au retour, iusqu'à ce qu'il eust vaincu les rebelles, & qu'il les eust soubsmis aux pieds du Roi, quoi que mesconnoissant & ingrat. Resolu de se venger, il passa dés aussi-tost en France, où il leua des troupes, & dressa son armée, bien fournie par la faueur de ses parens & amis, promettant aux soldats affamés comme des sangsuës, côme parle Paris, de leur donner part aux despoüilles des ennemis.

V. Cependant le Roi d'Angleterre pressé & sollicité par la Reine sa femme, *suasu Reginæ vxoris suæ camerali*, voulut confirmer dans Londres l'inuestiture du païs de

Gafcogne, qu'il auoit donnée à fon fils Edoüard, eftant à Bourdeaux ; & ayant appellé les Deputés de Gafcogne qu'il auoit retenus pour cét effet, leur fit prefter vn homage nouueau à ce Prince, referuant pour foi la Ligeance & fuperiorité principale, *dominium feu Ligantiam*. Edoüard fut liberal à donner aux Deputés de riches prefens d'or, d'argent, de ioyaux, & d'habits de foye, & le Roi leur fit vn magnifique feftin, où les menaces de mettre en pieces, ou de bannir le Comte Simon ne furent pas oubliées.

VI. Les Deputés eftans arriués en Gafcogne, n'ayans encore pû faire le rapport de tout ce qui s'eftoit paffé en Angleterre, trouuent le Comte de Liceftre armé tres puiffamment, & en eftat de leur faire vn afront. C'eft pourquoi affemblas auec hafte quelques-vns des ennemis du Comte, qui eftoient plus proches d'eux, & leur ayans donné courage, fous l'efperance qu'eleur nouueau Prince Edoüard rabatroit l'audace & la temerité de Simon, ils affemblerent quelques troupes, & attaquerent le Comte ; furprindrent & taillerent en pieces ceux qu'il auoit mis en embufcade contre eux, & firent prifonnier leur Chef, qui eftoit homme de grande confideration. Le Comte ayant receu l'auis de cette defaite, par vn gendarme dechiré de coups qui s'eftoit fauué, & s'eftant enquis de lui, fi les ennemis eftoient loin, qui lui refpondit, qu'ils s'auançoient vers lui pour le combatre, pouffe fon cheual, fe mefle auec les Gafcons, & apres vn grand chamaillis & vn long combat qui dura demi iournée, retira fon prifonnier, & mit en route les Gafcons, apres auoir couru grand danger de fa perfonne ; tout l'effort s'eftant tourné contre lui, qui fut abatu de fon cheual, & releué par ce Capitaine, qu'il auoit recous des ennemis. Or tant s'en faut que l'auantage de ce rencontre, euft refroidi les Gafcons, qu'il feruit pluftoft à les reioindre & reünir leurs forces enfemble ; de maniere qu'ils contraignirent le Comte de Liceftre à fe retirer dans vn fort Chafteau nommé *Montauban*, qui eftoit à mon auis en ces mafures que l'on voit au port de Cufac fur la Dordogne. Les Gafcons l'affiegent dedans, & dautant qu'il n'y auoit point de viures, l'obligent à leur rendre tous les prifonniers qu'il auoit faits au combat precedent.

VII. C'eft pourquoi le Roi defirant remedier aux troubles de Gafcogne, affembla fon Parlement à Londres pour ce fujet : & prit refolution d'y paffer en perfonne ; afin de pacifier le païs ; defpefcha Pierre Chacheporc fon Chapelain pour demander permiffion à la Reine Blanche de lui donner paffage par le Royaume de France : qui refufa eftrouffement vne demande fi fote, dit Matthieu Paris. Apres ce refus, il confulte derechef fon Parlement, qui fauorifant les intentions du Comte de Liceftre, s'excufoit fur la diftance des lieux, qui empefchoit que l'on ne pouuoit eftre inftruit au vrai, de l'eftat prefent des affaires, declamoit contre les perfidies des Gafcons, mefmes contre leurs voleries, difant qu'ils détrouffoient les pelerins, & les marchans, & fe retiroient apres le vol, dans les cauernes du mont inacceffible & des forts d'Egremond ; que partant il faloit agreer, que le Comte Simon les chaftiaft, & les rengeaft à leur deuoir, dautant plus qu'il lui reftoit trois ans de fon gouuernement à expirer. C'eft ce qui ne contentoit pas le Roi, qui euft defiré de faire profcrire le Comte Simon comme traiftre, pour donner fon Comté à vn Prouençal ou Poicteuin, ainfi que difoit Simon, lors qu'il eut apris ces menées.

Matthæus Paris pag. 809. 810. 817. 825. 816.

CHAPITRE VI.
Sommaire.

I. Les Gascons publient qu'ils veulent choisir vn autre maistre que l'Anglois, prennent la Reole, & d'autres places; le Roi Henri commande ses Vassaux de se tenir prests pour venir deçà la mer. II. Matthieu Paris fait Gaston l'Auteur de ces desordres. Bourdeaux est reduit à l'estroit. III. Le Roi pour contenter les mescontens depose du gouuernement de Gascogne le Comte Simon. IV. Il assemble le ban & l'arriere-ban de ses Vassaux, & arreste tous les nauires pour son passage. Il fait voile auec trois cens nauires, apres auoir pourueu à la Regence du Roiaume. V. Rescrit du Pape pour excommunier ceux qui entreprenoient sur les terres du Roi d'Angleterre, sous pretexte qu'il estoit croisé. VI. Le Doyen de Bourdeaux Commissaire delegué excommunia Gaston, & les Vicomtes de Fronsac, & de Castillon, & mit leur terre à l'interdit. VII. Cette sentence n'arreste pas Gaston, qui voyoit que le Roi n'estoit pas dans les termes des priuileges des Croisés.

I. Vrant le Caresme de l'année 1253. les nouuelles arriuerent en Angleterre, que les Gascons esleués par les heureux succés de leurs armes, publioient hautement, qu'ils né vouloient plus souffrir la domination du Roi d'Angleterre, d'autant qu'il les trauailloit par diuerses oppressions, sans auoir égard à leurs priuileges qu'il auoit confirmés auec son sermét. Quelques iours apres, il receut auis que la ville de la Reole sur Garone, S. Milion, & plusieurs autres Chasteaux & forteresses auoient esté prises, & perduës pour lui, auec vne grande tuerie de ses seruiteurs. De sorte que le Roi craignant d'estre depoüillé de la Gascogne, aussi bien qu'il l'auoit esté du Poictou, & considerant l'importance de cette Prouince, qu'il estimoit estre la défence de son Royaume d'Angleterre, fit faire des proclamations par tout les Comtés d'Angleterre, portant commandement à vn chascun de se pouruoir d'armes suiuant ses facultés, conformément à l'ancienne coustume; en telle sorte que celui qui auroit quinze liurées de terre, fut en estat de seruir à cheual, *quicumque quindecim Libratas terræ haberet, miles fieret.* Cependant les Gascons ayans mis le Comte Simon au petit pied, commencerent à se diuiser entr'eux, & se faire la guerre, sacageant & bruslant les places & Chasteaux l'vn de l'autre.

II. Et afin qu'il ne semblast pas que Matthieu Paris eust oublié nostre Gaston, lors qu'il décriuoit les guerres precedentes sous le nom general des Gascons, il esmeut en cet endroit sa cholere contre lui disant, que le premier, & le plus considerable entre tous les seditieux estoit Gaston pour lors, dit-il, Seigneur de Bearn & de Perigort, contaminé de plusieurs crimes, pariure au Roi, qui lui auoit pardonné ses fautes passées, & qui s'estoit ietté du parti du Roi d'Espagne, pour trauailler dautāt plus le Roi d'Angleterre. Il rauagea donc vne grande partie de la Gascogne, suiuant le recit de Paris, & mit tellement Bourdeaux à l'estroit, que cette ville qui auoit accoustumé de fournir les viures & les autres choses necessaires à la Gascogne, commença d'endurer de la faim. C'est pourquoi les Bourdelois aduertirent promptemét le Roi d'Angleterre, qu'il estoit sur le point de perdre tout ce païs, s'il ne venoit bien-tost en personne, se plaignans de la tyrannie du Comte de Lycestre, qui auoit ruiné les affections de tous ses seruiteurs.

III. Le Roi voulant contenter les Gascons, leur fit sçauoir qu'il feroit bien-tost le passage, & fit publier par tout des defenses, que personne n'eust à reconnoistre pour gouuerneur le Comte Simon, lequel il auoit déposé à cause des violences par lui commises contre ses suiets: & neantmoins lui auoit donné récompense pour les trois années du gouuernement, qui restoient à expirer. Ce fut lors, dit Paris, que parut la trahison des Gascons. Car ceux qui auoient tousiours témoigné leur fidelité pendant le gouuernement du Comte, ayant apris sa descharge, se liguerent auec les autres rebelles.

IV. Le Roi bien informé de l'estat déplorable de la Gascogne, fit commander enuiron les Calendes de Iuin le ban & l'arrie-ban de tous les Nobles d'Angleterre, qui lui deuoient faire seruice militaire, à cause de leurs fiefs, leur enioignant de se tenir prests auec leurs armes & cheuaux, pour faire le passage, & s'embarquer au port de Pleimouth, aux octaues de la Trinité; & cependant arresta tous les nauires des marchands qui estoient à ses ports, reuenans à plus de dix mille vaisseaux. Mais dautant qu'il n'eust point le vent fauorable de trois mois, les maistres des nauires se ruinerent de frais en l'attente, & les finances du Roi estant en partie dissipées, il fit loger sa gendarmerie dans les terres des monasteres voisins. Enfin le Roi ayant donné la Regence & le gouuernement general de son Royaume à la personne de son fils Edoüard, à la Reyne sa femme, & au Comte Richard son frere, fit voile au commencement d'Aoust, auec vne flote de trois cens gros nauires, & vn grand nombre d'autres petits vaisseaux, & arriua à Bourdeaux enuiron l'Assomption Nostre-Dame.

V. Or l'Anglois s'estoit trouué tellement pressé par nostre Gaston & ses adherans, que n'osant prendre vne asseurance entiere sur le nombre, & le courage de ses vassaux, il auoit eu recours aux armes spirituelles du Pape Innocent IV. qui fit expedier vn Rescrit en date à Assise le troisiesme des Calendes d'Aoust, l'onziesme année du Pontificat, qui reuient à l'an 1253. adressant à l'Euesque de Bathonie, & au Doyé de S. André de Bourdeaux; par lequel sa Sainteté leur ordonne d'admonester tous ceux qui troublét, ou enuahissent les terres du Roi d'Angleterre, de cesser tous actes d'hostilité contre lui, attendu qu'il auoit pris la Croix, & se preparoit pour aller secourir puissamment les Chrestiens de la Terre saincte, dont il pourroit estre diuerti par ces entreprises; Enioint aux Commissaires d'excommunier les personnes des contreuenans, & mettre leurs terres à l'interdit, nonobstant toutes exemptions, & priuileges au contraire.

VI. Le Doyen de Bourdeaux l'vn des Iuges delegués, executant sa commission, apres l'arriuée du Roi, fit admonester les Chefs de la faction, sçauoir Gaston de Bearn, les Vicomtés de Fronsac, & de Castillon, Guillaume Prieur du Mas, Bernard de Ladie Maire, & les Iurats de la Reole, qu'ils eussent à desister du trouble, & de l'inuasion des terres du Roi Croisé; & dautant qu'ils n'auoient tenu conte de sa monition, il excommunia nommément les susdits personnages, & generalement tous ceux qui troubloient les terres apartenantes au Roi, les fit dénoncer pour excommuniés par tout le Diocese de Bourdeaux, & l'Euesché de Bazas, és iours de Dimanches & de Festes, les chandelles allumées, & les cloches sonnantes. Et mit toutes leurs terres à l'Interdit Ecclesiastique, ordonnant à l'Euesque d'Aire de faire le mesme dans l'estenduë de son Diocese.

VII. Mais Gaston & ses associés qui estoient nourris en l'experience de ces matieres, encore qu'ils n'eussent pas vne connoissance entiere de la discipline Canonique, voyoient bien que le pretexte que le Roi prenoit d'estre croisé, & de se preparer pour le voyage d'Outre-mer, afin de iouïr de la protection & des trefues acordées par l'Eglise au Concile General de Clermont, du consentement de tous les fideles, en faueur des pelerins croisés, estoit feint & supposé; & que ce passage d'Outremer s'arrestoit en Gascogne, pour exploicter son armée contr'eux auec moins de resistance. C'est pourquoi il méprisa l'excommunication, & l'Interdict, prononcé par vn Iuge d'ailleurs suspect; & continua de faire la guerre comme auparauant. L'Historien Anglois a eu honte de faire mention du secours spirituel de Rome, sçachant que la Bulle estoit expediée sur vn fondement faux, & que la trefue du Concile de Clermont n'auoit lieu que du iour du départ des pelerins; neantmoins on la trouue inserée aux Registres de la Connestablerie de Bourdeaux.

I. E Matthæo Paris, pag. 836.

II. Ex eodem pag. 837. è quibus primus & præcipuus fuit Gasto iam Dominus Biarre & Peregoti, multis pollutus facinoribus, iuratus Regis, sed peieratus, cui pepercit idem dominus Rex ne damnaretur, qui se transtulit ad Regem Hispaniæ, vt plus Regem Anglorum infestaret. Vastauit igitur magnam partem Gasconiæ, & hostem Regis animauit contra dominum suum Regem Angliæ, ita vt Burdegalis, quæ toti Gasconiæ victualia consueuit ministrare, cœperit egere.

III. IV. Ex eodem pag. 841.

V. VI. E Regesto Constab. Burdeg. A. fol. 151. Reuerendo in Christo Dei gratia Adurensi Episcopo, Decanus S. Andreæ Burdigal. Iudex à Domino Papa delegatus, salutem in Domino. Noueritis nos mandatum Domini Papæ recepisse in hæc verba. Innocentius Episcopus seruus seruorum Dei venerabili fratri Bathon. Willelmo Episcopo, & dilecto filio Decano Burdigalensi salutem & Apostolicam benedictionem. Cum Charissimus filius in Christo noster Rex Angliæ illustris, Crucis assumpto signaculo ad transfretandum in Terræ sanctæ subsidium potenter ac viriliter se accingat, personam ipsius & terram nos conuenit eo attentius Apostolicæ protectionis præsidio cómunire, quo eumdem Regem Ecclesia Romana sincera in Domino affectione complectitur; & inter ceteros orbis Catholicos principes, Deo ac sibi est experta deuotio. Ne igitur tam pium votum, tamque laudabile ipsius Regis propositum, per aliquorum insolentiam impediri contingat, Discretioni vestræ per Apostolica scripta mandamus, quatenus omnes illos qui communiter vel diuisim præfatum Regem, aut terram eius inuadere vel perturbare quacumque temeritate præsumpserint, monitione præmissa, per excommunicationis in personas, & in terras eorum Interdicti sententias, à perturbatione & inuasione supradictis ...... sicut proteruitas eorum exegerit excommunicatos vbi expedire videritis, solenniter vsque ad satisfactionem congruam nunciari, nonobstante si aliquibus eorum in aliis rebus à sede Apostolica sit indultum, quod excommunicari, vel eorum terræ supponi Ecclesiastico non possint interdicto, absque ipsius sedis speciali mandato faciente plenam & expressam, & de verbo ad verbum de indulto huiusmodi, & eius continentia mentionem, seu quali alia indulgentia dictæ sedis, quibuscumque seu quacumque forma verborum concessa, per quam attributæ vobis iurisdictionis explicatio valeat in hac parte impediri. Quod si non ambo his exequendis poteritis interesse, alter vestrum nihilominus exequatur. Datum Assisij III. Kal. Aug. Pontificatus nostri anno XI. Cuius auctoritate mandati monuimus Gastonem de Bearno, de Fronsac, & de Castillon Vicecomites, Willermum Priorem de Manso, Bernardum de Ladie Maiorem, & omnes Iuratos de Regula. Et quia ipsi à perturbatione & inuasione non desistunt, Nos omnes prædictos Nominatim, & omnes alios generaliter qui terram ex parte domini ipsius Regis inuadere vel perturbare præsumunt, excommunicauimus & denunciari fecimus excommunicatos in diœcesi Burdigalensi, & Episcopatu Vasatensi; vnde eadem auctoritate vobis mandauimus firmiter iniungendo, quatenus omnes predictos excommunicetis & excommunicatos denuncieris per totum Episcopatum vestrum singulis diebus Dominicis & festiuis, candelis accensis, & pulsatis campanis. Et quia crescente contumacia crescere debet & pœna, Nos terras omnium prædictorum Ecclesiastico supposuimus interdicto, vobis mandantes sub pœna suspensionis ab ingressu Ecclesiæ, quatenus infra octo dies post receptionem præsentium, singulis eorum terras, vel possessiones habentibus, in Episcopatu vestro prædicto scire faciatis, & nos per literas vestras patentes super præmissis certificetis, ita quod vos & ipsi de huiusmodi excommunicationis & interdicti sententiis latis certitudinem plenariam habeamus. Quod si non feceritis, noueritis vos esse statim post prædictos octo dies eadem auctoritate ab ingressu Ecclesiæ suspensos. Datum apud Vasatium in Festo S. Apostoli anno Domini M. CC. LIII.

CHAPITRE VII.
Sommaire.

I. Henri apres estre arriué à Bourdeaux assiege la Reole. Les rebelles estoient nommés Gastonois, c'est à dire, liguéz auec Gaston. II. Gaston fait ligue auec le Roi d'Espagne, & sollicite vn secours pour les assiegés. Ils se défendent auec beaucoup de valeur, & iettent dans le camp auec leurs machines, des pierres, & des traicts d'vne grandeur demesurée. Ils se rendent enfin à composition. III. Pretensions du Roi de Castille sur la Gascogne, qui auoient obligé Gaston de se liguer auec lui. IV. Ambassade de l'Anglois vers le Roi de Castille pour traicter la paix. Il continuë cependant la guerre, assiege & prend le fort de Benauges, & fait porter d'Angleterre toute sorte de prouisions. Le degast fait aux vignes est appellé par les Gascons, combat de femmes. V. Le Comte Simon fortifia l'armée de ses troupes. L'Espagnol entend aux propositions de paix. Les Gascons s'accommodent auec l'Anglois. VI. Entreprise de Gaston sur Bayonne, qui estoit la seconde ville de Gascogne, selon Matthieu. VII. Ligue d'Arnaud Guillaume d'Agramont auec Gaston, qui lui donne mille sols Morlas de pension assignée sur Sauueterre.

I. Henri apres son arriuée à Bourdeaux mit son armée en campagne, & le siege deuant la ville de la Reole, où plusieurs des Gastonois les ennemis s'estoient retirés. Ie les nommé Gastonois, apres Matthieu Paris, qui les designe sous le terme de *Gastonenses*; & afin d'oster le soupçon que ce seroit le defaut de l'impression, de substituer *Gastonenses* pour *Gasconenses*, Matthieu de Vuemonstier qui est l'ancien Abbreuiateur de Paris, a retenu la leçon de *Gastonenses*. De maniere qu'il ne faut point douter, que les confederés auec Gaston de Bearn ne portassent le nom de Gastonois.

II. Gaston neantmoins iugea qu'il ne deuoit pas enfermer sa personne dans la ville de la Reole, mais qu'il estoit obligé comme Chef de la ligue de procurer vn prompt & puissant secours, pour s'opposer aux forces de toute l'Angleterre, animées de la presence du Roi. Il s'adressa donc au Roi d'Espagne, duquel il se fit ami & allié, afin que i'employe les termes de Paris, & lui promit la possession de la Seigneurie de Gascogne, qui d'ailleurs à son dire, lui apartenoit de droict. Les assiegés sous l'esperance du secours, se défendoient auec vn grand courage & opiniastreté, iettans continuellement dans l'armée auec leurs engins & machines de guerre, de grosses pierres de meule, & des traicts d'vne grandeur démesurée, que l'on enuoya en Angleterre comme vne merueille, auec quoi ils faisoient vn grand massacre des assiegeans. Mais apres auoir donné souuent auis au Roi d'Espagne de l'estat de la ville, & l'auoir supplié de les assister, comme ses fideles sujets & vassaux, voyans que son secours tardoit, ils se rendirent à l'extremité, sous des conditions fort auantageuses, n'ayans receu autre dommage pendant le siege, que le degast de leurs vignes.

III. Or Gaston auoit traicté auec le Roi Alfonse de Castille (que les Historiens nomment Roi d'Espagne) dautant que ce Roi auoit des pretensions sur la Gascogne, en vertu de la donation que le Roi Henri II. d'Angleterre auoit fait à sa fille

Alienor mariée au Roi de Castille Alfonse le Noble, que les Rois Richard & Iean auoient confirmée; & pour raison de laquelle nous auons veu que ci-deuant Gaston Seigneur de Bearn grand oncle de ce Gaston, auoit suiui le parti du Roi de Castille.

IV. Le Roi d'Angleterre craignant que cette intelligence & alliance de Gaston ne lui fist entierement perdre la Gascogne, enuoya l'Euesque de Bathonie, (qui est neantmoins denommé Pierre Euesque d'Erford en la Charte du Roi Alfonse,) & Iean Mansel son Chapelain, vers le Roi de Castille, pour traicter la paix auec lui, & demander en mariage la sœur vterine d'Alfonse pour Edouard son fils aisné, & heritier presomptif de sa Couronne. Tandis que les Ambassadeurs estoient dans cette poursuite, Henri attaquoit les places plus importantes, qui estoient occupées par ses ennemis, ayant en suite de la prise de la Reole, assiegé & pris auec des trauaux & des frais infinis, le fort de Benauges. Et dautant que dans son armée & dans toute la Gascogne, il y auoit vne disete generale de bleds, vins, chair & poissons, il fit charger vne grande flote de vaisseaux remplis de toutes ces prouisions, dans l'Angleterre, qui payoit les folies de toutes les prouinces & contrées voisines, suiuant la plainte de l'Historien Anglois, ayant esté totalement espuisée d'hommes, de viures, d'armes, & de finances. Le Roi se vengeoit sur les Gascons, en faisant arracher les vignes, & raser les maisons des rebelles; qui attribuoient ces actions à lascheté, prenans le degast des arbres, & les embrasemens des maisons, pour vn combat de vieilles femmes, & non pas d'hommes, *Exterminium plantarum & domorum incendia, pugnam anilem, non virilem reputantes.*

V. Cependant Simon Comte de Licestre vint de France en Gascogne, auec de belles troupes qu'il y auoit leuées, & offrit son seruice au Roi, qui le receut auec vn contentement dautant plus grand, qu'il n'auoit pas occasion de se promettre vne telle franchise du Comte. Sa venuë, les nouuelles compagnies qu'il mena, & l'auis que l'on receut du costé d'Espagne, que le Roi de Castille entendoit aux propositions de paix, porterent les Gascons, qui sont amis de Fortune, dit Paris, à trouuer chascun ses auantages dans la bonne grace du Roi. De sorte que cela lui donna le loisir de passer la Feste de Noël de l'an 1254. qui estoit le commencement de leur année, en la ville de Bazas, où il combla les Gascons de ses liberalités, en habits, & en deniers.

VI. Neantmoins nostre Gaston ne voulut point se relascher si foiblement de son premier dessein; au contraire ayant assemblé quelques troupes, enuiron la Feste de la Purification de cette année 1254. à conter à l'Angloise depuis Noël, essaya d'occuper la ville de Bayonne, & d'y mettre garnison, Voulant à mon auis ou faciliter le passage de l'armée de Castille, ou se faire considerer au traicté. Or Bayonne, dit Matthieu Paris, est vne opulente Cité, assise sur la mer, & la seconde ville de Gascogne, considerable pour son port, & tres-bien pourueuë de nauires, d'hommes de guerre, & de marchans, particulierement de ceux qui font le commerce du vin. Mais la plus grande partie des Bourgeois haïssoit le Roi, à cause des continuelles oppressions qu'ils receuoient en Angleterre. Tant y a que l'entreprise sur cette ville, ne reüssit point, encore qu'vne partie des gens de Gaston fussent entrés dedans, dautant que le menu peuple, qui auoit de l'affection pour le Roi d'Angleterre, prit les armes pour lui, & repoussa ses ennemis, dont quelques-vns furent chastiés.

VII. Ie ne dois omettre en ce lieu, que ceux qui estoient liguez auec Gaston, le reconnoissoient non seulement comme associé, mais aussi comme chef, Seigneur, & protecteur, auec vne entiere dependance de ses volontés, pour suiure le parti qu'il voudroit de Castille, ou d'Angleterre; ainsi que l'on peut voir par le traicté qui fut arresté l'année 1255. entre Gaston, & Arnaud Guillaume d'Agramont, fils de Guillaume Bertran, dont il a esté parlé ci deſſus. Par lequel Arnaud Guillaume s'oblige de luy obeïr de tout ſon pouuoir, & d'embraſſer tel parti qu'il voudra, d'Angleterre, ou de Caſtille, moyennant penſion, ou recompenſe à la diſcretion de Gaſton. Et reciproquement le Vicomte promet de lui eſtre bon Seigneur, de ne traicter aucune paix auec ceux en la guerre deſquels il l'auroit engagé, ſans l'y comprendre; & lui donne mille ſols Morlas de rente, qu'il lui aſſigna ſur ſa Bailie de Sauueterre. Et dautant que cét acte eſt conceu en langage Bearnois, ſuiuant l'vſage de ce temps, ie le mettrai en ce lieu, pour contenter la curioſité du Lecteur. *Coneguda cauſe ſie, que Nos Narnau Guilem d'Agramont, nos em encombentads, & autre ats à bone fee, ſes mal engan, ab vos En Gaſton per la gratia de Diu Veſcoms de Bearn, en tal maneira que nos ſeguiam & compliam la voſtra voluntat en totes cauſes, à noſtre leial poder, & prenciam aquere ſenhorie, que vos vulhads prener d'Angleterra o de Caſtela; ab aiço que vos nos farads dar rende, ò benſeit, à voſtre medixe conegude. Et nos en Gaſton prometem, & autreuim à vos Narnau Guilem, qu'eus ſiam Bon ſenhor, & dreid, & cabal, à noſter leial poder en totes cauſas, & que pats ni acord no faſam, ab nul home ab cui per nos eſeds entrat en guerre, mengs de vos. Et dam vos & aſignam vos mil ſos Morlas de rende, ſober la Bailie noſtra de Sauueterra, qu'eus ſie tengut de paguar quiqui Baile ne ſie, totes Paſches. Et per che totes aqueſtes cauſes & ſencles ſaubem, & compliam, & tiencam bonaments, ſes tot contraſt que no y metam, auem ac iurat Nos Narnau Guilem ab v. cauers ſober S. Euangelis de Diu tocats corporalaments, los quoaus ſon N Auger d'Agramont, & En Bern. noſtres frairs, & Narnau de Calana, & Narnau Lup de Sent Marti. Et nos en Gaſton auem ac iurat per lo medix combent. Eſters prometum audit Narnau Guilem, que ſi nuls home lo faſe mal ni tort, niu tribailhaue, & ed ne fermaue dreid en noſtra man, que nos lon aiudem, eu nemparem bonaments cum au noſter. Et à maior fermetat & teſtimoni de vertad, auem ne partid aqueſtas letras per A. B. C. & ſagerades de noſters ſagels. Aço fo feit à Saubaterra lo dijaus deuant Pentacoſte, en preſentia den Bern. de Iaces, & den Vidal de Toloſa, & den per Bern. ſon frai, & den Bern. de Toloſa, & den per Vv. Bru, & den Colom de Baubio Iurats de Saubaterra, & de Bern. de Campuguha, qui de mandament de nos Gaſto aqueſtas letras eſcriuo. Anno Domini* M. CC.LIII.

I. E Matthæo Paris pag. 842. Iuſſit illico Regulam obſidione vallari, vbi quamplurimum hoſtium ſuorum Gaſtonenſium latitabant. Ipſe Gaſto ad Regem Hiſpaniæ cuius ſe fecit amicum & affinem confugit, Gaſconiæ quæ eum vt dicebat iure contingebat promittens dominium, pag. 845. 849. 851. 852.

VI. Pag. 854. Eodem anno 1254. circa Feſtum Purificationis B. Mariæ Gaſto de Biarre congregata hoſtium Domini Regis multitudine, attentauit temerè ciuitatem Bahanniæ ſeditioſe, & hoſtiliter intrare, eamque ſibi occupare. Eſt autem Bahannia ciuitas opulenta ſupra mare ſita, *Secunda in tota Gaſconia*, portu & nauibus, viris bellatoribus, præcipue mercatoribus vinariis optime communita. Sed pleriq; de ciuibus Regem oderant pro crebris in Anglia irrogatis ſibi iniuriis. Vnde admiſſis quibuſdam hoſtibus, cum ciuitas patuiſſet diſcrimini, comprehenſi ſunt à fidelibus Regis per plebeios ciuitatis qui Regem dilexerunt, multi eorum qui ſic intrauerunt proditores, & pro meritis ſunt puniti.

CHAPITRE VIII.

Sommaire.

I. *Paix arreſtée entre l'Anglois, & le Caſtillan, auec le mariage d'Edouard, & de la ſœur d'Alfonſe. Priuilege accordé aux Pelerins par Alfonſe, d'acheter leurs viures ſans l'entremiſe des hoſtes.* II. *Le Traicté auec Gaſton, & les autres Gaſcons arreſté. L'Anglois s'oblige de leur reparer tous les dommages qu'ils auoient receus pendant la guerre.* III. *Edouard va en Eſpagne, eſpouſe Alienor ſœur d'Alfonſe, qui le fait Cheualier, & renonce de nouueau en ſa faueur aux droicts qu'il auoit ſur la Gaſcogne.* IV. *Iugement de Matthieu ſur cette alliance, qui meſpriſe les Eſpagnols; & ſur la guerre de Gaſcogne, qu'il aſſeure auoir ruiné l'Angleterre.* V. *Henri retourne en Angleterre, & Edouard s'arreſte en Gaſcogne.* VI. *Gaſton eſt fait Cheualier par le Roi Alfonſe, & nommé par vn ancien Auteur Eſpagnol, auant Rodolfe, le Comte de Hapſbourg Chef de la maiſon d'Auſtriche.* VII. *Gaſton eſt deſchargé des ſermens que lui & ſes predeceſſeurs auoient fait au Roi de Caſtille, à raiſon de la Gaſcogne.*

I. Es Ambaſſadeurs d'Angleterre obtindrent enfin, apres vne longue & ennuyeuſe pourſuite, l'amitié & l'alliance d'Alfonſe, qui demanda auec paſſion de voir le ieune Prince Edouard, afin de lui teſmoigner ſa bonne volonté, & lui bailler ſolennellement de ſa main le cordon ou ceinture de Cheualerie. Ce qui mit Henri en quelque défiance, iuſqu'à ce que le Chapelain Manſel lui eut rendu teſmoignage de la ſincerité d'Alfonſe; duquel ce Chapelain auoit obtenu quelques priuileges en faueur des Pelerins de S. Iacques, ſçauoir qu'il leur fuſt loiſible de ſe loger à leur diſcretion, dans les villes de l'obeïſſance du Roi d'Eſpagne, & d'acheter leurs viures, ſans l'entremiſe des hoſtes qui grieuloient les paſſans. Ce qui ſe pratique encor auiourd'hui enuers tous les eſtrangers dans les hoſteleries d'Eſpagne. La paix, alliance, confederation, & ligue défenſiue entre les Couronnes d'Angleterre & de Caſtille, fut concluë le dixieſme des Calendes de May 1254. en la ville de Tolede, ainſi qu'on peut apprendre de l'extraict de l'acte de paix, qui ſe trouue aux Regiſtres de la Conneſtablie de Bourdeaux. La lettre de cette alliance fut ſcellée d'vne Bulle d'or, qui peſoit vn marc d'argent, au rapport de Matthieu, & deliurée aux Ambaſſadeurs; contenant en outre la renonciation des droicts de Gaſcogne, laquelle Paris eſtime auoir eſté expliquée auec trop de ſolennité, c'eſt à dire en bon François, auec vn peu d'oſtentation.

II. Il ne faut point douter, que l'accommodement de Gaſton & de ſes partiſans auec l'Anglois, ne fuſt arreſté à meſme temps; mais l'Hiſtorien Anglois a eu honte de l'inſerer en ſes Annales. Neantmoins il a eſté enfin obligé d'en faire mention en la page 905. diſant que le Roi de Caſtille auoit eſté le mediateur de la paix entre le Roi d'Angleterre, & les Gaſcons, qui auoit eſté redigée par eſcrit; & par article exprés les priuileges de la Prouince confirmés: dont la Charte eſtoit enregiſtrée au liure des Additions ſous la marque des Eſpées Croiſées. Il auoüe plus particulierement en la page 925. que par ce traicté de paix, honteux au Roi d'Angleterre, il s'eſtoit obligé de reparer aux Gafcons tous les dommages qu'ils auoient receus depuis son arriuée de Gafcogne.

III. La paix ainfi concluë & arreftée de toutes parts, le Prince Edouard s'achemina vers l'Efpagne, & arriua à la Cour du Roi Alfonfe qui eftoit à Burgos : où il efpoufa publiquement l'Infante Alienor ieune fille fœur du Roi; qui voulut de fon cofté recompenfer le merite, la grace, & la beauté finguliere du ieune Edouard, en le faifant Cheualier, & accordant en fa faueur vne ceffion des droicts de Gafcogne, laquelle meshui eftoit inutile apres la premiere; Neantmoins Paris l'accepte comme le titre de cette renonciation: qui a efté conferuée en extraict dans les Regiftres de Bourdeaux; & où il eft fait mention de la Cheualerie qu'Alfonfe donna le mefme iour à fon beau-frere Edouard, en date à Burgos le premier de Nouembre 1254.

IV. Edouard eftant de retour à Bourdeaux auec fa femme, Henri fon pere lui donna en faueur du mariage la Gafcogne, Irlande, Vvalles, Briftol, Stanford, & Gratie, & prepara fon paffage vers l'Angleterre auec autant de fatisfaction, comme s'il euft expedié auantageufement vne grande affaire: Au lieu que les plus auifés eftimoient, que d'vn cofté cette alliance d'Efpagne eftoit inutile à l'Angleterre, à caufe de l'éloignement, contre les François, qui eftoient des ennemis fi proches; & fort peu honnefte, à caufe des mœurs des Efpagnols, qui font, dit Matthieu Paris, eftant emeu de colere, le rebut, & la balieure des hommes, laids de vifage, méprifables en leurs habits, & deteftables en leurs mœurs, *hominum peripfemata, vultu deformes, cultu defpicabiles, moribus deteftabiles*. Et d'autre part, pour le regard de la Gafcogne, qu'il auoit efté employé en cette guerre pendant le dernier voyage du Roi, deux milions & fept cens mille liures fterlins, outre les terres & reuenus, les cheuaux, les habits, & joyaux qu'il auoit donnés inconfiderément à plufieurs perfonnes, ainfi qu'il auoit efté verifié fur les comtes des Treforiers, de forte qu'il auoit ruiné & perdu de fonds en comble tous les ordres du Royaume, & dépendu plus d'argent pour cette Prouince, qu'elle ne vaudroit fi elle eftoit expofée en vente, fuiuant la plainte de Paris. D'où les Anglois peuuent aprendre qu'il vaut mieux pour leur honneur, & leur repos, de s'arrefter dans les bornes de leur Ifle, que de vouloir poffeder des Prouinces dans la terre ferme, dont la poffeffion ne peut enfin leur eftre que ruineufe.

V. Henry apres auoir efté magnifiquement traicté à Paris par le Roy S. Louïs, arriua en Angleterre, enuiron la fefte de Noël au commencement de l'année 1255. Et fon fils Edoüard s'arrefta en Gafcogne pour la regler, iufqu'au mois de Nouembre de la mefme année.

VI. Pour noftre Gafton il receut auffi de la main d'Alfonfe, qui eftoit vn Prince de grande reputation à caufe de fa prudence, & de la connoiffance qu'il auoit de l'Aftrologie, la récompenfe de fes merites, par l'honneur que ce Roi lui fit de lui donner le Cordon de cheualerie, auffi bien qu'à Edoüard. Geofroi Archidiacre de Tolede, auteur efcrit à la main, qui a continué l'hiftoire de Roderic de Tolede, remarque les noms des plus illuftres Seigneurs qui auoient receu l'ordre de Cheualerie du Roi Alfonfe, fçauoir Edoüard Roi d'Angleterre, Philippe fils de l'Empereur de Conftantinople, Abandille Roi de Grenade, les Infants Philippe, Emanuel, Fernand & Louïs freres du Roi Alfonfe; Les Infants Fernand, & Sance fes fils. Alfonfe & Iean fils de Iean Roi d'Accon. Iean Marquis de Montferrat; Le puiffant Baron Don Gafton de Bearn, *Potens Baro Dompnus Gaftonus de Biarno*. Et le Comte Rodolfe qui fut apres Roi d'Alemagne, & eft le Chef de la maifon d'Auftriche. C'eft en l'ordre fufdit, que Geofroi propofe les noms des Princes honorés de la Cheualerie par Alfonfe, parmi lefquels cét auteur du temps, eftime que Gafton de Bearn merite de tenir vn rang honorable, & le met auant Rodolphe Comte de Hapfbourg.

VII. Gafton

VII. Gaston voyant que par les traictés de paix, il estoit obligé de reconnoistre & seruir l'Anglois à raison de ses terres de Gascogne, voulut estre deschargé authentiquement de toutes les promesses qu'il auoit faites au Roi Alfonse. C'est pourquoi par lettres expediées à Burgos le 3. Decembre 1254. Alfonse le descharge & l'acquite de tout serment de fidelité, & d'homage que lui ou ses predecesseurs pourroiēt auoir fait aux Rois de Castille, en consideration de la terre de Gascogne. Il l'acquite aussi de toutes les promesses, ligues, & accords que Gaston ou ses predecesseurs pourroient auoir conclu & arresté, pour raison de ladite seigneurie au Roi Alfonse ou à ses predecesseurs. Cette descharge fut confirmée par autres lettres patentes du mesme Roi, du 13. May 1270.

E Matthæo Paris, pag. 845. 905. 925. 861. 887.

I. E Regesto Burdegal. Nouerint vniuersi præsentes literas inspecturi quod nos Alfonsus Dei gratia, Rex Castellę, Toleti, Legionis, Galicię, Seuilię, Cordubię, Murcię, & Iahen pro nobis heredibus, & successoribus nostris inimus fœdus perpetuæ amicitiæ cum charissimo cōsanguineo nostro Domino Henrico Dei gratia illustri Rege Angliæ, domino Hiberniæ, Duce Normanniæ, & Comite Andeuiæ, & heredibus & successoribus suis, isto modo, quod nos & heredes & successores nostri ab hac hora in antea, simus amici & imprimis prædicti Regis Angliæ & heredum & successorum suorum contra omnes homines de mundo in perpetuum, & ipsum, & heredes, & successores iuuabimus nos & heredes & successores nostri cum toto posse nostro, bona fide, & sine fraude, & sine dolo contra omnes homines de mundo, salua fide Ecclesiæ Romanæ. Et dimittimus & quitamus, &c. *Comme en la Chartre suiuante.* In cuius rei testimonium præsentem Cartam *sigillo nostro aureo* præmunitam sæpefato Regi heredibus & successoribus suis duximus concedendam. Factum apud Toletum Regnante Christo decimo Kal. Maij, Era millesima ducentesima nonagesima secunda.

III. Cum Regalis celsitudo viros claræ propaginis diligere ac honorare teneatur, illis tamen præcipuè qui sibi ex consanguinitate, vel affinitate sunt coniuncti, & inueniuntur in beneplacitis promptiores. Idcirco, Nos Alfonsus Dei gratia Rex Castellæ, Toleti, Legionis, Galicię, Sibilię, Cordubię, Murcię, & Iahin, inclitum & charissimum affinem, & sororium nostrum Eduuardum illustris Regis Angliæ primogenitum & heredem, *quem cingulo accingimus militari*, inter ceteros orbis principes, affectione multiplici diligentes, ac affectantes eumdem dignis meritis honorare, ipsum speciali gratia prosequimur & fauore, Ea propter nos memoratus Rex Castellæ & Legionis per præsens scriptum notum fieri volumus vniuersis, quod nos præfatum Eduuardum amplecti quadam prærogatiuæ gratia cupientes damus, dimittimus, cedimus & quitamus pro nobis & heredibus nostris, eidem Edoardo & hæredibus, & successoribus suis liberè & absolutè omni exceptione remota, quidquid iuris habemus, vel quasi habemus, vel habere debemus *in tota Gasconia, vel in parte*, in terris, possessionibus, hominibus, viribus vel quasi, dominiis vel quasi, actionibus & rebus aliis, *ratione donationis quam fecit v. l fecisse dicitur, Dominus Henricus quondam Rex Angliæ, & Aleonora vxor sua Aleonora filia sua & bona memoria Alfonso Regi Castellæ*, & quidquid iuris, vel quasi ibidem habemus, vel habere debemus per successionem supradictorum, *vel per collationem Regis Ricardi, seu Regis Ioannis*, vel per collationem nobis, vel alij cuius ius ad nos pertinet, factam *à Regina Berengaria filia Alfonsi Regis & Regina Aleonora*, & omnes Chartas quas habemus super hoc à prædictis, vel aliquibus eorū promittimus bona fide dicto Eduuardo restituere vel debere, & volumus quod si inuenta fuerint ex hac hora inantea sint vacuæ & cassæ. Facta Charta apud Burgos Reg. Christo, 1. die Nouemb. anno Domini M. CC. LIV. Et nos prænominatus Rex Alfonsus vna cum vxore nostra Regina Yoland, & cum filia nostra Infante Berengaria regnās in Castella, Toleto, Legione Gallicia, Sibilia, Corduba, Murcia, Iahin, Badollocio, & in Algarbe, vniuersa quæ in hoc priuilegio sunt expressa, volumus pro nobis & heredibus nostris in perpetuum valitura. Et ad maioris roboris firmitate, hoc priuilegium cōmunitum *nostro sigillo aureo* roboramus. Infans Alfonsus dominus Molin. confirmat, Infans Erricus conf. Infans Fridericus conf. Infans Manuel conf. Infans Ferrandus conf. Infans Philippus electus Hispalen. conf. Infans Sancius electus Ecclesiæ Toletanæ, Ioannes Compostell. Archiepiscopus conf. Aluarus Garsiæ de Fromesta scripsit.

VI. Gaufridus Archidiaconus Ecclesiæ Toletanæ in Appendice Roderici Tolet. in Codice ms. Collegij Paris. Nauarræ.

VII. E Tabulario Palensi: Per præsens scriptum notum facimus vniuersis quod nos Alfonsus Romanorū Rex semper Augustus, & Castellæ, Toleti, Legionis, Galleciæ, Sibiliæ, Cordubæ, Murciæ, Giennij, & Algarbij, vidimus quandā literam sigillo nostro sigillata, cuius tenor talis est: Nouerint vniuersi quod nos Alfonsus Dei gratia Rex Castellę, Toleti, Legionis, Galleciæ, Sebiliæ, Cordubæ, Murciæ, Giennij, quitamus & absoluimus Nobilem virum Gastonem Vicecomité Bearnensem pro se & successor. bus suis ab omni iurameto fidelitatis & hominij, si quod ipse, vel antecessores sui nobis, aut predecessoribus nostris ratione terræ Vasconiæ fecit, aut fecerunt. Quitamus etiam & absoluimus eundē Gastonem, ac predecessores suos ab omni pactione, seu aliquo alio genere pactionis, si quā vel si quod ipse Gasto, vel prædecessores sui ratione, vel occasione domini nostri nobis, vel alicui, aut aliquibus antecessorū nostrorū fecit, au fecerūt. Et volumus ac cōcedimus quod ipse ac prædecessores sui per huiusmodi quitationem & absolutionem eidem à nobis factam sint omnino à prædictis liberi & soluti. In cuius rei testimonium præsentem Chartam fecimus sigilli nostri munimine communiri. Datum apud Burg. Reg. per Achrdiaconum S. Petri Notarium exp. III. die Decembris. A. Ferrandi scripsit. Era millesima ducentesima secunda. Vnde nos præfatus Rex ad preces, & ad instantiam dicti Nobilis viri Domini Gastonis prædictam literam fecimus innouari. Datum apud Burgis Rege imperante XIII. die Maij, Anno Domini M. CC. LXX. Peregrinus scripsit mandato Magistri A. Garsiæ Archidiaconi Elepten.

CHAPITRE IX.
Sommaire.

I. Les marchands Gascons mal-traitez par le Roi en Angleterre; Dequoi le Roi de Castille auteur de la paix, se tient offensé. Sommé par les Gascons. Il menace d'entrer en Gascogne. Il est appaisé par l' Ambassadeur de Henri. II. Gaston ne cessa point de continuer la guerre qu'il auoit renouuellée. III. Gaston fait aussi la guerre à Esquiuat Comte de Bigorre, pour la pretension qu'il auoit en la succession de ce Comté. IV. Alfonse Fils aisné du Roi d'Aragon oblige les parties à remetre leurs differents à Roger Comte de Foix. Teneur du compromis, asseuré par ostages de personnes & de places. V. Sentence arbitrale, qui oblige Esquiuat à se departir de ses pretensions sur Marsan; Et adiuge à Gaston le païs bas du Comté de Bigorre auec Maubourguet, c'est à dire Riuiere Basse. Maintient Esquiuat au Comté de Bigorre, exceptée la distraction ordonnée, qui subsiste encore auiourd'hui. Il y a d'autres articles en cette sentence.

I. LA necessité des affaires du Roi d'Angleterre estoit si grande apres auoir épuisé toutes ses finances en la guerre de Gascogne, qu'il fut contraint l'année 1256. de faire de grandes extorsions sur son peuple, particulierement sur les marchans Gascons, à qui il saisit les vins sans leur payer le prix; de sorte qu'ils se retirerent en leur païs tres-mal côtens, ayant le cœur plein de fiel, & la bourse vuide d'argent; & porterent leur plainte à Gaston & aux autres seigneurs de Gascogne, & par leur entremise au Roi de Castille, qui auoit esté le mediateur & l'arbitre de la paix, & s'en estoit rendu le garend. Il fut extremement irrité de cette violence, & dit tout haut, qu'il estoit marri d'auoir fait ligue auec le Roi d'Angleterre, dautant qu'il n'estoit pas homme de foi, ne gardant ni sa parole, ni ses escrits, & n'ayant aucune honte de violer son serment. De sorte qu'il lui estoit loisible de n'obseruer point leurs accords mutuels, puis que l'Anglois les auoit rompus le premier: menace sur cela d'entrer en Gascogne à main armée, & la remetre sous son obeïssance. D'autre part la trefue auec le Roi de France estant finie, Henri craignoit beaucoup de ce costé là. C'est pourquoi estonné de ces menaces, il enuoye Iean de Gatestne son Ambassadeur, homme de letres, vers le Roi de Castille, pour appaiser son esprit; lequel en vint about auec son eloquence & accortise, representant à ce Roi, que son maistre n'auoit pû lui tesmoigner vne plus grande affection, que de lui donner son fils aisné & l'heritier de tous ses biés, imitant en cela Dieu le Pere, qui pour côble de ses bien-faits enuers les hômes, leur auoit donné son Fils premier né, pour leur rachat & deliurâce.

II. Toutesfois Gaston, dit Matthieu Paris, fauorisé de la protection du Roi de Castille, & quelques autres ennemis du Roi d'Angleterre ne laisserent pas de continuer la guerre qu'ils auoient renouuelées. L'historien Anglois n'explique pas plus particulierement quels estoient les combats, ausquels Gaston estoit engagé. Neantmoins i'ai recueilli des Chartes de France, que nostre Gaston auoit en ce temps vne guerre sur les bras, contre le Comte de Bigorre, qui estoit partisant de l'Anglois. De faict on a peu voir ci-dessus, que le Comte de Licestre estoit appuyé l'an 1252. en cette guerre de Gascogne, des forces du Roi de Nauarre, & de celles du Comte de Bigorre.

III. Pour prendre mieux cette affaire, il faut sçauoir par auance ce qui sera expliqué plus distinctement ailleurs, que Peronelle Comtesse de Begorre, qui fut mariée en son ieune aage auec Gaston de Bearn grand oncle de celui-ci, espousa en secondes ou troisiesmes nopces, Gui de Montfort, second fils de Simon Comte de Montfort: duquel mariage nasquirent deux filles, Alis & Peronelle. Alis fut mere d'Esquiuat, qui succeda au Comté de Bigorre. La mesme Comtesse Peronelle espousa apres le decés de ses autres maris, Boson de Mastas; & procrea de ce mariage Mate ou Amate sa fille, qui fut mariée à nostre Gaston de Bearn. Or Gaston pretendoit que le mariage de Gui de Montfort auec la Comtesse de Bigorre, auoit esté non valablement contracté, dautant que pour lors Don Nunno d'Aragon Comte de Cerdaigne son second mari estoit en vie; & par consequent, que la succession du Comté de Bigorre, ouuerte par le decés de Peronelle, qui estoit morte l'an 1251. apartenoit à Mate sa femme, cóme estant le seul des enfans engendré en legitime mariage. Gaston poursuiuoit ses pretensions auec telle vigueur, & auec des troupes si puissantes, que le Comte Esquiuat fut obligé, pour se mettre à l'abri d'vn tel aduersaire, de faire donation entre vifs de tout le Comté de Bigorre à Simon de Montfort Comte de Licestre son oncle, & aux siens; attendu, dit-il, qu'il n'est pas assés fort pour le defendre des violences de Gaston de Bearn. Cette letre est en date à Tarbe de l'année 1256.

IV. Enfin les parties par l'entremise d'Alfonse fils aisné du Roi d'Aragon, qui vint sur les lieux, remirent leurs differents à l'arbitrage de Roger Comte de Foix, & Vicomte de Castelbon, qui estoit pere de Roger Bernard, & gendre de Gaston, beau-frere d'Esquiuat, par compromis de cette année 1256. le lendemain de la Natiuité Nostre Dame, qui est le 9. de Septembre. Par lequel Gaston de Bearn, & Esquiuat de Chabanes promettent d'auoir pour agreable tout ce que le Comte de Foix arbitre éleu ordonnera par sa Sentence, sur toutes les disputes, debats, & controuerses qui estoient entr'eux; donnent pour cét effect des ostages, sçauoir Gaston de sa part, Garsias Arnaud de Naualhas, Bernard Seigneur de Coatrase, Guillaume Ramon de Boazes, Ramon Arnaud de Gerserest, & Ramon de Milsents, les villes de Castelnau de Riuiere, & de Vic, auec leurs apartenances. Esquiuat baille de son costé, Raimon Garsia de Lauedan, Arnaud Guillaume de Barbazan, Raimon de Baregge....Iean de Lord, & les Chasteaux de Mauuesin, & de Maubourguet auec leurs dependances. Ces personnes iurent sur les saincts Euangiles de demeurer en ostage à leurs despens, en tel lieu que le Comte de Foix ordonnera, consentant d'estre gardés, tenus, & reserrés, ainsi qu'il auisera. Gaston aussi, & Esquiuat promettent de faire iurer leurs sujets habitans desdits lieux, d'obeïr entierement au Comte de Foix comme à eux mesmes, les deschargeant d'ors & dés-ja de tout serment de fidelité: & assignans au Comte sur ces lieux, & sur les personnes données en ostage, le payement de tous les frais qu'il fera en la garde des Chasteaux, ou autrement, pour raison de cét arbitrage. Et en cas de cótrauention ils s'obligent à la peine mille marcs d'argent, payable au Comte, pour estre employée à sa discretion; & nonobstant ce, d'obseruer la sentence arbitrale, consentans que les ostages soient rendus à la partie obeïssante, & que l'autre qui demeurera pendant vn an dans l'inexecution soit priuée de son droict: promettent de remplacer d'autres ostages, en cas de mort, de fuite, ou d'absence de ceux qui ont esté donnés, ou de remettre les mesmes, s'ils sont en vie; comme aussi de rendre au Comte lesdites places ou autres equiualentes, si elles lui estoient ostées, soit par eux, ou par autres. Gaston promet de faire ratifier ce compromis à Mate sa femme, pour elle, & ses successeurs; Et Esquiuat de le faire agréer à Iordain son frere. Ce qui fut iuré solennellement par les parties sur les saincts Euangiles, en presence d'Alfonse fils aisné, & heritier du Roi d'Aragon, d'Arnaud Raimond Euesque de Bigorre, de Geraud d'Armagnac, Pierre Cornel, Loup de Foix Abbé de S. Sauin, Cicard de Belpoey, Arnaud de Motagut, Pierre de Poey, & de plusieurs autres.

V. Six iours apres, le Comte de Foix auec l'auis de personnes entenduës, prononça aux parties dans le Chasteau d'Ortés, son iugement & sentéce arbitrale comprise en quelques articles qui estoient de cette substance. I. Que le Comte Esquiuat quite & cede pour soi, ses hoirs & successeurs à Gaston, & à Mate sa femme, & à leurs hoirs, toute la iurisdiction qu'il a, ou doit auoir en la terre & Vicôté de Marsan. II. Ensemble la ville de Mauborguet auec tout son territoire, déchargeant les habitans d'icelle du serment de fidelité qu'ils lui auoient presté. III. Qu'il cede & quite toute la terre, ville, chasteaux, fiefs, vassaux, iurisdiction, seigneurie, & tous autres droits que le Côte de Bigorre possede au païs bas du Comté, à prendre depuis Mauborguet, iusqu'au Comté d'Armagnac; qui est ce païs que l'on nomme auiourd'hui Riuiere Basse. IV. Qu'il fera agréer & ratifier tout ce que dessus à son frere Iordain. V. que Gaston & Mate sa féme quitent, cedét, & renoncét pour eux & leurs successeurs au profit d'Esquiuat, & ses hoirs, tout le surplus du Comté de Bigorre, à prendre depuis Mauborguet en haut vers les montagnes. VI. Ensemble tous les droits, iurisdiction, & seigneurie qu'ils ont en toute la terre, villes, & chasteaux de Chabanes, & Cofolés. VII. Que Gaston & Mate acquitent tous les gentilshommes, & autres habitans du Comté de Bigorre depuis la ville Mauborguet en haut, du sermét de fidelité qu'il leur ont presté. VIII. Que le Comte Esquiuat décharge & acquite Raimon d'Antin, Bernard de Basillac, Auger des Angles, & Bernard de Cugurol auec leurs adherans, lors qu'ils se remettront en son obeïssance, de tous les dômages qu'ils lui ont fait, & aux siens, à l'occasion de la guerre, meuë entre Gaston & Esquiuat; lequel leur rendra les terres, & chasteaux qu'il auoit occupés sur eux pendant la guerre; Et reciproquement lesdits gentils-hómes acquiteront Esquiuat & ses associés, de tous les dômages qu'ils ont receus; & en tesmoignage de ce ils s'octroyeront respectiuement leurs letres patentes de ladite remise, & decharges expediées en bonne forme, & seelées de leurs seaux. IX. Que Gaston & Esquiuat quitent & remetent l'vn à l'autre, & à leurs partisans, tous les dommages respectiuement faits & receus à l'occasion de cette guerre, dont ils presterót leurs sermens corporels. X. Que Gaston & Mate quitét totalemét & cedent au profit d'Esquiuat & de ses hoirs, toute la seigneurie, & tous les droits, terres, villes, & chasteaux, vassaux & fiefs, & generalement tout ce qui apartient à la seigneurie dudit Comte, horsmis cette portion depuis Mauborguet en bas, qui a esté adiugée à Gaston & à Mate par cette sentéce. Reseruant ledit Comte de Foix expressément à soi, de faire droit aux parties, sur le fait de Comenge, & des debtes, ou autres chefs non compris en la sentence, lors qu'elles voudront en faire la poursuite pardeuant lui. XI. Ordonne à Gaston & à Mate de receuoir en leur entier amour, & vraye amitié le seigneur Esquiuat, auquel il ordóne d'en vser de mesme sorte enuers Gaston & Mate, de maniere que s'il suruient à l'auenir entr'eux aucun sujet de guerre, ils ne procedent point par armes l'vn contre l'autre; sauf en cas de refus de iustice. XII. Ordonne à Gaston de rendre à Esquiuat, & à ses adherans, les chasteaux & places qu'il a pris sur eux à l'occasion de cette guerre. XIII. Enioint aux parties de renoncer à tout benefice de droict diuin & humain, & à toutes pactions & accords, par lesquels ils pourroient venir à l'encontre de cette sentence. Ceci fut fait & prononcé en la ville d'Ortés dans le chasteau appellé le Noble, le Samedi apres la Feste de l'Exaltation S. Croix, en l'année de l'Incarnatió M.CC.LVI. presens & assistans Bertrand par la grace de Dieu Euesque de Lascar, Raimond Euesque d'Oloron, Nauarre Euesque d'Acqs, Guillem O'd d'Andons, Bernard de Coarasa, Raimond Garsie de Lauedan, Arnaud Guillaume de Barbasan. Où l'on peut remarquer en passant Bertran Euesque de Lascar successeur de Sance, & Raimond Euesque d'Oloron, successeur de Pierre Euesque d'Oloron, qui a signé la donation que fit la Comtesse Peronelle en faueur de sa fille Mate, l'an 1250. Au reste cette sentence arbitrale merite d'autant plus d'estre representée, qu'en vertu d'icelle les anciens limites du Comté de Bigorre furent changées, & la Riuiere Basse fut distraite du Comté.

II. E Matthæo Paris, pag. 905. Verumtamen Gasto, & alij Domini Regis Angliæ proditores de protectione ipsius Regis Castellæ commoti, caput extulerunt, & quædam certamina incœpta continuarunt.

V. E Tabulario Parisiensi : In nomine Domini nostri Iesu. Amen. Anno Incarnationis eiusdem M.CC.LVI. Nos R. Dei gratia Comes Fuxi & Vicecomes Castriboni, compromissarij, seu arbitratores, vel amicabiles compositores à Nobilibus viris Domino Gastone Vicecomite Bearnense ex vna parte, & Domino Eschiuato Comite Bigorritano constituti ex altera, super omnibus discordiis & controuersiis, quæ motæ fuerunt hactenus inter ipsos, vel ex nunc moueri possent inter ipsorum heredes in posterum successuros nostrum arbitrium habito bonorum virorum consilio taliter promulgamus. In primis dicimus & arbitramur, quod dictus dominus Eschinatus pro se & suis heredibus natis & nascituris, quitet, & absoluat Domino Gastoni, & Dominę Mathę vxori suę, & eorum heredibus eis legitime successuris, omnimodam iurisdictionem quam habet vel habere debet, in tota terra, & dominio Vicecomitatus de Marciano. Item dicimus & promulgamus quod dictus Eschiuatus pro se & suis heredibus natis & nascituris concedat, quitet, & absoluat dicto Domino Gastoni, & Dominæ Mathæ vxori suæ, & eorundem heredibus natis & nascituris, totam villam, & locum de Malborguet, cum vineis, terris, possessionibus, & terminis, quæ nunc tenent & possident homines qui modo inhabitant locum illum infra terminos eiusdem villæ, & absoluat perpetuo omnes homines ipsius villæ ab omni dominio quod habet, vel habere debet ibidem, & à iuramento fidelitatis quo sibi hactenus tenebantur. Item dicimus & arbitramur quod eodem modo concedat, quitet, & absoluat totam terram, & villas, & castra, & dominium, milites, & militias, & omnia iura quæ Comes Bigorræ habet, vel habere solet, vel debet, dicto Domino Gastoni, & Dominæ Mathæ vxori suæ, & eorum heredibus natis & nascituris, à dicto loco Malborguet, vsque ad inferiorem, vel vlteriorem terminum Comitatus Bigorræ, quæ versus partes extenduntur Armaniacenses ; & hæc omnia supradicta quitet & absoluat ab omni quæstione seu petitione, quæ moueri possent aduersus eos, vel eorum heredes. Ita quod nunquam ipse, vel heredes sui moueant contra dictum Dominum Gastonem, & Dominam Matam vxorem suam amodo, aliquam quæstionem, nec contra eorum heredes natos, vel etiam nascituros. Item dicimus, quod dictus dominus Eschiuatus faciat hæc omnia & singula domino Iordano fratri suo concedere & laudare. Item dicimus & arbitramur, quod dictus Dominus Gasto, & Domina Matha vxor sua, pro se, & heredibus suis natis, & nascituris, quitent pariter, & absoluant dicto domino Eschiuato, & heredibus suis natis & nascituris omnimodam iurisdictionem, & totum dominium quod habent, vel habere debent, vel possent, qualibet ratione vel iure, in residua parte Comitatus Bigorræ, quomodo habet, tenet vel possidet, vel habere tenere & possidere debet, dictus dominus Eschiuatus, vel antecessores sui hactenus habuerunt & tenuerunt, vel etiam habere & tenere debuerunt, à dicto loco de Malborguet vsque ad superiores, vel vlteriores ipsius terminos Comitatus. Item dicimus & arbitramur, quod supradictus Dominus Gasto, & Domina Matha vxor sua pro se & heredibus suis natis & nascituris quitent perpetuo, & absoluant dicto domino Eschiuato Comiti Bigorræ, & heredibus eius natis & nascituris, omnimodam iurisdictionem, & dominium quod habent, vel habere debet aut possent, in tota terra, castris, & villis de Chabanesio & de Cofolens, & pertinentiis eorumdem, ab omni quæstione seu petitione, quæ moueri possent aduersus eum, vel heredes ipsius; ita quod nunquam ipsi, vel heredes eorum contra dominum Eschiuatum, vel heredes suos natos & nascituros amodo moueant, vel moueri faciant aliquam quæstionem. Item dicimus, quod supradicti Dominus Gasto, & Domina Matha vxor sua quitent penitus, & absoluant omnes milites, & alios homines, in Comitatu Bigorræ, à dicto loco de Malborguet vsque ad superiores ipsius Comitatus terminos, eximentes ab omnimoda obligatione seu homagio, vel iuramento, quod eis vel eorum alteri occasione qualibet præstiterunt. Item dicimus & promulgamus, quod dominus Eschiuatus pro se & heredibus suis natis & nascituris absoluat, quitet, & remittat dominis R. de Antin. B. de Bassacho. Augerio dels Angles, & B. de Cugurol & complicibus eorum, quando ad ipsius dominium, & homagium reuersi fuerint cum terris, castris, & possessionibus, quas ab ipso & antecessoribus suis tenent & tenuerunt, & tenere debent, omnes iniurias, & omnia maleficia, & damna, quæ occasione guerræ inter ipsum & Dominum Gastonem habitæ, dicto domino Eschiuato, & suis, modis quibuslibet intulerunt. Et dictus dominus Eschiuatus restituat eis terras, & castra, & possessiones eorum, quæ occasione nominatæ guerræ superius occupauit; & ipsi milites absoluant quitent, & remittant dicto domino Eschiuato, & omnibus valitoribus suis, omnes iniurias damna, & maleficia quæ per eumdem dominum Eschiuatum, & valitores suos ipsis versa vice illata fuerunt ; Et in testimonium factæ quitationis, absolutionis, & remissionis, dictus dominus Eschiuatus det supradictis quatuor militibus suas quitationis, absolutionis, & remissionis, patentes literas sigilli sui munimine roboratas ; & iidem milites dent eidem vice versa suas quitationis, absolutionis, & remissionis, patentes literas, sigillorum suorum, vel aliaru authenticarum personarum, si propria sigilla non habeant, munimine roboratas. Item dicimus, & arbitrando firmiter promulgamus, quod dominus Eschiuatus pro se & suis quitet, remittat pariter, & absoluat omnes iniurias, damna, & maleficia, quæ occasione pręmissæ guerræ eidem per Dominum Gastonem & valitores suos fuerunt sibi, & suis valitoribus irrogata ; Dicentes etiam pari modo, quod Dominus Gasto pro se & suis quitet omnes iniurias, damna, & maleficia per dictum dominum Eschiuatum, & valitores suos sibi & suis illata remittat similiter & absoluat ; Et super his omnibus vniuersis & singulis firmiter obseruandis, sæpefati Domini Gasto & Eschinatus corporalia iuramenta præstent, cum à nobis super hoc fuerint requisiti. Item dicimus & promulgamus quod dictus Dominus Gasto, & Domina Matha vxor sua pro se, & heredibus suis natis & nascituris quirent totaliter & absoluant dicto domino Eschiuato, & heredibus suis natis & nascituris totum dominium, & omnia iura, terras, villas, & castra, milites & militias, & breuiter quæcunque spectant & pertinent ad dominium ipsius Comitatus, illis exceptis quæ sæpedicto Gastoni, & Dominæ Mathæ vxori suę, & heredibus suis natis & nascituris, à dicto loco de Malborguet vsque ad inferiores partes ipsius Comitatus, per nostrum Dictum vel Arbitrium sunt concessa. Item si pars Domini Gastonis, & pars domini Eschiuati aliqua super facto Conuentarum, vel aliquorum debitorum, vel aliorum, quæ in hac Charta non sunt scripta, quicquam voluerint proponere coram nobis;

Ecc iij

nos super omnibus illis vniuersis & singulis retinemus, dicendi, arbitrandi, & promulgandi plenariam potestatem. Item dicimus & mandamus, quod Dominus Gasto, & Domina Matha vxor sua recipiant in plenum amorem, & veram amicitiam dominum Eschiuatum; Et idem dominus Eschiuatus recipiat eos in eumdem amorem, & amiciriam vice versa, ita quod si aliqua contentionis occasio inter ipsos inposterum forsitan oriatur, alter non veniat contra alterum, nisi sibi iustitiam penitus denegaret; Et si Dominus Gasto castra, vel possessiones aliquorum valitorum domini Eschiuati occasione præmissæ guerræ hactenus occupauit, illa omnia eis plenarie restituat indilaté. Item dicimus & mandamus, quod omnia prout superius sunt expressa firmiter à partibus in perpetuum obseruentur, & super hoc partes renuncient coram nobis, ne in contrarium aliquo tempore veniant, omni iuris auxilio & beneficio tam diuino quam humano, nec aliqua pactio vel obligatio publica vel priuata inter dictas partes habita, vel habenda scripta, vel non scripta, per quam Dictum nostrum, vel Arbitrium lædi, vel rumpi posset, à modo aliquam obtineat firmitatem. Actum apud *Ortesium in castro quod dicitur Nobile*, die Sabbathi post Festum Exaltationis Sanctæ Crucis, anno Domini quo suprà, præsentibus & astantibus Bertrando Dei gratia Lascurren. R Oloren. Nauarro Aquen. Epistcopis, Guillelmo Odone de Andons, Bernardo domino de Caudarasa, Raimundo Garsiæ de Leuitano, Arnaldo Guillelmi de Barbazano. Et ad maiorem firmitatem dicimus & mandamus Domino Gastoni, & Dominæ Mathæ vxori suæ, & domino Eschiuato, vt sigilla sua propria præsentibus apponi faciant, qui omnes sigilla sua apposuerunt, & hæc omnia concesserunt & approbauerunt, & præstabunt iuramenta cum requisita solennitate.

CHAPITRE X.

Sommaire.

I. Gaston obligé de remetre entre les mains des Anglois le chasteau de Saut, ne peut le faire, à cause que le Maire s'en estoit saisi. II. Il entreprend de le recouurer par force. Requiert Amanieu de Lebrit en vertu de la seigneurie qu'il a sur lui, & de leurs traictez, de le secourir en cette expedition. III. Cét Amanieu est nommé dans vn ancien acte, De Leporeto, *qui monstre que l'origine du nom de la maison de Lebret est tirée des lievres qui sont sur les lieux. IV. Les seigneurs de Lebret vassaux de Gaston, à cause des chasteaux de Basas, & de Casenaue qu'ils tenoient en fief de lui, à raison du Vicomté de Gauardan. Conditions de l'inuestiture de ce fief. V. Gaston somme le seigneur de Lebret de lui remetre en main le chasteau de Casenaue pour la guerre de Saut. Teneur de la letre. Le chasteau fut rendu à l'Anglois, à qui Gaston le redemanda quelques années apres. VI. Garsende administroit les terres qui apartenoient à Gaston en Catalogne: & fit homage à l'Euesque de Vic. Vne portion de la monoye de la Cité de Vic lui apartenoit.*

I. LA rencontre des affaires ne permetoit point, que la valeur de Gaston demeurast en repos, l'occasion d'vne nouuelle guerre s'estant presentée en l'année 1259. Car Gaston s'estant obligé enuers le Prince Édoüard par quelque nouueau traicté, de lui remetre en main le chasteau de Saut, qui apartenoit en proprieté à Gassarnaut de Nauailles; & neantmoins releuoit en homage du seigneur de Bearn, auec tout le reste du Vicomté de Saut, ainsi que nous auons monstré ci-dessus: Il arriua que le Maire de la ville, auec le secours de ses voisins se rendit maistre de la place, pour éuiter sans doute qu'il n'y entrast point de garnison Angloise. De sorte qu'il fut impossible à Gaston, de remetre le chasteau entre les mains de Guaillard de Soler Commissaire deputé par le Roi, & la Reine, Edoüard, & le Parlement ou Conseil d'Angleterre, pour le receuoir suiuant l'accord arresté entr'eux, & Gaston.

II. Or dautant que cette action tendoit au mespris des Anglois, & du seigneur de Bearn, & que l'on eut peu l'interpreter pour vne intelligence secrete auec Gaston, s'il ne s'en esmouuoit à bon escient, il prit resolution de venger cét afront. Pour cét effet, il enuoye ses letres patentes au Noble Baron Amanieu de Lebrig, en date à Bazas du Mecredi apres la feste de Sainte Croix de May 1259. le requiert en vertu de la seigneurie qu'il a sur lui, & du serment qu'Amanieu lui auoit fait, & des accords qui estoient entr'eux, de le secourir en la poursuite qu'il pretend faire à viue force, & par voye d'armes, du recouurement du chasteau de Saut.

III. Cét Amanieu de Lebrit ou Lebrig, est le mesme, qui est nommé dans vne letre d'aueu du Comte de Comenge, de l'an 1240. *Amaneus de Leporeto*. L'origine du nom de Lebret ou Lebrit, estant deriuée des lievres, ou lapins, qui fourmillent dans les Landes, où cette maison est assise. Son pere, qui estoit à la suite d'Alienor fille du Roi Henri II. d'Angleterre auec les autres seigneurs de Gascogne, lors qu'elle fut conduite en Aragon, pour espouser Alfonse Roi de Castille en l'an 1170. est nommé dans l'acte Latin representé par Surita en ses Indices, *Amaneus Lebretensis*.

IV. Cependant dans la letre de Gaston, l'on voit qu'il traite Amanieu de Lebret comme son vassal, lui ramentoit la seigneurie qu'il a sur lui, & le serment qu'il lui a presté. Ce vassellage apartenoit à Gaston en qualité de Vicomte de Gauardan; de laquelle terre dependoient le chasteau de Bazas, & celui de Casenaue. Gaston en auoit donné l'inuestiture le 14. Aoust 1250. à Amaniu de Lebrit, qui s'estoit rendu son *Cauer* & vassal à raison d'iceux, sous l'homage d'vn fer de lance; à la charge de les remetre en main de Gaston vne fois en sa vie; qui les lui rendroit en suite au mesme estat; prometoit garentir lesdits chasteaux de plaid & de guerre à ses despens, sans que ni lui, ni ses hoirs les peussent retirer des mains d'Amaniu ni de ses successeurs; sauf en cas que Gaston ou ses successeurs eussent guerre contre quelqu'vn; auquel cas ceux de Lebrit seroient tenus de leur remetre les chasteaux, pour s'en seruir en cette guerre, à condition de les restituer, lors qu'elle seroit finie par paix, ou par treue.

V. Gaston outre le secours pour la guerre de Saut, demande en consequence de l'acte d'inuestiture, au sieur de Lebrit, le chasteau de Casenaue situé à trois lieuës de Langon, & lui assigne le iour de la restitution au Dimanche apres la feste de l'Ascension; disant qu'il sera prest ce iour là, pour le receuoir. Cette letre fut expediée en presence du noble Baron *En Guiraud* par la grace de Dieu Comte d'Armagnac & de Fesensac, de quelques Bourgeois de Basas, & de Bourdeaux, de certains Cauers, & de Gaillard de Farguas, *Dauneg*, qui signifie ce que les actes Latins expriment par le terme de *Domicellus*, c'est à dire Gentil-homme. Mais il vaut mieux la representer, comme elle est conceuë au langage du temps, extraicte du thresor de Pau. *En Gaston per la gratia de Dieus Vez coms de Bearn, Segnor de Moncada & de Casteluiel. Al Noble Baron N amanieu de Lebrig. Saluts & amors. Fem vos Saber che chom En Guallard del Soler vengos à nos, per lo mandament de nostre Segnor le Rei d'Angleterra, Sober los combents del Castel de Saut, loqual lodit En Guallard deuia recebre per lor voluntat, & per lor mamdament, & per la voluntat nostra. Et d'En Gassarnaut de Nauallas, segont de la forma chées escriuta enter lor & nos Lo Maire, els Calemenes, & lurs amics, aissi chom vos sabets, part dret lan prees ab de sons altres amics; & chom aco sia feit en gran dòpnage & Bergonna de nostre Segnor lo Rei, & de nostre Seignor Nadoard & de nos, & nos le nostre dampnage & la nostra bergona vullam demandar, & la lor, ad achels qui aco an feit, Nos vos requerim per la Segnoria che nos auem sober vos, & per lo Segrament che feit nos auez, & per los combents che son enter nos & vos, che vos aco nos adiudets à demandar ab guerra viua. E chel Castel de Casenaua que vos tiez de nos, nos arredats lo Dicmenze apres la festa d'Ascension de Mai, che sapiats nos seram aquel diè aparellat de recebre lo castel. & aco che vos en faraz, chens ac faz ats saber per bostras letras pendenz per o portador de las letras. E per che aço aiaz per ferm, nos daco auem feit far* 11. *cartas per* A.B.C. *par tidas. la vna de las quals nos vos trametem saierada de nostre saiel, en retenim a nos l'autra. Aco so feit à Vasaz lo Dimercles apres de la festa de la Senta Croz de Mai.* En testimoniage del Noble Baron Mosegner En Guiraut per la gratia de Dieus Coms d'Armagnach & de Fedençach, & d'En Guillem Seguin de Riouz, & d'En doat de Pins Maire de Vasaz, & d'En Bertran de Ladils, & d'En Arnaud de Ladils, & d'En Ramon Marches, Borz es de Vasaz, & d'En Segnoron de Maur, & d'En Gassarnaut de Gerzerest, & d'En Berengher de Peirapertusa, & d'En Guaillard de Gresignan, & d'En Ramon Fuert de Lados, Cauers. Et d'En Guillard de Faurgas. Dauneg, & d'En Pes del Soler, & d'En per Bonases Borz es de Bordel. On trouue que le Chasteau de Saut fut remis entre les mains de l'Anglois. Car Gaston le demande au Prince Edoüard par ses lettres en date à S. Omer l'an de grace 1264. auec des clauses bien pressantes. Car il dit que si Edoüard Duc d'Aquitaine fils & sujet du Roi d'Angleterre, est negligent à lui faire iustice, que le Roi en qualité de pere & de Seigneur est obligé de la lui rendre; Pour éuiter que sa iurisdiction ne soit déuoluë au superieur par sa negligence; Par ces termes il le menace d'vn Appel par deuant le Roi de France.

VI. En ce temps la Comtesse Garsende mere de Gaston estoit encor en vie, & gouuernoit en qualité de Regente, les terres situées en Espagne, qui apartenoient à la maison de Bearn; tandis que Gaston estoit occupé aux affaires de Gascogne; Ie dis en qualité de mere Regente & d'Administreresse, dautant que sous elle & son fils Gaston, il y auoit vn Lieutenant General; nommé Bernard de Centellas; qui estoit vn Seigneur de consideration: la maison de Centellas estant l'vne des Neuf Noblesses de Catalogne, qui furent establies lors du departement general des dignités de cette Prouince, chés Diago en son histoire des Comtes de Barcelone. L'on aprend ce qui regarde Garsende d'vn acte d'homage qu'elle presta pour sa terre, à Bernard nouueau Euesque de Vic ou d'Ossonne; d'où il apert, que le Seigneur de Bearn auoit vne portion en la monoye qui se fabriquoit en la ville de Vic: en ce que la Comtesse Garsende approuue le restablissement de cette monoye, qu'auoit fait l'Euesque Bernard, & la composition qu'il auoit arrestée auec le Lieutenant Centellas, de la portion qui apartenoit à Garsende, & à Gaston son fils. Cét acte est en date du dixiesme des Calendes d'Octobre M.CC.LVIII.

IV. E Chart. Pal. *Conegude cause sie à tots, que nous Namancu de Lebrit aben reconegut, que nous tiem lo Castet de Basats & tote la honour d'En Gaston de Bearn per nome d'el Vescomtat de Gabarret En la mesiche honour d'el Castet de Basats abem reconegut que es lo Castet de Casenane, Et d'aquestes abandites causes em sous Caber & sous Houm, ab vne lance de sporle, que len debem pagar à seignou mudan.*

VI. E Tabul. Barcin. in Armario 9. Ausoniæ sacco, litera A. n. 81. *Iuramus nos domina Garsendis gratia Dei Comitissa & Vicecomitissa Biarnensis, & domina Montis cataini ac Castri veteris, vobis Bernardo gratia Dei Ausonensi Episcopo domino nostro, quod ab hac hora in antea fideles erimus vobis per directam fidem sine engan, sicut homo debet esse suo bono seniori, & de cætero non decipiamus vos de vestra vita, neque de vestris membris, quæ in vestro corpore se tenent, neque de ipso Episcopatu S. Petri Ausonensis sedis, siue de omni alio vestro honore, quem hodie habetis, & in antea adquisituri estis Deo dante per nostrum consilium: sed adiuuabimus vos tenere, & habere, & defendere, & guerreare prædictum honorem, contra cunctos homines vel feminas, qui totum vel partem vobis auferre voluerint, & faciemus vobis ipsum adiutorium sine omni enganno, & commonere non nos vetabimus, & ipse vel ipsi qui nos inde commonuerint regardum inde non habeant: sed sicut superius scriptum est, sic tenebimus & attendemus, excepto illo de quo vos nos soluere volueritis vestro grato animo. Laudamus etiam & approbamus restaurationem monetæ S. Petri Ausonensis sedis, quam fecistis vos Domine Bernarde Vicensis Episcope, assensu & voluntate capituli vestri, & consilia Bernardi de Scintillis tenentis locum nostrum, & Gastoni filii nostri. Quam monetam promittimus tenere, & obseruare prout in forma instruméti confecti per vos super dicta moneta plenius cótinetur. Et hæc omnia supradicta, & singula, promittimus per Deum & super sancta quatuor Euangelia. Laudamus etiam & approbamus compositionem, quam cum dicto Bernardo de Scintillis fecistis, super parte quam nos & dictus Gasto filius noster, debemus recipere in dicta moneta. Quod est factú X. Kalédas Octobris, anno Domini M.CC.LVIII. Signum † Dominæ Garsendis Comitissæ & Vicecomitissæ prædictæ, quæ prædicta laudamus, facimus, firmamus, & iuramus.*

CHAPITRE XI.
Sommaire.

I. *Constance fille aisnée de Gaston recherchée en mariage par diuers Princes. Espouse en premieres nopces Alfonse Infant d'Aragon, reconneu pour heritier du Roi son pere.* II. *Apres son decés il y eut traicté de mariage entre Henri frere de Thibaut Roi de Nauarre, & Constance; qui ne reüssit pas.* III. *Elle fut ensuite accordée à Henri fils du Roi d'Alemagne Richard. Il est expliqué qui estoit ce Richard, & cette qualité de Roi d'Alemagne.* IV. *Faction des Barons d'Angleterre contre leur Roi pour les Libertés du Roiaume. Richard desseigne de secourir son frere; mais il est contraint de ceder au desir des Barons.* V. *Il y auoit en la Ligue des Barons vn article desraisonnable, selon le iugement du Pape, & du Roi de France.* VI. *Henri se retire de la Ligue des Barons.* VII. *Guerre ouuerte entre le Roi & les Barons, dont le Chef estoit Simon de Montfort. Henri arresté. Paix concluë.* VIII. *Guerre renouuellée. Le Roi perd la bataille, est prisonnier de Simon. Henri enfermé à Douure.* IX. *Edoüard auec le secours des Gascons gagne la bataille contre Simon, qu'il tuë sur la place. Gaston y seruit beaucoup. Ce qui seruit de motif au mariage de Henri & de Constance.*

I. J'Ay remarqué ci-dessus comme Gaston auoit espousé Mate ou Amate de Bigorre, fille de Boson de Matas, & de la Comtesse Peronele. De ce mariage nasquirent quatre filles, Constance l'aisnée, Marguerite, Mate, & Guillelme; Or la dignité de la maison de Bearn estoit en telle consideration en ce temps, que Constance fille aisnée de Gaston fut recherchée en mariage par les fils de trois Rois, & le frere d'vn autre, dont elle espousa les deux. Le premier fut Alfonse Infant d'Aragon, fils aisné de Iacques premier Roi d'Aragon, & Iuré par les Estats du Royaume pour son heritier des Couronnes d'Aragon & de Valence; qui espousa Constance en premieres nopces l'an 1260. & deceda bien-tost apres sans lignée, ainsi qu'à obserué Surita en ses Indices. Il est croyable, qu'elle lui porta en dot toutes les terres & seigneuries que son pere Gaston possedoit en Aragon, Catalogne, & Maiorque; desquelles l'Infant Pierre d'Aragon son frere se contenta quelques années apres, espousant Guillemete de Moncade quatriesme fille de Gaston.

II. L'an mille deux cens soixante-cinq, il y eut des articles arrestés entre Tibaut Roi de Nauarre, Comte Palatin de Champagne & de Brie, & Gaston de Bearn, pour le mariage de Henri frere du Roi, qui lui succeda au Royaume, & de Constance fille aisnée de Gaston. Pour les conditions duquel mariage, & touchant la dispute qui pouuoit suruenir entre le Roi de Nauarre, & Gaston, sur le fait du Comté de Bigorre, ils promirent d'executer de bonne foi tout ce qui seroit ordonné par Pierre Euesque de Bourdeaux, Pierre Doyen de Tudele, Clement Seneschal de Nauarre, Amanieu de Lebret, Pierre de Bourdeaux, & Garcie Arnaud de Nauailles, soit que ces arbitres iugeassent suiuãt le droit, ou bien à leur discretion; à la charge que tous les six arbitres, ou les cinq d'entr'eux pour le moins fussent de mesme auis. Et particulierement Gaston promet de bonne foi, que dés aussi-tost apres le iugement rendu par les Arbitres, sur la dispute touchant le Comte de Bigorre, il baillera sa fille en mariage à Henri frere du Roi, & lui constituera en dot, les Vicomtés de Gauarret, & de Bruilles, & la terre qu'il a nouuellement acquise au Comté de Bigorre, sçauoir Maubourguet, Castetnau, Saueterre, Auriebat, Ladeuesse, auec toutes leurs apartenances; & en outre la portion qu'il a au Chasteau de Roquefort de Marsan. Quant à l'agencement, que Henri sera tenu de faire à Constance, & les autres conditions en cas de predecés de l'vn ou de l'autre, les parties s'en rapportent à l'ordonnance que les arbitres en feront. Ils confirment leur compromis par la peine de trois mille marcs d'argent, payables par la partie desobeïssante, à celle qui acquiescera au iugement. Henri donne aussi pour son regard tout pouuoir aux Arbitres, qui sont obligés de prononcer iusqu'à la feste de la Purification, auec puissance de proroger le terme du compromis, iusqu'au Mardi gras prochain, *vsque ad Carnis priuium proximum.* Fait & arresté le troisiesme des Ides de Decembre mil deux cens soixante-cinq.

III. Ce traicté n'ayant point reüssi Constance fut accordée l'an 1267. en secondes nopces à Henri fils aisné de Richard Roi d'Alemagne: duquel il semble que ie sois obligé de parler en ce lieu, pour considerer les mouuemens de cette recherche; ioinct que d'ailleurs au moyen de ce mariage, ce ieune Prince fut comme enté dans la maison de Bearn, quoi qu'il n'aye point eu lignée. Henri estoit fils de Richard Comte de Cornoüaille, & d'Isabeau Comtesse de Glouernie, la premiere femme qu'il espousa au mois d'Auril 1231. suiuant Matthieu Paris. L'Empire ayant vacqué, Richard frere de Henri III. Roi d'Angleterre fut esleu Roi d'Alemagne, sur la fin de l'année 1256. par vne partie des Electeurs; les autres sollicités par le Roi de France, ayans donné leurs suffrages au Roi Alfonse de Castille, qui ne posseda iamais que la simple qualité de Roi des Romains. Les motifs de cette Election furent pris suiuant l'historien Anglois, de ce que les Alemans ne peuuent supporter vn Aleman, à cause de sa superbe, haissent les François, & detestent les Italiens, à cause de leur auarice insatiable, & communiquent plus facilemét auec les Anglois, à cause du raport de leur langue, & de l'origine commune de leurs nations. La fidelité, constance, valeur & generosité de Richard, y profita aussi beaucoup; mais particulierement l'abondance de ses thresors, qui lui donnoit moyen de maintenir sa nouuelle dignité, & de dépendre dix années durant, cent marcs d'argent par iour, sans y comprendre ses reuenus ordinaires d'Angleterre, & du Royaume d'Alemagne: à quoi le vers satyrique du temps faisoit allusion, *Nummus ait pro me, nubit Cornubia Romæ.* Il prit le tiltre & la qualité de Roi d'Alemagne, dautant que les Electeurs ne pouuans donner par leur Election la Couronne & dignité Imperiale, que le seul Pape confere, ils donnent au nouueau Esleu le Royaume d'Alemagne, ou Royaume des Romains, *qui est l'Arre de l'Empire, la dignité precedente, & la possession primitiue,* ainsi que parle vn Pape, chés Paris. Il fut couronné en suite Roi des Alemans, ou des Romains, à Aix la Chapelle, le iour de l'Ascension de l'année 1258. sans aucun empeschement de la part d'Alfonse son competiteur; & le lendemain de son couronnement donna l'ordre de Cheualerie à son fils Henri, faisant en cette occasion vn magnifique banquet aux Princes d'Alemagne.

IV. Peu de temps apres, les Barons d'Angleterre assemblés au Parlement d'Oxfort, firent serment de faire valoir les libertés accordées au Royaume par le Roi Iean, obligeât le Roi Henri & son fils Edoüard, d'en faire de mémes. Henri fils de Richard chanceloit sur ce point, s'excusant qu'il ne pouuoit consentir de faire vn tel serment sans la permission de son pere; mais on lui respondit ouuertement, que si son pere ne vouloit se ioindre au *Baronage*, c'est à dire au corps des Barons, qu'il ne possederoit pas *vn sillon* de terre dans le Royaume. Richard ayant apris la coniuration des Barons contre le Roi son frere, resolut de s'y acheminer, esperant d'y mettre quelque ordre par sa presence, attendu qu'estant fils & frere de Roi & Comte de Cornoüaille, comme il disoit, les Nobles n'auoient pû entreprendre sans lui vne afaire de si grande importance, que de reformer le Royaume. Mais la Noblesse armant puissamment par mer & par terre, pour lui empescher la descente, il iura dans l'Eglise de Cantorberi suiuant le desir des Barons, en presence du Roi Henri, qu'il les assisteroit pour la reformation generale du Royaume.

V. Ces libertés ne contenoient autre chose, que les anciens droits du Royaume, des Ecclesiastiques, des Nobles, & du tiers Estat. Neantmoins il y auoit vn article, qui estoit desraisonnable, & desrogeât à la majesté Royale. C'est le choix de Vingt-cinq Barons, dont les Quatre apres auoir receu la plainte de l'infraction de quelque article des priuileges, la portoiét au Roi, ou bien en cas d'absence hors le Royaume, à son grand Iusticier qui estoit obligé de reparer le grief dans quarante iours, apres la supplication, qui lui en auroit esté faite; A faute de quoi, les Quatre Barons faisoient leur rapport dans le corps des Vingt-cinq, qui auoient droit de leuer les armes & toutes les forces du Royaume, saisir les Chasteaux, terres, & reuenus du Roi, excepté sa personne, celles de la Reine, & de ses enfans, iusqu'à ce que le tort fust reparé à leur discretion; & ce fait ils deuoient se remettre à son obeïssance comme auparauant. Du temps du Roi Iean Vassal du S. Siege, le Pape Innocent III. apres auoir oüy les députés des parties, en qualité de Seigneur direct, reuoqua ces clauses comme iniurieuses à l'autorité Royale; ayant neantmoins escrit au Roi Iean que s'il ne pouuoit s'accorder auec quelque Baron, il remit le iugement aux Pairs de sa Cour, suiuant les loix du Royaume. Le Roi Henri ayant depuis en l'an 1260. obtenu du Pape dispense de son serment, à l'exemple du Roi Iean son predecesseur, les seditions & desordres acreurent plus qu'auparauant, iusqu'à ce que l'an 1263. le Roi & les Barons tomberent d'accord, de remettre leurs differents au iugement du Roi de France; qui declara nulles toutes les ordonnances arrestées à Oxfort, demeurans neantmoins en leur force les priuileges accordés au Royaume par le Roi Iean.

VI. Ce qui afermit Simon Comte de Licestre, & les autres Seigneurs en leur premier dessein; dautant qu'ils asseuroient que les reglemens derniers n'auoient esté faits, qu'en execution des premiers; de sorte que le Roi Henri gagna sa cause touchant le point d'honneur & la formalité, mais il la perdit au principal. Neantmoins plusieurs Barons se departirent apres ce iugement, de la ligue du Comte de Licestre; & particulierement nostre Henri, qui ayant receu d'Edoüard son cousin, l'inuestiture du fief de Tikel, dit au Comte Simon, qu'il ne pouuoit plus continuer la guerre contre son pere le Roi d'Alemagne, ni contre son oncle le Roi d'Angleterre: De maniere qu'il vouloit se retirer de son parti auec sa bonne grace, lui promettant aussi de ne porter iamais les armes contre lui. A quoi le Comte repartit brusquement, qu'il n'estoit pas marri de sa retraicte pour crainte de ses armes, mais à cause de son inconstance, & de sa legereté.

VII. La guerre fut ouuerte sur la fin de la mesme année 1263. Simon de Montfort Comte de Licestre estant le Chef & General de la Noblesse d'Angleterre, *Baronum Capitaneus*: & dautant que nostre Henri fauorisoit encore le parti du Comte, & des Barons, il fut arresté par les gens du Roi l'an 1264. Cependant le Prince Edoüard reuint du païs de Gascogne auec des belles troupes qu'il y auoit leuées; lesquelles donnerent de l'alarme aux Barons. Ce qui bailla fujet à la paix, qui fut incontinent arreftée; laquelle contenoit entr'autres articles, que noftre ieune Henri feroit mis en liberté, & les eftrangers congediés, à qui l'on octroya faufconduit.

VIII. Il furuint incontinent quelque rupture; le Roi efperant la rabiller, affemble fon Parlement à Londres, où plufieurs Seigneurs abandonnerent le Comte Simon, & fe ioignirent ouuertement au Roi. Le principal de ceux-là eftoit Henri fils de la premiere femme de Richard Roi d'Alemagne, comme efcrit le Continuateur de Matthieu Paris. Il falut enfin vuider la querelle par vne bataille, qui fut donnée entre le Roi, & le Comte Simon Chef des Barons. L'armée du Roi fut diuifée en trois grands corps. Au premier commandoit le Prince Edoüard qui vainquit de fon cofté. Au fecond le Roi d'Alemagne & fon fils Henri. Au troifiefme, le Roi d'Angleterre. Le Roi, & Richard perdirent la bataille, & furent faits prifonniers, le Rois eftant rendu à Simon Comte de Liceftre. Incontinent les Freres Predicateurs, & Mineurs fe meflèrentt de negotier la paix, & pour y paruenir plus facilement, Edoüard & Henri les fils des deux Rois fe mirent trop facilement auec leurs peres entre les mains du vainqueur: qui enferma l'an 1265. le Roi des Romains dans la tour de Londres, & fon fils Henri auec Edoüard dans le Chafteau de Douure, fous bonne & feure garde; menant toufiours en fa compagnie le Roi, auquel il rendoit toute forte d'honneur & de refpect.

IX. Le Prince Edoüard efchapa à fes gardes, affembla vne armée tant des Anglois qui reftoient en petit nombre fideles au feruice du Roi, que des Gafcons qu'il appella à fon fecours; & fut fi heureux, qu'ayant rencontré Simon, il le combatit, le tua fur la place, remit par ce moyen les deux Rois, fon Pere & fon Oncle, & fon Coufin Henri d'Alemagne en pleine liberté, & fit bannir du Royaume Simon, & Gui de Montfort, qui eftoient les deux fils du Comte de Liceftre. Peu de temps apres cette victoire, le mariage de Conftance fille aifnée de Gafton de Bearn auec cét Henri fils aifné de Richard, fut traicté & conclu dans la ville de Londres, au iour de l'Octaue de la Purification Noftre-Dame de l'année 1266. D'où l'on peut iuger, encore que l'hiftorien Anglois ait caché le nom de Gafton, qu'il affifta beaucoup le Prince Edoüard en cette guerre, qui eftoit meuë contre Simon de Monfort; les demarches duquel eftoient parfaitement conneuës à Gafton, à caufe de la guerre de Gafcogne, qu'ils auoient conduite pendant trois ans en qualité de Chefs des deux partis: & que ce mariage fut recherché par l'Anglois pour s'affeurer des affections de Gafton, qu'il auoit efprouué fi puiffant dans la Gafcogne, & l'obliger par ce moyen à lui fournir du fecours, fi la neceffite de fon Royaume le requeroit à l'auenir.

I. Surita in Indicibus 1260.
II. E Tabul. Palenfi : Nouerint vniuerfi præfentes pariter & futuri quod Illuftris Dominus Theobaldus Dei gratia Rex Nauarræ, Campaniæ & Briæ Comes Palatinus ex vna parte, & Nobilis vir Gafto eadem gratia Viccomes Bearnenfis, Dominus Môtifcatani & Caftri veteris ex alia, conuenerunt & compromiferunt, fuper conditionibus apponendis in matrimonio contrahendo inter Dominum Henricum fratrem prædicti domini Regis, & filiam præ-dicti domini Gaftonis primogenitam nomine Conftantiam, fuper quæftione quæ vertitur vel verti fperatur inter dominos fupradictos Regem videlicet & Gaftonem, fuper Comitatu Bigorritano.

III. Ex Matthæo Paris pag. 335. 910. 911. 940. & pag. 917. Regnum Alemanniæ quod Regnum Romanorum dicitur eft, arra Imperij dignitas præambula & poffeffio primitiua. pag. 922. In die tirocinij eiufdem Henrici. pag. 241. 953. 251. 256. 959. 960. 961. 965.

CHAPITRE

CHAPITRE XII.

Sommaire.

I. *Articles du mariage de Constance & de Henri. Gaston donne à sa fille Gauardan & Brulhés.* II. *Et mille liures de rente sur ses autres biens.* III. *Ou le Vicomté de Marsan, au cas qui est exprimé. L'institué heritiere de Bearn, Gauardan, & Marsan, s'il n'a point d'enfans masles, sous les conditions & charges y apposées.* V. *Ordre en cas que Constance decede sans lignée ; & en cas qu'elle ait des enfans. Bearn & Marsan ne seront iamais separés, & apartiendront tousiours à l'aisné.* VI. *Henri constitué mille liures Sterlins de rente de douaire à Constance. Promet de n'aliener les Vicomtés qu'elle lui porte en dot.* VII. *Ce traicté fut rompu. Gaston en fait vn nouueau auec l'Infant Emanuël frere du Roi de Castille, Examen de l'année.* III. *Emanuël doit espouser Constance, & Alfonse fils des premieres nopces d'Emanuël doit espouser Guillelme quatriesme fille de Gaston. Conditions de ces deux mariages. Ils ne reüssirent pas, par le defaut d'vne Dispense de Rome.* IX. *Le mariage d'Angleterre est renoué. Gaston émancipe sa fille au mont de Marsan, pardeuant le Seneschal de Gascogne, & lui donne entre vifs ce qu'il lui auoit constitué en dot.* X. *Gaston promet de faire espouser sa fille dans peu de temps. Ce qui fut executé.* XI. *Difficulté sur l'execution des articles. Elle est remise par le moyen de la Reine de France à l'arbitrage de la Reine d'Angleterre & de son fils Edouard.* XII. *Qui prononcent leur sentence arbitrale. Elle est confirmée par les sermens de Henri & de Constance ; & en suite par la Cour Majour de Bearn.*

I. Es articles du mariage de Constance auec Henri fils de Richard Roi des Romains, ou d'Alemagne ont esté conserués dans le Thresor de Pau, en date à Londres du iour de l'Octaue de la Chandeleur 1266. par lesquels Gaston donne & constituë à sa fille en mariage, *in maritagium,* comme il parle, les Vicomtés de Gauardan, & de Brulhés, auec tous leurs droits & apartenances quelconques ; ensemble les domaines, & Seigneuries qu'il possedoit au Diocese de Bazas.

II. En outre il lui accorde sur ses Vicomtés de Bearn, & de Marsan ; & generalement sur tous ses biens, les auantages qui s'ensuiuent ; Sçauoir mille liures tournois de rente pour elle, ses hoirs & successeurs : laquelle sera assignée à la connoissance de gens à ce entendus ; sur les terres qu'il possede deçà les ports, c'est à dire deçà les monts, en Gascogne ; & ce en cas qu'il decede, delaissant quelque enfant masle, à lui suruiuant, qui soit procreé de lui & de Mate sa femme.

III. Que s'il n'a point de cette femme des enfans masles à lui suruiuans, mais d'vne autre qu'il pourroit espouser à l'auenir, Constance possedera en proprieté, pour récompense des mille liures de rente, le Vicomté de Marsan, conioinctement auec les Vicomtés de Gauardan, & Brulhés. Ausquels deux cas, estant satisfaite

Fff

des choses à elle accordées ci-dessus, elle renoncera à toute pretention sur les biens restans de Gaston, au profit de l'heritier masle, en receuant de lui reciproquement vne quitance & département valable.

IV. S'il arriue que Gaston decede sans enfans masles, ou bien son fils sans hoirs legitimes, procrées de son corps, Constance succedera aux Vicomtés de Bearn, de Gauardan, & de Marsan, auec tous les droits de succession, & autres qui peuuent apartenir pour le present ou à l'auenir, à Gaston, & à Mate sa femme, à raison de ces terres & Vicomtés, demeurant à Gaston la disposition libre de toutes ses autres terres & seigneuries. A la charge toutesfois, que si Mate suruit à Gaston son mari, elle iouïra pendant sa vie du Vicomté de Marsan, & en fera les fruits siens, le Vicomté reuenant apres son decés à Constance & à ses hoirs. Se reseruans Gaston & Mate, de faire leurs testaments suiuant la Coustume du païs, que Constance & ses hoirs seront tenus d'executer, satisfaire aux creanciers, & reparer les torts & domages qui auront esté faits par les testateurs; sauf neantmoins que celui qui possedera la terre d'Espagne, ou de la Ports, *Terram Hispaniam, seu vltra Portus*. sera tenu & obligé d'acquiter les testaments, debtes, & domages qui regarderont cette terre; Et celui qui possedera le Vicomté de Brulhés, contribuëra à ce dessus cinq cens marcs d'argent tant seulement. Ce qui se doit entendre, la condition auenant, que les Vicomtés de Bearn, de Gauardan, & de Marsan appartiennent à Constance, suiuant la forme qui a esté prescrite ci-dessus; aütrement y ayant enfant masle suruiuant à Gaston, les choses premierement données à Constance demeureront quittes & deschargées de tout payement; horsmis que l'heritier du Vicomté de Marsan, sera tenu de payer les debtes de Mate apres son decés.

V. Que si Constance vient à deceder sans enfans, ou ses enfans sans lignée, il lui est permis de faire testament, iusqu'à la valeur de mille liures tournois, qui seront payées sur ces Vicomtés: & en ce cas tous les Vicomtés auec leurs droits & apartenances, retourneront aux plus proches heritiers, *suiuant la Coustume de Gascogne*. Si elle a des enfans masles qui lui suruiuent, l'aisné aura les Vicomtés de Bearn & de Marsan; mais si elle n'a que des filles, l'vne aura ces deux Vicomtés, en telle sorte qu'en nul cas, les deux terres de Bearn & de Marsan, ne puissent estre separées à l'auenir. Toutes lesquelles choses ont esté arrestées du consentement de Dame Mate, sous la reserue qu'elle fait de tester, iusqu'à la valeur de quatre cens marcs d'argent, suiuant le pouuoir que Gaston son mari lui auoit il y a long-temps octroyé de ce faire; ensemble de ioüir pendant sa vie de son doüaire, qu'il lui auoit assigné sur le Vicomté de Bearn.

VI. Il fut aussi accordé, que Henri bailleroit à Constance sa femme pour ses arres ou doüaire, mille liures Sterlins de rente; qu'il lui assigneroit à la connoissance de la Reine d'Angleterre, & de son fils Edoüard, ou de l'vn d'eux; ou bien aduenant le decés du Roi d'Alemagne son pere, Henri promet d'assigner luy-mesme cét agencement suiuant la coustume d'Angleterre, à la discretion de la Reine & d'Edoüard. Il fut aussi particulierement conuenu, que Henri asseureroit par son serment, & par ses lettres, qu'il n'alieneroit par vente, eschange, ni en aucune autre façon, ni ne transporteroit qu'à ses heritiers & de Constance, les Vicomtés de Bearn, de Marsan, de Gauardan, & Brulhés, ou l'vn d'eux lors qu'il viendra à les posseder: de maniere que s'il auoit de sa femme vn heritier masle, celui-là possederoit les Vicomtés, & s'il n'auoit que des filles, l'vne d'elles auroit les deux Vicomtés de Bearn & de Marsan, en telle façon que ces deux terres ne puissent estre separées à l'auenir.

VII. Il faut croire que Gaston ne fut point satisfait du traicté d'Angleterre pour des raisons qui nous sont inconneuës : dautant qu'apres auoir conclu ce mariage de Constance auec Henri, il negotia par son procureur, qui estoit Bernard d'Asca, Abbé de l'Escale-Dieu en Bigorre, le mariage de Constance auec l'Infant Don Emanüel, frere d'Alfonse Roy de Castille, ainsi que l'on peut aprendre des lettres de ce Roy, en datte à Seuille, du douziesme de Mars Ere mille trois cens quatre, qui reuient à l'année mille deux cens soixante-six sur la fin. Car on a pû obseruer que l'année des Anglois commence à la Natiuité de nostre Seigneur, c'est à dire au vingt-cinquiesme de Decembre, & partant que l'Octaue de la Chandeleur mille deux cens soixante-six, qui est le neufiesme de Feurier, date des articles de Henri, est placée suiuant le calcul, au commencement de l'année ; au lieu que le douziesme de Mars mille deux cens soixante-six, qui est le date des lettres d'Alfonse, commençant l'année à l'Incarnation, qui est le vingt-cinquiéme de Mars, est placé sur la fin de la mesme année.

VIII. On voit dans cette lettre, que le mariage de Constance auec Emanuel, fut conclu entre l'Infant & l'Abbé de l'Escale-Dieu, auec l'exprés consentement de Gaston & de Mate sa femme ; comme aussi les fiançailles de Guillelme leur quatriesme fille, auec Don Alfonse fils de cét Infant Emanüel, & de sa premiere femme, l'Infante Constance fille du Roi d'Aragon. Il fut expressément arresté entre les parties, que l'Infant Emanüel consommeroit le mariage auec Constance, & que le ieune Alfonse fianceroit Guillelme, pendant la feste de l'Assomption Nostre-Dame pour lors prochaine ; & pour plus grande asseurance de ce dessus, outre la promesse que l'Abbé de l'Escale-Dieu en fit, auec charge expresse de Gaston & d'Amate sa femme, Amauri de Narbonne par le consentement de cét Abbé Procureur, promit, iura, & fit homage, au nom de Gaston & de Mate, à l'Infant Emanüel, acceptant pour soi & son fils, qu'ils déliureroient dans le terme acordé, leurs filles Constance & Guillelme, pour la celebration du mariage & des fiançailles ; à faute de ce Amauri de Narbonne s'oblige d'estre tenu pour vn traistre, comme celui qui tuë son Seigneur naturel, ou qui rend par trahison aux ennemis le Chasteau qu'il tient en garde de son Seigneur. Reciproquement aussi l'Infant Emanüel promit, iura, & fit homage à Amauri de Narbonne au nom de Gaston & d'Amate, qu'il contractera les fiançailles, & mariage auec Constance, & fera accomplir les fiançailles entre son fils Alfonse, & Guillelme, dans le terme prescrit ; à faute de ce, il s'oblige d'estre tenu pour traistre, à la mesme rigueur qu'Amauri de Narbonne ; & promet de venir en personne sur les lieux, pour celebrer le mariage hors le cas de mort, de maladie, ou autre empeschement ineuitable. Promet & iure de bonne foi, qu'il s'employera de tout son pouuoir, pour obtenir du Pape la dispense de contracter son mariage auec Constance ; Iure encore qu'il deliurera à Constance cent mille Marauedins, pour la donation en faueur des nopces, dont il baille sa lettre à part : Cette lettre d'Alfonse est seellée de son seau, de ceux de l'Infant Emanüel, Alfonse son fils, Berenger de Moncade, l'Abbé de l'Escale-Dieu, & d'Amauri de Narbonne. La dispense du Pape estoit necessaire à l'Infant Emanüel pour contracter valablement son mariage auec Constance, à cause qu'elle auoit espousé en premieres nopces Alfonse Infant d'Aragon, frere de l'Infante Constance, femme en premieres nopces d'Emanüel, de sorte qu'il estoit necessaire d'obtenir dispense sur ce degré d'affinité ; laquelle ayant receu difficulté à Rome, où les dispenses estoient plus difficilement accordées qu'à present, ce traicté demeura sans execution, & falut reuenir à celui d'Angleterre.

IX. Pour cét effet deux ans apres les articles, Henri d'Alemagne enuoya Iean de Sainct Brifçon, & Michel de Malconduit ses Procureurs vers Gaston, afin de le requerir de faire executer au pluftoft le traité de son mariage auec Conftance, & defira par vn prealable, que Gafton lemancipaft en iuftice, & lui donnaft pouuoir de contracter, & tefter auec toute liberté. Ce qu'il fit par acte folemnel & iudiciaire, énonçant, & confirmant par voye de donation entre vifs, en faueur de Conftance, toutes les gratifications & liberalités qui lui auoient efté faites au contract de mariage, par conftitution de dot; & ce en prefence de Thomas d'Ypegraue Cheualier Senefchal de Gafcogne, qui autorifa cette émancipation, en la ville de Mont de Marfan, le Mecredy apres l'Octaue de S. Martin d'Hyuer l'an 1268. prefens & témoins à ce apelles, les Reuerends Peres A. Archeuefque d'Aux. P. Euefque d'Aire, Raimond Euefque de Bigorre; Geraud Euefque de Laictoure, Compaing Euefque d'Oloron. Efquiuat Comte de Bigorre, Geraud Comte d'Armagnac, Pierre Vicomte de Tartas, Iean de Greyli, Garfie Arnaud de Nauailles, Bernard de Coarrafa, & plufieurs autres Cheualiers. L'Acte fut feellé du feau du Senefchal, de Gafton, de Mate fa femme, de Conftance, de l'Euefque de Laictoure, de Iean de Greyli, de Iean de Sainct Brifçon, & de Michel Malconduit Cheualier & Procureur de Henri.

X. Le mefme iour Gafton fit expedier fes lettres patentes, par lefquelles il promet aux Procureurs, de conduire pendant la Purification Noftre-Dame, fa fille Conftance en France, ou de là la mer, afin que Henri la puiffe efpoufer; Conftance defia émancipée promet auffi de fon Chef, de conftituer en dot toutes les terres que fon pere lui auoit données, par l'acte precedent. Gafton s'oblige à la mefme chofe fous les conditions inferées aux precedents articles de l'an 1266. Et pour l'execution entiere de tout ce traicté, promet de faire en forte, que Geraud Comte d'Armagnac, & fa femme fille de Gafton, defchargent de toutes pretenfions les terres qui deuoient eftre conftituées en dot, & de faire tous fes efforts pour obtenir la mefme defcharge du Comte de Foix, & de fa femme fon autre fille; En effet cette affaire fut fi bien mefnagee, que le mariage fut accompli & confommé dans le terme qui auoit efté accordé entre les parties.

XI. Neantmoins à mefme temps il furuint quelque difficulté fur l'execution des articles, & particulierement touchant l'interdiction d'aliener les terres, conftituées en dot à Conftance; que Henri vouloit peut-eftre vendre, & du prix acheter des terres equiualentes, qui fuffent à fa bien-feance dans l'Angleterre; Gafton ayant eu le vét de ce deffein, aduerti peut-eftre par fa fille Conftance s'efmeut de cét affaire; & neantmoins par l'entremife de Marguerite Reine de France, remit le iugement de ce differét qu'il auoit auec fon gendre, à l'arbitrage de fa parente la Reine d'Angleterre Alienor, & de fon fils Edouard, par l'inftrument de compromis receu à Sainct Germain en Laye le quatorziefme Auril mille deux cens foixante-neuf, en prefence de Marguerite Reine de France, Guillaume Euefque de Bazas; Geraud Doyen de S. Irier, Richard Archidiacre d'Oxfort, Guillaume de Mafticon Chanoine de Beauuais, Arnaud Garfie Seigneur de Nauailles, Bernard de Coarrafe, & Iean de Greyli.

XII. Alienor & fon fils Edouard, qui prennent les qualités, l'vne de Reyne d'Angleterre Dame d'Irlande, & Duchefle d'Aquitaine: l'autre de fils aifné du Roy & de la Reyne, prononcent leur fentence arbitrale: par laquelle ils ordonnent que Henry & Conftance mari & femme promettront auec ferment d'accomplir de bonne foi tout ce à quoi ils font obliges par les inftruments dotaux; adiouftant en vertu du pouuoir à eux donné par les parties, que s'il arriuoit à l'auenir que lefdits mari & femme alienaffent aucune terre de celles qui font conftituées en dot; ou leur eſcherront par ſucceſſion de Gaſton & de Mate ſa femme, les hommes & vaſſaux de Bearn & de Marſan, & de toutes les autres terres, ſoiẽt deſchargées de plein droit, de tout ſerment de fidelité & d'homage enuers Henri & Conſtance, ſans qu'ils ſoient obligés de les reconnoiſtre pour leurs Seigneurs, mais pluſtoſt ils ſeront tenus d'obeir à celui qui ſera le plus prochè heritier de Conſtance ſuiuant la couſtume & la loi de Gaſcogne, en cas que la diſtraction ſoit generale; ou bien ſi elle n'eſt que pour vne partie, ſeront tenus de reconnoiſtre le ſucceſſeur de Gaſton qui poſſedera le Bearn, reſerué en toutes choſes le droit du Roi d'Angleterre. Henri & Conſtance acquieſçans à la ſentence iurerent incontinent en preſence des arbitres l'obſeruation d'icelle, qui eſt en date de la quinzaine apres Pentecoſte de l'année 1269. au lieu de Vvindeſhores; & les meſmes articles furent confirmés par le ſerment de la Cour Maiour de Bearn, aſſemblée à Morlas le 15. d'Octobre enſuiuant. On trouue en ſuite, que Henri qui prend la qualité de fils aiſné du Roi d'Alemagne, & Conſtance ſa femme octroyent procuration à Iean Claret leur Clerc, & Chapelain du Pape, pour prendre poſſeſſion des terres aſſignées en dot; les obliger & hypothequer pour leurs affaires, en date à Londres le 14. des Calendes d'Auril 1270.

I. E Chartatio Palenſi vbi ſunt inſtrumenta enarrata in hoc capite.

VII. VIII. Nos Alfonſus dei gratia Rex Caſtillæ, Toleti .... Galleciæ, Sibiliæ, Cordubæ, Murciæ, Gienni, Algarbij: notum facimus vniuerſis præſentes literas inſpecturis, quod coram noſtra præſentia conſtituti inclitus Infans dominus Emmanuel frater noſter ex vna parte, Frater Bernardus de Aſca Abbas Scalæ Dei Ciſtercienſis ordinis, procurator nobilis viri domini Gaſtonis Vicecomitis Bearnenſis, domini Montiſcatani & Caſtri veteris, & Nobilis vxoris ſuæ dominæ *Amatæ*, & dominæ Conſtantiæ filiæ ſuæ ex alia parte, ſuper ſponſalibus & matrimonio contrahendis inter dictum dominum Emanuelem, & nobilem dominam Conſtantiam filiam primogenitam & heredem dicti Gaſtonis & dominæ Amatæ: nec non ſuper ſponſalibus contrahendis inter dominũ Alfonſum filium dicti domini Emanuelis fratris noſtri, & Inclitæ Infãtiſſæ dominæ Conſtãtiæ filiæ illuſtris regis Aragonum ex vna parte, & inter dominam Guillelmam filiam dicti domini Gaſtonis, & dominæ Amatæ ex altera, conuentiones huiuſmodi fecerunt concorditer ſtatuentes, quod dictus dominus Emanuel contrahat ſponſalia & matrimonium cum dicta domina Conſtantia filia dicti domini Gaſtonis, & dominæ Amatæ, & conſummet matrimonium cum ipſa vſque ad feſtum Aſſumptionis Beatæ Mariæ virginis, menſis Auguſti proxime venturi. Item quod dominus Alfonſus filius dicti domini Emanuelis contrahat ſponſalia cũ dicta domina Guillelma ad dictum terminum Beatæ virginis nominatum; & frater Bernardus ſupra dictus Abbas procuratorio nomine, & dominus Amanrricus de Narbona pro ſe, dicto domino Gaſtonis, & dominæ Amatæ promiſerunt dicto domino Emanueli recipienti, quod facient dicta ſponſalia & matrimonium adimpleri, vt ſuperius eſt expreſſum. Et vt ipſa ſponſalia & matrimoniũ obtineat maioris roboris firmitatem, dictus dominus Amanrricus de Narbona dato ſibi mandato & conſenſu pleno & libero à fratre Bernardo Abbate ſupradicto procuratore ipſius domini Gaſtonis & dominæ Amatæ, promiſit & iurauit nomine dicti domini Gaſtonis, & dominæ Amatæ, & fecit homagium domino Emanueli recipienti pro ſe, & nomine dicti filij ſui, quod dominus Gaſto & domina Amata complebunt ſponſalia & matrimonium ſupradicta, vt eſt tractatum & poſitum ſuperius, & dabunt dictam filiam ſuam dominam Conſtantiam dicto domino Emanueli fratri noſtro matrimonialiter copulandam, & dictam dominam Guillelmam ſuam filiam dicto domino Alfonſo filio domini Emanuelis, ad ſponſalia inter ſe mutuo celebranda, in termino ſupradicto; Et ſi dominus Gaſto & vxor ſua domina Amata noluerint dare dictas ſuas filias dominam Conſtantiam & dominam Guillelmam ad terminum ſupradictum, dicto domino Emanueli, & dicto Alfonſo eius filio ad ſponſalia & matrimonium cum eiſdem contrahenda, quod dictus dominus Amanrricus maneat proditor, tanquam ille qui interficit ſuum dominum naturalem, vel tradit caſtrum ſui domini proditionaliter inimicis. Ad hæc dictus dominus Emanuel promiſit, iurauit & fecit omagium dicto domino Amanrrico nomine domini Gaſtonis & dominæ Amatæ, quod contrahat ſponſalia & matrimonium cum dicta domina Conſtantia ad terminum ſupradictum, & quod faciat compleri ſponſalia inter dictum dominum Alfonſum ſuum filium, & ſupradictam dominam Guillelmam; & ſi iſta ſponſalia & matrimonium non compleuerit, & non feceriit ad impleri, maneat proditor tanquam ille qui interficit ſuum dominum naturalem, vel tradit caſtrum ſui domini proditionaliter inimicis; & quod accedet perſonaliter ad dicta ſponſalia & matrimonium celebranda in tempore ſupradicto, ceſſantibus mortis, & infirmitatis, & ineuitabilibus impedimentis, & promiſit & iurauit bona fide, .. totis viribus ad obtinendam diſpenſationem à ſummo pontifice, ſuper matrimonio inter ipſum & dominã Conſtantiam contrahendo, præſtans ſimiliter bonæ fidei ſacramentum, quod ſoluat dictæ dominæ Conſtantiæ cẽtũ millia morabitenorũ in donatione propter nuptias, vt promiſit per ſuam parentem litterã ſigilli ſui munimine roboratam; Et ne ſuper iſtis omnibus dubietatis ſcrupulus oriatur, & perpetuũ robur obtineat firmitatis, mandauimus inde fieri duo inſtrumenta eiuſdem tenoris, per Abecedariũ diuiſa, quæ vtraque pars teneat ad memoriam prædictorum, ſigillis noſtro, & dicti domini Emanuelis, & domini Alfonſi, & domini Berengarij de Moncada, & dicti fratris Bernardi Abbatis & procuratoris, & dicti domini Amanrrici pendentibus roborata. Actum Sibiliæ in aula domini regis, die Martis x 11. Martij. Era M CCC. IV.

Fff iij

CHAPITRE XIII.

Sommaire.

I. Guerre entre Gaston, & Odon Vicomte de Lomaigne; Vn chasteau d'Odon forcé, & la femme de son fils prise; dont il fait plainte à Alfonse Comte de Tolose. Guerre entre Gaston, & le sire de Mortaigne en Sainctonge. La fille prise par Gaston dans la ville de Vouuent. II. III. Guerre entre Gaston, & le Comte de Comenge. Occasion de cette guerre. IV. Alfonse Comte de Tolose s'interesse pour le Comte de Comenge. Sa letre pour respondre aux plaintes que Gaston lui auoit faites. V. Le fief d'Arnaud Guilhem en Comenge faisoit vne partie de cette dispute. VI. Letre de la Reine Marguerite en faueur de Gaston son Cousin. Parenté entre les Comtes de Tolose, & les Seigneurs de Bearn. VII. Le Roi S. Louis escrit à son frere Alfonse sur ce sujet. VIII. Ces affaires furent accommodées au contentement de Gaston.

I. Gaston se trouua engagé dans quelques affaires d'importance auec ses voisins, où Alfonse Comte de Poictiers & de Tolose frere du Roi Sainct Louis s'interessa, comme Seigneur suserain des parties de Gaston, & des lieux, où la necessité obligeoit nostre Prince de porter ses armes pour la poursuite de son droit; comme il arriua l'année 1266. Car apres auoir demeslé vne fascheuse guerre auec Odon Vicomte de Leomagne (qui a esté omis au Catalogue des Vicomtes de Leomagne) celui-ci se pleignit, qu'au preiudice de la paix, Gaston estoit entré en sa terre à main armée vn certain iour de grand matin, auoit forcé vn sien chasteau, où estoit la femme de son fils, l'auoit emmenée prisonniere, & tué le portier: Pour raison dequoi, dautant que le Vicomté de Leomagne estoit mouuant de Tolose, Monsieur Alfonse Comte de Poictiers & de Tolose, manda à Philippes de Villefardose Seneschal d'Agenois & de Querci, qu'il eust à requerir Noble homme Gaston de Bearn, de reparer & amender ce forfait, & en suite l'affaire fut accommodée. Enuiron ce mesme temps Gaston ayant pris & enleué en la ville de Vouuent en Saintonge, la fille & vnique heritiere du sire de Mortaigne sur Gironde, auec lequel il auoit guerre, Alfonse Comte de Poictou en escriuit à Gaston, ainsi que i'ay apris des memoires du sieur Besli.

II. Mais la plus fascheuse & la plus importante rencontre qu'il ait eu à demesler auec Alfonse, est celle qui regarde ses interests auec le Comte de Comenge. Pour les mieux comprendre il faut se resouuenir, que Peronelle Comtesse de Begorre, mere de Mate femme de Gaston, estoit fille de Bernard Comte de Comenge, & de Stephanie Comtesse de Begorre; & par consequent que si le Comté de Comenge n'apartenoit pas entierement à Peronelle, pour y auoir vn masle du troisiesme mariage, nommé Bernard, qu'elle y auoit pour le moins, vne portion assez auantageuse. C'est pourquoy nous trouuons, que cette Comtesse n'ayant pas eu toute la satisfaction qu'elle pouuoit iustement se promettre, demeuroit dans ses pretentions audit Comté. D'où vient que Bernard Comte de Comenge son frere, en l'homage de sa terre, qu'il rend au Roi à Paris l'an 1227. promet que si la Comtesse de Bigorre lui fait quelque demande, qu'il plaidera en la Cour du Roi, ainsi qu'on lit dans les Chartes de France.

III. Cette clause, de plaider en la Cour du Roi, fut inserée dans l'homage, pour exclurre la iurisdiction du Comte de Tolose, (qui estoit pour lors excommunié,) de qui le Comté de Comenge releuoit auparauant. Aussi trouue-on, que Bernard Comte de Comenge, fils du Comte precedent, auec l'aduis & conseil d'Arnaud Roger Euesque de Comenge son Oncle paternel, & d'Arnaud Guillaume de Barbasan, adouë de tenir à foi & homage lige de Raimond Comte de Tolose & Marquis de Prouence, tout ce qu'il possede aux Dioceses de Comenge, & de Coserans; Encore que de temps immemorial, adiouste-il, le Comte de Comenge & ses predecesseurs ayent tenu le tout en aleu. Cét acte est en date du mois de Nouembre 1244. presents Roger de Mauleon Abbé de l'Escale-Dieu, Roger Comte de Pailhars, Amauri sieur de Narbonne, Arnaud Guillaume de Barbasan, & Sicard Alamanni: duquel acte i'ai aussi voulu faire mention, pour verifier d'autant plus le nom du Comte de Comenge, auec lequel Gaston fut obligé d'auoir vne tres-aspre & rude guerre, poursuiuant ses droits, ou pour mieux dire, se maintenant en la possession de ce qui lui estoit legitimement acquis par la donation entre vifs, que fit Peronelle Comtesse de Bigorre, en faueur de Mate sa fille, & femme de Gaston, de toutes les terres, possessions, & biens qui lui apartenoient du costé de son pere; sans que ce Comte soit nommé dans l'acte; neantmoins nous sçauons d'ailleurs que c'estoit ce Bernard Comte de Comenge. Cette letre de Donation est receuë à Montaner l'an 1250. en presence de Pierre Euesque d'Oloron, & de Raimond Abbé de l'Escale-Dieu.

IV. Le Comte de Comenge qui se vit extremement pressé par les armes de Gaston, eut recours au Comte Alfonse, & le pria puis qu'il estoit son vassal, de lui donner faueur & aide, contre les violences du seigneur de Bearn. Ce qu'Alfonse lui accorda fort volontiers, apres auoir offert à Gaston de lui rendre iustice sur toutes les demandes qu'il auroit à proposer contre le Comte de Comenge, touchant les fiefs qui releuoient du Comté de Tolose. Et sur la plainte que Gaston lui fit par lettre de l'empeschement qu'il lui aportoit au recouurement de ses droits, Alfonse lui fit cette response, qui merite d'estre inserée en ce lieu tournée en François.

Alfonse Fils du Roi de France, Comte de Poictiers & de Tolose, à Noble homme Monsieur Gaston Vicomte de Bearn, seigneur de Castetuieil, salut & dilection. Nous auons entendu auec soin le contenu en vos lettres, à la teneur desquelles nous vous respondons, que nous desirons que vous sçachiés, que nous ne voulons fauoriser personne en sa faute contre la iustice, ni lui donner aide ni faueur d'vne façon qui soit indeuë ou iniuste; & vostre Circonspection ne doit point s'estonner, si ayant prins conseil sur ce fait, auec des gens de bien, nous donnons conseil, aide & faueur à nostre feal Bernard Comte de Comenge, pour la defence des fiefs, qu'il tient de nous tant seulement, & non pas pour enuahir ceux d'autrui. Car ayant esté requis par lui de ce faire, nous ne pouuons ni deuons l'abandonner: D'autant plus que le Comte a plusieurs fois fait offre, & le fait encore, d'ester à droit pardeuant nous, sans aucun delay, pour raison des fiefs qu'il tient de nous; & que nous sommes prests, & l'auons esté, de rendre vne prompte iustice, soit à vous, ou à tous autres plaignants, ainsi que nous vous auons signifié d'autres fois, tant contre luy, que contre nos autres vassaux, touchant les terres qu'ils tiennent en fief de nous. C'est pourquoy nous ne nous opposons pas à vostre droit, ni ne vous empeschons pas, que vous ne puissiés vous defendre, & vous venger, ou mesmes enuahir comme vous verrez estre à faire, les lieux & terres, à l'occasion desquelles cette dispute s'est esmeuë entre vous & ledit Comte; Ni ne defendons, & mesmes n'auons iamais defendu, que les hommes, soit de nostre terre, ou d'ailleurs, ne vous donnent ayde & faueur, ou audit Comte, ainsi qu'ils aduiseront: reseruës seulement nos fiefs. Mais pour le regard de nosdits fiefs, comme nous vous auons ci-deuant fait defenses d'y entrer pour y mesfaire, nous vous defendons derechef, que vous n'attentiez pas d'y entrer à l'aduenir à main armée, parce qu'il nous déplairoit beaucoup, & non sans raison, comme il nous déplaist des malefices que vous & les vostres y aués commis, lesquels vous n'aués voulut reparer iusqu'à present, en ayant esté requis, ce qui nous pese beaucoup iusqu'à ce que vous les ayés amendés.

V. Gaston n'ayant pas receu par cette response toute la satisfaction qu'il desiroit; dautant que, outre les terres controuersées par les parties hors les fiefs d'Alfonse, il y auoit vne terre d'Arnaud Guilhem, qui est proche de l'Abbaye de Bonefont en Comenge, dont il auoit esté spolié par le Comte pendant leur guerre; en la possession de laquelle il deuoit estre prealablement remis, auant que disputer son droict au principal en la Cour du Comte de Tolose, & pouuoit suiuant l'vsage du temps, s'y restablir lui-mesme par armes, de son autorité, sans l'ordonnance du superieur; il tascha de retirer le Comte Alfonse de la protection du Comte de Comenge, pour n'auoir pas vn aduersaire si puissant.

VI. Pour cét effet, il employa les prieres de sa Cousine la Reyne Marguerite, femme du Roi Sainct Louis enuers le Comte Alfonse; laquelle le presse par sa letre auec beaucoup de courtoisie, de ne vouloir pas souffrir, que Gaston soit opprimé par les siens, tant en consideration de sa parenté d'elle auec Gaston, que de celle de Ieanne Comtesse de Tolose, femme d'Alfonse, auec le mesme Gaston. D'où nous aprenons, outre la parenté de la maison de Bearn auec celle de Prouence, l'alliance & consanguinité de Bearn & de Tolose. La letre est de la teneur qui suit tournée en François.

Marguerite par la grace de Dieu Reyne de France, à son tres-cher frere le Comte de Poictiers, & de Tolose, frere de Monseigneur le Roi, Salut, & l'effect d'vne sincere dilection; Nous vous adressons nos prieres auec affection pour nostre tres-cher Cousin Monsieur Gaston de Bearn, afin que pour l'amour de nous, & en consideration de vostre femme, qui luy est conioincte en degré de consanguinité, vous luy soyés fauorable en ses affaires, vous comportant comme il apartient à vostre honneur, de crainte qu'il ne puisse estre dit iustement, & vous estre reproché, que ledit Gaston est opprimé auec violence par vous, & vos gens: agissant de vostre part tellement en cecy, qu'il ressente que nos prieres lui sont profitables, & que de là nous vous soyons obligée à vn remerciement.

VII. Le Roi S. Louis escriuit aussi à son frere vne lettre, qui explique vn peu cette matiere, dont la teneur est comme il s'ensuit: *Louis par la grace de Dieu Roi de France, à son tres-cher frere, & feal, Alfonse Comte de Poictiers, & de Tolose, Salut, & l'effet d'vn amour fraternel. Nous auons apris de la part de nostre amé Gaston de Bearn, que la terre d'Arnaud Guilhem, qui est de son fief, est retenuë iniustement par vostre homme le Comte de Comenge, & que vous & vos gens l'empeschés, en sorte qu'il ne peut iouïr de sondit fief. C'est pourquoi nous vous prions, & vous requerons, que, s'il est ainsi, vous n'empeschiés point, ni ne permettés pas, que vos gens empeschent ledit Gaston, qu'il ne iouïsse de sondit fief. Donné à Argenteüil le Mecredy auant la Natiuité Nostre Dame.*

VIII. Ie ne doute nullement, qu'aprés ces lettres cette affaire ne fust entierement accommodée, & que Gaston ne fust remis en la possession & libre iouïssance de toutes les terres de Comenge. De fait il y a dans les Registres de la Connestablie de Bourdeaux, vn compromis en date à Haget de l'an 1283. sur les pretensions respectiues de Gaston au Comté de Bigorre, & terres de Chabanes, & d'Esquiuat, au Vicomté de Marsan, & *en la terre de Comenge, que Gaston possedoit du costé de sa femme*, ainsi qu'il est enoncé expressément dans l'acte. Cette poursuite des terres de Comenge entre Gaston, & le Comte Esquiuat, se faisoit ensuite de la reserue du fait de Comenge, qu'on a peu remarquer ci-dessus, que Roger Comte de Foix auoit faite en sa sentence arbitrale, de l'année mil deux cens cinquante-six, sous pretexte de laquelle reserue on renouuelloit en l'année mil deux cens octante trois, toutes les au-

Liure septiesme. 621

tres disputes, qui auoient esté ci-deuant entre les mesmes parties, & qui estoient decidées par cette sentence.

III. E Chartario Palensi. Notum sit omnibus præsentibus & futuris præsentes litteras inspecturis, quod nos Petronilla Comitissa Bigorræ, Vicecomitissa Marciani donamus liberè, & sine omni retentione, vobis Gastoni de Bearnio, & Mathæ vxori vestræ, & filiæ nostræ, quidquid iuris habemus, vel habere debemus ratione successionis in omnibus possessionibus, dominiis, & aliis rebus mobilibus, & immobilibus quæ de iure ex bonis patris nostri ad nos spectant. Hanc donationem facimus nos prædicta Petronilla Comitissa Bigorræ, & Vicecomitissa Marciani, vobis Gastoni de Biarnio, & Matæ vxori vestræ, & filiæ nostræ, & omnibus hæredibus ex vobis legitime natis & nascendis, & omni eorum successioni legitimæ, ita vt habeatis & teneatis totam terram patris nostri vbicumque sit, quæ iure dicitur ad nos pertinere, ad vestram vestrorumque hæredum voluntatem in perpetuum faciendam. Hoc fuit factum apud Montaner, in præsentia Reuerendi Patris Petri Episcopi Oloronensis, & venerabilis R. Abbatis Scalæ-Dei. Anno Domini 1250. ad cuius rei confirmationem præsentem Chartam fecimus sigilli nostri munimine roborari.

IV. E Schedis V.C.D. de Bessi. Domino Gastoni de Biarno: Alfonsus filius Regis Franciæ, Comes Pictauiensis, & Tolosæ, Nobili viro Domino Gastoni Vicecomiti Biarnesi, domino Castriueteris, Salutem & dilectionem. Literarum vestrarum seriem intelleximus diligenter, ad quarum tenorem vobis taliter respondemus, quod certo scire vos volumus, quod nullum contra iustitiam in errore suo fouere volumus, nec alicui præstare auxilium, vel fauorem, more indebito, vel iniusto. Nec debet mirari vestra circonspectio, si habito super hoc bonorum consilio, fideli nostro Bernardo Comiti Conuenarum, in defendendis feudis nostris quæ tenet à nobis, non aliis inuadendis, impendimus consilium, auxilium, & fauorem; quia requisiti ab ipso super hoc sibi deesse non possumus, nec debemus: præsertim cum idem Comes pluries se obtulerit, & se offerat, de iis quæ tenet à nobis, coram nostra præsentia, absque vllo diffugio stare iuri, & nos parati sumus, & fuimus tam de ipso, quam de aliis vassallis nostris, super illis quæ tenent à nobis in feudum, vobis & cuilibet alij conquerenti, exhibere celeris iustitiæ complementum, sicut alias vobis duximus intimandum: vnde iuri vestro nos nó opponimus, nec vos impedimus, quominus in locis illis & terris, occasione quorum orta est contentio inter vos, & dictum Comitem, possitis vos defendere & vindicare, vel inuadere prout videritis expedire. Nec inhibemus aut vnquam inhibuimus quin homines tam de terra nostra, quam aliunde vobis & dicto Comiti, exceptis dumtaxat nostris feudis, præstent auxilium, & fauorem, quem viderint expedire. Sane sicut alias vobis inhibuimus, ne in nostris feudis intraretis occasione maleficia perpetrandi, iterum inhibemus ne de cætero hostiliter ingrediaretis, quia nobis, nec immerito, plurimum displiceret, & displicet, de iam perpetratis, per vos, & vestros, maleficiis, quæ requisiti noluistis hactenus emendare; quod graue gerimus, & geremus quousque fuerint emendata.

VI Ex iisdem Schedis: Marguareta Dei gratia Franciæ Regina, Charissimo fratri suo Comiti Pictauiensi, & Tolosæ, fratri Domini nostri Regis, Salutem, & sinceræ dilectionis effectum. Pro *charissimo Consanguineo nostro Domino Gastone de Biarde* vobis preces porrigimus ex affectu, vt eidem in negotiis suis amore nostri, nec non contemplatione *vxoris vestræ, quæ sibi in linea consanguinitatis contingitur*, sitis fauorabilis & benignus erga ipsum, taliter vos reddentes prout ad honorem vestrum pertinet, ne possit dici merito, vel obiici vobis, quod per vos & vestros, idem Gasto violenter opprimi videatur; tantum inde facientes, quod preces nostras sibi sentiat fructuosas, & quod inde vobis teneamur ad merita gratiarum.

VII. Ex iisdem Schedis: Ludouicus Dei gratia Franciæ Rex, Charissimo fratri, & fideli suo Alphonso Pictauiensi & Tolosæ Comiti, Salutem, & fraternæ dilectionis effectum. Ex parte dilecti nostri Gastonis de Biardo nobis est intimatum, quod Comes Conuenarum Homo vester, terram Arnaldi Guillelmi, quæ est de feodo suo detinet minus iustè; & quod vos & homines vestri ipsum impeditis, ita quod de dicto feodo gaudere non potest; vnde rogamus vos, & requirimus, quatenus si est ita, quod non impediatis, nec per homines vestros impediri permittatis, quin dictus Gasto feodo suo gaudeat supradicto, Datum apud Argentolium die Mercurij ante Natiuitatem Beatæ Mariæ Virginis.

CHAPITRE XIV.

Sommaire.

I. Geraud Comte d'Armagnac gendre de Gaston fait guerre oüuerte aux habitans de la ville de Condom. Alfonse Comte de Tolose enioinct à son Seneschal de le requerir de rendre les prisonniers, & reparer les dommages qu'il a faits. II. Geraud n'obeït point à l'ordonnance d'Alfonse, qui se prepare à le contraindre par armes. Mais Gaston employa le Roi pour appaiser son frere, auec des offres raisonnables. III. Ceux de Condom ruinent les terres d'Armagnac, & le Comte celles de Condom. Les parties remetent leur different à Sicard Aleman. IV. Alfonse ordonne à l'arbitre d'accorder les parties, & de dresser vn estat des amendes qui lui estoient deuës pour le port d'armes. L'esperance de ces amendes portoit les Princes à conniuer aux violences de leurs vassaux. V. Alfonse escrit à ses Seneschaux d'empescher que ceux de Condom n'entrent dans les terres de Gaston, & leur ordonne de faire mettre les limites entre le Brulhois, & l'Agenois. VI. Dispute de la Vicomtesse de Limoges remise à l'arbitrage du Roi. Gaston est caution du iugé. Le seau de ses armes.

I. Il ne faut pas trouuer estrange, si Gaston auoit eu recours à la bonté & à l'autorité du Roi Sainct Louïs en ses propres affaires, afin d'employer son interuention enuers le Comte Alfonse; puis que l'année precedente il en auoit experimenté les bons & fauorables effects, en la personne de Geraud Comte d'Armagnac son gendre, sur le fait de la guerre qui estoit entre le Comte, & les habitans de la ville de Condom. Car on aprend du Registre du Comte Alfonse, de l'année 1267. d'où i'ay recueilli cette narration, que les habitans de la ville de Condom lui auoient porté leurs plaintes auec beaucoup de pleurs & de gemissemens, contre Geraud Comte d'Armagnac son vassal; lequel auec ses fauteurs & complices les auoit fort mal traictés, blessant les vns, retenant les autres, mettant leurs biens au pillage, & leur faisant plusieurs autres notables torts & dommages; sur quoi ayant esté requis plusieurs fois de faire raison, il auoit refusé de rendre, ou bailler la recreance des hommes qu'il auoit saisis : ce qui redondoit au mépris de l'autorité & Seigneurie d'Alfonse; dautant plus que le Comte d'Armagnac auoit attenté depuis cet emprisonnement, d'entrer hostilement & auec armes, dans les terres, & fiefs mouuans du Comte Alfonse, & y commettre plusieurs violences contre ses sujets. C'est pourquoi Alfonse dépesche ses lettres, en date à Corbeil le iour de l'Annonciation Nostre Dame, qui estoit le premier de l'an 1267. & enioinct à son Seneschal de Tolose & d'Albi, pour conuaincre dauantage la malice du Comte Geraud, qu'il le face requerir & admonester publiquement de sa part, par de notables Commissaires, en presence de tesmoins suffisans pour ce specialement apellés, à ce qu'il ait à mettre en liberté les prisonniers, leur rendre & restituer les biens enleués, reparer les torts & dommages receus, ainsi qu'il apartient ; & en cas qu'estant requis de la sorte, il méprise d'obeïr à ce commandement, & n'allegue raison valable, pour laquelle il ne soit tenu de faire cette restitution, & reparation, il ordonne au Seneschal de saisir effectuellement sous sa main, toutes les terres & fiefs que Geraud tient immediatement de lui: toutesfois si apres l'execution, Geraud demande la recreance des choses saisies, il permet au Seneschal de la lui octroyer, s'obligeant sous bonnes & suffisantes cautions, qui soient de la iurisdiction du Comte Alfonse, d'ester à droict pardeuant lui, & d'amender les griefs suiuant son ordonnance.

II. Or dautant que le Comte d'Armagnac au lieu d'acquiescer à cette ordonnance d'Alfonse, auoit continué la voye de fait, contre ceux de Condom, qui s'estoient aussi fortifiés de leurs amis, & fait des entreprises sur les terres de Geraud; le Comte Alfonse indigné de ce mépris estoit resolu d'en auoir sa raison par armes, & se preparoit de faire vne forte guerre au Comte d'Armagnac: mais Gaston de Bearn son beaupere supplia le Roi Sainct Louïs d'appaiser le courroux de son frere, & de remettre cette affaire aux termes de iustice, suiuant les offres pertinentes qu'il fit. C'est pourquoi en execution des intentions, & de l'ordre du Roi, Alfonse adresse son mandement au Seneschal de Tolose & d'Albi, en date du Mardi Vigile Sainct André 1267. par lequel il lui ordonne d'adioindre à soi Bernard Preuost de l'Eglise de Tolose, & Sicard Aleman Cheualier; & d'informer soigneusement auec eux de la verité des entreprises faites par les parties, & de faire reparer auec leur auis, tout ce qu'il faudra, ayant receu d'elles prealablement caution suffisante d'ester à droict, & d'acquiescer à son iugement: faisant faire respectiuement de part & d'autre la recreance des choses enleuées & des hommes pris, & pouruoyant à la satisfaction des amendes deuës au Comte Alfonse.

III. Ceux de Condom ne furent pas contens de ce procedé, de sorte qu'ils se laisserent emporter à commettre vne grande violence, s'estans assemblés iusqu'au nombre de quatre mille hommes armés; & ayans en cét estat rauagé la terre du Comte d'Armagnac, blessé & tué plusieures des siens, & bruslé quelques villes & chasteaux, ainsi que Sicard Aleman dóna auis au Comte Alfonse; adioustant qu'il lui estoit deu, suiuant la coustume du païs, soixante sols d'amende pour chascun, à cause du port d'armes. A mesme temps ceux de Condom, l'auertirent que Geraud & sa caualerie auoient perdu, & ruiné leurs biens, & leurs personnes, & que toutes parties auoient remis leur different à l'arbitrage dudit Aleman.

IV. Alfonse lui ordonne par ses lettres, du lendemain de l'Epiphanie de l'année 1268. qu'il prononce bien tost sa sentence arbitrale, ou bien qu'il arreste la paix entre les parties, & lui renuoye le tout, auec l'auis certain des droicts qui lui sont deus, pour le port d'armes, & des moyens qu'il faut tenir pour le recouurement; lui enioignant de ne reueler point ce dessus aux parties. D'où l'on peut iuger, que l'esperance du gain prouenant des amendes ordonnées par les coustumes, contre ceux qui marchoient en assemblée auec port d'armes, obligeoit bien souuent les Princes, à la conniuence de ces malefices, qu'ils n'empeschoient pas au commencement auec toute la vigueur qu'ils eussent peu; se reseruant de les chastier apres le coup, à leur profit. C'est dequoi se plaint Matthieu Paris en son Histoire, accusant mesmes son Roi Henri III. d'Angleterre, qu'il causoit des noises & des ports d'armes dans Londres, pour auoir occasion de condamner la ville, en de grosses amendes de deniers, pour subuenir aux frais extraordinaires qu'il faisoit.

V. Gaston se doutant, que les Condomois ne rauageassent son Vicomté de Brulhois, sous pretexte de la guerre qu'ils auoient contre Geraud son gendre, escriuit sur ce sujet au Comte Alfonse; qui ordonna au Seneschal d'Agenois & de Querci, d'empescher auec effet, que les hommes de Condom n'entrent auec armes dans la terre & fief de Gaston. Et par les mesmes lettres en date à Long-Pont apres la quinzaine de la Chandeleur 1268. lui enioint de vaquer à faire borner & limiter sa terre d'Agenois, auec la terre de Brulhois apartenante à Gaston de Bearn, suiuant son ordonnance precedente, du Dimanche auant la Feste de la Magdeleine; qui ordonnoit au Seneschal de prendre Sicard Aleman auec soi, & de conferer auec deux Clercs qui seroient choisis de la part de Gaston, & de pouruoir apres le rapport des enquestes qui seroient faites par deux Commissaires, sur la distinction & separation des limites, ainsi qu'il apartiendroit, sauf & reserué son droict de domaine, & de fief.

VI. En cette année 1267. la Vicomtesse de Limoges, qui estoit en possession du chasteau de Chalucheurel, en fut depoüillée par Boson de Bordeille & ses gens; Audemar de Montemalo Chastelain du lieu ayant esté tué, & deux de ses enfans pris; pour la restitution desquelles choses, Rotard de Montfort se constitua pleige enuers *son tres-excellent seigneur le tres-Illustre Louis Roi de France*; promettant de les faire rendre entre ses mains, ou de son Seneschal de Perigord. En outre s'obligea de payer mille liures tournois de peine, en cas que Boson n'executast la sentence arbitrale du Roi, qu'il prononça en suite du compromis fait en sa personne par toutes parties. D'où l'on peut recueillir en passant, l'vsage de compromettre à la personne du Roi, sous caution d'obseruer son ordonnance; de mesme façon qu'on le pratiquoit en Bearn, à l'égard du Seigneur souuerain, sauf l'appel à lui-mesme, & à sa Cour Maiour. Or dautant que la restitution des choses prises, n'estoit pas entierement executée suiuant le iugement du Roi, Gaston Seigneur de Bearn se constitüe pleige enuers sa Majesté, iusqu'à la somme de deux cens liures tournois, pour la valeur des choses, qui restoient à estre rendües par Boson de Bordeille. Sa letre se trouue en original dans les Chartes de France, en date du Mardi auant Noel 1267. seellee du petit seau de Gaston en cire jaune à vn escu de Bearn, costoyé de six Tourteaux de Moncade, & soustenu d'vn chasteau à trois tours de Casteluieil.

II. E Tabulario Parisiensi: Alfonsus filius Regis Franciæ Comes Pictauiensis & Tolosanus, dilecto & fideli suo Seneschallo Tolosano & Albiensi, salutem & dilectionem; super controuersia quæ mota fuisse dicitur, inter Nobilem & fidelem nostrum Gerardum Comitem Armeniacensem, ex vna parte, ac homines nostros de Condomio ex altera, nec non super mutuis interpressuris partium, de voluntate & beneplacito Excellentissimi, & clarissimi domini ac fratris nostri Ludouici Dei gratia Regis Francorum, *apud quem Nobilis vir Dominus Gasto Vicecomes Bearnensis super hoc dicitur institisse*, taliter extitit ordinatum, videlicet, &c.

V. Alfonsus Seneschallo Agennensi & Caturcensi, cum sicut intelleximus, discordia sit suborta super limitibus terræ Agennensis, *& terræ de Bruilhés ad Nobilem virum dominum Gastonem Vicecomitem Bearnensem vt dicitur pertinentis*.

VI. Vniuersis præsentes literas inspecturis, Gasto Dei gratia Vicecomes Bearnensis, Dominus Montiscatani & Castri Veteris, salutem. Noueritis quod nos constituimus nos fideiussores, & tenemur Excellentissimo Domino Regi Franciæ vsque ad summam ducentarum librarum currêtium, pro reddendis iis quæ supersunt restituenda per dominum Bosonem de Bordellia in Castro Castri Lucij. Datum die Martis ante Festum Natiuitatis Domini, anno Incarnationis eiusdem M. CC. LXVII.

Outre le petit seau, on void dans les anciens titres le grand seau de Gaston, qui est ici representé pour conferer l'un auec l'autre.

CHAPITRE XV.
Sommaire.

I. *Les Historiens de Foix donnent à Gaston la surintendance de l'artillerie en l'armée d'Edouard, en Syrie, & pretendent qu'il ait esté auec le Roy Sainct Louïs au voyage de Thunes.* II. *Ce qui est refuté par les actes, qui font voir que pendant ce temps Gaston estoit en ces quartiers. La surprise vient de ce que l'on a confondu ce Gaston, auec celui qui alla en Ierusalem.* III. *Occupations de Gaston, qui le diuertirent de ces voyages. Troubles d'Espagne. Traicté de mariage de Guillelme quatriesme fille de Gaston, auec l'Infant Sance, fils du Roi de Castille.* IV. *Il fonde & dote en ce temps auec sa femme le Couuent des Religieuses de Beyries, transportées depuis au Mont de Marsan. Ces actes font voir qu'il n'estoit point en l'expedition d'Outremer.* V. *Gaston estoit occupé en Foix, pour accommoder son gendre le Comte de Foix auec le Roi de France, vne année auant le retour d'Edouard.* VI. *Gaston declare en son testament qu'il auoit fait Vœu pour le voyage d'Outremer ; que sa femme Mate auoit aussi fait.*

I. IL se presenteroit maintenant vne occasion de faire valoir le courage & la pieté de nostre Gaston, si i'aymois mieux suiure les anciennes relations sans autre examen, que m'arrester à la verité de l'Histoire. Car les memoires de Mediauilla Cordelier de Morlas paraphrasé par la Perriere, & par Bertrand Elie, rapportent que Gaston estoit dans l'armée du Roi Sainct Louïs, au voyage qu'il fit en Afrique, pour l'auancement de la Foi, sous es-

Ggg

perance de la conuersion du Roi de Thunes, que ce perfide lui auoit solennellement promise par ses Ambassadeurs, s'il pouuoit estre appuyé contre l'insolence des Sarasins ses sujets. I'eusse desiré d'auoir le moyen d'embrasser cette narration, dautant plus que ces auteurs escriuent, que Gaston eut la Surintendance de l'artillerie, & des machines de guerre, en l'armée que le Prince Edouard conduisit en suite de Thunes en Syrie; Mais ce voyage ne peut subsister auec la foi des actes publics que i'ay en main, si l'on veut peser les choses auec le soin, qui est necessaire pour establir vne verité historique.

II. Car si Gaston a fait le passage, il faut qu'il se soit embarqué auec l'armée Françoise, qui demara du port d'Aigues-mortes, le lendemain de la Feste sainct Pierre & sainct Paul, 1267. suiuant Nangis; ou bien auec le Prince Edouard, lequel apres auoir receu en prest du Roi Sainct Louis trente mille marcs d'argent, qu'il lui assigna sur la Gascogne, dressa son equipage, & partit d'Angleterre au mois de May, 1270. & s'alla ioindre à l'armée Chrestienne, qui estoit deuant Thunes. Or Gaston estoit dans son païs, le douziesme de Iuillet, & le seiziesme d'Octobre, mille deux cens septante, & encore en Espagne, sur la fin du mesme mois d'Octobre posterieurement à ces passages. Et qui plus est, nous le verrons au Comté de Foix l'an 1272. vne année entiere auant le retour d'Edouard, de son voyage du Leuant. De sorte que ie suis obligé de conclure contre l'ancienne relation, que Gaston ne fut point à ce voyage, & de dire, que le bon Religieux, qui trouua dans quelque vieille Charte, que Gaston Seigneur de Bearn auoit eu le commandement de l'artillerie en la guerre d'Outremer, attribua cét employ à ce Gaston, qui est le seul Seigneur de Bearn, dont il auoit eu connoissance; au lieu que cette obseruation deuoit estre veritablement rapportée, au braue Gaston, qui s'est fait remarquer en la fameuse Croisade des Chrestiens, pour la conqueste de Ierusalem, sous Godefroi de Boüillon.

III. On pourroit neantmoins trouuer estrange, & comme indigne du courage de nostre Gaston, qu'il eust mieux aymé croupir dans sa maison, que d'estre du nombre des Croisés, qui accouroient de tous les endroits de la France, d'Angleterre, & d'Italie à cette expedition. Mais il est aisé de le mettre hors de blasme, si l'on se remet deuant les yeux, les rapports qu'il auoit à diuers Estats, & les liens qui l'attachoient aux affaires d'Espagne, ausquelles il fut engagé par Philippe Infant de Castille, & par Lope Dias de Haro Seigneur de Biscaye son neueu, fils de sa sœur Constance de Bearn, & de Diego Lopes de Haro, contre le Roi Alfonse de Castille. Ce Roi esperant d'apporter quelque remede aux desordres qui commençoient à se former dans son Royaume, traicta sur la fin du mois d'Octobre de l'année 1270. le mariage de l'Infant Don Sanche son fils, qui fut apres son successeur, auec Dame Guillelme de Moncade fille de nostre Gaston, & cousine germaine de Lope Dias de Haro; le Roi s'obligeant de remettre dans le chasteau de Monson en Aragon, vne année apres que Guillelme seroit en Castille, vingt mille marauedis d'or, pour estre employés en heritage, à la discretion du Roi, & du Vicomte. Mais ce traicté demeura inexecuté, ainsi que rapporte Surita; & les troubles de Castille s'eschauferent plus qu'auparauant.

IV. Au commencement d'Octobre 1269. Gaston tenoit sa Cour Maiour à Morlas, ainsi qu'on a peu rémarquer ci-dessus; & le douziesme de Iuillet 1270. qui est l'autre date que nous auons pesée, il s'occupoit aux œuures de pieté dans le Vicomté de Marsan, en compagnie d'Amate sa femme : qui auoit donné le mouuement à cette action, sçauoir à la fondation & dotation du Monastere des Religieuses de Beyries, qui sont les filles de l'ordre Saincte Claire, establies maintenant en la ville du Mont de Marsan. Car apres auoir basti ce Monastere, Gaston, & Namate, ou bien Amate sa femme, le dotent de plusieurs beaux reuenus, par letres seellées de leurs seaux, Pierre Euesque d'Aire & de Sainte Quiteyre acceptant les donations ; à sçauoir du *Sirmenage*, & de la rente de deux cens sols Morlas, du peage de la ville de Mont de Marsan, des fiefs & *Sirmenage* du lieu de Vielenauc, du moulin de Lusson, des Questes & seruitudes des hommes & des femmes du lieu de Sainct Martin, du *Sirmenage* du chasteau de Roquefort, & Penecader, du pasquage par toute leur terre pour le bestail du Monastere, de toute la terre de Beyries auec tous ses droits, & la iurisdiction, excepté celle du sang & de meurtre, des seigneuries d'Estiguarde, & d'Eyres, des droits qu'ils possedoient à Caussat, & Bordie, auec l'exemption des lots & ventes, peages, & leudes par toute leur terre.

V. De la date du contract de mariage de Guillelme auec l'Infant Don Sanche de Castille, & de celle de la fondation de ce Monastere ; il apert clairement, que Gaston estoit en ces quartiers, tandis que l'armée Chrestienne estoit à la Goulette prés de Tunes. Il y a bien plus, c'est que Gaston estoit en Foix vne année auant le retour d'Edoüard. Ce qui est aisé à verifier, dautant que le retour de ce Prince tombe en l'année 1273. suiuant Thomas de Walsingham ; & neantmoins on trouue que Gaston estoit empesché de remetre le Comte de Foix son gendre en la bonne grace de Philippe Roi de France ; lequel en l'année 1272. suiuant le calcul de Nangis, estoit allé auec vne puissante armee poser le siege deuant le chasteau de Foix, pour chastier le Comte, du mespris qu'il auoit fait de son autorité, & de ses Officiers, en l'affaire de Geraud de l'Isle seigneur de Casaubon, dequoi nous traicterons ailleurs bien amplement. Les memoires du Cordelier, suiuis par Elie, & La-Perriere ; & les anciennes remarques historiques d'Arnaud Squerrer, & Michel Bernis, en leurs recueils des Comtes de Foix escrits à la main, tesmoignent que Gaston seigneur de Bearn traicta cét accommodement de son gendre auec le Roi. Surita mesme rapporte, que le Roi d'Aragon, & le Vicomte de Bearn negotierent l'appointement du Comte de Foix auec le Roi Philippe, qui estoit parti de Tolose pour enuahir son Estat, sur la fin du mois de May de cette année 1272. De maniere qu'il ne faut point douter de cette circonstance du temps, puis qu'elle est appuyée par vn si bon nombre de tesmoins ; ni par consequent de ce que i'ai auancé au commencement du Chapitre, que Gaston ne fit point le voyage d'Afrique, ni celui d'Acre auec l'armée Chrestienne.

VI. Ces argumens que i'ai alleguès pour renuerser l'opinion desia receuë du voyage d'Outre-mer de nostre Gaston, sont fortifiés par son propre tesmoignage, qui ne permet pas que l'on reuoque cette matiere en doute, ni que l'on le soubçonne de lascheté, pour n'auoir esté dans l'armée auec les autres Princes Chrestiens. Car il certifie en son Testament, qu'il auoit fait le Vœu, & receu la Croix pour l'entreprise de ce voyage ; sans auoir peu executer sa saincte resolution. De sorte que pour se descharger de sa promesse, il veut en cas qu'il soit empesché de faire le passage en personne, que son heritier au Vicomté de Bearn enuoye cinq gensdarmes natifs de Bearn, & non d'ailleurs, en la terre d'Outre-mer, pour y seiourner, & faire la guerre vne année entiere ; ordonne pour cét effet trois mille sols Morlans pour les frais d'vn chascun des gensd'armes : sans que ce legat puisse estre commué en autre œuure pie par le Pape, ni par autre personne que ce soit ; A la charge neantmoins, que si le Pape pouuoit, ou vouloit contraindre son heritier, de faire le voyage, nonobstant ce legat, les deniers assignés pour les frais des gensd'armes soient precomtés pour l'execution & l'accomplissement du Vœu qu'il auoit fait de seruir en personne, & auec certain nombre de gensdarmes. Or non seulement il fait le Vœu ; mais aussi la bonne Dame sa femme, qui vouloit à l'exemple des autres Dames de son temps auoir sa part en la gloire, qui prouenoit tant de la generosité requise pour supporter les trauaux d'vn si fascheux & dangereux voyage, que du tesmoignage d'affection qu'elle rendoit à son mari : outre le desir de gagner l'Indulgence pleniere accordee aux Pelerins de la Terre saincte.

I. Mediauilla, la Perriere, Bertrandus Helias in Histor. Comit. Fuxens.
V. Surita l. 3. c. 77. & Th. à Vualf. & Nangius.
VI. E Chartario Palensi : Item volo quod heres meus in Vicecomitatu Bearnij mittat vltra mare quinque milites de Bearnio, & non aliunde oriūdos, quos milites executores mei duxerint eligendos, *moraturos per annum pro redemptione Voti crucis per me assūpta*, & volo quod cuilibet militum prædictorū dentur tria millia solid. Morl. & nolo quod alij milites possint eligi seu mitti, *nisi qui orti fuerint de Bearnio*, Nec volo quod hęc ordinatio, siue legatū possit per dominū Papam, vel aliū in vsus alios commutari, vel personis alijs assignari. Quod si forte fieri tentaretur, ex tunc & ex nunc dictā pecuniam adimo, & dictū legatū reuoco, & annullo. Si vero dicto legato valente, vellet vel posset dominus Papa, vel alius heredes meos cōpellere ad votum quod fecerā adimplēdum, volo quod pecunia prædictis militibus assignata, in cōplemento dicti voti habeat imputari, ita quod dictis militibus minimè persoluatur. Volo etiam quod si ego personaliter lucro vltra mare, quod dictum legatum omnimodo vacuum sit, & habeatur penitus pro non facto. Nos Mata Dei gratia Vicecomitissa Bearnij & Marciani sana mente & corpore, *in fimo proposito transfretandi*, de consensu & voluntate domini Gastonis viri nostri testamentum nostrum vltimum facimus in hunc modum.

CHAPITRE XVI.

Sommaire.

I. Henri gendre de Gaston estoit en l'armée de Thunes. Mais il ne suiuit pas Edouard son cousin au voyage d'Outremer. Il suiuit le Roi Philippe, & arriua en sa compagnie à Viterbe. II. Il est assassiné par Gui de Montfort en l'Eglise de Viterbe. Gui se retire apres cét excés : craignant l'indignation du Roi de France. Gui fut condamné par le Pape a vne prison perpetuelle, selon Nangis. III. Il est excommunié, & ses terres mises à l'Interdict à l'instance du Roi Edouard, selon Vualsingham. Edouard porte le cœur de Henri en Angleterre, suiuant Surita. IV. Gui fut mis en liberté long-temps apres par le Pape Martin ; & enfin ayant esté pris par les Aragonois, fut remis entre les mains d'Edouard qui le fit mourir. V. Cét accident funeste de la mort de Henri gendre de Gaston fut suiui du decés d'Amate femme de nostre Prince. Son nom est indifferemment escrit Mate, Namate, ou Amate, qui est le veritable. Explication des qualités En *&* Na. *VI. Testament de Mate. Les institutions, & substitutions de ses filles. Elle possedoit des droicts en la ville de Saragosse. VII. Legats pies. Sa sepulture. VIII. Par son Codicille, elle fait vn legat pour le défrai de quatre Gendarmes, pour la Terre saincte. Application des Indulgences en faueur des decedés pratiquée en ce temps.*

I. Voi que Gaston ne fut point dans cette expedition, Henri son gendre fils de Richard Roi des Romains entreprit le passage d'Afrique, auec le Prince Edouard son cousin germain. Mais apres que Philippe III. Roi de France eut arresté les tréues pour dix ans auec le Roi de Tunes, les troupes se separerent & prindrent diuerses routes. Car Edouard accompagné d'vne grande partie de la Noblesse Françoise, côtinua le voyage d'Outremer, & vint surgir heureusement au port d'Acre, apres la quinzaine de Pasques de l'année 1271. suiuant Nangis, & Vvalsingham. Mais Henri qui estoit vn peu douillet du corps, reconnoissant qu'il ne pouuoit supporter la fatigue d'vn si long voyage, & desirant de reuoir son pere Richard auant son decés, obtint congé d'Edoüard pour son retour, & se mit à la suite du Roi Philippe ; qu'il accompagna de Sicile, en la ville de Viterbe dans la Toscane ; où les Cardinaux estoient assemblés depuis deux ans, ne pouuans s'accorder de l'election d'vn Pape.

Gui de Montfort, fils de Simon Comte de Licestre, qui auoit espousé la fille heritiere du Comte Rous en la Toscane, ayant eu connoissance que Henri estoit à Viterbe, plein de ressentiment de sa proscription d'Angleterre, & de la mort du Comte Simon son pere, tué en vn combat, & mis en pieces par le conseil de Henri, comme il supposoit pour extenuer son crime, se porta à cette extremité, que d'entreprendre sur sa vie de guet à pens. Pour executer son dessein, il prit son logement proche de l'Eglise S. Laurens, surprit Henri lors qu'il oyoit la Messe, fit des efforts pour l'arracher par force du milieu des siens, & n'en pouuant venir à bout si aisément comme il s'estoit promis, lui donna vn coup de poignard ; & l'ayant tiré par violence au dehors de l'Eglise, lui redoubla trois ou quatre coups par les flancs, & le tua sur la place, nonobstant les instantes prieres que Henri lui faisoit à mains iointes de lui donner la vie. Le meurtrier se retira dés aussi tost en Toscane, accompagné de la caualerie qu'il auoit menée, pour cette funeste & damnable execution. Et dautant qu'il auoit commis cét attentat, en la Cour du Roi de France, qui estoit dans la ville en personne, il encourut son indignation, suiuant le rapport de Nangis ; qui met auec tous les autres Escriuains, cette trahison sous l'année 1271. Et adiouste, que peu de temps apres, Gui de Montfort fut condamné par le iugement de l'Eglise, à estre retenu prisonnier pendant sa vie, dans quelque fort chasteau.

III. Thomas de Vvalsingham rapporte ce chastiment, à la plainte que le Prince Edoüard en fit au Pape Gregoire Dixiesme, en la ville d'Oruiete, lors qu'il reuenoit du Leuant, pour recueillir la succession du Royaume d'Angleterre, qui lui estoit escheuë par le decés de son pere Henri III. arriué l'année precedente. Car il dit, que le Pape pour le satisfaire de l'assassinat commis en la personne de son cousin, & pour venger cette iniure publique, le mépris de l'Eglise, & le grand scandale du nom Chrestien, excommunia Gui, & tous ceux qui le receuroient, iusqu'à ce qu'il eust satisfait à l'Eglise, & mit leurs terres en Interdict. Surita augmente cette narration, disant qu'Edoüard emporta le cœur de son cousin Henri, dans vn vase d'or, & le mit sous vne colomne à l'entrée du pont de Londres, afin qu'il seruist à l'auenir de memoire perpetuelle de l'outrage, qu'auoient receu les Anglois en cette occasion.

IV. Neantmoins Gui de Montfort, apres auoir esté detenu long-temps en prison, fut relasché l'an 1282. par le Pape Martin IV. qui lui bailla le commandement de son armée, pour remettre la Romagne sous l'obeïssance du Sainct Siege. Et enfin fut pris en la bataille de Naples, gagnée par Loria Admiral Catalan 1287. & deliuré par le Roi d'Aragon, entre les mains d'Edoüard Roi d'Angleterre, qui le fit mourir en prison comme ennemi hereditaire de ces deux maisons Royales : quoi que les auteurs Siciliens rapportent qu'il mourut prisonnier dans la Sicile, ainsi qu'à obserué Surita en vn autre endroit de ses Annales.

V. Il ne faut point douter, que la Princesse Constance ne fust extremement affligée de la funeste nouuelle du meurtre commis proditoirement en la personne du Prince Henri son mari, & que Gaston ne prit la part qu'il deuoit en cette affliction ; qui fut accreuë par la perte qui lui suruint peu de temps apres, d'Amate sa chere & bien aimée femme. Ie la nommé indifferemment Mate ou Amate, dautant que dans les Chartes du temps, elle est denommée le plus souuent Mathe, mais aussi dans les lettres de la fondation du Monastere des filles du Mont de Marsan, elle prend le nom de *Amate*, & de *Namate*, qui vaut autant que *Ena Amate*, ou *Dona Amate*: le langage vulgaire de ce temps ayant introduit les termes de *En*, & *Ena*, pour signifier les qualités de Noblesse, que l'on mettoit auant les noms propres, & que l'on conceuoit en Latin par *Domnus* & *Domna*, *Don* & *Donna* en Espagnol; & dans l'Orient par la diction de *Scha*, mise en suite du nom, ainsi qu'a remarqué Ioseph de l'Escale en ses Canons Isagogiques. Namate donc, suiuant l'vsage du temps, vaut autant que *Dame Amate*, & par contraction *Mate*. Le vrai nom de cette Dame estant comme l'ay dit, celui d'Amate, ainsi que l'on a peu obseruer dans les lettres du Roi Alfonse, de l'an 1266.

VI. Elle a fait vn testament, qui a esté conserué dans le Tresor de Pau, en date de l'année 1270. Par icelui cette bonne Dame institue son heretiere sa fille Constance, en son Vicomté de Marsan, en ses terres & chasteaux de *Riuiere de Bigorre*, sçauoir Maubourguet, Castelnau, & Ladeuese, auec leurs apartenances. Et de plus en tous ses droicts & pretentions, qu'elle a sur le Comté de Bigorre; institue sa fille Mate en dix mille sols Morlas, qu'elle lui assigne sur la terre de Riuiere, payables par Constance, pour en disposer à sa volonté, sans le consentement du Comte Geraud son mari. Institue Marguerite sa fille, en la terre & aux chasteaux qu'elle a, ou doit auoir dans l'Euesché de Comenge, sçauoir la ville de S. Gaudens, le chasteau de Miremont, la Seigneurie d'Aure, & de Neboufan, auec toutes leurs apartenances. Fait son heritiere Guillelme sa fille, en toutes les rentes & droicts qu'elle possede dans *la ville de Saragosse* au Royaume d'Aragon. Substitue Guillelme à Constance; & à Marguerite sa fille Constance, & apres elle Mate; à Guillelme, Marguerite; & si les trois sœurs decedoient sans enfans, leur substitue Mate; & enfin substitue son neueu Esquiuat, en cas de decés de ces quatre filles sans enfans.

VII. En suite elle declare qu'elle a quarante marcs d'argent assignés sur les lieux de Moncin, & de Pontac en Bearn, legue sur iceux certaine somme pour bastir l'Eglise des sœurs de Beiries, mille sols Morlans aux Freres Mineurs du Mont de Marsan, & le reste pour marier de pauures filles dans l'Euesché d'Ayre. Veut que les torts & dommages faits par elle, ou par ses predecesseurs, soient payés ou reparés par les executeurs de son testament. Et que les deniers qu'elle a ordonnés, pour remplacer la refection que sa mere Peyrone faisoit chaque semaine ausdits Freres Mineurs, soient payés par son heritiere. Choisit sa sepulture au Monastere de Beiries, confirme les donations qu'elle luia faites, priuant de la succession ses heritiers, qui voudront les mettre en dispute. Establit & nomme pour ses executeurs, Geraud de *Monte Lugduno* de Montlezun Euesque de Lectoure, l'Euesque d'Ayre, & l'Abbé de S. Iean de la Castelle, Pierre, Esquiuat, & Arnaud de Corbin Cheualiers, & le Gardien des Freres Mineurs pour Conseiller. Gaston son mari declare qu'il a donné permission à sa femme de faire ce testament; & Constance iure de l'executer. Les tesmoins sont entr'autres Geraud de Montlezun Euesque de Lectoure, & Guillaume Euesque de Bazas, & le retenteur Brun de Bentaion Notaire de Morlas.

VIII. Ce testament fut suiui d'vn Codicille que l'on ne trouue pas; mais pourtant Constance en fait mention en son testament, du sixiesme d'Auril 1310. par lequel apres auoir declaré que sa mere est enseuelie en ce Monastere des Religieuses, elle confirme le legat de quatre mille sols Morlas, que Mate auoit fait pour le défrai de deux hommes d'armes, qu'elle vouloit estre enuoyés en la Terre sainte au premier passage general, pour gagner en faueur de son ame, l'Indulgence qui estoit accordée, à ceux qui faisoient le voyage d'Outremer. Où l'on peut remarquer en passant, la pratique qui estoit en ce temps, d'appliquer au profit des morts par voye de suffrage les Indulgences accordées aux viuans par voye de Iurisdiction & d'absolution.

I. E Continuatore Matthæi Paris p. 975. sub eodem tempore Henricus de Alemannia filius Richardi Regis Romanorum petiit ab Eduardo consanguineo suo repatriandi licentiam : Pertæsus namque fuerat peregrinationem longinquam & cupiebat videre Angliam pati iam pacis, & patrem suum antequam moreretur. Sed suo desiderio fraudatus est nempe licentia remeandi impetrata, dum transire vellet per Tusciam, cum apud Viterbium Missarum solenniis interesset, in Ecclesia S. Laurentij à Guidone filio Simonis de Monteforti occiditur in vltionem viriliter paternæ mortis.

II. III. IV. Nangius, Th. de Valsing. Surita l. 3. Ann. c. 77. & l. 4. c. 95.

VI. Testamentum Amatæ extat in Tabulatio Palensi.

CHAPITRE XVII.

Sommaire.

I. Edouard Roi d'Angleterre reuenant d'Acre vient en Gascogne pour y appaiser les troubles excités par Gaston de Bearn. Il estoit mescontent pour raison de l'indemnité du chasteau de Coignac, que les Anglois lui refusoient. II. Gaston refuse de se presenter pardeuant la Cour du Seneschal de Gascogne. Ordonnance que ses terres seront saisies. Resistance dans Ortés à main armée. III. Le Commissaire enuoyé par Edouard arresté par les habitans d'Ortés. Gaston visite Edouard, qui le fit prisonnier dans le chasteau de Saut. IV. Promesse de Gaston de faire executer l'ordonnance de la Cour de S. Seuer, & de remetre entre les mains d'Edouard le chasteau & la ville d'Ortés. V. Il est élargi à la suite du Roi, moyennant vne seconde promesse. Où l'obligation de la terre de Bearn n'est point comprise, comme a escrit Beloi. VI Gaston donne cautions, & s'oblige à estre contraint par excommunications. Renonce au For. VII. Appel de Gaston au Roi de France.

I. LA guerre des Comtes d'Armagnac, & de Foix, auec le Roi Philippe, n'auoit pas donné grand loisir à Gaston, desfuyer ses larmes : Mais le retour d'Edouard Roi d'Angleterre le mit dans vne plus forte occupation. Car Edouard estant parti d'Acre en l'année 1273. aborda en Sicile, salüa le Pape à Oruiete en Italie, passa par la Sauoye, & vint en France, pour reconnoistre le Roi Philippe ; auquel il fit homage des terres qu'il tenoit en fief de la Couronne. Et tout aussi-tost, sans prendre le loisir d'aller en Angleterre, pour y estre oinct & couronné, s'en alla en Gascogne, afin d'y appaiser les mouuemens, que Gaston de Bearn, *Noble, vaillant & puissant Cheualier,* y auoit excités contre son autorité, afin que i'employe les termes de Guillaume Nangis auteur du temps, & de Wasingham. Ie pense que Gaston estoit mescontent des Anglois. Car il auoit demandé l'an 1264. que le Roi d'Angleterre l'indemnisast de la perte du chasteau de Coignac, que Boson de Mastas maistre de la place, & Comte de Bigorre, auoit remis entre les mains d'Imbert du Bourg Seneschal de Poictou : lequel chasteau ayant esté pris par les François, le Roi d'Angleterre auoit reconneu à Boson qu'il estoit obligé à l'indemnité, & lui auoit payé annuelement pendant sa vie, trois cens marcs d'argent. Desquels, Gaston en qualité de mari & Procureur de Mate fille & heritiere du Comte Boson demandoit la continuation. En quoi il trouuoit de la difficulté.

II. Neantmoins le sujet particulier de ces émotions nous est inconneu, sinon autant que l'on peut en recueillir des actes dont ie ferai mention; qui font voir, que plusieurs s'estans plainéts des deportemens de Gaston, il auoit esté assigné à leur requeste pardeuant le Seneschal de Gascogne, en la Cour de S. Seuer; sans qu'il eust daigné se presenter. De sorte, que pour le profit des defauts octroyés contre lui, le Seneschal tenant sa Cour de Gascogne, auoit ordonné, que toutes les terres de Gaston seroient saisies, iusqu'à ce qu'il eust respondu pardeuant la Cour. Mais voulant faire executer son ordonnance dans la ville d'Ortés, il y trouua de la resistance à main armée. C'est pourquoi, le Roi Edouard s'achemina en Gascogne; qui d'ailleurs peut-estre estoit offensé, de ce que Gaston ne l'auoit suiui au voyage d'Outremer, & auoit mieux aimé s'engager aux affaires de Castille, qu'en cette expedition si perilleuse pour Edouard.

III. Il enuoya Geraud du Laur Cheualier son Commissaire, en la ville d'Ortés, qui fut arresté par les habitans, & apres cette émeute, le Roi s'approcha iusqu'à la ville de Saincte Quiterie au Diocese d'Aux, qui estoit vne ville dont la moitié de la iustice & du peage apartenoit à l'Archeuesque d'Aux, & l'autre moitié aux Seigneurs de Bearn. Où Gaston mandé par lui, le vint saluer, & lui proposa ses excuses, & ses ofres de respondre en sa Cour, sur les Chefs, pour lesquels il seroit tenu de proceder en icelle. Mais nonobstant tout ce qu'il peut dire, ni alleguer, Edouard le fit arrester prisonnier, au bourg de Saut, & le fit mettre en suite sous bonne & seure garde dans le chasteau du mesme lieu.

IV. Estant retenu, il fut contraint de prometre par ses lettres patentes, en date à Saut du Lundi apres la feste Sainct Michel 1273. qu'il feroit de bonne foi son possible, pour mettre à execution dans le iour de Vendredy lors prochain, le iugement donné en la Cour de S. Seuer contre lui, pour la saisie de ses terres, & chasteaux, à l'occasion de plusieurs defauts qu'il auoit encourus; Il promit semblablement, de faire de bonne foi tout ce qu'il pourroit dans le mesme terme, pour remetre entre les mains du Roi, son chasteau, toute la ville & les habitans d'Ortés, & particulierement ceux qui estoient chargés d'auoir arresté Geraud du Laur Cheualier, & Deputé du Roi Edouard, pour en disposer à sa totale volonté, sauf à Gaston son droit hereditaire en ladite ville. Et en cas qu'il ne peust faire executer ce iugement dans le terme, & faire remetre le chasteau, la ville, & les habitans d'Ortés au pouuoir du Roi, ou qu'il manquast en l'vn desdits chefs, il promit & iura d'obeïr à l'ordonnance du Roi d'Angleterre.

V. Cette promesse estant expediée, & les sermens prestés dans l'Eglise Sainct Nicolas de Saut, en presence de Geraud Euesque de Laictoure, & de Gaillard Abbé de Figeac, il obtint le mesme iour recreance de sa personne, moyennant vne seconde promesse qu'il fit, & les cautions qu'il bailla, de tenir l'arrest à la suite de la Cour d'Edouard, & de ne s'esloigner d'aupres de sa personne, sans son congé & sa permission speciale, sous obligation & emprisonnement de son corps, & de toute sa terre, qu'il tient en fief d'Edouard. Ce sont les propres termes de la lettre, qui limitent l'effet de l'hypotheque, aux terres tenuës en fief du Roi Edouard; excluans celles que Gaston ne releuoit point de lui; comme estoient manifestement les Seigneuries de Moncade, & de Castetuicil assises en Catalogne; le Bearn, peut aussi tomber dans cette exception, si l'on ne verifie par autre voye qu'il soit chargé d'homage. C'est pourquoi le sieur Beloi a eu tort de representer cette promesse, comme si Gaston obligeoit en termes exprés, sa terre de Bearn: qui neantmoins n'y est point nommée, & en peut estre excluse. *Sub obligatione Terræ Bearnÿ, quam tenebat à domino Rege Edouardo*, dit-il, mais auec surprise contre la teneur de l'acte.

VI. Gaston donna pour cautions de cette seconde promesse, Arnaud Seguin d'Estan, Raimond Robert, Arnaud de Montagut, & Arnaud de Gauaston Cheualiers, qui obligent pour cét effet leurs personnes, & leurs biens ; Et tant eux, que Gaston, se soubsmetent en cas de contrauention, à la iurisdiction des Euesques de Laictoure, d'Ayre, & d'Oloron, qui pourront les contraindre par censures ecclesiastiques d'excommunication, & d'Interdict, à l'obseruation des choses conuenuës, lors que lesdits Euesques en seront requis conioinctement, ou separément, par le Roi d'Angleterre. Renonçant Gaston & ses cautions à tout For, & Coustume, au droit escrit, & non escrit, & à tous priuileges. La renonciation expresse du For, & des priuileges, tesmoigne que Gaston pretendoit n'estre point obligé en vertu des Fors & Priuileges de Bearn, à toutes les choses que l'on lui demandoit. Et de fait comme il ne faut point douter qu'il ne fust obligé de respondre en la Cour de Gascogne, de tous les excés qu'il commettroit hors la terre de Bearn, puis que le lieu du delict establit la iurisdiction, & qu'il estoit vassal de l'Anglois, pour plusieurs Vicomtés : Aussi estoit-il fondé par les Fors de Bearn, à iuger auec sa Cour, dans le païs de Bearn, toutes les demandes que l'on voudroit proposer contre ses sujets, mesmes contre les habitans d'Ortés, pour le crime & la violence par eux commise, à l'endroit du deputé du Roi d'Angleterre. C'est pourquoi pour aller au deuant de tout subterfuge, on le fait renoncer aux Fors & Priuileges du païs.

VII. Contre ces violences extremes, il opposa le remede de l'appel, qu'il interieta lors de sa capture au Roi de France Seigneur Souuerain de toutes parties ; de sorte que toutes les promesses, declarations, obligations, & sermens faits par Gaston, posterieuremeut à l'appel, estoient de nul effet, & valeur, suiuant les loix. Dautant plus, que la renonciation que Gaston faisoit à son droit particulier, estoit extorquée par force, au moyen d'vn emprisonnement, qui estoit non seulement abusif, comme fait au preiudice de l'appel, mais aussi iniuste & tortionnaire au fonds : Car Gaston ayant ofert à Edouard au lieu de Saincte Quiteyre, de respondre par deuant lui, ou en sa Cour, & de satisfaire à ce qu'il deuroit, (qui sont des termes considerables) & de lui donner cautions suffisantes pour cela; Edouard ne pouuoit arrester, ni sa personne, ni ses biens pour quelques excés pretendus que ce fut, suiuant l'ordre & la Coustume de la Cour de Gascogne, ainsi que l'on pourra voir dans l'auis qu'elle donna à ce Roi, peu de iours apres.

IV. E Regestis Constabulariæ Burdegalensis : Nouerint vniuersi quod die Lunæ post festum S. Michaelis anno Domini M. ducentesimo septuagesimo tertio, in præsentia Reuerendi Patris G. Episcopi Lectorensis, & venerabilis patris Gaillardi Abbatis Figiacensis, & aliorum plurimorum in Ecclesia S. Nicolai de Saltu Dominus Gasto Vicecomes Bearnij, Dominus Montiscatani & Castri veteris, non compulsus, non coactus, non dolo inductus, sed sua spontanea voluntate promisit & ad sancta Dei Euangelia iurauit, quod ipse bona fide faciet suum posse infra diem Veneris proximum, quod iudicium latum in Curia S Seueri contra ipsum, de satisfiendis castris, & terris suis, ratione plurium defectuum habeat executionem plenariam, vt est latum; & quod similiter bona fide faciet posse suum infra diem Veneris supradictum, quod castrum suum, tota villa, & homines Ortesij, ac specialiter illi qui de arrestamento Domini Girardi Laur. militis & Nuncij illustris Domini Edouardi Regis Angliæ dicuntur culpabiles, ponantur in manu & potestate prædicti Domini Regis, ad faciendam suam omnimodam voluntatem de ipsis, saluo tamen Domino Gastoni, iure hereditario quod habet in eadem villa. Quod si forte infra supradictum diem Veneris non posset facere quod dictum iudicium executioni ducatur, & quod dictum castrum, villa, & homines Ortesij ponantur in manu supradicti Domini Regis vt est dictum, vel deficiat in altero de præmisis, promisit, vt dictum est, & iurauit, quod ex tunc faciet voluntatem, & ordinationem supradicti Domini Regis. In quorum omnium testimonium & roboris firmitatem dicti Episcopus Lectorensis, & Abbas Figiacensis ac Dominus Gasto præsentibus apposuerũt sigilla sua. Datum apud Saltum die Lunæ proximo post festum S. Michaelis Anno Dom. M. ducent. septuagesimo tertio.

V. Nouerint vniuersi præsentes literas inspecturi, quod die Lunæ proximo post festum B. Michaelis anno Domini M CC. LXXIII. in præsentia Reuerendi Patris Gaillardi Abbatis Figiaci & aliorum plurimorum in Ecclesia Nicolai de Saltu, Dominus Gasto Vicecomes Bearnij, Dominus Montiscatani & Castri veteris, non compulsus, non coactus, non inductus dolo, sed spontanea sua voluntate promisit & ad sancta Dei Euangelia iurauit, sub obligatione

& incarceramento sui corporis, & totius terræ suæ, quam tenet de illustri Domino suo Edouardo Rege Angliæ Domino Hiberniæ, Duce Aquitaniæ, quod non recedet de curia ipsius Domini Regis vbi ipse fuerit, sine sua voluntate, & licentia speciali, ad quod fideliter seruandum & complendum obligauerunt se dicto Domino Regi, sub obligatione & incarceramento corporum, terrarum, & bonorum suorum mobilium & immobilium, Domini Arnaldus Seguini de Stan, Reimundus Roberti, Armandus de Monteacuto, & Arnaldus de Gauaston milites. Quod si forte idem Dominus Gasto, quod absit, in aliquo contra suprad. etam promissionem & iuramenta veniret, Ipse, & dicti. Arnaldus Seguini, R. Roberti A. de Monteacuto & A. de Gauaston milites, supposuerunt se scientes & prudentes iurisdictioni Domini Episcopi prædicti Lectorensis, vel Episcoporum Aduien.seu Oloren. vel alterius, aut duorum de ipsis, volentes & concedentes, quod prædicti Episcopi simul, vel diuisim, ipsos & terras suas possi nt compellere per censuram Ecclesiasticam, & Interdicti ac Excommunicationis sententias, contra eos & contra terras suas quotiescumque ab ipso Domino Rege simul vel diuisim fuerint requisiti, quousque fecerint & compleuerint omnimodam voluntatem ipsius Domini Regis ; renunciantes dicti, Dominus Gasto & alij superius nominati qui se obligauerunt pro eo, omni Foro & Consuetudini, iuri scripto & non scripto, & cuicumque priuilegio, auxilio iuris canonici & ciuilis, per quæ contra præmissa vel aliquod præmissorum, simul vel diuisim posset vnquam venire, in toto, vel in parte, coram quibuscumque iudicibus. In quorum omnium testimonium ipsius Domini Regis & roboris firmitatem dictus Episcopus Lectorensis, & dictus Abbas, ac Dom. Gasto & dictus A. Seguini de Stan R. Roberti, Armandus de Monteacuto & Arnaldus de Gauaston præsentibus apposuerunt sigilla sua. Datum apud Saltum die Lunæ post festum S. Michaelis anno D. M.CC.LXXIII.

CHAPITRE XVIII.

Sommaire.

I. Gaston estant en liberté se retire dans le Chasteau d'Ortés. Proteste de se pouruoir contre ces violences, pardeuant le Roi de France. II. Edouard fait assigner Gaston à se presenter à Sainct Seuer en la Cour de Gascogne. Il enuoye ses Procureurs pour s'excuser sur ce qu'il n'a libre accez, & qu'il a appellé pardeuant le Roi de France. III. Contestations suruenuës entre l'Abbé de Luc, & Guillaume Raimond Procureur de Gaston, & le Seneschal de Gascogne. V. Appel de la procedure du Seneschal interiecté par les Procureurs de Gaston au Roi de France.

I. LA liberté ayant esté donnée à Gaston, au moyen des promesses extorquées de lui, au preiudice de l'appel, il protesta de se pouruoir pardeuant le Roi de France, & pour se mettre en estat, se retira du pouuoir de son ennemi, dans le chasteau d'Ortés, où l'on faisoit bonne garde pendant sa detention, qu'il fit redoubler à son arriuée, à cause qu'Edouard n'en estoit pas fort esloigné.

II. Le Roi indigné de cette retraicte, fit assigner Gaston auec lettres de son Seneschal, qui lui furent signifiées, par l'Abbé de Sainct Seuer, pour comparoistre en la Cour de Gascogne, à Sainct Seuer, le Vendredy apres la feste S. Luc. C'est pourquoi Gaston expedie à Ortés le iour de la feste, qui estoit le 18. d'Octobre 1273. ses lettres de procuration en faueur de Compaing Euesque d'Oloron, Bernard Abbé de Luc, & maistre Guillaume Raimond, ou l'vn d'eux, pour proposer ses excuses par deuant le Seneschal, & toute la Cour de Gascogne: Lesquelles estoient fondées, sur ce qu'il n'auoit point l'accés libre, pour venir en personne en cette Cour; dautant que le Roi d'Angleterre lui auoit fait, & lui faisoit chasque iour, plusieurs notables griefs, & domages, auoit arresté sa personne lors qu'il estoit venu à lui de son mandement, nonobstant toutes les ofres pertinentes qu'il peut lui faire; dont il auoit intericté appel au Roi de France, & auoit mis sous sa protection & sauue garde, sa personne, ses biens, & toutes ses terres, baillant puissance à ses Procureurs de proposer pardeuant le Roi Edoüard, son Seneschal, ou ses Lieutenans & la Cour de Gascogne, ſes excuſes & ſes griefs, comme auſſi tous autres qu'ils aduiſeroient.

III. Au iour de l'aſſignation, l'Abbé de Luc, & Maiſtre Guillaume Raimond, ſe preſenterent pardeuant Luc de Chanap Seneſchal de Gaſcogne, qui tenoit ſa Cour dans le cloiſtre de l'Abbaye de Saint Seuer; & declarerent qu'ils comparoiſſoient aux fins d'exoiner Gaſton. Le Seneſchal leur ayant demandé, qu'ils monſtraſſent leur pouuoir, Guillaume Raimond exibea la lettre de Gaſton ſeellée de ſon ſeau; que le Seneſchal retint, promettant aux Procureurs de leur en bailler extraict en forme, & leur promettant d'alleguer tout ce qu'ils voudroient pour leur maiſtre. A quoi ayant été ſatisfait par M. Guillaume, qui repreſenta les torts que le Roi Edoüard auoit faits à Gaſton, l'empriſonnement de ſa perſonne, & les appels qu'il auoit interiectés en la Cour de France; le Seneſchal ordonna, qu'il lui baillaſt ſes excuſes par eſcrit, à la ſeance du lendemain matin. Comme le Procureur preſenta le lendemain ſon eſcrit, le Seneſchal deſira qu'il le ſeellaſt de ſon ſeau; Ce que le Procureur refuſa, ſous pretexte qu'il n'auoit point cette charge. Alors le Seneſchal fit publier vne ſentence auec quelques defauts, & des procedures fort longues & embraſſées, qui auoient eſté tenuës contre Gaſton.

IV. La lecture faite, le Procureur proteſta qu'il eſtoit preſt de faire voir, que toute cette procedure eſtoit nulle, & en demanda copie; que le Seneſchal lui refuſa, ſans lui donner audience ſur la nullité. Ce fait le Procureur dit encore tout haut, qu'il vouloit alleguer pour la defenſe de ſon maiſtre, certains chefs, dont il deſiroit que la Cour de Gaſcogne fuſt inſtruite. Ce que le Seneſchal ne vouluſt ſouffrir, mais lui impoſa ſilence, diſant qu'il n'eſtoit point receuable à rien propoſer que l'exoine; quoi que la charge du Procureur s'étendit à toutes fins. Pour le regard des excuſes, il refuſa de les receuoir, ſous pretexte qu'il feignoit d'ignorer les appellations interiectées par Gaſton en la Cour de France. C'eſt pourquoi le Procureur ofrit tout incontinent de faire lecture des actes d'appellation, qu'il auoit en bonne & deuë forme & de lui en bailler extrait; Mais le Seneſchal refuſa toutes choſes, & dit publiquement à toute la Cour, qu'ils auoient oüi la lecture des procedures tenuës, & la ſentence donnée contre Gaſton, que le Roi eſtoit reſolu d'executer, & partant que tous ſe tinſent preſts de la ſuiure, & de l'aider courageuſement.

V. Alors le Procureur voyant que Gaſton ſon maiſtre eſtoit greué & opprimé, contre toute iuſtice, appella ſur le champ de viue voix au Roi de France; & produiſit vne lettre ſeellée du ſeau de Gaſton, par laquelle il lui donnoit pouuoir d'appeller de la procedure du Seneſchal, en cas de grief. Or les griefs eſtoient manifeſtes. I. En ce qu'il ne receuoit point l'Exoine. II. En ce qu'il refuſoit de donner copie des procés, deſquels Gaſton n'auoit eu aucune connoiſſance. III. De ce qu'il ne lui vouloit donner audience, pour propoſer les griefs que le Roi Edoüard auoit fait à Gaſton, & continuoit de lui faire chaſque iour. IV. En ce qu'il n'auoit permis la lecture des actes des appellations interiectées au Roi de France, qui eſtoient en forme publique, & auoit refuſé d'en receuoir l'extrait. De tous leſquels griefs il appella, & demanda les Apoſtres, ou lettres dimiſſoires auec inſtance, mit ſa perſonne, celle de Gaſton, tous ſes biens meubles, ſes fauteurs, aſſociés, adherans, & cautions, ſous la protection & defenſe du Roi de France. Mais le Seneſchal refuſa de deferer à l'appellation, & d'accorder les lettres dimiſſoires pour la pourſuiure. C'eſt pourquoi le Procureur, qui auoit preueu toutes ces difficultés, auoit amené quant & ſoi vn Notaire public de la ville de Condom, pour receuoir l'acte de tout ce deſſus. Ce qu'il fit, & le rapport en ayant eſté fait à Gaſton, dans la ville de Morlas, le Dimanche enſuiuant, il approuua & ratifia cette appellation.

E Tabulario Palenſi: Nobili viro Domino Lucæ de Chanap Seneſcallo Vaſconiæ, Abbati, & toti Curiæ S. Seueri, Gaſto Vicecomes Bearn. Dom. Montiſcarani & Caſtri veteris. Salutem & voluntatem ſuis beneplacitis præparatam. Cum nos ad Curiam apud S. Seuerum die Veneris proxima citati fuerimus, ad quam perſonaliter accedere non audemus, pro eo quod Dominus noſter Rex Angliæ multa nobis grauamina & damna intulit, & adhuc quotidie inferre non deſiſtit, corpus noſtrum arreſtauit, & detinuit, qui ad eum de mandato ipſius veneramus, & parati eramus coram ipſo, aut eius Curia ſtare iuri, & complete quod debebamus, & ſuper hoc præſtare idoneas cautiones; nec ſuper his excuſationes, defenſiones, & rationes noſtras audire voluit, licet nos illud cum inſtantia peteremus. Propter quod, & multa alia grauamina nobis illata, & comminata, ſuo loco & tempore declaranda, ad dominum Regem Franciæ appellauimus, & nos ipſos ſub defenſione ſua poſuimus, & totam terram noſtram, & omnia bona noſtra, & ad iſtas excuſationes & grauamina hic expreſſa & ad omnia alia exprimenda quæ nobis illata ſunt, & comminata & cotidie inferuntur, Excuſatores noſtros facimus & conſtituimus, Reuerendum Patrem Dominum C. Epiſcopum Olorenſem, & dilectos noſtros B. Abbatem Lucen. & Magiſtrum Guillemum Raimundi præſentium exhibitores, omnes ſimul, & quemlibet eorum in ſolidum, ita quod non ſit melior conditio occupantis, Dantes eiſdem & cuilibet eorum excuſationes huiuſmodi, & alias de quibus eis videbitur, & grauamina hic expreſſa, & alia exprimenda proponendi coram Domino noſtro Rege Angliæ, & ſen. ipſius, aut locum eorum tenentibus, ſeu Tenenti, & Nos prout eis melius videbitur excuſandi, excuſationes iſtas & alias per ipſos, vel eorum alterum, proponendi, & declarandi, iurandi in animam noſtram eſſe veras, & faciendi omnia alia quæ veri & legitimi excuſatores debent facere. Ratum & firmum habentes, quidquid per ipſos, vel eorum alterū, quoad excuſationes noſtras excuſatum fuerit ſeu geſtum. In cuius rei teſtimonium ſigillum noſtrum præſentibus duximus apponendum. Datum apud Orteſium in feſto B. Lucæ Euangeliſtæ. anno Dom. M.CC.LXX. tertio. *En ſuite eſt inſeré le proceż verbal de ce qui ſe paſſa en la Cour de S. Seuer: dont la ſubſtance a eſté rapportée dans ce Chapitre: où cette clauſe eſt conſiderable:* Item propoſuit quod ex grauaminibus ſibi illatis & comminatis, idem Dominus Gaſto primo *ad ſanctam Quiteriam,* ſecundo, *apud Saltum in Burgo,* quando Rex fecit eum arreſtari & detineri, *tertio in Caſtro de Saltu* detentus, & arreſtatus, *ad dominum Regem Franciæ appellauit* ex certis & ſufficientibus cauſis, prout in appellationibus ſuis pleniſſimè continetur.

CHAPITRE XIX.

Sommaire.

I. Edoüard aſſemble la Cour de Gaſcogne en la ville de Sainct Seuer, où les procedures faictes contre Gaſton furent leuës. Surquoi il demande l'auis de la Cour. II. Auis de la Cour de Gaſcogne, que Gaſton deuoit eſtre aſſigné pour la quatrieſme fois au nom de la Cour; Et en cas de contumace, Edoüard pouuoit proceder contre lui à main armée. Cét auis condamne de violence toutes les procedures qui auoient eſté faites contre Gaſton. III. L'Abbé de Sainct Seuer Viguier de la Cour alla aſſigner Gaſton, en compagnie de Douze Commiſſaires de la Cour. IV. Solennité apportée en l'exploict de l'aſſignation. Les Pairs eſtoient aſſignés par les Pairs, & les Barons en preſence de quatre Cheualiers. Les Patriarches par les Eueſques. V. Edoüard marche auec ſon armée contre Gaſton, qui s'enferme dans vn Chaſteau.

I. Ais le Roi Edoüard, qui auoit de la peine de ſeparer la qualité Roiale de celle d'vn Duc, eſtima qu'il eſtoit indigne de ſon autorité, de s'arreſter en ſi beau chemin; attendu nommément qu'il eſtoit en perſonne ſur les lieux, eſperant qu'il auroit pluſtoſt forcé à main armée Gaſton ſon Vaſſal, que le Roi de France n'euſt eu les auis de ce deſordre, & ne ſe fuſt intereſſé en l'affaire. C'eſt pourquoi il aſſemble en la ville de Sainct Seuer, la Cour generale de Gaſcogne, qui eſtoit compoſée des autres Cours particulieres; ſçauoir de celle de Bourdeaux, de celle de Vazas, & de celle de Sainct Seuer: où, apres que la lecture fut faite de toutes les plainctes formées par diuers particuliers, meſmes

par

par le Roi Edoüard Seigneur d'Irlande, & Duc d'Aquitaine, contre Gaston, ensemble des defauts qu'il auoit encourus, & du iugement rendu par la Cour de S. Seuer, pour faire saisir sous la main du Roi, les villes, & chasteaux, & tous les autres biens de Gaston; iusqu'a ce qu'il se fust presenté pour respondre en ladite Cour. Luc de Chanap Seneschal de Gascogne adiousta, qu'ayant enuoyé certains personnages auec ses letres patentes pour l'execution de ce iugement, les gens de Gaston leur auoient fait resistance. Sur quoi le Roi demanda l'auis de la Cour, qui estoit composée des principaux Seigneurs & Gentils-hommes de Gascogne, pour sçauoir comment il deuoit proceder sur ces contumaces, & desobeïssances de Gaston.

II. Ils respondirent d'vne commune voix, que suiuant la Coustume de Gascocogne, apres les trois exploicts d'aiournement faits au nom du Seneschal, Gaston deuoit encor estre assigné vne quatriesme fois, au nom de la Cour de Gascogne, & requis de s'y presenter, pour se defendre, & receuoir iustice sur les demandes que le Roi, & les particuliers proposoient contre lui; Et en cas qu'il comparust, il faloit receuoir de lui caution suffisante, d'ester à droit: Mais aussi, s'il ne se presentoit pas, le Roi pouuoit marcher contre lui auec son armée, sans que depuis cette marche, il fut obligé de receuoir asseurance de lui, que la saisie de la propre personne de Gaston, ou de ses terres. Cét auis de la Cour de Gascogne, iustifie entierement tout le precedé de Gaston, & condamne le Roi Edoüard, & son Seneschal, de violence & de precipitation; puis qu'auant de saisir ses terres, ou d'arrester sa personne, il faloit que la quatriesme assignation precedast au nom de la Cour de Gascogne; & que l'offre de Gaston, de fournir cautions pour ester à droit, arrestoit toutes executions. Neantmoins nonobstant céte offre, que Gaston auoit faite en la ville de Saincte Quiteire à la propre personne d'Edoüard, & sans que l'assignation de la Cour de Gascogne eust precedé, le Roi auoit arresté Gaston, & le Seneschal s'estoit mis en deuoir de saisir ses terres.

III. On voulut reparer toutes ces fautes; de sorte que suiuant la deliberation de la Cour, l'Abbé de S. Seuer, Viguier d'icelle, acompagné d'Arnaud Seguin d'Estan, Arnaud de Marsan, & Guillaume de S. Auban Deputes de la Cour de S. Seuer, Anersans de Caumont, Guillaume Raimond de Pins, Arnaud de Marmande Deputés de la Cour de Vasaz; Senebrum Seigneur de l'Esparre, Helie de Castillon, & Gaillard de Sertor Deputés de la Cour de Bourdeaux, auec les Maires de S. Milion, de S. Macaire, de Bazas, & d'Acqs, se transporta prés de la ville d'Ortés, & fit la requisition ordonnée par la Cour, parlant à la personne de Gaston, le premier de Nouembre 1273. qui refusa de se presenter deuant le Roi, ainsi que porte l'acte; C'est à dire qu'il se plaignit de l'emprisonnement de sa personne, du peu d'asseurance qu'il y auoit pour lui auprés du Roi armé & indigné, & se preualut de l'appel qu'il auoit interiecté pardeuant le Roi de France, protestant de nullité de toutes leurs procedures, & de se defendre, en cas que le Roi Edoüard le vint attaquer pendant l'appel.

IV. Au reste cette solemnité, que le Roi quoi qu'indigné, & sa Cour de Gascogne apportoient pour assigner Gaston, fait voir en quelle consideration ils le tenoient; puis que l'on enuoye vn bon nombre des personnes plus qualifiées du corps de la Cour, pour faire l'exploict; à l'exemple de ce que l'on practiquoit en France pour l'adiournement des Pairs, qui estoient assignés par les autres Pairs, comme fut Blanche Comtesse de Champagne par le Duc de Bourgogne, accompagné de Matthieu de Montmerency, & Guillaume de Bar: & les Barons lors qu'il s'agissoit de Baronie deuoient estre assignés en presence de quatre Cheualiers, comme l'on aprend des anciens registres du Parlement. Ce qui est conforme à la procedure que le Concile d'Ephese, & le Concile de Chalcedoine tindrent à l'endroit de Nestorius Patriarche de

Conſtantinople, & de Dioſcorus Patriarche d'Alexandrie, que l'on fit aſſigner par nombre d'Eueſques, à cauſe du reſpect que l'on portoit à la dignité Patriarchale, quoi que leurs perſonnes fuſſent en execration, ainſi que l'on peut voir dans les Actes de ces Conciles.

V. Edoüard ayant apris la reſponſe de Gaſton, fit marcher tout incontinent ſon armée contre lui, comme porte le certificat de l'Abbé de S. Seuer, qui eſt en date de l'onzieſme Nouembre 1273. Thomas de Vvalſingham encheriſſant glorieuſement cette matiere en faueur d'Edoüard eſcrit, qu'il entra auec vne grande puiſſance dans les terres de Gaſton, le mit en fuite, & l'aſſiegea dans vn fort chaſteau, où il s'eſtoit retiré l'an 1273. Ce qui s'accorde fort bien pour le regard du temps, auec la relation de l'Abbé. Car ayant parlé à la perſonne de Gaſton prés de la ville d'Ortés, on peut ſe perſuader facilement, que Gaſton s'eſtoit retiré, non pas dans le chaſteau d'Ortés, mais dans celui de Senboüës, qui eſtoit à vne lieuë de cette ville, où l'on voit encore les maſures, des tours, des doubles foſſés, & des autres fortifications du temps.

I. II. III. V. E Tabulario Burdegal. Vniuerſis præſentes literas inſpecturis, Nos Abbas S. Seueri, Arnaldus Seguini d'Eſtan, Arnaldus de Marciano, & Guillermus de S. Albano de Curia S. Seueri; Anerſanctus de Cautomonte, Guillermus Ramon de Pinibus, Arnaldus de Marmanda, de Curia Vaſatenſi; Senebrunus Dominus Sparriæ, Aelias de Caſtillon, & Gaillardus de Sertorio, de Curia Burdigalenſi; Maior S. Æmiliani, Garcias Ayqueleui de S. Machario, Donatus de Pinibus de Vaſato, & Maior Aquenſis; Facimus manifeſtum quod exiſtendo in Curia S. Seueri vna cum illis de dicta Curia, audiuimus legi in actis Curiæ S. Seueri citationes factas de domino Gaſtone Vicecomite Bearnenſi, ad inſtantiàm multorum querelantium, & etiam illuſtris Domini noſtri Edouardi Regis Angliæ, Domini Hiberniæ, & Ducis Aquitaniæ; ac eiuſdem Domini Gaſtonis defectus plures & plures extitiſſe; & etiam audiuimus legi iudicium contra eum latum per dictam Curiam, ſuper villis, caſtris, & bonis dicti Domini Gaſtonis occupandis, & tenendis pro dicto Domino Rege, quouſque dictus Dominus Gaſto veniret reſponſurus, & iuri pariturus prædictis querelantibus, ſecundum formam, vſum, & conſuetudinem dictæ Curiæ; Dixit etiam D. Lucas de Chan. Sen. Vaſconiæ, quod cum ipſe miſiſſet certas perſonas cum literis ſuis patentibus, ad dictum iudicium exequendum, gentes D. Gaſtonis non ſuſtinuere iudicium exequi, ſed repulerunt eoſdem: Tandem interpellati à dicto Domino Rege, quid ſuper prædictis contumaciis, & inobedientiis haberet facere: Nos vnanimiter, & cocorditer duximus, quod per Curiam Vaſconiæ debebat idem Dominus Gaſto, de conſuetudine Vaſconiæ requiri, poſt tres citationes Sen. quarta vice, quod dictis ſuis querelantibus & domino Regi veniret perſonaliter reſponſurus & iuri pariturus in Curia Vaſconiæ prædicti Domini Regis; & ſi veniret, debebat recipi ab eo idonea cautio de ſtando iuri; Si vero non veniret, idem Dominus Rex poterit in armata, ſcilicet cum ſuis exercitibus, contra eum venire: Et ex quo ſe mouiſſet, non debebat eum audire, pro aliqua aſſecuratione, niſi vel ſuum corpus, vel ſua bona, & terram traderet ad mandatum Domini Regis, & quod alia ſecuritas ab eo recipi non debebat: Noſque ad mandatum Domini Regis, & Curiæ, dicto feſto omnium ſanctorum proxime præterito, prope Ortheſium dictam requiſitionem eidem Domino Gaſtoni fecimus perſonaliter adeundo eumdem; ſed ipſe coram Domino Rege venire contempſit, & poſt hoc idem D. Rex mouit ſe, & ſuas acies contra eum. In quorum omnium teſtimonium præſenti ſcripturæ appoſuimus ſigilla noſtra. Datum apud Sanctum Seuerum die feſto S. Martini Hyemalis Anno D. M. CC. LXXIII.

V. E Thoma de Walſingham in Ypodigma Neuſtriæ ad annum 1273. Poſthæc in Vaſconiam proficiſcitur (Eduuardus) ad compeſcendum nouos motus quorumdam, quos *Gaſco de Bierna* concitauerat ad rebellionem. Cuius terras Edwardus cum exercitu potenter ingreſſus, ipſum in fugam coegit, & quodam forti caſtro receptum obſedit. Idem in Hiſtor. Angliæ male refert Edwardi profectionem in Vaſconiam ad annum 1274. cum referenda ſit ad annum 1273. vt ipſemet ſcripſit in tabula Neuſtriæ. Hoc tamen loco ita ſcribit de Gaſtone; *Gaſco de Bierna miles Nobilis & ſtrenuus.*

Liure septiesme. 639

CHAPITRE XX.
Sommaire.

I. Gaston pressé par les assiegeans appelle de nouueau au Roi de France. Edoüard defere à l'appel côtre l'auis des siens, & leue le siege. II. Geraud de Rossillon Nonce enuoyé par le Pape, traicte l'accommodement de Gaston auec Edoüard. Lettres de Gaston sur ce sujet. III. Le traicté ne reüssit point. Edouard fait faire des courses dans les terres de Gaston, au preiudice de la defense du Roi de France; dont Gaston fit demander reparation. Edouard se retire en Angleterre. IV. La cause est poursuiuie au Parlement de Paris. Gaston accuse Edouard de trahison en pleine Cour, en presence du Roi Philippe. Ofre son gage pour le combatre. Insiste que le combat ne peut estre fait que par le Roi en personne. Arrest, qu'Edouard sera assigné sur l'ofre du combat. V. Examen de la hardiesse de Gaston. VI. L'affaire fut iugée par Compromis fait en la personne du Roi Philippe. VII. Iugement rendu conformément à ce que Gaston auoit arresté auec Geraud Nonce du Pape. III. Thomas de Vvalsingham rapporte faussement ce qui se passa en cette occasion entre Edouard & Gaston.

I. Gaston se voyant pressé par l'armée du Roi d'Angleterre, ainsi que le raconte Vvalsingham en l'année 1274. appella de la procedure d'Edoüard à la Cour du Roi de France. Edouard defera à l'appel, ne voulant par sa contumace rendre partie contre soi, le Roi de France, à qui il venoit de faire homage, de ses terres de deça la mer; & commanda contre l'auis de plusieurs des siens, que le siege fust leué, donnant charge à ses officiers de poursuiure cette cause contre Gaston, en la Cour de France. C'est le recit de l'Historien Anglois, qui n'ayant eu connoissance des appellations precedentes, estime que celle-ci fut la seule, que Gaston eust interiectée. Mais ie pense que ce renouuelement d'appel fut accompagné des lettres de relief, que Gaston auoit leuées en la Cour de France; par lesquelles le Roi Philippe faisoit à Edoüard les defenses accoustumées, dont Gaston fait mention en ses lettres de l'année 1274. & que l'Anglois, qui vit que le siege trainoit plus long-téps qu'il n'auoit esperé, fut biē aise d'auoir ce pretexte pour se retirer. Car autremét, il n'y a point d'apparence, qu'estant si engagé, côme il estoit, il eust desisté contre l'auis de sa Noblesse, pour la consideration de l'appel, & de l'autorité du Roi de France, de contraindre son ennemi à se rendre; puis que les appellatiós precedentes n'auoient sceu l'empescher d'armer puissammét, & de faire vn notable siege.

II. Les troupes estás retirées, Gerard de Rossillon Nonce du Pape vint à Ortés, de la part de sa Sainteté, pour traiter vn bon accómodement entre les parties. Gaston se roidissoit au cómencement sur l'auantage de la iustice de sa cause; & neátmoins pour témoigner le respect qu'il portoit à la dignité Royale d'Edoüard, & à l'autorite qu'il auoit sur lui, consentit de traicter auec telle deference, qu'il se remetroit entierement & sans condition aucune à la discretion d'Edoüard; moyennant que le Nonce retirast au nom du Pape, les asseurances necessaires, pour les executions des articles, qui seroient accordés secretement, & prealablement, sur le fait principal. Defait, Gaston fit expedier ses letres, en date à Ortés du 14. Ianuier 1273. (qui estoit en 74. suiuant le calcul d'Angleterre) par lesquelles il témoigne l'extreme déplaisir qu'il a, de ce que le Roi Edoüard, auquel il se reconnoist obligé par le deuoir d'homage lige, se tient offensé de ses actions. C'est pourquoi deferant en ce point au iugement du Roi, qui

Hhh ij

croit estre offensé, & suiuant les aduertissemens, exhortations, & conseils du S. Pere, portés par son Nonce, il declare qu'il veut reconnoistre auoir commis de la faute, là où peut-estre il pourroit trouuer quelque excuse raisonnable: Et iure entre les mains du Nonce Geraud, qu'il se sousmet entierement tant pour sa personne, que pour ses biens, sans aucune condition, à la volonté du Roi, lors qu'il en sera sommé & requis par le Nonce. Qui sont des termes remarquables, & ont leur rapport au traicté secret de Gaston auec le Nonce; lequel estant agreé par Edoüard, le Nonce deuoit requerir Gaston de se soubsmetre suiuant sa declaration.

III. Mais cete negotiation du Nonce, ne peut reüssir. De sorte qu'Edoüard fit faire quelque rauage sur les terres de Gaston, au preiudice de la defense du Roi, comme parle Gaston, c'est à dire du Roi de France; dont il demanda la reparation, par Frere Germain Gardien, & Philippe, de l'ordre des Freres Mineurs d'Oloron, ses Procureurs, ausquels il donna charge par ses letres du 3. Mai 1274. à Oloron, de faire plainte au Roi d'Angleterre, ou à son Seneschal de Gascogne, des entreprises, & domages faits par ses gens apres la defense du Roi, & d'en retirer la reparation, ou telle response, qu'ils voudroient faire. L'on ne sçait pas ce qui succeda, sauf qu'il est constant, qu'apres ce temps le Roi Edoüard fit voile en Angleterre.

IV. La cause fut deuoluë & poursuiuie en la Cour de France, où Gaston se presenta au Parlement, du mois de Septembre de l'année 1274. On trouue dans le fragmét d'vn vieux registre du Parlemét, que Gaston appella le Roi d'Angleterre *traistre, faux, & iniuste iuge*, disant qu'il estoit prest de le combatre en personne, & verifier son accusation. Le Seigneur Aymar de Rochechoüard, Guillaume de Valence, & plusieurs Barons, voulurent accepter le duel en leur nom, baillans leurs gages à la Cour, & defendre le parti du Roi d'Angleterre. Mais Gaston insista, disant que l'action estoit personele, & qu'il ne vouloit cóbatre, qu'auec la personne du Roi. Sur quoi la Cour assigna le Roi d'Angleterre, au Parlement de la Chandeleur ensuiuant. Et par consequent preiugea en quelque sorte, qu'en la hardiesse de Gaston, d'appeller traistre vn Roi, & lui ofrir le duel, il n'y auoit point d'extrauagáce; dautant qu'encore bien qu'il fust exempt de combat, en qualité de Roi, neátmoins il pouuoit y estre suiet en qualité de Duc d'Aquitaine: Ces deux qualités ayans tousiours esté soigneusemét distinguées par les François, en traitant les affaires d'Angleterre; iusques là qu'auec céte distinction, les députés de Louïs Fils de France, soustindrent deuát le Pape Innocét III. que les Pairs de la Cour de France, auoiét pû condáner à mort Iean Roi d'Angleterre, & Duc de Normandie, pour le meurtre qu'il auoit commis dans la Normandie, en la personne de son Neueu Artus Duc de Bretagne, chés Matthieu Paris.

V. Il est vrai que la consideration du vasselage de Gaston enuers Edoüard, sembloit deuoir l'arrester, à ne presenter point le duel à son Seigneur de fief: Mais la condition de la terre de Bearn, qui estoit priuilegiée, & l'indignation de l'afront qu'il auoit receu en son emprisonnement contre iustice, lui donnoit ce courage. De l'autre costé, le Roi Edoüard fut offensé iusqu'au bout, de l'atrocité de l'iniure, qui lui auoit esté faite, ayant esté appellé traistre, en la plus noble, & la plus celebre assemblée de l'Europe. Ce desplaisir estoit rengregé par les discours & les letres de ses seruiteurs, qui pour se recommander ofroient leurs vies, & leurs personnes, pour combatre Gaston. On voit dans les registres de Bourdeaux, qu'vn Cheualier demanda par letre au Roi Edoüard, la bataille contre Gaston, pour lui faire desaoüer ces paroles iniurieuses; le commencement de la letre est conceu en ces termes: *A Haut homme & noble Monsieur le Roi d'Angleterre Iou Gilles de Viteinh vos chers, salut & loyal amour, & apareillés à toute voulenté faire. Si comme il soit ainsi, que on ma dit que Gastons de Bears a parlé en la Cour le Roi de France contre vous, & porté son vasselage.* Le reste de la letre ne peut estre leu facilement.

Liure septiesme. 641

VI. L'issuë de cette affaire fut telle, que l'Anglois ne voulant point souffrir, que l'on iugeast en la Cour de France, s'il deuoit accepter le duël, que Gaston lui auoit presenté; le Roi de France, qui ne vouloit aussi terminer cette question par vn iugement contradictoire, moyenna vn accord entre les parties (qui estoient proches parents entr'eux, & du Roi Philippe mesme,) par vn Compromis qui fut fait en sa personne, suiuant l'vsage du temps; dont on a pû remarquer vn exemple en l'affaire de Boson de Bordeille, & de la Vicomtesse de Limoges, qui remirent leur dfferent par Compromis à l'arbitrage du Roi S. Louïs. Guillaume Nangis fait mention expresse de la mediation du Roi Philippe, & du Compromis, au moyen duquel cette dispute d'Edoüard & de Gaston prit fin.

VII. Pour le iugement rendu par Philippe, il ne l'explique pas; mais il est bien croyable qu'il fut conceu en termes honorables pour Edoüard; afin de reparer l'iniure de l'accusation de Traistre, qui auoit esté proposée par Gaston en pleine Cour; dont il fut obligé de lui demander pardon en personne, & de se sousmetre à sa discretion, conformément à l'ordre que Gaston auoit arresté auparauant auec le Nonce du Pape. Mais aussi, dautant qu'il estoit tres-bien fondé au principal, son droict lui fut conserué, l'insolence de ceux d'Ortés ayant esté relaschée, & l'ordonnance de la saisie des terres de Gaston reuoquée. Et encore le Roi Edoüard pour lui rembourser les frais, qu'il auoit faits, & s'asseurer dautant plus de ses affections, lui octroya vne pension de neuf cens liures tournoises, à prendre sur la Coustume de Bourdeaux; outre la pension de deux mille liures, dont il iouïssoit sur le méme fonds, depuis la paix faite auec le Roi Henri III. ainsi que i'ai recueilli des registres de Bourdeaux, & de Pau.

VIII. Neantmoins Thomas de Walsingham encherit cette matiere à son ordinaire, disant que *Gaston fut condamné par le Roi de France, à se soubsmetre à la discretion du Roi Edoüard; & qu'en suite l'an 1275. il vint en Angleterre, fut conduit en la presence du Roi, la corde au col,* pour se seruir de la phrase insolente de cét Historien; *lequel le receut en sa grace, lui donnant la vie, & le retint en prison pendant quelques années, dans le chasteau de Wintonie, d'où il fut enfin relasché par le Roi, qui le renuoya en son païs, où il seruit depuis le Roi d'Angleterre auec beaucoup de fidelité.* Si cét escriuain, dont i'ai tourné les termes en François, n'auoit esté souuent surpris en fausseté, lors qu'il descrit les auantages de sa nation, ie me mettrois en peine de persuader au lecteur, qu'il est plus obligé d'adiouster foi au recit des actes, dont i'ai representé la substance, que non pas à la passion d'vn Anglois éloigné de ce siecle prés de deux cens ans. Ioint que pour ce qui regarde l'emprisonnement de Gaston, pendant quelques années au chasteau de Wintonie; C'est vn poinct que ie conuaincrai de faux au Chapitre suiuant, faisant voir qu'au commencement de l'année suiuante 1276. il estoit occupé en personne, en la guerre de Nauarre, pour le seruice de Philippe Roi de France, qui vrai-semblablement tascha de l'obliger en l'affaire d'Angleterre, pour le rendre plus affectionné à la guerre de Nauarre, qui commençoit à s'esmouuoir.

I. E Thoma de Walsingham in Ypodigma Neustriæ: Anno 1274. Gasco de Bierna à Rege Anglorum obsessus, cum omnis iam via euadendi sibi præcluderetur, & attenderet rem esse in foribus & ad deditionem cogeretur, super negotio quod inter Regem Eduuardum, & ipsum vertebatur, appellationem interponit ad Curiam Regis Francorum. Cui deferens Rex Edwardus, nolens regem Francorum, quem nuper Dominum suum pro terris in Frácia recognouerat, contra se partem facere, dissentientibus multis de suis, obsidionem amoueri iussit, ministris suis committens, vt in Curia Regis Francorum causam prosequerentur contra Gastonem. In qua tandem iniuriosæ rebellionis conuictus; per Regem Francorum, Regis Angliæ adducitur voluntati. Anno 1275. Gasco de Biarna in Angliam veniés cum resti circa collum, ad Regis præsentiam est deductus, quem ad suam Rex misericordiam recipiens, morte condonata, in castro Wintoniæ, per annos aliquot custodiæ mancipauit. Qui tandem per Regis gratiam liber dimissus ad propria, Regi Angliæ semper in posterum gratus extitit & fidelis.

I. Guillelmus Nangius in Gestis Philippi Regis: Edoardus ad Gasconiam terram propriam, quam à

Hhh iij

Rege Franciæ tenebat in feodum tendens, ibidem cum de Biardo terræ illius viro nobili & potente, altercationem aliquantulum habuit. Sed Rege Franciæ Philippo mediante, cum promisso (lege Compromisso) lis eorum ad tempus sopita quieuit.

II. E Regestis Burdegal. Vniuersis præsentes literas inspecturis, Gasto Vicecomes Bearnensis Dom. Montiscatani & Castri veteris salutem & dilectione sinceram. Magnæ nobis causa turbationis imminet, & quadam doloris amaritudine mens nostra repletur, dum sentimus, & aperto videmus indicio, illum reputare quod à nobis hactenus sustinuisset offensas, quem verum habemus & recognoscimus Dominum, vtpote qui sibi homagij ligij debito tenemur adstricti. Cum igitur Dominus noster, Dominus Eduuardus Angliæ Rex Illustris reputet, de quo animus noster referedo turbatur, aduersus eum graues per nos fuisse commissas offensas, & alias apud ipsum nos grauiter deliquisse. Nos Domini nostri summi Pontificis, qui dignatus est tanquam benignus pater, per venerabile virum Gerardum de Rossillon, clericum & Nuncium suum efficacibus exhortationibus & sanis inducti consiliis, volentes ibi culpam agnoscere, vbi forte possemus excusationis causam rationabilem inuenire, in manu dicti Domini Gerardi, amotis conditionibus & modis quibuslibet tam in persona, quam in rebus totaliter Domini nostri Regis stabimus voluntati. In cuius rei testimonium præsentes literas fecimus sigilli nostri munimine roborari. Datum apud Ortesium XIX. Kal. Februarij Anno M. CC. LXXIII.

VIII. Vniuersis præsentes literas inspecturis Gasto Vicecomes Bearn. Dom. Montiscatani & Castri veteris, salutem in domino. Noueritis quod nos facimus, constituimus, & ordinamus procuratores nostros & nuncios, religiosos viros fratres Germanū Gardianum, & Philippum ordinis Fratrum Minorum Olornensium, coram illustri Domino nostro Rege Angliæ, aut Senescalo suo in Vasconia, ad proponenda & significanda ei vel eorum alteri dāna & grauamina, quæ *post defensionem Domini Regis* fuerunt per eos, & eorum loca tenentes, nobis, & nostris gentibus illata, & ad perendam & recuperandam amendam ab iis vel eorum altero, & responsionem quam super his duxerunt faciendam. In cuius rei testimonium, Sigillum nostrum duximus præsentibus apponendum. Datum apud Oloron. die Mercurij post festum Apostolorum Philippi & Iacobi, Anno Domini M. CC. LXXIV.

VI. Vide locum Nangij Prolatum n. 1.

CHAPITRE XXI.

Sommaire.

I. Decez de Henri Roi de Nauarre. Trois partis dans l'Estat. II. III. Le Roi de Castille enuoye vne armée en Nauarre. Les Estats traictent auec l'Infant d'Aragon. La Reine se retire en France auec sa fille Jeanne. Le Roi Philippe enuoye en Nauarre Eustache de Beaumarchés. IV. Sedition contre Eustache fomentée par le Roi de Castille. V. Nouueau sujet de mescontentement contre le Castillan, à cause des enfans de l'Infant Ferrand chassés auec leur mere. VI. Philippe dénonce la guerre au Roi de Castille. Donne le rende-vous à son armée en la ville de Saueterre en Bearn. VII. Beaumarchés assiegé dans le chasteau de Pampelone. Secours de France, où Gaston de Bearn fut employé, auec le Comte de Foix. Les troupes passent à Morlas en Bearn. VIII. Leur entrée en Nauarre. Port de Sise. Siege de Pampelone l'an 1276. IX. Ce date conuainct de faux, l'emprisonnement de Gaston, que Vualsingham escrit auoir duré quelques années. X. Les factieux pressés par les assiegeans abandonnent la ville. XI. Elle est saccagée. Albigeois du Comte de Foix. XII. Traité de paix entre les Rois de France & de Castille. XIII. Retraicte de l'armée de France qui estoit à Saueterre. Manquement des viures.

I. LE decés de Henri Roi de Nauarre, qui mourut le 22. de Iuillet 1274. sans auoir laissé autre lignée de Ieanne sa femme, sœur de Robert Comte d'Artois, qu'vne petite fille nommée Ieanne comme sa mere, donna suiet de reueiller les pretensions des Rois de Castille, & d'Aragon sur la Nauarre; chacun de ces Princes voisins, ayant ses intelligences particulieres dans l'Estat. Ce qui causa vne grande diuision parmi la Noblesse, qui fut partagée en trois factions; l'Euefque de Pampelone tenant ouuertement le parti d'Aragon, & voulant que la ieune Princeffe fuft mife entre les mains du Roi Iacques; Garcia Almorauid s'eftant declaré pour Caftille; & la Reine veufue defirant que fa fille fuft nourrie en la Cour de Philippe Roi de France fon Coufin.

II. Mais les procedés de ces Princes furent diuers; dautant que le Roi de Caftille enuoya dans le Royaume Don Fernand auec vne puiffante armée, pour appuyer fes partifans, & fes pretenfions: lequel affiegea Viane, & prit quelques places de confideration, fans trouuer aucune refiftance à la campagne. Ce qui obligea en quelque façon les Eftats de Nauarre, qui eftoient fur pied, d'arrefter vn accommodement auec Pierre Infant d'Aragon, & de lui promettre le mariage de la Princeffe Ieanne auec fon fils Alfonfe; ou bien en cas qu'ils ne peuffent executer cét article, de lui payer fur le domaine royal cent quarante mille marcs d'argent, pour les frais qu'il feroit en la defenfe du Royaume contre les Caftillans.

III. Ce traicté fut conclu le premier de Nouembre 1274. contre l'auis d'Almorauid & de fes confederés, & porta la Reine à fe retirer fecretement en France auec Ieanne fa fille; qui fut receuë tres-honorablement par le Roi, qui les prit auec la Nauarre fous fa protection. Et commit à mefme temps vn prudent Cheualier nommé Euftache de Beaumarchés pour le Gouuernement du Royaume, afin qu'il peuft par fon autorité & bonne conduite, retenir vn chafcun en fon deuoir, & s'affeurer de leur fidelité, comme il tafcha de faire par les homages des Nobles, & des bonnes villes, qu'il receut au nom de la Princeffe.

IV. La reputation d'vn fi grand Roi, qui fe mefloit de ces affaires, fit retirer les armes de Caftille; & remit à la raifon pour vn temps les efprits efgarés, faifant euanoüir le traicté fait auec l'Infant d'Aragon. Mais l'ambition du Caftillan fe renforça, par les pratiques des Almorauides; qui ne pouuans fouffrir la tranquillité de l'eftat, que Beaumarchés lui auoit procurée, décrierent fon gouuernement, comme d'vn homme eftranger; en telle forte qu'ils firent efclater leur mauuaife volonté en vne fedition ouuerte: iufqu'à là qu'ils l'affiegerent dans le Bourg Sainct Sernin de Pampelone, appuyés du fecours de Caftille, qui fe declara en leur faueur.

V. Les troubles de Nauarre, furent ioincts auec vn autre fujet de mefcontentement, que le Roi Philippe receut du Roi de Caftille, en ce que celui-ci auoit ouuertement violé les conuentions du mariage de l'Infant Don Ferrand fon fils aifné, auec Blanche fille du Roi fainct Loüis, & fœur de Philippe. Car par les articles il auoit efté expreffément arrefté, felon Nangis, que le fils aifné qui feroit procreé de ce mariage, fuccederoit au Royaume de Caftille apres le decés d'Alfonfe fon ayeul, ou de fon pere, fans que les autres enfans d'Alfonfe y peuffent rien pretendre. Neantmoins apres le decés de Ferrand, qui auoit laiffé de fa femme Blanche deux enfans à lui furuiuans Ferrand & Alfonfe, Sance fon fils puifné chaffa de fa Cour Blanche, & fes enfans, leur refufa toute forte d'entretenement, & retint le dot de la mere defolée.

VI. Philippe offenfé du traictement iniufte, qui eftoit fait à fa fœur, enuoye deux diuerfes Ambaffades au Roi de Caftille, pour lui perfuader ce qui eftoit de fon deuoir, & n'ayant peu rien obtenir, que la perfonne de fa fœur, (qui fut conduite en France, & deliurée de la compagnie de ces Efpagnols, mal faicts, & defagreables en leurs habits, & en leurs rencontres, comme leur reproche Nangis;) il defie ce perfide, & lui denonce la guerre. En mefme temps il affembla vne puiffante armé, qu'il conduifit en perfonne, ayant pris l'Oriflamme de la main de l'Abbé de S. Denys, la fit marcher d'vne extremité du Royaume à l'autre, & fe rendit à la ville de Saueterre apartenante à Gafton de Bearn, dit Nangis, où il donna le rende-vous general à fon armée.

VII. Mais dautant que le Gouuerneur Beaumarchés estoit extremement pressé par les factieux, le Roi auoit donné ordre, quelque temps auparauant qu'il arriuast à Sauueterre, de faire passer des troupes en Nauarre, pour le mettre en liberté, & chastier les rebelles: Ayant pour cét effect donné commission à Robert Comte d'Artois, & à Imbert Connestable de France, de faire vne prompte leuée de gens de guerre, dans les Seneschaussées de Tolose, Carcassone, Beaucaire, & Perigort; & leur ayant expressément ordonné d'employer à leur secours deux puissans Seigneurs de ces quartiers, sçauoir Gaston de Bearn, & le Comte de Foix, suiuant Nangis. Le Comte executant les ordres qui lui estoient donnés, appella ces deux Seigneurs, assembla vn corps d'armée de vingt mille hommes, tant de pied, que de cheual, & s'arresta quelque peu dans les terres de Gaston, en la ville de *Morlaas*, nommée chés Nangis par corruption, *Mollans*, pour se donner le loisir de consulter, quels passages estoient les plus aisés, pour entrer dans la Nauarre: dautant que les ennemis faisoient bonne garde sur les auenuës.

VIII. Pendant ce temps, Pero Sanches Seigneur de Cascant, vn des principaux Seigneurs du parti ennemi, ayant tesmoigné son affection à se remettre sous le seruice de la Reine sa maistresse, fut tué dans son lict, auec cinq autres personnes, par Garsia Almorauid chef des factieux. De laquelle trahison, sa femme, & ses amis conceurent vne telle indignation, qu'ils offrirent à Beaumarchés, s'il vouloit leur donner retraicte dans le chasteau, de faciliter le passage des Mons à l'armée Françoise. Mais le Comte d'Artois, qui auoit fait auancer vne partie de ses troupes, iusqu'aux auenuës du Port de Cise, qui est le passage de Sainct Iean de pied de Port en Basse Nauarre, (que Nangis nomme *Portus Cysereus*) leur fit tourner teste vers la main gauche, & passa les Monts Pyrenées par les terres du Roi d'Aragon; c'est à dire par l'emboucheure de la Vallée d'Aspe en Bearn, & s'en alla assieger Pampelone, le iour de la Natiuité Nostre Dame, qui est le huictiesme de Septembre de l'année 1276.

IX. Ce date est fort remarquable, puis qu'il est certifié par Guillaume Nangis, auteur du temps, & sert d'vne preuue irrefragable, pour conuaincre de mensonge le recit de Vvalsingham, touchant l'emprisonnement de nostre Gaston au chasteau de Vvintonie, pendant quelques années. Car le siege ayant esté mis deuant Pampelone, au commencement de Septembre par l'armée Françoise, où estoit Gaston de Bearn auec ses troupes, suiuant l'ordre donné au Comte d'Artois par le Roi de France; il faut necessairement qu'il ait esté en ses terres, quelques temps auparauant, pour y faire les leuées des gens de guerre pour le Roi Philippe. Et par consequent, qu'entre son voyage d'Angleterre, qui fut fait sur la fin de l'année 1275. iusqu'à son retour, qui fut au pis aller, enuiron le mois de May, ou de Iuin, il n'y ait eu que l'interualle de cinq ou six mois; bien loin donc d'y auoir esté retenu prisonnier, pendant quelques années, comme suppose Vvalsingham.

X. Le siege de la ville fut pressé chaudement par les François contre les rebelles; comme aussi de leur costé, ils trauailloient extremement dans le chasteau le Gouuerneur Beumarchés, qui se defendoit courageusement, & endommageoit beaucoup les ennemis, par les frequentes sorties qu'il faisoit sur eux, apres l'arriuée du secours de France. Cependant le Comte d'Artois faisoit vn tel degast dans la ville, auec ses perriers, mangoneaux, & autres engins de baterie, que les Nauarrois eurent plus de soin de preparer leur fuite, qu'vne plus longue defense. Pour le faire plus couuertement, Almorauid & ses adherans s'auiserent d'vne feinte, sçauoir de chanter & de baler sur le tard, afin de faire reprendre courage aux habitans de Pampelone, & leur donner esperance, que le lendemain ils attaqueroient gaillardement les ennemis. Et neantmoins ils s'escoulerent sourdement sur la minuict, & s'escarterent en diuers endroits du Royaume, pour y demeurer à couuert, excepté Garsias Almorauid, qui se retira deuers le Roi de Castille; lequel estoit auec son camp à sept lieuës de la frontiere de Nauarre, attendant le succés de ce siege. Mais il n'auoit pas occasion d'en esperer vne bonne issuë, puis que les Catalans, qu'il auoit enuoyés en faueur des factieux, contre Beaumarchés, s'estans approchés à trois lieuës de la ville, auoient honteusement lasché le pied, sur la nouuelle de l'arriuée des François.

XI. Le matin arriué, le Comte d'Artois receut vn grand déplaisir, de ce qu'Almorauid & ses partisans auoient euadé: & à mesme temps, enuoya le Connestable, pour traicter auec les Citoyens de Pampelone; qui desiroient auec passion de rentrer en grace, & s'estoient retirés dans l'Eglise Cathedrale, pour se mettre cependant à couuert de la colere du victorieux. Mais tandis que le Connestable traictoit auec eux, les gens de pied, poussés par l'esperance du butin, entrerent dans la ville par escalade, & sans deferer aux defenses de leurs chefs, la mirent à sac, violant les femmes, & commetans tous les desordres que la licence des guerres rend en quelque sorte tolerables contre les Sarasins, comme dit Nangis: lequel obserue particulierement, que les gens de consideration, n'executerent point ces brutalités; mais les soldats leués en Gascogne, & en Bearn, & les Albigeois du Comte de Foix. C'est ainsi qu'il nomme ceux de Foix, à cause qu'ils auoient esté ci-deuant sectateurs de cette heresie.

XII. La prise de Pampelone fut suiuie de la reduction generalle de la Nauarre, excepté sept chasteaux, dont l'assiete estoit auantageuse. Ce qui estonna le Castillan, ioinct aux auis qu'il auoit receu, que le Roi Philippe estoit arriué auec vne puissante armée dans le Bearn, & auoit son logement dans la ville de Sauueterre, pour passer bien tost les Monts. C'est pourquoi, il supplia tres-instamment le Comte d'Artois son parent, de le venir voir, pour conferer des differens qui estoient entre lui, & le Roi Philippe. Ce que le Comte refusa de faire, à cause des defis de guerre, qui estoient entre ces Princes, sans en auoir donné premierement auis au Roi de France, & auoir receu ses commandemens: qui furent tels, qu'il fust loisible au Comte de s'approcher du Castillan; qui le receut honorablement, & le pressa de negocier vne bonne paix entre les deux Couronnes.

XIII. Mais il changea bien-tost de discours, ayant apris, que le Roi Philippe s'estoit retiré de Sauueterre, & retournoit en France, sans auoir entrepris de passer les Monts; dont le Castillan donna le premier l'auis au Comte d'Artois, qui reprit le chemin de Nauarre, & en suite celui de France, auec vne persuasion certaine, que Pierre de la Brosse fauori du Roi Philippe, trahissoit son maistre, & donnoit connoissance à l'Espagnol de toutes ses resolutions. Cette prompte retraicte du Roi, sembleroit bien estrange, puis que les auenuës des montagnes estoient en son pouuoir, & la Nauarre en son obeïssance; si l'on n'aprenoit de Nangis, que l'on auoit eu si peu de soin, de faire des magasins des viures pour l'armée, & du fourrage pour les cheuaux, qu'auant mesme de s'estre mis en deuoir de passer les Ports de Cise, les soldats ne trouuoient point les choses necessaires auec de l'argent. Ce qui monstre l'infertilité du païs de Bearn en ce temps là, aussi bien que maintenant, & la negligence ou plustost la trahison des Officiers du Roi, qui voulurent rendre inutile cette armée, pour gratifier le Castillan, qui auoit acheté leur fidelité.

VII. Nangius in Gestis Philippi: Duos etiam viros Nobiles & potentes in illis partibus *Gasconem de Biardo* (lege Gas‍onem) & Comitem Fuxinensem, vt assumerent in suum adiutorium voluit & mandauit. Comes igitur Atrebati mandatum Regis adimplere desiderans, ascitis ex præcepto eius duobus prædictis Nobilibus de illis partibus tantum collegit exercitum, quod ad viginti millia hominum vel amplius, tam equitum quam pedestrium poterat æstimari. Tali ergo congregato exercitu versus finem terræ *Gasconis de Biardo*, in castello ipsius quod *Mollans* nuncupatur, aliquantulum restiterunt, donec consuluissent quomodo possent commodius Nauarræ difficiles aditus penetrare.

XI. Infrà. Nec fuerunt ifti valoris homines, nec nati de Francia, sed de terra Gasconia, de Biardo, & Comitis Fuxinensis Albigensis. Fortasse legendum, de terra Gastonis de Biardo.

XII. Suprà de Philippo. Tandem in extremis regni sui propè portus Cyfereos in terra Gastonis de Biardo, ad quandam villam quæ Salua-terra nuncupatur, suum exercitum quasi innumerabilem congregauit. Qui si posset commodè in Hispanias introduci, credebatur sufficere ad deditionem regni Hispanici, & etiam ad alias debellandum exteras nationes.

CHAPITRE XXII.

Sommaire.

I. Beatrix seconde femme de Gaston. Elle estoit fille de Pierre Comte de Sauoye. II. La constitution de sa dot. III. Transaction sur ses droicts auec le Daufin de Viennois. Beatrix auoit espousé en premieres nopces le Daufin de Viennois. IV. Gaston autorise la transaction. V. Alliance de Gaston auec Amedée Comte de Geneue.

I. LA cessation des armes ayant donné quelque relasche à Gaston, il eut plus de loisir de s'arrester auprés de sa seconde femme Beatrix, qu'il n'auoit eu pendant la guerre auec Edoüard, qui l'auoit exercé depuis l'année 1273. Car ce fut en cette année que Gaston desirant auoir vn fils masle, pour recueillir la succession de ses terres, puis que Constance sa fille aisnée estoit veuë de deux maris, & sans lignée, ietta sa pensée sur des secondes nopces: & traicta son mariage auec Beatrix Daufine Viennoise, Dame de Fossigni, & fille de Pierre Comte de Sauoye.

II. Le traicté en fut arresté au lieu de Sainct George, le Dimanche des Rameaux de l'année 1273. & scellé des seaux de l'Euesque de Bazas, de Gaston, de Beatrix, de Simon de Ioinuille son oncle, & de Guillaume Ezij de Fronsac. Les parties contracterent le mariage par parole de present; au profit duquel Beatrix constitua en dot à Gaston, tous ses biens meubles, & immeubles, presens & à venir, les chasteaux, villes, destroicts, iurisdictions, droict, domaines, homages & toute autre sorte de biens qu'elle possedoit, ou qui lui pouuoient eschoir, de la succession de feu son pere le Comte Pierre, ou de quel autre endroit que ce fust. Qui sont des termes si precis qu'il faut trouuer estrange quel fondement pouuoient prendre ceux qui conseillerent cette Dame, de pretendre, que les rentes qui lui furent ordonnées dans le Daufiné, dix ans apres, estoient des biens paraphernaux, & non compris dans la constitution de sa dot, puis qu'elle n'excepte rien.

III. Or ces rentes lui furent adiugées en consequence des auantages nuptiaux, qu'elle auoit gagné par son premier mariage auec le Daufin de Viennois: dont Beatrix assistée & autorisée de Gaston son mari, transigea auec Humbert de la Tour, & Anne la Daufine mari & femme, & renonça à tous les droicts qu'elle pretendoit sur les Comtés de Viennois & d'Albon, moyennant la iouïssance pendant sa vie, de cinq mille liures en fonds de terre, assises dans ces deux Comtés, & de la disposition de dix mille liures tournois, payables en vne fois par les Comtes Humbert & Anne.

IV. Incontinent apres cette transaction, il fut accordé entre les parties, que Gaston pour ne preiudicier à ses droicts ni à ceux de sa femme, ratifieroit cét accord par deux lettres separées, dont l'vne seroit octroyée par lui en qualité de mari, & l'autre en qualité de Procureur legitime de sa femme; à la charge qu'apres auoir vuidé la question meuë entre le mari & la femme, touchant la nature & condition de ces biens, sçauoir s'ils deuoient estre tenus & censés dotaux, ou paraphernaux, l'vne de ces lettres demeurast pour non auenuë; sans que sous pretexte de cette dispute, il fust loisible à Humbert, ni à sa femme Anne, de retarder la deliurance des choses adiugées. L'acte receu sur ce sujet, fut confirmé à la requeste des parties, par les seaux des Euesques de Grenoble, & d'Ausbourg, en date prés de Pont Charral sous Aualon, le Vendredi apres la Feste saincte Luce, M. CC. LXXXIV.

V. L'année suiuante Amedée Comte de Geneue, & cousin de Beatrix, promit alliance à Gaston, pour la defense de sa personne, de sa maison, de ses biens, & de ses enfans, qui seroient procreés de son mariage auec Beatrix, elle tant seulement exceptée, se reseruant en cas que Beatrix vouluft faire guerre dans les terres de Gaston, de les proteger & garder de toute sa puissance. Dequoi il octroya ses lettres scellées de son seau, en la ville de Castillon, le Mardi apres la Natiuité Nostre Dame de l'an mil deux cens quatre-vingt cinq.

I. II. E Chartatio Palensi : Nouerint vniuersi præsentes literas inspecturi, quod nos Beatrix Dalphina Viennesis, Domina de Fulciniaco, filia quondam domini Petri Comitis Sabaudiæ, damus & concedimus nos in vxorem & sponsam Nobili Baroni Domino Gastoni Vicec. Bearnensi, & ipsum Dom. Gastonem per verba de præsenti consentientes in eum, in sponsum nostrum recipimus in virum, & vna nobiscum in dotem sibi damus, & assignamus vniuersa & singula bona nostra, mobilia, & immobilia, præsentia & futura vbicunque fuerint, sicut sunt castra, villæ, iurisdictiones, districtus, iura, dominia, homagia, & alia bona quæcumque habemus in presenti, & habere poterimus in futuro, ex successione Petri dudum patris nostri, vel alias vndecunque, & ipsum omnium bonorum nostrorum præsentium, & futurorum facimus, & constituimus verum & legitimum possessorem. In cuius rei testimonium præsenti Chartæ sigillum nostrum duximus apponendum : & ad instantiam & requisitionem nostram Ven. Pater in Christo Guillelmus Dei gratia Vasatensis Episcopus, & dictus Dom. Gasto, & Dom. Simon de Ioinuilla auunculus noster, & Dom. Guillelmus Ezij de Fronciaco, sua sigilla præsentibus literis apposuerunt ad maiorem roboris firmitatem. Datum apud Sanctum Georgium, Dominica in Ramis Palmarum, anno Domini M. CC. LXXIII.

III. Nouerint vniuersi præsentes literas inspecturi, quod cum super omnibus quæstionibus, petitionibus, & demandis, & iuribus, quæ Dom. Gasto Vicec. Bearn. Dom. Montiscatani & Castri veteris, & Domina B. filia inclitæ recordationis Dom. P. Comitis Sabaudiæ, & Domina Fuciniaci vxor ipsius Gastonis habebant, seu habere dicebant in Comitatibus Vienn. & Albon. esse inter prædictos coniuges ex vna parte, & Dom. Humbertum de Turre, & Dominam Annam Dalphinam coniuges ex altera, amicabilis compositio, & ordinatio concordata, vt prædicti Domini G. & B. coniuges habeant quinquies mille libratas terræ ad vitam ipsius Dominæ B. Et vt dicta Dom. B. posset de decem millibus lib. ad voluntatem suam inter viuos, vel vltimam, vel quamlibet ad eius beneplacitum ordinare, persoluendis per dictos Dom. Humbertum & Annam, vel eorum heredes.

V. Notum sit cunctis tam præsentibus quam futuris, quod nos Amedeus Dei gratia Comes Gebenn. promittimus bona fide vobis Domino Gastoni Vicecomiti Bearn. Domino Mont. & Cast. ad requisitionem Dominæ B. vxoris vestræ dilectæ consanguineæ nostræ, personam vestram, familiam, & bona vestra vbique custodire, defensare, & iuuare contra quascunque personas, excepta D. B. vx. vestra cõsanguinea nostra, promittêtes vobis nihilominus supra guerra quamcũque vobis, vel proli vestræ procreandæ cõmuniter à vobis duobus Domina vxor vestra facere voluerit, custodire, protegere, & defensare quantum per nos & nostros poterimus, & ad defensionem ipsius terræ vos & dictam prolem vestram iuuare contra quascumque personas, & hoc de voluntate prædictæ consanguineæ nostræ ad S. Dei Euangelia corporaliter tacta recogroscimus nos iurasse. In quorum testimonium sigillum nostrum duximus præsentibus apponendum. Datum apud Castilionem, die Martis post Festum Natiuitatis Virginis gloriosæ, anno M. CC. LXXXV.

CHAPITRE XXIII.

Sommaire.

I. Compromis d'Edoüard Roi d'Angleterre en la perſonne de Gaſton, touchant la diſpute qu'il auoit auec le Vicomte d'Acqs. II. Sentence arbitrale, qui eſtablit entre autres choſes le Vicomté de Biſcarroſſe. III. Gaſton choiſi par Edoüard pour le ſecours d'Alfonſe Roi de Caſtille, contre la reuolte de Sance ſon fils. IV. Alfonſe desherite ſon fils. Fait ſa plainte au Pape, qui excommunie les rebelles, & exhorte les Rois de France, & d'Angleterre pour le ſecours d'Alfonſe. Gaſton reçoit la commiſſion d'Edoüard, & argent pour la leuée des troupes. V. Gaſton eſtoit meſcontēt de l'Infant Sance, à cauſe qu'il auoit rompu le traicté de mariage auec ſa quatrieſme fille. Le Seigneur de Biſcaye auoit abandonné l'Infant en cette conſideration. Querelle finie par le decés d'Alfonſe. VI. Alfonſe desherite Sance par teſtament. Inſtituë heritiers les enfans de Ferrand, ſubſtituë la maiſon de France. Union des Royaumes de Leon & de Caſtille, auec celui de France, neceſſaire pour le bien de la Chreſtienté, ſelon la penſée d'Alfonſe.

I. Nous auons apris ci-deſſus par la relation de Vvalſingham, qu'apres la reconciliation de Gaſton auec Edoüard Roi d'Angleterre, il fut extremement affectionné à ſon ſeruice, & prit vne bonne part dans ſa confiance. Dequoi nous auons vn teſmoignage certain, enſemble de l'eſtat que l'on faiſoit de ſa probité parmi la Gaſcogne, en la diſpute qui ſuruint entre Edoüard, pour lors Duc de Guyenne, & Pierre d'Acqs Vicomte de Tartas, dont la deciſion fut remiſe par Edoüard à l'arbitrage de ſon cher couſin & feal Gaſton de Bearn, par compromis paſſé à Vvindeſore, le ſixieſme de May 1270. lequel, apres la ceſſation des armes, ayant eſté renouuellé par le meſme Edoüard deuenu Roi, & par le Vicomte de Tartas; Gaſton prononça ſa ſentence arbitrale au mois d'Octobre de l'année 1279. en preſence du noble Baron Fortaner de Caſanoue Seneſchal de Gaſcogne, & le ſire Vv. de Mongauger Conneſtable de Bourdeaux.

II. Par cette ſentence il ordonna auec l'auis des Barons, Cauiers, Bourgeois, & Clercs, que le Vicomte payeroit au Roi Edoüard ſix mille ſols de Morlaas, & que moyennant ce payement il demeureroit deſchargé auec ceux de ſa terre, de tous les arrerages, & ſeroit reſtabli en tous les biens, dont il auoit eſté deſſaiſi, pour raiſon de ce different. Et particulierement il adiugea au Vicomte, le chaſteau appellé Vſar auec ſes apartenances, la Iuſtice de Bor, excepté celle de Memiſan, & le droict de poſſeder la montagne, & la coſte de Biſcarroſſe & de Biurs à titre de Vicomté. *En plen Veſcomtau & fromentau*, ainſi que l'on aprend des regiſtres de la Conneſtable Bourdeaux.

III. Il ſe preſenta auſſi vne occaſion fort honorable d'employer le courage & la valeur de Gaſton, en faueur d'Alfonſe X. Roi de Caſtille: qui auoit eſté reduit à cette extremité, par l'ingratitude de ſon fils Sance, que de ſe voir deſpoüillé de l'autorité Royale, & de mandier le ſecours des Princes Chreſtiens, & des infideles, pour

ſe maintenir

Liure septiesme. 649

se maintenir en quelque dignité. Car l'Infant Sáce, qui auoit esté proclamé successeur de la Courône, par le support de son pere Alfonse, au preiudice de ses petits fils, & des couentions de mariage de Blanche de Fráce, & de Fernád premier né de Castille, mesconnut cette obligation à tel poinct, qu'il pratiqua les seigneurs, & bonnes villes du Royaume, & fit vne asséblée generale à Vailledolit: où, sous pretexte des abus cômis par son pere au gouuernemét de l'Estat, il lui fit interdire l'administratio de la Iustice, le cômandement des places & forteresses, & la iouïssance des rentes de son domaine.

IV. Ce qui porta Alfonse, qui estoit renfermé dans Seuille, à prononcer vne sentence de malediction & d'exheredation contre son fils, côme rebelle & parricide, qui est inseree dans les Indices de Surita, en date du 8. Nouembre 1282. & l'obligea en outre d'auoir recours au Pape, afin de contraindre ses vassaux par censures Ecclesiastiques, à lui rédre leurs deuoirs. Sa Sainctete decerna les letres necessaires pour cet effet, & requit les Rois de France, & d'Angleterre de fauoriser le Roi Alfonse pour le recouuremét de ses Royaumes. L'Anglois ne manqua point de l'assister en cette occasion, & choisit à ces fins la personne de Gaston pour cômander cent hommes d'armes, & lui fit fournir par auance dix mille marcs de sterlins, pour metre sur pied la compagnie, qui deuoit estre employée pour le seruice du Roi de Castille, ainsi que nous aprenons des regittres de la Connestablie de Bourdeaux.

V. Or Gaston estoit d'autant plus aise d'auoir cet emploi, qu'il estoit mécontent de l'Infant Don Sance; qui s'estoit departi des fiançailles arrestées des l'an 1270. entre lui & Guillelme de Môcade, quarrieme fille de Gaston, & auoit espousé Dame Marie, fille de l'Infant Don Alfonse seigneur de Molina, pour estre appuyé de son credit en la guerre qu'il auoit auec le Roi son pere. C'est pourquoi Don Lope Dias de Haro Seigneur de Biscaye, neueu de nostre Gaston, offensé de cette action iniurieuse, quita le parti de l'Infant Sance, qu'il auoit auparauát fauorisé ouuertement, & fortifié de son autorité, ainsi qu'a remarqué Surita en ses Annales. Desorte que le secours de Gaston étoit plus côsiderable, & auoit plus d'effet pour restablir les affaires de Castille, à cause des Signeurs qui estoient interessés à l'hôneur de sa persóne, & de Guillelme sa fille, que non pas pour raison de la gédarmerie qu'il cômandoit au nom du Roi d'Angleterre. Car l'esloignemét de Lope Dias de Haro esbrála grádement les affaires de Sance, & le rendit capable d'entendre à vn accômodement; lequel on negocioit, lors que la mort du Roi Alfonse, qui arriua au mois d'Auril 1284. mit vne fin à ces querelles.

VI. Ce qui n'épescha pas neátmoins que la memoire de Sance ne fust chargée d'infamie pour s'estre reuolté si vilainement contre le Roi son pere; qui côfirma par son testament la sentence d'exheredation contre Sance, instituta son petit fils Alfonse, fils aisné de Fernand & de Blanche, heritier du Royaume d'Espagne, côme il parle, c'est à dire des Royaumes de Castille, Leon, Tolede, Galice, & Asturies, & lui substitua Fernand son puisné, ordóna que s'ils mouroient sans enfans legitimes, le Roi de France succedast à ces Royaumes, comme descendant en ligne droicte de l'Empereur Don Alfonse; Disant nettement, & publiant auec franchise dans son testament, *Qu'il estoit necessaire pour l'exaltation de la foi Catholique, & la destruction des infideles, que les Royaumes de Castille & de Leon fussent vnis inseparablement à la maison de France:* sans que l'on trouue aucun acte de reuocatió de cette derniere volóté, ainsi que Surita a fort bien obserué.

I. F Chartario Burdegal Eduuardus illustris Regis Angliæ primogenitus, vniuersis, &c. noueritis quod nos, quod ad nos pertinet, cópromittimus in directû *Consanguineum & fidelem nostrum Dominum Gastonem* Vicecomitem Bearn super contentionibus, quæ motæ fuerunt inter me, & quosdam de nostris ex parte vna, & Dominum Petrum de Ax Vicecomitem Tarrasten. ex altera, &c. In cuius rei testimoniû has nostras literas fieri fecimus patentes. Datum apud Windesor. vi die Mai, anno regni patris nostri LIII.

IV. Gasto, &c. Cum Princeps magnificus Dominus Eduuardus Dei gratia Rex Angliæ illustris, &c. nobis mádauerit vt suis stipédiis excellenti Principi domino Alfóso Dei gratia Regi Castellæ illustri, auxiliû & seruitiû cum persona nostra, & centú militibus armatæ militiæ faciamus; Nos ipsius Dom. nostri mandatû amplectentes mille marcas sterlingorum ab eodem Dom. nostro per manus Hugolini de vico soluentis ac numerátis pro eodé in grossis Turonésibus argenti, quolibet Turon. argéti pro tribus sterlingis computato, recepimus pro dictis militibus guisandis seu parandis sufficienter, secundû quod decet pro ex-

Iii

peditione militari præfato Regi Castellæ fideliter fa-cienda, videlicet quádiu idem Dominus noster Rex Angliæ fecerit nobis cum dictis militibus stipédium ministrari, & emendas equorum, &c. Anno 1283.
V. VI. Surital.4. Annal.c.47. & in Indicib.

CHAPITRE XXIV.

I. Les maisons de Bearn & de Foix vnies ensemble. Le temps de l'ordonnance de cette vnion bien marqué par les Historiens de Foix, mais non pas les motifs. II. Recit de Froissart sur ce sujet. Il escrit que le Comte d'Armagnac auoit espousé la fille aisnée de Gaston. Qu'il refusa son secours à Gaston contre le Roi de Castille. Ce Roi fut defait, & contraint de s'habiller en Moine pour sa seureté. Le Comte de Foix secourut Gaston en cette defaite. Qui lui donna la succession de Bearn en cette consideration. III. Recit d'Elie & de la Perriere, qui estiment que cette guerre fut faite contre le Roi de Nauarre pour vn chasteau. IV. Surprise de Froissart en ce qu'il escrit que la fille aisnée de Gaston estoit mariée au Comte d'Armagnac. Cette aisnesse pretenduë n'est pas le fondement de cette querelle. V. Examen de la narration de Froissart. Cette defaite du Roi de Castille peut estre opposée aux Romans de la defaite des Pairs de France par les Espagnols; Le Roi d'Espagne chés Froissart est celui de Castille. Sa defaite doit estre arriuée en Biscaye, non pas en Bearn. VI. La guerre contre le Roi de Nauarre est insoustenable. Philippe le Bel estoit pour lors Roi de Nauarre. VII. Coniecture de l'auteur sur le mécontentement de Gaston contre le Comte d'Armagnac suruenu à l'occasion de la guerre de Nauarre. VIII. Vrai motif de Gaston pour declarer sa fille Marguerite Comtesse de Foix heritiere de Bearn, côme elle l'estoit suiuãt la coustume du païs; estant l'aisnée des filles apres Constãce. X. XI. Traictés & conditions qui precedent l'ordonance de l'vnion, selon la declaratiõ d'vn Gardiẽ des Freres Mineurs de Tolose.

I. A suite du temps nous a cõduits, iusqu'à la fameuse ionction des maisons de Bearn, & de Foix en la personne de Marguerite femme de Roger Bernard Comte de Foix; qui est dautant plus considerable, que depuis le decés de Gaston pere de Marguerite, les Seigneurs de l'vne maison ont esté les maistres de l'autre, sans aucune interruption; & par consequent l'histoire, qui a paru iusqu'à ce poinct differéte de celle de Foix, se reünit sous le nom des mesmes Princes. Le tẽps de l'ordõnance de cette vnion, est marqué en l'année 1286. par la Perriere & par Elie, en suite de ce qu'ils en auoient apris des memoires du Cordelier Mediauilla, mais ils ont esté surpris en la description des motifs, qui porterét le Prince Gaston à prendre cette resolution; quoi qu'ils ayent en leur faueur l'autorité d'vn Escriuain assés ancien, à sçauoir de Froissart; de qui neantmoins ils tesmoignent assés en leur narratiõ, qui est plus seiche & moins circonstãciée que la sienne, qu'ils n'ont point eu de cõnoissance.

II. Or Froissart qui estoit allé en la ville d'Ortés en Bearn par l'aueu du Comte de Blois son maistre, auec ses letres de recõmandation, à dessein de voir le Prince Gaston Phœbus, qui auoit rempli toute l'Europe de sa renômée, & d'y aprendre les exploits d'armes qui s'estoient faits en ces contrées, raporte qu'il aprit de Messire Espaing du Lion Cheualier du Côté de Foix, le sujet de la preference de la maison de Foix à celle d'Armagnac, pour le regard de la successiõ de Bearn, & la source des querelles immortelles de ces deux maisons. Ce qu'il explique aux termes qui s'ensuiuẽt. *Mais dites moi, chier sire*, dit Froissart à Espaing du Lion, *me voudriés vous point dire, pourquoi la guerre est meüe premierement entre ceux de Foix & d'Armagnac, & lequel a plus iuste cause. Par ma foy,* dit le Cheualier, *oüy. Toutesfois c'est vne guerre merueilleuse: car chacun y a cause, si comme il dit.*

Liure septiesme. 651

Vous deués sçauoir, qu'anciennement & à present, il peut auoir enuiron cent ans, qu'il y eut vn Seigneur en Bierne, qui s'appelloit Gaston, moult vaillant homme aux armes, & fut enseueli en l'Eglise des Freres Mineurs, moult solemnellement à Ortais, & à là le trouuerés, & verrés comme il fut grand de corps, & puissant de membres. Car en son viuant en beau leton il se fit former & tailler. Celui Gaston seigneur de Berne, auoit deux filles, dont l'aisnée il donna par mariage au Comte d'Armagnac, qui pour le temps estoit, & la moins née au Comte de Foix, qui neueu estoit au Roi d'Aragon, & encores enporte le Comte de Foix les armes: Car il descendit d'Aragon, & sont pailles d'or & de gueules. Ie croi que vous le sçaués bien. Si aduint que ce seigneur de Berne, eut vne dure guerre & forte au Roi d'Espagne, qui pour ce temps estoit, & vint parmi le païs de Biscaye à grant gent entrer au païs de Berne. Messire Gaston de Berne, qui fut informé de sa venuë, assembla ses gens de tous les costés, là où il les pouuoit auoir, & escriuit à ses deux fils le Comte d'Armagnac, & le Comte de Foix, qu'ils veinsent à toute leur puissance, seruir, & ayder à defendre sa terre, & son heritage. Ces letres veuës, le Comte de Foix au plustost qu'il peut, assembla ses gens, & pria tous ses amis, & fit tant qu'il eut cinq cens cheualiers, & Escuyers, tous à heaumes, & deux mille varlets à lances, & à dardes, & pauois tous de pied, & vint au païs de Berne ainsi accompagné pour seruir son s. igneur de pere, lequel en eut moult grand ioye, & passerent toutes ses gents au pont à Ortais la ruiere Gaue, & se logerent entre Sauueterre, & l'Hospital, & le Roi d'Espagne qui auoit bien vingt mil hommes, estoit logé assez prés de là. Messire Gaston de Berne, & le Comte de Foix attendoient le Comte d'Armagnac, & cuidoient qu'il deust venir, & l'attendirent trois iours. Au quatriesme iour, le Comte d'Armagnac enuoya ses letres, par vn Heraut, à Messire Gaston de Berne, & lui mandoit qu'il n'y pouuoit point venir, & qu'il ne le conuenoit pas encore armer pour le païs de Berne, & qu'il n'y auoit riens. Quant Messire Gaston ouït ces nouuelles d'excusance, & il vid qu'il ne seroit point aidé, ni conforté du Comte d'Armagnac, si fut tout esbahi, & demanda conseil au Comte de Foix, & aux Barons de Berne comment il se maintiendroit. Monseigneur, dit le Comte de Foix, puis que nous sommes ci assemblés, nous irons combatre vos ennemis. Ce Conseil fut tenu. Tantost s'armerent & ordonnerent leurs gens, lesquels estoient enuiron douze cens hommes à heaumes, & six mille hommes de pied. Le Comte de Foix prit la premiere bataille, & s'en vint courir sur le Roi d'Espagne, & ses gens en leur logis. Et là eut grande bataille & felonie, & mort plus de dix mille Espagnols, & prit le Comte de Foix le fils & le frere du Roi d'Espagne, & les enuoya deuers son Seigneur Messire Gaston de Berne, qui estoit en l'arriere-garde. Et furent là les Espagnols si déconfits, que le Comte de Foix les chassa, iusques au pont de S. Andrieu en Bistine, & se bouta le Roi d'Espagne en l'Abbaye, & vestit l'habit d'vn Moine, autrement il eust esté pris, & se sauuerent en leurs vaisseaux ceux qui sauuer se peurent. Adonc le Comte de Foix retourna deuers Monseigneur Gaston de Berne, qui lui fit grand chere & bonne, & ce fut bien raison. Car il lui auoit sauué son honneur, & gardé le pays de Berne, qui eust esté perdu. Pour cette bataille, & celle déconfiture, que le Comte de Foix fit en ce temps sur les Espagnols, & pour la prise qu'il eut du fils & du frere du Roi d'Espagne, vint à paix enuers le sire de Berne, ainsi qu'il la voulut auoir. Et quant Messire Gaston de Berne fut retourné à Ortais, presens tous les Barons de Foix & de Berne qui là estoient, il print son fils le Comte de Foix, & dit ainsi. Beau fils vous estes mon fils bon, certain, & loyal, & aués gardé à tousiours mais, mon honneur, & l'honneur du pays. Le Comte d'Armagnac, qui a l'aisnée fille des miennes, s'est excusé à mon grand besoin, & n'est pas venu defendre, ne garder mon heritage où il auoit part. Pourquoi ie dis, que telle part qu'il y attendoit de la partie ma fille sa femme, il a forfaite & perduë, & vous en herite de toute la terre de Berne, apres mon decés, vous & vos hoirs à tousiours mais. Et prie vueil, & commande à tous mes habitans & sujets, qu'ils sellent & accordent auecques moi cette heredité, beau fils de Foix que ie vous donne. Tous respondirent, Monseigneur, nous le ferons voulentiers. Ainsi ont esté, & par tel vertu que ie vous conte anciennement les Comtes de Foix, qui ont esté Comtes & Seigneurs du pays de Berne, & en portent le cri, le nom, & le profit. Pour ce n'en ont pas ceux d'Armagnac leurs droicts, qu'ils dient auoir clamé, quités. Vees là la querelle, & la cause, pourquoi la guerre est entre Armagnac, Foix, & Berne.

III. Elie & la Perriere recitent ce fait plus foiblement, pour l'honneur du Comte de

Iii ij

Foix, en ce qu'ils ne font pas mention de la defaite notable des Espagnols, que Froissart a remarquée; & s'arrestent à dire, qu'il suruint à Gaston de Bearn vne fascheuse guerre contre le Roi de Nauarre, à l'occasion d'vn chasteau, qu'vn chacun d'eux pretendoit lui apartenir, & que Gaston leuant des troupes, voulut se fortifier du secours de ses gendres, le Comte d'Armagnac & le Comte Foix; Mais que l'Armagnois lui refusa son assistance, que celui de Foix lui donna en persone, & fut cause, que Gaston demeura maistre du chasteau contesté entre les parties. De sorte que Gaston indigné du refus du Comte d'Armagnac, assembla ses Estats de Bearn à Morlas, donna en leur presence, & du consentement de Mate sa femme, la Seigneurie de Bearn à Marguerite sa fille, & au Comte de Foix son mari, & desherita son autre fille femme du Comte d'Armagnac. De laquelle exheredation, celui-ci fit plainte au Roi de France, pretendant d'auoir sa part tant au Comté de Bigorre, dont la succession estoit escheuë à Mate femme de Gaston, qu'au Vicomté de Bearn, & obtint la sequestration de la terre de Bigorre tant seulement, n'ayant esté rien ordonné pour le fait de Bearn, à cause qu'il est hors de la souueraineté de France. Ce qui augmenta le mescontentement de l'Armagnois, en telle sorte que les cruelles guerres, qui ont esté si longues & funestes entre les maisons de Foix & d'Armagnac ont delà pris leur origine.

IV. Mais ie verifierai par des actes authentiques du temps, qu'il est interuenu vne tres-grande surprise en cette narration, en ce que Froissart estime, que le fondement apparent de la plainte d'Armagnac, prouient de ce que la fille aisnée de Gaston mariée au Comte d'Armagnac, auoit esté desheritée, à cause de l'ingratitude de son mari. Car ie monstrerai aux Chapitres suiuans, tant par les termes propres du testament de Gaston, que par l'ordonnance du Roi Philippe, & autres titres irrefragables, que Mate de Bearn femme du Comte d'Armagnac estoit puisnée à Marguerite sa sœur, femme du Comte de Foix. Aussi Pasquier, qui fait mentió en ses Recherches de céte dispute, raportant le cótenu de certains memoires de la maison d'Armagnac, ne fonde pas leur pretension sur le droit d'Aisnesse de Mate, mais sur la coustume du païs de Bearn; en vertu de laquelle, le Côte d'Armagnac pretendoit, que la succession tóbant en quenoüille, deuoit estre partagée par egales portions. Et adiouste, qu'ayát esté debouté de sa demande, par les Estats de Bearn, il auoit appellé du iugement, par deuát le Conseil du Roi d'Angleterre establi à Bourdeaux, où l'appel fut mis au neát. De laquelle sentence, il appella de rechef au Parlemét de Paris, où il releua son appellatió. Outre l'erreur notable, qui regarde l'aisnesse supposée de la féme du Côte d'Armagnac, sur quoi on veut establir l'origine des quereles de ces maisós; ie ferai voir au dernier Chap. le vrai suiet de ces disputes, suiuant la foi des actes & des titres publics.

V. Quant au refus, que fit le Comte d'Armagnac de secourir Gaston de Bearn, en la guerre qu'il auoit contre le Roi d'Espagne, & de la signalée victoire obtenuë par l'armée de Bearn & de Foix sur les Espagnols, auec perte de dix mille des leurs, tués sur la place, & la prise du fils, & du frere du Roi d'Espagne, & de sa fuite honteuse dás vne Abbaye, où il s'afubla de l'habit d'vn Moine, nous en sommes redeuables au soin de Froissart; qui nous donne le moyen de remplacer les defaites fabuleuses des Pairs de Fráce au passage de Ronceuaux, que Roderic de Tolede, & les auteurs d'Espagne publient auec tant d'esclat contre la verité de l'histoire, quoi qu'auec l'infamie d'vne lasche trahison, suiuant les Romans de Tilpin. Neantmoins il faut obseruer, que la narratió de Froissart, se sousttiét mieux que celle de Laperriere & d'Elie; lors qu'il dit, que céte guerre estoit meuë contre le Roi d'Espagne, & non pas côtre le Roi de Nauarre, cóme escriuent ceux-ci. Car ce Roi d'Espagne estoit celui de Castille, qui en ce temps, & aux siecles precedens, estoit designé par le seul tiltre d'Espagne, ainsi que i'ai obserué ailleurs: Et particulierement, c'est la façon de parler de Froissart, comme l'on peut aprédre de ces termes, pris de son Volume, chapitre 160. Là (c'est à dire à Ortés) fus ie informé de la graigneur partie des faits d'armes, qui eſtoient auenus, en Eſpagne, en Portingal, en Aragon, en Nauarre, en Angleterre, en Eſcoce, & és frontieres & limitations de la Languedoc. Il apert auſſi d'ailleurs, que Froiſſard entend parler du Roi de Caſtille, dautant qu'il obſerue la demarche de ſon armée, par le païs de Biſcaye, qui eſt vne prouince de la Couronne de Caſtille; & i'oſerois bien me perſuader, que l'armée Eſpagnole n'approcha pas de Sauueterre, qui ne pouuoit eſtre abordée par les ennemis, qu'en trauerſant le païs de Labourt, & les autres terres, qui apartenoient à l'Anglois, qui n'en euſt pas ſouffert le paſſage ſur ſon païs. Mais il y a bien de l'apparence, que Lope Dias de Haro, Comte de Biſcaye neueu de Gaſton, qui eſtoit en poincte auec le Roi de Caſtille, appella les troupes & le courage des Bearnois à ſon ſecours, qui defirent les Eſpagnols en Guipuſcoa; Ce qui donna lieu au Roi d'Eſpagne de s'enfuir, iuſqu'au port de S. Ander, ville notable en Biſcaye, & au reſte de ſes troupes de s'y embarquer, ou bien au port S. Sebaſtian; puis que Froiſſart aſſeure que, *ceux qui ſauuer ſe peurent*, ſe ſauuerent ſur les vaiſſeaux. Car cette retraicte par mer, ne pourroit auoir eſté faite, ſi le combat ſe fuſt donné, prés de la ville de Sauueterre en Bearn, qui eſt eſloignée, de plus de quinze grandes lieuës de Sainct Sebaſtian, auec des riuieres aſſés difficiles entre deux.

VI. Pour le regard de la guerre, que les autres Eſcriuains preſuppoſent auoir eſté entre Gaſton & le Roi de Nauarre, pour raiſon d'vn chaſteau; la qualité de celui qui poſſedoit en ce temps le Royaume de Nauarre, empeſche tout à fait, que l'on ne puiſſe conſentir à ce diſcours. Car le Roi de Nauarre eſtoit pour lors, Philippe le Bel Roi de France, mari de Ieanne Reine proprietaire du Royaume; qui auoit eſté touſiours adminiſtré par les Viceroi, delegués par le Roi de France, depuis le decés de Henri Roi de Nauarre, arriué l'an 1274. qui precede de douze années, la donation de la terre de Bearn, en faueur de Marguerite Comteſſe de Foix.

VII. Que ſi l'on veut donner quelque ſorte de credit, à cette narration; on pourroit dire que l'aigreur conceuë par Gaſton, s'il en auoit aucune contre ſon gendre le Comte d'Armagnac, pouuoit prouenir du refus que peut il lui fit de le ſecourir en la guerre de Nauarre, ſous le Comte d'Artois l'an 1276. en laquelle le Comte de Foix ſe trouua en perſonne auec ſes troupes, ainſi que i'ai monſtré ci-deſſus. Et peut-eſtre, que le pretexte de ce refus, eſtoit pris, de ce que l'ordre du Roi de France donné au Comte d'Artois portoit, qu'il ioigniſt à ſon armée, le Seigneur de Bearn, & le Comte de Foix auec leurs troupes, ainſi que Nangis a obſerué; Et partant le Comte d'Armagnac eſtima, qu'il lui eſtoit meſſeant de combatre, ſous la baniere du Seigneur de Bearn, quoi qu'il fuſt ſon beau-pere; puis que le Comte de Foix auoit cét auantage dans les commiſſions du Roi, d'y commander en ſon propre nom. C'eſt ce qui ſe preſente maintenant à ma penſée, pour colorer le meſcontentement preſuppoſé du Seigneur de Bearn, & du Comte d'Armagnac à l'occaſion de la guerre de Nauarre.

VIII. Quoi qu'il en ſoit de ce poinct, il eſt certain que le vrai motif que Gaſton a eu pour ordonner l'vnion de la maiſon de Bearn auec celle de Foix, fut pris du deſir qu'il eut de regler ſa famille auant ſon decés, & d'empeſcher que ſes filles n'euſſent occaſion d'entrer en diſpute, pour la ſucceſſion de Bearn. Ce que ie n'auance pas ſur quelque coniecture, mais ſur la preuue, qui ſe recueille des Chartes de France; où l'on void la depoſition de Frere Raimond d'Ogeu Gardien des Freres Mineurs de Toloſe. Car ayant eſté interrogé le Lundi apres la Feſte de S. Pierre & S. Paul, l'an 1288. par Pierre Ramundi & Berenger de Prolian Iuges de Carcaſſone, touchant la validité ou fiction d'vne debte de vingt mille liures, deuës par le Comte de Foix, & ſes cautions, à certains marchands de Bearn; il reſpondit que le contract n'eſtoit point ſimulé; & tout incontinent rendant raiſon de ſa reſponſe, il declare en termes exprés, Que trois ans auparauant reuenant du Concile General, il rencontra Gaston de Bearn au lieu de Castillon, dans les terres de sa femme, *qui estoit Beatrix*; lequel lui representa, que Constance sa fille aisnée n'ayant point d'enfans, & ne voulant se remarier, il vouloit pendant sa vie, faire reconnoistre pour heritiere, suiuant les Coustumes de Bearn, sa seconde fille Marguerite Comtesse de Foix; afin qu'il n'y eust point de dispute apres son decés, sur les doutes que l'on pourroit former touchant le droict de succession.

IX. Il ne se peut rien dire de plus formel sur cette matiere, puis que Gaston luimesme explique le motif de la donation qu'il vouloit faire, & la iustice de son action fondée sur les Coustumes de Bearn; qui deferét la succession vniuerselle à vn seul heritier, preferant l'aisné des enfans aux autres, & le secód en defaut de l'aisné, par forme de Fideicommis graduel. Ce qui a lieu, suiuant les anciennes Coustumes escrites à la main, pour le regard de la succession des aisnés masles, en toute condition & nature de biens; & pour les filles en defaut des masles seulement, lors qu'il est question des fiefs Nobles: quoi que par la derniere Coustume reformée, le droict d'ainesse ait esté depuis attribuée aux filles en defaut des masles, mesme en la succession des biens roturiers. De sorte que, Constance fille aisnée de Gaston, n'ayant eu lignée de ses deux mariages, auec Alfonse d'Aragon, & Henri d'Alemagne, & n'ayant intention d'esprouuer la fortune des troisiesmes nopces, le droict de succeder apartenoit, suiuant la Coustume du païs, à la seconde fille, qui estoit, non pas Mathe Comtesse d'Armagnac, mais Marguerite Comtesse de Foix, ainsi que l'asseure expressement le Gardien, & que l'on pourra encore iustifier ci-dessous, par les propres termes du testament de Gaston.

X. Le Gardien continuë sa deposition, & dit, que le Seigneur de Bearn, apres son retour de la terre de sa femme, estant en la ville de Mazeres, dans la terre du Comte de Foix, enuiron la feste de l'Epiphanie, lui tesmoigna d'auoir le mesme desir. De fait en suite, enuiron la feste de la Chandeleur, ce Gardien trouua assemblés dans le chasteau de Gauarret en Gascogne, Gaston auec Constance, & Marguerite ses filles, & le Cómte de Foix; qui arresterent en sa presence les articles du transport de la Seigneurie de Bearn, au profit de Marguerite & de son mari, sous certaines conditions, & reserues. Ayant esté neantmoins secretement conuenu, que le Comte de Foix feroit deliurer à Gaston, ou à ceux qu'il ordonneroit, vingt mille liures tournois. Surquoi le Gardien lui representa, commét est-ce qu'il esperoit de pouuoir retirer de l'argent du Comte de Foix, qui en estoit aussi despourueu, que son beaupere: qui lui répondit en ces termes: *Gardien ie ne fais pas grand estat, si le Comte de Foix vend quelques places de celles qui lui sont moins honorables, & profitables, afin qu'il puisse estre seigneur de Bearn; & ie desire qu'il face cela, dautant que ie veux m'ayder de mon bien en mes necessitez.*

XI. On arresta aussi, suiuant le recit de ce tesmoin, dans la mesme conference, que la Cour de Bearn seroit assignée à certain iour, pour y publier, & faire confirmer ces traictez, & conuentions. De fait le Gardien reuenant de France & d'Angleterre, rencontra en la ville de Morlas, l'assemblée de la Cour generale de Bearn, où estoiét Gaston, le Comte de Foix, les quatre filles de Gaston, Constance l'aisnée, Marguerite Comtesse de Foix, la Comtesse d'Armaignac, & Guillemete; où en presence du Gardien, toutes ces choses furent traictées, resoluës, & ordonnées, mesmes la Cour de Bearn fit le serment requis, en faueur de Marguerite, en cas que Constance qui estoit à ce presente & non contredisante, vint à deceder sans enfans. Et lors Gaston declara au Comte de Foix, à quelles personnes il deuoit payer à sa descharge, les vingt mille liures tournois; qui passa vn contract d'obligation de cette somme pardeuant le Viguier de Tolose, en compagnie de Iordain de l'Isle le ieune, & d'autres Cheualiers.

Liure septiesme. 655

Cette deposition du Cordelier, est trop estenduë, & s'arreste trop à remarquer les circonstances de l'affaire, pour estre contredite; Dautant plus, qu'elle est assistée de celle d'Arnaud Nouelli Official de Tolose, en ce qui regarde la publication, & confirmation de ces accords, en la Cour de Morlas, & la promesse de payer les vingt mille liures par le Comte de Foix, qui s'obligea de ce faire auec ses cautions, premierement par contract receu à Morlas, & encore depuis pardeuant le Viguier de Tolose; ainsi que l'Official asseura apres serment pardeuant les Iuges de Carcassone.

II. Froissart volum. 2. c. 159. & 160.
IV. Pasquier l. 2. des Rech. c. 2.
E Tabulatio Parisiensi : Dictus Gardianus dixit, quod Dom. Gasto de Biarno diu antequam fieret illa obligatio debitorum sibi locutus fuit de ista materia, & in diuersis locis. Dixit enim in Castro quod dicitur Castello, in terra vxoris suæ, quando dictus Gardianus veniebat de Concilio generali, quod ex quo filia sua primogenita nullo modo volebat contrahere, & non habebat ipsa heredem de corpore suo, quod volebat dominam Margaritam secundogenitam Comitissam Fuxen. secundum Consuetudines Biarni, genti suæ ipso viuente ostendere, & substituere sibi in heredem, ne terra sua post eius obitum esset in Briga propter dubium heredis.

CHAPITRE XXV.

Sommaire.

I. Tous les actes qui regardent la succession de Bearn, sont dressés par l'auis d'Arnaud Nouelli, Professeur du Droict à Tolose. II. Gaston emancipe sa fille Marguerite. Acte de l'Emancipation. Où Gaston exerce deux Iurisdictions, l'ordinaire, & la superieure. III. Le seau de Gaston auec les armes de Bearn, de Moncade, & de Castetuieil. IV. Guillelme quatriesme fille de Gaston est emancipée, & consent à cette declaration. V. Mate femme du Comte d'Armagnac, & troisiesme fille de Gaston n'y consent pas. Elle ne pouuoit pretendre qu'vne legitime sur le Bearn, qui lui fust récompensée par le testament de son pere. VI. La Noblesse de Bearn confirme par son serment tous ces traictés. Les noms des Barons, Cheualiers, & Domengers.

I. Comme la ionction de la maison de Bearn auec celle de Foix, estoit vn acte fort important, aussi les parties desirerent qu'il fust passé auec toutes les solemnités requises par les loix Romaines, dont l'vsage estoit desia tellement receu, que les formulaires des contracts ressentoient plustost vne ceremonieuse superstition des Iurisconsultes du temps, que non pas vn emploi legitime de la substance & de la vigueur des loix. Pour éuiter donc les nullites, que la chicane d'vn esprit litigieux eust pû faire naistre à l'auenir, on dressa tous les contracts par l'auis d'Arnaud Nouelli, Professeur du droit Ciuil, en l'Vniuersité de Tolose.

II. De sorte que Gaston commença par l'émancipation de sa fille Marguerite, qui merite d'estre inserée en ce lieu tournée en François, tant pour raison du sujet, que pour y aprendre le pouuoir & l'autorité qui residoit en la personne du Seigneur de Bearn; lequel insinuë assés en cet acte, qu'il exerçoit en sa terre, deux sortes de Iurisdiction, l'vne ordinaire, qui respond à celle des Magistrats des Prouinces, l'autre superieure & independante pour valider & auctoriser les propres contracts. Sçachent tous, dit-il, *que l'Illustre personne le Seigneur Gaston par la grace de Dieu Vicomte de Bearn,*

Iii iiij

Seigneur de Moncade & de Caſtetuieil, aſsis en ſon tribunal en preſence de ſa Cour des Barons, Cheualiers, & autres Nobles, & des Communautés de Bearn, ſpecialement aſſemblée pour cet effet, de ſon bon gré émancipa, mit hors de ſa main, exempta, & deliura de la puiſſance Paternele, Dame Marguerite ſa ſeconde fille, femme de Monſieur Roger Bernard Comte de Foix, & Vicomte de Caſtelbon, requerant ladite émancipation, du conſentement de ſondit mari; & à cét effet conſtituée perſonelement pardeuant ledit Seigneur de Bearn, comme iuge ſuperieur de ſa terre, & y exerçant la iuriſdiction ordinaire: lequel donna & octroya à ſadite fille pouuoir franc, & libre, pour agir, reſpondre, contracter, & s'obliger, & faire en iugement, & hors icelui toutes autres choſes qu'vne mere de famille peut faire legitimement. Et ledit Seigneur Gaſton en qualité de Seigneur & Vicomte, & de Iuge ſuperieur dudit Vicomté de Bearn, exerçant toute ſorte de iuriſdiction en icelui, & ladite Cour auec lui, à la requiſition de ladite Dame Marguerite, & de ſondit mari, confirma ladite émancipation, par ſon decret & autorité iudiciaire. Et afin que le contenu en l'inſtrument de ladite émancipation, fuſt ferme & ſtable à l'auenir, Gaſton, le Comte de Foix, & Marguerite y appoſerent leurs ſeaux, le iour auant les Nones de May 1286. Regnant Philippe Roi de France, Edoüard Roi d'Angleterre, & Duc d'Aquitaine, Gaſton Vicomte de Bearn, & Arnaud de Morlane Eueſque de Laſcar.

III. Le ſeau de Gaſton eſt attaché en pendant au bas de l'acte, qui porte vn Cheualier armé d'vn eſcu de Bearn, l'eſpée à la main, le cheual houſſé auſſi des armes de Bearn; & au contreſeel, vn chaſteau à trois tours, coſtoyé de ſix tourteaux, ou beſans, l'appelle tourteaux, les ſix pieces d'or en pal en champ de gueules, qui ſont les armes de la maiſon de Moncade: Parce que les François donnent le nom de tourteaux, ou beſans, ſans obſeruer touſiours la diſtinction de couleur, & de metal, à ce que les Eſpagnols nomment d'vn mot plus general *Roeles*, faiſant alluſion à la figure ronde de ces pieces. Au reſte ces pieces rondes de Moncade ſont expliquées dans vn vieux acte, par le terme Latin de *Catini*, c'eſt à dire de *Plats*; les auteurs de l'armoirie ayans voulu conſeruer la memoire de l'ancien office du Dapiferat, qui a donné à cette famille le nom de Dapifer, comme i'ai verifié en vn autre endroit. Pour le chaſteau à trois tours, ce ſont les armes de Caſtetuieil; Il eſt de ſable, ſelon le témoignage de Bertran Elie qui l'auoit veu dans l'Egliſe des Cordeliers de Morlas. Quoi qu'il attribuë ce chaſteau à Moncade, l'eſcu de Bearn eſt aſſés connu, auec ſes deux vaches de gueules, acollées & clarinée d'azur, en champ d'or. Ie n'y adiouſte pas, comme font ordinairement ceux qui eſcriuent des armoiries, que ces vaches ſont acornées d'azur; dautant que l'on voit le contraire dans les anciennes peintures, & tapiſſeries du chaſteau de Pau, où les vaches & leurs cornes ſont de gueules. Dans l'ancien Roman de Saintré, eſcrit du temps du Roi de France Charles V. on voit au Chap. 56. que faiſant le dénombrement des Seigneurs qui alerent en la guerre de Pruſſe, il y met le Seigneur de Bearn, auec ſes armes en ces termes: *Le Seigneur de Bearn, qui portoit d'or, à deux vaches de gueules, couronnées d'aZur, acolées & coupenée d'argent, & crioit Bearn.*

IV. On eſtima auſſi que le conſentement de Guillemette de Moncade quatrieſme fille de Gaſton eſtoit neceſſaire pour afermir dautant plus ce traicté. C'eſt pourquoi apres auoir eſté ſolennelement émancipée, elle ſe depart ſous l'aueu, l'autorité, & le conſentement de ſon pere, de tout le droit, part, & portion, qui lui pourroit apartenir ſur la terre de Bearn, ſoit par droit de nature, par For, & Couſtume, ou en quelle autre maniere que ce ſoit, en faueur de Conſtance & de Marguerite ſes ſœurs, & de Roger Bernard Comte de Foix mari de Marguerite, & de leurs hoirs & ſucceſſeurs; qui accepterent la renonciation, que Guillelme confirma par ſon ſerment preſté ſur les ſaincts Euangiles. Et pour plus grande aſſeurance Gaſton & Guillelme, y mirent leurs ſeaux, auec ceux d'Arnaud Guillaume d'Andoins, Raimond Arnaud de Gerfereſt, Bernard de Coarraſe, Raimond Arnaud de Domij, Iurats de la Cour de Bearn. Et Gaſton aſſis en ſon tribunal en qualité de Vicomte, & Seigneur de la terre de Bearn, ayant & exerçant toute ſorte de iuriſdiction en icelle comme il dit, confirme ces actes inſinués pardeuant ſoi & ſa Cour. En la ville de Morlas le 5. des Ides de May 1286.

V. Cét acte de conſentement de Guilleſme de Moncade, preſté auec tant de ſolemnité, & precedé d'vne émancipation, peut faire ſoubçonner que Mathe de Bearn Comteſſe d'Armagnac, qui ne donnoit pas vn ſemblable conſentement, quoi qu'elle fuſt preſente à Morlas, n'auoit pas beaucoup de ſatisfaction des choſes, qui ſe traictoient. Ce que ie croirois fort volontiers; dautant plus que le Comte Geraud ſon mari, ne voulut point ſe trouuer en perſonne à cette action, qui peut-eſtre lui déplaiſoit, à cauſe que le Bearn eſtoit plus à la bien-ſeance d'Armagnac, que de Foix. Mais il faloit ceder à la iuſtice, & aux droits de nature, qui adiugeoient à Marguerite en defaut d'enfans de Conſtance, la Seigneurie de Bearn; ne pouuant eſtre pretendu au pis, par la Comteſſe Mathe, qu'vn droict de legitime ſur cette terre, qui ne pouuoit eſtre acquis ni demandé, qu'apres le decés de Gaſton pere commun, qui pourueut par ſon teſtament aux intereſts de ſa fille Mathe, meſmes au delà de toute raiſon, ainſi que l'on verra ci-apres.

VI. Les Gentils-hommes de Bearn voyans la iuſte & legitime procedure de leur Prince, ne firent aucune difficulté, de preſter ſur les ſaincts Euangiles, le ſerment qu'il exigea d'eux, en ce ſens, qu'ils promettoient, en cas qu'il vint à deceder ſans hoir maſle de loyal mariage, de garder, & obſeruer de point en point, les conditions, pactes, & accords deſia paſſés & arreſtés, ou qui pourroient eſtre conuenus ci-apres, entre Gaſton, Conſtance, & Marguerite ſes filles, & Roger Bernard Comte de Foix, mari de Marguerite. L'acte du ſerment en original a eſte conſerué dans le threſor de Pau, en date du iour de la quinzaine de Paſques 1286. Les noms des Barons, Cheualiers & autres Gentils-hommes, qui iurerent ſont ceux-ci: Arnaud Guillaume Seigneur d'Andoins, Raimond Arnaud Seigneur de Gerzereſt, Bernard Seigneur de Coarraſe, Fortaner Seigneur de Laſcun; Raimond Arnaud Seigneur de Domij, Amat de Gayroſſe Seigneur de Balex............ Seigneur de Bidoſe, Iurats de la Cour de Bearn. Les Seigneurs Guillaume Arnaud de Morlane, Guillaume Raimond de Doazet, Arſius de Nauailles, Bernard d'Abos, Raimond Arnaud d'Audaus, Arnaud de Iaçes, Raimond Arnaud de Balanſun, Vital de Sauinhac, Guillaume Raimond d'Arbus, Guillaume Arnaud de Meriten, Arnaud Guillaume de Mauleon, Arſiu de Caſtetpugon, Eſpan d'Araus, Arnaud de Doaſon, Gaillard d'Vrdes, Arnaud de Morlane ſeigneur de Gurts, Arnaud Garſis de Goze, Arnaud de Goze, Guillaume de Billere Cheualiers, nommez *Milites* dans l'acte Latin. Oddo de Sadirac, Loup Bergund de Moncin, Raimond de Barſun, Raimond d'Arros, Odo des Angles, ou d'Angous, Guillaume Raimond de Nauailles, Amaneu de Binholes, Arnaud de S. Auit, Arnaud de Vete, Arnaud de Mendoſſe, Bernard de Teeſe, Loup Bergund d'Artigueloube, Arnaud de Dengin, Bernard de Carrere, Vital d'Vſos, Auger de Gelos, Arnaud Guillem de Laur, Guillem Sans de Mirapeix, Garſion de Clauarie, Auger de Meilon, Raimond de Sadirac Saliner, Domengers de la terre de Bearn, qui ſont nommez *Domicelli* en l'acte.

E Chartario Palenſi: Nouerint vniuerſi, quod illuſtris vir Dominus Gaſto Dei gratia Vicecomes Barnenſ. Dominus Montis Catani & Caſtri veteris, ſedens pro tribunali, conuocata præſente & conſtituta ad hoc ſpecialiter Curia ſua Baronum, & Militum, & aliorum Nobilium, necnon............ Bearn. vt Pater ſpontanea voluntate filiam ſuam naturalem & legitimam Margaritam *ſecundo genitam*, vxorem Domini Rogeri Bernardi Comitis Fuxi, & Vicecomitis Caſtriboni, de conſenſu expreſſo eiuſdem Comitis viri ſui præſentis conſentientis & volentis, petentem ac expreſſe conſentientem coram ſe, vt coram Domino Bearn. *& Maiore Iudice eiusdem terræ iurisdictionem ordinariam in ea habente & exercente*, & apud se & dictam Curiam emancipauit, & extra manum suam posuit, & à sacris & nexibus suæ patriæ potestatis liberauit & exemit; dans & concedens eidem filiæ suæ potestatem licitam, & liberum arbitrium agendi, respondendi, contrahendi, obligandi se aliis, & aliis sibi, & cetera omnia celebrandi, ordinandi, & faciendi in iudicio, & extra iudicium quæ quælibet mater familias, & sui iuris facere potest, sine impedimento quocumque, & obiectu patriæ potestatis. Et prædictæ emancipationi dictus Dominus Gasto, *vt Dominus, & Vicecomes, & maior iudex Vicecomitatui Bearn. & iurisdictionem omnimodam exercens in eo,* & dicta Curia cum eo, iuxta requisitioné & voluntatem dictæ Dominæ Margaritæ, & prædicti Comitis viri sui, impenderunt solenniter auctoritatem suam iudicialem, & decretum, his præsentibus scriptura & actis. Actum est hoc voluntate & assensu prædicti Domini Comitis, vt est dictum, qui sigillum suum, & dictus Dominus Gasto, & dicta Dom. Margarita similiter sua, ad maiorem firmitatem omnium prædictorum huic publico instrumento apponi fecerunt, quibus sigillis extantibus vel non extantibus, voluerunt quod præsens instrumentum & omnia contenta in eo perpetuo obtineant roboris firmitatem. Horum omnium sunt testes Dom. Arnaldus Raimundi de Alpello. Dom. Rogerius de Monte alto, Dom. Raimundus Wilielmi de Marcafaba, Dom. Cicardus de Lerano milites. Dom. Arnaldus Nouelli legum professor. Magister Guillelmus Raimundi de Miramonte Canonicus Vasatensis. Magister Raimundus de Bazergue iudex dicti domini Comitis Fuxi, Magister Brunus de Bentaion Notarius de Morl. Et ego Bernardus Pontonerij publicus notarius Sauarduni & Sauartesij, omnibus prædictis præsens fui, & rogatus & mandatus hanc chartam scripsi......... Nonas Maii, anno M. CC. LXXXVI. Regnante Philippo Rege Franciæ, Edoardo Rege Angliæ & Duce Aquitaniæ, dicto domino Gastone Vicecom. Bearnens. Arnaldo de Morlana Lascurrens. Episc.

CHAPITRE XXVI.
Sommaire.

I. Donation du païs de Bearn en augmentation de dot en faueur de Marguerite Comtesse de Foix, en cas que Gaston n'eut point enfans masles. II. S'il auoit enfant masle, le Bearn lui apartiendra, & à Marguerite le Brulhois, & Gauardan. III. Gaston reserue à soi quelque disposition dans le Bearn, excepté l'alienation des villes, chasteaux, & vallées y denommées. IV. Les Bailes des chasteaux iurent l'obseruation de ce contract. Jouïssance des choses données, accordées à Marguerite ou au Comte suruiuant. V°. En cas d'alienation valable de quelque terre, la superiorité ne pourra estre distraicte, non pas mesme en faueur de l'Eglise. VI. Bearn, & Foix seront vnis inseparablement. Confirmation de ce traicté par les sermens. Gaston le confirme en outre par son decret. VII. Clause qui est dans les Registres de Bourdeaux, defaillante en l'original qui est à Pau, qui regarde les droits du Duc d'Aquitaine sur le Bearn. VIII. Explication de cette clause.

I. Es preparatifs ayans precedé, Gaston du consentement expres de Constance sa fille aisnée, & de Guillelme de Moncade sa quatriesme fille, donna entre vifs, pour soi, ses hoirs & successeurs, à Dame Marguerite Comtesse de Foix sa fille emancipée, & à Roger Bernard Comte de Foix son mari, en augmentation de dot, & à leurs hoirs & successeurs procrees de leur commun mariage, les Vicomtés de Bearn, de Brulhois, & de Gauardan, sous la forme & les modifications suiuantes; C'est à sçauoir, en cas qu'il decedast sans enfant masle procreé de sa femme Beatrix, ou d'vne autre, qu'il pourroit espouser, ou que son fils masle vint à deceder sans enfans, & Constance aussi sans lignée, il donna de plein droit à sa fille Marguerite & à ses hoirs, le Vicomté & terre de Bearn, auec toute sorte de iurisdiction, & de iustice, & tous ses autres droits & apartenances quelconques; Auquel cas Marguerite de l'expres consentement de son mari, remit & delaissa à Gaston son pere, les Vicomtés de Brulhois, & de Gauardan, & les terres de Catalogne, de Maiorque, & d'Aragon, & tous ses autres biens, en quelle part qu'ils fussent situés, pour en disposer à sa volonté, au profit de ses heritiers, & successeurs.

II. Mais aussi s'il arriuoit, que Gaston decedant eut vn fils masle qui lui suruesquist, il fut arresté qu'il seroit maistre du Vicomte de Bearn, auec toutes ses apartenances, en payant dix mille liures tournois, à Marguerite, & à ses hoirs. Auquel cas Constance n'ayant point de lignée, Marguerite possederoit en vertu de cette donation, les Vicomtés de Brulhois, & de Gauardan, renonçant dors & desia audit cas, du consentement de son mari, à toute pretention sur le Vicomté de Bearn, & sur les autres terres. Et neantmoins, il fut ordonné, que le Vicomte de Bearn escheant à Marguerite, suiuant la forme prescrite ci-dessus, elle, le Comte son mari, ou leurs hoirs, payeront les debtes contractées ou à contracter, par Gaston deçà les ports, & repareront les torts & domages qu'il aura faits, excepté les debtes contractées en Brulhois & Gauardan, & ce à quoi ces terres sont obligees, qui seront payées auec les domages faits en ces païs, par ceux qui les possederont.

III. Gaston aussi reserua à soi, la faculté de disposer sur la terre de Bearn, pour recompenser ses seruiteurs, faire des legats pour son ame, l'obliger & hypothequer pour ses debtes, y faire des infeudations & afranchissemens, ainsi qu'il aduiseroit sans fraude; excepté pour le regard des chasteaux, bourgs, & vallées qui suiuent, à sçauoir les chasteaux & villes d'Ortés, de Saueterre, d'Oloron, de Monein, de Salies, de Pardies, de Montgiscard, de Mörlans, d'Asson, d'Igon, de Montaner, de Lembeye, de Pau, de Pontac, de Samboues, de Belloc, de Mongaston, de Nauarrenx, de Garos, & de Lobienh, les vallées d'Ossau, d'Aspe, & Baretons, & les autres vallées, montagnes, & forteresses. Toutesfois il reserua de pouuoir obliger par son testament, pour le payement de ses debtes, legats, & domages, les chasteaux & villes d'Ortés, de Saueterre, de Pau, & de Salies, les chasteaux & lieux de Larbaig, & Riueregaue, & toute la terre d'Agarencs, sans alienation pourtant de la proprieté: à la charge neantmoins qu'en ce cas, le Baile de Pau, ou les executeurs de son testament ne prendront des rentes du chasteau de Pau, que mille sols par an, outre les reuenus de la closture du chasteau, auec la Lantanere, le moulin, la vigne, & le taillis. Et qu'ils possederont tous les autres chasteaux & villes, aux lieux ci-dessus designés, auec leurs rentes, iurisdiction, & apartenances, iusqu'à l'entiere execution du testament, ou bien iusqu'à ce que Marguerite, le Comte, ou leurs hoirs ayent rapporté aux executeurs, quitance valable des creanciers, & des legataires; sans que la detention de ces places par les executeurs, puisse empescher Marguerite & sa race, de s'en seruir & preualoir, en cas qu'il y suruint quelque guerre, en la terre de Bearn; demeurant deuers elle, sur les habitans & vassaux de ces lieux, les droits de cheuauchée, & d'ost ou armement, pour la defense du païs, la iustice de sang, & le serment de fidelité; mais les gages, ou pignorations, les peines, lois, & amendes apartiendront aux executeurs testamentaires, & aux Bailes.

IV. Ensuite, il est ordonné que tous les Bailes des chasteaux, & des autres lieux iurent sur les saincts Euangiles, l'obseruation de tous les articles de cette donation; & de remetre sans difficulté, les villes & chasteaux, entre les mains de l'enfant masle de Gaston, ou de Marguerite, suiuant la distinction ordonnée ci-dessus. Il fut aussi arresté entre les parties, en cas que Marguerite suruiue le Comte son mari, soit qu'il y ait des enfans procrées de leur mariage, ou non, qu'elle iouïra pendant sa vie, desdits Vicomtés de Bearn, ou de Brulhois, & Gauardan en leur cas. Et le Comte son mari suruiuant à sa femme, aura vne semblable iouïssance, en cas qu'il y ait des enfans de leur commun mariage. Que s'ils decedoient sans enfans, ou leurs enfans sans lignée, ces Vicomtés retourneront aux plus proches de Gaston, suiuant son ordonnance: sauf que les heritiers du Comte, pourront retenir la terre de la Riuiere de Nauarrenx, de Pardies, & de Garos, pour l'assurance de ce à quoi le Bearn se trouuera obligé enuers le Comte, outre les lieux qui lui sont hypothequés pour son debte.

V. Si Gaston alienoit quelque terre pendant sa vie, suiuant la reserue qui lui est faite, elle demeurera soubs le ressort, seigneurie & vasselage du Vicomte de Bearn; sauf les choses qui seront données en faueur des Eglises, qui seront conseruées en l'exemption & liberté qu'il leur aura accordée, demeurants neantmoins dans le destroit, & ressort de la seigneurie de Bearn.

VI. Il fut aussi expressément arresté, que l'heritier du Comte & de Marguerite, qui sera maistre de Bearn, possedera aussi conioinctement le Comté de Foix, en telle sorte, que ces deux pieces ne puissent estre separées ni desunies à l'auenir. Dequoi le Comte bailleroit les asseurances necessaires par ses letres seellées, & par le serment de ses Barons, Cheualiers, & Nobles, & des villes & Communautez de son païs. Comme aussi Gaston, Constance, Marguerite, & Guillelme ordonnerent, que les Barons,

rons, Nobles, & Communautez de Bearn, qui auoient defia prefté leur ferment, & ceux qui le prefteroient ci-apres, fuffent obligés en vertu d'icelui, d'obferuer & d'executer le contenu en cette donation ; que Gafton & fes filles confirmerent auffi par leurs ferments fur les fainéts Euangiles. A quoi Gafton en qualité de Seigneur & Vicomte de la terre de Bearn, affis en fon tribunal, & fa Cour de Bearn interpoferent leur decret, & autorité, comme à vne donation folennellement infinuée, pardeuant vn Magiftrat legitime. Et pour plus grande affeurance Gafton, le Comte de Foix, Conftance, Marguerite, & Guillelme appoferent leurs feaux à cét inftrument, auec ceux d'Arnaud Guillaume d'Andoins, & de Raimond Arnaud de Domij, Iurats de la Cour de Bearn ; En la ville de Morlas le cinquiefme des Ides de May mil deux cens octante-fix. Regnant Philippe Roy de France, Edoüard Roy d'Anglerre Duc d'Aquitaine, Gafton Vicomte de Bearn, & Arnaud de Morlane Euefque de Lafcar.

VII. Ie'ay reprefenté la fubftance de cét acte, comme il eft conceu dans l'original, qui eft au thresor de Pau, auec deux ou trois anciennes copies : où l'on ne void point vne claufe tres-importante, qui fe trouue en l'extraict inferé dans les Regiftres de la Chambre des Comptes de Paris, copié fur les regiftres de Bourdeaux ; de laquelle Monfieur le Chancelier de l'Hofpital en fes memoires, & apres lui le fieur Beloi, & Choppin fe font feruis, pour verifier la fubjection de Bearn au Duché de Guyenne. Car le Regiftre de Paris porte en termes formels tournés en François : *Item il a efté conuenu, que le Comte fera homage au Roi d'Angleterre, & ce que le Seigneur de Bearn doit faire pour le Bearn, & les autres lieux, s'ils paruiennent à lui en leur cas, comme Gafton y eftoit tenu. Il a efté auffi arrefté que Gafton, le Comte, & Marguerite procureront de bonne foi, que l'Illuftre Roi d'Angleterre interpofe fon decret aux chofes fufdites.*

VIII. Ie laiffe au lecteur à confiderer, s'il y a de la fauffeté en l'addition qui fe trouue aux Regiftres de Bourdeaux, & de Paris, (comme Fondeire Procureur General du Roi Iean de Nauarre fouftint l'an 1512. en la Conference d'Amboife, pardeuant les Arbitres nommés par le Roi Louis XII. & ledit Roi Iean, pour connoiftre de la validité de l'Arreft du Parlement de Tolofe, qui adiugeoit le Bearn à la Couronne de France en proprieté & fouueraineté, lequel fut caffé par la fentence des Arbitres ;) Ou bien, fi l'on expedia la copie de l'acte, qui deuoit eftre prefenté neceffairement au Duc de Guyenne, à caufe de Brulhois & de Gauardan, en tels termes, qu'il n'euft point fujet d'offenfe, pour les pretenfions qu'il auoit fur le Bearn, & l'on fit l'original à mefme temps fans ces claufes importunes. Ie penfe qu'il y a plus d'apparence en cette derniere penfée ; dautant plus que les termes eftans conceus auec quelque ambiguité, chacun y pouuoit trouuer l'interpretation fauorable à fes pretenfions. Car comme Gafton eftoit Vaffal du Roi d'Angleterre pour le Brulhois & le Gauardan, & qu'il deuoit quelque feruice fans eftre obligé à l'homage pour raifon de Bearn, la claufe refpond à ces interefts, eftant conceuë en ces termes : *Item il a efté conuenu, que le Comte fera homage au Roi d'Angleterre, & ce que le Seigneur de Bearn, doit faire pour le Bearn, & les autres lieux, s'ils paruiennent à lui en leur cas, comme Gafton y eftoit tenu.* Et neantmoins le Roi d'Angleterre pouuoit pretendre que l'homage de Bearn, & non feulement quelque feruice de gens de guerre lui eftoient reconneu.

E Chartario Burdeg lenfi, Libro A fol. LXIX. Nouerint vniuerfi prefentes pariter & futuri quod Nobilis Vir Dominus Gafto dei gratia Vicecomes Bearn. Dominus Montis Catani & Caftri Vereris, de expreffo confenfu, & voluntate Dominæ Conftantiæ primogenitæ fuæ, & Dominæ Guillelmæ de Montecatano eiufdem D. Gaftonis filiæ donauit titulo præfentis donationis inter viuos, gratis & fpontanea voluntate per fe, hæredes & fucceffores fuos Dominæ Margaritæ Comitiffæ Foxenfi filiæ fuæ emancipatæ, & D. Rogerio Bern. Comiti Fux, viro fuo, in augmentu dotis, & hæredibus & fucceffori-

Kkk

bus suis ex ipsis ambobus communiter procreatis, Vicecomitatus Bearn, Brulesij & Gauardani in forma, & sub forma quæ sequitur. Videlicet quod si contingat ipsum Gastonem superstite herede legitimo masculo, ex se & coniuge sua Domina Beatrice vel alia coniuge legitima superinducenda, ex carnali legitimo matrimonio procreato decedere, & contingat similiter Dominam Constantiam supradictam, sine prole ex carnali matrimonio & legitimo procreata decedere, habebit & habeat ex præsenti collatione dicta Domina Margarita suique heredes & successores, & retinebit pleno iure ex paterna munificentia & concessione huiusmodi Vicecomitatum & terram Bearn. cum omnimoda iurisdictione & iustitia & omnibus iuribus destrictis & pertinentiis vniuersis eidem D. Gastoni ex hereditaria successione vel alio quocunque modo ex nunc vel in futurum vndecunque spectantibus. Et in hoc casu eadem Domina Margarita de expresso assensu viri sui quitauit & remisit dicto Dom. Gastoni Vicecomitatus & terras Brulesij, & Gauardani, & terras Catalon, Maioricar & Aragon, & alias terras & bona ipsius Dom. Gastonis vbicunque sint pro voluntate eiusdem Dom. Gastonis heredumque suorum & successorum omnimoda facienda. Si vero contingat ipsum Gastonem superstite herede legitimo ex se masculo de carnali matrimonio procreato decedere, habeat & habebit idem masculus Vicecomitatum & terram Bearn. cum iuribus & pertinentiis vniuersis. Et in casu huiusmodi si contingat prædictam Dominam Constantiam sine liberis ex carnali matrimonio procreatis decedere, habebit dicta domina Margarita suique heredes & successores, & Comes, Vicecomitatus Brulesij & Gauardani ex præsenti collatione cum omnibus iuribus & pertinentiis suis, & in eo casu quitauit & remisit dicta Domina Margarita dicto D. Gastoni suisque heredibus & successoribus Vicecomitatum Bearn. supradictum; & omnes alias terras suas vbicunque sint, de assensu dicti Comitis viri sui. Et si forte dictus heres masculus decederet sine prole ex carnali & legitimo matrimonio procreata, Vicecomitatus Bearn. sub modis & conditionibus prædictis ad dictam Margaritam & Comitem heredesque successores suos libere deuoluatur. Et in casibus in quibus Vicecomitatus Bearn. deuenit & deuenire debet secundum quod superius est expressum, ad dictam Dom. Margaritam & Comitem eius virum suosque heredes prædictos, soluent dicta Margarita & Comes vel eorum heredes debita Domini Gastonis contracta & contrahenda citra portus, & iniurias & damna emendabunt. Verum qui habebunt in Brulesio & Gauardano, soluent debita in Brulesio & Gauardano contracta, & pro quibus sunt Brulesium & Gauardanum obligata, & iniurias & damna ibi data emendabunt. Saluo etiam & retento, quod idem D. Gasto in Vicecomitatu & terra prædicta Bearnensi, tam de terra quam de aliis possit donare, seruitoribus suis, & legare pro salute animæ suæ, & obligare pro debitis contractis & contrahendis, iniuriis, & emendis, infeudare, manumittere siue afranquire, prout sibi in bona fide & sine fraude visum fuerit expedire; Exceptis castris, burgis, & vallibus, scilicet Castris & villis de Ortesio, de Saluaterra, de Oleiron, de Monein, de Salinis, de Pardinis, de Monteguiscardo, de Morlan, d'Asson, d'Igon, de Montanerio, de Inuidia, de Palo, de Sambucis, de Pulcro loco, de Mongastone, de Nauarrencis, de Garos, & de Lobiein, & Vallibus de Vrsifaltu, de Aspa, & de Baretous, & aliis vallibus, & montibus, & fortaliciis vallium. Poterit tamen idem Dominus Gasto obligare pro debitis, legatis, iniuriis, in testamento suo, Castra & Villas de Ortesio, de Saluaterra, & de Palo, & de Salinis, & castra & loca Larualli, & Riperiæ Gauari, & totam terram d'Agarens sine proprietatis alienatione. Tamen Baiulus de Palo, siue executores dicti testamenti non recipient de redditibus, siue de exitibus castri de Palo, nisi mille solidos annuatim, quos idem Dominus Gasto eidem in dictis locis & exitibus assignauit, & reditus clausuræ castri vna cum Lantanera, Molendino, vinea, & virgulto. Et quod executores testamenti ipsius Gastonis secundum mandatum suum teneant prædicta castra, & loca, & villas proxime superius scriptas, cum redditibus, iurisdictione, & pertinentiis vniuersis, tamdiu donec debita ipsius Domini Gastonis, & legata fuerint soluta, & iniuriæ emendatæ, & testamentum omnino completum, vel donec prædicta domina Margarita, & Comes, & eorum successio plenam quitationem, & liberationem habuerint ad arbitrium executorum, à creditoribus, legatariis, iniuriis & damna passis, & ab aliis quibus idem Dominus Gasto prædictis modis fuerit obligatus. Si forsan guerra insurgeret in terra, vel contra terram Bearnens. dicta Margarita, & Comes, & eorum successio de locis prædictis poterunt se iuuare; Ita tamen quod castrorum fortalicia sint & remaneant in potestate executorum, secundum mandatum Domini Gastonis, cum iurisdictione vt dictum est, & iuribus vniuersis, Verumtamen in hominibus & habitationibus dictorum locorum, & pertinentium habebunt dicta Margarita, & Comes, & eorum successio *exercitum, & Caualcatam pro defensione terræ, & iustitiam sanguinis exercebunt, & habebunt iuramentum fidelitatis* in casibus supradictis. Gagia vero, pœnæ, & leges dictorum executorum, & baiulorum erunt. Item est actum, quod Baiuli castrorum omnium & locorum, qui nunc sunt, & pro tempore erunt, iurent ad sancta Dei Euangelia, quod prædictas conuentiones, & ordinationes seruabunt, & casibus prædictis possessionem castrorum & locorum sine difficultate & mora reddent & liberabunt, si Dominus Gasto filium masculum vt dictum est habuerit, filio illi; Et si filium non habuerit, vel ille filius decesserit sine prole de legitimo & carnali matrimonio procreata, dictæ Margaritæ, Comiti, eorumque successioni iuxta formas superius nominatas. Vult etiam idem Gasto, quod executores teneantur ad præmissa castra, & loca reddenda, sub modis & formis prædictis, cum testamento fuerit satisfactum, & quod non intermutent possessionem prædicto filio in suo casu, vel Margaritæ, & Comiti, & successioni eorum, & quod pro eis & eorum nomine constituent se possidere sub modis & conditionibus supradictis. Etsi aliquis eorum castra, vel eorum aliquod teneat, idem iuret. Fuit etiam actum, quod in casu quo Vicecomitatus Brulesij & Gauardani peruenire, vel peruenire debent ad Dominam Margaritam & Comitem heredesque successores suos, Heres Bearnens. debebit & tenetur soluere Margaritæ, Comiti, heredibusque suis, Decem millia librarum turonensium nigrorum, pro liberatione Brulesij super omnia bona sua. Item fuit actum, quod in prædictis casibus, in quibus secundum præmissas conditiones seu conuentiones, Vicecomitatus Bearnensis, vel Brulesij, & Gauardani debent peruenire ad dictam Margaritam, & Comitem, vel ad eorum heredes, ex nunc dictus Gasto transferens ex causis prædictis dominium & possessionem omnium prædictorum &

singulorum in eos, recognoscet & constituet se possidere præmissa pro ipsis, & eorum nomine, & in possessione esse pro eis. Et concessit, quod prædicta Domina Margarita, Comes, suique heredes & successores ex nunc de dictis Vicecomitatibus, si dictus casus vel conditiones prædictæ aduenirent, possint intrare, adipisci, & retinere corporalem saisinam, possessionem, vel quasi, omnium prædictorum, & singulorum, auctoritate, motu, & voluntate proprijs, sine cuiuscunque principis, Domini, vel iudicis alicuius, vel alterius voluntate & auctoritate aliqua, seu mandato. Et actus possessionis, vel qui possessionem seu saisinam tribuunt vel concedunt, & retentio seu tenuta D. Gastonis vel alterius alicuius contra ordinationem & concessionem supradictam, eisdé Margaritæ, Comiti, & suis successoribus non præiudicet, sed potius ius tribuat, vel pro eis & eorum nomine possedisse intelligantur, ac stum in his rebus & iuribus corporalibus & incorporalibus adipiscendi saisinam seu possessionem vel quasi patientiam dictæ Marg. Comiti, & eorum heredibus & successoribus, idem dominus Gasto concessit. Saluo & retento prædicto D. Gastoni, & exceptis & retentis superius per eundem, quod per præmissa in aliquo sibi vel illis pro quibus præmissam retentionem facit, retentio vel tenuta non præiudicet nec præiudicare possit; imo eis non obstantibus prædicta excepta & retenta salua sint & firma. Ita quod si dictus Gasto filium masculum ex ista vxore vel alia superinducenda habuerit ex carnali & legitimo matrimonio procreatum, idem D. Gasto non intelligatur possidere vel possedisse per ea quæ nunc fuerunt, Vicecomitatum & terram Bearn. nomine dictæ Marg. & Com. Fuxen. nec dominium transtulisse in eos, sed pro se tantum, sicut verus dominus ad quem dictus Vicecom. Bearn. in illa casu pertinet pleno iure, In tantum etiam quod siue existente filio masculo D. Gastonis vt prædictum est, siue non existente, ea quæ idem D. Gasto de prædicto Vic. & terra Bearn. donauit, legauit, infeudauit, vel pro iniurijs suis, & emendis dimiserit inter viuos aut in testamento suo, aut causa mortis, vel codicillis, seu alia qualibet vltima voluntate, siue pro debitis soluendis, siue pro seruitoribus remunerandis, siue pro anima sua, siue pro complendo & exequendo testamento suo, vel alia quacunque causa, vel ratione, iuxta tamen formam & couentionem superius expressas, occasione prædicta scilicet recognitionis, possessionis prædictæ, vel quasi; quam dominus Gasto faciet, scilicet quod possideat ex nunc nomine ipsius Marg. & Com. & dominium transferat in eos in totum vel in parte, nec in aliquo valeant infirmari. Si vero Dom. Gasto moreretur, vxore sua remanente prægnante de Filio, & dicta Marg. & Comes suique heredes receperint possessionem Vic. & terræ Bearn. nomine illius filij intelligantur possedisse, & non nomine suo; Si tamen ille filius decesserit prole sibi superstite de carnali & legitimo matrimonio procreata, alioqui dicti Marg. & Comes, suique heredes nomine suo tantum possideant, & possedisse videantur. Si forte Domina Marg. & Comes, vel eorum successio prædictis executoribus vel baiulis, super executione testamenti domini Gastonis i ferant iniuriam, violentiam, vel grauamen, si requisiti per dictos executores vel eorum alterum non emendauerint, et eo emendasint sub sacramento fidelitatis sicut primo. Item fuit actum quod in prædictis casibus, in quib. secundum præmissas conditiones Vic. Bearn. vel Brulesij, & Gauardani debent peruenire ad Dominam Marg. si ipsa dicto viro suo superuixerit, ipsa ad vitam suam teneat Vicecomitatus prædictos siue sint liberi, siue non. Et si Comes eidem Margaritæ superuixerit, tenebit ad vitam suam Vic. Bearnensis, si tamen successor superstes fuerit, & non aliter, ex ipsis Marg. & Comite procreatus. Si tamen dictis Comes & Marg. sine legitimis liberis ex se procreatis, vel ipsi liberi sine legitimis liberis ex se legitime procreatis decederent, dicti Vicecomitatus Bearnensis, Brulesij, & Gauardani in suis casibus ad proximiores dicti Domini Gastonis secundum ipsius Dom. Gastonis ordinationem reuertantur; saluo & retento quod heredes Comitis habeant retentionem terræ de Riparia de Nauarrenx, de Pardinis, & de Garos, cum pertinentijs, vltra loca ipsi Comiti pro suo debito obligata, pro eo quod terra Bearn. inuenietur ipsi Comiti vel suis heredibus obligata. Si qua vero contigerit per dominum Gastonem secundum forma prædictam conuentam alienari, sub districtu, dominio, & feudo Vicecomitatus Bearn. remanebunt. Sed si qua Ecclesijs, vel pijs locis, aut religiosis secundum modum prædictum dederit, secundum formam libertatis qua data fuerint, remanebunt, tamen semper remanentibus in districtu domini Bearnensis. *Item fuit actum quod ille heres Comitis & Margarita, qui habebit Bearnum, habeat Comitatum Fuxi ita quod diuidi vel separari non possint.* Et super his dictus Comes dabit securitatem quam poterit bono modo, & faciet per Barones, nobiles, milites suos, Communitates villarum hoc iurare, & dare literas sigillis suis pendentibus sigillatas. Voluerunt etiam prædicti Gasto, Constantia, Margarita, & Guillelma, quod Barones, milites, & Communitates locorum Bearn. qui iurauerunt & qui iurabunt, teneantur sub virtute iuramenti prædicti omnia iurare, complere, & singula etiam obseruare. Item D. Gasto confessus fuit, & asseruit quod de prædictis locis quæ ahenare non debet, nullam donationé, vel alienationé fecit, nisi Dominæ Constantiæ, & Marg. & Comiti. Et si quam de dictis locis fecit in aliam personam, vel fecisse inueniatur, eam ex nunc reuocat, & definit irritam & manem, & si quam aliam de dictis locis deinceps faciet, aliam quam in præsenti instrumento est conuentio ex tunc eam viribus omnino carere. Item est *actum quod Comes faciat homagium Domino Regi Angliæ; & illud quod Dominus Bearn. debet facere pro B. arno, & pro alijs locis, (si ad ipsum perueniunt, in suis casibus, sicut D. Gasto facere tenebatur.* Et est actum quod procurabunt bona fide prædicti Gasto Comes, & Margarita quod *Illustris Rex Angliæ prædicta auctoritatem suam & decretum interponet.* Supradicti vero D. Gasto, Comes, Constantia, Margarita. Guillelma tenere, seruare, complere, & non contrauenire de iure vel de facto, omnia & singula suprascripta per se & per successores suos promiserunt, quantum ad eos vel eorum quemlibet pertinet, & ad sancta dei Euangelia manu tacta corporaliter iurauerunt. Prædictis autem omnibus & singulis *idem D. Gasto vt dominus & Vicecomes terræ Bearn. sedens pro tribunali & Curia Bearn.* tanquam donationi solemniter insinuatæ coram magistratu potestatem habente, & iurisdictionem, secundum morem patriæ, *auctoritatem suam posuerunt & decretum.* Et nihilominus ad maiorem firmitatem, prædicti D. Gasto, Comes, Constantia, Margarita & Guillelma sigilla sua, vna cum sigillis Guillelmi Arnaldi de Andonins, Raim. Arn. Domini de Dominio Iuratorum Curiæ Bearn. apposuerunt huic publico instrumento; quibus extantibus vel non, sigillis, prædicta omnia & singula & hoc instrumentum in suo robore permanerent. *Actum fuit hoc apud Morlanis 5. Idus Maij Anno Domini millesimo ducentesimo octogesimo sexto.* Regnante Philippo Rege Fräciæ, Edouardo Rege Angliæ, & Duce Aquitaniæ, dicto D. Gastone Vicec. Bearn. D. Arnaldo de Morlana Episcopo Lascurren. Horum omnium sunt testes Arnaldus Guillelmi dom. de Andoniis, Raim. Arn. Dom. de Gerzeres Bernardus dom. de Caudarasa, Raim. Arnaldi de Dominio, Dom. Iordanes de Insula Iunior, dom. Rogerius de Monte alto, dom. Raym. Guillelm. de Marquefaue, Aysinius de Naualies. Frater Raimundus d'Ogeu Gardianus fratrum minorum Tolosæ, Magister Arnaldus Nouelli Iuris Ciuilis professorum Magister, Guill. Raim. de Miramonte Canonicus Valaten. Et ego Magister Bruni de Gentano publicus Notarius Morlan. qui his interfui, & de voluntate & assensu dictorum Gastonis, Constantiæ, & Guillelmæ ad requisitionem dictorum Comitis & Margaritæ hoc instrumentum scripsi, in eodem signum meum apposui consuetum, insuper ad firmitatem & robur omnium præmissorum, sigilla Garciæ Arnaldi de Naualies, & de Saltu, & Amandi de Gairosse D. de Balex, &c.

CHAPITRE XXVII.

Sommaire.

I. Constance fille aisnée de Gaston, possede le Comté de Bigorre. II. Elle en fit donation en augmentation de dot à sa sœur Marguerite, & au Comte de Foix son mari. III. Lui donne en outre les droits qu'elle auoit sur le Bearn, le Brulhés, & le Gauardan. IV. Retient le Vicomté de Marsan, à la charge que le Comte de Foix, & Marguerite lui remplacent la portion qui pourroit estre adiugée à la Comtesse d'Armagnac. V. Reserue la joüissance de quelques lieux de Bearn. VI. Reserue aussi la joüissance de quelques terres en Bigorre. VII. Et le Vicomté de Gauardan. VIII. Garentie du Vicomté de Marsan promise par le Comte de Foix à Constance. IX. Il s'oblige à payer les debtes de Bigorre. X. Obseruation de ce Contract iurée. Renonciation au priuilege des Croisez.

I. Onstance qui estoit l'aisnée des filles de Gaston & de Mate sa femme, auoit recueilli la succession du Comté de Bigorre, qui lui estoit escheuë trois ans auparauant, par le decés de son Cousin Esquiuat dernier Comte de Bigorre. Mais à cause des diuerses pretensions, que plusieurs Seigneurs auoient sur ce Comté, le Roi d'Angleterre desira pour estre plus asseuré du païs, que les places lui fussent remises en main, par Constance & Gaston son pere, qui les possedoient; declarans expressément par escrit, qu'il n'entendoit aucunement preiudicier à leurs droits, ni les dessaisir de leur possession, ainsi qu'il sera plus particulierement expliqué en son lieu. Ce qui a esté desia dit, pouuant seruir pour donner lumiere à l'intelligence de la donation de Bigorre, que Dame Constance fit en suite de la precedente, en faueur de sa sœur Marguerite.

II. L'acte de cette donation est conserué en son original dans le Tresor de Pau, par lequel Constance Comtesse de Bigorre & Vicomtesse de Marsan, fille aisnée de Gaston Vicomte de Bearn, & seigneur de Moncade & de Castetuieil, constituée personellement en presence de son pere à ce consentant, bailla par donation entre vifs en augmentation de dot, à sa sœur Marguerite, femme de Roger Bernard Comte de Foix, & à leurs hoirs, & successeurs audit Comté de Foix, engendrés de leur mariage, le Comté & toute la terre de Bigorre auec ses dépendances, excepté la terre de Riuiere, sous la reserue de la possession & l'vsufruict du Comté, pour le temps qu'il lui plaira.

III. Elle donna en outre aux conioincts, & à leurs hoirs, les Vicomtés & terres de Bearn, de Brulhes, & de Gauardan, & tout ce qui lui auoit esté donné dans ces terres, & dans le Diocese de Bazas, lors de son emancipation par Gaston son pere, & Mathe sa mere, auec tout ce qui lui apartenoit ou pouuoit apartenir en ces terres, soit par droict d'aisnesse, de succession paternelle, & maternelle, ou par la Coustume du païs. A la charge que si Marguerite, ou Roger son mari suruiuoient à Constance, ils iouïroient des choses données leur vie durant, sçauoir Marguerite, soit qu'elle eut des enfans de son mariage, ou qu'elle n'en eut pas; & le Comte, en cas qu'il eut des enfans dudit mariage. Et neantmoins s'il arriuoit qu'ils decedassent sans enfans, les choses données reuiendroient à Gaston & à Constance; sçauoir à Gaston & à ses hoirs, les terres qui partent de lui; & celles qui descendent de Mate mere de Constance, à elle & à ses sœurs, suiuant la Coustume de la terre; sauf que le plus proche sera tenu audit cas, de payer au Comte de Foix, les sommes pour lesquelles Gaston lui a obligé le Vicomté de Bearn, ou certains lieux d'icelui.

IV. Fut accordé entre Constance & Marguerite, du consentement de Gaston & du Comte, que le Vicomté de Marsan apartiendroit à Constance, pour en disposer à sa volonté. A la charge neantmoins qu'en cas Mathe Comtesse d'Armagnac, ou ses hoirs, obtinsent par iugement ou autrement, quelque portion de ce Vicomté; le Comte de Foix & Marguerite sa femme, s'obligent de la remplacer à Constance, ou à ses hoirs, & lui deliurer pour raison de ce, la terre de S. Gaudens, & de Nebousan; ou bien quelque portion du Comté de Bigorre, ou d'autres lieux, dans la iurisdiction du Roi d'Angleterre, au chois du Comte, pour en iouïr, iusqu'à ce que la portion du Vicomté de Marsan, qui lui aura esté euincée, lui soit renduë.

V. Fut aussi accordé, au cas que le Vicomté de Bearn doit apartenir à Marguerite, & au Comte, suiuant les accords precedents, que Constance iouïra pendant sa vie, des lieux de Montaner, Pontac............ & de Monein, auec tous les villages circonuoisins, & toutes leurs rentes, & iurisdictions, excepté *la justice haute de sang*, *l'ost ou armement*, *la cheuauchée*, & *les albergades*, qui demeureront deuers Marguerite & le Comte, se reseruant de pouuoir disposer sur ces lieux, entre vifs ou par testament, iusqu'à mille cinq cens marcs d'argent.

VI. Il fut aussi arresté, que Constance apres auoir esté restablie en la possession du Comté de Bigorre, iouïra pendant sa vie, des lieux de la Reole, de Balogs, de Vic, d'Isareix, d'Aden, d'Audos, d'Iuos, & de Iullan, auec toutes leurs rentes, exceptée *la justice de sang*, les droits d'ost, de cheuauchée, & des albergates; se reseruant de disposer sur ces terres de mille marcs d'argent, pour les frais qui ont esté faits à la poursuitte de l'affaire de Bigorre. Fut arresté, que le Comte de Foix, apres auoir recouuert la possession du Comté de Bigorre, en fera l'homage au Roi d'Angleterre, & les autres choses qu'il doit, & se presentera en sa Cour, pour respondre à ceux, & ainsi qu'il apartiendra.

VII. En tout cas Constance reserue pour soi, le Vicomté de Gauardan, pour en iouïr sa vie durant, & estre rendu apres son decés, à Marguerite, au cas que le Vicoté de Bearn ne lui eschée point; voulant neantmoins au cas contraire, que le Vicomté de Gauardan soit rendu au successeur de Gaston (*ad ordinium Domini Gastonis.*

VIII. Il fut aussi accordé, que si Mate Comtesse d'Armagnac n'acceptoit la portion que Gaston son pere lui voudroit assigner, sur le Vicomté & terre de Marsan, iusqu'à la valeur de deux mille sols Morlas; ou bien s'il arriuoit que Gaston ne lui ordonnast aucune portion, le Comte de Foix, Marguerite & leurs hoirs, porteront bonne garantie à Constance, contre la demande de la Comtesse d'Armagnac & de ses successeurs, pour le regard de la terre de Marsan, la defendront & son Vicomté de Marsan à leurs despens, en iugement, & en guerre; & moyennant ce, la terre de S. Gaudens & de Neboufan, demeurera toute entiere, & sans aucune charge, entre les mains de Marguerite à qui elle apartient.

IX. En outre, dés aussi-tost que la possession du Comté de Bigorre aura esté adiugée à Constance, ou à ses successeurs, (*suo ordinio*) le Comte de Foix & Marguerite, payeront les debtes, pour lesquelles Constance & Gaston seront obligés en Bigorre, & poursuiuront à leurs frais l'instance d'appel, promettront d'obseruer le testament de la Comtesse Petronille, & feront descharger Constance du serment, qu'elle a fait aux Barons, Cheualiers, & autres habitans de Bigorre.

X. L'obseruation de ce contract de donation, fut iurée sur les Euangiles par Gaston, le Comte de Foix, Constance, & Marguerite, qui renoncerent à tout benefice de droict, mesmes à celui qui est accordé aux Croisés, *Cruci sumptæ & assumendæ*, y apposerent leurs seaux, auec ceux d'Arnaud Guilhem d'Andonhs, R. Arn. de Gerzereit, Bernard de Coarasa, R. Ar. de Domij Iurats de la Cour de Bearn. Et Gaston en qualité de seigneur & Vicomte de la terre de Bearn assis en son tribunal, & la Cour de Bearn, y mirent & interposerent leur authorité, & decret, suiuant la Coustume du païs, comme à vne donation insinuée solennellement deuant le Magistrat, en la ville de Morlas, le VI. des Ides de May M. CC. LXXXVI.

CHAPITRE XXVIII.

Sommaire.

I. Gaston meslé dans la deliurance du Prince de Salerne prisonnier de guerre. L'occasion de cette guerre fut prise de l'inuestiture du Royaume de Sicile & de Naples, accordée à Charles de France, au preiudice de la race de Mainfroi. Les François massacrés en Sicile. II. Pierre Roy d'Aragon se saisit de la Sicile. Ofre le duel à Charles. Se presente à Bourdeaux en habit déguisé. III. Entreprise contre l'Aragonois par mer, & par terre. Combat naual deuant Naples, où Charles Prince de Salerne fils du Roi Charles, fut fait prisonnier par les Aragonois. IV. Negotiation pour la deliurance du prisonnier. Entreueuë pour cét effet des Rois d'Angleterre & d'Aragon, dans la ville d'Oloron en Bearn. Où le traicté de cette deliurance fut arresté; Comme aussi le mariage de la sœur du Roi Edoüard auec Alfonse Roi d'Aragon. V. Conditions du traicté, qui firent sursoir la deliurance. VI. Seconde entreueuë des Rois au lieu de Campfranc, Frontiere de Bearn & d'Aragon, où la liberté fut donnée au Prince, sous certaines conditions. VII. Gaston à l'instance du Roi d'Angleterre oblige ses Estats au Roi d'Aragon, pour l'obseruation de ce traicté. Il receut en recompense la iouïssance du chasteau de Lados. VIII. Le chasteau de Cadeillon en Bearn rendu à Gaston par Edoüard.

I. JE suis maintenant obligé de parler de la deliurance de Charles Prince de Salerne, à cause que le traicté en fut arresté dans la ville d'Oloron en Bearn, entre les Rois d'Angleterre & d'Aragon, & que Gaston fut l'vn des ostages pour l'execution d'icelui. Pour comprendre cette affaire il faut presupposer l'inuestiture du Royaume de Sicile, & de Naples, octroyée par le Pape, à Charles frere du Roi Sainct Louis; qui prit la possession du Royaume, apres auoir vaincu Mainfroi bastard de Frederic II. Empereur, & Conradin fils de Conrad. Ce Mainfroi laissa vne fille nommée Constance qui espousa Pierre Roi d'Aragon, & fit espouser à son mari, le desir de recouurer la Sicile. Les insolences des François donnerent ouuerture à ses pretensions; Car ils se gouuernerent auec tant d'indiscretion, que les Siciliens par l'entremise de Iean Prochite massacrerent tous les François, en vne mesme heure, par toute l'Isle, sans difference d'aage ni de sexe; auec telle brutalité, que l'on ouuroit les entrailles des femmes, que l'on tenoit enceintes des œuures des François, pour en esteindre, & abolir la race auant la naissance.

II. Au temps de cette execution, le Roi d'Aragon se trouua sur les costes de Tunes en Afrique, auec vne armée nauale, soubs pretexte de la guerre contre les infideles; mais en effet auec dessein d'enuahir la Sicile, & d'appuyer les rebelles, comme il fit. Charles ne manque pas d'armer puissamment pour conseruer les prouinces d'Italie, & recouurer la Sicile; mais il fut arresté au milieu du progrés de ses armes, par vne ruse du Roi d'Aragon, qui le défia, & lui ofrit le combat de personne à personne, auec cent cheualiers de chasque part en la ville de Bourdeaux, possedée par l'Anglois. La generosité de Charles lui fit accepter ce défi, contre l'auis du Pape, & se rendre à Bourdeaux au iour assigné; où le Roi Philippe vint aussi; pour y accompagner son oncle. Ce qui donna pretexte à l'Aragonois, de se presenter en habit desguisé, deuant le Seneschal de Gascogne, & protester qu'il s'estoit rendu sur les lieux à point nommé; mais qu'il ne pouuoit combatre, à cause de la presence du Roi de France; comme l'on aprend des actes qui sont au Tresor de Pau, qui se trouuent conformes en ce point, à ce que les Historiens Espagnols ont escrit.

III. Quoi qu'il en soit, l'appareil de cét illustre combat, s'euanoüissant par le procedé de l'Aragonis, on prit resolution de l'attaquer par mer & par terre; & pour cét effect, le Roi Philippe pour auoir occasion d'entrer en armes dans la Catalogne, accepta en plein Parlement, la donation que le Pape fit à Charles Comte de Valois son fils, du Royaume d'Aragon sujet au Sainct Siege par droict de vasselage, & tombé en commis, à cause de la felonie de Pierre d'Aragon, qui auoit enuahi à main armée, la Sicile mouuante du Sainct Siege Apostolique. Le Roi de Sicile de son costé equipoit en Prouence vne belle flote, pour assaillir ses ennemis, & aller ioindre son armée nauale, qui l'attendoit à Naples, sous le commandement de Charles Prince de Salerne son fils; auquel il donna auis de son armement, & lui defendit cependant de combattre les ennemis auant son arriuée. Les Aragonois ayans intercepté ses lettres, en firent leur profit, se presenterent deuant Naples auec quarante galeres, bien pourueuës de gens de guerre, & harcelerent les François, pour les attirer à vne bataille. Ce qui leur reüssit en telle sorte, qu'ils la gagnerent, auec vn notable auantage, & firent prisonnier le Prince Charles, qui fut conduit en la ville de Messine, au mois de Iuin 1284. Le Roi son pere arriua à Naples auec sa flote, quatre iours apres la prise de son fils, & se preparant au siege de Messine, mourut le septiesme Ianuier ensuiuant, & transmit la succession de son Royaume à son fils prisonnier, qui fut nommé Charles le Boiteux Roi de Naples: lequel fut conduit de Messine à Barcelone, sur la fin de l'année 1285. pour empescher que les Siciliens ne le missent à mort, suiuant l'Arrest de condemnation qu'ils en auoient donné.

IV. Le Pape, & le Roi Edoüard d'Angleterre trauaillerent pour la deliurance de Charles, enuoyant pour cét effet, l'vn Boniface de Salemandrane son Nonce, & l'autre Iean de Grayli son Ambassadeur vers Alfonse Roi d'Aragon; lesquels apres diuers voyages qu'ils firent vers le Pape, les Rois de France, d'Angleterre, & d'Aragon, negocierent vne entreueuë entre ces deux derniers, dans la ville d'Oloron en Bearn. On aprend par le recit de Raimond Montaner Catalan, Escriuain de ce temps là, que le Roi d'Angleterre se rendit en cette ville accompagné de la Reine sa femme, & de la Princesse sa fille; & le Roi d'Aragon auec son frere l'Infant Pierre, & vne grande suite. Où l'Anglois festoya somptueusement le Roi d'Aragon durant dix iours; & en suite le mariage de la sœur du Roi Edoüard auec Alfonse fut aresté. Ce qui donna sujet à celui-ci, d'estre aussi liberal à son tour, & de traicter les Anglois auec magnificence. Et pour honorer plus solennellement la feste, il fit des ioustes & des tournois, des balets, & des danses publiques; dont la celebrité continua vn mois entier. Apres cette resiouïssance on traicta serieusement de la liberté du Roi Charles, & fut aresté qu'il seroit deliuré, moyennant qu'il payast contant au Roi d'Aragon cent mille marcs d'argent, que le Roi d'Angleterre lui presta; qu'il baillast en ostage ses trois enfans, & vingt personnes de consideration; & qu'il iurast, de procurer dans certain temps la paix du Roi d'Aragon, auec l'Eglise, & le Roi de France. L'Anglois cautionna l'execution de ce traicté, & tout aussi tost Alfonse mit le Roi Charles hors de prison, en consideration du Roi Edoüard son beaufrere.

V. C'est à quoi reuient le recit de Montaner; qui doit estre entendu auec vn peu de precaution. Car Charles fut bien mis hors de prison, comme il asseure; mais non pas en pleine liberté iusqu'à l'année prochaine. De fait on aprend par l'original du traicté d'Oloron rapporté dans Surita, en date du mois de May 1287. que la deliurance du Roi Charles, nommé par les Espagnols Prince de Salerne, fut arrestée, à la charge qu'il bailleroit en ostage ses trois enfans, soixante Seigneurs, & quelques places de Prouence, & payeroit cinquante mil marcs d'argent: En outre, il obtiendroit du Pape, & du Roi de France tréues de trois ans, pour les affaires d'Aragon, & de Sicile; pendant lesquelles il moyenneroit vne bonne paix au contentement du Roi d'Aragon, & de Iacques son frere Roi de Sicile. Neantmoins l'execution de ce traicté fut differée, à cause des guerres qui continuerent en Italie; mesmes à cause de ce que l'Aragonois estima, que la clause qui remettoit les articles de la paix *à sa discretion*, pourroit descharger indirectement le Roi de Naples, de negocier & conclure autre chose auec le Pape, & le Roi de France, que ce qu'ils estimeroient iuste & raisonnable; la volonté & discretion de l'Aragonois deuant estre reglée au droict, & à la raison, ou remise à l'arbitre d'vn tiers, en cas de dispute.

VI. Enfin, pour terminer cette grande affaire, les Rois Edoüard & Alfonse s'assemblerent vne seconde fois au village de Campfranc, dans les Monts Pyrenées à la frontiere de Bearn, & d'Espagne; où il fut arresté de nouueau, en presence du Roi Charles, & des Legats du Pape Nicolas quatriesme, qui pressoit le Roi d'Aragon auec menaces, pour la deliurance de ce Prince, que la capitulation d'Oloron seroit executée, sous quelques modifications. Pour l'asseurance de tout ce dessus, le Roi d'Angleterre bailla en ostage trente-six Gentils-hommes, & Seigneurs, des principaux qui fussent à sa suite, & quarante notables bourgeois, qui furent deliurés au Roi d'Aragon; & en outre promit auec serment, de ne se retirer point de Gascogne, iusqu'à l'entiere execution; où en cas qu'il le fit, qu'il bailleroit prealablement quatre des plus grands de sa Cour, qui seroient obligés sous les mesmes conditions, que les ostages de Prouence, iusqu'à ce que du coste de Prouence il eust esté entierement satisfait au traicté. La deliurance de l'argent, & des ostages, deuoit estre faite au Monastere de Saincte Christine dans les Pyrenées, tout ioignant le Bearn.

VII. Mais ce qui est remarquable en cét endroit pour mon dessein est, que le Roi Alfonse desira pour vne plus grande seureté de la sincere obseruation des choses promises, que Gaston Vicomte de Bearn lui obligeast ses Estats & Seigneuries de Catalogne, sauf celui de Castetuieil de Rosanes, ainsi que rapporte Surita, qui a descrit plus exactement que les Historiens Anglois, ni François, les circonstances de ces traictés, suiuant les actes originaux qu'il auoit en main. Ce traicté de Campfranc fut iuré par les Rois le 29. d'Octobre 1288. où le Roi Charles fut mis en liberté suiuant le desir d'Edoüard. Ce Prince voulant reconnoistre les grands & agreables seruices, qu'il auoit receu en cette occasion, de Gaston Seigneur de Bearn son cher cousin, lui donna en cette consideration la iouïssance pendant sa vie du chasteau de Lados en Gascogne, auec toutes ces apartenances, ainsi que l'on aprend des letres qu'il fit expedier, en date à Coudat prés Leitoure, de l'onziesme de Iuin, l'année 17. de son regne, qui tombe en l'année 1289.

VIII. Au mois d'Auril de cette année le mesme Roi Edoüard estant à Condom ordonna par ses letres, que le chasteau de Cadeillon situé au quartier du Vicbilh en Bearn, qui auoit esté mis sous la main du Roi, du consentement de son amé cousin Gaston, à qui il apartenoit, lui fut incontinent rendu; & que les dommages qui auoient esté faits aux habitans du lieu, leur fussent reparés, suiuant l'ordonnance d'Othon de Grandisson, qui estoit grand Seneschal d'Aquitaine.

IV. Ramon Montaner c.166.167. 168.
V. VI. Surita lib.3. Annal c.104.
VII. E Tabul. Burdeg. Eduuardus Dei gratia Rex Angliæ, &c. Sciatis quod pro grato & laudabili seruitio quod *dilectus consanguineus*, & fidelis noster Gasto Vicecomes Bearnensis multipliciter nobis fecit, & maximè in liberatione Karissimi consanguinei nostri Karoli Hierusalem & Siciliæ Regis Illustris, nuper in Aragonia ad instantiam nostram obsidem se ponendo, concessimus ei castrum nostrum de Lados, & quidquid ad nos pertinet ratione incurramenti ad nos peruenientis, ex commisso Arnaldi Bern. de Lados militis defuncti, ac etiam totam terram illam cum pertinentiis, quam emimus à Raimundo Guill. de Lados, & quidquid aliud ibidem ex emptione acquisiuimus & habemus, *salua nobis Alta Institia* in locis eisdem, habenda tenenda, eidem Gastoni quamdiu vixerit; ita quod post eius obitum idem castrum cum pertinentiis, ac tota terra prædicta quam à præfato Raimundo emimus, & quidquid aliud ibidem ex emptione habemus, & eidem per præsentes literas concessimus, ad nos & heredes nostros plene & libere, & absque impedimento aliquo reuertatur. In cuius rei testimonium has literas nostras fieri fecimus. Datum apud Coudat iuxta Leitour xi. die Iunij, anno regni nostri xvii.

VIII. E Chart. Pal. Eduuardus Dei gratia Rex Angliæ, Dominus Hiberniæ, & Dux Aquitaniæ. Dilecto & fideli suo Ioanni de Hannyng, Seneschalli Ducatus Aquitaniæ locum tenenti, Salutem. Cum nuper Castrum & locum de Cadellione ex certis causis capi fecerimus ad manum nostram, de *dilecto consanguineo*, & fideli nostro Gastone Vic. Bearn. Vobis mandamus quod dictum castrum cum pertinentiis suis liberè reddatis & restituatis eidé & seruientem nostrum inde amouentes omnino, hominibus eiusdem loci de Cadellione restitutiones & emendas de damnis sibi illatis fieri faciatis, sicut per dilectum & fidelem nostrum Othonem de Grandissono extitit ordinatum. In cuius rei testimonium has literas nostras fieri fecimus patentes. Datum apud Condomium xxi. die Aprilis, anno regni nostri xvii.

CHAPITRE XXIX.
Sommaire.

I. Gaston engagé dans les affaires de Castille. Le Roi Sance est en apprehension du costé d'Aragon. Le Roi de France a interest de se liguer auec le Roi de Castille. II. Lope Dias de Haro Seigneur de Biscaye fauori du Castillan veut l'obliger à quitter la Reine Marie, & à espouser Guillelme de Moncade fille de Gaston. III. La Reine fait embrasser au Roi Sance l'alliance de France, & ruine le fauori. IV. Lope Dias tué par commandement du Roi. Son fils Diego Lopes se fortifie pour en auoir reparation. Engage Gaston à son dessein. V. Ligue entre le Roi d'Aragon, Gaston, & Diego Lopes, contre Sance. Ils proclament Roi de Castille l'Infant Alfonse. VI. Les liguéz marchent vers la frontiere de Castille, où ils renouuellerent leurs serments. VII. Marche de l'Armée. Defi des Rois. VIII. Le Roi d'Aragon, & Gaston entrent dans la Castille, & y gagnent vne bataille contre les Castillans. La ligue de France & de Castille dissipe cette armée.

I. EN ce temps Gaston fut enuelopé en la ligue du Roi d'Aragon, & des Grands de Castille contre leur Roi. Pour en comprendre mieux le sujet, il est necessaire de representer sommairement, les interests diuers, qui donnoient le bransle & le mouuement aux resolutions des Princes de ce temps. Sance Roi de Castille, qui auoit vsurpé la Couronne sur les Infans Alfonse & Fernand ses neueus, estoit en inquietude du costé du Roi d'Aragon, qui auoit ces ieunes Princes en son pouuoir; & desiroit auec passion obtenir de l'Aragonois, qu'il les lui remit en main, pour en auoir la disposition libre. Philippe le Bel Roi de France, qui suiuant les errements de son pere auoit entrepris la protection des Infans ses cousins, & par consequent estoit obligé de faire guerre pour cette occasion du costé de la Nauarre, qu'il possedoit, auoit neantmoins de grands interests contre le Roi d'Aragon, qui le portoient à se reünir auec le Roi de Castille. Dautant que l'inuestiture du Royaume d'Aragon auoit esté donnée par le Pape à son fils le Comte de Valois, comme il a esté remarqué au Chapitre precedent.

II. Don Lope Dias de Haro Seigneur de Biscaye estoit pour lors fort consideré en la Cour du Roi de Castille, dautant que le Roi Sance lui auoit donné la principale confiance prés de sa personne, & consigné tant à lui qu'à son frere Diego Lopes de Haro, les plus importantes forteresses de son Royaume, auec le titre de Comte. Celui-ci se voyant appuyé de la faueur de son maistre, qui n'osoit bonnement lui contredire, & de l'alliance de son gendre, l'Infant Don Iean, frere du Roi, taschoit de porter Sance à quitter sa femme la Reine Marie, pour espouser Dame Guillelme de Moncade, fille de Gaston Vicomte de Bearn, qui estoit oncle du Comte : laquelle le Roi Sance auoit fiancée pendant la vie de son pere Alfonse, comme il a esté dit ci-dessus. Cette entreprise ne sembloit pas impossible au fauori, dautant que le Roi n'auoit peu encore obtenir la dispense du Sainct Siege, pour son mariage auec la Reine Marie sa cousine.

III. La Reine de son costé trauailloit enuers son mari, à ruiner la faueur du Comte, & l'esloigner de la Cour, se seruant pour cét effet, de l'appui de Denys Roi de Portugal, qui pouuoit beaucoup sur l'esprit de Sance. L'occasion se presenta fort auantageufe aux defseins de cette Princefse, fur la deliberation de l'alliance de France, ou d'Aragon, qui eftoit pourfuiuie par les Ambafsadeurs des deux Rois, qui eftoient à la Cour de Caftille. Le Comte Don Lope, & l'Infant Don Iean, trouuoient bon de traicter auec le Roi d'Aragon ; Mais la Reine, l'Archeuefque de Tolede, & tous les autres du Confeil furent d'auis contraire, & trauaillerent à perfuader le Roi, de s'allier auec la France : dautant plus que la difpenfe de la Reine Marie, eftoit empefchée en la Cour de Rome, par la feule confideration du Roi de France ; qui fe departiroit de fon oppofition, & de l'appui de fes coufins, moyennant le traicté que l'on pourroit aifément conclure auec lui. L'alliance auec la France ayant efté refoluë au Confeil de Caftille, le Comte Don Lope, & l'Infant Don Iean fe retirerent de la Cour. De forte que le traicté fut conclu entre les Rois, en la ville de Lion, en prefence d'vn Legat du Pape, l'an 1288. le Roi de Caftille ayant promis le Royaume de Murcia, & la Seigneurie de Villareal en toute fouueraineté, à l'Infant Alfonfe fon neueu, outre quelques terres & cheualeries en Caftille, & d'affifter le Roi de France contre l'Aragonois d'vn fecours de mille cheuaux pendant trois mois chafque année, auec quelques autres conditions ; mefmes du mariage d'Alfonfe, & de l'Infante Ifabeau, fille du Roi Sance & de Marie ; demeurant le Roi de France chargé de pourfuiure la difpenfe du mariage de la Reine.

IV. Pendant ces traictés, le Roi Sance fit tuer le Comte Don Lope dans la ville d'Alfaro ; & dautant que c'eftoit vn des plus grands Seigneurs du Royaume, fa mort apporta plufieurs nouueautés dans l'Eftat ; iufques là, que fon fils Don Diego Lopes de Haro, pouffé par Donna Ieanne fa mere, qui eftoit fœur de la Reine de Caftille, affembla plufieurs gentilshommes de fes amis & vaffaux, à deffein de retirer vengeance de la mort de fon pere, de s'allier auec le Roi d'Aragon, & de mettre en liberté les Infans Alfonfe, & Fernand, pour s'appuyer d'eux : & procura que Gafton fon grand oncle, entraft dans la mefme querelle, & vint feruir le Roi d'Aragon, comme efcrit Surita.

V. Le Roi d'Aragon auerti de tous ces defordres, fit venir en fa Cour, qui eftoit pour lors en la ville de Iacca, les Infans Alfonfe, & Fernand, refolu de fauorifer Alfonfe en la pourfuite du droict qui lui apartenoit aux Royaumes de Caftille & de Leon ; ayant communiqué auparauant, & fait agréer fon deffein aux Rois d'Angleterre, & de Sicile ; efperant auffi, qu'enfin le Roi de France appuyeroit les interefts de fes coufins, côtre l'vfurpateur de Caftille. Neantmoins auant de prendre vne conclufió finale en cette affaire, dit Surita, il arrefta fa ligue auec Gafton Vicôte de Bearn, & auec Don Diego Lopes de Haro, fils du Comte Don Lope, qui eftoit arriué à Iacca ; & tous trois iurerent folennellement l'vn à l'autre, qu'ils ne feroient en aucun temps paix ni tréue, auec le Roi Don Sance, fans l'auis & commun confentement de tous. C'eftoit au commencement du mois de Septembre 1288. que cette ligue fut concluë, & qu'en fuite, Don Diego Lopes, & plufieurs Riches hommes & Cheualiers de Caftille, proclamerent pour Roi de Caftille & de Leon, l'Infant Alfonfe, & lui baiferent la main en figne de vaffelage : qui prit auffi de fa part le titre de Roi, & fut reconnu dés lors en cette qualité, par le Roi d'Aragon, & fes confederés.

VI. De forte que le traicté d'Oloron pour la deliurance du Roi de Naples, ayant efté modifié en l'entreueuë des Rois d'Angleterre, & d'Aragon, au lieu de Campfranc, fur la fin du mois d'Octobre de cette année, celui d'Aragon fortant de Iacque, auec Alfonfe nouueau Roi, s'auança vers la ville de Daroca, pour entreprendre la guerre, du cofté de cette frontiere de Caftille ; eftans à leur fuite, le Vicomte de Bearn, dit Surita, Don Diego Lopes de Haro Seigneur de Bifcaye, & Don Diego fon oncle. Apres eftre arriués à Daroca, les deux Rois, Gafton de Bearn, & Don

Diego Lopes renouuellerent leurs alliances le feptiefme de Decembre; & leur premier ferment de ne faire aucun accord auec Sance de Caftille, fans le confentement de tous: ce qu'ils confirmerent par vn homage mutuel qu'ils prefterent l'vn à l'autre à la façon d'Efpagne, *d'ello fe hiZieron pleyto homenage*.

VII. A mefme temps le Roi d'Aragon efcriuit à plufieurs Seigneurs, Gentils-hommes, & villes de Caftille, leur declarant le deffein qu'il auoit entrepris, de reftablir Alfonfe en fon Royaume, les fommant de fe ioindre à lui, contre l'vfurpateur; & promettant de remettre en leurs biens, ceux qui en auoient efté dépoüillés, & de faire garder de bonne foi tous les priuileges, que le Roi Alfonfe accorderoit aux particuliers, & aux communautés. Cependant qu'il donnoit ordre aux chofes neceffaires pour cette guerre, il partit de Daroca vers Valence, & à la mi Decembre enuoya Pierre Ayuar Gentil-homme ordinaire de fa maifon, en compagnie d'vn autre Gentil-homme d'Alfonfe, pour défier le Roi de Caftille; auquel ils baillerent le défi, au nom des deux Rois, en la ville de Palence, auec terme de trente iours; pendant lefquels, il auroit loifir de metre en eftat de defenfe les places de fa frontiere. Ce défi fut fuiui d'vn femblable, que le Caftillan, leur enuoya par deux Cheualiers, au nom des Royaumes de Caftille & de Leon; & accompagné de la mort de Don Diego Lopes de Haro, qui ne relentit pas pourtant la pourfuite de cette guerre.

VIII. Car le Roi d'Aragon, & Don Alfonfe, & le Vicomte de Bearn partirent de la ville de Saragoffe vers Calatayud, fur la fin du mois d'Auril, felon Surita ou au commencement de May fuiuant les tiltres de Pau, pour fe rendre en l'armée qui eftoit compofée de deux mil genfdarmes, & de cent mil hommes de pied, fuiuant la relation de Montaner Auteur du temps; entrerent dans la Caftille, firent reculer le Roi, affiegerent la ville d'Almaçan, & gagnerent vne fignalée bataille fur les Caftillans, au mois de Iuillet de l'année 1289. Neantmoins le fuccés de ces armes fut interrompu, au moyen de la ligue, que le Roi de Caftille fit auec le Roi de France, contre le Roi d'Aragon; qui fut par ce moyen occupé à la defenfe de fon Royaume, & à la guerre de Sicile, & diuerti du fecours promis à l'Infant Alfonfe.

Surita l.4.c.89.c.100.c.103. *Para dar primero conclufion en efto, paffo fu amiftad y liga con Don Gafton Vizconde de Bearne, que era fennor de la Baronia de Moncada, y de Caftelnuel, y Rozanes; y con Don Diego Lopes de Haro hijo del Conde Don Lope, que era venido à Iaca, y fe iuramentaron que en ningun tiempo harian paz ni tregua, con el Rei Don Sancho, fin confeio y confentimiento de todos. c.104.c.105.c.109. El Rei de Aragon, Don Alfonfo, y el Vizconde de Bearne partieron de Saragoça para Calatayud.*

CHAPITRE

CHAPITRE XXX.
Sommaire.

I. Gaston atteint de maladie. Sa precaution pour faire son testament. Consentement de ses filles d'agréer ce qu'il ordonnera. II. Choisit le lieu de sa sepulture. III. Fait des fondations aux Conuents d'Ortés, de Morlas, & du Mont de Marsan. IV. Establit des Chapelenies aux Eglises de Lascar, Oloron, Chasteau d'Ortés, Belloc, & Gauarret. V. Fonde des Anniuersaires en plusieurs autres Eglises. Et trois Chapelenies en Catalogne. VI. Ordonne l'entretenement d'vne année, pour cinq gensdarmes de Bearn, pour faire à sa descharge le voyage d'Outremer. VII. Fait des legats pour ses seruiteurs, pour les Hospitaux, & pour marier de pauures femmes. VIII. Instituë heritieres ses quatre filles, Constance, Marguerite, Mathe, & Guillelme; & les substituë reciproquement. Substituë à toutes Diego de Haro Seigneur de Biscaye son neueu. IX. Gratifie trois Gentils-hommes de Bearn. Veut que ses debtes soient payées par ses heritiers. X. Nomme les executeurs de son testament. XI. Prie le Roi d'Angleterre de tenir la main à l'execution. Il en prie aussi ses sujets, & le leur enioinct. XII. Il nomme ses executeurs pour la Catalogne. XIII. Donne charge à trois personnes, de retenir les places de Bearn, iusqu'à ce que les debtes soient acquitées. Et en commet vn autre à mesme fin, pour le Brulhois, & le Gauardan. XIV. Tesmoins du testament. XV. Iour de son decés. Son statuë de bronze. XVI. Son Epitaphe.

I. LA ligue du Roi de France auec le Castillan, ayant estourdi en quelque façon cette guerre, Gaston se retira en Bearn; où il fut atteint d'vne griefue maladie, dont il deceda dans le chasteau de Sauueterre. Et neantmoins voulant pouruoir au repos des ses enfans, il fit son testament le dixiesme des Calendes de May, ou vingt-vn d'Auril de l'année 1290. qui fut pourtant le sujet des grandes, & funestes diuisions, qui suruindrent entr'eux, apres le decés du pere; Tant il est vrai, que la prudence des hommes est trop foible, pour regler, & metre sous ses loix les diuerses rencontres, que la passion des interessés, & le mouuement perpetuel des choses humaines font esclorre chasque iour. Si est-ce, que son testament fut dressé auec vn tres-grand soin; & desseigné long-temps auant sa maladie. Car le dernier d'Auril 1289. estant sur le poinct de passer les Monts, pour la guerre de Castille, il retira promesse par escrit de ses filles Mathe Comtesse d'Armagnac, & de Fezensac, & de Guillelme de Moncade, d'auoir pour agreable, tout ce qui lui plairoit ordonner, touchant le partage de ses terres, situées deçà, ou delà les *Ports*, sans y contreuenir directement, ni par interposée personne, soit en Cour d'Eglise, ou seculiere. Ce qu'elles promirent auec serment, en presence d'Arnaud, & de Gaillard Euesques de Lascar, & d'Oloron, d'Arnaud de Bidose Iurat de la Cour de Bearn, & de plusieurs autres personnes, au lieu d'Eysus prés Oloron, où estoit assise la Commanderie de S. Christau, dependante de

Sainéte Christine; De sorte que cette declaration fait voir le dessein qu'il auoit dés lors de disposer de ses biens par testament; lequel il fit pendant sa maladie, auec des precautions telles, qu'il estimoit auoir pourueu à toute sorte d'euenemens. Ie le representerai en abregé, pour contenter la curiosité du Lecteur, obmetant plusieurs clauses, qui sont trop estenduës en superfluité de paroles dans l'original.

II. Il choisit le lieu de la sepulture de son corps en l'Eglise des Freres Predicateurs d'Ortés; & veut que son cœur soit porté en l'Eglise des Freres Mineurs de Morlas, pour estre mis & deposé prés de l'autel, qu'il desiroit y faire construire, sous le nom de Sainct Michel. Ce qu'il veut estre executé, en quel lieu qu'il meure deçà la mer; sauf s'il decedoit en Catalogne; auquel cas il ordonne d'estre enterré au Monastere des Sainctes Croix; à la charge neantmoins de porter le cœur en l'Eglise des Cordeliers de Morlas. Que s'il decede Outremer, il desire que son corps & son cœur soient portés & ensevelis aux plus prochaines Eglises de l'Ordre des Predicateurs, & des Freres Mineurs.

III. Il legue en suite trois mille sols Morlans à la Fabrique de l'Eglise des Predicateurs d'Ortés; veut que l'on y bastisse vn autel sous le nom de Sainct Iean l'Euangeliste, auec tous les ornemens necessaires, & que l'on celebre chasque iour, vne Messe en cét autel, pour le remede de son ame, de celles de ses predecesseurs, & de tous les fideles trespassés; charge le Prestre qui aura celebré de visiter son sepulchre, auec l'eau beniste, & y faire l'*Absolution*, ou prieres accoustumées, ordonne à titre d'aumosne perpetuelle cent cinquante sols Morlans, pour l'entretenement d'vn Prestre, trente sols pour celebrer vn anniuersaire chasque année, le iour de son decés, dix sols pour vne lampe, le tout assigné sur le peage & *leude* d'Ortés. Il fait vne semblable fondation en l'Eglise des Cordeliers de Morlas, & assigne l'aumosne sur les cens & *cirmenages* de la ville de Lembeye, *in vico veteri*. Legue au Conuent des Cordeliers du Mont de Marsan vingt sols Morlans, & autant au Conuent des filles de cette ville, pour vn anniuersaire, à prendre sur le peage de la ville de Gauarret. Fonde vn semblable anniuersaire en l'Eglise des Freres Predicateurs de Morlas, à prendre sur les rentes d'Assoo.

IV. Fonde en l'Eglise Cathedrale de Lascar vne Chapelenie, & prie le Prestre qui en sera pourueu, de celebrer chasque iour vne Messe pour son ame, de ses predecesseurs, & des fideles trespassés: lui ordonne pour son entretenement 150. sols Molans, & 50. sols pour son anniuersaire, & dix sols pour vne lampe, à prendre sur les rentes de Monein. Fait vne semblable fondation d'vne Chapelenie, en l'Eglise Cathedrale d'Oloron, de quarante sols pour vn anniuersaire, & de dix sols pour vne lampe, à prendre sur le peage de Saueterre. Fonde en sa Chapelle du chasteau d'Ortés, en l'Eglise de Belloc, & en l'Eglise de Gauarret, vne Prebende ou Chapelenie de cent cinquante sols de rente, dont il reserue l'institution, & la totale prouision à son heritier; à la charge que le pourueu sera actuellement Prestre, & natif des terres du Testateur, & non d'ailleurs.

V. Legue à l'Abbé de Luc, & aux Prebendiers de l'Abbaye, cinquante sols Morlans, sur les rentes de Castelbon *de Riparia*: à l'Abbé & Moines de Sauuelade, trente sols Morlans sur les rentes de Larbag, pour vn anniuersaire: à l'Hospital de Lespiau pour l'entretenement d'vn Prestre cinquante sols: & à l'Abbaye de la Reole cinq sols pour vn anniuersaire, & pour la satisfaction des dommages, à prendre le tout sur les rentes de son chasteau, & Beguarie de Pau. A l'Eglise Cathedrale de Tarbe cinquante sols: & à l'Abbaye du Monastere Sainct Lezer vingt sols, sur les rentes du chasteau & terre de Montaner, pour vn anniuersaire. Au Monastere de S. Pé de Generes 50. sols, sur les rentes d'Asso. Au Monastere & Chanoines de S. Iean de la Castella 20. sols sur le peage de la ville de Gauaret. A l'Eglise Cathedrale de Vasaz, 50. sols, d'vne part, & dix sols pour vne lampe, sur les reuenus du chasteau de Capsius. Fonde en l'Eglise des Sainctes Croix en Catalogne, vne Chapelenie de 300. sols de rente, monoye de Barcelone : & vne autre Chapelenie en son chasteau de Castet-uieil de Rosanes, dont la prouision apartiendra à son successeur en ladite terre ; à la charge que le pourueu soit Prestre, & natif de Catalogne ; assigne 300. sols Barcelonois de rente, sur le peage de Martorel. Fonde vne autre Chapelenie de 300. sols en l'Eglise Cathedrale de Vic en Catalogne, à prendre sur les reuenus des fours qui lui apartiennent en la Cité de Vic. Voulant & ordonnant que les Chapelains establis & fondés aux Cathedrales de Lascar, d'Oloron, & de Vic soient pourueus par l'Euesque, & le grand Archidiacre.

VI. Apres ces fondations, voulant se descharger du vœu du passage d'Outremer, qu'il auoit fait en prenant la Croix, il ordonne que son heritier au Vicomté de Bearn, y enuoye cinq gensdarmes de Bearn, pour y demeurer, & combatre toute vne année, & qu'il baille à chascun pour les frais, trois mille sols Morlans ; sans que ce legat puisse estre commué en autre œuure pie, par le Pape, ni par autre personne ; à la charge aussi, que si le Pape vouloit, ou pouuoit contraindre son heritier, d'aller Outremer nonobstant ce legat, que les deniers assignés pour les frais des gensdarmes soient precomptés en l'accomplissement du vœu ; Reuoquant d'ors & desia ce legat, si le testateur fait le voyage en personne.

VII. Il legue quinze mille sols Morlans à ses seruiteurs, distribuables par les executeurs du testament, & quinze mille en œuures pies, qu'il partage lui mesme ; sçauoir mille à l'Hospital de Gauas ; mille à l'Hospital de Lespiau ; mille à l'Hospital d'Aubertin ; mille au Monastere de Sauuelade : cinq cens à Noarriu ; cinq cens à l'Hospital de Luc ; trois cens à l'Hospital de Miesfaget : deux cens à l'Hospital de Catbiis ; mille sols à l'Hospital de Gier de l'Ordre des Templiers ; mille sols à la maison du Mondieu en Brulhois. Mille sols pour marier des filles, & des vefues de sa ville d'Ortés ; autres mille pour le mariage de celles de Sauueterre, & des enuirons : cinq cens sols pour celle de Morlans : cinq cens pour celles de Monein ; cinq cens pour celles d'Oloron : cinq cens pour celles de Nauarrenx, & de toute la *Riuiere* : cinq cens pour Riueregaue : cinq cens pour Gauardan : 200. pour celles de Mont de Marsan. Cinq cens sols pour la Fabrique de l'Eglise des Freres Mineurs de Morlans : trois cents sols aux Freres Mineurs d'Oloron : 500. aux Freres Prescheurs de Morlans : cent sols aux Ladres de Bearn : cent sols à l'Hospital d'Orion : vingt sols à l'Hospital de Sauuelade prés d'Ortés : vingt sols aux Sœurs de S. Simon d'Ortés : vingt sols à l'Hospital du Lay : vingt sols à l'Hospital de Poylas : vingt sols à l'Hospital de Caubij : vingt sols à l'Hospital de Morlas : vingt sols à l'Hospital de Diusaboo : vingt sols à l'Hospital de Lordenh : dix sols à l'Hospital de *Petra pectorata* : vingt sols à l'Hospital du Pont de la Faderne : vingt sols à l'Hospital de Capcornau : cent sols à l'Hospital de la Sainte Trinité d'Ortés. Il veut que toutes ces sommes, sçauoir quinze mille sols pour les seruiteurs : quinze mille pour les legats pies : quinze mille pour les gensdarmes : & trois mille pour la Fabrique des Predicateurs d'Ortés, reuenans à quarante-sept mille sols Morlans, soient payées en cette sorte ; à sçauoir dix mille sols sur la terre de Gauardan, quinze mille sur les lieux de Sauueterre, de Salies, de *Riparia*, c'est à dire de la Riuiere ou plaine de Nauarrenx, & de la terre d'Agarenx : treize mille sur Ortés, Riueregaue, Belloc, & la terre de Laruag : & dix mille sur la terre de Catalogne.

VIII. Apres la disposition en œuures pies, il passe à l'institution, & substitution de ses quatre filles. Premierement il institue Constance sa fille aisnée son heritiere vniuerselle, en toute la Vicomté & terre de Bearn ; lui substitue sa seconde fille Marguerite, à celle-ci Mathe, & à Mathe sa fille Guillelme. Secondement il institue Marguerite son heritiere du chasteau & terre de Montaner, auec substitution reciproque de ses autres trois filles; & veut qu'elle se contente de cette institution pour toute part, & portion, qu'elle peut pretendre sur son bien. Troisiesmement il institue Mathe sa fille, heritiere des terres & Vicomtés de Brulhois, & de Gauardan, de la ville d'Euse, & du païs Eusan, auec substitution en faueur de ses sœurs: à la charge neantmoins, que Constance jouïsse pendant sa vie du Vicomté de Gauardan, & en face les fruicts siens. Quatriesmement il institue Guillelme heritiere des terres de Moncade, & de Castetuieil de Rosanes, & de toutes les autres terres qu'il possede en Catalogne. Pour le regard des substitutions de Guillelme, il ne suit pas l'ordre precedent; mais il distingue & partage l'interest des sœurs en cette sorte; Car Guillelme venant à deceder sans enfans, il lui substitue Constance son aisnée, en la seigneurie de Moncade; & Mathe en la seigneurie de Castetuieil. Et substitue derechef Marguerite à Constance, en la seigneurie de Moncade; & Mathe à Marguerite. Comme aussi il substitue reciproquement Constance, & apres elle Marguerite, à Mathe en la seigneurie de Castetuieil. En outre il ordonne que Mathe quite & delaisse, pendant la vie du testateur, à Constance son aisnée, & à ses successeurs, toute la part qui lui peut apartenir au Vicomté de Marsan; à faute de ce, il la priue dors & desia de la part hereditaire, qu'il lui a laissée au delà de sa legitime, & de la substitution de Guillelme. Mais aussi en cas, qu'elle se departe, pendant la vie du testateur, de sa pretension sur Marsan, il la substitue à Guillelme en toutes les terres de Catalogne, tant de Moncade, que de Castetuieil, & d'autres; à condition neantmoins que Mathe venant à succeder à Guillelme, en vertu de la substitution, ou ne tenant qu'à elle de recueillir cette succession, alors & en ce cas, Constance & Marguerite, reprendront le Vicomté de Gauardan; sans que Mathe y puisse rien pretendre, ni faire aucune detraction de quarte Trebellianique; le Vicomté de Brulhois lui demeurant & à ses hoirs, en pleine propriete. Enfin il clost ces substitutions, par celle qu'il fait en faueur de *Didacus* son Nepueu, en cas que toutes ses filles decedassent sans enfans. Ce Didacus est Diego de Haro seigneur de Biscaye, fils de Don Lopes Diego de Haro, & petit fils de Constance sœur de Gaston. Ordonne que chascune de ses filles, soit contente de ce qu'il lui a assigné pour sa portion hereditaire, sans pouuoir demander rien dauantage. Ordonne aussi, que tous les biens qui lui apartiennent en l'Isle de Maiorque, soient vendus pour payer ses debtes.

IX. Il octroye à Arnaud de Denguin Cheualier, la iouïssance pédant sa vie, du chasteau & des lieux d'Asson, & d'Igon auec tous leurs reuenus. A Assiu de Nauailles, mille sols Morlans de pension annuelle, sur les rentes de Saueterre. A Raimond Arnaud Seigneur de Domin vne autre pension de cinq cens sols Morlans, sur les reuenus de Montaneres. Veut que ses debtes de Bearn, de Brulhois, de Gauardan, & de Catalogne soient payés respectiuement par ses heritiers; & que ceux qui feront plainte de lui soient satisfaits par les executeurs de son testament, à la connoissance de sa Cour de Bearn. Ordonne que Constance sa fille, ni Marguerite, ou le Comté de Foix son mari, ne puissent prendre la possession de la terre de Bearn, qu'ils n'ayent effectiuement payé aux creanciers ce qui reste des vingt mille liures, qu'ils auoient promis de payer à la descharge de Gaston; ne voulant qu'ils possedent auant l'execution entiere de son testament, les lieux suiuans, sçauoir le chasteau & ville d'Ortés, de Saueterre, de Pau, de Salies, les chasteaux, villes & lieux de Larbag & Riueregaue, *Larualli & Ripægauari*, & toute la terre d'Agarenx, qui demeureront au pouuoir des executeurs. Il fait pareilles defenses à Mathe pour le Brulhois & Gauardar & à Guillelme pour les terres de Catalogne.

X. Il nomme & establit pour executeurs du testament, en ce qui regarde Bearn, Montañer, Brulhois, & Gauardan, les venerables Peres en Christ, les Euesques de Lascar, & d'Oloron, l'Abbé de Luc, & leurs successeurs, & sur tous Constance sa fille aisnée, Rimond Arnaud Seigneur de Domij, Assiu de Naüailles, Arnaud de Iaçes, Arnaud de Denguin Cheualiers, & Loup Bergun de Bourdeaux, ou les suruiuans d'entr'eux; & nomme pour leurs Conseillers, les Prieurs des Freres Predicateurs d'Ortés, & d Morlans, les Gardiens des Freres Mineurs de Morlans, & d'Oloron, Guillaume J. de Salies, Geraud d'Espoei de l'Ordre des Freres Mineurs, Pierre Massac, & Compaing de l'Ordre des Predicateurs: à la charge qu'en cas d'absence, ou de diuerté d'auis, ce qui sera ordonné par l'vn des Euesques, le Prieur des Predicateurs d'Ortés, le Gardien des Mineurs de Morlans, auec Constance, soit executé de poinct en poinct.

XI. Il supplie aussi le Sereniffime Prince Edoüard Roi d'Angleterre, de tenir la main à l'execution entiere de son testament, & de vouloir, sur la plainte & requisition des executeurs, faire requerir celle de ses filles qui sera contredisante, à ce que dans deux mois precisément, elle ait à accomplir ce testament; en cas de refus, il veut & ordonne que le Roi prenne en sa main, les terres leguées à la fille refusante, & les retienne iusqu'à ce qu'elle ait obei au contenu du testament. Il prie aussi les Seigneurs de Nauailles, Andoins, Lascun, Gerzerest, Coarrasa, Miucens, & les autres Barons Cheualiers, & sujets, & leur enioinct sous la foi du serment & de l'homage, qu'ils lui ont presté, d'assister ses executeurs de faueur, de conseil, & ayde, pour l'execution du testament: leur remet & quite tous les torts, & iniures qu'ils pourroient lui auoir fait, & leur demanda la mesme chose.

XII. Il establit pour ses executeurs en Catalogne, les Euesques de Barcelone, & de Vic, Gilbert de Croseilhes, Guillaume de Centeilles, Berenger de Rosanis, & Berenger d'Otis; Pour Conseillers le Prieur des Predicateurs de Barcelone, le Gardien des Freres Mineurs de Vic, l'Abbé des Sainctes Croix, & le Prieur de Sainct Genes.

XIII. Veut & ordonne qu'Arnaud de Denguin, ou ceux qu'il commettra gardent le chasteau & ville de Pau, & de Morlans, la terre d'Ossau, *de Vrsusaltu*, de Lembeye, & toute la terre du Vicuieilh; Arnaud de Iaçes, les chasteaux, villes, & lieux d'Oloron, d'Aspe, de Baretons, le chasteau de Nauarrenx, & la Riuiere ou plaine adiacente, *Ripariam adiacentem*, Castetlobon, & la terre de Garenx, le chasteau & ville de Monein, le chasteau & lieu de Pardies, & le chasteau de Lagor, apres le decés d'Arnaud Guillaume de Mauleon, auquel il auoit donné la iouissance de ces deux derniers lieux pendant sa vie; Loup Bergund de Bourdeaux, les chasteaux, villes, & lieux d'Ortés, de Larbag, de Riueregaue, iusqu'à ce que les debtes & legats soient payés. Il ordonne aussi qu'Assiu de Nauailles gardera les Vicomtés & terres de Brulhois, & de Gauardan, iusqu'à ce que les debtes & legats qui regardent ces terres, soient entierement acquitées. A la charge que ces quatre Commissaires rendent conte des fruicts, & reuenus à Constance, aux Euesques, & aux Prieur & Gardien d'Ortés & de Morlans: sur lesquels seront deduits les frais qu'ils auront fait moderément, tant pour eux que pour les executeurs testamentaires.

XIV. Veut que sa derniere disposition sorte à effect, soit par voye de testament, ou de codicil, deroge à tous autres testaments, & aux clauses derogatoires contenuës en iceux. Ordonne que ses filles iureront sur les saincts Euangiles d'en obseruer le contenu. Les tesmoins sont Fortaner de Iaçes Prieur de Saincte Christine, Arnaud

Garsia d'Araus Prieur des Predicateurs d'Ortés, Guillaume de Poey, Prieur des Predicateurs de Morlas, Geraud de Casebone Archidiacre de Laruag, Bernard de Sabenc Archidiacre de Saubestre, Arnaud Guillaume Seigneur d'Andoins, Fortaner Seigneur de Lescun, Guillaume Arnaud Seigneur de Morlane, Guillaume Arnaud de Meritenh, maistre Ramon d'Artes Notaire de la Cour de Bearn, Cailhard d'Oreyte Notaire de Sauueterre, & Brun de Bentayon Notaire public de la ville de Morlas, qui receut le testament en la ville de Sauueterre. Et pour plus grane asseurance, Gaston ordonna qu'il seroit seellé de son seau, de celui de ses filles, de ceux d'Arnaud de Morlane, & de Gailhard de Ladux Euesques de Lascar, & d'Olorō, & de tous les tesmoins.

XV. Ce bon Prince mourut le lendemain de la feste sainct Marc l'uangeliste, qui est le 26. d'Auril 1290. son corps fut enterré en l'Eglise des Freres Predicateurs d'Ortés, & le cœur en celle des Cordeliers de Morlas, suiuant qu'il l'auoit ordonné. Il estoit representé au naturel en leton dans le Conuent des Predicateurs d'Ortés, & en cuiure au Conuent des Cordeliers de Morlas : mais la ruine de ces deux Conuents auenuë pendant les troubles sur le fait de la Religion, nous a osté la satisfaction de voir ceste representation en fonte. Bertrand Elie certifie celle de Morlas & Froissart celle d'Ortés en ces termes : *Gaston moult vaillant homme aux armes, fut enseueli en l'Eglise des Freres Mineurs*, (il veut dire, des Predicateurs) *moult solennellement à Ortés, Il fut grand de corps, & puissant de membres. Car en son viuant en beau leton il se fit forier & tailler.*

XVI. On dressa son Epitaphe, qui fut graué sur son tombeau, qu'est auiourd'hui couuert des ruines & masures de l'Eglise; neantmoins il a esté conserué dans les Registres des Freres Predicateurs de Bourdeaux, où sont remarquées les Fondations des Conuents de la Prouince d'Aquitaine, & de Languedoc. Il est conceu en vers Leonins, qui riment du milieu à la fin de chasque vers, suiuant l'vsage & l'elegance du temps; le premier vers ayant esté imité sur l'Epitaphe du Venerable Bede.

Continet hac fossa, Gastonis Principis ossa.
Nobilis ac humilis aliis, puluis sibi vilis,
Subiectis parcens, hostes pro viribus arcens.
Da veniam Christe ; flos militiæ fuit iste;
Et virtute precum, confer sibi gaudia tecum.
Gastonis nomen, gratum fert auribus omen,
Mulcet prolatum, dulcescit sæpe relatum.

HISTOIRE DE BEARN,
LIVRE HVICTIESME.

CHAPITRE I.

Sommaire.

I. La maison de Foix issuë des Comtes de Carcassone. Recherche des Comtes de Languedoc necessaire ; & de l'establissement des Vicomtes de Narbonne, & autres villes, sans qu'il y eut des Comtes particuliers. II. Les Cités de Languedoc gouuernées par Comtes du temps des Rois Goths. III. Ce qui est encore iustifié par vn Concile de Narbonne. IV. Denombrement des Cités de la Prouince Narbonoise, du temps de l'Empire Romain. Le changement arriué du temps des Rois Goths. V. Il y auoit en Languedoc autant de Comtés, que de Cités. Le Comté de Roussillon comprend les Cités d'Elne, & de Colibre. Vn Comte en la Cité d'Agde, & vn autre à Nismes du temps des Goths. VI. Charles Martel apres auoir repoussé les Sarasins du Languedoc, y restablit les Comtes. Gardiens de la Septimanie. Amicus Comte de Magalone. Il est verifié que le Languedoc estoit distribué en Comtés. VII. Recherche pourquoi les villes de Narbonne, Besiers, Nismes, & Agde sont entre les mains des Vicomtes, & non des Comtes. Elles estoient immediatement soumises aux Ducs de Septimanie, ou Marquis de Gothie, qui auoient leurs Vicomtes en ces Cités.

Es Comtes de Foix sont descendus de la maison des Comtes de Carcassone; de laquelle ie suis obligé de rechercher l'origine, afin de faire voir la dignité, & l'antiquité de la souche, qui a produit de si nobles, & illustres reiettons, que les Comtes de Foix. Et dautant que le Comté de Carcassone est assis dans la Prouince de Languedoc, ie me trouue engagé à donner quelque lumiere à l'establissement de ses Comtés, dont l'origine est tellement enuelopée, que les anciens actes de ce païs, ne representent que des Vicomtes de Narbone, de Besiers, de Nismes, & d'Agde,

LII iiij

ne faisant aucune mention des Comtes. Ce qui a donné sujet au sieur Catel, qui a remué auec vne diligence tres-exacte tous les Archifs de cette Prouince, d'escrire que ces Vicomtes estoient la mesme chose que les Comtes; & que ces termes estoient pris dans les vieux titres pour vne mesme dignité. Quoi qu'il ait verifié en son Histoire des Comtes de Tolose, comme i'ai faict aussi au troisiesme liure, que les Comtes possedoient vne qualité superieure aux Vicomtes, qui n'estoient que leurs Lieutenans Generaux. Il adiouste, que Charlemagne establissant les Comtés d'Aquitaine, erigea les Comtés ou Vicomtés de Languedoc. Mais comme i'ai refuté cette opinion vulgaire touchant la creation des Comtés d'Aquitaine, qui sembloit appuyée sur l'authorité des anciens Historiens, celle qui regarde les Comtés de Languedoc, qui n'a d'autre fondement que celui de la coniecture, s'euanouit d'elle mesme.

II. Cela pourroit suffire, pour monstrer, que les propositions qui ont esté auancées sur cette matiere, ne sont pas soustenables: Mais la dignité de cette belle prouince merite que l'on prenne vn peu de soin, pour lui rendre ses Comtés: & penetrer dans la raison pour laquelle les Cités de Narbonne, Besiers, & Nismes estoient anciennement entre les mains des Vicomtes, & que les tiltres, & la dignité de Comte de ces villes, se sont perdus auec le temps. Car on ne peut douter, que pendant le regne des Goths, cette prouince n'ait esté gouuernée par les Comtés qui estoient ordonnés en chasque Cité: puis que l'ordre & la police de leur Estat requeroit, que dans chascune il y eut vn Iuge, sous le tiltre de *Comte*, qui rendist iustice aux habitans de la ville, & de tout le païs qui en dépendoit. On void cét establissement dans les Formules de Cassiodore, pour les Cités du Royaume d'Italie; & dans les Loix des Vvisigoths, pour celles du Roiaume d'Espagne; dont le païs de Languedoc estoit vne prouince. Il y a dans le Code de ces Loix, plusieurs textes qui iustifient auec toute euidence, qu'il y auoit vn Comte establi en chasque Cité, pour l'administration de la iustice. Ce qui sert de preuue fort expresse, que les Cités de Languedoc estoient gouuernées par vn Comte.

III. Que si l'on vouloit s'afermir au contraire, il y a moyen de conuaincre les incredules, par l'autorité du Concile de Narbonne, que les Euesques de cette Prouince tindrent l'an 589. sous Recarede Roi d'Espagne. Car ils defendent par le Canon quatriesme, aux Goths, & aux Romains de faire aucun trauail le iour de Dimanche, sous peine au contreuenant, s'il est personne libre de payer six sols d'amende au comte de la cité, & s'il est serf, de cent coups de foüet. Par le canon IX. il est defendu aux Iuifs de chanter en leurs enterremens, sous peine de payer six onces d'or au comte de la cité. Le canon XIV. defend de retenir, ni consulter vn deuin, ou forcier dans sa maison, sous peine d'estre suspendu de la communion de l'Eglise, & de payer six onces d'or au comte de la cité: Et ordonne que ces deuins & sorciers, de quelle condition qu'ils soient, seront foüetés publiquement, & vendus, & le prix distribué aux pauures.

IV. Il ne reste pour l'esclaircissement de ce poinct, que de rechercher le nombre des cités de Languedoc, afin que de là on puisse recueillir celui des comtés. En quoi il faut considerer le temps de l'Empire; & celui des Rois Goths, qui se rendirent maistres de cette Prouince. Pour le premier, il y a de la diuersité dans les Notices des Prouinces: dautant que celle qui a esté publiée à la teste des Conciles des Gaules, ne represente que la Metropole, & les cinq cités qui en dépendent, en cét ordre: Narbonne Metropole, Tolose, Beziers, Nismes, Lodeue, & Vzés. Neantmoins celle qui a esté publiée au commencement des Annales de France, sur la foi des anciens manuscrits, en adiouste deux aux precedentes, sçauoir Agde, & Magalone; Pour faire en tout le nombre de Huict Cités. Cette Prouince receut vn notable changement, par la conqueste de la ville de Tolose, & de la cité d'Vzés, que fit Clouis sur les Goths. Car pour en remplacer la perte, ils y en erigerent de nouuelles, sçauoir la ville de Carcassonne, & celles d'Elne, & de Colibre, dans le païs de Roussillon. On iustifie cette innouation par le Departement des Prouinces d'Espagne, publié par Loaisa selon la foi des anciens manuscrits; où les Cités de cette Prouince sont representées en cét ordre, Narbone Metropole, Colibre, Carcassone, Besiers, Agde, Lodeue, Magalone, Nismes, Elne. Le Synode de Tolede, qui fut tenu sous le Roi Vvamba l'an 678. n'introduisit pas ce departement cóme l'on a pretendu, mais le confirma. Car au Concile de Tolede III. qui auoit esté assemblé auparauant, par le Roi Recarede l'année 589. on voit les souscriptions des Euesques de ces Neuf Cités de la Prouince Narbonoise, à sçauoir de Migetius Metropolitain de Narbone, Sedatus Euesque de Besiers, Iean d'Elne, Sergius de Carcassonne, Pierre de Colibre, Higridius ou Tigridius d'Agde, Agrippinus de Lodeue, Genesius Archidiacre de l'Eglise de Magalone, Procureur de Boëtius son Euesque, Valerian Archidiacre de l'Eglise de Nismes, Procureur de son Euesque Pelagius. Apres la separation de ce Concile National, ces Euesques excepté celui d'Elne, & de Colibre tindrent le Concile Prouincial de Narbonne allegué ci-dessus, pour le restablissement de la discipline Ecclesiastique.

V. Le nombre des Cités ayant esté bien establi, on doit conclurre qu'il y auoit autant de Comtés dans le Languedoc : sçauoir à Narbonne, Carcassonne, Besiers, Nismes, Agde, Magalone, Lodeue ; & encor aux Cités d'Elne, & de Colibre : Ces deux dernieres ont esté comprises sous le nom de Comté de Roussillon : qui a pris la dignité Comtale de celle des Cités, & son nom particulier de l'ancienne ville de *Ruscino*, & d'vn fort chasteau que les Rois de France y auoient fait bastir contre les Sarasins ; dont il est fait mention sous le nom de *Roscilion1*, dans les letres de l'immunité accordée aux Espagnols refugiés en France, par l'Empereur Louis le Debonnaire. Chés Gregoire de Tours on rencontre Gomerocharius Comte d'Agde ; qui fut puni de mort soudaine, pour auoir enuahi le bien de l'Eglise, contre les remonstrances de l'Euesque Leon. Iulian de Tolede fait mention d'Alderic Comte de Nismes ; qui fut l'auteur de la reuolte de ce païs contre le Roi Vvamba, lequel vangea ce crime, apres auoir dompté les rebelles auec vne puissante armée.

VI. Les Sarrasins occuperent ce païs sur les Goths pendant vingt années, & en furent chassés par les armes victorieuses de Charles Martel, Duc des François. Celui-ci ordonna sans doute pour le gouuernement de la Prouince, des Comtes dans les Cités, suiuant l'vsage de la France, & celui des Goths, qui auoit esté pratiqué en ces quartiers. Ces Comtes sont nommez par Eginhard, les *Gardiens* de la Septimanie, suiuant la phrase ordinaire de cét auteur. L'on trouue le nom de quelqu'vn de ces Comtes dans les anciens actes ; comme dans le Concile tenu à Narbonne l'an 788. on lit qu'*Amicus* y assista, en qualité de Comte de Maguelone, qui estoit l'vne des cités de la Gothie. Pour le regard des autres cités, l'on peut iustifier que leur territoire portoit le tiltre de comté. car dans le mesme concile, on adiugea à l'Archeuesque de Narbonne, le païs de Razes pour estre des apartenances de son Diocese, & dans les bornes du *Comté de Narbonne*. Cette distribution en comtés, peut encor estre recueillie des letres de Louis le Debonnaire de l'an 815. en faueur des Espagnols qui s'estoient retirés du pouuoir des Sarasins, pour resider en France. Car il ordonne, que dans chasque cité de leur residence, il y ait trois exemplaires du priuilege qu'il leur accorde ; dont l'vn soit deuers l'Euesque de la cité, l'autre entre les mains du Comte, & le troisiesme au pouuoir des Espagnols interessés. Or en la seconde letre, qu'il fit expedier apres leur retraite en l'année suiuante 816. il ordonne, que ces letres soient gardées, à Narbonne, Carcassonne, Roussillon, Ampurias, Barcelone, Gerone, & Besiers, qui estoient autant de comtés. cette preuue sera plus esclaircie, si l'on y ioinct les letres de Charles le Chauue de l'an 844. qui font mention des Espagnols residans au *Comté* de Besiers. Ce Comté est aussi nommé, dans les letres du Roi Louis d'Outremer, & du Roi Lotaire. Et dans celles de Charles le Simple, de l'an 905. ce Roi confirme à l'Archeuesque de Narbone Arnuste, quelques biens qui estoient assis aux *Comtés* de Narbone, & de Nismes. Pour le comté de Narbone en particulier, il y a vne letre de Charles le Chauue, de l'an 844. qui confirme à l'Archeuesque Berarius, le Don que le Roi Pepin auoit fait à son Eglise, de la moitié de la cité auec ses tours; & de la moitié des droits d'entrée & d'issuë sur les denrées, & sur les vaisseaux, & les Salins, que le Comte de la cité a coustume de leuer. ce priuilege faict voir, qu'il y auoit eu comté à Narbone, depuis le temps de Pepin, iusqu'au temps de Charles le Chauue, & donne connoissance d'vne partie des droits, dont il iouïssoit. Le Roi Odo confirma à l'Eglise cette octroi l'an 888. & donna en termes expres à l'Archeuesque Theodard, la moitié des droits que le *Comte* de Narbonne, ou son commissaire recouuroient dans l'estenduë du comté.

VII. De sorte qu'il ne peut estre contredit, que cette Prouince n'ait esté departie en Comtés sous les Rois Goths; & que cette distribution n'ait esté continuée par les Rois de France. Mais il est assez malaisé de representer l'estat de son gouuernement, & de penetrer dans la raison, pour laquelle on void dans les vieux tiltres, entre les mains des Vicomtes, les cités de Narbone, de Besiers, Nismes, Agde, & Lodeue. Neantmoins si l'on examine de prés cét affaire, on verra que Louis le Debonaire considerant, que la Prouince de Languedoc faisoit frontiere du costé de Narbone auec l'Espagne, que les Mores occupoient, & par mer auec l'Afrique, establit en cette ville vn Duc, Marquis ou Comte, qui eust l'intendance, & le gouuernement general du païs, & le gouuernement particulier de quelques Cités; afin d'estre en estat de repousser auec des forces conuenables, les irruptions des Sarasins, ou bien soustenir les Comtes de Gerone, d'Ampurias, & de Barcelone, s'ils estoient pressés par les ennemis. Ce Gouuerneur General estoit qualifié Duc de Septimanie, comme l'on voit chés l'Auteur de la vie de Louis, & porta en suite le tiltre de Marquis de Gothie. Il possedoit les Comtés de Narbone, Besiers, Nismes, Agde, & Lodeue; & auoit sous soi des Vicomtes, qui estoient ses Lieutenans Generaux dans l'estenduë du territoire de ces villes. Les Marquis de Gothie ayans esté ruinés, les Comtes de Tolose profiterent du debris; & les Vicomtes des cités se preualans du desordre du temps, qui auoit rendu tous les fiefs hereditaires, se firent maistres de l'autorité, & des reuenus des comtes. Et neantmoins ils n'entreprirent point de changer leur qualité de Vicomtes; l'humeur de ce vieux temps estant aussi éloignée d'inclination que d'années, de la vanité de nostre siecle, qui se plaist à rehausser par les graces des Rois, les tiltres des dignités, pour auoir plus de pretexte d'en consumer les reuenus. Quant à la ville de Carcassone, elle fut possedée par ses comtes particuliers, qui conseruerent la dignité Comtale; comme fit aussi la ville de Maguelone, sous le nom de comté de Sustantion, & de Melgueil; & celle d'Elne sous le tiltre de comté de Roussillon, dont l'Euesché a esté transporté depuis en la ville de Perpignan.

I. Catel l.3. des *Memoires de Languedoc.* Et au l.1. des *Comtes de Tolose* ch. 3.

II. Cassiodorus l. 7. exhibet formulas Comitiuæ Gothorum. Comes Ciuitatis lib. 11. legum Wisigoth. T. 2. l. 11 14. & 18. l. 3. T. 4. l. 17.

III. Can. 4. si ingenuus est, det Comiti Ciuitatis solidos sex, si seruus, centum flagella suscipiat. Can. 9. inferant Comiti Ciuitatis vncias sex. Can. 14. Si qui viri ac mulieres diuinatores, quos dicunt esse Caragios atque sorticularios, in cuiuscunque domo Gothi, Romani, Syri, Græci, vel Iudæi fuerint inuenti, aut quis ausus fuerit amodo in eorum vana carmina interrogare, & non publice hoc voluerit annunciare, pro hoc quod præsumpsit, non solum suspendatur ab Ecclesia, sed etiam sex auri vncias Comiti Ciuitatis inferat.

IV. Notitia Prouinciarum Galliæ edita à Duchesnio: Metropolis Ciuitas Narbonensium, Ciuitas Tolosatium, C. Beterensium, C. Agathensium, C. Nemausensium, C. Magalonensium, C. Luctevensium Castrum Vcetiense. Codex Ms. Hispal. prolatus à Loaisa in Notis ad Concilium Lucense: Prouincia Galliæ. Narbona Metropolis. Caucoliberi. Carcassona, Biterris, Agata, Luteba, Magalona, Nemis Enemaso, Elna. *Nemis Enemaso, est varia lectio eiusdem Ciuitatis, legendum tamen Nemauso.*

V. Greg. Tur. l. 1. de Glor. Martyr. c. 70. Iulianus Tolet. in Hist. Wambæ regis editus à Duchesnio: Huius enim caput tyrannidis Ildericum fama sui criminis refert, qui Nemausensis vrbis curam sub Comitali præsidio agens.

VI. Eginhardus in Annal. ad an. 789. Saraceni Septimaniam ingressi, prælioq; cum *illius limitis Custodibus* conserto. Concil. Narbon. habitum anno 788. apud Catellum in Ep. Narbon. In parrochia Narbonensi quamdiu vocabulum suum *idem Comitatus* retinet. Priuilegium Ludouici editum à Pithœo, & à Duchesnio. Carolus Caluus in literis habitis anno 844. editis à Catello l. 3. *des Mem. de Lang.* Hispani *in Comitatu Biterrensi consistentes.* Idem Cat. refert l. 5. Literas Ludouici, Lotarij, & Caroli Simplicis. Apud Catel. l. 5. *des Mem. de Lang.*

CHAPITRE II.

Sommaire.

I. Distinction entre le païs de Tolose, & la Septimanie. Gaule Gothique, ou Gothie. Languedoc, ou langue de Oc. II. Gothie, ou Septimanie distinguée de Tolose du temps de Charlemagne. III. Bernard premier Duc de Septimanie, ses emplois, ses disgraces, & sa mort. IV. Bernard n'estoit point Comte de Tolose, mais Beranger. L'auteur de la vie de Louis expliqué: & corrigé sur le nom du pere de Beranger. V. On ne peut iustifier qu'il y ait eu Duc de Septimanie, auant Bernard. Guillaume son pere estoit Comte de Narbone. Faute de ceux qui le placent à la teste des Vicomtes de Narbone. Ce Guillaume n'est pas le mesme auec Guillaume Comte de Tolose successeur de Chorson. VI. Guillaume fils de Bernard Duc de Septimanie apres le decés de son pere. Se ligue auec les Sarasins, surprend Barcelone. Fridelo Comte de Tolose, ligué auec Guillaume. Siege de la ville par Charles le Chauue, qui continua Fridelo en ce Comté. VII. Correction des mots in amne; *qui sont aux letres du Roi expediées pendant ce siege. VIII. Humfridus Marquis de Gothie. IX. Bernard Marquis de Gothie, ligué contre Charles le Chauue, & ruiné par le Roi Louis le Begue. Ses dignités partagées. Guillaume Duc d'Aquitaine, Fondateur de Clugni possede la Gothie. X. Ermengaud Prince de Gothie & Comte de Narbone. Il associe son fils Raimond à cette Principauté. Il est verifié que Raimond est son fils. Ce Raimond doit estre distingué d'vn autre Raimond Comte d'Albi, fils d'vn autre Ermengaud Comte d'Albi. XI. Ponce Comte de Tolose succede au Marquisat de Gothie. XII. Il estoit parent d'Ermengaud. XIII. Raimond Comte de Tolose, Prince de Gothie. Il espouse Berte, Niece de Hugues Roi d'Italie. XIV. La maison de Tolose déchoit des droicts du Marquisat de Gothie, qui est vsurpé par les Vicomtes de Narbonne, & autres. XV. Raimond de S. Gilles reünit ces droicts au Comté de Tolose, sous le tiltre de Duché de Narbone, qui comprenoit les homages des Vicomtes de Narbone, Besiers, Nismes, & Agde. XVI. Les anciens Vicomtes de ces villes, reconnoissoient vn Comte, verifié par celui de Beziers.*

I. Ce que ie viens de propofer en termes generaux, touchant les Ducs du Languedoc, fera plus facilement entendu, fi l'on diftingue foigneufement parmi les auteurs du moyen aage, le païs de Tolofe, de celui de la Septimanie; Car depuis la conquefte de la ville de Tolofe, que fit Clouis fur les Vvifigoths, elle a efté incorporée à la prouince d'Aquitaine, & cenfée du nombre de fes Cités: Iufques là qu'elle fut diftraicte de la Metropole de Narbone, & foumife à celle de Bourges pour l'ordination de fon Euefque, n'ayant affifté depuis aux Synodes d'Efpagne, auec les autres Euefques de Languedoc, mais bien à ceux de France: comme fit Magnulfe Euefque de Tolofe au Synode de Mafcon II. par le Deputé qu'il y enuoya. D'où vient qu'Aribert partagé de l'Aquitaine par fon frere Dagobert, eftablit fon fiege à Tolofe; Et qu'Eudo Duc d'Aquitaine eftoit en cette qualité maiftre de cette ville, & la defendit contre les Sarafins, qui poffedoient le Languedoc. Ce païs eft nommé *Septimanie* dans Sidonius, & Gregoire de Tours, à caufe des compagnies de la feptiefme legion, que les Romains tenoient en garnifon dans la ville de Befiers, pour l'affeurance de la prouince. Les Goths l'ayants retenuë, elle fut nommée, Gaule Gotthique, ou *Gothie* dans Ifidore de Seuille en fa Chronique. Ces deux noms de Septimanie, & de Gothie lui ont efté continués indifferemment dans Fredegarius, Eginhart, & les Annales du moyen temps; Et enfin elle a pris celui de *Languedoc*, ou langue de Oc. Cette denomination eft prouenuë, de ce que les Rois diftribuerent dans leurs Ordonnances, il y a trois cens cinquante ans, le Royaume de France en deux langues, fçauoir langue d'Oui, & langue d'Oc: Le païs de la prouince Narbonoife ayant efté pour lors eftabli le Chef de la langue d'Oc; & le Parlement ordonné en la ville de Tolofe, pour les peuples du Roiaume, qui auoient l'idiome femblable. Cette diftinction de Prouinces par difference de langues eftant venuë de la conquefte que firent les François fous le Comte de Montfort, contre les Seigneurs qui fauorifoient les heretiques Albigeois. Car comme toutes ces terres n'eftoient pas comprifes fous le nom d'vn feul Duché, comme eftoit la Guienne, mais eftoient departies en Euefchés, Comtés, & Vicomtés differents, les François qui venoient pour y faire la guerre, nommoient toutes ces contrées, le païs de Langue d'Oc. On peut iuftifier cette coniecture par les termes de la letre d'Amaulri fils de Simon de Montfort; laquelle il fit expedier en faueur de la ville d'Agen l'an 1221. où il ordonne que les Officiers qu'il enuoyera en la ville, y foient receus, encore qu'ils ne foient pas de cette langue, *Etiam eos qui non funt de Lingua ifta*, c'eft à dire les François qui n'eftoient pas de la Langue du païs. Dans les ordonnances de Simon Comte de Montfort, ils font diftingues *in Barones Francifgonas, & indigenas*. Or la coniecture eft d'autant plus vrai-femblable, que le nom de Languedoc, qui eft enoncé dans les actes Latins par *Lingua occitana* ne s'y trouue point, auant la conquefte de Simon de Montfort, mais depuis feulement.

II. Or la Gothie, ou Septimanie eftoit diftinguée de l'Aquitaine du temps de Charlemagne, ainfi que l'on peut reconnoiftre, par le partage qu'il fit entre fes Enfans, lors qu'il donne à Louis la Septimanie ou Gothie, & à Charles l'Aquitaine, & la Gafcogne. On reconnoift plus particulierement cette diftinction, par le denombrement des Monafteres arrefté au Concile d'Aix, fous Louis le Debonnaire l'an 817. Car les Abbayes de l'Aquitaine y font fpecifiées, en fuite celles de la Gafcogne; Et en tiltre feparé celles du païs de Tolofe, *In pago Tolofano*. De toutes lefquelles font encores diftinguées par vn tiltre particulier, les Abbayes qui font en la Septimanie. D'où nous deuons retirer cette inftruction, que de ne mefler pas la Septimanie auec le païs de Tolofe, en l'interpretation des auteurs qui efcriuoient lors que ces pieces eftoient feparées.

III. Bernard

III. Bernard est le premier, qui se presente sous le nom de *Duc de Septimanie*, dans l'ancien Auteur de la vie de Louis, & chés Nithard: Celui-ci tesmoignant, que l'Empereur Louis retint pour son Chambellan Bernard *Duc de la Septimanie*, & lui commit la garde de Charles son ieune fils, & le gouuernement de son Empire l'an 829. Et l'autre asseurant, qu'en l'Assemblée tenuë à Stramiac au païs de Lionois, le Gouuernement de la Septimanie fut conserué à Bernard l'an 836. Les Seigneurs de cette Prouince porterent leurs plaintes à Louis, & lui demanderent sa protection contre les gens du Duc, qui s'emparoient du bien des Eglises, & des particuliers à discretion; & le supplierent d'estre conserués en l'vsage de leur ancienne loi, *Auitæ legis*, qui estoit sans doute le Code des Loix Vvisigotthiques. Bernard estoit d'ailleurs Comte de Barcelone; & possedant auec ces gouuernemens d'importance, les bonnes graces de son maistre, en qualité de premier Ministre de ses affaires, attira sur soi la jalousie des Enfans de Louis, & fut soubçonné d'auoir trop de priuauté auec l'Imperatrice Iudith. Ce qui seruit de pretexte à la violence, que Lothaire commit contre l'Empereur Louis son pere, laquelle contraignit le Duc Bernard à s'esloigner de la Cour. Apres le decés de Louis, il encourut la disgrace de Charles le Chauue, pource qu'il fauorisa le parti du ieune Pepin; & enfin demeura neutre entre les Princes, lors de la sanglante bataille de Fontenai l'an 841. Ce qui fut cause que Pepin Roi d'Aquitaine, fit entreprendre sur la personne de Bernard, quoy que sans effect; & que depuis Charles le fit tuer par surprise l'an 844. comme escriuent Nithard, & les autres Autheurs du temps.

IV. Auant que de passer outre, il est necessaire d'esclaircir la difficulté, qu'à fait naistre l'opinion du sieur Catel, qui pense que ce Bernard estoit Comte de Tolose. Mais ie ne puis embrasser cét auis; car outre qu'il ne s'accommode pas auec l'obseruation que i'ai proposée, de la distinction du païs de Tolose, & de celui de Septimanie: Il y a vne preuue tres-euidente du contraire, qui est prise de la suite des Comtes de Tolose: dautant qu'à Chorson, qui fut le premier establi par Charlemagne, succeda Guillaume, & à celui-ci Beranger. Eginhard fait mention de lui en ses Annales, sous l'année 819. Il mourut l'an 836. sur le point que le Roi deuoit iuger la dispute, qui estoit suruenuë entre lui, & le Duc Bernard, touchant l'administration de la Septimanie, les volontés des habitans du païs estans partagées entre ces deux Seigneurs. Puis donc que Beranger fut Comte de Tolose depuis l'an 819. iusqu'à 36. & que Bernard estoit Duc de Septimanie dés l'an 829. il apert, que l'vne dignité n'estoit pas confuse auec l'autre. Et lors que l'Auteur de la vie de Louis asseure, que par le decés de Beranger, l'autorité de la Septimanie demeura toute entiere à Bernard; il signifie, non pas qu'il deuint Comte de Tolose, qui estoit vne piece independante de la Septimanie; mais qu'il resta sans competiteur dans cette Prouince; le parti des Goths ou Languedociens qui fauorisoient Beranger, estant dissipé par son decés. Ce Comte Beranger est appellé fils du Comte Huronic. Mais il faut corriger le texte, & lire en cette sorte, *H. Turonici quondam Comitis filius*, c'est à dire fils de H. ou Hugues ci-deuant Comte de Tours; qui auoit esté vn notable personnage, & employé par Charlemagne en l'Ambassade vers Nicephore Empereur de Constantinople l'an 811. comme tesmoigne Eginhard.

V. On pourroit soupçonner, que la Septimanie auoit esté possedée à tiltre de Duché, auant la promotion de Bernard, quoy que l'on ne puisse pas le iustifier par des preuues exactes. Car l'Auteur de la vie de Guillaume Fondateur du monastere Saint Guillaume le desert, au diocese de Lodeue, obserue qu'il fut establi par Charlemagne, Duc en Aquitaine, Prouence, & Languedoc, pour s'opposer aux Sarasins, & qu'apres plusieurs beaux exploits, il embrassa la vie monastique l'an 806. & fonda ce monastere, que les anciennes Chartes nomment *Gellonense*: Mais comme

Mmm

cét auteur n'eſt pas beaucoup ancien, l'on ne peut faire grand eſtat de ſon teſmoignage. Ce qu'il y a de plus certain, doit eſtre tiré de l'Acte de la Donation, que fit Louis le Debonaire en faueur de ce Conuent l'an 808. à la priere de Guillaume. Car il eſt enoncé, qu'il auoit eſté *Comte* en la Cour de Charles Auguſte ſon pere: Et les Romans du Charroi de Niſmes, & des Ducs de Normandie, le qualifient touſiours Comte, ou Marquis de Narbone; auſſi bien qu'ils donnent à ſon pere Aimeri, la qualité de *Comte*. De ſorte que l'on n'a pas eu bonne grace de placer Guillaume, & ſon pere Aimeri, à la teſte des Vicomtes de Narbone, puis qu'ils en eſtoient les Comtes: ſans que l'on puiſſe neantmoins aſſeurer ſi en ce temps, la qualité de Comte de Narbone eſtoit vnie auec celle de Duc de Septimanie, comme elle a eſté depuis. Ce Guillaume eſt le ſuiect des anciens Romans du Coneſtable Guillaume au court nés, d'où l'on tire l'origine de la maiſon d'Orenge, & des Cornets qui ſont en leurs armes. Il eſtoit pere de Bernard Duc de Septimanie, comme le ſieur Catel a iuſtifié fort exactement; qui ſe perſuade auſſi, que ce Comte Guillaume eſt le meſme auec Guillaume Comte de Toloſe, ſucceſſeur de Chorſon. Ce que la police du temps ne peut ſouffrir, qui auoit ſeparé les Prouinces d'Aquitaine, & de Septimanie; & partant on n'eut pas commis à vne meſme perſonne, deux Comtés de deux Cités, qui eſtoient aſſiſes en diuerſes Prouinces. Outre que l'Auteur, qui fait mention de Guillaume Comte de Toloſe, ne lui donne que ce Gouuernement ſeul: De maniere que c'eſt vne coniecture ſans fondement de lui bailler conioinctement celui de Narbone.

VI. Guillaume, fils du Duc Bernard, & de ſa femme Duodene, offenſé du meurtre commis en la perſonne de ſon pere, retint le Duché ou Gouuernement de la Septimanie; & enfin pour s'y maintenir plus puiſſámentle fit rebeller contre le Roi Charles le Chauue, appellant à ſon ſecours Abderrachman Roi des Arabes Eſpagnols, comme eſcrit Eulogius de Cordouë, en ſon Epiſtre adreſſée à Vvileſinde Eueſque de Pampelone l'an 851. Il auoit deux années auparauant ſurpris Barcelone, & chaſſé Alderan Gouuerneur de la ville, & de toute cette frontiere d'Eſpagne, ſelon le teſmoignage de la Chronique de Fontanel. L'émeute de cette Prouince porta le Roi Charles le Chauue, à metre le ſiege deuant Toloſe, de laquelle Fredelo eſtoit Comte; qui eſtoit vrai-ſemblablement ligué auec le Duc Guillaume. Auſſi-toſt que le Roi ſe preſenta deuant la place auec ſon armée, le Comte la lui rendit entre ſes mains, & merita par cette ſoumiſſion, d'eſtre continué au gouuernement, ou Côté de la ville, moyennant le ſerment de fidelité qu'il preſta. Nous ſommes redeuables de cette narration à la Chronique de Fontanel; qui nous aprend deux poincts fort conſiderables. L'vn eſt, que le Comté de Toloſe eſtoit tenu par vne autre perſonne, que le gouuernement de la Septimanie. Le ſecond, que Fredelo eſtoit en ce temps Comte de Toloſe. C'eſt pourquoi il eſt nommé dans les anciens Actes *Duc*, & *Marquis*, ainſi qu'à remarqué le ſieur Catel: qui profeſſe pourtant qu'il n'a peu deſcouurir de quel païs il eſtoit Comte. Ce qu'il n'eut pas ignoré, ſi cette Chronique eut eſté publiée; & n'eut pas confondu ce Guillaume Duc de Septimanie, auec vn autre Guillaume, qui eſtoit Comte de Toloſe auant Fredelo.

VII. Il ne faut pas obmetre en paſſant, que pendant ce voyage Charles le Chauue accorda vn priuilege aux Goths, qui eſt rapporté par Diago en ſon hiſtoire des Comtes de Barcelone, ſous ſa date, qu'il repreſente en ces termes: *In monaſterio Sancti Saturnini prope Toloſan in amne feliciter*, que cét eſcriuain tourne par ces mots Eſpagnols, *En la ribera del rio*. Le ſieur Catel, qui voyoit que l'Egliſe Sainct Sernin n'eſt pas proche de la riuiere de Garonne, accorde qu'il ne peut deuinerà quel ſens ces paroles, *in amne*, ont eſté miſes au date de ce priuilege. Ie penſe qu'elles ont occupé cette place, par l'erreur du Copiſte, qui n'a ſceu interpreter l'abbreuiation, qui eſtoit employée ordinairement au date des letres de Charles, pour exprimer ces mots, *in Dei nomine*, aufquels il a fubftitué *in amne*. De faict on voit deux letres de ce Roi, produites en l'Hiftoire des Comtes de Tolofe, où le date eft conceu en ces termes : *In monafterio S. Saturnini, in Dei nomine feliciter.*

VIII. Apres Guillaume on rencontre enuiron l'an 858. *Humfridus* Marquis de Gothie, dans les actes de la Tranflation des reliques de George & Aurelius, compofes par Aimoin.

IX. Bernard Marquis de Gothie vient en fuite de Humfred. Il eftoit ligué auec les Grands du Royaume contre Charles le Chauue, fur la fin de fon regne ; De forte que le Roi Louïs le Begue le priua de fes dignités l'an 879. & arma contre lui, pour le chaftier, comme l'on aprend du Continuateur d'Aimoin. Ce Roi partagea la dépoüille de Bernard, & en donna la meilleure partie à Bernard Comte d'Auuergne & de Bourges : lequel la tranfporta à fon fils Guillaume le Deuot, Comte de Poictiers, & Duc d'Aquitaine, Fondateur du monaftere de Clugni. C'eft pourquoi *Ioannes Italus* efcrit de lui, en la vie de Sainct Odon, que ce Prince poffedoit *la Gothie*, & l'Aquitaine.

X. Apres Guillaume Duc d'Aquitaine, Ermengaud fut inuefti du Marquifat de Gothie ; lequel affocia fon fils Raimond, à l'exercice de cette dignité. On tire de leur perfonne vne preuue fort illuftre, que le comté de Narbonne eftoit annexé au Duché de Gothie. Dautant que Agio Archeuefque de Narbone, en fa letre de l'an 915. nommé Ermengaud & Raimond, fes Comtes ; & Flodoard en fa Chronique, leur donne la qualité de Princes de Gothie. Car il efcrit que Raimond, & Ermengaud Princes de Gothie firent homage au Roi Raoul, l'an 923. Flodoard place Raimond auant Ermengaud ; mais l'Archeuefque Agio, qui les connoiffoit mieux, comme eftans fes Comtes ; met Ermengaud le premier en l'ordre de l'efcriture. Ce qui n'a pas efté fait fans fuiect, dautant que le Prince Ermengaud eftoit pere de Raimond. Ce que l'on peut iuftifier par vn Acte d'efchange, fait l'an cinquiéme du Roi Raoul, entre l'Abbé de Vabres en Rouergue, & Ermengaud *Prince magnifique*, & l'Abbé Regimond *fon fils*, ainfi qu'il eft exprimé dans cét acte, qui eft daté Regnant le Roi Raoul, & *le Prince Ermengaud*. Ce Raimond mena vn puiffant fecours à Guillaume Duc d'Aquitaine, contre les Normans, lors de leur grande defaite arriuée l'an 923. Or il faut prendre garde de ne confondre pas Raimond, auec celui qui prefidoit au iugement qui fut rendu dans la ville d'Albi, fous le regne de Louis, *apres le decès de l'Empereur Charles*, comme il eft porté dans le vieux acte. Car la qualité d'Empereur donnée à Charles, témoigne qu'il eft parlé de Charles le Chauue, & de fon fils Louis le Begue ; (ce qui fe rapporte à l'an 877.) Et non pas de Charles le Simple, & de fon fils Louis d'Outremer, comme veut le fieur Catel, pour l'accommoder à l'année 929. Et partant ce Raimond eftoit Comte d'Albi, & pouuoit eftre fils ou fucceffeur d'vn autre Ermengaud Comte d'Albi, qui viuoit l'an 864. mentionné par Aimoin, aux Actes de la Tranflation des reliques de Sainct Vincent. La maifon des Comtes d'Albi fondit bien-toft apres, dans celles des Comtes de Tolofe.

XI. Ces deux Princes eftans decedés, Ponce furnommé Raimond Comte de Tolofe prit poffeffion du Marquifat de Gothie. Ie tire la preuue de cette fucceffion, des Actes qui font produits par le fieur Catel, encore qu'il n'y face pas cette reflexion. Car ie recueille, qu'il eftoit Comte de Narbone, par la Fondation qu'il fit du monaftere de S. Pons de Tomieres, qui eft affis au diocefe de Narbone ; à laquelle ville, qui eftoit la Metropolitaine de la Prouince, eftoit attachée principalement la dignité de Duc, ou de Marquis. Les termes de l'Acte de l'année 937. qui confirme la Fondation faicte en l'année precedente, font conceus en telle forte, qu'ils ne peuuent eftre employés par autre perfonne, que par celui qui poffede l'autorité de Com-

Mmm ij

te, ou de Duc dans le païs. *Au reste*, dit-il, *que ce lieu soit libre, & deschargé de la seigneurie de tous les hommes, en sorte que ni Roi, ni Prince, ni Euesque, ni aucun de nos proches, ni aucune personne ne pretende exercer aucune autorité sous aucun pretexte, ni en ce lieu, ni aux choses qui lui apartiennent.* D'ailleurs Aymeric Archeuesque de Narbone ayant esté éleu, lui, & les Euesques de Tolose, & de Beziers escriuent au Pape Iean X. & lui mandent, que les Hongres ont esté chassés de leur Prouince, par la grace de Dieu, & par le secours *de ce ieune Prince, & Marquis Pons*. De sorte qu'ils reconnoissent son autorité, sur l'estenduë de leurs Dioceses, de Narbone, de Tolose, & de Besiers. Ce qui fait voir, qu'il estoit Marquis de Gothie. Aussi ne se contente-il pas, de prendre dans les anciens Actes, le tiltre de Comte de Tolose; mais il y adiouste celui de *Primarchio*, ou premier Marquis, & Duc des Aquitaniens; faisant allusion par la qualité de Marquis, à la Principauté de Gothie; & par celui de Duc des Aquitains, à l'autorité & grande estenduë des terres, qu'il auoit dans l'Aquitaine, sçauoir les Comtés de Tolose, d'Albi, de Rouergue, & de Querci.

XII. Or comme ces dignités estoient pour lors hereditaires, il faut que Pons ait succedé par droict de sang à Ermengaud, & à Raimond. On peut iustifier leur parenté, par la Fondation que fit Deda Religieuse l'an 7. du Roi Rodolfe, tant pour elle, le Comte Ermengaud, Adelais sa femme, & ses enfans, que pour le Comte *Pons*. Ce qui monstre, que Pons estoit de mesme race, & neantmoins n'estoit point fils, ni petit fils d'Ermengaud, puis qu'il est distingué de ses enfans. Ce qui me porte dans quelque soubçon, que Raimond fils d'Ermengaud estoit desia decedé, puis qu'il n'est pas nommé auec le Comte Pons, sur lequel l'esperance de la succession d'Ermengaud estoit desia tournée. Quant à sa descente, il asseure en la Fondation du monastere de S. Pons de Tomieres, qu'il estoit fils de Raimond; c'est à dire de Raimond Comte de Tolose, fils d'Odon mentionné en la vie de S. Geraud, qui auoit emprisonné Benoist Vicomte de Tolose. Pons sera donc Comte de Tolose, de par Raimond son pere, & Odon son grand pere, & Marquis de Gothie ou Comte de Narbone, du costé d'Ermengaud.

XIII. Apres Ponce premier, on void Raimond Comte de Tolose, qui fut Prince de Gothie. C'est de lui, & non pas de son predecesseur, qu'il faut entendre Flodoard, lors qu'il escrit que Raimond Prince des Goths, alla saluër le Roi Louis en Aquitaine, l'an 944. Luitprand escrit de ce Raimond, qu'il nomme Prince des Aquitains, qu'il promit auec serment à Hugues Roi d'Italie retiré en Prouence, d'assembler des troupes suffisantes, pour chasser le ieune Beranger d'Italie; mais Hugues estant decedé, & ayant laissé ses deniers à Berte sa niepce, Raimond l'espousa, quoi qu'il fust indigne de baiser vne telle beauté, selon le iugement de Luitprand. Cét Auteur le nomme, Prince des Aquitains, pour la mesme raison que Ponce en prenoit la qualité de Duc. car il ne faut point douter, qu'il n'eust succedé à son predecesseur en tous ses Estats, suiuant l'vsage du temps. Dont il reste des preuues dans les anciens tiltres. car l'année huictiesme du Roi Lothaire, ce Raimond en qualité de Comte de Tolose, iugea auec les vassaux de sa cour, vn different de l'Abbaye de Beau-lieu en Limosin, touchant vne Eglise qui est dans le comté de Tolose. Et l'année 972. ce comte donna à l'Abbaye de Gaillac en Albigeois, la seigneurie & les reuenus de la ville de Gaillac; & confirma à la priere de Froterius Euesque d'Albi, les donations que cét Euesque fait par le mesme Acte, en faueur de ce monastere. D'où l'on peut aussi recueillir que le comté d'Albi estoit desia entré dans la maison de Tolose; & conclure sans aucune doute, que ce comte Pons, qui octroya à la priere de l'Euesque d'Albi, les letres de Sauuegarde pour l'Abbaye de Vians, l'an 892. estoit Pons second du nó comte de Tolose, & d'Albi, quoi que l'on ait hesité sur ce poinct.

XIV. Par ce denombrement des Marquis de Gothie, on peut reconnoiſtre, que cette dignité ſubſiſta depuis l'an 829. iuſqu'à l'année 936. ſeparée de la maiſon des Comtes de Toloſe. Elle y fut iointe par le moyen du Comte Ponce, enuiron cette année; & y perſeuera en la perſonne de ſon ſucceſſeur Raimond iuſqu'en l'année 976. Neantmoins il faut auoüer, qu'il y arriua quelque changement en la ſuite du temps. Car outre que l'on ne reconnoiſt point ces preeminences des Marquis de Gothie, aux ſucceſſeurs de Raimond Comte de Toloſe; on trouue vn Acte precis du Comte Guillaume, qui viuoit l'an 1020. Par lequel il reſtraint ſes qualités à eſtre Comte d'Albi, de Cahors, & de Toloſe. Ie penſe que ce demembrement arriua du temps de Hugues Capet; les Vicomtes des Cités ayans voulu ioüir de toute l'autorité, & des reuenus des Comtés. De faict, on trouue que Beranger ſixieſme Vicomte de Narbone, (à commencer au Vicomte Maiol, qui viuoit l'an 911.) en la plainte qu'il fait l'an 1032. contre l'Archeueſque Guifred, dans le Synode tenu à Narbone, paroiſt en maiſtre de la ville, ſous l'homage de l'Archeueſque, reçoit en ſon nom les homages des vaſſaux, l'autorité Comtale eſtant confuſe auec celle de Vicomte. Ce qui eſt plus euident, par le tranſport que fit Bernard fils de ce Beranger, au profit de ſon frere Raimond, de la moitié de la Cité de Narbone, des rentes, cenſiues, deuoirs, peages, droicts de naufrage, & de la moitié des fiefs & des ſeigneuries, que ſes predeceſſeurs auoient poſſedé *au Comté* de Narbone. Car la moitié de la Cité, les droicts de naufrage, & les peages apartenoient aux Comtes de Narbone, comme i'ai monſtré par les letres de Charles le Chauue; l'autre moitié de la Cité, & de la dignité Comtale apartenant à l'Archeueſque. Ie ne dois point obmetre en ce lieu, que Bernard outre les droicts ci-deſſus ſpecifiés, cede à ſon frere Raimond, la moitié du droict qu'il auoit, en l'Election de l'Archeueſque de Narbone. Ce qui iuſtifie, que les ſeigneurs des Cités Epiſcopales, auoient vn droict de ſuffrage, pour les Elections des Eueſques, qui eſtoit d'vn poids d'autant plus grand, que leur autorité eſtoit plus conſiderable.

XV. Du temps de ce Vicomte Raimond, le Comté de Toloſe fut reſtabli en la dignité, que Ponce lui auoit acquiſe, par l'adionction du Marquiſat de Gothie. Car Raimond de S. Gilles Comte de Toloſe, qui eſtoit vn eſprit remuant & conquerant, s'auiſa de remetre ſes anciens droits dans ſa maiſon. De fait on remarque dans les anciens Actes de l'an 1080. qu'il ſe qualifioit, outre ſes autres tiltres, Comte de Narbone, de Beſiers, de Niſmes, & d'Agde, c'eſt à dire ſuperieur, & ſeigneur des Vicomtes de ces villes. En l'année 1038. il comprit ces qualités Comtales, ſous celle de *Duc de Narbone*. Le ſieur Catel qui a iuſtifié fort exactement, qu'il prit la nouuelle dignité de Duc en cette année, eſt en peine de ſçauoir la raiſon de cette nouueauté; attendu, dit-il, que nul des Comtes de Toloſe auant ce Raimond, n'auoit pretendu au Duché de Narbone. Mais ce que ie viens de repreſenter, faict voir le iuſte ſujet, que Raimond a eu de reprendre ſur les Vicomtes, ce qu'ils auoient vſurpé ſur ſa maiſon. Cette dignité & autorité Ducale fut continuée en la perſonne du Comte Alfonſe, & des trois derniers Raimonds Comtes de Toloſe: iuſques là que le Comte de Montfort, receuant l'inueſtiture du Comté de Toloſe, prit la qualité de Duc de Narbone, & la poſſeſſion du Duché, nonobſtant l'oppoſition de l'Archeueſque. En conſequence de ce tiltre de Ducs de Narbone, les Comtes de Toloſe poſſederent long-temps les homages des Vicomtés des quatre Cités de Narbone, Beſiers, Niſmes, & Agde, nonobſtant les troubles qu'ils y receurent par leurs voiſins. D'où vient que l'an 1187. Bernard Aton Vicomte d'Agde ayant donné ce Vicomté à l'Eueſque d'Agde, le Comte de Toloſe Raimond en donna l'inueſtiture à l'Egliſe, & l'Eueſque reconneut le tenir de lui en fief honorable.

XVI. On peut recueillir de ce discours, ce que i'ai proposé au commencement, que le comté de Narbone ayant esté possedé par les Ducs de Septimanie, ou Marquis de Gothie, cette ville & celles de Besiers, Nismes, & Agde estoient gouvernées sous eux par les Vicomtes. De faict on ne trouue point dans les anciens tiltres que des Vicomtes particuliers de ces villes, soit à Narbone, dont i'ai parlé; soit à Besiers, où l'on voit le Vicomte Theudo l'an 869. & en suite les Vicomtes Rainard, Nolo, & Guillaume, qui estoit du temps du Roi Lothaire. Ces Vicomtes exerçoient leur autorité sous celle du Comte, qui estoit le Marquis de Gothie. C'est pourquoi dans vn ancien Acte, le Vicomte Nolo rendant iustice en vn different suruenu pour les limites d'vn village, fit le commandement aux tesmoins, de la part du Roi, & *du Comte*. Enfin cette maison Vicomtale de Besiers, & celles de Nismes, & d'Agde furent vnies à celle de Carcassone, en la personne de Bernard Aton. Ceux qui prendront le soin de remuer les tiltres des Eueschez, & anciennes Abbayes de Nismes, & d'Agde, & encore d'Vsés, & de Lodeue, seront plus particulierement instruits de leur ancien gouuernement.

I. Sidon. l. 2. ep. 1. ad Hecdicium. Gregor. Tur. l. 8 c. 28. 30 l. 9. c. 7. 31. Isidor. in Chronico Goth. Fredegar. Chron. c. 109. & ad an. 760. In Charta Amalrici Ducis Narbonensis, Comitis Tolosæ, an. 1221. pro Ciuitate Agenn. Nostros autem Baiulos, & etiam eos qui non sunt de Lingua ista, quos constiterit nobis firmiter adhærere, libere permittent in dictam ciuitatem intrare.

II. Charta diuisionis Imperij Francorum edita à Pithœo, & Duchesnio.

III. Nithardus l. 1. Ad quod Bernardum quemdam *Ducem Septimaniæ*, patet in supplementum sui sumens, Camerarium constituit, Carolumque ei commendauit, ac secundum à se in Imperio præfecit. Vita Ludou. an. 836. 837.

IV. Vita Lud. an. 789. Eginhard. an 819. Vita Lud. an. 836. sed & causa Gothorum ventilata est. Alij ducebantur Beringarij Huronici quondam Comitis fil. Legendum: H. Turonici. Eginh. in Annal. an. 811.

V. Catel l. 4. *des memoires de Languedoc*. Idem l. 1. c. 6. *des Comtes de Tolose*.

VI. Eulogius Cordub. ep. ad Wilesind. Funerosa quondam Wilhelmi tota Gothia perturbata erat in cius su, qui aduersum Carolum Regem Francorum, eo tempore, auxilus fretus Habdariaghmanis Regis Arabum, tyrannidem agens, inuia & inadibilia

cuncta reddiderat. Chron. Fontanell. an. 849. Isto anno Wilhelmus filius Bernardi Ducis, Barcinonam vrbem Hispaniæ munitissimam cepit per dolum.

VII. Franc Diago. l. 1. Com. Barc. c. 4. Catel l. 2. c. 3. *des Comtes de Tolose*.

VIII. Aimoinus in Actis Translat. Rel. Georg. & Aurel.

IX. Contin. Aim. l. 5. c. 35. & 39. Io. Italus in vita S. Odonis; Aquitaniam & Gothiam suo iure tenebat.

X. Agio Arch. Narb. apud Catel. l. 1. c. 13. *des C. de Tolos*. Ad deprecandum *Comites nostros* perreximus, Ermingaudum & Raimundum. Flodoardus in Chr. an. 923. Ragemundus & Ermingandus Principes Gothiæ, Regi Rodulpho se committunt. Catel. l. 1. *des C. de Tol. c. 13*.

XI. Catel *en la vie de Pons Comte de Tolose*.

XII. XIII. XIV. Chron. Flodoard. an. 944. locutus cum Ragimundo Gothorum Principe. Catel in variis locis. l. 1. *des C. de Tol. c. 17. l. 4. des Mem. de Lang*.

XV. Idem l. 1. *des C. de Thol. ch. 3*. & in vita huius Raimundi. l. 5. *des Mem. de Lang*. in Petro Episcopo Agathensi.

XVI. Idem l. 4. *des Mem. de Lang*. Bannum de parte Regis, & Comitis imisit, vt veritatem, si sciebant, omnibus manifestarent.

CHAPITRE III.

Sommaire.

I. Maguelone, & Carcassone ont conservé la dignité Comtale. Demolition de Magalone par Charles Martel. Le siege de l'Euesché transporté à Sustantion. Remis à Magalone par l'Euesque Arnaud. II. Euesché de Sustantion. Comté de Sustantion, & de Melgueil. C'est vn mesme Comté. III. Pierre Comte de Melgueil donne le Comté de Sustantion au Pape Gregoire VII. Ce qui doit estre entendu de la Seigneurie directe. IV. En vertu de cette donation l'Eglise Romaine a possedé la directine du Comté de Melgueil: qui fut baillée en fief à l'Euesque de Maguelchés par Innocent III. Le nom de Melgueil vient d'vn chasteau qui est dire. chef du Comté. V. Le Comté auec ses reuenus fondit en la maison de Guillose, par le mariage de Beatrix auec le Comte Raimond. Et depuis a: Il reünit auec la Seigneurie directe possedée par les Euesques de Maguelone. L'Euesché a esté transporté à Montpelier. VI. Denombrement des Comtes de Tolose; & des Ducs de Septimanie, ou Marquis. Et Princes de Gothie.

I. IL reste de iustifier, que les villes de Maguelone, & de Carcassone ont conserué la dignité Comtale, lors qu'elle estoit esteinte parmi les autres Cités de Languedoc. Pour le regard de Maguelone, c'est vne Cité denombrée parmi la Notice des Prouinces de l'Empire: Elle estoit assise au bout d'vn petit golfe de la mer, qui lui donnoit la commodité d'vn bon Port, où les nauires abordoient auec facilité. Ce qui attira sa ruine; Dautant que les Sarasins s'estans fortifiés dans cette place, Charles Martel ayant esté contraint de l'assieger, la prit par assaut, & la demolit en suite: Il transporta à mesme temps le siege de l'Euesché & du Chapitre, en vn lieu nommé *Sustantion*, qui est assis sur vne colline, à vn quart de lieuë de Montpelier. Ce lieu est appellé *Sostantio* dans l'ancien Itineraire de Ierusalem, *Sextatio* dans celui d'Antonin, & *Serratio* dans les Tables de Peutinger. L'Euesque de Maguelone fit sa residence dans Sustantion, l'espace de trois cens ans, iusqu'à ce que l'Euesque Arnaud rebastit enuiron l'an 1060. la ville de Maguelone, & l'Eglise Cathedrale, & ferma le canal de la mer, pour éuiter les courses des Pirates.

II. Comme l'Euesque de Maguelone changea de siege, il prit vn nouueau nom d'Euesque de Sustantion, qui lui restoit encore apres son transport à Maguelone, comme il apert par le testament de Guillaume de Montpelier, de l'an 1146. Aussi le Comté de Maguelone prit peu à peu la denomination de Comté de Sustantion. Et dautant que les Comtes de Sustantion faisoient leur residence, non pas au lieu de Sustantion, mais au chasteau de Melgueil; où estoit batuë la monoye de *sols Melgoriens* si frequentée dans les vieux contracts de la Prouince; ils se qualifioient ordinairement Comtes de Melgueil, & de Sustantion; quoi que le Comté de Melgueil & de Sustantion ne soit qu'vn seul Comté. Cette confusion des deux noms, pour vn mesme Comté, n'ayant pas encore esté remarquée, à cause de l'obscurité qui se trouue dans cette matiere.

Mmm iiij

III. Neantmoins ce que i'ai propose se iustifie clairement par l'acte de la donation du Comté de Sustantion, que fit Pierre Comte de Melgueil en faueur de l'Eglise Romaine, l'an 1085. cet acte est produit tout entier, dans les Notes sur le Registre du Pape Innocent III. duquel on aprend, que ce Comte donne à l'Eglise Romaine, au Pape Gregoire VII. & à ses successeurs, tout son *honneur* & son *Aleu*, à sçauoir le Comté de Sustantion, & l'Euesché de Maguelone; à la charge de retenir ce Comté, pour soi, & ses siens, en foi & homage de l'Eglise Romaine, payant chasque année vne once d'or de redeuance. Il transporte aussi au Pape, le droict d'ordonner librement tel Euesque de Maguelone, qu'il lui plaira, & de permetre à cette Eglise l'election libre de son Euesque, suiuant les saincts Decrets.

IV. Or en consequence de cette donation du Comté, qui est faicte sous le nom de Comté, de Sustannon, l'Eglise Romaine a possedé la directité du Comté de Melceil. Car le Pape Innocent III. bailla cette directité en infeudation, à Guillaume Raimond Euesque de Maguelone, l'an 1197. Le sieur Catel produit l'acte de l'Inuesture, qui porte que le Comté de Melgueil apartient à l'Eglise Romaine, que ce Pape enfesfa à l'Euesque, sous le cens annuel de vingt marcs d'argent, & sous la charge de la foi & homage, en faueur du Sainct Siege, & de faire paix ou guerre suiuant ses commandemens. En outre, il lui defend d'aliener le chasteau de Melgueil, ni le chasteau de Montferrand, à cause que ces places sont le chef du Comté, comme il dit, & d'infeuder les moindres fiefs de ce Comté à personnes residantes hors icelui. Cette inuestiture n'ostoit pas au Pape le droict de superiorité, qu'il auoit sur les sujets du Comté. C'est pourquoi quinze années apres, il exhorte les vassaux, & le peuple du Comté de Melgueil, de perseuerer en l'obeissance de l'Eglise Romaine; & declare par vne autre Epistre adressée à Marie de Montpelier Reine d'Aragon, que la superiorité de cette ville de Montpelier lui apartient, comme estant vn fief du Comté de Melgueil.

V. Ce Comté fut possedé sous l'homage des Papes, selon les conditions de la donation du Comte Pierre, par son fils Raimond, & ses successeurs; & tomba enfin entre les mains de Beatrix Comtesse de Melgueil, femme du Comte Bernard Pelet. Beatrix donna ce Comté à sa fille Ermessende, l'an 1172. en faueur de son mariage auec Raimond Comte de Tolose; lequel incorpora cette piece, dans la maison de Tolose. En consequence dequoi, les Seigneurs de Montpelier ont presté leurs homages à ces Comtes, en qualité de Comtes de Melgueil. Mais le debris des Comtes de Tolose, du temps de la guerre des Albigeois, reünit à l'Eglise de Maguelone tous les reuenus de ce Comté, que le Roi Philippe Auguste nomme *Comté de Maguelone*, en ses letres qu'il accorde au profit de cette Eglise. L'euesché a esté transporté en la ville de Montpelier, l'an 1536. par le Pape Paul III. à l'instance du Roi François I. cette ville ayant esté honorée du siege Episcopal, & du titre de cité; apres que son assiete auantageuse lui a baillé auec le temps, le moyen d'accroistre l'estenduë de l'ancien bourg de Montpelier; & de paroistre en qualité de ville de consideration, comme elle faisoit il y a cinq cens ans, ainsi que l'on aprend par le rapport de Beniamin de Tudele en son Itineraire, & par les actes du passage d'Alexandre III. de l'an 1162.

VI. Auant que m'engager aux Comtes de Carcassonne, ie pense que le Lecteur agreera que ie lui oste les doutes, qui pourroient lui estre suruenuës par la lecture des precedens Chapitres, touchant les anciens comtes de Tolose; dont quelques vns ont esté obmis par le sieur Catel, d'autres ont esté confondus auec les Ducs de Septimanie; comme en d'autres il n'a point reconnu la qualité de Marquis de Gothie, encore bien qu'ils la possedassent. Pour cét effet ie representerai le denombrement de ces Comtes tel que le sieur Catel nous le donne, & en outre le mien auec celui des

Liure huictiesme.

Marquis de Gothie, afin que la diuersité en soit mieux reconnuë.

Comtes de Tolose du sieur Catel.

1. Torcin ou Chorson.
2. Guillaume, Fondateur du Monastere de Sainct Guillaume le Desert, pere de Bernard Duc de Septimanie.
3. Beranger.

4. Bernard, Duc de Septimanie.

5. Guillaume, fils du Duc Bernard.

6. Regimond.
7. Bernard.
8. Odo.
9. Raimond.
10. Pons.
11. Raimond.

Comtes de Tolose, selon mon ordre.

778. 1. Chorson.
789. 2. Guillaume. Il n'est pas le mesme que Guillaume Comte de Narbonne, qui est le Fondateur du Monastere Sainct Guillaume.
819. 3. Beranger, fils de Huges Comte de Tours. I'ai traicté de ces trois au Chapitre precedent.
836. 4. Egfridus, establi par le ieune Pepin Roi d'Aquitaine; chés Nitard l. 4. de son Histoire.
845. 5. Guillaume. Ce n'est pas Guillaume Prince de Gothie. Il estoit frere de la femme de Vulgrin Comte d'Angoulesme, qui viuoit du temps de Charles le Chauue, laquelle receut en dot le Comté d'Agenois. In Frag. Hist. Aquit.
848. 6. Fredelo. Il fit homage du Comté à Charles le Chauue. Faut voir ce qui est escrit de lui au Chapitre precedent.
864. 7. Raimon frere de Fredelon. Il fonda l'Abbaye de Vabres en Roüergue, l'an 865. Charles le Chauue confirma la fondation.
871. 8. Bernard fils de Raimond.
877. 9. Odo, frere de Bernard.
900. 10. Raimond fils de Odon.
930. 11. Pons, fils de Raimond & son successeur au Comté de Tolose, parent & successeur d'Ermengaud en la Principauté de Gothie.
944. 12. Raimond Comte de Tolose, & Prince de Gothie, successeur de Pons.

Ducs de Septimanie, ou Marquis de Gothie.

I. Bernard Duc de Septimanie, depuis l'an 829. iusquà l'année 844. Il estoit fils de Guillaume Comte de Nabonne, & celui-ci fils d'Aimeri Comte de la mesme ville.

II. Guillaume, fils du Duc Bernard, & de sa femme Duodene. Ligué auec les Sarasins l'an 858.
III. Humfridus Marquis de Gothie.
IV. Bernard Marquis de Gothie, ruiné par le Roi Loüis le Begue l'an 879.
V. Bernard comte d'Auuergne, & de Bourges, & Prince de Gothie.
VI. Guillaume son fils Comte de Poictiers, & Duc d'Aquitaine, Prince de Gothie 910.
VII. VIII. Ermengaud, & Raimond son fils Princes de Gothie, depuis l'an 915. iusqu'à 923.
IX. Ponce Comte de Tolose, Marquis de Gothie l'an 937.
X. Raimond Comte de Tolose, & Prince des Goths l'an 944.
XI. Raimond de Sainct Gilles Comte de Tolose, restablit en sa maison les droicts des Marquis de Gothie, sous le titre de Duc de Nabonne, 1080. & 1088. ses successeurs ont continué de prendre cette qualité de Ducs de Narbonne, iusqu'à Simon Comte de Montfort, qui fut inuesti du Duché de Narbonne, comme estant vne dependance du Comté de Tolose.

I. II. Catel l. 2. des Mem. de Lang.
III. Bosquetus in Notis ad ep. 102. l. 3. Reg. Innoc. qui ait eam Chartam se habere dono Comitis
Doct. Antecessoris D. A. Costa.
IV. Catel l. 5. des Mem de Lang. aux E. de Montp.
V. Catel c. 6. des Com. de Tol.

CHAPITRE IV.
Sommaire.

I. Antiquité de la ville de Carcassonne; erigée en Cité par les Goths. Recommandée pour sa forteresse. Assiegée deux fois par les François sur les Goths, mais sans effet. II. Bernard Comte de Tolose pourueu du Comté de Carcassonne par Charles le Chauue. Ce Roi octroye à la priere de ce Comte Bernard la suruiuance de l'Abbaye de Vabres. III. Roger I. Comte de Carcassonne. Arnaud Comte, pere de Roger II. Surprise de ceux qui metent vn Roger II. pere du Comte Arnaud. IV. Refutation de cette opinion. V. Le Comte Roger II. Sa femme Adelais, & ses enfans Raimond, & Bernard en l'an 978. Il repoussa de ses terres Oliua Comte de Cerdaigne. VI. Ce Comte fait vne donation au Monastere de Foix. VII. Conclusion qu'il n'y a qu'vn Roger fils d'Arnaud. VIII. Adelais, ou Adelaxe femme du Comte Roger, fille de la maison de Pons en Saintonge. IX. Trois enfans masles issus de ce mariage, & vne fille.

I. La ville de Carcassonne est ancienne, puis que Cesar en fait mention dans ses Commentaires; & apres lui Pline, Ptolemée, & l'Itineraire de Ierusalem. Elle n'est point denombrée entre les Cités de la Prouince Narbonnoise, dans la Notice des Gaules. Mais elle fut erigée en cité par les Goths, comme i'ai fait voir au premier chapitre. Depuis ce temps elle a esté honorée d'vn siege Episcopal, dont les Euesques ont assisté aux anciens Conciles de Tolede, & en suite dans ceux de la France. Cette ville a tousiours esté considerée, pour la forteresse de son assiete: ce qui auoit obligé les Rois des Vuisigoths, d'y conseruer leurs tresors plus precieux, & ce qu'il leur restoit des despoüilles de la ville de Rome, lors qu'elle fut prise par le vieux Alaric. On pretendoit selon Procope, que la plus excellente piece de ce butin, estoit le riche ameublement de Salomon, que les Romains auoient transporté dans leur ville, après le sac de Ierusalem. La reputation de ces richesses engagea l'armée Françoise, après la defaite du Roi Alaric, de s'opiniastrer au siege de cette place: mais ils furent contraints de se retirer, par l'armée de Theodoric Roi d'Italie, & de se contenter des conquestes qu'ils auoient faites sur les Vuisigoths, du costé de l'Ocean. Le Roi Gontran desira auec passion de se rendre maistre de cette ville, sur les Rois d'Espagne qui la possedoient. Il en fut repoussé la premiere fois auec perte. La seconde fois il la prit par intelligence; mais l'armée Françoise, qui estoit à la campagne, ne se tenant pas bien sur ses gardes, fut entierement defaite par les Goths, qui reprindrent la place, l'an 589.

II. Comme cette ville possedoit vn Euesché, elle fut aussi gouuernée par vn Comte, que les Rois de France y establissoient. Car on lit dans le continuateur d'Aimoin, que le Roi Charles le Chauue donna à Bernard comte de Tolose, le Gouuernement de la cité de Carcassonne, & du païs de Razes. Ce qui doit estre rapporté à l'année 871. En laquelle ce Roi deferant à la priere de Bernard, confirma par ses letres l'Abbé Roland en l'Abbaye de Vabres, que le comte Raimond pere de Bernard y auoit establi; & qui plus est, octroya la suruiuance de cette Abbaye à Benoist, qui estoit Moine & frere du comte Bernard; D'où l'on peut aprendre quelle estoit en ce temps l'autorité Royale, sur ces matieres de suruiuance; qui s'expedient auiourd'hui à Rome, auec le consentement du Roi.

III. On seroit en peine des anciens comtes de Carcassonne, si le sieur de Catel n'auoit retiré leurs noms du tombeau, par le moyen des anciens titres qu'il a recherchés auec vne diligence tres-exacte. Auec le secours des actes manuscrits de la Translation des Reliques de sainct Antonin, il establit que Roger estoit comte de Carcassonne l'an 887. Et refute fort bien l'opinion de Belleforest, qui a escrit que le Prince de Gothie Ermengaud estoit Comte de Carcassone. Depuis Roger 1. il y a vn interualle de quatre-vingts années, que l'on ne peut remplir par defaut d'instructions. Mais apres cet espace, les vieux actes nous fournissent le nom des comtes, qui ont possedé cette illustre maison. Les premiers que l'on rencontre sont le comte Arnaud, & le comte Roger 11. son fils, selon mon auis, qui ne s'accorde pas auec le sieur Catel, qui pretend qu'il y a vn comte Roger, pere d'Arnaud. En quoi ie pense qu'il a esté surpris, pour n'auoir assés consideré les titres qu'il employe; s'estant persuadé qu'il y eut deux Rogers, l'vn pere, & l'autre fils d'Arnaud; quoi qu'il n'y ait dans ses titres qu'vn seul Roger 11. qui est le fils du comte Arnaud. Ce qui se iustifiera par les dates, & par les autres circonstances des actes.

IV. L'Histoire manuscrite des comtes de Foix composée par Squarrier, reueuë & continuée par le Cordelier Mediauilla, sur laquelle la Perriere a trauaillé, rapporte qu'Arnaud comte de Carcassonne, & Arcende sa femme donnerent à leur fils Roger l'an 974. vn chasteau appellé Castelpenent assis entre Foix, & Amplan. Et adiouste, qu'en la mesme année ils firent donation de l'Eglise d'Amplan à sainct Volusian Martyr, c'est à dire à l'Abbaye de Foix, qui est dediée sous son nom. Ce date de 974. qui n'est point contredit par le sieur Catel, precede le temps des actes qu'il produit, pour iustifier son Roger pere d'Arnaud. Mais ce qui a trompé son calcul, est la persuasion qu'il a euë contre la verité de l'Histoire, que le Comte Arnaud estoit decedé l'an 994. Car il s'appuye sur ce date, pour l'establissement des deux Rogers: dautant qu'il y a deux letres du Comte Roger de l'an 978. & 988. qui precedent de quelques années l'an 994. & par consequent il s'ensuiuroit de là que Roger precede le Comte Arnaud. Mais il y a vne response fort aisée, sçauoir que le temps du decés du Comte Arnaud, n'est point remarqué, ni dans l'Histoire manuscrite de Foix, ni dans la Perriere, qui sont les auteurs qu'il allegue; celui-ci parlant du temps de ce decés en termes generaux: *Et certain temps aprés allerent de vie à trespas.* De sorte qu'il y a dequoi s'estonner, d'où il a puisé, que ces Historiens remarquent qu'il mourut l'année 994. qui est neantmoins le seul fondement de son opinion, pour monstrer que Roger estoit pere d'Arnaud.

V. Il est croyable que le Comte Arnaud ne suruesquit pas long-temps apres l'an 974. Car on void dans l'ancien Breuiaire du Monastere Sainct Hilaire au Diocese de Carcassonne, que le 22. de Feurier de l'année 978. les ossemens de ce Sainct furent esleués en grande ceremonie, où assistoient le Comte Roger, & sa femme Adelaxe. Ce Roger donna à ce Monastere de grands & notables reuenus en alcus, Eglises, & Dismes, auec sa femme Adelais, & ses enfans Raimond, & Bernard *qui n'auoit point encore esté baptisé*: & reconnoist par l'acte qu'il auoit esté particulierement assisté du secours des prieres de Sainct Hilaire; contre l'inuasion du Comte Oliue; qui estoit Comte de Cerdaigne, & de Besalu, & fils de Miron Comte de Barcelone. Le date de cét acte est conceu en ces termes, *Anno XC. VII. regnante Leutario Rege,* que le sieur de Catel prend pour l'année 977. Mais outre que cette chifre ainsi exposée, ne met pas ce Comte Roger deuant Arnaud, ie pense que l'on a voulu signifier l'année xx. vii. ou vingt-septiesme de Lotaire, qui reuient à l'année 982.

VI. Les Historiens de Foix ont obserué que l'année 988. ce Comte Roger, & sa femme Adelais donnerent à l'Eglise Sainct Volusian de Foix, les Bourgs de Saunhac, Perles, Sainct Irac, Verdun, Praiols, Plansoles, & Ferrieres. Et l'année mil douze, ils lui firent vne autre donation du lieu de Berneyol, & de ses Dismes.

VII. On aprend par ces actes, comme aussi par le Breuiaire Sainct Hilaire, que la femme de Roger estoit la Comtesse Adelais, ou Adelaxe, & ses enfans Raimond, & Bernard: qui sont aussi les noms de la femme, & des enfans de Roger, que le sieur Catel accorde estre fils du Comte Arnaud; ainsi que l'on verra plus clairement dans son Testament. De sorte que l'on ne peut douter auec apparence, de la verité de ma premiere proposition, qu'il n'y a qu'vn seul Roger fils d'Arnaud.

VIII. Les Historiens de Foix n'ont point eu connoissance de la maison, d'où la Comtesse Adelais estoit issuë; quoi que la Perriere escriue par coniecture, qu'elle estoit extraicte de grande Noblesse. Mais i'ai rencontré vn ancien titre, qui monstre que sa pensée n'estoit pas vaine. Car elle estoit fille de cette illustre, & tres-ancienne maison de Pons en Saintonge, & sœur de Baudoüin Sire de Pons. Ce que l'on aprend par la clause de son Codicille, où il ordonne, que son fils aisné, & son heritier paye à *Adelaxe femme de Roger Comte de Carcassonne, & sœur du testateur,* tout ce qui lui auoit esté promis par leur pere commun, & tout ce qu'il lui doit, ou bien lui continuë le payement de la rente, pour raison du debte. De sorte que la maison de Pons a cét auantage, d'auoir contribué à la naissance du premier Comte de Foix, qui estoit ce ieune Bernard fils de Roger, & d'Adelaxe. Aussi a-t-elle receu en contreschange l'honneur d'estre alliée à la maison Royale d'Albret; comme ie verifierai fort exactement par titres que i'ai en main, en la seconde partie de cette Histoire. Où ie monstrerai que Charles d'Albret eut de son mariage auec Anne d'Armagnac quatre enfans masles, sçauoir Iean pere d'Alain, & ayeul de Iean d'Albret Roi de Nauarre; Les autres enfans estoient Charles Seigneur de Saincte Baseille, Louis, & Gilles. Ce Gilles fut marié auec Anne d'Agullon de la race des Princes de Taragone en Catalogne. De ce mariage nasquit Estienne Arnaud d'Albret, grand Chambellan de Iean Roi de Nauarre, qui espousa Françoise de Bearn Dame de Miossens. Leur fils Iean d'Albret d'Albret Seigneur de Mioſſens eut de ſa femme Suſanne de Bourbon, Henri d'Albret. Celui-ci eſpouſa Antoinete heritiere de la maiſon de Pons, d'où eſt ſorti Henri d'Albret, Sire de Pons, Seigneur de Mioſſens, qui a recueilli en ſa perſonne la dignité de ces trois maiſons, & en releue l'eſclat par ſes merites.

IX. Du mariage de Roger, & d'Adelaxe naſquirent trois enfans maſles, Raimond, Bernard, & Pierre, & vne fille Ermeſende. Celle-ci fut mariée à Raimond Borrel comte de Barcelone, comme l'on void dans vn acte de l'année mille dix-huict, rapporté par Diago, en ſon Liure des Comtes de Barcelone. Le pere partagea ſes autres trois enfans, par ſon Teſtament que ie produira au ch.

I. Cæſar, Plinius, Ptolem. Itin. Hieroſolym. Procop. l. 1. de bello Goth. Gregor. Tur. l 8. c. 30. l. 9. c. 31. Ioannes Biclar. in Chron. Anno vii. Mauricij.

II. Contin. Aimoin. l. 5. c. 27. Bernardo Toloſæ Comiti poſt præſtita ſacramenta, Carcaſſonam, & Redas concedens, Toloſam remiſit. Carolus Caluus in literis an. 871. editis à Caſtello l. 1. Com. Tol. c. 11. Poſt Rollandi Abbatis diſceſſum, Benedictus filius Ragemundi, & frater Bernardi, ſimilem ex hoc ſecundum Dei voluntatem vtendi habeat Monaſterio poteſtatem, quamdiu vixerit.

V. E Chartario Monaſt. S. Hilarij: Ego Rogerius Comes, ſimulque cum coniuge, & Comitiſſa Adalayce, ſeu Regimundo Sobole, atque Bernardo Sobole, qui necdum latice eſt conſecratus baptiſmatis.

VIII. E Chartario Monaſterij S. Eutropij: Ego Balduinus miles, Dominus de Ponte. Item volo vt filius meus primogenitus & heres ſoluat *Adalaxæ vxori Rogerij Comitis Carcaſſonenſis ſorori meæ*, totum quod ſibi à patre datum eſt, & præterea totum illud quod me conſtabit debere, aut Cenſum dari conſuetum ratione debiti.

IX. Franciſco Diago l. 2. de los Cond. de Barc. c. 22. Ermeſſinda eins coniux (1. R. Borelli Comitis Barcin.) & filia nobilis Rogerij Comitis Carcaſſonenſis.

CHAPITRE V.

Sommaire.

I. Raimond Comte de Carcaſſonne, & de Razes. II. Recherche de l'origine du Comté de Razes. Obſeruation du ſieur Catel ſur l'explication du mot de Redæ, *pour* Razes, *& non pour* Rodés. *L'Egliſe de Narbonne maintenuë en la iuriſdiction du païs de Razes. III. Dans les anciens actes les Archeueſques de Narbonne prennent la qualité d'Archeueſques de l'Egliſe de Narbonne, & de Razes. Recherche de l'origine de cette denomination. IV. L'Egliſe de Razes ayant eſté aſſociée à la dignité Epiſcopale, le païs fut honoré du titre de Comté. V. Le Comté de Razes fut tenu conioinctement par les Comtes de Carcaſſonne, depuis le temps de Charles le Chauue.*

I. Aimond fils aiſné de Roger lui ſucceda au Comté de Carcaſſonne, & au Comté de Razes. Les Hiſtoriens de Foix ſe ſont meſcontés, lors qu'ils ont eſcrit qu'il recueillit le Comté de Barcelone, de la ſucceſſion de ſon pere. Car ce Comté n'apartenoit point à la maiſon de Carcaſſonne, mais eſtoit poſſedé par ſes Comtes proprietaires; & particulierement il eſtoit en ce temps, entre les mains du Comte Borrel, beau-frere du Comte Raimond. Il aſſiſta auec ſon pere Roger au Concile tenu à Narbonne contre les vſurpateurs des biens Eccleſiaſtiques, ſous l'Archeueſque Ermengaud. Mais on ne peut deſcouurir l'année de ce Concile, que par le temps de cét Archeueſque; lequel ayant ſiegé depuis l'année neuf cens ſeptante-quatre iuſqu'à mille dix, on ne peut non plus aſſeurer, qu'il fut tenu la premiere année de son Pontificat, comme pense le sieur Catel, qu'en vne autre année.

11. Or dautant que Raimond succeda au comté de Razes, il faut rechercher l'origine de ce comté : Dautant plus que si ce titre de Comté est ancien, cela semble faire tort à ce que i'ai proposé en descriuant l'establissement des anciens Comtés de Languedoc, que les comtés respondent aux Euesches. Mais ie pense que mon obseruation se fortifiera, par l'examen de cette difficulté. Pour entendre mieux ma pensée, il faut mettre pour fondement la belle remarque, que le sieur Catel a faicte, descouurant vne surprise des Historiens François, & Espagnols; qui ont creu que le continuateur d'Aimoin escriuant que le comte de Tolose Bernard, fut pourueu par le Roi Charles le Chauue, du Gouuernement de Carcassonne & de *Redas*, employast *Reda* pour signifier Rodés, au lieu que ce terme signifie *le païs de Razes*, dans le Diocese de Narbonne; qui comprend les villes de Limous, & d'Alet. Ce païs de Razes fut disputé à Daniel Archeuesque de Narbonne, par l'Euesque d'Elne: qui fut debouté de sa pretention, & l'Eglise de Narbonne maintenuë en la possession du païs de Razes, *Pagi Reddensis*, par le Concile de Narbonne de l'an sept cens quatre-vingts huict.

III. En consequence de ce iugement, Arnuste dans vn vieil acte du temps de Charles le Simple, prend le titre d'Archeuesque de la *Saincte Eglise de Narbonne, & de Razes*. Dans les Archifs de cette Eglise, il y a vn acte du mesme temps, où il est parlé des biens apartenans à *l'Eglise de Narbonne, & de Razes*. A quoi l'on peut adiouster vne preuue plus expresse de la dignité Archiepiscopale de l'Eglise de Razes, tirée des Letres du Roi Charles le Simple, l'année trentiesme de son regne. *L'Euesque de Girone*, dit-il, *s'est adressé à la clemence de nostre serenité, nous suppliant de confirmer & renouueler les tiltres, & priuileges de l'Eglise, à nostre feal Agio Archeuesque de la saincte Eglise de Narbonne, & de Razes*. Il y a de la peine, pour reconnoistre le vrai motif de ce titre redoublé, d'Archeuesque de l'Eglise de Narbonne, & de Razes, comme si c'estoient deux sieges Episcopaux vnis ensemble. Car de s'arrester à croire, que ces deux Prelats Arnuste, & Agio, voire le Roi Charles ayent pris cette qualité pour affermir à leur Eglise, le païs de Razes, il n'y a point d'apparence. C'est pourquoi ie me persuade que du temps des Sarasins, qui se fortifierent à Narbonne, ils reietterent à Razes l'exercice des Chrestiens, auec leur Archeuesque. De sorte que Razes ayant eu l'honneur d'estre par prouision, le siege de l'Archeuesché, les Prelats apres leur restablissement, furent aises d'vnir ces deux qualités, sous vn seul Episcopat, pour en esuiter la distraction ; y estans encore inuités par la dispute que leur auoit meu l'Euesque d'Elne, sur la possession de cette piece.

IV. Or comme l'Eglise de Razes acquit l'honneur d'estre associée à la dignité Episcopale, aussi dans l'ordre seculier, ce païs fut honoré de celle de comté. On n'employe point autre preuue, que le testament de Roger Comte de Carcassonne, pour iustifier ce titre de Comté de Razes. Mais il y en a de plus considerables, dans les Archifs de l'Eglise de Narbonne. Car le Roi Caroloman l'an 883. donna à Sigebod, & à son Eglise de Narbône, entre les autres bien-faits, la ville de Limous *au Comté de Razes*. Le Pape Estienne confirma en l'année 887. à l'Archeuesque Arnulfe tout ce qui apartenoit à son Eglise, dans les comtés de Narbonne, *de Razes*, de Nismes, & d'Ossone en Catalogne. Charles le Simple confirme en faueur d'Agio, la moitié des salins, des peages, des naufrages, & des autres deuoirs que son Eglise prenoit aux Comtés de Narbonne, *& de Razes*.

V. Au reste, ie pense que ce Comté de Razes ayant esté ioinct & vni auec celui de

Carcassonne, & baillé conioinctement au comte Bernard par le Roi Charles le Chauue, il n'en a point esté separé; puis que l'on void dans le testament du Comte Roger, qu'il dispose du comté de Razes, & le donne en partage à son fils Raimond, conioinctement auec celui de Carcassonne.

I. II. Catel l. 1. des C. de Tol. c. xi. Catel l. 5. in Daniele Archiep.
III. Apud Catell. Arnustus sanctæ Ecclesiæ Narbonensis, seu Reddensis Archiepiscopus. Alibi : De rebus sanctæ matris Ecclesiæ Narbonensis, & de Razes seu Reddensis. Caroli Priuil. apud Catel l. 5. des

Mem. de Lang. in Agione. Deprecans nobis vt cuidam fideli nostro Agioni, sanctæ Narbon. ac Reddensis Ecclesiæ Archipræsuli scripturas Ecclesiasticas renouando confirmaremus.
IV. Carolomanus : Limosum Vicum in Comitatu Reddensi, apud Catel in Archiep. Narbon.

CHAPITRE VI.

Sommaire.

I. Recherche des successeurs du Comte Raimond. L'opinion qui donne la succession immediate à Ermengarde sa fille est examinée. Transaction du Comte de Barcelone, auec Ermengarde, & Trencauel son mari. II. D'où l'on aprend que Roger III. succeda à Raimond, & Ermengarde à Roger. III. Deux Otons Comtes de Razes. IV. Recherche du fondement des pretentions que les Comtes de Barcelone auoient sur le Comté de Carcassonne. L'opinion des auteurs Espagnols, qui tirent ce droict, de la Comtesse Almodis est reiettée. Trois mariages de cette Comtesse. Elle espouse le Comte de Barcelone, pendant la vie du Comte de Tolose son second mari. V. Almodis ne peut estre issuë de la maison de Carcassonne. Elle estoit de la maison des Comtes de la Marche. VI. Le droict des Comtes de Barcelone dépend de la Comtesse Ermesende fille de Roger II. Comte de Carcassonne. VII. Elle espousa Raimond Borrel Comte de Barcelone. Legats que lui fit son mari. Transaction auec son fils Beranger. Son petit fils R. Beranger la trouble. Il est excommunié par le Pape Victor II. S'accorde auec son petit fils; qui la rend bisayeule.

I. La suite des Comtes de Carcassonne apres Raimond, est vn peu enuelopée. Car on croid communément, qu'Ermengarde fille de Raimond, lui ait succedé immediatement : qui est l'opinion suiuie par le sieur Catel. Neantmoins ie pense qu'il faut placer le Comte Roger III. entre deux, & dresser cette genealogie sur la transaction passée entre le Comte de Barcelone Raimond Beranger, & cette Ermengarde, assistée de R. Bernard Trencauel Vicomte de Beziers son mari, l'an 1068. D'où l'on aprend, qu'ils cederent au Comte de Barcelone, tous les droicts qu'Ermengarde pretendoit, sur les Comtés de Razes, de Coserans, Comenge, Carcassonne, Narbonne, Minerue, & Tolose, pour lui estre escheus par le decés du Comte Roger son frere, & d'Oton Comte de Razes, frere de Roger. Et moyennant cette cession, le Comte de Barcelone, & sa femme Almodis donnent en fief à Trencauel, & à la Vicomtesse Ermengarde, le Comté de Carcassonne, reseruée la Cité, qu'ils retindrent en leur main; excepté aussi ce qui apartenoit à l'Euesque, & au Vicomte.

II. Auec l'autorité de cette transaction, l'on peut asseurer, que le Comte Rai-

Nn n ij

mond eut pour succeſſeur Roger ſon fils, ou ſon petit fils, auquel ſucceda Ermengarde ſa ſœur. Par ce moyen on éuite la difficulté, qui a donné beaucoup de peine au ſieur Catel touchant Ermengarde, laquelle ne peut eſtre ſœur de Roger pere de Raimond, comme cette tranſaction ſemble preſuppoſer; mais elle eſt ſa petite fille. Car pour ſe deueloper de cette difficulté, il faut eſtablir auec l'autorité de cette piece publique, vn autre Roger fils, ou petit fils de Raimond, & frere d'Ermengarde.

III. Quant à Oton Comte de Razes frere de ce Roger 111. & d'Ermengarde, il faut pour concilier les actes, que le cas porté par le teſtament de Roger II. ſoit arriué. Car il declare, que ſi ſon frere Oton Comte de Razes, & ſon fils Arnaud decedent ſans enfans, ce Comté reuienne à ſon fils Raimond. Le cas eſtant eſcheu, Raimond ou ſon fils, fut maiſtre du Comté Razes; lequel il donna en partage à ſon ſecond fils Oton, qui mourut ſans enfans, auant le decés de Roger ſon frere; & l'entiere ſucceſſion de celui-ci fut recueillie par Ermengarde leur commune ſœur.

IV. Apres auoir eſſuyé cette difficulté, il n'en reſte pas vne moindre, touchant le fondement des pretenſions que les Comtes de Barcelone auoient, & qu'ils firent enfin valoir ſur le comté de Carcaſſonne. Les Hiſtoriens Eſpagnols, Surita, Garibai, & Diago attribuent l'origine de leurs droicts, à la Comteſſe Almodis femme du Comte Raimond Berenger; laquelle ils nomment Comteſſe de Carcaſſonne. Toutesfois ils ne produiſent aucune preuue, d'où l'on puiſſe recueillir, que cette Comteſſe fuſt iſſuë de la maiſon de Carcaſſonne. On ſçait bien par le rapport de Guillaume de Malmeſberi auteur du temps, que cette femme ennuyée de l'vſage de ſes maris, en eſpouſa trois, ſans attendre d'eſtre en liberté par leur decés; ſçauoir le Comte d'Arles, qu'elle quita pour ſe marier au Comte de Toloſe, qui eſtoit Pons 11. & apres auoir eu deux enfans auec lui, elle attira le comte de Barcelone à ſon troiſieſme mariage. Ce qui ſemble inſinuer, qu'elle abandonna le Comte de Toloſe, auſſi bien que celui d'Arles, ſoit ſous pretexte de parenté, ou autrement, pour eſpouſer celui de Barcelone. Ce qui accorderoit la diſpute qui eſt entre le ſieur Catel, & Diago. Car celui-ci verifie par des actes tres-celebres, & authentiques, auec Surita, que la comteſſe Almodis eſtoit mariée au Comte de Barcelone, dés l'an 1053. Et l'autre iuſtifie par bons actes, que Pons Comte de Toloſe eſtoit en vie l'an 1056. & meſmes en l'annee 1060.

V. Mais ces mariages ne monſtrent pas, que la comteſſe Almodis fuſt de la maiſon de Carcaſſonne. Et ie puis aſſeurer nétement qu'elle ne pouuoit en eſtre iſſuë: dautant qu'en ce cas Raimond Berenger n'euſt peu l'auoir à femme. Car ce Comte de Barcelone eſtoit fils de Berenger, & celui-ci de la comteſſe Ermeſende, femme de Raimond Borrel Comte de Barcelone, & fille de Roger comte de Carcaſſonne, comme i'ai deſia remarqué ci-deſſus. Ce degré de parenté eſt ſi proche entre ces deux maiſons, que nul mariage n'y peut eſtre preſumé, en vn temps, que les diſpenſes eſtoient preſque tout à fait inconnuës; meſmes aux degrés les plus eſloignés. C'eſt pourquoi le ſieur Beſly eſt dautant plus croyable, lors qu'il eſcrit en ſa Table des Ducs de Guyenne, que cette Almodis eſtoit fille de Bernard Comte de la Marche; puis que le ſieur Catel reiette ſon opinion, ſe fondant ſeulement, ſur ce que les auteurs Eſpagnols nomment Almodis comteſſe de Carcaſſonne.

VI. Pour mon regard ie penſe, que tout le droict des Comtes de Barcelone, doit eſtre pris de celui de la Comteſſe Ermeſende, fille de Roger 11. de Carcaſſonne; à laquelle Raimond Berenger Comte de Barcelone ſon petit fils ayant ſuccedé, il eſt croyable que pourſuiuant les droicts de ſon ayeule, pour raiſon des arrerages de legitime, ou de legats, il a pris dans les armes, tous les auantages que la victoire peut donner au vainqueur.

VII. On void pluſieurs actes rapportés chés Diago, qui teſmoignent que cette Comteſſe Ermeſende eſtoit mariée au Comte de Barcelone Raimond Borrel, dés auant l'année mil vn. Car elle rendit cette année, en l'abſence de ſon mari, vn iugement dans le Palais Comtal à Barcelone. Elle fut fort auantagée, par le teſtament de ſon mari, de l'an 1017. Car il lui legua les Comtés, & les Eueſchés de Barcelone, de Girone, & d'Oſſone, ou de Vic, outre le Comté de Manreſa, qui lui auoit eſté aſſigné en dot. Ce qui faſcha vn peu ſon fils le comte Berenger; auec lequel elle paſſa vne tranſaction ſur ce ſujet l'an 1024. Neantmoins cela ne peut arreſter ſon petit fils Ramond Berenger, qui la troubla en la iouïſſance de ſes legats; dont elle fit plainte au Pape Victor ſecond; lequel excommunia le Comte, & ſa femme Almodis, pour les intereſts d'Ermeſende; & fit confirmer ſon excommunication, par le Synode de Toloſe, où eſtoient les Archeueſques de Narbonne, & d'Arles. Mais ils s'accorderent l'an 1056. au moyen qu'Ermeſende ceda ſes droicts, pour mille onces d'or, & s'obligea de faire leuer les excommunications par le Pape Victor. Enfin craignant de mourir au pelerinage qu'elle vouloit entreprendre vers Rome, ou Sainct Iacques, elle fit ſon teſtament le vingt-ſeptieſme Septembre 1057. confirmé au mois de Feurier enſuiuant par vn codicille; où elle adiouſta pour le Pape Victor, vn legat de ſes coupes de bois doré; & mourut le premier de Mars. Cette Comteſſe eut le bon-heur de voir vne belle lignée iſſuë de ſon mariage; & d'eſtre renduë biſayeule par ſon petit fils R. Berenger, qui auoit eu deux enfans de ſa premiere femme Iſabel, dés l'année 1043. & en procrea encore vn autre nommé Pierre Ramon, qui fut empoiſonné par la malice de ſa maraſtre Almodis, comme remarquent les auteurs Eſpagnols.

I. IV. Diago l.2. c 61.& Surita l.1. Annal. Catel l. 1. des C. de Tol. ch.18. Surita l.1. c.29 Gariual l.31. c. 32. Diago l.2. des C. de Barcel. c.40. & ſuiuans. Surita in Indic. ad annum 1055. Catel l.1. des C. de Tol. c. 18.
VII. Diago l. 2. des C. de Barc. c.27.28.19.31.32.34. 36.37.41.43.

CHAPITRE VII.

Sommaire.

I. *Par la transaction auec Ermengarde, le titre du Comté de Carcassonne, fut acquis aux Comtes de Barcelone. Et les Vicomtes de Beziers furent reduits au seul titre de Vicomtes de Carcassonne. Bernard Aton Vicomte de Carcassonne. Ses traictés; & la cruauté exercée par son fils Roger contre les habitans de la ville. II. Les Rois d'Aragon ont possedé la dignité Comtale de Carcassonne, iusqu'au Roi Jacques, qui la ceda au Roi Sainct Louis. III. Homage rendu par Bernard Aton à l'Abbé de la Grasse, pour quelques Seigneuries qu'il tenoit de lui. IV. Deux testamens de Bernard Aton. D'où l'on aprend qu'il estoit Vicomte de Carcassonne, de Razes, d'Albi, de Beziers, d'Agde, & de Nismes. V. Sa femme, & ses enfans, & le partage qu'il leur donne. VI. Le Vicomte Roger succede à son pere au Vicomté de Carcassonne. Et à celui-ci Raimond Trencauel, massacré par ceux de Beziers. VI. Trencauel fils de Raimond, assiste au Concile tenu contre les Albigeois. Raimond, & Roger ses freres lui succedent. Roger resta seul maistre de la maison. Il fit mourir tous les habitans de Beziers, pour venger la mort de son pere Raimond. VIII. Il rend homage au Roi d'Aragon. Son fils Raimond Roger, fauteur des heretiques. Simon de Montfort prit sur lui Beziers, & Carcassonne. Raimond Trencauel son fils cede ses droicts au Comte Simon, & du depuis au Roi Sainct Louis.*

I. LA transaction mentionnée au Chapitre precedent, qui adiuge la cité de Carcassonne, & l'homage du surplus du Comté, au Comte de Barcelone, transporta en sa maison le titre & la dignité de Comte de Carcassonne, & reduisit les Vicomtes de Beziers à prendre seulement la qualité de *Vicomtes de Carcassonne.* De fait Ramon Berenger acquereur de ce Comté, le partage en termes exprés auec le reste de ses Estats, entre ses deux enfans, par son testament de l'an 1076. ainsi que Diago a remarqué. Cependant estant suruenu des desordres dans la Catalogne, Bernard Aton Vicomte, fils d'Ermengarde, s'empara de la ville de Carcassonne, auec le consentement des habitans, pour les defendre des courses de leurs voisins, pendant le bas aage du Comte de Barcelone R. Berenger III. s'obligeant auec serment, de lui rendre la place, aussi tost qu'il seroit en aage d'estre Cheualier. Mais dautant qu'il ne faisoit estat d'executer sa promesse, apres que le comte de Barcelone fut Cheualier, & qu'il eut espousé Douce, fille du Comte de Prouence, les habitans prirent les armes, & se remirent sous l'obeïssance de leur Comte. Le Vicóte indigné de cét affront, se ligua auec Guillaume Comte de Poictiers, possesseur du Comté de Tolose, qui lui donna vn puissant secours, moyénant qu'il reconnust tenir de lui en fief le Cóté de Carcassonne. La ville se rendit à composition, sous promesse que les habitans ne receuroient aucun domage, en leurs personnes, ni en leurs biens. Mais Roger fils aisné du Vicomte, qui entra dans la place, violant le serment du traicté, creua les yeux, & coupa le nés, aux principaux de la ville, qui se retirerent en Catalogne. Ce mauuais traictement offença le Comte de Barcelone: lequel entra dans le païs, auec vne puiſſante armée; & neantmoins fut obligé de faire vn accord auec Bernard Aton, l'an 1112. par lequel il lui donne l'inueſtiture de la Cité, qui auoit eſté exceptée en l'ancienne tranſaction, pour la tenir en foi & homage, comme le reſte du Comté.

II. Depuis ce temps, les vns poſſederent la ville, les reuenus, & la iuriſdiction du Comté, ſous le tiltre de Vicomtes; & les Comtes de Barcelone poſſederent la dignité de Comtes de Carcaſſone, qu'ils baillerent en partage à leurs enfans, l'an 1130. & 1162. C'eſt pourquoi Simon Comte de Montfort, s'eſtant rendu par les armes, maiſtre de la ville de Carcaſſone, en receut l'inueſtiture en qualité de Vicomte, par les letres du Roi d'Aragon, Comte de Barcelone; à cauſe que cette ville eſtoit du fief, & de l'homage de ce Roi, comme certifie le Pape Innocent III. & Pierre de Valſernai. Mais Iacques Roi d'Aragon, quita tous ces droicts feodaux, au Roi S. Louïs, par la tranſaction qui fut paſſée entr'eux l'an 1256.

III. Il y a dans les chartes de France, vn aueu que Bernard Aton fit en preſence de ſes enfans, des terres & ſeigneuries tenuës par lui en foi, & homage, de l'Abbé de la Graſſe, l'an 1110. En cét aueu, le Vicomte s'oblige, de tenir l'eſtrieu à chaſque nouuel Abbé, la premiere fois qu'il montera à cheual, & promet de lui liurer les terres qu'il tenoit de l'abbaye, à la premiere requiſition, ſoit que l'Abbé fuſt appaiſé ou courroucé, *ſiue fit iratus ſiue pacatus*; & l'Abbé promet au Vicomte, ſous la religion de ſon ordre, qu'il lui ſera bon Seigneur.

IV. Il y a deux Teſtaments de ce Bernard Aton. Il fit le premier l'an 1118. eſtant ſur le point d'aler en Eſpagne, comme il dit, par lequel il legua au monaſtere S. Robert de la Caſedieu, l'Egliſe & les diſmes du lieu d'Archas, & la portion qu'il poſſedoit en l'Egliſe de Taras. Il donne la iouïſſance de tous ſes biens, à la Vicomteſſe *Cecile* ſa femme; & ordonne à ſon fils aiſné Roger, Carcaſſone & Carcaſſes, Redas & Razes, & ce qui apartient à la maiſon de Carcaſſone, dans le païs de Toloſe. Il lui baille en outre, Terme & Termenes, auec tout ce qui apartient à Carcaſſone, & à Terme, dans le Vicomté de Narbone. Il lui donne auſſi la Cité de Beziers, & le Bederres; reſeruées les Seigneuries qu'il auoit baillé en partage, à ſon fils Raimond Trencauel. Il lui legue de plus le fief de Murel, & celui de Brunuquel, & tout ce qui lui apartient au Mineruois, le chaſteau de Capeſtang, le chaſteau de Cerçen, & deux Abbayes Caunas, & Valſegur, & le lieu d'Alſau. En cas que la Vicomteſſe vouluſt eſtre ſeparée de ſes enfans, il lui laiſſe Beziers, le chaſteau de Cerçen, Agde, & Niſmes auec leurs territoires, & quelques autres terres. D'où il apert que le troiſieſme fils Bernard Aton, n'eſtoit pas encore né. Il fit vn ſecond Teſtament l'an 1129. en la ville de Niſmes, eſtant atteint d'vne grande maladie dont il deceda. Il fait le partage de ſes biens, entre ſes trois enfans, & laiſſe à Roger l'aiſné, la cité de Carcaſſone & le Carcaſſes, le Razes, Albi & Albigeois, & tout ce qui lui apartient dans le païs de Toloſe, de Rouergue, & de Narbone; excepté le chaſteau de Cerçen. Il baille à Raimond Trencauel ſon fils, Beziers & Bezeres, Agde & Agades, Cerçen auec ſes apartenances, & tout le fief, que le Seigneur d'Anduſe tient du Seigneur de Beziers. Il donne à Bernard ſon fils Niſmes auec le Nemoſes, & le fief du Comte de Melgueil en Suſtantion. Ordonne à Roger de marier ſa fille Lagine, auec l'auis de la mere, & des Barons de ſa terre, & de payer ce qui eſt deu à Manteline fille du teſtateur, & ſubſtituë reciproquement ſes enfans. Entre ceux qui ſignent ce teſtament eſt Sicard de Villemur, & Pierre Seguier. Cét acte a eſté publié par le ſieur Catel, dont il y a des anciens extraicts dans les Archifs de Carcaſſone, qui m'ont eſté communiques.

V. On peut recueillir des actes precedents, que Bernard Aton fut marié auec la

Vicomteſſe Cecile, & eut trois enfans maſles de ſon mariage, Roger, Raimond Trencauel, & Bernard Aton, & vne fille Manteline mentionnée dans le dernier teſtament. Cette-ci fit ceſſion l'an 1152. à ſon frere Bernard Aton Vicomte de Niſmes, de toute la portion hereditaire à elle eſcheuë de la ſucceſſion de leur pere commun Bernard Aton, cóme il conſte par la letre qui eſt aux Chartes de France. Outre Manteline, Bernard Aton eut encore deux autres filles nommées Ermeſinde & Payenne. Celle-ci fit en meſme temps vne ſemblable ceſſion que ſa ſœur Manteline, au profit du Vicomte de Niſmes leur frere. Quant à Ermeſende elle fut mariée l'an 1121. par ſes pere & mere à Roſtain de Poſquieres, en faueur duquel mariage ils donnerent les chaſteaux de Marguerite, & de Calucifung, & la moitié du chaſteau de Belueder.

VI. Le Vicomte Roger ſucceda à ſon pere au Vicomté de Carcaſſone au païs de Razes, & en l'Albigeois. Il eſtoit viuant l'an 1140. Mais comme le ſieur Catel a remarqué, Raimond Trencauel ſon frere recueillit ſon heritage, & reconneut l'an 1150. de tenir Carcaſſone, Razes, & le chaſteau de Laurac, des Comtes de Barcelone au meſme homage qu'auoit fait ſon pere, & en preſta le ſerment de fidelité, au Comte R. Berenger IIII. ainſi que Surita, & Diago ont eſcrit. Ce Raimond Trencauel eut de faſcheuſes guerres à démeſler auec Raimond Comte de Toloſe, qui le fit priſonnier, & ne lui rendit ſa liberté qu'en lui démembrant ſon Eſtat. Il fut maſſacré par les habitans de Beziers dans l'Egliſe S. Magdelaine, comme eſcrit bien au long Guillaume de Neubringe, auteur du temps. Cét aſſaſſinat tombe en l'année 1167. ſuiuant le teſmoignage de Pierre de Valſernai; ſuiui par Surita, & par le ſieur Catel. Ce que ie verifie au chapitre XII. nombre v. par vn acte exprés & tres formel.

VII. Trencauel Vicomte de Beziers, qui aſſiſta au Concile tenu contre les Albigeois l'an 1176. chés Roger de Houeden, eſt fils du maſſacré, ſans qu'il ſoit beſoin de ſoubçonner auec le ſieur Catel, que la date du concile eſt vitiée, & ſans qu'il faille la corriger en 1156. pour confondre ce Trencauel auec ſon pere. Raimond & Roger Trencauels ſuccederent à leur frere Trencauel. Mais enfin Roger poſſeda ſeul cét heritage. Il prenoit les tiltres de Vicomte de Carcaſſone, de Beziers, d'Albi, & de Razes en vne ſentence qu'il donna l'an 1191. rapportée par le ſieur Catel. Ce Roger s'eſtant accommodé auec ceux de Beziers, fut reproché par vn Gentil-homme, d'auoir vendu le ſang de ſon pere. Ce reproche le piqua ſi viuement, qu'il deſſeigna vne cruelle vengeance de ce maſſacre: & s'eſtant accordé auec le Roi d'Aragon, qui lui enuoya des ſoldats Aragonois, il les fit gliſſer inſenſiblement dans la ville, & auec leur ſecours s'en rendit maiſtre, & fit pendre ou mourir tous les habitans, tant hommes que femmes, & repeupla la ville de nouueaux citoyens, au rapport de Guillaume de Neubringe.

VIII. Il fit homage de Carcaſſone, du chaſteau de Laurac en Lauragois, de Limous, de la terre de Saut, de Termes, & du chaſteau de Minerue au Roi d'Aragon Alfonſe, l'an 1181. Par ſon teſtament de l'an 1193. il inſtituë heritier ſon fils Raimond Roger, qu'il laiſſa ſous la tutele de Bertrand de Seiſſac. Ce Raimond eſtoit neueu du Comte de Toloſe, & fauteur des Heretiques. Pourtant l'armée des Croiſés s'eſtant approchée de la ville de Beziers il les abandonna contre le ſerment, qu'il leur auoit fait, & ſe retira à Carcaſſone; où l'armée le ſuiuit, & le contraignit de traicter. Mais tandis qu'il eſtoit en oſtage, entre les mains de Simon de Montfort, il mourut de diſenterie. Son decés rendit le Comte Simon maiſtre de ces Vicomtés de Carcaſſone & de Beziers, dont il preſta l'homage à Pierre Roi d'Aragon. Et pour y eſtre plus aſſeuré, il perſuada Raimond Trancauel fils de ce Roger, de lui faire ceſſion de tous les droicts qui lui pouuoient apartenir ſur les Vicomtés de Beziers, de

Carcaſſone, d'Albi, de Razes & d'Agde. Cette donation eſt du mois de Iuin 1211. ce meſme Raimond Trencauel quita tous ſes droicts au Roi S. Louïs par acte de l'an 1247.

Comtes de Carcaſſone.

871. Bernard Comte de Toloſe, pourueu du Comté de Carcaſſone, & de Razes, par le Roi Charles le Chauue.
887. Roger I. Comte de Carcaſſone.
974. Arnaud, & Arcende ſa femme.
978. Roger II. leur fils, & Adalaxe   Odo Comte de Razes.
ou Adalais ſa femme, iſſuë de la maiſon   Arnaud ſon fils
de Pons en Saintonge.
1013. Raimond Comte de Carcaſſone,
Bernard Comte de Foix,
Pierre Abbé de la Graſſe.
Ermeſende Comteſſe de Barcelone leurs enfans.
1040. Roger III.   Odo Comte de Razes.   Ermengarde.

Le Comté de Carcaſſone ayant eſté vni à la maiſon de Barcelone, les ſucceſſeurs de Roger ſe contenterent du titre de Vicomtes.

1068. Ermengarde ſœur de Roger III. Vicomteſſe de Carcaſſone, mariée à Raimond Bernard Trencauel, Vicomte de Beziers, de Niſmes, & d'Agde.
1090. Bernard Aton Vicomte leur fils, & ſa femme Cecile. Leurs enfans.
1129. Roger Vicomte de Carcaſſone, de Razes, & d'Albi. Raimond Trencauel Vicomte de Beziers, & d'Agde. Bernard Aton Vicomte de Niſmes. Manteline; Payenne, & Ermeſende mariée à Roſtain de Poſquieres.
1150. Raimond Trencauel frere de Roger Vicomte de Carcaſſone, & de Beziers. Il fut maſſacré par les habitans de Beziers dans l'Egliſe S. Magdelaine l'an 1167. Roger ſon frere, dépoſſedé de Carcaſſone par Raimond Comte de Toloſe en cette année 1167. Cecile Comteſſe de Foix femme de Roger Bernard, & fille de Raimond Trencauel.
1167. Roger Trencauel fils de Raimond, qui eſtoit preſent au concile d'Albi tenu contre les heretiques Albigeois l'an 1176. Il eſt nommé dans l'acte rapporté au ch. 12. n. 5.
1180. Raimond Trencauel, Roger Trencauel, freres de Trencauel, & ſes heritiers.
1191. Roger Trencauel ſucceda à Raimond ſon frere. Il poſſedoit les Vicomtés de Carcaſſone, de Beziers, d'Albi, & de Razes.
1193. Raimond Roger ſon fils neueu du Comte de Toloſe, & fauteur des heretiques. Il fut ruiné par l'armée des Croiſés, & mourut l'an 1209. Raimond Trencauel ſon fils ceda tous ſes droits à Simon Côte de Montfort l'an 1211.
1210. Simon Comte de Montfort, Vicomte de Carcaſſone, & de Beziers, par la confiſcation du dernier Comte.

I. Diago l. 2. c. 68. l. 2. c. 79. l. 2. c. 89.
II. Diago c. 117. Innoc. 3. l. Reg. ep. Petrus Vallisſcern c. 26. Hiſt. Albig.
III. *Chartes de France Toloſe* XIII. fac. n. 2. n. 12. & 4. fac. n. 1.
IV. Catell. in Vicecom. Carc. & Biterr.
V. Guill. Neubrin. l. 2. c. 11.
VI. Surita in Indicib. Diago. l. 2.
VII. Roger. Houed. Guillm. Neubring. l. 2. c. 11.
VIII. Surita l. 2. c. 38. ad an. 1176.

CHAPITRE VIII.
Sommaire.

I. Le païs de Foix n'est pas le territoire d'vne ancienne Cité, mais vn corps composé de plusieurs pieces assemblées. II. Sainct Volusian Euesque de Tours relegué par les Goths, & martryisé au païs de Foix. III. Sainct Antonin Martyr de Pamies, du temps du Roi Pepin. Narrations fabuleuses touchant la race de Sainct Antonin. Les Comtes de Carcassone ont fondé l'Abbaye Sainct Antonin de Pamies. Fredelas est l'ancien nom de la ville, & Pamies du chasteau. IV. Recherche du premier Comte de Foix. Roger Comte de Carcassone, partage son bien entre ses enfans. Laisse Carcassone à son fils aisné. Et le chasteau & terre de Foix, auec le Comté, & l'Euesché de Coserans à Bernard son second fils : & ses Abbayes à Pierre son troisiesme fils. V. Examen du date des extraicts de ce Testament, qui sont de l'an 1062. Jl y a faute, conuaincuë par le temps du decés du Roi Henri. VI. Et par l'aage de Bernard. VII. Et par celui d'Ermesende Comtesse de Barcelone. VIII. Jl y a peine à establir le vrai temps de ce Testament. IX. Coniecture qu'il doit estre mis sous le Roi Hugues, & non pas sous le Roi Henri X. Ce qui est confirmé par le mariage de Stephanie, auec Garcias Roi de Nauarre surnommé de Nagera. Elle estoit de la maison de Foix, selon les memoires du Monastere de Nagera, qu'elle fonda auec son mari. Et par consequent elle estoit fille de Bernard premier Comte de Foix.

I. LE païs & Comté de Foix est vn corps composé de diuerses pieces assemblees, & differe en cela des anciens Comtés d'Aquitaine, & de Languedoc, qui comprenoient l'estenduë d'vne cité, suiuant le departement de l'Empire Romain, ou d'vn Euesché, suiuant l'ordre de l'Eglise. car il n'y a point dans les Notices aucune cité particuliere du nom de Foix, ni dans les anciens auteurs aucun peuple qui porte ce nom, ni qui responde à ce païs. Les critiques ont corrigé il y a long-temps, apres les manuscrits d'Vrsin, le texte de Cesar, où les anciennes éditions dénombroient les *Flussates* parmi les peuples d'Aquitaine, & ont substitué la vraye leçon, qui est celle *d'Elusates*; qui sont les peuples de la cité d'Euse. De sorte que l'opinion de Marlian, de Cenalis, & d'Elie, qui a esté suiuie par les doctes, estimans que *Flussates* signifiast le païs de Foix, s'est éuanouie apres que l'ancienne leçon de Cesar a esté restablie. Le P. Monet en la Geographie de la Gaule, a soubçonné, que les peuples Daciens mentionnés dans Ptolemee parmi les peuples d'Aquitaine, estoient les peuples de Foix. Mais i'ai fait voir au premier liure, combien cette pensée est éloignée d'apparence. Or ce païs de Foix fut reduit en vn corps tel, & plus grand qu'il n'est maintenant, par Bernard son premier comte ; lequel ayant receu en partage de la maison de Carcassone ces terres & Seigneuries, qui estoient assises dans les Euesches, & comtés de Tolose, de comenge, & de coserans, acquit au chasteau de Foix, & à ces pieces reünies, le tiltre de comté de Foix.

II. Ce païs a esté honoré de la mort de deux Martyrs S. Volusian, & S. Antonin.

Liure huictiesme.

Volusian estoit Euesque de Tours: lequel estant soubçonné par Alaric Roi des Vvisigoths, de fauoriser le parti des François, fut banni de la ville de Tours, & relegué en celle de Tolose, où il mourut, suiuant le tesmoignage de Gregoire de Tours. Neantmoins le mesme auteur escrit ailleurs, qu'il fut relegué par les Goths en Espagne, où il fut conduit comme captif, & y mourut aussi-tost. Les Historiens de Foix remarquent selon la tradition du païs, que ce Sainct personnage souffrit martyre au Comté de Foix, entre Pamies & Varilles, à sept lieuës de Tolose: où l'on remarque vn arbre d'espece inconneuë, que l'on va voir auec veneration; qu'on dit estre venu d'vn baston, que cét Euesque portoit en voyageant. La Chronique manuscrite adiouste, que son corps fut porté auec deux taureaux sur vne charrete en l'Eglise Sainct Nazaire, proche du chasteau de Foix. L'Abbaye de Foix a esté bastie en memoire de ce Martyr, par les Comtes de Carcassonne, & richement dotée par les Comtes de Foix, Bernard, Roger, & Roger Bernard.

III. Ce qu'il y a d'asseuré touchant Sainct Antonin, est compris dans le Martyrologe Romain, sçauoir qu'il souffrit martyre dans la Gaule, en la ville de Pamies. Mais le temps est incertain. Car d'vn costé Vincent de Beauuais en son Miroir Historial, & Antonin de Florence en sa Somme, le rapportent à l'Empire de Diocletian: & d'autre part Antoine de Verdale allegué par le sieur Catel, le met sous le regne de Pepin; lors qu'il escrit que Theodoret frere de Sainct Antonin fut vaincu par Pepin dans l'Isle de Maguelone. A cette derniere opinion s'acorde la vie de ce Sainct escrite à la main; quoi que d'ailleurs elle soit remplie de discours fabuleux touchant la genealogie de Sainct Antonin, que cette legende nous represente fils de Freselaus Roi de Pamies, & son successeur en ce Roiaume, comme Theodoric son frere le fut en celui de Tolose. A Theodoric ayant succedé Galatius, & à celui-ci Metopius tous Princes payens, ce dernier enuahit Pamies sur S. Antonin, selon cette fabuleuse narration: Qui paroist estre de mauuais aloi, en forgeant des Royautés en ces quartiers, & des Roys payens du temps de Pepin. Tant y a que les Comtes de Carcassone edifierent vne belle Abbaye sous le nom de S. Antonin, en la ville de Fredelas; qui a esté surnommée depuis Pamies, à cause de son chasteau qui portoit ce nom. La coniecture, que la denomination de Fredelas pourroit estre tirée du Comte Fredelon, qui auroit receu en apanage la ville de Pamies, demeure destruite par la remarque faicte ci-dessus, que Fredelon estoit Comte de Tolose, du temps de Charles le Chauue: Et sans doute cette ville de Fredelas, est plus ancienne. Dans les vieux actes l'Abbé, & les Chanoines de ce monastere sont nommés *Fredelacenses*; qui ont eu plusieurs disputes auec les Comtes de Foix; mais aussi ils en ont receu plusieurs riches bien-faicts.

IV. Pour entrer dans le traicté des Comtes de Foix, il est necessaire de considerer l'origine de son premier Comte nommé Bernard, qui estoit fils de Roger II. Comte de Carcassone. Pour cét effet il faut se resouuenir de ce que i'ai representé au Chapitre IV. que le Comte Roger, fils du Comte Arnaud, fut marié à la Comtesse Adelais, & que de ce mariage estoient issus deux enfans masles, Raimond, & Bernard, dés l'an 982. Il eut encore depuis vn autre enfant masle nommé Pierre, & vne fille Ermesende. Ce Roger voulant regler sa famille, fit son testament, par lequel il ordonne que Raimond son fils aisné possedera la Cité de Carcassone, auec le Comté de Carcasses, le chasteau & Comté de Razes pour sa partie, & lui cede le droit qu'il a, sur l'autre partie de Razes, en consequence du traité, qu'il auoit fait auec Odon son frere, de lui succeder en cette terre; en celle de Querecourbe, de Coila, & de Saissac, apres le decés de cét Odon, & de son fils Arnaud. Il lui laisse de plus les Aleus qui lui apartiennent dans le Comté de Tolose, le chasteau de sainte Gauelle auec ses dependances, la moitié du quartier de Bolueſtre, & la troiſieſme partie du Comté de Comenge, ſa part du chaſteau de Minerue auec ſes apartenances, & les aleus qu'il auoit dans le Narbonois. Pour ſon fils Bernard, il le partage du Comté, & de l'Eueſché de Coſerans, de la moitié de Bolueſtre, & du chaſteau & terre *de Foix*. Et lui baille la Viguerie de Sauartes, apres le decés de la Comteſſe Adelais, pourueu qu'il ne la trouble pendant ſa vie : Enſemble tous les droicts acquis au teſtateur ſur le Sauartes, & Caſtelpendent, apres le decés d'Odon & de ſon fils Arnaud, ſuiuant le traicté paſſé auec Odon. En outre il baille conioinctement à ſa femme Adelais, & à Bernard, les quartiers de Dalmaſanes, Podagues, & Arnagues, & la moitié de tout le Bois de Bolbonne, qui eſt entre les riuieres de l'Ers, & de l'Ariege : reſeruant à ſa femme, les aleus d'Eſcos, & d'Aueſac. Il donne à ſon troiſieſme fils Pierre, toutes les Abbayes qu'il poſſedoit dans les Cótés de Carcaſſone, & de Razes, & dans le partage de Bernard; & reſerue ſeulement à Raimond l'aiſné, l'Abbaye de Caunas, & celle de Varnaſone dans le dioceſe de Narbone. Et en diuerſes clauſes excepte en termes generaux les Aleus, qu'il dónoit à Dieu, & aux Saincts pour le remede de ſon ame : Il ordóne ſur la fin, que la Comteſſe Adelais ait en *ſa Baillie*, c'eſt à dire en ſa garde, regence & adminiſtration, toutes les terres delaiſſées à ſes enfans, tout autant de temps qu'il lui plaira. Et que le meſme ſoit obſeruè en leur faueur, s'ils ont des enfans de legitime mariage. Il leur defend de vendre, ni aliener leurs terres, horſmis entr'eux : Et ordonne que l'heritage retourne aux freres, en defaut d'enfans de legitime mariage.

V. Les anciens extraicts de ce teſtament ſont dans le Treſor de Pau, mais l'original eſt perdu, qui eut ſeru s'il ſubſiſtoit, pour nous deueloper d'vne difficulté aſſez faſcheuſe, touchant le temps de ce teſtament. Car le date, que l'on voit dans les extraicts, de l'an *mille ſoixante deux, regnant le Roi Henri*, eſt manifeſtement vitieux. D'autant que ce Roi deceda au mois d'Aouſt de l'année mille ſoixante, & ſon fils Philippe premier, fut eſtabli tout auſſi-toſt, en la Roiauté.

VI. Ceſte impugnation ſuffiroit pour conuaincre l'erreur de ce date. Mais on peut encore le deſtruire par vne raiſon inuincible, priſe de l'aage du Comte Roger, & de ſes enfans Raimond, & Bernard. Car l'vn & l'autre eſtoient nés du temps de la donation que fit Roger au profit du Monaſtere S. Hilaire, dés l'an 982. ainſi que i'ai verifié au Chapitre quatrieſme : quoi que Bernard n'eut point encor eſté baptiſé. Or depuis ce temps iuſques à l'année 1062. il y a 80. ans; De ſorte que le plus ieune des enfans, qui eſtoit peut-eſtre au berceau l'an 982. ſeroit aagé de quatre vingts ans, lors que ſon pere lui legue ſa portion par ſon teſtament, ſi le date de l'extraict eſtoit aſſeuré, qui eſt vne abſurdité tres-euidente. Quel aage deuoit auoir le pere à ce compte? pour le moins cent ans, & dauantage; qui ſont des calculs, que l'on ne reçoit pas dans l'hiſtoire, ſans quelque contrainte.

VII. Il faut adiouſter à cela, que la Comteſſe de Barcelone Ermeſende, fille du Comte Roger, & ſœur de Raimond, & de Bernard, eſtoit mariée au Comte Raimond Borrel, dés l'an mil vn; & meſmes eſtoit biſayeule dés l'année 1043. & mourut l'année 1058. ainſi que i'ai verifié fort exactement au Chapitre vi. De ſorte que ſi le date du teſtament de Roger eſtoit certain, il arriueroit que la ſœur ſeroit biſayeule, dix-neuf ans auparauant le partage des freres, & le deces du pere.

VIII. Mais comme il a eſté facile de conuaincre la fauſſeté de cette date, il y a bien de la peine d'eſtablir le vrai temps de ce teſtament. Car ſuiuant le characteriſme pris de la perſonne du Roi Henri, on ne peut le reculer, que iuſqu'au commencement de ſon regne, qui tombe en l'année 1029. Ce qui ne ſemble pas ſuffiſant, pour concilier la correſpondance de l'aage de la Comteſſe Ermeſende, auec celui de ſon pere, & de ſes freres; puis qu'en 1043. elle eſtoit biſayeule. Et partant il y a de l'apparence,

L'ure huictiesme. 709

rence, que son pere estoit decedé, & ses freres legitimés, & bien auancés dans l'aage, en cette année 1029.

IX. Ceste consideration me porte à peser plus exactement les termes du testament de Roger; qui iustifient assés clairement deux poincts; L'vn est, que nul de ses trois enfans n'estoit encores marié; puis qu'il parle d'eux en termes conditionnels, sçauoir que s'ils ont des enfans de mariage legitime, ils ayent l'administration de leurs biens: Le second poinct est, que ces enfans estoient encor en bas aage lors du testament. Ce qui se recueille de ce que le pere ordonne, qu'ils seront sous la *Baillie*, c'est à dire, sous la regence, gouuernement, ou administration de leur mere la Comtesse Adelais. Laquelle clause n'auroit pas bonne grace, si ces enfans estoient aagés de quarante-huict ans, comme il faut les accorder à Bernard qui estoit le plus ieune, encore que l'on remete ce testament au beau commencemét du regne du Roi Henri. Partant ie ne fais point difficulté de me persuader, que le Copiste de ce testament a failli, non seulement aux characteres du chifre, mais encor en l'expression du Roi: le nom duquel estant designé à l'ordinaire, par la premiere lettre H. il a interpreté du Roi Henri, ce qui deuoit estre entendu du Roi Hugues. Et par ce moyen il faudroit reietter le date du testament auant l'année mil; & en ce cas Roger auroit suruescu quelques années apres son testament.

X. A quoi il faut adiouster vne tres-puissante raison, tirée du mariage de la Reine Stephanie, auec le Roi de Nauarre Garcias surnommé de Nagera. Il espousa cette Dame à Barcelone, qu'il asseure dans le contract de ses arres auoir possedé vne rare beauté, & qu'elle lui fut deliurée par la Comtesse sa mere l'an 1036. Ce Roi, & la Reine Stephanie fonderent ce monastere fameux de nostre Dame de Nagera, où la Princesse est enterrée. Dans les memoires de ce Conuent, il est escrit, qu'elle estoit fille du Comte de Foix : comme asseurent Garibai, Surita, Sandoüal au Catalogue des Euesques de Pampelone, & Iean Briz Martinez; quoi que Garibai reiette cette opinion, dautant que les Comtes de Foix n'estoient pas encor establis. En quoi il a raison, suiuant l'opinion commune de nos Historiens. Mais selon ma correction, les memoires de Nagera, qui ne peuuent tromper, puis qu'ils parlent de la naissance d'vne Reine leur fondatrice, s'accordent fort bien au temps de Bernard premier Comte de Foix, & pere de Stephanie.

II. Greg. Tur. l. 10. c. vlt. Hic Pontifex suspectus habitus à Gothis, quod è Francorum ditionib. subdere vellet, apud vrbem Tolosam exilio condemnatus, in eo obiit lib. 2. c. 26.

III. Vincent. Bellouac. in Speculo l. 14. c. 35. Anton. summæ l. 8. c. 42. Catel l. 2. *des Mem. de Lang.*

IV. E Chart. Palensi: Ego Rogerius Comes, qui facio breuem diuisionalem inter filios meos Raymundo, & Bernardo ad Raimundum filium meum dono Ciuitatem Carcassonem cum ipso Comitatu Carcassense, exceptas ipsas Abadias quas ego dono ad filio meo Petrone, sicut cöuentum inter matre sua Alays, & te Raimundum. Et dono ad ipsum Raimundum filium meum, Redas Castellum cum suo Comitatu, ipsam meam partem; excepta ipsa mea parte de ipsas Abadias, quæ ego dono ad Petrono filio meo; & exceptos ipsos alodes quæ ego acaptaui in ipso Comitatu Redense, quæ ego dono à domino Deo, & ad sanctis suis, propter remedium animæ meæ. Et dono ad ipsum Raimundū, ipsa conuenientia de Comitatu Redensi, quæ habeo cum fratre meo Odone Comite, & cum filio suo Arnaldo, si Odo morit, & filio suo Arnaldo, remaneat, ad te Raimundo ipsa conuenientia de ipso Comitatu; & alia conuenientia quæ habeo ego cum fratre meo Odone, & cum filio suo Arnaldo, de Querocurbo cum Querocurbense remaneat ad ipsum Raimundum; & alia cöuenientia, quæ ego habeo cum fratre meo Odone, de Castello de Coila & de Colliense, remaneat similiter ad filium meum Raimundū. Et ipso Castello quæ dicitur Saixago cum ipsa Castellania, & cum ipsas Vegaris quæ ad ipsum Castellum pertinent, & cum ipsos alodes, sicut Arnaldus pater meus ibi tenebat, per ipsum castellum, remaneat ad Raimundum; exceptas ipsas Abadias quæ ego dono ad filium meum Petronem. Ipsos alodes de Comitatu Tolosano, quæ fuerunt de Bernardo Ruso, quæ Raimundus Vicecomes tenet per me Rogerio, & per te Raimundo, remaneant ad te filio meo Raimundo, & ipsam medietatem de Bulbastresu, & ipsa tertia parte de Comitatu Cöuenico remaneat ad filio meo Raimundo; & ipsa mea parte de Minerua, quæ Raimundus Vicecomes mihi donauit ad mortem suam, cum ipsa terra quæ ad ipso Castello pertinet, & ipsos alodes quæ habeo in Narbonense, remaneat ad Raimundo filio meo; exceptos ipsos alodes quæ ego dono ad Deum omnipotenté, & sanctis suis, propter remedium animæ meæ; & ipsa Abbadia de Caunas, & ipsa Abbadia de Varnalona remaneat ad filio meo Raimundo. Et ipsa Vigaria de Sauartense, post obitum Adalais, remaneat ad Ber-

Ooo

nardo filio meo, fi ille non la forfa, & emendare voluerit ; Ipfa conuenientia de Sauartenfe, & de Caftello pendéte, quæ ego habui ab Odone fratre meo, & Arnaldo filio fuo, poft obitum illorum remaneat ad Bernardo. Et Bernardo filio meo antedicto *dono ipfum Comitatum de Coforagno cum ipfo Epifcopatu*, & cùm ipfa medietate de Voluestrefo, & *ipfo Castello Fuxo cum ipfa terra Fuxenfe*. Dono ad Adalais vxor mea, & Bernardo filio meo infimul, & Dalmafenenfe, & Podagenenfe, & Arnaguenfe, & medietatem de toto bofco Bolbonæ, quæ eft inter flumen de Ercio, & flumen Aregiæ. Dono ad Bernardo filio meo & ipfos alodes, quæ ego ibi habeo ; exceptas ipfas Abadias, & ipfas Ecclefias, quæ ego dono ad filio Petrone ; & exceptos illos alodes quæ ego dono ad domino Deo, & fanctis fuis propter remedium animæ meæ ; & exceptos ipfos alodes de Efcocia & de Auefaco, quæ ego dono ad Coniugem meam Adelais mater veftra ;

ficut fuperius fcriptum eft fic habeat firmitatem ifta fcriptura. Ego Rogerius non hoc defaciam, fi ego nõ hæc camio cum meo gradiéte animo. Ita omnia fcripta teneat Adelays vxor mea *in Bailua* quatenus ipfa voluerit, ficut fuperius eft fcriptum fic habeat firmitatem, in tali vero ratione vt dum illi viuant teneant & poffideant : fi habuerint infantes de legitimo matrimonio fimiliter remaneant *in Badlia* de illis qui viui erunt. Vendere nec alienare licentiam vnus non habeat, nifi vnus ad alium, & fi infantes non habuerint de legitimo matrimonio, ipfa hæreditate remaneat ad ipfos fratres, qui viui erūt. Ifta fcriptura Rogerius Comes manu fua firmauit. Facta charta diuifionis iftæ, Calendas Aprilis Anno Chrifti Incarnati M.LXII. Henrico Rege Francorum. S. Guil. de Sancto Silicio. S Ram. Ademari. S. Pontij Arberti. S. Ermengardi de Combreto S. Arnaldi Pelapoli. Sifredus Notarius fcripfit, die, & anno quo fupra.

CHAPITRE X.
Sommaire.

I. II. Bernard fut eftabli par le Teftament de fon pere, Comte du Comté de Coferans. Ce Comté eftant euincé, la dignité de Comte fut referuée à Bernard, fous le tiltre de Comte de Foix. Coferans reduit en Vicomté. III. Foix honoré du tiltre de Comté, parce que le chafteau eftoit dans les limites de l'ancien Comté de Coferans. IV. Le Comté de Foix n'a pas efté erigé par les Comtes de Tolofe. Opinion du fieur Catel. V. Examen de cette opinion. Le chafteau de Foix, & le païs d'enhaut ne releuoient point des Comtes de Tolofe : quoi que le bas Foix depuis le Pas de la Barre fut de leur homage. VI. Cette diftinction verifiée par les actes d'homage des Comtes de Tolofe. VII. Traicté de Roger Comte de Foix auec le Roi Sainct Louis, pour tenir en homage de la Couronne, les fiefs qu'il releuoit du Comte de Tolofe. Letre d'aueu du Comte Roger Bernard de tous les fiefs qui releuent du Roi, où le chafteau & ville de Foix, ni le haut païs ne font point denombrés.

I. N peut recueillir de ce Teftament pour le regard de Bernard, qu'il fut defigné & eftabli par fon pere Comte du Comté, & de l'Euefché de Coferans, comme fon frere aifné fut Comte de Carcaffonne & de Razes. C'eft pourquoi il ne faut pas fe metre en peine, de rechercher la dignité Comtale de Bernard, & de fa mere ailleurs, que dans le teftament de fon pere Roger. Quoi que la denomination, & le tiltre de Comte de Foix foit vne nouueauté ; qui ne peut auoir efté introduite, ni procurée, que par celui qui eftoit maiftre du chafteau, & territoire de Foix, & du Comté de Coferans, dans lequel le chafteau de Foix eft affis. L'occafion en fut prife, de ce qu'vne partie du païs de Coferans, fut euincée des mains de Bernard, par fon aifné le Comte de Carcaffone. Ce qui ne pouuoit eftre bonnement fait, que fous la referue du tiltre de Comté, affecté aux terres qui reftoient à Bernard, dont la principale eftoit le chafteau de Foix.

II. Ce que ie n'auance pas tant par coniecture, que l'euidence du faict ne m'oblige de l'affeurer abfolument. Car il apert par la Tranfaction de l'an 1068. que le Vicomté de Coferans eftoit entre les mains d'Ermengarde de Carcaffone ; lequel elle ceda à R. Berenger Comte de Barcelone. Et d'ailleurs la fuite de l'hiftoire des Comtes de Foix fait voir, qu'ils n'ont possedé qu'vne petite portion du Comté, & de l'Euesché de Coserans, sous le tiltre de Comté de Foix, qui auoit ses dependances situees en l'Euesché de Tolose. D'où l'on doit conclure, que le reste du païs de Coserans legué à Bernard par le Comte Roger son pere, lui fut euincé, ou à son successeur, par les maistres de la maison de Carcassone, sous la reserue de la dignité Comtale, dont Bernard auoit esté honoré par son pere. Et par ce moyen le païs de Coserans, qui auparauant estoit Comté, fut reduit au seul tiltre de Vicomté, ainsi qu'il est iustifié par la transaction de l'an 1068. & le païs de Foix fut honoré de la dignité Comtale: & a eu enfin son Euesché en la ville d'Apamiers, par le demembrement que fit le Pape Boniface VIII. du diocese de Tolose, pour faire cette erection.

III. Or il ne faut pas trouuer estrange, si Bernard retenant la qualité de Comte, & vne portion du Comté de Coserans, ne continuoit point le tiltre de Comte de Coserans, mais prenoit celui de Comte de Foix. Car pour celui-là, il ne pouuoit meshui se le donner, à cause que la ville de S. Leser de Coserans n'estoit plus en son pouuoir; Et pour le nouueau tiltre de Comte de Foix, tiré du nom d'vn chasteau & de la terre qui en dépendoit, il auoit l'exemple du Comte de Melgueil, dans le Languedoc; lequel encore que son Comté fust celui de Maguelone, ou de Sustantion, prenoit neantmoins son nom du chasteau de Melgueil, qui estoit la principale place du païs, & sa residence ordinaire, comme i'ai obserué au Chapitre 111.

IV. C'est pourquoi Squarrier, Laperriere, & Elie ont eu grand tort d'inuenter de leur creu, que le Comte Bernard auoit esté ordonné Comte de Foix, par le Comte de Tolose; puis qu'ils n'ont tiré cette instruction d'aucun ancien document: Et que mesmes Honorat Bonet Prieur de S. Lor en sa lettre escrite à Gaston Phœbus, ne parle point de cette pretenduë erection de Comté. Aussi le sieur Catel ne la gouste pas, parce que son ancien manuscrit de l'histoire de Foix n'en faict aucune mention; & qu'il n'a point trouué l'acte de l'erection de cette terre en Comté, quoi qu'il ait esté curieux de le faire chercher dans les archifs du chasteau de Foix. Adioustant qu'il semble nouueau, qu'vn Comte qui releuoit du Roi de France, eut erigé en Comté vne terre, qui ne lui apartenoit pas. Car encore qu'il reconnoisse par les traictez du Comte de Foix auec le Roi Sainct Louis, & par l'autorité de Guillaume de Puilaurens, que ces Comtes estoient auparauant homagers du Comte de Tolose; Neantmoins il se persuade que cette superiorité, doit estre attribuée à quelque entreprise de Raimond de Sainct Gilles Comte de Tolose, qui estoit vn grand vsurpateur des biens d'autrui.

V. Il y a quelque chose de veritable, en ce raisonnement, & quelque peu de surprise. Car le discours est fort pertinent, en ce que le sieur Catel dit, que le Comte de Tolose ne pouuoit eriger en Comté vne terre qui ne dépendoit pas de lui; puis qu'en effect le chasteau de Foix, ni son territoire qui estoit dans l'ancien Comté de Coserans, ne releuoient point du Comté de Tolose; mais il y a de la surprise, en ce qu'il estime que depuis l'vsurpation de Raimond de Saint Gilles, le Comté de Foix ait releué de Tolose. Car vne partie des terres du Comté de Foix estoit assise dans le païs Tolosain, ou l'Euesché & comté de Tolose; & celle-là estoit iustement tenuë à foi & homage des comtes de Tolose, sans qu'il faille l'attribuer à l'vsurpation du comte Raimond; mais aussi le chasteau de Foix & ses dependances, comme ils n'estoient pas du païs Tolosain, aussi n'ont-ils iamais releué des comtes de Tolose. Et par consequent ces comtes n'ont peu faire l'erection de Foix en comté; qui estoit d'ailleurs vne pratique inconneuë en ce temps: les tiltres des comtés n'estans attribués ordinairement qu'aux cités Episcopales auec leurs territoires; ou bien aux partages que les comtes donnoient à leurs enfans, l'abus commençant à s'introduire, de diuiser entre les enfans, auſſi bien la dignité, que le territoire des fiefs.

VI. Ie preuoi que l'on auroit difficulté de gouſter ma diſtinction du païs de Foix, en celui qui releue de Toloſe, & celui qui en eſt independant, ſi ie ne le verifiois par bonne preuue. Pour cét effect, i'employerai les actes d'homage rendus par les comtes de Foix, aux comtes de Toloſe; ou ceux-ci limitent l'homage aux terres du Comté de Foix, qui ſont aſſiſes dans l'Eueſché de Toloſe, depuis le lieu nommé communément *le Pas de la Barre*, qui eſt à vne lieuë au deſſous de la ville de Foix. C'eſt ainſi que modifie cét homage, le Comte Raimond en ſes letres du mois d'Octobre 1229. en faueur du Comte Roger Bernard; & en celles de 1241. en faueur du Comte Roger. Ce que Guillaume de Puilaurens confirme en termes expres, parlant de cét homage de Roger. car il eſcrit, que ce comte reconneut de meſme façon que ſon pere, tenir à foi & homage du Comte de Toloſe ſon ſeigneur, toute la terre qu'il poſſedoit *du Pas de la Barre en bas*, dans l'Eueſché de Toloſe.

VII. L'independance du chaſteau & du haut païs de Foix, à l'endroit des comtes de Toloſe, paroiſt aſſés, par ce que i'ai deſia mis en auant; mais elle eſclatera dauātage, par ce qui ſuit. Le Roi S. Louis fit vn traicté particulier auec Roger Comte de Foix, qu'il détacha de la ligue du Roi d'Angleterre, & de Raimond le Ieune comte de Toloſe, & le rendit vaſſal de la couronne, pour tenir à foi & homage des Rois de France, ce qu'il tenoit en fief des Comtes de Toloſe: ſous promeſſe que ni lui, ni les Rois ſes ſucceſſeurs, ne le remetroient point ſous l'homage des Comtes de Toloſe; Auquel reſpectiuement le comte de Foix promit pour ſoi & les ſiens, de ne reconnoiſtre les Comtes de Toloſe, ſans le conſentement du Roi: à la charge qu'il ſeroit conſerué en la meſme liberté dont il iouïſſoit, lors qu'il releuoit des Comtes de Toloſe. De ſorte que l'homage des comtes de Foix enuers le Roi, eſt reduit aux meſmes termes, qu'eſtoit celui que l'on preſtoit aux comtes de Toloſe; & par conſequent il eſt limité & reſtraint aux terres, qui ſont au deça le Pas de la Barre; à l'excluſion du Haut Foix. La conſequence eſt neceſſaire: mais elle eſt en outre iuſtifiée par la letre d'aueu, & denombrement, que bailla pardeuant le Seneſchal de Carcaſſonne, le comte de Foix Roger Bernard, des terres qu'il tenoit en homage du Roi, ſuiuant le commandement qu'il en receut par letres patentes expediées ſur ce ſuiet, l'an 1263. Cette reconnoiſſance eſt dans le Threſor de Pau, où le Comte dénombre au menu tout ce qu'il poſſede au dioceſe de Toloſe, les quartiers de Bolbone, Sauerdun, Leſat, Dalmaſanes, Mas d'Aſil, Apamies, & toutes les villes & villages où il auoit du domaine. En ſuite il denombre cinq terres qu'il poſſede au Dioceſe de Comenge, & le païs de Bolueſtre, & les chaſteaux que le Comte de Comenge tenoit en fief du Comte de Foix. Pour le dernier article, il y met les terres du païs de Carcaſſes, que le Roi Sainct Louis auoit baillées à Roger Comte de Foix, pour les tenir à foi & homage lige de la Couronne de France. En ce denombrement ne ſont point compris, ni la ville & chaſteau, ni le païs haut de Foix. De ſorte que le Comte profeſſoit ouuertement, qu'il ne les tenoit pas en homage du Roi. Ce n'eſt pas que ces terres fuſſent poſſedées auec vne totale independance de la Couronne: Puis qu'elles eſtoient dans les limites du Royaume. Mais elles eſtoient tenuës auec franchiſe, & *en franc aleu*, ſans eſtre aſſuietties aux ſeruices, que les fiefs impoſent aux vaſſaux, horſmis la fidelité. Neantmoins depuis que les Comtes preſterent leur homage & ſerment de fidelité, à la Couronne, en termes generaux, ſans bailler le denombrement au menu, ces diſtinctions ſe ſont euanoüies peu à peu; en ſorte que l'on eſt en peine de les eſclaircir à preſent.

I. Catel l. 4. *des Memoires de Languedoc, au ch. de Bernard Comte de Foix.* Acta hominiorum extantin Tabulario Pariſienſi, & in Palenſi.

CHAPITRE X.
Sommaire.

I. Partage de Bernard selon les Historiens de Foix. II. Beatrix de Beziers femme du Comte Bernard. Leur donation en faueur de l'Abbaye de Foix: dont le date est conceu en ces termes Regnant I.C. D'où l'historien de Foix a conclu que c'estoit du temps de l'excommunication du Roi Philippe. III. Explication de ces termes que l'on voit dans les anciens actes, Regnant I.C. Inscription d'Aux faisant mention du Regne de Jesus-Christ expliquée. IV. Pendant l'excommunication du Roi Philippe, les actes publics estoient chargés de son nom. V. Opinion d'vn sçauant Historien, que les Euesques donnant à ce Roi l'absolution de l'excommunication, lui mirent la Couronne sur la teste. Elle est reiettée; & le texte d'Iues de Chartres expliqué, du Couronnement du Roi à l'ouuerture de son Parlement. VI. Coustume de ce temps, & de celui de la premiere race des Rois, de faire l'ouuerture du Parlement auec la Couronne sur la teste. VII. Les Papes excommuniant le Roi Philippe, auoient pretendu le priuer de l'obeissance de ses sujects. Mais ni le Roi, ni les François ne defererent point à cette entreprise. VIII. Iues expliqué. Il s'accommodoit à la façon de parler des Papes, touchant la restitution de la Couronne. IX. Faute des Historiens de Foix, qui veulent que le Comte Bernard ait accordé son frere Raimond Comte de Carcassone, auec R. Comte de Tolose. Cét accord est mal daté par ces Historiens. X. Decés du Comte Bernard, mal placé par ces Auteurs.

I. Pres auoir esclarci l'origine de la dignité Comtale de la maison de Foix, il faut considerer ce que le Cordelier Mediauilla, la Perriere, & les autres escriuent du premier Comte Bernard. Cela reuient à trois poincts, L'vn est, qu'il receut en partage de son pere Roger, le Vicomté de Coserans (c'est ainsi qu'ils parlent) la moitié de Volvestre, le chasteau & la terre de Foix, le Dalmasanes, & Podagues, & le Bois de Bolbonne. I'ai desia representé les propres termes du testament au Chapitre VIII. & fait voir plus exactement en quoi consistoit le partage de Bernard; & maintenant ie desire que le Lecteur prenne garde à la surprise de ces escriuains, qui pour s'accommoder à l'estat de leur temps, ont changé le Comté de Coserans mentionné dans le testament, en tiltre de Vicomté: de sorte que si nous n'eussions veu les propres termes de l'ancien acte, il n'estoit pas possible de paruenir à la connoissance de l'origine du tiltre Comtal de Foix, qu'il eut falu attribuer auec eux à l'autorité des Comtes de Tolose, ou au partage des dignités entre les enfans.

II. Le second point est, que Bernard fut marié auec Beatrix de Beziers. Ce qu'ils doiuent auoir apris d'vn acte de donation, que fit ce Bernard en faueur de l'Abbaye de Foix, des lieux de Campredon, Cadirac, Ferrieres, Sainct Iean de Berges auec ses dismes, & de l'Eglise de Serres. Le Cordelier Mediauilla suiui par les autres faict mention de cét acte, qu'il dit n'auoir autre date que celui-ci, *Regnant nostre Seigneur Iesus-Christ.* D'où il conclud par coniecture, que le temps en doit estre rapporté à

O oo iij

l'année 1095. dautant que pour lors on obmetoit dans les actes publics le nom du Roi Philippe, à cause qu'il auoit esté excommunié par le Pape Vrbain second, pour raison de son adultere public auec Bertrade, & l'on se contentoit de consigner les actes par ces termes, *Regnant Iesus-Christ*. Cette pensée n'est pas du creu de ce bon Religieux; Elle auoit esté preoccupée par l'auteur de la Chronique Saint Denys; lequel ne voyant pas de iour pour expliquer quelques anciens tiltres, qui n'ont autre date que, Regnant I. C. se persuada pieusement, que c'estoit pour le respect de l'excommunication laschée contre le Roi Philippe.

III. Mais pour faire voir qu'il y a quelque autre motif, on doit remarquer qu'en ces actes non seulement le regne du Roi y est omis, mais aussi l'année de l'incarnation: De sorte qu'il faut attribuer ces defauts & manquemens à la seule negligence des escriuains, qui ne mettoient bien souuent aucun date aux actes qu'ils receuoient. Pour le regne de Iesus-Christ il y estoit inseré, pour signifier à mon auis que la Prouince faisoit profession du Christianisme, & n'estoit point sous la seigneurie d'vn Prince Payen, ou Mahometain. C'est pourquoi on lit bien souuent dans les Chartes d'Espagne ces termes, *Regnant Iesus-Christ, & sous son regne, le Roi Sance*, ou quelque autre Roi. Et plusieurs Conciles portent en teste, le Regne de Iesus Christ. On void dans l'Eglise Sainct Orens de la ville d'Aux deux tombeaux, l'vn de Antonianus faict, *Anno nono regni Domini nostri*; l'autre de Heraclia, *anno sexto regni Domini nostri Christi*. Ie pense que l'interpretation de cette Epoque nouuelle *du Regne de Christ*, doit estre prise, du iour que la religion Chrestienne fut receuë dans la ville d'Aux; c'est à dire enuiron le Consulat de Decius, & Gratus l'an de Christ 257. auquel temps les plus exacts auteurs rapportent l'establissement du Christianisme dans ce quartier de la Gaule, & particulierement à Tolose, & en Gascogne, par le moyen de Sainct Saturnin, suiuant le tesmoignage de Gregoire de Tours.

IV. Quant à la remarque que l'on a faicte, qu'apres l'excommunication du Roi Philippe, on ne mettoit point son nom dans les letres publiques; ces graues & doctes Historiens les sieurs de saincte Marthe, & Duplex ont obserué, qu'il y a plusieurs chartes conceuës sous l'autorité de son nom, pendant qu'il estoit excommunié: comme l'on voit aussi bon nombre de letres sous d'autres Rois non excommuniés, auec la clause *Regnant Iesus-Christ*, par humilité & verité Chrestienne, pour tesmoigner que les Princes le reconnoissoient pour le Roi des Rois.

V. Mais ie ne puis m'attacher à l'autre obseruation, qui a esté faicte, sur vn texte d'Iues Euesque de Chartres, sçauoir que les Euesques de la prouince Belgique apres auoir donné à ce Roi l'absolution de son excommunication le iour de la Pentecoste, lui mirent la Couronne sur la teste. Car Iues remarque deux actions & ceremonies semblables, qui doiuent estre expliquées l'vne par l'autre. La premiere est celle de l'Archeuesque de Tours, lequel nonobstant l'Interdit du Legat, qui auoit excommunié le Roi dans vn Concile de l'Eglise Gallicane, en la ville d'Autun, l'an 1094. auoit mis la Couronne sur la teste du Roi, en sa Cour de Noël; c'est à dire qu'il lui auoit rendu cét office; afin qu'il presidast à l'assemblee ou Parlement du Royaume, auec ses ornemens Royaux, suiuant la coustume. De sorte que cette ceremonie ne regarde point l'absolution du Roi; puis qu'il estoit encore dans l'excommunication; Mais le seruice rendu par l'Archeuesque en cette Cour, Assemblée, ou Parlement du Royaume. Or Iues estimoit que les Euesques ne deuoient point assister, à cause de l'excommunication du Roi, à la ceremonie Ecclesiastique qui se faisoit à l'ouuerture du Parlement. Apres le decés du Pape Vrbain, qui confirma les censures dans le Concile de Clermont, le Roi tint vn Parlement à la Pentecoste; où les Euesques de la Prouince Belgique firent la ceremonie de metre la Couronne sur

Liure huictiesme.

la teste du Roi. Dequoi Iues fait encor vne plainte au Legat Iean, & le loüe de ce qu'il n'a pas suiui cét exemple, & s'est abstenu de la communion du Roi. D'où l'on peut recueillir, que l'on tenoit qu'il estoit encore dans le lien d'Anatheme; & que la ceremonie de cette Couronne, regarde la tenuë de l'assemblée du Parlement, & non pas l'absolution du Roi, comme l'on pretend.

VI. Car l'vsage de ce temps estoit, que les Rois tenoient leur Parlement aux Festes de Noel, de Pasques, & de Pentecoste, & en faisoient l'ouuerture, apres auoir oüy la Messe, qui estoit celebrée par le Metropolitain de la Prouince; lequel mettoit en suite la Couronne sur la teste du Roi. Ce que l'on aprend fort expressément par vne letre d'Anselme Archeuesque de Cantorberi, lequel s'opposant aux inuestitures que le Roi Henri II. d'Angleterre obligeoit les Euesques esleus de receuoir de lui, auant la consecration; & ce Prelat ayant receu defense du Pape Paschal second, de communiquer auec les Euesques, qui auoient receu ces inuestitures, escrit qu'il se trouue en vne grande peine. Dautant qu'ayant esté mandé par le Roi à la tenuë de sa Cour ou de son Parlement, & estant obligé d'y celebrer la Messe por couronner le Roi, suiuant qu'il auoit acoustumé, il le verra enuironé de ces Euesques, dont le Pape lui defend la communion, & la presence du Roi lui oste le droict ou le moyen de les reietter. Que s'il se contient dans sa maison, le Roi, les Euesques & les Seigneurs auront subiect de se plaindre, de ce que le Primat refusant au Roi le deuoir, auquel la coustume l'oblige, il tasche de lui oster l'honneur de sa couronne; de sorte qu'il est à craindre, qu'ils transportent à vne autre Eglise, le priuilege de la sienne. On ne sçauroit employer vne preuue plus expresse de cette coustume, de mettre la couronne sur la teste des Rois, apres la celebration de la Messe: lors qu'ils faisoient l'ouuerture de leur Parlement: qui estoit aussi pratiquée pendant la premiere de nos Rois, comme l'on void dans les Actes de la vie du Roi Dagobert; à laquelle coustume Iues a fait allusion, & non pas au restablissement de la couronne perduë par l'anatheme.

VII. Il est bien certain, que les Papes Gregoire VII. Vrbain II. & Paschal, ont pretendu oster au Roi Philippe l'obeïssance de ses sujets, & la dignité de la Royauté, lors qu'ils ont lasché l'excommunication contre lui, comme l'on aprend des termes dont ils se sont seruis, que Iuret a rapportés. Mais ces entreprises n'ont pas esté receuës en France, qui respecte l'autorité des clefs, lors qu'elles sont employées suiuant les Canons, pour le regard de la peine spirituelle; mais ne les reconnoist pas, en ce qui concerne le temporel. De fait, le Roi Philippe ne restoit pas pour l'anatheme, de continuer le gouuernement de son Royaume, d'assembler par ses letres les Euesques de trois Prouinces à Troyes, donner l'Euesché d'Orleans, & d'exercer sa Royauté en autres rencontres, ainsi que l'on void dans les Epistres d'Iues Euesque de Chartres.

VIII. Il est vrai pourtant, que lui, & quelques autres Euesques estoient retenus à ce poinct, que de s'esloigner de la communion du Roi pendant l'Interdict; en rendant neantmoins à ses commandemens l'obeïssance qu'il apartient. Mais le corps du Royaume ne lui rendoit pas seulement les deuoirs, mais aussi communiquoit auec lui, en ce qui regarde le gouuernement des affaires; & la tenuë de ses Parlemens. Sans qu'il faille considerer, que Iues escriuant au Pape Vrbain l'auertit qu'il sera importuné par les Ambassadeurs du Roi, de l'absoudre de l'anatheme, & de lui rendre la Couróne auec menaces en cas de refus, que le Royaume se departira de son obedience. Car cela n'establit pas, que la creance des François, ni celle d'Iues fust telle, que leur Roi eust perdu la Couronne par la force de l'excommunication; mais ils s'accommodoient à la façon de parler du Pape, & lui demandoient qu'il leuast ses anathemes, & remit, pour le regard du Sainct Siege, ce Prince au mesme estat, qu'il estoit

Ooo iiij

auant l'anatheme. Les Tres-illustres Cardinaux du Perron, & d'Ossat se seruirent auec prudence de cette precaution en la reconciliation du feu Roi Henri le Grand; ayans accepté les letres de rehabilitation à la Royauté, que l'on offrit à Rome, pour la satisfaction du Sainct Siege, quoi qu'ils protestassent n'en auoir pas besoin, pour le regard du Royaume, qui tient que l'anatheme ne peut oster la Royauté.

IX. Il y a vn troisiesme poinct, que les Historiens de Foix remarquent, touchant le comte Bernard; sçauoir qu'il accorda le different, qui estoit suruenu entre Raimond comte de Carcassonne son frere, & Raimond second du nom Comte de Tolose, touchant l'homage du chasteau de Laurac; d'où le païs de Lauragois a pris son nom. Le Comte de Tolose pretendoit cét homage sur celui de Carcassonne: dont il se departit, & paya à ce Comte pour les frais de cette guerre dix mille sols Melgorois, comme ils escriuent, suiuant vn acte de l'an 1071. Les sols Melgorois estoient batus au chasteau de Melgueil en Languedoc; De sorte que ces auteurs se surprennent lors qu'ils escriuent que c'estoit monoye de Barcelone; & encore plus la Perriere, qui erre au nom de la monoye, disant que c'estoit dix mille moutons monoye de Barcelone. Mais la faute de Squarrier, sur la foi duquel les autres ont escrit, est encore plus blasmable, lors qu'il rapporte le date de cét accord à l'année 1071. & au Comte de Tolose Raimond second; puis qu'en cette année Raimond Comte de Carcassonne fils de Roger estoit decedé, & que Guillaume estoit pour lors comte de Tolose, & non pas Raimond second, autrement nommé le fils de Faydite. Car ce Raimond de Tolose viuoit en l'année 1171. aussi bien que Raimond & Roger Trencauel freres, Vicomtes de Carcassone & de Besiers, enfans de Raimond Trencauel leur pere, qui estoit decedé l'an mille soixante-sept. C'est pourquoi cét accord allegué touchant l'homage de Laurac, ne peut estre rapporté qu'à Raimond comte de Tolose, & à Raimond ou Roger de Besiers: & partant le date doit estre corrigé & augmenté d'vn centenaire, pour faire M.C.LXXI.

X. Partant nous ne sommes pas obligés par les titres que l'on pretend estre des années 1071. & 1095. de prolonger la vie du Comte Bernard, iusqu'à l'année 1096. comme font ces Historiens: puis que suiuant l'autorité de la Charte du Monastere Sainct Hilaire, il estoit né l'an 982. & seroit aagé de cent quatorze années en celle de 1096. Ie pense que c'est lui donner vne assés longue vie, si l'on establit son decés par coniecture, enuiron l'an 1050. qui sera son année soixante-dixiesme. Les huictains que fit Honorat Bonet en langue Prouençale ont esté publiés, sans le nom de l'auteur, par le sieur Catel; encore que l'on voye quelque petite difference de ceux qu'il a imprimés, auec ceux qui sont representés par Michel Bernis, que ie metrois en ce lieu plus pour leur antiquité, que pour leur gentillesse, s'ils en valoient la peine.

III. Catell.2.des C.de Tol.c.1.Greg.Tur.l.1.c.28.
IV. Les sieurs de Saincte Marthe,& Duplex en la vie de Philippe premier.
V. Iuo ep.66.& 67. Iuo ep.84.
VI. Anselmus Cantuar. Arch.ep. ad Ernulphum Priorem: quid facere possum, cum veniã ad Regem coronandum, & Missam celebrabo; & ipsi circa me erunt. Certè illos expellere nequeo, cum illis orare non audeo. Regi subtrahere solitum officium non debeo. Si mihi dicitur, vt dorm maneam, ad Curiam non eam, & sic me, alia bona officij mei faciens, à cõmunione malorum abstineam, cõqueretur Rex cum omnibus Episcopis & Principibus suis, quia cum illum coronare nolo, aufero ei Coronæ suæ honorem quem ei Primas regni sui debet per consuetudinem, vnde illis iustum videbitur, & opere complebunt, vt dignitas Ecclesiç nostrç ad aliam Ecclesiam transferatur.

VI. Gesta Dagoberti c.51. Hludouueus Rex Clippiaco residens, conuocatis Pontificibus, nec non & regni primoribus Regio stemmate ex more cõptus.

VII. Iuretus ad ep.46. Iuonis. Iuo ep.46.& 66.67. & alibi.

VIII. Iuo ep.46. Cardinal d'Ossat en sa Letre du L.

CHAPITRE XI.
Sommaire.

I. Roger 1. fils & successeur de Bernard. Il fit, selon les Historiens de Foix, vn traicté auec Ermengarde de Carcassonne, & Bernard Aton son fils, contenant vne substitution reciproque. II. Il donne auec la Comtesse Arsende sa femme vn village à l'Abbaye de Foix. Transporte en son manteau les Reliques de S. Antoine. III. Il fait vne assemblée pour la Translation des Reliques de S. Volusian, selon Mediauilla. Mais cette action apartient à son fils Roger II. IV. Celui-ci auoit succedé à son pere du temps du Pape Vrbain second. Il auoit esté excommunié par ce Pape. Son pareage auec l'Abbé de S. Antonin de Pamies. V. D'où il suit que Roger premier estoit decedé auant l'an 1099. Le traicté auec Ermengarde doit estre attribué à Roger second, & non à son pere. Roger II. fit le voyage de Jerusalem du temps de la premiere Croisade. VI. Stephanie femme de ce Roger. Erreur des Historiens de Foix, qui pretendent qu'il n'eut point lignée de Stephanie. VII. Son decés, & son eloge, & celui de son pere par Bonet. VIII. Roger III. fils du Comte Roger II. & de la Comtesse Stephanie. Il a esté inconnu aux Historiens de Foix. Il espousa la Comtesse Ximene. Receut l'homage du chasteau de Mirepois. Son decés.

I. Roger 1. du nom succeda à son pere Bernard, au Comté de Foix. On escrit que voyant la succession de la maison de Carcassonne, entre les mains de la Vicomtesse Ermengarde sa cousine, il se persuada que ce noble fief estoit masculin, & partant que cette Dame estoit incapable de le posseder. C'est pourquoi il arma, & se rendit maistre de la ville, & du Comté. Mais en suite il le remit à sa cousine, & à son fils Bernard Aton, sous clause expresse de substitution reciproque entre les parties, en cas qu'ils decedassent sans enfans. L'accord est du 9. des Calendes de May 1097. par lequel Roger cede au cas de defaut d'enfans à Ermengarde Vicomtesse de Besiers, & apres elle à Bernard Aton son fils, Foix, Fredelas, Lordat, Castelpenent, le chasteau de Du, le chasteau de Mirepois, & les terres qu'il possedoit dans le Comté de Comenge, & dans le Coserans; reseruant à sa disposition les lieux d'Arsencs, & de Layrac, qui sont dans le païs de Carcasses: Et reciproquement Ermengarde, & B. Aton au mesme cas, lui cedent les Vicomtés de Beziers, & de Carcassonne: quoi que ie pense que cét accord fut arresté auec Roger II. comme ie monstre au nombre v. de ce Chapitre. La Perriere n'ayant sceu lire son manuscrit, a rendu bien obscure cette cession. Car au lieu de Foix, & Fredelas, qui sont deux villes, il a fait vn mot barbare, Fontfredalles, qui ne signifie rien. En quoi il a esté suiui par Elie natif de la ville de Fredelas, qui est celle d'Appamies.

II. Ce Prince embrassoit les occasions de tesmoigner sa pieté. Car lui & sa femme Arsende donneretn à l'Abbaye de Foix, le lieu de Garrat, & quelques maisons au lieu d'Amplan. Mediauilla fait mention de cette donation sans date; qui eust pourtant donné vn grand iour à la supputation des années de ce Comte, si elle eust esté remarquée. Il escrit en outre que Roger 1. fit transporter auec beaucoup de reuerence, vers le Monastere de Lesat les Reliques de S. Antoine, qu'il portoit en son manteau, suiui d'vne Procession solennelle. Aussi estoit-ce l'ancien vsage de l'Eglise, de faire le transport des ossemens & des Reliques des saincts personnages, auec Processions & prieres publiques; comme l'on pratiqua du temps de S. Hierosme, lors que les Reliques du Prophete Samuel furent portées de Ierusalem à Constantinople, par le commandement de l'Empereur Theodose.

III. Les Historiens de Foix adioustent, que ce Comte fit vne grande assemblée de gens d'Eglise, où estoient Amiel Euesque de Tolose, & Raimond Euesque de Barbaste, suiuis de la Noblesse & du peuple du païs circonuoisin, pour celebrer auec plus d'honneur la Translation qu'il fit des Reliques de S. Volusian, qui reposoient en vn lieu proche de Foix; lesquelles furent portées en la Chapelle de Montgausi, recommandée pour la deuotion qui s'y pratique, où plusieurs miracles furent faits par les prieres du Sainct Martyr: & de celieu elles furent conduites, & placées honorablement en l'Eglise S. Nazaire de Foix. Cette translation de S. Volusian est consignée par Mediauilla, en la quatriesme Ferie de Ianuier M. C. XI. Mais ie tire de ce date, que cette action apartient à Roger son fils, & non au pere: qui estoit decedé dés le temps du Pape Vrbain second, c'est à dire auant l'an 1099. Neantmoins les Historiens de Foix pretendent, que ce Roger ait vescu iusqu'en l'année M. C. XI. se fondans sur cét acte: lequel n'estant conceu que sous le nom du Comte Roger, peut estre appliqué au fils, aussi bien qu'au pere.

IV. Mais comme i'ai desia dit, le fils estoit en possession du Comté dés le temps du Pape Vrbain. Ce que ie verifie par le pareage qui fut passé entre le Comte Roger, & l'Abbé de Sainct Antonin, au mois de Iuin M. C. XI. où il est enoncé, que le Comte reconnoist, que son oncle Roger, & lui mesme apres son oncle, auoient indeuëment vsurpé sur le monastere de Sainct Antonin, la ville de Fredelas, que les Comtes de Carcassonne & de Foix ses predecesseurs auoient donnée à ce monastere: & que pour cette violence & indeuë vsurpation, il auoit esté excommunié par le Pape Vrbain, & par le Pape Paschal. De sorte que voulant se descharger de cette excommunication, il rendoit purement & sans reserue, aux Abbés qui seroient esleus à l'auenir, & au Prieur Isarn, & aux Chanoines, toute la ville de Fredelas, le chasteau d'Apamies, & toute l'Abbaye de Sainct Antonin, & reuoquoit les mauuais vsages, que son oncle & lui y auoient introduits. De plus, il fit donation au profit de ce monastere de la rente annuelle, d'vn demy muid de froment, d'vn muid de bon vin, d'vne vache grasse, & de quatre pourceaux, ou de quatre sols payables à la feste de Sainct Antonin. Aussi le Prieur Isarn de son costé, auec l'auis des Chanoines & d'Amiel Euesque de Tolose, & de Raimond Euesque de Barbaste, remit entre les mains du Comte Roger, le chasteau de Pamies auec toutes les forteresses faictes ou à faire; afin que le chasteau & la ville de Fredelas fussent sous la garde du Comte, & l'Abbaye sous sa protection. Et lui accorda en outre la iouïssance de la moitié des rentes, & de la iustice de cette ville, qui apartenoient à l'Abbaye.

V. Ce Traicté fut arresté auec Roger mari de Stephanie, comme les Historiens de Foix accordent, & comme ie verifierai fort exactement vn peu plus bas. Or le Comte Roger qui faict le pareage, tesmoigne que son oncle, & lui auoient esté excommuniés par le Pape Vrbain, pour les torts qu'ils auoient faits à l'Eglise Sainct Antonin; Donc Roger premier son pere estoit decedé dés le temps du Pape Vrbain, qui commença à sieger l'an 1088. & mourut en 1099. Car ie tiens pour constant, que le traicté des substitutions reciproques entre la Vicomtesse Ermengarde, & Roger, de l'an 1097. doit estre rapporté à ce Roger II. & non à son pere, qui estoit à mon aduis decedé pour lors. Et peut eftre que ce ieune Prince voulant entreprendre le voyage de Ierufalem auec les Croifés, & fuiure Raimond Comte de Tolofe, qui eftoit arriué au fiege de Nicée le 20. Iuin 1097. fit cét accord auec fes proches, pour affeurer fon païs pendant fon abfence; & laiffa la conduite de fes affaires à fon oncle Roger, qui trauailla pour lors le Monaftere S. Antonin. Ceci s'accommode bien auec les termes de l'accord, qui ordonne la fubftitution, en cas que Roger decede fans enfans, dautant que celui-ci n'eftoit pas encore marié: au lieu que fi Roger premier, qui auoit fon fils en vie, euft fait ce traicté, il euft fait mention de fon fils, comme l'on parle expreffément d'Ermengarde & de fon fils Bernard Aton. Cette raifon eft concluante. Certes le voyage de Ierufalem, auquel les Hiftoriens de Foix veulent que nos Comtes ayent eu leur part, ne peut auoir efté en aucune façon entrepris, ni par le Comte Bernard, comme pretend Mediauilla, & Bertrand Elie, ni par Roger 1. comme efcrit la Perriere.

VI. Roger 11. efpoufa vne Dame nommée Stephanie, qui lui porta en dot le païs des Marches de la Baffe Prouence, comme parle Honorat Bonet, & apres lui la Perriere. On efcrit qu'il n'eut point lignée de cette Dame, & qu'il efpoufa en fecondes nopces la Comteffe Ximene. Cette faute n'eft point pardonnable à Squarrier, lequel ayant remué tous les vieux papiers de la maifon de Foix, & dreffé l'inuentaire, y a inféré le fommaire d'vn acte fans date, qui porte que Bernard de Belmont & fes freres prefterent ferment de fidelité, pour le Chafteau de Sauerdun, à Roger Comte de Foix fils de Stephanie. Outre que dans le trefor de Pau, il y a vn acte d'homage du chafteau de Mirepois rendu au Comte Roger, fils de Roger, & de Stephanie.

VII. Le temps du decés de Roger 11. peut eftre mis par coniecture en l'année 1116. L'eloge que lui donne Honorat Bonet & à fon pere, eft compris dans ces deux huictains, que ie reprefente, parce qu'il y a quelque chofe qui regarde l'Hiftoire.

De Roger 1.

Per fo me fau Rogier nomar,
Car lo nom fiec la perfona
Et fabi gros os rofegar,
Car he conquiftat Carcaffona.
Encara crefi que mon corfier,
Poira del rofe à Barfalona,
Corre par tot fes nul dangier,
Si Diu longa vida me dona.

De Roger 11.

On me appella Rogier de Tibaut
Senhor de la Baffa Proenfa,
Encara montaré plus haut,
Per ardiment & per valenfa.
Qui gaufara culhir mon faut,
Io iuri Diu & ma crezenfa,
Que à mon ale no aura defaut
Per gran que fia de fa Durenfa.

VIII. Le quatriefme Comte de Foix eft Roger 111. du nom, fils du Comte Roger, & de la Comteffe Stephanie inconnu aux Hiftoriens de Foix. Il receut l'homage du chafteau de Mirepois, de Roger de Mirepois qui le tenoit en garde ou en fief de ce Comte: ainfi qu'il apert par l'acte qui eft dans le trefor de Pau, inféré au bas du Chapitre. Car la propriété du chafteau de Mirepois apartenoit aux Comtes de

Foix, puis que Roger 11. en dispose dans le traicté auec Ermengarde, de l'an 1097. Ce Roger est aussi nommé fils de Stephanie, en l'homage du chasteau de Sauerdun. Il espousa la Comtesse Ximene, & mourut enuiron l'an 1143. Olhagarai adiouste de son creu sans auteur, que ce Comte qu'il confond auec Roger 11. apres auoir pris le diuertissement de la chasse du cerf, auec sa femme Ximene, s'estant retiré pour se rafraischir, prit vn morceau de pasté de sanglier, & voulant boire tomba de son siege, & mourut soudainement. Ximene surprise de cét accident, se iette à terre, & demeurant attachée au corps de son mari rendit en mesme temps l'ame à Dieu. Ce discours ressent son Roman.

VI. *Ancien Inuentaire du Tresor de Foix, Titre Sauerdu.*
VIII. E Tabul Pal. Ego Rogerius de Mirapeis, & Arnaldus Rogerij, & ego Rogerius Ysarni, & ego Sufredus de Mailag, Iuramus tibi Rogerio Comiti Fuxensi *filio Rogery & Stephaniæ*, castellum Mirapeis ab la forsa & ab las forsas, quæ nunc ibi sunt, & in antea erunt, que nol te tollam, ne no ten tollam, ne no ten decipiam de las forsas quæ nunc ibi sunt, & in antea erunt. Et si erit homo aut fœmina, qui hoc fecerit, recti adiutores tibi erimus, donec recuperatum habeas, & inantea in sacramento staremus, quod pacificati & pacati reddemus eum, cum totas forcias tibi & tuo misso quando tu volueris, iuramus tibi per Deum & per istos sanctos.

CHAPITRE XII.

Sommaire.

I. Roger Bernard succede au Comté dés l'an 1144. Faict en cette année vne donation à l'Abbaye de Foix. Renouuelle le pareage auec l'Abbé de Pamies. Fredelas est le nom de la ville, & Pamies le nom du chasteau. Roger mari de Stephanie ayeul de Roger Bernard. II. Diuersité des Historiens de Foix, & de ceux d'Espagne sur le mariage de Roger Bernard. L'auis de l'Auteur est qu'il eut deux femmes. La premiere, Cecile fille de R. Berenger III. Comte de Barcelone. III. La seconde, Cecile Ferrane, fille de Raimond Trencauel de Beziers. IV. Raimond Roger, fils de Cecile de Beziers. Il estoit frere puisné de Roger, qui deceda auant lui. V. Les enfans de Cecile de Beziers ont succedé au Comté. Il est iustifié que Raimond Trencauel estoit mort l'an 1167. Raimond Comte de Tolose bailla en fief Carcassonne à Roger Bernard. VI. Don de ce Comte en faueur du Monastere de Bolbone. Son pareage auec Pierre Abbé de Foix. Ses donations au profit de cette Abbaye. Pas de la Barre. VII. Emplois de ce Comte en la guerre de Normandie, & de Flandres, selon les Historiens de Foix.

I. DV mariage de Roger III. & de la Comtesse Ximene, nasquit le Comte Roger Bernard, qui auoit desia recueilli la succession du Comté en l'année 1144. Puis que selon Mediauilla il donna en cette année à l'Abbaye S. Volusian, le Bourg de Vebre, & le chasteau de Perles. L'an 1149. il renouuella les pareages arrestés entre l'Abbé de Pamies, & ses predecesseurs. Le sommaire de cét accord est rapporté dans l'ancien Inuentaire dressé par Bernis, d'où il apert que Roger Bernard Comte de Foix, fils de Roger, & de la Dame Ximene, quite & delaisse à Dieu, & à S. Antonin, & à Raimond Euesque de Tolose, Abbé de ce lieu, & à ses successeurs Abbés, & aux Chanoines presens & à venir,

venir, toute la ville de Fredelas, & le chasteau de Pamies, & toute la ville ancienne & nouuelle ioignant le chasteau, auec tout ce qui pourra estre basti à l'auenir; comme aussi il delaisse l'Isle qui est au delà de la riuiere de Lariege, auec le cours des eaux de cette riuiere, & le moulin, & toute l'Abbaye Sainct Antonin sans aucune reserue; de mesme façon que son pere Roger l'auoit laissée & quittée. Et en cas de contrauention, il consent d'encourir la mesme excommunication qui auoit esté laschée contre son Ayeul, par le Pape Vrbain, & par le Pape Paschal, & Gautier Cardinal. Et Raimond Euesque de Tolose Abbé du lieu, auec l'auis de ses Clercs, & des autres amis de l'Eglise Sainct Antonin, met entre les mains du Comte Roger Bernard, fils de Roger & de Ximene, le chasteau de Pamies auec ses forteresses, pour en estre fidele Gardien, & Protecteur de la ville de Fredelas, de l'Abbaye, de ses apartenances, & des Clercs y residans; & pour raison de la garde & munitions du chasteau, il accorde au Comte la moitié de la leude, & la moitié des justices du chasteau, reseruant à soi la justice des Clercs, & de sa famille. Comme aussi il reserue à soi les lieux, & la maison du chasteau, tant de la vieille que de la nouuelle ville, accordant neantmoins au Comte la moitié des cens & des rentes qu'il en recouuroit, & la moitié de l'Isle qui estoit delà la riuiere de Lariege; & Roger Bernard en consideration de sa maison qu'il auoit bastie au chasteau, donne au Monastere demi muy de froment criblé, vn muy de vin pur, vne vache grasse, & quatre pourceaux, ou quatre sols en la Feste Sainct Antonin. On peut recueillir de cét accord deux choses fort considerables; L'vne est, que le Comte Roger qui fut excommunié par les Papes Vrbain, & Paschal estoit ayeul de Roger Bernard, & partant c'estoit le mari de Stephanie, & non pas de Ximene, comme i'ai desia remarqué au Chapitre precedent. L'autre est, que la ville de Fredelas, est l'ancienne ville de Pamies, qui a esté depuis augmentée auec le temps.

II. Ce Comte Roger Bernard fut marié, selon Mediauilla, Squarrier, & le sieur Catel auec Cecile de Beziers; & suiuant la Perriere & Bertrand Elie, auec Cecile fille de Raimond Comte de Barcelone, cousine du Comte de Foix, moyennant dispense qui fut accordée par le Pape Eugene. Mon auis est, que ce Comte espousa deux femmes. La premiere estoit Cecile fille de Don Raimod Berenger III. du nom Comte de Barcelone, & Douce Comtesse de Prouence. Ce mariage precede l'an 1130. puis que Raimond Berenger fit son testament en cette année; dans lequel il fait mention de ses deux filles, à sçauoir de Berenguele mariée au Roi de Castille Alfonse VII. & de Cecile espouse du Comte de Foix; ordonnant que si elles reuenoient en sa terre, son fils les mariast honorablement auec l'auis de ses Grands; & cependant assigna la demeure de Lagostere à celle de Castille, & le lieu de Rebes à celle de Foix; laquelle il substitua au Comté de Prouence, en cas que ses deux enfans masles vinsent à deceder sans lignée; ainsi que Diago a obserué, plus particulierement que Surita. De sorte que l'on ne peut reuoquer en doute ce mariage, sans offenser l'autorité de ces graues Escriuains, qui fondent leur narration sur les propres termes du testament de R. Berenger Comte de Barcelone.

III. Mais aussi le mariage de Cecile Ferrane, fille de Raimond Trencauel Vicomte de Beziers, auec le Comte Roger Bernard, est fondé sur vne égale autorité, sçauoir sur l'instrument public des conuentions de mariage de l'année 1151. que Squarrier, & Mediauilla auoient en main. Il conste de cette piece, que ce Comte de Foix espousa auec l'auis de Raimond Comte de Barcelone son cousin, Cecile fille de Raimond Trencauel; à laquelle son pere constitua en dot, le chasteau de Cinte Gabele, le chasteau de Montaud, le Bois de Boulbonne, la Seigneurie Daussepans iusqu'à la riuiere de Lariege, auec onze mille sols Melgorois. Le temps s'accorde fort bien à ce que

Ppp

i'ai proposé de ces deux mariages: dautant que Cecile de Barcelone estoit mariée au Comte de Foix, auant l'année 1130. & Cecile de Beziers en l'année 1151. Au reste le Comte de Barcelone est qualifié cousin du Comte de Foix en cét acte, & interuient à son second mariage, à cause de l'alliance contractée entr'eux par le premier, & non pas pour aucune parenté qu'il y eust auparauant entr'eux, comme la Perriere s'est persuadé: lequel à raison de cette pretenduë consanguinité, a eu recours à la dispense du Pape Eugene, qu'il a inuentée sans preuue, pour valider le premier mariage de Roger Bernard auec Cecile de Barcelone.

IV. On pourroit douter, si le Comte Raimond Roger qui succeda à son pere, estoit fils de Cecile de Barcelone, ou de celle de Beziers; Dautant que Surita, & Diago escriuent que ce Comte estoit fils de Cecile de Barcelone; Aussi ne pouuoient-ils opiner autrement, puis qu'ils n'auoient connoissance d'autre mariage que de celui-là. Mais il se peut iustifier par les titres de Foix, qu'il estoit fils de Cecile de Beziers. Car au mois d'Octobre de l'an 1165. Roger Bernard fils de Ximene, & Roger son fils, & de la Comtesse Cecile commettent la garde de la Tour de Sauardun, à Sicfre de Lara, & à ses fils. Le titre de l'an 1167. du mois de Ianuier est plus net pour cette preuue. Car Roger Bernard, & cecile sa femme, & Roger leur fils, accordent les priuileges à ceux qui viendroient faire leur habitation dans le bourg de Foix, ainsi que l'on aprend par l'ancien Inuentaire de cette maison: D'où l'on recueille deux choses; L'vne, que Cecile mere de Roger estoit en vie l'an 1167. & partant c'estoit Cecile de Beziers, & non de Barcelone qui estoit decedée auant l'an 1150. L'autre chose que l'on aprend est, que ses enfans estoient compris dans les contracts comme les heritiers presomptifs du comte, sçauoir Roger qui estoit leur aisné; & encore tous leurs enfans en termes collectifs, comme l'on verra au nombre suiuant. Ce qui monstre qu'il n'y auoit point d'enfans du premier mariage; & Raimond Roger, qui a succedé estoit frere puisné de Roger, qui est nommé dans les actes.

V. L'acte suiuant met l'affaire hors de doute, & iustifie de plus, que Raimond Trencauel pere de Cecile estoit decedé l'année mille cent soixante-sept. Car le troisiesme des Nones de Decembre de cette année, Raimond comte de Tolose bailla en fief à Roger Bernard comte de Foix mari de Cecile, *fille du feu Vicomte Trencauel*, & à ladite Cecile, & à ses enfans, toute cette terre que possedoit Roger frere de Trencauel, sçauoir carcassonne & carcasses, le païs de Razes, & ce qu'il auoit en Albigeois, excepté casteluieil, & le bourg d'Albi, & celui qu'il auoit au païs Tolosain; & lui promit de ne faire paix, ni tréue auec *Roger* fils de Trencauel, ni auec ses autres enfans, sans l'auis & le consentement de Roger Bernard, de Cecile, & de leurs enfans; & qu'il l'assisteroit fidelement. En outre il leur donna le chasteau de Perelha, & la Seigneurie de la terre d'Vlmes, du chasteau d'Alzen, & de tout ce qu'il possedoit dans le comté de Foix, à la charge de le tenir de lui en fief & homage. D'où il conste, que le decés de R. Trencauel causa vne grande confusion dans les affaires de sa maison, puis que Roger frere du decedé s'estoit saisi d'vne bonne partie de la succession, au preiudice de ses neueux; & que le comte de Tolose, qui auoit exercé des inimitiés ouuertes auec Trencauel, ne vouloit point assister ses enfans masles, contre l'oppression de l'oncle: & que ce soin tomba sur les bras du Comte de Foix & de sa femme Cecile fille de Raimond Trencauel, moyennant la reserue de l'homage de Carcassonne, laissant le païs de Beziers aux autres enfans.

VI. L'ancien Inuentaire de la maison fait foi, que ce Comte donna au Monastere de Saincte Marie de Bolbonne, & à l'Abbé Dominique, les droicts qu'il auoit au Bois de Bourbone, le passage par toute sa terre, & franchise de la leude du Pont de Foix pour leur bestail, l'an 1161. L'an 1168. au mois d'Aoust, vn iour de Dimanche,

& quatriefme de la Lune, Pierre Abbé de Foix, & ce Comte Roger fils de Ximene arreſterent vn accord de pareage, par lequel l'Abbé confent que le Comte & fa race iouïſſent de la moitié de la leude du marché de Foix, de la moitié de la juſtice de la ville, encore qu'elle vint à eſtre augmentée ci-apres, exceptés les clercs, & les *Donats* menans vie reguliere, & de la moitié des rentes & fiefs des maiſons, que l'Abbé poſſedoit pour lors, reuenant à dix-ſept ſols. A la charge que le Comte promet pour ſoi, & pour ſa poſterité de proteger & defendre de tout ſon pouuoir, l'Egliſe S. Voluſian, & tout ſon heritage, & la ville de Foix: Et reciproquement le Comte auec l'auis de ſes Barons, donne à ce Monaſtere, la moitié de la leude du Pont de Foix, & la moitié des fours, auſquels le peuple de Foix eſt obligé de cuire ſon pain. Il lui accorde auſſi la moitié de la juſtice qu'il poſſedoit, & conſent que les moulins qui ſeroient conſtruits depuis le Pont de Lariege iuſqu'à Ganat, & du Pont d'Arget en haut fuſſent communs, & ce qui ſeroit au deſſous de ces Ponts apartint en proprieté au Monaſtere. Ce qui eſt mal expliqué par Elie. Les Hiſtoriens de Foix n'ont pas eu connoiſſance de ce pareage, dautāt qu'ils ne font mention de ce que l'Abbé octroye de ſon chef, mais de ce que le Comte donne du ſien: De ſorte qu'ils repreſentent comme vne pure liberalité, ce qui n'eſt que la recompenſe des choſes accordées par l'Abbé. Squarrier, & les autres apres lui, font mention d'vne donation que le Comte fit à ce Monaſtere, des Diſmes de Cadarcet & Baule, du chaſteau des Eſties, & Serres, des Diſmes & premices de Seras, & de Labarre, & du chaſteau de Labarre, à prendre du milieu du ruiſſeau d'Auſas iuſqu'à la riuiere de Larriege, & le lieu de Sabinha. Elie obſerue fort à propos, que ce chaſteau de Labarre ne ſubſiſte plus; mais qu'il y a vn deſtroit enuironné de bocage, nommé communément le Pas de la Barre, qui eſt commandé par vn rocher d'vn coſté, & regarde dans vne profondeur eſcarpée, vn ruiſſeau qui coule à ſes pieds; où l'auantage du lieu eſt tel, qu'vn ſeul homme eſt capable d'y reſiſter à vingt hommes armés.

VII. La Perriere, Elie, & Olhagarai ont inuenté de leur creu, que ce Comte de Foix mena deux mille hommes de pied, & quelque caualerie, pour ſeruir le Roi Louïs VI. ou VII. en la guerre de Normandie, & qu'il refuſa trois mille moutons d'or, qui lui furent offerts pour ſon defrai. Olhagarai met auſſi noſtre Comte à la teſte de quinze cens Montagnards, en la guerre contre le Comte de Flandres. Mais ces emplois ſont de l'inuention de ces Eſcriuains; Puis que le manuſcrit ſur lequel ils ont trauaillé, n'en fait aucune mention. Ce qui doit eſtre attribué au deſir qu'ils ont eu, de releuer la gloire de la maiſon de Foix, par des actions militaires dignes de leur courage: ayans mieux aimé faillir contre l'Hiſtoire, que defaillir à teſmoigner leur paſſion, pour procurer de l'honneur aux Ayeuls d'vn ſi grand nombre d'illuſtres Heros.

II. Diago l. 2. 117. Surita in Indic. an. 1113.
IV. *Ancien Inuentaire de Foix.*
V. *Ancien Inuentaire de Foix.*
VI. *Ancien Inuentaire.*

CHAPITRE XIII.

Sommaire.

I. Raimond Roger succeda au Comté l'an 1188. Il continua en cette année le Pareage auec l'Abbé de Pamies. II. Il accompagna le Roi Philippe second au voyage d'Outremer. Letre du Roi adressee à R. Roger pour cét effet. III. Arriuée du Roi au camp deuant la ville d'Acre, qui fut emportée d'assaut. IV. Combat d'vn Turc auec Raimond Roger, qui est de l'inuention d'Elie. V. Guerre entre R. Roger, & le Comte d'Vrgel. La ville prise & saccagée. VI. Il marie son fils Roger Bernard, auec Ermesende fille d'Arnaud Vicomte de Castelbon. VII. Les nouueaux alliés continuent la guerre d'Vrgel, & furent defaits, & pris. Le Roi d'Aragon appaisa ces querelles. VIII. Ce Roi donna à Roger B. le Vicomté d'Euols, & autres terres dans la Cerdanhe, pour les tenir en fief de la Couronne d'Aragon. Les Historiens de Foix ont pretendu que le don auoit esté fait du Vicomté de Narbonne, au lieu de celui d'Euols ; qui est vne surprise. IX. Le Comte de Comenge reconnoist de tenir la terre de Voluestre en homage du Comte de Foix.

I.  Aimond Roger auoit recueilli la succession du Comté dés l'année 1188. Ce que Mediauilla a remarqué, & apres lui les Historiens de Foix : Mais ils ne l'ont pas verifié comme ils pouuoient par le titre de la continuation du pareage, que fit ce Raimond Roger fils de Roger Bernard, auec Ramon Abbé de S. Antonin de Pamies, au mois de Nouembre Ferie seconde 1188. du temps du Pape Clement, & du Roi Philippe, comme l'on void dans l'Inuentaire de Foix.

II. Il accompagna le Roi Philippe second au voyage d'Outremer, lors que ce Roi l'entreprit auec son armée, pour s'acquiter de son vœu, & releuer en quelque sorte les affaires des Chrestiens du Leuant, qui estoient abatuës par la perte de la Cité de Ierusalé, & de plusieurs autres villes, que le Sultan d'Egypte auoit emportées. La paix arrestée auec Richard Roi d'Angleterre, fauorisa ce genereux dessein, & obligea l'Anglois de ioindre ses forces à celles de France, lequel pour cét effet assembla sa flote au Port de Marseille, comme le Roi la sienne, en celui de Genes. C'est aussi à ce Port de Genes, que Philippe conuia le Comte Raimond Roger de se rendre, par la letre qui s'ensuit. *Mon cousin, Dieu nous a fait la grace d'estre venu en accord, auec nostre tres-cher & bien amé frere le Roi d'Angleterre, & nous a par mesme moyen incités à prendre le signe de la Croix, pour le recouurement de la saincte Cité, où nostre Sauueur & Redempteur prit mort & passion, pour nous des enfers & damnation rachepter. Et parce que ie desirerois en bonne & grande compagnie y aller, ie vous ay voulu prier bien fort de la compagnie vouloir estre, & venir nous trouuer auec les forces qu'assembler vous pourrés, sans en peine vous mettre de nauires, ou barques. Car ie vous en fournirai au Port de Genes, où i'espere auec l'ayde de Dieu que nous nous embarquerons. M'asseurant donc de la bonne volonté que vous aurés en si bonne œuure participer, ie ne vous la ferai plus longue, priant Dieu, mon Cousin, qu'il vous doint en santé longue vie. De nostre ville de Paris, ce quatriesme May mil cent quatre-vingts & dix.*

Vostre bon & ami Philippe.

III. Les deux Rois s'estans embarqués vindrent surgir au Port de Messine en Sicile, apres auoir esté batus, & furieusement agités d'vne horrible tempeste. Le Roi Philippe estant rentré en vne inimitié ouuerte auec l'Anglois, pour des sujets que l'Histoire de France represente bien au long, se rembarqua au mois de Mars de l'année 1191. & se rendit au camp des Chrestiens, qui estoit deuant la ville d'Acre, la veille de Pasques. Cette ville estoit assiegée, il y auoit plus d'vn an, par Gui Roi de Ierusalem, & Henri Comte de Champagne, sans esperance de la pouuoir forcer. Mais Philippe estant arriué, le siege s'auança bien tost; & auec les engins de baterie, qui furent dressés, on fit vne bresche raisonnable. Le Roi pourtant sursit de donner l'assaut, attendant l'arriuée de Richard ; lequel auoit esté ietté par la tourmente en la coste de l'Isle de Cypre, s'en estoit rendu maistre; & cinglant de là vers Syrie, auoit pris vn vaisseau Sarasin, chargé de prouisions destinées pour le rauictuaillement de la ville d'Acre. Richard arriua le 12. Iuillet 1191. Mais porté d'enuie & de jalousie contre Philippe, il s'opposoit à ses bons desseins ; quoi qu'enfin la place fut emportée d'assaut, pendant que l'on capituloit.

IV. Squarrier, Mediauilla, & la Perriere ne remarquent aucun exploict particulier du Comte Raimond en cette expedition ; Mais Elie suppleant leur defaut par l'inuention de son esprit, represente vn Turc d'vne grandeur de corps demesurée, qui sortant de la ville assiegée, & mesprisant les Chrestiens, leur presentoit le defi d'homme à homme. Ce que Raimond ne pouuant souffrir, obtint cette grace du Roi, que de combatre l'infidele ; lequel il tua apres vn rude combat, à la teste de l'armée. Olhagarai embrasse cette narration, & l'enrichit d'vne circonstance, pour rendre la victoire plus illustre ; c'est que le Sarasin vaincu estoit neueu du Satrape Caracaux, qui commandoit dans la ville d'Acre.

V. Raimond Roger estant de retour de la guerre d'Outremer, eut à demesler beaucoup d'affaires auec ses voisins. Car Surita remarque en ses Annales, qu'en l'année 1198. quelques partialités commencerent à se former entre les Seigneurs d'Aragon, & de Catalogne, à l'occasion du different qui suruint entre Armengol Comte d'Vrgel, & Raimond Roger Comte de Foix, lequel auec les gentils-hommes de son parti, mit le siege deuant la Cité d'Vrgel, la prit par force, & fit beaucoup de domages en toute cette contrée. Ce fut pour lors, que son armée pilla non seulement la ville, mais aussi l'Eglise Cathedrale, & mit les Chanoines à rançon, selon le tesmoignage de Pierre de Valsernai en son Histoire des Albigeois.

VI. Ce Comte desirant s'appuyer dans la Catalogne, pour y soustenir le poids de la guerre auec plus de puissance, maria son fils Roger Bernard auec Ermesende fille vnique d'Arnaud Vicomte de Castelbon, ou de Cerdanhe. Par ces accords, qui furent arrestés en la ville de Tarascon en Foix, le 10. Ianuier 1202. Le Vicomte Arnaud constituë en dot à sa fille, & à Roger Bernard son mari, tous les biens maternels consistans en la Contorie de Cabocd, & autres villes & chasteaux du patrimoine de la mere ; & en outre *le Vicomté de Cerdanhe*, autrement nommé *de Castelbou*, auec tous ses fiefs, & les aleus qui en dependent ; reseruant à soi pendant sa vie, la iouïssance de tout le Vicomté, sauf des Vallées d'Andorre, & de Sainct Iean. Et Raimond Roger comte de Foix assigne à Ermesende pour son doüaire, la terre de Lourdat, & tout ce qui est en suite, iusqu'aux Monts Pyrenées, ordonne & establit son fils Comte, & sa femme Comtesse, *Facio filium meum Comitem, & vxorem eius Comitissam*, & leur donne son comté apres son decés. Il fut arresté que les enfans masles, ou femelles, qui naistroient de ce mariage, succederoient à toutes ces terres, & en cas de predecés d'Ermesende sans lignée, que Roger Bernard retiendroit le fonds dotal iusqu'à ce qu'il fust payé de deux mille marauedins d'agencement. Ce qui seroit aussi obserué au profit d'Ermesende sur les terres assignées pour son doüaire, en cas que Roger Bernard predecedast.

VII. Ces nouueaux alliés continuans la guerre contre le Comte d'Vrgel eurent vn rencontre auec lui au mois de Feurier 1203. & leurs troupes composées de cinquante hommes de cheual, & cinq cens de pied, furent defaictes, & les chefs pris par le Comte d'Vrgel. Neantmoins cét effort ne seruit que pour aigrir les esprits de chasque parti. De sorte que le Roi Don Pierre d'Aragon, qui estoit allé à Rome pour se faire couronner par le Pape, estant de retour en son Royaume, l'an 1205. fut assés en peine de faire mettre bas les armes à sa Noblesse, qui estoit sur pied pour raison de cette querelle, suiuant le tesmoignage de Surita.

VIII. Le Comte Armengol deceda l'an 1208. & n'ayant laissé qu'vne fille nommée Aurembiax, sa mere la Comtesse Eluira fit donation au Roi Don Pierre de ce Comté d'Vrgel, dont il se rendit entierement le maistre. Il y a de l'apparence, que pour satisfaire aux pretentions de Raimond Roger sur le Comté d'Vrgel, & pour auoir vn puissant vassal, le Roi lui fit don du Vicomté d'Euols, & des autres terres mentionées en l'acte, qui fut passé en cette année 1208. Car on lit dans l'ancien Inuentaire de la maison, que le Roi Don Pierre ayant esté mal serui par Bernard d'Alion son vassal, le fit condamner pour raison de sa felonie, par iugement de sa Cour de Barcelone, à perdre tous ses biens, qui furent confisqués au profit du Roi: sçauoir la ville, chasteau, & Vicomté d'Euols, les villes & chasteaux d'Escauar, Bayaude, & autres places assises dans les Comtés de Cerdanhe & de Conflent, & en outre tous les droicts que ce Bernard pretendoit en la Seigneurie de Donesan, & en ses chasteaux de Son, & Quieragut, auec les reuenus & iurisdiction apartenans à ces chasteaux, dans la terre de Capsir en Cerdanhe. De toutes lesquelles terres & Seigneuries ce Roi d'Aragon fit don au Comte Raimond Roger, fils de Cecile Ferrane, & à ses successeurs Comtes de Foix, pour les tenir à foi & homage de la couronne d'Aragon, suiuant l'vsage de Barcelone, comme il apert par acte public du 5. des Ides de Ianuier 1208. Cét homage fut continué par les successeurs de Roger aux Comtes de Cerdanhe, sçauoir à Nunno Sans Comte de Roussillon, & de Cerdanhe, & depuis aux Rois de Maillorque Iacques, & Sance; & apres la ruine de la maison de Maillorque, à Pierre Roi d'Aragon; lequel homage lui fut rendu par Gaston Phœbus dans le chasteau de Perpinhan, le troisiesme des Nones de Septembre 1350. Or il faut remarquer en cét endroit, que l'homage est presté auec iuste raison par les Comtes de Foix, aux Rois d'Aragon, pour le Vicomté d'Euols, & les autres Seigneuries qui sont assises dans la Cerdanhe: sans s'arrester pour le present à la discussion de l'origine de la souueraineté de la terre de Donesan, que ie remets à vn autre lieu. La negligence des Historiens de Foix à considerer les termes de cette inuestiture, les a portés à escrire, que le Roi d'Aragon fit don au Comte, du Vicomté de Narbonne, Fenoilledes, & Pierrepertuse, à la charge de reuersion s'il decedoit sans enfans, comme si ces terres estoient de sa disposition; confondans le don du Vicomté d'Euols, auec celui du Vicomté de Narbonne.

XI. Au mois de Iuillet de l'année 1209. le Comte de Comenge reconnut detenir du Comté de Foix à foi & homage pour soi & ses successeurs, la terre de Volueftre, ainsi que nos Historiens ont obserué.

II. Olhagarai in Raim. n. 3. edidit has literas.
V. Surita l. 2. Annal. c. 48. P. Vallissarnensis, Hist. Albig. c. 46.

VI. E Chart. Palensi.
VII. VIII. Surita l. 2. c. 49. Idem l. 2. A. c. 52. & 57. *Ancien Inuentaire de la maison de Foix.*

CHAPITRE XIV.
Sommaire.

I. *Guerre contre les Albigeois, où le Comte de Foix fut engagé.* II. *Origine de l'heresie des Albigeois. Heresie des Bulgares, ou Boulgres. Les Manicheens d'Armenie desseignent d'infecter la Bulgarie. Les articles de leur secte suiuant le rapport de Pierre le Sicilien. Bogomiles ou nouueaux Manicheens en Bulgarie.* III. *Manicheisme en France du temps du Roi Robert. Augmenté par la communication auec les Bulgariens. Albigeois estoient Manicheens, & Ariens pour la plus grande partie. Les Vaudois estoient vn peu éloignés de ces impietés, quoi que meslés auec les Albigeois.* IV. *Articles professés par les Vaudois. Pierre de Bruis les publia, dont il fut chastié.* V. *Henri continua d'enseigner ces heresies. Apostoliques refutés par Sainct Bernard.* VI. *Soin des souuerains Pontifes pour la reduction des heretiques. Ils estoient nommés Cathares, & appuyés par la Noblesse.* VII. *Ces heretiques condamnés en l'assemblée tenuë en la ville d'Albi; & en suite à Tolose.* VIII. *Erreurs des Vaudois.* IX. *Elles estoient suiuies au païs de Foix. L'Euesque d'Osma, & les Abbés de Cisteaux instruisoient les deuoyés. Conference de Pamies, en presence du Comte de Foix, où les heretiques furent conuaincus.* X. *La sœur du Comte de Foix rebutée en la conference de Pamies. Conference de Montreal.*

I. L'Année 1209. fut grandement funeste à la maison de Foix, puis qu'en ce temps prit son origine la longue, dure, & sanglante guerre qui fut entreprise contre les heretiques Albigeois, sous l'autorité du Pape & du Roi : où le Comte Raimond Roger fut enuelopé, lors qu'il y pensoit le moins ; en sorte qu'apres la ruine du Vicomte de Beziers son Cousin germain, il fut attaqué puissamment par Simon Comte de Montfort, & fut obligé à vne defense, qui fut accompagnée de diuers succés, iusqu'en l'année 1222. que ce Comte de Foix mourut, & laissa sur les bras de son fils Roger Bernard le poids de cette affaire, iusqu'en l'année 1229. que celui-ci conclud sa paix auec l'Eglise, & le Roi Sainct Louis. I'ai desia traicté de cette guerre en la vie de Gaston de Moncade seigneur de Bearn ; mais il est necessaire de retoucher le mesme suiect, pour mettre au iour les exploicts genereux du Comte Raimond, quoi que tousiours ils n'ayent pas esté dans la iustice. Neantmoins ie mesnagerai cette narration en telle sorte, qu'elle sera employée à representer les choses obmises en la precedente, sans repeter les actions qui ont esté desia remarquées, sinon tout autant qu'il sera necessaire pour donner de l'appui à ce discours.

II. Et dautant que cette heresie des Albigeois, condamnée par les Conciles auec tous ses fauteurs, est la cause de cette fascheuse guerre, & que les auteurs de ce siecle ne veulent pas tomber d'accord des poincts qu'elle professoit, il est à propos d'en remarquer les propositions plus importantes, & son progrés. Elle estoit embrassée secrettement en plusieurs lieux, mais elle fut professée ouuertement au païs de Languedoc, selon Matthieu Paris, & Robert en sa Chronique. Hugues en son appendit-on nomme l'herefie des Bulgares, *Bulgarorum hærefis*: d'où il eſt arriué, que dans les anciens tiltres eſcrits en langage François, ou Gaſcon, ces heretiques ſont appellés *Boulgres*, c'eſt à dire ſectateurs de l'herefie des Peuples de Bulgarie. Car cette contrée ayant eſté conuertie à la foi Chreſtienne l'an 845. les Manicheens qui s'eſtoient retranchés dans l'Armenie, prés de la ville de Tibrica, formerent tout auſſi toſt vn damnable deſſein d'enuoyer leurs emiſſaires en Bulgarie, pour corrompre ces eſprits nouuellement plantés en la foi. Pierre le Sicilien enuoyé vers le Prince de Tibrique par l'Empereur Baſile, pour l'eſchange des priſonniers, ayant eſté informé pendant le ſeiour de neuf mois, qu'il fit en ce païs, des articles que profeſſoient ces Manicheens, & de leur pernicieux deſſein de corrompre la Bulgarie, en auertit leur Archeueſque, & dreſſa vn diſcours Grec de l'origine, & du progrés de cette herefie. Elle eſtoit compriſe en ſix articles ſelon cét auteur; ils diſtinguoient le Createur du monde, du Pere celeſte qui regne dans le Ciel; donnoient vn Corps celeſte à Ieſus-Chriſt; & méſpriſoient la Vierge ſa mere; ſe mocquoient de la communication de l'Euchariſtie; reiettoient l'vſage du ſigne de la Croix; ne receuoient point les Preſtres en l'adminiſtration de l'Egliſe: Et pour vn ſixiéme, n'admetoient point l'ancien Teſtament. Cette mauuaiſe race d'heretiques executant ſon proiect, s'eſtablit quelques années apres dans la Bulgarie, ſous le nom de Bogomiles; qui adiouſterent d'autres reſueries aux impietés des Manicheens, s'inſinuans dans les eſprits ſous vn faux pretexte d'vne deuotion déguiſée. Harmenopule en ſon traicté des Sectes, aſſeure qu'ils auoient pris ce nom de *Bogomiles*, c'eſt à dire, *les cheris de Dieu*, ſelon la langue du païs des Moeſes, qui eſt la Bulgarie, ſuiuant l'interpretation de ſon Scholiaſte Grec. Or cette impieté eſtoit en telle abomination dans Conſtantinople, qu'vn de ces heretiques y fut bruſlé par ordonnance d'vn Synode tenu ſous le Patriarche Michel Oxite, enuiron l'an 1143. quoi que l'Egliſe n'ait point accouſtumé d'ordonner des peines corporelles. Neantmoins quoi que les particuliers fuſſent chaſtiés, les regions qui eſtoient infectées de cette herefie, n'eſtoient point punies, à cauſe de la multitude, comme remarque Balſamon ſur le Nomocanon de Photius.

III. Le Manicheiſme auoit eſté introduit en France dés le temps du Roi Robert, mais cette impieté y fut prouignée au moyen de la communication, que les François eurent auec les Bulgariens, depuis la conqueſte de Ieruſalem: cette region ſe trouuant ſur le chemin de terre vers Conſtantinople: d'où eſt venu le nom de Bulgariens, qu'on leur a depuis attribué. Neantmoins cette ſecte comme elle auoit rompu & violé l'vnité de la Foi, & de la charité, abandonnant les dogmes de la Religion, & de la communion Catholique, fut auſſi déchirée & demembrée en diuers partis. De ſorte que la communication de ces Heretiques demeurant ferme en la Reuolte contre l'Egliſe Romaine; quelques vns d'entr'eux auoient des opinions contraires à la Diuinité de Ieſus-Chriſt, que l'on nommoit Ariens; Les autres reiettoient l'Ancien Teſtament, qu'ils attribuoient au mauuais Principe, & condamnoient les nopces, que l'on appelloit Manicheens. Ces deux branches eſtoient encore en vogue, parmi les Albigeois, ſelon le teſmoignage de Pierre de Valſernai: qui nous aſſeure en outre, qu'il y auoit parmi eux, vn Troiſieſme parti, qui eſtoit reconnu ſous le nom de Bons-hommes, & de Vaudois, à cauſe de leur Protecteur Valdo marchand de Lion, qui auoit fort auancé cette ſecte. Elle n'eſtoit pas tant eſloignée de la Religion Catholique, comme les autres; quoi qu'elle fut heretique, & eut merité l'anatheme des Conciles, auſſi bien que les herefies qui ſe ſont éleuées de noſtre temps, ſur les ruines de celles-ci.

IV. Ces opinions Vaudoiſes eſtoient ouuertement profeſſées parmi les Albigeois: deſquelles on peut conſiderer l'origine, dans le Traicté de Pierre Abbé de

Clugni, qui refute auec beaucoup de solidité, & d'elegance, les cinqs poincts que Pierre de Bruis publia ouuertement en la prouince d'Arles, enuiron l'an 1120. à sçauoir, 1. Que le Baptesme ne profitoit aux petits enfans. 11. Qu'il ne faloit bastir des Eglises. 111. Qu'il faloit rompre les Croix, n'estant point iuste de venerer les instruments de la Passion de Iesus-Christ. 1 v. Que le Corps & Sang de Iesus-Christ n'estoit point present en l'Eucharistie, & qu'elle n'estoit point vn sacrifice. v. Que les Sacrifices, les Prieres, ni les Aumosnes ne profitoient aux morts. La doctrine de Bruis ne fut pas seulement condamnée, mais il fut chastié de sa temerité, ayant esté bruslé en la ville de S. Gilles, enuiron l'an 1126.

V. Quelque temps apres, vn certain Henri moine, quittant le froc pour satisfaire à ses plaisirs, & declamant contre les chants Ecclesiastiques, resueilla la mesme doctrine, & troubla les esprits dans la Prouince: qui se laisserent emporter à cette nouueauté, iusques là, que plusieurs pretendans se conformer d'autant plus à la discipline des Apostres, adiousterent aux dogmes precedents vne façon de vie, qui les obligeoit de viure en commun, ne posseder rien en propre, aller par les champs pieds nuds, en compagnie des femmes, & se nourrir des aumosnes qu'on leur donnoit. Sainct Bernard a disputé de viue voix, & par escrit, contre ces erreurs des Henriciens, & des Apostoliques; & reproché à ceux-ci la compagnie des femmes, leur disant qu'ils ne pourroient se descharger du soubçon d'vn mauuais commerce auec elles, iusqu'à ce qu'ils tesmoignassent la force de la grace de Dieu residante en eux, à l'esgal de celle des Apostres, qui menoient bien des femmes pour les seruir, mais aussi resuscitoient les morts par leurs prieres.

VI. Ceste pestilente doctrine des Cathares ou Puritains (car c'est ainsi qu'ils sont nommés dans le Decret du Concile) fut condamnée au Concile general de Latran, sous Alexandre III. l'an 1170. & les Souuerains Pontifes employerent leurs Legats, & les Euesques prouinciaux, pour trauailler à l'instruction des peuples desuoyés. Mais ce soin fut presque inutile, à cause que les Seigneurs appuyoient de leur autorité, les Professeurs des nouuelles sectes: dautant que ceux-ci ayans secoüé l'autorité de l'Eglise Romaine, tenoient la main à ce que les dismes fussent possedées par les Gentils-hommes, qui ne faisoient point difficulté d'en priuer les Ecclesiastiques, comme escrit Guillaume de Puylaurens.

VII. On apprend des Actes du Synode tenu en la ville d'Albi, l'an 1176. rapportés dans les Annales de Roger de Houeden, que ces heretiques Albigeois furent accusés pardeuant l'Euesque d'Albi, & trois Abbés Arbitres choisis par eux, de sept ou huict chefs que l'on pretendoit qu'ils professoient; Sçauoir, 1. Qu'il ne faloit point receuoir le vieux Testament, 2. Que le Baptesme ne profitoit point aux enfans, 3. Que l'on n'estoit pas obligé de rendre conte de sa Foi. 4. Que le Corps de Iesus-Christ pouuoit estre consacré par vn Laïcque, homme de bien; & ne l'estoit pas par vn mauuais Prestre, & que les Prestres seuls n'auoient point receu la puissance de lier, & deslier. 5. Que les mariés ne pouuoient estre sauués, s'ils ont acointance ensemble. 6. Qu'il suffit à vn malade de confesser ses pechez à vn laïcque; sans que les œuures satisfactoires soient necessaires. 7. Qu'il n'est permis de iurer en aucun cas. Ils accorderent vne partie de ces articles. Mais se voyans sur le point d'estre condamnés d'heresie, ils les desaduoüerent: & neantmoins pressés de confirmer auec serment leur profession de foi, ils le refuserent estroussement. C'est pourquoi ils furent condamnés par les Euesques, & les Arbitres. Le Cardinal Pierre Legat du S. Siege les condamna derechef à Tolose, l'an 1178. apres auoir verifié par tesmoins, qu'ils preschoient publiquement, que le Corps de Iesus-Christ n'estoit point consacré par vn mauuais Prestre; que le Baptesme ne profitoit point aux enfans; & que les mariés ne pouuoient estre sauués.

VIII. La profession de Foi de Durand de Osca, qui estoit vn des chefs des Vaudois rapportée dans le registre du Pape Innocent III. confirme que l'heresie des Vaudois suiuoit les erreurs qu'à remarqué Guido, produit aux Notes sur Innocent. Car il obserue que ces heretiques reiettoient l'Eglise Romaine, & toutes les Traditions, Canons, & Decretales, les Indulgences, les Prieres pour les morts, les Intercessions & Festes des Saincts, & l'vsage de l'Aue Maria, la presence du Corps de Iesus-Christ en l'Eucharistie, la necessité du Baptesme des petits enfans; & asseuroient qu'vn Laïc que parmi eux pouuoit consacrer le Corps de Iesus-Christ, & absoudre des pechés. Mais ils ne sont pas accusés de reietter le vieux Testament, comme les autres sectes : quoi qu'ils auançassent vne proposition pernicieuse, sçauoir que le commerce de l'homme, & de la femme estoit loisible, lors que l'on estoit pressé de la concupiscence, aussi bien hors le mariage que dans le mariage. Leurs Euesques, & Prestres viuoient d'aumosnes, & marchoient auec des sandales. Lequel vsage fut autorisé par le Pape Innocent lors de la conuersion de Bernard, & de Durand de Osca; à mesme temps que S. François institua l'ordre des Freres Mineurs.

IX. I'ai voulu esclaircir sommairement la diuersité des sectes de ce temps: dautant que celle des Vaudois estoit principalement suiuie au païs de Foix, ainsi que l'on voit dans Pierre de Valsernai. On aprend de cet Auteur, que l'Abbé de Cisteaux delegué du Pape pour combatre l'heresie, vint en Languedoc accompagné de Douze autres Abbés de son ordre, gens sçauans, & de vie exemplaire, qui marchoient à pied, & viuoient des charités qu'on leur faisoit, selon le conseil & l'exemple de Diego Euesque d'Osma en Espagne, afin de gagner par cette simplicité les volontez des Chrestiens, qui estoient alienées par le luxe, la superbe, & la mauuaise vie des Ecclesiastiques. Cét Euesque se retirant en son Euesché, passa par la ville de Pamics, où il fut visité par Foulques Euesque de Tolose, & par Nauarre Euesque de Coserans, & plusieurs Abbés. Et dautant que la femme du Comte de Foix, & l'vne de ses sœurs estoient Vaudoises, (quoi que la seconde fist profession de l'impieté des autres heretiques) il y eut vne dispute solennelle en leur presence, dans le palais du Comte, entre les Catholiques, & les Vaudois : qui reüssit à l'auantage de la religion Catholique, en sorte que ceux-ci ayans esté conuaincus de leur erreur, le peuple de cette ville se declara ouuertement, pour le parti des Catholiques : voire mesme celui qui auoit esté choisi Arbitre de la dispute, qui estoit l'vn des principaux de la ville, & fauorisoit les Vaudois, abiura son heresie entre les mains de l'Euesque d'Osma. Or la conduite du Comte fut telle en cette action, qu'il traicta vn iour les Vaudois, & vn autre les Predicateurs Catholiques : qui est vn procedé que cét Historien ne peut aucunement gouster.

X. Guillaume de Puilaurens fait mention de cette conference de Pamics, & remarque comme la sœur du Comte de Foix, voulant parler en faueur des heretiques, Estienne de Minia lui dit, *Alés Madame, filés vostre quenoüille, il ne vous apartient pas de parler en cette dispute*. Les Vaudois furent condamnés, adiouste-il, par le iugement de l'Arbitre; duquel ils auoient conuenu, qui estoit maistre Arnaud de Campran Clerc seculier; de sorte que plusieurs quitterent l'erreur, & obtindrent permission du Sainct Siege, de mener vne vie reguliere, du nombre desquels estoit Durand de Osca leur Prieur. Cette dispute fut suiuie d'vne autre plus solemnelle, tenuë à Montreal l'an 1207. en presence du Legat Pierre de Chasteau-neuf, où les Chefs des heretiques pretendoient verifier, que l'Eglise Romaine n'estoit point l'Eglise de Dieu, mais cette paillarde de Babylone descrite en l'Apocalypse; & que les Apostres n'auoient point ordonné la Messe, en l'estat qu'elle est maintenant. Mais l'Euesque d'Osma verifia les propositions Catholiques, auec telle euidence, que la conuersion de cent cinquante heretiques s'en ensuiuit.

Liure huictiesme. 731

I I. Petrus Siculus in epist. ad Archiepisc. Bulgar. Μέλλωσιν ἐξ αυτῶν ἐκείνων ἀποστέλλειν ἐν τοῖς τόποις Βουλγαρίας, τοῦ ἀποστολικῶς πᾶσι τῆς ὀρθοδόξου πίστεως, Καὶ πρὸς τὴν οἰκείαν καὶ μεμιασμένην αἵρεσιν ἐπισπᾶσθαι. Harmenopulus de Sectis c. 19. εἴη δ' ἂν Βογομίλος κατὰ τὴν τῶν Μυσῶν γλῶτταν, ὁ τῷ θεῷ τοῦ ἐλέου ἐπευχόμενος. Scholiastes: οἱ νῦν καλούμενοι Βουλγαροι. Balsamon in Tit.9.c.24. Nomocanon.
I I I. Petrus Vallifcern. Hist. Albig. c. 2.
I V. Petrus Cluniac. l. 1. ep. 1. & 2.
V. Bern. ep. 240. Idem in Cant. serm. 66.
V I. Guillem. de Podiolaurentij c. 2.
V I I. Roger. Houed. in Annal. ad an. 1176.
V I I I. Innoc. l. 1. Reg. 13. ep. 77.
I X. P. Vallifcer. c. 6.
X. Guillel. de Podiol. c. 8. & 9.

CHAPITRE XV.

Sommaire.

I. Le Pape prie le Roi d'entreprendre l'extirpation de l'heresie par armes. La Croisade est publiée par le Roiaume auec le consentement du Roi. II. Prise de Beziers, de Carcassonne, & de Faniaux par Simon Comte de Montfort chef des Croisez. Plainte de l'Abbé de Pamies, qui offre le chasteau de Pamies à Simon, au preiudice du Comte de Foix. III. IV. Le Comte de Foix accusé non d'estre Vaudois, mais de fauoriser les heretiques. Denombrement des plaintes que l'on faisoit contre lui. V. Simon enuahit sur le Comte de Foix, Mirepoix, Pamies, & Sauerdun, & assiege Prissan. Le Comte faict son appoinctement auec Simon, lui remet Prissan, & lui baille son fils Amauri en ostage. VI. Le Comte traicte auec les Legats. Il employe pour cét effect un Abbé de Cisteaux. Qui est assassiné à son retour, auec ceux de sa suite. Le Comte fauorise le meurtrier. VII. La rigueur des conditions ordonnées par les Legats rompt le traicté. Le Comte declare la guerre au Comte Simon. Surprend Prissan. Quarante places se départent de l'obeïssance de Simon. VIII. Conference du Roi d'Aragon, des Comtes de Tolose, & de Foix, auec celui de Montfort. Rupture. Simon entre dans le Foix auec son armée; Faict le degast à l'entour de la ville. IX. Tréue de quelques mois, entre les Comtes de Montfort, & de Foix. X. Conference à Narbonne pour la paix. Offres de rendre au Comte de Foix tout ce qui a esté pris sur lui, excepté le chasteau de Pamies. Ce qu'il refuse. Chasteau de Foix remis entre les mains du Roi d'Aragon pendant la tréue. Confirmation faicte par le Comte de Tolose en faueur de celui de Foix, de la ville de Montauban, & deux autres places.

I. LE Pape Innocent III. n'ayant rien auancé par les predications, s'auisa d'enuoyer ses Legats, Milon, & Thedise vers le Roi Philippe, pour le prier d'entreprendre à viue force, l'extirpation de cette heresie; lesquels proposerent Indulgence de la part de sa Saincteté, en faueur de ceux qui estans contrits & confés, où ayans le vœu de se confesser, entreprendroient cette expedition auec la mesme estenduë & plenitude des autres Indulgences, que l'on accordoit à ceux qui alloient en la Terre Saincte. Le Roi s'estant excusé d'y aller en personne, & d'y enuoyer son fils, à cause des guerres qu'il auoit à demesler contre l'Empereur, & le Roi d'Angleterre, agrea la publication de la Croisade par tout le Royaume. Comme firent aussi les Princes voisins dans leurs terres. Ce qui eut vn tel effect, que Matthieu Paris escrit que iamais en ces climats il n'y auoit eu vne si grande assemblée de Croisés.

II. Cette armée fit ses premiers exploits l'an 1209. contre la ville de Beziers: qui fut prise, & en suite la ville de Carcassonne, auec Raimond Roger son Vicomte : & pour lors le Comte Simon de Montfort fut éleu Chef des troupes, & de la conqueste. Il prend en suite le chasteau de Faniaux; où l'Abbé de Pamies le vint prier, d'aller prendre possession du chasteau de Pamies, qu'il lui ofrit nonobstant les pareages, qu'il auoit arrestés auec le Comte Raimond Roger, à l'exemple de ses predecesseurs, estimant qu'il auoit vne bonne occasion d'auoir reparation des iniures, qu'il lui auoit faites & aux Chanoines de son Conuent. Le Comte de Montfort fut bien aise de cette plainte, pour auoir vne occasion apparente de surprendre le Comte de Foix, qui lui donnoit de la ialousie, à cause de sa parenté auec le feu Vicomte de Beziers, & des ligues, qu'il auoit desia formées auec lui, quoi que pour vn autre suiect : lesquelles pourroient estre continuées, auec le fils du Vicomte decedé. Car au mois de Mars de l'année 1201. nostre Comte auoit receu sous sa protection Raimond Roger Vicomte de Beziers, & promis de l'assister contre le Comte de Tolose : comme aussi reciproquement ce Vicomte auoit promis son secours au Comte de Foix.

III. Il est bien certain que les Ecclesiastiques auoient vn grand degoust des deportemens du Comte de Foix, que Pierre de Valsernai n'a point dissimulés, puis qu'il en a rempli trois Chapitres, auec vne telle aigreur & violence de discours, que le seul zele le rend pardonnable. Le grand article consiste, non pas à l'accuser d'estre Vaudois, mais d'auoir soustenu & fauorisé ces heretiques. De plus il auoit logé sa femme, & ses sœurs Vaudoises de profession, dans le chasteau de Pamies, contre le gré de l'Abbé & des Chanoines, ausquels ce chasteau apartenoit en proprieté; encore qu'ils en eussent accordé la possession au Comte pendant sa vie : Qui s'estoit obligé par serment sur la Sainte Eucharistie, qu'il ne feroit aucun tort, ni au monastere, ni au chasteau. Et neantmoins ces Dames attiroient le peuple de la ville à leur erreur. En outre deux Gentils-hommes heretiques parens, familiers, & amis confidens du Comte, voulans prouigner plus facilement l'heresie dans la ville de Pamies, y auoient mené leur mere, qui estoit tante du Comte, & tres-fort enracinée dans l'erreur. Mais l'Abbé & les Chanoines ne pouuans souffrir cette iniure, que l'on faisoit à l'Eglise, mirent cette Dame hors la ville; dequoi le Comte fut extremement indigné. Et l'vn des enfans de la Dame pour venger cét affront, tua, & mit en pieces l'vn des Chanoines, lors qu'il celebroit la Messe en vne Chapelle proche de Pamies, & en suite il en saisit vn autre, auquel il creua les yeux.

IV. Pour le Comte il vint peu de temps apres dans ce monastere, accompagné de Routiers, de farceurs, & de garces, demanda les clefs à l'Abbé, qui les lui refusa, & les porta sur l'Autel, où estoit le corps de Sainct Antonin. Le Comte les alla prendre, enferma l'Abbé & les Chanoines dans l'Eglise, où ils demeurerent trois iours sans manger. Cependant il rauagea le monastere, coucha dans l'Infirmerie auec ses garces, abatit vne partie de l'Eglise, du dortoir, & du refectoire pour bastir quelque fortification au chasteau de Pamies. Vn iour les Religieux visitans suiuant leur coustume, vne Eglise voisine assise sur vn tertre, & conduisants le corps de S. Antonin en procession, le Comte se rencontra passant par le chemin auec sa suite, & sa contenance éleuée à son ordinaire, sans qu'il se mist en deuoir, ni de descendre de cheual, ni de saluer le corps du Martyr. Desorte que l'vn des Douze Abbés de Cisteaux, qui auoient esté commis pour prescher, lui reprocha hautement ce mespris, & lui predit, que cette faute seroit punie de la perte de cette portion qu'il auoit en la ville, apartenante à ce Martyr. Estant entré en armes dans le Comté d'Vrgel, il pilla l'Eglise Cathedrale, n'y laissant rien que les murailles, & fit payer cinquante

mil sols

mil sols de rançon aux Chanoines. Ses Routiers rompirent vn Crucifix, pilerent du poiure auec les tronçons, & firent manger leurs cheuaux sur l'Autel. En vne autre Eglise, vn de ses caualiers chargea vn crucifix d'vne salade, d'vn bouclier, & des esperons, & le poussant auec sa lance, lui disoit qu'il se defendist.

V. Ce Comte auoit souuent promis aux Legats, de chasser les heretiques de sa terre. Ce qu'il n'auoit pourtant fait, au contraire les souffroit & fauorisoit ouuertement. Pour toutes ces considerations le Comte de Montfort ayant esté prié par l'Abbé de Pamies apres la prise de Faniaux, s'auance, & prend le chasteau de Mirepoix, qui estoit vne retraicte des Routiers & des heretiques, & appartenoit au Comte de Foix. Continuant son chemin il arriue à Pamies, où l'Abbé lui fit deliurance du chasteau, sous la reserue de l'homage, que Simon lui presta. En suitte il occupa la ville & chasteau de Sauardun, apartenant au Comte de Foix, les habitans s'estans rendus à la premiere sommation. Peu de iours apres il mit le siege deuant le chasteau de Prissan, assis au païs de Carcasses: où le comte de Foix maistre de ce chasteau, vint faire son appoinctement, lui remettant le chasteau assiegé, & faisant serment d'obeïr aux commandemens de l'Eglise, & baillant en outre son fils en ostage, pour l'asseurance de sa promesse. Ce fils que le Comte Raimond Roger bailla en ostage, estoit le plus ieune de ses enfans, ainsi que remarque la Chronique manuscrite du Comte Raimond: lequel fils est nommé Amauri, dans le testament de son pere.

VI. Cependant le Comte negotioit ses affaires auec les Legats du Pape, qui estoient à Sainct Gilles. Or il arriua qu'vn certain Abbé de Cisteaux, qu'il auoit employé pour ce traicté, passant à son retour prés de la ville de Carcassonne accompagné de deux Moines, & d'vn frere conuers, fut blessé de trente six coups, tué & assassiné en haine de son ordre, par Guillaume de Rochefort frere de l'Euesque de Carcassonne: le frere conuers fut aussi tué, ayant receu vingt-quatre coups d'espée: l'vn des Moines abbatu sur la place, blessé de seize playes; & l'autre fut espargné, dautant qu'il estoit ami particulier des complices de Guillaume. Le Comte de Foix, qui auoit employé ces religieux, est iustement reproché par Pierre de Valsernai, d'auoir practiqué vne grande familiarité auec le meurtrier; iusques là que les cheuaux de l'Abbé, que l'Assassin auoit retenus, furent trouués bien-tost apres, dans les troupes du Comte.

VII. La rigueur des conditions que les Legats exigeoient du Comte de Foix, le porta à prendre les armes pour la defense de sa personne, & de ses biens. De sorte qu'il surprit le chasteau de Prissan, qu'il auoit baillé en garde au comte de Montfort; & se retirant de son amitié lui fit ouuertement la guerre. Peu apres le iour de Sainct Michel, il alla de nuict vers le chasteau de Faniaus, qu'il pensa surprendre, ses gens estans entrés dedans par escalade: mais ils furent repoussés par la garnison. Cette declaration du comte de Foix souleua tout le païs contre Simon de Montfort, de sorte que plus de quarante places se départirent de son obeïssance; ne lui restant que les villes de Carcassonne, Faniaus, Saissac, Limous, Pamies, Sauardun, & la cité d'Albi, auec Enuialet.

VIII. La comtesse de Montfort estant venuë de France auec des troupes de recreuë, le comte Simon remit sur pied vne bonne armée, prit quelques chasteaux; & vint mettre le siege deuant celui d'Alairac, enuiron la feste de Pasques de l'année 1210. Cette place estant prise, le Roi d'Aragon, le comte de Tolose, & le comte de Foix eurent vne conference prés de la ville de Pamies, pour establir vn bon accord entre le Comte de Montfort, & celui de Foix. Mais le traicté n'ayant pû reüssir, le Roi, & le Comte de Tolose se retirerent en la ville de Tolose; Et le Comte de Montfort fit auancer son armée vers la ville de Foix; de laquelle il s'approcha auec vn seul caualier, repoussa iusqu'aux portes du chasteau ceux qui se presenterent à lui, & fust entré dedans pesle mesle auec les ennemis, s'ils n'eussent leué le pont: mais il y perdit son caualier, qui fut assommé à coups de pierre, par ceux de la place. De sorte que le Comte se retira, apres auoir faict le degast à l'entour de la ville de Foix.

IX. En suite le Roi d'Aragon arresta vne tréue entre les Comtes de Foix, & de Monfort, iusqu'à la prochaine feste de Pasques, de l'année 1211. Ce qui donna moyen au Comte de Montfort de poursuiure sa conqueste dans l'estenduë des Vicomtés de Beziers, & de Carcassonne, par la prise des forts chasteaux de Minerue, & de Termes, & de plusieurs autres dans le païs d'Albigeois.

X. Quelque temps apres, il y eut dans la ville de Narbone, vne notable assemblée des Legats du Pape, du Roi d'Aragon, & des Comtes de Tolose, de Foix, & de Montfort, pour conferer des moyens d'arrester vn bon accord entre ces grands Seigneurs. Mais les propositions que firent les Legats aux Comtes de Tolose, & de Foix, ne furent pas capables de satisfaire à leurs interests. Quoi que l'on offrit au Comte de Foix, de lui rendre toutes les places, que l'on auoit saisies sur lui, excepté le chasteau de Pamies: moyennant qu'il iurast d'estre obeïssant aux commandemens de l'Eglise, & de n'empescher le Comte de Montfort, ni les Croisés en la poursuitte de leur dessein contre les heretiques. Neantmoins le Roi d'Aragon mit garnison dans le chasteau de Foix, & promit aux Legats, que la Chrestienté ne receuroit aucune incommodité de cette place, & leur promit auec serment, que si le Comte de Foix se departoit de la communion de l'Eglise, & de l'amitié du Comte de Montfort, il remettroit le chasteau de Foix entre les mains des Legats, à leur premiere sommation. Ce qui doit estre entendu pendant le temps de la tréue. Ce fut en cette année 1210. au iour de la feste Sainct Iean Baptiste, en la ville de Gaillac, que le Comte de Tolose, confirma à Raimond Comte de Foix, à son fils Roger Bernard, & au fils de celui-ci, la donation que le Comte de Tolose son pere lui auoit faicte, des lieux de Montauban, Hautmontagudet, & la Isla Amada, comme l'on apprend de l'Ancien Inuentaire de Foix.

I. Petrus Vallis Sarn. c. 10.
II. Idem Petrus c. 24. *Ancien Inuentaire de Foix*.
III. Idem Petrus c. 44. 45. & 46.
V. Idem c. Erat de Dominio Comitis Fuxensis.
Idem c. 25.
VI. Petrus Vall. c. 30.
VII. c. 32.
VIII. c. 35. c. 36.
IX. C. 43.

CHAPITRE XVI.
Sommaire.

I. Siege de Lauaur par le Comte Simon. Mescontentement du Comte de Tolose. Le Comte de Foix la tréue estant expirée, sort de Tolose, deffaict, & taille en pieces six mille Allemans: & se retire auec vn grand butin. II. Prise de Lauaur. Rupture auec le Comte de Tolose. Cette ville est assiegée par le Comte de Montfort. Deux sorties du Comte de Foix sur les assiegeans. Le siege leué. Entrée du Comte de Montfort dans le païs de Foix, qu'il rauage. III. Armée puissante des Comtes de Tolose, de Foix, de Comenge, & de Bearn, qui assiege Castelnaudarri sur le Comte de Montfort. Assaut donné à la place commandé par le Comte de Foix, & soustenu par les assiegés. IV. Vn grand combat entre le Comte de Foix, & les troupes du Comte de Montfort. Il est representé selon le rapport de Pierre de Valsernai. V. Et encore selon la foi de l'historien manuscrit, qui en explique mieux les circonstances. Le siege de Castetnau leué. Plusieurs villes se rendent aux confederés, & quittent Simon. VI. Le Comte Simon vint à Pamies pour munitionner le chasteau. Le Comte de Foix lui presente bataille. Quelques compagnies de caualerie deffaictes par Roger Bernard fils du Comte de Foix.

I. ENVIRON la feste de Pasques de l'année 1211. l'armée du Comte de Montfort estant renforcée, il alla assieger la ville de Lauaur, à cinq lieües de Tolose. Ce qui offença le Comte de Tolose, qui se rendit bien en l'armée des Croisés, mais il s'en retira auec mescontentement, n'ayant eu la satisfaction qu'il s'estoit promise, du traicté que renouuela dans le camp, le Comte d'Auxerre son cousin. Il reuint à Tolose, & fit defenses, que l'on ne portast des viures à l'armée des assiegeans. Cependant le Comte de Foix qui estoit dans la ville, & en liberté d'agir, à cause que la tréue auec le Comte de Montfort estoit expirée, accompagné de Roger Bernard son fils, de Gerard de Pepius, & de plusieurs seruiteurs du Comte de Tolose, dressa vne embuscade dans vne forest prés de Montgausi vers Puilaurens, contre vn corps de six mille Croisés, Allemans de nation qui venoient en bon ordre se rendre au camp de Lauaur: lesquels il tailla en pieces, & rapporta vn riche butin dans Tolose. Pierre de Valsernai remarque vn acte inhumain de Roger Bernard de Foix, qui poursuiuit vn Prestre qui s'estoit refugié dans vne Eglise voisine, & l'assomma d'vn coup de hache en bas la couronne clericale, qu'il monstroit pour s'exempter du danger. L'historien du Comte Raimond rapporte, que de tous ces Allemans, il n'en eschappa qu'vn seul: lequel ayant porté au camp la nouuelle de la deffaicte, le Comte de Montfort s'auança de ce costé auec quatorze mil hommes. Mais le Comte de Foix s'estoit desia retiré auec les prisonniers, & le butin, dans Montgiscard. Desorte que le Comte de Montfort reprint son poste, & mena au camp les blessés, qu'il trouua sur le lieu du combat.

II. La ville de Lauaur ayant esté prise, & saccagée, il y eut rupture, & guerre ouuerte contre le Comte de Tolose. De sorte que le Comte de Montfort s'estant rendu maistre des places voisines, renforcé qu'il fut d'vn nouueau secours des Croisés, vint assieger Tolose au mois de Iuillet 1211. dans laquelle estoient le Comte Raimond, & les Comtes de Foix, & de Comenge. L'historien du Comte Raimond rapporte, que pendant le siege, le Comte de Foix fit vne rude sortie sur les assiegeans, dont il en demeura deux cens de morts sur la place, & autant de blessés. Où le Comte se mesla si auant parmi les ennemis, qu'il eut son cheual tué sous lui, & y perdit Ramonet de Castello notable caualier, qui fut beaucoup regreté par ceux de la ville. Il y eut vne seconde sortie, que le Seneschal d'Agenois entreprit, soustenu du Comte de Foix, auec les troupes de Bearn, & de Nauarre, qui firent dans le camp vn si horrible carnage, que le Comte de Montfort perdit toute esperance de forcer la place. De maniere qu'il fut contraint de leuer le siege, & tourna ses armes vers le païs de Foix, pour retirer quelque satisfaction des domages que le Comte lui auoit faits: où il s'empara de Varille; qui estoit vn lieu abandonné, & de plusieurs autres petits lieux, brusla le bourg de Foix, & rauagea toute la terre pendant huict iours.

III. Pour resister à ces efforts, les Comtes de Tolose, de Foix, de Comenge, & Gaston de Bearn assemblerent vne armée de cent mille hommes, auec laquelle ils mirent le siege deuant la ville de Castelnaudarri, & recouuerent vne bonne partie du païs: mesmes le comte de Foix força pendant le siege, le chasteau Sainct Martin, & quelques autres places, qu'il fortifia tout incontinent. Le camp des assiegeans estoit bien retranché, & l'on n'espargnoit point les frais pour dresser, & metre en batterie les mangoneaux, perriers, calabres, & autres machines, afin d'abatre les murailles du chasteau de Castelnaudarri; où le Comte de Montfort s'estoit rendu, pour soustenir le siege en personne. On fit plusieurs sorties & escarmouches pendant le siege, sur la prise & reprise du bourg; l'on donna vn assaut au chasteau, qui estoit commandé par le comte de Foix & son fils, lequel fut vigoureusement soustenu par les assiegés.

IV. Mais le combat plus considerable, & celui qui mit fin à ce siege, fut celui que le comte de Foix entreprit pour couper les viures aux assiegés. Il y a de la diuersité entre le Moine de Valsernai, & l'historien manuscrit de Tolose, au recit qu'ils font des circonstances de ce combat. Car celui-là escrit, que le comte de Montfort ayant enuoyé Gui de Leuis son Mareschal, pour lui mener vn conuoi de viures, & quelques recreuës, ayant commandé à Bouchard de Marli, & à vn Martin d'Algais Espagnol qui estoient à Lauaur, de se rendre aupres de lui auec leurs caualiers, Le comte de Foix, qui eut connoissance de leur marche, s'en alla au fort Sainct Martin, pour les deffaire en leur passage. Dequoi le comte de Montfort donna connoissance à Bouchard, & le renforça de quarante caualiers commandés par Gui de Luceio. Le comte de Foix voyant le secours qui arriuoit à ses ennemis, fit venir du camp quelques gens de guerre, pour estre mieux en estat de combatre les troupes du Mareschal, & de Bouchard. Ceux-ci marchent le lendemain de bon matin; & rencontrent le Comte de Foix, qui auoit départi ses gens en trois bataillons: lesquels il serra en vn corps sur le point du combat, ayant mis à la droite la caualerie legere, à la gauche les gens de pied, & les gensdarmes au milieu. Les Croisés furent animés de bien faire par l'Euesque de Cahors, & vn moine de Cisteaux, qui promettoient le pardon des pechés, & la couronne de gloire à ceux qui mourroient en ce combat. Ils furent encore plus encouragés, par la presence du comte de Montfort, lequel ne pouuant souffrir que ce combat, d'où dépendoit sa conseruation, ou sa ruine, se fit à ſes yeux ſans eſtre de la partie, vint au ſecours des ſiens. De ſorte que les troupes du Comte de Foix furent incontinent miſes en route, auec perte notable de ſes gens, n'y ayant eu des Croiſés, que trente Caualiers qui furent tués ſur la place. Martin d'Algais s'enfuit au premier choc, & ayant eſté rencontré par l'Eueſque de Cahors, qui lui reprochoit ſa fuite, reſpondit que tous les leurs eſtoient morts; Mais il reuint enfin au combat, par la preſſe que lui fit cét Eueſque. Cependant les aſſiegeans donnerent vn aſſaut à la place, qui fut repouſſé par les aſſiegés. Le Comte de Montfort apres ſa victoire alla rendre graces à Dieu, & pour effacer le bruit de ſa deffaite, que le Comte de Foix auoit publié, il alla iuſques à Narbonne, où le vindrent ioindre nouuelles troupes de Croiſés, auec leſquelles il marchoit vers Caſtelnaudarri; mais il aprint que le Comte de Toloſe, & ſes confederés auoient leué le ſiege. Et encore que le Comte Simon ne fut point entierement deffaict en cette expedition, neantmoins il perdit auant ou apres le ſiege, plus de cinquante places dans les dioceſes de Toloſe, & d'Albi, & la ville de Sauardun au païs de Foix. C'eſt le ſommaire du recit de Pierre de Valſernai.

V. L'hiſtorien manuſcrit du Comte Raimond fait cette narration auec plus de ſoin, & remarque mieux les circonſtances. Car il eſcrit, que le Comte de Foix ayant receu auis, que du coſté de Carcaſſés on menoit vn conuoi de viures aux aſſiegés, s'en alla vers le lieu de Bordes, pour dreſſer vne embuſcade à ceux qui le conduiſoient. Cependant Bouchard, & Martin d'Algais renforcés de quelques troupes conduites par l'Eueſque de Cahors, marchoient vers Caſtelnau, & deſcouurirent l'embuſche auec leurs coureurs. De ſorte qu'ils ſe mirent en bon ordre, pour forcer les ennemis. Le Comte de Foix s'auance pour les receuoir, & apres vn ſanglant combat défit, & mit en route Bouchard. Ce fait il ala attaquer vn grand nombre de François, qui s'eſtoient Croiſés, & auoient leur logement au lieu des Bordes, dont il tailla en pieces la plus grande partie. Le Comte de Montfort ayant auis de la deffaicte des Croiſés, enuoya de ce coſté Bouchard auec vn puiſſant ſecours: Contre lequel le Comte de Foix tourne teſte, & frappe ſi rudement ſur ſes ennemis, qu'il en tuë bon nombre, met en fuite Bouchard, & ſe rend maiſtre du champ de bataille. Martin d'Algais, & l'Eueſque de Cahors furent ſi eſpouuantez, qu'ils ne s'arreſterent point iuſqu'au lieu de Faniaux. Cette circonſtance de la fuite d'Algais, que Pierre de Valſernai a remarquée, me perſuade, en quelque façon, la verité de la narration de l'hiſtorien manuſcrit. Apres cette grande deffaicte, les gens du Comte de Foix ſe ietterent au pillage, & à deſpoüiller les morts. Pendant que les ſoldats s'amuſoient au butin, Bouchard, qui auoit rallié quelques vns des ſiens, reuint au combat, & tua pluſieurs de ces butineurs. Le Comte de Montfort ſuruint auſſi auec vn puiſſant ſecours; de ſorte que la meſlée s'eſchauffant, il y eut vne grande tuerie de toutes parts. A ce dernier combat accourut Roger Bernard fils du Comte de Foix, qui ſe ietta au milieu de la preſſe, & fit reculer à bon eſcient les ennemis, qui eſtoient ſi acharnez, que la ſeule nuict fit ceſſer le combat. L'hiſtorien obſerue, que le Comte de Foix s'y porta auec tant de valeur, qu'il acquiſt la reputation d'eſtre le meilleur guerrier du monde, *égal à vn Oliuier, ou à vn Rolland*, comme il parle. Le Comte de Foix arriué au camp, voyant que le Comte de Toloſe faiſoit plier les tantes pour leuer le ſiege, s'oppoſa à cette honte, & remonſtra qu'il faloit demeurer toute la nuict ſur les armes, pour ſe tenir en eſtat de repouſſer les ennemis, s'ils vouloient enleuer quelque quartier; à quoi ils pourroient eſtre portés pour retirer vengeance de leurs pertes. Cette preuoyance donna moyen aux aſſiegeans, de receuoir le Comte de Montfort; lequel se presenta au deuant des retranchemens auec toutes ses forces; d'où il fut repoussé gaillardement, & mené battant iusqu'aux portes de Castetnau. Apres l'auoir ainsi rembarré dans la place, les Comtes leuerent le siege, & conduisirent incontinent l'armée deuant Puilaurens, qui se rendit à composition; & à l'exemple de cette place plusieurs villes & chasteaux se declarerent pour les confederés. Ce discours donnera assez de lumiere au Lecteur, pour se persuader que Pierre de Valsernai a vsé de quelque dissimulation, au recit qu'il a faict de ce dernier combat. Dautant plus que Guillaume de Puilaurens auoüe, que le Comte Simon sortit de Castetnau, pour donner secours aux siens, qui estoient reduits aux abois.

VI. Le siege de Castetnau estant leué (ce qui arriua sur la fin du mois de Nouembre de l'année 1211.) le Comte de Montfort affligé de ses pertes vint à Pamies, pour fortifier & munitionner le chasteau; où le Comte de Foix lui offrit de decider les affaires par vne bataille, s'il vouloit l'atendre quatre iours. Mais quoi que le Comte Simon fist response, qu'il seroit encore pour dix iours dans cette ville, le temps coula sans autre combat, que les courses que firent quelques caualiers dans le païs de Foix, où ils ruinerent vn chasteau. Ce faict le Comte de Montfort prit sa route vers Faniaux, d'où il despescha deux chefs des plus vaillans qui fussent en ses troupes, sçauoir le Chastelain de Melse & son frere Geoffroi, auec quelques compagnies de caualerie pour conduire des viures, vers vn chasteau qu'il vouloit munitionner. Le fils du Comte de Foix aduerti de ce conuoi, attaque brusquement ces compagnies, qui faisoient l'escorte: où Geoffroi refusa le quartier qu'on lui offroit, disant que s'estant donné à Iesus-Christ, il ne vouloit point se rendre à ses ennemis; & fut tué auec vn autre notable caualier parent du Chastelain, qui se sauua auec beaucoup de peine. Vn autre caualier nommé Drogon qui se rendit, fut long-temps retenu prisonnier par le Comte de Foix, iusqu'à ce qu'il fut baillé en eschange du pere de Geraud de Pepius.

I. Petrus Valsar. c. 49. 50. *Histoire du Comte Raimond* c. 50.
II. Idem Petrus c. 55.
III. C. 56.
IV. C. 58.
V. *L'Historien Ms. du Comte Raimond.* Guillelm. de Podiolaur. c. 19. Petr. Vallisern. c. 58. & 69.

CHAPITRE XVII.
Sommaire.

I. *La Croisade publiée de nouueau renforce le Comte de Montfort. Il contraint le Comte de Foix de leuer le siege de Carmain.* II. *Il va assieger Causac, qu'il prend, nonobstant les efforts des Comtes alliés. Il assiege S. Marcel prés d'Albi. Les Comtes lui coupent les viures, & l'obligent à leuer le siege. Frequents combats du Comte de Foix.* III. *Le Comte de Montfort restablit ses affaires. Entreprend sur l'Agenois, qui estoit au Comte de Tolose. Assiege la Pene d'Agenois. Cependant il enuoye son frere auec vne armée dans le Foix. Prise de la Pene.* IV. *Siege de Moyssac. Le Comte de Foix sort de Montauban, & défait vn grand nombre de Croisés. Laisse son fils dans Montauban, s'en va en Foix, reprend Sauerdun, incommode Pamies. Le Comte Simon apres la prise de Moyssac, quite le siege de Montauban, va en Foix, & reprend Sauerdun.* V. *Le païs de Comenge, & de Coserans reduit en l'obeïssance du Comte Simon. Tolose bloquée.* VI. *Combats de Roger Bernard.* VII. *Le Comte de Tololose implore le secours de son beau-frere le Roi d'Aragon; qui prie le Pape pour les Comtes alliés. Vient à Tolose, & fait ses demandes pour eux au Concile de Lauaur. Sa requeste pour le Comte de Foix.* VIII. *Response du Concile de Lauaur.* IX. *Le Roi d'Aragon appelle au Pape du refus que lui fait le Concile. Prend les Comtes sous sa protection, & enuoye à Rome. Promesse du Comte de Foix d'obeyr à l'Eglise.* X. *Le Roi d'Aragon défie le Comte de Montfort son Vassal. Courses entre les parties.* XI. *Response du Pape, qui defend au Roy d'Aragon la protection des Comtes. Siege de Muret où le Roy est tué, & les Comtes mis en route. Simon pille en suite le pays de Foix. Les Comtes se retirent à Montauban, où le Comte de Tolose fit pendre son frere Baudoüin.* XII. *Vn Legat est enuoyé par le Pape, qui reconcilia à l'Eglise le Comte de Foix, & arresta vne tréue entre lui, & le Comte de Montfort. Il lui baille en ostage son chasteau de Foix.*

I. Cependant pour releuer les affaires de la Foi, qui estoient presque ruinées, Guillaume Archidiacre de Paris, & Iacques de Vitri prescherent de nouueau la Croisade en France, & en Alemagne; auec vn grand succés. De fait les nouuelles troupes des Croisés arriuans au Comte de Montfort, mesmes son frere Gui, qui reuenoit de la Terre saincte; ils'auança vers le lieu de Carmain, que le Comte de Foix tenoit assiegé, depuis quinze iours, & le contraignit de leuer le siege auec desordre, abandonnant les pieces de baterie: en suite il entra dans le païs de Foix, qu'il rauagea, & y ruina quatre chasteaux.

II. Ce fait il tourna la teste de son armée vers Causac, qu'il assiegea. Les Comtes de Tolose, de Foix, & de Comenge, s'auancerent auec leurs troupes iusqu'à Gaillac, pour l'incommoder pendant le siege; mais il s'estoit tellement retranché, qu'il n'y eut moyen de le forcer, ni de l'attirer à la bataille, qu'ils lui presenterent. C'est pourquoi les Comtes alliés se retirerent à Tolose. Et le Comte de Montfort alla mettre le siege deuant Sainct Marcel, à trois lieuës de la ville d'Albi : où les Comtes vindrent en personne auec vn puissant secours : en sorte que coupant les viures qui venoient aux assiegeans de la ville d'Albi, & les trauaillant auec des escarmouches ordinaires, que le Comte de Foix faisoit contr'eux, ils contraignirent le Comte de Montfort à leuer le siege, la veille de Pasques de l'année 1212. lui faisant souffrir la mesme honte, qu'ils auoient receuë à Castelnau.

III. Mais la saison du Printemps ayant ouuert le chemin à la deuotion des Pelerins, il arriua vn tres-grand nombre de Normans, & d'Alemans, qui restablirent les affaires du Comte de Montfort; de telle façon qu'il reprit bien tost, de gré ou par force, vne bonne partie des places, qui auoient quité son seruice; & forma vn dessein de faire nouuelles conquestes. A quoi il fut conuié par l'Euesque d'Agen, qui lui offrit son secours, & celui de ses parens contre les heretiques, qui estoient dans le païs d'Agenois; lequel estoit possedé par le comte Raimond pour la dot de sa femme Ieanne, sœur de Richard Roi d'Angleterre. Le Comte de Montfort s'estant rendu maistre de plusieurs places apartenantes au comte de Tolose, receut le serment de fidelité des habitans de la ville d'Agen; & le quatriesme de Iuin 1212. mit le siege deuant la Pene d'Agenois, assise sur la riuiere du Lot, qui auoit esté fortifiée par le Roi Richard, pour seruir de defense à tout le païs : Dans laquelle s'enferma auec vne bonne garnison le comte Hugues d'Alfar Nauarrois Seneschal d'Agenois, marié à vne fille naturelle du comte de Tolose. Pendant ce siege, le Comte de Monfort voulant se descharger du comte de Foix, faisoit attaquer son païs auec vne armée, commandée par Gui son frere, l'Archeuesque de Roüen, l'Euesque de Laon, l'Archidiacre de Paris, & par Enguerrand de Boua, auquel il auoit donné l'inuestiture d'vne partie du païs de Foix. Ceux-ci prindrent par assaut le chasteau d'Anclanet, & obligerent les habitans de brusler plusieurs villages, qu'ils abandonnerent en cét estat aux croisés : qui furent rappellés par le comte de Montfort, pour renforcer le siege de la Pene, qui fut renduë à composition le 12. Iuillet 1212.

IV. Ayant receu les homages de la Noblesse du Comté d'Agen, il vint mettre le siege deuant Moyssac, qui fut tres-penible & dangereux; Neantmoins pendant ce siege, les autres places se rendirent à lui, entr'autres Castet-Sarasin, & Verdun, ne restant en ces quartiers sous l'obeïssance du comte Raimond, que la ville de Montauban. D'où le comte de Foix fit vne entreprise contre vn grand nombre de croisés qui venoient du costé de Cahors; lesquels il défit, en tua plusieurs sur la place, & renferma le reste dans vn fort, d'où ils furent retirés par le secours, que le comte de Montfort enuoya pour les dégager, cóme l'Historien manuscrit a remarqué. Comme la ville de Moyssac estoit aux abois, le comte de Foix retourna en son païs, laissa son fils Roger Bernard dans Montauban pour le defendre, reprit quelques places, & s'estant mis auec le comte de Tolose dans Sauerdun, il trauailloit extremement ceux de Pamies. Ce qui obligea le Comte de Montfort d'abandonner le siege de Montauban qu'il auoit entrepris, & de s'approcher de Pamies auec les recreuës d'Alemans. Cette armée contraignit les Comtes d'abandonner Sauardun. De sorte que nostre Raimond Roger se retira dans le chasteau de Foix, vers lequel le Comte de Montfort fit vne caualcade sans autre effet. Et cependant il fit le premier iour de Decembre de l'an 1212. dans son Palais de Pamies les nouuelles ordonnances, qui reglent les terres de sa conqueste, qui estoit limitée pour lors aux Vicomtés de Carcassonne, & de Beziers, & la Seigneurie d'Albigeois, & de Razes. Aussi ne prend-t-il autre qualité à la teste de ces ordonnances que celle de ces Vicomtés & Seigneuries. Car pour les terres apartenantes au Comte de Tolose, qui comprenoient vne grande partie du Languedoc, le Comte de Montfort ne les auoit encore gagnées sur le comte Raimond, & n'en receut l'inuestiture du Roi, qu'apres le iugement du Concile de Latran de l'année 1215.

V. Apres ces exploicts, ce Comte prit resolution d'occuper le païs du Comte de Comenge; & d'abord se rendit maistre de la ville de Muret sur Garonne, abandonnée par les habitans. Et sur l'instance des Euesques de Comenge, & de Coserans, il s'auança vers la ville de S. Gaudens, où les Nobles du païs vindrent lui faire homage; & tournant vers le païs montueux de Foix, il ruina les terres de Roger de Comenge, petit fils du Comte de Foix, comme escrit Pierre de Valsernai, qui ne remarque pas le nom de la terre apartenâte à ce Roger. Mais il est certain, qu'il estoit non pas Comte de Comenge, comme le sieur Catel escrit, mais Vicomte de Coserans; lequel auoit rendu homage de sa terre au Comte Simon de Montfort, le iour du Vendredi Sainct 1211. lors qu'il estoit occupé au siege de Lauaur, & du depuis s'estoit retiré de son seruice. Le Comte de Montfort ne passa pas outre Sainct Gaudens vers la Gascogne, comme l'on se persuade communément; aussi n'auoit-il autre dessein, que sur la terre du Comté de Comenge, dont les Vassaux l'auoient desia reconnu, mais tournant à main gauche vers Coserans, il descendit à Muret. D'où il tenoit comme bloquée la ville de Tolose, au moyen de la garnison de cette ville, de celle de Verdun, & des autres places voisines, qui faisoient des courses iusqu'aux portes de Tolose.

VI. Roger Bernard de Foix faisoit aussi des partis contre les places des croisés, où il eut deux combats tres-rudes auec Barles Gouuerneur de Castetrasin, ainsi que l'Historien manuscrit a obserué. Pierre de Valsernai fait mention d'vne autre entreprise, que fit en ce temps ce jeune Comte. Car il dit, qu'en passant auec ses Routiers, prés Carcassonne, il rencontra quelques troupes de Croisés, qu'il tailla en pieces, & en conduisit quelques vns prisonniers au chasteau de Foix, où il les trauailloit auec des supplices extraordinaires.

VII. Le Comte de Tolose se voyant reduit à l'estroit, passa en Aragon vers le Roi Don Pierre son beau-frere; lequel estoit reuenu en son Royaume, chargé des lauriers qu'il auoit acquis en cette memorable bataille d'Vcles qu'il auoit gagnée sur les Sarasins. Il auoit escrit desia au Pape Innocent, se plaignant de la violence que le Comte de Montfort exerçoit contre le Comte de Tolose son beau-frere, & contre les Comtes de Foix, de Comenge, & de Bearn ses vassaux, & demandoit le restablissement des terres, qu'il auoit vsurpées sur eux. Ce que le Pape lui accordoit à Rome, en mesme temps que ce Roi vint à Tolose; & qu'il renouuella les mesmes demandes aux Legats, & au Concile qui se tenoit à Lauaur. Car aussi tost que le Roi fut arriué à Tolose, il eut vne conference particuliere auec l'Archeuesque de Narbonne Legat du Pape, & le Comte de Montfort: où il fut arresté que le Roi enuoyeroit au Concile sa demande par escrit, & qu'il y auroit surseance d'armes pour huict iours. Le chef de cette demande qui regarde le Comte de Foix est conceu en ce sens, que ie represente en abregé. *Attendu que le Comte de Foix n'est pas, & n'a esté heretique, le Roi demande & prie pour lui, comme pour son tres-cher cousin, qu'il ne peut delaisser sans honte, ni l'abandonner dans son droict, à ce qu'en sa consideration, & pour son respect, il soit restabli en ses biens, satisfaisant neantmoins en ce, & pour ce qu'il aparoistra à la clemence de la mere Eglise, qu'il a failli. Donné à Tolose le 17. des Calendes de Feurier.*

VIII. La Response du Concile est conceuë aux termes suiuans, tournés du Latin en François: *L'Altesse Royale fait en outre sa demande pour le Comte de Foix; A quoi nous respondons en cette sorte, qu'il est depuis long-temps Receptateur des heretiques; dautant plus qu'il est hors de doute, que ceux qui croyent les heretiques, doiuent estre nommés heretiques: lequel apres plusieurs excés par lui commis, apres auoir presté son serment, apres l'obligation tant de sa personne* que de ses biens, apres auoir mis les mains sur les Clercs, & les auoir mis dans la prison, pour raison dequoi, & pour plusieurs autres chefs, il a esté frappé de la poincte de l'anatheme ; Apres mesme cette grace, que le Legat faisoit ci-deuant à ce Comte, suiuant vostre priere, il a exercé vne sanglante tuërie contre les Croisés, tant Clercs que laicques, lesquels en leur pauureté & simplicité marchoient pour le seruice de Dieu contre les heretiques de Lauaur. Or quelle, & combien grande estoit cette grace, l'Altesse Royale s'en souuient fort bien, comme nous croyons, puis qu'à sa priere, le Legat faisoit cette composition au mesme Comte. Mais il a tenu au Comte, que cét accord n'ait pas esté fait. Car on a les letres adressantes au Comte de Montfort, seellées du seau Royal, qui contiennent vne telle clause : Nous vous disons aussi, que si le Comte de Foix ne veut s'arrester à cét accord, & que du depuis vous n'escoutiés les prieres que nous vous ferons pour lui, nous ne serons pas faschés pour cela contre vous. Toutesfois s'il met peine de receuoir le benefice de l'absolution, si lors qu'il aura receu cette grace, il fait plainte de quelque chose l'Eglise ne lui refusera point iustice.

IX. Le Roi d'Aragon voyant que ses demandes estoient refusées, pressa de faire accorder vne tréue iusqu'à la Pentecoste, ou pour le moins iusqu'à Pasques, pensant par ce moyen refroidir la deuotion des croisés, qui se fussent arrestés sur le bruit d'vne tréue. Mais ayant esté aussi éconduit de cette demande, il appella de ce refus au Sainct Siege, & prit les Comtes & leurs terres en sa protection. Pour raison de laquelle protection, le Legat commina de le denoncer excommunié. Le Concile enuoya au Pape sa relation, & le Roi aussi ses letres auec ses Ambassadeurs, ayant au prealable retiré asseurance des Comtes, qu'ils obeïroient entierement aux commandemens de l'Eglise. La formule de la promesse du Comte de Foix est inserée auec celle des autres, dans le Registre du Pape Innocent III. en ces termes tournés du Latin : Au nom de Dieu, sçachent tous, que nous Raimond Roger par la grace de Dieu Comte de Foix, & Roger Bernard son fils, à l'honneur de Dieu, & de la saincte Mere Eglise, & du Seigneur Innocent qui possede le Pontificat du Sacrosainct Siege Romain, nous mettons nos personnes, & tons nos chasteaux, forteresses, & caunes, sçauoir le chasteau de Foix, de Montgaillard, de Montoliu, de Castetpendent, de Tarascon, de Aisnasc, de Rauat, de Miramont, de Mereglos, de Genac, de Vgenac, de Vic, de Montreal, de Castetuerdun, de Lourdat, de Vnac, & de Haus, & toutes les caunes de Solobre, de Subitan, de Onolac, de Verdun, de Agnauis & de Heliat, les montagnes & les vallées, & toute nostre autre terre qui nous apartient ou doit apartenir, en la main & puissance de vous nostre Seigneur Roi d'Aragon, & Comte de Barcelone, afin que vous la possediés plainement, & auec vn pouuoir absolu. A condition neantmoins, que pour cette detention de nos biens, & de nos personnes, vous puissiés nous contraindre d'executer, & d'obseruer ce que le Seigneur Pape, & l'Eglise Romaine ordonnera de nos personnes & biens. Nous nous promettons donc de bonne foi par vne stipulation solennelle, sous peine de Commis de tous nos chasteaux, & de toute nostre terre, que nous tascherons d'accomplir fidelement, tout ce que le Seigneur Pape commandera touchant nos personnes & nostre terre, & que nous ni contreuiendrons par aucun artifice, ni ne souffrirons qu'il y soit contreuenu, vous donnant plein pouuoir sur le tout. Ce que nous iurons sur les saincts Euangiles touchés corporellement, Reconnoissans que nous vous auons donné la mesme puissance, auec vn semblable serment. Et pour plus grande euidence de ce fait, nous munissons cette page de la presence de nostre seau. Ceci a esté fait, & accordé à Tolose le 6. des Calendes de Feurier l'an de l'Incarnation 1212.

X. Le Roi d'Aragon défia le Comte de Montfort son Vassal, & lui denonça la guerre, encore que celui-ci protestast de ne l'auoir iamais offensé, contre le deuoir de la fidelité qu'il lui auoit iurée. On employa le temps depuis Feurier iusqu'en Septembre en courses, & en escarmouches, que les troupes de Montfort faisoient du costé de Tolose ; lequel enuoya aussi son fils Amauri en Gascogne, du costé de Comenge.

XI. Cependant le Pape enuoya sa response au Roi d'Aragon, en date à Rome du douziesme de Iuillet, par laquelle il lui defend la protection des Comtes. Mais il ne defera pas à cette defense ; au contraire entra dans la Gascogne auec vne armée, vint à Tolose,& alla mettre le siege deuant Muret le 9. de Septembre 1213. Le Comte de Montfort qui estoit à Faniaus, ayant receu l'auis du siege, se rendit à Sauerdun & à Muret. Le lendemain apres son arriuée, & le quatriesme iour apres le siege, le Comte sortit de Muret, ayant distribué le peu de gens qu'il auoit en trois bataillons, qui d'abord percerent & rompirent les ennemis, tuerent le Roi d'Aragon, & mirent en fuite les Comtes de Tolose, de Foix & de Comenge, qui se retirerent à Tolose auec vn grand estonnement. L'Historien manuscrit attribuë cette défaite à vne surprise, & à vn mépris que les Aragonois faisoient des ennemis. Car le Comte Simon chargea inopinément ceux du camp, comme ils disnoient, & les trouuans desarmés poussa ses escadrons dans le quartier du Roi d'Aragon, lequel fut tué prenant ses armes. Cette mort ietta l'espouuante dans toutes les troupes, qui ne rendirent depuis aucun combat. Le premier progrés du Comte de Montfort, apres la victoire fut dans la terre de Foix, où il alla brusler le bourg de Bas de la ville de Foix, pillant & saccageant tout le plat païs. Cependant il y eut vne entreprise, que firent les Routiers contre Baudoüin frere du Comte de Tolose, qui auoit tousiours suiui le Comte de Montfort : laquelle ayant reüssi, ils menerent Baudoüin en la ville de Montauban : où le Comte de Tolose arriua bien tost apres en compagnie du Comte de Foix, de Roger Bernard son fils, & de Bernard de Portellas Aragonois, & fit pendre Baudoüin par leur auis, comme escrit Guillaume de Puilaurens.

XII. Enfin le Pape enuoya Pierre de Beneuent Cardinal son Legat, pour donner quelque prouision à ces affaires. Sitost qu'il fut arriué à Narbonne, le Comte de Foix se presente à lui, & obtint sa reconciliation, moyennant le serment qu'il fit, d'obeïr au mandement de l'Eglise, & la trëue qu'il arresta auec le Comte de Monfort. Pour l'asseurance de ses promesses, il mit en main du Legat, le chasteau de Foix, dont la garde fut commise à l'Abbé S. Tuberi aux despens du Comte, ainsi que Guillaume de Puilaurens escrit, & que l'on aprendra des actes que ie produirai plus bas. Et encore que le Pape Innocent commit au Comte de Montfort iusqu'à la tenuë du concile, la garde des terres du Comte de Tolose, & de celles qui auoient esté conquises par les croisés, ensemble de celles que les Legats auoient en ostage ; si est-ce que pour le regard du chasteau de Foix, il n'y eut rien de changé. Quoi que Pierre de Valfernai, & Guillaume de Puilaurens semblent escrire expressément le contraire, disans qu'en l'annee 1215. le Côte de Foix visita en la ville de Pamies, le Legat du Pape, & que celui-ci remit au Comte de Montfort le chasteau de Foix, dans lequel il establit garnison. Ce qui doit estre entendu de la ville de Foix, & non pas du chasteau, qui demeura tousiours entre les mains de l'Abbé de S. Tuberi, comme il sera iustifié auec euidence, par la teneur d'vn Rescrit du Pape Honoré III.

I. Petrus Vallisar.c.59. II. c.60. III.c.62.& c.63. V. c.64. & c.65. VII c.66.
IX. Innoc. 111. l.4. Reg. 16.ep. 47.
X. Petrus Vallisar.c.67.
XI. c.71.72.73.74.
XII. c.77. G. de Podio L.c. 25. Petrus Val.c.82.

CHAPITRE XVIII.
Sommaire.

I. Le Concile de Latran prend connoiſſance de la confiſcation du bien des Comtes. Le Comte de Foix alla à Rome, & obtint la mainleuée de ſes biens. II. Le Comte de Montfort fut inueſti par le Roi du Comté de Toloſe, & Duché de Narbonne. Le jeune Raimond ſe rend maiſtre du Marquiſat de Prouence. Aſſiege Beaucaire, qu'il prend en preſence du Comte Simon. III. Le Comte de Foix gardoit la tréue ordonnée par le Legat, & continuée par le Concile pour quinze ans. Mais le Comte Simon ne la gardoit pas de ſon coſté. Reſcrit du Pape pour reparer les contrauentions à la tréue. IV. Les Commiſſaires procedent ſans effect, à cauſe des chicanes recherchées de la part du Comte de Montfort. V. Saufconduit accordé par le Comte de Foix à Lucas Procureur du Comte de Montfort. La tréue continuée entr'eux. VI. Toloſe chaſtiée. Simon alla en Bigorre pour les nopces de Gui ſon fils auec la Comteſſe de Bigorre.

I. AV mois de Nouembre de cette année 1215. le Pape Innocent III. celebra le Concile General de Latran à Rome, où le Comte Raimond & celui de Foix vindrent en perſonne, pour ſupplier le Concile, qui prenoit connoiſſance de la confiſcation auec le conſentement du Roi, comme d'vn acceſſoire du crime d'hereſie, d'ordonner qu'ils fuſſent reſtablis dans tous leurs biens. Mais il fut arreſté, que Toloſe, & les autres terres, qui auoient eſté conquiſes par les Croiſés, ſeroient adiugées au Comte de Montfort; excepté la portion de Prouence, qui apartenoit à la maiſon de Toloſe, que le Pape reſerua, pour en gratifier le jeune Comte Raimond, fils du Comte de Toloſe, s'il le meritoit par ſes deportemens. Quant au Comte de Foix, l'Hiſtorien manuſcrit rapporte qu'il obtint la mainleuée, & reſtitution entiere de toutes ſes terres.

II. Le Comte de Montfort ayant apris cette bonne nouuelle par le retour de ſon frere Gui, alla en Fräce pour receuoir du Roi l'inueſtiture du Comté de Toloſe, & du Duché de Narbonne, & des autres terres qui releuoiét de la Couronne ſans moyen. Pendant qu'il eſtoit à la Cour, le jeune Raimond gagna les volontés des villes d'Auignon, de Marſeille, & de Taraſcon, & ſe rendit maiſtre du Marquiſat de Prouence; & à meſme temps prit la ville de Beaucaire, & aſſiega le chaſteau. Le Comte de Montfort arriua pendät le ſiege, auec les troupes qu'il auoit leuées en France; & trouua ſon frere Gui, & ſon fils Amauri, qui s'aprochoient auec toutes leurs forces, pour incommoder les aſſiegeans: leſquels auoient tres-bien retranché leur camp, pour eſtre à couuert des ſorties du dedans, & des efforts de ceux de dehors. Le ſiege pourtant fut ſi viuement preſſé par le jeune Raimond, auec les engins de baterie, & par aſſauts, que le chaſteau ſe rendit à la veuë du Comte de Montfort: qui eſtoit d'ailleurs tellement incommodé de viures dans ſon camp, que pour en recouurer, il eſtoit beſoin d'vne grande eſcorte, à cauſe que tous ſes quartiers eſtoient en armes contre lui en faueur du jeune Raimond.

III. Le Comte de Foix n'eſtoit pas du nombre de ceux qui auoient armé contre le Comte de Montfort. Car soit que par la decision du Concile il eust obtenu la restitution de ses terres, soit qu'il fust décheu de la proprieté de celles que l'armée des croisés auoit conquis sur lui: Neantmoins il obseruoit la religion de la tréue, que le le Cardinal Pierre auoit arrestée entre lui, & le Comte de Montfort: laquelle le Concile auoit confirmée, & prolongée pour quinze ans. Pierre de Valsernai fait mention de cette tréue de quinze ans, ordonnee par le Concile. Et le Comte de Foix fit plainte au Pape Innocent, que le Comte de Montfort la violoit, & lui demanda des commissaires pour ordonner sur les contrauentions. Sa Sainteté enuoya la commission à l'Abbé & au Prieur de Fonfrede en ces termes tournés du Latin: *Innocent Euesque seruiteur des seruiteurs de Dieu, aux amés fils, l'Abbé, & le Prieur de Fontfrede du Diocese de Narbonne Salut, & benediction Apostolique. Le Noble homme Comte de Foix, nous a supplié, que nous fissions obseruer inuiolablement en sa faueur, de ses Neueux, du Comte de Comenge, de leurs vassaux, sujets, & terres, par l'amé fils le Noble homme Simon de Montfort, les Tréues en l'estat qu'elles estoient gardées, lors que nostre amé fils Pierre Diacre Cardinal du titre de saincte Marie in Aquiro pour lors Legat du Siege Apostolique, partit de ces quartiers. Et dautant que sa demande contient equité nous mandons à vostre discretion par ces escrits Apostoliques, que vous faictes garder & obseruer par chasque partie, les tréues en la façon susdite, mettant à deuë fin & decidant la dispute, qui pourroit naistre sur lesdites tréues, afin que le cas suruenant il ne puisse point y arriuer des dangers de guerre.*

IV. Mais encore que la commission fust adressée conjoinctement à l'Abbé, & au Prieur, celui-ci proceda seul en vertu de la subdelegation, que l'Abbé fut contraint de lui bailler à cause de ses incommodités de maladie; & de vieillesse. Le commissaire ayant assigné les parties à certain iour & lieu, renouuella le delai à cause de leur defaut, à la charge que l'on vacqueroit incessamment à cét affaire, & que les parties accorderoient mutuellement les saufconduits. Le Comte de Foix se presenta au iour assigné, & Pierre Martin Procureur du Comte de Montfort presenta le lendemain ses letres, qui contenoient que la ville de Beaucaire lui auoit esté enleuée par vne grande perfidie & infidelité, & ses gens estoient assiegés dans le chasteau, contre la paix & la tréue ordonnée au Concile, General; & que pour remedier à ce desordre, il auoit besoin de ses troupes, & de ses bons conseillers, pour deliurer ses gens du siege auec leur conseil & secours, & venger l'iniure faicte à l'honneur de Dieu, & de la saincte Eglise. C'est pourquoi ayant vn extreme besoin en ce siege de Lucas, qui estoit desia establi Procureur en cette cause; lequel ne pourroit d'ailleurs se mettre en chemin sans vne grande escorte, qui affoibliroit le camp, il demande vn renouuellement de delai pour vn autre iour. Le Comte de Foix fut extremement fasché de cette longueur, disant que depuis la tréue ordonnée par le Cardinal, il auoit receu beaucoup de domages en ses villes & chasteaux, & aux personnes de ses sujets, de la part du Comte de Montfort, qui vouloit eluder la reparation par des longueurs recherchées. Neantmoins que pour le respect de l'Eglise, il supportoit ces iniures, quoi qu'il eust moyen de s'en venger à bon escient. Dequoi le commissaire donna auis au Comte de Montfort, & le pria de ne mettre pas ses affaires en estat de rupture, & assigna les parties en la ville de Foix, pour la sixiesme Ferie apres la Feste de la Natiuité Nostre Dame. Au iour de l'assignation, le Comte de Foix se presenta, & sur le tard vint vn messager auec letres de Lucas Procureur du Comte de Montfort, contenant qu'il estoit arriué en la ville de Pamies, & ne pouuoit se rendre à Foix, à cause des ennemis, qui estoient aux enuirons, sur lesquels le Comte de Foix n'auoit aucun pouuoir, comme il auoit declaré par ses letres. Ioint qu'il receuoit indifferemment chés soi les ennemis du Comte de Montfort, auquel il auoit osté le chasteau de Baulon, & l'auoit fortifié, comme il auoit aussi fortifié la ville de Foix, ainsi que plusieurs raportoient, & pour ces raisons Lucas demandoit vn autre lieu asseuré. Le commissaire pour éuiter les longueurs, lui ordonna de se rendre en l'Eglise Sainct Iean des Verges, dont la ville, & le chasteau estoient sous la main de l'Eglise, & lui enuoya le saufconduit du Comte de Foix, qui est de cette teneur.

V. *Ramond Roger Comte de Foix, A tous ceux qui ces letres verront, Salut. Qu'il soit notoire à vostre vniuersité, par l'insinuation & l'autorité des presentes, que nous receuons auec le present instrument qui est muni de l'autorité de nostre seau, sous nostre saufconduit & asseurance, le venerable & amé homme Lucas fils de Iean, Procureur du Seigneur Comte de Montfort, en la cause qui est pendante entre nous & lui, & tous ceux de sa compagnie, en allant, seiournant & retournant, contre tous ses ennemis, ou ceux du Comte, tant deçà que delà les Monts, & de tous autres, selon vne bonne & saine explication. Donné à Foix la Ferie sixiesme apres la Natiuité Nostre Dame.* Les parties se rendirent à Sainct Iean de Verges; & le commissaire s'employant pour faire aller Lucas à Foix, il s'en excusa, & dit qu'il auoit defenses expresses du Comte de Montfort, d'y aller; mais offrit de s'en remettre à des arbitres, pour sçauoir si les excuses qu'il proposoit pour n'aller en ce lieu estoient valables. Le Comte de Foix respondit, qu'il ne vouloit point d'autres arbitres que les Commissaires du Pape, & que ces chicanes estoient formées à dessein de trainer tousiours les affaires en longueur, & lui causer beaucoup de frais. C'est pourquoi le commissaire, voyant que le premier chef touchant le restablissement de la Tréue, c'est à dire la reparation des contrauentions, ne pouuoit estre executé, à cause de la puissance du Comte de Montfort, & des fuites de son Procureur, passa au second chef de sa commission, touchant l'obseruation de la Tréue: que le Comte de Foix octroya fort franchement au Comte de Montfort, & aux siens. Et reciproquement le Comte de Montfort accorda la tréue au Comte de Foix, & aux siens, par letres seellées de leurs seaux, le dix-huictiesme des calendes d'Octobre, mille deux cens seize.

VI. Le renouuellement de cette tréue profita beaucoup au Comte de Montfort, lequel ayant perdu Beaucaire, estoit en peine de conseruer sous son obeïssance la ville de Tolose, qui branloit sur les esperances que le Vieux Comte Raimond leur donnoit, de reuenir bien tost de Catalogne, où il assembloit des forces pour le recouurement de son patrimoine. Cependant le Comte de Montfort s'auança vers Tolose, où il vengea par le feu, la resistance que la ville tesmoigna de lui vouloir faire; & ce fait il s'auança vers le païs de Comenge, lequel asseura à son seruice, & alla en Bigorre celebrer le mariage de son fils Gui auec la Comtesse: De maniere que par ce moyen il fut absolu dans ce Comté, reserué le chasteau de Lourde, qu'on refusa de lui rendre, ainsi que remarque l'Historien manuscrit.

I. Petr. Vallisc. c. 83. III. Idem c. 84. Chart. Palensi. V. Chartar. Pal.

CHAPITRE XIX.

Sommaire.

I. Montgranier prés de Foix fortifié par le Comte. Il est assiegé par Simon Comte de Montfort, & defendu par Roger Bernard fils du Comte de Foix. Reddition de la place. II. Ce siege entrepris pour donner couleur au refus que fit le Comte de Montfort d'obeïr à un Rescrit du Pape, pour la restitution du chasteau de Foix. III. Le Rescrit adressé à l'Euesque de Maguelone, & au Prieur de Fontfrede. IV. Pendant que les Commissaires estoient sur les lieux, le Comte Simon assiegeoit Montgranier. Et ne veut leuer le siege à la priere des Commissaires. V. Le Comte de Foix obeyt de sa part à l'ordonnance du Pape. Ses letres de Declaration.

I. LE Comte de Montfort reuenant de Gascogne mit le siege deuant le fort de Montgranier le 5. de Feurier 1216. nonobstant la rigueur de l'Hyuer. Ce fort auoit esté basti sur la pointe d'vn tertre, proche de la ville de Foix, par le Comte Raimond Roger, qui l'auoit tellement muni & retranché, qu'il sembloit non seulement imprenable, mais encore inaccessible, comme escrit Pierre de Valsernai. Lequel tesmoigne, que le Comte de Montfort iugea que ce nouueau trauail de Montgranier estoit vne infraction à la tréue de quinze ans, que le Concile auoit ordonnée, & que si cette fortification n'estoit promptement abatuë, il estoit dangereux que les affaires de la Foi ne fussent beaucoup incommodées au moyen de ce fort, où les perturbateurs de la Paix & de la Foi auoient leur retraicte. Roger Bernard fils du Comte de Foix commandoit dans la place, qui estoit fournie d'vn bon nombre de gens de guerre. Mais le Comte de Montfort, sans auoir esgard, ni à la resistance que pouuoient faire les assiegés dans vn lieu bien fortifié, ni à la rigueur de la saison, entreprit & continua le siege, ayant posé son camp parmi les glaces, en sorte que c'estoit plustost vn martyre, que non pas vn trauail, ainsi que parle Pierre de Valsernai. Enfin l'eau, & les viures manquerent aux assiegés, qui rendirent la place par composition, la veille de Pasques : Roger Bernard estant sorti auec ses gens, sous promesse qu'il fit de ne faire la guerre pendant vn an au Comte Simon : lequel mit tout aussi tost vne bonne garnison dans le fort.

II. Ce siege de Montgranier surprit extremement le Comte de Foix, lequel au lieu de cette inuasion, s'attendoit d'obtenir la restitution de son chasteau de Foix, qui estoit entre les mains du Commissaire de l'Eglise, car apres auoir donné des tesmoignages de son obeïssance aux commandemens du Concile, & du Sainct Siege, pendant trois années, il auoit obtenu auant le siege de Montgranier, vn Rescrit du Pape Honoré III. du 6. des Ides de Decembre de cette année 1216. par lequel il estoit ordonné aux Commissaires delegués, de lui remettre le chasteau de Foix. Cette nouuelle émeut en telle sorte le Comte de Montfort, à qui la generosité du Comte de Foix donnoit vne pure jalousie de ses desseins, que pour rompre ce coup, il entreprit le siege de Montgranier, le colorant du pretexte d'infraction de tréue; c'est ce que l'on aprend du procés verbal, que dresserent l'Euesque de Maguelone, & le Prieur de Fontfrede, qui estoient les Commissaires delegués par le Rescrit du Pape, qui est de cette teneur tourné en François.

III. *Honoré seruiteur des seruiteurs de Dieu, au Venerable Frere l'Euesque de Maguelone, & à l'amé fils le Prieur de Fontfrede salut, & benediction Apostolique.* Le Noble homme Raimond Comte de Foix, ayant ci-deuant receu le benefice de l'absolution de nostre amé fils Pierre Prestre Cardinal du titre de Sainct Laurens in Damaso, pour lors Legat du Siege Apostolique, lui promit auec serment entre autres chefs, qu'il obeïroit aux mandemens de l'Eglise; sur les choses pour lesquelles il auoit esté excommunié; Et pour cét effet il lui fit remettre en ses mains le chasteau de Foix, qui seroit gardé aux despens du Comte: qui en outre l'obligea au mesme Cardinal, pour son fils Roger Bernard, & Roger de Comenge son neueu, afin qu'ils obeïssent aux mandemens Apostoliques. Et pour raison de ce, le mesme chasteau a esté gardé iusqu'à present, par l'autorité du Siege Apostolique. Or ledit Comte demanda dernierement auec tres-grande instance, par ses Ambassadeurs enuoyés au Siege Apostolique, que nous lui fissions rendre ledit chasteau. Et encore bien qu'il nous ait esté remonstré par quelques vns, que ce Comte apres qu'il aura recouuert le chasteau, troublera l'affaire de la paix, & de la foi; Toutesfois dautant que ledit Comte a iusqu'à present humblement obey aux ordonnances dudit Cardinal, & aux mandemens Apostoliques, & que nous ne voulons pas que l'Eglise Romaine puisse estre reprochée par personne, de n'auoir gardé sa foi; & attendu aussi que nostre main n'est pas affoiblie, en sorte que nous ne puissions arrester le mesme Comte, s'il presumoit, ce que nous ne croyons pas, contreuenir à nos mandemens, Nous vous ordonnons par l'autorité des presentes, que vous receuiés dudit Comte, de son fils, & de son neueu suffisante caution iuratoire, & fideiussoire, qu'ils ne troubleront point l'affaire de la paix & de la foi, ains qu'ils garderont la forme de la paix establie en ces quartiers; & receuvés aussi sur cela leurs letres patentes, dans lesquelles il sera contenu expressément, que s'ils entreprenoient rien au contraire, ledit chasteau tomberoit en commis au profit de l'Eglise Romaine. Vous feres payer par le Comte à l'Abbé de Sainct Tuberi, qui a gardé iusqu'à present ledit chasteau, quinze mille sols Melgorois, pour vne partie de ses frais qu'il a faits en la garde. Lesquelles choses estans doucement accomplies, vous ferés restituer ledit chasteau au Comte sans aucun delai, nonobstant tous empeschemens d'opposition, ou d'appellation, contraignant les opposans par censures Ecclesiastiques. *Donné à Rome à Sainct Pierre, le 6. des Ides de Decembre, l'an premier de nostre Pontificat.*

IV. Les Commissaires raportent, que procedans à l'execution du Rescrit, le Comte de Foix se presenta à l'assignation, & offrit d'obeïr aux commádemens de sa Sainctété. Mais s'excusa de ce qu'il ne pouuoit faire presenter son fils, & son neueu, dautant que le Comte de Montfort ayant apris qu'il s'acheminoit deuers les Commissaires pour bailler les cautions, prester les sermens, & receuoir le chasteau de Foix, estoit entré dans cette terre auec vne puissante armée, & auoit assiegé vn chasteau assés proche de celui de Foix (qui estoit celui de Montgranier) dans lequel estoit Roger Bernard, & plusieurs de ses compagnons. C'est pourquoi il supplia les Commissaires qu'il leur pleust escrire au Comte de Montfort, pour l'obliger à leuer le siege, & se retirer; dautant plus que le Comte estoit prest de garder la paix en son endroit, & s'il auoit rien fait au preiudice de cette paix, de le reparer comme il apartient, au iugement du Pape, du Cardinal qui doit venir, ou des Commissaires. Ceux-ci iugeans la proposition equitable, escriuent sur ce sujet au Comte de Montfort: & à son refus le Prieur de Fontfrede subdelegué par l'Euesque, & l'Abbé de S. Tuberi accompagnés de plusieurs Religieux, allerent en personne vers lui, & remonstrerent qu'il auoit tort d'attaquer ceux qui auoient iuré la paix, suiuant l'ordre du Pape, & l'auoient si exactement conseruee. Mais ils ne peurent rien gagner; Au contraire en leur presence, il rauagea la terre du Comte de Foix, se saisit mesme de la ville de Foix, y faisant de nouuelles fortificatiõs, pour empescher la restitution du chasteau; offroit neantmoins de bailler caution d'ester à droict, sur le different qui estoit entre lui, &

le Comte de Foix ; comme aussi le Comte de Foix faisoit vne offre semblable. Mais ces offres estoient inutiles, dauant que les Commissaires n'estoient pas assés forts, pour ranger les parties à leur deuoir, & que les desordres s'augmentoient tous les iours. C'est pourquoi le Comte de Foix pour satisfaire de sa part à l'ordonnance du Pape nonobstant l'oppression qu'il souffroit du Comte de Montfort, bailla la declaration qui s'ensuit.

V. *Au nom de Christ. L'an de son Incarnation, mil deux cens seize, le treiziesme des Calendes de Mars. Moi Raimond Comte de Foix, & moi Roger Bernard, & moi Roger de Comenge, nous trois de bonne foi, & toute fraude delaissée, moyennant vne stipulation solennelle confirmée par serment, promettons à vous Seigneurs, sçauoir B. par la grace de Dieu Euesque de Maguelone, & R. Prieur de Fonfrede, Iuges delegués par le Seigneur Pape stipulans pour l'Eglise Romaine, que nous ne troublerons, ni ferons troubler l'affaire de la paix & de la foi ; ni personne par nostre mandement, conseil, art, ou industrie ; mais plustost que nous obseruerons fermement la forme de la paix establie par l'Eglise. Que si nous y contreuenons, ou quelqu'vn de nous, ou quelqu'autre par nostre mandement, conseil, art, ou industrie, ce qu'il plaise à Dieu d'empescher, Nous voulons, approuuons, & accordons à vous Iuges susdits stipulans pour l'Eglise Romaine, que le chasteau de Foix tombe tout aussi tost en Commis de l'Eglise Romaine. Et moi Raimond Comte de Foix promets de rendre ledit chasteau comme confisqué à l'Eglise Romaine, ou son Commissaire, suiuant le mandement du Pape ; si l'affaire de la paix & de la foi est troublée par moi, ou par quelqu'autre, comme il est dit ci-dessus. Et afin que nous gardions & obseruions toutes & chascunes les choses susdites, & que nous ne venions au contraire en aucun lieu, ni en aucun temps, ni aucun autre par nostre mandement, conseil, art, ou industrie : Nous trois susdits le promettons & iurons ayans touché corporellement les Sacrosaincts Euangiles, sous peine de Commis dudit chasteau de Foix. Et pour l'obseruation entiere de ce dessus, les cautions suiuantes se sont obligées solidairement, & moyennant serment corporel renonçans à l'Epistre de Hadrian, & à la nouuelle Constitution, & à la representation des personnes principales, & à tout secours de droict, duquel ils pourroient se seruir, sçauoir le Comte R. Bernard, Hugues, P. de Fenoillet, Pelfort de Rabastens. Ces choses ont esté faictes à Perpinhan, comme il est dit, par Raimond Roger Comte de Foix, le Comte Raimond Bernard, Hugues, P. de Fenoillet, & Pelfort de Rabastens. Le 7. des Calendes de Mars, A. Vicomte de Castelbon, estant à Castetuerdun, s'obligea en la mesme forme, & donna des cautions, sçauoir B. de Portella, Aton Arnaud de Castetuerdun, R. de Ker. Le 6. Roger Bernard s'obligea dans le lieu de Montgarnier, & bailla pour cautions, Arnaud de Comenge, & Arnaud de Villamur. Le 8. des Ides de Mars Vgo Comte d'Ampurias s'obligea en la mesme forme, & en suite Guillaume Vicomte de Castelnau.* Les Commissaires receurent ces cautions, & les declarerent suffisantes, tant à cause de leurs serments, la facilité de les conuenir, qu'à cause de leurs facultés, y ayant comme ils disent, deux Comtes, trois Vicomtes, & autres Barons riches & puissans, dequoi ils font relation au Pape.

I. Petr. Vall. c. 84.   III. IV. V. E Chartario Palensi.

CHAPITRE XX.
Sommaire.

I. Le Comte de Foix offensé des violences du Comte de Montfort, se ligue auec Raimond le Vieux Comte de Tolose: qui entre dans Tolose. II. Simon met le siege deuant la ville. Sortie du Comte de Foix, qui le met en fuite. L'hiuer fait retirer les assiegeans, qui tenoient la ville bloquée de loin. La Croisade est publiée de nouueau. Le Comte Simon renforce son armée de Croisés enuiron le Printemps. Continuation du siege. Sortie des assiegés. Mort du Comte de Montfort. III. Amauri son fils leue le siege. Castelnaudarri se rend au Comte de Tolose, & l'Agenois. Le Comte de Comenge recouura son païs. IV. Combat du jeune Comte de Tolose prés de Basiege, où le Comte de Foix commandoit l'auantgarde, & les ennemis furent défaits. V. Loüis fils de France vint auec vne armée de Croisés, prit Marmande en Agenois. Assiege Tolose, où le fils du Comte de Foix se ietta, se retire sans la prendre. Apres sa retraicte les villes abandonnerent Amauri. VI. Le Comte de Foix recouure ses terres. Assiege Mirepoix, & le prend. Il reçoit le serment de fidelité de ceux à qui la place apartenoit. Il meurt au siege d'vne vlcere. VII. Testament de Raimond Roger. Il fut restabli en tous ses biens auant son decés, mesmes au chasteau de Pamies. Ses legats qui font voir sa pieté. VIII. Sa femme Philippe. Ses enfans Roger Bernard, & Amauri. Et Cecile mariée au Comte de Comenge. Erreur des Historiens de Foix, qui lui donnent vne autre fille du nom de Sclarmonde, qu'ils veulent auoir esté mariée au Roi de Maiorque.

I. Ette procedure violente du Comte de Montfort, aigrit sans doute l'esprit du Comte de Foix, qui ne pouuoit souffrir d'estre opprimé, contre l'intention expresse de sa Saincteté, & le desir des Commissaires. De sorte qu'il ne faudra pas trouuer estrange, si les deux commissions pour reparation de la tréue, & la restitution du chasteau de Foix ayans esté renduës inutiles, ce Comte se resout de satisfaire à ses interests, par la voye des armes. L'occasion se presenta au mois de Septembre ensuiuant 1217. Car le Comte Raimond le Vieux ayant assemblé quelques troupes des vieilles bandes dans l'Aragon, & la Catalogne, reprit la ville de Tolose, desireuse de recouurer son ancien Seigneur, & de se venger des oppressions qu'elle auoit receu du Comte de Montfort. Raimond Comte de Foix, & Roger Bernard son fils ne manquerent pas de se rendre bien tost dans la ville, auec leurs troupes, pour retirer quelque raison des iniures, que leur auoit faites le Comte de Montfort, au preiudice de la paix ordónée par l'Eglise.

II. Celui-ci, qui estoit occupé en Prouence, ayant eu auis de cette grande reuolte, prend son chemin vers Tolose: laquelle il assiegea, & ayant essaye de la prendre d'abord par assaut, il fut vigoureusement repoussé. En suite le Comte de Foix fit vne sortie si brusque sur le camp des assiegeans, qu'il en défit, & tailla en pieces vn bon nombre, & mit en fuite le Comte de Montfort en propre personne, qui se retira en desordre comme les autres, ainsi que l'a obserue l'historien manuscrit. Cependant les assiegés trauailloient à la fortification de la ville, & l'hyuer approchant, le Comte de Montfort, qui n'auoit point des troupes suffisantes pour la forcer, la bloqua de loin : ainsi que l'historien manuscrit a remarqué, sans tenir le siege en estat, comme le sieur Catel s'est persuadé. Le Cardinal Bertrand qui estoit en cette armée, publia de nouueau la Croisade. Ce qui attira de grands secours de tous costés enuiron le Printemps, & donna moyen au Comte de Montfort d'approcher le siege, & de presser la ville. Ceux de dedans firent vne sortie, & pousserent les assiegeans, en sorte que le Comte de Montfort estant venu au quartier où se rendoit le combat, fust frappé d'vn coup de pierre, laschée par vn mangoneau de la ville, laquelle lui escrasa la teste, dont il mourut le lendemain de la Natiuité Sainct Iean Baptiste 1218.

III. Le decés de Simon fit ouuerture à son fils Amauri, pour la succession des terres données à son pere ; lequel apres auoir receu le serment de fidelité de ses vassaux, leua le siege, & conduisit le corps de son pere à Carcassonne. Peu de temps apres Castetnau d'Ari se rendit au Comte de Tolose ; mais il fut incontinent assiegé par Amauri, qui s'opiniastra à ce siege fort inutilement, ayant campé deuant la place, depuis la fin de l'Esté, iusqu'à la fin de l'Hyuer. Cependant le Comte de Comenge recouura tout son païs, & défit Iorris ou George, auquel le Comte de Montfort en auoit commis le gouuernement : Et le ieune Comte Raimond recouura tout le païs d'Agenois.

IV. Guillaume de Puilaurens faict mention, que pendant cét hyuer, Foucaud, & Iean de Brigni freres, & caualiers de consideration prés du Comte Amauri, estans allés à la campagne auec des forces notables, auoient enleué vn grand butin ; Mais que le ieune Comte Raimond estant sorti de Tolose, les défit prés de Vasiege, apres vn long & rude combat, & fit prisonniers les chefs auec quelques autres. L'historien manuscrit represente l'occasion, & l'ordre de cette attaque. Car il dit, que le Comte de Foix ayant pris tout le bestail du païs de Lauragois, pour en rauituailler Tolose, auoit esté chargé par les garnisons de Lauragois, & de Carcassonne ; & s'estoit retiré à Basiege auec son butin ; d'où il auoit donné auis au ieune Comte, de l'estat où il estoit reduit ; lequel estant sorti de Tolose auec de belles forces, les auoit departies en trois corps : ayant baillé l'auantgarde au Comte de Foix, & à son fils Roger Bernard, & la bataille au Comte de Comenge, reseruant pour soi l'arrieregarde. Le combat fut aspre, où les plus lestes troupes des ennemis furent mises en route, Foucaut, Iean, & Tibaut leurs chefs pris, & encore Pierre Guiraut de Seguret ; lequel fut pendu, parce que pendant le combat, il auoit desseigné, & fait ses efforts de tuer le ieune Comte de Tolose.

V. L'année 1219. Louis fils de Philippe Roi de France vint assieger Marmandé en Agenois : laquelle se rendit par composition. Apres cét exploict, il monta vers Tolose auec son armée, pour y mettre le siege, comme il fit : mais il fut soustenu courageusement par le ieune Comte de Tolose, qui estoit assisté de tous les Seigneurs, & Gentils-hommes du païs circonuoisin ; ausquels il departit les quartiers de la ville pour la defendre. L'historien manuscrit en faict le denombrement, & remarque que le quartier de Roger Bernard, fils du Comte de Foix, estoit à la porte & barbacane de *las Crosas*, qui est suiuie de la porte d'Arnaut Bernart, & Posonuille. Ce Prince Louis ayant acheué le temps de son pelerinage, leua le siege, & se retira le premier iour d'Aoust de cette année 1219. La retraicte de l'armée attira vne reuolte d'vne bonne partie des places tenuës par Amauri, qui se rendirent au Comte de Tolose. Si la bonne foi de ce temps là ne nous empeschoit, nous pourrions auoir quelque soubçon, que le secours conduit par vn fils de France eust eu des effets plus auantageux, s'il n'y eust eu dessein de faire reconnoistre sa foiblesse au Comte

Amauri, & l'obliger de ceder ses droits à vn plus puissant que lui.

VI. Il ne faut point douter aussi, que le Comte de Foix ne trauaillast à recouurer les terres, dont il auoit esté despouillé depuis le commencement de la guerre. De faict on trouue, qu'il assiegea en l'année 1222. le chasteau de Mirepoix; où Guillaume de Puilaurens remarque qu'il mourut, non pas de playe, mais d'vne vlcere fascheuse quoi qu'il erre au nom de ce Comte, le nommant Bernard Roger, au lieu que son nom estoit celui de Raimond Roger. Il prit sur les Croisés ce chasteau auant mourir; & le rendit aussi-tost à ceux, qui en estoient les anciens maistres vtiles, & feudataires, receuant d'eux le serment de fidelité. L'acte porte, que les Seigneurs du chasteau de Mirepoix, Pierre Roger, & Isarn son frere, Loup de Foix tant pour soi que pour Bernard de Durban, Raimond Sance de Rauat, Arnaud Roger pour soi & sa Cousine Galarde, Bernard Batala de Mirapeis, & Aton Arnaud de Castetuerdun, Isarn de Castelo, & Bernard de Artinhan pour soi & pour Arnaud de Lourdat, tous ensemble, & conioinctement promettent par eux & leurs successeurs, à Raimond Roger Comte de Foix, & à son fils Roger Bernard, & à leur posterité, qu'ils leur rendront à leur volonté, lors qu'ils en seront requis, de nuict & de iour, pour crime, ou sans crime, le chasteau de Mirepoix auec ses forteresses. Ils reseruent neantmoins la faculté de les pouuoir démolir, horsmis la tour, & de remetre le chasteau en l'estat, qu'il estoit auant l'arriuée des Croisés. Et tous ces Seigneurs promettent au Comte, la fidelité, en la mesme forme, que leurs predecesseurs auoient acoustumé de rendre aux Comtes de Foix.

VII. Raimond Roger fit son testament, le iour auant les Ides de May de cette année 1222. Il institue heritier en tout le Comté de Foix, & ses apartenances, son fils Roger Bernard. Laisse à son fils Aimeri par voye d'institution, tous ses biens assis aux dioceses de Narbone, & de Carcassone; Veut en outre que son fils Roger Bernard paye sa rançon, iusqu'à la valeur de cinq cens marcs d'argent, s'il ne pouuoit éuader, ou estre autrement deliuré; lequel, comme il dit, il auoit baillé en ostage à Simon Comte de Montfort en sa grande necessité, & en l'oppression de sa personne, de celle de Roger Bernard, & de toute sa terre: Il ordonne de plus, que Cecile sa fille, femme de Bernard, fils du Comte de Comenge, soit payée de neuf mil & trois cens Tolosains, reuenant à cinq cens marcs d'argent, qu'il lui doit pour raison de sa dot. Et dautant qu'il auoit esté receu Frere depuis long-temps au monastere de Bolbone, dans lequel on practiquoit vne grande deuotion, il choisit sa sepulture en ce lieu. Il laisse aussi à cette maison, pour la nourriture des pauures, quinze cens sols Tolosains de rente annuelle, à prendre sur les moulins du pont du Barri de Coserans, bastis sur l'Ariege, desquels il entend qu'elle ioüisse à perpetuité. Il confirme la donation du lieu de Villeneuue, d'vn bois, & d'autres choses qu'il auoit faicte au monastere de Pamies, pour raison des domages qu'il auoit faicts à cette maison. A laquelle il confirme l'exemption qu'il lui auoit accordée des questes, alberges, & de toute sorte d'exactions; & la promesse de la proteger & defendre de toute iniure. Ce testament est receu dans la salle du Comte, au chasteau de Pamies. D'où l'on peut recueillir deux choses. L'vne que ce Comte se vit restabli auant sa mort en toutes les terres, que l'armée des Croisés lui auoit enleuées; mesmes dans le chasteau de Pamies; dont il n'auoit voulu se departir, lors que le Legat par l'entremise du Roi d'Aragon, offrit de lui rendre toutes ses places, horsmis le chasteau. L'autre point que l'on doit considerer, est la pieté de ce Comte; qui finit ses iours dans le sein de l'Eglise, la foi de laquelle il n'auoit iamais abandonnée: & repare au monastere de Pamies les torts, que son indignation prouoquée par les deportemens des Religieux, animés de quelque excés de zele, auoit fait souffrir à cette maison.

Liure huictiesme. 753

VIII. Ce Comte auoit espousé la Comtesse Philippe, sans que l'on sçache de quelle maison elle est oit issuë; quoi qu'Olhagarai sans aucune preuue, nous veuille persuader, qu'elle estoit de la maison de Moncade en Catalogne. Ie croitois bien facilement qu'elle appartenoit à Pierre Roi d'Aragon, qui de cette alliance auroit pris occasion de nommer nostre Raimond son Tres-cher Cousin, en la demande qu'il presenta au Concile de Lauaur. On apprend le nom de ses enfans par son testament; où l'on void Roger Bernard son aisné, Aimeri son puisné, qui fut baillé en ostage au Comte de Montfort, & Cecile mariée à Bernard Comte de Comenge, fils d'vn autre Bernard Comte de Comenge mari de Marie de Montpelier. D'où l'on peut conuaincre d'imposture, ce que les Historiens de Foix ont escrit, que Sclaramonde fille de ce Raimond, fut mariée au Roi de Maiorque, puis qu'il n'a point eu aucune fille de ce nom. Outre que ce mariage, lequel Olhagarai encherissant sur le recit des autres nous represente, auec les circonstances d'vn Roman, n'appartient pas à celle-ci, mais à vne autre Sclaramonde de Foix, fille de Roger, qui espousa Iacques Roi de Maiorque, ainsi que s'escrirai en son lieu.

I. II III. Petrus Vall. c. 84.
IV. Guillem. de Podiolaurentij c. 31.
VI. Guillel. de Podiol. c. 34. eodem anno moritur Bernardus Rogerij Comes Fuxi in obsidione Castri Mirapisij, non vulnere sed magno vlcere prægrauatus. E Chart. Palensi.
VII. E Chart. Pal.

CHAPITRE XXI.

Sommaire.

I. Amauri fils du Comte Simon dépoüillé du Languedoc, cede ses droicts au Roi Louis VIII. II. Vn Legat enuoyé vers le Roi pour lui persuader d'entreprendre l'extirpation de l'heresie. Voyage du Roi auec vne armée de Croisés. Tous les Seigneurs & les villes se rendent à lui. III. Le Comte de Foix ne pouuant faire sa paix auec le Roi, se ligue auec les Comtes de Tolose. Articles de leur alliance. IV. Le Roi vint à Pamies, laisse Imbert de Beauieu pour continuer la guerre contre les Comtes de Tolose, & de Foix. V. Il occupe auec ses armes vne grande partie du païs de Foix. VI. Traicté de paix arresté auec le Comte de Tolose, à Paris. VII. Le Comte de Foix n'est pas compris dans cette paix; au contraire vne partie de son bien est accordée au Comte de Tolose. VIII. Lettre du Comte Raimond au Comte de Foix, qui lui faict entendre l'estat de ses affaires. IX. Assemblée à Sainct Jean de Verges pour la Reconciliation du Comte de Foix. X. Acte de sousmission du Comte de Foix, à ce qu'il plaira au Roi, & au Legat d'ordonner. Et baille en depost pour asseurance de sa promesse les chasteaux de Lordat & de Montgranier.

I. Omme le decés de Raimond Roger transmit le Comté à son fils Roger Bernard, aussi lui transporta-il le soin de la continuation de la guerre; qui fut d'autant plus pesante, qu'elle fut poursuiuie non seulement par les Croisés, mais par les Rois de France en personne. Car les affaires d'Amauri de Montfort estans ruinées, & la presence des Legats du Pape n'ayant peu attirer aſſés de forces pour ſon ſecours, ni empeſcher que le Comte de Toloſe, & celui de Foix ne vinſſent aſſieger Carcaſſonne, en faueur du ieune Trencauel, fils du feu Vicomte de Beziers, duquel Roger Bernard eſtoit le Curateur; Amauri, diſ-ie, ſe voyant deſpoüillé de toute la conqueſte, fut contraint de ceder au Roi Louis VIII. tous les droits qui lui apartenoient dans le Languedoc, en vertu de la ſucceſſion de ſon pere Simon Comte de Montfort, & receut en recompenſe l'office de Conneſtable de France, en l'année 1223.

II. En ce temps le Pape Honoré enuoya vers le Roi, pour ſon Legat Romain Diacre Cardinal du tiltre de Sainct Ange, qui eſtoit vn perſonnage de bon ſens & de bonne conduite pour negotier les affaires d'importance; lequel perſuada au Roi ſuiuant le deſir de ſa Saincteté, d'entreprendre l'extirpation de l'hereſie, & la reünion des deuoyés. Pour cét effet, le Roi marcha au commencement de l'an 1226. auec ſon armée de Croiſés, & vint aſſieger Auignon: Il dépeſcha du camp, l'Archeueſque de Narbonne vers les quartiers de Toloſe, pour offrir de ſa part, & de celle du Legat, tout bon traictement aux Seigneurs, & aux villes qui ſe rangeroient à leur deuoir, & accepteroient la paix, qui leur eſtoit offerte. Ce qui fit vn notable effet; dautant que tout ce qu'il y auoit de plus conſiderable dans la prouince, ſe rendit au Roi, & lui fit homage, promettant de faire la guerre aux excommuniés; & particulierement aux Comtes de Toloſe, & de Foix, & à Trencauel de Beziers; ainſi que l'on aprend par les vieux actes, qui ſont aux archifs de Carcaſſonne, & dans le plus ancien Regiſtre qui ſoit au Greffe de la Cour de Parlement de Paris. Le Comte de Comenge Bernard, quoi que beau-frere du Comte de Foix, vint faire homage lige au Roi, dans le camp d'Auignon, au mois d'Aouſt de cette année.

III. Le Comte de Foix eſſaya de ſe remettre, & d'accepter la paix; mais ne pouuant l'obtenir ſi auantageuſe, qu'il s'eſtoit promis, il eut recours à ſe defendre par les armes, comme Guillaume de Puilaurens a remarqué. Pour cét effect, il fit vne nouuelle ligue auec le Comte de Toloſe, le dernier de Septembre de cette année 1226. Elle contient cinq articles. Par le premier, ils eſtaignent & aboliſſent les plaintes qu'ils auoient à faire l'vn contre l'autre, ſous quel pretexte que ce ſoit. Par le ſecond, ils promettent que l'vn ne fera ſans le gré & conſentement de l'autre, paix, tréue, ni accord auec l'Egliſe Romaine, ni auec le Roi de France, & leurs confederés. Par le troiſieſme, le Comte Raimond donne au Comte de Foix, & à ſes hoirs, tout le droict & ſeigneurie qui lui apartient au chaſteau de Parelle, & ſes dependances, & aux chaſteaux de Caſtetuerdun, de Quier, de Rauat, & d'Alzen, & en la terre de Bernard Amel de Paliers; à la charge qu'eſtant entré en jouïſſance de ces chaſteaux, ou de l'vn d'eux, lui & ſes hoirs facent homage pour raiſon d'iceux, au Comte de Toloſe, & à ſes hoirs. Au quatrieſme, le Comte de Toloſe confirme au Comte de Foix, le don qu'il lui auoit faict de la terre Sainct Felix, auec ſes apartenances, & promet de l'en rendre iouïſſant, & lui en quiter la poſſeſſion, de ce qui ſe trouuera en ſa main dans le païs de Toloſe, ou ailleurs. Par le cinquieſme, en cas que Trencauel Vicomte de Beziers vint à deceder ſans hoirs legitimes, le comte de Toloſe octroye au comte de Foix, tout ce que ce Vicomte tenoit en fief de lui, dans les Vicomtes de Beziers, Carcaſſonne, Albi, Agde, Roüergue, & Lodeue, & l'en reçoit d'ors & deſia pour ſon homme lige. Et s'il y a quelques terres dans ces Vicomtés, qui ne releuent point du Comte de Toloſe, il promet au Comte de Foix de lui preſter ayde, conſeil & ſecours contre ceux qui voudroient l'y troubler ou faire guerre. Ces Accords furent arreſtés & iurés ſur les ſaincts Euangiles, par les Comtes de Toloſe, & de Foix, en preſence de Sicard de Montaut, Pons de Vielenaue, Oton de Tarride, Pons Azemar, Pierre de Durban, Bernard de Durfort, Arnaud de Villamur, Raimond de Aniort, Pierre de Fenoillet, Pierre Roger de Mirapoix, Caſtlar d'Aure, & pluſieurs autres. Ce traiƈté fut incontinent repreſenté & leu pardeuant les Conſuls, & le conſeil de la ville & faux-bourgs de Toloſe; leſquels, ſuiuant l'ordonnance, & la priere du Comte de Toloſe, iurerent au Comte de Foix, & à ſes hoirs l'obſeruation de ces articles. Elie fait mention de cét accord, mais l'on void aſſés par ſa narratiõ qu'il n'auoit point manié l'original. Car outre qu'il n'en repreſente point le ſens tout entier, il preſuppoſe que ce traiƈté fut fait auant le commencement de la guerre du Comte de Montfort, c'eſt à dire auant l'an 1210. & neantmoins il eſt paſſé, non pas auec Raimond le Vieux, mais auec Raimond le Ieune fils de la Reine Ieanne, & lors de la ſeconde guerre des Albigeois en l'année 1226.

IV. Le Roi s'eſtant rendu maiſtre de la ville d'Auignon, monta vers Beziers, & Carcaſſone, & vint en ſuite à Pamies; où il fit des ordonnances notables pour la liberté Eccleſiaſtique; & s'en retournant en France, auec intention de reuenir en la ſaiſon du Printemps, mourut à Montpenſier en Auuergne, au mois de Nouembre de cette année 1226. Il laiſſa le commandement general de ſes troupes à Imbert de Beauieu; qui continua la guerre contre les Comtes de Toloſe, & de Foix, auec diuers ſuccés. Les Eueſques aſſemblés à Narbone, les combatoient auſſi par les foudres de leurs anathemes, ayans excommunié ces deux Comtes, le Vicomte de Beziers, & leurs adherans.

V. Le Roi Loüis IX. ayant ſuccedé à ſon pere, donna des ordres nouueaux au General Imbert; lequel fortifié de nouuelles troupes vint faire le degaſt aux enuirons de Toloſe, l'an 1227. Et ce fait s'auança vers le Foix, où les François occuperent tout le païs apartenant au Comte, depuis Pamies, iuſqu'au pas de la Barre; & camperent pendant quelques iours, au lieu nommé S. Iean de Verges, & ſe retirerent, apres auoir eſtabli des garniſons où il eſtoit neceſſaire, comme eſcrit Guillaume de Puilaurens.

VI. Cependant Garin Abbé de Grandſelue vint offrir la paix à ceux de Toloſe, de la part du Legat, & arreſta auec eux que l'on traiƈteroit des conditions, en la ville de Meaux; où le Comte de Toloſe s'eſtant rendu, & la matiere y ayant eſté meurement examinée, en preſence du Legat; cette paix fut concluë à Paris, & autoriſée par le Roi: qui profita en telle ſorte de ce traiƈté, qu'vne ſeule des conditions accordées euſt eſté ſuffiſante de payer au Roi la rançon du Comte de Toloſe, s'il euſt eſté ſon priſonnier de guerre, comme remarque Guillaume de Puilaurens. Ce traiƈté fait en Auril 1228. eſt repreſenté tout entier par le ſieur Catel, où l'on void que la ville & l'Eueſché de Toloſe, les Eueſchés d'Agen, & de Cahors, & vne partie de celui d'Albi furent baillés au Comte Raimond, pour les tenir à homage lige, ſuiuant la couſtume des Barons du Royaume de France, *ſecundum conſuetudinem Baronum Regni Franciæ*. Il promit auſſi de faire viue guerre au Comte de Foix, & à tous les autres qui ſeroient reſidans en l'eſtenduë des Comtés qui lui ſont accordés, s'ils ne ſe ſoubſmetent à l'ordonnance de l'Egliſe, & du Roi; à la charge qu'il ſera maiſtre des terres, qu'il pourra occuper ſur eux, en conſequence de cette guerre.

VII. Le Comte de Foix fut extremement ſurpris, ſe trouuant abandonné par le Comte de Toloſe, au preiudice de leur ligue; & voyant que celuici profitoit de ſa ruine. Car la terre occupée par l'armée de France iuſqu'au pas de la Barre, qui eſtoit compriſe dans l'Eueſché de Toloſe, fut delaiſſée par le Roi au Comte de Toloſe; qui eſtablit ſes Officiers & Bailifs pour l'adminiſtrer ſous ſon autorité, ſelon le teſmoignage de Guillaume de Puilaurens: Lequel excuſe cét abandonnement, ſur ce que le Comte de Foix auoit voulu ci-deuant traiƈter ſa paix, ſans le Comte de Toloſe; Mais ces plainƈtes eſtoient abolies au moyen de la ligue de l'an 1226.

VIII. Ie trouue plus de satisfaction, dans la letre que Raimond escriuit au Comte de Foix, par laquelle il lui rend conte des motifs qu'il a eus, pour changer les articles de la paix, qu'ils auoient proiectés entr'eux: La letre est de cette teneur tournée de Latin en François. *Raimond par la grace de Dieu Comte de Tolose, au Noble homme Roger Bernard Comte de Foix, passer en telle sorte par les biens temporels, qu'il ne perde point les éternels. Sçaches qu'estans venus en France, pour conferer auec le Venerable & nostre amé Pere Romain par la grace de Dieu Diacre Cardinal du tiltre de Sainct Ange, Legat du Siege Apostolique, & auec nostre tres cher Seigneur l'Illustre Roi de France, nous nous sommes entierement departis par l'auis du Comte de Champagne, & de nos autres amis, de la forme du traicté de paix, que nous vous auons monstrée, & nous remetans à la discretion du Seigneur Roi, & du Seigneur Cardinal, & de l'Eglise, Nous auons eu vne meilleure paix, que nous n'eussions autrement obtenu. Pour vostre fait, nous en auons parlé fort soigneusement auec les mesmes, & y auons beaucoup trauaillé, comme est fort bien instruit nostre amé le Comte de Comenge vostre beau-frere. Toutesfois nous n'auons pû entierement y metre la derniere main. Neantmoins à nostre instance, & à nos prieres, le Seigneur Cardinal enuoye auec vn plein pouuoir principalement pour vostre affaire, le Venerable & nostre amé Pere Maistre Pierre de Colmieu, duquel nous auons esprouué en nos affaires par plusieurs tesmoignages, l'industrie, le soin, la douceur, la loyauté, & la misericorde. C'est pourquoi nous conseillons à vostre discretion, nous la prions affectueusement, & l'admonestons, que vous procuriez par leurs moyens de le voir, & que vous obeissiez à ses conseils, & mandemens: Deuant tenir pour certain & asseuré, ainsi que nous auons apris, que si vous faites cela sans difficulté, vostre affaire paruiendra auec l'aide de Dieu à vne bonne fin. Donné à Paris en la Feste de Sainct Marc l'Euangeliste, qui est le 25. d'Auril, quelques iours apres la reconciliation du Comte Raimond.*

IX. On aprend de cette letre, que le Comte Raimond, n'oublia pas en son traité le Comte de Foix; mais qu'il fut obligé d'agreer pour son alié, la mesme procedure qu'il auoit subie, sçauoir de se remetre à la discretion du Roi, & du Legat. Pour cét effet, la matiere estant fort ébauchée, Pierre de Colmieu Vicelegat, & Matthieu de Mailli Commissaire du Roi s'estans acheminés vers les quartiers de deça, tindrent vne assemblée dans le païs de Foix, au lieu de S. Iean de Verges, le 14. de Iuin ensuiuant, qui estoit en l'année 1229. où estoient presens Pierre Archeuesque de Narbone, les Euesques Foulques de Tolose, Clarius de Carcassone, Guillaume de Tournay, Celebrun de Coserans; Les Abbés Bernard de la Grasse, Pierre de Bolbonne, Guillaume de Foix, Iean de Combelongue, Gui de Leuis Mareschal, Lambert de la Tour, & plusieurs autres.

X. En cette assemblée le Comte de Foix fit les sermens, & les soubmissions que les Commissaires desirerent de lui, & se remit entierement à la discretion du Roi, & du Legat: & pour asseurance de sa promesse, & de celle qu'il faisoit pour son frere Aymeri, & pour ses freres Loup, & Athon Arnaud, consigna entre les mains des Commissaires les chasteaux de Lordat, & de Montgranier. Sur quoi le Comte expedia ses letres patentes de la teneur qu'il s'ensuit, tournée en François. *Roger Bernard par la grace de Dieu Comte de Foix, & Vicomte de Castelbon, à tous ceux qui les presentes letres verront salut au Seigneur. Vostre vniuersité sçache, que nous auons receu du Comte de Tolose nostre Seigneur, vn mandement de cette teneur,* Raimond (& ce qui s'ensuit ainsi qu'il est representé ci-dessus.) *C'est pourquoi desirans obeir à ses conseils, & auertissemens, & prenans confiance au mandement dudit Comte, ayans receu le conseil dudit Maistre Pierre de Colmieu, en ce qui regarde l'expulsion des heretiques, les libertés de l'Eglise, la restitution des dismes, l'obseruation de la paix dans la terre, & le licenciement des Routiers, la restitution des choses demandees de la part du Roi & de l'Eglise, l'execution des ordonnances que le Legat ou l'Eglise Romaine feront sur les susdits articles, & autres qui touchent l'Eglise, la restitution des biens des Eglises,*

Eglises, que nous & nostre pere leur auons ostés depuis la premiere venuë des Croisés, ou qu'il constera euidemment qu'il leur faut rendre, excepté le fait de Pamies, Nous nous sommes soubmis au mandement & volonté du Venerable Pere le Seigneur Romain Diacre Cardinal du tiltre S. Ange, Legat du Siege Apostolique; & pour raison des biens, desquels il y auroit doute, nous prometons de suiure & executer ce qui sera iugé auec connoissance de cause par ledit Legat, ou par ses deleguez, ou ceux du Siege Apostolique, ou par les ordinaires. Et quant au fait de Pamies, & à nostre Penitence, nous nous remetons à la bonne misericorde dudit Seigneur Cardinal, & de l'Illustre Seigneur Roi de France, tant pour le regard de ce qui apartient à l'Eglise, que de ce qui apartient au Roi, & à la terre; Prometans & iurans sur les saincts Euangiles, que nous garderons de bonne foi les commandemens que nous feront en toutes choses, ledit Seigneur Legat, & ledit Seigneur Roi; & pour garder ce dessus nous auons deliuré, & obligé audit Maistre Pierre, & au Seigneur Matthieu de Mailli Commissaires du Seigneur Legat, & du Seigneur Roi, nos deux chasteaux de Lordat, & de Montgranier, afin de les tenir pour l'Eglise, & le Roi, si nous contreuenons à ce dessus; & le Seigneur Roi tiendra lesdits chasteaux pour l'asseurance de l'Eglise & la sienne, autant qu'il plaira à sa misericorde & à celle du Seigneur Legat. Pour les frais desdits chasteaux, Nous affectons tous les reuenus que nous auons accoustumé, & deuons perceuoir aux Paroisses de Lordat & Montgranier, exceptées les iustices & les questes que nous reseruons pour nous. Et ces reuenus seront recouuerts par nos Bailes qui iureront d'en faire fidelement la recolte, & de les remetre aux Chastelains establis pour l'Eglise, & le Roi, sans que l'on nous conte ni demande aucune autre dépense, lors qu'il plaira ausdits Seigneurs de nous rendre ces chasteaux. Nous ferons aussi iurer tous nos hommes desdits chasteaux, qu'ils obserueront tout ce dessus, & qu'ils soient absous de nostre fidelité, & se rangent du costé de l'Eglise & du Roi contre nous, si nous contreuenons aux choses susdites. Pour les autres hommes de nostre terre, ils iureront d'obeïr aux mandemens de l'Eglise, de garder la paix, & d'obseruer tout ce dessus de bonne foi. En la mesme maniere nous soumetons à la volonté, & bonne misericorde du Seigneur Cardinal, & du Seigneur Roi, nos freres Aimeri, & Loup, & Athon Arnaud, pour lesquels nous voulons que nostre personne, & nos biens soient obligés, pour asseurance qu'ils executeront leurs commandemens. Ceci fut fait à S. Iean de Verges l'an 1226. le 16. des Calendes de Iuillet, en presence des venerables peres Pierre par la grace de Dieu Archeuesque de Narbonne, Foulques de Tolose, Clarius de Carcassonne, Guillaume de Tournay, Celebrun de Coserans, Euesques. Bernard de la Grasse. Pierre de Bolbonne. Guillaume de Foix. Iean de Combelongue, Abbés, & des Seigneurs Pierre de Colmieu, ou de Collomedio, Vicegerent dudit Seigneur Cardinal, & du Seigneur Matthieu de Malliaco, ou de Mailli, Vicegerent de l'Illustre Seigneur Louis Roi de France, & Gui de Leuis Mareschal, & Lambert de la Tour, & plusieurs autres clercs & laïcques. Et pour plus grande asseurance & perpetuele fermeté de ce dessus, nous auons fait munir ces presentes de nostre seau, & auons prié les susdits de metre les leurs à cet instrument.

II. Catel. l. 2. des Comtes de Tolose Ch. 7. Registrum Curiæ Franciæ, quod est in Tabul. Curiæ Parisiensis.
III. G. de Podiol. c. 35. E Chart. Pal.
V. G. de Podio Laur. c. 39.
VI. Catel l. 2. des Comtes de Tol. c. 7.
VII. G. de Podiol. c. 40.
VIII. E Char. Palensi.
X. E Chart. Palensi.

CHAPITRE XXII.

Sommaire.

I. Accord du Comte de Foix, & du Roi passé à Melun fort auantageux pour le Comte. II. Le Comte de Tolose lui rendit la terre qui est depuis la Barre en bas, & la ville de Sauerdun, sous la reserue de l'homage accoustumé. III. Il traicte la paix de son Cousin Trencauel de Beziers auec le Roi. IV. Decés d'Ermesende femme du Comte, & d'Arnaud de Castelbon son pere. Testaments du pere, & de la fille. V. Leur memoire fut condamnée ayans esté declarés heretiques apres leur mort. VI. Disputes & guerres pour les droicts du Vicomté de Castelbon entre le C. de Foix, & Nunno Sanches Comte de Cerdanhe. VI. Elles furent terminées par sentence arbitrale. VII. Roger Bernard espouse vne seconde femme nommée Ermengarde de Narbone. Contract de leur mariage. VIII. Decés du Comte. Son Testament. Ses enfans.

I. AV mois de Septembre ensuiuant, le Comte de Foix se rendit à Melun, où il conclut entierement son traicté auec le Cardinal Legat, & auec le Roi, qui lui firent ressentir les effets de leur clemence. Car le Legat le considera en ce qui dépendoit de sa charge, comme il asseure dans les letres qu'il en fit expedier; Et le Roi donne au Comte, & à ses heritiers à perpetuité, mille liures tournois de rente annuelle, qu'il lui assigne sur son nouueau domaine de Carcasses; sçauoir sur les villes d'Arsencs, Alairac, Prissian, & Fontian dans le territoire de la Valete, & si ces reuenus ne peuuent suffire, il assigne le surplus, sur ses terres de l'Euesché de Carcassonne, à la reserue des villes de Carcassonne, Limous, Montreal, Cabaret & Saissac. Pour raison duquel heritage, le Comte fit homage lige au Roi. Et dautant que dans le traicté qui auoit esté fait du commandement du Roi par Pierre de Colmieu, & Matthieu de Mailli, auec le Comte de Foix, le Roi deuoit retenir les chasteaux de Lordat, & de Montgarnier; on change l'article qui regarde Lordat; de sorte que le Comte s'oblige de remetre entre les mains du Roi suiuant son desir, le chasteau de Foix, pour le tenir aux despens de sa Majesté pendant cinq ans, à conter du iour de la deliurance; à la charge que le Roi ne iouïra d'aucun reuenu en la ville de Foix, ni en ses limites. Apres les cinq ans, le chasteau sera rendu au Comte, ou à ses hoirs, au mesme estat qu'il l'a baillé, & Lordat sera remis entre les mains du Roi, pour le garder cinq autres années; à condition que ce terme expiré, le Roi rendra Lordat, & Montgranier, sans repeter aucuns frais. Et le Roi s'oblige de payer au Comte pendant les cinq années de la garde, & depost du chasteau de Foix, cinq cens liures tournois à prendre en la Preuosté de Carcassonne, la moitié à la Toussaincts, & l'autre moitié à Pasque, par la main du Baillif Royal de Carcassonne. Quant au Bourg de Foix, il fut arresté, que le Comte laisse à la discretion, & à la connoissance du Legat, ou en son absence à celle de Pierre de Colmieu, que si la forteresse des murs du Bourg est nuisible, ou donne empeschement à l'entrée du chasteau, ils puissent en faire demolir ce qu'ils auiseront.

Mais s'il auoit esté rien démoli au chasteau, le Roi le remetra au mesme estat à ses despens. Au surplus le Comte s'oblige de ne faire aucune fortification nouuelle, ni restablir les anciennes, sans le commandement du Roi; ni receuoir à escient les ennemis de l'Eglise & du Roi, mais plustost les chasser, ou prendre, s'il y en auoit qui s'y fussent retirés à son insceu, dés aussi-tost qu'il en aura esté auerti par le Roi, ou par son Baillif. Et quant aux reuenus de Lordat, & de Montgranier, dont le Roi deuoit iouïr pour les frais de la garde des chasteaux, suiuant le premier traicté, il les quite de sa grace & liberalité en faueur du Comte.

II. Dans cét accord, il n'est point fait aucune mention de la restitution de la terre de Foix, depuis le Pas de la Barre, qui estoit assise dans l'Euesché de Tolose, & partant auoit esté comprise dans l'accord du Comte Raimond, en ce que le Roi lui octroyoit tout ce qui estoit dans l'estenduë de l'Euesché de Tolose, (horsmis la terre du Mareschal, dont le Roi reserue à soi l'homage, qui estoit le quartier de Mirepoix distrait pour lors du Comté de Foix;) Neantmoins il est certain que Raimond Comte de Tolose rendit à Roger Bernard toute cette terre, & la ville de Sauerdun, sous la reserue de l'homage accoustumé, comme il apert par les letres sur ce expediées le 6. des Calendes d'Octobre 1230. seellées du seau de Raimond, qui est assis sur vne chaire l'espée à la main, auec vn chasteau à costé, & de l'autre part il paroist à cheual armé auec son escusson à la main, chargé d'vne Croix à douze pommes, & prés de sa teste il a le Soleil à main droicte, & la Lune à sa gauche. Il eut aussi la satisfaction pour le fait de Pamies. Car au mois d'Octobre 1232. il renouuela les anciens pareages auec l'Abbé Maurin.

III. Depuis ce temps Roger Bernard vesquit en repos, ne voulant point se mesler dans les desordres que son Cousin Trencauel de Beziers émeut dans les Dioceses de Narbonne, & de Carcassonne, surprenant les places du Roi; mais il rendit ce bon office à son parent, qui estoit assiegé dans Montreal de traicter sa paix auec sa Majesté, en compagnie du Comte de Tolose, selon le tesmoignage de Guillaume de Puilaurens. Aussi auoit-il quelque obligation à Trencauel, dautant que ce Vicomte lui donna l'an 1227. la proprieté de la terre de Chercorbes, auec toutes ses dépendances; laquelle Roger Bernard auoit retirée de Bernard de Fanias, qui la tenoit en engagement pour quinze mil sols Melgarois.

IV. Ermesende de Castelbon femme de Roger Bernard receut ce contentement, que de voir auant son decés le Comte son mari reconcilié auec l'Eglise, & le Roi. Car elle mourut sur la fin de l'année 1229. au mois de Ianuier, trois années apres le decés de son pere le Vicomte Arnaud de Castelbon. C'est pourquoi l'on a pû remarquer en la letre de Roger Bernard contenant le traicté de S. Iean de Verges, qu'il prend la qualité de Vicomte de Castelbon; cette terre lui estant acquise de par sa femme, selon la teneur de leurs conuentions de mariage. Cét Arnaud Vicomte de Castelbon fit son testament le 8. des Calendes de Septembre 1226. Il choisit sa sepulture en la maison de Costoga de S. Iean de Ierusalem, & lui legue les chasteaux de Villamediana, Cercedol, & Puig. Il delaisse à son neueu Arnaud la troisiesme partie de son Vicomté de Castelbon, pour en iouïr de mesme façon que Pierre Raimond son pere la deuoit posseder. Et apres auoir fait diuers legats aux monasteres, il adiouste qu'il delaisse au Comte de Foix, & à la Comtesse, & à leurs fils *Roger* tout son honneur, reserué ce qu'il a legué pour son ame, & pour le payement de ses debtes. Que si la Comtesse & son fils Roger decedoient sans enfans legitimes, il laisse son bien à Raimond de Luca, à son frere Miron, & à Raimond d'Aniort, pour le partager également entr'eux, *diuidant tres per tres*. La Comtesse Ermesende fit aussi son testament le 5. des Calendes de Feurier 1229. Elle veut que son mari ait pendant sa vie la pleine

& entiere administration de son bien de Castelbon, *vt sit dominus & potens in omni vita sua*. Institüe heritier son fils Roger de Foix, lui substitüe sa fille, & lui legue dix mil sols Melgorois sur les reuenus de la vallée d'Andorre.

V. Ce Vicomte Arnaud, & sa fille Ermesende furent déclarés heretiques Albigeois, leur memore condamnée, & les os de celui-là desenterrés, en execution d'vne sentence renduë par deux Inquisiteurs, Commissaires Apostoliques en Aragon, & l'Euesque d'Vrgel, au mois de Nouembre 1270. comme a obserué Surita. Neantmoins la pieté d'Arnaud Vicomte de Castelbou paroist asses aux legats qu'il fit à diuers monasteres, afin de prier Dieu pour son ame.

VI. La terre de Castelbou attira vne forte guerre sur les bras des Comtes de Foix. Car comme ce Vicomté estoit l'ancien Vicomté de Cerdagne, ses droicts estoient confus auec les droits du Comté; de sorte que pour les liquider, il faloit proceder suiuant le style & la pratique du téps; qui estoit de se faire raison par les armes, & en suite choisir des arbitres pour raison des pretensiós des parties. Cette guerre qui auoit esté comencée du temps du Vicomte Arnaud, pour raison des pretensions qu'il auoit en Valespir, & Capsir, fut continuée par Nunno Sanches, fils du Comte Sanche oncle du Roi Don Iayme d'Aragon. Il pretendoit, outre le Comté de Roussillon & de Capsir, dont il estoit inuesti, le Comté de Cerdagne, & de Conflent; que le Roi lui delaissa dés l'an 1225. dautant plus facilement, que ce Comte n'ayant point de lignée, toutes ces terres seroient bien-tost reünies au domaine Royal. Incótinent il y eut renouuelement de quereles entre ce Comte, & Roger Bernard Comte de Foix, qui furent suiuies des courses, meurtres, & embrasemens, qu'ils firent dans leurs terres.

VII. En fin ils choisirent Bernard Abbé d'Alet, & Raimon Vicomte de Cardone pour terminer leurs differents, sous peine de deux mil deniers d'or, que chascune des parties remit actuelement entre les mains des arbitres. Ils prononcerent leur sentence, le 7. des Ides de Septembre 1236. par laquelle ils ordonnent la paix entre les parties, & vne abolition ou compensation des domages qu'Arnaud de Castelbou & ses alliés, & depuis son decés, Roger Bernard & son fils Roger, ont fait aux terres de Nunno Sans, & celles de ses alliés; & reciproquement aussi du costé de Nunno Sans, enuers les Comtes de Foix. Que les fortifications nouuelement faites par le Comte de Foix à Bulbir & Eril seront démolies. La fortification de Belber subsistera en l'estat qu'elle est, entre les mains de Nunno Sans; & celle de la Roque de Marangues entre les mains du Comte de Foix. Quant aux fortifications nouuelement faites en Cerdagne, & en Baride, ceux qui les ont basties les tiendront sous l'homage du Comte de Foix, & lui les releuera de Nunno Sans, aux mesmes conditions qu'il possede les autres chasteaux de Cerdagne, ou bien elles seront démolies. Le Comte de Foix fera l'homage à Nunno Sans pour le Vicomté de Cerdagne, suiuant la coustume & les anciennes conuentions arrestées entre les Comtes & Vicótes de Cerdagne. La dispute de la saisie du chasteau de Bolquiera est remise au iugement de la Cour de Cerdagne. La paix estant ordónée entre les parties, ils remirent encore le different qu'ils auoient touchant l'exercice de la iustice de Cerdagne, & l'homage des chasteaux de Son, & de Quieragut, à Ponce Hugues Côte d'Ampurias, Raimód Folch Vicomte de Cardone, Bernard Portella, & G. Cartilia. Ces arbitres ordonnerent qu'il en seroit vsé, comme on le practiquoit du temps d'Arnaud de Castelbou. Que la ville de Bolquiere, & le chasteau d'Auisa seroit rendu à Roger de Foix, & à son pere. Que le chasteau de Son, seroit tenu en fief du Comte de Cerdagne, suiuant l'ancien vsage. Ce iugement fut prononcé le 12. des Calendes de Nouembre 1236.

VII. Trois années apres le decés de la Comtesse Ermesende de Castelbou Vaudoise, Roger Bernard espousa vne seconde femme à sçauoir Ermengardé de Narbonne, fille d'Aimeri Vicomte de Narbonne. Et d'autant que ce mariage a donné sujet d'erreur aux Historiens de Foix, qui ont estimé contre la verité, que Roger Bernard mari de Marguerite de Bearn, estoit fils d'Ermengarde de Narbonne, & d'vn nouueau Comte Roger Bernard : lequel ils supposent, pour concilier les menuës obseruations qu'ils faisoient sur les Inuentaires des papiers de la maison, ie suis obligé pour éclaircir cette matiere de representer en propres termes les accords de ce mariage tournés du Latin en François : *Au nom de Dieu, l'an de sa natiuité mil deux cens trente-deux, regnant le Roi Loüis, le 8. des Galendes de Feurier, soit notoire à tous ceux qui orront ceci, que moi Aimeri par la grace de Dieu Vicomte de Narbonne, parce que ie veux vous auoir Seigneur Roger Bernard Comte de Foix, pour gendre legitime, ie vous baille & deliure ma fille Ermengarde pour femme legitime, auec le conseil & le consentement du Seigneur Matthieu de Mailli son oncle, & des prud'hommes de Narbonne. Et auec elle, ie vous donne pour sa dot, & heredité trente mil sols Melgorois; sous telle condition que vous les aurés & possederés pendant que vous viurez, & qu'apres vostre decés ils apartiendront à l'enfant, ou enfans qui naistront de vous deux, s'ils vous suruiuent. Et en cas qu'ils ne vous suruiuent, & que vous Seigneur Comte suruiuiez à vostre femme, vous retiendrez dix mille sols Melgorois sur lesdits trente mil, pour en disposer à vostre volonté, auec enfans, ou sans enfans; Pour les autres vingt mille sols, ils apartiendront aux proches d'Ermengarde, ou à ceux qu'elle aura ordonné. Et moi Ermengarde susdite loüant & accordant cette letre nuptiale, ie me baille & liure pour femme legitime à vous Roger Bernard Comte de Foix. C'est pourquoi moi Roger Bernard par la grace de Dieu Comte de Foix, vous prenant Ermengarde susdite pour femme legitime, ie me liure moi méme à vous pour legitime mari; me tenant pour bien payé & content desdits trente mil sols Melgorois que i'ai receus auec vous & pour vous, renonçant à l'exception de deniers non comtés. Mais ie vous donne à vous Ermengarde ma femme, dix mil sols Melgorois pour augment, à la charge que vous & moi ayons & possedons tandis que nous viurons ensemble, ces dix mil sols conioinctement, auec les trente mil sols de vostre dot, & qu'ils apartiennent apres nostre mort, à l'enfant, ou enfans nés de nous deux. Toutesfois si vous Ermengarde me suruiuez, vous recouurerez incontinent les trente mil sols Melgorois, que i'ai receus auec vous; & en outre vous aurez pour augment dix mil sols, auec enfant, ou sans enfant. Lesquels dix mil sols d'augment, & trente mil sols de dot, ie vous assigne sur mes quatre chasteaux, auec toutes leurs apartenances, droicts & destroicts que ie possede au territoire de Carcasses, sçauoir Arzenx, Alairac, Preixan, & Fontian. Lesquels quatre chasteaux auec leurs droicts, vous aurez & possederez, les ioüissances n'estans iamais precomptées au principal, iusqu'à ce que les quarante sols Melgorois bons & de cours, sçauoir les dix mil d'Augment, & les trente mil de dot, vous soient entierement rendus à vous Ermengarde & à tel que vous voudrez & ordonnerez. En outre vous aurez, & ie vous donne toute ma chambre auec son ameublement, les vazes & ceuillieres d'argent de nostre maison, & toutes les brebis que i'aurai au temps de mon decés. De ces choses ont esté témoins, Le Seigneur Sicard Vicomte de Lautreg, Le Seigneur Matthieu de Mailli. Pierre Roger de Mirapoix, Bernard de Durfort, Arnaud Guillaume de Villeserueng. R. Arnaud de Bruquerie Cheualiers. Robert d'Osenuille Cheualier. Raimond Bistani. R. de Lac. Bertrand de Bosc. G. Faber. Sicard Faber. Bertrand Vdalard Citoyens de Narbonne G. de Paulinian Escriuain public de Narbonne.*

VIII. Ce Comte mourut le 4. des Nones de May de l'année 1241. ainsi qu'à obserué Guillaume de Puilaurens. Ce qui se raporte au date de son testament, qui est de l'an 1241. du mois de May ferie cinquieme, apres la feste de Pentecoste; par lequel il institue heritier son tres-cher & amé fils Roger de Foix, Vicomte de Castelbon, fait plusieurs legats aux Eglises, choisit sa sepulture au monastere Sainte Marie de Bolbonne. Legue à sa fille Esclarmonde sept cens cinquante marcs d'argent, qu'il lui auoit promis par ses pactes de mariage : A son autre fille Cecile, trente mil sols Melgorois, payables lors quelle sera en aage d'estre mariée. A sa femme

Ermengarde les quarante mil fols Melgorois de fa dot & augment. D'où l'on peut recueillir que la fille de la Comteffe Ermefende dont elle fait mention en fon teftament fans la nommer, eftoit Sclarmonde; qui fut mariée par fon pere dés l'an 1235. Pour Cecile elle eftoit fille des fecondes nopces de Roger Bernard, auec Ermengarde. Bernard Comte de Comenge beau-frere de Roger Bernard mourut fubitement, eftant à table au lieu de Lantar en cette année 1241. le iour de la fefte S. André, qui eft le dernier de Nouembre, au rapport de Guillaume de Puilaurens.

I. E Chartario Pal.
II. Ex eodem chart. Nouerint vniuerfi, quod nos Raimundus Dei gratia Comes Tolofæ, & Marchio Prouinciæ gratis & ex voluntate noftra infpectis multis & magnis feruiciis à vobis Rogerio Bernardi Comite Fuxi, & veftris antecefforibus, nobis ac noftris prædeceffloribus olim impenfis, deliberato confilio Baronum noftrorum, reddimus, reftituimus & damus inter viuos vobis iam dicto R. B. Comiti Fux. & veftris fucceffloribus in perpetuum, Caftrum Sauarduni cum iuribus & pertinentiis fuis, & totam aliam terram veftram quam nos occupaueramus & detinebamus in Comitatu Fuxi, & alibi in Epifcopatu Tolofano, *vfque ad Barram*, vt eam habeatis, teneatis & poffideatis vos & veftri fucceffores, ficut veftram propriam, quemadmodum vos & anteceffores veftri Comites Fuxi ante occupationem & detentionem dicti caftri, & dictæ terræ, melius & plenius habuiftis, tenuiftis & poffediftis. Infra: hoc excepto quod omnia prædicta à nobis & fucceffloribus noftris teneatis vos & veftri fucceffores, ficut vos & veftri anteceffores, pro nobis & noftris prædeceffloribus, tenuerunt, habuerunt & poffederunt. Infra: Recognofcimus quod vos nobis feciftis homagium, & præftitiftis infuper fidelitatis iuramentum, ficut veftri anteceffores noftris prædeceffloribus funt facere confueti. Kal. Oct. Anno Domini 1229.
III. G. de Podiol. c. 43.
IV E Chart. Palenfi.
V. Surita l. 3. Annal. c. 76. & l. 3. c. 23.
VI. VII. E Chart. Palenfi.
VIII. G. de Podiol. c. 44. E Chartario Palenfi: Ego Rogerius Bernardi Dei gratia Comes Fuxenfis, Inftituo mihi heredem Cariffimum & dilectum filium meum Rogerium de Fuxo, Vicecomitem Caftriboni. G. de Podiol. c. 45.

CHAPITRE XXIII.

Sommaire.

I. Roger fuccede à fon pere au Comté de Foix. Ligue de R. C. de Tolofe auec le Roi d'Angleterre, & auec le C. de Foix contre le Roi de France. II. Le Roi détache le C. de Foix de cette ligue: & traicte auec lui. III. Declaration enuoyée par le C. de Foix au C. de Tolofe, auec vn défi de lui faire la guerre en faueur du Roi & de l'Eglife. IV. Le C. de Tolofe s'accorde auec le Roi à Loriac. L'homage de Foix eft referué à la Couronne. Roger rend l'homage au Roi. V. La maifon de Foix augmenta fa dignité, releuant nuëment de la Couronne. VI. Le C. de Tolofe fuppofe des letres pour monftrer que la terre du bas Foix n'eftoit pas baillée en fief, mais en depoft. VII. Declaration du Confeffeur du C. Raimond touchant cette fauffeté. VIII. Letres de l'homage rendu pour cette terre, qui monftrent la fuppofition des autres.

I. LE Comte Roger fuccedant à fon pere, tomba en vn temps qui lui fournit l'occafion de reftablir fa maifon, & d'y remetre quelques pieces, que la guerre contre le Roi de France en auoit demembrées. Car il fe rencontra, que le Roi d'Angleterre & le Comte de la Marche entreprindrent la guerre contre le Roi Louïs, & attirerent à leur parti le Comte de Tolofe, qui fupportoit auec beaucoup de mefcontentement, les retranchemens des païs entiers, que la paix de Paris lui auoit faits. Ce Comte Raimond ioignit à fa ligue Roger Côte de Foix qui fut l'vn des premiers à le porter à céte guerre, & à lui promettre moyennât ferment & auec letres feellées de fon feau, tout son secours contre le Roi, pendant ces mouuemens, comme escrit Guillaume de Puilaurens ; Bernard Comte de Comenge, Bernard Comte d'Armagnac, Iordain de l'Isle, Aton Vicomte de Lomaigne, & plusieurs autres Seigneurs embrasserent aussi le parti du Comte de Tolose.

I I. De sorte que le Roi prit le soin d'affoiblir cette puissance, en la desunissant: & pour cét effet il pratiqua le Comte Roger, lui representant qu'il estoit son homme lige, pour les terres du païs de Carcasses, dont il lui auoit presté l'homage, & serment de fidelité apres le decés de son pere Roger Bernard, au mois de Iuillet 1241. & partant qu'il estoit obligé par deuoir, & par honneur de ne fausser point sa foi ; à laquelle le traicté qu'il auoit fait depuis auec le Comte de Tolose ne pouuoit preiudicier. Ces raisons furent animées de la promesse que le Roi lui fit, de lui rendre la ville de Sauerdun, & de le descharger & ses successeurs de l'homage qu'ils auoient accoustumé de faire aux Comtes de Tolose.

I I I. Ce traicté estant arresté, le Comte Roger défia le Comte Raimond, qui estoit pour lors occupé au siege de la Pene en Agenois, ainsi qu'a remarqué Guillaume de Puilaurens. Les letres de défi ont esté conseruées dans le Tresor de Pau, qui meritent d'estre inserées en ce lieu tournées du Latin en François. *A l'Illustre & Tres-noble homme le Seigneur Raimond par la grace de Dieu Comte de Tolose, Marquis de Prouence, Duc de Narbonne. Roger par la mesme grace Comte de Foix, Vicomte de Castelbon. Salut, & trauailler en tout & par tout à retenir sa grace, s'il le pouuoit sans le danger de l'ame, & du corps, & sans la crainte imminente & euidente de son exheredation, & la perte de sa reputation. Nous ne croyons pas qu'il soit eschapé de la memoire de vostre Altesse, comment vous ne laissates pas seulement en guerre nostre pere de loüable memoire Roger Bernard Comte de Foix, par la paix que vous fistes à Paris auec le Seigneur Roi de France, mais aussi que vous promistes de lui faire viue guerre. Et enfin vous donnastes congé à nostre pere, qu'il fit telle paix & accord qu'il auiseroit auec le Roi susdit, & l'Eglise. Laquelle paix il fit, comme il peut, & non pas comme il voulut, obligeant & soi & ses heritiers à plusieurs pactes & conuentions, qui empeschent en cét endroit nostre bonne volonté pour vostre secours, & pour vostre profit. En outre nous croyons, que vous vous resouuenés, comme vous aués baillé nostre pere caution pour vous à l'Eglise, & l'aués absous de tout lien de fidelité, homage, & serment, auquel il pouuoit vous estre obligé , & l'aués fait iurer d'estre du parti de l'Eglise contre vous, si vous faisiés iamais la guerre contre le Roi, ou l'Eglise. Et vostre Noblesse ne doit point se fascher, si pour nostre excuse euidente & veritable, nous ramenteuons l'exheredation que vous aués fait à nostre pere, & à nous de la terre de S. Felix auec ses apartenances, & de plusieurs autres terres, & neantmoins vous y aués adiousté depuis peu, l'inuasion des autres chasteaux, que le Roi nous auoit donnés en la terre de Carcasses, encore que vous n'eussiez aucune iurisdiction en iceux ; & que ces chasteaux nous eussent esté baillés en recompense de la terre, que nostre pere auoit perduë pour vous, & pour vostre guerre. C'est pourquoi attendu que le Seigneur Roi de France, auquel nous auons presté homage, & serment de fidelité, auec vostre consentement, qui mesmes nous a honorés de plusieurs bien-faicts, non seulement en la restitution de nos chasteaux, qu'il nous a rendus pareZ, & fortifieZ, sans nous precompter aucuns frais, lesquels peut-estre il eust peu demander raisonnablement ; mais aussi en plusieurs autres choses, Nous presse auec tres-grande instance par tous les moyens qu'il peut, nous signifie & nous requiert, que nous lui baillions secours contre vous, sans aucun delai, & que nous ne puissions obtenir aucune tréue, ni resister à ses commandemens sans estre coulpables de pariure, & sans encourir le dommage d'exheredation, auec note d'infidelité, & perte de la reputation: Nous signifions par les presentes à vostre Altesse, que nous voulons & deliberons de nous attacher fidelement, au mesme Seigneur Roi, & à l'Eglise, leur baillant nostre secours, & conseil, comme nous pourrons, estimans que nous sommes en cét endroit entierement absous de vostre fidelité, & homage. Et que vostre esprit ne soit point indigné, si estans meus & contraints par lesdites raisons, nous vous atta-*

quons à l'auenir. C'est pourquoi nous vous signifions, que nous ne vous sommes aucunement obligés d'homage ou de fidelité en la guerre que nous vous ferons ci-apres pour le Roi, ou pour l'Eglise. Donné à Pamies le troisiesme des Nones d'Octobre l'an 1242. Au bas de ces letres est inseré le certificat des Abbes Maurin de Pamies, Guillaume de Foix, Pierre de Lesat, de Maistre Arnaud de Campranhan Sacristain de Pamies, & Frere Raimond Gardien des freres Mineurs de Pamies, qui attestent que le Comte a fait expedier par leur auis, & enuoyé ses letres au Comte de Tolose, dont ils rendront tesmoignage pardeuant le Roi de France, & l'Eglise.

IV. Le Comte de Tolose qui auoit enuoyé l'Euesque de sa ville, pour negocier la paix auec le Roi, la pressa plus qu'il ne faisoit auparauant, lorsqu'il eut receu le défi du Comte de Foix. Elle fut concluë sur la fin de Nouembre auec le Comte & les Commissaires, & confirmée par le Roi au mois de Ianuier, vers la fin de cette année 1242. à Loriac en Gastinois, où le Comte de Tolose s'estoit rendu. Le Comte de Foix vint aussi à la Cour de France, où il traicta sa paix auec le Comte de Tolose: laquelle le Roi autorisa, ainsi que Roger asseure en ses letres adressées au Viguier de Tolose. Mais ce fut auec vn preiudice notable des droicts du Comte de Tolose. Car au mesme mois de Ianuier le Roi estant à Montargis, Roger Comte de Foix reconnoist tenir à foi & homage du Roi, & de la Couronne, toutes les terres qu'il souloit tenir du Comte de Tolose: Surquoi furent expediees les letres de la teneur suiuante tournées de Latin en François: *Louïs par la grace de Dieu Roi de France, à tous ceux ausquels ces Letres paruiendront, Salut. Nous faisons sçauoir que nostre amé & feal Roger Comte de Foix nous a fait homage lige contre tous hommes, & femmes, qui peuuent viure & mourir, de tout ce dont il estoit Homme de nostre Cousin, & feal Raimond Comte de Tolose, au temps de cette derniere guerre meuë entre nous, & ledit Comte de Tolose. Et auons accordé au mesme Comte de Foix que nous ne le metrons point, ni ses heritiers en l'homage de ce Raimond Comte de Tolose, sinon auec le gré & consentement du mesme Comte de Foix, & de ses heritiers. Comme aussi ledit Comte de Foix, ni ses heritiers ne pourront se mettre en l'homage de Raimond Comte de Tolose, sinon de nostre volonté, & celle de nos heritiers. Nous auons aussi octroyé au mesme Comte de Foix, que lui & ses heritiers tiennent ces choses à perpetuité, en la mesme liberté, en laquelle le Comte de Foix les tenoit du Comte de Tolose. Le mesme Comte de Foix nous a iuré aussi, & à nos heritiers sur les Sacrosaincts Euangiles qu'il nous seruira fidelement, & à nos heritiers, contre tous hommes & femmes qui peuuent viure ou mourir. Donné à Montargis l'an 1242. au mois de Ianuier.*

V. De sorte que cette année apporta vn grand changement en la maison de Foix, dautant qu'au lieu d'estre sous l'homage du Comte de Tolose, elle releua vne partie de son Comté immediatement de la Couronne, à l'exemple des autres grands fiefs du Royaume: & outre la dignité nouuelle qui la rendoit considerable, elle affermit la possession des terres du païs bas de Foix, depuis le Pas de la Barre. Car c'estoit à raison de ces terres que les Comtes de Foix prestoient leur homage aux Comtes de Tolose, ainsi que i'ai fait voir au chap. IX. De sorte que le Comte Roger estant receu par le Roi Louïs à l'homage des terres qui releuoient auparauant du Comte de Tolose, on ne peut donner aucun autre sens à ces paroles, sinon qu'il est obligé à l'homage des terres qui sont au dessous du Pas de la Barre.

VI. La perte de cét homage & d'vn Vassal si considerable offença en telle sorte le Comte de Tolose, que pour esbranler les droicts du Côte de Foix, il fit fabriquer vne fausse letre de reconnoissance, par laquelle il faisoit auoüer à Roger Comte de Foix, que son pere Roger Bernard auoit receu en commande, ou depost du Comte de Tolose son Seigneur, la terre assise en l'Euesché de Tolose, depuis le Pas de la Barre en bas; & qu'il reconnoissoit de la tenir à mesme condition, & prometoit auec serment de la rendre au Comte lors qu'il en seroit requis. Dequoi il voulut se preualoir, sommant Roger de lui rendre cette terre, par acte de l'an 1245. qui est dans le Tresor des Chartes de France. Guillaume de Puilaurens deferant à la teneur de ces letres supposées escrit, que Roger fit cette declaration estant à Lunel; où il estoit venu apres le decés de son pere en compagnie de l'Abbé Maurin, & qu'il obtint de cét Abbé la continuation des anciens pareages par l'entremise de Raimond Comte de Tolose; qui refusa d'accepter ce pareage, encore que l'Abbé le lui offrit, & escriuit en France pour ce sujet en faueur du Comte de Foix.

VII. Mais la fausseté de ces letres, qui changent la proprieté en depost, est auerée au moyen de la declaration de Frere Guillaume de Briua de l'Ordre des Freres Mineurs, qui estoit Confesseur ordinaire du Comte Raimond, par la permission du Pape Innocent IV. octroyée aux prieres du Comte; auec pouuoir à ce Religieux accompagné d'vn autre Frere, de resider en sa Cour, d'vser de souliers, & d'aller à cheual pour marcher à sa suite. Ce Confesseur certifie apres serment, pour la descharge de sa conscience, pardeuant G. Archeuesque de Narbonne, & G. Euesque de Carcassonne, que sur la fin de l'année 1248. estant reuenu d'Espagne, où il estoit allé pour les affaires du Comte, il lui declara en sa confession, qu'il fit au lieu de S. Sulpice, la veille de Pasques voulant communier le lendemain, que sa conscience lui faisoit reproche, de la fausseté de certaines letres seellées du seau de Roger Comte de Foix en date à Lunel; Par lesquelles ce Comte reconnoissoit de tenir *en commande* du Comte de Tolose, toute la terre qui estoit depuis la Barre de Foix, iusqu'à Tolose. C'est pourquoi il vouloit, que ces letres fussent rompuës. Enfin lors qu'il fut attaint de la maladie dont il deceda, confessant ses pechés, il demanda à ce Confesseur s'il auoit recouuert ces letres, & pource qu'il ne s'estoit pas acquité de sa commission, il le pria d'aller vers Sicard Aleman pour les retirer: lequel estant arriué à la chambre du Comte, le trouua endormi. Apres que le Comte fut éueillé, il ne trouua pas bon que l'on baillast à Sicard la peine de reuenir. Mais il communiqua au Confesseur, vn signe secret qu'il auoit auec Sicard, sur lequel il rendroit incontinent les letres. Et fit iurer le Confesseur sur le serment auquel il lui estoit obligé, de les brusler tout aussi tost, qu'il les auroit recouuertes. Cependant le Comte mourut, & Sicard refusa de rendre les letres, quoi que le Confesseur les y demandast auec le signal, premierement en secret, secondement deuant l'Euesque de Tolose, troisiesmement dans le chasteau Narbonois dás vne chambre, en presence de l'Euesque de Tolose, qui voulut auoir des letres testimoniales de ce dessus. Cette declaration fut faite à Limous le second des Calendes de Septembre 1250. Ce Guillaume de Briua est le cinquiesme tesmoin du Codicille de ce Comte Raimond, chés le sieur Catel: & sans doute c'est le mesme auec ce fameux Hermite Guillaume de Albaronco, que G. de Puilaurens asseure auoir confessé le Comte en sa derniere maladie; la difference estant seulement en ce que cét auteur exprime le nom de la famille du Religieux, au lieu que le Confesseur prend son nom de la ville de Briue en Limosin, d'où il estoit natif.

VIII. Outre l'attestation du Confesseur, il y a vn moyen peremptoire pour conuaincre de fausseté ces pretenduës letres de depost, par l'exhibition des letres d'homage de cette terre, que le Comte Raimond fit expedier à Lunel en faueur du Comte de Foix, qui sont de la teneur suiuante tournées en François: *Soit notoire à tous, que nous Raimond Comte de Tolose Marquis de Prouence, Reconnoissons que vous Roger Comte de Foix nous aués rendu homage, & presté le serment de fidelité à nous & aux nostres; comme vostre pere & vos predecesseurs auoient fait enuers nous & nos predecesseurs, pour raison de cette terre, que nous auons occupée dans le Comté de Foix & ailleurs, en l'estenduë de l'Euesché de Tolose, laquelle nous auons renduë à Roger Bernard vostre pere. C'est pourquoi nous vous accor-*

dons *& confirmons toute ladite terre, & specialement le chasteau de Sauerdun auec toutes les forteresses, munitions, Seigneuries, Barons, Cheualiers, & droicts quelconques, & toute l'autre terre que vous aués & possedés audit Euesché iusqu'à la Barre.* Faict le cinquiesme de Iuillet l'an de l'Incarnation mille deux cens quarante-vn.

I. G. de Podiol. c. 45.
III. G. de Podiol. c. 45. è Chartul. Palenſi.
IV. Catel. l. 2. *des C. Tolose* c. 7.
VI. G. de Podiolaur. c. 44.
VII. è Chart. Palenſi: Catel l. 2. *des Comtes de Tolose*, c. 7.
VIII. è Chartario Palenſi : Notum ſit cunctis quod nos R. Comes Tol. Marchio Prouinciæ profitemur vobis Rogerio Comiti Fux. quod pro illa terra quam nos occupatam tenuimus in Comitatu Fuxi & alibi in Episcopatu Tolosano & eam reddidimus Rog. B. Patri veſtro, vos feciſtis nobis homagium & iuraſtis fidelitatem nobis & noſtris ſicut pater veſter & anteceſſores veſtri nobis & noſtris prædeceſſoribus fecerunt. Idque nos vobis concedimus & confirmamus totam prædictam terrā, & ſpecialiter Caſtrum Sauerduni cum omnibus forciis munitionibus, dominationis Baronibus militi us & iuribus. & totam aliam terram veſtram quam habetis & tenetis in dicto Epiſcopatu vſque ad Barram, &c. Actum eſt hoc 5. Kal. Iul. Anno Incarn.

CHAPITRE XXIV.
Sommaire.

I. Voyage du Comte de Tolose vers Rome, où il obtint la restitution du Venessin. Disputes entre ses Officiers, & le Comte de Foix. II. Manifeste du Comte, qui se plaint des voleries de Roger de Comenge, & de l'appui que lui donnoit le Viguier de Tolose. III. Il respond aux plaintes du Viguier. IV. Diuers articles de plainte auec leurs responses. V. Apres ces declarations, le Comte Roger leue des troupes, & se rend maistre des chefs des ennemis, apres vn sanglant combat. Paix ordonnée par le Roi à Melun, & les conditions. Sauardun occupé pendant cette guerre, rendu à Roger. VI. Les asseurances ordonnées par les Commissaires du Roi, & les conditions imposées aux prisonniers faits par Roger. VII. Trois Gentils-hommes refusent de rendre à Roger l'homage de Sauerdun pour leur portion. Traicté de Roger auec les autres Conseigneurs. VIII. Roger ne fut point au voyage d'Outremer, comme les Historiens de Foix ont escrit. Leur erreur touchant Guillaume de Mana.

I. AV commencement de l'année 1243. le Comte de Tolose fit vn voyage vers Rome, & obtint du Pape la restitution du Comté de Venessin, qui estoit vne portion des terres de Prouence assises delà le Rhosne, en la terre de l'Empire, que ce Comte auoit cedées à l'Eglise par le traicté de Paris. Pendant son absence, & peut-estre par son commandement secret, il y eut diuers mouuemens entre ses Officiers, & le Comte de Foix; lequel ne pouuant souffrir les domages que faisoient en ses terres certains Gentils-hommes mutinés, fut obligé de prendre les armes, qui furent mises bas par l'ordonnance du Roi, qui députa ses Commissaires pour pacifier les differents, & donner de la satisfaction au Comte de Foix. Ce desordre s'augmenta, à cause que le Viguier de Tolose pretendoit, que le saufconduit qu'il auoit donné à Roger de Comenge pour venir deuers lui, auoit esté violé par le Comte de Foix, qui l'auoit poursuiui iusqu'au chasteau de Rieux, apartenant au Comte de Tolose. Mais le Comte de Foix se defend fort-bien, disant que Roger estoit ennemi du Roi,

& le sien, & auoit abusé du saufconduit, ayant défait sur son chemin Loup de Foix qui venoit auec quelques troupes deuers le Comte.

II. Mais il vaut mieux representer les propres termes de sa responsse tournés en François: *Roger par la grace de Dieu Comte de Foix, & Vicomte de Castelbon, à Noble homme Berenger d: Premillac Viguier de Tolose. Salut. Attendu que Roger de Comenge est ennemi capital du Seigneur Roi de France, ce qui apert éuidemment par ce qu'il a exercé plusieurs rauages & depredations en la terre du Mareschal,* In terra Marescalli de Mirapisce, *& a retiré en sa terre les gens de guerre faidits & ennemis declarés du Seigneur Roi, & les y a maintenus, & que nous & le Seigneur Comte de Tolose sommes obligés de fuir & chasser comme la peste,* fugere & fugare, *les ennemis du Seigneur Roi, si nous voulons garder nostre fidelité & serment; & que le mesme Roger depuis peu à la façon d'vn voleur a pillé & depredé en plusieurs façons nostre terre contre le teneur de la Paix, & y a fait de tres grands & insuportables domages, & ne soit point vassal du Comte de Tolose, comme nous croyons asseurément; Et que nous ayons fait plainte du mesme Roger au Seneschal du Seigneur Roi de France, & qu'ayant esté auerti & requis par letres de sa part, ni lui ni son pere n'ont point voulu ester à droit; à cause de cette contumace nous auons eu licence du mesme Seneschal de repousser l'iniure énorme & honteuse qui nous auoit esté faite & au Seigneur Roi; Nous nous estonnons grandement, comment est-ce que vous dites qu'il est venu vers vous sous vostre saufconduit,* sub ducatu vestro, *attēdu qu'il a attaqué hostilement, & chassé en son chemin Loup nostre tres-cher oncle, qui venoit vers nous, & la renfermé dans le chasteau de Gosenchs, & a requis auec menaces les hommes de ce chasteau de lui remetre Loup, & ses compagnons troussez & liez; Et a pris & volé nostre Secretaire, lui ayant lié les pieds & les mains, retenant son Palefroi, & qu'il tient en prison vn Cheualier nommé E. des Essarts, dans le chasteau de Rieux apartenant au Comte de Tolose, ensemble ses armes & cheual, & encor vn autre cheual de Raimon de Lordat; Et nous ayans ouï ces clameurs vinsions en toute diligence pour deliurer Loup, & ses compagnons, & si Roger n'eust eu sa retraicte dans ledit chasteau de Rieux, il fust tombé entre nos mains auec ses complices. C'est pourquoi attendu que personne ne doit implorer le secours d'vne chose qu'il a honteusement deshonorée, vous ne deuez point le requerir pour raison de vostre saufconduit; Et si nous voulons dire le vrai, vous n'auez deu en aucune façon receuoir sans nostre sceu nos ennemis & ceux du Seigneur Roi, ains vous estes obligé de nous rendre & Roger & ses complices, auec ce qu'ils ont picoré sur nous, autrement vous vous rendez coulpable enuers le Seigneur Roi & nous, puis que les receleurs & les malfaicteurs meritent vne mesme peine.*

III. Il y a en suite dans ce manifeste diuers sujets de plainte, desquels le Comte se iustifie pour n'auoir fait que repousser les courses des sujets du Comte de Tolose, qui violoient par ce moyen la paix, laquelle auoit esté arrestée entre les deux Comtes, en presence du Roi de France, qui l'auoit autorisée, & auoit defendu respectiuement à leurs gens, de ne faire aucun domage dans les terres de leurs maistres. Sur la fin respondant à ce que le Viguier auoit auancé, que le Comte trauailloit à semer de la diuision entre le Roi & le Comte de Tolose, il dit que celui qui a porté le Viguier à ce mensonge est semblable au traistre Iudas; & que s'il eust voulu se ioindre au Comte de Tolose, lors qu'il faisoit la guerre au Roi, ce Comte ne seroit pas maintenant en la bonne grace de sa Majesté. De sorte qu'il doit remercier le Comte de Foix de ce qu'il refusa de l'assister en vne si grande & domageable folie. Ces paroles sont vn peu aigres, & reprochent au Comte de Tolose sa foiblesse, & insinuent la force de celui de Foix. Il conclut en disant que tous ces domages ayans esté faits depuis la paix ordonnée par le Roi, le Viguier, puis qu'il se dit Lieutenant du Comte de Tolose, est obligé de les faire reparer, comme il l'en requiert, ou bien d'en demeurer au iugement de la Cour du Roi, ou de son Seneschal Car autrement, attendu que toutes ces choses se font en haine de ce que le Comte de Foix s'est ietté du parti du Roi, sa Majesté sera obligée suiuant son serment, de venger ces iniures comme faictes à soi-mesme. Cette response est en date à Pamies de l'huictiesme des Calendes d'Aoust 1243.

IV. Le Comte Roger renouuella ses plaintes, & satisfit à celles du Viguier, par vn second acte qu'il lui adressa en date à Foix, le huictiesme des Ides d'Aoust, lui representant, qu'il s'estonne que les Vassaux du Comte de Tolose, sçauoir Pierre de Villamur, Arnaud son frere, & Simon son fils, S. de Montaut, & les fils de S. de Miramont, & Auger de Caumont auec leurs complices, violans la paix iurée par le Roi de France & le Comte de Tolose, faisoient des courses, & des pilleries, bruslemens, & emprisonnemens, dans la terre du Comte de Foix, & auoient leur retraicte dans les chasteaux du Comte de Tolose, & y vendoient publiquement le butin, sans que le Viguier s'opposast, ni chastiast leur malice; & partant suiuant l'autorité du droict, il n'estoit point hors de soupçon d'vne societé cachée, puis qu'il n'empeschoit point vn forfait manifeste; dautant plus qu'il apartenoit au deuoir d'vn Prince de repurger son païs de mauuaises gens. Il reproche au Viguier auec quel front peut-il le rendre coulpable de ces desordres, attendu qu'il n'a point fait aucun domage en la terre du Comte de Tolose, & que son dessein n'a esté en la prise des armes, que repousser l'iniure qui lui est faite, & poursuiure ses ennemis ouuerts, que le Viguier maintenoit & fauorisoit. Au reste que le Viguier parle contre sa conscience, lors qu'il dit que le Comte de Foix cherche des occasions de noise, puis que ses plaintes sont notoires à vn chascun, aussi bien que la violence de ses ennemis. Quant au chasteau de Casels que le Viguier pretendoit estre dépendant de la iurisdiction du Comte de Tolose, il respond, que la superiorité de ce chasteau apartient de tout temps au Comte de Foix, & allegue pour vne preuue éuidente, que Roger de Comenge y auoit fait ci-deuant plusieurs domages & pilleries; ce qu'il n'eust pas osé entreprendre, si ce chasteau eust dépendu de la iurisdiction du Comte de Tolose. Quant à ce que le Viguier disoit, que Roger de Comenge estoit venu sous l'autorité de son saufconduit, & qu'à son arriuée il auoit mis en fuite Loup Oncle du Comte de Foix, & l'auoit renfermé auec ses compagnons dans le chasteau de Gosenchs, & auoit pris le Secretaire du Comte. Il respond, que le Viguier deuroit rougir de honte de cette action, attendu que Roger de Comenge estoit vn infracteur de la paix, ennemi du Roi de France, & le sien; Et partant que le Viguier auoit tort de se plaindre, de ce que le Comte de Foix auoit chassé Roger, & de redemander ce qu'il auoit perdu en cette course: dautant plus que le Comte de Tolose n'auoit point de iurisdiction sur le Comte de Foix. Pour le regard des chasteaux de Castenach & de Massabrac, il soustient qu'ils lui apartiennent & non au Comte de Tolose, tant pour les auoir gagnés en bonne guerre, que pour estre du fief, qu'il tient du Roi de France. Quant aux domages qui ont esté faits à Pierre de Durban, il desauoüe qu'ils ayent esté faits auec son conseil, ni mandement; mais que ce desordre est arriué à cause de l'ancienne guerre qui est entre Loup de Foix, & Durban; Et que si le fils de Loup a vengé les iniures que son pere auoit receu de Durban, il n'a rien fait contre la raison; & que le Comte ne peut estre reproché de souffrir ces malefices, puis que le Viguier souffre ceux qui endomagent la terre du Comte. Quant au domage fait aux terres de B. Amel de Pailers, elles n'ont iamais apartenu aux fiefs du Comte de Tolose; Neantmoins le Comte de Foix y aportera du remede, non pas sur la complainte du Viguier, mais suiuant son deuoir, à cause que c'est son vassal. Pour le monastere de Lezat, attendu qu'il auoit esté basti par les predecesseurs du Comte, & que le patronage lui en apartient, aussi bien que la Seigneurie de la ville, il ne faut point s'estonner s'il poursuit par tout, ceux qui ont endomagé ce monastere, & bruslé le moulin de cette Eglise, comme estans excommuniés de plain droict, pour raison de ce malefice,

lefice, infracteurs de la paix, & violateurs des Eglises. S'il en vfoit autrement, il encourroit la peine de pariure, & offenferoit griéfuement le Roi de France, qui a pris ce Monaftere fous fa protection: fon Senefchal ayant mis la baniere du Roi en cette ville de Lezat, afin que les malfaicteurs ne puiffent s'excufer fous pretexte d'ignorance. Et dautant que perfonne n'eft pas tellement innocent, qu'il ne puiffe eftre fauffement accufé, il offre de faire voir la iuftice de fa caufe pardeuant arbitres, ou bien en la main du Senefchal de Tolofe.

V. La neceffité de venger les iniures & les domages que le Comte de Foix receuoit, par les courfes des vaffaux du Comte de Tolofe, & le defir qu'il auoit de retirer quelque raifon contre ceux qui auoient entrepris fur le Monaftere de Lezat, d'où il prenoit vn fpecieux pretexte pour la continuation de cette guerre, porta le Comte Roger à dreffer de puiffantes troupes, auec lefquelles il fe rendit maiftre des principaux chefs de fes ennemis, qu'il fit prifonniers au milieu d'vn fanglant combat. Cette victoire fut fuiuie de la paix, que le Roi Louïs arrefta à Melun, au mois d'Octobre de cette année 1243. & de la reftitution de la ville de Sauerdun, de laquelle le Comte de Tolofe s'eftoit faifi pendant la guerre: Le Roi ordonna du confentement des Procureurs du Comte de Tolofe, & du Comte de Foix, que le Senefchal de Carcaffonne, & Raimond de Capendu, *de Cane fufpenfo* pouruoiroit aux affeurances que doiuent donner les prifonniers, que le Comte de Foix retient; à la charge de prendre auec eux vn troifiefme, qui fera choifi par l'Euefque de Tolofe ou Sicard Aleman, de trois perfonnes que le Roi nomme, fçauoir Loup de Foix, Raimond de Niord, & Ifarn de Faniaus. A condition auffi, que les prifonniers payeront au Comte de Foix leur rançon en monoye de Melgueil, ou de Tolofe, ainfi qu'il fera auifé par les commiffaires. Il ordonne auffi, que le chafteau de Sauerdun fera rendu au Comte de Foix par l'Euefque de Tolofe, auant la deliurance des prifonniers, au mefme eftat & en la mefme faifine, qu'eftoit le Comte de Foix auant la derniere guerre. Apres cette reftitution les affeurances feront données, & ce fait les prifonniers feront deliurés.

VI. Les affeurances requifes par Roger Comte de Foix, font contenuës dans fes letres; dont le Roi fait mention en fon ordonnance; fçauoir que les prifonniers affeureront de ne porter aucun domage, ni faire guerre au Comte, ni à l'Abbé de Lezat, & à fon Monaftere, ni à leurs affociés: fauf aux prifonniers de pourfuiure leurs pretentions pour raifon des *baftides*, pardeuant ceux qu'il apartiendra. Le Comte de Tolofe doit metre en liberté Sicard Hugues Durfort, & les autres prifonniers de Faniaus, & de Laurac, & leur rendre leurs terres. Les prifonniers faits par le Comte de Foix doiuent payer rançon & les frais, quiter la rancune & les domages qu'ils ont fouffert à raifon de l'emprifonnement, & de cette guerre, & fe remetre en l'homage du Comte de Foix, en l'eftat qu'ils eftoient auant la derniere guerre meuë entre le Roi, & le Comte de Tolofe. Pour l'execution de cette commiffion, Loup de Foix fut choifi par l'Euefque de Tolofe, & Sicard Aleman Lieutenant du Comte de Tolofe, pour eftre adioint du Senefchal de Carcaffonne & de R. de Capendu commiffaires du Roi. Ils affignerent les parties au lieu de Sauerdun; où Bertrand frere du Comte de Tolofe deputé par Sicard Aleman, fe prefenta auec le Procureur de l'Euefque de Tolofe, qui rendirent au Comte de Foix la ville de Sauerdun, en prefence des commiffaires; & Bertrand defchargea les Confuls & habitans de cette ville du ferment de fidelité enuers le Comte de Tolofe. Le Comte de Foix la receut fous l'homage & la fidelité du Roi de France, duquel il auoüa eftre homme lige pour ce chafteau, & pour autres qu'il auoit tenu ci-deuant du Côte de Tolofe. Quant aux affeurances, il fut ordóné par les cómiffaires qu'Arnaud de Maracafaba le principal d'entr'eux iureroit corporellement, qu'il ne porteroit point domage au Comte de Foix, ni à l'Abbé de Lezat, ni à son Monastere, ni à leurs associés, & qu'il leur quitoit toute colere, & rancune procedante tant de la guerre derniere, qui auoit esté entre le Roi de France & le Comte de Tolose, que de sa capture; Et que le mesme Arnaud retournera à l'homage du Comte de Foix, côme il estoit auant la guerre; & s'il a des plaintes à faire touchant les bastides, ou autres chefs qu'il les proposera sans guerre, poursuiuant son droict là où il apartiendra. Les Commissaires ordonnerent en outre, que si Arnaud offensoit le Comte, l'Abbé, le Monastere, ou leurs associés, & que dans quarante iours il ne reparast l'offensé, ainsi qu'il seroit arbitré par l'Abbé de S. Antonin de Pamies, & Loup de Foix, ou l'vn d'eux, Arnaud, sa femme Condors, & leurs enfans consentent que le Comte prêne de son autorité tous les fiefs qu'ils ont dans le Comté de Foix, & les retienne iusqu'à ce qu'ils ayent reparé le domage. Outre ce il donnera six cautions, qui s'obligent de faire obseruer ce dessus, d'y contraindre Arnaud, & de payer en leur nom propre. Pour les autres prisonniers, qui sont au nombre de douze, & ne possedent aucun fief en la terre du Comte, ils s'obligent & leurs cautions de payer en cas de contrauention, certaine somme de sols Melgorois, qui est taxée & limitée pour chascun à deux mille, douze cens, ou mille sols, suiuant leurs facultés.

VII. Ces Vassaus estans reduits à leur deuoir par l'autorite du Roi, il sembloit que le Comte ne deust receuoir aucune oppositiô en l'obeïssance qui lui estoit deuë. Neantmoins au mois de Nouembre 1248. Pierre de Villamur, Guillaume d'Astnaue, & Guillaume Atho de Villamur, qui estoient conseigneurs du chasteau de Sauerdun, auec quelques autres Gentils-hommes, sommés de lui prester l'homage qu'ils lui deuoient, refuserent estroussement de ce faire, & maintindrent qu'ils ne le releuoient point de lui. C'est pourquoi voulant tirer raison de ces rebelles, il les fit excommunier, & tous leurs confederés. De sorte que les autres conseigneurs, & la ville de Sauerdun furent extrememement aises de s'accommoder auec le Comte; qui se rendit facile à leur priere. Pour cét effet Dame Honor de Belmont, Loup de Foix, & Arnaud de Villamur, qui estoiét maistres des deux tiers de ce chasteau, promirent de remetre leurs portions entre les mains du Comte dans certain iour, pour reconnoissance de sa superiorité; & neantmoins retirerent promesse de lui, que si en ce iour les rebelles se presentoient, & lui remetoient aussi le tiers qui leur apartenoit, il leur feroit iustice en sa Cour, leur donnant asseurance de leurs personnes. Mais aussi en cas qu'ils ne voulussent bailler caution d'ester à droict, les trois susdits iurerent fidelité, & pareage au Comte pour raison de la portion des rebelles, qui lui demeuroit acquise par felonie, & enioignirent à l'Vniuersité de Sauerdun de prester au Comte le serment de fidelité sur les SS. Euangiles, pour raison de ce tiers confisqué, *reseruée l'autorité superieure & Comtale, qui lui apartenoit sur tous*. Moyennant ce traicté, le Comte s'oblige de faire leuer sans frais, la sentence d'excommunication qui auoit esté laschée contr'eux, à la reserue de P. de Villamur, Guillaume d'Astnaue, & Guillaume Ato de Villamur.

VIII. L'acte est du second des Kalendes d'Octobre 1249. qui est vn date fort remarquable, pour conuaincre d'erreur les Historiens de Foix; qui ont escrit, que ce Comte auoit acompagné le Roi S. Louis, en l'expedition d'Outremer. Car ce bon Roi s'embarqua en l'année 1248. & cependant on aprend des deux actes precedéts, que Roger estoit dans son païs, les annees 48. & 49. Au reste ce Guillaume de Mana, que les mesmes auteurs asseurent auoir esté chastié par le Comte, apres le retour du voyage, pour les insolences qu'il auoit commises pendant son absence, ne peut estre autre que Guillaume d'Astnaue; Doù l'on peut recueillir auec combien de negligence ils ont escrit ceste histoire.

E Chartario Palensi.

CHAPITRE XXIV.
Sommaire.

I. Guerre de Roger auec le Roi d'Aragon. Il reçoit en fief le chasteau de Foix, selon Diago. Ce qui doit estre entendu d'vn ostage, & non pas d'homage. II. Guerre pour raison du Comté d'Vrgel, assoupie par vne transaction. III. Aluaro Comte d'Vrgel quite Constance de Moncade sa premiere femme, & espouse Cecile sœur du Comte Roger. IV. Plainte au Pape par Constance touchant ce diuorce. Le Commissaire delegué prononce pour Constance. Appel au Pape. Guerre ouuerte entre les parties. Auis des nouueaux Commissaires au profit de Constance. Decés du Comte Aluaro. V. Cecile de Foix eut deux enfans du Comte Aluaro. Roger assiste sa sœur d'armes, & d'argent. VI. Il continuë le Pareage de Pamies. Il en fait vn nouueau auec l'Abbé de Bolbone, pour bastir la ville de Maseres. Loi du Code abrogée par la Cour du Roi de France. VII. Pareages de Roger auec les Abbés de Lesat, & du Mas d'Asil. Le Monastere d'Asil fort ancien. VIII. Testament de Roger. Sa femme, & ses enfans. Ses legats. Il coniure le Roi de le retenir dans l'homage de la Couronne. Son decés, & enterrement. IX. Brunisende femme de Roger. Le mariage de ses enfans.

I. Peu apres le Comte fut accueilli de beaucoup de trauerses, qui lui suruindrent du costé de la Catalogne. Car il eut des affaires à demesler auec le Roi d'Aragon, & le Comte de Prouence son cousin, touchant certains chasteaux en l'année 1251. De sorte qu'il fut obligé de payer dix mille sols, pour les frais de la guerre, & de remetre entre les mains du Roi d'Aragon, les chasteaux de Erils, & de Foix; qui les lui rendit incontinent à titre de fief, ainsi qu'a escrit Francisco Diago en son Histoire des Comtes de Barcelone. Cette deliurance en fief, ne signifie pas vne superiorité qui fust par deuers les Comtes de Barcelone sur le chasteau de Foix, puis qu'ils ne l'ont iamais pretenduë, ni que les Comtes de Foix fussent leurs vassaux, autrement qu'à raison du Vicomté d'Euols depuis l'inuestiture du Roi Don Pierre; mais elle monstre seulement que ce chasteau fut pris, & rendu comme vn ostage, ou gage de la promesse que faisoit le Comte de Foix, de ne trauailler plus le Comte de Prouence; & peut-estre la leçon de Diago est-elle corrompuë, & qu'il faut lire les chasteaux, d'*Erils*, & *de Son*.

II. Ce Comte eut d'autres differents plus fascheux dans la Catalogne. Pour les mieux entendre, il est necessaire de se remetre deuant les yeux, les guerres qui auoient esté meuës ci-deuant par Raimond Roger Comte de Foix, & Arnaud de Castelbon Ayeuls de nostre Comte, contre les Comtes d'Vrgel pour les pretensions qu'ils auoient sur le païs d'Vrgel. Ce Comté apres auoir esté possedé par la Comtesse Aurembiax, reuint par son decés sans enfans, au plus proche, qui estoit Ponce Vicomte de Cabrera; lequel en receut l'inuestiture du Roi Don Iayme, l'an 1236. moyennant le demembrement qu'il souffrit d'vne partie du Comté, & particulierement de la ville de Balaguer; de sorte que Ponce & le Roi prindrent les titres de Comtes d'Vrgel chascun en sa partie. Ce Ponce laissa deux enfans Armengol, qui deceda bien tost sans lignée, & D. Rodrigo, autrement Don Aluaro Comte d'Vrgel, & vn sien frere Don Guerao. Ces enfans estans moindres d'aage furent gouuernés par Don Iayme de Ceruera leur curateur: qui tafcha de metre fin aux anciennes difputes, qui auoient efté entre les maifons de Foix, & de Caftelbon, & celle d'Vrgel. Pour cét effet, les deux freres auec l'autorité de leur curateur, fur la fin de l'année 1256. quitent & cedent aux Comtes de Foix, tous les droicts qui pouuoient leur apartenir aux lieux dont les Comtes de Foix & de Caftelbon s'eftoient faifis, depuis le chafteau de Oliana, amont la riuiere de Segre, au territoire d'Vrgellet, que l'on nomme auiourd'hui *la Seu*, ou le fiege d'Vrgel, & le long de la riuiere de Bellire, iufqu'au Port de la Vallée d'Andorre, & depuis le col d'Arnaut, iufqu'à celui des Croix & de Lagunarde, fpecialement le chafteau de Nargon, & la Vallée de Cabo, & de Caftelbon, & Ciutat, auec les Vallées de S. Iean & d'Andorre; & defchargent le Comte de Foix de toute forte de deuoir, & de reconnoiffance, à quoi il pourroit eftre obligé pour les terres qu'il poffedoit au Comté d'Vrgel, ainfi que remarque Surita.

III. Cette tranfaction qui termina toutes les difputes de ces deux maifons, fut l'occafion d'vne guerre plus rude, que celles qui auoient precede; à caufe du nouueau mariage que Don Aluaro contracta bien-toft apres, auec Cecile fœur de Roger Comte de Foix. Cét Aluaro Comte d'Vrgel auoit efpoufé Conftance de Moncade, fille de Don Guillem de Moncade Senefchal de Catalogne, & de Conftance fille de Pierre Roi d'Aragon. Le mariage fut celebré en la ville de Seros en face d'Eglife, le iour de S. Iean Baptifte de l'année 1253. Et dautant que pour lors Don Aluaro n'eftoit aagé que de douze ans, & Conftance de dix, ils ratifierent leur mariage deux ans apres, en prefence de l'Abbé d'Efcarpe: Sous condition expreffe que le Comte Don Aluaro appofa à fon confentement, qu'il feroit payé de fix mil ducats de dot, qui lui auoient efté promis. En confequence de quoi il y eut plufieurs difficultés, qui ne furent pas bien liquidées. Cependant Don Aluaro quita Conftance, encore qu'elle fuft petite fille du Roi Don Pierre, & coufine du Roi Don Iayme, qui viuoit pour lors; & fe maria auec Cecile fœur du Comte de Foix, au mois de Ianuier 1256. fuiuát le tefmoignage de Francifco Diago. Ie penfe que la dot fut payée par auance incontinent apres la tranfaction, fous pretexte d'vn contract de preft. Car il y a dans le Threfor de Pau vn acte du 13. des Calendes de Ianuier 1259. par lequel Aluaro par la grace de Dieu Comte d'Vrgel, autorifé de Iacques de Cerueria fon curateur, reconnoift auoir receu en preft, de Roger par la grace de Dieu Comte Foix, & de Cecile fa fœur la fomme de quaráte mil fols Melgorois, lefquels il lui affigne fur les chafteaux de Vliana, de Montgaftre, & de Caftellon, pour en iouïr par eux iufqu'à l'entier payement, fans que les fruicts foient precontés au principal, defquels il leur fait donation pure entre vifs. En outre il fait donation entre vifs, à Cecile fœur du Comte Roger de vingt mil fols Melgorois, affignés fur les mefmes terres. Les chaftelains de ces lieux font ferment de les reconnoiftre pour maiftres, & les affifter pour la iouïffance iufqu'à ce qu'ils foyent payés.

IV. Francifco Diago efcrit la fuite de ce nouueau mariage, difant que Dame Conftance fit plainte de ce diuorce, au Pape Alexandre IV. qui delegua la connoiffance de cette caufe à l'Euefque de Huefca; Ce cómiffaire apres plufieurs fuites des defendeurs, prononça en faueur de Conftance. Don Aluaro appella de céte fentéce au Pape; & tout auffi-toft s'efmeut entre lui, & les parens de Conftance, vne guerre ouuerte, qui fut acompagnée de meurtres, & d'embrafemens de villages. Vrbain IV. fucceffeur d'Alexandre, voyant que Don Aluaro ne faifoit aucune pourfuite de cette appellation depuis fept mois, qu'il l'auoit interiectée, commit le iugement de l'appel à l'Euefque de Barcelone, & à Ramond de Pennafort, faint & docte perfonnage, le 30. Feurier 1263. leur enioignant de vuider céte matiere conformément aux Canons, fans que l'on peuft appeller de leur fentence. Ce Ramond rend conte de cét affaire au Pape Clement IV. lui reprefentant que fon infirmité, & les occupations de l'Euesque de Barcelone en la guerre contre les Mores, les auoient obligés de subdeleguer le Prieur de S. Eulalie, lequel auec l'auis des gens sages & entendus, auoit decidé cette cause, conformément aux constitutions canoniques. Et partant il supplie sa Sainèteté, à laquelle il enuoye par vn exprés toutes les procedures, de mettre bien tost vne bonne fin à cét affaire, afin de faire cesser par son iugement les guerres, ruines, depredations, & infinis excés qui se commettent chasque iour, à l'occasion de ce procés. Dautant plus que, comme il asseure, l'vne & l'autre des parties le desire auec passion, & que cette matiere tant de fois disputée, ne peut estre concluë & terminée que par le Siege Apostolique. De sorte que si cette determination est differée, l'indignation s'augmentera en telle sorte parmi les grands Seigneurs, qui sont interessés en bon nombre, dans chasque parti, qu'à grand peine pourroit-on de long-temps les ramener à vne bonne paix. Cette letre est en date à Barcelone de l'an 1266. En suite le Pape commit le Cardinal Euesque de Preneste, lequel en presence des Procureurs des parties rendit sa sentence au profit de Constance de Moncade; & le Pape en commit l'execution par son Rescrit, de l'onziesme Auril 1267. à l'Archeuesque de Tarragone, & à l'Euesque de Maguelone, leur enioignant de contraindre le Comte, à y obeïr par excommunication de sa personne, & interdit de ses terres. Mais la mort du Comte, qui arriua l'année suiuante vuida cette dispute.

V. Ce Comte auoit eu deux enfans de Cecile de Foix, sçauoir Armengol qui succeda au Comté d'Vrgel, & Don Aluaro qui eut en partage le Vicomte d'Ager. Il auoit eu aussi de Constance sa premiere femme, vne fille Leonor, qui fut mariée en la maison de Antillon; le petit fils de laquelle succeda au Comté d'Vrgel par defaut de lignée en la race d'Armengol. Or il est considerable que Roger n'assistoit pas seulement sa sœur Cecile à force d'armes, mais encore de ses deniers, pour les frais qu'il falloit faire en la poursuite du procés. Et dautant qu'il mourut pendant l'instance, il ordonne dans son testament, que le procés pendant entre sa sœur & le Comte d'Vrgel son mari d'vne part, & Constance fille de Pierre de Moncade de l'autre, à raison de ce mariage, soit poursuiui à ses despens, & assigne certains reuenus à Ermengaud leur fils pour en continuer la poursuite.

VI. Son affection à proteger les Ecclesiastiques obligea les Abbés des Monasteres voisins, de faire des pareages auec lui. Car non seulement l'Abbé Maurin continua celui de Pamies, le 10. des Kalendes d'Aoust 1241. Mais encore Berenger Abbé de Bolbone de l'Ordre de Cisteaux, auec l'auis de Raimond Abbé de Boncfont, fit vn nouueau pareage auec Roger, le second des Ides de Ianuier 1251. pour le lieu de Maseres. C'estoit vne petite Parroisse, que l'Abbé inuité par la situation du lieu desiroit augmenter, & y former vne ville. Ce que pourtant il n'osoit entreprendre, sans le consentement de Roger, parce que ce village estoit situé dans le Comté, & que d'ailleurs les Comtes estoient Patrons du Monastere. C'est pourquoi il octroya au comte Roger la moitié de la iustice, des cens, rentes & peages de Maseres; & le Comte s'obligea de procurer le peuplement, & l'enceinte de la ville, & d'accorder aux nouueaux habitans les priuileges necessaires. Elle fut bien tost en estat, & donna de la jalousie aux voisins. Car l'année 1261. le Comte Roger, & l'Abbé s'estans acheminés vers la cour du Roi de France, les Officiers d'Alfonse Comte de Tolose enuahirent cette ville, & y firent de grands degasts; Mais elle fut aussi tost remise entre les mains du Comte de Foix, & de l'Abbé, par le commandement du Roi, du mois de Decembre de cette année, adressé au Seneschal de Carcassonne; lequel il executa sans delai: & declare qu'il ne peut pouruoir sur la reparation des domages, d'autant qu'ils ne sont pas bien verifiés par les Enquestes, & qu'il ne peut suiuant la loi du Code, *si quando* C. *vnde vi*, s'en rapporter au serment des plaignans, dautant que cette loi est expressément abrogée par la Cour du Roi, *Per Curiam Domini Regis expressè est substracta*. Ioint que les interessés se sont pourueus pour ce regard, pardeuant l'Official d'Aux, qui est conseruateur de ce Monastere, par commission du Pape.

VII. L'an 1241. Pierre Abbé de Lesat fit vn pareage perpetuel auec Roger Comte de Foix, & ses successeurs; & lui octroya en fief la Iurisdiction de Lesat, & la moitié des Leudes, peages, & autres rentes. L'an 1250. Arnaud Garsia Abbé du Mas d'Asil fit aussi vn pareage perpetuel auec le mesme Comte. Et les deux ensemble baillerent en fief à Isarn Abbé de Combelonge au Diocese de Coserans, la quatriesme partie des rentes de la ville de Montesquiu l'an 1254. Nicolas estant Euesque de Coserans. Cette Abbaye de S. Estienne du Mas d'Asil est fort ancienne, puis qu'elle precede le temps de Loüis le Debonaire. Car pendant son Empire, Ebolatus & sa femme Vrrana auec leurs enfans Maurin, & Saion, donerent à l'Abbé Asnar, & aux Freres assemblés au Monastere nommé *Asilus*, certain lieu assis dans le Comté de Tolose, appellé *Silua agra*, auec son Eglise dediée à l'honneur de S. Pierre Apostre, où reposoit le corps du Martyr Rustique, prés du ruisseau de Gerles, non loin de la riuiere de Garonne, à la charge de prier Dieu pour les donateurs, & pour le Serenissime Empereur Loüis leur Seigneur. Il y a encore vne autre donation faite par Segobrand à l'Abbé Calaste, & au Monastere d'Asil des lieux de Crunac, & de Cassiac l'an 39. du Roi Charles. Ce qui doit estre rapporté suiuant ce date à Charlemagne, d'autant que ni Charles le Chauue, ni Charles le Simple n'ont pas regné trente-neuf années, comme Charlemagne. Il est fait mention de ce Monastere dans le denombrement des Monasteres arresté au Synode tenu à Aix la Chapelle l'an 816.

VIII. Ce Comte fit son testament l'année 1264. par lequel il tesmoigne sa pieté, & deuotion extraordinaire. Car il choisit sa sepulture au Monastere de Bolbone, prés de ses ancestres, & s'y rend Moine à cause de mort, ainsi qu'il parle, demandant auec humilité l'habit de Cisteaux, auant son decés. Il instituë son fils Roger Bernard heritier en son Comté de Foix, & Vicôté de Castelbon, & en toutes ses terres assises au païs de Carcasses, & ailleurs. Laisse à Sibile femme d'Aimeri de Narbonne, outre sa dot, 100. liures tournois de rente, qu'il assigne sur son chasteau de Rusticanis en Carcasses. Laisse à sa fille Agnes Côtesse de Bigorre, & à ses hoirs, outre sa dot, 7000. sols Morlás, que lui deuoit Esquibat Côte de Bigorre sous l'obligation & engagemét du chasteau de Mauuesin, qu'il lui quite deschargé de ce debte. Laisse à Philippe sa fille femme d'Arnaud d'Espagne, outre sa dot, 5000. sols Morlans payables lors que l'on fera le payement de la dot. Ordonne que sa petite fille Sclarmonde soit nourrie au chasteau de Foix, & ne soit mariée à qui que ce soit, auant l'aage de 15. ans accomplis; en telle sorte que si pendant ce temps Roger Bernard son heritier venoit à deceder sans enfans, Sclarmonde succede à tout l'heritage, auec l'vne & l'autre dignité Comtale, & Vicomtale. Hors le cas de cette substitution, il legue à cette fille quarate mille sols Melgorois, payables le iour de ses nopces. Et à defaut d'enfans de son heritier, substituë ses filles l'vne à l'autre, Sibile, Agnes, & Philippe. Legue à sa femme Brunissende l'administration & l'vsufruict de ses biens pendant sa vie, & durant son vefuage. Et en cas qu'elle se remarie, lui legue dix mille sols Melgorois, pour en disposer. Establit pour executeurs de son testament Amaneu Archeuesque d'Aux, Gaston Vicomte de Bearn, Raimond Vicomte de Cardone, & les Abbés de Bolbone, & du Mas d'Asil. Il fait plusieurs legats pies en faueur des Eglises; & prie son fils de retenir à son seruice tous ses gentils-hommes domestiques, *omnes domicellos meos*. Et fait vn legat à sa fille naturelle en termes de bienseance, disant qu'il legue à Marquese femme de Pierre André, que l'on dit estre fille du Comte, les reuenus de Labastide de Lobencs pendant sa vie. Mais il y a vne clause plus considerable, qui seruira pour couronner sa vie des eloges, que ce Comte merite. Car il supplie son tres-excellent Seigneur Louïs Roi de France, *qu'il lui plaise se resouuenir suiuant le mouuement de son accoustumée benignité, auec combien de fidelité, & de profit, & auec combien grand danger de sa personne, & de sa terre, il s'estoit totalement soufmis, donné, & transporté au seruice de la Couronne, & de l'Eglise, resistant aux ennemis puissamment, courageusement, & constamment. Et ne demande autre recompense au Roi pour ce seruice rendu si franchement, & au temps de la necessité, sinon qu'il reçoiue son fils Roger Bernard, sa terre, & ses subiects, en sa bonne grace & misericorde, de laquelle il est tout plein, le maintienne sous sa garde & protection, & le retienne pour Vassal de la Couronne, sous le mesme homage, subiection, & fidelité que le testateur & son pere estoient tenus enuers le Roi.* Il craignoit sans doute que le Comte de Tolose Alfonse frere du Roi obtint par importunité, le restablissement de l'homage de Foix. Ce qui eust apporté de la diminution à la dignité nouuellement acquise par Roger, d'estre deuenu Vassal de la Couronne sans moyen. Ce qui fait voir auec combien peu de precaution, Olhagarai a escrit que l'homage rendu par les Comtes de Foix à la Couronne de France, leur auoit esbreché leur liberté: puis qu'ils desirent auec passion d'estre conseruès en cét estat. Outre que cét Escriuain a fait vne faute, qui lui est commune auec les autres historiens de Foix, lesquels estiment que l'an 1229. le Comte de Foix se departit de l'homage du Comte de Tolose. Car comme il est certain, qu'il fut rendu en ce temps là homme lige de la Couronne, pour la terre du païs de Carcasses, que le Roi donna à Roger Bernard; aussi est-il vrai, que le departement de l'homage du Comte de Tolose pour le païs bas de Foix, ne fut fait qu'en l'année 1242. ainsi que i'ai iustifié exactement par les actes. Le Comte Roger mourut le 24. de Feurier 1263. suiuant l'Auteur anonyme publié par le sieur Catel. Combien que selon le date du testament il faut que ce decés soit rapporté à l'année 64. Cette Chronique asseure qu'il mourut fort pieusement en la chambre de l'Abbé de Bolbone, assisté de cét Abbé, & des Abbes de Calers, du Mas d'Asil, & de Lesat, & de plusieurs religieux. Il fut enterré en ce monastere dans l'Eglise qu'il auoit bastie à ses despens; à l'honneur des SS. Apostres Philippe & Iacques; & à son enterrement assisterent, l'Archeuesque d'Aux, & Raimond Euesque de Tolose, & de Comenge.

IX. L'on aprend par le testament de Roger, qu'il estoit marié auec la Comtesse Brunisende, qui estoit fille de Raimond Folch Vicomte de Cardone. Il eut deux enfans masles, Roger Bernard, & Pierre. Il est fait mention d'eux, dans vn acte de l'an 1249. par lequel le Comte Roger & ses enfans Roger Bernard, & Pierre deschargent Pierre Abbé de Lesat d'vne Albergue, ou Repas qu'il estoit obligé de bailler au Comte de Foix, & à ceux de sa suite, le iour de la feste Sainct Pierre. Il eut aussi de sa femme quatre filles Sibilie, Agnes, Philippe, & Sclarmonde. Sibilie fut mariée à Aimeri v. Vicomte de Narbone, duquel mariage nasquit Amalri Vicomte de Narbone. Agnes espousa Esquiuat Comte de Bigorre, qui mourut sans lignée, ainsi que ie fais voir au traicté des Comtes de Bigorre. Philippe fut mariée à Arnaud d'Espagne Vicomte de Coserans, fils de Roger de Comenge. Et Sclarmonde à Iacques Roi de Maillorque. Les Historiens de Foix se sont trompés, lors qu'ils escriuent, que Roger mourut l'an 1255. & que son fils Roger Bernard lui succeda; lequel ils escriuent auoir esté marié auec Ermengarde de Narbonne, & qu'il deceda l'an 1260. ayant laissé pour son heritier, vn autre Roger Bernard son fils, mari de Marguerite de Bearn. Car Roger vesquit iusqu'au commencement de l'année 1264. & fut pere de Roger Bernard mari de Marguerite. De sorte qu'il y a de la surprise pour le regard de ce nouueau Roger Bernard mari d'Ermengarde; laquelle prouient, de ce qu'ils n'ont pas remarqué le temps du mariage d'Ermengarde seconde femme de Roger Bernard, fils de Raimon Roger, qui tombe en l'année 1232. ainsi que i'ai monstré ci-dessus.

I. Francifco Diago l. 2. *des Comtes de Barcelone* c. 161.
II. Surita l. 3. An. c. 24. Idem l. 3. An c. 54. Francifco Diago l. 3. c. 12. E Chat. Palenfi.
III. IV. Franc. Diago l. 3. c. 12. Chart. Pal.
V. Sur. L. 3. Ann. c. 3. 7. Diag. l. 3.
VI. VII. VIII. E Chart. Pal.

CHAPITRE XXVI.

Sommaire.

I. Roger Bernard eſtoit moindre d'aage lors qu'il ſucceda au Comté. Traicté entre lui, & la Comteſſe Bruniſende ſa mere, ſur l'adminiſtration des biens. II. Mariage du Comte, auec Marguerite de Bearn, fille de Gaſton. Les conditions. III. Il marie ſa ſœur Sclarmonde auec Iacques d'Aragon Roi de Maillorque. Rares qualités de Sclarmonde & ſa lignée, ſelon Montaner. IV. La ſuite des Rois de Maillorque, & leur ruine. Diſpute de Caſaubon auec le Comte d'Armagnac. Roger Bernard ſe meſle dans la querele, prend & démolit le chaſteau qui eſtoit ſous la ſauuegarde du Roi. Attaque le Seneſchal de Toloſe. Refuſe de ſe preſenter à la Cour du Roi. VI. Le Roi Philippe arriue à Toloſe, aſſiege le chaſteau de Foix. Le Roi d'Aragon, & Gaſton de Bearn, traictent la paix du Comte, qui ſe remet à la diſcretion du Roi. Il eſt retenu priſonnier, ſon Comté ſaiſi, & ſa femme menée à Paris. VII. Le Roi promit aux entremeteurs de rendre tout auſſi-toſt la liberté, & les biens au Comte. Ce qui fut retardé pour quelque temps, à cauſe des pretenſions du Roi d'Aragon ſur quelques places ſaiſies. VIII. Le Comte mis en liberté, vient à la Cour, eſt fait Cheualier de la main du Roi, & inſtruict aux exercices des caualiers François. Letres du Roi pour la reſtitution entiere de ſes terres.

I. Roger Bernard recueillit la ſucceſſion du Comté pendant ſa minorité. C'eſt pourquoi ſon pere pourueut au gouuernement de la terre, ayant laiſſé par ſon teſtament l'adminiſtration des biens à ſa femme Bruniſende, & l'execution à l'Archeueſque d'Aux, aux Vicomtes de Bearn, & de Cardone, & aux Abbés de Bolbonne, & du Mas d'Aſil. Cette minorité ſe verifie encore mieux par l'acte de l'an 1264. qui contient le ſerment que fait ce Comte, auec l'auis & conſentement d'Amanieu d'Armagnac Archeueſque d'Aux, & Arnaud Geofroi Abbé du Mas d'Aſil ſes tuteurs, de garder les priuileges & libertés du chaſteau de Sauerdun. Et dautant que ſelon les ordonnances arreſtées à Pamies par Simon Comte de Montfort, les lieux que les Croiſés auoient conquis aux Vicomtés de Carcaſſonne & de Beziers deuoient eſtre gouuernés ſelon les vſages de France; les terres aſſiſes dans le païs de Carcaſſes, qui apartenoient à la maiſon de Foix par la donation du Roi S. Louïs, deuoient eſtre ſous le Bail & la garde de Bruniſende pendant la minorité de ſon fils Roger Bernard. Mais elle s'en departit au profit du Comte ſon fils, lui faiſant donation entre vifs de tous les reuenus des places & terres de Carcaſſes, qui lui apartenoient à raiſon *du Bail*, ſuiuant la couſtume de France, *Ratione Balli ad Conſuetudinem Gallicanam.* Ce qu'elle accorde, à la charge qu'elle ne ſera point troublée en la ioüiſſance des lieux de Montlandier, de Bord, de la Lobiere, de Buelh, de

Montaut, d'Escosse, du chasteau de Castlar, & du chasteau de Camarade auec leurs apartenances. Cét acte est en date à Paris du 15. des Calendes de May 1265. en presence d'Amanieu Archeuesque d'Aux, & Geraud Comte d'Armagnac & de Fezensac; où l'impression du seau represente la Comtesse Brunisende assise sur vn cheual tenant vne fleur de lis à sa main droicte, & les armes de Foix. Les terres dont la iouïssance lui est confirmée, auoient esté subrogées par vn contract precedent, à celles dont elle deuoit iouïr dans le diocese d'Vrgel pour son agencement. Ce voyage de Paris & ces diuers contracts passés auec l'auis des executeurs du testament du pere, me donnent du soubçon qu'il y auoit quelque dispute entre la mere & le fils, sur le legat de l'administration, & de l'vsufruict des biens ordonné par le testament de Roger au profit de Brunisende.

II. Roger Bernard auoit esté marié par son pere, auec Marguerite de Bearn seconde fille de Gaston Seigneur de Bearn. Les peres auoient arresté les articles de ce mariage dés l'an 1252. pendant le bas aage de leurs enfans. Car on void dans les chartes de Pau, que Gaston Vicomte de Bearn, & Roger Comte de Foix & Vicomte de Castelbon (ils sont escrits en cét ordre dans l'acte) assemblés au lieu d'Alairac en Agenois au commencement d'Octobre, pour traicter des articles de mariage entre leurs enfans, arresterent que Gaston bailleroit & deliureroit dans cinq ans, sa fille Marguerite pour femme, à Roger Bernard fils du Comte de Foix, & mille marcs d'argent payables pendant onze années. Pour lesquels Gaston bailleroit en engagement certaines terres assises en Catalogne, à la connoissance & arbitrage de Raimond de Cardone, & de Guillaume de Moncade, & du Comte d'Ampurias, en cas que les deux premiers ne peussent s'accorder. Le Comte de Foix promet à Gaston de bailler son fils Roger Bernard pour mari de Marguerite, cinq cens marcs d'argent pour le doüaire, & assigne le tout sur son chasteau de Castlar, la terre de Dalmasanes, & ses chasteaux de Caselas, & de S. Michel. Et tous deux prometent d'accomplir ce dessus de bonne foi, sous peine de mil marcs d'argent contre la partie defaillante. Gaston promet de faire ratifier & aprouuer ces articles, par la Comtesse Garsende sa mere; & Mate sa femme; donne pour cautions Amaneu de Labret, Raimond de Bearn, & Arnaud Bernard de Lados, qui s'obligent par serment de faire acomplir par Gaston, le contenu en ces articles. Il promet en outre de fournir les cautions suiuantes, Garsias Arnaud de Naualhas, Guillem Ot d'Andons, Guillem Ot son fils, Arnaud de Lescu, Bernard de Coarasa, Odon de Miucents, Odon de Domi, Sance Aner de Gerserest, Garsias de Gauasto, Odon de Sedirac, Auger de Morlane, & Loup Bergond de Monenc. Le Comte de Foix donne pour cautions Amaneu de Labret, Geraud d'Armanhac, Roger de Mirapeis, Hugo de Belpogh, Ramond Durfort, Sicard frere de Hugues, Ramon de Hauteriue, Ponce de Villamur, Ramon de Cante, Ramond Arnaud de Casteluerdun, & Pierre d'Espags. En outre il promet de fournir les cautions suiuantes, Loup de Foix, Garsias Arnaud de Castetuerdun, Arnaud de Villamur, Bernard de Beaumont, Bernard de Lio. Roger Bernard reconnoist par ses letres du mois de May 1286. auoir esté payé des mille marcs d'argent de la dot de sa femme Marguerite, qu'il lui assigne ensemble les cinq cens marcs pour l'agencement, sur les villes & chasteaux, d'Arsencs, Alairac, Fontian, & Prissian; Et l'an 1294. il lui augmenta l'entretenement de sa maison, de mille liures de rente, qu'il lui assigne sur certains lieux.

III. Il donna en mariage sa sœur Sclarmonde à Iacques Infant d'Aragon, second fils du Roi Iacques d'Aragon; à qui son pere auoit donné en partage le Royaume de Maillorque, les Comtés de Roussillon, de Cerdanhe, Conflent, Valespir, & la Seigneurie de Montpelier, par donation de l'an 1262. qu'il confirma par son testament de l'an 1276. Ce mariage fut celebré en l'année 1270. suiuant Surita en ses Indices ; & Roger Bernard promit de dot cent cinquante mil sols Melgorois, dont le payement entier fut fait l'an 1275. On ne sçauroit representer plus naïfuement les belles qualités de cette Dame, qu'en rapportant les propres termes de Ramon Montaner auteur du temps tournés de Catalan en François : *Le Roi Iacques maria son second fils l'Infant Don Iacques, & lui donna à femme la fille du Comte de Foix qui est le plus honorable Baron, & le plus riche qui soit en Languedoc. Laquelle fille du Comte de Foix estoit nommée Madame Sclarmonde, & fut des plus sages Dames, de meilleure vie, & des plus honnestes qu'il y eust iamais. En ces nopces il y eut plusieurs ioustes & tournois entre les Barons de Catalogne, & d'Aragon, de France, & de Gascogne, & de tout le Languedoc. L'Infant Iacme eut de cette Dame plusieurs fils & filles, dont il y eut quatre enfans, & deux filles, qui suruesquirent au pere & à la mere. Le premier fils estoit Don Iacme, le second Sanche, le troisiesme Ferrand, & le quatriesme Philippe. Des filles l'vne fut mariée à Iean fils de l'Infant Manuel de Castille, & l'autre fut femme en secondes nopces de Robert Roi de Ierusalem.*

IV. Le Roi Iacques de Maiorque mari de Sclarmonde fut depossedé des Isles par le Roi Alfonse d'Aragon son neueu, l'an mil deux cens octante-cinq, en haine de ce qu'il auoit fauorisé le passage de l'armée de France par le Roussillon. Mais la paix arrestée l'an 1291 entre les Rois de France, & d'Aragon, restablit en la possession de son Royaume de Maiorque ce Roi Iacques, qui deceda l'an 1311. Sance son fils & de Sclarmonde, succeda au Royaume de Maillorque, auec les Comtés qui en dépendoient, sçauoir Roussillon, Cerdagne, Vallespir, Colibre, la Seigneurie de Montpelier, & les Vicomtés d'Omelades, & de Carlades. Il mourut sans enfans l'an 1324. Iacques fils de Ferdinand frere de Sance recueillit la succession du Royaume auec ses apartenances ; Alfonse IV. Roi d'Aragon le dépoüilla de son Royaume pour crime de felonie, l'an 1343. & en suite lui enleua tous ses Estats. Ce Prince voulant recouurer le Royaume par le moyen d'vne legere armée qu'il dressa, auec le prix de la Seigneurie de Montpelier, qu'il auoit venduë au Roi Philippe de Valois, fut tué dans l'Isle en vn combat, & ses troupes entierement defaictes, l'an 1349. Le Prince Iacques son fils fut blessé, & retenu prisonnier à Barcelone, où il estoit enfermé de nuict dans vne cage de fer, d'où il euada l'an 1362. & tout aussi-tost espousa Ieanne Reine de Naples, qui fut bien-tost surchargée de sa compagnie. Neantmoins ce Prince excita de grands troubles dans la Catalogne pour se restablir dans ses Estats: & mourut enfin l'an 1375. ayant laissé Isabeau sa sœur, veufue du Marquis de Montferrat: laquelle en cette année ceda ses droicts sur le Royaume de Maiorque, à Loüis Duc d'Anjou. La race de Sclarmonde vint à defaillir en cette sorte.

V. Pour nostre Comte, il s'est rendu remarquable parmi les Historiens, à cause des guerres qu'il a euës auec les Rois de France, & d'Aragon, qui ont pris la peine de les demesler en personne. Celle de France est descrite par deux anciens auteurs Guillaume Nangius, & Guillaume de Puilaurens. L'occasion fut prise de l'excés que commit Roger Bernard contre le Seigneur de Casaubon, & sa terre de Hautpuy, au mespris de la sauuegarde du Roi. Car Geraud de Casaubon Seigneur du chasteau de Hautpouy, ayant dispute auec Geraud Comte d'Armagnac, sur l'homage de la Baronie de Casaubon prés d'Eause, que le Comte pretendoit releuer de lui, & non pas immediatement des Ducs de Guienne, comme pretendoit ce vassal, ainsi que le sieur Duplex a fort bien remarqué ; Il y eut vn combat notable entre Casaubon, & Arnaud Bernard d'Armagnac frere du Comte, & de l'Archeuesque d'Aux, où cét Arnaud Bernard fut tué, auec quelques autres Caualiers de sa troupe. Casaubon voyant que le Comte indigné de la perte de son frere, en procureroit vne cruelle vengeance, voulut se mettre à couuert d'vn si puissant aduersaire, se rendit volontairement prisonnier dans les prisons Royales du Seneschal de Tolose, & remit sa terre, sous la main du Roi, afin qu'il en ordonnast comme il apartiendroit par iustice, en cas que personne se presentast pour l'accuser, consentant que sa terre tombast en commis au profit du Roi, s'il ne se iustifioit pardeuant la Cour, du meurtre commis en la personne d'Arnaud Bernard. De sorte que la terre de Haulpouy ayant esté mise sous la protection & sauuegarde du Roi, & les Panonceaux & marques Royales ayans esté apposees à ce chasteau, Roger Bernard Comte de Foix mesprisant les defenses des Officiers du Roi, assisté de Geraud d'Armagnac & d'vn bon nombre de gens de guerre, attaqua le chasteau, le prit par force, le démolit & passa au tranchant de l'espée beaucoup de personnes qui estoient dedans. Le Roi Philippe, qui estoit sur son chemin pour prendre la possession des Comtés de Poictiers, & de Tolose, qui lui estoient escheus par le decés du Comte Alfonse son Oncle, ayant receu auis de la temerité insolente de Roger Bernard, le fit adiourner en sa Cour, pour rendre conte de cét excés, & de plusieurs autres qu'il auoit commis. Mais le Comte, au lieu de se presenter, se confiant en l'aspreté de ses rochers, & en la forteresse de ses chasteaux, fortifia & munit ses places pour s'y defendre; & pour comble de son crime chargea, & mit en fuite le Seneschal qui passoit auec son train, par la terre du Comte, sans y rien entreprendre; prit quelques vns de sa suite & les cheuaux de son bagage. Ce que les habitans de Sauerdun ne pouuans digerer, refuserent à leur Comte l'entrée du chasteau; & le Seneschal assembla vne armée pour retirer satisfaction de cét afront, & enuahit tout le bas Comté iusqu'au Pas de la Barre, & se fut rendu maistre du reste du païs, s'il n'eust esté diuerti par le conseil de quelques-vns, comme escrit Guillaume de Puilaurens, qui a conserué toutes ces particularités. Nangis fait vne relation qui est differente en quelques poincts. Car il escrit que Casaubon s'estoit retiré dans vn chasteau apartenant au Roi; au lieu que Puilaurens asseure que le chasteau estoit propre de Casaubon, mais sous la sauuegarde du Roi.

VI. Philippe arriua à Tolose, le 28. de May 1272. auec vne puissante armée, fit mettre le siege deuant le chasteau de Foix, que son assiete rendoit presque inaccessible. Mais le Roi fit couper vne montagne, & tracer vn chemin assés ample & commode, pour donner passage à sa caualerie. La resolution que le Roi tesmoignoit de vouloir emporter la place, sa presence, & son armée donnerét de l'estroi au Comte de Foix; lequel employa Gaston de Bearn son beau-pere, & Cousin du Roi, & le Roi d'Aragon beau-pere de Philippe pour traicter son apoinctement. La chronique d'vn auteur anonyme publiee par le sieur Catel rapporte, que la conference fut faite entre les Rois, en presence & de l'auis de plusieurs Ducs, & Prelats, dans le monastere de Bolbone, le premier de Iuin, la veille de l'Ascension; & le lendemain de la feste, il fut arresté que le Comte remetroit sa persone, & ses biens, à la misericorde du Roi; qui le retint prisonnier dans le chasteau de Beaucaire, suiuant Nangis, ou dans celui de Carcassonne, suiuant Surita; & mit sous sa main tout le Comté de Foix, & les autres terres apartenantes à cette maison. La Comtesse Marguerite qui estoit cousine du Roi, fut conduite à Paris, par ordre de sa Majesté, & tenuë fort honorablement, mais sous des bonnes gardes.

VII. Le Roi s'en retournant en France donna des asseurances aux entremeteurs de la paix, qu'il feroit incontinent rendre les places du Comté à Brunisende, mere de Roger Bernard; comme elle fit representer à G. de Cordoa Seneschal de Carcassonne, le sixiesme des calendes de Iuillet 1272. par ses Procureurs Pierre de Marcian son escuyer, & R. Vital Iurisconsulte. Mais cependant le Comte estant retenu, & sa liberté retardée; dautant que le Roi faisoit instance que les lieux de Lordat, Montreal, Sos, Acqs, & Merenx, qui auoient esté mis en garde de Ramon Folch Vicomte de Cardone, pour les tenir au nom du Roi d'Aragon, & du Comte de Foix, fussent remis entre les mains des Officiers de sa Majesté. A quoi le Roi d'Aragon faisoit difficulté de consentir, pretendant que ces places releuoient de sa Couronne, & se plaignoit que le Comte fut retenu pour cette consideration. C'est pourquoi estant à Montpelier le 27. d'Octobre 1272. il dépescha vers le Roi, l'Euesque de Barcelone, & le Maistre du Temple pour le requerir de mettre en liberté le Comte de Foix; & cependant il fit auertir le Vicomte de Cardone de faire bonne garde aux places, puis que cela tendoit à l'auantage du Comte. Mais le Roi s'afermit en sa demande, & fit reserrer plus estroitement le Comte; de sorte que le Roi d'Aragon commanda par ses letres de l'huictiesme de Feurier 1273. à conter de la Natiuité, à celui qui auoit la garde de ses chasteaux sous le Vicomte de Cardone, de les deliurer à vn Gentil-homme de sa maison, qui les rendit au Seneschal de Carcassonne, & celui-ci les remit entre les mains de la Comtesse Brunisende.

VIII. Le Comte fut mis en liberté apres auoir tenu prison vn an entier, & fut appellé à la Cour, où le Roi voulant lui donner tesmoignage de l'estime qu'il faisoit de lui, le fit cheualier de sa main, lui donna des maistres pour lui aprendre les exercices de caualier, & apres l'auoir fait soigneusement instruire à la ciuilité Françoise, lui rendit la possession de ses terres, comme escrit Nangis. Ce restablissement du Bas Comte se fit sur la fin de l'année 1273. & dautant qu'il restoit encore quelques places entre les mains des Officiers du Roi, Roger Bernard obtint des letres adressantes à l'Abbé de Moyssac, & au Viguier de Tolose en l'année 1274. dont la teneur s'ensuit tournée en François: *Philippe par la grace de Dieu Roi des François, A ses amés l'Abbé de Moyssac, & le Viguier de Tolose, Salut, & dilection. Comme il soit ainsi, que nous vous ayons mandé ci-deuant par nos letres; de restituer à Roger Bernard Comte de Foix, toute la terre que le mesme Comte possedoit deçà le Pas de la Barre, tant au diocese de Tolose, qu'en celui de Carcassonne, & mismes en celui de Coserans, au temps que nous la mismes sous nostre main, ou nos officiers à nostre nom, & que ladite terre ne lui soit pas encor entierement renduë, comme il dit, Nous vous mandons que vous alliez sur les lieux, & que vous faciez rendre de nostre part audit Comte, toute la terre au deçà du Pas de la Barre, ou aux costés, tant dans le diocese de Tolose, que de Carcassonne, & Coserans, laquelle vous trouuerés ne lui auoir encor esté renduë, & ce auec la mesme liberté & iurisdiction dont iouïssoit ledit Comte pour raison de ladite terre, lors que nous l'auons saisie sous nostre main. Que si vous trouués qu'il y ait eu rien d'innoué par nos Seneschaux à son preiudice, ou bien alieué & transporté à quelque autre; en quelle façon que ce soit, ou que le Comte soit dessaisi de quelque chose, soit en ses iustices ou autres droits, depuis que nous auons saisi la terre, vous le restituërez incontinent au Comte; dautant plus qu'il est prest, comme il dit, de respondre pardeuant nos Seneschaux, à ceux qui voudront faire plainte sur les susdits chefs, ou sur autres. Faict à Paris le Vendredy apres le Dimanche, Reminiscere, l'an du Seigneur 1274.* Cette narration fait voir que ceux-là ont esté surpris, qui ont escrit que le Comte de Foix ne fut point restabli, que par les letres du Roi, de l'année 1260. qui se rapportent aux disputes qui suruindrent entre le Comte & les Officiers Royaux, depuis le premier appointement. Ils ont esté confirmés en cette mesprise par vn contresens qu'ils donnent aux paroles de Guillaume de Puilaurens; pensans que cét auteur escriue, que de son temps le Roi possedoit la terre du Comte de Foix; au lieu qu'il asseure, que c'est le Comte qui la possedoit, *Finaliter obtinuit, & obtinet hodie terram suam (Comes scilicet.)*

I. *Ancien Inuentaire de Foix.* E Chart. Palens.
II. E Chart. Palens.
III. *Ramon Momauer c. 11. de la Chronique.*
IV. Surita l. 4. c. 121.

V. G. Nangius in vita Philippi. G. de Podiolaur. c. 52. Scipion Duplex *en la vie de Philippe III.* Surita l. 3. Annal. c. 83.
VII. VIII. E Chart. Palens.

CHAPITRE

Liure huictiesme.

CHAPITRE XXVII.
Sommaire.

I. Roger Bernard met toute la Catalogne en armes pour les pretensions du Comte d'Vrgel son Cousin. Le Roi d'Aragon arme contre lui. II. La paix concluë, moyennant le traicté de mariage du second fils du Roi, auec Constance fille aisnée du Comte de Foix. III. Accord auec le Roi de Maiorque frere du Roi, & beau-frere du Comte. IV. Le Maillorquin mescontent de son traicté. Nouueaux troubles en Catalogne, excités par le Comte de Foix. V. Le Roi d'Aragon vint assieger le Comte, dans la ville de Balaguer. Les assiegés estans pressés se remetent à la discretion du Roi. Les Seigneurs sont retenus en prison, mais le Comte de Foix estoit tenu plus à l'estroict. Il est mis en liberté par l'entremise de la Reine de Maillorque sa sœur, & baille en ostage sa fille Constance. IV. Guerre de France contre l'Aragon. Le Roi de Maiorque ligué auec les François, est surpris par son frere dans Perpinnan. VII. Entrée de l'armée de France dans le Roussillon. Le Comte de Foix commandoit l'auant-garde, auec les Seneschaux de Tolose, & de Carcassonne. Le Comte traicte auec la ville de Perpinnan, qui fut enfin pillée, aussi bien que la ville d'Elne. Le texte de Nangis corrompu au nom de cette ville. VIII. Siege de la ville de Girone. Elle est renduë par composition, qui fut menagée par le Comte de Foix. IX. Nangis escrit que le Comte fut soubçonné d'auoir eu des intelligences auec les assiegés. Ce qui est contredit par les actes publics. Le Roi le recompense pour les seruices rendus en cette guerre, de la cession de ses droicts sur Pamies: Et rendit le pareage perpetuel par ses letres. X. Les Abbés apporterent quelque difficulté à l'execution. L'Abbaye est erigée en Euesché: & ces disputes furent terminées par vne sentence arbitrale.

I. Oger Bernard joüissant paisiblement de son bien, entreprit la guerre dans le Comté d'Vrgel, contre Pierre Roi d'Aragon. Ce Roi auoit recueilli la succession du Royaume qui lui estoit escheuë par le decés du Roi Don Iayme son pere, auenu l'an 1276. Tandis qu'il estoit occupé à la guerre de Valence contre les Mores, qui s'estoient reuoltés, le Comte de Foix entra l'année suiuante dans le Comté d'Vrgel, pour enuahir à force d'armes certaines places, qui estoient sous l'obeïssance du Roi, pretendant qu'elles apartenoient au Comte Ermengaud son cousin germain, fils du Comte Don Aluare. Ses troupes qui marchoient contre l'Euesque d'Vrgel, firent plusieurs degasts en cette contrée. Le Roi auerti de ces troubles, fit requerir le Comte de quitter la voye des armes, puis que l'Euesque estoit en termes d'ester à droict, pour raison de tout ce que le Comte de Foix, & son cousin Ermengaud pretendoient, & commanda à Ramon de Moncade Procureur du Royaume d'Aragon, qu'il s'auançast auec les forces qu'il auoit, pour donner secours à l'Euesque; & fit le mesme commandement aux Bailes de Ribagorce, & de Pallas, & aux Viguiers de Ceruere, & d'Vrgel. A mesme temps la plus

Y uu

grande partie de Catalogne prit les armes, fous pretexte que le Roi n'auoit tenu les Eſtats à Barcelonne depuis ſon couronnement, ni confirmé leurs vſages & libertés. Mais le Roi voulant defunir cette puiſſance, dépeſcha Eſtienne de Cardone, afin qu'il negotiaſt quelque accommodement auec le Comte de Pallas, & les autres Seigneurs de Catalogne, & les attachaſt à ſes intereſts pour la defenſe de l'Eueſque d'Vrgel, contre le Comte de Foix: commanda aux villes de Leride, Tamarit, Almanare, Camarle, Cubels, & Mongay de prendre les armes; eſcriuit aux Barons, & autres Vaſſaux qui tenoient des fiefs en Catalogne, de ſe metre en eſtat par tout le mois de Mars, pour le ſeruir contre le Comte de Foix; commanda à Ferriz de Liçana Procureur de Catalogne, qu'il défiaſt le Comte, & le mit hors la trefue & la paix qu'il auoit auec le Roi, laquelle le Comte venoit de rompre.

II. Les troubles de Valence eſtans appaiſés, le Roi tourna ſes forces contre le Comte de Foix, & ſes alliés; & l'on trouue qu'il aſſiegea la ville d'Agramont dans le Comté d'Vrgel, au mois de Iuin 1278. Car eſtant occupé à ce ſiege, il requit par letres Henri Comte de Rodes, qu'il vint à ſa Cour, pour lui faire homage du Vicomté de Carlades, lui payer les tributs qu'il lui deuoit, & lui rendre ſon ſeruice en la guerre qu'il auoit ſur les bras, contre le Comte de Foix. Il y eut pourtant vn appoinctement entre le Roi, & le Comte de Foix, au moyen du traicté de mariage qui fut propoſé entre l'Infant Don Iayme ſecond fils du Roi, & Conſtance fille aiſnée du Comte. Pour cét effet le Roi eſtant à Leride le 14. du mois de Decembre 1278. fit donation à cét Infant des Comtés de Ribagorce, & de Pallas, en cas que ce mariage s'effectuaſt; Et le comte de Foix dóna à ſa fille en faueur du mariage, le Vicóté de Caſtelbon; & le cóté de Foix auſſi, s'il n'auoit point d'enfans maſles. Mais le mariage n'eut point d'effet, & la paix non plus ne fut pas de longue durée; quoi que le Roi donnaſt l'inueſtiture de tout le Cóté d'Vrgel à Ermengaud, en cóſideration du Cóte de Foix.

III. Cét appoinctement auec le Comte de Foix, fut ſuiui de celui du Roi de Maillorque; qui fit ſon accord auec le Roi ſon frere, en la ville de Perpinnan, au mois de Ianuier enſuiuant; & pour faire ceſſer les plaintes, que le Roi propoſoit contre ſon partage, comme s'il eſtoit exceſſif & inofficieux, reconneut de tenir en fief de la Couronne d'Aragon, le Roiaume de Maillorque, & tous les autres Comtés; à la charge que pour ſon regard il fut deſchargé de preſter l'homage; & bailla pour cautions de ce contract les Comtes de Foix, & d'Ampurias, & pluſieurs autres Seigneurs.

IV. Mais le Roi de Maillorque fut extremement piqué, de ce que ſon frere l'auoit aſſuietti à tenir ſon Roiaume en fief, de la couronne d'Aragon, contre les intentions du Roi Iayme leur pere cómun. C'eſt pourquoi il y eut plus facilement vne nouuelle rupture entre le Roi, & le Comte de Foix beau-frere du Maillorquin. Ce Cóte auoit émeu de nouucau la Nobleſſe de Catalogne, & l'auoit attirée à ſon parti l'an 1280. Le Roi qui eſtoit à Valence, reuint en Catalogne, requiſt les Comtes & Barons, d'eſter à droit auec lui, leur offrant de leur faire raiſon ſur toutes leurs plaintes, ainſi qu'il ſeroit ordonné par juſtice; ce qu'ils refuſerent apres auoir eſté legitimement requis & interpellés. De ſorte qu'ils furent declarés ennemis de l'Eſtat, ou pour vſer des termes du temps, ils furent exclus de la paix, & de la tréue, par le Roi & les Vigueries, comme l'ayans violée les premiers.

V. Pour donner quelque ordre à cette guerre, le Roi aſſembla ſes troupes d'Aragon, & de Catalogne, & pourueut les places de fortes garniſons. Le Comte de Foix auoit ſon armée compoſée de trois cens caualiers, & ſept mille fantaſſins, qui eſtoient aſſemblés en la cité de Balaguer, qui apartenoit au Comte d'Vrgel. Le Roi auec cinq cens hommes à cheual paſſa en diligence par la ville de Leride, commanda aux habitans de le ſuiure, & arriua de bon matin deuant Balaguer, qu'il aſſiegea le mesme iour. Il suruint aussi-tost vn tel nombre de compagnies leuées dans l'Aragon, & la Catalogne, que l'armée fut des plus puissantes, que l'on eust mis encore sur pied. Le siege fut posé par tous les quartiers, le iour de la S. Iean 1280. & la place batuë de toutes parts, auec les machines & engins, nuict & iour sans relasche. Les assiegés, qui estoient en grand nombre, faisoient des rudes sorties, & reparoient auec vn extreme soin, les breches des murailles, que faisoient les engins de baterie. Les principaux Seigneurs qui soustenoient le siege, estoient Roger Bernard Comte de Foix, Armengol Comte d'Vrgel son cousin, le Comte de Paillas, le Vicomte de Cardone, & quelques autres. Cependant il arriua, que le frere du Comte de Paillas, & Ramon de Marcasaua de Gascogne, Esquiu de Miralpex de Tolose arriuerent à la ville d'Agramont auec quarante hommes à cheual, & soixante arbalestriers, à dessein d'entrer dans Balaguer. Estans là, ils donnerent auis aux assiegés, qu'ils entreroient la nuict suiuante, s'ils leur donnoient le signal de deux flambeaux allumés sur le haut du chasteau. Le porteur fut surpris auec sa letre. Ce qui estoit inconneu aux Caualiers, qui s'auancerent iusqu'à la tour d'Almenare assise sur vn tertre, d'où l'on descouure vn grand quartier du païs d'Vrgel. Le Roi qui sçauoit leur dessein, commanda que l'on allumast les deux flambeaux en la tour de l'Eglise Sainte Marie Dalmata. Ce signal fit sortir les caualiers d'Almenare, qui arriuerent à Balaguer sur la minuit, & firent reconnoistre le passage. Ils estoient obligés de trauerser la riuiere de Segre, qui estoit entr'eux, & la cité. C'est pourquoi ils coulerent le long de la riue, pour aller reconnoistre le pont: mais les Royaux s'en estoient desia saisis; & les caualiers estans descouuerts par les sentineles, qui creurent qu'ils venoient attaquer le pont, l'alarme fut donnée trop tost au camp. De sorte, que les caualiers crians Foix & Cardone passerent la riuiere à naage auec leurs cheuaux, nonobstant les coups de flesche que l'on tira sur eux; dont il y eut quatre caualiers & vingt-six laquais de tués, & Mirapeix faict prisonnier. Le Roi commanda, que l'on bastit deux ponts de basteaux au dessus, & au dessous de la ville, sur lesquels il establit vne bonne garde. Deslors le siege fut tellement pressé, que les habitans de la ville craignans le sac au dedans, & le degast de leurs domaines au dehors, donnerent secrettement auis au Roi, qu'ils lui rendroient la place. Les Comtes auertis de ce traicté, prindrent resolution de se remetre à la merci du Roi, & sortans de la ville sans armes, le supplierent de les traicter auec douceur & courtoisie. Le Roi les mit entre les mains de l'Infant Alfonse son fils; & commanda qu'ils fussent retenus sous bonne garde, dans le chasteau de Leride. Mais pour le Comte de Foix, il le fit conduire au chasteau de Siurance, & resserrer dans vne plus estroite & plus rigoureuse prison; dautant qu'il lui auoit souuent manqué de parole aux choses qu'il lui auoit promises; & faisoit dire au Roi auec insolence, que s'il sortoit de prison, il lui feroit vne guerre plus fascheuse, & plus domageable que la precedente. Neantmoins il fit depuis son appointement auec le Roi, par l'entremise de la Reine de Maillorque sa sœur, & fut mis en liberté, ayant baillé en ostage Constance sa fille aisnée. Les anciens memoires rapportent que le Roi de Maillorque vint seruir en ce siege le Roi son frere, contre le Comte de Foix son beau-frere. Pendant la detention du Comte, la Comtesse Marguerite sa femme promit au Roi de France, de garder seurement toute la terre du Comte de Foix son mari, qui estoit mouuante du Roi, & ce tant & si longuement que le Comte son mari sera detenu en prison par le Roi d'Aragon. Cette letre est de l'an 1281. dans le Thresor des Chartes de France.

VI. Le Comte fut mis en liberté auant la guerre de France contre l'Aragon, qui fut l'an 1285. en laquelle il seruit le Roi Philippe auec beaucoup d'affection. Le sujet de cette guerre est assés conneu à ceux qui ont manié l'histoire, n'y ayant aucune

Vuu ij

action plus confiderable, que la perfidie des Vefpres Siciliennes contre les François, & l'inuafion du Royaume de Sicile que fit Pierre Roi d'Aragon, côtre le Roi Charles Oncle du Roi Philippe. Or dautant que la Sicile eftoit vn fief mouuant du S. Siege, & que le Pape pretendoit que l'Aragon lui eftoit fujeét au moyen de la recônoiffance que le Roi Pierre II. en auoit faite au Pape Innocent III. il declara le Roi d'Aragon décheu de fon Royaume *par voye de felonie*, & fit publier la fentence dans les vallées d'Aran, & d'Andorre, & dans le Vicomté de Caftelbou, qui apartenoit au Comte de Foix. Et en fuite donna l'inueftiture de ce Royaume, à Charles fecond fils du Roi de France: lequel voulant entreprendre la conquefte en faueur de fon fils, équipa vne puiffante flote & mit fur pied vne armée tres-nombreufe. Il traicta auec le Roi de Maillorque, qui eftoit dâs le chafteau de Perpinnan, pour s'affeurer du paffage des monts. Mais la diligence de l'Aragonois furprit céte ville, & fon chafteau: De forte que le Maillorquin auec fa femme, fes enfans, & fon threfor, tôba entre les mains de fon frere. Ce qui lui donna vne telle apreherfion qu'il éuada la nuiét du chafteau, & fe retira en celui de Sarroque, dâs le païs de Rouffillô. Le Roi d'Aragon quita auffi la ville de Perpinnan, & amena quát & foi la Reine de Maillorque, & fes enfans.

VII. Philippe entra au mois de Iuin auec fon armée dans le Comté de Rouffillon; L'auantgarde eftoit commandée par le Comte de Foix, & les Senefchaux de Tolofe, & de Carcaffonne, fuiuant Aclot & Montaner. D'abord on s'affeura des meilleures places du païs, que le Roi de Maiorque maiftre du Comté, remit entre les mains du Roi, par l'entremife du Cardinal Legat, & du Comte de Foix. Celui-ci traicta encor auec la ville de Perpinnan, qu'elle fournit des viures à l'armée, fous l'affeurance qu'il donna aux habitans, qu'ils ne feroient point chargés de garnifon; Ce qui ne fut pas neâtmoins executé, à caufe de la ialoufie que l'on prit de céte ville, qui dans quelques iours apres fut prife, & mife à fac. La ville d'Elne qui eftoit Epifcopale, & affife prés de la mer dans le Côté de Rouffillon, reffentit la méme rigueur; Elle eft nómée dans Nâgis par corruption *Ianua*; Ce qui a dóné lieu à l'Hiftorien de France de la tourner Genes, au lieu que c'eft fans doute la ville d'Elne, felon Montaner, Aclot, & Surita.

VIII. Apres que les François eurent penetré les monts Pyrenées, le Roi alla planter le fiege deuant la cité de Girone. Ayant fait fommer le Vicôte de Cardone Gouuerneur de la ville par le Comte de Foix, qui eftoit fon parent, de rendre la place, lui promettant pour recompenfe de ce feruice de le faire le plus puiffant & le plus riche Seigneur de l'Efpagne: Mais il refufa ce parti. De forte que le fiege fut entrepris, & pourfuiui par les François, auec vne extreme animofité, & fouftenu vigoureufement pres de trois mois par les Catalans. L'armée du Roi fut affligée pendant ce temps, de diuerfes maladies caufées par l'intemperie de l'air, la fatigue de la guerre, & la difete des viures. Les affiegés eftoient preffes du mefme defaut. De forte qu'ils furent bien aifes de fe voir fommés par le Comte de Foix, qui entra dans la place par l'ordre du Roi, de fe rendre à compofition. La capitulation fut concluë au mois de Septembre, contenant que le Vicomte de Cardone rendroit Girone dans vingt iours, fi le Roi d'Aragon ne lui donnoit pendant ce temps, vn fecours fuffifant.

IX. Nangis efcrit, que le Comte de Foix fut foupçonné dans le camp, d'eftre entré dans Girone durât le fiege, & d'auoir eu des conferences fecretes auec le Vicomte de Cardone. Mais les actes publics font voir, que le Roi n'eftoit point entré en défiance des bónes volótés du Comte; puis qu'il ne fe contéta pas de l'employer à traiter de la reddition de la place; Mais encor lui fit des gratifications apres ce fiege, lui cedát tous les droits qu'il auoit en pareage auec l'Abbé, fur le chafteau & ville de Pamiers. Pour mieux prendre ce fait, il faut remarquer que tous les pareages des Comtes de Foix auec les Abbés de ce monaftere, eftoient limités à la vie des Côtes, & renouuelés auec les successeurs : Apres le decés du Comte Roger ; au lieu de continuer les anciens accords, auec Roger Bernard, l'Abbé traicta auec le Roi S. Louis l'an 1269. auquel il remit pour dix années, le chasteau de cette ville auec toutes ses forteresses, la moitié des Leudes, & des iustices, sauf celle des clercs & de la famille du monastere, la moitié du moulin, du reuenu des fours, des rentes qui se recouurent le iour de la feste S. Antonin, du calendrier qui se recueille à la Noel, à Pasque, & à la S. Iean Baptiste, des peages des portes de la ville, la vigne, la nourriture, & les habits, ainsi qu'il est accoustumé dans le chasteau ; A la charge d'employer tous ces reuenus à la garde & defence du chasteau, du monastere, & de ses droits, dont le Roi se charge. Et promet à l'Abbé de lui rendre tout ce dessus, apres les dix ans expirés, de quoi les Gardiens establis au chasteau lui presterent serment. Le Roi se reserue d'estre preferé, ou ses successeurs, en cette garde, en cas qu'apres les dix ans expirés, l'Abbé vouluft la continuer à quelque autre. Ce pariage fut renouuellé pour autres dix années, par le Roi Philippe III. à Paris au mois de Mars 1280. Il ceda son droict à Roger Bernard, & lui donna la garde pour tousiours, par ses letres de la teneur suiuante ; *Philippe par la grace de Dieu Rois de France. Nous fesons à sçauoir à tous presens & auenir, que nous à nostre amé & à nostre feal Rogier Bernat Comte de Fois donons, otroions, & delessions tout le droit, & ce que nous auions ne auoir deuons, en la ville de Paumiers, & és apartenances, par raison de garde, & par quelque autre reson, excepté le resort & la souueraineté, que nous retenons du defaut, & de l'appel dudit Comte, & de sa Cort, à tenir, à auoir, & posseir à icelui Comte & à ses hoirs, à mes tousiours empres la fin de sept ans ; & des ores en auant en ladite ville, ne es apartenances ne prendrons compagnie de donation, sans la volonté du deuant dit Comte ou de ses hoirs, sauf en toutes choses le droit d'autrui. Et que ce soit ferme & stable nous auons fait seeller ces letres de nostre seel. Fet és heberges deuant Villeneuue en Cateloigne, l'an de grace 1285. ou mois de Septembre.*

X. L'an 1293. le Roi Philippe IV. par ses letres exhorta, & pria & requit l'Abbé, conuent & habitans de la ville d'Appamies de s'accommoder de bon gré auec le Comte de Foix, suiuant les letres precedentes. Et l'an 1294. le dernier de Ianuier, il ordonna au Seneschal de Carcassonne de faire quiter le chasteau, au Seneschal de Bigorre qui le gardoit pour le Roi, & d'en bailler la possession au Comte de Foix. Ce qui fut executé le 26. de Mars ensuiuát 1295. c'est à dire enuiron deux mois, apres le commandement. Mais l'Abbé & le conuent ne pouuans souffrir ce pareage forcé ni les violences que le Comte faisoit pour se maintenir en sa possession, le firent excommunier par le Pape, & metre le Comté en interdict. Enfin le Pape Boniface VIII. erigea cette Abbaye en Euesché par sa Bulle du mois d'Octobre 1296. dont la copie est inserée au bas du chapitre. En suite Bernard premier Euesque de Pamies, & le Comte remirent leurs differents à Gui de Leuis, Seigneur de Mirepoix : lequel ordonna par sa sentence arbitrale, le Ieudi apres S. Luc 1297. Que le Comte & ses successeurs possederont le chasteau, & les forteresses de la ville de Pamies, & l'Euesque la tour nouuelement bastie par le Comte. Qu'il y aura vn Viguier qui fera la recepte de tous les reuenus, dont il rendra conte à l'Euesque, & au Comte, élira les Sergents de la Cité, fera faire les adiournemens reels & personels ; les captures des criminels, & l'execution des sentences ciuiles, & criminelles. Qu'il y aura vn iuge ordinaire, qui prestera serment à l'Euesque & au Comte. Que les verges des Sergents seront chargées des armes de l'Euesque, & du Comte, & qu'à leur nom seront ordonnées & reglées les affaires par les chastelain, Viguier, & Iuge. Que le Comte & ses successeurs tiendront les choses susdites en fief honorable des Euesques de Pamies, & leur en feront serment de fidelité, & de vasselage dans l'Eglise de Pamies. Que le Comte fera garder à ses despens le chasteau, & remetra les clefs à l'Euesque ou à son Lieutenant le iour de S. Antonin, au mois de Septembre, afin que le corps de ce martyr y puisse estre porté en procession solennele; où il demeurera vne partie de ce iour auec la baniere de l'Euesque, qui en sera ostée sur le tard, auec les gens de l'Euesque; Que les vignes, & les moulins possedés par le Comte en ce lieu, seront communs. En outre considerans que les rentes de Pamies ne montent plus de deux mil liures par an; & que le Comte paye sur sa moitié, la garde du chasteau & des forteresses, & le salaire du Chastelain, & encore la moitié du salaire des autres officiers. Il fut ordonné pour indemniser l'Eglise des domages qu'elle pretendoit auoir receu du Comte, qu'il assigneroit des villes, terres, & chasteaux dans l'Euesché de Pamies, de la valeur de deux mil liures de rente, ou bien qu'il fourniroit à l'Euesque vingt mil liures payables en cinq termes, pour acheter lesdits deux mil liures de rente. Que le Comte protegera l'Euesque, les Chanoines, & leurs biens dans tout le Comté de Foix; Qu'ils s'acquiteront de tous domages pretendus respectiuement iusqu'au iour de la transaction. Que la confirmation du Pape seroit poursuiuie à frais communs. Le Pape Boniface confirma cét accord par sa Bulle; en vertu de laquelle l'Euesque de Pamies inuestit auec son aneau le Comte de Foix, pour lui, & ses successeurs, du chasteau, & la moitié de la iurisdiction temporelle de Pamies, & de ses dependances. Et le Comte lui en presta le serment de fidelité.

I. Surita l. 4. Annal. c. 5.
II. Idem c. 6.
III. Et seqq. Idem Surita l. 4. Ann. c. 7. 9. 55. 41. 57. 60. 61. 66.
IX. Chartar. Pal. Guil. Nangius.

X. è Chartario Ecclesiæ Tolosanæ: Bonifacius Episcopus seruus seruorum Dei ad perpetuam rei memoriam. Romanus Pontifex qui supernæ dispositionis arbitrio, in supremæ dignitatis specula constitutus, Ecclesiarum omnium Rector agnoscitur, Vineæque Dominicæ Custos Generalis & cultor, ac totius ouilis Catholici Pastorque omnium summus pastor, de Apostolicæ plenitudine potestatis tradita sibi à Domino, Cuius nutui cuncta subseruiunt, obediunt singula, obtemperant vniuersa, interdum Cathedrales & alias vnit & annectit Ecclesias; Interdum vero ad Episcopatuum diuisiones procedere non omittit, cum temporis qualitas suggerit, causæ rationabiles persuadent. Vt omnia quæ pontificali noscuntur officio imminete prudenter & solerter exerceat, ac salubri & prouida exequi studeat auctoritate. Sane considerantes attentius, & infra claustra pectoris meditatione sollicita reuoluentes, Quod Tolosana Ecclesia vsque adeo amplam & diffusam diocesim obtinet, prout ex ipsa facti euidentia innotescit, quod Tolosanus Episcopus qui existit pro tempore, nequit ipsam vt decet & conuenit visitare, non sine graui animarum dispendio personarum degetium in eadem. Pensantes etiam quod Ecclesia ipsa in prouentibus & reditibus annuis tam affluenter, tamque magnificè abundare conspicitur, prout famæ veridicæ reuelat assertio, & clara fide dignorum testimonia profitentur, quod de ipsorum multitudine copiosa, non solum duobus sed pluribus etiam potest Episcopis iuxta suæ dignitatis decentiam annis singulis prouideri, quodque propterea fœlicis recordationis Clemens Papa quartus predecessor noster animarum fidelium saluti prospiciens, & illatum partium noticiam plenam habens, ad diuisionem eiusmodi Episcopatus Tolosani dum viueret firmiter intendebat, certam ad hoc sicut asseritur diocesim distinguendo: Villam Apamiarum pridem de dicta Tolosana diœcesi existentem, locum vtique nobilem & insignem, multisque commoditatibus præditum, ad Dei laudem & gloriam, exalta-

tionem Catholicæ fidei, & diuini cultus augmentum, de fratrum nostrorum consilio & assensu, & potestatis plenitudine supradictæ, In Ciuitatem ereximus, & vocabulo insignimus Ciuitatis; eam à iurisdictione qualibet Tolosani Episcopi penitus eximentes, auctoritate sedis Apostolicæ decernendo, vt Beati Martini Confessoris Ecclesia eidem Ciuitati vicina, in qua corpus Gloriosi Anthonini martyris, prout proponitur, requiescit, sit de cetero, & habeatur perpetuo prædictæ Ciuitatis Ecclesia Cathedralis. Concessimus quoque ex nunc auctoritate prædicta, & donauimus, deputauimus ac etiã prouidimus futuro Apamiarum Episcopo, eiusque successoribus, qui pro tempore fuerint de .... reditibus & prouentibus supradictis, septem millia librarum Turonensium paruorum, integrè percipienda anno quolibet ab eisdem. Ita quod idem Apamiarum Episcopus, & successores ipsius, habeat & percipiant in huiusmodi reditibus annuatim decem millia librarum eiusdem monetæ, computatis in eis tribus millibus libris monetæ ipsius, ad quos reditus & prouentus Ecclesiæ Apamiarum annis ascendere singulis dignoscuntur, prout in nostris super hoc confectis literis plenius & seriosius continetur. Nos itaque ad huiusmodi Executionem negotij & distinctionem diocesis faciendam procedere intendentes, Castra, villas, terras, Ecclesias, & loca omnia, quæ de loco Gupiaci quantum Tolosana diocesis versus flumen Garonnæ prætenditur, prout rectius fieri poterit, per lineam transuersalem, Et de loco ipso Gipiaci vsq; ad flumen Agou, sicut rectius similiter poterit fieri per lineam ipsam, vsque ad fines Tolosanensis diocesis, versus Ciuitatem Apamiarum, seu meridiem consistere dignoscuntur, habita per testes idoneos & iuratos, quos in hac parte recipi secimus, de huiusmodi confinibus certitudine pleniori, Ex nunc de Apamiarum diocesi esse decernimus & etiam Ordinarius, ac Apamiarum Episcopo in spiritualibus & temporalibus, Quemadmodum Tolosano Episcopo ante dictis temporibus existebant, perpetuo sint subiecta: sibique illa & habitatores eorum deuote intendere ac humiliter obedire tanquam Episcopo ipsorum teneantur. Si vero annui reditus & prouentus, quos infra huiusmodi consinia dudum percipiebat Episcopus Tolosanus, prædictam summam septem millium librarum excederent, volumus secundum quantitatem excessus huiusmodi ex dictis confinibus subtrahi, de illa videlicet parte ipsorum quæ minus necessaria fuerit Apamiarum Episcopo supradicto. Et si forte iidem reditus & prouentus ad eandem non attingerent quantitatem, illorum defectum suppleri percipimus de reditibus & prouentibus reliquis Tolosanensis Episcopi memoratis; Et prædicta confinia, prout eodem considerato defectu expedire videbitur, augmentari. Cæterum prouctus omnes & reditus, quos præpositus ac Capitulum Tolosanensis Ecclesiæ infra confinia eadem obtinere noscuntur, ab omni iurisdictione Apamiarum Episcopi eadem auctoritate prorsus eximimus, & exempta fieri decernimus in futurum. Quia vero huiusmodi Apostolicæ sedis ordinationem laudabilem, prouidam, & salubrem, perpetuis futuris temporibus esse volumus valituram, & robur obtinere incommutabilis firmitatis, Auctoritate prædicta districtius inhibemus, ne aliquis cuiuscunque præeminentiæ, ordinis, conditionis siue status, etiamsi Episcopali, seu Archiepiscopali, seu regia præfulgeat dignitate, huiusmodi ordinationem sedis eiusdem, quouis quæsito colore, vllo modo, siue causa, vel occasione turbare seu quomodolibet impedire præsumat. Nos enim extunc irritum decernimus & inane, si secus super hoc per quemcunque Apostolica, vel alia quauis auctoritate, contigerit attentari; Et nihilominus in eos qui ex certa scientia contrarium quouismodo præsumpserint, excommunicationis, suspensionis, & interdicti sententias promulgamus, à qua non nisi per Romanum Pontificem absolutionis beneficium valeat obtineri. Nulli ergo omnino hominum liceat hanc paginam nostræ constitutionis, ordinationis, exemptionis, inhibitionis, & promulgationis infringere, vel ausu temerario contraire. Si quis autem hoc attentare præsumpserit, indignationem omnipotentis Dei & Beatorum Petri & Pauli Apostolorum eius se nouerit incursurum. Datum Anagniæ xvi. Calend. Octobris, Pontificatus nostri anno primo.

CHAPITRE XXVIII.

Sommaire.

I. Decés de la Comtesse Brunisende. Son testament, où ses enfans sont nommés. II. Guerre entre les Seneschaux de Tolose, & Carcassonne, & le Comte de Foix. III. Abolition que le Roi donna au Comte, à la charge de faire le voyage d'Outremer, & de remetre entre ses mains deux chasteaux. Il bailla Lordat, & Montreal; & fut deschargé du passage, à cause de la prise de la ville d'Acre. IV. Donation du Cote en faueur de sa sœur Sclarmonde. Dispute auec le Seneschal de Carcassonne. V. Guerre entre le Roi de France, & d'Angleterre. Le Gouuernement d'vne partie est commis au Comte, auec l'entretenement de quelques troupes. VI. Continuation de la guerre, & des seruices du Comte. Fait leuer aux Anglois le siege de la ville d'Acqs. VII. Guerre d'Arnaud d'Espagne Vicomte de Coserans, pour le Comté de Paillas. Il est assisté par le Comte de Foix son beau-frere. VIII. Le Comte acreu de la succession de la maison de Bearn, qui estoit escheuë à sa femme Marguerite. IX. Ses enfans, & son decés. Surprise des Historiens de Foix.

I. LE Comte Roger Bernard iouïssant de quelque repos dans sa maison, fut affligé de la perte de sa mere Brunisende, qui deceda l'an 1289. Elle choisit par son testament le lieu de sa sepulture, en l'Eglise des Freres Predicateurs d'Appamies, & leur legue sa chapelle d'argent auec les ornemens, ses meubles de cuisine, & vne somme notable de deniers. Elle fait en outre beaucoup de legats pour œuures pies, legue à titre d'institution hereditaire à Roger Bernard Comte de Foix son fils, deux mille sols tournois, outre cinq mille sols Barcelonois, qu'il lui deuoit par instrument public; à sa fille Agnes Comtesse de Bigorre deux mille sols; à Amalric de Narbonne, & au Comte Pierre, enfans de feu Sebelie Vicomtesse de Narbonne sa fille, mille sols tournois; à Brunisende de Narbonne leur sœur mille sols tournois; à Philippe sa fille Vicomtesse de Coserans deux mille sols. Institue heritiere vniuerselle sa fille Esclarmonde Reine de Maiorque.

II. Les Seneschaux de Tolose, & de Carcassonne desireux d'augmenter leur iurisdiction, au preiudice des libertés du païs de Foix, que le Roi S. Loüis dans le premier homage fait à la Couronne, auoit promis de conseruer auec soin, firent des entreprises, qui obligerent Roger Bernard de s'y opposer auec armes. De sorte qu'apres auoir batu les Sergens, défait quelques compagnies enuoyées par les Seneschaux, pour donner main forte à l'execution de leurs sentences, les affaires en vindrent au point d'vne guerre ouuerte; ceux-ci metans des troupes reglées sur pied, & le Comte faisant des courses & rauages sur les terres du Roi, & fortifiant ses places d'hommes, & de munitions. Parmi ces excés celui qui offensa dauantage le Roi, & le porta à se preparer à vne guerre ouuerte contre le Comte, fut l'intelligence qu'il sembloit vouloir entretenir auec les Aragonois ennemis du Roi; dautant que ses garnisons estoient fournies pour la plus part de Catalans, qui estoient neantmoins sujets du Comte.

III. Le Roi Philippe IV. surnommé le Bel fut appaisé par les prieres de la Comtesse de Foix Marguerite de Bearn sa cousine, & par celles de la Reine son ayeule: De sorte qu'il abolit au Comte non seulement le mespris, qu'il auoit fait des Officiers Royaux, en ne se presentant point pardeuant eux, suiuant les adiournemens qui lui estoient donnés; mais aussi tous autres excés, desquels on pourroit pretendre que sa terre estoit tombée en commis au profit du Roi. Cette abolition lui fut accordée, à la charge de faire le passage d'Outremer, dans vn an, pour le secouts de la terre sainéte, auec dix autres Cheualiers armés, & y seruir deux ans entiers, sous peine de dix mille liures tournois, dont il bailleroit suffisante caution; auec faculté de se retirer apres les deux ans expirés, en rapportant letres & certificat du Maistre du Temple, de l'Hospital, ou du Gouuerneur de la garnison de la ville d'Acon, qu'il auoit rendu le seruice qui lui est ordonné. Il lui fut enioint pour l'asseurance de l'execution de cette ordonnance, de remettre entre les mains du Seneschal de Carcassonne, deux chasteaux que le Roi choisiroit, autres que celui de Foix, qui seroient gardés par ceux que le Roi y ordonneroit; pour l'entretenement desquels le Comte fourniroit cent liures tournois par an. Et moyennant la deliurance des chasteaux, & des cautions, le Roi le remet en son amitié & bonne grace, & veut que les procedures commencées contre le Comte par les Maistres tenans le Parlement de Tolose, soient arrestées; & que les chasteaux lui soient rendus, ou à ses heritiers, apres le seruice de deux années, & que cependant les chastelains ne le troublent point en la iouyssance de ses reuenus. Cette letre est datée de Paris, le Ieudi apres l'Annonciation 1290. Laquelle Roger Bernard Comte de Foix, & Vicomte de Bearn par le decés de son beaupere Gaston, promit d'executer estant à Paris pour le passage d'Outremer: & reconnut d'y auoir obeï aux autres chefs, par le fournissement des cautions, & la deliurance des chasteaux de Lordat, & de Montreal en Sauartes, entre les mains du Seneschal de Carcassonne, comme il conste par ses letres en date à Paris du Mecredi auant la Magdelaine 1291. Il ne faut pas trouuer estrange la peine qui fut imposée au Comte, d'aller au secours de la Terre sainéte. Car outre qu'elle estoit frequente en ce siecle, elle estoit necessaire pour la defense de la ville d'Acre, qui estoit la seule qui restoit aux Chrestiens, en Syrie, & qui estoit menacée par le Roi de Perse; qui l'emporta dans deux mois de siege l'an 1292. Ce qui deschargea Roger Bernard de son voyage. Car on trouue qu'il estoit à la suite du Roi l'an 1293. & tomba malade à Pontoise, où il fit vn Codicille, par lequel il ordonna la reparation & dédomagement des Eglises, qu'il auoit ruinées ou incommodées pendant sa guerre auec le Roi.

IV. L'année precedente il auoit donné en fief à sa sœur Sclarmonde la iouïssance de Foncian pendant sa vie, & la proprieté du chasteau de Barbayran, & de quelques autres terres assises au païs de Carcasses ; qui furent saisies par Brisereste Seneschal de Carcassonne, sous pretexte que le Comte n'auoit peu bailler en fief ces terres, sans le consentement du Seigneur Superieur qui estoit le Roi ; *suiuant le droict escrit, par lequel la Cour de Carcassonne estoit gouuernée*, comme le Seneschal asseure ; encore que le Comte offrit verifier, que ses predecesseurs estoient en possession d'en vser autrement, nommément lors que l'alienation estoit faite en faueur des descendans de la maison.

V. Le temps se presenta bien tost fort propre, pour employer le courage belliqueux & martial de Roger Bernard, à seruir l'Estat contre les Anglois. Car Edoüard Roi d'Angleterre ayant refusé de satisfaire aux plaintes du Roi Philippe, touchant les courses & depredations commises sur les costes de Normandie, par quelques vaisseaux Anglois ; le Roi le fit adiourner par letres publiées en la ville d'Agen, pour respondre en la Cour des Pairs, des iniures, excés, & rebellions commises en Gascogne, & sur son defaut, il ordonna la saisie du Duché de Guyenne, l'an 1294. & commanda à Raoul de Neesle son Connestable, d'y conduire son armée ; sans que l'Anglois peut rien gagner sur l'esprit du Roi, par l'Ambassade qu'il lui dépescha, de la personne de son frere Emond. L'an 1295. toute la Gascogne sans exception fut mise sous la main du Roi, suiuant le tesmoignage de Thomas de Vualsingham ; où la valeur du Comte de Foix fut recompensée par Charles fils de France, Comte de Valois, Alençon, Chartres, & Anjou, & par Raoul de Clermont Seigneur de Neesle Connestable de France, Generaux de l'armée du Roi. Car ils establissent Roger Bernard Gouuerneur, & Lieutenant General du Roi en l'estenduë des Dioeceses d'Aux, d'Acqs, d'Aire & de Bayonne, sauf & reseruées les terres du Comte d'Armagnac & Fezensac, qui demeurerent sous l'autorité du Seneschal de Gascogne, & d'Agenois ; & lui ordonnerent l'entretenement de cinq cens hommes d'armes, & de deux mille hommes de pied. Sur quoi les mesmes Generaux expedierent vne declaration au camp deuant la ville de Mont de Marsan, le 25. Iuillet 1295. par laquelle ils deschargent le Comte de Foix, de tout blasme & reproche, s'il arriuoit que par la faute & negligence des gardiens & Gouuerneurs particuliers des places, comprises dans le Gouuernement qui lui est donné, les ennemis surprissent ou ruinassent quelque ville, bourg, ou place quelle que ce soit, s'il n'apparoissoit clairement de la faute du Comte de Foix.

VI. L'an 1296. l'armée d'Angleterre reprit la ville de Bayonne, & fit prisonnier le Seigneur d'Aspremont, qui commandoit dans le chasteau. Les Anglois se rendirent aussi maistres de la ville de S. Seuer ; sur lesquels le Prince Charles l'assiegea tout aussi tost, auant qu'ils eussent le loisir des'y fortifier. Neantmoins le siege tint trois mois & sept iours, pendant lequel la peste & la famine ruinerent l'armée Françoise. Et la mesme incommodité pressant les assiegés, ils obtindrent de Charles, par l'entremise du Comte de Foix, qui estoit dans le camp, vne tréue de quinze iours, pour demander secours au Gouuerneur de la ville de Bayonne ; promettans à faute d'estre secourus dans le terme, de rendre la place aux François. Elle fut renduë sous ceste composition, que les gens de guerre sortiroient auec leurs armes & bagage, & qu'ils seroient escortés iusqu'à ce qu'ils fussent à deux iournées de l'armée, & qu'il ne seroit fait aucun tort aux habitans, moyennant certain nombre d'ostages, qu'ils baillerent, lesquels ayans esté premierement conduits à Tolose, furent ramenés depuis dans Sainct Seuer, par le Seneschal du Roi de France. Charles y ayant establi vne bonne garnison, retourna en France auec son armée ; & les Anglois peu de iours apres son depart, reprindrent cette ville. L'an 1297. Emond frere du Roi d'Angleterre estant arriué en Gascogne, auec vne puissante armée se rendit maistre de quelques places; & peu apres mourut à Bayonne. L'armée Angloise entreprit apres son decés d'assieger la ville d'Acqs; mais le soin du Comte de Foix fut tel, que coupant les viures à l'armée, il l'obligea de leuer le siege, & de se retirer. Cependant le Comte d'Artois vint de France en Gascogne, auec de nouuelles troupes, & reprit quelques places sur les Anglois; & défit leur armée prés de Bayonne l'an 1298. L'année suiuante il y eut vne tréue de deux ans, arrestée entre les Rois, par l'entremise du Pape Boniface V.I I I. Enfin le Roi Philippe rendit à l'Anglois, le reste de la Gascogne l'année 1304. apres que la ville de Bourdeaux eut chassé les François, & se fut remise en l'obeïssance du Roi d'Angleterre.

VII. Les affaires de Gascogne n'empescherent pas Roger Bernard d'appuyer de ses armes, les poursuites de son beau-frere Arnaud d'Espagne, Vicomte de Coserans, pour la conqueste du Comté de Paillas en Catalogne; laquelle il entreprit en l'année 1297. pour le subiet qui s'ensuit. Roger de Comenge Vicomte de Coserans apres le decés de sa femme, de laquelle il auoit vn fils, espousa en secondes nopces la Comtesse de Paillas, dont il n'eut point de lignée. La Comtesse desirant transporter le Comté à son mari, & à ses successeurs, en vendit la moitié à son priuigne Roger de Comenge, & lui fit donation de l'autre. De sorte que le Comte posseda cette terre sous le nom de son fils, tandis que ce fils fut en vie. Or il arriua que la Comtesse fit profession de la vie monastique, & le mari espousa vne troisiesme femme. De laquelle il eut deux enfans, Arnaud Roger, & Ramon Roger. Arnaud fut Comte de Paillas, & se maria auec la Comtesse Lascare, dont il eut trois filles, Sibille, Beatrix, & Violante : mais par defaut d'enfans masles, Ramon Roger son frere recueillit la succession du Comté. Celui-ci estant decedé sans enfans, en l'année 1294. il y eut de grands troubles pour raison de ce Comté, à cause des pretensions d'Arnaud d'Espagne. Il estoit fils de Roger de Comenge acquereur du Comté, par la vente & la donation que la Comtesse lui en auoit faite; & apres le decés de son pere prit possession d'vne partie de la terre. Mais il en fut dépoüillé par Arnaud Roger son oncle, l'an 1283 Et apres le decés de ses deux oncles Arnaud Roger, Ramon Roger, il reprit la possession du Comté auec Roger de Comenge son fils, pretendant que la succession leur apartenoit; Ils essayerent de se rendre maistres de quelques chasteaux, & tenir sous leur main les filles de la Comtesse Lascare. Pour cét effect ils entrerent dans le Comté auec le secours du Comte de Foix, ayans vn corps assés considerable de gens de cheual & de pied, où ils firent vn progrés notable, s'estans rendus maistres de la plus grande partie du Comté : quoi que le Roi d'Aragon eust dépesché contre eux Philippe de Salusses, & eut mis sur pied les principales forces de ces montagnes, & distraict de leur ligue Arnaud Comte d'Vrgel leur allié. De sorte que le Roi d'Aragon fut obligé de requerir le Roi de France, d'empescher que pendant la tréue qui estoit entr'eux, il ne souffrit point, que des gens armés fortissent de son Royaume pour ruiner les terres d'Aragon. Et cependant il prit sous sa protection Sibille fille aisnée d'Arnaud Roger, qui estoit mariée à Hugues de Mataplane, & promit de la restablir en son estat. Le Vicomte de Cardone s'entremit de negocier vn accommodement entre les parties, ayant fait arrester vne tréue entr'elles, & tiré promesse de remetre entre les mains du Roi, par Arnaud d'Espagne, les chasteaux de Leort, & d'Escalon, pour les tenir sous sa main, iusqu'à ce que le Maistre du Temple, le Comte d'Vrgel, & le Vicomte de Cardone eussent fait droict sur les pretensions des interessés. Mais dautant qu'Arnaud d'Espagne dilayoit de faire la remise des chasteaux, le Roi vint auec son armée assieger le chasteau de Leort, où Roger de Comenge fils d'Arnaud executa les conditions proposées par le Vicomte de Cardone, remetant les chasteaux, & arrestant vne tréue pour cinquante ans. Quelque temps apres le Roi violant ces conuentions mit la Comtesse Sibille en possession des chasteaux, & du reste du Comté de Paillas. Ce qui renouuella la guerre, & obligea le Comte de Foix de continuer son secours, ainsi que Surita a obserué. De sorte qu'en l'année suiuante 1298. le Comte de Foix entra auec son armée dans le Comté, où il prit d'abord les chasteaux de Barros, Lebersu, & Escalon, assiegea celui de Leort; qui fut secouru par les troupes du Roi, qui firent des courses dans le Vicomté de Castelbon, & le païs d'Vrgelet apartenans au Comte de Foix. Mais le Vicomte de Cardone estant venu conferer auec le Comte, au lieu d'Organe, il fit arrester quelque tréue entre lui, & les Royaux.

VIII. Il ne faut pas trouuer estrange si Roger Bernard estoit consideré en la Cour de France, & du costé d'Aragon; d'autant qu'il estoit puissant de son chef, & auoit augmenté sa grandeur au moyen de la succession de sa femme Marguerite de Bearn, qui auoit recueilli vne grande partie du païs, que possedoit Gaston de Bearn son pere, qui estoit decedé dés l'an 1290. Mais aussi comme cette heredité auoit acreu sa puissance, elle lui aporta beaucoup de guerres dans sa maison, qui passerent à sa posterité, à cause de la ialousie des Comtes d'Armagnac; dequoi ie traicterai aux deux Chapitres suiuans, où ie ferai voir l'origine des funestes querelles de ces deux puissantes maisons de Foix & d'Armagnac, apres que i'aurai conclu ce Chapitre par le decés de Roger Bernard, & le mariage de ses filles.

IX. Constance fille aisnée du Comte, & de Marguerite de Bearn, fut mariée le dixiesme des Kalendes de Feurier 1296. à Iean de Leuis de Mirapoix. Le mariage fut celebré dans le Chapitre des Freres Mineurs de Carcassonne, en presence de l'Euesque Pierre, qui fit proclamer trois fois les bans, & declara qu'ayant esgard au grand profit qui reüssiroit à ces deux maisons, & à leurs sujets, par le moyen de ce mariage, il dispensoit d'vne plus grande solennité. Iordain de l'Isle Procureur de Constance qui estoit à Ortés, prit au nom d'elle pour mari Iean de Leuis Cheualier, fils de Gui de Leuis Seigneur de Mirapoix; qui la prit reciproquement pour sa femme. Roger Bernard lui constitua dix mille liures tournois de dot, payables en six années, à les recouurer sur ses Fermiers. Les parties declarét qu'elles font ce mariage selon la coustume de France, pour le regard des acquests, successions, & autres choses: sauf & reserué les pactes suiuans, sçauoir que si Iean predecedoit Constance auec enfans ou sans enfans pendant la vie de Gui, en ce cas Gui assignera cinq cens liures de terre, *In Mirapiesco*, & autres cinq cens liures de reuenu annuel, pour en iouïr par Constance sa vie durant: Et que les enfans masles succederont par droict d'ainesse, mais s'il n'y auoit que fille, on sera quite en lui baillant huict mille liures pour sa legitime.

X. Peu de temps apres, Brunissende seconde fille de Roger Bernard fut mariée auec Elie Talairan Comte de Perigort, Vicomte de Lomaigne, & de Hautuillar; à laquelle son pere constitua en dot six mille liures de tournois noirs, & le mari trois mille liures tournois pour donation à cause des nopces, qu'il lui assigne sur les chasteaux de Hautuillar, & Montepaon, l'an 1298. Marguerite troisiesme fille du Comte de Foix espousa Bernard Iordain Seigneur de l'Isle; & Mathe leur quatriesme fille fut mariée auec Bernard Comte d'Astarac. Gaston leur fils succeda à son pere au Comté de Foix l'an 1303. Car Roger Bernard mourut en cette année, comme il apert par l'ordonnance du Roi Philippe, que ie produis au Chapitre suiuant; & par la confirmation des priuileges de la ville de Pamies, que Gaston acorda apres le decés de son pere, au commencement du mois de Decembre de cette année 1303. De sorte que les Historiens ont vn grand tort d'auoir escrit que ce Comte mourut l'an 1306.

& que le Roi lui donna la Viguerie de Mauuefin l'an 1305. au lieu que cette recompenfe fut donnée à fon fils Gafton, pour les raifons que i'expliquerai plus particulierement en fa vie.

I. E Chart. Palenfi.
II. Threfor des Chartes de France. Catel. l. 2. des Memoires de Languedoc.
III. IV. E Chart. Palenfi.
V. VI. Thomas de Walfing. in Eduardo 1. an. 1296. & feqq.
VIII. Surita l. 4. Annal. c. 27. 29. 37.
IX. X. E Chartar. Pal.

CHAPITRE XXIX.

Sommaire.

I. L'origine des guerres de la maifon de Foix auec celle d'Armagnac, eft expliquée en ce Chapitre. II. Les quatre filles de Gafton. Mariage de la quatriefme auec l'Infant Don Pierre d'Aragon. III. Teftament de Gafton. Mate femme du Comte d'Armagnac refufe d'approuuer le teftament. Le Comte d'Armagnac fait guerre dans le Vicomté de Marfan. IV. Le Comte Bernard fils de Mate s'infcrit en faux contre vne claufe du teftament. Duel entre lui & le Comte de Foix à Gifors. Il eft annullé par le Roi les parties eftans au champ de bataille. V. Apres la paix de France, & d'Angleterre, la guerre fut renouuellée entre Gafton Comte de Foix, & le Comte d'Armagnac. Voyage du Roi vers Tolofe, pour pacifier ces differents. VI. L'arreft donné par le Roi, qui regle les parties.

I. LE decés de Gafton & fon teftament firent naiftre le fujet de cette querelle fi fameufe, qui a troublé le repos de la Gafcogne pendant longues années, & a fait choquer entr'elles ces deux puiffantes maifons de Foix & d'Armagnac. I'ai refuté au Liure VII. le pretexte que Froiffart & les autres Hiftoriens donnent à ces guerres, le prenans mal à propos de ce qu'ils prefuppofent, que Mate de Bearn femme du Comte Geraud d'Armagnac eftoit la fœur aifnée de Marguerite de Bearn Comteffe de Foix; & partant que celle-ci n'auoit peu eftre partagée du Vicomté de Bearn, par Gafton leur pere commun au preiudice de l'aifnée. Mais auffi i'ai promis au mefme Chapitre d'expliquer particulierement le vrai fujet de ces funeftes diuifions.

II. Pour cét effet, il faut fe reffouuenir, que Gafton auoit eu de Mate de Bigorre fa premiere femme, quatre filles, Conftance l'aifnée, qui deceda fans lignée: quoi qu'elle euft efpoufé l'Infant d'Aragon, & apres fon decés Henri fils de Richard Roi d'Alemagne. Marguerite feconde fille de Gafton, qui fut promife l'an 1252. à Roger Bernard Comte de Foix, & l'efpoufa quelques années apres. Mate de Bearn efpoufa Geraud Comte d'Armagnac & de Fezenfac. Guillelme qui eftoit la quatriefme fille de Gafton, efpoufa apres le decés de fon pere, le cinquiefme des Kalendes de Septembre de l'année 1291. l'Infant Don Pierre d'Aragon, fils du Roi Pierre, & frere du Roi Iacques fecond; comme il eft remarqué dans vn liure efcrit à la main des Couftumes de Barcelone. Ramond Montaner auteur du temps obferue particulierement, que l'Infant fut partagé fort auantageufement par fon frere; & qu'il lui procura le mariage, d'vne Dame la plus honorable de toute l'Efpagne apres les

filles

Liure huictiesme. 793

filles des maisons Royales, sçauoir de Guillelme de Moncade fille de Gaston de Bearn: laquelle estoit tres-puissante en richesses, & possedoit dans la seule Catalogne, comme il escrit, plusieurs bonnes villes, & chasteaux, & trois cens cheualiers qui estoient de son homage. Deux années apres, cét Infant Pierre mourut de maladie au siege de la ville de Leon, au Royaume de Murcie. Il auoit esté tellement chaste, que selon la pratique des premiers Chrestiens tesmoignée par Tertullian, il n'auoit esté masle que pour sa femme.

III. Il faut aussi considerer que Gaston par son testament, instituë heritiere vniuerselle Constance sa fille aisnée; & Mate sa troisiesme fille, heritiere particuliere en la terre & Vicomtés de Brulhois & de Gauardan, & en la terre d'Euse & du païs Eusan, sous les conditions & substitutions ordonnés par ce testament: à la charge neantmoins que Constance iouïroit pendant sa vie de tous les reuenus du Vicomté de Gauardan; & que Mate quiteroit pendant la vie de Gaston au profit de Constance, ses pretensions sur le Vicomté de Marsan, où à faute de ce qu'elle seroit priuée des legats, reseruée seulement sa portion legitime. En suite il y a vne clause generale pour les quatre filles, qu'elles approuueroient par leurs serments sur les saincts Euangiles, les dispositions ordonnées par ce testament; & que la refusante seroit priuée de toute succession, exceptée sa legitime. Or Mate ne voulut point approuuer le testament de son pere, comme firent les autres trois sœurs, encore qu'elle eust esté sommée de ce faire par acte public, en date à Morlas du iour des Nones de May 1290. Et ne voulut non plus delaisser le Vicomté de Marsan au profit de Constance, ni pendant la vie, ni apres le decés de Gaston; au contraire le Comte d'Armagnac fit vne guerre ouuerte dans ce Vicomté, y ayant pris par force le chasteau de Fraixe, qui est des apartenances de Marsan. De sorte que l'Armagnagois fut aggresseur en cette guerre; qui fut aussi chaudement embrassée par le Comte de Foix pour la defense des droicts de sa femme, ou de sa belle-sœur Constance.

IV. Pendant la poursuite de cette guerre, Bernard Comte d'Armagnac fils de Mate, soustint pardeuant le Roi de France, que Roger Bernard Comte de Foix & Vicomte de Bearn mari de Marguerite, auoit falsifié le testament de Gaston. Sur cette accusation de faux, & non pas, comme pretendent les Historiens de France, sur l'accusation de trahison & d'intelligence auec les Aragonois, le Duel fut ordonné entre ces deux Comtes par Arrest du Parlement de l'an 1295. Mais comme les parties furent entrées au champ de bataille pour combatre, en la ville de Gisors en Normandie, le Roi qui estoit present auec sa Cour, voulant espargner le sang de ces deux illustres Seigneurs, annulla le Duel, & les fit sortir par force & contre leur gré du champ de bataille; prenant sur soi les paroles de ce Duel, sans preiudicier à leur droict touchant l'heredité qu'ils disputoient. Le Roi promit à Gui Comte de Sainct Paul par ses letres de l'an 1295. à l'instance du Comte de Foix, de faire expedier vne declaration de l'estat auquel estoient lui & le Comte d'Armagnac, lors qu'ils sortirent du champ de bataille; & en suite il lui fit deliurer la letre suiuante, tournée de Latin en François: *Philippe par la grace de Dieu Roi de France, A tous ceux qui verront ces Letres, salut. Nous faisons sçauoir, que comme nostre amé & feal le Comte d'Armagnac, eut prouoqué en Duel en nostre Cour, nostre amé & feal le Comte de Foix, & qu'apres auoir receu de part & d'autre les gages, ainsi qu'il est de coustume, les mesmes Comtes fussent entrés dans le champ de Duel en nostre presence, Nous auons pris & receu sur nous, contre leur gré, les paroles de ce Duel; & de nostre autorité Royale, les auons annullées, & le Duel aussi, contre leur volonté; & par la mesme autorité, les auons fait chasser dudit champ, encore qu'ils ne le voulussent pas; Ne pretendans ni ne voulans, que par ceci il soit osté ou acquis aucun droict à nulle des parties, touchant la question de l'heredité qui est meuë entre elles. En tesmoignage de ce nous*

Xxx

auons fait metre noſtre ſeau aux preſentes. Fait à Orleans le vingt-deuxieſme May 1296.

V. Cette guerre particuliere fut miſe en ſurſeance pendant la guerre publique des François, contre le Roi d'Angleterre en Gaſcogne, qui dépoüilla l'Anglois de la plus grande partie de cette Prouince; Roger Bernard ayant eſté ordonné Gouuerneur des terres conquiſes dans les Dioceſes d'Acqs, d'Ayre, & de Bayonne. Mais la paix de ces Rois eſtant arreſtée, la guerre fut renouuellée entre ces deux maiſons de Foix, & d'Armagnac, apres le decés du Comte Roger Bernard. Deſorte que le Roi Philippe fut obligé de venir à Toloſe pour appaiſer ces differents. Ce voyage qui eſt omis par les Hiſtoriens de France, eſt remarqué par la Chronique Latine que le ſieur Catel a publiée apres ſon Hiſtoire des Comtes de Toloſe: Diſant que ce Roi arriua à Toloſe à la Feſte de Noel, de l'année 1303. accompagné de la Reine Ieanne ſa femme, & de ſes enfans Louïs, Philippe, & Charles, & qu'il y fit vn mois de ſeiour. Pendant ce temps, il trauailla à l'accommodement de ces diſputes, qui eſtoient entre Marguerite Comteſſe de Foix, ſon fils Gaſton, & Conſtance d'vne part, & Bernard Comte d'Armagnac, & la Comteſſe Mate ſa mere. Mais voyant que les conferences qu'il auoit moyenné entre les parties, & les traictés amiables des Prelats & des Barons de ſon Conſeil ne pouuoient rien gagner ſur la fermeté de leur eſprit, Il prononça ſon Arreſt le Ieudi apres la Feſte S. Vincent du mois de Ianuier mil trois cens trois; auec l'auis de ſon Conſeil, où eſtoient preſens quelques Prelats & Barons, ſes Conſeillers ordinaires, & les Nobles Amedée de Sauoye, ſon trescher Couſin, Henri Comte de Lincolnie, & Othon de Grandiſſon Lieutenans du Roi Edoüard Duc d'Aquitaine. Le Diſpoſitif de l'Arreſt eſt conceu en ces termes tournés en François.

VI. *Nous ordonnons & voulons d'autorité Royale, & decernons de la plenitude de noſtre puiſſance, qu'il y ait entre les parties vne ferme & ſtable paix, & prononçons cette paix entre elles. Item nous ordonnons, pour le bien de la paix, que Mate Comteſſe d'Armagnac troiſieſme fille de Gaſton, ait pour ſon droict & portion hereditaire, ſur les biens & heredité de Gaſton, les Vicomtés de Brulhois & de Gauardan, & le lieu de Capſius qui eſt des apartenances de Gauardan; & les terres & tenemens d'Euſe & d'Euſan auec tous leurs droicts, Seigneuries & apartenances, & tous leurs honneurs & charges: & qu'elle ſoit contente de cela, en ſorte que ladite Mate ne puiſſe rien demander contre Conſtance, en la terre & ſucceſſion de Marſan, ni pretendre rien auſſi des biens de Gaſton, ſur la portion des autres ſœurs; non plus que Conſtance & Marguerite ne pourront rien demander ſur leſdits Vicomtés. Sauf que s'il arriuoit que Guillelme derniere fille de Gaſton, vint à deceder ſans enfans engendrés de legitime mariage, en ce cas Mate & ſes enfans ſuruiuans auront & deuront auoir, ſans oppoſition de Conſtance & de Marguerite, les Baronies, chaſteaux, villes, terres, & lieux, que Gaſton auoit dans la Catalogne; ſçauoir de Moncade, & de Caſtetueil, de Rozanes, & autres lieux qui apartiennent à Guillelme des biens dudit Gaſton, auec toutes leurs iuriſdictions, rentes, & apartenances, & tout l'honneur & la charge. Et au cas que Mate aura ou ſes heritiers leſdites Baronies, chaſteaux, villes, & lieux de la Catalogne, apres le decés de Guillelme ſans enfans, ou bien qu'il tienne à Mate qu'elle ne les ait pas, Nous ordonnons que le Vicomté & terre de Gauardan auec ſes apartenances, retourne auſdites Conſtance & Marguerite, ou à l'vne d'elles, ſi elles ſont en vie, ou à leurs enfans. Pour la terre de Riuiere, elle apartiendra à Guillelme, ſauf le droict de celui auquel on dit qu'elle en a fait donation entre vifs. Et nous oſtons toutes les loix contraires à cette ordonnance, decernans & voulans que leſdites ſœurs iurent de garder noſtre preſente ordonnance. Et nous quitons & remetons entierement de noſtre grace ſpeciale auſdites parties, ou à celle qui ſe metra en peine d'obeïr, tous les excés, fautes, peines, & amendes à nous acquiſes, ſauf le droict des particuliers intereſſez: afin que cela ſoit ferme & ſtable, nous auons fait metre noſtre ſeel à ces preſentes. Fait à Toloſe l'an mil trois cens trois, le Ieudi apres la Feſte de S. Vincent au mois de Ianuier.*

II. E Veteri Codice ms. Consuet. Barcin. v. Calend. Septembris anno 1291. Domnus Infans Petrus filius Regis Petri contraxit nuptias cum Domna G. de Montecatano.

III. Montanei c. 183. *Donali per muller de las honradas donzelles que filla de Rei no fos, qui fos en Espayna, ço es asaber Madona Guillelma de Muncada, filla de Gaston de Bearn.* c. 189. *Que anch no auia conegruda carnalament dona, mas madana Guillelma de Muncada sa muller.*

IV. E Tabul. Palensi : Philippus Dei gratia Francorum Rex, vniuersis præsentes literas inspecturis, salutem. Notum facimus quod cum dilectus & fidelis noster Comes Armaniaci, dilectum & fidelem nostrum Comitem Fuxi prouocasset in nostra Curia ad duellum, & receptis ab vtroque gagiis vt est moris, idem Comites apud Gisortium in præsentia nostra Duelli campum intrassent, Nos verba dicti Duelli in nos, ipsis inuitis suscepimus, eaque, necnon & ipsum Duellum auctoritate Regia, præter eorum annullauimus voluntatem, ipsosque inuitos eadem auctoritate ejici fecimus de campo antedicto, non intendentes nec volentes per hæc circa quæstionem hæreditatis motam partibus, alterutri partium quicquam iuris detrahi vel acquiri. In cuius rei testimonium præsentibus literis nostrum fecimus apponi sigillum. Actum Aur. die XXII. Maij. Anno Domini M. CC. XC VI.

VI. Ex eodem Tabul Philippus Dei gratia Franc. Rex, vniuersis præsentes literas inspecturis, salutem. Dudum inter dilectos & fideles nostros Comitem Fuxensem, & Margaretam Comitissam eius matrē, natam quondam Gastonis Vicecomitis Bearnensis, & Constantiam primogenitam eiusdem Gastonis, ex vna parte, Ac dilectum & fidelem nostrum Comitem Armeniaci, & Matham Comitissam, natam quondam eiusdem Gastonis ex altera, super certis terris, tenementis, dominiis, honoribus, iuribus, possessionibus & rebus aliis quas vtraque pars ex successione dicti Gastonis ad se pertinere dicebat, grauis dissensionis materia suscitata, & tam inter ipsos Comites quam inter amicos, parentes, fautores, & valitores eorum, dira guerrarum commotione suborta, ac qua strages hominum, domorum, & villarum incendia, depopulationes, excidia, & alia grauia & dispendiosa discrimina iam vtrinque prouenerant, & grauiora in subsequi verisimiliter timebantur in ianuis, nisi celeris prouisionis remedio tam nefandis principiis obstaretur. Præsertim cum ex his status illarum partium grauis turbationis dispendiis & multiplicis vexationis turbinibus quateretur .... ac inter dissidentes eosdem pacis & solidæ caritatis sedea reformare totis desideriis affectantes, ad partes illas pro ipsarum .... illis & aliis tranquillando & in melius reducere, omissis aliis arduis vrgentibus nostris, & Regni negotiis, quæ præsentiam nostram in aliis regni partibus requirebant, personaliter nos conferre curauimus: ac de pacis prædictæ reformandæ negotio tam per nos, quam per nonnullos Prælatos & Barones fideles & Consiliarios nostros, & alios sapientes, honoris & pacis ipsorum Comitum seruidos zelatores, per plures dies, diuersis viis exquisitis & modis, variis tractatibus habitis apud eos pro reformatione huiusmodi, inductionibus & persuasionibus attractiuis, nunc opportunis, nunc importunis instantius, duximus insistendum, Interponentes ad id per nos & alios, quibuslibet nominatis laboribus, sollicita & attenta diligentia partes nostras. Sed quanto plus ipsos ad pacem huiusmodi inductiuis attrahere, precibus & monitis exhortari salubribus, sanisque inducere consiliis nitebamur, tanto semper ipsos inuenimus duriores. Sicque considerantes, quod nihil omnino capere, & in nullo proficere poteramus, toto tempore laborantes, ac volentes statum ipsarum partium prout nostro incumbit officio pacificum dimittere, & tranquillum, oportuit ad ea regiæ partes auctoritatis extendere, & iustitiæ exercere vigorem, in quibus non profuit mansueta benignitas; nec valuit benignæ mansuetudinis interuentus. Vnde nos præfatis partibus in nostra præsentia personaliter constitutis, cum nonnullis Prælatis, Baronibus, ac Consiliariis nostris, ac cum Nobilibus viris Amadeo Sabaudiæ Carissimo Consanguineo nostro, & Lincoln. Comitibus, ac Othone de Grandissono, tenentibus locum magnifici Principis E. Regis Angliæ Ducis Aquitaniæ Carissimi Cōsanguinei, & Fidelis nostri in Ducatu prædicto, diligenti habita deliberatione Consilij, Ordinamus & volumus Auctoritate Regia, & de Regiæ potestatis plenitudine decernentes, quod ex nunc firma & stabilis pax sit inter partes, & Pacem huiusmodi pronunciauimus inter partes easdem. Item Ordinamus pro bono pacis, quod Matha Comitissa Armen. Filia *Tertiogenita* dicti Gastonis, habeat pro iure & portione sua hereditaria, de bonis & hereditate prædicti Gastonis, Vicecomitatus Brulhesij & Gauardani, & terras & tenementa de Helsa & de Helzono, cum omnibus iuribus, dominationibus, & pertinētis vniuersis, ac omni onere & honore, & his contenta non possit in terra & successione Marciani, dicta Matha contra dictam Constantiam aliquid reclamare, nec aliquid petere ab aliis sororibus, de aliis bonis Gastonis prædicti; nec dictæ Constantia & Margareta in Vicecomitatibus & terris supradictis aliquid reclamare. Saluo quod si contingeret Guillelmam vltimogenitam dicti Gastonis decedere sine liberis ex suo corpore de legitimo matrimonio procreatis, quod in eum casum dicta Matha & liberi eiusdem superuiuentes habeant & habere debeant, sine contradictione dictarum Constantiæ & Margaretæ, Baronias, Castra, villas, terras, & loca quæ dictus Gasto habebat in Catalonia, videlicet de Mōtecatano & Castri veteris, & de Roczano, & alia quæ ad eamdem Guillelmam de bonis dicti Gastonis pertinent, cum omnibus iurisdictionibus, reditibus ac pertinentiis, ac omni onere & honore; Et in eum casum in quem dicta Matha vel eius heredes dictas Baronias, Castra, villas & terras de Catalonia post mortem dictæ Guillelmæ sine liberis decedentis, vel per eam steterit quo minus habeat, Ordinamus quod Vicecomitatus & terra Gauardani cum pertinentiis suis redeat ad dictas Constantiam & Margaretam tunc superuiuentes, aut liberos earum vel alteram earumdem. Terra vero de Riparia ad dictam Guillelmam pertinebit, saluo iure illius cui terram ipsam donasse dicitur inter viuos. Et tollimus leges contrarias huic Ordinationi, decernentes & volētes quod prædictæ sorores presentem iurent Ordinationem nostram seruare. Nos autem eisdem partibus, si eidem Ordinationi obedienter & humiliter acquiescant, vel illi patri quæ obtemperare curauerint, excessus preditos, & culpas, ac pœnas, & emendas per eas debitas, quantum ad nos pertinet, saluo tamen damna passorum & aliorum quorumlibet interesse, de speciali gratia omnino remittimus & quitamus. Quod vt ratū & stabile perseueret præsentibus literis nostrum apponi fecimus sigillum; Actum Anno D. millesimo trecentesimo tertio, die Iouis post festum Beati Vicentij mense Ianuarij.

CHAPITRE XXX.
Sommaire.

I. La Comtesse de Foix n'acquiesça point à l'ordonnance. Les raisons de son refus expliquées. II. Gauardan entre les mains du Comte de Foix par cession du Roi d'Angleterre, qui le possedoit par engagement. Procés entre les Comtes pour le Gauardan iugé par Arrest du Parlement de Paris. Decés de Guillelme de Moncade sans enfans change les affaires. Substitution ouuerte au profit de Mate Comtesse d'Armagnac. III. Gaston d'Armagnac fils de Mate, institué heritier par Guillelme. Il faict eschange des terres de Catalogne auec le Comte de Foix, qui lui donne Capsius, & quelques rentes au Carcasses. IV. Cét eschange est confirmé par Transaction, qui donne toutes les terres de Carcasses en recompense. V. Le Comte de Foix pretend le Gauardan en vertu de la substitution, confirmée par l'Arrest du Roi. Raisons du Comte d'Armagnac. VI. Guerre entre les parties pour raison du Gauardan. Le Roi en ordonne le sequestre. Faict rendre au Comte de Foix le chasteau de Gauarret. VII. Ces disputes terminées par sentence arbitrale de Philippe Roi de Nauarre.

I. L'Ordonnance du Roi Philippe ne fut point acceptée par la Comtesse de Foix pour deux raisons, qu'elle explique en l'instruction qui fut enuoyée au Pape, qui desiroit estre instruit du suject de la guerre de ces deux maisons. Le premier motif de Marguerite pour n'agreer point cette Ordonnance, est pris de ce qu'elle est contraire au Testament de Gaston, en ce qui regarde l'vsufruit du Vicomté de Gauardan, qui est legué à Constance, & n'est pas reserué par l'ordonnance. D'ailleurs la substitution de Guillelme au profit de Mate, est conditionnée par le testament & reduite au cas, que Mate quite en faueur de Constance ses pretensions sur le Marsan : A quoi Mate n'ayant point satisfait ; au contraire ayant saisi le chasteau de Fraixe à force d'armes, elle estoit descheuë de l'esperance de cete substitution. Et cependant l'Ordonnance du Roi maintient la Comtesse Mate en ce droit; & lui donne presentement la iouïssance du Vicomté de Gauardan contre la teneur du testament; duquel la Comtesse Marguerite ne pouuoit se departir, puis qu'elle en auoit iuré solennelement l'obseruation. Le second motif de son refus estoit pris, de ce qu'il sembloit que cette Ordonnance preiudicioit à l'honneur de feu son mari le Comte de Foix, touchant le fait du Duel. D'où il semble que l'on puisse recueillir que la fausseté pretenduë par le Comte d'Armagnac, regardoit la condition de la substitution de Guillelme, & la iouïssance du Gauardan par Constance pendant sa vie.

II. Cependant la terre de Gauardan estoit entre les mains du Comte de Foix, au moyen du don de cinq mil liures, que le Roi d'Angleterre Edoüard Duc d'Aquitaine lui auoit fait, pour lesquelles le Roi iouïssoit de ce Vicomté à tiltre d'antichrese, ou d'engagement. Il y eut diuerses instances meuës entre les parties, qui furent terminées par Arrest du Parlement. En suite duquel le Roy Philippe ordonna par ses letres données à Paris le 26. Iuin au Seneschal de Gascogne pour le Duc d'Aquitaine, & à son defaut au Seneschal de Tolose, de faire deliurer le Gauardan au Comte d'Armagnac, en compensant auec la debte de cinq mille liures, la condamnation des despens adiugés au Comte d'Armagnac contre celui de Foix, par arrest du Parlement de Paris, & taxés à six mille liures. Auant l'execution de ces letres, Guillelme de Moncade deceda en Catalogne sans enfans. De sorte que son decés changea la face des affaires ; car la substitution des terres de Catalogne, estant ouuerte au profit de Mate Comtesse d'Armagnac, selon le testament de Gaston, & l'ordonnance du Roi, de l'an mil trois cens trois; le Vicomté de Gauardan estoit acquis par mesme moyen à la Comtesse de Foix. C'est pourquoi ayant exposé ce dessus, elle obtint letres du vingt-neufiesme Mars mil trois cens dix, par lesquelles l'execution de celles du Comte d'Armagnac est surfise.

III. Cependant Gaston d'Armagnac Vicomte de Fezensaguel, & de Brulhois, second fils de Mate Comtesse d'Armagnac, qui auoit esté institué heritier par Guillelme, des terres de Moncade, & de Castetuieil voulut prendre possession de l'heredité. Mais y ayant rencontré de l'empeschement, il fut aise de s'accommoder par voye d'eschange, auec Constance, Marguerite, & Gaston Comte de Foix, qui desiroient auec passion retenir ces belles terres dans leur maison. C'est pourquoi par contract passé à Taragone, le 7. Septembre 1310. Gaston d'Armagnac promet de leur deliurer actuellement les Baronies de Moncade & de Castetuieil, & tous les droicts qui lui sont acquis par le testament de Guillelme de Moncade, apres que ses Procureurs en auront pris la possession : & promet de faire agreer & ratifier ce contract, par Mate sa mere : & reciproquement, les Comtesses, & Gaston de Foix prometent de lui bailler la terre de Capsius, & mille liures de rente au païs de Carcasses, & quatre mille liures payables en quatre termes, se reseruans de lui bailler dans trois ans, le Gauardan au lieu de ces terres, s'il leur semble à propos.

IV. Cét eschange fut confirmé, & reformé en quelques chefs, par transaction passée à Tolose le 6. Mars 1310. sur la fin de l'année. Par ce contract, le Comte de Foix Gaston auec procuration de Constance, & de Marguerite sa mere, cede à Gaston d'Armagnac, non pas la terre de Capsius, mais les terres qui lui apartenoient dans le Diocese de Carcasses; sçauoir les lieux d'Arsencs, Alairac, Pressan, Belloe, de Colia, Montlandier, Lobere, Bechan, S. Quintin, Sarraute, Fayac, Euell, S. Saturnin, Trebons, Poeynautier, Monstancon, Barbayran, Milan, Fluran, Montirat, Monsan, Cauanac, Villeseche, Pisenchs, & Gradans, & generalement tout le droict qu'il auoit dans le Carcasses; excepté le lieu de Foncian, & l'homage que Bernard de la Roche Seigneur du lieu doit faire au Comte de Foix. Et le Vicomte de Fezensaguel cede au Comte de Foix, tous les droicts qui lui apartiennent en Castetuieil de Rosanes, en la ville de Martorel, Sabadel, en la Vallée de Mal, en la cité de Vic, au chasteau d'Oris, au chasteau de Roquefort, au chasteau de Moncade, au chasteau de Corril, au chasteau de Roque de Saut, au chasteau vieux de Pennedes, & generalement en tous les lieux qu'il a, & doit auoir en Aragon, & en Catalogne; & promet de faire consentir sa mere à ce traicté.

V. Le testament de Guillelme au profit de Gaston Vicomte de Fezensaguel, donna pretexte à la Comtesse Mate, & au Comte d'Armagnac, de pretendre qu'ils n'estoient tenus d'abandonner la poursuite du Gauardan; puis qu'ils ne iouyssoient de l'heredité de Guillelme, en consequence de la substitution ordonnée par le testament de Gaston de Bearn. Mais on repliquoit au contraire, que son fils le Vicomte de Fezensaguel iouïssoit de ces terres, en qualité d'heritier de Guillelme, auec l'agreation & le consentement de Mate, qui n'auoit iamais fait aucune plainte contre l'institution de son fils; au contraire elle l'auoit vrai-semblablement pratiquée, pour embroüiller cette affaire, & iouïr de l'effet de la substitution en la personne de son fils. En tout cas que l'on estoit aux termes precis du testament de Gaston, & de l'ordonnance du Roi Philippe de l'an 1303. qui font ouuerture à la restitution de Gauardan, en cas que Mate possede les biens de Guillelme, ou qu'il tienne à elle, si elle ne les possede pas. De sorte que son fils ayant recueilli ces biens, & profité d'iceux par l'eschange des terres de Carcasses, qui sont d'égale valeur, Mate doit estre tenuë & censée les posseder; n'estant point iuste, que son dol, ou sa faute & negligence lui profitent, & preiudicient à Marguerite, ou à ses successeurs.

VI. Et dautant que les procés estoient poursuiuis en ce temps, plustost par la voye des armes, que de la chicane, les maistres de ces deux puissantes maisons entreprirent sur ce sujet de la restitution du Gauardan vne cruelle & longue guerre l'vn contre l'autre. Ce qui obligea le Roi de faire mettre sous sa main trois ans apres cette terre de Gauardan, comme en main souueraine, ayant adressé pour cét effet sa commission aux Seneschaux de Tolose, & de Carcassonne, en date à Paris du 18. Aoust 1313. Et enioint par vne letre separée, au Seneschal de Guyenne, d'obeïr en cette saisie, à ce qui lui seroit ordonné par ses Seneschaux. Sur la plainte faite par le Comte de Foix contre cette saisie, le Roi ordonne au Seneschal de Guyenne par ses letres du 16. Auril 1314. Que s'il lui apert, que le Comte de Foix estoit en possession du chasteau de Gauarret, lors que la saisie fut faite, il le lui rende, appellé le Comte d'Armagnac. Amauri de Craon Seneschal de Guyenne ayant fait vne sommaire aprise de la possession du Comte de Foix, lui fit mainleuée du chasteau de Gauarret auec ses apartenances, par sentence donnée à Marmande, le Vendredi apres la S. Martin 1315. seelée du seau de la Cour de Basas.

VII. Et parce que la continuation de la guerre consumoit miserablement toute la Gascogne, qui estoit interessée pour l'vn ou pour l'autre de ces deux partis, les Comtes remirent leur different à l'arbitrage de Philippe Roi de Nauarre; lequel apres auoir pris vn grand soin pour examiner le droict des parties, prononça sa sentence arbitrale, l'an 1329. Par laquelle le Comte de Foix fut maintenu en la possession du Vicomté de Gauardan, & des Baronies de Moncade & de Castetuieil: Le Comte d'Armagnac en la possession de Riuiere, en vertu de la donation de Guillelme, du païs d'Euse & de Mansiet, & du Vicomté de Brulhois: le Vicomte de Fezensaguel aux terres du Diocese de Carcasses, qu'il auoit acquises par l'eschange fait auec le Comte de Foix. Neantmoins ces deux maisons animées ont tousiours recherché & rencontré des nouuelles occasions de guerre, pour ruiner leurs sujets, comme l'on verra en la suite de cette Histoire.

E Tabulario Palensi.

HISTOIRE DE BEARN,
LIVRE NEVFIESME.

CHAPITRE I.

Sommaire.

I. L'estenduë de l'ancien Comté de Bigorre, les distractions qui en ont esté faictes. II. Description de la Bigorre en l'estat qu'elle est maintenant. III. Ses montagnes. La vallée de Bareige. IV. La vallée de Lauedan auec ses vallons. V. Source, & cours de la riuiere de Ladour. VI. Riuieres de l'Esches, & de l'Arros. VII. Plaine de Bigorre. VIII. Ville de Tarbe, Vicbegorre, Rauastenx. IX. Quatre passages vers l'Espagne. Chasteau de Lourde. Commodités du païs.

I. A Bigorre est vn Comté, qui comprenoit anciennement dans son estenduë tout le territoire de l'anciene Cité de Tarbe, ou de Bigorre, mentionnée dans la Notice des Prouinces; dont les habitans sont nommés *Bigerri* ou *Bigerrones* dans Cesar, Pline, Ausone, & Sidonius, & different des Tarbelliens, comme i'ai expliqué plus particulierement au Liure premier. Pour sçauoir son ancienne estenduë, il ne faut que mesurer celle de l'Euesché de la ville: qui comprend outre le païs, que l'on nomme auiourd'hui Bigorre, la Viguerie de Mauuesin, qui faict vne portion du Neboussan; & la Riuiere basse. Ces terres estoient des anciennes dépendances de ce Comté, duquel dépendoient les homages des Vicomtés d'Aure, & de Labarte: Mais la Riuiere basse en fut distraicte par sentence arbitrale en faueur de Gaston de Bearn, au preiudice du dernier Comte Esquibat: Et en suite Mate troisiesme fille de Gaston la porta dans la maison d'Armagnac. Les autres parties en ont esté distraictes depuis, à diuerses occasions. On verra sur la fin du dernier Chapitre de ce Liure; en quel estat les derniers Comtes possedoient ce Comté.

II. La Bigorre donc en l'estat qu'elle est auiourd'hui, a pour confins au Leuant, la vallée d'Aure, le Vicomté de Neboussan, Riuiere Verdun, & Pardiac: au Cou-

Xxx iiij

chant le Bearn ; au Midy les vallées de Brotou, & de Penticoufe autrement de Tena en Aragon; au Septentrion, le païs de Riuiere baſſe, incorporé à l'Armaignac. Sa longueur à prendre du plus haut des montagnes eſt de dix lieuës, du Midi au Septentrion. Sa largeur de trois lieuës, de l'Orient à l'Occident. Elle eſt diuiſée en trois parties, les montagnes, la plaine, & le Ruſtan.

III. Les montagnes ſont encloſes entre celles de la vallée d'Aure à l'Orient, celles d'Aragon au Midi, & celles de Bearn au Couchant. Cét eſpace contient deux principales vallées, Lauedan, & Bareige. Celle-ci eſt ſituée ſur le haut de la montagne vers l'Orient, & confine auec la vallée de Brotou en Aragon. Elle eſt compoſée de dix ou douze Parroiſſes; dont la principale eſt Lus; proche de laquelle on void les maſures d'vn vieux chaſteau : Le Gaue de Bareige, qui ſe precipite par le vallon, ayant pris ſa ſource deux lieuës plus haut, pres les pierres de Sainct Martin, ſur les limites de Bigorre, & d'Aragon, ſe iette vne lieuë & demie plus bas, dans la vallée de Lauedan, du coſté du valon de Dauantaigues.

IV. Le corps de cette vallée de Lauedan, a deux lieuës de longueur, depuis le bourg de Peyrehite, iuſqu'à la ville de Lourde ; qui eſt ſituée à l'emboucheure de la vallée, du coſté d'embas. Elle eſt accompagnée de quatre vallons, qui ſont à ſes aiſles; Dauantaigues qui eſt à l'Orient; Azun, Eſtreme de Sales, & Batſoriguere au Couchant. Il y en a vn cinquieſme, à la pointe au deſſus de Peyrehite, qui eſt Cauteres; dans les montagnes duquel, prend ſa naiſſance vn autre Gaue qui deſcend à Peyrehite, laiſſe à main gauche le bourg de Sainct Sauin, auec ſon Abbaye & quelques autres villages, qui dépendent de l'Abbaye auſſi bien que la vallée de Cauteres. L'emboucheure du valon d'Azun eſt proche de Sainct Sauin, & ſon extremité eſt au village d'Arrenx, qui confine auec la vallée de Penticoufe en Aragon. Eſtreme de Sales, & Batſoriguere prés de Lourde, confinent auec les montagnes de Bearn. Dans le plat fonds de la vallée, le bourg d'Argeles eſt aſſés grand, où ſe tient le marché. Le Vicomté de Caſtetloubon, que l'on nomme communément le Vicomté de Lauedan, eſt aſſis de l'autre coſté. Dans les terres de ce Vicomté s'aſſemblent les deux Gaues de Barege, & de Cauteres, & le ruiſſeau d'Azun, qui compoſent le Gaue de Lauedan : lequel à l'iſſuë de la vallée arrouſe Lourde ; & pliant à main gauche, coule vers la ville de Sainct Pé de Generes, qui eſt vne lieuë au deſſous, auec ſon Abbaye de meſme nom; dont le territoire s'auance en pointe dans le Bearn ; où le Gaue prend le nom de Bearnois pres Betarram.

V. La Riuiere de Ladour prend ſa naiſſance d'vne fontaine, nommée Capadour; qui ſort du haut de la montagne, appellée Tourmalet en Barege, coule du coſté d'Orient dans vn petit & agreable vallon, abondant en laictage & en beurre, de la longueur d'vne lieuë ; mais qui eſt fort eſtroit, ayant au bout, le bourg de Campan, qui lui donne le nom. L'Adour s'augmentant des torrents qui ſe precipitent des montagnes, paſſe par le Vicomté d'Aſter, deſcend vers la ville de Baigneres, entre dans la plaine, qu'elle coupe par le milieu, arrouſe auec l'vne de ſes branches la ville de Tarbe ; le reſte de la riuiere en eſtant bien proche ; & coulant pres le chaſteau de Toſtat, & le lieu d'Artaignan, paſſe par la ville de Maubourguet en Riuiere baſſe ; où elle ceſſe de produire des truites, ſe contentant de nourrir des brochets, des carpes, & du poiſſon blanc.

VI. La Riuiere de l'Eſches prend ſa ſource en la terre de Caſtetloubon en Lauedan, pres du lieu appellé S. Eſcheuſt, paſſe dans la Baronie des Angles ; & prenant ſon cours dans la plaine vers le coſtau qui eſt du coſté de Bearn, baigne le chaſteau de la Baronie de Benac ; laiſſe le bourg d'Ibos à main droite, paſſe dans la ville de Vic-Begorre, en ſuite pres l'Abbaye de la Reole, & le chaſteau de Parrabere, & ſe perd dans L'adour à Maubourguet. La Riuiere de l'Arros naist hors le Comté, en la Baronie d'Esparros dans la vallée de Barousse, baigne l'Abbaye de l'Escalediu en Bigorre, la separant du Bourg & Viguerie de Mauuesin en Neboufan; passe aux bourgs de Goudon, & de Tournay, & au bourg & Abbaye de Sainct Seuer de Rustan; lequel S. Seuer est au diocese de Tarbe, quoi qu'il ne soit pas maintenant du Comté; & laissant à sa main gauche vn quart de lieuë dans la plaine, la ville de Rabastenx, se va ietter dans l'Adour pres de Riscle au bas Armagnac. Le quartier de Bigorre qui auoisine l'Arros, se nomme le païs, ou le quartier de Rustan, prenant le nom de la riuiere.

VII. La plaine de Bigorre est en forme d'ouale, & commence à s'ouurir à la ville de Baigneres d'vn costé, & pres de celle de Lourde de l'autre, iusqu'à la ville de Vic-Bigorre, & vn peu plus bas. Elle est de longueur de cinq grandes lieuës; & de largeur d'vne lieuë; enfermée au couchant des coustaux de Ger, Montaner, & Moncaup en Bearn; Et à l'Orient des costaux de la Bigorre mesme, que l'on nomme le Rustan. C'est vne plaine fort agreable à la veuë, bien peuplée & cultiuée. La ville de Bagneres la recommande beaucoup, à cause de ses bains tres-salutaires de diuerse temperature, dont i'ai parlé au Liure premier.

VIII. La ville de Tarbe bastie en long auec vne seule ruë, est comme au milieu de la longueur de la plaine, & proche de l'extremité de la largeur, du costé de Rustan. C'est la capitale du païs, nommée *Turba*, ou bien *Tarba* dans les anciennes Notices; qui remarquent qu'en cette ville il y auoit vn fort pour les Romains nommé Bigorre. *Tarba vbi Castrum Bigorra*; Maintenant c'est le siege de l'Euesché, & de la iustice du Seneschal du païs, qui se rend dans les restes du vieux chasteau des Comtes de Bigorre. Vic-Begorre, & Rabastenx sont au bas de la plaine; celle-là recommandée pour ses marchés, & le vin de ses hutins, qui s'y recueille en abondance; & celle-ci par ses ruines, tant de la ville que du chasteau; ayant esté assiegée & mise à sac, par le Mareschal de Montluc, & depuis encore ruinée pendant les troubles arriués à l'occasion de la religion.

IX. Dans le Comté il n'y a point d'autre fortification, que celle de la nature, les monts seruants de barriere contre l'Espagnol; où il y a quatre passages fort difficiles, que les habitans sont tenus de garder, Azun, Cauteres, Barege, & Campan, quoi que ce quatriesme entre aussi dans la terre d'Aure. Le Chasteau de Lourde neantmoins est tres-fort, estant basti sur vn haut rocher, & en cette qualité tenu par Froissart pour vne bonne place. Le Roy entretient quelques morte-payes, tant pour la conseruation du païs contre les estrangers, que pour brider l'humeur rude & sauuage de la plus grande partie des habitans des Vallées. Le terroir de la plaine & des montagnes est assés abondant en seigles & millets, & en bestail, comme aussi en vins, qui se leuent aux hutins que l'on nomme *Vigne vergers*; qui ne sont pas de beaucoup si recommandés, que ceux que l'on recueille aux vignes des costaux du quartier de Rustan. Il y a trois lacqs; l'vn aux montagnes d'Azun, l'autre à Cauteres abondants en truites; & le troisiesme à Lourde, où il y a de beaux brochets. Les Bains de Bareiges, de Cauteres, & de Baigneres sont tres-salutaires pour la guerison des paralysies, des vlceres, & des maladies qui prouiennent d'humeur froide. Les païs voisins se pouruoyent de l'ardoise, qui se coupe pres de Lourde & de Baigneres. Les montagnes ont aussi diuerses mines d'argent, de cuiure, de plomb, & de fer; mais elles ne sont pas ouuertes.

CHAPITRE II.
Sommaire.

I. Eneco Comte de Bigorre, deuenu Roi de Nauarre, conserue le Comté à quelqu'vn de sa race. II. Qui peut estre Donatus Lupi, ou Dato Donati anciens Comtes de ce païs. III. Monastere de Sainct Sauin basti par Charlemagne. Ruiné par les Normans, rebasti par Raimond Comte de Bigorre. Il le dote de la Vallée de Cauteres, où il y auoit pour lors des bains. IV. Paschal de Sainct Sauin expliqué. Necessité d'y Communier aux Festes solenneles; à l'exemple de ce que l'on estoit obligé de faire aux Eglises Cathedrales. Baptesme administré en certains iours en Bearn, du temps de Guillaume Sance Duc de Gascogne. V. La vie de Sainct Sauin selon les memoires de ce monastere.

I. IL ne faut point metre en doute la dignité & l'antiquité du Comté de Bigorre, puis que le Comte Eneco Arista Fondateur du Royaume de Nauarre possedoit ce païs à tiltre de Comté, auant son auenement à la Couronne, enuiron l'an 828. comme i'ai faict voir au Liure III. Quelqu'vn de sa race fut pourueu du Comté, sous la reserue de l'homage pour la Couronne de Nauarre; pour le tenir en rierefief de France : lequel homage Sance le Grand transporta auec le Royaume d'Aragon, à son fils Ramir, lors qu'il lui donna cette Couronne pour son partage. De là vient que les Rois d'Aragon ont conserué long-temps, non seulement vne bonne correspondance auec les Comtes de Bigorre, mais encor la continuation de leur alliance par les mariages, qui ont esté faicts entre les enfans de ces deux maisons; & ont retenu l'homage du Comté vn bien assés long-temps, sans que cette reserue preiudiciast à la Souueraineté de France, ainsi que ie monstrerai en la suite de ce discours.

II. On est en peine de sçauoir les noms des anciens Comtes de Bigorre successeurs d'Eneco. Mais le soin ordinaire du sieur Duchesne Geographe du Roi, nous a descouuert le nom de quelques vns, qu'il a recueillis de diuers tiltres en cét ordre. *Donatus Lupi*, du temps du Roi Louis le Debonaire. *Faquileno*, Comtesse de Bigorre. *Dato Donati* Comte de Bigorre sous le Roi Charles le Chauue. Et encor en suite vn Comte nommé *Lupus Donati*. De celui-ci iusques au Comte Raimond, il y a vn espace, qu'il seroit bien difficile de remplir. Le Comte Eneco doit estre placé necessairement à la teste de tous ces Comtes, puis qu'il fut éleu Roi de Nauarre du temps de Louis le Debonnaire, comme i'ai monstré en son lieu: & par ce moyen le Comte *Donatus Lupi* seroit son frere, auquel il auroit laissé le patrimoine de Bigorre, se contentant de sa nouuelle conqueste; ou bien Eneco estoit fils du Comte Donat, & de la Comtesse Faquileno, & frere du Comte Dato Donati, qui demeura maistre de la Bigorre; laquelle il possedoit du temps de Charles le Chauue. Cette opinion me contente plus que la premiere.

III. Pour le Comte Raimond, sa memoire a esté conseruée dans les papiers de l'Abbaye Sainct Sauin, en la vallée de Lauedan, dont il ne fut pas le Fondateur, mais le Restaurateur. Car les chartes de ce monastere certifient, qu'il fut premierement fondé par Charlemagne. Ce qui s'accorde auec le denombrement des monasteres de Gaſcogne arreſté au Synode d'Aix l'an 816. où celui de Sainct Sauin n'eſt pas oublié. Peut-eſtre que celui de meſme nom, dans l'Aquitaine, dont il eſt faict mention dans la vie de Louis chap. xxxiv. eſt le monaſtere de Bigorre, ſi ce n'eſt celui de Poictou. Le Comte Raimond ne pouuant ſouffrir la ruine, qui eſtoit arriuée à cette maiſon par la fureur des Normans, prit le ſoin de la reſtablir, eſtant aſſiſté des Vicomtes de Lauedan, Anermans, & Anerils; & d'y aſſembler vne Congregation de moines de l'ordre de Sainct Benoiſt, ſous le gouuernement de l'Abbé *Enecus* : qui eſtoit vn perſonnage de grande ſainéteté, & conſeruoit le nom de l'ancien Comte Eneco. Il dota ce Conuent de pluſieurs rentes contenuës en la charte qui s'eſt eſgarée; leſquelles il augmenta depuis, comme l'on void dans l'Acte de la ſeconde Dotation, qui eſt de l'année 945. Il donne à ce nouueau monaſtere, la vallée de Cauteres, à la charge d'y baſtir vne Egliſe ſous le nom de Sainct Martin, & d'y tenir en eſtat les logemens pour les bains, qui eſtoient en vſage auant ce temps; auſſi bien que maintenant; leur octroye le quartier ou l'eſpaule des ſangliers, & des cerfs qui ſeront pris en cette vallée, & en toute l'eſtenduë du Paſchal de Sainct Sauin entre les ponts. Leur accorde auſſi pour le luminaire de l'Egliſe, les rentes de beurre qu'il y leuoit, & tous les deniers prouenans des amendes, qui pourroient lui eſtre deuës pour ſes emolumens & droicts de iuſtice, aux affaires du monaſtere; ordonnant à ſon Vicaire de ces quartiers de ne les retenir pas, mais pluſtoſt de les porter ſur l'autel de Sainct Sauin. Cette Donation fut confirmée par les vaſſaux du Comte Raimond, & deliurée à Bernard qui eſtoit pour lors Abbé de S. Sauin, regnant en France le Roi Louis, & en Aragon le Roi Garſia, l'an de l'Incarnation D. CCCC. XLV. Le meſme Comte donna à ce monaſtere deux Caſals au lieu de Biſer, regnant en France le Roi Louis, & en Aragon le Roy Garſia l'an DCCCXLVII.

IV. Or dautant qu'il eſt faict mention dans cette Charte du *Paſchal de S. Sauin*, il ne ſera pas hors de propos d'en expliquer la ſignification, ainſi qu'on la trouue dans les Tiltres de ce monaſtere. Ce Paſchal ſignifie l'eſtenduë de huict Parroiſſes, obligées de toute ancienneté d'aller receuoir le Bapteſme, & la Communion à certains iours dans l'Egliſe S. Sauin, & d'y faire les enterremens de leurs morts. Cette denomination ayant pris ſon origine, ainſi comme ie penſe, de ce que les Auteurs Eccleſiaſtiques, Grecs & Latins depuis mille ans, ont appellé les trois ſolemnités de la Natiuité, de la Reſurrection, & de la Pentecoſte, les Feſtes Paſchales, ou les iours Paſchals; ſoit à l'exemple des Iuifs, qui nommoient Paſque les trois principales ſolemnités de l'année, la Scenopegie, les Azymes, & la Pentecoſte, qui eſtoit la Fermure ou le dernier iour de la Cinquantaine apres le dernier des Azymes; ſoit en conſequence peut-eſtre, de ce que par le Synode d'Agde, & par les Capitulaires, il fut ordonné à tous les fideles de Communier aux trois Feſtes de Paſque, de la Pentecoſte, & de la Natiuité; comme il eſtoit ordonné auparauant de conferer le Bapteſme aux Feſtes ſeules de Paſques, & de Pentecoſte, ſelon les Decrets du Pape Innocent, & du Pape Leon premiers du nom; auſquels iours l'vſage adiouſta depuis, celui de la Natiuité, pour la celebration du Bapteſme ſolennel, comme il eſtoit affecté pour la Communion. Ce qui paroiſt auoir eſté anciennement obſerué dans le Bearn. Car l'on trouue dans le vieux chartulaire de l'Abbaye de Sorde, que le Duc de Gaſcogne Guillaume Sance lui donnant l'Egliſe de Saincte Suſanne, faict mention de l'obligation des habitans des villages de Lar, & de Lanepla, de porter leurs enfans à baptiſer en cette Egliſe, les iours de Noël, des Rameaux, de Paſques, & de Pentecoſte. La denomination du Paſchal de Sainct Sauin peut eſtre donc priſe de ce que nous venons de dire; & le motif d'auoir octroyé ce priuilege à l'Egliſe de l'Abbaye, prouient du deſir extraordinaire des Eueſques, & des Comtes de Bigorre, de fauoriser & honorer ce lieu, en lui communiquant vne portion de l'honneur, qui estoit anciennement deferé aux Eglises Cathedrales. Car il fut arresté au Canon 22. du Synode d'Agde, que ceux qui auoient des Chapelles aux champs, viendroient en la Cité, pour assister aux solemnités des Messes, les iours de Pasque, de Noël, de l'Epiphanie, de l'Ascension, de la Pentecoste, & de la Natiuité Sainct Iean Baptiste. Ce qui estoit practiqué generalement par tout, comme il apert du discours d'Isidore de Seuille, en son Traicté des offices Ecclesiastiques. La necessité de Communier en l'Eglise de Sainct Sauin aux trois Festes, est exprimée formellement dans la vieille Charte, comme aussi celle d'assister aux processions, & aux offices diuins, tant en ces iours, qu'en certaines autres solennités, qui ne portent pas vn ordre precis de Communion.

V. Si l'on desire estre instruict, qui estoit ce sainct personnage honoré dans ce lieu, ie representerai le sommaire de sa vie, ainsi que ie l'ai extraict des papiers de ce monastere. Sauin estoit natif de la ville de Barcelone en Espagne, lequel estant en bas aage, fut commis par le pere, au soin & à l'education de sa mere. Estant vn peu plus fort, & auancé, il vint à Poictiers pour visiter son pere *Hentilius*, qui possedoit le Comté & gouuernement de la prouince; pres duquel il fut tres-bien instruict, & soigneusement esleué. Mais encore que le Comte son pere lui eust dressé richement sa maison, il se contentoit d'vn cheual & d'vn simple ordinaire, distribuant le surplus aux pauures. Or il arriua que Sauin qui estoit besson, persuada son autre frere d'embrasser la discipline reguliere. Ce qui affligea extremement la mere, qui employa Sauin pour retirer son frere iumeau du monastere Sainct Martin, où il s'estoit ietté. La commission lui agree, l'acceptant plustost pour se ioindre à la profession monastique de son frere, comme il fit, que non pas pour l'en diuertir. Apres auoir demeuré trois ans dans ce monastere, il prend resolution de se retirer dans les solitudes d'vn desert; & prenant sa route du costé des Monts Pyrenées, il arriue en la Cité de Begorre: où il trouua l'Abbé *Forminius*, auec peu de religieux, qui le mena dans les quartiers les plus reculés de la montagne; où il rencontra vn endroict fort propre pour contenter son desir. C'estoit vn rocher escarpé, duquel il degoutoit vne petite source d'eau, qui seichoit en esté, & contraignoit Sauin & Iulian le Diacre son compagnon, de grauir l'espace de mille pas, par la roideur de la montagne, pour aller prendre dans des outres, la prouision de leur eau. Iulian estant tombé malade, l'Abbé Forminius lui substituë le Diacre Siluain. Ce Diacre & Sauin bastirent en ce lieu, pour leur retraicte, vne petite cabane de sept pieds de longueur, & cinq de largeur, sur le fonds qui apartenoit à Chromatius, qui supportoit auec regret cette cellule. Neantmoins Sauin habita dans cét antre, enuiron treize années, & desira auant son decés, de receuoir la benediction de l'Abbé Forminius, qui s'excusa sur l'heure pour quelques affaires qui lui estoient suruenuës; De sorte que le Sainct personnage deceda, apres auoir operé plusieurs miracles pendant sa vie, & apres son decés.

III. E Tabulis monasterij Sancti Sauini Leuixanensis: Manifesta res est, & omnibus pene totius Guasconiæ incolis certissimè notum, quod ego Raimundus Bigorritanus Comes, meis peccatis exigentibus omnipotentis iram incurrere, & Paradisi gaudia perdere timens, pro redemptione animæ meæ, & parentum meorum, locum vbi Sancti Sauini corpus iacere sine dubio cognoscitur, de prædiis meis, & aliis bonis hereditaui; Et vt ibi monasterium, & monachi sub Abbate regulariter degentes, in perpetuum durarent, satis Deo auxiliante laboraui. Inter cætera bona quæ ibi diligenter concessi, *Vallem Caldarensem* prædicto monasterio, & monachis ibidem seruientibus dono, & concedo, quatenus ibi ad honorem Dei, & B M. conuenienter edificent, & *mansiones ad balneandum competentes semper in eodem loco conseruent*. Et Vallem prædictam Abbas & Monachi S. Sauini liberam & quietam possideant, atque nullus alius, neque nos, neque successores nostri ibi potestatem atque podoentiam habeant, neque bestias suas qualescunque sint, nisi per consilium, & voluntatem Abbatis S. Sauini ad estiuas illius vallis introducant. Concedimus etiam in ipsa valle, vt si quis *porcum singularem*, siue ceruum venando ceperit: *quartam* siue tam siue spadlarem S. Sauino persoluat. Et per totum Paschale S. Sauini infra pontes similiter fiat. Insuper ad luminaria S. Sauini butirum, quod per illas totas estiuas censualiter accipiebamus, totum præfato monasterio concedendo dimittimus. Adhuc etiam pro amore Dei omnipotentis, & tam pro nostra, quam successorum nostrorum salute, eidem monasterio donamus & concedimus, vt si qua nobis pecunia pro *placitis*, aut *batallis*, de prædicto monasterio nobis euenerit: neque nos, neque *Vicarius qui per nos in illa terra fuerit*, nobis retineamus, sed ad honorem Dei & pro salute nostra super altare S. Sauini restituamus. Hanc itaque chartam, & hanc confirmationem procerum & hominum nostrorum authoritate in manu Bernardi tunc temporis S. Sauini Abbatis facimus. Regnante in Francia Lodoico Rege, & in Aragone Garcia rege. Anno ab Incarnatione Domini nongentesimo quadragesimo quinto.

Ex iisdem Tabulis, Paschale S. Sauini.

Ecclesia de Lau, & Ecclesia de Casted, & Ecclesia de Balaias, & Ecclesia de Arcisaas, & Ecclesia Dadast, & Ecclesia de Hus, & Ecclesia de Nastalas, & Ecclesia de Solon. Istæ nominatæ Ecclesiæ sunt ex antiqua cōsuetudine ordinatæ, & titulatæ ad *Paschale S. Sauini*, ita vt generaliter apud S. Sauinū *totum Baptismū habeāt*, & sepulturam ibidem suscipiant, nisi fuerint infantuli; aut in tantum pauperrimi, quod non habeant qui eos illuc deferant. Iterum semper ex antiqua cōsuetudine constitutum & confirmatum est, vt istarum Ecclesiarum Capellani cum parochianis suis, tam clericis, quam laicis, in *Natiuitate Domini* ad nocturnas apud S. Sauinum conueniant, & ibi ad celebrandas Missas, & *ad Communionem suscipiendam* permaneant. Sed ipsi Capellani lucescente die ad Ecclesias proprias redeant, & propter pastores & familias minores domorum communicantes, missas ibi celebrent. In Purificatione autem S. Mariæ, & in Ramis palmarum iamdicti Capellani in Ecclesiis sibi commissis, finitis matutinis, missas non dicant; Sed apud S. Sauinum ad processiones, & ad cætera percipienda officia cum parochianis suis conueniant. In die Veneris S. ad adorandam crucem ad Paschale suum omnes pariter accedant. In die quoque *Resurectionis Domini*, matutinis & matutinali Missa celebratis, & pauperibus & pastoribus Communicatis, cum Dominis domorum, & vxoribus eorum ad Missam maiorem S. Sauini concurrant. In die *Pentecostes* similiter faciant. In festiuitate S. Ioannis apud Ecclesias suas, matutinas tantum dicant, sed ad celebrandas Missas & ad solennia peragenda officia in Ecclesia S. Ioannis pastores deferant. In Assumptione S. Mariæ, summo mane cum Cleris & ceteris parrochianis, ad matutinas celebradas ante altare S. Mariæ....... Monachorum veniant, & Missam similiter ibidem celeberrime audiant. In festiuitate omnium Sanctorum similiter Capellani & Parrochiani alij ad Missam maiorem apud S. Sauinum accedant; & in alia die post festum, propter defunctos ad Missam precipiēdam, & ad cimiterium visitandum conueniant.

III. Ex iisdem Tabulis: Carolus Maior Pipini filius cœnobium ...(suple condidit) collectis in vnum cænobialibus, qui redderent excelso sublimia vota tonanti. Sed vt solet fieri ignauia minus religiosorum videlicet virorum, euolutis multorum obliuiose annorum curriculis, per auctam inscitiæ fomitem improuidentiam paulatim decidendo, euenit casus illius desolationis, ita vt nullomodo cernentibus occurreret vestigium pristinæ ædificationis. His igitur ita paratis, atque obliuionis multum nebulis diuque deditis, cernentes *Raymundus*, qui erat nunc temporis *Comes Bigorritana telluris*, & *Anermans*, & *Anerils* Vicecomites Leuitauicæ vallis, summo cum studio curauere restituere, sicut prius fuerat, congregatis sub norma Benedicti Patris non mediocriter cologeris, præponētes *Enecum* Abbatem, virum maximæ Sanctitatis. Successores vero eorum qui fuere *Ludouicus Comes*, filius præfati Comitis, ac *Fortaner Vicecomes*, præsidente tam manentibus in monasterio supra deuenientes memorato, pacarum ac liberum cum suis villis, & agellis, reiecta omni seruili conditione reddidere. Post, illorum namque qui fuere successores *Guarsiarnald. Come, filius Patris* supradicti Comitis & G. cuarsiafort iunctis secum proceribus facta de rebus proprijs donatione statuerunt, residente illo in tempore Bernardo Abbate inefabilis virum nobilitatis in Katedra honoris. Præterea excedentes isti iamdicti famosi viri è seculo, successerunt *Bernardus in Comitatu*, *Guillemfort & Ramonguarsia* nepos eius in *Vicecomitatu*, qui conglobati in vnum locum, S. reliquijs Sauini decorum sancientes, omni malignæ seruitutis nexu liberum constituerunt. Causaque tantæ bonitatis fuit, sanctæ deo iuuante memoriæ Arnaldus Abbas filius supradicti Guillemfort, qui locum magnifice longe prout potuit lateque dilatauit. Denique peractis funebrique cunctis limite ceptis, magnifico Abbas successit Bernardus Almificus gestis præclaro famine grandis, & vt notum sit omnibus fama super æthera felix, sermone Ducum prægrandi germine celsus, quem principes *Bernardus Comes*, & *Eraclens Episcopus*, ac Vicecomites Ramunguarsia, & Ramunguillem magno cum..............
.... Cætera desunt.

III. Lib. 7. Capitul. T. 190. Solennissimos dies *Paschales*: Benedictus Leuita interpretatur, Pascha, Pentecosten, & Natiuitatem domini.

CHAPITRE III.
Sommaire.

I. Louïs Comte de Bigorre. Arnaud, & Garsie Arnaud. II. Bernard Roger Comte. La Comtesse Garsende sa femme. Ermesende leur fille mariée à Ramir Roi d'Aragon. Il lui constituë Dot sur ses biens, selon la Coustume de la terre. Explication de cette Coustume.

I. Raimond succeda le Comte Louïs son fils, comme l'on aprend par les titres de l'Abbaye S. Sauin ; lequel auec Fortaner Vicomte de Lauedan octroya en faueur du monastere vne pleine immunité de tous deuoirs, & vendit à l'Abbé Garsias la iurisdiction du village de Suin. A Louïs succeda Arnaud son frere ; & à celui-ci Garsie Arnaud son fils. Ce Garsias Arnaud iura l'immunité du monastere de S. Pé de Generes, auec Sance Duc de Gascogne, qui le fonda dés auant l'année M.XXXII. Il visita aussi en compagnie de ce Comte ou Duc Sance, les limites des Comtés des Gascons, & de Begorre, qu'ils renouuelerent en presence des Euesques, & des Barons de l'vn & de l'autre païs ; comme l'on peut voir dans les articles de plainte presentés par Gui Euesque de Lascar, dont il a esté fait mention ci-dessus. Ce Comte Garsias a fait quelques liberalités assés notables en faueur du Conuent de S. Pé, comme de la troisiesme partie de son marché de Lourde, & de quelques terres au lieu d'Ader : obligeant auec serment Forton Aner Vicomte de Lauedan, qu'il ne feroit aucune demande pour les choses données, à raison de son Vicomté. Et en suite Garsias, & le Vicomte de Lauedan Garsiefort, fils de Fortaner, augmenterent par leurs donations les rentes de S. Sauin, du temps de l'Abbé Bernard.

II. A Garsias succeda le Comte Bernard, comme il est iustifié par la Charte de S. Sauin, qui fait mention que ce Comte, & les Vicomtes de Lauedan Guillemfort, & Ramon Garsia son nepueu, confirmerent les exemptions du monastere, en consideration de l'Abbé Arnaud fils du Vicomte Guillemfort, qui agrandit les bastimens de ce lieu. Ie trouue que ce Comte Bernard, estoit nommé en autres termes Bernard Roger, qui fut marié à la Comtesse Garsende. Leur fille nommée Ermesende, & apres son baptesme Gilbergue, fut donnée en mariage à Ramir premier Roi d'Aragon, fils du Roi de Nauarre Sance le Grand ; ainsi que ce Prince accorde en l'acte de l'année M.XXXVI. produit en partie par Blanca & tout entier par Briz Martinez en son histoire de la Penna. Il constituë à sa femme, en consideration de l'amour qu'il lui porte, & de sa beauté, des Arres, & donations en faueur des nopces, pour en iouïr suiuant la Coustume de la terre. Or cette Coustume estoit l'vsage introduit par les loix Gotthiques dans l'Espagne, de constituer à la femme sur les biens du mari, vn Douaire ou agencement qu'ils nommoient Arres ou Dot, qui ne pouuoit exceder neantmoins la valeur de la dixiesme partie des biens du mari, suiuant la loy du Roy Chindasuindus : La disposition de ces biens, ou deniers dotaux demeurant libre à la femme, si elle n'auoit point d'enfans, & retournant au mari, en cas qu'elle decedast sans faire testament. De sorte que les parens de la fille mariée, n'estoient point obligés de lui bailler sur leurs biens propres aucune dot, sinon que ce fut de leur bon gré, mais le dot se prenoit sur les biens du mari. C'est ce que le Roi Ramir appelle la Coustume de la Terre : En execution de laquelle il baille à la fille de Bernard Roger Comte de Begorre sa future espouse, à titre d'Arres & de Dot, ses chasteaux, terres & domaines d'Atheres, de Seneque, Lobere, Aries, Serracastel, & la vallée de Tena, auec toutes leurs dépendances. La Princesse fut conduite & deliurée au Roi son mari, par Richard Euesque de Bigorre, & par les Vicomtes de Lauedan, Guarsiafort, & Guillemfort qui sont qualifiés dans l'Acte freres vterins.

I. E Tabul. S. Petri Generensis: Garsias Arnaldi Comes Bigorrensis dedit Beato Petro, totam tertiam partem Mercati Lurdensis, & vnum pagensem in Ader, & vnum Casalem nominatum Susach, qui soluit censum xxx. panes, & duas pernas porcinas, & dedit duas Estiuas, scilicet garenderam & marenram, & postea fecit Fortonem Amerij Vicecomitem Leuitanensem iurare super altare S. Petri quod nunquam pro Vicecomitatu aliquid inde reclamaret.

II. Ioannes Briz Martinez l. 2. historiæ Pinnatensis cap. 34. Anno Incarnationis Domini M. XXXVI. mense Augusto XXII. die mensis..... luna XXV. Ego Ranimirus gratia Dei prolis Sanctionis Regis, accepi vxorem nomine *Gilberga* filiam *Comitis Bernardi Rodgeri*, & *Comitissæ matris eius*, *nomine Garsinde*, quam dederunt mihi *Richardus* Episcopus Bigorritanæ Ciuitatis, & Proconsules Leuitanensi Garsia Forto, & Gielm Forto fratres vterini, & dedi ei sponsalia pro dote, & Arram, & propter honorem, & propter amorem, & propter pulchritudinem suam, aliquid de hereditate mea, quam dedit mihi Pater meus in territorio Aragonensi; Id est do Castellum nomine Atheres, cum omnibus sibi adiacentibus villulis; & Tena cum suis terris cultis & incultis: & villam quæ vocatur Aries, cum omnibus sibi pertinentibus villis, & terris cultis & incultis. Et castrum quod vocatur Serracastellum, cum suas villas, & cum suis terminis. Et alium Castrum Lupera. Ista omnia supradicta totum & ab integro do ei vt teneat, & possideat *ad consuetudinem terræ nostræ*. Regnante Imperatore Beremundo in Leyone, & Comite Ferdinando in Castella, & Rege Garsea in Pampilona, & Rex Ranimirus in Aragone, & Rex Gundesaluus in Ripacurcia.

CHAPITRE IV.

Sommaire.

I. Bernard Comte. Sa femme Clemence. Ils constituent vne rente de soixante sols Morlas sur le Comté au profit de Nostre Dame du Puy. II. Recit du siege de Lourde par Charlemagne, sur Mirat Sarasin. Sa reddition à la charge de releuer de l'Eglise Nostre Dame du Puy, sous la redeuance de quelques botes de foin. III. Refutation de cette fable. IV. La Donation du Comte Bernard a fourni le pretexte de l'homage rendu par les Comtes à Nostre Dame du Puy. V. Bernard Tumapaler Comte des Gascons soubsmit le Comté d'Armagnac à vne redeuance annuelle, en faueur de l'Eglise d'Aux; à l'exemple du Comte de Bigorre. VI. Dispute de Bernard auec Dodon de Benac. VII. Denombrement de quelques anciens Seigneurs de la maison de Benac.

I. Bernard Roger eut pour successeur le Comte Bernard; lequel eut à femme la Comtesse Clemence. Ce Comte visita par deuotion l'Eglise de Nostre Dame du Puy en Velai, l'an M. LXII. où il mit sa personne, & tout son Comté soubs la protection de la Vierge; à la charge que lui & les Comtes ses successeurs feroient à cete Eglise vne rente annuele *de soixante sols Morlas*, qu'ils seroient obligés de porter, ou d'enuoyer au corps du Chapitre. Il nomme cete rente en termes expres vn Don de pieté & de religion, *Donatiuum pietatis & religionis gratia peractum*, qu'il confirme de son sein, & de celui de la Comtesse Clemence sa femme, ensemble de ceux de ses plus notables vassaux, sçauoir de Bernard de Baseliac, & de Guillaume de After. On trouuera l'Acte tout entier au bas de ce Chapitre, qui merite d'estre leu; dautant plus qu'il fournit vne preuue peremptoire, pour reietter la tradition fabuleuse, que la temerité d'vn Escriuain a inuentée, pour fauoriser l'Eglise N. Dame du Puy, en la dispute qui s'émeut entr'elle & le Roi d'Angleterre pour lors Duc de Guyenne, touchant l'homage & la superiorité du Comté de Bigorre.

II. On trouue cette narration dans vn parchemin, qui est au thresor de Pau intitulé *les Fors de Bigorre* : où il est escrit, que Charlemagne Roi de France & Empereur Romain se rendit maistre de tout le Comté de Bigorre, excepté du chasteau de Mirambel; qu'il assiegea longuement, sans que Mirat qui estoit le Seigneur du chasteau, voulust se rendre sous aucune condition. De sorte que le Roy ennuyé de la longueur du siege, estoit sur le point de se retirer; laissant neantmoins ses troupes dans leurs retranchemens. Mais Nostre Dame du Puy commença à faire des merueilles. Car vne Aigle porta vn grand poisson en vie, en l'endroit le plus haut du chasteau, que l'on nomme encore, dit-il, la pietre de l'Aigle. Mirat prenant ses auantages de cette rencontre, enuoye le poisson à Charlemagne, & lui fit dire qu'il n'estoit pas si court de viures, comme il pensoit, puis qu'ils prenoit de tels poissons en son viuier. Ce qui fascha extremement le Roi. Mais l'Euesque du Puy, qui auoit connoissance de toute l'affaire, le r'asseura, en lui disant, que Nostre Dame commençoit à tesmoigner ses merueilles; & sous l'aueu du Roi alla conferer auec Mirat, lui proposant de se rendre à Nostre Dame, puis qu'il refusoit d'estre vassal de Charlemagne. A quoi Mirat condescendit, à la charge de releuer d'elle sa terre, sans perdre sa liberté; ayant baillé seulement à l'Euesque vne poignée de foin, pour tenir lieu de reconnoissance. Charlemagne confirma le traicté; & en execution d'icelui, Mirat alla vers le Puy, portant & tous ceux de sa suite au bout de leurs lances, des botes de foin, dont ils firent litiere en l'Eglise Nostre Dame; où Mirat ayant receu le baptesme, fut nommé Lorus, & reuenu qu'il fut, changea le nom de son chasteau Mirambel, & le nomma Lorde. Depuis ce temps, adiouste l'Escriuain, tous les Comtes de Bigorre, qui alloient prendre leur cheualerie à Saincte Marie du Puy, portoient & ceux de leur suite au bout de leurs lances, des botes de foin, qui auoient esté cueillies au pré du Comte de Lorde, pour en faire litiere à l'honneur de la Vierge, iusqu'au temps du Comte Centulle, lequel en l'année M.CXVIII. changea le fief de foin, en la redeuance de LXIV. sols Morlas, payables annuelement par soi, & ses successeurs.

III. Si le Lecteur s'est pû commander à ce point, que de lire cette narration auec patience, il aura descouuert l'impertinence de l'Auteur, qui nous propose dans son discours de foin, pour parler auec mespris suiuant la phrase des anciens, Charlemagne Empereur des Romains long-temps auant qu'il le fust. Car ce pretendu siege doit estre rapporté au temps du passage de Charlemagne en Espagne, qui arriua l'an 778. La longueur d'icelui & l'ennui qu'il donna à ce Prince, sortent de la teste creuse d'vn homme, qui voudroit persuader, que cette action d'emporter le chasteau de Lourde donna autant de peine, que toute la conqueste de la Nauarre & de l'Aragon, qui fut exploictée dans deux mois. Ioinct que le transport du poisson fait par l'Aigle, n'a nul rapport à l'impression qu'il faloit donner à Mirat de se rendre. Cét Auteur paroist autant inepte en l'obseruation, qu'il fait, que ci-deuant le païs de Bigorre se nommoit *Horra*, & le lieu de Sainct Leser *Vicus*, mais que du temps de ce Mirat on ioignit les deux noms pour faire la denomination de Bigorre. Lors aussi, dit-il, la ville Episcopale que l'on nommoit *Tare*, fut denommée *Taruia*, par la composition de *Tare* & de *Via*, à cause des diuers chemins, qui aboutissent à cette ville en consideration du siege Episcopal. Il faudroit auoir vn bon estomach pour digerer toutes ces foiblesses, qui ont esté forgées pour autoriser la superiorité de l'Eglise du Puy sur le Comté de Bigorre, en rapportant l'origine de cette dépendance à Charlemagne. Ie fournis il y a quelque temps cette piece au P. Odo de Gisset de la compagnie de Iesus, qui l'a inserée au liure troisiesme Chap. dix-huict, de ses Discours Historiques de Nostre-Dame du Puy seconde édition. Pour lors i'auois quelque opinion de la verité de céte narration au fonds de la chose, quoi que ie defcouurifſe les impertinences aux circonſtances : eſtimant que les Sarraſins qui auoient retenu quelques places fortes ſur les embouchures des Pyrenées, auoient eſté ſoigneux de conſeruer le chaſteau de Lorde, qui eſtoit tres-propre à ce deſſein ; & que Charlemagne auoit defniché de la place, celui qui commandoit en qualité de Gouuerneur pour les Mores, (telle eſtant la force de la diction *Miratus*, ou pour mieux dire *Amiratus*, comme les hiſtoriens du temps, nomment les chefs des Saraſins) & donné le vaſſelage de la terre à Noſtre Dame du Puy. Ce qui ſembloit dautant plus apparent, qu'en effet cette Egliſe auoit eſté maintenuë par Arreſt du Parlement de la Chandeleur 1292. contre le Roi d'Angleterre, en l'homage de ce Comté.

IV. Mais comme le ſeul defaut de meilleures inſtructions rendoit en quelque façon plauſible cette fourbe, ie ſuis obligé de la reietter auec plus de vehemence, ayant deſcouuert la ſurpriſe, au moyen de l'Acte ci-deſſus produit, de l'an 1062. Par lequel il apert que le Comte Bernard de Bigorre, ſoubſmit & deuoüa ſon Comté, à la protection de Noſtre Dame du Puy, ſans faire nulle ſorte de mention du ſiege de Lorde, du Saraſin Mirat, ni de ſon vaſſelage auec l'adueu de Charlemagne, des botes de foin, ni d'aucun autre motif, qu'il ait eu pour ce faire, que celui de ſa pieté, & de ſa religion. Il eſtablit la redeuance de ſoixante ſols Morlas liberalement, ſans aucune obligation precedente, & au ſeul tiltre de pieté. D'où l'on peut recueillir deux choſes ; l'vne eſt, que le Comte Centulle ne commua point les botes de foin, en ſoixante quatre ſols Morlas, en l'année 1118. comme eſcriuoit l'Auteur manuſcrit, puis que cét eſtabliſſement de ſoixante ſols eſtoit fait auparauant par le Comte Bernard l'an 1062. L'autre, que cette ſujettion n'eſt point de vaſſelage, mais vne Fondation de religion & de deuotion, afin d'obtenir par cette offrande, les ſuffrages & l'aſſiſtance de la Vierge, comme parle le Comte Bernard. Dautant plus que ce Comte ne pouuoit fruſtrer ſon ſeigneur de fief, du deuoir auquel il lui eſtoit obligé ; De faict ſon ſucceſſeur immediat le Comte Centulle, & les autres Comtes de Bigorre, ont fait l'homage de ce Comté aux Rois d'Aragon, ſans preiudicier à la ſouueraineté de France ; nonobſtant la preſtation & le payement annuel des ſoixante ſols, à l'Egliſe du Puy : laquelle obtint neantmoins ſur ce fondement le droict d'homage contre l'Angloiś, pour les raiſons qui ſeront deduites ailleurs.

V. Il eſt faict mention dans vne charte d'Aux, de cette deuotion du Comte Bernard qui le porta à ſoubſmetre ſon Comté à Noſtre Dame du Puy ; où il eſt dit qu'à ſon exemple le Comte des Gaſcons ſoubſmit ſon Comté d'Armagnac à Noſtre Dame d'Aux, ſoubs certaine redeuance annuelle, à laquelle il obligea les Comtes ſes ſucceſſeurs, qui fut payée par le Comte Geraud & ſon fils Bernard, ainſi que le Pere Giſſet iuſtifie par les propres termes du tiltre extraict des memoires du P. Mongaillard. Il ſe méprend neantmoins, en ce qu'il rapporte cette ſoubmiſſiõ à l'année 1260. auquel temps viuoit le Comte Geraud d'Armagnac. Car ſuppoſé que Geraud qui eſt enoncé dans ce tiltre veſquiſt en l'année 1260. l'eſtabliſſement de la redeuance, doit eſtre rapporté à vn téps plus haut, à ſçauoir à Bernard Tumapaler Comte d'Armagnac, qui prenoit la qualité de Comte des Gaſcons en l'an 1051. comme fait dans la Charte d'Aux celui qui s'oblige à la redeuance enuers Noſtre Dame d'Aux. Ce qui conuient extremement bien, auec l'Acte de la Donation de Bernard Comte de Bigorre ; laquelle ayant eſté faicte en l'an 1062. peut auoir ſerui d'vn motif preſent à Bernard Tumapaler Comte des Gaſcons, & d'Armagnac, de l'imiter en vne action ſemblable.

VI. On trouue dans le Chartulaire de Sainct Pé, que le Comte Bernard gouuernoit ſes terres auec beaucoup de prudence & d'autorité ; en telle ſorte qu'il ne toleroit pas facilement les desobeïssances faictes à ses commandemens. Ce qui le porta à tesmoigner son indignation pour vne felonie, qu'vn puissant Caualier sien vassal nommé Dodon de Benac auoit commise contre lui; de laquelle Dodon ne pouuant se descharger, fit la paix auec le Comte, par l'entremise de l'Euesque Heraclius, & de Boson de Iulian parent du Comte Bernard; moyennant entre autres chefs, qu'il se departist de toutes les actions qu'il pretendoit auoir sur le fonds de Sainct Pé, comme successeur de Guillaume Raimond de Benac, à qui le Duc Sance en auoit acheté vne partie. Ce qu'il executa sur les lieux, & confirma sa cession auec serment, prenant à ces fins, le Corps & le Sang de Nostre Seigneur, soubs peine en cas de contrauention, de perdre tout son droict & ses terres d'Aueraa & d'Aribefreite.

VII. Il ne sera pas hors de propos de remarquer en passant les noms de ceux qui ont possedé cette ancienne maison de Benac, depuis l'an M. XX. iusques en l'année M. C. XL. suiuant qu'on les peut recueillir des papiers de Sainct Pé, laissant aux autres le soin de les continuer iusqu'à celui qui la possede auiourd'hui auec autant de merite; qu'aucun de ses predecesseurs. Guillaume Raimond qui traicta auec le Duc Sance, dont il a esté parlé au Liure III. est pere de Guillaume Auriol de Benac; lequel de sa femme Marie, fille de Ramon Garsias Vicomte de Lauedan, eut deux enfans, sçauoir Odo, qu'il fit instruire soigneusement aux letres, & en la discipline reguliere, dans le Conuent de Sainct Pé, auquel il donna l'Eglise de Benac. Cét Odo en fut le second Abbé apres Arsius, & fut conioinctement Euesque d'Oloron, du temps de Richard, & d'Heraclius Euesques de Bigorre. L'autre fils de Guillaume Auriol fut nommé Raimond pere de cét Odon de Benac, qui prouoqua contre soi le courroux du Comte Bernard. Ces deux, & Garsendis de Benac, firent quelques liberalités au monastere de Sainct Pé, aux villages d'Vrac & d'Asereix. A Dodon succeda Raimond II. qui fit le voyage de Ierusalem, où il mourut, & legua aux moines de Saincte Marie Latine, l'Eglise de Benac, que son pere auoit vsurpee. Mais Dodon second, fils de Raimond second composa ce different, & la rendit au monastere de Sainct Pé, moyennant mil trois cens sols Morlas, du consentement de l'Abbé & des moines de Saincte Marie Latine, qui reseruerent sur cette Eglise le deuoir annuel d'vne once d'or, en presence de Guillaume Euesque de Bigorre, & de Pierre Comte de Bigorre. Ce qui tombe enuiron l'an M. C. XL.

I. E Chartulario Bigorritano, quod est in Tabulario Palensi: Mundi ruinis crebrescentibus, plurimis quoque hominum, potius transitoriis commerciis, quam perpetuis, inhærentibus, coëgit me valde humanitas meæ fragilitatis, vt non pertractaret vltimum ineuitabilis mei obitus diem, verumetiam præsentem, quoad vixero, mei meorumque vtilitatem. Hac ergo sententia nec irrationabiliter suffultus, non meis meritis, sed misericordia Christi præueniente, Bigorrensis Comitatus, ab ipso auctore Deo, cui cuncta disponit regna mundi, Comes præelectus, hoc perutile negotium tractaui; Vt me, & omnem præmissum Comitatum, omnipotenti Deo committerem, & almæ Mariæ Virginis tutelæ, ac defensioni, meatque omnia mea commendarem. Dominicæ ergo Incarnationis M. LXII. anno, Petro Episcopo Anniciensi Ecclesiæ præsidente. Ego *Bernardus Bigorrensis Comes* egregius, adueni prædictam Ecclesiam, gratia orationis, imploraturus suffragia pro salute animæ meæ, & corporis. Ergo conuocatis Canonicis commisi me eorum orationibus assiduis, ac *deuoui me, & omnem Comitatum* Anniciensi Ecclesiæ, sub honore sanctæ & intemeratæ virginis Mariæ cōsecratæ, quatenus Regina cœli & mundi Domina, solamen miserorum, ac peccatorum venia, protegat, defendat, & muniat me famulum suum, nec non & omnia mihi subdita: ea scilicet lege ac perpetuo tenore; vt quamdiu mihi vitam concesserit omnipotens Deus LX. *solidos* pro salute, ac tuitione mea offeram Anniciensi Ecclesiæ, eosque vel deferam, vel deferri faciam in Capitulo fratribus meis Canonicis. Nec solum ego sed & omnis posteritas mea hunc seruet tenorem, & quasi debitum censum præscriptos LX. solidos offerat *in perpetuam mei commemorationem.* Vt autem hoc *Donatiuum, pietatis ac religionis gratia peractum*, stabile permaneat atque firmum. Ego Bernardus Bigorrensis Comes, *& vxor mea clementia Comitissa*, hanc scripturam pro testimonio Donationis fieri rogauimus, ac proprijs manibus stabilem atque inuiolabilem esse decreuimus. Quod si quis, vel nos, vel posteritas nostra, vel aliquis post obitum nostrum præsidens honori quem mihi Deus concessit, hanc donationem temerare, vel violare molitus fuerit: omni subiaceat Anathemati, ac perpetuæ maledictioni, donec ex præsumptione cepta Deo & Beatæ Mariæ Virgini satisfaciat, & Canonicorum congregationi. S. Bernardo de Baseliaco. S. Guilhermo de Aster. S. Arnaldo Guilhermo.

V. E Chart. Auſcienſi: Quoniam poſteritatem noſtram de adeptis B. Mariæ donis ignorare noluimus, ſtylo memoriæque mandantes futuris omnibus innoteſcere curauimus, *Vaſconum Comitem*, Conſularum Atmeniacenſem, quem ipſe, ſuique anteceſſores liberè poſsiderant, ſub B. Mariæ ſedis dominio mancipari. *Illud idem quoque Bigenitanorum Conſul fecerat*, qui ſui Conſulatus dominium Sanctæ Mariæ de Podio ſubiugauerat: Et quia de bonis ſumenda ſunt exempla, prædictus Vaſconum Comes vouens vouit, conſtituenſq; conſtituit, ſe ſuoſque filios, & nepotes, nepotumque ſucceſſores ſingulis annis, in die Aſſumptionis B. Mariæ hoc tributum redditutos, &c. Factum eſt autem in diebus Geraldi Comitis Armeniacenſis, cum Canonici ſolito more prædictum redditum à Geraldo, & eius filio Bernardo exigerent, venit ipſe, & filius eius B. in Capitulum Auxim, veniam petentes, &c.

CHAPITRE V.

Sommaire.

I. La Comteſſe Beatrix femme de Centulle Seigneur de Bearn. Elle eſt nommée dans l'acte de l'homage rendu par Sance Vicomte de la Barte. II. Le Monaſtere de Sainct Sauin ſouſmis par Centulle à celui de S. Victor de Marſeille. Guerre des Aragonois dans la Vallée de Lauedan. III. Accord entre Sance Roi d'Aragon, & le Comte Centulle, auec les conditions. IV. Centulle fut tué; & Beatrix gouuernoit le Comté apres ſon decés.

I. Beatrix recueillit la ſucceſſion du Comté de Bigorre, par le decés du Comte Bernard ſon pere. Elle fut marieé à Centulle Vicomte de Bearn & d'Oloron, en l'année M. LXXVIII. comme i'ai fait voir en ſon lieu. On peut encore verifier le nom de cette Comteſſe par les Titres de Pau, où l'on trouue l'acte de l'homage rendu au Comte Centulle, par Sance de la Barte; lequel apres auoir eu guerre auec le Comte, ſe remit entre ſes mains, lui iura fidelité ſur l'autel de S. Pé de Generes, le 4. des Ides de Mars, en iour de Dimanche, qui concouroit auec la feſte S. Gregoire. Promettant que d'oreſnauant il lui ſeroit fidele, *à ſa femme Beatrix*, & aux enfans qu'ils auoient ou pourroient auoir ci-apres, ſucceſſeurs du Comté de Bigorre; s'obligeant à defendre leur vie, leurs membres, & leur honneur, & de ſubir iugement deuant eux pour ſon fief de Bigorre, dans Caſtetbaiac, ou Mauueſin, ou en tel autre lieu, que les hommes du Comté de Bigorre auiſeroient. Sance iura cét accord auec ſon frere Aimeri, & bailla treize oſtages au Comte. Il eſt fait mention de ce Sance ſous le titre de Vicomte de la Barte dans les Chartes de S. Pé.

II. I'ai parlé ci-deuant aſſés au long du Comte Centulle, ſans qu'il ſoit beſoin de reprendre le meſme diſcours. De ſorte que ie me contenterai de repreſenter en cét endroit, vne piece qui regarde le Comté de Bigorre, & iuſtifie la dependance qu'il auoit de la Couronne d'Aragon, depuis qu'elle fut diſtraite de celle de Nauarre, quoi que cela ne puiſſe preiudicier aux droicts de la Couronne de France: ſinon que l'on vueille expliquer cét homage de la Vallée de Tena, que les Comtes de Bigorre tenoient en homage d'Aragon. Neantmoins il me ſemble neceſſaire de dire par auance, ce qui ſe recueille des papiers de S. Sauin, que le Comte Centulle ſouſmit ce Monaſtere à celui de S. Victor de Marſeille l'an 1088. en conſideration peut-eſtre, de ce que Bernard Abbé de Marſeille & Legat du Pape auoit eſté Adioinct d'Amatus Eueſque d'Oloron & Legat du S. Siege, pour la ſeparation du mariage de Centulle & de ſa premiere femme Giſla. Or il arriua que pendant l'adminiſtration des Religieux de Marſeille, le Roi d'Aragon, & tous les voiſins attaquerent le Comte Centulle à main armée; de ſorte que le habitans de la Vallée de Lauedan abandonnerent leurs maisons, de crainte des ennemis. Pendant ce desordre, adiouste la Charte, Richard & Guillaume de Solon s'emparerent de la Vallée de Cauteres, en retindrent la possession vne année entiere, au preiudice de l'Abbaye, iusqu'à ce que l'Abbé Ebrard ayant demandé iustice de cette inuasion au Comte, il fut ordonné que la dispute seroit terminée par vn Duel, auquel le champion du Monastere surmonta le champion des defendeurs.

III. D'où l'on peut recueillir que cette guerre des Aragonois ne fut pas de longue durée; & semble auoir eu pour fondement le refus, ou le delai que le Comte Centulle nouuellement marié à la Comtesse Beatrix, aportoit à reconnoistre pour son Seigneur de fief le Roi d'Aragon Sance, fils de Ramir; sous pretexte peut-estre de la soufmission faite quelques années auparauant à l'Eglise du Puy, par le Comte Bernard. On trouue pourtant que par l'entremise d'Alfonse Roi de Castille, de qui releuoit en ce temps le Royaume d'Aragon, de Gui Comte de Poictiers, & de Gascogne, & de Guillaume son fils, le Comte Centulle fit homage, soit de la terre de Bigorre, ou de la Vallée de Tena, au Roi Sance Ramires : qui s'obligea reciproquement à lui estre fidele Seigneur, en telle sorte que ni le Roi, ni personne de son consentement ne puisse lui porter dommage en son corps, ni en sa vie; & lui promet cét article à perpetuité, & sans aucune condition. Pour le regard de l'honneur ou du fief qu'il possedoit, il lui promet sa fidelité, à la charge que si le Comte forfait contre le seruice du Roi, & ne se remet en son deuoir deux fois quarante iours apres en auoir esté requis, la promesse du fief soit pour non auenuë; demeurant toutesfois en sa force, celle qui regarde l'asseurance de la vie, & du corps : sauf à estre restabli en son fief apres le terme de deux fois quaráte iours expiré, à toute heure qu'il regagnera les bonnes graces du Roi. Ce que le Roi Sance confirme auec serment, & declare qu'il s'est obligé enuers son Seigneur le Roi Alfonse, Gui Comte de Poictiers, & son fils Guillaume, de garder & entretenir au profit du Comte Centulle la susdite conuention. Il fait le mesme serment à Gaston fils de Centulle, qui estoit vassal de la Couronne d'Aragon, à cause des Fiefs qu'il possedoit en la ville de Iacque, & aux enuirons: tesmoignant qu'il a donné sa parole pour la sincere obseruation du traité, à son fils, au Roi Alfonse, au Côte Centulle pere de Gaston, à Gui Comte de Poictiers, & à son fils Guillaume. Cét acte qui est de grand poids se trouue dans le Tresor de Pau, sans date neátmoins, quoi qu'il doiue estre rapporté à l'année 1089. ou enuiron.

IV. Le Comte Centulle fut assassiné meschamment & proditoirement en la Vallée de Tena l'an 1090, ainsi qu'il a esté monstré en son lieu. De sorte que pendant le bas aage de ses enfans, la Comtesse Beatrix auoit le gouuernement des affaires en main, & rendoit iustice aux parties, comme l'on void dans les papiers de Sainct Sauin, & de Sainct Pé; & se trouua en cette celebre assemblée des Seigneurs de Gascogne tenuë à Sainct Pé, l'an 1096. pour la confirmation des immunités du Monastere, où elle tint le premier rang, dont i'ai fait mention au Liure V.

III. E Chartario Bigotritano Tabularij Pal. In nomine Domini. Hoc est sacramentum quod ego Sancius Aragonensiũ Rex facio tibi Centullo Bigorritano Comiti nostro homini, videlicet vt sim tibi, fidelis, ita vt nec ego, nec aliquis me consentiente, corpori tuo, vel vitæ tuæ aliquod faciam detrimentum, & hoc absque vlla conditione in perpetuum. De honore vero quem hodie tenes, vel quem post hinc meo cósilio adquisiturus es, vel quem sine meo consilio adquires, per quod ego honorem non perdam: fidelitatem tibi tenebo. Si vero contigerit, vt tu aliquid iniustum contra me facias, te per bis xl. dies expectabo, admonens per me, & internuncios, per hanc fidelitatem, vt in de mihi, vel ius & æquum facias, vel meum amorem acquiras. Quod si potens, & volens inde mihi, vel ius æquum feceris, vel amorem meum non acquisieris, fidelitas honoris frangatur, corporis & vitæ fidelitas, vt superius dictum est teneatur. His bis xl. diebus peractis, quacunque hora inde mihi, vel ius & æquum acquisieris, vel amorem meum acquisieris; eandem fidelitatem quam superius tibi promisi, teneo. Ac sicuti in hoc pergameno scriptum est, & legi & absque vlla deceptione intelligi potest, luro, & tenebo; salua fidelitate Domini mei Ildefonsi, & Guidonis Comitis Pictauensis, & filij Guilhermi; quibus ego iuraui, vnde tu honorem non perdas, volens rectum facere. Similiter iuro tibi Gastoni filio Centulli Comitis Bigorritani meo homini, salua fidelitate Regis Ildefonsi, & filij mei & patris tui, & Guidonis Comitis Pictauensis, & filij eius Guilhermi, quibus ego iuraui vnde tu honorem non perdas volens rectum facere. Sic Deus me adiuuet, & hæc sancta Euangelia, & sacræ reliquiæ. Signum Sancij.   Signum Centulli Comiti. †

CHAPITRE VI.
Sommaire.

I. Bernard 11. Comte, fit compiler les anciennes Coustumes du païs. II. Sommaire de ces Coustumes. III. Le dernier article qui regarde l'Appel à Nostre Dame du Puy est adiousté dans vn extraict contre la teneur de l'ancien acte.

I. A Centulle, & à Beatrix succeda Bernard second leur fils. Le soin de ce Comte est loüable en ce que par l'auis de Guillaume Euesque de Bigorre, de Gregoire Abbé de Sainct Pé, P. Abbé de S. Sauin, Guillaume Prieur de S. Lezer, Arnaud Vicomte de Lauedan, & de toute sa Cour de Bigorre, il fit rediger par escrit les Coustumes du païs, comme elles auoient esté arrestées & ordónées par Bernard le Comte son ayeul. C'est pourquoi il assembla tous les hommes auancés en aage, qui s'estoiét meslés du gouuernement des affaires du temps de l'ancien Bernard, ou qui auoient esté instruicts des anciens vsages par des gens entendus: & sur leur rapport fit dresser la compilation des Coustumes. Ces anciens Preud'hommes sont nommés Raimond Guillaume de Semeac, R. Guillaume d'Ezereix, Garsias Donat d'Orbeac, & Arnaud Aner de Montaner. Ces trois derniers ont signé l'acte des immunités de Sainct Pé de l'an 1096. Et dautant que cette compilation iustifie que Bernard estoit fils de Centulle, & petit fils de Bernard, & qu'elle merite d'estre conseruée, à cause de son antiquité; Ie l'ai inserée au bas de ce chapitre en propres termes, comme elle se trouue dans le vieux Chartulaire de Bigorre, qui est au Tresor de Pau.

II. Ces Coustumes furent arrestées par le commun consentement du Clergé, de la Noblesse, & du peuple: & contiennent en substance les articles suiuans. Le Comte paruenu à la possession du Comté, soit par succession, ou pour auoir espousé la Comtesse, doit promettre auec serment, qui sera confirmé de celui de quatre Gentils-hommes du païs, qu'il ne fera aucune violence à ses sujets, au preiudice de leurs Fors; & si cela arriuoit, qu'il reparera le tort auec connoissance de cause. Les Gentils-hommes apres le serment du Comte, lui doiuent prester serment de fidelité, & lui en bailler caution, s'il le requiert. Les Nobles & tous les habitans des Vallées doiuent le mesme serment. Les Gentils-hommes ne peuuent bastir vn chasteau, ni le rebastir de pierre, sans le consentement du Comte, sur peine de démolition; & ceux qui en ont, doiuent asseurer le Comte qu'il ne sera fait aucun domage au moyen de ce chasteau; & qu'ils le lui metront en main, soit-il courroucé, ou qu'il ne le soit pas. Les domaines alienés pendant la ieunesse du Comte, ou qu'il a donnés estant en la necessité de la guerre, lui seront rendus, lors qu'il les demandera. Celui qui pretend auoir receu du tort du Comte contre les loix du païs, s'adressera premierement à lui dans sa maison, par le moyen de ses Secretaires plus familiers. Et si par cette voye il ne peut estre reparé, il s'adressera aux Gentils-hommes du païs; qui semondront le Comte par deux fois. Si le suppliant ne gagne rien par ce moyen, il fera entendre sa plainte au corps du païs, fera la preuue, & attendra quarante iours, apres lesquels, s'il n'eſt point ſatisfaict, il pourra ſe retirer hors le païs; & reuenant à s'accommoder, le Comte lui pardonnera tous les domages qu'il aura faits en conſequence du déni de iuſtice, & lui rendra tous ſes biens. La Franchiſe, paix, ſauueté & Immunité ſera conſeruee aux Monaſteres, & aux Egliſes Parroiſsiales dans les limites deſignés: Sauf qu'vn voleur public y pourra eſtre pris. Les Monaſteres s'ils acquierent des biens Nobles ſeront obligés de fournir vn Homme d'armes de ſeruice. La Paix ſera gardee en tout temps, aux Clercs, aux Moines, & aux Dames & à leur ſuite, en ſorte que ſi quelqu'vn s'eſt refugié pres d'vne Dame, ſa perſonne ſoit aſſeuree, en reparant le domage qu'il aura fait. Les Ruſtiques ſeront touſiours en paix : & leurs bœufs, ni les fers du labourage ne pourront eſtre ſaiſis. *S'ils ſont cautions de leurs Seigneurs, ils ne pourront eſtre contraincts que iuſqu'à la concurrence de ce qu'ils doiuent à leur Seigneur.* Il parle en ſuite de la ſaiſie & de l'inuaſion des moulins. Defend aux Païſans la chaſſe, & la peſche, ſauf pour l'vſage des Monaſteres, & des Gentils-hommes. Le Comte a trois coruées de chartroi, chaſque année ſur les perſonnes franches & libres : & vn repas l'année, vne poule à Noel, & vn agneau pour celebrer la Feſte de Paſque. Si les perſonnes franches reçoiuent tort du Comte, ils lui en demanderont iuſtice, & s'il differe de la leur rendre dans vingt iours, ils peuuent choiſir tel autre ſeigneur qu'il leur plaiſt. Ils ne ſont obligés d'aller à la guerre, non plus que les païſans, que pour la defenſe de la terre. Le Comte a droit de Repas ſur le Vicomte de La Barte, à Pozac, à Benac, à Oſſun, à Antin, & l'Abatud. Il eſt en ſuite ordonné des peines contre les infracteurs de la paix, & des deuoirs tant de ceux de Lauedan pour marcher en guerre vers Comenge, que des caualiers, & des païſans en temps de guerre. Il y a vn article aſſés conſiderable, qui porte que le Comte ne ſera Iuge, ni l'Eueſque *qu'en ce qui regarde l'abſolution des ames.*

III. Cependant ie ne puis diſſimuler vne fauſſeté, qui a eſté commiſe par l'auteur de la Fable du ſiege de Lourde. Car en ſuite de ſa belle obſeruation, il tranſcrit les couſtumes de Bigorre, auec vne addition qu'il fait au dernier article, qui contient ces propres termes: *Nemo a ſcripto foro appellet, ſed aliter ad curtem ſanctæ Mariæ de Podio tanquam ad caput appelletur.* Ce qu'il a adiouſté contre la teneur du vieux Chartulaire, où ces paroles de ſi grande importance, ne ſe trouuent pas couchées. Mais auec la meſme hardieſſe, qu'il a ſuppoſé les narrations hiſtoriques, il a peu a meſme fin adiouſter cette clauſe.

II. E Chartario Big. in Tab. Palenſi: *B. filius Centulli inſpiratione diuina & tertæ ſuæ Procerum commonitione adhortatus, Conſuetudinumque antiquarum tempore Ani ſui Bernardi videlicet Comitis, inuentarum, præſentem deſcriptionem fieri præcepit, vt maiorum veſtigiis imitatis, vigore regiminis ab atauis procedentis, terram ſibi commiſſam regeret, pauperes defenderet, & recrearet. Narratores autem faciendæ deſcriptionis eorum quæ Antiqui Bernardi tempore viderant, vel ab his quibus fides adhibenda erat, audierant, fuere, Ramundus Villielmus de Semeaco, & Ramundus Villelmus de Ezereiſio, & Garſias Donati de Orbeaco, & Ramundus Aneriy de Montanerio. Corroboratores vero & facti laudatores fuerunt, Willelmus Epiſcopus Bigorrenſis, Gregorius Abbas Generenſis, Petrus Abbas S. Sauini, willelmus Prior S. Licerij, Stephanus Præpoſitus Tarbienſis, & Aroaldus Vicecomes Leaitanenſis, Ebraldus d'Orbeac, Augerius de Iulhan, Augerius de Angulis, & pariſplurima terre maioris nobilitatis, communi conſenſu, totius Cleri, & populi.*
1. Comitis in Bigorra ſubſtituendi conſuetudo talis debet teneri. Si naturalis fuerit, ant-quam habi- tatorum terræ Fideiuſſores accipiat, fide ſua ſecuros eos faciat, ne extra conſuetudines patrias, vel eas in quibus eos inuenerit, aliquando educat. Hoc autē, ſacramento & fide, quatuor nobilium terræ, faciet cō firmari Item iuratores duos dabit Leuitanenſibus, & totidem Baraginenſibus. Si vero quilibet Aduentitius vxorem acceperit, in Comitatum acceſſerit, fide & ſacramento quod diximus firmabit, & totidem ponet iuratores. Hoc idem de muliere extranea confirmamus, Si poſt obitum viri terram poſſederit. Comes autem ſi quemlibet de legibus Bernardi aui ſui eduxerit, per legales inquiſitiones ſibi factas eductū reducat. II. Facta autem Comitis ſecuritate, debent Comiti fidelitatem quicunque milites facere per fideiuſſores præſentarios, fide, & ſacramento, il li de quibus voluerit. De vallibus vero tam milites quam pedites accipere. III. Nemo militum terræ Caſtellum ſibi audeat facere, ſine amore Comitis nō pueriſi, vel conſilio, ſua vel alterius guerra non conſtricti. Si Caſtrum antiquum quis habuerit, non faciat de lapide, ſine præfato Comitis conſilio & amore. Quod ſi alterum horum commiſerit, Comite perquiréte vel deſtruat, vel reſtituat ei quod fecerit.

IV. De Castello quod quis in terra voluntate & consilio Comitis tenuerit, securum Comitem faciat, re iratus, vel absque ira, Comiti castellum retineat, nec ei quicquam mali inde exeat, nec Comes eum lege terræ de Castello decipiat. V. Si quis sibi adquisiuerit, vel ab antecessoribus suis adquisitâ inuenerit terram à Comite in pueritia propriam, vel alterius, dum postea Comes eam requisiuerit sibi restituat, & eam quam compulsus guerræ necessitate suæ, vel alterius cuiquam contulit. VI. Si quem militum Comes præter iustitiam & legem terræ eduxerit, iniuriatus cum Secretariis familiaribus domus Comitis, in propria domo Comitem inquirat, vt iniustitiam in rectitudinem commutet. Quod si hoc modo proficere non poterit, Nobiles terræ quibus Comes fidelitatem fecerit, adeat, & per eos illum vsque secundo ad rationem iniuriæ quam patitur, ponat. Quod si in neutro profecerit, audito quod patitur in communi, XL. dies postea præstoletur, vt legali inquisitione & expectatione peracta, legaliter si voluerit discedere, discedat. Post egressionem autem, si Comes eum per emendationem iniuriæ reuocare voluerit, condonabit sibi præter captos quos tempore concordiæ soluendos habuerit, quæcumque mala penuria iustitiæ fecerit: & sic ad amicitiam & fidelitatem domini, lege terræ reuerti debebit. Cuius terrâ si Comes cuius dederit, vel modo quolibet impediuerit, solutè restituet ei. VII. Monasteria quibus salutas consilio Comitis & Procerum terræ iurata fuerit, capiatur. Aliter minimè. Si rectore Monasterij iudicio proponatur. VIII. Vsus autem est, vt si Monasteria quamlibet terram de libertatibus aut adquisiuerint aut emerint, in legalibus exercitibus faciant seruitium vnius legalis militis, & terra valeat Monasteriis. IX. Omni tempore Pax teneatur, Clericis ordinalis, Monachis, & dominabus, & eorum comitibus; Ita quod si quis ad Dominam confugerit, restituto damno quod fecerit, persona saluetur. Rusticus semper pacem habeat, nec quisquam pignoret ei boues, vel ferra Aratri. *Si quis rusticum pro fideiussore Domini sui pignorauerit, nihil ei nisi quod proprio Domino tempore quo debet, faciat sibi persoluat.* X. Si quis autem Molandinum pignorauerit, non ferra auferat, sed molere permittat, & tempore pignoris molendini lucrum accipiat Si quis autem eum inuaserit, si Monasteriorum vel militum fuerit XVIII. solidos Domino Molendini persoluat, damnumque duplicare, & LXV. solidos Comiti. XI. Hoc idem dicimus de vaccarum cubili, si positum fuerit in loco legali; damnum vero in duplum restituat, Gallina in moledino non habeatur, iuxta quem Accipiter defertur. Quod si miles inuenerit, deferat si voluerit. Melior villæ miles, vertem habeat, & Monasterium, per pacem securum non vi inclusum. Sed si in damno fuerit inuentus, solutè abiciatur. Si quis aliter fecerit, vertem in duplo restituat, & Comiti LXV. persoluat. XII. Idem dicimus de militum & Monasteriorum Tauro, & ascensore equorum equo. XIII. Nunquam Rusticus per se venetur aut piscetur, nisi ad opus Monasteriorum, aut militum; tabernam non donet nisi manu ad manum. A Kalendis Ianuarij vinum vendibile vsque ad vindemias nullomodo ferat. Si vero in proprios vsus necessarium vinum habuerit, aut collo deferat aut Karrali. Nisum & accipitrem non habeat. XIV. Liberi pacem habeant, & ter in anno in Karrali Comitali vadant. Villa liberorum de carne non amplius quam quinque solidos, aut porcos quinque solidorum donet. Si vero vna persoluere non poterit, iuncta secundum antiquitatem ceteris, partem sibi contingentem persoluat. In villa liberorum semel in anno Comes comedat, Si tamen villa pati poterit. Si vero placitum cum terræ conuicaneis habuerit, nec ad propria hac necessitate compulsus redire poterit, aut rediens de exercitu, iterum apud eos hospitabitur. Cuius victus sola nocte sufficientia dabitur. Ciuatam bis in anno liberi militibus vicini conferent, vnam Conçam in grosso, alteram tempore mihi, Armigeris autem nunquam. Nunquam poscat ab eis Comes agnos vel gallinas, nisi festiuitatem Pascalem, aut Natalis Domini, ipse vel vxor sua fecerit. Tunc vnusquisque gallinam in Natali, agnum vero si habuerit mittat in festiuitate Paschali. Si autem non habuerit agnum, gallinam. Si quis Dominus cuius libero iniustitiam fecerit, & inquisitus ab eo amicabiliter emendare voluerit, liber ad Comitem adeat. Coram quo iniustitiam quam passus est probet: Et sic xx. diebus protectus à Comite, poterit quem voluerit Dominum eligere. Præter hoc nihil Comes petat à Liberis. XV. Censuales rustici vel liberi non in expeditione Comitem sequantur, nisi forté exercitus extraneus in terram insui rexerit, vel suum obsessum castrum excutere voluerit, aut ad nominatum bellum abierit. XVI. Qui de Vallibus sunt, sequantur Comitem in legitimam expeditionem. Rusticus Censualis nulli ciuatam donet, nisi voluntarius. XVII. Ex præcepto comestiones non recipit Comes, nisi sex, vnam à Vicecomite de Siluis, aliam in Pozaco, tertiam in Benaco, quartam in Ossuno, quintam in Anti, sextam in Abatud. XVIII. Alibi in planitie Bigorræ nescitur vbi ex præcepto debeat comedere, nisi voluntariè poterit adquirere. XIX. Si qué vero hospitè sibi adquisiuerit, nemo nisi inuitatus, vel ab ipso, vel ab hospite eum sequatur præter legatos & extraneos. In Monasteriis autem neque cum ipso nec sine ipso, nisi inuitati à Maiore Monasterij. Quod si quis præsumpserit, LXV. solidos Comiti persoluat. XX. Pugiles in Bigorra non nisi indigenæ recipiantur. Qui pugnauerit xx. solidos acquirat, pro targa XII. nummos. Pro præparatione VI. XXI. Postquam Comes cum terræ Proceribus pacem laudauerit, & confirmauerit, Si quis eorum quæ in pace posita sunt, reus inuentus fuerit, & ad rationem positus fé purgare nequiuerit. LXV. solidos Comiti persoluat, excepta piscatione rusticorum, & taberna: de quibus si Domini proprij legem prius extraxerint, quod ad cognitionem Comitis perueniant, nihil ibi Comes habebit: Sin autem, prædictum damnum extorquebit. XXII. Nemo quamlibet mulierem violenter rapiat. Quod si quis fecerit LXV. solidos Comiti persoluat, & legem conquerenti. XXIII. Rusticus iuxta messem foueam non faciat, nec in via, vel in semita; damnum legitime restituat. Si autem obierit homicidij legem persoluat. Equum vero in duplo. XXIV. Peregrini pacem vbique habeant. XXV. Si quis Bigorrinorum quauis in parte extra dominium Comitatus Bigorræ, honorem tenuerit, eum Bigorritani in pace custodiant. Et si quid iniustitiæ passus fuerit Comes, & sui per inquirant. Si quis pacem infregerit, & amicabiliter inquisitus emendare noluerit, non, conquerens Comitem iustitiam de inuasore accepturus adeat, sed prius dominum infractoris inquiat; à quo si iustitiam extorquere non poterit, Comitem proclamaturus adibit. XXVI. Venationes, piscationes, tabernas, nisum, & accipitrem omnibus prohibemus, exceptis Monasteriis, & militibus in exercitum euntibus, & placitis & Curtem seruantibus. XXVII. Liberos Comes non debet habere, neque Monachus, neque Domina, neque aliquis, nisi qui in expeditionem & exercitum abire possint. XXVIII. *Nunquam Iudex sit Comes, aut Episcopus, nisi Episcopus de soluendis animabus.* XXIX. Piscatores aliunde pisces deferentes, & salinarij sint in pace, nisi quodlibet maleficium fecerint, vnde oporteat eos respondere. XXX. Quando homines Baregiæ, & Leuitani in Comengiam causa expeditionis perrexerint, apud Neurest in Neurest hospitabuntur. Et si quid aliud quod comedant inuenerint, bouem & vaccam non interficient. Quod si necessitas ingruere oportuerit interficere, residuum carnis cum corijs in hospitijs dimittent. In via quicquam, nisi de rebus hostium non accipient. Quod si acceperint, Vicecomes Leuitani debet eos facere damnum restituere, & iustitiam Comiti persoluere, aut ipse restituat in capite suo & persoluat. XXXI. Similes in tali expeditione mortuus fuerit, nemo debet vxorem mortui placitari, nisi virum duxerit, donec filij eius possint arma portare, nec ibit in exercitum. XXXII. Si quis captus fuerit, & quemquam hostium Comes vinctum tenuerit, debet alter pro altero commutari. XXXIII. Pagesius autem qui in consuetudine non habet somatas deferre, si inuentus fuerit à milite, vel à militis aut Comitis seruiente, qui inuenerit vinum & subsellias accipiat, asinum vero Comiti mittat. XXXIV. Si cui militum præceptum fuerit in expeditionem legitimam ire, & non iuerit, aut LXV. solidos Comiti persoluat, aut similia super inimicos operetur, quæ & Comes, & V. solidos persoluat. XXXV. Dominus militis semper sit secura per pacem, & lectus illius nunquam pignoretur. XXXVI. Francitatem coopertam nemo emat, vel discooperire faciat, vt postea possit emere, quod si fecerit, seruitiū Comiti. sicut quilibet persoluat aut dimittat. XXXVII. Si quilibet liber Dominum suum morte interuenięte prodiderit, infra tres hebdomadas Dominum quemlibet legitimum accipiat. Quod si post III. hebdomadas liberum absque Domino inuenerit, quilibet miles pleium Comitis super eum ponat, & sic Comiti notificet. Et tunc Comes ei qui notificauerit v. solidos tribuat, & liberum cui voluerit militum, in perpetuo lege liberi originalis possidendum tribuat. XXXVIII. Quod vero de dignitate militum scribitur, non omnium militibus datur, sed eis tantum qui exercitum, & Curtem, & placitum legaliter sequuntur. XXXIX. Si quis militum in prælio præsente Comite membrum sui corporis perdiderit. Vlterius Comiti LXV. solidos, vel aliquod damnum non persoluat. XL. Equam indomitam nemo pignoret, nec pullum donec ferretur. XLI. Nemo rusticorum militem cognitum inuadat, nisi domum eius cremauerit, aut boues abstulerit. XLII. Non solum autem ea quæ hic continentur de pace quilibet esse credat, sed etiā plura alia quæ dum Comes consilio Procerum terræ de pace esse cognouerit, sicut & scripta conseruet. XLIII. Si quis militum necessitate ductus, Carnem alterius vbi ipse vel vxor eius præsentes non fuerint, acceperit, non prius eum pignoret, donec eum amicabiliter inquirat, & si emendare noluerit, Comitem proclamaturus adeat, & sic in duplo Carnem amissam recuperet, & Comes LXV. solidos. *Caro hic sumitur pro Animalibus. Inde vulgare verbum Carnalar, id est Carnes siue Animalia pignori capere.*

CHAPITRE VII.

Sommaire.

I. Centulle II. fils de Beatrix, & de Centulle premier. Violence de ceux de Baredge contre Beatrix, & leur traicté. II. Reuolte de cette Vallée contre Centulle II. & leur accord. III. Il estoit Comte auant l'an 1114. IV. Homage rendu au Roi d'Aragon par Centulle, selon Surita. V. Dispute entre Centulle, & Sans Gassie d'Aure. Qui est suiuie de celle du Comte de Comenge. Ordonnance du Roi d'Aragon. Homage rendu au Comte par Sans Gassie, & Odo d'Aure son fils. VI. Le Comte receut vn don de Stephanie. VII. Guiscarde de Bearn promet d'assister le Comte Centulle, pour la terre d'Igon.

I. LE ieune Bernard estant decedé sans enfans, son frere Centulle II. fils de la Comtesse Beatrix & de Centulle de Bearn, succeda au Comté. Cette filiation se verifie extremement bien par l'Acte, qui est dans le Chartulaire de Bigorre, touchant les ostages de Barege. Il est conceu en langage vulgaire, sous le nom de Centulle le Ieune Comte de Bigorre; qui represente que ci-deuant la Comtesse *Beatrix sa mere*, s'estant transportée en la Vallée de Baredge, pour traicter de ses affaires auec les habitans, comme auec ses autres sujets, ils se porterent à cette insolence que de la mépriser, & d'essayer à l'arrester prisonnière. Ce qu'ils eussent executé, si les plus sages d'entr'eux n'y eussent apporté de l'empeschement. Mais apres beaucoup de prieres & de submissions, ils obtindrent le pardon de cét attentat, à la charge que tout autant de fois que la Comtesse Beatrix, ou son mari le Comte Centod le premier, (*la Comtessa Beatris, el Coms Centod lo premier*) entreroient dans la Vallée, les habitans leur bailleroient quarante ostages à leur choix, outre ceux qu'ils estoient obligés de donner suiuant l'ancienne coustume. Le Comte mourut, dit la charte, & la Comtesse apres son decés ayant beaucoup d'affaires à demesler auec ses voisins, qui rauageoient sa terre (*ab preda & ab sueg*) exhorta ceux de Baredge, & les pria instamment de lui donner secours contre ses ennemis. Ce qu'ils refuserent étroussement, sinon qu'elle voulust les descharger des quarante ostages nouuellement imposés; à quoi elle fut obligée de consentir.

II. La Comtesse estant decedée, les Baredgins commirent vne outrecuidance contre le Ieune Centulle, semblable à celle qu'ils auoient comise contre la mere, dit la charte, (*Apres la Comtessa morta, que auian escarnida la mayre, escarniron lo sillh.*) Car estant vn iour dans Baredge pour leuer ses droicts, & les amendes qui lui estoient deues, les habitans de la Vallée d'enhaut se mutinerent contre lui, faisant des efforts de le tuer, ou de l'arrester prisonnier; mais ceux de la Vallée d'embas s'opposerent à cette violence, & défendirent sa personne. De sorte que le Comte se retira rempli de colere & d'indignation contre ses sujets; mais il fut appaisé, moyennant l'obligation, à laquelle ils s'assujetirent de nouueau, de lui fournir & à toute sa race les quarante ostages, qui auoient esté promis à sa mere; à la charge qu'ils seroient pris non de certaines maisons comme les anciens, mais à la discretion du Comte, & à proportion du nombre des feux de chascun des dix-sept villages de la Vallee, qui sont nommés en l'acte. La Preface de l'ordonnance du Comte est agreable; car elle porte que les peuples ont accoustumé de murmurer, & de se plaindre contre leurs chefs qu'elle nomme *Capdets*, lors qu'ils changent leurs anciennes coustumes. *Car per mudansa de costumas sol lo pobles murmurar, es sol arancurar contre sos Capdets.* En suite il entre dans le discours des afronts, qui auoient esté faits à sa mere, & depuis à lui-mesme, pour iustifier l'imposition des quarante ostages. Ces nouueaux ostages & les anciens, estoient donnés au Comte & à la Comtesse, pour l'asseurace de leur personne & de ceux de leur suite, lors qu'ils alloient sur les lieux, pour rendre iustice aux plaignans, ainsi qu'il est énoncé dans l'accord passé auec Centulle premier, & les Baredgins; qui porte aussi, que les ostages seront pris suiuant l'ancien vsage, d'entre les personnes non mariées, qui se trouueront dans les maisons assujeties à ce deuoir; sauf à prendre les hommes mariés en defaut des autres.

III. La succession de Centulle II. à son frere Bernard precede l'an 1114. Car on trouue en cette année, le Comte Centulle, dans l'armée des Gascons commandée par Gaston de Bearn son frere consanguin, qui passa les monts Pyrenées pour assieger Saragosse; on le trouue aussi à la prise de la ville l'an 1118. & nommé dans le priuilege qui fut octroyé incontinent aux habitans par le Roi Alfonse, ainsi qu'il a esté representé en son lieu.

IV. Centulle II. fit homage de son Comté de Bigorre au Roi d'Aragon Alfonse surnômé l'Empereur, l'an 1122. Ce que Surita iustifie en ses Indices, & au l. 1. des Annales ch. 46. par vn acte receu en la ville de Morlas en Bearn, où estoit Alfonse au mois de May de cette année M. C. XXII. Centulle vint en ce lieu, & reconnut de tenir & releuer d'Alfonse le Comté de Bigorre, & tout ce qu'il pourroit acquerir d'oresnauant. Par le mesme acte, l'Empereur lui dóna le chasteau & la ville de Rode prés de la riuiere de Xalon, la moitié de la ville de Tarracone auec ses dependances; & la cité de Saincte Marie d'Albarrasin, apres qu'elle seroit cóquise sur les Mores, & plusieurs autres grands heritages. Lui promit en outre deux cens cheualiers d'honneur, sur les terres que l'on gagneroit sur les Mores; c'est à dire autant de rente sur les villes,

& leurs territoires, qu'il feroit necessaire pour assigner en fonds de terre, la solde & les appointemens de 200. caualiers: & ordonne de plus qu'il lui soit deliuré chasque année 2000. sols monoye de Iacca, qui deuoit estre vne grande somme en ce temps, dit Surita.

V. On aprend du Chartulaire de Bigorre qu'il suruint quelque dispute entre le Comte Centulle, & Sans Gassie d'Aure, qui fut suiuie d'vne guerre, en laquelle les Seigneurs voisins s'interesserent pour les deux parties. Le sujet du different prouenoit de ce que Sans Gassie refusoit de reconoistre pour son Seigneur de fief, le Comte de Bigorre, quoi que son pere Odo d'Aure eust fait l'homage de sa terre d'Aure à Centulle I. pere du Ieune Centulle, (*per la senhoria que Don Odo lo paire de Sans Gassie, concedo à Centod lo Coms pair de isto Centullo*) Neantmoins enfin Sans Gassie ayant reconnu son deuoir rendit l'homage au Comte. Dequoi furent extremement offensés Arnaud Laudic cousin du Vicomte d'Aure, & le Comte de Comenge, qui s'estoient declarés pour lui en cette querelle; en telle sorte que Laudic & les amis du Comte de Comenge prouoquerent Sans Gassie à vn combat; mais ils n'oserent se metre à la cápagne, ni se trouuer au lieu assigné, à cause que le Comte Centulle entreprit ouuertement la défense du Seigneur d'Aure. Enfin Laudic ofrit d'ester à droict pardeuant le Comte de Bigorre, & bailla des ostages pour cét effet; mais le duel ayant esté ordonné iuridiquemét par la Cour du Comte, de personne à personne, entre Sans Gassie & Laudic, celui-ci n'osa se presenter, & abandonna ses ostages à la discretion du Comte. Toutesfois il cótinua la guerre à main armée, & deposseda de Larbost le Seigneur d'Aure; ce qui obligea le Comte de Bigorre de bastir le chasteau d'Albespin, qu'il mit entre les mains de Sans Gassie: lequel se rendit ingrat de ce bon office, s'accommoda auec Laudic, sans le sceu du Comte. De sorte que le Comte lui redemanda le chasteau d'Albespin: & neantmoins Sans Gassie estant venu le trouuer en compagnie de Raimond d'Aspect, il le lui laissa en main, moyennant le serment de fidelité qu'il lui presta; & sous l'asseurance qu'il lui dóna, de lui rendre le chasteau à la premiere sommation, le Comte le demádant *auec colere, ou sans colere*, dequoi il donna douze ostages. Cependant Sans Gassie traicta son accord auec le Comte de Comenge, qui estoit en inimitié auec le Comte de Bigorre: dequoi Centulle tesmoigna son ressentiment; & requit l'Euesque & le Comte de Comége de lui faire rendre son chasteau par son vassal, qui s'estoit retiré dans leurs terres. Ce qu'ils ne lui accorderent pas; & ce refus donna sujet d'vne entiere rupture à ces Comtes de Bigorre, & de Comenge; lesquels allerent en suite à la Cour du Roi d'Aragon. Ils y trouuerent Laudic, qui s'estoit rendu vassal du Roi; & Sans Gassie qui lui demandoit sa protection contre le Comte de Bigorre. Le Roi pourueut sur cette plainte, ordonnant au Comte de ne faire aucun domage à Sans Gassie; & dautant que le Comte insistoit sur ce que Sans auoit rompu sa foi, en refusant de lui rendre le chasteau, le Roi apres auoir receu Laudic pour caution de Sans Gassie, ordonna que Sans Gassie défendroit sa foi & sa parole, en fournissant vn caualier de sa part, qui combatroit auec vn caualier du Comte, à la charge que s'il estoit vaincu au combat, ou qu'il refusast le duel, son corps seroit forfait. Apres cette ordonnance, Sans Gassie ayma mieux reconnoistre son deuoir, que non pas encourir le hasard de perdre sa vie, & son honneur; de sorte qu'estant reuenu deçà les Monts, il se remit au pouuoir du Comte, lui rendit le chasteau, & le reprit de ses mains, lui prestant vn nouueau serment de fidelité, & lui baillant des ostages pour l'asseurer de son seruice, contre tous les hommes du monde. Neantmoins il ne lui rendit pas son assistance, lors que le Comte fut pris, dit la Charte; De sorte qu'apres estre relasché, & mis en liberté, il renouuella ses traictés auec Sans Gassie, en presence d'Arnaud de Lauedan, & de

Ramon Gaſſie ſon fils, Auger des Anglès, Odo de Benac, Fortaner d'Aſter, Eſpa d'Aſter, Ramon de Bilar & quelques autres. Ce dernier traicté fut fait, *el moneſtier danantlo cap del mas de Sent Auenti à Morauiuent*. Odo d'Aure fils de Sans Gaſſie fit à meſme temps homage de toutes ſes terres & chaſteaux au Comte Centulle. Or il faut remarquer en cet endroit que Sans Gaſſie eſtoit obligé au Comte, non ſeulement pour l'homage d'Aure qui n'eſtoit pas ſujet à tant de rigueur, mais auſſi particulierement pour l'homage du chaſteau d'Albeſpin, qu'il tenoit de la gratification de Centullle.

VI. S'il gratifioit ſes vaſſaux il receuoit auſſi quelquesfois des preſens de ſes ſujets. Car il receut en don le chaſteau & place de Pauatiano de Stephanie, qui tenoit la moitié en engagement du Comte Guilbert, pour mille ſols Morlas. L'acte fut receu l'an 1227. en preſence de Ponce de Paolan, Pierre Raimond de Corneillan, Pierre de Roca Lauri, Auger d'Aſter & autres.

VII. Ce Comte eſtoit encore en vie, apres l'année 1134. en laquelle mourut Centulle Seigneur de Bearn auec le Roi Alfonſe d'Aragon, en la bataille de Frage. Car à Centulle de Bearn, ſucceda Guiſcarde ſa ſœur Vicomteſſe de Gauarret. Or on trouue dans le Chartulaire de Bigorre, que ſur la diſpute qui s'eſtoit eſmeuë entre Centulle Comte de Bigorre, & la Dame de Miramon, & Garſie Arnaud de Nauailles, pour raiſon de la terre d'Igon, & de Arpart, la Vicomteſſe de Bearn & de Gauarret promit d'aſſiſter le Comte de Bigorre, auec les oſtages qu'elle lui donna, en cas que leſdits de Miramon, & de Nauailles lui fiſſent aucune demande pour ce regard. Les noms des Bearnois donnés en oſtage au Comte, ſont Fortaner de Domi, Guillaume Arnaud de Laginge, Fortaner de Bonmort, R. Gaſſie de Gauaſto, & B. de Ponteac.

CHAPITRE VIII.

Sommaire.

I. Beatrix fille de Centulle, eſpouſe Pierre Vicomte de Marſan. Leur mariage precede l'an 1145. II. Guerre du Comte contre le Vicomte de Lauedan: qui lui rendit homage; comme firent auſſi d'autres Gentilshommes. III. Antiquité du Vicomté de Marſan. Pierre fonde la ville du Mont de Marſan. Son traicté auec l'Abbé de S. Seuer, pour faciliter ſon deſſein. Procés entre l'Eueſque d'Aire, & l'Abbé à l'occaſion de l'Egliſe de la nouuelle ville. IV. Jl eſt verifié que le temps de cette fondation de ville doit eſtre rapporté à l'an 1141. V. Pierre rebaſtit le Monaſtere de S. Jean de la Caſtele de l'Ordre de Premonſtré.

I. Centulle ſucceda la Comteſſe Beatrix ſa fille, qui eſtoit nommée vulgairement *Benetris*. Elle fut mariée à Pierre Vicomte de Marſan. Il conſte de leur meriage par les Titres de S. Sauin, particulierement par celui de la conuerſion de Gallarde de Orod, & de Marie ſa fille, qui promirent à R. l'Abbé, l'obedience & la ſtabilité au Monaſtere, *ſicut, oportet familiares & conuerſas. Facta charta menſe Auguſto, Regnante in Bigorra Petro de Martiano, & Comitiſſa vxore eius Beatrice. Anno ab Incarnatione Domini* M.CLVII. Il y a vn autre acte de la donation que firent deux Conuers, de leur Caſal, à la charge que ceux de leur race le cultiueroient touſiours, & bailleroient la moitié des fruicts au Monaſtere. *Anno* M.C.LVIII. *Regnante in Bigorra P. de Mar-*

caa Comite, & vxor eius Comitissa Beatrice. Leur mariage neantmoins precede ces dates. Car Pierre estoit desia Comte du temps de l'Abbé de S. Sauin Emenon, comme l'on void dans l'acte de la confirmation de la moitié de l'Abbaye de l'Eglise de Gos, que fait Corneille femme de Ramon Garsia de Lauedan, entre les mains de l'Abbé Emenon, *Petro de Marzaa existente Bigorritano Comite, Guillelmo Arnaldo Episcopo.* Or cét Emenon precedoit l'année M. C. XLV. puis que l'on trouue en cette année, que Raimond son successeur, & Bernard Euesque de Bigorre, firent vn traicté auec Bernard de Barbaza.

II. On aprend du Chartulaire de Bigorre, que Ramon Gassie Vicomte de Lauedan entreprit de se saisir de la personne du Comte Pierre, & de le tuer dans la Vallée de Lauedan. Ce qui obligea le Comte de leuer des troupes, & d'assieger le Vicomte dans le chasteau de Barbazan: mais l'affaire fut apointée par l'entremise de leurs amis; le Vicomte s'obligeant auec serment, de rendre au Comte & à ses successeurs, tous ses chasteaux trois fois l'année, auec forfait & sans forfait, auec colere, ou sans colere, suiuant la formule du temps, *ab feit, & ab fora feit, ab ira, & sine ira.* Guillaume Arnaud de Caned, fit le mesme homage au Comte Pierre, pour Causag, & Caned; donnant pour cautions B. de Coatasa, Aner de Ierzerest, Comteboo d'Anti, Ar. G. des Angles. Il receut sous mesmes conditions l'homage d'Arnaud d'Aragon, pour les chasteaux de Orz, Peuyferrier, & Belsen, qui bailla entr'autres cautions B. de Bazelhac, & Dolt de Benac.

III. Pierre qui estoit de son chef Vicomte de Marsan, y entreprit deux ouurages dignes de consideration. L'vn est la fondation de la ville de Mont de Marsan, l'autre, celle de l'Abbaye de S. Iean de la castele. Mais auant que de passer outre on doit remarquer que la terre de Marsan a esté depuis long-temps honorée de la dignité Vicomtale; puis que la donation du Comte de Gascogne Bernard Guillaume en faueur de l'Abbaye de S. Seuer de l'an M. IX. est signée par *Lobaner Vicecomes de Marcian,* & par Guillaume Loup son fils. Celui-ci sous le titre de *Vicecomes Marcianensis,* a signé la charte de la Fondation du Monastere de S. Pé de Generes, du temps de Sance Duc de Gascogne. Et Pierre estoit fils d'vn autre Vicomte Loupaner. Ce Vicomte Pierre desseigna de bastir la ville du Mont, en cét endroit tres-auantageux, où elle est auiourd'hui située, sur le rencôtre de deux petites riuieres de l'Adouse, & l'Amidon; laquelle sert comme d'vne estape pour la debite des grains qui se cueillent dans le païs d'Armagnac. Pour cét effet il s'adressa aux habitans des Parroisses voisines, de S. Genes, & de S. Pierre, afin de les obliger à faire leur residence, dans la nouuelle ville qu'il entreprenoit, sous promesse de leur octroyer sa protection, & toute sorte d'immunités. Mais dautant que ces villages dependoient de l'Abbaye de S. Seuer, il communiqua aussi son dessein, à l'Abbé Ramon Sance, le priant de donner sa permission aux habitans de S. Genes, de venir habiter dans l'enceinte de sa forteresse, qui estoit dans le territoire du village de S. Pé; & lui promettant de luy donner l'Eglise du lieu, vne maison affranchie de tout deuoir, & la mesme iurisdiction qu'il auoit auparauant sur les habitans de S. Genes, qui viendroient resider dans la ville. Ils tomberent d'accord sous ces conditions; qui ne furent pas agréées par Bon-homme Euesque d'Ayre, qui soustenoit que toutes les chapeles nouuellement basties, apartenoient à l'Euesque, suiuant la disposition canonique; de sorte qu'il y eut vn procés sur ce sujet, entre l'Euesque & l'Abbé, qui traina vn long-temps pardeuant Guillaume Archeuesque d'Aux, & les Euesques de Gascogne assemblés *Ad Parcherium,* & au Synode de Noguerol. Enfin ils transigerent; & l'Abbé donna pour l'asseurance de la paix, à l'Euesque & à l'Eglise d'Ayre C. XXX. sols Morlas; & moyennant ce l'Euesque Bon-homme, l'Archidiacre de Marsan, & l'Archidiacre de Turſan renoncerent à toutes les pretenſions, qu'ils auoient ſur cette Egliſe.

IV. Le date de l'acte qui fait mention de ces traictés dans le Liure rouge de l'Eueſché d'Ayre eſt conceu, regnant en France Louïs le Pie, c'eſt à dire Louis le Ieune, Bon-homme Eueſque d'Ayre, & R. Sance Abbé de Sainct Seuer, *Anno* M. X C. *primo*. Mais il y a vn'erreur manifeſte en ce chifre. Car il faut lire, M. CXLI. puis que la vie de Pierre Comte de Bigorre, & Vicomte de Marſan reſpond à ce temps; comme fait auſſi le ſiege de *Bonus homo* Eueſque d'Ayre: qui floriſſoit en ce temps, & non pas en l'année 1091. Car Pierre Eueſque d'Ayre ſiegeoit pour lors, qui mourut l'année ſuiuante 1092. ainſi que nous aprenons du Martyrologe de Sainct Seuer: *Depoſitio Domni Petri Epiſcopi Adurenſis bonæ memoriæ. Anno* M. X C II. *Idibus Iulij.* Guillaume ſon ſucceſſeur en l'Eueſché d'Ayre mourut l'an 1115. II. *K al. Decembris, depoſitio domini Vuillelmi Epiſcopi Adurenſis Eccleſiæ* M. C X V. Bon-homme fut Eueſque en ſuite, & mourut l'an 1147. comme certifie le Martyrologe de Sainct Iean de la Caſtele. XIX. *K al. Ian. Commemoratio Domini Bon-hominis Adurenſis Epiſcopi* M. CXLVII. Au Chartulaire de S. Seuer le meſme iour du decés de l'Eueſque Bon-homme y eſt marqué, mais l'année y eſt defaillante. Il ne faut pas trouuer eſtrange le nom de cét Eueſque. Car on lit dans Ennodius, l'Epitaphe d'vn certain nommé *Homo bonus*. On affectoit ces noms perſonels de *Dius aboou*, & de *Bonhomi* en Gaſcogne pour rendre les noms Latins pratiqués par les Africains, de *Quod vult Deus*, & *Bonus homo*, & pour auertir ceux qui les portoient, qu'ils fuſſent gens de leur nom.

V. Le Comte Pierre fonda auſſi, ou pluſtoſt reſtabliſt l'Abbaye de Sainct Iean de la Caſtelle, & la mit ſous l'Ordre de Premonſtré dans ſon Vicomté de Marſan, prés de Caſeres ſur la riuiere de Ladour. Car il y auoit vn ancien Monaſtere qui portoit le nom de la Caſtele, & eſtoit encore debout l'an 1060. en vn lieu qui eſt diſtant d'vne demie lieuë de l'Abbaye; qui a eſté rebaſtie par le Vicomte Pierre ſous l'ancien nom de S. Iean de la Caſtele, qu'elle retient, auſſi bien que le ſol de l'ancien Monaſtere, & de quelque domaine ioignant, qui conſerue encore le nom de la Caſtele. Ie pourrois parler plus diſtinctement de ces choſes, ſi la Charte de la Fondation de Sainct Iean n'eſtoit eſgarée. Mais il ne reſte maintenant dans leur Chartulaire, que la remarque du iour du decés de Pierre Comte de Bigorre & de Marſan, Fondateur de l'Egliſe, qui arriua l'an 1163. III. *K al. Septembris, Commemoratio Petri Comitis Ligorræ, & Marc. Fundatoris huius Eccleſiæ. Anno Domini* M. C. L X I I I. Sous ce Comte Pierre fut auſſi fondée en Bigorre l'Abbaye de l'Eſcale-Dieu de l'Ordre de Ciſteaux enuiron l'an 1147.

CHAPITRE IX.
Sommaire.

I. Centulle 111. fils de Pierre & de Beatrix. II. Il est qualifié Seigneur du Quarton de Saragosse. C'est le Quartier de Nostre Dame du Pilar, conquis par Gaston de Bearn. III. Sa femme estoit la Comtesse Matelle, parente d'Alfonse 11. Roi d'Aragon. Ce Roi leur donne la Vallée d'Aran. IV. Ce Comte est nommé Pierre Centulle, dans vn acte de la donation qu'il fit en faueur du Monastere de Sainct Seuer. Il bastit le chasteau de Bidalos. V. Bernard Comte de Comenge fut marié auec la fille de Centulle heritiere du Comté de Bigorre. Son nom estoit Stephanie. *Elle fut mariée en premieres nopces auec Pierre Vicomte d'Acqs.*

I. DV mariage du Comte Pierre, & de la Comtesse Beatrix, nasquit Centulle 111. Ce qui se iustifie fort exactement par vn contract d'eschange passé l'an 1151. entre le Comte Pierre & Ezius Abbé de la Reole, du village de Luerri, que le Comte bailloit, auec le village de de Peirer, que l'Abbé deliuroit. La condition que l'Abbé desira pour la validité du contract, fut que la femme du Comte, & leur fils commun ratifiassent l'eschange dés aussi tost, qu'ils seroient bien remis ensemble; dautant que pour lors, dit le Titre, ils estoient separés & en mauuaise intelligence. Or il est énoncé en suite, que l'eschange fut executé en la ville de Lorde, par Comte Pierre, son fils Centulle, & l'Abbé, entre les mains de Bernard Euesque de Bigorre, en presence de la Cour ou assemblée generale du païs. Ce Titre est enregistré au Chartulaire de Bigorre dans le Tresor de Pau. De sorte qu'il n'y a point de doute, que Centulle ne fust le fils du Comte & de la Comtesse, comme il fut leur successeur sous le nom de Centulle 111. apres l'année 1163. en laquelle son pere deceda.

II. De fait il paroist en cette qualité de Comte de Bigorre, & Seigneur du Quarton de Saragosse l'an 1172. en l'acte de la donation, que fit le Roi Alfonse d'Aragon estant à Montpelier, du lieu d'Alanzar, en faueur de Lope Ferrench de Luna; cet acte m'a esté communiqué par Iean Briz Martinez Abbé de S. Iean de la Penna. *Centullo Comite Bigurritanorum Senior de illo Quartone de Cæsaraugusta.* Ie pense que ce quartier de Saragosse duquel Centulle est qualifié Seigneur, estoit le quartier de Nostre Dame du Pilar acquis à la maison de Bearn, par le valeureux Gaston, & possedé par ses successeurs; qui peut-estre en ce temps l'alienerent au profit de ce Comte de Bigorre; ses predecesseurs n'ayant point esté designés par ce Titre de Seigneurs du Quarton de Saragosse, iusqu'à lui; & les Seigneurs de Bearn ayans depuis ce temps obmis cette qualité. Aussi est-il vrai qu'en la disposition generale de ses biens, que fit Gaston de Bearn en son testament de l'an 1290. il ne fait aucune mention de la Seigneurie de Saragosse. Mais Amate sa femme fille de la maison de Bigorre ne l'a point obmise, en son testament de l'année 1270. ayant legué à sa fille Guillelme les droicts qu'elle possedoit en Saragosse, qui lui auoient esté sans doute assignés lors de son mariage auec Gaston. Et Guillelme en suite transporta cette iurisdiction du Quartier de Nostre Dame du Pilar, à la maison d'Aragon par son testament, comme asseure Blanca en ses commentaires; de sorte que le Quarton de Saragosse, dont le Comte Centulle est qualifié Seigneur en ce titre, est celui qui auoit esté conquis & possedé par les Seigneurs de Bearn.

Liure neufiesme. 821

III. Sa femme estoit la Comtesse Matelle parente d'Alfonse II. Roi d'Aragon: Comme il auouë en la Donation qu'il fit à Centulle en ces termes. *Moi Alfonse par la grace de Dieu Roi d'Aragon, Comte de Barcelone, & Marquis de Prouence, fais ce contract de Donation en faueur de vous Centulle Comte de Bigorre, & de vostre femme Matelle ma Cousine, & il me plaist en consideration des seruices que vous m'auez fait, & me rendez chasque iour, de vous donner en heritage la vallee d'Aran, auec ses limites, & toutes ses peuplades & terres, montagnes, ports, plaines, pasquages, & forests, auec leurs dependances. Ie vous donne aussi la seigneurie qui m'apartient à Borderas. Et fais ce don à vous, à vos enfans, & à toute vostre race, & posterité, à la charge que vous & vos successeurs en ladite terre serés mes fideles Vassaux pour raison d'icelle.* Cét acte est en date du mois d'Octobre Ere 1213. qui reuient à l'année 1175. & se trouue dans le Chartulaire de Bigorre. La vallée d'Aran fut retenuë par le Roi d'Aragon, lors qu'il maria Petronille Comtesse de Bigorre auec Gaston de Bearn.

IV On conserue encore dans les papiers de l'Abbaye de S. Seuer, le memoire d'vne donation de ce Comte, sous le nom de Pierre Centulle Comte de Bigorre, fils de Pierre, de la mesme année 1175. Ce Comte bastit le chasteau de Bidalos, & l'engagea à Fortaner de Lauedan, pour trois mille deux cens sols Morlans, tesmoins l'Euesque de Bigorre nommé A. Guillem. d'Osun, & Guillaume de Baredge; Il fut racheté en suite par Bernard Comte de Comenge.

V. Ce Bernard Comte de Comenge fut marié à la fille de Centulle, heritiere de la maison de Bigorre, comme i'ai fait voir en son lieu, par le contract de mariage de la Comtesse Petronille auec Gaston de Bearn; & encore par la sentence du Pape Innocent III. sur le diuorce pretendu par Pierre Roi d'Aragon, contre la Reine Marie de Montpelier sa femme. Mais le nom de la Comtesse proprietaire de Bigorre, fille de Centulle, m'auoit esté inconnu, iusqu'à ce que i'ai rencontré dans le chartulaire de Bigorre, vne donation que cette Dame & son mari firent au pasteur de leurs brebis, dans le chasteau de Muret en Comenge, en ces termes : *Na Stephania Comtessa de Begorra, en B. de Comenge sos marits, den la terra de la scudaria à Gassia aolher, & à tot son linadge franca, ab lo seruici qu'en face à la coz ie. Aquest doo fees la Comtessa en la sale de Muret.* Et plus bas. *Aquest doo fo dat quant la anada fo de Ierusalem.* D'où l'on aprend que le nom de cette Comtesse estoit Stephanie, & qu'elle estoit viuante, au temps du passage general, qui fut fait l'an 1199. par les Rois de France Philippe Auguste, & Richard d'Angleterre pour le recouurement du Royaume de Ierusalem, que Saladin Soudan d'Ægypte auoit enuahi. Car c'est ce que signifient les paroles qui sont au bas de cét acte, que la donation fut faite lors du voyage de Ierusalem. Il est croyable, que céte Comtesse fut mariée en premieres nopces, auec Pierre Vicomte d'Acqs, qui est qualifié aussi Comte de Bigorre par Roger de Houeden, lors qu'il dit que Richard d'Angleterre Comte de Poictiers assiegea sur lui, la ville d'Acqs, & la prit l'année 1177.

III. E Chartulario Bigorritano quod est in Tab. Palensi : In Christi nomine & eius diuina Clementia Ego Ydelfonsus Dei gratia Rex Aragonensis, Comes Barchinonensis, & Marchio Prouinciæ, facio istam Chartam donationis vobis Centullo Comiti de Bigorra, & vxori vestræ nomine *Mavella*, Consanguineæ meæ. Placuit mihi bono animo, & spontanea voluntate, & propter seruitia quæ mihi habetis facta, & quotidie facitis, ab hac hora in antea facietis, quod dono vobis *Aran* per hereditatem cum suis terminis, heremis, & populatis, planis, atque montanis, pascuis, & portibus, aquis, siluis, lignaribus, & cum introitibus & exitibus suis. Dono quoque vobis illud Senioraticum, quod ego habeo & habere debeo in Borderas. Supradictum autem donum facio vobis, & filiis vestris, & generationi ac posteritati vestræ, ad hereditatem habendum, omni tempore, & possidendum, salua mea fidelitate & tota mea posteritate per bonam fidem, & sine omni inganno, per secula cuncta. Amen. Prædictam quoque donationem facio vobis, & vestris, sub hac conditione atque conuentione, vt & vos, & quicunque de filiis vestris, vel de vestra generatione ac posteritate, habuerint iamdictam terram quam vobis dono; sint propter illam mei fidelissimi Vassalli, manibus propriis mihi & meis commendati, per bonam fidem &

fine omni ingano per fecula cuncta. Amen. Ydelfonfi Regis Aragonenfis Comitis Barcinonenfis & Marchionis Prouinciæ. Facta Carta apud Sauces, In podio quod eft inter Gauarretum & Saluaterra & Spaon, & Martiferra, menfe Octobris Era millefima CCXIII. Regnante meo Dei gratia Rege in Aragone & Barchinona, & in Prouincia. Epifcopo Stephano in Ofca. Epifcopo Guilhelmo Petri in Ylerda. Epifcopo Petro in Cæfaraugufta, Epifcopo Ioane in Tyraflona. Ramundo Comite Palearenfi Seniore in Riola. Blafco Romeu in Cæfarauguſta. Petro de Caftela-col in Calatau. Xfimino Romeu in Tyraflona, Marcho Ferrits in Ofcha. Blafco Maça in Borge. Artaldo. Arferits Regis in Alagona. Xfimino de Orrica in Epila, Petro Ortiz in Aranda. Bertrando de fancta Cruce in Feriza & in Turol. Deus-in auida in Sos. Gombaldo de Beneuent in Bel. & Xfimino de Artufela in Laarre. Peregrino de Caftellaçol in Pertufa; & in Alchefer, & Fortuno de Aftada in Aftadela.

CHAPITRE. X.

Sommaire.

I. Petronille Comteſſe de Bigorre, Couſine d' Alfonſe Roi d' Aragon; qui la marie auec Gaſton de Bearn. II. Elle eſpouſe en ſecondes nopces Nunno Comte de Cerdanhe : Et le quitte bien-toſt ſans iugement de l'Egliſe ; à cauſe de leur parenté. III. Mariage de Gui de Montfort, fils de Simon Comte de Monfort auec Petronille. Les conditions du contract. IV. Enfans nés de ce mariage. V. Apres le decés de Gui Petronille eſpouſe Aymar Rancon.

I. DV mariage de la Comteſſe Stephanie, & de Bernard Comte de Comenge, nafquit Petronille qui fut retirée, peut-eftre apres le decés de fa mere, par Alfonfe Roi d'Aragon fon proche parent; Il prit à mefme temps la poffeffion du Comté de Bigorre, & maria la ieune Comteffe à Gafton de Bearn, lui conftituant en dot le Comté, retenant neantmoins deuers foi la vallée d'Aran, qu'il auoit donnée à Centulle III. Nous auons repreſenté en ſon lieu, le contract tout entier, en date du mois de Septembre M.C.XCII. Par lequel il confte, que le Roi d'Aragon, referue à foi, & à fes fucceffeurs, l'homage du Comté de Bigorre, & du chafteau de Lorde, & le droict de reuerfion en cas de decés de Petronille fans enfans.

II. Apres le decés de Gafton de Bearn, qui mourut fans lignée l'an 1215. Petronille eſpouſa Don Nunno Comte de Cerdagne, fils de Sance Comte de Rouffillon, qui eftoit frere de Pierre Roi d'Aragon, & fils du Roi Alfonfe. Ce mariage fut contracté & beni folennellement en face d'Eglife, ainfi que Conftance de Bearn bailloit pour notoire, & offroit de le verifier en cas de befoin, au procés de Bigorre. Comme auffi le Procureur du Roi de France, fouftenoit le mefme fait en fes efcrits contre Teyffon, ainfi que l'on aprend de l'Inuentaire des chartes de France; qui adiouftoit que les parties s'eftoient feparées de leur bon gré, fans iugement de l'Eglife, fuiuant la mauuaife couftume du païs. Pour mon regard ie penſe que cette ſeparation fut practiquée par raifon d'Eftat; dautant que Pierre Roi d'Aragon Oncle de Don Nunno, ayant efté tué deuant Muret, par Simon Comte de Montfort, & la guerre continuant entre lui, & les Aragonois fauteurs du Comte de Tolofe, il lui importoit extremement d'empefcher, que Don Nunno ne s'affeuraft de la Bigorre au moyen de fon mariage auec la Comteffe. C'eft pourquoi il gagna les Ecclefiaftiques, à ce qu'ils perfuadaffent à cette Dame de fe departir de Don Nunno fon fecond mari, & d'efpoufer Gui fon fecond fils. Le pretexte de la feparation fut pris de la parenté, qui eftoit entre Don Nunno & Petronille, laquelle eftoit veritable, quoi que nous n'en puissions pas exprimer le degré; puis que Matelle femme de Centulle III. & Grand-mere de Petronille estoit Cousine d'Alfonse Roi d'Aragon Grand-pere de Don Nunno: Mais tousiours y auoit-il ce manquement, que le iugement de l'Eglise deuoit preceder, apres auoir oüi les parties, & informé de leurs parentés. Et alors on eut peut-estre trouué, que le degré estoit trop éloigné, pour inualider le mariage, comme pretendoit Constance de Bearn.

III. Petronille espousa le Comte Gui, en la ville de Tarbe, le Dimanche apres la Toussaincts de l'année 1216. auec le consentement de Simon Comte de Monfort, en presence d'Arnaud Euesque de Bigorre, Guillaume Euesque de Comenge, Sance Euesque de Coserans, Bernard Euesque d'Oloron, & Iean Euesque d'Ayre, de Pierre Abbé de Clarac, Odo Abbé de Generes, & Arnaud Abbé de S. Sauin. Ces Prelats certifient par leurs lettres qui sont dans le Tresor de Pau, que Noble homme Gui, fils de Simon Duc de Narbone, Comte de Tolose, & de Lycestre, Vicomte de Beziers, & de Carcassonne, & seigneur de Montfort, auoit espousé publiquement & solennellement en leur presence, & par leur mediation, & de plusieurs Barons, Noble Dame Petronille Comtesse de Bigorre. Et que le iour des Nopces ladite Dame auant que de se presenter en face d'Eglise, auoit constitué en dot en leur presence, à Gui son futur espoux, tout le Comté de Bigorre, & Vicomté de Marsan, pour y succeder les enfans qui prouiendroient de leur mariage. Comme aussi, que Gui auoit baillé à la Comtesse, toute la terre que son pere lui assigneroit, pour estre possedée à tiltre d'heredité par leurs enfans communs. Outre ces institutions hereditaires, les parties tomberent d'accord des articles suiuans: sçauoir que Gui, sous l'autorité & le consentement de son pere, constitua & promit à tiltre de Donation en faueur des nopces, à Petronille, cinq cens marcs d'argent par année, en cas qu'il predecedast sans enfans. Laquelle rente seroit assignée pendant la feste de Pasque, sur des lieux suffisans deçà Carcassonne, à la discretion de Guillaume Archeuesque d'Aux, Arn. Euesque de Tarbe, & G. Euesque de Comenge, & Pierre de Coarase cheualier, ou deux d'entr'eux en absence des autres, qui auroient plein pouuoir de ce faire: ou bien ledit seigneur Duc feroit de bonne foi cette assiete à leur defaut, dans le mesme terme. La Comtesse donna vn semblable agencement de cinq cens marcs d'argent, sur les terres, au Comte son mari, soubs les mesmes conditions. Et de plus, il fut conuenu entre le Duc, & le Comte, que tous les frais qui seroient faicts par le Duc, pour le recouurement du chasteau de Lourde, & des autres droicts de la Comtesse, pour le payement de ses debtes, pour la defense de ses terres, ou pour les bastimens, seroient reconneus au Duc, & hypothequés sur les terres de la Comtesse; lesquelles le Duc & ses heritiers possederont paisiblement, iusqu'au payement entier de la debte, sans que les fruits puissent estre precontés au principal, attendu qu'on les estime necessaires pour supporter les autres charges de la terre. Pour l'asseurance de ce contract, le Comte Gui donna des pleiges à la Comtesse, & à ses Barons, entre les mains des Prelats, sçauoir le Duc son pere, & Amauri son frere; Et la Comtesse donna quatre de ses Barons, sçauoir Ramon Garsie de Lauedan, Comtebon d'Antin, Bernard de Castetbaiag, & Arnaud Guillaume de Barbasan. Les Nopces ayants esté publiquement celebrées, suiuant la coustume de l'Eglise, les Barons de Bigorre, & les Bourgeois de Tarbe, presterent homage & serment de fidelité au Comte Gui, par l'ordonnance de la Comtesse, ayant receu prealablement de Gui le serment accoustumé, qu'il les gouuerneroit suiuant les bonnes & loüables coustumes du païs. Peu de iours apres G. Archeuesque d'Aux arriua en la ville de Tarbe, qui confirma ce contract de son sceau, à l'instance de toutes parties, qui se soubsmirent aux censures Ecclesiastiques de l'Eglise d'Aux, en cas qu'aucun d'eux, ou leurs hoirs, voulussent se départir de l'obseruation de ces articles.

IV. De ce mariage nafquirent deux filles, Elis & Peronelle. Peronelle fut mariée à Raoul de Teiffon, qui engendra d'elle Guillaume Teiffon. Ce Raoul eftoit vn Seigneur confiderable en Normandie; puis que fur la fin du Liure Cenfier d'Angleterre, qui a efté publié auec les Hiftoriens de Normandie, on trouue vne charte de l'année 1213. touchant le partage des trois Baronies poffedées par Raoul Teffon. Elis fut mariée à Raoul de Courtenai en fecondes nopces, dont nafquit Matilde de Courtenai, fille vnique de ce mariage, Comteffe de Thyet, efpoufe de Philippe de Flandres. Du premier mariage d'Elis furent engendrés Efquiuat, & Iordain, & Lore Vicomteffe de Turene.

V. Le Comte Gui eftant decedé aux guerres de Languedoc, la Comteffe Petronille efpoufa Aymar de Rancon fon quatriefme mari, viuant encor Don Nunno.

CHAPITRE XI.

Sommaire.

I. Bofon de Matas cinquiefme mari de Petronille, apres le decés des autres. II. Ce mariage eftoit celebré en 1228. Soubmiffion aux cenfures Ecclefiaftiques pour l'execution d'vn Contract, n'a point d'effet qu'apres le jugement feculier. III. Antiquité des Vicomtes d'After, dont la maifon a fondu en celle de Gramont. IV. Priuilege accordé à la ville de Vic par Bofon, contre les larrons, & les meurtriers. V. Bofon pourfuit par armes les droicts, qui apartiennent à fa femme Petronille, fur la maifon de Comenge. Compromis entre les parties, arrefté en la Lande de Boc, auec fes conditions. VI. Codicille de Petronille, de l'an 1239. qui reconnoift à fon mari quelques fommes de deniers; & faict quelques legats. Le fceau du Comte de Bigorre. VII. Teftament de Petronille de l'an 1251. Elle inftituë heritier Efquiuat fon petit fils, & lui fubftituë Jordain frere d'Efquiuat. Et s'ils decedent fans enfans, leur fubftituë fa fille Mate, femme de Gafton de Bearn.

I. Vnno, & Rancon eftans decedés, Petronille efpoufa legitimement, Bofon de Maftas fon cinquiefme mari. Le nom de ce Comte eft diuerfement enoncé dans les tiltres anciens, quelquefois *Boos*, & ailleurs *Bofon*; auec la mefme varieté pour le furnom de *Maftas*, ou *Maeftad*, ou *Maieftad*. Tant y a que fa vraye denomination eft celle de Bofon de Maftas, qui fe prononce par elifion de la letre *f* Matas. Il eftoit de la maifon de Maftas en Angoumois, & Seigneur de la ville de Coignac, ainfi que l'on a peu remarquer ci-deffus, en la demande que Gafton de Bearn faifoit au Roi d'Angleterre, pour l'indemnité de la ville de Coignac; laquelle ayant efté deliurée par Bofon, au Senefchal du Roi, auoit efté enleuée par les François, & perduë pour fon maiftre Bofon de Maftas.

II. On ne peut pas remarquer le temps precis, de la celebration de fon mariage auec Petronille; quoi qu'il fe puiffe iuftifier, qu'ils eftoient enfemble, en Decembre 1228. par l'acte de ceffion, que Raimond Guillaume fils aifné de Guillemfuert de Soule, faict pour foi, fes freres & fucceffeurs, de toutes leurs pretenfions fur le chafteau de Bidalos, au profit de *B. de Maftatio*, & de la Comteffe fa femme, moyennant la deliurance de dix Cafals en Lauedan: les parties s'eftans foubmifes aux cenfures

Ecclesiastiques, de Hugues Euesque de Bigorre, en cas de contrauention à cét accord ; à la charge neantmoins que par vn prealable, les Iurats de la terre de Lauedan, qui estoient les Gentils-hommes de la Vallée, en eussent pris connoissance, & rendu leur iugement : de sorte que par ce moyen il n'estoit reserué à l'Euesque, que la nuë execution & contrainte par excommunications & interdicts. Les tesmoins sont *Hugues* Euesque de Bigorre, P. Abbé de S. Sauin, *Arnaud Vicomte d'Aster*, & plusieurs autres nommés au contract, qui est enregistré au chartulaire de Bigorre.

III. Il est raisonnable que les Lecteurs facent en cét endroit vne reflexion sur la maison d'Aster, qui estoit honorée dés ce temps de la dignité Vicomtale, comme ce Contract en fait vne pleine foi, Arnaud y estant qualifié Vicomte d'Aster. Aussi peut-on verifier d'ailleurs, l'antiquité de cette maison, par les diuers tiltres, qui se trouuent dans le Chartulaire de Bigorre. Car on a veu Guillaume d'Aster signé en la Donation du Comte Bernard II. en faueur de l'Eglise du Puy, auec Bernard de Baseliac l'an 1062. En suite on trouue Auger d'Aster, qui rend homage de sa terre au Comte Centulle I. enuiron l'an 1085. à la charge de la redeuance annuelle d'vn esperuier, que le Procureur du Seigneur d'Aster doit porter au Comte de Bigorre seigneur de Lorde, le iour de Nostre Dame de Tarbe, & le percher sur l'ormeau de Lorde, ou fournir six sols au defaut de l'esperuier. Cét Auger d'Aster estoit encore en vie l'an 1127. puis qu'il estoit present à la donation de Pauaillan, faicte à Centulle II. Auquel succeda Fortaner d'Aster, qui fut present à l'homage rendu à Centulle II. par Sans Gassie d'Aure, enuiron l'an 1130. Fortaner est suiui d'Auger Calbo d'Aster, qui fut tesmoin de l'homage rendu par les enfans de Guillaume Arnaud de la Bartere, au Comte Centulle III. enuiron l'an 1174. On trouue en suitte Guillaume Arnaud d'Aster, qui fut vn des ostages donnés au Comte de Begorre, pour la querelle d'Arnaud de Montaner, & de Bernard de Castetbaiac, du temps de la Comtesse Stephanie, & du Comte son mari, enuiron l'an 1190. Celui-ci est le predecesseur immediat d'Arnaud Vicomte d'Aster ; qui est suiui de Garsias Arnaud d'Aster, nommé aux Chapitres suiuans sous le nom d'Aure, dont la maison a fondu dans la famille tres-illustre de Gramont. Ces quatre Vicomtes d'Aster, sçauoir Auger, Fortaner, Auger Calbo, & Guillaume Arnaud pourroient remplir l'espace qui a esté laissee vuide, en la Genealogie des Vicomtes d'Aster, depuis Guillaume, iusqu'à Arnaud.

IV. Pour reuenir au Comte Boson, il accorda en la mesme année 1228. à la ville de Vic, vn priuilege fort auantageux contre les pilleries, ou plustost restablit, & confirma l'ancienne coustume qu'elle auoit. Car il ordonna, auec l'auis, & consentement des Iuges, & de toute la Cour de Bigorre, que si personne receuoit aucun tort ou domage dans la ville de Vic, en ses biens meubles ou immeubles, soit à force ouuerte, ou à cachetes, il en fit sa plainte au Vicaire du Comte : lequel assembleroit les six Iuges, qui sont establis pour cét effet, & auec leur auis feroit reparer au plaignant, toute la perte qu'il auroit faite, sur les biens de la communauté ; Et en suite les Iuges & la communauté feroient soigneusement rechercher le coulpable ; & ayant prealablement indemnisé la communauté sur les biens du malfaicteur, feroient remetre le surplus, ensemble sa personne, entre les mains du Comte, pour le chastier à sa discretion. Il ordonna en outre, que le meurtrier, qui auroit tué quelqu'vn dans la ville, fust enseueli estant en vie, & sans aucun retardement sous le cadauer du mort, & donna permission à vn chascun, de le saisir, & le retenir prisonnier sans crainte d'amende.

V. Apres le decés de Bernard comte de Comenge, pere de la comtesse Petronille, le comte Boson son mari prit beaucoup de peine, pour liquider les droits de legitime, qu'elle auoit sur la maison de Comenge ; iusques là qu'il falut poursuiure ses interests par la voye d'armes, qui estoit vne procedure plus ordinaire en ce temps, que celle de la Iustice. Enfin par l'entremise de l'Archeuesque d'Aux, les parties remirent leur different à l'arbitrage du Comte de Tolose, & d'Amanieu de Lebret, dont ils passerent vn compromis au mois d'Aoust 1232. en la *Lande de Boc*: qui est vne lande en Nebosan, diffamée pource que l'on pense qu'elle est le rendés-vous des sorciers de Gascogne ; sans que pourtant on soit obligé de le croire. Le Comte & la Comtesse de Begorre, & le Comte de Comenge presens, promettent de garder & obseruer le iugement ; qui sera rendu par les arbitres dans la quinzaine de Toussaincts : s'obligeant le Comte de Comenge, de nommer vn autre arbitre, en cas que le Comte de Tolose ne peut vacquer à cét affaire, & le Comte de Bigorre d'en faire de mesme, si le seigneur de Lebrit estoit empesché. Et pour asseurance de leur parole, ils deliurent chascun, deux places fortes entre les mains de l'Archeuesque d'Aux ; sçauoir le Comte de Comenge, les chasteaux de Salies, & de Fronsiac ; & le Comte de Bigorre les chasteaux de Mauuesin, & de Sainct Blanquat, prometans de bailler de plus fortes asseurances, s'il estoit besoin, à la connoissance de l'Archeuesque : qui a pouuoir de bailler les chasteaux de la partie desobeïssante, à celle qui acquiesceroit à la sentence, & d'excommunier en outre le coulpable, & metre ses terres à l'interdit : faisant garder cependant les places, aux despens des maistres. Au surplus les parties iurent solennellement la paix entr'elles, & donnent pouuoir à l'Archeuesque de iuger des manquemens & defauts, des doutes, & de la rupture de la paix. Dans le mesme compromis sont aussi enuelopés les differents du Comte de Comenge, auec Roger de Comenge Comte de Palhas en Catalogne, & Raimond son fils.

VI. Les grands frais, que le Comte Boson exposoit pour la liquidation des affaires de sa femme, l'obligerent à les lui reconnoistre. De faict la Comtesse estant malade en la ville de Vic-Bigorre, au mois de Feurier de l'année 1239. fit vn Codicille où il est dit, qu'elle donna à Boson de Mastas son mari, le iour de leurs nopces, vingt mille sols Morlans, sçauoir quinze mille sur la térre de Bigorre, & cinq mille sur la terre de Marsan. En outre elle reconnoist lui deuoir, tant pour les frais de plusieurs voyages, que la Comtesse & lui auoient faits en France, que pour raison des trois cens marcs d'argent, qu'il auoit fournis à Esquiuat, pour le mariage d'vne fille de la Comtesse, cinquante mille sols Morlans ; qui seroient payés, sçauoir quarante cinq mille sur Bigorre, & cinq mille sur Marsan ; voulant, que le Comte possede & iouïsse ces terres, iusqu'à l'effectuel payement des sommes. Enioint à ces fins, à sa Cour de Bigorre, sçauoir aux Barons, Cheualiers, Bourgeois, & Vallées de lui obeïr ; Et neantmoins veut qu'apres le payement faict, il rende tout incontinent & sans delai, la terre de Bigorre à sa fille Elis, & à ses hoirs. En outre elle assigne pour le payement de ses debtes, & pour aumosnes, dix mille sols Morlans, sur les lieux de Bolog, de la Reule, de Parabere, & de Caisson, en telle sorte que l'on paye mille sols par an. Et dautant qu'elle reconnoist qu'Amaneu Archeuesque d'Aux, a pris beaucoup de peine, & faict plusieurs frais, pour les affaires de la Comtesse, & le bien de son païs ; & qu'elle est obligée de cinq mille sols à feu l'Archeuesque Guillaume son predecesseur, elle assigne audit Amaneu, & à ses hoirs, tant pour recompense, que pour le payement de cette debte, toutes les rentes de Banheres, pour en iouïr iusqu'à ce qu'il soit payé desdits cinq mille sols. Et faict seeller cette declaration de son sceau, de ceux du Comte son mari, de l'Archeuesque, & de Hugues Euesque de Bigorre. Le sceau du Comte de Bigorre est encore pendant, au bas de cét acte, en cire blanche, qui a esté colorée & teinte en rouge ; à l'vn costé est l'empreinte du Comte, monté sur vn cheual housse, portant l'espée à la main, & l'escusson de Mastas qui est effacé.

effacé. De l'autre cofté, on voit empraints au contrefeau deux lions paffans, ou leopardés, qui font les armes de Bigorre.

VII. La Comteffe ne mourut pas de cette maladie; car elle furuefquit fon mari, & demeura en vie iufques en l'année 1251. Auquel temps elle deceda dans le monaftere de l'Efcale-Dieu, où elle fut enterrée; ayant faict par vn prealable fon teftament; dans lequel elle prend le nom de *Petrona*, c'eft à dire, fuiuant la prononciation vulgaire, *Peirone*. I'en rapporterai le fommaire, & les articles qui font plus confiderables. Elle commence par le denombrement de fes debtes, faifant mention entre-autres creanciers, de Vital Gafton de Tarbe, à qui elle deuoit dix-huict fols pour les fouliers qu'elle auoit enuoyés à la Reine d'Angleterre; Adioufte que ce Vital, lui eftoit obligé en mille fols, des deniers qui lui eftoient deus, pour raifon de fa terre de Bigorre, fçauoir douze deniers pour homme.

Elle declare en fuite, que Simon Comte de Liceftre, (qui eftoit Lieutenant du Roi d'Angleterre en Gafcogne, & vouloit s'affeurer de la Bigorre, pour fouftenir le faix de la guerre contre Gafton de Bearn, ainfi que nous auons dit ci-deffus) auoit receu de fes mains, le Comté de Bigorre depuis trois ans, à la charge de lui bailler fept mille fols Morlans par année; dont il luy eftoit deu de refte quinze mille cinq cens fols Morlans. C'eft pourquoi elle fupplie le Comte Simon, au nom de Iefus-Chrift, de payer cette fomme à fes executeurs teftamentaires, pour l'employer fuiuant fa difpofition. Elle ordonne d'eftre enfeuelie au monaftere de l'Efcale-Dieu, fuiuant le choix qu'elle en auoit ci-deuant fait, aumofne en fa faueur tous fes vafes d'or & d'argent, fes habits, & fes draps de lin ou de laine, fes ioyaux & meubles precieux, qui eftoient pour le feruice de fa perfonne, ou de fa chapelle, les reliquaires d'or, d'argent, ou de foye, auec fes aneaux, & pierres precieufes. Ordonne, enioinct, & commande tres-expreffément à fa Cour de Begorre, de ne rendre aucun homage à fon heritier, iufqu'à ce que fa fille Mate foit pleinement & entierement fatisfaite, de toutes les terres que fon pere Bofon ci-deuant Comte de Bigorre poffedoit, ou deuoit poffeder en la terre de Chabanes: & en cas que fon heritier vouluft malicieufement apporter quelque difficulté en ce point, la Cour de Bigorre fera tenuë de faire homage à Mate, iufqu'à ce qu'elle foit fatisfaite. Confirme le contract de donation, qu'elle auoit fait en la ville de Bourdeaux, en faueur du monaftere de l'Efcale-Dieu, de la maifon de Bages, des moulins & Cafals de S. Martin, & Peyrabuzan, & de la terre de Pomares; & fupplie le Comte Simon de ne fouffrir point; qu'il foit rien fait par fon heritier ni autre, au preiudice de cette Donation. Ordóne que les debtes contractées par le feu Comte Bofon fon mari, foient payées fur les reuenus de Bigorre, fuppliant le Comte Simon de les y employer, tandis qu'il tiendra le Comté: Et fi pendant ce temps, elles n'eftoient pas entierement acquitées, enioint à fon heritier d'y fatisfaire, & à fa Cour de Bigorre de le contraindre au payement, & de lui donner confeil, en cas qu'il furuint quelque doute fur la preuue, ou fur la validité de la debte. Inftituë heritier au Comté de Bigorre, Efquiuat fils de fa fille Elis, & lui fubftituë fon frere Iordain, en cas qu'il decedaft fans enfans; & au mefme cas fubftituë à Iordain, Mate fa fille, & toute fa pofterité. Ordonne pour executeurs de fon teftament, les Euefques de Bigorre, & de Comenge, Mate fa tres-chere fille, l'Abbé de l'Efcale-Dieu, & le Commandeur de la milice du Temple de Borderas, Peregrin de Lauedan, & G. File Bourgeois de Bagneras. Ce Teftament eft en date du 3. des Nones de Nouébre 1251. duquel il y a diuerfes copies dans les chartes de France, & dans le Trefor de Pau. Il eft remarquable qu'elle ne difpofe point dans ce teftament, du Vicomté de Marfan, ni de la Seigneurie du quartier de Saragoffe, parce qu'elle auoit donné toutes ces terres en dot, à fa fille Mate, lors qu'elle efpoufa Gafton de Bearn. Elle ne faict non plus

Aaaa

mention, des biens qui lui estoiét escheus de la succession de Bernard Comte de Comenge son pere, dautant qu'elle en auoit disposé entre vifs, en faueur de sa fille Mate, par côtract de donatió, de l'année precedéte 1250. ainsi qu'il a esté móstré en son lieu.

CHAPITRE XII.

Sommaire.

I. Esquiuat est troublé en la possession du Comté par Gaston de Bearn. II. Esquiuat engage à sa protection le Roi d'Angleterre, se rendant son vassal. L'Eglise du Puy transporte ses droits à l'Anglois. III. Letres du Roi Henri d'Angleterre, sur la reception de cét homage. IV. Cét homage n'apartenoit point à l'Eglise du Puy. V. VI. La guerre d'Esquiuat auec Gaston fut terminée par la sentence arbitrale que prononça Roger Comte de Foix. Agnes fille de Roger mariée à Esquiuat. Conditions de ce mariage. VII. Priuileges accordés par Esquiuat, aux habitans de Bidalos, & de Ciutat. VIII. Esquiuat succede au Vicomté de Coserans. IX. Dône son Comté à Simon de Montfort en haine de Gaston. X. Guerre entre Simon & Esquiuat. Articles de la Tresue arrestée entr'eux. XI. Esquiuat promet à Gaston de n'aliener le Côté pendant 5. ans. Il le possedoit entierement, excepté le chasteau de Lourde. XII. Decés d'Esquiuat, & son Testament. Il institue heritiere sa sœur Lore Vicôtesse de Turene.

I. Squiuat voulant prendre la possession de Bigorre, y rencontra de l'empeschement, à cause des pretensions de Mate sa tante ; qui estoit mariée à Gaston de Bearn, & pretendoit à la succession du Comté ; à cause que le mariage de Gui de Montfort, & de Peronelle, d'où estoit née Elis mere d'Esquiuat, n'estoit pas legitime, pour auoir esté contracté pendát la vie de Don Nunno d'Aragon; outre les autres pretensiós qu'elle auoit du chef de son pere Boson, sur les terres de Chabanes, & Cofolens.

II. Ce qui donna suiect à vne guerre bien rude entre Gaston de Bearn, & le Comte Esquiuat ; en laquelle celui-ci estoit appuyé de l'autorité, & des armes du Roi d'Angleterre, qui faisoit aussi de son chef la guerre à Gaston, ainsi qu'il a esté monstré ci-dessus. Mais pour obliger dauantage l'Anglois à lui continuer sa protection, nonobstant le traicté de paix, qui venoit d'estre conclu entre l'Anglois, Alfonse Roi de Castille, & Gaston de Bearn, au mois de May 1254. Esquiuat voulut interesser le Roi d'Angleterre en sa querelle, se rendant son Vassal, & lui acquerant vn homage, qui n'auoit point apattenu aux Ducs de Guyenne ses predecesseurs. Car les Comtes de Bigorre, n'auoient point releué d'eux; mais seulement des Rois de Nauarre, & depuis de ceux d'Aragon, dont ils auoient secoüé le joug, du temps de Gui de Montfort grand pere d'Esquiuat. De sorte que la memoire de l'homage d'Aragon estoit comme effacée, le dernier estant de l'année mille cent nonante-deux. Et d'ailleurs il sembloit que l'Eglise du Puy entroit en quelque partage de la superiorité de ce Comté, en ce que depuis temps immemorial, les Comtes de Bigorre lui payoient soixante sols Morlans de rente annuelle ; & par consequent estoient tenus & censés pour vrais Vassaux de cette Eglise. C'est pourquoi le Roi Henri d'Angleterre, auerti par Esquiuat, traicta auec l'Euesque & le Chapitre du Puy, qui lui cederent & transporterent l'homage de ce Comté; & à mesme temps receut Esquiuat à lui faire homage lige de cette terre, dont il fit expedier les letres à S. Macaire pres de Bourdeaux, le 15. Iuin 1254. en ces termes tournés du Latin en François.

III. *Henri par la grace de Dieu Roi d'Angleterre, Seigneur d'Irlande, Duc de Normandie, & d'Aquitaine, Comte d'Aniou, à tous ceux, qui ces presentes letres verront, salut. Comme ainsi soit que nostre cher & feal Esquiuat de Cabanes, Comte de Bigorre, ait receu de nous le Comté de Bigorre auec ses apartenances, pour le tenir lui, & ses hoirs, de nous & de nos successeurs à perpetuité; & que du consentement expres de l'Euesque & Chapitre du Puy, ci-deuant seigneurs directs dudit Esquiuat, & de ses predecesseurs Comtes de Bigorre, qui ont cedé, quité, & transporté entierement à nous & à nos hoirs, la seigneurie qu'ils auoient sur ledit Comté, ledit Esquiuat nous ait faict homage lige d'icelui pour soi, & ses hoirs. Nous promettons de bonne foi, octroyons & protestons par ces presentes, que nous, ni nos successeurs n'exigerons dudit Esquiuat, ni de ses hoirs, autres coustumes, ni seruices, que ceux que ses predecesseurs Comtes de Bigorre auoient accoustumé de rendre à l'Eglise du Puy; sauf toutes fois à nous, & nos heritiers l'homage dudit Esquiuat, & de ses hoirs, pour raison dudit Comté. Et lui promettons de lui faire tous les deuoirs, que l'Eglise du Puy faisoit aux Comtes de Bigorre. Et assisterons & defendrons ledit Esquiuat Comte de Bigorre, & ses hoirs, comme nostre homme lige. En tesmoignage dequoi nous auons faict expedier ces letres patentes. Tesmoin moi-mesme. A S. Macaire le 15. de Iuin, l'année 38. de nostre regne,* qui reuient à l'an 1254.

IV. On doit considerer en ces letres, que l'on n'estoit pas si asseuré du droict d'homage apartenant à l'Eglise du Puy, que le Roi Henri qui proteste de n'exiger d'Esquiuat autres coustumes, ni seruices, que ceux que les Comtes de Bigorre auoient accoustumé de rendre à l'Eglise du Puy, n'adiouste incontinent vne exception, sauf, dit-il, l'homage du Comté de Bigorre. Ce qui faict voir, que la cession des droicts de l'Eglise du Puy, fut vn pretexte recherché, pour donner couleur à l'homage, que l'Anglois vouloit acquerir de nouueau, sur la Bigorre. Car au fonds, l'Eglise du Puy, n'auoit point la seigneurie directe, mais seulement le cens & la redeuance de soixante sols; que le Comte Bernard auoit establie l'an 1062. Ce qui doit estre entendu, sans preiudice du droict du superieur immediat, que le Comte Bernard auoit pour lors, qui estoit le Roi d'Aragon sous la souueraineté de France, ainsi qu'il a esté monstré ci-dessus. Aussi est-il certain que dans l'Eglise du Puy il n'y a nul acte, ni memoire, qui face mention de l'homage des Comtes de Bigorre, iusqu'au temps de Ieanne Reine de Nauarre, femme du Roi Philippe le Bel, en consequence de l'Arrest du Parlement de Paris, dont il sera parlé ci-apres; ainsi qu'on peut voir dans les discours historiens de cette Eglise, coposés par le P. Gissey Iesuite.

V. Neantmoins nonobstant l'appui du Roi d'Angleterre, la guerre continua bien rudement entre Gaston & Esquiuat: qui fut terminée par la sentence arbitrale de l'an 1256. que prononça Roger Comte de Foix, Arbitre choisi par toutes parties; qui adiugea le Vicomté de Marsan à Gaston & à Mate sa femme, & la partie basse du Comté de Bigorre, à prendre depuis Maubourguet, vers l'Armagnac, nommée *Riuiere Basse*, qui fut pour lors distraicte, ainsi qu'elle est auiourd'hui du corps du Comté. L'Arbitre fit departir Mate de toutes les pretensions, qu'elle auoit sur les terres de Chabanes, au profit du Comte Esquiuat; auquel il adiugea tout le surplus de la Bigorre, sous le tiltre ancien de Comté. I'ai representé ci-dessus cette piece qui merite d'estre considerée. Il ne faut pas trouuer estrange que le Comte de Foix fut éleu par les deux parties, pour estre seul Arbitre du different de Bigorre: dautant qu'il auoit desia marié l'an 1252. son fils aisné Roger Bernard, auec Marguerite de Bearn, & traictoit le mariage de sa fille Agnes auec Esquiuat, lors qu'il accommoda toute cette dispute; qui fut terminée par ce moyen auec plus de satisfaction de tous les interessés. Car la sentence fut prononcée le Samedi apres l'Exaltation Saincte Croix, qui eſt le quatorzieſme de Septembre, & les conditions du mariage d'Agnes furent arreſtées, & ſignées le quatrieſme des Nones d'Octobre enſuiuant, c'eſt à dire le troiſieſme du mois.

VI. Par ce contract Roger Comte de Foix, & Vicomte de Caſtelbon, donne ſa fille Agnes pour eſpouſe à Eſquiuat Comte de Bigorre, & ſeigneur de Chabanes; & lui conſtituë vingt & cinq mille ſols Morlans de dot, l'inſtituant heritiere de cette ſomme, du conſentement de Bruniſende Comteſſe de Foix ſa femme, pour toute portion qui lui pourroit apartenir, ſur les biens du pere & de la mere; à la charge de reuerſion, au profit du Comte de Foix & de ſes hoirs, en cas qu'elle decedaſt ſans enfans, ou que ſes enfans decedaſſent auant que d'auoir atteint l'aage de puberté. Reciproquement le Comte Eſquiuat, accepte Agnes pour ſa femme, & ſe donne à elle pour vrai mari, reconnoiſſant auoir receu entierement du Comte de Foix, les 25. mille ſols Morlans: & donne à ſa femme Agnes en faueur des nopces, 20. mille ſols Morlans. Leſquelles ſommes de vingt-cinq mille ſols Morlans de dot, & vingt mille d'agencement, il lui aſſigne du conſentement de ſon frere Iordain, ſur le chaſteau & Viguerie de Mauueſin, auec toutes ſes apartenãces, pour en iouïr par Agnes, en cas de predecés de ſon mari auec enfans ou ſans enfans, iuſques à ce qu'elle ſoit rembourſée des quarante-cinq mille ſols; ſans que les fruicts puiſſent eſtre precomptés au principal, dont il faict vne pure donation entre vifs au profit de ſa femme. Particulierement Eſquiuat declare ſolennellement, qu'il veut & entend que les enfans qui naiſtront de leur mariage, ſuccedent au Comté de Bigorre. Cét Acte fut receu le 4. des Nones d'Octobre 1256. en preſence de Geraud Comte d'Armagnac, & de Fezenſac, & de pluſieurs autres, & ſe trouue dans le Threſor de Pau.

VII. Sur la fin de la meſme année 1256. le lendemain de la Purification Noſtre Dame, Eſquiuat Comte de Bigorre, & ſeigneur de Chabanois eſtant en ſon chaſteau de Lourde afranchit des queſtes & autres deuoirs ſeruiles, ceux qui viendroient peupler le lieu de Bidalos, à la charge de payer deux ſols Morlans, à la feſte de Noël pour chaſque maiſon, & jardin, en preſence de Roger Comte de Foix, & d'Arnaud Raimond Eueſque de Bigorre. Et le 7. des Ides d'Auril de l'année ſuiuante 1257. il accorda à la Cõmunauté de Ciutat de Nauareſt, le priuilege de nommer & eſtablir des Iuges, pour vuider dans le lieu, les procés des habitans; à la charge que les demandeurs porteroient leurs plaintes, au Baile du Comte, qui leur fairoit rendre iuſtice par ces Iuges, ſans que les habitans fuſſent obligés de ſortir du lieu pour le iugement des appellations: Donnant plein pouuoir à ſon Baile d'y pouruoir, & de recouurer les droits Comtaux, y procedant auec ſaiſie, s'il eſt beſoin. Ordonne que l'election de ces Iuges ſe fairoit par la Communauté, chaſque année, auec ſon conſentement ou de ſon Lieutenant, & que les Iuges nmõés preſteroient ſerment de bien exercer leurs charges, & d'eſtre fideles au Comte. Il fit ſeeller les letres de ſon ſceau, & de ceux de la Comteſſe Agnes ſa femme, & d'Arnaud Raimond Eueſque de Bigorre. Cette piece & la precedente ſont inſerées dans le Chartulaire de Bigorre.

VIII. Cette année 1257. fut auantageuſe au Comte Eſquiuat; dautant qu'il ſuccedda au Vicomté de Couſerans, qui lui aduint par le decés de Roger Comte de Paliers, de ſorte qu'il le poſſedoit entierement, excepté le chaſteau de Cour d'Eſque, ainſi qu'il aſſeure dans vn acte, par lequel il requiert le Comte de Comenge, de lui rendre ce chaſteau, ou bien de le remetre en main du Comte de Foix. Il n'explique pas plus preciſément, s'il auoit eſté mis en poſſeſſion du reſte du Vicomté, par le iugement du Côte de Foix, qu'il ſemble reconnoiſtre pour arbitre de ce differet. Auſſi auoit-il eſté choiſi par Roger de Comenge, fils de Roger Comte de Paliers, & Gaſton de Bearn, pour vuider les pretéſions de Mate ſur la terre de Coſerans, à raiſon de la ſucceſſiõ de la Comtesse Petronille : Roger de Comenge ayant cependant promis de ne faire aucun traicté auec Esquiuat; & Gaston lui ayant aussi donné parole de le proteger, comme il appert par Acte receu l'an 1256. presens Geraud Comte d'Armagnac & de Fezensac, Garsie Arnaud de Nauailles, & Bernard de Coarase. De sorte qu'il ne faut point reuoquer en doute, que le Comte de Foix choisi par Gaston de Bearn, & Roger de Comenge; & qui d'ailleurs s'estoit reserué le pouuoir de prononcer entre Esquiuat & Gaston, des differents de Comenge, dans la sentence arbitrale representée ci-dessus, n'ait mis la main à l'accommodement, de toutes ces controuerses, qui eussent produit autrement de funestes effets.

IX. Car les volontés de ces Seigneurs n'estoient pas tellement reünies, que le Comte Esquiuat ne trauaillast aux moyens d'incommoder Gaston, & de lui rauir l'esperance de la succession de Bigorre pour les siens, en vertu de la substitution ordonnée par le testament de Petronille. De faict, quoi qu'il ne fust entré, que dans le commencement de son mariage auec la Comtesse Agnes, & partant qu'il n'eust point suiect de craindre vn defaut de lignée, mesmement ayant encore son frere Iordain en vie, il fit estant à Paris l'an 1258. donation entre vifs du Comté de Bigorre, & du Vicomté de Marsan, à Simon de Montfort Comte de Licestre son Oncle, & aux siens, & promit de lui deliurer les chasteaux de Lourde & de Mauuesin. Confirmant par le mesme acte vne donation precedente qu'il lui auoit faict en compagnie de Iordain son frere, l'an mil deux cens cinquante-six, à cause qu'il ne pouuoit defendre ce Comté des violences de Gaston de Bearn, comme il dit. Mais cette année cinquante-six precedoit l'accord moyenné par le Comte de Foix; au lieu que celle de cinquante-huit est posterieure. En suitte on trouue dans les chartes de France, d'où sont aussi tirées ces donations, vne letre du Comte Simon de la mesme année cinquante-huit, adressante à ceux du Comté de Bigorre, par laquelle il leur mande, qu'il enuoye son Cousin Philippe de Montfort pour garder le Comté dont il est Seigneur.

X. Simon de Montfort estant inuesti par ce moyen, des chasteaux de Lourde, & de Mauuesin, Esquiuat se trouua surpris : & voulant iouïr de son bien, comme auparauant, nonobstant les contracts simulés de donation, qui s'estoient passés entr'eux, fut troublé en la possession du Comté, par Simon. De sorte que les parties en vindrent aux armes : qui furent suspenduës au moyen des trefues, accordées entr'eux, le deuxiesme d'Octobre de l'an mil deux cens soixante, comme il apert par l'acte suiuant, qui en fut pour lors dressé, que i'ai traduit en François. *Le second iour d'Octobre mil deux cens soixante, en presence de nous G. par la grace de Dieu Euesque de Lectoure, & Compaing par la mesme grace Euesque d'Oloron, & autres Nobles, & tesmoins bas nommés, sur les dissensions & guerres qui estoient entre Monsieur Simon Comte de Licestre d'vne part, & Monsieur Esquiuat de Chabanes Comte de Bigorre d'autre, touchant le Comté de Bigorre; trefues furent arrestées & confirmées par les Seigneurs Geoffroi de Lesignan, Guillaume de Valence, Dracon de Barent Seneschal de Gascogne, Philippe Marmon, & Theophile de Pinelefron de la part du Comte de Licestre, & le seigneur Gaston Vicomte de Bearn de la part du Comte Esquiuat en la forme suiuante : sçauoir que le sieur Comte de Licestre tiendra & possedera paisiblement, iusqu'à la feste de Noël de l'année prochaine mil deux cens soixante & vn, le chasteau & le bourg de Lourde, qu'il tenoit au temps de la conclusion de cette trefue, auec les terres, vignes, moulins, peages, marché & terres labourables apartenantes au corps du chasteau, & bourg. A la charge qu'aux Gentils-hommes, Bourgeois, & autres qui se sont iettés du parti du Comte de Licestre, pour la defense du chasteau & Bourg, soient renduës quittes, toutes les maisons, terres, vignes, & rentes en quelque part de Bigorre qu'elles soient situées, & que le semblable soit gardé pour ceux qui* sont entrés au parti du Comte Esquiuat, s'il leur a esté rien osté, par les gens du Comte de Licestre. Sur quoi en cas de dispute sera faicte soigneusement enqueste, par des preud'hommes, qui seront choisis du consentement des parties. Le mesme Comte de Licestre, tiendra & possedera pacifiquement iusqu'audit iour de Noël les Bourgs & les Nobles hommes Bourgeois de Tarbe, auec toutes les terres, maisons, vignes, rentes, redeuances, peages & marché apartenans ausdits Bourgs & Bourgeois; en telle sorte que lesdits Bourgeois ayent vne pleine disposition, & administration de tous leurs biens meubles & immeubles par tout le Comté. Et qu'ils ayent liberté de trafiquer & porter leur marchandises par tout, & receuoir les estrangers iusqu'audit iour de Noël, & que le mesme soit loisible aux marchands qui resident dans le destroict du Comte Esquiuat. Et que neantmoins cette trefue concernant les hommes de Tarbe soit gardée, sauf si dans le iour de Mardi prochain iusqu'à trois heures apres midi, ils se rangent du costé d'Esquiuat, & le reçoiuent pour Seigneur; Ou bien que le seigneur Esquiuat ait eu quelque possession, dans les termes & limites des Bourgs de Tarbe, depuis que la garnison du seigneur Edoüard arriua en la ville; ou bien que les Iurats & Communauté, ou la plus grande partie des bourgs, l'ayent reconneu & iuré pour leur Seigneur. A quoi procurer le seigneur Gaston ne baillera aucun secours, ni conseil. Aussi le seigneur Pierre d'Antin auec tous ses chasteaux, terres, & possessions, & les autres Gentils-hommes Bourgeois, & soldats, & tous autres qui ont esté ci-deuant du parti du Comte de Licestre, & ceux qui iusqu'à la confirmation de cette trefue voudront se ioindre à lui, seront compris auec tous leurs biens dans cette trefue. Il a esté aussi arresté, que le Comte de Licestre pourra metre des munitions, des viures, & autres choses necessaires dans le chasteau & bourg de Lourde, & les bourgs de Tarbe, pendant la trefue; à la charge que ceux de son parti pourront faire la mesme chose. A la charge aussi qu'à la fin de la trefue, le chasteau de Lourde demeurera garni de pareil nombre & de condition semblable de soldats, qu'ils sont presentement, & non au delà; estant loisible d'y substituer cependant, ceux qu'il sera besoin de semblable dignité, & condition, & en nombre égal. Quant aux maisons du seigneur Euesque de Tarbe, ou de l'Esleu confirmé, il a esté ordonné, que ledit Seigneur apres estre confirmé, receura à son premier aduenement ses maisons librement, & sans aucune condition; & que ledit Comte les rendra à l'Euesque futur. Que si quelqu'vn refuse de lui rendre, ou à Ramon d'Aster Viguier de Tarbe, il y pourra estre contrainct par l'ordonnance du seigneur Edoüard, ou de son Seneschal, & ce fait ledit Comte sera quite. Que si le Comte mesme estoit refusant, il pourra estre contrainct à la restitution desdites maisons, par le seigneur Edoüard, ou de son Seneschal, les trefues demeurant en leur force, nonobstant telle contrainte. Il a esté aussi arresté, que durant ces trefues ledit seigneur Esquiuat, ne sera contraint à respondre ou subir iugement sur le Comté de Bigorre, ni sur ce qu'il possede audit Comté, sinon en presence du Seigneur Edoüard. Mais pour ses autres terres, il sera tenu de respondre pardeuant le Seneschal, comme font les autres Barons de Gascogne, à la charge neantmoins que pendant ces trefues, Edoüard ne pourra rien entreprendre, en la proprieté du Comté de Bigorre, au delà de ce qu'il y a presentement.

XI. Auant la signature de la trefue, Tarbe se declara pour le Comte Esquiuat. Ce Comte pour conseruer l'affection que Gaston de Bearn lui tesmoignoit en ces occurrences, promit solennellement & par escrit, tant à Gaston qu'au Comte de Foix, qu'il ne vendroit, permuteroit, ni alieneroit le Comté, pendant cinq ans, sans leur expres consentement, & des Estats de Bigorre. Cette promesse qui est dans le Thresor de Pau est de l'an 1260. à laquelle Garsias Arnaud d'After estoit present. Depuis cette Trefue, Esquiuat posseda entierement tout le Comté, le chasteau & le bourg de Lourde, iusqu'en l'année 1283. qu'il deceda en Nauarre, dans la ville d'Olite, où il estoit allé auec quelque compagnie de Gensdarmes, pour le seruice du Roi Philippe le Bel, & de Ieanne Reine de Nauarre sa femme.

XII. Estant alicté, il fit son testament, qui est receu par Michel Eximini Notaire d'Olite, en date du quinziesme des Kalendes de Septembre mil deux cens quatre-vingts trois. Par lequel il institue heritiere generale & vniuerselle de tous ses biens, Lore sa sœur Vicomtesse de Turene; ordonne que son corps soit enseueli au Monastere de l'Escale-Dieu; establit pour executeurs de son testament Guipalt de Chabanes, Iordain Tizon, Helie de Marmont cheualiers, & Osset d'Argeles Seneschal de Bigorre. Veut qu'ils prennent pour Aydes, conseillers, & Defenseurs Raimond Garsie de Lauedan, & Fortaner de Lauedan. Leur donne pouuoir de payer ses debtes, reparer les torts & les dommages, faire des aumosnes, & recompenser ses gensdarmes, & seruiteurs sur ses biens, à leur discretion. Il seella son testament, & pria Raimond Abbé de Sainct Sauueur de Leyre de l'Ordre de Cisteaux, & Frere Roderic des Freres Mineurs d'Olite, & Aymeri sieur de Rochechoüart, d'y apposer leurs seaux. Cette piece se trouue dans les chartes de France, & dans le Tresor de Pau.

CHAPITRE XIII.

Sommaire.

I. Gaston & sa fille Constance assemblent les Estats de Bigorre, aprés le decés d'Esquiuat, & demandent que Constance soit reconnuë pour Comtesse, en vertu de la substitution ordonnée par Peronelle sa grand mere. Les Estats lui font homage. Cauers, & Dauzeroos de Begorre. Euesque de Marsan. Les Villes font le serment de fidelité. II. Plainte de Lore pardeuant le Seneschal de Gascogne, contre la prise de possession de Constance. Elle va en Angleterre, mais elle est contrainte de consentir que le Comté soit sequestré entre les mains du Roi d'Angleterre. Letre du Roi. III. Le Comté deliuré par Gaston de Bearn au Seneschal de Gascogne sous des protestations. IV. Les parties plaident pardeuant le Seneschal de Guyenne auec des longueurs recherchées par les Commissaires Anglois. V. Pretensions de Constance, de Lore, de Guillaume Tesson, de Mate Comtesse d'Armagnac, & de Matilde Comtesse de Tyet.

I. Es nouuelles du decés du Comte Esquiuat estans arriuées en Bearn, Gaston se transporte en Bigorre, auec sa fille aisnée Constance, assemble la cour ou les Estats du païs; & ayant representé, comme la substitution contenuë au testament de Petronille, estoit ouuerte au profit de Constance, par le decés de Iordain, & d'Esquiuat sans enfans, demanda qu'elle fust reconnuë pour Comtesse de Begorre. Les Estats apres auoir examiné les clauses du testament de la Comtesse Peronelle, qui apele en termes exprés à la succession du Comté, Mate & ses enfans, desquels Constance estoit l'aisnée; & ayans consideré le testament du Comte Esquiuat, qui ne pouuoit instituer sa sœur Lore, au peiudice de la substitution faite par sa grand mere, Respondirent, qu'ils vouloient que le testament du Comte Esquiuat fust executé, en ce qui regardoit la reparation des torts, le payement des debtes & des aumosnes, & en ce qu'il ordonnoit que les Fors & coustumes du païs fussent gardées, & s'il y auoit aucun article d'icelles violé, qu'il fust prealablement reparé; Mais quant à la succession ils declarerent, qu'ils presteroient le serment de fidelité à Madame Constance; à la charge qu'elle respondroit pardeuant ceux qu'il apartiendroit, aux demandes de ceux qui pretendoient quelque droict au Comté. A quoi ayant esté satisfait par Constance, & Gaston, qui promirent auec serment, d'estre bons & loyaux Seigneurs les Nobles de Bigorre rendirent l'homage, & presterent le serment de fidelité à Constance, en la ville de Tarbe, le premier de Septembre 1288. en presence de Raimond Arnaud Euesque de Tarbe, Pierre Euesque de Marzaa, & Compaing Euesque d'Oloron. L'acte fut conceu en Latin, & en langage vulgaire, qui est conserué en original dans le Tresor de Pau, où l'on peut remarquer, que les qualités des Nobles énoncées dans le vulgaire, par les termes de *Barons, Cauers, & Dauzeroos* de Begorre sont tournés en Latin par ceux-ci, *Barones, Milites, & Nobiles*, & l'Euesque de Marza est nommé en l'acte Latin, *Episcopus Adurensis*. Les Communautés de Tarbe, de Baigneres, de Vic, & d'Iuos, apres auoir demandé l'auis aux Euesques de Bigorre, de Marsan, & d'Oloron, à l'Abbé de Geeres, au Commandeur de Borderes, & à plusieurs autres sçauans Clercs, qui respondirent sur la perte de leurs ames, & sur leurs consciences, dit l'acte, que le Comté de Bigorre apartenoit aux heritiers de Madame Mate, & quel'on deuoit plustost reconnoistre Constance, que nulle autre personne; ces Communautés, disie, receurent le serment de Gaston & de Constance, & en suite leur presterent le serment de fidelité à Tarbe, le septiesme des Ides de Septembre 1283. *Constantia Comitissa dominante, & R. Ar. de Caudarasa Episcopo existente.*

11. Lore Vicomtesse de Turene, sœur d'Esquiuat preuoyant qu'elle ne gagneroit rien sur l'esprit des Bigordans, qui s'estoient engagés dans les interests de Constance, porta sa plainte à Iean de Greili Seneschal de Gascogne; disant qu'elle auoit esté instituée heritiere par son frere, & neantmoins qu'à son preiudice Constance s'estoit saisie du Comté; & par mesme moyen auoit interessé grandement l'autorité du Roi d'Angleterre, qui deuoit suiuant la coustume, metre sous sa main par vn prealable, le Comté disputé entre les parties, & ce fait rendre iustice aux pretendans. Le Seneschal depesche promptement vers le Roi d'Angleterre, pour lui donner connoissance de cette affaire. Et Constance passa la mer en personne, pour essayer d'empescher les impressions, que l'on vouloit faire sur l'esprit de l'Anglois. Mais elle ne sceut rompre le dessein, qu'il auoit de s'asseurer de ce païs, à cause de la dispute pendante entre lui, & l'Eglise du Puy, sur l'homage & la superiorité du Comté. De maniere qu'elle fut obligée de consentir à la deliurance de la possession du Comté, entre les mains du Roi, qui fit expedier pour cét effet, la commission qui s'ensuit tournée de Latin en François. *Edoüard par la grace de Dieu Roi d'Angleterre, Seigneur d'Irlande, & Duc d'Aquitaine, à son amé & feal Iean de Greili, son Seneschal de Gascogne, Salut. Comme ainsi soit, que vous nous ayés auerti dernierement, qu'encore bien que le Comté & la terre de Bigorre soit tenüe de nous en fief, & que le Comte Esquiuat estant mort, la premiere saisie du Comté nous doiue apartenir, suiuant la coustume de ces quartier-là; Nostre chere cousine Constance de Bearn, soustenant, que la succession de ce Comté lui apartient, a occupé à nostre preiudice la possession & saisine de ladite terre, Nous vous donnons connoissance, que ladite Constance estant venüe dernierement deuers nous, & voulant satisfaire en toutes choses à nostre volonté, & euiter de nous offenser, nous a deliuré de son bon gré, la saisine du Comté, & promis de nous en bailler la possession corporelle, ou à celui que nous commettrions sans aucun retardement. Comme aussi la mesme Constance nous a promis de nous satisfaire à nostre volonté, touchant les excés que son pere Gaston, ou elle pourroient auoir commis contre nous sur ce suiet. C'est pourquoi nous vous ordonnons, que prenant pour adioint le Reuerend Pere Euesque d'Ayre & de Saincte Quiterie, vous receuiés à nostre nom*

la *possession & saisine dudit Comté auec toutes ses apartenances, purement & sans condition, & que vous faites garder ladite saisine sous nostre nom ; & lors que nous serons plainement saisis, vous nous en donniés auis, afin qu'estant certifiés plus amplement de ces choses, nous puissions vous mander ce qui sera de nostre bon plaisir sur cette affaire. Donné à Hagn. le 16. de Feurier, année 12. du Regne.* qui respond à l'an 1285. suiuant le calcul de Vualsingham, de sorte qu'il faut lire année 10.

III. Le Seneschal ayant receu la commission, se rendit en la ville de Tarbe; où Gaston de Bearn qui auoit conuoqué la Cour de Begorre, declara en pleine assemblée tenuë le Mecredi apres l'Annoncition Nostre Dame, 1284. que Constance auoit deliuré verbalement en Angleterre, la possession dudit Comté au Roi Edoüard, & auoit promis d'en faire la deliurance reelle, au Seneschal de Gascogne. C'est pourquoi afin de s'acquitter de cette promesse, il en faisoit la deliurance au Seneschal, & commandoit à la Cour de lui obeïr, du consentement, de Peregrin de Lauedan Seneschal de Bigorre pour Constance, & de Pierre de Begole son Procureur special; sous protestation neantmoins, qu'il ne pretendoit par cét acte obliger ni lui, ni les siens, ni les autres Nobles de Gascogne, à faire semblables deliurances de leurs fiefs; declarant qu'il faisoit celle-ci franchement & gratuitement, sans y estre obligé par droict, ni par coustume, mais pour obeïr simplement à la volonté du Roi, sans preiudice du droict de Constance. Le Seneschal respondit, que ces protestations n'estoient pas de son fait; mais qu'il receuoit le Comté, l'obeïssance de la Cour de Bigorre, & tous les droicts & deuoirs, au nom du Roi d'Angleterre. A quoi l'Euesque de Tarbe, & toute la Cour consentit, à la charge qu'ils fussent conseruès aux vs, fors, & coustumes du païs. Ce que le Seneschal leur promit, presens Amanieu Archeuesque d'Aux, Pierre Euesque de Laictoure, Geraud Euesque d'Ayre, Raimond Arnaud Euesque de Tarbe, Gaubert Abbé de Sainct Maurin, Frere Bonel Abbé de l'Escale-Dieu, Geraud Comte d'Armagnac & Fezensac, & plusieurs autres.

IV. Cette saisie decernée par le Roi d'Angleterre contre tout ordre de iustice, ruina grandement les affaires de Constance; laquelle ayant perdu la commodité de la possession du Comté, fut obligée d'en poursuiure le restablissement, auec beaucoup de frais, pardeuant le Seneschal de Guyenne. Où se presenterent aussi Lore Vicomtesse de Turene, Matilde Comtesse de Thyet, Guillaume Taisson, & Mate Comtesse d'Armagnac. Par vn roolle des assises tenuës à Langon l'an 1289. & autres pieces fournies pardeuant la Cour de France, on aprend, que l'instance estoit formée contre le Duc de Guyenne detenteur du Comté; & que la question estoit entre les parties, à qui la possession deuoit estre adiugée. Elles se harceloient mutuellement par chicane; à quoi les Officiers du Roi d'Angleterre, & les commissaires delegués par le Seneschal de Guyenne pour l'instruction de la cause, tenoient ouuertement la main, estans bien aises de continuer la possession du Comté à leur maistre, sous pretexte de iustice.

V. Constance alleguant la substitution du testament de Peronelle, & l'inualidité du mariage de Gui de Montfort, demandoit d'estre restablie en la possession du Comté; attendu que la saisie auoit esté faite sur elle, sans connoissance de cause; sous l'offre qu'elle faisoit de bailler cautions d'ester à droict, & de respondre à tous ceux qui pretendroient interest en la succession de la terre. Et requeroit que le procés fust vuidé *par le iugement de ses Pairs, suiuant la coustume du païs.* Sans que l'accord passé entre sa mere, & le Comte Esquiuat lui peust nuire ni preiudicier; dautant qu'elle n'y estoit point interuenuë; & que la coustume du païs estoit telle que les peres ne pouuoient aliener les biens, qui estoient affectés à leurs enfans: & que la substitution couuroit toutes ces oppositions.

Lore Vicomtesse de Turene alleguoit le testament de son frere Esquiuat, en vertu duquel elle disoit que le Roi d'Angleterre l'auoit admise à l'homage de Bigorre; & mesmes le Roi de France l'auoit receu l'an 1287. à l'homage du Vicomté de Coserans, nonobstant l'opposition de Constance; & pretendoit que cét homage seruoit de preiugé; à cause que les Officiers de Gascogne estoient inferieurs au Roi de France; sans considerer que la clause ordinaire y estoit inserée, sauf le droict du tiers.

Guillaume Taisson demandoit la troisiesme partie des biens contestés, comme fils vnique de Peronelle fille de la Comtesse Peronelle, disant que Constance possedoit la troisiesme partie de la succession d'Esquiuat, & Lore encore sa portion; mais qu'il ne possedoit rien de cét heritage: soustenant que l'affaire ne deuoit pas estre iugée, suiuant la coustume de Gascogne, où le Comté estoit assis. Neantmoins on lui opposoit que sa mere auoit receu sa part, & que par la coustume du païs elle ne pouuoit plus rien demander.

Mate d'Armagnac presentoit ses tesmoins, pour verifier la coustume de Gascogne, qui vouloit que la sœur aisnée, comme estoit Constance, à l'esgard de Mate, prenant la possession d'vn heritage, les autres sœurs sont tenuës & censées le posseder par son moyen, pour leur part & portion contingente; & pretendoit le verifier *en la forme accoustumée, sçauoir par Barons, Nobles, Bourgeois, Clercs, & autres personnes coustumieres*, & concluoit à la recreance de la quatriesme partie du Comté.

Matilde alleguoit, que la Comtesse Peronelle auoit donné du consentement d'Esquiuat, la moitié du Comté, à sa mere Elis, & à ses enfans, lors qu'elle la maria en seconde nopces auec Raoul de Courtenai son pere; duquel mariage elle estoit fille vnique, & que le Comte Esquiuat lui auoit donné l'autre moitié. Les commissaires s'excusans, tantost sur l'empeschement du Seneschal & de son conseil, qui estoient occupés dans Bourdeaux à traicter des affaires publiques, auec le conseil du Roi de France, tantost sur la grandeur & l'importance de l'affaire, qui requeroit vne meure deliberation, traisnoient les parties à l'infini.

CHAPITRE XIV.

Sommaire.

I. L'instance pendante au Parlement de Paris entre le Roi d'Angleterre, & l'Eglise du Puy; touchant la superiorité de Bigorre, est iugée au profit de l'Eglise. Teneur de l'Arrest. II. Examen des surprises qu'il y a dans cét Arrest. III. Le chasteau de Lourde estoit en main du Roi de Nauarre, & à quel titre. IV. Le Roi d'Angleterre n'estoit point fondé contre l'Eglise du Puy. V. Constance remise en possession du Comté. Elle lui est ostée par vn Arrest du Parlement. Qui ordonne la sequestration du Comté entre les mains du Roi de France.

I. Endant ces contestations, le procés qui auoit demeuré longuement indecis, entre le Roi d'Angleterre, & l'Eglise du Puy, touchant l'homage & la superiorité du Comté de Bigorre, fut iugé à l'instance de Ieanne Reine de France & de Nauarre, au profit de l'Euesque & Chapitre du Puy, par Arrest donné au Parlement de la Chandeleur, de l'année 1290. qui merite d'estre inseré en ce lieu, tourné de son Latin en François.

Comme ainsi soit, qu'entre nostre cher Cousin & feal l'Illustre Roi d'Angleterre d'vne part, & nostre feal l'Euesque, Doyen, & Chapitre de l'Eglise du Puy d'autre, il y eut procez pendant en nostre Cour depuis long temps, sur ce que l'Euesque, Doyen & Chapitre, disoient que le Roi d'Angleterre les auoit spoliez iniustement de la possession de l'homage du Comté de Bigorre, excepté l'homage du chasteau de Lourde; receuant à homage dudit Comté, sauf ledit chasteau, Esquiuat de Chabanes, qui auoit occupé par violence la possession dudit Comté horsmis ledit chasteau, apres le decés de Simon de Montfort Comte de Bigorre; mesmes que ledit Roi les auoit troublez en plusieurs façons en la possession de l'homage dudit chasteau de Lourde, en telle sorte qu'ils ne pouuoient iouïr paisiblement de ce droict, dautant que le Roi s'estoit saisi du chasteau, y auoit fait demolir quelque muraille, pris & tué quelques hommes, & commis d'autres violences : quoi que l'on auouäst que ledit chasteau estoit tenu & possedé par le Roi de Nauarre, comme sien propre, & qu'il le releuoit de l'Euesque, Doyen & Chapitre du Puy, comme Seigneurs feodaux; c'est pourquoi ils concluoient à estre remis en la possession de l'homage du Comté, à la restitution de laquelle le Roi d'Angleterre seroit condamné; sauf & reserué le chasteau de Lourde; pour raison duquel ils demandoient que defenses fussent faites audit Roi, de leur donner aucun trouble, ni empeschement en la possession de l'homage dudit chasteau. Le Procureur du Roi d'Angleterre proposoit au contraire, que le Roi n'auoit point spolié ni dessaisi les demandeurs, de la possession de l'homage dudit Comté; & qu'il ne les auoit point troublez iniustement en la possession de l'homage du chasteau de Lourde; & disoit, que ci-deuant le Roi d'Angleterre auoit acquis la possession de l'homage dudit Comté, & du chasteau de Lourde, de Bernard Euesque, du Doyen, & Chapitre du Puy; De sorte que c'estoit du gré & du consentement de l'Euesque & Chapitre du Puy, que le Roi d'Angleterre tenoit & possedoit tous les droicts qu'il auoit sur le Comté de Bigorre. Sur quoi, apres que les deux parties eurent allegué plusieurs choses, ouïes leurs raisons, veu aussi le titre produit par le Roi d'Angleterre, & l'enqueste sur ce faite par ordonnance de Louis Roi de France de glorieuse memoire nostre ayeul. Il a esté prononcé par iugement de nostre Cour, que le Roi d'Angleterre auoit iniustement spolié, l'Euesque, Doyen & Chapitre du Puy, de la possession de l'homage du Comté de Bigorre, excepté le chasteau de Lourde, & en outre qu'il auoit iniustement troublé lesdits Euesque Doyen & Chapitre en la possession de l'homage du chasteau de Lourde; & qu'il estoit obligé à la restitution de la possession de l'homage du Comté, & à oster & faire cesser tous empeschemens qui pourroient estre donnés en la possession de l'homage du chasteau, reseruant audit Roi la question de la proprieté.

11. Auant que de passer outre, il faut examiner quelques clauses de cét Arrest, pour conuaincre la negligence des demandeurs, qui estoient si peu versés en l'estat de leurs affaires propres, qu'ils ignoroient les noms, & les droicts des Comtes de Bigorre de leur temps. Car ils presupposent, que Simon de Montfort a esté Comte de Bigorre, & qu'apres son decés, Esquiuat en occupa la possession par violence, horsmis le chasteau de Lourde. Or il est certain, que Simon de Montfort Comte de Licestre, ne posseda la Bigorre que par voye de depost, l'ayant receuë des mains de la Comtesse Petronille, ainsi qu'il a esté verifié ci-dessus par le testement de Peronelle. De plus, Esquiuat apres le decés de la Comtesse, prit la possession du Comté, pendant la vie de Simon de Montfort son oncle, & fut maintenu en la possession, contre Gaston de Bearn, par sentence arbitrale de Roger Comte Foix, en l'annee 1256. Et qui plus est, Esquiuat fit donation du Comté & du chasteau de Lourde en termes exprés, au Comte Simon son oncle & aux siens, l'an 1258. Ce qui est bien esloigné du fait posé par l'Eglise du Puy, que le Comte Esquiuat prit la possession du Comté, apres le decés de Simon de Montfort son predecesseur; puis qu'il conste, qu'il l'auoit legitimement deuers soi : & que Simon ayant voulu l'y troubler, sous pretexte des donations, il y fut conserué par la tréue arrestée entre Simon & Esquiuat l'an 1260. comme i'ai verifié.

III. Quant à l'homage, Esquiuat le rendit à l'Anglois pour tout le Comté, auec ses apartenances, sans reserue du chasteau de Lourde. De sorte qu'il n'y a point de doute, que cette narration ne soit pleine de surprise, aux termes qu'elle est conceuë; estant neantmoins certain que le Roi de Nauarre, long-temps apres l'homage d'Esquiuat, tenoit le chasteau de Lourde, par le moyen que ie m'en vai deduire. Simon de Montfort Comte de Licestre, ayant esté vaincu & tué en vn combat dans l'Angleterre, sa femme Alienor, & son fils Simon de Montfort firent donation à Tibaut Roi de Nauarre, du chasteau de Lourde, & de tout le droict qu'ils auoient au Comté de Bigorre, en l'année mille deux cens soixante-cinq. En vertu de ce transport, le Roi de Nauarre ayant offert à l'Eglise du Puy, de lui rendre l'homage; l'Euesque Gui & son chapitre lui declarerent, & promirent par letre de l'année mille deux cens soixante-sept, qu'ils le receuroient à l'homage, lors qu'il seroit dit, que le chasteau de Lourde, & le Comté de Bigorre releuoient & estoient tenus en fief de leur Eglise. Le Roi Tibaut auoit fait cette offre, conformément à celle de son Auteur Simon de Montfort; lequel en l'année 1262. auoit presenté par son Procureur, sur le grand autel de ladite Eglise, pour la terre de Bigorre & le chasteau de Lourde, la valeur de soixante sols Morlans, qui sont éualués en l'acte, à six liures moins cinq sols monoye de Vienne: qui estoit à ce conte plus forte que la Tournoise; car soixante sols Morlans, valent precisément neuf liures tournoises. De sorte que le Roi de Nauarre, qui auoit succedé au droict de Simon de Montfort, à qui le chasteau & le bourg de Lourde auoit esté seulement conserué, par l'acte de la tréue de l'an mille deux cens soixante, prit possession dudit chasteau; comme fait foi l'Arrest du Parlement. Ce qui se peut iustifier d'ailleurs par le chartulaire de Bigorre, où Gassiarnaut de Volente, est nommé Chastelain de Lourde pour le Roi de Nauarre.

IV. Apres auoir examiné les surprises interuenuës en la requeste de l'Eglise du Puy, il est à propos de considerer que le Roi d'Angleterre fournit le moyen de perdre sa cause; dautant qu'il auouë, que tout le droict qu'il possede en la superiorité de Bigorre, dépend de la cession de Bernard Euesque du Puy, & de son chapitre. Or il est constant, que les alienations des biens de l'Eglise, qui n'ont fondement legitime, & ne sont faites auec les solennités requises, comme celle-ci, sont de nul effet. Ioint que l'on auoit pratiqué sans doute, quelque supercherie, du temps de l'Euesque Bernard, pour obtenir ce transport; laquelle fut verifiée, par l'enqueste qui auoit esté faite de l'ordonnance du Roi Sainct Louïs. De sorte que l'Anglois ne pouuoit empescher que l'Eglise du Puy ne fust maintenuë contre lui, au premier chef du possessoire; qui fut iugé, reseruée la question de la propriété, ou du petitoire au Roi d'Angleterre, qui pretendoit monstrer, que le Comté estant assis dans le ressort du Duché de Guyenne, l'homage lui en apartenoit, si l'Eglise du Puy ne fournissoit de bons titres au contraire.

V. Cét Arrest ayant esté prononcé, Constance reprit la possession du Comté de Bigorre, & la retint deux années entieres. Mais la faueur de la Reine Ieanne, la lui arracha des mains, par le moyen de l'Eglise du Puy. Car on fit donner vn second Arrest au Parlement de la Toussaincts, l'an 1292. conceu en termes ambigus de la teneur suiuante. *Philippe par la grace de Dieu Roi de France, au Seneschal de Tolose, Salut. Comme ainsi soit que par Arrest de nostre Cour, il ait esté ordonné, que l'execution du iugement donné pour l'Euesque & Chapitre du Puy, contre nostre cher Cousin & feal l'Illustre Roi d'Angleterre, seroit faite suiuant sa forme & teneur, tant pour le regard du Fief de tout le Comté de Bigorre, que pour toutes les choses, que ledit Roi d'Angleterre possedoit audit Comté, ou à raison d'icelui, du temps dudit iugement, en telle sorte que ledit Euesque & Chapitre soit mis au mesme estat,*

estat, auquel estoit le Roi d'Angleterre lors dudit iugement, que si l'on entre en doute sur quelque chose l'Euesque & Chapitre soustenans, que le Roi d'Angleterre la possedoit, & nostre chere Constance fille de Gaston ci-deuant Vicomte de Bearn, soustenant qu'elle lui apartient, on en sçaura la verité. Et cependant nous le tiendrons en nostre main, en qualité de Souuerain. Et si ledit Euesque & Chapitre veulent faire iustice de leur fief par defaut d'homme, ou pour quelque autre iuste cause, nous les défendrons de toutes violences induës. C'est pourquoi nous vous enioignons de faire obseruer les choses susdites, & de les metre à deuë execution. Fait à Paris au Parlement de la Toussaincts, l'an mil deux cens nonante-deux. Celui-ci est l'Arrest tant renommé pour cette affaire, qui ordonna la sequestration du Comté; laquelle ayant duré plus de six vingts-ans, exerça l'Abbé Panormitan, pour sçauoir, si le Roi auoit peu acquerir par cette possession, la proprieté de la terre.

CHAPITRE XV.

Sommaire.

I. Le Commissaire executeur de l'Arrest depossede Constance, nonobstant les oppositions & appellations des Estats de Bigorre, & de Constance. *II.* Prise de possession de Vic, Tarbe, Baigneres, Mauuesin, & Vallée de Lauedan, nonobstant les protestations du Comte de Foix pour Constance, & ses offres. *III.* Declaration des Estats de Bigorre, que le Comté apartient à Constance. *IV.* Presentation du Comte de Foix, pardeuant l'Eglise du Puy, ses offres, & protestations. *V.* Les Procureurs de Jeanne Reine de France & de Nauarre sont mis en possession du Comté. Droicts du Roi en cette rencontre, qui recompensa l'Eglise du Puy, pour cét homage. *VI.* On eust peu reünir cét homage en vertu de la transaction du Roi d'Aragon, qui se departit de tous les homages qu'il auoit deçà les Monts en faueur du Roi Sainct Louis. Ce qui comprenoit la Bigorre. *VII.* Instance pendante en la Cour de France sur la proprieté du Comté. Il fut donné en apanage à Charles le Bel. *VIII.* Les Comtes de Foix ont tousjours continué leurs poursuites enuers les Rois de France. On en promit la restitution à Gaston Phœbus; mais le Comte Jean l'obtint par Arrest du Parlement. *IX.* Enqueste sur l'Estat du païs de Begorre faite l'an mil trois cens, où sont denombrés les feux de chasque lieu qui apartenoit au Roi, les reuenus, les Barons, & les Gentils-hommes du Païs.

I. LA Commission ayant esté mise en main de Iean de Longperier, Lieutenant d'Eustache de Beaumarches Seneschal de Tolose, & & d'Albi; il se transporta en Bigorre auec le Doyen du Puy, & deposseda Constance reaument & de fait, de tous les chasteaux & forteresses du Comté, reserué celui de Lourde, qui estoit possedé par la Reine Ieanne, en qualité de Reine de Nauarre. Il commença son execution, par les defenses qu'il fit à la Cour de Begorre, assemblée en l'Eglise de Saincte Marie

Bbbb

de Semeac d'obeïr à autre personne, qu'à l'Eglise & Chapitre du Puy, suiuant l'Arrest donné entre eux, & le Roi d'Angleterre.

A quoi Arnaud Guillaume de Benac Abbé de Geeres, prenant la parole pour les Prelats, Barons, Gentils-hommes, & autres de la Cour de Bigorre là presente, respondit qu'ils auoient ci-deuant receu Constance pour vraye & legitime Comtesse de Bigorre, & lui auoient rendu l'homage & presté le serment de fidelité, en vertu de la substitution contenuë au testament de la Comtesse Perone; & partant qu'ils estoient obligés de la reconnoistre & lui obeïr : & que lui Commissaire ne pouuoit ni deuoit en vertu de l'Arrest donné entre l'Euesque du Puy, & le Roi d'Angleterre, leur faire defenses au contraire; qu'il excedoit sa commission, sous sa correction, en leur faisant cette enionction; laquelle estoit d'ailleurs deshonneste & contraire à la foi qu'ils auoient donnée auec serment, & requit de lui estre fait droict sur cette opposition. Ce que le Commissaire ayant refusé, il appella de viue voix à la Cour du Roi de France, en presence des Estats, qui loüerent & approuuerent son opposition & son appel.

Constance qui estoit aussi presente, assistée de Roger Bernard Comte de Foix, Vicomte de Bearn & de Castelbon son Procureur, representa sommairement son droict, & fit voir que l'Arrest n'ayant esté donné que sur le possessoire de l'homage de Bigorre, & non sur la proprieté du Comté, qui n'estoit point disputée en cette instance, en laquelle aussi elle n'auoit point esté appellée ; le Commissaire excedoit son pouuoir, en commandant aux Estats de n'obeïr à personne, qu'à l'Euesque & Chapitre du Puy. Dautant plus que le Roi d'Angleterre n'auoit eu la possession du Comté, que sous le nom de Constance, laquelle il lui auoit remise; & partant s'opposa à l'execution, & en suite appella à la Cour du Roi de France. Nonobstant lesquelles appellations, le Commissaire reïtera les commandemens à la Cour de Bigorre, & fit defenses à Constance, de troubler le Doyen & l'Eglise du Puy en la possession du Comté.

I I. En suite il se transporta au chasteau de Vic, où le Comte de Foix s'estoit enfermé; non pas à dessein de resister par armes à l'execution de l'Arrest, mais pour continuer ses oppositions, lesquelles il reïtera; & ayant esté mis hors du chasteau par le Commissaire, qui le prit par ses habits, le poussa dehors, y fit les affiches des armes du Roi & de l'Euesque du Puy; Il protesta de violence le troisiesme du mois d'Octobre mil deux cens nonante deux. Ce qui fut continué aux villes de Tarbe, & Banheres, au chasteau de Mauuesin, & en la Vallée de Lauedan, nonobstant les offres que faisoit Constance de faire homage à l'Eglise du Puy, & prester serment de fidelité, *si les Comtes de Bigorre auoient accoustumé de ce faire, & que cela se doiue*, & de lui payer la rente accoustumée pour ledit Comté. Qui est vne clause de grande consideration, pour monstrer la difference, qu'il y auoit entre la redeuance des soixante sols, qui estoit deuë sans aucune difficulté à l'Eglise du Puy, & l'homage, ou serment de fidelité; que Constance veut insinuer n'auoir point esté fait ni rendu d'ancienneté à cette Eglise, par les Comtes de Bigorre.

I I I. Les Estats qui estoient offensés de la rigueur de cette execution, & qui desiroient auec passion se conseruer sous la domination de Constance, firent expedier à mesme temps vn certificat de son droict, & de sa possession, en date du iour de sainct Denys, qui est le neufiesme Octobre mil deux cens nonante-deux, par lequel ils supplient le Roi Philippe, de vouloir maintenir cette Dame en la possession du Comté, dautant qu'il lui apartient, tant en vertu du testament de la Comtesse Peronelle, que par le droict d'vne vraye & legitime succession; (insinuans dans ces termes, l'inualidité du mariage de Gui de Montfort;) & declarent qu'ils l'auoüent,

& la reconnoiffent pour leur Comteffe, & ne peuuent en receuoir aucun autre auec iuftice & raifon; cét acte eft expedié fous le nom des Barons, Cheualiers ou *Cauers, Donferons,* & Nobles de Bigorre, *Barones, milites, Domicelli, & Nobiles.* Les noms des Barons y nommés font ceux-ci: Raimond Arnaud Euefque de Tarbe, Arnaud Guillaume de Benac Abbé de Geeres, Auger de Benac Abbé de l'Efcale-Dieu, Fortaner Abbé de Sainct Sauin, Frere Pierre de Gauarret Commandeur de Borderas, Ramon Garfia de Lauedan, Pierre d'Antin, Bofius de Benac, Bernard de Coarafa, Tibaut des Angles, Arnaud Guillaume de Barbazan, Arnaud Raimond de Caftetbaiac, Raimond Aymeric de Bafeilhac, Peregrin de Lauedan, Bernard d'After, Raimond Arnaud de Cucurco.

IV. L'Euefque & chapitre du Puy poffedans la fuperiorité de Bigorre, affignerent pardeuant eux toutes les parties, qui pretendoient intereft en la terre; De forte que Conftance Vicomteffe de Marfan eftant indifpofée de fa perfonne, octroya procuration au Comte de Foix fon beau-frere, tant pour fe prefenter, que pour prefter le ferment de fidelité, & faire tous les feruices reels & perfonels, aufquels les Comtes de Bigorre feroient obligés enuers l'Eglife du Puy, en date au Mont de Marfan du Lundi apres l'Octaue de Pentecofte, mil deux cens nonante-trois. Le dixiefme de Iuin enfuiuant, le Comte de Foix fe prefenta au chapitre de cette Eglife, fuiuant l'affignation, & remonftra par efcrit, que l'Arreft auoit fubrogé l'Eglife du Puy en la place du Roi d'Angleterre, qui eftoit en poffeffion du Comté, par l'aueu & le confentement de Conftance, pour le temps feulement qu'il plairoit à ladite Dame; qui eftoit reconnuë par les Eftats du Païs pour vraye & legitime Comteffe, & receuë à l'homage par le Roi d'Angleterre, & partant qu'elle ne pouuoit eftre deffaifie, de ce qui lui eftoit defia entierement acquis: Les fuppliant de la vouloir traicter, fuiuant la teneur de l'Arreft, & de prendre la poffeffion du Coté, aux mefmes termes & conditions precifément, qu'elle eftoit en la main du Roi d'Angleterre, & receuoir en fuite le ferment de fidelité de Conftance. Ce fait, il fit offre d'efter à droict, pardeuant eux & leur Cour, & de bailler caution de faire tout ce qu'il deura en leur endroit, en qualité de Seigneurs. Souftient que l'homage d'aucun autre ne pouuoit eftre receu; dautant que tous les Ordres du Païs auoüoient & reconnoiffoient pour Dame & Comteffe ladite Conftance, & non autre, comme il offroit de verifier tout incontinent. L'affaire ayant efté remife au lendemain, le chapitre fit refponfe, que la grandeur & l'importance de l'affaire, la confideration des perfonnes puiffantes, qui eftoient en l'inftance, le nombre des diuerfes demandes, fondées fur l'allegation de plufieurs & diuerfes couftumes, & l'oppofition formée par les Procureurs de la Reine, les obligeoit de proceder auec meure deliberation, & de ne faire tort à pas vne des parties. Et partant qu'ils les affignoient au lendemain de l'Octaue de la Touffaincts, Proteftant qu'ils ne pretendoient refufer l'homage & le ferment de fidelité offert par le Comte de Foix, ni preiudicier au droict de Conftance. Le Comte proteftant auffi de ne receuoir aucun à partie, en cette affaire, requit qu'il ne fuft rien attenté, pendant le terme de l'affignation, foit en receuant l'homage de quelqu'vn, foit en lui baillant la poffeffion, ou la proprieté de la terre.

V. Ce n'eftoit pas fans fujet, fi le Comte de Foix proteftoit contre l'Eglife du Puy, qu'elle ne deliuraft à perfonne la poffeffion de Bigorre. Car on trouue dans les chartes de France, qu'en la mefme année mil deux cens nonante-trois, Gilles Archeuefque de Narbonne, & Pierre Flotte cheualier, Procureurs de Ieanne Reine de France & de Nauarre, fille du Roi Henri, niece & heritiere du Roi Tibaut, firent homage pour raifon du Comté, à l'Eglife du Puy, au nom de la Reine, fauf les droicts du Roi, & de Gui Euefque du Puy: & qu'en fuite le Vicaire de l'Euefque permit aux Procureurs de prendre poffeffion au nom de la Reine, du Comté & de fes dépendances. Or les droicts du Roi referués en l'acte de l'homage, sont fpecifiés par l'Archeuefque de Narbonne; fçauoir, que le Roi n'eft tenu de faire aucune foi & homage à perfonne de fa fuperiorité, & ce par la couftume de fon Royaume: Que par la mefme couftume les maris font les homages du bien de leurs femmes, en quelque façon que lefdits biens foient efcheus; que ce droict eft immemorial; Et à caufe que le Roi ne fait homage à perfonne, il recompenfe le Seigneur du fief de fon droict, qu'il perd. C'eft enfin, à quoi vint aboutir cette affaire. Car l'année mil trois cens fept, Iean Euefque du Puy, & fon chapitre tranfporterent au Roi tout le droict tant feodal, qu'autre, qu'ils auoient au Comté de Bigorre, ne leur eftant de nul profit, mais feulement honorable; pour recompenfe duquel, le Roi leur donna 300. liures de rente, à prendre fur vn certain peage nommé dans l'acte.

VI. Neantmoins fi les Officiers du Roi de ce temps euffent efté bien inftruits, il ne falloit pas faire de fi grands deftours, pour reünir & incorporer à la Couronne, l'homage immediat de Bigorre. Car s'ils euffent confideré l'efchange fait par le Roi Sainct Loüis, auec le Roi Don Iayme d'Aragon, l'an mil deux cens cinquante-huict, ils euffent trouué, que comme le Roi de France cedoit à celui d'Aragon tous les homages & droicts de Souueraineté, qui lui apartenoient fur le Comté de Barcelone, & autres terres affifes delà les Monts Pyrenées; le Roi d'Aragon fe départoit auffi au profit du Roi de France, de tous les homages qui lui eftoient deus en Prouence, Languedoc, & generalement en toutes les prouinces affifes deçà les Monts. Ce qui comprenoit l'homage de Bigorre, encore qu'il n'y foit pas expreffément énoncé; puis que la Couronne d'Aragon l'auoit poffedé fi longuement: & par confequent, il n'eftoit pas befoin, que le Roi Philippe fe mit en autre peine, que de faire vne Declaration de la Reünion de cét homage immediat, au moyen de ce tranfport; fauf neantmoins à recompenfer l'Eglife du Puy de foixante fols Morlans de rente, qui lui eftoient legitimement deus, en cas qu'il vouluft defcharger à l'auenir le Comté de cette redeuance. Ie dis donc pour conclufion, que la Souueraineté du Comté de Bigorre apartenoit au Roi de France; mais l'homage immediat apartenoit à la Couronne d'Aragon: De mefme façon que l'Aquitaine fut baillée par les Rois d'Angleterre à leurs enfans, auec referue d'homage pour eux; ce qui ne preiudicioit pas à la Souueraineté de la Couronne de France.

VII. Apres que la Reine fut fubrogée en la poffeffion de l'Eglife du Puy, & que le Roi eut ordonné la fequeftration, il ne falloit plus attendre de la fatisfaction, pour les autres pretendans; quoi que l'on fe mit en quelque eftat de tefmoigner que l'on vouloit rendre iuftice aux parties. Pour cét effet à l'inftance de Guillaume Taiffon, l'an mil deux cens foixante-quatre, le Roi decerna commiffion aux Senefchaux de Gafcogne, Saintonge, & Bigorre, aux fins de faire adiourner en fon Parlement, Philippe de Flandres, & Mathilde fa femme, Lore Vicomteffe de Turene, Conftance Vicomteffe de Marfan, & fes fœurs, pour refpondre aux demandes que Taiffon entendoit faire contre elles, pour le regard du Comté de Bigorre; Et en fuite le Doyen de Tours, & vn Chanoine de Paris, furent nommés par le Roi, pour connoiftre de cét affaire, pardeuant lefquels l'on propofa bien au long les faits, & les raifons, que i'ai defia fommairement reprefentées. Mais la longueur, & les frais de la pourfuite, arrefterent l'ardeur des intereffés; dautant plus qu'ils virent Charles troifiefme fils du Roi Philippe le Bel, & de Ieanne Reine de France & de Nauarre, porter le titre de Comte de la Marche, & de Bigorre; lequel ayant esté Roi apres le decés de Louis Hutin son frere, on a pretendu que la Bigorre auoit esté vnie à la Couronne par son moyen.

VIII. Les seuls Comtes de Foix, Seigneurs de Bearn, qui supportoient auec plus d'impatience la perte de ces païs, dautant que leur droict estoit plus apparent, ont continué leurs supplications enuers les Rois, pour estre remis en leur ancienne possession; protestans neantmoins qu'ils ne vouloient plaider en aucune façon, contre leur Souuerain, mais seulement instruire sa religion, & celle de son Conseil, & attendre de sa bonté vn traictement aussi fauorable, que la iustice de leur cause pouuoit leur faire esperer. Le Comte Gaston Phœbus, qui par ses grands merites auoit acquis vne grande reputation en la Cour de France, pressa la restitution de cette terre, comme l'on apprend des instructions qui furent dressées de son temps sur cette affaire; & obtint l'an mille trois cens quatre-vingts neuf, que la deliurance du Comté lui seroit faicte, pourueu que l'on ne fust pas obligé de le bailler à l'Anglois, en traictant la paix; Et neantmoins qu'en ce cas il seroit payé de cinquante mille liures. En fin le Comte Iean, apres auoir faict consulter son affaire, à l'Abbé de Panorme, qui conclud en son Troisiesme Conseil du second Volume, que la Sequestration ordonnée par le Roi, auoit empesché la reünion du Comté à la Couronne; obtint la mainleuée de ce Comté, par Arrest du Parlement de Paris du dix-huictiesme Nouembre 1425. qui en fin est reuenu à sa source primitiue, par le moyen du Roi Henri le Grand, qui en a decerné la Reünion, comme du reste de son Ancien Domaine de Nauarre.

IX. Apres que ce Comté fut saisi sous la main du Roi, son Conseil desira d'estre instruict de l'estat de ce païs. C'est pourquoi l'an mille trois cens il y eut commission au Seneschal de Tolose pour faire vne Enqueste sur la valeur du Comté, des Fiefs, & rierefiefs de Bigorre. Le Commissaire subdelegua le Procureur du Roi en Agenois Iean Fronton; lequel ayant appellé le Procureur du Roi en la Seneschaussée de Tolose, & le Procureur de l'Eglise du Puy, auec l'aduis du Seneschal de Bigorre, fut instruit de toutes choses par deux notables preud'hommes, & verifia les droicts sur les anciens roolles.

Cette enqueste partage le Comté en sept Bailies ou Vigueries. i. Celle de Tarbe auec ses dependances. ii. Baigneres. iii. Mauuesin. iv. Godor. v. Lauedan. vi. Baredge. vii. Vic. Pour la terre de Riuiere, il est dit, qu'elle auoit apartenu anciennement au Comté, mais que Gaston de Bearn l'auoit distraicte à force d'armes, & qu'elle estoit possedée par le Comte de Foix. Outre ce il est dit, que le chasteau de Lourde apartenoit au Comté, quoi que le Roi en eut pris la possession, comme d'vne dépendance du Roiaume de Nauarre.

La haute iustice apartient au Comte en tous les lieux, mesmes en ceux des Barons; & le droict d'armée, & de cheuauchée, & les amendes qui excedent cinq sols Morlans; exceptés les lieux de Sainct Seuer de Rustan, où l'Abbé iouït de la moitié des amendes; & le lieu de Caisson, ou l'Euesque de Tarbe exerce la iustice. La confiscation n'a point de lieu dans le Comté, mais les biens des condamnés apartiennent aux heritiers, reseruée l'amende de soixante-cinq sols Morlans pour le Comte, si c'est en sa terre, & de soixante en celle des Nobles, qui ne prennent que l'amende de cinq sols.

En la Bailie de Tarbe, il y a neuf lieux apartenans au Comte. 1. Le Bourg de Tarbe, auquel y a huict cens hommes faisans feu. 2. Odos, de trente-huict feux. 3. Azareix de vingt-quatre feux, pour la portion du Comte. 4. Ville, de trente feux. 5. Iulhan, de vingt-six feux. 6. Montgaillard, de quatre-vingts feux. 7.

Ader, de trente-six feux. 8. Orles, de quarante-six feux. 9. de deux cens vingt feux. Les rentes de tous ces lieux auec la iurisdiction montent 455. liures Morlanes. Où il faut remarquer, qu'il y a plusieurs rentes en froment, seigle, auoine, & millet; & que le Quartal de froment estoit pour lors de valeur de trois sols Morlans, & celui de seigle, & de millet, d'vn sol Morlan.

En la Bailie de Baigneres, il y a neuf lieux. 1. Baigneres, de huict cens feux. 2. Pensac, de quatre feux. 3. Bendeac, de trente-cinq feux. 4. Ordizan, de vingt feux. 5. La Ciotat, de quatre-vingts feux. 6. Pemaros, de vingt feux. 7. Trebons, de trente-deux feux. 8. Labasera, de quarante-trois feux. 9. Campan, de cent feux. Le reuenu est de cent soixante quinze liures Morlanes treize sols, trois deniers, outre la iurisdiction.

En la Bailie de Mauuesin il y a cinq lieux. 1. Mauuesin, de trente-cinq feux. 2. de *Capitebreui*, ou de Capber, de quarante feux. 3. Bourg, de quarante feux. 4. Despeth, de quatorze feus. 5. Deschela, de trente feux. Le reuenu auec la iurisdiction, & plusieurs deuoirs, que payent les hommes qui sont en diuers villages des Gentils-hommes, monte quatre-vingts sept liures Morlanes, & dix sols.

En la Bailie de Godor, il y a cent quatre-vingts feux. Le reuenu est dix-neuf liures, dix sols, quatre deniers Morlans. En la Bailie de Lauedan, & des Vallees, il y a cinq mille feux. Le reuenu trente-cinq liures Morlanes. En la Bailie de Vic, douze cens feux. Le reuenu auec la iurisdiction trois cens liures.

De sorte que le reuenu du Comté, reuient à mille quatre-vingts, dix-sept liures Morlanes, treize sols, sept deniers. C'est à dire trois fois autant en liures tournoises; car vne liure Morlane en vaut trois tournoises. Sur quoi il faut deduire les gages des chastelains. Sçauoir cent liures tournois, pour le chastelain de Mauuesin; deux sols tournois par iour pour celui de Campan; sept sols tournois par iour pour le chastelain de Saincte Marie de Baredge, qui doit entretenir quatre soldats; tout autant pour le chastelain de Bidalos. Quant au chasteau de Lourde, il estoit gardé par vne bonne garnison, qui estoit payée sur la recepte de Tolose.

Il y auoit en cette année mille trois cens, Douze Barons; dont les noms sont conceus en cét ordre dans l'Enqueste; sans qu'il soit obserué, qu'ils doiuent tenir entr'eux ce rang, ni aucun autre: Arnaud de Lauedan, Arnaud Guillaume de Barbasan, Bos de Benac, Raimond Aimeri de Basalhac, Tibaut des Angles, Arnaud Raimond de Castetbaiac, Peregrin de Lauedan, Contebo d'Antin, Pierre & Bernard Raimond d'Esparros, Pierre de Castetbaiac, Bernard d'After. Où il faut remarquer, que les puisnés de Lauedan, de Castetbaiac, & d'Esparros sont contés entre les Barons, aussi bien que leurs aisnés: De sorte que les maisons qui ont la dignité de Baronie sont reduites à Huict, auec celle d'Esparros. Leur reuenu monte onze cents quatre-vingts & cinq liures Morlanes.

Il y a quatre-vingts & quinze Gentils-hommes, appellés dans l'Enqueste *Domnicelli*; parmi lesquels il y en auoit quelques vns qui estoient Cheualiers, *Milites*. Leur reuenu, de douze cens vingt-trois liures Morlanes, dix-huict sols. Il y a dix-huict Gentils-hommes qui releuent des Barons, sçauoir de celui de Lauedan, d'After, de Benac, de Basalhac, d'Antin. Le reuenu de ces rierefiefs monte, nonante liures Morlanes & dix sols.

La Cité de Tarbe, separée du Bourg par murailles & fossés, apartient à l'Euesque de Tarbe, auec les chasteaux de Caisson, & de Marcellan. Il y a trois Abbés, de Sainct Seuer de Rostan, de Sainct Sauin, & de la Reole. Celui de Sainct Pé est obmis en l'Enqueste: peut-estre que le Roi possedoit le bourg & l'Abbaye, comme vne dépendance du chasteau de Lourde. Il y a en outre, les Prieurs de Sainct Leser, de Borderes, & d'Aureilhan.

Les lieux de la Terre de Riuiere, qui appartient au Comte, sont Maubourguet, Castetnau, Ladeuese, Sauueterre, Auriabat, Maseres, la moitié du Bourg de Taste. La quatriesme partie de Geyte, le lieu de May, & Villefranque. Le reuenu est de trois cens liures Morlanes. Il y a dix-neuf Gentils-hommes en Riuiere, Tronsenq, Estirac, Sombrun, & autres ; & vn Vicomte qui est nommé dans l'Enqueste, Vicomte de Riuiere, Seigneur de Labatut. Il y a l'Abbé de Taste, & le Prieur de Madiran.

F I N.

OMISSIONS.

Page 24.l.25. *Apres*, iurisdiction, *adiouſtés*, ordinaire, & immediate.

P.49.l.4. *apres*; Eueſchés, *adiouſtés*; Quoi qu'en certaines Prouinces des Gaules, le nom de la ville fut enoncé en termes generaux, ſçauoir la Cité d'vn tel païs; & que l'Eueſque fut en ſuite deſigné, par le titre general de la Cité d'vn tel peuple.

P.67.l.17. *apres ce mot*, Concile, *adiouſtés*: Si ce n'eſt que l'on vueille ſe perſuader que *Petrus Epiſcopus de Palatio*, qui eſt ſigné parmi les autres Eueſques, ſoit l'Eueſque de Palence en Eſpagne de la Prouince de Tolede, qui eſtoit pour lors poſſedée par les Goths; s'eſtant peu faire que cét Eueſque ſe trouuant à la Cour du Roi Alaric, aſſiſtaſt au Concile d'Agde. Car hors cette explication, ie ne trouue aucune Cité dans la Notice des Prouinces des Gaules, ni de l'Eſpagne, qui ſe rapporte à *Palatium*.

P.99.l.2. *apres ces mots chap*. 8. Ce qui donne quelque ſoupçon que Sandoüal Eueſque de Pampelone, qui a publié ces letres du Roi Sance, auroit fait cette addition, pour donner quelque couleur à l'vſurpation que l'on a fait depuis quelque temps en ce quartier, ſur la juriſdiction de l'Eueſché de Bayonne.

P.124.l.18. *Il faut adiouſter apres ces mots*, Les Diſmes. En quoi l'on a deferé aux Défenſes preciſes du Concile de Poictiers tenu l'an 1109. & du Concile de Latran ſous Calliſte ſecond de l'an 1122. qui excommunient les Laïques, qui veulent prendre part aux Oblations que l'on fait à l'Autel, ou en la main du Preſtre, ou bien pour la ſepulture des fideles.

La preuue ſera miſe ſous le nombre XVII. en ces termes. Concilium Pictauienſe. Vt nullus laïcorum de oblationibus quæ offeruntur vel donantur ad altare, ſiue ad manum Presbyteri, vel quod pro ſepultura fidelium deuoté donatur, præſumat participare, ſub excommunicatione interdicimus. Concilium Lateranenſe ſub Calliſto II. cap. xiv. Oblationes ac de aliis omnium Eccleſiarum altaribus ſiue crucibus à laïcis auferri penitus interdicimus, & ſub anathematis diſtrictione firmamus.

l.21. *Apres ces mots*, l'an 1056. *adiouſtés*, Et à Clermont par Vrbain II. l'an 1095. & principalement celui de Latran ſous Innocent II. tenu l'an 1139. au Canon x.

P.249. *Sur la fin de la ligne* 27. *adiouſtés*: Ou bien que Berenger eſtoit fils du Duc Sance.

P.341.l.2. *apres* Franconie, *adiouſtés*, ou de la France Germanique.

P.378.l.40. *apres*, Calice, *adiouſtés*. L'Auteur du Microloge, qui eſcriuoit ſous Gregoire VII. auant le Concile de Clermont, fait mention de cette practique de quelques particuliers, qu'il blaſme comme contraire à l'Ordre ou Ceremonial Romain. Le Concile de Braga III. tenu en Eſpagne l'an 675. auoit deſia condamné le meſlange des eſpeces; d'où cét Iſidore Mercator, qui a ſuppoſé les Epiſtres des anciens Papes, a pris ce qu'il a inſeré touchant cette matiere, dans la pretenduë Epiſtre du Pape Iulius aux Egyptiens. Mais nonobſtant ces défenſes, les Eueſques toleroient la continuation de cét vſage, lorſqu'il falloit diſtribuer la Communion au peuple, comme fait foi Iuo Eueſque de Chartres en ſon Traicté des Offices diuins; Où il eſcrit que l'on permet de donner au peuple la Communion auec les eſpeces trempées, non pas en vertu de quelque auctorité Canonique, mais pour la grande neceſſité qu'il y a d'en vſer de la ſorte, pour éuiter le danger de l'eſfuſion du Sang. Neantmoins le Pape Vrbain s'oppoſe à cét abus, & le corrige par ce Canon, ordonnant que la diſtribution du Corps ſe face ſeparément, de celle du Sang: & pour cét effect il faut peſer le terme de *Separatim*; *Ne quis communicet de altari niſi Corpus ſeparatim, &*

la matiere eſtoit diſpoſée à eſtre iugée ſans Duel. Et procedant au iugement deffinitif, la Cour condamna le Comte de Foix à baſtir & fonder vne Chapelle de 400. liures, dans chaſcune des quatre villes qui ſeront deſignées, pour y faire les Offices à perpetuité, pour ceux qui eſtoient morts en cette guerre ; & ordonné que le Chapelain ſera preſenté par le Roi, & ſes ſucceſſeurs. Le condamna en outre de grace en trente mille liures d'amende, qui ſeroient appliquées, la moitié en œuures pies à la diſcretion du Roi, & l'autre moitié au profit de ſa Majeſté. De plus, elle le condamna en ſix mille liures enuers le Comte d'Armagnac, pour ſes domages & intereſts. L'Arreſt ayant eſté prononcé en preſence des parties, la Cour ordonna qu'elles bailleroient aſſeurance l'vne à l'autre. Le Comte d'Armagnac, Gaſton Vicomte de Fezenſaguel ſon frere, & Bernard Vicomte de Turene donnerent leur foi au Comte de Foix : Mais celui-ci en donnant ſon aſſeurance excepta ſa terre de Catalogne, ſa mere, & Conſtance ſa tante Vicomteſſe de Marſan, & leurs terres. Et lui ayant eſté ordonné par la Cour, qu'il donnaſt ſon aſſeurance, ſans excepter la terre de Catalogne, & s'il vouloit excepter ſa mere & ſa tante, qu'il juraſt de ne les aſſiſter pas contre leſdites perſonnes ; Il refuſa d'y obeïr, & ſur ſon refus fut conduit au Chaſtelet, & en ſuite élargi pour ſe preſenter deuant le Roi. Le 20. de Iuin de l'an 1309. le Comte de Foix eſtant à Senlis, en la preſence du Roi, & de ſon commandement, donna ſon aſſeurance au Comte d'Armagnac, à Bertrand de Comenge Vicomte de Turene, & à Gaſton Vicomte de Fezenſaguel, & à leurs alliés, exceptant ſa mere & Conſtance ſa tante, & leurs terres. Neantmoins il iura ſur les Euangiles ſuiuant la couſtume de la Cour, de faire en ſorte qu'elles ſoient compriſes en cette aſſeurance ; ou en cas de refus deſdites Dames, de ne leur donner aucun ſecours, ſi elles attaquoient leſdits aſſociés, non pas meſme pour leur défenſe, ſi elles auoient fait la premiere aggreſſion. Mais auſſi, ſi le Comte d'Armagnac ou les ſiens attaquoient la mere ou la tante du Comte de Foix, il pourra leur donner ſecours & aſſiſtance. Il proteſta auſſi qu'il n'entendoit preiudicier au droict qu'il auoit ſur les terres de Catalogne poſſedées par ſa tante Guillelme, encore qu'elle ſoit liguée auec le Comte d'Armagnac ; reſeruant en cas que les terres ſortent de la main de Guillelme, d'en faire la pourſuite par toutes les voyes qui lui ſont permiſes ſuiuant l'vſage de Catalogne ; Laquelle proteſtation le Roi ne voulut point receuoir, comme eſtant contraire à l'vſage de ſa Cour, neantmoins il permit par grace ſpeciale, qu'elle fuſt inſerée dans les Letres d'Aſſeurement. En ſuite de cét Arreſt le Roi Philippe ordondonna, &c. *Il faut rayer ces mots*, Par Arreſt du Parlement de Paris, & taxes à ſix mille liures.

Pag. 829. l. 36. *apres* Eſquiuat, *adiouſtés*, comme l'on peut aprendre par la letre que celui-ci eſcriuit à Simon Comte de Liceſtre, au commencement de l'année 1256. Elle eſt conceuë ſous le nom d'Arnaud Eueſque de Tarbe, d'Eſquiuat Comte de Bigorre, de Iordain ſon frere, neueux de Simon, de la Cour de Bigorre, & des Bourgeois de Tarbe ; qui repreſentent, que Gaſton de Bearn ne voulant ſe départir de ſa perſecution accouſtumée, taſchoit par toutes voyes de priuer ces Comtes de leur heritage, & de ruiner à guerre ouuerte les Bourgeois de Tarbe, & les Gentils-hommes, villes & bourgades qui eſtoient de leur parti. Qu'il auoit pris la ville de Caſtet-p... de Riuiere, contraint tout ce quartier de lui rendre homage ; Et pretendoit d'aſſieger Eſquiuat & Iordain, auec les gens de guerre que lui menoit le fils du Roi d'Aragon, & auec le ſecours de Geraud Comte d'Armagnac, & d'autres Barons & Caualiers de Gaſcogne, qui fauoriſoient le parti de Gaſton ; le Comte de Foix s'eſtant auſſi declaré ouuertement pour lui. De ſorte qu'ils eſtoient tellement reduits à l'eſtroict par les troupes de Gaſton, qu'ils n'oſoient ſortir des chaſteaux, où ils s'eſtoient tim, *& Sanguinem similiter sumat.* Ce qu'Orderic Vitalis rapportant ce Canon par extraict en son Histoire de Normandie, explique par le terme, *singulatim,* qui semble plus precis. Mais on reconnoist que le Concile de Clermont n'auoit pas eu assés de force contre cét abus. Car le Pape Paschal II. fut obligé d'escrire encore sur ce sujet, à Ponce Abbé de Clugni, l'an 1118. pour en empescher la continuation ; excepté pour les malades & les petits enfans, qui ne pouuoient aualer le Pain consacré ; tout le reste du peuple demeurant par ce moyen hors les termes de pouuoir vser de ce meslange des Especes, selon la decision expresse du Concile de Clermont.

Il faut metre aux preunes du nombre V. ce qui suit.
Auctor Microlog. cap. 26. Non est authenticum quod quidam Corpus Domini intingunt, & intinctum pro complemento communionis populo distribuunt. Nam Ordo Romanus contradicit. Concil. Bracar. III. Capit. 1. Illud verò quod pro complemento communionis intinctam tradunt Eucharistiam populis, nec hoc prolatum ex Euangelio testimonium recipit, vbi Apostolis corpus suum, & sanguinem commendauit ; seorsum enim Panis, & seorsum Calicis commendatio memoratur. Nam intinctum panem alijs Christum præbuisse non legimus ; excepto illo tantum discipulo, quem intincta buccella magistri proditorem ostenderet, non quæ sacramenti huius institutionem signaret. Iuo de Diuinis Officijs : Non autem, iuxta Concilij Toletani definitionem, intincto pane, sed seorsum corpore, & seorsum sanguine communicet ; Excepto populo, quem intincto pane, non auctoritate, sed summa Necessitate timoris Sanguinis Christi effusionis, permittitur communicare. Epistola XXXII. Paschalis II. Nouimus enim per se panem, per se vinum ab ipso Domino traditum. Quem morem sic semper in sancta Ecclesia conseruandum docemus, atque præcipimus, præter in paruulis ac omnino infirmis, qui panem absorbere non possunt.

Pag 379. l. 8. *apres* diction, *adioustés,* de Rodulfe Abbé de S. Trudon, qui viuoit en ce temps sous l'Empire de Henri IV. selon l'Abbé Tritheme. Car on aprend par les vers de cét Abbé Rodulfe, que l'on ne distribuoit point l'Espece liquide aux laïques soit sains ou malades, par *Cautele,* ou precaution, afin d'éuiter l'épanchement du Sang, & la fausse opinion du vulgaire, qui pourroit se persuader que tout Iesus-Christ n'estoit pas sous chasque espece. Ce terme de Cautele est aussi employé en ce sens par vn autre auteur eloigné.

Il faut metre aux preunes du nombre VI. ce qui suit.
Rodulphus Abbas S. Trudonis laudatus à Ioanne Groppero cap. 44. de Communione alterius speciei.

Hic & ibi Cautela fiat, ne Presbyter ægris,
Aut sanis tribuat Laïcis de Sanguine Christi ;
Nam fundi posset leuiter, simplexque putaret,
Quod non sub specie, sit totus Iesus, vtraque.

Pag. 517. l. 31. *apres,* homage, *adioustés ;* Outre que le Comte de Foix possedoit le Vicomté d'Euols dans le Comté de Cerdanhe, dont il auoit este inuesti par le Roi d'Aragon.

Il faut adiouster p. 796 au nombre 2. *apres ces mots, ou d'engagement.* Voulant se maintenir en cette possession, il attira sur ses bras vne cruelle guerre cõtre le Comte d'Armagnac ; dont il est fait mention dans l'Arrest du Parlement de Paris à la prononciation de Noël de l'an 1308. Où l'on void que Raimond de Cardone parent du Comte de Foix, & son Procureur, fit plainte contre le Comte d'Armagnac, de ce qu'au preiudice de la paix ordonnée par le Roi à Tolose, il auoit par trahison commis des meurtres, voleries, incendies & autres violences contre les sujets du Comte de Foix. Ce qu'il offroit de verifier par vn Duel, dont il presentoit le Gage à la Cour. Sur quoi ayant esté ordonné qu'il seroit enquis de la verité des faicts allegués, pour sçauoir si le Gage pouuoit estre receu suiuant les Ordonnáces, qui auoient esté faites depuis peu, sur le Reglement des Duels : Au rapport des Enquestes, par lesquelles le fait controuersé entre les parties estoit bien & deuëment verifié, il fut declaré que

✱ ij

s'estoient retirés. Quoi qu'ils fussent prests de lui faire raison, par le iugement des Cours de Bigorre & de Bearn, pour auoir la paix sans aucun delai; ou bien pardeuant le Seneschal de Gascogne, ou le Roi d'Angleterre; ou mesmes pardeuant le Roi de France, ou le Comte de Tolose, par forme de compromis, ou de iugement, à son choix. Mais que la confiance qu'il auoit en ses forces, le portoit à refuser toutes ces ouuertures. C'est pourquoi ne pouuans resister à ses efforts, ils supplioient le Comte Simon, qui estoit leur vnique refuge apres Dieu, de leur donner secours en cette extremité, où ils se treuuent reduits, & leur tesmoigner les effects de la bonne volonté qu'il leur a portée depuis leur tendre jeunesse: autrement ils seront contraincts de quiter la Gascogne. Et dautant que le Comte Simon seroit obligé à faire de grands frais pour la leuée des troupes, ils lui deliurerent le Comté de Bigorre auec l'auis de l'Euesque, & de la Cour du Païs; ou la terre de Chabanois, pour la posseder iusqu'à ce qu'il seroit entierement remboursé de ses frais, à sa discretion. Enfin cette dispute fut terminée, &c.

Il faut mettre aux preuues, N. V. La Lettre est dans les Chartes de France, & publiée en Latin par M. Galland en son Traicté du Franc-aleu, p. 154. 155. *Quanquam parati simus eidem exhibere iustitia complementum coram Curys Bigorensi, & Bearnensi, pro pace habenda sine dilatione aliqua.*

LES NOTES
DE
FRANÇOIS DE MONCADE
MARQVIS D'AYTONE,

TOVCHANT LES SEIGNEVRS DE BEARN;
Auec les deux Letres qu'il a escrites à l'Auteur, à l'occasion
qui est expliquée en la Preface de ce Liure.

ILLVSTRISSIMO DOMINO
PETRO DE MARCA,
REGIO CONSILIARIO PALL

S. O.

Arentis absentia, cui inscriptæ tuæ litteræ, iubet rescribere, & affectum tuum erga nos nostraque pari studio reddere. Nam nihil mihi iucundius, quam res à nostris gestas scribentem, & illustrantem mea opera iuuare. Adhæc tria impellunt, vt faciam, quæ singula possent; amica tua compellatio, familiæ nostræ decus, & vetustatis amor. Ideoque vetera monimenta, codices perantiquos, & quidquid adhæc nostra, tuaque pertinent, Sorberio inuisenda præbuimus. Cætera breuiter disposita lege. Desinamque iam mirari, Marca doctissime, inter Gallos omni æuo eruditione claros antiquitatisque amantissimos, tandiu in tenebris latuisse Principes suos Benarnenses ex gente Moncata: Sed tam altum silentium, nunc inter prospera familiæ duco, si tibi causa scribendi fuit. Felix silentium, quod in stilum grauitate & eruditione plenum erumpit; Nam ex vngue leonem agnouimus. Ego totius gentis meæ nomine, gratias ago, pro tam ingenti beneficio: & quid Maius quam decora maiorum, iniuria temporum obscurata in lucem proferre, mortalitatique subtrahere? Plurimum tibi debet Patria, quia Rectores agnoscet suos; plurimùm Rex Christianissimus, quia Benarnenses suos progenitores, ille te pro tuis meritis ad togata Galliarum fastigia deuehat. Vale, & scribe. Barcinone, Calendis Julij. Anno CIƆ. IƆC. XVII.

FRANCISCVS MONCATA
Ossonæ Comes.

ILLVSTRISSIMO DOMINO
PETRO DE MARCA,
REGIO CONSILIARIO PALI.
FRANCISCVS MONCATA
S. P. D.

Vre de taciturnitate mea queri poteras, (non dicam de silentio) ni tam iustam silendi causam in morte optimæ matris habuissem, quæ stylum, & animum admonuit, vt nihil de proauis cogitarem. Nam, quid prodest homini in stemmate suo plures annumerare reges, duces, si in medio magnarum cogitationum rapimur. Ita mihi euenit mi Marca: nam, dum incognita adhuc virorum nomina familiæ addere studeo, matrem amisi. O vana res mortalium, quam longe à destinatione nostra fata decurrunt! Sed abeant nunc querelæ, ne recentia vulnera exasperentur. De Bearnensium Principibus, quicquid chartarum in hoc archiuo regio repertum, transmittimus; fruere patriæ tuæ, familiæ nostræ bono. Breues Notas fecimus: inutiles tamen ingenio tuo, credimus, cui nihil reconditum, nihil difficile: attamen erunt amicitiæ, & grati animi pignus. Nunc auide expecto, quæ digesta, & concinnata habes de Bearni historia: nam Sorberius spem visendi ante editionem dedit. Vale Barcinone, Maÿ Calend. CIↃ. IↃC.IIXX.

FRANCISCVS DE MONCATA
Comes Ossonæ.

NOTAE
DE BEARNENSIBVS
VICECOMITIBVS.

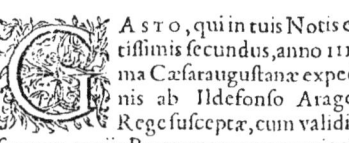ASTO, qui in tuis Notis eruditissimis secundus, anno 1114. fama Cæsaraugustanæ expeditionis ab Ildefonso Aragonum Rege susceptæ, cum validissimis suorum copiis Pyrenæos montes traiecit, & vires cum rege sociauit. Post vrbis expugnationem anno 1118. ex vrbis regiones Gastoni sunt attributæ, quæ sub imperio Sarracenorum à Christianis incolebantur, quas longo tempore, & Teresia vxor, & Centullus Gastonis filius honorario iure tenuerunt, Dominique Cæsaraugustæ, vt priscus mos tulerat, appellati. Auctor Surita ad annum supradictum 1118. Post quinquennium, anno 1123. iuxta Cordubam in oppido de Arinsol, idem rex vna cum Gastone vndecim Sarracenorum regulos ingenti prælio vicit: eodemque anno vetusta testantur monumenta, Gastonem Bearnensem, & Stephanum Oscensem Episcopum in prælio contra Mauros interemptos fuisse. Sepultus est Cæsaraugustæ in sacello primario D. virginis de Columna, & in archiuo eiusdem Ecclesiæ ostenduntur in Gastonis tanti viri memoriam calcaria, & cornu, quo pugnam ciebat.

Centullus Bearni Vicecomes, vt patet ex prædictis, Gastonis, & Teresiæ filius fuit, de quo nulla extat insignis memoria, nisi de morte, quæ contigit sub anno 1154. nam ipse Centullus in prælio apud Fragam commisso fortiter pugnans, occubuit, in quo etiam rex Ildefonsus.

Magnæ nunc tenebræ, nec nisi ex coniecturis perscrutanda Principum series: sed, ni fallor, certissimis, in veteri membrana archiuii regii Barcinonensis exemplari numer. 1. legitur Bearnenses proceres, anno 1154. mortua Vicecomitissa nomine Guascarda, apud Campum francum homagium Raimundo Comiti Barcinonensi, Aragonensium Principi, præstitisse, & subdidisse se illius dominio, salua fidelitate filiorum Petri Vicecomitis Bearnensis olim defuncti.

Ex alia charta eiusdem archiuii numero 2. constat homagium Mariæ Vicecomitissæ Bearni, regi Ildefonso Iaccæ, datum vltima die mensis Aprilis anno 1170. in quo ait Vicecomitissa præstare se hominium regi consanguineo suo, pro tota illa ditione Bearnensi, & Gasconiæ, quam tenebat, vel ad quam ius illi erat per vocem parentum, & genitorum suorum, & quam pater eius Petrus de Garreto Vicecomes illi dimiserat, & Gasto eius frater ad diem obitus sui ei laudauerat, atque concesserat.

Ex his duabus chartis licet coniectari, Petrum Garretum filium fuisse Centulli, aut Guascardam eius vxorem, ex quibus Gastonem, & Mariam, iisque adhuc ætate inualida ad imperium, vtroque parente orbatis, ob idque Bearnenses proceres ad Raimundi potentissimi Principis tutelam confugisse: salua filiorum Guascardæ, & Petri fidelitate: scilicet Gastonis, & Mariæ, vt patet ex prædictis chartis: in charta numer. 1. proceres Bearnenses anno 1154. miserunt se in posse Raimundi salua fidelitate filiorum Petri: in charta numer. 2. Maria parentem suum Petrum Garretum appellat: vnde manifeste apparet Gastonem, & Mariam filios fuisse Petri.

Gastonem sine liberis excessisse, & sororem instituisse hæredem, manifestum est ex verbis ipsius Mariæ homagium præstantis regi Ildefonso anno supradicto 1170.

Hæc Maria Vicecomitissa, paulò post mortem fratris ad regem Ildefonsum venisse creditur, ad implorandam opem, qua Vicecomitatus Bearnensis imperium obtineret: renuente prouincia, vt existimo, quæ imperium muliebre fortè contemnebat: in hanc sententiam non leui adducor coniectura, quam inferius referam.

Promisit etiam Maria regi (ch. num. 2.) se nulli viro, sine ipsius consensu nupturam; quod obseruatum fuisse testatur vetus membrana in hoc archiuo regio nuper reperta num. 3. qua patet prædictam Mariam Guillelmo de Moncada nupsisse (qui fuit regi carissimus, & dominus Moscatæ) ex eo, quod cum rex concedat anno 1173. Monasterio Fontis Ebraldi, precibus, inquit, dominæ Mariæ de Bearno, vt redimat de pignore quendam honorem Bearnensibus Comitibus pertinentem, iubet, vt honori post certum tempus succedant filij Mariæ de Bearno, & Guillelmi de Moncada.

Ex alia charta in hoc archiuo regio nuper etiam reperta n. 4. constat homagium Guillelmi de Moncada regi Ildefonso præstitum pro Bearnensi ditione, quam suo, vel liberorum iure consequi posset, cui rex operam, & auxilium repromisit in eis ditionibus adipiscendis. De hoc homagio meminit etiam Surita ad annum 1170: ex quo manifestè apparet, non solum matrimonij prædicti confirmatio: sed etiam imperij Bearnensis possessionem Guillelmum, & Mariam adeptos non fuisse, neque antiquioribus memoriis repertum, Mariam, & Guillelmum Vicecomitatum Bearnensem tenuisse. Sed Postea visum Bearni proceribus, vnum, alterum ve ex filiis Mariæ, & Guillelmi electione ad imperium vocare.

Guillelmus, & Maria trium liberorum parentes fuere Gastonis, Guillelmi, Petri. Gastonem natu primum, legati Bearnensium, Vicecomitem acceperunt. Ita tradunt Historici, sed confundunt tempora, & nomina. De electionis tempore non constat, sed de homagio ipsius Gastonis regi Ildefonso præstito, ex charta n. 5. anno 1186.

Gastoni sponsam dedit Ildefonsus rex, consanguineam suam, filiam nobilis Bernardi Comitis de Comenge, & neptem Centulli Comitis Bigorritani, vna cum Comitatu Bigorræ, quam dictus Gasto duceret in vxorem, simul atq; ad annos nubiles perueniret, ex charta n. 6. De huius morte nihil compertum habemus, & miramur, quod scribis in tuis Notis occubuisse anno 1213. ad mœnia Mureti, cum nostri historici de tanti viri morte sileant.

Gastoni sine liberis defuncto, successit Guillelmus frater in vniuersa fratris hereditate: vxorem habuit Guillelmam de Castro veteri, siue de Castellvell ex charta n. 7. Surita l. 2. cap. 63, ad annum 1213. & c. 78. ad 1222. Is anno 1194. incertum, qua causa ductus Archiepiscopum Tarraconensem interfecit vxoris auunculum, ideoque anathemati deuotus, Romam profectus, absolutionem accepit. Bulla excommunicationis, & litteræ absolutionis repertæ sunt in archiuo Ecclesiæ Tarraconensis, vna cum ipsius testamento, quod condidit apud Oloronem, anno 1223. ch. numer 8.

Ex Petro minori fratre, propagata, Moncadarum familia Hispaniæ, & Siciliæ ad nostra vsque tempora. Integra semper mascula proles dedit viros pace, & bello claros, quos longum foret recensere: ex quibus hodie Gasto de Moncada, Aragoniæ Seneschalis, Aytonæ Marchio, gentis caput; cuius hæres Franciscus de Moncada Comes Ausoniæ, qui has scripsit Notas.

Prædicto Guillelmo successit alter Guillelmus filius, qui contra Nunium Sancium Comitem Ruscinionensem arma sumpsit, & penè oppressit, magna eius ditionis parte potitus. Sed rex Iacobus, cognomento expugnator, afflictis partibus auxilium dedit, & pro Sancio bellum Moncadæ intulit. Tandemque Guillelmus in Moncatæ arce inclusus; & inito de pace colloquio, in certas conditiones conuenere. Secuta mox Balearica expeditio, in qua Guillelmus clari, & inclyti ducis nomen in terris meruit, & quod est præcipuum, martyrij coronam in cœlis assecutus. Sic se res habet. Tertio post appulsum die, anno 1229. conserto cum Mauris prælio, Guillelmus simul cum octo viris eiusdem familiæ cæsus, ingenti totius exercitus, & regis mœrore; funus magna pompa, & lachrymis, in ipsis castris ductum à rege, & vniuerso milite: cadauera postea in Hispaniam translata, & condita in Ecclesia monasterij Sanctarum Crucum Ordinis Cisterfiensis, non longè à Tarracone. Et mirum illud contigit, cum sepulchris inferrentur; quod cum monachi ad sacrum funeris decantandum, Officium Defunctorum diu, multumq; perquirerent, nusquā aliud, nisi martyrum inuenere. Quo miraculo comprobatū est, martyrij immarcessibili corona decorasse Deum eos, qui pro fide Catholica ab hostibus Ecclesiæ interempti sunt. Guillelmus habuit vxorem Garsendam, charta n. 9. ex qua filios habuit Gastonem successorem, & Constantiam, quæ nupsit Dydaco Lopez de Haro viro nobilissimo, Cantabriæ Dynastæ.

Gasto successit Guillelmo patri: de cuius vxore, apud nostros historicos, nulla extat mentio, nisi in tuis Notis, in quibus Matham fuisse comperimus, Martiani Vicecomitissam, & post mortem Squibati Comitissam Bigorræ. Quatuor habuit filias Constantiam primo loco natam, nuptam Alfonso, regis Iacobi expugnatoris filio primogenito, qui paulò post nuptias sine liberis mortalitatem expleuit. Surita anno 1260 l 3. cap. 3.

Nouimus præterea ex tuis Notis, nupſiſſe Conſtantiam anno 1170. Henrico primogenito Ricardi Principis Cornuuallix Imperatoris deſignati, & fratris Henrici Galliæ Regis, nulla ex duobus maritis relicta prole.

Eædem Notæ Monuere Matham Tertio genitam Armeniaco Comiti coniugem fuiſſe datam à patre, & delatum ius integræ hereditatis, Margaritæ ſecundo genitæ, Rogerij Bernardi Comitis Fuxi vxori. De Guillelma quarto loco genita, altum ſilentium in tuis Notis, condigna pœna mulierculæ, vt quæ ſuos à paterna hereditate excluſit, excludatur à memoria ſuorum.

Huic G. pater Gaſto amplisſimam hæreditatem legauit, quam eius maiores in Aragonia, Catalonia, & Maiorica tenuere. Matrimonium iureiurando pactum cum Sancio, qui poſt mortem Alfonſi X. patris Rex Caſtellæ fuit, ſed ille ad alias nuptias conuolauit. Vnde magni bellorum motus exorti inter Iacobum ſecundum Aragoniæ, & Sancium Caſtellæ Reges, Gaſtone Vicecomite, & Lupo Dias de Haro ægrè ferentibus pacta reſciſſa. Nupſit poſtea Guillelma Petro Iacobi II. Regis Aragoniæ, fratri. Sed non diu ſuperſtes maritus, vidua manſit ſine liberis. Iacobus ſecundus Rex prædictus, ne poſt mortem Guillelmæ ditiones illius ad exteros Principes peruenirent, in eo cum Guillelma conuenit, vt dum illa inter viuos ageret, dono Regis maxima hereditate potiretur, ea conditione, vt poſt eius obitum ambæ hereditates regio patrimonio redderentur, quod deinde factum eſt, ſororum filiis fruſtra querentibus.

Hæc de Vicecomitibus Bearnenſibus quæſita, tam ex veteribus membranis, quam ex hiſtoriis accepimus, plura refert Surita tomo 1. de Moncadarum, & Bearnenſium familia, ſed præcipua huc coniecimus.

De origine Moncatarum familiæ.

Otgerus, cognomento Gallantes, ſiue, vt alij, Catalo, anno ſalutis 734. Validiſſimo exercitu Cataloniam inuaſit, à Sarracenis tunc occupatam. Cumque in ipſo expeditionis apparatu deceſſiſſet, omnium conſenſu delatum à primoribus ducibus imperium in Dapiferum iuuenem nobilitate clarum, cuius origo à Comitibus Palatinis; qui hodie Dapiferi titulus, inter præcipua familiæ decora perluſtris. De Dapifero noſtro, ita Vvolfgangus Latius c. 10. de migrationibus gentium. *Napifer, vnus ex Nobilibus* Comitibus, qui Otgero regi auxilio præſto fuere, ad retinendum Aragoniæ regnum electus à popularibus in regem, poſt Otgerum regnum modo dictum aduerſus Sarracenos pariter Pipini Galliarum, ſiue Francorum regis auxilio fortiter tutatus eſt in Ceritania. Ex huius auctoris teſtimonio, & ex conſtanti familiæ noſtræ traditione, affirmare poſſumus, Pipinum Caroli Magni patrem ob ſanguinis propinquitatem Dapifero ſubueniſſe. Conſtat vero Palatinos veteres à Pipinis Palatinis, Francoque ſanguine deſcendere, & Comites Dapiferi dignitate inſignes fuiſſe traditur, Auctore Marquardo Frehero in Commentariis Palatinarum Originum c. 13. Vnde Moncatæ Hiſpanienſes, & Siculi à Comitibus Palatinis ſuam deducunt originem.

Is enim Dapifer, Caſtris Pyrenæorum, Sarracenorum multitudine incluſam Ceritaniam, vt Vvolfgangus tradit, tutatus auxilio Pipini: quo defuncto Carolum Magnum diu ſecutus; Poſtremum Nonagenario Maior apud Narbonam cæſus, in magno illo prælio, quo Carolus ingentem Victoriam de Sarracenis tulit anno 791. Geminam prolem reliquit ex Ermiſenda vxore. Arnaldum, & Ar. Arnaldus primus Moncatæ cognomento, ob Caſtrum de Moncata à Ludouico Pio, Caroli Magni filio, inter alias ditiones bello partas dono datum. Attamen poſteri eius promiſcuè, & Moncadæ, & Dapiferi cognomento vſi. Hæc præcipua de origine noſtra.

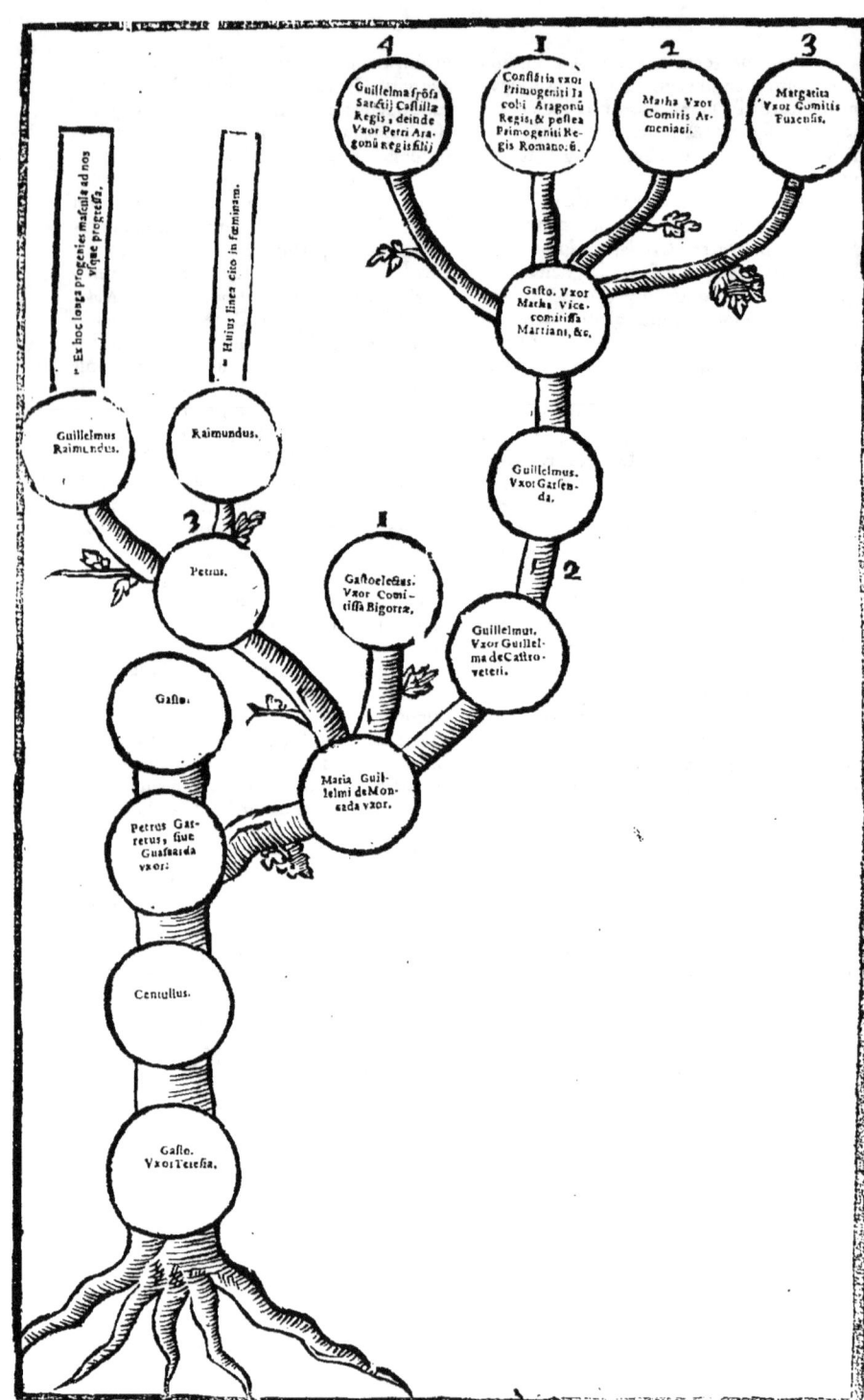

TABLE.

TABLE DES MATIERES
PLVS REMARQVABLES
contenuës en cette Histoire.

A

BBES Laïques, page 121.122.113. 124
les Abbés chés Aimoin sont Ecclesiastiques, 110
Abbo Abbé de Fleury tué en Gascogne, 231
Accusation du Comte de Tolose au Concile de Lauaur, 522.523
Acqs Cité de la Nouempopulanie, 26. nommée de ses eaux. Donne le nom à l'Aquitaine, ibid. Ses diuers noms, 27. Ses Vicomtes, 275.398. Ses Euesques, v. Euesques.
Acie prise par le Roi Philippe II. accompagné de Raimond Roger Comte de Foix, 725
Adelais Comtesse de Carcassonne fille de la maison de Pons en Saintonge, 696
Adelais Dame de Bearn, 290
Adour riuiere. Son emboucheure, 28
Agramond ou Gramont maison illustre, 400. Chasteau d'Agremont pris par l'Anglois, 587. Ligue de cette maison auec le Seigneur de Bearn, 598
Aighinam Duc des Vascons, 108.115
Alains, & autres peuples Septentrionaux en Italie, Gaule, & Espagne, 57.58. Furent défaicts en Espagne, 61
l'Albigeois mis dans l'Aquitaine, au lieu du Viuarez, 7
les Albigeois, & origine de leur heresie, 727.728. condamnés aux Synodes de Tours, & de Latran, 509. La varieté des noms qu'on leur a donné, & d'où vient celui d'Albigeois, ibid. & 728.729.
Aliance entre Charlemagne, & Alfonse Roi des Asturies, 157
Aliance de l'Anglois & du Castillan, 599.600
Aliance de Gaston VII. auec le Comte de Geneue, 647
Almodis la Comtesse auoit trois maris viuans à la fois, 700. estoit de la maison des Comtes de la Marche, ibid.
Angela, Dame de Bearn, 276
Amand Duc des Vascons, 115
Amatus Euesque d'Oloron, 288.295.317.319.328. jusqu'à la p. 333. deuenu Archeuesque de Bourdeaux, 324. & Legat du S. Siege, 329
Amauri fils du Comte de Montfort, 751.753
Amendes, 344
Andoins poste de Artes depuis cinq cens ans, 452
Aner Loup Vicomte d'Oloron, 270

Antioche prise par Gaston, & les autres Croisés, 363
S. Antonin Martyr de Pamies en Foix, 707
Appel de Gaston en la Cour du Roi, 633.635
Aquitaine, troisiesme partie des Gaules. Ses limites. 2.8.9.12.15. Augmentée par Auguste de Quatorze peuples, ibid. Leurs noms, 6. Diuisée par Hadrian, 16. Donnée aux Goths par Constance, 61. Elle n'est pas separée de la Narbonnoise par la Garonne, 8.10. Et a esté erigée en Roiaume 118 L'Aquitaine premiere conquise par les Goths 64. Estenduë de l'Aquitaine sous Dagobert 116
Aquitains. Leur ancienne langue, & humeur, 23. Leur resistance contre les Romains. Subiuguées par Crassus, 33.34
Arabes. Ils entrent en Espagne, leur resolution, & leur succés, 133.134.135.136. entrent en la France, leur progrés, & défaite, 137.138.139.140.142. 227.228. leur défaite par les Chrestiens, 135
Aragon. Origine de ce Roiaume, 182. Ses armes, 187. 406. Le Roi d'Aragon défend les interests du Comte de Tolose, de Gaston de Bearn, & des autres alliés des Albigeois, depuis la p. 515. jusqu'à la 521.& 525. Le Roi d'Aragon assiege Muret, 527. y est défait & tué, ibid. & 743. Comtes d'Aragon, 180.181.182
Arcint, 124.125.222
Arles, ses qualités & préeminences, 59.60. Ancienne Inscription expliquée. *Mamiliaria*, ibid.
Armagnac. Ce Comté soumis à Nostre Dame d'Aux, 809
Armée du Roi de France commandée par le Comte de Montfort contre les Albigeois, 515.732
Armée du Roi d'Aragon, & ses alliés, ibid.
Armée de Guillaume de Moncade dans le Roussillon, 563.564
Armée de Castille en Nauarre, 643
Arnaud Duc de Gascogne, 195. défit les Nomans, ibid.
Arnaud Comte de Bigorre, 806
Arnaud Comte de Carcassonne, 695
Arnaud Aner Vicomte de Montaner, 359. ses enfans ibid.
Arnaud Nouelli Professeur du Droict, 655
Arsias Euesque de Gascogne, 285.286
Aspe. Vicaire ou Vignier d'Aspe, 553
Aspois tués par ceux de Laudan, 552
Assignation honorable de Gaston de Bearn, 637. Celle des Pairs, & des Patriarches, 637.638
Aster Vicomté, 925. Vni auec la maison de Gramont, ibid.

Cccc

Table des Matieres.

Afturiens, 87.88
Afturiens, & Galiciens défaicts par les Romains, 85
Aubertin. Fondation de l'Hospital de ce lieu, 420. 427
Aux, peuple different de celui d'Eufe, 22
Ayre. Sa situation,35. Ses noms, & son estenduë, 36. Ayre sous les Romains, & puis sous les Goths, 64. Le Code Theodosien a esté publié en cette ville. v. Code.
Aznar, ou *Azenarius* Comte des Gascons, 191. Il se rebelle contre le Duc, 192

B

Baigorri Vicomté, 189.191
Baretons. Traicté de cette Vallée, auec celle de Roncal. Les ceremonies obseruées en iurant leur paix, 554.555
Barons anciens de Bearn, 382. differents des douze Barons establis depuis, ibid. Nombre des Barons de Bearn, *depuis la* p. 539. *iusqu'à la* 546.
Baptesme s'administroit en Bearn en certains iours, 803
Basques, & Gascons, 130.152.361
Bataille de Curande gagnée par la valeur de Gaston contre les Mores, 410.416
Bataille gagnée par le Roi d'Aragon, & Gaston de Bearn contre le Roi de Castille, 672
Bataille d'Arincol ou d'Aranscuel perduë par les Mores par la valeur de Gaston, 417
Bataille gagnée sur les Sarasins, 149
Batailles gagnées par le Roi d'Aragon contre les Castillans, 407. 408
Bataille gagnée par les Barons d'Angleterre contre leur Roi, 612.615
Bayonne. Son nom ancien, & nouueau, 30.31. Erigée en Cité. L'Euesché, 31. Son estenduë & antiquité,14. 15. Bayonne assiegée par Alfonse Roi d'Aragon,423.Entreprise de Gaston de Bearn sur cette ville, 597
Bayonne seconde ville de Gascogne, 597. Sa description, ibid.
Bazas. Ses nom, territoire, & estenduë, 38.39
Bearn vne Cité de la Nouempopulanie. Son nom dans les anciens Auteurs,43.Sa description,*depuis la* 251. *iusqu'à la* 257. Son estenduë, 51. 354. Ne se rendit qu'à Cesar, 43. Gouuernement du Bearn sous les Romains, 56.57.59.Ce païs conquesté par Clouis, 69 Possedé par les Rois de France,76.77. 78 79.81 82 83. 104.154.182. Le Bearn sous les Ducs de Gascogne,258.259.Sous Bernard Duc & Comte des Gascons,231. Compris dans le Duché des Vascons, 107. 109. Separé des autres Estats, 558. Joinct au Comté de Foix,791. Le premier Vicomte de Bearn fut vn fils de Loup Centulle Duc de Gascogne, 263. Inuesti du Vicomté par Louis le Debonaire. En quel temps, ibid. Les Vicomtes de Bearn ont esté appellés Comtes,289. 290. Les Vicomtes de Bearn precedoient en dignité les Comtes de Bigorre,500.501.Le Bearn ne releue du Roi de France, ni de celui d'Angleterre, 601. Ne releue point d'Aragon, 326. 327. Le Vicomté de Bearn successif, 337. Saccagé par les Mores, 141. Droict de batre monoye acquis aux Seigneurs de Bearn. v. Monoye.
Bearnois peuple originaire, 50. Leur valeur 363. Ils furent rebelles à la Vicomtesse Marie, à cause de l'homage qu'elle fit au Roi d'Aragon, 470.484. A quels armemens sont obligés les Bearnois, 352.

351. Ils élisent pour leurs Seigneurs & massacrent deux Caualiers,485. Assiegent Saragosse. v. Saragosse.
Beatrix seconde femme de Gaston VII. 646. 647. Auoit espousé en premieres nopces le Dauphin de Viennois, 646
Beatrix Comtesse de Bigorre, 811. femme de Centulle Vicomte de Bearn,ibid.Gouuerna ce Comté apres le decés de son mari, 812
Beatrix Comtesse de Bigorre, 817. Espousa Pierre Vicomte de Marsan, ibid.
Benac. Seigneurs de ceste maison, 810
Berengarins,& son heresie, 378
Berleger ou Berenger Duc de Gascogne, 249
Bernard Guillaume Duc de Gascogne,230. Fait regler le monastere de la Reole sur Garonne, 230. 231.Chastia les meurtriers d'Abbo Abbé de Fleury,231.Exerçoit Iurisdiction en Bearn, ibid. Donnoit aux Eglises,232 Son decés, ibid.
Bernard premier Comte de Foix,707.710. Son apanage, 713. Fut liberal en faueur de l'Abbaye de Foix, ibid. Son decés, 717
Bernard Comte de Bigorre,807.Il eut dispute auec Dodon de Benac, 810
Bernard II. Comte de Bigorre,813. Fit compiler les Coustumes du païs, ibid.
Bernard Roger Comte de Bigorre.8e 6.Sa femme la Comtesse Garsende, ibid. Il maria sa fille auec le Roi d'Aragon, ibid.
Bernard Comte de Comenges auoit trois femmes en vie à mesme temps, 497
Bernard Aton Vicomte de Carcassone, 701.703 Fit deux testamens, 703.Sa fin,n.4. & ses enfans,704
Bernard Comte de Tolose pouruen du Comté de Carcassone, 695
Bernard Vicomte de Montaner, 359
Biafore, 403
Bigorra, 40
Bigorre, 40.818. Sa description, 779. 800.801. Le Comté de Bigorre donné en dot à Gaston de Moncade, 493. Possedé par Constance fille de Gaston,664.Sousmis à Nostre Dame du Puy,809 De qui il a releué 326 Il tombe en quenoüille,695 Le Comté de Bigorre contesté, & par qui, 834. 835 836. 842. Il est secouru,838. 839.840. 841. Donné en apanage à Charles le Bel, 842. Rendu à Iean Comte de Foix, 843. Feux de ce Comté, 843.844 845
Biotenates, 265
Blaye, située en la coste Antorique,5.258. lieu des Conferences des Ducs de Guyenne & de Gascogne, ibid. origine de son Comté,
Boiates, 30
Boso de Mastas mari de Stephanie Comtesse de Bigorre, 224. accordé des priuileges à la ville de Vic,825. Fait guerre pour ses droicts de Comenge,ibid & 816.Son sceau, ibid.& 827
Boulgres,ou Bulgares, 728
Bourdeaux, 19.192. Metropole de la seconde Aquitaine, 6. Premiere Cité de Gascogne, 192. Siege des Ducs, 205. Sa ruine 24. Etymologie de son nom, 5
Bourdelois vn des Quatorze peuples de l'Aquitaine 3.6. Ne sont pas Colonie de Berri, 4
Bourges pretend la Primauté sur toute l'Aquitaine, 4
Boyens. Leur territoir abondant en Pins. Leur estenduë, & situation, 30
Burgund nom Gascon, 129

Table des Matieres.

C

CAdeillon. Chasteau de Cadeillon, 669 les Cagots ou Capots, & leur origine, 71.72. 73.74.75. Soupçons de Ladrerie, ibid.
Calahorre ville des Gascons, 96
Calatyub ville d'Aragon, 415
Came. Fondation de ce village, 534.535
Canon du Concile de Clermont expliqué, 378
Cantabres. Leur estenduë, & reputation, *depuis la p.85.iusqu'à la 94*. Subiugués par les François, 102. Cantabres nom de ligue, aussi bien que de nation, 85.86
Carcassone, 694 Recommandée par sa forteresse, assiegée en vain deux fois par les François, ibid. & 695. Ses Comtes & Vicomtes. v. Comtes. Cruauté exercée contre les habitans de cette ville. v. Cruauté.
Castille Comté, & puis Royaume, 100. Ses Comtes, ibid. & 201
Catalans. Leur rebellion, 158
Catalogne distribuée, 473. 474. Vn Caualier de Catalogne éleu pour Seigneur de Bearn, suiuant la Preface du For, 485
Catholiques persecutés par Euarix Arien, 65
Camaileros de Honor, 413
Cauers, 547
Cautions. Et que signifie l'argent qu'on leur donne par contract, 448
Cauterés vallée, & ses bains, 803
Centulle I. Vicomte de Bearn, 264. Entendu au mestier de la guerre. Défit les Mores sous Sance Abatcaroi de Nauarre. Recõpésé par ce prince, ib.
Centulle Gaston Vicomte de Bearn, 166. Fauorisa la Fondation du monastere de la Reole en Bearn, 266.267. Fit des donations à ce monastere. ibid. liberalité à d'autres Eglises. 268
Centulle III. Vicomte de Bearn, 233. Rend iustice, 274. Fit la guerre aux Sarasins sous Sance le Grand, ibid. Receut de lui la souueraineté de Bearn, & l'affermit, 274.275. Il eut guerre auec le Vicomte d'Acqs, 275. Il pretend au Duché de Gascogne. 275.276. Son decés, 281.283.288
Centulle IV. Vicomte de Bearn, 291. Fit accord perpetuel auec le Vicomte de Soule, & sous quelles conditions, 292.293. Doué de rares qualités, 295. Marié auec vne sienne parente, ibid. Il la quita, 299. Fonda & dota l'Eglise Saincte Foi de Morlas, ibid, & 308. Espousa Beatrix Comtesse de Bigorre, 312. Rebastit la ville d'Oloron, 313. Restablit l'Eglise Cathedrale au bourg de Saincte Marie, ibid. Fit des Loix, & se reserua la verte de ses vins, 315. Entra hostilement dans Mixe, & y fut défait, 319. Donna aux Eglises, 321.322. Fut tué par son hoste, 325
Centulle V. Vicomte de Bearn, 429. Fait liberalité au monastere de S. Pé, 431. 432. & au Monastere de Saubalade, 433 Contribuë à la prise de la ville de Mequinença, 435. Est tué au siege de Fraga, 436.437.
Centulle II. Comte de Bigorre, 814. Fit homage au Roi d'Aragon, 815. Il eut dispute auec le Seigneur d'Aure, & le Comte de Comenge, 816. Receut homage du Seigneur d'Aure, 816 817.
Centulle III. Comte de Bigorre, 820. Nommé Seigneur du Quarton de Saragosse, ibid. Fut liberal en faueur du monastere de S. Seuer, 821. bastit le chasteau de Bidalos, ibid.
Centulle premier Abbé de la Reole en Bearn, 167
Champ de Mars interpreté, 121
Chanoines & signification de ce mot, 333

Charles Martel donna du bien de l'Eglise aux gens de guerre, 122. Sa damnation fabuleuse, ibid.
Charles Prince de Salerne prisonnier, & sa deliurance, 667.668
Charte du Tresor de Pau supposée, 175
Chasteau de Saut, 606
Chasteau de Cadeillon, 669
Chasteau d'Escurés, 583
Chasteau d'Ortés, 583.584
Cheualerie du S. Sepulchre, 415.416
Chrestiens d'Espagne retirés dans les montagnes, 134. Ne forment point des Royaumes dans les Asturies, ni en Nauarre, ou Sobrarbe, incontinent aprés l'entrée des Sarasins, 146. 147. fauorisés par les Mores. v. Iuzzif.
S. Christine, Hospital, 425.426
Cité, & Peuple signifient mesme chose, 6
Cités Armoriques, 5
Cités de la Prouince Narbonoise, 680.681
Cocosates, 38
Code Theodosien publié dans Ayre, 66.276.342
Combat de Gaston IV. Vicõte de Bearn, cõtre Nauarrus Vicomte d'Acqs, & le succés, 399.400.
Combat de Gaston prés d'Ascalone, 371
Combat de Gaston deuant Antioche, 364
Combat de Gaston au siege de Nicée, 363
Combat de Roger IV. Comte Foix, 769
Combat fabuleux de Raimond Roger contre vn Turc, 725
Combats de Roger Bernard Comte de Foix, 738
Combat de Muret, & la notable défaicte du Roi d'Aragon, & ses alliés, 527.543
Cõbat gagné par les Gascons cõtre les Sarasins, 228
Combat entre les Gascons & Anglois, 592
Combat du Roi d'Aragon contre les Mores, 405. 406. 407.
Combat naual deuant Naples, 667
Combat entre les Mores & Arabes, 143.144.145
Combats gagnés par les Mores, 436.437
Comenge Cité d'Aquitaine, 8. Ses diuers noms, 34. 37. Ruineé par les François, 37. Rebastie par S. Bertrãd son Euesque, de qui elle a pris son nom, ibid.
Comingeois subiugués par Pompée, 34
Communion sous vne seule espece, & son origine, *depuis la 377. iusqu'à la 380*
Communion necessaire en certaines festes & lieux, 803.804.
Comte. Signification de ce mot, 198
Comté des Vascons ou Gascons, 117. Il comprenoit le Bearn, 210.221.222
le Comte de Barcelone possedoit le Bearn comme Protecteur, 463.464
le Comté de Coserans. v. Coserans.
le Comté de Tolose. v. Tolose.
Comtes d'Aquitaine establis auät Charlemagne, 119
Comtés de Languedoc, *depuis la p.679. iusqu'à la 691*
Comtes & Côté de Razés, *depuis la 697. iusqu'à la 705*
Comtes d'Aragon. v. Aragon.
Comtes de Castille. v. Castille.
Comtes & Comté de Melgueil, 691.692
Concile d'Agde sous Alaric, 67. où assistoient les Euesques de la Nouempopulanie, ibid. Sommaire de ses Canons, 67. & 68
Concile de Mascon sous Gontran, où assistoient les Euesques de Bearn, 80. Canõs de ce Cõcile, 80. 81.
Concile de Lauaur, 518.521.522.523
Concile de Poictiers, 318
Concurrents ou Reguliers, 461
Conseil Souuerain de Bearn substitué à la Cour Maiour, 543

Ccc ij

Table des Matieres.

Constance fille aisnée de Gaston de Bearn espouse diuers maris, 609.610.612. Articles de son mariage auec Henri d'Allemagne, & auec l'Infant Emanuel, 613. 614. 615. Possede le Comté de Bigorre, 664. & dispose de ses terres, 664.665
Consul. Signification de ce nom, 198.199.201
Contracts Antichrestiques ou pignoratifs, 453.454
Cor de guerre de Gaston 1 v. Vicomte de Bearn, 423
Cordoüe siege Royal des Arabes, 134
Correction d'vn priuilege daté à S. Sernin. 666.667
Coserans Cité d'Aquitaine, 8.9. Aujourd'hui S Lezer, 37. Ses peuples vaincus par Pompée, 34. Le Comté de Coserans reduit en Vicomté, 711
Cossio, 38
Cour *Maiour*, 315. 348. 541. 542. L'ordre obserué en sa tenue, ibid. Souueraineté de cette Cour, 349. Et la suppression, 543
Cour de Gascogne à S. Seuer, 636
Cours de Bearn, 348.349
Course de l'Anglois dans les terres de Gaston vii. 640.
Couronnement du Roi à l'ouuerture du Parlement, 714.715
Couronnement de Hugues & Robert son fils, 226
Coustumes. Origine des Coustumes des Prouinces, depuis la p. 335. jusqu'à la 349. Coustumes de Bigorre, 813.814
Croisades en France, 515.731.732.739.740.751.754
Croix escrites au bas des actes publics, 429.430.431
S. Croix de Bourdeaux. Ce monastere restabli, 205
Cruauté exercée contre les habitans de Carcassonne, 702
Cteseu General des Arabes. Equinoque d'Isidore, 145
Curateurs de Gaston vii. Seigneur de Bearn, 579

D

Damnum, & sa signification, 373
Dapifer. Quel est son office, 473
Dat Vicomte de Montaner, 358
Dates restablis, 232.231.278.279. 280. 286.287.288. 413.444.460.462.517.708.709.819
Dato Donat Comte de Bigorre, 801
Decime & None, 123.124
Defi, 394.393
Défi de Gaston vii. Vicomte de Bearn, contre Edouard Roi d'Angleterre, 640
Den du Comte de Foix donné au Comte de Tolose, 763
Défi des Rois de Castille & d'Aragon, 671
Le Degast est appellé combat de femmes par les Gascons, 597
Degrés de parenté & alliance diuersement entendus, 296.297
Desordre au Royaume d'Aragon, 561.563
Dismes inseodées, 122.123.124.115. Ne pouuoient estre alienées par les Laïques sans la permission du Seigneur, 532. Priuilege de l'Eglise d'Oloron touchant l'esquisition des Dismes, 531.532
Disme de bestail, 452
Diuisio, & sa signification, 373. 449
Domengers, 546.547
Don du matin, 77. 78
Donation du Bearn en faueur de la Comtesse de Foix, 659.660
Donations faictes à l'Eglise de Lascar, 112.113.246. 268. 270. 322. 372. 375.376. 381. 382. 383.446.447.449. 450.452. 453.
Donations faictes à l'Eglise d'Oloron, 519. 521. La ville de S. Marie lui a esté donnée, 519

Donations au Monastere de Luc, 270. 271. 273. 274. 402.
Donatus Lupi Comte de Bigorre, 802
Duc. Signification de ce mot, 198
Duché des Vascons, 107. Le Duché de Gascogne deuenu successif. Pretendu par Centulle III. Vicomte de Bearn, 276
Ducs de Gascogne differents de ceux d'Aquitaine, 115. Tributaires du Roi de France, 117
Ducs de Septimanie ou Marquis de Gothie, 693. 694. 685. 686. 687. 688. 689
Duel entre les Comtes de Foix & d'Armagnac, 793
Duels ordonnés, 281.290.322.323.400

E

Eglise de Nostre Dame *del Pilar*. La Fondation de son Chapitre par Gaston de Bearn, 423. 424
Election de deux Caualiers à la Seignerie de Bearn, & leur massacre, 485
Election de Gaston de Moncade par les Bearnois, 485. Et à quelle fin, 486
Elusa different de *Euso*, 25
Elusates restabli dans Ammian, 23
En & Na. Et leur explication, 630
Encausse Bourg de Comenge, 37
Encens, 377
Eneco Arista premier Roi de Nauarre, 160. 161. 162. Il estoit Comte de Bigorre auant son élection, 802 132. Ses armes, 163. 175. Son surnom. 163. 164. Sa valeur, 163. Il prit Pampelone sur les Sarasins, ibid.
Eneco II. Roi de Nauarre, 162. 173. Il enuoye ses Ambassadeurs à Charles le Chauue, 172
Ermengarde Comtesse de Carcassone, 700. Mariée à Trencauel, 669
Ermesende Comtesse de Carcassone mariée au Comte de Barcelone, 701
Escurés, 431. Son marché ibid. & son chasteau. v. Chasteau.
Espagne. Sa diuision. 91. 98. Conquise & butinée par les François. 101. 102. 152. 153. 157. Tributaire au Sainct Siege, 31 3 2. Le Roi d'Espagne, & celui de Castille le mesme, 652. 653
Espagnols meprisés par les Anglois, 600
Esperons de Gaston IIII. Vicomte de Bearn, 423
Espreuue de l'eau froide, du fer chaud & du Duel, 110. 219. 220 321.323.373. 400.425.449. 450.453.812
Esquiuat Comte de Bigorre, 828. Troublé en la possession de ce Comté par Gaston de Bearn, ibid. Se rend vassal du Roi d'Angleterre, ibid. Termina la guerre par sentence arbitrale contre Gaston de Bearn, 830. Succeda au Vicomté de Coserans, ibid. Il eut guerre contre Simon de Montfort, 831. Fit treue, ibid. & p. 832. Son testament & son decés, 832.833
Estats Generaux sous Charlemagne, 111
Euarix Roi des Goths entra dans l'Espagne par la Nauarre, 64
Eucharistie dans vne boëte suspendue, 519. Espanchee par les Routiers dans l'Eglise d'Oloron, ibid.
Eueché des Gascons, 221
Euesques de Lascar, 281. 285 287. 333. 356. 372. 381. 382. 399. 403. 420. 437. 451. 460. 470.
Euesques d Oloron, 67. 268. 295. 317. 319. 328. 333. 356. 329. 403. 420. 499.

Table des Matieres.

Euesques de Bigorre, 354.356.358
Euesques d'Acqs,29.317. 333.356.399. 404. 442.450
les Euesques de Lascar & Oloron n'estoient point des Douze Iurats ou Barons de Bearn, 540
les Euesques connoissent comme Arbitres des procés des Laics, 127
Euesques de la Nouempopulanie pourueus par Dagobert, 110
Euse Metropole de la Nouempopulanie,20.23.128. Sa ruine. Ses anciens Euesques. Son vnion auec l'Eglise d'Aux, 22. Retraicte des Priscillianistes, 16. Sçauoir si Ruffin estoit né dans cette ville, ibid.
Eustache de Beaumarchés Gouuerneur de Nauarre, 643. Assiegé dans le chasteau de Pampelone, 644

F

FAussété de Thomas de Walsingham touchant Gaston, 641.644
Feu miraculeusement esteint, 303
Feux de Bigorre, 843.844.845.
Filles de Gaston v 11. de Bearn, 792
Fleurs de lis qui reuerdissoient chasque année dans vne Eglise de Bigorre, 40
Flote Angloise, 594
Foi inuiolable enuers les Infideles, 368.369.
Foix & son territoire,706. 711.712. Origine de cette maison, 679. Foix Comté ; n'est point releué par les Comtes de Tolose,711. Independant en partie de ces Côtés,712. Et enfin ne releue que du Roi, 764
Fondation du monastere de la Reole en Bigorre,358
Fondation de l'Hospital de Mierhaget, 403
Fondation de l'Eglise de Nogarol, 277.278.279
Fondation du monastere de Marcimac, 301.302
Fonterabie, 13
For de Sobrarue, ou de Nauarre depuis la p. 165. iusqu'à la 170
For de Catalogne, 168
Fors ou Coustumes de Bearn, depuis la p.335. iusqu'à la 349. Compilés en vn volume, 335, puis reformés, 336
Fors des Vallées d'Aspe, & Baretons, 551 552
Fort de Muret pres d'Oirés, 339
Fort de Senanges pris par l'Anglois, 597
Fortaner de Lescun reçoit l'inuestiture de la ville de Sadoba en Nauarre, 581
Forton Aner Vicomte de Lauedan, 806
Fortunio Garces Roi de Nauarre, 173.175.178. Pris & detenu par les Mores. Se rendit Moine, 178.179
Forum Iliberi n'est pas Oloron, 53.54
Fourque lés Morlas, Palais des Seigneurs de Bearn, 310.311. 45.
France. Maison de France diuisée, 158. 160. Soldats de France recompensés en Espagne, 412
Francio Duc des Can'abres, 102
Froissart. Veuue de cét Auteur, 650.651

G

GAbas, & son Hospital, 417
G. Galactou Euesque de Bearn ou de Lascar assista au Synode d'Agde,67. Martyrisé par les Ariens, 44.69
Galactour Comte de Bourdeaux, 83,105
Galesuinte & sa mort, 78
Galice augmentée,92.93. Ses deux Metropoles, 93. Son peuple chastié, 149
Galiciens & Asturiens défaits par les Romains, 85
Garsende niece de Gaston v 11. Regente de Bearn, 579. Et des terres de Catalogne, 608. Nommée Comtesse de Bearn, 578. Inuestit de Garos le Vicomte de Louuigner, 579
Garsias Semenonis Roi de Nauarre, 173

Garsias Sance Duc de Gascogne, 204
Garsie Arnaud Comte de Bigorre, 806
Garsie Fort Vicomte de Lauedan, ibid.
Gascogne,113.114.115. Sous Pepin,116. Sous Charlemagne ibid.& 117.127. Gouuernée par les Lois de ce Prince, pour le regard de la iurisdiction des Euesques,127. La Gascogne sous Louïs Roi d'Aquitaine,128. Distribuée en Comtés, 119. Diuisée en apanages,204. N'a pas esté possedée par Sance Roi de Nauarre, depuis la p. 240. iusqu'à la 244. Duché de Gascogne deuenu successif,199. Et enfin incorporé dans la maison de Poictiers, 250. 279. La Gascogne donnée en dot au Roi de Castille par le Roi d'Angleterre, 506. Elle abiure l'heresie des Albigeois, 514
Gascons,& Basques,130. Les Gascons rebelles,& punis de leur rebellion.128.129. Taillés en pieces par les Sarasins d'Espagne, 157. Ramenés au deuoir par l'Anglois,590. Accusent le Comte de Licestre, 590. Il se iustifie, ibid. & 591. Se rebellent contre l'Anglois,593. Furent appellés les Gastonois, 596. Combatans sous Edoüard d'Angleterre défirent & tuerent Simon Comte de Montfort, 612
Gaston Centulle Vicomte de Bearn, 266
Gaston 111. Vicôte de Bearn,290. Rend iustice, ibid.
Gaston 1v. Vicomte de Bearn,334. Liberal en faueur des Eglises.335.336. Entreprit le voyage de la terre Saincte,340. Son surnom corrompu chés les Auteurs,360.361. Mena auec lui son fils Centulle,361. Arriue à Constantinople, 362. Combatit vaillamment deuant Nicée,363. Contribua à la prise d'Antioche,ibid. Commanda le sixiesme bataillon de l'armée Croisée,& vainquit les Persans, 364. Se retire en la ville d'Edesse,366. Va reconnoistre la ville de Rama,& s'en rendit maistre, 366. Entre le premier au territoire de Ierusalem, ibid. & 367. Se retire auec grand butin.ibid. Dresse les engins de baterie deuant Ierusalem, ibid. Entre dedans par assaut. Donne la vie à ceux qui s'estoient retirés sur le haut du Temple, 368. Il fit de grands exploicts en la bataille d'Ascalone, 371. S'en retourna en France par Constantinople, 372. Estant de retour en Bearn fit des liberalités à l'Eglise de Lascar,373.376. Y fit establir des Chanoines Reguliers de S. Augustin, 371. 373. Fonda vn Hospital à Lascar,374. Le dota, ibid. Donna au Prieuré de Morlas, 384. 385. Il estoit vn des Pairs de la Cour de Gascogne,385. Il iura la paix & trefue de Dieu, 396. Défit & tua Nauarrus Vicôte d'Acqs 399. Se rendit maistre de ce Vicomté,ibid. Conquesta le Vicôté de Soule, 402. Fonda l'Hospital de Miehaget, 403. Assiegea Saragosse,& la prit, 409. 410. Il fut Seigneur & Ricombre de Saragosse,413. Et le premier d'Aragon, 414. 415. Prit plusieurs villes auec Alfonse Roi d'Aragon, ibid. Est visité dans Morlas par ce Roi, 417. Défait onze Rois ibid. Continua ses exploicts dans l'Espagne, 418. Fonde l'Abbaye de Saubalade, 419. l'Hospital d'Aubertin, 420. Assiste au siege de Bayonne, 423. Fonde le Chapitre de Nostre Dame del Pilar, ibid. Est tué par les Mores, ibid. Il estoit Fondateur, ou bien restaurateur du monastere de Saincte Christine,425.E t de l'Hospital de Gabas, 427
Gaston v. Vicomte de Bearn, 462. Succeda à son pere Pierre, ibid. & 463. Eut pour Tuteur en son bas âge le Comte de Barcelone. 463. 464. Fut pourueu de la Ricombrie de Fraga, 465. Son mariage, & son decés sans enfans, ibid.
Gaston v 1. Vicomte de Bearn eleu par les Bearnois p.486. Fils de la Vicomtesse Marie, 488. Gouuer-

Table des Matieres.

na sous vn tuteur pendant sa ieunesse ibid. Fit homage au Roi d'Aragon, 490. Se maria auec la Comtesse de Bigorre, 493.499. Receut en dot le Comté de Bigorre, ibid. Fit homage de ce Comté 494. Prit le titre de Comte de Bigorre, 500 Fonda le Prieuré de Pleixac. ibid. Donna les fours d'Ortés au Monastere de Saubalade, 503. Reprit la ville d'Ortés sur le Vicomte de Tarras, 501. Traicta auec lui, ibid. Fut surnommé Gaston le Bon, 504. 5 5. bastit le village de Came. v. Came. Assiegea le chasteau de Miramont, 505. Fit la guerre au Roi d'Angleterre pour celui de Castille, 506. Fut enueloppé dans la guerre des Albigeois, 508. Protegé contre les Croisés par le Roi d'Aragon, 515. N'est point accusé d'heresie, 519. Se sousmet au Roi d'Aragon pour obeïr à l'Eglise, 521. Enuoye des troupes au siege de Muret, 527 Il n'y alla pas en personne, 528. Fut absous de l'excommunication, 529. 530. Fit des liberalités aux Eglises, 529. 530. 531. Son decés, 533.

Gaston V I I. Vicomte de Bearn, 578. Assista au partage de la conqueste de Maiorque par le moyen de ses curateurs, 579. Fit guerre contre l'Anglois, 581. 587. 602. Fut pris par luy deux fois, 587. 631. Et relasché, 588. 631. Bastit le chasteau d'Ortés, 583. 584. Se rendit Chef des Gascons contre l'Anglois, 584. 593 Fit treue apres quelques combats, 586. Arresta vn traicté auec l'Anglois, 599. Fut excommunié 594. Fit ligue auec le Roi de Castille, 596. Entreprit sur Bayonne, 597. Donna pension au Seigneur de Gramont, 598. Fut fait Cheualier par le Roi de Castille, 600. Fit guerre à Esquiuat Comte de Bigorre, & s'accorda auec lui, 603. 604. Eut guerre contre diuers Princes, 618. 619. Le Seau de ses armes 614. 615. 656. 658. Fit vœu pour le voyage d'Outremer 627. 628. Apella au Roi de France de la violence de l'Anglois, 632. 635. 639. Fut assigné à la Cour de Gascogne 637. 638. Assiegé par l'Anglois, 638. Fit leuer le siege 639. Accusa Edoüard de trahison, 640. Le defia, ibid. Secourut Pampelone, 644. Fit alliance auec le Comte de Geneue, 647. Fut arbitre nommé par le Roi d'Angleterre, 648. Et son Lieutenant pour le secours du Roi de Castille, 648. 649. Donna le Bearn à Marguerite sa fille, 519. 560. Prit possession du Comté de Bigorre auec sa fille Constance, 833. 834. Gagna vne bataille auec le Roi d'Aragon, 672. Fit testament, 673. Sa mort, & son Epitaphe, 678

Gauardan, 796. 797
Gauarret. Chasteau de Gauarret, 798. Prieuré de Gauarret, & sa fondation, 441. Vicomtés de Gauarret, ibid.
Gaue Bearnois, & celui d'Oloron, 51
Genealogie des vrais Rois de Nauarre, 162. 163. 217. 173. 174 1-8 179. 184.
Genealogie des Ducs de Gascogne depuis la p. 203. iusqu'à la 276.
Genealogie & succession des Seigneurs de Bearn, 263. 164 266. 167. 290. 291. 334. 337. 429. 440. 441. 462. 466. 486. 524. 560. 561. 577.
Genialis Dux Vasconum, 106. 107. 115
S. Gerons endura martyre dans le bourg qui porte son nom, 57
Gibaltar. D'où vient ce nom, 133
Gisla femme de Centulle 1 v. Vicomte de Bearn rendue Religieuse, 301. 302. 303
Gombaut Euesque & Duc de Gascogne, 209. 210. 221. 222. 225. Dota le Monastere de la Reole, 209

Goths. Ils entrent en Italie, Gaule, & Espagne, 57. 58. Leur progrés en Languedoc, & Espagne, 63. 64. Et en Prouence, 65. Les Goths d'Italie donnent aux François quelques Prouinces, 68. Le Royaume Gotthique, ou de Narbonne demeura aux Rois Goths d'Espagne. Conquis par Charles Martel, 68
Gramont. V. Agramont.
Grat Euesque d'Oloron. Il assista au Concile d'Agde, 67
Guerre de Gaston v I I. contre l'Anglois, 581. Continuée, & renouuellée, 587. 588. Guerres du mesme Gaston contre diuers Princes, 618. 619
Guerre de Roger Bernard Comte de Foix contre le Comte de Cerdanhe, 760
Guerre de Foix, & d'Armagnac, 794. 798. Origine de cette guerre, 792
Guerre du Comté d'Armagnac, 622. 623
Guerre declarée par le Roi, contre celui de Castille, 643
Guerre entre le Roi de France & d'Angleterre, 789
Guerre des Aragonois en Lauedan, 811. 812
Guerres de Roger I v. 771
Gui Euesque de Lascar, 446. Bearnois, ibid. Donne aux Eglises, ibid. & 447. 448. Excommunie les vsurpateurs du bien de l'Eglise, 450. Transige auec l'Abbé de Clugny, 458. Fit pauer l'Eglise de Lascar en marqueterie, 459. Ses armes ibid. Son decés, son sepulchre, & son Epitaphe, 459. 460
Gui de Montfort meurtrier de Henri d'Alemagne, 619

H

Henri d'Alemagne assassiné par Gui de Montfort, 629
Henri Roi d'Angleterre passe en Gascogne, 594
Henri Moine compagnon de Pierre Bruis auteur des Albigeois, 508. 729
Homage. Examen de l'homage du Bearn rendu par Gaston de Moncade au Roi d Aragon, 490. 491. 492
Homage de Foix, 712
Homage fait au Comte de Foix, 716
Homage du Comté de Bigorre disputé, & iugé, 836 837. 838
Homage de Bigorre transporté à l'Anglois, 828
Homage du Seigneur d'Aure au Comté de Bigorre, 816 817
Homages de plusieurs façons, 470
Hospital de Miethaget. Sa fondation, 403
Hospital d'Aubertin. v. Aubertin.
Hospital de Gabas v. Gabas.
Hospital de Saincte Christine. v. S. Christine.
Hospital de Lascar. v. Lascar.
Hostelleries d'Espagne, 599

I

S. Iean de la Penna. Fondation de ce Monastere, 174
S. Iean de la Castelle, Monastere, 279. Son restablissement, 819
Ierusalem. Son siege, & sa prise par Gaston I v. & les autres Croisés, 367. 368. 370. Godefroi de Bouillon Roi de cette ville, ibid.
Indulgences, 331
Indulgences en faueur des morts, 630. 631
Indulgence en faueur de la guerre contre les Albigeois, 513

Table des Matieres.

Iniustice du traicté d'Alfonse Roi d'Aragon auec Gaston Vicomte de Bearn, 495
Inscription grauée sur *Pena d'Escot*. v. *Pena d'Escot*.
Interdit ietté sur la terre de Lauedan. Et son effect, 552
Interpretation du date *Regnant Iesu-Christ*, 714
Inuasion des Vicomtes de Tartas sur les Seigneurs de Bearn, 502.503
Inuestitures d'Euesques, 404.458
Inuestitures des biens Ecclesiastiques, 123
S. Iulian premier Euesque de Lascar. Establit dans le Bearn la Religion Chrestienne, 69.70
Iurats de la Cour *Maiour*. Leur establissement, 536. 537. Ils ont pris le nom de Barons, 544
le Iustice d'Aragon, 169.170.171
Iuzzif More fait Roi d'Espagne, 145. Fauorise les Chrestiens, ibid.

L

Labour, 14.15
Ladrerie imputée à plusieurs nations, 73
Laictoure. Son nom, & territoire, 39.40
Languedoc, ou Langue de Oc, ou Septimanie, ou Gothie, 684. Ses Comtés. v. Comtés.
Lapurdum pour Baione. Païs de Labourd, 31
Lascar. C'est l'ancienne Cité de Bearn, *depuis la p. 44. iusqu'à la 50*. D'où vient le nom de Lascar, 45. Restablissement de son Euesché, 212.213. Dotation 246. Fondation & dotation de l'Hospital de cette ville, 374. Le Pont de Lascar ruiné, 374. Euesques de Lascar. v. Euesques.
Lauaur assiegée, & prise, 735. Assiegée par Simon Comte de Montfort. Et le siege leué, 736
Lebrit, ou Lebret, ou Albret. Seigneurs de cette maison, 607
Legats, 329
Legats du Pape contre les Albigeois, & Routiers, 513.514.729
S. Leon Euesque de Bayonne, 31
Leontius Euesque de Treues natif d'Aquitaine, 69.70
Ligue du Seigneur d'Agramont, ou Gramont, auec Gaston Seigneur de Bearn, 598
Ligue entre le Roi de Castille & le Seigneur de Bearn, 596
Loi Salique exclut la femelle en faueur du masle, 341.
Loi Romaine pour le iugement des affaires Ecclesiastiques de France, 66.341
Loi du Code abrogée par la Cour du Roi, 774
Lois Gothiques, 66
Lope Dias de Haro Seigneur de Biscaye, 670.671
Louis VIII. Roi de France auec ses Croisés succede au Comte de Montfort contre les Albigeois, 754. Son succés, 755
Loïs Roi d'Aquitaine habillé à la mode des Gascons, 128
Louïs Comte de Bigorre, 806
Loup éleu Duc des Vascons, 113.115.116.152. Se rebelle contre Ebroin Maire du Palais, 113. Augmenta son Duché, ibid.
Loup II. Duc des Vascons, 115.116. promit fidelité à Charlemagne, 117. lui paya tribut, ibid.
Loup Centulle Duc de Gascogne défait, reuolté, & bani, 129
Loup Aner Vicomte d'Oloron, 271
Loudie. Son siege fabuleux, 808
Lupus Donati Comte de Bigorre, 802
Luxe maison de Basse Nauarre, 400

M

Maiesque, 315.316
Manichéens en France, 238.239.728
Marane. Origine de ce mot, 137
Marche d'Espagne. Charlemagne y establit des Comtes, 153.154
Marsil Moine Inuenteur des Rois supposés de Nauarre, 174
Marguerite Comtesse de Foix heritiere de Bearn, 653.654. Emancipée par Gaston, 655.656
Mariage de Marie Vicomtesse de Bearn auec Guillaume de Moncade, 482.485
Mariage en degré prohibé, 295.296
Marie Vicomtesse de Bearn, 466. Fait homage de ses terres au Roi d'Aragon, ibid. & 467.468. Se maria auec Guillaume de Moncade, 471.473. 481.482.483. Reueuë des Historiens sur le sujet de ce Mariage, 481
Marie consent à l'élection de son fils, 486
S. Marie ville de Bearn. Donnée à l'Eglise d'Oloron, 529
Marquis, 130
Marquis de Gothie, ou Ducs de Septimanie, 693. 694
Marsan Vicomté, 818
Massacre de tous les habitans de Beziers, 704
Massacre des François dans la Sicile, 667
Mate ou Amate femme de Gaston VII. 629. 630. Fait vœu pour le voyage d'Outremer, 627.628. Son nom diuersement escrit, 629. 630. Fit testament, ibid. Voyage d'Edouard Roi d'Angleterre en Gascogne, 631
Metropole d'Aix. Elle dépendoit de celle d'Arles, 128
Metropole de Narbonne. Elle dépendoit de celle de Bourges, 128
Metropoles & Eueschés formés sur l'Estat de l'Empire, 21
les Metropoles nouuelles défendües, 22
Miniue Riuiere d'Espagne, & sa source, 88
Miracles dans l'Eglise de Lassu ou Sainct Pé, 455
Mitapeix. Le Seigneur de ce lieu, 540.541
Mixe, 400
Moines armés, 227.228.231
Moines de Lascar faicts Chanoines Reguliers de Sainct Augustin, 373
Moncade. Maison & Seigneurs de Moncade, *depuis la p. 472. iusqu'à la 486*. Debat & accord du Seigneur de Moncade auec le Comte de Barcelone, 475.476. Don fait au Seigneur de Moncade, 477
Monein, 530
Monoye de Morlas. v. Morlas. Droict de batre monoye acquis aux Seigneurs de Bearn, 307. 308.309.310 352.
Montaner Vicomté, 357.358. 359. Et ses Vicomtes, ibid.
Mont de Marsan. Fondation de cette ville, 818.819. Religieuses du Mont de Marsan, & leur fondation, 616.617
Montgranier Fort pres de Foix. Assiegé, & pris par le Comte de Montfort, 747.748.749
Mores. Ils ont saccagé le Bearn, 141
Morlas. Son etymologie fausse, 269. Monoye de Morlas, 306.307.308.310. A la presidence du Tiers Estat, 44. Franchise de cette ville, 385. Tournois dans Morlas, 384. Fondation de l'Eglise Saincte Foy de Morlas, 293

Table des Matieres.

Munine du sang des Goths, & non des Rois de Nauarre, 150.176

N

Nai ville de Bearn, 427. Sa fondation, ibid. La terre de Nai achetée par les Clercs de Saincte Christine, 427.
Naples en Palestine renduë à Gaston IV. & autres Croisés, 370
Nauarre. Origine du Royaume de Nauarre, 160. En quel temps, ibid. & 161.163. En quel lieu 165. La Nauarre diuisée de l'Aragon, 439. Genealogie des vrais Rois de Nauarre, 162.163.172. 173.174. 178.179. 184. Six Rois de Nauarre, ou Sobrarue fabuleux, 160.161.162. & depuis la p.172. iusqu'à la 180. Interregne de ce Royaume supposé, 179.180. Ses armes, 187.188
la Nauarre sous les François, 184.185. Les noms des Anciens Rois de Nauarre sont Gascons ou Aquitaniques, 173
Nauarrois Chrestiens, 156
Noms de diuers Seigneurs & Gentils-hommes de Gascogne & de Bearn, 232. 246. 272.282.356.374. 381. 382. 383. 396 403. 404. 417. 427. 432. 440. 444. 447. 450. 452. 453. 454. 463. 464. 505. 533. 542. 656. 657.678
Noms des Ducs d'Aquitaine, 115.116
Noms Patronymiques en Gascogne & Espagne, 207 208.266
Neuf peuples diuersement expliqués, 18.19. Quels ils sont, & leurs noms, 20
Nicée prise par Gaston IV. & les autres Croisés, 363
None & Decime, 123.124
Normans. Sous ce nom plusieurs peuples compris. D'où vient ce nom,196.197. Leur défaite,197.216. 217 Stratageme des Normans, 217. Ils ruinent la France, & batent les François, 192.193. Ils ruinent la Gascogne, 191. 193. 195. Ils sont batus, ibid.
Nouempopulanie. Elle comprenoit douze Cités, Leurs noms,18. Vne partie de la Nouempopulanie accordée aux Goths, 62

O

Odo Comte de Poictiers,& Duc de Gascogne, 149. Son décés, 250
Odo Vicomte de Montaner, 359
Odo de Dengui, 383
Ocaso, ville & Promontoire, & sa situation, 13
Office Gotthique substitué au Romain, 168
Oloron, Son nom diuersement escrit, 52.53
Oloron ne se rendit qu'à Cesar, 43. Sa ruine, & son restablissement, 53. 313. 314. 315. Son assiete propre pour le commerce auec l'Espagne, ibid. Son Eglise Cathedrale rebastie dans le bourg de Saincte Marie, ibid. Priuilege de l'Eglise d'Oloron touchant l'acquisition des Disnes, 531.532. Vicomtes d'Oloron, 270. 271
Ordea ou Orde, 500
Ortés. N'est pas la Cité de Bearn. Son territoire conquis sur les Vicomtes d'Acqs, par Gaston IV. Vicomte de Bearn, 45.46
Ortés repris par Gaston de Moncade sur les Vicomtes de Tartas, 503. N'est pas forcé par Alfonse Roi de Castille, 506. Bastiment du chasteau d'Ortés, 583.584
Otto Dat Vicomte de Montaner. 358. Fonda & dota le monastere de la Reole en Bigorre, ibid.

Ossau. Ses Vicomtes, 549. Priuilege & obligation des Ossalois, 549.550.551
Ostabat, 400
Ourdios. Son Prieuré, 442

P

Pairs de France. Leur défaicte fabuleuse, 153. 156.157
Paix entre le Roi, & le Comte de Foix, 758.759
Paix entre le Roi & le Comte de Tolose, 755
Paix entre Alfonse Roi d'Aragon, & Alfonse Roi de Castille, 418
Pamies, ou Fredelas, 707. 721. Son Abbaye fondée par les Comtes de Carcassone, 707. Erigée en Eusché, 785
Pampelone, & l'estenduë de son Diocese, 98. Prise par Charlemagne, & demantelée,152. Son bourg, 422.423.
Pas de la Barre en Foix, 723
Paschal de S. Sauin, 803
Patrons, 114. Droit des Patrons dans leurs Eglises, 448.449
Paulus Axius natif de Bigorre, 41
S. Pé de Generes. Fondation du monastere de ce lieu, 245 246.455. Monastere de Sainct Pé distraict du Diocese de Lascar, 312. Contesté entre les Euesques de Lascar, & de Tarbe, depuis la p. 455. iusqu'à la 458.
Pelage,135 136.148. Theudimer pris pour Don Pelage. v. Theudimer.
Pena d'Escot. Inscription ancienne grauée sur Pena d'Escot, 53
Penitence d'vn Gentil-homme Gascon qui auoit tué son Seigneur, 212.213.214..68.269
Penitences, 330.331
Peronelle ou Peyronelle Comtesse de Bigorre femme de Gaston de Moncade Vicomte de Bearn, 797
Perpinnan pillé, 484
Petronille Comtesse de Bigorre, & ses maris, 822. 823.824. Fait vn Codicille en faueur de son mari, 826. Son testament & son décés, 827
Peuple & Cité signifient mesme chose, 6
Pierre Vicomte de Bearn & de Gauarret, 441. Fonde le Prieuré d'Ourdios, 442. Tient la Cour Majour 444. Possede la Ricombrie de Huesca & de Bespen, ibid. Il assiste à la prise des villes de Leride & Fraga, ibid. Son décés & ses enfans, 445
Pierre Vicomte de Marsan, mari de Beatrix Comtesse de Bigorre, 817. Eut guerre contre le Vicomte de Lauedan, 818. Fonda la ville de Mont de Marsan, ibid. Rebastit le monastere de Sainct Iean de la Castele, 819
Pierre de Moncade Chef des Moncades de Catalogne, 561
Pierre de Chasteau-neuf Legat du Pape tué par le commandement du Comte de Tolose, 514.515
Pierre Bruis auteur de l'heresie des Albigeois, & son execution, 508.729
Plat d'esmeraude, 778
Pleges des Contracts, 446
Pons, maison illustre de Saintonge, 696.697
Pont de Lascar ruiné, 374
Prieuré d'Ourdios. v. Ourdios.
Prieuré de Saincte Christine. v. Saincte Christine.
Premice, 125
Pretoires. Il y en auoit quatre sous Constantin, & Theodose, 17

Table des Matieres.

Priuilege de ceux qui font aux Estats de Bearn, 315
Procès touchant la Soule & quelques Patroisses entre l'Euesque d'Oloron & celuy d'Acqs, 317. 318.319.320.
Promontoire Curian, 30
Promontoire Oeaso. v. Oeaso.
Prouence conquise par les Goths, 65
Pyrenées, 15.16

R

Raimond Roger Comte de Foix, 722. Fit le voyage d'Outremer, 724. Saccagea la ville d'Vrgel, 725. Fut enueloppé dans la guerre des Albigeois, 727. Il eut guerre côtre Simon Comte de Montfort, *depuis la p.*732. *iusqu'à la* 750. Fit treue auec lui, 743. 746. Alla à Rome, 744. Tailla en pieces six mil Allemans, 735. Ii beaucoup de Croisés faisant des forties de la ville de Lauaur, 736. Assiegea auec ses alliés Castelnaudarri, ibid. Défit le conuoy du Comte de Montfort, ibid. & 337. Lui presenta bataille, 738. Fit d'autres combats contre lui, ibid. & 740. 750. 751. Fut défait à Muret, 743. Reconcilié à l'Eglise, ibid. Prit Mirepoix, 752. Son testament & son decés, ibid.
Raimond Comte de Bigorre, 802.803. Rebastit le Monastere de Sainct Sauin, 803. Le dota de la vallée de Cauteres, ibid.
Raimond Euesque de Gascogne, 285.286.287
Raimond Comte de Carcassone & de Razés, 697
Raimond Trencauel Vicomte de Carcassone,704. Massacré par les habitans de Beziers, ibid. Il eut guerre contre le Comte de Tolose, Fait prisonnier par lui, ibid.
Raimond Trencauel II. Vicomte de Carcassone, 704
Raimond Roger Vicomte de Carcassone, 704. Fauteur des Albigeois, ibid.
Raimond Comte de Tolose excommunié, 515. 522
Ramir Roi d'Aragon exclus du Royaume de Nauarre par mesalliance, 182.187
Rançon estrange de Don Galceran de Pinos Seigneur de Catalogne, 478
Rançonnement des Marchans Gascons en Angleterre, 602
Rebellion de Raimond Garsie de Nauailles contre Gaston VI. Vicomte de Bearn, & leur accord, 505
Retour de Gaston, & des autres Croisés en France, 372
Rebellion des Catalans, 158
Recompense des soldats François en Espagne, 422
Reguliers ou Concurrents, 461
Reliques, 195.257
Reole en Bearn. Fondation du Monastere de ce lieu, 166. 267. Fondation du Monastere de la Reole en Bigorre,358. Monastere de la Reole sur Garonne, 208.209
Response hardie du Comte de Lycestre au Roi d'Angleterre, 591
Retour de Gaston & des autres Croisés de Ierusalem en France, 372
Reuision, 403
Ricombres d'Aragon, 413.414
Ricombrie ou Seigneurie de Huesca donnée aux Seigneurs de Bearn au lieu de celle de Saragosse, 440
Ricombrie de Huesca & Bespen appartenante à Pierre Seigneur de Bearn, 444
Ricombrie de Fraga, 465.469
S. Rictrude de la nation des Vascons, 109
Roger I. Comte de Foix, 717. Liberal en faueur de de l'Abbaye de Foix, ibid. Transporta des Reliques,718. Son decés, 718.719
Roger II. Comte de Foix, 718. Fit le voyage de Ierusalem, 719. Son decés, & son Eloge, ibid.
Roger III. Comte de Foix, 719. Espousa la Comtesse Ximene, 720. Son decés, ibid.
Roger IV. Comte de Foix, 761. Se ligua auec le Comte de Tolose contre le Roi, 762. Traicta auec le Roi,763. Il eut d'autres guerres, 771. 772. 773. Défia le Comte de Tolose, 762. Rendit homage au Roi,764. Prit en vn combat les Chefs de ses ennemis,769. Sa paix, ibid.
Roger Bernard Comte de Foix, 720. Fit des liberalités à l'Abbaye de Foix, ibid. & 721. Il eut deux femmes, ibid. Emplois fabuleux de ce Comte, 723
Roger Bernard II. Comte de Foix, 752. Ses combats, 738. 741. Défendit le chasteau de Montgranier contre Simon Comte de Montfort,747. Défendit Tolose contre Louis fils de France, 651. Se ligua auec le Comte de Tolose, 754. Se soufmit au Roi, 756. Et s'accorda auec lui, 758. Il eut guerre contre le Comte de Cerdanhe, 760. Prit vne seconde femme nommée Ermengarde, ibid. & 761. Son testament. Sa mort & ses enfans, ibid.
Roger Bernard III. Comte de Foix. Marié auec Marguerite de Bearn, 777. Ses Guerres, 778.781. 788. Il fut retenu prisonnier par le Roi, 779. 780. Deliuré, & fait Cheualier, 780. 781. Gouuerneur d'vne partie de la Gascogne, 789. Fut assiegé & pris par le Roi d'Aragon, & depuis mis en liberté, 782. 783. Entra dans le Roussillon auec l'armée Françoise, & ses exploicts,784.785. Succeda au Vicomté de Bearn, 789. Son decés & ses enfans, ibid.
Roger premier Comte de Carcassone, 695
Roger II. Comte de Carcassone, 695. Eut pour sa femme Adelais de Pons 694. Fit liberalité aux Eglises,ibid. Partagea son bien à ses enfans,707. 708
Roger III. Comte de Carcassone, 700
Roger Vicomte de Carcassone, 704
Roger II. Vicomte de Carcassone, 704. Massacra tous les habitans de Beziers, ibid. Rendit homage au Roi d'Aragon, ibid.
Roman de Turpin fabriqué en Espagne, 153
Rome saccagée par Alaric, 58
Routiers & leurs diuers noms, 510. 511. Ils ont esté mal pris pour les Albigeois, 509
Ruteniens diuisés en deux peuples, 11

S

SAlmace Vicomte de Soule, 283
Sance Garces dit Abarca Roi de Nauarre, 175. 165.178.179. Sa naissance, & d'où vient son surnom,179. Il fut le premier Roi d'Aragon, 182
Sance Abarca II. Roi de Nauarre, 173
Sance Rammes éleu Roi de Nauarre par consentement du S. Pere, 167.168
Sance Mitarra éleu Duc des Gascons, 198. Fils du Comte de Castille, 199.201. Petit fils de Loup

Table des Matieres.

Duc de Gascogne, 201. D'où il a pris le nom de Mitaria, 102. Motif de cette élection, 101
Sance Duc & Comte de Gascogne, 194. 191. Se maintint contre Charles le Chauue, ibid.
Sance Mitarra 11. Duc de Gascogne, 203
Sance Sances Duc, ou Comte de Gascogne, 207. Deceda sans lignée, ibid.
Sice Garsias Duc de Gascogne, 104. Ses enfans, 207
Sance Guillaume Duc de Gascogne, 237. Fonda le Monastere de S. Pé de Generes, 245. 246.45. Y recouura la santé, 455. Donna à l'Eglise de Lascar, 146 Son decés, ibid. & 247
Sanctuaire de la Chapelle de Lespiau ordonné par l'Euesque de Lascar, 486
Santander est l'ancien port de la Victoire, 86
Saragosse assiegée par les Bearnois, 409 410. En quel temps rendue, 411. 412. 413. Deliurée du siege des François par deuotion & respect, 101. Ses armes, 440
Sarasins. Leur perfidie, 156.
Sarrance. L'Eglise Nostre Dame de ce lieu, 355
Saubetat village de Bearn. D'où vient son nom, 386
Saubalade. Fondation de cette Abbaye, 419. 420. Deuotion en ce monastere, 433
S. Sauin. Fondation de ce monastere, 201. 803. Vie de S. Sauin, 804
Saut. Chasteau de ce lieu, 606
Sauueterre. Le Roi Philippe y fait sejour auec son armée, 645. Cette ville n'est pas forcée par le Roi de Castille, 506
Sauuetés, ou Asyles, 385. 386
Sclarmonde sœur de Roger B. Comte de Foix, & ses rares qualités, 777. 778
Seau du Comte de Bigorre, 826. 827
Seaux des armes de Gaston, 624. 625. 656. 658
S. Sebastien, 13
Seigneurie de la Parroisse de Nostre Dame del Pilar, 440
Semeno Enneconis Roi de Nauarre, 162. 172
Seneschal de Bearn. Il ne dépend point du Parlement de Tolose, 350
Sermens corporels, & par escrit expliqués, 429. 430. 431
Serres. L'Eglise de ce lieu en dispute, 462. 463
Seruitium & son explication, 326
S. Seuer, 215. Son apparition au combat, & celle d'autres Saincts 216. 217. Souffrit martyre dans la ville qui porte son nom. La ville de S. Seuer nommée anciennement Castrum Cæsaris, 36. D'où vient qu'elle a esté appellée Cap de Gascogne. 219. 220. Fondation du monastere de cette ville, 219. En quel temps, 224. 225. L'Abbé de S. Seuer Viguier de la Cour de Gascogne, 637
Siege du Chasteau de Moncade par le Roi d'Aragon leué, 564
Siege du chasteau de Miramont par Gaston v 1. 505
Siege de la Reole par le Roi d'Angleterre, 596
Siege de Semboües en Bearn leué par le Roi d'Angleterre, 639
Seguin Duc des Gascons, 192
Simon Comte de Montfort, & ses exploicts, 515. 516. 517. 518 522. 523. 527. 743. Sa mort, 750. Il fut Vicomte de Carcassone & de Beziers, 704
Sobrarue, 185 N'est point Royaume, 185. 186. Armes de Sobrarue, 186. 187 Son etymologie, 186. Rois fabuleux de Sobrarue. v. Nauarre.
Sociates, ou *Sotiates* diuersement expliqués. C'est le peuple d'Ayre, 34. 35. 36
Solduries gens determinés, 34
Sorciers, 239

Sousset doi né aux Iuifs, 239
Soulac. Son nom ancien, 27
Soule, 110. Conquise par Gaston IV. Vicomte de Bearn, &c. Remise dans le Diocese d'Oloron, 283. Ses Vicomtes, 283. 292
Souueraineté des Vicomtes de Bearn, 362. 274. 277. 321. 347. 350 35 . 353. 354 356. 364. 537. 469. Sans dépendance de la Couronne d'Aragon, 464. Souueraineté du Gouuernement de Bearn, 354. Celle des iugemens rendus en Bearn, 403. 463. 537
Souueraineté du Duché de Gascogne, 222
Statuës enchantées, 18
Stephanie Comtesse de Bigorre, & son mari Bernard Comte de Comenge, 821 Mariée en premieres nopces auec Pierre Vicomte d'Acqs, ibid.
Subola, 110
Substitutio de la France au Royaume de Castille, 649
Suedois en Gaule, & Espagne, 57. 58

T

Tabales, 19
Talese Vicomtesse de Bearn, 336. 374. 382. 433. 434. 439. 440. Tenoit la Cour en absence de son mari, 482. Assista à la fondation de l'Abbaye de Saubalade, 419 Et de l'Hospital d'Aubertin. 420. Donna aux monasteres de S. Pé, & de Saubalade, 432. 433. Elle est fille du Comte Sanche, 434
Tarbe varieté de ses noms, 40. Ses limites, & qualité du terroir, 41
Tarbelliens. Leur Situation, & estenduë, 27. 28. Leur terroir abondant en or, 28 29. 32. Ne comprennent point le Bearn, 31. 32
Tauropolium, ou *Taurobolium* expliqué, 39
Testamens des Gastons de Bearn. v. Gaston.
Testament de Gaston VII. continué, 793
Testament de Petronille Comtesse de Bigorre, v. Petronille.
Testamens des Rogers & Raimond Rogers Comtes de Foix, v. leurs noms.
Teste de Buchs assise pres le promontoire Curian, 30. C'estoit la Cité des Bociates, ibid. Incorporée à l'Archeuesché de Bourdeaux, ibid.
Teste de S. Iean trouuée dans Angeli, 237
Theudimer Prince Chrestien, en credit parmi les Arabes, 135. Est pris pour Don Pelage. Défaict vn nombre prodigieux de Sarasins, 136. Sa mort, 148
Tolose assiegée, 686. 750. 751. 736. Et chastiée, 746. Le Royaume de Tolose conquis par Clouis, 68. Le Comté de Tolose exposé en proye, 515. Donné au Comte de Montfort, 744. Comtes de Tolose, 693. Differents des Marquis de Gotthie, 686
Tortose, 478
Totilus Duc de Gascogne, 191. Chasse les Normans de la Gascogne, 191
Traicté d'accord entre les Vicomtes de Bearn & de Tartas, 503
Tieue & paix de Dieu, auec son explication, depuis la p. 389. iusqu'à la 396. La Tieue de Dieu renouuellée, 512
Treue ordonnée entre le Roi d'Aragon, & le Comte de Montfort, 524
Trencauel Vicomte de Carcassone, 704. Assista au Concile tenu contre les Albigeois, ibid.
Treues Metrepole des Gaules, 69 Leontius son Euesque natif de l'Aquitaine. v. Leontius.
Tribut des filles, 151. 117

Table des Matieres.

V

VAccéens. Quels ils sont, 54.55
Vaches, Armoiries de Bearn, 55
Vadimonium, & sa signification, 391.454
Vandales. Ils entrent en Gaule, & Espagne, 57.58. Passent en Afrique, 61
Vascones. Ce mot signifie également les Gascons, & les Basques, 130
Vasconia pris en divers sens, 205
Vasconie. Son estenduë, 103.104.107.113.114. La Vasconie Aquitanique augmentée, & nommée Gascogne, 113. Distinguée de l'Aquitaine, 115.116. Les deux Vasconies, 99
Vascons. Leur situation, 89.94.95.96.97.98.99. Leur valeur, 100.101. Sous quels Princes, 100.101. 102.103. La nation des Vascons guerriere, 109. Ils estoient Chrestiens, 110. 111. Instruicts par Sainct Amand Euesque d'Vtrec, ibid. Les Vascons défont les François, 103.104.117.152. Rauagent la France, 105. Subiugués par les François, 106.109. Leur langue, 105.106. Les Vascons subiugués par Froila, & non les Gascons, 150. Entreprise des Vascons pres de Roncesuaux, 156. Vascons Aquitains, & Vascons Espagnols, 107.109. Duché des Vascons, 107
Vaudois & l'origine de leur nom, 508.509. Articles de leur foi, 728.729.730
Venam corrigé. *Venarni*, 43
Veuë recouurée, 281.282
Vic en Begorre. Son priuilege, 825
Vicaire ou Viguier d'Aspe, v. Aspe.

Vicaires ou Vicaries, 260.261
Vicaires du Prefect du Pretoire, 17
Vicomti, 36
Vicomté. Signification de ce nom, 260.261
Vicomté de Montaner. v. Montaner.
Vicomté d'Alter. v. Alter.
Vicomté de Brulhois apartenant à Gaston de Bearn. Il fut occupé par le Comte de Montfort, 518
Vicomtes ou Seigneurs de Bearn, & leur origine, 201.202.259.261.263. Ils ont esté apellés Comtes. 289.290. Precedoient en dignité les Comtes de Bigorre, 500.501. Qui fut le premier Vicomte de Bearn. v. Bearn.
Vicomtes d'Oloron. v. Oloron.
Vicomtes d'Ossau. v. Ossau.
Vicomtes d'Acqs. v. Acqs.
Vicomtes de Soule. v. Soule.
Vicomtes de Carcassone. v. Comtes.
Vicomtes de Gauarret. v. Gauarret.
Victoria ville fondée par Leouigilde, 106
Viuarez de l'Aquitaine, & puis de la Narbonoise, 6.7
Viuisques. Ils sont vne nation Gauloise, 4.5
Viures portés d'Angleterre en Gascogne, 397
Vnion de la maison de Bearn auec celle de Foix, 650.660.791
Vœu de Gaston & de Mate sa femme pour le voyage d'Outremer, 627.628
S. Volusian martyrisé au païs de Foix, 706.707
Voyage d'Alfonse Roi d'Aragon en Bearn, 417
Vrraque femme de Guillaume Sance Duc de Gascogne, 210

F I N.

www.ingramcontent.com/pod-product-compliance
Lightning Source LLC
Chambersburg PA
CBHW070856300426
44113CB00008B/856